Münchener Kommentar
zum Gesetz
betreffend die Gesellschaften
mit beschränkter Haftung

Herausgegeben von

Professor Dr. Dr. h.c. Dr. h.c. Holger Fleischer, LL.M.
Direktor des Max-Planck-Instituts für ausländisches und internationales Privatrecht, Hamburg
Affiliate Professor an der Bucerius Law School

Professor Dr. Wulf Goette
Vorsitzender Richter am Bundesgerichtshof a.D.
Rechtsanwalt in Stuttgart
Honorarprofessor der Universität Heidelberg

Band 3
§§ 53–88

Die einzelnen Bände des
Münchener Kommentars zum Gesetz betreffend die
Gesellschaften mit beschränkter Haftung

Münchener Kommentar zum Gesetz betreffend die Gesellschaften mit beschränkter Haftung

Band 3
§§ 53–88

4. Auflage 2022

C.H.BECK

Zitiervorschlag: MüKoGmbHG/*Bearbeiter* GmbHG § … Rn. …

www.beck.de

ISBN 978 3 406 77313 6

© 2022 Verlag C. H. Beck oHG
Wilhelmstraße 9, 80801 München

Druck: Beltz Grafische Betriebe GmbH
Am Fliegerhorst 8, 99947 Bad Langensalza
Satz: Meta Systems Publishing & Printservices GmbH, Wustermark
Umschlaggestaltung: Druckerei C.H. Beck Nördlingen
nach einem Entwurf von Elmar Lixenfeld, duodez.de

chbeck.de/nachhaltig

Gedruckt auf säurefreiem, alterungsbeständigem Papier
(hergestellt aus chlorfrei gebleichtem Zellstoff)

Die Bearbeiter des dritten Bandes

Dr. Karsten Altenhain
Professor an der Universität Düsseldorf

Dr. Klaus Berner
Rechtsanwalt und Steuerberater in München

Dr. Dr. h.c. Dr. h.c. Holger Fleischer, LL.M.
Professor, Direktor des Max-Planck-Instituts für ausländisches und internationales Privatrecht, Hamburg, Affiliate Professor an der Bucerius Law School

Dr. Wulf Goette
Vorsitzender Richter am Bundesgerichtshof a.D., Rechtsanwalt in Stuttgart, Honorarprofessor der Universität Heidelberg

Dr. Stephan Harbarth, LL.M.
Präsident des Bundesverfassungsgerichts, Honorarprofessor der Universität Heidelberg

Sebastian Herrler
Notar in München

Reinhard Hillmann
Richter am Oberlandesgericht a.D., Osnabrück

Dr. Jan Lieder, LL.M.
Richter am Schleswig-Holsteinischen Oberlandesgericht,
Professor an der Universität Freiburg

Dr. Steffen Limpert
Notar in Altdorf bei Nürnberg

Dr. Hans-Friedrich Müller, LL.M.
Professor an der Universität Trier

Dr. Jochen Vetter
Rechtsanwalt in München, Honorarprofessor an der Universität zu Köln

Verzeichnis der ausgeschiedenen und teilweise ausgeschiedenen Bearbeiter

Prof. Dr. Wolfgang Joecks: Vor § 82: 1. Aufl. 2010; 2. Auflage 2016
Dr. Bernhard Schaub: § 78: 1. Aufl. 2010
Dr. Guido Wißmann: §§ 82–85: 1. Aufl. 2010; 2. Auflage 2016

V

Im Einzelnen haben bearbeitet

§§ 53, 54 .... Dr. Stephan Harbarth
§§ 55–57o .... Dr. Jan Lieder
Vor § 58, §§ 58–58f .... Dr. Jochen Vetter
§ 60 .... Dr. Klaus Berner
§§ 61, 62 .... Dr. Steffen Limpert
§ 64 .... Dr. Hans-Friedrich Müller
§ 65 .... Dr. Steffen Limpert
§§ 66–74 .... Dr. Hans-Friedrich Müller
§§ 75–77 .... Reinhard Hillmann
§ 77a .... Dr. Dr. h.c. Dr. h.c. Holger Fleischer
§ 78 .... Sebastian Herrler
§ 79 .... Dr. Wulf Goette
§§ 82–88 .... Dr. Karsten Altenhain

Sachverzeichnis .... Dr. Frank Wamser

Vorwort zur 4. Auflage

Die GmbH behauptet unverändert ihren Spitzenplatz als beliebteste Gesellschaftsform in Deutschland. Ihre Zahl nimmt sogar von Jahr zu Jahr weiter zu. Mit ihr wächst auch der Bedarf nach zuverlässigem Rechtsrat.

Dieser Kommentar möchte in seiner 4. Auflage weiterhin über den aktuellen Rechtsstand zu allen Fragen im Lebensprozess einer GmbH unterrichten. Dabei unternimmt er zum einen die praktische Aufgabe, die Diskussion in Spruchpraxis und Literatur aufzubereiten und neue Denkanstöße zu umstrittenen Rechtsfragen zu geben. Zum anderen erhebt er als wissenschaftlich fundierter Großkommentar den Anspruch, die GmbH als körperschaftlich organisierte, aber praktisch zumeist personalistisch geprägte Organisationsform in allen ihren Facetten zu erfassen und auszuleuchten.

Die Neuauflage bringt den Kommentar in sämtlichen Partien auf den aktuellen Stand. Sie ist besonders geprägt durch die Auswirkungen der Corona-Pandemie auf den Alltag einer GmbH sowie durch Fragen zur Sanierung und Restrukturierung von GmbHs, die in finanzielle Schieflage geraten sind. Eingearbeitet sind außerdem die Änderungen durch das MoPeG, das FüPoG II und das DiRUG.

Hamburg und Ettlingen im März 2022

Holger Fleischer
Wulf Goette

Inhaltsverzeichnis

Gesetz betreffend die Gesellschaften mit beschränkter Haftung

Abschnitt 4. Abänderungen des Gesellschaftsvertrags

Abschnitt 5. Auflösung und Nichtigkeit der Gesellschaft

Inhaltsverzeichnis

Abschnitt 6. Sondervorschriften bei Beteiligung des Bundes

Abschnitt 7. Ordnungs-, Straf- und Bußgeldvorschriften

X

Abkürzungsverzeichnis

Abkürzungsverzeichnis

BayNotZ	Bayerische Notariats-Zeitung und Zeitschrift für die freiwillige Rechtspflege der Gerichte in Bayern
BayObLG	Bayerisches Oberstes Landesgericht
BayObLGSt.	Amtliche Sammlung von Entscheidungen des Bayerischen Obersten Landesgerichts in Strafsachen
BayObLGZ	Amtliche Sammlung von Entscheidungen des Bayerischen Obersten Landesgerichts in Zivilsachen
BayVBl.	Bayerische Verwaltungsblätter (Zeitschrift)
BayVerfG	Bayerischer Verfassungsgerichtshof
BayVerfGE	Sammlung von Entscheidungen des Bayerischen Verfassungsgerichtshofes
BayZ	Zeitschrift für Rechtspflege in Bayern
BB	Betriebs-Berater (Zeitschrift)
BBankG	Gesetz über die Deutsche Bundesbank
Bbg., bbg.	Brandenburg, brandenburgisch
BBK	Buchhaltungsbriefe, Zeitschrift für Buchführung, Bilanz und Kostenrechnung
Bd., Bde.	Band, Bände
BDA	Bundesvereinigung der Deutschen Arbeitgeberverbände
BDI	Bundesverband der Deutschen Industrie
BDSG	Bundesdatenschutzgesetz
Bearb., bearb.	Bearbeitung/Bearbeiter, bearbeitet
BeckRS	Rechtsprechungssammlung in Beck-Online (Jahr, Nummer)
BEG	Bundesentschädigungsgesetz
Begr.	Begründung
Begr. Kropff	Textausgabe des Aktiengesetzes 1965 mit Begründungen und Berichten, Düsseldorf 1965
Begr. RegE	Begründung zum Regierungsentwurf
Beih.	Beiheft
Beil.	Beilage
Bek.	Bekanntmachung
Bem.	Bemerkung
ber.	berichtigt
Beschl.	Beschluss
Bespr.	Besprechung
bestr.	bestritten
betr.	betreffend, betreffs
BetrAV	Betriebliche Altersversorgung, Mitteilungsblatt der Arbeitsgemeinschaft für betriebliche Altersversorgung
BetrAVG	Gesetz zur Verbesserung der betrieblichen Altersversorgung – Betriebsrentengesetz
BetrR	Der Betriebsrat (Zeitschrift)
BetrVG	Betriebsverfassungsgesetz
BeurkG	Beurkundungsgesetz
BewG	Bewertungsgesetz
BFA	Bankenfachausschuss des Instituts der Wirtschaftsprüfer in Deutschland e.V.
BfA	Bundesversicherungsanstalt für Angestellte
BFH	Bundesfinanzhof
BFH/NV	Sammlung amtlich nicht veröffentlichter Entscheidungen des Bundesfinanzhofs
BFHE	Sammlung der Entscheidungen und Gutachten des Bundesfinanzhofs
BFinBl.	Amtsblatt des Bundesfinanzministeriums
BFuP	Betriebswirtschaftliche Forschung und Praxis (Zeitschrift)
BGB	Bürgerliches Gesetzbuch
BGBl.	Bundesgesetzblatt
BGE	Entscheidungen des Schweizerischen Bundesgerichts
BGH	Bundesgerichtshof
BGHR	BGH-Rechtsprechung (in Zivilsachen und in Strafsachen)
BGH-Report	Schnelldienst zur Zivilrechtsprechung des Bundesgerichtshofs
BGHSt	Entscheidungen des Bundesgerichtshofs in Strafsachen
BGHWarn.	Rechtsprechung des Bundesgerichtshofs in Zivilsachen – in der Amtlichen Sammlung nicht enthaltene Entscheidungen (als Fortsetzung von WarnR)
BGHZ	Entscheidungen des Bundesgerichtshofs in Zivilsachen
Bilanz-RL	Richtlinie 2013/34/EU des Europäischen Parlaments und des Rates vom 26.6.2013 über den Jahresabschluss, den konsolidierten Abschluss und damit verbundene Berichte von Unternehmen bestimmter Rechtsformen und zur Änderung der Richtlinie 2006/43/EG des Europäischen Parlaments und des Rates

Abkürzungsverzeichnis

	und zur Aufhebung der Richtlinien 78/660/EWG und 83/349/EWG des Rates (ABl. EU 2013 L 182, 19)
BilMoG	Gesetz zur Modernisierung des Bilanzrechts (Bilanzrechtsmodernisierungsgesetz) v. 25.5.2009 (BGBl. 2009 I 1102)
BilReG	Gesetz zur Einführung internationaler Rechnungslegungsstandards und zur Sicherung der Qualität der Abschlussprüfung (Bilanzrechtsreformgesetz) v. 4.12.2004 (BGBl. 2004 I 3166)
BilRUG	Gesetz zur Umsetzung der Richtlinie 2013/34/EU des Europäischen Parlaments und des Rates vom 26.6.2013 über den Jahresabschluss, den konsolidierten Abschluss und damit verbundene Berichte von Unternehmen bestimmter Rechtsformen und zur Änderung der Richtlinie 2006/43/EG des Europäischen Parlaments und des Rates und zur Aufhebung der Richtlinien 78/660/EWG und 83/349/EWG des Rates (Bilanzrichtlinie-Umsetzungsgesetz) v. 17.7.2015 (BGBl. 2015 I 1245)
BImSchG	Bundesimmissionsschutzgesetz
BiRiLiG	Bilanzrichtlinien-Gesetz
BKartA	Bundeskartellamt
BKGG	Bundeskindergeldgesetz
Bl.	Blatt
BLG	Bundesleistungsgesetz
BlfG	Blätter für Genossenschaftswesen (Zeitschrift)
BlGBW	Blätter für Grundstücks-, Bau- und Wohnungsrecht
BlStSozArbR	Blätter für Steuerrecht, Sozialversicherung und Arbeitsrecht (Zeitschrift)
BMAS	Bundesminister für Arbeit und Soziales
BMF	Bundesminister(ium) der Finanzen
BMI	Bundesminister(ium) des Innern
BMJV	Bundesminister(ium) der Justiz und für Verbraucherschutz
BMWi	Bundesminister(ium) für Wirtschaft und Energie
BNotO	Bundesnotarordnung
BöhmsZ	Zeitschrift für internationales Privat- und Strafrecht (ab 12.1903: für internationales Privat- und Öffentliches Recht) begr. v. Böhm
BörsenZulV	Börsenzulassungs-Verordnung
BörsG	Börsengesetz
BORA	Berufsordnung für Rechtsanwälte
BOStB	Berufsordnung für Steuerberater
BPatG	Bundespatentgericht
BpO 2000	Allgemeine Verwaltungsvorschrift für die Betriebsprüfung (Betriebsprüfungsordnung)
BR	Bundesrat
BRAK-Mitt.	Mitteilungen der Bundesrechtsanwaltskammer (Zeitschrift)
BRAO	Bundesrechtsanwaltsordnung
BR-Drs.	Drucksache des Deutschen Bundesrates
BReg.	Bundesregierung
Brem., brem.	Bremen, bremisch
BR-Prot.	Protokoll des Deutschen Bundesrates
BrZ	Britische Zone
BSG	Bundessozialgericht
BSGE	Entscheidungen des Bundessozialgerichts
BSHG	Bundessozialhilfegesetz
Bsp.	Beispiel
bspw.	beispielsweise
BStBl.	Bundessteuerblatt
BT	Besonderer Teil; Bundestag
BT-Drs.	Drucksache des Deutschen Bundestages
BT-Prot.	Protokoll des Deutschen Bundestages
BuB	Bankrecht und Bankpraxis, Loseblattsammlung
Buchst.	Buchstabe
BürgA	Archiv für Bürgerliches Recht (Zeitschrift)
BUrlG	Mindesturlaubsgesetz für Arbeitnehmer (Bundesurlaubsgesetz
Büro	Das Büro (Zeitschrift)
BUV	Betriebs- und Unternehmensverfassung (Zeitschrift)
BuW	Betrieb und Wirtschaft (Zeitschrift)
BVerfG	Bundesverfassungsgericht
BVerfGE	Entscheidungen des Bundesverfassungsgerichts

BVerfGG	Gesetz über das Bundesverfassungsgericht
BVerwG	Bundesverwaltungsgericht
BVerwGE	Entscheidungen des Bundesverwaltungsgerichts
BVFG	Gesetz über die Angelegenheiten der Vertriebenen und Flüchtlinge (Bundesvertriebenengesetz)
BW	Baden-Württemberg
BWNotZ	Mitteilungen aus der Praxis, Zeitschrift für das Notariat in Baden-Württemberg (früher WürttNotV)
bzgl.	bezüglich
BZRG	Gesetz über das Zentralregister und das Erziehungsregister (Bundeszentralregistergesetz)
bzw.	beziehungsweise
ca.	circa
CB	Compliance-Berater (Zeitschrift)
c.c.	Code civil
CFL	Corporate Finance Law (Zeitschrift)
cic	culpa in contrahendo
Cod.	Codex
COVFAG	Gesetz zur Abmilderung der Folgen der COVID-19-Pandemie im Zivil-, Insolvenz- und Strafverfahrensrecht v. 27.3.2020 (BGBl. 2020 I 569)
COVInsAG	Gesetz zur vorübergehenden Aussetzung der Insolvenzantragspflicht und zur Begrenzung der Organhaftung bei einer durch die COVID-19-Pandemie bedingten Insolvenz v. 27.3.2020 (BGBl. 2020 I 569)
COVMG	Gesetz über Maßnahmen im Gesellschafts-, Genossenschafts-, Vereins-, Stiftungs- und Wohnungseigentumsrecht zur Bekämpfung der Auswirkungen der COVID-19-Pandemie v. 27.3.2020 (BGBl. 2020 I 569, 570)
CR	Computer und Recht (Zeitschrift)
DAngVers	Die Angestelltenversicherung (Zeitschrift)
DAnwV	Deutscher Anwaltverein
DB	Der Betrieb (Zeitschrift)
DBA	Doppelbesteuerungsabkommen
DBW	Die Betriebswirtschaft (Zeitschrift)
DCGK	Deutscher Coporate Governance Kodex in der am 16.12.2019 von der Regierungskommission beschlossenen Fassung (BAnz AT 20.3.2020 B3)
DDR	(ehemalige) Deutsche Demokratische Republik
DepotG	Gesetz über die Verwahrung und Anschaffung von Wertpapieren
DesignG	Gesetz über den rechtlichen Schutz von Design (Designgesetz)
DFG	Deutsche Freiwillige Gerichtsbarkeit (Zeitschrift, 11.936–9.1944)
DGB	Deutscher Gewerkschaftsbund
dgl.	desgleichen, dergleichen
DGVZ	Deutsche Gerichtsvollzieher-Zeitung
DGWR	Deutsches Gemein- und Wirtschaftsrecht (Zeitschrift, 1.1935–7.1942)
dh	das heißt
Dig.	Digesten
DIHT	Deutscher Industrie- und Handelstag
DiRUG	Gesetz zur Umsetzung der Digitalisierungsrichtlinie v. 5.7.2021 (BGBl. 2021 I 3338)
DiskE	Diskussionsentwurf
Diss.	Dissertation
DJ	Deutsche Justiz (Zeitschrift)
DJT	Deutscher Juristentag
DJZ	Deutsche Juristenzeitung (Zeitschrift)
DMBilG	Gesetz über die Eröffnungsbilanz in Deutscher Mark und die Kapitalneufestsetzung (D-Markbilanzgesetz)
DNotV	Zeitschrift des Deutschen Notarvereins
DNotZ	Deutsche Notar-Zeitung (Zeitschrift)
DÖD	Der öffentliche Dienst (Zeitschrift)
DÖH	Der öffentliche Haushalt (Zeitschrift)
DONot	Dienstordnung für Notare – Bundeseinheitliche Verwaltungsvorschrift der Landesjustizverwaltungen
DÖV	Die öffentliche Verwaltung (Zeitschrift)
DPMA	Deutsches Patent- und Markenamt
DR	Deutsches Recht (Zeitschrift)
DRdA	Das Recht der Arbeit (österreichische Zeitschrift)

Abkürzungsverzeichnis

DRiG	Deutsches Richtergesetz
DRiZ	Deutsche Richterzeitung (Zeitschrift)
Drs.	Drucksache
DRS	Deutscher Rechnungslegungs-Standard
DRSC	Deutscher Rechnungslegungs Standards Committee e.V.
DRspr.	Deutsche Rechtsprechung, Entscheidungssammlung und Aufsatzhinweise
DRV	Deutsche Rentenversicherung (Zeitschrift)
DRZ	Deutsche Rechts-Zeitschrift (1.1946–5.1950)
DS-GVO	Verordnung (EU) 2016/679 des Europäischen Parlaments und des Rates vom 27.4.2016 zum Schutz natürlicher Personen bei der Verarbeitung personenbezogener Daten, zum freien Datenverkehr und zur Aufhebung der Richtlinie 95/46/EG (Datenschutz-Grundverordnung) (ABl. EU 2016 L 119, 1, ber.)
DSR	Deutscher Standardisierungsrat
DStBl.	Deutsches Steuerblatt
DStJG	Veröffentlichung der Deutschen Steuerjuristischen Gesellschaft e.V.
DStPr.	Deutsche Steuerpraxis (Zeitschrift)
DStR	Deutsches Steuerrecht (Zeitschrift)
DStRE	Deutsches Steuerrecht (Zeitschrift) – Entscheidungsdienst
DStRK	Deutsches Steuerrecht kurzgefasst (Zeitschrift)
DStZ/A	Deutsche Steuerzeitung Ausgabe A (Zeitschrift)
DSWR	Datenverarbeitung in Steuer, Wirtschaft und Recht (Zeitschrift)
dt., Dt.	deutsch
DtZ	Deutsch-Deutsche Rechts-Zeitschrift
DuR	Demokratie und Recht (Zeitschrift)
DVBl	Deutsches Verwaltungsblatt
DVO	Durchführungsverordnung
DVR	Deutsche Verkehrsteuer-Rundschau
DWiR	Deutsche Zeitschrift für Wirtschaftsrecht
DZWir; DZWIR	Deutsche Zeitschrift für Wirtschaftsrecht; ab 1999: Deutsche Zeitschrift für Wirtschafts- und Insolvenzrecht
E	Entwurf, Entscheidung (in der amtlichen Sammlung)
EAR	The European Accounting Review (Zeitschrift)
EBE	Eildienst: Bundesgerichtliche Entscheidungen (Zeitschrift)
EBAO	Einforderungs- und Beitreibungsanordnung
E.B.L.R.	European Business Law Review (Jahr und Seite)
EBOR	European Business Organization Law Review (Jahr und Seite)
ECFR	European Company and financial law review
ecolex	Fachzeitschrift für Wirtschaft
Ed.	Edition
E-DRS	Entwurf eines Deutschen Rechnungslegungsstandards
EFG	Entscheidungen der Finanzgerichte
EG	Einführungsgesetz; Europäische Gemeinschaft
eG	eingetragene Genossenschaft
EGAktG	Einführungsgesetz zum Aktiengesetz
EGBGB	Einführungsgesetz zum Bürgerlichen Gesetzbuch
EGHGB	Einführungsgesetz zum Handelsgesetzbuch
EGInsO	Einführungsgesetz zur Insolvenzordnung
EGKS	Europäische Gemeinschaft für Kohle und Stahl
EGKSV	Vertrag über die Gründung der Europäischen Gemeinschaft für Kohle und Stahl v. 15.4.1951
EGV	Vertrag zur Gründung der Europäischen Gemeinschaft idF bis 30.11.2009
EHUG	Gesetz über elektronische Handelsregister und Genossenschaftsregister sowie das Unternehmensregister v. 10.11.2006 (BGBl. 2006 I 2553)
Eigenkapitalanforderungs-RL	Richtlinie 2013/36/EU ("CRD IV") des Europäischen Parlaments und des Rates vom 26.6.2013 über den Zugang zur Tätigkeit von Kreditinstituten und die Beaufsichtigung von Kreditinstituten und Wertpapierfirmen, zur Änderung der Richtlinie 2002/87/EG und zur Aufhebung der Richtlinien 2006/48/EG und 2006/49/EG (ABl. EU 2013 L 176, 338, ber.)
eingetr.	eingetragen(e)
einhM	einhellige Meinung
Einl.	Einleitung
einschr.	einschränkend
EK	Eigenkapital mit jeweiliger Körperschaftsteuerbelastung

EKV	Europäische Kooperationsvereinigung
endg.	endgültig
Entsch.	Entscheidung
entspr.	entsprechend
EntwLStG	Gesetz über steuerliche Maßnahmen zur Förderung von privaten Kapitalanlagen in Entwicklungsländern
EO	(österreichische) Executionsordnung
ErbStG	Erbschaftsteuer- und Schenkungsteuergesetz
ErbStR	Erbschaftsteuer-Richtlinie
Erg.	Ergänzung; Ergebnis
ErgBd.	Ergänzungsband
Erl.	Erlass, Erläuterung
ESt	Einkommensteuer
EStDV	Einkommensteuer-Durchführungsverordnung
EStG	Einkommensteuergesetz
EStR	Einkommensteuerrichtlinien
ESUG	Gesetz zur weiteren Erleichterung der Sanierung von Unternehmen vom 7.12.2011 (BGBl. 2011 I 2582, ber. 2800)
EU	Europäische Union
EuGH	Gerichtshof der Europäischen Gemeinschaften
EuGRZ	Europäische Grundrechte-Zeitschrift
EuInsVO	Verordnung (EU) 2015/848 des Europäischen Parlaments und des Rates vom 20.5.2015 über Insolvenzverfahren (ABl. EU 2015 L 141, 19, ber.)
EuR	Europarecht (Zeitschrift)
EuroBilG	Gesetz zur Anpassung bilanzrechtlicher Bestimmungen an die Einführung des Euro, zur Erleichterung der Publizität für Zweigniederlassungen ausländischer Unternehmen sowie zur Einführung einer Qualitätskontrolle für genossenschaftliche Prüfungsverbände – Euro-Bilanzgesetz
EuroEG	Euro-Einführungsgesetz
EuZW	Europäische Zeitschrift für Wirtschaftsrecht
eV	eingetragener Verein
EvBl.	Evidenzblatt der Rechtsmittelentscheidungen (Beilage zur ÖJZ)
EVertr	Vertrag über die Herstellung der Einheit Deutschlands
evtl.	eventuell
EWGV	Vertrag zur Gründung der Europäischen Wirtschaftsgemeinschaft
EWiR	Entscheidungen zum Wirtschaftsrecht (Zeitschrift)
EWRV	Abkommen über den Europäischen Wirtschaftsraum
EWS	Europäisches Wirtschafts- und Steuerrecht (Zeitschrift)
EWWU	Europäische Wirtschafts- und Währungsunion
EZ	Erhebungszeitraum
f., ff.	folgend(e)
FAMA	Fachausschuss für moderne Abrechnungssysteme des Instituts der Wirtschaftsprüfer in Deutschland e.V.
FamFG	Gesetz über das Verfahren in Familiensachen und in den Angelegenheiten der freiwilligen Gerichtsbarkeit
FamG	Familiengericht
FamRZ	Ehe und Familie im privaten und öffentlichen Recht (Zeitschrift)
FA-Recht	Fachausschuss Recht des Instituts der Wirtschaftsprüfer in Deutschland e.V.
FASB	Financial Accounting Standards Board of the Financial Accounting Foundation (USA)
FBG	(österreichisches) Firmenbuchgesetz 1991
FEE	Féderation des Experts Comptables Européens
FG	Finanzgericht
FG/IdW	Fachgutachten des Instituts der Wirtschaftsprüfer in Deutschland e.V.
FGG	Gesetz über die Angelegenheiten der freiwilligen Gerichtsbarkeit
FGG-RG	Gesetz zur Reform des Verfahrens in Familiensachen und in den Angelegenheiten der freiwilligen Gerichtsbarkeit (FGG-Reformgesetz) v. 17.12.2008 (BGBl. 2008 I 2586)
FGO	Finanzgerichtsordnung
FGPrax	Praxis der Freiwilligen Gerichtsbarkeit (Zeitschrift)
FinG	Finanzgericht
FinMin.	Finanzministerium
FIW	Forschungsinstitut für Wirtschaftsverfassung und Wettbewerb e.V.

Abkürzungsverzeichnis

FN	Fachnachrichten des Instituts der Wirtschaftsprüfer in Deutschland e.V. (Mitteilungsblatt)
Fn.	Fußnote
FPR	Familie, Partnerschaft, Recht (Zeitschrift für die Anwaltspraxis)
FR	Finanz-Rundschau (Zeitschrift)
FrankfRdsch.	Rundschau, Sammlung von Entscheidungen in Rechts- und Verwaltungssachen aus dem Bezirke des OLG Frankfurt (ab 1914: Frankfurter Rundschau)
FS	Festschrift
FüPoG II	Gesetz zur Ergänzung und Änderung der Regelungen für die gleichberechtigte Teilhabe von Frauen an Führungspositionen in der Privatwirtschaft und im öffentlichen Dienst v. 7.8.2021 (BGBl. 2021 I 3311)
G	Gesetz
GA	Goltdammers Archiv für Strafrecht (Zeitschrift) – bis 1952 zitiert nach Band und Seite, ab 1953 zitiert nach Jahr und Seite
GAAP	Generally Accepted Accounting Principles (s. auch US-GAAP)
GAAS	Generally Accepted Accounting Standards
GBl.	Gesetzblatt
GBl. DDR	Gesetzblatt Deutsche Demokratische Republik
GBO	Grundbuchordnung
GbR	Gesellschaft des bürgerlichen Rechts
GbRmbH	Gesellschaft bürgerlichen Rechts mit beschränkter Haftung
GBV	Verordnung zur Durchführung der Grundordnung (Grundbuchverfügung)
GE	Das Grundeigentum (Zeitschrift)
GebrMG	Gebrauchsmustergesetz
GEFIU	Gesellschaft für Finanzwirtschaft in der Unternehmensführung e.V.
Geldwäsche-RL	Richtlinie (EU) 2015/849 des Europäischen Parlaments und des Rates vom 20.5.2015 zur Verhinderung der Nutzung des Finanzsystems zum Zwecke der Geldwäsche und der Terrorismusfinanzierung (ABl. EU 2015 L 141, 73)
gem.	gemäß
GenG	Gesetz betreffend die Erwerbs- und Wirtschaftsgenossenschaften
GesR	Gesellschaftsrecht
GesR-RL	Richtlinie (EU) 2017/1132 des Europäischen Parlaments und des Rates vom 14.6.2017 über bestimmte Aspekte des Gesellschaftsrechts (ABl. EU 2017 L 169, 46)
GesRZ	Der Gesellschafter (österreichische Zeitschrift)
GewA	Gewerbe-Archiv (Zeitschrift)
GewO	Gewerbeordnung
GewStD	Gewerbesteuer-Durchführungsverordnung
GewStG	Gewerbesteuergesetz
GewStR	Gewerbesteuerrichtlinien
GG	Grundgesetz für die Bundesrepublik Deutschland
ggf.	gegebenenfalls
GI	Gerling Informationen für wirtschaftsprüfende, rechts- und steuerberatende Berufe
GKG	Gerichtskostengesetz
GmbH	Gesellschaft mit beschränkter Haftung
GmbHG	Gesetz betreffend die Gesellschaften mit beschränkter Haftung
GmbHG-E I	Entwurf eines Gesetzes, betreffend die Gesellschaften mit beschränkter Haftung nebst Begründung und Anlage, Amtliche Ausgabe, Berlin 1891
GmbHG-E II	Entwurf eines Gesetzes, betreffend die Gesellschaften mit beschränkter Haftung, vorgelegt dem Reichstag am 11.2.1892
GmbH-Konzern	Der GmbH-Konzern, Bericht über die Arbeitstagung der Centrale für GmbH Dr. Otto Schmidt in Bonn vom 11.12. bis 12.12.1975, mit Referaten v. Emmerich ua sowie Diskussionen, 1976
GmbH-Novelle	Gesetz zur Änderung des Gesetzes betreffend die Gesellschaften mit beschränkter Haftung und anderer handelsrechtlicher Vorschriften v. 4.7.1980 (BGBl. 1980 I 836)
GmbHR	GmbH-Rundschau (Zeitschrift)
GmbH-Reform	Barz/Forster/Knur/Limbach/Rehbinder/Teichmann, GmbH-Reform, 1970
GmbHRspr.	Die GmbH in der Rechtsprechung der deutschen Gerichte (Zeitschrift bis 1942)
GmbH-Stpr	GmbH-Steuerpraxis (Zeitschrift)
GmbH-StB	GmbH-Steuerberater (Zeitschrift)
GmS-OGB	Gemeinsamer Senat der obersten Gerichte des Bundes

GNotKG	Gesetz über Kosten der freiwilligen Gerichtsbarkeit für Gerichte und Notare (Gerichts- und Notarkostengesetz)
GoA	Geschäftsführung ohne Auftrag
GoB	Grundsätze ordnungsmäßiger Buchführung
GoI	Grundsätze ordnungsgemäßer Inventur
GoS	Grundsätze ordnungsgemäßer Speicherführung
grds.	grundsätzlich
GrdstVG	Gesetz über Maßnahmen zur Verbesserung der Agrarstruktur und zur Sicherung land- und forstwirtschaftlicher Betriebe (Grundstücksverkehrsgesetz)
GrEStG	Grunderwerbsteuergesetz
GrS	Großer Senat
GruchB	Beiträge zur Erläuterung des (bis 1871: preußischen) Deutschen Rechts, begründet von Gruchot (1.1857–73.1933)
GrünhutsZ	Zeitschrift für das Privat- und öffentliche Recht der Gegenwart, begr. v. Grünhut
GRUR	Gewerblicher Rechtsschutz und Urheberrecht (Zeitschrift)
GRUR-Int	Gewerblicher Rechtsschutz und Urheberrecht, internationaler Teil (Zeitschrift)
GS	Großer Senat; Der Gerichtssaal (Zeitschrift); Gedächtnisschrift
GüKG	Güterkraftverkehrsgesetz
GuV	Gewinn- und Verlustrechnung
GVBl.	Gesetz- und Verordnungsblatt
GVG	Gerichtsverfassungsgesetz
GvKostG	Gesetz über Kosten der Gerichtsvollzieher
GWB	Gesetz gegen Wettbewerbsbeschränkungen
GWR	Gesellschafts- und Wirtschaftsrecht (Zeitschrift)
HAG	Heimarbeitsgesetz
Halbbd.	Halbband
HansGZ	Hanseatische Gerichtszeitung
HansRGZ	Hanseatische Rechts- und Gerichtszeitschrift
HansRZ	Hanseatische Rechtszeitschrift für Handel, Schifffahrt und Versicherung, Kolonial- und Auslandsbeziehungen
HdB	Handbuch
Hess., hess.	Hessen, hessisch
HessRspr.	Hessische Rechtsprechung
HEZ	Höchstrichterliche Entscheidungen (Entscheidungssammlung)
HFA IDW	Hauptfachausschuss des IDW
HFR	Höchstrichterliche Finanzrechtsprechung
HGB	Handelsgesetzbuch
HGrG	Gesetz über die Grundsätze des Haushaltsrechtes des Bundes und der Länder (Haushaltsgrundsätzegesetz)
hins.	hinsichtlich
HK	Herstellungskosten
hL	herrschende Lehre
hM	herrschende Meinung
HOAI	Verordnung über die Honorare für Leistungen der Architekten und der Ingenieure (Honorarordnung für Architekten und Ingenieure)
HöfeO	Höfeordnung
Holdheims Manuskript	Monatszeitschrift für Handelsrecht und Bankenwesen, begr. v. Holdheim
HPflG	Haftpflichtgesetz
HRefG	Gesetz zur Neuregelung des Kaufmanns- und Firmenrechts und zur Änderung anderer handels- und gesellschaftsrechtlicher Vorschriften (Handelsrechtsreformgesetz) vom 22.6.1998 (BGBl. 1998 I 1474)
HReg	Handelsregister
HRG	Hochschulrahmengesetz
HRR	Höchstrichterliche Rechtsprechung (Zeitschrift)
Hrsg., hrsg.	Herausgeber, herausgegeben
HRV	Ausführungsverordnung über die Errichtung und Führung des Handelsregisters (Handelsregisterverfügung)
Hs.	Halbsatz
HS	(österreichische) Handelsrechtliche Entscheidungen, begr. v. Stanzl, hrsg. v. Steiner
HuW	Haus und Wohnung (Zeitschrift)
HWB	Handwörterbuch
HWBdSozW	Handwörterbuch der Sozialwissenschaften, 1956 ff.

Abkürzungsverzeichnis

HWBRWiss	Handwörterbuch der Rechtswissenschaft, hrsg. v. Stier-Somlo und Elster (Band und Seite), 1926–1937
HwO	Handwerksordnung
IAS	International Accounting Standard(s)
IASB	International Accounting Standards Board (seit 2001)
IASC	International Accounting Standards Committee
ICCAP	International Coordination Committee for the Accountants Profession
idF	in der Fassung
idR	in der Regel
idS	in diesem Sinn
IdW	Institut der Wirtschaftsprüfer in Deutschland e.V.
IDW EPH	Entwurf eines IDW Prüfungshinweises
IDW EPS	Entwurf eines IDW Prüfungsstandards
IDW ERS	Entwurf einer IDW Stellungnahme zur Rechnungslegung
IDW ES	Entwurf eines IDW-Standards
IdW-Fachtag	Bericht über die Fachtagung (Jahr) des Instituts der Wirtschaftsprüfer in Deutschland e.V.
IDW-FAMA	Stellungnahme des Fachausschusses für moderne Abrechnungssystem des IDW
IDW-FAR	Stellungnahme des Fachausschusses Recht des IDW
IDW-HFA	Stellungnahme des Hauptfachausschusses des IDW
IDW PH	IDW Prüfungshinweis
IDW PS	IDW Prüfungsstandard
IDW RH	IDW Rechnungslegungshinweis
IDW RS	IDW Rechnungslegungsstandard
IDW S	IDW Standard
IDW-SABI	Stellungnahme des Sonderausschusses des IDW; Bilanzrichtlinien-Gesetz des IDW
IDW SR	IDW Stellungnahme zur Rechnungslegung
iE	im Einzelnen
IECL	International Enzyclopedia of Comparative Law, hrsg. v. David ua, ab 1974
iErg	im Ergebnis
ieS	im engeren Sinne
IFAC	International Federation of Accountants
IFRS	International Financial Reporting Standards (seit 2001)
IFSB	International Financial Standards Board (seit 2001)
IfSG	Infektionsschutzgesetz
iG	in Gründung
iHv	in Höhe von
IHK	Industrie- und Handelskammer
IKS	Internes Kontrollsystem
ILO	International Labour Organization
INF	Die Information über Steuer und Wirtschaft (Zeitschrift)
insbes.	insbesondere
InsO	Insolvenzordnung
InVO	Insolvenz und Vollstreckung (Zeitschrift)
IPG	Gutachten zum internationalen und ausländischen Privatrecht
IPR	Internationales Privatrecht
IPRax	Praxis des Internationalen Privat- und Verfahrensrechts (Zeitschrift)
IPRG	(österreichisches) Bundesgesetz über das internationale Privatrecht (IPR-Gesetz)
IPRspr.	Makarov/Gamillscheg/Müller/Dierk/Kropholler, Die deutsche Rechtsprechung auf dem Gebiet des internationalen Privatrechts, 1952 ff.
iS	im Sinne
ISA	International Standards on Auditing
iSd	im Sinne des/der
IStR	Internationales Steuerrecht (Zeitschrift)
iSv	im Sinne von
iÜ	im Übrigen
iVm	in Verbindung mit
IWB	Internationale Wirtschaftsbriefe
iwS	im weiteren Sinne
JA	Juristische Arbeitsblätter (Zeitschrift)
JArbSchG	Jugendarbeitsschutzgesetz
Jb.	Jahrbuch
JBeitrG	Justizbeitreibungsgesetz

JbDStJG	Jahrbuch der Deutschen Steuerjuristischen Gesellschaft e.V.
JbFSt.	Jahrbuch der Fachanwälte für Steuerrecht (1967 ff.)
JbIntR	Jahrbuch für internationales Recht
JBl	Juristische Blätter (österreichische Zeitschrift)
J.B.L.	Journal of Business Law (Zeitschrift)
JBlSaar	Justizblatt des Saarlandes
JFG	Jahrbuch für Entscheidungen in Angelegenheiten der freiwilligen Gerichtsbarkeit und des Grundbuchrechts, begr. v. Ring (1.1924–23.1943)
Jg.	Jahrgang
JGG	Jugendgerichtsgesetz
Jh.	Jahrhundert
JherJb	Jherings Jahrbuch für die Dogmatik des bürgerlichen Rechts (Zeitschrift, Band und Seite)
JKomG	Justizkommunikationsgesetz
JM	Justizministerium
JMBl.	Justizministerialblatt
JoA	Journal of Accountancy
JöR	Jahrbuch des öffentlichen Rechts der Gegenwart
jP	juristische Person
JR	Juristische Rundschau (Zeitschrift)
JRfPrV	Juristische Rundschau für die Privatversicherung (Zeitschrift)
JurA	Juristische Analysen (Zeitschrift)
Jura	Juristische Ausbildung (Zeitschrift)
JurBüro	Das juristische Büro (Zeitschrift)
JurJb	Juristen-Jahrbuch
JuS	Juristische Schulung (Zeitschrift)
Justiz	Die Justiz (Zeitschrift)
JVBl.	Justizverwaltungsblatt (Zeitschrift)
JW	Juristische Wochenschrift (Zeitschrift)
JZ	Juristenzeitung (Zeitschrift)
KAGG	Gesetz über Kapitalanlagegesellschaften, aufgehoben
Kap.	Kapital, Kapitel
KapAEG	Kapitalaufnahmeerleichterungsgesetz
KapCoRiLiG	Kapitalgesellschaften- und Co-Richtlinie-Gesetz v. 24.2.2000 (BGBl. 2000 I 154)
KapErhG	Gesetz über die Kapitalerhöhung aus Gesellschaftsmitteln und über die Verschmelzung von Gesellschaften mit beschränkter Haftung
KapErhStG	Gesetz über steuerrechtliche Maßnahmen bei Erhöhung des Nennkapitals aus Gesellschaftsmitteln
KapESt	Kapitalertragsteuer
KapGes	Kapitalgesellschaft
KapGesR	Kapitalgesellschaftsrecht
Kapitaladäquanz-VO	Verordnung (EU) Nr. 575/2013 des Europäischen Parlaments und des Rates vom 26.6.2013 über Aufsichtsanforderungen an Kreditinstitute und Wertpapierfirmen und zur Änderung der Verordnung (EU) Nr. 646/2012 (ABl. EU 2013 L 176, 1, ber.)
KartG	Kartellgericht
KartG	Sammlung v. Entscheidungen des KartG (11.924–14.1938)
KartRdsch.	Kartell-Rundschau (Schriftenreihe)
Kfz	Kraftfahrzeug
KG	Kammergericht (Berlin); Kommanditgesellschaft
KGaA	Kommanditgesellschaft auf Aktien
KGBl.	Blätter für Rechtspflege im Bereich des Kammergerichts in Sachen der freiwilligen Gerichtsbarkeit in Kosten-, Stempel- und Strafsachen (Zeitschrift)
KGJ	Jahrbuch für Entscheidungen des Kammergerichts in Sachen der freiwilligen Gerichtsbarkeit, in Kosten-, Stempel- und Strafsachen
KiStG	Kirchensteuergesetz (Landesrecht)
KO	Konkursordnung, aufgehoben
KommBer	Beschlüsse der XXV Kommission des Reichstages (RT-Drs., 8. Legislaturperiode, I. Session 1890/92, Nr. 744)
KonsG	Konsulargesetz
KonTraG	Gesetz zur Kontrolle und Transparenz im Unternehmensbereich v. 27.4.1998 (BGBl. 1998 I 786)
KÖSDI	Kölner Steuerdialog

Abkürzungsverzeichnis

KostO	Gesetz über die Kosten in Angelegenheiten der freiwilligen Gerichtsbarkeit (Kostenordnung), aufgehoben
KR	Kontrollrat
KRG	Kontrollratsgesetz
KrG	Kreisgericht (DDR)
krit.	kritisch
KritJ	Kritische Justiz (Zeitschrift)
KritV	Kritische Vierteljahresschrift für Gesetzgebung und Rechtswissenschaft
KSchG	Kündigungsschutzgesetz
KSt	Körperschaftsteuer
KStDV 1994	Körperschaftsteuer-Durchführungsverordnung 1994
KStG	Körperschaftsteuergesetz
KStR 2015	Körperschaftsteuer-Richtlinien 2015
KStZ	Kommunale Steuer-Zeitschrift
KTS	Zeitschrift für Konkurs-, Treuhand- und Schiedsgerichtswesen; ab 1989 Zeitschrift für Insolvenzrecht – Konkurs, Treuhand, Sanierung
KunstUrhG	Gesetz betreffend das Urheberrecht an Werken der bildenden Künste und der Photographie
KuT	Konkurs- und Treuhandwesen (Zeitschrift) ab 1989 ersetzt durch: KTS
KVStDV	Kapitalverkehrsteuer-Durchführungsverordnung
KVStG	Kapitalverkehrsteuergesetz
KWG	Gesetz über das Kreditwesen
L	Landes-
LAG	Landesarbeitsgericht (mit Ortsnamen); Lastenausgleichsgesetz
LG	Landgericht
li. Sp.	linke Spalte
Lit.	Literatur
LM	Lindenmaier/Möhring, Nachschlagewerk des Bundesgerichtshofs
LöschG	Gesetz über die Auflösung und Löschung von Gesellschaften und Genossenschaften
Losebl.	Loseblattausgabe
Ls.	Leitsatz
LSA	Sachsen-Anhalt
LSG	Landessozialgericht
LStDV	Lohnsteuerdurchführungsverordnung
LStR 2015	Lohnsteuerrichtlinien 2015
LVA	Landesversicherungsanstalt
LZ	Leipziger Zeitschrift für Deutsches Recht
m. abl. Anm.	mit ablehnender Anmerkung
mAnm	mit Anmerkung(en)
MarkenG	Markengesetz
Marktmissbrauchs-VO	Verordnung (EU) 596/2014 des Europäischen Parlaments und des Rates vom 16.4.2014 über Marktmissbrauch (Marktmissbrauchsverordnung) und zur Aufhebung der Richtlinie 2003/6/EG des Europäischen Parlaments und des Rates und der Richtlinien 2003/124/EG, 2003/125/EG und 2004/72/EG der Kommission (ABl. EU 2014 L 173, 1, ber.)
max.	maximal
MBl.	Ministerialblatt
MDR	Monatsschrift für Deutsches Recht (Zeitschrift)
mE	meines Erachtens
MedR	Medizinrecht (Zeitschrift)
Mio.	Million(en)
MitbestG	Gesetz über die Mitbestimmung der Arbeitnehmer
MitbestBeiG	Mitbestimmungs-Beibehaltungsgesetz
Mitt.	Mitteilung(en)
MittBayNot	Mitteilungen des Bayerischen Notarvereins (Zeitschrift)
MittRhNotK	Mitteilungen der Rheinischen Notarkammer (Zeitschrift)
m. krit. Anm.	mit kritischer Anmerkung
mN	mit Nachweis(en)
MoMiG	Gesetz zur Modernisierung des GmbH-Rechts und zur Bekämpfung von Missbräuchen v. 23.10.2008 (BGBl. 2008 I 2026)
mon.	monatlich

Montan-MitbestErgG	Gesetz zur Ergänzung des Gesetzes über die Mitbestimmung der Arbeitnehmer in den Aufsichtsräten und Vorständen des Bergbaus und der Eisen und Stahl erzeugenden Industrie
Montan-MitbestG	Gesetz über die Mitbestimmung der Arbeitnehmer in den Aufsichtsräten und Vorständen der Unternehmen des Bergbaus und der Eisen und Stahl erzeugenden Industrie
MoPeG	Gesetz zur Modernisierung des Personengesellschaftsrechts v. 10.8.2021 (BGBl. 2021 I 3436)
Mot. I–V	Motive zu dem Entwurf eines Bürgerlichen Gesetzbuches für das Deutsche Reich (Bd. I Allgemeiner Teil; Bd. II Recht der Schuldverhältnisse; Bd. III Sachenrecht; Bd. IV Familienrecht; Bd. V Erbrecht)
MR	Medien und Recht (Zeitschrift)
Mrd.	Milliarde
MRG	Gesetz der Militärregierung Deutschland (1945–1949)
Mugdan	Die gesamten Materialien zum Bürgerlichen Gesetzbuch für das deutsche Reich, hrsg. v. Mugdan, Band I–V, 1899
mwN	mit weiteren Nachweisen
mWv	mit Wirkung vom
mzN	mit zahlreichen Nachweisen
m. zust. Anm.	mit zustimmender Anmerkung
NachhBG	Nachhaftungsbegrenzungsgesetz
NaStraG	Gesetz zur Namensaktie und zur Erleichterung der Stimmrechtsausübung (Namensaktiengesetz) v. 18.1.2001 (BGBl. 2001 I 123)
NB	Neue Betriebswirtschaft (Zeitschrift)
Nds., nds.	Niedersachsen, niedersächsisch
NdsRPfl	Niedersächsische Rechtspflege (Zeitschrift)
NF	Neue Folge
nF	neue Fassung
NJ	Neue Justiz (DDR-Zeitschrift)
NJW	Neue Juristische Wochenschrift (Zeitschrift)
NJW-RR	Neue Juristische Wochenschrift Rechtsprechungs-Report Zivilrecht (Zeitschrift)
NJW-Spezial	Neue Juristische Wochenschrift – Spezial
norddt.	norddeutsch
notar	Zeitschrift notar
NotBZ	Zeitschrift für notarielle Beratungs- und Beurkundungspraxis
Nr.	Nummer(n)
NRW	Nordrhein-Westfalen
NStZ	Neue Zeitschrift für Strafrecht
NStZ-RR	NStZ-Rechtsprechungs-Report Strafrecht (Zeitschrift)
nv	nicht veröffentlicht
NvWR	Neues vom Wirtschaftsrecht (Zeitschrift; Rundschreiben des BDI)
NW	Nordrhein-Westfalen
NWB	Neue Wirtschaftsbriefe, Loseblatt-Sammlung
NYSE	New York Stock Exchange
NZ	(österreichische) Notariatszeitung
NZA	Neue Zeitschrift für Arbeits- und Sozialrecht
NZG	Neue Zeitschrift für Gesellschaftsrecht ab 1998
NZI	Neue Zeitschrift für Insolvenz und Sanierung
NZZ	Neue Züricher Zeitung
o.	oben
oÄ	oder Ähnliche(s)
öAktG	Österreichisches Aktiengesetz
ÖBA	Österreichisches Bank-Archiv (Zeitschrift)
öBGBl.	Österreichisches Bundesgesetzblatt
ÖBl.	Österreichische Blätter für gewerblichen Rechtsschutz und Urheberrecht (Zeitschrift)
OECD	Organization of Economic Cooperation and Development
OFD	Oberfinanzdirektion
OFH	Oberster Finanzgerichtshof
og	oben genannte(r, s)
ÖG	Oberster Gerichtshof der DDR
OGH	(österreichischer) Oberster Gerichtshof
OGH-BrZ	Oberster Gerichtshof für die Britische Zone

Abkürzungsverzeichnis

OGHSt.	Entscheidungen des Obersten Gerichtshofes für die Britische Zone in Strafsachen (Band und Seite)
OGHSZ	(österreichische) Entscheidungen des Obersten Gerichtshofes in Zivil- und Justizverwaltungssachen
OGHZ	Entscheidungen des Obersten Gerichtshofes für die Britische Zone in Zivilsachen (Band und Seite)
öGmbHG	Österreichisches Gesetz über Gesellschaften mit beschränkter Haftung
OHG	offene Handelsgesellschaft
öHGB	Österreichisches Handelsgesetzbuch
öHypBkG	Österreichisches Hypothekenbankgesetz
oJ	ohne Jahrgang
ÖJZ	Österreichische Juristenzeitung (Zeitschrift)
OLG	Oberlandesgericht
OLGE	Die Rechtsprechung der Oberlandesgerichte auf dem Gebiete des Zivilrechts, hrsg. v. Mugdan und Falkmann (1.1900–46.1928)
OLG-NL	OLG-Rechtsprechung Neue Länder
OLGRspr.	Die Rechtsprechung der Oberlandesgerichte auf dem Gebiet des Zivilrechts (1900–1928) (Entscheidungssammlung)
OLGR	OLG-Reporte einzelner Oberlandesgericht
OLGZ	Rechtsprechung der Oberlandesgerichte in Zivilsachen, Amtliche Entscheidungssammlung
OR	Schweizerisches Obligationsrecht
ORDO	ORDO, Jahrbuch für die Ordnung von Wirtschaft und Gesellschaft
öst.	österreichisch
ÖStZ	Österreichische Steuer-Zeitung
oV	ohne Verfasser
OVG	Oberverwaltungsgericht
OWiG	Gesetz über Ordnungswidrigkeiten
ÖZW	Österreichische Zeitschrift für Wirtschaftsrecht
ÖZöffR	Österreichische Zeitschrift für öffentliches Recht (Zeitschrift, zitiert nach Band und Seite)
ParteiG	Gesetz über die politischen Parteien (Parteiengesetz)
PartGG	Partnerschaftsgesellschaftsgesetz
PatG	Patentgesetz
PBefG	Personenbeförderungsgesetz
Phi	Produkthaftpflicht (Zeitschrift)
PISTB	Praxis Internationale Steuerberatung (Zeitschrift)
PrALR	Allgemeines Landesrecht für die Preußischen Staaten von 1794 (zitiert nach §, Teil und Titel)
Prospekt-VO	VO (EU) 2017/1129 des Europäischen Parlaments und des Rates vom 14.6.2017 über den Prospekt, der beim öffentlichen Angebot von Wertpapieren oder bei deren Zulassung zum Handel an einem geregelten Markt zu veröffentlichen ist und zur Aufhebung der RL 2003/71/EG (ABl. EU 2017 L 168, 12)
Prot.	Protokolle der Kommission für die zweite Lesung des Entwurfs des BGB (Bd. I und IV 1897; Bd. II 1898; Bd. III und V 1899)
PrOVG	Preußisches Oberverwaltungsgericht
PSV	Pensionssicherungsverein
PSVaG	Pensionssicherungsverein auf Gegenseitigkeit
PublG	Gesetz über die Rechnungslegung von bestimmten Unternehmen und Konzernen
Publizitäts-RL	Richtlinie 2009/101/EG des Europäischen Parlaments und des Rates vom 16. September 2009 zur Koordinierung der Schutzbestimmungen, die in den Mitgliedstaaten den Gesellschaften im Sinne des Artikels 48 Absatz 2 des Vertrags im Interesse der Gesellschafter sowie Dritter vorgeschrieben sind, um diese Bestimmungen gleichwertig zu gestalten (ABl. L 258, 11), aufgehoben
Publizitäts-RL 1968	Erste Richtlinie 68/151/EWG zur Koordinierung der Schutzbestimmungen, die in den Mitgliedstaaten den Gesellschaften im Sinne des Artikels 58 Absatz 2 des Vertrages im Interesse der Gesellschafter sowie Dritter vorgeschrieben sind, um diese Bestimmungen gleichwertig zu gestalten (ABl. EG 1968 L 65, 8)
pVV	positive Vertragsverletzung
RA	Rechtsausschuss, Rechtsanwalt
RabelsZ	Zeitschrift für ausländisches und internationales Privatrecht (Band und Seite)
RAG	Reichsarbeitsgericht, zugleich amtliche Sammlung der Entscheidungen (Band und Seite)

RAP	Rechnungsabgrenzungsposten
RBerG	Rechtsberatungsgesetz
rd.	rund
RdA	Recht der Arbeit (Zeitschrift)
RdErl.	Runderlass
RdL	Recht der Landwirtschaft (Zeitschrift)
RdW	Recht der Wirtschaft (österreichische Zeitschrift)
Recht	Das Recht (Zeitschrift)
Rechtstheorie	Rechtstheorie (Zeitschrift)
RefE	Referentenentwurf
RegBl.	Regierungsblatt
RegE	Regierungsentwurf
re. Sp.	rechte Spalte
RFH	Reichsfinanzhof, zugleich amtliche Sammlung der Entscheidungen (Band und Seite)
RG	Reichsgericht
RGBl.	Reichsgesetzblatt
RG-Praxis	Die Reichsgerichtspraxis im deutschen Rechtsleben, Festgabe der jur. Fakultäten zum 50-jährigen Bestehen des Reichsgerichts, 1929
RGSt	Amtliche Sammlung v. Entscheidungen des Reichsgerichts in Strafsachen
RGZ	Amtliche Sammlung v. Entscheidungen des Reichsgerichts in Zivilsachen
RheinZ	Rheinische Zeitschrift für Zivil- und Prozessrecht
RhPf.	Rheinland-Pfalz, rheinland-pfälzisch
RiA	Recht im Amt (Zeitschrift)
RIW	Recht der internationalen Wirtschaft (Zeitschrift)
RJA	Entscheidungen in Angelegenheiten der freiwilligen Gerichtsbarkeit und des Grundbuchrechts, zusammengestellt im Reichsjustizamt (1.1900–17.1922)
RJM	Reichsminister der Justiz
RKG	Reichsknappschaftsgesetz
RKW	Rationalisierungs-Kuratorium der deutschen Wirtschaft
RL	Richtlinie
RMBl.	Reichsministerialblatt
Rn.	Randnummer(n)
RNotZ	Rheinische Notar-Zeitschrift
ROHG	Reichsoberhandelsgericht, auch Entscheidungssammlung (Band und Seite)
Rom I-VO	Verordnung (EG) Nr. 593/2008 des Europäischen Parlaments und des Rates vom 17.6.2008 über das auf vertragliche Schuldverhältnisse anzuwendende Recht
Rom II-VO	Verordnung (EG) Nr. 864/2007 des Europäischen Parlaments und des Rates vom 11.7.2007 über das auf außervertragliche Schuldverhältnisse anzuwendende Recht
ROW	Recht in Ost und West (Zeitschrift)
Rpfleger	Der deutsche Rechtspfleger (Zeitschrift)
RPflG	Rechtspflegergesetz
RSiedlG	Reichssiedlungsgesetz
Rspr.	Rechtsprechung
RStBl.	Reichssteuerblatt
Rs.	Rechtssache
r+s	Recht und Schaden (Zeitschrift)
RT	Reichstag
RuW	Recht und Wirtschaft (Zeitschrift)
RWP	Rechts- und Wirtschaftspraxis, Loseblatt-Ausgabe
RZ	(österreichische) Richterzeitung
RzW	Rechtsprechung zum Wiedergutmachungsrecht (Zeitschrift)
S.	Seite, Satz
s.	siehe
Saarl.	Saarland
SABI	Sonderausschuß Bilanzrichtlinien-Gesetz des Instituts der Wirtschaftsprüfer in Deutschland e.V.
SaBl.	Sammelblatt für Rechtsvorschriften des Bundes und der Länder
SächsArch.	Sächsisches Archiv für Rechtspflege (Zeitschrift)
SAE	Sammlung arbeitsrechtlicher Entscheidungen (Zeitschrift)
SAG	Die schweizerische Aktiengesellschaft (Zeitschrift)

Abkürzungsverzeichnis

SanInsFoG .... Gesetz zur Fortentwicklung des Sanierungs- und Insolvenzrechts (Sanierungs- und Insolvenzrechtsfortentwicklungsgesetz) vom 22.12.2020 (BGBl. 2020 I 3256)

SCE-VO .... Verordnung (EG) Nr. 1435/2003 des Rates vom 22.7.2003 über das Statut der Europäischen Genossenschaft (SCE) (ABl. EG 2003 L 207, 1, ber.)

ScheckG .... Scheckgesetz

SchlH .... Schleswig-Holstein

SchlHA .... Schleswig-Holsteinische Anzeigen (NF 1.1837 ff. Zeitschrift)

SchuldRModG .... Gesetz zur Modernisierung des Schuldrechts

Schw. Jb. Int. R. .... Schweizerisches Jahrbuch für Internationales Recht

SchweizJZ .... Schweizerische Juristenzeitung

SchwZStrafR .... Schweizerische Zeitschrift für Strafrecht

SE .... Societas Europaea; Europäische Aktiengesellschaft

SE-VO .... Verordnung (EG) Nr. 2157/2001 des Rates 8.10.2001 über das Statut der Europäischen Gesellschaft (SE), ABl. EG 2001 L 294, 1

SEC .... Securities an Exchanges Commission (USA)

Sect. .... Section

SeuffA .... Seufferts Archiv für Entscheidungen der obersten Gerichte in den deutschen Staaten (Zeitschrift, zitiert nach Band und Nummer)

SeuffBl. .... Seufferts Blätter für Rechtsanwendung (Zeitschrift, zitiert nach Band und Seite)

SG .... Sozialgericht; Soldatengesetz

SGB .... Sozialgesetzbuch – 1. Buch, Allgemeiner Teil; 3. Buch, Arbeitsförderung; 4. Buch, Gemeinsame Vorschriften für die Sozialversicherung; 6. Buch, Gesetzliche Rentenversicherung

SGb .... Die Sozialgerichtsbarkeit (Zeitschrift)

SGG .... Sozialgerichtsgesetz

SGVNW .... Sammlung des bereinigten Gesetz- und Verordnungsblattes für das Land Nordrhein-Westfalen, 1962 ff., Loseblatt-Sammlung

SIC .... Standing Interpretations Committee

SJZ .... Süddeutsche Juristenzeitung (Zeitschrift)

Slg. .... Sammlung

SoergRspr. .... Soergel(s) Rechtsprechung zum gesamten Zivil-, Handels- und Prozessrecht (Jahr, Paragraph und Nummer)

sog. .... sogenannt

SolZG .... Solidaritätszuschlagsgesetz

SozR .... Sozialrecht, Rechtsprechung und Schrifttum, bearb. v. den Richtern des Bundessozialgerichts

SozVers. .... Die Sozialversicherung (Zeitschrift)

SozW .... Sozialwissenschaft(en)

Sp. .... Spalte

SprAuG .... Gesetz über Sprecherausschüsse der leitenden Angestellten (Sprecherausschussgesetz)

SpTrUG .... Gesetz über die Spaltung der von der Treuhandanstalt verwalteten Unternehmen (Spaltungsgesetz)

S.R.L. .... Società a responsabilità limitata

Staat .... Der Staat. Zeitschrift für Staatslehre, öffentliches Recht und Verfassungsgeschichte (Band und Seite)

StAG .... Staatsangehörigkeitsgesetz

StAnpG .... Steueranpassungsgesetz

StaRUG .... Gesetz über den Stabilisierungs- und Restrukturierungsrahmen für Unternehmen (Unternehmensstabilisierungs- und -restrukturierungsgesetz) vom 22.12.2020 (BGBl. 2020 I 3256)

StatJb .... Statistisches Jahrbuch für die Bundesrepublik Deutschland, hrsg. v. Statistischen Bundesamt (Jahr und Seite)

Status:Recht .... Status:Recht (Zeitschrift)

StBerG .... Steuerberatungsgesetz

Stbg .... Die Steuerberatung (Zeitschrift)

StbJb .... Steuerberater-Jahrbuch

StBp .... Die steuerliche Betriebsprüfung (Zeitschrift)

StÄndG .... Steueränderungsgesetz

StEK .... Steuererlasse in Karteiform, bearbeitet v. Felix, 1962 ff.

Sten. Prot. .... Stenographisches Protokoll

StEntlG .... Steuerentlastungsgesetz

StEuglG	Gesetz zur Umrechnung und Glättung steuerlicher Euro-Beträge (Steuer-Euro-glättungsgesetz – StEuglG)
StFG	Gesetz zur Errichtung eines Finanzmarkt- und eines Wirtschaftsstabilisierungsfonds (Stabilisierungsfondsgesetz – StFG) vom 17.10.2008 (BGBl. 2008 I 1982)
StGB	Strafgesetzbuch
StGH	Staatsgerichtshof
StiftG	Stiftungsgesetz (Landesrecht)
StPO	Strafprozessordnung
str.	streitig
StRK	Steuerrechtsprechung in Karteiform. Höchstgerichtliche Entscheidungen in Steuersachen, Loseblattsammlung (1922–1944, 1951 ff.)
stRspr	ständige Rechtsprechung
StSenkG	Steuersenkungsgesetz
StuB	Steuer- und Bilanzpraxis (Zeitschrift)
StückAG	Stückaktiengesetz
StuR	Staat und Recht (Zeitschrift)
StuW	Steuer und Wirtschaft (Zeitschrift)
StV	Strafverteidiger (Zeitschrift)
SWK	Steuer und Wirtschaftskartei (Zeitschrift)
SWZ	Schweizerische Zeitschrift für Wirtschaftsrecht
SZ	Entscheidungen des OGH in Zivilsachen
TransPuG	Transparenz- und Publizitätsgesetz
TreuhG	Gesetz zur Privatisierung und Reorganisation des volkseigenen Vermögens (Treuhandgesetz)
TVG	Tarifvertragsgesetz
u.	und, unten, unter
ua	und andere unter anderem
UA	Untersuchungsausschuss
uÄ	und Ähnliche(s)
UAbs.	Unterabsatz
UBGG	Gesetz über Unternehmensbeteiligungsgesellschaften
überwM	überwiegende Meinung
uE	unseres Erachtens
UEC	Union Européenne des Experts Comptables Economiques et Financiers
UFITA	Archiv für Urheber-, Film-, Funk- und Theaterrecht (Zeitschrift, zitiert nach Band und Seite)
UGB	(österreichisches) Unternehmensgesetzbuch
UKlaG	Gesetz über Unterlassungsklagen bei Verbraucherrechts- und anderen Verstößen (Unterlassungsklagengesetz)
UMAG	Gesetz zur Unternehmensintegrität und Modernisierung des Anfechtungsrechts v. 22.9.2005 (BGBl. 2005 I 2802)
UmstG	Drittes Gesetz zur Neuordnung des Geldwesens (Umstellungsgesetz)
UmwG	Umwandlungsgesetz
UmwStErl.	Umwandlungssteuererlass
UmwStG	Umwandlungssteuergesetz
UNCTAD	United Nations Congress of Trade and Development
UNO	United Nations Organization
unstr.	unstreitig
Unternehmensrechts-kommission-Bericht	Bericht über die Verhandlungen der Unternehmensrechtskommission, hrsg. v. Bundesministerium der Justiz, 1980
U. Pa. L. Rev.	University of Pennsylvania Law Review (USA)
UR	Umsatzsteuer-Rundschau (Zeitschrift); auch UStR
UrhG	Gesetz über Urheberrecht und verwandte Schutzrechte (Urheberrechtsgesetz)
Urt.	Urteil
US-GAAP	United States Generally Accepted Accounting Principles
UStG	Umsatzsteuergesetz
USt	Umsatzsteuer
UStDV	Umsatzsteuer-Durchführungsverordnung
UStG	Umsatzsteuergesetz
UStR	Umsatzsteuerrichtlinien; Umsatzsteuer-Rundschau (Zeitschrift)
usw	und so weiter
uU	unter Umständen
uvam	und vieles andere(s) mehr

Abkürzungsverzeichnis

uvm	und viele mehr
UVR	Umsatzsteuer- und Verkehrsteuer-Recht (Zeitschrift)
UWG	Gesetz gegen den unlauteren Wettbewerb
v.	vom, von
va	vor allem
vAw	von Amts wegen
VA	Vermittlungsausschuss
VAG	Gesetz über die Beaufsichtigung der Versicherungsunternehmen (Versicherungsaufsichtsgesetz)
VBlBW	Verwaltungsblätter für Baden-Württemberg
VerBAV	Veröffentlichungen des Bundesaufsichtsamtes f. das Versicherungs- und Bausparwesen (Zeitschrift)
VereinsG	Vereinsgesetz
Verf.	Verfassung
VerglO	Vergleichsordnung, aufgehoben
Verh.	Verhandlung(en)
VerkBl.	Verkehrsblatt, Amtsblatt des Bundesministers für Verkehr
VerkMitt.	Verkehrsrechtliche Mitteilungen (Zeitschrift)
VerkRdsch.	Verkehrsrechtliche Rundschau (Zeitschrift)
VerlG	Gesetz über das Verlagsrecht
VermBG	Vermögensbildungsgesetz
Veröff.	Veröffentlichung
VerschG	Verschollenheitsgesetz
VerschmG	(österreichisches) Verschmelzungsgesetz
VersR	Versicherungsrecht, Juristische Rundschau für die Individualversicherung (Zeitschrift)
VersRdsch.	Versicherungsrundschau (österreichische Zeitschrift)
VersW	Versicherungswirtschaft (Zeitschrift)
Verw.	Verwaltung
VerwA	Verwaltungsarchiv (Zeitschrift)
VerwG	Verwaltungsgericht
VerwGH	Verwaltungsgerichtshof
VerwR	Verwaltungsrecht
VerwRspr.	Verwaltungsrechtsprechung in Deutschland (Band und Seite)
VFA	Versicherungsfachausschuss des IDW
Vfg.	Verfügung
vGA	verdeckte Gewinnausschüttung
VGH	Verfassungsgerichtshof
vgl.	vergleiche
VGR	Gesellschaftsrechtliche Vereinigung
vH	von (vom) Hundert
VO	Verordnung
VOBl.	Verordnungsblatt
Vol.	Volume (= Band)
Vorbem.	Vorbemerkung
VorstAG	Gesetz zur Angemessenheit der Vorstandsvergütung v. 31.7.2009 (BGBl. 2009 I 2509)
VRS	Verkehrsrechts-Sammlung (Zeitschrift; Band und Seite)
vs.	versus
VStG	Vermögensteuergesetz
VStR	Vermögensteuer-Richtlinien für die Vermögensteuer-Hauptveranlagung
VVaG	Versicherungsverein auf Gegenseitigkeit
VVDStRL	Veröffentlichungen der Vereinigung Deutscher Staatsrechtslehrer
VVG	Gesetz über den Versicherungsvertrag
VW	Versicherungswirtschaft (Zeitschrift)
VwGO	Verwaltungsgerichtsordnung
VwKostG	Verwaltungskostengesetz
VwVfG	Verwaltungsverfahrensgesetz
VwZG	Verwaltungszustellungsgesetz
VZ	Veranlagungszeitraum
VZS	Vereinigte Zivilsenate
WährG	Währungsgesetz (Gesetz Nr. 61 der amerikanischen und der britischen Militärregierung)

WarnR	Rechtsprechung des Reichsgerichts, herausgegeben von Warneyer (Band und Nummer), ab 1961: Rechtsprechung des Bundesgerichtshofs in Zivilsachen
wbl	Wirtschaftsrechtliche Blätter (österreichische Zeitschrift)
WG	Wechselgesetz
WHG	Wasserhaushaltsgesetz
WiB	Wirtschaftsrechtliche Beratung (Zeitschrift) bis zum 31.12.1997; ab 1.1.1998 ersetzt durch NZG
WiGBl.	Gesetzblatt der Verwaltung des Vereinigten Wirtschaftsgebiets
WiR	Wirtschaftsrat
WiSta	Wirtschaft und Statistik (herausgegeben vom Statistischen Bundesamt; Zeitschrift)
WiStG	Gesetz zur weiteren Vereinfachung des Wirtschaftsstrafrechts (Wirtschaftsstrafgesetz)
wistra	Zeitschrift für Wirtschaft, Steuer und Strafrecht
WISU	Das Wirtschaftsstudium (Zeitschrift)
WiuStat	Wirtschaft und Statistik (1.1921–24.1944, N. F. 1.1949 ff.)
WM	Wertpapiermitteilungen (Zeitschrift)
wN	weitere Nachweise
WP	Wahlperiode; Wirtschaftsprüfer; Das Wertpapier (Zeitschrift)
WPg	Die Wirtschaftsprüfung (Zeitschrift)
WPflG	Wehrpflichtgesetz
WpHG	Gesetz über den Wertpapierhandel (Wertpapierhandelsgesetz)
WPK	Wirtschaftsprüferkammer
WPO	Wirtschaftsprüferordnung
WpÜG	Wertpapiererwerbs- und Übernahmegesetz
WpÜG-AnwendbV	WpÜG-Anwendbarkeitsverordnung
WpÜG-AV	WpÜG-Angebotsverordnung
WpÜG-BV	WpÜG-Beiratsverordnung
WpÜG-GV	WpÜG-Gebührenverordnung
WpÜG-WV	WpÜG-Widerspruchsausschuss-Verordnung
WRP	Wettbewerb in Recht und Praxis (Zeitschrift)
WRV	Weimarer Reichsverfassung
WStBG	Gesetz zur Beschleunigung und Vereinfachung des Erwerbs von Anteilen an sowie Risikopositionen von Unternehmen des Finanzsektors durch den Fonds „Finanzmarktstabilisierungsfonds – FMS" und der Realwirtschaft durch den Fonds „Wirtschaftsstabilisierungsfonds – WSF" (Wirtschaftsstabilisierungsbeschleunigungsgesetz) vom 17.10.2008 (BGBl. 2008 I 1982)
WuB	Entscheidungssammlung zum Wirtschafts- und Bankrecht (Zeitschrift)
WuM	Wohnungswirtschaft und Mietrecht (Zeitschrift)
WuR	Die Wirtschaft und das Recht (Zeitschrift)
WuW	Wirtschaft und Wettbewerb (Zeitschrift)
WuW/E	WuW, Entscheidungssammlung zum Kartellrecht, Loseblattsammlung
ZAkDR	Zeitschrift der Akademie f. Deutsches Recht
ZaöRV	Zeitschrift für ausländisches öffentliches Recht und Völkerrecht (Zeitschrift, zitiert nach Band und Seite)
ZAP	Zeitschrift für Anwaltspraxis
ZAS	Zeitschrift für Arbeits- und Sozialrecht (österreichische Zeitschrift)
zB	zum Beispiel
ZBB	Zeitschrift für Bankrecht und Bankwirtschaft
ZBergR	Zeitschrift für Bergrecht
ZBernJV	Zeitschrift des Bernischen Justizvereins
ZBl.	Zentralblatt für die juristische Praxis (Zeitschrift)
ZblFG	Zentralblatt für freiwillige Gerichtsbarkeit und Notariat (ab 12.1911/12: für freiwillige Gerichtsbarkeit, Notariat und Zwangsversteigerung) 1.1900/01–22.1921/22
ZBIHR	Zentralblatt für Handelsrecht
ZblSozVers.	Zentralblatt für Sozialversicherung und -versorgung
ZErb	Zeitschrift für die Steuer- und Erbrechtspraxis
ZfA	Zeitschrift für Arbeitsrecht
ZfB	Zeitschrift für Betriebswirtschaft
ZfbF	Schmalenbachs Zeitschrift für betriebswirtschaftliche Forschung
ZfRV	Zeitschrift für Rechtsvergleichung
ZfSozW	Zeitschrift für Sozialwissenschaft
ZG	Zeitschrift für Gesetzgebung

Abkürzungsverzeichnis

ZGB	Schweizerisches Zivilgesetzbuch
ZGBDDR	Zivilgesetzbuch der Deutschen Demokratischen Republik
ZgesGenW	Zeitschrift für das gesamte Genossenschaftswesen
ZgesKredW	Zeitschrift für das gesamte Kreditwesen
ZgesStaatsW	Zeitschrift für die gesamte Staatswissenschaft
ZgesStrafW	Zeitschrift für die gesamte Strafrechtswissenschaft
ZGR	Zeitschrift für Unternehmens- und Gesellschaftsrecht
ZGV	Zeitschrift für Gebühren und Verkehrssteuern
ZHR	Zeitschrift für das gesamte Handels- und Wirtschaftsrecht (bis 1960: Zeitschrift für das gesamte Handelsrecht und Konkursrecht)
ZIK	Zeitschrift für Insolvenzrecht und Kreditschutz
ZInsO	Zeitschrift für das gesamte Insolvenzrecht
ZIP	Zeitschrift für Wirtschaftsrecht und Insolvenzpraxis
ZIR	Zeitschrift für interne Revision
ZLR	Zeitschrift für Lebensmittelrecht
ZLW	Zeitschrift für Luftrecht und Weltraumrechtsfragen
ZMR	Zeitschrift für Miet- und Raumrecht
ZNotP	Zeitschrift für die Notarpraxis
ZNR	Zeitschrift für Neuere Rechtsgeschichte
ZöffR	Zeitschrift für öffentliches Recht
ZPO	Zivilprozessordnung
ZRG	Zeitschrift der Savigny-Stiftung für Rechtsgeschichte (germ. Abt. = germanistische Abteilung; rom. Abt. = romanistische Abteilung; kanon. Abt. = kanonistische Abteilung)
ZRP	Zeitschrift für Rechtspolitik
ZSR	Zeitschrift für schweizerisches Recht
ZStrW	Zeitschrift für die gesamte Strafrechtswissenschaft (Band und Seite)
zT	zum Teil
zust.	zustimmend
zutr.	zutreffend
ZVersWiss	Zeitschrift für die gesamte Versicherungswissenschaft (1.1901–43.1943; 49.1960 ff.)
ZVG	Gesetz über die Zwangsversteigerung und Zwangsverwaltung
ZVglRWiss	Zeitschrift für vergleichende Rechtswissenschaft
ZVölkR	Zeitschrift für Völkerrecht
Zweigniederlassungs-RL	Elfte Richtlinie 89/666/EWG des Rates vom 21.12.1989 über die Offenlegung von Zweigniederlassungen, die in einem Mitgliedstaat von Gesellschaften bestimmter Rechtsformen errichtet wurden, die dem Recht eines anderen Staates unterliegen (ABl. EG 1989 L 395, 36), aufgehoben
ZZP	Zeitschrift für Zivilprozess (Band und Seite)

Verzeichnis der abgekürzt zitierten Literatur

Adler/Düring/Schmaltz Rechnungslegung .... Adler/Düring/Schmaltz, Rechnungslegung und Prüfung der Unternehmen, 6. Aufl. 1996

ADS .... Adler/Düring/Schmaltz, Rechnungslegung nach Internationalen Standards, 7. Aufl. 2011

Altmeppen .... Altmeppen, Gesetz betreffend die Gesellschaften mit beschränkter Haftung (GmbHG), Kommentar, 10. Aufl. 2021 (bis 9. Aufl. 2019 s. Roth/Altmeppen)

Ammon/Burkert/Görlitz .... s. Burkert/Elser

Anders/Gehle/*Bearbeiter* .... Anders/Gehle, Zivilprozessordnung, Kommentar, 80. Aufl. 2022 (79. Aufl. 2021 s. BLHAG)

Arbeitskreis GmbH-Reform I .... Arbeitskreis GmbH-Reform: Thesen und Vorschläge zur GmbH-Reform, Bd. 1. Die Handelsgesellschaft auf Einlagen – Eine Alternative zur GmbH & Co. KG, 1971

Arbeitskreis GmbH-Reform II .... Arbeitskreis GmbH-Reform: Thesen und Vorschläge zur GmbH-Reform, Bd. 2. Kapital- und Haftungsfragen. Gründung von Einmann-Gesellschaften. Konzernrecht. Arbeitnehmerbeteiligung, 1971

Armbrüster/Preuß/Renner/*Bearbeiter* .... Armbrüster/Preuß/Renner, BeurkG/DONot, Beurkundungsgesetz und Dienstordnung für Notarinnen und Notare, Kommentar, 8. Aufl. 2019

Assmann/Schneider/Mülbert/*Bearbeiter* .... Assmann/Schneider/Mülbert, Wertpapierhandelsrecht, Kommentar, 7. Aufl. 2019

Bearbeiter in Assmann/Schütze/Buck-Heeb KapAnlR-HdB .... Assmann/Schütze/Buck-Heeb, Handbuch des Kapitalanlagerechts, 5. Aufl. 2020

Bearbeiter in Baetge Bilanzen ... Baetge/Kirsch/Thiele, Bilanzen, 15. Aufl. 2019

Bearbeiter in Baetge Konzernbilanzen .... Baetge/Kirsch/Thiele, Konzernbilanzen, 13. Aufl. 2019

Bearbeiter in Baetge IAS .... Baetge/Dörner/Kleekämper/Wollmert, Rechnungslegung nach International Accounting Standards (IAS), Kommentar auf der Grundlage des deutschen Bilanzrechts, 2. Aufl. 2002

Baetge/Wollmert/Kirsch/Oser/Bischof/*Bearbeiter* .... s. IFRS-Komm

Ballerstedt .... Ballerstedt, Kapital, Gewinn und Ausschüttung bei Kapitalgesellschaften, 1949

Balser/Bokelmann/Piorreck .... s. Haunhorst/Schmidt

Bamberger/Roth/Hau/Poseck/*Bearbeiter* .... Bamberger/Roth/Hau/Poseck, Kommentar zum Bürgerlichen Gesetzbuch, 5 Bände, 4. Aufl. 2019/2020 (aktuellste Fassung zitiert als BeckOK BGB)

Baranowski .... K. H. Baranowski, Die Besteuerung von Auslandsbeziehungen, 2. Aufl. 1996

Bartl/Bartl/Beine/Koch/Schlarb/Schmitt/*Bearbeiter* ...... GmbH-Recht, Heidelberger Kommentar, 8. Aufl. 2019 (bis 7. Aufl. 2013 s. HK-GmbHR)

Bassenge/Roth .... Bassenge/Roth, Gesetz über die Angelegenheiten der freiwilligen Gerichtsbarkeit, Rechtspflegergesetz, Kommentar, 12. Aufl. 2009

Bauer/Diller Wettbewerbsverbote .... Bauer/Diller, Wettbewerbsverbote, 8. Aufl. 2019

Bauer/Schaub/*Bearbeiter* .... Bauer/Schaub, Grundbuchordnung: GBO, Kommentar, 4. Aufl. 2018

Baumbach/Hopt/*Bearbeiter* ..... Baumbach/Hopt, Handelsgesetzbuch, Kommentar, 40. Aufl. 2021

Baumbach/Hefermehl/*Casper* . Baumbach/Hefermehl/Casper, Wechselgesetz, Scheckgesetz, Recht des Zahlungsverkehrs, Kommentar, 24. Aufl. 2020

Baumbach/Hueck/*Bearbeiter* ... Baumbach/Hueck, GmbHG, Kommentar, 22. Aufl. 2019 (23. Aufl. 2022 s. Noack/Servatius/Haas)

Verzeichnis der abgekürzt zitierten Literatur

Baumbach/Hueck AktG .... Baumbach/Hueck, Aktiengesetz, Kommentar, 13. Aufl. 1968

Baums .... Bericht der Regierungskommission Corporate Governance, Unternehmensführung, Unternehmenskontrolle, Modernisierung des Aktienrechts, 2002

Baur/Stürner SachenR .... Baur/Stürner, Lehrbuch des Sachenrechts, 18. Aufl. 2009

BeBiKo/Bearbeiter .... s. Beck Bil-Komm

Beck Bil-Komm/*Bearbeiter* ..... Beck'scher Bilanz-Kommentar, Handels- und Steuerbilanz, hrsg. v. Grottel, Schmidt, Schubert, Störk, 12. Aufl. 2020

BeckFormB BHW/*Bearbeiter* .. Beck'sches Formularbuch zum Bürgerlichen, Handels- und Wirtschaftsrecht, hrsg. v. Hoffmann-Becking, Gebele, 13. Aufl. 2019

BeckHdB AG/*Bearbeiter* .... Beck'sches Handbuch der AG, hrsg. v. Drinhausen, Eckstein, 3. Aufl. 2018

BeckHdB GmbH/*Bearbeiter* .... Beck'sches Handbuch der GmbH, Gesellschaftsrecht, Steuerrecht, hrsg. v. U. Prinz, Winkeljohann, 6. Aufl. 2021

BeckHdB IFRS/*Bearbeiter* ...... Beck'sches IFRS-Handbuch, hrsg. v. Brune, Driesch, Schulz-Danso, Senger, 6. Aufl. 2020

BeckNotar-HdB/*Bearbeiter* ..... Beck'sches Notar-Handbuch, hrsg. v. Heckschen, Herrler, Münch, 7. Aufl. 2019

BeckHdB PersGes/*Bearbeiter* ... Beck'sches Handbuch der Personengesellschaften, hrsg. v. Prinz, Kahle, 5. Aufl. 2020

Beck HdR/*Bearbeiter* .... Beck'sches Handbuch der Rechnungslegung, hrsg. v. Böcking, Castan, Heymann, Pfitzer, Scheffler, Loseblatt

BeckOGK/*Bearbeiter* .... beck-online.GROSSKOMMENTAR, Abschnitt ZivilR, hrsg. Gsell, Krüger, Lorenz, Reymann, Abschnitt AktR, hrsg. v. Spindler, Stilz, Abschnitt UmwG hrsg. v. Habersack, Wicke, Abschnitt WEG hrsg. v. Krüger

BeckOK BGB/*Bearbeiter* .... Beck'scher Online-Kommentar BGB, hrsg. v. Hau, Poseck, Stand 2021

BeckOK FamFG/*Bearbeiter* ..... Beck'scher Online-Kommentar FamFG, hrsg. v. Hahne, Schlögel, Schlünder, Stand 2021

BeckOK GBO/*Bearbeiter* .... Beck'scher Online-Kommentar GBO, hrsg. v. Hügel, Stand 2021

BeckOK GeschGehG/*Bearbeiter* .... Beck'scher Online-Kommentar GeschGehG, hrsg. v. Fuhlrott, Hiéramente, Stand 2021

BeckOK GewO/*Bearbeiter* ...... Beck'scher Online-Kommentar GewO, hrsg. v. Pielow, Stand 2021

BeckOK GmbHG/*Bearbeiter* ... Beck'scher Online-Kommentar GmbHG, hrsg. v. Ziemons, Jaeger, Stand 2021

BeckOK KStG/*Bearbeiter* .... Beck'scher Online-Kommentar KStG, hrsg. v. Micker, Pohl, Stand 2021

BeckPFormB/*Bearbeiter* .... Beck'sches Prozessformularbuch, hrsg. v. Mes, 14. Aufl. 2019

BeckRA-HdB/*Bearbeiter* .... Beck'sches Rechtsanwalts-Handbuch, hrsg. Heussen, Hamm, 11. Aufl. 2016

BeckStB-HdB/*Bearbeiter* .... Beck'sches Steuerberater-Handbuch 2017/2018, hrsg. v. Pelka, Petersen, 18. Aufl. 2021

Bearbeiter in Bengel/Reimann TV-HdB .... Bengel/Reimann, Handbuch der Testamentsvollstreckung, 7. Aufl. 2020

Ber. *Helmrich* .... Bericht der Abgeordneten Helmrich ua zum Entwurf des Rechtsausschusses zum Bilanzrichtlinien-Gesetz

Bearbeiter in BFKLRT GmbH-Reform .... Barz/Forster/Knur/Limbach/Rehbinder/Teichmann, GmbH-Reform, 1970

Binz/Sorg GmbH & Co. KG-HdB .... Binz/Sorg, Die GmbH & Co. KG, 12. Aufl. 2018

BLHAG/*Bearbeiter* .... Baumbach/Lauterbach/Hartmann/Anders/Gehle, Zivilprozessordnung, Kommentar, 79. Aufl. 2021 (80. Aufl. 2022 s. Anders/Gehle)

Blomeyer/Rolfs/Otto/*Bearbeiter* .... Blomeyer/Rolfs/Otto, Betriebsrentengesetz, Kommentar, 7. Aufl. 2018

Blümich/Bearbeiter .... Blümich, Kommentar zu EStG, KStG, GewStG und Nebengesetze, Loseblatt (bis 157. Aufl.; ab 158. Aufl. s. Brandis/Heuermann)

Bokelmann Firmen- und Geschäftsbezeichnungen .... Bokelmann, Das Recht der Firmen- und Geschäftsbezeichnungen, 5. Aufl. 2000

Boldt .... Boldt, Mitbestimmungsgesetz Eisen und Kohle, Kommentar, 1952

Boldt MitbestErgG .... Boldt, Mitbestimmungs-Ergänzungsgesetz, Kommentar, 1957

Bonner HdB GmbH/*Bearbeiter* .... Bonner Handbuch GmbH, hrsg. v. Ott, Loseblatt

Verzeichnis der abgekürzt zitierten Literatur

Boos/Fischer/Schulte-Mattler/
Bearbeiter .... Boos/Fischer/Schulte-Mattler, KWG, CRR-VO (Kreditwesengesetz, VO (EU) Nr. 575/2013), Kommentar, 5. Aufl. 2016

Bordewin/Brandt/Bearbeiter .... Bordewin/Brandt, Einkommensteuergesetz, Loseblatt-Kommentar

Bork/Schäfer/Bearbeiter .... Bork/Schäfer, GmbHG, Kommentar, 4. Aufl. 2019

Bormann/Diehn/
Sommerfeldt/Bearbeiter .... Bormann/Diehn/Sommerfeld, GNotKG, Kommentar, 4. Aufl. 2021

Bearbeiter in Bormann/Kauka/
Ockelmann GmbHR-HdB .... Bormann/Kauka/Ockelmann, Handbuch GmbH-Recht, 3. Aufl. 2015

Born GmbH-R .... Born, GmbH-Recht – Höchstrichterliche Rechtsprechung, 2. Aufl. 2020

Boruttau/Bearbeiter .... Boruttau, Grunderwerbsteuergesetz, Kommentar, 19. Aufl. 2019

Brandis/Heuermann/Bearbeiter . Brandis/Heuermann, Ertragsteuerrecht, Loseblatt-Kommentar

Brandmüller GmbH-Geschäfts-
führer .... Brandmüller, Der GmbH-Geschäftsführer im Gesellschaftsrecht, Steuerrecht und Sozialversicherungsrecht, 18. Aufl. 2006

Braun/Bearbeiter .... Braun, Insolvenzordnung, Kommentar, 8. Aufl. 2020

Brodmann AktR .... Brodmann, Kommentar zum AktG, 1928

Brodmann .... Brodmann, Gesetz betreffend die Gesellschaften mit beschränkter Haftung, Kommentar, 2. Aufl. 1930

Brox/Walker ErbR .... Brox/Walker, Erbrecht, 29. Aufl. 2021

Brox/Walker SchuldR AT,
SchuldR BT .... Brox/Walker, Allgemeines Schuldrecht, 45. Aufl. 2021; Besonderes Schuldrecht, 45. Aufl. 2021

Brox/Walker ZwangsVollstrR .. Brox/Walker, Zwangsvollstreckungsrecht, 11. Aufl. 2018

Bumiller/Harders/Schwamb/
Bearbeiter .... Bumiller/Harders/Schwamb, FamFG Freiwillige Gerichtsbarkeit, Kommentar, 12. Aufl. 2019 (8. Aufl. 2006 s. Bumiller/Winkler)

Bumiller/Winkler .... Bumiller/Winkler, Freiwillige Gerichtsbarkeit: FG, Kommentar, 8. Aufl. 2006 (12. Aufl. 2019 s. Bumiller/Harders/Schwamb)

Bunjes/Bearbeiter .... Umsatzsteuergesetz, Kommentar, 19. Aufl. 2020

Bearbeiter in Bunnemann/Zirn-
gibl GmbH in der Praxis .... Bunnemann/Zirngibl, Die Gesellschaft mit beschränkter Haftung in der Praxis: Die GmbH in der Praxis, 2. Aufl. 2011

Bürgers/Körber/Lieder/
Bearbeiter .... Bürgers/Körber/Lieder, Aktiengesetz, Kommentar, 5. Aufl. 2021

Burkert/Elser GmbH .... Burkert/Elser, Die GmbH, 3. Aufl. 2004

Canaris HandelsR .... Canaris, Handelsrecht, begr. v. Capelle, 24. Aufl. 2006

Crueger GmbH .... Crueger, Die Gesellschaft mit beschränkter Haftung, 1912

Das neue GmbH-Recht .... Das neue GmbH-Recht in der Diskussion, Bericht über die Centrale Arbeitstagung in Köln am 8.9.1980, 1981

Demharter .... Demharter, Grundbuchordnung, Kommentar, 32. Aufl. 2021

Deutler Neues GmbHR .... Deutler, Das neue GmbH-Recht in der Diskussion, 1981

Bearbeiter in Deubert/Förschle/
Störk Sonderbilanzen .... Deubert/Förschle/Störk, Sonderbilanzen, 6. Aufl. 2021 (5. Aufl. 2016 s. WFD)

Diehn Notarkostenberechnun-
gen .... Diehn, Notarkostenberechnungen, 7. Aufl. 2021

Diehn/Sikora/Tiedtke Notarkos-
tenR .... Diehn/Sikora/Tiedtke, Das neue Notarkostenrecht, 2013

Dötsch/Pung/Möhlenbrock .... Dötsch/Pung/Möhlenbrock, Die Körperschaftsteuer, Loseblatt-Kommentar

Dreher GmbH .... Dreher, Die Gesellschaft mit beschränkter Haftung, 1931

Dreher/Kulka WettbR .... Dreher/Kulka, Wettbewerbs- und Kartellrecht, 11. Aufl. 2021

Dürig/Herzog/Scholz/
Bearbeiter .... Dürig/Herzog/Scholz, Grundgesetz, Loseblatt-Kommentar, hrsg. v. Herzog, Scholz, Herdegen, Klein

EBJS/Bearbeiter .... Ebenroth/Boujong/Joost/Strohn, HGB, Kommentar, 2 Bände, 4. Aufl. 2020

Ehrenberg HandelsR-HdB/
Feine .... Feine, Die GmbH, Ehrenbergs Handbuch des gesamten Handelsrechts, Band III, 3. Abteilung 1929

Ehricke/Ekkenga/Oechsler .... Ehricke/Ekkenga/Oechsler, Wertpapiererwerbs- und Übernahmegesetz, Kommentar, 2003

Eisenberg Kriminologie .... Eisenberg, Kriminologie, 7. Aufl. 2017

Verzeichnis der abgekürzt zitierten Literatur

Eisenhardt GesR .... Eisenhardt, Gesellschaftsrecht, Grundriss, 14. Aufl. 2009
Emmerich/Habersack/
Bearbeiter .... Emmerich/Habersack, Aktien- und GmbH-Konzernrecht, Kommentar,
9. Aufl. 2019
Emmerich KartellR .... Emmerich, Kartellrecht, 12. Aufl. 2012
Emmerich/Habersack KonzernR Emmerich/Habersack, Konzernrecht, 11. Aufl. 2020
Emmerich/Lange KartellR .... Emmerich/Lange, Kartellrecht, 14. Aufl. 2018
Enneccerus/Coing ErbR .... Enneccerus/Coing, Lehrbuch des Bürgerlichen Rechts, V. Bd. Erbrecht,
13. Aufl. 1978
Enneccerus/Kipp FamR .... Enneccerus/Kipp, Lehrbuch des Bürgerlichen Rechts, IV. Bd. Familien-
recht (Teil II und III), 7. Aufl. 1931
Enneccerus/Lehmann SchuldR .. Enneccerus/Lehmann, Lehrbuch des Bürgerlichen Rechts, II. Bd. Recht
der Schuldverhältnisse, 15. Aufl. 1958
Enneccerus/Nipperdey BGB AT
I, II .... Enneccerus/Nipperdey, Lehrbuch des Bürgerlichen Rechts, Allgemeiner
Teil des Bürgerlichen Rechts, Band 1/1. Halbband, 1959; Band 1/2.
Halbband, 1960
Enneccerus/Wolff FamR .... Enneccerus/Wolff, Lehrbuch des Bürgerlichen Rechts, IV. Bd. Familien-
recht (Teil I), 7. Aufl. 1931
Enneccerus/Wolff/Raiser
SachenR .... Enneccerus/Wolff/Raiser, Lehrbuch des Bürgerlichen Rechts, III. Bd.
Sachenrecht, 10. Aufl. 1957
Ensthaler/Füller/Schmidt/
Bearbeiter .... Ensthaler/Füller/Schmidt, Kommentar zum GmbH-Gesetz, 2. Aufl. 2009
Erbs/Kohlhaas/Bearbeiter .... Erbs/Kohlhaas, Strafrechtliche Nebengesetze, Loseblatt-Kommentar
ErfK/Bearbeiter .... Erfurter Kommentar zum Arbeitsrecht, hrsg. v. Müller-Glöge, Preis, I.
Schmidt, 21. Aufl. 2021
Erman/Bearbeiter .... Erman, Handkommentar zum Bürgerlichen Gesetzbuch, Band I und II,
16. Aufl. 2020
Eylmann/Vaasen/Bearbeiter ...... Eylmann/Vaasen, BNotO, BeurkG, Kommentar, 4. Aufl. 2016 (5. Aufl. s.
Frenz/Miermeister)
Fehling/Kastner/Störmer/
Bearbeiter .... Fehling/Kastner/Störmer, Verwaltungsrecht, Kommentar, 5. Aufl. 2021
Feine .... s. Ehrenberg HandelsR-HdB
Fezer .... Fezer, Markenrecht, Kommentar, 4. Aufl. 2009
Fikentscher/Heinemann
SchuldR .... Fikentscher/Heinemann, Schuldrecht, 11. Aufl. 2017
Fischer .... Fischer, Strafgesetzbuch, Kommentar, 68. Aufl. 2021
Fischer GmbH .... C. Fischer, Die Gesellschaft mit beschränkter Haftung, 1948
Fitting .... Fitting/Engels/Schmidt/Trebinger/Linsenmaier, Betriebsverfassungsge-
setz, Kommentar, 30. Aufl. 2020
FK-InsO/Bearbeiter .... Frankfurter Kommentar zur Insolvenzordnung, hrsg. v. Wimmer, 9. Aufl.
2018
Bearbeiter in Fleischer Vor-
standsR-HdB .... Fleischer, Handbuch des Vorstandsrechts, 2006
Flume BGB AT I 1 .... Flume, Allgemeiner Teil des Bürgerlichen Rechts, 1. Band, 1. Teil: Die
Personengesellschaft, 1977
Flume BGB AT I .... Flume, Allgemeiner Teil des Bürgerlichen Rechts, 1. Band, 2. Teil: Die
juristische Person, 1983
Flume BGB AT II .... Flume, Das Rechtsgeschäft, 2. Band, 4. Aufl. 1992
Foertsch .... Foertsch, Gesetz betreffend die Gesellschaften mit beschränkter Haftung,
1892
FormKomm HandelsR und
WirtschaftsR II/Bearbeiter .... Formular-Kommentar, Band 2, Handels- und Wirtschaftsrecht II,
21. Aufl. 1982, Aktienrecht, 22. Aufl. 1988
FormB RS/Bearbeiter .... Formularbuch Recht und Steuern, bearb. v. Alvermann/Bahns/Beckert/
Binnewies/Böwing-Schmalenbrock/Dremel/Fischer/Friedl/Hund-von
Hagen/Kolberg/Krämer/Schauf/Schwedhelm/Stangl/Tremmel/Winter/
Wollweber, 10. Aufl. 2021
Fränkel .... Fränkel, Die Gesellschaft mit beschränkter Haftung, 1915
Freis/Kleinefeld/Kleinsorge/Voigt
DrittelbG .... Freis/Kleinefeld/Kleinsorge/Voigt, Drittelbeteiligungsgesetz, 2004
Frenz/Miermeister/Bearbeiter .. Frenz/Miermeister, BNotO, BeurkG, Kommentar, 5. Aufl. 2020
Freymuth 1911–1916 .... Freymuth, Die GmbH in der Rechtsprechung der deutschen Gerichte
von 1911 bis 1916, 1919

Freymuth 1916–1924	Freymuth, Die GmbH in der Rechtsprechung der deutschen Gerichte von 1916–1924, 1925
Frotscher/Maas/*Bearbeiter*	Frotscher/Maas, Kommentar zum Körperschaft-, Gewerbe- und Umwandlungssteuergesetz, Loseblatt
Ganske RegE	Ganske, Regierungsentwurf des Gesetzes zur Bereinigung des Umwandlungsrechts und des Gesetzes zur Änderung des Umwandlungssteuerrechts, Texte mit amtlichen Begründungen, 2. Aufl. 1995
Gaul/Schilken/Becker-Eberhard ZVR	Gaul/Schilken/Becker-Eberhard, Zwangsvollstreckungsrecht, 12. Aufl. 2010
Gehrlein/Born/Simon/ *Bearbeiter*	Gehrlein/Born/Simon, GmbHG, Kommentar, 5. Aufl. 2020
Gehrlein/Witt/Volmer GmbHR	Gehrlein/Witt/Volmer, GmbH-Recht in der Praxis, Handbuch, 4. Aufl. 2019
Bearbeiter in Geigel Haftpflichtprozess	Geigel, Der Haftpflichtprozess, hrsg. v. Haag, Handbuch, 28. Aufl. 2020
Geilen	Geilen, Aktienstrafrecht, Erläuterungen zu den §§ 399 bis 405, 408 AktG (Sonderausgabe aus Kölner Kommentar zum Aktiengesetz), 1984
Gellis/Feil	Gellis/Feil, Kommentar zum (österreichischen) GmbH-Gesetz, 7. Aufl. 2009
Bearbeiter in v. Gerkan/Hommelhoff KapitalersatzR-HdB ..	von Gerkan/Hommelhoff, Handbuch des Kapitalersatzrechts, 2. Aufl. 2002
Gernhuber/Coester-Waltjen FamR	Gernhuber/Coester-Waltjen, Familienrecht, 7. Aufl. 2020
Gersch/Herget/Marsch/Stützle ...	Gersch/Herget/Marsch/Stützle, GmbH-Reform 1980, 1980
GHEK/*Bearbeiter*	Geßler/Hefermehl/Eckardt/Kropff, Aktiengesetz, Kommentar, 1973–1994
v. Gierke PrivatR	O. v. Gierke, Deutsches Privatrecht, Bd. I 1895, Bd. II 1905, Bd. III 1917
v. Gierke/Sandrock HandelsR I	J. v. Gierke/Sandrock, Handels- und Wirtschaftsrecht, 9. Aufl., Band I 1975
GK-BetrVG/*Bearbeiter*	Gemeinschaftskommentar zum Betriebsverfassungsgesetz, hrsg. Wiese, Kreutz, Oetker, Raab, Weber, Franzen, Gutzeit, Jacobs, 2 Bände, 11. Aufl. 2018
GK-HGB/*Bearbeiter*	Gemeinschaftskommentar zum HGB, hrsg. v. Ensthaler, 8. Aufl. 2015
GK-MitbestG/*Bearbeiter*	Gemeinschaftskommentar zum Mitbestimmungsgesetz, hrsg. v. Fabricius, 1989
Glanegger/Güroff/*Bearbeiter*	Glanegger/Güroff, Gewerbesteuergesetz, Kommentar, 10. Aufl. 2021
Glanegger/Kirnberger/ Kusterer/Ruß/Selder/ Stuhlfelner/*Bearbeiter*	Heidelberger Kommentar zum HGB, hrsg. v. Glanegger, Kirnberger, Kusterer, Ruß, Selder, Stuhlfelner, 7. Aufl. 2007
GmbH-HdB/*Bearbeiter*	GmbH-Handbuch, Loseblatt, bearb. v. Brand, Fuhrmann, Heuser, Kallmeyer, Moll, Tillmann, hrsg. v. Centrale für GmbH
v. Godin/Wilhelmi	v. Godin/Wilhelmi, Aktiengesetz, Kommentar, Bd. I und II, 4. Aufl. 1971
Goette/Goette GmbH	W. Goette/M. Goette, Die GmbH nach der BGH-Rechtsprechung, 3. Aufl. 2019
Goette Neues GmbHR	Goette, Einführung in das neue GmbH-Recht, 2008
Bearbeiter in Goette/Habersack MoMiG	Goette/Habersack, Das MoMiG in Wissenschaft und Praxis, 2009
Göhler/*Bearbeiter*	Göhler, Gesetz über Ordnungswidrigkeiten, Kommentar, 18. Aufl. 2021
Gosch/*Bearbeiter* KStG	Gosch, Körperschaftsteuergesetz, Kommentar, 4. Aufl. 2020
Bearbeiter in Gottwald/Haas InsR-HdB	Gottwald/Haas, Insolvenzrechts-Handbuch, 6. Aufl. 2020
Goutier/Knopf/Tulloch/ *Bearbeiter*	Goutier/Knopf/Tulloch, Kommentar zum Umwandlungsrecht, 1996
Goutier/Seidel	Goutier/Seidel, Handkommentar zum GmbH-Gesetz und zur GmbH-Novelle, 1990
Graewe/*Bearbeiter* Gesellschaftervereinbarungen	Graewe, Gesellschaftervereinbarungen in der GmbH, 2021
Grigoleit/*Bearbeiter*	Grigoleit, Aktiengesetz, Kommentar, 2. Aufl. 2020
Grigoleit/Rieder GmbH-R	Grigoleit/Rieder, GmbH-Recht nach dem MoMiG, 2009

Verzeichnis der abgekürzt zitierten Literatur

Großfeld IntEurUnternehmensR .... Großfeld, Internationales und Europäisches Unternehmensrecht, 2. Aufl. 1995

GroßkommAktG/*Bearbeiter* ..... Großkommentar zum Aktiengesetz, 4. Aufl. 1992 ff. hrsg. v. Hopt/Wiedemann; 5. Aufl. 2015 ff. hrsg. v. Hirte/Mülbert/Roth

GroßkommHGB/*Bearbeiter* ..... Handelsgesetzbuch, Großkommentar, begr. von Staub, weitergeführt von Mitgliedern des Reichsgerichts, 3. Aufl. 1967–1982 (ab 4. Aufl. 2002 ff. s. Staub)

Grossmann/Doerth Reform ...... Grossmann/Doerth, Reform des Gesetzes betreffend die Gesellschaft mit beschränkter Haftung, 1931

Grüneberg/*Bearbeiter* .... Grüneberg, Bürgerliches Gesetzbuch, Kommentar, 81. Aufl. 2021 (80. Aufl. 2021 s. Palandt)

Grundmann EurGesR .... Grundmann, Europäisches Gesellschaftsrecht. Eine systematische Darstellung unter Einbeziehung des Europäischen Kapitalmarktrechts, 2. Aufl. 2011

Grunewald GesR .... Grunewald, Gesellschaftsrecht, 11. Aufl. 2020

Gustavus Handelsregister-Anmeldungen .... Gustavus/Böhringer/Melchior, Handelsregister-Anmeldungen, 10. Aufl. 2020

Habersack/Henssler/*Bearbeiter* . Habersack/Henssler, Mitbestimmungsrecht, Kommentar, 4. Aufl. 2018 (3. Aufl. 2012 s. UHH)

Habersack/Mülbert/Schlitt/ *Bearbeiter* Unternehmensfinanzierung .... Habersack/Mülbert/Schlitt, Unternehmensfinanzierung am Kapitalmarkt, 4. Aufl. 2019

Habersack/Verse EuGesR .... Habersack/Verse, Europäisches Gesellschaftsrecht, 5. Aufl. 2019

Hachenburg/*Bearbeiter* .... Hachenburg, Gesetz betreffend die Gesellschaften mit beschränkter Haftung (GmbHG), Großkommentar, bearb. v. Behrens ua, 7. Aufl. 1975–1984; 7. Aufl. Ergänzungsband 1985; 8. Aufl. 1992–1997

Hanau/Ulmer .... Hanau/Ulmer, Mitbestimmungsgesetz, Kommentar, 1981

Happ GmbH-Prozess .... Happ, Die GmbH im Prozess, 1997

Happ AktR .... Happ, Aktienrecht, hrsg. v. Happ, Groß, Möhrle, E. Vetter, 2 Bände, 5. Aufl. 2019

HaKo-HGB/*Bearbeiter* .... Heidel/Schall, Handelsgesetzbuch, Kommentar, 3. Aufl. 2019

Harmonisierung des Gesellschaftsrechts .... Harmonisierung des Gesellschaftsrechts und des Steuerrechts der GmbH in Europa, Bericht über den VII. internationalen GmbH-Kongress in Köln 24.–26.4.1962, 1962

Harte-Bavendamm/Henning-Bodewig/*Bearbeiter* .... Harte-Bavendamm/Henning-Bodewig, Gesetz gegen den unlauteren Wettbewerb, Kommentar, 4. Aufl. 2016

Hartung/Scharmer/*Bearbeiter* .. Hartung, Berufs- und Fachanwaltsordnung: BORA/FAO, Kommentar, 7. Aufl. 2020

Haug/Zimmermann Amtshaftung .... Haug/Zimmermann, Die Amtshaftung des Notars, 4. Aufl. 2018

Haunhorst/Schmidt GmbH ...... Haunhorst/Schmidt, Die GmbH, 14. Aufl. 2008

Bearbeiter in Hauschild/Kallrath/Wachter Notar-HdB ...... Hauschild/Kallrath/Wachter, Notarhandbuch Gesellschafts- und Unternehmensrecht, 2. Aufl. 2017

Bearbeiter in Hauschka/Moosmayer/Lösler Corporate Compliance .... Hauschka/Moosmayer/Lösler, Corporate Compliance, 3. Aufl. 2016

Haußleiter/*Bearbeiter* .... Haußleiter, FamFG, Kommentar, 2. Aufl. 2017

HCL/*Bearbeiter* .... Habersack/Casper/Löbbe, GmbHG, Großkommentar, 3. Aufl. 2019 ff. (2. Aufl. 2013 ff. s. UHL)

Bearbeiter in HdB GmbH .... Eder/Tillmann, GmbH-Handbuch, Loseblatt

HdJ/*Bearbeiter* .... Handbuch des Jahresabschlusses, hrsg. v. Schulze-Osterloh, Hennrichs, Wüstemann, Loseblatt

HdR/*Bearbeiter* .... s. unter Küting/Pfitzer/Weber Rechnungslegung-HdB

Heckschen MoMiG .... Heckschen, Das MoMiG in der notariellen Praxis, 2009

Bearbeiter in Heckschen/Heidinger GmbH-Gestaltungspraxis .... Heckschen/Heidinger, Die GmbH in der Gestaltungs- und Beratungspraxis, 4. Aufl. 2018

Heidel/Pauly/Amend
AnwForm .... Heidel/Pauly/Amend, Anwaltformulare, 9. Aufl. 2018
Helmrich BiRiLiG .... Bilanzrichtlinien-Gesetzestexte, Stellungnahmen, Protokolle, zugest. und
                            bearb. von Herbert Helmrich, 1986
Henssler .... Henssler, Kommentar zum Partnerschaftsgesellschaftsgesetz, 3. Aufl. 2018
Henssler/Strohn/*Bearbeiter* ...... Henssler/Strohn, Gesellschaftsrecht, Kommentar, 5. Aufl. 2021
Henssler/Willemsen/Kalb/
Bearbeiter .... Henssler/Willemsen/Kalb, Arbeitsrecht, Kommentar, 9. Aufl. 2020
Henze GmbHR-HdB .... Henze, Handbuch zum GmbH-Recht, 2. Aufl. 1997
Henze HRR GmbHR .... Henze, Höchstrichterliche Rechtsprechung zum Recht der GmbH,
                            2. Aufl. 1997
Herrmann/Heuer/Raupach/
Bearbeiter .... Herrmann/Heuer/Raupach, Einkommensteuer- und Körperschaftsteuer-
                            gesetz mit Nebengesetzen, Kommentar, Loseblatt
Hess EuZivilProzR .... Hess, Europäisches Zivilprozessrecht (Ius Communitatis), 2. Aufl. 2020
Hess/*Bearbeiter* .... Hess, Kommentar zur Insolvenzordnung, 3. Aufl. 2006
Bearbeiter in HTM GmbH &
Co. KG-HdB .... Hesselmann/Tillmann/Müller-Thuns, Handbuch der GmbH & Co. KG,
                            22. Aufl. 2019
Heybrock .... Heybrock, Praxiskommentar zum GmbH-Recht, 2. Aufl. 2010
Heymann/*Bearbeiter* .... Heymann, Handelsgesetzbuch (ohne Seerecht), Kommentar, hrsg. v.
                            Horn, Balzer, Borges, Herrmann, 3. Aufl. 2019
Heymann/Kötter .... Heymann/Kötter, Handelsgesetzbuch, Kommentar, 21. Aufl. 1971
Hirte KapGesR .... Hirte, Kapitalgesellschaftsrecht, 8. Aufl. 2016
HK-BGB/*Bearbeiter* .... Handkommentar BGB, bearb. v. Schulze, Dörner, Ebert, Hoeren, Kem-
                            per, Saenger, Scheuch, Schreiber, Schulte-Nölke, Staudinger, Wiese,
                            10. Aufl. 2019
HK-GmbHG/*Bearbeiter* .... Saenger/Inhester, GmbHG, Kommentar, 4. Aufl. 2020
HK-GmbHR/*Bearbeiter* .... Heidelberger Kommentar zum GmbH-Recht, v. H. Bartl, A. Bartl, Fich-
                            telmann, Koch, Schlarb, Schmitt, 7. Aufl. 2013 (8. Aufl. 2019 s. Bartl/
                            Bartl/Beine/Koch/Schlarb/Schmitt)
HK-GNotKG/*Bearbeiter* .... Fackelmann/Heinemann, GNotKG Gerichts- und Notarkostengesetz,
                            NomosKommentar, 2013
HK-InsO/*Bearbeiter* .... Heidelberger Kommentar zur Insolvenzordnung, hrsg. v. Kayser, Thole,
                            10. Aufl. 2020
HK-KapMarktStrafR .... Heidelberger Kommentar zum Kapitalmarktstrafrecht, hrsg. v. Park,
                            5. Aufl. 2019
Hofbauer/Kupsch/*Bearbeiter* .... Rechnungslegung, Loseblatt, hrsg. v. Hofbauer, Kupsch
Hoffmann/Lehmann/Weinmann . Hoffmann/Lehmann/Weinmann, Mitbestimmungsgesetz, Kommentar,
                            1978
Hoffmann/Liebs GmbH-
Geschäftsführer .... Hoffmann/Liebs, Der GmbH-Geschäftsführer, 3. Aufl. 2009
Hoffmann/Preu Aufsichtsrat ..... Hoffmann/Preu, Der Aufsichtsrat. Ein Leitfaden für Aufsichtsräte,
                            5. Aufl. 2003
Hölters/*Bearbeiter* .... Hölters, Aktiengesetz, Kommentar, 3. Aufl. 2017
Hölters/Deilmann/Buchta
Kleine AG .... Hölters/Deilmann/Buchta, Die kleine Aktiengesellschaft, 2. Aufl. 2002
Hommelhoff Konzernleitungs-
pflicht .... Hommelhoff, Die Konzernleitungspflicht, 1982
Bearbeiter in Hommelhoff/
Hopt/v. Werder CG-HdB ...... Handbuch Corporate Governance, hrsg. v. Hommelhoff, Hopt, v. Wer-
                            der, 2. Aufl. 2010
Honig/Knörr/Thiel/*Bearbeiter* . Honig/Knörr/Thiel, Handwerksordnung, Kommentar, 5. Aufl. 2017
Horndasch/Viefhues/*Bearbeiter* Horndasch/Viefhues, Kommentar zum Familienverfahrensrecht, 3. Aufl.
                            2013
Hübschmann/Hepp/Spitaler/
Bearbeiter .... Hübschmann/Hepp/Spitaler, Kommentar zum Abgabenordnung und
                            Finanzgerichtsordnung, Loseblatt
Hüffer/Koch/Koch .... Hüffer/Koch, Aktiengesetz, Kommentar, 15. Aufl. 2021
Hüffer/Schmidt-Aßmann/Weber
Anteilseigentum .... Hüffer/Schmidt-Aßmann/Weber, Anteilseigentum, Unternehmenswert
                            und Börsenkurs, 2005
HURB/*Bearbeiter* .... s. Leffson/Rückle/Großfeld Bilanzrecht-HdWB
IFRS-Komm/*Bearbeiter* .. Baetge/Wollmert/Kirsch/Oser/Bischof, Rechnungslegung nach IFRS,
                            Loseblatt-Kommentar (Fortführung des Werkes von Baetge/Dörner/Klee-
                            kämper/Wollmert, IAS)

Verzeichnis der abgekürzt zitierten Literatur

Immenga/Mestmäcker/
Bearbeiter .... Immenga/Mestmäcker, Kommentar zum Wettbewerbsrecht, Band 1: EU, 6. Aufl. 2019; Band 2: GWB, Band 3: Fusionskontrolle, 6. Aufl. 2020; Band 4: Vergaberecht, Band 5: Beihilfenrecht, 6. Aufl. 2021

Jacobs Int. Unternehmensbe-
steuerung .... O. H. Jacobs, Internationale Unternehmensbesteuerung, 8. Aufl. 2016
Jaeger/*Bearbeiter* .... Jaeger, Insolvenzordnung, Kommentar, 7 Bände, 2007–2018 (soweit erschienen)
Jaeger/Henckel .... Jaeger/Henckel, Konkursordnung, Kommentar, 9. Aufl. 1997
Jansen/*Bearbeiter* .... Jansen, FGG, Gesetz über die Angelegenheiten der freiwilligen Gerichtsbarkeit, Kommentar, 3. Aufl. 2006
Jauernig/*Bearbeiter* .... Jauernig, Bürgerliches Gesetzbuch, Kommentar, 18. Aufl. 2021
Kallmeyer/*Bearbeiter* .... Kallmeyer, Umwandlungsgesetz, Kommentar, 7. Aufl. 2020
KBLW/*Bearbeiter* .... Kremer/Bachmann/Lutter/v. Werder, Deutscher Corporate Governance Kodex, Kommentar, 8. Aufl. 2021
Kegel/Schurig IPR .... Kegel/Schurig, Internationales Privatrecht, 9. Aufl. 2004
Keidel/*Bearbeiter* .... Keidel, FamFG – Freiwillige Gerichtsbarkeit, Kommentar, hrsg. v. Engelhardt, Sternal, 20. Aufl. 2020
Keidel/Kuntze/Winkler/
Bearbeiter .... Keidel/Kuntze/Winkler, Freiwillige Gerichtsbarkeit; Teil A; FGG, Kommentar, 15. Aufl. 2003 (ab 16. Aufl. 2009 s. Keidel FamFG)
Bearbeiter in Kersten/Bühling
FormB FGG .... Kersten/Bühling, Formularbuch und Praxis der Freiwilligen Gerichtsbarkeit, 26. Aufl. 2018
Kessler/Kröner/Köhler/
Bearbeiter KonzernStR .... Kessler/Kröner/Köhler, Konzernsteuerrecht, 3. Aufl. 2018
Kirchhof/Seer/*Bearbeiter* .... Kirchhof, Einkommensteuergesetz, Kommentar, 20. Aufl. 2021
Kissel/Mayer/*Bearbeiter* .... Kissel/Mayer, Gerichtsverfassungsgesetz, Kommentar, 10. Aufl. 2021
Kirchhof/Söhn/Mellinghoff/
Bearbeiter .... Kirchhof/Söhn/Mellinghoff, Einkommensteuergesetz, Loseblatt-Kommentar
KK-OWiG/*Bearbeiter* .... Karlsruher Kommentar zum Gesetz über Ordnungswidrigkeiten, hrsg. v. Mitsch, 5. Aufl. 2018
KKRD/*Bearbeiter* .... Koller/Kindler/Roth/Drüen, Handelsgesetzbuch, Kommentar, 9. Aufl. 2019
KK-StPO/*Bearbeiter* .... Karlsruher Kommentar zur Strafprozessordnung, hrsg. v. Hannich, 8. Aufl. 2019
Klausing I .... Klausing, Die Neuordnung der Gesellschaft mit beschränkter Haftung. 1. Arbeitsbericht zur Reform der GmbH. Arbeitsberichte der Akademie für Deutsches Recht, Heft 5, 1938
Klausing II .... Klausing, Die Neuordnung der Gesellschaft mit beschränkter Haftung. 2. Arbeitsbericht des Ausschusses für Gesellschaft mit beschränkter Haftung der Akademie für Deutsches Recht, Arbeitsberichte der Akademie für Deutsches Recht, Nr. 13, 1940
Klein/*Bearbeiter* .... Klein, Abgabenordnung, Kommentar, 15. Aufl. 2020
Kleine-Cosack .... Kleine-Cosack, Bundesrechtsanwaltsordnung, Kommentar, 8. Aufl. 2020
Klunzinger GesR .... Klunzinger, Grundzüge des Gesellschaftsrechts, 16. Aufl. 2012
Knobbe-Keuk BilanzR/Unter-
nehmenssteuerR .... Knobbe-Keuk, Bilanz- und Unternehmenssteuerrecht, 9. Aufl. 1993
Köhler/Bornkamm/
Feddersen/*Bearbeiter* .... Köhler/Bornkamm/Feddersen, Gesetz gegen den unlauteren Wettbewerb, Kommentar, 40. Aufl. 2022
Kölner Komm AktG/*Bearbeiter* Kölner Kommentar zum Aktiengesetz, hrsg. v. W. Zöllner, Noack, 3. Aufl. 2004 ff.
Kölner Komm InsO/*Bearbeiter* Kölner Kommentar zur Insolvenzordnung, hrsg. v. Hess, 2017 ff.
Kölner Komm Rechnungsle-
gungsR/*Bearbeiter* .... Kölner Kommentar zum Rechnungslegungsrecht (§§ 238–342e HGB), hrsg. v. Claussen, Scherrer, 2010
Kölner Komm WpÜG/*Bearbei-
ter* .... Kölner Kommentar zum Wertpapiererwerbs- und Übernahmegesetz, hrsg. v. Hirte, v. Bülow, 2. Aufl. 2010
Koenig/*Bearbeiter* .... Koenig, Abgabenordnung, Kommentar, 4. Aufl. 2021
Kropff .... Kropff, Aktiengesetz – Textausgabe, Kommentar, 1965
Kopp/Ramsauer/*Bearbeiter* ..... Kopp/Ramsauer, Verwaltungsverfahrensgesetz, Kommentar, 21. Aufl. 2020

Verzeichnis der abgekürzt zitierten Literatur

Kopp/Schenke/Bearbeiter	Kopp/Schenke, Verwaltungsgerichtsordnung, Kommentar, 26. Aufl. 2020
Koppensteiner/Rüffler	Koppensteiner/Rüffler, GmbH-Gesetz (Österreich), Kommentar, 3. Aufl. 2007
Korintenberg/Bearbeiter	Korintenberg, Gerichts- und Notarkostengesetz: GNotKG, hrsg. v. Otto, Sikora, Tiedtke, Kommentar, 22. Aufl. 2022
Kötter	Kötter, Mitbestimmungs-Ergänzungsgesetz, Kommentar, 1958
KR/Bearbeiter	Bader/Fischermeier/Gallner/Klose/Kreft/Kreutzberg-Kowalczyk/Krumbiegel/Link/Lipke/Rinck/Rachor/Spelge/Spilger/Treber/Vogt/Weigand, Gemeinschaftskommentar zum Kündigungsschutzgesetz und zu sonstigen kündigungsschutzrechtlichen Vorschriften, 12. Aufl. 2019
Krafka RegisterR-HdB	Krafka, Registerrecht, 11. Aufl. 2019
Kraft/Kreutz GesR	Kraft/Kreutz, Gesellschaftsrecht, 12. Aufl. 2007
Krieger/Lenz Firma	Krieger/Lenz, Firma und Handelsregister, 1938
Bearbeiter in Krieger/Schneider Managerhaftung-HdB	Krieger/Schneider, Handbuch Managerhaftung, 3. Aufl. 2017
Kroiß/Poller/Everts GmbH-RegisterR	Kroiß/Poller/Everts, GmbH-Registerrecht, 2008
Kropff	Textausgabe des Aktiengesetzes 1965 mit Begründungen und Berichten, 1965
Kübler/Assmann GesR	Kübler/Assmann, Gesellschaftsrecht, 6. Aufl. 2006
Kübler/Prütting/Bork/*Bearbeiter*	Kübler/Prütting/Bork, Kommentar zur Insolvenzordnung, Loseblatt
Bearbeiter in Küting/Weber Rechnungslegung-HdB	Handbuch der Rechnungslegung – Einzelabschluss, hrsg. v. Küting, Pfitzer, Weber, Loseblatt
Bearbeiter in Küting/Weber KonzernrechnungslegungsR ...	Küting/Weber, Handbuch der Konzernrechnungslegung, 3. Aufl. 2003
Lackner/Kühl/Bearbeiter	Lackner/Kühl, Strafgesetzbuch, Kommentar, 29. Aufl. 2018
Lademann/Bearbeiter KStG	Lademann, Kommentar zum Körperschaftsteuergesetz, Loseblatt
Lademann/Bearbeiter EStG	Lademann, Kommentar zum Einkommensteuergesetz, Loseblatt
Lange D&O-Versicherung	Lange, D&O-Versicherung und Managerhaftung, 2014
Lange/Kuchinke ErbR	Lange/Kuchinke, Lehrbuch des Erbrechts, 5. Aufl. 2001
Langen/Bunte/Bearbeiter	Langen/Bunte, Kartellrecht, Kommentar, Bd. 1: Deutsches Kartellrecht; Bd. 2: Europäisches Kartellrecht, 13. Aufl. 2018
Larenz SchuldR AT	Larenz, Lehrbuch des Schuldrechts, Band 1 Allgemeiner Teil, 14. Aufl. 1987
Larenz/Canaris SchuldR BT II	Larenz/Canaris, Lehrbuch des Schuldrechts, Bd. II/2, Besonderer Teil/2. Halbband, 13. Aufl. 1994
Larenz/Wolf BGB AT	s. jetzt Wolf/Neuner
Leffson GoB	Leffson, Die Grundsätze ordnungsmäßiger Buchführung, 7. Aufl. 1987
Leffson/Rückle/Großfeld/*Bearbeiter* Bilanzrecht-HdWB ..	Handwörterbuch unbestimmter Rechtsbegriffe im Bilanzrecht des HGB, hrsg. v. Leffson, Rückle, Großfeld, 1986
Leonhard/Smid/Zeuner/*Bearbeiter*	Leonhard/Smid/Zeuner, Insolvenzordnung. Mit Insolvenzrechtlicher Vergütungsverordnung (InsVV), Kommentar, 3. Aufl. 2010
Liebel Struktur GmbH	Liebel, Die wirtschaftliche Struktur der Gesellschaft mit beschränkter Haftung, 1931
Liebmann/Saenger	Liebmann/Saenger, Kommentar zum Gesetz betreffend die Gesellschaften mit beschränkter Haftung, 7. Aufl. 1927
Liebscher GmbH-KonzernR	Liebscher, GmbH-Konzernrecht, 2006
Liebscher Konzernbildungskontrolle	Liebscher, Konzernbildungskontrolle, 1995
Bearbeiter in Limmer Unternehmensumwandlung-HdB	Limmer, Handbuch der Unternehmensumwandlung, 6. Aufl. 2019
Littmann/Bitz/Pust/*Bearbeiter* .	Littmann/Bitz/Pust, Das Einkommensteuerrecht, Loseblatt-Kommentar
LK-GNotKG/*Bearbeiter*	Leipziger Gerichts- & Notarkosten Kommentar, hrsg. v. Renner/Otto/Heinze, 3. Aufl. 2021
LK-StGB/*Bearbeiter*	Leipziger Kommentar zum StGB, 12. Aufl. 2006 ff. hrsg. v. Laufhütte, Rissing-van-Saan, Tiedemann; 13. Aufl. 2019 ff. (soweit erschienen) hrsg. v. Cirener, Radtke, Rissing-van-Saan, Rönnau, Schluckebier
LMRKM/*Bearbeiter*	Loewenheim/Meessen/Riesenkampff/Kersting/Meyer-Lindemann, Kartellrecht, Kommentar, 4. Aufl. 2020

Verzeichnis der abgekürzt zitierten Literatur

v. Lübtow ErbR I, II .... v. Lübtow, Erbrecht, Band I und II, 1971

Lutter Companies .... Limited Liability Companies and Private Companies, in Intern. Encyclo-
pedia of Comperative Law Bd. XIII. 1998

Lutter/*Bearbeiter* .... Lutter/Bayer/Vetter, Umwandlungsgesetz, Kommentar, hrsg. v. Bayer,
Vetter, 6. Aufl. 2019

Lutter/Bayer/Schmidt EurUn-
ternehmensR .... Lutter/Bayer/Schmidt, Europäisches Unternehmens- und Kapitalmarkt-
recht, 6. Aufl. 2018

Bearbeiter in Lutter/Bayer Hol-
ding-HdB .... Lutter/Bayer, Holding-Handbuch, 6. Aufl. 2020

Lutter/Hommelhoff/*Bearbeiter* . Lutter/Hommelhoff, GmbH-Gesetz, 20. Aufl. 2020

Lutter Information und Vertrau-
lichkeit AR .... Lutter, Information und Vertraulichkeit im Aufsichtsrat, 3. Aufl. 2006

Lutter Kapital EWG .... Lutter, Kapital, Sicherung der Kapitalaufbringung und Kapitalerhaltung
in den Aktien- und GmbH-Rechten der EWG, 1964

Lutter/Krieger/Verse Rechte
und Pflichten .... Lutter/Krieger/Verse, Rechte und Pflichten des Aufsichtsrates, 7. Aufl.
2020

Lutter/Scheffler/
U. H. Schneider Konzernfinan-
zierung-HdB .... Lutter/Scheffler/U. H. Schneider, Handbuch der Konzernfinanzierung,
1998

Lutz Gesellschafterstreit .... Lutz, Der Gesellschafterstreit, 6. Aufl. 2020

MAH AktR/*Bearbeiter* .... Münchener Anwaltshandbuch Aktienrecht, hrsg. v. Schüppen, Schaub,
3. Aufl. 2018

MAH ArbR/*Bearbeiter* .... Münchener Anwaltshandbuch Arbeitsrecht, hrsg. v. Moll, 5. Aufl. 2021

MAH GmbHR/*Bearbeiter* ...... Münchener Anwaltshandbuch GmbH-Recht, hrsg. v. Römermann,
4. Aufl. 2018

Bearbeiter in Marsch-Barner/
Schäfer Börsennotierte
AG-HdB .... Marsch-Barner/Schäfer, Handbuch börsennotierte AG, 4. Aufl. 2017

Maunz/Dürig/*Bearbeiter* .... Maunz/Dürig, Grundgesetz, Loseblatt-Kommentar, hrsg. v. Herzog,
Scholz, Herdegen, Klein (bis 94. Aufl.; ab 95. Aufl. s. Dürig/Herzog/
Scholz)

Bearbeiter in Mayer/Bonefeld
Testamentsvollstreckung .... Mayer/Bonefeld, Testamentsvollstreckung, 4. Aufl. 2015

Medicus/Petersen BGB AT .... Medicus/Petersen, Allgemeiner Teil des BGB, 11. Aufl. 2016

Meikel/*Bearbeiter* .... Meikel, Grundbuchrecht, Kommentar zur Grundbuchordnung, 12. Aufl.
2019

MWHLW/*Bearbeiter* .... Meilicke/Graf v. Westphalen/Hoffmann/Lenz/Wolff, Partnerschaftsgesellschaftsgesetz, Kommentar, 3. Aufl. 2015

Meincke/Hannes/Holtz/
Bearbeiter .... Meincke/Hannes/Holtz, Erbschaftsteuer- und Schenkungsteuergesetz,
Kommentar, 17. Aufl. 2018

Merzbacher .... Merzbacher, Reichsgesetz betreffend die Gesellschaften mit beschränkter
Haftung, 9. Aufl. 1928

Meyer-Goßner/Schmitt .... Meyer-Goßner/Schmitt, Strafprozessordnung, Kommentar, 64. Aufl.
2021

Meyer-Landrut/Miller/
Niehus/*Bearbeiter* .... Meyer-Landrut/Miller/Niehus, Kommentar zum GmbH-Gesetz, 1987

MGMDK IPRspr. .... Makarov, Gamillscheg, Müller, Dierk, Kropholler, Die deutsche Rechtsprechung auf dem Gebiet des internationalen Privatrechts, 1952 ff.

MHdB ArbR/*Bearbeiter* .... Münchner Handbuch zum Arbeitsrecht, hrsg. v. Kiel, Lunk, Oetker,
4. Aufl. 2019; Band 1: Individualarbeitsrecht I, 5. Aufl. 2021

MHdB GesR I/*Bearbeiter* .... Münchener Handbuch des Gesellschaftsrechts, Band 1: BGB-Gesellschaft,
OHG, hrsg. v. Gummert, Weipert, 5. Aufl. 2019

MHdB GesR II/*Bearbeiter* ...... Münchener Handbuch des Gesellschaftsrechts, Band 2: Kommanditgesellschaft, hrsg. v. Gummert, Weipert, 5. Aufl. 2019

MHdB GesR III/*Bearbeiter* ..... Münchener Handbuch des Gesellschaftsrechts, Band 3: Gesellschaft mit
beschränkter Haftung, hrsg. v. Priester, Mayer, Wicke, 5. Aufl. 2018

MHdB GesR IV/*Bearbeiter* ..... Münchener Handbuch des Gesellschaftsrechts, Band 4: Aktiengesellschaft,
hrsg. v. Hoffmann-Becking, 5. Aufl. 2020

MHLS/*Bearbeiter* .... Michalski/Heidinger/Leible/Schmidt, Kommentar zum GmbHG,
3. Aufl. 2017

Mugdan	Die gesamten Materialien zum Bürgerlichen Gesetzbuch für das deutsche Reich, hrsg. v. Mugdan, Bände I–V, 1899
Müller-Gugenberger Wirtschafts-StrafR-HdB	Müller-Gugenberger, Wirtschaftsstrafrecht. Handbuch des Wirtschafts-straf- und -ordnungswidrigkeitenrechts, 7. Aufl. 2020
MüKoAktG/*Bearbeiter*	Münchener Kommentar zum Aktiengesetz, hrsg. v. Goette, Habersack, Kalss, 4. Aufl. 2014–2018; Bände 1, 1a, 2, 2a, 4, 5, 6 und 7: 5. Aufl. 2019 ff.
MüKoAnfG/*Bearbeiter*	Münchener Kommentar zum Anfechtungsgesetz, hrsg. v. Kirchhof, 2013
MüKoBGB/*Bearbeiter*	Münchener Kommentar zum Bürgerlichen Gesetzbuch, hrsg. v. Säcker, Rixecker, Oetker, Limperg, 8. Aufl. 2018 ff. in 13 Bänden; Band 1: 9. Aufl. 2021
MüKoBilanzR/*Bearbeiter*	Münchener Kommentar zum Bilanzrecht, hrsg. v. Hennrichs, Kleindiek, Watrin, 2009 in 2 Bänden
MüKoFamFG/*Bearbeiter*	Münchener Kommentar zum FamFG, hrsg. v. Rauscher, 3. Aufl. 2019
MüKoHGB/*Bearbeiter*	Münchener Kommentar zum Handelsgesetzbuch, hrsg. v. K. Schmidt, 4. Aufl. 2016 ff.; Bände 1 und 5: 5. Aufl. 2021, hrsg. v. Drescher, Fleischer, K. Schmidt
MüKoInsO/*Bearbeiter*	Münchener Kommentar zur Insolvenzverordnung, hrsg. v. Eidenmüller, P. Kirchhof, Stürner, 3. Aufl. 2013/2014, 4. Aufl. 2019 ff. (soweit erschienen)
MüKoStGB/*Bearbeiter*	Münchener Kommentar zum Strafgesetzbuch, hrsg. v. Erb, Schäfer, 3. Aufl. 2017, Bände 1, 2, 3, 4 und 7: 4. Aufl. 2020 ff.
MüKoZPO/*Bearbeiter*	Münchener Kommentar zur Zivilprozessordnung, hrsg. v. Krüger, Rauscher, 6. Aufl. 2020 ff.
Musielak/Voit/*Bearbeiter*	Musielak/Voit, Zivilprozessordnung, Kommentar, 18. Aufl. 2021
Musielak/Borth/*Bearbeiter*	Musielak/Borth, Familiengerichtliches Verfahren, Kommentar, 6. Aufl. 2018
MVHdB BürgerlR I/*Bearbeiter*	Münchener Vertragshandbuch, Band 5: Bürgerliches Recht I, hrsg. v. Herrler, 8. Aufl. 2020
MVHdB BürgerlR II/*Bearbeiter*	Münchener Vertragshandbuch, Band 6: Bürgerliches Recht II, hrsg. v. Herrler, 8. Aufl. 2020
MVHdB GesR/*Bearbeiter*	Münchener Vertragshandbuch, Band 1: Gesellschaftsrecht, hrsg. v. Böhm, Burmeister, 8. Aufl. 2018
MVHdB WirtschaftsR I/*Bearbeiter*	Münchener Vertragshandbuch, Band 2: Wirtschaftsrecht I, hrsg. v. Rieder, Schütze, Weipert, 8. Aufl. 2020
MVHdB WirtschaftsR II/*Bearbeiter*	Münchener Vertragshandbuch, Band 3: Wirtschaftsrecht II, hrsg. v. Grützmacher, Rieder, Schütze, Weipert, 8. Aufl. 2021
MVHdB WirtschaftsR III/*Bearbeiter*	Münchener Vertragshandbuch, Band 4: Wirtschaftsrecht III, hrsg. v. Schütze, Weipert, Rieder, 8. Aufl. 2018
Nerlich/Römermann/*Bearbeiter*	Nerlich/Römermann, Insolvenzordnung, Loseblatt-Kommentar
Neuner BGB AT	Neuner, Allgemeiner Teil des Bürgerlichen Rechts, 12. Aufl. 2020
NK-AktR/*Bearbeiter*	NomosKommentar Aktienrecht und Kapitalmarktrecht, hrsg. v. Heidel, 5. Aufl. 2020
NK-AktKapMarktR/*Bearbeiter*	s. NK-AktR
NK-BGB/*Bearbeiter*	NomosKommentar BGB, Bände 1–6, hrsg. v. Dauner-Lieb, Heidel, Ring, 4. Aufl. 2016 ff.
NK-StGB/*Bearbeiter*	Kindhäuser/Neumann/Paeffgen, Strafgesetzbuch, NomosKommentar, 5. Aufl. 2017
NK-UmwR/*Bearbeiter*	Böttcher/Habighorst/Schulte, Umwandlungsrecht, NomosKommentar, 2. Aufl. 2019
Noack/Servatius/Haas/*Bearbeiter*	Noack/Servatius/Haas, GmbHG, Kommentar, 23. Aufl. 2022 (22. Aufl. 2019 s. Baumbach/Hueck)
Oetker/*Bearbeiter*	Oetker, Handelsgesetzbuch, Kommentar, 7. Aufl. 2021
Oertmann	Oertmann, Kommentar zum Bürgerlichen Gesetzbuch und seinen Nebengesetzen, Bd. I Allgemeiner Teil, 3. Aufl. 1927; Bd. II Recht der Schuldverhältnisse, 5. Aufl. 1928/29; Bd. III Sachenrecht, 3. Aufl. 1914; Bd. IV Familienrecht, 1906; Bd. V Erbrecht, 2. Aufl. 1912

Verzeichnis der abgekürzt zitierten Literatur

Ohly/Sosnitza/Bearbeiter .... Ohly/Sosnitza, Gesetz gegen den unlauteren Wettbewerb, Kommentar 7. Aufl. 2016

Bearbeiter in Oppenländer/Trö-
litzsch GmbH-GF-HdB .... Oppenländer/Trölitzsch, Praxishandbuch der GmbH-Geschäftsführung, 3. Aufl. 2020

Palandt/Bearbeiter .... Palandt, Bürgerliches Gesetzbuch, Kommentar, 80. Aufl. 2021

Bearbeiter in Passarge/Torwegge
GmbH-Liquidation .... Passarge/Torwegge, Die GmbH in der Liquidation, 3. Aufl. 2020

Piper/Ohly/Sosnitza/*Bearbeiter* Piper/Ohly/Sosnitza, Gesetz gegen den unlauteren Wettbewerb, Kommentar, 5. Aufl. 2010 (7. Aufl. 2016 s. Ohly/Sosnitza)

Planck .... Planck's Kommentar zum BGB nebst Einführungsgesetz, 5 Bde. Bd. 4/2, 6: 3. Aufl. 1905/06; Bd. 1, 2, 4/1, 5: 4. Aufl. 1913–30; Bd. 3: 5. Aufl. 1933–38

Probleme der GmbH-Reform Bericht über die Arbeitstagung „GmbH-Reform", 1970

Pro GmbH .... Pro GmbH, Analysen und Perspektiven des Gesellschafts- und Steuerrechts der GmbH, 1980

Prütting/Helms/*Bearbeiter* .... Prütting/Helms, FamFG, Kommentar, 5. Aufl. 2020

PWW/*Bearbeiter* .... Prütting/Wegen/Weinreich, BGB, Kommentar, 15. Aufl. 2020

Raiser/Veil KapGesR .... Raiser/Veil, Recht der Kapitalgesellschaften, 6. Aufl. 2015

Raiser/Veil/Jacobs .... Raiser/Veil/Jacobs, Mitbestimmungsgesetz und Drittelbeteiligungsgesetz, Kommentar, 7. Aufl. 2020

Bearbeiter in Reichert
GmbH & Co. KG .... Reichert, GmbH & Co. KG, 8. Aufl. 2021

Bearbeiter in Reichert
HV-HdB .... Semler/Volhard/Reichert, Arbeitshandbuch für die Hauptversammlung, 5. Aufl. 2021

Reichert/Weller GmbH-
Geschäftsanteil .... Reichert/Weller, Der GmbH-Geschäftsanteil, 2006

Reich-Rohrwig ÖsterrGmbHR . Reich-Rohrwig, Das österreichische GmbH-Recht in systematischer Darstellung, Band 1, 2. Aufl. 1996

Reidnitz GmbH .... Reidnitz, Die GmbH in der Rechtsprechung der deutschen Gerichte seit 1892, 1919

Bearbeiter in Reimann/Bengel/
Dietz Testament-HdB .... Reimann/Bengel/Dietz, Testament und Erbvertrag, 7. Aufl. 2019

F. Reinhardt GmbH .... F. Reinhardt, Die Gesellschaften mit beschränkter Haftung, 3. Aufl. 1927

Bearbeiter in Reithmann/
Albrecht Notarielle Vertragsge-
staltung-HdB .... Reithmann/Albrecht, Handbuch der notariellen Vertragsgestaltung, 8. Aufl. 2001

Bearbeiter in Reithmann/Mar-
tiny IntVertragsR .... Reithmann/Martiny, Internationales Vertragsrecht, 8. Aufl. 2015

RG-Praxis .... Die Reichsgerichtspraxis im deutschen Rechtsleben, Festgabe der juristischen Fakultäten zum 50 jährigen Bestehen des Reichsgerichts, 1929

RGRK-BGB/*Bearbeiter* .... Das Bürgerliche Gesetzbuch, Kommentar, hrsg. von Mitgliedern des Bundesgerichtshofs, 11. Aufl. 1959–1970, 12. Aufl. 1974 ff.

RHL/*Bearbeiter* .... Rödder/Herlinghaus/van Lishaut, Umwandlungssteuergesetz, Kommentar, 3. Aufl. 2019

Richardi/Bearbeiter .... Richardi, Betriebsverfassungsgesetz, Kommentar, 16. Aufl. 2018

Ring/Grziwotz/Bearbeiter .... Ring/Grziwotz, Systematischer Praxiskommentar GmbH-Recht, 3. Aufl. 2019

Rittner Werdende jP .... Rittner, Die werdende juristische Person, 1973

Rittner/Dreher WirtschaftsR .... Rittner/Dreher, Europäisches und Deutsches Wirtschaftsrecht, 3. Aufl. 2007

Röhricht/Graf v. Westphalen/
Haas/*Bearbeiter* .... Röhricht/Graf v. Westphalen/Haas, HGB-Kommentar, 5. Aufl. 2019

Röthel ErbR .... Röthel, Erbrecht, 18. Aufl. 2020

Roth/Altmeppen/Bearbeiter .... Roth/Altmeppen, Gesetz betreffend die Gesellschaften mit beschränkter Haftung (GmbHG), Kommentar, 9. Aufl. 2019 (10. Aufl. 2021 s. Altmeppen)

Rowedder/Schmidt-Leithoff/
Bearbeiter .... Rowedder/Schmidt-Leithoff, GmbHG, Kommentar, 6. Aufl. 2017

Saenger/Inhester/*Bearbeiter* ..... s. HK-GmbHG

Bearbeiter in Sagasser/Bula/
Brünger Umwandlungen .... Sagasser/Bula/Brünger, Umwandlungen, 5. Aufl. 2017

SBL BankR-HdB/*Bearbeiter*	Bankrechts-Handbuch, hrsg. v. Schimansky, Bunte, Lwowski, 2 Bände, 5. Aufl. 2017
Bearbeiter in Schaub ArbR-HdB	Schaub, Arbeitsrechts-Handbuch, bearb. v. Ahrendt, Koch, Linck, Treber, Vogelsang, 19. Aufl. 2021
Schimansky/Bunte/Lwowski/ *Bearbeiter* BankR-HdB	s. SBL BankR-HdB
Schippel/Görk/*Bearbeiter*	Schippel/Görk, Bundesnotarordnung, Kommentar, 10. Aufl. 2021
Schlegelberger/*Bearbeiter*	Schlegelberger, Handelsgesetzbuch, Kommentar v. Geßler, Hefermehl, Hildebrandt und Schröder, 5. Aufl. 1973 ff.
Schlegelberger/Quassowski	Schlegelberger/Quassowski, Aktiengesetz, Kommentar, 3. Aufl. 1939
Bearbeiter in Schmidt COVID-19	Hubert Schmidt, COVID-19 – Rechtsfragen zur Corona-Krise, 3. Aufl. 2021
K. Schmidt GesR	Karsten Schmidt, Gesellschaftsrecht, 4. Aufl. 2002
K. Schmidt HandelsR	Karsten Schmidt, Handelsrecht, Handbuch, 6. Aufl. 2014
K. Schmidt Stellung der OHG .	Karsten Schmidt, Zur Stellung der OHG im System der Handelsgesellschaften, 1972
K. Schmidt/*Bearbeiter*	Karsten Schmidt, Insolvenzordnung, Kommentar, 19. Aufl. 2016
K. Schmidt/Lutter/*Bearbeiter* ...	Karsten Schmidt/Lutter, Aktiengesetz, Kommentar, 4. Aufl. 2019
Bearbeiter in K. Schmidt/ Uhlenbruck Sanierung	K. Schmidt/Uhlenbruck, Die GmbH in Krise, Sanierung und Insolvenz, 5. Aufl. 2016
L. Schmidt/*Bearbeiter*	Ludwig Schmidt, Einkommensteuergesetz, Kommentar, 40. Aufl. 2021
Schmitt/Hörtnagl/*Bearbeiter*	Schmitt/Hörtnagl, Umwandlungsgesetz, Umwandlungssteuergesetz, Kommentar, 9. Aufl. 2020
Schmolke	Schmolke, Kapitalerhaltung in der GmbH nach dem MoMiG, 2009
Scholz/*Bearbeiter*	Scholz, Kommentar zum GmbH-Gesetz, 12. Aufl. 2018/2021
Schöner/Stöber GrundbuchR	Schöner/Stöber, Grundbuchrecht, 16. Aufl. 2020
Schönke/Schröder/*Bearbeiter* ...	Schönke/Schröder, Strafgesetzbuch, Kommentar, 30. Aufl. 2019
Schubert	Schubert, Entwurf des Reichsjustizministeriums zu einem Gesetz über Gesellschaften mit beschränkter Haftung von 1939, 1985
Schulte-Bunert/Weinreich/ *Bearbeiter*	Schulte-Bunert/Weinreich, FamFG, Kommentar, 6. Aufl. 2019
Schüren/Hamann/*Bearbeiter*	Schüren/Hamann, Arbeitnehmerüberlassungsgesetz, Kommentar, 5. Aufl. 2018
Schwark/Zimmer/*Bearbeiter*	Schwark/Zimmer, Kapitalmarktrechts-Kommentar, 5. Aufl. 2020
Schwarz EurGesR-HdB	Schwarz, Europäisches Gesellschaftsrecht, 2000
Schwennicke/Auerbach/ *Bearbeiter*	Schwennicke/Auerbach, Kreditwesengesetz (KWG) mit Zahlungsdiensteaufsichtsgesetz (ZAG), Kommentar, 4. Aufl. 2021
Schwerdtfeger/*Bearbeiter*	Schwerdtfeger, Gesellschaftsrecht, Kommentar, 3. Aufl. 2015
Semler/Stengel/Leonhard/ *Bearbeiter*	Semler/Stengel, Umwandlungsgesetz, Kommentar, 5. Aufl. 2021
Bearbeiter in Semler/v. Schenck/Wilsing AR-HdB	Semler/v. Schenck, Arbeitshandbuch für Aufsichtsratsmitglieder, 5. Aufl. 2021
Bearbeiter in Semler/Volhard ÜN-HdB	Semler/Volhard, Arbeitshandbuch für Unternehmensübernahmen, Band 1: 2001, Band 2: 2003
Seyfarth VorstandsR	Seyfarth, Vorstandrecht, 2016
Siffert/Fischer/Petrin GmbH-R .	Siffert/Fischer/Petrin, GmbH-Recht, 2007
SK-StGB/*Bearbeiter*	Systematischer Kommentar zum Strafgesetzbuch, Loseblatt, begr. v. Rudolphi, Horn, Samson, hrsg. v. Wolter
Soergel/*Bearbeiter*	Soergel/Siebert/Hadding/Kießling, Bürgerliches Gesetzbuch (BGB) mit Einführungsgesetz und Nebengesetzen, Kommentar, 13. Aufl. 1999 ff.
Spindler/Stilz/*Bearbeiter*	Spindler/Stilz, Aktiengesetz, Kommentar, 4. Aufl. 2019 (aktuellste Fassung zu zitieren als BeckOGK)
Staub/*Bearbeiter*	Staub, Handelsgesetzbuch, hrsg. v. Canaris, Schilling, Ulmer, 4. Aufl. 1983–2007; 5. Aufl. 2008 ff. (soweit erschienen)
Staudinger/*Großfeld* IntGesR ..	Kommentar zum EGBGB, Internationales Gesellschaftsrecht, begr. v. Staudinger, erläutert v. Großfeld, 13. Bearbeitung 1998
Staudinger/*Bearbeiter*	Staudinger, Kommentar zum Bürgerlichen Gesetzbuch (zitiert mit Jahreszahl der Einzelbände in Kommata)

Verzeichnis der abgekürzt zitierten Literatur

Stein/Jonas/*Bearbeiter* .... Stein/Jonas, Zivilprozessordnung, Kommentar, 10 Bände, 22. Aufl. 2003–2013, 23. Aufl. 2014 ff. (soweit erschienen)

Stöber/Rellermeyer Forderungspfändung .... Stöber/Rellermeyer, Forderungspfändung, 17. Aufl. 2020

Streck .... Streck, Körperschaftsteuergesetz, Kommentar, 9. Aufl. 2018

Streinz/*Bearbeiter* .... Streinz, EUV/AEUV. Vertrag über die Europäische Union und Vertrag über die Arbeitsweise der Europäischen Union, Kommentar, 3. Aufl. 2018

Sudhoff Gesellschaftsvertrag ..... Sudhoff, Der Gesellschaftsvertrag der GmbH, 8. Aufl. 1992

Bearbeiter in Sudhoff GmbH & Co. KG .... Sudhoff, GmbH & Co. KG, 6. Aufl. 2005

Bearbeiter in Süß/Wachter IntGmbHR-HdB .... Süß/Wachter, Handbuch des internationalen GmbH-Rechts, 3. Aufl. 2016

Thomas/Putzo/*Bearbeiter* .... Thomas/Putzo, Zivilprozessordnung mit Gerichtsverfassungsgesetz und den Einführungsgesetzen, Kommentar, 42. Aufl. 2021

Tiedemann InsStrafR .... Tiedemann, Insolvenz-Strafrecht, 2. Aufl. 1996

Tiedemann Wirtschaftsbetrug ... Tiedemann, Wirtschaftsbetrug, 1999

Tillmann/Mohr GmbH-GF ..... Tillmann/Mohr, Der GmbH-Geschäftsführer, 11. Aufl. 2020

Tipke/Kruse/*Bearbeiter* .... Tipke/Kruse, Abgabenordnung/Finanzgerichtsordnung, Loseblatt-Kommentar

Bearbeiter in Tipke/Lang SteuerR .... Tipke/Lang, Steuerrecht, 24. Aufl. 2021

Toussaint/*Bearbeiter* .... Toussaint, Kostenrecht, Kommentar, 51. Aufl. 2021 (bis 50. Aufl. 2020 s. Hartmann/Toussaint)

Troll/Gebel/Jülicher/Gottschalk/*Bearbeiter* .... Troll/Gebel/Jülicher/Gottschalk, Erbschaftsteuer- und Schenkungssteuergesetz, Kommentar, Loseblatt

UHH/*Bearbeiter* .... Ulmer/Habersack/Henssler, Mitbestimmungsrecht, Kommentar, 3. Aufl. 2013 (4. Aufl. 2018 s. Habersack/Henssler)

UHL/*Bearbeiter* .... Ulmer/Habersack/Löbbe, GmbHG. Gesetz betreffend die Gesellschaften mit beschränkter Haftung, Großkommentar, 2. Aufl. 2013–2016 (3. Aufl. 2019 ff. s. HCL)

Uhlenbruck/*Bearbeiter* .... Uhlenbruck, Insolvenzordnung, Kommentar, hrsg. v. Uhlenbruck, Hirte, Vallender, 2 Bände, 15. Aufl. 2019/2020

UHW/*Bearbeiter* .... s. Ulmer/Habersack/Winter

Ulmer/Brandner/Hensen/*Bearbeiter* .... Ulmer/Brandner/Hensen, AGB-Recht, Kommentar, 12. Aufl. 2016

Ulmer/Habersack/Winter/*Bearbeiter* .... Ulmer/Habersack/Winter, GmbHG. Gesetz betreffend die Gesellschaften mit beschränkter Haftung, Großkommentar, 2005–2008 (2. Aufl. 2013 ff. s. UHL, 3. Aufl. 2019 ff. s. HCL)

Unternehmensrechtskommission-Bericht .... Bericht über die Verhandlungen der Unternehmensrechtskommission, hrsg. v. Bundesministerium der Justiz, 1980

Vogel .... Vogel, GmbH-Gesetz, Kommentar, 2. Aufl. 1956

Wachter/*Bearbeiter* .... Wachter, AktG, Kommentar, 3. Aufl. 2018

Wagner/Rux GmbH & Co. KG .... Wagner/Rux, Die GmbH & Co. KG, 12. Aufl. 2013

Bearbeiter in Westermann/Wertenbruch PersGes-HdB .... Handbuch der Personengesellschaften, hrsg. v. H. Westermann, Wertenbruch, Loseblatt

Wertenbruch BGB AT .... Wertenbruch, BGB Allgemeiner Teil, 4. Aufl. 2017

Weyland/*Bearbeiter* .... Weyland, Bundesrechtsanwaltsordnung, Kommentar, 10. Aufl. 2019

Bearbeiter in WFD Sonderbilanzen .... Winkeljohann/Förschle/Deubert, Sonderbilanzen, 5. Aufl. 2016 (6. Aufl. 2021 s. Deubert/Förschle/Störk)

Wicke .... Wicke, GmbHG, Kommentar, 4. Aufl. 2020

Widmann/Mayer/*Bearbeiter* .... Widmann/Mayer, Umwandlungsrecht, Kommentar, Loseblatt

Wiedmann/Böcking/Gros/*Bearbeiter* .... Wiedmann/Böcking/Gros, Bilanzrecht, Kommentar zu den §§ 238–342a HGB, 4. Aufl. 2019

Wiedemann GesR I, II .... Wiedemann, Gesellschaftsrecht, Bd. I 1980, Bd. II 2004

Wieland HandelsR .... Wieland, Handelsrecht, Bd. I 1921, Bd. II 1931

Wilhelm KapGesR .... Wilhelm, Kapitalgesellschaftsrecht, 4. Aufl. 2018

Wilsing/Bearbeiter .... Wilsing, Deutscher Corporate Governance Kodex: DCGK, Kommentar, 2012

Windbichler GesR .... Windbichler, Gesellschaftsrecht, 24. Aufl. 2017

Winkler .... Winkler, Beurkundungsgesetz, Kommentar, 19. Aufl. 2019

Winkler Testamentsvollstrecker   Winkler, Der Testamentsvollstrecker nach bürgerlichem, Handels- und Steuerrecht, 23. Aufl. 2020

Winter Treubindungen .... Winter, Mitgliedschaftliche Treubindungen im GmbH-Recht, 1988

Winnefeld Bilanz-HdB .... Winnefeld, Bilanz-Handbuch, 5. Aufl. 2015

Wißmann/Kleinsorge/
Schubert/*Bearbeiter* .... Wißmann/Kleinsorge/Schubert, Mitbestimmungsrecht, Kommentar, 5. Aufl. 2017 (4. Aufl. 2011 s. WWKK)

Wolf/Lindacher/Pfeiffer/
Bearbeiter .... Wolf/Lindacher/Pfeiffer, AGB-Recht, Kommentar, 7. Aufl. 2020

Bearbeiter in WürzNotar-HdB . Würzburger Notarhandbuch, hrsg. v. Limmer, Hertel, Frenz, Mayer, 5. Aufl. 2018

Wünsch .... Wünsch, Kommentar zum GmbHG (Österreich), 1988

Würdinger AktR .... Würdinger, Aktienrecht und das Recht der verbundenen Unternehmen, 4. Aufl. 1981

Würdinger Gesellschaften II ..... Würdinger, Gesellschaften, 2. Teil, Recht der Kapitalgesellschaften, 1943

WWKK/*Bearbeiter* .... Wlotzke/Wißmann/Koberski/Kleinsorge, Mitbestimmungsrecht, Kommentar, 4. Aufl. 2011 (5. Aufl. 2017 s. Wißmann/Kleinsorge/Schubert)

Gesetz betreffend die Gesellschaften
mit beschränkter Haftung

idF der Bekanntmachung vom 20. Mai 1898 (RGBl. 1898, 846),
zuletzt geändert durch Gesetz vom 10. August 2021 (BGBl. 2021 I 3436)

Abschnitt 4. Abänderungen des Gesellschaftsvertrags

§ 53 Form der Satzungsänderung

(1) Eine Abänderung des Gesellschaftsvertrages kann nur durch Beschluß der Gesellschafter erfolgen.

(2) [1]Der Beschluß muß notariell beurkundet werden, derselbe bedarf einer Mehrheit von drei Vierteilen der abgegebenen Stimmen. [2]Der Gesellschaftsvertrag kann noch andere Erfordernisse aufstellen.

(3) Eine Vermehrung der den Gesellschaftern nach dem Gesellschaftsvertrag obliegenden Leistungen kann nur mit Zustimmung sämtlicher beteiligter Gesellschafter beschlossen werden.

Schrifttum: *Baumann/Reiss,* Satzungsergänzende Vereinbarungen − Nebenverträge im Gesellschaftsrecht, ZGR 1989, 157; *Beck,* Notarielle Beurkundung der Beschlüsse zu Unternehmensverträgen in der GmbH, DNotZ 2013, 90; *Beuthien/Gätsch,* Vereinsautonomie und Satzungsrechte Dritter, ZHR 156 (1992), 459; *Blath,* Das Mehrheitsprinzip im GmbH-Recht − Grundlegendes und Gestaltungsfragen, RNotZ 2017, 218; *Boesebeck,* „Satzungsdurchbrechung" im Recht der AG und GmbH, NJW 1960, 2265; *Bokelmann,* GmbH-Gesellschafterversammlungen im Ausland und Beurkundungen durch ausländische Notare, NJW 1972, 1729; *Böttcher/Helle,* Zur Schiedsfähigkeit von Beschlussmängelstreitigkeiten − Schiedsfähigkeit II, NZG 2009, 700; *Casper,* Die Heilung nichtiger Beschlüsse im Kapitalgesellschaftsrecht, 1998; *Fleck,* Schuldrechtliche Verpflichtungen einer GmbH im Entscheidungsbereich der Gesellschafter, ZGR 1988, 104; *Fleck,* Stimmrechtsabspaltung in der GmbH?, FS R. Fischer, 1979, 107; *Ganßmüller,* Unechte Satzungsbestandteile, GmbHR 1963, 85; *Goette,* Satzungsdurchbrechung und Beschlussanfechtung, in Henze/Timm/Westermann, Gesellschaftsrecht 1995, RWS-Forum 8, 1996, 113; *Goette,* Auslandsbeurkundungen im Kapitalgesellschaftsrecht, FS Boujong, 1996, 131; *Grotheer,* Satzungsänderungsbeschlüsse in der GmbH und besondere Formvorschriften, RNotZ 2015, 4; *Habersack,* Unwirksamkeit „zustandsbegründender" Durchbrechungen der GmbH-Satzung sowie darauf gerichteter schuldrechtlicher Nebenabreden, ZGR 1994, 354; *Harbarth,* Anlegerschutz in öffentlichen Unternehmen, 1998; *Harbarth,* Aktienrecht, Gemeinwohl und Vergütungsparameter, ZGR 2018, 379; *Harbarth,* Statutarische Öffnungsklauseln im Recht der GmbH, FS Krieger, 2020, 309; *Harbarth/Zeyher/Brechtel,* Gestaltung einer von der Satzung und dem gesetzlichen Regelfall abweichenden Gewinnausschüttungsabrede in der Aktiengesellschaft, AG 2016, 801; *Heckschen,* Auslandsbeurkundung und Richtigkeitsgewähr, DB 1990, 161; *Henze,* Materiellrechtliche Grenzen für Mehrheitsentscheidungen im Aktienrecht, DStR 1993, 1823; *Henze,* Minderheitenschutz durch materielle Kontrolle der Beschlüsse über die Zustimmung nach § 179a AktG und die Änderung des Unternehmensgegenstandes der Aktiengesellschaft?, FS Boujong, 1996, 232; *Herfs,* Einwirkung Dritter auf den Willensbildungsprozess der GmbH, 1994; *Hoffmann-Becking,* Der Einfluß schuldrechtlicher Gesellschaftervereinbarungen auf die Rechtsbeziehungen in der Kapitalgesellschaft, ZGR 1994, 442; *Hübner,* Interessenkonflikt und Vertretungsmacht, 1977; *G. Hueck,* Der Grundsatz der gleichmäßigen Behandlung im Privatrecht, 1958; *Immenga,* Die personalistische Kapitalgesellschaft, 1970; *Lawall,* Satzungsdurchbrechende Beschlüsse im GmbH-Recht, DStR 1996, 1169; *Leitzen,* Neues zu Satzungsdurchbrechung und schuldrechtlichen Nebenabreden, RNotZ 2010, 566; *Leuschner,* Satzungsdurchbrechende Beschlüsse bei AG und GmbH, ZHR 180 (2016), 422; *Lutter,* Zur inhaltlichen Begründung von Mehrheitsentscheidungen, ZGR 1981, 171; *Martens,* Mehrheits- und Konzernherrschaft in der personalistischen GmbH 1970; *Martens,* Der Ausschluss des Bezugsrechts: BGHZ 33, 175, FS R. Fischer, 1979, 437; *Martens,* Die GmbH und der Minderheitenschutz, GmbHR 1984, 265; *Meier,* „Echte" und „unechte" Satzungsbestandteile − eine überflüssige Unterscheidung, ZGR 2020, 124; *Mertens,* Unternehmensgegenstand und Mitgliedschaftsrecht, AG 1978, 309; *Niemeier,* Rechtstatsachen und Rechtsfragen der Einziehung von GmbH-Anteilen 1982; *Noack,* Gesellschaftervereinbarungen bei Kapitalgesellschaften, 1994; *Peterseim,* Satzungsdurchbrechung − Eine rechtsformübergreifende Studie unter besonderer Berücksichtigung des Beschlussmängelrechts, 2020; *Peters/Hecker,* Die Kündigung von Beherrschungs- und Gewinnabführungsverträgen im GmbH-Konzern, DStR 2012, 86; *Pöschke,* Satzungsdurchbrechende Beschlüsse in der GmbH, DStR 2012, 1089; *Pöschke,* Satzungsdurchbrechende Beschlüsse in GmbH und AG, 2020; *Priester,* Nichtkorporative Satzungsbestimmungen bei Kapitalgesellschaften, DB 1979, 681; *Priester,* Satzungsänderung und Satzungsdurchbrechung, ZHR 151 (1987), 40; *Priester,* Öffnungsklauseln zur Gewinnverteilung in der GmbH-Satzung, FS W. Müller, 2001, 113; *Priester,* Drittbindung des Stimmrechts und Satzungsautonomie, FS Werner, 1984, 657; *Priester,* GmbH-Ersatzfirma durch Insolvenzverwalter, DNotZ 2016, 892; *Priester,* Aufsichtsrat per Öffnungsklausel, NZG 2016, 774; *Reichert,* Zulässigkeit der nachträglichen Einführung oder Aufhebung von Vinkulierungsklauseln, BB 1985, 1496; *Reichert/Harbarth,* Statutarische Schiedsklauseln − Einführung, Aufhebung und umwandlungsrechtliche Behandlung, NZG 2003, 379; *Reichert/Schumacher,* Der GmbH-Vertrag, 4. Aufl. 2014; *Röll,* Die Beurkundung von GmbH-Gesellschafterbeschlüssen, DNotZ

1979, 644; *C. Schäfer,* Der stimmrechtslose Gesellschaftsanteil, 1997; *Schockenhoff,* Gesellschaftsinteresse und Gleichbehandlung beim Bezugsrechtsausschluss, 1988; *Schockenhoff,* Die Auslegung von GmbH- und AG-Satzungen, ZGR 2013, 76; *Selentin,* Satzungsdurchbrechungen, 2019; *Stöhr,* Durchbrechung der GmbH-Satzung ohne förmlichen Satzungsänderungsbeschluss, MittRhNotK 1996, 390; *Tieves,* Satzungsverletzende und satzungsdurchbrechende Gesellschafterbeschlüsse, ZIP 1994, 1341; *Timm,* Der Mißbrauch des Auflösungsbeschlusses durch den Mehrheitsgesellschafter, JZ 1980, 665; *Timm,* Zur Sachkontrolle von Mehrheitsentscheidungen im Kapitalgesellschaftsrecht, ZGR 1987, 403; *Wälzholz/Bayer,* Satzungsdurchbrechende Beschlüsse und Öffnungsklauseln – Wirksame Beschlüsse trotz „Verstoßes" gegen die Satzung?, GmbH-StB 2020, 293; *Wicke,* Echte und unechte Bestandteile im Gesellschaftsvertrag der GmbH, DNotZ 2006, 419; *Wiedemann,* Rechtsethische Maßstäbe im Unternehmens- und Gesellschaftsrecht, ZGR 1980, 147; *Winkler,* Materielle und formelle Bestandteile in Gesellschaftsverträgen und Satzungen und ihre verschiedenen Auswirkungen, DNotZ 1969, 394; *Winter,* Mitgliedschaftliche Treubindungen im GmbH-Recht, 1988; *Winter,* Organisationsrechtliche Sanktionen bei Verletzung schuldrechtlicher Gesellschaftervereinbarungen?, ZHR 154 (1990), 259; *Winter,* Satzung und schuldrechtliche Gesellschaftervereinbarungen: Die Sicht der Praxis, in Henze/Timm/Westermann, Gesellschaftsrecht 1995, RWS-Forum 8, 1996, 131; *Zilias,* Rückwirkende Satzungsänderung bei Kapitalgesellschaften, JZ 1959, 50; *Zöllner,* Das Teilnahmerecht der Aufsichtsratsmitglieder an Beschlußfassungen der Gesellschafter bei der mitbestimmten GmbH, FS R. Fischer, 1979, 905; *Zöllner,* Die Anpassung von Personengesellschaftsverträgen an veränderte Umstände, 1979; *Zöllner,* Wechselwirkungen zwischen Satzung und schuldrechtlichen Gesellschaftervereinbarungen ohne Satzungscharakter, in Henze/Timm/Westermann, Gesellschaftsrecht 1995, RWS-Forum 8, 1996, 89; *Zöllner,* Satzungsdurchbrechung, FS Priester, 2007, 879; *Zöllner,* Die Schranken mitgliedschaftlicher Stimmrechtsmacht bei den privatrechtlichen Personenverbänden, 1963.

Übersicht

I. Überblick und Normzweck

§§ 53, 54 stellen innerhalb der im Vierten Abschnitt niedergelegten Bestimmungen **1** über die Änderung des Gesellschaftsvertrages, der Satzung (→ Rn. 8), die allgemeinen Vorschriften dar. § 53 regelt dabei den Beschluss über die Satzungsänderung, § 54 deren Anmeldung und Eintragung im Handelsregister. § 53 wird daher zu Recht als die **zentrale Vorschrift** des Vierten Abschnitts des GmbHG bezeichnet.[1]

Außer den allgemeinen Vorschriften der §§ 53, 54 enthält der Vierte Abschnitt **Sonder-** **2** **vorschriften** für Fälle der Kapitalerhöhung und -herabsetzung. §§ 55–57a betreffen dabei die Kapitalerhöhung gegen Einlagen, §§ 57c ff. die Kapitalerhöhung aus Gesellschaftsmitteln, § 58 die ordentliche Kapitalherabsetzung und §§ 58a ff. die vereinfachte Kapitalherabsetzung. §§ 53, 54 werden hierdurch nicht verdrängt, sondern lediglich ergänzt.[2]

§ 53 bringt die **Abänderbarkeit der Satzung** zum Ausdruck und regelt die näheren **3** Voraussetzungen der Änderung. Abs. 1 stellt klar, dass die Abänderung des Gesellschaftsvertrages nur durch Beschluss der Gesellschafter erfolgen kann. Abs. 2 betrifft die näheren Voraussetzungen der Änderung des Gesellschaftsvertrages. Abs. 3 verlangt für Änderungsbeschlüsse, die auf die Vermehrung der den Gesellschaftern nach der Satzung obliegenden Leistungen gerichtet sind, zusätzlich die Zustimmung sämtlicher beteiligter Gesellschafter. Zur Wirksamkeit der Satzungsänderung ist darüber hinaus ihre Eintragung im Handelsregister erforderlich (§ 54 Abs. 3). Die Bestimmungen des § 53 sind weitgehend zwingender Natur (im Einzelnen → Rn. 58, → Rn. 70 und → Rn. 82).

§ 53 ist Ausdruck der körperschaftlichen Struktur der GmbH: Während die Gründung **4** der Gesellschaft übereinstimmende Willenserklärungen sämtlicher Gesellschafter voraussetzt, ist die Satzungsänderung durch **qualifizierten Mehrheitsbeschluss** möglich; dies gilt indes erst ab dem Zeitpunkt der Eintragung der GmbH (→ Rn. 169). Durch die Ermöglichung satzungsändernder Beschlüsse mit qualifizierter Mehrheit gleicht das Gesetz die Bedürfnisse

---

[1] HCL/*Ulmer/Casper* Rn. 1.
[2] HCL/*Ulmer/Casper* Rn. 5.

von Kontinuität und Änderbarkeit der Satzung aus. § 53 ist auch auf die vollständige Neufassung der Satzung anwendbar.[3]

5 Enthält der zur Eintragung in das Handelsregister angemeldete Gesellschaftsvertrag eine nichtige Bestimmung, so kann dieses Eintragungshindernis grundsätzlich nicht durch eine Beschränkung der Anmeldung, sondern nur durch eine Änderung des Gesellschaftsvertrages behoben werden.[4] Nur wenn überhaupt keine Zweifel daran bestehen, dass die Nichtigkeit der einzelnen Satzungsbestimmung die Satzung im Übrigen unberührt lässt und die nichtige Satzungsbestimmung und die übrigen Satzungsbestimmungen nicht miteinander stehen und fallen sollen, genügt eine **Beschränkung der Anmeldung** und ist eine Satzungsänderung entbehrlich.[5] Zur Verfahrensweise des Registergerichts bei einer teilweisen Mangelhaftigkeit der angemeldeten Satzungsänderung → § 54 Rn. 85 ff.

6 § 53 in seiner heute in Geltung stehenden Fassung entspricht weitgehend jener der ursprünglichen Fassung des **GmbHG von 1892;**[6] lediglich die früher in Abs. 2 enthaltene alternative Beurkundungszuständigkeit von Gerichten und Notaren wurde durch das Beurkundungsgesetz vom 28.8.1969 (BGBl. 1969 I 1513 [1520]) zugunsten der aktuellen Gesetzesfassung geändert. Anders als die Vorschriften über Kapitalmaßnahmen blieb § 53 durch die GmbH-Novelle 1980 unverändert.

7 Ursprünglich sollte auch § 53 durch das zum 1.11.2008 in Kraft getretene Gesetz zur Modernisierung des GmbH-Rechts **(MoMiG)** reformiert werden.[7] Der Entwurf der Bundesregierung sah vor, dass bei bestimmten Satzungsänderungen von Gesellschaften mit Mustersatzungen anstelle der notariellen Beurkundung eine vom Geschäftsführer unterzeichnete Niederschrift genügen solle.[8] Dieser Abs. 2 S. 2 ist allerdings nicht Gesetz geworden. Es bleibt bei der bisherigen Regelung. Werden im **Musterprotokoll** festgehaltene gesellschaftsvertragliche Regelungen geändert, sind die Vorgaben der §§ 53, 54 einzuhalten.[9] Dem geringeren Aufwand soll auf der Kostenebene Rechnung getragen werden. Nach § 105 Abs. 6 S. 1 Nr. 2 GNotKG findet der für die Notargebühren bestimmte Mindestwert keine Anwendung auf Änderungen des Gesellschaftsvertrags einer gem. § 2 Abs. 1a gegründeten Gesellschaft, wenn die Gesellschaft auch mit dem geänderten Gesellschaftsvertrag gem. § 2 Abs. 1a hätte gegründet werden können.[10] Zu den Einzelheiten des vereinfachten Verfahrens → § 2 Rn. 265 ff.; zur Anmeldung → § 54 Rn. 6.

II. Begriff der Satzung

8 **1. Verhältnis von Gesellschaftsvertrag und Satzung.** Im Recht des Vereins und der Aktiengesellschaft wird das Gesellschaftsstatut als Satzung bezeichnet (zB in §§ 25, 33 BGB, §§ 23, 179 AktG). Demgegenüber spricht das GmbHG vom Gesellschaftsvertrag (zB in §§ 2, 3, 53). Ein sachlicher Unterschied geht mit den verschiedenen Bezeichnungen indes nicht einher.[11] Auch der – besonderen Auslegungsgrundsätzen unterworfene (→ § 2 Rn. 184 ff.) – **Gesellschaftsvertrag** der GmbH stellt die von der Zusammensetzung des Gesellschafterkreises losgelöste Grundlage der Gesellschaft dar und besitzt **organisations-**

3 OLG Köln Beschl. v. 17.7.1992 – 2 WX 32/92, NJW-RR 1993, 223 (224); MHLS/*Hoffmann* Rn. 21; Scholz/*Priester/Tebben* Rn. 18; Rowedder/Schmidt-Leithoff/*Schnorbus* Rn. 14; zu § 54 auch OLG Zweibrücken Beschl. v. 10.10.2001 – 3 W 200/01, GmbHR 2001, 1117 = NJW-RR 2002, 607.
4 LG Dresden Beschl. v. 20.12.1993 – 45 T 82/93, DB 1994, 321.
5 *Demharter* EWiR 1994, 273 (274) insofern weiter als LG Dresden Beschl. v. 20.12.1993 – 45 T 82/93, DB 1994, 321, das eine Satzungsänderung stets für unverzichtbar hält.
6 RGBl. 1892, 477 (491); infolge der Neuverkündung von 1898 wurde die ursprünglich als § 54 vorgesehene Bestimmung zu § 53; vgl. RGBl. 1898, 846 (859).
7 Vgl. noch Ulmer/Habersack/Winter/*Ulmer,* 2008, Rn. 57.
8 BT-Drs. 16/6140, 8.
9 OLG München Beschl. v. 29.10.2009 – 31 Wx 124/09, NZG 2010, 35; OLG Frankfurt Beschl. v. 13.10.2011 – 20 W 95/11, NZG 2013, 71; OLG Zweibrücken Beschl. v. 9.5.2011 – 3 W 1/11, BeckRS 2013, 15490 auch zur Frage, inwieweit die Teilung eines Geschäftsanteils als Satzungsänderung zu qualifizieren ist; *Herrler/König* DStR 2010, 2138 (2142).
10 Vgl. zu § 41d Alt. 2 KostO aF *Wälzholz* GmbHR 2008, 841 (843).
11 HCL/*Ulmer/Casper* Rn. 7; Scholz/*Priester/Tebben* Rn. 4.

rechtlichen Charakter; dies kommt auch darin zum Ausdruck, dass im Falle der nach § 1 zulässigen Einmanngründung der „Abschluss" eines Gesellschaftsvertrages sogar durch einen einzigen Gesellschafter möglich ist (näher zur Einmanngründung → § 1 Rn. 68 ff.). In Ermangelung eines inhaltlichen Unterschieds hat sich daher auch im GmbH-Recht die Bezeichnung als Satzung weitgehend eingebürgert.[12] Auch im Folgenden wird daher vorwiegend der Begriff „Satzung" verwendet.

2. Echte und unechte Satzungsbestandteile. a) Allgemeines. Nicht sämtliche im **9** von den Gesellschaftern beschlossenen und beim Handelsregister einsehbaren Satzungstext enthaltenen Bestimmungen sind inhaltlich als Satzung iSd §§ 2, 3, 53 zu qualifizieren.[13] Zwar setzt die Satzungsqualität einer Bestimmung voraus, dass sie entweder im Rahmen des Gründungsvorgangs oder im Wege des gesetzlich normierten Verfahrens der Satzungsänderung die Aufnahme in den Satzungstext gefunden hat. Der Satzungstext enthält in der Praxis darüber hinaus indes regelmäßig Bestimmungen, die inhaltlich keine Satzungsqualität besitzen und deren Änderung sich daher nicht nach §§ 53, 54 bemisst,[14] deren Aufnahme in den Satzungstext aber gleichwohl zulässig ist[15] (näher → § 2 Rn. 15 ff.). Derartige Bestimmungen stellen sog. **unechte Satzungsbestandteile** dar,[16] mitunter auch als formelle,[17] nichtkorporative[18] oder individualrechtliche[19] Satzungsbestimmungen bezeichnet.

b) Abgrenzung zwischen echten und unechten Satzungsbestandteilen. 10 aa) Allgemeines. Der vorstehende Befund wirft die Frage auf, welchen im Satzungstext enthaltenen Bestimmungen auch inhaltlich Satzungsqualität beizumessen ist. Materielle Satzungsbestandteile als Bestimmungen zu definieren, „die nur Wirksamkeit [erlangen], wenn sie ursprünglich oder im Wege der Satzungsänderung in den Gesellschaftsvertrag aufgenommen werden", und für die „somit […] die Aufnahme in den Gesellschaftsvertrag nach erfolgter Eintragung konstitutive Wirkung [hat]",[20] überzeugt deswegen nicht, weil ein derartiges Wirksamwerden nicht Voraussetzung, sondern Rechtsfolge des Satzungscharakters ist.[21] Als Satzung im materiellen Sinn anzusehen ist mit *Ulmer/Casper* vielmehr „die Gesamtheit derjenigen Abreden, die nach Maßgabe der gesetzlichen Mindestanforderungen in § 3 Abs. 1 oder in Ergänzung oder Änderung des gesetzlichen Organisationsrechts die Grundlagen der Gesellschaft, ihre Beziehungen zu den Gesellschaftern sowie die Rechtsstellung ihrer Organe regeln".[22] Derartige Bestimmungen werden als **materielle Satzungsbestandteile,**[23] als

---

12　HCL/*Ulmer/Casper* Rn. 7; Scholz/*Priester/Tebben* Rn. 4; Rowedder/Schmidt-Leithoff/*Schnorbus* Rn. 1 Fn. 1; Henssler/Strohn/*Gummert* Rn. 1; demgegenüber für Begriff des Gesellschaftsvertrages vor Errichtung der GmbH und Bezeichnung als Satzung danach MHLS/*Hoffmann* Rn. 1c; näher zum Verhältnis von Satzung und Gesellschaftsvertrag einschließlich etwaiger Differenzierungsmerkmale *K. Schmidt* GesR § 5 I 2, S. 80 ff.
13　AA *Meier* ZGR 2020, 124 (134 ff., insbes. 153), wonach jede Regelung zur Satzung zählt, wenn sie in den Satzungstext aufgenommen wurde.
14　Noack/Servatius/Haas/*Noack* Rn. 4; HCL/*Ulmer/Casper* Rn. 8 f.; Henssler/Strohn/*Gummert* Rn. 2; Rowedder/Schmidt-Leithoff/*Schnorbus* Rn. 2; Scholz/*Priester/Tebben* Rn. 5 f.; Kölner Komm AktG/*Zetzsche* AktG § 179 Rn. 12 ff. zur AG.
15　Nähere dogmatische Begründung bei HCL/*Ulmer/Casper* Rn. 9.
16　BGH Urt. v. 25.10.1962 – II ZR 188/61, BGHZ 38, 155 (161) = NJW 1963, 203; Urt. v. 1.12.1969 – II ZR 14/68, WM 1970, 246 (247); Urt. v. 11.5.1981 – II ZR 25/80, ZIP 1981, 1205 (1206); *Ganßmüller* GmbHR 1963, 85; Noack/Servatius/Haas/*Noack* Rn. 6; HK-GmbHG/*Inhester* Rn. 4; Kölner Komm AktG/*Zetzsche* AktG § 179 Rn. 16 zur AG.
17　HCL/*Ulmer/Casper* Rn. 9; Rowedder/Schmidt-Leithoff/*Schnorbus* Rn. 2 ff.; HK-GmbHR/*A. Bartl* Rn. 3.
18　*Priester* DB 1979, 681; Scholz/*Priester/Tebben* Rn. 6.
19　MHLS/*Hoffmann* Rn. 4.
20　So Rowedder/Schmidt-Leithoff/*Schnorbus* Rn. 3.
21　Zutr. Kölner Komm AktG/*Zetzsche* AktG § 179 Rn. 17 zur AG; krit. insoweit auch HCL/*Ulmer/Casper* Rn. 14 Fn. 18.
22　HCL/*Ulmer/Casper* Rn. 8; näher zum Wesen der Satzung im materiellen Sinne → § 2 Rn. 15.
23　HCL/*Ulmer/Casper* Rn. 8; Rowedder/Schmidt-Leithoff/*Schnorbus* Rn. 2 f.; Henssler/Strohn/*Gummert* Rn. 4.

---

echte Satzungsbestandteile,[24] als korporative Satzungsbestandteile[25] oder als körperschafts-rechtliche Satzungsbestandteile[26] bezeichnet.

11   Im Rahmen der Abgrenzung zwischen echten und unechten Satzungsbestandteilen ist zunächst zu prüfen, ob die in Rede stehende Bestimmung aufgrund ihres Regelungsgehalts von vornherein nur einer der beiden Kategorien zugeordnet werden kann und deshalb als notwendig echter Satzungsbestandteil (→ Rn. 12 ff.) oder als notwendig unechter Satzungs-bestandteil (→ Rn. 18 ff.) zu qualifizieren ist. Gehört die Bestimmung zu **keiner der bei-den** vorgenannten **Kategorien,** liegt die Frage des Charakters als echter oder als unechter Satzungsbestandteil in den Händen der Gesellschafter; für ihre zutreffende Einordnung ist dann darauf abzustellen, welche Rechtsqualität die Gesellschafter der Bestimmung beimessen wollten. Die **Aufnahme der Bestimmung in den Satzungstext** kann dabei grundsätzlich als **Indiz** für einen Charakter als echter Satzungsbestandteil angesehen werden.[27] Dies wird insbesondere dann angenommen, wenn die Bestimmung im Rahmen einer Satzungsände-rung in die Satzung aufgenommen wurde;[28] richtigerweise wird man insoweit zu differen-zieren haben: Wurde eine Bestimmung im Rahmen einer Satzungsänderung neben notwen-dig echten Satzungsbestandteilen in die Satzung aufgenommen, ist die rechtliche Situation nicht anders zu beurteilen als bei der Aufnahme in die Gründungssatzung. Wurde die Regelung demgegenüber alleine oder ausschließlich zusammen mit anderen weder als not-wendig echten noch als notwendig unechten Satzungsbestandteilen zu qualifizierenden Bestim-mungen in die Satzung aufgenommen, mag dies in der Tat in besonderer Weise für einen Charakter als echter Satzungsbestandteil sprechen. Erfolgte die Aufnahme in die Satzung demgegenüber ausschließlich zusammen mit notwendig unechten Satzungsbestandteilen, dürfte eine derartige Aufnahme im Wege der Satzungsänderung jedenfalls nicht in besonde-rer Weise für einen Charakter als echter Satzungsbestandteil sprechen. Im Hinblick auf den Grundsatz der objektiven Satzungsauslegung (→ § 2 Rn. 185 ff.) muss ein gewollter Rechtscharakter als unechter Satzungsbestandteil nach allgemeinen Grundsätzen aus dem Satzungstext oder aus den übrigen beim Handelsregister befindlichen Unterlagen ableitbar sein.[29]

12   **bb) Notwendig echte Satzungsbestandteile.** Notwendig echte Satzungsbestand-teile sind diejenigen Bestimmungen, die wirksam nur in der Satzung vorgesehen werden können.[30] Dies sind zunächst diejenigen Bestimmungen, die **nach § 3 Abs. 1** zum zwingen-den Mindestinhalt einer Satzung gehören, also Firma und Sitz der Gesellschaft (§ 3 Abs. 1 Nr. 1), Gegenstand des Unternehmens (§ 3 Abs. 1 Nr. 2), Betrag des Stammkapitals (§ 3 Abs. 1 Nr. 3) und Stammeinlageverpflichtungen der einzelnen Gesellschafter (§ 3 Abs. 1 Nr. 4)[31] nebst Abreden über Sacheinlagen oder Sachübernahmen (mit Ausnahme des Sach-übernahmevertrages selbst; dazu → Rn. 19);[32] zu den Voraussetzungen der Streichung der Angaben gem. § 3 Abs. 1 Nr. 4 näher → Rn. 198. Anders als die gesetzlichen Mindestan-forderungen gem. § 3 Abs. 1 sind (die nicht zum zwingenden Mindestinhalt einer Satzung gehörenden) Nebenleistungspflichten keine notwendig echten Satzungsbestandteile. Sie können nämlich nicht nur gem. § 3 Abs. 2 als mitgliedschaftliche Regelungen, sondern

---

[24] BGH Urt. v. 25.10.1962 – II ZR 188/61, BGHZ 38, 155 (161) = NJW 1963, 203; Urt. v. 11.5.1981 – II ZR 25/80, ZIP 1981, 1205 (1206); Noack/Servatius/Haas/*Noack* Rn. 6; Kölner Komm AktG/*Zetzsche* AktG § 179 Rn. 16.

[25] Scholz/*Priester*/*Tebben* Rn. 8.

[26] BGH Urt. v. 11.10.1993 – II ZR 155/92, BGHZ 123, 347 = NJW 1994, 51; MHLS/*Hoffmann* Rn. 4.

[27] Vgl. BGH Urt. v. 8.2.1993 – II ZR 24/92, ZIP 1993, 432 (433); HCL/*Ulmer*/*Casper* Rn. 14; Rowed-der/Schmidt-Leithoff/*Schnorbus* Rn. 5; Scholz/*Priester*/*Tebben* Rn. 16.

[28] Scholz/*Priester*/*Tebben* Rn. 16; Rowedder/Schmidt-Leithoff/*Schnorbus* Rn. 5.

[29] HCL/*Ulmer*/*Casper* Rn. 14; Scholz/*Priester*/*Tebben* Rn. 15; Kölner Komm AktG/*Zetzsche* AktG § 179 Rn. 98 zur AG. Krit. zum Grundsatz der objektiven Satzungsauslegung *Schockenhoff* ZGR 2013, 76.

[30] MHLS/*Hoffmann* Rn. 8.

[31] HCL/*Ulmer*/*Casper* Rn. 15; MHLS/*Hoffmann* Rn. 8; Rowedder/Schmidt-Leithoff/*Schnorbus* Rn. 3.

[32] BGH Urt. v. 13.10.1966 – II ZR 56/64, WM 1966, 1262; HCL/*Ulmer*/*Casper* Rn. 15; Scholz/*Priester*/ *Tebben* Rn. 10.

stattdessen auch auf rein schuldrechtlicher Ebene ausgestaltet werden; im letzteren Falle beanspruchen sie nur im Verhältnis der Verpflichteten Gültigkeit (näher → § 3 Rn. 66 ff.).[33]

Notwendig echte Satzungsbestandteile sind ferner diejenigen Bestimmungen, die das **13** dispositive gesetzliche **Normalstatut der GmbH ändern, ergänzen oder wiederholen.**[34] Als notwendig echte Satzungsbestandteile anzusehen sind demnach die Bestimmungen über die Dauer der Gesellschaft (§ 3 Abs. 2, § 60 Abs. 1 Nr. 1), weitere Auflösungsgründe (§ 60 Abs. 2), den Lauf und die Dauer des Geschäftsjahrs sowie den Jahresabschluss.[35] Gleiches gilt für die Bestimmungen über die Gesellschaftsorgane; dies betrifft die Regeln der Vertretung und Geschäftsführung, die Schaffung und Ausgestaltung fakultativer Organe wie einen fakultativen Aufsichtsrat, einen Gesellschafterausschuss oder einen Beirat[36] und die Zuständigkeitsverteilung unter den Gesellschaftsorganen sowie die Befreiung der Geschäftsführer vom Wettbewerbsverbot.[37] Bestimmungen über die Zahl und die persönlichen Voraussetzungen von Geschäftsführern, über die Zusammensetzung von Organen und die Vergütung ihrer Mitglieder können indes auch als schuldrechtliche Regelungen ausgestaltet werden und stellen deshalb keine notwendig echten Satzungsbestandteile dar.[38] Notwendig echte Satzungsbestandteile sind demgegenüber weiter Vorschriften über die Beschlussfassung durch die Gesellschafter, insbesondere über die Einberufung und Abhaltung von Gesellschafterversammlungen.[39]

Notwendig echte Satzungsbestandteile sind ferner diejenigen Regelungen, die das **Ver- 14 hältnis zwischen der Gesellschaft und ihren Gesellschaftern regeln.** Dies betrifft Bestimmungen über Stimm-, Informations- und Kontrollrechte der Gesellschafter, über das Recht auf Gewinn und Liquidationserlös, die Veräußerung, Vererbung, Teilung, Zusammenlegung und Einziehung von Geschäftsanteilen.[40] Gleiches gilt für Abfindungsklauseln.[41] Notwendig echte Satzungsbestandteile sind weiterhin die Bestimmungen über Sacheinlagen, weil sie die Beitragpflicht des Gesellschafters betreffen.[42] Gleiches gilt für echte Nachschusspflichten iSd §§ 26–28.[43]

Auch **Sonderrechte einzelner Gesellschafter** stellen notwendig echte Satzungsbe- **15** standteile dar.[44] Gleiches gilt für Verpflichtungen der Gesellschaft gegenüber den Inhabern bestimmter Geschäftsanteile, weil die Gesellschafter die Gesellschaft grundsätzlich nur in der Satzung verpflichten können.[45] In Fällen, in denen die Gesellschafterversammlung über eine originäre Vertretungskompetenz verfügt (insbesondere bezüglich Vergütungsansprüchen von Geschäftsführern oder sonstigen Organmitgliedern gegen die Gesellschaft), stellen derartige Verpflichtungen der Gesellschaft indes keine notwendig echten Satzungsbestandteile dar. Solche Beschlüsse begründen lediglich schuldrechtliche Ansprüche des jeweils

---

[33] HCL/*Ulmer/Casper* Rn. 16; Scholz/*Priester/Tebben* Rn. 13; Rowedder/Schmidt-Leithoff/*Schnorbus* Rn. 7 f.; MHLS/*Hoffmann* Rn. 14.

[34] Scholz/*Priester/Tebben* Rn. 9; HCL/*Ulmer/Casper* Rn. 16; MHLS/*Hoffmann* Rn. 8; HK-GmbHG/*Inhester* Rn. 6; Henssler/Strohn/*Gummert* Rn. 4.

[35] Vgl. Scholz/*Priester/Tebben* Rn. 9; HCL/*Ulmer/Casper* Rn. 17; Rowedder/Schmidt-Leithoff/*Schnorbus* Rn. 3.

[36] Zu außerhalb der Satzung errichteten sog. „schuldrechtlichen Beiräten", denen keine Organstellung zukommt, sowie der Frage, ob solche schuldrechtlichen Beiräte mit der Überwachung der Geschäftsführung betraut werden können, vgl. *Uffmann* NZG 2015, 169.

[37] HCL/*Ulmer/Casper* Rn. 17; Scholz/*Priester/Tebben* Rn. 9; MHLS/*Hoffmann* Rn. 8; Rowedder/Schmidt-Leithoff/*Schnorbus* Rn. 3.

[38] HCL/*Ulmer/Casper* Rn. 17.

[39] Scholz/*Priester/Tebben* Rn. 9; HCL/*Ulmer/Casper* Rn. 17.

[40] Scholz/*Priester/Tebben* Rn. 10; HCL/*Ulmer/Casper* Rn. 16; Rowedder/Schmidt-Leithoff/*Schnorbus* Rn. 3.

[41] BGH Urt. v. 16.12.1991 – II ZR 58/91, BGHZ 116, 359 (364) = NJW 1992, 892; Scholz/*Priester/Tebben* Rn. 10; MHLS/*Hoffmann* Rn. 9.

[42] BGH Urt. v. 13.10.1966 – II ZR 56/64, WM 1966, 1262; HCL/*Ulmer/Casper* Rn. 15; MHLS/*Hoffmann* Rn. 9; Scholz/*Priester/Tebben* Rn. 10.

[43] MHLS/*Hoffmann* Rn. 9, HCL/*Ulmer/Casper* Rn. 16; Rowedder/Schmidt-Leithoff/*Schnorbus* Rn. 3.

[44] HCL/*Ulmer/Casper* Rn. 16.

[45] HCL/*Ulmer/Casper* Rn. 18.

Begünstigten gegen die Gesellschaft und keine mit dem jeweiligen Geschäftsanteil verbundene Forderung.[46]

16   Bei der Annahme notwendig echter Satzungsbestandteile ist indes **Zurückhaltung geboten**. Keinesfalls lassen sich sämtliche statutarischen Bestimmungen, deren Regelung das GmbHG explizit gestattet, als notwendig echte Satzungsbestandteile ansehen.[47] Bestimmungen, in denen die Veräußerung von Geschäftsanteilen etwa von der Genehmigung der Gesellschaft abhängig gemacht wird, sind ebenso auf rein schuldrechtlicher Basis möglich. Werden solche Bestimmungen in die Satzung aufgenommen, stellt dies zwar ein – sehr starkes – Indiz für ihren Satzungscharakter dar; zwingend notwendig ist eine solche rechtliche Qualifizierung gleichwohl nicht.

17   Der Satzungscharakter hängt nicht von der quantitativen oder qualitativen Bedeutung einer Bestimmung für den Verband oder seine Mitglieder ab.[48]

18   **cc) Notwendig unechte Satzungsbestandteile.** Notwendig unechte Satzungsbestandteile zeichnen sich dadurch aus, dass ihnen **inhaltlich keine Satzungsqualität** beigelegt werden kann. Dies ist zunächst bei Satzungsbestimmungen ohne Regelungscharakter der Fall; in Betracht kommen insoweit etwa rein informatorische Angaben über die auf das Stammkapital eingezahlten Beträge.[49] Notwendig unechte Satzungsbestandteile liegen ferner bei gesellschaftsvertraglicher Begründung von Rechten Dritter vor. Nichtgesellschaftern können nämlich keine Mitgliedschaftsrechte oder sonstige satzungsrechtliche Organbefugnisse eingeräumt werden[50] (näher → Rn. 126). Soweit die Gesellschafterversammlung schuldrechtliche Ansprüche Dritter begründen kann (zB Vergütungsansprüche der Geschäftsführer; → § 46 Rn. 124 ff.), ändert die Aufnahme derartiger Rechtspositionen in die Satzung nichts an ihrem schuldrechtlichen Charakter.[51]

19   Im Hinblick auf das **Verhältnis zwischen der GmbH und ihren Gesellschaftern** liegen nur ausnahmsweise notwendig unechte Satzungsbestandteile vor. Als Beispiel wird insoweit der Sachübernahmevertrag genannt, weil die Verpflichtung zur Einlage nicht aus der Satzung kommt, sondern erst aus einem gesonderten Vertrag resultiere; lediglich die Verrechnungsabrede sei als echter Satzungsbestandteil zu qualifizieren;[52] hingegen stellen Abreden über Sacheinlagen notwendig echte Satzungsbestandteile dar.[53] Auch Ansprüche auf Erstattung des Gründungsaufwands stellen notwendig unechte Satzungsbestandteile dar, weil sie nur im Wege eines von der Satzung zu unterscheidenden schuldrechtlichen Vertrages begründet werden können.[54] Die Aufnahme des Gründungsaufwands in die Satzung analog § 26 Abs. 2 AktG (→ § 5 Rn. 296 ff.) als Wirksamkeitsvoraussetzung des Anspruches auf Erstattung des Gründungsaufwands ist hingegen als notwendig echter Satzungsbestandteil einzuordnen.[55] Vorkaufs- und Vorerwerbsrechte Dritter sowie Stimmbindungen gegenüber Dritten stellen notwendig unechte Satzungsbestandteile dar.[56] Stimmbindungsvereinbarungen zwischen Gesellschaftern können demgegenüber echte Satzungsbestandteile sein; die bloße Aufnahme einer entsprechenden Regelung in den Satzungstext stellt indes kein hinreichendes Indiz für die Annahme eines echten Satzungsbestandteils dar; dies gilt insbesondere dann, wenn nicht sämtliche, sondern nur einige Gesellschafter eine Stimmbindung eingehen.[57] Demgegenüber können Bestimmungen, die die Geschäftsführung im Hinblick auf

---

[46] HCL/*Ulmer/Casper* Rn. 18.
[47] So aber MHLS/*Hoffmann* Rn. 8 mit umfangreicher Auflistung derartiger gesetzlicher Gestattungen.
[48] Kölner Komm AktG/*Zetzsche* AktG § 179 Rn. 27 f.; vgl. aber *Reuter* ZHR 148 (1984), 523.
[49] Noack/Servatius/Haas/*Noack* Rn. 17; MHLS/*Hoffmann* Rn. 19; HK-GmbHG/*Inhester* Rn. 7.
[50] HCL/*Ulmer/Casper* Rn. 19; Scholz/*Priester/Tebben* Rn. 11; MHLS/*Hoffmann* Rn. 10; Noack/Servatius/Haas/*Noack* Rn. 11 mit Ausnahme bezüglich Geschäftsführern.
[51] HCL/*Ulmer/Casper* Rn. 19.
[52] MHLS/*Hoffmann* Rn. 12; für nicht auf die Einlagepflicht anzurechnende Sachübernahmen im Sinne von § 27 Abs. 1 AktG auch Scholz/*Priester/Tebben* Rn. 11.
[53] HCL/*Ulmer/Casper* Rn. 15.
[54] HCL/*Ulmer/Casper* Rn. 19; MHLS/*Hoffmann* Rn. 12.
[55] MHLS/*Hoffmann* Rn. 12.
[56] HCL/*Ulmer/Casper* Rn. 19; HCL/*Hüffer/Schäfer* § 47 Rn. 70 für Stimmbindungen gegenüber Dritten.
[57] Vgl. *Priester* DB 1979, 681 (684); HCL/*Hüffer/Schäfer* § 47 Rn. 70.

die Eingehung und Ausgestaltung von Rechtsbeziehungen zwischen der Gesellschaft und Dritten Vorgaben unterwerfen, durchaus Satzungsqualität besitzen; sie stellen daher keine notwendig unechten Satzungsbestandteile dar.[58]

Während im ursprünglichen Gesellschaftsvertrag gem. § 3 Abs. 1 Nr. 4 die **Namen 20 der Gründungsgesellschafter** anzugeben sind (→ § 3 Rn. 55), hielt es die früher überwiegende Auffassung für unzulässig, im Rahmen einer Neufassung der Satzung die Namen der derzeitigen Gesellschafter in den Satzungstext aufzunehmen.[59] Demgegenüber bejaht die zutreffende, heute überwiegende Auffassung die grundsätzliche Zulässigkeit derartiger Bestimmungen.[60] Eine derartige Klausel vermag den Gesellschafterkreis indes nicht konstitutiv festzusetzen, sondern lediglich deklaratorisch wiederzugeben; Anteilsübertragungen setzen keine Satzungsänderung voraus. Derartige Bestimmungen können daher inhaltlich keine Satzungsqualität besitzen, sie sind folglich als notwendig unechte Satzungsbestandteile zu qualifizieren.[61] Gleiches gilt für Bestimmungen, die das Verhältnis der Gesellschafter untereinander betreffen, und zwar auch dann, wenn sie auf das Gesellschaftsverhältnis bezogen sind.[62]

Liegen unechte Satzungsbestandteile vor, können auch diese einer **Schiedsklausel 21** unterfallen. Da sich die Legitimation eines Schiedsgerichts insoweit nicht aus § 1066 ZPO ergibt, ist jedoch die Einhaltung der Voraussetzungen des § 1031 ZPO erforderlich[63] (näher → Rn. 240).

dd) Zuordnung kraft Gesellschafterentscheidung. Ist eine im Satzungstext enthal- **22** tene Bestimmung weder den notwendig echten noch den notwendig unechten Satzungsbestandteilen zuzuordnen, liegt ihre Einordnung in den Bereich echter oder unechter Satzungsbestandteile in den Händen der Gesellschafter. Diese können eigenständig darüber befinden, ob sie eine Bestimmung als echten oder als unechten Satzungsbestandteil ausgestalten möchten.[64] Hierzu bedarf es der Auslegung der in Rede stehenden Bestimmung, wobei nach dem **Prinzip objektiver Satzungsauslegung** (→ § 2 Rn. 185 ff.) ein gewollter Charakter als unechter Satzungsbestandteil im Satzungstext oder in den übrigen beim Handelsregister befindlichen Unterlagen zum Ausdruck kommen muss.[65] Die Aufnahme einer Bestimmung in den Satzungstext stellt dabei ein Indiz für den gewollten Charakter als echter Satzungsbestandteil dar; dies soll insbesondere dann gelten, wenn die Bestimmung im Wege einer Satzungsänderung in die Satzung aufgenommen wurde.[66]

Die **Benennung von Geschäftsführern** in der Satzung stellt regelmäßig keinen ech- **23** ten Satzungsbestandteil dar. Vielmehr handelt es sich hierbei in der Regel nur um die informatorische Wiedergabe einer durch einfachen Gesellschafterbeschluss vorgenommenen Bestellung. Die Begründung eines Sonderrechts auf Geschäftsführung ist hierin regelmäßig

---

[58] HCL/*Ulmer*/*Casper* Rn. 19; Kölner Komm AktG/*Zetzsche* AktG § 179 Rn. 61 f. zur AG.

[59] LG Hamburg Beschl. v. 21.8.1951 – 26 T 33/51, GmbHR 1952, 155; LG Köln Beschl. v. 3.12.1952 – 24 T 16/52, DNotZ 1953, 106 (108); LG Hannover Beschl. v. 12.10.1971 – 24 T 8/71, Rpfleger 1972, 143; *Groß* Rpfleger 1972, 126; *Röll* GmbHR 1982, 251.

[60] OLG Frankfurt Beschl. v. 27.3.1973 – 20 W 543/72, GmbHR 1973, 172 = OLGZ 1973, 380 (281); LG Stuttgart Beschl. v. 9.5.1972 – 4 KfH T 7/72, NJW 1972, 1997; LG Dortmund Beschl. v. 18.4.1978 – 19 T 20/77, GmbHR 1978, 235; LG Köln Beschl. v. 7.3.1986 – 87 T 3/86, GmbHR 1988, 69 = MittRhNotK 1987, 167; *Priester* GmbHR 1973, 171 und 200; HCL/*Ulmer*/*Casper* Rn. 20; Scholz/*Priester*/*Tebben* Rn. 25.

[61] HCL/*Ulmer*/*Casper* Rn. 20.

[62] HCL/*Ulmer*/*Casper* Rn. 20.

[63] Vgl. auch BGH Urt. v. 25.10.1962 – II ZR 188/61, BGHZ 38, 155 (160 f.) = NJW 1963, 203; Musielak/*Voit*/*Voit* ZPO § 1066 Rn. 9; *Reichert*/*Harbarth* NZG 2003, 379; *Ebbing* NZG 1998, 281.

[64] BGH Urt. v. 25.10.1962 – II ZR 188/61, BGHZ 38, 155 (161) = NJW 1963, 203; Urt. v. 8.2.1993 – II ZR 24/92, ZIP 1993, 432 (433); HCL/*Ulmer*/*Casper* Rn. 21; HK-GmbHG/*Inhester* Rn. 8; Rowedder/Schmidt-Leithoff/*Schnorbus* Rn. 5; Scholz/*Priester*/*Tebben* Rn. 15; *Priester* DB 1979, 681 (683) unter Hinweis auf mögliche Bedenken; MHLS/*Hoffmann* Rn. 14; abw. *Ullrich* ZGR 1985, 235 (246 ff.).

[65] HCL/*Ulmer*/*Casper* Rn. 14; Scholz/*Priester*/*Tebben* Rn. 15; Kölner Komm AktG/*Zetzsche* AktG § 179 Rn. 98 zur AG; vgl. zu bei der Auslegung erheblichen Aspekten auch BGH Urt. v. 8.2.1993 – II ZR 24/92, ZIP 1993, 432 (433 f.).

[66] Scholz/*Priester*/*Tebben* Rn. 16; Rowedder/Schmidt-Leithoff/*Schnorbus* Rn. 5.

nicht zu erblicken. Zur Abberufung eines solchermaßen benannten Geschäftsführers bedarf es auch keiner Satzungsänderung.[67] Auch die **Regelung der Geschäftsführerbezüge** in der Satzung stellt grundsätzlich keinen echten Satzungsbestandteil dar, sofern nicht einem Gesellschafter-Geschäftsführer hierdurch ein Sondervorteil bei der Gewinnverteilung gewährt werden soll.[68] In diesen Fällen der Benennung der Geschäftsführer oder der Angabe ihrer Bezüge in der Satzung setzt die Annahme eines echten Satzungsbestandteils über die Erwähnung in der Satzung weitere nach den Grundsätzen über die Satzungsauslegung zu beachtende Hinweise in der Satzung voraus, die für den Charakter als echten Satzungsbestandteil sprechen. Derartige Umstände müssen den Willen der Gesellschafter zum Ausdruck bringen, dass die einschlägigen Satzungsbestimmungen aufgrund ihres Charakters als echte Satzungsbestandteile nur nach den für Satzungsänderungen geltenden Grundsätzen geändert werden dürfen.[69] Auch bei Satzungsbestimmungen, die lediglich Rechte und Pflichten zwischen bestimmten Gesellschaftern begründen, spricht die Aufnahme in die Satzung nicht für den Charakter als echter Satzungsbestandteil.[70]

24   **ee) Folgen der Differenzierung.** Die **Änderung echter Satzungsbestandteile** – und zwar unabhängig davon, ob es sich um notwendig echte Satzungsbestandteile oder um echte Satzungsbestandteile infolge Ausübung eines Gestaltungswahlrechts handelt – bemisst sich nach §§ 53, 54.[71] Demgegenüber richtet sich die **Änderung unechter Satzungsbestandteile** nach dem für den jeweiligen Regelungsgegenstand einer Bestimmung geltenden allgemeinen Vorschriften. Handelt es sich um eine schuldrechtliche Vereinbarung, ist hiernach Einstimmigkeit erforderlich. Geht es hingegen um die Abberufung eines Geschäftsführers, genügt grundsätzlich ein Gesellschafterbeschluss mit einfacher Mehrheit.[72] Da eine Änderung der Satzung zur Änderung unechter Satzungsbestandteile demnach weder erforderlich noch ausreichend ist, kann es zu einem Auseinanderklaffen von Satzungstext und wirklicher Rechtslage kommen. Dies kann zum einen durch eine nicht zu einer materiellen Rechtsänderung führende Änderung des Satzungstextes geschehen, zum anderen durch eine Änderung der materiellen Rechtslage, an die der bisherige Satzungstext nicht angepasst wird;[73] zur Anpassung des Satzungstextes in derartigen Fällen → Rn. 33 ff. Im Hinblick auf den Verzicht auf Ansprüche aus Vergütungen für Sachübernahmen oder Sondervorteile kommt ein Erlassvertrag gem. § 397 BGB in Betracht.[74] Die Notwendigkeit einer Satzungsänderung gem. §§ 53, 54 kommt indes aufgrund eines Charakters als echter Satzungsbestandteil in Betracht, wenn einem Gesellschafter-Geschäftsführer im Rahmen der Gewinnverteilung ein Sondervorteil gewährt werden soll.[75]

25   Grundsätzlich möglich ist es, die **Aufnahme unechter Satzungsbestandteile in den Satzungstext** dahingehend zu interpretieren, dass ihre Änderung genauso wie die Änderung echter Satzungsbestandteile eines mit Dreiviertelmehrheit zu fassenden Gesellschafter-

---

[67]   HCL/*Ulmer/Casper* Rn. 23; Rowedder/Schmidt-Leithoff/*Schnorbus* Rn. 6; Henssler/Strohn/*Gummert* Rn. 6; MHLS/*Hoffmann* Rn. 16; BGH Urt. v. 4.11.1968 – II ZR 63/67, NJW 1969, 131; Urt. v. 16.2.1981 – II ZR 89/79, GmbHR 1982, 129 (130) = BeckRS 1981, 00075 Rn. 21.

[68]   BGH Urt. v. 29.9.1955 – II ZR 225/54, BGHZ 18, 205 (208) = NJW 1955, 1716; Rowedder/Schmidt-Leithoff/*Schnorbus* Rn. 6; HCL/*Ulmer/Casper* Rn. 23; vgl. auch *Priester* DB 1979, 685.

[69]   HCL/*Ulmer/Casper* Rn. 24; vgl. auch Rowedder/Schmidt-Leithoff/*Schnorbus* Rn. 6; Henssler/Strohn/*Gummert* Rn. 6; vgl. auch BGH Urt. v. 16.2.1981 – II ZR 89/79, GmbHR 1982, 129 (130) = BeckRS 1981, 00075 Rn. 21 ff.

[70]   *Wicke*, DNotZ 2006, 419 (436). Zu Schiedsklauseln und Gerichtsstandsvereinbarungen, die sowohl individual- als auch körperschaftsrechtlich ausgestaltet werden können, MHLS/*Hoffmann* Rn. 17 f.

[71]   BGH Urt. v. 29.9.1955 – II ZR 225/54, BGHZ 18, 205 (208) = NJW 1955, 1716; BayObLG Beschl. v. 17.7.1980 – BReg. 1 Z 69/80, BB 1980, 1442.

[72]   Vgl. OLG Naumburg Urt. v. 17.12.1996 – 7 U 196/95, DB 1997, 1813; Scholz/*Priester/Tebben* Rn. 17; HCL/*Ulmer/Casper* Rn. 10; Rowedder/Schmidt-Leithoff/*Schnorbus* Rn. 10.

[73]   Vgl. MHLS/*Hoffmann* Rn. 6; HK-GmbHG/*Inhester* Rn. 10.

[74]   RG Urt. v. 12.1.1917 – 295/16 II, JW 1917, 468 mAnm *Hachenburg*; Scholz/*Priester/Tebben* Rn. 17; auch → Rn. 181 ff.

[75]   Vgl. BGH Urt. v. 29.9.1955 – II ZR 225/54, BGHZ 18, 205 (208) = NJW 1955, 1716; dazu Hachenburg/*Schilling*, 6. Aufl. 1959, Anm. 2; vgl. ferner Scholz/*Priester*, 9. Aufl. 2002, Rn. 17.

beschlusses bedarf (unter Umständen kann auch das Erfordernis eines mit einfacher Mehrheit zu fassenden Gesellschafterbeschlusses bestehen).[76] Dies setzt indes voraus, dass der konkrete Parteiwille oder die Umstände des Einzelfalls eine derartige Interpretation nahe legen.[77] Zur Neufassung des Satzungstextes → Rn. 39; zur Behandlung derartiger Bestimmungen bei Herstellung des „vollständigen Wortlauts" gem. § 54 Abs. 1 S. 2 → § 54 Rn. 44 ff.

Weiterhin ist bei echten Satzungsbestandteilen anders als bei unechten die **Geltendma- 26 chung von Beschlussmängeln** nach Eintragung nur unter strengen Voraussetzungen möglich (näher → § 54 Rn. 103 ff.). Ferner eröffnet nur die Verletzung echter Satzungsbestandteile die Anfechtungsklage.

Die für die Auslegung echter Satzungsbestandteile entwickelten Grundsätze (näher 27 → § 2 Rn. 184 ff.) finden auf unechte Satzungsbestandteile keine Anwendung. Darüber hinaus entfalten unechte Satzungsbestandteile **keine Bindungswirkung gegenüber Anteilserwerbern,** sofern diese nicht nach allgemeinen Grundsätzen in die hieraus resultierenden Rechte und Pflichten eintreten.[78]

c) Einheitlichkeit der Satzung. Die Satzung stellt grundsätzlich ein einheitliches 28 Regelwerk dar, das – wie dies auch in § 54 Abs. 1 S. 2 zum Ausdruck kommt – in einer **einheitlichen Urkunde** niederzulegen ist. Eine Aufspaltung der Satzung in mehrere nebeneinander stehende Teilregelwerke ist unzulässig;[79] soweit in der Satzung auf Anlagen Bezug genommen wird (zB im Rahmen einer statutarischen Schiedsklausel – wie häufig der Fall – auf eine Schiedsvereinbarung), ist daher darauf zu achten, dass diese Anlage zum Bestandteil der Satzungsurkunde gemacht wird.[80] Durchbrechungen erfährt der Grundsatz der Einheitlichkeit des Regelwerks allerdings dadurch, dass als Elemente der Grundordnung der Gesellschaft neben die Satzung Unternehmensverträge, Geschäftsordnungen und Nebenabreden zwischen Gesellschaftern treten können.[81]

3. Nebenabreden. Nicht Bestandteil der Satzung sind solche schuldrechtlichen Ver- 29 einbarungen zwischen einigen oder allen Gesellschaftern, die zwar einen Bezug zum Gesellschaftsverhältnis aufweisen, jedoch keinen Eingang in den notariellen Gesellschaftsvertrag gefunden haben.[82] Die Entscheidung, eine Bestimmung nicht in den Satzungstext aufzunehmen, selbst wenn korporationsrechtliche Fragen berührt sind, kann von der Überlegung geleitet sein, auf diese Weise Diskretion wahren und Beurkundungs- und Eintragungspflichten vermeiden zu können.[83] Praktische Bedeutung haben in der Vergangenheit **Stimmbindungsverträge** erlangt sowohl mit Blick auf die Besetzung der Geschäftsführung als auch des Aufsichts- oder Beirates,[84] ferner Abreden zu Verlusttragungen und Ausschüttungen[85] oder Übereinkünfte über die Öffnung bzw. Begrenzung des Gesellschafterkreises. Auch Verpflichtungen im Verhältnis zur GmbH in Form von Darlehensgewährung oder Verlustübernahme kommen als Vertragsinhalt in Betracht.[86]

Bei der inhaltlichen Gestaltung solcher Nebenabreden sind die **Beteiligten** im Grund- 30 satz **nicht gebunden.**[87] Diese Freiheit stößt allerdings an Grenzen, wo beispielsweise die

---

[76] Noack/Servatius/Haas/*Noack* Rn. 25; Lutter/Hommelhoff/*Bayer* Rn. 5; Scholz/*Priester/Tebben* Rn. 17.
[77] Noch enger Scholz/*Priester/Tebben* Rn. 17, die hierfür Anhaltspunkte im Satzungstext verlangen. Dies überzeugt indes nicht, weil sich die Auslegung unechter Satzungsbestandteile nach allgemeinen Auslegungsgrundsätzen richtet und eine Grundlage im Satzungstext nicht erforderlich ist.
[78] HCL/*Ulmer/Casper* Rn. 11.
[79] Scholz/*Priester/Tebben* Rn. 7a; Noack/Servatius/Haas/*Noack* Rn. 18.
[80] Vgl. zur Ausgestaltung der statutarischen Schiedsklausel insoweit *Reichert/Schumacher,* Der GmbH-Vertrag, 4. Aufl. 2014, 178 ff.
[81] Scholz/*Priester/Tebben* Rn. 7a; Noack/Servatius/Haas/*Noack* Rn. 18.
[82] MHdB GesR III/*Priester* § 21 Rn. 1; Scholz/*Priester/Tebben* Rn. 7; insbes. zum Verhältnis von Gesellschaftervereinbarung und Satzung *Zöllner* RWS-Forum 8, 1996, 89; *Winter* RWS-Forum 8, 1996, 131.
[83] Vgl. HCL/*Ulmer/Löbbe* § 3 Rn. 116; Scholz/*Cziupka* § 3 Rn. 104; Henssler/Strohn/*Gummert* Rn. 8; MHdB GesR III/*Priester* § 21 Rn. 6; *Hoffmann-Becking* ZGR 1994, 442 (445 f.).
[84] *Hoffmann-Becking* ZGR 1994, 442 (459 f.); *Baumann/Reiss* ZGR 1989, 157 (187 ff.).
[85] *Noack,* Gesellschaftervereinbarungen bei Kapitalgesellschaften, 1994, 324 f.; zu einer von der Satzung abweichenden Gewinnauszahlungsabrede in der AG *Harbarth/Zeyher/Brechtel* AG 2016, 801.
[86] Vgl. *Gasteyer* BB 1983, 934 (936); Henssler/Strohn/*Schäfer* § 3 Rn. 34.
[87] Vgl. Noack/Servatius/Haas/*Servatius* § 3 Rn. 57.

notwendigen Satzungsbestandteile des § 3 Abs. 1 in eine Nebenabrede integriert, Informationsrechte iSd § 51a durch sie beseitigt oder Bareinlagepflichten umgangen werden sollen.[88] Auch im Hinblick auf den Grundsatz der Registerpublizität erscheinen bestimmte Praktiken problematisch, etwa wenn die Gesellschafter im Rahmen einer Nebenabrede die wesentlichen und kennzeichnenden Organisationsentscheidungen treffen, sodass die Satzung als Informationsquelle ausfällt.[89] Ob dieser Gesichtspunkt für eine Beschränkung ausreicht, ist freilich umstritten.[90]

III. Satzungsänderung

31   **1. Begriff der Satzungsänderung.** Unstreitig als Fall der Satzungsänderung gem. §§ 53 f. angesehen wird die Änderung echter Satzungsbestandteile.[91] **Umstritten** ist indes, ob auch die Änderung **unechter Satzungsbestandteile** das Verfahren der Satzungsänderung gem. §§ 53 f. erfordert.[92] Der Änderung unechter Satzungsbestandteile ist indes nicht eine solche Bedeutung beizumessen, dass im Hinblick auf Änderungen der Bestimmungen die zwingende Beachtung der Form- und Mehrheitserfordernisse des § 53 sachgerecht wäre.[93] Die Gesellschafterversammlung ist hinsichtlich derartiger unechter Satzungsbestandteile, ohne dass § 53 anwendbar wäre, kraft ihrer Stellung als oberstes Gesellschaftsorgan zur Satzungsänderung befugt, wobei insoweit ein mit einfacher Mehrheit zu fassender Beschluss ausreicht.[94] Fraglich ist, ob ein derartiger Beschluss eintragungsfähig und -pflichtig ist. Die Publizitätsfunktion des Handelsregisters gebietet, dass der dort einsehbare Satzungstext nicht veraltet ist. Auch die Änderung unechter Satzungsbestandteile ist daher nach näherer Maßgabe von § 54 Abs. 1 S. 2 zum Handelsregister anzumelden; das Registergericht kann die Anmeldung gem. § 14 HGB durchsetzen.[95] Insoweit finden die Regeln für deklaratorische Eintragungen Anwendung.[96] Ungeachtet dieses Erfordernisses einer deklaratorischen Eintragung wird die Änderung des unechten Satzungsbestandteils bereits mit dem Beschluss der Gesellschafterversammlung wirksam.[97] Zur Registerkontrolle in diesem Zusammenhang → § 54 Rn. 61 ff.

32   *Hoffmann* wendet ein, die Unterscheidung zwischen körperschafts- und individualrechtlichen Bestandteilen sei nicht immer eindeutig und oftmals nur durch Auslegung zu ermitteln. Daher sei für jede Veränderung des Satzungstextes die Einhaltung des in §§ 53, 54 vorgesehenen Verfahrens notwendig.[98] Die Bedenken von *Hoffmann* vermögen jedoch deshalb nicht zu überzeugen, weil sich vergleichbare Abgrenzungsprobleme auch im Rahmen von § 179 Abs. 1 S. 2 AktG stellen und dort ebenfalls zu bewältigen sind.[99]

---

[88]   Vgl. nur MHdB GesR III/*Priester* § 21 Rn. 10 f.
[89]   *Winter* ZHR 154 (1990), 259 (269 ff.); *Ulmer* NJW 1987, 1848 (1854).
[90]   Vgl. MHdB GesR III/*Priester/Trebben* § 21 Rn. 12.
[91]   HCL/*Ulmer/Casper* Rn. 30; Rowedder/Schmidt-Leithoff/*Schnorbus* Rn. 11; Noack/Servatius/Haas/ *Noack* Rn. 21; Scholz/*Priester/Tebben* Rn. 18 ff.
[92]   Bejahend OLG Celle Urt. v. 24.7.1958 – 9 U 37/58, GmbHR 1959, 113; BayObLG Beschl. v. 5.7.1971 – BReg. 2 Z 93/70, DB 1971, 1612; OLG Brandenburg Urt. v. 20.9.2000 – 7 U 71/00, NZG 2001, 129; LG Dortmund Beschl. v. 18.4.1978 – 19 T 20/77, GmbHR 1978, 235; Rowedder/ Schmidt-Leithoff/*Schnorbus* Rn. 11; Scholz/*Priester/Tebben* Rn. 19; MHLS/*Hoffmann* Rn. 27; im Grundsatz auch *Altmeppen* Rn. 7 ff.:sofern nicht ausnahmsweise außer Zweifel steht, dass die in die Satzung aufgenommene Regelung keine Satzungsqualität hat; verneinend KG Beschl. v. 21.7.1938 – 1 Wx 326/ 38, JW 1938, 2754; OLG Köln Beschl. v. 30.12.1971 – 2 Wx 102/71, Rpfleger 1972, 257 (258); *Röll* DNotZ 1970, 337 (339 ff.); HCL/*Ulmer/Casper* Rn. 31; Noack/Servatius/Haas/*Noack* Rn. 23; Henssler/Strohn/*Gummert* Rn. 5; Lutter/Hommelhoff/*Bayer* Rn. 35; *Reichert* BB 1985, 1496 (1500).
[93]   Dies einräumend MHLS/*Hoffmann* Rn. 27.
[94]   HCL/*Ulmer/Casper* Rn. 31; Lutter/Hommelhoff/*Bayer* Rn. 35; Noack/Servatius/Haas/*Noack* Rn. 23 ff.
[95]   Lutter/Hommelhoff/*Bayer* Rn. 35; Noack/Servatius/Haas/*Noack* Rn. 24; so mittlerweile auch HCL/ *Ulmer/Casper* Rn. 31; gegen Eintragungsfähigkeit hingegen noch die Vorauflage Ulmer/Habersack/ Winter/*Ulmer*, 2008, Rn. 31; auch eine derartige Handelsregistereintragung vor dem Hintergrund der Publizitätsfunktion des Handelsregisters problematisierend MHLS/*Hoffmann* Rn. 27.
[96]   Vgl. Lutter/Hommelhoff/*Bayer* Rn. 35.
[97]   HCL/*Ulmer/Casper* Rn. 31; Lutter/Hommelhoff/*Bayer* Rn. 35.
[98]   MHLS/*Hoffmann* Rn. 27 f.
[99]   Wie hier im Hinblick auf redaktionelle Änderungen HCL/*Ulmer/Casper* Rn. 32; in der Bewertung abw. indes Scholz/*Priester/Tebben* Rn. 19.

Umstritten ist weiterhin, ob das Verfahren gem. §§ 53 f. auch im Hinblick auf **rein** 33
redaktionelle Änderungen des Satzungswortlauts einzuhalten ist.[100] Auch insoweit
rechtfertigt die Bedeutung der in Rede stehenden Änderungen des Satzungswortlauts nicht
das Erfordernis der Beachtung der Form- und Mehrheitsvorgaben des § 53. Solche redaktionellen Änderungen kann die Gesellschafterversammlung nicht nur mit einfacher Mehrheit
beschließen; sie kann die Befugnis hierzu auch auf die Geschäftsführer oder den Notar
übertragen.[101] Entsprechend § 179 Abs. 1 S. 2 AktG kommt auch die Delegation dieser
Aufgabe auf den Aufsichtsrat oder Beirat in Betracht. Derartige rein redaktionelle Änderungen setzen voraus, dass die Änderung des Satzungswortlauts mit keiner inhaltlichen Änderung einhergeht.[102] Dies kann der Fall sein bei Anpassung des Satzungswortlauts an veränderte tatsächliche Verhältnisse, der Streichung inhaltlich überholter Satzungsbestandteile,
der Änderung der Nummerierung nach Streichung oder Einfügung von Bestimmungen,
rein sprachlichen Korrekturen oder der Berichtigung von Schreibfehlern.[103] Zur Streichung
der Angaben über Sacheinlagen gem. § 5 Abs. 4 → Rn. 199; zur Streichung der Bestimmungen über Gründungsaufwand analog § 26 Abs. 2 AktG → Rn. 202; zur Streichung
von Angaben über die Stammeinlageverpflichtungen gem. § 3 Abs. 1 Nr. 4 → Rn. 198.

Ausführlich zu bestimmten Typen von Satzungsänderungen → Rn. 181 ff.   34

Im Hinblick auf **Satzungsänderungen infolge von Gesetzesänderungen** ist zu 35
differenzieren. Wird eine zwingende gesetzliche Vorgabe eingeführt, stellt sich die Frage,
welche Auswirkungen dies auf eine Satzungsbestimmung hat, die gegen das Gesetz verstößt.
Insoweit wird im Schrifttum von einer grundsätzlichen Unwirksamkeit der Satzungsbestimmung ausgegangen.[104] Dies erscheint indes im Hinblick darauf, dass nicht sämtliche Satzungsänderungsbeschlüsse, die gegen zwingendes Gesetzesrecht verstoßen, schon deshalb
nichtig sind, durchaus zweifelhaft. Ist ein gegen eine zwingende gesetzliche Vorgabe verstoßender Satzungsänderungsbeschluss lediglich anfechtbar, bedarf die These, im Falle der
späteren Einführung der gleichen gesetzlichen Vorgabe sei eine entsprechende Satzungsbestimmung nicht anfechtbar, sondern unwirksam, besonderer Begründung. Dass die Legitimation für eine unterschiedliche rechtliche Behandlung daraus resultiert, dass in der hier
in Rede stehenden Konstellation regelmäßig die Frist zur Erhebung der Anfechtungsklage
abgelaufen ist, stellt keinen zwingenden Grund für eine solche Ungleichbehandlung dar.
Stattdessen könnte im Hinblick auf den Verstoß der Satzungsbestimmung gegen eine zwingende gesetzliche Vorschrift die Frist zur Erhebung der Anfechtungsklage mit dem Inkrafttreten der gesetzlichen Bestimmung neu zu laufen beginnen. Die Bestimmung infolge
Ablaufs einer solchen neu angelaufenen Frist für wirksam zu erachten, dürfte im Hinblick
auf die berechtigten Interessen der beteiligten Gesellschafter gleichwohl nicht akzeptabel
sein. Rein faktisch ist es für die Gesellschafter ungleich schwieriger, vom nachträglichen
Inkrafttreten einer zwingenden gesetzlichen Vorgabe zeitnah zu erfahren als im Zeitpunkt
der Fassung eines Satzungsänderungsbeschlusses bzw. unmittelbar danach diesen auf seine
rechtliche Unbedenklichkeit zu prüfen. Im Ergebnis ist deshalb davon auszugehen, dass
eine Satzungsbestimmung durch das Inkrafttreten ihr entgegenstehenden zwingenden
Gesetzesrechts unwirksam wird. Die Anpassung des Satzungswortlauts an die wirkliche
Rechtslage ist damit eine bloße Fassungsänderung. Zur Heilung → § 54 Rn. 103 ff.

---

[100] Bejahend MHLS/*Hoffmann* Rn. 27 f.; Scholz/*Priester/Tebben* Rn. 18 ff.; Rowedder/Schmidt-Leithoff/
Schnorbus Rn. 12 f.; HK-GmbHR/*A. Bartl* Rn. 2; verneinend HCL/*Ulmer/Casper* Rn. 32; Lutter/Hom-
melhoff/*Bayer* Rn. 35.

[101] HCL/*Ulmer/Casper* Rn. 32; aA Lutter/Hommelhoff/*Bayer* Rn. 35: Notwendigkeit eines Gesellschafterbeschlusses.

[102] OGH Beschl. v. 27.9.2001 – 6 Ob 221/01 w, AG 2002, 583 (584) zum inhaltsgleichen § 145 Abs. 1
S. 2 öAktG.

[103] Vgl. MHLS/*Hoffmann* Rn. 24 f.; HCL/*Ulmer/Casper* Rn. 32; Lutter/Hommelhoff/*Bayer* Rn. 35; vgl.
auch zum Aktienrecht *Siebel* DNotZ 1955, 299 (301 ff.); GroßkommAktG/*Wiedemann* AktG § 179
Rn. 107; Kölner Komm AktG/*Zetzsche* AktG § 179 Rn. 364 f.

[104] MHLS/*Hoffmann* Rn. 24 unter Hinweis auf RG Urt. v. 19.5.1922 – II 550/21, RGZ 104, 349 (351):
Unwirksamkeit einer an die Lieferung von Rohspiritus durch die einzelnen Gesellschafter anknüpfenden
statutarischen Gewinnverteilungsbestimmung infolge Inkrafttretens des Gesetzes über das Branntwein-
monopol v. 26.7.1918.

36   Tritt eine zwingende gesetzliche Bestimmung außer Kraft, führt dies zur Wirksamkeit einer gegen sie verstoßenden und daher zunächst unwirksamen Satzungsbestimmung; eine derart auf Dauer angelegte Satzungsbestimmung ist dahingehend auszulegen, dass sie bei Wegfall vorrangigen zwingenden Gesetzesrechts Geltung erlangen soll.[105]

37   Tritt eine **dispositive Gesetzesvorschrift** in Kraft, von der abgewichen werden soll, bedarf es, sofern echte Satzungsbestandteile betroffen sind, einer Satzungsänderung gem. §§ 53, 54. Gleiches gilt, wenn eine derartige Bestimmung, die das bisherige dispositive Gesetzesrecht in der Satzung nochmals wiedergibt, an die geänderte gesetzliche Vorgabe angepasst wird.[106]

38   Als Änderungen der Satzung anzusehen sind – soweit echte Satzungsbestandteile betroffen sind (→ Rn. 12 ff.) – ihre **inhaltliche Änderung, die Streichung sowie die Einfügung** neuer Bestimmungen.[107] Dies ist im Grundsatz auch dann der Fall, wenn lediglich der Wortlaut ohnehin geltender gesetzlicher Bestimmungen in die Satzung aufgenommen wird;[108] auch insoweit ist eine Ausnahme zu machen, soweit die Wiedergabe des Gesetzeswortlauts nur unechte Satzungsbestandteile betrifft.

39   Eine Satzungsänderung gem. §§ 53, 54 stellt auch die **Neufassung des Gesellschaftsvertrages** dar.[109] Dies gilt auch, wenn die Neufassung des Gesellschaftsvertrages in der Sache nur zu einer Änderung unechter Satzungsbestandteile führt. Auch wenn rein faktisch nur unechte Satzungsbestandteile betroffen sind, führt die Neufassung des Gesellschaftsvertrages rechtlich nämlich zu einer vollständigen Ersetzung des alten Gesellschaftsvertrages einschließlich sämtlicher echter Satzungsbestandteile durch den neuen.

40   Keine Satzungsänderung stellt der **Beschluss zur Erhebung der Ausschlussklage** dar.[110] Gleiches gilt für einen Beschluss über die Aufhebung einer Geschäftsordnung mit Zustimmungsvorbehalt[111] und für einen Beschluss der Gesellschafter, Abschlagszahlungen auf eine von der GmbH nach der Satzung zu zahlende Abfindung zu leisten.[112] Keine Satzungsänderung, sondern eine Stimmbindung des Mehrheitsgesellschafters liegt vor, wenn die GmbH, ihr Geschäftsführer und der Mehrheitsgesellschafter eine Vereinbarung treffen, derzufolge der Geschäftsführer nur aus wichtigem Grund abberufen werden kann.[113]

41   **Konkludente oder stillschweigende Satzungsänderungen** sind im GmbH-Recht ausgeschlossen.[114] Eine Änderung der Satzung setzt, sofern echte Satzungsbestandteile betroffen sind, zwingend die Einhaltung des Verfahrens gem. §§ 53 f. voraus. Weichen die Gesellschafter von den statutarischen Vorgaben ab, gehen sie aber aufgrund ihres Satzungsverständnisses davon aus, ihr Verhalten sei satzungskonform, kann ein derartiges Satzungsverständnis im Rahmen der Satzungsauslegung nach den gleichen Grundsätzen berücksichtigt werden, die allgemein auf die Beachtung der subjektiven Vorstellungen der Gesellschafter Anwendung finden (→ § 2 Rn. 188 ff.).[115]

---

[105]   Vgl. zur – abw. – Situation bei § 134 BGB Staudinger/*Sack/Seibl*, 2017, BGB § 134 Rn. 56 mwN; MüKoBGB/*Armbrüster* BGB § 134 Rn. 32 mwN.

[106]   MHLS/*Hoffmann* Rn. 24 mit zutr. Hinweis (Fn. 113), dass es keiner Satzungsänderung bedarf, wenn die Satzungsklausel eine dynamische Verweisung auf das dispositive Recht enthält.

[107]   OLG Köln Urt. v. 11.10.1995 – 2 U 159/94, DB 1996, 466 (467) zur Erweiterung und Ergänzung der Satzung; Noack/Servatius/Haas/*Noack* Rn. 21; Rowedder/Schmidt-Leithoff/*Schnorbus* Rn. 11; vgl. auch MHLS/*Hoffmann* Rn. 23 ff.

[108]   Vgl. auch Scholz/*Priester/Tebben* Rn. 18 – die indes auch die Änderung unechter Satzungsbestandteile als erfasst ansehen.

[109]   OLG Köln Beschl. v. 17.7.1992 – 2 Wx 32/92, NJW-RR 1993, 223 (224); OLG Zweibrücken Beschl. v. 10.10.2001 – 3 W 200/01, GmbHR 2001, 1117 = NJW-RR 2002, 607; Rowedder/Schmidt-Leithoff/*Schnorbus* Rn. 14; Scholz/*Priester/Tebben* Rn. 18.

[110]   OLG Frankfurt Urt. v. 26.6.1979 – 5 U 219/78, GmbHR 1980, 56; HCL/*Ulmer/Casper* Rn. 30.

[111]   OLG Hamm Beschl. v. 28.7.2010 – 8 U 112/09, NZG 2010, 1067 (1068 f.).

[112]   OLG Hamm Urt. v. 17.4.1978 – 8 U 314/77, GmbHR 1979, 59; HCL/*Ulmer/Casper* Rn. 30.

[113]   BGH Urt. v. 7.2.1983 – II ZR 25/82, ZIP 1983, 432; Scholz/*Priester/Tebben* Rn. 20.

[114]   OLG Köln Urt. v. 11.10.1995 – 2 U 159/94, NJW-RR 1996, 1439 (1441); LG Koblenz Urt. v. 29.9.1949 – 1 O 54/49, GmbHR 1950, 28; Scholz/*Priester/Tebben* Rn. 32; MHLS/*Hoffmann* Rn. 22; Rowedder/Schmidt-Leithoff/*Schnorbus* Rn. 50.

[115]   Vgl. auch *Grunewald* ZGR 1995, 68 (90 f.).

Von einer **faktischen Satzungsänderung** wird gesprochen, wenn das Geschäftsfüh- 42
rungsorgan Maßnahmen ergreift, die von der Satzung nicht gedeckt sind.[116] Die Bezeichnung derartiger Vorgänge als faktische Satzungsänderung ist indes ungenau und bedenklich.
Eine Änderung der Satzung liegt nämlich gerade nicht vor. Dies gilt umso mehr, als es sich
bei den vorliegend in Rede stehenden Vorgängen gar nicht um Maßnahmen der allein zur
Satzungsänderung berufenen Gesellschafter, sondern **der sich über die Satzung hinweg-
setzenden Geschäftsführer** handelt.[117] Überschreiten die Geschäftsführer die ihnen von
der Satzung gezogenen Grenzen, steht dies im Hinblick auf die gem. § 37 Abs. 2 unbe-
schränkbare Vertretungsmacht der Geschäftsführer der Rechtswirksamkeit des abgeschlossenen Rechtsgeschäfts im Außenverhältnis grundsätzlich nicht entgegen. Derartige Vorgänge
können indes, weil sie im Innenverhältnis unzulässig sind, einen wichtigen Grund zur
Abberufung der Geschäftsführer darstellen und diese zum Schadensersatz verpflichten.[118]
Grundsätzlich ist darüber hinaus jeder Gesellschafter berechtigt, im Rahmen einer gegen
die Gesellschaft zu richtenden Klage von der Geschäftsführung Unterlassung derartiger
satzungswidriger, in die Zuständigkeit der Gesellschafter eingreifender Maßnahmen zu verlangen.[119] Billigt die Gesellschaftermehrheit derartige satzungswidrige Geschäftsführungs-
handlungen, können solche Beschlüsse angefochten werden.[120] Eine Legalisierung künftiger
derartiger Geschäftsführungsmaßnahmen erfordert daher eine Satzungsänderung. Zur Nichtigkeit einer dem tatsächlichen Tätigkeitsfeld nicht mehr entsprechenden Bestimmung über
den Unternehmensgegenstand → § 3 Rn. 24; zum Einschreiten des Registergerichts gem.
§§ 397, 398 FamFG → Rn. 188.

Auf die **Auslegung** satzungsändernder Beschlüsse und ihre Revisibilität finden die 43
insoweit für die Satzung einer GmbH geltenden allgemeinen Grundsätze Anwendung[121]
(näher → § 2 Rn. 184 ff.).

2. Satzungsdurchbrechung. a) Begriff. Ein Beschluss, der gegen die Satzung ver- 44
stößt, ist grundsätzlich anfechtbar. Soll eine Satzungsbestimmung grundsätzlich beibehalten,
von ihr in einem Einzelfall indes abgewichen werden, kommt eine einzelfallbezogene Satzungsänderung gem. §§ 53 f. in Betracht. Die Satzung kann nämlich eine von ihren Vorschriften oder vom dispositiven Gesetzesrecht abweichende Regelung für einen Einzelfall
treffen.[122]

Auch außerhalb derartiger Fälle der einzelfallbezogenen Satzungsänderung unter 45
Beachtung des Verfahrens gem. §§ 53 f. stellt sich die Frage nach der **Zulässigkeit sog.
satzungsdurchbrechender Beschlüsse**.[123] Zu verstehen sind hierunter Gesellschafterbeschlüsse, die, ohne eine Satzungsbestimmung zu ändern, im Einzelfall von dieser abweichen.[124] Für künftige Fälle soll die Satzung mit ihrem bisherigen Inhalt fortgelten. Als Fälle
der Satzungsdurchbrechung kommen insoweit grundsätzlich auch die „Erweiterung" und
„Ergänzung" der Satzung in Betracht.[125] Als Beispiele von Satzungsdurchbrechungen lassen

---

[116] Vgl. BGH Urt. v. 25.2.1982 – II ZR 174/80, BGHZ 83, 122 (130 ff.) = NJW 1982, 1703 zur AG.
[117] Noack/Servatius/Haas/*Noack* Rn. 53; MHLS/*Hoffmann* Rn. 22; Scholz/*Priester/Tebben* Rn. 33; Rowed-
der/Schmidt-Leithoff/*Schnorbus* Rn. 51.
[118] Scholz/*Priester/Tebben* Rn. 34; MHLS/*Hoffmann* Rn. 22.
[119] Scholz/*Priester/Tebben* Rn. 34; *Binge,* Gesellschafterklagen gegen Maßnahmen der Geschäftsführer in der
GmbH, 1994, 131; vgl. auch BGH Urt. v. 25.2.1982 – II ZR 174/80, BGHZ 83, 122 (133 f.) = NJW
1982, 1703.
[120] Scholz/*Priester/Tebben* Rn. 34.
[121] BGH Urt. v. 13.10.1966 – II ZR 56/64, WM 1966, 1262; vgl. auch HCL/*Ulmer/Casper* Rn. 26.
[122] Scholz/*Priester/Tebben* Rn. 26; Noack/Servatius/Haas/*Noack* Rn. 14; *Werner* AG 1972, 140; vgl. auch
MHLS/*Hoffmann* Rn. 35.
[123] Eingehend – krit. – *Leuschner* ZHR 180 (2016), 422; *Wälzholz/Bayer,* GmbH-StB 2020, 293.
[124] HCL/*Ulmer/Casper* Rn. 34; Rowedder/Schmidt-Leithoff/*Schnorbus* Rn. 44; HK-GmbHG/*Inhester*
Rn. 19; Lutter/Hommelhoff/*Bayer* Rn. 27; Bork/Schäfer/*Arnold* Rn. 21; *Goette* RWS-Forum 8, 1996,
113 (115); BGH Urt. v. 11.5.1981 – II ZR 25/80, ZIP 1981, 1205 (1206); *Boesebeck* NJW 1960, 2265;
Noack/Servatius/Haas/*Noack* Rn. 40; *Harbarth* FS Krieger, 2020, 309 (310).
[125] Vgl. OLG Köln Urt. v. 11.10.1995 – 2 U 159/94, DB 1996, 467; Rowedder/Schmidt-Leithoff/*Schnorbus*
Rn. 44.

sich etwa die Bestellung von Aufsichtsratsmitgliedern für eine längere als die statutarisch vorgesehene Amtszeit,[126] die Befreiung von in der Satzung enthaltenen Wettbewerbs- oder Nebentätigkeitsverboten oder Abweichungen von satzungsmäßigen Bilanzierungsvorschriften für ein bestimmtes Geschäftsjahr anführen.[127] Die Problematik satzungsdurchbrechender Beschlüsse ist dabei auf Abweichungen von echten Satzungsbestandteilen beschränkt.[128]

46   In die Kompetenz der Gesellschafterversammlung einer GmbH fallen grundsätzlich auch **satzungsauslegende Beschlüsse.**[129] Zwar sind satzungsauslegende „Entschließungen" der Gesellschafter denkbar, die auf eine unverbindliche Meinungskundgabe ohne Rechtsfolgewillen zielen, wenn indes mit dem satzungsauslegenden Beschluss über die Zulässigkeit von Maßnahmen entschieden werden soll, so hat er regelnden Charakter wie jeder sonstige Gesellschafterbeschluss. Enthält der Beschluss in Wahrheit eine punktuelle Satzungsdurchbrechung, deren Wirkung sich in einer bestimmten Maßnahme erschöpft, so ist der Beschluss mit der Begründung einer Satzungswidrigkeit entsprechend § 243 Abs. 1 AktG anfechtbar, wenn nicht alle Gesellschafter zugestimmt haben.[130]

47   **b) Öffnungsklauseln.** Keine Satzungsdurchbrechung liegt vor, wenn von einer Öffnungsklausel Gebrauch gemacht wird. Unter Öffnungsklauseln versteht man statutarische Klauseln, die eine Abweichung von einer Satzungsbestimmung gestatten.[131] Eine derartige Gestattung kann nicht nur ausdrücklich in der Satzung vorgesehen sein,[132] sondern kann sich aus der Satzung auch im Wege der Auslegung ergeben.[133] Sie kann bereits bei der Gründung der Gesellschaft in die Satzung aufgenommen oder nachträglich durch Satzungsänderung geschaffen werden.[134] Normstrukturell treten Öffnungsklauseln in drei Formen in Erscheinung: Als Regel-Ausnahme-Klauseln (Ausnahme von einer allgemeinen Satzungsregelung für den Einzelfall), als Regeländerungsklauseln (Öffnungsklausel gestattet nicht nur eine Ausnahme von einer allgemeinen Satzungsregelung für den Einzelfall, sondern eine dauerhafte Änderung der allgemeinen Regel selbst) und als Gestaltungsklauseln (Übertragung einer bestimmten Organisationsentscheidung auf die Gesellschafterversammlung).[135]

48   Statutarische Öffnungsklauseln sind als Ausfluss der Satzungsautonomie grundsätzlich zulässig.[136] Dies gilt nicht nur, sofern im Einzelfall von einer Satzungsbestimmung abgewichen werden soll,[137] sondern auch dann, wenn eine Satzungsregelung dauerhaft und allge-

---

[126] Vgl. BGH Urt. v. 7.6.1993 – II ZR 81/92, BGHZ 123, 15 = NJW 1993, 2246.
[127] Vgl. Noack/Servatius/Haas/*Noack* Rn. 41; Scholz/*Priester*/*Tebben* Rn. 27; *Priester* ZHR 151 (1987), 40 (42); MHLS/*Hoffmann* Rn. 35; *Leuschner* ZHR 180 (2016), 422 (423 f.), jeweils mit weiteren Beispielen; Gegenbeispiel: OLG Hamm Urt. v. 9.3.1015 – 8 U 78/14, RNotZ 2015, 451 (455): Einräumung eines doppelten Stimmrechts.
[128] HCL/*Ulmer/Casper* Rn. 34; *Tieves* ZIP 1994, 1341 (1341 f. Fn. 2); Rowedder/Schmidt-Leithoff/*Schnorbus* Rn. 44; GroßkommAktG/*Wiedemann* AktG § 179 Rn. 94 zur AG.
[129] BGH Urt. v. 25.11.2002 – II ZR 69/01, DStR 2003, 699 (701) = ZIP 2003, 116 (119).
[130] BGH Urt. v. 25.11.2002 – II ZR 69/01, DStR 2003, 699 (700) = ZIP 2003, 116 (118).
[131] BayObLG Beschl. v. 23.5.2001 – 3 Z BR 31/01, GmbHR 2001, 728 = BayObLGZ 2001, 137 (139); Rowedder/Schmidt-Leithoff/*Schnorbus* Rn. 48; Henssler/Strohn/*Gummert* Rn. 12; HK-GmbHG/*Inhester* Rn. 24a; Bork/Schäfer/*Arnold* Rn. 23; *Priester* NZG 2016, 774; *Priester* FS W. Müller, 2001, 113 (116); *Pöschke*, Satzungsdurchbrechende Beschlüsse in GmbH und AG, 2020, 69 f.
[132] So indes wohl Lutter/Hommelhoff/*Bayer* Rn. 33; HK-GmbHG/*Inhester* Rn. 24a; Bork/Schäfer/*Arnold* Rn. 23.
[133] HCL/*Ulmer/Casper* Rn. 34; Scholz/*Priester*/*Tebben* Rn. 27a; im Grundsatz ebenso *Pöschke*, Satzungsdurchbrechende Beschlüsse in GmbH und AG, 2020, 309 ff., wonach allerdings die Ermittlung einer Öffnungsklausel im Wege der Auslegung nur unter engen Voraussetzungen und unter Rückgriff auf allgemein bekannte Unterlagen und Umstände möglich sein soll.
[134] Lutter/Hommelhoff/*Bayer* Rn. 33; *Priester* NZG 2016, 774.
[135] *Harbarth* FS Krieger, 2020, 309 (312).
[136] *Harbarth* FS Krieger, 2020, 309 (313, 316); *Pöschke*, Satzungsdurchbrechende Beschlüsse in GmbH und AG, 2020, 299 ff.; für die Zulässigkeit einer die Gewinnverteilungsregelung betreffenden Öffnungsklausel auch BayObLG Beschl. v. 23.5.2001 – 3 Z BR 31/01, GmbHR 2001, 728 = BayObLGZ 2001, 137 (139 f.); krit. Noack/Servatius/Haas/*Noack* Rn. 27.
[137] So aber *Pöschke*, Satzungsdurchbrechende Beschlüsse in GmbH und AG, 2020, 303 f.: Unzulässigkeit einer Öffnungsklausel für zukünftige Anwendungsfälle; ebenso hinsichtlich der Frage der Einzel- oder

mein geändert werden soll.[138] Der Minderheitenschutz steht der Zulässigkeit einer entsprechenden Öffnungsklausel nicht entgegen, weil die Einführung einer entsprechenden Klausel im Rahmen der Gründung nur einstimmig und später nur durch satzungsändernden Beschluss mit Dreiviertelmehrheit möglich ist. Sofern ein Gesellschafter über eine für Satzungsänderungen relevante Sperrminorität verfügt, kann er damit die Einführung einer entsprechenden Klausel auch nach der Gründung der Gesellschaft verhindern. Sofern er der Einführung einer solchen Öffnungsklausel aber zugestimmt hat, ist er nicht schutzbedürftig, wenn er später mit dem in Ausübung dieser Ermächtigung gefassten Beschluss nicht einverstanden ist.[139] Zudem wird auch der Rechtsverkehr durch die der handelsrechtlichen Publizität unterliegende Öffnungsklausel auf die Möglichkeit abweichender Gesellschafterbeschlüsse hingewiesen.[140] Unzulässig sind Öffnungsklauseln lediglich dann, wenn zwingende gesetzliche Regelungen ihrer Zulässigkeit im Einzelfall entgegenstehen. Dies ist zunächst der Fall, wenn das Gesetz explizit eine Regelung im Gesellschaftsvertrag verlangt (zB § 3 Abs. 1, wonach der Gesellschaftsvertrag Firma und Sitz der Gesellschaft, den Betrag des Stammkapitals sowie die Zahl und die Nennbeträge der Geschäftsanteile enthalten muss, § 3 Abs. 2, wonach eine Zeitbeschränkung sowie Nebenleistungspflichten der Aufnahme in den Gesellschaftsvertrag bedürfen, § 15 Abs. 5, wonach die Veräußerung von GmbH-Anteilen durch den Gesellschaftsvertrag an weitere Voraussetzungen geknüpft werden kann, oder § 60 Abs. 2, wonach weitere Auflösungsgründe im Gesellschaftsvertrag festgesetzt werden können).[141] Ferner sind Öffnungsklauseln aufgrund einer Gesamtanalogie zu den §§ 53, 54, den umwandlungsrechtlichen Regelungen über Verschmelzungen (§§ 13, 16, 19, 20, 36, 38, 50, 52, 56 UmwG), Spaltungen (§§ 125, 129, 131, 137 UmwG) und Formwechsel (§§ 193, 198, 202, 240, 246 UmwG) sowie den Grundsätzen über den Abschluss von Unternehmensverträgen (→ Rn. 147 ff.) für grundlegende Strukturänderungen unzulässig.[142] Keine grundlegende Strukturänderung in diesem Sinne stellt die Errichtung von Gesellschaftsorganen (fakultativer Aufsichtsrat, Beirat) dar, weil den Gesellschaftern auch bei einer umfassenden Kompetenzübertragung auf diese Organe die Zuständigkeit für Satzungs- und Strukturänderungen, das Recht zur Überwachung und Anweisung der Geschäftsführung und die Möglichkeit der Abberufung der Geschäftsführer aus wichtigem Grund verbleiben.[143] Die Einrichtung eines Aufsichtsrats auf der Grundlage einer statutarischen Öffnungsklausel ist daher ohne Beachtung der für eine Satzungsänderung geltenden Vorschriften zulässig, sofern die Öffnungsklausel hinreichend bestimmt ist, insbesondere die Überwachungsfunktion sowie weitere dem fakultativen Aufsichtsrat übertragene Aufgaben jedenfalls schon in den Grundzügen in der Satzung aufgeführt sind, und der Einrichtungsbeschluss nicht gegen das Gesetz oder die guten Sitten verstößt.[144] Entsprechendes gilt für die Einrichtung eines Beirats.[145] Ob ein genereller Vorbehalt zu Gunsten abweichender Gesellschafterbeschlüsse zulässig ist, wird unterschiedlich beurteilt.[146] Gleiches gilt für Klau-

---

Gesamtvertretungsmacht der Geschäftsführer BGH Urt. v. 19.6.1975 – II ZR 170/73, NJW 1975, 1741; hinsichtlich der Abweichung von der gesetzlichen Gewinnverteilung auch *Priester* FS W. Müller, 2001, 113 (122 f.); ebenso wohl OLG München Beschl. v. 18.5.2011 –31 Wx 210/11, MittBayNot 2011, 416 zur Gewinnverwendung; für den Verein auch MüKoBGB/*Leuschner* BGB § 25 Rn. 30.

[138]   *Harbarth* FS Krieger, 2020, 309 (316, 329); Henssler/Strohn/*Gummert* Rn. 12; ohne Beschränkung auf Regelungen im Einzelfall und damit wohl ebenso Bork/Schäfer/*Arnold* Rn. 23; *Wicke* Rn. 20; Scholz/*Priester/Tebben* Rn. 27a.

[139]   *Harbarth* FS Krieger, 2020, 309 (321).

[140]   *Harbarth* FS Krieger, 2020, 309 (322 f.).

[141]   *Harbarth* FS Krieger, 2020, 309 (317 f.); ebenso *Pöschke*, Satzungsdurchbrechende Beschlüsse in GmbH und AG, 2020, 301 ff.

[142]   *Harbarth* FS Krieger, 2020, 309 (323 ff.).

[143]   *Harbarth* FS Krieger, 2020, 309 (324 f.).

[144]   BGH Urt. v. 2.7.2019 – II ZR 406/17, BGHZ 222, 323 (344 ff.) = DStR 2019, 1755 (1762 ff.); vgl. hierzu auch *Otto* GmbHR 2018, 367.

[145]   Vgl. OLG München Urt. v. 9.8.2012 – 23 U 4173/11, GmbHR 2012, 1075 = BeckRS 2012, 17266.

[146]   Die Zulässigkeit bejahend, solange sich der entsprechende Vorbehalt nicht auf Satzungsregelungen bezieht, hinsichtlich derer eine Öffnungsklausel aus anderen Gründen unzulässig ist, und sofern klar zum Ausdruck kommt, welche Satzungsbestimmungen von diesem allgemeinen Vorbehalt erfasst werden,

seln, die schematisch für eine Vielzahl von Satzungsbestimmungen Abweichungen gestatten.[147]

49   Sofern die Öffnungsklausel keine strengeren Anforderungen normiert, bedarf ein auf ihrer Grundlage zu fassender Beschluss der einfachen Mehrheit der Gesellschafter.[148] Auch die Beachtung weiterer satzungsändernder Formalien, nicht hingegen jene der inhaltlichen Beschlussschranken ist entbehrlich.[149]

50   **c) Rechtliche Beurteilung.** Innerhalb satzungsdurchbrechender Beschlüsse wird heute[150] überwiegend, insbesondere auch in der obergerichtlichen Rspr., zwischen **„punktuellen" und „zustandsbegründenden" Satzungsänderungen** unterschieden.[151] Unter „punktuellen" Regelungen sind dabei solche zu verstehen, „bei denen sich die Wirkung des Beschlusses in der betreffenden Maßnahme erschöpft".[152] Eine derartige punktuelle Satzungsdurchbrechung liegt etwa bei einzelfallbezogener Befreiung eines Gesellschafters von einem statutarischen Wettbewerbsverbot vor.[153] Eine „zustandsbegründende" Satzungsdurchbrechung ist demgegenüber dann gegeben, wenn der von der Satzung abweichende Beschluss Dauerwirkung besitzt; dass dieser Zustand auf einen bestimmten Zeitraum begrenzt ist, steht der Einordnung als „zustandsbegründende" Satzungsdurchbrechung nicht entgegen.[154] Als Beispiele lassen sich etwa die generelle Befreiung eines Gesellschafters von einem Wettbewerbsverbot,[155] die Bestellung eines Geschäftsführers, der die satzungsmäßigen Voraussetzungen nicht erfüllt,[156] oder die Zustimmung zur Betätigung auf einem vom Unternehmensgegenstand nicht gedeckten Tätigkeitsfeld anführen. Umstritten ist, ob auch ein von der satzungsmäßigen Gewinnverwendungsregel abweichender Beschluss Dauerwirkung entfaltet.[157]

51   **„Zustandsbegründende" Satzungsdurchbrechungen** bedürfen zu ihrer Wirksamkeit der Einhaltung sämtlicher Bestimmungen über die Satzungsänderung. Neben einem mit qualifizierter Mehrheit zu fassenden und notariell zu beurkundenden Satzungsänderungsbeschluss gem. § 53 ist dessen Eintragung im Handelsregister gem. § 54 erforderlich. Dies beruht insbesondere darauf, dass derartige Satzungsdurchbrechungen, denen eine Dauerwirkung zukommt, nicht nur gesellschaftsinterne Bedeutung besitzen, sondern auch potentielle Erwerber von Geschäftsanteilen und den Rechtsverkehr betreffen und sie deshalb

---

Pöschke, Satzungsdurchbrechende Beschlüsse in GmbH und AG, 2020, 312 ff.; aA *Priester* ZHR 151 (1987), 40 (56); Scholz/*Priester/Tebben* Rn. 27a; HK-GmbHG/*Inhester* Rn. 24a.

[147]   Für eine Zulässigkeit entsprechender Klauseln *Pöschke,* Satzungsdurchbrechende Beschlüsse in GmbH und AG, 2020, 314; *Stöhr* MittRhNotK 1996, 390 (409); aA Scholz/*Priester/Tebben* Rn. 27a.

[148]   Lutter/Hommelhoff/*Bayer* Rn. 34; vgl. auch BGH Urt. v. 2.7.2019 – II ZR 406/17, BGHZ 222, 323 (345) = DStR 2019, 1755 (1762).

[149]   Lutter/Hommelhoff/*Bayer* Rn. 33.

[150]   Im älteren Schrifttum war vor allem die Frage umstritten, ob zur Wirksamkeit des Beschlusses neben der Einhaltung der Erfordernisse des § 53 auch die Handelsregistereintragung notwendig sei; bejahend ua Hachenburg/*Ulmer,* 7. Aufl. 1984, Rn. 32; verneinend *Boesebeck* NJW 1960, 2265 (2267).

[151]   Grdl. *Priester* ZHR 151 (1987), 40, insbes. 51 ff.; BGH Urt. v. 7.6.1993 – II ZR 81/92, BGHZ 123, 15 (19) = NJW 1993, 2246; *Lawall* DStR 1996, 1169 (1172 ff.); krit. *Habersack* ZGR 1994, 354 (362 ff.); *Zöllner* FS Priester, 2007, 879 (885); *Pöschke* DStR 2012, 1089 (1091); Noack/Servatius/Haas/*Noack* Rn. 48; *Leuschner* ZHR 180 (2016), 422 (433 ff.); *Pöschke,* Satzungsdurchbrechende Beschlüsse in GmbH und AG, 2020, 45 f.; *Selentin,* Satzungsdurchbrechungen, 2019, 39 ff.; *Peterseim,* Satzungsdurchbrechung, 2020, 41 ff.; vgl. auch *Goette* RWS-Forum 8, 1996, 113 (116 ff.).

[152]   BGH Urt. v. 7.6.1993 – II ZR 81/92, BGHZ 123, 15 (19) = NJW 1993, 2246; Lutter/Hommelhoff/*Bayer* Rn. 31; Scholz/*Priester/Tebben* Rn. 29; Rowedder/Schmidt-Leithoff/*Schnorbus* Rn. 44; MHLS/*Hoffmann* Rn. 35; *Priester* ZHR 151 (1987), 40 (52).

[153]   *Priester* ZHR 151 (1987), 40 (52); MHLS/*Hoffmann* Rn. 35.

[154]   BGH Urt. v. 7.6.1993 – II ZR 81/92, BGHZ 123, 15 (19) = NJW 1993, 2246; OLG Dresden Beschl. v. 9.11.2011 – 12 W 1002/11, NZG 2012, 507 für Gewinnverwendungsbeschlüsse; Rowedder/Schmidt-Leithoff/*Schnorbus* Rn. 44; MHLS/*Hoffmann* Rn. 35.

[155]   Scholz/*Priester/Tebben* Rn. 29.

[156]   MHLS/*Hoffmann* Rn. 35.

[157]   Dies bejahend OLG Dresden Beschl. v. 9.11.2011 – 12 W 1002/11, NZG 2012, 507; aA Scholz/*Priester/Tebben* Rn. 29; HCL/*Ulmer/Casper* Rn. 39.

aus dem Handelsregister ersichtlich sein müssen.[158] Werden die für Satzungsänderungen geltenden Bestimmungen nicht gewahrt, ist der Beschluss unwirksam.[159] Wollte man einen derartigen Beschluss lediglich als anfechtbar und damit im Falle unterbleibender Anfechtung als wirksam einstufen, würde die Rechtslage durch das Handelsregister nicht korrekt wiedergegeben und damit der Rechtsverkehr beeinträchtigt. Mit Ausnahme der Fälle gem. § 10 Abs. 1 und Abs. 2 reicht eine bezugnehmende Eintragung aus.[160] Unerheblich ist demgegenüber, ob die Gesellschafter bei ihrer Beschlussfassung eine Satzungsdurchbrechung herbeiführen wollen oder nicht.[161]

Abweichungen von Verfahrens- und Kompetenzvorschriften, beispielsweise die **52** Beschlussfassung durch ein anderes als das in der Satzung vorgesehene Organ, entfalten üblicherweise punktuelle Wirkung. Diese Konstellation als eigene Fallgruppe zu fassen, dürfte sich daher nicht empfehlen.[162]

„Punktuelle" Satzungsdurchbrechungen bedürfen der Einhaltung sämtlicher Sat- **53** zungsänderungsvorschriften mit Ausnahme des Erfordernisses der Registereintragung. Da sich im Falle „punktueller" Satzungsdurchbrechungen die Wirkungen des Beschlusses in der betreffenden Maßnahme erschöpfen, ist nicht ersichtlich, weshalb die Information des Rechtsverkehrs über das Handelsregister insoweit erforderlich sein sollte. Auch der registergerichtlichen Beschlusskontrolle bedarf es insoweit nicht, weil ausschließlich die Belange der gegenwärtigen Gesellschafter betroffen sind, die über das Instrument der Anfechtungsklage hinreichend geschützt sind.[163] Fehlt es neben der Handelsregistereintragung auch an der Einhaltung weiterer für eine Satzungsänderung geltender Vorschriften, ist der Beschluss wegen eines Verstoßes der in ihm enthaltenen Maßnahme gegen die Satzung anfechtbar.[164] Dieser Anfechtungsgrund entfällt hingegen, wenn sämtliche Satzungsänderungsvorschriften mit Ausnahme der Registereintragung eingehalten werden.[165] Unberührt bleiben jedoch

[158]   BGH Urt. v. 7.6.1993 – II ZR 81/92, BGHZ 123, 15 (19) = NJW 1993, 2246; Lutter/Hommelhoff/ *Bayer* Rn. 29; Scholz/*Priester/Tebben* Rn. 30; Rowedder/Schmidt-Leithoff/*Schnorbus* Rn. 46; MHLS/ *Hoffmann* Rn. 39 f.; *Ziemons,* Die Haftung der Gesellschafter für Einflussnahmen auf die Geschäftsführung der GmbH, 1996, 107 f.; vgl. auch *Priester* ZHR 151 (1987), 40 (55, 57); *Lawall* DStR 1996, 1169 (1172); gegen Unterscheidung zwischen „punktueller" und „zustandsbegründender" Satzungsänderung hingegen *Habersack* ZGR 1994, 354 (362 ff.); Noack/Servatius/Haas/*Noack* Rn. 48.
[159]   BGH Urt. v. 7.6.1993 – II ZR 81/92, BGHZ 123, 15 (19) = NJW 1993, 2246; OLG Düsseldorf Beschl. v. 23.9.2016 – I-3 Wx 130/15, NZG 2016, 1424 (1425); OLG Köln Beschl. v. 24.8.2018 – 4 Wx 4/ 18, GmbHR 2019, 188 (189) = NZG 2019, 306; *Priester* ZHR 151 (1987), 40 (57); Lutter/Hommelhoff/ *Bayer* Rn. 29; Henssler/Strohn/*Gummert* Rn. 10; für Nichtigkeit hingegen GroßkommAktG/*Schmidt* AktG § 241 Rn. 111. Indes wird man Nichtigkeit nur bei Fehlen der notariellen Beurkundung entsprechend § 241 Nr. 2 AktG annehmen können, vgl. *Priester* ZHR 151 (1987), 40 (57 f.); OLG Köln Urt. v. 11.10.1995 – 2 U 159/94, DB 1996, 466; für eine generelle Anfechtbarkeit – dh auch bei zustandsbegründenden Beschlüssen – hingegen *Zöllner* FS Priester, 2007, 879 (885, 892); Noack/Servatius/Haas/ *Noack* Rn. 48.
[160]   *Habersack* ZGR 1994, 354 (365); für generelle Möglichkeit bezugnehmender Eintragung *Lawall* DStR 1996, 1169 (1173).
[161]   OLG Düsseldorf Beschl. v. 23.9.2016 – I-3 Wx 130/15, NZG 2016, 1424 (1425); OLG Dresden Beschl. v. 9.11.2011 – 12 W 1002/11, NZG 2012, 507; MHLS/*Hoffmann* Rn. 39; Scholz/*Priester/Tebben* Rn. 30; Henssler/Strohn/*Gummert* Rn. 10; aA *Habersack* ZGR 1994, 354 (364 f.); *Tieves* ZIP 1994, 1341 (1346).
[162]   Scholz/*Priester/Tebben* Rn. 30; HCL/*Ulmer/Casper* Rn. 36, 39; aA *Zöllner* FS Priester, 2007, 879 (889).
[163]   Scholz/*Priester/Tebben* Rn. 30a; *Priester* ZHR 151 (1987), 40 (54); für eine Entbehrlichkeit auch der notariellen Beurkundung hingegen *Lawall* DStR 1996, 1169 (1174).
[164]   HCL/*Ulmer/Casper* Rn. 39; Lutter/Hommelhoff/*Bayer* Rn. 30.
[165]   *Priester* ZHR 151 (1987), 40 (54); Scholz/*Priester/Tebben* Rn. 30a; HCL/*Ulmer/Casper* Rn. 39; Lutter/ Hommelhoff/*Bayer* Rn. 31; Bork/Schäfer/*Arnold* § 53 Rn. 22; *Zöllner* FS Priester, 2007, 879 (890 ff.); tendenziell wohl auch Noack/Servatius/Haas/*Noack* Rn. 49, der bei einem Verzicht auf die Eintragung auch die Beurkundung für verzichtbar hält; für eine generelle Anfechtbarkeit wegen Satzungswidrigkeit hingegen BGH Urt. v. 25.11.2002 – II ZR 69/21, ZIP 2003, 116 (118), obiter dictum; MHLS/*Hoffmann* Rn. 40; offenlassend für eine „punktuelle Satzungsdurchbrechung hinsichtlich nicht zwingender Satzungsbestandteile" BGH Urt. v. 10.5.2016 – II ZR 342/14, BGHZ 210, 186 (191 f.) = NZG 2016, 742 (743); für Anfechtbarkeit des Beschlusses lediglich bei einer Abweichung von nicht zwingend in der Satzung vorzusehenden Regelungen *Peterseim,* Satzungsdurchbrechung, 2020, 140 f. – der bei einer Abweichung von zwingenden Satzungsbestandteilen ohne Einhaltung sämtlicher Anforderungen der §§ 53, 54 von Unwirksamkeit ausgeht.

weitere, von der Frage der Wirksamkeit einer Satzungsdurchbrechung unabhängige Anfechtungsgründe, zB ein Verstoß des Beschlusses gegen den Gleichbehandlungsgrundsatz[166] oder gegen Treubindungen der Gesellschafter gegenüber der Gesellschaft oder gegenüber den Mitgesellschaftern.[167] Eine etwaige Anfechtungsbefugnis entfällt nach allgemeinen Grundsätzen für diejenigen Gesellschafter, die dem Beschluss zugestimmt haben. Haben sämtliche Gesellschafter ihre Zustimmung erteilt, ist der Beschluss wirksam.[168]

54   Teilweise wird die Differenzierung nach punktuellen und zustandsbegründenden Satzungsdurchbrechungen aber auch abgelehnt und stattdessen mit beachtlichen Gründen dafür plädiert, zwischen einem Maßnahmebeschluss und einer diesen ggf. legitimierenden Satzungsänderung für den Einzelfall zu differenzieren.[169] Neben dem Maßnahmebeschluss, in dem die getroffene Maßnahme angeordnet wird (zB Ausschüttung des Jahresüberschusses in voller Höhe), soll einem solchen Beschluss selbst ohne ausdrückliche Anordnung im Beschlusswortlaut zusätzlich auch eine Satzungsänderung für den Einzelfall zu entnehmen sein, sofern sich dies aus im Wege einer objektiven Auslegung berücksichtigungsfähigen Anhaltspunkten entnehmen lässt.[170] Bei der GmbH sollen im Rahmen dieser Auslegung alle dokumentierten und belegbaren Umstände herangezogen werden dürfen, auch wenn sie nicht allgemein zugänglich sind (zB Einladung zur Gesellschafterversammlung und Protokoll der Gesellschafterversammlung).[171] Ausreichend für die Annahme einer neben den Maßnahmebeschluss tretenden Satzungsänderung für den Einzelfall soll grundsätzlich sein, wenn sich aus den im Rahmen der Auslegung heranzuziehenden dokumentierten und belegbaren Umständen ergibt, dass den Gesellschaftern bei der Fassung des Beschlusses der Widerspruch zur (bisherigen) Satzung bewusst war.[172] Zwar finde auf diese beiden Beschlüsse § 139 BGB grundsätzlich Anwendung, allerdings sei regelmäßig davon auszugehen, dass die Gesellschafter den Maßnahmebeschluss auch bei Unwirksamkeit der zugleich beschlossenen Satzungsänderung für den Einzelfall gefasst hätten, weshalb die in § 139 BGB angeordnete Rechtsfolge nicht eingreife, sondern beide Beschlüsse jeweils getrennt auf ihre Wirksamkeit hin zu untersuchen seien.[173] Der Maßnahmebeschluss sei grundsätzlich wegen

---

[166]   Zur Anfechtbarkeit eines Beschlusses wegen eines Verstoßes gegen den Grundsatz der Gleichbehandlung vgl. Lutter/Hommelhoff/*Bayer* Anh. § 47 Rn. 55; Noack/Servatius/Haas/*Noack* Anh. § 47 Rn. 91 f.

[167]   Zur Anfechtbarkeit eines Beschlusses wegen eines Verstoßes gegen Treubindungen Lutter/Hommelhoff/*Bayer* Anh. § 47 Rn. 56; Noack/Servatius/Haas/*Noack* Anh. § 47 Rn. 105.

[168]   Lutter/Hommelhoff/*Bayer* Rn. 30; Scholz/*Schmidt* § 45 Rn. 34; Bork/Schäfer/*Arnold* Rn. 22; Scholz/*Priester*/*Tebben* Rn. 30a; Rowedder/Schmidt-Leithoff/*Schnorbus* Rn. 47; gegen Nichtigkeit derartiger Beschlüsse auch BGH Urt. v. 7.6.1993 – II ZR 81/92, BGHZ 123, 15 (19) = NJW 1993, 2246; Urt. v. 11.5.1981 – II ZR 25/80, WM 1981, 1218 (1219).

[169]   So *Pöschke,* Satzungsdurchbrechende Beschlüsse in GmbH und AG, 2020, 45 ff., 100 ff., 118 ff., 133 ff., 190 ff.; für einen (möglichen) „Doppelinhalt" – konkrete Einzelmaßnahme und Nichtgeltung der Satzung für diesen Einzelfall – eines satzungsdurchbrechenden Beschlusses auch bereits *Habersack* ZGR 1994, 354 (368); *Tieves* ZIP 1994, 1341 (1345); für einen möglichen „Doppelinhalt" jedenfalls bei Abweichung von nicht notwendig statutarischen Regelungsgegenständen und bei Missachtung von beschlussbezogenen statutarischen Verfahrensvorschriften ferner *Leuschner* ZHR 180 (2016), 422 (440 f., 446); ähnlich Lutter/Hommelhoff/*Bayer* Rn. 30 f.: „Doppelnatur"; gegen die Annahme mehrerer – selbständiger – Beschlussteile *Zöllner* FS Priester, 2007, 879 (883) – jedenfalls wenn es keinen Text gibt, aus dem eine auf die Änderung der Satzung gerichtete Regelung für Dritte erkennbar ist; *Selentin,* Satzungsdurchbrechungen, 2019, 44 f., 56; *Peterseim,* Satzungsdurchbrechung, 2020, 52 f.; *Lawall* DStR 1996, 1169 (1172).

[170]   *Pöschke,* Satzungsdurchbrechende Beschlüsse in GmbH und AG, 2020, 118 ff.

[171]   *Pöschke,* Satzungsdurchbrechende Beschlüsse in GmbH und AG, 2020, 99.

[172]   *Pöschke,* Satzungsdurchbrechende Beschlüsse in GmbH und AG, 2020, 120; ebenso *Tieves* ZIP 1994, 1341 (1345); enger *Habersack* ZGR 1994, 354 (364, 368), wonach allein der Umstand, dass sich die Gesellschafter des Abweichens von der Satzung bewusst sind, nicht ausreichend sein soll, sondern ein auf Änderung der Satzung gerichteter Wille anhand zusätzlicher Umstände positiv festgestellt werden müsse.

[173]   *Pöschke,* Satzungsdurchbrechende Beschlüsse in GmbH und AG, 2020, 129 ff.; für eine getrennte Behandlung von Maßnahmebeschluss und Nichtgeltung der Satzung für den Einzelfall auch *Tieves* ZIP 1994, 1341 (1345); anders *Habersack* ZGR 1994, 354 (368), der bei einem Willen der Gesellschafter zur Satzungsänderung von einer Unwirksamkeit des gesamten Beschlusses ausgeht, solange der Beschluss nicht in das Handelsregister eingetragen wurde.

Verstoßes gegen die Satzung (analog) § 243 Abs. 1 AktG anfechtbar.[174] Er sei lediglich mangels Eintragung im Handelsregister unwirksam, wenn die gewünschte Rechtsfolge nicht durch einen einfachen Gesellschafterbeschluss, sondern nur durch eine Satzungsänderung herbeigeführt werden könne.[175] Dies sei der Fall, wenn eine inhaltliche Regelung im Hinblick auf notwendige Satzungsbestandteile getroffen werden solle (zB Festlegung des Geschäftsjahres),[176] wenn der Beschluss ausschließlich die Wirkung einer in der Satzung enthaltenen Anordnung (zB Geltung eines Wettbewerbsverbotes) suspendiere und damit keinen über eine Satzungsänderung für den Einzelfall hinausgehenden Regelungsgehalt habe[177] oder wenn er eine Regelungsanordnung in der Satzung über den konkreten Beschluss hinaus für (mindestens) einen künftigen Anwendungsfall treffe.[178] Zugleich sei der Maßnahmebeschluss in den vorstehend genannten Fällen grundsätzlich auch wegen fehlender notarieller Beurkundung analog § 241 Nr. 2 AktG nichtig.[179] Die Anfechtbarkeit des Maßnahmebeschlusses sowie seine Unwirksamkeit bzw. Nichtigkeit entfielen jedoch, sofern er durch eine daneben beschlossene wirksame Satzungsänderung für den Einzelfall legitimiert werde.[180] Zwar handele es sich auch bei einer nur einen Einzelfall betreffenden Satzungsänderung um eine solche im Sinne der §§ 53, 54.[181] Allerdings fänden sowohl das Erfordernis einer notariellen Beurkundung (§ 53 Abs. 2 S. 1) als auch das Erfordernis der Handelsregistereintragung (§ 54 Abs. 1 S. 1, Abs. 3) aufgrund einer teleologischen Reduktion auf eine nur für den Einzelfall geltende Satzungsänderung, welche die Maßgeblichkeit der Satzungsregel für sämtliche zukünftigen Anwendungsfälle unberührt lasse, keine Anwendung, weil insoweit weder die Kontroll- noch die Publizitätsfunktion des Handelsregisters beeinträchtigt seien.[182] Erforderlich sei insoweit lediglich, dass in der Ankündigung der Tagesordnung der wesentliche Inhalt des Maßnahmebeschlusses sowie die Abweichung von der konkret bezeichneten Satzungsbestimmung bekannt gemacht würden[183] und der Beschluss mit der für Satzungsänderungen erforderlichen Mehrheit gefasst werde.[184]

Ist ein satzungsdurchbrechender Gesellschafterbeschluss nach den vorstehenden Grund- **55** sätzen unwirksam, kommt grundsätzlich seine **Umdeutung** in eine schuldrechtliche Verpflichtung zu einem der getroffenen Regelung entsprechenden Verhalten in Betracht.[185] Die Herbeiführung einer bestimmten organisationsrechtlichen Regelung der Satzung scheidet insoweit indes regelmäßig aus.[186]

Erfolgt eine Satzungsdurchbrechung unbewusst, weil die Gesellschafter der Auffassung **56** sind, ihr Verhalten stehe im Einklang mit der Satzung, kann ein derartiges Satzungsverständ-

---

[174] *Pöschke,* Satzungsdurchbrechende Beschlüsse in GmbH und AG, 2020, 134 ff.; für eine generelle Anfechtbarkeit ohne die Annahme einer Nichtigkeit für bestimmte Sonderfälle auch *Tieves* ZIP 1994, 1341 (1345 f.); ebenso für den Fall, dass ein Wille der Gesellschafter zur Satzungsänderung nicht festgestellt werden kann, *Habersack* ZGR 1994, 354 (368).

[175] *Pöschke,* Satzungsdurchbrechende Beschlüsse in GmbH und AG, 2020, 149, 163.

[176] *Pöschke,* Satzungsdurchbrechende Beschlüsse in GmbH und AG, 2020, 151 ff.

[177] *Pöschke,* Satzungsdurchbrechende Beschlüsse in GmbH und AG, 2020, 156 ff.

[178] *Pöschke,* Satzungsdurchbrechende Beschlüsse in GmbH und AG, 2020, 159 ff.

[179] *Pöschke,* Satzungsdurchbrechende Beschlüsse in GmbH und AG, 2020, 173 ff.

[180] *Pöschke,* Satzungsdurchbrechende Beschlüsse in GmbH und AG, 2020, 190 f.

[181] *Pöschke,* Satzungsdurchbrechende Beschlüsse in GmbH und AG, 2020, 197 ff.

[182] *Pöschke,* Satzungsdurchbrechende Beschlüsse in GmbH und AG, 2020, 235 ff. zur Handelsregistereintragung und 258 f. zur notariellen Beurkundung; ebenso mit Ausnahme von Einzelfallsatzungsänderungen, welche die in § 10 genannten Regelungsgegenstände betreffen, *Leuschner* ZHR 180 (2016), 422 (450 ff.); anders *Tieves* ZIP 1994, 1341 (1346 f.), der für eine Wirksamkeit der neben den Maßnahmebeschluss tretenden Satzungsänderung für den Einzelfall sowohl eine notarielle Beurkundung als auch eine Eintragung in das Handelsregister verlangt.

[183] *Pöschke,* Satzungsdurchbrechende Beschlüsse in GmbH und AG, 2020, 210 ff.

[184] *Pöschke,* Satzungsdurchbrechende Beschlüsse in GmbH und AG, 2020, 218 ff.

[185] BGH Beschl. v. 15.3.2010 – II ZR 4/09, NJW 2010, 3718 (3720) – zu einem einstimmigen, ohne Einhaltung der Förmlichkeiten ergangenen Gesellschafterbeschluss, der abw. von einer Satzungsbestimmung eine geringere Abfindungshöhe für den Fall des Ausscheidens aus der Gesellschaft vorsieht; *Leitzen* RNotZ 2010, 566 (573); Bork/Schäfer/*Arnold* Rn. 23; *Priester* ZHR 151 (1987), 40 (58); aA *Wolff* WiB 1997, 1009 (1016 f.); abw. auch *Habersack* ZGR 1994, 354 (369 ff.).

[186] BGH Urt. v. 7.6.1993 – II ZR 81/92, BGHZ 123, 15 (20) = NJW 1993, 2246; Lutter/Hommelhoff/*Bayer* Rn. 32; Scholz/Priester/*Tebben* Rn. 30; Rowedder/Schmidt-Leithoff/*Schnorbus* Rn. 49.

nis bei der Auslegung der Satzung nach den Grundsätzen berücksichtigt werden, die allgemein auf die Beachtung der subjektiven Vorstellungen der Gesellschafter anzuwenden sind (→ § 2 Rn. 188 ff.).[187]

57   **3. Auswirkungen von Gesetzesänderungen.** Gesetzesänderungen können vorhandene Satzungsregelungen inhaltlich modifizieren oder ungültig machen; sie können auch die Aufnahme neuer Bestimmungen in die Satzung erforderlich machen. In diesen Fällen bewirkt die **Gesetzesänderung** als solche **keine Satzungsänderung**; eine solche liegt vielmehr erst im förmlichen Verfahren der Satzungsänderung gem. §§ 53 f.[188] In Abhängigkeit vom Inhalt der Gesetzesänderung kann die Veränderung der mitgliedschaftlichen Rechte und Pflichten der Gesellschafter indes bereits vor Abschluss des Satzungsänderungsverfahrens eintreten.

IV. Änderungsbeschluss (Abs. 2 S. 1)

58   **1. Beschlussfassung. a) Zuständigkeit.** Die Zuständigkeit für die Beschlussfassung über materielle Satzungsänderungen liegt gem. Abs. 1 zwingend bei den **Gesellschaftern** bzw. den an ihrer Stelle zur Rechtsausübung Berufenen.[189] Der **Grundsatz der Satzungsautonomie**[190] steht einer Übertragung der Beschlusskompetenz auf andere Organe, Organmitglieder oder Dritte (einschließlich Behörden) entgegen;[191] auch die Einräumung eines Entscheidungsrechts zugunsten eines Dritten gem. § 317 BGB oder durch schiedsgerichtliche Entscheidung ist unzulässig.[192] Von der Übertragung der Beschlusskompetenz auf eine Behörde zu unterscheiden sind demgegenüber Fälle, in denen die Satzungsänderung der staatlichen Genehmigung bedarf oder durch die Satzungsänderung eine staatliche Genehmigung erforderlich wird.[193] Die Kompetenz der Gesellschafter zur Satzungsänderung wird auch durch das Vorhandensein eines Beherrschungsvertrages nicht berührt.[194]

59   Auch **Geschäftsführer** können zur Vornahme von Satzungsänderungen nicht ermächtigt werden, ohne dass es insoweit auf die Schaffung von Risiken für Gläubiger oder Gesellschafter ankäme.[195] Eine Ausnahme von diesem Grundsatz stellt die durch das MoMiG geschaffene Möglichkeit der Ausnutzung eines genehmigten Kapitals dar (→ § 55a Rn. 35 ff.). Daneben ist trotz Fehlens einer § 179 Abs. 1 S. 2 AktG entsprechenden Regelung im GmbHG im Hinblick auf dessen flexibleren, auf einen Kernbestand von Vorgaben

---

[187]   *Grunewald* ZGR 1995, 68 (90 f.).
[188]   Scholz/*Priester*/*Tebben* Rn. 31.
[189]   Vgl. BayObLG Beschl. v. 29.3.1976 – 1 Z 9/76, NJW 1976, 1692 (1693) – Testamentsvollstrecker; HCL/*Ulmer*/*Casper* Rn. 44; HK-GmbHG/*Inhester* Rn. 25; Bork/Schäfer/*Arnold* Rn. 6; Henssler/ Strohn/*Gummert* Rn. 14. Zur Zuständigkeit bei der sog. Einheitsgesellschaft OLG Celle Beschl. v. 6.7.2016 – 9 W 93/16, NZG 2016, 1147.
[190]   Dazu *Flume* BGB AT I 2 § 7 I 3, S. 193 ff.; für die AG *Mertens* ZGR 1994, 426; zum Vereinsrecht *Schockenhoff* AcP 193 (1993), 35; *K. Schmidt* GesR § 5 I, S. 83 ff.
[191]   RG Urt. v. 11.10.1932 – II 482/31, RGZ 137, 305 (308); BGH Urt. v. 25.2.1965 – II ZR 287/63, BGHZ 43, 261 (264) = NJW 1965, 1378; OLG Düsseldorf Urt. v. 11.3.1982 – 6 U 174/81, BB 1982, 762; OLG Köln Urt. v. 11.10.1995 – 2 U 159/94, DB 1996, 466; Scholz/*Priester*/*Tebben* Rn. 62; Bork/ Schäfer/*Arnold* Rn. 6; HCL/*Ulmer*/*Casper* Rn. 44; HK-GmbHG/*Inhester* Rn. 25; Henssler/Strohn/ *Gummert* Rn. 14; Rowedder/Schmidt-Leithoff/*Schnorbus* Rn. 55; Noack/Servatius/Haas/*Noack* Rn. 55; *Herfs,* Einwirkung Dritter auf den Willensbildungsprozess der GmbH, 1994, 75; *Priester* FS Werner, 1984, 657 (659 ff.), insbes. 662 ff.; *Wiedemann* FS Schilling, 1973, 105 (112); aA *Beuthien/Gätsch* ZHR 156 (1992), 459 (477) über die grundsätzliche Zulässigkeit statutarischer Zustimmungsvorbehalte zu Satzungsänderungen. BGH Urt. v. 19.11.1984 – II ZR 102/84, NJW 1985, 972 (973) erlaubt die Ermächtigung des Verwaltungsrats einer Publikums-KG zu Änderungen des Gesellschaftsvertrags.
[192]   *Altmeppen* Rn. 25; Scholz/*Priester*/*Tebben* Rn. 62.
[193]   Rowedder/Schmidt-Leithoff/*Schnorbus* Rn. 55.
[194]   OLG Stuttgart Urt. v. 29.10.1997 – 20 U 8/97, NZG 1998, 601 (602) – Dornier: Satzungsänderung als „weisungsfester Kernbereich der ausschließlichen Kompetenz der Gesellschafterversammlung"; Scholz/ *Priester*/*Tebben* Rn. 62.
[195]   *Priester* GmbHR 1992, 584 (587 f.); Lutter/Hommelhoff/*Bayer* Rn. 7; anders OLG Stuttgart Beschl. v. 7.5.1992 – 8 W 72/92, GmbHR 1992, 468 = NJW-RR 1992, 1391: die Zulässigkeit der in der Satzung vorgesehenen Möglichkeit der Änderung des Geschäftsjahres durch die Geschäftsführung bejahend, wegen dieser Satzungsklausel in der Geschäftsjahresänderung jedoch keine Satzungsänderung erblickend.

beschränkten Charakter eine entsprechende Möglichkeit der Satzungsänderung auch im GmbH-Recht zu bejahen.[196] Zu Anweisungen an Geschäftsführer bzgl. Zeitpunkt und Registeranmeldung satzungsändernder Beschlüsse → Rn. 172 ff.

Unwirksam ist auch die **Begründung von Zustimmungserfordernissen** zu Sat- **60** zungsänderungen zugunsten anderer Gesellschaftsorgane oder außenstehender Dritter einschließlich Behörden.[197] Soll einem Dritten daher ein Zustimmungsrecht eingeräumt werden, kann es in der Praxis empfehlenswert sein, ihm einen kleinen Geschäftsanteil mit sehr begrenzten Vermögens- und Verwaltungsrechten zu gewähren und ihm ein Sonderrecht auf Zustimmung einzuräumen.[198] Die **Schaffung eines statutarischen Zustimmungsvorbehalts** bzw. eines statutarischen Vetorechts für einzelne Gesellschafter ist nämlich gestattet.[199] Ob dies auch für andere Gesellschaftsorgane gilt, die ausschließlich mit Gesellschaftern zu besetzen sind,[200] ist demgegenüber nicht frei von Zweifeln.

Zulässig ist hingegen der Abschluss von **Stimmbindungsverträgen zwischen Gesell- 61 schaftern** auch für die Beschlussfassung über Satzungsänderungen. Da die Entscheidung in derartigen Fällen nicht außerhalb des Gesellschafterkreises getroffen wird, scheidet ein Verstoß gegen den Grundsatz der ausschließlichen Gesellschafterzuständigkeit insoweit aus.[201] Eine **Stimmbindungsvereinbarung mit Nichtgesellschaftern** ist im Bereich von Satzungsänderungsbeschlüssen demgegenüber unzulässig (näher zu Stimmbindungsvereinbarungen bei Satzungsänderungsbeschlüssen auch → Rn. 146; zur Gesamtproblematik von Stimmbindungsverträgen → § 47 Rn. 231 ff.).

b) Verfahren. Für das Beschlussverfahren gelten die allgemeinen Vorschriften der **62** §§ 47 ff. **Besonderheiten** sind hinsichtlich der nach § 51 Abs. 2 und 4 erforderlichen Ankündigung des Beschlussgegenstands zu beachten: Insoweit ist die zumindest sinngemäße Mitteilung des Beschlussantrags geboten; andernfalls ist der Beschluss anfechtbar (näher → § 51 Rn. 32 ff.).

Das Erfordernis eines Beschlusses der Gesellschafter macht Änderungen in der Urkunde **63** über das bisherige Statut oder die Beurkundung eines neuen, abgeänderten Gesellschaftsvertrages gem. § 2 unzulässig.[202] Die **Beschlussfassung** kann wie bei allen Gesellschafterbeschlüssen in einer Gesellschafterversammlung erfolgen. Die Beschlussfassung über mehrere Satzungsänderungen kann einheitlich erfolgen.[203] Dies gilt bei zusammengehörigen Beschlussgegenständen jedenfalls dann, wenn der Versammlungsleiter zuvor darauf hinweist, dass durch (mehrheitliche) Ablehnung der Beschlussvorlage eine Einzelabstimmung herbeigeführt werden kann und kein anwesender Gesellschafter gegen dieses Verfahren Einwände erhebt.[204]

Streitig ist, ob der satzungsändernde Beschluss in einer Versammlung gefasst werden muss **64** oder stattdessen auch das **Verfahren gem. § 48 Abs. 2** zulässig ist. Eine – früher überwiegend

---

[196] OLG München Beschl. v. 23.1.2012 – 31 Wx 457/11, NZG 2012, 426 (427); HCL/*Ulmer/Casper* Rn. 32; aA Noack/Servatius/Haas/*Noack* Rn. 55; MHLS/*Hoffmann* Rn. 59; Scholz/*Priester/Tebben* Rn. 62; Rowedder/Schmidt-Leithoff/*Schnorbus* Rn. 55.

[197] RG Urt. v. 30.3.1942 – II 96/41, RGZ 169, 65 (80 f.); für die Kapitalerhöhung KG Urt. v. 21.10.1921, zit. nach OLGRspr. 42, 225, Fn. 1c); LG Berlin Beschl. v. 18.12.1951 – 51 T 10/51, GmbHR 1952, 12 (13); Lutter/Hommelhoff/*Bayer* Rn. 7; Scholz/*Priester/Tebben* Rn. 63; HCL/*Ulmer/Casper* Rn. 95; MHLS/*Hoffmann* Rn. 57; aA *Beuthien/Gätsch* ZHR 156 (1992), 459 (477): zulässig falls Zustimmungsvorbehalt Dritter ohne deren Mitwirkung wieder beseitigt werden kann.

[198] Vgl. auch Scholz/*Priester/Tebben* Rn. 63; *Vogel*, Gesellschafterbeschlüsse und Gesellschafterversammlung, 2. Aufl. 1986, 49.

[199] RG Urt. v. 30.3.1942 – II 96/41, RGZ 169, 65 (81); Lutter/Hommelhoff/*Bayer* Rn. 7; MHLS/*Hoffmann* Rn. 58.

[200] So MHLS/*Hoffmann* Rn. 58.

[201] MHLS/*Hoffmann* Rn. 58; HCL/*Ulmer/Casper* Rn. 45; Scholz/*Priester/Tebben* Rn. 36; HK-GmbHR/*A. Bartl* Rn. 5.

[202] Scholz/*Priester/Tebben* Rn. 64.

[203] OLG Schleswig Beschl. v. 11.12.1972 – 2 W 54/72, DNotZ 1973, 482; OLG Frankfurt Urt. v. 18.1.1989 – 13 U 279/87, GmbHR 1990, 79 (80) = BeckRS 2010, 8498.

[204] BGH Urt. v. 21.7.2003 – II ZR 109/02, AG 2003, 625 (626) mwN zur AG.

vertretene – Auffassung hält eine Versammlung für unverzichtbar.[205] Sie stützt sich dabei auf die Annahme, die von Abs. 2 S. 1 gebotene Beurkundung des Beschlusses schließe die getrennte Beurkundung einzelner Stimmabgaben aus.[206] Die heute überwiegende Auffassung bejaht demgegenüber die Zulässigkeit des Verfahrens gem. § 48 Abs. 2.[207] Dies überzeugt. Die allgemeine Regelung des § 48 Abs. 2 gestattet unter den dort normierten Voraussetzungen die Beschlussfassung außerhalb einer Gesellschafterversammlung. Da § 53 keine hiervon abweichende Regelung enthält, muss auch bei Satzungsänderungsbeschlüssen auf das Verfahren gem. § 48 Abs. 2 zurückgegriffen werden, soweit dem Beurkundungserfordernis gem. Abs. 2 S. 1 Genüge getan ist.[208] Auch das Beurkundungserfordernis lässt sich im Verfahren gem. § 48 Abs. 2 indes einhalten. Gegenstand der notariellen Beurkundung sind nicht die Willenserklärungen der einzelnen Gesellschafter, sondern die tatsächliche Wahrnehmung des Notars über den Vorgang der Beschlussfassung als „sonstiger Vorgang" gem. § 36 BeurkG (→ Rn. 71). Erforderlich ist hierfür indes nicht nur die Beurkundung der einzelnen Stimmen, sondern auch die urkundliche Erfassung ihres Zugangs bei der Gesellschaft.[209] Verwirklichen lässt sich dies entweder dadurch, dass die einzelnen Gesellschafter auch ohne Versammlung ihre Stimmen zu Protokoll desselben Notars abgeben und dieser hierüber eine Urkunde erstellt, oder dadurch, dass die von verschiedenen Notaren beurkundeten Einzelstimmen an einen von ihnen oder an einen Dritten übersandt werden, der insoweit als Vertreter der Gesellschaft fungiert.[210] Ein solches Vorgehen wird sich in der Praxis bei Satzungsänderungen vielfach allerdings als zu umständlich erweisen.[211] **Praktische Relevanz** könnte ein solches Verfahren indes vor allem bei der Stimmrechtsvollmacht zugunsten einer Person durch sämtliche Gesellschafter erlangen. Im Übrigen sollte der Notar stets sorgfältig prüfen, ob die Gesellschafter tatsächlich Einvernehmen hergestellt haben, wie das § 48 Abs. 2 verlangt, und welche Gesellschafter bei der Mehrheitsberechnung nicht mitgezählt werden.[212] Der förmlichen Beschlussfeststellung bedarf es in den Fällen des Verfahrens gem. § 48 Abs. 2 nicht.[213] Demgegenüber setzen die Beschlussfassungen im Umwandlungsrecht gem. § 13 Abs. 1 S. 2 UmwG (Verschmelzung), § 125 UmwG (Spaltung) und § 193 Abs. 1 S. 2 UmwG (Formwechsel) die Abhaltung einer Gesellschafterversammlung voraus; ein Ausschluss des Weges über § 48 Abs. 2 auch außerhalb des Umwandlungsrechts wegen einer Ausstrahlungswirkung des UmwG[214] ist hieraus indes nicht abzuleiten.

65   **c) Stellvertretung.** Soweit die Satzung nichts anderes vorsieht,[215] kann sich jeder Gesellschafter bei der Beschlussfassung vertreten lassen.[216] Für die Bevollmächtigung zur

---

[205]   BGH Urt. v. 1.12.1954 – II ZR 285/53, BGHZ 15, 324 (328) = NJW 1955, 220 obiter; KG Beschl. v. 16.3.1959 – 1 W 137/59, NJW 1959, 1446; OLG Hamm Beschl. v. 1.2.1974 – 15 Wx 6/74, NJW 1974, 1057; Rowedder/Schmidt-Leithoff/*Schnorbus* Rn. 56.

[206]   KG Beschl. v. 16.3.1959 – 1 W 137/59, NJW 1959, 1446; Rowedder/Schmidt-Leithoff/*Schnorbus* Rn. 56.

[207]   *Zöllner* FS R. Fischer, 1979, 905 (911 f.); Scholz/*Priester/Tebben* Rn. 65 f.; Lutter/Hommelhoff/*Bayer* Rn. 12; Noack/Servatius/Haas/*Noack* Rn. 55; HCL/*Ulmer/Casper* Rn. 46; MHLS/*Hoffmann* Rn. 62; Bork/Schäfer/*Arnold* Rn. 8; Henssler/Strohn/*Gummert* Rn. 15; ebenso bereits *Pleyer* GmbHR 1959, 238.

[208]   *Pleyer* GmbHR 1959, 238; Scholz/*Priester/Tebben* Rn. 66; ähnlich *Zöllner* FS R. Fischer, 1979, 905 (911 f.).

[209]   Scholz/*Priester/Tebben* Rn. 66; für eine Verzichtbarkeit der Beurkundung der einzelnen Stimmen *Miller/Nehring-Köppl,* WM 2020, 911 (914).

[210]   Vgl. Scholz/*Priester/Tebben* Rn. 66; HCL/*Ulmer/Casper* Rn. 46.

[211]   Ebenso Scholz/*Priester/Tebben* Rn. 66; Rowedder/Schmidt-Leithoff/*Schnorbus* Rn. 56.

[212]   HCL/*Ulmer/Casper* Rn. 46.

[213]   Vgl. HCL/*Ulmer/Casper* Rn. 46.

[214]   Diese Möglichkeit andeutend Rowedder/Schmidt-Leithoff/*Schnorbus* Rn. 56 Fn. 195.

[215]   Zu einer den Kreis der Vertretungsberechtigten im Interesse der Vertraulichkeit einschränkenden Klausel *Reichert/Schumacher,* Der GmbH-Vertrag, 4. Aufl. 2014, 100, 103 f.

[216]   Lutter/Hommelhoff/*Bayer* Rn. 8; MHLS/*Hoffmann* Rn. 62; Bork/Schäfer/*Arnold* Rn. 10; HK-GmbHR/*A. Bartl* Rn. 5; vgl. dazu, dass die Satzung das Teilnahmerecht sowie das Stimmrecht des Gesellschafters regeln kann, BGH Urt. v. 17.10.1988 – II ZR 18/88, GmbHR 1989, 120 (121 f.) = NJW-RR 1989, 347 (348 f.). Zu den Anforderungen an eine von einer ausländischen Gesellschaft erteilten Vollmacht OLG München Beschl. v. 9.3.2010 – 31 Wx 36/10, NZG 2010, 515.

Mitwirkung an einer Satzungsänderung gilt die allgemeine auf Stimmrechtsvollmachten anwendbare Vorschrift des **§ 47 Abs. 3.** Vollmachten bedürfen zu ihrer Gültigkeit danach der Textform gem. § 126b BGB. Ein weitergehendes Formerfordernis folgt – anders als im Bereich von § 2 Abs. 2 und § 55 Abs. 1 – aus der Beurkundungsbedürftigkeit des Satzungsänderungsbeschlusses nicht.[217] Die nach § 47 Abs. 3 erforderliche Textform – das Erfordernis der Textform gilt analog § 47 Abs. 3 auch für den Fall der nachträglichen Zustimmung (Genehmigung) gem. § 182 BGB[218] – ist indes nicht Wirksamkeitsvoraussetzung der Vollmacht, sondern hat lediglich Legitimationsfunktion. Auch die mündliche Vollmachtserteilung kann daher wirksam sein, sofern sie bei Anwesenheit sämtlicher Gesellschafter in der Gesellschafterversammlung erklärt wird oder sie allen Gesellschaftern bekannt ist und kein Gesellschafter widerspricht.[219] Liegt eine Vollmacht in Textform nicht vor, ist der Versammlungsleiter zur Zurückweisung des Vertreters berechtigt[220] (zu den Folgen einer unberechtigten Zurückweisung und zur Mitwirkung eines vollmachtlosen Vertreters näher → § 47 Rn. 115 ff.). Im Hinblick auf die Dispositivität von § 47 Abs. 3 kann die Satzung eine von der Textform gem. § 126b BGB abweichende Form, auch die formlose Bevollmächtigung, vorsehen.[221] Zur Mitwirkung gesetzlicher und organschaftlicher Vertreter → § 47 Rn. 82 ff.

　　Umstritten ist die praktisch bedeutsame Frage der **Anwendbarkeit von § 181 BGB　66 auf Gesellschafterbeschlüsse.**[222] Nachdem der BGH für Kapitalgesellschaften zunächst die Auffassung vertreten hatte, der Sozialakts-Charakter von Gesellschafterbeschlüssen stehe der Anwendbarkeit von § 181 BGB generell entgegen,[223] differenziert die **höchstrichterliche Rspr.** nunmehr – in Anlehnung an frühere Entscheidungen zum Personengesellschaftsrecht[224] – auch im GmbH-Recht wie folgt: Auf Beschlüsse, die die Grundlagen der Gesellschaft betreffen (Satzungsänderungen, Umwandlungen, Abschluss und Aufhebung von Unternehmensverträgen, Auflösung), findet § 181 BGB uneingeschränkte Anwendung;[225] auf Gesellschafterbeschlüsse, die sich auf Maßnahmen der Geschäftsführung und sonstige gemeinsame Gesellschaftsangelegenheiten im Rahmen des bestehenden Gesellschaftsvertrags beziehen, ist § 181 BGB wegen Fehlens des von der Vorschrift vorausgesetzten Interessenwiderstreits infolge teleologischer Reduktion hingegen unanwendbar[226] (ausführlich zur Problematik der Anwendbarkeit von § 181 BGB auf Gesellschafterbeschlüsse → § 47 Rn. 222 ff.). Nichts anderes gilt in diesem Fall für einen Verzicht der Gesellschafter auf gesetzliche und gesellschaftsvertragliche Form- und Fristvorgaben für die Einberufung und Abhaltung von Gesellschafterversammlungen. Mit Blick auf Sinn und Zweck dieser Formalien wäre es widersprüchlich, in der Sachentscheidung die wirksame Vertretung durch einen Mitgesellschafter zu ermöglichen, zugleich aber mit Blick auf Form- und Fristverzicht an

---

[217] AllgM, vgl. nur OLG Neustadt Beschl. v. 13.9.1951 – 3 W 82/51, GmbHR 1952, 58 (59); Lutter/Hommelhoff/*Bayer* Rn. 8; Rowedder/Schmidt-Leithoff/*Schnorbus* Rn. 61; HCL/*Ulmer/Casper* Rn. 55; HK-GmbHR/*A. Bartl* Rn. 5.

[218] Scholz/*Priester/Tebben* Rn. 77; Meyer-Landrut/Miller/Niehus/*Meyer-Landrut* Rn. 17; MHLS/*Hoffmann* Rn. 64.

[219] BGH Urt. v. 14.12.1967 – II ZR 30/67, BGHZ 49, 183 (194) = NJW 1968, 743; HCL/*Ulmer/Casper* Rn. 55; Scholz/*Priester/Tebben* Rn. 77.

[220] HCL/*Ulmer/Casper* Rn. 55.

[221] HCL/*Ulmer/Casper* Rn. 55.

[222] Näher dazu Staudinger/*Schilken,* 2019, BGB § 181 Rn. 23 ff.; MüKoBGB/*Schubert* BGB § 181 Rn. 37 ff.; *Jäger,* Teleologische Reduktion des § 181 BGB, 1999, 143 ff.; *Schilling* FS Ballerstedt, 1975, 257 ff.; *U. Hübner,* Interessenkonflikt und Vertretungsmacht, 1977, 265 ff.

[223] BGH Urt. v. 6.10.1960 – II ZR 215/58, BGHZ 33, 189 (191) = NJW 1960, 2285 für die Satzungsänderung; Urt. v. 22.9.1969 – II ZR 144/68, BGHZ 52, 316 (318) = NJW 1970, 33.

[224] Vgl. BGH Beschl. v. 18.9.1975 – II ZB 6/74, BGHZ 65, 93 (95 f.) = NJW 1976, 49; Urt. v. 24.5.1976 – II ZR 164/74, NJW 1976, 1538 (1539).

[225] Vgl. BGH Urt. v. 6.6.1988 – II ZR 318/87, ZIP 1988, 1046 (1047) für die Satzungsänderung; Noack/Servatius/Haas/*Noack* § 47 Rn. 60; MHLS/*Hoffmann* Rn. 63; HCL/*Ulmer/Casper* Rn. 64; Scholz/*Priester/Tebben* Rn. 101.

[226] BGH Beschl. v. 18.9.1975 – II ZB 6/74, BGHZ 65, 93 (97 f.) = NJW 1976, 49; MHLS/*Hoffmann* Rn. 63; Scholz/*Priester/Tebben* Rn. 101; HCL/*Ulmer/Casper* Rn. 64.

dem Selbstkontrahierungsverbot festzuhalten. Ist § 181 BGB anwendbar, gilt dies für die Vertretung durch Mitgesellschafter (Selbstkontrahieren) grundsätzlich genauso wie für die Vertretung mehrerer Gesellschafter durch einen Dritten (Mehrvertretung).[227] Nach allgemeinen Grundsätzen kommen Ausnahmen von § 181 BGB bei Erfüllung einer Verbindlichkeit durch die Stimmabgabe (zB bei Verpflichtung aus einem Stimmbindungsvertrag) und bei lediglich rechtlicher Vorteilhaftigkeit der Satzungsänderung für den Vertretenen (zB bei Einräumung eines Sonderrechts) in Betracht.[228]

67   § 181 BGB sieht eine **Befreiung vom Verbot des Insichgeschäfts** bei Gestattung durch den Vertretenen vor. Eine Befreiung ist insoweit nur im Hinblick auf die konkrete Vertretungshandlung möglich; sie kann nicht in der Satzung generell vorgesehen werden.[229] Neben der in der Praxis vielfach empfehlenswerten **ausdrücklichen Gestattung** kommt auch eine **konkludente Gestattung** in Betracht.[230] So stellt die Bevollmächtigung eines Mitgesellschafters regelmäßig eine konkludente Befreiung vom Verbot des Selbstkontrahierens dar.[231] In Betracht kommt eine konkludente Gestattung weiterhin bei Bevollmächtigung eines Dritten in Kenntnis einer diesem bereits erteilten weiteren Stimmrechtsvollmacht[232] sowie bei Erteilung im Hinblick auf eine bestimmte Gesellschafterversammlung, für die vertragsändernde Beschlüsse angekündigt sind[233] (zur konkludenten Befreiung vom Verbot des Selbstkontrahierens → § 47 Rn. 226). Liegt keine Befreiung von § 181 BGB vor, ist die Mitwirkung eines Pflegers notwendig (zu den Folgen fehlender Befreiung → § 47 Rn. 229 f.). Nicht möglich ist eine Befreiung indes in Fällen gesetzlicher Vertretungsmacht. Im Fall des minderjährigen Gesellschafters, dessen gesetzliche Vertreter Mitgesellschafter sind, bedarf es stets der Bestellung eines gesonderten Ergänzungspflegers für jeden minderjährigen Gesellschafter nach § 1909 BGB,[234] es sei denn das Geschäft ist für den vertretenen beschränkt geschäftsfähigen Minderjährigen lediglich rechtlich vorteilhaft[235] (näher → § 47 Rn. 227 f.).

68   Der **Verstoß gegen § 181 BGB** führt gem. § 177 BGB zur schwebenden Unwirksamkeit der Stimmabgabe; die nachträgliche Zustimmung (Genehmigung) bleibt möglich (zur hierbei zu beachtenden Form → Rn. 65). Bis zur Genehmigung ist die Stimmabgabe indes als unwirksam anzusehen; sie darf insbesondere nicht bei der Beurkundung des Abstimmungsergebnisses berücksichtigt werden.[236]

69   **d) Zustimmungserfordernis.** Über den Gesellschafterbeschluss nach Abs. 1, 2 hinaus kann zur Satzungsänderung die gesonderte Zustimmung einzelner Gesellschafter erforderlich sein. Ein solches Erfordernis kann außer auf den **Voraussetzungen des Abs. 3** auch auf einer entsprechenden **statutarischen Anordnung** beruhen. Die Zustimmung kann dem Satzungsänderungsbeschluss sowohl vorausgehen als auch nachfolgen.[237] Bestehen derartige generelle Zustimmungserfordernisse, ist die Zustimmung in concreto gleichwohl nur dann

[227] HCL/*Ulmer*/*Casper* Rn. 64; Lutter/Hommelhoff/*Bayer* Rn. 9; Noack/Servatius/Haas/*Noack* § 47 Rn. 60; HK-GmbHG/*Inhester* Rn. 27.
[228] MHLS/*Hoffmann* Rn. 63; Scholz/*Priester*/*Tebben* Rn. 102 für Fall der Erfüllung einer Verbindlichkeit; allgemein zur teleologischen Reduktion von § 181 BGB MüKoBGB/*Schubert* BGB § 181 Rn. 33 ff.; Staudinger/*Schilken*, 2019, BGB § 181 Rn. 30 ff.
[229] Noack/Servatius/Haas/*Noack* § 47 Rn. 61; Scholz/*Priester*/*Tebben* Rn. 102.
[230] *Kirstgen* GmbHR 1989, 406 (407).
[231] BGH Urt. v. 24.11.1975 – II ZR 89/74, BGHZ 66, 82 (86) = NJW 1976, 958 (959); Urt. v. 24.5.1976 – II ZR 164/74, NJW 1976, 1538 (1539), jeweils für die GmbH & Co. KG; HCL/*Ulmer*/*Casper* Rn. 65; Rowedder/Schmidt-Leithoff/*Schnorbus* Rn. 61; Scholz/*Priester*/*Tebben* Rn. 102; Bork/Schäfer/*Arnold* Rn. 10; MHLS/*Hoffmann* Rn. 63.
[232] Vgl. MHLS/*Hoffmann* Rn. 63; Noack/Servatius/Haas/*Noack* § 47 Rn. 61.
[233] BGH Urt. v. 24.11.1975 – II ZR 89/74, BGHZ 66, 82 (86) = NJW 1976, 958 (959) für die GmbH & Co. KG; UHL/*Hüffer*/*Schäfer* § 47 Rn. 128; weiter Noack/Servatius/Haas/*Noack* § 47 Rn. 46.
[234] Vgl. BGH Beschl. v. 9.7.1956 – VBLw 11/56, BGHZ 21, 229 = NJW 1956, 1433: Erbauseinandersetzung; Scholz/*Priester*/*Tebben* Rn. 103; MHLS/*Hoffmann* Rn. 63; Lutter/Hommelhoff/*Bayer* Rn. 9; HK-GmbHG/*Inhester* Rn. 27.
[235] Zu dem Problemkreis ausf. MüKoBGB/*Schubert* BGB § 181 Rn. 34, 85 ff.; *Gustavus* GmbHR 1982, 10.
[236] MHLS/*Hoffmann* Rn. 64.
[237] RG Urt. v. 29.4.1932 – II 368/31, RGZ 136, 185 (189); HCL/*Ulmer*/*Casper* Rn. 47; Henssler/Strohn/*Gummert* Rn. 36; Bork/Schäfer/*Arnold* Rn. 17.

erforderlich, wenn die betreffenden Gesellschafter nicht an der Beschlussfassung mitgewirkt und für die Satzungsänderung gestimmt haben.[238] Das Erfordernis notarieller Form nach Abs. 2 S. 1 gilt für die gesonderte Zustimmung nicht. Auch wenn sie demnach konkludent erteilt werden kann, empfiehlt sich mit Rücksicht auf die Prüfungspflicht des Registergerichts die Textform (vgl. § 12 HGB).[239] Zu den Folgen fehlender Zustimmung → Rn. 104.

2. Notarielle Beurkundung (Abs. 2 S. 1 Hs. 1). a) Allgemeines. aa) Anforde- **70** **rungen an Beurkundungsakt.** Gem. Abs. 2 S. 1 muss der Beschluss notariell beurkundet werden. Hierbei handelt es sich um eine **zwingende Wirksamkeitsvoraussetzung.** Wurde der Beschluss entgegen Abs. 2 S. 1 nicht oder nicht ordnungsgemäß beurkundet, ist er – vorbehaltlich der Heilung (→ § 54 Rn. 103 ff.) – analog § 241 Nr. 2 AktG als nichtig anzusehen.[240] Demgegenüber führt die Nichteinhaltung einer nicht gesetzlich, sondern nur statutarisch vorgeschriebenen Form nicht zur Nichtigkeit, sondern lediglich zur Anfechtbarkeit des Beschlusses.[241]

Der Wortlaut von Abs. 2 S. 1 verlangt **lediglich die Beurkundung des Beschlusses,** **71** nicht hingegen diejenige der Stimmabgabe durch die Gesellschafter. Es bedürfen daher nicht die einzelnen Stimmen als Willenserklärung der Beurkundung gem. §§ 8 ff. BeurkG, sondern die Beschlussfassung als „sonstiger Vorgang" gem. § 36 BeurkG.[242] Hieraus ergibt sich auch, dass der Zweck des Erfordernisses notarieller Beurkundung in der Beweissicherung über das Zustandekommen des Satzungsänderungsbeschlusses, nicht hingegen in der Warnung der Gesellschafter oder in ihrer Belehrung durch den Notar liegt.[243] Zulässig ist die **Beurkundung der einzelnen Stimmen** als Willenserklärungen gem. §§ 8 ff. BeurkG gleichwohl.[244] Eine Beurkundung der einzelnen Stimmen gem. §§ 8 ff. BeurkG (ggf. in Verbindung mit einer Beurkundung des Beschlusses nach § 36 BeurkG) liegt insbesondere dann nahe, wenn gleichzeitig mit der Satzungsänderung Willenserklärungen eines Beteiligten zu beurkunden sind, insbesondere die Übernahme einer neuen Stammeinlage bei Kapitalerhöhungen (§ 55 Abs. 1; → § 55 Rn. 172 ff.).[245]

Aus der Beweissicherungsfunktion des Erfordernisses notarieller Beurkundung folgt, **72** dass **Stimmbindungsverträge** oder sonstige vertragliche Abreden, die zur Vornahme von Satzungsänderungen verpflichten, nicht der notariellen Form bedürfen.[246]

---

[238] HCL/*Ulmer/Casper* Rn. 47; Bork/Schäfer/*Arnold* Rn. 17.

[239] Vgl. *Wicke* § 54 Rn. 5.

[240] RG Urt. v. 25.2.1939 – II 123/38, DR 1939, 720 (721); KG Beschl. v. 16.3.1959 – 1 W 137/59, NJW 1959, 1446; OLG Köln Beschl. v. 17.7.1992 – 2 Wx 32/92, BB 1993, 317 (318); Noack/Servatius/ Haas/*Noack* Rn. 69 f.; Lutter/Hommelhoff/*Bayer* Rn. 18; Scholz/*Priester/Tebben* Rn. 68; HCL/*Ulmer/ Casper* Rn. 103; MHLS/*Hoffmann* Rn. 70; HK-GmbHR/*Bartl* Rn. 6; HK-GmbHG/*Inhester* Rn. 30; Henssler/Strohn/*Gummert* Rn. 21.

[241] HCL/*Ulmer/Casper* Rn. 103.

[242] Vgl. KG Beschl. v. 16.3.1959 – 1 W 137/59, NJW 1959, 1446 (1447): „Abstimmungsergebnis"; LG Essen Beschl. v. 8.6.1982 – 45 T 2/82, BB 1982, 1821 (1822); OLG Celle Beschl. v. 13.2.2017 – 9 W 13/17, NZG 2017, 422 zur Einmanngesellschaft; *Röll* DNotZ 1979, 644; Noack/Servatius/Haas/ *Noack* Rn. 70; Henssler/Strohn/*Gummert* Rn. 21; Bork/Schäfer/*Arnold* Rn. 11; Lutter/Hommelhoff/ *Bayer* Rn. 16; Scholz/*Priester/Tebben* Rn. 69; MHLS/*Hoffmann* Rn. 70; Rowedder/Schmidt-Leithoff/ *Schnorbus* Rn. 57; *Altmeppen* Rn. 41; HCL/*Ulmer/Casper* Rn. 48; *Winkler* BeurkG § 36 Rn. 5.

[243] Zutr. HCL/*Ulmer/Casper* Rn. 49; tendenziell ebenso Noack/Servatius/Haas/*Noack* Rn. 71; aA BGH Beschl. v. 16.2.1981 – II ZB 8/80, BGHZ 80, 76 (79) = NJW 1981, 1512: Warn- und Beweisfunktion, daneben Belehrungsfunktion, die jedoch verzichtbar ist; BGH Beschl. v. 24.10.1988 – II ZB 7/88, BGHZ 105, 324 (338) = NJW 1989, 295: Beweissicherung, materielle Richtigkeitsgewähr, Prüfungs- und Belehrungsfunktion; OLG Hamm Beschl. v. 1.2.1974 – 15 Wx 6/74, NJW 1974, 1057 (1058): Beratung und Belehrung; *Grotheer* RNotZ 2015, 4 (8).

[244] Begr. RegE BeurkG, BT-Drs. V/3282, 37; OLG Köln Beschl. v. 17.7.1992 – 2 Wx 32/92, BB 1993, 317 (318); *Röll* DNotZ 1979, 644 (646); *Mecke* DNotZ 1968, 584 (611 f.); Scholz/*Priester/Tebben* Rn. 70; Lutter/Hommelhoff/*Bayer* Rn. 16; MHLS/*Hoffmann* Rn. 72; Rowedder/Schmidt-Leithoff/*Schnorbus* Rn. 58; aA Noack/Servatius/Haas/*Noack* Rn. 70.

[245] OLG Köln Beschl. v. 17.7.1992 – 2 Wx 32/92, BB 1993, 317 (318); MHLS/*Hoffmann* Rn. 72; Scholz/ *Priester/Tebben* Rn. 70; Henssler/Strohn/*Gummert* Rn. 22.

[246] OLG Saarbrücken Urt. v. 12.7.1979 – 8 U 14/78, AG 1980, 26 (27); HCL/*Ulmer/Casper* Rn. 49; nunmehr auch Lutter/Hommelhoff/*Bayer* Rn. 39; abw. für Beschlüsse zur Ermächtigung der Geschäftsführer, die Gesellschaft zu einer Satzungsänderung zu verpflichten, *Fleck* ZGR 1988, 104 (114).

73   Fraglich ist, ob eine Beurkundung nach § 36 BeurkG auch dann ausreicht, wenn die **Satzungsänderung im Wege der Neufassung** der gesamten Satzung erfolgt. Das OLG Köln hat die Frage, ob die Beurkundung nach §§ 36 ff. BeurkG durchgeführt werden könne, in einer Entscheidung offengelassen, weil die Beurkundung im konkreten Fall nach §§ 8 ff. BeurkG durchgeführt worden war.[247] Auch die vollständige Neufassung der Satzung stellt indes eine Satzungsänderung gem. § 53 und keinen erneuten Vertragsschluss dar. Eine vom klassischen Satzungsänderungsfall abweichende Behandlung ist daher nicht gerechtfertigt.[248] Auch im Fall der vollständigen Neufassung der Satzung ist die Beurkundung gem. §§ 8 ff. BeurkG also nicht erforderlich.

74   **bb) Notarielle Niederschrift.** Die Niederschrift hat die Bezeichnung des Notars sowie den Bericht über seine Wahrnehmungen zu enthalten (§ 37 Abs. 1 S. 1 BeurkG); sie muss vom Notar **eigenhändig unterschrieben** sein (§ 37 Abs. 3 BeurkG iVm § 13 Abs. 3 BeurkG). Sind diese Voraussetzungen nicht erfüllt, ist die Beurkundung unwirksam.[249] Dies führt – vorbehaltlich einer Heilung (→ § 54 Rn. 106) – zur Nichtigkeit des Beschlusses.[250]

75   Anders als im Aktienrecht (§ 130 AktG) ist der notwendige Inhalt des Berichts über die Wahrnehmung des Notars **gesetzlich nicht näher geregelt.** Er richtet sich nach der jeweiligen Aufgabe der Beurkundung; der Notar hat diejenigen Tatsachen aufzuzeichnen, die im Einzelfall rechtserheblich sind.[251] Hieraus folgt, dass die Bezeichnung der Gesellschaft sowie des beschlussfassenden Gremiums, der Beschlussgegenstand (unter Einschluss des Wortlauts der zur Abstimmung gestellten Satzungsänderung), die Anzahl der an der Beschlussfassung teilnehmenden Stimmen, das zahlenmäßige Abstimmungsergebnis sowie eine Feststellung des Beschlussergebnisses bzw. eine Einigkeit oder Uneinigkeit der Gesellschafter über das Beschlussergebnis anzugeben sind.[252] Zu weit geht es demgegenüber, spätestens der Beurkundung auch den Charakter der Feststellung des Beschlussergebnisses beizumessen.[253] Das Ergebnis kann nämlich gerade zwischen den Gesellschaftern umstritten geblieben und nicht förmlich festgestellt worden sein (näher zur Feststellung → Rn. 94 ff.). Zweckmäßig ist weiterhin die Angabe der erschienenen Gesellschafter bzw. ihrer Vertreter sowie des Abstimmungsverhaltens.[254]

76   Weiterhin angegeben werden sollen in der Niederschrift Ort und Tag der Wahrnehmung des Notars sowie Ort und Tag der Errichtung der Urkunde (§ 37 Abs. 2 BeurkG). Aufgrund des Charakters dieser Bestimmung als Sollvorschrift führt ein Verstoß insoweit indes nicht zur Unwirksamkeit.[255]

77   Im Falle des **Abstimmungsverfahrens nach § 48 Abs. 2** sollte – jedenfalls soweit gegen die Änderung gestimmt wird – das Einverständnis der Gesellschafter mit dem schriftlichen Abstimmungsverfahren in der Niederschrift festgehalten werden.[256] Neben der Beur-

---

[247] OLG Köln Beschl. v. 17.7.1992 – 2 Wx 32/92, BB 1993, 317 (318).
[248] Ebenso implizit Noack/Servatius/Haas/*Noack* Rn. 70 (mit diesem Argument die Unanwendbarkeit der §§ 8 ff. BeurkG für Satzungsänderungen begründend); Lutter/Hommelhoff/*Bayer* Rn. 16.
[249] *Winkler* BeurkG § 37 Rn. 37; Scholz/*Priester/Tebben* Rn. 69; HCL/*Ulmer/Casper* Rn. 50.
[250] HCL/*Ulmer/Casper* Rn. 50.
[251] *Winkler* BeurkG § 37 Rn. 4; *Röll* DNotZ 1979, 644 (649); MHLS/*Hoffmann* Rn. 71; Henssler/Strohn/*Gummert* Rn. 21.
[252] Noack/Servatius/Haas/*Noack* Rn. 72; HCL/*Ulmer/Casper* Rn. 50; Scholz/*Priester/Tebben* Rn. 69. Zur Bedeutung des Begriffs „schriftlich" in § 48 Abs. 2 *Wicke* § 48 Rn. 5; Lutter/Hommelhoff/*Bayer* § 48 Rn. 25 f.
[253] So aber Roth/Altmeppen/*Roth*, 8. Aufl. 2015, Rn. 21.
[254] Noack/Servatius/Haas/*Noack* Rn. 72; Scholz/*Priester/Tebben* Rn. 69; für die Notwendigkeit der Auskunft darüber, welche Gesellschafter teilgenommen haben, *Röll* DNotZ 1979, 644 (647); weitergehend für rechtliche Notwendigkeit der Dokumentation des Abstimmungsverhaltens und für Unzulässigkeit geheimer Abstimmung MHLS/*Hoffmann* Rn. 71. Gem. § 37 Abs. 1 S. 2 BeurkG können die hiernach erforderlichen Angaben auch in einem Versammlungsprotokoll enthalten sein, auf das die Niederschrift Bezug nimmt.
[255] Scholz/*Priester/Tebben* Rn. 69; MHLS/*Hoffmann* Rn. 70; *Winkler* BeurkG § 37 Rn. 37; *Mecke* DNotZ 1968, 584 (611); HCL/*Ulmer/Casper* Rn. 50.
[256] Vgl. HCL/*Ulmer/Casper* Rn. 50; MHLS/*Hoffmann* Rn. 72; Henssler/Strohn/*Gummert* Rn. 22.

kundung der einzelnen Stimmabgaben bedarf es insoweit auch der Beurkundung des Zugangs sämtlicher Abstimmungsurkunden.[257]

cc) Besonderheiten in der Einmann-GmbH. Zu den Besonderheiten in der **Ein-** 78 **mann-GmbH** → Rn. 98.

b) Beurkundung im Ausland. Nach ganz überwiegender und zutreffender Auffas- 79 sung ist die Abhaltung von Gesellschafterversammlungen **grundsätzlich** auch im Ausland **zulässig** (näher → § 48 Rn. 81 ff.).

In Fällen der Satzungsänderung stellt sich unabhängig von der grundsätzlichen Zulässig- 80 keit von Auslandsversammlungen die weitere Frage, ob die notarielle Beurkundung des Satzungsänderungsbeschlusses zwingend **durch einen deutschen Notar** zu erfolgen hat. Lässt man die Ortsform (Art. 11 Abs. 1 Alt. 2 EGBGB) auch für gesellschaftsrechtliche Vorgänge genügen,[258] ist die Einhaltung der vom Ortsrecht für das entsprechende Rechtsgeschäft vorgeschriebenen Form ausreichend; kennt das Ortsrecht kein entsprechendes Rechtsgeschäft, gilt das Formerfordernis des Wirkungsstatuts[259] (näher → § 2 Rn. 50 ff.). Die Rspr.[260] und die überwiegende Auffassung im Schrifttum[261] halten indes zu Recht die Ortsform für die Beurkundung der Satzung einer AG oder GmbH aus Gründen der Rechtssicherheit und wegen des Bestehens eines öffentlichen Interesses an Vorgängen, die die Verfassung einer Kapitalgesellschaft berühren, für unzureichend (vgl. Art. 11 Abs. 4 EGBGB).

Die hM hat dann allerdings die Frage zu beantworten, ob die Beurkundung gleichwohl 81 **ein ausländischer Notar** wahrnehmen kann. Hierfür spricht, dass zwar für die GmbH-Gründung § 17 BeurkG einschlägig ist, nicht jedoch für die Satzungsänderung. In diesem Fall besteht die Aufgabe des Notars im Wesentlichen lediglich darin, gem. § 36 BeurkG seine tatsächlichen Wahrnehmungen über die Beschlussfassung und das Abstimmungsergebnis niederzulegen.[262] Wenn dem Notar demnach bei Satzungsänderungen keine Prüfungs- und Belehrungsfunktionen zugewiesen sind, ist nicht einzusehen, warum einem ausländischen Notar die Beurkundung verwehrt sein soll, freilich nur insofern als „die ausländische Urkundsperson nach Vorbildung und Stellung im Rechtsleben eine der Stellung des deutschen Notars entsprechende Funktion ausübt und für die Errichtung der Urkunde ein

---

[257] Scholz/*Priester*/*Tebben* Rn. 66; MHLS/*Hoffmann* Rn. 72; Henssler/Strohn/*Gummert* Rn. 22.
[258] Zu der umstrittenen Frage, ob die in Art. 11 Abs. 1 EGBGB bestimmte alternative Maßgeblichkeit der Ortsform (lex loci actus) auch für gesellschaftsrechtliche Vorgänge gilt, vgl. ausführlich Staudinger/*Winkler v. Mohrenfels,* 2019, EGBGB Art. 11 Rn. 258 ff. mwN.
[259] Staudinger/*Winkler v. Mohrenfels,* 2019, EGBGB Art. 11 Rn. 191 f.; MHLS/*Hoffmann* Rn. 81.
[260] Gegen Zulässigkeit der Ortsform KG Beschl. v. 24.1.2018 – 22 W 25/16, NZG 2018, 304 (305 f.); OLG Hamm Beschl. v. 9.11.1973 – 15 W 17/73, OLGZ 1974, 123; OLG Hamm Beschl. v. 1.2.1974 – 15 Wx 6/74, OLGZ 1974, 149; OLG Karlsruhe Beschl. v. 10.4.1979 – 11 W 104/78, RIW 1979, 567 (568); LG Augsburg Beschl. v. 28.3.1996 – 2 HK T 2093/96, ZIP 1996, 1872 (1873); AG Köln Beschl. v. 22.6.1989 – 42 AR 468/89, GmbHR 1990, 171 (172) = MittRhNotK 1990, 21 (22); AG Köln Beschl. v. 14.8.1989 – 42 HRB 8123, WM 1989, 1810 (1811); AG Fürth Beschl. v. 16.11.1990 – HRB 2177, GmbHR 1991, 24 = MittBayNot 1991, 30; LG Augsburg Beschl. v. 4.6.1996 – 2 HK T 2093/96, NJW-RR 1997, 420; LG Kiel Beschl. v. 25.4.1997 – 3 T 143/97, BB 1998, 120; für Zulässigkeit der Ortsform demgegenüber OLG Düsseldorf Beschl. v. 25.1.1989 – 3 Wx 21/89, NJW 1989, 2200; LG Köln Beschl. v. 13.10.1989 – 87 T 20/89, GmbHR 1990, 171 = MittRhNotK 1990, 21; LG Nürnberg-Fürth Beschl. v. 20.8.1991 – 4 HK T 489/91, NJW 1992, 633; AG Kiel Beschl. v. 17.3.1977 – 4 GnR 433, MittBayNot 1997, 116; OLG München Urt. v. 19.11.1997 – 7 U 2511-97, NJW-RR 1998, 758; offenlassend, aber der Zulässigkeit der Ortsform gegenüber aufgeschlossen, BGH Beschl. v. 16.2.1981 – II ZB 8/80, BGHZ 80, 76 (78) = NJW 1981, 1160.
[261] Scholz/*Priester*/*Tebben* Rn. 72; HCL/*Ulmer*/*Löbbe* § 2 Rn. 19; Lutter/Hommelhoff/*Bayer* § 2 Rn. 27 f.; Hüffer/Koch/*Koch* AktG § 23 Rn. 10; *Herrler* NJW 2018, 1787; *Cramer* DStR 2018, 746 (748); *Heckschen* DB 2018, 685 (687); *Weber* MittBayNot 2018, 215 (216); *Lieder* ZIP 2018, 805 (808 ff.); *Goette* FS Boujong, 1996, 131 ff., insbes. 137 f.; *Goette* DStR 1996, 709; *Winkler* NJW 1972, 981 (982); *Schervier* NJW 1992, 593; *Lichtenberger* DNotZ 1986, 644 (653 f.); *Heckschen* DB 1990, 161; aA Soergel/*Kegel,* 12. Aufl. 1996, EGBGB Art. 11 Rn. 24; *Stephan* NJW 1974, 1596; *Müller-Gindullis* RabelsZ 38 (1974), 643; *Bokelmann* NJW 1972, 1729; MüKoBGB/*Spellenberg* EGBGB Art. 11 Rn. 80 ff., 107 ff.; MHLS/*Hoffmann* Rn. 81 ff.; Grüneberg/*Thorn* EGBGB Art. 11 Rn. 13.
[262] HCL/*Ulmer*/*Casper* Rn. 54; HK-GmbHR/*A. Bartl* Rn. 8; aA Scholz/*Priester*/*Tebben* Rn. 74 f.; *Goette* FS Boujong, 1996, 131 (141 f.).

Verfahrensrecht zu beachten ist, das den tragenden Grundsätzen des deutschen Beurkundungsrechts entspricht".[263] Eine solche funktionale und verfahrensrechtliche Äquivalenz gilt zumindest bei einer Beurkundung in Österreich und der Schweiz als gewährleistet.[264]

82   **3. Mehrheit und Beschlussfeststellung (Abs. 2 S. 1 Hs. 2). a) Dreiviertelmehrheit der Stimmen.** Der Satzungsänderungsbeschluss bedarf einer Mehrheit von drei Vierteln der abgegebenen Stimmen (Abs. 2 S. 1). Der satzungsändernde Beschluss erfordert daher eine Mehrheit **von nicht weniger als 75 %**, genau 75 % sind ausreichend. Umgekehrt bedeutet dies, dass eine Sperrminorität erst mit Überschreitung der 25%-Schwelle erreicht wird.[265] Anders als im Aktienrecht (§ 179 Abs. 2 S. 1 AktG) berechnet sich die Mehrheit nicht nach dem Kapital, sondern **nach den abgegebenen Stimmen.** Von Relevanz ist dieser Unterschied, wenn die gem. § 45 Abs. 2 dispositive Vorschrift des § 47 Abs. 2 abbedungen wird und Stimmrechte nach Köpfen, Mehr-, Minder- oder Höchststimmrechte oder stimmrechtslose Geschäftsanteile existieren. Auch in diesem Fall ist die unter Zugrundelegung der statutarischen Vorgaben ermittelte Dreiviertelmehrheit maßgebend.[266] Das gesetzliche Erfordernis der Dreiviertelmehrheit gem. Abs. 2 S. 1 kann verschärft, nicht hingegen abgemildert werden[267] (näher → Rn. 126 ff.).

83   In einer Reihe **gesetzlicher Übergangsregelungen** hat der Gesetzgeber abweichend von Abs. 2 S. 1 Satzungsänderungen mit einfacher Mehrheit zugelassen. Dies ist im Einzelnen der Fall in § 51 DMBilG 1949,[268] § 56a Abs. 1 DMBilG 1990 (BGBl. 1991 I 971, 991 f.), § 6 Abs. 2 MitbestG iVm § 97 Abs. 2 S. 4 AktG und § 37 Abs. 1 S. 2 MitbestG, Art. 12 § 7 Abs. 2 S. 2 GmbHGÄndG (mittlerweile außer Kraft) (BGBl. 1985 I 2355, BGBl. 1990 II 885, 960) und § 86 Abs. 3 S. 1 aF.

84   In die Berechnung der Mehrheit einbezogen werden nach Abs. 2 S. 1 **nur die abgegebenen Stimmen.** Es zählen somit nur die gültigen Ja- oder Nein-Stimmen, nicht hingegen die Stimmen von uU zwar anwesenden, an der Abstimmung aber nicht teilnehmenden Gesellschaftern, Stimmenthaltungen sowie angefochtene oder sonst unwirksame Stimmen.[269] Aus eigenen Anteilen steht der Gesellschaft kein Stimmrecht zu (→ § 33 Rn. 165).

85   Da das GmbHG **keine Mindestzahl anwesender Gesellschafter,** Stimmen oder Kapitalanteile verlangt, kann unter Umständen eine Minderheit oder sogar ein einzelner Gesellschafter satzungsändernde Beschlüsse fassen, sofern die übrigen Gesellschafter trotz form- und fristgerechter Ladung und ordnungsgemäßer Ankündigung der Satzungsänderung nicht erschienen sind oder nicht abstimmen. Aus diesem Grund ist die Aufnahme von Beschlussfähigkeitsregelungen in die Satzung regelmäßig empfehlenswert.[270] Zur Stellung eines am Anteil dinglich Berechtigten → Rn. 133.

86   **b) Stimmhindernisse.** Die Rspr. erachtet den **Stimmrechtsausschluss gem. § 47 Abs. 4** bei Akten der innergesellschaftlichen Willensbildung für unanwendbar (→ § 47 Rn. 128 ff.). Auch bei Satzungsänderungen greift die Bestimmung daher selbst dann nicht

---

[263]   BGH Beschl. v. 16.2.1981 – II ZB 8/80, BGHZ 80, 76 (78 f.) = NJW 1981, 1160; bestätigt durch BGH Beschl. v. 17.12.2013 – II ZB 6/13, DNotZ 2014, 457 (460): keine Änderung der Rechtslage durch MoMiG; BGH Urt. v. 21.10.2014 – II ZR 330/13, NJW 2015, 336, 337 zur AG.

[264]   Vgl. BGH Beschl. v. 17.12.2013 – II ZB 6/13, DNotZ 2014, 457 (463); HCL/*Ulmer*/*Casper* Rn. 52; MüKoBGB/*Spellenberg* EGBGB Art. 11 Rn. 89 ff.

[265]   HCL/*Ulmer*/*Casper* Rn. 59; Scholz/*Priester*/*Tebben* Rn. 78; MHLS/*Hoffmann* Rn. 65; *Altmeppen* Rn. 30; HK-GmbHG/*Inhester* Rn. 29; Bork/Schäfer/*Arnold* Rn. 13.

[266]   HCL/*Ulmer*/*Casper* Rn. 59; Scholz/*Priester*/*Tebben* Rn. 78; Rowedder/Schmidt-Leithoff/*Schnorbus* Rn. 64; MHLS/*Hoffmann* Rn. 66; *D. Mayer* GmbHR 1990, 61 (63 f.); *Ivens* GmbHR 1989, 61 (63 f.).

[267]   Begr. RegE 1892, S. 3753; HCL/*Ulmer*/*Casper* Rn. 62; Lutter/Hommelhoff/*Bayer* Rn. 13; Scholz/*Priester*/*Tebben* Rn. 78; *Altmeppen* Rn. 31; Noack/Servatius/Haas/*Noack* Rn. 62 f.; Bork/Schäfer/*Arnold* Rn. 14; HK-GmbHR/*A. Bartl* Rn. 5.

[268]   Text in: Gesetz über die Eröffnungsbilanz in Deutscher Mark und die Kapitalneufestsetzung, hrsg. v. *Schmöller*/*Geßler*/*Merkle*, 1949, 31 f.

[269]   HCL/*Ulmer*/*Casper* Rn. 60; Scholz/*Priester*/*Tebben* Rn. 82; Bork/Schäfer/*Arnold* Rn. 13; Noack/Servatius/Haas/*Noack* Rn. 61; MHLS/*Hoffmann* Rn. 65.

[270]   *Reichert*/*Schumacher,* Der GmbH-Vertrag, 4. Aufl. 2014, 104 ff., insbes. 110 mit Formulierungsvorschlag.

ein, wenn die Satzungsänderung einem bestimmten Gesellschafter zugutekommt.[271] Der Problematik der Verfolgung etwaiger gesellschaftsfremder Sonderinteressen ist nicht über einen Stimmrechtsausschluss gem. § 47 Abs. 4, sondern durch die Anerkennung beweglicher Stimmrechtsschranken (→ Rn. 108 ff.) zu begegnen.[272] Zur Anwendbarkeit von § 47 Abs. 4 bei Kapitalerhöhungen → § 55 Rn. 35.

c) Familien- und erbrechtliche Besonderheiten. aa) Minderjährige Gesell- 87 **schafter.** Zur Ausübung des Stimmrechts minderjähriger Gesellschafter sind auch bei Beschlüssen über Satzungsänderungen die Eltern berufen (§ 1629 Abs. 1 BGB). Soweit § 181 BGB eingreift (näher → Rn. 66 ff.), sind die Eltern von der Vertretung ausgeschlossen (§ 1629 Abs. 2 BGB, § 1795 Abs. 2 BGB);[273] in diesem Fall bedarf es der **Bestellung eines Ergänzungspflegers** (§ 1909 BGB; ab 1.1.2023: § 1809 BGB nF), bei mehreren Kindern eines Pflegers für jedes Kind.[274] Eine vormundschaftsgerichtliche Genehmigung der Satzungsänderung gem. § 1822 Nr. 3 BGB ist demgegenüber grundsätzlich nicht erforderlich[275] (bei Übernahme einer neuen Stammeinlage bei Kapitalerhöhung → § 55 Rn. 157 ff.). Bei jungen Volljährigen können sich indes bei einem erkennbaren Mangel an Lebens- und Geschäftserfahrung **besondere Aufklärungspflichten** für die übrigen am Vertragsschluss Beteiligten ergeben. Dies kann insbesondere dann der Fall sein, wenn zwischen den Beteiligten ein persönliches Vertrauensverhältnis besteht oder begründet werden soll.[276]

bb) Verfügungsbeschränkung gem. § 1365 BGB. Stimmabgaben im Rahmen von 88 Satzungsänderungsbeschlüssen stellen regelmäßig selbst dann keine Verfügung iSv § 1365 BGB dar, wenn die Beteiligung eines Ehegatten an der Gesellschaft dessen ganzes Vermögen ausmacht.[277] Anderes gilt indes dann, wenn eine den Ehegatten benachteiligende Änderung der Bestimmungen über die Verteilung eines Liquidationsüberschusses oder den Abfindungsanspruch beschlossen wird und das im Gesellschaftsanteil verkörperte Vermögen des Ehegatten (nahezu) vollständig erfasst wird.[278]

cc) Vorerbe. Im Falle der Vor- und Nacherbschaft ist bis zum Eintritt des Nacherbfalls 89 der Vorerbe zur Ausübung des Stimmrechts aus dem Anteil berufen.[279] Diese **Befugnis** ist indes gem. **§ 2113 Abs. 2 BGB beschränkt,** soweit es sich um eine unentgeltliche Verfügung über den Geschäftsanteil handelt. Fraglich und nicht in allen Einzelheiten abschließend geklärt ist die Frage, unter welchen Voraussetzungen eine solche unentgeltliche Verfügung vorliegt.

Der **Verfügungsbegriff iSv § 2113 Abs. 2 BGB** ist zu verstehen im Sinne einer 90 rechtsgeschäftlichen Einwirkung auf ein bestehendes Recht durch dessen Übertragung,

---

[271] OLG Stuttgart Urt. v. 29.10.1977 – 20 U 8/97, NZG 1998, 601 (603) – Dornier; OLG Hamburg Urt. v. 29.10.1999 – 11 U 45/99, DB 2000, 314 (315); BGH Beschl. v. 24.10.1988 – II ZB 7/88, WM 1988, 1819 (1821 f.) für die Einmann-GmbH; HCL/*Ulmer/Casper* Rn. 63; *Rowedder/Schmidt-Leithoff/ Schnorbus* Rn. 63; Lutter/Hommelhoff/*Bayer* Rn. 14; Scholz/*Priester/Tebben* Rn. 100; *Altmeppen* § 47 Rn. 113.

[272] HCL/*Ulmer/Casper* Rn. 63; Scholz/*Priester/Tebben* Rn. 100.

[273] Scholz/*Priester/Tebben* Rn. 103; *Bürger,* RNotZ 2006, 156 (158).

[274] Vgl. dazu BGH Beschl. v. 9.7.1956 – VBLw 11/56, BGHZ 21, 229 = NJW 1956, 1433; BayObLG Beschl. v. 16.12.1958 – BReg. 1 Z 69/58, BayObLGZ 1958, 373 (376); OLG Hamm Beschl. v. 16.3.1972 – 15 W 75/72, MDR 1972, 783; OLG Zweibrücken Urt. v. 15.2.1980 – 1 U 99/79, OLGZ 1980, 213; Scholz/*Priester/Tebben* Rn. 103; Lutter/Hommelhoff/*Bayer* Rn. 9.

[275] BGH Urt. v. 7.10.1991 – II ZR 194/90, BB 1991, 2325 (2326); Lutter/Hommelhoff/*Bayer* Rn. 9; Scholz/*Priester/Tebben* Rn. 104; HCL/*Ulmer/Casper* Rn. 25; näher zur Problematik in der Personengesellschaft MüKoBGB/*Schäfer* BGB § 705 Rn. 69 ff.; Bork/*Schäfer/Arnold* Rn. 13.

[276] BGH Urt. v. 7.10.1991 – II ZR 194/90, DB 1991, 2588 (2589) mwN; Scholz/*Priester/Tebben* Rn. 104.

[277] Staudinger/*Thiele,* 2017, BGB § 1365 Rn. 62; MüKoBGB/*Koch* BGB § 1365 Rn. 76 für das Personengesellschaftsrecht; *Beitzke* DB 1961, 21 (24).

[278] Staudinger/*Thiele,* 2017, BGB § 1365 Rn. 63; *Beitzke* DB 1961, 21 (24 f.); Soergel/*Lange,* 12. Aufl. 1989, BGB § 1365 Rn. 53; Scholz/*Priester/Tebben* Rn. 105.

[279] Scholz/*Priester/Tebben* Rn. 106.

Belastung, Aufhebung oder Änderung.[280] Auch der Satzungsänderungsbeschluss stellt demnach grundsätzlich eine Verfügung dar.[281] Von einer als Verfügung zu qualifizierenden Inhaltsänderung der Mitgliedschaft kann indes nicht bei jedweder Änderung des Gesellschaftsvertrages gesprochen werden. Bei eher technischen Änderungen, die zB die Firma, den Sitz oder die Modalitäten der Einberufung einer Gesellschafterversammlung betreffen, ist das Erfordernis einer solchen Inhaltsänderung regelmäßig nicht erfüllt.[282] Eine Verfügung des Vorerben iSv § 2113 Abs. 2 BGB setzt weiterhin dessen aktive Mitwirkung in Form der Stimmabgabe voraus. Während eine Verfügung unproblematisch zu bejahen ist, wenn der Vorerbe Alleingesellschafter ist oder er zumindest über die satzungsändernde Mehrheit verfügt, gestaltet sich die rechtliche Bewertung schwieriger, wenn das Zustandekommen des satzungsändernden Beschlusses das Zusammenwirken mehrerer Gesellschafter voraussetzt. Wirkt der Vorerbe am satzungsändernden Beschluss nicht mit, stellt sein Verhalten keine Verfügung iSv § 2113 Abs. 2 BGB dar.[283] War seine Mitwirkung erforderlich und hat er tatsächlich mitgewirkt, ist jede positive Mitwirkung eines Gesellschafters als Verfügung iSv § 2113 Abs. 2 BGB anzusehen.[284]

91   Die Anwendbarkeit von § 2113 Abs. 2 BGB setzt weiterhin die **Unentgeltlichkeit der Verfügung** voraus. Selbst wenn die Beeinträchtigung der Mitgliedschaftsrechte des Vorerben nicht durch Geld oder andere rechtliche Vorteile ausgeglichen wird, fehlt es nach der Rspr. des BGH an einer Unentgeltlichkeit iSd § 2113 Abs. 2 BGB, wenn die im Gesellschaftsinteresse gebotene Beeinträchtigung allein oder im Zusammenhang mit anderen Maßnahmen der Erhaltung oder Stärkung der Gesellschaft bzw. des von ihr betriebenen Unternehmens dient und damit letztlich auch dem Geschäftsanteil des Vorerben zugutekommt;[285] maßgebliches Kriterium für die Beurteilung der Unentgeltlichkeit ist somit die Frage der ordnungsgemäßen Verwaltung.[286]

92   Der **Verstoß gegen § 2113 Abs. 2 BGB** führt indes nicht zur Nichtigkeit, sondern lediglich zur Anfechtbarkeit des Satzungsänderungsbeschlusses. Im Hinblick auf die Fristgebundenheit der Anfechtung wird bei Eintritt des Nacherbfalls regelmäßig keine Möglichkeit zur Anfechtung bestehen; nur ausnahmsweise (insbes. unter dem Aspekt des Rechtsmissbrauchs) kann der Begünstigte sich dann nicht auf den Ablauf der Frist berufen.[287] Ein unter Verstoß gegen § 2113 Abs. 2 BGB gefasster Beschluss wird nach Ablauf von drei Jahren nach seiner Eintragung im Handelsregister unangreifbar.[288] Dies gilt jedenfalls im Grundsatz auch gegenüber dem späteren Erwerber eines durch den Änderungsbeschluss begünstigten Geschäftsanteils.[289] **In der Praxis** wird dem Vorerben gleichwohl vielfach die Einholung der Zustimmung des Nacherben anzuraten sein, zu deren Erteilung der Nacherbe gem. § 2120 S. 1 BGB verpflichtet ist, sofern es sich um eine Maßnahme der ordnungsmäßigen Verwaltung handelt.[290]

---

[280] *Lutter* ZGR 1982, 108 (111, 119); Staudinger/*Avenarius,* 2019, BGB § 2113 Rn. 51; MüKoBGB/*Lieder* BGB § 2113 Rn. 12; Soergel/*Harder/Wegmann,* 13. Aufl. 2003, BGB § 2113 Rn. 2.

[281] *Lutter* ZGR 1982, 108 (119).

[282] *Lutter* ZGR 1982, 108 (112 f.) mwN; Scholz/*Priester/Tebben* Rn. 106.

[283] *Lutter* ZGR 1982, 108 (119).

[284] *Feller,* Zur Vorerbschaft an GmbH-Geschäftsanteilen, 1974, 192 ff.; *Lutter* ZGR 1982, 108 (119); ebenso wohl Scholz/*Priester/Tebben* Rn. 106; aA *Peters,* Die Ausübung des Stimmrechts bei nutznießungsbelasteten Aktien, 1952, 37 ff.

[285] BGH Urt. v. 6.10.1980 – II ZR 268/79, BGHZ 78, 177 (182 ff.) = NJW 1981, 115 zur KG; Urt. v. 9.3.1981 – II ZR 173/80, NJW 1981, 1560 (1562) zur KG; vgl. auch BGH Urt. v. 26.10.1983 – II ZR 44/83, GmbHR 1985, 18 (20) = NJW 1984, 362 (364).

[286] Der Rspr. folgend *Lutter* ZGR 1982, 108 (113); *Michalski* DB-Beil. 16/1987, 16; vgl. bereits aus dem früheren Schrifttum *Hefermehl* FS H. Westermann, 1974, 223 (228); krit. demgegenüber *Harders* DNotZ 1994, 822 (827 ff.); Staudinger/*Avenarius,* 2019, BGB § 2113 Rn. 86; am streng wertbezogenen Maßstab festhaltend BGH Urt. v. 23.11.1983 – IV a ZR 147/81, GmbHR 1984, 153 (154) = NJW 1984, 366 (367).

[287] *Lutter* ZGR 1982, 108 (119 f.).

[288] *Lutter* ZGR 1982, 108 (121).

[289] *Lutter* ZGR 1982, 108 (121 f.) mit Erörterung etwaiger Ausnahmen bei personalistischer Gesellschaftsstruktur.

[290] Vgl. Staudinger/*Avenarius,* 2019, BGB § 2113 Rn. 87; *Paschke* ZIP 1985, 129 (136 f.).

dd) Testamentsvollstrecker. Steht ein Geschäftsanteil unter Testamentsvollstreckung, **93**
übt der Testamentsvollstrecker die aus dem Anteil resultierenden Rechte einschließlich des
Stimmrechts aus (näher → § 15 Rn. 487 ff.). Dies gilt grundsätzlich auch für Satzungsänderungsbeschlüsse.[291] Die **Rechtsmacht des Testamentsvollstreckers** ist indes in mehrfacher Hinsicht **begrenzt.** Gem. § 2205 S. 3 BGB ist er zu unentgeltlichen Verfügungen –
zu deren Voraussetzungen näher → Rn. 91 f. – grundsätzlich nicht berechtigt. Nach § 2206
BGB kann der Testamentsvollstrecker den Erben nicht mit dessen Eigenvermögen verpflichten, was vor allem im Hinblick auf die Übernahme neuer Stammeinlagen bei Kapitalerhöhungen von Relevanz ist (→ § 55 Rn. 160). Zur Erteilung der Zustimmung zu Eingriffen
in den Kernbereich[292] der Mitgliedschaft soll der Testamentsvollstrecker hingegen befugt
sein.[293]

   d) Feststellung des Beschlussergebnisses. Anders als im Aktiengesetz (§ 130 Abs. 2 **94**
AktG) ist eine **förmliche Feststellung** des Beschlussergebnisses durch den Versammlungsleiter **nicht Voraussetzung** des Zustandekommens und der Wirksamkeit des Satzungsänderungsbeschlusses (→ § 47 Rn. 54 f.). Insoweit genügt vielmehr die notarielle Beurkundung
(→ Rn. 70 ff.; ausführlich → § 48 Rn. 128 ff.).[294]

   Wurde kein inhaltliches Beschlussergebnis protokolliert, sind die **tatsächlich abgege- 95**
benen Stimmen maßgebend. Aus Gründen der Rechtssicherheit ist der Registerrichter
indes befugt, von der Gesellschaft eine Beschlussfeststellung zu verlangen und die Gesellschaft gegebenenfalls auf Klärung des Ergebnisses im Prozessweg zu verweisen.[295]

   In der Praxis ist daher regelmäßig zur **Feststellung des Beschlussergebnisses** zu **96**
raten. Sie kann auch in der Satzung vorgeschrieben sein. Die Feststellung kann durch einen
Abstimmungsleiter wie den Vorsitzenden der Gesellschafterversammlung erfolgen, aber auch
dem beurkundenden Notar übertragen werden. Dieser ist zur Feststellung indes selbst in
einem solchen Fall nicht verpflichtet.[296] In Ermangelung eines entsprechenden Auftrags ist
der Notar erst recht nicht zur Feststellung verpflichtet, nach verbreiteter Auffassung hierzu
nicht einmal berechtigt.[297] Haben alle Abstimmungsteilnehmer dem Beschlussantrag zugestimmt, steht die Einigkeit über das Beschlussergebnis der bindenden Feststellung gleich.[298]

   Wurde das Erreichen der für die Satzungsänderung erforderlichen Mehrheit zu Unrecht **97**
festgestellt und beurkundet, genügt eine Feststellungsklage zur Berichtigung des Fehlers
nicht. Der Mangel ist vielmehr im Wege der **Anfechtungsklage** geltend zu machen.[299]
Die notarielle Beurkundung steht einer förmlichen Feststellung nicht gleich.[300] Wird hingegen zu Unrecht die Ablehnung des Änderungsantrags festgestellt, kann die Anfechtungsklage
mit der sog. positiven Beschlussfeststellungsklage verbunden werden.[301] Das rechtskräftige
Urteil ersetzt dann die nach Abs. 2 S. 1 erforderliche notarielle Beurkundung.[302] Die

---

291 Scholz/*Priester*/*Tebben* Rn. 107.
292 Näher zur Kernbereichslehre im GmbH-Recht *C. Schäfer,* Der stimmrechtslose Gesellschaftsanteil, 1997,
     153 ff.
293 So Scholz/*Priester*/*Tebben* Rn. 107; Rowedder/Schmidt-Leithoff/*Schnorbus* Rn. 63 Fn. 218; a.A. noch
     Priester FS Stimpel, 1985, 463 (481 ff.); näher zur Problematik auch § 15 Rn. 491.
294 HCL/*Ulmer*/*Casper* Rn. 61; Scholz/*Priester*/*Tebben* Rn. 84; MHLS/*Hoffmann* Rn. 68; Noack/Servatius/
     Haas/*Noack* Rn. 66.
295 Noack/Servatius/Haas/*Noack* Rn. 67; Scholz/*Priester*/*Tebben* Rn. 84; aA MHLS/*Hoffmann* Rn. 69.
296 Noack/Servatius/Haas/*Noack* Rn. 67; aA Scholz/*Priester*/*Tebben* Rn. 84: Unzulässigkeit der förmlichen
     Beschlussfeststellung durch den beurkundenden Notar.
297 Vgl. *Ertl* DNotZ 1969, 650 (651).
298 Noack/Servatius/Haas/*Noack* Rn. 67.
299 HCL/*Ulmer*/*Casper* Rn. 61; Noack/Servatius/Haas/*Noack* Rn. 68; HK-GmbHR/*A. Bartl* Rn. 5;
     Scholz/*Priester*/*Tebben* Rn. 85; HK-GmbHG/*Inhester* Rn. 28; aA MHLS/*Hoffmann* Rn. 68 f.
300 OLG Stuttgart Beschl. v. 13.4.1994 – 2 U 303/93, NJW-RR 1994, 811 (812); Scholz/*Priester*/*Tebben*
     Rn. 85a; aA BayObLG Beschl. v. 7.11.1991 – BReg. 3 Z 120/91, DB 1992, 135.
301 BGH Urt. v. 20.1.1986 – II ZR 73/85, BGHZ 97, 28 (30) = NJW 1986, 2051; HCL/*Ulmer*/*Casper*
     Rn. 61; Scholz/*Priester*/*Tebben* Rn. 85; HK-GmbHG/*Inhester* Rn. 28; Noack/Servatius/Haas/*Noack*
     Anh. § 47 Rn. 186; für ausschließliche Notwendigkeit einer Beschlussfeststellungsklage hingegen
     MHLS/*Hoffmann* Rn. 69.
302 BGH Urt. v. 13.3.1980 – II ZR 54/78, BGHZ 76, 191 (199) = NJW 1980, 1465 zur AG; HCL/*Ulmer*/
     Casper Rn. 61.

Gegenauffassung, die der Beschlussfeststellung bei Satzungsänderungen keine rechtlichen Wirkungen zuerkennen möchte,[303] überzeugt unter Rechtssicherheitsaspekten nicht. Vor diesem Hintergrund mag der gesellschaftsvertraglichen Regelung über die zur Beschlussfeststellung befugte Person besondere Relevanz zukommen.[304]

98   **e) Einmann-GmbH.** Das GmbH-Gesetz enthält **keine Sonderregelungen** über Satzungsänderungen in der Einmann-GmbH, bei der sich sämtliche Geschäftsanteile der Gesellschaft in der Hand eines Gesellschafters oder daneben in der Hand der Gesellschaft befinden (§ 48 Abs. 3). Die Notwendigkeit der Einberufung und Abhaltung förmlicher Gesellschafterversammlungen entfällt; der Alleingesellschafter kann zwar solche Versammlungen abhalten, muss es indes nicht, weil er ständig beschlussfähig ist. Gem. § 48 Abs. 3 bedarf es nach der Beschlussfassung der unverzüglichen Aufnahme und Unterzeichnung einer Niederschrift (näher → § 48 Rn. 190). Die gem. Abs. 2 S. 1 erforderliche notarielle Beurkundung, derer es auch im Falle von Einmann-Beschlüssen bedarf,[305] ersetzt die einfache Niederschrift gem. § 48 Abs. 3.[306] Die Beurkundung erfolgt bei Einmann-Beschlüssen gem. §§ 8 ff. BeurkG, da § 48 Abs. 3 die Unterschrift des Gesellschafters unter der Niederschrift verlangt.[307]

99   **f) Treuhand und dingliche Belastung.** Zur Frage der Stimmrechtsausübung im Rahmen von Satzungsänderungsbeschlüssen aus Geschäftsanteilen, die treuhänderisch gehalten werden oder mit beschränkten-dinglichen Rechten belastet sind, → § 15 Rn. 225 ff. (zur Treuhand), → § 15 Rn. 337 ff. (zum Nießbrauch) und → § 15 Rn. 294 ff. (zum Pfandrecht).

100   **4. Schranken der Mehrheitsherrschaft. a) Allgemeines.** Das Recht, mit Mehrheit Gesellschafterbeschlüsse zu fassen, verleiht der Gesellschaftermehrheit die grundsätzliche Möglichkeit, ihre Interessen zu Lasten der Gesellschafterminderheit durchzusetzen. Im Hinblick auf Satzungsänderungsbeschlüsse ist diese Befugnis von besonderer Relevanz, weil die Satzung die grundlegenden Bestimmungen über das Verhältnis zwischen der Gesellschaft und ihren Gesellschaftern sowie den Gesellschaftern untereinander stipuliert. Um die Minderheitsgesellschafter nicht der unbeschränkten Mehrheitsherrschaft zu unterwerfen, sieht die Rechtsordnung eine Reihe von Vorkehrungen zum Schutz der Minderheitsgesellschafter vor. So eröffnet das für Satzungsänderungsbeschlüsse bestehende Erfordernis qualifizierter Mehrheit gem. Abs. 2 S. 1 der über eine Sperrminorität verfügenden Minderheit die Möglichkeit, das Zustandekommen von satzungsändernden Beschlüssen zu verhindern. Neben dieses Erfordernis der Mitwirkung der (qualifizierten) Minderheit treten weitere rechtliche Begrenzungen der Mehrheitsherrschaft. Im Anschluss an *Zöllner*[308] wird insoweit zwischen „starren" und „beweglichen" Schranken der Mehrheitsherrschaft unterschieden. Während die „starren" Schranken beim Vorliegen gesetzlich typisierter Voraussetzungen eingreifen, eröffnen die „beweglichen" Schranken die Möglichkeit einer einzelfallbezogenen Wertung.[309] Zur Frage eines Austrittsrechts der bei einer Satzungsänderung überstimmten Minderheit → Rn. 132, → Rn. 137.

101   **b) „Starre" Schranken.** Die „starren" Schranken der Mehrheitsherrschaft bezeichnen die der Mehrheitsentscheidung von vornherein entzogene **Individualsphäre der Gesellschafter.**[310]

---

[303]   MHLS/*Hoffmann* Rn. 68 f.
[304]   Vgl. *Reichert/Schumacher*, Der GmbH-Vertrag, 4. Aufl. 2014, 99 ff., 102 f.
[305]   Scholz/*Priester/Tebben* Rn. 108; Rowedder/Schmidt-Leithoff/*Schnorbus* Rn. 93.
[306]   OLG Celle Beschl. v. 13.2.2017 – 9 W 13/17, GmbHR 2017, 419 = NZG 2017, 422 (423); BayObLG Beschl. v. 22.5.1987 – BReg. 3 Z 163/86, DB 1987, 2140 (2141); Lutter/Hommelhoff/*Bayer* Rn. 18.
[307]   Scholz/*Priester*, 9. Aufl. 2002, Rn. 108; Rowedder/Schmidt-Leithoff/*Schnorbus* Rn. 93; für Wahlrecht des Gesellschafters hins. Beurkundung nach §§ 8 ff. BeurkG oder nach §§ 36 ff. BeurkG hingegen MHLS/*Hoffmann* Rn. 73; *Grotheer* RNotZ 2015, 4 (5).
[308]   *Zöllner*, Die Schranken mitgliedschaftlicher Stimmrechtsmacht bei den privatrechtlichen Personenverbänden, 1963, 97, 287 ff.
[309]   HCL/*Ulmer/Casper* Rn. 66.
[310]   Ehrenberg HandelsR-HdB/*Feine* S. 593; Scholz/*Priester/Tebben* Rn. 43.

Bestimmte mitgliedschaftliche Befugnisse sind unverzichtbar und können dem Gesell- **102**
schafter deshalb in der Gründungssatzung oder im Rahmen einer späteren Satzungsänderung
selbst mit seiner Zustimmung nicht entzogen werden. **Im Einzelnen** zählen hierzu das
Recht auf Teilnahme an der Gesellschafterversammlung in seinem Kerngehalt, das Recht
zur Erhebung von Anfechtungs- oder Nichtigkeitsklagen gegen Gesellschafterbeschlüsse, das
Recht zum Austritt aus wichtigem Grund (→ § 34 Rn. 207) sowie die Minderheitenrechte,
namentlich das Recht auf Einberufung der Gesellschafterversammlung und Ankündigung
von Beschlussgegenständen gem. § 50, die Befugnis zur Erhebung der Auflösungsklage gem.
§ 61 Abs. 2 sowie das Recht auf gerichtliche Bestellung von Liquidatoren gem. § 66 Abs. 2;
im Hinblick auf das Auskunfts- und Einsichtsrecht der Gesellschafter ist der zwingende
Charakter gesetzlich ausdrücklich festgeschrieben (§ 51a Abs. 3).[311] Ein Beschluss, der diese
unverzichtbaren Gesellschafterrechte beeinträchtigt (sei es durch Ausschluss oder Verkürzung
dieser Rechte), ist nichtig.

Bestimmte weitere Rechte, die sog. **relativ unentziehbaren Mitgliedsrechte,** sind, **103**
da sie zum Kernbereich der Mitgliedschaft zählen, der Mehrheitsherrschaft nur mit Zustimmung des betroffenen Gesellschafters zugänglich. Zum Kernbereich der Mitgliedschaft
gehören nach hM neben der Mitgliedschaft selbst das Stimmrecht, das Gewinnrecht, das
Recht auf den anteiligen Liquidationserlös bzw. das Abfindungsguthaben bei Ausscheiden
aus der Gesellschaft[312] und das Recht auf Zugang zu den staatlichen Gerichten.[313] Die
Entziehung dieser Rechte setzt vorbehaltlich eines wichtigen Grundes die Zustimmung
des betroffenen Gesellschafters voraus. Im Falle bloßer Einschränkungen dieser Rechte ist
jedenfalls bei unmittelbar kernbereichsrelevanten Eingriffen (zB Änderung des Gewinnver-
teilungsschlüssels, Einführung von Höchststimmrechten) gleichfalls die Zustimmung des
Betroffenen erforderlich.[314] Demgegenüber sind lediglich **mittelbare Eingriffe in den
Kernbereich** der Mitgliedschaft (zB Änderung von Gewinn- und Stimmrecht infolge von
Kapitaländerungen) an den beweglichen Schranken der materiellen Beschlusskontrolle zu
messen.[315] Solange die hiernach erforderliche Zustimmung nicht erteilt ist, ist der Satzungsänderungsbeschluss schwebend unwirksam.[316] Ein statutarischer Verzicht auf das nach vorstehenden Grundsätzen bestehende Zustimmungserfordernis bei Kernbereichseingriffen
und ihre Unterwerfung unter eine Mehrheitsentscheidung sind indes zulässig, wenn Art
und Umfang der Eingriffsbefugnis hinreichend genau bestimmt sind[317] oder wenn ein
wichtiger Grund zur Einschränkung oder Entziehung des Gesellschafterrechts vorliegt.[318]

Die Zustimmung der betroffenen Gesellschafter ist darüber hinaus erforderlich, wenn **104**
Sonderrechte, die einzelnen Gesellschaftern eingeräumt oder an bestimmte Geschäftsanteile gebunden werden, entzogen oder eingeschränkt werden. Dies ergibt sich aus der
entsprechenden Anwendung von § 35 BGB auf das GmbH-Recht. Fehlt die hiernach
erforderliche Zustimmung, ist der Beschluss unwirksam (→ Rn. 184).[319] § 179 Abs. 3 AktG
findet insoweit keine entsprechende Anwendung.

Unwirksam sind weiterhin Beschlüsse, durch die die **Gläubigerrechte** eines Gesell- **105**
schafters gegenüber der Gesellschaft ohne seine Zustimmung entzogen oder eingeschränkt
werden. Dies betrifft sowohl Fälle, in denen der Gesellschafter Gläubigerrechte wie ein

---

[311] HCL/*Ulmer/Casper* Rn. 68; Scholz/*Priester/Tebben* Rn. 44 f. – auch zur Frage der Unentziehbarkeit
       wegen Eingriffs in mehrere je für sich entziehbare Rechte; MHLS/*Hoffmann* Rn. 103; Lutter/Hommel-
       hoff/*Bayer* § 14 Rn. 16 f.
[312] HCL/*Ulmer/Casper* Rn. 69; *C. Schäfer,* Der stimmrechtslose Gesellschaftsanteil, 1997, 190; *Reichert/Har-
       barth* NZG 2003, 379 (380).
[313] Näher hierzu *Reichert/Harbarth* NZG 2003, 379 (380 f.) mwN.
[314] HCL/*Ulmer/Casper* Rn. 69; *Winter* Treubindungen S. 138 f.; *Reichert/Harbarth* NZG 2003, 379 (380).
[315] HCL/*Ulmer/Casper* Rn. 69; *Winter* Treubindungen S. 138 f.; *Reichert/Harbarth* NZG 2003, 379 (380).
[316] HCL/*Ulmer/Casper* Rn. 69.
[317] *Schilling/Winter* FS Stiefel, 1987, 665 (670 f.); HCL/*Ulmer/Casper* Rn. 69 Fn. 194; *Reichert/Harbarth*
       NZG 2003, 379 (381).
[318] HCL/*Ulmer/Casper* Rn. 69; *Reichert/Harbarth* NZG 2003, 379 (381).
[319] Scholz/*Priester/Tebben* Rn. 48; Rowedder/Schmidt-Leithoff/*Schnorbus* Rn. 73; MHLS/*Hoffmann*
       Rn. 88; Lutter/Hommelhoff/*Bayer* Rn. 24.

fremder Dritter hat (sog. Drittgläubigerrechte), als auch solche, in denen die Gläubigerpositionen ursprünglich dem Gesellschaftsverhältnis entstammen (zB Zahlungsanspruch auf Gewinnanteil).[320]

106   Zum Zustimmungserfordernis gem. Abs. 3 → Rn. 131 ff.

107   Der Satzungsänderungsbeschluss darf weder gegen ein gesetzliches Verbot noch gegen die guten Sitten verstoßen. Anderenfalls ist er nichtig.[321]

108   **c) „Bewegliche" Schranken.** Auch soweit die vorstehend dargestellten „starren" Schranken nicht eingreifen, sind der Mehrheitsherrschaft grundsätzlich Grenzen gezogen. Mehrheitsbeschlüsse sind im Hinblick auf die ihnen innewohnenden Gefahren einer Übervorteilung der Minderheitsgesellschafter einer **materiellen Beschlusskontrolle** zu unterziehen.[322] Eine derartige Inhaltskontrolle scheidet aus, sofern die Beschlussfassung ausnahmsweise im freien Ermessen der Mehrheit stehen soll oder nach dem Beschlussgegenstand eine Beeinträchtigung von Minderheitsinteressen nicht in Betracht kommt.[323] Letzteres gilt insbesondere bei einer Änderung der Firma, nicht hingegen bei einer Änderung des Sitzes. In Fällen der (grenzüberschreitenden) Sitzverlegung kann sich etwa eine für den Mehrheitsgesellschafter steuerlich vorteilhafte Standortwahl für die Minderheit nachteilig auswirken.[324]

109   Die Mehrheit ist nicht befugt, ihre Macht zu Lasten der Minderheit zu missbrauchen. Soweit zum Personengesellschaftsrecht die Auffassung vertreten wird, auf der Ebene der Änderungen des Gesellschaftsvertrags seien die Gesellschafter grundsätzlich zur Durchsetzung ihrer eigenen Interessen befugt,[325] kann dem jedenfalls für das Kapitalgesellschaftsrecht, wo Satzungsänderungen mit qualifizierter Mehrheit beschlossen werden können, nicht gefolgt werden.[326] Andererseits ist die Mehrheit nicht gehalten, ihre eigenen Interessen generell hinter diejenigen der Gesellschaft zurückzustellen.[327] Eine solche generelle Rücksichtnahme kommt nur **bei Ausübung uneigennütziger Gesellschafterrechte** in Betracht.[328] Im Übrigen – also **bei Ausübung eigennütziger Gesellschafterrechte** – gilt das allgemeine Missbrauchsverbot.[329] Ein Missbrauch liegt insbesondere vor, wenn gesellschaftsfremde Sondervorteile zum Schaden der Gesellschaft oder der Mitgesellschafter verfolgt werden, ein Tatbestand, den § 243 Abs. 2 AktG für die Aktiengesellschaft ausdrücklich normiert.[330] Oft ist dann freilich zugleich ein Verstoß gegen den Gleichbehandlungsgrundsatz gegeben.[331]

110   Als „bewegliche" Schranke der Mehrheitsherrschaft von Relevanz ist zunächst der auch in Ermangelung einer § 53a AktG entsprechenden positivrechtlichen Verankerung im GmbH-Recht anerkannte **Gleichbehandlungsgrundsatz** zu nennen (ausführlich → § 13 Rn. 293 ff.).[332] Er normiert ein Willkürverbot und gestattet die Ungleichbehandlung von

---

[320]   Scholz/*Priester*/*Tebben* Rn. 49; HCL/*Ulmer*/*Casper* Rn. 70.

[321]   Scholz/*Priester*/*Tebben* Rn. 41 f.; HCL/*Ulmer*/*Casper* Rn. 66. Zum Problem der „Firmenbestattung" im Rahmen einer Satzungsänderung OLG Zweibrücken Beschl. v. 3.6.2013 – 3 W 87/12, NZG 2013, 1113.

[322]   RG Urt. v. 31.3.1931 – II 222/30, RGZ 132, 149 (163) zur AG; BGH Urt. v. 9.6.1954 – II ZR 70/53, BGHZ 14, 25 (37 f.) = NJW 1954, 1401; Urt. v. 5.6.1975 – II ZR 23/74, BGHZ 65, 15 (18 f.) = NJW 1976, 191; Urt. v. 28.1.1980 – II ZR 124/78, BGHZ 76, 352 (357) = NJW 1980, 1278; Urt. v. 16.2.1981 – II ZR 168/79, NJW 1981, 1512 (1513 f.); HCL/*Ulmer*/*Casper* Rn. 72; *Winter* Treubindungen S. 135 ff., 141 ff.; *Zöllner*, Die Schranken mitgliedschaftlicher Stimmrechtsmacht bei den privatrechtlichen Personenverbänden, 1963, 28 ff.; Scholz/*Priester*/*Tebben* Rn. 55 ff.

[323]   HCL/*Ulmer*/*Casper* Rn. 72.

[324]   Abw. zur Sitzverlegung noch HCL/*Ulmer*/*Casper* Rn. 72; *Winter* Treubindungen S. 154.

[325]   *Hueck* FS R. Hübner, 1935, 73 (89); vgl. ferner *A. Hueck* ZGR 1972, 237 (244).

[326]   HCL/*Ulmer*/*Casper* Rn. 73.

[327]   BGH Urt. v. 9.6.1954 – II ZR 70/53, BGHZ 14, 25 (38) = NJW 1954, 1401; Urt. v. 27.4.1970 – II ZR 24/68, GmbHR 1970, 232 = BeckRS 1970, 31120951; HCL/*Ulmer*/*Casper* Rn. 73.

[328]   Zur Unterscheidung zwischen uneigennützigen und eigennützigen Gesellschafterrechten MüKoBGB/*Schäfer* BGB § 705 Rn. 233 f.; *Winter* Treubindungen S. 19 ff.

[329]   HCL/*Ulmer*/*Casper* Rn. 73.

[330]   Vgl. BGH Urt. v. 9.6.1954 – II ZR 70/53, BGHZ 14, 25 (38) = NJW 1954, 1401.

[331]   HCL/*Ulmer*/*Casper* Rn. 73.

[332]   *G. Hueck*, Der Grundsatz der gleichmäßigen Behandlung im Privatrecht, 1958, 305 ff., 345 ff.; *K. Schmidt* GesR § 16 II 4b, S. 462 ff.; *Wiedemann* GesR I § 8 II 2, S. 427 ff.; *Zöllner*, Die Schranken mitgliedschaftlicher Stimmrechtsmacht bei den privatrechtlichen Personenverbänden, 1963, 301 ff.

Gesellschaftern auch bei Erreichung der qualifizierten Mehrheit gem. Abs. 2 S. 1 nur, wenn die Ungleichbehandlung sachlich gerechtfertigt ist (näher → § 13 Rn. 297 f.). Maßgeblich für das Vorliegen einer Gleichbehandlung oder Ungleichbehandlung ist dabei nicht die außergesellschaftliche Situation der Gesellschafter, sondern ihre mitgliedschaftliche Position innerhalb der GmbH; abzustellen ist insoweit in erster Linie auf den Nennbetrag der Beteiligungen.[333] Der Gleichbehandlungsgrundsatz verlangt zwar die objektiv gleichmäßige Behandlung der Mitglieder, bietet aber grundsätzlich keinen Schutz davor, dass eine objektiv gleichmäßige Behandlung unterschiedliche Folgen für die Gesellschafter nach sich zieht (so zB durch Unterschreitung von für die Ausübung von Minderheitsrechten relevanten Beteiligungsquoten als Folge einer Kapitalerhöhung unter Bezugsrechtsausschluss).[334] Zielt eine derartige Maßnahme indes gerade darauf ab, bestimmte Gesellschafter in besonders nachteiliger Weise zu treffen, ist ein Verstoß gegen den Gleichbehandlungsgrundsatz zu bejahen.[335] Setzt die gleichmäßige Behandlung der Gesellschafter die Leistung von Zuzahlungen voraus, verlangt der Gleichbehandlungsgrundsatz, dass das Opfer der die Zuzahlung verweigernden Gesellschafter nicht größer sein darf als das Opfer, das die übrigen Gesellschafter in Gestalt der Zuzahlung erbringen.[336] Der Gleichbehandlungsgrundsatz steht **zur Disposition der betroffenen Gesellschafter.** Ein die Gesellschafter ungleich behandelnder Satzungsänderungsbeschluss ist daher rechtlich nicht zu beanstanden, wenn die benachteiligten Gesellschafter ihre Zustimmung hierzu erklären (→ § 13 Rn. 300). Ist dies nicht der Fall, ist der unter Verstoß gegen den Gleichbehandlungsgrundsatz gefasste Satzungsänderungsbeschluss nicht unwirksam, sondern lediglich anfechtbar.[337] Fehlt die Zustimmung der nachteilig betroffenen Gesellschafter und beruft sich die Mehrheit auf das Vorliegen von die Ungleichbehandlung rechtfertigenden sachlichen Gründen, ist sie insoweit darlegungs- und beweispflichtig.[338]

Als weitere „bewegliche" Schranke der Mehrheitsherrschaft kommen die – in ihrer **111** Bedeutung über den Gleichbehandlungsgrundsatz hinausgehende – **Treupflicht und die materielle Beschlusskontrolle** ieS (Lehre vom sachlichen Grund)[339] in Betracht.[340] Zur gesellschaftsrechtlichen Treupflicht → Rn. 118. In der den Bezugsrechtsausschluss im Aktienrecht betreffenden Kali + Salz-Entscheidung verlangt der BGH, der Bezugsrechtsausschluss müsse durch das Gesellschaftsinteresse sachlich gerechtfertigt, insbesondere erforderlich und verhältnismäßig, sein.[341] Diese inhaltliche Beschlusskontrolle hat der BGH in der die Befreiung eines Gesellschafters von einem statutarischen Wettbewerbsverbot betreffenden Süssen-Entscheidung auf die GmbH übertragen.[342] Demgegenüber verneinte der BGH das Erfordernis einer sachlichen Rechtfertigung für den Fall der Auflösung einer GmbH, weil der Auflösungsbeschluss seine Rechtfertigung in sich trage.[343]

Im rechtswissenschaftlichen **Schrifttum** blieben die Grenzen des Anwendungsbereichs **112** der materiellen Beschlusskontrolle ieS **umstritten.** Während eine Auffassung sämtliche

---

[333]   Vgl. RG Urt. v. 4.4.1908 – I 302/07, RGZ 68, 203 (210, 213); *Müller-Erzbach,* Das private Recht der Mitgliedschaft als Prüfstein eines kausalen Rechtsdenkens, 1948, 75; *G. Hueck,* Der Grundsatz der gleichmäßigen Behandlung im Privatrecht, 1958, 54 f., 190 ff.; HCL/*Ulmer/Casper* Rn. 75; Scholz/ *Priester/Tebben* Rn. 56.

[334]   HCL/*Ulmer/Casper* Rn. 75.

[335]   *G. Hueck,* Der Grundsatz der gleichmäßigen Behandlung im Privatrecht, 1958, 55 f.; Scholz/*Priester/ Tebben* Rn. 56.

[336]   RG Urt. v. 10.12.1912 – II 333/12, RGZ 81, 86; Scholz/*Priester/Tebben* Rn. 56.

[337]   HCL/*Ulmer/Casper* Rn. 75 f.; Scholz/*Priester/Tebben* Rn. 56 f.; für – schwebende – Unwirksamkeit noch *A. Hueck,* Anfechtbarkeit und Nichtigkeit, 1924, 104; *Fischer* JZ 1956, 362 (363).

[338]   HCL/*Ulmer/Casper* Rn. 76; Scholz/*Priester/Tebben* Rn. 56.

[339]   Hierzu Grigoleit/*Ehmann* § 243 Rn. 14.

[340]   Zum Wesen der materiellen Beschlusskontrolle ieS als Anwendungsfall der Treupflicht MüKoAktG/ *Schäfer* AktG § 243 Rn. 53; *Hüffer* FS Steindorff, 1990, 59 (75).

[341]   BGH Urt. v. 13.3.1978 – II ZR 142/76, BGHZ 71, 40 (44 ff.) = NJW 1978, 1316; näher zur Entwicklung der Rspr. insoweit MüKoAktG/*Schäfer* AktG § 243 Rn. 50 f.

[342]   BGH Urt. v. 16.2.1981 – II ZR 168/79, BGHZ 80, 69 (74) = NJW 1981, 1512.

[343]   BGH Urt. v. 28.1.1980 – II ZR 124/78, BGHZ 76, 352 (353) = NJW 1980, 1278; dazu HCL/*Ulmer/ Casper* Rn. 77; *Winter* Treubindungen S. 154 ff.

Grundlagenentscheidungen auf ihre sachliche Rechtfertigung überprüfen möchte,[344] differenziert die überwiegende Auffassung zwischen Beschlüssen, die ihre Rechtfertigung in sich tragen, und solchen, deren sachliche Rechtfertigung im Gesellschaftsinteresse einzelfallbezogen zu überprüfen ist.[345] Auch Beschlüsse, die demnach ihre sachliche Rechtfertigung grundsätzlich in sich tragen, können bei Vorliegen besonderer Umstände (zB Verfolgung gesellschaftsfremder Sondervorteile) rechtlich angreifbar sein.[346] Der zweiten Auffassung ist zu folgen. Allerdings stellt die erste Gruppe den Regelfall und die zweite Gruppe die Ausnahme dar, für deren Vorliegen besondere Anhaltspunkte vorhanden sein müssen.[347]

113   Zu **Grundlagenbeschlüssen mit nachteiligen Auswirkungen** zu Lasten der Minderheit, die sachlicher Rechtfertigung bedürfen, gehören insbesondere abhängigkeits- oder konzernbegründende Mehrheitsentscheidungen sowie Entscheidungen über eine grundlegende Umgestaltung des Unternehmensgegenstandes oder die Übertragung des wesentlichen Gesellschaftsvermögens auf den Mehrheitsgesellschafter außerhalb des UmwG (das ansonsten ein hinreichendes Schutzinstrumentarium zur Verfügung stellte).[348] Sofern hingegen eine Berufung auf anerkannte Anfechtungsgründe möglich ist, wie zB bei Thesaurierungsbeschlüssen gegen den Willen der Minderheit oder bei der Verfolgung gesellschaftsfremder Sondervorteile durch verdeckte Gewinnausschüttungen, besteht keine Notwendigkeit, darüber hinaus eine allgemeine, durch Anfechtungsklage umzusetzende Inhaltskontrolle von Gesellschafterbeschlüssen anzuerkennen.[349] Einer Inhaltskontrolle anhand der Treupflicht bedarf auch nicht der Auflösungsbeschluss nach § 60 Abs. 1 Nr. 2, weil für diesen Fall der Gesetzgeber die Interessenabwägung vorweggenommen hat, indem er die Auflösung durch Mehrheitsbeschluss zugelassen hat.[350] Da die Minderheit immerhin das Unternehmen aus der Liquidationsmasse erwerben kann, ist zudem ihr Fortführungsinteresse nicht beeinträchtigt.[351]

114   Ein erhöhter Pflichtenstandard ist dann zu bejahen, wenn sich die Mehrheitsherrschaft verfestigt hat; dies kann insbesondere bei Vorliegen eines einzelnen Mehrheitsgesellschafters oder einer homogenen Gesellschaftergruppe der Fall sein, die insgesamt über die Mehrheit verfügt.[352]

115   Verstößt ein Beschluss gegen die gesellschaftsrechtliche Treupflicht, ist er anfechtbar.[353] Die Anfechtungsbefugnis entfällt indes, wenn der Betroffene dem Beschluss zugestimmt hat.[354]

116   **5. Mitwirkungs- und Zustimmungspflichten der Gesellschafter.** Aufgrund der gesellschaftsrechtlichen Treupflicht können die Gesellschafter verpflichtet sein, einem Gesellschafterbeschluss ihre Zustimmung zu erteilen (näher → § 47 Rn. 257 ff.). Im Bereich des **Personengesellschaftsrechts** hat die Rspr. entschieden, dass die Gesellschafter ausnahmsweise sogar zur Erteilung der Zustimmung zu Satzungsänderungen verpflichtet sind, wenn dies im Hinblick auf das Gesellschaftsinteresse dringend erforderlich ist und die Änderung dem betroffenen Gesellschafter zumutbar ist.[355]

---

[344] *Wiedemann* GesR I S. 444 ff.; *Wiedemann* ZGR 1980, 147 (157); *Wiedemann* JZ 1989, 447 (448 f.); *Martens* FS R. Fischer, 1979, 437 (454 ff.); *Martens* GmbHR 1984, 265 (269 f.); *Bischoff* BB 1987, 1055 (1061).

[345] *Lutter* ZGR 1981, 171; *Winter* Treubindungen S. 135 ff.; *Timm* JZ 1980, 665 (667 ff.); *Timm* ZGR 1987, 403 (415 ff.); *Schockenhoff*, Gesellschaftsinteresse und Gleichbehandlung beim Bezugsrechtsausschluss, 1988, 97 ff.; HCL/*Ulmer/Casper* Rn. 79.

[346] HCL/*Ulmer/Casper* Rn. 78.

[347] HCL/*Ulmer/Casper* Rn. 79.

[348] HCL/*Ulmer/Casper* Rn. 80.

[349] HCL/*Ulmer/Casper* Rn. 79.

[350] BGH Urt. v. 28.1.1980 – II ZR 124/78, BGHZ 76, 352 (353) = NJW 1980, 1278; Urt. v. 1.2.1988 – II ZR 75/87, BGHZ 103, 184 (190) = NJW 1988, 1579; *Winter* Treubindungen S. 156 ff.

[351] MHLS/*Hoffmann* Rn. 106.

[352] Scholz/*Priester/Tebben* Rn. 59a; vgl. auch *Henze* DStR 1993, 1823.

[353] MHLS/*Hoffmann* Rn. 108; Scholz/*Priester/Tebben* Rn. 59.

[354] MHLS/*Hoffmann* Rn. 108.

[355] BGH Urt. v. 10.6.1965 – II ZR 6/63, BGHZ 44, 40 (41) = NJW 1965, 1960; Urt. v. 28.4.1975 – II ZR 16/73, BGHZ 64, 252 (253, 258); Urt. v. 26.1.1961 – II ZR 240/59, NJW 1961, 724; Urt. v. 1.12.1969 – II ZR 14/68, NJW 1970, 706; Urt. v. 5.11.1984 – II ZR 111/84, NJW 1985, 974; Urt.

Diese **Grundsätze** lassen sich prinzipiell in das GmbH-Recht **übertragen.**[356] Derar- 117
tige Zustimmungspflichten sind im GmbH-Recht wegen des dort geltenden Mehrheitsprinzips in der Praxis allerdings weniger bedeutsam als in dem vom Einstimmigkeitsgrundsatz
geprägten Personengesellschaftsrecht. Sie können indes auch in der GmbH Relevanz erlangen, wenn die dissentierenden Gesellschafter alleine oder gemeinsam über eine Sperrminorität verfügen oder aufgrund entsprechender statutarischer Regelungen Satzungsänderungen
nur einstimmig beschlossen werden können.[357]

Hinsichtlich der **konkreten Voraussetzungen** einer Zustimmungspflicht hat der 118
BGH entschieden, dass ein GmbH-Gesellschafter zur Zustimmung zur Satzungsänderung
aufgrund seiner Treupflicht verpflichtet sein kann, wenn diese „mit Rücksicht auf das
Gesellschaftsverhältnis dringend geboten und ihm zumutbar ist". Dies soll insbesondere
dann der Fall sein, wenn sich aus der Satzungsänderung für den zustimmungsunwilligen
Gesellschafter keinerlei Nachteile ergeben.[358] In einer späteren Entscheidung hat der BGH
ausgeführt, umgekehrt berechtige nicht jeder auch noch so geringfügige Nachteil den
Gesellschafter zur Verweigerung einer Zustimmung. Vielmehr bedürfe es in derartigen
Fällen einer anhand der konkreten Umstände des jeweiligen Einzelfalls vorzunehmenden
Abwägung; hierbei könne es von Relevanz sein, dass die Satzungsänderung für den zustim-
mungsunwilligen Gesellschafter „kein ihn in irgendeiner Weise spürbar belastendes wirtschaftliches Opfer bedeuten würde".[359]

Eine derartige aus den mitgliedschaftlichen Treubindungen resultierende **Zustim-** 119
mungspflicht lässt sich insbesondere dann **bejahen,** wenn eine für den betroffenen Gesellschafter nicht mit Nachteilen verbundene Satzungsänderung gerade der Aufrechterhaltung
der Geschäftsgrundlage unter den Gesellschaftern dient.[360] Diesem Bereich ist auch der
vom BGH entschiedene Fall einer Kapitalerhöhung zum Zwecke der Anpassung der Kapitalverhältnisse an das neue gesetzliche Mindeststammkapital nach der GmbH-Novelle 1980
zuzuordnen. Jedenfalls wenn die zur Kapitalerhöhung erforderlichen finanziellen Mittel
allein vom Mitgesellschafter erbracht werden sollten und die Beteiligungen am Gewinn und
am Liquidationserlös sowie die Stimmrechte unverändert bleiben sollten, waren die übrigen
Gesellschafter zur Zustimmung zur Satzungsänderung verpflichtet, weil sie andernfalls im
Ergebnis entgegen § 60 die Möglichkeit gehabt hätten, einseitig die Auflösung der Gesellschaft herbeizuführen.[361]

Relevanz erlangen kann diese Fallgruppe, in der die Satzungsänderung gerade der 120
Aufrechterhaltung der Geschäftsgrundlage der Gesellschaft dient, auch dann, wenn die Satzungsänderung der **Vermeidung kartell- oder registerrechtlicher Sanktionen** dient.[362]

---

v. 20.10.1986 – II ZR 86/85, NJW 1987, 952 (953); Schlegelberger/*Schmidt* HGB § 105 Rn. 143 ff.;
Staub/*Schäfer* HGB § 105 Rn. 241. Zur Frage, ob die Treupflicht oder der Wegfall der Geschäftsgrundlage die Rechtsgrundlage hierfür darstellt, *Zöllner,* Die Anpassung von Personengesellschaftsverträgen an
veränderte Umstände, 1979, 32 ff.; *H. P. Westermann* FS Hefermehl, 1976, 225 (236 ff.). Generell gegen
Vertragsänderungspflicht *Kollhosser* FS H. Westermann, 1974, 275 (279 ff.); ähnlich *Konzen* AcP 172
(1972), 317 (336 ff.). Für ergänzende Vertragsauslegung als Rechtsgrundlage *Flume* BGB AT I 1 § 15
IV, S. 278 ff.

[356] BGH Urt. v. 25.9.1986 – II ZR 262/85, BGHZ 98, 276 (279) = NJW 1987, 189 für personalistisch
ausgestaltete GmbH; Urt. v. 12.4.2016 – II ZR 275/14, DStR 2016, 1693, 1694; HCL/*Ulmer/Casper*
Rn. 81; MHLS/*Hoffmann* Rn. 109; Noack/Servatius/Haas/*Noack* Rn. 85; *Winter* Treubindungen
S. 175 ff.; *Zöllner,* Die Anpassung von Personengesellschaftsverträgen an veränderte Umstände, 1979, 7;
HK-GmbHR/*Bartl* Rn. 5; Lutter/Hommelhoff/*Bayer* Rn. 37; Scholz/*Priester/Tebben* Rn. 37; aA Meyer-
Landrut/Miller/Niehus/*Meyer-Landrut* Rn. 8; einschr. auch Rowedder/Schmidt-Leithoff/*Schnorbus*
Rn. 82 f.

[357] HCL/*Ulmer/Casper* Rn. 81; Noack/Servatius/Haas/*Noack* Rn. 85.

[358] BGH Urt. v. 25.9.1986 – II ZR 262/85, BGHZ 98, 276 (280) = NJW 1987, 189.

[359] BGH Urt. v. 23.3.1987 – II ZR 244/86, NJW 1987, 3192 (3193).

[360] HCL/*Ulmer/Casper* Rn. 82; MHLS/*Hoffmann* Rn. 109; vgl. auch Rowedder/Schmidt-Leithoff/*Schnorbus* Rn. 82 f.

[361] BGH Urt. v. 25.9.1986 – II ZR 262/85, BGHZ 98, 276 = NJW 1987, 189; zuvor bereits *K. Schmidt*
NJW 1980, 1769 (1770).

[362] HCL/*Ulmer/Casper* Rn. 82; MHLS/*Hoffmann* Rn. 109.

121   **Größere Zurückhaltung** ist in der Bejahung einer Pflicht zur Zustimmung zur Satzungsänderung demgegenüber dann anzunehmen, wenn es nicht um eine Aufrechterhaltung, sondern um eine **Veränderung der Grundlagen der Gesellschaft** geht. Hier ist mit besonderer Sorgfalt zu prüfen, ob die Vertragsänderung im Hinblick auf das Gesellschaftsinteresse dringend erforderlich und für den betroffenen Gesellschafter zumutbar ist. Die **dringende Erforderlichkeit** der Satzungsänderung setzt voraus, dass nicht nur zu hoffen, sondern zu erwarten ist, dass mit der Satzungsänderung das angestrebte Ziel erreicht werden kann und keine anderen, die dissentierenden Gesellschafter weniger belastenden Maßnahmen in Betracht kommen.[363] Die **Zumutbarkeit** ist dann zu bejahen, wenn die Notwendigkeit der Satzungsänderung aus Sicht des Gesellschaftsinteresses eindeutig schwerer wiegt als die dem Gesellschafter entstehenden Nachteile.[364] Eine Zustimmungspflicht ist demnach umso eher zu bejahen, je dringender die Satzungsänderung für die Erhaltung des von der Gesellschaft betriebenen Unternehmens ist und je weniger einschneidend die mit der Satzungsänderung einhergehenden Nachteile für den betroffenen Gesellschafter sind. In **Fällen des mittelbaren Eingriffs in den Kernbereich** der mitgliedschaftlichen Rechte ist demnach eine Abwägung zwischen der Gesellschaftsnützlichkeit auf der einen und der Beeinträchtigung der Interessen des betroffenen Gesellschafters auf der anderen Seite erforderlich. Dies ist insbesondere dann der Fall, wenn es zu einer Verschiebung des Stimm- und Gewinnverhältnisses kommen soll (und zwar im Falle einer Kapitalerhöhung auch dann, wenn der Gesellschafter zwar nicht zur Übernahme eines neuen Geschäftsanteils verpflichtet ist, seine Stimm- oder Gewinnrechte aber beeinträchtigt werden).[365] Für eine Zustimmungspflicht erforderlich ist in solchen Fällen darüber hinaus die Wahrung des Gleichbehandlungsgrundsatzes; eine Zustimmungspflicht zu einer Kapitalerhöhung scheidet daher aus, wenn nicht sämtliche Gesellschafter pro rata an der Kapitalerhöhung partizipieren können.[366] Eine Zustimmungspflicht kann auch dann in Betracht kommen, wenn die Satzungsänderung der Anpassung der gesellschaftlichen Grundlagen an veränderte Umstände oder der Schließung regelungsbedürftiger Satzungslücken dient und die Satzungsänderung im Interesse der Gesellschaft dringend geboten sowie dem Gesellschafter zumutbar ist.[367] Unabhängig von einer derartigen Abwägung zwischen der Gesellschaftsnützlichkeit und der Intensität der Nachteile für den betroffenen Gesellschafter ist eine Zustimmungspflicht in Fällen des **unmittelbaren Eingriffs in den Kernbereich** der Mitgliedschaft oder der Beeinträchtigung von Sonderrechten **zu verneinen.**[368] Im Hinblick darauf, dass diese Rechte nur mit Zustimmung des Betroffenen entzogen werden können, kommt eine Zustimmungspflicht allenfalls in Extremfällen in Betracht. Aufgrund von Abs. 3 kann ein Gesellschafter auch nicht aus der Treupflicht zur Übernahme eines neuen Geschäftsanteils verpflichtet sein[369] (näher → § 55 Rn. 36 f.). Unter Umständen kann eine aus mitgliedschaftlichen Treubindungen resultierende Zustimmungspflicht nicht nur zur Erhaltung des von der Gesellschaft betriebenen Unternehmens sondern auch zur Wahrung mitgliedschaftlicher Belange von Mitgesellschaftern bejaht werden.[370]

122   Ist nach dem Vorgesagten eine Zustimmungspflicht zur Satzungsänderung zu bejahen, ist der Gesellschafter auch **zur Teilnahme an der Abstimmung verpflichtet,** sofern diese aufgrund satzungsrechtlicher Beschlussfähigkeitsbestimmungen für das Zustandekommen eines fehlerfreien Satzungsänderungsbeschlusses erforderlich ist. Aber auch sofern eine Zustimmungspflicht zur Satzungsänderung zu verneinen ist, kann der Gesellschafter aufgrund der mitgliedschaftlichen Treupflicht zur Teilnahme an der Abstimmung verpflichtet

---

[363] *Winter* Treubindungen S. 178; ebenso *K. Schmidt* ZGR 1982, 519 (525) für die sanierende Kapitalerhöhung.

[364] *Winter* Treubindungen S. 179.

[365] *Winter* Treubindungen S. 179; HCL/*Ulmer/Casper* Rn. 82.

[366] Näher *Winter* Treubindungen S. 179.

[367] MHLS/*Hoffmann* Rn. 110; Bork/Schäfer/*Arnold* Rn. 25.

[368] *Winter* Treubindungen S. 179 f.; HCL/*Ulmer/Casper* Rn. 82.

[369] HCL/*Ulmer/Casper* Rn. 82.

[370] Näher *Winter* Treubindungen S. 181 ff.

sein, sofern die Gesellschaft für den Fall der Nichterreichung statutarischer Beschlussfähigkeitsregelungen keine Vorsorge trifft und die übrigen Gesellschafter deshalb nicht einmal mit der für Satzungsänderungsbeschlüsse vorgesehenen Mehrheit zur Satzungsänderung in der Lage wären.[371]

Eine Pflicht, der Fortsetzung einer statutarisch befristeten Gesellschaft zuzustimmen, **123** besteht nicht.[372]

Geht es um die Stimmabgabe im Rahmen der Beschlussfassung und kann ohne die **124** Zustimmung des betroffenen Gesellschafters die zur Satzungsänderung erforderliche Mehrheit nicht erreicht werden, genügt zur Durchsetzung der Verpflichtung zur Mitwirkung bei der Satzungsänderung die Erhebung einer **positiven Beschlussfeststellungsklage**. Handelt es sich hingegen um einen Fall der Zustimmung aufgrund eines statutarischen Zustimmungsrechts, bedarf es einer **Klage auf Zustimmung** und im Falle des Obsiegens der Vollstreckung gem. § 894 ZPO.[373]

Zur vereinfachten Kapitalherabsetzung → § 58a Rn. 68. **125**

6. Besondere statutarische Erfordernisse. a) Arten besonderer statutarischer **126**
Erfordernisse (Abs. 2 S. 2). Über die gesetzlich zwingenden Wirksamkeitsvoraussetzungen einer Satzungsänderung gem. Abs. 2 S. 1 hinaus kann die Satzung gem. Abs. 2 S. 2 zusätzliche Erfordernisse normieren. Aus dem Wortlaut von Abs. 2 S. 2 („noch andere Erfordernisse") ergibt sich, dass derartige Erfordernisse Satzungsänderungen **nur erschweren**, hingegen nicht erleichtern können.[374] Zulässig ist indes eine mittelbare Herabsetzung des gesetzlich vorgeschriebenen Beschlussquorums durch eine Abweichung der Satzung von der Stimmkraftregel nach § 47 Abs. 2, weil Abs. 2 S. 1 nicht an Kapital-, sondern an Stimmenmehrheiten anknüpft.[375] Nicht gestattet ist ein gänzlicher Ausschluss von Satzungsänderungen.[376] Eine Klausel, wonach die Satzung „unabänderlich" sein soll, ist daher im Wege der Umdeutung dahingehend auszulegen, dass zur Wirksamkeit der Satzungsänderung die Zustimmung sämtlicher Gesellschafter erforderlich ist[377] (zum Erfordernis der Zustimmung sämtlicher Gesellschafter auch näher → Rn. 131 ff.). Die zusätzlichen Erfordernisse gem. Abs. 2 S. 2 können sämtliche Satzungsänderungen betreffen, aber auch auf bestimmte Änderungsgegenstände beschränkt sein.[378] Die **Möglichkeiten** der Schaffung von Zusatzerfordernissen gem. Abs. 2 S. 2 sind **vielgestaltig**. Sie können insbesondere die Mehrheitserfordernisse bei der Beschlussfassung betreffen.[379] So kann die Satzung eine höhere Stimmenmehrheit oder neben der Stimmen- auch eine bestimmte Kapitalmehrheit vorschreiben (letzteres ist insbesondere bei Geschäftsanteilen mit unterschiedlichen Stimmrechten von Bedeutung).[380] Verlangt werden kann weiterhin Einstimmigkeit aller abstimmenden, aller erschienenen oder aller vorhandenen Gesellschafter.[381] Eine Satzungsbestim

---

371 HCL/*Ulmer/Casper* Rn. 83.
372 *Winter* Treubindungen S. 180 mwN.
373 MHLS/*Hoffmann* Rn. 111.
374 HCL/*Ulmer/Casper* Rn. 93; Scholz/*Priester/Tebben* Rn. 86; Rowedder/Schmidt-Leithoff/*Schnorbus* Rn. 67; Bork/Schäfer/*Arnold* Rn. 14; Noack/Servatius/Haas/*Noack* Rn. 62 f.; *Altmeppen* Rn. 40; HK-GmbHR/*A. Bartl* Rn. 12; eingehend *Ivens* GmbHR 1989, 61.
375 HCL/*Ulmer/Casper* Rn. 93; Scholz/*Priester/Tebben* Rn. 86; Noack/Servatius/Haas/*Noack* Rn. 62; vgl. dazu für die Abstimmung nach Köpfen ferner → Rn. 82.
376 HCL/*Ulmer/Casper* Rn. 93; Rowedder/Schmidt-Leithoff/*Schnorbus* Rn. 67; MHLS/*Hoffmann* Rn. 100.
377 HCL/*Ulmer/Casper* Rn. 93; Scholz/*Priester/Tebben* Rn. 39, 88; Rowedder/Schmidt-Leithoff/*Schnorbus* Rn. 67; ebenso zu entsprechenden Klauseln zur Verschmelzung Lutter/*Vetter* UmwG § 50 Rn. 37; zweifelnd MHLS/*Hoffmann* Rn. 100 – unter Hinweis, dass sich zusätzliche Erfordernisse bei Umdeutung nicht eindeutig aus der Satzung ergäben.
378 HCL/*Ulmer/Casper* Rn. 93; Scholz/*Priester/Tebben* Rn. 86; Meyer-Landrut/Miller/Niehus/*Meyer-Landrut* Rn. 15.
379 Vgl. dazu *Blath* RNotZ 2017, 218 (224 ff.).
380 HCL/*Ulmer/Casper* Rn. 93; Scholz/*Priester/Tebben* Rn. 88; HK-GmbHR/*A. Bartl* Rn. 12.
381 HCL/*Ulmer/Casper* Rn. 93; Noack/Servatius/Haas/*Noack* Rn. 63; Scholz/*Priester/Tebben* Rn. 88; Meyer-Landrut/Miller/Niehus/*Meyer-Landrut* Rn. 15; Lutter/Hommelhoff/*Bayer* Rn. 13; MHLS/*Hoffmann* Rn. 99; vgl. zu früher vertretenen Gegenansichten im Aktienrecht auch Großkomm AktG/*Wiedemann* AktG § 179 Rn. 121.

mung, wonach „Einstimmigkeit" erforderlich ist, ist im Zweifel im Sinne eines Erfordernisses der Zustimmung sämtlicher Gesellschafter zu verstehen. Dies bedeutet, dass der Beschluss zwar nicht von einer Universalversammlung einstimmig gefasst worden sein muss; die in der Gesellschafterversammlung nicht erschienenen oder nicht vertretenen Gesellschafter müssen indes vorher oder nachträglich ihre Zustimmung zum Satzungsänderungsbeschluss erklären, damit dieser wirksam werden kann.[382] Hinsichtlich der Mehrheit kann statt auf die abgegebenen auf alle vorhandenen Stimmen abgestellt werden.[383] Zulässig ist es weiterhin, die Satzungsänderung von der Zustimmung eines oder mehrerer bestimmter Gesellschafter abhängig zu machen, denen dadurch ein Sonderrecht eingeräumt wird.[384] Unzulässig ist es hingegen, Satzungsänderungen von der Zustimmung von Nichtgesellschaftern abhängig zu machen.[385] Anderenfalls würde nämlich die zwingende Änderungskompetenz (→ Rn. 3 ff., → Rn. 58) der Gesellschafter gem. Abs. 1 untergraben. Sollen bestimmten Personen derartige Zustimmungsrechte eingeräumt werden, setzt dies die Gewährung einer unter Umständen rechtlich beschränkten Gesellschafterstellung voraus. Gleiches gilt im Grundsatz auch für Zustimmungsrechte zugunsten anderer Organe als der Gesellschafterversammlung;[386] eine Ausnahme ist insoweit für den Fall zu gestatten, dass das zur Zustimmung berufene Organ nach der Satzung ausschließlich aus Gesellschaftern besteht;[387] in einem derartigen Fall wird die Zustimmung nämlich nicht von der Mitwirkung von Nichtgesellschaftern abhängig gemacht. Gleiches ist anzunehmen, falls die Satzung ein Gremium (zB einen Beirat) vorsieht, das sich zwar nicht ausschließlich aus Gesellschaftern zusammenzusetzen hat, bei dem die Ablehnung ausschließlich durch die Nichtgesellschafter etwa aufgrund entsprechender Mehrheitserfordernisse der Zustimmungserteilung indes nicht im Wege steht. Auch in einem derartigen Fall bedarf es im Ergebnis der Mitwirkung der Nichtgesellschafter nämlich nicht. Haben diese aufgrund der bestehenden Mehrheitserfordernisse die Möglichkeit, gemeinsam mit einzelnen Gesellschaftern die Erteilung einer Zustimmungserklärung zu verhindern, ist dies indes unschädlich, weil diese Konstellation rechtlich nicht anders zu beurteilen sein kann als die rechtlich anerkanntermaßen zulässige Gewährung eines Zustimmungsvorbehalts zugunsten des ablehnenden Gesellschafters. Fraglich ist, ob und in welcher Weise der Letztentscheidung durch die Gesellschafterversammlung die Entscheidung durch einen Aufsichtsrat vorgeschaltet werden kann. Zulässig ist es, für den Fall, dass der Aufsichtsrat eine Satzungsänderung ablehnt, eine Erhöhung des für die Entscheidung der Gesellschafterversammlung über die Satzungsänderung erforderlichen Quorums vorzusehen. Da die für die Satzungsänderung erforderliche Stimmenmehrheit bis hin zur Einstimmigkeit oder der Zustimmung sämtlicher Gesellschafter verschärft werden kann, ist auch eine lediglich bei Ablehnung der Satzungsänderung durch den Aufsichtsrat eingreifende Erhöhung des Beschlussquorums statthaft.[388] Unzulässig wäre demgegenüber eine Satzungsbestimmung, derzufolge für den Fall, dass ein (nach dem vorstehend Gesagten nicht zur Entscheidung

---

[382] Scholz/*Priester*/*Tebben* Rn. 88; HCL/*Ulmer*/*Casper* Rn. 93; aA Noack/Servatius/Haas/*Noack* Rn. 63: im Zweifel komme es nur auf die erschienenen Gesellschafter an.

[383] LG Hamburg Beschl. v. 28.4.1953 – 26 T 5/53, GmbHR 1953, 190; Scholz/*Priester*/*Tebben* Rn. 88.

[384] RG Urt. v. 30.3.1942 – II 96/41, RGZ 169, 65 (81); KG Beschl. v. 5.2.1925 – 1 X 19/25, JW 1926, 598 (599); HCL/*Ulmer*/*Casper* Rn. 94; Meyer-Landrut/Miller/Niehus/*Meyer-Landrut* Rn. 2; HK-GmbHR/*A. Bartl* Rn. 12; Rowedder/Schmidt-Leithoff/*Schnorbus* Rn. 67; Lutter/Hommelhoff/*Bayer* Rn. 7; Noack/Servatius/Haas/*Noack* Rn. 78.

[385] RG Urt. v. 30.3.1942 – II 96/41, RGZ 169, 65 (80); Scholz/*Priester*/*Tebben* Rn. 63, 88; Noack/Servatius/Haas/*Noack* Rn. 79; HK-GmbHG/*Inhester* Rn. 33; Lutter/Hommelhoff/*Bayer* Rn. 7; MHLS/*Hoffmann* Rn. 100; Rowedder/Schmidt-Leithoff/*Schnorbus* Rn. 67; Meyer-Landrut/Miller/Niehus/*Meyer-Landrut* Rn. 2; *Priester* FS W. Werner, 1984, 671; *Reuter* FS 100 Jahre GmbHG, 1992, 631 (638); vgl. auch schon KG Beschl. v. 5.2.1925 – 1 X 19/25, JW 1926, 598 (599); Beschl. v. 24.1.1929 – 16 X 1001/27, JW 1930, 1412; abw. *Beuthien*/*Gätsch* ZHR 156 (1992), 459 (477).

[386] HCL/*Ulmer*/*Casper* Rn. 95; Rowedder/Schmidt-Leithoff/*Schnorbus* Rn. 67; Noack/Servatius/Haas/*Noack* Rn. 80.

[387] Weitergehend MHLS/*Hoffmann* Rn. 100: tatsächliche Besetzung ausschließlich mit Gesellschaftern; vgl. aber auch MHLS/*Hoffmann* Rn. 58.

[388] Ebenso *Vollmer* ZGR 1979, 135 (161 f.); aA zu § 179 AktG *Eckardt* NJW 1967, 369 (371 f.).

über die Satzungsänderung berufener) Aufsichtsrat die Satzungsänderung befürwortet, zur Verhinderung der Satzungsänderung ein mit einem bestimmten Quorum zu fassender Beschluss der Gesellschafterversammlung erforderlich sein soll.[389] Anderenfalls würde gegen Abs. 1 und 2 verstoßen, wonach die Satzungsänderung zwingend eines mit mindestens 75%iger Mehrheit zu fassenden Gesellschafterbeschlusses bedarf. Die Modalitäten der Zustimmungserteilung (zB Frist, Form) bemessen sich in erster Linie nach den Vorgaben der Satzung; für Fälle des Fehlens derartiger Vorgaben → Rn. 135. Zu Erfordernissen der staatlichen Genehmigung → Rn. 58; zu Verpflichtungen zur Satzungsänderung → Rn. 139 ff.; zu Stimmbindungsverträgen → Rn. 146.

Zusätzliche Satzungserfordernisse gem. Abs. 2 S. 2 können ferner **erschwerende Vor- 127 schriften hinsichtlich des Beschlussverfahrens** betreffen. So kann in der Satzung vorgesehen werden, dass die Beschlussfähigkeit der Gesellschafterversammlung von der Erreichung eines (kapital- und/oder stimmenmäßigen) Mindestquorums abhängig ist (sofern dies nicht für sämtliche Gesellschafterbeschlüsse vorgesehen ist, → Rn. 85), es können zusätzliche Anforderungen an die Ankündigung von Satzungsänderungen bei der Einladung zur Gesellschafterversammlung gestellt oder zusätzliche Formerfordernisse vorgesehen werden (zB Unterschrift des Versammlungsleiters oder sämtlicher anwesender Gesellschafter unter die notarielle Urkunde).[390] Auch die Anordnung des persönlichen Erscheinens des abstimmenden Gesellschafters oder einer wiederholten Abstimmung (etwa nach Ablauf eines bestimmten Zeitraums) ist möglich.[391] Ferner kann die Satzung das Erfordernis einer förmlichen Beschlussfeststellung durch den Versammlungsleiter oder den beurkundenden Notar vorsehen[392] (auch → Rn. 94 ff.).

b) Verankerung in der Satzung. Statutarische Zusatzerfordernisse gem. Abs. 2 S. 2 **128** müssen sich als körperschaftliche Satzungsbestandteile **eindeutig aus der Satzungsurkunde** selbst ergeben[393] (näher zur Auslegung der Satzung → § 2 Rn. 184 ff.). Sie können nicht im Wege der ergänzenden Vertragsauslegung hergeleitet werden.[394] Daher lässt sich auch im Falle einer personalistisch strukturierten GmbH, die durch eine gleichwertige Stellung ihrer Mitglieder unabhängig von der Höhe ihrer gesellschaftsrechtlichen Beteiligung gekennzeichnet ist, nicht im Wege ergänzender Vertragsauslegung Einstimmigkeit für Satzungsänderungen verlangen.[395]

c) Änderung besonderer statutarischer Erfordernisse. Eine Änderung der statuta- **129** rischen Zusatzerfordernisse gem. Abs. 2 S. 2 ist ihrerseits nur unter Beachtung dieser Erfordernisse möglich. Dies gilt zunächst für diejenigen Klauseln, die zusätzliche Erfordernisse generell für Satzungsänderungen normieren;[396] auch die Änderung derartiger Bestimmungen stellt nämlich eine Satzungsänderung dar. Auch Satzungsbestimmungen, die für nicht satzungsändernde Gesellschafterbeschlüsse (zB Anteilsübertragung, Aufsichtsratswahlen) erschwerte Erfordernisse vorsehen, können nur unter deren Einhaltung geändert werden;[397]

---

[389] Zumindest missverständlich insoweit *Vollmer* ZGR 1979, 135 (161 f.).

[390] HCL/*Ulmer*/*Casper* Rn. 94; Scholz/*Priester*/*Tebben* Rn. 87; Rowedder/Schmidt-Leithoff/*Schnorbus* Rn. 67; Noack/Servatius/Haas/*Noack* Rn. 77; MHLS/*Hoffmann* Rn. 99; Bork/Schäfer/*Arnold* Rn. 14.

[391] Scholz/*Priester*/*Tebben* Rn. 87.

[392] Scholz/*Priester*/*Tebben* Rn. 87; Rowedder/Schmidt-Leithoff/*Schnorbus* Rn. 67.

[393] HCL/*Ulmer*/*Casper* Rn. 96; Scholz/*Priester*/*Tebben* Rn. 86; MHLS/*Hoffmann* Rn. 100. Krit. zum Grundsatz der objektiven Satzungsauslegung *Schockenhoff* ZGR 2013, 76.

[394] HCL/*Ulmer*/*Casper* Rn. 96; aA *Martens*, Mehrheits- und Konzernherrschaft in der personalistischen GmbH, 1970, 165 ff.; vgl. auch Kölner Komm AktG/*Zetzsche* AktG § 179 Rn. 379: gegen Eindeutigkeitserfordernis bei Herabsetzung des Erfordernisses einer qualifizierten Mehrheit.

[395] HCL/*Ulmer*/*Casper* Rn. 96; aA *Martens*, Mehrheits- und Konzernherrschaft in der personalistischen GmbH, 1970, 165 ff.

[396] HCL/*Ulmer*/*Casper* Rn. 98; Scholz/*Priester*/*Tebben* Rn. 89; *Reichert* BB 1985, 1496 (1498); Kölner Komm AktG/*Zetzsche* AktG § 179 Rn. 383 zur AG.

[397] Noack/Servatius/Haas/*Noack* Rn. 64; HCL/*Ulmer*/*Casper* Rn. 98; tendenziell wohl auch BGH Urt. v. 13.3.1980 – II ZR 54/78, BGHZ 76, 191 (195) = NJW 1980, 1465; dazu zust. *Zöllner* ZGR 1982, 623 (632 f.); diff. OLG Stuttgart Urt. v. 14.2.1974 – 10 U 90/73, GmbHR 1974, 257 m. krit. Anm. *Konow* = NJW 1974, 1566 (1567); *F.-J. Semler* GmbHR 1974, 255 (256 f.).

unberührt bleibt indes die Möglichkeit, insoweit eine abweichende Satzungsbestimmung vorzusehen[398] (zu den Besonderheiten bei der Übertragung von Geschäftsanteilen → Rn. 204 ff.). Andernfalls stünden die betreffenden Klauseln, die dem Schutz einer Gesellschafterminderheit dienen, zur Disposition der Gesellschaftermehrheit.[399] Eine **Ausnahme** ist vor diesem Hintergrund daher für den Fall vorzusehen, dass Erfordernisse iSv Abs. 2 S. 2 weiter verschärft werden sollen. Insoweit reicht die Dreiviertelmehrheit gem. Abs. 2 S. 1 aus.[400] Ist die für Satzungsänderungen in der Gesellschaft allgemein geltende Mehrheit höher als die für den speziellen Beschlussgegenstand vorgeschriebene, so ist das höhere Quorum maßgebend.[401]

130   Wird eine statutarisch vorgeschriebene **höhere Beschlussmehrheit nicht erzielt,** ist der Antrag auf Satzungsänderung abgelehnt. Wird ein derartiger Beschluss unzutreffend festgestellt, kann hiergegen im Wege der Anfechtungsklage vorgegangen werden (näher → Rn. 97).[402] Wird eine statutarisch vorgeschriebene Zustimmung nicht erreicht, ist der Beschluss demgegenüber unwirksam.[403] Wird die Satzungsänderung gleichwohl im Handelsregister eingetragen, tritt, sofern die Unwirksamkeit nicht zwischenzeitlich geltend gemacht wurde, drei Jahre danach Heilung ein (→ § 54 Rn. 113).[404] Wird hingegen ein **Verfahrenserfordernis gem. Abs. 2 S. 2 missachtet,** führt dies nicht zur Nichtigkeit, sondern lediglich zur Anfechtbarkeit des Satzungsänderungsbeschlusses.[405]

131   **7. Vermehrung von Leistungen (Abs. 3).** Gem. Abs. 3 kann eine Vermehrung der den Gesellschaftern nach dem Gesellschaftsvertrag obliegenden Leistungen nur mit Zustimmung sämtlicher beteiligter Gesellschafter beschlossen werden. Dies ist Ausdruck des allgemeinen gesellschaftsrechtlichen Grundsatzes, dass zusätzliche Beitrags- oder Sonderpflichten nicht ohne Einverständnis der Betroffenen begründet werden können,[406] und von *Wiedemann* gar in den Rang eines **mitgliedschaftlichen Grundrechts** erhoben worden.[407] Dieser Grundsatz ist für die GmbH insofern von besonderer Bedeutung, als die Beitragspflichten der GmbH-Gesellschafter grundsätzlich auf die von ihnen übernommenen Stammeinlagen beschränkt sind.[408]

132   Im Gesellschaftsvertrag können zusätzliche Verpflichtungen einzelner, mehrerer oder sämtlicher Gesellschafter vorgesehen werden (näher → § 3 Rn. 66 ff.). Zulässig ist es auch, dass die Satzung die nachträgliche Einführung zusätzlicher Leistungspflichten durch Beschluss mit (einfacher oder qualifizierter) Mehrheit gestattet, ohne dass hierfür zusätzlich die Zustimmung gem. Abs. 3 erforderlich wäre. Voraussetzung hierfür ist indes, dass eine derartige statutarische Regelung die solchermaßen begründeten zusätzlichen Leistungspflichten in einer dem Bestimmtheitsgrundsatz[409] entsprechenden Weise nach Art, Ausmaß und Umfang näher definiert.[410] In derartigen Fällen haben die betroffenen Gesellschafter

[398]   Roth/Altmeppen/*Roth,* 8. Aufl. 2015, Rn. 23.
[399]   OLG Hamm Urt. v. 21.12.2015 – 8 U 67/15, RNotZ 2016, 188 (191).
[400]   Ebenso Kölner Komm AktG/*Zetzsche* AktG § 179 Rn. 384 f. zur AG; demgegenüber offengelassen bei Noack/Servatius/Haas/*Noack* Rn. 64.
[401]   HCL/*Ulmer/Casper* Rn. 98; Kölner Komm AktG/*Zetzsche* AktG § 179 Rn. 385 zur AG.
[402]   HCL/*Ulmer/Casper* Rn. 97; *Ballerstedt* GmbHR 1955, 160 (163); Meyer-Landrut/Miller/Niehus/*Meyer-Landrut* Rn. 16; Scholz/*Priester/Tebben* Rn. 90; abw. MHLS/*Hoffmann* Rn. 101.
[403]   HCL/*Ulmer/Casper* Rn. 97; Scholz/*Priester/Tebben* Rn. 90; Rowedder/Schmidt-Leithoff/*Schnorbus* Rn. 90.
[404]   HCL/*Ulmer/Casper* Rn. 97.
[405]   HCL/*Ulmer/Casper* Rn. 97; MHLS/*Hoffmann* Rn. 101.
[406]   Ebenso § 707 BGB, § 180 Abs. 1 AktG; vgl. auch § 190 I 17 PrALR, abgedruckt bei *K. Schmidt* GesR § 16 III 3b cc, S. 473, Fn. 100; demgegenüber lässt § 16 Abs. 3 S. 1 GenG eine Mehrheit von neun Zehnteln der abgegebenen Stimmen genügen.
[407]   So *Wiedemann* ZGR 1977, 690 (692).
[408]   HCL/*Ulmer/Casper* Rn. 85.
[409]   Zum Bestimmtheitsgrundsatz insbes. BGH Urt. v. 24.11.1975 – II ZR 89/74, BGHZ 66, 82 (85 f.) = NJW 1976, 958; Urt. v. 13.3.1978 – II ZR 63/77, BGHZ 71, 53 (58 f.) = NJW 1978, 1382; *Leenen* FS Larenz, 1983, 371 ff.; *Schiessl* DB 1986, 735.; *Mecke* BB 1988, 2258 (2261 ff.).
[410]   Lutter/Hommelhoff/*Bayer* Rn. 22; HCL/*Ulmer/Casper* Rn. 85; Scholz/*Priester/Tebben* Rn. 51; Noack/Servatius/Haas/*Noack* Rn. 33; Rowedder/Schmidt-Leithoff/*Schnorbus* Rn. 80; *K. Schmidt* GesR § 16 III 3b cc, S. 473.

ihr Einverständnis nämlich bereits vorweggenommen.[411] Die nachträgliche statutarische Einführung einer derartigen Befugnis der Mehrheit bedarf der Zustimmung sämtlicher Gesellschafter.[412] Demgegenüber ist eine Satzungsbestimmung, die einer (einfachen oder qualifizierten) Mehrheit die generelle Befugnis zur Einführung zusätzlicher Leistungspflichten gibt, mit dem Schutzzweck von Abs. 3 nur dann vereinbar, wenn den betroffenen Gesellschaftern ein Austrittsrecht entsprechend § 27 Abs. 1 eingeräumt wird.[413]

Das **Erfordernis** der „Zustimmung sämtlicher beteiligter Gesellschafter" ist in zwei **133** Richtungen **zu konkretisieren:** Einerseits ist nur die Zustimmung der Gesellschafter erforderlich, die zur Leistungsvermehrung verpflichtet werden sollen, denen also der Beschluss Nachteile bringt.[414] Andererseits genügt ein einstimmig gefasster Beschluss mit leistungsvermehrendem Inhalt nicht, wenn sich nicht alle betroffenen Gesellschafter an der Abstimmung beteiligt haben.[415] Keine Rolle spielt es, ob der betroffene Gesellschafter überhaupt ein Stimmrecht besitzt: Auch er muss zustimmen, andernfalls sind die Voraussetzungen des Abs. 3 nicht erfüllt.[416] Sollte der **Anteil mit einem Nießbrauch oder Pfandrecht belastet** sein und ergeben sich aus der Satzungsänderung negative Auswirkungen auf die Rechtsstellung des dinglich Betroffenen, kommt es entsprechend §§ 1071, 1276 BGB auch auf seine Zustimmung an (str.).[417]

Beschluss und Zustimmung stehen grundsätzlich als selbständige Voraussetzungen **134** nebeneinander.[418] Für den Gesellschafterbeschluss ist eine **Dreiviertelmehrheit** notwendig, und er bedarf der notariellen Beurkundung. Liegt ein in dieser Weise gefasster Beschluss vor, ist trotzdem die Zustimmung derjenigen (betroffenen) Gesellschafter unverzichtbar, die ihn nicht mitgetragen haben.

Es empfiehlt sich wegen der registerrechtlichen Prüfung, die Zustimmung in Textform **135** zu erteilen. Ein **Formerfordernis besteht** aber **nicht.** Eine mündliche Zustimmung oder eine solche durch schlüssige Handlung reicht aus. Die Zustimmung kann durch Stimmabgabe erteilt werden, aber auch außerhalb der Gesellschafterversammlung erfolgen.[419] Sie ist überdies **nicht fristgebunden.** Um gleichwohl eine endgültige Entscheidung in einem überschaubaren Zeitrahmen herbeizuführen, kann es sinnvoll sein, den Gesellschafter, dessen Erklärung noch aussteht, entsprechend § 108 Abs. 2 BGB, § 177 Abs. 2 BGB aufzufordern, sich binnen einer angemessenen Frist zu erklären. Die Frist muss nicht notwendigerweise zwei Wochen betragen, wie das die § 108 Abs. 2 S. 2 BGB, § 177 Abs. 2 S. 2 BGB vorsehen.[420] Solange es an der Zustimmung fehlt, ist der Beschluss schwebend unwirksam.[421] Nach fruchtlosem Verstreichen gilt die Zustimmung als verweigert. Eine nachträgliche Zustimmung ist dann ausgeschlossen.[422]

Wenn Gesellschafter die Zustimmung verweigern, stellt sich die Frage, ob der Beschluss **136** nicht zumindest die Gesellschafter bindet, die ihm zugestimmt haben. Eine solche **Teilwirksamkeit** kommt indes nur in Betracht, wenn – erstens – die Satzungsänderung einen

---

[411] Scholz/*Priester/Tebben* Rn. 51; Rowedder/Schmidt-Leithoff/*Schnorbus* Rn. 80.
[412] Lutter/Hommelhoff/*Bayer* Rn. 22; Noack/Servatius/Haas/*Noack* Rn. 32; Scholz/*Priester/Tebben* Rn. 51.
[413] HCL/*Ulmer/Casper* Rn. 85; Rowedder/Schmidt-Leithoff/*Schnorbus* Rn. 80; *Blath* RNotZ 2017, 218 (221); weitergehend Noack/Servatius/Haas/*Noack* Rn. 33: Unzulässigkeit trotz derartigen Austrittsrechts.
[414] Scholz/*Priester/Tebben* Rn. 92.
[415] HCL/*Ulmer/Casper* Rn. 89.
[416] Rowedder/Schmidt-Leithoff/*Schnorbus* Rn. 74 ff.; Scholz/*Priester/Tebben* Rn. 92.
[417] HCL/*Ulmer/Casper* Rn. 89; Rowedder/Schmidt-Leithoff/*Schnorbus* Rn. 63; *Fleck* FS R. Fischer, 1979, 107 (125 f.); aA Lutter/Hommelhoff/*Bayer* Rn. 14; HCL/*Löbbe* § 15 Rn. 169 f., 192; Bork/Schäfer/*Arnold* Rn. 13.
[418] BGH Urt. v. 14.5.1956 – II ZR 229/54, BGHZ 20, 363 (368) = NJW 1956, 1198.
[419] RG Urt. v. 29.4.1932 – II 368/31, RGZ 136, 185 (189); Urt. v. 28.4.1931 – 357/30 II, JW 1931, 2975 (2976). Zur AG RG Urt. v. 10.4.1908 – II 622/07, RGZ 68, 263 (266).
[420] Scholz/*Priester/Tebben* Rn. 95; HCL/*Ulmer/Casper* Rn. 91.
[421] RG Urt. v. 8.6.1928 – II 515/27, RGZ 121, 238 (244).
[422] HCL/*Ulmer/Casper* Rn. 91.

Regelungsgegenstand betrifft, der eine Teilregelung überhaupt sinnvollerweise zulässt,[423] und – zweitens – ein Wille der zustimmenden Gesellschafter objektiv erkennbar ist, der Pflicht zur Leistungsvermehrung unter allen Umständen nachkommen zu wollen, gleichgültig, ob sie auch für alle anderen Mitgesellschafter gilt.[424] In den übrigen Fällen, insbesondere wenn sich ein Wille zur ungleichmäßigen Belastung nicht zweifelsfrei ermitteln lässt, ist **Gesamtunwirksamkeit** anzunehmen.[425]

137   Der Begriff der **Vermehrung von Leistungen** iSv Abs. 3 ist weit zu verstehen. Er erfasst die Einführung, die Erweiterung und Verstärkung sämtlicher Arten von Pflichten, die über die gesellschaftsvertraglichen Gesellschafterpflichten hinausgehen.[426] Abs. 3 gilt demnach sowohl für Handlungs- als auch für Unterlassungspflichten, für neue Leistungspflichten ebenso wie für die Ausdehnung oder Verschärfung bereits bestehender Pflichten, für die Verlängerung von Pflichten, und zwar unabhängig davon, ob Sonderpflichten einzelner Gesellschafter geschaffen oder eine gleichmäßige Pflichtverstärkung bei allen Gesellschaftern vorgesehen wird.[427] Zur nachträglichen Einführung von Schiedsklauseln → Rn. 241 ff. Von Abs. 3 erfasst sind nach hM allerdings nur Fälle der unmittelbaren, nicht solche der mittelbaren Leistungsvermehrung.[428] Nicht als Fall des Abs. 3 angesehen wird von der überwiegenden Ansicht deshalb die Ausfallhaftung gem. § 24 als Folge einer mehrheitlich beschlossenen Kapitalerhöhung.[429] Im Fall unzumutbarer Risikobelastung ist dissentierenden Altgesellschaftern ein **Austrittsrecht** aus wichtigem Grund einzuräumen, das indes unverzüglich nach Kapitalerhöhung und nicht erst bei Eintritt des Haftungsfalls auszuüben ist.[430] Ein darüber hinausgehender Schutz der Altgesellschafter lässt sich nur durch eine entsprechende statutarische Klausel erreichen, die – freilich um den Preis geringerer Flexibilität der Gesellschaft – die Zustimmung sämtlicher Gesellschafter verlangt.[431] Ein **Fall lediglich mittelbarer Leistungsvermehrung** liegt auch dann vor, wenn ein Kapitalerhöhungsbeschluss vorsieht, dass die bisherigen Geschäftsanteile eines Gesellschafters hinter den im Rahmen der Kapitalerhöhung neugeschaffenen Geschäftsanteilen zurücktreten, sofern der Gesellschafter keine neuen Geschäftsanteile übernimmt.[432]

138   Zur Aufhebung oder Beschränkung von statutarischen Sonderrechten → Rn. 184; zur nachträglichen Einführung einer Ermächtigung zur Zwangseinziehung → Rn. 208.

139   **8. Verpflichtung zur Satzungsänderung. a) Verpflichtung der Gesellschaft.** Satzungsänderungen fallen gem. Abs. 1 in die ausschließliche Zuständigkeit der Gesellschafter (→ Rn. 58). Liegt die Zuständigkeit für innergesellschaftliche Akte bei anderen Gesellschaftsorganen, können die Geschäftsführer trotz ihrer im Außenverhältnis unbeschränkbaren Vertretungsmacht (§ 37 Abs. 2) die GmbH nicht gegenüber Dritten zur Vornahme derartiger Handlungen verpflichten, weil insoweit der von § 37 Abs. 2 bezweckte Vertrauensschutz nicht eingreift (näher → § 37 Rn. 156 ff.). Auch eine Verpflichtung der Gesellschaft durch ihre Geschäftsführer zur Vornahme einer Satzungsänderung ist daher nicht möglich.[433] Wirksam

---

[423] Vgl. RG Urt. v. 29.4.1932 – II 368/31, RGZ 136, 185 (190 ff.); Noack/Servatius/Haas/*Noack* Rn. 78.
[424] HCL/*Ulmer/Casper* Rn. 92; Noack/Servatius/Haas/*Noack* Rn. 78.
[425] Rowedder/Schmidt-Leithoff/*Schnorbus* Rn. 79; HCL/*Ulmer/Casper* Rn. 92; Noack/Servatius/Haas/ *Noack* Rn. 78.
[426] RG Urt. v. 8.6.1928 – II 515/27, RGZ 121, 238 (241 f.); HCL/*Ulmer/Casper* Rn. 86; MHLS/*Hoffmann* Rn. 87; Rowedder/Schmidt-Leithoff/*Schnorbus* Rn. 68.
[427] Scholz/*Priester/Tebben* Rn. 50; MHLS/*Hoffmann* Rn. 87; HCL/*Ulmer/Casper* Rn. 86; HK-GmbHR/ *A. Bartl* Rn. 13; Rowedder/Schmidt-Leithoff/*Schnorbus* Rn. 68; Henssler/Strohn/*Gummert* Rn. 30.
[428] HCL/*Ulmer/Casper* Rn. 86; MHLS/*Hoffmann* Rn. 87; Scholz/*Priester/Tebben* Rn. 53; Rowedder/ Schmidt-Leithoff/*Schnorbus* Rn. 70.
[429] RG Urt. v. 11.7.1918 – II 52/18, RGZ 93, 251 (253); Urt. v. 23.10.1928 – II 54/28, RGZ 122, 159 (163); Scholz/*Priester/Tebben* Rn. 53; HCL/*Ulmer/Casper* Rn. 86; MHLS/*Hoffmann* Rn. 87.
[430] LG Mönchengladbach Urt. v. 23.10.1985 – 7 O 45/85, ZIP 1986, 306 (307); Noack/Servatius/Haas/ *Kersting* § 24 Rn. 5; HCL/*Ulmer/Casper* Rn. 86.
[431] Vgl. Roth/Altmeppen/*Roth*, 8. Aufl. 2015, § 55 Rn. 7.
[432] Scholz/*Priester/Tebben* Rn. 53 mit Hinweis auf eventuellen Verstoß gegen Gleichbehandlungsgrundsatz; Ehrenberg HandelsR-HdB/*Feine* S. 596; aA RG Urt. v. 25.4.1911 – II 572/10, RGZ 76, 155 (159).
[433] RG Urt. v. 20.12.1939 – II 88/39, RGZ 162, 370 (374); Scholz/*Priester/Tebben* Rn. 35; HCL/*Ulmer/ Casper* Rn. 42; MHLS/*Hoffmann* Rn. 49; Lutter/Hommelhoff/*Bayer* Rn. 40.

eingegangen werden kann eine derartige Verpflichtung von den Geschäftsführern nur dann, wenn die Gesellschafter die Geschäftsführer mit satzungsändernder Mehrheit ermächtigen, die Gesellschaft zu einer genau bestimmten Satzungsänderung für einen konkreten Einzelfall zu verpflichten,[434] zB zu einer Kapitalerhöhung um einen festen Betrag, wobei auch die Konditionen des Geschäfts – namentlich die Gegenleistung – nicht ganz und gar offen bleiben dürfen.[435] Nur bei Wahrung dieser **strengen Voraussetzungen** ist sichergestellt, dass die Entscheidung über die Satzungsänderung letztlich bei den Gesellschaftern verbleibt. Darüber hinaus ist darauf zu achten, dass eine Ermächtigung zur Eingehung einer Verpflichtung zur Satzungsänderung nicht zu einer Aushöhlung der Satzungsänderungskompetenz der Gesellschafter führt. Aus diesem Grund ist anerkannt, dass eine **Anweisung der Gesellschafter an die Geschäftsführer,** eine Satzungsänderung nur unter bestimmten Voraussetzungen zur Eintragung im Handelsregister anzumelden, diese Voraussetzungen klar zu definieren hat und den Geschäftsführern diesbezüglich kein Entscheidungsermessen einräumen darf (→ Rn. 173). Dieses Erfordernis ist jedenfalls im Grundsatz auch bei der Ermächtigung zur Eingehung einer Verpflichtung zur Satzungsänderung zu wahren. Anderenfalls würde zwar nicht die Kompetenz zur Satzungsänderung selbst auf die Geschäftsführer übertragen (diese verbliebe, da lediglich die Verpflichtungsebene betroffen ist, bei den Gesellschaftern); indes läge die Entscheidung über die Eingehung einer Verpflichtung zur Satzungsänderung, die vom Gläubiger gerichtlich durchgesetzt und vollstreckt werden könnte (→ Rn. 141), bei den Geschäftsführern. Vor diesem Hintergrund ist bei der **Ausgestaltung des Ermächtigungsbeschlusses** sicherzustellen, dass die Voraussetzungen der Eingehung der Verpflichtung von den Gesellschaftern definiert werden und den Geschäftsführern kein substantielles Entscheidungsermessen eingeräumt wird. Möglich ist allenfalls, ihnen einen gewissen Spielraum bei der genauen Formulierung des Vertragsinhalts zu belassen.[436]

Eine derartige Ermächtigung kann nicht nur vorab, sondern auch nachträglich erteilt **140** werden; im Falle der nachträglichen Erteilung wirkt die Ermächtigung auf den Zeitpunkt der Eingehung der Verpflichtung zurück, sofern der **Ermächtigungsbeschluss** nichts Abweichendes anordnet. Die auf die Beschlussfassung im Rahmen eines Satzungsänderungsbeschlusses anwendbaren Grundsätze (zB bezüglich Stimmhindernissen) finden auf einen derartigen Ermächtigungsbeschluss entsprechende Anwendung. Umstritten ist insoweit, ob ein entsprechender Ermächtigungsbeschluss der **Form des Abs. 2 S. 1** bedarf.[437] Richtigerweise ist dies deshalb zu verneinen, weil der notariellen Form bei Satzungsänderungsbeschlüssen keine Warn-, sondern lediglich eine Beweisfunktion zukommt (→ Rn. 71).[438] Strittig ist weiterhin, ob ein derartiger Ermächtigungsbeschluss der Eintragung in das Handelsregister bedarf.[439] Nach zutreffender Ansicht ist die Notwendigkeit einer Eintragung in das Handelsregister zu verneinen. Zum einen handelt es sich bei einer derartigen Ermächtigung nicht um eine eintragungspflichtige Tatsache, zum anderen besteht insoweit kein berechtigtes Publizitätsinteresse der Allgemeinheit. Auch ist eine Eintragung im Handelsregister nicht zum Schutz neu eintretender Gesellschafter erforderlich. Zwar bedarf ein neu hinzutretender Gesellschafter in der Tat regelmäßig des Schutzes vor Verpflichtungen der Gesellschaft zur Satzungsänderung; diesen Schutz kann er indes durch entsprechende – in der Praxis nicht unübliche – Garantien des Anteilsveräußerers in regelmäßig hinreichender Weise erhalten. Der zur Satzungsänderung verpflichtende Vertrag sollte schriftlich geschlossen werden.[440]

---

[434]	HCL/*Ulmer*/*Casper* Rn. 42; Scholz/*Priester*/*Tebben* Rn. 35; *Fleck* ZGR 1988, 104 (110 ff.); Lutter/Hommelhoff/*Bayer* Rn. 40; MHLS/*Hoffmann* Rn. 49; Bork/Schäfer/*Arnold* Rn. 26.

[435]	*Fleck* ZGR 1988, 104 (113).

[436]	*Fleck* ZGR 1988, 104 (114).

[437]	Bejahend Scholz/*Priester*/*Tebben* Rn. 35; *Fleck* ZGR 1988, 104 (114); *Hoene*/*Eickmann* GmbHR 2017, 854 (855); verneinend HCL/*Ulmer*/*Casper* Rn. 42; Lutter/Hommelhoff/*Bayer* Rn. 40; MHLS/*Hoffmann* Rn. 50.

[438]	Zutr. HCL/*Ulmer*/*Casper* Rn. 42.

[439]	Bejahend Scholz/*Priester*/*Tebben* Rn. 35; *Hoene*/*Eickmann* GmbHR 2017, 854 (855); verneinend HCL/*Ulmer*/*Casper* Rn. 42; MHLS/*Hoffmann* Rn. 50; Lutter/Hommelhoff/*Bayer* Rn. 40; *Fleck* ZGR 1988, 104 (114); Bork/Schäfer/*Arnold* Rn. 26; Scholz/*Priester*, 9. Aufl. 2002, Rn. 35.

[440]	HCL/*Ulmer*/*Casper* Rn. 42; vgl. *Fleck* ZGR 1988, 104 (115).

141   Ein wirksam begründeter vertraglicher Anspruch gegen die Gesellschaft auf Satzungsänderung ist **gerichtlich durchsetzbar** und begründet nicht lediglich eine Schadensersatzver-
pflichtung bei Zuwiderhandlung.[441] Ein hierauf gestütztes Urteil ist nach § 894 ZPO vollstreckbar. Es ersetzt den Satzungsänderungsbeschluss samt notarieller Beurkundung[442] und
die nach § 54 Abs. 1 S. 1 erforderliche Anmeldung.[443] Die Abfassung des gem. § 54 Abs. 1
S. 2 Hs. 1 der Anmeldung beizufügenden vollständigen Wortlauts des Gesellschaftsvertrags ist
demgegenüber im Wege der Ersatzvornahme gem. § 887 ZPO zu vollstrecken, die Bescheinigung gem. § 54 Abs. 1 S. 2 Hs. 2 kann der Gläubiger selbst gem. § 896 ZPO einholen.[444]

142   Um die **Bestimmtheit des Klagantrags** gem. § 253 ZPO sicherzustellen, sollte ein
Klagantrag nicht nur auf die Verurteilung der GmbH zur Fassung des Satzungsänderungsbeschlusses, sondern auch auf die Abgabe der Anmeldungserklärung bezogen sein.[445]

143   Die vorerwähnten Einschränkungen finden demgegenüber keine Anwendung auf den
Abschluss von Verträgen, die **lediglich eine faktische Verpflichtung** zur Satzungsänderung oder Satzungsdurchbrechung beinhalten (zB von Verträgen in vom Unternehmensgegenstand nicht gedeckten Bereichen).[446] Zur Vermögensübertragung → Rn. 233 ff.; zum
Abschluss von Unternehmensverträgen → Rn. 147 ff.

144   Im Hinblick auf eine **Verpflichtung** der Gesellschaft, **eine Satzungsänderung zu
unterlassen,** wird gleichfalls für die Anwendbarkeit der vorstehenden Grundsätze über die
Verpflichtung zur Satzungsänderung plädiert.[447] Dem ist insoweit zu folgen, als es auch für
eine Verpflichtung zur Unterlassung eines satzungsändernden Beschlusses eines Ermächti-
gungsbeschlusses durch die Gesellschafter bedarf. Nicht sachgerecht erscheint indes die
Übernahme des in Fällen der Verpflichtung zur Satzungsänderung geltenden Erfordernisses
der Beschlussfassung mit satzungsändernder Mehrheit. Da es im Innenverhältnis in der in
Rede stehenden Konstellation zur Beibehaltung der bisherigen Satzungsbestimmungen der
Dreiviertelmehrheit nicht bedarf, kann eine solche auch nicht für die Ermächtigung zur
Eingehung einer entsprechenden Verpflichtung im Außenverhältnis verlangt werden. Zu
klären bleibt insoweit lediglich, ob der Ermächtigungsbeschluss einer einfachen Mehrheit
bedarf oder ob gar ein die Satzungsänderung blockierendes Minderheitsvotum von über
25 % ausreicht. Die Fassung eines solchen Ermächtigungsbeschlusses durch eine solche
Minderheit wäre systemwidrig. Nach dem allgemeinen Grundsatz des § 47 Abs. 1 bedarf
es stattdessen eines mit einfacher Mehrheit zu fassenden Gesellschafterbeschlusses. Die Vollstreckung eines auf Unterlassung einer Satzungsänderung gerichteten Urteils erfolgt nach
§ 890 ZPO. Ein etwaiges Ordnungsgeld ist gegen die GmbH festzusetzen, die selbst Schuldnerin der Unterlassungspflicht ist; die Verurteilung zur Ordnungshaft scheidet demgegenüber aus.[448]

145   Wenn die Gesellschaft sich zur Satzungsänderung verpflichtet, diese aber unterlässt,
oder umgekehrt sie sich zu einer Unterlassung verpflichtet, dann aber doch die Satzung
ändert, macht sie sich schadensersatzpflichtig. In vielen Fällen wird die **Bestimmung des
Schadens** in der Praxis Schwierigkeiten bereiten. Um solche Probleme zu vermeiden, kann
die Vereinbarung einer **Vertragsstrafe** (oder einer Schadenspauschale)[449] empfehlenswert
sein.[450] Denn die Vertragsstrafe dient nicht nur als Druckmittel, sondern soll dem Gläubiger

---

[441]   *Fleck* ZGR 1988, 104 (115); aA bei Kapitalerhöhungen Noack/Servatius/Haas/*Servatius* § 55 Rn. 38,
        40; dazu auch → § 55 Rn. 208 ff.
[442]   HCL/*Ulmer/Casper* Rn. 42; *Fleck* ZGR 1988, 104 (115 f.).
[443]   HCL/*Ulmer/Casper* Rn. 42; MHLS/*Hoffmann* Rn. 51; vgl. zur Ersetzung von Registererklärungen allg.
        Musielak/Voit/*Lackmann* ZPO § 894 Rn. 5; Anders/Gehle/*Schmidt* ZPO § 894 Rn. 9; Stein/Jonas/
        Bartels ZPO § 894 Rn. 9.
[444]   MHLS/*Hoffmann* Rn. 51.
[445]   Zutr. HCL/*Ulmer/Casper* Rn. 42.
[446]   HCL/*Ulmer/Casper* Rn. 43 mwN.
[447]   *Fleck* ZGR 1988, 104 (118).
[448]   *Fleck* ZGR 1988, 104 (118 f.).
[449]   Zur Abgrenzung Staudinger/*Rieble*, 2020, BGB Vor §§ 339 ff. Rn. 64 ff.
[450]   Vgl. Scholz/*Schmidt* § 47 Rn. 61; MHLS/*Römermann* § 47 Rn. 530.

im Verletzungsfall zudem die Möglichkeit einer erleichterten Schadloshaltung ohne Einzel-
nachweise eröffnen.[451]

b) Verpflichtungen der Gesellschafter. Neben der Verpflichtung der Gesellschaft **146**
zur Satzungsänderung kommen auch Verpflichtungen einzelner oder mehrerer Gesellschafter in Betracht, die Satzung zu ändern oder im Rahmen eines Gesellschafterbeschlusses
für eine Satzungsänderung zu stimmen.[452] Derartige **Stimmbindungsvereinbarungen**
(allgemein zu Stimmbindungsvereinbarungen → § 47 Rn. 231 ff.) können im Hinblick auf
Satzungsänderungsbeschlüsse nur mit Gesellschaftern, **nicht** hingegen **mit Nichtgesellschaftern** eingegangen werden.[453] Anderenfalls käme es zu einer Missachtung der ausschließlichen Zuständigkeit der Gesellschafter gem. Abs. 1. **Ausnahmen** kommen in
Betracht, falls der Dritte als Treugeber materiell Gesellschafter ist, sowie bei einzelfallbezogenen Verpflichtungen hinsichtlich einer konkreten, fest umrissenen Satzungsänderung.[454]
Derartige Vereinbarungen können auch in der Satzung vorgesehen werden;[455] sie binden
dann den jeweiligen Anteilsinhaber.[456] Werden solche Vereinbarungen außerhalb der Satzung getroffen, verpflichten sie nur die unterzeichnenden Parteien. Derartige Stimmbindungsvereinbarungen bedürfen **keiner besonderen Form;** zu ihrer Durchsetzbarkeit
→ § 47 Rn. 252 ff. Die vorstehenden Grundsätze finden auch Anwendung auf Verpflichtungen eines Gesellschafters, die Satzung insgesamt oder zumindest einzelne Bestimmungen
der Satzung nicht zu ändern. Die Vollstreckung des Anspruchs auf Unterlassung einer
bestimmten, auf Satzungsänderung zielenden Stimmabgabe richtet sich nach § 890 ZPO.[457]

9. Unternehmensverträge. a) Arten. Als Unternehmensverträge kommen auch bei **147**
der GmbH Gewinnabführungsverträge (Ergebnisabführungsverträge), kombinierte Ge-
winnabführungs- und Beherrschungsverträge,[458] reine Beherrschungsverträge sowie
„andere Unternehmensverträge“ iSd § 292 Abs. 1 AktG (Nr. 1: Gewinngemeinschaft;
Nr. 2: Teilgewinnabführungsvertrag; Nr. 3: Betriebspachtvertrag, Betriebsüberlassungsver-
trag) in Betracht. **In der Praxis** spielen aus steuerlichen Gründen vor allem der Gewinn-
führungsvertrag und die Kombination von Gewinnabführungs- und Beherrschungsvertrag
eine Rolle,[459] denn §§ 14, 17 KStG erlauben die Ergebniszurechnung bei der Organträgerin
unter der Voraussetzung des Vorliegens eines wirksamen Gewinnabführungsvertrags. Reine
Beherrschungsverträge und sonstige Unternehmensverträge haben hingegen eine geringere
praktische Bedeutung.[460]

Die **Zulässigkeit** von Unternehmensverträgen im GmbH-Recht ist heute **unumstrit- 148
ten.**[461] An einer eigenständigen gesetzlichen Regelung fehlt es allerdings, weil die große
GmbH-Reform 1971/73, die die Einführung eines Zweiten Buches des GmbHG – „Verbundene Unternehmen“ – vorsah, nicht zustande kam.[462] Der rechtliche Rahmen wird
daher gegenwärtig vor allem durch die Rspr. des BGH[463] und eine (Teil-)Analogie zu den
§§ 293 ff. AktG ausgefüllt.

---

[451] BGH Urt. v. 18.11.1982 – VII ZR 305/81, BGHZ 85, 305 (312 f.) = NJW 1983, 385; Urt.
v. 23.6.1988 – VII ZR 117/87, BGHZ 105, 24 (27) = NJW 1988, 2536.
[452] Hierzu RG Urt. v. 23.9.1927 – 495/26 II, JW 1927, 2992.
[453] Scholz/*Priester*/*Tebben* Rn. 36; MHLS/*Hoffmann* Rn. 52; abw. *Zöllner* ZHR 155 (1991), 168 (181 f.);
Noack/Servatius/Haas/*Noack* § 47 Rn. 113.
[454] Näher *Priester* FS Werner, 1984, 657 (672 ff.); für Zulässigkeit einer mit Mitgesellschaftern getroffenen
Stimmbindungsvereinbarung zugunsten eines Nichtgesellschafters, dem der Beitritt zur Gesellschaft
ermöglicht werden soll, OLG Celle Urt. v. 26.9.1990 – 9 U 113/90, GmbHR 1991, 580.
[455] Scholz/*Priester*/*Tebben* Rn. 36; vgl. auch OLG Celle Urt. v. 26.9.1990 – 9 U 113/90, GmbHR 1991,
580.
[456] Lutter/Hommelhoff/*Bayer* Rn. 38; Scholz/*Priester*/*Tebben* Rn. 36.
[457] Vgl. Scholz/*Schmidt* § 47 Rn. 57; MHLS/*Römermann* § 47 Rn. 541, 543.
[458] Vgl. dazu *Priester* ZGR Sonderheft 6/1986, 151 (157).
[459] Scholz/*Priester*/*Tebben* Rn. 164.
[460] HCL/*Ulmer*/*Casper* Rn. 153.
[461] Vgl. nur HCL/*Ulmer*/*Casper* Rn. 152; Scholz/*Priester*/*Tebben* Rn. 164.
[462] HCL/*Ulmer*/*Casper* Rn. 152.
[463] Grdl. BGH Urt. v. 14.12.1987 – II ZR 170/87, BGHZ 103, 1 = NJW 1988, 1326; Beschl.
v. 24.10.1988 – II ZB 7/88, BGHZ 105, 324 = NJW 1989, 295.

149   Der BGH sieht in dem Unternehmensvertrag iSd § 291 Abs. 1 AktG einen „**gesell-schaftsrechtlichen Organisationsvertrag,** der satzungsgleich den rechtlichen Status der Gesellschaft ändert".[464] Die Lit. stimmt dem ganz überwiegend zu und betont zu Recht ebenfalls die körperschafts- oder organisationsrechtliche Natur solcher Verträge.[465] Aus der Ablehnung eines rein schuldrechtlichen Charakters ergeben sich eine Reihe von Besonderheiten. So kommen namentlich die § 37 Abs. 2 und § 47 Abs. 4 nicht zur Anwendung: Stets bedarf es zum Abschluss eines Unternehmensvertrages des Zustimmungsbeschlusses der Gesellschafterversammlung des abhängigen Unternehmens. Fehlt es daran, ist der Vertrag bis zu einer Zustimmung schwebend unwirksam, der Geschäftsführer handelt gegebenenfalls als Vertreter ohne Vertretungsmacht.[466] Da das Stimmverbot des § 47 Abs. 4 nicht gilt, darf das herrschende Unternehmen im Rahmen des Zustimmungsbeschlusses mitstimmen.[467]

150   In Bezug auf den **Beherrschungs- und Gewinnabführungsvertrag** besteht weitgehend Einigkeit, dass ihm materiell satzungsändernde Wirkung zukommt.[468] Gleichgültig ist, ob sich die Tätigkeit der beherrschten Gesellschaft nach Abschluss des Beherrschungsvertrages auf ein anderes Sachgebiet erstreckt als zuvor. Eine Änderung des Gesellschaftsziels ergibt sich allein schon aus dem Umstand, dass die beherrschte GmbH nunmehr im Dienste des Konzerns steht, ihren Geschäftsbetrieb darauf ausrichtet und ihre Gewinne an das herrschende Unternehmen abzuführen hat. Noch gravierender ist, dass die Gesellschafterversammlung ihr Weisungsrecht verliert.[469] Solche Strukturänderungen werden ebenso durch kombinierte Beherrschungs- und Gewinnabführungsverträge herbeigeführt. Aber auch ein reiner Gewinnabführungsvertrag bewirkt einen tiefgreifenden Eingriff in die Rechtsposition der Gesellschafter und überschreitet daher die Grenze zur materiellen Satzungsänderung.

151   Das Gleiche gilt im Grundsatz für die „**anderen Unternehmensverträge**" iSd § 292 Abs. 1 AktG. Ein *Teil*gewinnabführungsvertrag ist regelmäßig nicht anders zu behandeln als ein Gewinnabführungsvertrag (etwas anderes gilt aber beispielsweise für die typische stille Beteiligung[470]). Allein wegen der Möglichkeit einer Unausgewogenheit der Vergemeinschaftung der Gewinne gehört auch die Gewinngemeinschaft zu den Strukturänderungen.[471] Erst recht verändert die Gesellschaft ihr Gesicht bei Abschluss eines Betriebspacht- oder Betriebsüberlassungsvertrages, der dritten Kategorie des § 292 Abs. 1 AktG, denn in diesem Fall wandelt sie sich von einer gestaltenden Erwerbs- zu einer reinen Rentengesellschaft.[472]

152   Die Anforderungen, die an Beherrschungs- und Gewinnabführungsverträge zu stellen sind, gelten im Grundsatz (mit Ausnahme des Erfordernisses der Zustimmung aller Gesellschafter; zu diesem Erfordernis bei einem Beherrschungs- und Gewinnabführungsvertrag → Rn. 154) auch für die „anderen Unternehmensverträge" iSd § 292 Abs. 1 AktG, dh es bedarf im Fall von Gewinngemeinschaft, Teilgewinnabführungsvertrag, Betriebspacht und Betriebsüberlassung eines mit qualifizierter Mehrheit gefassten, notariell beurkundeten und in das Handelsregister eingetragenen Beschlusses der Gesellschafterversammlung.[473] Bei

---

[464] BGH Urt. v. 14.12.1987 – II ZR 170/87, BGHZ 103, 1 (4 f.) = NJW 1988, 1326.

[465] *Mestmäcker,* Verwaltung, Konzerngewalt und Rechte der Aktionäre, 1958, 316 ff., 324; Scholz/*Priester*/*Tebben* Rn. 166; MHLS/*Hoffmann* Rn. 157; krit. Emmerich/Habersack/*Emmerich* AktG § 291 Rn. 27 f.

[466] HCL/*Ulmer*/*Casper* Rn. 154.

[467] Vgl. OLG Hamburg Urt. v. 29.10.1999 – 11 U 45/99, DB 2000, 314 (315 f.); Scholz/*Priester*/*Tebben* Rn. 166; HCL/*Ulmer*/*Casper* Rn. 157; *Heckschen* DB 1989, 29 (30); aA *Flume* BGB AT I 2, S. 235 f.

[468] Grdl. BGH Beschl. v. 24.10.1988 – II ZB 7/88, BGHZ 105, 324 (330 ff.) = NJW 1989, 295; *Timm* BB 1981, 1491; zust. *Ulmer* BB 1989, 10; *Kort* ZIP 1989, 1309; *Heckschen* DB 1988, 29. Zur Entwicklung des Meinungsstandes im Übrigen Scholz/*Priester,* 9. Aufl. 2002, Rn. 167.

[469] Vgl. BGH Beschl. v. 24.10.1988 – II ZB 7/88, BGHZ 105, 324 (331, 338) = NJW 1989, 295 (296, 298); HCL/*Ulmer*/*Casper* Rn. 155.

[470] Vgl. OLG München Beschl. v. 17.3.2011 – 31 Wx 68/11, DNotZ 2011, 949; Staub/*Harbarth* HGB § 230 Rn. 151 f.

[471] HCL/*Ulmer*/*Casper* Rn. 161a.

[472] OLG Hamburg Urt. v. 29.10.1999 – 11 U 45/99, DB 2000, 314 (316); HCL/*Ulmer*/*Casper* Rn. 162; Scholz/*Priester,* 9. Aufl. 2002, Rn. 164; Rowedder/Schmidt-Leithoff/*Schnorbus* Anh. § 52 Rn. 129.

[473] HCL/*Ulmer*/*Casper* Rn. 161 ff.; Rowedder/Schmidt-Leithoff/*Schnorbus* Anh. § 52 Rn. 95, 129; abw. HCL/*Leuschner* Anh. § 77 Rn. 203 ff.

Betriebspacht oder Betriebsüberlassung ist die Zustimmung aller Gesellschafter allerdings erforderlich, sofern der entsprechende Vertrag Beherrschungs- oder Gewinnabführungselemente enthält, beispielsweise wenn dem Pächter gegenüber dem Verpächterunternehmen Weisungsrechte eingeräumt werden oder der Pachtzins kein angemessenes Entgelt für die Betriebsüberlassung darstellt.[474]

b) Abschluss. Da das GmbH-Recht keine den §§ 291 ff. AktG vergleichbaren Vor- **153** schriften kennt, bestimmen sich die Anforderungen an die Wirksamkeit der materiell satzungsändernden Unternehmensverträge auf Ebene des abhängigen Unternehmens nach den **allgemeinen Grundsätzen der GmbH-Satzungsänderung.** Zu beachten sind also die Zustimmung der Gesellschafterversammlung, die notarielle Beurkundung und die Eintragung im Handelsregister. Obwohl der Text der Satzung durch Abschluss eines Unternehmensvertrages keine Änderung erfährt, kommen die §§ 53, 54 unmittelbar und nicht etwa analog zur Anwendung.[475]

aa) Anforderungen auf Seiten des abhängigen Unternehmens. Fest steht, dass **154** der Beschluss nach Abs. 2 S. 1 einer **Mehrheit von drei Vierteln der abgegebenen Stimmen** bedarf. Davon zu unterscheiden ist die Frage, ob ein in dieser Weise ergangener Beschluss ausreicht. Ein Teil der Lit.[476] bejaht das und verweist auf das UmwG von 1994, das für alle Strukturänderungen einer GmbH per se die satzungsändernde Mehrheit vorsieht, ohne dass eine materielle Beschlusskontrolle stattfindet. Das sei heute als allgemeine Aussage der Rechtsordnung zu interpretieren und zu akzeptieren. Auch verführe das Vetorecht der Minderheitsgesellschafter zum Denken in überhöhten Preisen.[477] Der erforderliche Minderheitenschutz sei dadurch sicherzustellen, dass der Unternehmensvertrag entsprechend §§ 304, 305 AktG einen angemessenen Ausgleich gewähren und eine Abfindungsregelung vorsehen müsse.[478] Zu beachten ist freilich, dass das Mitgliedschaftsrecht an einem beherrschten Unternehmen durch den Abschluss des Vertrages – anders als bei einer Maßnahme nach dem UmwG – seinen wirtschaftlichen Wert (teilweise) verliert. Diese höhere Eingriffsintensität spricht gegen eine Übertragung des im UmwG enthaltenen Rechtsgedankens.[479] Weil der Kernbereich der Mitverwaltungs- und Bezugsrechte berührt ist, wird in der Regel sogar eine aus der gesellschaftsrechtlichen Treupflicht abgeleitete Zustimmungspflicht nicht weiterhelfen.[480] Mit anderen Worten: Angesichts der denkbar höchsten Eingriffsintensität[481] erscheint die effektivste Form des Minderheitenschutzes gerechtfertigt – auch auf die Gefahr hin, dass der Minderheitenschutz in Gestalt des Vetorechts zu einem Missbrauch verleitet. In Übereinstimmung mit der überwiegenden Meinung[482] wird daher die **Zustimmung jedes einzelnen Gesellschafters** als unentbehrlich angesehen.[483]

---

[474] HCL/*Ulmer/Casper* Rn. 162.

[475] Überzeugend Scholz/*Priester,* 9. Aufl. 2002, Rn. 168; aA BGH Beschl. v. 24.10.1988 – II ZB 7/88, BGHZ 105, 324 (325, 338 f.) = NJW 1989, 295 (298).

[476] Lutter/Hommelhoff/*Hommelhoff* Anh. § 13 Rn. 65 f.; Rowedder/Schmidt-Leithoff/*Schnorbus* Anh. § 52 Rn. 95; *Halm* NZG 2001, 728 (731 ff.); *Koerfer/Selzner* GmbHR 1997, 285 (287 ff.); *Richter/Stengel* DB 1993, 1861 (1866).

[477] Lutter/Hommelhoff/*Hommelhoff* Anh. § 13 Rn. 65.

[478] Lutter/Hommelhoff/*Hommelhoff* Anh. § 13 Rn. 68; *Koerfer/Selzner* GmbHR 1997, 285 (290); Rowedder/Schmidt-Leithoff/*Schnorbus* Anh § 52 Rn. 98 f.

[479] Scholz/*Emmerich* Anh. § 13 Rn. 146. Zur höheren Schutzintensität des UmwG, die eine Übertragbarkeit ausschließe, Noack/Servatius/Haas/*Beurskens* KonzernR Rn. 106.

[480] Denn eine solche ist nur in Ausnahmefällen denkbar; vgl. Scholz/*Emmerich* Anh. § 13 Rn. 147.

[481] Vgl. *Flume* DB 1956, 455 (457).

[482] *Altmeppen* Anh. § 13 Rn. 39; Scholz/*Emmerich* Anh. § 13 Rn. 147 f.; *Krieger/Jannott* DStR 1995, 1473 (1474); *Hüffer* FS Heinsius, 1991, 337 (354); *Ulmer* BB 1989, 10 (14 f.); *Brandes* WM 1989, 329 (330); vgl. aber auch Noack/Servatius/Haas/*Beurskens* KonzernR Rn. 106, wonach nunmehr wohl die Gegenauffassung überwiege.

[483] Vgl. aber BGH Urt. v. 31.5.2011 – II ZR 109/10, BGHZ 190, 45 (47) = DStR 2011, 1576 (1577) zur Kündigung eines Beherrrschungs- und Gewinnabführungsvertrages durch die beherrschte Gesellschaft.

155   Der Zustimmungsbeschluss der Gesellschafterversammlung ist zu **beurkunden;** für den Unternehmensvertrag genügt demgegenüber die Schriftform.[484] Da allerdings der Beschluss auf einen konkreten Vertrag Bezug nehmen muss, ist es notwendig, den Vertrag als Anlage dem Beschluss beizufügen.[485] Unterbleibt die notarielle Beurkundung, kann der Mangel entsprechend § 242 Abs. 1 AktG durch Eintragung in das Handelsregister geheilt werden.[486]

156   Inzwischen hat der BGH[487] festgelegt, was im Rahmen der **Anmeldung zum Handelsregister** auf Seiten der beherrschten Gesellschaft einzutragen und was einzureichen ist. Eingetragen werden müssen der Zustimmungsbeschluss mit einem Vermerk, der das Datum der Beschlussfassung ausweist, sowie Bestehen, Art und Datum des Unternehmensvertrags. Beizufügen sind der Unternehmensvertrag und der gegebenenfalls erforderliche Zustimmungsbeschluss der herrschenden Gesellschaft. Es genügt also nicht, lediglich das Zustandekommen des Zustimmungsbeschlusses eintragen zu lassen und den Unternehmensvertrag beizufügen.[488] Andererseits bedarf es nicht der Eintragung des Zustimmungsbeschlusses des herrschenden beim abhängigen Unternehmen[489] und der Aufnahme weiterer Angaben zum Inhalt des Unternehmensvertrages, insoweit reicht eine Bezugnahme.[490]

157   Da die Wirksamkeit eines mit einer (beherrschten) GmbH geschlossenen Unternehmensvertrages nicht von der Rechtsform des herrschenden Unternehmens abhängen darf, gelten die dargelegten Grundsätze auch dann, wenn die **herrschende Gesellschaft eine AG** ist.[491] Zudem finden die skizzierten Grundsätze Anwendung auch auf die Einmann-GmbH, die den allgemeinen Regeln der Satzungsänderung ebenfalls unterworfen ist.[492]

158   Die Satzungsänderungskompetenz liegt bei der Gesellschafterversammlung. Daraus folgt, dass eine **Vorwegnahme von Zustimmungsbeschlüssen** im Wege entsprechender Satzungsbestimmungen, also eine Ermächtigung der Geschäftsführer zu satzungsändernden Maßnahmen, **nicht zulässig** ist – weder in allgemeiner Form noch in Bezug auf bereits konkret umschriebene Verträge.[493]

159   **bb) Anforderungen auf Seiten des herrschenden Unternehmens.** Die Anforderungen an Zustimmung, notarielle Beurkundung und Handelsregistereintragungen sind teilweise andere, soweit es um die GmbH als herrschendes Unternehmen geht; teilweise unterscheidet sich indes auch nur die dogmatische Herleitung. Obwohl es auf Seiten der herrschenden GmbH nicht zu einer Satzungsänderung kommt,[494] ist die **Zustimmung der Gesellschafterversammlung notwendig** (→ Anh. § 13 Rn. 756),[495] und zwar – nach Auffassung des BGH, der § 293 Abs. 2 AktG analog anwendet[496] – mit einer Dreiviertelmehrheit.[497] Mangels Satzungsänderung bedarf der Beschluss **nicht** der **notariellen Beurkundung,** sondern lediglich der Schriftform, sodass er dem Handelsregister der beherrschten Gesellschaft vorgelegt werden kann (→ Anh. § 13 Rn. 751).[498] Bei Fehlen

---

[484]   BGH Beschl. v. 24.10.1988 – II ZB 7/88, BGHZ 105, 324 (325, 342) = NJW 1989, 295 (295, 299); Lutter/Hommelhoff/*Hommelhoff* Anh. § 13 Rn. 55, 64; Scholz/*Priester*/*Tebben* Rn. 168; Rowedder/ Schmidt-Leithoff/*Schnorbus* Anh. § 52 Rn. 101; *Beck* DNotZ 2013, 90 (94, 97); aA *Pache* GmbHR 1995, 90 (92 f.).
[485]   Vgl. BGH Beschl. v. 30.1.1992 – II ZB 15/91, BB 1992, 662; HCL/*Ulmer*/*Casper* Rn. 156.
[486]   HCL/*Ulmer*/*Casper* Rn. 156.
[487]   BGH Beschl. v. 24.10.1988 – II ZB 7/88, BGHZ 105, 324 (342 ff.) = NJW 1989, 295 (299 f.).
[488]   HCL/*Ulmer*/*Casper* Rn. 159.
[489]   Scholz/*Priester*/*Tebben* Rn. 174.
[490]   Vgl. Rowedder/Schmidt-Leithoff/*Schnorbus* Anh. § 52 Rn. 101.
[491]   Vgl. BGH Beschl. v. 30.1.1992 – II ZB 15/91, NJW 1992, 1452; MHLS/*Hoffmann* Rn. 158.
[492]   BGH Beschl. v. 30.1.1992 – II ZB 15/91, NJW 1992, 1452 (1454).
[493]   HCL/*Ulmer*/*Casper* Rn. 156; *Priester* DB 1989, 1014; Emmerich/Habersack/*Emmerich* AktG § 293 Rn. 44.
[494]   AG Duisburg Beschl. v. 18.11.1993 – HRB 3196, DB 1993, 2522.
[495]   Lutter/Hommelhoff/*Hommelhoff* Anh. § 13 Rn. 53, 76; *Ulmer* BB 1989, 10 (12); aA *Gäbelein* GmbHR 1989, 502 (505 f.).
[496]   BGH Beschl. v. 24.10.1988 – II ZB 7/88, BGHZ 105, 324 (333 ff.) = NJW 1989, 295 (297 f.).
[497]   Noack/Servatius/Haas/*Beurskens* KonzernR Rn. 110; Scholz/*Priester*/*Tebben* Rn. 173.
[498]   BGH Beschl. v. 24.10.1988 – II ZB 7/88, BGHZ 105, 324 (337) = NJW 1989, 295 (298); Scholz/ *Priester*/*Tebben* Rn. 173; Noack/Servatius/Haas/*Beurskens* KonzernR Rn. 110; aA *Heckschen* DB 1989, 29 (30); *Weigel* FS Quack, 1991, 505 (516 f.).

eines Zustimmungsbeschlusses ist der Vertrag schwebend unwirksam.[499] Im Handelsregister des herrschenden Unternehmens muss der Beschluss – ungeachtet der Bedeutung der Verlustausgleichspflicht[500] – nicht eingetragen werden.[501]

Was die Ermächtigung **der Geschäftsführer** zu satzungsändernden Maßnahmen anbelangt, so gelten geringere Anforderungen für die herrschende Gesellschaft. Es ist möglich, dass in ihrer Satzung der Abschluss eines Unternehmensvertrages vorweggenommen wird, allerdings reicht eine Blankettvorwegnahme nicht aus, der Vertrag muss hinreichend konkretisiert sein.[502] Nicht in Betracht kommt für den Zustimmungsbeschluss bei der herrschenden Gesellschaft eine Absenkung des Mehrheitserfordernisses auf weniger als Dreiviertel.[503]   **160**

c) Aufhebung, Änderung, Kündigung. Kontrovers diskutiert wird die Frage, unter   **161** welchen Voraussetzungen der einmal geschlossene Unternehmensvertrag wieder aufgehoben (→ Anh. § 13 Rn. 1011 ff.)[504] oder gekündigt (→ Anh. § 13 Rn. 1029 ff.)[505] werden kann. **Hinsichtlich der herrschenden GmbH** erscheint im Normalfall eine Zustimmung der Gesellschafterversammlung entbehrlich, da bei der Aufhebung oder Kündigung nicht vergleichbar schwerwiegende Rechtsfolgen eintreten (vgl. § 302 AktG) wie bei Abschluss des Vertrages (→ Anh. § 13 Rn. 1026 ff.).[506] Was die Rechtslage **auf der Seite der beherrschten Gesellschaft** anbelangt, so hält eine Auffassung – in analoger Anwendung des § 296 AktG – die Zustimmung der Gesellschafterversammlung zu einer Kündigung oder Aufhebung im GmbH-Konzern wie im Aktienrecht für entbehrlich (→ Anh. § 13 Rn. 1017 ff.).[507] Die Gegenmeinung verlangt hingegen eine solche Zustimmung mit der Begründung, eine Beendigung habe als actus contrarius den gleichen Anforderungen zu genügen wie der Vertragsschluss selbst.[508]

Die letztgenannte Auffassung, der sich inzwischen auch der BGH angeschlossen hat,[509]   **162** verdient den Vorzug. Der Verzicht auf eine Zustimmung der Gesellschafterversammlung würde dem Umstand nicht gerecht, dass die Folgen für die Gesellschaft bei Kündigung oder Aufhebung des Vertrages gravierend, unter Umständen existentiell sein können, etwa wenn der Anspruch auf Verlustübernahme wegfällt. Der Zustimmung jedes einzelnen Gesellschafters bedarf es allerdings nicht. Den Interessen der Minderheitsgesellschafter kann dadurch ausreichend Rechnung getragen werden, dass man einen **Sonderbeschluss** derselben **entsprechend § 295 Abs. 2 AktG** verlangt, soweit deren Ausgleichs- oder Abfindungansprü-

---

[499] HCL/*Casper* Anh. § 77 Rn. 207.
[500] Vgl. Scholz/*Priester*, 9. Aufl. 2002, Rn. 173, der aus diesem Grund – gegen die hM – eine Eintragung verlangt, die allerdings nur deklaratorisch wirken soll; so iErg auch LG Bonn Beschl. v. 27.4.1993 – 11 T 2/93, GmbHR 1993, 443 = MittRhNotK 1993, 130; *U. H. Schneider* WM 1987, 181 (187).
[501] HM AG Duisburg Beschl. v. 18.11.1993 – HRB 319, DB 1993, 2522; *Vetter* AG 1994, 110; Rowedder/Schmidt-Leithoff/*Schnorbus* Anh. § 52 Rn. 103; vgl. auch Scholz/*Emmerich* Anh. § 13 Rn. 153; aA LG Bonn Beschl. v. 27.4.1993 – 11 T 2/93, GmbHR 1993, 443 = MittRhNotK 1993, 130.
[502] *Stolzenberger-Wolters*, Fehlerhafte Unternehmensverträge im GmbH-Recht, 1990, 42 f.
[503] BeckOK GmbHG/*Servatius* KonzR Rn. 84.
[504] OLG Frankfurt Beschl. v. 11.11.1993 – 20 W 317/93, NJW-RR 1994, 296; OLG Karlsruhe Beschl. v. 3.6.1994 – 4 W 122/93, NJW-RR 1994, 1062; OLG Oldenburg Urt. v. 23.3.2000 – 1 U 75/99, NZG 2000, 1138 (1139 f.); LG Konstanz Beschl. v. 26.11.1992 – 3 HT 1/92, ZIP 1992, 1736 (1737); *Ulrich* GmbHR 2004, 1000 (1002 ff.); *Timm/Geuting* GmbHR 1996, 229; Noack/Servatius/Haas/*Beurskens* KonzernR Rn. 133 f.; *Schlögell* GmbHR 1995, 401 (402 ff.); *Ehlke* ZIP 1995, 355; *Fleischer/Rentsch* NZG 2000, 1141.
[505] Noack/Servatius/Haas/*Beurskens* KonzernR Rn. 128 ff.; *Ebenroth/A. Müller* BB 1991, 358 (360 ff.); Scholz/*Emmerich* Anh. § 13 Rn. 190 ff.
[506] *Altmeppen* Anh. § 13 Rn. 113; *Dilger* WM 1993, 935; vgl. auch BeckOK GmbHG/*Servatius* KonzR Rn. 239.
[507] OLG Frankfurt Beschl. v. 11.11.1993 – 20 W 317/93, NJW-RR 1994, 296; MHLS/*Servatius* Syst. Darst. 4 Rn. 206; *Ulrich* GmbHR 2004, 1000 (1003 f.).
[508] OLG Oldenburg Urt. v. 23.3.2000 – 1 U 75/99, NZG 2000, 1138 (1139 f.); MHdB GesR III/*Kiefner* § 70 Rn. 41; *Halm* NZG 2001, 728 (737); *Fleischer/Rentsch* NZG 2000, 1141; *Ehlke* ZIP 1995, 355 (358); Scholz/*Emmerich*, 12. Aufl. 2012, Anh. § 13 Rn. 197.
[509] BGH Urt. v. 31.5.2011 – II ZR 109/10, BGHZ 190, 45 (49 ff.) = DStR 2011, 1576 (1577 f.); dazu *Peters/Hecker* DStR 2012, 86.

che bedroht sind.[510] Notwendig ist in jedem Fall die notarielle Beurkundung und die Anmeldung des Beschlusses zum Handelsregister.[511]

163 Anders als bei einer **ordentlichen** Kündigung, die nach den dargelegten Grundsätzen zu behandeln ist, entfällt bei einer **außerordentlichen Kündigung** – wenn also beispielsweise die herrschende Gesellschaft sich als unfähig erweist, einen Verlustausgleich (entsprechend § 302 AktG) durchzuführen – das Erfordernis eines Sonderbeschlusses der außenstehenden Gesellschafter. Das ergibt sich im Umkehrschluss aus § 297 Abs. 2 AktG.[512]

164 Ein **Unternehmensvertrag** kann aus ganz unterschiedlichen Gründen **fehlerhaft** sein. In Betracht kommen namentlich Mängel bei den Zustimmungsbeschlüssen einer der beiden Gesellschaften, Verstöße gegen die Beurkundungspflicht oder fehlende Eintragung im Handelsregister. Soweit der Vertrag dennoch in Vollzug gesetzt wurde, also im Fall eines Beherrschungs- und Gewinnabführungsvertrags etwa die herrschende Gesellschaft auch tatsächlich die Geschäftsleitung übernommen und die beherrschte Gesellschaft ihre Gewinne abgeführt hat, richten sich die Rechtsfolgen im Grundsatz nach der Lehre von der fehlerhaften Gesellschaft (hM; → Anh. § 13 Rn. 734 ff.).[513] Daraus folgt, dass der Vertrag ungeachtet seiner Mängel zunächst Bestand hat und nur mit Wirkung ex nunc durch Kündigung in Form einer ausdrücklichen Erklärung beseitigt werden kann (→ Anh. § 13 Rn. 741).[514] Ob eine fristlose Kündigung als treuwidrig gelten muss[515] oder die Geschäftsführer der beherrschten GmbH zur Kündigung des fehlerhaften Vertrages verpflichtet sind, hängt vom Einzelfall ab. Letzteres ist anzunehmen, wenn keine Möglichkeit der Heilung besteht, die fehlende Wirksamkeitsvoraussetzung mithin nicht mehr nachgeholt werden kann (→ Anh. § 13 Rn. 742). In Ausnahmefällen ist eine Rückabwicklung ex tunc angezeigt, beispielsweise wenn eine sitten- oder gesetzeswidrige Schädigung vorliegt (→ Anh. § 13 Rn. 737)[516] oder die Zustimmung der Gesellschafter der abhängigen Gesellschaft gänzlich fehlt.[517]

165 Für die Änderung **eines Unternehmensvertrages** sind die gleichen Voraussetzungen maßgeblich, die für den Vertragsabschluss gelten (→ Rn. 153 ff.), um Umgehungen zu vermeiden (→ Anh. § 13 Rn. 991).[518]

V. Aufhebung des Beschlusses

166 **1. Aufhebung vor Eintragung im Handelsregister.** Da ein Satzungsänderungsbeschluss bis zu seiner Eintragung gem. § 54 Abs. 3 noch keine Wirkungen entfaltet, kann er von der Gesellschafterversammlung **formlos und mit einfacher Mehrheit** aufgehoben werden.[519] Die Gegenauffassung, die hinsichtlich der Mehrheit die gleichen Anforderungen stellt wie an den aufzuhebenden Beschluss,[520] überzeugt nicht. Das Erfordernis der qualifi-

[510] Rowedder/Schmidt-Leithoff/*Schnorbus* Anh. § 52 Rn. 124.
[511] LG Konstanz Beschl. v. 26.11.1992 – 3 HT 1/92, GmbHR 1993, 443 (445) = MittBayNot 1993, 308 (309).
[512] AA MHLS/*Servatius* Syst. Darst. 4 Rn. 242; Rowedder/Schmidt-Leithoff/*Schnorbus* Anh. § 52 Rn. 126 (Sonderbeschluss entsprechend § 297 Abs. 2 S. 1 AktG erforderlich). Zur analogen Anwendung des § 297 AktG vgl. nur BGH Urt. v. 5.4.1993 – II ZR 238/91, BGHZ 122, 211 (229 f.) = NJW 1993, 1976.
[513] BGH Urt. v. 14.12.1987 – II ZR 170/87, BGHZ 103, 1 (4 ff.) = NJW 1988, 1326; Urt. v. 11.11.1991 – II ZR 287/90, BGHZ 116, 37 (39 ff.) = NJW 1992, 505; Urt. v. 5.11.2001 – II ZR 119/00, NJW 2002, 822 (823); HCL/*Leuschner* Anh. § 77 Rn. 181 ff.; *Timm* BB 1981, 1491 (1497); *Ulmer* BB 1989, 10 (19); *C. Schäfer*, Die Lehre vom fehlerhaften Verband, 2002, 456 ff.; *Eberle*, Verdeckte Beherrschungsverträge, 2010, 135 ff.
[514] Lutter/Hommelhoff/*Hommelhoff* Anh. § 13 Rn. 84; MHLS/*Servatius* Syst. Darst. 4 Rn. 261.
[515] Vgl. *Ulmer* BB 1989, 10 (15 f.); *Kleindiek* ZIP 1988, 613 (625).
[516] Emmerich/Habersack/*Emmerich* AktG § 291 Rn. 31.
[517] OLG Koblenz Urt. v. 23.11.2000 – 6 U 1434/95, ZIP 2001, 1095 (1097 f.); HCL/*Leuschner* Anh. § 77 Rn. 183; Scholz/*Emmerich* Anh. § 13 Rn. 165; Noack/Servatius/Haas/*Beurskens* KonzernR Rn. 113.
[518] MHLS/*Servatius* Syst. Darst. 4 Rn. 186; Lutter/Hommelhoff/*Hommelhoff* Anh. § 13 Rn. 86.
[519] HCL/*Ulmer/Casper* Rn. 84; Lutter/Hommelhoff/*Bayer* Rn. 48; Rowedder/Schmidt-Leithoff/*Schnorbus* Rn. 86; MHLS/*Hoffmann* Rn. 54 f.; *Altmeppen* Rn. 52; Noack/Servatius/Haas/*Noack* Rn. 65; HK-GmbHG/*Inhester* Rn. 38; Bork/Schäfer/*Arnold* Rn. 30.
[520] Vgl. dazu Scholz/*Priester/Tebben* Rn. 188.

zierten Mehrheit gem. Abs. 2 S. 1 gilt für Satzungsänderungen. Im Falle der Aufhebung eines noch nicht eingetragenen Satzungsänderungsbeschlusses wird indes, da die zuvor beschlossene Satzungsänderung mangels Eintragung gem. § 54 Abs. 3 noch nicht wirksam wurde, die Satzung nicht geändert, sondern ihre bisherige Fassung beibehalten. Dass eine geringere Mehrheit den zuvor artikulierten Willen einer größeren Mehrheit zu Fall bringen kann, ist hinzunehmen, weil die vormals vorhandene größere Mehrheit im Zeitpunkt des Aufhebungsbeschlusses, also vor Wirksamwerden der Satzungsänderung, gerade nicht mehr besteht. Maßgeblich ist daher die einfache Stimmenmehrheit entsprechend dem in § 47 Abs. 1 normierten Grundsatz. Mit einfacher Mehrheit können die Geschäftsführer von den Gesellschaftern auch zur Rücknahme der Anmeldung angewiesen werden.[521] Auch die Zustimmung besonders betroffener Gesellschafter ist für den Aufhebungsbeschluss nicht erforderlich.[522] War der aufgehobene Beschluss bereits zur Eintragung im Handelsregister angemeldet worden, sind die Geschäftsführer zur Rücknahme der Anmeldung verpflichtet.

2. Aufhebung nach Eintragung im Handelsregister. Ist die Satzungsänderung im **167** Handelsregister bereits eingetragen, ist sie gem. § 54 Abs. 3 wirksam geworden. In diesem Fall handelt es sich bei der Änderung des satzungsändernden Beschlusses um eine **erneute Satzungsänderung,** die ihrerseits unter Beachtung sämtlicher Satzungsänderungsbestimmungen einschließlich etwaiger Zustimmungserfordernisse betroffener Gesellschafter zu erfolgen hat.[523] Zur Möglichkeit der Verhinderung der Eintragung der Satzungsänderung durch einstweilige Verfügung → § 54 Rn. 120 ff.

3. Abänderung des Änderungsbeschlusses. Die Abänderung des Satzungsände- **168** rungsbeschlusses vor seiner Eintragung im Handelsregister ist nur unter Einhaltung der Regeln über die Satzungsänderung möglich.[524] Ein Widerspruch zur oben vertretenen Auffassung hinsichtlich der Aufhebung des Satzungsänderungsbeschlusses vor Eintragung besteht hierin insoweit nicht, als im Falle der Abänderung des Änderungsbeschlusses die Satzung in der im Abänderungsbeschluss beschlossenen Fassung wirksam werden soll und insoweit daher die Einhaltung der Satzungsänderungsvorschriften unentbehrlich ist.

VI. Zeitliche Komponente

1. Satzungsänderungen bei der Vorgesellschaft. Die Anwendbarkeit der §§ 53, 54 **169** auf Satzungsänderungen vor Eintragung der Gesellschaft im Handelsregister ist **umstritten.**[525] Die **hM** verlangt hierfür eine Vereinbarung sämtlicher Gesellschafter in der Form des § 2;[526] der Gesellschaftsvertrag könne wie bei Personengesellschaften vom Einstimmigkeitsprinzip abweichen, eine entsprechende Satzungsklausel müsse sich aber eigens auch auf die Vorgesellschaft beziehen.[527] Demgegenüber bejaht eine **Mindermeinung** die Anwendbarkeit der §§ 53, 54 und damit des Mehrheitsprinzips.[528] Auch die Mindermeinung ver-

---

[521] HCL/*Ulmer/Casper* Rn. 84; MHLS/*Hoffmann* Rn. 55.
[522] HCL/*Ulmer/Casper* Rn. 84; Rowedder/Schmidt-Leithoff/*Schnorbus* Rn. 86; MHLS/*Hoffmann* Rn. 55; Bork/Schäfer/*Arnold* Rn. 30.
[523] HCL/*Ulmer/Casper* Rn. 84; Rowedder/Schmidt-Leithoff/*Schnorbus* Rn. 87; Lutter/Hommelhoff/*Bayer* Rn. 48; Bork/Schäfer/*Arnold* Rn. 30; HK-GmbHG/*Inhester* Rn. 38; MHLS/*Hoffmann* Rn. 53; Scholz/*Priester/Tebben* Rn. 188; *Altmeppen* Rn. 52.
[524] HCL/*Ulmer/Casper* Rn. 84; Lutter/Hommelhoff/*Bayer* Rn. 48; *Altmeppen* Rn. 52; Rowedder/Schmidt-Leithoff/*Schnorbus* Rn. 88; Scholz/*Priester/Tebben* Rn. 188; HK-GmbHG/*Inhester* Rn. 38.
[525] *Meissner,* Die zeitliche Komponente der Satzungsänderung bei der GmbH, 2001, 46 ff.; zum Fall einer „Umwandlung" einer normalen GmbH in eine Unternehmergesellschaft vor Eintragung in das Handelsregister OLG Frankfurt Beschl. v. 20.12.2010 – 29 W 388/10, BeckRS 2011, 16106.
[526] RG LZ 1918, 856 betr. Kapitalerhöhung; OLG Köln Beschl. v. 28.3.1995 – 2 Wx 13/95, GmbHR 1995, 725 = DStR 1996, 113; Noack/Servatius/Haas/*Noack* Rn. 82; HK-GmbHG/*Inhester* Rn. 35; HCL/*Ulmer/Habersack* § 11 Rn. 47; *Rittner,* Die werdende juristische Person, 1973, 344; Rowedder/Schmidt-Leithoff/*Schmidt-Leithoff* § 11 Rn. 62.
[527] HCL/*Ulmer/Habersack* § 11 Rn. 47; Rowedder/Schmidt-Leithoff/*Schmidt-Leithoff* § 11 Rn. 62.
[528] *K. Schmidt* GmbHR 1987, 77 (82 f.); *K. Schmidt* FS Zöllner, Bd. I, 1998, 521 (525 f.); Scholz/*Schmidt* § 11 Rn. 57; MHLS/*Hoffmann* Rn. 45; Henssler/Strohn/*Gummert* Rn. 13; *Priester* ZIP 1987, 280; offen gelassen von OLG Frankfurt Beschl. v. 20.12.2010 – 29 W 388/10, BeckRS 2011, 16106.

---

langt für eine sofortige Wirksamkeit der Satzungsänderung im Gründungsstadium indes ein
Vorgehen nach § 2; der Weg über § 53 führe erst zum Wirksamwerden der beschlossenen
Änderung nach Eintragung der GmbH.[529] Die Entscheidung der aufgeworfenen Frage
hängt maßgeblich von der Einordnung der Rechtsnatur der Vor-GmbH ab (ausführlich
→ § 11 Rn. 9 ff.). Da es insoweit bis zum Zeitpunkt der Eintragung an einer körperschaftlichen Rechtsnatur fehlt (→ § 11 Rn. 12), ist auch die Anwendbarkeit der §§ 53, 54 grundsätzlich abzulehnen (ausführlich → § 11 Rn. 35 ff.). Auch für den Gesellschafterwechsel
vor Eintragung ist die Zustimmung sämtlicher Gesellschafter erforderlich (näher → § 11
Rn. 38).

170   **2. Satzungsänderungen in Liquidation und Insolvenz.** §§ 53–59 gelten auch für
das Liquidationsstadium; der **Vorbehalt gem. § 69 Abs. 1** steht dem grundsätzlich nicht
entgegen.[530] Zulässig sind nach dem in § 69 Abs. 1 enthaltenen Grundsatz indes nur solche
Satzungsänderungen, die den Liquidationsvorschriften und dem Wesen der Liquidation
nicht widersprechen.[531] Möglich sind demnach Änderungen der Firma (→ § 69 Rn. 7),
der Bestimmungen über die Durchführung der Liquidation, des Stammkapitals (→ § 55
Rn. 74, → Vor § 58 Rn. 111 ff.), des Sitzes (→ § 69 Rn. 8)[532] sowie des Unternehmensgegenstandes.[533] Die Anwendbarkeit der §§ 53–59 endet mit Löschung der Gesellschaft wegen
Vermögenslosigkeit nach § 394 FamFG oder mit der Beendigung der Liquidation nach § 74
Abs. 1. §§ 53–59 sind daneben auch nach Eröffnung des Insolvenzverfahrens grundsätzlich
anwendbar, weil die Zuständigkeit der Gesellschafterversammlung auch insoweit erhalten
bleibt. Auch insoweit ist eine Änderung indes nur gestattet, soweit der Zweck des Insolvenzverfahrens nicht entgegensteht (→ § 69 Rn. 50 ff.).[534]

171   **3. Bedingte und befristete Satzungsänderungen. a) Bedingte Satzungsänderung.** Bedingte Satzungsänderungen sind grundsätzlich aus Gründen der Rechtssicherheit
unzulässig.[535] Eine **Ausnahme** hiervon gilt dann, wenn dem Registerrichter bei der
Anmeldung der Eintritt der Bedingung nachgewiesen werden kann und die neue Bestimmung als unbedingte eingetragen wird,[536] nicht hingegen bei Eintragung eines den Bedin-

---

[529]   *K. Schmidt* GmbHR 1987, 77 (83); Henssler/Strohn/*Gummert* Rn. 13; Scholz/*Schmidt* § 11 Rn. 57;
        gegen entspr. Differenzierung indes *Priester* ZIP 1987, 280 (284).
[530]   RG Beschl. v. 29.5.1923 – II B 1/23, RGZ 107, 31 (32 f.); OLG Frankfurt Beschl. v. 14.9.1973 – 20
        W 639/73, GmbHR 1974, 90 = OLGZ 1974, 129; BayObLG Beschl. v. 22.5.1987 – BReg. 3 Z 163/86,
        DB 1987, 2140 (2141); Beschl. v. 12.1.1995 – 3 Z BR 314/94, BB 1995, 741; BGH Urt. v. 23.5.1957 –
        II ZR 250/55, BGHZ 24, 279 (286) = NJW 1957, 1279 zum Aktienrecht; RG Urt. v. 8.6.1928 – II
        18/28, RGZ 121, 253 zum Aktien- und Genossenschaftsrecht; Noack/Servatius/Haas/*Noack* Rn. 82;
        Rowedder/Schmidt-Leithoff/*Schnorbus* Rn. 94; Lutter/Hommelhoff/*Kleindiek* § 69 Rn. 13; Scholz/
        Priester/*Tebben* Rn. 184; HCL/*Ulmer*/*Casper* Rn. 33; MHLS/*Hoffmann* Rn. 48.
[531]   HCL/*Paura* § 69 Rn. 6, 66; HK-GmbHG/*Inhester* Rn. 35; Bork/Schäfer/*Arnold* Rn. 2.
[532]   HCL/*Ulmer*/*Casper* Rn. 33; Lutter/Hommelhoff/*Kleindiek* § 69 Rn. 13.
[533]   HCL/*Ulmer*/*Casper* Rn. 33 Fn. 79: wenn die Änderung mit einem Beschluss über die Fortsetzung der
        Gesellschaft verbunden wird; Noack/Servatius/Haas/*Noack* Rn. 82: wenn die Satzungsänderung dem
        Liquidationszweck dient oder sie mit dem Fortsetzungsbeschluss verbunden wird; aA OLG München
        28.9.1938 – 8 WX 410/38, HRR 1938 Nr. 1547; Lutter/Hommelhoff/*Kleindiek* § 69 Rn. 13.
[534]   HCL/*Casper* Anh. § 62 Rn. 93; MHLS/*Hoffmann* Rn. 48; Bork/Schäfer/*Arnold* Rn. 2; HK-GmbHG/
        Inhester Rn. 35; Lutter/Hommelhoff/*Bayer* Rn. 15; Scholz/*Priester*/*Tebben* Rn. 184; Rowedder/
        Schmidt-Leithoff/*Schnorbus* Rn. 95; zum Sonderfall der Firmenänderung OLG Karlsruhe Beschl.
        v. 8.1.1993 – 4 W 28/92, DB 1993, 528; *Joussen* GmbHR 1994, 159.
[535]   HCL/*Ulmer*/*Casper* Rn. 27; Scholz/*Priester*/*Tebben* Rn. 185; Lutter/Hommelhoff/*Bayer* Rn. 41; HK-
        GmbHR/*A. Bartl* Rn. 5; Rowedder/Schmidt-Leithoff/*Schnorbus* Rn. 52; *Altmeppen* Rn. 53; mittler-
        weile nicht mehr grundsätzlich ablehnend Noack/Servatius/Haas/*Noack* Rn. 59.
[536]   Scholz/*Priester*/*Tebben* Rn. 185; *Lutter* FS Quack, 1991, 301 (310) zur AG; Hüffer/Koch/*Koch* AktG
        § 179 Rn. 26 zur AG; im Grundsatz ebenso, indes ohne Hinweis auf Eintragung als unbedingte Satzungs-
        änderung Lutter/Hommelhoff/*Bayer* Rn. 41; *Priester* ZIP 1987, 280 (285); sich dem anschließend, „wenn
        Rechtsklarheit und Rechtssicherheit durch Eindeutigkeit gewahrt" und der Bedingungseintritt gegen-
        über dem Handelsregister nachgewiesen wird, Noack/Servatius/Haas/*Noack* Rn. 59; aA Großkomm-
        AktG/*Wiedemann* AktG § 179 Rn. 161 zur AG; vgl. zur Problematik auch *Scheel* DB 2004, 2355
        (2357 ff.).

gungsvorbehalt umfassenden Beschlusswortlauts.[537] Zulässig sind sog. unechte oder Rechts-
bedingungen, wie etwa das Abhängigmachen der Änderung von einer erforderlichen
behördlichen Genehmigung (→ § 54 Rn. 56 f.) oder von der Übernahme der Stammeinlagen im Fall einer Kapitalerhöhung.[538]

Der Grundsatz der Unzulässigkeit bedingter Satzungsänderungen führt **in der Praxis 172**
gleichwohl zu keinen erheblichen Problemen. Unstreitig zulässig ist nämlich die Verbindung eines unbedingt gefassten Satzungsänderungsbeschlusses mit der Anweisung an die
Geschäftsführer, die Anmeldung nur bei Eintritt einer bestimmten Bedingung vorzunehmen.[539] Ein solches Vorgehen kommt nicht nur bezüglich aufschiebender Bedingungen,
sondern auch hinsichtlich auflösender Bedingungen in Betracht. In diesem Fall ist ein
Beschluss zur Aufhebung einer Satzungsbestimmung mit der Anweisung an die Geschäftsführer zu verbinden, diesen erst nach Eintritt der Bedingung anzumelden.[540] Setzen sich
die Geschäftsführer über die ihnen erteilte Anweisung hinweg, steht dies der Wirksamkeit
der bereits vor Bedingungseintritt angemeldeten und eingetragenen Satzungsänderung
nicht entgegen;[541] eine derartige Zuwiderhandlung kann indes einen wichtigen Grund
zur Abberufung der Geschäftsführer darstellen und Schadensersatzansprüche gegen sie
begründen.

Derartige **Anweisungen an die Geschäftsführer** sind indes nicht schrankenlos mög- **173**
lich. Aus dem Verbot der Übertragung der Kompetenz zur Satzungsänderung folgt, dass
die Voraussetzungen der Einreichung der Handelsregisteranmeldung klar definiert werden
müssen und den Geschäftsführern kein Entscheidungsermessen eingeräumt werden darf.[542]
Ein Beschluss der Gesellschafter, durch den die Satzung geändert und zugleich die Anmeldung zur Eintragung dieser Satzungsänderung faktisch in das freie Ermessen des Geschäftsführers gestellt wird, ist entsprechend § 243 Abs. 1 AktG anfechtbar.[543] Darüber hinaus
ergibt sich aus dem Verbot der Vorratsänderung, dass zum Schutz von Anteilserwerbern,
die auch nicht eingetragene Satzungsänderungen gegen sich gelten zu lassen haben (→ § 54
Rn. 116), der Zeitraum zwischen Beschlussfassung und Handelsregisteranmeldung angemessen zu sein hat, also regelmäßig ein Jahr nicht überschreiten darf.[544] Wird diese Frist
überschritten, bedarf es eines Bestätigungsbeschlusses der Gesellschafter.[545] Fehlt ein derartiger Bestätigungsbeschluss, steht dies der Eintragung gleichwohl nicht entgegen, weil insoweit allein der interne Gesellschafterschutz betroffen ist.[546]

Die vorerwähnten Grundsätze gelten auch für **auflösende Bedingungen.** Zwar kann **174**
der Satzungsänderungsbeschluss selbst nicht unter eine auflösende Bedingung gestellt werden. Es kann indes als actus contrarius ein Aufhebungsbeschluss gefasst und mit der Anweisung an die Geschäftsführer verbunden werden, ihn erst nach Eintritt der auflösenden
Bedingung anzumelden. Ein Entscheidungsermessen darf den Geschäftsführern indes auch
insoweit nicht eingeräumt werden.[547]

---

[537] Zutr. HCL/*Ulmer/Casper* Rn. 27; Kölner Komm AktG/*Zetzsche* AktG § 179 Rn. 431 zur AG.
[538] HCL/*Ulmer/Casper* Rn. 27; HK-GmbHG/*Inhester* Rn. 36.
[539] HCL/*Ulmer/Casper* Rn. 27; Scholz/*Priester/Tebben* Rn. 186; Noack/Servatius/Haas/*Noack* Rn. 58; Lut-
ter/Hommelhoff/*Bayer* Rn. 42; HK-GmbHG/*Inhester* Rn. 36; MHLS/*Hoffmann* Rn. 30; Bork/Schäfer/
Arnold Rn. 27.
[540] MHLS/*Hoffmann* Rn. 30.
[541] *Grunewald* AG 1990, 133 (137); Kölner Komm AktG/*Zetzsche* AktG § 179 Rn. 427, jeweils zur AG.
[542] LG Frankfurt Urt. v. 29.1.1990 – 3/1 O 109/89, DB 1990, 471 zur AG; HCL/*Ulmer/Casper* Rn. 27 f.;
Bork/Schäfer/*Arnold* Rn. 27; Lutter/Hommelhoff/*Bayer* Rn. 42; Scholz/*Priester/Tebben* Rn. 186; *Lutter*
FS Quack, 1991, 301 (315 ff.) zur AG; *Grunewald* AG 1990, 133 (138 f.) zur AG; MHLS/*Hoffmann*
Rn. 30.
[543] LG Frankfurt Urt. v. 29.1.1980 – 3/1 O 109/89, WM 1990, 237 (238 f.); HCL/*Ulmer/Casper* Rn. 28;
vgl. auch MHLS/*Hoffmann* Rn. 30.
[544] *Lutter* FS Quack, 1991, 301 (317 f.); Lutter/Hommelhoff/*Bayer* Rn. 42; Scholz/*Priester/Tebben* Rn. 186.
[545] *Lutter* FS Quack, 1991, 301 (316) zur AG; Scholz/*Priester/Tebben* Rn. 186; vgl. auch RG Urt.
v. 26.6.1914 – II 109/14, RGZ 85, 205.
[546] Scholz/*Priester/Tebben* Rn. 186; Noack/Servatius/Haas/*Noack* § 54 Rn. 17, wonach Wirksamkeit der
Satzungsänderung nicht betroffen sein soll.
[547] MHLS/*Hoffmann* Rn. 30.

175   **b) Befristete Satzungsänderung.** Aufschiebend befristete Satzungsänderungen können entweder im Wege einer entsprechenden **Anweisung an die Geschäftsführer** hinsichtlich der Einreichung der Handelsregisteranmeldung oder über eine **aufschiebende
Befristung der Satzungsänderung** selbst umgesetzt werden. Ein derartiger Änderungsbeschluss, wonach die Änderung erst ab einem bestimmten Zeitpunkt gelten soll, kann auch
mit diesem Inhalt in das Handelsregister eingetragen werden.[548] Voraussetzung hierfür ist
indes, dass die Frist für Gesellschafter und Dritte klar feststellbar ist.[549] Unter diesen Voraussetzungen bestehen auch gegen eine auflösende Befristung keine rechtlichen Bedenken.[550]
Eine auflösende Befristung kann weiterhin in der Weise umgesetzt werden, dass ein
Beschluss zur Aufhebung einer Satzungsbestimmung mit der Anweisung an die Geschäftsführer verbunden wird, diesen erst nach Eintritt des definierten Zeitpunkts anzumelden
(auch → Rn. 172 ff.).

176   Gestattet sind weiterhin Satzungsänderungen für **konkrete Ausnahmefälle** (so kann
zB für einen bestimmten Abstimmungsfall das Mehrheitserfordernis herabgesetzt werden);[551] ihre beschränkte Geltung ist im Handelsregister zu verlautbaren.[552]

177   **4. Rückwirkende Satzungsänderungen.** Satzungsänderungen werden gem. § 54
Abs. 3 erst mit ihrer Eintragung in das Handelsregister wirksam (→ § 54 Rn. 98). Bei
zustimmungspflichtigen Beschlüssen wirkt eine später erteilte Zustimmung auf diesen Zeitpunkt zurück.[553] Hiervon zu unterscheiden ist die weitere Frage, ob ihnen Rückwirkung
auf einen vor der Eintragung gelegenen Zeitpunkt beigelegt werden kann.

178   Regelungen **im Außenverhältnis gegenüber Dritten** können nicht mit Rückwirkung versehen werden.[554] Dies gilt insbesondere für Firma, Sitz, Stammkapital, Umwand-
lungsvorgänge, Unternehmensverträge sowie die Vertretungsmacht der Geschäftsführer.[555]
Auch eine rückwirkende **Änderung des Geschäftsjahres** ist demnach jedenfalls im
Grundsatz ausgeschlossen, weil Gläubigerinteressen negativ berührt werden könnten.[556]
Eine Ausnahme wird teilweise befürwortet, falls die Satzungsänderung vor Ablauf des durch
die Änderung entstehenden Rumpfgeschäftsjahres angemeldet und alsbald hiernach eingetragen wird.[557] Diese Sicht dürfte im Ergebnis indes abzulehnen sein, weil sie zu einer

---

[548]   KGJ 19, 1; KGJ 28, A 216 (A 224); HCL/*Ulmer*/*Casper* Rn. 28; Scholz/*Priester*/*Tebben* Rn. 185; *Lutter*
        FS Quack, 1991, 301 (311); *Eckhardt* NJW 1967, 369 (372); Lutter/Hommelhoff/*Bayer* Rn. 47; Noack/
        Servatius/Haas/*Noack* Rn. 58; *Scheel* DB 2004, 2355 (2360) – jedenfalls bei Eintragung bis zu drei
        Monate vor Eintritt der aufschiebenden Befristung.
[549]   *Meissner*, Die zeitliche Komponente der Satzungsänderung bei der GmbH, 2001, 148 f.; HK-GmbHG/
        Inhester Rn. 36; Noack/Servatius/Haas/*Noack* Rn. 58; Scholz/*Priester*/*Tebben* Rn. 185; *Scheel* DB 2004,
        2355 (2360).
[550]   Scholz/*Priester*/*Tebben* Rn. 185.
[551]   Noack/Servatius/Haas/*Noack* Rn. 14.
[552]   HCL/*Ulmer*/*Casper* Rn. 28.
[553]   Lutter/Hommelhoff/*Bayer* Rn. 43.
[554]   KG Beschl. v. 19.2.1942 – 1 Wx 20/42, DR 1942, 735 zur AG; OLG Hamburg JFG 2, 230; RFH Urt.
        v. 7.8.1928 – I A5/28, JW 1929, 695 mAnm *Fuchs*; KGJ 53, 101; HCL/*Ulmer*/*Casper* Rn. 29; HK-
        GmbHR/*A. Bartl* Rn. 5; HK-GmbHG/*Inhester* Rn. 37; Lutter/Hommelhoff/*Bayer* Rn. 45; Scholz/
        Priester/*Tebben* Rn. 187; Noack/Servatius/Haas/*Noack* Rn. 60; Kölner Komm AktG/*Zetzsche* AktG
        § 179 Rn. 439 zur AG; *Zilias* JZ 1959, 50; teilweise abw. *Dempewolf* NJW 1958, 1212; krit. zur Differen-
        zierung nach Außen- und Innenverhältnis *Meissner*, Die zeitliche Komponente der Satzungsänderung
        bei der GmbH, 2001, 104 ff.
[555]   Vgl. Kölner Komm AktG/*Zetzsche* AktG § 179 Rn. 439 zur AG.
[556]   BFH Beschl. v. 18.9.1996 – I B 31/96, GmbHR 1997, 670; OLG Schleswig Beschl. v. 17.5.2000 – 2
        W 69/00, AG 2001, 149; OLG Frankfurt Beschl. v. 9.3.1999 – 20 W 94/99, GmbHR 1999, 484 =
        MittRhNotK 1999, 206 (jedenfalls falls entstehendes Rumpfgeschäftsjahr bei Beschlussfassung und
        Anmeldung bereits abgelaufen ist); LG Mühlhausen Urt. v. 28.11.1996 – 2 HKO 3170/96,
        GmbHR 1997, 313; OLG Karlsruhe Beschl. v. 30.1.1975 – 11 W 143/74, Rpfleger 1975, 178; Rowed-
        der/Schmidt-Leithoff/*Schnorbus* § 54 Rn. 41; Noack/Servatius/Haas/*Noack* Rn. 60; Lutter/Hommel-
        hoff/*Bayer* Rn. 45; HCL/*Ulmer*/*Casper* Rn. 29; Scholz/*Priester*/*Tebben* Rn. 187 mit Beschreibung des
        Gefährdungspotentials für Gläubiger; aA *L.-C. Wolff* DB 1999, 2149 (2151 f.): Möglichkeit der rückwir-
        kenden Änderung des Geschäftsjahres bei Einhaltung bilanzrechtlicher Fristvorgaben.
[557]   HCL/*Ulmer*/*Casper* Rn. 29, 125; offenlassend OLG Karlsruhe Beschl. v. 30.1.1975 – 11 W 143/74,
        Rpfleger 1975, 178.

Überspielung der Kapitalerhaltungsvorschriften und Gefährdung der Gläubiger führen kann.[558] Eine noch weitergehende Auffassung, die auf eine konkrete Gefährdung von Gläubigerinteressen im Einzelfall abstellen möchte,[559] ist unter Rechtssicherheitsgesichtspunkten gleichfalls abzulehnen.[560]

Zu vor der Eintragung beschlossenen, aber erst nach der Eintragung angemeldeten **179** Satzungsänderungen → § 54 Rn. 99.

Im Innenverhältnis ist eine Rückwirkung jedenfalls im allseitigen Einvernehmen **180** möglich.[561] Gegen den Willen der Minderheit ist die Vorverlegung des Wirksamkeitszeitpunkts im Innenverhältnis zulässig, soweit dies für die Beteiligten absehbar war;[562] im Falle einer entsprechenden Ankündigung in der Einladung zur Gesellschafterversammlung ist die Rückwirkung daher auf den Zeitpunkt der Beschlussfassung möglich.[563]

VII. Einzelfälle der Satzungsänderung

1. Sonderrechte, Sonderpflichten. a) Sonderrechte. Sonderrechte sind Mitglied- **181** schaftsrechte, die nur einem oder mehreren Gesellschaftern eingeräumt sind. Innerhalb der Sonderrechte wird zwischen zwei Arten unterschieden: **Vorzugsrechte** sind mit dem Geschäftsanteil verbundene, dem jeweiligen Inhaber dieses Geschäftsanteils zustehende Rechte. **Sondervorteile** sind demgegenüber Rechte, die nicht dem jeweiligen Inhaber eines bestimmten Geschäftsanteils, sondern einem oder mehreren bestimmten Gesellschaftern gewährt werden (näher → § 5 Rn. 302 ff.).[564]

Die Begründung von Sonderrechten setzt – unabhängig davon, ob es sich um Vorzugs- **182** rechte oder um Sondervorteile handelt – die **Aufnahme in die Satzung** voraus. Dies kann auch im Wege eines satzungsändernden Beschlusses gem. §§ 53, 54 geschehen.[565] Werden mitgliedschaftliche Rechte – wie dies bei Sonderrechten der Fall ist – nicht sämtlichen Gesellschaftern gewährt, stellt dies eine Abweichung vom Gleichbehandlungsgrundsatz dar. Die **nachträgliche Einführung** von Sonderrechten bedarf daher der Zustimmung sämtlicher nichtbegünstigter Gesellschafter. Andernfalls ist der satzungsändernde Beschluss anfechtbar.[566]

Ein Zustimmungserfordernis besteht demnach nicht, wenn sämtliche Gesellschafter **183** zum Erwerb von mit Vorzugsrechten ausgestatteten Geschäftsanteilen berechtigt sind.[567] In bestimmten Fällen kann die Zustimmung einzelner Gesellschafter auch unter dem Gesichtspunkt eines **Eingriffs in den Kernbereich** der Mitgliedschaft erforderlich sein; fehlt die Zustimmung, ist der satzungsändernde Beschluss nicht nur anfechtbar, sondern unwirksam. Ein solcher Eingriff in den Kernbereich der Mitgliedschaft ist dann gegeben, wenn ein Teilhabe- oder Mitverwaltungsrecht der Gesellschafter einem oder mehreren Gesellschaftern eingeräumt wird, den übrigen aber nicht. Die Gewährung von Stimm- oder Gewinnrechten

[558] Zutr. Lutter/Hommelhoff/*Bayer* Rn. 45.
[559] LG Frankfurt Beschl. v. 9.3.1978 – 3/11 T 63/77, GmbHR 1978, 112 = BeckRS 1978, 01101; LG Frankfurt Beschl. v. 14.10.1977 – 3/11 T 20/77, GmbHR 1979, 208.
[560] OLG Frankfurt Beschl. v. 9.3.1999 – 20 W 94/99, GmbHR 1999, 484 = MittRhNotK 1999, 206; KGJ 53, 101; Lutter/Hommelhoff/*Bayer* Rn. 45; Scholz/*Priester,* 9. Aufl. 2002, Rn. 191.
[561] HCL/*Ulmer/Casper* Rn. 29; Scholz/*Priester/Tebben* Rn. 187; Bork/Schäfer/*Arnold* Rn. 29; Lutter/Hommelhoff/*Bayer* Rn. 44; Noack/Servatius/Haas/*Noack* Rn. 60; aA Meyer-Landrut/Miller/Niehus/*Meyer-Landrut* § 54 Rn. 12.
[562] Zur Rückdatierung von Gesellschaftsverträgen U. H. *Schneider* AcP 175 (1975), 297.
[563] Lutter/Hommelhoff/*Lutter/Hommelhoff,* 16. Aufl. 2004, 253; demgegenüber für Möglichkeit der Vorverlegung auf frühere Zeitpunkte – zB Einladung zur Gesellschafterversammlung oder Beginn von Verhandlungen über die Änderung im Gesellschafterkreis – Noack/Servatius/Haas/*Noack* Rn. 60; abl. HCL/*Ulmer/Casper* Rn. 29; Scholz/*Priester/Tebben* Rn. 187: möglich sei hingegen eine Auslegung im Sinne einer entsprechenden schuldrechtlichen Abrede zwischen den Beteiligten; Rowedder/Schmidt-Leithoff/*Schnorbus* § 54 Rn. 41: Anfechtungsrecht der nicht zust. Gesellschafter.
[564] HCL/*Ulmer/Casper* Rn. 134; Scholz/*Priester/Tebben* Rn. 155, 179; MHLS/*Hoffmann* Rn. 88.
[565] RG Urt. v. 26.10.1940 – II 57/40, RGZ 165, 129; Urt. v. 28.6.1943 – II 136/42, DR 1943, 1230; Scholz/*Priester/Tebben* Rn. 155; Rowedder/Schmidt-Leithoff/*Schnorbus* Rn. 73.
[566] HCL/*Ulmer/Casper* Rn. 135; MHLS/*Hoffmann* Rn. 146; Scholz/*Priester/Tebben* Rn. 155.
[567] HCL/*Ulmer/Casper* Rn. 135.

an ausgewählte Gesellschafter beeinträchtigt automatisch die Stimm- oder Gewinnrechte der anderen Gesellschafter. Das Gleiche gilt, wenn einem oder mehreren Gesellschaftern ein Sonderrecht auf Geschäftsführung eingeräumt wird, denn auch dadurch verkürzen sich automatisch die entsprechenden Befugnisse der Mitgesellschafter.[568]

184   Die **Abschaffung der Vorzugsrechte** erfordert neben einem satzungsändernden Beschluss gem. §§ 53, 54 wegen Beeinträchtigung von Sonderrechten gem. § 35 BGB die Zustimmung aller betroffenen Gesellschafter. Bei Vorhandensein verschiedener Gattungen von Geschäftsanteilen genügt ein mit qualifizierter Mehrheit gefasster Zustimmungsbeschluss der Inhaber der betroffenen Geschäftsanteile nicht; § 179 Abs. 3 AktG ist im Hinblick auf die stärker personalistische Struktur der GmbH nicht entsprechend anwendbar.[569] Hinsichtlich der Aufhebung von Sondervorteilen ist zwischen solchen Sondervorteilen, die mit der Mitgliedschaft des Berechtigten erlöschen, und anderen, die auch nach einer Anteilsveräußerung in der Person des Berechtigten fortbestehen, zu unterscheiden. In der ersten Konstellation bedarf es eines satzungsändernden Beschlusses gem. §§ 53, 54 sowie wegen Beeinträchtigung von Sonderrechten gem. § 35 BGB der Zustimmung sämtlicher betroffener Gesellschafter. In der zweiten Konstellation bedarf es demgegenüber keiner Satzungsänderung, sondern eines Erlassvertrags gem. § 397 BGB zwischen der Gesellschaft und dem Rechtsinhaber.[570] Die Gegenauffassung, die bei der Aufhebung von Sondervorteilen generell einen Erlassvertrag gem. § 397 BGB verlangt und eine Satzungsänderung iSd §§ 53, 54 weder für erforderlich noch für genügend erachtet,[571] überzeugt deshalb nicht, weil es sich in der erstgenannten Konstellation gerade nicht um von der Mitgliedschaft abtrennbare Rechte handelt.[572] Die individuelle Zustimmung jedes einzelnen Gesellschafters ist auch dann erforderlich, wenn Sonderrechte zugunsten einer Gruppe bestehen.[573] Die vorstehenden Grundsätze finden entsprechende Anwendung auf Fälle der Einschränkung bestehender Sonderrechte. Zur Einschränkung oder dem Entzug von Sonderrechten aus wichtigem Grund → § 14 Rn. 110 ff.

185   **b) Sonderpflichten.** Sonderpflichten sind mitgliedschaftliche Pflichten, die nur einen oder mehrere Gesellschafter treffen (näher → § 14 Rn. 132 ff.). Ihre nachträgliche **Einführung** ist **grundsätzlich möglich.** Sie setzt neben einem satzungsändernden Beschluss gem. §§ 53, 54 die Zustimmung sämtlicher betroffener Gesellschafter nach Abs. 3 voraus.[574] Grundsätzlich möglich ist auch die nachträgliche **Aufhebung** von Sonderpflichten im Wege des satzungsändernden Beschlusses gem. §§ 53, 54. Der Zustimmung der übrigen Gesellschafter bedarf es insoweit grundsätzlich nicht. In der Regel liegt weder ein Eingriff in den Kernbereich der Mitgliedschaft noch ein Verstoß gegen den Gleichbehandlungsgrundsatz vor, da dieser keinen Anspruch auf Ungleichbehandlung von Ungleichem gewährt (→ Rn. 110).[575] Ein Verstoß gegen den Gleichbehandlungsgrundsatz kommt ausnahmsweise dann in Betracht, wenn ein Gesellschafter als Ausgleich für die Übernahme einer Sonderpflicht ein Sonderrecht erhielt und nunmehr lediglich die Sonderpflicht aufgehoben wird.[576] Diese Grundsätze finden auch Anwendung auf Fälle der Abschwächung von Sonderpflichten.

186   **2. Unternehmensgegenstand, Gesellschaftsziel. a) Unternehmensgegenstand.** Der Gegenstand des Unternehmens ist gem. § 3 Abs. 1 Nr. 2 notwendiger Bestandteil des Gesellschaftsvertrages. Die herausgehobene Bedeutung des Unternehmensgegenstandes im

---

568 Vgl. MHLS/*Hoffmann* Rn. 146.
569 HCL/*Ulmer/Casper* Rn. 136; Noack/Servatius/Haas/*Noack* Rn. 35.
570 RG Urt. v. 12.1.1917 – 295/16 II, JW 1917, 468 (469) mAnm *Hachenburg*; KG Beschl. v. 21.7.1938 – 1 Wx 326/38, JW 1938, 2754; Scholz/*Priester/Tebben* Rn. 155; ähnlich Rowedder/Schmidt-Leithoff/*Schnorbus* Rn. 73; HK-GmbHG/*Inhester* Rn. 44.
571 HCL/*Ulmer/Casper* Rn. 136.
572 Vgl. *Waldenberger* GmbHR 1997, 49 (55).
573 Vgl. auch MHLS/*Hoffmann* Rn. 88.
574 HCL/*Ulmer/Casper* Rn. 137; MHLS/*Hoffmann* Rn. 146.
575 HCL/*Ulmer/Casper* Rn. 137; MHLS/*Hoffmann* Rn. 147.
576 MHLS/*Hoffmann* Rn. 147.

Kreise der statutarischen Bestimmungen bringen auch § 10 Abs. 1, wonach bei der Eintragung der GmbH in das Handelsregister der Unternehmensgegenstand anzugeben ist, und § 54 Abs. 2 S. 1 zum Ausdruck, wonach die Änderung des Unternehmensgegenstands im Handelsregister in besonderer Weise kundzutun ist. Enthält der Gesellschaftsvertrag keine Bestimmung über den Unternehmensgegenstand oder sind die entsprechenden Bestimmungen nichtig, kann die Nichtigkeitsklage gem. § 75 Abs. 1 erhoben werden. Inhaltlich beschreibt der Unternehmensgegenstand das **sachliche Tätigkeitsfeld der Gesellschaft.** Er bedarf daher hinreichender Individualisierung. Die vom Unternehmensgegenstand gezogenen Grenzen dürfen nicht überschritten werden. Sie dürfen grundsätzlich[577] auch nicht unterschritten werden.[578] Die Bestimmung des Unternehmensgegenstands dient nach außen der Kenntlichmachung der Gesellschaft, nach innen der Definition der Vorgaben für das Tätigwerden der Geschäftsführung sowie der registerrichterlichen Prüfung der Erlaubtheit des Tätigkeitsfelds[579] (näher → § 3 Rn. 10 ff.). Ob eine Änderung des Tätigkeitsfelds der Gesellschaft eine Satzungsänderung erforderlich macht, ist im Wege der **Auslegung des Unternehmensgegenstands** zu beurteilen. Bei der Beurteilung, ob eine bestimmte Veränderung des Tätigkeitsprofils der Gesellschaft eine Änderung des Unternehmensgegenstands erfordert, ist auch auf das historisch gewachsene tatsächliche Betätigungsfeld des Unternehmens abzustellen.[580] Auch die Anknüpfung an das historisch gewachsene tatsächliche Betätigungsfeld möchte indes nicht jede Facette des vormaligen Tätigkeitsprofils schützen, sondern nur eine Berücksichtigung des wesentlichen historischen Gepräges des Unternehmens sicherstellen. Die Bedeutung des Aspekts des Gesellschafterschutzes ist in der GmbH im Hinblick auf die dort bestehenden Weisungsrechte der Gesellschafter gegenüber der Geschäftsführung geringer zu veranschlagen als in der AG. Vor diesem Hintergrund ist bei der Beurteilung der Notwendigkeit einer Satzungsänderung im Falle gewandelter tatsächlicher Umstände bei der GmbH weniger streng zu verfahren als bei der AG.[581]

Eine Änderung des Unternehmensgegenstands kann sowohl in der **Erweiterung** des Tätigkeitsfelds, im **Austausch** des Tätigkeitsfelds gegen ein anderes Tätigkeitsfeld als auch in der **Einschränkung des Tätigkeitsfelds** liegen.[582] Wird der statutarische Unternehmensgegenstand geändert, erfordert dies eine Satzungsänderung gem. §§ 53, 54. Ein einfacher Gesellschafterbeschluss genügt hierfür nicht;[583] dies gilt auch dann, wenn die Satzung einen entsprechenden Vorbehalt enthält.[584] Die Dreiviertelmehrheit gem. Abs. 2 S. 1 ist grundsätzlich ausreichend, die Zustimmung sämtlicher Gesellschafter regelmäßig nicht erforderlich[585] (zu den Besonderheiten bei der Änderung des Gesellschaftsziels, die von der Änderung des Unternehmensgegenstandes zu unterscheiden ist, → Rn. 189 ff.).[586]

187

---

[577] In Fällen eines weit gefassten Unternehmensgegenstandes kann die Auslegung der Satzung indes auch ergeben, dass der Unternehmensgegenstand lediglich eine Obergrenze für die Geschäftsführungsbefugnis statuiert; OLG Stuttgart Urt. v. 7.2.2001 – 20 U 52/97, DB 2001, 854 (856 f.); Emmerich/Habersack/*Habersack* AktG Vor § 311 Rn. 31 Fn. 153; Hüffer/Koch/*Koch* AktG § 179 Rn. 9a.

[578] OLG Stuttgart Urt. v. 14.5.2003 – 20 U 31/02, AG 2003, 527 (532); *Groß* AG 1994, 266 (269); *Lutter/Leinekugel* ZIP 1998, 225 (227 f.); *Wallner* JZ 1986, 721 (729); *Tieves,* Der Unternehmensgegenstand der Kapitalgesellschaft, 1998, 300 ff.; Emmerich/Habersack/*Habersack* AktG Vor § 311 Rn. 31; einschr. Hüffer/Koch/*Koch* AktG § 179 Rn. 9a.

[579] BGH Beschl. v. 3.11.1980 – II ZB 1/79, DB 1981, 466; BayObLG Beschl. v. 22.6.1995 – 3 Z BR 71/95, GmbHR 1995, 722 = NJW-RR 1996, 413; Scholz/*Priester/Tebben* Rn. 133.

[580] BGH Urt. v. 25.2.1982 – II ZR 174/80, BGHZ 83, 122 (130) = NJW 1982, 1703; *Lutter* FS Fleck, 1988, 169 (179): „historisch gewachsene Vorstellung vom Unternehmen"; *Mertens* AG 1978, 309 (311) – „geschichtliche Prägung"; *Tieves,* Der Unternehmensgegenstand der Kapitalgesellschaft, 1998, 208 – mit Unterscheidung, ob die Veränderung des Tätigkeitsprofils eine Neuausrichtung der Gesellschaft oder einen Teil eines fortlaufenden Entwicklungsprozesses darstellt.

[581] Scholz/*Priester/Tebben* Rn. 133.

[582] Scholz/*Priester/Tebben* Rn. 134.

[583] OLG Köln Urt. v. 26.10.2000 – 18 U 79/00, AG 2001, 426; Scholz/*Priester/Tebben* Rn. 135.

[584] Noack/Servatius/Haas/*Noack* Rn. 30.

[585] Zur Frage der sachlichen Rechtfertigung Scholz/*Priester/Tebben* Rn. 135, 55.

[586] HCL/*Ulmer/Casper* Rn. 116; Scholz/*Priester/Tebben* Rn. 135; MHLS/*Hoffmann* Rn. 119; aA *Großmann,* Unternehmensziele im Aktienrecht, 1980, 27 f.

188   Einen Sonderfall stellt die sog. „faktische" Satzungsänderung dar, wenn also tatsächlich ausgeübte Geschäftstätigkeit der Gesellschaft und statutarischer Unternehmensgegenstand sich nicht (mehr) decken. Innerhalb dieser Fallgruppe ist wiederum zu unterscheiden
zwischen zulässigen und unzulässigen Abweichungen vom satzungsmäßig Bestimmten.
Zulässig sind Ausdehnungen auf benachbarte Sachbereiche des Wirtschaftslebens, sofern sie
bei objektiver Auslegung als noch einbezogen gelten können. Dagegen überschreitet den
Rahmen ein Ausgreifen auf Geschäftsfelder, die als ein „aliud" im Verhältnis zu dem statutarisch festgelegten Bereich erscheinen.[587] Ein Geschäftsführer, der eine solche zu weitgehende geschäftliche Betätigung zu verantworten hat, handelt pflichtwidrig.[588] Die Satzung
selbst wird durch den rein faktischen Vorgang nicht nichtig.[589] Da das Auseinanderfallen
von statutarischem und faktischen Zustand aber grundsätzlich dazu geeignet ist, den Rechtsverkehr irrezuführen, kommt eine analoge Anwendung der § 75 GmbHG, §§ 397, 398
FamFG in Betracht.[590]

189   **b) Gesellschaftsziel. aa) Wesen.** Während der Unternehmensgegenstand das sachliche Tätigkeitsfeld der Gesellschaft beschreibt, betrifft das Gesellschaftsziel – vielfach auch
als Gesellschaftszweck bezeichnet – das **eigentlich finale Element der Gesellschaft,** also
die Frage, ob sie auf Gewinnerzielung oder andere Ziele angelegt ist. Der Gesellschaftszweck
als Oberbegriff fasst Unternehmensgegenstand und Gesellschaftsziel zusammen[591] (näher
zum Gesellschaftsziel → § 1 Rn. 6 ff.).

190   Wenn die Satzung keine abweichende Regelung enthält, ist weitgehend anerkannt, dass
das Gesellschaftsziel in der **Gewinnerzielung**[592] liegt.[593] Hieran ändern auch CSR-bezogene
Berichtspflichten nach der CSR-RL[594] bzw. den §§ 289b ff., 315c f. HGB sowie nach Art. 8
der Taxonomie-Verordnung[595] nichts, weil diesen Regelungen keine weitergehenden Verhaltenspflichten, insbesondere keine Verpflichtung zur Verfolgung von CSR-Belangen, entnommen werden können.[596] Durch eine entsprechende statutarische Bestimmung kann die Gesellschaft auf ein anderes Gesellschaftsziel als die Gewinnerzielung ausgerichtet werden. Möglich
ist indes auch, mehrere, unter Umständen konfligierende **Zielelemente** zum Gesellschaftsziel
zu **kombinieren** (zB über eine Ausrichtung auf einen bestimmten öffentlichen Zweck und
zugleich auf die Gewinnerzielung). Kommt keinem der beiden Elemente der Vorrang zu, ist
das Spannungsverhältnis zwischen mehreren gleichrangigen Zielkomponenten im Wege der
Abwägung und des Ausgleichs aufzulösen; hierbei kann auf die für öffentlich-rechtliche Final-
normen entwickelten Grundsätze zurückgegriffen werden.[597]

---

[587] HCL/*Ulmer/Casper* Rn. 117.
[588] Dazu Rowedder/Schmidt-Leithoff/*Schnorbus* Rn. 51; Scholz/*Priester/Tebben* Rn. 34.
[589] BayObLG Beschl. v. 29.6.1979 – BReg. 3 Z 83/76, GmbHR 1980, 11 (12) = BayObLGZ 1979, 207
(209); MHLS/*Hoffmann* Rn. 120.
[590] Lutter/Hommelhoff/*Kleindiek* § 75 Rn. 3; Noack/Servatius/Haas/*Haas* § 75 Rn. 12; HCL/*Ulmer/Cas-
per* Rn. 117; aA Scholz/*Schmidt/Scheller* § 75 Rn. 21; HCL/*Paura* § 75 Rn. 20.
[591] *Tieves,* Der Unternehmensgegenstand der Kapitalgesellschaft, 1998, 26 ff.; *Harbarth,* Anlegerschutz in
öffentlichen Unternehmen, 1998, 119 f. jeweils mit Darstellung abweichender Auffassungen.
[592] Näher zur Frage, was unter dem Begriff der Gewinnerzielung zu verstehen ist, insbes. ob es sich um
eine Pflicht zur Gewinnmaximierung oder lediglich um eine solche zur Erzielung eines angemessenen
Gewinns handelt, *Harbarth,* Anlegerschutz in öffentlichen Unternehmen, 1998, 129 f., Fn. 50 zur AG.
[593] Näher *Harbarth,* Anlegerschutz in öffentlichen Unternehmen, 1998, 127 ff. zur AG; *Habersack*
ZGR 1996, 544 (552); *Wiedemann* FS Barz, 1974, 561 (573); *Winter* Treubindungen S. 198.
[594] RL 2014/95/EU des Europäischen Parlaments und des Rates vom 22.10.2014 zur Änderung der RL
2013/34/EU im Hinblick auf die Angabe nichtfinanzieller und die Diversität betreffender Informationen
durch bestimmte große Unternehmen und Gruppen, ABl. EU 2014 L 330, 1.
[595] VO (EU) 2020/852 des Europäischen Parlaments und des Rates vom 18.6.2020 über die Einrichtung
eines Rahmens zur Erleichterung nachhaltiger Investitionen und zur Änderung der Verordnung (EU)
2019/2088, ABl. EU 2020 L 198, 13.
[596] Ausf. *Harbarth* FS Ebke, 2021, 307, 310 ff., insbes. 314 f.; ebenso BeckOGK/*Fleischer,* 1.9.2021, AktG
§ 76 Rn. 45; *Schön* ZHR 180 (2016), 279 (287 f.); Hüffer/Koch/*Koch* AktG § 76 Rn. 35d, jeweils zur
AG; aA *Hommelhoff* FS v. Hoyningen-Huene, 2014, 137; *Hommelhoff* FS Kübler, 2015, 291 (297); *Hommelhoff* NZG 2015, 1329 (1330).
[597] Ausf. hierzu *Harbarth,* Anlegerschutz in öffentlichen Unternehmen, 1998, 171 ff., insbes. 182 ff.; *Harbarth*
ZGR 2018, 379 (395 f.).

bb) Änderung. Die Änderung des Gesellschaftsziels erfordert eine Satzungsänderung 191 gem. §§ 53, 54. Über die hiernach notwendige Dreiviertelmehrheit hinaus ist aufgrund der entsprechend anwendbaren vereinsrechtlichen Vorschrift des § 33 Abs. 1 S. 2 BGB die **Zustimmung sämtlicher Gesellschafter erforderlich.**[598] Die Gegenauffassung, die auch zur Änderung des Gesellschaftsziels eine Dreiviertelmehrheit genügen lassen, zum Schutz der betroffenen Gesellschafter hingegen konzernrechtliche Normen entsprechend anwenden möchte,[599] trägt dem Schutzbedürfnis der betroffenen Gesellschafter indes nicht hinreichend Rechnung[600] und ist deshalb abzulehnen. Das Zustimmungserfordernis sämtlicher Gesellschafter analog § 33 Abs. 1 S. 2 BGB ist dispositiver Natur und entfällt somit, sofern die Satzung die Änderung des Gesellschaftsziels auch dann gestattet, wenn nicht sämtliche Gesellschafter zustimmen. Erforderlich ist hierfür indes, dass eine derartige statutarische Bestimmung sich ausdrücklich auf den Fall der Änderung des Gesellschaftsziels bezieht.[601]

Eine Änderung des Gesellschaftsziels liegt dabei nicht nur dann vor, wenn das bisherige 192 Gesellschaftsziel durch ein neues vollständig abgelöst wird (was auch dann der Fall ist, wenn ein nichterwerbswirtschaftliches Ziel durch ein anderes nichterwerbswirtschaftliches Ziel ersetzt wird), sondern auch dann, wenn **ein Zielelement um ein weiteres ergänzt** wird und sich das Gesellschaftsziel hiernach aus zwei, unter Umständen miteinander konfligierenden Zielelementen zusammensetzt. Eine Änderung des Gesellschaftsziels ist demnach auch dann gegeben, wenn etwa eine ausschließliche Ausrichtung auf die Gewinnerzielung durch eine gleichrangige Ausrichtung auf die Gewinnerzielung und die Verfolgung eines bestimmten öffentlichen Zwecks ersetzt wird. Eine grundlegende Umgestaltung der Ausrichtung der Geschäftätigkeit der Gesellschaft – etwa wenn die Produktion durch eine schlicht vermögensverwaltende Betätigung abgelöst wird – stellt demgegenüber keine Änderung des Gesellschaftsziels dar;[602] anderes gilt nur dann, wenn die Ausrichtung auf die Gewinnerzielung aufgegeben wird.

cc) Auswirkungen der Änderung des Unternehmensgegenstandes. Fraglich ist, 193 unter welchen Voraussetzungen eine **Änderung des Unternehmensgegenstandes** wegen Beeinträchtigung der erwerbswirtschaftlichen Ausrichtung der Gesellschaft **zugleich eine Änderung des Gesellschaftsziels** darstellt. Zum einen muss eine derartige Beeinträchtigung der Gewinnerzielung offensichtlich sein; zum anderen hat die Gewinnbeeinträchtigung nicht nur kurzfristiger Natur zu sein, sondern muss auf nicht absehbare Zeit angelegt sein.[603] Sofern der Unternehmensgegenstand hinsichtlich der herzustellenden Produkte oder der zu erbringenden Dienstleistungen geändert wird, dürfte demnach allenfalls in extremen Ausnahmefällen eine Änderung des Gesellschaftsziels zu bejahen sein. Eher kommt eine derartige Änderung des Gesellschaftsziels dann in Betracht, wenn die Änderung des Unternehmensgegenstands auf die einzusetzenden Produktionsmittel bezogen ist.[604]

Auch die nachträgliche Einführung einer Satzungsbestimmung, derzufolge der **Liqui-** 194 **dationsüberschuss** einem Dritten zufließen soll, stellt eine Änderung des Gesellschaftsziels dar und bedarf deshalb analog § 33 Abs. 1 S. 2 BGB der Zustimmung sämtlicher Gesellschaf-

---

[598] Scholz/*Priester/Tebben* Rn. 181; HCL/*Ulmer/Casper* Rn. 118; Lutter/Hommelhoff/*Bayer* Rn. 23; *Altmeppen* Rn. 19; Noack/Servatius/Haas/*Noack* Rn. 29; *Zöllner*, Die Schranken mitgliedschaftlicher Stimmrechtsmacht bei den privatrechtlichen Personenverbänden, 1963, 29 f.; Rowedder/Schmidt-Leithoff/*Schnorbus* Rn. 27; *Harbarth*, Anlegerschutz in öffentlichen Unternehmen, 1998, 225 ff. zur AG.
[599] *Kort*, Der Abschluss von Beherrschungs- und Gewinnabführungsverträgen im GmbH-Recht, 1986, 113 f.; *Timm*, Die Aktiengesellschaft als Konzernspitze, 1980, 31 ff. zur AG.
[600] Näher *Harbarth*, Anlegerschutz in öffentlichen Unternehmen, 1998, 227 f.
[601] BGH Beschl. v. 11.11.1985 – II ZB 5/85, BGHZ 96, 245 (249 f.) = DNotZ 1986, 276 (278 f.) für den Verein; HCL/*Ulmer/Casper* Rn. 118; Scholz/*Priester/Tebben* Rn. 181; MHLS/*Hoffmann* Rn. 91.
[602] *Harbarth*, Anlegerschutz in öffentlichen Unternehmen, 1998, 244 f.; aA HCL/*Ulmer/Casper* Rn. 118; offenlassend Scholz/*Priester/Tebben* Rn. 182.
[603] *Harbarth*, Anlegerschutz in öffentlichen Unternehmen, 1998, 247; *Sonnenberg*, Die Änderung des Gesellschaftszwecks, 1989, 77.
[604] Näher *Tieves*, Der Unternehmensgegenstand der Kapitalgesellschaft, 1998, 157; *Harbarth*, Anlegerschutz in öffentlichen Unternehmen, 1998, 247 f.

ter.[605] Eine derartige Bestimmung hat nämlich zur Folge, dass die Gesellschaft jedenfalls teilweise nicht mehr im erwerbswirtschaftlichen Interesse ihrer Gesellschafter agiert. Zur vollständigen und dauerhaften Thesaurierung → Rn. 260.

195   **c) Allgemeine Handlungsanleitung. Keine eigenständige,** neben dem Unternehmensgegenstand und dem Gesellschaftsziel stehende **Kategorie** stellen sog. allgemeine Handlungsanleitungen dar. In ihnen enthaltene Bestimmungen (zB Grundsätze der Unternehmensführung) sind daraufhin zu untersuchen, ob sie materiell dem Unternehmensgegenstand oder dem Gesellschaftsziel zuzurechnen sind.[606]

196   Zum Abschluss von Unternehmensverträgen → Rn. 147 ff.; zur Auflösung bzw. Fortsetzung der Gesellschaft → Rn. 246 ff.; → § 60 Rn. 223 ff.

197   **3. Kapitalstruktur. a) Stammkapital.** Der Betrag des Stammkapitals stellt gem. § 3 Abs. 1 Nr. 3 einen **notwendigen Satzungsbestandteil** dar. Die Änderung des Stammkapitals – sei es im Wege der Kapitalerhöhung oder der Kapitalherabsetzung – ist deshalb eine Satzungsänderung, auf die – wie auch § 57c Abs. 4 und § 58a Abs. 5 zum Ausdruck bringen – §§ 53, 54 Anwendung finden.[607] Die §§ 55–58f enthalten für Kapitalerhöhungen und Kapitalherabsetzungen darüber hinaus Sondervorschriften. Ein zusätzlicher Beschluss über die Änderung der statutarischen Bestimmungen über das Stammkapital ist neben dem Beschluss über die Kapitalerhöhung bzw. Kapitalherabsetzung nicht erforderlich. Diese Satzungsänderung ist vielmehr automatische Folge der Kapitalerhöhung bzw. Kapitalherabsetzung[608] und deshalb in der gem. § 54 Abs. 1 S. 2 einzureichenden Neufassung der Satzung zu berücksichtigen.[609] Eine Satzungsänderung stellt auch die Änderung der Währungsbezeichnung des Stammkapitals dar.[610] Eine **Zustimmung sämtlicher Gesellschafter** zu Kapitalmaßnahmen ist, sofern die Satzung nichts Gegenteiliges vorsieht, **nicht erforderlich.** Dies gilt auch im Hinblick auf die Kapitalerhöhung, bei der die Gesellschafter zum einen über ihr Bezugsrecht (→ § 55 Rn. 100 ff.) geschützt werden und zum anderen die mögliche Ausfallhaftung gem. § 24 als lediglich mittelbare Folge des Kapitalerhöhungsbeschlusses nach allgemeinen Grundsätzen kein Zustimmungsrecht begründet (näher → Rn. 69, → Rn. 131 ff.).[611]

198   **b) Stammeinlagen, Geschäftsanteile. aa) Stammeinlageverpflichtungen.** Gem. § 3 Abs. 1 Nr. 4 sind im Gesellschaftsvertrag die Zahl und die Nennbeträge der Geschäftsanteile auszuweisen, die jeder Gesellschafter gegen Einlage auf das Stammkapital übernimmt. Diese Stammeinlageverpflichtungen können **nicht nachträglich herabgesetzt** werden; von der Verpflichtung zur Leistung der Einlagen können die Gesellschafter gem. § 19 Abs. 2 S. 1 nämlich nicht befreit werden.[612] Auch ihre nachträgliche Erhöhung scheidet aus. Im Wege der Kapitalerhöhung können indes **neue Stammeinlagepflichten** geschaffen werden.[613] Die persönlichen Angaben nach § 3 Abs. 1 Nr. 4 zu den ursprünglichen Gesellschaftern sind üblicherweise nur in der Gründungssituation von Bedeutung. Nach Eintragung der Gesellschaft im Handelsregister können diese Angaben im Verfahren

---

[605] Lutter/Hommelhoff/*Bayer* Rn. 23.
[606] Näher *Harbarth,* Anlegerschutz in öffentlichen Unternehmen, 1998, 205 ff. mwN; aA *Dreher* ZHR 155 (1991), 349 (372 ff.).
[607] RG Urt. v. 20.10.1911 – II 68/11, RGZ 77, 152 (154).
[608] OLG Frankfurt Beschl. v. 6.3.1963 – 6 W 61/63, GmbHR 1964, 248 m. zust. Anm. *Pleyer*; OLG Düsseldorf Beschl. v. 30.7.1968 – 3 W 248/68, GmbHR 1968, 223; OLG Stuttgart Beschl. v. 26.6.1973 – 8 W 37/73, OLGZ 1973, 412 (414); HCL/*Ulmer/Casper* Rn. 119; Scholz/*Priester/Tebben* Rn. 156; Rowedder/Schmidt-Leithoff/*Schnorbus* Rn. 28.
[609] HCL/*Ulmer/Casper* Rn. 119; Rowedder/Schmidt-Leithoff/*Schnorbus* Rn. 28.
[610] Rowedder/Schmidt-Leithoff/*Schnorbus* Rn. 28.
[611] MHLS/*Hoffmann* Rn. 123; Scholz/*Priester/Tebben* Rn. 156; HCL/*Ulmer/Casper* Rn. 119.
[612] RG Urt. v. 30.9.1930 – II 518/29, RGZ 130, 39 (43); Ehrenberg HandelsR-HdB/*Feine* S. 592; HCL/*Ulmer/Casper* Rn. 120; Scholz/*Priester/Tebben* Rn. 157; Rowedder/Schmidt-Leithoff/*Schnorbus* Rn. 29.
[613] Rowedder/Schmidt-Leithoff/*Schnorbus* Rn. 29.

nach §§ 53, 54 beseitigt werden.[614] Dabei kommt es nicht darauf an, ob die Einlage schon voll geleistet wurde oder nicht. Sofern ein Interesse besteht, die ursprünglichen Einlageschuldner festzustellen, kann ein solches Interesse durch Einsichtnahme des beim Handelsregister aufbewahrten Gründungsstatuts befriedigt werden. Die Angaben gem. § 3 Abs. 1 Nr. 4 stellen unbeschadet ihres Charakters als formelle Satzungsbestandteile materiell ohnehin nur Übernahmeerklärungen dar.[615] Eine derartige Streichung ist als Fassungsänderung zu qualifizieren, die Einhaltung des Verfahrens gem. §§ 53, 54 mithin entbehrlich[616] (näher → Rn. 33). Das Registergericht kann zur Herbeiführung der Streichung gehalten sein, wenn andernfalls die Gefahr einer Irreführung bestünde (zB wenn trotz Erhöhung des Stammkapitals die bisherigen Angaben über die Stammeinlagen unverändert bleiben).[617]

bb) Festsetzungen von Sacheinlagen. Enthält die Gründungssatzung gem. § 5 **199** Abs. 4 S. 1 Festsetzungen betreffend Sacheinlagen, können diese nach überzeugender, wenngleich bestrittener Auffassung **zehn Jahre nach der Eintragung gestrichen** werden (vor Änderung des § 9 Abs. 2 durch das Verjährungsanpassungsgesetz: fünf Jahre – näher → § 5 Rn. 244).[618] Einer förmlichen Satzungsänderung gem. §§ 53, 54 bedarf es zur Streichung der Angaben über Sacheinlagen nicht (→ Rn. 33).[619] Im Hinblick auf Sachkapitalerhöhungen bedarf es in Ermangelung einer § 5 Abs. 4 entsprechenden Vorschrift keiner Angaben über Sacheinlagen in der Satzung.[620] Zur Angabe der jeweiligen Gesellschafter in der Satzung → Rn. 20.

cc) Vereinigung von Geschäftsanteilen. Erwirbt ein Gesellschafter zu seinem **200** ursprünglichen Geschäftsanteil weitere Geschäftsanteile, so behalten diese ihre Selbständigkeit (§ 15 Abs. 2). Die Vereinigung mehrerer Geschäftsanteile eines Gesellschafters ist indes **zulässig,** wenn die **Einlagen voll geleistet** sind und **keine Nachschusspflichten** bestehen[621] (näher → § 15 Rn. 187); Gleiches gilt, wenn die Inanspruchnahme eines Vormannes aus anderen Gründen nicht in Betracht kommt[622] (→ § 15 Rn. 187). Die Vereinigung von Geschäftsanteilen stellt **keine Satzungsänderung** dar. Etwaige in der Satzung enthaltenen Angaben über die Stückelung der Geschäftsanteile sind keine materiellen Satzungsbestandteile. Die Zusammenlegung kann daher durch einfachen Gesellschafterbeschluss und

---

[614] BayObLG Beschl. v. 13.11.1996 – 3 Z BR 168/96, DB 1997, 33; LG Stuttgart Beschl. v. 9.5.1972 – 4 KfH T 7/72, NJW 1972, 1997; Scholz/*Priester/Tebben* Rn. 23; Lutter/Hommelhoff/*Bayer* § 3 Rn. 18; *Priester* GmbHR 1973, 169; Rowedder/Schmidt-Leithoff/*Schnorbus* Rn. 29; MHLS/*Hoffmann* Rn. 154; aA KG Beschl. v. 10.8.1939 – 1 Wx 469/39, DR 1939, 2162 m. zust. Anm. *Groschuff;* KG Beschl. v. 1.7.1943 – 1 Wx 157/43, DR 1943, 983 (984); BayObLG Beschl. v. 27.11.1970 – BReg. 2 Z 59/70, DB 1971, 88; OLG Karlsruhe Beschl. v. 14.12.1971 – 11 W 68/71, Rpfleger 1972, 309 = MittBayNot 1972, 246; OLG Köln Beschl. v. 30.12.1971 – II Wx 102/71, DNotZ 1972, 623; OLG Hamm Beschl. v. 27.1.1984 – 15 W 416/83, Rpfleger 1984, 274 = OLGZ 1984, 266; HCL/*Ulmer/Casper* Rn. 120 jeweils für Streichung erst ab Erfüllung der Einlageverpflichtung; KG Beschl. v. 11.4.1919 – ZG 1 a, OLG 40, 191 (192) für Beibehaltung unabhängig von der Erfüllung.

[615] BayObLG Beschl. v. 25.10.1991 – BReg. 3 Z 125/91, DB 1991, 2537 (2538); BayObLG Beschl. v. 13.11.1996 – 3 Z BR 168/96, DB 1997, 33 (34); *Priester* GmbHR 1973, 169 (170); Scholz/*Priester/Tebben* Rn. 23; MHLS/*Hoffmann* Rn. 25.

[616] HCL/*Ulmer/Casper* Rn. 15, 31, 120; aA MHLS/*Hoffmann* Rn. 154; Noack/Servatius/Haas/*Noack* Rn. 22.

[617] BayObLG Beschl. v. 5.7.1971 – BReg. 2 Z 93/70, DB 1971, 1612; Rowedder/Schmidt-Leithoff/*Schnorbus* Rn. 29.

[618] HCL/*Ulmer/Casper* Rn. 120; Scholz/*Priester/Tebben* Rn. 24; vgl. dagegen LG Hamburg Urt. v. 22.2.1968 – 26 T 9/67, GmbHR 1968, 207 für 30-jährige Frist; KGJ 27, A 225 zur AG; KG Beschl. v. 12.8.1937 – 1 Wx 353/37, JW 1937, 2655 m. abl. Anm. *Groschuff:* Beibehaltung ohne zeitliche Begrenzung.

[619] HCL/*Ulmer/Casper* Rn. 120, 31; aA Rowedder/Schmidt-Leithoff/*Schnorbus* Rn. 29.

[620] Vgl. auch HCL/*Ulmer/Casper* Rn. 120.

[621] RG Urt. v. 17.10.1933 – II 108/33, RGZ 142, 36 (42); BGH Urt. v. 13.7.1964 – II ZR 110/62, BGHZ 42, 89 (92) = NJW 1964, 1954; KG Urt. v. 10.3.2000 – 14 U 2105/98, NZG 2000, 787; HCL/*Ulmer/Casper* Rn. 121; Scholz/*Priester/Tebben* Rn. 180.

[622] Scholz/*Priester/Tebben* Rn. 180.

Zustimmung des betroffenen Gesellschafters erfolgen[623] (näher → § 15 Rn. 189 f.). Enthält die Satzung keine Ermächtigung zur Vereinigung von Geschäftsanteilen und liegt eine Zustimmung der Inhaber der betroffenen Anteile nicht vor, sind die jeweiligen Inhaber zur Anfechtung des Beschlusses berechtigt.[624] Die nachträgliche Einführung einer derartigen statutarischen Regelung bedarf neben dem satzungsändernden Beschluss gem. §§ 53, 54 der Zustimmung sämtlicher beteiligter Gesellschafter. Gleiches gilt, wenn in der Satzung nachträglich eine automatische Vereinigung von Geschäftsanteilen festgeschrieben wird.[625] An der Rechtslage hat sich entgegen der auf die Neufassung des § 46 bezogenen Feststellung in der Begr. RegE des MoMiG, dass eine Zusammenlegung der Zustimmung des betroffenen Gesellschafters nicht bedürfe,[626] nichts geändert.[627] Denn das Gesetz selbst enthält keine Anhaltspunkte, die diese Feststellung zu unterstützen vermögen. Zur Zusammenlegung durch einseitige Erklärung des Anteilsinhabers → § 15 Rn. 189.[628] Zu den Auswirkungen von Kapitalerhöhungen und Kapitalherabsetzungen auf die Geschäftsanteile → § 55 Rn. 57 ff.; → § 58 Rn. 7 ff.

201   **dd) Neubildung von Geschäftsanteilen.** In bestimmten Fällen kann darüber hinaus ein Bedürfnis für die Neubildung von Geschäftsanteilen ohne gleichzeitige Erhöhung der Kapitalziffer bestehen. Dies ist in solchen Fällen von Relevanz, in denen die Nennwerte der Geschäftsanteile den Betrag des Stammkapitals unterschreiten (zB infolge Einziehung von Geschäftsanteilen). Während nach einer Auffassung hierfür ein einstimmiger Beschluss sämtlicher Gesellschafter erforderlich ist,[629] ist nach der Gegenauffassung ein mit **Dreiviertelmehrheit** gefasster Gesellschafterbeschluss **ausreichend**.[630] Letzterer Auffassung ist zu folgen, weil kein weitergehendes Schutzbedürfnis der Gesellschafter ersichtlich ist, als dies auch bei einer Kapitalerhöhung der Fall wäre. Der Beschluss über die Neubildung von Geschäftsanteilen hat indes den Gleichbehandlungsgrundsatz zu beachten. Er stellt keine Satzungsänderung dar.[631]

202   **c) Gründungsaufwand.** Auch die Angaben über den Gründungsaufwand können erst fünf Jahre nach Eintragung der Gesellschaft gestrichen werden. § 26 Abs. 4 AktG, nicht hingegen § 26 Abs. 5 AktG findet insoweit analoge Anwendung.[632]

203   **d) Nachschusspflicht.** Auch die nachträgliche Einführung einer Nachschusspflicht, sofern diese korporativen Charakter besitzt,[633] sowie deren nachträgliche Änderung stellen Fälle der Satzungsänderung gem. §§ 53, 54 dar.[634] Hierzu bedarf es gem. Abs. 3 der **Zustimmung sämtlicher betroffener Gesellschafter.**[635] Das Zustimmungserfordernis gem. Abs. 3 besteht bei der Änderung einer beschränkten in eine unbeschränkte Nachschusspflicht ebenso wie bei der Änderung einer unbeschränkten in eine beschränkte Nach-

---

[623]   KG Urt. v. 10.3.2000 – 14 U 2105/98, NZG 2000, 787; Scholz/*Priester/Tebben* Rn. 180; HCL/*Ulmer/Casper* Rn. 121; aA *Priester* GmbHR 1976, 130 (132): Erklärung des Gesellschafters.
[624]   RG Urt. v. 17.10.1933 – II 108/33, RGZ 142, 36 (42); HCL/*Ulmer/Casper* Rn. 121.
[625]   Scholz/*Priester*, 9. Aufl. 2002, Rn. 181.
[626]   Begr. RegE MoMiG, BR-Drs. 354/07, 102.
[627]   Lutter/Hommelhoff/*Bayer* § 46 Rn. 20; Noack/Servatius/Haas/*Noack* § 46 Rn. 32a; *D. Mayer* DNotZ 2008, 403 (425 f.); *Wälzholz* MittBayNot 2008, 425 (433).
[628]   Zur Rechtslage vor dem MoMiG: *Priester* GmbHR 1976, 130 (132 f.).
[629]   *Gonella* GmbHR 1962, 253 (254).
[630]   *Niemeier*, Rechtstatsachen und Rechtsfragen der Einziehung von GmbH-Anteilen 1982, 369 ff.; HCL/*Ulmer/Casper* Rn. 122.
[631]   BGH Urt. v. 6.6.1988 – II ZR 318/87, NJW 1989, 168 (169); HCL/*Ulmer/Casper* Rn. 122.
[632]   MHLS/*Hoffmann* Rn. 155.
[633]   Vgl. BGH Urt. v. 8.2.1993 – II ZR 24/92, GmbHR 1993, 214 (215) = NJW-RR 1993, 607; OLG München Urt. v. 24.1.2000 – 17 U 4879/99, GmbHR 2000, 981 = BeckRS 2000, 11325.
[634]   MHLS/*Hoffmann* Rn. 135; Scholz/*Priester/Tebben* Rn. 149.
[635]   RFH 1, 71 (73 f.); OLG Hamm Urt. v. 2.2.1977 – 8 U 229/76, GmbHR 1978, 271; KG Urt. v. 20.12.1999 – 2 U 6691/98, NZG 2000, 688 (689); MHLS/*Hoffmann* Rn. 135; Scholz/*Priester/Tebben* Rn. 149.

schusspflicht (wegen Verlust des Abandonrechts).[636] Gleiches gilt wegen der Verkürzung des Abandonrechts und der Einführung einer Ausfallhaftung für den Fall der Einführung oder Erhöhung der in § 27 Abs. 4 genannten Grenzen, nicht hingegen für deren Streichung.[637] Die Zustimmung gem. Abs. 3 ist weiterhin notwendig, wenn eine Bestimmung gem. § 28 Abs. 2 eingeführt wird, weil hierdurch eine Befristung der Nachschusspflicht entfällt.[638] Gleiches gilt, wenn die Nachschusspflicht auf einen längeren als den bisher bestimmten Zeitraum ausgedehnt werden soll.[639] **Zustimmungsfrei** sind hingegen die Herabsetzung des Nachschussbetrags nach § 26 Abs. 3 und die vollständige Aufhebung der Nachschusspflicht[640] (näher zum Ganzen → § 26 Rn. 78 ff.). Sofern die Zustimmung einzelner Gesellschafter fehlt, ist die Regelung bei Eintragung als zumindest relativ unwirksam anzusehen[641] (→ Rn. 136).

4. Veränderungen im Gesellschafterkreis. a) Übertragung, Vererbung, Teilung **204** **von Geschäftsanteilen, Vorkaufsrechte.** GmbH-Geschäftsanteile sind gem. § 15 Abs. 1 grundsätzlich frei veräußerlich. Ihre Abtretung kann indes durch den Gesellschaftsvertrag an weitere Voraussetzungen geknüpft, insbesondere von der **Genehmigung** der Gesellschaft abhängig gemacht werden (§ 15 Abs. 5).[642] Zulässig ist auch der **generelle Ausschluss der Übertragbarkeit** durch die Satzung; ist den Gesellschaftern der Verbleib in der Gesellschaft indes unzumutbar, sind sie zum Austritt aus wichtigem Grund berechtigt (näher zur Übertragbarkeit und ihren Grenzen → § 15 Rn. 395 ff.). Die Einführung von Abtretungsbeschränkungen kann auch nachträglich im Wege der Satzungsänderung gem. §§ 53, 54 erfolgen. Hierzu ist indes die Zustimmung sämtlicher betroffener Gesellschafter erforderlich.[643] Umstritten ist die dogmatische Grundlage dieses Zustimmungserfordernisses. Es wurde früher teilweise aus einem Sonderrecht auf freie Übertragbarkeit der Geschäftsanteile abgeleitet;[644] dies überzeugt deshalb nicht, weil die freie Veräußerlichkeit grundsätzlich für alle Geschäftsanteile gilt, sämtlichen Gesellschaftern zustehende Rechte indes keine Sonderrechte darstellen (→ Rn. 181).[645] Auch eine Leistungsvermehrung iSv Abs. 3[646] ist nicht gegeben; es liegt vielmehr eine von Abs. 3 nicht erfasste Rechtsverkürzung vor.[647] Das Zustimmungserfordernis ergibt sich richtigerweise daraus, dass das Recht auf freie Veräußerung des Geschäftsanteils dem Kernbereich der Mitgliedschaft zuzurechnen ist.[648] Für das Zustimmungserfordernis spricht darüber hinaus auch die entsprechende aktienrechtliche Regelung in § 180 Abs. 2 AktG. Auch die bei bereits vorhandener Vinkulierung erfolgende nachträgliche **Erschwerung der Abtretbarkeit** (zB durch Ausweitung von zur Verweigerung der Genehmigung berechtigenden Gründen) erfordert neben

---

636   Scholz/*Priester/Tebben* Rn. 149; MHLS/*Hoffmann* Rn. 135; Rowedder/Schmidt-Leithoff/*Schnorbus* Rn. 68 Fn. 236.
637   Scholz/*Priester/Tebben* Rn. 149; MHLS/*Hoffmann* Rn. 135.
638   Scholz/*Priester/Tebben* Rn. 149.
639   Scholz/*Priester/Tebben* Rn. 149.
640   MHLS/*Hoffmann* Rn. 135.
641   MHLS/*Hoffmann* Rn. 135.
642   Zur kautelarjuristischen Ausgestaltung *Reichert/Schumacher*, Der GmbH-Vertrag, 4. Aufl. 2014, 127 ff.
643   RG Urt. v. 4.4.1908 – I 302/07, RGZ 68, 210; OLG Celle Urt. v. 24.7.1958 – 9 U 37/58, GmbHR 1959, 113; Noack/Servatius/Haas/*Noack* Rn. 34; Scholz/*Priester/Tebben* Rn. 161; MHLS/*Hoffmann* Rn. 126; Rowedder/Schmidt-Leithoff/*Schnorbus* Rn. 34; *Reichert* BB 1985, 1496 (1499); Lutter/Hommelhoff/*Bayer* § 15 Rn. 73; *Zöllner*, Die Schranken mitgliedschaftlicher Stimmrechtsmacht bei den privatrechtlichen Personenverbänden, 1963, 114; aA *Fette* GmbHR 1986, 75; *Lessmann* GmbHR 1985, 179 (181); teilweise abw. auch *Lutter/Timm* NJW 1982, 409 (416): kein Zustimmungserfordernis bei nachträglicher Vinkulierung zur Aufrechterhaltung der Selbständigkeit der GmbH, stattdessen aber Austrittsrecht.
644   So RG Urt. v. 4.4.1908 – I 302/07, RGZ 68, 210 (211 f.).
645   HCL/*Ulmer/Casper* Rn. 139; Scholz/*Priester/Tebben* Rn. 161.
646   Für eine solche OLG Celle Urt. v. 24.7.1958 – 9 U 37/58, GmbHR 1959, 113 (114); *Möhring* GmbHR 1963, 201 (204); *Immenga*, Die personalistische Kapitalgesellschaft, 1970, 79.
647   Scholz/*Priester/Tebben* Rn. 161; iErg ebenso HCL/*Ulmer/Casper* Rn. 139.
648   HCL/*Ulmer/Casper* Rn. 139; *R. Fischer* JZ 1956, 362 (363); MHLS/*Hoffmann* Rn. 126; *Reichert* BB 1985, 1496 (1499).

einem Satzungsänderungsbeschluss gem. §§ 53, 54 die Zustimmung sämtlicher betroffener Gesellschafter.[649] Eine derartige Erschwerung liegt auch dann vor, wenn eine Satzungsbestimmung gestrichen wird, derzufolge die Zustimmung nur aus wichtigem Grund verweigert werden darf.[650] Fehlt eine hiernach erforderliche Zustimmung, ist die Satzungsänderung zumindest relativ unwirksam.

205   Die nachträgliche **Aufhebung der Vinkulierung** erfolgt gleichfalls im Wege der Satzungsänderung gem. §§ 53, 54. Bedarf die Anteilsabtretung der Zustimmung sämtlicher Gesellschafter, ist zur Aufhebung der Vinkulierung deren Zustimmung erforderlich, weil diesen anderenfalls die von der Satzung zuerkannte Möglichkeit der Einflussnahme auf die Zusammensetzung des Gesellschafterkreises entzogen würde.[651] Anderes kann dann gelten, wenn die Auslegung der Satzung ergibt, dass kein nur im Einverständnis sämtlicher Gesellschafter aufhebbares Mitgliedschaftsrecht auf Einflussnahme auf die Zusammensetzung des Gesellschafterkreises begründet werden sollte.[652] Ist die Abtretbarkeit von der Zustimmung eines einzelnen oder mehrerer Gesellschafter abhängig, verfügen diese über ein Sonderrecht, das gem. § 35 BGB ebenfalls nur mit ihrer Zustimmung beeinträchtigt werden kann.[653] Verlangt die Satzung für die Abtretung eines Geschäftsanteils eine qualifizierte Mehrheit, so bedarf auch der Beschluss über die Aufhebung der Vinkulierung dieser Mehrheit (auch → Rn. 129). Im häufig anzutreffenden Fall, in dem die Abtretung des Geschäftsanteils eines einstimmigen Gesellschafterbeschlusses bedarf, ist demnach auch für die vinkulierungsaufhebende Satzungsänderung Einstimmigkeit erforderlich.[654] Die vorstehend dargestellten Grundsätze gelten entsprechend für die nachträgliche Abschwächung der Vinkulierung (zB durch Reduzierung der zur Genehmigungsverweigerung berechtigenden Gründe).

206   Gem. § 15 Abs. 1 sind GmbH-Geschäftsanteile frei vererblich. Die **Vererblichkeit des Geschäftsanteils** kann durch die Satzung weder ausgeschlossen noch beschränkt werden. Eine automatische Einziehung auf den Todesfall ist nach überwiegender Auffassung gleichfalls unzulässig. Möglich sind hingegen Satzungsbestimmungen, die für den Fall der Anteilsvererbung den Erben zur Abtretung des Geschäftsanteils oder zur Duldung der Einziehung bei entsprechendem Gesellschafterbeschluss verpflichten (näher → § 15 Rn. 453 ff.). Derartige Satzungsbestimmungen können auch nachträglich im Wege der Satzungsänderung gem. §§ 53, 54 eingeführt werden. Ein derartiger Beschluss bedarf der Zustimmung aller betroffenen Gesellschafter.[655]

207   **Vorkaufs- oder Vorerwerbsrechte** können unter Wahrung der Form gem. § 15 Abs. 4 grundsätzlich in der Satzung oder außerhalb der Satzung vereinbart werden; bestimmte Typen von Vorerwerbsrechten bedürfen der Verankerung in der Satzung.[656] Die nachträgliche Einführung von Vorerwerbsrechten bedarf, da die hieraus resultierenden Pflichten als Nebenpflichten iSv § 3 Abs. 2 zu qualifizieren sind, gem. Abs. 3 der Zustimmung der betroffenen Gesellschafter.[657] Die vorstehenden Grundsätze finden entspre-

---

[649]   Noack/Servatius/Haas/*Noack* Rn. 34; dies entspricht auch der Rechtslage im Rahmen von § 180 Abs. 2 AktG (vgl. *Harbarth* AG 2004, 573 (582) mwN).
[650]   Scholz/*Priester*/*Tebben* Rn. 161 mwN.
[651]   OLG Düsseldorf Urt. v. 27.2.1964 – 6 U 208/63, GmbHR 1964, 250 m. zust. Anm. *H. Winter*; OLG Stuttgart Urt. v. 12.5.1999 – 20 U 62/98, NZG 2000, 159 (165); Scholz/*Priester*/*Tebben* Rn. 162; Noack/Servatius/Haas/*Noack* Rn. 34; HCL/*Ulmer*/*Casper* Rn. 139; MHLS/*Hoffmann* Rn. 127; Rowedder/Schmidt-Leithoff/*Schnorbus* Rn. 34; aA OLG Dresden Beschl. v. 2.4.1912 – VI. ZG, OLG 27, 388.
[652]   Vgl. OLG Stuttgart Urt. v. 14.2.1974 – 10 U 90/73, GmbHR 1974, 257 m. krit. Anm. *Konow:* uneingeschränkte Zulassung der Vererbung; vgl. auch OLG Hamm Urt. v. 30.8.2001 – 27 U 26/01, ZIP 2001, 1915 (1917).
[653]   MHLS/*Hoffmann* Rn. 127; Scholz/*Priester*/*Tebben* Rn. 163; Rowedder/Schmidt-Leithoff/*Schnorbus* Rn. 34.
[654]   HCL/*Ulmer*/*Casper* Rn. 139; MHLS/*Hoffmann* Rn. 127.
[655]   Scholz/*Priester*/*Tebben* Rn. 175; HCL/*Ulmer*/*Casper* Rn. 140.
[656]   Näher *Reichert* BB 1985, 1496 (1500 f.); zur kautelarjuristischen Umsetzung *Reichert/Schumacher*, Der GmbH-Vertrag, 4. Aufl. 2014, 127 ff.
[657]   OLG Celle Urt. v. 24.7.1958 – 9 U 37/58, GmbHR 1959, 113 (114); *Reichert* BB 1985, 1496 (1502); HCL/*Ulmer*/*Casper* Rn. 141; *G. Hueck* FS Larenz, 1973, 749 (757); Scholz/*Priester*/*Tebben* Rn. 178.

chende Anwendung, wenn bereits bestehende Vorerwerbsrechte nachträglich verschärft
werden. Soweit im einschlägigen Schrifttum der Frage von Zustimmungserfordernissen
im Zusammenhang mit der Änderung von bereits bestehenden Vorerwerbsrechten nach-
gegangen wird, wird indes vielfach nicht zwischen Verschärfungen und Abschwächungen
der Vorerwerbsrechte differenziert.[658] Soll ein bestehendes Vorerwerbsrecht, das nur einzelnen Gesellschaftern zusteht, nachträglich aufgehoben oder abgeschwächt werden,
bedarf es wegen Beeinträchtigung eines Sonderrechts iSv § 35 BGB der Zustimmung der
betroffenen Gesellschafter.[659] Gleiches gilt, wenn das Vorerwerbsrecht sämtlichen Gesellschaftern zusteht,[660] sofern das Vorerwerbsrecht nicht unter dem Vorbehalt eines entgegenstehenden einfachen Gesellschafterbeschlusses steht.[661] Keine Zustimmung der Gesellschafter ist demgegenüber erforderlich, wenn das Vorerwerbsrecht allein zugunsten der
Gesellschaft besteht.[662]

b) Einziehung. Die Einziehung (Amortisation) von Geschäftsanteilen setzt gem. § 34   **208**
Abs. 1 ihre Zulassung in der Satzung voraus. Die Einführung der statutarischen Ermächtigung zur Zwangseinziehung kann auch nachträglich im Wege der Satzungsänderung gem.
§§ 53, 54 erfolgen. Dem steht auch nicht der Wortlaut von § 34 Abs. 2 entgegen. Diese
Vorschrift ist nämlich dahingehend auszulegen, dass die Zwangseinziehung auch dann zulässig ist, wenn sie zwar in der Satzung nicht bereits vor dem Erwerb des Geschäftsanteils
zugelassen war, ihre nachträgliche Einführung aber mit Zustimmung sämtlicher Anteilsinhaber erfolgte, denen gegenüber die Einziehungsklausel Wirksamkeit erlangen soll.[663] Aus
§ 34 Abs. 2 folgt somit ein **Zustimmungserfordernis.** Fehlt die Zustimmung, ist ein
entsprechender Satzungsänderungsbeschluss jedenfalls gegenüber dem nicht zustimmenden
Gesellschafter zunächst schwebend unwirksam und bei Verweigerung der Zustimmung endgültig unwirksam.[664] Veräußert der nicht zustimmende Gesellschafter seinen Geschäftsanteil
an einen Dritten, liegt im Erwerb durch diesen Dritten keine Unterwerfung unter die
Einziehungsklausel; die statutarische Ermächtigung zur Zwangseinziehung entfaltet daher
auch gegenüber einem derartigen Rechtsnachfolger keine Wirksamkeit.[665] Die vorstehenden Grundsätze finden auch dann Anwendung, wenn die **Möglichkeit zur Zwangseinziehung** nicht nachträglich eingeführt, deren Voraussetzungen aber nachträglich **erleichtert** werden sollen.[666] Sollen die Bestimmungen über die Zwangseinziehung in mehrfacher
Hinsicht geändert werden, ist die Frage, ob es zu einer Erleichterung der Zwangseinziehung
kommen soll, nicht auf der Grundlage einer Gesamtbetrachtung, sondern für jede einzelne
Änderung getrennt zu beurteilen. Fraglich ist, ob auch die Zustimmung derjenigen Gesellschafter erforderlich ist, deren Geschäftsanteile von der statutarischen Ermächtigung zur
Zwangseinziehung nicht betroffen sind. Eine Auffassung bejaht dies mit der Begründung,
bei den übrigen Gesellschaftern komme es zu einer von Abs. 3 erfassten Leistungsvermeh-

---

[658] Vgl. HCL/*Ulmer/Casper* Rn. 141; *Reichert* BB 1985, 1496 (1501 f.); Scholz/*Priester/Tebben* Rn. 178.
[659] *Reichert* BB 1985, 1496 (1501).
[660] *Reichert* BB 1985, 1496 (1501 f.).
[661] OLG Stuttgart Urt. v. 22.5.1997 – 11 U 13/96, GmbHR 1997, 1108 = BeckRS 1997, 10482 Rn. 9 ff.;
       Scholz/*Priester/Tebben* Rn. 178.
[662] *Reichert* BB 1985, 1496 (1502); Scholz/*Priester/Tebben* Rn. 178; HCL/*Ulmer/Casper* Rn. 141.
[663] BGH Urt. v. 1.4.1953 – II ZR 235/52, BGHZ 9, 157 (160) = NJW 1953, 780; Urt. v. 19.9.1977 – II
       ZR 11/76, NJW 1977, 2316; BayObLG Beschl. v. 25.7.1978 – BReg. 1 Z 69/78, GmbHR 1978, 269
       (270) = OLGZ 1978, 227 (229); LG Bonn Urt. v. 20.12.1978 – 12 O 155/78, GmbHR 1979, 142 (143);
       Hueck DB 1957, 37 (40); HCL/*Ulmer/Casper* Rn. 143; *Niemeier,* Rechtstatsachen und Rechtsfragen der
       Einziehung von GmbH-Anteilen 1982, 206 ff.; Scholz/*Priester/Tebben* Rn. 126; Lutter/Hommelhoff/
       Bayer Rn. 21 f.; MHLS/*Hoffmann* Rn. 129; Noack/Servatius/Haas/*Noack* Rn. 36; Rowedder/Schmidt-
       Leithoff/*Schnorbus* Rn. 35; aA Roth/Altmeppen/*Roth,* 8. Aufl. 2015, Rn. 37: Zustimmungserfordernis
       nur bei Ungleichbehandlung der Gesellschafter. Dies entspricht auch der Rechtslage im Aktienrecht;
       Hüffer/Koch/*Koch* AktG § 237 Rn. 8; *Harbarth* AG 2004, 573 (583) mwN.
[664] HCL/*Ulmer/Casper* Rn. 143; MHLS/*Hoffmann* Rn. 129.
[665] HCL/*Ulmer/Casper* Rn. 143.
[666] BGH Urt. v. 16.12.1991 – II ZR 58/91, BGHZ 116, 359 (363) = NJW 1992, 892; Scholz/*Priester/
       Tebben* Rn. 126.

rung, weil die aus dem eingezogenen Geschäftsanteil folgenden Pflichten nunmehr anteilig von den übrigen Gesellschaftern zu tragen seien.[667] Sie überzeugt deshalb nicht, weil diese Pflichtenvermehrung lediglich mittelbarer Natur ist, eine derartige Mittelbarkeit indes nicht zur Anwendbarkeit von Abs. 3 führt. Die mit der Einziehung einhergehende mittelbare Erhöhung des Haftungsrisikos (§§ 24, 31) rechtfertigt keine andere Behandlung als im Fall mehrheitlicher Kapitalerhöhung (→ Rn. 197).[668] **Kein Zustimmungserfordernis** besteht für die Fälle der Aufhebung einer statutarischen Ermächtigungsgrundlage für die Zwangseinziehung sowie der Erschwerung der Zwangseinziehung.[669] Gleiches gilt, wenn die Satzungsänderung nur in der statutarischen Normierung der Rechtsprechungsgrundsätze über die Ausschließung von Gesellschaftern besteht (→ Rn. 210 f.).[670] Der Einziehungsbeschluss selbst stellt keine Satzungsänderung dar.[671]

209   Demgegenüber erfordert die nachträgliche **Einführung** einer **Satzungsklausel, die die freiwillige Einziehung gestattet,** neben dem Satzungsänderungsbeschluss gem. §§ 53, 54 nicht die Zustimmung sämtlicher potenziell betroffener Gesellschafter. Eine der Zwangseinziehung vergleichbare Situation besteht insofern schon deshalb nicht, weil eine freiwillige Einziehung nur mit Zustimmung des betroffenen Gesellschafters wirksam wird.[672] Auch die **Aufhebung** einer die freiwillige Einziehung gestattenden Satzungsklausel bedarf nicht über den Satzungsänderungsbeschluss gem. §§ 53, 54 hinaus der Zustimmung der betroffenen Gesellschafter.[673] Gleiches gilt für die Änderung einer derartigen Bestimmung (auch bei Erleichterung oder Erschwerung).[674] Auch im Hinblick auf mittelbar betroffene Gesellschafter besteht kein Zustimmungserfordernis (→ Rn. 137). Näher zum Ganzen → § 34 Rn. 13 ff.

210   **c) Ausschließung.** Ein Gesellschafter kann auch ohne eine entsprechende Satzungsgrundlage aus wichtigem Grund aus der Gesellschaft ausgeschlossen werden (näher → Rn. 103). Werden lediglich die kraft Gesetzes geltenden Regelungen über die Ausschließung aus wichtigem Grund nochmals in der Satzung niedergelegt, bedarf es neben dem Satzungsänderungsbeschluss gem. §§ 53, 54 keiner zusätzlichen Zustimmung der betroffenen Gesellschafter, weil sich deren Rechtsposition gegenüber der kraft Gesetzes bestehenden Lage nicht verschlechtert. Wird das **Recht zur Ausschließung** über die kraft Gesetzes bestehenden Möglichkeiten hinaus **erweitert,** ist auch aufgrund der Vergleichbarkeit der Situation mit der Zwangseinziehung die Zustimmung sämtlicher betroffener Gesellschafter erforderlich.[675] Darüber hinaus ist der Satzungsänderungsbeschluss der Inhaltskontrolle unterworfen. Eine Ausschließungsklausel, die die **Ausschließung in das freie Ermessen eines Gesellschafters** stellt, ist nach der zunächst für das Personengesellschaftsrecht entwickelten[676] und dann auf

---

[667] KGJ 25, A 258; BayObLG Beschl. v. 25.7.1987 – BReg. 1 Z 69/78, DB 1978, 2164 (2165).
[668] Scholz/*Priester/Tebben* Rn. 126; HCL/*Ulmer/Casper* Rn. 144 zur freiwilligen Einziehung; Scholz/*Westermann* § 34 Rn. 10: Zustimmung der nicht betroffenen Gesellschafter bei freiwilliger Einziehung nur im Ausnahmefall erforderlich.
[669] Scholz/*Priester/Tebben* Rn. 126; Rowedder/Schmidt-Leithoff/*Schnorbus* Rn. 35; HCL/*Ulmer/Casper* Rn. 144; MHLS/*Hoffmann* Rn. 129.
[670] Scholz/*Priester/Tebben* Rn. 126.
[671] Noack/Servatius/Haas/*Noack* Rn. 36; Scholz/*Priester/Tebben* Rn. 126; Rowedder/Schmidt-Leithoff/ *Schnorbus* Rn. 35.
[672] HCL/*Ulmer/Casper* Rn. 144; Noack/Servatius/Haas/*Noack* Rn. 36; *Niemeier,* Rechtstatsachen und Rechtsfragen der Einziehung von GmbH-Anteilen 1982, 147 ff.; MHLS/*Hoffmann* Rn. 129; Lutter/ Hommelhoff/*Bayer* Rn. 21 Fn. 71.
[673] MHLS/*Hoffmann* Rn. 129.
[674] HCL/*Ulmer/Casper* Rn. 144 für Fall der Abschwächung von Einziehungsklauseln.
[675] BGH Beschl. v. 21.10.1991 – II ZR 80/91, DStR 1991, 1597; Noack/Servatius/Haas/*Noack* Rn. 36; MHLS/*Hoffmann* Rn. 130; Scholz/*Priester/Tebben* Rn. 115; einschr. HCL/*Ulmer/Casper* Rn. 145: spürbare Verschärfung des Ausschließungsrechts oder sonstige Verschlechterung der Rechtsstellung des Gesellschafter.
[676] BGH Urt. v. 20.1.1977 – II ZR 217/75, BGHZ 68, 212 (215) = NJW 1977, 1292 (1293); Urt. v. 25.3.1985 – II ZR 240/84, BB 1985, 1558; Urt. v. 19.9.1988 – II ZR 329/87, BGHZ 105, 213 (216 f.) = NJW 1989, 834; *Behr* ZGR 1990, 370.

die GmbH ausgedehnten[677] Rspr. des BGH nur bei Vorliegen einer sachlichen Rechtfertigung zulässig. Gleiches gilt, sofern eine Satzungsklausel die Ausschließung in das freie Ermessen der Gesellschaftermehrheit stellt.[678] Möglich ist es indes, die eine Einziehung oder Ausschließung rechtfertigenden Gründe bereits in der Satzung festzulegen.[679]

Eine an keine Voraussetzungen geknüpfte „Hinauskündigungsklausel" ist wirksam, **211** wenn einem Geschäftsführer im Hinblick auf seine Geschäftsführerstellung eine Minderheitsbeteiligung eingeräumt wird, für die er nur ein Entgelt in Höhe des Nennwerts zu zahlen hat und die er bei Beendigung seines Geschäftsführeramtes gegen eine der Höhe nach begrenzte Abfindung zurückübertragen muss (**„Managermodell"**).[680] Gleiches gilt, wenn einem Mitarbeiter unentgeltlich oder gegen Zahlung des Nennwerts eine bei Ausscheiden zurückzuübertragende Minderheitsbeteiligung eingeräumt worden war, jedenfalls sofern dessen Arbeitsverhältnis nur unter den Voraussetzungen des KSchG einseitig beendet werden kann (**„Mitarbeitermodell"**).[681]

Keine Satzungsänderung stellt demgegenüber der Gesellschafterbeschluss über die Erhe- **212** bung der Ausschließungsklage dar.[682]

d) Austritt und Kündigung. Ein Austrittsrecht des Gesellschafters ist im GmbH- **213** Gesetz nicht geregelt. Dass ein Gesellschafter bei Vorliegen eines wichtigen Grundes kraft Gesetzes zum Austritt aus der GmbH berechtigt ist, ist gleichwohl anerkannt[683] (→ Rn. 102). Die näheren Modalitäten eines derartigen Austrittsrechts können in der Satzung geregelt werden.[684] Die Bestimmungen über ein Austrittsrecht können auch nachträglich im Wege der Satzungsänderung gem. §§ 53, 54 in die Satzung eingefügt oder inhaltlich verändert werden. Das **kraft Gesetzes bestehende Austrittsrecht** kann hierbei indes **weder ausgeschlossen noch eingeschränkt** werden. Möglich sind Bestimmungen, die die kraft Gesetzes geltende Rechtslage wiedergeben, Bestimmungen über die nähere Ausgestaltung des Austrittsrechts sowie Erweiterungen des Austrittsrechts, die bis zu einem ordentlichen Austrittsrecht aller Gesellschafter ausgestaltet werden können.[685] Eine Zustimmung sämtlicher betroffener Gesellschafter gem. Abs. 3 ist nicht erforderlich. Ihre Rechtsstellung wird durch derartige nachträgliche Satzungsänderungsbestimmungen nicht beeinträchtigt, sondern verbessert; die Erhöhung der Haftungsquote im Rahmen der Ausfallhaftung gem. § 24 stellt allenfalls eine mittelbare Pflichtvermehrung dar, die ein Zustimmungsrecht gem. Abs. 3 nach allgemeinen Grundsätzen nicht begründet.[686] Ein Zustimmungserfordernis kann indes dann bestehen, wenn ein als Sonderrecht ausgestaltetes Austrittsrecht aufgehoben werden soll.[687]

Auch ein **Kündigungsrecht,** das im Gegensatz zum Austrittsrecht nicht nur die Mit- **214** gliedschaft eines einzelnen Gesellschafters in der Gesellschaft beendet, sondern zur Auflösung der GmbH führt, ist vom GmbHG nicht vorgesehen (näher zur Abgrenzung von

---

677   BGH Urt. v. 9.7.1990 – II ZR 194/89, BGHZ 112, 103 (107 f.) = NJW 1990, 2622; dazu *Priester* EWiR § 16 GmbHG 1/1990, 1209.
678   MHLS/*Hoffmann* Rn. 130.
679   BGH Urt. v. 9.7.1990 – II ZR 194/89, BGHZ 112, 103 (108) = NJW 1990, 2622 (2623); MHLS/ *Hoffmann* Rn. 130.
680   BGH Urt. v. 19.9.2005 – II ZR 173/04, NZG 2005, 968 (969 f.); vgl. *Goette* VGR 10 (2005), 1 (19); *Goette* DStR 2006, 139 (143 f.); *Schockenhoff* ZIP 2005, 1009; *Hohaus/Weber* NZG 2005, 961.
681   BGH Urt. v. 19.9.2005 – II ZR 342/03, NZG 2005, 971 (972); vgl. *Goette* VGR 10 (2005), 1 (19); *Goette* DStR 2006, 139 (143 f.); *Sosnitza* DStR 2006, 99.
682   OLG Frankfurt Urt. v. 26.6.1979 – 5 U 219/78, DB 1979, 2127; Scholz/*Priester*/*Tebben* Rn. 115.
683   BGH Urt. v. 16.12.1991 – II ZR 58/91, BGHZ 116, 359 (369) = NJW 1992, 892 (895); *Reichert*/ *Schumacher,* Der GmbH-Vertrag, 4. Aufl. 2014, 155.
684   Vgl. BGH Urt. v. 26.10.1983 – II ZR 87/83, BGHZ 88, 320 (323) = NJW 1984, 489 (490); Scholz/ *Priester*/*Tebben* Rn. 118.
685   Vgl. BGH Urt. v. 30.6.1969 – II ZR 71/68, NJW 1969, 2049; MHLS/*Hoffmann* Rn. 131; HCL/*Ulmer*/ *Casper* Rn. 146; BGH Urt. v. 16.12.1991 – II ZR 58/91, BGHZ 116, 359 (369) = NJW 1992, 892 (895).
686   MHLS/*Hoffmann* Rn. 131; HCL/*Ulmer*/*Casper* Rn. 146.
687   MHLS/*Hoffmann* Rn. 131.

Austritts- und Kündigungsrecht → § 60 Rn. 76 ff.). Ein Kündigungsrecht kann gesellschaftsvertraglich begründet werden (§ 60 Abs. 2). Auch seine nachträgliche Einführung im Wege der Satzungsänderung gem. §§ 53, 54 ist möglich. Der Zustimmung sämtlicher Gesellschafter bedarf es hierzu nicht.[688] Die Gegenauffassung bejaht ein Zustimmungserfordernis, weil die Einführung einer solchen Kündigungsklausel einzelnen oder mehreren Gesellschaftern die Möglichkeit gebe, die Auflösung der Gesellschaft herbeizuführen und damit auch die Mitgliedschaft der übrigen Gesellschafter zu beenden. Deren Verbleib in der Gesellschaft sei indes dem Kernbereich der Mitgliedschaft zuzurechnen.[689] Diese Gegenauffassung vermag jedoch nicht zu überzeugen. Zwar ist anerkannt, dass die nachträgliche Einführung einer statutarischen Ermächtigung zur Zwangseinziehung nur mit Zustimmung des betroffenen Gesellschafters möglich ist (näher → Rn. 208). Ein Zustimmungserfordernis auch für den Fall der nachträglichen Einführung einer Kündigungsklausel lässt sich hieraus indes nicht ableiten. Während im Falle der Zwangseinziehung ein Gesellschafter aus der fortbestehenden Gesellschaft hinausgedrängt wird, führt eine Kündigung letztlich zur Beendigung der Gesellschaft insgesamt. Dass die Auflösung einer GmbH auch gegen den Willen einzelner oder mehrerer Gesellschafter möglich sein soll, belegt auch die Möglichkeit eines mit Dreiviertelmehrheit zu fassenden Auflösungsbeschlusses der Gesellschaft gem. § 60 Abs. 1 Nr. 2.

215   Die **Aufhebung einer statutarischen Kündigungsklausel** bedarf gleichfalls nicht der Zustimmung sämtlicher Gesellschafter, sofern die Kündigungsmöglichkeit nicht einzelnen Gesellschaftern als Sonderrecht eingeräumt wurde oder ihnen ein Sonderrecht auf eine bestimmte Mindestdauer der Gesellschaft zusteht.[690]

216   **e) Abfindungsregelungen.** Sofern im Gesellschaftsvertrag nichts Abweichendes geregelt ist, geht ein etwaiger Abfindungsanspruch eines Gesellschafters auf den vollen Anteilswert und ist sofort fällig (→ § 34 Rn. 218 ff.).[691] Hiervon abweichende statutarische Regelungen sind **in bestimmten Grenzen zulässig** (näher → § 34 Rn. 234 ff.). Derartige abweichende Bestimmungen können auch nachträglich im Wege der Satzungsänderung gem. §§ 53, 54 eingeführt werden. Führen sie für die betroffenen Gesellschafter zu einer Schlechterstellung im Vergleich zur gesetzlich geltenden Situation, ist wegen der damit einhergehenden Erleichterung der Zwangseinziehung bzw. Ausschließung die Zustimmung sämtlicher betroffener Gesellschafter erforderlich.[692] Eine Besserstellung des abfindungsberechtigten Gesellschafters (zB durch eine Erhöhung seines Abfindungsanspruchs) erfordert demgegenüber neben der Satzungsänderung gem. §§ 53, 54 nicht die Zustimmung sämtlicher betroffener Gesellschafter.[693]

217   Statutarische **Abfindungsbeschränkungen für Fälle des Austritts** sind nur zulässig, soweit das Austrittsrecht nicht „in unvertretbarer Weise" eingeschränkt wird.[694] Dies gilt auch für die nachträgliche Einführung derartiger Bestimmungen im Wege der Satzungsänderung gem. §§ 53, 54. Handelt es sich demgegenüber nicht um derartige unvertretbare Einschränkungen des Austrittsrechts, besteht im Falle ihrer nachträglichen Einführung auch kein Erfordernis der Zustimmung sämtlicher betroffener Gesellschafter.[695] Die Zustimmung ist demgegenüber erforderlich, wenn Sonderrechte auf den Austritt (ohne Vorliegen eines wichtigen Grundes) eingeräumt wurden und deren Ausübung nachträglich durch Beschränkungen des Abfindungsanspruchs erschwert wird[696] (§ 35 BGB).

---

[688] Scholz/*Priester/Tebben* Rn. 146.
[689] So MHLS/*Hoffmann* Rn. 132.
[690] Scholz/*Priester/Tebben* Rn. 146; MHLS/*Hoffmann* Rn. 132.
[691] Vgl. BGH Urt. v. 16.12.1991 – II ZR 58/91, BGHZ 116, 359 (375) = NJW 1992, 892 (896); Scholz/*Priester/Tebben* Rn. 110.
[692] BGH Urt. v. 16.12.1991 – II ZR 58/91, BGHZ 116, 359 (363); MHLS/*Hoffmann* Rn. 133; Scholz/*Priester/Tebben* Rn. 110.
[693] MHLS/*Hoffmann* Rn. 134.
[694] BGH Urt. v. 16.12.1991 – II ZR 58/91, BGHZ 116, 359 (369) = NJW 1992, 892 (895); MHLS/*Hoffmann* Rn. 134.
[695] MHLS/*Hoffmann* Rn. 134.
[696] MHLS/*Hoffmann* Rn. 134.

Eine Satzungsänderung ist demgegenüber zu verneinen, wenn anlässlich eines konkre- 218 ten Ausscheidensfalles im Gesellschafterkreis Abfindungsvereinbarungen getroffen werden[697] oder die Gesellschafter eine von der Satzung abweichende Regelung über Abschlagszahlungen auf das Abfindungsguthaben treffen.[698]

5. Gesellschaftsorgane. a) Bestellung, Abberufung und Befugnisse der Ge- 219 **schäftsführer. aa) Bestellung und Abberufung der Geschäftsführer.** Die Satzung kann Bestimmungen über die Bestellung und Abberufung der Geschäftsführer enthalten. In Betracht kommen insoweit insbesondere Regelungen, die die Zahl der zu bestellenden Geschäftsführer, die Kompetenz zu ihrer Bestellung – in Ermangelung abweichender Regelungen liegt diese gem. § 46 Nr. 5 bei den Gesellschaftern –, das Verfahren der Bestellung (zB Beschlussmehrheiten) sowie Eignungsmerkmale betreffen.[699] Werden in der Gründungssatzung ein oder mehrere Geschäftsführer bestellt, ist hierin regelmäßig keine statutarische Vorschrift über die erforderliche Zahl der Geschäftsführer zu erblicken.[700] Derartige Regelungen können auch nachträglich im Wege des satzungsändernden Beschlusses gem. §§ 53, 54 eingeführt werden. Die **Zustimmung bestimmter Gesellschafter** gem. Abs. 3 ist **nur ausnahmsweise** dann erforderlich, wenn ein Sonderrecht auf Geschäftsführung betroffen ist.[701] Demgegenüber bedarf die nachträgliche Begründung eines statutarischen Sonderrechts auf Geschäftsführung neben dem satzungsändernden Beschluss gem. §§ 53, 54 der Zustimmung aller betroffener Gesellschafter.[702]

Die **Bestellung der ersten Geschäftsführer** in der Satzungsurkunde ist kein materi- 220 eller Satzungsbestandteil (→ Rn. 23) und begründet kein Sonderrecht auf Geschäftsführung zugunsten bestimmter Gesellschafter.[703] Der Widerruf der Bestellung oder die Änderung der Anstellungsbedingungen sind daher durch einfachen Gesellschafterbeschluss möglich.[704]

Soll ein Gesellschafter nachträglich im Wege der Satzungsänderung zur Geschäftsfüh- 221 rung verpflichtet werden, bedarf dies als Fall der **Pflichtenvermehrung** seiner Zustimmung gem. Abs. 3. Die nachträgliche Aufhebung einer solchen Pflicht ist demgegenüber zustimmungsfrei.[705]

In der Satzung geregelt werden kann auch die **Abberufung der Geschäftsführer.** 222 Die Möglichkeit der Abberufung aus wichtigem Grund kann in der Satzung indes weder ausgeschlossen noch beschränkt werden; insbesondere kann für den Abberufungsbeschluss keine höhere als die einfache Mehrheit vorgesehen werden.[706]

bb) Vertretungsmacht der Geschäftsführer. Enthält die Satzung keine abweichen- 223 den Regelungen, sind die Geschäftsführer gem. § 35 Abs. 2 S. 1 gesamtvertretungsberechtigt. Derartige abweichende Satzungsbestimmungen können sowohl in der Gründungssatzung enthalten sein als auch nachträglich im Wege der Satzungsänderung gem. §§ 53, 54 eingeführt werden; die **Zustimmung bestimmter Gesellschafter** ist nur dann erforderlich, wenn durch eine derartige Satzungsänderung Sonderrechte betroffen sind. Vom Grundsatz der Gesamtvertretungsmacht abweichende Regelungen können nicht nur in der Satzung selbst enthalten sein; möglich ist vielmehr auch, dass die Satzung eine Ermäch-

---

[697] BGH Urt. v. 9.7.1979 – II ZR 61/78, WM 1979, 1258 (1259); Scholz/*Priester/Tebben* Rn. 110.
[698] OLG Hamm Urt. v. 17.4.1978 – 8 U 314/77, GmbHR 1979, 59; Scholz/*Priester/Tebben* Rn. 110.
[699] Vgl. HCL/*Ulmer/Casper* Rn. 131; Scholz/*Priester/Tebben* Rn. 136 f.
[700] Scholz/*Priester/Tebben* Rn. 137.
[701] HCL/*Ulmer/Casper* Rn. 131; MHLS/*Hoffmann* Rn. 141.
[702] Ausf. MHLS/*Hoffmann* Rn. 141; Scholz/*Priester/Tebben* Rn. 136; vgl. auch Noack/Servatius/Haas/*Beurskens* § 38 Rn. 20.
[703] HCL/*Ulmer/Casper* Rn. 131.
[704] HCL/*Ulmer/Casper* Rn. 131.
[705] MHLS/*Hoffmann* Rn. 141.
[706] BGH Urt. v. 20.12.1982 – II ZR 110/82, WM 1983, 83 (84); Scholz/*Priester/Tebben* Rn. 136; HCL/*Ulmer/Casper* Rn. 131.

tigungsklausel enthält, die ein Organ ermächtigt, eine abweichende Vertretungsregelung anzuordnen.[707]

224   **Fällt einer von zwei gesamtvertretungsberechtigten Geschäftsführern weg,** ist zwischen verschiedenen Konstellationen zu unterscheiden: Schreibt die Satzung das Vorhandensein zweier gemeinsam vertretungsberechtigter Geschäftsführer vor, ist der alleine noch im Amt verbleibende Geschäftsführer zur Vertretung der Gesellschaft nicht in der Lage. Um Abhilfe zu schaffen, bedarf es entweder der Bestellung eines weiteren Geschäftsführers oder einer Satzungsänderung, die dem alleine noch im Amt verbliebenen Geschäftsführer Alleinvertretungsmacht verschafft.[708] Schreibt die Satzung demgegenüber keine Mindestzahl von Geschäftsführern oder bei Vorhandensein zweier Geschäftsführer nicht deren Gesamtvertretungsmacht vor, ist der alleine noch im Amt verbleibende Geschäftsführer automatisch alleinvertretungsberechtigt.[709]

225   Die **Beschränkungen der Vertretungsbefugnis gem. § 181 BGB** finden auch auf die organschaftliche Vertretung der GmbH durch ihre Geschäftsführer Anwendung. Für eine etwaige Befreiung von den Beschränkungen gem. § 181 BGB ist das zur Entscheidung über die Vertretungsmacht der Geschäftsführer berufene Organ, regelmäßig also die Gesellschafterversammlung, zuständig. Diese Gestattung kann grundsätzlich auch nachträglich ausgesprochen werden. Soll von den Beschränkungen des § 181 BGB für einen Einzelfall befreit werden, ist dies durch einfachen Gesellschafterbeschluss möglich.[710] Eine Befreiung für bestimmte Arten von Geschäften oder eine generelle Befreiung setzt hingegen eine Satzungsänderung voraus.[711] Die Gegenauffassung, die einen einfachen Gesellschafterbeschluss auch für eine generelle Befreiung ausreichen lassen möchte,[712] überzeugt nicht, weil sie im Ergebnis eine Abweichung von der gesetzlich vorgesehenen Vertretungsbefugnis ohne eine abweichende Satzungsbestimmung gestatten würde. Eine Satzungsänderung ist jedenfalls dann unstreitig erforderlich, wenn die Beschränkungen gem. § 181 BGB in der Satzung selbst verankert sind.[713] Eine **generelle Befreiung von den Beschränkungen** gem. § 181 BGB braucht indes in der Satzung nicht unmittelbar angeordnet zu werden; die Satzung kann vielmehr auch eine entsprechende Ermächtigung zugunsten der Gesellschafterversammlung oder eines sonstigen Organs enthalten, die Befreiung durch Beschluss herbeizuführen.[714] Eine derartige nachträgliche Satzungsänderung bedarf der Dreiviertelmehrheit;[715] ein Zustimmungsbeschluss bestimmter Gesellschafter ist, sofern keine Sonderrechte betroffen sind, nicht erforderlich. Die generelle Befreiung ist, auch wenn sie im Wege der Satzungsänderung beschlossen wurde, im Handelsregister einzutragen; die Eintragung der Satzungsänderung als solche ist nicht ausreichend.[716]

---

[707]   RG Beschl. v. 26.6.1940 – II B 3/40, RGZ 164, 177 (183); BGH Urt. v. 19.6.1975 – II ZR 170/73, GmbHR 1975, 201 (202) = NJW 1975, 1741; HCL/*Ulmer/Casper* Rn. 132.

[708]   OLG Hamburg Urt. v. 14.10.1913 – II ZG, OLG 27, 370 (371); Scholz/*Priester/Tebben* Rn. 137.

[709]   Scholz/*Priester/Tebben* Rn. 137; offengelassen BGH Urt. v. 12.12.1960 – II ZR 255/59, BGHZ 34, 27 (29) = NJW 1961, 506; aA OLG Hamburg Beschl. v. 11.9.1987 – 11 W 55/87, DB 1987, 2037 mwN; zust. *Meyer-Landrut* EWiR § 35 GmbHG 1/1987, 1101.

[710]   BayObLG Beschl. v. 17.7.1980 – BReg. 1 Z 69/80, DB 1980, 2029; Scholz/*Priester/Tebben* Rn. 153; aA *Ekkenga* AG 1985, 47.

[711]   BGH Beschl. v. 28.2.1983 – II ZB 8/82, BGHZ 87, 59 (60) = NJW 1983, 1676; BayObLG Beschl. v. 17.7.1980 – BReg. 1 Z 69/80, DB 1980, 2029; Beschl. v. 7.5.1984 – BReg. 3 Z 163/83, DB 1984, 1517; OLG Celle Beschl. v. 16.8.2000 – 9 W 82/00, GmbHR 2000, 1098 = NJW-RR 2001, 175; Scholz/*Priester/Tebben* Rn. 153.

[712]   Noack/Servatius/Haas/*Beurskens* § 37 Rn. 66; MHLS/*Hoffmann* Rn. 142.

[713]   BGH Urt. v. 18.11.1999 – IX ZR 402/97, NZG 2000, 256 (257); BayObLG Beschl. v. 17.7.1980 – BReg. 1 Z 69/80, BB 1980, 1442; MHLS/*Hoffmann* Rn. 142.

[714]   BayObLG Beschl. v. 28.1.1982 – BReg. 1 Z 126/81, GmbHR 1982, 257 = BayObLGZ 1982, 41 (44); Beschl. v. 7.5.1984 – BReg. 3 Z 163/83, DB 1984, 1517; HCL/*Ulmer/Casper* Rn. 132; *Schick* DB 1983, 1193 (1194); aA *Deutler* GmbHR 1980, 145 (146); *K. Schmidt* NJW 1980, 1769 (1775 f.).

[715]   Scholz/*Priester/Tebben* Rn. 153.

[716]   BGH Beschl. v. 28.2.1983 – II ZB 8/82, BGHZ 87, 59 (61) = NJW 1983, 1676; OLG Köln Beschl. v. 23.4.1980 – 2 Wx 11/80, WM 1980, 1157; Scholz/*Priester/Tebben* Rn. 153; MHLS/*Hoffmann* Rn. 142; Rowedder/Schmidt-Leithoff/*Schnorbus* Rn. 33.

Die Beschränkungen gem. § 181 BGB finden gem. § 35 Abs. 4 auch auf die **Einmann-** 226 **GmbH** Anwendung. Die vorstehenden Grundsätze sind insoweit entsprechend anwendbar; auch die einzelfallbezogene Befreiung bedarf indes einer statutarischen Grundlage.[717]

Satzungsmäßige **Abweichungen vom Prinzip der Gesamtvertretungsmacht** gem. 227 § 35 Abs. 2 S. 1 bedürfen – unabhängig davon, ob sie unmittelbar durch die Satzung oder auf Grundlage einer statutarischen Ermächtigung erfolgen – gem. § 39 Abs. 1 iVm § 8 Abs. 4, § 10 Abs. 1 S. 2 der Anmeldung zum Handelsregister.[718] Wird die Regelung der Vertretungsbefugnis auf der Basis einer statutarischen Ermächtigung beschlossen, wird sie bereits durch den zugrunde liegenden Beschluss wirksam, nicht erst mit der rein deklaratorisch wirkenden Eintragung der Änderung; § 15 Abs. 1 HGB ist anwendbar.[719]

cc) Geschäftsführungsbefugnis der Geschäftsführer. Grundsätzlich sind mehrere 228 Geschäftsführer gesamtgeschäftsführungsbefugt. Hiervon **abweichende Regelungen** können in der Satzung, einer Geschäftsordnung oder dem Anstellungsvertrag getroffen werden, aber auch im Wege eines einfachen Gesellschafterbeschlusses vorgesehen werden.[720] Eine entsprechende Satzungsänderung kann auch nachträglich beschlossen werden; neben der Dreiviertelmehrheit gem. § 53 bedarf es **nur ausnahmsweise** dann der **Zustimmung sämtlicher betroffener Gesellschafter,** wenn Sonderrechte beeinträchtigt werden. Einzelne oder mehrere Gesellschafter können auch im Wege einer Nebenleistungspflicht gem. § 3 Abs. 2 zur Geschäftsführung verpflichtet werden. Zur nachträglichen Einführung einer derartigen Satzungsbestimmung bedarf es gem. Abs. 3 der Zustimmung sämtlicher betroffener Gesellschafter.[721]

b) Aufsichtsrat, Beirat. aa) Aufsichtsrat. Ist die Gesellschaft gesetzlich **zur Bildung** 229 **eines Aufsichtsrats verpflichtet** (sog. obligatorischer Aufsichtsrat), ist nicht nur die Einrichtung des Aufsichtsrats als solche, sondern auch seine Ausgestaltung gesetzlich weitgehend vorgegeben. Dem statutarischen **Ausgestaltungsspielraum** sind insoweit **enge Grenzen gezogen** (näher → § 52 Rn. 16 ff.). Sollen in die Satzung nachträglich Regelungen zur Ausgestaltung dieses begrenzten Gestaltungsspielraums aufgenommen werden, bedarf es hierzu der Satzungsänderung gem. §§ 53, 54. Gleiches gilt, wenn lediglich die ohnehin kraft Gesetzes geltenden Regelungen zusätzlich in der Satzung verankert werden sollen.[722] Kollidieren die gesetzlichen Vorgaben betreffend einen obligatorischen Aufsichtsrat mit statutarischen Vorschriften über einen fakultativen Aufsichtsrat, treten letztere automatisch außer Kraft.[723]

Besteht keine gesetzliche Verpflichtung zur Bildung eines Aufsichtsrats, kann ein 230 solcher auf gesellschaftsvertraglicher Grundlage geschaffen werden (sog. fakultativer Aufsichtsrat). Bei seiner Ausgestaltung besteht ein **weitreichender Gestaltungsspielraum** (näher → § 52 Rn. 9 ff.). Die Bildung eines fakultativen Aufsichtsrats ist auch nachträglich im Wege der Satzungsänderung gem. §§ 53, 54 möglich. Nach Auffassung des KG muss die nachträglich beschlossene Errichtung eines Aufsichtsrats auch bei Vorliegen einer Öffnungsklausel notariell beurkundet und in das Handelsregister des Sitzes der Gesellschaft eingetragen werden.[724] Die nachträgliche Einrichtung eines Aufsichtsrats bedarf der Zustimmung sämtlicher Gesellschafter, wenn zugunsten eines oder mehrerer Gesellschafter Minder-

---

[717] BGH Urt. v. 18.11.1999 – IX ZR 402/97, NZG 2000, 256 (257); Beschl. v. 8.4.1991 – II ZB 3/91, BGHZ 114, 167 (170) = NJW 1991, 1731; Beschl. v. 28.2.1983 – II ZB 8/82, BGHZ 87, 59 (61) = NJW 1983, 1676; Scholz/*Priester/Tebben* Rn. 153.
[718] BGH Beschl. v. 28.2.1983 – II ZB 8/82, BGHZ 87, 59 (61 f.) = NJW 1983, 1676; HCL/*Ulmer/Casper* Rn. 132.
[719] *Ekkenga* AG 1985, 46; vgl. auch *Dreher* DB 1991, 533 (535 ff.); HCL/*Ulmer/Casper* Rn. 132.
[720] Scholz/*Priester/Tebben* Rn. 138; HCL/*Ulmer/Casper* Rn. 133.
[721] Scholz/*Priester/Tebben* Rn. 138.
[722] Scholz/*Priester/Tebben* Rn. 113; MHLS/*Hoffmann* Rn. 140.
[723] Scholz/*Priester/Tebben* Rn. 113.
[724] KG Urt. v. 23.7.2015 – 23 U 18/15, NZG 2016, 787 (788 f.); aA *Priester* NZG 2016, 774 (776).

heits- bzw. Sonderrechte geschaffen werden (zB in Form von Entsendungsrechten).[725] Zustimmungsrechte bestehen ferner dann, wenn die Einrichtung des Aufsichtsrats Sonderrechte von Gesellschaftern beeinträchtigt (etwa im Falle der Übertragung bestimmter Kompetenzen auf den Aufsichtsrat).[726] Die **Abschaffung eines fakultativen Aufsichtsrats** setzt neben einem satzungsändernden Beschluss gem. §§ 53, 54 die Zustimmung derjenigen Gesellschafter voraus, denen Sonder- oder Minderheitenrechte (etwa in Form von Entsendungsrechten) gewährt worden waren.[727] Dass die Amtszeit der Aufsichtsratsmitglieder noch nicht abgelaufen ist, steht der Abschaffung des fakultativen Aufsichtsrats nicht entgegen; etwaige schuldrechtliche Ansprüche der Aufsichtsratsmitglieder aus ihrer Aufsichtsratstätigkeit bleiben hiervon unberührt.[728] Allein durch Untätigkeit über einen längeren Zeitraum, ohne dass die Satzung förmlich geändert worden wäre, fällt ein fakultativer Aufsichtsrat als Gesellschaftsorgan nicht weg.[729] Die vorstehenden Grundsätze gelten entsprechend für Fälle der Änderung der statutarischen Bestimmungen über den fakultativen Aufsichtsrat.[730] Zur zeitgleichen Bildung und Wahl des Aufsichtsrats → § 54 Rn. 117.

231   **bb) Beirat.** Soll ein Beirat als Gesellschaftsorgan etabliert werden, bedarf es auch insoweit einer statutarischen Grundlage.[731] Ein Beirat kann auch neben einem obligatorischen Aufsichtsrat etabliert werden (näher hierzu und zum Ganzen → § 52 Rn. 714 ff.). Seine Schaffung ist auch im Wege einer Satzungsänderung gem. §§ 53, 54 möglich. Als Satzungsänderungen zu qualifizieren sind auch Änderungen der Vorschriften über den Beirat sowie seine Abschaffung. Hinsichtlich insoweit bestehender Zustimmungsrechte finden die für den fakultativen Aufsichtsrat geltenden Grundsätze entsprechende Anwendung.

232   **c) Gesellschafterversammlung.** Die gesetzlichen Vorschriften über Gesellschafterversammlungen gem. §§ 46–51 sind **weitgehend dispositiver Natur** (§ 45 Abs. 2). Dies betrifft namentlich die Zuständigkeit der Gesellschafterversammlung, das Stimmrecht,[732] Stimmrechtsvollmachten, Stimmverbote, Ort und Zeitpunkt der Gesellschafterversammlung, den Vorsitz in der Versammlung, die Protokollierung der Beschlüsse, die Form der Beschlussfassung, die erforderlichen Mehrheiten sowie die Einberufung und Beschlussfähigkeit der Gesellschafterversammlung. Gleiches gilt für Einschränkungen des Teilnahmerechts. Derartige von den gesetzlichen Vorgaben abweichende statutarische Regelungen können auch nachträglich im Wege der Satzungsänderung gem. §§ 53, 54 beschlossen werden. Die Zustimmung bestimmter Gesellschafter gem. Abs. 3 ist nur dann erforderlich, wenn Sonderrechte eingeführt, aufgehoben oder geändert werden sollen. Derartige Satzungsänderungsbeschlüsse sind den allgemeinen Schranken der Mehrheitsherrschaft, insbesondere dem Gleichbehandlungsgrundsatz, unterworfen.[733]

233   **6. Umstrukturierungen. a) Vermögensübertragung.** Nach § 179a Abs. 1 AktG bedarf ein Vertrag, durch den sich eine Aktiengesellschaft zur Übertragung des ganzen Gesellschaftsvermögens verpflichtet, ohne dass die Übertragung unter die Vorschriften des Umwandlungsgesetzes fällt, eines mit Dreiviertelmehrheit gefassten Beschlusses der Aktio-

[725] HCL/*Ulmer/Casper* Rn. 149; Rowedder/Schmidt-Leithoff/*Schnorbus* Rn. 38; Scholz/*Priester/Tebben* Rn. 114; MHLS/*Hoffmann* Rn. 140.
[726] MHLS/*Hoffmann* Rn. 140.
[727] HCL/*Ulmer/Casper* Rn. 149; Noack/Servatius/Haas/*Noack* § 52 Rn. 29; *Großfeld/Brondics* AG 1987, 293 (294); Rowedder/Schmidt-Leithoff/*Schnorbus* Rn. 38; Scholz/*Priester/Tebben* Rn. 114; für unentziehbares Mitgliedschaftsrecht auf Beibehaltung des Aufsichtsrats demgegenüber KG Urt. v. 10.10.1906 – 5 U 1814/06, DJZ 1907, 601.
[728] Scholz/*Priester/Tebben* Rn. 114.
[729] BGH Urt. v. 13.6.1983 – II ZR 67/82, GmbHR 1984, 72 (73) = BeckRS 1983, 00848 Rn. 17 ff.; Rowedder/Schmidt-Leithoff/*Schnorbus* Rn. 38; Scholz/*Priester/Tebben* Rn. 114.
[730] Vgl. HCL/*Ulmer/Casper* Rn. 149.
[731] HCL/*Ulmer/Casper* Rn. 150; Scholz/*Priester/Tebben* Rn. 119; zu Beiräten auf schuldrechtlicher Grundlage *Wiedemann* FS Schilling, 1973, 105 (107); *Voormann,* Die Stellung des Beirats im Gesellschaftsrecht, 2. Aufl. 1990, 51 ff.
[732] Vgl. OLG Hamm Urt. v. 9.3.2015 – 8 U 78/14, RNotZ 2015, 451 (455).
[733] Scholz/*Priester/Tebben* Rn. 140; HCL/*Ulmer/Casper* Rn. 147.

näre. Für die GmbH existiert eine entsprechende Vorschrift nicht. Teilweise wird insoweit eine entsprechende Anwendung des § 179a AktG befürwortet. Denn die Norm treffe die grundlegende verbandsrechtliche Wertungsentscheidung, die Verpflichtung zur Übertragung des gesamten Vermögens als strukturändernde Grundlagenmaßnahme aus dem Kompetenzbereich der Geschäftsführung herauszunehmen und stattdessen den Anteilseignern zu überantworten.[734] Dementsprechend sei für die Wirksamkeit eines entsprechenden Verpflichtungsgeschäfts ein mit Dreiviertelmehrheit gefasster und notariell beurkundeter Gesellschafterbeschluss erforderlich.[735] **Nach Ansicht des BGH hingegen ist § 179a AktG auf die GmbH nicht analog anwendbar,** weil die Gesellschafter einer GmbH wegen ihrer stärkeren Mitwirkungs-, Informations- und Kontrollrechte nicht in gleicher Weise wie die Aktionäre einer AG schutzbedürftig seien. Die Anwendung des mit Außenwirkung versehenen und damit den Rechtsverkehr erheblich beeinträchtigenden Zustimmungserfordernisses lasse sich deshalb nicht rechtfertigen.[736] Allerdings sei ein GmbH-Geschäftsführer im Innenverhältnis aufgrund der Bedeutung eines solchen Geschäfts unabhängig vom Bestehen einer entsprechenden Satzungsregelung gemäß § 49 Abs. 2 verpflichtet, die Zustimmung der Gesellschafterversammlung einzuholen.[737] Mit welcher Mehrheit ein entsprechender Beschluss zu fassen ist, geht aus der Entscheidung des BGH hingegen nicht explizit hervor. Die Bezugnahme auf § 49 Abs. 2 spricht dafür, dass insoweit ein einfacher Gesellschafterbeschluss ausreichend ist.[738] Fehlt es an einem entsprechenden Gesellschafterbeschluss und hat der Vertragspartner Kenntnis hiervon oder muss sich ihm das Fehlen der Zustimmung der Gesellschafterversammlung geradezu aufdrängen, ist die vom Geschäftsführer abgegebene Willenserklärung wegen Missbrauchs der Vertretungsmacht unwirksam.[739]

Die **Vermögensübertragung** stellt **selbst keine Satzungsänderung** dar. Sie zieht **234** indes vielfach die Notwendigkeit einer Satzungsänderung nach sich, weil insbesondere der Unternehmensgegenstand vielfach der Anpassung bedarf.

Eine **materielle Beschlusskontrolle** des Zustimmungsbeschlusses **findet nicht 235** statt.[740] Geht die Vermögensübertragung mit der Liquidation der übertragenden Gesellschaft und dem Ausscheiden von Minderheitsgesellschaftern einher, ist dies verfassungsrechtlich unbedenklich, wenn die Minderheitsgesellschafter eine volle Entschädigung erhalten.[741]

b) Umwandlung. Eine GmbH kann nach näherer Maßgabe des Umwandlungsgeset- **236** zes im Wege der Verschmelzung (§§ 2 ff. UmwG), der Spaltung (§§ 123 ff. UmwG), der Vermögensübertragung (§§ 174 ff. UmwG) sowie des Formwechsels (§§ 190 ff. UmwG) umgewandelt werden. Derartige Umwandlungen stellen **Grundlagenentscheidungen, jedoch keine Satzungsänderungen** dar.[742] Die Anforderungen an einen rechtsfehlerfreien Umwandlungsbeschluss ergeben sich grundsätzlich aus dem Umwandlungsgesetz. Hierzu bedarf es meist eines mit Dreiviertelmehrheit gefassten Umwandlungsbeschlusses

---

[734] So *Bayer/Lieder/Hoffmann* AG 2017, 717 (718); *K. Schmidt* GesR § 30 V 2c, S. 929; MHLS/*Hoffmann* Rn. 165; Rowedder/Schmidt-Leithoff/*Schnorbus* Rn. 24.
[735] Vgl. HCL/*Ulmer/Casper* Rn. 166.
[736] BGH Urt. v. 8.1.2019 – II ZR 364/18, BGHZ 220, 354 (358 ff.) = NZG 2019, 505; zust. MüKoAktG/*Stein* AktG § 179a Rn. 14, *Götze* NZG 2019, 695 (696 f.); *Ulrich* GmbHR 2019, 528 (536 ff.); krit. HCL/*Ulmer/Casper* Rn. 165 ff.; zum Formerfordernis des § 311b Abs. 3 BGB vgl. OLG Hamm Urt. v. 26.3.2010 – 19 U 145/09, NZG 2010, 1189; *Böttcher/Fischer* NZG 2010, 1332.
[737] BGH Urt. v. 8.1.2019 – II ZR 364/18, BGHZ 200, 354 (370 ff.) = NZG 2019, 505 (509 f.).
[738] So auch *Heckschen* AG 2019, 420 (422); für das Erfordernis einer Dreiviertelmehrheit *v. Prittwitz* DStR 2019, 1265 (1269).
[739] BGH Urt. v. 8.1.2019 – II ZR 364/18, BGHZ 220, 354 (372 ff.) = NZG 2019, 505 (510); krit. bzgl. Unsicherheiten bei der Anwendung der Grundsätze über den Missbrauch der Vertretungsmacht *Heckschen* AG 2019, 420 (421 f.).
[740] Scholz/*Priester/Tebben* Rn. 176; *Henze* FS Boujong, 1996, 246 ff. zur AG.
[741] BVerfG Beschl. v. 23.8.2000 – 1 BvR 68/95 und 1 BvR 147/97, NJW 2001, 279 – „Moto Meter" zur AG.
[742] HCL/*Ulmer/Casper* Rn. 163 f.; Scholz/*Priester/Tebben* Rn. 130; Lutter/Hommelhoff/*Bayer* Rn. 3; *Altmeppen* Rn. 21; *Winter* in Lutter, Kölner Umwandlungsrechtstage, 1995, 37; für Satzungsänderungscharakter bei spezialgesetzlichem Vorrang der umwandlungsgesetzlichen Bestimmungen MHLS/*Hoffmann* Rn. 161; Noack/Servatius/Haas/*Noack* Rn. 37; ebenso Rowedder/Schmidt-Leithoff/*Schnorbus* Rn. 42.

(bei der Verschmelzung gem. § 50 Abs. 1 UmwG, bei der Spaltung gem. § 125 UmwG iVm § 50 Abs. 1 UmwG, beim Formwechsel in eine Kapitalgesellschaft anderer Rechtsform gem. § 240 Abs. 1 UmwG). Daneben treten in bestimmten Fällen weitere Zustimmungserfordernisse gem. § 13 Abs. 2 UmwG, § 50 Abs. 2 UmwG und § 51 Abs. 1 UmwG (für Verschmelzungen). Darüber hinaus bedürfen auch insoweit unmittelbare Eingriffe in den Kernbereich der Mitgliedschaft der Zustimmung der betroffenen Gesellschafter.[743] Streitig ist, ob etwaige in der Satzung allgemein **für Satzungsänderungen vorgeschriebene höhere Mehrheiten** generell **auch für Umwandlungsbeschlüsse** gelten[744] oder ob dies nur dann der Fall sein soll, wenn die Auslegung der Satzung für eine Anwendbarkeit der für Satzungsänderungen vorgeschriebenen Erfordernisse spricht.[745] Der ersten Auffassung ist zu folgen. Im Hinblick darauf, dass eine Umwandlung für die Beteiligten mindestens ebenso gravierende Auswirkungen hat wie eine Satzungsänderung, ist ein für Satzungsänderungen vorgeschriebenes Erfordernis auch auf Umwandlungsbeschlüsse anzuwenden. Dies gilt indes dann nicht, wenn die Satzung anordnet, dass die für Satzungsänderungen vorgeschriebenen Erfordernisse nicht für Umwandlungsbeschlüsse gelten sollen.[746] Dies kann auch dann der Fall sein, wenn die Satzung im Hinblick auf Umwandlungen besondere Regelungen trifft, die für Satzungsänderungen geltenden Vorgaben nach dem Satzungswortlaut hingegen nicht auf Umwandlungsbeschlüsse erstreckt werden.[747]

237   c) **Betriebsaufspaltung.** Eine Betriebsaufspaltung erfolgt regelmäßig entweder im Wege der Einzelrechtsübertragung des Anlagevermögens der GmbH auf eine (meist) personengleiche Besitzgesellschaft oder in der Weise, dass das Umlaufvermögen (unter Umständen auch das bewegliche Anlagevermögen) einer etablierten Personengesellschaft in eine Betriebs-GmbH eingebracht wird.[748] Im zweiten Fall ist für den Betriebsübergang das Recht der Personengesellschaft maßgeblich.[749] Im ersten Fall dagegen kommt GmbH-Recht zur Anwendung. Diese Variante der Aufspaltung in eine Besitzpersonengesellschaft und eine Betriebskapitalgesellschaft stellt indes keine Satzungsänderung dar.[750] Möglicherweise kann sie aber als außergewöhnliche Maßnahme qualifiziert werden, die der Zustimmung der Gesellschafterversammlung bedarf.[751]

238   7. **Prozessuale Bezüge. a) Schiedsklausel. aa) Gegenstand.** Die Satzung einer GmbH kann eine Schiedsklausel enthalten, die ein Schiedsgericht zur Entscheidung von aus dem Gesellschaftsverhältnis resultierenden Streitigkeiten beruft. Der Umfang der Streitigkeiten, für die das Schiedsgericht zuständig ist, hängt von der **Ausgestaltung der Schiedsklausel** ab. Regelmäßig empfiehlt es sich indes, bei Vorhandensein einer Schiedsklausel die aus dem Gesellschaftsverhältnis resultierenden Streitigkeiten dem Schiedsgericht möglichst umfassend zu übertragen, um im Falle komplexer Auseinandersetzungen zu vermeiden, dass für bestimmte Fragen das Schiedsgericht, für andere hingegen das ordentliche Gericht zuständig ist. In diesem Falle ist das Schiedsgericht nicht nur zur Entscheidung von Streitigkeiten zwischen der Gesellschaft und Gesellschaftern, sondern auch hinsichtlich

---

[743]   *Reichert/Harbarth* NZG 2003, 379 (382 f.).
[744]   So *Scholz/Priester/Tebben* Rn. 130; *Lutter/Vetter* UmwG § 50 Rn. 35 f. mit zutreffendem Hinweis, dass sich die Problematik nur für die übertragende Gesellschaft stellt, wenn es zur Durchführung der Verschmelzung einer Kapitalerhöhung und damit einer Satzungsänderung bei der übernehmenden Gesellschaft bedarf; *Winter* in Lutter, Kölner Umwandlungsrechtstage, 1995, 37 f.; *Reichert* GmbHR 1995, 176 (185); *Semler/Stengel/Reichert* UmwG § 50 Rn. 10; *Rowedder/Schmidt-Leithoff/Schnorbus* § 77 Anh. Rn. 92; *Heckschen,* Die Verschmelzung von Kapitalgesellschaften, 1989, 29; Schmitt/Hörtnagl/*Hörtnagl/ Ollech* UmwG § 50 Rn. 7.
[745]   So Noack/Servatius/Haas/*Noack* Rn. 37; MHLS/*Hoffmann* Rn. 161.
[746]   Semler/Stengel/*Reichert* UmwG § 50 Rn. 10; *Lutter/Vetter* UmwG § 50 Rn. 35.
[747]   *Reichert* GmbHR 1995, 176 (185); Semler/Stengel/*Reichert* UmwG § 50 Rn. 10.
[748]   HCL/*Ulmer/Casper* Rn. 172.
[749]   HCL/*Ulmer/Casper* Rn. 172.
[750]   Rowedder/Schmidt-Leithoff/*Schnorbus* Rn. 22; *Scholz/Priester/Tebben* Rn. 121.
[751]   *Scholz/Priester/Tebben* Rn. 121.

solcher zwischen verschiedenen Gesellschaftern berufen.[752] Eine derartige Satzungsklausel bindet nicht nur gegenwärtige, sondern auch zukünftige Gesellschafter.[753]

Streitig ist indes die Frage der **Schiedsfähigkeit von Beschlussmängelstreitigkei-** **239** **ten.** Die besseren Gründe sprechen dafür, dass durch eine entsprechende Ausgestaltung der Schiedsabrede die Schiedsfähigkeit von Beschlussmängelstreitigkeiten herbeigeführt werden kann.[754] Auch der **BGH** hat sich – unter Aufgabe des in BGHZ 132, 278 vertretenen ablehnenden Standpunkts[755] – dieser Ansicht angeschlossen und ausdrücklich festgestellt, dass Beschlussmängelstreitigkeiten auch ohne ausdrückliche gesetzliche Anordnung der Wirkung der § 248 Abs. 1 S. 1 AktG, § 249 Abs. 1 S. 1 AktG grundsätzlich schiedsfähig sind, sofern und soweit das schiedsgerichtliche Verfahren in einer dem Rechtsschutz durch staatliche Gerichte gleichwertigen Weise ausgestaltet ist.[756] Umgekehrt bedeutet das freilich, dass **Altklauseln,** die die Belange der von der Rechtskraftwirkung potenziell berührten Gesellschafter nicht in einer den Geboten des Rechtsstaatsprinzips genügenden Weise sichern, insoweit gem. § 138 BGB nichtig sind, als sie Beschlussmängelstreitigkeiten einbeziehen.[757] Für die Anwendung des § 138 BGB spielt es dabei keine Rolle, ob die Gesellschafter bei der Einführung der unzulänglichen Klausel verwerflich handelten. Eine ergänzende Vertragsauslegung scheidet in der Regel aus, weil gewöhnlich verschiedene Gestaltungsoptionen zur Ausfüllung der Regelungslücke in Betracht kommen.[758]

bb) Anforderungen an Schiedsabrede. Die schiedsgerichtliche Zuständigkeit kann **240** entweder gem. § 1029 ZPO durch individuelle Vereinbarungen oder gem. § 1066 ZPO „in gesetzlich statthafter Weise" ohne individuelle Unterwerfung begründet werden. Statutarische Schiedsklauseln sind nach überzeugender Auffassung als **Anwendungsfall des** **§ 1066 ZPO** anzusehen.[759] Dies gilt indes nur im Hinblick auf korporative Satzungsbestimmungen. Sollen nicht korporative Satzungsbestimmungen oder außerhalb der Satzung getroffene Vereinbarungen von der Schiedsklausel erfasst werden, handelt es sich um einen Fall des § 1029 ZPO. In diesem Fall sind auch die Voraussetzungen des § 1031 ZPO einzuhalten. Auch sofern es sich um korporatives Satzungsrecht handelt, kann es aus Gründen der Rechtssicherheit im Hinblick auf die Gegenauffassung, die § 1029 ZPO anwenden möchte, vorzugswürdig sein, die Vorgaben des § 1031 ZPO zu beachten.[760] Den Erfordernissen des § 1031 ZPO und zugleich jenen des § 1066 ZPO kann dadurch entsprochen werden, dass die Gesellschafter den Schiedsvertrag persönlich unterzeichnen, ihn aber zugleich als Anlage zur Satzung und damit als deren Bestandteil notariell beurkunden lassen.[761]

---

[752] *Reichert/Schumacher,* Der GmbH-Vertrag, 4. Aufl. 2014, 179.
[753] Vgl. BGH Urt. v. 29.3.1996 – II ZR 124/95, BGHZ 132, 278 (284 f.) = NJW 1996, 1753; *Scholz/* *Priester/Tebben* Rn. 152a; *Berger* ZHR 164 (2000), 295 (300 f.): bei korporativem Charakter der Schiedsabrede.
[754] *Reichert* FS Ulmer, 2003, 511 (522); *Winter* RWS-Forum 15, 2000, 37 (63 ff.); *Reichert/Schumacher,* Der GmbH-Vertrag, 4. Aufl. 2014, 179.
[755] BGH Urt. v. 29.3.1996 – II ZR 124/95, BGHZ 132, 278 = NJW 1996, 1753; dazu *Papmehl,* Die Schiedsfähigkeit gesellschaftsrechtlicher Streitigkeiten, 2001, 71 ff.; *Bergmann,* Schiedsfähigkeit von Beschlussmängelklagen – Gestaltungsmöglichkeiten in der Satzung (GmbH), RWS-Forum 20, 2001, 227; *K. Schmidt* ZHR 162 (1998), 265 (269); *Winter* RWS-Forum 15, 2000, 37 (65 ff.); *Trittmann* ZGR 1999, 340 (350 ff.); *Berger* ZHR 164 (2000), 295.
[756] BGH Urt. v. 6.4.2009 – II ZR 255/08, BGHZ 180, 220 = NJW 2009, 1962 = NZG 2009, 620 = DStR 2009, 1042; dazu *Böttcher* NZG 2009, 700; *Habersack* JZ 2009, 797; *Goette* GWR 2009, 103; bestätigt in BGH Urt. v. 6.4.2017 – I ZB 23/16, NZG 2017, 657 (658); vgl. auch *Schwedt/Lilja/Schaper* NZG 2009, 1281.
[757] BGH Urt. v. 6.4.2009 – II ZR 255/08, BGHZ 180, 220 (229 ff.) = NJW 2009, 1962 (1965).
[758] BGH Urt. v. 6.4.2009 – II ZR 255/08, BGHZ 180, 220 (234 f.) = NJW 2009, 1962 (1966).
[759] *K. Schmidt* ZHR 162 (1998), 265 (274); *K. Schmidt* BB 2001, 1857 (1862); *Reichert/Harbarth* NZG 2003, 379 (380); *Zöller/Geimer* ZPO, 34. Aufl. 2022, § 1066 Rn. 2 ff.; *Reichert* FS Ulmer, 2003, 511 (529); *Ebbing* NZG 1998, 281 (281 f.); *Bayer* ZIP 2003, 881 (891); *Lenz* GmbHR 2000, 552 (554); *Raeschke-Kessler/Wiegand* AnwBl. 2007, 396 (400); mit ausf. Kritik an der hM *Stein/Jonas/Schlosser* ZPO § 1066 Rn. 19 ff.
[760] *Bayer* ZIP 2003, 881 (891); *Berger* ZHR 164 (2000), 295 (303 f.).
[761] *Reichert/Harbarth* NZG 2003, 379 (380).

241 **cc) Nachträgliche Einführung, Änderung und Aufhebung.** Schiedsklauseln können grundsätzlich auch nachträglich in eine GmbH-Satzung aufgenommen werden. Während eine Mindermeinung in Ermangelung abweichender statutarischer Regelungen insoweit die satzungsändernde Dreiviertelmehrheit genügen lässt,[762] verlangt die ganz überwiegende Auffassung die **Zustimmung jedes einzelnen Gesellschafters.**[763] Als dogmatische Grundlage wird zum Teil § 53 Abs. 3 genannt (→ Rn. 131 ff.),[764] zum Teil auf die Garantie des gesetzlichen Richters verwiesen, der dem Betroffenen nicht gegen seinen Willen entzogen werden dürfe.[765] Der hM ist im Hinblick darauf zu folgen, dass die nachträgliche Einführung einer Schiedsklausel als unmittelbar kernbereichsrelevanter Eingriff zu qualifizieren ist, weil der verfassungsrechtliche Justizgewährungsanspruch und Art. 101 Abs. 1 S. 2 GG auf das Gepräge des Kernbereichs ausstrahlen.[766] Eine Satzungsbestimmung, derzufolge eine Schiedsklausel nachträglich mit qualifizierter Mehrheit eingeführt werden kann, ist zulässig, wenn die prägenden Merkmale der Schiedsklausel – insbesondere die Regelungen über die Zuständigkeit und die Zusammensetzung des Schiedsgerichts sowie das maßgebliche Verfahrensrecht – bereits im Gesellschaftsvertrag umrissen sind.[767]

242 In Fällen der **nachträglichen Änderung statutarischer Schiedsklauseln** ist demgegenüber zu **differenzieren:** Wird die Zuständigkeit des Schiedsgerichts nachträglich erweitert, handelt es sich grundsätzlich um einen unmittelbaren Eingriff in den Kernbereich der Mitgliedschaft, der die Zustimmung sämtlicher Gesellschafter erfordert; werden statutarische Schiedsklauseln in anderer Weise inhaltlich geändert, liegt lediglich ein mittelbarer Eingriff in den Kernbereich der Mitgliedschaft vor, der zwar nicht die Zustimmung jedes einzelnen Gesellschafters verlangt,[768] den Satzungsänderungsbeschluss aber inhaltlicher Kontrolle unterwirft.[769]

243 Wird eine in der GmbH-Satzung enthaltene Schiedsklausel **nachträglich aufgehoben,** bedarf es hierzu nach allgemeinen Regeln eines satzungsändernden Beschlusses mit Dreiviertelmehrheit. Ein Einstimmigkeitserfordernis besteht insoweit nicht.[770] Das Recht auf Zugang zu Schiedsgerichten gehört nicht zum Kernbereich der Mitgliedschaft.[771]

244 Für die Verbandsschiedsgerichtsbarkeit hat der BGH festgestellt, dass eine nachträglich eingeführte Schiedsklausel jedenfalls diejenigen Mitglieder nicht binde, die der Satzungsänderung nicht zugestimmt haben.[772] Ob der Beschluss umgekehrt zumindest die Gesellschafter bindet, die ihm zugestimmt haben, ist vor dem Hintergrund fraglich, dass der BGH nunmehr (im Zusammenhang mit Beschlussmängelstreitigkeiten) als Wirksamkeitsvoraussetzung die Zustimmung sämtlicher Gesellschafter besonders hervorhebt, ohne insoweit auf das Problem der **Teilwirksamkeit** einzugehen.[773] Zur Teilwirksamkeit im Rahmen des § 53 Abs. 3 → Rn. 136.

245 **b) Gerichtsstandsvereinbarung.** Für die nachträgliche Einfügung einer Gerichtsstandsklausel gelten nicht ohne Weiteres die gleichen Anforderungen wie für die Aufnahme von

---

[762] OLG München Urt. v. 9.2.1999 – 30 U 709/97, NZG 1999, 780 (781) zum eingetragenen Verein; zust. *Ebbing* NZG 2000, 898 (899).

[763] BGH Urt. v. 6.4.2009 – II ZR 255/08, BGHZ 180, 221 (228) = NJW 2009, 1962 (1964); *Bayer* ZIP 2003, 881 (890); *Schneider* GmbHR 2005, 86 (87); *Berger* ZHR 164 (2000), 295 (300 f.); MHLS/*Lieder* § 13 Rn. 79; Scholz/*Bitter* § 13 Rn. 44; Rowedder/Schmidt-Leithoff/*Pentz* § 13 Rn. 29; zum eingetragenen Verein auch BGH Urt. v. 3.4.2000 – II ZR 373/98, BGHZ 144, 146 (248 ff.) = NZG 2000, 897 (897 f.) m. krit. Anm. *Ebbing.*

[764] Roth/Altmeppen/*Roth,* 8. Aufl. 2015, Rn. 39; Ulmer/Habersack/Winter/*Raiser,* 2006, Anh. § 47 Rn. 234; *K. Schmidt* ZGR 1988, 523 (531).

[765] Für die Verbandsschiedsgerichtsbarkeit: BGH Urt. v. 3.4.2000 – II ZR 373/98, BGHZ 144, 146 (148 f.) = NZG 2000, 897 (898); vgl. auch *Bayer* ZIP 2003, 881 (890).

[766] *Reichert/Harbarth* NZG 2003, 379 (380 f.).

[767] *Reichert/Harbarth* NZG 2003, 379 (381).

[768] *Bayer* ZIP 2003, 881 (890); *Reichert/Harbarth* NZG 2003, 379 (381); *K. Schmidt* BB 2001, 1857 (1862).

[769] Näher *Reichert/Harbarth* NZG 2003, 379 (381).

[770] So aber Zöller/*Geimer* ZPO § 1066 Rn. 7.

[771] *Reichert/Harbarth* NZG 2003, 379 (381).

[772] BGH Urt. v. 3.4.2000 – II ZR 373/98, BGHZ 144, 146 (149 f.) = NJW 2000, 1713 = DB 2000, 1166; vgl. hierzu auch Rowedder/Schmidt-Leithoff/*Schnorbus* Rn. 79 Fn. 264.

[773] BGH Urt. v 6.4.2009 – II ZR 255/08, BGHZ 180, 221 (228) = NJW 2009, 1962 (1964).

Schiedsklauseln. Vielmehr ist zwischen **zwei Konstellationen** zu unterscheiden: Als Gerichtsstand kann *entweder* abschließend der Sitz der Gesellschaft *oder* ein „dritter Ort" bestimmt werden. Im ersten Fall ist ein Eingriff in den Kernbereich des Mitgliedschaftsrechts nicht erkennbar.
Denn die Klausel normiert jedenfalls aus Sicht des einzelnen Gesellschafters nur das, was ohnehin von Gesetzes wegen gilt, da § 22 ZPO bei dem Gericht, bei dem die Gesellschaft ihren
allgemeinen Gerichtsstand (§ 17 ZPO) hat, einen besonderen Gerichtsstand begründet. Auch
ohne Gerichtsstandsklausel kann die Gesellschaft demnach Klage vor dem Gericht ihres Sitzes
erheben, sie muss es freilich nicht. Insofern bringt die Aufnahme der Gerichtsstandsklausel eine
Einschränkung zu Lasten der Gesellschaft, da sie bei Bestehen einer solchen darauf festgelegt
wird, stets „zuhause" zu klagen.[774] Im zweiten Fall, wenn also nicht der Sitz der Gesellschaft,
sondern zum Beispiel der Sitz eines Mehrheitsgesellschafters als maßgeblicher Gerichtsstand
bestimmt werden soll, ist die Zustimmung aller Verbandsmitglieder notwendig. Zwar reicht der
Eingriff nicht ganz so weit wie die Beschneidung des ordentlichen Rechtsschutzes durch eine
Schiedsklausel, immerhin aber wird einem Teil der Gesellschafter durch eine solche Prorogation
ohne sachlichen Grund der gesetzliche Richter entzogen. Das reicht aus, um einen **Eingriff in
den mehrheitsfesten Kernbereich** der Mitgliedschaftsrechte zu bejahen.[775]

    8. Dauer, Auflösung. a) Dauer der Gesellschaft. Soll die Gesellschaft auf eine   **246**
gewisse Zeit beschränkt sein, bedarf dies gem. § 3 Abs. 2 der Verankerung im Gesellschaftsvertrag; durch Ablauf der im Gesellschaftsvertrag bestimmten Zeit wird die Gesellschaft dann aufgelöst (§ 60 Abs. 1 Nr. 1). Andernfalls ist die GmbH auf unbestimmte Zeit eingegangen; sie
kann dann gem. §§ 60–62 aufgelöst werden. Der Auflösungsbeschluss gem. § 60 Abs. 1 Nr. 2
stellt in diesem Fall keine Satzungsänderung dar (→ Rn. 249; → § 60 Rn. 89 ff.).[776] Die
Befristung der Gesellschaft kann auch nachträglich im Wege der Satzungsänderung gem. §§ 53,
54 eingeführt werden. Insoweit stellt sich die Frage nach der zutreffenden Abgrenzung gegenüber einem Auflösungsbeschluss. Die **Auflösung unter einer Befristung** oder einer Bedingung ist grundsätzlich als Bestimmung der Dauer der Gesellschaft und damit als Satzungsänderung zu qualifizieren.[777] Ein **befristeter oder bedingter Auflösungsbeschluss** ist indes dann
anzunehmen, wenn die Auflösung lediglich für einen kurz bemessenen Zeitraum aufgeschoben
wird;[778] die Auffassung, dass eine derartige Frist nicht über das Geschäftsjahresende soll hinaus-
reichen dürfen,[779] mag mitunter ein bei der Abgrenzung zu berücksichtigendes Indiz benennen, dürfte in ihrer generellen Aussage allerdings zu starr sein und den verschiedenen möglichen
Fallkonstellationen nicht hinreichend Rechnung tragen. Auch eine in der Satzung bereits enthaltene Befristung der Gesellschaft kann nachträglich im Wege der Satzungsänderung gem.
§§ 53, 54 inhaltlich verändert werden, und zwar als Verlängerung oder als Verkürzung der Frist.
Eine Verlängerung der Dauer der Gesellschaft kann auch nach Eintritt des Fristablaufs beschlossen werden;[780] neben dem Beschluss über die Verlängerung der statutarischen Gesellschaftsdauer ist in diesem Fall, da die Auflösung gem. § 60 Abs. 1 Nr. 1 bereits erfolgt ist, ein analog
§ 60 Abs. 1 Nr. 2 grundsätzlich mit Dreiviertelmehrheit zu fassender Fortsetzungsbeschluss
erforderlich,[781] der aufgrund seines satzungsändernden Charakters der Einhaltung der §§ 53,
54 bedarf[782] (näher → § 60 Rn. 258 ff.).

    Hinsichtlich der auch in Fällen der **Verlängerung,** insbesondere aber in Fällen der   **247**
Verkürzung denkbaren Abgrenzungsschwierigkeiten gegenüber Auflösungsbeschlüssen

---

[774] *Bork* ZHR 157 (1993), 63.
[775] *Bork* ZHR 157 (1993), 63; teilweise abw. – Abwägung im Einzelfall – MHLS/*Hoffmann* Rn. 152.
[776] Scholz/*Priester/Tebben* Rn. 123; HCL/*Ulmer/Casper* Rn. 123.
[777] RG Urt. v. 6.3.1907 – I 329/06, RGZ 65, 264 (266).
[778] RG Urt. v. 3.7.1934 – II 116/34, RGZ 145, 99 (101 f.); KG Beschl. v. 27.4.1939 – 1 Wx 291/39,
    DR 1939, 1166; HCL/*Ulmer/Casper* Rn. 123; MHLS/*Hoffmann* Rn. 124; ähnlich Scholz/*Priester/Tebben*
    Rn. 123.
[779] So HCL/*Ulmer/Casper* Rn. 123.
[780] KG Urt. v. 1.12.1924 – 9 U 7744/24, JW 1925, 640; Scholz/*Priester/Tebben* Rn. 123; aA KGJ 32, A
    154 (A 157); KGJ 34, A 166 (A 167 f.).
[781] MHLS/*Hoffmann* Rn. 124; für Einstimmigkeitserfordernis beim Fortsetzungsbeschluss demgegenüber
    RG Beschl. v. 25.10.1927 – II B 14/27, RGZ 118, 337 (340 f.).
[782] Rowedder/Schmidt-Leithoff/*Schnorbus* Rn. 30.

finden die vorstehend geschilderten Grundsätze Anwendung. Bestimmt die Satzung die Dauer der Gesellschaft und ist diese als Mindestfrist gewollt, ist der Auflösungsbeschluss als Satzungsänderung zu qualifizieren; hierbei sind die Vorgaben der §§ 53, 54 zu beachten.[783] Dass eine Mindestdauer nicht gewollt ist, kann auch im Wege der Auslegung festgestellt werden.[784] **Keine Satzungsänderung** liegt dann vor, wenn die Satzung die Dauer der Gesellschaft unter den Vorbehalt eines vorherigen Auflösungsbeschlusses stellt.[785] Möglich ist auch die nachträgliche Aufhebung einer statutarisch festgesetzten Gesellschaftsdauer im Wege der Satzungsänderung gem. §§ 53, 54.

248   Die Verlängerung der Dauer der Gesellschaft bedarf der **Zustimmung aller betroffenen Gesellschafter,** wenn die Geschäftsanteile mit Nebenleistungspflichten (zB statutarischen Wettbewerbsverboten) oder Nachschusspflichten verbunden sind.[786] Ein Zustimmungserfordernis ist auch dann zu bejahen, wenn einzelnen oder mehreren Gesellschaftern Sonderrechte auf eine Höchstdauer der Gesellschaft eingeräumt wurden.[787] Im Übrigen besteht ein Zustimmungserfordernis nicht.[788] Auch zur Verkürzung der Dauer der Gesellschaft und zur Beseitigung ihrer statutarischen Befristung bedarf es der Zustimmung der betroffenen Gesellschafter nur, sofern statutarisch Sonderrechte auf eine bestimmte Mindestdauer eingeräumt wurden[789] (näher → § 60 Rn. 87). Eine Verlängerung der Befristung der Gesellschaft kann ein Austrittsrecht der Gesellschafter begründen.[790]

249   **b) Auflösung.** Sieht der Gesellschaftsvertrag keine Dauer der Gesellschaft vor, ist sie auf unbestimmte Zeit eingegangen. Die Auflösung bemisst sich dann nach §§ 60–62. Insbesondere können die Gesellschafter mit einem grundsätzlich mit Dreiviertelmehrheit zu fassenden Gesellschafterbeschluss die Auflösung der Gesellschaft beschließen (§ 60 Abs. 1 Nr. 2). Ein derartiger Beschluss besitzt **grundsätzlich keinen Satzungsänderungscharakter** (näher → Rn. 246 auch zu Ausnahmen). Der Auflösungsbeschluss bedarf daher nicht der Beurkundung gem. § 53; seine Eintragung im Handelsregister ist nicht konstitutiv, sondern deklaratorisch.[791] Die Festsetzung weiterer Auflösungsgründe im Gesellschaftsvertrag stellt eine Satzungsänderung dar (→ § 60 Rn. 223 ff.). Eine Einschränkung oder gar eine Beseitigung des Auflösungsgrundes gem. § 60 Abs. 1 Nr. 3 kann auch im Wege der Satzungsänderung nicht beschlossen werden (→ § 60 Rn. 110).[792]

250   **9. Varia. a) Geschäftsjahr.** Wird das Geschäftsjahr in der Satzung festgelegt, bedarf es zu einer Änderung des Geschäftsjahres einer Satzungsänderung.[793] **Umstritten** ist demgegenüber, ob die Änderung des Geschäftsjahres auch in solchen Fällen, in denen die Satzung sich nicht zum Geschäftsjahr verhält, einer Satzungsänderung gem. §§ 53, 54 bedarf.[794] Richtigerweise ist auch in derartigen Fällen im Hinblick auf die Auswirkungen

---

[783] HCL/*Casper* § 60 Rn. 37; Scholz/*Scheller* § 60 Rn. 17; aA Ehrenberg HandelsR-HdB/*Feine* S. 628; Scholz/*Priester*/*Tebben* Rn. 123; Rowedder/Schmidt-Leithoff/*Schnorbus* Rn. 30, die Satzungsänderung jeweils dann bejahen, wenn die statutarisch geregelte Dauer nicht als Mindestdauer gewollt ist.
[784] Scholz/*Scheller* § 60 Rn. 17.
[785] Scholz/*Priester*/*Tebben* Rn. 123; Scholz/*Scheller* § 60 Rn. 17.
[786] HCL/*Ulmer*/*Casper* Rn. 124; Rowedder/Schmidt-Leithoff/*Schnorbus* Rn. 30; MHLS/*Hoffmann* Rn. 125 mit zutreffendem Hinweis (Fn. 517), dass dies nicht bei bereits erbrachten einmaligen Nebenleistungspflichten gilt; abw. Lutter/Hommelhoff/*Bayer* Rn. 21: Zustimmungserfordernis bei jedweder Verlängerung der Zeitdauer der Gesellschaft.
[787] Scholz/*Priester*/*Tebben* Rn. 124; HCL/*Ulmer*/*Casper* Rn. 124.
[788] AA RG Urt. v. 29.4.1932 – II 368/31, RGZ 136, 185 (190).
[789] Scholz/*Priester*/*Tebben* Rn. 124; HCL/*Ulmer*/*Casper* Rn. 124.
[790] *R. Fischer* GmbHR 1955, 165 (168); Scholz/*Priester*/*Tebben* Rn. 124.
[791] Scholz/*Priester*/*Tebben* Rn. 112.
[792] BayObLG Beschl. v. 25.7.1978 – BReg. 1 Z 69/78, DB 1978, 2164; Scholz/*Priester*/*Tebben* Rn. 112; HCL/*Casper* § 60 Rn. 1.
[793] KGJ 53, 100; LG Mühlhausen Urt. v. 28.11.1996 – 2 HKO 3170/96, GmbHR 1997, 313 (314) = BB 1997, 463; Scholz/*Priester*/*Tebben* Rn. 139; Rowedder/Schmidt-Leithoff/*Schnorbus* Rn. 31; Noack/Servatius/Haas/*Noack* Rn. 26; MHLS/*Hoffmann* Rn. 148.
[794] Bejahend HCL/*Ulmer*/*Casper* Rn. 125; Scholz/*Priester*/*Tebben* Rn. 139; *Priester* GmbHR 1992, 584 (586 f.); MHLS/*Hoffmann* Rn. 148 – sieht allerdings Möglichkeit, den Geschäftsführern mittels Satzungs-

der Bestimmung des Geschäftsjahres auf den Jahresabschluss und den Gewinnanspruch der Gesellschafter eine Satzungsänderung gem. §§ 53, 54 zu verlangen. Fehlt eine ausdrückliche Satzungsbestimmung, ist das Geschäftsjahr mit dem Kalenderjahr identisch. Eine hiervon abweichende Regelung kann demnach nur im Wege der Satzungsänderung verwirklicht werden.[795]

Wegen Verstoßes gegen die Satzungsautonomie der Gesellschafter unzulässig ist eine **251** Satzungsbestimmung, die die Festlegung des Geschäftsjahres den Geschäftsführern überträgt.[796]

Eine **rückwirkende Änderung des Geschäftsjahres** ist nicht nur bei konkreter **252** Gefährdung von Drittinteressen im Einzelfall unzulässig.[797] Sie ist aus Gründen der Rechtssicherheit im Hinblick auf die hieraus resultierende Gefährdung von Gläubigerinteressen vielmehr generell unstatthaft[798] (auch → Rn. 178). Fraglich ist, ob eine Ausnahme insoweit anzuerkennen ist, als zur Fristwahrung die Anmeldung der Satzungsänderung vor Geschäftsjahresabschluss genügt, sofern die Eintragung alsbald erfolgt.[799] Vor dem Hintergrund der insoweit geltenden allgemeinen Grundsätze ist dieser Sicht nicht zu folgen.[800] **In steuerrechtlicher Hinsicht** ist zu beachten, dass die Umstellung von einem abweichenden Wirtschaftsjahr auf das Kalenderjahr ohne Zustimmung des Finanzamts zulässig ist, die Umstellung vom Kalenderjahr auf ein abweichendes Wirtschaftsjahr hingegen nur im Einvernehmen mit dem Finanzamt (§ 4a Abs. 1 Nr. 2 S. 2 EStG, § 7 Abs. 4 S. 3 KStG). Das Finanzamt kann die Zustimmung insoweit versagen, wenn keine beachtlichen betriebswirtschaftlichen Gründe für die Umstellung vorliegen.[801]

b) Zweigniederlassung. Trotz der damit verbundenen strukturellen Auswirkungen **253** erfordert die Errichtung einer Zweigniederlassung keine Satzungsänderung. Bei ihr handelt es sich vielmehr um eine **Geschäftsführungsmaßnahme,** für die die Zustimmung der Gesellschafter nur dann erforderlich ist, wenn die Satzung dies vorsieht.[802]

c) Minderheitsrechte. Die gesetzlichen Minderheitsrechte gem. § 50 Abs. 1 (Einbe- **254** rufung der Gesellschafterversammlung), § 61 Abs. 2 S. 2 (Erhebung der Auflösungsklage) und § 66 Abs. 2 und Abs. 3 (Bestellung und Abberufung von Liquidatoren) können statutarisch zwar **erweitert, nicht aber verkürzt oder entzogen** werden (→ § 61 Rn. 4 ff.; → § 66 Rn. 28). Eine Verkürzung oder Entziehung dieser Rechte kann daher auch nicht im Wege der Satzungsänderung beschlossen werden. Dies gilt selbst bei Zustimmung sämtlicher Gesellschafter[803] (auch → Rn. 102).

---

bestimmung die Befugnis zur Festlegung des Geschäftsjahres einzuräumen; Rowedder/Schmidt-Leithoff/*Schnorbus* Rn. 31; KGJ 53, 100; verneinend KG Beschl. v. 5.2.1925 – 1 X 19/25, JW 1926, 598 (599); Noack/Servatius/Haas/*Noack* Rn. 26.

[795] AG München Beschl. v. 27.10.1958 – HRB 3806, BB 1959, 57; *K. Winkler* DNotZ 1969, 394 (409).

[796] *Priester* GmbHR 1992, 584; Scholz/*Priester/Tebben* Rn. 139; Rowedder/Schmidt-Leithoff/*Schnorbus* Rn. 31; Lutter/Hommelhoff/*Bayer* Rn. 7; aA OLG Stuttgart Beschl. v. 7.5.1992 – 8 W 72/92, GmbHR 1992, 468 = NJW-RR 1992, 1391.

[797] So aber LG Frankfurt Beschl. v. 9.3.1978 – 3/11 T 63/77, GmbHR 1978, 112 = BeckRS 1978, 01101 Rn. 9 ff.; LG Frankfurt Beschl. v. 14.10.1977 – 3/11 T 20/77, GmbHR 1979, 208.

[798] HCL/*Ulmer/Casper* Rn. 125; Scholz/*Priester/Tebben* Rn. 187; Lutter/Hommelhoff/*Bayer* Rn. 45; OLG Frankfurt Beschl. v. 9.3.1999 – 20 W 94/99, GmbHR 1999, 484 = MittRhNotK 1999, 206; MHLS/*Hoffmann* Rn. 149; OLG Schleswig Beschl. v. 17.5.2000 – 2 W 69/00, NJW-RR 2000, 1425; *Wachter* GmbHR 2000, 227 (228); Rowedder/Schmidt-Leithoff/*Schnorbus* § 54 Rn. 41.

[799] So HCL/*Ulmer/Casper* Rn. 125; ähnlich LG Berlin Beschl. v. 7.2.1978 – 98 T 26/77, Rpfleger 1978, 143; weitergehend *Herrmann* BB 1999, 2270 (2272 f.), wonach es ausreichend sein soll, dass der Wechsel des Geschäftsjahres nach dem Zeitpunkt der Beschlussfassung liegt; noch weitergehend *Wolff* DB 1999, 2149 (2150 ff.), wonach eine rückwirkende Änderung des Geschäftsjahres nur für Zeiträume unzulässig ist, für die bereits ein Jahresabschluss erstellt wurde, oder sofern bilanzrechtliche Fristvorgaben nicht mehr eingehalten werden können.

[800] Ebenso MHLS/*Hoffmann* Rn. 149.

[801] BFH Urt. v. 24.4.1980 – IV R 149/76, DB 1980, 2315 (2316 f.); Rowedder/Schmidt-Leithoff/*Schnorbus* Rn. 31.

[802] Scholz/*Priester/Tebben* Rn. 182a; Noack/Servatius/Haas/*Noack* Rn. 26.

[803] Scholz/*Priester/Tebben* Rn. 148.

255   Auch das **Auskunfts- und Einsichtsrecht** jedes einzelnen Gesellschafters gem. § 51a ist gem. § 51a Abs. 3 zwingender Natur. Auch im Wege der Satzungsänderung gem. §§ 53, 54 kann es daher weder aufgehoben noch beschränkt werden[804] (auch → Rn. 102).

256   **d) Statutarische Wettbewerbsverbote.** Statutarische Wettbewerbsverbote stellen Nebenleistungspflichten iSv § 3 Abs. 2 dar; derartige Nebenleistungspflichten können grundsätzlich auch in einem Unterlassen bestehen.[805] Die nachträgliche Einführung satzungsmäßiger Wettbewerbsverbote oder deren Verschärfung ist folglich als Pflichtenvermehrung iSv Abs. 3 anzusehen, die der **Zustimmung sämtlicher betroffener Gesellschafter** bedarf.[806] Die Reichweite des statutarischen Wettbewerbsverbots hängt von der jeweiligen Ausgestaltung des Unternehmensgegenstands ab (→ Rn. 186 ff.). Auch eine Erweiterung des Unternehmensgegenstands hat daher eine Ausdehnung des Wettbewerbsverbots zur Folge. Diese bedarf auch insoweit als Fall der Pflichtenvermehrung gem. Abs. 3 der Zustimmung sämtlicher betroffener Gesellschafter. Deren Fehlen beeinträchtigt indes lediglich die Wirksamkeit der Ausdehnung des Wettbewerbsverbots, nicht hingegen die Erweiterung des Unternehmensgegenstands.[807] Keinen Fall von Abs. 3 stellt demgegenüber die statutarische Verankerung bereits bestehender gesetzlicher Wettbewerbsverbote dar[808] (näher → § 13 Rn. 222 ff.).

257   Einem – wenngleich nicht ausdrücklich im GmbHG geregelten – **gesetzlichen Wettbewerbsverbot** unterworfen sind Geschäftsführer und über einen bestimmenden Einfluss auf die GmbH verfügende Gesellschafter. Auch die Reichweite dieses gesetzlichen Wettbewerbsverbots wird durch die Ausgestaltung des Unternehmensgegenstands beeinflusst. Eine Ausdehnung des Unternehmensgegenstands führt zu einer Ausweitung des gesetzlichen Wettbewerbsverbots. Eine derartige Satzungsänderung bedarf gleichwohl nicht der Zustimmung sämtlicher betroffener Gesellschafter gem. Abs. 3, weil es sich bei dieser Erweiterung des Wettbewerbsverbots um eine gesetzliche Rechtsfolge der Änderung des Unternehmensgegenstands handelt, somit lediglich eine Abs. 3 nicht unterfallende mittelbare Pflichtenvermehrung vorliegt.[809]

258   Die **Befreiung von einem gesetzlichen Wettbewerbsverbot** bedarf einer statutarischen Grundlage, weil das gesetzliche Wettbewerbsverbot selbst einen ungeschriebenen Satzungsbestandteil darstellt. Ein entsprechender Beschluss ist im Wege der Satzungsänderung gem. §§ 53, 54 oder im Wege der Satzungsdurchbrechung zu fassen; die Zustimmung sämtlicher betroffener Gesellschafter ist nicht erforderlich, weil es sich allenfalls um eine mittelbare Beeinträchtigung ihrer Rechtsstellung handelt.[810] Die betroffenen Gesellschafter sind hierbei vom Stimmrecht gem. § 47 Abs. 4 S. 1 jedenfalls dann ausgeschlossen, wenn nur einzelne Gesellschafter vom Wettbewerbsverbot befreit werden.[811] Darüber hinaus besteht die Möglichkeit der Befreiung von einem Wettbewerbsverbot durch mit einfacher Mehrheit zu fassenden Gesellschafterbeschluss, sofern die Satzung eine entsprechende Öffnungsklausel enthält.[812] Auch die nachträgliche Aufnahme einer derartigen statutarischen Ermächtigungsgrundlage bedarf lediglich eines satzungsändernden Beschlusses gem. §§ 53, 54, nicht hingegen der Zustimmung sämtlicher betroffener Gesellschafter. Der Befreiungsbeschluss unterliegt indes der inhaltlichen Beschlusskontrolle (näher zum Ganzen → § 13 Rn. 274 ff.).

---

[804]   Scholz/*Priester*/*Tebben* Rn. 148.
[805]   Scholz/*Priester*/*Tebben* Rn. 179a; MHLS/*Hoffmann* Rn. 136; zu den Folgen eines Verstoßes des statutarischen Wettbewerbsverbots gegen das kartellrechtliche Verbot wettbewerbsbeschränkender Vereinbarungen (§ 1 GWB) Immenga/Mestmäcker/*Zimmer* GWB § 1 Rn. 67 ff.
[806]   RG Urt. v. 28.4.1931 – 357/30 II, JW 1931, 2975; MHLS/*Hoffmann* Rn. 136; Scholz/*Priester*/*Tebben* Rn. 179a.
[807]   MHLS/*Hoffmann* Rn. 136.
[808]   Scholz/*Priester*/*Tebben* Rn. 179a; MHLS/*Hoffmann* Rn. 137.
[809]   MHLS/*Hoffmann* Rn. 137.
[810]   Scholz/*Priester*/*Tebben* Rn. 179a; *Winter* Treubindungen S. 259.
[811]   *Winter* Treubindungen S. 259 f.; *Timm* GmbHR 1981, 177 (183).
[812]   BGH Urt. v. 16.2.1981 – II ZR 168/79, NJW 1981, 1512 (1513); *Winter* Treubindungen S. 258 f.; *Priester* DB 1992, 2411 (2412).

e) Salvatorische Klauseln. Salvatorische Klauseln enthalten häufig Bestimmungen, **259** wonach unwirksame oder undurchführbare Bestimmungen durch wirksame bzw. durchführbare Bestimmungen ersetzt werden.[813] Insoweit wird die Auffassung vertreten, die wirksame bzw. durchführbare Regelung trete nicht automatisch an die Stelle der unwirksamen bzw. undurchführbaren Regelung; vielmehr bedürfe es einer Satzungsänderung gem. §§ 53, 54.[814] Diese Auffassung überzeugt nicht. Mag die im Falle der Unwirksamkeit oder Undurchführbarkeit einer Satzungsbestimmung aufgrund der salvatorischen Klausel geltende Regelung dem Wortlaut der Satzung nicht unmittelbar zu entnehmen sein, so steht die geltende Regelung gleichwohl fest. Die Situation ist demnach nicht prinzipiell anders zu beurteilen, als wenn in der Satzung etwa unbestimmte Rechtsbegriffe verwendet werden. Auch in diesem Fall bedarf es der Konkretisierung dessen, was aus dem Wortlaut der Klausel nicht ablesbar, in ihm aber angelegt ist. Auch Publizitätsgesichtspunkte sprechen vor diesem Hintergrund nicht gegen die automatische Wirksamkeit der neuen Klausel.[815] Gleichwohl mag es sich **für die kautelarjuristische Gestaltungspraxis** empfehlen, die Gesellschafter unbeschadet der automatischen Ersetzung der unwirksamen oder undurchführbaren Bestimmung durch eine wirksame bzw. durchführbare Bestimmung zusätzlich zur Änderung der Satzung zugunsten der wirksamen bzw. durchführbaren Bestimmungen zu verpflichten.

f) Gewinnverwendung. Der in § 29 Abs. 1 und 2 normierte Anspruch auf Vollaus- **260** schüttung, der unter dem Vorbehalt einer mit einfacher Mehrheit zu beschließenden Thesaurierung steht, kann im Rahmen einer Satzungsänderung modifiziert werden. Das Gesetz erlaubt maßgeschneiderte Lösungen und lässt im Grundsatz die ganze Bandbreite der denkbaren **Gestaltungsmöglichkeiten** zu.[816] Zu beachten ist allerdings, dass nicht für alle Gestaltungsoptionen die gleichen Anforderungen bestehen. Der am schwersten wiegende Eingriff in das Gewinnbezugsrecht stellt die vollständige und dauernde Thesaurierung des Jahresergebnisses dar. Sie betrifft den Kernbereich der Mitgliedschaft und erfordert die Zustimmung aller Gesellschafter.[817] Im Fall einer schlichten Erhöhung der Thesaurierungsquote erscheint eine so weitgehende Einschränkung der Gestaltungsfreiheit nicht angemessen. Doch entbindet das nicht von der Beachtung gesellschaftsrechtlicher Treupflichten und des Gleichbehandlungsgrundsatzes. In der Regel ist als sachlicher Grund für die Erhöhung ausreichend, aber auch notwendig, dass allein mit Hilfe der Rücklagenbildung die Unternehmenssubstanz mittelfristig erhalten werden kann.[818] Bei Ausschüttungserleichterungen entfällt auch diese Voraussetzung. In jedem Fall bedarf es freilich eines notariell beurkundeten Beschlusses mit der qualifizierten Mehrheit des Abs. 2 S. 1 sowie der Eintragung dieses Beschlusses ins Handelsregister gemäß Abs. 3.[819]

Als weitere Gestaltungsmöglichkeit kommt eine Änderung der Gewinnverwendungs- **261** kompetenz in Betracht. So kann zum Beispiel die Zuständigkeit auf den Aufsichtsrat oder auf einzelne Gesellschafter (als Sonderrecht) verlagert werden.[820]

g) Gewinnverteilung. Nach § 29 Abs. 3 S. 1 erfolgt die Ergebnisverwendung nach **262** dem Verhältnis der Geschäftsanteile. Maßgeblich ist der Nennwert. Das Gesetz selbst (§ 29 Abs. 3 S. 2) erklärt eine **andere Maßgabe der Verteilung** für **zulässig**. Zu denken ist etwa an eine Gewinnverteilung nach Köpfen oder an einen Ausschluss des Gewinnbezugs-

---

[813] Zur Gestaltung salvatorischer Klauseln in GmbH-Verträgen *Reichert/Schumacher,* Der GmbH-Vertrag, 4. Aufl. 2014, 177 f.; *Sommer/Weitbrecht* GmbHR 1991, 449 (449 ff.).
[814] *Sommer/Weitbrecht* GmbHR 1991, 449 (452); Rowedder/Schmidt-Leithoff/*Schnorbus* Rn. 41.
[815] AA *Sommer/Weitbrecht* GmbHR 1991, 449 (452).
[816] Vgl. *Ehlke* DB 1987, 671 (675 ff.); *Hommelhoff/Hartmann/Hillers* DNotZ 1986, 323 (326 ff.); *Hommelhoff/Priester* ZGR 1986, 463 (509 ff.).
[817] Scholz/*Priester/Tebben* Rn. 142; HCL/*Ulmer/Casper* Rn. 128; aA MHLS/*Hoffmann* Rn. 144.
[818] Vgl. HCL/*Ulmer/Casper* Rn. 128; MHLS/*Hoffmann* Rn. 144.
[819] Vgl. OLG Dresden Beschl. v. 9.11.2011 – 12 W 1002/11, NZG 2012, 507 (508).
[820] Scholz/*Priester/Tebben* Rn. 141; *Hommelhoff/Priester* ZGR 1986, 463 (502 f.).

rechts für bestimmte Anteile.[821] Soll mit einem solchen Inhalt die Satzung geändert werden, erfordert das sowohl einen Beschluss mit qualifizierter Mehrheit als auch die Zustimmung jedes einzelnen Gesellschafters, der einen Nachteil erleidet.[822]

263   **h) Firma.** Da die Firma der GmbH einen notwendigen Satzungsbestandteil darstellt (§ 3 Abs. 1 Nr. 1), bedarf es einer Satzungsänderung, um sie zu ändern.

264   **Gesellschaftsrechtliche Zustimmungsrechte bestehen** grundsätzlich **nicht,** insbesondere nicht, wenn der Name eines Gesellschafters aus der Firma entfernt werden soll, namentlich beim Übergang von der Personen- zur Sachfirma.[823] In die gesellschaftsrechtliche Stellung des betroffenen Gesellschafters wird dadurch nicht eingegriffen. Ebenso wenig kommt es auf seine Zustimmung an, wenn die Firma, die seinen Namen enthält, fortgeführt werden soll.[824] Abweichendes gilt aber bei der Neuaufnahme in die Personenfirma[825] und bei Firmenvervielfältigung durch Veräußerung einzelner Zweigniederlassungen.[826]

265   Eine **Änderung der Firma** ist **angezeigt,** wenn sich der Unternehmensgegenstand derart wesentlich ändert, dass die ursprünglich zutreffende Sachfirma nun nicht mehr zutrifft und eine Gefahr besteht, dass der Rechtsverkehr dadurch in die Irre geführt wird.[827] Notwendig ist eine Änderung ferner bei Veräußerung oder Verpachtung des Unternehmens mit dem Recht der Firmenfortführung[828] oder bei rechtskräftiger Untersagung des Firmengebrauchs gegenüber der GmbH.[829]

266   Die **nachträgliche Unzulässigkeit der Firma** ist kein Anwendungsfall des § 399 Abs. 4 FamFG, der allein bei einer ursprünglich unzulässigen Firma eingreift.[830] Eine Analogie zu dieser Vorschrift kommt nicht in Betracht, weil ein geeignetes Verfahren ohnedies zur Verfügung steht. Nach § 37 HGB, § 392 FamFG kann nämlich das Handelsregister unter Androhung eines Ordnungsgeldes eine firmenrechtlich gebotene Satzungsänderung erzwingen.[831]

267   Bei **Einrichtung einer Zweigniederlassung** ist eine Satzungsänderung regelmäßig entbehrlich.[832] Wenn die Firma der Zweigniederlassung soweit mit der Firma der Hauptniederlassung übereinstimmt, dass sie allenfalls einen sie als Zweigniederlassung kennzeichnenden Zusatz aufweist, ist eine Erwähnung in der Satzung nicht erforderlich. Andernfalls muss die Firma der Zweigniederlassung in der Satzung erscheinen.[833] Eine Änderung dieser Firma setzt dann eine Satzungsänderung voraus.[834]

268   Das Firmenrecht der §§ 17 ff. HGB dient öffentlichen Interessen. Überschreitet ein Firmenänderungsbeschluss die Zulässigkeitsgrenzen der Firmenbildung, so bedingt das die Nichtigkeit des Beschlusses nach § 241 Nr. 3 AktG analog.[835]

---

[821] HCL/*Ulmer/Casper* Rn. 130; Scholz/*Priester/Tebben* Rn. 143.
[822] MHLS/*Hoffmann* Rn. 145; Noack/Servatius/Haas/*Kersting* § 29 Rn. 53.
[823] MHLS/*Hoffmann* Rn. 112.
[824] BGH Urt. v. 20.4.1972 – II ZR 17/70, BGHZ 58, 322 (323 ff.) = NJW 1972, 1419; BayObLG Beschl. v. 1.6.1984 – BReg. 3 Z 126/84, BB 1984, 1506 (1507).
[825] MHLS/*Hoffmann* Rn. 112.
[826] BGH Urt. v. 13.10.1980 – II ZR 116/79, BB 1980, 1658; aA OLG Nürnberg Urt. v. 13.3.1979 – 3 U 148/78, DB 1979, 1267.
[827] Vgl. BayObLG Beschl. v. 29.6.1979 – BReg. 3 Z 83/76, GmbHR 1980, 11 (13) = BayObLGZ 1979, 207.
[828] Vgl. RG Beschl. v. 29.5.1923 – II B 1/23, RGZ 107, 31 (33).
[829] HCL/*Ulmer/Casper* Rn. 111.
[830] BayObLG Beschl. v. 29.6.1979 – BReg. 3 Z 83/76, GmbHR 1980, 11 (12) = BayObLGZ 1979, 207 (209); OLG Hamm Beschl. v. 23.12.2004 – 15 W 466/03, DB 2005, 716 (717); Rowedder/Schmidt-Leithoff/*Schnorbus* Rn. 15; Scholz/*Priester/Tebben* Rn. 128; Noack/Servatius/Haas/*Fastrich* § 4 Rn. 33.
[831] HCL/*Ulmer/Casper* Rn. 111; Scholz/*Priester/Tebben* Rn. 128.
[832] Vgl. KG OLG 43, 326.
[833] BayObLG Beschl. v. 31.5.1990 – BReg. 3 Z 38/90, DB 1990, 1607; aA Dirksen/*Volkes* BB 1993, 598 (599).; zweifelnd auch Scholz/*Priester/Tebben* Rn. 127.
[834] Scholz/*Priester/Tebben* Rn. 127.
[835] Noack/Servatius/Haas/*Servatius* § 4 Rn. 34.

Wenn der Insolvenzverwalter das Unternehmen mit der Firma veräußert, bedarf es **269**
einer (Ersatz-)Firma. Die Bildung dieser Ersatzfirma erfordert eine Satzungsänderung der
Gesellschaft.[836] Dem Insolvenzverwalter steht bei Untätigkeit der Gesellschafter die Befugnis
zu einer entsprechenden Satzungsänderung zu.[837]

Die **Beifügung eines Liquidationszusatzes** im Abwicklungsstadium erfordert keine **270**
Satzungsänderung.[838]

i) Sitz. Die Verlegung des satzungsrechtlichen Sitzes – als notwendiger Satzungsbe- **271**
standteil (§ 3 Abs. 1 Nr. 1) – macht eine Satzungsänderung notwendig.[839] Eine Sitzverlegung im Liquidationsstadium widerspricht regelmäßig dem Wesen der Liquidation, weil
hierdurch das Auffinden der Gesellschaft für deren Gläubiger erschwert wird.[840] Das
Verhältnis von Satzungssitz und tatsächlichem (Geschäfts-)Sitz im Inland hat der
Gesetzgeber durch das MoMiG innerhalb von zehn Jahren zum zweiten Mal modifiziert.
Die **Einführung des § 4a Abs. 2 aF** durch das HRefG 1998 hatte der ehemals erheblichen Gestaltungsfreiheit der Gesellschafter bei der Wahl des Geschäftssitzes enge Grenzen gesetzt. Die Norm sah vor, dass der Gesellschaftsvertrag als Sitz in der Regel den
Ort bestimmen muss, an dem die Gesellschaft einen Betrieb hat, sich die Geschäftsleitung befindet oder die Verwaltung geführt wird. Aus dieser Verknüpfung ergaben sich
eine Reihe von Problemen. Umstritten war insbesondere, welche Rechtsfolgen die
nachträgliche Verlagerung des tatsächlichen Sitzes zeitigt. Ein Teil der Lit. sprach sich
für die Nichtigkeit der ursprünglich zulässigen Satzungsbestimmung aus und sah die
Voraussetzungen eines Amtsauflösungsverfahrens nach § 399 FamFG als erfüllt an.[841] Die
Gegenmeinung lehnte dessen Anwendung ab und sah keine Möglichkeit, den ordnungswidrigen Zustand zu korrigieren.[842] Eine vermittelnde Auffassung befürwortete angesichts der Regelungslücke im FamFG-Instrumentarium (früher FGG) eine analoge
Anwendung des § 399 Abs. 4 FamFG.[843]

Diese Streitfrage hat sich mit der **Streichung des § 4a Abs. 2 aF** im Zuge des MoMiG **272**
erledigt.[844] Die Erreichbarkeit der Gesellschaft soll nun dadurch gewährleistet sein, dass
nach § 8 Abs. 4 Nr. 1, § 10 Abs. 1 S. 1 nunmehr bei Anmeldung der GmbH-Gründung
eine „inländische Geschäftsanschrift" anzugeben ist.[845] Abgesehen davon besteht (wieder)
ein weiter Gestaltungsspielraum bei der Wahl des tatsächlichen Geschäftssitzes.[846] Wenn
aus Gründen des Minderheitenschutzes dieser Spielraum begrenzt werden soll, kann der
Geschäftssitz in der Satzung bestimmt werden. Das hat zur Folge, dass es zu einer Verlegung
desselben der satzungsändernden Mehrheit bedarf.[847]

Die Errichtung einer **Zweigniederlassung** stellt eine Geschäftsführungsmaßnahme **273**
dar und erfordert keine Satzungsänderung (→ Rn. 253).[848]

---

[836] OLG München Beschl. v. 30.5.2016 – 31 Wx 38/16, NJW-RR 2016, 1053 (1054); *Priester* DNotZ
2016, 892 (895).

[837] *Grüneberg* ZIP 1988, 1165 (1166 f.); für eine originäre, nicht lediglich subsidiäre Kompetenz des Insolvenzverwalters *Priester* DNotZ 2016, 892 (898); offengelassen von OLG München Beschl. v. 30.5.2016 –
31 Wx 38/16, NJW-RR 2016, 1053 (1054).

[838] Scholz/*Priester*/*Tebben* Rn. 127.

[839] Scholz/*Priester*/*Tebben* Rn. 154.

[840] KG Beschl. v. 24.4.2018 – 22 W 63/17, GmbHR 2018, 1069 (1070) = NJW-RR 2018, 1378; aA
Scholz/*Schmidt*/*Scheller* § 69 Rn. 14, wonach eine Sitzverlegung auch im Liquidationsstadium grundsätzlich zulässig sei, sofern sie nicht missbräuchlich erfolge (was aber naheliege, sofern sie die Auffindbarkeit
der Gesellschaft für die Gläubiger erschweren soll).

[841] Lutter/Hommelhoff/*Lutter*/*Bayer*, 16. Aufl. 2004, § 4a Rn. 25; Rowedder/Schmidt-Leithoff/*Zimmermann*, 4. Aufl. 2002, Rn. 18.

[842] Vgl. BayObLG Beschl. v. 20.2.2002 – 3 ZBR 380/01, ZIP 2002, 1400 (1401); LG Mannheim Beschl.
v. 17.4.2000 – 24 T 1/00, GmbHR 2000, 874 (875).

[843] *Ulmer* FS Raiser, 2005, 439 (447 ff.).

[844] HCL/*Ulmer*/*Casper* Rn. 114.

[845] Vgl. BR-Drs. 354/07, 65.

[846] Vgl. *Hoffmann* ZIP 2007, 1581 (1582).

[847] Vgl. *Wicke* § 4a Rn. 5; *Heckschen* DStR 2007, 1442 (1447).

[848] Scholz/*Priester*/*Tebben* Rn. 182a.

§ 54 Anmeldung und Eintragung der Satzungsänderung

(1) [1]Die Abänderung des Gesellschaftsvertrages ist zur Eintragung in das Handelsregister anzumelden. [2]Der Anmeldung ist der vollständige Wortlaut des Gesellschaftsvertrags beizufügen; er muß mit der Bescheinigung eines Notars versehen sein, daß die geänderten Bestimmungen des Gesellschaftsvertrags mit dem Beschluß über die Änderung des Gesellschaftsvertrags und die unveränderten Bestimmungen mit dem zuletzt zum Handelsregister eingereichten vollständigen Wortlaut des Gesellschaftsvertrags übereinstimmen.

(2) Bei der Eintragung genügt, sofern nicht die Abänderung die in § 10 bezeichneten Angaben betrifft, die Bezugnahme auf die bei dem Gericht eingereichten Dokumente über die Abänderung.

(3) Die Abänderung hat keine rechtliche Wirkung, bevor sie in das Handelsregister des Sitzes der Gesellschaft eingetragen ist.

Schrifttum: *Baums,* Eintragung und Löschung von Gesellschafterbeschlüssen, 1981; *Casper,* Die Heilung nichtiger Beschlüsse im Kapitalgesellschaftsrecht, 1998; *Fleischhauer/Wochner,* Handelsregisterrecht, 4. Aufl. 2019; *Goette,* Zur entsprechenden Anwendung des § 242 Abs. 2 AktG im GmbH-Recht, FS Röhricht, 2005, 115; *Gustavus,* Nochmals: Die Bescheinigung des Notars über den Wortlaut des Gesellschaftsvertrages einer GmbH, DNotZ 1971, 229; *Harbarth,* Freigabeverfahren für strukturändernde Gesellschafterbeschlüsse in der GmbH – Zur entsprechenden Anwendung des neuen § 246a AktG im GmbH-Recht, GmbHR 2005, 966; *Heinze,* Die Eintragung von Satzungsänderungen (und sonstige konstitutive Eintragungen) unter einer Zeitbestimmung (befristete Eintragungen), NZG 2019, 847; *Ising,* Handelsregisteranmeldungen durch den beurkundenden Notar, NZG 2012, 289; *Krafka,* Die Anmeldung und Eintragung von Gesellschaftsvertrags- und Satzungsänderungen im Register, NZG 2019, 81; *Melchior/Schulte* Handelsregisterverordnung, 2003; *Noack,* Zur Bindung des Erwerbers eines Geschäftsanteils an Beschlußlagen der GmbH, GmbHR 1994, 349; *Priester,* Unwirksamkeit der Satzungsänderung bei Eintragungsfehlern?, BB 2002, 2613; *Priester,* Registersperre kraft Registerrechts?, GmbHR 2007, 296; *Priester,* GmbH-Ersatzfirma durch Insolvenzverwalter, DNotZ 2016, 892; *Röll,* Satzungsbescheinigung und Gestaltung des GmbH-Gesellschaftsvertrags, GmbHR 1982, 251; *Stein,* Rechtsschutz gegen gesetzeswidrige Satzungsnormen bei Kapitalgesellschaften, ZGR 1994, 472; *Ullrich,* Registergerichtliche Inhaltskontrolle von Gesellschaftsverträgen und Satzungsänderungsbeschlüssen, 2006; *van Venrooy,* Vertrauen des Geschäftsführers bei der Anmeldung einer Sachkapitalerhöhung und die Folgen enttäuschten Vertrauens, GmbHR 2002, 701; *Winkler,* Anmeldung der Änderung der GmbH-Satzung, NJW 1980, 2683; *Winkler,* Beurkundungsgesetz, 18. Aufl. 2017; *Winkler,* Der Wortlaut des GmbH-Vertrages bei Anmeldung zum Handelsregister, DNotZ 1980, 578; *Winkler,* Heilung einer anfänglich nichtigen Abfindungsregelung in der GmbH-Satzung und ihre Rechtsfolgen, GmbHR 2016, 519.

Übersicht

I. Bedeutungsgehalt und Entwicklung der Vorschrift

1. Bedeutungsgehalt. Die Entstehung der GmbH als juristische Person setzt gem. **1** § 11 die Eintragung der GmbH in das Handelsregister voraus. Der **Anmeldung zur Eintragung** ist gem. § 8 Abs. 1 Nr. 1 der Gesellschaftsvertrag beizufügen. Er unterliegt nach § 9c der registergerichtlichen Prüfung und ist der Öffentlichkeit zugänglich. Zentrale Bestimmungen des Gesellschaftsvertrags sind gem. § 10 bei der Eintragung in das Handelsregister anzugeben, der übrige Vertragsinhalt kann gem. § 9 HGB eingesehen werden.

Im Einklang mit diesen das Gründungsstadium betreffenden Vorgaben soll § 54 die **Regis- 2 terkontrolle und Publizität** auch im Hinblick auf Satzungsänderungen sicherstellen. Auch die Abänderung des Gesellschaftsvertrages ist daher zur Eintragung in das Handelsregister anzumelden (Abs. 1 S. 1); der Anmeldung ist der vollständige Wortlaut des Gesellschaftsvertrags beizufügen (Abs. 1 S. 2). Abs. 2 ordnet entsprechend § 10 an, dass bei der Eintragung die Bezugnahme auf die beim Gericht eingereichten Dokumente über die Abänderung genügt, sofern nicht die in § 10 bezeichneten Angaben betroffen sind. Rechtliche Wirkung erlangt die Abänderung erst mit ihrer Eintragung in das Handelsregister (Abs. 3).[1]

Ähnliche Bestimmungen wie § 54 enthält für das **Aktienrecht** § 181 AktG, für das **3** Genossenschaftsrecht § 16 Abs. 5, 6 GenG.

2. Entwicklung der Vorschrift. Abs. 1 S. 2 wurde durch Art. 3 Nr. 5 des Gesetzes **4** zur Durchführung der ersten Richtlinie des Rates der Europäischen Gemeinschaften zur Koordinierung des Gesellschaftsrechts vom 15.8.1969 (BGBl. 1969 I 1146) eingefügt, um die Information über den jeweils gültigen Wortlaut des Gesellschaftsvertrages zu erleichtern. Davor musste nicht der vollständige Wortlaut der geänderten Satzung beigefügt werden,

---

[1] Zur (verneinten) analogen Anwendung des Abs. 3 bei Änderung des Geschäftsjahres durch den Insolvenzverwalter BGH Beschl. v. 14.10.2014 – II ZB 20/13, DStR 2015, 178; Beschl. v. 21.2.2017 II ZB 16/15, DStR 2017, 1124 (1125); Beschl. v. 21.2.2017 – II ZB 17/15, BeckRS 2017, 106790; OLG Frankfurt Beschl. v. 12.11.2015 – 20 W 186/15, NZI 2016, 275; KG Beschl. v. 12.8.2019 – 22 W 91/17, NZI 2019,823 (824); *Priester* DNotZ 2016, 892 (896 ff.).

was insbesondere im Falle häufiger Satzungsänderungen bei der Ermittlung des in Geltung stehenden Satzungswortlauts erhebliche Schwierigkeiten bereiten konnte.[2] Abs. 2 wurde im Rahmen der Neubekanntmachung von 1898 neu eingefügt.[3] Der ehemalige Abs. 2 S. 2 wurde durch Art. 2 des Gesetzes vom 22.7.1993 (BGBl. 1993 I 1282) im Rahmen der Umsetzung der Zweigniederlassungs-RL[4] (heute GesR-RL) geändert.

5   Das zum 1.1.2007 in Kraft getretene **Gesetz über elektronische Handelsregister und Genossenschaftsregister sowie das Unternehmensregister** (EHUG) vom 10.11.2006 (BGBl. 2006 I 2553) brachte zwei Modifikationen: Inhaltlich ohne Belang ist die Vereinfachung des Verweises in Abs. 2 S. 1 (auf § 10 statt auf § 10 Abs. 1 und 2). Die Streichung des Abs. 2 S. 2 aF hat dagegen auch eine inhaltliche Bedeutung. Sie bewirkt – wie auch die Eliminierung des § 10 Abs. 3 –, dass die Pflicht zu zusätzlichen öffentlichen Bekanntmachungen entfällt. Zuvor hatte bereits das Gesetz zur Namensaktie und zur Erleichterung der Stimmrechtsausübung (NaStraG) vom 18.1.2001 (BGBl. 2001 I 123, 126) § 13b Abs. 4 HGB aufgehoben.[5] Da also beide Normen, auf die Abs. 2 S. 2 aF verwies, weggefallen waren, lief die Vorschrift leer und konnte gestrichen werden.

6   Das zum 1.11.2008 in Kraft getretene Gesetz zur Modernisierung des GmbH-Rechts **(MoMiG)** enthält keine Änderungen von § 54. Zu beachten ist allerdings, dass die Einführung des vereinfachten Verfahrens gem. § 2 Abs. 1a (→ § 2 Rn. 265 ff.) einige Fragen hinsichtlich der korrekten Anmeldung von **Änderungen des Musterprotokolls** aufgeworfen hat. Als weitgehend gesichert kann inzwischen gelten, dass bei einer solchen Anmeldung der **vollständige Wortlaut** des Gesellschaftsvertrages vorzulegen ist. Es genügt also nicht, lediglich die Niederschrift der Gesellschafterversammlung einzureichen, die im Rahmen der Beschlussfassung über die Änderung auch die neue Fassung der entsprechenden Bestimmungen des Musterprotokolls enthält.[6] Ferner sollte die Praxis davon ausgehen, dass auch für eine Satzungsänderung, die sich auf im Musterprotokoll enthaltene Regelungen beschränkt, die **Bescheinigung des Notars** nach Abs. 1 S. 2 Hs. 2 erforderlich ist.[7] Sofern als Folge einer Satzungsänderung das Musterprotokoll widersprüchliche oder irreführende Angaben enthält, kann das Registergericht die Beseitigung bzw. Anpassung solcher Angaben verlangen.[8] Derartige **Korrekturen** sind vom Anwendungsbereich der Kostenprivilegierung umfasst.[9] § 105 Abs. 6 S. 2 GNotKG stellt nunmehr ausdrücklich klar, dass die spätere Streichung der auf die Gründung verweisenden Formulierungen einer Kostenprivilegierung nicht entgegensteht.

II. Anmeldung der Satzungsänderung (Abs. 1)

7   **1. Anmeldungsbedürftige Vorgänge. a) Allgemeines.** Anmeldungsbedürftig ist gem. Abs. 1 S. 1 jede „Abänderung des Gesellschaftsvertrages". **Ohne Anmeldung** ist die Eintragung unzulässig, eine Eintragung von Amts wegen findet nicht statt. Eine gleichwohl

---

[2]   HCL/*Ulmer/Casper* Rn. 2.

[3]   RGBl. 1898, 859.

[4]   Elfte gesellschaftsrechtliche RL 89/666/EWG (ABl. EG 1989 L 395, 36).

[5]   Zur früheren Bedeutung dieses Verweises auf § 13b Abs. 4 HGB MHLS/*Hoffmann* Rn. 40; Scholz/*Priester*, 9. Aufl. 2002, Rn. 75.

[6]   OLG München Beschl. v. 29.10.2009 – 31 Wx 124/09, NZG 2010, 35; Beschl. v. 3.11.2009 – 31 Wx 131/09, BeckRS 2010, 05454; OLG Zweibrücken Beschl. v. 9.5.2011 – 3 W 1/11, BeckRS 2013, 15490; *Herrler/König* DStR 2010, 2138 (2142).

[7]   OLG München Beschl. v. 29.10.2009 – 31 Wx 124/09, NZG 2010, 35; Beschl. v. 3.11.2009 – 31 Wx 131/09, BeckRS 2010, 05454; OLG Zweibrücken Beschl. v. 9.5.2011 – 3 W 1/11, BeckRS 2013, 15490; gegen ein solches Erfordernis *Wälzholz* GmbHR 2008, 841 (843); vgl. aber *Hasselmann* AnwBl 2008, 659 (661); *Heckschen* in Heckschen/Heidinger GmbH-Gestaltungspraxis § 2 Rn. 24 f.

[8]   OLG München Beschl. v. 6.7.2010 – 31 Wx 112/10, NZG 2010, 998: „Die Verwendung des Musterprotokolls bei der Gründung der Gesellschaft zwingt nicht dazu, bei späteren Änderungen der Satzung die nur auf die Gründung bezogenen Formulierungen beizubehalten, obwohl diese später inhaltlich falsch und irreführend sind. Vielmehr ist auch insoweit eine entsprechende Anpassung der sprachlichen Fassung geboten"; OLG Karlsruhe Beschl. v. 30.8.2017 – 11 W 73/17 (Wx), RNotZ 2018, 497 (499) – wonach „von dem ursprünglichen Wortlaut des Musterprotokolls nicht nur abgewichen werden kann, sondern sogar muss, wenn ansonsten eine inhaltlich falsche Aussage entstünde"; HCL/*Ulmer/Löbbe* § 2 Rn. 130.

[9]   *Herrler/König* DStR 2010, 2138 (2143).

vorgenommene Eintragung löst die Wirksamkeitsfolge des Abs. 3 nicht aus[10] (näher → Rn. 99).

Als Abänderungen iSv Abs. 1 S. 1 sind **nur Änderungen materieller Satzungsbe-** 8 **standteile** anzusehen; im Rahmen der Abänderung bloß formeller Satzungsbestandteile sind die Vorgaben des § 54 hingegen nicht zu wahren[11] (auch → § 53 Rn. 24 ff.). Im Hinblick auf lediglich formelle Satzungsbestandteile besteht für Handelsregisterkontrolle und Publizität nämlich kein Bedürfnis.[12] Anmeldungsbedürftig ist auch der Beschluss zur Abänderung eines noch nicht eingetragenen Satzungsänderungsbeschlusses.[13]

b) Gründungsstadium. Der Anmeldung bedürfen **auch** Änderungen des Gesell- 9 schaftsvertrags **im Gründungsstadium.** Die Gegenauffassung, die im Falle der Änderung des Gesellschaftsvertrages vor Eintragung der Gesellschaft eine förmliche Anmeldung dieser Änderung nicht für erforderlich hält, sondern die Vorlage durch die Geschäftsführer für ausreichend erachtet,[14] überzeugt nicht, weil sich aus § 8 Abs. 1 Nr. 1 und § 54 Abs. 1 S. 1 ergibt, dass der für das Handelsregister maßgebliche Text des Gesellschaftsvertrages durch formalisierte Anmeldungen bestimmt werden soll.[15] Der Anmeldung ist auch in diesem Fall entsprechend Abs. 1 S. 2 die **vollständige Neufassung des Gesellschaftsvertrages** beizufügen.[16] Auch im Gründungsstadium reicht für die Anmeldung einer Satzungsänderung die Anmeldung durch die Geschäftsführer in vertretungsberechtigter Zahl aus; der Anmeldung durch sämtliche Geschäftsführer nach § 78 bedarf es nicht, weil es insoweit nicht um die Anmeldung gem. § 7 Abs. 1 geht.[17] Zur Satzungsänderung im Liquidationsstadium → § 53 Rn. 170.

c) Anfechtungsurteil. Wird ein Satzungsänderungsbeschluss rechtskräftig für nichtig 10 erklärt, ist das Urteil – was gem. § 14 HGB erzwungen werden kann – durch die Geschäftsführer analog § 248 Abs. 1 S. 2 AktG unverzüglich zum Handelsregister einzureichen. Der sich unter Berücksichtigung des Urteils ergebende Satzungswortlaut ist analog § 248 Abs. 2 AktG beizufügen.[18] Voraussetzung hierfür ist indes, dass auch der **für nichtig erklärte Satzungsänderungsbeschluss** angemeldet wurde und die Anmeldung nicht zwischenzeitlich zurückgenommen wurde.[19] War der Satzungsänderungsbeschluss bereits in das Handelsregister eingetragen, so ist auch das Urteil einzutragen (§ 248 Abs. 1 S. 3 AktG analog). Die Eintragung des Urteils ist in gleicher Weise wie die des Beschlusses bekannt zu machen (§ 248 Abs. 1 S. 4 AktG analog).

2. Rechtsnatur der Anmeldung. Die Anmeldung zum Handelsregister ist als Eintra- 11 gungsantrag keine rechtsgeschäftliche Erklärung, sondern in erster Linie eine **Verfahrens-**

---

[10] MHLS/*Hoffmann* Rn. 5; Rowedder/Schmidt-Leithoff/*Schnorbus* Rn. 35; HCL/*Ulmer/Casper* Rn. 33; Noack/Servatius/Haas/*Noack* Rn. 39.

[11] Vgl. HCL/*Ulmer/Casper* Rn. 4, wonach es indessen „der Einhaltung des Eintragungsverfahrens nach § 54 nicht als konstitutive Voraussetzung, wohl aber nach den Grundsätzen über deklaratorische Handelsregistereintragungen" bedarf; HK-GmbHG/*Inhester* Rn. 3; aA Scholz/*Priester/Tebben* Rn. 3; Rowedder/Schmidt-Leithoff/*Schnorbus* Rn. 3.

[12] HCL/*Ulmer/Casper* Rn. 4 zur Handelsregisterkontrolle.

[13] Scholz/*Priester/Tebben* Rn. 4.

[14] BayObLG Beschl. v. 28.9.1966 – BReg. 2 Z 46/66, MittBayNot 1974, 228; Beschl. v. 31.1.1978 – BReg. 1 Z 5/78, DB 1978, 880; OLG Zweibrücken Beschl. v. 12.9.2000 – 3 W 178/00, NJW-RR 2001, 31 = DB 2000, 2317; *Gustavus* DNotZ 1971, 229 (232); HK-GmbHG/*Inhester* Rn. 4; Rowedder/Schmidt-Leithoff/*Schnorbus* Rn. 3; HCL/*Ulmer/Casper* Rn. 5.

[15] IErg wie hier BayObLG DB 1988, 2354 (2355); *Altmeppen* Rn. 12; Scholz/*Priester/Tebben* Rn. 4; Rowedder/Schmidt-Leithoff/*Zimmermann,* 4. Aufl. 2002, Rn. 2.

[16] BayObLG DB 1988, 2354 (2355); OLG Schleswig GmbHR 1975, 183; *Altmeppen* § 8 Rn. 3; MHLS/*Hoffmann* Rn. 23; HCL/*Ulmer/Casper* Rn. 5; Rowedder/Schmidt-Leithoff/*Schnorbus* Rn. 3.

[17] HCL/*Ulmer/Casper* Rn. 5; aA Scholz/*Priester/Tebben* Rn. 4.

[18] Scholz/*Priester/Tebben* Rn. 5, 16; HCL/*Ulmer/Casper* Rn. 6; Rowedder/Schmidt Leithoff/*Schnorbus* Rn. 4.

[19] HCL/*Ulmer/Casper* Rn. 6; vgl. zur AG Hüffer/Koch/*Koch* AktG § 248 Rn. 12; GroßkommAktG/ *Schmidt* AktG § 248 Rn. 22; Kölner Komm AktG/*Noack/Zetzsche* AktG § 248 Rn. 96.

handlung. Daneben stellt sie einen nicht rechtsgeschäftlichen Organisationsakt dar.[20] – Näher zur Rechtsnatur der Handelsregisteranmeldung → § 7 Rn. 10 ff.

12   Mangels rechtsgeschäftlicher Natur sind die gesetzlichen **Vorschriften über Rechtsgeschäfte** nicht generell, sondern nur insoweit anwendbar, als sie einen auch im Verfahrensrecht geltenden Rechtsgedanken zum Ausdruck bringen und der organisationsrechtliche Charakter der Anmeldung ihrer Anwendung nicht entgegensteht.[21] Die Anmeldungserklärung stellt eine empfangsbedürftige Erklärung dar, die entsprechend § 130 Abs. 1 S. 1 BGB erst durch Eingang beim Registergericht wirksam wird.[22] Auch § 130 Abs. 2 BGB ist entsprechend anwendbar.[23] Die Fähigkeit zur Abgabe der Handelsregisteranmeldung bemisst sich entsprechend §§ 104 ff. BGB.[24] Die bürgerlich-rechtlichen Vorschriften über Bedingungen und Befristungen (§§ 158 ff. BGB) sowie die Anfechtung (§§ 119 ff. BGB) sind auf die Handelsregisteranmeldung nicht entsprechend anwendbar.[25] Möglich ist indes der Widerruf der Anmeldung.[26] – Näher zur entsprechenden Anwendbarkeit von Bestimmungen über Rechtsgeschäfte → § 7 Rn. 12 f.

13   **3. Zuständigkeit für Anmeldung.** Die Anmeldung hat durch die **Geschäftsführer,** nach Auflösung der Gesellschaft durch die Liquidatoren zu erfolgen. Anders als bei der Gründung müssen indes nicht sämtliche Geschäftsführer anmelden; es genügt, dass sie in vertretungsberechtigter Zahl handeln (§ 78), und zwar auch bei der Anmeldung von Satzungsänderungen im Gründungsstadium (→ Rn. 9). Die Geschäftsführer müssen dabei nicht gleichzeitig handeln, sondern können dies auch nacheinander tun[27] (zu den Besonderheiten bei Kapitalerhöhung bzw. -herabsetzung → § 57 Rn. 29; → § 58 Rn. 138). Wird die Satzung dahingehend geändert, dass die Gesellschaft künftig durch einen statt durch zwei Geschäftsführer vertreten wird, hat die Anmeldung durch zwei Geschäftsführer zu erfolgen, weil erst die Eintragung der Satzungsänderung die Vertretungsbefugnis ändert.[28] Demgegenüber kann aus diesem Grund eine Satzungsänderung, der zufolge die Gesellschaft in Zukunft durch zwei statt durch einen Geschäftsführer vertreten wird, von einem Geschäftsführer zur Eintragung in das Handelsregister angemeldet werden. **Stellvertretende Geschäftsführer** können an der Anmeldung gem. § 44 in gleicher Weise mitwirken wie ordentliche Geschäftsführer,[29] **Prokuristen** hingegen nur im Rahmen unechter Gesamtvertretung.[30] Für die Wirksamkeit einer Anmeldung zum Handelsregister kommt es in entsprechender Anwendung von § 130 Abs. 2 BGB alleine darauf an, dass der Geschäftsführer einer GmbH zum Zeitpunkt der Abgabe der Anmeldung für die Gesellschaft Vertretungsmacht besitzt.[31]

14   Die Anmeldung kann auch durch **Bevollmächtigte** erfolgen; anders als bei der Anmeldung der Gründung (→ § 7 Rn. 18 ff.), der Kapitalerhöhung (→ § 57 Rn. 30 ff.) bzw. der

---

[20]   Staub/*Oetker* HGB § 2 Rn. 10 ff.; ähnlich HCL/*Ulmer*/*Casper* § 7 Rn. 19; Rowedder/Schmidt-Leithoff/ *Schmidt-Leithoff* § 7 Rn. 4; für *auch* rechtsgeschäftliche Natur demgegenüber Schlegelberger/*Hildebrandt*/ *Steckhan*, 5. Aufl. 1973, HGB § 12 Rn. 10.

[21]   Staub/*Oetker* HGB § 2 Rn. 12.

[22]   OLG Hamm Beschl. v. 29.4.1981 – 15 W 67/81, OLGZ 1981, 419 (423); BayObLG Beschl. v. 17.9.2003 – 3Z BR 183/03, NJW-RR 2004, 1039 (1040); KG Beschl. v. 3.3.2014 – 12 W 145/13, FGPrax 2014, 171 (172); MüKoHGB/*Krafka* HGB § 12 Rn. 7.

[23]   Vgl. OLG Dresden OLGR 4, 22; MüKoHGB/*Krafka* HGB § 12 Rn. 7.

[24]   BGH Beschl. v. 22.3.1961 – IV ZB 308/60, BGHZ 35, 1 (4) = NJW 1961, 1397; MüKoHGB/*Krafka* HGB § 12 Rn. 7; Staub/*Oetker* HGB § 2 Rn. 12.

[25]   MüKoHGB/*Krafka* HGB § 12 Rn. 5, 10; Staub/*Oetker* HGB § 2 Rn. 12.

[26]   MüKoHGB/*Krafka* HGB § 12 Rn. 5; Staub/*Oetker* HGB § 2 Rn. 12.

[27]   Scholz/*Priester*/*Tebben* Rn. 6.

[28]   Scholz/*PriesterTebben* Rn. 6; HK-GmbHG/*Inhester* Rn. 5.

[29]   HCL/*Ulmer*/*Casper* Rn. 9; Scholz/*Priester*/*Tebben* Rn. 6; HK-GmbHG/*Inhester* Rn. 5.

[30]   HCL/*Ulmer*/*Casper* Rn. 9; Bork/*Schäfer*/*Arnold* Rn. 2; Henssler/*Strohn*/*Gummert* Rn. 2; Scholz/*Priester*/*Tebben* Rn. 6; Rowedder/Schmidt-Leithoff/*Schnorbus* Rn. 6; Meyer-Landrut/Miller/Niehus/*Meyer-Landrut* Rn. 2; Noack/Servatius/Haas/*Noack* Rn. 2; vgl. KG Beschl. v. 4.5.2016 – 22 W 128/15, FGPrax 2016, 213.

[31]   OLG Zweibrücken Beschl. v. 29.10.2013 – 3 W 82/13, BeckRS 2014, 01111.

Kapitalherabsetzung (→ § 58 Rn. 138) ist dies unstreitig.[32] Es bedarf keiner Spezialvollmacht, in der Anmeldungen zum Handelsregister ausdrücklich aufgeführt sind; eine Generalvollmacht reicht aus.[33] Die Vollmacht bedarf der Form des § 12 Abs. 1 S. 2 HGB iVm § 12 Abs. 1 S. 1 HGB, dh sie ist elektronisch in öffentlich beglaubigter Form einzureichen. Eine Bevollmächtigung des Notars ist seit dem 1.9.2009 nicht mehr notwendig. Er gilt jetzt nach dem Willen des Gesetzgebers[34] auch dann, wenn keine Anmeldepflicht besteht, als ermächtigt, im Namen der zur Anmeldung Berechtigten die Eintragung zu beantragen (§ 378 FamFG).[35]

Da die Anmeldung im Namen der Gesellschaft, nicht im eigenen Namen der Geschäfts- **15** führer erfolgt, kommt **im Falle der Zurückweisung** auch nur die Gesellschaft und nicht der Geschäftsführer als Beschwerdeführer in Betracht.[36] Der Geschäftsführer hat indes das ausschließliche Verfahrensvertretungsrecht zur Einlegung der Beschwerde[37] (näher → Rn. 88 ff.).

4. Form der Anmeldung. Die Anmeldung erfolgt gem. § 12 Abs. 1 HGB elektro- **16** nisch in öffentlich beglaubigter Form; der Begriff der **öffentlichen Beglaubigung** bemisst sich nach § 129 BGB, §§ 39, 40 BeurkG. Dieser Form bedürfen gem. § 12 Abs. 1 S. 2 HGB auch Vollmachten. Die anmeldenden Geschäftsführer zeichnen mit ihrem Namen, nicht mit der Firma.[38] Die Anmeldung kann mit dem Satzungsänderungsbeschluss in einer Urkunde zusammengefasst werden.[39] In einer Anmeldung können auch mehrere Satzungsänderungsbeschlüsse sowie andere der Handelsregisterpublizität unterfallende Vorgänge enthalten sein. Datiert eine an das Registergericht gerichtete Anmeldungserklärung auf einen vor der Beschlussfassung über die Satzungsänderung liegenden Zeitpunkt, so ist dies dann unschädlich, wenn sie erst nach Beschlussfassung eingereicht wird.[40]

5. Inhalt. Der Inhalt der Anmeldung ist in Abs. 1 S. 1 **nicht geregelt.** In ihr ist jedenfalls **17** zum Ausdruck zu bringen, dass eine Abänderung des Gesellschaftsvertrags beschlossen wurde und in das Handelsregister eingetragen werden soll.[41] Der genauere Inhalt der Anmeldung bemisst sich danach, was im Handelsregister einzutragen ist. Dies richtet sich nach Abs. 2. Diese Vorschrift differenziert danach, ob der Inhalt der Änderung (→ Rn. 96) oder lediglich die Tatsache der Änderung als solche (→ Rn. 97) einzutragen ist.

Ist gem. Abs. 2 S. 1 die Eintragung durch **Bezugnahme auf die beim Gericht einge-** **18** **reichten Dokumente** über die Abänderung ausreichend (also in allen nicht unter § 10 fallenden Fällen der Satzungsänderung), genügt auch für die Anmeldung die Bezugnahme auf diese Dokumente. Die Nennung des Tages der Beschlussfassung ist auch insoweit zweckmäßig, aber rechtlich nicht erforderlich (zur Eintragung insoweit → Rn. 95).

---

[32] Noack/Servatius/Haas/*Noack* Rn. 3; Rowedder/Schmidt-Leithoff/*Schnorbus* Rn. 6; HCL/*Ulmer/Casper* Rn. 10; *Gustavus* GmbHR 1978, 219 (224 ff.).

[33] OLG Karlsruhe Beschl. v. 13.8.2013 – 11 Wx 64/13, GmbHR 2014, 205 = ZEV 2014, 671 zur Vorsorgevollmacht.

[34] Begr. RegE FGG-RG, BR-Drs. 309/07, 642.

[35] OLG Karlsruhe Beschl. v. 31.1.2011 – 11 Wx 2/11, BeckRS 2011, 05289; *Ising* NZG 2012, 289; Lutter/Hommelhoff/*Bayer* Rn. 2; Henssler/Strohn/*Gummert* Rn. 2; HK-GmbHG/*Inhester* Rn. 7; Bork/Schäfer/*Arnold* Rn. 2; Scholz/*Priester/Tebben* Rn. 7a. Zum Antrags- und Anmelderecht des beurkundenden Notars gem. § 378 FamFG OLG Oldenburg Beschl. v. 16.9.2011 – 12 W 193/11, NZG 2011, 1233.

[36] BGH Beschl. v. 24.10.1988 – II ZB 7/88, BGHZ 105, 324 (327 f.) = NJW 1989, 295; Noack/Servatius/Haas/*Noack* Rn. 3; anders BayObLG DB 1985, 690; Beschl. v. 4.12.1986 – 3 Z 121/86, GmbHR 1987, 267 = BayObLGZ 1986, 496 (497 f.); Beschl. v. 27.7.1987 – BReg. 3 Z 72/87, DB 1987, 2194; Beschl. v. 5.11.1987 – BReg. 3 Z 67/87, DB 1988, 281.

[37] Noack/Servatius/Haas/*Noack* Rn. 3.

[38] HCL/*Ulmer/Casper* Rn. 8; Scholz/*Priester/Tebben* Rn. 10; HK-GmbHG/*Inhester* Rn. 10.

[39] BayObLG Beschl. v. 27.7.1993 – 3 Z BR 126/93, DB 1993, 1918; Scholz/*Priester/Tebben* Rn. 10; HK-GmbHG/*Inhester* Rn. 10.

[40] LG Frankfurt GmbHR 1986, 436; Scholz/*Priester/Tebben* Rn. 3.

[41] Rowedder/Schmidt-Leithoff/*Schnorbus* Rn. 5; HK-GmbHG/*Inhester* Rn. 11.

19   In den Fällen, in denen die Änderung ihrem Inhalt nach einzutragen ist (also in den Fällen des § 10), ist streitig, ob in der Anmeldung die Bezugnahme auf das der Anmeldung beizufügende Beschlussprotokoll, aus dem sich die Änderungsbeschlüsse ergeben, ausreichend ist[42] oder ob es bei Änderungen, die zu den nach § 10 in das Handelsregister einzutragenden Gegenständen gehören, mit der überwiegenden Ansicht in der Anmeldung zusätzlich der **inhaltlichen Wiedergabe der einzutragenden Änderungen** bedarf, die allerdings auch im Wege der schlagwortartigen Hervorhebung der Änderungen erfolgen kann.[43] Der überwiegenden Auffassung ist zu folgen, weil sich die Anmeldung als Eintragungsantrag in den Fällen des § 10 auf die Eintragung der Änderung als Wirksamkeitserfordernis richtet und das Registergericht hierauf aus Gründen der Rechtssicherheit ausdrücklich hingewiesen werden sollte[44] und weil ein solcher Hinweis eine erhöhte Gewähr für die inhaltliche Richtigkeit der Wiedergabe dieser für den Rechtsverkehr besonders bedeutsamen Angaben bietet.[45]

20   Fraglich bleibt indes, ob **bei völliger Umgestaltung der Satzung** die bloße Bezugnahme auf das eingereichte Dokument genügt. Der BGH hat dies für möglich erachtet, weil die Anmeldung einer völlig umgestalteten Satzung der Erstanmeldung einer Satzung vergleichbar sei, bei der auf eine Kennzeichnungspflicht verzichtet werde, weil ohnehin die gesamte Satzung zu überprüfen sei.[46] Demgegenüber verlangt das OLG Hamm auch bei vollständiger Neufassung der Satzung eine schlagwortartige Bezeichnung der Änderungen.[47] Diese Auffassung überzeugt. Auch wenn die Satzung vollständig neu gefasst wurde, bedeutet dies nicht, dass sich die nach § 10 einzutragenden Gegenstände inhaltlich geändert hätten. Auch in derartigen Fällen spricht das Bedürfnis nach einer erhöhten Gewähr der Richtigkeit der Wiedergabe dieser für den Rechtsverkehr besonders bedeutsamen Angaben für eine Notwendigkeit zumindest schlagwortartiger Bezeichnung.[48]

21   Die Anmeldung sollte vor dem Hintergrund von **§ 24 HRV** daneben auch den Geschäftszweig, soweit sich dieser nicht aus der Firma ergibt, und die Lage der Geschäftsräume angeben. § 24 Abs. 2 HRV enthält für den Anmeldenden die Pflicht, dem Registergericht die Geschäftsanschrift und jede spätere Änderung der Geschäftsanschrift mitzuteilen.[49]

22   **6. Anmeldepflicht. a) Keine öffentlich-rechtliche Anmeldepflicht.** Eine öffentlich-rechtliche Verpflichtung zur Anmeldung der Satzungsänderung besteht trotz des Wortlauts von Abs. 1 S. 1 nicht.[50] Zum Ausdruck bringt dies das GmbHG auch in § 79 Abs. 2, wonach im Hinblick auf Anmeldungen zum Handelsregister gem. § 54, § 57 Abs. 1, § 58 Abs. 1 Nr. 3 eine Festsetzung von Zwangsgeld nach § 14 HGB nicht stattfindet. Das **Fehlen einer öffentlich-rechtlichen Verpflichtung** zur Anmeldung der Satzungsänderung beruht darauf, dass die Satzungsänderung erst mit der Eintragung in das Handelsregister

---

[42] So OLG Frankfurt Beschl. v. 12.11.1986 – 20 W 113/86, NJW-RR 1987, 288; *Winkler* NJW 1980, 2683 (2684); Noack/Servatius/Haas/*Noack* Rn. 6.
[43] So BGH Beschl. v. 16.2.1987 – II ZB 12/86, NJW 1987, 3191; BayObLG Beschl. v. 5.10.1978 – BReg. 1 Z 104/78, GmbHR 1979, 15 (16) = BayObLGZ 1978, 282 (284); Beschl. v. 22.2.1985 – BReg. 3 Z 16/85, GmbHR 1985, 262 = BayObLGZ 1985, 82 (84 ff.); OLG Hamm Beschl. v. 12.7.2001 – 15 W 136/01, DB 2001, 2648; OLG Düsseldorf Beschl. v. 14.10.1998 – 3 Wx 399/98, GmbHR 1998, 1229 = MittBayNot 1999, 198; Beschl. v. 17.7.1992 – 3 Wx 242/92, GmbHR 1993, 169 = MittRhNotK 1992, 223; Beschl. v. 19.4.1978 – 3 W 60/78, GmbHR 1978, 155 = OLGZ 1978, 313 (314); OLG Frankfurt Beschl. v. 23.7.2003 – 20 W 46/03, NZG 2003, 1075 (1076); HCL/*Ulmer/Casper* Rn. 7; HK-GmbHR/*A. Bartl* Rn. 7; Lutter/Hommelhoff/*Bayer* Rn. 5; *Krafka*, NZG 2019, 81 (82).
[44] HCL/*Ulmer/Casper* Rn. 7.
[45] OLG Hamm Beschl. v. 12.7.2001 – 15 W 136/01, DB 2001, 2648; *Krafka*, NZG 2019, 81 (82).
[46] BGH Beschl. v. 16.2.1987 – II ZB 12/86, NJW 1987, 3191 (3192).
[47] OLG Hamm Beschl. v. 12.7.2001 – 15 W 136/01, DB 2001, 2648.
[48] So auch OLG Hamm Beschl. v. 12.7.2001 – 15 W 135/01, DB 2001, 2648; *Krafka*, NZG 2019, 81 (84).
[49] *Melchior/Schulte*, Handelsregisterverordnung, 2003, HRV § 24 Rn. 2.
[50] BGH Beschl. v. 24.10.1988 – II ZB 7/88, BGHZ 105, 324 (328) = NJW 1989, 295; BayObLG Beschl. v. 7.2.1984 – BReg. 3 Z 190/83, BB 1984, 804; MHLS/*Hoffmann* Rn. 6; HCL/*Ulmer/Casper* Rn. 11; Scholz/*Priester/Tebben* Rn. 23; Bork/Schäfer/*Arnold* Rn. 4; Rowedder/Schmidt-Leithoff/*Schnorbus* Rn. 7; Noack/Servatius/Haas/*Noack* Rn. 1; HK-GmbHG/*Inhester* Rn. 8; Henssler/Strohn/*Gummert* Rn. 1.

wirksam wird (Abs. 3), ohne Anmeldung daher keine Notwendigkeit registergerichtlicher Kontrolle oder Publizität besteht. Ob die Wirksamkeit der Satzungsänderung herbeigeführt werden soll, ist die alleinige **Entscheidung der Gesellschafter.** Gläubiger oder andere Personen haben auch dann kein Recht auf die Herbeiführung der Eintragung, wenn die Satzungsänderung in ihrem Interesse liegt.[51] Möglich ist es indes, dass die Gesellschafter faktisch gezwungen sind, zur Vermeidung registergerichtlichen Einschreitens eine Satzungsänderung vorzunehmen (→ § 53 Rn. 120). Eine erzwingbare Pflicht zur Einreichung von Mehrstücken der Anmeldung bei Zweigniederlassungen gem. § 13c HGB aF besteht nach Aufhebung dieser Vorschrift durch das EHUG nicht mehr.[52]

b) Verpflichtung im Außenverhältnis. Eine im Außenverhältnis bestehende Ver- 23 pflichtung zur Anmeldung einer Satzungsänderung kann sich aus **rechtsgeschäftlichen Absprachen** ergeben. Eine derartige Verpflichtung zur Anmeldung besteht, da die Eintragung Voraussetzung der Wirksamkeit der Satzungsänderung ist (Abs. 3), auch dann, wenn die Gesellschaft sich lediglich allgemein zu einer bestimmten Satzungsänderung verpflichtet hat, ohne die Anmeldung in diesem Zusammenhang explizit zu erwähnen. Zur Eingehung einer solchen Verpflichtung bedürfen die Geschäftsführer indes eines **Ermächtigungsbeschlusses** der Gesellschafter mit satzungsändernder Mehrheit (näher → § 53 Rn. 139 ff.).

Ein auf Satzungsänderung gerichtetes Urteil ist nach § 894 ZPO **vollstreckbar** und 24 ersetzt neben dem Satzungsänderungsbeschluss samt notarieller Beurkundung auch die Anmeldung gem. Abs. 1 S. 1. Die Abfassung des beizufügenden Wortlauts gem. Abs. 1 S. 2 Hs. 1 ist im Wege der Ersatzvornahme gem. § 887 ZPO zu vollstrecken, die Bescheinigung nach Abs. 1 S. 2 Hs. 2 kann vom Gläubiger selbst gem. § 896 ZPO eingeholt werden (auch → § 53 Rn. 141).

c) Verpflichtung im Innenverhältnis. Von der Frage einer Anmeldepflicht im 25 Außenverhältnis zu unterscheiden ist das Bestehen einer Anmeldepflicht im Innenverhältnis. Im Innenverhältnis gegenüber der Gesellschaft sind die Geschäftsführer grundsätzlich zur **unverzüglichen Anmeldung** der Satzungsänderung verpflichtet, sofern ihnen die Gesellschafter keine abweichenden Weisungen erteilt haben.[53] Diese Verpflichtung resultiert ohne Rücksicht auf dienstvertragliche oder sonstige schuldrechtliche Beziehungen bereits aus dem organschaftlichen Verhältnis.[54] Der Satzungsänderungsbeschluss enthält regelmäßig eine konkludente Weisung an die Geschäftsführer, die Anmeldung unverzüglich vorzunehmen. **Unterlassen** die Geschäftsführer die Anmeldung pflichtwidrig, kommen neben Schadensersatzansprüchen, die uU nach den Grundsätzen der Drittschadensliquidation auch einen ausschließlich bei den Gesellschaftern eingetretenen Schaden erfassen können sollen,[55] auch ihre Abberufung und die Kündigung des Anstellungsvertrags nach § 626 BGB in Betracht.[56] Darüber hinaus können die Gesellschafter gegen die Geschäftsführer auf Vornahme der Anmeldung klagen.[57] Bei **Verweigerung der Mitwirkung** durch einzelne Geschäftsführer kann im Falle des § 16 Abs. 1 S. 1 HGB die Anmeldung durch Geschäftsführer in nichtvertretungsberechtigter Zahl genügen.[58]

---

[51] Scholz/*Priester*/*Tebben* Rn. 23; HCL/*Ulmer*/*Casper* Rn. 11; GroßkommAktG/*Wiedemann* AktG § 181 Rn. 10.
[52] Zur alten Rechtslage Scholz/*Priester*, 9. Aufl. 2002, Rn. 23; Lutter/Hommelhoff/*Lutter*/*Hommelhoff*, 16. Aufl. 2004, Rn. 4.
[53] Scholz/*Priester*/*Tebben* Rn. 24; HK-GmbHG/*Inhester* Rn. 8 f.; Henssler/Strohn/*Gummert* Rn. 4; HCL/ *Ulmer*/*Casper* Rn. 12: alsbaldige Anmeldung.
[54] Noack/Servatius/Haas/*Noack* Rn. 16.
[55] Noack/Servatius/Haas/*Noack* Rn. 16.
[56] MHLS/*Hoffmann* Rn. 8; Scholz/*Priester*/*Tebben* Rn. 24; HCL/*Ulmer*/*Casper* Rn. 12; Noack/Servatius/ Haas/*Noack* Rn. 16; Bork/Schäfer/*Arnold* Rn. 5.
[57] MHLS/*Hoffmann* Rn. 7 f.; Scholz/*Priester*/*Tebben* Rn. 24; HCL/*Ulmer*/*Casper* Rn. 12; HK-GmbHG/ *Inhester* Rn. 8.
[58] MHLS/*Hoffmann* Rn. 7.

26   **Nichtige oder unwirksame Beschlüsse** brauchen die Geschäftsführer nicht anzumelden.[59] Sie handeln insoweit allerdings auf eigene Gefahr;[60] stellt sich ihr Rechtsstandpunkt als unzutreffend heraus, kommen neben einem Anspruch der Gesellschafter auf Vornahme der Anmeldung Schadensersatzansprüche gegen die Geschäftsführer, ihre Abberufung und die Kündigung des Anstellungsvertrages nach § 626 BGB in Betracht. Vor diesem Hintergrund werden die Geschäftsführer vernünftigerweise regelmäßig auch von ihnen für nichtig oder unwirksam erachtete Beschlüsse zum Handelsregister anmelden und den Registerrichter auf ihre Zweifel an der Rechtmäßigkeit des Beschlusses hinweisen; hierzu sind sie befugt.[61] Nicht zur Anmeldung befugt sollen die Geschäftsführer bei **evident nichtigen Beschlüssen** sein.[62] Dies kann indes allenfalls dann gelten, wenn an der Nichtigkeit des Beschlusses nicht der geringste Zweifel möglich ist. Bestehen an der Nichtigkeit des Beschlusses hingegen solche Zweifel, müssen die Geschäftsführer die Möglichkeit haben, den Beschluss anzumelden. **Anfechtbare Beschlüsse** sind im Rahmen der vorstehenden Grundsätze dann nichtigen oder unwirksamen Beschlüssen gleichzustellen, wenn wegen des Widerspruchs einzelner Gesellschafter ernsthaft mit der Erhebung einer Anfechtungsklage zu rechnen ist und die Anfechtungsfrist noch nicht abgelaufen ist[63] oder wenn die Anfechtungsklage fristgerecht erhoben wurde.[64]

27   Auch **Nicht- oder Scheinbeschlüsse,** sofern man diese überhaupt als eigenständige Kategorie anerkennt (→ Rn. 70), brauchen die Geschäftsführer nicht anzumelden.[65]

28   Die Geschäftsführer dürfen die Anmeldung der Satzungsänderung zur Eintragung nicht verzögern, sondern müssen **unverzüglich** anmelden. Die Gesellschafterversammlung kann die Geschäftsführer zwar – mit einfacher Mehrheit[66] (näher zum entsprechenden Mehrheitserfordernis bei der Aufhebung des Satzungsänderungsbeschlusses → § 53 Rn. 166) – anweisen, die Anmeldung erst nach Ablauf einer bestimmten Frist oder beim Eintritt bestimmter Umstände vorzunehmen. Da die zwingende Kompetenz zur Satzungsänderung bei der Gesellschafterversammlung liegt, darf die Anmeldung aber weder als solche noch hinsichtlich ihres Zeitpunktes in das Belieben der Geschäftsführer gestellt werden.[67]

29   Ist zwischen der Beschlussfassung und der Anmeldung ein längerer Zeitraum verstrichen, verlangt *Noack* eine Bestätigung des Satzungsänderungsbeschlusses;[68] hierdurch sollten künftige Anteilserwerber gegenüber der sonst grundsätzlich eingreifenden Bindung an Gesellschafterbeschlusslagen[69] geschützt werden.[70] Auch **bei langen Zeitabfolgen** soll der Registerrichter die Eintragung indes nicht zurückweisen können, weil die Wirksamkeit der Satzungsänderung durch den Zeitablauf nicht betroffen sei.[71] Der Auffassung von *Noack*

---

[59]   MHLS/*Hoffmann* Rn. 9; Bork/Schäfer/*Arnold* Rn. 5; Noack/Servatius/Haas/*Noack* Rn. 16; HCL/ *Ulmer/Casper* Rn. 12; Scholz/*Priester/Tebben* Rn. 25.

[60]   MHLS/*Hoffmann* Rn. 10; Scholz/*Priester/Tebben* Rn. 25; HCL/*Ulmer/Casper* Rn. 12.

[61]   Scholz/*Priester/Tebben* Rn. 25; ebenso zur AG GroßkommAktG/*Wiedemann* AktG § 181 Rn. 9; Kölner Komm AktG/*Zetzsche* AktG § 181 Rn. 29.

[62]   So zur AG GroßkommAktG/*Wiedemann* AktG § 181 Rn. 9; Kölner Komm AktG/*Zetzsche* AktG § 181 Rn. 29: keine Anmeldepflicht bei besonders schweren Beschlussmängeln; vgl. aber auch MHLS/*Hoffmann* Rn. 12.

[63]   HCL/*Ulmer/Casper* Rn. 12; Lutter/Hommelhoff/*Bayer* Rn. 7; Scholz/*Priester/Tebben* Rn. 25; Bork/ Schäfer/*Arnold* Rn. 5; weitergehend Noack/Servatius/Haas/*Noack* Rn. 16, wonach sich der Geschäftsführer am „Interesse der Gesellschaft" zu orientieren und ggf. eine mögliche Anfechtung abzuwarten hat; ebenso *Noack*, DB 2014, 1851 (1854).

[64]   Zur Pflicht, angegriffene (Hauptversammlungs-)Beschlüsse zu verteidigen, vgl. *Volhard* ZGR 1996, 55 (69 ff.) zur AG.

[65]   MHLS/*Hoffmann* Rn. 9.

[66]   MHLS/*Hoffmann* Rn. 12; Noack/Servatius/Haas/*Noack* Rn. 16 f.; Henssler/Strohn/*Gummert* Rn. 4.

[67]   MHLS/*Hoffmann* Rn. 12; Noack/Servatius/Haas/*Noack* Rn. 17; Kölner Komm AktG/*Zetzsche* AktG § 181 Rn. 93 zum Aktienrecht.

[68]   Noack/Servatius/Haas/*Noack* Rn. 17: maßgeblich soll ein Zeitraum von etwa einem Jahr sein; ebenso Kölner Komm AktG/*Zetzsche* AktG § 181 Rn. 96 zur Aktiengesellschaft.

[69]   Dazu *Noack* GmbHR 1994, 349 (350 ff.).

[70]   Noack/Servatius/Haas/*Noack* Rn. 17.

[71]   Noack/Servatius/Haas/*Noack* Rn. 17.

ist indes nicht zu folgen. Der Erwerber von GmbH-Geschäftsanteilen kann sich durch entsprechende schuldrechtliche Abreden vor der Existenz ihm unbekannter Satzungsänderungsbeschlüsse zum Zeitpunkt des Abschlusses des schuldrechtlichen Vertrags sowie vielfach auch zum Zeitpunkt der Abtretung der GmbH-Geschäftsanteile schützen. Ein darüber hinausgehender Schutz zu Lasten der nichtveräußernden Gesellschafter wäre nicht gerechtfertigt.

7. Zuständiges Gericht. Die Anmeldung hat bei dem für den Sitz der Gesellschaft **30** zuständigen Registergericht zu erfolgen. Für die **Führung des Handelsregisters** sind nach § 376 Abs. 1 FamFG die Amtsgerichte am Sitz des Landgerichts für den gesamten Landgerichtsbezirk zuständig. Daneben wurden die Landesregierungen durch § 376 Abs. 2 S. 1 FamFG ermächtigt, durch Rechtsverordnung die Führung des Handelsregisters **anderen oder zusätzlichen Amtsgerichten** zu übertragen und die Bezirke der Registergerichte abweichend festzulegen. Von dieser Ermächtigung haben mehrere Bundesländer (ua Baden-Württemberg, Hessen und Rheinland-Pfalz)[72] Gebrauch gemacht. Wird diese Zuständigkeitsverteilung nicht beachtet, darf das unzuständige Gericht allerdings nicht mit einer ablehnenden Verfügung reagieren, sondern hat die Sache nach § 3 Abs. 1 FamFG an das örtlich zuständige Amtsgericht zu verweisen.[73]

Die **örtliche Zuständigkeit** knüpft an den Satzungssitz iSv § 4a an, nicht hingegen an **31** den tatsächlichen Sitz der Gesellschaft.[74] Ist ausnahmsweise ein Doppelsitz zulässig (→ § 4a Rn. 18), hat die Anmeldung bei beiden Registergerichten zu erfolgen.[75]

Das Registergericht des bisherigen Sitzes der Gesellschaft ist auch im Fall einer auf **32** **Sitzverlegung** gerichteten Satzungsänderung für die Anmeldung zuständig (§ 13h Abs. 1 HGB).[76] Dieses hat bei ordnungsgemäßer Anmeldung von Amts wegen die Verlegung des Sitzes aus dem Bezirk des bisher zuständigen Registergerichts dem Gericht des neuen Sitzes mitzuteilen (§ 13h Abs. 2 S. 1 HGB); der Mitteilung sind die Eintragungen für den bisherigen Sitz sowie die bei dem bisher zuständigen Gericht aufbewahrten Urkunden beizufügen (§ 13h Abs. 2 S. 2 HGB). Das **Gericht des neuen Sitzes** ist nicht berechtigt, aus diesem Anlass die freie Verfügbarkeit der Stammeinlagen zu überprüfen.[77] Es hat vielmehr nur zu prüfen, ob der Sitz ordnungsgemäß verlegt und die firmenrechtlichen Vorgaben gem. § 30 HGB beachtet wurden (§ 13h Abs. 2 S. 3 HGB). Ist dies der Fall, so hat es die Verlegung einzutragen und dabei die ihm mitgeteilten Eintragungen ohne weitere Nachprüfung in sein Handelsregister zu übernehmen (§ 13h Abs. 2 S. 4 HGB).[78] Eine spätere Prüfung der übernommenen Eintragung gem. §§ 395 ff. FamFG wird hierdurch indes nicht ausgeschlossen.[79] Das Registergericht des neuen Sitzes braucht hingegen nicht zu prüfen, ob der Sitz tatsächlich verlegt wurde.[80] Trägt das Registergericht des neuen Sitzes ein, ist dies dem Registergericht des bisherigen Sitzes mitzuteilen (§ 13h Abs. 2 S. 5 HGB), das

---

[72] Zum Stand der Umsetzung der Konzentrationsvorschrift in allen Bundesländern *Krafka* RegisterR-HdB Rn. 13; Keidel/*Heinemann* FamFG § 376 Rn. 10 ff.

[73] Keidel/*Sternal* FamFG § 3 Rn. 42; *Krafka* RegisterR-HdB Rn. 14.

[74] MHLS/*Hoffmann* Rn. 14.

[75] BayObLG Beschl. v. 23.3.1962 – 2 Z 170/61, GmbHR 1962, 178 Ls. m. insoweit zust. Anm. *Pleyer* = NJW 1962, 1014 (1015 f.); Scholz/*Priester/Tebben* Rn. 8; HCL/*Ulmer/Casper* Rn. 13; HK-GmbHR/ *A. Bartl* Rn. 6.

[76] Henssler/Strohn/*Gummert* Rn. 3; zu den Besonderheiten des Sitzwechsels im Rahmen des Formwechsels Rowedder/Schmidt-Leithoff/*Schnorbus* Anh. § 77 Rn. 554.

[77] LG Koblenz Beschl. v. 11.2.1998 – 4 HAT 1/98, BB 1998, 660; Scholz/*Priester/Tebben* Rn. 8.

[78] OLG Oldenburg Beschl. v. 14.12.1976 – 5 Wx 67/76, BB 1977, 12; OLG Hamm Beschl. v. 19.8.1996 – 15 W 127/96, BB 1996, 2269: keine Prüfung, ob Bekanntmachungsblatt weiterhin ordnungsgemäß; LG Limburg Beschl. v. 29.5.1996 – 5 T 6/96, GmbHR 1996, 771: keine Ablehnung wegen Vermögenslosigkeit.

[79] KG Beschl. v. 9.12.1926 – X 815/26; OLGRspr. 46, 249; Scholz/*Priester/Tebben* Rn. 8.

[80] OLG Köln Beschl. v. 25.4.1984 – 2 Wx 9/84, BB 1984, 1066; Scholz/*Priester/Tebben* Rn. 8; demgegenüber möchte LG Hamburg Beschl. v. 2.9.1991 – 414 T 14/91, GmbHR 1992, 116 m. abl. Anm. *Cornelius* die Vorlage der Gewerbeanmeldung am neuen Sitz verlangen; dagegen zu Recht Scholz/*Priester/ Tebben* Rn. 8 Fn. 25; Rowedder/Schmidt-Leithoff/*Schnorbus* Rn. 9.

die erforderlichen Eintragungen (also die Verlegung des Sitzes und die Löschung der Firma) von Amts wegen vorzunehmen hat (§ 13h Abs. 2 S. 6 HGB).

33   Werden mit einer Sitzverlegung **zugleich weitere Satzungsänderungen** vorgenommen und wird deren Anmeldung mit der Anmeldung der Sitzverlegung verbunden, ist **umstritten,** ob das Registergericht des bisherigen Sitzes zur Entscheidung darüber befugt ist, ob es diese weiteren Satzungsänderungen zuvor einträgt oder den Vorgang insgesamt an das Registergericht des neuen Sitzes abgibt.[81] Werden mehrere Satzungsänderungen gemeinsam zur Eintragung in das Handelsregister angemeldet, kann der Eintragungsantrag vorbehaltlich abweichender Anweisungen durch die Geschäftsführer nur ganz vollzogen oder insgesamt abgelehnt werden (näher → Rn. 85 ff.). Sofern sich die Geschäftsführer diesbezüglich nicht äußern, ist das Registergericht des bisherigen Sitzes somit nicht zur Eintragung der weiteren neben der Sitzverlegung angemeldeten Satzungsänderungen befugt. Andernfalls käme es nämlich, sofern das Registergericht des neuen Sitzes die Eintragung der Sitzverlegung ablehnt, zu einem Teilvollzug der Anmeldung. Eine für den Fall der Sitzverlegung von den geschilderten allgemeinen Grundsätzen abweichende Bewertung lässt sich auch nicht unter Hinweis darauf rechtfertigen, dass eine Sitzverlegung vielfach nicht Teil eines Gesamtpakets sei; es ist nämlich durchaus denkbar, dass bestimmten Satzungsänderungen nur im Hinblick auf eine zugleich beschlossene Sitzverlegung zugestimmt wurde. Die Anmeldung kann indes den Antrag enthalten, zunächst die weiteren Satzungsänderungen durch das bisherige Sitzgericht einzutragen. Dies beschleunigt den Eintritt der Wirksamkeit und kann insbesondere der Gefahr vorbeugen, dass das Registergericht des neuen Sitzes die Verlegung für nicht ordnungsgemäß hält, sie deshalb nicht einträgt und dann auch für die Eintragung weiterer Satzungsänderungen nicht zuständig ist.[82]

34   Wird der Sitz an einen anderen Ort **innerhalb des Bezirks des Registergerichts** des bisherigen Sitzes verlegt, so hat das Gericht zu prüfen, ob der Sitz ordnungsgemäß verlegt und § 30 HGB beachtet wurde (§ 13h Abs. 3 S. 1 HGB). Ist dies der Fall, so hat es die Verlegung einzutragen (§ 13h Abs. 3 S. 2 HGB).

35   Die Errichtung einer **Zweigniederlassung,** ihre Aufhebung und jede spätere Änderung der die Zweigniederlassung betreffenden einzutragenden Tatsachen sind beim Registergericht des Sitzes (also der Hauptniederlassung) anzumelden (§ 13 Abs. 1 HGB). Nach der Neufassung des § 13 HGB durch das EHUG findet eine Eintragung im Handelsregister der Zweigniederlassung nicht mehr statt (§ 13 Abs. 1 und 3 HGB aF). Damit ist zugleich die Pflicht entfallen, so viele Stücke der Anmeldung einzureichen, wie Niederlassungen bestehen (§ 13c Abs. 1 HGB aF). Auch die Sondervorschrift des § 13b HGB aF, der die Anmeldung, die Eintragung und die Bekanntmachung der Eintragung im Einzelnen regelte, wurde ersatzlos gestrichen.

36   Funktionell **zuständig** ist für Satzungsänderungen, die nicht nur die Fassung betreffen, der Richter (§ 17 Nr. 1 lit. b RPflG).

37   **8. Rücknahme und Änderung der Anmeldung.** Solange die Eintragung nicht erfolgt ist, können die Anmeldeberechtigten die Anmeldung jederzeit und ohne Angabe von Gründen zurücknehmen und dadurch das Wirksamwerden der Satzungsänderung verhindern.[83] Dies gilt auch für einzelne Satzungsänderungen, jedenfalls soweit sie abtrennbar

---

[81]   Bejahend OLG Hamm Rpfleger 1974, 195; zust. Scholz/*Priester/Tebben* Rn. 8; HK-GmbHG/*Inhester* Rn. 20; HCL/*Ulmer/Casper* Rn. 13; für Zuständigkeit des Registergerichts des neuen Sitzes OLG Hamm Beschl. v. 25.3.1991 – 15 sbd. 4/91, DB 1991, 1509 (1509); ähnlich OLG Zweibrücken Entsch. v. 15.10.1991 – 2 AR 41/91, GmbHR 1992, 678; OLG Frankfurt Entsch. v. 30.7.1991 – 20 W 237/91, Rpfleger 1991, 508 = OLGZ 1992, 153 (Ls.); Rowedder/Schmidt-Leithoff/*Schnorbus* Rn. 9; tendenziell ebenso Noack/Servatius/Haas/*Noack* Rn. 15: „grundsätzlich"; für Zuständigkeit des Registergerichts des bisherigen Sitzes LG Mannheim Beschl. v. 18.12.1989 – 23 T 8/89, GmbHR 1991, 24; dazu abl. *Buchberger* Rpfleger 1990, 513.

[82]   Noack/Servatius/Haas/*Noack* Rn. 15 mit Hinweis, im Zweifel müsse das Registergericht des alten Sitzes klären, wie die Gesellschaft die Erledigung wolle; s. auch Scholz/*Priester/Tebben* Rn. 8.

[83]   MHLS/*Hoffmann* Rn. 13; Lutter/Hommelhoff/*Bayer* Rn. 3; HK-GmbHG/*Inhester* Rn. 21; Scholz/*Priester/Tebben* Rn. 26; HCL/*Ulmer/Casper* Rn. 22; Rowedder/Schmidt-Leithoff/*Schnorbus* Rn. 16; Noack/Servatius/Haas/*Noack* Rn. 18; HK-GmbHR/*A. Bartl* Rn. 2.

sind.[84] **Im Außenverhältnis** liegt die Entscheidung über die Rücknahme der Anmeldung bei den **Geschäftsführern,** nicht bei den Gesellschaftern. Die Rücknahme muss dabei nicht durch dieselben Geschäftsführer erfolgen, die die Satzungsänderung angemeldet hatten.

Ob die Geschäftsführer zur Rücknahme der Anmeldung **im Innenverhältnis** gegen- 38 über der Gesellschaft berechtigt sind, hängt davon ab, ob sie zur Anmeldung verpflichtet sind (→ Rn. 25 ff.). Sind die Geschäftsführer – etwa weil der Satzungsänderungsbeschluss nichtig ist – nicht zur Anmeldung verpflichtet, haben sie aber gleichwohl angemeldet (→ Rn. 26), sind sie auch im Innenverhältnis zur Rücknahme der Anmeldung befugt.[85] Wird der Satzungsänderungsbeschluss aufgehoben, sind die Geschäftsführer – sofern der Aufhebungsbeschluss nicht mangelhaft ist – zur Rücknahme der Anmeldung verpflichtet.[86] Die Gesellschafterversammlung kann die Geschäftsführer auch zur Rücknahme der Anmeldung anweisen.[87] Eine solche **Weisung** kann mit einfacher Mehrheit beschlossen werden. Da auch der Satzungsänderungsbeschluss bis zu seiner Eintragung von der Gesellschafterversammlung formlos und mit einfacher Mehrheit aufgehoben werden kann (näher → § 53 Rn. 166), sind weitergehende Anforderungen an einen Weisungsbeschluss, die Anmeldung zurückzunehmen, nicht überzeugend begründbar. Sobald die Änderung eingetragen ist, kann ihre Wirkung nicht durch Rücknahme der Anmeldung, sondern nur durch eine erneute Satzungsänderung beseitigt werden, soweit sich nicht aus dem Vorliegen von Beschluss- oder Eintragungsmängeln etwas anderes ergibt.[88]

Die vorstehenden Grundsätze gelten entsprechend für **Änderungen der Anmeldung.** 39 Auch hierfür sind im Außenverhältnis die Geschäftsführer zuständig. Ihre Berechtigung zur Änderung der Anmeldung im Innenverhältnis hängt davon ab, zu welcher Anmeldung sie gegenüber der Gesellschaft verpflichtet sind.

9. Beizufügende Dokumente. Der Anmeldung sind mehrere Dokumente beizufü- 40 gen, die für die Eintragung im Handelsregister erforderlich sind.

a) Protokoll über Satzungsänderungsbeschluss. Beizufügen ist stets das Protokoll 41 über den Satzungsänderungsbeschluss gem. § 53 Abs. 2 S. 1. Dies ist zwar nicht ausdrücklich gesetzlich angeordnet; die Pflicht zur Einreichung folgt indes aus dem Zweck von § 53 Abs. 2 S. 1, dem Registerrichter die Prüfung der Satzungsänderung zu ermöglichen.[89] Die Einreichung erfolgt auf elektronischem Weg und bedarf gem. § 12 Abs. 2 S. 2 HGB iVm § 39a BeurkG der **qualifizierten elektronischen Signatur des Notars.**[90] Das Gleiche gilt für Vollmachten.[91] Abstimmungsvollmachten von der Einreichung auszunehmen,[92] dürfte allenfalls in Betracht kommen, wenn der Änderungsbeschluss gem. §§ 36, 37 BeurkG beurkundet wurde.[93]

Hängt die Wirksamkeit des Satzungsänderungsbeschlusses nach § 53 Abs. 2 S. 2, 42 Abs. 3 oder wegen Eingriffs in unentziehbare Rechte oder Sonderrechte (→ § 53 Rn. 181 ff.) von der **Zustimmung einzelner Gesellschafter** ab und ist diese nicht bereits dem Beschlussprotokoll gem. § 53 Abs. 2 S. 1 zu entnehmen, ist sie gegenüber dem Registergericht nachzuweisen.[94] Da derartige Zustimmungserklärungen grundsätzlich keiner bestimmten Form bedürfen (→ § 53 Rn. 69), ist der Nachweis prinzipiell in

---

[84] KG Beschl. v. 2.3.1939 – 1 Wx 52/39, HRR 1939, 1108; Scholz/*Priester/Tebben* Rn. 26; HK-GmbHG/ *Inhester* Rn. 21; aA LG Dresden Beschl. v. 20.12.1993 – 45 T 82/93, DB 1994, 322.

[85] Demgegenüber für generelle Zuständigkeit der Gesellschafter im Innenverhältnis Lutter/Hommelhoff/ *Bayer* Rn. 3; Scholz/*Priester/Tebben* Rn. 26.

[86] Scholz/*Priester/Tebben* Rn. 26; Rowedder/Schmidt-Leithoff/*Schnorbus* Rn. 16.

[87] MHLS/*Hoffmann* Rn. 13.

[88] HCL/*Ulmer/Casper* Rn. 22.

[89] Noack/Servatius/Haas/*Noack* Rn. 9.

[90] HCL/*Ulmer/Casper* Rn. 15; *Wicke* Rn. 5; HK-GmbHG/*Inhester* Rn. 13.

[91] Scholz/*Priester/Tebben* Rn. 12.

[92] Noack/Servatius/Haas/*Noack* Rn. 14.

[93] Zutr. Scholz/*Priester/Tebben* Rn. 12.

[94] HCL/*Ulmer/Casper* Rn. 15; Noack/Servatius/Haas/*Noack* Rn. 12; HK-GmbHR/*A. Bartl* Rn. 12; HK- GmbHG/*Inhester* Rn. 17; Bork/Schäfer/*Arnold* Rn. 6.

---

jeder Weise möglich; in Betracht kommt insbesondere die Beibringung einer **schriftli-chen Erklärung**,[95] die entweder die Zustimmung selbst oder die Bestätigung einer bereits erklärten Zustimmung enthalten kann.[96] Das Registergericht kann indes die **öffentliche Beglaubigung der Unterschriften** verlangen.[97] Behauptet die Gesellschaft das Vorlie-gen der Zustimmung, verweigert ein Gesellschafter aber eine entsprechende Bestätigung, darf das Registergericht die Eintragung ablehnen.[98] In diesem Fall kann die Gesellschaft ihren Anspruch auf Abgabe einer derartigen Bestätigung gegen den Gesellschafter gericht-lich durchsetzen. Dem Gesellschafter steht zwar die Erteilung der Zustimmung selbst, nicht hingegen die Abgabe der Bestätigung einer bereits erklärten Zustimmung frei. Die materielle Erklärung, derer es zur Wirksamkeit des Satzungsänderungsbeschlusses bedarf, liegt nämlich in der Zustimmung selbst, nicht in ihrer nachfolgenden, zur Herbeiführung der Wirksamkeit der Satzungsänderung uU erforderlichen Bestätigung.

43   Zu weiteren bei **Kapitalerhöhungen** und **Kapitalherabsetzungen** erforderlichen Urkunden → § 57 Rn. 18 ff.; → § 58 Rn. 135 ff.[99]

44   **b) Vollständiger Satzungswortlaut.** Gem. Abs. 1 S. 2 Hs. 1 ist der Anmeldung der vollständige Wortlaut des Gesellschaftsvertrags beizufügen. Durch dieses Erfordernis soll im Interesse der Erleichterung des Rechtsverkehrs sichergestellt werden, dass in den Handelsre-gisterakten der **neueste Stand des Gesellschaftsvertrages** stets aus einer einzigen Urkunde ersehen werden kann, ohne den aktuellen Wortlaut aus der historischen Abfolge von Satzungsänderungsurkunden herleiten zu müssen.[100]

45   Die Erstellung des vollständigen Wortlauts des Gesellschaftsvertrages ist nicht Sache des Notars, sondern der Geschäftsführer;[101] diese werden die Aufgabe indes regelmäßig dem **Notar übertragen.** Inhaltlich stellt der „vollständige Wortlaut" eine einheitliche Nieder-schrift der materiellen Satzungsbestandteile dar, wie sie sich aus dem ursprünglichen Gesell-schaftsvertrag unter Berücksichtigung früherer Satzungsänderungen einschließlich der neu angemeldeten ergeben.[102] Die **Aufnahme formeller Satzungsbestandteile** ist zulässig. Die Verpflichtung zur Erstellung des vollständigen Wortlauts des Gesellschaftsvertrages bedeutet keine Kompetenz der Geschäftsführer zur Neufassung der Satzung, sondern bezieht sich lediglich auf eine rein redaktionelle Zusammenstellung des Vertragstextes.[103] Die Nie-derschrift hat klar und sachgerecht zu sein.[104]

46   Die Pflicht zur Beifügung des vollständigen Wortlauts der geänderten Satzung besteht auch dann, wenn die **Satzung vollständig neu gefasst** wurde und sich die Neufassung daher bereits aus dem Beschlussprotokoll oder einer Anlage hierzu ergibt.[105] § 54 möchte

---

[95] HCL/*Ulmer/Casper* Rn. 15; Scholz/*Priester/Tebben* Rn. 41; Rowedder/Schmidt-Leithoff/*Schnorbus* Rn. 10.

[96] Noack/Servatius/Haas/*Noack* Rn. 12.

[97] RG Urt. v. 29.4.1932 – II 368/31, RGZ 136, 185 (192); MHLS/*Hoffmann* Rn. 19; HCL/*Ulmer/Casper* Rn. 15; Scholz/*Priester/Tebben* Rn. 41; Rowedder/Schmidt-Leithoff/*Schnorbus* Rn. 10.

[98] HCL/*Ulmer/Casper* Rn. 15; *Altmeppen* Rn. 9; demgegenüber für Verpflichtung des Registergerichts zur Beweiserhebung Noack/Servatius/Haas/*Noack* Rn. 12; Rowedder/Schmidt-Leithoff/*Schnorbus* Rn. 10.

[99] Vgl. auch Scholz/*Priester/Tebben* § 57 Rn. 14 ff., § 58 Rn. 68.

[100] OLG Frankfurt Beschl. v. 4.3.1981 – 20 W 370/80, DB 1981, 1183; Scholz/*Priester/Tebben* Rn. 14; *Röll* GmbHR 1982, 251; HCL/*Ulmer/Casper* Rn. 2; Rowedder/Schmidt-Leithoff/*Schnorbus* Rn. 12; Noack/ Servatius/Haas/*Noack* Rn. 10; HK-GmbHG/*Inhester* Rn. 15.

[101] BayObLG Beschl. v. 14.9.1988 – BReg. 3 Z 85/88, AG 1989, 325; HCL/*Ulmer/Casper* Rn. 18; HK-GmbHG/*A. Bartl* Rn. 8; Rowedder/Schmidt-Leithoff/*Schnorbus* Rn. 12; Noack/Servatius/Haas/*Noack* Rn. 10; Bork/Schäfer/*Arnold* Rn. 6; Henssler/Strohn/*Gummert* Rn. 8.

[102] BayObLG Beschl. v. 5.7.1971 – BReg. 2 Z 93/70, DB 1971, 1612; HCL/*Ulmer/Casper* Rn. 18.

[103] Scholz/*Priester/Tebben* Rn. 17.

[104] Scholz/*Priester/Tebben* Rn. 17.

[105] HCL/*Ulmer/Casper* Rn. 17; Scholz/*Priester/Tebben* Rn. 15; Henssler/Strohn/*Gummert* Rn. 8; HK-GmbHG/*Inhester* Rn. 15; Noack/Servatius/Haas/*Noack* Rn. 10; aA OLG Zweibrücken Beschl. v. 10.10.2001 – 3 W 200/01, NZG 2002, 93; Beschl. v. 25.10.1983 – 3 W 120/83, Rpfleger 1984, 104 = MittBayNot 1984, 93 (Ls.); LG Bonn Beschl. v. 7.9.1993 – 11 T 8/93, GmbHR 1994, 558 = MittRhNotK 1993, 261; *Gustavus* DNotZ 1971, 229 (230); *Groß* Rpfleger 1972, 241 (243 f.); *Röll* DNotZ 1973, 483 (485); *Winkler* DNotZ 1982, 494 (495); Rowedder/Schmidt-Leithoff/*Schnorbus* Rn. 12.

zur Erleichterung des Rechtsverkehrs nämlich gerade sicherstellen, dass der in Geltung stehende Satzungstext aus einer separaten, mit notarieller Bescheinigung versehenen Urkunde ersehen werden kann. Aus diesem Grund ist die Beifügung einer vollständigen Neufassung auch bei einer **Änderung im Gründungsstadium** (→ § 53 Rn. 169) erforderlich.[106]

Im Falle der Anmeldung eines **Unternehmensvertrags** ist die Beifügung des vollstän- **47** digen Wortlauts des Gesellschaftsvertrages hingegen nicht erforderlich[107] (→ § 53 Rn. 156).

Werden **mehrere Satzungsänderungen** zur Eintragung angemeldet, von denen der **48** Registerrichter nur einen Teil einträgt, hat er dafür zu sorgen, dass der eingereichte Wortlaut entsprechend berichtigt wird; er kann die Eintragung daher von der Einreichung eines entsprechend berichtigten Satzungstextes abhängig machen oder dessen Nachreichung veranlassen.[108]

Wird der Satzungsänderungsbeschluss aufgrund einer Anfechtungs- oder Nichtigkeits- **49** klage **rechtskräftig für nichtig erklärt,** ist analog § 248 Abs. 2 AktG das Urteil mit dem vollständigen Wortlaut der Satzung, wie er sich unter Berücksichtigung des Urteils darstellt, nebst notarieller Bescheinigung einzureichen (auch → Rn. 114).[109]

Umstritten ist, ob inhaltlich überholte oder sonstige **bloß formelle Satzungsbestand- 50 teile** in der Neufassung auch dann unberücksichtigt bleiben können, wenn ein förmliches Satzungsänderungsverfahren hierzu nicht durchgeführt wird.[110] Die besseren Gründe sprechen dafür, diese Frage zu bejahen. Zur Änderung inhaltlich überholter oder lediglich formeller Satzungsbestandteile bedarf es keines förmlichen Satzungsänderungsbeschlusses gem. § 53, sondern lediglich eines mit einfacher Mehrheit zu fassenden Gesellschafterbeschlusses (näher → § 53 Rn. 31). Rein **redaktionelle Satzungsänderungen** können die Gesellschafter auch den Geschäftsführern oder dem beurkundenden Notar übertragen (näher → § 53 Rn. 33). Das Bestreben, die Entscheidungskompetenz der Gesellschafter hinsichtlich der Frage zu gewährleisten, was Teil des Gesellschaftsvertrages sein und „inwieweit historischer Ballast mitgeschleppt werden soll",[111] begründet daher, da die Zuständigkeit der Gesellschafter gewahrt bleibt, keine Notwendigkeit eines förmlichen Satzungsänderungsverfahrens.

Die Beifügung des vollständigen Wortlauts des Gesellschaftsvertrages ist **kein Wirksam- 51 keitserfordernis** für die Satzungsänderung. Die Anmeldung ohne Beifügung des vollständigen Wortlauts des Gesellschaftsvertrages ist indes nicht ordnungsgemäß; das Registergericht hat den Beteiligten daher durch Zwischenverfügung (§ 382 Abs. 4 FamFG) die Behebung des Mangels aufzugeben und ggf. den Eintragungsantrag zurückzuweisen.[112] Ist die Eintragung trotz Unterbleibens der Beifügung des vollständigen Satzungswortlauts erfolgt, kann der Mangel durch unverzügliche Nachreichung des Dokuments behoben werden.[113] Ist die Einreichung unterblieben oder der Text unrichtig, kann das Registergericht die **Einreichung** des vollständigen und richtigen Texts auch nachträglich **erzwingen.**[114]

---

[106] BayObLG Beschl. v. 14.9.1988 – BReg 3Z 85/88, DB 1988, 2354; KG Beschl. v. 24.9.1996 – 1 W 4534/95, NJW-RR 1997, 794; HCL/*Ulmer/Casper* Rn. 17; Scholz/*Priester/Tebben* Rn. 16; *Altmeppen* § 8 Rn. 3; Rowedder/Schmidt-Leithoff/*Zimmermann,* 4. Aufl. 2002, Rn. 11; aA *Gustavus* DNotZ 1971, 229 (232).

[107] Rowedder/Schmidt-Leithoff/*Zimmermann,* 4. Aufl. 2002, Rn. 11.

[108] Scholz/*Priester/Tebben* Rn. 21; HCL/*Ulmer/Casper* Rn. 16; Noack/Servatius/Haas/*Noack* Rn. 10; Kölner Komm AktG/*Zetzsche* AktG § 181 Rn. 67 zur AG.

[109] HCL/*Ulmer/Casper* Rn. 17; Scholz/*Priester/Tebben* Rn. 16; HK-GmbHR/*A. Bartl* Rn. 11.

[110] Bejahend HCL/*Ulmer/Casper* Rn. 19; ebenso für Angaben bzgl. zwischenzeitlich abberufener Geschäftsführer *Gustavus* BB 1969, 1335 (1336); abl. MHLS/*Hoffmann* Rn. 3, 21; Scholz/*Priester/Tebben* Rn. 18; Noack/Servatius/Haas/*Noack* Rn. 11; *Winkler* DNotZ 1980, 578 (592 f.); Rowedder/Schmidt-Leithoff/ *Schnorbus* Rn. 13.

[111] So Scholz/*Priester/Tebben* Rn. 18; s. auch *Groß* Rpfleger 1972, 241 (243).

[112] HCL/*Ulmer/Casper* Rn. 16; s. auch Scholz/*Priester/Tebben* Rn. 16.

[113] HCL/*Ulmer/Casper* Rn. 16, 33; Scholz/*Priester/Tebben* Rn. 14; BayObLG Beschl. v. 14.9.1988 – BReg. 3 Z 85/88, DB 1988, 2354 (2355) bejaht eine Pflicht des Registergerichts, auf diese Nachreichung hinzuwirken.

[114] Noack/Servatius/Haas/*Noack* Rn. 10.

52   Da die Erstellung des vollständigen Wortlauts des Gesellschaftsvertrages Aufgabe der Geschäftsführer ist (→ Rn. 45), kommen bei unterbliebener Einreichung oder Unrichtigkeit des Textes neben einer Klage auf Einreichung des vollständigen Wortlauts des Gesellschaftsvertrages **Schadensersatzansprüche** der Gesellschaft gegen die Geschäftsführer sowie unter Umständen deren **Abberufung** bzw. die **Kündigung** des Anstellungsvertrages in Betracht. **Schadensersatzansprüche Dritter** dürften nur bei vorsätzlichem Verhalten in Betracht kommen, insbesondere nach § 826 BGB. § 54 Abs. 1 S. 2 stellt kein Schutzgesetz iSd § 823 Abs. 2 S. 1 BGB dar. Denn die Gewährleistung der Übersichtlichkeit, auf die der Gesetzgeber zielt, erfüllt nicht die Voraussetzung eines bestimmten Rechtsgutes des Einzelnen oder eines bestimmten Personenkreises, dessen Schutz die Norm dienen muss, um als Schutzgesetz iSd § 823 Abs. 2 S. 1 BGB gelten zu können.[115]

53   **c) Notarielle Bescheinigung.** Die notarielle Bescheinigung hat gem. Abs. 1 S. 2 Hs. 2 zum Ausdruck zu bringen, dass die geänderten Bestimmungen der Satzung mit dem Änderungsbeschluss und die unveränderten Bestimmungen mit dem zuletzt eingereichten Satzungswortlaut übereinstimmen.[116] Die Bescheinigung bezieht sich dabei allerdings **nur** auf die **materiellen Satzungsbestandteile.** Der Notar hat daher lediglich zu bescheinigen, dass die materiellen Satzungsbestandteile – soweit geändert – mit dem Satzungsänderungsbeschluss und – soweit nicht geändert – mit dem bisherigen Satzungswortlaut übereinstimmen;[117] werden inhaltlich überholte oder lediglich formelle Satzungsbestandteile gestrichen oder geändert, hat der Notar zu prüfen, ob auch materielle Satzungsbestandteile hiervon betroffen sind und – falls dies der Fall ist – die Bescheinigung zu versagen oder einzuschränken.[118] Die Bescheinigung ist in allen Fällen erforderlich, in denen der vollständige Satzungswortlaut der Anmeldung beizufügen ist, also auch bei Neufassung der Satzung[119] sowie bei Änderungen im Gründungsstadium.[120]

54   Von **Modifikationen** des von Abs. 1 S. 2 Hs. 2 vorgesehenen **Wortlauts** sollte auch bei erstmaliger Änderung nach Gründung der Gesellschaft oder bei vollständiger Satzungsneufassung ebenso abgesehen werden wie von weitergehenden Hinweisen.[121] In rechtlicher Hinsicht ist eine Abweichung von dem in Abs. 1 S. 2 Hs. 2 vorgesehenen Wortlaut indes dann nicht zu beanstanden, wenn die notarielle Bescheinigung inhaltlich zum Ausdruck bringt, dass die geänderten Bestimmungen des Gesellschaftsvertrags mit dem Satzungsänderungsbeschluss und die unveränderten Bestimmungen mit dem zuletzt zum Handelsregister eingereichten vollständigen Wortlaut der Satzung übereinstimmen. Für die Erteilung der Bescheinigung, die sich nach §§ 39, 39a BeurkG bemisst,[122] ist **jeder Notar zuständig.** Wird der die Satzungsänderung beurkundende Notar beauftragt, ist mit den Gebühren für die Beurkundung auch die Notarbescheinigung abgegolten (KV Vorbem. 2.1 Abs. 2 Nr. 4 GNotKG). Anderenfalls wird eine volle Gebühr erhoben (KV 25104 GNotKG).

55   Der **Registerrichter** ist nicht verpflichtet, die Richtigkeit und Vollständigkeit des Wortlauts der Satzung sowie die Richtigkeit der notariellen Bescheinigung zu prüfen.[123] Ergibt eine gleichwohl durchgeführte **Prüfung die Unrichtigkeit** oder Unvollständigkeit,

---

[115]   Vgl. Grüneberg/*Sprau* BGB § 823 Rn. 58.
[116]   Näher hierzu *Röll* GmbHR 1982, 251 (253 f.).
[117]   HCL/*Ulmer/Casper* Rn. 20; aA Scholz/*Priester/Tebben* Rn. 19; Noack/Servatius/Haas/*Noack* Rn. 11; Rowedder/Schmidt-Leithoff/*Schnorbus* Rn. 13.
[118]   HCL/*Ulmer/Casper* Rn. 20.
[119]   OLG Jena Beschl. v. 14.9.2015 – 2 W 375/15, DNotI-Report 2015, 190; MHLS/*Hoffmann* Rn. 22; HCL/*Ulmer/Casper* Rn. 20; Noack/Servatius/Haas/*Noack* Rn. 11a; aA OLG Celle Beschl. v. 16.3.1982 – 1 W 4/82, OLGZ 82, 317; OLG Zweibrücken Beschl. v. 10.10.2001 – 3 W 200/01, NZG 2002, 93; OLG Hamm Beschl. v. 7.1.2010 – I-15 Wx 179/09, BeckRS 2011, 23860; LG Bonn Beschl. v. 7.9.1993 – 11 T 8/93, GmbHR 1994, 558 = MittRhNotK 1993, 261.
[120]   HCL/*Ulmer/Casper* Rn. 20; MHLS/*Hoffmann* Rn. 23.
[121]   Scholz/*Priester/Tebben* Rn. 19.
[122]   MHLS/*Hoffmann* Rn. 22; Scholz/*Priester/Tebben* Rn. 19; HCL/*Ulmer/Casper* Rn. 20.
[123]   OLG München Beschl. v. 23.2.2010 – 31 Wx 161/09, DNotZ 2010, 636 (637); *Gustavus* BB 1969, 1335 (1336); Scholz/*Priester/Tebben* Rn. 20; Noack/Servatius/Haas/*Noack* Rn. 19; Kölner Komm AktG/*Zetzsche* AktG § 181 Rn. 74.

kann der Registerrichter die Vorlage eines berichtigten Satzungswortlauts mit entsprechender notarieller Bescheinigung verlangen.[124] Sofern die Gesellschaft die Unrichtigkeit oder Unvollständigkeit des eingereichten Satzungswortlauts feststellt, hat sie unverzüglich ein korrigiertes und mit notarieller Bescheinigung versehenes Exemplar einzureichen.[125] Insbesondere im Fall **evidenter Unrichtigkeit** darf trotz des Gesetzeswortlauts von Abs. 1 S. 2 Hs. 2 ein im Rahmen einer früheren Satzungsänderung eingereichter unrichtiger oder unvollständiger Satzungstext vom Notar nicht übernommen werden;[126] Gleiches gilt auch, wenn der Notar trotz fehlender Evidenz die Unrichtigkeit oder Unvollständigkeit des Satzungstextes feststellt. Zur Nachprüfung der Richtigkeit und Vollständigkeit früher eingereichter Satzungstexte ist der Notar indes nicht verpflichtet. Wird eine unrichtige notarielle Bescheinigung erteilt, erscheinen eine Haftung des Notars wegen **Amtspflichtverletzung** gem. **§ 19 BNotO** sowie eine Rechtsscheinhaftung der Gesellschaft denkbar.[127] Die Wirksamkeit der Satzungsänderung bleibt demgegenüber unberührt. Abgesehen davon, dass § 19 BNotO die ausschließliche Grundlage für die Notarhaftung ist,[128] kommt eine Haftung nach § 823 Abs. 2 S. 1 BGB deshalb nicht in Betracht, weil es sich bei Abs. 1 S. 2 nicht um ein Schutzgesetz handelt (→ Rn. 52).

d) Öffentlich-rechtliche Genehmigungserfordernisse. Wann nach öffentlich- **56** rechtlichen Vorschriften ein Genehmigungserfordernis besteht, bemisst sich nach diesen Vorschriften und nicht nach dem GmbHG. In Betracht kommt ein derartiges Genehmigungserfordernis insbesondere bei **Änderungen des Unternehmensgegenstands,** und zwar sowohl bei Aufnahme eines konzessionspflichtigen Unternehmensgegenstands als auch bei dessen Abänderung, sofern nicht der neue Unternehmensgegenstand konzessionsfrei ist.

Besteht für eine Satzungsänderung ein öffentlich-rechtliches Genehmigungserfor- **57** dernis, war entsprechend § 8 Abs. 1 Nr. 6 aF die **Genehmigungsurkunde** der Anmeldung **beizufügen;**[129] das **MoMiG** hat diese Vorschrift jedoch ersatzlos beseitigt. Die aktienrechtliche Parallelvorschrift des § 181 Abs. 1 S. 3 AktG wurde im Zuge des ARUG aufgehoben.

10. Registersperre. Für alle vor dem 1.1.1986 in das Handelsregister eingetragenen **58** Gesellschaften, in deren Satzung der **Anspruch** der Gesellschafter **auf den Bilanzgewinn** nicht entweder ausdrücklich ausgeschlossen oder von einem entsprechenden Gewinnverwendungsbeschluss abhängig gemacht worden war, ordnete der durch § 11 Abs. 2 Bilanzrichtliniengesetz (BGBl. 1985 I 2355) eingefügte Art. 12 § 7 Abs. 2 GmbHGÄndG an, dass ab dem 1.1.1986 beschlossene Satzungsänderungen nur dann eingetragen werden dürfen, wenn die Gesellschafter zugleich über die angesichts der neuen Rechtslage mehrheitlich gewünschte Art der Ergebnisverwendung Beschluss fassen. Art. 12 GmbHGÄndG wurde durch Art. 43 des Gesetzes über die Bereinigung von Bundesrecht vom 8.12.2010 (BGBl. 2010 I 1864) aufgehoben.

Eine die Euro-Umstellung betreffende Registersperre normiert § 1 Abs. 1 S. 4 **59** EGGmbHG. Danach darf bei den dort bezeichneten Gesellschaften, bei denen das Stammkapital grundsätzlich weiter auf Deutsche Mark lauten darf, eine Änderung des Stammkapitals nach dem 31.12.2001 nur eingetragen werden, wenn das Kapital **auf Euro umgestellt** wird. Der Anwendungsbereich dieser Registersperre ist indes auf Fälle der Änderung des Stammkapitals beschränkt; sonstige Satzungsänderungen werden nicht erfasst.

Keine Registersperre für Satzungsänderungen wird demgegenüber durch eine **60** gesetzeswidrige Unvollständigkeit der Satzung oder durch einen von der einzutragenden

---

[124] Scholz/*Priester*/*Tebben* Rn. 20.
[125] Scholz/*Priester*/*Tebben* Rn. 20; GroßkommAktG/*Wiedemann* AktG § 181 Rn. 17 zur Aktiengesellschaft.
[126] Scholz/*Priester*/*Tebben* Rn. 20.
[127] Scholz/*Priester*/*Tebben* Rn. 22; GroßkommAktG/*Wiedemann* AktG § 181 Rn. 17 zur Aktiengesellschaft.
[128] Schippel/Görk/*Schramm* BNotO § 19 Rn. 1.
[129] Michalski/*Hoffmann*, 2. Aufl. 2010, Rn. 20; Scholz/*Priester*, 9. Aufl. 2002, Rn. 14; Ulmer/Habersack/Winter/*Ulmer*, 2008, Rn. 22; Rowedder/Schmidt-Leithoff/*Schnorbus* Rn. 11.

Satzungsänderung unabhängigen gesetzeswidrigen Satzungsinhalt ausgelöst[130] (auch → Rn. 67).

III. Prüfung durch das Registergericht

61   **1. Grundsatz.** Im **Stadium der Gründung** der GmbH ergibt sich das Prüfungsrecht des Registerrichters seit der GmbH-Novelle von 1980 implizit aus § 9c.[131] Im Hinblick auf Satzungsänderungen wird § 9c ausdrücklich nur in dem Kapitalerhöhungen betreffenden § 57a in Bezug genommen; aus dem Rechtsgedanken der §§ 9c, 57a ergibt sich indes, dass auch nicht unter § 57a fallende Satzungsänderungen der registergerichtlichen Prüfung unterliegen.[132] Dem Prüfungsrecht entspricht insoweit eine Prüfungspflicht, die sich aus dem Wortlaut von § 9c Abs. 1 ergibt.[133]

62   § 57a verweist lediglich auf § 9c Abs. 1, nicht hingegen auf den durch das HRefG (BGBl. 1998 I 1474) in das Gesetz aufgenommenen § 9c Abs. 2, der die **registerrichterliche Prüfungsbefugnis** beschränkt. Hierbei handelt es sich um kein Redaktionsversehen, sondern um eine bewusste gesetzgeberische Entscheidung. Die Gesetzesbegründung führt insoweit aus, § 9c Abs. 2 gebe dem Interesse an der Entstehung der juristischen Person den Vorzug vor einer vollständigen inhaltlichen Überprüfung aller Satzungsbestimmungen; bei der Satzungsänderung bestehe ein solcher Interessenkonflikt demgegenüber nicht.[134] Das registergerichtliche Prüfungsrecht wird im Fall der Satzungsänderung daher durch § 9c Abs. 2 im Grundsatz nicht berührt.[135] Registergerichte sind indes nicht befugt, die ihnen im Gründungsstadium versagte Inhaltskontrolle im Rahmen von Satzungsänderungen unter Hinweis auf die in diesem Stadium zu verneinende Anwendbarkeit von § 9c Abs. 2 nachzuholen; Beanstandungen hinsichtlich solcher Satzungsbestimmungen, die im Gründungsstadium wegen § 9c Abs. 2 nicht geprüft werden durften, können nur insoweit vorgebracht werden, als eine Amtslöschung nach § 398 FamFG zulässig wäre (näher → Rn. 128 ff.).

63   **2. Gegenstand der Prüfung. a) Ordnungsmäßigkeit der Anmeldung.** Entsprechend § 9c Abs. 1 hat der Registerrichter die **Ordnungsmäßigkeit der Anmeldung** zu prüfen. Dies beinhaltet die Prüfung der Zuständigkeit des Gerichts, der Eintragungsfähigkeit der Tatsache, der Legitimation der Anmelder, der Form der Anmeldung (§ 12 Abs. 1 HGB) sowie der Vollständigkeit und Ordnungsmäßigkeit der beizufügenden Dokumente.[136] Hinsichtlich der **notariellen Bescheinigung** braucht der Registerrichter keine Richtigkeitsprüfung vorzunehmen; ist der eingereichte Gesamttext unvollständig oder unrichtig, kann er die Eintragung jedoch von der Beseitigung des Mangels abhängig machen[137] (→ Rn. 55). Zu prüfen ist ferner die Übereinstimmung von Anmeldungsinhalt und Änderungsbeschluss einschließlich der zumindest in Form einer schlagwortartigen Bezeichnung erfolgenden inhaltlichen Wiedergabe der geänderten Satzungsbestandteile, soweit diese Regelungen nach § 10 Abs. 1 und 2 zum Gegenstand haben (→ Rn. 19; → Rn. 41 ff.).[138]

64   **b) Ordnungsmäßigkeit der Beschlussfassung.** Daneben hat der Registerrichter die Ordnungsmäßigkeit der Beschlussfassung zu prüfen. Insoweit stellt sich die Frage, ob die

---

[130]   BayObLG Beschl. 13.11.1996 – 3 Z BR 168/96, GmbHR 1997, 73 = DNotZ 1997, 506 (507); Noack/ Servatius/Haas/*Noack* Rn. 26a.

[131]   Vgl. Scholz/*Priester/Tebben* Rn. 28; Scholz/*Priester/Tebben* § 57a Rn. 1.

[132]   Scholz/*Priester/Tebben* Rn. 28; HCL/*Ulmer/Casper* Rn. 40; HK-GmbHG/*Inhester* Rn. 23; Rowedder/ Schmidt-Leithoff/*Schnorbus* Rn. 17.

[133]   Rowedder/Schmidt-Leithoff/*Schnorbus* Rn. 17; s. auch Scholz/*Veil* § 9c Rn. 4.

[134]   Begr. RegE zu § 57a, BR-Drs. 340/97, 80.

[135]   BayObLG Beschl. v. 23.5.2001 – 3 Z BR 31/01, DB 2001, 1981; Scholz/*Priester/Tebben* Rn. 29; HK-GmbHR/*A. Bartl* Rn. 21; MHLS/*Hoffmann* Rn. 33; Rowedder/Schmidt-Leithoff/*Schnorbus* Rn. 18; aA Noack/Servatius/Haas/*Noack* Rn. 21.

[136]   BayObLG Beschl. v. 5.11.1982 – 3 Z 92/82, BB 1983, 83; MHLS/*Hoffmann* Rn. 26; Scholz/ *Priester/Tebben* Rn. 30; Bork/Schäfer/*Arnold* Rn. 10; Rowedder/Schmidt-Leithoff/*Schnorbus* Rn. 20; Noack/Servatius/Haas/*Noack* Rn. 19; HK-GmbHG/*Inhester* Rn. 25.

[137]   Noack/Servatius/Haas/*Noack* Rn. 19; MHLS/*Hoffmann* Rn. 26.

[138]   HCL/*Ulmer/Casper* Rn. 44; Noack/Servatius/Haas/*Noack* Rn. 19.

Prüfung auf das Vorliegen von **formellen Nichtigkeitsgründen** (zB fehlende notarielle Beurkundung des Beschlusses) zu beschränken ist[139] oder ob sich diese auf nicht zur Nichtigkeit führende Verfahrensfehler (zB Nichterreichen der Dreiviertelmehrheit gem. § 53 Abs. 2 S. 1; → § 53 Rn. 82 ff.) erstreckt.[140] Überzeugend erscheint es, die Ordnungsmäßigkeit der Beschlussfassung nicht nur im Hinblick auf Nichtigkeitsgründe, sondern umfassend zu prüfen. Hierfür spricht die in § 57a, der mit der Kapitalerhöhung einen Spezialfall der Satzungsänderung regelt, enthaltene Bezugnahme auf § 9c Abs. 1. Die Prüfung nach § 9c Abs. 1 S. 1 beinhaltet nämlich eine umfassende Prüfung der Ordnungsmäßigkeit der Errichtung.[141] Vor diesem Hintergrund erscheint es naheliegend, auch im Rahmen von Satzungsänderungen die registergerichtliche Prüfung auf **sämtliche Verfahrensfehler** zu erstrecken. Auch zur Anfechtbarkeit führende Verstöße sind demnach nicht nur dann zu berücksichtigen, wenn die Gesellschafter sie im Anfechtungswege geltend machen.[142] Die Prüfung der Ordnungsmäßigkeit des Satzungsänderungsbeschlusses betrifft demnach nicht nur die notarielle Beurkundung gem. § 53 Abs. 2 S. 1, sondern auch das Erreichen der Dreiviertelmehrheit nach § 53 Abs. 2 S. 1[143] sowie im Fall von Leistungsvermehrungen oder Eingriffen in Sonderrechte oder sonstige unentziehbare Rechte das Vorliegen der Zustimmung der betroffenen Gesellschafter.[144]

Im Rahmen der Prüfung kann der Registerrichter grundsätzlich von der Richtigkeit **65** des Inhalts des notariellen Beschlussprotokolls und der darin getroffenen Feststellungen (etwa über die Zahl der abgegebenen Stimmen sowie über die Gesellschaftereigenschaft oder Vertretungsmacht der an der Abstimmung Teilnehmenden) ausgehen.[145] Ist der **Protokollinhalt** hingegen **unklar** oder bestehen begründete Zweifel an der Richtigkeit des Protokolls, kann das Registergericht auch eigene Ermittlungen anstellen oder die Beteiligten zu den erforderlichen Aufklärungen veranlassen (§ 26 FamFG).[146] Im Rahmen der Prüfung der Gesellschaftereigenschaft ist das Registergericht entgegen einer älteren Ansicht[147] nicht auf die eingereichte Gesellschafterliste oder Erklärungen der Geschäftsführer beschränkt, es kann vielmehr auch die **Vorlage der Erwerbsurkunden** – wenn auch nicht im Wege routinemäßiger Anforderung dieser Urkunden – verlangen.[148] Indes ist auch das Registergericht an die Rechtsfolge von § 16 gebunden, wonach im Verhältnis zur Gesellschaft im Fall einer Veränderung in den Personen der Gesellschafter oder des Umfangs ihrer Beteiligung als Gesellschafter gilt, wer als solcher in der im Handelsregister aufgenommenen Gesellschafterliste eingetragen ist.[149] Das Registergericht ist weiterhin zur Prüfung berechtigt und verpflichtet, ob der die Satzungsänderung beschließende Gesellschafter eine **im Inland anzuerkennende Rechtsfähigkeit** besitzt.[150]

c) Beschlussinhalt. Vom Registergericht zu prüfen ist weiterhin – wie auch im Rah- **66** men der Gründung der Gesellschaft der Gesellschaftsvertrag – der Inhalt des Satzungsände-

---

[139]   So OLG München Beschl. v. 14.6.2012 – 31 Wx 192/12, NZG 2013, 557 (558); Noack/Servatius/ Haas/*Noack* Rn. 22; Rowedder/Schmidt-Leithoff/*Schnorbus* Rn. 25.

[140]   So HCL/*Ulmer/Casper* Rn. 43; diff. Scholz/*Priester/Tebben* Rn. 33: lediglich Prüfung des Erreichens der Dreiviertelmehrheit nach § 53 Abs. 2 S. 1.

[141]   Scholz/*Veil* § 9c Rn. 5, 7; Noack/Servatius/Haas/*Servatius* § 9c Rn. 2.

[142]   AA Scholz/*Priester/Tebben* Rn. 33; Noack/Servatius/Haas/*Noack* Rn. 22: auch Ankündigung der Anfechtung genüge.

[143]   So jetzt auch Scholz/*Priester/Tebben* Rn. 33.

[144]   HCL/*Ulmer/Casper* Rn. 43; Rowedder/Schmidt-Leithoff/*Schnorbus* Rn. 21.

[145]   HCL/*Ulmer/Casper* Rn. 43; Rowedder/Schmidt-Leithoff/*Zimmermann*, 4. Aufl. 2002, Rn. 17; Scholz/ *Priester/Tebben* Rn. 31; demgegenüber für zwingende Bindung des Registergerichts an die notariellen Feststellungen zum Beschlussergebnis *Baums*, Eintragung und Löschung von Gesellschafterbeschlüssen, 1981, 89.

[146]   HCL/*Ulmer/Casper* Rn. 43; Rowedder/Schmidt-Leithoff/*Schnorbus* Rn. 19; aA *Baums*, Eintragung und Löschung von Gesellschafterbeschlüssen, 1981, 89.

[147]   KG Urt. v. 30.8.1934 – 1 b X 341/34, DNotZ 1934, 858; Hachenburg/*Schilling* Rn. 13.

[148]   Scholz/*Priester/Tebben* Rn. 32; HCL/*Ulmer/Casper* Rn. 43.

[149]   Vgl. OLG Hamm Beschl. v. 10.7.2001 – 15 W 81/01, NZG 2001, 1038 (1039 f.) zu § 16 aF.

[150]   KG Beschl. v. 11.2.1997 – 1 W 3412/96, NJW-RR 1997, 1127; Scholz/*Priester/Tebben* Rn. 32; Rowedder/Schmidt-Leithoff/*Zimmermann*, 4. Aufl. 2002, Rn. 31; Noack/Servatius/Haas/*Noack* Rn. 20.

rungsbeschlusses. Die **Prüfungskompetenz** besteht auch dann, wenn die Satzungsänderung bereits von einer Behörde im Rahmen ihrer Zuständigkeit genehmigt wurde.[151]

67   Insoweit ist zu prüfen, ob die **für Dritte bedeutsamen Satzungsbestimmungen**
(zB zur Vertretungsmacht der Geschäftsführer oder zum Stammkapital)[152] offensichtliche
Unklarheiten oder Unrichtigkeiten enthalten.[153] Aus dem Zweck der Registerpublizität
des Gesellschaftsvertrages folgt nämlich die Verpflichtung des Registerrichters, dafür zu
sorgen, dass eine Irreführung des Rechtsverkehrs vermieden wird.[154] Demgegenüber ist das
Registergericht weder verpflichtet noch befugt, die Satzung oder ihre Änderungen generell
im Hinblick auf ihre Klarheit oder gar ihre Zweckmäßigkeit zu überprüfen.[155] Es darf die
Eintragung einer Satzungsänderung auch nicht unter Hinweis auf die **Vermögenslosigkeit
der Gesellschaft** ablehnen.[156] Das Registergericht ist zur Ablehnung der Eintragung einer
zulässigen Satzungsänderung ferner nicht deshalb befugt, weil es eine weitere Satzungsbestimmung für erforderlich hält; für eine derartige „Registersperre" besteht keine gesetzliche
Grundlage (auch → Rn. 60). Im Fall einer gesetzwidrigen, weil unvollständigen Satzungsfassung kommt eine Amtslöschung in Betracht.[157] Demgegenüber ist das Registergericht
befugt, im Falle der Verwendung des Mantels einer „auf Vorrat" gegründeten **GmbH** die
Unversehrtheit des Stammkapitals und seine freie Verfügbarkeit zu prüfen.[158]

68   Anhand der vorstehenden Grundsätze hat das Registergericht demnach Änderungsbeschlüsse zu beanstanden und auf Klarstellungen hinzuwirken; wird dem Klarstellungsverlan-
gen nicht entsprochen, ist die Eintragung abzulehnen.[159] Dies gilt auch im Hinblick auf
Widersprüche zwischen geänderten und stehengebliebenen Bestimmungen.[160] Im Falle von
Firmenänderungen kann ein Gutachten der IHK sowie bei handwerklichen Unternehmen ein Gutachten der Handwerkskammer, bei land- oder forstwirtschaftlichen Unternehmen ein Gutachten der Landwirtschaftskammer (§ 23 HRV) eingeholt werden.[161]

69   Der Inhalt des Satzungsänderungsbeschlusses ist weiterhin auf das Vorliegen von **Nich-
tigkeits- oder Unwirksamkeitsgründen** zu prüfen. Hinsichtlich eines anfechtbaren Satzungsänderungsbeschlusses umfasst die registergerichtliche Prüfung lediglich Fälle des Verstoßes des Beschlussinhalts gegen zwingende Vorschriften des GmbHG. Demgegenüber
bleibt die Geltendmachung von sonstigen zur **Anfechtbarkeit** führenden Verstößen – dies
gilt sowohl für Verstöße gegen Satzungsvorschriften als auch für solche gegen die sog.
beweglichen Schranken der Mehrheitsherrschaft (→ § 53 Rn. 108 ff.) – den Gesellschaftern
überlassen, die zu diesem Zweck Anfechtungsklage erheben können.[162] Zu den Besonderheiten bei Kapitalerhöhungen oder -herabsetzungen → § 57a Rn. 5 ff.; → § 58 Rn. 142 ff.

---

[151]   OLG Hamburg Beschl. v. 4.4.1984 – 2 W 25/80, WM 1984, 1154 zum Aktienrecht; Rowedder/
        Schmidt-Leithoff/*Schnorbus* Rn. 22.
[152]   Vgl. BayObLG Beschl. v. 5.7.1971 – BReg. 2 Z 93/70, DB 1971, 1612.
[153]   KG Beschl. v. 28.5.1942 – 1 Wx 123/42, DR 1942, 1059; BayObLG Beschl. v. 5.7.1971 – BReg. 2 Z
        93/70, DB 1971, 1612; Beschl. v. 8.2.1985 – BReg. 3 Z 12/85, WM 1985, 572; *Baums,* Eintragung
        und Löschung von Gesellschafterbeschlüssen, 1981, 103; HCL/*Ulmer*/*Casper* Rn. 46; ähnlich Scholz/
        Priester/*Tebben* Rn. 34; Rowedder/Schmidt-Leithoff/*Schnorbus* Rn. 22.
[154]   Scholz/*Priester*/*Tebben* Rn. 34; HCL/*Ulmer*/*Casper* Rn. 46.
[155]   BayObLG Beschl. v. 9.12.1974 – BReg. 2 Z 57/74, BB 1975, 249; Beschl. v. 8.2.1985 – BReg. 3 Z
        12/85, DB 1985, 964; Beschl. v. 8.2.1985 – BReg. 3 Z 12/85, WM 1985, 572; Beschl. v. 29.10.1992 –
        3 Z BR 38/92, DB 1993, 156; OLG Karlsruhe Beschl. v. 8.1.1993 – 4 W 28/92, DB 1993, 529; Scholz/
        Priester/*Tebben* Rn. 34; HCL/*Ulmer*/*Casper* Rn. 46; Rowedder/Schmidt-Leithoff/*Schnorbus* Rn. 27.
[156]   LG Limburg Beschl. v. 29.5.1996 – 5 T 6/96, GmbHR 1996, 771; Lutter/Hommelhoff/*Bayer* Rn. 12.
[157]   BayObLG Beschl. v. 13.11.1996 – 3 Z BR 168/96, NJW-RR 1997, 485 = EWiR 1997, 263 mAnm
        Bokelmann; Rowedder/Schmidt-Leithoff/*Schnorbus* Rn. 27, 39.
[158]   BGH Beschl. v. 9.12.2002 – II ZB 12/02, DNotZ 2003, 443; aA BayObLG Beschl. v. 24.3.1999 – 3Z
        BR 295/98, DNotZ 2000, 227.
[159]   Vgl. KG Beschl. v. 28.5.1942 – 1 Wx 123/42, DR 1942, 1059; OLG Düsseldorf Beschl. v. 30.7.1968 –
        3 W 248/68, GmbHR 1968, 223; BayObLG Beschl. v. 5.7.1971 – BReg. 2 Z 93/70, DB 1971, 1612;
        Beschl. v. 29.10.1992 – 3 Z BR 38/92, DB 1993, 156; HCL/*Ulmer*/*Casper* Rn. 46; Scholz/*Priester*/
        Tebben Rn. 34.
[160]   Vgl. BayObLG Beschl. v. 29.10.1992–3 Z BR 38/92, DB 1993, 156; HCL/*Ulmer*/*Casper* Rn. 46.
[161]   Rowedder/Schmidt-Leithoff/*Schnorbus* Rn. 22.
[162]   Scholz/*Priester*/*Tebben* Rn. 35; HCL/*Ulmer*/*Casper* Rn. 45.

3. Behandlung fehlerhafter Beschlüsse. a) Nicht- oder Scheinbeschlüsse. Als 70
Nicht- oder Scheinbeschlüsse werden – ohne dass insoweit eine einheitliche Terminologie
verwendet würde – **Fälle besonders krasser Verfahrensverstöße** bezeichnet, bei denen
nur der Rechtsschein eines Beschlusses vorliegt. Möchte man derartige Nicht- oder Scheinbeschlüsse als eigenständige Kategorie anerkennen, dürfen derartige Beschlüsse vom Registerrichter nicht eingetragen werden. Näher liegt es indes, diesen Beschlüssen die Anerkennung als eigenständige Kategorie zu versagen und die ihnen zugeordneten Fälle als nichtige
oder anfechtbare Beschlüsse zu verstehen.[163]

b) Nichtige Beschlüsse. Nichtige Beschlüsse darf der Registerrichter **nicht eintra-** 71
gen.[164] Dies gilt selbst dann, wenn die Nichtigkeit durch die Eintragung geheilt würde.[165]
Bestehen begründete Anhaltspunkte für die Nichtigkeit des Beschlusses, ist das Registergericht zu materieller Prüfung berechtigt und verpflichtet.[166] Sind die Gesellschafter hinsichtlich der Nichtigkeit des Satzungsänderungsbeschlusses unterschiedlicher Ansicht, kann der
Registerrichter anstelle einer Zurückweisung die Eintragung bis zur Entscheidung des Prozessgerichts **aussetzen** (§ 21 FamFG) und den Beteiligten, sofern noch kein Rechtsstreit
anhängig ist, nach § 381 FamFG eine Frist setzen, innerhalb derer Klage auf Feststellung
der Rechtmäßigkeit des Beschlusses zu erheben ist, und bei Nichteinhaltung der Frist
die Eintragung ablehnen (zu den im Rahmen der Entscheidung nach §§ 21, 381 FamFG
maßgeblichen Gesichtspunkten → Rn. 78).[167]

Wiederholen die Gesellschafter die Beschlussfassung unter Vermeidung der Mängel, 72
handelt es sich um eine **Neuvornahme.**[168] In diesem Fall ist, sofern bereits eine Anmeldung
erfolgt war, eine erneute Handelsregisteranmeldung erforderlich.[169] Dies ergibt sich nicht
aus einer – nicht bestehenden (dazu → Rn. 95) – Verpflichtung zur Nennung des Beschlussdatums, sondern aus der auch bei Weglassen des Beschlussdatums unentbehrlichen eindeutigen Bezugnahme auf die notarielle Urkunde. Ist der Beschluss bereits eingetragen, bedarf
es einer erneuten Eintragung mit entsprechendem Vermerk, weil erst hierdurch die Satzungsänderung herbeigeführt wird.[170]

Zur Eintragung rechtskräftiger Urteile, durch die eine eingetragene Satzungsänderung 73
für nichtig erklärt wird, → Rn. 49, → Rn. 114; zur Amtslöschung nichtiger Eintragungen
→ Rn. 127 ff.

c) Unwirksame Beschlüsse. Auch unwirksame Beschlüsse darf der Registerrichter 74
nicht eintragen.[171] Fehlt eine zur Wirksamkeit des satzungsändernden Beschlusses erforderliche Zustimmung, kann der Registerrichter den Beteiligten die Einholung und den

163 Rowedder/Schmidt-Leithoff/*Ganzer* Anh. § 47 Rn. 3; Noack/Servatius/Haas/*Noack* Anh. § 47 Rn. 25;
     Kölner Komm AktG/*Zöllner*, 1. Aufl. 1985, AktG § 241 Rn. 49 ff. zur AG; MüKoAktG/*Schäfer* AktG
     § 241 Rn. 11 zur AG; abw. *K. Schmidt* GesR § 36 III 4a, S. 1099 f.; diff. *Casper*, Die Heilung nichtiger
     Beschlüsse im Kapitalgesellschaftsrecht, 1998, 41 ff.
164 BayObLG Beschl. v. 27.3.1972 – BReg. 2 Z 60/70, DB 1972, 1015; OLG Köln Beschl. v. 17.7.1992 –
     2 Wx 32/92, BB 1993, 317; Scholz/*Priester/Tebben* Rn. 38; HCL/*Ulmer/Casper*, Rn. 48; Rowedder/
     Schmidt-Leithoff/*Schnorbus* Rn. 23; Noack/Servatius/Haas/*Noack* Rn. 20.
165 OLG Köln Beschl. v. 17.7.1992 – 2 Wx 39/92, BB 1993, 318; Scholz/*Priester/Tebben* Rn. 38; HCL/
     Ulmer/Casper Rn. 48.
166 OLG Hamburg AG 1984, 247; Scholz/*Priester/Tebben* Rn. 38; demgegenüber für Unbeachtlichkeit von
     sich lediglich im Innenverhältnis der Gesellschaft auswirkender Nichtigkeit *Säcker* FS Stimpel, 1985, 867
     (882).
167 HCL/*Ulmer/Casper* Rn. 48; Scholz/*Priester/Tebben* Rn. 38; Noack/Servatius/Haas/*Noack* Rn. 21 f.; aA
     Baums, Eintragung und Löschung von Gesellschafterbeschlüssen, 1981, 62 ff., der dem Registergericht
     nur bei Evidenz der Nichtigkeit ein Eintragungsverweigerungsrecht geben möchte; ebenso *Baums*
     BB 1981, 263.
168 Scholz/*Priester/Tebben* Rn. 40.
169 AA OLG Hamm Beschl. v. 20.12.2001 – 15 W 378/01, NZG 2002, 425.
170 Scholz/*Priester/Tebben* Rn. 40.
171 Rowedder/Schmidt-Leithoff/*Schnorbus* Rn. 24; HCL/*Ulmer/Casper* Rn. 49; Noack/Servatius/Haas/
     Noack Rn. 20.

Nachweis der Zustimmung aufgeben. Entsprechen die Beteiligten dem nicht, ist die Eintragung abzulehnen (auch → Rn. 80 ff.).[172]

75   **d) Anfechtbare Beschlüsse.** Hinsichtlich anfechtbarer Satzungsänderungsbeschlüsse, die aber nicht angefochten wurden (zu angefochtenen Beschlüssen → Rn. 78 f.), ist zu unterscheiden, ob die Anfechtungsfrist noch läuft oder ob sie ohne Erhebung einer Anfechtungsklage abgelaufen ist.

76   **Vor Ablauf der Anfechtungsfrist** wird der Registerrichter bei Aktiengesellschaften dann eintragen, wenn es keine hinreichenden Anzeichen für ein erfolgversprechendes Anfechtungsverfahren gibt. Im Übrigen wird der Registerrichter die Eintragung nicht vor Ablauf der Anfechtungsfrist vornehmen.[173] Eine Übertragung dieser aktienrechtlichen Sicht ins GmbH-Recht ist indes abzulehnen, weil die Anfechtungsfrist im GmbH-Recht den für die aktienrechtliche Anfechtungsklage vorgesehenen Zeitraum von einem Monat (§ 246 Abs. 1 AktG) überschreiten kann und ein uU monatelanges Abwarten des Registergerichts nicht gerechtfertigt erscheint. Im Fall einer **angekündigten Anfechtungsklage** kann der Registerrichter den ankündigenden Gesellschaftern gem. § 381 FamFG eine Frist zur Erhebung der Klage setzen.[174] Wird die Klage nicht innerhalb der gem. § 381 FamFG gesetzten Frist erhoben, hat der Registerrichter den Satzungsänderungsbeschluss einzutragen.[175]

77   Wurde der Satzungsänderungsbeschluss **nicht fristgerecht angefochten,** ist er vom Registerrichter einzutragen.[176] Fraglich ist, ob und unter welchen Voraussetzungen dieser Grundsatz bei nicht zur Nichtigkeit führenden Verstößen gegen zwingendes Recht gilt. Der Schutz Dritter sowie der Öffentlichkeit verlangt ein Unterbleiben der Eintragung jedenfalls dann, wenn die Interessen Dritter oder der Öffentlichkeit berührt sind.[177] Von Relevanz ist dies insbesondere im Hinblick auf Satzungsänderungsbeschlüsse, die gegen Vorschriften verstoßen, die zwar nicht überwiegend (dann wäre der Satzungsänderungsbeschluss nichtig), sondern lediglich auch den Interessen von Gläubigern oder der Öffentlichkeit dienen. Handelt es sich um sonstige Verstöße gegen zwingendes Recht,[178] ist ein Eintragungshindernis abzulehnen.[179]

78   **e) Angefochtene Beschlüsse.** Bei erhobener Anfechtungsklage hat der Registerrichter nach **pflichtgemäßem Ermessen** zu entscheiden, ob er dem Eintragungsantrag stattgibt.[180] Bei Vorliegen gravierender Gründe für die Anfechtbarkeit des Satzungsänderungsbe-

---

172   Vgl. RG Urt. v. 29.4.1932 – II 368/31, RGZ 136, 185 (192); HCL/*Ulmer/Casper* Rn. 49; Scholz/*Priester/Tebben* Rn. 41; demgegenüber für Verpflichtung des Registergerichts zur Beweiserhebung *Altmeppen* Rn. 32; Noack/Servatius/Haas/*Noack* Rn. 12.

173   GroßkommAktG/*Schmidt* AktG § 243 Rn. 72; für grundsätzliches Abwarten bis zum Ablauf der Anfechtungsfrist Kölner Komm AktG/*Zetzsche* AktG § 181 Rn. 130; ebenso wohl MüKoAktG/*Schäfer* AktG § 243 Rn. 134.

174   HCL/*Ulmer/Casper* Rn. 51; Scholz/*Priester/Tebben* Rn. 43.

175   Rowedder/Schmidt-Leithoff/*Schnorbus* Rn. 25.

176   Scholz/*Priester/Tebben* Rn. 43; HCL/*Ulmer/Casper* Rn. 52; HK-GmbHR/*A. Bartl* Rn. 24.

177   Lutter/Hommelhoff/*Bayer* Rn. 11; weitergehend *Baums,* Eintragung und Löschung von Gesellschafterbeschlüssen, 1981, 57 f., 64 ff.: jeder Verstoß gegen zwingendes Recht als Eintragungshindernis; Noack/Servatius/Haas/*Noack* Rn. 25; ebenso wohl Scholz/*Priester/Tebben* Rn. 44; gegen Eintragungshindernis aber Rowedder/Schmidt-Leithoff/*Schnorbus* Rn. 26; näher zur aktienrechtlichen Situation *Lutter* NJW 1969, 1873; GroßkommAktG/*Wiedemann* AktG § 181 Rn. 25.

178   Nach Auffassung des BayObLG ist das Registergericht nicht berechtigt, unklare oder unmissverständliche neue Satzungsbestandteile zu beanstanden, die nur gesellschaftsinterne Bedeutung haben. BayObLG Beschl. v. 8.2.1985 – BReg. 3 Z 12/85, WM 1985, 572; vgl. bereits BayObLG Beschl. v. 5.11.1982 – BReg. 3 Z 92/82, BB 1983, 83; OLG Köln Beschl. v. 9.6.1981 – 2 Wx 11/81, BB 1982, 579; aA OLG Stuttgart Die Justiz 1980, 354: Das Registergericht muss vor der Eintragung einer GmbH die Klarstellung missverständlicher Satzungsbestandteile verlangen.

179   AA *Baums,* Eintragung und Löschung von Gesellschafterbeschlüssen, 1981, 57 f., 64 ff.; wie hier bei Verletzung von Verfahrensvorschriften, Verstößen gegen Satzungsrecht oder gegen ungeschriebene, ausschließlich dem Interesse der Gesellschafterminderheit dienende Schranken HCL/*Ulmer/Casper* Rn. 52; ähnlich wohl auch Noack/Servatius/Haas/*Noack* Rn. 22 ff.

180   HCL/*Ulmer/Casper* Rn. 51; ähnlich Rowedder/Schmidt-Leithoff/*Schnorbus* Rn. 25; Scholz/*Priester/Tebben* Rn. 45; Lutter/Hommelhoff/*Bayer* Rn. 11.

schlusses wird der Registerrichter die Entscheidung gem. § 21 FamFG aussetzen. Ist die Anfechtungsklage offenbar unbegründet und bestehen erhebliche Interessen an einer baldigen Eintragung, darf der Registerrichter hingegen nicht aussetzen.[181] **In Zweifelsfällen** wird der Registerrichter jedenfalls dann eintragen, wenn ein Aufschub der Eintragung die Interessen der Gesellschaft erheblich beeinträchtigen würde.[182]

Besonderheiten ergeben sich bei **Umwandlungsbeschlüssen.** Bei der Anmeldung **79** einer **Verschmelzung** haben die Vertretungsorgane der beteiligten Rechtsträger zu erklären, dass eine Klage gegen die Wirksamkeit des Verschmelzungsbeschlusses nicht oder nicht fristgemäß erhoben oder eine solche Klage rechtskräftig abgewiesen oder zurückgenommen worden ist (§ 16 Abs. 2 S. 1 Hs. 1 UmwG). Liegt diese Erklärung nicht vor, darf die Verschmelzung nicht eingetragen werden, es sei denn, dass die klageberechtigten Anteilsinhaber durch notariell beurkundete Verzichtserklärung auf die Klage gegen die Wirksamkeit des Verschmelzungsbeschlusses verzichten (§ 16 Abs. 2 S. 2 UmwG). Um eine „Registersperre" infolge einer Klage gegen den Verschmelzungsbeschluss zu vermeiden, sieht § 16 Abs. 3 UmwG vor, dass das Prozessgericht auf Antrag des beklagten Rechtsträgers durch Beschluss feststellen kann, dass die Erhebung der Klage der Eintragung der Verschmelzung in das Register nicht entgegensteht. Ein solcher Beschluss darf indes nur ergehen, wenn die Klage gegen die Wirksamkeit des Verschmelzungsbeschlusses unzulässig oder offensichtlich unbegründet ist (§ 16 Abs. 3 S. 3 Nr. 1 UmwG), wenn der Kläger nicht binnen einer Woche nach Zustellung des Antrages durch Urkunden nachgewiesen hat, dass er seit der Bekanntmachung der Einberufung einen anteiligen Betrag von mindestens 1.000 Euro hält (§ 16 Abs. 3 S. 3 Nr. 2 UmwG) oder wenn das alsbaldige Wirksamwerden der Verschmelzung nach freier Überzeugung des Gerichts unter Berücksichtigung der Schwere der mit der Klage geltend gemachten Rechtsverletzungen zur Abwendung der vom Antragsteller dargelegten wesentlichen Nachteile für die an der Verschmelzung beteiligten Rechtsträger und ihre Anteilsinhaber vorrangig erscheint (§ 16 Abs. 3 S. 3 Nr. 3 UmwG).[183] § 16 Abs. 2 und 3 UmwG ist auch auf **Spaltungen** (§ 125 S. 1 UmwG) und **Formwechsel** (§ 198 Abs. 3 UmwG) entsprechend anzuwenden. Um faktische Blockadewirkungen zu überwinden, kommt ferner eine analoge Anwendung des aktienrechtlichen Freigabeverfahrens für strukturändernde Gesellschafterbeschlüsse (§ 246a AktG) in Betracht.[184]

4. Verfahren. a) Behebbare Hindernisse. Stehen der Eintragung behebbare Hinder- **80** nisse entgegen, hat der Registerrichter den Beteiligten durch **Zwischenverfügung** Gelegenheit zur Beseitigung dieser Hindernisse zu geben.[185] Die Zwischenverfügung ist an die Geschäftsführer als die Vertreter der Gesellschaft zu richten.[186] Der Registerrichter kann den Beteiligten insoweit eine Frist setzen (§ 382 Abs. 4 S. 1 FamFG). Die Zwischenverfügung kann auch ohne Fristsetzung ergehen, wovon allerdings regelmäßig zur Vermeidung dauerhaft schwebender Eintragungsverfahren abgesehen werden sollte.[187] Ergeht die Zwischenverfügung ohne Fristsetzung, ist eine nachträgliche Fristsetzung möglich.

Eine Zwischenverfügung kommt insbesondere bei **formellen Mängeln** der Anmel- **81** dung (zB bei Unvollständigkeit der eingereichten Unterlagen), aber auch bei **bestimmten materiellen Hindernissen** in Betracht, sofern diese noch behoben werden können. Keinen behebbaren Mangel stellt es indes dar, wenn es einer erneuten Beschlussfassung der

---

181   Scholz/*Priester*/*Tebben* Rn. 45; HCL/*Ulmer*/*Casper* Rn. 51; abw. *Baums,* Eintragung und Löschung von Gesellschafterbeschlüssen, 1981, 161 ff.

182   Kölner Komm AktG/*Zöllner,* 2. Aufl. 1995, AktG § 181 Rn. 37 zur AG; demgegenüber für Aussetzung in derartigen Fällen HCL/*Ulmer*/*Casper* Rn. 51.

183   Näher dazu Lutter/*Decher* UmwG § 16 Rn. 48 ff.; Semler/Stengel/*Schwanna* UmwG § 16 Rn. 27 ff.

184   Vgl. dazu HCL/*Ulmer*/*Casper* § 54 Rn. 56; *Harbarth* GmbHR 2005, 966; *Bayer*/*Lieder* NZG 2011, 1170; aA KG Beschl. v. 23.6.2011 – 23 AktG 1/11, NZG 2011, 1068; *Fleischer* DB 2011, 2132; Noack/ Servatius/Haas/*Noack* Rn. 28; Scholz/*Priester*/*Tebben* § 57 Rn. 50.

185   OLG Hamm Beschl. v. 5.2.1963 – 15 W 395/62, NJW 1963, 1554; Scholz/*Priester*/*Tebben* Rn. 46; HCL/*Ulmer*/*Casper* Rn. 54; MHLS/*Hoffmann* Rn. 35; HK-GmbHG/*Inhester* Rn. 33.

186   Ebenso wohl HCL/*Ulmer*/*Habersack* § 9c Rn. 58.

187   MHLS/*Hoffmann* Rn. 35b.

Gesellschafterversammlung über die Satzungsänderung bedarf; in diesem Fall ist der Eintragungsantrag vielmehr abzulehnen, nach erfolgter Beschlussfassung kann erneut zur Eintragung angemeldet werden.[188]

82   Verstreicht die vom Registerrichter in der Zwischenverfügung gesetzte **Frist,** ohne dass die Mängel beseitigt werden, so darf der Richter den Eintragungsantrag ablehnen.[189]

83   **b) Nicht behebbare Hindernisse.** Können die der Eintragung entgegenstehenden Hindernisse nicht behoben werden (zB bei Nichtigkeit des Satzungsänderungsbeschlusses), ist die Eintragung ohne Zwischenverfügung **abzulehnen.**[190] Der Grundsatz des rechtlichen Gehörs verlangt es allerdings regelmäßig, den Antragsteller auf die bevorstehende Ablehnung des Antrags hinzuweisen und ihm **Gelegenheit zur Stellungnahme** zu geben.[191] Bei Ablehnung der Eintragung sind die Gründe der Ablehnung mitzuteilen.

84   **c) Aussetzung.** Vom Erlass einer Zwischenverfügung und der Ablehnung einer Eintragung zu unterscheiden ist die Aussetzung gem. § 21 FamFG. In Abgrenzung zur Zwischenverfügung bzw. Ablehnung der Eintragung besteht das Wesen der Aussetzung gem. § 21 FamFG darin, dem Registergericht ein Abwarten bis zu einer Entscheidung des Prozessrichters über einschlägige Fragen einzuräumen. Voraussetzung der Aussetzung, die von Amts wegen oder auf Antrag erfolgen kann und über die das Registergericht nach **pflichtgemäßem Ermessen** zu entscheiden hat, ist, dass die zu erlassende Verfügung (zumindest teilweise) von der Beurteilung eines **streitigen Rechtsverhältnisses** abhängig ist. Ist ein Rechtsstreit nicht anhängig, kann das Registergericht einem der Beteiligten eine Frist zur Erhebung der Klage bestimmen (§ 381 FamFG). Hauptanwendungsbereich der Aussetzung gem. § 21 FamFG sind nichtige, anfechtbare und angefochtene Beschlüsse (näher → Rn. 70 ff.).

85   **d) Teilweise Mangelhaftigkeit.** Streitig ist, wie das Registergericht zu verfahren hat, wenn die beantragte Eintragung nur teilweise mängelbehaftet ist. Die **Rspr.** ist der Auffassung, dass ein Eintragungsantrag nur ganz vollzogen oder insgesamt abgelehnt werden kann; einen mit einer teilweisen Ablehnung verbundenen teilweisen Vollzug der Eintragung hält sie für unzulässig.[192] Nach der **Gegenauffassung** darf die Eintragung einer zulässigen Satzungsänderung indes nicht deshalb abgelehnt werden, weil der Eintragungsantrag daneben auch auf die Eintragung einer unzulässigen Satzungsänderung gerichtet ist.[193]

86   In der Anmeldung kann in jedem Fall zum Ausdruck gebracht werden, ob eine ausschließlich **vollständige oder** eine uU **nur teilweise Eintragung** der Satzungsänderungen gewünscht wird.[194] Im Fall eines solchen ausdrücklichen Begehrens haben die anmeldenden Geschäftsführer dafür Sorge zu tragen, dass dieses den Vorgaben des Gesellschafterbeschlusses entspricht; andernfalls ist das entsprechende Begehren der anmeldenden Geschäftsführer für den Registerrichter zwar grundsätzlich beachtlich,[195] es kann die Geschäftsführer jedoch im Innenverhältnis zur Gesellschaft schadensersatzpflichtig

---

[188] MHLS/*Hoffmann* Rn. 35a.
[189] Scholz/*Priester/Tebben* Rn. 46.
[190] HCL/*Ulmer/Habersack* § 9c Rn. 60; MHLS/*Hoffmann* Rn. 35.
[191] OLG Düsseldorf Beschl. v. 6.5.2020 – I-3 Wx 35/10, FGPrax 2010, 247 (248) zum Vereinsregister; *Krafka* RegisterR-HdB Rn. 192; HCL/*Ulmer/Habersack* § 9c Rn. 61.
[192] BayObLG Beschl. v. 5.3.1983 – BReg. 3 Z 29/87, WM 1987, 502 (503); Beschl. v. 28.7.1978 – BReg. 1 Z 45/78, DB 1978, 2165; KG Beschl. v. 24.11.1927 – 1 b x 830/27, JFG 5 (1928), 236 (237); OLG Hamburg Beschl. v. 16.3.1950 – 2 W 29/50, DNotZ 1950, 472 (473); OLG Hamm Beschl. v. 5.2.1963 – 15 W 395/62, NJW 1963, 1554; OLG Karlsruhe Beschl. v. 12.10.1993 – 11 Wx 48/93, GmbHR 1994, 810 (811) = BeckRS 1993, 03871 Rn. 18 ff.; LG Dresden Beschl. v. 20.12.1993 – 45 T 82/93, GmbHR 1994, 555 = NJW-RR 1994, 812 (für die Gründung); zust. Lutter/Hommelhoff/*Bayer* Rn. 17; MHLS/*Hoffmann* Rn. 35d; abw. indes BayObLGZ 1969, 33 (38).
[193] Scholz/*Priester/Tebben* Rn. 46; Rowedder/Schmidt-Leithoff/*Schnorbus* Rn. 23.
[194] Vgl. Rowedder/Schmidt-Leithoff/*Schnorbus* Rn. 23; Lutter/Hommelhoff/*Bayer* Rn. 17; MHLS/*Hoffmann* Rn. 35d; Bork/Schäfer/*Arnold* Rn. 12; Scholz/*Priester/Tebben* Rn. 46; BayObLG WM 1987, 502 (503).
[195] Abw. LG Dresden Beschl. v. 20.12.1993 – 45 T 82/93, DB 1994, 321 (322).

machen oder ihre Abberufung und die Kündigung ihres Anstellungsvertrags aus wichtigem Grund rechtfertigen.[196] Bringt die Anmeldung nicht zum Ausdruck, ob ausschließlich eine vollständige oder uU auch eine teilweise Eintragung erfolgen soll, ist mit der überwiegenden Auffassung bei teilweiser Fehlerhaftigkeit der Eintragungsantrag insgesamt abzulehnen. Werden **mehrere Satzungsänderungen** zur Eintragung angemeldet, stehen diese häufig in einem inhaltlichen Zusammenhang. Sie sollen zB als „Paket" das Verhältnis von Mehrheits- und Minderheitsgesellschaftern neu austarieren. Eine teilweise Eintragung der Satzungsänderungen wäre vor diesem Hintergrund nur dann gerechtfertigt, wenn der Registerrichter sicherstellen könnte, dass ein derartiger inhaltlicher Zusammenhang im Sinne eines „miteinander Stehens und Fallens" nicht existiert. Die Klärung der Frage nach Existenz und Grenzen eines solchen inhaltlichen Zusammenhangs kann vom Registerrichter indes berechtigterweise nicht erwartet werden.[197] Stattdessen hat der Registerrichter den Anmeldern Gelegenheit zur Stellungnahme dazu zu geben, ob sie eine nur teilweise Eintragung wünschen; verneinen die Anmelder dies oder äußern sie sich nicht, ist der Eintragungsantrag insgesamt abzulehnen.

Fraglich ist, ob die vorstehenden Grundsätze auch dann gelten, wenn die Satzung eine **87** sog. **salvatorische Klausel** enthält, derzufolge die etwaige ganze oder teilweise Unwirksamkeit einzelner gesellschaftsvertraglicher Bestimmungen (einschließlich künftig in den Gesellschaftsvertrag aufgenommener Bestimmungen) die Gültigkeit der übrigen in der Satzung enthaltenen Bestimmungen unberührt lassen soll.[198] Bei Vorhandensein einer derartigen Klausel lässt die Nichtigkeit einer im Rahmen einer Satzungsänderung eingeführten Bestimmung die Wirksamkeit der übrigen im Zusammenhang hiermit geänderten Bestimmungen nach erfolgter Eintragung unberührt. Angesichts dessen ließe es sich erwägen, bei Vorhandensein einer salvatorischen Klausel auch im Rahmen der registergerichtlichen Prüfung den „Paket-Charakter" zu verneinen. Im Ergebnis kann eine derartige Sicht indes nicht überzeugen. Die Existenz einer salvatorischen Klausel allein ist kein hinreichender Grund, einen „Paket-Charakter" mehrerer zur Eintragung angemeldeter Satzungsänderungen zu verneinen. Auch bei Vorhandensein einer salvatorischen Klausel kann (und wird) der Wille aller Beteiligten nämlich vielfach darauf gerichtet sein, dass die Satzungsänderungen nur gemeinsam oder gar nicht eingetragen werden.

e) Rechtsmittel. aa) Erzwingung der Eintragung. Die einen Eintragungsantrag **88** ablehnende Entscheidung ergeht durch Beschluss (§ 382 Abs. 3 FamFG). Die Ablehnung kann vom Antragsteller innerhalb der Monatsfrist (§ 63 Abs. 1 FamFG) mit dem Rechtsmittel der **Beschwerde** (§ 58 Abs. 1 FamFG) angegriffen werden. Dies gilt auch für den Fall, dass der Registerrichter den Beteiligten bei behebbaren Mängeln keine Gelegenheit zu deren Beseitigung gibt.[199] Eine Zwischenverfügung, die eine Anmeldung beanstandet, kann isoliert mit der Beschwerde angefochten werden (§ 382 Abs. 4 S. 2 FamFG).[200] Gegen die Entscheidung des Beschwerdegerichts kommt die **Rechtsbeschwerde** (§ 70 Abs. 1 FamFG) in Betracht. **Beschwerdeberechtigt** sind nicht die Geschäftsführer persönlich, sondern die durch die Geschäftsführer vertretene Gesellschaft.[201] Sofern die Anmeldung vom beglaubigenden Notar eingereicht wurde, gilt auch er als zur Einlegung von Rechtsmitteln ermäch-

---

[196] Vgl. in diesem Zusammenhang auch Scholz/*Priester*/*Tebben* Rn. 46.
[197] BayObLG Beschl. v. 5.3.1983 – BReg. 3 Z 29/87, WM 1987, 502 (503).
[198] Vgl. zur Ausgestaltung einer derartigen Klausel *Reichert*/*Schumacher,* Der GmbH-Vertrag, 4. Aufl. 2014, 177 f.
[199] Scholz/*Priester*/*Tebben* Rn. 46.
[200] Vgl. Schulte-Bunert/Weinreich/*Nedden-Boeger* FamFG § 382 Rn. 23 ff.; Keidel/*Heinemann* FamFG § 382 Rn. 29.
[201] BGH Entsch. v. 24.10.1988 – II ZB 7/88, BGHZ 105, 324 (327 f.) = NJW 1989, 295; Noack/Servatius/Haas/*Noack* Rn. 3, 27; Lutter/Hommelhoff/*Bayer* Rn. 13; MHLS/*Hoffmann* Rn. 35c; Scholz/*Priester*/*Tebben* Rn. 47; aA BayObLG Beschl. v. 4.1.1985 – BReg. 3 Z 237/84, DB 1985, 699; Beschl. v. 4.12.1986 – BReg. 3 Z 121/86, GmbHR 1987, 267 = BayObLGZ 1986, 496 (497 f.); Beschl. v. 23.7.1987 – BReg. 3 Z 72/87, DB 1987, 2194; Beschl. v. 5.11.1987 – BReg. 3 Z 67/87, DB 1988, 281.

tigt.[202] Die einzelnen Gesellschafter oder Dritte sind demgegenüber nicht beschwerdeberechtigt.[203]

89   **bb) Verhinderung der Eintragung.** Eine **erfolgte Eintragung** kann nicht mit der Beschwerde angegriffen werden, weil die mit der Eintragung verbundene erhöhte Bestandskraft nicht im Beschwerdeverfahren beseitigt werden kann (§ 383 Abs. 3 FamFG).[204] Eine derartige unzulässige Beschwerde ist regelmäßig allerdings als Anregung zur Einleitung des Amtslöschungsverfahrens zu verstehen.[205]

90   Möchte ein Gesellschafter die Eintragung eines aus seiner Sicht mangelhaften Beschlusses verhindern, kann er grundsätzlich nicht gegen die an den Urkundsbeamten der Geschäftsstelle gerichtete Verfügung des Registerrichters vorgehen, die Eintragung vorzunehmen. Diese Verfügung stellt nämlich einen **unanfechtbaren verwaltungsinternen Vorgang** dar.[206] Die Beschwerde ist insoweit nur dann zulässig, wenn der Registerrichter, um einem Dritten die Einlegung der Beschwerde zu ermöglichen, gegenüber diesem die Eintragungsverfügung bekannt gegeben hat.[207] Ein Gesellschafter hat indes die Möglichkeit, im Fall eines aus seiner Sicht mangelhaften Satzungsänderungsbeschlusses eine **einstweilige Verfügung** gegen die Gesellschaft zu erwirken, die Eintragung nicht zu betreiben. In diesem Fall darf die Eintragung nicht gegen den Widerspruch des Gesellschafters erfolgen, der die Entscheidung erwirkt hat (§ 16 Abs. 2 HGB; auch → Rn. 120 ff.).[208] Die Bindung des Registergerichts an die Entscheidung des Prozessgerichts besteht indes nur in den Grenzen, die sich aus den allgemeinen Grundsätzen über das Verhältnis der freiwilligen zur streitigen Gerichtsbarkeit ergeben.[209]

91   Ein Gesellschafter, der im **Anfechtungsprozess** gegen den Satzungsänderungsbeschluss obsiegt hat, kann die Löschung der Eintragung beantragen; wird dieser Antrag zurückgewiesen, ist die Beschwerde möglich.[210]

92   **5. Bedingte und befristete Satzungsänderungen.** Aufschiebend **befristete** Satzungsänderungen (zu deren Zulässigkeit → § 53 Rn. 175) können schon vor Eintritt des Anfangstermins im Handelsregister eingetragen werden.[211] Die Befristung ist bei der Eintragung und der Veröffentlichung indes hinreichend deutlich zu machen.[212] Gleiches gilt im Falle auflösend befristeter Satzungsänderungen. Zu auflösend befristeten Kapitalerhöhungen → § 55 Rn. 72, → § 55 Rn. 179. **Bedingte** Satzungsänderungsbeschlüsse sind demgegenüber grundsätzlich unzulässig (näher → § 53 Rn. 171 ff.).

93   **6. Haftung.** Die Frage etwaiger **Amtshaftungsansprüche** (Art. 34 GG, § 839 BGB) wird im Schrifttum im Zusammenhang mit Fehlern bei der Eintragung erörtert (näher

---

202   OLG Frankfurt Beschl. v. 19.7.1978 – 20 W 406/78, DNotZ 1978, 750; Scholz/*Priester/Tebben* Rn. 47.
203   Vgl. BayObLG Beschl. v. 7.2.1984 – BReg. 3 Z 190/83, BB 1984, 804; OLG Hamm Beschl. v. 27.11.1996 – 15 W 311/96, DB 1997, 323; MHLS/*Hoffmann* Rn. 35c; Scholz/*Priester/Tebben* Rn. 47.
204   Vgl. OLG Hamm OLGZ 1974, 139 (140); BayObLG Rpfleger 1984, 274 (275); UHL/*Ulmer/Habersack* § 9c Rn. 63 zur Gründung; Staub/*Koch* HGB § 8 Rn. 133; iErg ebenso MHLS/*Hoffmann* Rn. 35c; Scholz/*Priester/Tebben* Rn. 47.
205   OLG Hamm NJW 1963, 1554; BayObLG Rpfleger 1978, 181; HCL/*Ulmer/Habersack* § 9c Rn. 63 zur Gründung; Staub/*Koch* HGB § 8 Rn. 133; Scholz/*Priester/Tebben* Rn. 47.
206   OLG Hamm Beschl. v. 22.7.1966 – 15 W 151/66, OLGZ 1966, 598 (599); Beschl. v. 28.1.1976 – 15 W 20/75, OLGZ 1976, 392 (393); *Wochner/Schemann* in: Fleischhauer/Wochner, Handelsregisterrecht, 4. Aufl. 2019, Teil 1 A. Rn. 183; krit. hierzu *Baums*, Eintragung und Löschung von Gesellschafterbeschlüssen, 1981, 167 ff.
207   OLG Stuttgart Beschl. v. 19.5.1970 – 8 W 343/68, Rpfleger 1970, 283 = OLGZ 1970, 419 (420 f.).
208   MHLS/*Hoffmann* Rn. 35c; Scholz/*Priester/Tebben* Rn. 48; HCL/*Ulmer/Casper* Rn. 31; OLG Düsseldorf Urt. v. 22.1.1960 – 18 Q 88/59, DB 1960, 172; LG Heilbronn Beschl. v. 8.9.1971 – 1 KfH 0125/71, AG 1971, 372; näher zum Rechtsschutz im Rahmen von § 16 Abs. 2 HGB Staub/*Koch* HGB § 16 Rn. 24 ff.
209   Staub/*Koch* HGB § 16 Rn. 36 ff., 4 ff.; HCL/*Ulmer/Casper* Rn. 31.
210   Noack/Servatius/Haas/*Noack* Rn. 27.
211   Zur Anmeldung verpflichtet ist die Gesellschaft allerdings nicht in einem solchen Fall; OLG München Beschl. v. 23.2.2010 – 31 Wx 161/09, DNotZ 2010, 636.
212   Scholz/*Priester/Tebben* Rn. 49; Rowedder/Schmidt-Leithoff/*Schnorbus* § 53 Rn. 53; ausf. zur Eintragung befristeter Satzungsänderungen *Heinze* NZG 2019, 847.

→ Rn. 123). Aber auch bei der Pflicht zur registergerichtlichen Prüfung handelt es sich nicht um eine nur gegenüber der Allgemeinheit bestehende Pflicht, sondern um eine gegenüber einem Dritten bestehende Amtspflicht iSv Art. 34 S. 1 GG, § 839 Abs. 1 S. 1 BGB.[213] Von Relevanz ist dies für Fälle, in denen das Registergericht dem Eintragungsantrag zu Unrecht stattgibt, ihn zu Unrecht ablehnt oder zu Unrecht nach § 21 FamFG aussetzt. Als Gläubiger von Amtshaftungsansprüchen kommen neben der Gesellschaft und ihren Gesellschaftern auch Gläubiger der Gesellschaft in Betracht.

IV. Eintragung

1. Inhalt. a) Allgemeines. Gem. Abs. 2 genügt bei der Eintragung, sofern nicht die **94** Abänderung die in § 10 bezeichneten Angaben betrifft, die **Bezugnahme auf** die beim Gericht eingereichten **Dokumente** über die Abänderung. In Abhängigkeit vom Gegenstand der Satzungsänderung unterscheidet das Gesetz demnach zwischen solchen Fällen, in denen die Eintragung den Inhalt der Satzungsänderung wiederzugeben hat (→ Rn. 19), und solchen, in denen eine Eintragung, dass die Satzung geändert ist, nebst Bezugnahme auf bestimmte Dokumente genügt (→ Rn. 18). In beiden Fällen ist die Eintragung Voraussetzung des Wirksamwerdens der jeweiligen Satzungsänderung.

Aus Abs. 2 iVm § 10 Abs. 1 S. 1 leitet die überwiegende Auffassung ab, dass der dem **95** Tag des Vertragsabschlusses entsprechende **Tag des Änderungsbeschlusses** einzutragen sei.[214] Den Tag des Änderungsbeschlusses insoweit mit dem Tag des Vertragsabschlusses gleichzusetzen überzeugt jedoch bereits deshalb nicht, weil Abs. 2 erkennbar davon ausgeht, dass Satzungsänderungen die in § 10 bezeichneten Änderungen gänzlich unberührt lassen können. Wäre der Tag des Änderungsbeschlusses anzugeben, wäre jedoch bei jeder Satzungsänderung ein Fall von Abs. 2 iVm § 10 Abs. 1 S. 1 gegeben. Auch aus § 43 Nr. 6 lit. a HRV ergibt sich keine rechtliche Verpflichtung zur Nennung des Tags des Änderungsbeschlusses. Die eindeutige Verknüpfung der Satzungsänderung mit einem bestimmten Gesellschafterbeschluss kann auch durch die Bezeichnung der in Bezug genommenen Dokumente erreicht werden.[215] Auch wenn somit keine Verpflichtung zur Nennung des Tags des Änderungsbeschlusses besteht, bleibt diese gleichwohl zweckmäßig. Eine Eintragungspflicht besteht demgegenüber hinsichtlich des **Tags der Eintragung.** § 382 Abs. 2 FamFG enthält insoweit zwar nur eine Sollvorschrift, § 27 Abs. 4 HRV schreibt die Angabe des Tags der Eintragung allerdings zwingend vor. Die Eintragung des Tags der Eintragung ist insofern von rechtlicher Bedeutung, als die Wirksamkeit der Satzungsänderung gem. Abs. 3 nicht vor dem Tag der Eintragung eintreten kann. Da das Wirksamwerden einer Satzungsänderung im Fall einer aufschiebenden Befristung hinausgeschoben ist, bedarf es insoweit auch der Angabe der Befristung.[216]

b) Ausdrückliche Eintragungen. Betrifft die Satzungsänderung die Firma, den Sitz, **96** den Unternehmensgegenstand, die Höhe des Stammkapitals, die Zeitdauer der Gesellschaft oder die Vertretungsbefugnis der Geschäftsführer oder Liquidatoren, bedarf es der ausdrücklichen Eintragung des Inhalts der Satzungsänderung. Dies setzt zwar **keine wörtliche Wiedergabe** voraus; der Inhalt der Satzungsänderung ist allerdings **deutlich und vollständig** wiederzugeben.[217] In Betracht kommen etwa Formulierungen wie: „Die Firma ist geändert in …", „Der Sitz ist nach … verlegt". Wird in die Satzung eine Bestimmung aufgenommen, nach der die Gesellschafterversammlung eine abweichende Vertretungsregelung oder die Befreiung von § 181 BGB beschließen kann, stellt dies keine die ausdrückliche Wiedergabe

---

213 MHLS/*Hoffmann* Rn. 25.
214 Scholz/*Priester*/*Tebben* Rn. 53; Lutter/Hommelhoff/*Bayer* Rn. 15; HCL/*Ulmer*/*Casper* Rn. 24; Rowedder/Schmidt-Leithoff/*Schnorbus* Rn. 30; HK-GmbHR/*A. Bartl* Rn. 15; Bork/Schäfer/*Arnold* Rn. 13.
215 Noack/Servatius/Haas/*Noack* Rn. 33; MHLS/*Hoffmann* Rn. 37.
216 HCL/*Ulmer*/*Casper* § 53 Rn. 28.
217 LG München I GmbHR 1991, 270; Scholz/*Priester*/*Tebben* Rn. 51; HCL/*Ulmer*/*Casper* Rn. 25; Noack/Servatius/Haas/*Noack* Rn. 30.

verlangende Änderung der Vertretungsbefugnis iSv § 10 Abs. 1 S. 2 dar.[218] Wird bei einer ausdrücklich einzutragenden Satzungsänderung nur auf den Änderungsbeschluss Bezug genommen, ohne diesen inhaltlich wiederzugeben, so ist die Eintragung fehlerhaft und führt die Wirksamkeit der Satzungsänderung gem. Abs. 3 nicht herbei.[219] Im Falle der nachträglichen Ergänzung der erforderlichen Angaben erlangt die Satzungsänderung erst ab diesem Zeitpunkt Wirksamkeit.[220]

97   **c) Bezugnehmende Eintragungen.** Sind nicht die in § 10 bezeichneten Angaben betroffen, genügt es, wenn die Tatsache der Satzungsänderung sowie der Tag der Eintragung (→ Rn. 95) eingetragen werden und auf die bei Gericht eingereichten Dokumente über die Änderung Bezug genommen wird. Die **Bezeichnung des Gegenstands** der Änderung ist **nicht erforderlich**.[221] Auch die von § 43 HRV in Nr. 6 lit. a verlangte allgemeine Bezeichnung des Gegenstands der Satzungsänderung ist nicht Wirksamkeitsvoraussetzung derselben.[222] In Betracht kommt demnach etwa folgende Formulierung: „Der Gesellschaftsvertrag ist geändert. Eingetragen unter Bezugnahme auf den Gesellschafterbeschluss vom … am …". Zwar nicht empfehlenswert, aber rechtlich zulässig ist insoweit anstelle der Nennung des Tags des Gesellschafterbeschlusses auch die Bezeichnung der in Bezug genommenen Dokumente (→ Rn. 95). Ist die inhaltliche Wiedergabe der Satzungsänderung demnach zwar nicht erforderlich, bleibt sie gleichwohl gestattet. Fraglich ist, wie Fälle zu beurteilen sind, in denen die Satzungsänderung zwar inhaltlich wiedergegeben wird, aber nicht auf die beim Gericht eingereichten Dokumente über die Satzungsänderung Bezug genommen wird. Nach dem Wortlaut von Abs. 2 („genügt") führt auch eine solche Eintragung zur Wirksamkeit der Satzungsänderung. Voraussetzung hierfür ist allerdings, dass der Inhalt der Satzungsänderung hinreichend deutlich und vollständig wiedergegeben wird.

98   **2. Wirksamwerden der Satzungsänderung.** Gem. Abs. 3 hat die Abänderung keine rechtliche Wirkung, bevor sie in das Handelsregister des Sitzes der Gesellschaft eingetragen ist. Die Eintragung hat für die Satzungsänderung demnach konstitutive Wirkung.[223] Maßgeblich für den Eintritt der Wirksamkeit der Satzungsänderung ist der **Tag der Eintragung,** sofern der Satzungsänderungsbeschluss keine zulässige aufschiebende Befristung enthält.[224] Dass etwa die Verlegung des satzungsmäßigen Sitzes demnach erst mit ihrer Eintragung Wirksamkeit erlangt, kann für die Zuständigkeit des Insolvenzgerichts Bedeutung haben.[225] Die Bekanntmachung der Eintragung ist für das Wirksamwerden der Satzungsänderung ohne Relevanz, kann allerdings im Rahmen von § 15 HGB Bedeutung erlangen (→ Rn. 126). Eine **Rückwirkung** der Satzungsänderung scheidet wegen des eindeutigen Wortlauts des Abs. 3 im Außenverhältnis aus, selbst wenn die Änderung bereits vor Beginn des neuen Geschäftsjahres angemeldet wurde[226] (→ § 53 Rn. 177 f.).

99   **3. Mängel des Eintragungsverfahrens.** Ist der Beschluss rechtsfehlerfrei zu Stande gekommen, fehlt es hingegen an einer Anmeldung, wurde diese von nicht vertretungsberechtigten Personen vorgenommen oder wurde sie vor Eintragung zurückgenommen, führt

---

[218]   OLG Frankfurt Beschl. v. 30.9.1983 – 20 W 465/83, DB 1984, 42; OLG Hamm Beschl. v. 22.1.1993 – 15 W 224/91, NJW-RR 1994, 361; Scholz/*Priester/Tebben* Rn. 51; Rowedder/Schmidt-Leithoff/*Schnorbus* Rn. 29.
[219]   Scholz/*Priester/Tebben* Rn. 50; HCL/*Ulmer/Casper* Rn. 25; Rowedder/Schmidt-Leithoff/*Schnorbus* Rn. 29.
[220]   Scholz/*Priester/Tebben* Rn. 50; HCL/*Ulmer/Casper* Rn. 25.
[221]   Scholz/*Priester/Tebben* Rn. 52; HCL/*Ulmer/Casper* Rn. 26; Rowedder/Schmidt-Leithoff/*Schnorbus* Rn. 29.
[222]   Noack/Servatius/Haas/*Noack* Rn. 31.
[223]   Henssler/Strohn/*Gummert* Rn. 1.
[224]   Scholz/*Priester/Tebben* Rn. 54; HCL/*Ulmer/Casper* Rn. 27.
[225]   Vgl. BayObLG Beschl. v. 11.8.1999 – 4 Z AR 23/99, DB 1999, 2155; LG Magdeburg Beschl. v. 23.10.1996 – 3 T 490/96, GmbHR 1997, 129 = BeckRS 2009, 13511; Scholz/*Priester/Tebben* Rn. 54.
[226]   Scholz/*Priester/Tebben* Rn. 55.

eine gleichwohl erfolgte Eintragung nicht die Wirksamkeit der Satzungsänderung herbei.[227] Die **fehlende Anmeldung** ist indes nachholbar.[228] Sie begründet dann eine Wirksamkeit der Änderung ex nunc, weil es für die Annahme einer Rückwirkung weder eine normative Basis noch zwingende Gründe gibt. Die in Ermangelung einer wirksamen Anmeldung erfolgte Eintragung kann gem. § 395 FamFG gelöscht werden.[229] Vor Einleitung eines Löschungsverfahrens ist den Beteiligten indes Gelegenheit zur Nachholung der rechtsfehlerfreien Anmeldung zu geben.[230] Keinen Einfluss auf die Wirksamkeit der Eintragung hat demgegenüber das Fehlen oder die Unrichtigkeit des vollständigen Satzungswortlauts gem. Abs. 1 S. 2 und der notariellen Bescheinigung;[231] diese Urkunden können nachträglich angefordert werden.[232] Auch etwaige **Formfehler** wie das Fehlen einer öffentlichen Beglaubigung beeinflussen die Wirksamkeit der Eintragung nicht.[233]

Ist demgegenüber die Anmeldung in Ordnung, **fehlt** es aber an einem **Satzungsände-** **100** **rungsbeschluss,** ist eine Löschung der Eintragung nach § 395 Abs. 1 FamFG angezeigt;[234] Gleiches gilt für den Fall, dass der Beschluss von einer Scheinversammlung gefasst wurde.[235] Regelmäßig dürfte allerdings ein fehlerhafter Beschluss vorliegen (→ Rn. 70 ff.).

Sind Satzungsänderungsbeschluss und Anmeldung ordnungsgemäß erfolgt, **trägt** das **101** Registergericht indes etwas **Abweichendes ein,** wird die Satzungsänderung mangels Vorliegens der Voraussetzungen von Abs. 3 nicht wirksam.[236] Greift nicht die allgemeine Berichtigungsvorschrift gem. § 17 Abs. 1 HRV ein, kommt die Löschung nach § 395 Abs. 1 FamFG in Betracht.[237] Die Satzungsänderung wird gleichfalls nicht wirksam, wenn in den Fällen des § 10 Abs. 1 und 2 keine inhaltliche Wiedergabe der Satzungsänderung erfolgt[238] oder wenn die Eintragung in einem anderen Register als dem des satzungsmäßigen Sitzes erfolgt.[239]

4. Teilwirksamkeit. Fraglich ist, ob eine Eintragung, die einen Satzungsänderungsbe- **102** schluss nur teilweise zutreffend wiedergibt, hinsichtlich des mit dem Beschluss übereinstimmenden Teils der Eintragung Wirksamkeit herbeiführt oder ob sie als vollumfänglich unwirksam anzusehen ist. Eine **frühere Auffassung** bejahte die teilweise Wirksamkeit dann, wenn der sich mit dem Satzungsänderungsbeschluss deckende Teil der Eintragung als solcher Bestand haben konnte.[240] Dies ist indes nur dann überzeugend, wenn der übereinstimmende Teil von Beschluss und Eintragung zulässigerweise getrennt hätte angemeldet werden können und anzunehmen ist, dass die Anmeldung in diesem beschränkten Umfang gewollt gewesen wäre.[241] Da für eine Teilwirksamkeit daher nur beschränkter Raum verbleibt, dürfte sich **in der Praxis** die Nachholung einer ordnungsgemäßen Anmeldung empfehlen.

[227] Scholz/*Priester/Tebben* Rn. 74, HCL/*Ulmer/Casper* Rn. 33; Rowedder/Schmidt-Leithoff/*Schnorbus* Rn. 35; Noack/Servatius/Haas/*Noack* Rn. 39; aA *Baums,* Eintragung und Löschung von Gesellschafterbeschlüssen, 1981, 133 ff.
[228] Scholz/*Priester/Tebben* Rn. 74; Rowedder/Schmidt-Leithoff/*Schnorbus* Rn. 35; HCL/*Ulmer/Casper* Rn. 33.
[229] Scholz/*Priester/Tebben* Rn. 74; HCL/*Ulmer/Casper* Rn. 33; Noack/Servatius/Haas/*Noack* Rn. 39; aA *Baums,* Eintragung und Löschung von Gesellschafterbeschlüssen, 1981, 133 ff.; s. auch OLG Karlsruhe Beschl. v. 18.12.1985 – 11 W 86/85, ZIP 1986, 711.
[230] Scholz/*Priester/Tebben* Rn. 74; HCL/*Ulmer/Casper* Rn. 33.
[231] Scholz/*Priester/Tebben* Rn. 74; HCL/*Ulmer/Casper* Rn. 33; Noack/Servatius/Haas/*Noack* Rn. 39.
[232] HCL/*Ulmer/Casper* Rn. 33; Rowedder/Schmidt-Leithoff/*Schnorbus* Rn. 36.
[233] Scholz/*Priester/Tebben* Rn. 74.
[234] BayObLG Beschl. v. 19.9.1991 – BReg. 3 Z 97/91, BB 1991, 2104; Scholz/*Priester/Tebben* Rn. 75.
[235] OLG Hamm Beschl. v. 22.5.1979 – 15 W 314/78, DB 1979, 1452 (1453).
[236] Ebenso jedenfalls für Fälle der versehentlichen Falscheintragung Scholz/*Priester/Tebben* Rn. 76; HCL/*Ulmer/Casper* Rn. 34.
[237] RG Urt. v. 21.6.1929 – II 550/1928, RGZ 125, 143 (151); KG Beschl. v. 23.9.1937 – 1 Wr 443/37, JFG 16, 190; Scholz/*Priester/Tebben* Rn. 76.
[238] HCL/*Ulmer/Casper* Rn. 34.
[239] Rowedder/Schmidt-Leithoff/*Schnorbus* Rn. 40.
[240] RG Urt. v. 24.2.1931 – III 131/30, RGZ 132, 26; Hachenburg/*Schilling,* 6. Aufl., Rn. 6.
[241] Scholz/*Priester/Tebben* Rn. 79; HCL/*Ulmer/Casper* Rn. 35; *Köhler* JW 1931, 2983.

103   **5. Heilung von Mängeln.** Hinsichtlich der Möglichkeit einer Heilung von Beschluss-
mängeln ist zwischen nichtigen Beschlüssen (→ Rn. 106 ff.), unwirksamen Beschlüssen
(→ Rn. 113), anfechtbaren Beschlüssen (→ Rn. 114) und Nicht- oder Scheinbeschlüssen
(→ Rn. 115) zu unterscheiden.

104   Im Rahmen von **Umwandlungsvorgängen** sind darüber hinaus spezielle umwandlungsrechtliche Heilungsvorschriften zu beachten, und zwar bei der Verschmelzung § 20
Abs. 1 Nr. 4 UmwG, bei der Spaltung § 125 S. 1 UmwG iVm § 20 Abs. 1 Nr. 4 UmwG
und § 131 Abs. 1 Nr. 4 UmwG, beim Formwechsel § 202 Abs. 1 Nr. 3 UmwG.[242]

105   Ausführlich zur Heilung mängelbehafteter Gesellschafterbeschlüsse und zur Beurteilung
von Willensmängeln → Anh. § 47 Rn. 141 ff.; zur Heilung von in der Gründungssatzung
enthaltenen Bestimmungen → § 2 Rn. 207 ff.

106   **a) Nichtige Beschlüsse.** Die Heilung nichtiger Beschlüsse bemisst sich nach dem auf
die GmbH **entsprechend** anwendbaren **§ 242 AktG.**[243] Mängel der notariellen Beurkundung der Satzungsänderung werden demnach analog § 242 Abs. 1 AktG mit der Eintragung
des Beschlusses in das Handelsregister geheilt.[244] Die Heilung analog § 242 Abs. 1 AktG
betrifft neben Fällen der unvollständigen oder in sonstiger Weise nicht ordnungsgemäßen
Beurkundung auch Fälle der gänzlich unterbliebenen Beurkundung;[245] da die Heilungsmöglichkeit die Prüfung der Anmeldung durch das Registergericht nicht ersetzt, dürfte die
Heilung in Fällen des gänzlichen Fehlens der Beurkundung indes kaum praktische Relevanz
besitzen.[246]

107   Die Heilung setzt lediglich die **Eintragung** des satzungsändernden Beschlusses, nicht
hingegen seine Bekanntmachung voraus; demgegenüber tritt keine Heilung ein, wenn der
Beschluss nur eingereicht und zu den Registerakten genommen wird.[247] Da § 242 Abs. 1
AktG keine § 242 Abs. 2 S. 2 AktG entsprechende Bestimmung enthält, tritt die Heilungswirkung analog § 242 Abs. 1 AktG auch dann mit der Eintragung ein, wenn zu diesem
Zeitpunkt eine Klage auf Feststellung der Nichtigkeit des Satzungsänderungsbeschlusses
rechtshängig war; eine derartige Klage wird durch die Heilung unbegründet.[248] Angesichts
dessen liegt es nahe, den Registerrichter in derartigen Fällen regelmäßig als verpflichtet
anzusehen, gem. § 21 FamFG auszusetzen (→ Rn. 84).[249] Andere Mängel als solche der
Beurkundung werden von der Heilungswirkung analog § 242 Abs. 1 AktG nicht erfasst.[250]

108   Bei **Einberufungs- oder Inhaltsmängeln** (§ 241 Nr. 1, 3 oder 4 AktG analog) tritt
Heilung grundsätzlich drei Jahre[251] nach Eintragung des satzungsändernden Beschlusses in
das Handelsregister ein (§ 242 Abs. 2 S. 1 AktG analog). Die Heilungswirkung greift nach
ganz hM auch bei **Verstößen gegen das Wesen der GmbH** oder gegen Vorschriften ein,

---

[242] Näher dazu MüKoAktG/*Schäfer* AktG § 242 Rn. 29 zur AG; Lutter/*Grunewald* UmwG § 20 Rn. 743 ff.;
vgl. auch *Casper,* Die Heilung nichtiger Beschlüsse im Kapitalgesellschaftsrecht, 1998, 292 ff.

[243] BGH Urt. v. 6.11.1995 – II ZR 181/94, NJW 1996, 257; *Casper,* Die Heilung nichtiger Beschlüsse im
Kapitalgesellschaftsrecht, 1998, 325 ff.; Noack/Servatius/Haas/*Noack* Rn. 37; GroßkommAktG/*Schmidt*
AktG § 242 Rn. 4; MHLS/*Hoffmann* Rn. 43; Scholz/*Priester/Tebben* Rn. 57; diff. *Stein* ZGR 1994, 472.

[244] BGH Urt. v. 6.11.1995 – II ZR 181/94, NJW 1996, 257; OLG Köln Beschl. v. 17.7.1992 – 2 Wx 32/
92, BB 1993, 317; Lutter/Hommelhoff/*Bayer* Rn. 19; Rowedder/Schmidt-Leithoff/*Schnorbus* Rn. 43;
MHLS/*Hoffmann* Rn. 43; Scholz/*Priester/Tebben* Rn. 57; Henssler/Strohn/*Gummert* Rn. 26; Bork/Schä-
fer/*Arnold* Rn. 15; HCL/*Ulmer/Casper* Rn. 32; Noack/Servatius/Haas/*Noack* Anh. § 47 Rn. 73 f.

[245] MHLS/*Hoffmann* Rn. 43; Bork/Schäfer/*Arnold* Rn. 15; GroßkommAktG/*Schmidt* AktG § 242 Rn. 5
zur AG; MüKoAktG/*Schäfer* AktG § 242 Rn. 4 zur AG.

[246] GroßkommAktG/*Schmidt* AktG § 242 Rn. 5 zur AG; MüKoAktG/*Schäfer* AktG § 242 Rn. 4 zur AG.

[247] GroßkommAktG/*Schmidt* AktG § 242 Rn. 6; MüKoAktG/*Schäfer* AktG § 242 Rn. 4 jeweils zur AG.

[248] MHLS/*Hoffmann* Rn. 43; GroßkommAktG/*Schmidt* AktG § 242 Rn. 6; Kölner Komm AktG/*Noack/*
Zetzsche AktG § 242 Rn. 32, jeweils zur AG.

[249] MHLS/*Hoffmann* Rn. 43.

[250] GroßkommAktG/*Schmidt* AktG § 242 Rn. 7; Kölner Komm AktG/*Noack/Zetzsche* AktG § 242 Rn. 30
jeweils zur AG.

[251] Diese Frist gilt auch im GmbH-Recht, BGH Urt. v. 23.3.1981 – II ZR 27/80, BGHZ 80, 212 (216) =
NJW 1981, 2125; Rowedder/Schmidt-Leithoff/*Schnorbus* Rn. 43; Bork/Schäfer/*Arnold* Rn. 15; Scholz/
Priester/Tebben Rn. 57; MHLS/*Hoffmann* Rn. 44; aA BGH Urt. v. 16.12.1953 – II ZR 167/52, BGHZ
11, 231 (244) = NJW 1954, 385 mAnm *Scholz*; Urt. v. 19.1.1978 – II ZR 133/77, DB 1978, 1344.

die ausschließlich oder überwiegend zum Schutz der Gläubiger der Gesellschaft oder im sonstigen öffentlichen Interesse gegeben sind.[252] Es stellt sich indes die Frage, ob bei besonders gravierenden Verstößen nicht doch **Schranken**[253] anzuerkennen sind.[254] Dagegen spricht, dass der Gesetzgeber den Fall eines offenkundigen Verstoßes gegen zwingende Normen durchaus bedacht hat, indem er als Korrektiv § 242 Abs. 2 S. 3 AktG einfügte. Dadurch, dass eine Löschung des Beschlusses von Amts wegen nach § 398 FamFG trotz Zeitablaufs möglich ist, kann die Perpetuierung schwerwiegender Verstöße verhindert werden. Um dieser Zielsetzung Rechnung zu tragen, ist eine analoge Anwendung auch des § 242 Abs. 2 S. 3 AktG im GmbH-Recht in jedem Fall geboten.[255] Doch sollte darüber hinaus nicht ausgeschlossen sein, einzelne **außergewöhnliche Sachverhalte** jedenfalls dann von einer Heilung auszunehmen, wenn sie zu schlechthin untragbaren Ergebnissen führen, die sich durch eine Löschung von Amts wegen nicht mehr rechtzeitig und angemessen korrigieren lassen. Die Amtslöschung vernichtet den Beschluss zwar mit Rückwirkung, indessen gilt das nur vorbehaltlich des Schutzes Dritter (§ 15 HGB).[256] Insgesamt bedarf dieser Fragenkreis noch weiterer vertiefter Überlegungen.

Sofern Satzungsbestimmungen infolge von **Gesetzesänderungen** nichtig werden, **109** kommt eine Heilung nicht in Betracht.[257] Dass regelmäßig die Dreijahresfrist abgelaufen sein wird, wenn es auf die Eintragung ins Handelsregister ankommen soll, stellt allerdings für sich genommen noch keinen zwingenden Grund dar, denn stattdessen könnte man auf das Inkrafttreten der gesetzlichen Bestimmung abstellen. Entscheidend ist vielmehr, dass es dem Ausnahmecharakter des § 242 Abs. 2 S. 3 AktG (analog) nicht entspricht, wenn eine Heilung bereits eintreten könnte, ohne dass eine amtliche Prüfung vorgeschaltet ist, die eine Eintragung und damit auch eine Heilung verhindern kann. Zudem ist es für die Gesellschafter ungleich schwieriger, vom nachträglichen Inkrafttreten einer zwingenden gesetzlichen Vorgabe zeitnah zu erfahren als im Zeitpunkt der Fassung eines Satzungsänderungsbeschlusses bzw. unmittelbar danach diesen auf seine rechtliche Unbedenklichkeit zu prüfen.

Gegenüber der Heilung infolge Fristablaufs ist auch der **Arglisteinwand** unzulässig.[258] **110** Nach Eintritt der Heilung mit Fristablauf können sich die GmbH-Gesellschafter auf die Nichtigkeit des satzungsändernden Beschlusses auch für die Zeit vor Fristablauf nicht mehr berufen.[259] Analog § 242 Abs. 2 S. 2 AktG verlängert sich die Frist von drei Jahren, sofern bei ihrem Ablauf eine Klage auf Feststellung der Nichtigkeit des satzungsändernden Beschlusses rechtshängig ist, bis über die Klage rechtskräftig entschieden ist oder sie sich auf andere Weise endgültig erledigt hat; an der Begründetheit einer solchen rechtshängigen[260] Klage ändert der Ablauf der Frist von drei Jahren nichts.[261]

---

[252]　Rowedder/Schmidt-Leithoff/*Schnorbus* Rn. 43; Scholz/*Priester/Tebben* Rn. 57; HCL/*Ulmer/Casper* Rn. 32; MHLS/*Hoffmann* Rn. 44; ebenso zur AG BGH Urt. v. 15.12.1986 – II ZR 18/86, BGHZ 99, 211 = NJW 1987, 902; vgl. auch OLG Stuttgart Urt. v. 17.5.2000 – 20 U 68/99, DB 2000, 1218 (1220); aA *Säcker* JZ 1980, 82 (84) für Verstöße gegen zwingendes Recht zum Schutze öffentlicher Interessen; diff. *Stein* ZGR 1994, 472 (474 ff.). Zur Heilung kartellverbotswidriger Satzungsänderungen *K. Schmidt* AG 1996, 385.

[253]　Eingehend *Casper,* Die Heilung nichtiger Beschlüsse im Kapitalgesellschaftsrecht, 1998, 203 ff., 214 ff. zur AG, 342 ff. zur GmbH.

[254]　Für eine restriktive Auslegung und Anwendung des § 242 Abs. 2 AktG im Allgemeinen *Goette* FS Röhricht, 2005, 115 (126 f.): zweifelhafter „Gerechtigkeitsgehalt"; vgl. auch *Zöllner* DNotZ 2001, 872 (874 f.).

[255]　*Casper,* Die Heilung nichtiger Beschlüsse im Kapitalgesellschaftsrecht, 1998, 346.

[256]　Keidel/*Heinemann* FamFG § 398 Rn. 28.

[257]　Vgl. auch *Casper,* Die Heilung nichtiger Beschlüsse im Kapitalgesellschaftsrecht, 1998, 93 f.

[258]　BGH Urt. v. 20.2.1984 – II ZR 116/83, AG 1984, 149 (150); Rowedder/Schmidt-Leithoff/*Schnorbus* Rn. 43; Scholz/*Priester/Tebben* Rn. 57.

[259]　Scholz/*Priester/Tebben* Rn. 57; MHLS/*Hoffmann* Rn. 44; *Casper,* Die Heilung nichtiger Beschlüsse im Kapitalgesellschaftsrecht, 1998, 154 ff.; GroßkommAktG/*Schmidt* AktG § 242 Rn. 13; Kölner Komm AktG/*Noack/Zetzsche* AktG § 242 Rn. 72, jeweils zur AG.

[260]　Näher zur Rechtshängigkeit, insbes. zu den Voraussetzungen, unter denen bloße Anhängigkeit genügt, MüKoAktG/*Schäfer* AktG § 242 Rn. 9 zur AG.

[261]　MHLS/*Hoffmann* Rn. 44.

111   Ist der Satzungsänderungsbeschluss wegen eines **Einberufungsmangels** nichtig, kommt auch eine Heilung durch Rügeverzicht analog § 242 Abs. 2 S. 4 AktG in Betracht.

112   Eine **Amtslöschung** des satzungsändernden Beschlusses nach § 398 FamFG wird durch den Zeitablauf nicht ausgeschlossen (→ Rn. 130). Nicht abschließend geklärt ist demgegenüber, ob und unter welchen Voraussetzungen trotz Heilung für die Zukunft die Wiederherstellung des gesetzmäßigen Zustands verlangt werden kann.[262] Zur Neuvornahme eines Beschlusses vor Ablauf der Heilungsfrist → Rn. 72.

113   **b) Unwirksame Beschlüsse.** Bei unwirksamen Beschlüssen heilt die **bloße Eintragung** nicht.[263] Insoweit ist jedoch § 242 Abs. 2 S. 1–3 AktG analog anwendbar mit der Folge der grundsätzlichen Heilung nach Ablauf von drei Jahren seit Eintragung in das Handelsregister.[264] Auch insoweit stellt sich die Frage nach trotz Heilung bestehenden Ansprüchen auf **Wiederherstellung des gesetzmäßigen Zustands** für die Zukunft (→ Rn. 112). Der Amtslöschung eines unwirksamen Beschlusses steht die Heilung zwar analog § 242 Abs. 2 S. 3 AktG nicht entgegen. Hierfür wird es jedoch in aller Regel an dem nach § 398 FamFG erforderlichen öffentlichen Interesse an der Beseitigung fehlen[265] (näher → Rn. 127 ff.). Nach rechtskräftiger Feststellung der Unwirksamkeit des satzungsändernden Beschlusses ist das Urteil in das Handelsregister einzutragen und die Eintragung zu veröffentlichen (§ 248 Abs. 1 S. 3, 4 AktG analog).

114   **c) Anfechtbare Beschlüsse.** Auch anfechtbare Beschlüsse bedürfen zu ihrer Wirksamkeit gem. Abs. 3 der Eintragung. Ein Verlust des Anfechtungsrechts tritt indes nicht mit der Eintragung, sondern nur mit **Ablauf der Anfechtungsfrist** oder durch sonstigen Verlust der Anfechtungsbefugnis ein.[266] Ein rechtskräftiges Anfechtungsurteil führt demgegenüber zur Nichtigkeit. Es ist in das Handelsregister einzutragen und diese Eintragung zu veröffentlichen (→ Rn. 49).

115   **d) Nicht- oder Scheinbeschlüsse.** Die Heilung scheidet bei Nicht- oder Scheinbeschlüssen aus, sofern man diese überhaupt als eigenständige Kategorie anerkennt (auch → Rn. 70).[267]

116   **6. Rechtslage zwischen Beschlussfassung und Eintragung. a) Bindungswirkung und ihre Grenzen.** Im Zeitraum zwischen der Beschlussfassung über die Satzungsänderung und deren Eintragung ist die Satzungsänderung gem. Abs. 3 noch nicht wirksam geworden (→ Rn. 98). Dessen ungeachtet entfaltet der Änderungsbeschluss auch in diesem Stadium eine Bindungswirkung in zweifacher Hinsicht. Zum einen sind die **Geschäftsführer** mangels abweichender Weisung der Gesellschafterversammlung zur Anmeldung der beschlossenen Satzungsänderung zur Eintragung in das Handelsregister verpflichtet (→ Rn. 25).[268] Zum anderen gilt der Satzungsänderungsbeschluss auch gegenüber **neuen Gesellschaftern,** die im Zeitraum zwischen der Beschlussfassung über die Satzungsänderung und ihrer Eintragung Geschäftsanteile erwerben.[269] Dies gilt unabhängig von der Kenntnis der neuen Gesellschafter von der Existenz und vom Inhalt des Satzungsänderungs-

---

[262]   Vgl. dazu *Emde* ZIP 2000, 1753 (1754 ff.); *Winkler* GmbHR 2016, 519 (522 f.); Scholz/*Priester*/*Tebben* Rn. 57; GroßkommAktG/*Schmidt* AktG § 242 Rn. 8.

[263]   OLG Rostock Urt. v. 7.7.1911, OLGRspr. 27, 388; Scholz/*Priester*/*Tebben* Rn. 59.

[264]   Scholz/*Priester*/*Tebben* Rn. 59; Rowedder/Schmidt-Leithoff/*Schnorbus* Rn. 44; HCL/*Ulmer*/*Casper* Rn. 32; Lutter/Hommelhoff/*Bayer* Rn. 19; Noack/Servatius/Haas/*Noack* Rn. 37; ebenso zur AG OLG Schleswig Urt. v. 16.3.2000 – 5 U 244/97, NZG 2000, 895 (896); MüKoAktG/*Schäfer* AktG § 242 Rn. 26; GroßkommAktG/*Schmidt* AktG § 242 Rn. 16; Kölner Komm AktG/*Noack*/*Zetzsche* AktG § 242 Rn. 98; *Casper,* Die Heilung nichtiger Beschlüsse im Kapitalgesellschaftsrecht, 1998, 268 ff.; HCL/ *Raiser*/*Schäfer* Anh. § 47 Rn. 24; aA MHLS/*Hoffmann* Rn. 45.

[265]   Näher hierzu *Casper,* Die Heilung nichtiger Beschlüsse im Kapitalgesellschaftsrecht, 1998, 284 ff.; MüKo-AktG/*Schäfer* AktG § 242 Rn. 26; GroßkommAktG/*Schmidt* AktG § 242 Rn. 16.

[266]   Scholz/*Priester*/*Tebben* Rn. 58; MHLS/*Hoffmann* Rn. 46; Noack/Servatius/Haas/*Noack* Rn. 37.

[267]   MHLS/*Hoffmann* Rn. 46; Noack/Servatius/Haas/*Noack* Rn. 37.

[268]   *Noack* GmbHR 1994, 349 (350).

[269]   Dazu eingehend *Noack* GmbHR 1994, 349 (350 ff.).

beschlusses, und zwar selbst im Falle einer einstimmig beschlossenen Leistungsvermehrung.[270] Etwaige **Ansprüche des Anteilserwerbers** wegen Irrtums, Täuschung etc stehen ihm allenfalls gegenüber dem Veräußerer, nicht aber gegenüber der Gesellschaft zu.[271] Soweit hierüber hinausgehend für eine **innergesellschaftliche Bindung** an den Satzungsänderungsbeschluss plädiert wird,[272] überzeugt dies nicht. Die Gesellschafterversammlung bleibt befugt, den Satzungsänderungsbeschluss mit einfacher Mehrheit und ohne Einhaltung der Form des § 53 Abs. 2 S. 1 wieder aufzuheben[273] (→ § 53 Rn. 166) oder die Geschäftsführer zur Rücknahme der Anmeldung anzuweisen (→ Rn. 38).[274]

b) Ausführende Beschlüsse. Die Satzungsänderung ist häufig Grundlage ausführen **117** der Beschlüsse. Dies kann etwa dann der Fall sein, wenn ein Aufsichtsrat geschaffen und sodann oder zeitgleich seine Mitglieder bestellt werden oder wenn eine Nachschusspflicht eingeführt und gleichzeitig oder im Anschluss ein Nachschuss eingefordert wird.[275] Insoweit stellt sich die Frage nach dem **Zeitpunkt des Wirksamwerdens** eines derartigen Ausführungsbeschlusses. Für den Fall, dass die Gesellschafterversammlung zugleich mit dem Satzungsänderungsbeschluss einen Ausführungsbeschluss fasst, ist regelmäßig davon auszugehen, dass der Ausführungsbeschluss **konkludent** unter der aufschiebenden Bedingung der Eintragung der Satzungsänderung gefasst ist, er also erst mit ihr wirksam werden soll.[276] Dies gilt auch dann, wenn der Ausführungsbeschluss nach dem Satzungsänderungsbeschluss gefasst wird, sofern erkennbar ist, dass er seiner Umsetzung dienen soll.

Gleichwohl haben die Gesellschafter die Möglichkeit, die sofortige Wirksamkeit des **118** Ausführungsbeschlusses oder seine Wirksamkeit ab einem bestimmten vor Wirksamwerden der Satzungsänderung liegenden Zeitpunkt zu beschließen. Hierbei handelt es sich der Sache nach um eine **vorübergehende Satzungsdurchbrechung,** die in grundsätzlich wirksamer, wenngleich anfechtbarer Weise beschlossen werden kann.[277] Aus diesem Grund sind auch Handlungen, die bestellte Organmitglieder für die Gesellschaft vorgenommen haben, verbindlich, ohne dass es ihrer Bestätigung oder einer Neuvornahme der Satzungsänderung bedürfte.[278] In den Fällen, in denen das Ausführungsgeschäft ohne entsprechende Satzungsänderung ins Leere geht (zB bei der Übernahme neuer Stammeinlagen),[279] bedarf es zum Vollzug indes der Eintragung der Satzungsänderung.[280]

c) Eintragung im Liquidationsstadium. Die Auflösung der Gesellschaft stellt **119** **grundsätzlich kein Eintragungshindernis** dar.[281] Da Satzungsänderungsbeschlüsse auch im Liquidationsstadium zulässig sind (→ § 53 Rn. 170), wäre nicht einsichtig, weshalb vor Auflösung gefasste Satzungsänderungsbeschlüsse nicht eintragbar sein sollten.[282] **Ausnahmen** können dann bestehen, wenn die Beschlüsse im Einzelfall mit dem Liquidationszweck

---

270 Scholz/ *Priester* / *Tebben* Rn. 61; HCL/ *Ulmer* / *Casper* Rn. 28; Rowedder/Schmidt-Leithoff/ *Schnorbus* Rn. 33.
271 Scholz/ *Priester* / *Tebben* Rn. 61; HCL/ *Ulmer* / *Casper* Rn. 28; Rowedder/Schmidt-Leithoff/ *Schnorbus* Rn. 33.
272 Für eine Bindung der Organe und der Gesellschafter Lutter/Hommelhoff/ *Bayer* Rn. 20; einschr. Noack/ Servatius/Haas/ *Noack* Rn. 36; Scholz/ *Priester* / *Tebben* Rn. 60.
273 *Noack* GmbHR 1994, 349 (351).
274 HCL/ *Ulmer* / *Casper* Rn. 28; ähnlich Rowedder/Schmidt-Leithoff/ *Schnorbus* Rn. 31.
275 Vgl. – mit weiteren Beispielen – Scholz/ *Priester* / *Tebben* Rn. 62; HCL/ *Ulmer* / *Casper* Rn. 29; Rowedder/ Schmidt-Leithoff/ *Schnorbus* Rn. 34.
276 Scholz/ *Priester* / *Tebben* Rn. 64; HCL/ *Ulmer* / *Casper* Rn. 29; HK-GmbHR/ *A. Bartl* Rn. 17; Rowedder/ Schmidt-Leithoff/ *Schnorbus* Rn. 34.
277 IErg ebenso HCL/ *Ulmer* / *Casper* Rn. 30; aA Scholz/ *Priester* / *Tebben* Rn. 63; vgl. auch Rowedder/ Schmidt-Leithoff/ *Schnorbus* Rn. 34.
278 HCL/ *Ulmer* / *Casper* Rn. 30; aA Scholz/ *Priester* / *Tebben* Rn. 63.
279 Vgl. RG Urt. v. 20.10.1911 – Rep. II 68/11, RGZ 77, 152 (155); Urt. v. 10.7.1913 – Rep. II. 95/13, RGZ 82, 375 (378).
280 HCL/ *Ulmer* / *Casper* Rn. 30.
281 Vgl. OLG Zweibrücken Beschl. v. 29.10.2013 – 3 W 82/13, BeckRS 2014, 01111.
282 Scholz/ *Priester* / *Tebben* Rn. 64.

nicht vereinbar sind.[283] Daneben stellt sich die weitere Frage, ob und unter welchen Voraussetzungen eine Auflösung der Gesellschaft einen Anlass zur **Rücknahme der Anmeldung** (→ Rn. 37 f.) darstellen kann. Im Regelfall berechtigt die Auflösung der Gesellschaft die Geschäftsführer nicht zu einer derartigen Rücknahme. Da eine Satzungsänderung auch im Liquidationsstadium prinzipiell Sinn ergeben kann, kann in Ermangelung eines abweichenden Gesellschafterbeschlusses keine generelle Befugnis der Geschäftsführer zur Rücknahme der Anmeldung von Satzungsänderungsbeschlüssen anerkannt werden. Anderes mag in Fällen gelten, in denen die beschlossene Satzungsänderung auch nach den zu Tage getretenen Anschauungen der Gesellschafter erkennbar sinnlos geworden ist (zB eine zur Ermöglichung von Expansionsplänen beschlossene Erweiterung des Unternehmensgegenstands nach Auflösung der Gesellschaft). – Zu den Besonderheiten bei der Kapitalerhöhung → § 55 Rn. 74.

120   **d) Rechtsbehelfe zur Verhinderung der Eintragung.** Möchten die Gesellschafter die Eintragung des Satzungsänderungsbeschlusses verhindern, können sie die Geschäftsführer anweisen, die Satzungsänderung nicht zur Eintragung anzumelden oder eine bereits erfolgte Anmeldung zurückzunehmen. Sie können eine hierauf gerichtete **einstweilige Verfügung** gegen die Geschäftsführer erwirken.[284]

121   Besteht innerhalb der Gesellschafter **Streit über die Rechtmäßigkeit** des Satzungsänderungsbeschlusses, kann das Registergericht die beantragte Eintragung nach pflichtgemäßem Ermessen bis zur Klärung durch das Prozessgericht aussetzen (dazu → Rn. 84). Gesellschafter können zu diesem Zweck das Registergericht über ihre Bedenken – uU im Stile einer Schutzschrift – in Kenntnis setzen.

122   Darüber hinaus haben diejenigen Gesellschafter, die sich auf die Fehlerhaftigkeit des Satzungsänderungsbeschlusses berufen, gem. § 16 Abs. 2 HGB die Möglichkeit, die Eintragung durch ihren **Widerspruch** zu verhindern (→ Rn. 90). § 16 Abs. 2 HGB soll dem sich auf die Nichtigkeit oder Anfechtbarkeit des Beschlusses Berufenden somit vorbeugenden Rechtsschutz im Registerverfahren gewähren.[285] Die Bindung des Registergerichts an die vom Widersprechenden vorgelegte Entscheidung des Prozessgerichts besteht indes nur in den Grenzen, die sich aus den allgemeinen Grundsätzen über das Verhältnis von streitiger zu freiwilliger Gerichtsbarkeit ergeben.[286]

123   **7. Haftung.** Fehler bei der Eintragung können **Amtshaftungsansprüche** gem. Art. 34 GG, § 839 BGB nach sich ziehen. Als Gläubiger kommen alle in Betracht, für die die Eintragung im Handelsregister wegen der mit ihr verbundenen Rechtswirkungen Bedeutung hat oder erlangen kann,[287] neben der Gesellschaft und ihren Gesellschaftern also auch Gläubiger der Gesellschaft.[288] Das Spruchrichterprivileg gem. § 839 Abs. 2 S. 1 BGB findet keine Anwendung.[289] Überprüft die Gesellschaft die ihr gem. § 383 Abs. 1 FamFG zugestellte Eintragungsnachricht nicht, verliert sie indes ihre Ansprüche gem. § 839 Abs. 3 BGB.[290] Amtshaftungsansprüche kommen auch im Fall richtiger Eintragung, aber unrichtiger Veröffentlichung in Betracht.[291]

V. Bekanntmachung

124   Die maßgeblichen Bestimmungen über die Bekanntmachung von Handelsregistereintragungen finden sich in dem durch das EHUG reformierten **§ 10 HGB.** Danach hat

---

[283]   Vgl. OLG Frankfurt Beschl. v. 14.9.1973 – 20 W 639/73, GmbHR 1974, 90 = OLGZ 1974, 129; KG Beschl. v. 24.4.2018 – 22 W 63/17, GmbHR 2018, 1069 = NJW 2018, 1378; Scholz/*Priester/Tebben* Rn. 64.

[284]   Rowedder/Schmidt-Leithoff/*Schnorbus* Rn. 32.

[285]   HCL/*Ulmer/Casper* Rn. 31; vgl. auch Staub/*Koch* HGB § 16 Rn. 2; *Baur* ZGR 1972, 421 (424).

[286]   HCL/*Ulmer/Casper* Rn. 31; näher zu diesen Staub/*Koch* HGB § 16 Rn. 4 ff., 36 ff.

[287]   RG Urt. v. 24.3.1933 – II 398/22, RGZ 140, 174 (184); Scholz/*Priester/Tebben* Rn. 80.

[288]   Scholz/*Priester/Tebben* Rn. 80.

[289]   BGH Urt. v. 24.1.1955 – III ZR 29/54, NJW 1956, 1716; MüKoBGB/*Papier/Shirvani* BGB § 839 Rn. 384 f.; Scholz/*Priester/Tebben* Rn. 80.

[290]   Scholz/*Priester/Tebben* Rn. 80.

[291]   Näher zur dogmatischen Konstruktion *K. Schmidt* HandelsR § 14 V, S. 510 f.

das Gericht die Eintragung in das Handelsregister in dem von der Landesjustizverwaltung bestimmten elektronischen Informations- und Kommunikationssystem in der zeitlichen Folge ihrer Eintragung nach Tagen geordnet bekannt zu machen. Soweit nicht das Gesetz etwas anderes vorschreibt, werden die Eintragungen ihrem ganzen Inhalt nach veröffentlicht (§ 10 S. 2 HGB). Abs. 2 S. 2 aF enthielt eine spezielle Regelung über den Umfang der öffentlichen Bekanntmachung in Fällen von Änderungen einer GmbH-Satzung. Die Vorschrift ist zum 1.1.2007 außer Kraft getreten.

Das **Registergericht des Sitzes** hat demnach den Inhalt der Eintragung zu veröffentli- **125** chen. Im Rahmen von Eintragungen gem. § 10 Abs. 1 und 2 sind diese Festsetzungen ausdrücklich zu veröffentlichen. Im Übrigen bedarf es zur Veröffentlichung der Mitteilung, dass die Satzung geändert wurde, und der Angabe des Datums der Eintragung;[292] zweckmäßigerweise sollte darüber hinaus der Tag des Gesellschafterbeschlusses angegeben werden,[293] die eindeutige Verknüpfung mit einem bestimmten Gesellschafterbeschluss kann allerdings auch insoweit durch die Bezeichnung der in Bezug genommenen Dokumente erfolgen (zur Eintragung insoweit → Rn. 95). In Abweichung von dem gesetzlichen Regelfall des § 10 S. 2 HGB genügte nach § 57b S. 2 aF bei Sachkapitalerhöhungen die Bezugnahme auf die bei Gericht eingereichten Urkunden. Da das MoMiG § 57b aF im Ganzen gestrichen hat – zur „Fortsetzung des durch das EHUG begonnenen Verzichts auf Zusatzbekanntmachungen"[294] –, entfällt die Differenzierung nunmehr.

Hinsichtlich der Wirkung der Bekanntmachung ist **§ 15 Abs. 2 HGB** maßgeblich.[295] **126** Bei unrichtiger Bekanntmachung einer Satzungsänderung kommt es in Betracht, dass die Gesellschaft nach § 15 Abs. 3 HGB die Unrichtigkeit des Inhalts gegenüber dem, der sich auf den Inhalt beruft, nicht geltend machen kann. Dies ist dann zu bejahen, wenn die Organe der GmbH durch Anmeldung die Eintragung und Bekanntmachung veranlasst haben.[296]

VI. Amtslöschung

1. Maßgebliche Rechtsgrundlage. Als Rechtsgrundlagen einer Amtslöschung kom- **127** men **§ 395 Abs. 1 FamFG und § 398 FamFG** in Betracht. Hinsichtlich inhaltlicher Mängel findet grundsätzlich § 398 FamFG Anwendung (näher → Rn. 128 ff.); ein Rückgriff auf § 395 Abs. 1 FamFG ist in diesen Fällen ausgeschlossen.[297] Im Fall von Verfahrensmängeln ist demgegenüber umstritten, ob § 395 Abs. 1 FamFG oder § 398 FamFG maßgeblich ist.[298] Die Rspr. vertritt den Standpunkt, § 398 FamFG mit seinen strengen Voraussetzungen für die Löschung regele die Löschungsvoraussetzungen eines eingetragenen Gesellschafterbeschlusses abschließend.[299] Die im Schrifttum vertretene Gegenauffassung hält demgegenüber bei Verfahrensmängeln § 395 Abs. 1 FamFG mit seinen erleichterten Voraussetzungen für anwendbar.[300] Ihr ist im Hinblick darauf zu folgen, dass bei Verfahrensmängeln kein Bedürf-

---

[292] HCL/*Ulmer/Casper* Rn. 36; MHLS/*Hoffmann* Rn. 40; Scholz/*Priester/Tebben* Rn. 65.

[293] Noack/Servatius/Haas/*Noack* Rn. 33 zur Eintragung; für diesbezügliche Rechtspflicht, für die es allerdings an einer Rechtsgrundlage fehlt, HCL/*Ulmer/Casper* Rn. 36; Scholz/*Priester/Tebben* Rn. 65; Henssler/Strohn/*Gummert* Rn. 19.

[294] Begr. RegE, BT-Drs. 16/6140, 46.

[295] Scholz/*Priester/Tebben* Rn. 67; HCL/*Ulmer/Casper* Rn. 38.

[296] HCL/*Ulmer/Casper* Rn. 39.

[297] HCL/*Ulmer/Casper* Rn. 59; MHLS/*Hoffmann* Rn. 51; Keidel/*Heinemann* FamFG § 398 Rn. 4.

[298] Die Streitstände beziehen sich überwiegend noch auf das FGG und nicht auf das FamFG.

[299] BayObLG Beschl. v. 9.12.1955 – BReg. 2 Z 166 und 167/55, BayObLGZ 1955, 333 (340); Beschl. v. 28.8.1956 – BReg. 2 Z 202/55, BayObLGZ 1956, 303 (310 ff.); Beschl. v. 18.7.1991 – BReg. 3 Z 133/90, BB 1991, 1729; OLG Karlsruhe Beschl. v. 18.12.1985 – 11 W 86/85, BB 1986, 550 (551); OLG Köln Beschl. v. 12.12.2001 – 2 Wx 62/01, Rpfleger 2002, 209 (210 f.) = EWiR 2002, 157 mAnm *Winkler;* OLG Frankfurt Beschl. v. 29.10.2001 – 20 W 58/01, Rpfleger 2002, 211 = FGPrax 2002, 35; zust. *Lutter/Friedewald* ZIP 1986, 691 (692 f.); *Baums* BB 1981, 262 (264); *Baums,* Eintragung und Löschung von Gesellschafterbeschlüssen, 1981, 118 ff.; MHLS/*Hoffmann* Rn. 51; *van Venrooy* GmbHR 2002, 701 (710); diff. Scholz/*Priester/Tebben* Rn. 69 ff.: Differenzierung anhand konkreter Fallgruppen.

[300] HCL/*Ulmer/Casper* Rn. 60; Noack/Servatius/Haas/*Noack* Rn. 39.

nis für einen derart weitreichenden Bestandsschutz besteht, wie ihn die Unanwendbarkeit von § 395 Abs. 1 FamFG bedeuten würde.

128   **2. Amtslöschung nach § 398 FamFG.** § 398 FamFG verfolgt den Zweck, die Löschung von Gesellschafterbeschlüssen nur ausnahmsweise zuzulassen. Die Vorschrift dient damit dem Schutz des Vertrauens der Öffentlichkeit in den Bestand von Gesellschafterbeschlüssen und räumt diesem Vertrauen Vorrang vor den Interessen von durch die Eintragung fehlerhafter Beschlüsse nachteilig betroffenen einzelnen Personen ein.[301] Das **registergerichtliche Prüfungsrecht** ist im Rahmen von § 398 FamFG somit gegenüber demjenigen im Rahmen der Anmeldung zur Eintragung **stark eingeschränkt.**[302] Nach erfolgter Eintragung gilt nämlich der sog. Grundsatz der Erhaltung der Eintragung.[303]

129   Die Anwendbarkeit von § 398 FamFG setzt voraus, dass der eingetragene Gesellschafterbeschluss durch seinen Inhalt zwingende gesetzliche Vorschriften verletzt und seine Beseitigung im öffentlichen Interesse erforderlich erscheint. Notwendig ist demnach zunächst ein **Inhaltsverstoß;** Form- oder Einberufungsverstöße sind selbst dann nicht ausreichend, wenn sie analog § 241 Nr. 1 oder 2 AktG die Nichtigkeit des Satzungsänderungsbeschlusses nach sich ziehen.[304] Als Anwendungsfälle von § 398 FamFG kommen demnach vor allem Fälle der Nichtigkeit analog § 241 Nr. 3 oder 4 AktG in Betracht.[305]

130   Weiterhin muss die Beseitigung des eingetragenen Beschlusses im **öffentlichen Interesse** erforderlich erscheinen. Das öffentliche Interesse umfasst dabei neben dem Interesse der Allgemeinheit auch die Interessen bestimmter außenstehender Gruppen (zB Gläubiger), nicht hingegen das Interesse der Gesellschafter.[306] Das allgemeine Interesse an der Richtigstellung der Eintragung im Handelsregister genügt insoweit jedenfalls nicht.[307] Das öffentliche Interesse an einer Beseitigung des eingetragenen Beschlusses fehlt auch in den Fällen unwirksamer[308] oder anfechtbarer[309] Beschlüsse. Eine Heilung des Mangels der Nichtigkeit schließt die Möglichkeit der Amtslöschung nicht aus (§ 242 Abs. 2 S. 3 AktG analog). Das öffentliche Interesse an der Beseitigung dürfte indes regelmäßig mit der Länge der abgelaufenen Zeit sinken.[310]

131   **3. Amtslöschung nach § 395 Abs. 1 FamFG.** § 395 Abs. 1 FamFG gestattet die Amtslöschung,[311] wenn eine Eintragung in das Handelsregister bewirkt wird, obgleich sie wegen Mangels einer wesentlichen Voraussetzung unzulässig war. Diese Vorschrift ist nach überzeugender, wenngleich bestrittener Auffassung auf **Verfahrensmängel** im Rahmen von Satzungsänderungen anwendbar (→ Rn. 127). Im Falle der Nichtigkeit analog § 241 Nr. 1 AktG kommt eine Löschung gem. § 395 Abs. 1 FamFG jedoch nicht in Betracht,

---

[301] KG Beschl. v. 14.11.2000 – 1 W 6828/99, FGPrax 2001, 31 (32); OLG Frankfurt Rpfleger 2002, 208; Keidel/*Heinemann* FamFG § 398 Rn. 1.

[302] Keidel/*Heinemann* FamFG § 398 Rn. 3.

[303] Keidel/*Heinemann* FamFG § 398 Rn. 3; MHLS/*Hoffmann* Rn. 50.

[304] BayObLG Beschl. v. 18.7.1991 – BReg 3 Z 133/90, BB 1991, 1729; HCL/*Ulmer/Casper* Rn. 62.

[305] HCL/*Ulmer/Casper* Rn. 62 – unter Hinweis auf die Ähnlichkeit der Löschungsvoraussetzungen und der Nichtigkeitsgründe gem. § 241 Nr. 3 AktG; einschr. zu Verstößen gegen das Wesen der GmbH MHLS/*Hoffmann* Rn. 50.

[306] HCL/*Ulmer/Casper* Rn. 61; Scholz/*Priester/Tebben* Rn. 68; MHLS/*Hoffmann* Rn. 50; OLG Frankfurt Beschl. v. 29.10.2001 – 20 W 58/01, Rpfleger 2002, 211 = NZG 2002, 91 (92); Keidel/*Heinemann* FamFG § 398 Rn. 16; Schulte-Bunert/Weinreich/*Nedden-Boeger* FamFG § 395 Rn. 60.

[307] MHLS/*Hoffmann* Rn. 50; vgl. auch *Baums,* Eintragung und Löschung von Gesellschafterbeschlüssen, 1981, 116.

[308] HCL/*Ulmer/Casper* Rn. 62; Scholz/*Priester/Tebben* Rn. 72: bei Fehlen erforderlicher Zustimmungserklärungen bereits Inhaltsverstoß des Beschlusses zweifelhaft; MHLS/*Hoffmann* Rn. 50.

[309] OLG Hamm Beschl. v. 8.12.1993 – 15 W 291/93, NJW-RR 1994, 548; HCL/*Ulmer/Casper* Rn. 62: Problematik stellt sich ohnehin nur, soweit Anfechtbarkeit Eintragungshindernis bildet; MHLS/*Hoffmann* Rn. 50; Keidel/*Heinemann* FamFG § 398 Rn. 10; demgegenüber unter bestimmten Voraussetzungen für Möglichkeit der Amtslöschung Scholz/*Priester/Tebben* Rn. 73; Rowedder/Schmidt-Leithoff/*Schnorbus* Rn. 48.

[310] Scholz/*Priester/Tebben* Rn. 71; Keidel/*Heinemann* FamFG § 398 Rn. 18; Schulte-Bunert/Weinreich/*Nedden-Boeger* FamFG § 395 Rn. 63; abw. HCL/*Ulmer/Casper* Rn. 61.

[311] Für Ermessen OLG Celle Beschl. v. 4.6.2014 – 9 W 80/14, NZG 2015, 644.

weil es sich um keinen Mangel einer wesentlichen Voraussetzung iSv § 395 Abs. 1 FamFG handelt, die Geltendmachung des Mangels vielmehr den Beteiligten überlassen bleiben kann. Auch bei Nichtigkeit des Satzungsänderungsbeschlusses analog § 241 Nr. 2 AktG scheidet die Amtslöschung nach § 395 Abs. 1 FamFG aus, weil mit der Eintragung analog § 242 Abs. 1 AktG Heilung eintritt.[312]

Selbst von Vertretern der Auffassung, die § 398 FamFG auch im Hinblick auf Verfah- **132** rensmängel als lex specialis gegenüber § 395 Abs. 1 FamFG ansieht (→ Rn. 127), wird ausgeführt, die **Sperrwirkung** gegenüber § 395 Abs. 1 FamFG könne nicht eingreifen, soweit der tatbestandliche Anwendungsbereich von § 398 FamFG nicht eröffnet sei. § 395 Abs. 1 FamFG sei daher bei der Löschung von Eintragungen anwendbar, denen kein Beschluss zugrunde gelegen habe oder die unabhängig von ihrer Grundlage gelöscht werden sollten.[313]

Eine Amtslöschung gem. § 395 Abs. 1 FamFG ist demnach möglich, wenn ohne Vorlie- **133** gen eines Satzungsänderungsbeschlusses eine Satzungsänderung eingetragen wurde,[314] ins- besondere wenn ein sog. **Scheinbeschluss** vorliegt.[315] § 395 Abs. 1 FamFG ist weiterhin in Fällen **wirkungsloser Eintragungen** anwendbar.[316] Solche kommen in Betracht bei Eintragung trotz fehlender Anmeldung, fehlender Vertretungsmacht des Anmelders, Geschäftsunfähigkeit des Anmelders, wirksamer Rücknahme der Anmeldung vor der Ein- tragung und inhaltlicher Abweichung der Eintragung von der Anmeldung.[317] Eine fehlende oder fehlerhafte Anmeldung kann nachgeholt werden.[318] Bei ordnungsgemäßer Nachho- lung ist der Mangel geheilt.[319] Die Satzungsänderung wird in diesem Fall jedoch erst mit der Nachholung der Anmeldung (ex nunc) wirksam (→ Rn. 99).[320] Die Möglichkeit der Gesellschaft, den Mangel durch Beschlussfassung bzw. durch wirksame Anmeldung zu besei- tigen, folgt auch daraus, dass das Gericht den Beteiligten gem. § 395 Abs. 2 FamFG von der beabsichtigten Löschung zu benachrichtigen und ihm zugleich eine angemessene Frist zur Geltendmachung eines Widerspruchs zu bestimmen hat.[321]

4. Löschungsverfahren. Die Löschung wird **von Amts wegen** eingeleitet. Eines **134** Antrags bedarf es nicht, an der Löschung interessierte Personen und Organe des Handels- stands können aber eine entsprechende Anregung geben (vgl. § 380 FamFG).[322] Wird ein Löschungsantrag abgelehnt, steht dem Antragsteller, sofern er durch die Ablehnung in seinen Rechten beeinträchtigt ist (§ 59 Abs. 1 FamFG), das Rechtsmittel der **Beschwerde** (§ 58 FamFG) zur Verfügung.[323] Dies kann für den Gesellschafter bei einem unwirksamen Kapi- talerhöhungsbeschluss in Betracht kommen.[324] Gegen die Entscheidung des Beschwerdege- richts kann er unter den Voraussetzungen des § 70 FamFG im Wege der **Rechtsbe- schwerde** vorgehen.

---

[312] HCL/*Ulmer/Casper* Rn. 63.
[313] MHLS/*Hoffmann* Rn. 52; vgl. allgemein zum Verhältnis von lex generalis und lex specialis auch *Bydlinski,* Juristische Methodenlehre und Rechtsbegriff, 2. Aufl. 1991, 572–574.
[314] BayObLG Beschl. v. 19.9.1991 – BReg. 3 Z 97/91, BB 1991, 2104; MHLS/*Hoffmann* Rn. 52; aA *Baums,* Eintragung und Löschung von Gesellschafterbeschlüssen, 1981, 122 ff.
[315] OLG Hamm Beschl. v. 22.5.1979 – 15 W 314/78, DB 1979, 1452; MHLS/*Hoffmann* Rn. 52; Scholz/ *Priester/Tebben* Rn. 75; Keidel/*Heinemann* FamFG § 398 Rn. 5; *Zöllner/Winter* ZHR 158 (1994), 59 (70) zur AG; aA *Baums,* Eintragung und Löschung von Gesellschafterbeschlüssen, 1981, 122 ff.
[316] MHLS/*Hoffmann* Rn. 52; HCL/*Ulmer/Casper* Rn. 63; Rowedder/Schmidt-Leithoff/*Schnorbus* Rn. 49; Scholz/*Priester/Tebben* Rn. 74; *Zöllner/Winter* ZHR 158 (1994), 59 (70) zur AG.
[317] MHLS/*Hoffmann* Rn. 48; HCL/*Ulmer/Casper* Rn. 33 f., 63; Rowedder/Schmidt-Leithoff/*Schnorbus* Rn. 35 ff., 49.
[318] HCL/*Ulmer/Casper* Rn. 33; MHLS/*Hoffmann* Rn. 49; Rowedder/Schmidt-Leithoff/*Schnorbus* Rn. 35.
[319] Scholz/*Priester/Tebben* Rn. 74.
[320] AA MHLS/*Hoffmann* Rn. 49.
[321] Vgl. MHLS/*Hoffmann* Rn. 52; Scholz/*Priester/Tebben* Rn. 78.
[322] HCL/*Ulmer/Casper* Rn. 64; Scholz/*Priester/Tebben* Rn. 77
[323] Scholz/*Priester/Tebben* Rn. 77.
[324] KG Beschl. v. 12.1.1939 – 1 Wx 667/38, JW 1939, 642; vgl. für den Fall der Eingliederung einer AG auch OLG Hamm Beschl. v. 22.5.1979 – 15 W 314/78, DB 1979, 1452.

135   Für die Amtslöschung zuständig ist das **Registergericht**. Die frühere Regelung, wonach die Löschung auch das Landgericht vornehmen kann, hat der Gesetzgeber nicht in das FamFG übernommen.[325] Das Gericht entscheidet nach pflichtgemäßem Ermessen über die Einleitung des Löschungsverfahrens. Es hat bei seiner Entscheidung über die Amtslöschung sowohl das öffentliche Interesse an einer Beseitigung der Eintragung als auch das Interesse der Gesellschaft an ihrer Aufrechterhaltung zu berücksichtigen.[326]

136   Das Gericht hat die Gesellschaft als Beteiligte von der beabsichtigten Löschung zu benachrichtigen und ihr zugleich eine angemessene Frist zur Geltendmachung eines Widerspruchs zu bestimmen (§ 395 Abs. 2 FamFG). Das die Amtslöschung betreibende Gericht entscheidet durch Beschluss, wenn es einem Antrag auf Einleitung des Löschungsverfahrens nicht entspricht oder Widerspruch gegen die Löschung erhoben wird. Der Beschluss ist mit der Beschwerde anfechtbar (§ 395 Abs. 3 S. 2 FamFG iVm § 393 Abs. 3 FamFG). Die Löschung darf nur erfolgen, wenn Widerspruch nicht erhoben oder wenn die den Widerspruch zurückweisende Verfügung rechtskräftig geworden ist (§ 395 Abs. 3 FamFG iVm § 393 Abs. 5 FamFG).

137   **5. Rechtsfolge.** Rechtsfolge der Löschung einer eingetragenen Satzungsänderung ist, dass die Satzungsänderung, sofern sie infolge der Eintragung gem. Abs. 3 Wirksamkeit erlangt hatte, diese **Wirksamkeit** nunmehr **verliert**. Die Löschung wirkt dabei ex tunc.[327] Für eine Amtslöschung nach Heilung der Nichtigkeit (analog § 242 Abs. 2 S. 3 AktG) wird befürwortet, dem Registergericht im Einzelfall die Amtslöschung mit Wirkung ex nunc unter Beifügung eines entsprechenden Vermerks im Handelsregister zu gestatten.[328]

§ 55 Erhöhung des Stammkapitals

(1) Wird eine Erhöhung des Stammkapitals beschlossen, so bedarf es zur Übernahme jedes Geschäftsanteils an dem erhöhten Kapital einer notariell aufgenommenen oder beglaubigten Erklärung des Übernehmers.

(2) ¹Zur Übernahme eines Geschäftsanteils können von der Gesellschaft die bisherigen Gesellschafter oder andere Personen, welche durch die Übernahme ihren Beitritt zu der Gesellschaft erklären, zugelassen werden. ²Im letzteren Falle sind außer dem Nennbetrag des Geschäftsanteils auch sonstige Leistungen, zu welchen der Beitretende nach dem Gesellschaftsvertrage verpflichtet sein soll, in der in Absatz 1 bezeichneten Urkunde ersichtlich zu machen.

(3) Wird von einem der Gesellschaft bereits angehörenden Gesellschafter ein Geschäftsanteil an dem erhöhten Kapital übernommen, so erwirbt derselbe einen weiteren Geschäftsanteil.

(4) Die Bestimmungen in § 5 Abs. 2 und 3 über die Nennbeträge der Geschäftsanteile sowie die Bestimmungen in § 19 Abs. 6 über die Verjährung des Anspruchs der Gesellschaft auf Leistung der Einlagen sind auch hinsichtlich der an dem erhöhten Kapital übernommenen Geschäftsanteile anzuwenden.

---

[325] Schulte-Bunert/Weinreich/*Nedden-Boeger* FamFG § 395 Rn. 71.
[326] HCL/*Ulmer/Casper* Rn. 64; Scholz/*Priester/Tebben* Rn. 77; Keidel/*Heinemann* FamFG § 398 Rn. 20 iVm Keidel/*Heinemann* FamFG § 397 Rn. 17; aA *Baums,* Eintragung und Löschung von Gesellschafterbeschlüssen, 1981, 116 f., der eine Verpflichtung zur Löschung bejaht.
[327] Hüffer/Koch/*Koch* AktG § 241 Rn. 30 zur AG; MüKoAktG/*Schäfer* AktG § 241 Rn. 86 zur AG; Kölner Komm AktG/*Noack/Zetzsche* AktG § 241 Rn. 190 zur AG; Keidel/*Heinemann* FamFG § 398 Rn. 28; Schulte-Bunert/Weinreich/*Nedden-Boeger* FamFG § 395 Rn. 135.
[328] *Casper,* Die Heilung nichtiger Beschlüsse im Kapitalgesellschaftsrecht, 1998, 245 zur AG; MüKoAktG/*Schäfer* AktG § 241 Rn. 86: sofern nach der Lehre vom fehlerhaften Verband die Rückwirkung eines Anfechtungsurteils und die Nichtigkeit durch bloße Vernichtbarkeit ersetzt werden; Hüffer/Koch/*Koch* AktG § 241 Rn. 30: erwägenswert und auch unter Rechtssicherheitsgesichtspunkten unbedenklich.

Schrifttum: *Altmeppen,* Cash-Pool, Kapitalaufbringungshaftung und Strafbarkeit der Geschäftsleiter wegen falscher Versicherung, ZIP 2009, 1545; *Altmeppen,* Die verworrene Rechtslage der verdeckten Sacheinlage und ihre Folgen, FS Seibert, 2019, 1; *M. Arnold/Gärtner,* Auswirkungen staatlicher Rettungsmaßnahmen zugunsten von Kreditinstituten auf die Verlustteilnahme von Genussrechtsinhabern, AG 2013, 414; *Baare,* Cash-Pooling und die Haftung der Geschäftsführer im faktischen GmbH-Konzern, 2013; *Bay/Seeburg/Böhmer,* Debt-Equity-Swap nach § 225a Abs. 2 Satz 1 des geplanten Gesetzes zur weiteren Erleichterung der Sanierung von Unternehmen (ESUG), ZInsO 2011, 1927; *Bayer,* Neue und neueste Entwicklungen zur verdeckten GmbH-Sacheinlage, ZIP 1998, 1985; *Bayer,* Kapitalerhöhung mit Bezugsrechtsausschluß und Vermögensschutz der Aktionäre nach § 255 Abs. 2 AktG, ZHR 163 (1999), 505; *Bayer,* Materielle Schranken und Kontrollinstrumente beim Einsatz des genehmigten Kapitals mit Bezugsrechtsausschluss, ZHR 168 (2004), 132; *Bayer,* Unwirksame Leistungen auf die Stammeinlage und nachträgliche Erfüllung, GmbHR 2004, 445; *Bayer,* Die Bankbestätigung gem. § 37 Abs. 1 S. 3 AktG im Rahmen der präventiven Kapitalaufbringungskontrolle, FS Horn, 2006, 271; *Bayer,* Verdeckte Sacheinlage nach MoMiG und ARUG, FS Kanzleiter, 2010, 75; *Bayer,* „MoMiG II" – Plädoyer für eine Fortführung der GmbH-Reform, GmbHR 2010, 1289; *Bayer,* Kapitalschutz in der GmbH – eine Generalkritik, in VGR, Gesellschaftsrecht in der Diskussion 2012, 2013, 25 (zit. VGR 18 (2012), 25); *Bayer/Hoffmann/Lieder,* Ein Jahr MoMiG in der Unternehmenspraxis, GmbHR 2010, 9; *Bayer/Lieder,* Darlehen der GmbH an Gesellschafter und Sicherheiten aus dem GmbH-Vermögen für Gesellschafterverbindlichkeiten, ZGR 2005, 133; *Bayer/Lieder,* Kapitalaufbringung im Cash-Pool, GmbHR 2006, 449; *Bayer/Lieder,* Der Entwurf des MoMiG und die Auswirkungen auf das Cash-Pooling, GmbHR 2006, 1121; *Bayer/Lieder,* Vorbelastungshaftung und Vorbelastungsbilanz, insbesondere bei späterer Auffüllung des Haftungsfonds, ZGR 2006, 875; *Bayer/Lieder,* Einbringung von Dienstleistungen in die AG, NZG 2010, 86; *Bayer/Lieder,* Moderne Kapitalaufbringung nach ARUG, GWR 2010, 3; *Bayer/Lieder,* Das aktienrechtliche Freigabeverfahren für die GmbH, NZG 2011, 1170; *Bayer/Lieder,* Upstream-Darlehen und Aufsichtsratshaftung, AG 2010, 885; *Benz,* Verdeckte Sacheinlage und Einlagenrückzahlung im reformierten GmbH-Recht (MoMiG), Diss. Jena 2009, 2010; *Berninger,* Die Unternehmergesellschaft (haftungsbeschränkt) – Sachkapitalerhöhungsverbot und Umwandlungsrecht, GmbHR 2010, 63; *Berninger,* Aufstieg der UG (haftungsbeschränkt) zur vollwertigen GmbH, GmbHR 2011, 953; *Bieder,* Treuwidrig verzögerte oder vereitelte Kapitalerhöhungen in der GmbH, NZG 2016, 538; *Böffel,* Russisch Roulette im Aktienrecht – die Erschwernisse von Kapitalmaßnahmen im physischen Cash Pool, ZIP 2018, 1011; *Bork,* (Nichts) Neues zur verdeckten Sacheinlage bei der Barkapitalerhöhung im GmbH-Recht?, NZG 2007, 375; *Bormann,* Die Kapitalaufbringung nach dem Regierungsentwurf des MoMiG, GmbHR 2007, 897; *Bormann/Trautmann,* Wandelschuldverschreibungen im Lichte des § 55a GmbHG, GmbHR 2016, 37; *Bormann/Urlichs,* Kapitalaufbringung und Kapitalerhaltung nach dem MoMiG, GmbHR Sonderheft Oktober 2008, 37; *Brand,* „Sanieren oder Ausscheiden" in der Aktiengesellschaft, KTS 2011, 481; *Brinkmann,* Wege aus der Insolvenz eines Unternehmens – oder: Die Gesellschafter als Sanierungshindernis, WM 2011, 97; *Brünkmans,* Abfindungs- und Bewertungsfragen bei gesellschaftsrechtlichen Maßnahmen im Insolvenzplan, ZInsO 2017, 1401; *Büchel,* Kapitalaufbringung, insbesondere Regelung der verdeckten Sacheinlage nach dem Regierungsentwurf des MoMiG, GmbHR 2007, 1065; *Bücker,* Umsetzung einer ordentlichen Kapitalerhöhung in Teilschritten, NZG 2009, 1339; *Bungert/Wansleben,* Vertragliche Verpflichtung einer Aktiengesellschaft zur Nichtdurchführung von Kapitalerhöhungen, ZIP 2013, 1841; *Bunnemann,* Anwendung der Grundsätze der „verdeckten Sacheinlage" bei einer Sachkapitalerhöhung?, NZG 2005, 955; *Cahn/Simon/Theiselmann,* Forderungen gegen die Gesellschaft als Sacheinlage?, CFL 2010, 238; *Cahn/Simon/Theiselmann,* Debt Equity Swap zum Nennwert!, DB 2010, 1629; *Cahn/Simon/Theiselmann,* Nennwertanrechnung beim Debt Equity Swap!, DB 2012, 501; *Carli/Rieder/Mückl,* Debt-to-Equity-Swap in der aktuellen Transaktionspraxis, ZIP 2010, 1737; *Cavin,* Kapitalaufbringung in GmbH und AG, 2012; *Cramer,* Das genehmigte Kapital der GmbH nach dem MoMiG, GmbHR 2009, 406; *Decher,* Allgemeine Ausübungsschranken bei Grundlagen- und Strukturmaßnahmen börsennotierter Gesellschaften, FS Grunewald, 2021, 163; *Deckers,* Die Mitgliedschaft in der Insolvenz, 2019; *Deutscher,* Sanierung geschlossener Immobilienfonds – BGH-Update 2015 zu „Sanieren oder Ausscheiden", ZfIR 2015, 748; *Döge,* Sanieren oder Ausscheiden aus der GmbH, ZIP 2018, 1220; *Eggert,* Weisungsrecht und Vorabbericht beim genehmigten Kapital der GmbH, GmbHR 2014, 856; *Ehlke,* Vinkulierung bei GmbH-Kapitalerhöhung und anderen Fällen des Gesellschaftereintritts ohne Anteilsübertragung, DB 1995, 561; *Ehlke,* Vorausgezahlte Stammeinlage – ein Fall fehlerhafter Kapitalaufbringung in der GmbH?, ZGR 1995, 426; *Ekkenga,* Sachkapitalerhöhung gegen Schuldbefreiung, ZGR 2009, 581; *Ekkenga,* Kapitalaufbringung im konzernweiten Cash-Pool: ungelöste Probleme und verbleibende Gestaltungsspielräume, ZIP 2010, 2469; *Ekkenga,* Neuerliche Vorschläge zur Nennwertanrechnung beim Debt-Equity-Swap, DB 2012, 331; *Ekkenga,* Vom Umgang mit überwertigen Sacheinlagen im Allgemeinen und mit gemischten (verdeckten) Sacheinlagen im Besonderen, ZIP 2013, 541; *Erle,* Dividendenausschüttung in der Vorerbschaft, ZHR 181 (2017), 816; *Esch,* Die gesellschaftsvertragliche Vereinbarung der Rückgewähr ausgeschütteter Gewinne der GmbH, NJW 1978, 2529; *Escher-Weingart,* Die Treuepflicht zur Zustimmung zum eigenen Rauswurf, WM 2016, 1569; *Fallak/Huynh Cong,* Rechtliche Einordnung der „Vorbeteiligungsgesellschaft" bei der GmbH, NZG 2016, 1291; *Fleischer,* Zur ergänzenden Anwendung von Aktienrecht auf die GmbH, GmbHR 2008, 673; *Fleischer,* Zur (Nicht-)Anwendbarkeit des Freigabeverfahrens im GmbH-Recht, DB 2011, 2132; *Freitag/Riemenschneider,* Die Unternehmergesellschaft – „GmbH light" als Konkurrenz für die Limited?, ZIP 2007, 1485; *Fröhlich/Primaczenko,* Veräußerung und Belastung künftiger GmbH-Geschäftsanteile, NZG 2016, 133; *Fuchs,* Die Neuregelung zur verdeckten Sacheinlage durch das MoMiG und ihre Rückwirkung, BB 2009, 170; *Fuhrmann/Heinen/*

Schilz, Die gesellschaftsrechtlichen Aspekte des StaRUG: Drei Fragen an die Restrukturierungsanzeige nach § 31 I StaRUG, NZG 2021, 684; *Gehrlein,* Der aktuelle Stand des neuen GmbH-Rechts, Der Konzern 2007, 771; *Gehrlein,* Banken – vom Kreditgeber zum Gesellschafter – neue Haftungsfallen? (Debt-Equity-Swap nach ESUG), NZI 2012, 257; *Gehrlein,* Das Gesetz über den Stabilisierungs- und Restrukturierungsrahmen für Unternehmen (StaRUG) – ein Überblick, BB 2021, 66; *Gehrlein,* Kapitalerhöhung bei der GmbH in der Krise, ZInsO 2021, 175; *Gerber/Pilz,* Die Barkapitalerhöhung um einen Rahmenbetrag bei der GmbH, GmbHR 2005, 1324; *Gerlach,* Die gemischte Sacheinlage, 2016; *Gesell,* Verdeckte Sacheinlage & Co. im Lichte des MoMiG, BB 2007, 2241; *Geßler,* Die GmbH-Novelle, BB 1980, 1385; *Giedinghagen/Lakenberg,* Kapitalaufbringung durch Dienstleistungen?, NZG 2009, 201; *Gienow,* Zur Differenzhaftung nach § 9 GmbHG, FS Semler, 1993, 165; *Goette,* Der Stand der höchstrichterlichen Rechtsprechung zur Kapitalaufbringung im GmbH-Recht, DStR 1997, 924; *Goette,* Aus der neueren Rechtsprechung des BGH zum GmbH-Recht, ZIP 2005, 1481; *Goette,* Zur jüngeren Rechtsprechung des II. Zivilsenats zum Gesellschaftsrecht, DStR 2006, 139; *Goette,* Zur Voreinzahlung auf künftige Kapitalerhöhung bei der GmbH, FS Priester, 2007, 95; *Goette,* „Cash Pool" – Kapitalaufbringung in der GmbH nach MoMiG, GWR 2009, 333; *Groß,* Der Inhalt des Bezugsrechts nach § 186 AktG, AG 1993, 449; *Groß,* Voraussetzungen und Grenzen der Voreinzahlung auf eine künftige Bareinlageverpflichtung, GmbHR 1995, 845; *Groß/Kautenburger-Behr,* Debt-Equity-Swap – Die Beteiligung an Unternehmen im Rahmen von „distressed debt investing", CF 2016, 307; *Gruschinske,* Haftung für Schulden des nahen Angehörigen?, GmbHR 2012, 551; *Güldü,* Die Einlagefähigkeit von Bitcoins und anderen Kryptowährungen nach deutschem GmbH- und Aktienrecht, GmbHR 2019, 565; *Gundlach/Frenzel/Schmidt,* Die Kapitalerhöhung in der Insolvenz, DStR 2006, 1048; *Habel,* Abtretung künftiger Aufstockungsbeträge bei Kapitalerhöhungen, GmbHR 2000, 267; *Habersack,* Die gemischte Sacheinlage, FS Konzen, 2006, 179; *Habersack,* Dienst- und Werkleistungen des Gesellschafters und das Verbot der verdeckten Sacheinlage und des Hin- und Herzahlens, FS Priester, 2007, 157; *Habersack,* Einbringung eines Gesellschafterdarlehens im Rahmen eines Debt Equity Swap, FS Kübler, 2015, 219; *Habersack/Weber,* Die Einlageforderung als Gegenstand von Aufrechnung, Abtretung, Verpfändung und Pfändung, ZGR 2014, 509; *Häfele,* Die Treuepflicht der Aktionäre bei der vorinsolvenzlichen Sanierung durch einen Debt Equity Swap, 2013; *Harbarth,* Freigabeverfahren für strukturändernde Gesellschafterbeschlüsse in der GmbH, GmbHR 2005, 966; *Heckschen,* Agio und Bezugsrechtsausschluss bei der GmbH, DStR 2001, 1437; *Heckschen,* Gründungserleichterungen nach dem MoMiG – Zweifelsfragen in der Praxis, DStR 2009, 166; *Heidinger/Knaier,* Die Heilung der verdeckten Sacheinlage und der Austausch des Einlagegegenstandes nach dem MoMiG, GmbHR 2015, 1; *Heinze,* Verdeckte Sacheinlagen und verdeckte Finanzierungen nach dem MoMiG, GmbHR 2008, 1065; *Heinze,* Die Vermeidung von Sachgründungen und -kapitalerhöhungen bei der GmbH, NJW 2020, 3768; *Heitsch,* Das Bezugsrecht der Gesellschafter der GmbH bei Kapitalerhöhungen, 1997; *Hellwig,* Der werdende Geschäftsanteil aus einer Kapitalerhöhung, FS Rowedder, 1994, 141; *Helmreich,* Wandelschuldverschreibungen bei der GmbH als Brücke bei Bewertungsdifferenzen im Rahmen von M&A-Transaktionen, GWR 2011, 561; *Hennrichs,* Die UG (haftungsbeschränkt) – Reichweite des Sacheinlageverbots und gesetzliche Rücklage, NZG 2009, 1161; *Hentzen/ Schwandtner,* Für eine Vereinfachung des Rechts der Kapitalaufbringung!, ZGR 2009, 1007; *Henze,* Zur Problematik der „verdeckten (verschleierten) Sacheinlage" im Aktien- und GmbH-Recht, ZHR 154 (1990), 105; *Herchen,* Agio und verdecktes Agio im Recht der Kapitalgesellschaften, 2004; *Hermanns,* Gestaltungsmöglichkeiten bei der Kapitalerhöhung mit Agio, ZIP 2003, 788; *Herrler,* Aktuelles zur Kapitalerhöhung bei der GmbH, DNotZ 2008, 903; *Herrler,* Kapitalaufbringung nach dem MoMiG, DB 2008, 2347; *Herrler,* Heilung einer nicht erfüllungstauglichen Einlagenrückzahlung, GmbHR 2010, 785; *Herrler,* Erleichterung der Kapitalaufbringung durch § 19 Abs. 5 GmbHG (sog. Hin- und Herzahlen)? – Zweifelsfragen und Ausblick, DStR 2011, 2255; *Herrler,* Handlungsoptionen bei tilgungsschädlicher Einlagenrückzahlung i. S. von § 19 Abs. 5 GmbHG (sog. Hin- und Herzahlen), DStR 2011, 2300; *Herrler/König,* Aktuelle Praxisfragen zur GmbH-Gründung im vereinfachten Verfahren (Musterprotokoll), DStR 2010, 2138; *Hirte,* Bezugsrechtsausschluß und Konzernbildung, 1986; *Hirte/Knof/Mock,* Das Gesetz zur weiteren Erleichterung der Sanierung von Unternehmen, DB 2011, 632; *Hoene/Eickmann,* Zur Formbedürftigkeit von Wandeldarlehen, GmbHR 2017, 854; *Hoffmann-Becking,* Fehlerhafte offene Sacheinlage versus verdeckte Sacheinlage, Liber amicorum M. Winter, 2011, 237; *Holzmann/Eichstädt,* Die „Bis zu"-Kapitalerhöhung im System der Kapitalmaßnahmen des Aktiengesetzes, DStR 2010, 277; *Hülsmann,* Kapitalaufbringung in der GmbH im Spiegel aktueller BGH-Rechtsprechung, GmbHR 2019, 377; *Jennewein,* Festsetzung des Agios als Teil des Kapitalerhöhungsbeschlusses der GmbH, GesRZ 2013, 280; *Kallmeyer,* Kapitalaufbringung und Kapitalerhaltung nach dem MoMiG: Änderungen für die GmbH-Beratungspraxis, DB 2007, 2755; *Kanzler/Mader,* Sanierung um jeden Preis? – Schutz der Neugläubiger nach Durchführung eines insolvenzrechtlichen Debt-Equity-Swaps –, GmbHR 2012, 992; *Karl,* Sacheinlagen bei der UG (haftungsbeschränkt) und GmbH, GmbHR 2020, 9; *Karollus,* Voreinzahlungen auf künftige Kapitalerhöhungen, DStR 1995, 1065; *Keilbach,* Die Prüfungsaufgaben der Registergerichte, MittRhNotK 2000, 365; *Kersting,* Verdeckte Sacheinlage, in VGR, Gesellschaftsrecht in der Diskussion 2008, 2009, 101 (zit. VGR 14 (2008), 101); *Kiefner,* Investorenvereinbarungen zwischen Aktien- und Vertragsrecht, ZHR 178 (2014), 547; *Kindler,* Der Bezugsrechtsausschluss beim genehmigten Kapital in der GmbH, FS Hoffmann-Becking, 2013, 669; *Klaaßen/van Lier,* Auswirkungen nichtiger Kapitalerhöhungsbeschlüsse auf nachfolgende Kapitalmaßnahmen – NZG 2014, 1250; *Klasen,* Recht der Sacheinlage: Rechtliche Rahmenbedingungen – Neuerungen durch MoMiG und ARUG, BB 2008, 2694; *Klein,* Wenn die Unternehmergesellschaft (haftungsbeschränkt) erwachsen werden will …, NZG 2011, 377; *Klein,* Zur Sacheinlagefähigkeit von Anteilen an in Mehrheitsbesitz der Gesellschaft stehenden oder sonst von ihr abhängigen Unternehmen, GmbHR 2016, 461; *Klein,* Pflichten und Haftungsrisiken der Geschäftsleitung beim Cash Pooling, ZIP 2017, 258; *Kleindiek,* Kapitalaufbringung und Kapitalerhaltung nach MoMiG und ARUG: Zur Abgrenzung des Anwendungsbereichs der neuen Vorschriften, FS Hopt, 2010, 941; *Kleindiek,* Verdeckte (gemischte) Sacheinlage nach MoMiG: Rückwirkende Neuregelung und Wertanrechnung, ZGR 2011, 334; *Kleindiek,* Debt-Equity-Swap im Insolvenzplan, FS Hommelhoff, 2012, 543; *Kleine,* Der Umtausch von Forderungen in Nennkapital, 2014; *Klett,* Das genehmigte Kapital bei der GmbH, GmbHR 2008, 1312; *Klose,* Die Stammkapitalerhöhung bei der Unternehmergesellschaft (haftungsbeschränkt), GmbHR 2009, 294; *Kloss,* Die verdeckte Sacheinlage im GmbH-Recht unter besonderer Berücksichtigung der neuen Einstiegsvariante, 2013; *J. Koch,* Die verdeckte gemischte Sacheinlage im Spannungsfeld zwischen Kapitalaufbringung und Kapitalerhaltung, ZHR 175 (2011), 55; *J. Koch,* Kapitalerhöhungen „unter Wert" als Anwendungsfall des § 216 Abs. 3 AktG, AG 2017, 6; *Komo,* Möglichkeiten der Einbringung von GmbH-Geschäftsanteilen bei Kapitalerhöhungen, GmbHR 2008, 296; *Komo,* Kapitalaufbringung im Cash Pool – aktuelle Entwicklungen in Rechtsprechung und Literatur, BB 2011, 2307; *König/Bormann,* Die Reform des Rechts der Gesellschaft mit beschränkter Haftung, DNotZ 2008, 652; *Kort,* Bestandsschutz fehlerhafter Strukturänderungen im Kapitalgesellschaftsrecht, 1998; *Krampen-Lietzke,* Analoge Anwendung des § 55 GmbHG auf den Übernahmeverpflichtungsvertrag? – Zur Formbedürftigkeit der Kapitalausstattung der GmbH, RNotZ 2016, 20; *Kramer,* Praxisfragen und Gestaltungshinweise zur Nutzung des genehmigten Kapitals bei der GmbH, GmbHR 2015, 1073; *Kühne/Dietel,* „Anwachsung" des Bezugsanspruchs aus einem Kapitalerhöhungsbeschluss bei Verzicht bzw. Nichtausübung eines GmbH-Gesellschafters, NZG 2009, 15; *Kuntz,* Die Kapitalerhöhung in der Insolvenz, DStR 2006, 519; *Kuntz/Stegemann,* Grundfragen des faktischen Bezugsrechtsausschlusses, ZIP 2016, 2341; *Kupjetz/Peter,* Die Kapitalaufbringung der GmbH in Gründung in einem physischen Cash-Pooling-System, GmbHR 2012, 498; *Lenenbach,* Schutz der Altgesellschafter vor Verwässerung ihrer Beteiligung bei einer gemeinnützigen GmbH?, GmbHR 2021, 468; *C. Lieder,* Moderner Kapitalschutz, 2018; *Lieder,* Kapitalaufbringung im Cash Pool nach neuem Recht, GmbHR 2009, 1177; *Lieder,* Grund- und Zweifelsfragen des genehmigten Kapitals der GmbH, DNotZ 2010, 655; *Lieder,* Der Einfluss des genehmigten Kapitals auf die Dogmatik des GmbH-Rechts – Zugleich ein Beitrag zur Dogmengeschichte und Rechtsvergleichung –, ZGR 2010, 868; *Lieder,* Die Kapitalerhöhung in Krise und Insolvenz, in Bayer/Koch, Aktuelles GmbH-Recht, 2013, 142; *Lieder* in Fleischer/Kalss/Vogt, Aktuelle Entwicklungen im deutschen, österreichischen und schweizerischen Gesellschaftsrecht 2012, 2013, 231; *Lieder,* Vorgründungsgesellschaft, Vorbeteiligungsgesellschaft und andere Vorbereitungsgesellschaften, DStR 2014, 2464; *Lieder,* Formbedürftigkeit der Kapitalerhöhung und verbundener Geschäfte, FS Bergmann, 2018, 473; *Lieder,* 10 Jahre Kapitalschutz nach dem MoMiG, GmbHR 2018, 1116; *Lieder,* Unternehmensrechtliche Implikationen der Corona-Gesetzgebung: Präsenzlose Versammlungen und stabilisierende Kapitalmaßnahmen, ZIP 2020, 837; *Lieder/Bialluch,* Differenzhaftung und Existenzvernichtungshaftung bei Verschmelzung, ZGR 2019, 760; *Lieder/Hoffmann,* Upgrades von Unternehmergesellschaften, GmbHR 2011, 561; *Lieder/Hoffmann,* Zwei auf einen Streich: BGH klärt wichtige Streitfragen zu UG-Kapitalerhöhungen, GmbHR 2011, R193; *Lieder/Müller,* § 8 – Kali und Salz – BGHZ 71, 40, in Fleischer/Thiessen, Gesellschaftsrechts-Geschichten, 2018, 285; *Löbbe,* Gesellschaftsrechtliche Gestaltungsmöglichkeiten des Debt Equity Swap, Liber amicorum M. Winter, 2011, 423; *Lohr,* Voreinzahlungen bei der Kapitalerhöhung – Voraussetzungen der Anerkennung vorzeitiger Zahlungen, GmbH-StB 2015, 361; *Lohr,* Auflagen und Bedingungen bei der Durchführung der Kapitalerhöhung – Gestaltungsempfehlungen zum Schutz des Übernehmers neuer Anteile, GmbH-StB 2016, 515; *Lubberich,* Sachagio bei GmbH-Gründungen und Kapitalerhöhungen – Gestaltungsmöglichkeiten und Risiken im Überblick, DNotZ 2016, 164; *Lutter,* Gescheiterte Kapitalerhöhungen, FS Schilling, 1973, 207; *Lutter/Zöllner,* Zur Anwendung der Regeln über die Sachkapitalerhöhung auf das Ausschüttungs-Rückhol-Verfahren, ZGR 1996, 164; *Mackh,* Wandelschuldverschreibungen bei der GmbH, 2015; *Maidl,* Die Wandelschuldverschreibung bei der GmbH, NZG 2006, 778; *Maier,* Faktischer Bezugsrechtsausschluss, 2014; *Maier-Reimer,* Die verdeckte gemischte und die verdeckt gemischte Sacheinlage, FS Hoffmann-Becking, 2013, 754; *Maier-Reimer/Wenzel,* Kapitalaufbringung in der GmbHG nach dem MoMiG, ZIP 2008, 1449; *Maier-Reimer/Wenzel,* Nochmals: Die Anrechnung der verdeckten Sacheinlage nach dem MoMiG, ZIP 2009, 1185; *Markwardt,* Kapitalaufbringung nach dem MoMiG, BB 2008, 2414; *Maume,* Geistiges Eigentum in der Unternehmensfinanzierung, NZG 2017, 249; *Merkner/Schmidt-Bendun,* Haftung von Rechtsanwälten und Steuerberatern nach Empfehlung einer (gemischten) verdeckten Sacheinlage, NZG 2009, 1054; *Meyer/Degener,* Debt-Equity-Swap nach dem RegE-ESUG, BB 2011, 846; *Milch,* Venture-Capital-Beratung: der Wandeldarlehensvertrag bei der GmbH, BB 2016, 1538; *Miras,* Sacheinlageverbot und Volleinzahlungsverbot bei der Unternehmergesellschaft, DStR 2011, 1379; *Mohren,* Leistungsstörungen beim Einbringen von Sacheinlagen in Gesellschaften mit beschränkter Haftung, 2013; *Mulert/Steiner,* Gesellschaftsrechtlich zulässige Regelungen im Insolvenz- und Restrukturierungsplan, NZG 2021, 673; *G. Müller,* Zur Umwandlung von Geldkrediten in Grundkapital fallierender Gesellschaften, ZGR 1995, 327; *H.-F. Müller,* Die Kapitalerhöhung in der Insolvenz, ZGR 2004, 842; *H.-F. Müller,* Rechtsfolgen verdeckter Sacheinlagen, NZG 2011, 761; *H.-F. Müller,* Gesellschaftsrechtliche Maßnahmen im Insolvenzplan, KTS 2012, 419; *W. Müller,* Abgesang und Auftakt für die verdeckte Sacheinlage, NJW 2009, 2862; *W. Müller,* Gibt es einen Grundsatz der nominellen Kapitalaufbringung?, FS Hoffmann-Becking, 2013, 835; *Naraschewski,* Kapitalmaßnahmen im Insolvenzplan: Besonderheiten des Debt-Equity-Swap, FS 10 Jahre Österberg Seminare, 2018, 347; *Nentwig,* Durchsetzung von Sanierungsmaßnahmen in der GmbH, GmbHR 2012, 664; *Nestler,* Wertfindung bei Sacheinlagen, GWR 2014, 121; *Neumann,* Cash Pooling bei einer konzernangehörigen GmbH –

Risiken und Sorgfaltspflichten des Geschäftsführers, GmbHR 2016, 1016; *Nietsch,* Die Flexibilisierung der Kapitalaufnahme bei der GmbH, FS Schneider, 2011, 873; *Noack,* Gesellschaftsrechtliche Aspekte der Stabilisierung von Unternehmen der Realwirtschaft, DB 2020, 1328; *Nolden/Heusel/Goette,* Das Wirtschaftsstabilisierungsfondsgesetz im aktienrechtlichen Kontext, DStR 2020, 800; *Omlor/Dilek,* Corona-Gesellschaftsrecht – Rekapitalisierung von Gesellschaften in Zeiten der Pandemie, BB 2020, 1026; *Pellens/Kemper/Schmidt,* Geplante Reformen im Recht der GmbH: Konsequenzen für den Gläubigerschutz, ZGR 2008, 381; *Pentz,* Verdeckte Sacheinlagen nach dem MoMiG und prozessuale Folgen des Übergangsrechts, GmbHR 2009, 126; *Pentz,* Die verdeckte Sacheinlage im GmbH-Recht nach dem MoMiG, FS K. Schmidt, 2009, 1265; *Pentz,* Die Bedeutung der Sacheinlagefähigkeit für die verdeckte Sacheinlage und den Kapitalersatz sowie erste höchstrichterliche Aussagen zum Hin- und Herzahlen nach MoMiG, GmbHR 2009, 505; *Pentz,* Die Anrechnung bei der verdeckten (gemischten) Sacheinlage, GmbHR 2010, 673; *Pentz,* Gemischte Sacheinlage ohne Offenlegung des Vergütungsbestandteils, Liber amicorum M. Winter, 2011, 499; *Pentz,* Verdeckte Sacheinlage und UG (haftungsbeschränkt), FS Goette, 2011, 355; *Pentz,* Differenzhaftung und verdeckte Mischeinlage/verdeckte gemischte Sacheinlage, FS Bergmann, 2018, 541; *Perwein,* Die „finale Kapitalerhöhung", AG 2013, 630; *Plathner,* Die ordnungsgemäße Erbringung der Stammeinlage, ZInsO 2010, 2218; *Priester,* Die GmbH-Novelle – Überblick und Schwerpunkte aus notarieller Sicht, DNotZ 1980, 515; *Priester,* Das gesetzliche Bezugsrecht bei der GmbH, DB 1980, 1925; *Priester,* Wertgleiche Deckung statt Bardepot?, ZIP 1994, 599; *Priester,* Voreinzahlung auf Stammeinlagen bei sanierender Kapitalerhöhung, FS Fleck, 1988, 231; *Priester,* GmbH-Kapitalerhöhung im Wege des Ausschüttungs-Rückhol-Verfahrens, ZGR 1998, 856; *Priester,* Kapitalaufbringungspflicht und Gestaltungsspielräume beim Agio, FS Lutter, 2000, 617; *Priester,* Pflicht zur Quotenwahrung als Pendant des Bezugsrechts bei der GmbH?, GmbHR 2005, 1013; *Priester,* Genehmigtes Kapital bei der GmbH, GmbHR 2008, 1177; *Priester,* Vorleistungen auf die Kapitalerhöhung nach MoMiG und ARUG, DStR 2010, 494; *Priester,* Emissions-Tranchen bei ordentlicher Kapitalerhöhung?, NZG 2010, 81; *Priester,* Debt-Equity-Swap zum Nennwert?, DB 2010, 1445; *Priester,* Kapitalbildung bei der UG (haftungsbeschränkt) – einer GmbH mit ernst zu nehmenden Sonderregeln –, FS Roth, 2011, 573; *Priester,* Vergleich über Einlageforderungen – Zustimmungserfordernis der Hauptversammlung, AG 2012, 525; *Priester,* Vorbeteiligungsgesellschaft bei GmbH-Kapitalerhöhung, GWR 2014, 405; *Priester,* Anteilsaufstockung nach Einziehung – Pflicht zur Einlageleistung?, GmbHR 2016, 1065; *Pühl,* Der Debt Equity Swap im Insolvenzplanverfahren, 2016; *Reichert,* Business Combination Agreements, ZGR 2015, 1; *Reiner-Pechtl,* Das genehmigte Kapital im System des GmbH-Rechts, 2016; *Renaud,* Genehmigtes Kapital und Befugnis zur Satzungsänderung bei der GmbH, ZNotP 2010, 203; *Rezori,* Die Kapitalaufbringung bei der GmbH-Gründung, RNotZ 2011, 125; *Riegger/Gayk,* Zur Dogmatik der Anrechnung nach § 19 Abs. 3 S. 4 GmbHG oder zur Differenz- (und Agio-) Haftung bei der Sacheinlage, FS Maier-Reimer, 2010, 557; *G. H. Roth,* Neue Fallstricke beim Hin- und Herzahlen – Cash Pool, NJW 2009, 3397; *Rottnauer,* Ausgabebetragsbemessung bei effektiver Kapitalerhöhung in einer personalistischen Kapitalgesellschaft, ZGR 2007, 401; *Sammet,* Die notwendige Einlageleistung auf eine „Mischeinlage", NZG 2016, 344; *Saß,* Die Kapitalerhöhung bei der GmbH – Ein Überblick, RNotZ 2016, 213; *C. Schäfer,* Die Lehre vom fehlerhaften Verband, 2002; *C. Schäfer,* Sanieren oder Ausscheiden?, FS Ganter, 2010, 33; *C. Schäfer,* Rechtsprobleme bei Gründung und Durchführung einer Unternehmergesellschaft, ZIP 2011, 53; *C. Schäfer,* „Girmes" wiedergelesen: Zur Treuepflicht des Aktionärs im Sanierungsfall, FS Hommelhoff, 2012, 939; *Schall,* Kapitalaufbringung nach dem MoMiG, ZGR 2009, 126; *Schluck-Amend/Penke,* Kapitalaufbringung nach dem MoMiG und der „Qivive"-Entscheidung des BGH, DStR 2009, 1433; *J. M. Schmidt,* Der Debt Equity Swap als Sanierungsinstrument im Fokus des Gesetzgebers, GWR 2010, 568; *K. Schmidt,* Die sanierende Kapitalerhöhung im Recht der Aktiengesellschaft, GmbH und Personengesellschaft, ZGR 1982, 519; *K. Schmidt,* Barkapitalaufbringung und „freie Verfügung" bei der Aktiengesellschaft und der GmbH, AG 1986, 106; *K. Schmidt,* Gesellschaftsrecht und Insolvenzrecht im ESUG-Entwurf, BB 2011, 1603; *K. Schmidt,* Umwandlung stiller Beteiligungen in GmbH-Geschäftsanteile, NZG 2016, 4; *K. Schmidt,* Unternehmenssanierung durch Insolvenzverfahren: Wo bleibt das Gesellschaftsrecht?, FS 10 Jahre Österberg Seminare, 2018, 365; *Schmittmann/Hippeli,* Gerichtliche Ermächtigung einer Aktionärsminderheit zur Einberufung einer Hauptversammlung i.S.d. § 122 Abs. 3 AktG in der Insolvenz, DZWIR 2018, 501; *St. Schneider,* Gesellschafter-Stimmpflichten bei Sanierungen, 2014; *Schnorbus,* Die Teilnahme des Scheingesellschafters an Strukturmaßnahmen in der GmbH, ZGR 2004, 126; *Schnorbus/Donner,* Das genehmigte Kapital bei der GmbH – der neue § 55a in der Praxis, NZG 2009, 1241; *Schoch,* Die Rechtsstellung der Anteilseigner im Rahmen der vorinsolvenzlichen Restrukturierung, 2021; *Schöne,* „Sanieren oder Ausscheiden" und die sog. Trittbrettfahrer, ZIP 2015, 501; *Schöne,* Wohin führt der Weg bei „Sanieren oder Ausscheiden"?, GmbHR 2015, 337; *Schulte,* Das Genehmigte Kapital gem. § 55a GmbHG im Vergleich zu anderen Gestaltungsoptionen – Gibt es Alternativen?, GmbHR 2019, 1273; *Schulz,* Der Debt Equity Swap in der Insolvenz, 2015; *Schürnbrand,* Die überzeichnete Kapitalerhöhung, FS Stilz, 2014, 569; *Schwarz,* Der Debt-Equity-Swap als Instrument der Unternehmenssanierung nach deutschem und englischem Recht, 2015; *Segmiller,* Kapitalmaßnahmen im Insolvenzplan, 2013; *Seibt/Bulgrin,* Entwurf zum Unternehmensstabilisierungs- und Restrukturierungsgesetz (StaRUG) – Kritische Analyse aus gesellschaftsrechtlicher Sicht, DB 2020, 2236; *Seibert,* Die GmbH-Reform kommt!, ZIP 2008, 1208; *Seibt/Voigt,* Kapitalerhöhung zu Sanierungszwecken, AG 2009, 133; *Servatius,* Bezugsrechtskapitalerhöhung „unter Wert", FS Windbichler, 2020, 1093; *Sieger/Hasselbach,* Die Kapitalerhöhung im „Schütt-aus-hol-zurück"-Verfahren bei der GmbH, GmbHR 1999, 205; *Simon,* Der Debt Equity Swap nach dem Gesetz zur weiteren Erleichterung der Sanierung von Unternehmen (ESUG), CFL 2010, 448; *Simon/Merkelbach,* Gesellschaftsrechtliche Strukturmaßnahmen im Insolvenzplanverfahren nach dem ESUG, NZG 2012, 121; *Specks,* Kapitalerhöhungen bei der Unternehmergesellschaft, RNotZ 2011, 234; *von Spee,* Gesellschafter im Reorganisationsverfahren – Die Sanierungsbeteiligung der Gesellschafter nach dem ESUG, 2014; *Spindler,* Zur Haftung aus unrichtiger Bankbestätigung im GmbH-Recht, ZGR 1997, 537; *Spitz,* Das Second Closing – Ein Leitfaden für die VC-Praxis, GWR 2019, 21; *Strohn,* Cash-Pooling – verbotene und unwirksame Zahlungen, DB 2014, 1535; *Temme/Küperkoch,* Heilung und „Reparatur" fehlerhafter Kapitalerhöhungsbeschlüsse, GmbHR 2004, 1556; *Terbrack,* Schlafender Riese oder Papiertiger? Eine Bestandsaufnahme zum genehmigten Kapital bei der GmbH im Lichte der aktuellen Rechtsprechung, DNotZ 2012, 917; *Theiselmann,* Die Kapitalaufbringung im physischen Cash Pool, Der Konzern 2009, 460; *Thelen,* Beteiligungsverträge in der notariellen Praxis, RNotZ 2020, 121; *Theusinger,* Barkapitalerhöhung im Cash-Pool nach MoMiG, NZG 2009, 1017; *Thole,* Der Entwurf des Unternehmensstabilisierungs- und -restrukturierungsgesetzes (StaRUG-RefE), ZIP 2020, 1985; *Tholen/Weiß,* Formfragen bei Finanzierungsrunden in der GmbH – Formbedürftigkeit von Beteiligungsverträgen und Gesellschaftervereinbarungen nach § 15 Abs. 4 S. 1, § 53 Abs. 2 S. 1 und § 55 Abs. 1 GmbHG –, GmbHR 2016, 915; *Trautmann,* Das genehmigte Kapital der GmbH, 2012; *Trendelenburg,* Auswirkungen einer nichtigen Kapitalerhöhung auf die Wirksamkeit nachfolgender Kapitalerhöhungen bei Aktiengesellschaften, NZG 2003, 860; *Ulmer,* Verdeckte Sacheinlagen im Aktien- und GmbH-Recht, ZHR 154 (1990), 128; *Ulmer,* Die Voreinzahlung auf Barkapitalerhöhungen im GmbH-Recht – Von Fallstricken und Fußangeln, FS Westermann, 2008, 1567; *Ulmer,* Die „Anrechnung" (MoMiG) des Werts verdeckter Sacheinlagen auf die Bareinlageforderung der GmbH – ein neues Erfüllungssurrogat, ZIP 2009, 293; *Vaupel/Reers,* Kapitalerhöhungen bei börsennotierten Aktiengesellschaften in der Krise, AG 2010, 93; *Veil,* Die Reform des Rechts der Kapitalaufbringung durch den RegE MoMiG, ZIP 2007, 1241; *Veil/Werner,* Die Regelung der verdeckten Sacheinlage – eine gelungene Rechtsfortbildung des GmbH-Rechts und bürgerlichrechtlichen Erfüllungsregimes?, GmbHR 2009, 729; *Verse,* (Gemischte) Sacheinlagen, Differenzhaftung und Vergleich über Einlageforderungen, ZGR 2012, 875; *Wachter,* Sacheinlagen bei der Unternehmergesellschaft (haftungsbeschränkt), NJW 2011, 2620; *Wachter,* Gescheiterte Kapitalerhöhungen bei Gesellschaften mit beschränkter Haftung, DB 2016, 275; *Wachter,* Form der Übernahmeerklärung, GmbHR 2018, 134; *Wächter,* Tatbestand und Heilung verdeckter Sacheinlagen, insbesondere bei Unternehmenseinbringungen, GmbHR 2006, 1084; *Wagner,* Gründung bzw. Kapitalerhöhung von Kapitalgesellschaften: Aufgeld auf satzungsmäßiger bzw. schuldrechtlicher Grundlage, DB 2004, 293; *Wälzholz,* Das MoMiG kommt: Ein Überblick über die neuen Regelungen, GmbHR 2008, 841; *Wälzholz,* Die Reform des GmbH-Rechts, MittBayNot 2008, 425; *Wanner-Laufer,* GmbH und Co. KG – Einlagenrückkehr durch Darlehen der GmbH an die KG, NJW 2014, 36; *Wansleben/Niggemann,* Verdeckte Sacheinlagen und das Sacheinlagenverbot in der Unternehmergesellschaft, NZG 2012, 1412; *Weber,* Sanieren oder Ausscheiden – Treuebindungen bei der Sanierung von Personengesellschaften, DStR 2010, 702; *Weber/Schneider,* Die nach dem Gesetz zur weiteren Erleichterung der Sanierung von Unternehmen (ESUG) vorgesehene Umwandlung von Forderungen in Anteils- bzw. Mitgliedschaftsrechte (Debt-Equity-Swap), ZInsO 2012, 374; *Westermann,* Das neue GmbH-Recht (i. d. F. des MoMiG) im Überblick, DZWIR 2008, 485; *Westermann,* Vertraglich geregeltes oder treupflichtgemäßes Ausscheiden aus einer sanierungsbedürftigen Personengesellschaft, NZG 2016, 9; *Wieneke,* Die Differenzhaftung des Inferenten und die Zulässigkeit eines Vergleichs über ihre Höhe, NZG 2012, 136; *Wilk,* Eigenfinanzierung durch die GmbH: Verbote, Rechtsfolgen, Heilung, DStR 2013, 145; *Winkler,* Der Erwerb eigener Geschäftsanteile durch die GmbH, GmbHR 1972, 73; *Winkler,* Erwerb von GmbH-Anteilen durch Minderjährige und vormundschaftsgerichtliche Genehmigung, ZGR 1990, 131; *M. Winter,* Die Anfechtung eintragungsbedürftiger Strukturbeschlüsse de lege lata und de lege ferenda, FS Ulmer, 2003, 699; *M. Winter,* Die Rechtsfolgen der „verdeckten" Sacheinlage – Versuch einer Neubestimmung, FS Priester, 2007, 867; *Wirsch,* Die Legalisierung verdeckter Sacheinlagen – Das Ende der präventiven Wertkontrolle?, GmbHR 2007, 736; *Wirsch,* Die Vollwertigkeit des Rückgewähranspruchs, Der Konzern 2009, 443; *Wirsch,* Kapitalaufbringung und Cash Pooling in der GmbH, 2009; *Witt,* Verdeckte Sacheinlage, Unternehmergesellschaft und Musterprotokoll, ZIP 2009, 1102; *Woinar,* Vorsicht verdeckte Sacheinlage!, NotBZ 2009, 197; *Wolf,* Nachweis der Aufbringung des Stammkapitals gegenüber dem Registergericht, Rpfleger 2010, 453; *Wolf,* Die verdeckte Sacheinlage in GmbH und AG, 2013; *Zöllner,* Folgen der Nichtigerklärung durchgeführter Kapitalerhöhungsbeschlüsse, AG 1993, 68; *Zöllner,* Folgen der Nichtigkeit einer Kapitalerhöhung für nachfolgende Kapitalerhöhungen, FS Hadding, 2004, 725; *Zöllner/M. Winter,* Folgen der Nichtigerklärung durchgeführter Kapitalerhöhungsbeschlüsse, ZHR 158 (1994), 59.

Übersicht

I. Normzweck

1. Zweck und Inhalt der Norm. Für die ordentliche Kapitalerhöhung enthält § 55 **1** zusätzliche Form- und Beschlusserfordernisse, die über die allgemeinen Vorschriften der Satzungsänderung nach §§ 53, 54 hinausgehen. **Abs. 1** verlangt für die Übernahme der neuen Geschäftsanteile im Rahmen der Kapitalerhöhung eine formpflichtige Übernahmeerklärung des Inferenten (→ Rn. 172 ff.).

Abs. 2 S. 1 verlangt nach seinem Wortlaut, dass neben dem Kapitalerhöhungsbeschluss **2** (→ Rn. 27 ff.) ein besonderer Zulassungsbeschluss gefasst wird, der über die Beteiligung der Gesellschafter und Dritter an der Kapitalerhöhung bestimmt. Aufgrund der modernen Lehre vom gesetzlichen Bezugsrecht in der GmbH ist der Wortlaut heute veraltet (→ Rn. 103). Die Übernahmeerklärung von Nichtgesellschaftern muss nach **Abs. 2 S. 2** weitere satzungsmäßig vorgesehene Leistungen enthalten (→ Rn. 170 f.).

Abs. 3 ordnet an, dass ein an der Kapitalerhöhung beteiligter Gesellschafter grundsätz- **3** lich einen neuen – weiteren – Geschäftsanteil erwirbt; zulässig ist unter besonderen Voraussetzungen aber auch die Erhöhung des Nennbetrags der bisherigen Geschäftsanteile (→ Rn. 58 ff.).

Abschließend erklärt **Abs. 4** noch einige Gründungsvorschriften für anwendbar. Nach **4** § 5 Abs. 2 müssen die Nennbeträge der übernommenen Geschäftsanteile auf volle Euro lauten (→ Rn. 60). Die Beträge der einzelnen Anteile können nach § 5 Abs. 3 S. 1 unterschiedlich hoch sein (→ Rn. 61). Stets müssen sich die Summe der Nennbeträge sämtlicher Geschäftsanteile und die Stammkapitalziffer nach § 5 Abs. 3 S. 2 decken (→ Rn. 61). Im Übrigen findet die Verjährungsvorschrift des § 19 Abs. 6 auf den im Rahmen der Kapitalerhöhung übernommenen Geschäftsanteil entsprechende Anwendung; der Anspruch auf Leistung der Einlagen verjährt in zehn Jahren (→ Rn. 201 f.).

2. Begriff und Zweck der Kapitalerhöhung. Die Kapitalerhöhung führt dazu, dass **5** sich der nach §§ 30, 31 vor einer Rückgewähr an die Gesellschafter besonders geschützte **Haftungsfonds der GmbH erweitert** (→ Rn. 26). Bei der in §§ 55–57a geregelten ordentlichen Kapitalerhöhung wird dem Vermögen der GmbH frisches Eigenkapital gegen Einlage zugeführt und damit die Eigenkapitalbasis der GmbH gestärkt.

Vom gesetzlichen Regelfall der ordentlichen (auch effektiven) Erhöhung des Stammka- **6** pitals zu unterscheiden ist die – **nominelle** – **Kapitalerhöhung** aus Gesellschaftsmitteln (§§ 57c–57o), bei welcher Rücklagen, die bisher nicht der Kapitalbindung der §§ 30, 31 unterlagen, in Stammkapital umgewandelt werden, ohne dass neue Einlagen an die Gesellschaft geleistet werden. Bei der Kapitalerhöhung aus Gesellschaftsmitteln kommt es zu keiner Zuführung neuen Kapitals. Wegen der Details siehe die Einzelkommentierung der §§ 57c–57o. Zulässig ist auch eine Kombination beider Kapitalerhöhungsformen (→ § 57c Rn. 15 ff.).

In der **Praxis** werden ordentliche Kapitalerhöhungen häufig durchgeführt, um den **7** Geschäftsbetrieb auszuweiten, um die Beteiligung neuer Gesellschafter zu ermöglichen sowie – vielfach gemeinsam mit einer Kapitalherabsetzung – um das Unternehmen zu sanieren (→ Vor § 58 Rn. 33 ff.).[1] Weiterhin kommt die Erhöhung des Stammkapitals in Betracht, um eine strategische Zusammenarbeit von Unternehmen durch eine kapitalmäßige Beteiligung zu unterstreichen[2] oder um eine Verschmelzung bzw. Spaltung durch Aufnahme (§§ 55, 125 S. 1 UmwG) zu realisieren (→ Rn. 16).

---

[1]   Speziell zur sanierenden Kapitalerhöhung *K. Schmidt* ZGR 1982, 519; *Seibt/Voigt* AG 2009, 133.; *Ekkenga* ZGR 2009, 581; *Seibt* Der Konzern 2009, 261; *Schmidt/Schlitt* Der Konzern 2009, 279; *Lieder* in Bayer/Koch, Aktuelles GmbH-Recht, 2013, 142 ff.; monografisch in jüngster Zeit namentlich zum Debt-Equity-Swap *Kleine,* Der Umtausch von Forderungen in Nennkapital, 2014, 1 ff.; *Pühl,* Der Debt Equity Swap im Insolvenzplanverfahren, 2016, 1 ff.; *Schulz,* Der Debt Equity Swap in der Insolvenz, 2015, 1 ff.; *Schwarz,* Der Debt-Equity-Swap als Instrument der Unternehmenssanierung nach deutschem und englischem Recht, 2015, 1 ff.

[2]   Vgl. Noack/Servatius/Haas/*Servatius* Rn. 3.

8   Die **Kapitalerhöhung gegen Einlage** erfolgt primär durch Erbringung einer Bareinlage; zulässig ist aber auch die Einlage von anderen Vermögenswerten, die nicht in Geld bestehen, also Sacheinlagen nach § 56. Beide Arten können als Mischeinlage (→ § 56 Rn. 9) kombiniert werden, die ihrerseits von der gemischten Sacheinlage (→ § 56 Rn. 8) – einer Verbindung von Sacheinlage und Sachübernahme – zu unterscheiden ist.

9   **3. Rechtsvergleich zur AG.** Im Vergleich zur AG fehlt es im GmbH-Recht an einer geschlossenen Regelung der Kapitalerhöhung.[3] Während §§ 182–191 AktG die Kapitalerhöhung gegen Einlage in einem gesetzestechnisch verselbstständigten Unterabschnitt regeln, erfolgt die Regelung der Kapitalmaßnahmen bei der GmbH innerhalb der Vorschriften über die Abänderungen des Gesellschaftsvertrages. Das macht bei zahlreichen Einzelfragen einen Rückgriff auf die allgemeinen Bestimmungen der §§ 53, 54 über die Satzungsänderung erforderlich (→ Rn. 27, → Rn. 89, → Rn. 111). Daneben kommt aufgrund des lückenhaften Charakters der §§ 55–57a außerdem die **Anwendung der §§ 182 ff. AktG** in Betracht, soweit die aktienrechtlichen Vorschriften in Ansehung ihres Regelungszwecks auf die Verhältnisse in der GmbH übertragbar sind (→ Einl. Rn. 156 ff., → Einl. Rn. 173).[4] Praktische Relevanz besitzt die Anwendung des Aktienrechts namentlich für Fragen des Bezugsrechts sowie des Bezugsrechtsausschlusses (→ Rn. 100 ff., → Rn. 116 ff.), für die Leistung von Sacheinlagen (→ § 56 Rn. 4, → § 56 Rn. 13, → § 56 Rn. 37) sowie für das Verbot der Selbstzeichnung nach § 56 Abs. 1 AktG (→ Rn. 161 ff.).

10   Ein weiterer Unterschied zum Aktienrecht (§§ 192–201 AktG) besteht darin, dass für die GmbH keine **bedingte Kapitalerhöhung** existiert. Anderes gilt seit der Reform des GmbH-Rechts durch das MoMiG (→ Einl. Rn. 119) für das **genehmigte Kapital.** Nach dem 2008 eingefügten § 55a kann der Gesellschaftsvertrag nunmehr die Geschäftsführer ermächtigen, das Stammkapital durch Ausgabe neuer Anteile zu erhöhen. Wegen der Einzelheiten wird auf die Kommentierung von § 55a verwiesen. Daneben ist auch die **Gewährung von Genussrechten** (vgl. § 285 Nr. 15a HGB; § 221 Abs. 3 AktG) im GmbH-Recht zulässig, wenngleich es an einer ausdrücklichen Regelung fehlt (→ § 29 Rn. 232 ff.). Die Ausgabe von **Wandelschuldverschreibungen** war früher im Hinblick auf das Fehlen eines bedingten oder genehmigten Kapitals impraktikabel und unüblich. Heute besteht aufgrund § 55a die Möglichkeit, auch für die GmbH ein genehmigtes Kapital zu schaffen und den Geschäftsführern im Ermächtigungsbeschluss Weisungen für die Verwendung zu erteilen (→ § 55a Rn. 36 ff.); zu beachten ist indes stets die Höchstgrenze von fünf Jahren (→ § 55a Abs. 2), innerhalb welcher ein solches Wandlungsrecht zu verwirklichen ist.[5]

11   **4. Verhältnis zur Gründung.** Der lückenhafte Charakter der §§ 55–57a führt nicht nur zur Frage nach einer ergänzenden Anwendbarkeit von Aktienrecht (→ Rn. 9), klärungsbedürftig ist auch die Übertragung der Gründungsvorschriften auf die Kapitalerhöhung. Ein Rechtsvergleich zum Gründungsrecht ergibt zahlreiche Parallelregelungen, namentlich für die Sacheinlage (§ 5 Abs. 4, § 56, § 19 Abs. 2 S. 2 und Abs. 4), die Einlageleistung (§ 56a, § 7 Abs. 2 S. 1 und Abs. 3, § 19 Abs. 5), Anmeldung und Verantwortlichkeit (§ 57, § 8 Abs. 1 und 2, § 9a Abs. 1 und 3, § 9b) sowie die gerichtliche Prüfung (§§ 57a, 9c Abs. 1). Beide Regelungskomplexe betreffen die Aufbringung des Stammkapitals; in diesem Zusammenhang stellen sich für Gründung und Kapitalerhöhung vergleichbare Rechtsfragen.

---

3   Vgl. auch Scholz/*Priester/Tebben* Rn. 2.
4   Zur entsprechenden Anwendung von Aktienrecht auf die GmbH ausf. *Fleischer* GmbHR 2008, 673; *Hommelhoff/Freitag* DStR 1996, 1367 und 1409; vgl. ferner *Altmeppen* Rn. 3; HCL/*Ulmer/Habersack* Einl. A Rn. 27.
5   Zum Ganzen Lutter/Hommelhoff/*Bayer* Rn. 52 ff.; MüKoAktG/*Habersack* AktG § 221 Rn. 8; *Helmreich* GWR 2011, 561; *Lieder* in Bayer/Koch, Aktuelles GmbH-Recht, 2013, 142 (162 ff.); *Bormann/Trautmann* GmbHR 2016, 37; *Milch* BB 2016, 1538; *Mackh*, Wandelschuldverschreibungen bei der GmbH, 2015, 1 ff.; vgl. noch *Weitnauer* BKR 2009, 18 (19); zum früheren Recht *Maidl* NZG 2006, 778.

Dies allein rechtfertigt es aber nicht, die Kapitalerhöhung als „Zusatzgründung" **12**
zu bezeichnen.[6] Nicht überzeugend ist außerdem die früher vertretene Auffassung, die
Gründungsvorschriften seien auf die Kapitalerhöhung entsprechend anzuwenden, soweit
das Gesetz in diesem Bereich lückenhaft sei.[7] Vielmehr ist **im Einzelfall genau zu
prüfen,** ob eine für die Gründung konzipierte Regelung tatsächlich auf die Kapitaler-
hung übertragbar ist. Das gilt in rechtssystematischer Hinsicht umso mehr, als §§ 56–57a
zum Teil ausdrücklich auf einzelne Vorschriften im Gründungsrecht verweisen.[8] Entgegen der Auffassung des Reichsgerichts[9] sind im Hinblick auf Inhalt und Wesen von
Gründung und Kapitalerhöhung durchaus Unterschiede auszumachen. Denn während
die Schaffung des Geschäftsanteils bei der Gründung zur Errichtung der GmbH als
Rechtsperson unumgänglich ist, kommt es bei der Kapitalerhöhung lediglich zur Übernahme eines neuen Geschäftsanteils, was sich selbst unter Beteiligung eines Nichtgesellschafters nur durch Beitritt vollzieht.[10] Eine Konsequenz der unterschiedlichen Stoßrichtungen ist zB die Unanwendbarkeit von § 3 Abs. 1 Nr. 4 (→ Rn. 61) und § 5 Abs. 4
S. 2 (→ § 56 Rn. 130) bei der Kapitalerhöhung.

5. Ablauf der Kapitalerhöhung. Die Erhöhung des Stammkapitals erfolgt – ebenso **13**
wie im Aktienrecht[11] – in zwei Schritten, und zwar durch Beschluss und Durchführung
der Kapitalerhöhung (→ Rn. 27 ff., → Rn. 150 ff.). Beide Komponenten werden in der
Praxis häufig zusammengefasst. Gemeinsam mit dem Kapitalerhöhungsbeschluss wird in
der Praxis vielfach über den Ausschluss des Bezugsrechts (→ Rn. 116) sowie die Zulassung zur Übernahme (→ Rn. 147) entschieden. Nach Übernahme des neuen Geschäftsanteils durch Abgabe der Übernahmeerklärung und deren Annahme durch die Gesellschaft erfolgt die Leistung der Einlage (→ § 56a Rn. 5 ff.). Abschließend wird die
Kapitalerhöhung zur Eintragung in das Handelsregister angemeldet (→ § 57 Rn. 3 ff.),
die Kapitalerhöhung registergerichtlich geprüft (→ § 57a Rn. 5 ff.) und schließlich eingetragen (→ § 57a Rn. 19 ff.). Die Bekanntmachung der Eintragung erfolgt in einem
elektronischen Informationssystem nach § 10 HGB (→ § 57 Rn. 51). Für Sachkapitalerhöhungen gelten nach Aufhebung von § 57b aF durch das MoMiG keine Besonderheiten mehr (→ § 57b Rn. 1).

6. Sonderfälle. a) Unternehmergesellschaft. Für die Barkapitalerhöhung bei der **14**
UG gelten im Vergleich zur regulären GmbH einige Besonderheiten,[12] wie zB für die
Mindesteinzahlung des Erhöhungsbetrages (→ § 56a Rn. 9). Weiterhin ist zu beachten,
dass mit einer Erhöhung des Stammkapitals der UG auf 25.000 Euro oder mehr nach
§ 5a Abs. 5 Hs. 1 die Sondervorschriften des § 5a nicht länger anwendbar sind. Maßgeblicher Zeitpunkt für den Wegfall der Beschränkungen ist die Wirksamkeit der Kapitalerhöhung durch Eintragung in das Handelsregister (→ § 5a Rn. 41).[13] Sachkapitalerhöhungen sind analog § 5a Abs. 2 S. 2 ausgeschlossen (→ § 56 Rn. 10 f.). Wird gleichwohl
eine Sacheinlage verdeckt in die UG eingebracht, findet § 19 Abs. 4 analoge Anwendung
(sehr str., → § 56 Rn. 109 f.). Anstelle einer ordentlichen Kapitalerhöhung kann auch
eine Kapitalerhöhung aus Gesellschaftsmitteln erfolgen, zu deren Zweck auf die gesetz-

---

6   So aber früher *Brodmann* § 57 Anm. 2; Ehrenberg HandelsR-HdB/*Feine* S. 600; dem folgend OLG
    Hamm Urt. v. 18.11.1974 – 15 W 111/74, GmbHR 1975, 83 (85); Lutter/Hommelhoff/*Lutter*, 17. Aufl.
    2009, § 55 Rn. 2; *Lutter* GmbHR 2010, 1177 (1179).
7   So aber RG Urt. v. 9.10.1914 – Rep. II. 223/14, RGZ 85, 311 (315); OLG Hamm Urt. v. 18.11.1974 –
    15 W 111/74, GmbHR 1975, 83 (85).
8   In diese Richtung auch HCL/*Ulmer/Casper* Rn. 6; Rowedder/Schmidt-Leithoff/*Schnorbus* Rn. 3 aE;
    Lieder DStR 2014, 2464 (2466).
9   RG Urt. v. 9.10.1914 – Rep. II. 223/14, RGZ 85, 311 (315).
10 Wie hier HCL/*Ulmer/Casper* Rn. 6; *Lieder* DStR 2014, 2464 (2466).
11 S. nur MüKoAktG/*Schürnbrand/Verse* AktG § 182 Rn. 4.
12 Rechtstatsachen und Rechtsfragen zu Upgrades von Unternehmergesellschaften bei *Lieder/Hoffmann*
    GmbHR 2011, 561.
13 *Klose* GmbHR 2009, 294 (297).

lich zu bildende Rücklage zugegriffen werden kann (§ 5a Abs. 3 S. 1 und 2 Nr. 1; → § 5a Rn. 29, → § 5a Rn. 41).[14]

15   **b) Musterprotokoll.** Wird eine GmbH unter Verwendung des Musterprotokolls nach § 2 Abs. 1a gegründet, gelten für die Kapitalerhöhung gegen Bareinlage in materieller Hinsicht keine Besonderheiten.[15] Ebenso wie bei der UG ist indes die Sachkapitalerhöhung unzulässig (→ § 56 Rn. 12). Wird gegen dieses Verbot verstoßen, ist gleichwohl § 19 Abs. 4 analog anwendbar (→ § 56 Rn. 111).

16   **c) Umwandlung.** Die Erhöhung des Stammkapitals ist häufig auch bei der Verschmelzung oder Spaltung unter Beteiligung von GmbH erforderlich. Für die Kapitalerhöhung bei der Verschmelzung enthält § 55 UmwG besondere Vorschriften, die den allgemeinen Regelungen in §§ 55 ff. vorgehen und diese ergänzen. Das gilt nach § 125 S. 1 UmwG auch für die Spaltung. Stets handelt es sich in diesen Fällen um Sachkapitalerhöhungen.

17   **d) Ausschüttungsrückholverfahren.** Aus steuerrechtlichen Gründen wurde der Kapitalerhöhung früher nicht selten ein Ausschüttungsrückholverfahren vorgeschaltet, um sich die unterschiedliche Versteuerung von ausgeschütteten und einbehaltenen Gewinnen zunutze zu machen. Das Verfahren hat durch die Absenkung des Körperschaftsteuersatzes auf 15 % (§ 23 Abs. 1 KStG) inzwischen vollständig seine **Bedeutung verloren,** zumal die an Gesellschafter ausgeschütteten Kapitalerträge nunmehr mit 25 % zu versteuern sind (§ 32d Abs. 1 S. 1 EStG iVm § 43a Abs. 1 S. 1 Nr. 1 EStG). Die folgende Darstellung beschränkt sich dementsprechend auf die Grundzüge.[16]

18   Beim Ausschüttungsrückholverfahren werden an die Gesellschafter zunächst von der GmbH generierte **Gewinne ausgeschüttet und später** wieder zur Erhöhung der Eigenkapitalbasis **an die GmbH zurückgewährt.** Die Rückführungsverpflichtung kann sowohl schuldrechtlich als auch satzungsrechtlich bewerkstelligt werden.

19   **Schuldrechtliche Gestaltungen** setzen vertragliche Vereinbarungen zwischen den Gesellschaftern bzw. zwischen den Gesellschaftern und der Gesellschaft voraus, der GmbH einen Teil des ausgeschütteten Gewinns als Eigenkapital zur Einstellung in die Rücklagen oder als Fremdkapital in Form von Darlehen oder stillen Beteiligungen wieder zuzuführen. Solche Vereinbarungen binden aufgrund der Relativität des Schuldverhältnisses nur die daran beteiligten – gegenwärtigen – Gesellschafter, nicht aber deren Rechtsnachfolger oder neu hinzutretende Dritte.[17] Dasselbe gilt im Zusammenhang mit einer schuldrechtlichen Vereinbarung über die zukünftige Beteiligung an einer Kapitalerhöhung für den notwendigen Stimmbindungsvertrag hinsichtlich des Erhöhungsbeschlusses (→ Rn. 27 ff.) sowie eine vorvertragliche Übernahmeerklärung (→ Rn. 167 ff.).

20   **Satzungsrechtlich** erfolgt die Absicherung der Rückgewährpflicht durch Nebenleistungspflichten (§ 3 Abs. 2) oder Nachschusspflichten (§ 26 Abs. 3), deren nachträgliche Einführung gem. § 53 Abs. 3 der Zustimmung sämtlicher Gesellschafter bedarf.[18] Das Zustimmungserfordernis gilt auch dann, wenn die Gesellschafter im Ergebnis nicht zusätzlich belastet werden, etwa weil die vermehrte Leistungspflicht mit einer erweiterten Gewinnverteilungsregelung einhergeht.[19]

---

14   Diese Variante spielt in der Praxis bisher nur eine untergeordnete Rolle; vgl. *Lieder/Hoffmann* GmbHR 2011, 561 (563): nur 5,4 % der bis Februar 2011 in Baden-Württemberg durchgeführten UG-Upgrades erfolgten aus Gesellschaftsmitteln. Zu den unterschiedlichen Gestaltungsoptionen insgesamt *Ries/Schulte* NZG 2018, 571.

15   Vgl. etwa OLG München Beschl. v. 29.10.2009 – 31 Wx 124/09, NZG 2010, 35. – Zu den kosten- und verfahrensrechtlichen Besonderheiten ausf. *Herrler/König* DStR 2010, 2138 (2144) mit Formulierungsvorschlag.

16   Dazu ausf. HCL/*Ulmer/Casper* Rn. 107 ff.; *Priester* ZGR 1977, 445 (454 ff.); zur AG *Krause* ZHR 181 (2017), 641 (651 ff.).

17   Dazu eingehend *Lieder* in Fleischer/Kalss/Vogt, Aktuelle Entwicklungen im deutschen, österreichischen und schweizerischen Gesellschaftsrecht 2012, 2013, 231 (238 f.).

18   Noack/Servatius/Haas/*Kersting* § 29 Rn. 66; *Esch* NJW 1978, 2529 (2532); *Priester* ZGR 1977, 445 (466).

19   HCL/*Ulmer/Casper* Rn. 110.

Auch bei der satzungsrechtlichen Gestaltung können die ausgeschütteten Mittel als **21** **Fremdkapital** – in Form von Darlehen oder stillen Reserven – **oder** – durch Vermehrung der Rücklagen – als **Eigenkapital** zurückgeführt werden.[20] Soll Fremdkapital zur Erhöhung des Stammkapitals verwendet werden, ist grundsätzlich eine Sachkapitalerhöhung durchzuführen (→ § 56 Rn. 32 ff.).[21] Bei Eigenkapital kommt regelmäßig eine nominelle Kapitalerhöhung in Betracht; zulässig ist aber auch eine Sachkapitalerhöhung (→ § 56 Rn. 32 ff.). Von der Einhaltung der besonderen Sacheinlagevorschriften lässt die Rspr. eine Ausnahme zu, soweit dem Registergericht mitgeteilt wird, dass die Kapitalerhöhung im Zusammenhang mit einem Ausschüttungsrückholverfahren durchgeführt wird.[22] In diesem Fall orientiert sich die Kapitalerhöhung wesentlich an den Grundsätzen der Kapitalerhöhung aus Gesellschaftsmitteln.

Um eine **spätere Kapitalerhöhung** sicherzustellen, kann die Satzung eine Verpflich- **22** tung der Gesellschafter vorsehen, sich an einer späteren Beschlussfassung sowie der entsprechenden Übernahme der Geschäftsanteile zu beteiligen.[23] Die Einführung einer solchen Verpflichtung durch Satzungsänderung bedarf der Zustimmung durch sämtliche betroffenen Gesellschafter.[24]

e) Stabilisierungsmaßnahmen. Zunächst die Finanz-, später die **Coronakrise 23** haben ein **Sonderrecht** für stabilisierende Kapitalmaßnahmen entstehen lassen, das sich heute im Stabilisierungsfondsgesetz (StFG) und im Wirtschaftsstabilisierungsbeschleunigungsgesetz **(WStBG)** findet, die beide durch das Wirtschaftsstabilisierungsfondsgesetz (WStFG)[25] eingeführt worden sind. Im Interesse einer erleichterten und zeitnahen Rekapitalisierung deutscher Unternehmen **modifiziert** das WStBG zunächst bis zum 31.12.2021 die für Kapitalmaßnahmen **geltenden Vorschriften**. Inzwischen ist die Befristung bis zum 30.6.2022 hinausgeschoben worden.[26] Im Gegenzug werden Minderheitsrechte, aber auch Regelungen des Verkehrsschutzes substanziell beschnitten. Der Finanzmarkt- und der Wirtschaftsstabilisierungsfonds können sich an der Rekapitalisierung von Unternehmen namentlich durch den Erwerb von Unternehmensanteilen, von stillen Beteiligungen und Genussrechten beteiligen. Sonderregelungen gelten mit Blick auf die ordentliche Kapitalerhöhung für eine erleichterte **Beschlussfassung** über die Kapitalerhöhung (→ Rn. 29), für den Ausschluss des **Bezugsrechts** (→ Rn. 122, → Rn. 140), Vorleistungen auf die **Kapitalerhöhung** (→ § 56a Rn. 39), die **Registereintragung** (→ § 57 Rn. 52 ff.) und die **Haftung** opponierender Aktionäre (→ Rn. 48). Entsprechende Modifikationen gelten beim **genehmigten** Kapital (→ § 55a Rn. 33 f.).

f) Neue Geschäftsanteile ohne Kapitalerhöhung. Ist es beispielsweise aufgrund **24** einer unbemerkt unwirksamen Beitrittserklärung bei Gründung oder Kapitalerhöhung (→ § 57 Rn. 79 ff., → § 57 Rn. 87) oder aber wegen der **Einziehung** von Geschäftsanteilen (§ 34) dazu gekommen, dass sich die Summe der Nennbeträge sämtlicher Geschäftsanteile und die Stammkapitalziffer entgegen § 5 Abs. 3 S. 2 nicht entsprechen (zum Problem → § 34 Rn. 67),[27] kann von den Gesellschaftern die Schaffung neuer Geschäftsanteile

[20] Näher HCL/*Ulmer/Casper* Rn. 111 f.
[21] Scholz/*Priester/Tebben* Rn. 11; HCL/*Ulmer/Casper* Rn. 114.
[22] BGH Urt. v. 26.5.1997 – II ZR 69/96, BGHZ 135, 381 = NJW 1997, 2516 im Anschluss an *Lutter/ Zöllner* ZGR 1996, 164 (176 ff.) sowie unter teilweiser Abkehr von BGH Entsch. v. 18.2.1991 – II ZR 104/90, BGHZ 113, 335 = NJW 1991, 1754. Zu BGHZ 135, 381 s. *Priester* ZGR 1998, 856; *Sieger/ Hasselbach* GmbHR 1999, 205.
[23] Wie hier HCL/*Ulmer/Casper* Rn. 113; Scholz/*Priester/Tebben* Rn. 12. – Zugehörige Formulierungsvorschläge finden sich bei *Esch* NJW 1978, 2529 (2534); *Hommelhoff/Priester* ZGR 1986, 463 (516).
[24] Scholz/*Priester/Tebben* Rn. 12; HCL/*Ulmer/Casper* Rn. 113; *Lutter* DB 1978, 1965 (1969).
[25] Gesetz zur Errichtung eines Wirtschaftsstabilisierungsfonds (Wirtschaftsstabilisierungsfondsgesetz – WStFG) v. 27.3.2020; dazu ausf. *Lieder* ZIP 2020, 837 (845 ff.); *Noack* DB 2020, 1328; *Nolden/Heusel/ Goette* DStR 2020, 800; *Omlor/Dilek* BB 2020, 1026; vgl. weiter *Apfelbacher/Kuthe/Meyer* AG 2020, 501.
[26] Gesetz vom 20.12.2021, BGBl. 2021 I 5247.
[27] Dazu BGH Urt. v. 1.4.1953 – II ZR 235/52, BGHZ 9, 157, 169 = NJW 1953, 780.

beschlossen werden.[28] Da die Stammkapitalziffer in diesem Fall unberührt bleibt, handelt es sich weder um eine Kapitalerhöhung noch um eine Satzungsänderung.[29] Allerdings gelten für Schaffung und Übernahme der neuen Anteile die allgemeinen Vorschriften der Kapitalerhöhung; namentlich ist der Gleichbehandlungsgrundsatz (→ Rn. 129) zu beachten.[30]

25   Umstritten ist allerdings, ob die Schaffung neuer oder die Aufstockung bestehender Geschäftsanteile in diesem Fall der **Leistung einer Einlage** durch die Begünstigten bedarf. Dies wird überwiegend unter Hinweis auf Gläubigerschutzerwägungen für erforderlich gehalten.[31] Mit der Gegenauffassung[32] ist eine Einlagepflicht indes **zu verneinen.** Denn die berechtigten Gläubigerinteressen werden durch die Anwendung der Kapitalerhaltungsvorschriften hinreichend gewahrt. Eine Auszahlung an den ausscheidenden Gesellschafter darf nur aus dem freien Vermögen geleistet werden (§ 34 Abs. 2 iVm § 30 Abs. 1; → § 34 Rn. 31). Das auf den eingezogenen Geschäftsanteil entfallende Stammkapital wird infolge der Einziehung folglich nicht berührt; es ist und bleibt in der GmbH kapitalmäßig effektiv gebunden. Kann die GmbH die Abfindung nicht leisten, tritt nach Auffassung des BGH eine subsidiäre Gesellschafterhaftung ein (→ § 34 Rn. 78).[33]

26   **g) Keine Kapitalerhöhung.** Die Kapitalerhöhung ist dadurch gekennzeichnet, dass sich der nach §§ 30, 31 geschützte Haftungsfonds der GmbH erweitert (→ Rn. 5). Andere Formen der Eigenfinanzierung sind nicht erfasst. Das gilt namentlich für die Leistung freiwilliger Einlagen (→ § 26 Rn. 38), die Zuführung von gesellschaftsvertraglich vereinbarten Nachschüssen (→ § 26 Rn. 32) oder Nebenleistungen (§ 3 Abs. 2), Leistungen aufgrund von Gesellschafterdarlehen (→ § 30 Rn. 69 ff.) sowie die Bildung von Gewinnrücklagen (→ § 30 Rn. 67).[34]

II. Beschluss der Kapitalerhöhung

27   **1. Satzungsänderung. a) Anwendung des § 53 Abs. 1 und 2.** Der Kapitalerhöhungsbeschluss führt zu einer Änderung der nach § 3 Abs. 1 Nr. 3 in der Satzung ausgewiesenen Stammkapitalziffer. Aus dem satzungsändernden Charakter folgt, dass die allgemeinen Vorschriften über die Satzungsänderung nach § 53 erfüllt sein müssen.[35] Zuständig für die Beschlussfassung sind demnach ausschließlich die **Gesellschafter** (§ 53 Abs. 1; → § 53 Rn. 58); diese Befugnis kann keinem anderen Organ oder Dritten zugewiesen werden. Der Beschluss ist notariell zu beurkunden (§ 53 Abs. 2 S. 1; → § 53 Rn. 70 ff.) und bedarf der Mehrheit von drei Vierteln der abgegebenen Stimmen (§ 53 Abs. 2 S. 1; → § 53 Rn. 82), wobei die Satzung – was insbesondere für Kapitalerhöhungen praktisch nicht selten ist – ein höheres Zustimmungserfordernis und weitere Erfordernisse aufstellen kann (§ 53 Abs. 2 S. 2; → § 53 Rn. 126 ff.).

28   **Notaren** obliegen bei der Beurkundung des Kapitalerhöhungsbeschlusses umfassende Aufklärungspflichten[36] namentlich im Hinblick auf die Werthaltigkeit von Sacheinlagen (→ § 56 Rn. 65), die Differenzhaftung des Sachinferenten (→ § 56 Rn. 53 ff.), den Begriff von Bareinzahlung und verdeckter Sacheinlage (→ § 56 Rn. 71 ff.) und die Voreinzahlun-

---

[28] Dazu schon HCL/*Ulmer/Casper* Rn. 15.

[29] BGH Urt. v. 6.6.1988 – II ZR 318/87, NJW 1989, 168 (169); BayObLG Beschl. v. 25.10.1991 – BReg. 3 Z 125/91, NJW-RR 1992, 736 (737); HCL/*Ulmer/Casper* Rn. 15 iVm § 53 Rn. 122; *Priester* GmbHR 2016, 1065 (1067).

[30] Zum Ganzen HCL/*Ulmer/Casper* Rn. 15 iVm § 53 Rn. 122.

[31] Noack/Servatius/Haas/*Noack* § 46 Rn. 33c; *Blath* GmbHR 2011, 1177 (1178); *Ulmer* DB 2010, 321 (323).

[32] Scholz/*Westermann* § 34 Rn. 67; *Priester* GmbHR 2016, 1065 (1067).

[33] BGH Urt. v. 24.1.2012 – II ZR 109/11, BGHZ 192, 236 = NJW-Spezial 2012, 144; Urt. v. 10.5.2016 – II ZR 342/14, BGHZ 210, 186 = NJW 2016, 2810.

[34] Vgl. noch *Altmeppen* Rn. 2; Rowedder/Schmidt-Leithoff/*Schnorbus* Rn. 2; Scholz/*Priester/Tebben* Rn. 5.

[35] AllgM; vgl. nur RG Urt. v. 20.10.1911 – Rep. II. 68/11, RGZ 77, 152 (154); HCL/*Ulmer/Casper* Rn. 17; Scholz/*Priester/Tebben* Rn. 14; BeckOK GmbHG/*Ziemons* Rn. 15.

[36] Zum Ganzen näher BeckOK GmbHG/*Ziemons* Rn. 66 f.

gen auf die künftige Einlageschuld (→ § 56a Rn. 38), soweit nicht nur ein Tatsachenprotokoll gem. § 36 BeurkG aufgenommen, sondern Willenserklärungen nach §§ 8 ff. BeurkG beurkundet werden.

Dient die Kapitalerhöhung einer **Stabilisierung von Unternehmen** unter Beteiligung **29** des WStF (→ Rn. 23), dann beschließt die Gesellschafterversammlung hierüber nach § 9a Abs. 1 S. 1 WStBG mit der **einfachen Mehrheit** der anwesenden Stimmen. Abweichende Bestimmungen im Gesellschaftsvertrag sind unbeachtlich (§ 9a Abs. 1 S. 2 WStBG). Für die übrigen Modalitäten der Beschlussfassung gelten die allgemeinen Vorschriften, insbesondere das Beurkundungserfordernis nach § 53 Abs. 2 S. 1 Hs. 1.[37] Nach Maßgabe des § 9a Abs. 2 WStBG iVm § 2 COVMG[38] können Beschlüsse nach § 48 Abs. 2 auch durch **schriftliche Abgabe** der Stimmen gefasst werden, ohne dass zuvor alle Gesellschafter ihr Einverständnis erklärt haben müssen. Auf die notarielle Beurkundung kann aber auch in diesem Zusammenhang nicht verzichtet werden.[39] Diese Erleichterungen finden auch dann Anwendung, wenn es im Einzelfall an einer besonderen Eilbedürftigkeit der Kapitalmaßnahme fehlt.[40] Sie stehen im Einklang mit Art. 14 Abs. 1 GG.[41]

b) Zustimmung nach § 53 Abs. 3. Eine Zustimmung sämtlicher Gesellschafter ist **30 grundsätzlich entbehrlich.** Zum einen zieht der Erhöhungsbeschluss als solcher keine Einlageverpflichtung der Gesellschafter nach sich; diese resultiert erst aus der Übernahmeerklärung (→ Rn. 150 ff.), über deren Abgabe die Gesellschafter frei entscheiden können (→ Rn. 99). Zum anderen genügt auch die Ausfallhaftung der Altgesellschafter nach § 24 nicht zur Begründung des Zustimmungserfordernisses,[42] da es sich bei ihr lediglich um eine mittelbare Belastung handelt, deren Realisierung ungewiss ist. Das ist freilich nicht unproblematisch, namentlich im Hinblick auf § 51 Abs. 1 UmwG, der bei Verschmelzung unter Beteiligung von GmbH gerade mit Blick auf die Ausfallhaftung des § 24 die Zustimmung aller Anteilsinhaber vorsieht.[43] Allerdings darf nicht übersehen werden, dass sich die Stoßrichtungen von § 51 Abs. 1 UmwG und § 53 Abs. 3 nicht unerheblich unterscheiden. Während das Zustimmungserfordernis nach § 51 UmwG unmittelbar der Gefahr der Ausfallhaftung Rechnung trägt, soll § 53 Abs. 3 die Gesellschafter vor einer Vermehrung der Leistungspflicht schützen. Diese Regelungszwecke stehen zwar miteinander im Zusammenhang, sind aber keineswegs deckungsgleich.[44] Dem entspricht es auch, dass im Anwendungsbereich des § 51 Abs. 1 UmwG überwiegend eine analoge Anwendung des § 53 Abs. 3 befürwortet wird.[45] Aufgrund der unterschiedlichen Zielsetzung der beiden Vorschriften scheidet umgekehrt eine analoge Anwendung des Zustimmungserfordernisses von § 51 Abs. 1 UmwG auf die Kapitalerhöhung aus. In rechtspolitischer Hinsicht spricht gegen eine Zustimmungspflicht außerdem, dass Kapitalerhöhungen ansonsten leicht durch einzelne Gesellschafter blockiert werden könnten.[46]

---

[37] Dazu ausf. *Lieder* ZIP 2020, 837 (850); iErg. auch *Omlor/Dilek* BB 2020, 1026 (1031); *Wicke* NZG 2020, 501 (504).

[38] Dazu im Einzelnen *Lieder* ZIP 2020, 837 (844 f.).

[39] Dazu ausf. *Lieder* ZIP 2020, 837 (844 f., 850 f.).

[40] Vgl. zur AG OLG Frankfurt Urt. v. 16.12.2014 – 5 U 24/14, NZG 2015, 1357 Rn. 22; Bürgers/ Körber/Lieder/*Lieder* AktG § 182 Rn. 18; *Lieder* ZIP 2020, 837 (846); Kölner Komm AktG/*Ekkenga* AktG § 182 Rn. 132; Hüffer/Koch/*Koch* AktG § 182 Rn. 5a.

[41] Vgl. zur AG LG München I Urt. v. 8.4.2010 – 5 HKO 12377/09, ZIP 2010, 779 (781) = NZG 2010, 749 (750); Bürgers/Körber/Lieder/*Lieder* AktG § 182 Rn. 18.

[42] Vgl. RG Urt. v. 23.10.1928 – II 54/28, RGZ 122, 159 (163); Noack/Servatius/Haas/*Servatius* Rn. 17b; HCL/*Ulmer/Casper* Rn. 23; Lutter/Hommelhoff/*Bayer* Rn. 4; *Altmeppen* Rn. 10; Scholz/*Priester/Tebben* Rn. 21.

[43] Zum Normzweck des § 51 UmwG: Semler/Stengel/*Reichert* UmwG § 51 Rn. 8, 10; Lutter/*Vetter* UmwG § 51 Rn. 1 ff.

[44] Diff. auch MHLS/*Hermanns* Rn. 9.

[45] *Bayer* ZIP 1997, 1613 (1623); *Priester* ZGR 1990, 420 (441 f.); Semler/Stengel/*Reichert* UmwG § 51 Rn. 16, Lutter/*Vetter* UmwG § 51 Rn. 42 ff.; aA Widmann/Mayer/*Heckschen* UmwG § 13 Rn. 184 f.; Widmann/Mayer/*Mayer* UmwG § 50 Rn. 115.

[46] Vgl. Scholz/*Priester/Tebben* Rn. 21.

31   Diese Rechtslage erscheint auch im Hinblick auf den praeter legem gewährleisteten **Minderheitsschutz** hinnehmbar. So steht den Altgesellschaftern, die gegen die Kapitalerhöhung gestimmt haben, ein ungeschriebenes Austrittsrecht aus wichtigem Grund zu, soweit sich das Risiko einer Ausfallhaftung infolge der Erhöhung unzumutbar vergrößert; das Recht ist unverzüglich nach Beschlussfassung auszuüben.[47] Konsequenz des Austrittsrechts ist freilich, dass sich überstimmte Gesellschafter zuweilen vor die Wahl gestellt sehen, entweder die Risikobelastung nach § 24 hinzunehmen oder aus der GmbH auszuscheiden. Beschließt die Gesellschaftermehrheit eine Kapitalerhöhung mit zugelassener Teileinzahlung aus sachwidrigen Gründen, zB um die Minderheit aus der Gesellschaft zu drängen, verstößt der Beschluss bei Widerspruch der Minderheitsgesellschafter regelmäßig gegen die gesellschaftsrechtliche Treuepflicht und ist anfechtbar.[48] Das gilt umso mehr, als ein Squeeze-out nach Vorbild der §§ 327a–327f AktG für die GmbH nicht vorgesehen ist.[49]

32   Ein **weitergehender Schutz** der Interessen **von Kleingesellschaftern** analog § 32a Abs. 3 S. 2 aF[50] war schon nach früherer Rechtslage dogmatisch **nicht begründbar**[51] und überzeugt nach Verlagerung des Eigenkapitalersatzrechts in die InsO nach heutigem Recht (§ 39 Abs. 5 InsO)[52] noch weniger. Während die Rangrückstufung nach § 39 Abs. 1 Nr. 5 InsO nur für unternehmerisch beteiligte Gesellschafter Sinn macht, da sie hinsichtlich der Unternehmensfinanzierung über einen Informationsvorsprung verfügen,[53] steht bei der Ausfallhaftung nach § 24 im Interesse eines effektiven Gläubigerschutzes die solidarische Sicherung der Kapitalaufbringung im Mittelpunkt, die unabhängig von einem etwaigen unternehmerischen Einfluss der Gesellschafter gewährleistet wird. Gegen eine Analogie zu § 39 Abs. 5 InsO spricht ferner, dass die Vorschrift aufgrund ihres Ausnahmecharakters nicht zum gesetzlichen Regelfall erhoben werden sollte.

33   Eine Zustimmung sämtlicher Gesellschafter ist auch nicht erforderlich unter dem Aspekt des Eingriffs in das Mitgliedschaftsrecht als **unentziehbares Recht.**[54] Zwar kann es durch den Beitritt neuer Gesellschafter zu einer Änderung der Beteiligungsverhältnisse kommen. Die Mehrheitsverhältnisse sind indes nicht änderungsfest. Vielmehr kann das gesetzliche Bezugsrecht der Gesellschafter kraft qualifizierten Mehrheitsbeschlusses unter Beachtung der materiellen Beschlusserfordernisse ausgeschlossen werden (→ Rn. 116 ff.).

34   Eine besondere **Zustimmung** ist nur dann **ausnahmsweise erforderlich,** wenn die Satzung einzelnen oder sämtlichen Gesellschaftern ein **Sonderrecht** auf Beibehaltung der bisherigen Beteiligungsverhältnisse oder auf Mitwirkung an der Kapitalerhöhung einräumt. Namentlich bei der Schaffung von **Vorzugsgeschäftsanteilen** kann unter Beachtung des gesellschaftsrechtlichen Gleichbehandlungsgrundsatzes eine Zustimmung erforderlich sein (→ § 53 Rn. 181 ff.).[55] Entgegen einer im Schrifttum vertretenen Auffassung[56] genügt eine **Anteilsvinkulierung** für die Annahme eines Sonderrechts indes **nicht.**[57] Denn die beschränkte Veräußerbarkeit bestehender Geschäftsanteile entfaltet keine Ausstrahlungswir-

---

[47] LG Mönchengladbach Entsch. v. 23.10.1985 – 7 O 45/85, ZIP 1986, 306 (307) = NJW-RR 1986, 837; Scholz/*Priester*/*Tebben* Rn. 22; Lutter/Hommelhoff/*Bayer* § 24 Rn. 11; Noack/Servatius/Haas/*Kersting* § 24 Rn. 5; MHLS/*Ebbing* § 24 Rn. 52; *Altmeppen* § 24 Rn. 17; nunmehr zust. Rowedder/Schmidt-Leithoff/*Schnorbus* Rn. 7; aA Rowedder/Schmidt-Leithoff/*Pentz* § 24 Rn. 31.
[48] Strenger Scholz/*Priester*/*Tebben* Rn. 22: bei Widerspruch der Gesellschafter stets besondere Rechtfertigung erforderlich; für eine Anfechtbarkeit auch HCL/*Leuschner* § 24 Rn. 35; Rowedder/Schmidt-Leithhoff/*Pentz* § 24 Rn. 31 aE.
[49] Vgl. GroßkommAktG/*Fleischer* AktG § 327a Rn. 8; NK-AktG/*Heidel*/*Lochner* AktG § 327a Rn. 1; *Fuhrmann*/*Simon* WM 2002, 1211 (1213); aA *v. Morgen* WM 2003, 1553 (1558 ff.).
[50] Dafür *Gaiser* GmbHR 1999, 210; *Grunewald* FS Lutter, 2000, 413 (419); Lutter/Hommelhoff/*Lutter*, 17. Aufl. 2009, Rn. 49.
[51] Vgl. Lutter/Hommelhoff/*Bayer* § 24 Rn. 11; HCL/*Leuschner* § 24 Rn. 34; *Altmeppen* Rn. 10; Rowedder/Schmidt-Leithoff/*Schnorbus* Rn. 58; MHLS/*Hermanns* Rn. 108.
[52] Dazu *Bayer*/*Graff* DStR 2006, 1654 (1658); *Habersack* ZIP 2007, 2145 (2149 f.).
[53] *Habersack*/*Huber* BB 2006, 1 (3 f.); *Bayer*/*Graff* DStR 2006, 1654 (1658); aA *Cahn* AG 2005, 217 (225).
[54] Dazu auch HCL/*Ulmer*/*Casper* Rn. 24; Scholz/*Priester*/*Tebben* Rn. 23.
[55] BeckOK GmbHG/*Ziemons* Rn. 64; HCL/*Ulmer*/*Casper* Rn. 24, 58.
[56] *Ehlke* DB 1995, 561.
[57] Rowedder/Schmidt-Leithoff/*Schnorbus* Rn. 8; Scholz/*Priester*/*Tebben* Rn. 23.

kung auf die Schaffung neuer Anteile im Wege der Kapitalerhöhung. Aus einer Individualvinkulierung kann nicht ohne weitere Anhaltspunkte in der Satzung darauf geschlossen werden, dass eine Kapitalerhöhung nur mit Zustimmung der bisherigen Gesellschafter zum Beitritt neuer Gesellschafter führen darf.[58]

c) Kein Stimmverbot. Das **Stimmverbot** des § 47 Abs. 4 ist auf den Kapitalerhö- **35** hungsbeschluss unanwendbar, da dessen Inhalt auf die Willensbildung innerhalb der Gesellschaft gerichtet ist und es insofern an einem Interessenkonflikt zwischen einem bestimmten Gesellschafter und der GmbH – wie er nach dem Normzweck des § 47 Abs. 4 vorausgesetzt wird – bei Satzungsänderungen gerade fehlt.[59] Das gilt selbst für den Fall, dass an der Kapitalerhöhung nur einzelne Gesellschafter beteiligt sind.[60] Der Schutz der übrigen Gesellschafter wird durch materielle Beschlusserfordernisse beim Bezugsrechtsausschluss sichergestellt (→ Rn. 125 ff.).

d) Ermessensentscheidung, Zustimmungspflicht. aa) Grundlagen. Die Gesell- **36** schafter entscheiden über die Kapitalerhöhung nach ihrem weiten unternehmerischen **Ermessen.**[61] Eine Grenze findet dieser Gestaltungsspielraum in den allgemeinen Vorgaben der gesellschaftsrechtlichen Treuepflichtbindung der Gesellschafter (→ § 13 Rn. 93 ff., → § 13 Rn. 121, → § 13 Rn. 147).[62] Die Mehrheit kann ihre **Treuepflicht** verletzen, wenn sie das Kapital der GmbH um ein Vielfaches erhöht und dabei nicht primär das Interesse der Gesellschaft, sondern sachfremde Belange verfolgt, etwa beabsichtigt, Minderheitsgesellschafter aus der GmbH herauszudrängen.[63]

Die Gesellschafter sind grundsätzlich auch nicht verpflichtet, an der Kapitalerhöhung **37** mitzuwirken. Nur ausnahmsweise kommt eine **Zustimmungspflicht** aus der gesellschaftsrechtlichen Treuepflicht in Betracht, und zwar bei vor der GmbH-Novelle von 1980 gegründeten Altgesellschaften (→ § 5 Rn. 6), bei der Umstellung des Stammkapitals auf Euro (→ § 5 Rn. 8 ff.) sowie bei der sanierenden Kapitalerhöhung (→ Rn. 38 ff.).[64] Neben der Treuepflicht kann sich eine positive Stimmpflicht aus einem **Stimmbindungsvertrag** ergeben.[65] Für die Übernahme eines neuen Geschäftsanteils gelten strengere Maßstäbe (→ Rn. 99).

bb) Krise und Sanierung. (1) Allgemeine Anforderungen. Voraussetzung für eine **38** **Zustimmungspflicht in der Krise** ist, dass die Zustimmung zur Kapitalerhöhung in Ansehung der konkreten Verhältnisse der GmbH **dringend geboten** und den Gesellschaftern unter Würdigung der konkreten Umstände des jeweiligen Einzelfalls (einzelne Kriterien und Wertungen bei → Vor § 58 Rn. 76 ff.),[66] namentlich ihrer eigenen schutzwürdigen

---

[58] AA *Ehlke* DB 1995, 561 (563 f.).
[59] BGH Urt. v. 6.10.1960 – II ZR 215/58, BGHZ 33, 189 (191, 194) = NJW 1960, 2285; Urt. v. 30.11.1967 – II ZR 68/65, BGHZ 49, 117 (119) = NJW 1968, 398, beide zu § 181 BGB; HCL/ *Ulmer/Casper* Rn. 17 iVm § 53 Rn. 63; BeckOK GmbHG/*Ziemons* Rn. 62.
[60] HCL/*Ulmer/Casper* Rn. 17a; BeckOK GmbHG/*Ziemons* Rn. 62.
[61] OLG Stuttgart Urt. v. 1.12.1999 – 20 U 38/99, NZG 2000, 156 (157) = BB 2000, 1155 mAnm *Gätsch* BB 2000, 1158; OLG Stuttgart Urt. v. 12.5.1999 – 20 U 62/68, NZG 2000, 159 (162); LG Berlin Urt, v. 1.2.2019 – 94 O 16/18, BeckRS 2019, 36924 Rn. 31; Lutter/Hommelhoff/*Bayer* Rn. 4; Scholz/ *Priester/Tebben* Rn. 14.
[62] Dazu auch MHLS/*Lieder* § 13 Rn. 131 ff., 182 ff., 187; Oetker/*Lieder* HGB § 109 Rn. 25 ff., 28 ff.
[63] Vgl. BGH Urt. v. 5.12.2005 – II ZR 13/04, NZG 2006, 194; LG Berlin Urt. v. 1.2.2019 – 94 O 16/ 18, BeckRS 2019, 36924 Rn. 32; Lutter/Hommelhoff/*Bayer* Rn. 4 aE.
[64] Dazu *K. Schmidt* ZGR 1982, 519 (524 f.); Scholz/*Priester/Tebben* Rn. 14; BeckOK GmbHG/*Ziemons* Rn. 28; Gehrlein/Born/Simon/*Bormann* Rn. 34; Rowedder/Schmidt-Leithoff/*Schnorbus* Rn. 21; Noack/Servatius/Haas/*Servatius* Rn. 17b; *Lieder* in Bayer/Koch, Aktuelles GmbH-Recht, 2013, 142 (145); aA Meyer-Landrut/Miller/Niehus/*Meyer-Landrut* Rn. 2; Bork/Schäfer/*Arnold/Born* Rn. 5; Henssler/Strohn/*Gummert* Rn. 8; vgl. noch – im Einzelfall abl. – BGH Hinweisbeschl. v. 2.7.2007 – II ZR 181/06, NZG 2007, 860 = DZWIR 2007, 520 mAnm *Lieder*.
[65] Dazu OLG Hamm Urt. v. 12.4.2000 – 8 U 165/99, GmbHR 2000, 673 (674) = NZG 2000, 1036; HCL/*Ulmer/Casper* Rn. 38.
[66] *Häsemeyer* ZHR 160 (1996), 109 (125 ff., 128); *R. Redeker* BB 2007, 673 (675 f.).

Belange, **zumutbar** erscheint.[67] Die Unzumutbarkeit kann zB bei einer Kapitalerhöhung mit Teileinzahlung aus der drohenden Ausfallhaftung nach § 24 resultieren.[68] In die Abwägung sind außerdem die Erfolgschancen einer Sanierung im Rahmen eines Insolvenzplanverfahrens nach dem ESUG einzustellen, das zB eine erleichterte Sachkapitalerhöhung ermöglicht (→ Rn. 78, → § 56 Rn. 25 ff.).[69]

39   Das Kriterium der **objektiven Sanierungsbedürftigkeit** schützt die Minderheitsgesellschafter vor einer Veränderung der Beteiligungsverhältnisse im Fall einer nur vorgeblichen Unternehmenskrise. Notwendig ist es daher, dass die GmbH entweder zahlungsunfähig oder überschuldet ist oder aber jedenfalls ihre Überlebensfähigkeit auf dem Spiel steht, sollte eine sanierende Kapitalerhöhung unterbleiben.[70] Es genügt eine konkret drohende Zahlungsunfähigkeit in absehbarer Zeit.[71] Davon abgesehen müssen die Sanierungsbemühungen auch insgesamt ordnungsgemäß und glaubhaft vorangetrieben werden.[72] Dass alle diese Voraussetzungen vorliegen, kann vielfach nur durch Sachverständigengutachten nachgewiesen werden, die auch auf gangbare Alternativen eingehen müssen (→ Vor § 58 Rn. 81 ff.).[73]

40   Darüber hinaus muss die Kapitalerhöhung auch **geeignet** sein, das mit ihr verfolgte unternehmerische Ziel zu erreichen. Bei Fassung des Kapitalerhöhungsbeschlusses muss die Sanierung der GmbH mittels Aufbringung frischen Kapitals wirtschaftlich sinnvoller erscheinen als die mit einer (unvermeidlichen) Zerschlagung der Gesellschaft verbundenen Implikationen.[74] Daran kann es zB bei einem zeitlich ungewissen Sanierungskonzept fehlen.[75]

41   Weitere Voraussetzung für eine Zustimmungspflicht ist, dass die **Mehrheit der Gesellschafter** die Sanierung anstreben muss.[76] Die Gegenauffassung, die auch eine Initiative der Gesellschafterminderheit unter den bezeichneten Voraussetzungen akzeptieren will, liefe auf eine Diktatur der Minderheit gegen die Mehrheit hinaus,[77] die sich mit den allgemeinen Grundsätzen des Kapitalgesellschaftsrechts schwerlich in Einklang bringen lässt. Eine Existenz der Gesellschaft gegen den Willen der Gesellschaftermehrheit widerspricht namentlich deren Entscheidungsmacht über die Auflösung der Gesellschafter nach § 60 Abs. 1 Nr. 2. Die Gesellschafter entscheiden über Fortbestand oder Auflösung, ohne dass diese Entscheidung in materieller Hinsicht von einem Gericht überprüft werden könnte. Insbesondere bedarf der Beschluss – anders als der Bezugsrechtsausschluss (→ Rn. 116) – keiner sachlichen Rechtfertigung (→ § 60 Rn. 97).[78] Eine solche Prüfungspflicht darf nicht durch die

---

67   BGH Entsch. v. 25.9.1986 – II ZR 262/85, BGHZ 98, 276 (279) = NJW 1987, 189; Urt. v. 19.10.2009 – II ZR 240/08, BGHZ 183, 1 Rn. 23 = NJW 2010, 65 – Sanieren oder Ausscheiden; BGH Entsch. v. 25.1.2011 – II ZR 122/09, NJW 2011, 1667 Rn. 20; Urt. v. 9.6.2015 – II ZR 420/13, NJW 2015, 2882 Rn. 22; vgl. weiter LG Berlin Urt, v. 1.2.2019 – 94 O 16/18, BeckRS 2019, 36924 Rn. 30; monografisch zur AG *Häfele*, Die Treuepflicht der Aktionäre bei der vorinsolvenzrechtlichen Sanierung durch einen Debt Equity Swap, 2013, 71 ff., 163 ff.; aA *Schöne* ZIP 2015, 501; *Schöne* GmbHR 2015, 337.
68   Vgl. MHLS/*Hermanns* Rn. 12; *Lieder* in Bayer/Koch, Aktuelles GmbH-Recht, 2013, 142 (145).
69   Zum Wechselspiel instruktiv *Häfele,* Die Treuepflicht der Aktionäre bei der vorinsolvenzrechtlichen Sanierung durch einen Debt Equity Swap, 2013, 107 ff., 148 ff.
70   Zutr. *Brand* KTS 2011, 481 (486); *Lieder* in Bayer/Koch, Aktuelles GmbH-Recht, 2013, 142 (145 f.); aA *Weber* DStR 2010, 702 (705 f.); *C. Schäfer* FS Ganter, 2010, 33 (35 ff.).
71   BGH Urt. v. 9.6.2015 – II ZR 420/13, NJW 2015, 2882 Rn. 18 unter Hinweis auf BGH Urt. v. 25.1.2011, NJW 2011, 1667 Rn. 1, 24.
72   Dazu *K. Schmidt* ZIP 1980, 328 (332 ff.); *Häsemeyer* ZHR 160 (1996), 109 (127 f.); *Lieder* in Bayer/Koch, Aktuelles GmbH-Recht, 2013, 142 (146).
73   *Priester* ZIP 2010, 497 (502); *Lieder* in Bayer/Koch, Aktuelles GmbH-Recht, 2013, 142 (146); *Brand* KTS 2011, 481 (486) zur AG.
74   BGH Urt. v. 9.6.2015 – II ZR 420/13, NJW 2015, 2882 Rn. 19 unter Hinweis auf BGH Urt. v. 19.10.2009 – II ZR 240/08, BGHZ 183, 1 Rn. 25 ff. = NJW 2010, 65.
75   BGH Hinweisbeschl. v. 2.7.2007 – II ZR 181/06, NZG 2007, 860 = DZWIR 2007, 520 mAnm *Lieder.*
76   Vgl. MHdB GesR IV/*Rieckers* § 17 Rn. 29; *Merkt* FS Bergmann, 2018, 509 (525 f.); Lieder/*Oetker* HGB § 109 Rn. 30 aE.
77   *Reichert* NZG 2018, 134 (139 f.).
78   Zur AG BGH Urt. v. 28.1.1980 – II ZR 124/78, BGHZ 76, 352 (353) = NJW 1980, 1278; BGH Urt. v. 1.2.1988 – II ZR 75/87, BGHZ 103, 184 (189 ff.) = NJW 1988, 1579; *Lieder/Müller* in Fleischer/Thiessen, Gesellschaftsrechts-Geschichten, 2018, 285 (317).

Hintertür einer Zustimmungspflicht der Mehrheit auf Grundlage der Treuepflicht eingeführt werden.[79]

(2) „Sanieren oder Ausscheiden". Eine **Zustimmungspflicht** kann sich unter 42
engen Voraussetzungen weiterhin bei modifizierter Übertragung der vom BGH im Urteil
„Sanieren oder Ausscheiden" entwickelten Grundsätze auf das GmbH-Recht ergeben.[80] Im Einzelfall können Gesellschafter danach zur Zustimmung verpflichtet sein,
wenn das Kapital zu Sanierungszwecken auf Null herabgesetzt werden soll und jedem
Gesellschafter freigestellt wird, sich entweder an einer anschließenden Kapitalerhöhung
zu beteiligen oder aus der Gesellschaft auszuscheiden, soweit die Gesellschaft (1) objektiv
sanierungsbedürftig und (2) sanierungsfähig ist, (3) die sanierungsunwilligen Gesellschafter eine angemessene Abfindung orientiert am „wahren" Wert der Gesellschaft (einschließlich der stillen Reserven) erhalten[81] und (4) ein Ausscheiden ihnen auch im Übrigen nach Abwägung sämtlicher Umstände des konkreten Einzelfalls zumutbar ist. Für
die Sanierungsbedürftigkeit und die Sanierungsfähigkeit gilt das in → Rn. 39, → Rn. 40
Gesagte entsprechend.

Die zum Personengesellschaftsrecht entwickelten Grundsätze können nicht unbesehen 43
auf die GmbH übertragen werden, da GmbH-Gesellschafter – anders als die Gesellschafter
der Immobilien-OHG in „Sanieren oder Ausscheiden" – nicht mit ihrem Privatvermögen
haften.[82] Für die **grundsätzliche Übertragbarkeit** der Rspr. spricht gleichwohl, dass die
nicht sanierungsbereiten Gesellschafter ohne Haftungsfolge ausscheiden und lediglich den
weitgehend wertlosen Geschäftsanteil verlieren, während die sanierungsbereiten Gesellschafter zusätzlich auch frisches Kapital riskieren. Darüber hinaus stellt sich ein „Trittbrettfahrer"-
Problem.[83] Nicht sanierungswillige Gesellschafter bleiben nämlich nach einem erfolgreichen
Turnaround am Gewinn der GmbH beteiligt, soweit sie nicht im Zuge der Kapitalmaßnahme ausscheiden. Obgleich sie nicht zur Sanierung des Unternehmens beigetragen haben,
partizipieren sie, wenn auch mit einem geringen Anteil, am – neuen – wirtschaftlichen
Erfolg der Gesellschaft. Deshalb ist den sanierungswilligen Gesellschaftern ein Verbleib der
Sanierungsverweigerer in der GmbH nicht zuzumuten.

Im Rahmen der **abschließenden Gesamtbetrachtung** ist insbesondere zu berück- 44
sichtigen, dass sämtliche GmbH-Gesellschafter – anders als die Gesellschafter einer OHG –
für die Verbindlichkeiten der GmbH nicht persönlich haften; insofern verfängt auch das
Argument des BGH nicht, die sanierungsbereiten Gesellschafter finanzierten die Schulden-

---

79 *Merkt* FS Bergmann, 2018, 509 (525 f.).
80 BGH Urt. v. 19.10.2009 – II ZR 240/08, BGHZ 183, 1 = NJW 2010, 65 – Sanieren oder Ausscheiden
    (zur Publikumspersonengesellschaft); dazu ausf. *Lieder* in Bayer/Koch, Aktuelles GmbH-Recht, 2013,
    142 (146 ff.); *Priester* ZIP 2010, 497; vgl. weiter *Bacina/Redeker* DB 2010, 996; *Bohlken/Sprenger* DB
    2010, 263; *Goette* GWR 2010, 1; *M. Haas* NJW 2010, 984; *K. Schmidt* JZ 2010, 125; *K. Schmidt* FS
    Goette, 2011, 459 (468); *Wagner* NZG 2009, 1378; *Weber* DStR 2010, 702; *H. P. Westermann* NZG
    2010, 321; *Wiedemann* FS Hommelhoff, 2012, 1337 (1341 ff.); zurückhaltender noch *Eidenmüller/Engert*
    ZIP 2009, 541 (543); weiterhin zurückhaltend BeckOK GmbHG/*Ziemons* Rn. 29a; dem BGH folgend
    KG v. 27.4.2010 – 14 U 20/08, NZG 2010, 1184 mAnm *Boll* GWR 2010, 400; OLG Stuttgart Urt.
    v. 11.7.2013 – 19 U 11/13, NZG 2013, 1061 mAnm *Wolfer* GWR 2013, 385; OLG Düsseldorf Urt.
    v. 27.6.2014 – I-16 U 149/13, ZIP 2014, 2183 (2184 f.) = BeckRS 2014, 14414.
81 Dazu *Priester* ZIP 2010, 497 (502).
82 Krit. daher LG Saarbrücken Urt. v. 10.8.2010 – 4 O 174/08, BeckRS 2011, 12852; zust. *Nentwig*
    GmbHR 2012, 664 (666 f.).
83 Für die Übertragbarkeit auf die GmbH *Lieder* in Bayer/Koch, Aktuelles GmbH-Recht, 2013, 142 (147);
    Segmiller, Kapitalmaßnahmen im Insolvenzplan, 2013, 125 ff.; ähnlich *Priester* ZIP 2010, 497 (500 f.);
    iErg ebenso Scholz/*Priester/Tebben* Rn. 14; Gehrlein/Born/Simon/*Bormann* Rn. 34; Rowedder/
    Schmidt-Leithoff/*Schnorbus* Rn. 21; *Bacina/Redeker* DB 2010, 996 (1001 f.); *Ulrich* GmbHR 2010, 36
    (37); *K. Schmidt* FS Goette, 2011, 459 (468); *Döge* ZIP 2018, 1220 (1224); *Schoch*, Die Rechtsstellung
    der Anteilseigner im Rahmen der vorinsolvenzlichen Restrukturierung, 2021, 292; monografisch
    St. Schneider, Gesellschafter-Stimmpflichten bei Sanierungen, 2014, 1 ff.; einschr. für die AG Brand KTS
    2011, 481 (490 f.); insgesamt skeptisch *Weithuner* GWR 2011, 209; distanziert auch → Vor § 58 Rn. 75;
    abl. *Altmeppen* Rn. 12; *Nentwig* GmbHR 2012, 664; *Schöne* ZIP 2015, 501; *Schöne* GmbHR 2015, 337;
    Deckers, Die Mitgliedschaft in der Insolvenz, 2019, 188 ff.

freiheit der sanierungsunwilligen Gesellschafter (→ Vor § 58 Rn. 75).[84] **Zumutbar** ist dem obstruierenden Gesellschafter das Ausscheiden aber – in Abhängigkeit vom jeweiligen Einzelfall – regelmäßig nur dann, wenn rein vermögensrechtliche Interessen im Vordergrund stehen. Geht es demgegenüber um die Sanierung einer Familiengesellschaft oder hängt die berufliche Existenz des Gesellschafters von seiner Mitgliedschaft ab, wird die Interessenabwägung typischerweise zu seinen Gunsten ausfallen.[85] Erforderlich ist zudem, dass die neuen Geschäftsanteile im Rahmen der sanierenden Kapitalerhöhung zu einem iSd § 255 Abs. 2 AktG angemessenen Ausgabebetrag (Aufgeld) ausgegeben werden.[86]

45   **(3) Gesellschaftsvertragliche Regelung.** Eine **Zustimmungspflicht** kommt regelmäßig **nicht** in Betracht, wenn sie nach dem **Gesellschaftsvertrag** ausdrücklich oder konkludent ausgeschlossen wurde, wie zB wenn für Kapitalerhöhungen in Krisenlagen die einstimmige Beschlussfassung angeordnet ist.[87] Freilich findet die gesellschaftsrechtliche Treuepflicht auch auf solche Fragen Anwendung, die im Gesellschaftsvertrag adressiert worden sind. Allerdings darf die Anwendung der allgemeinen Treuepflicht nicht dazu führen, dass die Richtungsentscheidungen der Gesellschafter unterminiert werden. Vielmehr ist die Reichweite der Treuepflichten im Rahmen einer umfassenden Gesamtabwägung der beteiligten Interessen in Bezug auf den jeweiligen Einzelfall auszuloten.[88] Das gilt ungeachtet des Umstands, dass die gesellschaftsrechtliche Treuepflicht grundsätzlich abdingbar ist.[89]

46   Den Gesellschaftern ist jedenfalls anzuraten, eine taugliche **Regelung im Gesellschaftsvertrag** über die Einforderung von Nachschüssen zu fixieren.[90] Konkretisierende Festsetzungen können Zustimmungspflichten auf bestimmte Situationen beschränken oder an zusätzliche Tatbestandsvoraussetzungen knüpfen.[91] Umgekehrt kann eine Zustimmungspflicht der Gesellschafter auch **ohne** eine **ausdrückliche Regelung** im Gesellschaftsvertrag oder bei **unwirksamen Nachschussklauseln** nach allgemeinen Grundsätzen bestehen, weil die Geltung der gesellschaftsrechtlichen Treuepflicht jedem Gesellschaftsverhältnis immanent ist.[92]

47   **(4) Gründung einer Sanierungsgesellschaft.** Bei wirksam abbedungener Zustimmungspflicht kommt im Einzelfall die Gründung einer Sanierungsgesellschaft in Betracht.[93] Diese Option kann ein milderes Mittel im Rahmen der Gesamtabwägung bei der Treuepflichtbindung darstellen. Zu beachten ist freilich, dass bei der Gründung der Sanierungsgesellschaft der **gesellschaftsrechtlichen Treuepflicht** entsprochen wird. Ein Verstoß liegt vor, wenn sich nicht alle, sondern nur einzelne Altgesellschafter zusammenschließen und die Vermögensgegenstände auf die Neugesellschaft transferieren wollen, ohne eine Beteiligung der übrigen Altgesellschafter zu ermöglichen, und wenn

---

[84] Richtig *Priester* ZIP 2010, 497 (501) in Auseinandersetzung mit BGH Urt. v. 19.10.2009 – II ZR 240/08, BGHZ 183, 1 Rn. 31 = NJW 2010, 65 – Sanieren oder Ausscheiden; ebenso *Lieder* in Bayer/Koch, Aktuelles GmbH-Recht, 2013, 142 (147); vgl. auch *Bacina/Redeker* DB 2010, 996 (999 f.).

[85] Wie hier *Priester* ZIP 2010, 497 (501 f.); relativierend *Döge* ZIP 2018, 1220 (1224); vgl. auch *Lieder* in Bayer/Koch, Aktuelles GmbH-Recht, 2013, 142 (148 f.).

[86] Dazu näher zur AG *C. Schäfer* FS Hommelhoff, 2012, 939 (950 f.).

[87] BGH Urt. v. 25.1.2011 – II ZR 122/09, NJW 2011, 1667; Urt. v. 9.6.2015 – II ZR 420/13, NJW 2015, 2882 Rn. 23; zust. OLG München Urt. v. 12.12.2013 – 24 U 348/13, NZG 2014, 818 (819 f.); *Schneider* NZG 2011, 575; *Reiff/Röck* LMK 2011, 318015; *Westermann* NZG 2016, 9 (12 ff.); *M. Zimmermann* WuB II J. § 735 1.11; iErg auch *Lieder* in Bayer/Koch, Aktuelles GmbH-Recht, 2013, 142 (149 f.); krit. *Weitnauer* GWR 2011, 209; *Deutscher* ZfIR 2011, 505 (514).

[88] Dazu näher *Lieder* in Bayer/Koch, Aktuelles GmbH-Recht, 2013, 142 (150); aA *Schöne* ZIP 2015, 501 (503).

[89] Dazu ausf. MHLS/*Lieder* § 13 Rn. 150 ff.; Oetker/*Lieder* HGB § 109 Rn. 26a.

[90] *Schöne* ZIP 2015, 501 (503).

[91] BGH Urt. v. 9.6.2015 – II ZR 420/13, NJW 2015, 2882 Ls., Rn. 23.

[92] BGH Urt. v. 9.6.2015 – II ZR 420/13, NJW 2015, 2882 Ls., Rn. 23; dazu *Westermann* NZG 2016, 9; OLG Düsseldorf Urt. v. 27.6.2014 – I-16 U 149/13, ZIP 2014, 2183 Rn. 71; aA OLG München Urt. v. 17.4.2012 – 5 U 3526/11, NZG 2014, 818 Rn. 49; krit. *Escher-Weingart* WM 2016, 1569 (1570 ff.).

[93] Vgl. auch MHLS/*Lieder* § 13 Rn. 188; *Deutscher* ZfIR 2015, 748 (756); *Schimrick* NJW 2015, 2886.

die Neugesellschafter sich auf Kosten der ausgeschlossenen Gesellschafter einen wirtschaftlichen Vorteil verschaffen.[94]

cc) Stabilisierungsmaßnahmen. Unter den vorstehend entwickelten Voraussetzun- **48** gen sind die Gesellschafter auch verpflichtet, sich an einer stabilisierenden Kapitalerhöhung unter Beteiligung des **Wirtschaftsstabilisierungsfonds** (→ Rn. 23) zu beteiligen. Zudem machen sich Gesellschafter nach § 9a Abs. 1 S. 1 iVm § 7 Abs. 7 S. 1 WStBG **schadensersatzpflichtig,** wenn sie eine für den Fortbestand der Gesellschaft erforderliche Maßnahme nach § 22 StFG, insbesondere durch ihre Stimmrechtsausübung, verzögern oder vereiteln.[95] Diese Regelung lässt sich nicht ohne Weiteres verallgemeinern,[96] wie die Gesellschafter der GmbH gegenüber keine bestandserhaltenden Maßnahmen schulden. Stattdessen ist allein die zu den Mitgesellschaftern bestehende gesellschaftsrechtliche Treuepflicht berührt.

2. Betrag der Kapitalerhöhung. a) Fixbetrag. Begriffsnotwendiger Bestandteil des **49** Kapitalerhöhungsbeschlusses ist der Betrag der Kapitalerhöhung. Regelmäßig beschließen die Gesellschafter, das Stammkapital um einen festen Betrag zu erhöhen. Sinn macht dieses Vorgehen, wenn bereits im Zeitpunkt der Beschlussfassung feststeht, dass die neuen Geschäftsanteile vollständig übernommen werden. Der Beschluss über die Kapitalerhöhung und die Übernahme können dann zusammengefasst werden (→ Rn. 147, → Rn. 181). Ist die vollständige Zeichnung des erhöhten Kapitals indes unsicher, weil noch nicht feststeht, wer die neuen Geschäftsanteile übernehmen wird, kann die Durchführung der Kapitalerhöhung scheitern.

Wird das erhöhte Kapital **nicht vollständig gezeichnet** (→ Rn. 199), können die **50** Gesellschafter den Erhöhungsbetrag mittels Änderungsbeschlusses an das gezeichnete Kapital anpassen. Diese Gestaltungsform wird im Aktienrecht neuerdings unter der Bezeichnung „finale Kapitalerhöhung" diskutiert.[97] In der Sache handelt es sich um eine schlichte Änderung des ursprünglichen Kapitalerhöhungsbeschlusses, die sich insbesondere dann anbietet, wenn eine Kapitalerhöhung zum Höchstbetrag verfristet ist (→ Rn. 52). Infolge des Änderungsbeschlusses wird der ursprüngliche Erhöhungsbeschluss aufgehoben und durch einen neuen Beschluss ersetzt. Daraufhin entfallen die bisher abgegebenen Übernahmeerklärungen; sie sind zu wiederholen.[98] Wird ein solcher Beschluss nicht gefasst, kann sich durch Auslegung ergeben, dass anstelle des Fixbetrages ein Höchstbetrag (→ Rn. 51) gewollt war.[99] Dann ist die Kapitalerhöhung nach Maßgabe des gezeichneten Betrages im Handelsregister einzutragen. Die Vereinbarung eines festen Betrages spricht allerdings im Zweifel gegen eine Höchstbetragserhöhung.[100]

b) Höchstbetrag. Vor diesem Hintergrund lassen Rspr.[101] und die einhellige Auffas- **51** sung im Schrifttum[102] die Erhöhung des Stammkapitals **bis zu einem bestimmten Höchstbetrag** zu. Das setzt voraus, dass sich der konkrete Erhöhungsbetrag, eine bestimmte

---

[94] BGH Urt. v. 19.11.2013 – II ZR 150/12, NZG 2014, 385 Rn. 14; dazu *Servatius* NZG 2014, 537; *Bayer/Lieder,* Handels- und Gesellschaftsrecht, 2015, Rn. 596 ff.

[95] Dazu *Lieder* ZIP 2020, 837 (850); *Nolden/Heusel/Goette* DStR 2020, 800 (803 f.).

[96] *Bürgers/Körber/Lieder/Lieder* AktG § 182 Rn. 8; aA BeckOGK/*Servatius* AktG § 184 Rn. 31.5; einschr. *Bachmann* ZIP 2009, 1249 (1253): nur bei Vorsatz entsprechend BGH Urt. v. 20.3.1995 – II ZR 205/94, BGHZ 129, 136 (168) = NJW 1995, 1739 (1746).

[97] *Perwein* AG 2013, 630.

[98] *Gerber/Pilz* GmbHR 2005, 1324; HCL/*Ulmer/Casper* Rn. 19; BeckOK GmbHG/*Ziemons* Rn. 127; aA MHLS/*Hermanns* Rn. 90.

[99] *Scholz/Priester/Tebben* Rn. 102; HCL/*Ulmer/Casper* Rn. 19; *Gerber/Pilz* GmbHR 2005, 1324; aA RG Urt. v. 26.6.1914 – Rep. II. 109/14, RGZ 85, 205 (207).

[100] KG Urt. v. 14.11.1904 – 1. Y. 1112/04, KGJ 29, 102 (103); *Scholz/Priester/Tebben* Rn. 102; MHLS/*Hermanns* Rn. 90.

[101] RG Urt. v. 26.6.1914 – Rep. II. 109/14, RGZ 85, 205 (207); OLG Hamburg Urt. v. 29.10.1999 – 11 U 71/99, AG 2000, 326 (327) = NZG 2000, 549.

[102] Noack/*Servatius/Haas/Servatius* Rn. 11, HCL/*Ulmer/Casper* Rn. 20; Rowedder/Schmidt-Leithoff/*Schnorbus* Rn. 11; *Scholz/Priester/Tebben* Rn. 19; *Gerber/Pilz* GmbHR 2005, 1324 (1325); *Lieder* ZGR 2010, 868 (896); *Nietsch* FS Schneider, 2011, 873 (889); zur AG *Herfs/Goj* AG 2021, 289.

Zeichnungsfrist[103] sowie der Umstand aus dem Beschluss ergeben, dass eine Höchstbetrags-kapitalerhöhung durchgeführt werden soll.[104]

52   An der Zulässigkeit eines Höchstbetrages hat sich auch durch die Einführung des **genehmigten Kapitals** bei der GmbH nichts geändert.[105] Beide Kapitalmaßnahmen sind voneinander unabhängig. Sicherzustellen ist nur, dass die besonderen Anforderungen des § 55a nicht durch eine unverhältnismäßig lange **Zeichnungsfrist** umgangen werden. Das gilt namentlich im Hinblick auf die wertmäßige Begrenzung des § 55a Abs. 1 S. 2 (→ § 55a Rn. 24). Auch nach der Zulassung des genehmigten Kapitals in der GmbH wird man daher in einer Frist von sechs Monaten noch immer die zeitliche Höchstgrenze erkennen müssen.[106] Zudem muss auch der **Ausgabepreis** (Agio) durch die Gesellschafter bestimmt werden (→ Rn. 62). Die Einräumung eines freien Ermessens an die Geschäftsführer ist unzulässig (→ Rn. 69).

53   Als beschlossen gilt der Betrag, der **nach Zeichnung** des erhöhten Kapitals letztlich in das Handelsregister eingetragen wird, soweit er sich innerhalb der vom Höchstbetragsbe-schluss aufgestellten Parameter hält.[107] Verbleibt in diesem Zusammenhang eine Unterzeich-nung (→ Rn. 199), kann der verbliebene Restbetrag nicht durch eine zusätzliche Kapitaler-höhung ausgenutzt werden. Dazu bedarf es einer erneuten Beschlussfassung.[108] Unzulässig ist außerdem eine Beschlussfassung, die eine sukzessive Erhöhung des Stammkapitals in **Tranchen** nach Maßgabe einer generellen Ermächtigung der Geschäftsführer zulässt.[109] Denn diese Gestaltung würde die Grenze zwischen regulärer Kapitalerhöhung und genehmigtem Kapital verwischen und zu einer Umgehung der besonderen Anforderungen des § 55a führen.

54   **c) Mindestbetrag.** Für die Kapitalerhöhung kann neben einem Höchstbetrag auch ein Mindestbetrag festgesetzt werden.[110] Von Rechts wegen erforderlich ist die Angabe eines solchen Betrages aber nicht.[111] Für die Untergrenze des Erhöhungsbetrages ergeben sich die rechtlichen Vorgaben aus der Verweisung des § 55 Abs. 4 auf den durch das MoMiG neu gefassten § 5 Abs. 2 und 3 (→ § 5 Rn. 41 ff.). Der Erhöhungsbetrag muss danach mindestens 1 Euro betragen; eine Obergrenze gibt es nicht; das für die Gründung einer regulären GmbH vorgesehene Mindeststammkapital in Höhe von 25.000 Euro ist für die Kapitalerhöhung ohne Belang.[112] Im Übrigen müssen die Nennbeträge der neuen Ge-

---

[103] LG Hamburg Urt. v. 2.12.1993 – 405 O 162/93, AG 1995, 92 (93) zur AG; HCL/*Ulmer/Casper* Rn. 20; Rowedder/Schmidt-Leithoff/*Schnorbus* Rn. 11; Scholz/*Priester/Tebben* Rn. 19; BeckOK GmbHG/*Zie-mons* Rn. 34; MHdB GesR III/*Wegmann* § 53 Rn. 5; *Schulte* GmbHR 2019, 1273 (1276); aA Noack/Servatius/Haas/*Servatius* Rn. 11; *Gerber/Pilz* GmbHR 2005, 1324 (1325); *Albrecht/Lange* BB 2010, 142.
[104] Besonders klar HCL/*Ulmer/Casper* Rn. 20.
[105] Wie hier Scholz/*Priester/Tebben* Rn. 19; *Bayer/Hoffmann/Lieder* GmbHR 2010, 9 (15 f.); *Lieder* ZGR 2010, 868 (896 f.); Henssler/Strohn/*Gummert* Rn. 5; Henssler/Strohn/*Gummert* § 55a Rn. 3.
[106] Wie hier zur AG OLG Hamburg Urt. v. 29.10.1999 – 11 U 71/99, NZG 2000, 549 (550); OLG München Beschl. v. 22.9.2009 – 31 Wx 110/09, NZG 2009, 1274 (1275); zur GmbH Lutter/Hommel-hoff/*Bayer* Rn. 9; Scholz/*Priester/Tebben* Rn. 19; HCL/*Ulmer/Casper* Rn. 20; *Bayer/Hoffmann/Lieder* GmbHR 2010, 9 (16); aA *Wicke* Rn. 5; Noack/Servatius/Haas/*Servatius* Rn. 11.
[107] IErg ebenso RG Urt. v. 26.6.1914 – Rep. II. 109/14, RGZ 85, 205 (207); HCL/*Ulmer/Casper* Rn. 20 aE; Rowedder/Schmidt-Leithoff/*Schnorbus* Rn. 11; Scholz/*Priester/Tebben* Rn. 19; aA BeckOK GmbHG/*Ziemons* Rn. 57, die eine Anpassung der Satzung nach den bei § 55a geltenden Grundsätzen verlangt, vgl. BeckOK GmbHG/*Ziemons* Rn. 65 ff.
[108] HCL/*Ulmer/Casper* Rn. 20; Rowedder/Schmidt-Leithoff/*Schnorbus* Rn. 12; aA zur AG *Schüppen* AG 2001, 125.
[109] Lutter/Hommelhoff/*Bayer* Rn. 9 aE; Scholz/*Priester/Tebben* Rn. 19; HCL/*Ulmer/Casper* Rn. 20; BeckOK GmbHG/*Ziemons* Rn. 127a; *Bayer/Hoffmann/Lieder* GmbHR 2010, 9 (16); ausf. *Priester* NZG 2010, 81; *Lieder* ZGR 2010, 868 (897 f.); offengelassen von OLG München Beschl. v. 22.9.2009 – 31 Wx 110/09, NZG 2009, 1274 (1275); aA zur AG bei ausdrücklicher Gestattung im Beschluss *Bücker* NZG 2009, 1339; *Holzmann/Eichstädt* DStR 2010, 277 (281); *Schüppen* AG 2001, 125; diff. *Nietsch* FS Schneider, 2011, 873 (891 f.).
[110] Noack/Servatius/Haas/*Servatius* Rn. 11; Scholz/*Priester/Tebben* Rn. 20.
[111] Scholz/*Priester/Tebben* Rn. 20; MHLS/*Hermanns* Rn. 16.
[112] BayObLG Beschl. v. 17.1.1986 – BReg. 3 Z 170/85 und 3 Z 228/85, DB 1986, 738.

schäftsanteile auf volle Euro lauten und können unterschiedlich hoch sein. Besonderheiten ergeben sich für Kapitalerhöhungen bei Altgesellschaften: → § 5 Rn. 8 ff.

3. Ergänzende Voraussetzungen. a) Keine Volleinzahlung. Eine Kapitalerhöhung 55 kann auch dann beschlossen werden, wenn das bisherige Stammkapital noch nicht vollständig eingezahlt ist.[113] Eine § 182 Abs. 4 AktG entsprechende Regelung ist dem GmbH-Recht fremd. Auch scheidet eine analoge Anwendung der Vorschrift aus, da die Aufbringung des Stammkapitals bereits durch die Ausfallhaftung nach § 24 besonders abgesichert ist[114] und die Subsidiarität der Kapitalerhöhung bei der AG auf dem maßgeblichen Mehraufwand im Vergleich zur GmbH beruht. Wird eine Kapitalerhöhung durchgeführt, erstreckt sich die Ausfallhaftung nach § 24 für die noch ausstehenden Einlagen fortan auch auf die neu beitretenden Gesellschafter (→ § 24 Rn. 53 ff.).[115]

b) Verluste. Die ordentliche Kapitalerhöhung gegen Bareinlage wird auch nicht durch 56 erwirtschaftete Verluste ausgeschlossen; die Bilanz kann im Zeitpunkt der Kapitalerhöhung einen Verlustvortrag ausweisen.[116] Andernfalls wäre der Anwendungsbereich der Kapitalerhöhung entgegen ihrem Normzweck (→ Rn. 5, 7) sowie den wirtschaftlichen Bedürfnissen der Beteiligten, namentlich in Sanierungsfällen, erheblich eingeschränkt. Im Gegensatz dazu kommt eine nominelle Kapitalerhöhung bei bestehenden Verlustvorträgen nicht in Betracht (→ § 57d Rn. 21 f.). Schwierigkeiten bereitet in solchen Fällen auch eine ordentliche Kapitalerhöhung, soweit sie gegen die Einlage von Forderungen der Gesellschafter gegen die Gesellschaft erfolgen soll (→ § 56 Rn. 21 ff.).

4. Neue Geschäftsanteile und Aufstockung. Nach Abs. 3 erhält ein an der Kapital- 57 erhöhung beteiligter Gesellschafter einen neuen Geschäftsanteil. Nach dem Wortlaut ist die Aufstockung eines vorhandenen Geschäftsanteils unzulässig.[117] Die Vorschrift gilt stets, wenn im Erhöhungsbeschluss keine abweichende Regelung getroffen ist.[118]

Indes ist eine **teleologische Reduktion von Abs. 3** orientiert an seinem Normzweck 58 angezeigt. Die Bildung eines weiteren Geschäftsanteils soll sicherstellen, dass im Fall der Kaduzierung eines nicht vollständig eingezahlten Anteils auch weiterhin nach § 22 Abs. 2 auf den Rechtsvorgänger zugegriffen werden kann; Abs. 3 gewährleistet insofern, dass der teileingezahlte Geschäftsanteil seine Eigenständigkeit bewahrt und auch weiterhin nach § 22 Abs. 4 vom Vormann erworben werden kann.[119] Dieser Normzweck des Abs. 3 ist aber dann nicht einschlägig, wenn auf den Rechtsvorgänger entweder tatsächlich oder aus Rechtsgründen nicht zugegriffen werden kann.[120]

Eine **Aufstockung** vorhandener Geschäftsanteile ist daher **zulässig,** wenn die zu erhö- 59 henden Anteile noch von den Gründern oder ihren Gesamtnachfolgern gehalten werden.[121] Gleiches gilt, wenn die Anteile vollständig eingezahlt sind, eine Nachschusspflicht nicht

---

[113]　Unstr. RG Urt. v. 15.5.1931 – II 459/30, RGZ 132, 392 (397); Scholz/*Priester/Tebben* Rn. 15; HCL/ *Ulmer/Casper* Rn. 33; Gehrlein/Born/Simon/*Bormann* Rn. 69.

[114]　Begr. GmbHG 1891 S. 81; RG Urt. v. 15.5.1931 – II 459/30, RGZ 132, 392 (397).

[115]　RG Urt. v. 1.4.1913 – Rep. II. 580/12, RGZ 82, 116 (118 ff.); Urt. v. 15.5.1931 – II 459/30, RGZ 132, 392 (394 ff.).

[116]　Meyer-Landrut/Miller/Niehus/*Meyer-Landrut* Rn. 20; Scholz/*Priester/Tebben* Rn. 17; Gehrlein/Born/ Simon/*Bormann* Rn. 70.

[117]　Deshalb früher noch abl. KG Urt. v. 20.2.1908 – 1a X 113/08, KGJ 35, 186 (186 f.); *Brodmann* Anm. 1b; Ehrenberg HandelsR-HdB/*Feine* S. 600 f.

[118]　Lutter/Hommelhoff/*Bayer* Rn. 16; Rowedder/Schmidt-Leithoff/*Schnorbus* Rn. 16; Scholz/*Priester/Tebben* Rn. 25.

[119]　Begr. GmbHG 1891 S. 105 iVm S. 60 f.; BGH Beschl. v. 24.10.1974 – II ZB 1/74, BGHZ 63, 116 (117) = NJW 1975, 118; HCL/*Ulmer/Casper* Rn. 30; MHLS/*Hermanns* Rn. 22.

[120]　AllgM; vgl. BGH Beschl. v. 24.10.1974 – II ZB 1/74, BGHZ 63, 116 (118) = NJW 1975, 118; OLG Celle Urt. v. 13.10.1999 – 9 U 3/99, NZG 2000, 148 (149); HCL/*Ulmer/Casper* Rn. 30 aE; Rowedder/ Schmidt-Leithoff/*Schnorbus* Rn. 15.

[121]　BGH Beschl. v. 24.10.1974 – II ZB 1/74, BGHZ 63, 116 (118) = NJW 1975, 118; Beschl. v. 11.6.2013 – II ZB 25/12, NJW 2013, 2428 Rn. 10 – GmbHR 2013, 869 mAnm *Bayer/Illhardt*; OLG Hamm Beschl. v. 24.2.1982 – 15 W 114/81, GmbHR 1983, 102; Lutter/Hommelhoff/*Bayer* Rn. 17; MHLS/*Hermanns* Rn. 22; *Altmeppen* Rn. 47; Scholz/*Priester/Tebben* Rn. 24; BeckOK GmbHG/*Ziemons* Rn. 12.

besteht oder die Haftung nach Ablauf der Fünfjahresfrist des § 22 Abs. 3 ausgeschlossen ist.[122] In diesem Fall dient die Aufstockung im Vergleich zur Bildung neuer Geschäftsanteile nicht dazu, dem Inferenten Zahlungserleichterungen zu verschaffen (→ § 56a Rn. 8) und den im Interesse der Gesellschaftsgläubiger bestehenden Grundsatz der realen Kapitalaufbringung zu umgehen.[123] Vielmehr beugt die Aufstockung einer Zersplitterung der Gesellschaftsanteile vor, auch wenn die Anteilsstückelung durch das MoMiG merklich liberalisiert worden ist (→ § 5 Rn. 41 ff.). Unter weniger strengen Voraussetzungen ist die Aufstockung bei der **nominellen Kapitalerhöhung** zugelassen (§ 57h Abs. 1; → § 57h Rn. 7 ff.; → § 57l Rn. 7).

60   Die Aufstockung muss in formeller Hinsicht außerdem im Kapitalerhöhungsbeschluss mit Angabe der zu erhöhenden Geschäftsanteile und der Erhöhungsbeträge **konkret festgesetzt** sein (→ Rn. 61).[124] Der Erhöhungsbetrag muss mindestens 1 Euro betragen und auf volle Euro lauten (Abs. 4 iVm § 5 Abs. 2 S. 1); einen gesetzlichen Höchstbetrag gibt es nicht. Auch bedarf es keiner Volleinzahlung des Aufstockungsbetrages.[125] Zulässig ist es auch, die Kapitalerhöhung kombiniert sowohl durch Schaffung und Ausgabe neuer Geschäftsanteile als auch durch Erhöhung der Nennbeträge vorhandener Anteile durchzuführen, und zwar auch dann, wenn es denselben Gesellschafter betrifft.[126] Zur Übertragung des aufzustockenden Geschäftsanteils während des Kapitalerhöhungsverfahrens → Rn. 198.

61   **5. Sonstige Angaben. a) Geschäftsanteile.** Der Kapitalerhöhungsbeschluss muss entgegen § 3 Abs. 1 Nr. 4 keine Angaben über die Zahl und die Nennbeträge der übernommenen Geschäftsanteile sowie die Person der Übernehmer enthalten.[127] Erforderlich sind diese Angaben indes in einem etwaigen Zulassungsbeschluss (→ Rn. 147), der vom Erhöhungsbeschluss zwar rechtlich verselbstständigt ist, in der Praxis aber häufig zusammen mit diesem gefasst wird. Ausnahmsweise bedarf es dieser Angaben auch bei der Aufstockung des Nennbetrags bereits vorhandener Geschäftsanteile (→ Rn. 60).[128] Einer ausdrücklichen Festsetzung bedarf es außerdem bei der nach neuem Recht (Abs. 4 iVm § 5 Abs. 2 S. 2) zulässigen Schaffung und Ausgabe mehrerer neuer Geschäftsanteile an denselben Gesellschafter (→ § 5 Rn. 49).[129] Dabei kann die Höhe der einzelnen Geschäftsanteile unterschiedlich hoch sein, solange sich nur die Summe der alten und neuen Geschäftsanteile mit dem erhöhten Stammkapital deckt (§ 5 Abs. 3; → § 5 Rn. 45 f.).[130] Aus Transparenzgründen sollten mehrere Geschäftsanteile für einen Gesellschafter im Erhöhungsbeschluss nummeriert werden.[131]

---

[122] BGH Beschl. v. 11.6.2013 – II ZB 25/12, NJW 2013, 2428 Rn. 10 = GmbHR 2013, 869 mAnm *Bayer/Illhardt*; BayObLG Beschl. v. 24.5.1989 – BReg. 3 Z 20/89, DB 1989, 1558 (1559) mAnm *Heckschen* = NJW-RR 1989, 1379; Noack/Servatius/Haas/*Servatius* Rn. 46 aE; Lutter/Hommelhoff/ *Bayer* Rn. 17; *Altmeppen* Rn. 47; Scholz/*Priester/Tebben* Rn. 24; BeckOK GmbHG/*Ziemons* Rn. 12.

[123] Vgl. BGH Beschl. v. 24.10.1974 – II ZB 1/74, BGHZ 63, 116 (118) = NJW 1975, 118; Beschl. v. 11.6.2013 – II ZB 25/12, NJW 2013, 2428 Rn. 16 = GmbHR 2013, 869 mAnm *Bayer/Illhardt*; HCL/*Ulmer/Casper* Rn. 31.

[124] Dazu ausf. mit Formulierungshinweisen *Witte/Rousseau* GmbHR 2009, R 321 f.

[125] HCL/*Ulmer/Casper* Rn. 31.

[126] *Altmeppen* Rn. 48; Scholz/*Priester/Tebben* Rn. 25; s. ferner Lutter/Hommelhoff/*Bayer* Rn. 17; Rowedder/Schmidt-Leithoff/*Schnorbus* Rn. 16.

[127] Zust. BeckOK GmbHG/*Ziemons* Rn. 49; zum bisherigen Recht ebenso BayObLG Beschl. v. 17.9.1981 – BReg. 1 Z 69/81, NJW 1982, 1400; Rowedder/Schmidt-Leithoff/*Schnorbus* Rn. 14; HCL/*Ulmer/Casper* Rn. 29.

[128] Dazu ausf. mit Formulierungshinweisen *Witte/Rousseau* GmbHR 2009, R 321 f.

[129] Zur Zulässigkeit anders noch das frühere Recht (§ 55 Abs. 4 iVm § 5 Abs. 2 aF) Baumbach/Hueck/ *Zöllner*, 18. Aufl. 2006, Rn. 45 aE; Scholz/*Priester*, 9. Aufl. 2002, Rn. 28 sowie für das neue Recht zur Kapitalerhöhung *Meister* NZG 2008, 767 (769). Wie hier jetzt zu Recht *Wicke* Rn. 9; *Bormann/Urlichs* GmbHR-Beil. 1/2008, 37 (38); *Katschinski/Rawert* ZIP 2008, 1993 (1995); *Wälzholz* MittBayNot 2008, 425 (429).

[130] Ein Verstoß bleibt allerdings – namentlich bei der Einziehung eines Geschäftsanteils – im Grundsatz sanktionslos; BGH Urt. v. 2.12.2014 – II ZR 322/13, BGHZ 203, 303 Rn. 17 = NJW 2015, 1385.

[131] Vgl. *Bormann/Urlichs* GmbHR-Beil. 1/2008, 37 (38); Lutter/Hommelhoff/*Bayer* Rn. 15.

b) Nebenpflichten und Vorzugsrechte. Sollen im Zusammenhang mit der Kapi- **62** talerhöhung weitergehende Nebenpflichten, wie zB die Vereinbarung eines Agios **(Aufgeld)**, oder Nachschusspflichten begründet werden, die sich weder aus der Satzung noch aus dem GmbH-Recht ergeben, oder sollen in der Satzung bereits enthaltene Nebenabreden für das erhöhte Kapital nicht gelten, müssen abweichende Regelungen in den Erhöhungsbeschluss und die Satzung aufgenommen werden.[132] Anders verhält es sich mit ergänzenden Leistungspflichten, die sich bereits in der Satzung finden; diese müssen nur in die Übernahmeerklärung aufgenommen werden (→ Rn. 170). Unabhängig davon können zusätzliche Zahlungspflichten auch schuldrechtlich zwischen den Gesellschaftern vereinbart werden.[133] Insofern ist zwischen einem **schuldrechtlichen** und einem **korporativen** Agio zu unterscheiden (→ § 3 Rn. 77).[134] Ist das Aufgeld in den Kapitalerhöhungsbeschluss und die Übernahmeerklärung aufgenommen worden, hat es idR korporativen Charakter (vgl. § 3 Abs. 2) und wird mit Eintragung des Kapitalerhöhungsbeschlusses in das Handelsregister wirksam.[135] Einer darüber hinausgehenden Änderung der Satzung bedarf es nicht (→ Rn. 95 f.).[136] Jedenfalls steht den Gesellschaftern ein Wahlrecht zu, ob sie das Agio schuldrechtlich oder korporativ ausgestalten wollen.[137]

Für die **Aufhebung** und **Änderung** von korporativen Aufgeldern gelten **vor der** **63** **Eintragung** der Kapitalerhöhung zunächst die allgemeinen Grundsätze der Aufhebung und Änderung des Kapitalerhöhungsbeschlusses (→ Rn. 89) entsprechend, da es sich beim korporativen Agio um einen Teil des Kapitalerhöhungsbeschlusses handelt.[138] **Nach der Eintragung**[139] ist – anders als bei der Änderung des Kapitalerhöhungsbeschlusses (→ Rn. 89) – aber keine Kapitalherabsetzung nach § 58 durchzuführen, weil die Stammkapitalziffer durch eine Änderung des Agios gerade nicht berührt wird. Stattdessen genügt ein satzungsändernder Beschluss nach § 53 Abs. 2, um die besagte Nebenpflicht iSd § 3 Abs. 2 aufzuheben (→ § 3 Rn. 97). Soweit das korporative Agio im Satzungstext keinen Niederschlag gefunden hat, kann im Handelsregister jedenfalls der Änderungsbeschluss vermerkt werden.[140] Zudem darf durch die Ausbuchung des Agios, das nicht Teil der Einlagenaufbringungspflicht ist (→ § 56 Rn. 60), zumindest keine Unterbilanz iSd § 30 entstehen.[141] Das wirksam aufgehobene Agio kann in der **Insolvenz** der Gesellschaft nicht vom Insolvenzverwalter eingefordert werden.[142] Allerdings kommt eine Anfechtung in Betracht, weil es sich hierbei um die Aufhebung einer Forderung handelt.[143]

Vorzugsrechte und **Sondervorteile** für die neu geschaffenen Geschäftsanteile, wie **64** zB besondere Stimmrechte und Gewinnbeteiligungen, müssen indes durch einen satzungsändernden Beschluss mit Zustimmung der übrigen Gesellschafter festgelegt werden (→ § 53 Rn. 181 ff.).[144]

---

[132] HCL/*Ulmer/Casper* Rn. 27; MHLS/*Hermanns* Rn. 21; Rowedder/Schmidt-Leithoff/*Schnorbus* Rn. 18; Scholz/*Priester/Tebben* Rn. 26; zum inhaltsgleichen, österreichischen Recht *Jennewein* GesRZ 2013, 280; vgl. noch BGH Urt. v. 15.10.2007 – II ZR 216/06, NZG 2008, 73 Rn. 13.

[133] BGH Urt. v. 15.10.2007 – II ZR 216/06, NZG 2008, 73 Rn. 13; BayObLG Beschl. v. 27.2.2002 – 3Z BR 35/02, NZG 2002, 583 (584) zur AG; *Hermanns* ZIP 2003, 788 (791 ff.); *Wagner* DB 2004, 293 (294 ff.); *Becker* NZG 2003, 510 (513 ff.); Noack/Servatius/Haas/*Servatius* Rn. 13a; Scholz/*Priester/Tebben* Rn. 27 aE; speziell zu den Vorteilen des schuldrechtlichen Agio *Lubberich* DNotZ 2016, 164 (172); zur AG *Atta* AG 2021, 306.

[134] BGH Urt. v. 15.10.2007 – II ZR 216/06, DNotZ 2008, 461 Rn. 13.

[135] BGH Urt. v. 15.10.2007 – II ZR 216/06, DNotZ 2008, 461 Rn. 15.

[136] BGH Urt. v. 15.10.2007 – II ZR 216/06, DNotZ 2008, 461 Rn. 14.

[137] *Lubberich* DNotZ 2016, 164 (170 f.).

[138] DNotI-Report 2015, 146 (147).

[139] Vgl. DNotI-Report 2015, 146 (147); Scholz/*Cziupka* § 3 Rn. 92.

[140] Dazu weiterführend DNotI-Report 2015, 146 (147).

[141] DNotI-Report 2015, 146 (147) unter Hinweis auf → § 58 Rn. 158; Scholz/*Priester/Tebben* § 58 Rn. 77.

[142] DNotI-Report 2015, 146 (147).

[143] DNotI-Report 2015, 146 (147) unter Hinweis auf *Mylich* ZGR 2009, 474 (498 f.).

[144] Zust. BeckOK GmbHG/*Ziemons* Rn. 47.

65   Analog § 9 Abs. 1 AktG ist eine Ausgabe der neuen Geschäftsanteile **unter pari unzulässig.**[145] Ein **Agio** kann die Gesellschaftermehrheit grundsätzlich nach freiem Ermessen festsetzen, um die Eigenkapitalbasis der GmbH zusätzlich zu stärken. Ist kein Agio vorgesehen, stimmen Nennwert und Ausgabebetrag des erhöhten Kapitals überein. Darüber muss sich der Beschluss nicht ausdrücklich verhalten.[146]

66   Die Festsetzung eines Aufgeldes – ebenso wie eine unterlassene Festsetzung – darf indes weder gegen die gesellschaftsrechtliche Treuepflicht noch gegen den Gleichbehandlungsgrundsatz verstoßen. Aus diesem Grund ist eine Festsetzung **bei ausgeschlossenem Bezugsrecht** erforderlich, soweit die Gesellschaft über offene oder stille Rücklagen verfügt, da ansonsten die vermögensmäßige Beteiligung der von der Kapitalerhöhung ausgeschlossenen Gesellschafter verwässert würde.[147] Im Hinblick auf eine drohende Entwertung der Mitgliedschaftsrechte sind die Gesellschafter nach dem Rechtsgedanken des § 255 Abs. 2 AktG[148] durch ein entsprechendes Anfechtungsrecht geschützt.

67   Selbst **bei bestehendem Bezugsrecht** kann ein Agio zwingend erforderlich sein, soweit die Differenz zwischen dem inneren Wert und dem Nennbetrag der neuen Geschäftsanteile so groß ist, dass daraus ein **faktischer Bezugszwang** zur Teilnahme an der Kapitalerhöhung resultiert, der dem GmbH-Recht mangels Nachschusspflicht fremd ist und gegen die gesellschaftsrechtliche Treuepflichtbindung verstößt.[149] Die von der Gegenauffassung[150] angeführten Bewertungsprobleme ergeben sich in der Praxis in einer großen Vielzahl von Fällen; sie sind aber nicht geeignet, einen treuwidrigen Eingriff in die Mitgliedschaftsrechte zu legitimieren. Die von dieser Auffassung befürworteten Grundsätze zur Bewältigung eines Missbrauchs der Mehrheitsmacht werden nur in seltenen Ausnahmefällen nachweisbar sein und bieten den betroffenen Minderheitsgesellschaftern nur einen ungenügenden Schutz gegen treuwidriges Verhalten der Mehrheit. Den Bedenken der Gegenauffassung kann durch die Formulierung hoher Hürden Rechnung getragen werden. Auch wenn sich pauschale Aussagen an dieser Stelle verbieten,[151] kann ein Abschlag von 50 % als Anhaltspunkt dienen.[152] Wird gegen die besagten Prinzipien verstoßen, ist der Erhöhungsbeschluss

---

[145] BGH Urt. v. 14.3.1977 – II ZR 156/75, BGHZ 68, 191 (195) = NJW 1977, 1196; Noack/Servatius/Haas/*Servatius* Rn. 13; Scholz/*Priester/Tebben* Rn. 29; *Rottnauer* ZGR 2007, 401 (423); rechtsmethodisch dazu *Fleischer* GmbHR 2008, 673 (676).

[146] Scholz/*Priester/Tebben* Rn. 29 aE; Bork/Schäfer/*Arnold/Born* Rn. 18; *Servatius* FS Windbichler, 2020, 1093 (1101); aA BeckOK GmbHG/*Ziemons* Rn. 36, die sich für ihre Auffassung zu Unrecht auf die hiesige Kommentierung beruft.

[147] OLG Stuttgart Urt. v. 1.12.1999 – 20 U 38/99, NZG 2000, 156 (157) = BB 2000, 1155 mAnm *Gätsch* BB 2000, 1158; Scholz/*Priester/Tebben* Rn. 27 iVm Scholz/*Priester/Tebben* Rn. 55 aE; Lutter/Hommelhoff/*Bayer* Rn. 26; MHLS/*Hermanns* Rn. 21; Rowedder/Schmidt-Leithoff/*Schnorbus* Rn. 40; HCL/*Ulmer/Casper* Rn. 28; *Heckschen* DStR 2001, 1437 (1443); *Henze* ZHR 162 (1998), 186 (193); *Wagner* DB 2004, 293 (294); *Herchen*, Agio und verdecktes Agio im Recht der Kapitalgesellschaften, 2004, 104 f.

[148] Zum Normzweck des § 255 Abs. 2 AktG OLG München Urt. v. 1.6.2006 – 23 U 5917/05, NZG 2006, 784 (788); Hüffer/Koch/*Koch* AktG § 255 Rn. 2; zur Übertragung auf die GmbH *Hermanns* ZIP 2003, 788 (790); *Rottnauer* ZGR 2007, 401 (436); aA OLG Stuttgart Urt. v. 1.12.1999 – 20 U 38/99, NZG 2000, 156 (158) = BB 2000, 1155 mAnm *Gätsch* BB 2000, 1158.

[149] OLG Stuttgart Urt. v. 1.12.1999 – 20 U 38/99, NZG 2000, 156 (157 f.) = BB 2000, 1155 mAnm *Gätsch* BB 2000, 1158; OLG Düsseldorf Beschl. v. 22.11.2018 – 6 AktG 1/18, AG 2019, 467 (471); OLG Hamburg Beschl. v. 12.2.2021 – 11 AktG 1/20, BeckRS 2021, 4636 Rn. 70; Scholz/*Priester/Tebben* Rn. 27; MHLS/*Hermanns* Rn. 21; Lutter/Hommelhoff/*Bayer* Rn. 11; HCL/*Ulmer/Casper* Rn. 28; *Wicke* Rn. 6; *Henze* ZHR 162 (1998), 186 (194); *Kiefner/Seibel* AG 2016, 301 (304 f.); *Rottnauer* ZGR 2007, 401 (433 ff.); *Seibt/Voigt* AG 2009, 133 (138 f.); *Wagner* DB 2004, 293 (294); *Herchen*, Agio und verdecktes Agio im Recht der Kapitalgesellschaften, 2004, 57 f.; für eine ökonomische Analyse vgl. *Nippel/Plewa* CF 2019, 263.

[150] Rowedder/Schmidt-Leithoff/*Schnorbus* Rn. 41; Bork/Schäfer/*Arnold/Born* Rn. 18; vgl. weiter Noack/Servatius/Haas/*Servatius* Rn. 30; ausf. *Servatius* FS Windbichler, 2020, 1093 ff.; zur AG *Tielmann* FS E. Vetter, 2019, 819 (827 f.).

[151] Dezidiert OLG Hamburg Beschl. v. 12.2.2021 – 11 AktG 1/20, BeckRS 2021, 4636 Rn. 72.

[152] Zur AG Bürgers/Körber/Lieder/*Lieder* AktG § 186 Rn. 74; MüKoAktG/*Schürnbrand/Verse* AktG § 182 Rn. 66 ff.; *Kocher/Feigen* CFL 2013, 116 (122 ff.); abl. OLG Hamburg Beschl. v. 12.2.2021 – 11 AktG 1/20, BeckRS 2021, 4636 Rn. 72.

anfechtbar.[153] Lässt die Minderheit dieses Recht ungenutzt, verzichtet sie – zulässigerweise – auf den hierdurch gewährleisteten Minderheitsschutz.

Umgekehrt kann sich ein faktischer Bezugsrechtsausschluss (→ Rn. 118) aus dem **68** Umstand ergeben, dass das festgesetzte **Agio den Wert der neuen Geschäftsanteile** unangemessen **übersteigt.**[154] Daran sind allerdings hohe Anforderungen zu stellen. Denn die bisherigen Gesellschafter können auch in diesem Fall frei darüber entscheiden, ob sie den Ausgabebetrag akzeptieren und ihre bisherige Beteiligung erhalten wollen oder eine Verwässerung hinnehmen. Sollten dem Altgesellschafter die finanziellen Mittel für die Aufstockung seiner Beteiligung im Einzelfall fehlen, so fällt dies in seinen Risikobereich.[155] Selbst die rechtmäßig von der Übernahme ausgeschlossenen Gesellschafter erleiden bei einem höheren Bezugspreis keinen Nachteil, da der Zufluss der Aufgelder in die Rücklagen dem Wert ihrer bisherigen Beteiligung zugutekommt.[156] Die Grenze zu einem faktischen Ausschluss von (einzelnen) Gesellschaftern ist aber regelmäßig dann überschritten, wenn es für die Festlegung eines unverhältnismäßig hohen Aufgeldes an einem **sachlichen Grund fehlt,** der stark überhöhte Betrag stattdessen nur deshalb festgesetzt worden ist, um die betroffenen Gesellschafter von der Kapitalmaßnahme auszuschließen.[157] Daneben kommt ein Verstoß gegen den gesellschaftsrechtlichen Gleichbehandlungsgrundsatz in Betracht, zB wenn der Ausgabebetrag nicht für alle zugelassenen Gesellschafter gleich hoch ist.[158]

Die konkrete **Höhe** des Agios muss nicht durch einen festen Betrag angegeben werden. **69** Es genügt, wenn der Betrag aus einer künftigen Bilanz oder einem Sachverständigengutachten **bestimmbar** ist.[159] In diesem Fall kann die Feststellung des konkreten Betrags aus Praktikabilitätsgründen dem Geschäftsführer überlassen bleiben. Allerdings kann der Geschäftsführer nicht ermächtigt werden, das Aufgeld nach seinem freien Ermessen festzulegen.[160] Die im Aktienrecht verbreitete Gegenauffassung stützt sich argumentativ auf die grundsätzliche Zuständigkeit des Vorstands in Finanzfragen.[161] Eine vergleichbare Kompetenz ist dem Geschäftsführer der GmbH nicht eingeräumt; es verbleibt demnach bei der grundsätzlichen Zuständigkeit der Gesellschafter, von der nur unter engen Voraussetzungen abgewichen werden kann.

c) Weitere Bestimmungen. Bei **Sachkapitalerhöhungen** müssen die Festsetzungen **70** nach § 56 (→ § 56 Rn. 37 ff.) in den Erhöhungsbeschluss aufgenommen werden. Gleiches gilt für einen **Ausschluss des Bezugsrechts** (→ Rn. 117, → Rn. 147) sowie für die **Höhe der Pflichteinzahlung** auf die übernommenen Geschäftsanteile (zur Mindesteinzahlung → § 56a Rn. 5 ff.) und die **Fälligkeit der Resteinzahlung.** Denkbar sind weiterhin Bestimmungen über die **Gewinnbeteiligung.** Sind solche nicht getroffen, partizipieren die neuen Geschäftsanteile ab dem Zeitpunkt der Eintragung anteilig am Jahresgewinn.[162]

---

[153] OLG Stuttgart Urt. v. 1.12.1999 – 20 U 38/99, NZG 2000, 156 (158) = BB 2000, 1155 mAnm *Gätsch* BB 2000, 1158; OLG Hamburg Beschl. v. 12.2.2021 – 11 AktG 1/20, BeckRS 2021, 4636 Rn. 70.

[154] Großzügiger noch → 3. Aufl. 2018, Rn. 51; ebenso *Hermanns* ZIP 2003, 788 (790); *Wagner* DB 2004, 293 (294); *Karl* GmbHR 2020, 9 (294); zur AG *Groß* AG 1993, 449 (455 f.); zur AG Bürgers/Körber/Lieder/*Lieder* AktG § 186 Rn. 71; bei bestimmten Motivationslagen: *Heckschen* DStR 2001, 1437 (1442); noch strenger Lutter/Hommelhoff/*Bayer* Rn. 22 aE; MHLS/*Hermanns* Rn. 44; Altmeppen Rn. 34; Scholz/*Priester/Tebben* Rn. 69; Bork/Schäfer/*Arnold/Born* Rn. 30; *Rottnauer* ZGR 2007, 401 (429); zur AG GroßkommAktG/*Wiedemann* AktG § 186 Rn. 177; *Kuntz/Stegemann* ZIP 2016, 2341 (2343 f.); *Herchen,* Agio und verdecktes Agio im Recht der Kapitalgesellschaften, 2004, 110 ff.

[155] Zust. LG Berlin Urt. v. 1.2.2019 – 94 O 16/18, BeckRS 2019, 36924 Rn. 30.

[156] *Wagner* DB 2004, 293 (294).

[157] Vgl. Scholz/*Priester/Tebben* Rn. 69.

[158] Zust. Noack/Servatius/Haas/*Servatius* Rn. 13 aE; ebenso *Hermanns* ZIP 2003, 788 (790).

[159] Noack/Servatius/Haas/*Servatius* Rn. 13a; MHLS/*Hermanns* Rn. 21; Scholz/*Priester/Tebben* Rn. 27.

[160] Scholz/*Priester/Tebben* Rn. 27; BeckOK GmbHG/*Ziemons* Rn. 38; zur AG *Herfs/Goj* AG 2021, 289 (290); aA *Hermanns* ZIP 2003, 788 (789).

[161] Vgl. OLG Hamburg Urt. v. 29.10.1999 – 11 U 71/99, NZG 2000, 549 (550 f.); MüKoAktG/*Schürnbrand/Verse* AktG § 182 Rn. 69; aA aber *Findeisen* ZIP 2009, 1647 (1649); *Herfs/Goj* AG 2021, 289 (290); *Seibt/Voigt* AG 2009, 133 (135 f.).

[162] Abw. HCL/*Ulmer/Casper* Rn. 29; Scholz/*Priester/Tebben* Rn. 29; Bork/Schäfer/*Arnold/Born* Rn. 17: volle Beteiligung am Jahresgewinn.

Für die Gewinnermittlung ist die Erstellung einer Zwischenbilanz nicht erforderlich; sie erfolgt pro rata temporis.[163]

71   **Unzulässig** ist hingegen die Festsetzung eines **Gründungsaufwands** analog § 26 Abs. 2 AktG (→ § 5 Rn. 292 ff.),[164] weil dieser Kostenaufwand ausschließlich bei einer echten Neugründung einer Kapitalgesellschaft von den Gründern auf die Gesellschaft abgewälzt werden kann. Die Kapitalerhöhung ist hingegen keine Gründung im technischen Sinne (→ Rn. 12). Das gilt auch und insbesondere bei der Kapitalerhöhung einer **UG**, in deren Folge die Gesellschaft nach § 5a Abs. 5 zu einer regulären GmbH erstarkt.[165]

72   **6. Zeitpunkt der Kapitalerhöhung. a) Befristung, Bedingung, Rückwirkung.** Mangels abweichender Bestimmungen ist der Geschäftsführer verpflichtet, die beschlossene Kapitalerhöhung ohne schuldhaftes Zögern durchzuführen.[166] Aus Praktikabilitätsgründen ist heute anerkannt, dass der Erhöhungsbeschluss auch auf einen bestimmten Termin – aufschiebend – befristet werden kann.[167] Entsprechendes gilt für den Eintritt eines bestimmten Umstandes, wie zB die vollständige Zeichnung des erhöhten Kapitals.[168] Rückwirkende Kapitalerhöhungsbeschlüsse sind indes unzulässig (→ § 53 Rn. 177 ff.). Unbedenklich ist es hingegen, den Geschäftsführer anzuweisen, die Durchführung der Kapitalerhöhung erst nach Ablauf einer bestimmten Frist oder nach Eintritt eines besonderen Ereignisses weiter voranzutreiben.[169]

73   **b) Vor-GmbH.** Eine Erhöhung des Stammkapitals ist bereits vor Eintragung der GmbH in das Handelsregister im Stadium der Vorgesellschaft zulässig. Sie vollzieht sich aber nicht nach §§ 53 ff., sondern ist von **sämtlichen Beteiligten in notariell beurkundeter Form** nach § 2 zu beschließen.[170] Die abweichende Gegenauffassung, die auch im Gründungsstadium für die Anwendung der §§ 53 ff. eintritt,[171] kann im Hinblick auf die schutzwerten Belange der beteiligten Gründungsgesellschafter nicht überzeugen, zumal eine Geltung des Mehrheitsprinzips die körperschaftliche Wirksamkeit der GmbH mittels Eintragung voraussetzt. Die Kapitalerhöhung kann durch Schaffung eines zusätzlichen Geschäftsanteils (vgl. § 5 Abs. 2 S. 2) oder aufgrund Erhöhung des Nennbetrags des bestehenden Anteils erfolgen.[172] Zulässig ist allerdings die Beschlussfassung über die Kapitalerhöhung nach Maßgabe der §§ 53 ff. unter der **aufschiebenden Bedingung** der Eintragung der GmbH.[173]

74   **c) Liquidation.** Mit Auflösung der GmbH ändert sich der Gesellschaftszweck; er ist fortan darauf gerichtet, die Gesellschaft zu liquidieren. Eine früher vertretene Ansicht hielt

---

[163]   Vgl. Gehrlein/Born/Simon/*Bormann* Rn. 11; BeckOK GmbHG/*Ziemons* Rn. 46; *Altmeppen* Rn. 17 aE; offenbar auch Noack/Servatius/Haas/*Servatius* Rn. 14.

[164]   So auch Noack/Servatius/Haas/*Servatius* Rn. 16 aE.

[165]   OLG Celle Beschl. v. 12.12.2017 – 9 W 134/17, NZG 2018, 261.

[166]   BGH Urt. v. 3.11.2015 – II ZR 13/14, NZG 2015, 1396 Rn. 30 – jedenfalls für den Fall, dass die Gesellschaft sich ausdrücklich zur Durchführung der Kapitalerhöhung verpflichtet hat; RG Urt. v. 13.3.1934 – II 225/33, RGZ 144, 138 (142); HCL/*Ulmer/Casper* Rn. 32; Lutter/Hommelhoff/*Bayer* Rn. 9 aE, 40; Scholz/*Priester/Tebben* Rn. 35; aA zur AG *Perwein* AG 2013, 10.

[167]   HCL/*Ulmer/Casper* Rn. 32; MHLS/*Hermanns* Rn. 28; Rowedder/Schmidt-Leithoff/*Schnorbus* Rn. 19; Scholz/*Priester/Tebben* Rn. 35; BeckOK GmbHG/*Ziemons* Rn. 54. – Zweifelhaft ist die Auffassung von *Lutter* FS Schilling, 1973, 207 (214), der für eine Höchstfrist von sechs Monaten eintritt.

[168]   Sehr großzügig MHLS/*Hermanns* Rn. 28; iErg ebenso Rowedder/Schmidt-Leithoff/*Schnorbus* Rn. 19; Scholz/*Priester/Tebben* Rn. 35.

[169]   BeckOK GmbHG/*Ziemons* Rn. 55.

[170]   RG Urt. v. 26.2.1918 – II 470/70, LZ 1918, 856; HCL/*Ulmer/Casper* Rn. 34; MHLS/*Hermanns* Rn. 59 f.; zust. BeckOK GmbHG/*Ziemons* Rn. 16; MHdB GesR III/*Wegmann* § 53 Rn. 78; ähnlich *Altmeppen* Rn. 13; Rowedder/Schmidt-Leithoff/*Schnorbus* Rn. 25.

[171]   Scholz/*Priester/Tebben* Rn. 30; *Priester* ZIP 1987, 280 (284 f.); für eine entsprechende Anwendung Henssler/Strohn/*Gummert* Rn. 9.

[172]   Anders und str. noch nach bisherigem Recht; s. einerseits HCL/*Ulmer/Casper* Rn. 34; andererseits Scholz/*Priester*, 9. Aufl. 2002, Rn. 29.

[173]   Bork/Schäfer/*Arnold/Born* Rn. 8; Lutter/Hommelhoff/*Bayer* Rn. 32; BeckOK GmbHG/*Ziemons* Rn. 17; ebenso jetzt auch *Altmeppen* Rn. 13; zur AG GroßkommAktG/*Schmidt* AktG § 41 Rn. 127; aA Rowedder/Schmidt-Leithoff/*Schnorbus* Rn. 25 m. Fn. 54.

eine Kapitalerhöhung mit dem Abwicklungszweck für unvereinbar.[174] Diese Auffassung ist heute überholt. Eine Kapitalerhöhung liegt regelmäßig im Interesse der Gläubiger, deren Befriedigung das Liquidationsverfahren dient. Daher ist die Zulässigkeit der Kapitalerhöhung im Liquidationsstadium heute allgemein anerkannt.[175] Durch Auslegung des Erhöhungsbeschlusses kann sich zugleich ergeben, dass die aufgelöste Gesellschaft wieder ins werbende Stadium eintreten soll.[176] Ebenfalls durch Auslegung ist zu ermitteln, ob eine vor Auflösung der GmbH beschlossene, aber noch nicht durchgeführte Kapitalerhöhung infolge der Liquidation aufgehoben (→ Rn. 89 ff.) sein soll. Im Zweifel wird man hiervon ausgehen müssen, da die Kapitalerhöhung nach Auflösung der GmbH in der Praxis die große Ausnahme bildet.[177]

d) Insolvenzverfahren. Eine Kapitalerhöhung kann nach heute einhelliger Ansicht[178] **75** auch noch in der Insolvenz beschlossen werden, genauso wie eine schon vor Insolvenzeröffnung beschlossene Kapitalerhöhung nach Eintritt des Insolvenzfalles durchgeführt werden kann (→ Rn. 77). Die früher vertretene Gegenauffassung, die eine Erhöhung des Stammkapitals mit dem Insolvenz- und Abwicklungszweck sowie der insolvenzrechtlichen Kompetenzverteilung für unvereinbar hielt,[179] ist heute überholt. Zum einen dient die Liquidation des Unternehmens als **Insolvenzzweck** dem Interesse der Gläubiger. Zum anderen ist im modernen Insolvenzverfahren neben der Liquidation auch der Erhalt des Unternehmens als Insolvenzziel von Bedeutung (vgl. § 1 InsO).[180] Dem entspricht es, dass die Kapitalerhöhung, namentlich die Umwandlung von Gläubigerforderungen in Eigenkapital (Debt-Equity-Swap; → § 56 Rn. 21 ff.), in der Praxis häufig eine wesentliche Voraussetzung zur Sanierung notleidender Gesellschaften (→ Rn. 7) darstellt. Dass die Kapitalmaßnahme auf dieses Ziel gerichtet ist,[181] ist hingegen keine Zulässigkeitsvoraussetzung.[182]

Die Gesellschafter behalten auch **nach Verfahrenseröffnung** die Zuständigkeit für **76** den Beschluss der Kapitalerhöhung.[183] Allerdings fallen die infolge der Kapitalerhöhung geleisteten Einlagen – anders als nach früherem Recht (vgl. § 1 KO)[184] – gem. § 35 Abs. 1 Alt. 2 InsO in die Insolvenzmasse.[185] Um sicherzustellen, dass das erhöhte Kapital nicht zur Gläubigerbefriedigung verwendet, sondern zweckentsprechend zur Sanierung des Unter-

---

174 KG Urt. v. 29.5.1914, RJA 14, 152 (152 f.); OLG Bremen Urt. v. 5.7.1957 – 1 U 351/56, GmbHR 1957, 180 = NJW 1957, 1560.

175 Zur AG BGH Urt. v. 23.5.1957 – II ZR 250/55, BGHZ 24, 279 (286) = NJW 1957, 1279; für die GmbH ebenso HCL/*Ulmer/Casper* Rn. 35; MHLS/*Hermanns* Rn. 61; Rowedder/Schmidt-Leithoff/ *Schnorbus* Rn. 26; Scholz/*Priester/Tebben* Rn. 31; BeckOK GmbHG/*Ziemons* Rn. 18.

176 Wie hier HCL/*Ulmer/Casper* Rn. 35; Rowedder/Schmidt-Leithoff/*Schnorbus* Rn. 26; Scholz/*Priester/ Tebben* Rn. 31; Gehrlein/Born/Simon/*Bormann* Rn. 65.

177 *Lutter* FS Schilling, 1973, 207 (210 f.); iErg auch HCL/*Ulmer/Casper* Rn. 35; Scholz/*Priester/Tebben* Rn. 31; BeckOK GmbHG/*Ziemons* Rn. 19; Gehrlein/Born/Simon/*Bormann* Rn. 66.

178 HCL/*Ulmer/Casper* Rn. 36 f.; Lutter/Hommelhoff/*Bayer* Rn. 43; MHLS/*Hermanns* Rn. 62; Rowedder/ Schmidt-Leithoff/*Schnorbus* Rn. 27 f.; *Altmeppen* Rn. 14; Scholz/*Priester/Tebben*   Rn. 32 ff.; BeckOK GmbHG/*Ziemons* Rn. 21; Gehrlein/Born/Simon/*Bormann* Rn. 67; *H.-F. Müller* ZGR 2004, 842 (843 f.); s. noch zur AG LG Heidelberg Urt. v. 16.3.1988 – O 6/88 KfH II, ZIP 1988, 1257.

179 RG Urt. v. 20.10.1911 – Rep. II. 68/11, RGZ 77, 152 (154 f.); Urt. v. 26.6.1914 – Rep. II. 109/14, RGZ 85, 205 (207 f.); OLG Bremen Urt. v. 5.7.1957 – 1 U 351/56, GmbHR 1957, 180 = NJW 1957, 1560; zur AG OLG Hamm Urt. v. 19.3.1979 – 8 U 151/78, AG 1981, 53.

180 Vgl. MüKoInsO/*Stürner* InsO Einl. Rn. 2; *Lieder* in Bayer/Koch, Aktuelles GmbH-Recht, 2013, 142 (170).

181 Dafür zB zur AG LG Heidelberg v. 16.3.1988 – O 6/88 KfH II, ZIP 1988, 1257.

182 Zutr. *H.-F. Müller* ZGR 2004, 842 (843 f.).

183 OLG Zweibrücken Urt. v. 12.12.2013 – 4 U 39/13, GmbHR 2014, 717 (718) mAnm *Wachter*; Scholz/ *Priester/Tebben* Rn. 34; HCL/*Ulmer/Casper* Rn. 37; MHLS/*Hermanns* Rn. 62; Gehrlein/Born/Simon/ *Bormann* Rn. 67; *H.-F. Müller* ZGR 2004, 842 (847); *Kuntz* DStR 2006, 519.

184 Dazu nur Hachenburg/*Ulmer* Rn. 28.

185 Heute ganz hM, Lutter/Hommelhoff/*Bayer* Rn. 43; Scholz/*Priester/Tebben* Rn. 34; Rowedder/Schmidt-Leithoff/*Schnorbus* Rn. 28; MHLS/*Hermanns* Rn. 62; *Kuntz* DStR 2006, 519; *H.-F. Müller* ZGR 2004, 842 (845 f.); aA noch *Braun/Uhlenbruck,* Unternehmensinsolvenz, 1997, 89; *Schlitt* NZG 1998, 755 (756).

nehmens eingesetzt werden kann, ist die Kapitalerhöhung im Rahmen eines **Insolvenz-planverfahrens** durchzuführen (→ Rn. 78).

77   Der **vor dem Insolvenzfall** gefasste Kapitalerhöhungsbeschluss verliert seine Wirksamkeit nicht ipso iure durch die Eröffnung des **Regelinsolvenzverfahrens.**[186] Die Interessen der beteiligten Gesellschafter sind durch drei Lösungsmöglichkeiten hinreichend geschützt. Erstens können sie den Geschäftsführer veranlassen, die Anmeldung der Kapitalerhöhung zurückzunehmen (→ Rn. 191). Zweitens kommt – auch nach Eröffnung des Insolvenzverfahrens[187] – die Aufhebung des Erhöhungsbeschlusses (→ Rn. 191) in Betracht; der Übernehmer wird frei, weil der für die Übernahme notwendige Rechtsgrund mit der Aufhebung wegfällt. Und drittens können Gesellschafter, die bei Übernahme der neuen Geschäftsanteile die prekäre Finanzlage der GmbH nicht kannten, vom Übernahmevertrag nach § 313 BGB zurücktreten (→ Rn. 190).[188] Die Gegenauffassung, die für die Aufrechterhaltung der Wirksamkeit des Erhöhungsbeschlusses einen satzungsändernden Bestätigungsbeschluss verlangt,[189] kann daher nicht überzeugen. Das gilt namentlich für den Hinweis auf das Nachweiserfordernis zur Ausübung des Rücktrittsrechts. Den insofern geäußerten Bedenken kann durch eine modifizierte Beweislastverteilung begegnet werden.[190]

78   **e) Insolvenzplanverfahren.** Besonderheiten ergeben sich für die Durchführung eines **Insolvenzplanverfahrens.** In diesem Zusammenhang hat das Gesetz zur weiteren Erleichterung der Sanierung von Unternehmen **(ESUG)**[191] zu einer weitreichenden Neugestaltung der normativen Rahmenbedingungen geführt. Danach können Kapitalmaßnahmen einschließlich Bezugsrechtsausschluss und die Zahlung von Abfindungen an ausscheidende Gesellschafter im gestaltenden Teil des Insolvenzplans festgeschrieben werden (§ 225a Abs. 2 S. 3 InsO). Der Insolvenzverwalter ist nach § 254a Abs. 2 InsO zur Entgegennahme der geleisteten Einlagen berechtigt.[192] Von besonderer praktischer Bedeutung sind die Neuerungen für den **Debt-Equity-Swap in der Insolvenz,** wo die insolvenzrechtlichen Besonderheiten der erleichterten Sachkapitalerhöhung ausführlich erläutert sind (→ § 56 Rn. 25 ff.).

79   **aa) Formelle Besonderheiten.** Formelle Besonderheiten des im Insolvenzplan vorgesehenen Debt-Equity-Swap ergeben sich aus § 254a InsO, der Ausnahmen von Form-, Ladungs- und Bekanntmachungsvorschriften anordnet.[193] So wird die notarielle Beurkundung des Kapitalerhöhungsbeschlusses (→ Rn. 27) nach § 254a Abs. 2 S. 1 InsO durch die gerichtliche Bestätigung des Insolvenzplans ersetzt. Zudem ist der Insolvenzverwalter gem. § 254a Abs. 2 S. 3 InsO zur Vornahme der für die Durchführung der Kapitalmaßnahmen notwendigen Anmeldungen beim Registergericht (→ § 57 Rn. 3 ff.) berechtigt.[194] Darüber hinaus entfallen die für den **Bezugsrechtsausschluss** analog § 186 Abs. 4 AktG gelten-

---

[186] BGH Urt. v. 7.11.1994 – II ZR 248/93, NJW 1995, 460; KG Urt. v. 19.7.1999 – 23 U 3401/97, NZG 2000, 103 (104); OLG Düsseldorf Urt. v. 17.12.1999 – 16 U 29/99, GmbHR 2000, 569; HCL/*Ulmer/ Casper* Rn. 36; Scholz/*Priester/Tebben* Rn. 33; Rowedder/Schmidt-Leithoff/*Schnorbus* Rn. 27; MHLS/ *Hermanns* Rn. 63; *Kuntz* DStR 2006, 519 (521); *H.-F. Müller* ZGR 2004, 842 (851); *Lieder* in Bayer/ Koch, Aktuelles GmbH-Recht, 2013, 142 (167); *Wachter* DB 2016, 275 (277); Lutter/Hommelhoff/ *Bayer* Rn. 44.

[187] OLG Zweibrücken Urt. v. 12.12.2013 – 4 U 39/13, NZG 2014, 472 (473); Rowedder/Schmidt-Leithoff/*Schnorbus* Rn. 27; *Gehrlein* ZInsO 2017, 1977 (1987); *Wachter* DB 2016, 275 (277); krit. Jaeger/ *Müller* InsO § 35 Rn. 165.

[188] Krit. Jaeger/*Müller* InsO § 35 Rn. 166 ff.; *Gehrlein* ZInsO 2017, 1977 (1987).

[189] *Lutter* FS Schilling, 1973, 207 (220 f.); BeckOK GmbHG/*Ziemons* Rn. 22; vgl. noch *Altmeppen* Rn. 14: Gestaltungserklärung nach § 313 Abs. 3 BGB wegen Störung der Geschäftsgrundlage erforderlich; s. ferner OLG Hamm Urt. v. 15.6.1988 – 8 U 2/88, GmbHR 1989, 162 (163).

[190] Wie hier Scholz/*Priester/Tebben* Rn. 33; *Kuntz* DStR 2006, 519 (521).

[191] Gesetz v. 7.12.2011, BGBl. 2011 I 2582; zu Grundlagen und Hintergründen s. *Lieder* in Bayer/Koch, Aktuelles GmbH-Recht, 2013, 142 (170 ff.).

[192] Zum Problemkreis nach altem und neuem Recht ausf. *Segmiller,* Kapitalmaßnahmen im Insolvenzplan, 2013, 114 ff.

[193] Einzelheiten bei *Hirte/Knof/Mock* DB 2011, 632 (638 f.); *Mulert/Steiner* NZG 2021, 673 (674 f.); *Naraschewski* FS 10 Jahre Österberg Seminare, 2018, 347 (360 f.).

[194] Dazu ausf. *Naraschewski* FS 10 Jahre Österberg Seminare, 2018, 347 (361 ff.); vgl. noch *Mulert/Steiner* NZG 2021, 673 (674 f.).

den besonderen Unterrichtungspflichten der Geschäftsführer (→ Rn. 123).[195] Im Gegenzug muss auf besagte Informationen bereits in der Ladung zum Erörterungs- und Abstimmungstermin nach § 235 Abs. 3 InsO hingewiesen werden.

bb) Planabstimmungsverfahren. Zudem wird die tradierte **gesellschaftsrechtliche** 80 **Kompetenzverteilung** dahingehend **modifiziert,** dass die Gesellschafter die Durchführung der Kapitalerhöhung **nicht mehr einseitig** und gegen den Willen der Insolvenzgläubiger **verhindern** können.[196] Stattdessen entscheiden die Gesellschafter und die verschiedenen Gläubigertypen als einzelne Abstimmungsgruppen im Rahmen des Planverfahrens über die Kapitalmaßnahme. Gesellschaftern und Gläubigern obliegt nach §§ 243 ff. InsO also gemeinsam die Willensbildung.[197] An die Stelle des Gesellschafterbeschlusses tritt die Abstimmung über den Insolvenzplan.[198] Die Kompetenzverschiebung wird weiter dadurch verschärft, dass die Zustimmung der Altgesellschafter aufgrund des **Obstruktionsverbots** nach § 245 Abs. 3 InsO nicht länger eine notwendige Voraussetzung für die wirksame Durchführung einer Kapitalmaßnahme darstellt.[199] Voraussetzung dafür ist nur, dass kein Gesellschafter schlechter gestellt wird als bei Zerschlagung der Gesellschaft ohne den Insolvenzplan und kein Gläubiger mehr erhält als die volle Befriedigung. Aber selbst wenn eine Schlechterstellung im Einzelfall zu befürchten ist, kann sie durch Ausgleichszahlungen nach Maßgabe der § 251 Abs. 3 InsO, § 253 Abs. 2 Nr. 3 InsO kompensiert werden.[200] Zudem ist der insolvenzverfahrensrechtliche Rechtsschutz weitgehend eingeschränkt.[201]

cc) Zulässige Kapitalmaßnahmen. Kapitalmaßnahmen, namentlich die ordentliche 81 Kapitalerhöhung, die Schaffung eines genehmigten Kapitals und ein Debt-Equity-Swap, können Bestandteil des Insolvenzplans sein, soweit sie nach Maßgabe des § 225a Abs. 3 InsO **gesellschaftsrechtlich zulässig** sind. Diese Vorschrift ist nach zutreffender Auffassung als **Rechtsgrundverweisung** auf die Vorgaben des allgemeinen Gesellschaftsrechts zu interpretieren.[202] Die Gegenauffassungen, die entweder für eine weitergehende Gestaltungsfreiheit eintreten und erst den gesellschaftsrechtlichen Typenzwang als Grenze akzeptieren[203] oder aber von einer Überlagerung der gesellschaftsrechtlichen Grundsätze durch insolvenzrechtliche Spezialvorschriften ausgehen,[204] sind demgegenüber abzulehnen. Das Insolvenzplanverfahren sucht zu verhindern, dass die Anteilseigner die Durchführung erfolgversprechender Sanie-

---

[195] *H.-F. Müller* KTS 2012, 419 (441).
[196] Dazu ausf. *Segmiller,* Kapitalmaßnahmen im Insolvenzplan, 2013, 95 ff.
[197] Zum Ganzen ausf. *Segmiller,* Kapitalmaßnahmen im Insolvenzplan, 2013, 53 ff., dort auch zur Vereinbarkeit mit Europa- und Verfassungsrecht; vgl. weiter *Bay/Seeburg/Böhmer* ZInsO 2011, 1927 (1936 ff.); *Urlaub* ZIP 2011, 1040 (1044); *H.-F. Müller* KTS 2012, 419 (425 ff.); *Binder* ZVglRWiss 112 (2013), 23 (36 ff.); *Schluck-Amend* FS Hoffmann-Becking, 2013, 1039 (1048 ff.).
[198] So schon *Lieder* in Bayer/Koch, Aktuelles GmbH-Recht, 2013, 142 (173).
[199] Dazu *Hirte/Knof/Mock* DB 2011, 632 (640 f.); *Spliedt* GmbHR 2012, 462 (469); *Meyer/Degener* BB 2011, 846 (848); *Weber/Schneider* ZInsO 2012, 374 (381); *H.-F. Müller* KTS 2012, 419 (424 f.); *C. Schäfer* FS Hommelhoff, 2012, 939 (945 f.); *Häfele,* Die Treuepflicht der Aktionäre bei der vorinsolvenzrechtlichen Sanierung durch einen Debt Equity Swap, 2013, 137, 143 f.; *Segmiller,* Kapitalmaßnahmen im Insolvenzplan, 2013, 142 ff.; vgl. auch Lutter/Hommelhoff/*Bayer* Rn. 13; *Wieneke/Hoffmann* ZIP 2013, 697 (699 f.).
[200] Dazu auch *Lieder* in Bayer/Koch, Aktuelles GmbH-Recht, 2013, 142 (173 f.).
[201] Vgl. *Lieder* in Bayer/Koch, Aktuelles GmbH-Recht, 2013, 142 (173 f.); s. zum Rechtsschutzverfahren ausf. *H.-F. Müller* KTS 2012, 419 (436 ff.); *Madaus* NZI 2012, 597; *Segmiller,* Kapitalmaßnahmen im Insolvenzplan, 2013, 148 ff.
[202] AG Charlottenburg Beschl. v. 9.2.2015 – HRB 153203 B, ZIP 2015, 394 = NZG 2015, 1326; Uhlenbruck/*Hirte* InsO § 225a Rn. 41; *Madaus* ZIP 2012, 2133 (2137 f.); *H.-F. Müller* KTS 2012, 419 (441 f.); *Schäfer* ZIP 2013, 2237 (2242); *Schäfer* ZIP 2014, 2417 (2418 ff.); *Schäfer* ZIP 2019, 1305 (1306 ff.); *Simon/Merkelbach* NZG 2012, 121 (125).
[203] LG Berlin Beschl. v. 20.10.2014 – 51 T 696/14, ZIP 2014, 2197 (2203) = NZI 2015, 66 (70); K. Schmidt/*Spliedt* InsO § 225a Rn. 35; *Decher/Voland* ZIP 2013, 103 (106); *Haas* NZG 2012, 961 (965); *Koller* BB 2020, 2435 (2439); *Klausmann* NZG 2015, 1300 (1304); *Mulert/Steiner* NZG 2021, 673 (674, 675); *Noack/Schneiders* DB 2016, 1619 (1620 f.); *Pleister/Tholen* ZIP 2015, 414 (416 f.).
[204] MüKoInsO/*Eidenmüller* InsO § 225a Rn. 77; *Hölzle* ZIP 2014, 1819 (1820 f.); *Hölzle/Beyß* ZIP 2016, 1461; *Seibt/Bulgrin* ZIP 2017, 353 (357); *Bulgrin,* Strategische Insolvenz, 2016, 76 ff.

rungsmaßnahmen nicht aus eigener Machtvollkommenheit unmöglich machen können. Dieses Ziel wird indes bereits erreicht, wenn sie aufgrund des besonderen Planabstimmungsverfahrens an einer Blockade effektiv gehindert sind. Wollte man nun auch noch die Grundsätze des allgemeinen Gesellschaftsrechts unangewendet lassen oder auch nur durch insolvenzrechtliche Prinzipien überlagern, dann ginge dies deutlich über das mit dem Insolvenzplanverfahren erstrebte Ziel erfolgreicher Sanierungen hinaus. Stattdessen verlangt der mit dem Planverfahren verbundene **Eingriff in die Mitgliedschaftsrechte** nach einer Aufrechterhaltung gesellschaftsrechtlicher Mindeststandards, die namentlich auf den Schutz von Individual- und Minderheitsinteressen gerichtet sind. Das gilt umso mehr, als auch im Insolvenzverfahren das gesellschaftsrechtliche Trennungsprinzip (→ § 13 Rn. 340) Geltung beansprucht und die Anteilsrechte der Vermögenssphäre der Gesellschafter zugeordnet sind.[205] Die dahinter stehenden Wertungen (des Gesellschaftsrechts) müssen daher auch in die Interpretation der insolvenzrechtlichen Vorschriften einfließen. Eine Grenze ist dem sachlichen Anwendungsbereich des materiellen Verbandsrechts erst dort gezogen, wo der mit dem Insolvenzplanverfahren erstrebte Sanierungserfolg andernfalls nicht zu erzielen wäre oder sonstige Wertungen des Insolvenzrechts zwingend entgegenstehen.

82   **dd) Bezugsrechtsausschluss.** Für die materielle Rechtfertigung des Bezugsrechtsausschlusses in der Insolvenz gelten daher nach zutreffender Auffassung[206] die **allgemeinen Grundsätze** (→ Rn. 135). Denn ein sachlich nicht gerechtfertigter Ausschluss des Bezugsrechts im Insolvenzplan ist nicht iSd § 225a Abs. 3 InsO gesellschaftsrechtlich zulässig und darf vom Insolvenzgericht auch nicht bestätigt werden.[207] Das reformierte Insolvenzplanverfahren hat zwar ein neues Planabstimmungsverfahren geschaffen, um obstruierendes Verhalten von Gesellschaftern zu unterbinden. Es vermag aber nicht die allgemeinen gesellschaftsrechtlichen Vorgaben außer Kraft zu setzen. Das gilt für den Bezugsrechtsausschluss umso mehr, als die Mitgliedschaft auch in einer sanierungsbedürftigen GmbH nach Maßgabe des Art. 14 Abs. 1 GG noch verfassungsrechtlich geschützt ist und der sanierungswillige Gesellschafter nicht ohne Weiteres aus der Gesellschaft gedrängt werden darf.[208] Stattdessen haben sie bereits aufgrund ihrer bisherigen Verbundenheit mit der Gesellschaft ein nicht gering zu schätzendes Interesse daran, auch weiterhin – unter Wahrung ihrer Beteiligungsquote – Anteilseigner zu sein. Selbst nahezu wertlose Anteile vermitteln den Gesellschaftern das unveränderte Mitgliedschaftsrecht an der GmbH, das – nicht zuletzt mit Blick auf Art. 14 Abs. 1 GG – die Berechtigung einschließt, sich an einer Sanierung zu beteiligen und dadurch zugleich an dem angestrebten Sanierungsgewinn zu partizipieren.[209]

83   **ee) Kapitalerhöhung vor Wirksamkeit des Plans.** Die im Plan enthaltenen Maßnahmen werden mit der rechtskräftigen Bestätigung durch das Insolvenzgericht nach § 254 Abs. 1 InsO **wirksam.** Solange es allerdings noch an einer **rechtskräftigen Bestätigung** des Insolvenzplans **fehlt,** können die Gesellschafter nach allgemeinen Grundsätzen (→ Rn. 75 ff.) Kapitalmaßnahmen beschließen und durchführen.[210] Die Legitimation für

---

205   Dazu ausf. *Deckers,* Die Mitgliedschaft in der Insolvenz, 2019, 133 f.
206   Uhlenbruck/*Hirte* InsO § 225a Rn. 41; *Brünkmans* ZIP 2014, 1857 (1862); *H.-F. Müller* KTS 2012, 419 (442); *H.-F. Müller* DB 2014, 41 (42); *Schäfer* ZIP 2015, 1209 (1212); *Schäfer* ZIP 2016, 1911 (1914); *K. Schmidt* ZGR 2012, 566 (579 f.); *Simon/Merkelbach* NZG 2012, 121 (125); *Wertenbruch* ZIP 2013, 1693 (1696 f.); *Häfele,* Die Treuepflicht der Aktionäre bei der vorinsolvenzrechtlichen Sanierung durch einen Debt Equity Swap, 2013, 139 ff.; *von Spee,* Gesellschafter im Reorganisationsverfahren – Die Sanierungsbeteiligung der Gesellschafter nach dem ESUG, 2014, 173 ff.; aA MüKoInsO/*Eidenmüller* InsO § 225a Rn. 50; *Decher/ Voland* ZIP 2013, 103 (106 f.); *Haas* NZG 2012, 961 (965); *Seibt/Bulgrin* ZIP 2017, 353 (359 f.); *Spliedt* GmbHR 2012, 462 (466); *Pühl,* Der Debt Equity Swap im Insolvenzplanverfahren, 2016, Rn. 469 ff.; *Schulz,* Der Debt Equity Swap in der Insolvenz, 2015, 207 ff., 218 ff.; *Naraschewski* FS 10 Jahre Österberg Seminare, 2018, 347 (359 f.); diff. *Deckers,* Die Mitgliedschaft in der Insolvenz, 2019, 287 ff.
207   *H.-F. Müller* KTS 2012, 419 (442).
208   *K. Schmidt* ZGR 2012, 566 (580); *H.-F. Müller* DB 2014, 41 (42).
209   Vgl. *Simon/Merkelbach* NZG 2012, 121 (125).
210   OLG München Beschl. v. 14.5.2018 – 31 Wx 122/18, NZI 2018, 538 Rn. 35; Kübler/Prütting/Bork/ *Spahlinger* InsO § 225a Rn. 103; *Eidenmüller* NJW 2014, 17 (18); *Schmittmann/Hippeli* DZWIR 2018, 501 (507); aA *Sax* NZI 2020, 541 (543 f.).

die Durchführung einer solchen Kapitalmaßnahme resultiert aus der Satzungsautonomie der Gesellschafter und wird insbesondere durch die besonderen Mechanismen des Insolvenzplanverfahrens nicht verdrängt, die ohnehin erst mit der Bestätigung des Plans nach § 254 Abs. 1 InsO Wirksamkeit erlangen. Das ESUG zielte zwar darauf ab, das Blockadepotenzial der Gesellschafter zu brechen. Das grundsätzliche Kompetenzgefüge zwischen den Gesellschaftern und dem Insolvenzverwalter sollte indes unberührt bleiben. Die Gesellschafter behalten daher auch im laufenden Insolvenzplanverfahren die Befugnis zur autonomen Durchführung von Kapitalmaßnahmen, soweit nicht der Insolvenzzweck oder die bestmögliche Gläubigerbefriedigung beeinträchtigt wird.[211] Dafür spricht zugleich, dass die Gesellschafter mit Hilfe einer solchen Kapitalerhöhung die Befugnis erhalten, den Insolvenzgrund außerhalb des Planverfahrens zu beseitigen.[212]

f) Eigenverwaltung. Wird das Insolvenzverfahren im Form einer Eigenverwaltung **84** eröffnet, bleibt die schuldnerische GmbH nach § 270 Abs. 1 S. 1 InsO berechtigt, unter der Aufsicht des Sachwalters die Insolvenzmasse zu verwalten und über sie zu verfügen. Aus gesellschaftsrechtlicher Perspektive gelten zunächst die Grundsätze des Regelinsolvenzverfahrens (→ Rn. 75 ff.). Allerdings haben die Gesellschafterversammlung und ein etwaiger Aufsichtsrat nach § 276a S. 1 InsO keinen Einfluss auf die Geschäftsführer. **Kein unzulässiger Einfluss** der Gesellschafter ist allerdings darin zu sehen, dass eine Kapitalerhöhung durchgeführt wird.[213] Den Gesellschaftern steht auch weiterhin die Satzungshoheit zu, so dass sie autonom einen entsprechenden Willen der GmbH zur Erhöhung des Stammkapitals bilden können.[214]

g) Restrukturierungsverfahren. Nach Umsetzung der RL (EU) 2019/1023[215] **85** ermöglicht es das StaRUG[216] Unternehmen, ein vorinsolvenzliches Sanierungsverfahren durchzuführen. Das präventive Restrukturierungsverfahren weist maßgebliche Parallelen zum Insolvenzplanverfahren auf. Im **Restrukturierungsplan** können wiederum Kapitalmaßnahmen, namentlich Kapitalerhöhung, Bezugsrechtsausschluss und Debt-Equity-Swap, vorgesehen werden, die durch eine gerichtliche Bestätigung des Restrukturierungsgerichts wirksam werden. Zugleich stimmen die Gesellschafter im Restrukturierungsverfahren nicht mehr autonom mittels Gesellschafterbeschlusses über die Durchführung von Kapitalmaßnahmen ab, sondern sie sind – neben den Gläubigern – lediglich als eine stimmberechtigte Gruppe iSd § 9 Abs. 1 S. 2 Nr. 4 StaRUG beteiligt, und können im Rahmen einer **gruppenübergreifenden Mehrheitsentscheidung** nach § 26 StaRUG auch überstimmt werden.[217] Der restrukturierungsrechtliche Minderheitsschutz, der den Anteilseignern zuteil wird, ist ausschließlich vermögensrechtlich und inhaltlich schwach ausgestaltet (vgl. §§ 64, 66 StaRUG).

aa) Formelle Besonderheiten. Weitere Besonderheiten ergeben sich daraus, dass die **86** nach gesellschaftsrechtlichen Vorgaben notwendigen – formellen – Erfordernisse durch die

---

[211] OLG München Beschl. v. 14.5.2018 – 31 Wx 122/18, NZI 2018, 538 Rn. 25.
[212] OLG München Beschl. v. 14.5.2018 – 31 Wx 122/18, NZI 2018, 538 Rn. 35; Kübler/Prütting/Bork/ *Spahlinger* InsO § 225a Rn. 103; *Eidenmüller* NJW 2014, 17 (18).
[213] OLG München Beschl. v. 14.5.2018 – 31 Wx 122/18, NZI 2018, 538 Rn. 34; zur AG MüKoAktG/ *Schürnbrand/Verse* AktG § 182 Rn. 96; K. Schmidt/Lutter/*Veil* AktG § 182 Rn. 44; Uhlenbruck/*Hirte* InsO § 11 Rn. 193; *Schmittmann/Hippeli* DZWIR 2018, 501 (507).
[214] Vgl. OLG München Beschl. v. 14.5.2018 – 31 Wx 122/18, NZI 2018, 538 Rn. 34; *H.-F. Müller* ZGR 2004, 842 (847).
[215] RL (EU) 2019/1023 des Europäischen Parlaments und des Rates vom 20.6.2019 über präventive Restrukturierungsrahmen, über Entschuldung und über Tätigkeitsverbote sowie über Maßnahmen zur Steigerung der Effizienz von Restrukturierungs-, Insolvenz- und Entschuldungsverfahren und zur Änderung der Richtlinie (EU) 2017/1132 (Richtlinie über Restrukturierung und Insolvenz), ABl. EU 2019 L 172, 18.
[216] Gesetz über den Stabilisierungs- und Restrukturierungsrahmen für Unternehmen (Unternehmensstabilisierungs- und -restrukturierungsgesetz – StaRUG) v. 22.12.2020, BGBl. 2020 I 3256.
[217] Zum Ganzen ausf. *Fuhrmann/Heinen/Schilz* NZG 2021, 684 (685); *Gehrlein* BB 2021, 66 (70 f.); *Korch* NZG 2020, 1299 (1300); *H.-F. Müller* ZIP 2020, 2253 (2255 f.); *Thole* ZIP 2020, 1985 (1989 f.).

Bestätigung des Restrukturierungsplans ersetzt werden. Namentlich die in den Plan aufgenommenen Beschlüsse und Willenserklärungen der Planbetroffenen und der GmbH gelten nach § 68 Abs. 2 StaRUG als in der vorgeschriebenen Form abgegeben. Gesellschaftsrechtlich erforderliche Ladungen, Bekanntmachungen und sonstige Maßnahmen zur Vorbereitung von Gesellschafterbeschlüssen gelten als in der vorgeschriebenen Form bewirkt. Das gilt namentlich für die notarielle Beurkundung des Kapitalerhöhungsbeschlusses (→ Rn. 27). Darüber hinaus entfallen die für den Bezugsrechtsausschluss analog § 186 Abs. 4 AktG vorgesehenen besonderen Unterrichtungspflichten (→ Rn. 123), weil es sich dabei um sonstige Maßnahmen zur Beschlussvorbereitung iSd § 65 Abs. 2 S. 2 StaRUG handelt, die ebenfalls durch den Plan – namentlich seinen darstellenden Teil nach § 6 Abs. 1 StaRUG – substituiert werden. Anders als im Insolvenzplanverfahren (→ Rn. 79) obliegt die zur Vornahme der für die Durchführung der Kapitalmaßnahme notwendigen Anmeldungen beim Registergericht im Restrukturierungsverfahren allerdings nicht dem Restrukturierungsbeauftragten, sondern den vertretungsberechtigten Geschäftsleitern.[218]

87   **bb) Zulässige Kapitalmaßnahmen.** Durch den Restrukturierungsplan können nach § 2 Abs. 3 StaRUG Anteilsrechte der Gesellschafter gestaltet, sonstige **gesellschaftsrechtlich zulässige Regelungen** getroffen und Anteilsrechte übertragen werden. Zulässig sind nach § 7 Abs. 4 StaRUG die Umwandlung von Restrukturierungsforderungen in Anteilsrechte (Debt-Equity-Swap; → § 56 Rn. 21), Kapitalerhöhung, Kapitalherabsetzung, Leistung von Sacheinlagen, Ausschluss von Bezugsrechten und die Zahlung von Abfindungen an ausscheidende Gesellschafter. Wegen des Verweises der Regierungsbegründung auf § 225a Abs. 3 InsO,[219] ist die gesellschaftsrechtliche Zulässigkeit von Kapitalmaßnahmen iSd § 9 Abs. 4 S. 5 StaRUG als Rechtsgrundverweisung auf die **Vorgaben des allgemeinen Gesellschaftsrechts** zu verstehen (→ Rn. 81).[220] Eine Grenze ist erst dort zu ziehen, wo der mit dem präventiven Restrukturierungsrahmen erstrebte Sanierungserfolg andernfalls nicht zu erzielen wäre oder sonstige Wertungen des neuen Restrukturierungsrechts zwingend entgegenstehen. Die zum Insolvenzplanverfahren angeführten Argumente (→ Rn. 81) gelten hier umso mehr, zumal für die Einleitung eines Restrukturierungsverfahrens die Zahlungsunfähigkeit nach § 29 Abs. 1 StaRUG nur drohen muss. Durch die besonderen Verfahrensvorschriften soll verhindert werden, dass die Gesellschafter eine Kapitalmaßnahme nicht verhindern können. Die materiellrechtlichen Schutzstandards werden hierdurch indes nicht verdrängt, sondern dienen – mit Blick auf Art. 14 Abs. 1 GG und Erwägungsgrund 2 RL (EU) 2019/1023 – der Absicherung eines gesellschaftsrechtlichen Mindeststandards.

88   **cc) Bezugsrechtsausschluss.** Dementsprechend gelten für die materielle Rechtfertigung eines Bezugsrechtsausschlusses im Restrukturierungsverfahren ebenfalls die **allgemeinen Grundsätze.**[221] Gerade für den Debt-Equity-Swap geht Erwägungsgrund 2 RL (EU) 2019/1023 davon aus, dass die im nationalen Recht vorgesehenen Schutzmechanismen zu beachten sind. Das betrifft für das deutsche Recht die **Lehre vom sachlichen Grund,** die der grundsätzlichen Bedeutung des gesellschaftsrechtlichen Bezugsrechts für die Rechtsstellung der Altgesellschafter Rechnung trägt. Wenn danach ein Bezugsrechtsausschluss nur erfolgen kann, soweit das mit der Kapitalerhöhung verfolgte Ziel durch den gesetzlichen Regelfall einer Erhöhung mit Bezugsrecht nicht erreicht werden kann,[222] dann erweist sich dieser Maßstab auch im Restrukturierungsverfahren als geeignet, um das Sanierungsinteresse mit den berechtigten Schutzinteressen der Anteilseigner zu einem **angemessenen Aus-**

---

218   Zur Entbehrlichkeit einer § 254a Abs. 3 S. 2 InsO entsprechenden Vorschrift im Restrukturierungsverfahren vgl. Begr. RegE, BT-Drs. 19/24181, 166; wie hier auch *Mulert/Steiner* NZG 2021, 673 (677).

219   Vgl. Begr. RegE, BT-Drs. 19/24181, 113; ebenso das Verständnis von *Seibt/Bulgrin* DB 2020, 2226 (2234); wohl auch *Thole* ZIP 2020, 1985 (1988).

220   So auch zur RL *Schäfer* FS Kayer, 2019, 853 (866); aA *Seibt/Bulgrin* DB 2020, 2226 (2234); *Mulert/ Steiner* NZG 2021, 673 (676, 677 f.).

221   AA *Seibt/Bulgrin* DB 2020, 2226 (2235).

222   BGHZ 71, 40 (44); dazu umfassend *Lieder/Müller* in Fleischer/Thiessen, Gesellschaftsrechts-Geschichten, 2018, 285 ff.

gleich zu bringen. Denn gerade im Falle drohender Zahlungsunfähigkeit wird eine Barkapitalerhöhung unter Gewährung des Bezugsrechts regelmäßig aussichtslos erscheinen, weil die Altgesellschafter zu keinen weiteren Investitionen bereit sein werden. Scheidet eine Barkapitalerhöhung aber aus und sind die Gläubiger zu einem Debt-Equity-Swap bereit, dann wird sich auch ein Ausschluss des Bezugsrechts regelmäßig als sachlich gerechtfertigt erweisen, wenn und weil es sich dabei um das geeignete Mittel handelt, das unternehmerische Ziel der Unternehmenssanierung zu erreichen und der hiermit für die Gesellschaft verbundene Nutzen nicht unangemessen hinter der Beeinträchtigung der ausgeschlossenen Gesellschafter zurückbleibt.

7. Aufhebung und Änderung des Beschlusses. Bis zum Wirksamwerden durch 89 Eintragung in das Handelsregister kann der Erhöhungsbeschluss formlos – auch konkludent gemeinsam mit einem Auflösungsbeschluss (→ Rn. 74) – und mit einfacher Mehrheit aufgehoben werden (→ § 53 Rn. 166).[223] Seine **Abänderung** bedarf indes der qualifizierten Mehrheit sowie den Formerfordernissen nach § 53 Abs. 2 (→ § 53 Rn. 168).[224] **Nach Eintragung** der Kapitalerhöhung verlangt eine Kapitalherabsetzung die Beachtung der besonderen Anforderungen des § 58.

Einer Aufhebung steht die **erfolgte Übernahme** des erhöhten Kapitals **nicht entge-** 90 **gen.**[225] Denn bis zur Eintragung des Erhöhungsbeschlusses ist die Kapitalerhöhung noch nicht wirksam. Bis zu diesem Zeitpunkt bleiben die Gesellschafter Herren des Verfahrens.[226] Ebenso wie sie im Grundsatz frei über die Fassung eines Kapitalerhöhungsbeschlusses entscheiden können, steht es im Ermessen der Gesellschafter einen einmal gefassten Beschluss aufzuheben oder abzuändern. Dies folgt letztlich aus der Verbandsautonomie der Gesellschafter.[227] Auch nach Abschluss des Übernahmevertrags und der Einlageleistung bedarf es keiner Zustimmung der Übernehmer;[228] auch eine Anfechtung des Aufhebungsbeschlusses scheidet aus.[229] Das gilt selbst für den Fall, dass den Gesellschaftern ein Bezugsrecht kraft Satzung eingeräumt ist.[230] Denn auch ein statutarisches Bezugsrecht steht unter dem Vorbehalt einer wirksamen Satzungsänderung durch Eintragung der Kapitalerhöhung in das Handelsregister.

Gesichert ist, dass dem Übernehmer gegen die GmbH **kein Erfüllungsanspruch** auf 91 Durchführung der Kapitalerhöhung zusteht, weil der Übernahmevertrag unter dem Vorbehalt der wirksamen Durchführung der Kapitalerhöhung steht und die Gesellschafter die Möglichkeit haben, den Kapitalerhöhungsbeschluss aufzuheben.[231] Weitgehend ungeklärt ist indes, ob die Aufhebung bei bestehendem Übernahmevertrag eine **Schadensersatzpflicht** der GmbH nach sich ziehen kann. Der BGH[232] hat die Frage zunächst offengelassen;

---

[223] OLG Frankfurt Urt. v. 12.5.2015 – 11 U 71/13 (Kart), GmbHR 2015, 1040 (1041); Scholz/*Priester*/ *Tebben* Rn. 36; Lutter/Hommelhoff/*Bayer* Rn. 5; HCL/*Ulmer*/*Casper* Rn. 18; Rowedder/Schmidt-Leithoff/*Schnorbus* Rn. 23; MHLS/*Hermanns* Rn. 31; abw. BeckOK GmbHG/*Ziemons* Rn. 69; Scholz/*Priester*, 9. Aufl. 2002, Rn. 35 iVm § 53 Rn. 193; *Wachter* DB 2016, 275 (277): qualifizierte Mehrheit erforderlich.

[224] AllgM; s. BGH Hinweisbeschl. v. 5.11.2007 – II ZR 268/06, NZG 2008, 146 Rn. 6; HCL/*Ulmer*/ *Casper* Rn. 18; Lutter/Hommelhoff/*Bayer* § 53 Rn. 48; Scholz/*Priester*/*Tebben* § 53 Rn. 188; MHLS/ *Hermanns* Rn. 35.

[225] BGH Urt. v. 11.1.1999 – II ZR 170/98, BGHZ 140, 258 (260) = NJW 1999, 1252; Hinweisbeschl. v. 5.11.2007 – II ZR 268/06, NZG 2008, 146 Rn. 6; HCL/*Ulmer*/*Casper* Rn. 18, 87; Scholz/*Priester*/ *Tebben* Rn. 36; Rowedder/Schmidt-Leithoff/*Schnorbus* Rn. 23; *Wachter* DB 2016, 275 (277).

[226] So bereits *Lieder* EWiR 2016, 5 (6); zust. *Wachter* DB 2016, 275 (277); ähnlich Scholz/*Priester*/*Tebben* Rn. 36.

[227] BGH Urt. v. 11.1.1999 – II ZR 170/98, BGHZ 140, 258 (260) = NJW 1999, 1252; *Wachter* DB 2016, 275 (277).

[228] Teilweise abw. Scholz/*Priester*/*Tebben* Rn. 36; wie hier aber zutr. *Wachter* DB 2016, 275 (277).

[229] *Wachter* DB 2016, 275 (277).

[230] Zutr. Scholz/*Priester*/*Tebben* Rn. 36; aA noch *Skibbe* GmbHR 1963, 46 (49).

[231] BGH Urt. v. 11.1.1999 – II ZR 170/98, BGHZ 140, 258 (260) = NJW 1999, 1252; Urt. v. 3.11.2015 – II ZR 13/14, NZG 2015, 1396 Rn. 32; iErg auch *Wachter* DB 2016, 275 (280); *Hülsmann* GmbHR 2019, 377 (381).

[232] BGH Urt. v. 11.1.1999 – II ZR 170/98, BGHZ 140, 258 (260 f.) = NJW 1999, 1252.

später aber – zumindest für den Fall einer ausdrücklichen Verpflichtung der Gesellschaft zur Durchführung der Kapitalerhöhung – im Grundsatz bejaht.[233] Das Schrifttum nimmt überwiegend gleichfalls an, dass dem Übernehmer zumindest ein Anspruch auf Ersatz des Vertrauensschadens zusteht.[234] Das ist überzeugend, und zwar nicht nur, wenn die Verpflichtung zur zügigen und ordnungsgemäßen Durchführung ausdrücklich vereinbart ist, sondern auch wenn eine solche Regelung fehlt und sich besagte Verpflichtung in ergänzender Auslegung des Übernahmevertrags ergibt.[235] Vor dem Abschluss des Übernahmevertrags fehlt es hingegen an einer tauglichen Grundlage für die Begründung eines Ersatzanspruchs. Der Kapitalerhöhungsbeschluss begründet für sich weder Mitgliedschaftsrechte noch Anwartschaftsrechte der potenziellen Übernehmer.[236] Erst die Verletzung des Übernahmevertrags vermag eine Ersatzpflicht zu begründen.

92 Rechtsgrundlage für den Ersatzanspruch ist § 280 Abs. 1 BGB,[237] der die **Verletzung des Übernahmevertrages** schadensersatzrechtlich sanktioniert. Neben körperschaftlichen Elementen folgen aus dem Übernahmevertrag auch schuldrechtliche Wirkungen (→ Rn. 153). Anerkannt ist namentlich, dass er die GmbH verpflichtet, für eine unverzügliche Durchführung der Kapitalerhöhung zu sorgen (→ Rn. 72). Anerkennt man diese Wirkung mit der einhelligen Auffassung, ist die völlige Ablehnung einer Ersatzpflicht nicht begründbar. Allerdings ist die Gesellschaft nicht automatisch bei jedweder Pflichtverletzung ersatzpflichtig. Vielmehr muss berücksichtigt werden, dass die Gesellschafter über die Kapitalerhöhung nach ihrem weiten unternehmerischen Ermessen entscheiden. Soweit sie diesen Spielraum einhalten, kommt ein Ersatzanspruch nicht in Betracht. Dem steht auch die Satzungsautonomie der Gesellschafter nicht entgegen. Denn zur Durchführung der Kapitalerhöhung sind die Gesellschafter auch weiterhin nicht gezwungen.

93 Die Begrenzung des **Ersatzanspruches auf den Vertrauensschaden** sorgt schließlich dafür, dass ein sich aus der Ersatzpflicht ergebender faktischer Zwang zur Durchführung der Kapitalerhöhung nicht ins Gewicht fällt. Der Inferent ist im Ergebnis so zu stellen, wie wenn er nicht auf die Wirksamkeit des Übernahmevertrags vertraut und den Vertrag nicht abgeschlossen hätte.[238] Der Haftungszusammenhang wird auch nicht dadurch ausgeschlossen, dass der Übernehmer seine Einlageleistung noch vor der Pflichtverletzung der Gesellschaft erbracht hat, denn er durfte auf das Wirksamwerden der Kapitalerhöhung durch Eintragung nach regulärem Lauf der Dinge vertrauen und war infolge des Übernahmevertrags auch zur Einlageleistung verpflichtet (→ Rn. 187).[239]

94 Auch die **Eröffnung eines Insolvenzverfahrens** steht einer Aufhebung **nicht entgegen**.[240] Zwar wird hierdurch die Insolvenzmasse (vgl. § 35 Abs. 1 Alt. 2 InsO; → Rn. 76)

---

[233] BGH Urt. v. 3.11.2015 – II ZR 13/14, NZG 2015, 1396 Rn. 30.
[234] Für eine Ersatzpflicht *Hellwig* FS Rowedder, 1994, 141 (148 f.); HCL/*Ulmer/Casper* Rn. 87; Scholz/*Priester/Tebben* Rn. 36, 100; Rowedder/Schmidt-Leithoff/*Schnorbus* Rn. 23 aE, 63; Lutter/Hommelhoff/*Bayer* Rn. 40; *H.-F. Müller* ZGR 2004, 842 (849); *Wachter* DB 2016, 275 (281); zur AG MüKoAktG/*Schürnbrand/Verse* AktG § 182 Rn. 40: § 122 BGB analog; BeckOGK/*Servatius* AktG § 182 Rn. 52 iVm § 185 Rn. 15 aE; noch weitergehend Noack/Servatius/Haas/*Servatius* Rn. 38; *Stöber* BB 2015, 3091: keine Begrenzung auf Vertrauensschaden; restriktiv *Lutter* FS Schilling, 1973, 207 (228 f.).
[235] So bereits *Lieder* EWiR 2016, 5 (6); iErg auch *Bödeker* DB 2016, 158 (159); *Wachter* DB 2016, 275 (280 f.).
[236] Zutr. *Wachter* DB 2016, 275 (278); teilweise abw. Scholz/*Priester/Tebben* Rn. 36; HCL/*Ulmer/Casper* Rn. 36.
[237] Zust. BGH Urt. v. 3.11.2015 – II ZR 13/14, NZG 2015, 1396 Rn. 29; Scholz/*Priester/Tebben* Rn. 100; *Wachter* DB 2016, 275 (281); *Hülsmann* GmbHR 2019, 377 (381); MüKoAktG/*Schürnbrand/Verse* AktG § 182 Rn. 40.
[238] BGH Urt. v. 3.11.2015 – II ZR 13/14, NZG 2015, 1396 Rn. 32; *Wachter* DB 2016, 275 (281).
[239] BGH Urt. v. 3.11.2015 – II ZR 13/14, NZG 2015, 1396 Rn. 32.
[240] BGH Urt. v. 7.11.1994 – II ZR 248/93, NJW 1995, 460; KG Urt. v. 19.7.1999 – 23 U 3401/97, NZG 2000, 103 (104); OLG Düsseldorf Urt. v. 17.12.1999 – 17 U 29/99, GmbHR 2000, 569; OLG Zweibrücken Urt. v. 12.12.2013 – 4 U 39/13, GmbHR 2014, 717 (718) mAnm *Wachter*; HCL/*Ulmer/Casper* Rn. 36; MHLS/*Hermanns* Rn. 63; Scholz/*Priester/Tebben* Rn. 33, 36; *Kuntz* DStR 2006, 519 (521 f.); aA *H.-F. Müller* ZGR 2004, 842 (846 f., 848 ff.); *Gundlach/Frenzel/Schmidt* DStR 2006, 1048 (1049).

geschmälert. Indes gilt hier nichts anderes als im Hinblick auf eine bereits erfolgte Übernahme: Erst eine wirksame Kapitalerhöhung lässt die Einlageforderungen entstehen. Infolge der Satzungsautonomie können die Gesellschafter bis zur Eintragung darüber entscheiden, ob sie die beabsichtigte Kapitalerhöhung weiterverfolgen und ggf. neue Gesellschafter in die GmbH aufnehmen wollen. Diese unentziehbare Kompetenz geht nicht mit Verfahrenseröffnung auf den Insolvenzverwalter über, sondern verbleibt im Zuständigkeitsbereich der Gesellschafter.

8. Anpassung der Satzung. Im Zusammenhang mit der Beschlussfassung über die 95 Kapitalerhöhung ist es **grundsätzlich nicht erforderlich,** darüber hinaus die in der Satzung ausgewiesene Stammkapitalziffer mittels eines zusätzlichen Beschlusses anzupassen.[241] Die Änderung der Satzung ist vom Willen der Gesellschaftermehrheit umfasst; die nach § 54 Abs. 1 S. 2 einzureichende Satzung kann daher redaktionell ohne weiteren Beschluss angepasst werden.

Das gilt nach zutreffender Auffassung auch für den Fall der **Höchstbetragserhöhung** 96 (→ Rn. 51),[242] weil sich auch in dieser Konstellation die neue Stammkapitalziffer nach Durchführung der Kapitalerhöhung zweifelsfrei feststellen lässt.[243] In die der Anmeldung nach § 54 Abs. 1 S. 2 beizufügende Satzungsfassung ist die neue Kapitalziffer aufzunehmen,[244] ohne dass es noch eines weiteren Gesellschafterbeschlusses über die Fassungsänderung bedarf. Die Gegenauffassung, die einen solchen Zusatzbeschluss oder einen entsprechenden Vorratsbeschluss verlangt, bedeutet eine unnötige Förmelei,[245] weil sich aus dem Willen der Gesellschaftermehrheit zur Beschlussfassung über die Kapitalerhöhung – in Ermangelung entgegenstehender Anhaltspunkte im Einzelfall – auf den Willen zur redaktionellen Änderung des Satzungswortlauts schließen lässt.

Häufig ist eine förmliche Beschlussfassung aber aus Gründen der Klarheit und Über- 97 sichtlichkeit, **empfehlenswert.** Zuweilen ist sie aufgrund weitergehenden Anpassungsbedarfs unumgänglich, so zB, wenn die Summe der Nennbeträge nicht mehr mit der aktuellen Stammkapitalziffer übereinstimmt (vgl. § 5 Abs. 3 S. 2; → § 5 Rn. 45). Wenn sich also durch den bloßen Austausch der Kapitalziffer keine kohärente Neufassung der Satzung herstellen lässt, bedarf es eines gesonderten Gesellschafterbeschlusses zur Anpassung der Satzung.[246]

Die Entwicklung der Stammkapitalziffer kann in der **Satzung** chronologisch mit den 98 zugehörigen Übernahmeerklärungen **dargestellt** werden.[247] Das empfiehlt sich nur bei wenigen Kapitalerhöhungen. Neben der neuen Stammkapitalziffer braucht die Satzung entgegen § 3 Abs. 1 Nr. 4 keine Angaben zu den Übernehmern der neuen Geschäftsanteile zu enthalten, gleichgültig, ob das erhöhte Kapital voll eingezahlt ist oder nicht.[248] Zur Frage, ob die gegenwärtigen Anteilsinhaber in die Satzung aufgenommen sowie die nach § 3 Abs. 1 Nr. 4 bei Gründung erforderlichen Angaben gestrichen werden können → § 3

---

241 BGH Urt. v. 15.10.2007 – II ZR 216/06, NZG 2008, 73 Rn. 15; OLG Frankfurt Beschl. v. 6.3.1963 – 6 W 61/63, GmbHR 1964, 248; HCL/*Ulmer/Casper* Rn. 25; Rowedder/Schmidt-Leithoff/*Schnorbus* Rn. 22; MHLS/*Hermanns* Rn. 18; Scholz/*Priester/Tebben* Rn. 37; MHdB GesR III/*Wegmann* § 53 Rn. 7 aE; Lutter/Hommelhoff/*Bayer* Rn. 8; Noack/Servatius/Haas/*Servatius* Rn. 9.
242 Zum Meinungsstand vgl. auch DNotI-Report 2019, 99 (100 f.).
243 Scholz/*Priester/Tebben* Rn. 37; HCL/*Ulmer/Casper* Rn. 25 iVm 20; Gerber/*Pilz* GmbHR 2005, 1324 (1327 f.).
244 Für eine Bestätigung des Inhalts der Satzungsänderung durch den Notar im Rahmen der Anmeldung etwa Lutter/Hommelhoff/*Bayer* Rn. 9; *Wicke* Rn. 5.
245 BeckOK GmbHG/*Ziemons* Rn. 57 iVm BeckOK GmbHG/*Ziemons* § 55a Rn. 65a ff.
246 OLG München Beschl. v. 6.7.2010 – 31 Wx 112/10, NZG 2010, 998; zust. Heidinger/*Blath* ZNotP 2010, 402 (405 f.).
247 *Ripfel* GmbHR 1958, 101; Scholz/*Priester/Tebben* Rn. 37.
248 BayObLG Beschl. v. 27.11.1970 – BReg. 2 Z 59/70, DB 1971, 88 (89); Beschl. v. 17.9.1981 – BReg. 1 Z 69/81, NJW 1982, 1400; OLG Karlsruhe Beschl. v. 14.12.1971 – 11 W 68/71, Rpfleger 1972, 309 (310); LG Köln Beschl. v. 9.8.1983 – 87 T 7/83, GmbHR 1985, 24; HCL/*Ulmer/Casper* Rn. 25; Rowedder/Schmidt-Leithoff/*Schnorbus* Rn. 22; Scholz/*Priester/Tebben* Rn. 37; aA noch LG Hannover Urt. v. 12.10.1971 – 24 T 8/71, Rpfleger 1972, 142 (143).

Rn. 56 f., → § 53 Rn. 198. Ist der Satzungsinhalt aus sich heraus nicht mehr verständlich, weil die erforderlichen Anpassungen unterblieben sind, hat das Registergericht eine Klarstellung durch Zwischenverfügung nach § 382 Abs. 4 FamFG herbeizuführen.[249]

99   **9. Rechtsfolgen.** Der wirksam gefasste Kapitalerhöhungsbeschluss bereitet die Basis für die angestrebte Kapitalmaßnahme. Aufgrund des Beschlusses sind die Gesellschafter aber nicht verpflichtet, einen neuen Geschäftsanteil zu übernehmen, und zwar auch dann nicht, wenn sie der Kapitalerhöhung zugestimmt haben.[250] Zu einer Leistungsmehrung ist der Gesellschafter nach dem auch für die GmbH geltenden allgemeinen Rechtsgrundsatz des § 707 BGB sowie § 53 Abs. 3 nicht verpflichtet. Der Kapitalerhöhungsbeschluss eröffnet Gesellschaftern und Dritten nur die Möglichkeit, sich an der Kapitalmaßnahme zu beteiligen. Zur Verpflichtung der Gesellschafter bedarf es weiterhin eines Zulassungsbeschlusses (→ Rn. 147 ff.) sowie einer Übernahmeerklärung und deren Annahme durch die GmbH (→ Rn. 150 ff.). Der Geschäftsführer ist in Vertretung der GmbH aber jedenfalls verpflichtet, unverzüglich die Durchführung der Kapitalerhöhung sicherzustellen (→ Rn. 72). Für die Mängel der Beschlussfassung und deren Rechtsfolgen wird auf die eingehende Darstellung bei → § 57 Rn. 55 ff. verwiesen.

III. Zulassung

100   **1. Zulassung und gesetzliches Bezugsrecht. a) Meinungsstand.** Die Bedeutung der Zulassung zur Übernahme des erhöhten Kapitals ist in Abhängigkeit von der Frage nach einem gesetzlichen Bezugsrecht der Gesellschafter noch immer **stark umstritten**. Der BGH ließ die Frage in einer jüngeren Entscheidung offen.[251] Im Schrifttum sind die Meinungen geteilt.

101   Nach **traditioneller Auffassung** bedarf es neben dem Kapitalerhöhungsbeschluss stets eines weiteren Beschlusses, der über die Zulassung der Gesellschafter zur Übernahme der neuen Geschäftsanteile bestimmt.[252] Zur Begründung verweist diese Auffassung namentlich auf den Wortlaut des Abs. 2 S. 1, der von einer solchen Zulassung ausgehe. Zudem fehle dem GmbH-Recht eine § 186 Abs. 1 AktG vergleichbare Vorschrift. In der Zulassung ist die Gesellschaftermehrheit nach dieser Ansicht grundsätzlich frei. Keinesfalls dürfe der Zulassungsbeschluss indes gegen die guten Sitten,[253] den gesellschaftsrechtlichen Gleichbehandlungsgrundsatz[254] oder die Treuepflichtbindung[255] verstoßen. Zudem müsse er erforderlich und verhältnismäßig sein.[256]

102   Die im Vordringen begriffene **Gegenauffassung** relativiert die Bedeutung der Zulassung, indem sie analog § 186 Abs. 1 AktG für ein ungeschriebenes gesetzliches Bezugsrecht

---

[249] BayObLG Beschl. v. 5.7.1971 – BReg. 2 Z 93/70, DB 1971, 1612; zu § 382 Abs. 4 FamFG s. *Vossius* ZGR 2009, 366 (405 ff.).

[250] Vgl. Lutter/Hommelhoff/*Bayer* Rn. 33; MHLS/*Hermanns* Rn. 14; Scholz/*Priester/Tebben* Rn. 71; *Lutter* FS Schilling, 1973, 207 (210); *Priester* GmbHR 2005, 1013 (1014).

[251] BGH Urt. v. 18.4.2005 – II ZR 151/03, NZG 2005, 551 (552). – Der österreichische OGH Urt. v. 16.12.1980 – 5 Ob 649/80, GmbHR 1984, 235 (236) hat das gesetzliche Bezugsrecht ausdrücklich anerkannt.

[252] HCL/*Ulmer/Casper* Rn. 45 ff.; Rowedder/Schmidt-Leithoff/*Schnorbus* Rn. 33; Meyer-Landrut/Miller/Niehus/*Meyer-Landrut* Rn. 19; Henssler/Strohn/*Gummert* Rn. 16 (anders offenbar § 55a Rn. 14); *Winter*, Mitgliedschaftliche Treubindungen im GmbH-Recht, 1988, 266 ff.; MHdB GesR III/*Wegmann* § 53 Rn. 17; *Baums*, Recht der Unternehmensfinanzierung, 2017, § 6 Rn. 37; *Lenenbach* GmbHR 2021, 468 Rn. 8 f.

[253] So die ältere Rspr., RG Urt. v. 23.10.1928 – II 54/28, RGZ 122, 159 (165); Urt. v. 20.1.1941 – II 96/40, DR 1941, 1305 (1307 f.); OLG Stuttgart Urt. v. 29.6.1955 – 4 U 18/55, JR 1955, 463 (463 f.).

[254] RG Urt. v. 13.2.1914 – II. 455/13, DJZ 1914, 630 (631); OLG Hamm Urt. v. 18.11.1974 – 15 W 111/74, GmbHR 1975, 83 (86 f.); HCL/*Ulmer/Casper* Rn. 58; Rowedder/Schmidt-Leithoff/*Schnorbus* Rn. 36.

[255] HCL/*Ulmer/Casper* Rn. 59; Rowedder/Schmidt-Leithoff/*Schnorbus* Rn. 36.

[256] So in Anlehnung an die Rspr. zum Aktienrecht HCL/*Ulmer/Casper* Rn. 58; Rowedder/Schmidt-Leithoff/*Schnorbus* Rn. 36.

in der GmbH eintritt.[257] Ein Zulassungsbeschluss ist danach entbehrlich, wenn sämtliche Gesellschafter an der Kapitalerhöhung partizipieren sollen. Ist das Bezugsrecht indes (teilweise) ausgeschlossen oder sollen Nichtgesellschafter neue Geschäftsanteile übernehmen, bedarf es gleichwohl einer ausdrücklichen Zulassung.

b) Stellungnahme. Mit der Gegenauffassung ist ein **gesetzliches Bezugsrecht** 103 **anzuerkennen.** Das GmbH-Recht trifft zu einem Bezugsrecht der Gesellschafter keine ausdrückliche Regelung. Andererseits ergeben sich aus dem gesetzlichen Regelungsplan keine Anhaltspunkte dafür, dass der Gesetzgeber von einem Bezugsrecht bewusst abgesehen hat.[258] Diese planwidrige Regelungslücke ist durch eine analoge Anwendung des § 186 Abs. 1 AktG zu schließen. Im Hinblick auf die personalistische Realstruktur der GmbH verlangt die im Vergleich zur AG noch engere Bindung der Gesellschafter untereinander danach, dass jeder GmbH-Gesellschafter verhältniswahrend an der Ausgabe neuer Geschäftsanteile partizipieren kann.[259] Auch der Wortlaut des Abs. 2 S. 1 steht der Analogiebildung nicht entgegen.[260] Die Gesetzesfassung ist aufgrund der zwischenzeitlichen Schaffung eines gesetzlichen Bezugsrechts im Aktienrecht vielmehr überholt.[261] Das moderne aktienrechtliche Bezugsrecht erhielt beginnend mit § 282 HGB 1897 und später § 153 AktG 1937 erst langsam Kontur, bevor es in § 186 AktG 1965 seine heutige Gestalt erlangte.[262] Abs. 2 S. 1 datiert demgegenüber aus dem Jahre 1892 und ist seitdem lediglich im Zuge des MoMiG redaktionell geringfügig angepasst worden. Die konkrete Fassung des Gesetzestextes ist demnach von nachrangiger Bedeutung. Gleiches gilt für den Umstand, dass sich auch das MoMiG nicht zur Streitfrage geäußert hat. Verfehlt ist insbesondere die Annahme, mit seiner Zurückhaltung habe der Gesetzgeber der traditionellen Auffassung Recht geben wollen.[263] Die legislatorische Zurückhaltung spricht vielmehr dafür, dass eine gesetzgeberische Entscheidung bewusst unterblieben und die Streitfrage auch weiterhin Rspr. und Lehre überantwortet sein sollte.

Friktionen zwischen dem gesetzlichen Bezugsrecht und dem Gesetzeswortlaut sind 104 durch eine **teleologische Reduktion des Abs. 2 S. 1** bei beteiligungsproportionaler Erhöhung des Stammkapitals zu beseitigen. Eine Zulassung ist nur dann sinnvoll und geboten, wenn das gesetzliche Bezugsrecht ausgeschlossen oder die Beteiligungsverhältnisse bei bestehendem Bezugsrecht verändert werden sollen. Erfolgt die Kapitalerhöhung hingegen verhältniswahrend, bedarf es aufgrund des bestehenden Bezugsrechts keiner ausdrücklichen Zulassung. Eine Zulassung ist in diesem Fall auch nicht erforderlich, um die Geschäftsführer zur Annahme der Übernahmeerklärung zu ermächtigen.[264] Deren Ermächtigung folgt unmittelbar aus dem gesetzlichen Bezugsrecht.[265]

---

[257] Scholz/*Priester*/*Tebben* Rn. 41 ff.; Noack/Servatius/Haas/*Servatius* Rn. 20 f.; Lutter/Hommelhoff/*Bayer* Rn. 19; MHLS/*Hermanns* Rn. 39; *Wicke* Rn. 11; Bork/Schäfer/*Arnold*/*Born* Rn. 21; BeckOK GmbHG/*Ziemons* Rn. 71; Gehrlein/Born/Simon/*Bormann* Rn. 17; *Priester* DB 1980, 1925; *Heckschen* DStR 2001, 1437 (1438 f.); *Rottnauer* ZGR 2007, 401 (407 ff.); *Fleischer* GmbHR 2008, 673 (680); *Thelen* RNotZ 2020, 121 (126); monografisch *Heitsch,* Das Bezugsrecht der Gesellschafter der GmbH bei Kapitalerhöhungen, 1997, insbes. 170; *Herchen,* Agio und verdecktes Agio im Recht der Kapitalgesellschaften, 2004, 103 f.; jetzt auch *Altmeppen* Rn. 27.

[258] Erwogen in Begr. RegE zu § 157 GmbHG-E, BT-Drs. 7/253, 179 = VI/3088, 180; dazu auch *Fleischer* GmbHR 2008, 673 (680).

[259] Begr. RegE zu § 157 GmbHG-E, BT-Drs. 7/253, 180 = VI/3088, 180; Scholz/*Priester*/*Tebben* Rn. 45; *Fleischer* GmbHR 2008, 673 (680); *Heckschen* DStR 2001, 1437 (1438); vgl. noch Noack/Servatius/ Haas/*Servatius* Rn. 20 aE; Lutter/Hommelhoff/*Bayer* Rn. 19.

[260] So aber HCL/*Ulmer*/*Casper* Rn. 52.

[261] Wie hier Scholz/*Priester*/*Tebben* Rn. 47 aE; vgl. noch Noack/Servatius/Haas/*Servatius* Rn. 20; *Heckschen* DStR 2001, 1437 (1439).

[262] Zur Entwicklungsgeschichte des aktienrechtlichen Bezugsrechts MüKoAktG/*Schürnbrand*/*Verse* AktG § 186 Rn. 7 ff.; GroßkommAktG/*Wiedemann* AktG § 186 Rn. 1 ff.

[263] So aber HCL/*Ulmer*/*Casper* Rn. 52 aE.

[264] So aber HCL/*Ulmer*/*Casper* Rn. 45, 55; *Winter,* Mitgliedschaftliche Treubindungen im GmbH-Recht, 1988, 267.

[265] Zutr. Scholz/*Priester*/*Tebben* Rn. 41.

105   Trotz der unterschiedlichen Ausgangspunkte beider Auffassungen in rechtsdogmatischer Hinsicht sind die **Differenzen** in der Rechtsanwendung **im Ergebnis gering.**[266] Einziger echter Unterschied ist, dass bei einer beteiligungsproportionalen Kapitalerhöhung nach der hier vertretenen Auffassung auf eine ausdrückliche Zulassung verzichtet werden kann. **In praktischer Hinsicht** empfiehlt es sich aber auch in diesem Fall, die ergänzenden Festsetzungen über Zahl und Nennbeträge der neuen Geschäftsanteile sowie deren Übernehmer klarstellend in den Kapitalerhöhungsbeschluss aufzunehmen. In allen anderen Fällen müssen diese Angaben ohnehin nach beiden Auffassungen enthalten sein. Darüber hinaus gelangen die unterschiedlichen Ansätze auch beim Bezugsrechtsausschluss zu vergleichbaren Ergebnissen; beide Auffassungen orientieren sich in formeller Hinsicht an § 186 Abs. 3 AktG (→ Rn. 121 ff.) und in materieller Hinsicht an den Grundsätzen der Erforderlichkeit und Verhältnismäßigkeit (→ Rn. 125 ff.), wie sie im Aktienrecht entwickelt worden sind. In der Adaption der aktienrechtlichen Vorgaben erweist sich die hier vertretene Ansicht als in sich stimmig. Die herkömmliche Auffassung steht unter höherem Rechtfertigungsdruck und erscheint mit einer selektiven Anwendung aktienrechtlicher Grundsätze einmal mehr inkonsequent. Die Bedeutung des Bezugsrechts lässt es schließlich auch nicht gerechtfertigt erscheinen, den Altgesellschaftern einer **gemeinnützigen GmbH** ein Bezugsrecht generell abzusprechen.[267] Stattdessen wird man mit Blick auf die Besonderheiten der Rechtsstellung als Gesellschafter einer gGmbH unter Umständen leichter zu einer sachlichen Rechtfertigung der Kapitalerhöhung kommen.

106   **2. Geltendmachung des Bezugsrechts. a) Inhalt des Bezugsrechts.** Das Bezugsrecht gewährt jedem Gesellschafter einen Anspruch gegen die GmbH auf beteiligungsproportionale Teilnahme am erhöhten Kapital. Das erfolgt regelmäßig durch Übernahme eines neuen Geschäftsanteils (vgl. Abs. 3; → Rn. 57), kann aber auch durch Aufstockung bestehender Geschäftsanteile geschehen (→ Rn. 58 ff.). Die letzte Variante hatte nach früherem Recht insbesondere für Kleingesellschafter Bedeutung, soweit ihre Beteiligung nicht ausreichte, um einen (ganzen) neuen Geschäftsanteil zu übernehmen.[268] Da neue Geschäftsanteile aber nunmehr lediglich auf volle Euro lauten müssen (Abs. 4 iVm § 5 Abs. 2 S. 1; → Rn. 60), wird die Ausgabe neuer Geschäftsanteile regelmäßig auch bei gering beteiligten Gesellschaftern möglich sein. Mangels abweichender Regelung im Erhöhungsbeschluss steht jedem Gesellschafter ein Bezugsrecht in Abhängigkeit von seiner bisherigen Beteiligung an der GmbH zu.[269]

107   **b) Inhaber des Bezugsrechts.** Bezugsberechtigt sind nach Maßgabe von § 16 Abs. 1 S. 1 die **Gesellschafter** der GmbH im Zeitpunkt des Kapitalerhöhungsbeschlusses.[270] Können Gesellschafter keine neuen Geschäftsanteile übernehmen (→ Rn. 157 ff.), bleiben sie bei der Ermittlung der Beteiligungsquote unberücksichtigt.[271] Für **eigene Anteile** steht der Gesellschaft kein Bezugsrecht zu, da sie keine neuen Geschäftsanteile übernehmen kann (→ Rn. 161 ff.).

108   **aa) Nießbrauch und Pfandrecht.** Besteht an dem Geschäftsanteil ein Nießbrauch oder ein Pfandrecht, ist der **Gesellschafter bezugsberechtigt,** nicht aber der Nießbraucher oder Pfandgläubiger.[272] Der Gesellschafter bedarf weder zur Ausübung noch zur Veräu-

---

[266] Ebenso die Einschätzung von HCL/*Ulmer/Casper* Rn. 53; *Fleischer* GmbHR 2008, 673 (680); aA Noack/Servatius/Haas/*Servatius* Rn. 20.

[267] So aber *Lenenbach* GmbHR 2021, 468 Rn. 18 ff.

[268] Dazu Scholz/*Priester*, 9. Aufl. 2002, Rn. 47; *Ehlke* GmbHR 1985, 284 (289 f.).

[269] Noack/Servatius/Haas/*Servatius* Rn. 22; Lutter/Hommelhoff/*Bayer* Rn. 22; Scholz/*Priester/Tebben* Rn. 48.

[270] Vgl. auch BeckOK GmbHG/*Ziemons* Rn. 71a.

[271] Lutter/Hommelhoff/*Bayer* Rn. 22.

[272] BGH Urt. v. 27.9.1982 – II ZR 140/81, WM 1982, 1433 (1434) zum Nießbrauch bei der KG; HCL/*Ulmer/Casper* Rn. 56; Scholz/*Priester/Tebben* Rn. 52; *Reichert/Schlitt/Düll* GmbHR 1998, 565 (568).

ßerung der Zustimmung des dinglich Berechtigten.[273] Nießbrauch und Pfandrecht erstecken sich auch nicht auf die neuen Anteile oder auf den durch die Veräußerung erzielten Erlös.[274] Nießbraucher und Pfandgläubiger haben allerdings einen **Anspruch auf Nachteilsausgleich** der sich auf die Bestellung eines Nießbrauchs bzw. Pfandrechts entweder an den neuen Anteilen oder an dem Veräußerungserlös richtet, vom Umfang her jedoch auf das Verhältnis von eingesetzten Bezugsrechten und Gesamtwert der neuen Anteile beschränkt ist.[275] Darüber hinaus ist der Gesellschafter gegenüber dem dinglich Berechtigten verpflichtet, das Bezugsrecht weder verfallen zu lassen noch es zu verschenken; andernfalls macht er sich nach § 280 Abs. 1 BGB schadensersatzpflichtig.[276]

bb) Sicherungsübereignung. Bei der Sicherungsübereignung wird der **Sicherungs-** 109 **nehmer** Gesellschafter; ihm steht daher auch das **Bezugsrecht** zu. Zugleich ist der Sicherungsnehmer zur Ausübung des Bezugsrechts verpflichtet, soweit ihm der Sicherungsgeber die erforderlichen Mittel zur Verfügung stellt.[277] Die bezogenen Anteile werden Bestandteil des Treuguts, soweit sie dem Bezugsrechtswert entsprechen.[278] Werden dem Sicherungsnehmer keine Mittel zur Verfügung gestellt, kann er wählen, ob er das Bezugsrecht mit eigenen Mitteln ausübt oder veräußert. Wie mit den neuen Anteilen oder dem Veräußerungserlös im Innenverhältnis zwischen Sicherungsnehmer und Sicherungsgeber verfahren werden soll, bestimmt sich nach dem Sicherungsvertrag.[279] In Ermangelung anderweitiger Abreden ist sowohl der Veräußerungserlös als auch der Wert der neuen Anteile abzüglich der aufgewendeten Mittel mit der gesicherten Forderung zu verrechnen.[280]

cc) Nacherbschaft. Bei Vor- und Nacherbschaft steht das Bezugsrecht dem **Vorerben** 110 **nicht persönlich** zu, da es sich nicht um eine Nutzung iSd § 100 BGB handelt.[281] Vielmehr gehört es nach § 2111 Abs. 1 S. 1 Alt. 1 BGB zum Nachlass und ist vom Vorerben nach Maßgabe einer ordnungsgemäßen Verwaltung auszuüben oder zu veräußern (vgl. § 2130 Abs. 1 S. 1 BGB, § 2113 Abs. 2 BGB).[282] Ist der Vorerbe insofern zur Ausübung verpflichtet, kann der Bezugspreis gem. § 2124 Abs. 2 S. 1 BGB aus dem Nachlass entnommen werden. Der neu erworbene Geschäftsanteil bzw. der Veräußerungerlös gehört kraft dinglicher Surrogation nach § 2111 Abs. 1 S. 1 Var. 3 BGB zum **gebundenen Nachlass**.[283] Verwendet der Vorerbe eigene Mittel, ist der Nacherbe bei Eintritt der Nacherbfolge zum Ersatz der

---

273   Zur AG vgl. Bürgers/Körber/Lieder/*Lieder* AktG § 186 Rn. 14 f.; Hüffer/Koch/*Koch* AktG § 186 Rn. 10; MüKoAktG/*Schürnbrand/Verse* AktG § 186 Rn. 40, 42; Kölner Komm AktG/*Ekkenga* AktG § 186 Rn. 31.

274   Zur AG vgl. OLG Bremen v. 20.4.1970 – 1 U 2/70, AG 1970, 335; Bürgers/Körber/Lieder/*Lieder* AktG § 186 Rn. 14 f.; Hüffer/Koch/*Koch* AktG § 186 Rn. 10; MüKoAktG/*Schürnbrand/Verse* AktG § 186 Rn. 41; Kölner Komm AktG/*Ekkenga* AktG § 186 Rn. 33.

275   BGH Urt. v. 27.9.1982 – II ZR 140/81, WM 1982, 1433 (1434) zum Nießbrauch bei der KG; zur AG Bürgers/Körber/Lieder/*Lieder* AktG § 186 Rn. 14 f.; Hüffer/Koch/*Koch* AktG § 186 Rn. 10; MüKoAktG/*Schürnbrand/Verse* AktG § 186 Rn. 41; aA *Guntz* AG 1958, 177 (180).

276   Zur AG vgl. Bürgers/Körber/Lieder/*Lieder* AktG § 186 Rn. 14 f.; Hüffer/Koch/*Koch* AktG § 186 Rn. 10; GroßkommAktG/*Wiedemann* AktG § 186 Rn. 81.

277   Zur AG vgl. Bürgers/Körber/Lieder/*Lieder* AktG § 186 Rn. 16; Hüffer/Koch/*Koch* AktG § 186 Rn. 12.

278   Zur AG vgl. Bürgers/Körber/Lieder/*Lieder* AktG § 186 Rn. 16; GroßkommAktG/*Wiedemann* AktG § 186 Rn. 83; MüKoAktG/*Schürnbrand/Verse* AktG § 186 Rn. 45; MHdB GesR IV/*Scholz* § 57 Rn. 99; aA Hüffer/Koch/*Koch* AktG § 186 Rn. 12; Kölner Komm AktG/*Ekkenga* AktG § 186 Rn. 34: Anteile werden vollständiges Treugut.

279   Scholz/*Priester/Tebben* Rn. 52.

280   Zur AG vgl. Bürgers/Körber/Lieder/*Lieder* AktG § 186 Rn. 16; Hüffer/Koch/*Koch* AktG § 186 Rn. 12; NK-AktG/*Rebmann* AktG § 186 Rn. 17; diff. nach Zahlbarkeit und Fälligkeit der gesicherten Schuld GroßkommAktG/*Wiedemann* AktG § 186 Rn. 83; MüKoAktG/*Schürnbrand/Verse* AktG § 186 Rn. 45; MHdB GesR IV/*Scholz* § 57 Rn. 99.

281   MüKoBGB/*Lieder* BGB § 2111 Rn. 54; *Erle* ZHR 181 (2017), 816 (820).

282   Zur AG vgl. Bürgers/Körber/Lieder/*Lieder* AktG § 186 Rn. 17; Hüffer/Koch/*Koch* AktG § 186 Rn. 13; MüKoAktG/*Schürnbrand/Verse* AktG § 186 Rn. 46.

283   HCL/*Ulmer/Casper* Rn. 56; Scholz/*Priester/Tebben* Rn. 52; MüKoBGB/*Lieder* BGB § 2111 Rn. 54; *Erle* ZHR 181 (2017), 816 (820).

aufgewendeten Mittel verpflichtet.[284] Lässt der Vorerbe die Bezugsrechte verfallen oder verschenkt er sie, verstößt er gegen seine Pflicht aus § 2130 BGB. Eine unentgeltliche Verfügung ist dem Nacherben gegenüber gem. § 2113 Abs. 2 BGB unwirksam.

111   **c) Zustandekommen des Übernahmevertrages. aa) Ausübung des Bezugsrechts.** Aufgrund des Bezugsrechts kann der Gesellschafter von der GmbH die Annahme der abgegebenen Übernahmeerklärung verlangen. Gesellschafter können das Bezugsrecht **ganz** oder – nach zutreffender Auffassung[285] – auch nur **teilweise ausüben.** Auch im GmbH-Recht besteht keine Bezugspflicht. Das ergibt sich bereits aus dem auch für die GmbH geltenden allgemeinen Rechtsgrundsatz des § 707 BGB sowie aus § 53 Abs. 3, wonach Gesellschafter zur Leistungsvermehrung nicht verpflichtet sind (→ Rn. 99). Da den Gesellschaftern nunmehr auch die Übernahme mehrerer Geschäftsanteile ausdrücklich erlaubt ist (→ Rn. 61), ergeben sich in der GmbH gegenüber dem Aktienrecht keine entscheidenden Unterschiede mehr.[286] Die Vermeidung von **Kleinstbeteiligungen** sowie der damit verbundenen Kosten, zB bei einer der Kapitalerhöhung vorangegangenen Kapitalherabsetzung auf Null (Kapitalschnitt), kann ausnahmsweise dazu führen, dass die Ausübung des Bezugsrechts zu einem geringen Bruchteil der bisherigen Quote gegen die gesellschaftliche Treuepflicht verstößt. Je geringer die angestrebte Beteiligungsquote ist – sowohl absolut betrachtet als auch verglichen mit dem Bezugsrecht –, desto eher bleibt dem Gesellschafter nur die Möglichkeit, entweder das Bezugsrecht vollständig auszuüben oder ganz darauf zu verzichten, vorausgesetzt, es liegen auch sonst keine sachlichen Gründe für eine Kleinstbeteiligung vor.[287] Im Übrigen kann ein **Bezugsrechtsausschluss** (→ Rn. 116 ff.) nicht allein damit begründet werden, dass Kleinstbeteiligungen von Gesellschaftern ausgeschlossen werden sollen. Erfolgt ein Ausschluss aber bei treuwidriger Geltendmachung des Bezugsrechts nach den beschriebenen Grundsätzen, liegt keine Bezugsrechtsverletzung vor.[288]

112   **bb) Frist.** Gesellschafter müssen die Übernahmeerklärung innerhalb einer angemessenen **Frist** abgeben. Analog § 186 Abs. 1 S. 2 AktG setzt die Gesellschaft eine Abgabefrist fest, die nicht kürzer als zwei Wochen sein darf.[289] Fristbeginn ist der Zeitpunkt des Kapitalerhöhungsbeschlusses. Hat der Gesellschafter daran nicht teilgenommen, beginnt die Frist nach Mitteilung des Beschlusses zu laufen.[290] Das Bezugsrecht erlischt mit Ablauf der Frist; der Gesellschafter kann aber dennoch zur Übernahme zugelassen werden.[291]

113   **cc) Behandlung von Restbeträgen.** Verstreicht die Frist, ohne dass die Bezugsrechte vollständig ausgeübt werden, ist umstritten, ob die Restbeträge den übrigen Gesellschaftern kraft Gesetzes anwachsen oder dafür eine besondere Übertragung erforderlich ist. Die hergebrachte Auffassung geht davon aus, dass sich die Restbeträge ipso iure beteiligungsproportional auf die teilnehmenden Gesellschafter verteilen.[292] Das ist

---

[284]   MüKoBGB/*Lieder* BGB § 2111 Rn. 55; Staudinger/*Avenarius* BGB § 2111 Rn. 39; zur AG Bürgers/Körber/Lieder/*Lieder* AktG § 186 Rn. 17; MüKoAktG/*Schürnbrand/Verse* AktG § 186 Rn. 46; aA GroßkommAktG/*Wiedemann* AktG § 186 Rn. 86; Kölner Komm AktG/*Ekkenga* AktG § 186 Rn. 38: Bruchteilsgemeinschaft von Vor- und Nacherben; wieder anders *Erle* ZHR 181 (2017), 816 (821): Erwerb durch Vorerben und Ersatzanspruch des Nacherben gem. § 2134 BGB.

[285]   IErg wie hier *Priester* GmbHR 2005, 1013 (1015); Scholz/*Priester/Tebben* Rn. 48; Lutter/Hommelhoff/*Bayer* Rn. 21; BeckOK GmbHG/*Ziemons* Rn. 73; Gehrlein/Born/Simon/*Bormann* Rn. 19; ebenso zur AG BGH v. 5.7.1999 – II ZR 126/98, NJW 1999, 3197; einschr. BGH Urt. v. 18.4.2005 – II ZR 151/03, NZG 2005, 551 (552 f.) für die personalistische GmbH.

[286]   Deshalb früher abl. BGH Urt. v. 18.4.2005 – II ZR 151/03, NZG 2005, 551 (553).

[287]   Zutr. *Priester* GmbHR 2005, 1013 (1016); zweifelnd BeckOK GmbHG/*Ziemons* Rn. 73; vgl. noch Noack/Servatius/Haas/*Servatius* Rn. 24.

[288]   *Priester* GmbHR 2005, 1013 (1016); Scholz/*Priester/Tebben* Rn. 48.

[289]   Noack/Servatius/Haas/*Servatius* Rn. 23; Scholz/*Priester/Tebben* Rn. 50; MHLS/*Hermanns* Rn. 56 m. Fn. 120.

[290]   Scholz/*Priester/Tebben* Rn. 50; Noack/Servatius/Haas/*Servatius* Rn. 23.

[291]   Noack/Servatius/Haas/*Servatius* Rn. 23.

[292]   Dafür Noack/Servatius/Haas/*Servatius* Rn. 24; BeckOK GmbHG/*Ziemons* Rn. 77; Bork/Schäfer/*Arnold/Born* Rn. 23 aE; Gehrlein/Born/Simon/*Bormann* Rn. 20; ebenso Scholz/*Priester*, 9. Aufl. 2002, Rn. 49a unter Aufgabe seiner früheren Ansicht; nochmals *Priester* GmbHR 2005, 1013 (1014).

nicht überzeugend.[293] Eine dingliche Übertragung des Forderungsrechts von einem Gesellschafter auf den anderen kann nicht auf eine analoge Anwendung des § 738 BGB gestützt werden, da dieses Rechtsinstitut dem Personengesellschaftsrecht entstammt und aufgrund der besonderen Anforderungen bei der Übertragung von GmbH-Anteilen nach § 15 Abs. 3 nicht auf die GmbH übertragbar ist. Eine Analogiebildung zu § 738 BGB kann das Fehlen eines ausdrücklich normierten gesetzlichen Erwerbstatbestands nicht ersetzen. Es findet demnach **keine Anwachsung** statt. Den Gesellschaftern steht es frei, über das Bezugsrecht rechtsgeschäftlich durch Abtretung zu verfügen (→ Rn. 115). Wird das Bezugsrecht weder abgetreten noch geltend gemacht, so kann es nach Ablauf einer etwaigen Frist (→ Rn. 112) nicht mehr ausgeübt werden.[294] Ist im Kapitalerhöhungsbeschluss oder der Satzung ausdrücklich bestimmt, dass nicht ausgeübte Bezugsansprüche auf die übrigen Gesellschafter übergehen sollen, ist diese Regelung als **rechtsgeschäftliche Übertragung** auszulegen.[295] Eine solche Vorausregelung ist der Praxis jedenfalls zu empfehlen.[296] Mangelt es an einer Festsetzung, haben die Gesellschafter darüber zu beschließen, wie sich die Restbeträge auf die Gesellschafter verteilen. Auf dieser Grundlage sind die Gesellschafter sodann berechtigt, von dem ergänzenden Bezugsrecht Gebrauch zu machen. Unterbleibt eine vollständige Übernahme erneut, ist mit der hergebrachten Ansicht[297] danach zu unterscheiden, ob ein Fix- oder Höchstbetrag festgelegt wurde. Sah der Erhöhungsbeschluss einen festen Erhöhungsbetrag vor, scheitert die Kapitalerhöhung, soweit kein ergänzender Anpassungsbeschluss gefasst wird. Im Falle der Höchstbetragskapitalerhöhung ist der nunmehr erzielte Betrag zur Eintragung in das Handelsregister anzumelden.

dd) Durchsetzung des Bezugsrechts. Das Recht auf Annahme der Übernahmeerklärung durch die GmbH kann der bezugsberechtigte Gesellschafter notfalls **klageweise** geltend machen. Passivlegitimiert sind nicht die übrigen Gesellschafter,[298] sondern ist die durch den Geschäftsführer vertretene Gesellschaft.[299] Die Rechtskraft eines stattgebenden Urteils ersetzt nach § 894 ZPO die Annahmeerklärung der GmbH. Das Bezugsrecht entfällt mit nachträglicher Aufhebung des Erhöhungsbeschlusses (→ Rn. 89 ff.), da das Bezugsrecht unter dem Vorbehalt des Kapitalerhöhungsbeschlusses steht. **114**

d) Abtretung des Bezugsrechts. Wertungsmäßig ist das Bezugsrecht als wesensgleiches Minus zum Geschäftsanteil aufzufassen.[300] Die Übertragung beider Rechtspositionen unterliegt daher den gleichen Regeln: Die Gesellschafter können ihre Bezugsrechte analog § 15 Abs. 1 durch Abtretung nach §§ 398, 413 BGB übertragen.[301] Analog § 15 Abs. 3 bedarf der Abtretungsvertrag der notariellen Form, um einen unerwünschten Handel mit Bezugsrechten zu unterbinden.[302] Außerdem gelten die für die Übertragung von Geschäfts- **115**

---

293 Ausf. *Kühne/Dietel* NZG 2009, 15; sympathisierend jetzt auch Scholz/*Priester/Tebben* Rn. 51; ebenso die allgM im Aktienrecht, s. nur Hüffer/Koch/*Koch* AktG § 186 Rn. 16; MüKoAktG/*Schürnbrand/Verse* AktG § 186 Rn. 63.

294 Vgl. Lutter/Hommelhoff/*Bayer* Rn. 20: Bezugsrechte erlöschen; zur AG Hüffer/Koch/*Koch* AktG § 186 Rn. 16; MüKoAktG/*Schürnbrand/Verse* AktG § 186 Rn. 64.

295 *Kühne/Dietel* NZG 2009, 15 (16).

296 Noack/Servatius/Haas/*Servatius* Rn. 24; BeckOK GmbHG/*Ziemons* Rn. 78; *Priester* GmbHR 2005, 1013 (1014).

297 Insoweit zutr. Lutter/Hommelhoff/*Bayer* Rn. 42; Noack/Servatius/Haas/*Servatius* Rn. 24; Scholz/*Priester/Tebben* Rn. 51.

298 So aber HCL/*Ulmer/Casper* Rn. 55; MHLS/*Hermanns* Rn. 56; *Winter*, Mitgliedschaftliche Treubindungen im GmbH-Recht, 1988, 267 f.

299 Scholz/*Priester/Tebben* Rn. 49.

300 S. auch MHLS/*Hermanns* Rn. 40. – Scholz/*Priester/Tebben* Rn. 53 spricht vom Bezugsrecht als Vorstufe des Geschäftsanteils.

301 IErg ebenso Baumbach/Hueck/*Zöllner*, 17. Aufl. 2001, Rn. 16; Lutter/Hommelhoff/*Bayer* Rn. 20; Scholz/*Priester/Tebben* Rn. 53; MHLS/*Hermanns* Rn. 40; abl. HCL/*Ulmer/Casper* Rn. 55 auf der Basis seiner abw. Auffassung.

302 Zutr. Scholz/*Priester/Tebben* Rn. 53 unter Hinweis auf Begr. RegE zu § 157 Abs. 2 S. 2 GmbHG-E, BT-Drs. 7/253 = VI/3088, 180; iErg ebenso Lutter/Hommelhoff/*Bayer* Rn. 20; aA noch Baumbach/Hueck/*Zöllner*, 17. Aufl. 2001, Rn. 16.

anteilen nach § 15 Abs. 5 vorgesehenen Beschränkungen auch für die Abtretung von Bezugsrechten.[303] Zudem ist das Bezugsrecht analog § 15 Abs. 1 iVm § 1922 Abs. 1 BGB vererblich.[304]

116   **3. Ausschluss des Bezugsrechts. a) Besonderheiten der GmbH im Vergleich zur AG.** Das gesetzliche Bezugsrecht kann bei Vorliegen besonderer formeller und materieller Voraussetzungen für einzelne oder sämtliche Gesellschafter ausgeschlossen werden. Soweit die Verhältnisse von AG und GmbH vergleichbar sind, finden § 186 Abs. 3 und 4 AktG sowie die von Rspr.[305] und Schrifttum[306] im Aktienrecht entwickelten weitergehenden Erfordernisse entsprechende Anwendung. Bei der Übertragung der aktienrechtlichen Vorgaben auf den Bezugsrechtsausschluss bei der GmbH ist allerdings die personalistische Beteiligungsstruktur der GmbH zu berücksichtigen. Die engere Bindung zwischen den Gesellschaftern verlangt tendenziell nach einer strengen Handhabung der aus dem Aktienrecht auf die GmbH übertragenen Grundsätze.[307] Zudem kann ein Bezugsrechtsausschluss sowohl im Kapitalerhöhungsbeschluss (→ Rn. 121) als auch in der Satzung (→ Rn. 146) enthalten sein.

117   **b) Offener und verdeckter Bezugsrechtsausschluss.** Wird das Bezugsrecht im Kapitalerhöhungsbeschluss ausgeschlossen, spricht man von einem **offenen Bezugsrechtsausschluss.** Hierbei handelt es sich um den Regelfall, für den die nachfolgenden Grundsätze anerkannt sind und uneingeschränkt gelten. Davon zu unterscheiden ist die Rechtsfigur des faktischen – verdeckten – Bezugsrechtsausschlusses, bei dem Gesellschafter zwar nicht ausdrücklich von der Übernahme neuer Anteile ausgeschlossen sind, die konkreten Übernahmebedingungen die Ausübung des Bezugsrechts aber unmöglich machen oder erheblich erschweren.[308]

118   In welchen Fällen der **verdeckte Bezugsrechtsausschluss** einem offenen gleichzustellen ist, ist heute noch immer weitgehend ungeklärt. Anzuerkennen ist ein verdeckter Ausschluss primär bei rechtlichen Beschränkungen der Ausübung des Bezugsrechts, wie zB dem Erfordernis eines Mindestbesitzes von Aktien oder der Verknüpfung der Übernahme neuer Anteile mit weitergehenden Verpflichtungen für die Übernehmer.[309] Aber auch tatsächliche Beschränkungen können einen faktischen Bezugsrechtsausschluss begründen, wie zB wenn die Gesellschafterversammlung den Geschäftsführer im Beschluss anweist, Bezugserklärungen **ausländischer Gesellschafter** zurückzuweisen.[310] Anderes gilt indes,

---

[303] Scholz/*Priester*/*Tebben* Rn. 53; Lutter/Hommelhoff/*Bayer* Rn. 20; implizit auch HCL/*Ulmer*/*Casper* Rn. 55 aE; vgl. noch zur AG *Butzke* Liber amicorum M. Winter, 2011, 59 (64).

[304] Vgl. nur Erman/*Lieder* § 1922 Rn. 33.

[305] BGH Urt. v. 13.3.1978 – II ZR 142/76, BGHZ 71, 40 (44 ff.) = NJW 1978, 1316; Entsch. v. 19.4.1982 – II ZR 55/81, BGHZ 83, 319 (321) = NJW 1982, 2444; Entsch. v. 7.3.1994 – II ZR 52/93, BGHZ 125, 239 (244) = NJW 1994, 1410; Urt. v. 23.6.1997 – II ZR 132/93, BGHZ 136, 133 (135 ff.) = NJW 1997, 2815; Urt. v. 10.10.2005 – II ZR 148/03, BGHZ 164, 241 (244) = NJW 2006, 371; zur Grundsatzentscheidung Kali und Salz ausf. *Lieder*/*Müller* in Fleischer/Thiessen, Gesellschaftsrechts-Geschichten, 2018, 285 ff.

[306] *Bayer* ZHR 163 (1999), 505 (507 ff.); *Bayer* ZHR 168 (2004), 132 (142 ff.); Hüffer/Koch/*Koch* AktG § 186 Rn. 25 ff.; Kölner Komm AktG/*Ekkenga* AktG § 186 Rn. 64 ff.; BeckOGK/*Servatius* AktG § 186 Rn. 30 ff.; K. Schmidt/Lutter/*Veil* AktG § 186 Rn. 24 ff.; GroßkommAktG/*Wiedemann* AktG § 186 Rn. 134 ff.; aA etwa *Decher* ZGR 2019, 1122 (1165 ff.); *Decher* FS Grunewald, 2021, 163 (173 ff.).

[307] Scholz/*Priester*/*Tebben* Rn. 54; Rowedder/Schmidt-Leithoff/*Schnorbus* Rn. 30.

[308] Dazu auch Scholz/*Priester*/*Tebben* Rn. 69; MHLS/*Hermanns* Rn. 43; *Heckschen* DStR 2001, 1437 (1441 f.); zur AG OLG Oldenburg Urt. v. 17.3.1994 – 1 U 151/93, WM 1995, 924 (927) = NJW-RR 1995, 1313 (1314); LG Düsseldorf Urt. v. 13.8.1998 – 31 O 104/97, AG 1999, 134; MüKoAktG/*Schürnbrand*/*Verse* AktG § 186 Rn. 158; GroßkommAktG/*Wiedemann* AktG § 186 Rn. 176 ff.; *Groß* AG 1993, 449 (454 ff.); *Kocher*/*Feigen* CFL 2013, 116 (117 ff.); *Kuntz*/*Stegemann* ZIP 2016, 2341; *Herchen*, Agio und verdecktes Agio im Recht der Kapitalgesellschaften, 2004, 110 ff.; *Maier*, Faktischer Bezugsrechtsausschluss, 2014, 17 ff.

[309] MHLS/*Hermanns* Rn. 43; *Heckschen* DStR 2001, 1437 (1441); zur AG auch MüKoAktG/*Schürnbrand*/*Verse* AktG § 186 Rn. 159 ff.; GroßkommAktG/*Wiedemann* AktG § 186 Rn. 176; aA *Groß* AG 1993, 449 (455).

[310] Zur AG Hölters/*Apfelbacher*/*Niggemann* AktG § 186 Rn. 49; *Kuntz*/*Stegemann* ZIP 2016, 2341 (2343); vgl. noch *Busch* in Marsch-Barner/Schäfer AG-HdB § 42 Rn. 50 f.

wenn es die GmbH unterlässt, ausländische Gesellschafter gesondert über ihr Bezugsrecht aufzuklären.[311] Die Festlegung eines besonders hohen **Ausgabebetrages** bzw. Nennwerts ohne sachlichen Grund kann für einen faktischen Bezugsrechtsausschluss ausreichen (→ Rn. 68). In diesen Fällen kommt zudem ein Verstoß gegen die gesellschaftsrechtliche Treuepflicht in Betracht.[312]

Liegt ein faktischer Bezugsrechtsausschluss vor, müssen die nachfolgenden formellen **119** und materiellen **Voraussetzungen erfüllt** sein.[313] Andernfalls ist der Kapitalerhöhungsbeschluss analog § 243 Abs. 2 AktG **anfechtbar**.[314] Darüber hinaus können die faktisch ausgeschlossenen Gesellschafter ihren Bezugsanspruch mittels **Leistungsklage** durchsetzen. Erst wenn dies infolge anderweitiger Zuteilung der neuen Anteile unmöglich ist, kommt ein **Schadensersatzanspruch** nach § 280 Abs. 1 und 3, § 283 S. 1 BGB in Betracht (→ Rn. 145).

Beruht der faktische Bezugsrechtsausschluss allein auf einem rechtswidrigen Handeln **120** der **Geschäftsführer,** dann wird der im Übrigen rechtmäßig gefasste Gesellschafterbeschluss davon nicht infiziert.[315] Denn für die Rechtmäßigkeit des Kapitalerhöhungsbeschlusses ist allein der Zeitpunkt der Beschlussfassung maßgeblich (→ § 53 Rn. 169 ff.); die Rückwirkung eines späteren Geschäftsführerhandelns auf diese Beschlussfassung würde zu einem Höchstmaß an Rechtsunsicherheit bei Kapitalmaßnahmen führen. Auch die besonderen Anforderungen analog § 186 Abs. 3 und 4 AktG können schwerlich erfüllt werden. Die Rechtsschutzmöglichkeiten der Gesellschafter bestimmen sich nach den zur fehlerhaften Ausnutzung eines genehmigten Kapitals entwickelten Grundsätzen (→ § 55a Rn. 84 ff.).[316]

c) Formelle Voraussetzungen. aa) Beschlusserfordernisse. Der Bezugsrechtsaus- **121** schluss muss analog § 186 Abs. 3 S. 1 AktG im Kapitalerhöhungsbeschluss selbst enthalten sein,[317] dh, er muss **notariell beurkundet** werden und bedarf einer **Mehrheit von drei Vierteln der abgegebenen Stimmen;**[318] eine qualifizierte Kapitalmehrheit ist entgegen § 186 Abs. 3 S. 2 AktG nicht erforderlich,[319] da die Mehrheitserfordernisse von AG (vgl. § 179 Abs. 2 S. 1 AktG) und GmbH (vgl. § 53 Abs. 2 S. 1) bei Satzungsänderungen voneinander abweichen. Die berechtigten Interessen der Minderheitsgesellschafter werden durch die materiellen Beschlusserfordernisse (→ Rn. 125 ff.) hinreichend gewahrt. Im Übrigen findet das Stimmverbot des § 47 Abs. 4 keine Anwendung, und zwar auch dann nicht, wenn einzelne Gesellschafter zur Übernahme zugelassen werden sollen.[320]

---

[311]	Zur AG Hölters/*Apfelbacher/Niggemann* § 186 Rn. 49; *Busch* in Marsch-Barner/Schäfer AG-HdB § 42 Rn. 51; *Krause* ZHR 181 (2017), 641 (648 f.); *Kuntz/Stegemann* ZIP 2016, 2341 (2343); *Vaupel/Reers* AG 2010, 93 (97); *Maier,* Faktischer Bezugsrechtsausschluss, 2014, 156 f.; aA Kölner Komm AktG/*Ekkenga* AktG § 186 Rn. 243.

[312]	Zutr. zur AG *Groß* AG 1993, 449 (455); *Kuntz/Stegemann* ZIP 2016, 2341 (2343); vgl. noch *Karl* GmbHR 2020, 9 (14).

[313]	*Heckschen* DStR 2001, 1437 (1442); MHLS/*Hermanns* Rn. 45; zur AG GroßkommAktG/*Wiedemann* AktG § 186 Rn. 179; Hüffer/Koch/*Koch* AktG § 186 Rn. 43; MüKoAktG/*Schürnbrand/Verse* AktG § 186 Rn. 158; ausf. *Maier,* Faktischer Bezugsrechtsausschluss, 2014, 83 ff.; diff. *Kuntz/Stegemann* ZIP 2016, 2341 (2344 f.).

[314]	Scholz/*Priester/Tebben* Rn. 69; iErg ebenso *Heckschen* DStR 2001, 1437 (1442); zur AG *Kocher/Feigen* CFL 2013, 116 (118).

[315]	Zur AG *Kuntz/Stegemann* ZIP 2016, 2341 (2348), auch für den Fall, dass Erschwernisse bereits vor dem Kapitalerhöhungsbeschluss begründet werden (2350); aA offenbar Hüffer/Koch/*Koch* AktG § 186 Rn. 47.

[316]	Vgl. *Kuntz/Stegemann* ZIP 2016, 2341 (2349), die aber eine inhaltlich abweichende Auffassung vertreten.

[317]	Noack/Servatius/Haas/*Servatius* Rn. 25; MHLS/*Hermanns* Rn. 46; Scholz/*Priester/Tebben* Rn. 61; BeckOK GmbHG/*Ziemons* Rn. 79; *Heckschen* DStR 2001, 1437 (1439 f.).

[318]	Abweichend Rowedder/Schmidt-Leithoff/*Schnorbus* Rn. 38; *Lenenbach* GmbHR 2021, 468 Rn. 12 auf Grundlage der traditionellen Auffassung, die kein gesetzliches Bezugsrecht anerkennt.

[319]	MHLS/*Hermanns* Rn. 46; Scholz/*Priester/Tebben* Rn. 61; BeckOK GmbHG/*Ziemons* Rn. 80; *Altmeppen* Rn. 29; *Heckschen* DStR 2001, 1437 (1439 f.); aA Noack/Servatius/Haas/*Servatius* Rn. 25a; Henssler/Strohn/*Gummert* Rn. 17.

[320]	Lutter/Hommelhoff/*Bayer* Rn. 31; Scholz/*Priester/Tebben* Rn. 63; BeckOK GmbHG/*Ziemons* Rn. 80; Noack/Servatius/Haas/*Servatius* Rn. 25b; *Altmeppen* Rn. 30; aA Henssler/Strohn/*Gummert* Rn. 17.

122   Bei stabilisierenden Kapitalerhöhungen unter Beteiligung des **Wirtschaftsstabilisierungsfonds** kann das Bezugsrecht nach § 9a Abs. 1 S. 1 und S. 3 WStBG mit der **einfachen Mehrheit** der anwesenden Stimmen ausgeschlossen werden. Abweichende Bestimmungen im Gesellschaftsvertrag sind unbeachtlich (§ 9a Abs. 1 S. 2 und S. 3 WStBG). Für die übrigen Modalitäten der Beschlussfassung gelten die allgemeinen Vorschriften. Nach Maßgabe des § 9a Abs. 2 WStBG iVm § 2 COVMG[321] können Beschlüsse nach § 48 Abs. 2 auch durch **schriftliche Abgabe** der Stimmen gefasst werden, ohne dass zuvor alle Gesellschafter ihr Einverständnis erklärt haben müssten.

123   **bb) Ankündigung und Bericht des Vorstands.** In Ansehung der weitreichenden Folgen und des Informationsbedürfnisses der Anteilseigner ist der Bezugsrechtsausschluss analog § 186 Abs. 4 S. 1 AktG in der **Tagesordnung** (§ 51 Abs. 2) **anzukündigen.**[322] In entsprechender Anwendung des § 186 Abs. 4 S. 2 AktG ist vom Geschäftsführer außerdem eine **schriftliche Begründung** für den Bezugsrechtsausschluss und den beabsichtigten Ausgabebetrag anzufertigen.[323] Die Gegenauffassung, die wegen der geringeren Gesellschafterzahl in der GmbH eine flexible Lösung befürwortet,[324] lässt unberücksichtigt, dass auch wenige Gesellschafter nur aufgrund sachgerechter Berichterstattung über den Bezugsrechtsausschluss entscheiden können und die Begründung außerdem für eine gerichtliche Prüfung des Beschlusses in einem anschließenden Anfechtungsverfahren von zentraler Bedeutung sein kann. Nach seinem Normzweck ist § 186 Abs. 4 S. 2 AktG[325] demnach auch bei der GmbH entsprechend anwendbar. Mit Zustimmung sämtlicher Gesellschafter kann nach dem Rechtsgedanken des § 121 Abs. 6 AktG indes auf die schriftliche Begründung verzichtet werden.[326]

124   **Inhaltlich** muss die Begründung auf die Aspekte eingehen, die in materieller Hinsicht für die Zulässigkeit des Bezugsrechtsausschlusses maßgeblich sind. Zu berichten ist demnach über die Bedeutung des Ausschlusses für das Unternehmenswohl, die mit dem Ausschluss verbundene Belastung für die betroffenen Gesellschafter sowie mögliche Alternativen.[327] Darüber hinaus ist der Ausgabebetrag unter Angabe der Berechnungsgrundlage und der Bewertungskriterien zu begründen.[328] Zweckmäßig ist es in Anlehnung an § 175 Abs. 2 S. 1, 4 AktG, die Begründung ab dem Zeitpunkt der Einberufung der Gesellschafterversammlung, die über den Bezugsrechtsausschluss entscheidet, in den Geschäftsräumen der GmbH auszulegen oder sie auf der Internetseite der Gesellschaft zugänglich zu machen.[329]

125   **d) Materielle Voraussetzungen.** Der Bezugsrechtsausschluss ist in materieller Hinsicht nur dann zulässig, wenn ein sachlicher Grund vorliegt und der Ausschluss zur Erreichung des angestrebten Zwecks geeignet, erforderlich und auch verhältnismäßig ist. Diese Erfordernisse zielen auf einen angemessenen **Minderheitsschutz** ab und sind insofern sowohl bei Zustimmung sämtlicher Gesellschafter bei Beschlussfassung über die Zulassung[330]

---

321   Dazu iE *Lieder* ZIP 2020, 837 (844 f.).
322   Noack/Servatius/Haas/*Servatius* Rn. 25b; Lutter/Hommelhoff/*Bayer* Rn. 23; *Altmeppen* Rn. 29; Scholz/*Priester/Tebben* Rn. 61; BeckOK GmbHG/*Ziemons* Rn. 81; *Rottnauer* ZGR 2007, 401 (410); weniger streng MHLS/*Hermanns* Rn. 46 aE.
323   Noack/Servatius/Haas/*Servatius* Rn. 25b; Lutter/Hommelhoff/*Bayer* Rn. 23; BeckOK GmbHG/*Ziemons* Rn. 81; *Heckschen* DStR 2001, 1437 (1440); abw. Bork/Schäfer/*Arnold/Born* Rn. 27.
324   Scholz/*Priester/Tebben* Rn. 61a; MHLS/*Hermanns* Rn. 46 aE.
325   Dazu BGH Entsch. v. 19.4.1982 – II ZR 55/81, BGHZ 83, 319 (326) = NJW 1982, 2444; Hüffer/Koch/*Koch* AktG § 186 Rn. 23; MüKoAktG/*Schürnbrand/Verse* AktG § 186 Rn. 80.
326   IErg ebenso Noack/Servatius/Haas/*Servatius* Rn. 25b aE; BeckOK GmbHG/*Ziemons* Rn. 81; zur AG Hüffer/Koch/*Koch* AktG § 186 Rn. 23; MüKoAktG/*Schürnbrand/Verse* AktG § 186 Rn. 80.
327   Zur AG BGH Entsch. v. 19.4.1982 – II ZR 55/81, BGHZ 83, 319 (326) = NJW 1982, 2444; OLG Schleswig Urt. v. 18.12.2003 – 5 U 30/03, AG 2004, 155 (158) = NZG 2004, 281; *Bayer* ZHR 168 (2004), 132 (153); Hüffer/Koch/*Koch* AktG § 186 Rn. 24; MüKoAktG/*Schürnbrand/Verse* AktG § 186 Rn. 81.
328   Zur AG *Bayer* ZHR 168 (2004), 132 (153); Hüffer/Koch/*Koch* AktG § 186 Rn. 24; MüKoAktG/*Schürnbrand/Verse* AktG § 186 Rn. 83.
329   Vgl. zur AG *Bayer* ZHR 168 (2004), 132 (153); Hüffer/Koch/*Koch* AktG § 186 Rn. 23; MüKoAktG/*Schürnbrand/Verse* AktG § 186 Rn. 89 mwN; abl. BeckOK GmbHG/*Ziemons* Rn. 81.
330   Scholz/*Priester/Tebben* Rn. 64; MHLS/*Hermanns* Rn. 48; Rowedder/Schmidt-Leithoff/*Schnorbus* Rn. 30 aE.

als auch antizipiert im Gesellschaftsvertrag verzichtbar.[331] Daneben kommt dem gesellschaftsrechtlichen Gleichbehandlungsgebot (→ Rn. 129) sowie der Treuepflichtbindung (→ Rn. 130) keine selbstständige Bedeutung zu.

aa) Sachlicher Grund. Der Bezugsrechtsausschluss muss im Interesse der Gesellschaft **126** sachlich gerechtfertigt sein.[332] Die Auswahl des mit dem Ausschluss verfolgten Ziels steht im weiten pflichtgemäßen Ermessen der Gesellschafter, das eine Prognoseentscheidung ex ante voraussetzt und gerichtlich nur eingeschränkt nachprüfbar ist.[333] Das angestrebte Ziel liegt im Gesellschaftsinteresse, wenn es im Einklang mit dem Unternehmensgegenstand geeignet ist, den Gesellschaftszweck zu fördern.[334] Das ist nicht der Fall, wenn der Ausschluss nur einzelnen Gesellschaftern[335] oder – bei konzernierten GmbH – dem Konzern[336] zugutekommen soll.

bb) Geeignetheit und Erforderlichkeit. Weiterhin muss der Ausschluss des Bezugs- **127** rechts geeignet und erforderlich sein, das angestrebte Ziel zu erreichen.[337] Erforderlich ist der Ausschluss nur dann, wenn der damit verfolgte Zweck nicht auf andere, weniger in die Mitgliedschaftsrechte der Gesellschafter eingreifende Weise erreicht werden kann.[338] Gleich geeignete, mildere Alternativlösungen hindern den Bezugsrechtsausschluss.[339]

cc) Verhältnismäßigkeit. Der Bezugsausschluss muss schließlich verhältnismäßig sein. **128** Das ist der Fall, wenn der mit dem Ausschluss verbundene Eingriff in die gesellschaftsrechtlichen Mitgliedschaftsrechte nicht außer Verhältnis zu dem mit dem Ausschluss angestrebten Ziel steht.[340] Im Rahmen der Abwägung ist auf Seiten der GmbH das konkrete Finanzierungsinteresse einzustellen, das gegen die zu erwartende Verwässerung der Gesellschafterbeteiligung abzuwägen ist.[341] Je schwerer in das Mitgliedschaftsrecht des ausgeschlossenen Gesellschafters eingegriffen wird, desto dringender und unabweisbarer muss das Interesse der GmbH an dem Bezugsrechtsausschluss sein.[342] Bei der Abwägung ist ferner zu berücksichtigen, dass für einen Ausschluss dann ein höherer Rechtfertigungsbedarf besteht, wenn nur einzelne Gesellschafter ausgeschlossen sind. Grund dafür ist, dass von diesen Gesellschaftern – zumeist wird es sich um eine Minderheit handeln – hier ein Sonderopfer verlangt wird, das nur selten gerechtfertigt sein wird.[343] Umgekehrt sind weniger strenge Anforderungen an einen nur teilweisen, etwa nur „minimalen Bezugsrechtsausschluss in der Spitze" zu stellen. Ein solcher Ausschluss ist

---

[331] MHLS/*Hermanns* Rn. 48; DNotI-Report 2017, 163 (164).

[332] Dazu ausf. *Lieder/Müller* in Fleischer/Thiessen, Gesellschaftsrechts-Geschichten, 2018, 285 (298 f.).

[333] Zur AG MüKoAktG/*Schürnbrand/Verse* AktG § 186 Rn. 113 f. Hüffer/Koch/*Koch* AktG § 186 Rn. 36; *Lieder/Müller* in Fleischer/Thiessen, Gesellschaftsrechts-Geschichten, 2018, 285 (302).

[334] Zur AG Hüffer/Koch/*Koch* AktG § 186 Rn. 26; MüKoAktG/*Schürnbrand/Verse* AktG § 186 Rn. 102; K. Schmidt/Lutter/*Veil* AktG § 186 Rn. 34; abw. *Hirte*, Bezugsrechtsausschluß und Konzernbildung, 1986, 27 ff.

[335] Zur AG MüKoAktG/*Schürnbrand/Verse* AktG § 186 Rn. 103.

[336] Zur AG Hüffer/Koch/*Koch* AktG § 186 Rn. 26; MüKoAktG/*Schürnbrand/Verse* AktG § 186 Rn. 104; *Hirte,* Bezugsrechtsausschluß und Konzernbildung, 1986, 47 ff.; aA BeckOGK/*Servatius* AktG § 186 Rn. 52 für den Vertragskonzern.

[337] Zur AG MüKoAktG/*Schürnbrand/Verse* AktG § 186 Rn. 106 f.; Hüffer/Koch/*Koch* AktG § 186 Rn. 27.

[338] Zur AG BGH Entsch. v. 19.4.1982 – II ZR 55/81, BGHZ 83, 319 (321) = NJW 1982, 2444; Entsch. v. 7.3.1994 – II ZR 52/93, BGHZ 125, 239 (244) = NJW 1994, 1410; zur GmbH Noack/Servatius/Haas/*Servatius* Rn. 26; Lutter/Hommelhoff/*Bayer* Rn. 24.

[339] BeckOK GmbHG/*Ziemons* Rn. 84; zur AG MüKoAktG/*Schürnbrand/Verse* AktG § 186 Rn. 107.

[340] Zur AG BGH Urt. v. 13.3.1978 – II ZR 142/76, BGHZ 71, 40 (46) = NJW 1978, 1316; Entsch. v. 19.4.1982 – II ZR 55/81, BGHZ 83, 319 (321) = NJW 1982, 2444; zur GmbH; Noack/Servatius/Haas/*Servatius* Rn. 26; BeckOK GmbHG/*Ziemons* Rn. 85.

[341] Zur AG MüKoAktG/*Schürnbrand/Verse* AktG § 186 Rn. 109 f.; Hüffer/Koch/*Koch* AktG § 186 Rn. 28; GroßkommAktG/*Wiedemann* AktG § 186 Rn. 147.

[342] Zur AG BGH Urt. v. 13.3.1978 – II ZR 142/76, BGHZ 71, 40 (45) = NJW 1978, 1316; MüKoAktG/*Schürnbrand/Verse* AktG § 186 Rn. 111; Hüffer/Koch/*Koch* AktG § 186 Rn. 28; Kölner Komm AktG/*Lutter* AktG § 186 Rn. 64.

[343] Lutter/Hommelhoff/*Bayer* Rn. 25; Scholz/Priester/*Tebben* Rn. 60; BeckOK GmbHG/*Ziemons* Rn. 85; ähnlich *Altmeppen* Rn. 31; weniger streng OLG Stuttgart Urt. v. 29.6.1955 – 4 U 18/55, JR 1955, 463 (464 f.); Rowedder/Schmidt-Leithoff/*Schnorbus* Rn. 36.

nach Auffassung des OLG München[344] zulässig, soweit den Gesellschaftern das Recht eingeräumt wird, über ihr Bezugsrecht hinaus weitere Geschäftsanteile zu erhalten.

129   **dd) Gleichbehandlungsgebot.** Der gesellschaftsrechtliche Gleichbehandlungsgrundsatz verbietet es der Mehrheit, Gesellschafter ohne Vorliegen eines sachlichen Grundes
unterschiedlich zu behandeln.[345] Eine Ungleichbehandlung ist danach nicht völlig ausgeschlossen; sie setzt aber einen sachlichen Rechtfertigungsgrund voraus, der im Unterneh-
mensinteresse liegt und die Belange der vom Ausschluss betroffenen Gesellschafter überwiegt.[346] Werden sämtliche Gesellschafter gleich behandelt, sei es auch, dass das Bezugsrecht
zugunsten eines Dritten vollständig ausgeschlossen wird, ist kein Verstoß gegen das Gleichbehandlungsgebot gegeben.[347] Im Ergebnis verbleibt für das Gleichbehandlungsgebot neben
der dreistufigen materiellen Beschlusskontrolle nach aktienrechtlichen Maßstäben
(→ Rn. 126 ff.) faktisch kein eigenständiger Anwendungsbereich.[348]

130   **ee) Treuepflichtbindung.** Der gesellschaftsrechtlichen Treuepflicht kommt neben der
dreistufigen Prüfung (→ Rn. 126 ff.) ebenfalls keine eigenständige Bedeutung zu.[349] Die
Treuepflicht verlangt, dass der Bezugsrechtsausschluss auf einem dringenden Interesse des
Unternehmens beruht, dieses Interesse nicht auch bei bestehendem Bezugsrecht befriedigt
werden kann und der mit dem Ausschluss verfolgte Zweck zu den Belangen der Gesellschafter
nicht außer Verhältnis steht.[350] Diese Voraussetzungen gehen nicht über die Anforderungen
der materiellen Beschlusskontrolle hinaus; eine eigenständige Prüfung ist daher entbehrlich.

131   **e) Fallgruppen.** Die Konkretisierung der materiellen Anforderungen an den Bezugsrechtsausschluss vollzieht sich seit jeher durch Bildung von Fallgruppen. Diese wurden
zunächst für das Aktienrecht[351] entwickelt und werden nachfolgend – unter Berücksichtigung der personalistischen Beteiligungsstruktur sowie der engen Bindung der Gesellschafter
untereinander – behutsam auf die GmbH übertragen.[352]

132   **aa) Kein vereinfachter Bezugsrechtsausschluss.** Keine Anwendung findet im
GmbH-Recht der vereinfachte Bezugsrechtsausschluss nach § 186 Abs. 3 S. 4 AktG, da der
Normzweck der Vorschrift darauf abzielt, der Gesellschaft eine flexible Beschaffung von
Eigenkapital am Kapitalmarkt zu ermöglichen.[353] Das trifft nur auf die AG zu; der GmbH
ist der Zugang zur Börse versperrt.[354]

133   **bb) Sachkapitalerhöhung.** Bei der Kapitalerhöhung gegen Sacheinlage ist ein
Bezugsrechtsausschluss zulässig, wenn (1) die GmbH ein dringendes wirtschaftliches Bedürf-

---

344   OLG München Beschl. v. 18.7.2012 – 7 AktG 1/12, AG 2012, 802 (803) = BeckRS 2012, 16182.
345   Aus der Rspr. vgl. exemplarisch KG Beschl. v. 18.5.2010 – 14 AktG 1/10, ZIP 2010, 1849 (1852) =
      BeckRS 2010, 16037.
346   MHLS/*Hermanns* Rn. 49; HCL/*Ulmer/Casper* Rn. 58.
347   HCL/*Ulmer/Casper* Rn. 58; MHLS/*Hermanns* Rn. 49 aE; Rowedder/Schmidt-Leithoff/*Schnorbus*
      Rn. 36.
348   Ebenso zur AG MüKoAktG/*Schürnbrand/Verse* AktG § 186 Rn. 95; in Ausnahmefällen für die Anwen-
      dung des Gleichbehandlungsgebots: Noack/Servatius/Haas/*Servatius* Rn. 27; grundsätzlich anders die
      Gegenauffassung, die kein gesetzliches Bezugsrecht anerkennt: HCL/*Ulmer/Casper* Rn. 58; Rowedder/
      Schmidt-Leithoff/*Schnorbus* Rn. 36.
349   Anders die Gegenauffassung, die kein gesetzliches Bezugsrecht anerkennt: HCL/*Ulmer/Casper* Rn. 59;
      Rowedder/Schmidt-Leithoff/*Schnorbus* Rn. 36.
350   HCL/*Ulmer/Casper* Rn. 59; MHLS/*Hermanns* Rn. 50.
351   Dazu zB MüKoAktG/*Schürnbrand/Verse* AktG § 186 Rn. 119 ff.; Hüffer/Koch/*Koch* AktG § 186
      Rn. 29 ff.; Kölner Komm AktG/*Ekkenga* AktG § 186 Rn. 94 ff.; GroßkommAktG/*Wiedemann* AktG
      § 186 Rn. 154 ff.
352   S. Scholz/*Priester/Tebben* Rn. 56 ff.; MHLS/*Hermanns* Rn. 51 ff.
353   Zum Normzweck des § 186 Abs. 3 S. 4 AktG s. Fraktionsbegr., BT-Drs. 12/6721, 10; MüKoAktG/
      Schürnbrand/Verse AktG § 186 Rn. 135 f.; Hüffer/Koch/*Koch* AktG § 186 Rn. 39a; *Goette* ZGR 2012,
      505 (512 ff.).
354   Noack/Servatius/Haas/*Servatius* Rn. 27; Rowedder/Schmidt-Leithoff/*Schnorbus* Rn. 39 aE; Scholz/
      Priester/Tebben Rn. 56; *Trautmann,* Das genehmigte Kapital der GmbH, 2012, 143 ff.

nis am Erwerb des Gegenstandes hat,[355] (2) der Gegenstand nicht anderweitig – etwa nach einer Barkapitalerhöhung – vertraglich von einem Dritten erworben werden kann,[356] (3) die Beteiligungsquote der übrigen Gesellschafter nicht dadurch gewahrt werden kann, dass gemeinsam mit der Sach- eine Barkapitalerhöhung durchgeführt wird,[357] und (4) das Erwerbsinteresse die Nachteile für die ausgeschlossenen Gesellschafter unter Abwägung sämtlicher Umstände des konkreten Einzelfalles überwiegt.

Strengere Maßstäbe gelten für den Sonderfall der **Einbringung von Gesellschafter-** 134 **forderungen.** Ein Bezugsrechtsausschluss ist regelmäßig nicht gerechtfertigt, da das Stammkapital auch gegen Bareinlage unter Gewährung des Bezugsrechts erhöht werden kann.[358] Nur wenn eine Barkapitalerhöhung nicht zustande kommt, zB weil die GmbH sanierungsbedürftig ist und nur der Gläubiger zu einer Einbringung seiner Forderungen bereit ist, kommt ein Bezugsrechtsausschluss in Betracht,[359] wenn es sich dabei um das geeignete Mittel handelt, das unternehmerische Ziel zu erreichen und der hiermit für die Gesellschaft verbundene Nutzen nicht unangemessen hinter der Beeinträchtigung der ausgeschlossenen Gesellschafter zurückbleibt.

Diese Vorgaben sind regelmäßig erfüllt beim Bezugsrechtsausschluss zum Zwecke des 135 Debt-Equity-Swap **in sanierungsbedürftigen Gesellschaften** (→ Rn. 38 ff.).[360] In einer akuten Krisensituation kommt es nach Auffassung der Rspr. nicht darauf an, ob es sich bei der erstrebten Umwandlung von Fremd- in Eigenkapital um die einzig denkbare, unbedingt notwendige und absolut richtige Maßnahme handelt. Es genügt, wenn sich die Maßnahme aus objektiver Sicht ex ante und unter Abwesenheit gesellschaftsfremder Erwägungen als im besten Interesse der Gesellschaft und Gesellschafter liegend erweist. Um Sicherheit zu haben, wird der Sachkapitalerhöhung in der Praxis zuweilen eine Barkapitalerhöhung vorgeschaltet.[361] Machen die Gesellschafter von ihrem Bezugsrecht keinen Gebrauch, erweist sich auch der Bezugsrechtsausschluss zugunsten der Gläubiger als erforderlich iSd materiellen Beschlusskontrolle. Denkbar ist zudem eine Kombination von Bar- und Sachkapitalerhöhungen.[362] Entsprechendes gilt auch für den Bezugsrechtsausschluss im Rahmen eines **Insolvenzplans** nach § 225a Abs. 2 InsO (→ § 56 Rn. 25).

cc) **Sonderleistungen.** Bei der Barkapitalerhöhung ist ein Bezugsrechtsausschluss nur 136 selten sachlich gerechtfertigt. Eine Ausnahme gilt aber dann, wenn (1) ein Gesellschafter bzw. ein Dritter im Gegensatz zu den übrigen Gesellschaftern dazu bereit ist, über den inneren Wert des erhöhten Kapitals hinaus weitergehende Sonderleistungen zu erbringen, beispielsweise in Form einer Zuzahlung oder Bürgschaft,[363] und (2) eine vergleichbare

---

[355] Noack/Servatius/Haas/*Servatius* Rn. 27; HCL/*Ulmer*/*Casper* Rn. 60; MHLS/*Hermanns* Rn. 53; Scholz/*Priester*/*Tebben* Rn. 58; zur AG BGH Urt. v. 13.3.1978 – II ZR 142/76, BGHZ 71, 40 (46) = NJW 1978, 1316.

[356] Lutter/Hommelhoff/*Bayer* Rn. 24; MHLS/*Hermanns* Rn. 53; Rowedder/Schmidt-Leithoff/*Schnorbus* Rn. 37; Scholz/*Priester*/*Tebben* Rn. 58; *Altmeppen* Rn. 31; zur AG MüKoAktG/*Schürnbrand*/*Verse* AktG § 186 Rn. 130; *Hirte*, Bezugsrechtsausschluß und Konzernbildung, 1986, 69.

[357] MHLS/*Hermanns* Rn. 53; Scholz/*Priester*/*Tebben* Rn. 58.

[358] Scholz/*Priester*/*Tebben* Rn. 58; iErg auch Rowedder/Schmidt-Leithoff/*Schnorbus* Rn. 37; zur AG MüKo-AktG/*Schürnbrand*/*Verse* AktG § 183 Rn. 133; Hüffer/Koch/*Koch* AktG § 186 Rn. 35; Kölner Komm AktG/*Ekkenga* AktG § 186 Rn. 116.

[359] Zur AG MüKoAktG/*Schürnbrand*/*Verse* AktG § 183 Rn. 133; Hüffer/Koch/*Koch* AktG § 186 Rn. 35; *Hirte*, Bezugsrechtsausschluß und Konzernbildung, 1986, 75.

[360] Zum Ganzen *v. Sydow*/*Beyer* AG 2005, 635 (637); *Decher*/*Voland* ZIP 2013, 103 (105); *Wertenbruch* ZIP 2013, 1693 (1697 f.); *Häfele*, Die Treuepflicht der Aktionäre bei der vorinsolvenzrechtlichen Sanierung durch einen Debt Equity Swap, 2013, 67 ff., jeweils zur AG; gleichsinnig OLG Köln Beschl. v. 13.1.2014 – 18 U 175/13, ZIP 2014, 263 (266) = BeckRS 2014, 01445; aA Gehrlein/Born/Simon/ *Bormann* Rn. 24.

[361] Zu dieser *Martin Winter* zugeschriebenen Gestaltung ausf. *Löbbe* Liber amicorum M. Winter, 2011, 423 (443 ff.); vgl. auch KG Beschl. v. 18.5.2010 – 14 AktG 1/10, ZIP 2010, 1849 = BeckRS 2010, 16037; *Maier-Reimer* VGR 17 (2011), 107 (134) Fn. 109; *Lieder* in Bayer/Koch, Aktuelles GmbH-Recht, 2013, 142 (161); *H.-F. Müller* KTS 2012, 419 (442).

[362] Dazu ausf. *Bayer* FS Westermann, 2008, 787 ff.; *Löbbe* Liber amicorum M. Winter, 2011, 423 (437 ff.); speziell zum Bezugsrechtsausschluss im Insolvenzplan *H.-F. Müller* KTS 2012, 419 (442 f.).

[363] Lutter/Hommelhoff/*Bayer* Rn. 24; Scholz/*Priester*/*Tebben* Rn. 57.

Fremdfinanzierung nicht zu bewerkstelligen ist.[364] Zulässig ist ein Bezugsrechtsausschluss auch in **Sanierungsfällen,** vorausgesetzt, ein Ausschluss ist der einzige geeignete Weg, die Gesellschaft vor einem Insolvenzverfahren zu retten oder im Insolvenzfall zu sanieren.[365]

137   **dd) Mitarbeiterbeteiligung.** Das Bezugsrecht kann zulässigerweise auch dann ausgeschlossen werden, wenn der Ausschluss darauf abzielt, Mitarbeiter am Stammkapital zu beteiligen.[366] Zwar kennt das GmbH-Recht weder eine § 192 Abs. 2 Nr. 3 AktG entsprechende Vorschrift, noch ist überhaupt eine bedingte Kapitalerhöhung zulässig (→ Rn. 10). Allerdings liegt in der Beteiligung besonders wichtiger Mitarbeiter ein sachlicher Grund für den Ausschluss des Bezugsrechts. Kann die Bindung dieser Personen nicht anders als durch eine Kapitalerhöhung mit Bezugsrechtsausschluss gewährleistet werden, wie zB durch die Veräußerung eigener Anteile der GmbH an die Mitarbeiter,[367] und steht der Ausschluss bei Würdigung aller Umstände des konkreten Einzelfalls nicht außer Verhältnis zu dem erstrebten Nutzen für die GmbH, ist der Ausschluss zulässig.

138   **ee) Beteiligung und Kooperation.** Von Bedeutung ist der Bezugsrechtsausschluss außerdem, soweit das erhöhte Kapital eingesetzt werden soll, um die Zusammenarbeit mit einem anderen Unternehmen durch eine Beteiligung am Stammkapital der GmbH zu untermauern.[368] Voraussetzung dafür ist, dass (1) ein dringendes betriebswirtschaftliches Interesse an der Beteiligung eines anderen Unternehmens besteht, (2) eine Kapitalerhöhung mit Bezugsrechtsausschluss der einzige Weg ist, um eine Zusammenarbeit zu ermöglichen, und dass (3) das Interesse an einer Beteiligung im Vergleich zur Belastung der ausgeschlossenen Gesellschafter nicht unangemessen erscheint.

139   **ff) Abwehrmaßnahmen.** Unter engen Voraussetzungen kann ein Bezugsrechtsausschluss zulässig sein, wenn er darauf abzielt, eine unerwünschte Beteiligung zu verhindern.[369] Anzunehmen ist dies aber nur, falls ansonsten die Schädigung oder Vernichtung der Gesellschaft droht.[370] Anderes gilt, wenn Gesellschafter aus Gründen des Überfremdungsschutzes von der Kapitalerhöhung ausgeschlossen werden. Ein Bezugsrechtsausschluss ist dann unzulässig.[371]

140   **gg) Stabilisierungsmaßnahmen.** Übernimmt bei einer Kapitalerhöhung der **Wirtschaftsstabilisierungsfonds** neue Anteile (→ Rn. 23), dann ist ein Bezugsrechtsausschluss nach § 9a Abs. 1 S. 1 WStBG iVm § 7 Abs. 3 S. 4 WStBG sachlich gerechtfertigt. In dogmatischer Hinsicht handelt es sich um eine unwiderlegliche Vermutung, die eine materielle Beschlusskontrolle nach der Lehre vom sachlichen Grund ersatzlos entfallen lässt.[372] Mit Blick auf die besondere Eilbedürftigkeit einer Rekapitalisierung notleidender Unternehmen in der Coronakrise ist § 7 Abs. 3 S. 4 WStBG als verfassungsmäßige Inhalts- und Schranken-

---

[364] Scholz/Priester/*Tebben* Rn. 57; HCL/*Ulmer*/*Casper* Rn. 60; Rowedder/Schmidt-Leithoff/*Schnorbus* Rn. 37.

[365] Noack/Servatius/Haas/*Servatius* Rn. 27; MHLS/*Hermanns* Rn. 52; Lutter/Hommelhoff/*Bayer* Rn. 24; Scholz/*Priester*/*Tebben* Rn. 57 aE; zur AG LG Heidelberg Urt. v. 16.3.1988 – O 6/88 KfH II, ZIP 1988, 1257; MüKoAktG/*Schürnbrand*/*Verse* AktG § 186 Rn. 125; Hüffer/Koch/*Koch* AktG § 186 Rn. 31.

[366] MHLS/*Hermanns* Rn. 52 aE; BeckOK GmbHG/*Ziemons* Rn. 83; zur AG BGH Entsch. v. 19.4.1982 – II ZR 55/81, BGHZ 83, 319 (323) = NJW 1982, 2444; MüKoAktG/*Schürnbrand*/*Verse* AktG § 186 Rn. 121; Hüffer/Koch/*Koch* AktG § 186 Rn. 31 aE.

[367] Zu diesem Einsatzgebiet des Eigenanteilserwerbs im GmbH-Recht näher *Lieder* GmbHR 2014, 57.

[368] Dazu auch Scholz/*Priester*/*Tebben* Rn. 58; HCL/*Ulmer*/*Casper* Rn. 60; MHLS/*Hermanns* Rn. 54; zur AG BGH Entsch. v. 19.4.1982 – II ZR 55/81, BGHZ 83, 319 (323) = NJW 1982, 2444; MüKoAktG/*Schürnbrand*/*Verse* AktG § 186 Rn. 125; Hüffer/Koch/*Koch* AktG § 186 Rn. 31 aE.

[369] Zur GmbH gänzlich abl. HCL/*Ulmer*/*Casper* Rn. 60; Scholz/*Priester*/*Tebben* Rn. 59; restriktiv auch *Winter,* Mitgliedschaftliche Treubindungen im GmbH-Recht, 1988, 271 f.

[370] Zur AG BGH Urt. v. 6.10.1960 – II ZR 150/58, BGHZ 33, 175 (186) = NJW 1961, 26; MüKoAktG/*Schürnbrand*/*Verse* AktG § 186 Rn. 127; großzügiger Hüffer/Koch/*Koch* AktG § 186 Rn. 32.

[371] Scholz/*Priester*/*Tebben* Rn. 59; zur AG MüKoAktG/*Schürnbrand*/*Verse* AktG § 186 Rn. 128; Hüffer/Koch/*Koch* AktG § 186 Rn. 32; Kölner Komm AktG/*Ekkenga* AktG § 186 Rn. 104.

[372] Dazu und zum Folgenden *Lieder* ZIP 2020, 837 (846 f.); vgl. weiter Bürgers/Körber/Lieder/*Lieder* AktG § 186 Rn. 64; Kölner Komm AktG/*Ekkenga* AktG § 186 Rn. 93.

bestimmung iSd Art. 14 Abs. 1 S. 2 GG anzusehen.[373] Das gilt auch für den Fall, dass sich andere Zeichner nach § 9a Abs. 4 WStBG iVm § 7e WStBG an der Kapitalerhöhung beteiligen.[374]

hh) Weitere Fälle. Der im Aktienrecht mehrheitlich anerkannte Ausschluss ausländi- **141** scher Gesellschafter vom Bezugsrecht zur Vermeidung von Prospektpflichten im Ausland[375] greift für die GmbH grundsätzlich nicht ein, weil GmbH-Anteile keinen vergleichbaren Publizitätspflichten unterliegen.

f) Ausgabebetrag. Der Ausgabebetrag darf bei ausgeschlossenem Bezugsrecht den **142** inneren Wert der übernommenen Geschäftsanteile nicht unterschreiten, da ansonsten die vermögensmäßige Beteiligung der von der Kapitalerhöhung ausgeschlossenen Gesellschafter verwässert würde (→ Rn. 66).[376] Im Hinblick auf eine drohende Entwertung der Mitgliedschaftsrechte sind die Gesellschafter nach dem Rechtsgedanken des § 255 Abs. 2 AktG durch ein entsprechendes Anfechtungsrecht geschützt.

g) Rechtsfolgen eines fehlerhaften Bezugsrechtsausschlusses. aa) Anfechtbar- **143** **keit.** Sind die formellen und (oder) materiellen Voraussetzungen des Bezugsrechtsausschlusses nicht eingehalten, ist der Kapitalerhöhungsbeschluss bzw. der Zulassungsbeschluss (→ Rn. 147 ff.) analog § 243 Abs. 1 AktG wegen Verletzung des gesetzlichen Bezugsrechts anfechtbar.[377] Der ausgeschlossene Gesellschafter kann die Eintragung der Kapitalerhöhung in das Handelsregister verhindern, indem er eine einstweilige Verfügung gegen die Gesellschaft erwirkt.[378]

bb) Darlegungs- und Beweislast. Die Darlegungs- und Beweislastverteilung hin- **144** sichtlich der Voraussetzungen des Bezugsrechtsausschlusses ist umstritten. Nach heutigem Verständnis weist der BGH dem Gesellschafter die Darlegungs- und Beweislast zu; die Unaufklärbarkeit der maßgeblichen Umstände geht zu seinen Lasten.[379] Das ist nicht überzeugend. Dem Gesellschafter steht analog § 186 Abs. 1 AktG ein Bezugsrecht auf das erhöhte Kapital zu. Das bestehende Bezugsrecht ist also der gesetzliche Regelfall. Ein Ausschluss ist nur unter engen formellen und materiellen Voraussetzungen zulässig. Angesichts des besonderen Stellenwerts des Bezugsrechts als Bestandteil des Mitgliedschaftsrechts des

---

[373] Vgl. zur AG LG München I Urt. v. 23.2.2012 – 5 HK O 12377/09, WM 2012, 1543 (1546 ff.) = NZG 2010, 749 (750); Bürgers/Körber/Lieder/*Lieder* AktG § 186 Rn. 64; *Lieder* ZIP 2020, 837 (846 f.); Hüffer/Koch/*Koch* AktG § 186 Rn. 5a; *Langenbucher* ZGR 2010, 75 (105 ff.); *Nolden/Heusel/Goette* DStR 2020, 800 (802); für ein Umschlagen in eine Enteignung *Hopt/Fleckner/Kumpan/Steffek* WM 2009, 821 (829 ff.); *T. Böckenförde* NJW 2009, 2484 (2488 ff.); dagegen *Gurlit* NZG 2009, 601 (604).

[374] Dazu ausf. zur AG Bürgers/Körber/Lieder/*Lieder* AktG § 186 Rn. 64; *Lieder* ZIP 2020, 837 (846 f.); vgl. auch BVerfG Beschl. v. 23.8.2000 – 1 BvR 68/95 und 1 BvR 147/97, NJW 2001, 279 (281); aA Kölner Komm AktG/*Ekkenga* AktG § 186 Rn. 93a; *Seiler/Wittgens* ZIP 2008, 2245 (2252): Beachtung allgemeiner Grenzen.

[375] Habersack/Mülbert/Schlitt/*Herfs* Unternehmensfinanzierung § 6 Rn. 49; *Vaupel/Reers* AG 2010, 93 (97); *Aha* AG 2002, 313 (326); wohl auch GroßkommAktG/*Wiedemann* AktG § 186 Rn. 181; offenlassend GroßkommAktG/*Henze/Notz* AktG § 53a Rn. 104 ff.; *Maier*, Faktischer Bezugsrechtsausschluss, 2014, 156.

[376] Streng auch Lutter/Hommelhoff/*Bayer* Rn. 26; Scholz/*Priester/Tebben* Rn. 55; weniger streng (nicht unangemessen niedrige Bewertung) Bork/Schäfer/*Arnold/Born* Rn. 18, 29; BeckOK GmbHG/*Ziemons* Rn. 41.

[377] BGH Urt. v. 18.4.2005 – II ZR 151/03, NZG 2005, 551 (553); Lutter/Hommelhoff/*Bayer* Rn. 27; Scholz/*Priester/Tebben* Rn. 66; MHLS/*Hermanns* Rn. 55; *Altmeppen* Rn. 42; HCL/*Ulmer/Casper* Rn. 61; Rowedder/Schmidt-Leithoff/*Schnorbus* Rn. 39; *Wicke* Rn. 11 aE; zur AG OLG Oldenburg Urt. v. 17.3.1994 – 1 U 151/93, DB 1994, 929 (931) = NJW-RR 1995, 1313; MüKoAktG/*Schürnbrand/Verse* AktG § 186 Rn. 164; Hüffer/Koch/*Koch* AktG § 186 Rn. 42, beide jew. zu zahlreichen Einzelfragen.

[378] Scholz/*Priester/Tebben* Rn. 66; für die Verschmelzung LG Düsseldorf Urt. v. 22.1.1960 – 18 Q 88/59, DB 1960, 172.

[379] BGH Urt. v. 13.3.1978 – II ZR 142/76, BGHZ 71, 40 (48 f.) = NJW 1978, 1316; BGH Entsch. v. 1.12.1982 – VIII ZR 279/81, BGHZ 86, 23 (29) = NJW 1983, 687; Urt. v. 11.6.1985 – VI ZR 265/83, NJW-RR 1986, 60; ebenso OLG Frankfurt/Kassel Urt. v. 6.7.1976 – 14 U 103/75, AG 1976, 298 (301 f.); vgl. noch Hüffer/Koch/*Koch* AktG § 186 Rn. 38.

GmbH-Gesellschafters (→ Rn. 116) ist es nicht gerechtfertigt, dem Gesellschafter bei Unerweislichkeit von Umständen das Bezugsrecht zu versagen. Mit der hL[380] sind die besonderen Anforderungen als positive Voraussetzungen des Bezugsrechtsausschlusses nach den allgemeinen Grundsätzen der Beweislastverteilung von der GmbH darzulegen und ggf. zu beweisen.

145   **cc) Rechtsfolgen einer erfolgreichen Anfechtung.** Nach erfolgreicher Anfechtung kann der Gesellschafter seinen Anspruch auf beteiligungsproportionale Übernahme der neuen Geschäftsanteile im Klagewege gegen die GmbH durchsetzen (→ Rn. 114). Entsprechendes gilt, soweit die Kapitalerhöhung gleichwohl angemeldet und eingetragen worden ist und die neuen Geschäftsanteile durch Mitgesellschafter übernommen worden sind. Infolge der Treupflichtbindung sind die Mitgesellschafter zur Beseitigung des rechtswidrigen Zustands verpflichtet,[381] indem die neuen Geschäftsanteile beteiligungsproportional gegen anteilige Einlageleistung an die ausgeschlossenen Mitgesellschafter übertragen werden. Sind die Anteile durch Nichtgesellschafter übernommen worden, scheidet ein Anspruch auf Rückübertragung gegen die Dritten aus. Die ausgeschlossenen Gesellschafter sind auf Schadensersatzansprüche gegen die Gesellschaft beschränkt; als Anspruchsgrundlagen in Betracht kommen § 280 Abs. 1 und 3 BGB, § 283 S. 1 BGB iVm § 186 Abs. 1 AktG analog sowie § 823 Abs. 2 AktG iVm § 186 Abs. 1 AktG analog.[382]

146   **4. Regelung des Bezugsrechts in der Satzung.** Die Satzung kann Regelungen über das Bezugsrecht der Gesellschafter enthalten. Insbesondere kann sie jedem Gesellschafter das Bezugsrecht ausdrücklich zuerkennen. Eine solche Bestimmung hat aufgrund des gesetzlichen Bezugsrechts (→ Rn. 103 ff.) keine konstitutive Wirkung, sondern nur deklaratorischen Charakter. Auch in der Satzung kann das Bezugsrecht unter den allgemeinen formellen und materiellen Voraussetzungen (→ Rn. 121 ff., → Rn. 125 ff.) eingeschränkt und ausgeschlossen werden; die Zustimmung sämtlicher nach der Satzung zum Bezug berechtigter Gesellschafter ist in diesem Fall nicht erforderlich.[383] Anders verhält es sich, wenn das Bezugsrecht nur einzelnen Gesellschaftern zugebilligt ist. Dann handelt es sich regelmäßig um ein Sonderrecht, das nur mit Zustimmung des bezugsberechtigten Gesellschafters eingeschränkt oder entzogen werden kann.[384] Ein ohne Zustimmung gefasster Zulassungsbeschluss ist dann unwirksam.[385] Sind die für den Ausschluss erforderlichen Voraussetzungen nicht gewahrt, bedarf eine entsprechende Änderung der Satzung nach dem Rechtsgedanken des § 53 Abs. 3 der Zustimmung sämtlicher Gesellschafter.[386]

147   **5. Zulassungsbeschluss.** Konsequenz des gesetzlichen Bezugsrechts ist, dass es neben dem Kapitalerhöhungsbeschluss keines weiteren Beschlusses über die Zulassung zur Übernahme der neuen Geschäftsanteile bedarf, soweit sämtliche Gesellschafter beteiligungsproportional an dem erhöhten Kapital partizipieren (→ Rn. 105) und keine unausgenutzten

---

Scholz/*Priester/Tebben* Rn. 67; Lutter/Hommelhoff/*Bayer* Rn. 27; *Bayer/Illhardt* GmbHR 2011, 751 (761); zur AG MüKoAktG/*Schürnbrand/Verse* AktG § 186 Rn. 118; Hüffer/Koch/*Koch* AktG § 186 Rn. 38; Kölner Komm AktG/*Ekkenga* AktG § 186 Rn. 139; *Hirte,* Bezugsrechtsausschluß und Konzernbildung, 1986, 220 f.; *Lieder/Müller* in Fleischer/Thiessen, Gesellschaftsrechts-Geschichten, 2018, 285 (300).

[381] Wie hier HCL/*Ulmer/Casper* Rn. 61; HCL/*Ulmer/Casper* § 57 Rn. 49; Lutter/Hommelhoff/*Bayer* Rn. 28; Scholz/*Priester/Tebben* Rn. 68; Bork/Schäfer/*Arnold/Born* Rn. 25; *Winter,* Mitgliedschaftliche Treubindungen im GmbH-Recht, 1988, 275; noch strenger *Hirte,* Bezugsrechtsausschluß und Konzernbildung, 1986, 238 ff.; weniger streng BeckOK GmbHG/*Ziemons* Rn. 88: Rückabwicklung nach Lehre von der fehlerhaften Strukturmaßnahme.

[382] Zur AG Kölner Komm AktG/*Ekkenga* AktG § 186 Rn. 47; zur GmbH iErg auch Lutter/Hommelhoff/*Bayer* Rn. 28 aE; Scholz/*Priester/Tebben* Rn. 68; aA mit Ausnahme nach §§ 826, 830 BGB HCL/*Ulmer/Casper* Rn. 61 aE mit Fn. 157.

[383] Scholz/*Priester/Tebben* Rn. 70.

[384] Scholz/*Priester/Tebben* Rn. 70; *Skibbe* GmbHR 1963, 46 (47).

[385] Scholz/*Priester/Tebben* Rn. 70; für Einzelheiten s. *Skibbe* GmbHR 1963, 46.

[386] Scholz/*Priester/Tebben* Rn. 70; *Herchen,* Agio und verdecktes Agio im Recht der Kapitalgesellschaften, 2004, 104.

Restbeträge verbleiben (→ Rn. 113).[387] Nur wenn das Bezugsrecht (teilweise) ausgeschlossen wird, muss darüber entschieden werden, wer zur Übernahme der neuen Geschäftsanteile zugelassen werden soll.[388] Aus Praktikabilitätsgründen empfiehlt sich eine gemeinsame Beschlussfassung über die Kapitalerhöhung und die Zulassung nach Abs. 2 S. 1. Den Zulassungsbeschluss fassen die Gesellschafter formlos mit einfacher Mehrheit.[389] Die Beschlussfassung geht der Übernahmeerklärung regelmäßig voraus. Andernfalls liegt der Zulassungsbeschluss implizit in der Annahme der von den Übernehmern abgegebenen Erklärungen (→ Rn. 181 ff.).[390]

Die vom Zulassungsbeschluss begünstigten Gesellschafter unterliegen nach zutreffender **148** hM[391] **keinem Stimmverbot** nach § 47 Abs. 4. Die Gegenauffassung[392] berücksichtigt nicht hinreichend, dass der Zulassungsbeschluss in unmittelbarem Zusammenhang mit der strukturändernden Kapitalerhöhung steht und kein Drittgeschäft betrifft. Im Übrigen erscheint es sachgerechter, die Minderheit nicht durch den Ausschluss des Stimmrechts, sondern durch die besonderen formellen und materiellen Beschlussanforderungen (→ Rn. 121 ff., → Rn. 125 ff.) zu schützen, deren Verletzung zur Anfechtbarkeit des Zulassungsbeschlusses (→ Rn. 143) führt.[393] Für **Minderjährige** und andere in der Geschäftsfähigkeit beschränkte Gesellschafter ergeben sich aus § 1822 Nr. 3 und Nr. 10 BGB keine Genehmigungserfordernisse des Familiengerichts. Mit Blick auf die bestehende Unsicherheit der derzeitigen Rechtslage kann sich allerdings die Einholung eines Negativtestats des Familiengerichts empfehlen.[394]

Inhaltlich wird der Zulassungsbeschluss durch das gesetzliche Bezugsrecht bzw. dessen **149** Ausschluss determiniert. Eine weitere Einschränkung kann sich aus der satzungsmäßigen Vinkulierung der Geschäftsanteile ergeben. Soweit die Übertragung der Geschäftsanteile statutarisch von der Zustimmung sämtlicher Gesellschafter abhängig ist, muss durch die Festsetzungen des Zulassungsbeschlusses gewährleistet sein, dass die bezugsberechtigten Gesellschafter nicht entgegen der Vinkulierungsregelung die Beteiligungsverhältnisse in der GmbH zulasten der ausgeschlossenen Gesellschafter abändern.[395] Hat der Gesellschafter das Angebot, im Zuge der Kapitalerhöhung beteiligungsgemäß neue Geschäftsanteile zu übernehmen, nicht (fristgerecht) angenommen, kann er den sein Bezugsrecht ausschließenden Zulassungsbeschluss später nicht angreifen (venire contra factum proprium).[396] Für die **Bindungswirkung** des Zulassungsbeschlusses gilt das zum Kapitalerhöhungsbeschluss unter → Rn. 89 ff. Gesagte entsprechend.

IV. Übernahme neuer Geschäftsanteile

1. Zweck und Rechtsnatur. Die Durchführung der Kapitalerhöhung setzt nach **150** Abs. 1 die Übernahme der Geschäftsanteile an dem erhöhten Kapital voraus, die einer notariell beurkundeten oder beglaubigten Übernahmeerklärung bedarf. Nach § 57 Abs. 1 muss vor Eintragung der Kapitalerhöhung in das Handelsregister zudem das erhöhte Kapital vollständig übernommen worden sein.

---

[387] AA BeckOK GmbHG/*Ziemons* Rn. 90 mN zur Gegenauffassung.
[388] Zust. Gehrlein/Born/Simon/*Bormann* Rn. 58; zur Zulassung bei Aufstockung vorhandener Geschäftsanteile *Witte/Rousseau* GmbHR 2009, R 321 (R 322).
[389] HCL/*Ulmer/Casper* Rn. 46; Lutter/Hommelhoff/*Bayer* Rn. 29; Rowedder/Schmidt-Leithoff/*Schnorbus* Rn. 30; Scholz/*Priester/Tebben* Rn. 62; BeckOK GmbHG/*Ziemons* Rn. 93; aA Noack/Servatius/Haas/*Servatius* Rn. 25.
[390] Vgl. Rowedder/Schmidt-Leithoff/*Schnorbus* Rn. 30.
[391] HCL/*Ulmer/Casper* Rn. 47; Lutter/Hommelhoff/*Bayer* Rn. 31; Rowedder/Schmidt-Leithoff/*Schnorbus* Rn. 30; Scholz/*Priester/Tebben* Rn. 63; BeckOK GmbHG/*Ziemons* Rn. 94.
[392] RG Urt. v. 21.10.1924 – II 640/23, RGZ 109, 77 (80); Urt. v. 23.10.1928 – II 54/28, RGZ 122, 159 (162).
[393] Wie hier HCL/*Ulmer/Casper* Rn. 47; Lutter/Hommelhoff/*Bayer* Rn. 31; Scholz/*Priester/Tebben* Rn. 63.
[394] DNotI-Report 2016, 173 (175).
[395] Zutr. Scholz/*Priester/Tebben* Rn. 64; BeckOK GmbHG/*Ziemons* Rn. 93; *Ehlke* DB 1995, 561 (567).
[396] Vgl. LG Kiel Urt. v. 18.1.2013 – 16 O 4/12, GmbHR 2013, 363 (365 f.) = BeckRS 2013, 04335.

151   In **rechtsdogmatischer Hinsicht** erfolgt die Übernahme neuer bzw. die Aufstockung bestehender Geschäftsanteile[397] aufgrund eines Übernahmevertrages zwischen dem Übernehmer und der GmbH.[398] Der Vertrag kommt zustande durch eine formbedürftige Übernahmeerklärung des Übernehmers (→ Rn. 167 ff.) und eine Annahmeerklärung der Gesellschaft, die keinen besonderen Formerfordernissen unterliegt (→ Rn. 181 ff.).

152   Die **Rechtsnatur** des Übernahmevertrages ist durch ein körperschaftliches und ein schuldrechtliches Element geprägt: Der Übernahmevertrag ist **primär körperschaftlicher Natur,** soweit er auf den Erwerb bzw. die Erweiterung der Mitgliedschaft gerichtet ist.[399] Ein Nichtgesellschafter wird aufgrund des Übernahmevertrages – mit Wirksamkeit im Zeitpunkt der Eintragung der Kapitalerhöhung – in die Gesellschaft aufgenommen. Gleichwohl erscheint es nicht gerechtfertigt, die Übernahme mit dem Abschluss eines Gesellschaftsvertrags gleichzusetzen.[400] Anders als bei der Gründung kommt es bei der Kapitalerhöhung nicht zur Errichtung einer neuen juristischen Person. Selbst die Aufnahme eines neuen Gesellschafters erfolgt im Rahmen der Kapitalerhöhung lediglich durch Beitritt (→ Rn. 12).[401]

153   Neben seinem körperschaftlichen Charakter besitzt der Übernahmevertrag – entgegen der bisher hM[402] – auch ein **schuldrechtliches Element.**[403] Das hat nun auch der II. Zivilsenat des BGH anerkannt.[404] Freilich ist er nicht als synallagmatischer Austauschvertrag zu qualifizieren.[405] Es handelt sich vielmehr um einen unvollkommen zweiseitig verpflichtenden Vertrag,[406] der primär den Übernehmer zur Erbringung der auf die übernommenen Anteile entfallenden Einlagen verpflichtet.[407] Außerdem sind die Vertragsparteien verpflichtet, die Durchführung der Kapitalerhöhung nach Kräften voranzutreiben (→ Rn. 72). Dementsprechend entfaltet der Übernahmevertrag eine schuldrechtliche Bindungswirkung, die bei einer Pflichtverletzung durch die Gesellschaft im Einzelfall Schadensersatzansprüche des Gesellschafters nach sich ziehen kann, und zwar sowohl in dem Fall, dass die Gesellschaft die Durchführung der Kapitalerhöhung nicht unverzüglich betreibt (→ Rn. 72), als auch dann, wenn der Erhöhungsbeschluss nachträglich wieder aufgehoben wird (→ Rn. 91). Da

---

[397]   Zur Formulierung der Übernahmeerklärung *Witte/Rousseau* GmbHR 2009, R 321 (R 322).
[398]   Begr. GmbHG 1891 S. 104; RG Urt. v. 1.4.1913 – Rep. II. 580/12, RGZ 82, 116 (121); BGH Urt. v. 2.5.1966 – II ZR 219/63, BGHZ 45, 338 (345) = NJW 1966, 1311; Urt. v. 30.11.1967 – II ZR 68/65, BGHZ 49, 117 (119) = NJW 1968, 398; HCL/*Ulmer/Casper* Rn. 71; Scholz/*Priester/Tebben* Rn. 72; abw. noch Ehrenberg HandelsR-HdB/*Feine* S. 608 f.: einseitige Beitrittserklärung; *Ruth* ZHR 88 (1926), 454 (477 ff.): körperschaftlicher Gesamtwillensakt.
[399]   Insoweit zutr. BGH Urt. v. 30.11.1967 – II ZR 68/65, BGHZ 49, 117 (119) = NJW 1968, 398; Urt. v. 11.1.1999 – II ZR 170/98, BGHZ 140, 258 (260) = NJW 1999, 1252; Urt. v. 3.11.2015 – II ZR 13/14, NZG 2015, 1396 Rn. 13; Noack/Servatius/Haas/*Servatius* Rn. 31; Rowedder/Schmidt-Leithoff/*Schnorbus*   Rn. 46;   HCL/*Ulmer/Casper*   Rn. 72;   Scholz/*Priester/Tebben*   Rn. 73; BeckOK GmbHG/*Ziemons* Rn. 97; *Hülsmann* GmbHR 2019, 377 (380).
[400]   So aber RG Urt. v. 27.4.1920 – VII 453/19, RGZ 98, 349 (350); *Brodmann* Anm. 2; Rowedder/Schmidt-Leithoff/*Schnorbus* Rn. 46; ähnlich Scholz/*Priester/Tebben* Rn. 71.
[401]   IErg wie hier mit weiteren Argumenten HCL/*Ulmer/Casper* Rn. 78.
[402]   Noack/Servatius/Haas/*Servatius* Rn. 31; Rowedder/Schmidt-Leithoff/*Schnorbus* Rn. 46; HCL/*Ulmer/Casper* Rn. 72; BeckOK GmbHG/*Ziemons* Rn. 97. Zur Formulierung der Übernahmeerklärung *Witte/Rousseau* GmbHR 2009, R 321 (R 322).
[403]   Wie hier auch MHLS/*Hermanns* Rn. 66, 98; *Mülbert* FS Priester, 2007, 485 (487 ff.); zust. Lutter/Hommelhoff/*Bayer* Rn. 34; *Wachter* DB 2016, 275 (278); *Bieder* NZG 2016, 538 (539); sympathisierend jetzt auch Scholz/*Priester/Tebben* Rn. 73 aE; zum Zeichnungsvertrag in der AG ebenso Hüffer/Koch/*Koch* AktG § 185 Rn. 4, 23 ff.; BeckOGK/*Servatius* AktG § 185 Rn. 13; Grigoleit/*Rieder/Holzmann* AktG § 185 Rn. 6; *Schürnbrand* FS Stilz, 2014, 569 (570).
[404]   BGH Urt. v. 3.11.2015 – II ZR 13/14, NZG 2015, 1396 Rn. 16 mAnm *Lieder* EWiR 2016, 5.
[405]   Insoweit zutr. BGH Urt. v. 11.1.1999 – II ZR 170/98, BGHZ 140, 258 (260) = NJW 1999, 1252; Urt. v. 3.11.2015 – II ZR 13/14, NZG 2015, 1396 Rn. 13; Noack/Servatius/Haas/*Servatius* Rn. 31; Rowedder/Schmidt-Leithoff/*Schnorbus* Rn. 46.
[406]   *Hellwig* FS Rowedder, 1994, 141 (147); MHLS/*Hermanns* Rn. 98; zur AG RG Urt. v. 3.4.1912 – I. 178/11, RGZ 79, 174 (177); RG Urt. v. 28.10.1927 – II 125/27, RGZ 118, 269 (274); BeckOGK/*Servatius* AktG § 185 Rn. 13; K. Schmidt/Lutter/*Veil* AktG § 185 Rn. 4; Hüffer/Koch/*Koch* AktG § 185 Rn. 4; *Schürnbrand* FS Stilz, 2014, 569 (571 f.); abw. *Hunecke,* Der Zeichnungsvertrag, 2011, 185 f.
[407]   Vgl. BayObLG Beschl. v. 20.2.2002 – 3Z BR 30/02, NZG 2002, 585 (586); Noack/Servatius/Haas/*Servatius* Rn. 31; MHLS/*Hermanns* Rn. 66.

es sich bei dem Übernahmevertrag nicht um einen gegenseitigen Vertrag handelt, kommen §§ 320 ff. BGB grundsätzlich nicht zur Anwendung.[408] Nur wenn die zwischen Gesellschaft und Übernehmer bestehenden Verpflichtungen wertungsmäßig so eng miteinander verknüpft sind, dass sie einem gegenseitigen Vertrag vergleichbare Wirkungen entfalten, ist eine analoge Anwendung einzelner Vorschriften gerechtfertigt (→ Rn. 186 ff.).

2. Übernehmer. a) Allgemeines. Die Übernahme eines neuen Geschäftsanteils setzt **154** grundsätzlich voraus, dass der Übernehmer fähig ist, selbst Träger von Rechten und Pflichten zu sein (zur Parallelproblematik bei der Gründung → § 2 Rn. 111 ff.). Das ist bei **natürlichen** und **juristischen Personen** ebenso zu bejahen wie bei **Personenhandelsgesellschaften** (OHG, KG). In der Gesellschafterliste sind die Handelsgesellschaften selbst, nicht etwa ihre Gesellschafter anzugeben (→ § 40 Rn. 41).

b) Gesamthands- und andere Personengemeinschaften. Auch die **Gesellschaft** **155** **bürgerlichen Rechts** kann Übernehmer sein. Das war schon früher anerkannt[409] und folgt jetzt zwanglos aus der ihr zuerkannten Rechtsfähigkeit (vgl. auch § 899a BGB).[410] Entsprechendes gilt für die **Vorgesellschaft**[411] und den **nichtrechtsfähigen Verein.**[412] Eines Rückgriffs auf § 18 bedarf es nicht,[413] weil die jeweiligen Verbandsformen selbst Rechtsträger sind. Auch bedarf es – anders als in der Übernehmerliste (→ § 57 Rn. 23) – keiner Nennung sämtlicher Gesellschafter im Übernahmevertrag,[414] soweit sich der übernehmende Verband durch seinen Namen und Sitz eindeutig bestimmen lässt. Die Spezialvorschriften nach § 162 Abs. 1 S. 2 HGB, § 47 Abs. 2 S. 1 GBO sind auf die Publizitätswirkung öffentlicher Register zugeschnitten, lassen sich nach ihrem Normzweck indes auf die Begründung einer Übernahmepflicht nicht übertragen. Daran ändert sich auch durch das MoPeG nichts.

Auch die **Erbengemeinschaft** kann sich an der Kapitalerhöhung beteiligen.[415] Da **156** sie selbst aber nicht rechtsfähig ist,[416] findet § 18 Anwendung.[417] Zudem wird nicht die Gemeinschaft selbst, sondern ihre Mitglieder werden in gesamthänderischer Verbundenheit Gesellschafter der GmbH. Entsprechendes gilt für die **eheliche Gütergemeinschaft.**[418] Bei dieser kommt § 18 indes nur modifiziert zur Anwendung, soweit sich aus den §§ 1415 ff. BGB keine Besonderheiten bezüglich Verwaltung und Haftung ergeben (→ § 18 Rn. 35 ff.).[419]

c) Beschränkung der Geschäftsfähigkeit. Minderjährige werden beim Abschluss **157** des Übernahmevertrages von ihrem gesetzlichen Vertreter, typischerweise den Eltern nach §§ 1626, 1629 Abs. 1 BGB, vertreten. Die Übernahme neuer Geschäftsanteile ist auch dann nicht lediglich rechtlich vorteilhaft, wenn die Einlage von Dritten, wie zB den Eltern oder

---

[408] AA *Stöber* BB 2015, 3091: Rücktrittsrecht nach § 323 BGB; dagegen *Lieder* EWiR 2016, 5 (6).
[409] BGH Entsch. v. 3.11.1980 – II ZB 1/79, BGHZ 78, 311 (313 ff.) = NJW 1981, 682.
[410] BGH Urt. v. 29.1.2001 – II ZR 331/00, BGHZ 146, 341 (342 ff.) = NJW 2001, 1056; iErg ebenso Noack/Servatius/Haas/*Servatius* Rn. 19; Scholz/*Priester/Tebben* Rn. 104; HCL/*Ulmer/Casper* Rn. 66.
[411] HCL/*Ulmer/Casper* Rn. 60; zur Gründung auch Scholz/*Schmidt* § 11 Rn. 31; Noack/Servatius/Haas/ *Servatius* § 1 Rn. 31.
[412] HCL/*Ulmer/Casper* Rn. 60; zur Gründung auch Noack/Servatius/Haas/*Servatius* § 1 Rn. 35; Scholz/ *Cramer* § 2 Rn. 64.
[413] HCL/*Ulmer/Casper* Rn. 60.
[414] AA Gehrlein/Born/Simon/*Bormann* Rn. 37.
[415] OLG Hamm Beschl. v. 18.11.1974 – 15 W 111/74, GmbHR 1975, 83 (84 f.); *Maiberg* DB 1975, 2419; Scholz/*Priester/Tebben* Rn. 104; HCL/*Ulmer/Casper* Rn. 67; Rowedder/Schmidt-Leithoff/*Schnorbus* Rn. 31 m. Fn. 74; Gehrlein/Born/Simon/*Bormann* Rn. 54.
[416] BGH Beschl. v. 17.10.2006 – VIII ZB 94/05, NJW 2006, 3715; Urt. v. 11.9.2002 – XII ZR 187/00, NJW 2002, 3389 (3390); Grüneberg/*Weidlich* BGB § 2032 Rn. 1; aA *Grunewald* AcP 197 (1997), 305 (306 ff.).
[417] HCL/*Ulmer/Casper* Rn. 67; Gehrlein/Born/Simon/*Bormann* Rn. 54; *J. Schmidt* NZG 2015, 1049, 1050.
[418] HCL/*Ulmer/Casper* Rn. 67.
[419] HCL/*Löbbe* § 18 Rn. 8.

Großeltern, erbracht wird.[420] Ohne Belang ist, ob der gesetzliche Vertreter selbst Anteile übernimmt; § 181 BGB findet keine Anwendung (→ Rn. 185).

158   Die Beteiligung eines Minderjährigen kann der Genehmigung durch das **Familiengericht** bedürfen. Einer familiengerichtlichen Genehmigung bedarf es analog §§ 1643, 1822 Nr. 10 BGB insbesondere, soweit der Minderjährige durch den Beitritt einer Ausfallhaftung nach § 24 ausgesetzt ist. Das **Haftungsrisiko** kann sich sowohl aus noch offenen Einlageforderungen vor Kapitalerhöhung als auch aus danach begründeten Forderungen ergeben.[421] Bei Sachkapitalerhöhungen ist die Genehmigung stets erforderlich, weil die Gesellschafter nach § 56 Abs. 2, §§ 9, 24 für eine etwaige Differenz haften.[422] Nicht ausreichend für die Anwendung von § 1822 Nr. 10 BGB ist aber das mittelbare Risiko, das aus einer künftigen Haftung aus § 24 wegen einer späteren Kapitalerhöhung oder aus §§ 30, 31 wegen eines potenziellen Verstoßes gegen die Kapitalerhaltungsvorschriften resultiert.[423] Gleiches gilt, wenn der Minderjährige der GmbH nicht neu beitritt, sondern bereits Gesellschafter ist. Denn in diesem Fall folgt die Haftung nicht aus der Übernahme, sondern aus seiner Rechtsstellung als Gesellschafter.[424] Um mit Blick auf die bisher ungesicherte Rechtslage keine unnötigen Risiken einzugehen, erscheint es angezeigt, vorsichtshalber eine familiengerichtliche Genehmigung einzuholen.[425]

159   Darüber hinaus kommt eine Genehmigungspflicht nach §§ 1643, 1822 Nr. 3 BGB wegen des **Erwerbs eines Erwerbsgeschäfts** nicht in Betracht.[426] Denn das Erwerbsgeschäft betreibt nicht der minderjährige Gesellschafter, sondern die GmbH selbst. Darüber hinaus zielt die Vorschrift darauf ab, solche Risiken abzuwehren, die über die mit der schlichten Kapitalanlage verbundenen Gefahren hinausgehen.[427] Das ist bei der Übernahme neuer Geschäftsanteile aber nicht der Fall, da die Haftung nach § 13 Abs. 2 auf das Gesellschaftsvermögen beschränkt ist. Im Übrigen spricht gegen die Anwendung von § 1822 Nr. 3 BGB in rechtspolitischer Hinsicht, dass haftungsrelevante Anteilsübernahmen bereits nach § 1822 Nr. 10 BGB (→ Rn. 158) der familiengerichtlichen Genehmigung bedürfen.

160   **d) Testamentsvollstrecker.** Umstritten ist die Frage, ob der Testamentsvollstrecker sich für den Erben an einer Kapitalerhöhung beteiligen kann. Das wird zum Teil mit Hinweis auf die beschränkte Verpflichtungsbefugnis des Testamentsvollstreckers nach § 2206 Abs. 1 S. 1 BGB abgelehnt.[428] Diese Auffassung überzeugt jedoch nicht, da der Normzweck des § 2206 BGB nur eingreift, falls eine Verpflichtung des Erben tatsächlich droht, und eine Verpflichtung auch in anderen Fällen zulässt, soweit sie zur ordnungsgemäßen Verwaltung des Nachlasses erforderlich ist. Eine Übernahme kommt demnach zunächst in Betracht, wenn keine Nebenpflichten (§ 3 Abs. 2) bestehen, das ursprüngliche Stammkapital eingezahlt ist und auch die Volleinzahlung des erhöhten Kapitals erwartet werden kann.[429] Dann

---

[420]   DNotI-Report 2016, 173 (174).
[421]   BGH Urt. v. 20.2.1989 – II ZR 148/88, BGHZ 107, 23 (25 ff.) = NJW 1989, 1926; DNotI-Report 2016, 173 (176); MHLS/*Hermanns* Rn. 78; Rowedder/Schmidt-Leithoff/*Schnorbus* Rn. 31; Scholz/*Priester/Tebben* Rn. 108; HCL/*Ulmer/Casper* Rn. 63; *Bürger* RNotZ 2006, 156 (168); aA *Winkler* ZGR 1990, 131 (137 ff.).
[422]   Scholz/*Priester/Tebben* Rn. 108; Rowedder/Schmidt-Leithoff/*Schnorbus* Rn. 31; MHLS/*Hermanns* Rn. 78; HCL/*Ulmer/Casper* Rn. 63; aA *Winkler* ZGR 1990, 131 (139 f.).
[423]   BGH Urt. v. 20.2.1989 – II ZR 148/88, BGHZ 107, 23 (28) = NJW 1989, 1926; Scholz/*Priester/Tebben* Rn. 108; MHLS/*Hermanns* Rn. 78; HCL/*Ulmer/Casper* Rn. 63 aE.
[424]   Zutr. Scholz/*Priester/Tebben* Rn. 108 aE; *Gustavus* GmbHR 1982, 10 (17).
[425]   So auch DNotI-Report 2016, 173 (176).
[426]   Vgl. BGH Urt. v. 20.2.1989 – II ZR 148/88, BGHZ 107, 23 (28 ff.) = NJW 1989, 1926; DNotI-Report 2016, 173 (175); Scholz/*Priester/Tebben* Rn. 107; MHLS/*Hermanns* Rn. 78; *Winkler* ZGR 1990, 131 (133 f.); abw. HCL/*Ulmer/Casper* Rn. 64: § 1822 Nr. 3 BGB gegeben, falls die neue Beteiligung dem Erwerb eines Erwerbsgeschäfts gleichkommt; ähnlich BeckOK GmbHG/*Ziemons* Rn. 114a: höchst vorsorglich.
[427]   BGH Urt. v. 20.2.1989 – II ZR 148/88, BGHZ 107, 23 (30) = NJW 1989, 1926; vgl. noch MüKoBGB/*Kroll-Ludwigs* BGB § 1822 Rn. 18.
[428]   Scholz/*Cramer* § 2 Rn. 58 zur Gründung.
[429]   Zutr. Scholz/*Priester/Tebben* Rn. 109; *Priester* FS Stimpel, 1985, 463 (478 f.); zust. Lutter/Hommelhoff/*Bayer* Rn. 37; zum Formwechsel in eine AG auch BayObLG Beschl. v. 29.3.1976 – 1 Z 9/76, NJW

besteht kein Haftungsrisiko nach § 24. Darüber hinaus kann der Testamentsvollstrecker an der Kapitalerhöhung teilnehmen, wenn sie zur Verwaltung des Nachlasses erforderlich ist. Geht es um den Beitritt zur Gesellschaft, wird man das regelmäßig ablehnen müssen. Anderes gilt aber nicht selten, wenn der Erbe schon bisher Gesellschafter der GmbH war. Erforderlich ist aber stets, dass die Übernahme neuer Geschäftsanteile im wirtschaftlichen Interesse des Erben geboten und für den verwalteten Nachlass vorteilhaft ist.[430] Umgekehrt darf nicht übersehen werden, dass die Testamentsvollstreckung letztlich auf Abwicklung gerichtet ist.[431] Daher geht es zu weit, dem Testamentsvollstrecker die unbeschränkte Befugnis zuzuerkennen, neue Geschäftsanteile für den Erben zu übernehmen.[432]

e) Eigene Anteile und verbundene Unternehmen. aa) Eigene Anteile. Anders **161** als bei der nominellen Erhöhung des Stammkapitals (→ § 57l Rn. 4 f.) kann die Gesellschaft bei einer ordentlichen Kapitalerhöhung, dh, einer Erhöhung gegen Einlage, analog § 56 Abs. 1 AktG keine neuen Anteile übernehmen.[433] Das folgt aus dem **Prinzip der realen Kapitalaufbringung** bei Kapitalgesellschaften (→ § 56 Rn. 1; → § 56a Rn. 2), wie es für die AG in § 56 Abs. 1 AktG eine positivrechtliche Ausformung erfahren hat. Die Vorschrift zielt darauf ab, im Interesse effektiven Gläubigerschutzes sicherzustellen, dass sich die Eigenkapitalbasis der Gesellschaft infolge einer ordentlichen Kapitalerhöhung tatsächlich verbreitert.[434] Beteiligt sich die Gesellschaft selbst an der Erhöhung ihres Stammkapitals, fließt der GmbH indes kein frisches Kapital zu, das sie nicht ohnehin bereits hat. Vielmehr handelt es sich faktisch um eine Kapitalerhöhung aus Gesellschaftsmitteln,[435] die nach §§ 57c ff. von der Einhaltung besonderer Regelungen abhängig ist. Ließe man eine Beteiligung der GmbH an der Erhöhung ihres eigenen Kapitals zu, würden die einschränkenden Kautelen unterlaufen. Die in Rspr.[436] und Schrifttum[437] darüber hinaus weiterhin vertretenen Begründungsansätze sind demgegenüber ohne Belang.

bb) Faktisch konzernierte Unternehmen. Das Prinzip der realen Kapitalaufbringung ist auch in Konzernsachverhalten zu beachten. Analog § 56 Abs. 2 S. 1 AktG darf **162** daher ein abhängiges oder in Mehrheitsbesitz befindliches Unternehmen keine Geschäftsanteile der herrschenden GmbH übernehmen.[438] Hierdurch wird bei der GmbH ebenso wie bei der AG verhindert, dass das zugeführte Kapital aufgrund der Abhängigkeit des Übernehmers bei wirtschaftlicher Betrachtung zu einem erheblichen Teil aus dem Vermö-

---

1976, 1692 (1693); ähnlich BayObLG Beschl. v. 18.3.1991 – BReg. 3 Z 69/90, GmbHR 1991, 572 (575) = NJW-RR 1991, 1252; MüKoBGB/*Zimmermann* BGB § 2205 Rn. 53; großzügiger *Heinemann* GmbHR 1985, 349 (350), der die Ausfallhaftung nach § 24 beschränken will.

[430] BGH Urt. v. 2.10.1957 – IV ZR 217/57, BGHZ 25, 275 (283) = NJW 1957, 1916; Beschl. v. 7.11.1966 – III ZR 48/66, WM 1967, 25 (27); BayObLG Beschl. v. 29.3.1976 – 1 Z 9/76, NJW 1976, 1692 (1693).

[431] MüKoBGB/*Zimmermann* BGB § 2206 Rn. 1.

[432] So aber MHLS/*Hermanns* Rn. 79; wohl auch Gehrlein/Born/Simon/*Bormann* Rn. 54.

[433] IErg allgM: BGH Beschl. v. 9.12.1954 – II ZB 15/54, BGHZ 15, 391 (393) = NJW 1955, 222; Noack/Servatius/Haas/*Servatius* Rn. 19; MHLS/*Hermanns* Rn. 81; Scholz/*Priester/Tebben* Rn. 110; HCL/*Ulmer/Casper* Rn. 61; Gehrlein/Born/Simon/*Bormann* Rn. 55; *W. Müller* FS Hoffmann-Becking, 2013, 835 (838); für die Übertragung von § 56 Abs. 1 AktG auf die GmbH auch *Fleischer* GmbHR 2008, 673 (679).

[434] S. MüKoAktG/*Götze* AktG § 56 Rn. 2, 7; BeckOGK/*Cahn/v. Spannenberg* AktG § 56 Rn. 1; K. Schmidt/Lutter/*Fleischer* AktG § 56 Rn. 1; GroßkommAktG/*Henze* AktG § 56 Rn. 3; Hüffer/Koch/*Koch* AktG § 56 Rn. 1.

[435] Zutr. Scholz/*Priester/Tebben* Rn. 110; MHLS/*Hermanns* Rn. 81; dagegen HCL/*Ulmer/Casper* Rn. 62.

[436] BGH Beschl. v. 9.12.1954 – II ZB 15/54, BGHZ 15, 391 (393) = NJW 1955, 222: fehlende Prüfungsmöglichkeit des Registergerichts; dagegen *Winkler* GmbHR 1972, 73 (75 f.).

[437] HCL/*Ulmer/Casper* Rn. 62: Rechtsgedanke des § 33 Abs. 1 und Unmöglichkeit rechtsgeschäftlicher Selbstverpflichtung; MHLS/*Hermanns* Rn. 81; *Winkler* GmbHR 1972, 73 (75): § 33 Abs. 1; dagegen insgesamt Scholz/*Priester/Tebben* Rn. 110; vgl. noch *W. Müller* FS Hoffmann-Becking, 2013, 835 (838), der die mangelnde Einlagefähigkeit aus der fehlenden Aktivierbarkeit herleitet; → § 57d Rn. 29.

[438] Heute allgM: MHLS/*Hermanns* Rn. 82; Scholz/*Priester/Tebben* Rn. 111 f.; HCL/*Ulmer/Casper* Rn. 63; sympathisierend *Klein* GmbHR 2016, 461 (462).

gen des herrschenden Unternehmens stammt, dessen Kapital erhöht werden soll.[439] Ausgehend von diesem Normzweck des § 56 Abs. 2 S. 1 AktG rechtfertigt sich eine Analogiebildung für die faktische Konzernierung aufgrund einer maßgeblichen kapitalistischen Beteiligung an dem abhängigen Unternehmen. Entscheidend ist die tatsächliche Beherrschung des Unternehmens, ohne dass es auf eine bestimmte Mindestbeteiligung ankäme.[440]

163   **cc) Vertragskonzern.** Im Vertragskonzern können abhängige Unternehmen hingegen an der Kapitalerhöhung der Konzernobergesellschaft beteiligt sein.[441] Entgegen der noch immer hM[442] kommt eine analoge Anwendung des § 56 Abs. 2 S. 1 AktG nicht in Betracht. Schon bei der AG ist die weite Fassung der Vorschrift rechtspolitisch nicht überzeugend. Die reale Kapitalaufbringung als zentraler Normzweck ist beim Vertragskonzern nicht berührt. Insbesondere vermögen die Verlustausgleichspflicht sowie die übrige finanzielle Verflechtung eine Anwendung der Vorschrift nicht zu rechtfertigen.[443] Entsprechendes gilt für die Vermeidung von Verwaltungsstimmen, die von § 56 Abs. 2 S. 1 AktG nach zutreffender Auffassung nicht verhindert werden sollen;[444] das ruhende Stimmrecht aus eigenen Aktien nach § 71b AktG reicht dafür aus.[445] Gleichwohl befürwortet die einhellige Auffassung im Aktienrecht aus Gründen der Rechtssicherheit und Rechtsklarheit die Anwendung des § 56 Abs. 2 S. 1 AktG auf den Vertragskonzern; eine teleologische Reduktion wird allgemein abgelehnt.[446] Dem mag man – mit Bedenken – für die AG folgen. Eine Übertragung dieser rechtspolitisch zweifelhaften Gesichtspunkte auf die GmbH ist hingegen abzulehnen. Gründe der Rechtssicherheit und Rechtsklarheit allein vermögen eine analoge Anwendung nicht zu rechtfertigen. Tragender Beweggrund für eine Analogiebildung ist einzig das Prinzip der realen Kapitalaufbringung, das bei vertraglich konzernierten Unternehmen nicht tangiert ist.

164   **dd) Einheits-GmbH & Co. KG.** Übernahmefähig ist auch die KG, die als einzige Gesellschafterin an ihrer Komplementär-GmbH beteiligt ist (Einheits-GmbH & Co. KG), soweit die GmbH nicht am Vermögen der KG beteiligt ist.[447] Die Gegenauffassung hält die KG selbst bei mangelnder Beteiligung der GmbH an der KG für einen ungeeigneten Übernehmer.[448] Das ist abzulehnen, da das Prinzip der realen Kapitalaufbringung mangels kapitalmäßiger Beteiligung hier nicht eingreift. Die GmbH finanziert – anders als bei faktisch konzernierten Gesellschaften – nicht mittelbar ihre eigene Kapitalerhöhung. Vielmehr fließt frisches Kapital von außen zu. Ist dies der Fall, dann kommt eine Übernahme neuer Geschäftsanteile auch durch die KG in Betracht, an deren Vermögen die GmbH beteiligt ist, solange die Einlage nicht aus dem GmbH-Vermögen stammt.[449] Andernfalls scheidet eine Übernahme aus.

[439] MHLS/*Hermanns* Rn. 82; zur AG BeckOGK/*Cahn/v. Spannenberg* AktG § 56 Rn. 22.
[440] IErg wie hier Noack/Servatius/Haas/*Servatius* Rn. 19; MHLS/*Hermanns* Rn. 82; aA – nicht unterhalb einer Kapitalbeteiligung von 50 % – Rowedder/Schmidt-Leithoff/*Schnorbus* Rn. 32; Scholz/*Priester*/*Tebben* Rn. 112; zur AG BeckOGK/*Cahn/v. Spannenberg* AktG § 56 Rn. 27 aE, 28; abw. Lutter/Hommelhoff/*Bayer* Rn. 36: mehr als 25 %.
[441] Scholz/*Priester*/*Tebben* Rn. 111; Rowedder/Schmidt-Leithoff/*Schnorbus* Rn. 32; MHLS/*Hermanns* Rn. 82.
[442] HCL/*Ulmer*/*Casper* Rn. 70; *Winkler* GmbHR 1972, 73 (75).
[443] BeckOGK/*Cahn/v. Spannenberg* AktG § 56 Rn. 29.
[444] So aber MüKoAktG/*Götze* AktG § 56 Rn. 29 aE; K. Schmidt/Lutter/*Fleischer* AktG § 56 Rn. 13; GroßkommAktG/*Henze* AktG § 56 Rn. 25.
[445] BeckOGK/*Cahn/v. Spannenberg* AktG § 56 Rn. 29.
[446] So – mit Bedenken – selbst BeckOGK/*Cahn/v. Spannenberg* AktG § 56 Rn. 29; ebenso MüKoAktG/*Götze* AktG § 56 Rn. 29 aE; K. Schmidt/Lutter/*Fleischer* AktG § 56 Rn. 13; GroßkommAktG/*Henze* AktG § 56 Rn. 25.
[447] Noack/Servatius/Haas/*Servatius* Rn. 19; MHLS/*Hermanns* Rn. 83; Scholz/*Priester*/*Tebben* Rn. 113; Rowedder/Schmidt-Leithoff/*Schnorbus* Rn. 35 aE; Gehrlein/Born/Simon/*Bormann* Rn. 57; (unter Aufgabe der früheren Auffassung) nunmehr auch HCL/*Ulmer*/*Casper* Rn. 70; *Altmeppen* Rn. 55.
[448] LG Berlin Beschl. v. 26.8.1986 – 98 T 24/86, DNotZ 1987, 374 (375) mAnm *Winkler*; Lutter/Hommelhoff/*Bayer* Rn. 36.
[449] Zutr. MHLS/*Hermanns* Rn. 84.

f) Scheingesellschafter. Ist der wahre Inhaber eines Geschäftsanteils nicht in der 165
Gesellschafterliste iSd § 40 als Gesellschafter der GmbH eingetragen, nimmt er auch nicht
an der Kapitalerhöhung teil. Vielmehr steht das gesetzliche Bezugsrecht für die neuen
Geschäftsanteile (→ Rn. 103 ff.) dem nach § 16 Abs. 1 legitimierten (Schein-)Gesellschafter
zu. Schließt dieser den Übernahmevertrag mit der Gesellschaft ab, wird er nach Eintragung
der Kapitalerhöhung materiell berechtigter Inhaber des neuen Geschäftsanteils.[450] Besonderheiten ergeben sich für die nominelle Kapitalerhöhung (→ § 57j Rn. 3 f.).

g) Satzungsregelungen. Der Kreis potenzieller Übernehmer kann durch die Satzung 166
eingeschränkt sein, indem sie besondere Anforderungen für die Gesellschafter der GmbH
aufstellt. In Betracht kommen Bestimmungen über **Alter, Beruf** oder eine bestimmte
Familienzugehörigkeit. Regelungen über die **Nationalität** der Gesellschafter sind im
Hinblick auf die Kapitalverkehrsfreiheit nach Art. 63 AEUV sowie das allgemeine Diskrimi-
nierungsverbot nach Art. 18 AEUV unproblematisch, soweit sie auf dem autonomen Willen
der Gesellschafter beruhen und ohne entscheidenden Einfluss des Staates zustande gekommen sind. Sobald die öffentliche Hand maßgeblich auf die Entscheidung einwirkt, kommt
ein Verstoß gegen Art. 63 AEUV in Betracht.[451]

3. Übernahmeerklärung. a) Inhalt. aa) Allgemeine Angaben. In der Übernah- 167
meerklärung müssen grundsätzlich die **Person** des Übernehmers, die **Nennbeträge** der
übernommenen Geschäftsanteile (vgl. Abs. 2 S. 2) sowie die kapitalerhöhende **Gesellschaft**
enthalten sein.[452] Der Inhalt kann sich aber auch aus einer Bezugnahme der Erklärung auf
den Kapitalerhöhungsbeschluss ergeben.[453] Nicht selten werden Übernahmeerklärung und
Beschluss gemeinsam beurkundet. Dann müssen die Angaben nur einmal aufgeführt werden.[454] Die Übernahmeerklärung selbst ist indes unverzichtbar.[455] Darüber hinaus sind für
Sacheinlagen besondere Feststellungen zu machen (→ § 56 Rn. 37 ff.).

bb) Fakultative Angaben. Davon abgesehen muss die Übernahmeerklärung **keine** 168
weiteren Angaben enthalten. Eine § 185 Abs. 1 AktG entsprechende Vorschrift beinhaltet
das GmbH-Recht nicht. Auch eine analoge Anwendung der Vorschrift kommt nicht in
Betracht, da die Durchführung des Kapitalerhöhungsverfahrens bei der GmbH tendenziell
weniger streng ausgestaltet ist als im Aktienrecht. Demnach sind weder der Ausgabebetrag[456]
noch der Einzahlungsbetrag[457] in der Übernahmeerklärung zwingend anzugeben, wenngleich sich dies durchaus empfehlen kann. Auch braucht das Datum des Kapitalerhöhungsbeschlusses grundsätzlich nicht angegeben zu werden; anderes kann gelten, falls parallel
nebeneinander mehrere Kapitalerhöhungen durchgeführt werden.[458] Zudem ist die Angabe
der Geschäftsanteilnummern für die Übernahmeerklärung rechtlich nicht verlangt,[459] der
Praxis aber gleichwohl zu empfehlen. Entscheidend ist die Nummerierung erst bei der
späterhin eingereichten Gesellschafterliste (→ § 57 Rn. 21).

[450] *Schnorbus* ZGR 2004, 126 (136, 153).
[451] Ausf. zur Vinkulierung bei der AG *Lieder* ZHR 172 (2008), 306 (310 ff.) in Auseinandersetzung mit
EuGH Urt. v. 23.10.2007 – C-112/05, NJW 2007, 3481 Rn. 40 f., 45, 61.
[452] Vgl. Rowedder/Schmidt-Leithoff/*Schnorbus* Rn. 47; Scholz/*Priester/Tebben* Rn. 79; HCL/*Ulmer/Casper*
Rn. 77. – Für ein Muster der Übernahmeerklärung s. *Langenfeld/Miras* GmbH-Vertragspraxis, 7. Aufl.
2015, 328; *Lohr* GmbH-StB 2016, 55.
[453] MHLS/*Hermanns* Rn. 71; Scholz/*Priester/Tebben* Rn. 79; HCL/*Ulmer/Casper* Rn. 77.
[454] BGH Urt. v. 13.10.1966 – II ZR 56/64, WM 1966, 1262 (1263); Scholz/*Priester/Tebben* Rn. 79; HCL/
Ulmer/Casper Rn. 77.
[455] OLG Celle Beschl. v. 13.5.1986 – 1 W 8/86, NJW-RR 1986, 1482; OLG Celle Beschl. v. 11.3.1999 –
9 W 26/99, GmbHR 1999, 1253 (1254); Scholz/*Priester/Tebben* Rn. 79.
[456] Scholz/*Priester/Tebben* Rn. 80; jetzt auch Lutter/Hommelhoff/*Bayer* Rn. 39 unter Aufgabe der bisherigen Auffassung.
[457] AA Noack/Servatius/Haas/*Servatius* Rn. 33; BeckOK GmbHG/*Ziemons* Rn. 104; wie hier auch Scholz/
Priester/Tebben Rn. 80.
[458] HCL/*Ulmer/Casper* Rn. 77; Scholz/*Priester/Tebben* Rn. 80.
[459] Zust. Lutter/Hommelhoff/*Bayer* Rn. 39 unter Aufgabe der bisherigen Auffassung.

169 Aus praktischen Erwägungen heraus, insbesondere um Unklarheiten und Streit zu vermeiden, sollten die **Rechte und Pflichten der Beteiligten** aus dem Übernahmevertrag möglichst klar geregelt werden.[460] Bei einer Bareinlage sollte zB das richtige Konto der Gesellschaft eindeutig bezeichnet werden. Zudem sollte die Fälligkeit nach dem Kalender bestimmt sein, um eine Mahnung nach § 286 Abs. 2 Nr. 1 BGB entbehrlich zu machen. Das Rücktrittsrecht für den Fall der Nichtleistung sollte ausdrücklich festgeschrieben werden. Auch eine Vertragsstraferegelung kommt in Betracht. Mit Blick auf die BGH-Rspr. (→ Rn. 91) sollte auch die Verpflichtung der Gesellschaft zur zügigen und ordnungsgemäßen Durchführung der Kapitalerhöhung ausdrücklich vereinbart werden. Nach Überschreiten einer bestimmten Frist kann dem Übernehmer ein Rücktrittsrecht eingeräumt werden. Denkbar ist weiterhin eine Vereinbarung von vertraglichen Auskunfts- und Einsichtsrechten noch vor Eintragung der Kapitalerhöhung einschließlich einer entsprechenden Vereinbarung über den vertraulichen Umgang mit den erlangten Informationen.[461]

170 **cc) Zusätzliche Angaben beim Neubeitritt.** Nach Abs. 2 S. 2 muss die Übernahmeerklärung des beitretenden Gesellschafters außerdem sowohl die aus der Satzung als auch im Zusammenhang mit der Kapitalerhöhung sich ergebenden **Leistungspflichten** enthalten. Dem Beitretenden werden hierdurch die besonderen Pflichten vor Augen geführt, die ihn mit dem Beitritt automatisch treffen und für ihn nicht ohne Weiteres ersichtlich sind, da er am Zustandekommen der Satzung sowie dem Kapitalerhöhungsbeschluss nicht mitgewirkt hat.[462] Erfasst sind Nebenleistungspflichten (§ 3 Abs. 2), namentlich ein für den neuen Geschäftsanteil zu zahlendes Agio (→ Rn. 65 ff.) sowie Nachschusspflichten (§ 26).[463] Nur mittelbare gesetzliche Belastungen, wie etwa ein Haftungsrisiko wegen Ausfallhaftung nach §§ 24, 31 Abs. 3, sind nicht aufzunehmen.[464] Für die Angabe der zusätzlichen Leistungspflichten genügt es, dass sie durch Bezugnahme Bestandteil der Übernahmeerklärung werden, soweit sich daraus nur mit hinreichender Deutlichkeit ergibt, dass sich der Übernehmer der übernommenen Pflichten bewusst war.[465]

171 Bleibt die Übernahmeerklärung hinter diesen Vorgaben zurück, hat das Registergericht die Anmeldung zurückzuweisen und durch Zwischenverfügung gem. § 382 Abs. 4 FamFG eine Ergänzung zu verlangen.[466] Erfolgt stattdessen die Eintragung, wird der **Mangel** geheilt und den Beigetretenen treffen sämtliche zusätzlichen Leistungspflichten. Das geschieht unabhängig davon, ob er sie kannte[467] oder ob eine pflichtenbegründende Satzungsänderung bereits eingetragen war.[468] Nach Eintragung ist eine Anfechtung der Übernahmeerklärung ausgeschlossen. In Betracht kommt bei Vorliegen der erforderlichen Voraussetzungen lediglich ein Austritt aus wichtigem Grund (→ § 57 Rn. 83).

172 **b) Form. aa) Normzweck des Abs. 1.** Die Übernahmeerklärung muss notariell aufgenommen oder beglaubigt werden (Abs. 1). Das Formerfordernis erfasst lediglich die Erklärung des Übernehmers; die Annahmeerklärung der Gesellschaft ist hingegen formfrei

[460] Dazu und zum Folgenden *Wachter* DB 2016, 275 (281).
[461] Dazu näher *Mock* GmbHR 2015, 1319 (1320); *Wachter* DB 2016, 275 (281).
[462] Vgl. MHLS/*Hermanns* Rn. 73; *Hoene/Eickmann* GmbHR 2017, 854 (857).
[463] RG Urt. v. 1.4.1913 – Rep. II. 580/12, RGZ 82, 116 (121); Noack/Servatius/Haas/*Servatius* Rn. 33; Lutter/Hommelhoff/*Bayer* Rn. 39; Rowedder/Schmidt-Leithoff/*Schnorbus* Rn. 47; Scholz/*Priester/Tebben* Rn. 78; vgl. noch zum inhaltsgleichen, österreichischen Recht *Jennewein* GesRZ 2013, 280.
[464] AllgM, RG Urt. v. 1.4.1913 – Rep. II. 580/12, RGZ 82, 116 (121); MHLS/*Hermanns* Rn. 74; Scholz/*Priester/Tebben* Rn. 86; HCL/*Ulmer/Casper* Rn. 78.
[465] RG Urt. v. 6.7.1912 – 417/11 I., JW 1912, 920 (921); Lutter/Hommelhoff/*Bayer* Rn. 39; MHLS/*Hermanns* Rn. 73; Rowedder/Schmidt-Leithoff/*Schnorbus* Rn. 47; Scholz/*Priester/Tebben* Rn. 87; HCL/*Ulmer/Casper* Rn. 71 aE; BeckOK GmbHG/*Ziemons* Rn. 104.
[466] MHLS/*Hermanns* Rn. 73 aE; Scholz/*Priester/Tebben* Rn. 88; HCL/*Ulmer/Casper* Rn. 79; zu § 382 Abs. 4 FamFG s. *Vossius* ZGR 2009, 366 (405 ff.).
[467] Heute allgM, Scholz/*Priester/Tebben* Rn. 88; HCL/*Ulmer/Casper* Rn. 79.
[468] Scholz/*Priester/Tebben* Rn. 88.

möglich.[469] Die Formvorschrift zielt nach ihrem Normzweck darauf ab, den Rechtsverkehr und die Öffentlichkeit sowie die Gläubiger und künftigen Gesellschafter über die Eigenkapitalbasis der Gesellschaft aufzuklären.[470] Das Formerfordernis soll nach diesem Schutzzweck die inhaltliche Richtigkeit der Erklärung sicherstellen, nicht aber den Übernehmer vor der übernommenen Verpflichtung warnen oder ihn sachkundig belehren.[471] Die Normzwecke von Abs. 1 und Abs. 2 S. 2 unterscheiden sich insofern dahingehend, dass die zuletzt genannte Vorschrift neu beitretende Gesellschafter vor zusätzlichen Leistungspflichten warnen soll, während Abs. 1 keine Warnfunktion hat. **Eine notarielle Beurkundung nach § 15 Abs. 4** scheidet auch dann aus, wenn die Übernahme von GmbH-Anteilen Bestandteil eines umfassenden Vertragswerks ist, in dem nach § 15 Abs. 4 formpflichtige Optionsrechte vereinbart sind.[472] Zwar hat der BGH diese Frage offengelassen,[473] allerdings ist eine Anwendung von § 15 Abs. 4 auf die Übernahmeerklärung schwerlich mit deren Charakter als primär körperschaftliche Erklärung (→ Rn. 152) in Einklang zu bringen.[474] Hinzu kommt, dass sich eine Anwendung von § 15 Abs. 4 nur auf Grundlage des Vollständigkeitsgrundsatzes begründen ließe (→ § 15 Rn. 107 ff.), der in der Sache aber mit Blick auf den Normzweck von § 15 Abs. 4 (Erschwerungsfunktion) abzulehnen ist.

bb) Beurkundungsfragen. Die Übernahmeerklärung kann gemeinsam mit dem **173** Kapitalerhöhungsbeschluss in eine notarielle Urkunde aufgenommen werden. Das Formerfordernis des Abs. 1 ist dann erfüllt, wenn die allgemeinen Vorschriften über die Beurkundung von Willenserklärungen (§§ 8 ff. BeurkG) eingehalten werden. Das Versammlungsprotokoll (§§ 36, 37 BeurkG) ist unzureichend. Vielmehr muss dem Übernehmer nach § 13 BeurkG die Niederschrift vorgelesen, von ihm genehmigt und eigenhändig unterzeichnet werden.[475] Mit der heute hM[476] ist dem Formzweck des Abs. 1 bei der Übernahme neuer Geschäftsanteile durch eine öffentliche Behörde damit genügt, dass die Übernahmeerklärung im Rahmen ihrer Amtstätigkeit formell in eine öffentliche Urkunde aufgenommen wird, für deren Echtheit die Vermutung des § 437 ZPO gilt. Das ist für Urkunden von Behörden im Allgemeinen anerkannt[477] und gilt auch für die Übernahmeerklärung. Begründet die Übernahmeerklärung eine Verpflichtung zur Grundstückseinbringung, ist sie nach § 311b Abs. 1 S. 1 BGB notariell zu beurkunden.[478]

[469] BGH Urt. v. 13.10.1966 – II ZR 56/64, WM 1966, 1262 (1263); OLG Frankfurt Urt. v. 12.5.2015 – 11 U 71/13 (Kart), GmbHR 2015, 1040 (1041) – mit unrichtigem Zitat; Lutter/Hommelhoff/*Bayer* Rn. 34; *Altmeppen* Rn. 25; HCL/*Ulmer/Casper* Rn. 73.

[470] OLG München Urt. v. 4.5.2005 – 23 U 5121/04, NZG 2005, 756 (757) mAnm *Bayer/Lieder* EWiR 2005, 525; MHLS/*Hermanns* Rn. 69; Rowedder/Schmidt-Leithoff/*Schnorbus* Rn. 48; Scholz/*Priester/ Tebben* Rn. 81; HCL/*Ulmer/Casper* Rn. 73; *Lieder* DStR 2014, 2464 (2469); *Krampen-Lietzke* RNotZ 2016, 20 (22); *Tholen/Weiß* GmbHR 2016, 915; *Wachter* GmbHR 2018, 134 (136); vgl. zuvor noch BGH Urt. v. 13.10.1966 – II ZR 56/64, WM 1966, 1262 (1263); de lege ferenda für eine Ersetzung der notariellen Beurkundung durch Textform *Happ* ZHR 169 (2005), 6 (29 f.).

[471] Zust. *Krampen-Lietzke* RNotZ 2016, 20 (22); *Tholen/Weiß* GmbHR 2016, 915; aA *Wachter* GmbHR 2018, 134 (136).

[472] OLG Frankfurt Urt. v. 12.5.2015 – 11 U 71/13 (Kart), GmbHR 2015, 1040 (1042 f.).

[473] BGH Urt. v. 17.10.2017 – KZR 24/15, NZG 2018, 29 Rn. 33 – ConsulTrust mAnm *Lieder* EWiR 2018, 99.

[474] So schon *Lieder* EWiR 2018, 99 (100); iErg ebenso *Wachter* GmbHR 2018, 134 (136 f.).

[475] RG Urt. v. 11.2.1910 – Rep. II. 577/09, RGZ 73, 44 (45); Lutter/Hommelhoff/*Bayer* Rn. 34; MHLS/ *Hermanns* Rn. 69; Scholz/*Priester/Tebben* Rn. 81; HCL/*Ulmer/Casper* Rn. 74; Bork/Schäfer/*Arnold/Born* Rn. 33; BeckOK GmbHG/*Ziemons* Rn. 99.

[476] LG Dortmund Beschl. v. 30.10.1961 – 10 T 2/61, DNotZ 1962, 146 (147) m. zust. Anm. *Philippi*; LG München Beschl. v. 25.4.1962 – 5 HK 3/62, DNotZ 1962, 660; *Wilhelm* NJW 1961, 12; Noack/ Servatius/Haas/*Servatius* Rn. 32; HCL/*Ulmer/Casper* Rn. 74; aA KG Urt. v. 24.9.1909 – 1 a. X. 686/ 09, KGJ 38, 175 (175 f.); Urt. v. 8.2.1940 – 1 Wx 927/39, DR 1940, 504; LG Hannover Beschl. v. 28.12.1956 – 17 T 7/56, GmbHR 1957, 118 (119); Meyer-Landrut/Miller/Niehus/*Meyer-Landrut* Rn. 10; zweifelnd MHLS/*Hermanns* Rn. 69.

[477] BGH Beschl. v. 20.6.1966 – IV ZB 60/66, BGHZ 45, 362 (365 f.) = NJW 1966, 1808; Grüneberg/ *Ellenberger* BGB § 129 Rn. 2; einschr. MüKoBGB/*Einsele* BGB § 129 Rn. 4.

[478] Scholz/*Priester/Tebben* Rn. 81; *H. Schmidt* FS Priester, 2007, 679 (684).

174   **cc) Bevollmächtigung.** Unter Hinweis auf die Wertung des § 2 Abs. 2 und das Formerfordernis des § 55 Abs. 1 geht die **einhellige Auffassung** davon aus, dass auch die Vollmacht zur Abgabe einer Übernahmeerklärung ebenfalls der Form des Abs. 1 bedarf.[479] Das erweist sich bei näherer Betrachtung als **unzutreffend.**[480] Die noch in der Vorauflage vertretene Auffassung wird aufgegeben. Eine teleologische Reduktion des § 167 Abs. 2 BGB kommt nur in Betracht, wenn durch die Bevollmächtigung bereits eine rechtliche oder tatsächliche Bindung erzeugt wird und die einschlägige Formvorschrift den Einzelnen gerade gegen eine übereilte Entscheidung schützen will.[481] Letzteres ist zwar bei § 2 Abs. 1 nach zutreffender hM der Fall (→ § 2 Rn. 23), aber gerade nicht bei § 55 Abs. 1 (→ Rn. 172). Aufgrund der **unterschiedlichen Formzwecke** kann auch die Wertung des § 2 Abs. 2 nicht für eine teleologische Reduktion des § 167 Abs. 2 BGB ins Feld geführt werden. Weil der Form des Abs. 1 gerade keine Warn- und Beratungsfunktion zukommt, sondern die Vorschrift der Beweissicherung zu dienen bestimmt ist, kann auch eine mittels Bevollmächtigung erzeugte vorgelagerte Bindung des Übernehmers keine Formbedürftigkeit auslösen. Die vom Formerfordernis adressierten Verkehrsschutzgesichtspunkte werden durch die Vollmachtserteilung als solche nicht berührt. Der Normzweck des Abs. 1 ist vielmehr erst dann einschlägig, wenn der Bevollmächtigte später tatsächlich im Namen des Übernehmers die Übernahmeerklärung abgibt. Das entspricht letztlich auch der zutreffenden, im Vordringen begriffenen Auffassung, wonach Übernahmeverpflichtungsverträge ebenfalls formfrei abgeschlossen werden können (→ Rn. 206). Davon abgesehen kann die Dienstbarmachung des § 2 Abs. 2 – entgegen der Auffassung des KG – auch nicht auf die vermeintliche Parallele zwischen der GmbH-Gründung und der Kapitalerhöhung gestützt werden, weil zwischen beiden Instituten zentrale Unterschiede bestehen (→ Rn. 12).[482] Angesichts des derzeit abweichenden Meinungsstandes ist der **Praxis** freilich nachdrücklich **anzuraten,** die Erteilung einer Vollmacht zur Abgabe einer Übernahmeerklärung **vorsorglich notariell beglaubigen** oder beurkunden **zu lassen.**

175   **dd) Heilung.** Mit **Eintragung** der Kapitalerhöhung in das Handelsregister ist der Formmangel der Übernahmeerklärung geheilt.[483] Dem steht nicht entgegen, dass nicht die Übernahmeerklärung selbst, sondern nur die Kapitalerhöhung eingetragen wird. Denn das Prinzip der realen Kapitalaufbringung verlangt im Interesse effektiven Gläubigerschutzes, dass sich der Übernehmer nach Eintragung nicht mehr auf den Formmangel berufen kann. Das ist bei der Gründung anerkannt (→ § 2 Rn. 86) und gilt auch für die Kapitalerhöhung. **Keine Heilung** tritt dagegen durch die **Erbringung der Einlage** ein.[484] Da die Einlageleistung als solche nicht automatisch zur Erfüllung sämtlicher Gesellschafterpflichten führt, wie § 3 Abs. 2, §§ 23, 26 zeigen, scheitert auch eine Gesamtanalogie zu § 311b Abs. 1 S. 2 BGB, § 518 Abs. 2 BGB, § 766 S. 3 BGB. Ist eine Eintragung nicht erfolgt, ist die

[479]   KG Urt. v. 15.10.1909 – 1 a. X. 819/08, KGJ 39, 127 (128 f.); OLG Neustadt Beschl. v. 13.9.1951 – 3 W 82/51, GmbHR 1952, 58; Noack/Servatius/Haas/*Servatius* Rn. 32; BeckOK GmbHG/*Ziemons* Rn. 109; Lutter/Hommelhoff/*Bayer* Rn. 34; MHLS/*Hermanns* Rn. 69; *Altmeppen* Rn. 25; Rowedder/Schmidt-Leithoff/*Schnorbus* Rn. 48; Scholz/*Priester/Tebben* Rn. 81; HCL/*Ulmer/Casper* Rn. 75; *Wicke* Rn. 12; *Herrler* DNotZ 2008, 903 (916); *Wachter* GmbHR 2018, 134 (136); *Rodewald/Mentzel* GmbHR 2020, 826 (827 f.).
[480]   Dazu und zum Folgenden ausf. *Lieder* FS Bergmann, 2018, 473 (490 ff.).
[481]   Vgl. Grüneberg/*Ellenberger* BGB § 167 Rn. 2; Erman/*Maier-Reimer/Finkenauer* BGB § 167 Rn. 5; MüKoBGB/*Schubert* BGB § 167 Rn. 19; *Rösler* NJW 1999, 1150 (1151).
[482]   Vgl. auch *Lieder* DStR 2014, 2464 (2466).
[483]   BGH Urt. v. 17.10.2017 – KZR 24/15, NZG 2018, 29 Rn. 35 – ConsulTrust mAnm *Lieder* EWiR 2018, 99; Noack/Servatius/Haas/*Servatius* Rn. 32; MHLS/*Hermanns* Rn. 70; Rowedder/Schmidt-Leithoff/*Schnorbus* Rn. 48; Scholz/*Priester/Tebben* Rn. 83; HCL/*Ulmer/Casper* Rn. 76; *Wachter* GmbHR 2018, 134 (137); ausf. *Lieder* FS Bergmann, 2018, 473 (495 f.).
[484]   RG Urt. v. 2.7.1909 – II 630/08, Recht 1909 Nr. 3012; Noack/Servatius/Haas/*Servatius* Rn. 32; MHLS/*Hermanns* Rn. 70; Scholz/*Priester/Tebben* Rn. 82; HCL/*Ulmer/Casper* Rn. 76; *Wachter* GmbHR 2018, 134 (137 f.); ausf. *Lieder* FS Bergmann, 2018, 473 (494 f.).

Übernahmeerklärung unwirksam.[485] Erbrachte Einlageleistungen werden nach Bereicherungsrecht rückabgewickelt.[486]

c) Zeitpunkt und Befristung. Der Abschluss des Übernahmevertrags erfolgt regel- **176** mäßig nach der Beschlussfassung über die Kapitalerhöhung. Zulässig ist aber auch ein Vertragsschluss vor der Beschlussfassung, soweit nur eindeutig erkennbar ist, dass sich die Übernahmeerklärung auf die aus einer konkreten Kapitalerhöhung herrührenden Geschäftsanteile bezieht.[487] Zudem kann der Übernahmevertrag gemeinsam mit dem Kapitalerhöhungsbeschluss abgeschlossen werden. Um den Formerfordernissen zu genügen, ist aber darauf zu achten, dass die Willenserklärungen nach §§ 8, 13 BeurkG beurkundet (und nicht nur gem. § 36 BeurkG protokolliert) werden (→ Rn. 173).

Analog § 185 Abs. 1 S. 3 Nr. 4 AktG kann in der Übernahmeerklärung eine **Bin-** **177** **dungsfrist** bestimmt werden,[488] und zwar sowohl dergestalt, dass die Erklärung innerhalb einer bestimmten Frist von der Gesellschaft anzunehmen ist, als auch, dass die Kapitalerhöhung bis zu einem bestimmten Zeitpunkt eingetragen sein muss. Geschieht dies nicht, erlöschen nach §§ 163, 158 Abs. 2 BGB die Rechte und Pflichten aus dem Übernahmevertrag und der Übernehmer wird von seiner Einlagepflicht frei.[489]

Ist keine Frist bestimmt, gelten §§ 145 ff. BGB für die Annahme der Übernahmeerklä- **178** rung durch die Gesellschaft.[490] Nach Abgabe der Annahmeerklärung ist der Übernehmer grundsätzlich gebunden. Die **Bindungswirkung** ist indes zeitlich auf die Dauer begrenzt, die normalerweise für eine ordnungsgemäße Durchführung eines Kapitalerhöhungsverfahrens erforderlich ist. Welcher Zeitraum angemessen ist, bestimmt sich nicht nach starren Fristen,[491] sondern ist von den Umständen des jeweiligen Einzelfalles abhängig, zB davon, in welcher wirtschaftlichen Lage sich die Gesellschaft befindet.[492] Zur Bestimmung können auch der Kapitalerhöhungsbeschluss (Präambel, fakultativer Teil) und die Übernahmeerklärungen herangezogen werden.[493] Wird der angemessene Zeitraum erheblich überschritten, wird der Übernehmer zwar nicht ipso iure von seinen Leistungspflichten befreit;[494] er kann aber vom Übernahmevertrag nach § 313 Abs. 1 und Abs. 3 BGB zurücktreten.[495] Das hat zur Folge, dass die noch bestehenden Leistungspflichten erlöschen und bereits erbrachte Einlagen nach § 346 BGB zurückgefordert werden können.

485 RG Urt. v. 21.12.1901 – Rep. I. 281/01, RGZ 50, 47 (48); Scholz/*Priester/Tebben* Rn. 82.
486 Scholz/*Priester/Tebben* Rn. 82; HCL/*Ulmer/Casper* Rn. 76.
487 Lutter/Hommelhoff/*Bayer* Rn. 35; Noack/Servatius/Haas/*Servatius* Rn. 33, 39; Rowedder/Schmidt-Leithoff/*Schnorbus* Rn. 52; Gehrlein/Born/Simon/*Bormann* Rn. 43 aE; einschr. BeckOK GmbHG/*Ziemons* Rn. 98, für den Fall, dass eine Einzahlungspflicht schon vor der Beschlussfassung begründet werden muss.
488 BGH Urt. v. 11.1.1999 – II ZR 170/98, BGHZ 140, 258 (261) = NJW 1999, 1252; *Lutter* FS Schilling, 1973, 207 (216 f.); Lutter/Hommelhoff/*Bayer* Rn. 39; Rowedder/Schmidt-Leithoff/*Schnorbus* Rn. 49; Scholz/*Priester/Tebben* Rn. 84; HCL/*Ulmer/Casper* Rn. 80; BeckOK GmbHG/*Ziemons* Rn. 107; *Lohr* GmbH-StB 2016, 55 (56) mit Muster; *Wachter* DB 2016, 275 (278).
489 BGH Urt. v. 11.1.1999 – II ZR 170/98, BGHZ 140, 258 (261) = NJW 1999, 1252; zur AG Beschl. v. 14.4.2011 – 2 StR 616/10, NZG 2011, 874 Rn. 17; Lutter/Hommelhoff/*Bayer* Rn. 39; Rowedder/Schmidt-Leithoff/*Schnorbus* Rn. 49; Scholz/*Priester/Tebben* Rn. 84; HCL/*Ulmer/Casper* Rn. 80; *Wachter* DB 2016, 275 (278).
490 *Lutter* FS Schilling, 1973, 207 (216); Noack/Servatius/Haas/*Servatius* Rn. 37; Scholz/*Priester/Tebben* Rn. 84; HCL/*Ulmer/Casper* Rn. 81; *Wachter* DB 2016, 275 (278 f.); im Ansatz abw. *Ruth* ZHR 88 (1926), 454 (493): satzungsmäßige oder übliche Frist.
491 So aber *Lutter* FS Schilling, 1973, 207 (214); Lutter/Hommelhoff/*Bayer* Rn. 40: höchstens 6 Monate.
492 Vgl. RG Urt. v. 28.9.1915 – Rep. II. 81/15, RGZ 87, 164 (166); Scholz/*Priester/Tebben* Rn. 84; ausf. *Bieder* NZG 2016, 538 (540).
493 *Bieder* NZG 2016, 538 (540).
494 So aber *Ruth* ZHR 88 (1926), 454 (504); *Lutter* FS Schilling, 1973, 207 (218 f.): § 275 BGB; Lutter/Hommelhoff/*Lutter*, 17. Aufl. 2009, Rn. 38; wie hier aber jetzt Lutter/Hommelhoff/*Bayer* Rn. 40.
495 BGH Urt. v. 3.11.2015 – II ZR 13/14, NZG 2015, 1396 Rn. 37; Noack/Servatius/Haas/*Servatius* Rn. 37; Lutter/Hommelhoff/*Bayer* Rn. 40; Bork/Schäfer/Arnold/*Born* Rn. 38; iErg ebenso Scholz/*Priester/Tebben* Rn. 84: § 723 BGB analog; Henssler/Strohn/*Gummert* Rn. 14: Rücktrittsrecht; vgl. weiter RG Urt. v. 28.9.1915 – Rep. II. 81/15, RGZ 87, 164 (165 f.); LG Hamburg Entsch. v. 3.11.1994 – 409 O 125/94, WM 1995, 338 (339); HCL/*Ulmer/Casper* Rn. 81; *Bieder* NZG 2016, 538 (540 f.).

179   **d) Bedingung.** Im Gegensatz zum Abschluss des Gesellschaftsvertrages (→ § 2 Rn. 227) sowie zum Kapitalerhöhungsbeschluss (→ Rn. 72) ist die Übernahmeerklärung nicht bedingungsfeindlich.[496] Allerdings darf eine Bedingung nicht dazu führen, dass gegen zwingende Vorschriften verstoßen wird. Demnach sind **auflösende Bedingungen** und Befristungen, die auf eine Rückzahlung der Einlage nach Eintragung der Kapitalerhöhung gerichtet sind, unzulässig, soweit sie nicht nach Maßgabe des § 56a Abs. 2 iVm § 19 Abs. 5 gerechtfertigt sind.[497] **Aufschiebende Bedingungen** und Befristungen sind hingegen grundsätzlich zulässig. Im Rahmen der registergerichtlichen Kontrolle ist zu prüfen, ob die Bedingung eingetreten ist. Ist dies nicht der Fall, ist die Eintragung der Kapitalerhöhung abzulehnen.[498] Wird dennoch eingetragen, sind Kapitalerhöhung und Übernahmeerklärung wirksam,[499] sodass der Übernehmer insbesondere verpflichtet ist, seine Einlageschuld zu begleichen. Im Übrigen hängt die Wirksamkeit des Übernahmevertrags von der Eintragung der Kapitalerhöhung in das Handelsregister ab (→ Rn. 171).[500]

180   **e) Schuldrechtliche Nebenabreden.** Schuldrechtliche Nebenabreden, dh Abreden nichtkörperschaftlichen Charakters, können bei der Kapitalerhöhung – ebenso wie bei der Gründung (→ § 3 Rn. 129 ff.) – sowohl zwischen den Gesellschaftern untereinander als auch zwischen Übernehmer und Gesellschaft getroffen werden.[501] Solche Abreden müssen weder in der Übernahmeerklärung enthalten sein, noch bedürfen sie der für die Übernahmeerklärung vorgeschriebenen Form, und zwar auch dann nicht, wenn die Nebenabreden für die Übernahme von entscheidender Bedeutung sind.[502] Denn anders als § 311b Abs. 1 S. 1 BGB[503] zielt Abs. 1 nicht darauf ab, den Übernehmer zu warnen und ihn umfassend über seine Leistungspflichten zu belehren; das Formerfordernis dient vielmehr dem Verkehrsschutz, konkret der Aufklärung des Rechtsverkehrs, der Gläubiger und künftigen Gesellschafter über die Eigenkapitalbasis der Gesellschaft (→ Rn. 172). Schuldrechtliche Nebenabreden sind für die Verwirklichung dieses Normzwecks ohne Belang.

181   **4. Annahmeerklärung. a) Inhalt.** Der Übernahmevertrag kommt zustande, wenn die Übernahmeerklärung des Übernehmers von der Gesellschaft angenommen wird (→ Rn. 150 ff.). Da die Annahme – anders als die Übernahmeerklärung – nicht formbedürftig ist (→ Rn. 172), kann sie ausdrücklich oder konkludent abgegeben werden. Eine konkludente Annahme liegt namentlich in der gemeinsamen Beurkundung der Übernahmeerklärungen mit dem Kapitalerhöhungs- und Zulassungsbeschluss.[504] Entsprechendes gilt für die Anmeldung der Kapitalerhöhung, soweit in der nach § 57 Abs. 3 Nr. 2 einzureichen-

---

[496]   KG Urt. v. 10.1.1935 – 1 b X 605/34, JW 1935, 1796; MHLS/*Hermanns* Rn. 72; Scholz/*Priester/Tebben* Rn. 85; HCL/*Ulmer/Casper* Rn. 82; aA Noack/Servatius/Haas/*Servatius* Rn. 33; Rowedder/Schmidt-Leithoff/*Schnorbus* Rn. 50; BeckOK GmbHG/*Ziemons* Rn. 117; einschr. Lutter/Hommelhoff/*Bayer* Rn. 39.

[497]   Zum bisherigen Recht (unter Hinweis auf §§ 30, 31) s. MHLS/*Hermanns* Rn. 72.

[498]   KG Urt. v. 10.1.1935 – 1 b X 605/34, JW 1935, 1796; MHLS/*Hermanns* Rn. 72; Scholz/*Priester/Tebben* Rn. 85.

[499]   Noack/Servatius/Haas/*Servatius* Rn. 33; Scholz/*Priester/Tebben* Rn. 85; HCL/*Ulmer/Casper* Rn. 82; abw. noch RG Urt. v. 7.11.1913 – Rep. II. 316/13, RGZ 83, 256 (264 ff.): § 77 Abs. 3 analog.

[500]   RG Urt. v. 20.10.1911 – Rep. II. 68/11, RGZ 77, 152 (155 f.); Urt. v. 10.6.1913 – Rep. II. 95/13, RGZ 82, 375 (379); BGH Urt. v. 11.1.1999 – II ZR 170/98, BGHZ 140, 258 (260) = NJW 1999, 1252; Scholz/*Priester/Tebben* Rn. 83; HCL/*Ulmer/Casper* Rn. 82.

[501]   Zu den allgemeinen Grundlagen s. *Lieder* in Fleischer/Kalss/Vogt, Aktuelle Entwicklungen im deutschen, österreichischen und schweizerischen Gesellschaftsrecht 2012, 2013, 231 ff.

[502]   BGH Urt. v. 20.1.1977 – II ZR 222/75, NJW 1977, 1151; MHLS/*Hermanns* Rn. 74; Rowedder/Schmidt-Leithoff/*Schnorbus* Rn. 49; Scholz/*Priester/Tebben* Rn. 89; HCL/*Ulmer/Casper* Rn. 96; ausf. *Lieder* in Fleischer/Kalss/Vogt, Aktuelle Entwicklungen im deutschen, österreichischen und schweizerischen Gesellschaftsrecht 2012, 2013, 231 (240).

[503]   Zur Reichweite des Formerfordernisses nach § 311b Abs. 1 S. 1 BGB BGH Urt. v. 19.3.1971 – V ZR 143/69, WM 1971, 618 (619); Urt. v. 20.1.1977 – II ZR 222/75, NJW 1977, 1151; MüKoBGB/*Ruhwinkel* BGB § 311b Rn. 2.

[504]   BGH Urt. v. 13.10.1966 – II ZR 56/64, WM 1966, 1262 (1263); MHLS/*Hermanns* Rn. 85 aE; Rowedder/Schmidt-Leithoff/*Schnorbus* Rn. 53; Scholz/*Priester/Tebben* Rn. 94; HCL/*Ulmer/Casper* Rn. 96; BeckOK GmbHG/*Ziemons* Rn. 110.

den Liste die Übernehmer aufgenommen sind.[505] Regelmäßig ist der Zugang der Annahme-erklärung nach § 151 BGB entbehrlich.[506]

b) Zuständigkeit. Aufgrund des primär körperschaftlichen Charakters des Übernah- **182** mevertrages sind nicht die Geschäftsführer,[507] sondern die **Gesellschafter** für die Abgabe der Annahmeerklärung zuständig.[508] Sie entscheiden mit einfacher Stimmenmehrheit.[509] Die Gesellschafter müssen nicht zwingend selbst handeln, vielmehr können sie andere Perso-nen mit einfacher Stimmenmehrheit[510] ermächtigen, für die Gesellschaft die Annahme zu erklären. Besonders häufig ermächtigen die Gesellschafter die Geschäftsführer;[511] die organschaftliche Vertretungsmacht nach § 35 Abs. 1 reicht zur Annahme der Übernahmeer-klärung nicht aus. Die Ermächtigung kann konkludent erklärt werden. Sie ist regelmäßig in dem Zulassungsbeschluss enthalten, es sei denn, die Gesellschafter behalten sich die Erklärung der Annahme ausdrücklich vor.[512] Die Ermächtigung ist umfänglich durch den Zulassungsbeschluss beschränkt.[513] Partizipieren die Gesellschafter beteiligungsproportional an der Kapitalerhöhung, greift das gesetzliche Bezugsrecht ein (→ Rn. 103). Es bedarf dann keines zusätzlichen Zulassungsbeschlusses. Die Geschäftsführer sind zur Annahme der Übernahmeerklärungen auch ohne Zulassungsbeschluss berechtigt,[514] da es aufgrund des gesetzlichen Bezugsrechts grundsätzlich zu keiner Verschiebung der Beteiligungsverhältnisse kommt, die in die Zuständigkeit der Gesellschafterversammlung fallen könnte.

c) Bedeutung des § 181 BGB. aa) Grundsatz. An der Kapitalerhöhung beteiligte **183** Gesellschafter unterliegen zwar nicht dem Stimmverbot des § 47 Abs. 4 (→ Rn. 35, → Rn. 146). Allerdings sind sie wegen § 181 BGB gehindert, auf Seiten der Gesellschaft die Übernahmeerklärung anzunehmen.[515] Das führt bei einer Beteiligung minderjähriger Gesellschafter dazu, dass nach Maßgabe des § 1795 BGB ein Ergänzungspfleger zu bestel-len ist, soweit bereits die Eltern als gesetzliche Vertreter an der GmbH beteiligt sind.[516] Von dem **Selbstkontrahierungsverbot** können die Gesellschafter wiederum durch einfachen

---

[505] BGH Urt. v. 30.11.1967 – II ZR 68/65, BGHZ 49, 117 (121) = NJW 1968, 398; OLG Frankfurt Urt. v. 12.5.2015 – 11 U 71/13 (Kart), GmbHR 2015, 1040 (1041); *Altmeppen* Rn. 16; Rowedder/Schmidt-Leithoff/*Schnorbus* Rn. 53; Scholz/*Priester/Tebben* Rn. 95 aE.

[506] MHLS/*Hermanns* Rn. 85; Rowedder/Schmidt-Leithoff/*Schnorbus* Rn. 53 aE; Scholz/*Priester/Tebben* Rn. 95.

[507] So aber *Bürger* RNotZ 2006, 156 (167); *Wachter* DB 2016, 275 (279) unter Hinweis auf den schuldrechtli-chen Charakter des Übernahmevertrags.

[508] BGH Urt. v. 30.11.1967 – II ZR 68/65, BGHZ 49, 117 (119 f.) = NJW 1968, 398; OLG Frankfurt Urt. v. 12.5.2015 – 11 U 71/13 (Kart), GmbHR 2015, 1040 (1041); DNotI-Report 2016, 173 (175); Noack/Servatius/Haas/*Servatius* Rn. 34; Lutter/Hommelhoff/*Bayer* Rn. 34; MHLS/*Hermanns* Rn. 86; *Altmeppen* Rn. 15; Rowedder/Schmidt-Leithoff/*Schnorbus* Rn. 46 aE, 53; Scholz/*Priester/Tebben* Rn. 75; HCL/*Ulmer/Casper* Rn. 84; BeckOK GmbHG/*Ziemons* Rn. 110a; Hoene/Eickmann GmbHR 2017, 854 (858).

[509] OLG Frankfurt Beschl. v. 28.4.1981 – 20 W 795/80, BB 1981, 1360 = NJW 1982, 2388; *Mertens* AG 1981, 216 (217); Rowedder/Schmidt-Leithoff/*Schnorbus* Rn. 53; HCL/*Ulmer/Casper* Rn. 84.

[510] OLG Frankfurt Beschl. v. 28.4.1981 – 20 W 795/80, BB 1981, 1360 (1361) = NJW 1982, 2388; *Mertens* AG 1981, 216 (218); *Altmeppen* Rn. 15; Rowedder/Schmidt-Leithoff/*Schnorbus* Rn. 53; Scholz/*Priester/Tebben* Rn. 95; HCL/*Ulmer/Casper* Rn. 84; aA MHLS/*Hermanns* Rn. 86: Mehrheit von drei Vierteln der abgegebenen Stimmen.

[511] S. das Muster bei *Wachter* DB 2016, 275 (279).

[512] BGH Urt. v. 30.11.1967 – II ZR 68/65, BGHZ 49, 117 (120) = NJW 1968, 398; Noack/Servatius/Haas/*Servatius* Rn. 34; MHLS/*Hermanns* Rn. 86 aE; Rowedder/Schmidt-Leithoff/*Schnorbus* Rn. 53; HCL/*Ulmer/Casper* Rn. 84.

[513] BGH Urt. v. 30.11.1967 – II ZR 68/65, BGHZ 49, 117 (120) = NJW 1968, 398; vgl. noch RG Urt. v. 10.5.1910 – II. 508. 09., HoldheimZ 19 (1910), 278.

[514] Scholz/*Priester/Tebben* Rn. 95; Bork/Schäfer/*Arnold/Born* Rn. 22, 32; aA BeckOK GmbHG/*Ziemons* Rn. 110a.

[515] BGH Urt. v. 30.11.1967 – II ZR 68/65, BGHZ 49, 117 (119 f.) = NJW 1968, 398; DNotI-Report 2016, 173 (175), einschr. Lutter/Hommelhoff/*Bayer* Rn. 38; MHLS/*Hermanns* Rn. 87; Scholz/*Priester/Tebben* Rn. 76; HCL/*Ulmer/Casper* Rn. 85; aA BeckOK GmbHG/*Ziemons* Rn. 111; *R. Fischer* FS Hauß, 1978, 61 (72 f.).

[516] Dazu näher DNotI-Report 2016, 173 (175).

Mehrheitsbeschluss der Gesellschafterversammlung – auch konkludent im Rahmen des Zulassungsbeschlusses[517] – befreit werden.[518] Allerdings sind die betroffenen Gesellschafter wiederum nach § 181 BGB von der Teilnahme an dem Befreiungsbeschluss ausgeschlossen.[519] Stimmt ein betroffener Gesellschafter trotz Eingreifens des § 181 BGB dennoch für die Annahme oder seine Befreiung, bleibt seine Stimme unberücksichtigt. Der Beschluss ist wirksam, aber anfechtbar, soweit die Stimmabgabe für das Ergebnis relevant war.[520]

184   **bb) Einpersonen-GmbH.** Anderes gilt bei Einpersonengesellschaften. Im Hinblick auf die Besonderheiten der Einpersonen-GmbH ist **§ 181 BGB** teleologisch zu reduzieren mit dem Ergebnis, dass die Vorschrift **keine Anwendung** findet.[521] Nach seinem Normzweck zielt § 181 BGB darauf ab, eine Interessenkollision in der Person des Vertreters sowie eine Schädigung des Vertretenen zu verhindern.[522] Beim Abschluss des Übernahmevertrags ist ein solcher Interessenkonflikt indes nicht zu befürchten. Zum einen besteht regelmäßig ein Gleichlauf der Interessen des Alleingesellschafters mit denen der GmbH. Zum anderen liegt die Erweiterung der Eigenkapitalbasis auch im Interesse der Gesellschaftsgläubiger. Auch § 35 Abs. 3 steht dem nicht entgegen, da die Vorschrift nach ihrem Normzweck auf die gesetzliche Vertretungsmacht des Geschäftsführers im Außenverhältnis fokussiert. Der Übernahmevertrag als innergesellschaftlicher Vorgang wird von der Vorschrift hingegen nicht erfasst. Davon abgesehen ist es dem Alleingesellschafter unbenommen, eine andere Person zur Annahme der Übernahmeerklärung zu ermächtigen, wie zB einen Prokuristen.[523]

185   **cc) Keine Anwendung.** Unanwendbar ist § 181 BGB außerdem, wenn ein Gesellschafter einen Geschäftsanteil sowohl für sich selbst übernimmt als auch daneben in Vertretung eines Dritten handelt.[524] Denn hier vertreten wiederum die übrigen Gesellschafter die GmbH, während eine vertragliche Abrede zwischen dem handelnden Gesellschafter und dem von ihm Vertretenen nicht zustande kommt, sodass auch kein Interessenkonflikt gegeben ist. Das gilt auch für die Übernahme von Anteilen durch Minderjährige und ihre Eltern.[525]

186   **5. Rechtsfolgen. a) Vertragliche Bindungswirkung.** Der Übernahmevertrag bindet aufgrund seines auch schuldrechtlichen Charakters (→ Rn. 153) die Gesellschaft und den Übernehmer dergestalt, dass beide Vertragsparteien verpflichtet sind, die Durchführung der Kapitalerhöhung ohne schuldhaftes Zögern voranzutreiben.

187   Der **Übernehmer** ist aufgrund des Übernahmevertrags verpflichtet, die vereinbarte Einlage an die Gesellschaft zu leisten. Diesen Anspruch kann die GmbH auch im Klagewege gegen den Übernehmer durchsetzen.[526] Leistet der Übernehmer trotz Mahnung

---

517   LG Berlin Urt. v. 23.8.1985 – 98 T 13/85, ZIP 1985, 1491 (1493).
518   RG Urt. v. 21.10.1924 – II 640/23, RGZ 109, 77 (79); HCL/*Ulmer/Casper* Rn. 85.
519   Allg. BGH Urt. v. 7.2.1972 – II ZR 169/69, BGHZ 58, 115 (118) = NJW 1972, 623; MüKoBGB/ *Schubert* BGB § 181 Rn. 16; Erman/*Maier-Reimer/Finkenauer* BGB § 181 Rn. 19.
520   HCL/*Ulmer/Casper* Rn. 85 aE.
521   IErg ebenso LG Berlin Urt. v. 23.8.1985 – 98 T 13/85, ZIP 1985, 1491 (1492); Noack/Servatius/Haas/ *Servatius* Rn. 35; Lutter/Hommelhoff/*Bayer* Rn. 38; MHLS/*Hermanns* Rn. 88; Rowedder/Schmidt-Leithoff/*Schnorbus* Rn. 54; Scholz/*Priester/Tebben* Rn. 77; HCL/*Ulmer/Casper* Rn. 86; aA *Fleck* ZGR 1988, 104 (117 f.).
522   MüKoBGB/*Schubert* BGB § 181 Rn. 2; BeckOK/*Schäfer* BGB § 181 Rn. 2.
523   BGH Urt. v. 30.11.1967 – II ZR 68/65, BGHZ 49, 117 (119) = NJW 1968, 398; Scholz/*Priester/ Tebben* Rn. 77; HCL/*Ulmer/Casper* Rn. 86 aE.
524   Scholz/*Priester/Tebben* Rn. 78.
525   MHLS/*Hermanns* Rn. 77; Scholz/*Priester/Tebben* Rn. 106; jetzt auch Lutter/Hommelhoff/*Bayer* Rn. 38; aA Noack/Servatius/Haas/*Servatius* Rn. 36.
526   RG Urt. v. 20.10.1911 – Rep. II. 68/11, RGZ 77, 152 (156); BGH Urt. v. 11.1.1999 – II ZR 170/ 98, BGHZ 140, 258 (260) = NJW 1999, 1252; OLG Dresden Urt. v. 14.12.1998 – 2 U 2679/98, NZG 1999, 448; Rowedder/Schmidt-Leithoff/*Schnorbus* Rn. 55; Scholz/*Priester/Tebben* Rn. 96; HCL/*Ulmer/ Casper* Rn. 88.

nicht, kann die Gesellschaft analog § 323 Abs. 1 BGB vom Übernahmevertrag zurücktreten.[527] Zwar handelt es sich bei dem Übernahmevertrag nicht um einen gegenseitigen, sondern nur um einen unvollkommen zweiseitigen Vertrag (→ Rn. 153). Dennoch ist eine analoge Anwendung des § 323 Abs. 1 BGB gerechtfertigt, da die Pflicht zur Einlageleistung und die Übertragung der neuen Geschäftsanteile wertungsmäßig so eng miteinander verknüpft sind, dass die Nichtleistung des Übernehmers nach einem Lösungsrecht der GmbH verlangt. Auf Grundlage des Übernahmevertrags ist der Übernehmer bereits vor Eintragung der Kapitalerhöhung zur Einlageleistung verpflichtet,[528] denn die Eintragung der Kapitalerhöhung im Handelsregister setzt die Leistung der geschuldeten Einlage voraus.[529]

Die **Gesellschaft** ist aufgrund des Übernahmevertrags verpflichtet, sich für eine voll- **188** ständige Übernahme des erhöhten Kapitals einzusetzen, die Mindesteinlagen (→ § 56a Rn. 5 ff.) einzufordern, den Kapitalerhöhungsbeschluss ordnungsgemäß zur Eintragung in das Handelsregister anzumelden (→ § 57 Rn. 3 ff.) und Beanstandungen des Registergerichts abzuhelfen (→ § 57a Rn. 5 ff.), soweit diese nicht mit der Wirksamkeit des Erhöhungsbeschlusses in Verbindung stehen.[530] Verletzen die Geschäftsführer diese Pflichten in Vertretung der GmbH, kommt eine Schadensersatzpflicht der Gesellschaft nach § 280 Abs. 1 BGB in Betracht (→ Rn. 91).

Kommt es am Ende **nicht** zur **Eintragung** der Kapitalerhöhung in das Handelsregister, **189** wird der Anteilserwerb analog § 275 BGB unmöglich.[531] In entsprechender Anwendung des § 326 Abs. 1 S. 1 BGB entfällt hiermit die Verpflichtung des Übernehmers zur Leistung der vereinbarten Einlage.[532] Hat der Übernehmer die Einlage bereits (teilweise) geleistet, kann er sie von der GmbH analog § 326 Abs. 4 BGB iVm § 346 Abs. 1 BGB **zurückfordern**.[533] Ist eine stille Beteiligung eingebracht worden (zur Einlagefähigkeit → § 56 Rn. 36), ist nicht nur der Auseinandersetzungsanspruch aus der stillen Beteiligung, sondern die stille Beteiligung selbst dem (gescheiterten) Inferenten wieder einzuräumen.[534]

b) Rücktrittsrecht. Der Übernehmer ist infolge einer wesentlichen Änderung sowie **190** bei vollständigem Wegfall der Grundlagen für die Übernahmeerklärung bis zur Eintragung der Kapitalerhöhung nach § 313 BGB zum Rücktritt vom Übernahmevertrag berechtigt.[535] Der Rückgewähranspruch folgt aus § 313 Abs. 3 S. 1 BGB iVm § 346 Abs. 1 BGB (→ Rn. 189).[536] Anerkannt ist dies für eine **unerwartete Auflösung** der GmbH (→ Rn. 74)[537] sowie die erhebliche Überschreitung der angemessenen **Bindungsfrist** (→ Rn. 178). Entsprechendes gilt für das **Insolvenzverfahren,** soweit dessen Eröffnung für den Übernehmer unerwartet kam, weil er bei Abgabe der Übernahmeerklärung von

527 Zust. BeckOK GmbHG/*Ziemons* Rn. 118a; *Wachter* DB 2016, 275 (280); iErg wie hier Scholz/*Priester/ Tebben* Rn. 96 aE; *Wicke* Rn. 15: § 723 BGB analog; ähnlich MHLS/*Hermanns* Rn. 95 aE: außerordentliche Kündigung.
528 BGH Urt. v. 11.1.1999 – II ZR 170/98, BGHZ 140, 258 (261) = NJW 1999, 1252; Urt. v. 3.11.2015 – II ZR 13/14, NZG 2015, 1396 Rn. 16.
529 KG Urt. v. 8.12.1983 – 2 U 2521/83, GmbHR 1984, 124; BGH Urt. v. 3.11.2015 – II ZR 13/14, NZG 2015, 1396 Rn. 16.
530 *Hellwig* FS Rowedder, 1994, 141 (147); MHLS/*Hermanns* Rn. 100; Scholz/*Priester/Tebben* Rn. 100; HCL/*Ulmer/Casper* Rn. 87.
531 IErg ebenso Gehrlein/Born/Simon/*Bormann* Rn. 51; HCL/*Ulmer/Casper* Rn. 87.
532 IErg allgM, Noack/Servatius/Haas/*Servatius* Rn. 38; MHLS/*Hermanns* Rn. 99; Rowedder/Schmidt-Leithoff/*Schnorbus* Rn. 55; Scholz/*Priester/Tebben* Rn. 99; HCL/*Ulmer/Casper* Rn. 87.
533 IErg BGH Urt. v. 11.1.1999 – II ZR 170/98, BGHZ 140, 258 (261) = NJW 1999, 1252; Lutter/Hommelhoff/*Bayer* Rn. 40; Rowedder/Schmidt-Leithoff/*Schnorbus* Rn. 57; Scholz/*Priester/Tebben* Rn. 99; HCL/*Ulmer/Casper* Rn. 89.
534 BGH Urt. v. 3.11.2015 – II ZR 13/14, NZG 2015, 1396 Rn. 15, 19 unter Hinweis auf BGH Urt. v. 20.2.2008 – VIII ZR 334/06, BGHZ 175, 286 Rn. 21 f. = NJW 2008, 2028; *Lieder* EWiR 2016, 5 (6); ausf. *Mock* GmbHR 2015, 1319 (1320).
535 IErg ebenso Scholz/*Priester/Tebben* Rn. 98; Lutter/Hommelhoff/*Bayer* Rn. 40 aE; *Hülsmann* GmbHR 2019, 377 (380); ähnlich HCL/*Ulmer/Casper* Rn. 92: Rechtsgedanke des § 314 BGB.
536 BGH Urt. v. 3.11.2015 – II ZR 13/14, NZG 2015, 1396 Rn. 16.
537 Zweifelnd BeckOK GmbHG/*Ziemons* Rn. 20.

der kritischen Lage der Gesellschaft nichts wusste.[538] In diesem Fall kann er die bereits geleistete Einlage als einfacher Insolvenzgläubiger zurückfordern.[539]

191   War dem Übernehmer die **finanzielle Situation** bei Übernahme **bekannt,** zB weil die Kapitalerhöhung der Verhinderung der Insolvenz dienen sollte, liegt dagegen kein Rücktrittsgrund nach § 313 BGB vor.[540] In Betracht kommen allerdings die Aufhebung des Erhöhungsbeschlusses (→ Rn. 77) und die Verhinderung der Anmeldung (→ Rn. 77). Die Zuständigkeit für die Anmeldung der Kapitalerhöhung verbleibt auch nach Insolvenzeröffnung bei den Geschäftsführern; der Insolvenzverwalter ist hierzu nicht befugt.[541]

192   c) **Entstehung neuer Geschäftsanteile.** Die neuen Geschäftsanteile entstehen mit Eintragung der Kapitalerhöhung in das Handelsregister (§ 54 Abs. 3), nicht schon mit dem wirksamen Zustandekommen des Übernahmevertrags.[542] Die Geschäftsanteile entstehen mit Eintragung originär in der Person des Übernehmers; einer Übertragung von der Gesellschaft auf den Übernehmer bedarf es nicht.[543] Vor diesem Zeitpunkt ist der Übernehmer kein Gesellschafter und kann daher auch keine mitgliedschaftlichen Rechte in Anspruch nehmen. Der Übernahmevertrag begründet auch kein Anwartschaftsrecht des Übernehmers.[544]

193   d) **Übertragungsvorgänge. aa) Übertragung und Belastung künftiger Geschäftsanteile.** Künftige Geschäftsanteile können noch vor Eintragung der Kapitalerhöhung in das Handelsregister analog § 15 Abs. 1 GmbHG iVm §§ 398, 413 BGB **übertragen** werden.[545] Eine § 191 AktG entsprechende Vorschrift findet sich im GmbH-Recht nicht. Auch eine analoge Anwendung der Regelung auf die GmbH scheidet aus, da § 191 AktG die kapitalanlagespezifische Gefahr des „Emissionsschwindels" verhindern will.[546] Diesem Risiko begegnet das GmbH-Recht durch das **Formerfordernis** für die Anteilsübertragung, welches analog § 15 Abs. 3 und 4 auch für die Übertragung künftiger Geschäftsanteile gilt.[547] Für ein weitergehendes Verfügungsverbot analog § 191 AktG ist kein Raum.

194   Die Übertragung künftiger Geschäftsanteile setzt weder voraus, dass bereits über die Kapitalerhöhung beschlossen worden ist, noch bedarf es eines wirksamen Übernahmevertrags; handelt daraufhin anstelle des Veräußerers ein Nichtberechtigter, kann die Übertragung nach § 185 BGB[548] wirksam sein. Voraussetzung für die Übertragung ist indes, dass der betreffende Geschäftsanteil **hinreichend bestimmbar** ist.[549] Zu diesem Zweck empfiehlt es sich, in die Präambel der notariellen Erklärung einige Hinweise zu den

---

[538] BGH Urt. v. 7.11.1994 – II ZR 248/93, NJW 1995, 460; OLG Düsseldorf Urt. v. 17.12.1999 – 16 U 29/99, GmbHR 2000, 569 (570); Rowedder/Schmidt-Leithoff/*Schnorbus* Rn. 55 aE; MHLS/*Hermanns* Rn. 95; Scholz/*Priester/Tebben* Rn. 91, 98; HCL/*Ulmer/Casper* Rn. 92; Gehrlein/Born/Simon/*Bormann* Rn. 51.

[539] RG Urt. v. 13.1.1914 – II 456/13, LZ 1914, 776 (777); Scholz/*Priester/Tebben* Rn. 91.

[540] Für ein Kündigungsrecht ebenso OLG Hamm Urt. v. 15.6.1988 – 8 U 2/88, GmbHR 1989, 162 (163); Scholz/*Priester/Tebben* Rn. 91.

[541] BayObLG Beschl. v. 17.3.2004 – 3Z BR 046/04, DB 2004, 1255 = NZG 2004, 582; HCL/*Ulmer/ Casper* Rn. 36; Scholz/*Priester/Tebben* Rn. 91; *Kuntz* DStR 2006, 519 (520); aA *H.-F. Müller* ZGR 2004, 842 (847).

[542] Begr. GmbHG 1891 S. 106; RG Urt. v. 20.10.1911 – Rep. II. 68/11, RGZ 77, 152 (156); BGH Urt. v. 14.3.1977 – II ZR 156/75, BGHZ 68, 191 (196 f.) = NJW 1977, 1196; Lutter/Hommelhoff/*Bayer* Rn. 41; Scholz/*Priester/Tebben* Rn. 97, 120; HCL/*Ulmer/Casper* Rn. 90.

[543] HCL/*Ulmer/Casper* Rn. 90.

[544] Vgl. *Hülsmann* GmbHR 2019, 377 (380).

[545] IErg ebenso *Hellwig* FS Rowedder, 1994, 141 (144); Lutter/Hommelhoff/*Bayer* Rn. 41; Rowedder/ Schmidt-Leithoff/*Schnorbus* Rn. 66; MHLS/*Hermanns* Rn. 102; Scholz/*Priester/Tebben* Rn. 120; Gehrlein/Born/Simon/*Bormann* Rn. 73; *Fröhlich/Primaczenko* NZG 2016, 133 (134).

[546] BGH Urt. v. 19.10.1987 – II ZR 256/86, AG 1988, 76 (78) = NJW-RR 1988, 803; Hüffer/Koch/ *Koch* AktG § 191 Rn. 1; MüKoAktG/*Schürnbrand/Verse* AktG § 191 Rn. 1.

[547] Zum Formerfordernis vgl. BGH Urt. v. 12.7.1956 – II ZR 218/54, BGHZ 21, 242 (245) = NJW 1956, 1435; Noack/Servatius/Haas/*Servatius* § 15 Rn. 25; MHdB GesR III/*Jasper* § 24 Rn. 145; *Fröhlich/ Primaczenko* NZG 2016, 133 (134).

[548] Noack/Servatius/Haas/*Servatius* Rn. 44.

[549] MHLS/*Hermanns* Rn. 102; *Fröhlich/Primaczenko* NZG 2016, 133 (134).

Hintergünden der Übertragung aufzunehmen.[550] Sie darf auch nicht analog § 15 Abs. 5 gegen satzungsmäßige Verfügungsbeschränkungen verstoßen.[551] Mit Eintragung der Kapitalerhöhung in das Handelsregister entsteht der neue Geschäftsanteil in der Person des Veräußerers und geht auf den Zessionar über **(Durchgangserwerb).**[552] Denn die Position des Übernehmers ist nicht in gleicher Weise abgesichert wie diejenige eines Anwartschaftsberechtigten, dessen Rechtsposition ohne Zustimmung des Zessionars durch den Zedenten nicht mehr zerstört werden kann.[553] Vielmehr ist das Entstehen des Rechts von der tatsächlichen Durchführung der Kapitalerhöhung abhängig. Der Zessionar des künftigen Anspruchs hat gerade keine gesicherte Stellung.[554] Folge des Durchgangserwerbs ist die Haftung des Veräußerers nach § 22. Zulässig ist es, im Zusammenhang mit der Übertragung zukünftiger Anteile isoliert die Rechte des Übernehmers aus dem Übernahmevertrag abzutreten.[555]

Ebenso wie die Übertragung ist auch die **Belastung** von künftigen Geschäftsanteilen **195** zulässig. Das gilt nach Maßgabe der § 1273 Abs. 2 BGB, § 1204 Abs. 2 BGB insbesondere für die Verpfändung künftiger Rechte und damit auch für die **Verpfändung** künftiger GmbH-Anteile,[556] wenn also entweder der Kapitalerhöhungsbeschluss noch nicht gefasst oder die Kapitalerhöhung noch nicht in das Handelsregister eingetragen ist.[557] Das Pfandrecht entfaltet allerdings erst nach der Eintragung in das Handelsregister seine Wirkung.[558] Freilich bestimmt sich der Rang gem. § 1209 BGB nach dem Zeitpunkt der Pfandrechtsentstehung.[559]

bb) Vertragsübernahme des Übernahmevertrages. Übertragbar ist auch die **196** Rechtsstellung des Übernehmers aus dem Übernahmevertrag.[560] Die Übertragung erfolgt nach den allgemeinen zivilrechtlichen Grundsätzen über die Übertragung eines ganzen Schuldverhältnisses im Wege der Vertragsübernahme.[561] Danach müssen sich **alle Beteiligten einig** sein. Rechtstechnisch kann dies durch einen dreiseitigen Vertragsabschluss oder durch eine Abrede zwischen der ausscheidenden und der eintretenden Partei mit Zustimmung des anderen Teils erfolgen.[562] Neben der Vereinbarung zwischen dem ausscheidenden und dem eintretenden Übernehmer muss demnach auch noch die **Gesellschaft zustimmen,**[563] und zwar vertreten wiederum durch die Gesellschafter, die mit einfacher Stimmen-

---

[550] *Fröhlich/Primaczenko* NZG 2016, 133 (134).

[551] Wie hier auch Lutter/Hommelhoff/*Bayer* Rn. 20; *Fröhlich/Primaczenko* NZG 2016, 133 (134).

[552] HM, BGH Urt. v. 12.7.1956 – II ZR 218/54, BGHZ 21, 242 (245) = NJW 1956, 1435; Noack/Servatius/Haas/*Servatius* Rn. 44; Lutter/Hommelhoff/*Bayer* Rn. 41; Rowedder/Schmidt-Leithoff/*Schnorbus* Rn. 66; HCL/*Ulmer/Casper* Rn. 90; *Wicke* Rn. 16; *Hellwig* FS Rowedder, 1994, 141 (144); *Habel* GmbHR 2000, 267 (269); aA dezidiert MHLS/*Hermanns* Rn. 102: Direkterwerb; ebenso *Fröhlich/Primaczenko* NZG 2016, 133 (135). – Zur Sicherung der Rechtsstellung des Erwerbers ausf. *Hellwig* FS Rowedder, 1994, 141 (147 ff.); ferner MHLS/*Hermanns* Rn. 105.

[553] Zur Abgrenzung nach allgemeinem Zessionsrecht vgl. BeckOGK/*Lieder* BGB § 398 Rn. 169 ff., insbes. Rn. 170.

[554] So ausdrücklich auch *Fröhlich/Primaczenko* NZG 2016, 133 (136).

[555] *Hellwig* FS Rowedder, 1994, 141 (151 f.); MHLS/*Hermanns* Rn. 103; *Wicke* Rn. 16; vgl. noch Rowedder/Schmidt-Leithoff/*Schnorbus* Rn. 66 aE.

[556] MüKoBGB/*Damrau* BGB § 1274 Rn. 50; *Fröhlich/Primaczenko* NZG 2016, 133 (136); *Sieger/Hasselbach* GmbHR 1999, 633 (635); aA *Buchwald* GmbHR 1959, 254.

[557] Vgl. *Fröhlich/Primaczenko* NZG 2016, 133 (136); *Sieger/Hasselbach* GmbHR 1999, 633 (635).

[558] Vgl. Erman/*J. Schmidt* BGB § 1273 Rn. 4 iVm Erman/*J. Schmidt* BGB § 1273 Rn. 6; MüKoBGB/*Damrau* BGB § 1273 Rn. 4; *Fröhlich/Primaczenko* NZG 2016, 133 (136).

[559] Vgl. MüKoBGB/*Damrau* BGB § 1209 Rn. 4; *Fröhlich/Primaczenko* NZG 2016, 133 (136).

[560] Noack/Servatius/Haas/*Servatius* Rn. 43; Lutter/Hommelhoff/*Bayer* Rn. 41; Scholz/*Priester/Tebben* Rn. 121 aE; *Hellwig* FS Rowedder, 1994, 141 (145); *Habel* GmbHR 2000, 267 (271); *Fröhlich/Primaczenko* NZG 2016, 133 (135 f.).

[561] Dazu BGH Urt. v. 20.6.1985 – IX ZR 173/84, BGHZ 95, 88 = NJW 1985, 2528; Grüneberg/*Grüneberg* BGB § 398 Rn. 41 ff.; ebenso Gehrlein/Born/Simon/*Bormann* Rn. 72.

[562] Zu den Grundlagen und maßgeblichen Einzelfragen s. *Lieder*, Die rechtsgeschäftliche Sukzession, 2015, 130 ff.

[563] IErg ebenso Noack/Servatius/Haas/*Servatius* Rn. 43; Lutter/Hommelhoff/*Bayer* Rn. 41; Rowedder/Schmidt-Leithoff/*Schnorbus* Rn. 66; Scholz/*Priester/Tebben* Rn. 97; *Hellwig* FS Rowedder, 1994, 141 (145); *Fröhlich/Primaczenko* NZG 2016, 133 (136).

mehrheit über die Zustimmung entscheidet.[564] Im Falle einer Vinkulierung nach § 15 Abs. 5 hat auch der danach Berechtigte zuzustimmen.[565] Die Vertragsübernahme unterliegt nach allgemeinen Grundsätzen der **Form** des übernommenen Geschäfts,[566] sodass die Vereinbarung zwischen bisherigem und zukünftigem Übernehmer nach Abs. 1 zumindest notariell beglaubigt werden muss.[567] Die Zustimmung der Gesellschaft ist hingegen formfrei.[568] War die Kapitalerhöhung noch nicht angemeldet, ist in die der **Anmeldung** beizufügende Übernehmerliste nach § 57 Abs. 3 Nr. 2 der neue Übernehmer aufzunehmen. Andernfalls ist die bereits erfolgte Anmeldung gegenüber dem Registerrichter zu berichtigen.[569] Mit Eintragung entsteht der neue Geschäftsanteil im Wege des **Direkterwerbs** unmittelbar in der Person des neuen Übernehmers.[570] Wird eine Berichtigung versäumt, bleibt der ursprüngliche Übernehmer vertraglich verpflichtet.[571]

197   **cc) Aufstockung bestehender Geschäftsanteile.** Erfolgt anstelle der Ausgabe neuer Geschäftsanteile eine Nennbetragserhöhung der bestehenden Anteile, gelten die Ausführungen in → Rn. 192 ff. entsprechend. Wird vor Eintragung der Kapitalerhöhung der aufzustockende Geschäftsanteil abgetreten, geht die Abtretung nicht etwa ins Leere,[572] sie umfasst vielmehr den Geschäftsanteil einschließlich des Aufstockungsbetrags.[573] Mit der Eintragung wird der Erhöhungsbetrag dem Anteil des veräußernden Gesellschafters zugeschlagen und geht im Wege des Durchgangserwerbs auf den Erwerber über.[574] Bis zu diesem Zeitpunkt ist die Abtretung schwebend unwirksam.

198   Eine **isolierte Abtretung** des Erhöhungsbetrages ist unzulässig, da im Kapitalerhöhungsbeschluss der Wille der Gesellschaft zum Ausdruck kam, einen bestehenden Anteil zu erhöhen, nicht aber einen neuen – selbstständig veräußerlichen – Geschäftsanteil zu schaffen.[575] Daran hat auch die Liberalisierung der Abtretung von Teilen eines Geschäftsanteils durch Aufhebung des § 17 aF durch das MoMiG nichts geändert, da die Teilung von Geschäftsanteilen gem. § 46 Nr. 4 noch immer in den Zuständigkeitsbereich der Gesellschafter fällt und von diesen ausdrücklich beschlossen werden muss (→ 2. Aufl. 2016, § 46 Rn. 83 ff.).[576]

199   **e) Überzeichnung und Unterzeichnung.** Die Summe der neu gezeichneten Geschäftsanteile muss nach Abs. 4 iVm § 5 Abs. 3 S. 2 dem Betrag des erhöhten Kapitals entsprechen. Bleibt das gezeichnete Kapital hinter dem Erhöhungsbetrag zurück **(Unterzeichnung)**, ist zu unterscheiden, ob die Kapitalerhöhung zu einem Fixbetrag (→ Rn. 49 f.) oder zum Höchstbetrag (→ Rn. 51 ff.) erfolgen sollte. Bei einem festen Betrag scheitert die Kapitalerhöhung. Handelt es sich um eine Höchstbetragskapitalerhö-

---

[564]   Vgl. auch *Habel* GmbHR 2000, 267 (271); abw. Gehrlein/Born/Simon/*Bormann* Rn. 72: qualifizierte Beschlussmehrheit erforderlich.

[565]   Scholz/*Priester*/*Tebben* Rn. 97; MHLS/*Hermanns* Rn. 104a; *Fröhlich*/*Primaczenko* NZG 2016, 133 (136).

[566]   BGH Urt. v. 29.11.1978 – VIII ZR 263/77, BGHZ 72, 394 (397) = NJW 1979, 369.

[567]   IErg auch *Hellwig* FS Roweddder, 1994, 141 (145); abw. Lutter/Hommelhoff/*Bayer* Rn. 41; Scholz/ *Priester*/*Tebben* Rn. 97; *Fröhlich*/*Primaczenko* NZG 2016, 133 (136): notarielle Beurkundung nach § 15 Abs. 3 und 4.

[568]   So für die Vertragsübernahme im Allgemeinen BGH Urt. v. 12.3.2003 – XII ZR 18/00, BGHZ 154, 171 (179 f.) = NJW 2003, 2158; Urt. v. 20.4.2005 – XII ZR 29/02, NJW-RR 2005, 958.

[569]   Noack/Servatius/Haas/*Servatius* Rn. 43; Lutter/Hommelhoff/*Bayer* Rn. 41; Bork/Schäfer/*Arnold*/*Born* Rn. 40; Gehrlein/Born/Simon/*Bormann* Rn. 72; *Hellwig* FS Roweddder, 1994, 141 (145).

[570]   Scholz/*Priester*/*Tebben* Rn. 121 aE; Gehrlein/Born/Simon/*Bormann* Rn. 72; *Hellwig* FS Roweddder, 1994, 141 (145); *Habel* GmbHR 2000, 267 (271); *Fröhlich*/*Primaczenko* NZG 2016, 133 (136).

[571]   Noack/Servatius/Haas/*Servatius* Rn. 43.

[572]   *Habel* GmbHR 2000, 267 (268).

[573]   Zutr. Noack/Servatius/Haas/*Servatius* Rn. 47; Scholz/*Priester*/*Tebben* Rn. 121; HCL/*Ulmer*/*Casper* Rn. 91.

[574]   Zust. Gehrlein/Born/Simon/*Bormann* Rn. 74; aA MHLS/*Hermanns* Rn. 104: Direkterwerb.

[575]   Zutr. MHLS/*Hermanns* Rn. 104.

[576]   Dazu Lutter/Hommelhoff/*Bayer* § 46 Rn. 18; *Förl* RNotZ 2008, 409 (410 f.); *Mayer* DNotZ 2008, 403 (424 ff.); *Lieder* NZG 2014, 529.

hung, kann das erreichte Zeichnungsergebnis zur Eintragung in das Handelsregister angemeldet werden.

Bei **Überzeichnung** hat der Registerrichter die Anmeldung zu beanstanden und die **200** Gesellschaft zur Anpassung aufzufordern. Kommt die GmbH der Aufforderung nicht nach, ist die Eintragung abzulehnen. Eine trotz Überzeichnung erfolgte Eintragung ist gleichwohl wirksam. Unter den beteiligten Gesellschaftern sind die Geschäftsanteile nach Maßgabe des gesetzlichen Bezugsrechts bzw. des Zulassungsbeschlusses zu verteilen. Verbleibt nach der Neuverteilung noch immer ein Überschuss, sind die Nennbeträge der Geschäftsanteile der Gesellschafter orientiert am gesellschaftsrechtlichen Gleichbehandlungsgrundsatz verhältnismäßig zu kürzen.[577] Vertraglich Bezugsberechtigte (→ Rn. 115) verfügen im Verteilungsverfahren über keine besondere Rechtsposition, weil sich die Wirkungen der vertraglichen Abrede auf den Abschluss des Übernahmevertrags beschränkt und eine Fortwirkung für die Zuteilung bei einem Überschuss von Übernahmeverträgen gerade nicht vorgesehen ist.[578] Sind **Nichtgesellschafter** an der Kapitalerhöhung beteiligt, entscheidet das Prioritätsprinzip.[579] Die zeitlich zuletzt abgegebenen Übernahmeerklärungen bleiben wirkungslos. Zu viel gezahlte Einlagen sind analog § 326 Abs. 4 BGB iVm § 346 BGB rückabzuwickeln (→ Rn. 189).[580] Im Übrigen kann die Gesellschaft den nicht oder nur vermindert zum Zuge gekommenen Übernehmern schadensersatzpflichtig sein.[581] Denn mit Blick auf die Verteilungsreihenfolge der neuen Anteile ist der Übernahmevertrag der nicht zu berücksichtigenden Personen auf eine nach § 275 Abs. 1 BGB objektiv unmögliche Leistung gerichtet,[582] was zu einem Ersatzanspruch nach § 311a Abs. 2 BGB führen kann.[583]

f) Verjährung. Einlageforderungen aus Kapitalerhöhungen verjähren nach Abs. 4 iVm **201** § 19 Abs. 6 S. 1 innerhalb von **zehn Jahren** (→ § 19 Rn. 370 ff.). Die Verjährung beginnt mit Fälligkeit der Einlageforderung, die durch Einforderungsbeschluss der Gesellschafter nach § 46 Nr. 2 herbeigeführt oder schon im Kapitalerhöhungsbeschluss bestimmt werden kann.[584] Wird das Insolvenzverfahren über das Vermögen der Gesellschaft eröffnet, ist die Verjährung nach Abs. 4 iVm § 19 Abs. 6 S. 2 für mindestens sechs Monate ab Eröffnung im Ablauf gehemmt (vgl. § 211 BGB).

Besonderheiten ergeben sich für **Altfälle.** Ursprünglich verjährten Einlageforderungen **202** bei Kapitalerhöhungen nach der regelmäßigen Verjährungsfrist des § 195 BGB aF innerhalb von 30 Jahren.[585] Zum 1.1.2002 wurde diese Frist durch die kurze dreijährige Regelverjährungsfrist nach §§ 195, 199 BGB ersetzt. Bis zur erneuten Änderung zum 15.12.2004

---

[577] Noack/Servatius/Haas/*Servatius* Rn. 50; Rowedder/Schmidt-Leithoff/*Schnorbus* Rn. 56; Scholz/*Priester/Tebben* Rn. 101; HCL/*Ulmer/Casper* Rn. 93; abw. teilweise MHLS/*Hermanns* Rn. 91 ff.; dem folgend BeckOK GmbHG/*Ziemons* Rn. 126a; dagegen zur AG *Hunecke,* Der Zeichnungsvertrag, 2011, 285; *Schürnbrand* FS Stilz, 2014, 569 (580 f.).

[578] Zur AG Kölner Komm AktG/*Ekkenga* AktG § 185 Rn. 126; MüKoAktG/*Schürnbrand/Verse* AktG § 185 Rn. 48; *Hunecke,* Der Zeichnungsvertrag, 2011, 284; *Schürnbrand* FS Stilz, 2014, 569 (578 f.); aA BeckOGK/*Servatius* AktG § 185 Rn. 15 iVm 10; Grigoleit/*Rieder/Holzmann* AktG § 185 Rn. 37; GroßkommAktG/*Wiedemann* AktG § 185 Rn. 39.

[579] Scholz/*Priester/Tebben* Rn. 101; HCL/*Ulmer/Casper* Rn. 93; teilweise abw. Noack/Servatius/Haas/*Servatius* Rn. 50; aA zur AG *Hunecke,* Der Zeichnungsvertrag, 2011, 285; *Schürnbrand* FS Stilz, 2014, 569 (579 f.).

[580] Vgl. zur AG OLG Schleswig Urt. v. 20.2.2003 – 5 U 160/01, NZG 2004, 1006 (1007); NK-AktG/*Rebmann* AktG § 185 Rn. 39; *Schürnbrand* FS Stilz, 2014, 569 (582); aA (§ 812 BGB) noch → 2. Aufl. 2016, Rn. 154; zur AG Hüffer/Koch/*Koch* AktG § 185 Rn. 26.

[581] Für den Regelfall auch Noack/Servatius/Haas/*Servatius* Rn. 50.

[582] Zur AG K. Schmidt/Lutter/*Veil* AktG § 185 Rn. 26; Hüffer/Koch/*Koch* AktG § 185 Rn. 26; vgl. Grigoleit/*Rieder/Holzmann* AktG § 185 Rn. 37; abw. – beschränkte Gattungsschuld – Kölner Komm AktG/*Ekkenga* AktG § 185 Rn. 126; GroßkommAktG/*Wiedemann* AktG § 185 Rn. 39.

[583] Zur AG Hüffer/Koch/*Koch* AktG § 185 Rn. 26; Grigoleit/*Rieder/Holzmann* AktG § 185 Rn. 37; aA – Anspruch verneinend – *Hunecke,* Der Zeichnungsvertrag, 2011, 286 f.

[584] Vgl. OLG Karlsruhe Beschl. v. 18.11.2013 – 7 W 45/13, GmbHR 2014, 144 (147 f.) = BeckRS 2013, 20940; HCL/*Ulmer/Casper* Rn. 95; *Thiessen* ZHR 168 (2004), 503 (519 f.); s. noch Noack/Servatius/Haas/*Servatius* Rn. 52.

[585] Zur Entwicklung *Herrler* ZIP 2008, 1568.

---

galt als Übergangsvorschrift Art. 229 § 6 Abs. 4 EGBGB. Seit 15.12.2004 gilt die neue
Verjährungsfrist von zehn Jahren. Die neue Überleitungsvorschrift ist in Art. 229 § 12 Abs. 2
S. 2 EGBGB enthalten. Mit Rspr.[586] und hL[587] ist die Vorschrift dahingehend zu verstehen,
dass nicht alle vorangegangenen Zeiträume in die Fristberechnung einzubeziehen sind;
relevant ist vielmehr nur die ab 1.1.2002 verstrichene Zeit. Solche Forderungen verjähren
folglich mit Ablauf des 31.12.2011.[588] Das gilt aber nur für Forderungen, die nach dem
31.12.1981 fällig geworden sind. Für Forderungen, die vor diesem Zeitpunkt fällig wurden,
gilt die ursprüngliche Verjährungsfrist von 30 Jahren.[589] Damit wird verhindert, dass Gläubiger lediglich aufgrund wiederholter, technischer Anpassungen von Verjährungsvorschriften
bessergestellt werden, als sie es nach dem ursprünglichen Verjährungsregime erwarten konnten.

203   **6. Vorvertragliche Bindung. a) Verpflichtung der Gesellschafter. aa) Stimmbindungsverträge.** Die Gesellschafter können sich durch Stimmbindungsverträge verpflichten, unter näher vereinbarten Umständen eine Kapitalerhöhung zu beschließen.[590]
Die Vereinbarung muss hinreichend bestimmt sein[591] und bedarf **keiner** besonderen
Form.[592] Die Formvorschrift des § 53 Abs. 2 ist nach ihrem Normzweck nicht auf schuldrechtliche Nebenabreden übertragbar, weil sie allein der Beweissicherung des satzungsändernden Gesellschafterbeschlusses dient. Dieser Normzweck wird bei der späteren
Beschlussfassung über die Kapitalerhöhung in notarieller Form gewahrt. Darüber hinaus
kommt § 53 Abs. 2 keine Warn- oder Belehrungsfunktion zu, die auch für die Nebenabrede
von Bedeutung sein könnten (→ § 53 Rn. 71).[593] Zulässig ist umgekehrt die Verpflichtung,
die Stammkapitalziffer unangetastet zu lassen. Ein gleichwohl gefasster Erhöhungsbeschluss
kann wirksam sein, wenn die gesellschaftsrechtliche Treuepflichtbindung die Erhöhung des
Stammkapitals dringend erfordert (→ Rn. 36 ff.).[594]

204   **bb) Antizipierte Übernahmeerklärung.** Die Übernahmeerklärung kann bereits vor
der Beschlussfassung über die Kapitalerhöhung abgegeben werden, soweit ersichtlich ist,
auf welche Kapitalmaßnahme sich die Erklärung bezieht.[595] Die Erklärung muss den allgemeinen Anforderungen nach Abs. 1 und Abs. 2 S. 2 genügen (→ Rn. 167 ff.). Ihre Bindungswirkung bestimmt sich ebenfalls nach den allgemeinen Grundsätzen (→ Rn. 178).

---

[586] BGH Urt. v. 11.2.2008 – II ZR 171/06, NZG 2008, 311 Rn. 18 ff.; bestätigt durch BGH Beschl.
v. 2.6.2008 – II ZA 1/07, NZG 2008, 598 Rn. 3; zuvor bereits OLG Düsseldorf v. 30.11.2005 – 16 W
76/05, NZG 2006, 432; OLG Jena Urt. v. 14.6.2006 – 6 U 1021/05, NZG 2006, 752 (754); OLG
Köln Urt. v. 11.1.2007 – 18 U 232/05, ZIP 2007, 819 (821); ebenso ferner OLG Jena Urt. v. 14.8.2009 –
6 U 833/08, NZG 2010, 68 (70); OLG Karlsruhe Beschl. v. 18.11.2013 – 7 W 45/13, GmbHR 2014,
144 (147) = BeckRS 2013, 20940.

[587] *Stenzel* BB 2008, 1077; (zu § 19 Abs. 6) Noack/Servatius/Haas/*Servatius* § 19 Rn. 86 f.; krit. *Benecke/
Geldsetzer* NZG 2008, 374.

[588] OLG Karlsruhe Beschl. v. 18.11.2013 – 7 W 45/13, GmbHR 2014, 144 (148) = BeckRS 2013, 20940.

[589] Roth/Altmeppen/*Roth,* 8. Aufl. 2015, § 19 Rn. 123; *Herrler* ZIP 2008, 1568 (1569 f.).

[590] RG Urt. v. 23.9.1927 – 495/26 II., JW 1927, 2992; Scholz/*Priester*/*Tebben* Rn. 116; HCL/*Ulmer/Casper*
Rn. 38; BeckOK GmbHG/*Ziemons* Rn. 26.

[591] HCL/*Ulmer/Casper* Rn. 38; strenger Scholz/*Priester*/*Tebben* Rn. 116: Höchstbetrag erforderlich.

[592] RG Urt. v. 23.9.1927 – 495/26 II., JW 1927, 2992; Lutter/Hommelhoff/*Bayer* § 53 Rn. 39; Rowedder/
Schmidt-Leithoff/*Schnorbus* Rn. 61; Scholz/*Priester*/*Tebben* Rn. 116; HCL/*Ulmer/Casper* Rn. 38; *Sieger/
Schulte* GmbHR 2002, 1050; *Wälzholz* GmbHR 2009, 1020 (1024); *Lieder* in Fleischer/Kalss/Vogt,
Aktuelle Entwicklungen im deutschen, österreichischen und schweizerischen Gesellschaftsrecht 2012,
2013, 231 (240); *Tholen/Weiß* GmbHR 2016, 915 (917); aA BeckOK GmbHG/*Ziemons* Rn. 26, *Wicke*
§ 53 Rn. 23: notarielle Beurkundung.

[593] *Lieder* in Fleischer/Kalss/Vogt, Aktuelle Entwicklungen im deutschen, österreichischen und schweizerischen Gesellschaftsrecht 2012, 2013, 231 (240); wohl auch Noack/Servatius/Haas/*Noack* § 53 Rn. 71;
Tholen/Weiß GmbHR 2016, 915 (917); aA BGH Urt. v. 16.2.1981 – II ZR 168/79, BGHZ 80, 76
(79) = NJW 1981, 1160; Beschl. v. 24.10.1988 – II ZB 7/88, BGHZ 105, 324 (338) = NJW 1989,
295 (298); OLG Hamm Beschl. v. 1.2.1974 – 15 Wx 6/74, NJW 1974, 1057 (1058).

[594] IErg ebenso Scholz/*Priester*/*Tebben* Rn. 116.

[595] BGH Urt. v. 7.11.1966 – II ZR 136/64, NJW 1967, 44; Noack/Servatius/Haas/*Servatius* Rn. 39;
Rowedder/Schmidt-Leithoff/*Schnorbus* Rn. 62; Scholz/*Priester*/*Tebben* Rn. 117 aE; HCL/*Ulmer/Casper*
Rn. 98.

cc) Vorvertragliche Übernahmeverpflichtung. Von der antizipierten Übernahme- **205** erklärung zu unterscheiden ist die vorvertragliche Verpflichtung zur Übernahme. Gesellschafter und Dritte können sich gegenüber den (Mit-)Gesellschaftern dazu verpflichten, bei einer Kapitalerhöhung neue Geschäftsanteile zu übernehmen. Die Vereinbarung muss nach ihrem Inhalt die hinreichend bestimmbare **Verpflichtung des künftigen Übernehmers zur Abgabe einer Übernahmeerklärung** enthalten.[596] Aus der vorvertraglichen Verpflichtungserklärung kann auf Abgabe der Übernahmeerklärung geklagt werden; mit Rechtskraft des Urteils gilt die Erklärung nach § 894 ZPO als abgegeben.[597]

Nach dem Normzweck der **Formvorschrift,** die keine Warnfunktion entfaltet, son- **206** dern lediglich die Öffentlichkeit und den Rechtsverkehr aufklären soll, bedarf die Verpflichtungserklärung der Gesellschafter entgegen der bisher hM[598] keiner notariellen Beglaubigung analog Abs. 1,[599] da Verkehrsschutzgesichtspunkte bei einer Verpflichtung der Gesellschafter untereinander nicht berührt sind. Entsprechendes gilt auch für die Übernahme durch Dritte, soweit keine zusätzlichen Nebenleistungen vereinbart sind, die analog Abs. 2 S. 2 formbedürftig wären.[600] Denn auch bei einem Vertragsabschluss mit Dritten wird der Rechtsverkehr als solcher nicht tangiert; dies geschieht erst mit der Abgabe der späteren Übernahmeerklärung. Davon abgesehen lässt sich eine Analogiebildung auch aus rechtsmethodischer Perspektive schwerlich begründen. Angesichts des Regelungskontextes fehlt es bereits an der notwendigen Regelungslücke.

Zulässig ist auch eine Vertragsgestaltung, nach der sich ein Nichtgesellschafter zum **207** Beitritt zur Gesellschaft verpflichtet, die Gesellschaft indes **wählen** kann, ob dies im Wege einer Kapitalerhöhung durch Ausgabe neuer Geschäftsanteile oder durch Abtretung bestehender Anteile erfolgen soll. Im Falle der Verpflichtung zum Erwerb bestehender Anteile bedarf die Vereinbarung der notariellen Beurkundung analog § 15 Abs. 4.[601]

b) Verpflichtung der Gesellschaft. Zulässig ist weiterhin eine Verpflichtung der **208** Gesellschaft **gegenüber Dritten** zur Durchführung einer Kapitalerhöhung. Die hM verlangt allerdings, dass sich die Verpflichtung auf eine konkrete Kapitalmaßnahme beschränkt[602] und von einem entsprechenden Gesellschafterbeschluss gedeckt ist.[603] Einigkeit besteht in diesem Zusammenhang darüber, dass der Gesellschafterbeschluss mit satzungsändernder Mehrheit zu fassen ist. Umstritten ist die Frage, ob auch die Form-[604] und Eintragungserfordernisse[605] erfüllt sein müssen. Nach zutreffender Auffassung sind beide Erfordernisse entbehrlich. Wiederum ist der auf Beweissicherung gerichtete Formzweck des § 53 Abs. 2 hier nicht einschlägig (→ Rn. 203). Zudem dient die Registerpublizität

---

[596] RG Urt. v. 13.12.1935 – II 161/35, RGZ 149, 385 (395); Urt. v. 22.10.1937 – II 58/37, RGZ 156, 129 (138); OLG München Urt. v. 16.5.1958 – 6 U 655/58, GmbHR 1958, 195; Scholz/*Priester/Tebben* Rn. 117; HCL/*Ulmer/Casper* Rn. 98; *Wicke* Rn. 12.

[597] RG Urt. v. 13.12.1935 – II 161/35, RGZ 149, 385 (395); Scholz/*Priester/Tebben* Rn. 117.

[598] RG Urt. v. 13.12.1935 – II 161/35, RGZ 149, 385 (395); Rowedder/Schmidt-Leithoff/*Schnorbus* Rn. 61; BeckOK GmbHG/*Ziemons* Rn. 100; Bork/Schäfer/*Arnold/Born* Rn. 34.

[599] OLG München Urt. v. 4.5.2005 – 23 U 5121/04, NZG 2005, 756 (757) mAnm *Bayer/Lieder* EWiR 2005, 525 (526); Noack/Servatius/Haas/*Servatius* Rn. 40; Scholz/*Priester/Tebben* Rn. 117; HCL/*Ulmer/ Casper* Rn. 99; *Lieder* DStR 2014, 2464 (2469); *Tholen/Weiß* GmbHR 2016, 915 (916); *Hoene/Eickmann* GmbHR 2017, 854 (856); zuvor bereits *Hergeth/Mingau* DStR 2001, 1217 (1220).

[600] So aber diff. neuerdings *Altmeppen* Rn. 26; *Krampen-Lietzke* RNotZ 2016, 20 (23); dagegen dezidiert *Tholen/Weiß* GmbHR 2016, 915 (916); *Hoene/Eickmann* GmbHR 2017, 854 (857); vgl. noch HCL/ *Ulmer/Casper* Rn. 99.

[601] RG Urt. v. 13.12.1935 – II 161/35, RGZ 149, 385 (397); Scholz/*Priester/Tebben* Rn. 117.

[602] Lutter/Hommelhoff/*Bayer* § 53 Rn. 40 iVm Lutter/Hommelhoff/*Bayer* Rn. 7; BeckOK GmbHG/*Ziemons* Rn. 27; *Priester* FS Werner, 1984, 657 (675).

[603] Lutter/Hommelhoff/*Bayer* Rn. 7; BeckOK GmbHG/*Ziemons* Rn. 27; HCL/*Ulmer/Casper* § 53 Rn. 42; vgl. auch *Fleck* ZGR 1988, 104 (113 f.); Gehrlein/Born/Simon/*Bormann* Rn. 31.

[604] Dafür Lutter/Hommelhoff/*Bayer* § 53 Rn. 40; dagegen Scholz/*Priester/Tebben* § 53 Rn. 35; HCL/*Ulmer/Casper* § 53 Rn. 42; Scholz/*Priester/Tebben* § 53 Rn. 35; *Sieger/Schulte* GmbHR 2002, 1050 (1052 ff.)

[605] Dafür Lutter/Hommelhoff/*Bayer* § 53 Rn. 40; dagegen Scholz/*Priester/Tebben* § 53 Rn. 35; Bork/Schäfer/*Arnold* § 53 Rn. 26; MHLS/*Hoffmann* § 53 Rn. 50; *Fleck* ZGR 1988, 104 (110 ff.); *Sieger/Schulte* GmbHR 2002, 1050 (1052 ff.); zweifelnd auch BeckOK GmbHG/*Ziemons* Rn. 27.

nur der Offenlegung der aktuellen Satzung; die Bevollmächtigung zu einer künftigen Änderung ist nicht publik zu machen. Unter diesen Voraussetzungen wird man auch zulassen können, dass sich die Geschäftsführer gegenüber Dritten zum Unterlassen einer Kapitalerhöhung für einen bestimmten Zeitraum verpflichten (→ § 55a Rn. 47).[606]

209   Die Gesellschaft kann sich gegenüber Gesellschaftern und Dritten verpflichten, ihnen neue Geschäftsanteile aus der Kapitalerhöhung zu verschaffen. Im Gegensatz zur AG ist eine Zusicherung von Anteilen im GmbH-Recht zulässig, noch **bevor** die **Kapitalerhöhung beschlossen** wurde, da eine § 187 Abs. 2 AktG entsprechende Vorschrift für die GmbH fehlt und auch eine analoge Anwendung des Verbots für die GmbH nicht gerechtfertigt erscheint. Nach dem Normzweck schützt die Vorschrift die Entscheidungsfreiheit der Gesellschafter, ohne Rücksicht auf vertragliche Bindungen und etwaige Schadensersatzansprüche über die Kapitalerhöhung frei entscheiden zu können.[607] Da eine Schadensersatzpflicht aber nur unter engen Voraussetzungen in Betracht kommt und sie außerdem inhaltlich auf den Vertrauensschaden begrenzt ist (→ Rn. 93), ist der Normzweck des § 187 Abs. 2 AktG im GmbH-Recht nicht berührt. Bei einem Überschuss an Annahmeerklärungen muss bei der Zuteilung der jungen Anteile aufgrund **vertraglicher Bezugsrechte** der gesellschaftsrechtliche Gleichbehandlungsgrundsatz gewahrt werden, soweit Gesellschafter betroffen sind.[608] Kommt kein Gesellschafter zum Zug, liegt auch kein Verstoß gegen den Gleichbehandlungsgrundsatz vor.[609]

210   Anderes gilt für § 187 Abs. 1 AktG, wonach eine Verpflichtung nur vorbehaltlich des Bezugsrechts der Aktionäre zugesichert werden kann. Analog § 187 Abs. 1 AktG wird die Zusicherung neuer Geschäftsanteile demnach durch das **gesetzliche Bezugsrecht** beschränkt.[610] Die Zusicherung erfolgt durch Gesellschafterbeschluss.[611] Ihre Wirksamkeit hängt davon ab, dass die Kapitalerhöhung beschlossen wird und die potenziellen Übernehmer zur Übernahme neuer Geschäftsanteile zugelassen werden.[612] Ebenso wie die Annahmeerklärung ist auch die Zusicherung durch die Gesellschaft formfrei möglich.[613]

211   Der zukünftige Übernehmer hat **keinen Erfüllungsanspruch** auf Durchführung der Kapitalerhöhung.[614] Diese steht vielmehr unter dem Vorbehalt der Eintragung in das Handelsregister (→ Rn. 192). Scheitert die Kapitalerhöhung, kann die Gesellschaft dem Vertragspartner gegenüber **schadensersatzpflichtig** sein.[615] Ein Ersatzanspruch setzt aber tatbestandlich voraus, dass die Gesellschafter ihren weiten unternehmerischen Ermessensspielraum überschritten haben (→ Rn. 92).[616] Die Haftung des ermächtigten Geschäftsführers richtet sich nach den allgemeinen Grundsätzen der Eigenhaftung des Vertreters gem. § 311 Abs. 3 BGB[617] sowie

---

[606]   Abl. zur AG OLG München Beschl. v. 14.11.2012 – 7 AktG 2/12, NZG 2013, 459 (462); LG München I Urt. v. 5.4.2012 – 5 HK O 20488/11, NZG 2012, 1152 (1153 f.); dafür hingegen zur AG mit guten Argumenten *Bungert/Wansleben* ZIP 2013, 1841; tendenziell ebenso *Paschos* NZG 2012, 1142; *König* NZG 2013, 455; *Kiefner* ZHR 178 (2014), 547 (571 f.); zur GmbH vgl. weiter Lutter/Hommelhoff/*Bayer* Rn. 7 iVm Lutter/Hommelhoff/*Bayer* § 53 Rn. 40.
[607]   S. Hüffer/Koch/*Koch* AktG § 187 Rn. 1; MüKoAktG/*Schürnbrand/Verse* AktG § 187 Rn. 2; BeckOGK/*Servatius* AktG § 187 Rn. 2.
[608]   Zur AG Kölner Komm AktG/*Ekkenga* AktG § 187 Rn. 13; MüKoAktG/*Schürnbrand/Verse* AktG § 187 Rn. 12; *Schürnbrand* FS Stilz, 2014, 569 (574).
[609]   *Schürnbrand* FS Stilz, 2014, 569 (574).
[610]   Zutr. Noack/Servatius/Haas/*Servatius* Rn. 40; Scholz/*Priester/Tebben* Rn. 118.
[611]   Noack/Servatius/Haas/*Servatius* Rn. 40; Rowedder/Schmidt-Leithoff/*Schnorbus* Rn. 63; HCL/*Ulmer/ Casper* Rn. 100.
[612]   Scholz/*Priester/Tebben* Rn. 118; HCL/*Ulmer/Casper* Rn. 100.
[613]   Rowedder/Schmidt-Leithoff/*Schnorbus* Rn. 63; Scholz/*Priester/Tebben* Rn. 118.
[614]   BGH Urt. v. 3.11.2015 – II ZR 13/14, NJW 2015, 3786 Rn. 13; BGH Urt. v. 11.1.1999 – II ZR 170/98 BGHZ 140, 258 (260) = NJW 1999, 1252; *Altmeppen* Rn. 24; Rowedder/Schmidt-Leithoff/ *Schnorbus* Rn. 63; aA zur AG *Eimer,* Zeichnungsverträge und Zeichnungsvorverträge, 2009, 111 ff., 183; *Schürnbrand* FS Stilz, 2014, 569 (570 f.); krit. auch *Hunecke,* Der Zeichnungsvertrag, 2011, 181 f.
[615]   Noack/Servatius/Haas/*Servatius* Rn. 40; Rowedder/Schmidt-Leithoff/*Schnorbus* Rn. 63 aE; aA Scholz/ *Priester/Tebben* Rn. 118: keine Haftung der GmbH.
[616]   AA Noack/Servatius/Haas/*Servatius* Rn. 38.
[617]   S. dazu nur MüKoBGB/*Emmerich* BGB § 311 Rn. 187 ff., insbes. 190, 192; Grüneberg/*Grüneberg* BGB § 311 Rn. 60 ff., insbes. 65.

nach Deliktsrecht (§§ 823 ff. BGB, insbesondere § 826 BGB).[618] Daneben können vertragliche Gewährleistungsansprüche bestehen.[619]

c) Vorbeteiligungsgesellschaft. Vor der Übernahme der Geschäftsanteile kann zwi- **212** schen den an einer Kapitalerhöhung mitwirkenden Gesellschaftern eine Vorbeteiligungsgesellschaft entstehen.[620] Bei dieser handelt es sich um keine Rechtsform sui generis, sondern um eine klassische **Personengesellschaft,** auf die ausschließlich das Recht der OHG oder GbR zur Anwendung gelangt, je nachdem, ob in diesem Stadium von dem Personenzusammenschluss bereits ein Handelsgewerbe betrieben wird.[621] Die Dogmatik der Vorbeteiligungsgesellschaft orientiert sich inhaltlich an den für die Vorgründungsgesellschaft geltenden Grundsätzen (→ § 11 Rn. 114 ff.); diese allgemeinen Prinzipien sind weiterhin auf vergleichbare Gestaltungen anderer **Vorbereitungsgesellschaften** zu übertragen, wie sie im Vorfeld einer Umwandlung oder eines derivativen Anteilserwerbs zur Entstehung gelangen können.[622]

Zur **Entstehung** einer Vorbeteiligungsgesellschaft müssen sich die Beteiligten aus- **213** drücklich oder konkludent darauf einigen, einen gemeinsamen Zweck verfolgen zu wollen. Das ist bei einem stillschweigenden Zusammenschluss regelmäßig nur dann anzunehmen, wenn die Beteiligten einen Zweck verfolgen, der über die bloße Erhöhung des Stammkapitals hinausgeht,[623] wenn sie zB ein über den bisherigen Unternehmensgegenstand hinausgehendes gemeinsames Projekt verfolgen.[624] Insbesondere wenn neue Investoren hinzukommen, liegt die Entstehung einer Vorbeteiligungsgesellschaft nahe. Treten indes keine weiteren Beteiligten hinzu und kommt es auch zu keinen wirtschaftlichen Aufwendungen aus dem Privatvermögen der bisherigen Beteiligten, dann ist regelmäßig kein Vertragsschluss anzunehmen.[625] Darüber hinaus ist auch bei der Annahme einer stillschweigenden **Beteiligung der** projekttragenden **GmbH** Zurückhaltung geboten.[626] Anhand der konkreten Umstände des jeweiligen Einzelfalls ist zu beurteilen, ob die Beteiligten tatsächlich zu einem über die bloße Beteiligung an der Kapitalerhöhung hinausgehenden Zweck auf gemeinsame Rechnung zusammenwirken wollten, was sich regelmäßig in wechselseitigen Aufwendungen oder einer anderweitigen Übernahme eines wirtschaftlichen Risikos manifestieren muss.[627] Davon abgesehen unterliegt die Entstehung im Grundsatz keinen besonderen Formvorschriften, insbesondere nicht § 55 Abs. 1 (→ Rn. 172).[628]

Aus der Anwendung von Personengesellschaftsrecht folgt die persönliche **Haftung** der **214** Gesellschafter für Verbindlichkeiten der Vorerhöhungsgesellschaft nach § 128 S. 1 HGB (analog), die selbst von einer erfolgreichen Kapitalerhöhung nach Maßgabe des § 159 HGB (analog) unberührt bleibt.[629] Auch nach Zweckerreichung oder Scheitern der Kapitalerhöhung geht das Vermögen nicht automatisch auf die GmbH über, denn Vorbeteiligungsgesell-

[618] Vgl. auch Scholz/*Priester/Tebben* Rn. 118.
[619] Dazu ausf. *Schaefer/Grützedick* NZG 2006, 204.
[620] Aus der Rspr. s. OLG Schleswig Urt. v. 4.7.2014 – 17 U 24/14, DStR 2014, 2246; zum Konzept eingehend *Lieder* DStR 2014, 2464; *Priester* GWR 2014, 405; vgl. noch *Wicke* Rn. 12 aE; zur AG Hüffer/Koch/*Koch* AktG § 185 Rn. 32; insgesamt krit. *Fallak/Huynh Cong* NZG 2016, 1291; zur AG MüKoAktG/*Schürnbrand/Verse* AktG § 185 Rn. 44.
[621] OLG Schleswig Urt. v. 4.7.2014 – 17 U 24/14, DStR 2014, 2246; *Lieder* DStR 2014, 2464 (2465 ff.); *Priester* GWR 2014, 405 (406 f.).
[622] Dazu ausf. *Lieder* DStR 2014, 2464 (2470).
[623] Dazu näher *Lieder* DStR 2014, 2464 (2467 f.); vgl. auch zur AG Hüffer/Koch/*Koch* AktG § 185 Rn. 32.
[624] Vgl. auch *Priester* GWR 2014, 405 (407).
[625] *Lieder* DStR 2014, 2464 (2468); *Priester* GWR 2014, 405 (408).
[626] *Lieder* DStR 2014, 2464 (2468 f.); zur AG Hüffer/Koch/*Koch* AktG § 185 Rn. 32; generell abl. *Fallak/Huynh Cong* NZG 2016, 1291 (1293 f.); großzügiger hingegen OLG Schleswig Urt. v. 4.7.2014 – 17 U 24/14, DStR 2014, 2246.
[627] Dazu näher *Lieder* DStR 2014, 2464 (2468 f.).
[628] Dazu ausf. *Lieder* DStR 2014, 2464 (2469).
[629] Zur analogen Anwendung des § 159 HGB auch auf die BGB-Gesellschaft vgl. BFH Urt. v. 26.8.1997 – VII R 63/97, NJW-RR 1998, 1185; Grüneberg/*Sprau* BGB Vor § 723 Rn. 3; MüKoBGB/*Schäfer* BGB § 736 Rn. 29; aA offenbar BAG Urt. v. 13.2.2014 – 8 AZR 144/13, ZIP 2014, 1782 (1783).

schaft und GmbH sind unterschiedliche, rechtlich verselbstständigte Rechtsträger. Soll Vermögen übergeleitet werden, hat dies durch rechtsgeschäftliche Einzelübertragung zu erfolgen.[630]

215   Nach ihrer **Auflösung** ist die Vorbeteiligungsgesellschaft nach Maßgabe der §§ 730 ff. BGB zu liquidieren.[631] Infolge der Durchsetzungssperre sind die einzelnen Forderungen der Vorbeteiligungsgesellschafter als unselbstständige Rechnungsposten in die Auseinandersetzungsbilanz einzustellen. Ist ausnahmsweise auch die GmbH an der Gesellschaft beteiligt, können die auf die Kapitalerhöhung bereits geleisteten Einlagen nicht wie üblich nach bereicherungsrechtlichen Grundsätzen zurückgefordert werden, sondern sind ebenfalls in der Auseinandersetzungsbilanz zu berücksichtigen.[632]

V. Gewinnbeteiligung Dritter

216   Ist die Gesellschaft Dritten, zB dem Geschäftsführer oder einem Darlehensgeber, gegenüber zu Leistungen verpflichtet, die von der Kapital- oder Gewinnsituation der GmbH abhängen (→ § 29 Rn. 196 ff.), so erfolgt die Anpassung der Gewinnbeteiligung bei einer Kapitalerhöhung primär nach den vertraglichen Abreden[633] oder einer anderweitigen Regelung, die sich auch aus dem Gesamtgefüge der Vereinbarung mit dem Dritten und der Interessenlage der Parteien ergeben kann, hilfsweise finden – entgegen des BAG zum Aktienrecht[634] – § 57m Abs. 3 (→ § 57m Rn. 24 ff.) und § 216 Abs. 3 S. 1 AktG analoge Anwendung.[635] Die Kapitalerhöhung führt danach mangels abweichender Regelung zu keiner inhaltlichen Veränderung der vertraglich vereinbarten Leistungspflicht der GmbH.[636] Mit Blick auf die entgegenstehende BAG-Rspr. ist den Beteiligten dringend eine vertragliche Regelung des Themenkomplexes anzuraten.[637]

VI. Kosten und Steuern

217   **1. Kosten.** Kapitalerhöhungen lösen verschiedene Kostentatbestände aus. Für die **notarielle Beurkundung** des Erhöhungsbeschlusses fällt nach KV 21100 GNotKG eine doppelte Gebühr, mindestens 120 Euro, an, wobei der Geschäftswert höchstens 5 Mio. Euro beträgt, auch wenn mehrere Beschlüsse mit verschiedenem Gegenstand in einem Beurkundungsverfahren zusammengefasst werden (§ 108 Abs. 5 GNotKG). Der **Geschäftswert** bestimmt sich gem. § 97 Abs. 1 GNotKG, § 108 Abs. 1 GNotKG nach dem Erhöhungsbetrag. Zu diesem Betrag sind weitere Leistungen hinzuzurechnen, zu denen sich der übernehmende Gesellschafter verpflichtet, wie zB bei Vereinbarung eines **korporativen Agios**

---

[630] Dazu näher *Lieder* DStR 2014, 2464 (2467).

[631] Dazu und zum Folgenden *Lieder* DStR 2014, 2464 (2467); aA *Fallak/Huynh Cong* NZG 2016, 1291 (1294 f.).

[632] OLG Schleswig Urt. v. 4.7.2014 – 17 U 24/14, DStR 2014, 2246; *Lieder* DStR 2014, 2464 (2467); zur AG Hüffer/Koch/*Koch* AktG § 185 Rn. 32.

[633] Zutr. Lutter/Hommelhoff/*Bayer* Rn. 47; Scholz/*Priester/Tebben* Rn. 122; zur AG BAG Urt. v. 10.12.2005 – 10 AZR 410/04, JR 2008, 87 (88) = NJW-Spezial 2006, 276; Bürgers/Körber/Lieder/ *Lieder* AktG § 189 Rn. 14; MüKoAktG/*Arnold* AktG § 216 Rn. 44; Hüffer/Koch/*Koch* AktG § 216 Rn. 11; BeckOGK/*Fock/Wüsthoff* AktG § 216 Rn. 21; *Grosjean/Schmidt* DB 2005, 1518 (1519 ff.); *J. Koch* AG 2017, 6 (7 f.).

[634] BAG Urt. v. 27.6.2018 – 10 AZR 295/17 NZA 2018, 1339 Rn. 22 ff.; dem für die GmbH folgend *Altmeppen* Rn. 37; Lutter/Hommelhoff/*Bayer* Rn. 47.

[635] Scholz/*Priester/Tebben* Rn. 122; BeckOK GmbHG/*Ziemons* Rn. 136; zur AG Bürgers/Körber/Lieder/ *Lieder* AktG § 189 Rn. 14; MüKoAktG/*Arnold* AktG § 216 Rn. 46; *M. Arnold/Gärtner* AG 2013, 414; *Köhler* AG 1984, 197 (198); aA Rowedder/Schmidt-Leithoff/*Schnorbus* Rn. 68; Noack/Servatius/Haas/ *Servatius* Rn. 49 aE; zur AG LAG Frankfurt Urt. v. 7.4.2017 – 14 Sa 303/16, ZIP 2017, 1855 (1857 f.); Wachter/*Dürr* AktG § 189 Rn. 11; NK-AktG/*Elser* AktG § 189 Rn. 14; K. Schmidt/Lutter/*Veil* AktG § 216 Rn. 14; Hölters/*Simons* AktG § 216 Rn. 22; ausf. *J. Koch* AG 2017, 6.

[636] Zu den noch nicht abschließend geklärten Einzelheiten s. ausf. *Koppensteiner* ZHR 139 (1975), 191 (204 ff.); *Köhler* AG 1984, 197 (198 ff.); *Pannen/Köhler* AG 1985, 52; *Zöllner* ZGR 1986, 288.

[637] Vgl. *Mentzel/Sura* NZG 2019, 176 (178 f.).

(→ Rn. 62).[638] Ein **schuldrechtliches Agio** (→ Rn. 62) wird typischerweise in einer gesonderten Beteiligungsvereinbarung niedergelegt, in dieser Form vielfach beurkundet und bleibt für den Geschäftswert der Kapitalerhöhung grundsätzlich außer Betracht. Die gegenläufige Auffassung des OLG München,[639] das den Wert der Kapitalerhöhung unter Einbeziehung eines zuvor oder zeitgleich vereinbarten Agios mit berücksichtigen will, vermag nicht zu überzeugen, weil sich der Geschäftswert nach dem unmittelbar beurkundeten Rechtsgeschäft richtet. Ein Zusammenhang mit anderen Rechtsgeschäften und nur mittelbare Rechtswirkungen sind nicht Gegenstand der Beurkundung und haben daher auch bei der Berechnung des Geschäftswerts außer Betracht zu bleiben.[640]

Bei der **Übernahmeerklärung** bestimmt sich der Geschäftswert nach den allgemeinen **218** Grundsätzen. Im Gegensatz zum Kapitalerhöhungsbeschluss findet indes der Mindestwert von 30.000 Euro keine Anwendung.[641] Bei einer Beurkundung **gemeinsam** mit dem Erhöhungsbeschluss handelt es sich gem. § 110 Nr. 1 GNotKG um unterschiedliche Beurkundungstatbestände. Die Gebühr bestimmt sich nach KV 21100 GNotKG nach dem addierten Geschäftswert. Bei einer getrennten Beurkundung fällt für die Übernahmeerklärung gem. KV 21200 GNotKG nur eine einfache Gebühr an. Dementsprechend ist für die Berechnung nach Maßgabe des § 94 Abs. 1 GNotKG ein Kostenvergleich durchzuführen und der niedrigere Wert anzusetzen.[642]

Für die Fertigung der **Übernehmerliste** nach § 57 Abs. 3 Nr. 2 und der **Gesellschaf-** **219** **terliste** nach § 40 (→ 2. Aufl. 2016, § 40 Rn. 142 ff.) fällt eine Vollzugsgebühr gem. KV 22110 GNotKG an, die allerdings nach KV 22113 GNotKG auf 250 Euro je Liste beschränkt ist, bei beiden Listen gemeinsam auf höchstens 500 Euro.[643] Die Betreuungsgebühr für die Wirksamkeitsbescheinigung nach § 40 Abs. 2 S. 2 richtet sich nach KV 22200 Nr. 6 GNotKG.[644]

Für die Beurkundung der **Anmeldung** zur Eintragung in das Handelsregister fällt nach **220** KV 21201 Nr. 5 GNotKG eine halbe Gebühr nach KV 21100 GNotKG an, die mindestens 30 Euro beträgt. Der Geschäftswert bestimmt sich nach § 105 Abs. 1 S. 1 Nr. 3 GNotKG nach dem Unterschiedswert und liegt bei höchstens 1 Mio. Euro (§ 106 GNotKG). Ist der Notar angewiesen, die Einreichung erst nach Leistung der Einlage zu veranlassen, fällt gem. KV 22200 Nr. 3 GNotKG eine Betreuungsgebühr an.[645] Für die **Eintragung** des Kapitalerhöhungsbeschlusses in das Handelsregister fällt nach § 58 Abs. 1 S. 1 Nr. 1, Abs. 2 GNotKG iVm GV 2400 HRegGebV eine Aufwandsgebühr iHv 270 Euro an. Außerdem verursacht die **Bekanntmachung** Kosten nach KV 31004 GNotKG.

Die **Anpassung der Satzung,** ein Bezugsrechtsausschluss oder Zulassungsbeschluss ist **221** nicht gebührenpflichtig, soweit sie mit der Eintragung der Kapitalerhöhung durchgeführt wird. Das gilt sowohl für die Notarkosten (KV Vorbem. 2.1 Abs. 2 Nr. 4 GNotKG) als auch für die Kosten der Registereintragung.[646] Eine spätere Anpassung löst den Gebühren-

---

[638] Notarkasse, Streifzug durch das GNotKG, 12. Aufl. 2017, Rn. 1366 ff.; *Saß* RNotZ 2016, 213 (226); vgl. auch OLG München Beschl. v. 26.2.2018 – 32 Wx 405/17 Kost, NZG 2018, 429: Addition einer zusätzlich vereinbarten Einzahlung in die freie Kapitalrücklage gem. § 272 Abs. 2 Nr. 4 HGB.

[639] OLG München Beschl. v. 26.2.2018 – 32 Wx 405/17 Kost, NZG 2018, 429; zust. BeckHdB Notar/ *Mayer/Weiler* § 22 Rn. 404; *Thelen* RNotZ 2020, 121 (145 f.).

[640] So auch *Strauß* MittBayNot 2018, 488 (489); abl. auch *Weitnauer* HdB Venture Capital Teil F Rn. 102 m. Fn. 177; *Weitnauer* GWR 2018, 245 (248); krit. ferner *Mösinger* GWR 2018, 136.

[641] *Böhringer* BWNotZ 2014, 165 (173); *Saß* RNotZ 2016, 213 (226); vgl. noch Notarkasse, Streifzug durch das GNotKG, 12. Aufl. 2017, Rn. 1078.

[642] *Saß* RNotZ 2016, 213 (226); für Rechenbeispiele s. *Böhringer* BWNotZ 2014, 165 (173); Notarkasse, Streifzug durch das GNotKG, 12. Aufl. 2017, Rn. 1078.

[643] *Saß* RNotZ 2016, 213 (226); Notarkasse, Streifzug durch das GNotKG, 12. Aufl. 2017, Rn. 1140, 1145.

[644] Für Einzelheiten s. *Saß* RNotZ 2016, 213 (227).

[645] *Böhringer* NWNotZ 2014, 165 (173 f.); *Saß* RNotZ 2016, 213 (227); *Diehn* Notarkostenberechnungen Rn. 891; Notarkasse, Streifzug durch das GNotKG, 12. Aufl. 2017, Rn. 927.

[646] BayObLG Beschl. v. 27.3.1975 – BReg. 3 Z 88/73, AG 1975, 248 (249); Beschl. v. 16.6.1978 – BReg. 3 Z 36/76, BayObLGZ 1978, 146 (151) = Rpfleger 1978, 394; OLG Düsseldorf v. 15.6.1966 – 10 W 43/66, Rpfleger 1967, 57; *Hüffer/Koch/Koch* AktG § 182 Rn. 34 zur AG.

tatbestand nach § 105 Abs. 2 und 5 GNotKG aus.[647] Für die Zurückweisung und Zurücknahme des Eintragungsantrags gelten die Bestimmungen der KV 21300 ff. GNotKG, KV 14400 GNotKG. **Kostenschuldner** ist die GmbH für sämtliche durch die Kapitalerhöhung verursachten Gebührentatbestände (§ 29 Nr. 1 GNotKG). Die Gesellschaft kann die übernommenen Kosten als Betriebsausgaben nach § 8 Abs. 1 KStG iVm § 4 Abs. 4 EStG in Abzug bringen.[648]

222   **2. Steuern. a) Körperschaftsteuer.** Auf die Kapitalerhöhung geleistete Einlagen zählen nicht zum Einkommen der Gesellschaft und unterliegen daher nach § 8 Abs. 1 KStG iVm § 4 Abs. 1 S. 1 EStG nicht der Körperschaftsteuer. Zum **Ausschüttungsrückholverfahren** → Rn. 17 ff.

223   **b) Mitverstrickung von Anteilen.** Wird das Stammkapital ohne Festsetzung eines angemessenen Agios erhöht, obgleich Sacheinlagen oder Anteile unter dem gemeinen Wert eingebracht wurden (→ § 56 Rn. 132), dann partizipieren die Übernehmer an den stillen Reserven der Gesellschaft. Deshalb ordnet § 22 Abs. 7 UmwStG im Anschluss an die bisherige BFH-Rspr.[649] die Mitverstrickung der jungen Anteile an.[650] Das hat zur Folge, dass auch diese Anteile als erhaltene oder eingebrachte Anteile iSd § 22 Abs. 1 und 2 UmwStG gelten. Eine Gewinnrealisierung und Besteuerung erfolgt auf Antrag daher nicht bereits bei Einbringung, sondern erst bei einer späteren Veräußerung der neuen Geschäftsanteile (→ § 56 Rn. 132 ff.).

224   **c) Bezugsrecht.** Wird einem Nichtgesellschafter durch die Altgesellschafter gegen Zahlung eines Aufgeldes im Hinblick auf die stillen Reserven der GmbH das Bezugsrecht zur Übernahme neuer Geschäftsanteile eingeräumt, handelt es sich um die Veräußerung einer Anwartschaft iSd § 17 Abs. 1 EStG, soweit die Altgesellschafter maßgeblich beteiligt sind und das Aufgeld in einem engen zeitlichen Zusammenhang an die Altgesellschafter weitergeleitet wird.[651] Anderes gilt für den Fall, dass das Agio in eine freie Rücklage eingestellt wird und die Ausschüttung auf Umständen beruht, die keinen steuerrechtlichen Hintergrund aufweisen.[652]

225   **d) Schenkungsteuer.** Die Kapitalerhöhung kann nach § 7 Abs. 1 Nr. 1 ErbStG in besonders gelagerten Fällen schenkungsteuerpflichtig sein.[653] Wird ein **unterbewerteter Gegenstand** eingebracht, erhöht sich hierdurch der Wert der alten Anteile. Wird ein Geschäftsanteil ohne ein angemessenes Aufgeld übernommen (→ Rn. 65 ff.), partizipiert der Übernehmer an den stillen Reserven der Gesellschaft. Eine freigebige Zuwendung an den Neugesellschafter liegt demnach vor, wenn der gemeine Wert der neuen Anteile die zu leistende Einlage übersteigt.[654] Die Schenkungsteuerpflicht setzt allerdings stets voraus,

---

[647] Zu § 41a Abs. 2 und 6 KostO OLG Düsseldorf Beschl. v. 7.6.1972 – 10 W 27/72, Rpfleger 1972, 425 zum nahezu wortgleichen § 26 Abs. 7 KostO aF; Hüffer/Koch/*Koch* AktG § 182 Rn. 34 zur AG.

[648] Vgl. BFH Urt. v. 19.1.2000 – I R 24/99, BFHE 191, 107 (109 f.) = DStR 2000, 585; Rowedder/Schmidt-Leithoff/*Schnorbus* Rn. 72; Scholz/*Priester*, 9. Aufl. 2002, Rn. 132; *Krebs* BB 1984, 1153 (1154); Hüffer/Koch/*Koch* AktG § 182 Rn. 35 aE; MüKoAktG/*Schürnbrand/Verse* AktG § 182 Rn. 140.

[649] BFH Urt. v. 8.4.1992 – I R 128/88, BStBl. II 1992, 761 (762) = DB 1992, 1706 = DStR 1992, 907; BFH Urt. v. 8.4.1992 – I R 162/90, BStBl. II 1992, 764 (765) = DB 1992, 1705 = DStR 1992, 906; Rowedder/Schmidt-Leithoff/*Schnorbus* Rn. 72; Scholz/*Priester*, 9. Aufl. 2002, Rn. 133.

[650] Dazu näher *Knief/Birnbaum* DB 2010, 2527.

[651] BFH Urt. v. 13.10.1992 – VIII R 3/89, GmbHR 1993, 378 = DStR 1993, 236; FG BW Beschl. v. 17.2.1997 – 8 V 17/96, GmbHR 1997, 754; Rowedder/Schmidt-Leithoff/*Schnorbus* Rn. 73; Scholz/*Priester*, 9. Aufl. 2002, Rn. 135.

[652] BFH Urt. v. 23.2.1999 – VIII R 60/96, GmbHR 1999, 866 = DStRE 1999, 737; Rowedder/Schmidt-Leithoff/*Schnorbus* Rn. 73.

[653] Dazu Erlass der Obersten Finanzbehörden der Länder v. 15.3.1997, DStR 1997, 540 (541 f.); ausf. *Wohlschlegel* ZEV 1997, 233; *Viskorf* DStR 1998, 150; *Groh* DStR 1999, 1050; vgl. noch BFH Urt. v. 20.12.2000 – II R 42/99, GmbHR 2001, 632 = NJW-RR 2002, 99 = NZG 2001, 697; *Schwedhelm/Olbing/Binnewies* GmbHR 2012, 1269 (1271 ff.).

[654] BFH Urt. v. 27.8.2014 – II R 43/12, BFHE 246, 506 Rn. 39 ff. = DStR 2014, 2282 mAnm *Wachter* ZEV 2015, 53; dazu ausf. *Herbst* DNotZ 2015, 324; *Rodewald/Mentzel* GmbHR 2015, 841.

dass der Zuwendende mit dem **Willen** handelt, den Zuwendungsempfänger **zu bereichern.** Das wird bei Angehörigen vermutet; unter Fremden kommt ein Bereicherungswille nur ausnahmsweise bei auffälligen Zuwendungen in Betracht.[655] Allerdings gelten die Verschonungsregeln für unternehmerisches Vermögen gem. §§ 13a, 13b, 19a ErbStG,[656] die nach dem Urteil des BVerfG vom 17.12.2014[657] mit Wirkung zum 1.7.2016 umfassend geändert worden sind.[658] Unterlässt ein Altgesellschafter die Ausübung seines Bezugsrechts ganz oder teilweise und führt dies zum **Verfallen des Bezugsrechts,** dann kann in diesem Verzicht eine steuerbare Zuwendung iSd § 7 Abs. 1 Nr. 1 ErbStG an die (anderen) Übernehmer liegen.[659] Ein offensichtlich unzureichender Wertausgleich kann zu einer gemischten Schenkung führen, wobei im Rahmen der Wertberechnung genau zu prüfen ist, ob eine eingebrachte Kapitalrücklage zuzurechnen ist.[660]

e) Barkapitalerhöhung mit Sachagio. Wird im Zusammenhang mit einer Barein- **226** lage zusätzlich ein Betrieb in die Gesellschaft eingebracht, liegt eine **Sacheinlage** iSd § 20 Abs. 1 S. 1 UmwStG vor, wenn der Einlagegegenstand nach der zugrunde liegenden Einbringungsvereinbarung als **Aufgeld** Bestandteil des vom Inferenten für die übernommenen Geschäftsanteile zu entrichtenden Entgelts ist.[661] Hierfür ist regelmäßig ein enger zeitlicher und sachlicher Zusammenhang notwendig und gerade dann nicht gegeben, wenn das Sachagio nur bei Gelegenheit einer Barkapitalerhöhung eingebracht wird.[662] Weiterhin ist das Sachagio als Kapitalrücklage iSd § 272 Abs. 2 Nr. 1 HGB zu dotieren.[663] Liegt hingegen eine Einlage nach § 272 Abs. 2 Nr. 4 HGB vor, ist § 6 Abs. 1 Nr. 5 EStG für den steuerlichen Wertansatz maßgeblich.[664] Im Übrigen ist aus steuerrechtlicher Perspektive ohne Belang, ob es sich um ein korporatives oder ein schuldrechtliches Agio handelt (→ Rn. 62).[665] Nach § 20 Abs. 8 UmwStG besteht die Möglichkeit, eine steuerliche Rückbeziehung von maximal acht Monaten zu erreichen. Voraussetzung hierfür ist, dass zu dem gewünschten Stichtag bereits ein Betrieb im steuerlichen Sinne bestand.[666] Das gilt auch für die Kapitalerhöhung bei einer **UG.**[667]

VII. Euroumstellung

§ 1 EGGmbHG Umstellung auf Euro

(1) [1]Gesellschaften, die vor dem 1. Januar 1999 in das Handelsregister eingetragen worden sind, dürfen ihr auf Deutsche Mark lautendes Stammkapital beibehalten; Entsprechendes gilt für Gesellschaften, die vor dem 1. Januar 1999 zur Eintragung in das Handelsregister angemeldet und bis zum 31. Dezember 2001 eingetragen worden sind. [2]Für Mindestbetrag und Teilbarkeit von Kapital, Einlagen und Geschäftsanteilen sowie für den Umfang des Stimmrechts bleiben bis zu einer Kapitaländerung nach Satz 4 die bis dahin gültigen Beträge weiter

655 Scholz/*Priester,* 9. Aufl. 2002, Rn. 133.
656 BFH Urt. v. 27.8.2014 – II R 43/12, BFHE 246, 506 Rn. 62 ff. = DStR 2014, 2282 mAnm *Wachter* ZEV 2015, 53 (54).
657 BVerfG Urt. v. 17.12.2014 – 1 BvL 21/12, ZEV 2015, 19.
658 Dazu im Einzelnen Erman/*Lieder* BGB Einl. § 1922 Rn. 18 f.
659 Vgl. BFH Urt. v. 30.5.2001 – II R 6/98, DStR 2002, 694 (696); FG BW Urt. v. 24.6.2020 – 7 K 2351/17, BeckRS 2020, 26625 Rn. 17.
660 FG BW Urt. v. 24.6.2020 – 7 K 2351/17, BeckRS 2020, 26625 Rn. 18 ff.
661 BFH Urt. v. 7.4.2010 – I R 55/09, BFHE 229, 518 Rn. 29 = NZG 2011, 118; Beschl. v. 1.12.2011 – I B 127/11, GmbHR 2012, 654 Rn. 12; dazu zust. und weiterführend *Heinze* ZNotP 2012, 87; ferner *Wisniewski/Weppner* GWR 2012, 53 (54 f.).
662 OLG Karlsruhe Beschl. v. 7.5.2014 – 11 Wx 24/14, ZIP 2014, 1286 = MittBayNot 2014, 468; dazu *Wachter* GmbHR 2014, 753; *Lohr* GmbH-StB 2014, 273.
663 OLG Karlsruhe Beschl. v. 7.5.2014 – 11 Wx 24/14, ZIP 2014, 1286 = MittBayNot 2014, 468.
664 L. Schmidt/*Kulosa* EStG § 6 Rn. 565 f.; *Karl* GmbHR 2020, 9 (21).
665 BFH Urt. v. 7.4.2010 – I R 55/09, BFHE 229, 518 Rn. 29 f. = NZG 2011, 118; *Lubberich* DNotZ 2016, 164 (176).
666 Umwandlungssteuererlass, BMF 11.11.2011 – IV C 2 – S 1978b/08/10001 Rn. 15.03; *Lubberich* DNotZ 2016, 164 (169); *Wisniewski/Weppner* GWR 2012, 53 (54).
667 Vgl. *Heinze* NJW 2020, 3768 (3769).

maßgeblich. ³Dies gilt auch, wenn die Gesellschaft ihr Kapital auf Euro umgestellt hat; das Verhältnis der mit den Geschäftsanteilen verbundenen Rechte zueinander wird durch Umrechnung zwischen Deutscher Mark und Euro nicht berührt. ⁴Eine Änderung des Stammkapitals darf nach dem 31. Dezember 2001 nur eingetragen werden, wenn das Kapital auf Euro umgestellt wird.

(2) ¹Bei Gesellschaften, die zwischen dem 1. Januar 1999 und dem 31. Dezember 2001 zum Handelsregister angemeldet und in das Register eingetragen worden sind, dürfen Stammkapital und Stammeinlagen auch auf Deutsche Mark lauten. ²Für Mindestbetrag und Teilbarkeit von Kapital, Einlagen und Geschäftsanteilen sowie für den Umfang des Stimmrechts gelten die zu dem vom Rat der Europäischen Union nach Artikel 123 Abs. 4 Satz 1 des Vertrages zur Gründung der Europäischen Gemeinschaft unwiderruflich festgelegten Umrechnungskurs in Deutsche Mark umzurechnenden Beträge des Gesetzes in der ab dem 1. Januar 1999 geltenden Fassung.

(3) ¹Die Umstellung des Stammkapitals und der Geschäftsanteile sowie weiterer satzungsmäßiger Betragsangaben auf Euro zu dem nach Artikel 123 Abs. 4 Satz 1 des Vertrages zur Gründung der Europäischen Gemeinschaft unwiderruflich festgelegten Umrechnungskurs erfolgt durch Beschluss der Gesellschafter mit einfacher Stimmenmehrheit nach § 47 des Gesetzes betreffend die Gesellschaften mit beschränkter Haftung; § 53 Abs. 2 Satz 1 des Gesetzes betreffend die Gesellschaften mit beschränkter Haftung ist nicht anzuwenden. ²Auf die Anmeldung und Eintragung der Umstellung in das Handelsregister ist § 54 Abs. 1 Satz 2 und Abs. 2 Satz 2 des Gesetzes betreffend die Gesellschaften mit beschränkter Haftung nicht anzuwenden. ³Werden mit der Umstellung weitere Maßnahmen verbunden, insbesondere das Kapital verändert, bleiben die hierfür geltenden Vorschriften unberührt; auf eine Herabsetzung des Stammkapitals, mit der die Nennbeträge der Geschäftsanteile auf einen Betrag nach Absatz 1 Satz 4 gestellt werden, ist jedoch § 58 Abs. 1 des Gesetzes betreffend die Gesellschaften mit beschränkter Haftung nicht anzuwenden, wenn zugleich eine Erhöhung des Stammkapitals gegen Bareinlagen beschlossen und diese in voller Höhe vor der Anmeldung zum Handelsregister geleistet werden.

227   **1. Normzweck. a) Grundlagen.** Die Verwirklichung der Europäischen Wirtschafts- und Währungsunion durch die Einführung des **Euro als gesetzliches Zahlungsmittel** der teilnehmenden Mitgliedstaaten zeitigte Auswirkungen auch für das Stammkapital der GmbH. Die maßgebliche Grundlage für die europarechtlichen Veränderungen bildete der inzwischen mit Inkrafttreten des AEUV am 1.12.2009 aufgehobene Art. 123 Abs. 4 EGV.[668] Neben der Umstellung der gesetzlichen Kapitalbeträge von DM auf Euro[669] schuf das EuroEG[670] auch Übergangsvorschriften für die Umstellung, Anpassung und Glättung der satzungsmäßigen Kapitalbeträge. Diese Regelungen waren ursprünglich in § 86 aF normiert und sind im Zuge der GmbH-Reform durch das MoMiG in ein eigenständiges Einführungsgesetz zum GmbHG ausgelagert worden, um das GmbHG von Übergangsrecht freizuhalten.

228   Die Umstellung auf Euro vollzog sich in **zwei Schritten.** Am 1.1.1999 wurde der Euro zum gesetzlichen Zahlungsmittel in allen teilnehmenden Mitgliedstaaten. Der Umrechnungskurs wurde auf 1,95583 DM für einen Euro festgesetzt.[671] Für eine Übergangszeit bis zum 31.12.2001 durften die bisherigen nationalen Währungen – und damit auch die DM – noch neben dem Euro verwendet werden, allerdings nur noch als unselbstständige Rechnungseinheiten (Denominationen). Seit dem 1.1.2002 fungiert der Euro als alleinige Rechnungseinheit.

---

[668]   Ausführung durch Verordnung (EG) 1103/97 v. 17.6.1997 über bestimmte Vorschriften im Zusammenhang mit der Einführung des Euro (Euro-VO I), ABl. 1997 L 162, 1 und Verordnung (EG) 974/98 v. 3.5.1998 über die Einführung des Euro (Euro-VO II), ABl. 1998 L 139, 1; geändert durch Verordnung (EG) 2596/2000 v. 27.11.2000, ABl. 2000 L 300, 2.

[669]   Dazu näher Scholz/*Schneider* EGGmbHG § 1 Rn. 3.

[670]   Gesetz zur Einführung des Euro (EuroEG) v. 9.6.1998, BGBl. 1998 I 1242.

[671]   VO (EG) 2866/98 v. 31.12.1998 über die Umrechnungskurse zwischen dem Euro und den Währungen der Mitgliedstaaten, die den Euro einführen, ABl. EG 1998 L 359, 1 (2), zuletzt geändert durch Art. 1 ÄndVO (EU) 851/2014 v. 23.7.2014, ABl. EU 2014 L 233, 21.

b) Inhalt der Norm. § 1 EGGmbHG regelt die Währungsumstellung der satzungsmä- **229** ßigen Kapitalbeträge von DM auf Euro. Die Vorschrift enthält Übergangsregelungen, die die tatbestandlichen Voraussetzungen und den Zeitpunkt der Umstellung näher ausgestalten. Sämtliche Regelungen zielen darauf ab, den Übergang von DM- zu Euro-Beträgen so **schonend und problemlos** wie möglich zu gestalten.[672] Mittelbar wurden hierdurch auch die Registergerichte und in gewisser Weise die Notare entlastet.[673] Hieraus erklären sich sowohl der Verzicht auf feste Umstellungsfristen (→ Rn. 237) als auch die in Abs. 3 vorgesehenen Erleichterungen hinsichtlich des Satzungsänderungsverfahrens (→ Rn. 240 ff.).

Abs. 1 enthält Bestimmungen für **Altgesellschaften,** die bereits vor dem 1.1.1999 im **230** Handelsregister als GmbH eingetragen waren, und Gesellschaften, die vor dem 1.1.1999 zur Eintragung in das Handelsregister angemeldet, aber erst nach diesem Zeitpunkt und bis zum 31.12.2001 eingetragen worden sind. Sie können ihre satzungsmäßigen, auf DM lautenden Kapitalbeträge ohne zeitliche Begrenzung beibehalten. Erst eine Änderung der Stammkapitalziffer nach dem 31.12.2001 löst eine Registersperre aus (→ Rn. 244). Die Gesellschaften sind dann verpflichtet, ihre DM-Beträge auf Euro umzustellen und sie entsprechend zu glätten.

Abs. 2 trifft Regelungen für **Übergangsgesellschaften,** die zwischen dem 1.1.1999 **231** und dem 31.12.2001 zur Eintragung in das Handelsregister angemeldet und eingetragen worden sind. Diese Gesellschaften durften frei wählen, ob ihr Stammkapital und die Stammeinlagen auf DM oder Euro lauten sollten. Soweit sich eine Gesellschaft für DM-Beträge entschied, galt dennoch bereits das auf Euro lautende neue Recht und für die Umrechnung der unwiderruflich festgesetzte Umrechnungskurs (→ Rn. 228). Dies führte zur Festsetzung krummer DM-Beträge, was Übergangsgesellschaften ganz überwiegend dazu veranlasste, ihre Kapitalbeträge auf Euro zu stellen.[674] Die maßgeblichen Kapitalbeträge von nach dem 1.1.2002 eingetragenen **Neugesellschaften** müssen zwingend auf Euro lauten; für sie gilt das neue Recht ohne Einschränkungen (→ Rn. 259).

Abs. 3 regelt schließlich die **verfahrensrechtlichen Einzelheiten** der Euro-Umstel- **232** lung. Abs. 3 S. 1 und 2 erleichtern Gesellschaften die Währungsumstellung im Hinblick auf die bei der Beschlussfassung einzuhaltenden Mehrheits- und Formerfordernisse, deren Anmeldung und Eintragung. Die allgemeinen Vorschriften finden nach Abs. 3 S. 3 Hs. 1 aber dann Anwendung, wenn es nicht um eine schlichte Umrechnung geht, sondern hiermit weitere Kapitaländerungen verbunden sind, wie zB eine Erhöhung oder Herabsetzung des Stammkapitals. Hiervon macht Abs. 3 S. 3 Hs. 2 wiederum eine Ausnahme, wenn eine Kapitalherabsetzung mit einer Kapitalerhöhung kombiniert wird.

c) Praktische Bedeutung. Aufgrund der zwischenzeitlichen Umstellungen haben die **233** Übergangsregelungen zwar an Bedeutung verloren, vollends obsolet geworden sind sie aber nicht. Da § 1 EGGmbHG Altgesellschafter nicht verpflichtet, ihr Kapital von DM auf Euro umzustellen (→ Rn. 237), ist zu vermuten, dass die Kapitalbeträge einer Vielzahl von Gesellschaften noch immer auf DM lauten.[675] Tatsächlich wird diese Vermutung durch empirische Untersuchungen bestätigt. Mehr als zehn Jahre nach Euro-Einführung lauteten noch immer die Kapitalbeträge von gut einem Viertel aller GmbH nicht auf Euro, sondern auf DM.[676]

2. Altgesellschaften. a) Begriff. Unter dem Begriff der Altgesellschaften werden **234** nach § 1 Abs. 1 S. 1 EGGmbHG zwei Gruppen von Gesellschaften zusammengefasst. Das sind zum einen Gesellschaften, die noch vor dem 1.1.1999 in das Handelsregister eingetragen

---

[672] Begr. RegE EuroEG, BT-Drs. 13/9347, 30, 38; Ulmer/Habersack/Winter/*Ulmer,* 2008, § 86 Rn. 1.
[673] Rowedder/Schmidt-Leithoff/*Schmidt-Leithoff,* 4. Aufl. 2002, § 86 Rn. 2 aE; *U. H. Schneider* NJW 1998, 3158 (3159); relativierend bzgl. der Notare *Mitzlaff* ZNotP 1998, 226 (235).
[674] *Ries* GmbHR 2000, 264: 99 % der in Berlin errichteten Übergangsgesellschaften entschieden sich für Euro-Beträge.
[675] Ebenso die Einschätzung von Ulmer/Habersack/Winter/*Ulmer,* 2008, § 86 Rn. 1, 8; tendenziell anders, zumindest für grenzüberschreitend tätige Gesellschaften Noack/Servatius/Haas/*Servatius* Rn. 55.
[676] *Hoffmann/Lieder* GmbHR 2010, R209 f.

worden sind. Zum anderen geht es um Gesellschaften, die zwar vor dem 1.1.1999 zur Eintragung in das Handelsregister angemeldet worden sind, deren Eintragung aber erst später bis zum 31.12.2001 erfolgte.

235   **b) Fristenregelungen.** Nach Wortlaut und Normzweck ist für die Fristwahrung bei der Antragstellung von Altgesellschaften grundsätzlich allein das formelle Erfordernis der Anmeldung maßgebend. Da insbesondere keine weiteren inhaltlichen Erfordernisse aufgestellt werden, wahren auch **unrichtige und unvollständige Anmeldungen** die gesetzliche Frist.[677] Dass die aufgrund einer Zwischenverfügung vorgenommenen Änderungen und (oder) Ergänzungen erst zu einem späteren Zeitpunkt erfolgen, ist ohne Belang. Eine Ausnahme hiervon gilt nach allgemeinen Grundsätzen für offensichtlich rechtsmissbräuchliche Anmeldungen.[678]

236   Erfolgt die Eintragung von vor dem 1.1.1999 angemeldeten Gesellschaften erst nach dem 31.12.2001, ist die **Eintragungsfrist** ungeachtet des Grundes der Verzögerung nicht eingehalten.[679] Ausnahmen sind unzulässig, da es sich bei der Eintragungsfrist um eine Stichtagsregelung handelt, die dem übergeordneten Grundsatz der Rechtssicherheit dient. Nach dem 31.12.2001 eingetragene Gesellschaften sind per definitionem Neugesellschaften, die uneingeschränkt dem neuen Recht, einschließlich der auf Euro lautenden Kapitalbeträge, unterfallen (→ Rn. 231 aE; → Rn. 259).

237   **c) Bestandsschutz und Fortgeltung des alten Rechts.** Altgesellschaften dürfen nach § 1 Abs. 1 S. 1 EGGmbHG ihre auf DM lautende Stammkapitalziffer beibehalten. Sie sind also **nicht verpflichtet,** ihre satzungsmäßigen Kapitalbeträge auf Euro **umzustellen.** Auch sind sie nicht verpflichtet, ihre beibehaltenen DM-Beträge an die Signalbeträge des neuen GmbH-Rechts anzupassen, die nunmehr auf Euro lauten. Für Mindestbetrag und Teilbarkeit von Kapital, Einlagen und Geschäftsanteilen sowie für das Stimmrecht gilt nach § 1 Abs. 1 S. 2 EGGmbHG auch weiterhin das alte Recht. Gesellschaften sind erst dann zur Umstellung verpflichtet, wenn eine **Kapitaländerung** erfolgen soll. Dann ist die Registersperre des § 1 Abs. 1 S. 4 EGGmbHG zu beachten (→ Rn. 244).

238   **d) Umstellung ohne Glättung. aa) Wahlrecht.** Davon abgesehen steht es den Gesellschaften indes frei, ihre satzungsmäßigen Kapitalbeträge auf Euro umzustellen und zu glätten. Die Entscheidung über die Ausübung dieses Wahlrechts obliegt der Gesellschafterversammlung, die hierüber durch Beschluss entscheidet.[680]

239   **bb) Umrechnung der DM- in Euro-Beträge.** Entscheidet sich die GmbH lediglich für eine schlichte Umstellung von DM auf Euro, ohne gleichzeitig die gebrochenen Euro-Beträge zu glätten, sind nach § 1 Abs. 1 S. 3 Hs. 1 EGGmbHG auch weiterhin die auf DM lautenden Signalbeträge des alten Rechts maßgebend. Zu diesem Zweck muss aber eine Umrechnung der alten DM- in Euro-Beträge nach Maßgabe des unwiderruflich festgesetzten Umrechnungskurses (→ Rn. 228) erfolgen.[681] Geschäftsanteile müssen demnach auf einen Mindestbetrag von 255,65 Euro (früher: 500 DM) lauten. Stammeinlagen müssen durch 51,13 Euro (früher: 100 DM) teilbar sein. Und die Stammkapitalziffer muss mindestens 25.564,59 Euro (früher: 50.000 DM) betragen. Verbleibt nach der rechnerisch korrekten Durchführung der Umstellung eine Differenz zwischen der Stammkapitalziffer und dem

---

[677]   Lutter/Hommelhoff/*Bayer* EGGmbHG § 1 Rn. 2 m. Fn. 1; *Altmeppen* EGGmbHG § 1 Rn. 7 aE; Rowedder/Schmidt-Leithoff/*Schmidt-Leithoff,* 4. Aufl. 2002, § 86 Rn. 5; Ulmer/Habersack/Winter/ *Ulmer,* 2008, § 86 Rn. 9.

[678]   MHLS/*Heidinger* EGGmbHG § 1 Rn. 9 aE; Rowedder/Schmidt-Leithoff/*Schmidt-Leithoff,* 4. Aufl. 2002, § 86 Rn. 5.

[679]   Lutter/Hommelhoff/*Bayer* EGGmbHG § 1 Rn. 9; MHLS/*Heidinger* EGGmbHG § 1 Rn. 10; Rowedder/Schmidt-Leithoff/*Schmidt-Leithoff,* 4. Aufl. 2002, § 86 Rn. 6.

[680]   Vgl. OLG Frankfurt Beschl. v. 23.7.2003 – 20 W 46/03, GmbHR 2003, 1273 (1274) = NZG 2003, 1075; Lutter/Hommelhoff/*Bayer* EGGmbHG § 1 Rn. 4; Ulmer/Habersack/Winter/*Ulmer,* 2008, § 86 Rn. 11.

[681]   Näher Lutter/Hommelhoff/*Bayer* EGGmbHG § 1 Rn. 3.

Gesamtnennbetrag der Geschäftsanteile, dann ist dies unbedenklich.[682] In der Praxis lässt sich das Problem durch eine Anpassung der Stammkapitalziffer in Abhängigkeit von den umgerechneten Nennbeträgen der Geschäftsanteile lösen.[683] Die schlichte Umstellung zeitigt weder materielle Auswirkungen noch berührt sie das Verhältnis der mit den Geschäftsanteilen verbundenen Rechte untereinander (§ 1 Abs. 1 S. 3 Hs. 2 EGGmbHG). In rechtsdogmatischer Hinsicht handelt es sich hierbei noch immer um eine Altgesellschaft, auf welche das frühere Recht Anwendung findet[684] und eine Teilung ohne Glättung zulässig ist. Dabei müssen sich die krummen Euro-Zielbeträge auf glatte, nach altem Recht zulässige DM-Beträge zurückrechnen lassen.[685]

cc) Verfahrensmäßige Erleichterungen. (1) Anwendungsbereich. Für den schlich- 240 ten **Umrechnungsbeschluss ohne Glättung** enthält § 1 Abs. 3 S. 1 und S. 2 EGGmbHG Erleichterungen hinsichtlich der einzuhaltenden Mehrheits- und Formerfordernisse sowie Anmeldung und Eintragung. Das gilt zum einen für beide Arten von **Altgesellschaften** (→ Rn. 234) und zum anderen für **Übergangsgesellschaften,** die sich für eine Angabe der satzungsmäßigen Kapitalbeträge in (krummen) DM-Beträgen entschieden haben (→ Rn. 258).[686] Nach ganz hM finden die Erleichterungen indes keine Anwendung, wenn mit der Umrechnung noch weitere **Kapitaländerungen** verbunden sind.[687] Dann gelten nach § 1 Abs. 3 S. 3 Hs. 1 EGGmbHG die allgemeinen Vorschriften (→ Rn. 245 ff.).

(2) Erleichterungen im Einzelnen. Ein schlichter Umrechnungsbeschluss ohne 241 Glättung ist nach § 1 Abs. 3 S. 1 EGGmbHG durch die Gesellschafterversammlung – in Abweichung von § 53 Abs. 2 S. 1 – mit **einfacher Stimmenmehrheit** zu fassen. Abweichende Mehrheitserfordernisse nach § 53 Abs. 2 S. 2 finden im Regelfall keine Anwendung auf solche Beschlüsse, da sie nur eine formelle Änderung des Stammkapitals zum Gegenstand haben.[688] Nur wenn die Satzung in Abweichung von § 47 Abs. 1 qualifizierte Beschlussmehrheiten vorsieht, dann gelten diese auch für schlichte Umrechnungsbeschlüsse,[689] es sei denn, aus der Satzungsbestimmung ergibt sich durch Auslegung, dass Euro-Umstellungsbeschlüsse von der Qualifizierung ausnahmsweise nicht erfasst sein sollen.

Nach § 1 Abs. 3 S. 1 EGGmbHG kann – wiederum abweichend von § 53 Abs. 2 S. 1 – 242 auch auf eine **notarielle Beurkundung verzichtet** werden. Weiterhin dispensiert § 1 Abs. 3 S. 2 EGGmbHG von der ansonsten nach § 54 Abs. 1 S. 2 erforderlichen Einreichung des vollständigen Wortlauts des neu gefassten Gesellschaftsvertrages sowie der zugehörigen Notarbescheinigung. Ebenso wenig bedarf die **Anmeldung** nach Art. 45 Abs. 1 S. 1 EGHGB der elektronischen öffentlich beglaubigten Form (vgl. § 12 Abs. 1 S. 1 HGB). Dies gilt ebenso für Vollmachten zur Anmeldung.[690] Außerdem ist eine Bezugnahme auf die

---

[682]   Begr. RegE EuroEG, BT-Drs. 13/9347, 38; Lutter/Hommelhoff/*Bayer* EGGmbHG § 1 Rn. 3; MHLS/ *Heidinger* EGGmbHG § 1 Rn. 14; *Altmeppen* EGGmbHG § 1 Rn. 8; Rowedder/Schmidt-Leithoff/ *Schmidt-Leithoff* EGGmbHG § 1 Rn. 8; Scholz/*Schneider* EGGmbHG § 1 Rn. 26; *Schick/Trapp* GmbHR 1998, 209 (211); *Geyrhalter* BB 1998, 905 (907).

[683]   Zutr. Lutter/Hommelhoff/*Bayer* EGGmbHG § 1 Rn. 3; Rowedder/Schmidt-Leithoff/*Schmidt-Leithoff,* 4. Aufl. 2002, § 86 Rn. 12; Scholz/*Schneider* EGGmbHG § 1 Rn. 25 f.; Ulmer/Habersack/Winter/ *Ulmer,* 2008, § 86 Rn. 27.

[684]   Ulmer/Habersack/Winter/*Ulmer,* 2008, § 86 Rn. 11; *Heidinger* in Heckschen/Heidinger GmbH-Gestaltungspraxis Kap. 12 Rn. 18.

[685]   DNotI-Report 2015, 188.

[686]   MHLS/*Heidinger,* EGGmbHG § 1 Rn. 28; Scholz/*Schneider* EGGmbHG § 1 Rn. 27; Ulmer/Habersack/ Winter/*Ulmer,* 2008, § 86 Rn. 17.

[687]   Begr. RegE EuroEG, BT-Drs. 13/9347, 39; BayObLG Beschl. v. 20.2.2002 – 3 Z BR 30/02, NZG 2002, 585; Lutter/Hommelhoff/*Bayer* EGGmbHG § 1 Rn. 11; MHLS/*Heidinger* EGGmbHG § 1 Rn. 26; Rowedder/Schmidt-Leithoff/*Schmidt-Leithoff* EGGmbHG § 1 Rn. 13, 33; Scholz/*Schneider* EGGmbHG § 1 Rn. 39 aE; krit. Ulmer/Habersack/Winter/*Ulmer,* 2008, § 86 Rn. 16 f.

[688]   AA Lutter/Hommelhoff/*Bayer* EGGmbHG § 1 Rn. 10; Scholz/*Schneider* EGGmbHG § 1 Rn. 29; wie hier aber MHLS/*Heidinger* EGGmbHG § 1 Rn. 30; *Altmeppen* EGGmbHG § 1 Rn. 9; Rowedder/ Schmidt-Leithoff/*Schmidt-Leithoff* EGGmbHG § 1 Rn. 10.

[689]   Ähnlich Ulmer/Habersack/Winter/*Ulmer,* 2008, § 86 Rn. 18 aE.

[690]   Zutr. Michalski/*Zeidler,* 2002, § 86 Rn. 36.

Anmeldeunterlagen nach § 54 Abs. 2 S. 1 möglich.[691] Der **Registerrichter** prüft, ob der Umrechnungsbeschluss ordnungsgemäß gefasst worden ist.[692]

243   Die weiter in § 1 Abs. 3 S. 2 EGGmbHG enthaltene Erleichterung für die **Eintragung** des Umrechnungsbeschlusses ist indes durch Erlass des EHUG obsolet geworden. Dass sie noch immer im Gesetz enthalten ist und im Zuge des MoMiG von § 86 aF ins EGGmbHG überführt wurde, beruht auf einem **Redaktionsversehen** des Gesetzgebers, der diesen Teil der Vorschrift bei nächster Gelegenheit ersatzlos streichen sollte. Für den Inhalt der Eintragung gilt § 10 (näher → § 57 Rn. 49 ff.). Eine zusätzliche Bekanntmachung der Eintragung ist nicht mehr vorgesehen.

244   **e) Registersperre.** Soll neben der Umstellung außerdem eine **Kapitaländerung** erfolgen, darf diese gem. § 1 Abs. 1 S. 4 EGGmbHG nur dann in das Handelsregister eingetragen werden, wenn das Kapital auf Euro umgestellt wird. Neben der Umrechnung der DM-Beträge in Euro ist zusätzlich erforderlich, dass die neuen Euro-Beträge dergestalt geglättet werden, dass die Nennbeträge der Geschäftsanteile nun auf **volle Euro** lauten (§ 5 Abs. 2 S. 1).[693] Nur wenn die Gesellschaften diesen Anforderungen genügen, werden die Kapitalmaßnahmen in das Handelsregister eingetragen (Registersperre). Maßnahmen, die mit keiner Kapitaländerung einhergehen, bleiben von der Registersperre unberührt.[694] Das gilt gleichermaßen für die Übertragung und Teilung von Geschäftsanteilen.[695] Soweit die DM-Beträge beibehalten werden, gelten auch die früheren Stückelungsregelungen nach § 5 aF, dh die Beträge müssen durch 100 teilbar sein und ein Geschäftsanteil muss eine Mindestgröße von 500 DM aufweisen.[696] Eine gegen die Registersperre verstoßende Eintragung ist materiellrechtlich wirksam.[697] Diese Grundsätze gelten für alle Altgesellschaften, und zwar auch solche, die ihre DM-Beträge – ohne Glättung – schon nach § 1 Abs. 1 S. 3 EGGmbHG auf gebrochene Euro-Beträge umgestellt haben (→ Rn. 239).

245   **f) Glättung der Kapitalbeträge. aa) Grundlagen.** Wird die Umrechnung mit einer Kapitaländerung verbunden, insbesondere zu dem Zweck, die satzungsmäßigen Betragsangaben an das neue Recht anzupassen, dann gelten nach § 1 Abs. 3 S. 3 EGGmbHG die allgemeinen Vorschriften.[698] Nur soweit eine Kapitalherabsetzung ausnahmsweise mit einer Kapitalerhöhung verbunden wird, sieht § 1 Abs. 3 S. 3 Hs. 2 EGGmbHG Erleichterungen vor (→ Rn. 255). Diese Grundsätze sind auf Altgesellschaften (→ Rn. 234) beschränkt. Bei Übergangsgesellschaften (→ Rn. 258) besteht für eine Glättung der Kapitalbeträge kein Anlass, da für sie nach § 1 Abs. 2 EGGmbHG in jedem Fall die auf Euro lautenden Signalbeträge des neuen Rechts gelten, und eine Umstellung krummer DM-Beträge zwangsläufig zu glatten Euro-Beträgen führt.

246   **bb) Glättungsvarianten.** Die Gesellschaften können sich im Wesentlichen zwischen zwei verschiedenen Methoden der Glättung entscheiden. Die **einfache Glättung** stellt die Nennbeträge der Geschäftsanteile auf den nächsthöheren, auf volle Euro lautenden Betrag um. Diese Variante wahrt naturgemäß nur die Beteiligungsverhältnisse in Einpersonengesellschaften sowie in Gesellschaften, in denen alle Gesellschafter über Geschäftsanteile zum gleichen Nennbetrag verfügen.[699] Sind die Beteiligungsverhältnisse indes inhomogen, führt

---

[691]   Wie hier MHLS/*Heidinger* EGGmbHG § 1 Rn. 35.

[692]   OLG Hamm Beschl. v. 10.7.2001 – 15 W 81/01, NZG 2001, 1038 (1039); Rowedder/Schmidt-Leit-hoff/*Schmidt-Leithoff* EGGmbHG § 1 Rn. 12; *Schick/Trapp* GmbHR 1998, 209 (214).

[693]   *Altmeppen* EGGmbHG § 1 Rn. 10; Scholz/*Schneider* EGGmbHG § 1 Rn. 12; MHLS/*Heidinger* EGGmbHG § 1 Rn. 20; DNotI-Report 2018, 161 (162).

[694]   MHLS/*Heidinger* EGGmbHG § 1 Rn. 18; Ulmer/Habersack/Winter/*Ulmer,* 2008, § 86 Rn. 13; vgl. noch Lutter/Hommelhoff/*Bayer* EGGmbHG § 1 Rn. 24.

[695]   DNotI-Report 2015, 188; Lutter/Hommelhoff/*Bayer* EGGmbHG § 1 Rn. 5; Ulmer/Habersack/Winter/*Ulmer,* 2008, § 86 Rn. 13 aE; vgl. noch MHLS/*Heidinger* EGGmbHG § 1 Rn. 16.

[696]   DNotI-Report 2015, 188; *Heidinger* in Heckschen/Heidinger GmbH-Gestaltungspraxis Kap. 12 Rn. 4.

[697]   Näher MHLS/*Heidinger* EGGmbHG § 1 Rn. 19.

[698]   Vgl. OLG Düsseldorf Beschl. v. 10.5.2019 – I-3 Wx 219/18, NZG 2019, 1271 Rn. 17.

[699]   Vgl. Scholz/*Schneider* EGGmbHG § 1 Rn. 37 aE; Ulmer/Habersack/Winter/*Ulmer,* 2008, § 86 Rn. 25.

die einfache Glättung bei verhältnismäßig stark beteiligten Gesellschaftern zu einer Verwässerung ihrer Beteiligung.[700] Die insoweit benachteiligten Gesellschafter müssen der Kapitaländerung analog § 53 Abs. 3 zustimmen.[701] Zur Zustimmungspflicht allgemein → Rn. 257.

Bei Durchführung einer verhältniswahrenden, **qualifizierten Glättung** bleiben die **247** Beteiligungsquoten der Gesellschafter unverändert,[702] sodass die Zustimmung einzelner Gesellschafter typischerweise nicht erforderlich ist. Die Umrechnung ist vielmehr nach § 53 Abs. 2 S. 1 mit qualifizierter Mehrheit zu beschließen.

cc) Verfahren der Kapitaländerung. Für die Durchführung der Kapitalmaßnahmen **248** gelten die allgemeinen Vorschriften. Der Umrechnungsbeschluss ist nach § 53 Abs. 2 S. 1 mit einer qualifizierten Mehrheit von drei Vierteln der abgegebenen Stimmen zu beschließen und notariell zu beurkunden. Darüber hinaus ist der Umrechnungsbeschluss nach § 54 Abs. 1 S. 1 zur Eintragung in das Handelsregister anzumelden. Der Anmeldung ist der vollständige Wortlaut des neu gefassten Gesellschaftsvertrages nebst notarieller Bescheinigung beizufügen (§ 54 Abs. 1 S. 2).

dd) Glättung durch Kapitalerhöhung. (1) Ordentliche Kapitalerhöhung. Die **249** Glättung der satzungsmäßigen Kapitalbeträge kann durch eine Kapitalerhöhung gegen Bar- und (oder) Sacheinlage erfolgen. In Betracht kommt ebenso die Durchführung eines Ausschüttungsrückholverfahrens (→ Rn. 17 ff.). Damit die Durchführung der Kapitalerhöhung gelingt, müssen alle beteiligten Gesellschafter – abgesehen von den allgemeinen verfahrensmäßigen Voraussetzungen (→ Rn. 248) – mit der GmbH einen wirksamen **Übernahmevertrag** abschließen.

Die Erhöhung kann sowohl durch Bildung neuer Geschäftsanteile[703] als auch im Wege **250** der Aufstockung vorhandener Anteile erfolgen. Die **Bildung neuer Geschäftsanteile** ist aber nur insoweit zulässig und relevant, als sie mit einer Aufstockung kombiniert wird (→ Rn. 251). Neue Geschäftsanteile müssen nach § 5 Abs. 2 S. 1 zwingend auf volle Euro lauten. Auch wenn die Umrechnung von DM in Euro typischerweise zu Geschäftsanteilen mit gebrochenem Nennbetrag führen muss, kommt eine Ausnahme von dieser Vorschrift nicht in Betracht, und zwar auch nicht im Wege der teleologischen Reduktion.[704] Denn mit der Nennbetragsaufstockung (→ Rn. 251) steht den Gesellschaften ein taugliches Instrument zur Verfügung, um krumme Euro-Beträge vollständig zu vermeiden.

Für die reguläre Durchführung einer ordentlichen Kapitalerhöhung lässt die ganz **251** hM eine **Nennbetragsaufstockung** nur unter eingeschränkten Voraussetzungen zu (→ Rn. 58 ff.). Sind diese Anforderungen erfüllt, kann auch eine Glättung durch Aufstockung vorhandener Anteile erfolgen. Darüber hinaus kommt eine Aufstockung zum Zweck der Euro-Umstellung auch dann in Betracht, wenn diese Voraussetzungen nicht erfüllt sind.[705] Zulässig ist eine Aufstockung in einem solchen Fall aber nur bis zum nächsten vollen Eurowert.[706] Darüber hinausgehend kann eine **kombinierte Erhöhung** durch Aufstockung und Ausgabe neuer, auf volle Euro lautender Geschäftsanteile erfolgen.[707] Hier-

---

[700] Zum Problem *Mehler/Birner* MittBayNot 1999, 269 mit Glättungsformel.
[701] *Altmeppen* EGGmbHG § 1 Rn. 11; *Rowedder/Schmidt-Leithoff/Schmidt-Leithoff* EGGmbHG § 1 Rn. 32; *Scholz/Schneider* EGGmbHG § 1 Rn. 35; *Ulmer/Habersack/Winter/Ulmer,* 2008, § 86 Rn. 25.
[702] S. die Berechnungsformel bei *U. H. Schneider* NJW 1998, 3158 (3160 f.).
[703] OLG Hamm Beschl. v. 28.4.2003 – 15 W 390/03, GmbHR 2003, 899 (900); Lutter/Hommelhoff/ *Bayer* EGGmbHG § 1 Rn. 20; *Rowedder/Schmidt-Leithoff/Schmidt-Leithoff* EGGmbHG § 1 Rn. 28; aA *Ulmer/Habersack/Winter/Ulmer,* 2008, § 86 Rn. 28.
[704] AA OLG Hamm Beschl. v. 28.4.2003 – 15 W 390/03, GmbHR 2003, 899 (900); *Schick/Trapp* GmbHR 1998, 209 (213); wie hier Noack/Servatius/Haas/*Servatius* Rn. 56; Lutter/Hommelhoff/*Bayer* EGGmbHG § 1 Rn. 17; *Ulmer/Habersack/Winter/Ulmer,* 2008, § 86 Rn. 28.
[705] Wie hier Ulmer/Habersack/Winter/*Ulmer,* 2008, § 86 Rn. 28; *Scholz/Schneider* EGGmbHG § 1 Rn. 50; *Kallmeyer* GmbHR 1998, 963 (964 f.); *Ries* GmbHR 2000, 264 (266); aA Roth/Altmeppen/*Roth,* 5. Aufl. 2005, § 86 Rn. 12; *Steffan/Schmidt* DB 1998, 709 (711); *Waldner* ZNotP 1998, 490 (491).
[706] AA *Ulmer/Habersack/Winter/Ulmer,* 2008, § 86 Rn. 28; wie hier Lutter/Hommelhoff/*Bayer* EGGmbHG § 1 Rn. 20; *Scholz/Schneider,* 9. Aufl. 2002, § 86 Rn. 61.
[707] Vgl. auch OLG Hamm Beschl. v. 28.4.2003 – 15 W 390/03, GmbHR 2003, 899 (900); Lutter/Hommelhoff/*Bayer* EGGmbHG § 1 Rn. 20; *Ulmer/Habersack/Winter/Ulmer,* 2008, § 86 Rn. 28 aE; *Wachter* NotBZ 1999, 137 (141).

durch wird einerseits § 5 Abs. 2 S. 1 entsprochen und andererseits werden die rechtlichen Gründe respektiert, die ansonsten eine restriktive Handhabung von Nennbetragsaufstockungen erforderlich machen (→ Rn. 58 f.). Im Übrigen ist im Kapitalerhöhungsbeschluss eindeutig festzuschreiben, auf welche Weise die Geschäftsanteile auf Euro umgestellt und durch Aufstockung geglättet werden.[708]

252 **(2) Nominelle Kapitalerhöhung.** Eine Kapitalerhöhung aus Gesellschaftsmitteln (§§ 57c ff.) kommt nach Maßgabe des § 57j **nur** bei der **verhältniswahrenden,** qualifizierten **Glättung** in Betracht; bei disproportionalen, einfachen Anpassungen scheidet eine nominelle Kapitalerhöhung aus, da es insoweit an der nach § 57j erforderlichen beteiligungsproportionalen Erhöhung fehlt. Voraussetzung für die Durchführung einer Kapitalerhöhung aus Gesellschaftsmitteln ist allerdings das Vorhandensein umwandlungsfähiger Rücklagen und einer testierten Bilanz (§ 57d, § 57c Abs. 3, § 57e, § 57f). Die Kapitalerhöhung kann sowohl durch Ausgabe neuer Geschäftsanteile als auch durch Aufstockung vorhandener Anteile durchgeführt werden. Anders als bei der ordentlichen Kapitalerhöhung (→ Rn. 251) unterliegt die Aufstockung der Nennbeträge nach § 57h Abs. 1 S. 1 grundsätzlich keinen Beschränkungen. Die neuen Nennbeträge müssen lediglich auf volle Euro lauten (§ 57h Abs. 1 S. 2).

253 **ee) Glättung durch Kapitalherabsetzung. (1) Ordentliche Kapitalherabsetzung.** Soweit die in § 1 Abs. 3 S. 3 Hs. 2 EGGmbHG enthaltene Sondervorschrift nicht eingreift (→ Rn. 255), ist eine Glättung im Wege der ordentlichen Kapitalherabsetzung nur unter den allgemeinen Voraussetzungen des § 58 zulässig. Daneben ist bei einer disproportionalen Herabsetzung der Nennbeträge von Geschäftsanteilen die Zustimmung der benachteiligten Gesellschafter analog § 53 Abs. 3 erforderlich (→ Rn. 246).[709] Aufgrund der besonderen Gläubigerschutzbestimmungen ist eine Glättung durch ordentliche Kapitalherabsetzung wenig praktikabel.

254 **(2) Vereinfachte Kapitalherabsetzung.** Die Glättung im Wege der vereinfachten Kapitalherabsetzung setzt nach § 58a Abs. 1 und 2 voraus, dass hiermit zum einen Wertminderungen ausgeglichen oder sonstige Verluste gedeckt werden und dass zum anderen der über 10 % des herabgesetzten Kapitals hinausgehende Teil der Kapital- und Gewinnrücklagen zuvor aufgelöst wurde. Diese Voraussetzungen schließen eine Glättung durch vereinfachte Kapitalherabsetzung zwar nicht per se aus.[710] Indes kommt eine Glättung als alleiniger Grund für eine vereinfachte Kapitalherabsetzung typischerweise nicht in Betracht.[711]

255 **(3) Erleichterungen beim Kapitalschnitt.** Von den strengen Voraussetzungen des § 58 Abs. 1 kann bei der ordentlichen Kapitalherabsetzung nach § 1 Abs. 3 S. 3 Hs. 2 ausnahmsweise abgesehen werden, wenn die Herabsetzung mit einer Kapitalerhöhung gegen Bareinlage verbunden wird und die Einlagen vor Anmeldung der Kapitalmaßnahmen zur Eintragung in das Handelsregister in voller Höhe geleistet wurden. Normzweck der Sondervorschrift ist es, die Euro-Umstellung in Sanierungsfällen zu erleichtern. Dies ist nach Auffassung des Gesetzgebers gerechtfertigt, da den Gläubigern hierbei im Ergebnis kein Haftkapital entzogen wird und die besonderen Gläubigerschutzvorschriften des § 58 Abs. 1 daher unangewendet bleiben können.[712] Diesem Normzweck ist aber nur dann genügt, wenn der **Erhöhungsbetrag** größer ist als der Betrag, um den die Stammkapitalziffer herabgesetzt wird.[713]

[708] OLG Hamm Beschl. v. 7.4.2011 – I-15 W 271/10, FGPrax 2011, 244 = GmbHR 2011, 654.
[709] Wie hier Scholz/*Schneider* EGGmbHG § 1 Rn. 52; Ulmer/Habersack/Winter/*Ulmer*, 2008, § 86 Rn. 30; weniger streng *Altmeppen* EGGmbHG § 1 Rn. 13 bei geringfügigem Umfang und finanziellem Ausgleich.
[710] So aber *Ries* GmbHR 2000, 264 (265).
[711] Skeptisch auch Rowedder/Schmidt-Leithoff/*Schmidt-Leithoff* EGGmbHG § 1 Rn. 22 aE; Scholz/*Schneider* EGGmbHG § 1 Rn. 53; Ulmer/Habersack/Winter/*Ulmer*, 2008, § 86 Rn. 31; unkrit. Lutter/Hommelhoff/*Bayer* EGGmbHG § 1 Rn. 21.
[712] Begr. RegE EuroEG, BT-Drs. 13/9347, 39.
[713] Unstr.; Lutter/Hommelhoff/*Bayer* EGGmbHG § 1 Rn. 22; Rowedder/Schmidt-Leithoff/*Schmidt-Leithoff* EGGmbHG § 1 Rn. 23; Scholz/*Schneider* EGGmbHG § 1 Rn. 55; Ulmer/Habersack/Winter/*Ulmer*, 2008, § 86 Rn. 23; Schick/*Trapp* GmbHR 1998, 209 (214); DNotI-Report 2018, 161 (163); vgl. noch Begr. RegE EuroEG, BT-Drs. 13/9347, 39.

ff) Glättung durch Ausnutzung eines genehmigten Kapitals. Einer Glättung 256
durch Ausnutzung eines genehmigten Kapitals stehen keine grundsätzlichen Bedenken entgegen.[714] Bei der Schaffung eines genehmigten Kapitals handelt es sich nicht um eine
Kapitaländerung, denn die Stammkapitalziffer bleibt von der Ermächtigung unberührt
(→ § 55a Rn. 12). Erforderlich ist aber, dass die den Geschäftsführern erteilte Ermächtigung
auch die Verwendung des genehmigten Kapitals für eine Glättung der Kapitalbeträge mit
umfasst. Umgekehrt kann eine Ermächtigungsgrundlage auch speziell zum Zweck der Glättung geschaffen werden. Ob dies indes jemals praktische Bedeutung erlangen wird, erscheint
zweifelhaft.

gg) Zustimmungspflicht. Auch im Rahmen der Umstellung der Kapitalbeträge von 257
DM auf Euro gilt der Grundsatz, dass Gesellschafter **nicht verpflichtet** sind, sich an einer
Kapitalerhöhung zu beteiligen (→ Rn. 37). Allerdings ist hier die Besonderheit zu beachten, dass aus anderen Gründen erforderliche Kapitalmaßnahmen aufgrund der Registersperre des § 1 Abs. 1 S. 4 EGGmbHG auf Dauer vereitelt werden könnten, wenn Gesellschafter stets nach freiem Belieben von einer Mitwirkung absehen könnten. Deshalb ist
anerkannt, dass eine Zustimmungspflicht[715] aufgrund der gesellschaftsrechtlichen Treuepflicht zumindest dann bestehen kann, wenn die Kapitalmaßnahme mit einer **einfachen
Glättung** verbunden ist.[716] Das gilt insbesondere für die besonders schonende Glättung im
Wege der nominellen Kapitalerhöhung,[717] die freilich nur bei gleicher Beteiligung sämtlicher Gesellschafter verhältniswahrend (§ 57j) durchführbar ist (→ Rn. 252). Gesellschafter
sind aber auch zur Mitwirkung an einer ordentlichen Kapitalerhöhung verpflichtet, wenn
(1) eine nominelle Erhöhung ausscheidet, (2) der notwendige Kapitaleinsatz – wie üblich –
gering ist und (3) die Gesellschaft dringend auf die aus anderen Gründen erforderliche
Kapitaländerung angewiesen ist.[718] Keinesfalls müssen Gesellschafter aber eine nachteilige
Veränderung ihrer Kapitalquote oder ihres Stimmanteils hinnehmen (→ Rn. 246). Bei einer
verhältniswahrenden, **qualifizierten Glättung** kommt eine Zustimmungspflicht in
Betracht, wenn (1) die Kapitalerhöhung aus anderen Gründen dringend erforderlich ist und
(2) der erforderliche Kapitalaufwand zu dem erstrebten Zweck nicht außer Verhältnis
steht.[719] Hiervon zu unterscheiden ist die **Übernahme neuer Einlagen.** Hierzu sind
Gesellschafter wegen § 53 Abs. 3 GmbHG, § 707 BGB grundsätzlich nicht verpflichtet. Für
ganz geringfügige zusätzliche Leistungen, wie etwa bei der einfachen Glättung (hier geht
es um Cent-Beträge), wird man hiervon unter den oben genannten Voraussetzungen eine
Ausnahme zulassen können.[720]

3. Übergangsgesellschaften. Die satzungsmäßigen Kapitalbeträge von zwischen dem 258
1.1.1999 und dem 31.12.2001 angemeldeten und eingetragenen Gesellschaften können
nach § 1 Abs. 2 S. 1 EGGmbHG auch weiterhin **auf DM lauten.** Allerdings gilt nach § 1
Abs. 2 S. 2 EGGmbHG für den Mindestbetrag und die Teilbarkeit von Stammkapital, Einlagen und Geschäftsanteilen bereits das **neue,** auf Euro lautende **Recht.** Entschieden sich
Übergangsgesellschaften also für eine Angabe der satzungsmäßigen Kapitalbeträge in DM,
handelte es sich notwendig um gebrochene Beträge. Von einer Umrechnung in Euro können
solche Gesellschaften indes absehen, da die krummen DM-Angaben glatten Euro-Beträgen

---

714 Diese Möglichkeit erwähnt auch Scholz/*Schneider* EGGmbHG § 1 Rn. 40.
715 Eine Zustimmungspflicht in der Regel abl. Noack/Servatius/Haas/*Servatius* Rn. 57.
716 Vgl. Scholz/*Schneider* EGGmbHG § 1 Rn. 56.
717 Wie hier Noack/Servatius/Haas/*Servatius* Rn. 57; Lutter/Hommelhoff/*Bayer* EGGmbHG § 1 Rn. 16;
     Rowedder/Schmidt-Leithoff/*Schmidt-Leithoff* EGGmbHG § 1 Rn. 35; angedeutet in BGH Urt.
     v. 23.3.1987 – II ZR 244/86, NJW 1987, 3192 (3193); s. noch Urt. v. 25.9.1986 – II ZR 262/85,
     BGHZ 98, 276 (279 f.) = NJW 1987, 189.
718 Vgl. auch Noack/Servatius/Haas/*Servatius* Rn. 57; Ulmer/Habersack/Winter/*Ulmer,* 2008, § 86 Rn. 35;
     Lutter/Hommelhoff/*Bayer* EGGmbHG § 1 Rn. 15.
719 Vgl. Scholz/*Schneider* EGGmbHG § 1 Rn. 56.
720 Wie hier Noack/Servatius/Haas/*Servatius* Rn. 57; Scholz/*Schneider* EGGmbHG § 1 Rn. 56 aE; strenger
     (ohne Ausnahme) MHLS/*Heidinger* EGGmbHG § 1 Rn. 31; Lutter/Hommelhoff/*Bayer* EGGmbHG
     § 1 Rn. 15 aE, 17.

entsprechen. Es bedarf daher weder einer ausdrücklichen Satzungsanpassung[721] noch einer Registersperre analog § 1 Abs. 1 S. 4 EGGmbHG.[722] Soll dennoch eine (fakultative) ausdrückliche Umstellung vorgenommen werden, erfolgt dies durch Beschluss der Gesellschafterversammlung unter den erleichterten Voraussetzungen des § 1 Abs. 3 EGGmbHG.[723]

259   **4. Neugesellschaften.** Die satzungsmäßigen Kapitalangaben von Gesellschaften, die ab dem 1.1.2002 in das Handelsregister eingetragen werden, müssen dem **neuen Recht** entsprechen und auf Euro lauten. Der Zeitpunkt der Anmeldung ist in diesem Zusammenhang ohne Belang. Dass dies auch für Anmeldungen gilt, die vor dem 1.1.1999 erfolgten, ergibt sich aus einem Umkehrschluss zu § 1 Abs. 1 S. 1 Hs. 2 EGGmbHG. Im Interesse der Rechtssicherheit kann auch dann nichts anderes gelten, wenn die Verzögerung auf einem Fehlverhalten des Registergerichts beruhte.[724]

§ 55a Genehmigtes Kapital

(1) [1]Der Gesellschaftsvertrag kann die Geschäftsführer für höchstens fünf Jahre nach Eintragung der Gesellschaft ermächtigen, das Stammkapital bis zu einem bestimmten Nennbetrag (genehmigtes Kapital) durch Ausgabe neuer Geschäftsanteile gegen Einlagen zu erhöhen. [2]Der Nennbetrag des genehmigten Kapitals darf die Hälfte des Stammkapitals, das zur Zeit der Ermächtigung vorhanden ist, nicht übersteigen.

(2) Die Ermächtigung kann auch durch Abänderung des Gesellschaftsvertrags für höchstens fünf Jahre nach deren Eintragung erteilt werden.

(3) Gegen Sacheinlagen (§ 56) dürfen Geschäftsanteile nur ausgegeben werden, wenn die Ermächtigung es vorsieht.

Schrifttum: s. § 55.

Übersicht

---

[721]   AA Rowedder/Schmidt-Leithoff/*Schmidt-Leithoff* EGGmbHG § 1 Rn. 41; *Altmeppen* EGGmbHG § 1 Rn. 18; wie hier aber Lutter/Hommelhoff/*Bayer* EGGmbHG § 1 Rn. 7; MHLS/*Heidinger* EGGmbHG § 1 Rn. 24; Scholz/*Schneider* EGGmbHG § 1 Rn. 24.

[722]   Lutter/Hommelhoff/*Bayer* EGGmbHG § 1 Rn. 7; Scholz/*Schneider* EGGmbHG § 1 Rn. 24; MHLS/ *Heidinger* EGGmbHG § 1 Rn. 24; aA *Altmeppen* EGGmbHG § 1 Rn. 18; Rowedder/Schmidt-Leithoff/ *Schmidt-Leithoff* EGGmbHG § 1 Rn. 42; Ulmer/Habersack/Winter/*Ulmer,* 2008, § 86 Rn. 40.

[723]   Vgl. *Altmeppen* EGGmbHG § 1 Rn. 18; Rowedder/Schmidt-Leithoff/*Schmidt-Leithoff* EGGmbHG § 1 Rn. 40; Ulmer/Habersack/Winter/*Ulmer,* 2008, § 86 Rn. 39 f.

[724]   Vgl. Lutter/Hommelhoff/*Bayer* EGGmbHG § 1 Rn. 7; Scholz/*Schneider* EGGmbHG § 1 Rn. 21; Ulmer/Habersack/Winter/*Ulmer,* 2008, § 86 Rn. 41.

I. Normzweck

1. Bedeutung und Zweck der Norm. Der durch das MoMiG (→ Einl. Rn. 120) **1** neu geschaffene § 55a regelt erstmals für die GmbH die Erhöhung des Stammkapitals in Form des genehmigten Kapitals, das nach bisherigem Recht nicht vorgesehen war. Der GmbH soll hierdurch eine weitere **Maßnahme der Kapitalbeschaffung** an die Hand gegeben werden, deren Vorteil gegenüber der regulären Kapitalerhöhung darin besteht, **ohne Einberufung einer Gesellschafterversammlung** die Versorgung der Gesellschaft mit zusätzlichem Eigenkapital sicherzustellen. Das soll Zeit und (Notar-)Kosten sparen, da die Ausnutzung des zuvor beschlossenen genehmigten Kapitals keine weitere Änderung des Gesellschaftsvertrages notwendig macht, sondern nur noch zur Eintragung in das Handelsregister anzumelden ist.[1] Das genehmigte Kapital kann flexibel, unkompliziert und schnell eingesetzt werden, um frisches Eigenkapital aufzunehmen, um zB Unternehmen und Unternehmensbeteiligungen zu erwerben, oder Kapitalerhöhungen besonders kurzfristig zu realisieren.[2]

2. Rechtsdogmatik. Die Schaffung eines genehmigten Kapitals führt innerhalb der **2** GmbH zu einer **Verschiebung der gesellschaftsrechtlichen Zuständigkeit** über die Durchführung der Kapitalerhöhung. Während die Kapitalerhöhung als Satzungsänderung grundsätzlich in den Kompetenzbereich der Gesellschafter fällt (→ § 55 Rn. 27), sind nach erteilter Ermächtigung nunmehr die Geschäftsführer zuständig. Hierdurch wird indes nicht

---

[1] Rechtsausschuss, BT-Drs. 16/9737, 56; krit. *Cramer* GmbHR 2009, 406 (407 f.).
[2] Bundesrat, BT-Drs. 16/6140, 68; vgl. weiter zu den Vorteilen gegenüber der klassischen Kapitalerhöhung *Schulte* GmbHR 2019, 1273 (1275 f.).

etwa die Satzungsautonomie durchbrochen.[3] Vielmehr entscheiden sich die Gesellschafter mit der Schaffung des genehmigten Kapitals bewusst dafür, den Kompetenzbereich der Geschäftsführer zu erweitern.[4] Vor diesem Hintergrund ist auch die im Schrifttum vereinzelt geforderte **Subsidiarität des genehmigten Kapitals** gegenüber der ordentlichen Kapitalerhöhung **abzulehnen.**[5]

3   **3. Abgrenzung.** Die Neuregelung hindert die Gesellschafter nicht daran, anstelle der Schaffung eines genehmigten Kapitals eine reguläre **Kapitalerhöhung zum Höchstbetrag** durchzuführen (→ § 55 Rn. 51 ff.). Das hat den Vorteil, dass die Kapitalgrenze des Abs. 1 S. 2 nicht gilt. Allerdings muss die reguläre Kapitalerhöhung unverzüglich durchgeführt werden; zwischen Erhöhungsbeschluss und Übernahme der neuen Geschäftsanteile dürfen nicht mehr als sechs Monate vergehen (→ § 55 Rn. 52). Zudem verfügen die Geschäftsführer hinsichtlich des Erhöhungsbetrages – anders als bei der Ausnutzung des genehmigten Kapitals (→ Rn. 39) – über keinen eigenen Entscheidungsspielraum. Erhebliche Unterschiede bestehen auch zwischen einem genehmigten Kapital und der Erteilung von Stimmrechtsvollmachten an die Geschäftsführer.[6] Eine Gestaltungsalternative zum genehmigten Kapital, namentlich zur Durchführung von Finanzierungsrunden im Bereich Venture Capital, ist eine **Vollmachtslösung,** auf deren Grundlage im Regelfall die anwaltlichen Berater oder deren Mitarbeiter von den Investoren umfassend und auf Dauer bevollmächtigt werden.[7] Unter Ausnutzung dieser Vollmachten können die Berater für die Investoren reguläre Kapitalerhöhungsbeschlüsse fassen und Übernahmeverträge abschließen.

4   **4. Regelungsinhalt.** Aufgrund der **zentralen Ermächtigungsnorm** des Abs. 1 S. 1 können die Geschäftsführer in Anlehnung an § 202 Abs. 1 AktG durch Gesellschaftsvertrag ermächtigt werden, das Stammkapital innerhalb eines Zeitraums von höchstens fünf Jahren gegen Ausgabe neuer Geschäftsanteile bis zu einem bestimmten Nennbetrag zu erhöhen. Als **Obergrenze** sieht Abs. 1 S. 2 – ebenso wie § 202 Abs. 3 S. 1 AktG für die AG – vor, dass der Erhöhungsbetrag die Hälfte der im Zeitpunkt der Ermächtigungserteilung festgeschriebenen Stammkapitalziffer nicht überschreiten darf. Da Abs. 1 S. 1 die Schaffung des genehmigten Kapitals lediglich in der Gründungssatzung vor Augen hat, bestimmt Abs. 2 in Übereinstimmung mit § 202 Abs. 2 S. 1 AktG ergänzend, dass eine **Ermächtigung** auch **durch Satzungsänderung** erfolgen kann. **Sachkapitalerhöhungen** müssen nach Abs. 3 – ebenso wie im Aktienrecht nach § 205 Abs. 1 AktG – in der Ermächtigung ausdrücklich vorgesehen sein. Der Vergleich mit dem Aktienrecht zeigt, dass sich der Gesetzgeber bei der Schaffung des genehmigten Kapitals in der GmbH weitgehend an den aktienrechtlichen Vorschriften orientiert hat. Soweit die Verhältnisse im GmbH-Recht keine Besonderheiten gegenüber der AG aufweisen, kann für die Auslegung des § 55a auf die Interpretation der §§ 202 ff. AktG zurückgegriffen werden.[8] Stets muss die Anwendung aktienrechtlicher

---

3   Dazu näher *Lieder* ZGR 2010, 868 (892); zust. *Reiner-Pechtl,* Das genehmigte Kapital im System des GmbH-Rechts, 2016, 215; aA OLG München Beschl. v. 23.1.2012 – 31 Wx 457/11, NZG 2012, 426 mAnm *Lieder* EWiR 2012, 113; Scholz/*Priester/Tebben* Rn. 5; Rowedder/Schmidt-Leithoff/*Schnorbus* Rn. 1 aE; *Priester* GmbHR 2008, 1177 (1178); *Nietsch* FS Schneider, 2011, 873 (876); vgl. noch *Altmeppen* Rn. 2; zweifelnd Henssler/Strohn/*Gummert* Rn. 26.

4   Zust. *Reiner-Pechtl,* Das genehmigte Kapital im System des GmbH-Rechts, 2016, 215; vgl. zur AG zB Hüffer/Koch/*Koch* AktG § 202 Rn. 4.

5   Überzeugend MüKoAktG/*Bayer* AktG § 202 Rn. 82 f.; *Bayer* ZHR 168 (2004), 132 (163 ff.); zust. *Strauß* AG 2010, 192 (194); gegen *Pentz* ZGR 2001, 901 (907 f.); iErg gegen eine Subsidiarität auch OLG Karlsruhe Urt. v. 28.8.2002 – 7 U 137/01, AG 2003, 444 (445) = NZG 2002, 959 (960); LG Düsseldorf Urt. v. 13.8.1998 – 31 O 104/97, AG 1999, 134 (135); LG Heidelberg Urt. v. 26.6.2001 – 11 O 175/00 KfH, AG 2002, 298 (300 f.) = BB 2001, 1809 (1811 f.); für die GmbH ausf. *Lieder* ZGR 2010, 868 (898 f.); ebenso Gehrlein/Born/Simon/*Bormann* Rn. 46; Rowedder/Schmidt-Leithoff/*Schnorbus* Rn. 25; *Schnorbus/Donner* NZG 2009, 1241 (1244); *Trautmann,* Das genehmigte Kapital der GmbH, 2012, 128 ff.; *Nietsch* FS Schneider, 2011, 873 (888).

6   Dazu ausf. *Reiner-Pechtl,* Das genehmigte Kapital im System des GmbH-Rechts, 2016, 43 ff.

7   Dazu ausf. *Schulte* GmbHR 2019, 1273 (1276 f.).

8   *Kindler* NJW 2008, 3249 (3254); Scholz/*Priester/Tebben* Rn. 4; *Rose* in Bunnemann/Zirngibl GmbH in der Praxis § 6 Rn. 76; Lutter/Hommelhoff/*Bayer* Rn. 2; Gehrlein/Born/Simon/*Bormann* Rn. 3;

Vorschriften aber mit dem Gesamtsystem des GmbH-Rechts in Einklang stehen.[9] Im Übrigen gelten die allgemeinen Vorschriften über die ordentliche Kapitalerhöhung bei der GmbH nach §§ 55 ff.

5. Entwicklungsgeschichte. a) Frühere Rechtslage. Nach bisherigem Recht war **5** die Schaffung eines genehmigten Kapitals auf die AG beschränkt. Eine analoge Anwendung der §§ 202–206 AktG lehnte das Schrifttum einhellig ab.[10] De lege lata hielt man die für die GmbH zugelassenen Kapitalmaßnahmen in §§ 55–57o für abschließend, während man de lege ferenda für die Kapitalerhöhung in Form des genehmigten Kapitals bei der GmbH auch kein hinreichendes Bedürfnis erkannte. Tatsächlich konnte eine reguläre Kapitalerhöhung wegen des zumeist überschaubaren Gesellschafterkreises in der GmbH regelmäßig zügig durchgeführt werden. Außerdem soll das genehmigte Kapital bei der AG nicht zuletzt sicherstellen, dass eine günstige Kapitalmarktsituation zur schnellen und flexiblen Beschaffung neuen Kapitals ausgenutzt werden kann.[11] Dieser Rechtfertigungsgrund scheidet bei der GmbH mangels Börsentauglichkeit aus.[12]

b) Reform durch das MoMiG. Weder Referenten- noch Regierungsentwurf ent- **6** hielten Regelungen für das genehmigte Kapital. Erst der **Bundesrat** forderte in seiner Stellungnahme zum Regierungsentwurf des MoMiG, das genehmigte Kapital im Anschluss an Überlegungen im Schrifttum[13] auch bei der GmbH zuzulassen.[14] Hierdurch sollte es der GmbH ermöglicht werden, flexibel und zeitnah neues Eigenkapital aufzunehmen, um namentlich unternehmerisch bedeutsame Transaktionen ohne langen Vorlauf abwickeln zu können.

Auf Vorschlag des **Rechtsausschusses** kodifizierte der Gesetzgeber das genehmigte **7** Kapital für die GmbH in § 55a.[15] Zwar erkannte der Rechtsausschuss, dass die Vorteile dieser Kapitalmaßnahme bei der AG schwerer ins Gewicht fallen als bei der typischerweise personalistisch strukturierten GmbH, in welcher die Einberufung und Durchführung der Gesellschafterversammlung regelmäßig zeitliche und finanzielle Ressourcen in geringerem Maße binde als bei der AG. Dennoch spare die Schaffung eines genehmigten Kapitals auch bei der GmbH Zeit und Kosten, da dessen Ausnutzung ohne Änderung des Gesellschaftsvertrages auskomme und nur noch beim Handelsregister anzumelden und einzutragen sei.[16]

6. Rechtspolitische Würdigung. Mögen die Vorteile des genehmigten Kapitals bei **8** der GmbH verglichen mit einer regulären Kapitalerhöhung auch von deutlich geringerer Bedeutung sein als bei der AG, die Einführung des genehmigten Kapitals ist dennoch **grundsätzlich positiv zu bewerten.**[17] Denn die neue Kapitalmaßnahme zeichnet sich im Vergleich zur regulären Kapitalerhöhung durch eine höhere Flexibilität aus und kann

Henssler/Strohn/*Gummert* Rn. 2; Rowedder/Schmidt-Leithoff/*Schnorbus* Rn. 2; BeckOK GmbHG/*Ziemons* Rn. 3; *Schnorbus/Donner* NZG 2009, 1241; *Nietsch* FS Schneider, 2011, 873 (892 f.); *Schulte* GmbHR 2019, 1273.

[9] Dazu näher *Lieder* ZGR 2010, 868 (911); ferner OLG München Beschl. v. 23.1.2012 – 31 Wx 457/11, NZG 2012, 426 mAnm *Lieder* EWiR 2012, 113; Noack/Servatius/Haas/*Servatius* Rn. 1; HCL/*Casper* Rn. 2; Bork/Schäfer/*Arnold/Born* Rn. 4; *Cramer* GmbHR 2009, 406 (408); *Terbrack* DNotZ 2012, 917 (919); *Kindler* FS Hoffmann-Becking, 2013, 669 (674); s. allg. BGH Urt. v. 16.12.1953 – II ZR 167/52, BGHZ 11, 231 (241) = DNotZ 1954, 87; *Fleischer* GmbHR 2008, 673 (674).

[10] S. Baumbach/Hueck/*Zöllner*, 18. Aufl. 2006, § 55 Rn. 2; Hachenburg/*Ulmer* § 55 Rn. 8; Lutter/Hommelhoff/*Lutter/Hommelhoff*, 16. Aufl. 2004, § 55 Rn. 6; Scholz/*Priester*, 9. Aufl. 2002, § 55 Rn. 11.

[11] Dazu nur MüKoAktG/*Bayer* AktG § 202 Rn. 1.

[12] Vgl. Scholz/*Priester*, 9. Aufl. 2002, § 55 Rn. 11.

[13] *Triebel/Otte* ZIP 2006, 311 (312); *Triebel/Otte* ZIP 2006, 1321 (1322).

[14] Bundesrat, BT-Drs. 16/6140, 68.

[15] Zum Folgenden: Rechtsausschuss, BT-Drs. 16/9737, 56.

[16] Eingehende Analyse der Materialien bei *Reiner-Pechtl*, Das genehmigte Kapital im System des GmbH-Rechts, 2016, 6 ff.

[17] Dazu ausf. *Lieder* ZGR 2010, 868 (914 ff.); ähnlich Lutter/Hommelhoff/*Bayer* Rn. 1 aE; *Eggert* GmbHR 2014, 856 (857); *Trautmann*, Das genehmigte Kapital der GmbH, 2012, 171 ff.; *Reiner-Pechtl*, Das genehmigte Kapital im System des GmbH-Rechts, 2016, 216 f.; *Nietsch* FS Schneider, 2011, 873 (892 f.); krit. etwa HCL/*Casper* Rn. 4 mwN; Bork/Schäfer/*Arnold/Born* Rn. 2.

zu einer Senkung der Transaktionskosten beitragen. Ein genehmigtes Kapital ermöglicht zum einen die kurzfristige Finanzierung von Unternehmenstransaktionen (→ Rn. 6). Zum anderen handelt es sich bei der Zulassung des genehmigten Kapitals für die „kleine" Kapitalgesellschaft auch nicht um einen deutschen Sonderweg. Vergleichbare Rechtsinstitute finden sich bei der italienischen,[18] polnischen[19] und niederländischen[20] GmbH sowie der privaten AG finnischen Rechts,[21] die mit der deutschen GmbH vergleichbar ist.[22]

9   Den **Kritikern** ist zuzugeben, dass das praktische Bedürfnis nach einem genehmigten Kapital bei der GmbH gering sein mag;[23] bisher hat es in der Praxis auch keine überragende wirtschaftliche Bedeutung erlangt.[24] Dabei darf aber nicht übersehen werden, dass insbesondere die kapitalistisch strukturierte GmbH, die sich durch eine große Mitgliederzahl auszeichnet (→ Einl. Rn. 44 aE) und in der Unternehmenspraxis auch rechtstatsächlich anzutreffen ist,[25] durch Schaffung eines genehmigten Kapitals Zeit und Transaktionskosten in erheblichem Maße sparen kann. Darüber hinaus sind mit der Einführung dieses Finanzierungsmittels für die Gesellschaften **keine zusätzlichen Kosten** verbunden. Vielmehr wird hierdurch allein der Handlungsspielraum der GmbH erweitert. **Von praktischem Wert** kann die Schaffung eines genehmigten Kapitals unter anderem sein, um neue Anteile als Akquisitionswährung zum Erwerb von Unternehmen und Beteiligungen einzusetzen, die Beteiligungsstruktur bzw. Beteiligungsquote von Gesellschaftern, Investoren und Führungskräften zu modifizieren (Management- und Mitarbeiterbeteiligungsprogramme),[26] sich an einem Joint Venture oder Start-up zu beteiligen oder Wandelschuldverschreibungen[27] auszugeben.[28] Von besonderer Bedeutung ist die Ausnutzung eines genehmigten Kapitals bei einem – in der Venture Capital-Praxis vorkommenden – „Second Closing", bei dem für Hauptinvestoren und weitere Investoren bereits im Vorfeld der Finanzierungsrunden unterschiedliche Vereinbarungen über den Beteiligungsprozess getroffen worden sind.[29]

10   **Nicht gerechtfertigt** ist außerdem die **Befürchtung,** die Geschäftsführer könnten wegen Fehlens eines obligatorischen Aufsichtsrats unkontrollierten Einfluss auf die Kapitalstruktur der GmbH nehmen.[30] Dieser Einwand kann schon deshalb nicht überzeugen, weil ein etwaiges Überwachungsdefizit durch die fortbestehenden Befugnisse der Gesellschafter kompensiert wird. Sie können jederzeit kraft ihres Weisungsrechts nach § 37 Abs. 1 auf die

---

18 Dazu *Fasciani* in Süß/Wachter IntGmbHR-HdB S. 947 (967 f.).

19 Dazu *Oplustil* in Liebscher/Zoll, Einführung in das polnische Recht, 2005, § 15 Rn. 13; *Bogen/Siekierzyński* in Süß/Wachter IntGmbHR-HdB S. 1327 (1330 f.); *Kośny*, Polen: GmbH-Recht, 2002, 18; Wortlaut der Vorschrift auf deutsch abgedruckt ebenda S. 86.

20 Dazu *Rademakers/de Vries Fasciani* in Süß/Wachter IntGmbHR-HdB S. 1201 (1214).

21 Dazu *Faber Fasciani* in Süß/Wachter IntGmbHR-HdB S. 833 (847 f.).

22 Rechtsvergleichende Hinweise finden sich bei *Lieder* ZGR 2010, 868 (878 ff.); *Trautmann*, Das genehmigte Kapital der GmbH, 2012, 13 ff.

23 Erste empirische Daten finden sich bei *Bayer/Hoffmann/Lieder* GmbHR 2010, 9 (13 ff.); s. noch *Bayer/Hoffmann* GmbHR 2009, R161; krit. zum praktischen Bedürfnis Scholz/*Priester/Tebben* Rn. 3; *Bormann/Urlichs* GmbHR Sonderheft Oktober 2008, 37 (45); *Katschinski/Rawert* ZIP 2008, 1993 (1997); *Herrler* DNotZ 2008, 903 (908); *K. Schmidt* JZ 2009, 10 (17); *Cramer* GmbHR 2009, 406 (407); positiver *Grigoleit/Rieder* GmbHR Rn. 316; *Klett* GmbHR 2009, 1312 (1313); *Bayer/Hoffmann/Lieder* GmbHR 2010, 9 (15 f.).

24 Vgl. *Kramer* GmbHR 2015, 1073; *Terbrack* DNotZ 2012, 917.

25 Rechtstatsachen zur Gesellschafterstruktur der GmbH bei *Bayer/Hoffmann* GmbHR 2014, 12.

26 Dazu ausf. *Weitnauer* GWR 2017, 391.

27 Speziell zum Einsatz des genehmigten Kapitals zur Begebung von Wandelschuldverschreibungen im GmbH-Recht s. *Helmreich* GWR 2011, 561; *Lieder* in Bayer/Koch, Aktuelles GmbH-Recht, 2013, 142 (162 ff.); *Bormann/Trautmann* GmbHR 2016, 37; *Milch* BB 2016, 1538; *Mackh*, Wandelschuldverschreibungen bei der GmbH, 2015, 1 ff.; *Reiner-Pechtl*, Das genehmigte Kapital im System des GmbH-Rechts, 2016, 195 ff.; vgl. weiter *Schönhaar* GWR 2016, 6.

28 S. insgesamt *Klett* GmbHR 2008, 1312 (1313); *Bormann/Urlichs* GmbHR Sonderheft Oktober 2008, 37 (45); *Weitnauer* BKR 2009, 18 (19); *Grigoleit/Rieder* GmbHR Rn. 316; Lutter/Hommelhoff/*Bayer* Rn. 1; *Bayer/Hoffmann/Lieder* GmbHR 2010, 9 (16); *Lieder* ZGR 2010, 868 (914 f.); Bork/Schäfer/*Arnold/Born* Rn. 3; *Trautmann*, Das genehmigte Kapital der GmbH, 2012, 172 f.; *Eggert* GmbHR 2014, 856 (857).

29 Dazu ausf. *Spitz* GWR 2019, 21 mit Formulierungsbeispielen.

30 So etwa *Priester* GmbHR 2008, 1177 (1183); *Katschinski/Rawert* ZIP 2008, 1993 (1997).

Ausnutzung des genehmigten Kapitals (→ Rn. 36 ff.) sowie einen etwaigen Bezugsrechtsausschluss (→ Rn. 82) Einfluss nehmen. Darüber hinaus steht den Gesellschaftern bei
rechtswidriger Ausnutzung des genehmigten Kapitals mit Bezugsrechtsausschluss ein besonderes System von Rechtsbehelfen zur Seite (→ Rn. 84 ff.).

II. Schaffung des genehmigten Kapitals

1. Allgemeine Voraussetzungen. Die Geschäftsführer können nur zur Durchführung **11**
einer **ordentlichen Kapitalerhöhung** (gegen Einlage) ermächtigt werden. Eine nominelle
Kapitalerhöhung (aus Gesellschaftsmitteln) ist durch genehmigtes Kapital nicht zulässig.[31]
Die im Schrifttum vereinzelt vertretene Gegenauffassung[32] setzt sich über den eindeutigen
Gesetzeswortlaut des § 55 Abs. 1 („gegen Einlage") hinweg und missachtet zudem die systematische Stellung der Vorschrift. Zudem verkennt die Gegenauffassung die grundsätzlichen
dogmatischen Unterschiede von effektiver und nomineller Kapitalerhöhung. Danach lässt
sich die Kapitalerhöhung aus Gesellschaftsmitteln gerade nicht als eine solche gegen Einlage
begreifen. Hinzu kommt, dass die durch § 55a intendierten Erleichterungen in der Transaktionspraxis für die nominelle Kapitalerhöhung nicht gleichermaßen von Bedeutung sind
(→ Rn. 9).

Erlaubt und im Hinblick auf die Rechtfertigung des Bezugsrechtsausschlusses zuweilen **12**
sogar rechtlich geboten ist die **Schaffung verschiedener Varianten** des genehmigten
Kapitals, die in der Satzung als genehmigtes Kapital I, II, III usw bezeichnet werden.[33]
Die Nennbeträge sämtlicher Ermächtigungen dürfen insgesamt die gesetzliche Obergrenze
(→ Rn. 24) nicht überschreiten.[34] Die Schaffung des genehmigten Kapitals (Ermächtigung)
hat **keine** unmittelbare **Auswirkung auf** die **Stammkapitalziffer.** Erst die spätere Ausnut-
zung der Ermächtigung durch den Geschäftsführer und die Eintragung der anschließenden
Kapitalerhöhung in das Handelsregister erhöht das Stammkapital der GmbH.

Die **Schaffung** eines genehmigten Kapitals durch Satzungsänderung kann keinen ande- **13**
ren Personen und keinem anderen Gesellschaftsorgan, wie zB dem Aufsichtsrat oder einem
Beirat, **übertragen** werden (→ § 53 Rn. 58 f.). Dagegen kann die **Ausnutzung** eines
genehmigten Kapitals zwar keinem Aufsichtsrat[35] oder außenstehenden Dritten, wohl aber –
entgegen der bislang einhelligen Auffassung[36] – einem (unternehmensleitenden) **Beirat**
übertragen werden.[37] Auch wenn der Wortlaut allein den Geschäftsführer erwähnt, ist die
Ausnutzungsbefugnis eine Geschäftsführungsmaßnahme (→ Rn. 35) und dem Geschäftsführer gerade nicht in ausschließlicher Weise zugewiesen. Stattdessen steht sie im Interesse
der Gesellschafter und unterliegt dementsprechend auch weitgehenden Weisungsrechten

---

[31] *Priester* GmbHR 2008, 1177 (1178); *Klett* GmbHR 2008, 1312 (1314); *Wicke* Rn. 7; Noack/Servatius/
Haas/*Servatius* Rn. 3; Lutter/Hommelhoff/*Bayer* Rn. 8 aE; Scholz/*Priester*/*Tebben* Rn. 8; HCL/*Casper*
Rn. 10; Henssler/Strohn/*Gummert* Rn. 20; Rowedder/Schmidt-Leithoff/*Schnorbus* Rn. 8;
MHdB GesR III/*Wegmann* § 53 Rn. 133; zur AG MüKoAktG/*Bayer* AktG § 202 Rn. 33, 74; Hüffer/
Koch/*Koch* AktG § 202 Rn. 6; K. Schmidt/Lutter/*Veil* AktG § 202 Rn. 13; BeckOGK/*Wamser* AktG
§ 202 Rn. 14.

[32] *Trautmann*, Das genehmigte Kapital der GmbH, 2012, 67 ff.; zur AG GroßkommAktG/*Hirte* AktG § 202
Rn. 196; GroßkommAktG/*Hirte* AktG § 207 Rn. 145 ff.

[33] Vgl. MüKoAktG/*Bayer* AktG § 202 Rn. 2; GroßkommAktG/*Hirte* AktG § 202 Rn. 153; Hüffer/Koch/
Koch AktG § 202 Rn. 5; Kölner Komm AktG/*Kuntz* AktG § 202 Rn. 78 f.; K. Schmidt/Lutter/*Veil*
AktG § 202 Rn. 12; BeckOGK/*Wamser* AktG § 202 Rn. 9, 73; für die GmbH auch *Klett* GmbHR
2008, 1312 (1314); Noack/Servatius/Haas/*Servatius* Rn. 2; Lutter/Hommelhoff/*Bayer* Rn. 2;
MHdB GesR III/*Wegmann* § 53 Rn. 128; *Trautmann*, Das genehmigte Kapital der GmbH, 2012, 97;
zweifelnd MHLS/*Hermanns* Rn. 3.

[34] *Klett* GmbHR 2008, 1312 (1314); *Herrler* DNotZ 2008, 903 (908 f.); Noack/Servatius/Haas/*Servatius*
Rn. 9; *Altmeppen* Rn. 14; zur AG MüKoAktG/*Bayer* AktG § 202 Rn. 2, 68 f.; GroßkommAktG/*Hirte*
AktG § 202 Rn. 148; Hüffer/Koch/*Koch* AktG § 202 Rn. 5, 13; Kölner Komm AktG/*Kuntz* AktG
§ 202 Rn. 78; K. Schmidt/Lutter/*Veil* AktG § 202 Rn. 18; BeckOGK/*Wamser* AktG § 202 Rn. 69.

[35] *Altmeppen* Rn. 8.

[36] MHLS/*Hermanns* Rn. 6; HCL/*Casper* Rn. 11; MHdB GesR III/*Wegmann* § 53 Rn. 144; *Kramer*
GmbHR 2015, 1073 (1074); *Terbrack* DNotZ 2012, 917 (921); ebenso noch → 3. Aufl. 2018, Rn. 11a.

[37] Dazu ausf. MHdB GesR IX/*Lieder*/*Becker* § 5 Rn. 80.

der Gesellschafterversammlung (→ Rn. 36 ff.). Zudem entspricht es der herausgehobenen Rechtsstellung der Gesellschafterversammlung und dem hohen Maß an Satzungsautonomie, dass die Gesellschafter nach Schaffung eines genehmigten Kapitals die Befugnis zu dessen Ausnutzung nicht nur dem Geschäftsführer, sondern auch einem Beirat zuweisen können.

14   **2. Zeitpunkt der Ermächtigung.** Das genehmigte Kapital kann bereits in der Gründungssatzung vorgesehen sein (Abs. 1 S. 1) oder später im Zuge einer Satzungsänderung geschaffen werden (Abs. 2).

15   **a) Gründungssatzung.** Die zentrale Ermächtigungsvorschrift des Abs. 1 S. 1 regelt als gesetzlichen Normalfall die Schaffung des genehmigten Kapitals im Gesellschaftsvertrag bei Gründung der GmbH. Für das gesetzliche **Mindestkapitalerfordernis** (§ 5 Abs. 1) bleibt die satzungsmäßige Ermächtigung **außer Betracht,**[38] weil die Geschäftsführer erst später darüber entscheiden, ob und inwieweit das genehmigte Kapital ausgenutzt werden soll.

16   Das in der Gründungssatzung geschaffene genehmigte Kapital ist nach § 10 Abs. 2 S. 1 in das Handelsregister **einzutragen** (→ § 10 Rn. 24). Nach der Neufassung durch das ARUG verlangt die Vorschrift nunmehr auch die Eintragung des genehmigten Kapitals in das Handelsregister, um die notwendige Publizität zu gewährleisten.[39] Die zuvor zutreffend befürwortete analoge Anwendung des § 39 Abs. 2 AktG[40] ist damit obsolet.

17   **b) Ermächtigungsbeschluss.** Praktisch relevanter ist die Schaffung des genehmigten Kapitals durch nachträgliche **Satzungsänderung** (Abs. 2).[41] In diesem Zusammenhang sind die allgemeinen Vorschriften über die Änderung der Gesellschaftssatzung einzuhalten.[42]

18   **aa) Formelle Anforderungen.** Zuständig für die Beschlussfassung sind ausschließlich die Gesellschafter (§ 53 Abs. 1; → § 53 Rn. 58); diese Befugnis kann keinem anderen Organ oder Dritten zugewiesen werden. Der Beschluss ist notariell zu beurkunden (§ 53 Abs. 2 S. 1; → § 53 Rn. 70 f.) und bedarf der Mehrheit von drei Vierteln der abgegebenen Stimmen (§ 53 Abs. 2 S. 1; → § 53 Rn. 82);[43] die Satzung kann ein höheres Zustimmungserfordernis und weitere Erfordernisse aufstellen (§ 53 Abs. 2 S. 2; → § 53 Rn. 126 ff.). Die Zustimmung sämtlicher Gesellschafter nach § 53 Abs. 3 ist hingegen entbehrlich, wie auch bei der regulären Kapitalerhöhung (→ § 55 Rn. 30 ff.).

19   **bb) Anmeldung.** Die **Geschäftsführer** haben den Beschluss **in vertretungsberechtigter Anzahl** zur Eintragung in das Handelsregister **anzumelden.**[44] Eine Mitwirkung sämtlicher Geschäftsführer ist anders als bei der Anmeldung der späteren Kapitalerhöhung nicht erforderlich, da § 57 Abs. 1, § 78 Hs. 2 nach ihrem Normzweck hier keine Anwendung finden. Die Vorschriften tragen nämlich dem besonderen Umstand Rechnung, dass die Geschäftsführer für die nach § 57 Abs. 2 abzugebende Versicherung nach § 57 Abs. 4

---

[38] *Wicke* Rn. 7 aE; *Scholz/Priester/Tebben* Rn. 7; zur AG MüKoAktG/*Bayer* AktG § 202 Rn. 38; GroßkommAktG/*Hirte* AktG § 202 Rn. 96; Hüffer/Koch/*Koch* AktG § 202 Rn. 7 aE; Kölner Komm AktG/*Kuntz* AktG § 202 Rn. 26; K. Schmidt/Lutter/*Veil* AktG § 202 Rn. 14; BeckOGK/*Wamser* AktG § 202 Rn. 28.

[39] Rechtsausschuss, BT-Drs. 16/13098, 63.

[40] *Priester* GmbHR 2008, 1177 (1178); *Wicke* Rn. 6; *Herrler* DNotZ 2008, 903 (909) mit Formulierungsbeispiel; *Wicke* NotBZ 2009, 1 (7); zur AG MüKoAktG/*Bayer* AktG § 202 Rn. 36; GroßkommAktG/*Hirte* AktG § 202 Rn. 95; Hüffer/Koch/*Koch* AktG § 202 Rn. 7; GroßkommAktG/*Röhricht/Schall* AktG § 39 Rn. 12.

[41] Für Rechtstatsachen zum Aktienrecht s. *Bayer/Hoffmann* AG 2007, R56 f.

[42] Formulierungsbeispiel für eine satzungsmäßige Ermächtigung bei Lutter/Hommelhoff/*Bayer* Rn. 15; BeckOK GmbHG/*Ziemons* Rn. 24a; *Schelp* GmbH-StB 2013, 58.

[43] Eine analoge Anwendung des § 202 Abs. 2 S. 2 AktG scheidet in Ermangelung einer planwidrigen Regelungslücke aus; vgl. *Trautmann*, Das genehmigte Kapital der GmbH, 2012, 23 f.

[44] *Wicke* Rn. 6; *Scholz/Priester/Tebben* Rn. 11; Henssler/Strohn/*Gummert* Rn. 6; *Terbrack* DNotZ 2012, 917 (926); *Trautmann*, Das genehmigte Kapital der GmbH, 2012, 26; zur AG MüKoAktG/*Bayer* AktG § 202 Rn. 49; GroßkommAktG/*Hirte* AktG § 202 Rn. 105; Kölner Komm AktG/*Kuntz* AktG § 202 Rn. 10; K. Schmidt/Lutter/*Veil* AktG § 202 Rn. 16; BeckOGK/*Wamser* AktG § 202 Rn. 39.

iVm § 9a Abs. 1 und 3 haftungsrechtlich verantwortlich sind. Für die Anmeldung des Ermächtigungsbeschlusses ist eine solche Versicherung indes nicht vorgesehen.[45]

Daneben ist nach § 378 Abs. 2 FamFG auch der die Ermächtigung beurkundende **20** **Notar** ohne besondere Vollmacht zur Anmeldung berechtigt (→ § 54 Rn. 14).[46] Unzulässig ist die Beteiligung von **Prokuristen** im Rahmen der unechten Gesamtvertretung, da die Geschäftsführer für die Richtigkeit der Anmeldung im Hinblick auf eine effektive Kapitalaufbringung voll verantwortlich sind.[47] Mangels abweichender Bestimmungen sind die Geschäftsführer **verpflichtet,** den Ermächtigungsbeschluss ohne schuldhaftes Zögern zur Eintragung in das Handelsregister anzumelden.[48] Aus Praktikabilitätsgründen ist anerkannt, dass die Eintragung des Beschlusses auch auf einen bestimmten Termin – aufschiebend – befristet werden kann (→ § 55 Rn. 72).[49]

cc) Eintragung. Wirksam wird das genehmigte Kapital nach § 54 Abs. 3 mit der **21** Eintragung in das Handelsregister.[50] Für die Eintragung der Ermächtigung gelten die allgemeinen Vorschriften des § 54. Die Sondervorschrift des § 57 Abs. 1 ist auf die Eintragung der späteren Kapitalerhöhung beschränkt und findet auf die Eintragung der vorausgehenden Ermächtigung keine Anwendung.[51] Ebenso wie bei der Gründungssatzung ist auch das durch Satzungsänderung beschlossene genehmigte Kapital analog § 10 Abs. 2 S. 1 (→ Rn. 16) in das Handelsregister einzutragen, da der Rechtsverkehr, namentlich Gesellschaftsgläubiger und künftige Gesellschafter, ein berechtigtes **Informationsinteresse** bezüglich der zusätzlichen Geschäftsführerkompetenzen haben.[52]

Das Registergericht darf den Ermächtigungsbeschluss nur eintragen, wenn die gesetzlichen **22** und satzungsmäßigen Voraussetzungen sowohl in formeller als auch in materieller Hinsicht erfüllt sind. Das hat das Gericht durch **Prüfung** zu ermitteln. Für Prüfung und Eintragungsverfahren gilt das zur Kapitalerhöhung Gesagte (→ § 57a Rn. 5 ff., → § 57a Rn. 19 ff.) entsprechend.[53] Anmeldung und Eintragung von Ermächtigung und Durchführung des genehmigten Kapitals zusammenzufassen, widerspricht der Dogmatik des genehmigten Kapitals.[54]

3. Inhalt der Ermächtigung. a) Nennbetrag. Aus dem Ermächtigungsbeschluss **23** muss der Nennbetrag **eindeutig bestimmbar** sein, um den die Stammkapitalziffer im

---

[45] *Lieder* DNotZ 2010, 655 (658); zust. Henssler/Strohn/*Gummert* Rn. 22; *Trautmann,* Das genehmigte Kapital der GmbH, 2012, 26 m. Fn. 141.

[46] *Trautmann,* Das genehmigte Kapital der GmbH, 2012, 26; allgemein Lutter/Hommelhoff/*Bayer* § 54 Rn. 2; Bork/Schäfer/*Arnold* § 54 Rn. 2.

[47] AA Bork/Schäfer/*Arnold/Born* Rn. 7; Scholz/*Priester/Tebben* Rn. 11; *Terbrack* DNotZ 2012, 917 (926); zur AG KG Beschl. v. 22.9.1938 – 1 Wx 427/38, JW 1938, 3121; Kölner Komm AktG/*Kuntz* AktG § 202 Rn. 113; GroßkommAktG/*Hirte* AktG § 202 Rn. 105; Hüffer/Koch/*Koch* AktG § 184 Rn. 3; wie hier aber MüKoAktG/*Bayer* AktG § 202 Rn. 49; GroßkommAktG/*Wiedemann* AktG § 184 Rn. 11; *Lutter/Leinekugel* ZIP 2000, 1225 (1230 f.).

[48] *Altmeppen* Rn. 24; *Trautmann,* Das genehmigte Kapital der GmbH, 2012, 27; zur AG MüKoAktG/*Bayer* AktG § 202 Rn. 49; Hüffer/Koch/*Koch* AktG § 202 Rn. 11; BeckOGK/*Wamser* AktG § 202 Rn. 42; ebenso GroßkommAktG/*Hirte* AktG § 202 Rn. 108: höchstens drei Monate.

[49] Für die Kapitalerhöhung HCL/*Ulmer/Casper* § 55 Rn. 32; MHLS/*Hermanns* § 55 Rn. 28; Rowedder/Schmidt-Leithoff/*Schnorbus* § 55 Rn. 19; Scholz/*Priester/Tebben* § 55 Rn. 35; zur AG Hüffer/Koch/*Koch* AktG § 202 Rn. 11 iVm § 179 Rn. 25.

[50] Zust. *Hoene/Eickmann* GmbHR 2017, 854 (855 f.); vgl. noch *Wicke* Rn. 3 aE; *Priester* GmbHR 2008, 1177 (1178 f.); *Klett* GmbHR 2008, 1312 (1315).

[51] *Priester* GmbHR 2008, 1177 (1179); *Altmeppen* Rn. 24.

[52] *Lieder* DNotZ 2010, 655 (657 f.); zust. *Hoene/Eickmann* GmbHR 2017, 854 (856); iErg ebenso Noack/Servatius/Haas/*Servatius* Rn. 9 aE; *Trautmann,* Das genehmigte Kapital der GmbH, 2012, 28; gleichfalls BeckOK GmbHG/*Ziemons* Rn. 15a, die zu Unrecht für eine abweichende Auffassung auf *Lieder* DNotZ 2010, 655 (657) verweist.

[53] Zur AG s. exemplarisch MüKoAktG/*Bayer* AktG § 202 Rn. 52.

[54] IErg wie hier *Wicke* Rn. 6 aE; *Altmeppen* Rn. 24; Scholz/*Priester/Tebben* Rn. 11 aE; *Trautmann,* Das genehmigte Kapital der GmbH, 2012, 27; zur AG MüKoAktG/*Bayer* AktG § 202 Rn. 4 aE; GroßkommAktG/*Hirte* AktG § 203 Rn. 35; Hüffer/Koch/*Koch* AktG § 202 Rn. 8; Hüffer/Koch/*Koch* AktG § 203 Rn. 15 aE.

Rahmen der Ausnutzung des genehmigten Kapitals erhöht werden kann. Zulässig ist es, sowohl einen höchstmöglichen Endbetrag nach durchgeführter Kapitalerhöhung anzugeben als auch einen Höchsterhöhungsbetrag festzulegen.[55] Daneben kann der Nennbetrag auch durch Festlegung eines Prozentsatzes oder Bruchteils des bisherigen Stammkapitals angegeben werden.[56] Die im Aktienrecht[57] und inzwischen auch im GmbH-Recht[58] überwiegend vertretene Gegenauffassung kann für die GmbH nicht überzeugen, da sie sich maßgeblich auf die Unsicherheiten wegen verzögerter Anmeldung bedingter Kapitalerhöhungen stützt.[59] Dem GmbH-Recht ist ein bedingtes Kapital indes fremd (→ § 55 Rn. 10). Der konkrete Umfang der Ermächtigung berechnet sich nach der Stammkapitalziffer im Zeitpunkt der Eintragung des Ermächtigungsbeschlusses in das Handelsregister.[60]

24   Der Nennbetrag darf die **Hälfte des Stammkapitals als Höchstgrenze** nicht überschreiten (Abs. 1 S. 2).[61] Mindernd wirkt sich auf den Höchstbetrag ein bestehendes, aber noch nicht ausgenutztes genehmigtes Kapital aus.[62] Eigene, von der GmbH selbst gehaltene Geschäftsanteile sind für die Berechnung ohne Belang.[63]

25   Maßgeblicher **Zeitpunkt** für die Bestimmung der Stammkapitalziffer ist die Eintragung des genehmigten Kapitals in das Handelsregister. Werden nach Beschlussfassung, aber noch vor oder zeitgleich mit der Eintragung der Ermächtigung weitere Kapitalerhöhungen oder Kapitalherabsetzungen eingetragen, sind diese bei Berechnung der Obergrenze zu berücksichtigen.[64]

26   **b) Dauer.** Die in der Gründungssatzung bzw. im Ermächtigungsbeschluss anzugebende Ausübungsfrist darf einen Zeitraum von **fünf Jahren** nicht überschreiten (Abs. 1 S. 1, Abs. 2). Die Frist ist konkret zu bezeichnen, was durch ein genaues Datum („bis zum 31.12.2019") oder eine eindeutig bestimmte Zeitspanne („innerhalb von vier Jahren nach Eintragung")[65] erfolgen kann.[66] Für die Fristberechnung gelten § 187 Abs. 1 BGB, § 188

---

[55]   Noack/Servatius/Haas/*Servatius* Rn. 5; aA BeckOK GmbHG/*Ziemons* Rn. 19.

[56]   Noack/Servatius/Haas/*Servatius* Rn. 5; MHdB GesR III/*Wegmann* § 53 Rn. 130; *Altmeppen* Rn. 14; *Lieder* DNotZ 2010, 655 (659); zust. *Trautmann,* Das genehmigte Kapital der GmbH, 2012, 3, 5 f.

[57]   MüKoAktG/*Bayer* AktG § 202 Rn. 64; GroßkommAktG/*Hirte* AktG § 202 Rn. 133; Hüffer/Koch/ *Koch* AktG § 202 Rn. 12; K. Schmidt/Lutter/*Veil* AktG § 202 Rn. 18; BeckOGK/*Wamser* AktG § 202 Rn. 70; Kölner KommAktG/*Kuntz* Rn. 67.

[58]   MHLS/*Hermanns* Rn. 8; BeckOK GmbHG/*Ziemons* Rn. 19; Scholz/*Priester*/*Tebben* Rn. 13; HCL/*Casper* Rn. 12; *Klett* GmbHR 2008, 1312 (1313 f.); wohl auch *Wicke* Rn. 10; *Bormann/Urlichs* GmbHR Sonderheft Oktober 2008, 37 (45); aus praktischer Erwägungen heraus krit. Gehrlein/Born/Simon/ *Bormann* Rn. 13.

[59]   So MüKoAktG/*Bayer* AktG § 202 Rn. 64; GroßkommAktG/*Hirte* AktG § 202 Rn. 133; BeckOGK/ *Wamser* AktG § 202 Rn. 70.

[60]   Noack/Servatius/Haas/*Servatius* Rn. 5; *Schnorbus/Donner* NZG 2009, 1241 (1242).

[61]   Der Bundesrat hatte sich in seinem Vorschlag noch gegen eine solche Begrenzung ausgesprochen; vgl. Bundesrat, BT-Drs. 16/6140, 69.

[62]   *Wicke* Rn. 10; Scholz/*Priester*/*Tebben* Rn. 13; *Altmeppen* Rn. 16; zur AG MüKoAktG/*Bayer* AktG § 202 Rn. 69; GroßkommAktG/*Hirte* AktG § 202 Rn. 148; Hüffer/Koch/*Koch* AktG § 202 Rn. 13; K. Schmidt/Lutter/*Veil* AktG § 202 Rn. 18; BeckOGK/*Wamser* AktG § 202 Rn. 69; zum bedingten Kapital OLG München Beschl. v. 14.9.2011 – 31 Wx 360/11, NZG 2012, 350 (350 f.).

[63]   *Trautmann,* Das genehmigte Kapital der GmbH, 2012, 33 ff.; zur Diskussion im Aktienrecht vgl. GroßkommAktG/*Hirte* AktG § 202 Rn. 150; *Ihrig/Wagner* NZG 2002, 657 (658); *Reichert/Harbarth* ZIP 2001, 1441 (1444).

[64]   Scholz/*Priester*/*Tebben* Rn. 13; *Wicke* Rn. 10; Noack/Servatius/Haas/*Servatius* Rn. 6; *Altmeppen* Rn. 14; *Trautmann,* Das genehmigte Kapital der GmbH, 2012, 32 f.; zur AG MüKoAktG/*Bayer* AktG § 202 Rn. 66; GroßkommAktG/*Hirte* AktG § 202 Rn. 149; Hüffer/Koch/*Koch* AktG § 202 Rn. 14; Kölner Komm AktG/*Kuntz* AktG § 202 Rn. 68; K. Schmidt/Lutter/*Veil* AktG § 202 Rn. 18.

[65]   Für diesen Fall die Bestimmtheit anzweifelnd BeckOK GmbHG/*Ziemons* Rn. 16.

[66]   Vgl. Lutter/Hommelhoff/*Bayer* Rn. 11; MHLS/*Hermanns* Rn. 5; *Wicke* Rn. 9; *Altmeppen* Rn. 10; *Rose* in Bunnemann/Zirngibl GmbH in der Praxis § 6 Rn. 73; *Bormann/Urlichs* GmbHR Sonderheft Oktober 2008, 37 (45); *Herrler* DNotZ 2008, 903 (909); zur AG MüKoAktG/*Bayer* AktG § 202 Rn. 58; GroßkommAktG/*Hirte* AktG § 202 Rn. 143; Hüffer/Koch/*Koch* AktG § 202 Rn. 11; Kölner Komm AktG/ *Kuntz* AktG § 202 Rn. 47; K. Schmidt/Lutter/*Veil* AktG § 202 Rn. 17; BeckOGK/*Wamser* AktG § 202 Rn. 66.

Abs. 2 BGB.[67] Unzureichend ist eine Verweisung auf § 55a oder die schlichte Wiederholung des Gesetzestextes.[68] Die gesetzliche Frist kommt auch bei vollständigem Fehlen einer Zeitangabe nicht zur Anwendung.[69] Die Frist beginnt mit Eintragung der Gesellschaft bzw. Satzungsänderung und endet mit Eintragung der aufgrund der Ermächtigung durchgeführten Kapitalerhöhung in das Handelsregister.[70] Ohne Belang ist hingegen, ob die Geschäftsanteile bereits übernommen worden sind.[71]

Eine spätere **Fristverlängerung** ist durch satzungsändernden Beschluss unter Beach- **27** tung der allgemeinen Grundsätze (→ Rn. 32) innerhalb der gesetzlichen Höchstfrist zulässig;[72] zur Kostenfolge → Rn. 103. Ist die bisherige Ermächtigung noch nicht erloschen, werden die Geschäftsführer aber gleichwohl (erneut) für fünf Jahre ermächtigt, ist durch Auslegung zu bestimmen, ob es sich um eine unzulässige Überschreitung der Höchstdauer oder – wie im Zweifelsfall anzunehmen ist – um eine konkludente Aufhebung der vorherigen verbunden mit einer neuen Ermächtigung handelt.[73] Denkbar ist ferner eine **faktische Fristverlängerung,** indem die Gesellschafter den Ermächtigungsbeschluss aufschiebend befristet fassen oder die Geschäftsführer anweisen, den Beschluss erst später zur Eintragung in das Handelsregister anzumelden.[74]

c) Einschränkung und Verwendungszweck. Gründungssatzung und Ermächti- **28** gungsbeschluss können weitere Einzelheiten und Beschränkungen der Ermächtigung enthalten. Sie können für die nachfolgende Kapitalerhöhung einen bestimmten **Ausgabe- oder Mindestbetrag** vorsehen oder die Erhöhung nur zu bestimmten **Verwendungszwecken** zulassen, wie zB die Ausgabe von Geschäftsanteilen an Arbeitnehmer analog § 202 Abs. 4 AktG (→ Rn. 92 ff.).[75] Bei Venture-Capital- und Private-Equity-Unternehmen kann die Ausnutzung des genehmigten Kapitals auch an Milestones im operativen Geschäft, Erteilung von Genehmigungen oder eine bankseitige Aufforderung zur Stärkung der Eigenkapitalgrundlage geknüpft werden.[76] Bestehen aufgrund verschiedener Finanzierungsrunden bereits unterschiedliche Gattungen von Geschäftsanteilen kann es sinnvoll sein, die Ausnutzung auf eine bestimmte Anteilsgattung zu beschränken.[77] Zudem kann die Ermäch-

---

[67] *Wicke* Rn. 9; *Altmeppen* Rn. 11; *Schnorbus/Donner* NZG 2009, 1241 (1242); zur AG MüKoAktG/*Bayer* AktG § 202 Rn. 60, 62; Hüffer/Koch/*Koch* AktG § 202 Rn. 17.

[68] Zur AG OLG Celle Beschl. v. 2.8.1962 – 9 Wx 5/62, NJW 1962, 2160 (2161); für die GmbH ebenso *Altmeppen* Rn. 10; *Rose* in Bunnemann/Zirngibl GmbH in der Praxis § 6 Rn. 73.

[69] Zur AG LG Mannheim Beschl. v. 6.11.1956 – 10 T 14/56, BB 1957, 689 (689 f.); ebenso zur GmbH MHLS/*Hermanns* Rn. 5; *Altmeppen* Rn. 10; *Schnorbus/Donner* NZG 2009, 1241 (1242); aA Noack/Servatius/Haas/*Servatius* Rn. 4: fehlende Fristsetzung unbeachtlich, es gelte 5-Jahresfrist.

[70] Zur AG MüKoAktG/*Bayer* AktG § 202 Rn. 62; GroßkommAktG/*Hirte* AktG § 202 Rn. 145 f.; Hüffer/Koch/*Koch* AktG § 202 Rn. 11; Kölner Komm AktG/*Kuntz* AktG § 202 Rn. 49 f.; BeckOGK/*Wamser* AktG § 202 Rn. 68; für die GmbH *Altmeppen* Rn. 11, 30; Rowedder/Schmidt-Leithoff/*Schnorbus* Rn. 17; HCL/*Casper* Rn. 15; *Priester* GmbHR 2008, 1177 (1180); *Trautmann*, Das genehmigte Kapital der GmbH, 2012, 112 f.; *Spitz* GWR 2019, 21 (22 f.); aA Henssler/Strohn/*Gummert* Rn. 31: Frist endet nach fünf Jahren, gerechnet ab der Eintragung.

[71] HCL/*Casper* Rn. 15; *Schnorbus/Donner* NZG 2009, 1241 (1242); *Trautmann*, Das genehmigte Kapital der GmbH, 2012, 113.

[72] Lutter/Hommelhoff/*Bayer* Rn. 12; *Altmeppen* Rn. 12; *Trautmann*, Das genehmigte Kapital der GmbH, 2012, 32; zur AG OLG Hamm Beschl. v. 16.11.1984 – 15 W 312/82, WM 1985, 197 (198) = DB 1985, 103 = MittRhNotK 1985, 50; LG Hamburg Entsch. v. 22.2.1994 – 402 O 131/93, WM 1994, 1165 (1166 f.) = DB 1994, 625; MüKoAktG/*Bayer* AktG § 202 Rn. 63; GroßkommAktG/*Hirte* AktG § 202 Rn. 147; Kölner Komm AktG/*Kuntz* AktG § 202 Rn. 52.

[73] *Trautmann*, Das genehmigte Kapital der GmbH, 2012, 32.

[74] MHdB GesR III/*Wegmann* § 53 Rn. 134; vgl. auch zur AG *Rottnauer* BB 1999, 330.

[75] Noack/Servatius/Haas/*Servatius* Rn. 7; Bork/Schäfer/Arnold/*Born* Rn. 14; MHLS/*Hermanns* Rn. 11; *Altmeppen* Rn. 18; BeckOK GmbHG/*Ziemons* Rn. 30; *Lieder* DNotZ 2010, 655 (659); *Cramer* GmbHR 2009, 406 (408); *Schnorbus/Donner* NZG 2009, 1241 (1242); *Trautmann*, Das genehmigte Kapital der GmbH, 2012, 62; zur AG KG Urt. v. 31.1.1996 – 23 U 3989/94, AG 1996, 421 (423); MüKoAktG/*Bayer* AktG § 202 Rn. 76 f.; GroßkommAktG/*Hirte* AktG § 202 Rn. 138; Hüffer/Koch/*Koch* AktG § 202 Rn. 16; Kölner Komm AktG/*Kuntz* AktG § 202 Rn. 195 ff.; K. Schmidt/Lutter/*Veil* AktG § 202 Rn. 19; BeckOGK/*Wamser* AktG § 202 Rn. 84.

[76] Vgl. *Kramer* GmbHR 2016, 1073 (1074).

[77] *Kramer* GmbHR 2016, 1073 (1074).

tigung Vorgaben über Anzahl und Nennbeträge der neuen **Geschäftsanteile** sowie über die Schaffung und Ausgabe mehrerer Geschäftsanteile an denselben Gesellschafter (→ § 55 Rn. 61; → § 5 Rn. 46) enthalten.[78] Weiterhin kann ein **Zustimmungsvorbehalt** der **Gesellschafterversammlung** oder – soweit vorhanden – des **Aufsichtsrats** vorgesehen werden.[79] Die Ausnutzung kann ferner an eine **Bedingung** geknüpft werden. Auch kann vorgesehen werden, dass die bei der Ausnutzung abgerufenen **Tranchen** in einer besonderen Art und Weise beschaffen sein müssen.[80]

29   **d) Aufstockung.** In der Ermächtigung kann weiterhin vorgesehen werden, dass die Kapitalerhöhung durch **Aufstockung** des Nennbetrags bereits vorhandener Geschäftsanteile (→ § 55 Rn. 58 ff.) erfolgt.[81] Der abweichende Wortlaut des Abs. 1 S. 1 steht dem nicht entgegen; dieser ist – ebenso wie § 55 Abs. 3 (→ § 55 Rn. 58) – orientiert am Normzweck teleologisch zu reduzieren. Voraussetzung für die Nennwertaufstockung ist allerdings auch in diesem Zusammenhang, dass die zu erhöhenden Anteile entweder noch von den Gründern oder ihren Gesamtnachfolgern gehalten werden oder vollständig eingezahlt sind, die Nachschusspflicht oder die Haftung nach Ablauf der Fünfjahresfrist des § 22 Abs. 3 ausgeschlossen ist (→ § 55 Rn. 59). Damit ist zugleich sichergestellt, dass § 55a sein Regelungsziel erreicht, die Flexibilität der Kapitalbeschaffung zu erhöhen. Aber auch **ohne** ausdrückliche **Ermächtigung** sind die Geschäftsführer zur Ausnutzung des genehmigten Kapitals durch Aufstockung der Nennbeträge nach pflichtgemäßem Ermessen berechtigt (→ Rn. 45 f.).[82]

30   **e) Nebenpflichten.** Sollen im Zusammenhang mit der Schaffung des genehmigten Kapitals weitergehende **Nebenpflichten,** wie zB die Vereinbarung eines Agios (Aufgeld), oder von Nachschusspflichten begründet werden, die sich weder aus der Satzung noch aus dem Gesetz ergeben, oder sollen in der Satzung bereits enthaltene Nebenabreden für das erhöhte Kapital nicht gelten, müssen Abweichungen in die Ermächtigung aufgenommen werden (→ § 55 Rn. 62).[83] In Betracht kommen außerdem Angaben zu (mehrfacher) Stimmberechtigung und Stimmlosigkeit, zu Gewinnberechtigung und Liquidationsrechten.[84]

31   **f) Weitere Angaben.** Darüber hinaus ist die Zulassung einer **Sachkapitalerhöhung** nach Abs. 3 (→ Rn. 65 ff.) ausdrücklich in die Ermächtigung aufzunehmen. Entsprechendes gilt analog § 203 Abs. 1 S. 1 AktG iVm § 186 Abs. 3 S. 1 AktG für den **Ausschluss des gesetzlichen Bezugsrechts** in der Ermächtigung (→ Rn. 71 ff.) sowie analog § 203 Abs. 2 AktG für die den Geschäftsführern erteilte Ermächtigung, das Bezugsrecht nach eigenem Ermessen auszuschließen (→ Rn. 79 ff.). Zudem kann die Ermächtigung vorsehen, dass ein bestehender **Aufsichtsrat** der Ausnutzung des genehmigten Kapitals zuzustim-

---

[78]   Zur Zulässigkeit anders noch das frühere Recht (§ 55 Abs. 4 iVm § 5 Abs. 2 aF) Baumbach/Hueck/ *Zöllner,* 18. Aufl. 2006, § 55 Rn. 45 aE; Scholz/*Priester,* 9. Aufl. 2002, § 55 Rn. 28; für das neue Recht zur Kapitalerhöhung *Meister* NZG 2008, 767 (769). Wie hier jetzt zu Recht *Wicke* § 55 Rn. 9; Bormann/ *Urlichs* GmbHR-Sonderheft Oktober 2008, 37 (38); *Katschinski/Rawert* ZIP 2008, 1993 (1995); *Wälzholz* MittBayNot 2008, 425 (429).
[79]   *Terbrack* DNotZ 2012, 917 (921); *Kramer* GmbHR 2016, 1073 (1074); aA MHLS/*Hermanns* Rn. 6.
[80]   Vgl. *Kramer* GmbHR 2016, 1073 (1075).
[81]   Wie hier Scholz/*Priester*/*Tebben* Rn. 25; *Wicke* Rn. 11; Lutter/Hommelhoff/*Bayer* Rn. 13; *Schnorbus*/ *Donner* NZG 2009, 1241 (1245); *Terbrack* DNotZ 2012, 917 (923); ausf. *Trautmann,* Das genehmigte Kapital der GmbH, 2012, 63 ff.; zurückhaltend BeckOK GmbHG/*Ziemons* Rn. 27.
[82]   MHdB GesR III/*Wegmann* § 53 Rn. 133 aE, die vorliegende Kommentierung zu Unrecht als Beleg für eine Gegenauffassung anführt; vgl. dazu auch Lutter/Hommelhoff/*Bayer* Rn. 13; Scholz/*Priester*/ *Tebben* Rn. 25; Noack/Servatius/Haas/*Servatius* Rn. 15; wie hier auch HCL/*Casper* Rn. 21; *Wicke* Rn. 11; aA Bork/Schäfer/*Arnold*/*Born* Rn. 19; BeckOK GmbHG/*Ziemons* Rn. 50a f.
[83]   Wie hier *Wicke* Rn. 11; *Priester* GmbHR 2008, 1177 (1180); *Klett* GmbHR 2008, 1312 (1314); *Altmeppen* Rn. 18; (zur Kapitalerhöhung) HCL/*Ulmer*/*Casper* § 55 Rn. 27; MHLS/*Hermanns* § 55 Rn. 21; Rowedder/Schmidt-Leithoff/*Schnorbus* § 55 Rn. 18; vgl. noch BGH Urt. v. 15.10.2007 – II ZR 216/06, NZG 2008, 73 Rn. 13.
[84]   Noack/Servatius/Haas/*Servatius* Rn. 7.

men hat (→ Rn. 42 f.). Die Geschäftsführer sollten zudem analog § 179 Abs. 1 S. 2 AktG
zur **Änderung der Satzungsfassung** (→ Rn. 50 ff.) ermächtigt werden.[85]

4. Aufhebung und Änderung. Vor Eintragung in das Handelsregister kann der 32
Ermächtigungsbeschluss formlos und mit einfacher Mehrheit aufgehoben werden (→ § 55
Rn. 89; → § 53 Rn. 166).[86] **Nach Eintragung** bedarf der Aufhebungsbeschluss der qualifizierten Mehrheit und muss den Formerfordernissen des § 53 Abs. 2 (→ § 53 Rn. 167)
entsprechen.[87] Bei inhaltlicher **Änderung** der Ermächtigung ist zu differenzieren:[88] Für
Einschränkungen, wie zB die Verminderung eines genehmigten Kapitals oder die Verkürzung des Ausübungszeitraums, genügt **vor** Eintragung ein einfacher Gegenbeschluss, **nach**
Eintragung bedarf es eines satzungsändernden Beschlusses, wobei zusätzlich die Voraussetzungen des § 55a einzuhalten sind. Erweiterungen und oder sonstige qualitative Änderungen, wie zB eine zulässige Fristverlängerung, unterliegen dagegen stets denselben Regeln
wie die Erteilung der Ermächtigung. Bis die Aufhebung oder Änderung in das Handelsregister **eingetragen** ist, können die Geschäftsführer die Ermächtigung noch im ursprünglichen
Umfang wirksam ausnutzen.[89] Bindungen können sich nur im Innenverhältnis ergeben, die
ggf. zur Schadensersatzpflicht nach § 43 Abs. 2 führen.[90]

5. Stabilisierungsmaßnahmen. Zur Stabilisierung von Unternehmen unter Beteili- 33
gung des **Wirtschaftsstabilisierungsfonds** können genehmigte Kapitalia nach § 9a Abs. 1
S. 1 WStBG iVm § 7b Abs. 1 WStBG unter erleichterten Voraussetzungen (→ § 55 Rn. 23)
geschaffen werden.[91] Abweichend von Abs. 1 S. 2 ist die **Kapitalgrenze** der Hälfte des
Stammkapitals nicht anwendbar; auch erfolgt keine Anrechnung auf sonstige genehmigte
Kapitalia (§ 9a Abs. 1 S. 1 WStGB iVm § 7b Abs. 1 S. 3 WStBG). Die für die reguläre
Kapitalerhöhung geltenden Sondervorschriften zum **erleichterten Bezugsrechtsaus-
schluss** (→ § 55 Rn. 29) finden entsprechende Anwendung auf den Ermächtigungsbeschluss und die Ausnutzung des genehmigten Kapitals durch den Geschäftsführer (§ 9a
Abs. 1 S. 1 WStBG iVm § 7b Abs. 2 WStBG). In beiden Fällen findet insbesondere keine
materielle Beschlusskontrolle statt. Auch die Regelungen über erleichterte Voreinzahlungen
(→ § 56a Rn. 39) finden auf das genehmigte Kapital entsprechende Anwendung (§ 5 Abs. 5
WStBG, § 7b Abs. 3 WStBG, § 9a Abs. 1 S. 1 WStBG).[92] Zudem kommen die bedenkli-
chen Regelungen zur Registereintragung zur Anwendung (→ § 57a Rn. 1 ff.).

Der Geschäftsführer entscheidet über die **Ausgabe der neuen Anteilsrechte** und die 34
Ausgabebedingungen, worüber er in der nächsten Gesellschafterversammlung zu berichten
hat (§ 5 Abs. 1 WStBG, § 7b Abs. 3 WStBG, § 9a Abs. 1 S. 1 WStBG). Der Bericht hat
namentlich auf den Umfang der Kapitalerhöhung, den Ausgabebetrag, einen etwaigen

---

[85] Zum Ganzen s. noch *Wicke* Rn. 11; *Schnorbus/Donner* NZG 2009, 1241 (1243); iErg auch *Herrler* DNotZ
      2008, 903 (909).
[86] Noack/Servatius/Haas/*Servatius* Rn. 11; Lutter/Hommelhoff/*Bayer* Rn. 7; Scholz/*Priester/Tebben*
      Rn. 12; *Altmeppen* Rn. 6; zur AG MüKoAktG/*Bayer* AktG § 202 Rn. 47; GroßkommAktG/*Hirte* AktG
      § 202 Rn. 103; Hüffer/Koch/*Koch* AktG § 202 Rn. 18; Kölner Komm AktG/*Kuntz* AktG § 202 Rn. 40;
      BeckOGK/*Wamser* AktG § 202 Rn. 36; aA Bork/Schäfer/*Arnold/Born* Rn. 15; Gehrlein/Born/Simon/
      Bormann Rn. 36: actus contrarius.
[87] Noack/Servatius/Haas/*Servatius* Rn. 11; *Altmeppen* Rn. 6; Scholz/*Priester/Tebben* Rn. 12; zur AG
      MüKoAktG/*Bayer* AktG § 202 Rn. 47; GroßkommAktG/*Hirte* AktG § 202 Rn. 103; Hüffer/Koch/
      Koch AktG § 202 Rn. 18; Kölner Komm AktG/*Kuntz* AktG § 202 Rn. 39; K. Schmidt/Lutter/*Veil*
      AktG § 202 Rn. 20 iVm Rn. 13; BeckOGK/*Wamser* AktG § 202 Rn. 36.
[88] Vgl. *Altmeppen* Rn. 6; Lutter/Hommelhoff/*Bayer* Rn. 7; Scholz/*Priester/Tebben* Rn. 12; HCL/*Casper*
      Rn. 9; zur AG Bürgers/Körber/Lieder/*Lieder* AktG § 202 Rn. 13a; MüKoAktG/*Bayer* AktG § 202
      Rn. 48; Hüffer/Koch/*Koch* AktG § 202 Rn. 18; MHdB GesR IV/*Scholz* § 59 Rn. 12.
[89] Rowedder/Schmidt-Leithoff/*Schnorbus* Rn. 19; BeckOK GmbHG/*Ziemons* Rn. 38; aA zur AG Henss-
      ler/Strohn/*Herrmanns* AktG § 202 Rn. 8.
[90] Vgl. auch BeckOK GmbHG/*Ziemons* Rn. 38.
[91] Vgl. zur AG Bürgers/Körber/Lieder/*Lieder* AktG § 202 Rn. 5; *Lieder* ZIP 2020, 837 (849); *Nolden/
      Heusel/Goette* DStR 2020, 800 (802 f.).
[92] Vgl. zur AG Bürgers/Körber/Lieder/*Lieder* AktG § 202 Rn. 5; *Nolden/Heusel/Goette* DStR 2020, 800
      (802).

Gewinnvorzug und Liquidationsvorrang einzugehen und diese rechtlich wie wirtschaftlich zu erläutern. Anders als nach § 5 Abs. 1 S. 1 WStBG für die AG vorgesehen, bedarf es zur Entscheidung über die Anteilsausgabe **keiner Zustimmung des Aufsichtsrats,** und zwar auch dann nicht, wenn die GmbH über einen obligatorischen oder fakultativen Aufsichtsrat tatsächlich verfügt. Denn § 5 Abs. 1 S. 1 WStBG steht in untrennbarem Zusammenhang mit § 204 Abs. 1 S. 2 AktG, der im Regelungskontext des genehmigten Kapitals der GmbH keine Entsprechung gefunden hat (→ Rn. 42 f.). Darüber hinaus können die Unternehmen bereits **bestehende genehmigte Kapitalia** zu erleichterten Kapitalmaßnahmen ausnutzen (vgl. § 5 Abs. 1 WStBG, § 7b Abs. 3 WStBG, § 9a Abs. 1 S. 1 WStBG).[93] In diesem Zusammenhang ist es dem Geschäftsführer erlaubt, Geschäftsanteile mit Gewinnvorzug oder mit Vorrang bei der Verteilung des Gesellschaftsvermögens auszugeben, auch wenn dies in der Ermächtigung nicht vorgesehen ist (§ 5 Abs. 3 WStBG, § 7b Abs. 3 WStBG, § 9a Abs. 1 S. 1 WStBG).

III. Ausnutzung des genehmigten Kapitals

35   **1. Zuständigkeit. a) Geschäftsführer.** Die Geschäftsführer entscheiden innerhalb der erteilten Ermächtigung nach pflichtgemäßem Ermessen über Zeitpunkt und Umfang der Kapitalerhöhung sowie über die Ausgabe der neuen Geschäftsanteile.[94] Mehrere Geschäftsführer beschließen einstimmig (→ 3. Aufl. 2019, § 37 Rn. 79)[95] über die Ausnutzung des genehmigten Kapitals; beim alleinigen Geschäftsführer genügt sein Entschluss. Die Entscheidung ist eine **Geschäftsführungsmaßnahme.**[96] In materieller Hinsicht handelt es sich bei der Kapitalerhöhung durch Ausnutzung des genehmigten Kapitals um eine Strukturmaßnahme.[97]

36   **b) Weisung der Gesellschafter.** Anders als bei der AG[98] und entgegen einer Auffassung im Schrifttum[99] können die Gesellschafter den Geschäftsführern Weisungen bezüglich der Ausnutzung des genehmigten Kapitals erteilen.[100] Die abweichende Rechtslage im

---

[93]   Vgl. zur AG Bürgers/Körber/Lieder/*Lieder* AktG § 202 Rn. 5; *Nolden/Heusel/Goette* DStR 2020, 800 (804).

[94]   *Lieder* DNotZ 2010, 655 (660); *Lieder* ZGR 2010, 868 (893); vgl. weiter Noack/Servatius/Haas/*Servatius* Rn. 12; Bork/Schäfer/*Arnold/Born* Rn. 17; MHLS/*Hermanns* Rn. 11; HCL/*Casper* Rn. 20 f.; *Wicke* Rn. 13; *Trautmann,* Das genehmigte Kapital der GmbH, 2012, 41.

[95]   BeckOK GmbHG/*Ziemons* Rn. 43; Gehrlein/Born/Simon/*Bormann* Rn. 40; aA offenbar HCL/*Casper* Rn. 20.

[96]   Scholz/*Priester/Tebben* Rn. 19; *Wicke* Rn. 13; Lutter/Hommelhoff/*Bayer* Rn. 9; *Cramer* GmbHR 2009, 406 (408); *Lieder* ZGR 2010, 868 (893); *Trautmann,* Das genehmigte Kapital der GmbH, 2012, 42; zur AG MüKoAktG/*Bayer* AktG § 202 Rn. 34, 86; GroßkommAktG/*Hirte* AktG § 202 Rn. 21; Hüffer/Koch/*Koch* AktG § 202 Rn. 20; Kölner Komm AktG/*Kuntz* AktG § 202 Rn. 143; K. Schmidt/Lutter/*Veil* AktG § 202 Rn. 21; BeckOGK/*Wamser* AktG § 202 Rn. 86; aA *Reiner-Pechtl,* Das genehmigte Kapital im System des GmbH-Rechts, 2016, 32; zweifelnd auch Noack/Servatius/Haas/*Servatius* Rn. 12.

[97]   *Lieder* ZGR 2010, 868 (893); BeckOK GmbHG/*Ziemons* Rn. 53; *Trautmann,* Das genehmigte Kapital der GmbH, 2012, 42; vgl. noch *Reiner-Pechtl,* Das genehmigte Kapital im System des GmbH-Rechts, 2016, 32; zur AG MüKoAktG/*Bayer* AktG § 202 Rn. 29; GroßkommAktG/*Hirte* AktG § 202 Rn. 20; Bürgers/Körber/Lieder/*Lieder* AktG § 202 Rn. 7.

[98]   MüKoAktG/*Bayer* AktG § 202 Rn. 86 f.; GroßkommAktG/*Hirte* AktG § 202 Rn. 21; Hüffer/Koch/ *Koch* AktG § 202 Rn. 20; Kölner Komm AktG/*Kuntz* AktG § 202 Rn. 141 f.; K. Schmidt/Lutter/*Veil* AktG § 202 Rn. 21; BeckOGK/*Wamser* AktG § 202 Rn. 86.

[99]   So MHLS/*Hermanns* Rn. 6, 11; BeckOK GmbHG/*Ziemons* Rn. 52 ff.; *Wicke* Rn. 7; *Klett* GmbHR 2008, 1312 (1315); *Trautmann,* Das genehmigte Kapital der GmbH, 2012, 45 ff.; diff. zwischen der (zulässigen) Weisung zur Ausnutzung und (unzulässigen) Weisung zum Unterlassen der Ausnutzung *Nietsch* FS Schneider, 2011, 873 (882 ff.).

[100]   Ausf. *Lieder* ZGR 2010, 868 (902 ff.); *Lieder* DNotZ 2010, 655 (660 f.); ebenso Noack/Servatius/Haas/ *Servatius* Rn. 3, 12a aE; Bork/Schäfer/*Arnold/Born* Rn. 14; Gehrlein/Born/Simon/*Bormann* Rn. 44; Henssler/Strohn/*Gummert* Rn. 26 f.; Lutter/Hommelhoff/*Bayer* Rn. 9; *Altmeppen* Rn. 7; Rowedder/ Schmidt-Leithoff/*Schnorbus* Rn. 24; Scholz/*Priester/Tebben* Rn. 21; HCL/*Casper* Rn. 21; *Herrler* DNotZ 2008, 903 (910); *Cramer* GmbHR 2009, 406 (408 f.); *Bayer/Hoffmann/Lieder* GmbHR 2010, 9 (15); *Schnorbus/Donner* NZG 2009, 1241 (1244); *Terbrack* DNotZ 2012, 917 (926); *Kindler* FS Hoffmann-Becking, 2013, 669 (671 f.); *Eggert* GmbHR 2014, 856 (858 ff.); *Reiner-Pechtl,* Das genehmigte Kapital im System des GmbH-Rechts, 2016, 92 ff.

Aktienrecht beruht auf den Unterschieden in der Organisationsstruktur beider Gesellschafts-formen. Bei der AG ist der Vorstand das zentrale Unternehmensleitungsorgan (§ 76 Abs. 1 AktG). Die Entscheidungskompetenz der Hauptversammlung ist auf grundlegende Struk-turmaßnahmen beschränkt. Über Geschäftsführungsmaßnahmen entscheidet sie nur auf Verlangen des Vorstands (§ 119 Abs. 2 AktG). In der GmbH sind die Geschäftsführer hinge-gen nach § 37 Abs. 1 verpflichtet, die Beschränkungen und **Weisungen der Gesellschafter** in Angelegenheiten der Geschäftsführung jederzeit **zu beachten.** Das gilt auch für die Ausnutzung des genehmigten Kapitals.

Insbesondere verlangt der **Normzweck des § 55a** keine Durchbrechung dieses Grund- **37** satzes.[101] Denn die Flexibilität der Kapitalmaßnahme wird durch ein Weisungsrecht der Gesellschafter nicht beeinträchtigt. Grundsätzlich entscheiden die Geschäftsführer über die Ausnutzung des genehmigten Kapitals. Sehen die Gesellschafter kein Bedürfnis für eine Intervention, erfolgt die Durchführung der Kapitalerhöhung nach pflichtgemäßer Entschei-dung der Geschäftsführer. Besteht nach Auffassung der Gesellschafter indes Handlungsbe-darf, entspricht es dem Normzweck des genehmigten Kapitals, dass sie nunmehr die Ent-scheidungsgewalt an sich ziehen und den Geschäftsführern Weisungen erteilen. Hierdurch wird die **Flexibilität des genehmigten Kapitals nicht beeinträchtigt,** sondern vielmehr erhöht, da die Gesellschafter andernfalls erst einen satzungsändernden Beschluss fassen müss-ten, um ihre Vorstellungen gegenüber den Geschäftsführern durchzusetzen. Letztlich führt die Anerkennung des Weisungsrechts zu einer **Senkung von Transaktionskosten,** ohne dass berechtigte Interessen der Beteiligten beeinträchtigt werden. Minderheitsgesellschafter sind nach allgemeinen Grundsätzen dadurch geschützt, dass bei der Ausnutzung des genehmigten Kapitals die gesellschaftsrechtliche Treuepflicht sowie der Gleichbehandlungsgrund-satz zu beachten sind (→ Rn. 45).

Da die Gesellschafter den Geschäftsführern hier eine Weisung in einer Geschäftsführungs- **38** angelegenheit erteilen, die Satzung indes unverändert bleibt, kann ein entsprechender Beschluss mit **einfacher Mehrheit** gefasst werden.[102] Machen die Gesellschafter von ihrem Weisungsrecht **Gebrauch,** können sie die Ermächtigung des genehmigten Kapitals nach den gleichen Grundsätzen ausnutzen, die für die Geschäftsführer gelten (→ Rn. 45 f.).[103] Die Gesellschafter können die Geschäftsführer zu einer Durchführung der Kapitalerhöhung veran-lassen sowie eine angestrebte Erhöhung stoppen. Sie können außerdem inhaltliche Anweisun-gen geben und den Zeitraum für die Kapitalerhöhung festlegen.[104] Dabei haben sie allerdings stets die inhaltlichen Vorgaben und **Einschränkungen der Ermächtigung zu beachten.**[105] Ein Verstoß führt grundsätzlich zur Anfechtbarkeit des festgestellten Gesellschafterbeschlusses. Ist der Beschluss nicht mehr anfechtbar, ist er von allen Beteiligten zu beachten.[106] Im Übrigen gelten die Grundsätze der Satzungsdurchbrechung.[107] Ist die Kapitalerhöhung einmal eingetra-gen, ist die Wirksamkeit des Weisungsbeschlusses ohne Belang.[108]

Zwar können die Geschäftsführer die Ermächtigung in aller Regel ohne **Zustimmung** **39** **der Gesellschafter** ausnutzen. Es besteht also im Grundsatz **keine Vorlagepflicht** an die Gesellschafter.[109] Die Geschäftsführer sind auch nicht verpflichtet, die Gesellschafter vor

---

[101] Dazu ausf. *Lieder* ZGR 2010, 868 (902 ff.).
[102] Bork/Schäfer/*Arnold*/*Born* Rn. 18; Gehrlein/Born/Simon/*Bormann* Rn. 44; Rowedder/Schmidt-Leit-hoff/*Schnorbus* Rn. 24; Scholz/*Priester*/*Tebben* Rn. 21; *Schnorbus*/*Donner* NZG 2009, 1241 (1244); *Cramer* GmbHR 2009, 406 (409); *Lieder* ZGR 2010, 868 (904); *Terbrack* DNotZ 2012, 917 (926); grundsätzlich ebenso HCL/*Casper* Rn. 22, der aber eine Ausnahme für ermächtigungserweiternde Beschlüsse macht; aA *Eggert* GmbHR 2014, 856 (860 f.).
[103] Zum Ganzen *Lieder* ZGR 2010, 868 (904).
[104] Noack/Servatius/Haas/*Servatius* Rn. 3.
[105] Ebenso HK-GmbHG/*Inhester* Rn. 30; Scholz/*Priester*/*Tebben* Rn. 21; *Reiner-Pechtl,* Das genehmigte Kapital im System des GmbH-Rechts, 2016, 105 f.
[106] Dazu ausf. *Reiner-Pechtl,* Das genehmigte Kapital im System des GmbH-Rechts, 2016, 100 ff., 106.
[107] Zur Bedeutung für das genehmigte Kapital näher *Reiner-Pechtl,* Das genehmigte Kapital im System des GmbH-Rechts, 2016, 102 f., 106.
[108] Dazu *Reiner-Pechtl,* Das genehmigte Kapital im System des GmbH-Rechts, 2016, 104, 106.
[109] Dazu näher *Lieder* ZGR 2010, 868 (904 f.); iErg ebenso Gehrlein/Born/Simon/*Bormann* Rn. 43; Rowedder/Schmidt-Leithoff/*Schnorbus* Rn. 34; HCL/*Casper* Rn. 21 f.; *Trautmann,* Das genehmigte

Ausnutzung des genehmigten Kapitals zu informieren.[110] Denn bei der Ausnutzung des genehmigten Kapitals handelt es sich schon im Hinblick auf die erteilte Ermächtigung nicht um ein außergewöhnliches Geschäft, das den Gesellschaftern aufgrund des Kompetenzgefüges in der GmbH zur eigenverantwortlichen Entscheidung vorbehalten wäre (→ 3. Aufl. 2019, § 37 Rn. 61 ff.). Dass die Geschäftsführer mit der Ausnutzung des genehmigten Kapitals eine weitreichende Strukturmaßnahme durchführen, ist dem Ermächtigungsbeschluss vielmehr immanent. Andernfalls würde dem genehmigten Kapital auch jedwede Flexibilität genommen und das Regelungsziel des § 55a vollends verfehlt.

40   **Ausnahmsweise** können die Geschäftsführer aber dennoch nach den allgemeinen Grundsätzen über die Zustimmungspflicht der Gesellschafter bei grundlegenden Maßnahmen und Entscheidungen nach § 49 Abs. 2 **verpflichtet** sein, die Zustimmung der Gesellschafter einzuholen (→ 3. Aufl. 2019, § 37 Rn. 61 ff.),[111] wie zB bei einer offensichtlich nachteiligen Maßnahme[112] oder einem erkennbar entgegenstehenden Willen der Gesellschafter.[113] Ferner sind die Geschäftsführer zur Vorabberichterstattung verpflichtet, wenn sie in eigener Verantwortlichkeit über den Ausschluss des Bezugsrechts entscheiden (→ Rn. 83) oder ein Insolvenzverfahren über das Gesellschaftsvermögen eröffnet worden ist (→ Rn. 89).

41   Davon abgesehen kann die **Satzung** auch **klarstellend festschreiben,** dass der Gesellschafterversammlung jedenfalls oder aber unter bestimmten Voraussetzungen ein Weisungsrecht zusteht und mit welcher Mehrheit von dieser Befugnis Gebrauch gemacht werden darf.[114] Zudem kann die Ausnutzung des genehmigten Kapitals von einem (formlosen) Vorbehalt der Zustimmung der Gesellschafter abhängig gemacht werden (→ Rn. 28).

42   **c) Aufsichtsrat.** Die Ausnutzung des genehmigten Kapitals setzt – anders als bei der AG (vgl. § 202 Abs. 3 S. 2 AktG, § 204 Abs. 1 S. 2 AktG) – **keine Zustimmung** des Aufsichtsrats voraus. Das gilt nicht nur für den Fall, dass kein Aufsichtsrat besteht (vgl. § 52), sondern auch dann, wenn der Aufsichtsrat nach Mitbestimmungsrecht obligatorisch ist oder aufgrund Satzungsautonomie besteht.[115] Ebenso wenig ist dem Aufsichtsrat über das Vorgehen zu berichten.[116] Anderes gilt, wenn ein Zustimmungserfordernis für den Aufsichtsrat in der Satzung (§ 52 Abs. 1 GmbHG iVm § 111 Abs. 4 S. 2 AktG) oder der Ermächtigung (→ Rn. 31) ausdrücklich vorgesehen ist.[117] Aus eigener Machtvollkommenheit ist der Aufsichtsrat daran

---

Kapital der GmbH, 2012, 53 ff.; *Reiner-Pechtl,* Das genehmigte Kapital im System des GmbH-Rechts, 2016, 36, 107 ff.

[110] AA *Cramer* GmbHR 2009, 406 (409); *Nietsch* FS Schneider, 2011, 873 (879 f., 888); wie hier aber *Schnorbus/Donner* NZG 2009, 1241 (1245).

[111] Dazu ausf. *Lieder* ZGR 2010, 868 (905 ff.); ebenso Noack/Servatius/Haas/*Servatius* Rn. 12a; Gehrlein/ Born/Simon/*Bormann* Rn. 43; Bork/Schäfer/*Arnold/Born* Rn. 18.

[112] Vgl. BGH Urt. v. 9.12.1996 – II ZR 240/95, NJW 1997, 741 (742).

[113] Vgl. BGH Urt. v. 5.12.1983 – II ZR 56/82, NJW 1984, 1461 (1462); OLG Frankfurt Urt. v. 19.1.1988 – 5 U 3/86, NJW-RR 1989, 544.

[114] Vgl. *Kramer* GmbHR 2016, 1073 (1075).

[115] Dazu ausf. *Lieder* ZGR 2010, 868 (908 f.); iErg ebenso *Wicke* Rn. 13; Scholz/*Priester/Tebben* Rn. 30; *Klett* GmbHR 2008, 1312 (1315); Noack/Servatius/Haas/*Servatius* Rn. 12; Lutter/Hommelhoff/*Bayer* Rn. 18; *Altmeppen* Rn. 8; HCL/*Casper* Rn. 26; *Terbrack* DNotZ 2012, 917 (921 f.); *Trautmann,* Das genehmigte Kapital der GmbH, 2012, 57 ff., 118 ff.; *Reiner-Pechtl,* Das genehmigte Kapital im System des GmbH-Rechts, 2016, 127 ff., 134 ff.; *Schulte* GmbHR 2019, 1273 (1274); aA für den Pflichtaufsichtsrat BeckOK GmbHG/*Ziemons* Rn. 57, 57a; diff. *Nietsch* FS Schneider, 2011, 873 (879), der § 202 Abs. 3 S. 2 AktG auf den obligatorischen Aufsichtsrat in analoger Anwendung heranziehen will.

[116] AA Lutter/Hommelhoff/*Lutter,* 17. Aufl. 2009, Rn. 18; ebenso BeckOK GmbHG/*Ziemons* Rn. 57b, die zu Unrecht für ihre Auffassung auf die hiesige Bearbeitung verweist; wie hier nunmehr Lutter/ Hommelhoff/*Bayer* Rn. 18; dazu ausf. *Lieder* ZGR 2010, 868 (909); ferner *Altmeppen* Rn. 8; Noack/ Servatius/Haas/*Servatius* Rn. 12; *Reiner-Pechtl,* Das genehmigte Kapital im System des GmbH-Rechts, 2016, 132 f.

[117] Dazu näher *Lieder* ZGR 2010, 868 (909 f.); *Trautmann,* Das genehmigte Kapital der GmbH, 2012, 59 ff., 118 ff.; iErg ebenso Lutter/Hommelhoff/*Bayer* Rn. 18; *Altmeppen* Rn. 8; Scholz/*Priester/Tebben* Rn. 30; HCL/*Casper* Rn. 26; *Schnorbus/Donner* NZG 2009, 1241 (1245); *Terbrack* DNotZ 2012, 917 (921); *Kramer* GmbHR 2016, 1073 (1074); ebenso jetzt auch Noack/Servatius/Haas/*Servatius* Rn. 12 aE; ähnlich MHLS/*Hermanns* Rn. 6 aE.

gehindert, die Ausnutzung des genehmigten Kapitals an seine Zustimmung zu binden.[118] Fehlt die erforderliche Zustimmung, ist die Kapitalerhöhung unwirksam; die Eintragung ist abzulehnen. Trägt der Registerrichter gleichwohl ein, ist die Kapitalerhöhung wirksam.[119]

Die abweichende Rechtslage bei der AG beruht auf den Besonderheiten der aktien- **43** rechtlichen Kompetenzverteilung. Der Vorstand entscheidet über die Ausnutzung des genehmigten Kapitals als Geschäftsführungsmaßnahme in eigener Verantwortlichkeit (§ 76 Abs. 1 AktG). Die besondere wirtschaftliche Bedeutung dieser Kapitalmaßnahme erfordert es, dass sie der Aufsichtsrat als originäres Überwachungsorgan nicht nur allgemein kontrolliert (vgl. § 111 Abs. 1 AktG), sondern dass die Ausnutzung des genehmigten Kapitals ohne Zustimmung des Aufsichtsrats nicht erfolgen soll.[120] Ein **vergleichbares Kontrollbedürfnis besteht bei der GmbH nicht,** da die Gesellschafterversammlung auf die Entscheidung der Geschäftsführer auch nach erteilter Ermächtigung kraft des allgemeinen Weisungsrechts maßgeblichen Einfluss nehmen kann (→ Rn. 36 ff.). Daraus erklärt sich zum einen, dass die in § 202 Abs. 3 S. 2 AktG, § 204 Abs. 1 S. 2 AktG enthaltenen Bestimmungen im GmbH-Recht keine Entsprechung finden. Zum anderen scheitert hieran auch eine Analogiebildung zu den aktienrechtlichen Vorschriften.

2. Entscheidung. a) Beschluss. Mehrere Geschäftsführer entscheiden nach Maßgabe **44** von Satzung und Geschäftsordnung durch Beschluss (→ Rn. 35), der weder in das Handelsregister einzutragen ist noch eingetragen werden kann.[121] Aus Nachweisgründen, namentlich im Hinblick auf die Anmeldung der Kapitalerhöhung, ist es ratsam, die Ausnutzungsentscheidung sowie die zugrunde liegenden Erwägungen hinreichend zu dokumentieren (→ Rn. 62); wirksam ist der Beschluss auch ohne Dokumentation.[122]

b) Inhalt. Den Geschäftsführern obliegt nach pflichtgemäßem Ermessen die Entschei- **45** dung darüber, **ob und in welchem Umfang** die Kapitalerhöhung durchgeführt wird. Dabei haben sie die Vorgaben der Ermächtigung hinsichtlich des Höchstbetrags (→ Rn. 23 ff.), der Ausnutzungsfrist (→ Rn. 26) und des sonstigen Inhalts (→ Rn. 28 ff.) ebenso zu beachten, wie die Vorgaben der gesellschaftsrechtlichen Treuepflicht und des Gleichbehandlungsgrundsatzes. Unzulässig ist danach etwa eine unterschiedliche Stückelung der Geschäftsanteile, soweit es an einer Zustimmung der nachteilig betroffenen Gesellschafter mangelt und auch sonst kein sachlicher Rechtfertigungsgrund ersichtlich ist.[123] Soweit Geschäftsführer weder treuwidrig handeln noch gegen den Gleichheitssatz verstoßen, sind sie befugt, die neuen Geschäftsanteile mit besonderen Rechten und Pflichten zu versehen.[124] Im Übrigen bedarf es auch keiner sachlichen Rechtfertigung, die Höchstgrenzen der Ermächtigung in zeitlicher und umfänglicher Hinsicht auszuschöpfen.[125] Zulässig ist außerdem eine auf die Eintragung der Ermächtigung **aufschiebend bedingte** Beschlussfassung

---

[118] Gehrlein/Born/Simon/*Bormann* Rn. 9.

[119] *Schnorbus/Donner* NZG 2009, 1241 (1245); zur AG s. MüKoAktG/*Bayer* AktG § 202 Rn. 94.

[120] MüKoAktG/*Bayer* AktG § 202 Rn. 91 ff.; *Schönberger,* Der Zustimmungsvorbehalt des Aufsichtsrats bei Geschäftsführungsmaßnahmen des Vorstands (§ 111 Abs. 4 Satz 2–4 AktG), 2006, 56.

[121] *Priester* GmbHR 2008, 1177 (1179); zur AG Hüffer/Koch/*Koch* AktG § 202 Rn. 20; Kölner Komm AktG/*Lutter* AktG § 204 Rn. 20.

[122] Vgl. Bork/Schäfer/*Arnold/Born* Rn. 16; Rowedder/Schmidt-Leithoff/*Schnorbus* Rn. 21; *Wicke* Rn. 13; *Altmeppen* Rn. 26; *Trautmann,* Das genehmigte Kapital der GmbH, 2012, 117 f.; *Kindler* FS Hoffmann-Becking, 2013, 669 (671); zur AG MüKoAktG/*Bayer* AktG § 202 Rn. 88; aA – für eine zwingende Dokumentationspflicht – BeckOK GmbHG/*Ziemons* Rn. 44; wohl auch Lutter/Hommelhoff/*Bayer* Rn. 26; Scholz/*Priester/Tebben* Rn. 23. – Formulierungsbeispiel bei Lutter/Hommelhoff/*Bayer* Rn. 19.

[123] Noack/Servatius/Haas/*Servatius* Rn. 16.

[124] Ebenso Rowedder/Schmidt-Leithoff/*Schnorbus* Rn. 23; Noack/Servatius/Haas/*Servatius* Rn. 16; *Schnorbus/Donner* NZG 2009, 1241 (1243 f.); strenger BeckOK GmbHG/*Ziemons* Rn. 50c; Bork/Schäfer/*Arnold/Born* Rn. 14; Scholz/*Priester/Tebben* Rn. 17; *Wicke* Rn. 11; HCL/*Casper* Rn. 17; *Grigoleit/Rieder* GmbHR Rn. 313; *Trautmann,* Das genehmigte Kapital der GmbH, 2012, 107; nur auf Grundlage der Ermächtigung; im Grundsatz ebenso *Reiner-Pechtl,* Das genehmigte Kapital im System des GmbH-Rechts, 2016, 63 ff.

[125] Vgl. dazu *Trautmann,* Das genehmigte Kapital der GmbH, 2012, 37.

über die **Ausnutzung** des genehmigten Kapitals,[126] auch wenn das praktische Bedürfnis im Vergleich zur ordentlichen Kapitalerhöhung für eine solche Gestaltung gering sein dürfte.

46   Die Geschäftsführer entscheiden über den Erhöhungsbetrag[127] sowie über Anzahl und Nennbetrag der auszugebenden Geschäftsanteile. Zulässig ist es in diesem Zusammenhang auch ohne ausdrückliche Ermächtigung, das Stammkapital in mehreren **Tranchen** zu erhöhen.[128] Auch können die Geschäftsführer die Erhöhung zu einem Höchstbetrag festlegen, um vor der Anmeldung in einem weiteren Beschluss den endgültigen Betrag zu fixieren.[129] Soweit die Ermächtigung dies erlaubt, bestimmen die Geschäftsführer außerdem über **Sacheinlagen** (→ Rn. 65 ff.), **Bezugsrechtsausschluss** (→ Rn. 71 ff.) sowie die **Zulassung** der Übernehmer (→ Rn. 48).[130] Ferner entscheiden sie im Rahmen der Ermächtigung über:

– Ausgabe mehrerer Geschäftsanteile an denselben Gesellschafter (→ Rn. 28),[131]
– Aufstockung bestehender Geschäftsanteile (→ Rn. 29),[132]
– Anordnung weitergehender Nebenpflichten, wie zB Aufgelder (→ Rn. 30;   → § 55 Rn. 48 ff.),[133]
– Fälligkeit der Einlagepflicht (→ § 19 Rn. 14 ff.) und
– Zeitpunkt der Gewinnberechtigung (→ § 29 Rn. 188).[134]

47   Die Geschäftsführer sind zur Ausnutzung des genehmigten Kapitals **nicht verpflichtet.**[135] Sehr umstritten ist allerdings die Frage, ob sich die Geschäftsführer – vorbehaltlich abweichender Vorgaben der Ermächtigung – dazu **verpflichten können,** das genehmigte Kapital in einer bestimmten Art und Weise auszunutzen[136] oder eine Ausnutzung zu unterlassen.[137] Richtig ist zwar, dass die Geschäftsführer über die Ausnutzung bzw. Nichtausnutzung eines genehmigten Kapitals nach pflichtgemäßem Ermessen entscheiden und dieser Entscheidungsspielraum durch eine schuldrechtliche Verpflichtung eingeschränkt werden könnte. Dieses Spannungsverhältnis lässt sich indes zum einen durch eine geeignete Ausgestaltung der mit einem Dritten geschlossenen Vereinbarung (fiduciary out) kautelarjuristisch auflö-

---

[126] Scholz/*Priester*/*Tebben* Rn. 27; *Klett* GmbHR 2008, 1312 (1315); zur AG MüKoAktG/*Bayer* AktG § 203 Rn. 11; GroßkommAktG/*Hirte* AktG § 202 Rn. 166; aA BeckOK GmbHG/*Ziemons* Rn. 35.

[127] Näher *Trautmann*, Das genehmigte Kapital der GmbH, 2012, 131.

[128] *Altmeppen* Rn. 27; ferner Scholz/*Priester*/*Tebben* Rn. 18, 26; *Cramer* GmbHR 2009, 406; *Trautmann*, Das genehmigte Kapital der GmbH, 2012, 113; zur AG MüKoAktG/*Bayer* AktG § 202 Rn. 86 aE.

[129] BeckOK GmbHG/*Ziemons* Rn. 47; aA wohl Rowedder/Schmidt-Leithoff/*Schnorbus* Rn. 20.

[130] Ebenso zur Bestimmung der Bezugsberechtigten: Noack/Servatius/Haas/*Servatius* Rn. 7; Lutter/Hommelhoff/*Bayer* Rn. 20 f.; *Altmeppen* Rn. 18; Rowedder/Schmidt-Leithoff/*Schnorbus* Rn. 26; BeckOK GmbHG/*Ziemons* Rn. 31 f.; *Wicke* Rn. 11; *Priester* GmbHR 2008, 1177 (1181 f.); *Herrler* DNotZ 2008, 903 (912 f.); *Klett* GmbHR 2008, 1312 (1314); *Cramer* GmbHR 2009, 406 (409 f.); *Trautmann*, Das genehmigte Kapital der GmbH, 2012, 138; aA *Wachter* NotBZ 2009, 361 (374).

[131] *Altmeppen* Rn. 28 aE; Scholz/*Priester*/*Tebben* Rn. 24; HCL/*Casper* Rn. 28; *Trautmann*, Das genehmigte Kapital der GmbH, 2012, 131 f.

[132] Wie hier Scholz/*Priester*/*Tebben* Rn. 25; *Wicke* Rn. 13; *Altmeppen* Rn. 28; HCL/*Casper* Rn. 28; *Trautmann*, Das genehmigte Kapital der GmbH, 2012, 134; zweifelnd Noack/Servatius/Haas/*Servatius* Rn. 15.

[133] Scholz/*Priester*/*Tebben* Rn. 26 f.; Rowedder/Schmidt-Leithoff/*Schnorbus* Rn. 23; HCL/*Casper* Rn. 29; *Schnorbus*/*Donner* NZG 2009, 1241 (1244); *Trautmann*, Das genehmigte Kapital der GmbH, 2012, 132 f.; aA BeckOK GmbHG/*Ziemons* Rn. 50b, die analog § 204 Abs. 1 S. 1 AktG eine ausdrückliche Ermächtigung verlangt.

[134] Zu Letzterem Scholz/*Priester*/*Tebben* Rn. 24 aE; HCL/*Casper* Rn. 30; zur AG *Henssler*/*Glindemann* ZIP 2012, 949; aA BeckOK GmbHG/*Ziemons* Rn. 50b, die analog § 204 Abs. 1 S. 1 AktG eine ausdrückliche Ermächtigung verlangt; iErg ebenso Noack/Servatius/Haas/*Servatius* Rn. 18.

[135] Zur AG MüKoAktG/*Bayer* AktG § 202 Rn. 34, 86; GroßkommAktG/*Hirte* AktG § 202 Rn. 91; Hüffer/Koch/*Koch* AktG § 202 Rn. 6; Bürgers/Körber/Lieder/*Lieder* AktG § 202 Rn. 22; BeckOGK/*Wamser* AktG § 202 Rn. 5, 86.

[136] Dafür *Trautmann*, Das genehmigte Kapital der GmbH, 2012, 127 f.; aA zur AG MüKoAktG/*Bayer* AktG § 202 Rn. 35.

[137] Dafür zur AG *Bungert*/*Wansleben* ZIP 2013, 1841 (1842 f.); *König* NZG 2013, 452 (454); *Reichert* ZGR 2015, 1 (23); aA OLG München Beschl. v. 14.11.2012 – 7 AktG 2/12, NZG 2013, 459 (462); LG München I Urt. v. 5.4.2012 – 5 HK O 20488/11, NZG 2012, 1152 (1153 f.); vgl. noch *Schockenhoff*/*Culmann* ZIP 2015, 297 (304 f.). – Speziell zur Übertragung der Problematik auf die GmbH *Hippeli*/*Diesing* AG 2015, 185 (193).

sen.[138] Zum anderen bleiben die Geschäftsführer aber auch trotz der vertraglichen Bindung stets auf das Gesellschaftsinteresse verpflichtet. In gesellschaftsrechtlicher Hinsicht bleiben sie folglich verpflichtet, nach pflichtgemäßem Ermessen das genehmigte Kapital auszunutzen. Verstoßen sie deshalb gegen die geschlossene Vereinbarung, kommt eine Ersatzpflicht der GmbH in Betracht, die freilich ihrerseits nicht zu einer faktischen Bindung der Geschäftsführer führen darf. Davon abgesehen unterliegen die Geschäftsführer bereits bei Abschluss der vertraglichen Vereinbarung der allgemeinen Sorgfaltspflicht (§ 43). Sie sind daher verpflichtet, die beteiligten Interessen zu einem angemessenen Ausgleich zu führen, ganz konkret das Interesse der GmbH an der vertraglichen Verpflichtung und das Interesse, entgegen der Verpflichtung das genehmigte Kapital auszunutzen oder die Ausnutzung zu unterlassen. Hieraus ergeben sich regelmäßig einzelfallabhängige zeitliche und sachliche Beschränkungen.[139] Als zulässig wird man es in diesem Zusammenhang zB ansehen können, wenn sich die Geschäftsführer für zwölf Monate oder weniger zur Nichtausnutzung des genehmigten Kapitals verpflichten.[140] Selbst wenn die vertragliche Verpflichtung nach diesen Grundsätzen indes unzulässig ist, schlägt dieser Mangel im gesellschaftsrechtlichen Innenverhältnis nach den Grundsätzen der Trennung und Abstraktion im Stellvertretungsrecht[141] im Interesse der Sicherheit und Leichtigkeit des redlichen Rechtsverkehrs auf die im Außenverhältnis bestehende Vertretungsmacht der Geschäftsführer nicht durch.[142] Einer Zustimmung des Aufsichtsrats bedarf es in der GmbH in aller Regel nicht (→ Rn. 33 f.).[143]

c) Aufhebung und Änderung. Vor Eintragung in das Handelsregister kann der Aus- **48** nutzungsbeschluss der Geschäftsführer aufgehoben und geändert werden.[144] Einer Aufhebung steht die erfolgte Übernahme des erhöhten Kapitals nicht entgegen.[145] Denn bis zur Eintragung des Erhöhungsbeschlusses ist die Kapitalerhöhung noch nicht wirksam. Eine wirksame Kapitalerhöhung ist aber Voraussetzung für die Wirksamkeit des Übernahmevertrags, sodass dieser allein keinen Erfüllungsanspruch auf Durchführung der Kapitalerhöhung gewährt. In Betracht kommt indes ein Schadensersatzanspruch gegen die GmbH auf Ersatz des Vertrauensschadens (→ § 55 Rn. 62).[146] Auch die Eröffnung eines Insolvenzverfahrens steht einer Aufhebung nicht entgegen (→ § 55 Rn. 63).[147] Im Übrigen erlischt die Befugnis der Geschäftsführer zur Ausnutzung des genehmigten Kapitals durch vollständiges Gebrauchmachen von der Ermächtigung sowie durch Zeitablauf.[148]

3. Änderung der Satzungsfassung. a) Meinungsstand. Sehr umstritten ist die **49** Frage, wie die redaktionelle Anpassung der Gesellschaftssatzung nach Ausnutzung des genehmigten Kapitals erfolgen kann. Das hierzu vertretene Meinungsspektrum ist breit

---

138 Vgl. auch zur AG *Bungert/Wansleben* ZIP 2013, 1841 (1844 f.); *Kiefner* ZHR 178 (2014), 547 (579).
139 Zur AG *Paschos* NZG 2012, 1142 (1143).
140 Zur AG *Bungert/Wansleben* ZIP 2013, 1841 (1844).
141 Zu den Grundlagen *Lieder* JuS 2014, 393.
142 Ebenso zur AG *Bungert/Wansleben* ZIP 2013, 1841 (1845); *Kiefner* ZHR 178 (2014), 547 (573 ff.); *Herwig*, Leitungsautonomie und Fremdeinfluss, 2014, 158 ff.; aA offenbar *Reichert* ZGR 2015, 1 (19).
143 Selbst zur AG ebenso *Bungert/Wansleben* ZIP 2013, 1841 (1843); tendenziell aA *Kiem* AG 2009, 301 (307).
144 Zur AG MüKoAktG/*Bayer* AktG § 202 Rn. 90; GroßkommAktG/*Hirte* AktG § 202 Rn. 166; Kölner Komm AktG/*Kuntz* AktG § 202 Rn. 39 f.; BeckOGK/*Wamser* AktG § 202 Rn. 90.
145 Zur Kapitalerhöhung BGH Urt. v. 11.1.1999 – II ZR 170/98, BGHZ 140, 258 (260) = NJW 1999, 1252; Hinweisbeschl. v. 5.11.2007 – II ZR 268/06, NZG 2008, 146 Rn. 6; HCL/*Ulmer/Casper* § 55 Rn. 18, 87; Rowedder/Schmidt-Leithoff/*Schnorbus* § 55 Rn. 23; zum genehmigten Kapital bei der AG vgl. noch MüKoAktG/*Bayer* AktG § 202 Rn. 90.
146 Zur AG MüKoAktG/*Bayer* AktG § 202 Rn. 90 aE.
147 Zur Kapitalerhöhung BGH Urt. v. 7.11.1994 – II ZR 248/93, NJW 1995, 460; KG Urt. v. 19.7.1999 – 23 U 3401/97, NZG 2000, 103 (104); OLG Düsseldorf Urt. v. 17.12.1999 – 16 U 29/99, GmbHR 2000, 569; HCL/*Ulmer/Casper* § 55 Rn. 36; MHLS/*Hermanns* § 55 Rn. 63; *Kuntz* DStR 2006, 519 (521 f.), aA *H.-F. Müller* ZGR 2004, 842 (846 f., 848 ff.); *Gundlach/Frenzel/Schmidt* DStR 2006, 1048 (1049).
148 Rowedder/Schmidt-Leithoff/*Schnorbus* Rn. 17, 18; *Schnorbus/Donner* NZG 2009, 1241 (1243); *Trautmann*, Das genehmigte Kapital der GmbH, 2012, 109.

gefächert. Zum Teil wird diese Befugnis ausschließlich der Gesellschafterversammlung vorbehalten.[149] Andere sprechen sich nach Vorbild des Aktienrechts (vgl. § 179 Abs. 1 S. 2 AktG)[150] für eine Übertragung auf die Geschäftsführer aus und verlangen dafür einen ausdrücklichen Beschluss der Gesellschafter.[151] Und wieder andere befürworten eine Annexkompetenz der Geschäftsführer, aufgrund derer sie automatisch – vermittels der erteilten Ermächtigung zur Ausnutzung des genehmigten Kapitals – zugleich auch zur Anpassung der Satzung ermächtigt sind.[152]

50   **b) Stellungnahme.** Mit Blick auf den Normzweck des § 55a, die Organisationsverfassung der GmbH sowie die Bedeutung des § 179 Abs. 1 S. 2 AktG ist es überzeugend, die **Übertragung der Anpassungszuständigkeit** auf die Geschäftsführer zuzulassen, die Verwaltung aber nicht schon aufgrund der bloßen Schaffung eines genehmigten Kapitals als anpassungsbefugt zu begreifen. Die Zuständigkeit zur redaktionellen Anpassung des Satzungstextes kann sich nur analog § 179 Abs. 1 S. 2 AktG aus einer Ermächtigung der Gesellschafter ergeben.

51   Gegen die alleinige Zuständigkeit der Gesellschafterversammlung spricht der **Normzweck des § 55a** (→ Rn. 1). Das genehmigte Kapital kann zur Kapitalerhöhung nur dann flexibel, unkompliziert und rasch eingesetzt werden, wenn neben dem satzungsändernden Beschluss zu seiner Schaffung kein weiterer Gesellschafterbeschluss notwendig ist. Andernfalls wären die mit § 55a erstrebten Vorteile in puncto Flexibilität, Beschleunigung und Senkung von Transaktionskosten hinfällig.

52   Im Aktienrecht kann nach **§ 179 Abs. 1 S. 2 AktG** die Hauptversammlung den Aufsichtsrat zur Anpassung des Satzungstextes ermächtigen. Diese Vorschrift ist entsprechend ihrem Normzweck – für formelle Textanpassungen eine schnelle und kostengünstige Alternative zur Verfügung zu stellen – im Wege einer zweistufigen Analogiebildung auf die GmbH zu übertragen. Die Anpassungskompetenz kann bei der GmbH von den Gesellschaftern auf die Verwaltung übertragen werden, weil zum einen zwischen den Verhältnissen in AG und GmbH hinsichtlich formeller Textanpassungen eine vergleichbare Interessenlage besteht und die § 179 Abs. 1 S. 2 AktG zugrunde liegenden Praktikabilitätserwägungen auch für die GmbH gelten. Da es in der GmbH am Vorhandensein eines obligatorischen Aufsichtsrats mangelt, kann die Befugnis zum anderen auf die Geschäftsführer delegiert werden, deren Rechtsmacht durch das Weisungsrecht der Gesellschafter in Grenzen gehalten wird.

53   Eine **Annexkompetenz** der Geschäftsführer ist auf dem Boden einer analogen Anwendung des § 179 Abs. 1 S. 2 AktG **nicht anzuerkennen.** Schon in rechtsmethodischer Hinsicht wäre eine Annexkompetenz nur im Wege einer gesetzesübersteigenden Rechtsfortbildung konstruierbar, was aus rechtsstaatlichen Gründen die Ausnahme bleiben muss und auch sonst einer besonderen Legitimationsgrundlage bedarf.[153] Eine so weitreichende

---

[149]   BeckOK GmbHG/*Ziemons* Rn. 65.1 f.; *Wachter* NotBZ 2008, 361 (375); *Lips/Randel/Werwigk* DStR 2008, 2220 (2226); vgl. noch *Rose* in Bunnemann/Zirngibl GmbH in der Praxis § 6 Rn. 89: Satzungsanpassung kann später erfolgen.

[150]   *Wicke* Rn. 5; Lutter/Hommelhoff/*Bayer* Rn. 33 ff.; *Terbrack* DNotZ 2012, 917 (927 f.); *Nietsch* FS Schneider, 2011, 873 (878); dagegen dezidiert *Trautmann,* Das genehmigte Kapital der GmbH, 2012, 100 ff.

[151]   So *Wicke* Rn. 5; Lutter/Hommelhoff/*Bayer* Rn. 34; *Heidinger/Blath* in Heckschen/Heidinger GmbH-Gestaltungspraxis Kap. 10 Rn. 117; MHdB GesR III/*Wegmann* § 53 Rn. 128; *Renaud* ZNotP 2010, 203 (205 ff.) mit Formulierungshinweis; *Terbrack* DNotZ 2012, 917 (927 f.); *Nietsch* FS Schneider, 2011, 873 (878).

[152]   Bork/Schäfer/*Arnold/Born* Rn. 27; Gehrlein/Born/Simon/*Bormann* Rn. 23; Scholz/*Priester/Tebben* Rn. 32; Rowedder/Schmidt-Leithoff/*Schnorbus* Rn. 18; HCL/*Casper* Rn. 32; *Bormann/Urlichs* GmbHR Sonderheft Oktober 2008, 37 (46); *Schnorbus/Donner* NZG 2009, 1241 (1243); *Fleischer/Wedemann* GmbHR 2010, 449 (456); *Reiner-Pechtl,* Das genehmigte Kapital im System des GmbH-Rechts, 2016, 79 ff.; iErg – wenn auch krit. – ebenso *Altmeppen* Rn. 19, 33; ähnlich Noack/Servatius/Haas/*Servatius* Rn. 21; vgl. zum Gegenäußerung zum ARUG, BT-Drs. 16/11 642, 57 (60); gegen eine Annexkompetenz BeckOK GmbHG/*Ziemons* Rn. 65.2; *Renaud* ZNotP 2010, 203 (204 f.); *Rose* in Bunnemann/Zirngibl GmbH in der Praxis § 6 Rn. 88.

[153]   *Larenz/Canaris,* Methodenlehre der Rechtswissenschaft, 3. Aufl. 1995, 245 ff.

Korrektur des Gesetzes ist weder sachlich notwendig noch de lege ferenda wünschenswert. Für die Kompetenzübertragung ist stets ein ausdrücklicher Willensentschluss der Gesellschafter erforderlich. Die Delegation an ein anderes Gesellschaftsorgan soll die Gesellschafter nur entlasten. Gerade im GmbH-Recht ist es Aufgabe der Gesellschafterversammlung als dem obersten Willensbildungsorgan der GmbH darüber zu befinden, ob sie die Anpassungszuständigkeit delegieren oder sich selbst vorbehalten möchte. Letzteres kann aus Überwachungsgründen durchaus sinnvoll sein.

Zulässig ist es folglich, die Änderungskompetenz durch Satzungsbestimmung oder **54** Gesellschafterbeschluss den **Geschäftsführern** zu übertragen.[154] Zulässig ist es außerdem, den beurkundenden **Notar**[155] oder den **Aufsichtsrat**[156] mit der Änderung der Satzungsfassung zu beauftragen. Anders als Satzungsänderungen durch die Gesellschafterversammlung bedarf die Anpassung durch die Geschäftsführer nicht der notariellen Form nach § 53 Abs. 1 und Abs. 2.[157] Im Hinblick auf die analoge Anwendung des § 179 Abs. 1 S. 2 AktG, der vom Aufsichtsrat ausgeht, ist für den Anpassungsbeschluss der Geschäftsführer aber jedenfalls zu verlangen, dass hierüber analog § 107 Abs. 2 AktG eine **Niederschrift** gefertigt wird.[158]

IV. Durchführung der Kapitalerhöhung

1. Anwendung der §§ 55 ff. Die aufgrund der Ermächtigung durchgeführte Erhö- **55** hung des Stammkapitals vollzieht sich nach den allgemeinen Vorschriften über die ordentliche Kapitalerhöhung. Zwar fehlt eine § 203 Abs. 1 S. 1 AktG entsprechende Verweisungsnorm in § 55a. Die Anwendung der §§ 55 ff. ergibt sich jedoch aus der Rechtsnatur der nachfolgenden Kapitalmaßnahme, bei der es sich um eine reguläre Kapitalerhöhung handelt. Dementsprechend bedarf es bei der Durchführung der Kapitalerhöhung aufgrund eines genehmigten Kapitals ebenfalls keines besonderen Zulassungsbeschlusses, soweit das Bezugsrecht nicht ausgeschlossen ist (→ § 55 Rn. 116 ff.). Die Gesellschafter partizipieren an der Kapitalerhöhung in diesem Fall verhältniswahrend. Ist das Bezugsrecht ganz oder teilweise ausgeschlossen, müssen die Geschäftsführer indes gesondert über die Teilnahme an der Kapitalerhöhung entscheiden.[159]

2. Übernahme. Die Übernahme der neuen Geschäftsanteile erfolgt durch Abschluss **56** von **Übernahmeverträgen,** bestehend aus der notariell beglaubigten Übernahmeerklärung des Übernehmers und der nicht formbedürftigen Annahmeerklärung der Gesellschaft (→ § 55 Rn. 111 ff.).[160] In der Übernahmeerklärung müssen die **Person** des Übernehmers, die **Nennbeträge** der übernommenen Geschäftsanteile (vgl. § 55 Abs. 2 S. 2) sowie die kapitalerhöhende **Gesellschaft** enthalten sein (→ § 55 Rn. 167). Nach § 55 Abs. 2 S. 2 muss die Übernahmeerklärung des neu beitretenden Gesellschafters zudem sowohl die aus der Satzung als auch im Zusammenhang mit der Kapitalerhöhung sich ergebenden **Leistungspflichten** enthalten (→ § 55 Rn. 170). Für **Sacheinlagen** sind besondere Feststellungen zu machen (→ § 56 Rn. 37).

---

[154] OLG München Beschl. v. 23.1.2012 – 31 Wx 457/11, NZG 2012, 426 (427); dazu *Lieder* EWiR 2012, 113; MHdB GesR III/*Wegmann* § 53 Rn. 141; aA *Trautmann,* Das genehmigte Kapital der GmbH, 2012, 100 ff., der ausschließlich den Notar als änderungszuständig ansieht.

[155] *Wicke* Rn. 5; Scholz/*Priester/Tebben* Rn. 32 aE; Gehrlein/Born/Simon/*Bormann* Rn. 24; *Katschinski/ Rawert* ZIP 2008, 1993 (1997) mit Formulierungsbeispiel; ebenso *Trautmann,* Das genehmigte Kapital der GmbH, 2012, 100 ff., der die Zuständigkeit des Notars als eine ausschließliche betrachtet; vgl. allg. HCL/*Ulmer/Casper* § 53 Rn. 31 f.; aA BeckOK GmbHG/*Ziemons* Rn. 65a; *Wachter* NotBZ 2008, 361 (375); Rowedder/Schmidt-Leithoff/*Schnorbus* § 53 Rn. 55.

[156] Vgl. noch Lutter/Hommelhoff/*Bayer* Rn. 35; Gehrlein/Born/Simon/*Bormann* Rn. 24.

[157] Zur AG BeckOGK/*Holzborn* AktG § 179 Rn. 113; MüKoAktG/*Stein* AktG § 179 Rn. 175; Kölner Komm AktG/*Zöllner* AktG § 179 Rn. 150; GroßkommAktG/*Wiedemann* AktG § 179 Rn. 110; Hüffer/ Koch/*Koch* AktG § 179 Rn. 12.

[158] Zutr. Lutter/Hommelhoff/*Bayer* Rn. 36; HCL/*Casper* Rn. 32; *Terbrack* DNotZ 2012, 917 (928).

[159] Noack/Servatius/Haas/*Servatius* Rn. 19; Lutter/Hommelhoff/*Bayer* Rn. 16.

[160] *Priester* GmbHR 2008, 1177 (1181); Noack/Servatius/Haas/*Servatius* Rn. 19; Lutter/Hommelhoff/*Bayer* Rn. 22.

57   Für die Abgabe der **Annahmeerklärung** sind – abweichend von den allgemeinen Vorschriften der Kapitalerhöhung (→ § 55 Rn. 182) – die **Geschäftsführer zuständig.**[161] Das resultiert aus den besonderen Erfordernissen des genehmigten Kapitals. Die von § 55a angestrebte Flexibilisierung der Kapitalbeschaffung würde nicht gewährleistet, falls die Gesellschafterversammlung über die Annahme eigens zu beschließen hätte. Obwohl es einer Bestimmung in der Ermächtigung nicht bedarf, sollten die Geschäftsführer aus Klarstellungsgründen gleichwohl zur Abgabe der Annahmeerklärung ausdrücklich ermächtigt werden.

58   Zulässig ist es, die Übernahmeerklärung unter der **aufschiebenden Bedingung** abzugeben, dass der Ermächtigungsbeschluss in das Handelsregister eingetragen wird oder eine Ausnutzung des genehmigten Kapitals durch die Geschäftsführer erfolgt (→ § 55 Rn. 179).[162]

59   **3. Leistung der Einlage.** Für die Einlageleistung gelten die allgemeinen Vorgaben des § 56a.[163] Danach sind Bareinlagen zu mindestens einem Viertel zu leisten, soweit nicht der Ermächtigungsbeschluss abweichende Vorschriften enthält (→ Rn. 46). Sacheinlagen sind vollständig zu erfüllen. Die Durchführung der Kapitalerhöhung ist anders als bei der AG (§ 203 Abs. 3 AktG) nicht davon abhängig, dass das bisherige Stammkapital vollständig eingezahlt ist (→ § 55 Rn. 55).[164]

60   **4. Anmeldung.** Die **Kapitalerhöhung** ist zur Eintragung in das Handelsregister anzumelden (→ § 57 Rn. 3 ff.).[165] Die Anmeldung setzt voraus, dass die neuen Geschäftsanteile vollständig übernommen sind.[166] Zulässig ist es auch, von der Ermächtigung **schrittweise** Gebrauch zu machen und die Kapitalerhöhung – in Abhängigkeit von der Übernahme der neuen Geschäftsanteile – schrittweise zur Eintragung in das Handelsregister anzumelden.

61   Der Anmeldung sind als **Anlagen** nach § 57 Abs. 3 die Übernahmeerklärungen der Gesellschafter, eine Übernehmerliste sowie die sacheinlagespezifischen Verträge bei Sachkapitalerhöhungen beizufügen (→ § 57 Rn. 18 ff.). Außerdem ist die **Notarbescheinigung** mit dem vollständigen Wortlaut des **Gesellschaftsvertrages** (§ 54 Abs. 1 S. 2) einzureichen.[167] Der Vorlage eines Kapitalerhöhungsbeschlusses bedarf es nicht, da dieser bei der Kapitalerhöhung durch genehmigtes Kapital durch die Ermächtigung sowie den späteren Ausnutzungsbeschluss ersetzt wird.[168] Darüber hinaus ist es **nicht erforderlich,** der Anmeldung sogleich eine neue **Gesellschafterliste** nach § 40 beizufügen (→ 3. Aufl. 2019, § 40 Rn. 216 ff.).[169] Aus Praktikabilitätsgründen ist eine Beifügung gleichwohl zulässig, mit der Anweisung an das Registergericht, die Liste erst nach Eintragung der Kapitalerhöhung in das Handelsregister aufzunehmen (→ § 57 Rn. 21).

62   Die Einreichung des **Ausnutzungsbeschlusses** ist gesetzlich nicht vorgesehen. Gleichwohl kann das Registergericht im Rahmen der Prüfung der Kapitalerhöhung die Vorlage des Beschlusses verlangen, sodass es sich empfiehlt, den Ausnutzungsbeschluss zu dokumentieren

---

[161]   Wie hier *Rose* in Bunnemann/Zirngibl GmbH in der Praxis § 6 Rn. 83; Scholz/*Priester/Tebben* Rn. 42; *Schnorbus/Donner* NZG 2009, 1241 (1244, 1245); *Trautmann,* Das genehmigte Kapital der GmbH, 2012, 121; vgl. auch BeckOK GmbHG/*Ziemons* Rn. 63.

[162]   *Klett* GmbHR 2008, 1312 (1315 f.); *Trautmann,* Das genehmigte Kapital der GmbH, 2012, 121.

[163]   BeckOK GmbHG/*Ziemons* Rn. 63; Lutter/Hommelhoff/*Bayer* Rn. 26; *Trautmann,* Das genehmigte Kapital der GmbH, 2012, 121.

[164]   Scholz/*Priester/Tebben* Rn. 46; *Wicke* Rn. 14; *Altmeppen* Rn. 14 aE; BeckOK GmbHG/*Ziemons* Rn. 42; Gehrlein/Born/Simon/*Bormann* Rn. 45; Rowedder/Schmidt-Leithoff/*Schnorbus* Rn. 37 aE; *Lieder* DNotZ 2010, 655 (679); *Trautmann,* Das genehmigte Kapital der GmbH, 2012, 116 f.; aA *Wachter* NotBZ 2008, 361 (374); *Schnorbus/Donner* NZG 2009, 1241 (1245).

[165]   S. das Formulierungsbeispiel bei *Herrler* DNotZ 2008, 903 (910 ff.).

[166]   *Wicke* Rn. 14; zur AG MüKoAktG/*Bayer* AktG § 203 Rn. 22 ff.

[167]   Zu den Notarpflichten in diesem Zusammenhang näher *Herrler* DNotZ 2008, 903 (910); vgl. noch Noack/Servatius/Haas/*Servatius* Rn. 21; Lutter/Hommelhoff/*Bayer* Rn. 27; *Altmeppen* Rn. 33.

[168]   *Wicke* Rn. 15.

[169]   Für eine Einreichungspflicht des Notars: *Wicke* § 40 Rn. 13; *Wicke* NotBZ 2009, 1 (13); Scholz/*Priester/ Tebben* Rn. 45.

(→ Rn. 44) und mit der Anmeldung der Kapitalerhöhung beim Registergericht einzureichen.[170]

5. Prüfung. Die Prüfungszuständigkeit des Registerrichters umfasst die materielle **63** Rechtmäßigkeit der Ermächtigung, des Ausnutzungsbeschlusses und der Übernahmeverträge sowie die formellen Eintragungsvoraussetzungen.[171] Zu prüfen ist insbesondere, ob die gesetzlichen sowie die in der Ermächtigung enthaltenen Grenzen für die Ausnutzung des genehmigten Kapitals eingehalten und Sacheinlagen werthaltig sind.[172] Nichtige und unwirksame Kapitalerhöhungsbeschlüsse dürfen nicht eingetragen werden (→ § 57 Rn. 58, → § 57 Rn. 75).[173] Ist der Beschluss lediglich anfechtbar, dann ist er vorbehaltlich einer Beschlussanfechtung wirksam und einzutragen (→ § 57 Rn. 76).

6. Eintragung. Die Erhöhung des Stammkapitals ist als Satzungsänderung nach § 54 **64** Abs. 2 iVm § 10 Abs. 1 S. 1 ausdrücklich in das Handelsregister einzutragen (→ § 57 Rn. 49). Mit der Eintragung wird die Kapitalerhöhung wirksam (§ 54 Abs. 3) und das Stammkapital erhöht. Die Übernehmer werden Inhaber der neuen Anteilsrechte.

V. Sacheinlagen

1. Ermächtigung. Soll das Stammkapital gegen Einlage eines Sachgegenstandes (§ 56) **65** erhöht werden, muss dies nach Abs. 3 in der Ermächtigung **ausdrücklich bestimmt** sein. Die Ermächtigung kann sich inhaltlich darauf beschränken, schlicht die Zulässigkeit von Sacheinlagen anzuordnen. Sie kann aber auch nähere Angaben über zulässige Einlagegegenstände und andere Einlagemodalitäten enthalten.[174] So kann vorgesehen sein, dass nur bestimmte Vermögenswerte einlagefähig sind, dass nur ein Teil des Erhöhungsbetrages mittels Sachkapitalerhöhung ausgenutzt werden darf oder dass die Kapitalerhöhung vollständig gegen Sacheinlage zu erfolgen hat. Sie kann auch ein bestimmtes Verhältnis zwischen Bar- und Sacheinlage oder die Nennbeträge der gegen Sacheinlage auszugebenden Anteile festschreiben.[175] Soweit nicht alle Altgesellschafter entsprechend ihrer Beteiligung Bar- oder Sachmittel einlegen, muss das Bezugsrecht insofern ausgeschlossen werden (→ Rn. 71 ff.).[176] Die Ermächtigung des Vorstands für einen Bezugsrechtsausschluss ist allerdings bereits in der Erlaubnis zur Ausgabe neuer Anteile gegen Sacheinlage zu sehen, weil bei der Sachkapitalerhöhung in aller Regel das Bezugsrecht zumindest teilweise ausgeschlossen werden muss.[177] Darüber hinaus muss die Ermächtigung keine konkrete Zulassung gemischter Sacheinlagen (→ § 56 Rn. 8) oder von Mischeinlagen (→ § 56 Rn. 9) vorsehen; es genügt die Zulassung von Sacheinlagen.[178]

2. Ausnutzungsbeschluss. Die Geschäftsführer haben im Ausnutzungsbeschluss ana- **66** log § 205 Abs. 2 AktG den Gegenstand der Sacheinlage, die Übernehmer sowie Anzahl

---

170   *Klett* GmbHR 2008, 1312 (1316); *Rose* in Bunnemann/Zirngibl GmbH in der Praxis § 6 Rn. 92; Lutter/ Hommelhoff/*Bayer* Rn. 26; Gehrlein/Born/Simon/*Bormann* Rn. 50; vgl. noch zur AG MüKoAktG/ *Bayer* AktG § 202 Rn. 88; GroßkommAktG/*Hirte* AktG § 202 Rn. 165; Kölner Komm AktG/*Kuntz* AktG § 202 Rn. 172; K. Schmidt/Lutter/*Veil* AktG § 202 Rn. 21. – *Priester* GmbHR 2008, 1177 (1181) hält es für zulässig, den Beschluss durch die Handelsregisteranmeldung zu ersetzen.

171   Gehrlein/Born/Simon/*Bormann* Rn. 51; MHLS/*Hermanns* Rn. 17; Rowedder/Schmidt-Leithoff/ *Schnorbus* Rn. 37; HCL/*Casper* Rn. 43; *Wicke* Rn. 16; *Trautmann*, Das genehmigte Kapital der GmbH, 2012, 155; aA *Schnorbus/Donner* NZG 2009, 1241 (1245).

172   Vgl. *Trautmann*, Das genehmigte Kapital der GmbH, 2012, 155.

173   BayObLG Beschl. v. 5.11.1982 – BReg. 3 Z 92/82, BB 1983, 83 = MittBayNot 1983, 24; Noack/ Servatius/Haas/*Servatius* § 57a Rn. 4; MHLS/*Hermanns* § 57a Rn. 5.

174   Scholz/*Priester/Tebben* Rn. 15; *Wicke* Rn. 18; *Altmeppen* Rn. 42; zur AG MüKoAktG/*Bayer* AktG § 205 Rn. 10; GroßkommAktG/*Hirte* AktG § 205 Rn. 7; Hüffer/Koch/*Koch* AktG § 205 Rn. 3; Kölner Komm AktG/*Kuntz* AktG § 205 Rn. 36 ff.; K. Schmidt/Lutter/*Veil* AktG § 205 Rn. 4; BeckOGK/ *Wamser* AktG § 202 Rn. 78; BeckOGK/*Wamser* AktG § 205 Rn. 15 f.

175   Vgl. *Trautmann*, Das genehmigte Kapital der GmbH, 2012, 70.

176   *Altmeppen* Rn. 42.

177   Vgl. Lutter/Hommelhoff/*Bayer* Rn. 23 aE.

178   BeckOK GmbHG/*Ziemons* Rn. 32; aA MHLS/*Hermanns* Rn. 14.

und Nennbetrag der neuen Geschäftsanteile festzusetzen.[179] Dabei haben sie die in der Ermächtigung enthaltenen Vorgaben zu beachten (→ Rn. 23 ff.). Davon abgesehen entscheiden sie nach pflichtgemäßem Ermessen darüber, ob und in welchem Umfang das genehmigte Kapital mittels Sachkapitalerhöhung ausgenutzt wird. Eine Zustimmung des Aufsichtsrats ist grundsätzlich nicht erforderlich (→ Rn. 42).[180] Die besonderen Festsetzungen über die Sacheinlage sind nach § 56 Abs. 1 S. 2 in die Übernahmeerklärung der Gesellschafter aufzunehmen (→ § 56 Rn. 43 ff., → § 56 Rn. 50 ff.).

67 **3. Eintragungsverfahren.** Der **Anmeldung** sind die sacheinlagespezifischen Verträge beizufügen (§ 57 Abs. 3 Nr. 3; → § 57 Rn. 25 ff.). Unter Verwendung dieser Dokumente hat der Registerrichter nach § 57a iVm § 9c Abs. 1 S. 2 insbesondere die Werthaltigkeit der Sacheinlage zu **prüfen;** unwesentliche Überbewertungen des Einlagegegenstandes bleiben dabei außer Betracht (→ § 57a Rn. 20 f.). Eine besondere Sachverständigenprüfung findet – anders als nach § 205 Abs. 3 S. 1 und 2 AktG – bei der GmbH nicht statt (→ § 57a Rn. 14).[181] Auch ein Sachgründungsbericht ist gesetzlich nicht vorgesehen. Der Registerrichter kann einen solchen Bericht gleichwohl im Einzelfall von den Geschäftsführern verlangen (→ § 56 Rn. 130 f.).

68 **4. Mängel.** Ist die Sacheinlage im Ausnutzungsbeschluss nicht ordnungsgemäß festgesetzt oder fehlt es insgesamt an einer Festsetzung, wie zB im Fall der verdeckten Sacheinlage, dann finden die allgemeinen Vorschriften nach § 56 Abs. 2 iVm § 19 Abs. 4 Anwendung (→ § 56 Rn. 50 ff.).[182] Gleiches gilt, wenn sich die Geschäftsführer über die in der Ermächtigung enthaltenen Beschränkungen hinwegsetzen.

69 **5. Vor Eintragung geschlossene Verträge.** Sind bereits vor Eintragung der Gesellschaft Verträge über die Einbringung von Sachgegenständen geschlossen worden, die sich auf eine Kapitalerhöhung im Rahmen des genehmigten Kapitals beziehen, dann müssen die **sacheinlagespezifischen Festsetzungen** (→ Rn. 56 f.) analog § 206 S. 1 AktG bereits **in der Satzung** enthalten sein. Der Regelungszweck des § 206 S. 1 AktG, die Sachgründungsvorschriften gegen Umgehungen zu schützen und eine verdeckte Sachgründung zu verhindern, lässt sich wertungsmäßig auf die GmbH übertragen. Das gilt unabhängig von dem Umstand, dass der sachliche Schutzzweck des § 206 S. 1 AktG durch die registergerichtliche Prüfung (→ Rn. 63) eine praktische Einschränkung erfährt. Der Verweis der Gegenauffassung[183] auf den Sachgründungsbericht nach § 5 Abs. 4 S. 2 geht fehl, da ein solcher Sachgründungsbericht für die Ausnutzung des genehmigten Kapitals nicht vorgesehen ist (→ Rn. 63) und – mit Blick auf die Gründungsphase – auch § 206 S. 1 AktG neben dem Gründungsbericht im Aktienrecht nach § 32 AktG eigenständige Bedeutung hat.

70 Die **Festsetzungen** sind stets erforderlich, wenn das in der Gründungssatzung vorgesehene genehmigte Kapital die Erhöhung des Stammkapitals gegen Sacheinlage vorsieht.[184] Das gilt für sämtliche Verträge, die zwischen der Vor-GmbH und den Übernehmern in Bezug auf die spätere Sacheinbringung geschlossen werden.[185] Sind Festsetzungen mangel-

[179] Wie hier *Wicke* Rn. 18; Scholz/*Priester/Tebben* Rn. 16; Bork/Schäfer/*Arnold/Born* Rn. 25; MHLS/*Hermanns* Rn. 13; BeckOK GmbHG/*Ziemons* Rn. 32; iErg ebenso, wenngleich ohne Analogiebildung *Trautmann,* Das genehmigte Kapital der GmbH, 2012, 71 ff.; abw. *Altmeppen* Rn. 44; Noack/Servatius/ Haas/*Servatius* Rn. 17; *Schnorbus/Donner* NZG 2009, 1241 (1243): § 205 AktG gilt nicht, § 56 ist anzuwenden.

[180] Vgl. *Trautmann,* Das genehmigte Kapital der GmbH, 2012, 75.

[181] *Trautmann,* Das genehmigte Kapital der GmbH, 2012, 73.

[182] *Altmeppen* Rn. 46; wie hier aber Scholz/*Priester/Tebben* Rn. 16 aE; HCL/*Casper* Rn. 27; *Ulmer* GmbHR 2010, 1298 (1305); diff. *Trautmann,* Das genehmigte Kapital der GmbH, 2012, 152 ff.

[183] *Trautmann,* Das genehmigte Kapital der GmbH, 2012, 73 f.

[184] Zur AG GroßkommAktG/*Hirte* AktG § 206 Rn. 7; Hüffer/Koch/*Koch* AktG § 206 Rn. 2; Kölner Komm AktG/*Kuntz* AktG § 206 Rn. 10; K. Schmidt/Lutter/*Veil* AktG § 206 Rn. 2; BeckOGK/*Wamser* AktG § 206 Rn. 11.

[185] Zur AG MüKoAktG/*Bayer* AktG § 206 Rn. 4; GroßkommAktG/*Hirte* AktG § 206 Rn. 6; Hüffer/ Koch/*Koch* AktG § 206 Rn. 2; Kölner Komm AktG/*Kuntz* AktG § 206 Rn. 7; K. Schmidt/Lutter/*Veil* AktG § 206 Rn. 2; BeckOGK/*Wamser* AktG § 206 Rn. 11 f.

haft oder fehlen sie ganz, hat der Registerrichter die Eintragung der Sachkapitalerhöhung abzulehnen.[186] Im Übrigen gelten die allgemeinen Vorschriften über die Einbringung verdeckter Sacheinlagen nach § 56 Abs. 2 iVm § 19 Abs. 4 (→ § 56 Rn. 75 ff.).

VI. Bezugsrechtsausschluss

1. Grundlagen. Ebenso wie bei der regulären Kapitalerhöhung (→ § 55 Rn. 82 ff.) **71** steht den bisherigen Gesellschaftern bei der Ausnutzung des genehmigten Kapitals analog § 203 Abs. 1 S. 1 AktG iVm § 186 Abs. 1 AktG ein **gesetzliches Bezugsrecht** auf verhältniswahrende Übernahme der neuen Geschäftsanteile zu.[187] Das Bezugsrecht entsteht mit Entscheidung der Geschäftsführer über die Ausnutzung einer wirksamen Ermächtigung.[188] Ab diesem Zeitpunkt können die Gesellschafter über den konkreten Bezugsanspruch auch rechtsgeschäftlich verfügen (→ § 55 Rn. 106).

Das Bezugsrecht kann ausgeschlossen werden. Für den **Bezugsrechtsausschluss** kom- **72** men beim genehmigten Kapital zwei verschiedene Zeitpunkte in Betracht. Zum einen kann der Ausschluss analog § 203 Abs. 1 S. 1 AktG iVm § 186 Abs. 3 und 4 AktG in der Ermächtigung der Gründungssatzung oder dem Ermächtigungsbeschluss enthalten sein. Zum anderen ist es analog § 203 Abs. 2 AktG zulässig, die Geschäftsführer zum Ausschluss des Bezugsrechts zu ermächtigen. Bei der Übertragung der aktienrechtlichen Vorgaben ist allerdings die **personalistische Beteiligungsstruktur der GmbH** besonders zu berücksichtigen. Die engere Bindung zwischen den Gesellschaftern verlangt tendenziell nach einer strengen Handhabung der aus dem Aktienrecht auf die GmbH übertragenen Grundsätze.[189] Das gilt umso mehr, als zur Ausübung des Bezugsrechtsausschlusses in Abweichung von § 204 Abs. 1 S. 2 Hs. 2 AktG für die GmbH kein gesetzlicher Zustimmungsvorbehalt des Aufsichtsrats vorgesehen ist (→ Rn. 42, → Rn. 81).

2. Ausschluss durch Ermächtigung. a) Gründungssatzung. Schließen die Grün- **73** dungsgesellschafter das gesetzliche Bezugsrecht bereits im ursprünglichen Gesellschaftsvertrag aus, finden die strengen Voraussetzungen des § 186 Abs. 3 S. 2–4, Abs. 4 AktG keine entsprechende Anwendung. Die Bestimmungen sind auf eine spätere Beschlussfassung zugeschnitten. Die einstimmige Entscheidung über den Bezugsrechtsausschluss in der Gründungssatzung macht eine Beachtung der formellen und materiellen Voraussetzungen, namentlich der sachlichen Rechtfertigung, obsolet.[190] Gleichwohl haben die Geschäftsführer bei Ausnutzung des genehmigten Kapitals die geltenden Grundsätze zu beachten (→ Rn. 74 ff.).[191]

b) Ermächtigungsbeschluss. aa) Beschlusserfordernisse. Der Bezugsrechtsaus- **74** schluss muss analog § 186 Abs. 3 S. 1 AktG im Ermächtigungsbeschluss selbst enthalten sein, dh, er muss **notariell beurkundet** werden und bedarf einer **Mehrheit von drei Vierteln der abgegebenen Stimmen;** eine qualifizierte Kapitalmehrheit ist entgegen § 203 Abs. 1

---

[186]　Zur AG GroßkommAktG/*Hirte* AktG § 206 Rn. 9; Hüffer/Koch/*Koch* AktG § 206 Rn. 2; K. Schmidt/ Lutter/*Veil* AktG § 206 Rn. 8, 4; BeckOGK/*Wamser* AktG § 206 Rn. 14.

[187]　Scholz/*Priester/Tebben* Rn. 33; *Cramer* GmbHR 2009, 406 (409); Lutter/Hommelhoff/*Bayer* Rn. 20; *Altmeppen* Rn. 20; *Trautmann,* Das genehmigte Kapital der GmbH, 2012, 76 ff.; *Eggert* GmbHR 2014, 856 (857) – Formulierungsbeispiel für ein Schreiben der Geschäftsführer an die Gesellschafter zur Ausübung ihres Bezugsrechts bei Lutter/Hommelhoff/*Bayer* Rn. 25.

[188]　Lutter/Hommelhoff/*Bayer* Rn. 21.

[189]　Vgl. *Katschinski/Rawert* ZIP 2008, 1993 (1997); Scholz/*Priester/Tebben* Rn. 35; *Cramer* GmbHR 2009, 406 (409); ferner Rowedder/Schmidt-Leithoff/*Schnorbus* § 55 Rn. 36; abw. (keine Einschränkungen) *Herrler* DNotZ 2008, 903 (912 f.).

[190]　Zur AG MüKoAktG/*Bayer* AktG § 203 Rn. 85; GroßkommAktG/*Hirte* AktG § 203 Rn. 19, 22; Hüffer/ Koch/*Koch* AktG § 203 Rn. 9; K. Schmidt/Lutter/*Veil* AktG § 203 Rn. 22; BeckOGK/*Wamser* AktG § 203 Rn. 62; für die GmbH Gehrlein/Born/Simon/*Bormann* Rn. 20; *Herrler* DNotZ 2008, 903 (912); *Lieder* DNotZ 2010, 655 (670); *Trautmann,* Das genehmigte Kapital der GmbH, 2012, 79; einschr. *Nietsch* FS Schneider, 2011, 873 (885).

[191]　Zur AG MüKoAktG/*Bayer* AktG § 203 Rn. 85; GroßkommAktG/*Hirte* AktG § 203 Rn. 22, 73.

S. 1 AktG iVm § 186 Abs. 3 S. 2 AktG nicht erforderlich,[192] da die Mehrheitserfordernisse von AG (vgl. § 179 Abs. 2 S. 1 AktG) und GmbH (vgl. § 53 Abs. 2 S. 1) bei Satzungsänderungen abweichen. Die berechtigten Interessen der Minderheitsgesellschafter werden durch die materiellen Beschlusserfordernisse (→ Rn. 77) und die Kontrolle des Ausnutzungsbeschlusses (→ Rn. 78 ff.) hinreichend gewahrt.

75   **bb) Ankündigung und Bericht der Geschäftsführer.** In Ansehung der weitreichenden Folgen und des Informationsbedürfnisses der Anteilseigner ist der Bezugsrechtsausschluss analog § 186 Abs. 4 S. 1 AktG in der **Tagesordnung** (§ 51 Abs. 2) **anzukündigen.**[193] In entsprechender Anwendung des § 186 Abs. 4 S. 2 AktG ist vom Geschäftsführer außerdem eine **schriftliche Begründung** für den Bezugsrechtsausschluss anzufertigen (→ § 55 Rn. 123).[194] Mit Zustimmung sämtlicher Gesellschafter kann nach dem Rechtsgedanken des § 121 Abs. 6 AktG indes auf die schriftliche Begründung verzichtet werden.[195]

76   **Inhaltlich** muss die Begründung auf die Aspekte eingehen, die in materieller Hinsicht über die Zulässigkeit des Bezugsrechtsausschlusses entscheiden. Zu berichten ist demnach über die Bedeutung des Ausschlusses für das Unternehmenswohl, die mit dem Ausschluss verbundene Belastung für die betroffenen Gesellschafter sowie mögliche Alternativen.[196] Die insofern großzügigere Rspr. im Aktienrecht[197] findet aufgrund der personalistischen Beteiligungsstruktur der GmbH nur eingeschränkte Anwendung (→ Rn. 77 f.).[198] Allerdings genügt beim Ermächtigungsbeschluss im Gegensatz zur Berichterstattung bei der Kapitalerhöhung, dass die Geschäftsführer das geplante Vorhaben **allgemein und abstrakt** beschreiben, soweit im Zeitpunkt der Beschlussfassung noch keine konkreten Umstände bekannt sind.[199] Das darf aber nicht dazu führen, dass im Einzelfall nur formelhafte Umschreibungen gewählt werden, wonach ein genehmigtes Kapital nur zum Zweck der strategischen Neuorientierung geschaffen wird.[200] Vielmehr muss der Bericht so konkret gefasst sein, dass die Gesellschafter die Stichhaltigkeit des Bezugsrechtsausschlusses prüfen können.[201] Wird ein konkretes Projekt verfolgt, sind auch Einzelheiten anzugeben. Darüber hinaus ist der **Ausgabebetrag** unter Angabe der Berechnungsgrundlage und der Bewertungskriterien zu begründen, soweit nicht die Geschäftsführer, sondern die Gesellschafter

---

[192]   Zust. Gehrlein/Born/Simon/*Bormann* Rn. 32; *Trautmann,* Das genehmigte Kapital der GmbH, 2012, 80; vgl. noch MHLS/*Hermanns* § 55 Rn. 46; *Heckschen* DStR 2001, 1437 (1439 f.); aA Noack/Servatius/ Haas/*Servatius* § 55 Rn. 25a; *Klett* GmbHR 2008, 1312 (1314).

[193]   Zust. Bork/Schäfer/*Arnold/Born* Rn. 21; Gehrlein/Born/Simon/*Bormann* Rn. 32; *Terbrack* DNotZ 2012, 917 (925); vgl. Noack/Servatius/Haas/*Servatius* § 55 Rn. 25b; Lutter/Hommelhoff/*Bayer* Rn. 23 mit § 55 Rn. 24 ff.; *Altmeppen* § 55 Rn. 29; *Rottnauer* ZGR 2007, 401 (410); *Cramer* GmbHR 2009, 406 (410); weniger streng wohl MHLS/*Hermanns* § 55 Rn. 46 aE.

[194]   Wie hier *Klett* GmbHR 2008, 1312 (1314); *Cramer* GmbHR 2009, 406 (410); *Terbrack* DNotZ 2012, 917 (925); vgl. noch Noack/Servatius/Haas/*Servatius* § 55 Rn. 25b; *Heckschen* DStR 2001, 1437 (1440); aA MHLS/*Hermanns* § 55 Rn. 46 aE; Gehrlein/Born/Simon/*Bormann* Rn. 32.

[195]   Zust. *Trautmann,* Das genehmigte Kapital der GmbH, 2012, 84; vgl. noch Noack/Servatius/Haas/ *Servatius* § 55 Rn. 25b aE; MHLS/*Hermanns* Rn. 10; zur AG Hüffer/Koch/*Koch* AktG § 186 Rn. 23; MüKoAktG/*Schürnbrand* AktG § 186 Rn. 65 aE.

[196]   Zur AG BGH Entsch. v. 19.4.1982 – II ZR 55/81, BGHZ 83, 319 (326) = NJW 1982, 2444; OLG Schleswig Urt. v. 18.12.2003 – 5 U 30/03, AG 2004, 155 (158) = NZG 2004, 281; *Bayer* ZHR 168 (2004), 132 (153).

[197]   BGH Urt. v. 23.6.1997 – II ZR 132/93, BGHZ 136, 133 (139) = NJW 1997, 2815.

[198]   Tendenziell abl. Scholz/*Priester/Tebben* Rn. 37; BeckOK GmbHG/*Ziemons* Rn. 59a; befürwortend aber *Schnorbus/Donner* NZG 2009, 1241 (1244).

[199]   Zur AG BGH Urt. v. 23.6.1997 – II ZR 132/93, BGHZ 136, 133 (139) = NJW 1997, 2815; Hüffer/ Koch/*Koch* AktG § 203 Rn. 11; K. Schmidt/Lutter/*Veil* AktG § 203 Rn. 26; BeckOGK/*Wamser* AktG § 203 Rn. 66.

[200]   OLG München Urt. v. 15.5.2002 – 7 U 2371/01, AG 2003, 451 (452) = NZG 2002, 1113 (1114); LG München I Urt. v. 25.1.2001 – 5HK O 12 702/00, AG 2001, 319 (320) = BB 2001, 748 (749) = NJOZ 2001, 1038 (1040 f.); Hüffer/Koch/*Koch* AktG § 203 Rn. 11; K. Schmidt/Lutter/*Veil* AktG § 203 Rn. 26.

[201]   LG München I Urt. v. 30.7.2009 – 5 HK O 16915/08, WM 2009, 1976 (1980); *Strauß* AG 2010, 192 (196 f.).

über den Ausgabebetrag entscheiden.[202] Zweckmäßig ist es in Anlehnung an § 175 Abs. 2 S. 1 AktG, die Begründung ab dem Zeitpunkt der Einberufung der Gesellschafterversammlung, die über den Bezugsrechtsausschluss entscheidet, in den Geschäftsräumen der GmbH auszulegen oder auf der Internetseite der Gesellschaft zugänglich zu machen.[203]

cc) Materielle Voraussetzungen. Der Bezugsrechtsausschluss ist in materieller Hin- **77** sicht nur dann zulässig, wenn er **im Interesse der Gesellschaft sachlich gerechtfertigt** ist.[204] Auf die sachliche Rechtfertigung kann in Bezug auf den Ausnahmecharakter des Bezugsrechtsausschlusses beim genehmigten Kapital[205] sowie mit Blick auf die Besonderheiten der GmbH (→ Rn. 43, → Rn. 74) nicht verzichtet werden. Nicht erforderlich ist im Zeitpunkt des Ermächtigungsbeschlusses hingegen, dass der Ausschluss zur Erreichung des angestrebten Zwecks auch erforderlich und verhältnismäßig ist,[206] da eine Prüfung dieser Voraussetzungen aufgrund des in der Zukunft liegenden Ausnutzungszeitpunkts regelmäßig ausscheidet.

Im Übrigen ist zu differenzieren:[207] Bestehen bereits bei Beschlussfassung **konkrete** **78** **Anhaltspunkte** für den späteren Einsatz des genehmigten Kapitals, muss konkret geprüft werden, ob der Bezugsrechtsausschluss im Einklang mit dem Unternehmensgegenstand geeignet ist, den Gesellschaftszweck zu fördern.[208] In Betracht kommt zB der Erwerb eines Unternehmens oder einer Unternehmensbeteiligung; das Akquisitionsobjekt und weitere Details des Erwerbs brauchen im Zeitpunkt des Ermächtigungsbeschlusses noch nicht festzustehen.[209] Bestehen **keine konkreten Anhaltspunkte** für den Einsatz des genehmigten Kapitals, scheidet ein Ausschluss des Bezugsrechts zwar nicht a priori aus,[210] indes muss sich aus den abstrakt-generellen Erwägungen ergeben, dass der Bezugsrechtsausschluss in der näher ausgeführten Situation zur Förderung des Gesellschaftszwecks notwendig sein kann.[211] Das wird nur selten

---

[202] OLG Frankfurt Urt. v. 15.4.1986 – 3 U 191/84, AG 1986, 233 (234); LG München I Urt. v. 2.4.1992 – 5 HKO 8840/91, AG 1993, 195 (196); MüKoAktG/*Bayer* AktG § 203 Rn. 152; Hüffer/Koch/*Koch* AktG § 203 Rn. 26; Kölner Komm AktG/*Kuntz* AktG § 203 Rn. 157.

[203] Vgl. zur AG *Bayer* ZHR 168 (2004), 132 (153); Hüffer/Koch/*Koch* AktG § 186 Rn. 23; MüKoAktG/ *Schürnbrand* AktG § 186 Rn. 69 mwN; dagegen *Reiner-Pechtl,* Das genehmigte Kapital im System des GmbH-Rechts, 2016, 171 f.

[204] *Priester* GmbHR 2008, 1177 (1182); *Bormann/Urlichs* GmbHR Sonderheft Oktober 2008, 37 (46); *Rose* in Bunnemann/Zirngibl GmbH in der Praxis § 6 Rn. 78; *Schnorbus/Donner* NZG 2009, 1241 (1244); *Trautmann,* Das genehmigte Kapital der GmbH, 2012, 93; zur AG MüKoAktG/*Bayer* AktG § 203 Rn. 110; GroßkommAktG/*Hirte* AktG § 203 Rn. 63, 77 ff.; Kölner Komm AktG/*Kuntz* AktG § 203 Rn. 142; BeckOGK/*Wamser* AktG § 203 Rn. 80; ausf. *Bayer* ZHR 163 (1999), 505 (538 f.); vgl. noch BGH Urt. v. 15.5.2000 – II ZR 359/98, BGHZ 144, 290 (292) = NJW 2000, 2356 (2357).

[205] S. nur MüKoAktG/*Bayer* AktG § 203 Rn. 110.

[206] AA *Priester* GmbHR 2008, 1177 (1182); *Rose* in Bunnemann/Zirngibl GmbH in der Praxis § 6 Rn. 78; wie hier zur AG BGH Urt. v. 23.6.1997 – II ZR 132/93, BGHZ 136, 133 (138 ff.) = NJW 1997, 2815; Hinweisbeschl. v. 11.6.2007 – II ZR 152/06, AG 2007, 863 Rn. 4 = NZG 2007, 907; für die GmbH *Herrler* DNotZ 2008, 903 (912); MHLS/*Hermanns* Rn. 10; zust. Gehrlein/Born/Simon/*Bormann* Rn. 34; *Kindler* FS Hoffmann-Becking, 2013, 669 (676); anders noch BGH Entsch. v. 19.4.1982 – II ZR 55/81, BGHZ 83, 319 (321 f.) = NJW 1982, 2444; diesen Ansatz auf die GmbH übertragend *Cramer* GmbHR 2009, 406 (411).

[207] Dazu ausf. *Lieder* DNotZ 2010, 655 (673 f.); im Grundsatz zust. Gehrlein/Born/Simon/*Bormann* Rn. 33.

[208] Vgl. Hüffer/Koch/*Koch* AktG § 186 Rn. 26; K. Schmidt/Lutter/*Veil* AktG § 186 Rn. 34; abw. *Hirte,* Bezugsrechtsausschluß und Konzernbildung, 1986, 27 ff.

[209] So die bisherige Rspr. zur AG BGH Entsch. v. 19.4.1982 – II ZR 55/81, BGHZ 83, 319 (324 f.) = NJW 1982, 2444; LG Frankfurt Urt. v. 20.1.1992 – 3/1 O 163/91, WM 1992, 437 (438); zur Übertragung auf die GmbH *Priester* GmbHR 2008, 1177 (1182).

[210] So nach früherem Aktienrecht noch BGH Entsch. v. 19.4.1982 – II ZR 55/81, BGHZ 83, 319 (325) = NJW 1982, 2444; dem folgend *Cramer* GmbHR 2009, 406 (411); diff. für die GmbH Scholz/*Priester/ Tebben* Rn. 37 f.

[211] Großzügiger die neue Rspr. zur AG BGH Urt. v. 23.6.1997 – II ZR 132/93, BGHZ 136, 133 (138 ff.) = NJW 1997, 2815; Hüffer/Koch/*Koch* AktG § 203 Rn. 29; zurückhaltend zB BeckOGK/*Wamser* AktG § 203 Rn. 84; abl. für die GmbH Bork/Schäfer/*Arnold/Born* Rn. 23; Henssler/Strohn/*Gummert* Rn. 16; Scholz/*Priester/Tebben* Rn. 38; *Priester* GmbHR 2008, 1177 (1182); *Cramer* GmbHR 2009, 406 (411); aA Noack/Servatius/Haas/*Servatius* Rn. 14; *Herrler* DNotZ 2008, 903 (912); *Schnorbus/Donner* NZG 2009, 1241 (1244); *Trautmann,* Das genehmigte Kapital der GmbH, 2012, 92 ff.; ebenfalls abl. iErg aber deutlich großzügiger *Nietsch* FS Schneider, 2011, 873 (886 ff.).

der Fall sein. Ein Bezugsrechtsausschluss scheidet aus, wenn er nur einzelnen Gesellschaftern[212] oder – bei konzernierten GmbH – dem Konzern[213] zugutekommen soll. Keine Anwendung findet im GmbH-Recht schließlich der **vereinfachte Bezugsrechtsausschluss** nach § 186 Abs. 3 S. 4 AktG (→ § 55 Rn. 132).

79   **3. Ermächtigung der Geschäftsführer. a) Grundlagen.** Gründungssatzung und Ermächtigungsbeschluss können die Geschäftsführer analog § 203 Abs. 2 AktG ermächtigen, nach ihrer Entscheidung das Bezugsrecht der Gesellschafter ganz oder teilweise[214] auszuschließen.[215] Diese Berechtigung muss in der Ermächtigung ausdrücklich enthalten sein; andernfalls bleibt es beim verhältniswahrenden Bezugsrecht der bisherigen Gesellschafter.[216] Erfolgt der Ausschluss in der Gründungssatzung, müssen die besonderen formellen und materiellen Erfordernisse aufgrund der einstimmigen Willensbildung der Gründer nicht eingehalten sein (→ Rn. 73).[217] Die Gesellschafter können den Geschäftsführern für den grundsätzlich zulässigen Bezugsrechtsausschluss inhaltliche Vorgaben machen, um ihr unternehmerisches Ermessen zu beschränken.[218] Werden die Beschränkungen durch den Geschäftsführer missachtet, ist die Ausnutzung des genehmigten Kapitals **fehlerhaft** (→ Rn. 36) und der Registerrichter darf die Kapitalerhöhung nicht eintragen.[219]

80   **b) Ermächtigungsbeschluss.** Der Bezugsrechtsausschluss kann analog § 203 Abs. 2 S. 1 AktG im Ermächtigungsbeschluss enthalten sein. Zur Erreichung des Normzwecks des § 55a wird man es auch zulassen müssen, dass die Geschäftsführer nachträglich zum Ausschluss des Bezugsrechts ermächtigt werden.[220] Der Ausschluss bedarf der **notariellen Beurkundung** sowie einer **Mehrheit von drei Vierteln der abgegebenen Stimmen**; eine qualifizierte Kapitalmehrheit ist entgegen § 202 Abs. 2 S. 2 AktG nicht erforderlich, da die Mehrheitserfordernisse von AG und GmbH bei Satzungsänderungen voneinander abweichen. Der Bezugsrechtsausschluss ist analog § 203 Abs. 2 S. 2 AktG iVm § 186 Abs. 4 S. 1 AktG in der **Tagesordnung** (§ 51 Abs. 2) **anzukündigen.**[221] In entsprechender Anwendung des § 203 Abs. 2 S. 2 AktG iVm § 186 Abs. 4 S. 1 AktG ist von den Geschäftsführern außerdem eine **schriftliche Begründung** für den Bezugsrechtsausschluss anzufertigen (→ § 55 Rn. 123).[222] Für den Inhalt des Berichts sowie die materiellen Beschlusserfordernisse gilt das in → Rn. 77 ff. Gesagte entsprechend.

---

[212]   Vgl. MüKoAktG/*Schürnbrand/Verse* AktG § 186 Rn. 164.

[213]   Vgl. Hüffer/Koch/*Koch* AktG § 186 Rn. 26; *Hirte,* Bezugsrechtsausschluß und Konzernbildung, 1986, 47 ff.; aA BeckOGK/*Servatius* AktG § 186 Rn. 52 für den Vertragskonzern.

[214]   Zur AG vgl. *Marsch-Barner* ZHR 178 (2014), 629 (633 f.).

[215]   Wie hier OLG München Beschl. v. 23.1.2012 – 31 Wx 457/11, NZG 2012, 426 (427) mAnm *Lieder* EWiR 2012, 113; Noack/Servatius/Haas/*Servatius* Rn. 7; Lutter/Hommelhoff/*Bayer* Rn. 23; *Altmeppen* Rn. 21; BeckOK GmbHG/*Ziemons* Rn. 31; *Wicke* Rn. 11; *Priester* GmbHR 2009, 1177 (1181 f.); *Herrler* DNotZ 2008, 903 (912 f.); *Klett* GmbHR 2008, 1312 (1314); *Cramer* GmbHR 2009, 406 (409 f.); *Trautmann,* Das genehmigte Kapital der GmbH, 2012, 79; aA *Wachter* NotBZ 2008, 361 (374).

[216]   *Priester* GmbHR 2008, 1177 (1182); zur AG OLG Stuttgart Urt. v. 20.12.2000 – 20 U 45/00, AG 2001, 200 = NZG 2001, 232 (233); Hüffer/Koch/*Koch* AktG § 203 Rn. 21; Kölner Komm AktG/*Kuntz* AktG § 203 Rn. 126.

[217]   Zur AG Hüffer/Koch/*Koch* AktG § 203 Rn. 22.

[218]   Henssler/Strohn/*Gummert* Rn. 16; *Trautmann,* Das genehmigte Kapital der GmbH, 2012, 79; zur AG *Marsch-Barner* ZHR 178 (2014), 629 (634).

[219]   Vgl. zur AG MüKoAktG/*Bayer* AktG § 203 Rn. 19; BeckOGK/*Wamser* AktG § 203 Rn. 52, 110; *Marsch-Barner* ZHR 178 (2014), 629 (634).

[220]   Zur AG Kölner Komm AktG/*Kuntz* AktG § 203 Rn. 126; Hüffer/Koch/*Koch* AktG § 203 Rn. 40; K. Schmidt/Lutter/*Veil* AktG § 203 Rn. 27; krit. MüKoAktG/*Bayer* AktG § 203 Rn. 92; für die GmbH *Cramer* GmbHR 2009, 406 (410); HCL/*Casper* Rn. 35; *Trautmann,* Das genehmigte Kapital der GmbH, 2012, 79; aA BeckOK GmbHG/*Ziemons* Rn. 59.

[221]   Vgl. Noack/Servatius/Haas/*Servatius* § 55 Rn. 25b; Lutter/Hommelhoff/*Bayer* Rn. 23 mit § 55 Rn. 24 ff.; *Altmeppen* § 55 Rn. 29; *Rottnauer* ZGR 2007, 401 (410); weniger streng wohl MHLS/*Hermanns* § 55 Rn. 46 aE.

[222]   Dazu ausf. *Lieder* DNotZ 2010, 655 (673); ferner *Klett* GmbHR 2008, 1312 (1314); *Cramer* GmbHR 2009, 406 (410); Bork/Schäfer/*Arnold/Born* Rn. 16; *Trautmann,* Das genehmigte Kapital der GmbH, 2012, 83 f.; vgl. noch Noack/Servatius/Haas/*Servatius* § 55 Rn. 25b; *Heckschen* DStR 2001, 1437 (1440); aA MHLS/*Hermanns* § 55 Rn. 46 aE.

4. Ausschluss durch Geschäftsführer. a) Grundlagen. Die Geschäftsführer ent- **81** scheiden innerhalb der erteilten Ermächtigung analog § 203 Abs. 2 S. 1 AktG über den Ausschluss des Bezugsrechts nach pflichtgemäßem Ermessen.[223] Diese Entscheidung ist eine **Geschäftsführungsmaßnahme.**[224] Mehrere Geschäftsführer entscheiden nach Maßgabe von Satzung und Geschäftsordnung durch Beschluss, der weder in das Handelsregister einzutragen ist noch eingetragen werden kann.[225] Voraussetzung für den Bezugsrechtsausschluss ist die wirksam in das Handelsregister eingetragene Ermächtigung. Die Anfechtbarkeit des Ermächtigungsbeschlusses schließt die Ausnutzung nicht aus, kann aber im Rahmen der Interessenabwägung zu berücksichtigen sein.[226] Eine Zustimmung des **Aufsichtsrats** analog § 204 Abs. 1 S. 2 AktG ist – im Hinblick auf die strukturellen Unterschiede von AG und GmbH aus den bekannten Gründen (→ Rn. 72) – nicht notwendig, es sei denn, die Ausnutzung ist gem. § 52 GmbHG iVm § 111 Abs. 4 S. 2 AktG durch ausdrückliche Anordnung an die Billigung des Aufsichtsrats gebunden.[227]

b) Materielle Voraussetzungen. Der Bezugsrechtsausschluss ist nur dann zulässig, **82** wenn im Interesse der Gesellschaft ein **sachlicher Grund** vorliegt und der Ausschluss zur Erreichung des angestrebten Zwecks geeignet, erforderlich und auch verhältnismäßig ist (→ § 55 Rn. 125 ff.).[228] Maßgeblicher Zeitpunkt für die Prüfung ist die Ausschlussentscheidung der Geschäftsführer (→ Rn. 71 f.).[229] Die Auswahl des mit dem Ausschluss verfolgten Ziels steht analog § 93 Abs. 1 S. 2 AktG im pflichtgemäßen Ermessen der Geschäftsführer, das eine Prognoseentscheidung ex ante voraussetzt und gerichtlich nur eingeschränkt nachprüfbar ist.[230] Zu beachten sind dabei die in der Ermächtigung enthaltenen Grenzen des Bezugsrechtsausschlusses, wie zB bestimmte Zweckvorgaben (→ Rn. 28). Außerdem sind die Gesellschafter auch in diesem Zeitpunkt berechtigt, den Geschäftsführern nach § 37 Abs. 1 **Weisungen** bezüglich des Bezugsrechtsausschlusses zu geben (→ Rn. 36 ff.).[231] Die hierfür notwendige Informationsgrundlage bildet die Verpflichtung der Geschäftsführer zur Vorabberichterstattung (→ Rn. 75).[232] Die Satzung kann Regelungen für Weisungen über den Bezugsrechtsausschluss treffen, wie zB unter welchen Voraussetzungen und mit welcher Mehrheit Weisungen getroffen werden können.[233]

c) Vorabbericht. Die Geschäftsführer sind verpflichtet, die Gesellschafter vor Ausnut- **83** zung des genehmigten Kapitals über die maßgeblichen Gesichtspunkte des beabsichtigten

---

[223] Vgl. HCL/*Casper* Rn. 30 ff.; *Trautmann,* Das genehmigte Kapital der GmbH, 2012, 79: „nach freiem Ermessen".

[224] Zur AG GroßkommAktG/*Hirte* AktG § 203 Rn. 78; Hüffer/Koch/*Koch* AktG § 203 Rn. 33; Kölner Komm AktG/*Kuntz* AktG § 204 Rn. 17; K. Schmidt/Lutter/*Veil* AktG § 203 Rn. 28; BeckOGK/*Wamser* AktG § 202 Rn. 85 f.

[225] Zur AG Kölner Komm AktG/*Kuntz* AktG § 202 Rn. 172; Hüffer/Koch/*Koch* AktG § 203 Rn. 33.

[226] Zur AG Hüffer/Koch/*Koch* AktG § 203 Rn. 34.

[227] Vgl. *Trautmann,* Das genehmigte Kapital der GmbH, 2012, 81 f.

[228] Unstr. zur AG BGH Urt. v. 23.6.1997 – II ZR 132/93, BGHZ 136, 133 (138 ff.) = NJW 1997, 2815; Entsch. v. 19.4.1982 – II ZR 55/81, BGHZ 83, 319 (321) = NJW 1982, 2444; LG Darmstadt Urt. v. 7.10.1997 – 15 O 253/97, NJW-RR 1999, 1122 (1123); GroßkommAktG/*Hirte* AktG § 203 Rn. 22, 78 f.; Hüffer/Koch/*Koch* AktG § 203 Rn. 35; Kölner Komm AktG/*Kuntz* AktG § 203 Rn. 13; für die GmbH Gehrlein/Born/Simon/*Bormann* Rn. 46; Lutter/Hommelhoff/*Bayer* Rn. 23; MHLS/*Hermanns* Rn. 10; *Herrler* DNotZ 2008, 903 (913); ausf. *Trautmann,* Das genehmigte Kapital der GmbH, 2012, 139 ff.

[229] Zust. *Terbrack* DNotZ 2012, 917 (925); *Kindler* FS Hoffmann-Becking, 2013, 669 (676).

[230] Zur AG BGH Beschl. v. 21.11.2005 – II ZR 79/04, BB 2006, 457 (458) = NZG 2006, 229 (230); K. Schmidt/Lutter/*Veil* AktG § 203 Rn. 30; BeckOGK/*Wamser* AktG § 203 Rn. 97. Zur GmbH s. BGH Beschl. v. 14.7.2008 – II ZR 202/07, NJW 2008, 3361 Rn. 11; wie hier *Trautmann,* Das genehmigte Kapital der GmbH, 2012, 140.

[231] Wie auch *Reiner-Pechtl,* Das genehmigte Kapital im System des GmbH-Rechts, 2016, 183 ff.; aA Scholz/*Priester*/*Tebben* Rn. 21; Henssler/Strohn/*Gummert* Rn. 27.

[232] Ähnlich Scholz/*Priester*/*Tebben* Rn. 38, die meinen, dass die Geschäftsführer stets die Gesellschafter über einen Bezugsrechtsausschluss befragen müssen, soweit ein Handeln nicht dringend geboten ist. In dieselbe Richtung *Katschinski/Rawert* ZIP 2008, 1993 (1997).

[233] *Kramer* GmbHR 2016, 1073 (1076).

Bezugsrechtsausschlusses zu informieren.[234] Im aktienrechtlichen Schrifttum ist sehr umstritten, ob der Vorstand zur Erstattung eines Vorabberichts verpflichtet ist.[235] Der BGH hat sich für die AG gegen eine entsprechende Verpflichtung ausgesprochen.[236] Bei der GmbH führen die abweichende **Organisationsverfassung** (→ Rn. 36) sowie die **personalistische Beteiligungsstruktur** (→ § 55 Rn. 116) zu einer abweichenden Beurteilung. Nach den allgemeinen Grundsätzen entscheiden die Gesellschafter sowohl über die Kapitalmaßnahmen als auch über den Bezugsrechtsausschluss (→ § 55 Rn. 27, → § 55 Rn. 121). Dass die Zuständigkeit zur Ausnutzung des genehmigten Kapitals sowie zum Bezugsrechtsausschluss auf die Geschäftsführer verlagert werden kann, dient ausschließlich der Flexibilisierung der Kapitalbeschaffung. Die Geschäftsführer bleiben aber auch bei diesen Geschäftsführungsmaßnahmen an die **Weisungen der Gesellschafter** gebunden. Auch wenn die Gesellschafter die Befugnis zum Bezugsrechtsausschluss durch Ermächtigung zunächst auf die Geschäftsführer verlagern, können sie diese Kompetenz jederzeit wieder an sich ziehen. Damit diese Befugnis bei der Entscheidung über den Bezugsrechtsausschluss auch effektiv durchgesetzt werden kann, ist es erforderlich, die Gesellschafter im Vorfeld des Ausschlusses mit den nötigen Informationen zu versorgen. Geboten ist daher eine Vorabberichterstattung analog § 186 Abs. 4 S. 2 AktG iVm § 203 Abs. 1 S. 1, Abs. 2 S. 2 AktG.[237] Das gilt umso mehr, als das Bezugsrecht bei der personalistisch strukturierten GmbH für die Wahrung der bisherigen Beteiligungsverhältnisse von größter Wichtigkeit ist (→ § 55 Rn. 116) und gegenüber der verhältniswahrenden Beteiligung an der Kapitalerhöhung nach dem gesetzlichen Regelungssystem die Ausnahme bildet. Die Information der Gesellschafter hat auch deshalb besondere Bedeutung, weil die Geschäftsführer bei der GmbH keiner gesetzlichen Zustimmungspflicht des Aufsichtsrats unterliegen (→ Rn. 42). Trotz seiner Bedeutung für die Wahrung des Bezugsrechts wird man indes zulassen müssen, dass die Gesellschafter durch satzungsändernden Beschluss auf das Erfordernis der Vorabberichterstattung verzichten.[238]

84 **5. Mängel. a) Ausschluss durch Ermächtigung.** Sind die formellen und (oder) materiellen Voraussetzungen des Bezugsrechtsausschlusses nicht eingehalten, ist der Ermächtigungsbeschluss analog § 243 Abs. 1 AktG wegen Verletzung des gesetzlichen Bezugsrechts anfechtbar.[239] Der nur anfechtbare Beschluss ist wirksam und muss daher vom Registerge-

---

[234] Dazu ausf. *Lieder* DNotZ 2010, 655 (675 ff.); *Lieder* ZGR 2010, 868 (906 f.); zust. *Kindler* FS Hoffmann-Becking, 2013, 669 (676); *Eggert* GmbHR 2014, 856 (862 f.); in diese Richtung ebenfalls *Priester* GmbHR 2008, 1177 (1182); *Katschinski/Rawert* ZIP 2008, 1993 (1997); HCL/*Casper* Rn. 36; Gehrlein/Born/Simon/*Bormann* Rn. 49; Hensslter/Strohn/*Gummert* Rn. 16; iErg auch *Trautmann,* Das genehmigte Kapital der GmbH, 2012, 88 ff.; aA BeckOK GmbHG/*Ziemons* Rn. 60a; Bork/Schäfer/*Arnold/Born* Rn. 22; Rowedder/Schmidt-Leithoff/*Schnorbus* Rn. 34; *Terbrack* DNotZ 2012, 917 (925); *Reiner-Pechtl,* Das genehmigte Kapital im System des GmbH-Rechts, 2016, 186 f.

[235] Zum Streitstand ausf. MüKoAktG/*Bayer* AktG § 203 Rn. 155 ff.; Hüffer/Koch/*Koch* AktG § 203 Rn. 36.

[236] BGH Urt. v. 10.10.2005 – II ZR 148/03, BGHZ 164, 241 (244 ff.) = NJW 2006, 371 (372); zust. zB *Wilsing* ZGR 2006, 722 (724 ff.); Hüffer/Koch/*Koch* AktG § 203 Rn. 37; K. Schmidt/Lutter/*Veil* AktG § 203 Rn. 31; offengelassen noch von BGH Entsch. v. 19.4.1982 – II ZR 55/81, BGHZ 83, 319 (327) = NJW 1982, 2444. – Im Aktienrecht hat der Vorstand nun in der ersten Hauptversammlung nach Ausnutzung des genehmigten Kapitals Bericht zu erstatten. Kommt er dieser Berichts- und Rechenschaftspflicht nicht ordnungsgemäß nach, hält das OLG Frankfurt Urt. v. 5.7.2011 – 5 U 104/10, NZG 2011, 1029, die Beschlussfassung über die Schaffung eines neuen genehmigten Kapitals für anfechtbar; dagegen mit beachtlichen Argumenten *Niggemann/Wansleben* AG 2013, 269; *Born* ZIP 2011, 1793 (1798 f.); *C. Schäfer* CFL 2011, 399 (402); *Klie* DStR 2012, 530 (533 f.); krit. auch *Wettrich* AG 2012, 725 (733); *Stoll* GWR 2011, 410; *Marsch-Barner* CFL 2012, 46 (48); zust. hingegen *Litzenberger* NZG 2011, 1019 (1020). Bekennt man sich mit der hiesigen Auffassung zur Vorabberichtspflicht, spielt diese Kontroverse für das genehmigte Kapital der GmbH keine Rolle.

[237] Zur Rechtsdogmatik bei der AG MüKoAktG/*Bayer* AktG § 203 Rn. 158.

[238] *Kramer* GmbHR 2016, 1073 (1076).

[239] Scholz/*Priester/Tebben* Rn. 40; *Lieder* DNotZ 2010, 655 (672); *Trautmann,* Das genehmigte Kapital der GmbH, 2012, 96 f.; vgl. ferner BGH Urt. v. 18.4.2005 – II ZR 151/03, NZG 2005, 551 (553); Lutter/Hommelhoff/*Bayer* Rn. 23 mit § 55 Rn. 25; MHLS/*Hermanns* § 55 Rn. 55; *Altmeppen* § 55 Rn. 42; Rowedder/Schmidt-Leithoff/*Schnorbus* § 55 Rn. 39; zur AG BGH Entsch. v. 19.4.1982 – II ZR 55/81, BGHZ 83, 319 (327) = NJW 1982, 2444; Hüffer/Koch/*Koch* AktG § 203 Rn. 31.

richt grundsätzlich eingetragen werden (→ § 57 Rn. 76).[240] Allerdings kann der ausgeschlossene Aktionär die Eintragung durch Erwirkung einer einstweiligen Verfügung verhindern (→ § 55 Rn. 143). Wird die Kapitalerhöhung eingetragen, gelangen die neuen Geschäftsanteile wirksam zum Entstehen.[241] Die Gesellschaft trägt für das Vorliegen der Voraussetzungen des Bezugsrechtsausschlusses die Darlegungs- und Beweislast (→ § 55 Rn. 144). Nach erfolgreicher Anfechtung kann der Gesellschafter seinen Anspruch auf beteiligungsproportionale Übernahme der neuen Geschäftsanteile im Klagewege gegen die GmbH durchsetzen (→ § 55 Rn. 145).

b) Teilanfechtung. Haben die Geschäftsführer aufgrund der Ermächtigung über den   **85** Ausschluss des Bezugsrechts zu entscheiden, dann kommt eine auf den Bezugsrechtsausschluss beschränkte Teilanfechtung in Betracht. Ist sie erfolgreich, führt sie zum Fortbestand des genehmigten Kapitals mit dem gesetzlichen Bezugsrecht der Gesellschafter.[242] Allerdings kommt bei der Frage, in welchen Fällen eine Teilanfechtung zulässig ist, dem Zweck der Ausschlussermächtigung analog § 139 BGB entscheidende Bedeutung zu. Sollte die Ermächtigung zum Ausschluss des Bezugsrechts den Geschäftsführern einen größeren Handlungsspielraum eröffnen, dann ist anzunehmen, dass die Ermächtigung zur Ausnutzung des genehmigten Kapitals auch ohne die Befugnis zum Bezugsrechtsausschluss erteilt worden wäre, sodass die Ermächtigung nach dem Willen der Gesellschafter ohne den Ausschluss fortbestehen sollte.[243] Bildeten die Ermächtigung zur Ausnutzung des genehmigten Kapitals und die Ermächtigung zum Bezugsrechtsausschluss indes eine Einheit und sollte deshalb die Ausnutzung des genehmigten Kapitals nicht ohne den Ausschluss erfolgen, führt die Anfechtung zur Nichtigkeit des gesamten Ermächtigungsbeschlusses.[244]

c) Ausschluss durch Geschäftsführer. Gegen einen fehlerhaften Bezugsrechtsaus-   **86** schluss durch die Geschäftsführer können die Gesellschafter im Klagewege vorgehen. Eine Anfechtungsklage gegen den Geschäftsführerbeschluss kommt indes nicht in Betracht.[245] Vor Ausnutzung des genehmigten Kapitals können sie im Wege der **vorbeugenden Unterlassungsklage** vorgehen.[246] Das wird in der Praxis nicht häufig vorkommen, zumal die Gesellschafter bereits kraft ihres gesetzlichen Weisungsrechts auf die Ausgestaltung des Bezugsrechtsausschlusses einwirken können (→ Rn. 82).[247] Allerdings kann eine Notwendigkeit dafür bestehen, Minderheitsgesellschafter vor einer sachwidrigen Beeinflussung der Beteiligungsver-

---

[240] AA BeckOK GmbHG/*Ziemons* Rn. 62; *Trautmann, Das genehmigte Kapital der GmbH*, 2012, 155.

[241] Lutter/Hommelhoff/*Bayer* Rn. 24; *Altmeppen* Rn. 39; *Trautmann, Das genehmigte Kapital der GmbH*, 2012, 155; aA BeckOK GmbHG/*Ziemons* Rn. 62.

[242] Zur AG BGH Urt. v. 19.4.1982 – II ZR 55/81, NJW 1982, 2444 (2446) – insoweit in BGHZ 83, 319 nicht abgedruckt; OLG München Urt. v. 6.2.1991 – 7 U 4355/90, WM 1991, 539 (545) = NJW-RR 1991, 1058 (1059 f.); OLG München Urt. v. 28.12.1990 – 30 U 589/90, WM 1991, 1763 (1766); OLG Frankfurt Beschl. v. 17.9.1991 – 5 U 211/90, WM 1991, 2155 (2156); OLG München Beschl. v. 24.7.1996 – 7 U 6319/95, WM 1996, 1910 (1911) = NJW-RR 1997, 871; LG Tübingen Urt. v. 15.11.1990 – 2 HO 116 und 174/89, AG 1991, 406 (408) = NJW-RR 1991, 616 (618); LG München I Urt. v. 2.4.1992 – 5 HKO 8840/91, AG 1993, 195; MüKoAktG/*Bayer* AktG § 203 Rn. 169; Hüffer/Koch/*Koch* AktG § 203 Rn. 32; aA LG Bochum Urt. v. 18.12.1990 – 12 O 245/90, AG 1991, 213 = NJW-RR 1992, 102.

[243] Vgl. Hüffer/Koch/*Koch* AktG § 203 Rn. 32.

[244] Vgl. OLG Frankfurt Entsch. v. 9.2.1993 – 5 U 31/92, WM 1993, 373 (375 f.); OLG München Entsch. v. 24.3.1993 – 7 U 3550/92, WM 1993, 840 (843 f.); MüKoAktG/*Bayer* AktG § 203 Rn. 169 aE; Hüffer/Koch/*Koch* AktG § 203 Rn. 32; *Simon* AG 1985, 237 (239).

[245] Scholz/*Priester*/*Tebben* Rn. 40; *Priester* GmbHR 2008, 1177 (1180); *Trautmann, Das genehmigte Kapital der GmbH*, 2012, 156 f.; zur AG BGH Urt. v. 10.10.2005 – II ZR 90/03, BGHZ 164, 249 (251) = NJW 2006, 374 – Mangusta/Commerzbank II.

[246] Scholz/*Priester*/*Tebben* Rn. 40; *Herrler* DNotZ 2008, 903 (913); Lutter/Hommelhoff/*Bayer* Rn. 24; HCL/*Casper* Rn. 37; *Lieder* DNotZ 2010, 655 (672); BeckOK GmbHG/*Ziemons* Rn. 61; ausf. *Trautmann, Das genehmigte Kapital der GmbH*, 2012, 157 ff.; zur AG BGH Urt. v. 23.6.1997 – II ZR 132/93, BGHZ 136, 133 (141) = NJW 1997, 2815 (2816); MüKoAktG/*Bayer* AktG § 203 Rn. 171; Hüffer/Koch/*Koch* AktG § 203 Rn. 38; Kölner Komm AktG/*Kuntz* AktG § 203 Rn. 197; K. Schmidt/Lutter/*Veil* AktG § 203 Rn. 31.

[247] Wie hier auch Noack/Servatius/Haas/*Servatius* Rn. 23.

hältnisse durch die Mehrheit zu schützen. Auch für diesen Zweck müssen Klagerechte zur Verfügung stehen.[248] In Betracht kommt die Erhebung einer **allgemeinen Feststellungsklage** nach § 256 Abs. 1 ZPO gegen die GmbH[249] sowie ggf. einer Unterlassungsklage. Die Feststellungsklage scheitert insbesondere nicht am fehlenden Rechtsschutzinteresse, da von den Geschäftsführern zu erwarten ist, dass sie der gerichtlichen Entscheidung entsprechen.[250] Das gilt auch nach Eintragung der Kapitalerhöhung in das Handelsregister, da die Gesellschafter ein rechtliches Interesse daran haben, die Rechtswidrigkeit des Bezugsrechtsausschlusses im Hinblick auf mögliche Ersatzansprüche feststellen zu lassen.[251] Im Übrigen können die Geschäftsführer gegenüber der GmbH nach § 43 Abs. 2 **schadensersatzpflichtig** sein.[252] Für etwaige Rückabwicklungs- und Schadensersatzansprüche der Gesellschafter → § 55 Rn. 145.

VII. Sonderfälle

87   **1. Liquidation.** Die Kapitalerhöhung in Ausnutzung des genehmigten Kapitals kann auch noch im Abwicklungsstadium durchgeführt werden (→ § 55 Rn. 74).[253] Ebenso können die Gesellschafter in der Liquidation ein genehmigtes Kapital schaffen, das bis zur Löschung der GmbH ausgenutzt werden kann.[254] Ob ein vor Auflösung der GmbH gefasster, aber noch nicht umgesetzter Ausnutzungsbeschluss der Geschäftsführer infolge der Liquidation aufgehoben sein soll oder ob die Geschäftsführer nach einem Auflösungsbeschluss die Berechtigung zur Durchführung der Kapitalerhöhung verlieren, ist durch Auslegung zu ermitteln.[255] Im Zweifel wird man davon ausgehen müssen, dass das genehmigte Kapital nicht mehr ausgenutzt werden darf, da die Kapitalerhöhung nach Auflösung der GmbH in der Praxis die große Ausnahme bildet (→ § 55 Rn. 74).[256] Den Geschäftsführern ist es in diesen Fällen untersagt, die Kapitalerhöhung weiter voranzutreiben.[257] Haben sie den Ausnutzungsbeschluss schon vor der Auflösung gefasst, sind sie im Zweifel verpflichtet, den Beschluss und den Antrag beim Handelsregister rückgängig zu machen, ohne dass es hierfür noch einer besonderen Weisung der Gesellschafterversammlung bedürfte.[258]

88   Anderes kann gelten, sobald ein **Fortsetzungsbeschluss** gefasst ist. Denn nach zutreffender Auffassung erlischt das genehmigte Kapital nicht ipso iure mit dem Eintritt der GmbH ins Liquidationsstadium.[259] Vielmehr ist nur dessen Ausnutzung aufgrund veränder-

---

[248]   Noack/Servatius/Haas/*Servatius* Rn. 23.

[249]   HCL/*Casper* Rn. 37; BeckOK GmbHG/*Ziemons* Rn. 61; *Lieder* DNotZ 2010, 655 (672); ausf. *Trautmann, Das genehmigte Kapital der GmbH,* 2012, 160 ff.

[250]   Zur AG BGH Urt. v. 23.6.1997 – II ZR 132/93, BGHZ 136, 133 (141) = NJW 1997, 2815 (2816); MüKo-AktG/*Bayer* AktG § 203 Rn. 171; Hüffer/Koch/*Koch* AktG § 203 Rn. 39; Kölner Komm AktG/*Kuntz* AktG § 203 Rn. 200; für die GmbH zust. *Trautmann, Das genehmigte Kapital der GmbH,* 2012, 160.

[251]   Vgl. *Klett* GmbHR 2008, 1312 (1315); Scholz/*Priester/Tebben* Rn. 40; *Lieder* DNotZ 2010, 655 (672); zur AG BGH Urt. v. 10.10.2005 – II ZR 90/03, BGHZ 164, 249 (253 ff., 257) = NJW 2006, 374 (375) – Mangusta/Commerzbank II; Bürgers/Körber/Lieder/*Lieder* AktG § 203 Rn. 45; *Busch* NZG 2006, 81 (85 ff.); krit. *Kubis* DStR 2006, 188 (192).

[252]   HCL/*Casper* Rn. 37; *Priester* GmbHR 2008, 1177 (1182); *Herrler* DNotZ 2008, 903 (913); ausf. *Trautmann, Das genehmigte Kapital der GmbH,* 2012, 163 ff.; zur AG BGH Urt. v. 23.6.1997 – II ZR 132/93, BGHZ 136, 133 (140 f.) = NJW 1997, 2815 (2816); MüKoAktG/*Bayer* AktG § 203 Rn. 173; Hüffer/Koch/*Koch* AktG § 203 Rn. 38; BeckOGK/*Wamser* AktG § 203 Rn. 106 aE.

[253]   BGH Urt. v. 23.5.1957 – II ZR 250/55, BGHZ 24, 279 (286) = NJW 1957, 1279 zur AG; Lutter/Hommelhoff/*Bayer* Rn. 37; HCL/*Casper* Rn. 6; Gehrlein/Born/Simon/*Bormann* Rn. 55; für die Kapitalerhöhung HCL/*Ulmer/Casper* § 55 Rn. 35; MHLS/*Hermanns* § 55 Rn. 61; Rowedder/Schmidt-Leithoff/*Schnorbus* § 55 Rn. 28.

[254]   Zur AG MüKoAktG/*Bayer* AktG § 202 Rn. 110; GroßkommAktG/*Hirte* AktG § 202 Rn. 203 f.; BeckOGK/*Wamser* AktG § 202 Rn. 116 aE; für die GmbH Lutter/Hommelhoff/*Bayer* Rn. 37.

[255]   Vgl. zur AG auch BeckOGK/*Wamser* AktG § 202 Rn. 115 f.

[256]   Lutter/Hommelhoff/*Bayer* Rn. 37; Scholz/*Priester/Tebben* Rn. 47; *Trautmann, Das genehmigte Kapital der GmbH,* 2012, 109, 113; zur Kapitalerhöhung s. *Lutter* FS Schilling, 1973, 207 (210 f.); iErg auch HCL/*Ulmer/Casper* § 55 Rn. 32.

[257]   Zur AG MüKoAktG/*Bayer* AktG § 202 Rn. 109.

[258]   Gehrlein/Born/Simon/*Bormann* Rn. 55; abw. (für einen zusätzlichen Gesellschafterbeschluss) Bork/Schäfer/*Arnold/Born* Rn. 33.

[259]   AA *Trautmann, Das genehmigte Kapital der GmbH,* 2012, 114.

ter Rahmenbedingungen im Zweifel ausgeschlossen. Mit der Fassung des Fortsetzungsbeschlusses können sich besagte Rahmenbedingungen indes erneut signifikant geändert haben. Wiederum ist durch Auslegung der Ermächtigung zu entscheiden, ob eine Ausnutzung nunmehr in Betracht kommt. Das wird man für die in das werbende Stadium zurückgekehrte GmbH im Zweifel annehmen dürfen, zumal gerade in einer solchen Situation ein dringendes Bedürfnis nach einer Stärkung der Eigenkapitalbasis bestehen wird.

2. Insolvenz. Die Kapitalerhöhung kann auch in der Insolvenz beschlossen werden,[260] **89** genauso wie eine schon vor Insolvenzeröffnung beschlossene Kapitalerhöhung nach Eintritt des Insolvenzfalles durchgeführt werden kann (→ § 55 Rn. 75 ff.).[261] Indes ist durch Auslegung des Ermächtigungsbeschlusses unter Berücksichtigung einer etwaigen Zweckbestimmung zu ermitteln, ob das genehmigte Kapital auch im Insolvenzstadium zur Kapitalerhöhung genutzt werden darf.[262] Das wird man im Hinblick auf die berechtigten Gesellschafterinteressen im Zweifel nicht annehmen können.[263] Den Gesellschaftern kann schwerlich der Wille unterstellt werden, sie wollten die Geschäftsführer nicht nur für eine werbende GmbH, sondern gleichermaßen für die Gesellschaftsinsolvenz zur Ausnutzung eines genehmigten Kapitals ermächtigen.[264] Anderes gilt freilich, wenn sich ein solcher Wille der Gesellschafter – zumindest durch Auslegung – aus der Ermächtigung ablesen lässt.[265] Ist dies indes nicht der Fall, obliegt den Geschäftsführern im Insolvenzfall vor der Ausnutzung des genehmigten Kapitals eine **Vorlagepflicht** an die Gesellschafter (→ Rn. 40).[266] Ebenso können die Gesellschafter nach Eröffnung des Insolvenzverfahrens ein genehmigtes Kapital schaffen.[267] Sie behalten auch nach Verfahrenseröffnung ihre Zuständigkeit für den Ermächtigungsbeschluss.[268] Allerdings fallen die infolge der Kapitalerhöhung geleisteten Einlagen gem. § 35 Abs. 1 Alt. 2 InsO in die Insolvenzmasse (→ § 55 Rn. 76).[269] Besonderheiten gelten für das **Insolvenzplanverfahren** (→ § 55 Rn. 78; → § 56 Rn. 25 ff.), die **Eigenverwaltung** (→ § 55 Rn. 84) und das **Restrukturierungsverfahren** (→ § 55 Rn. 85).

3. Unternehmergesellschaft. Auch in der UG kann ein genehmigtes Kapital geschaf- **90** fen werden,[270] selbst wenn dies nur selten praktisch werden dürfte.[271] Es gelten die darge-

---

[260] Lutter/Hommelhoff/*Bayer* Rn. 39; Scholz/*Priester/Tebben* Rn. 48; für die Kapitalerhöhung ebenso HCL/*Ulmer/Casper* § 55 Rn. 35 f.; Lutter/Hommelhoff/*Bayer* § 55 Rn. 45; MHLS/*Hermanns* § 55 Rn. 62 f.; Rowedder/Schmidt-Leithoff/*Schnorbus* § 55 Rn. 28; *Altmeppen* § 55 Rn. 14; *H.-F. Müller* ZGR 2004, 842 (843 f.); s. noch zur AG LG Heidelberg Urt. v. 16.3.1988 – O 6/88 KfH II, ZIP 1988, 1257.

[261] BGH Urt. v. 7.11.1994 – II ZR 248/93, NJW 1995, 460; KG Urt. v. 19.7.1999 – 23 U 3401/97, NZG 2000, 103 (104); OLG Düsseldorf Urt. v. 17.12.1999 – 16 U 29/99, GmbHR 2000, 569; HCL/*Ulmer/Casper* § 55 Rn. 36; Rowedder/Schmidt-Leithoff/*Schnorbus* § 55 Rn. 28; MHLS/*Hermanns* § 55 Rn. 63; *Kuntz* DStR 2006, 519 (521); *H.-F. Müller* ZGR 2004, 842 (851); speziell für das genehmigte Kapital zust. Gehrlein/Born/Simon/*Bormann* Rn. 55; *Segmiller,* Kapitalmaßnahmen im Insolvenzplan, 2013, 112 f.; aA GroßkommAktG/*Hirte* AktG § 202 Rn. 205.

[262] Dazu näher *Lieder* in Bayer/Koch, Aktuelles GmbH-Recht, 2013, 142 (168 f.).

[263] *Lieder* in Bayer/Koch, Aktuelles GmbH-Recht, 2013, 142 (169); ähnlich Bork/Schäfer/*Arnold/Born* Rn. 32; Gehrlein/Born/Simon/*Bormann* Rn. 54; Lutter/Hommelhoff/*Bayer* Rn. 37; zur AG MüKo-AktG/*Bayer* AktG § 202 Rn. 112; noch restriktiver GroßkommAktG/*Hirte* AktG § 202 Rn. 205: generelles Erlöschen mit Eröffnung des Insolvenzverfahrens.

[264] *Lieder* in Bayer/Koch, Aktuelles GmbH-Recht, 2013, 142 (168).

[265] *Lieder* in Bayer/Koch, Aktuelles GmbH-Recht, 2013, 142 (170).

[266] Dazu ausf. *Lieder* in Bayer/Koch, Aktuelles GmbH-Recht, 2013, 142 (169).

[267] Lutter/Hommelhoff/*Bayer* Rn. 39; HCL/*Casper* Rn. 7; Henssler/Strohn/*Gummert* Rn. 6; *Trautmann,* Das genehmigte Kapital der GmbH, 2012, 115; zur AG MüKoAktG/*Bayer* AktG § 202 Rn. 115.

[268] Zur Kapitalerhöhung ebenso HCL/*Ulmer/Casper* § 55 Rn. 35 f.; MHLS/*Hermanns* § 55 Rn. 62 f.; *H.-F. Müller* ZGR 2004, 842 (847); *Kuntz* DStR 2006, 519.

[269] Heute ganz hM Lutter/Hommelhoff/*Bayer* § 55 Rn. 45; Rowedder/Schmidt-Leithoff/*Schnorbus* § 55 Rn. 25; MHLS/*Hermanns* § 55 Rn. 62 f.; *Kuntz* DStR 2006, 519; *H.-F. Müller* ZGR 2004, 842 (845 f.); aA noch *Braun/Uhlenbruck,* Unternehmensinsolvenz, 1997, 89; *Schlitt* NZG 1998, 755 (756).

[270] Lutter/Hommelhoff/*Bayer* Rn. 14; Scholz/*Priester/Tebben* Rn. 49; *Bayer/Hoffmann/Lieder* GmbHR 2010, 9 (14); *Wicke* NotBZ 2009, 1 (7); *Seebach* RNotZ 2013, 261 (278).

[271] Rechtstatsachen bei *Bayer/Hoffmann/Lieder* GmbHR 2010, 9 (14); gleiche Einschätzung bei *Seebach* RNotZ 2013, 261 (278).

stellten Grundsätze mit Ausnahme der Besonderheiten für Sacheinlagen, da in der UG das Kapital analog § 5a Abs. 2 S. 2 auch bei Ausnutzung eines genehmigten Kapitals grundsätzlich nicht gegen Sacheinlage erhöht werden kann (→ § 56 Rn. 10). Die Ermächtigung muss daher im Grundsatz eine Barkapitalerhöhung vorsehen.[272] Eine Ausnahme gilt bei Erhöhung der Stammkapitalziffer auf 25.000 Euro oder mehr (→ § 56 Rn. 10). Dafür muss die UG wegen § 55a Abs. 1 S. 2 (→ Rn. 33) über ein Stammkapital von wenigstens 16.667 Euro verfügen.[273] Zur Einzahlungspflicht → § 56a Rn. 9.

91   **4. Mustergründung.** In der Gründungssatzung einer im vereinfachten Verfahren mit Musterprotokoll gegründeten GmbH kann ein genehmigtes Kapital nicht vorgesehen werden, da eine entsprechende Ermächtigung im Musterprotokoll nicht enthalten ist. Da sich die spätere Änderung des Gesellschaftsvertrages nach den allgemeinen Vorschriften richtet, kann durch Gesellschafterbeschluss zu einem späteren Zeitpunkt ein genehmigtes Kapital geschaffen werden. Insofern gelten grundsätzlich keine Besonderheiten. Allerdings erfolgt dann auch keine kostenrechtliche Privilegierung (→ § 2 Rn. 268 f.).[274]

92   **5. Arbeitnehmeranteile. a) Grundlagen.** In der Ermächtigung kann vorgesehen werden, dass die Geschäftsführer neue Anteile an Arbeitnehmer ausgeben.[275] Soweit dies erfolgt, kommen die aktienrechtlichen Sondervorschriften zu Arbeitnehmeraktien (§ 202 Abs. 4, § 204 Abs. 3, § 205 Abs. 5 AktG) im GmbH-Recht sinngemäß zur Anwendung.[276] Sämtliche Bestimmungen zielen nach ihrem Normzweck darauf ab, die **Beteiligung von Arbeitnehmern** am Gesellschaftsvermögen **zu erleichtern** und zu begünstigen.[277] Arbeitnehmer sollen sich auf diese Weise stärker mit dem Unternehmen identifizieren und zu Mitunternehmern werden.[278] Dieses Regelungsziel kann nicht nur durch die Ausgabe von Arbeitnehmeraktien erreicht werden, sondern auch durch die Ausgabe neuer Geschäftsanteile an die Arbeitnehmer einer GmbH. Der Übertragung der aktienrechtlichen Bestimmungen stehen daher grundsätzlich keine Bedenken entgegen. Allein § 203 Abs. 3 AktG, der eine Ausnahme vom aktienrechtlichen Volleinzahlungsgrundsatz vorsieht, ist bei der GmbH ohne Belang, da die Volleinzahlung der Geschäftsanteile bei der GmbH ohnehin keine Voraussetzung für eine zulässige Kapitalerhöhung darstellt (→ § 55 Rn. 55).

93   **b) Bezugsrechtsausschluss.** Wird das Bezugsrecht zu dem Zweck ausgeschlossen, neue Geschäftsanteile an Arbeitnehmer auszugeben, bedarf der Bezugsrechtsausschluss analog § 202 Abs. 4 AktG regelmäßig **keiner** darüber hinausgehenden **sachlichen Rechtfertigung** und keiner konkreten Interessenabwägung.[279] Nur ausnahmsweise kann sich aus der personalistischen Struktur der GmbH und der besonderen Bedeutung des gesellschaftsrecht-

---

[272] Lutter/Hommelhoff/*Bayer* Rn. 14; *Bayer/Hoffmann/Lieder* GmbHR 2010, 9 (14); jetzt auch Scholz/ *Priester/Tebben* Rn. 49.

[273] *Seebach* RNotZ 2013, 261 (278); vgl. noch DNotI-Report 2013, 1 (2); *Terbrack* DNotZ 2012, 917 (929); Bork/Schäfer/*Arnold/Born* Rn. 13.

[274] Zust. Gehrlein/Born/Simon/*Bormann* Rn. 54.

[275] Zur Mitarbeiterbeteiligung insgesamt *Heckschen/Glombik* GmbHR 2013, 841; 1009; *Weitnauer/Dunkmann* GWR 2013, 349; 371; vgl. noch *Göpfert/Buschmann* ZIP 2010, 2330.

[276] Dazu ausf. *Lieder* DNotZ 2010, 655 (677 ff.); zust. Gehrlein/Born/Simon/*Bormann* Rn. 56; vgl. noch Noack/Servatius/Haas/*Servatius* Rn. 7; *Wicke* Rn. 12; aA BeckOK GmbHG/*Ziemons* Rn. 6; *Trautmann,* Das genehmigte Kapital der GmbH, 2012, 144 ff.; diff. nach der Anwendbarkeit der Mitbestimmungsgesetze und daher bei mehr als 500 Arbeitnehmern der GmbH grds. bejahend *Reiner-Pechtl,* Das genehmigte Kapital im System des GmbH-Rechts, 2016, 209 ff.

[277] Begr. RegE bei *Kropff* AktG 1965, 299; MüKoAktG/*Bayer* AktG § 202 Rn. 98; Hüffer/Koch/*Koch* AktG § 202 Rn. 23; Kölner Komm AktG/*Kuntz* AktG § 202 Rn. 195; K. Schmidt/Lutter/*Veil* AktG § 202 Rn. 27; BeckOGK/*Wamser* AktG § 202 Rn. 101.

[278] Vgl. *W. Koch,* Zur Reform des Aktiengesetzes, in Die Neugestaltung des Aktienrechts, 1948, 7 (21); *Janberg* AG 1960, 175 (179 f.).

[279] Zur AG BGH Urt. v. 15.5.2000 – II ZR 359/98, BGHZ 144, 290 (292) = NJW 2000, 2356; MüKoAktG/*Bayer* AktG § 202 Rn. 98, 102; Hüffer/Koch/*Koch* AktG § 202 Rn. 23; K. Schmidt/Lutter/*Veil* AktG § 202 Rn. 27 f.; BeckOGK/*Wamser* AktG § 202 Rn. 103; für die GmbH bereits *Lieder* DNotZ 2010, 655 (677 ff.); aA *Trautmann,* Das genehmigte Kapital der GmbH, 2012, 144 ff.; diff. *Reiner-Pechtl,* Das genehmigte Kapital im System des GmbH-Rechts, 2016, 209 ff.

lichen Bezugsrechts der GmbH-Gesellschaft (→ § 55 Rn. 103) etwas anderes ergeben.[280] Der Bezugsrechtsausschluss in der Gründungssatzung[281] oder einem späteren Ermächtigungsbeschluss muss dafür auf ein bestimmtes genehmigtes Kapital bezogen sein, dessen Zweck auf die Ausgabe von Arbeitnehmeranteilen gerichtet ist.[282] Zudem muss die Ermächtigung ausdrücklich als Zweckbestimmung die Anteilsausgabe an Arbeitnehmer enthalten.[283]

c) Arbeitnehmerforderungen. Ebenso wie bei der AG können Einlageforderungen **94** gegen Arbeitnehmer analog § 204 Abs. 3 AktG aus einem Teil des Jahresüberschusses gedeckt werden.[284] In diesem Fall fließen dem Gesellschaftsvermögen keine frischen Mittel zu; es werden lediglich – vergleichbar mit der Kapitalerhöhung **aus Gesellschaftsmitteln** – freie Rücklagen in gebundenes Stammkapital umgewandelt. Gleichwohl kommen auf diesen Vorgang nicht die §§ 57c ff., sondern – analog § 204 Abs. 3 S. 2 AktG – die Vorschriften über die reguläre Kapitalerhöhung gegen Bareinlage (§§ 55 ff.) zur Anwendung, abgesehen von den §§ 56a, 57 Abs. 2, die mangels Einlage nicht anwendbar sind. Voraussetzung für die Inanspruchnahme von Gesellschaftsmitteln ist aber, dass die Geschäftsführer in Abweichung von den gesetzlichen Kompetenznormen (§ 29 Abs. 2, § 46 Nr. 1) für die Feststellung des Jahresabschlusses und die Verwendung des Ergebnisses zuständig sind (→ § 29 Rn. 136 ff.; → 3. Aufl. 2019, § 46 Rn. 56 ff.).

d) Einbringung von Gewinnansprüchen. Sollen im Rahmen der Begebung von **95** Geschäftsanteilen an Arbeitnehmer deren Forderungen aus Gewinnbeteiligungen eingebracht werden, dann sind analog § 205 Abs. 4 AktG in Abweichung von den allgemeinen Vorschriften über Sacheinlagen besondere **Festsetzungen** nach § 56 Abs. 1 **entbehrlich.**[285] Voraussetzung dafür ist, dass das betreffende genehmigte Kapital auch gegen Sacheinlage ausgenutzt werden darf (vgl. Abs. 3; → Rn. 65 ff.)[286] und die Begebung von Arbeitnehmeranteilen überhaupt in der Ermächtigung vorgesehen ist.[287] Zudem müssen den Arbeitnehmern konkrete Gewinnforderungen zustehen; ein bloßes Recht auf Gewinnbeteiligung ist nicht ausreichend.[288] Darüber hinaus ist analog § 205 Abs. 5 AktG die **Werthaltigkeit** der Arbeitnehmerforderungen zu prüfen.[289]

VIII. Mängel des genehmigten Kapitals

1. Ermächtigung. Überschreitet die in der Ermächtigung festgesetzte Frist die **96** Höchstdauer von fünf Jahren (→ Rn. 26), ist sie nicht hinreichend bestimmbar oder mangelt es an einer Fristsetzung vollständig, ist die Ermächtigung analog § 241 Nr. 3 AktG

---

[280]   Das ist der Gegenauffassung zuzugeben; vgl. *Trautmann,* Das genehmigte Kapital der GmbH, 2012, 145 f.
[281]   Eine Aufnahme dort empfehlen *Heckschen/Glombik* GmbHR 2013, 1009 (1010).
[282]   Zur AG str., wie hier MüKoAktG/*Bayer* AktG § 202 Rn. 99; Hüffer/Koch/*Koch* AktG § 202 Rn. 25; BeckOGK/*Wamser* AktG § 202 Rn. 106; aA GroßkommAktG/*Hirte* AktG § 202 Rn. 174; Kölner Komm AktG/*Lutter* AktG § 202 Rn. 26.
[283]   So die hM, MüKoAktG/*Bayer* AktG § 202 Rn. 101; Hüffer/Koch/*Koch* AktG § 202 Rn. 26; Kölner Komm AktG/*Lutter* AktG § 202 Rn. 27; BeckOGK/*Wamser* AktG § 202 Rn. 107; aA GroßkommAktG/*Hirte* AktG § 202 Rn. 178 ff.
[284]   Dazu ausf. *Lieder* DNotZ 2010, 655 (679 f.); aA *Trautmann,* Das genehmigte Kapital der GmbH, 2012, 146; diff. *Reiner-Pechtl,* Das genehmigte Kapital im System des GmbH-Rechts, 2016, 214.
[285]   Dazu ausf. *Lieder* DNotZ 2010, 655 (681 f.); aA *Trautmann,* Das genehmigte Kapital der GmbH, 2012, 146; diff. *Reiner-Pechtl,* Das genehmigte Kapital im System des GmbH-Rechts, 2016, 214.
[286]   Zur AG MüKoAktG/*Bayer* AktG § 205 Rn. 72; GroßkommAktG/*Hirte* AktG § 205 Rn. 27; Hüffer/Koch/*Koch* AktG § 205 Rn. 10; Kölner Komm AktG/*Kuntz* AktG § 205 Rn. 165 f.
[287]   Zur AG MüKoAktG/*Bayer* AktG § 205 Rn. 72; zweifelnd GroßkommAktG/*Hirte* AktG § 205 Rn. 27.
[288]   Zur AG MüKoAktG/*Bayer* AktG § 205 Rn. 71; GroßkommAktG/*Hirte* AktG § 205 Rn. 25; Hüffer/Koch/*Koch* AktG § 205 Rn. 9; Kölner Komm AktG/*Kuntz* AktG § 205 Rn. 158.
[289]   Das ist durch die Neufassung des § 205 Abs. 5 AktG im Zuge des ARUG ausdrücklich klargestellt worden; vgl. nur MüKoAktG/*Bayer* AktG § 205 Rn. 72; K. Schmidt/Lutter/*Veil* AktG § 205 Rn. 11; aA Hölters/*Apfelbacher/Niggemann* AktG § 205 Rn. 22.

nichtig.[290] Die Nichtigkeit beschränkt sich nicht auf den Wert des die Grenze des § 55a Abs. 1 S. 2 überschießenden Teils, sondern führt zur Gesamtnichtigkeit des über das genehmigte Kapital gefassten Gesellschafterbeschlusses.[291] Entsprechendes gilt, wenn es an einer Bezifferung des Erhöhungsbetrages fehlt oder die Kapitalobergrenze des Abs. 1 S. 2 nicht beachtet ist.[292] Wird die zeitliche und (oder) kapitalmäßige Obergrenze überschritten, kommt eine **Heilung** analog § 242 Abs. 2 AktG in Betracht mit der Folge, dass die gesetzlichen Höchstgrenzen zur Anwendung gelangen.[293] Eine darüber hinausgehende Bestätigung des Beschlusses, etwa durch Kapitalerhöhung auf einen höheren Betrag, bleibt ohne rechtliche Folgen, da nichtige Beschlüsse nicht analog § 244 AktG bestätigt werden können.[294] Fehlt es hingegen an der konkreten Festsetzung eines Nennbetrags oder einer Ausübungsfrist, scheidet eine Heilung aus.[295]

97   Ist die **Ermächtigung fehlerhaft** oder fehlt sie ganz, kann eine Kapitalerhöhung nicht darauf gestützt werden. Die Geschäftsführer handeln pflichtwidrig, wenn sie die Durchführung der Kapitalerhöhung dennoch betreiben und Übernahmeverträge abschließen.[296] Gleichwohl geschlossene Übernahmeverträge sind gem. § 311a Abs. 1 BGB wirksam, aber nach § 275 Abs. 1 BGB auf eine rechtlich unmögliche Leistung gerichtet.[297] Das Registergericht muss die Eintragung nach § 57a ablehnen.[298] Nach Eintragung der Kapitalerhöhung in das Handelsregister sind die Mängel der Ermächtigungsgrundlage zwar nicht geheilt;[299] es gelten aber zumindest die Grundsätze der **fehlerhaften Gesellschaft** (→ § 57 Rn. 59 ff.).[300] Gleiches gilt für Fehler der Kapitalerhöhung, die aufgrund einer wirksamen Ermächtigung durchgeführt worden ist.

---

[290]   *Wicke* Rn. 9; Scholz/*Priester*/*Tebben* Rn. 50; *Altmeppen* Rn. 13; Lutter/Hommelhoff/*Bayer* Rn. 11; *Trautmann,* Das genehmigte Kapital der GmbH, 2012, 37; zur AG OLG Celle Beschl. v. 2.8.1962 – 9 Wx 5/62, NJW 1962, 2160 (2161); LG Mannheim Beschl. v. 6.11.1956 – 10 T 14/56, BB 1957, 689; MüKoAktG/*Bayer* AktG § 202 Rn. 51, 58; GroßkommAktG/*Hirte* AktG § 202 Rn. 143 aE; Hüffer/Koch/*Koch* AktG § 202 Rn. 11; Kölner Komm AktG/*Kuntz* AktG § 202 Rn. 64; K. Schmidt/Lutter/*Veil* AktG § 202 Rn. 17; BeckOGK/*Wamser* AktG § 202 Rn. 63 ff.; aA Noack/Servatius/Haas/*Servatius* Rn. 4: fehlende Fristsetzung unbeachtlich, es gilt Fünfjahresfrist.

[291]   Zum bedingten Kapital der AG: OLG München Beschl. v. 14.9.2011 – 31 Wx 360/11, NZG 2012, 350 (351); Hüffer/Koch/*Koch* AktG § 192 Rn. 23; MüKoAktG/*Fuchs* AktG § 192 Rn. 154; GroßkommAktG/*Frey* AktG § 192 Rn. 143.

[292]   Scholz/*Priester*/*Tebben* Rn. 50; *Wicke* Rn. 10; *Altmeppen* Rn. 17; *Trautmann,* Das genehmigte Kapital der GmbH, 2012, 39; zur AG MüKoAktG/*Bayer* AktG § 202 Rn. 51; GroßkommAktG/*Hirte* AktG § 202 Rn. 154 aE; Hüffer/Koch/*Koch* AktG § 202 Rn. 14; Kölner Komm AktG/*Kuntz* AktG § 202 Rn. 81; K. Schmidt/Lutter/*Veil* AktG § 202 Rn. 18; BeckOGK/*Wamser* AktG § 202 Rn. 63.

[293]   *Wicke* Rn. 9, 10 aE; *Altmeppen* Rn. 17; Lutter/Hommelhoff/*Bayer* Rn. 11; Scholz/*Priester*/*Tebben* Rn. 50; zur AG MüKoAktG/*Bayer* AktG § 202 Rn. 55, 59; GroßkommAktG/*Hirte* AktG § 202 Rn. 134; Hüffer/Koch/*Koch* AktG § 202 Rn. 11, 14; Kölner Komm AktG/*Kuntz* AktG § 202 Rn. 14, 84; K. Schmidt/Lutter/*Veil* AktG § 202 Rn. 17 f.; BeckOGK/*Wamser* AktG § 202 Rn. 63.

[294]   *Bayer*/*Hoffmann*/*Lieder* GmbHR 2010, 9 (14); zur AG BGH Urt. v. 20.9.2004 – II ZR 288/02, BGHZ 160, 253 (256) = NJW 2004, 3561; MüKoAktG/*Schäfer* AktG § 244 Rn. 6; BeckOGK/*Würthwein* AktG § 244 Rn. 3.

[295]   Wie hier *Altmeppen* Rn. 17; *Trautmann,* Das genehmigte Kapital der GmbH, 2012, 38; für den Nennbetrag *Wicke* Rn. 10; zur AG MüKoAktG/*Bayer* AktG § 202 Rn. 64 aE; GroßkommAktG/*Hirte* AktG § 202 Rn. 134; Hüffer/Koch/*Koch* AktG § 202 Rn. 12; Kölner Komm AktG/*Kuntz* AktG § 202 Rn. 57, 82; K. Schmidt/Lutter/*Veil* AktG § 202 Rn. 18; BeckOGK/*Wamser* AktG § 202 Rn. 62 f.; für die Frist zur AG: GroßkommAktG/*Hirte* AktG § 202 Rn. 134; Kölner Komm AktG/*Kuntz* AktG § 202 Rn. 57; K. Schmidt/Lutter/*Veil* AktG § 202 Rn. 17; BeckOGK/*Wamser* AktG § 202 Rn. 62; zweifelnd MüKoAktG/*Bayer* AktG § 202 Rn. 58 aE; Hüffer/Koch/*Koch* AktG § 202 Rn. 11; aA noch Baumbach/*Hueck* AktG § 202 Rn. 4; *v. Godin*/*Wilhelmi* AktG § 202 Rn. 4; für die GmbH auch *Wicke* Rn. 9; Bork/Schäfer/*Arnold*/*Born* Rn. 12; Gehrlein/Born/Simon/*Bormann* Rn. 57.

[296]   *Trautmann,* Das genehmigte Kapital der GmbH, 2012, 150; zur AG BeckOGK/*Wamser* AktG § 202 Rn. 121.

[297]   Vgl. *Trautmann,* Das genehmigte Kapital der GmbH, 2012, 150 m. Fn. 766.

[298]   Scholz/*Priester*/*Tebben* Rn. 51; *Klett* GmbHR 2008, 1312 (1315); *Altmeppen* Rn. 36; *Trautmann,* Das genehmigte Kapital der GmbH, 2012, 150 f.

[299]   *Altmeppen* Rn. 37; *Wicke* Rn. 17; *Klett* GmbHR 2008, 1312 (1315); *Schnorbus*/*Donner* NZG 2009, 1241 (1246); *Trautmann,* Das genehmigte Kapital der GmbH, 2012, 160.

[300]   *Wicke* Rn. 17; Scholz/*Priester*/*Tebben* Rn. 51; *Trautmann,* Das genehmigte Kapital der GmbH, 2012, 150; zur AG K. Schmidt/Lutter/*Veil* AktG § 202 Rn. 25.

2. Ausnutzung. Ist die Ermächtigung wirksam, der **Ausnutzungsbeschluss** indes feh- **98** lerhaft, dann darf die Kapitalerhöhung nicht in das Handelsregister eingetragen werden.[301] Die Kapitalerhöhung ist dennoch wirksam, wenn sie in das Handelsregister eingetragen wird. Die neuen **Geschäftsanteile** gelangen wirksam zur Entstehung.[302] Zudem sind die **Übernahmeverträge** wirksam (→ § 57 Rn. 79 ff.), soweit die Geschäftsführer nur die zum Vertragsschluss notwendige Vertretungsmacht besitzen.[303] Den betroffenen Gesellschaftern steht aber das Recht zu, auf Unterlassung sowie Feststellung der Nichtigkeit des Geschäftsführerhandelns nach § 256 Abs. 1 ZPO zu klagen, da ihnen Ersatzansprüche zustehen können.[304] Die Fehlerhaftigkeit des Ausnutzungsbeschlusses lässt die Wirksamkeit gleichwohl abgeschlossener Übernahmeverträge unberührt. Zu Mängeln beim **Bezugsrechtsausschluss** → Rn. 84 ff.

IX. Kosten

Für die anfallenden Kosten ist zwischen Schaffung und Ausnutzung des genehmigten **99** Kapitals zu unterscheiden.[305] Für die **notarielle Beurkundung des Ermächtigungsbeschlusses** fällt nach KV 21100 GNotKG eine doppelte Gebühr, mindestens 120 Euro, an, wobei der Geschäftswert höchstens 5 Mio. Euro beträgt, auch wenn mehrere Beschlüsse mit verschiedenem Gegenstand in einem Beurkundungsverfahren zusammengefasst werden (§ 108 Abs. 5 GNotKG). Für die Beurkundung der **Anmeldung** zur Eintragung in das Handelsregister fällt nach KV 21201 Nr. 5 GNotKG eine halbe Gebühr nach KV 21100 GNotKG an, die mindestens 30 Euro beträgt.

Für die **Eintragung** des Ermächtigungsbeschlusses in das Handelsregister fällt nach **100** § 58 Abs. 1 S. 1 Nr. 1, Abs. 2 GNotKG iVm GV 2400 HRegGebV eine Aufwandsgebühr iHv 270 Euro an. Außerdem verursacht die **Bekanntmachung** Kosten nach KV 31004 GNotKG. Enthält die **Gründungssatzung** bereits ein genehmigtes Kapital, fallen neben den Kosten der Ersteintragung keine zusätzlichen Kosten an. Allerdings sind für die Ermittlung des Geschäftswerts dem Wert der Gründung auch die erwarteten Einlagen des genehmigten Kapitals zuzurechnen.[306]

Die aufgrund der Ermächtigung später durchgeführte **Kapitalerhöhung** verursacht **101** nach KV 21201 Nr. 5 GNotKG Notarkosten für die **Anmeldung** zur Eintragung in das Handelsregister. Die **Eintragung** selbst verursacht nach § 58 Abs. 1 S. 1 Nr. 1, Abs. 2 GNotKG iVm GV 2400 HRegGebV eine Aufwandsgebühr iHv 270 Euro. Für den Geschäftswert ist § 105 Abs. 4 Nr. 1 GNotKG maßgeblich.[307]

Die **Anpassung der Satzung** ist nicht gebührenpflichtig, soweit sie mit der Eintragung **102** des Ermächtigungsbeschlusses durchgeführt wird. Das gilt sowohl für die Notarkosten (KV Vorbem. 2.1 Nr. 4 GNotKG) als auch für die Kosten der Registereintragung.[308] Eine spätere Anpassung löst den Gebührentatbestand nach § 105 Abs. 2 und 5 GNotKG aus.[309]

[301] Lutter/Hommelhoff/*Bayer* Rn. 17; *Altmeppen* Rn. 39; Scholz/*Priester/Tebben* Rn. 51; *Wicke* Rn. 17; *Trautmann,* Das genehmigte Kapital der GmbH, 2012, 151.
[302] *Altmeppen* Rn. 39; *Wicke* Rn. 17; *Schnorbus/Donner* NZG 2009, 1241 (1246); *Trautmann,* Das genehmigte Kapital der GmbH, 2012, 151.
[303] Vgl. *Altmeppen* Rn. 39; *Trautmann,* Das genehmigte Kapital der GmbH, 2012, 151.
[304] *Klett* GmbHR 2008, 1312 (1315); *Priester* GmbHR 2008, 1177 (1183); *Altmeppen* Rn. 41; Lutter/ Hommelhoff/*Bayer* Rn. 17; zur AG BGH Urt. v. 10.10.2005 – II ZR 90/03, BGHZ 164, 249 (257) = NJW 2006, 374 (375 f.) – Mangusta/Commerzbank II; BeckOGK/*Wamser* AktG § 202 Rn. 127; *Busch* NZG 2006, 81 (87); krit. *Kubis* DStR 2006, 188 (192).
[305] Vgl. auch zum alten Recht Gehrlein/Born/Simon/*Bormann* Rn. 62 f.; *Trautmann,* Das genehmigte Kapital der GmbH, 2012, 169 ff.
[306] LK/*Heinze* GNotKG § 107 Rn. 49; *Heinze* NotBZ 2015, 201 (205).
[307] Zur AG K. Schmidt/Lutter/*Veil* AktG § 202 Rn. 35; GroßkommAktG/*Hirte* AktG § 202 Rn. 225 noch zu § 26 KostO aF; Hüffer/Koch/*Koch* AktG § 202 Rn. 32; Kölner Komm AktG/*Kuntz* AktG § 202 Rn. 256; BeckOGK/*Wamser* AktG § 202 Rn. 133.
[308] Zur AG nach altem Recht BayObLG Beschl. v. 27.3.1975 – BReg. 3 Z 88/73, AG 1975, 248 (249); Beschl. v. 16.6.1978 – BReg. 3 Z 36/76, BayObLGZ 1978, 146 (151) = AG 1978, 295 (296); OLG Düsseldorf Beschl. v. 15.6.1966 – 10 W 43/66, Rpfleger 1967, 57; Hüffer/Koch/*Koch* AktG § 202 Rn. 32.
[309] Zur Kapitalerhöhung nach altem Recht OLG Düsseldorf Beschl. v. 7.6.1972 – 10 W 27/72, Rpfleger 1972, 425; Hüffer/Koch/*Koch* AktG § 182 Rn. 34; MüKoAktG/*Schürnbrand/Verse* AktG § 182 Rn. 105 zur AG.

103   Wird die **Ausnutzungsfrist** eines bestehenden genehmigten Kapitals **verlängert,** bestimmt sich der Geschäftswert analog § 105 Abs. 1 Nr. 4 lit. a Hs. 2 GNotKG. Für die Eintragungskosten ist § 58 Abs. 1 S. 1 Nr. 1, Abs. 2 GNotKG iVm GV 2400 HRegGebV maßgeblich, mit der Folge, dass eine Aufwandsgebühr iHv 270 Euro anfällt.

104   Für die **Zurückweisung** und Zurücknahme des Eintragungsantrags gelten die Bestimmungen der KV 21300 ff. GNotKG, KV 14400 GNotKG. **Kostenschuldner** ist die GmbH für sämtliche durch die Schaffung und Ausnutzung des genehmigten Kapitals verwirklichten Gebührentatbestände (§ 29 Nr. 1 GNotKG). Die Gesellschaft kann die übernommenen Kosten als Betriebsausgaben nach § 8 Abs. 1 KStG iVm § 4 Abs. 4 EStG in Abzug bringen.[310]

§ 56 Kapitalerhöhung mit Sacheinlagen

(1) [1]**Sollen Sacheinlagen geleistet werden, so müssen ihr Gegenstand und der Nennbetrag des Geschäftsanteils, auf den sich die Sacheinlage bezieht, im Beschluß über die Erhöhung des Stammkapitals festgesetzt werden.** [2]**Die Festsetzung ist in die in § 55 Abs. 1 bezeichnete Erklärung des Übernehmers aufzunehmen.**

(2) **Die §§ 9 und 19 Abs. 2 Satz 2 und Abs. 4 finden entsprechende Anwendung.**

Schrifttum: s. § 55.

Übersicht

---

[310] Zur Kapitalerhöhung BFH Urt. v. 19.1.2000 – I R 24/99, BFHE 191, 107 (110) = NJW 2000, 1975 = DStR 2000, 585 (586); Rowedder/Schmidt-Leithoff/*Schnorbus* § 55 Rn. 71; zur AG *Krebs* BB 1984, 1153 (1154); Hüffer/Koch/*Koch* AktG § 182 Rn. 35 aE; MüKoAktG/*Schürnbrand/Verse* AktG § 182 Rn. 103.

I. Regelungsgehalt und Normzweck

Für die Kapitalerhöhung gegen Sacheinlage ergänzt § 56 die allgemeinen Regelungen **1** über die ordentliche Kapitalerhöhung nach §§ 55, 57 iVm §§ 53, 54. Die Vorschrift trägt der **besonderen Gefahr von Sacheinlagen** Rechnung. Anders als bei Bareinlagen muss bei der Sacheinlage erst positiv festgestellt werden, dass der eingebrachte Vermögensgegenstand tatsächlich einlagefähig und werthaltig ist. Im Interesse der Gesellschaftsgläubiger und des Rechtsverkehrs unterstreicht die Vorschrift das **Gebot der realen Kapitalaufbringung.**[1]

Abs. 1 ist § 5 Abs. 4 S. 1 nachgebildet und ordnet an, dass die Sacheinlage im Kapitaler- **2** höhungsbeschluss (→ Rn. 37 ff.) sowie in der Übernahmeerklärung (→ Rn. 43 ff.) unter Angabe ihres Gegenstands und des Nennbetrags der Geschäftsanteile ausgewiesen wird. Hierdurch werden zum einen die Beteiligten über die wesentlichen Umstände der Sachkapitalerhöhung informiert. Zum anderen wird das Registergericht in die Lage versetzt, die Werthaltigkeit des Einlagegegenstands zu prüfen (§ 57a iVm § 9c).[2]

Abs. 2 erklärt ausgewählte Vorschriften des Gründungsrechts für anwendbar. Der Sach- **3** inferent unterliegt der Differenzhaftung nach § 9 (→ Rn. 53 ff.). Darüber hinaus darf er gem. § 19 Abs. 2 S. 2 grundsätzlich weder gegen den Einlageanspruch der Gesellschaft aufrechnen (→ Rn. 123 ff.) bzw. Forderungen aus Sachübernahmen ohne eine Festsetzung nach § 5 Abs. 4 S. 1 verrechnen, noch darf ihn die Gesellschaft vom Einlageanspruch befreien (§ 19 Abs. 2 S. 1; → Rn. 91). Daneben sind die Sondervorschriften über verdeckte Sacheinlagen nach § 19 Abs. 4 auch auf die Sachkapitalerhöhung anwendbar (→ Rn. 71 ff.). Ein Sachkapitalerhöhungsbericht ist im Gegensatz zur Gründung (§ 5 Abs. 4 S. 1) nicht erforderlich (str., → Rn. 130 f.).

II. Sacheinlage

1. Anwendungsbereich. a) Sacheinlage. In Anlehnung an die Legaldefinition des **4** § 27 Abs. 1 S. 1 Hs. 1 AktG sind Sacheinlagen dadurch gekennzeichnet, dass die Einlage nicht durch Einzahlung des Ausgabebetrages, dh, **nicht in Geld,** zu leisten ist. Geschuldet ist stattdessen ein einlagefähiger Vermögensgegenstand, für den im Gegenzug die neuen Geschäftsanteile ausgegeben werden.

---

[1] Vgl. auch Scholz/*Priester*/*Tebben* Rn. 1; HCL/*Ulmer*/*Casper* Rn. 2; *Bunnemann* NZG 2005, 955 (959); *Bezzenberger*/*Bezzenberger* FS Hopt, 2010, 391 (404 f.); monografisch dazu *Wirsch, Kapitalaufbringung und Cash Pooling in der GmbH,* 2009, 131 ff.

[2] Wie hier HCL/*Ulmer*/*Casper* Rn. 2.

5   **b) Sachübernahme.** Von der Sacheinlage im engeren Sinne zu unterscheiden ist die Sachübernahme. Bis zur GmbH-Novelle von 1980 waren Sachübernahmen nach § 5 Abs. 4, § 56 Abs. 1 aF der Sacheinlage ausdrücklich gleichgestellt. Daran hat sich durch die Neufassung der Vorschriften nichts geändert. Dass die Sachübernahme im aktuellen Gesetzestext nicht mehr ausdrücklich erwähnt ist, hat keine inhaltlichen, sondern nur redaktionelle Gründe.[3] Zudem ist § 19 Abs. 2 S. 2 nach seinem Anwendungsbereich speziell auf die Sachübernahme zugeschnitten, soweit die Vorschrift von einer Forderung aus einer Sachüberlassung spricht, die auf die Einlageforderung angerechnet werden soll. Davon abgesehen bestehen bei der Sachübernahme ebenfalls sacheinlagespezifische Risiken, die sich aus der notwendigen Feststellung von Einlagefähigkeit und Werthaltigkeit ergeben (→ Rn. 1). Der Regelungsgehalt des **§ 56 gilt** demnach **für** Sacheinlagen und **Sachübernahmen** gleichermaßen.[4]

6   Das ändert indes nichts an den **rechtsdogmatischen Unterschieden** von Sacheinlage und Sachübernahme.[5] Während die Sacheinlagevereinbarung als körperschaftliches Hilfsgeschäft[6] neben den dinglichen Vollzugsgeschäften singulärer Natur ist, setzt sich die Sachübernahme zusammen aus mindestens zwei – rein schuldrechtlichen – Rechtsgeschäften, und zwar im Regelfall aus (1) der Veräußerung des Vermögenswertes und (2) der Verrechnungsabrede zwischen Übernehmer und Gesellschaft.

7   Anders als im Aktienrecht (§ 27 Abs. 1 S. 1 Hs. 2 AktG) erfasst der **Begriff der Sachübernahme** im GmbH-Recht nicht etwa sämtliche Fälle des Erwerbs von Sachgegenständen durch die Gesellschaft, sondern nur den Erwerb unter Verrechnung des Vergütungsanspruchs aus der Überlassung eines Gegenstandes mit der Einlageschuld des Inferenten.[7] Tatbestandliche Voraussetzung der Sachübernahme im GmbH-Recht ist zudem eine **Verrechnungsvereinbarung.**[8] Das folgt nicht zuletzt aus dem Wortlaut des § 19 Abs. 2 S. 2. Ist eine solche Abrede nicht nachweisbar, kann gleichwohl eine verdeckte Sacheinlage vorliegen (→ Rn. 71 ff.).

8   **c) Gemischte Sacheinlage.** Übersteigt der Wert des Einlagegegenstandes den Nennbetrag der zu übernehmenden Geschäftsanteile und übernimmt die Gesellschaft aus diesem Grund eine zusätzliche Zahlungsverpflichtung gegenüber dem Inferenten, liegt eine gemischte Sacheinlage vor.[9] In rechtsdogmatischer Hinsicht setzt sich diese Einlageform aus einer Sacheinlage und einer Sachübernahme zusammen, die nach dem Willen der Beteiligten bei unteilbaren Leistungen als einheitliches Rechtsgeschäft zu behandeln sind.[10] Aber

---

[3]   Ausschussbericht, BT-Drs. 8/3908, 69.
[4]   Vgl. OLG Stuttgart Entsch. v. 19.1.1982 – 8 W 295/81, BB 1982, 397 (398); Noack/Servatius/Haas/ *Servatius* Rn. 2; MHLS/*Hermanns* Rn. 7; Rowedder/Schmidt-Leithoff/*Schnorbus* Rn. 3 f.; Scholz/*Priester/Tebben* Rn. 5 aE; HCL/*Ulmer/Casper* Rn. 6, 9; *Habersack* FS Konzen, 2006, 179 (187).
[5]   Zutr. HCL/*Ulmer/Casper* Rn. 6; Noack/Servatius/Haas/*Servatius* § 5 Rn. 16; Lutter/Hommelhoff/*Bayer* § 5 Rn. 38, 40.
[6]   Wie hier Lutter/Hommelhoff/*Bayer* Rn. 2.
[7]   BGH Urt. v. 10.11.1958 – II ZR 3/57, BGHZ 28, 314 (318 f.) = NJW 1959, 383; HCL/*Ulmer/Casper* § 5 Rn. 123; Scholz/*Veil* § 5 Rn. 79 f.; Rowedder/Schmidt-Leithoff/*Schmidt-Leithoff* § 5 Rn. 42; *Habersack* FS Konzen, 2006, 179 (187); aA *Wohlschlegel* DB 1995, 2053.
[8]   Scholz/*Priester/Tebben* Rn. 5; HCL/*Ulmer/Casper* Rn. 7, 9.
[9]   Dazu aus der neueren Rspr. zur AG BGH Urt. v. 20.11.2006 – II ZR 176/05, BGHZ 170, 47 Rn. 10 ff. = NJW 2007, 765; Urt. v. 9.7.2007 – II ZR 62/06, BGHZ 173, 145 Rn. 13 ff. = NJW 2007, 3425; Urt. v. 18.2.2008 – II ZR 132/06, BGHZ 175, 265 Rn. 14 = NZG 2008, 425 = WuB II A. § 27 AktG 2.08 *(Lieder)*; Urt. v. 11.5.2009 – II ZR 137/08, NJW 2009, 2886 Rn. 10 = WuB II A. § 27 AktG 1.09 *(Lieder)* – Lurgi II; zur GmbH Urt. v. 22.3.2010 – II ZR 12/08, BGHZ 185, 44 Rn. 12 = DStR 2010, 1087 mAnm *Goette* DStR 2010, 1094; Beschl. v. 5.11.2007 – II ZR 268/06, NZG 2008, 146 Rn. 7; Urt. v. 16.3.1998 – II ZR 303/96, WM 1998, 925 (926) = NJW 1998, 1951; Noack/Servatius/Haas/*Servatius* Rn. 2; MHLS/*Hermanns* Rn. 6, 52 f.; Rowedder/Schmidt-Leithoff/ *Schnorbus* Rn. 6; Scholz/*Priester/Tebben* Rn. 6; HCL/*Ulmer/Casper* Rn. 12; *Ekkenga* ZIP 2013, 541 (543); *Kleindiek* ZGR 2011, 334 (338); *J. Koch* ZHR 175 (2011), 55 (56 f.); *Habersack* FS Konzen, 2006, 179 (180); *Maier-Reimer* FS Hoffmann-Becking, 2013, 745 (756); monografisch *Gerlach,* Die gemischte Sacheinlage, 2016, 1 ff., speziell zur Kapitalerhöhung 122 ff.
[10] Vgl. BGH Urt. v. 9.7.2007 – II ZR 62/06, BGHZ 173, 145 Rn. 15 = NJW 2007, 3425; Urt. v. 18.2.2008 – II ZR 132/06, BGHZ 175, 265 Rn. 14 = NZG 2008, 425; MHLS/*Hermanns* Rn. 53; *Stiller/Redeker* ZIP 2010, 865 (866 f.).

auch teilbare Leistungen können nach dem Parteiwillen als Geschäftseinheit angesehen werden.[11] In der Praxis sind gemischte Sacheinlagen insbesondere bei der Einbringung von Unternehmen[12] und anderen Sachgesamtheiten, wie zB Warenlagern,[13] anzutreffen. Die gemischte Sacheinlage ist ebenso zu behandeln wie eine reguläre Sacheinlage.[14] Ist der Gegenstand der gemischten Sacheinlage überbewertet, greift die Differenzhaftung nach allgemeinen Grundsätzen ein (→ Rn. 53). Besondere Rechtsfragen wirft die Behandlung der verdeckten gemischten Sacheinlage auf (→ Rn. 118 f.).

d) Mischeinlage. Von der gemischten Sacheinlage unterscheidet sich die Mischeinlage **9** dadurch, dass der Wert des Einlagegegenstandes hinter dem Nennbetrag der ausgegebenen Geschäftsanteile zurückbleibt.[15] Nicht die Gesellschaft, sondern der Inferent übernimmt eine zusätzliche Zahlungsverpflichtung.[16] Rechtsdogmatisch handelt es sich bei der Mischeinlage um eine Kombination aus Bar- und Sacheinlage. Aus Gründen des Gläubigerschutzes und der Transparenz finden die Vorschriften über die Kapitalerhöhung gegen Sacheinlage auf die Mischeinlage uneingeschränkte Anwendung.[17] Die Mischeinlage hat seit der GmbH-Reform durch das MoMiG (→ Einl. Rn. 116 ff.) und die damit ermöglichte Übernahme mehrerer Geschäftsanteile durch einen Gesellschafter an Bedeutung verloren.[18] Die mit der Mischeinlage verbundenen Rechtsprobleme werden effektiv vermieden, wenn sich die Gesellschafter dafür entscheiden, einen Geschäftsanteil gegen Sacheinlage und einen weiteren Geschäftsanteil gegen Bareinlage zu gewähren.

e) Unternehmergesellschaft. Bei der UG sind Sacheinlagen nach § 5a Abs. 2 S. 2 **10** ausgeschlossen (→ § 5a Rn. 22 ff.). Das gilt nach dem Wortlaut der Norm zunächst nur für die Gründung. Ob hierdurch auch Sachkapitalerhöhungen ausgeschlossen sind, ist umstritten. Während die Geltung des § 5a Abs. 2 S. 2 bei Sachkapitalerhöhungen zuweilen gänzlich abgelehnt wird,[19] verlangt die Gegenansicht nach einer uneingeschränkten Beachtung des Sacheinlageverbots auch bei der Kapitalerhöhung.[20] Zutreffend erscheint eine **vermittelnde Auffassung,** die grundsätzlich von der **analogen Geltung des § 5a Abs. 2 S. 2** auch für Sachkapitalerhöhungen ausgeht, von diesem Grundsatz aber eine **Ausnahme** zulässt, wenn das Stammkapital auf die Mindeststammkapitalziffer einer regulären GmbH nach § 5 Abs. 1 erhöht wird (→ § 5a Rn. 31, → § 5a Rn. 45 f.).[21] Soweit es um die Sachka-

---

[11] Wie hier (zur Kapitalerhöhung bei der AG) BGH Urt. v. 6.12.2011 – II ZR 149/10, BGHZ 191, 364 Rn. 49 = NZG 2012, 69; zust. *Gottschalk* GWR 2012, 121 (122 f.); *Verse* ZGR 2012, 875 (897); zur GmbH ebenso Lutter/Hommelhoff/*Bayer* § 5 Rn. 22; *Maier-Reimer* FS Hoffmann-Becking, 2013, 755 (761); ausf. *Gerlach,* Die gemischte Sacheinlage, 2016, 126 ff.

[12] So zB zur AG BGH Urt. v. 18.2.2008 – II ZR 132/06, BGHZ 175, 265 Rn. 14 = NZG 2008, 425; zur GmbH OLG Zweibrücken Beschl. v. 26.11.1980 – 3 W 169/80, GmbHR 1981, 214 = MittBayNot 1982, 39; OLG Stuttgart Entsch. v. 19.1.1982 – 8 W 295/81, BB 1982, 397.

[13] So zB zur AG BGH Urt. v. 20.11.2006 – II ZR 176/05, BGHZ 170, 47 Rn. 10 ff. = NJW 2007, 765.

[14] RG Urt. v. 25.1.1939 – II 94/38, RGZ 159, 321 (326 f.); BGH Urt. v. 9.7.2007 – II ZR 62/06, BGHZ 173, 145 Rn. 15 = NJW 2007, 3425; Urt. v. 18.2.2008 – II ZR 132/06, BGHZ 175, 265 Rn. 14 = NZG 2008, 425; MHLS/*Hermanns* Rn. 53; Gehrlein/Born/Simon/*Bormann* Rn. 9; *Maier-Reimer* FS Hoffmann-Becking, 2013, 755 (761); aA *Priester* FS Maier-Reimer, 2010, 525 ff.

[15] Aus der Rspr. vgl. OLG Celle Beschl. v. 5.1.2016 – 9 W 150/15, NZG 2016, 300 = GmbHR 2016, 288 mAnm *Wachter* GmbHR 2016, 289; dazu *Sammet* NZG 2016, 344; *Schröter* EWiR 2016, 333; *Hauschild/Maier-Reimer* DB 2016, 1683.

[16] Noack/Servatius/Haas/*Servatius* Rn. 2; MHLS/*Hermanns* Rn. 5; Rowedder/Schmidt-Leithoff/*Schnorbus* Rn. 7; Scholz/*Priester/Tebben* Rn. 9; HCL/*Ulmer/Casper* Rn. 12; vgl. noch OLG Jena Beschl. v. 12.10.2006 – 6 W 452/06, NZG 2007, 147.

[17] Zutr. MHLS/*Hermanns* Rn. 5 f.; Rowedder/Schmidt-Leithoff/*Schnorbus* Rn. 7.

[18] Vgl. *Wachter* GmbHR 2016, 289 (290).

[19] So etwa *Hennrichs* NZG 2009, 1161 (1162 f.); *Spies,* Unternehmergesellschaft (haftungsbeschränkt), 2010, 159 f.

[20] Ohne Einschränkung Lutter/Hommelhoff/*Kleindiek* § 5a Rn. 23 ff., 53; *Seibert* GmbHR 2007, 673 (676); *Gehrlein* Der Konzern 2007, 771 (779); *Wachter* GmbHR Sonderheft Oktober 2008, 25 (32); *Heckschen* DStR 2009, 166 (170 f.); *Weber* BB 2009, 842 (844); ebenso noch Bayer/Hoffmann/Lieder GmbHR 2010, 9 (12).

[21] Wie hier *Wicke* § 5a Rn. 7 aE, Rn. 14; Noack/Servatius/Haas/*Servatius* Rn. 1; Scholz/*Priester/Tebben* Rn. 23a; MHLS/*Schmidt* § 5a Rn. 12; *Freitag/Riemenschneider* ZIP 2007, 1485 (1491); *Gasteyer* NZG

pitalerhöhung in der UG geht, ohne dass die Grenze des § 5 Abs. 1 erreicht wird, widerspricht die Zulassung einer Sachkapitalerhöhung dem gesetzlichen Regelungszweck des Sacheinlageverbots, das darauf abzielt, neben der Gründung auch die wirtschaftliche Betätigung der UG zu vereinfachen und zu beschleunigen. Dem würde eine Kapitalerhöhung gegen Sacheinlage mit ihrem besonderen Verfahren nicht gerecht, zumal die Einlage eines Sachgegenstandes aufgrund des abgesenkten Kapitalerfordernisses in der UG entbehrlich erscheint. Soll die UG aber durch die Sachkapitalerhöhung zu einer regulären GmbH aufgewertet werden, ist für das Sacheinlageverbot kein Raum, weil eine reguläre GmbH ohne Weiteres im Wege der Sachgründung hätte errichtet werden können. Die Anwendung des § 5a Abs. 2 S. 2 beim Upgrade zur GmbH erscheint insofern wertungswidersprüchlich; für eine Analogiebildung fehlt es in rechtsmethodischer Hinsicht an einer Vergleichbarkeit der Interessenlage. Das hat inzwischen auch der BGH ausdrücklich klargestellt.[22] Dessen ungeachtet kann die Gesellschaft nach § 5a Abs. 5 Hs. 2 auch weiterhin als UG firmieren, auch wenn die Beteiligten typischerweise ein praktisches Interesse an der Firmierung als GmbHG haben werden.[23]

11   Ein gegen das Sacheinlageverbot verstoßender Kapitalerhöhungsbeschluss ist lediglich **anfechtbar** (→ § 57 Rn. 76). Eine Nichtigkeit ergibt sich insbesondere nicht aus § 241 Nr. 3 AktG analog. Zwar verstößt ein Sachkapitalerhöhungsbeschluss in der UG gegen gesetzliche Vorschriften. Diese dienen jedoch nicht dem Schutz der Gläubiger oder dem öffentlichen Interesse, sondern der Vereinfachung und Beschleunigung des Gründungsverfahrens (→ Rn. 109). Die im Zusammenhang mit der Sachkapitalerhöhung geschlossenen Rechtsgeschäfte sind deshalb auch nicht nach § 134 BGB iVm § 5a Abs. 2 S. 2 nichtig,[24] sondern ziehen die **allgemeinen Rechtsfolgen fehlerhafter Festsetzungen** nach sich (→ Rn. 50 ff.).[25]

12   f) **Mustergründung.** Auch bei einer Gesellschaftsgründung unter Verwendung des Musterprotokolls ist die Kapitalerhöhung gegen Sacheinlage **unzulässig.** Das Sacheinlageverbot basiert auf der Überlegung, dass Mustergründungen schnell und einfach erfolgen sollen. Diesem Ziel stünde die Zulassung von Sachkapitalerhöhungen mit dem besonderen Prüfungsverfahren entgegen. Für Verstöße gegen das Sacheinlageverbot gelten die zur UG entwickelten Grundsätze (→ Rn. 11) entsprechend.

13   2. **Einlagefähigkeit. a) Verwertbarkeit.** Analog § 27 Abs. 2 Hs. 1 AktG kommen als Sacheinlagen nur Vermögensgegenstände in Betracht, deren wirtschaftlicher Wert feststellbar ist[26] und die geeignet sind, das Stammkapital der GmbH zu mehren. Ohne Belang ist, ob der Vermögenswert als körperlicher Gegenstand iSd § 90 BGB zu qualifizieren ist, ob er bilanzierungsfähig ist[27] oder unmittelbar im Vermögen der GmbH dem Zugriff der Gesellschaftsgläubiger unterliegt.[28] Entscheidend ist allein, dass er wirtschaftlich verwertet werden kann (→ § 5 Rn. 73 ff.).

2009, 1364 (1367); *Berninger* GmbHR 2010, 63 (66); *Klein* NZG 2011, 377 (378 f.); *C. Schäfer* ZIP 2011, 53 (57); *Specks* RNotZ 2011, 234 (236 f.); *Seebach* RNotZ 2013, 261 (278); *Priester* FS Roth, 2011, 573 (578 f.); ausf. *Lieder/Hoffmann* GmbHR 2011, 561 (565 f.).

[22]   BGH Beschl. v. 19.4.2011 – II ZB 25/10, BGHZ 189, 254 Rn. 13 ff. = NJW 2011, 1881; zust. *Lieder/ Hoffmann* GmbHR 2011, R193; *Berninger* GmbHR 2011, 953 (957 f.); *Gasteyer* NZG 2011, 693; zuvor bereits ebenso mit Rechtstatsachen zum UG-Upgrade *Lieder/Hoffmann* GmbHR 2011, 561.

[23]   Vgl. Scholz/*Priester/Tebben* Rn. 23a; Rowedder/Schmidt-Leithoff/*Schnorbus* Rn. 23 aE.

[24]   So aber *Gehrlein* Der Konzern 2007, 771 (779); *Freitag/Riemenschneider* ZIP 2007, 1485; *Gasteyer* NZG 2009, 1364 (1365); im Grundsatz auch *Kersting* VGR 14 (2008), 101 (123): vor Eintragung der Gesellschaft in das Handelsregister, danach Anwendung des § 75.

[25]   Zutr. *Hirte* ZInsO 2008, 933 (934 f.); gleichsinnig *Priester* FS Roth, 2011, 573 (576); vgl. auch *Wicke* § 5a Rn. 8.

[26]   BGH Urt. v. 14.6.2004 – II ZR 121/02, NZG 2004, 910 (911); OLG Jena Beschl. v. 30.8.2018 – 2 W 260/18, NZG 2018, 1391 Rn. 6.

[27]   Heute ganz hM MHLS/*Hermanns* Rn. 38; Scholz/*Priester/Tebben* Rn. 8; HCL/*Ulmer/Casper* Rn. 13; aA noch Meyer-Landrut/Miller/Niehus/*Meyer-Landrut* Rn. 3; Rowedder/Schmidt-Leithoff/*Schnorbus* Rn. 8.

[28]   Wie hier MHLS/*Hermanns* Rn. 38; Scholz/*Priester/Tebben* Rn. 8.

b) Einzelfälle. aa) Überblick. Einlagefähig sind bewegliche und unbewegliche **14** **Sachen,** grundstücksgleiche **Rechte,** wie zB das Erbbaurecht, sowie beschränkte dingliche Rechte, wie zB Dienstbarkeiten, Nießbräuche und Grundschulden[29] (→ § 5 Rn. 89 ff.); ebenso **Immaterialgüterrechte,** wie zB Patent- und Urheberrechte,[30] Marken,[31] Gebrauchs-[32] und Geschmacksmuster, eingetragene Designs, Lizenzen[33] und Kennzeichenrechte (→ § 5 Rn. 106 ff.).[34] Als Sacheinlage taugen außerdem **Sach- und Rechtsgesamtheiten,** insbesondere Unternehmen[35] und Betriebsteile, einschließlich des gesamten Kundenstamms, der Firma und des good will (→ § 5 Rn. 112 ff.).[36] Auch **Unternehmensgeheimnisse** können regelmäßig als Sacheinlage eingebracht werden (→ § 5 Rn. 108).[37] Bitcoins und andere **Kryptowährungen** sind einlagefähig, soweit sie auf einem etablierten Markt gehandelt werden. Die Begründung einer Verpflichtung gegenüber der GmbH zur Generierung der Kryptowährung durch Mining ist analog § 27 Abs. 2 Hs. 2 AktG nicht sacheinlagefähig.[38]

bb) Gesellschaftsanteile und eigene Anteile. Gesellschaftsanteile an Personen-[39] **15** und Kapitalgesellschaften[40] sowie andere Mitgliedschaftsrechte[41] sind sacheinlagefähig, soweit sie übertragbar sind (→ § 5 Rn. 110 f.). Werden sämtliche Anteile einer Kapitalgesellschaft im Wege der Sachkapitalerhöhung eingebracht, führt dies nicht ipso iure zur Verschmelzung der Gesellschaften;[42] dafür ist zusätzlich das besondere Verfahren nach §§ 2 ff. UmwG durchzuführen.

Nicht einlagefähig sind **eigene Anteile** der GmbH,[43] da ansonsten – vergleichbar **16** mit der Übernahme eigener Anteile (→ § 55 Rn. 161) – gegen das Gebot der realen Kapitalaufbringung verstoßen würde.[44] Werden eigene Anteile in die Gesellschaft eingebracht, fließt der GmbH wirtschaftlich betrachtet kein zusätzliches Kapital zu, das sie nicht ohnehin schon hat. Vielmehr handelt es sich faktisch um eine Kapitalerhöhung aus Gesellschaftsmitteln,[45] die nach §§ 57c ff. von der Einhaltung besonderer Regelungen abhängig ist. Ließe man die Einbringung eigener Anteile zu, würden diese Kautelen unterlaufen. Im Übrigen kann § 33 Abs. 1 und 2 der Einbringung entgegenstehen. Sollen eigene Anteile genutzt werden, kommt eine nominelle Kapitalerhöhung in Betracht, soweit die Gesellschaft über hinreichende Reserven verfügt.[46]

---

[29] Selbst bei Nichtvaluierung LG Koblenz Beschl. v. 29.8.1986 – 3 HT 1/86, GmbHR 1987, 482; Scholz/Priester/Tebben Rn. 9.

[30] BGH Urt. v. 16.2.1959 – II ZR 170/57, BGHZ 29, 300 (304) = NJW 1959, 934.

[31] BGH Urt. v. 15.5.2000 – II R 359/98, BGHZ 144, 290 = NZG 2000, 836.

[32] OLG Köln Urt. v. 25.4.1997 – 19 U 167/96, BB 1998, 446.

[33] Näher *Götting* AG 1999, 1; *Pentz* ZGR 2001, 901 (908 ff.).

[34] Zum Ganzen näher *Maume* NZG 2017, 249 (251 f.). – Zur Bewertung ausf. *Nestler* GWR 2014, 121 (123).

[35] Ausf. *Bunnemann* NZG 2005, 955 (956 ff.); *Wächter* GmbHR 2006, 1084; *Maume* NZG 2017, 249 (251 f.); *Nabrotzki*, Lizenzen an Immaterialgüterrechten als Mittel der Kapitalaufbringung, 2008, 136 ff.; aus der Rspr. vgl. BGH Urt. v. 16.4.2004 – II ZR 121/02, NZG 2004, 910; Urt. v. 15.5.2000 – II ZR 359/98, BGHZ 144, 290 = NZG 2000, 836.

[36] Zur Bewertung ausf. *Nestler* GWR 2014, 121 (122).

[37] Vgl. zur AG MüKoAktG/*Schürnbrand/Verse* AktG § 183 Rn. 13; MüKoAktG/*Pentz* AktG § 27 Rn. 25; GroßkommAktG/*Schall* AktG § 27 Rn. 139; aA Scholz/*Winter/Westermann*, 10. Aufl. 2006, § 5 Rn. 50.

[38] Dazu ausf. *Güldü* GmbHR 2019, 565.

[39] Speziell dazu Scholz/*Priester/Tebben* Rn. 10.

[40] Ausf. *Komo* GmbHR 2008, 296; vgl. ferner OLG Jena Beschl. v. 30.8.2018 – 2 W 260/18, NZG 2018, 1391 Rn. 6; OLG Celle Beschl. v. 14.7.1988 – 1 W 18/88, GmbHR 1988, 398; LG Mannheim Entsch. v. 26.3.1990 – 24 O 124/88, AG 1991, 110 = ZIP 1990, 992.

[41] Ausf. Kölner Komm AktG/*Ekkenga* AktG § 183 Rn. 44 ff.

[42] Zutr. OLG Celle Beschl. v. 14.7.1988 – 1 W 18/88, GmbHR 1988, 398; Scholz/*Priester/Tebben* Rn. 9.

[43] AllgM; Noack/Servatius/Haas/*Servatius* Rn. 7; Lutter/Hommelhoff/*Bayer* Rn. 5; MHLS/*Hermanns* Rn. 40; Rowedder/Schmidt-Leithoff/*Schnorbus* Rn. 8; Scholz/*Priester/Tebben* Rn. 19; HCL/*Ulmer/Casper* Rn. 18; *Klein* GmbHR 2016, 461.

[44] So nun auch für die AG BGH Urt. v. 20.9.2011 – II ZR 234/09, NZG 2011, 1271 Rn. 14; zust. *Binder* ZGR 2012, 757 (762 ff.); iErg auch *Merkt/Mylich* NZG 2012, 525.

[45] Zutr. Lutter/Hommelhoff/*Bayer* Rn. 5; Scholz/*Priester/Tebben* Rn. 19.

[46] Vgl. noch HCL/*Ulmer/Casper* Rn. 18.

17   Auch wenn ein abhängiges oder in Mehrheitsbesitz befindliches Unternehmen keine Geschäftsanteile der herrschenden GmbH übernehmen darf (→ § 55 Rn. 162), kommen Anteile an **abhängigen** oder **im Mehrheitsbesitz** der GmbH **stehenden Gesellschaften** grundsätzlich als Gegenstand einer Sacheinlage in das herrschende Unternehmen in Betracht.[47] Dafür spricht namentlich, dass die herrschende Gesellschaft – ohne gegen § 33 zu verstoßen – Anteile an abhängigen oder im Mehrheitsbesitz befindlichen Unternehmen erwerben kann.[48] Auch wird durch die Einbringung solcher Anteile nicht gegen das Gebot einer realen Kapitalaufbringung verstoßen. Denn es besteht hier – anders als bei der Übernahme von Anteilen des herrschenden Unternehmens durch faktisch konzernierte Gesellschaften (→ § 55 Rn. 162) – nicht die Gefahr, dass das zugeführte Kapital bei wirtschaftlicher Betrachtung zu einem erheblichen Teil aus dem Vermögen des herrschenden Unternehmens stammt, dessen Kapital erhöht werden soll. Stattdessen werden Anteile zugeführt, die bisher in der Hand der (außenstehenden) Gesellschafter des abhängigen Unternehmens standen. Diese Anteile können nach allgemeinen Grundsätzen auch aus dem Vermögen des Inferenten ausgesondert und zur freien Verfügung der Geschäftsführer an die GmbH geleistet werden. Ungeachtet der grundsätzlichen Einlagefähigkeit ist freilich bei der Bewertung der Anteile besonders vorsichtig zu verfahren. Bei wechselseitigen Beteiligungen kann die Einlagefähigkeit ausgeschlossen sein.[49]

18   **cc) Forderungen. (1) Forderungen gegen Dritte, den Inferenten und Konzerngesellschaften.** Forderungen **gegen Dritte** sind unter der Voraussetzung **einlagefähig,** dass sie einen Vermögenswert aufweisen und übertragbar sind (→ § 5 Rn. 29).[50] Im Unterschied dazu sind **gegen den Inferenten gerichtete Forderungen nicht** einlagefähig (→ § 5 Rn. 129 ff.),[51] da in diesem Fall die besonders gesicherte Einlageforderung nur gegen eine einfache schuldrechtliche Forderung ausgetauscht würde, ohne der Gesellschaft frisches Kapital zuzuführen. Nichts anderes gilt für die Kapitalerhöhung im **Cash Pool** (→ § 56a Rn. 73 ff.).[52]

19   Bisher ungeklärt ist, ob **Forderungen gegen ein Konzernunternehmen des Inferenten** im Wege der Sachkapitalerhöhung **einlagefähig** sind. Die Frage ist praxisrelevant, im Schrifttum aber bisher nicht behandelt. Im Ergebnis ist sie zu bejahen. Der Konzern stellt sich als eine wirtschaftlich-funktionale Einheit dar, was es an sich nahe legt, solchen Forderungen – ebenso wie gegen den Inferenten gerichteten Forderungen (→ Rn. 18) – die Einlagefähigkeit abzusprechen. Gleichwohl kommt es bei der Einbringung einer gegen ein Konzernunternehmen des Inferenten gerichteten Forderung nicht zu einem bloßen Forderungstausch. Vielmehr richtet sich der Anspruch der GmbH gegen einen rechtlich eigenständigen Rechtsträger, dessen Vermögen vom Inferenten verselbstständigt ist und der

---

[47]   OLG Jena Beschl. v. 30.8.2018 – 2 W 260/18, NZG 2018, 1391 Rn. 7 ff.; Noack/Servatius/Haas/ *Servatius* Rn. 7; Lutter/Hommelhoff/*Bayer* Rn. 5; Scholz/*Priester/Tebben* Rn. 19 aE; *Klein* GmbHR 2016, 461 (462); aA noch 2. Aufl. 2016 Rn. 16.

[48]   *Klein* GmbHR 2016, 461 (462); für § 33 ebenso schon *Lieder* GmbHR 2014, 57 (64 f.).

[49]   So auch Noack/Servatius/Haas/*Servatius* Rn. 7; Lutter/Hommelhoff/*Bayer* Rn. 5; *Klein* GmbHR 2016, 461 (462); abw. *Altmeppen* Rn. 5: Einschränkung nur analog § 33 Abs. 1 bei nicht voll eingezahlten Anteilen.

[50]   Noack/Servatius/Haas/*Servatius* § 5 Rn. 27; Lutter/Hommelhoff/*Bayer* § 5 Rn. 17; Scholz/*Veil* § 5 Rn. 45; HCL/*Ulmer/Casper* § 5 Rn. 66; *Kleine,* Der Umtausch von Forderungen in Nennkapital, 2014, 33 ff.

[51]   Wie hier zum bisherigen Recht BGH Urt. v. 21.11.2005 – II ZR 140/04, BGHZ 165, 113 (117) = NJW 2006, 509; Noack/Servatius/Haas/*Servatius* § 5 Rn. 24; *Altmeppen* § 5 Rn. 29; HCL/*Ulmer/Casper* § 5 Rn. 66; *Gesell* BB 2007, 2241 (2244); zum neuen Recht Scholz/*Priester/Tebben* Rn. 12; *Wälzholz* GmbHR 2008, 841 (846); *Seibert/Decker* ZIP 2008, 1208 (1210); *Bormann/Urlichs* GmbHR Sonderheft Oktober 2008, 37 (45); *Schluck-Amend/Penke* DStR 2009, 1433 (1435); aA zum bisherigen Recht OLG Schleswig Urt. v. 20.7.2000 – 5 U 2/00, GmbHR 2000, 1045 = NJW-RR 2001, 175; *Cahn* ZHR 166 (2002), 278 (306); *Drygala* ZGR 2006, 587 (629); zum neuen Recht *Bormann* GmbHR 2007, 897 (903); *Wicke* § 19 Rn. 33.

[52]   Zur Kapitalaufbringung im Cash Pool ausf. *Bayer/Lieder* GmbHR 2006, 449; *Bayer/Lieder* GmbHR 2006, 1121; *Lieder* GmbHR 2009, 1177; zur AG K. Schmidt/Lutter/*Bayer* AktG § 27 Rn. 15; ferner *Maier-Reimer/Wenzel* ZIP 2008, 1449 (1454); aA zB *Cahn* ZHR 166 (2002), 278 (289 ff.).

nach seinem eigenen Recht lebt.[53] Mit Einbringung der Forderung gegen das Konzernvermögen wird aus dem Vermögen des Inferenten ein verwertbarer und übertragbarer Vermögensgegenstand herausgelöst. Etwaigen Schwierigkeiten, die sich aus der Einflussnahme des Inferenten auf das Konzernunternehmen im Hinblick auf die Durchsetzbarkeit der Forderung ergeben können, ist durch eine zurückhaltende Bewertung Rechnung zu tragen. Auch dem im GmbH-Recht analog geltenden § 56 Abs. 2 AktG (→ Rn. 17; → § 55 Rn. 162) ist keine andere Wertung zu entnehmen, da sich der Anwendungsbereich nach dem Normzweck der Vorschrift auf Gesellschaften beschränkt, die von der kapitalerhöhenden GmbH abhängig sind, nicht aber vom Inferenten; Konzernunternehmen des Inferenten sind von § 56 Abs. 2 AktG nicht erfasst.

Die Einlage einer aufschiebend **bedingten oder zukünftigen Forderung** setzt voraus, **20** dass die Bedingung oder das künftige Ereignis eingetreten ist, bevor die Eintragung in das Handelsregister erfolgt (→ § 5 Rn. 133).[54] Deshalb ist der künftige Regressanspruch des Bürgen nicht sacheinlagefähig und bildet dementsprechend auch keinen tauglichen Ansatzpunkt für eine verdeckte Sacheinlage.[55] Der BGH[56] geht zu weit und provoziert unnötige Abgrenzungsschwierigkeiten, wenn er die Einbringung bedingter und künftiger Forderungen von der Wahrscheinlichkeit des Bedingungseintritts abhängig machen will.[57] Stattdessen sollte solchen Forderungen mit Blick auf die Ungewissheit ihrer Realisierung die Einlagefähigkeit generell abgesprochen werden.

(2) Umwandlung von Verbindlichkeiten in Eigenkapital (Debt-Equity-Swap). 21 Gegen die Gesellschaft gerichtete Forderungen der Gesellschafter oder Dritter sind taugliche Einlagegegenstände.[58] Gleiches gilt für gegen eine Tochtergesellschaft der GmbH gerichtete Forderungen.[59] Die Vermögenslage der GmbH verbessert sich mit Einbringung der Forderung, indem die Gesellschaft einen Passivposten verliert; dies steht bei wirtschaftlicher Betrachtung einem Vermögenszufluss gleich.[60] Die Einbringung einer solchen Forderung (Debt-Equity-Swap)[61] kommt aber nur zu dem Wert in Betracht, zu dem die Forderung durch das Gesellschaftsvermögen gedeckt ist. Maßgeblich ist der **objektive Wert,** den die Forderung

---

[53] Vgl. Kölner Komm AktG/*Lutter,* 2. Aufl. 1995, AktG § 183 Rn. 79.
[54] OLG Oldenburg Urt. v. 17.4.1997 – 1 U 90/96, AG 1997, 424 (427); Scholz/*Priester/Tebben* Rn. 13; Scholz/*Veil* § 5 Rn. 45.
[55] BGH Urt. v. 12.4.2011 – II ZR 17/10, NZG 2011, 667 Rn. 14; krit. insofern *Tröger* WuB II C. § 19 GmbHG 1.11; vgl. noch BGH Urt. v. 18.3.2002 – II ZR 363/00, BGHZ 150, 197 = NJW 2002, 1716; offenlassend noch BGH Urt. v. 24.9.1990 – II ZR 203/89, NJW 1991, 226.
[56] Vgl. BGH Urt. v. 12.4.2011 – II ZR 17/10, NZG 2011, 667 Rn. 14.
[57] Krit. auch *Cramer* EWiR 2011, 669 (670); *Tröger* WuB II C. § 19 GmbHG 1.11.
[58] BGH Urt. v. 13.10.1954 – II ZR 182/53, BGHZ 15, 52 (60) = NJW 1955, 69; Urt. v. 26.3.1984 – II ZR 14/84, BGHZ 90, 370 (374) = NJW 1984, 1891; Urt. v. 15.1.1990 – II ZR 164/88, BGHZ 110, 47 (60) = NJW 1990, 982; Urt. v. 18.2.1991 – II ZR 104/90, BGHZ 113, 335 (341) = NJW 1991, 1754; Urt. v. 21.2.1994 – II ZR 60/93, BGHZ 125, 141 (149 f.) = NJW 1994, 1477; Noack/Servatius/ Haas/*Servatius* Rn. 7; Lutter/Hommelhoff/*Bayer* Rn. 9; MHLS/*Hermanns* Rn. 41, 43; Rowedder/ Schmidt-Leithoff/*Schnorbus* Rn. 9; Scholz/*Priester/Tebben* Rn. 13; Bork/Schäfer/*Arnold/Born* Rn. 14; Gehrlein/Born/Simon/*Bormann* Rn. 23; *Ekkenga* ZGR 2009, 581 (589 ff.).
[59] Zur AG OLG Oldenburg Urt. v. 17.4.1997 – 1 U 90/96, AG 1997, 424 (426 f.).
[60] KG Urt. v. 11.4.1935 – 1 Wx 90/35, JW 1935, 2899; HK-GmbHG/*Inhester/Diers* Rn. 8; Lutter/ Hommelhoff/*Bayer* Rn. 9; Scholz/*Priester/Tebben* Rn. 13; *Scholz* GmbHR 1957, 65 (66). – Näher zum wirtschaftlichen Hintergrund *Lieder* in Bayer/Koch, Aktuelles GmbH-Recht, 2013, 142 (157 f.); *Häfele,* Die Treuepflicht der Aktionäre bei der vorinsolvenzrechtlichen Sanierung durch einen Debt Equity Swap, 2013, 20 ff.; *Löbbe* Liber amicorum M. Winter, 2011, 423 (424 ff.); speziell zu den betriebswirtschaftlichen Anforderungen *Bay/Seeburg/Böhmer* ZInsO 2011, 1927 (1933 ff.).
[61] Zum Debt-Equity-Swap monografisch *Kleine,* Der Umtausch von Forderungen in Nennkapital, 2014, 1 ff.; *Pühl,* Der Debt Equity Swap im Insolvenzplanverfahren, 2016, 1 ff.; *Schulz,* Der Debt Equity Swap in der Insolvenz, 2015, 1 ff.; *Schwarz,* Der Debt-Equity-Swap als Instrument der Unternehmenssanierung nach deutschem und englischem Recht, 2015, 1 ff.; zur Transaktionspraxis *Carli/Rieder/Mückl* ZIP 2010, 1737; *Groß/Kautenberger-Behr* CF 2016, 307; zur praktischen Gestaltung *Löbbe* Liber amicorum M. Winter, 2011, 423 (430 ff.); ferner *Bayer* FS Kanzleiter, 2010, 75 (76 f.); zur Geschichte *Segmiller,* Kapitalmaßnahmen im Insolvenzplan, 2013, 159 ff.; zu den steuerrechtlichen Folgen *Segmiller,* Kapitalmaßnahmen im Insolvenzplan, 2013, 209 ff.; zur Anfechtungsproblematik bei Einbringung von Gesellschafterdarlehen *Habersack* FS Kübler, 2015, 219 (222 ff.).

in Ansehung der Bonität der Gesellschaft sowie etwaiger Sicherheiten[62] tatsächlich hat.[63] Stille Reserven sind bei der Wertermittlung zu berücksichtigen.[64] Die Forderung ist grundsätzlich nach ihrem Liquidationswert anzusetzen,[65] der sich allerdings – soweit das Unternehmen in seiner Gesamtheit veräußert wird – mit dem Nominalwert decken kann.[66] Zu bestimmen ist die Werthaltigkeit im Zweifel durch einen Sachverständigen (zB Wirtschaftsprüfer).[67]

22   Die abweichende **Gegenauffassung,** die den Nennbetrag der Forderung als maßgeblich ansieht,[68] setzt sich in offenen **Widerspruch mit** dem Prinzip der **effektiven Kapitalaufbringung.** Sie führt im Ergebnis notwendig dazu, dass Neugläubiger nicht länger auf die Deckung der Stammkapitalziffer vertrauen dürfen, wie sie im Handelsregister verlautbart ist.[69] Zudem verstößt die Gegenauffassung gegen die Wertung des § 19 Abs. 4 S. 3. Wenn die Anrechnung einer als verdeckte Sacheinlage eingebrachten Forderung auf die Bareinlageschuld von deren Werthaltigkeit abhängt, dann muss es wertungswidersprüchlich erscheinen, wenn eine unterwertige Forderung im Rahmen eines Debt-Equity-Swap zum vollen Nennwert eingebracht werden könnte.[70] Für die Einbringung zum objektiven Wert spricht ferner die Wertung des § 57d Abs. 2 (→ § 57d Rn. 21 ff.)[71] und ein Umkehrschluss zur nicht analogiefähigen Sondervorschrift des § 194 Abs. 1 S. 2 AktG.[72] Daran hat sich auch mit den Neuregelungen durch das ESUG nach zutreffender Auffassung nichts geändert.

---

[62] Speziell zu diesem Aspekt *Eckert/Harig* ZInsO 2012, 2318.

[63] BGH Urt. v. 26.3.1994 – II ZR 14/84, BGHZ 90, 370 (373) = NJW 1984, 1891; Urt. v. 15.1.1990 – II ZR 164/88, BGHZ 110, 47 = NJW 1990, 982; Urt. v. 21.2.1994 – II ZR 60/93, BGHZ 125, 141 (145 f.) = NJW 1994, 1477; OLG Schleswig Urt. v. 14.12.2000 – 5 U 182/98, NZG 2001, 566; OLG Dresden Urt. v. 17.8.1998 – 2 U 596/98, NZG 1999, 29; Lutter/Hommelhoff/*Bayer* Rn. 9; *Altmeppen* Rn. 7, 8; Scholz/*Priester/Tebben* Rn. 13a; *G. Müller* ZGR 1995, 327 (334); *Goette* DStR 1996, 266 (274); *Groh* BB 1997, 2523 (2524); *Priester* DB 2010, 1445; *Hirte/Knof/Mock* DB 2011, 632 (642); *Hölzle* NZI 2011, 124 (128 f.); *K. Schmidt* BB 2011, 1603 (1608 f.); *K. Schmidt* ZGR 2012, 566 (573 f.); *Römermann* NJW 2012, 645 (651); *Weber/Schneider* ZInsO 2012, 374 (375 f.); *Ekkenga* DB 2012, 331; *Seibt/Schulz* CFL 2012, 313 (327); *H.-F. Müller* KTS 2012, 419 (447 f.): *Lieder* in Bayer/Koch, Aktuelles GmbH-Recht, 2013, 142 (158 f.); *Häfele,* Die Treuepflicht der Aktionäre bei der vorinsolvenzrechtlichen Sanierung durch einen Debt Equity Swap, 2013, 61 ff.; *Kleine,* Der Umtausch von Forderungen in Nennkapital, 2014, 80 ff., 137 ff.; *Segmiller,* Kapitalmaßnahmen im Insolvenzplan, 2013, 185 ff.; *Arnold* FS Hoffmann-Becking, 2013, 29 (37 ff.); *Kleindiek* FS Hommelhoff, 2012, 543 (551 ff.); *Wiedemann* FS Hoffmann-Becking, 2013, 1387 (1392 f.); *Habersack* FS Kübler, 2015, 219 (220 f.); *Brünkmans* ZInsO 2017, 1401 (1406); *Gehrlein* ZInsO 2021, 175 (189).

[64] BGH Urt. v. 21.2.1994 – II ZR 60/93, BGHZ 125, 141 (146) = NJW 1994, 1477; Scholz/*Priester/Tebben* Rn. 13a; *Groß* GmbHR 1983, 290 (294); *G. Müller* ZGR 1995, 327 (335); *Kanzler/Mader* GmbHR 2012, 992 (993); *Kleindiek* FS Hommelhoff, 2012, 543 (558); aA *Ekkenga* ZGR 2009, 581 (600).

[65] Vgl. *Hirte/Knof/Mock* DB 2011, 632 (642 f.); *Meyer/Degener* BB 2011, 846 (849); *Simon/Merkelbach* NZG 2012, 121 (124); *Fromm* ZInsO 2012, 1253 (1254); *Haas* NZG 2012, 961 (967); *H.-F. Müller* KTS 2012, 419 (448); *Wertenbruch* ZIP 2013, 1693 (1699); *Kleindiek* FS Hommelhoff, 2012, 543 (555 f., 558); *Bormann/Trautmann* GmbHR 2016, 37 (43); *Brünkmans* ZInsO 2017, 1401 (1406 f.); vgl. auch BGH Urt. v. 26.3.1984 – II ZR 14/84, GmbHR 1984, 313 = NJW 1984, 1891; Urt. v. 21.2.1994 – II ZR 60/93, GmbHR 1994, 394 (396) = NJW 1994, 1477; aA *Segmiller,* Kapitalmaßnahmen im Insolvenzplan, 2013, 204 f.

[66] *Spliedt* GmbHR 2012, 462 (464); *Lieder* in Bayer/Koch, Aktuelles GmbH-Recht, 2013, 142 (159).

[67] Ebenso Lutter/Hommelhoff/*Bayer* Rn. 9 aE; vgl. für den Insolvenzfall Begr. RegE ESUG, BT-Drs. 17/ 5712, 36; krit. *Spliedt* GmbHR 2012, 462 (467).

[68] *Meilicke* DB 1989, 1067, 1119; *Hoffmann* BB 1992, 575; *Cahn/Simon/Theiselmann* CFL 2010, 238; *Cahn/ Simon/Theiselmann* DB 2010, 1629; *Cahn/Simon/Theiselmann* DB 2012, 501; *Spliedt* GmbHR 2012, 462; *Wansleben* WM 2012, 2083 (2086 ff.); HK-GmbHG/*Inhester/Diers* Rn. 9; *Schulz,* Der Debt Equity Swap in der Insolvenz, 2015, 222 ff.; sympathisierend *W. Müller* FS Hoffmann-Becking, 2013, 835 (845); ebenso *Maier-Reimer* VGR 2011, 107 (122 ff.), sofern der Debt-Equity-Swap zur Beseitigung der Überschuldung und Zahlungsunfähigkeit führt.

[69] Vgl. *Priester* DB 2010, 1445 (1449); *Lieder* in Bayer/Koch, Aktuelles GmbH-Recht, 2013, 142 (158).

[70] Vgl. *Ekkenga* DB 2012, 331 (333); *Priester* DB 2010, 1445 (1449); *Lieder* in Bayer/Koch, Aktuelles GmbH-Recht, 2013, 142 (159).

[71] Vgl. *Priester* DB 2010, 1445 (1449); *Weber/Schneider* ZInsO 2012, 374 (376).

[72] Wie hier Kölner Komm AktG/*Arnold* AktG § 27 Rn. 57; *Ekkenga* DB 2012, 331 (332); *G. Müller* ZGR 1995, 327 (334 f.); gegen eine analoge Anwendung auch *Kleine,* Der Umtausch von Forderungen in Nennkapital, 2014, 112 ff.; aA *Karollus* ZIP 1994, 589 (591, 599); *Spliedt* GmbHR 2012, 462.

Die **Einbringung** der Gesellschafterforderung kann **rechtstechnisch** entweder durch 23
Abtretung an die GmbH erfolgen mit dem Ergebnis, dass die Forderung durch Konfusion
erlischt,[73] oder aber durch den Abschluss eines Erlassvertrages, der ebenfalls nach § 397
Abs. 1 BGB zum Erlöschen der Forderung führt.[74] In diesem Zusammenhang sind sämtliche
formellen Voraussetzungen des Abs. 1 einzuhalten (→ Rn. 37 ff.). Andernfalls liegt eine
verdeckte Sacheinlage vor, die nach den allgemeinen Grundsätzen des Abs. 2 iVm § 19
Abs. 4 zu behandeln ist (→ Rn. 71 ff.). Für die Zulässigkeit des – notwendigen – **Bezugsrechtsausschlusses** gelten die allgemeinen Grundsätze (→ § 55 Rn. 82 ff.).

Im Zusammenhang mit dem Debt-Equity-Swap treffen den **Notar** besondere **Prü-** 24
fungs- und Belehrungspflichten, soweit er nicht nur ein Tatsachenprotokoll nach § 36
BeurkG beurkundet, sondern Willenserklärungen nach §§ 8 ff. BeurkG.[75] So hat er über
die Risiken aufzuklären, die mit einer Einbringung von Forderungen für den Inferenten
und die Mitgesellschafter verbunden sind. Dabei obliegt ihm zwar nicht die Prüfung der
Werthaltigkeit als solche, wohl hat er aber auf die Prüfung der Werthaltigkeit durch das
Registergericht hinzuweisen und darauf, dass bei einer nicht nur geringfügigen Überbewertung die Zurückweisung der Anmeldung zur Eintragung in das Handelsregister[76] sowie die
verschuldensunabhängige Differenzhaftung (→ Rn. 65)[77] drohen. Dabei muss der Notar
sich Klarheit darüber verschaffen, ob die Beteiligten die maßgeblichen Rechtsbegriffe richtig verstanden haben, namentlich wenn Zweifel an der Werthaltigkeit der eingebrachten
Forderung bestehen, wenngleich er sich im Grundsatz auf die Angaben der Gesellschafter
verlassen darf.[78]

(3) Insolvenzplanverfahren und Restrukturierungsverfahren. Eine **erleichterte** 25
Form der **Sachkapitalerhöhung** durch Debt-Equity-Swap steht den Beteiligten in dem
durch das **ESUG**[79] reformierten **Insolvenzplanverfahren** zur Verfügung (→ § 55
Rn. 78 ff.).[80] Im gestaltenden Teil des Plans kann nach Maßgabe des § 225a Abs. 2 S. 1
InsO vorgesehen werden, dass Forderungen der Gläubiger in Anteilsrechte an der Insolvenzschuldnerin umgewandelt werden. Mit Zustimmung der Gesellschaftsgläubiger (vgl. § 225a
Abs. 2 S. 2 InsO)[81] sind nach § 225a Abs. 2 S. 3 InsO insbesondere Kapitalerhöhung, Kapitalherabsetzung, Bezugsrechtsausschluss sowie die Zahlung von Abfindungen an ausscheidende Gesellschafter zulässig. Die materiellrechtliche Zulässigkeit solcher Kapitalmaßnahmen bestimmt sich nach zutreffender Auffassung grundsätzlich nach den Vorgaben des
allgemeinen Gesellschaftsrechts (→ § 55 Rn. 81). Für die materielle Rechtfertigung des
Bezugsrechtsausschlusses gelten daher gleichermaßen die allgemeinen Grundsätze
(→ § 55 Rn. 82, → § 55 Rn. 88). Auch in einem Insolvenzplan- oder Restrukturierungsverfahren sind Forderungen mit ihrem **Verkehrswert** einzubringen. Dafür sprechen neben
den allgemeinen Erwägungen (→ Rn. 21) die Wertungen von § 254 Abs. 4 InsO und § 67

---

[73] Zur Dogmatik der Konfusion eingehend *Lieder,* Die rechtsgeschäftliche Sukzession, 2015, 574 ff.
[74] Vgl. BGH Urt. v. 15.1.1990 – II ZR 164/88, BGHZ 110, 47 (60) = NJW 1990, 982; Urt. v. 21.2.1994 –
II ZR 60/93, BGHZ 125, 141 (150) = NJW 1994, 1477; Lutter/Hommelhoff/*Bayer* Rn. 12; MHLS/
Hermanns Rn. 41; Rowedder/Schmidt-Leithoff/*Schnorbus* Rn. 10; Scholz/*Priester/Tebben* Rn. 14;
Ekkenga ZGR 2009, 581 (589).
[75] Dazu und zum Folgenden *Lieder* in Bayer/Koch, Aktuelles GmbH-Recht, 2013, 142 (161 f.).
[76] OLG Düsseldorf Urt. v. 15.12.1994 – 18 U 86/94, NJW 1995, 1761 (1762).
[77] BGH Beschl. v. 2.10.2007 – III ZR 13/07, NJW 2007, 3566 Rn. 11; OLG Düsseldorf Urt.
v. 15.12.1994 – 18 U 86/94, NJW 1995, 1761 (1762).
[78] BGH Urt. v. 16.11.1995 – IX ZR 14/95, NJW 1996, 524; Beschl. v. 2.10.2007 – III ZR 13/07, NJW
2007, 3566 Rn. 11.
[79] Gesetz zur weiteren Erleichterung der Sanierung von Unternehmen vom 7.12.2011, BGBl. I 2582; zu
Grundlagen und Hintergründen s. etwa *Lieder* in Bayer/Koch, Aktuelles GmbH-Recht, 2013, 142
(170 ff.).
[80] Dazu monografisch *Pühl,* Der Debt Equity Swap im Insolvenzplanverfahren, 2016, 1 ff.; *Schulz,* Der
Debt Equity Swap in der Insolvenz, 2015, 1 ff.; *Deckers,* Die Mitgliedschaft in der Insolvenz, 2019, 79 ff.,
271 ff. und passim; vgl. weiter *Naraschewski* FS 10 Jahre Österberg Seminare, 2018, 347 ff.; *K. Schmidt*
FS 10 Jahre Österberg Seminare, 2018, 365 ff. – S. ferner den Musterinsolvenzplan und weitere Doku-
mentenmuster bei *Horstkotte/Martini* ZInsO 2012, 557 (570 ff.).
[81] Speziell dazu *H.-F. Müller* KTS 2012, 419 (444).

Abs. 5 StaRUG (→ Rn. 26).[82] Ebenso wie in sanierungsbedürftigen Gesellschaften wird sich ein Bezugsrechtsausschluss zur Einbringung von Gläubigerforderungen in die GmbH aber regelmäßig als eine geeignete, erforderliche und verhältnismäßige Maßnahme zur Restrukturierung der Gesellschaft erweisen und daher im Regelfall zulässig sein. Diese Grundsätze gelten im Wesentlichen auch für einen Debt-Equity-Swap im vorinsolvenzlichen **Restrukturierungsverfahren** nach dem StaRUG (→ § 55 Rn. 85).

26   Eine weitere Besonderheit des Debt-Equity-Swaps im Insolvenzplanverfahren wie auch im Restrukturierungsverfahren[83] besteht in dem **Ausschluss des Differenzhaftungsanspruchs** des Forderungsinferenten (→ Rn. 55 ff.).[84] Gegen den bisherigen Gläubiger können nach gerichtlicher Bestätigung des die Schuldumwandlung anordnenden Plans nach § 254 Abs. 4 InsO respektive § 67 Abs. 5 StaRUG keine Ansprüche wegen einer Überbewertung der Forderung geltend gemacht werden. Der Ausschluss der Bardeckungspflicht dient nach dem erklärten Willen des Gesetzgebers der Planungssicherheit im Rahmen des Insolvenzplanverfahrens und soll in erster Linie berechtigte Interessen der Insolvenzgläubiger schützen.[85] Erkauft wird die Erreichung dieses legislatorischen Ziels durch einen schwerwiegenden **Eingriff in das tradierte Kapitalschutzsystem.**[86] Das systemtragende Prinzip der realen Kapitalaufbringung beansprucht demnach im Insolvenzplanverfahren keine uneingeschränkte Geltung mehr.

27   **Beeinträchtigt** werden durch den Ausschluss der Bardeckungspflicht namentlich die Interessen der **Neugläubiger,** die sich nicht länger darauf verlassen dürfen, dass die Stammkapitalziffer nach Durchführung eines Insolvenzplanverfahrens durch das Gesellschaftsvermögen tatsächlich gedeckt ist.[87] Die berechtigten Interessen der Neugläubiger werden ergänzend durch eine Anwendung des **§ 826 BGB** bei einer vorsätzlichen sittenwidrigen Überbewertung eingebrachter Forderungen geschützt,[88] dessen hohe tatbestandliche Anforderungen in der praktischen Anwendung aber nur selten erfüllt sein dürften. Der Anspruch basiert auf einer vorsätzlichen, sittenwidrigen Nichteinhaltung der Kapitaldeckungszusage des Inferenten gegenüber der GmbH und steht folglich der Gesellschaft als Innenhaftungsanspruch gegen den früheren Gläubiger zu. Im Übrigen sind die Neugläubiger weder in den Schutzbereich der Insolvenzverschleppungshaftung nach § 823 Abs. 2 BGB iVm § 15a Abs. 1 InsO einbezogen[89] noch vom Schutzbereich der Haftung des Insolvenzverwalters nach § 60 InsO[90] erfasst.[91]

28   Der Ausschluss der Bardeckungspflicht entfaltet seine **Wirkungen** erst im Nachgang des Debt-Equity-Swap, indem er der Insolvenzschuldnerin den Differenzhaftungsanspruch

---

[82] Vgl. auch *Naraschewski* FS 10 Jahre Österberg Seminare, 2018, 347 (358 f.).
[83] Zur rechtssystematischen Verbindung der beiden Verfahren in diesem Zusammenhang vgl. Begr. RegE, BT-Drs. 19/24181, 166.
[84] Zur dogmatischen Einordnung *K. Schmidt* BB 2011, 1603 (1609); vgl. noch Lutter/Hommelhoff/*Bayer* Rn. 13a; *Gehrlein* ZInsO 2021, 175 (189).
[85] Begr. RegE ESUG, BT-Drs. 17/5712, 36.
[86] Abl. daher *Brinkmann* WM 2011, 97 (101); *Hölzle* NZI 2011, 124 (129); *Kanzler/Mader* GmbHR 2012, 992; Scholz/*Priester/Tebben* Rn. 15b; Lutter/Hommelhoff/*Bayer* Rn. 13a; *Altmeppen* Rn. 8 aE; krit. auch *Simon/Merkelbach* NZG 2012, 121 (124); iErg positiv hingegen *Hirte/Knof/Mock* DB 2011, 632 (642); *Meyer/Degener* BB 2011, 846 (849 f.); *K. Schmidt* BB 2011, 1603 (1609); *J. M. Schmidt* GWR 2010, 568; *Römermann* NJW 2012, 645 (651); *Spliedt* GmbHR 2012, 462 (471); *Segmiller*, Kapitalmaßnahmen im Insolvenzplan, 2013, 183 ff.; wägend *Lieder* in Bayer/Koch, Aktuelles GmbH-Recht, 2013, 142 (174 f.).
[87] *Lieder* in Bayer/Koch, Aktuelles GmbH-Recht, 2013, 142 (175); *Meyer/Degener* BB 2011, 846 (849 f.); *Kanzler/Mader* GmbHR 2012, 992 (993 f.).
[88] *Kanzler/Mader* GmbHR 2012, 992 (996 ff.); *Gehrlein* NZI 2012, 257 (261); vgl. noch *Lieder* in Bayer/Koch, Aktuelles GmbH-Recht, 2013, 142 (175); für betrügerisch überbewertete Sacheinlagen schon RG Urt. v. 5.3.1914 – II 657/13, RGZ 84, 332 (337); Urt. v. 2.11.1920 – II 168/20, RGZ 100, 175 (177 f.). – Für eine teleologische Reduktion des § 254 Abs. 4 InsO hingegen *Kleindiek* FS Hommelhoff, 2012, 543 (562 f.).
[89] *Gehrlein* NZI 2012, 257 (261); *K. Schmidt* BB 2011, 1603 (1609); *Kanzler/Mader* GmbHR 2012, 992 (995 f.).
[90] *Spliedt* GmbHR 2012, 462 (467); *Kanzler/Mader* GmbHR 2012, 992 (995).
[91] Vgl. weitere Schutzansätze bei *Kanzler/Mader* GmbHR 2012, 992 (994 ff.); *Haas* NZG 2012, 961 (966 f.).

gegen den Forderungsinferenten abschneidet. Auf die Wertbestimmung bei Einbringung des Forderungsrechts entfaltet § 254 Abs. 4 InsO hingegen keine Ausstrahlungswirkung.[92] Vielmehr sind die Forderungen auch im Insolvenzplanverfahren mit ihrem **objektiven Wert zu Zerschlagungswerten** – nicht etwa zum Nennwert – anzusetzen.[93] Für die Gläubiger nachrangiger Forderungen macht eine Schuldumwandlung daher regelmäßig wenig Sinn.[94] Davon abgesehen können sich Inferenten nach dem Debt-Equity-Swap aber jedenfalls auf das **Sanierungsprivileg** nach § 39 Abs. 4 S. 2 InsO und ggf. das **Kleinbeteiligungsprivileg** nach § 39 Abs. 5 InsO berufen.[95]

dd) Gesellschafterdarlehen. Gesellschafterdarlehen kommen nach der Reform des **29** Eigenkapitalersatzrechts durch das MoMiG[96] heute als taugliche Einlagegegenstände in Betracht (→ § 5 Rn. 153).[97] Ein möglicher Rangrücktritt nach § 39 Abs. 1 Nr. 5 InsO sowie die übrigen Realisierungsrisiken nach neuem Recht können durch eine zurückhaltende Bewertung berücksichtigt werden.[98] Im Übrigen werden Gesellschafterdarlehen unter keinen Umständen mehr analog §§ 30, 31 wie Eigenkapital behandelt (§ 30 Abs. 1 S. 3; → § 30 Rn. 21, → § 30 Rn. 68 ff., → § 30 Rn. 263 f.). Deshalb kann die Sacheinlagefähigkeit im Gegensatz zum früheren Recht[99] auch nicht an diesem Aspekt scheitern.

ee) Genussrechte. Genussrechte des Sacheinlegers sind einlagefähig, soweit der Infe- **30** rent aufgrund des Genussrechts gegen die Gesellschaft eine Forderung innehat, die ihrerseits einlagefähig ist.[100] Beschränkt sich die Berechtigung des Einlegers hingegen darauf, an künftigen Gewinnen bzw. dem Liquidationserlös zu partizipieren, scheidet die Einbringung aus,[101] da künftige und bedingte Forderungen nicht sacheinlagefähig sind (→ § 5 Rn. 132 ff.).

ff) Obligatorische Nutzungsrechte. Die rechtsgeschäftliche Gebrauchsüberlassung **31** von Sachen oder Sachgesamtheiten an die GmbH sind unstreitig einlagefähig, soweit sich der Anspruch gegen Dritte richtet und übertragbar ist (→ § 5 Rn. 92 ff.).[102] Obligatorische

---

[92] Lutter/Hommelhoff/*Bayer* Rn. 13a; *K. Schmidt* BB 2011, 1603 (1609); *Hirte/Knof/Mock* DB 2011, 632 (642); vgl. noch Begr. RegE ESUG, BT-Drs. 17/5712, 32; abw. Interpretation bei *Cahn/Simon/Theiselmann* DB 2012, 501 (504).

[93] Lutter/Hommelhoff/*Bayer* Rn. 13a; *Hirte/Knof/Mock* DB 2011, 632 (642); *K. Schmidt* BB 2011, 1603 (1609); *K. Schmidt* ZGR 2012, 566 (573 f.); *Blöse* GmbHR 2012, 471 (476); *Simon/Merkelbach* NZG 2012, 121 (123); *H.-F. Müller* KTS 2012, 419 (448); *Lieder* in Bayer/Koch, Aktuelles GmbH-Recht, 2013, 142 (159 f.); *Häfele,* Die Treuepflicht der Aktionäre bei der vorinsolvenzrechtlichen Sanierung durch einen Debt Equity Swap, 2013, 137 f.; *Kleindiek* FS Hommelhoff, 2012, 543 (553 f.); *Arnold* FS Hoffmann-Becking, 2013, 29 (35 ff.).

[94] Vgl. Lutter/Hommelhoff/*Bayer* Rn. 13a; *Brinkmann* WM 2011, 97 (101); *Simon* CFL 2010, 448 (452 f.); *Hirte/Knof/Mock* DB 2011, 632 (643); *Urlaub* ZIP 2011, 1040 (1045).

[95] Lutter/Hommelhoff/*Bayer* Rn. 13a; *Bay/Seeburg/Böhmer* ZInsO 2011, 1927 (1932); *Hirte/Knof/Mock* DB 2011, 632 (643); *Meyer/Degener* BB 2011, 846 (848); *Gehrlein* NZI 2012, 257 (259 f.); vgl. noch *H.-F. Müller* KTS 2012, 419 (449 f.); *Segmiller,* Kapitalmaßnahmen im Insolvenzplan, 2013, 228 f.

[96] S. dazu *Bayer/Graff* DStR 2006, 1654; *Habersack* ZIP 2007, 2145.

[97] So schon die frühere hM zu Darlehen, die dem gesetzlichen Eigenkapitalersatzrecht nach § 32a Abs. 1 aF unterstanden Scholz/*Priester,* 9. Aufl. 2002, Rn. 51; *Priester* FS Döllerer, 1988, 475 (478 ff.); aA *Westermann* FS Oppenhoff, 1985, 535 (541 f.); ebenso heute noch HCL/*Ulmer/Casper* § 5 Rn. 71; wohl auch *Altmeppen*/Rn. 7; *Noack/Servatius/Haas/Servatius* Rn. 7; zweifelnd auch *Wicke* Rn. 3; wie hier aber Lutter/Hommelhoff/*Bayer* Rn. 10; Scholz/*Priester/Tebben* Rn. 13 aE; *Habersack* FS Kübler, 2015, 219 (222); vgl. noch OLG Köln Urt. v. 20.5.2010 – 18 U 122/09, GmbHR 2010, 1213 (1215) = BeckRS 2010, 17618; diff. MHLS/*Hermanns* Rn. 45.

[98] So zum früheren Recht schon zutr. Roth/Altmeppen/*Roth,* 5. Aufl. 2005, Rn. 3; vgl. noch OLG Schleswig Urt. v. 14.12.2000 – 5 U 182/98, NZG 2001, 566 (568); aA Scholz/*Priester,* 9. Aufl. 2002, Rn. 51 aE.

[99] Zum früheren Recht s. Baumbach/Hueck/*Zöllner,* 18. Aufl. 2006, Rn. 7; Michalski/*Hermanns,* 2002, Rn. 53; Rowedder/Schmidt-Leithoff/*Zimmermann,* 4. Aufl. 2002, Rn. 8; Scholz/*Priester,* 9. Aufl. 2002, Rn. 50; Ulmer/Habersack/Winter/*Ulmer,* 2008, Rn. 17.

[100] Lutter/Hommelhoff/*Bayer* Rn. 5; Scholz/*Priester/Tebben* Rn. 20; HCL/*Ulmer/Casper* Rn. 19.

[101] Noack/Servatius/Haas/*Servatius* Rn. 7; Lutter/Hommelhoff/*Bayer* Rn. 5; MHLS/*Hermanns* Rn. 43; Scholz/*Priester/Tebben* Rn. 20; HCL/*Ulmer/Casper* Rn. 19.

[102] HCL/*Ulmer/Casper* Rn. 16.

Nutzungsrechte an Vermögenswerten des Inferenten können nach zutreffender hM nur unter der Voraussetzung eingelegt werden, dass die Nutzungsberechtigung ihrer Dauer nach bestimmt ist, ein Entzug des Gegenstands nicht nach Belieben möglich ist und der Vermögenswert im Krisenfall anderweitig verwertet werden kann; dafür genügt es, den Gegenstand aus dem Vermögen des Einlegers auszusondern und den Besitz auf die Gesellschaft zu übertragen (→ § 5 Rn. 102 ff.).[103] Aufgrund der mit obligatorischen Nutzungsrechten stets verbundenen Unsicherheiten ist eine zurückhaltende Bewertung angezeigt.[104]

32   **gg) Ausschüttungsrückholverfahren.** Soll die Kapitalerhöhung im Wege des Ausschüttungsrückholverfahrens durch Einbringung bestehender oder künftiger Gewinnansprüche erfolgen (→ § 55 Rn. 17 ff.), gelten die Grundsätze über die Einlage von gegen die GmbH gerichteten Forderungen entsprechend (→ Rn. 19). Namentlich muss die Einlage der Gewinnansprüche als **Sacheinlage** förmlich festgesetzt werden.[105] Falls dies unterbleibt, gelten die Grundsätze über die verdeckte Sacheinlage nach § 19 Abs. 4 (→ Rn. 71 ff.). Für die Aufrechnung mit solchen Gewinnansprüchen gelten die unter → Rn. 123 ff. dargestellten Grundsätze.

33   Ohne eine förmliche Festsetzung können Gewinnansprüche im Wege der **Kapitalerhöhung aus Gesellschaftsmitteln** (→ § 57c Rn. 28) oder durch ein von der Rspr. anerkanntes ordentliches Kapitalerhöhungsverfahren eingebracht werden, das sich an den Regeln der nominellen Kapitalerhöhung orientiert. Für letzteres ist erforderlich, dass die Art der Kapitalerhöhung im Erhöhungsbeschluss offengelegt und der Anmeldung eine nicht mehr als acht Monate zurückliegende, testierte Bilanz beigefügt wird.[106]

34   Auch bei **Verwendung von Rücklagen und Nachschusskapital** zur Erhöhung des Stammkapitals müssen die Sacheinlagevorschriften eingehalten werden, soweit keine Kapitalerhöhung aus Gesellschaftsmitteln (§§ 57c ff.) durchgeführt wird.[107] Die Anwendbarkeit der Sacheinlageregelungen sorgt dafür, dass die Vollwertigkeit der Forderungen jedenfalls durch das Registergericht geprüft wird, wenn sie schon nicht durch eine testierte Bilanz nach §§ 57d, 57e nachgewiesen wird.[108]

35   **hh) Ansprüche auf Dienstleistungen.** Nicht einlagefähig sind analog § 27 Abs. 2 Hs. 2 AktG Ansprüche auf Dienstleistungen. Das gilt sowohl für Ansprüche, die sich gegen den Inferenten richten, als auch für solche, die die Dienstleistungen anderer Personen zum Gegenstand haben.[109] Für Dienstleistungspflichten des Inferenten gilt dasselbe wie für die Einbringung von gegen den Einleger gerichteten Forderungen. Es handelt sich um einen schlichten Forderungsaustausch, der zu keiner realen Vermögensmehrung auf Seiten der Gesellschaft führt. Die Einbringung von gegen Dritte gerichteten Dienstleistungsansprüchen scheitert daran, dass sie aufgrund des personenbezogenen Charakters an unüberwindlichen Bewertungsschwierigkeiten leiden.[110] Zielen die Vereinbarungen der Beteiligten darauf ab, anstelle der vereinbarten Bareinlage bei wirtschaftlicher Betrachtung einen Anspruch des Gesellschafters auf Erbringung von Dienstleistungen einzulegen, so handelt

---

[103] Zur AG BGH Urt. v. 15.5.2000 – II ZR 359/98, BGHZ 144, 290 (294) = NJW 2000, 2356; OLG Nürnberg Urt. v. 14.10.1998 – 12 U 1538/98, AG 1999, 381 (382) = NZG 1999, 409; (für die GmbH) vgl. BGH Urt. v. 14.6.2004 – II ZR 121/02, NZG 2004, 910 (911); Lutter/Hommelhoff/*Bayer* § 5 Rn. 22; HCL/*Ulmer/Casper* § 5 Rn. 65; aA *Ekkenga* ZHR 161 (1997), 599 (618 ff.).

[104] Zur AG BGH Urt. v. 15.5.2000 – II ZR 359/98, BGHZ 144, 290 (294) = NJW 2000, 2356; (für die GmbH) Lutter/Hommelhoff/*Bayer* § 5 Rn. 22; HCL/*Ulmer/Casper* § 5 Rn. 65.

[105] BGH Urt. v. 18.2.1991 – II ZR 104/90, BGHZ 113, 335 (342 f.) = NJW 1991, 1754; MHLS/*Hermanns* Rn. 46; Scholz/*Priester/Tebben* Rn. 16; HCL/*Ulmer/Casper* Rn. 51; Lutter/Hommelhoff/*Bayer* Rn. 18; Bork/Schäfer/*Arnold/Born* Rn. 19.

[106] BGH Urt. v. 26.5.1997 – II ZR 69/96, BGHZ 135, 381 (384 f.) = NJW 1997, 2516 im Anschluss an Lutter/*Zöllner* ZGR 1996, 164 (178 ff.); HCL/*Ulmer/Casper* Rn. 52; aA noch KG Beschl. v. 10.1.1935 – 1 b X 605/34, JW 1935, 1796.

[107] BGH Urt. v. 18.2.1991 – II ZR 104/90, BGHZ 113, 335 (340 ff.) = NJW 1991, 1754; Scholz/*Priester/Tebben* Rn. 17 f.; HCL/*Ulmer/Casper* § 55 Rn. 107.

[108] Scholz/*Priester/Tebben* Rn. 17; HCL/*Ulmer/Casper* § 55 Rn. 107, 115.

[109] Scholz/*Priester/Tebben* Rn. 12; HCL/*Ulmer/Casper* Rn. 14.

[110] IErg auch HCL/*Ulmer/Casper* Rn. 14.

es sich weder um eine verdeckte Sacheinlage (→ Rn. 78) noch um ein Hin- und Herzahlen iSd § 19 Abs. 5 (→ § 56a Rn. 77 ff.).

ii) Stille Beteiligung. Stille Beteiligungen sind einlagefähig. Bei der **typischen** stillen **36** Einlage handelt es sich in rechtsdogmatischer Hinsicht um eine Forderung, die nach allgemeinen Grundsätzen in Form eines Debt-Equity-Swap (→ Rn. 21) als Sachgegenstand eingebracht werden kann.[111] Eine **atypische** stille Beteiligung kann als übertragbares Mitgliedschaftsrecht[112] wie andere Gesellschaftsanteile (→ Rn. 15 ff.) eingebracht werden.[113]

III. Festsetzung der Sacheinlage

1. Kapitalerhöhungsbeschluss. a) Inhalt. Neben den allgemeinen Anforderungen **37** an die Beschlussfassung über eine ordentliche Kapitalerhöhung (→ § 55 Rn. 27) verlangt § 56 Abs. 1 S. 1 außerdem, dass im Erhöhungsbeschluss der **Gegenstand** der Sacheinlage (→ Rn. 38) sowie der **Nennbetrag** des Geschäftsanteils (→ Rn. 39 ff.) festgesetzt werden. Darüber hinaus muss auch die **Person** des Sachinferenten aufgenommen werden.[114] Das ergibt sich zwar nicht (mehr) ausdrücklich aus dem geschriebenen Recht. Indes sollte die im Zuge der GmbH-Novelle von 1980 erfolgte Neufassung insofern zu keiner inhaltlichen Änderung führen.[115] Daneben ist die Angabe der einlegenden Person schon aus Zuordnungsgründen stets erforderlich.

b) Gegenstand der Sacheinlage. Der Einlagegegenstand muss im Erhöhungsbe- **38** schluss so genau bestimmt sein, dass seine Identität unzweifelhaft festgestellt werden kann.[116] Bei Sach- oder Rechtsgesamtheiten genügt es, dass sie durch Verwendung einer Sammelbezeichnung, wie zB Firma, Geschäftsanschrift oder Handelsregisternummer, hinreichend identifizierbar sind. Die Benennung sämtlicher Einzelgegenstände ist ebenso wenig erforderlich, wie die Erstellung einer Einbringungsbilanz.[117] Dies hindert das Registergericht indes nicht daran, von den Geschäftsführern zu Prüfungszwecken ergänzende Auskünfte und Dokumente anzufordern.[118] Sollen einzelne Gegenstände nicht eingebracht werden, sind diese zu spezifizieren.[119]

c) Nennbetrag der Geschäftsanteile. aa) Grundsatz. Im Erhöhungsbeschluss sind **39** nach den Änderungen durch das MoMiG nun die Nennbeträge der Geschäftsanteile anzugeben. Der modifizierte Wortlaut führt indes zu keinen sachlichen Änderungen. Die Neufassung stellt lediglich klar, dass Bezugspunkt der Kapitalerhöhung nicht länger die Stammeinlage ist, sondern der Geschäftsanteil, für den die Sacheinlage zu leisten ist.[120] Anzugeben

---

[111] Dazu ausf. *K. Schmidt* NZG 2016, 4 (7); vgl. noch RG Urt. v. 22.10.1937 – II 58/37, RGZ 156, 129 (133 ff.); Staub/*Harbarth* HGB § 234 Rn. 73.

[112] BGH Urt. v. 24.2.1969 – II ZR 123/67, BGHZ 51, 350 (353) = NJW 1969, 1211; Urt. v. 29.11.2011 – II ZR 306/09, BGHZ 191, 354 Rn. 19, 26 = DNotZ 2012, 713; Urt. v. 3.11.2015 – II ZR 13/14, NZG 2015, 1396 Rn. 18; Baumbach/Hopt/*Roth* HGB § 230 Rn. 22.

[113] BGH Urt. v. 3.11.2015 – II ZR 13/14, NZG 2015, 1396 Rn. 18; MüKoHGB/*Schmidt* HGB § 230 Rn. 176; Lutter/Hommelhoff/*Bayer* § 5 Rn. 19; *Lieder* EWiR 2016, 5 (6); wohl auch Staub/*Harbarth* HGB § 230 Rn. 244; Staub/*Harbarth* HGB § 234 Rn. 74; abw. *K. Schmidt* NZG 2016, 4 (7 f.).

[114] IErg wie hier Noack/Servatius/Haas/*Servatius* Rn. 10; Lutter/Hommelhoff/*Bayer* Rn. 4; MHLS/*Hermanns* Rn. 56; *Altmeppen* Rn. 2; Rowedder/Schmidt-Leithoff/*Schnorbus* Rn. 12; Scholz/Priester/*Tebben* Rn. 24; HCL/*Ulmer/Casper* Rn. 21.

[115] Vgl. Ausschussbericht, BT-Drs. 8/3908, 69.

[116] BGH Urt. v. 24.7.2000 – II ZR 202/98, NZG 2000, 1226 (1227); Noack/Servatius/Haas/*Servatius* Rn. 8; MHLS/*Hermanns* Rn. 37; Rowedder/Schmidt-Leithoff/*Schnorbus* Rn. 13; Scholz/Priester/*Tebben* Rn. 25; HCL/*Ulmer/Casper* Rn. 22; Gehrlein/Born/Simon/*Bormann* Rn. 27.

[117] Rowedder/Schmidt-Leithoff/*Schnorbus* Rn. 13; Scholz/Priester/*Tebben* Rn. 25; HCL/*Ulmer/Casper* Rn. 23.

[118] Zutr. HCL/*Ulmer/Casper* Rn. 23; Gehrlein/Born/Simon/*Bormann* Rn. 27; vgl. noch Rowedder/Schmidt-Leithoff/*Schnorbus* Rn. 13.

[119] OLG Düsseldorf Beschl. v. 10.1.1996 – Wx 274/95, DB 1996, 368 = NJW-RR 1996, 605; Rowedder/Schmidt-Leithoff/*Schnorbus* Rn. 13; Scholz/Priester/*Tebben* Rn. 25 aE; HCL/*Ulmer/Casper* Rn. 23 aE.

[120] Begr. RegE, DT-Drs. 16/6140, 31 iVm 45.

ist demnach auch weiterhin der Wert, mit welchem die eingebrachte Sache auf die Einlage-schuld zur Anrechnung gebracht werden soll.[121] Soweit in Bezug auf die Kapitalerhöhung keine weiteren Leistungspflichten begründet werden und auch keine gemischte Einlage (→ Rn. 40) oder Mischeinlage (→ Rn. 41) vereinbart wird, ist es hingegen nicht erforder-lich, auch den Wert des Einlagegegenstandes anzugeben.[122]

40 **bb) Gemischte Einlage.** Soweit der Wert der Sacheinlage den Nennbetrag des Geschäftsanteils übersteigt, muss im Erhöhungsbeschluss dargelegt werden, dass der über-schießende Teil von der Gesellschaft nicht mit Geschäftsanteilen, sondern durch anderwei-tige, schuldrechtliche Leistungen vergütet wird. In den Erhöhungsbeschluss ist auch der Umstand aufzunehmen, dass die Gesellschaft im Zusammenhang mit der Kapitalerhöhung Schulden übernimmt.[123] In beiden Fällen müssen die Geldbeträge nicht konkret beziffert werden. Vielmehr ist es im Hinblick auf die Prüfungspflicht des Registerrichters ausrei-chend, dass der Mehrwert bestimmbar ist.[124]

41 **cc) Mischeinlage.** Soweit der Gesellschafter den Geschäftsanteil sowohl gegen Einlage eines Sachwerts als auch gegen Barzahlung übernimmt, sind die auf die Bar- und Sacheinlage entfallenden Beträge im Erhöhungsbeschluss anzugeben. Aus Praktikabilitätsgründen kann der Bareinlagebetrag auch als bloße Differenz zwischen Nennbetrag der Geschäftsanteile und dem später zu bestimmenden Wert des Einlagegegenstandes festgesetzt werden.[125] Erst die Anmeldung zur Eintragung der Kapitalerhöhung in das Handelsregister muss den kon-kreten Wert der Sacheinlage enthalten.[126]

42 **d) Ort der Festsetzung.** Die Festsetzungen können in verschiedenen notariell beur-kundeten Dokumenten enthalten sein. Üblich ist ihre Aufnahme in die Niederschrift des Erhöhungsbeschlusses oder die Anlage nach § 9 Abs. 1 S. 2 BeurkG, § 13a BeurkG.[127] Zulässig ist auch eine Festsetzung in der Übernahmeerklärung[128] oder der geänderten Sat-zung,[129] soweit sie gemeinsam mit dem Kapitalerhöhungsbeschluss erfolgt. Allerdings ist eine Aufnahme in die Satzung – anders als bei der Gründung (→ § 5 Rn. 257) – nicht erforderlich.[130]

43 **2. Übernahmeerklärung. a) Normzweck.** Die Aufnahme der notwendigen Festset-zungen in die Übernahmeerklärung begründet nach Annahme durch die Gesellschaft die Einlageverpflichtung des Übernehmers (→ § 55 Rn. 150 ff.). Das Formerfordernis zielt

---

[121] Zum früheren Recht OLG Stuttgart Beschl. v. 19.1.1982 – 8 W 195/81, GmbHR 1982, 109 (110); zum neuen Recht Scholz/*Priester/Tebben* Rn. 26; MHLS/*Hermanns* Rn. 50; aA Rowedder/Schmidt-Leithoff/*Schnorbus* Rn. 15; BeckOK GmbHG/*Ziemons* Rn. 14.

[122] Noack/Servatius/Haas/*Servatius* Rn. 9; Rowedder/Schmidt-Leithoff/*Schnorbus* Rn. 15; Scholz/*Priester/Tebben* Rn. 26; HCL/*Ulmer/Casper* Rn. 24.

[123] OLG Düsseldorf Beschl. v. 30.7.1992 – 3 Wx 36/92, NJW 1993, 2123 (2124); *Priester* BB 1980, 19 (20); Scholz/*Priester/Tebben* Rn. 27; HCL/*Ulmer/Casper* Rn. 25.

[124] BayObLG Beschl. v. 12.4.1979 – BReg. 1 Z 13/79, DB 1979, 1075 = MittBayNot 1979, 80; OLG Zweibrücken Beschl. v. 26.11.1980 – 3 W 169/80, GmbHR 1981, 214 (215); *Priester* BB 1980, 19 (20); Scholz/*Priester/Tebben* Rn. 27; HCL/*Ulmer/Casper* Rn. 25; MHLS/*Hermanns* Rn. 53; *Gerlach*, Die gemischte Sacheinlage, 2016, 137; abw. (Angabe des geschätzten Betrages) OLG Stuttgart Entsch. v. 19.1.1982 – 8 W 295/81, GmbHR 1982, 109 (111); strenger (exakter Wert) BeckOK GmbHG/*Ziemons* Rn. 15.

[125] OLG Zweibrücken Beschl. v. 26.11.1980 – 3 W 169/80, GmbHR 1981, 214 (215); Scholz/*Priester/Tebben* Rn. 28; Gehrlein/Born/Simon/*Bormann* Rn. 29.

[126] Zutr. Scholz/*Priester/Tebben* Rn. 28 aE.

[127] MHLS/*Hermanns* Rn. 36; Rowedder/Schmidt-Leithoff/*Schnorbus* Rn. 11; Scholz/*Priester/Tebben* Rn. 30; HCL/*Ulmer/Casper* Rn. 20.

[128] Scholz/*Priester/Tebben* Rn. 30; HCL/*Ulmer/Casper* Rn. 20; Gehrlein/Born/Simon/*Bormann* Rn. 26; aA BeckOK GmbHG/*Ziemons* Rn. 10.

[129] BGH Urt. v. 13.10.1966 – II ZR 56/64, WM 1966, 1262; Hinweisbeschl. v. 5.11.2007 – II ZR 268/06, NZG 2008, 146 Rn. 3; *Altmeppen* Rn. 2; HCL/*Ulmer/Casper* Rn. 20.

[130] AllgM, BGH Hinweisbeschl. v. 5.11.2007 – II ZR 268/06, NZG 2008, 146 Rn. 3; OLG Stuttgart Beschl. v. 26.6.1973 – 8 W 37/73, OLGZ 1973, 412 (414 ff.); *Altmeppen* Rn. 3; Scholz/*Priester/Tebben* Rn. 31; HCL/*Ulmer/Casper* Rn. 20.

nach dem Normzweck des Abs. 1 S. 2 – ebenso wie § 55 Abs. 1 (→ § 55 Rn. 150 ff., → § 55 Rn. 172) – darauf ab, den Rechtsverkehr und die Öffentlichkeit sowie die Gläubiger und die künftigen Gesellschafter über die Eigenkapitalbasis der Gesellschaft aufzuklären.[131] Außerdem sorgt es dafür, dass sich die Angaben in Erhöhungsbeschluss und Übernahmeerklärung entsprechen. Bei der **gemischten Sacheinlage** (→ Rn. 8) müssen sowohl die im Kapitalerhöhungsbeschluss getroffenen Festsetzungen als auch Art und Umfang der Zusatzvergütung in den Übernahmevertrag aufgenommen werden.[132]

b) Form. Die Festsetzungen über die Sacheinlage können in der Übernahmeerklärung **44** nochmals vollständig wiedergegeben werden. Vom Normzweck des Abs. 1 S. 2 ist dies indes nicht gefordert. Die Übernahmeerklärung kann vielmehr auf die Angaben im – nach § 44 BeurkG als Anlage beizusiegelnden – Erhöhungsbeschluss Bezug nehmen.[133] Zulässig ist es außerdem, die Übernahmeerklärungen und den Kapitalerhöhungsbeschluss in ein einheitliches Protokoll aufzunehmen, das die Festsetzungen nur einmal zu enthalten braucht.[134]

c) Annahmeerklärung. Die Annahmeerklärung der Gesellschaft bedarf bei Sachkapi- **45** talerhöhungen keiner besonderen Form;[135] Abs. 1 S. 2 gilt ausschließlich für die Übernahmeerklärung (→ § 55 Rn. 172). Formbedürftig ist der Übernahmevertrag aber, wenn die Übertragungsverpflichtung in Abhängigkeit vom konkreten Einlagegegenstand einer besonderen Form bedarf. Das gilt namentlich für die Einbringung von Grundstücken (§ 311b Abs. 1 S. 1 BGB)[136] und GmbH-Geschäftsanteilen (§ 15 Abs. 4 S. 1; → § 15 Rn. 82). In der Praxis werden Kapitalerhöhungsbeschluss und Übernahmeerklärung in solchen Fällen zusammen beurkundet. Die Aufnahme der Festsetzungen in den Erhöhungsbeschluss ist zur Begründung der Übernahmeverpflichtung des Inferenten nicht ausreichend.[137]

3. Änderung der Festsetzung. a) Vor Eintragung. Ist die Kapitalerhöhung noch **46** nicht in das Handelsregister eingetragen, können die Gesellschafter nach freiem Ermessen darüber entscheiden, ob sie den gefassten Erhöhungsbeschluss aufheben oder ändern wollen. Während die Aufhebung des Beschlusses formlos und mit einfacher Mehrheit beschlossen werden kann, sind bei einer Änderung die §§ 53 ff. vollumfänglich einzuhalten (→ § 55 Rn. 89) und die zugehörigen Übernahmeverträge entsprechend zu modifizieren.[138] Zulässig ist es ebenso, dass die Gesellschafter die Geschäftsführer anweisen, die Anmeldung zurückzuziehen (→ § 55 Rn. 77) oder sie zu korrigieren. Allerdings kann sich die Gesellschaft hierdurch schadensersatzpflichtig machen (→ § 55 Rn. 91).

b) Nach Eintragung. Ist die Kapitalerhöhung in das Handelsregister eingetragen, **47** können die Festsetzungen nur noch mit Wirkung ex nunc geändert werden. Zulässig ist

---

131 Zutr. HCL/*Ulmer/Casper* Rn. 27; (zu § 55 Abs. 1) OLG München Urt. v. 4.5.2005 – 23 U 5121/04, NZG 2005, 756 (757) mAnm *Bayer/Lieder* EWiR 2005, 525; vgl. zuvor noch BGH Urt. v. 13.10.1966 – II ZR 56/64, WM 1966, 1262 (1263); abw. Scholz/*Priester/Tebben* Rn. 29; MHLS/*Hermanns* Rn. 57: Warnfunktion; enger in Bezug auf den geschützten Personenkreis Gehrlein/Born/Simon/*Bormann* Rn. 31 f.
132 Dazu näher *Gerlach,* Die gemischte Sacheinlage, 2016, 137 f.
133 Noack/Servatius/Haas/*Servatius* Rn. 16; MHLS/*Hermanns* Rn. 57; Rowedder/Schmidt-Leithoff/ *Schnorbus* Rn. 16; Scholz/*Priester/Tebben* Rn. 30; HCL/*Ulmer/Casper* Rn. 28; Gehrlein/Born/Simon/ *Bormann* Rn. 32.
134 BGH Urt. v. 13.10.1966 – II ZR 56/64, WM 1966, 1262 (1263); OLG Frankfurt Beschl. v. 6.3.1963 – 6 W 61/63, GmbHR 1964, 248; Noack/Servatius/Haas/*Servatius* Rn. 16; Rowedder/Schmidt-Leithoff/ *Schnorbus* Rn. 16; Scholz/*Priester/Tebben* Rn. 30; HCL/*Ulmer/Casper* Rn. 28; Gehrlein/Born/Simon/ *Bormann* Rn. 32; krit. mit Blick auf die Kostenfolge BeckOK GmbHG/*Ziemons* Rn. 26b.
135 BGH Urt. v. 13.10.1966 – II ZR 56/64, WM 1966, 1262 (1263); Scholz/*Priester/Tebben* Rn. 32; HCL/ *Ulmer/Casper* Rn. 29.
136 MüKoBGB/*Ruhwinkel* BGB § 311b Rn. 40; Staudinger/*Schumacher,* 2018, BGB § 311b Abs. 1 Rn. 110 ff.; MHLS/*Hermanns* Rn. 58; Rowedder/Schmidt-Leithoff/*Schnorbus* Rn. 16; Scholz/*Priester/ Tebben* Rn. 32; HCL/*Ulmer/Casper* Rn. 29; *Herrler* DNotZ 2008, 903 (916); zweifelnd BeckOK GmbHG/*Ziemons* Rn. 26a.
137 Scholz/*Priester/Tebben* Rn. 32; HCL/*Ulmer/Casper* Rn. 29.
138 MHLS/*Hermanns* Rn. 59; Rowedder/Schmidt-Leithoff/*Schnorbus* Rn. 18; Scholz/*Priester/Tebben* Rn. 33; HCL/*Ulmer/Casper* Rn. 31.

insofern die **Ersetzung der Sacheinlage durch eine Bareinlage** (→ § 5 Rn. 287 ff.). Die hM zur bisherigen Rechtslage ließ darüber hinaus einen **Übergang von der Bar- zur Sacheinlage** zu, soweit nur die besonderen Vorschriften über die Sachkapitalerhöhung eingehalten waren.[139] Daran hat sich durch das MoMiG nichts geändert.[140] Der Übergang ist sowohl zulässig, wenn der Inferent noch keine Einlageleistung erbracht hat, als auch im Fall der verdeckten Sacheinlage, wenn anstelle der vereinbarten Bareinlage bei wirtschaftlicher Betrachtung ein Sachwert an die Gesellschaft geleistet wurde (→ Rn. 104 ff.). Für die Werthaltigkeit des Sachgegenstandes ist der Zeitpunkt seiner Einbringung bzw. die Anmeldung zur Eintragung der ursprünglichen Barkapitalerhöhung entscheidend. Das folgt aus § 19 Abs. 4 S. 3 und 4 und bedeutet insofern eine Abweichung vom Bewertungszeitpunkt nach bisher hM.[141]

48 Zulässig ist es unter Beachtung der Sacheinlagevorschriften außerdem, den ursprünglichen Sacheinlagegegenstand gegen einen anderen Vermögenswert auszutauschen. Eine **Änderung des Rechtsgrundes** für eine bereits erbrachte Leistung ist hingegen unzulässig. Daher kann ein zuvor als Darlehen an die GmbH geleisteter Geldbetrag nicht im Rahmen einer späteren Kapitalerhöhung als Einlage umqualifiziert werden.[142] Es besteht indes die Möglichkeit, den Darlehensrückzahlungsanspruch des Gesellschafters (§ 488 Abs. 1 S. 2 BGB) im Wege einer Sachkapitalerhöhung einzubringen. Erfolgt die Einbringung in Form einer verdeckten Sacheinlage durch Verrechnung, gilt § 19 Abs. 4 (→ Rn. 71 ff.).

49 **4. Anpassung des Gesellschaftsvertrages.** In der nach § 54 Abs. 1 S. 2 zum Handelsregister einzureichenden Neufassung des Gesellschaftsvertrages brauchen die Festsetzungen über Sacheinlagen nicht enthalten zu sein.[143] Anzugeben ist lediglich das erhöhte Stammkapital (→ § 55 Rn. 96). Transparent wird die festgesetzte Sacheinlage stattdessen durch Eintragung in das Handelsregister (§ 54 Abs. 2 iVm § 10 Abs. 1).

50 **5. Rechtsfolgen bei mangelnder Festsetzung. a) Mangelhafter Kapitalerhöhungsbeschluss.** Bemerkt der Registerrichter, dass die von Abs. 1 geforderten Festsetzungen nicht oder nicht ordnungsgemäß erfolgt sind, hat er die Gesellschaft durch Zwischenverfügung aufzufordern, die Mängel zu beseitigen. Erscheint dies nicht aussichtsreich oder verlief die Zwischenverfügung erfolglos, hat er die **Eintragung abzulehnen.**[144] Ergeben sich aus den eingereichten Dokumenten keine Anhaltspunkte dafür, dass gegen Abs. 1 verstoßen oder die Vorschrift umgangen wird, ist die Kapitalerhöhung einzutragen. Zu weitergehenden Nachforschungen ist der Registerrichter weder berechtigt noch verpflichtet (→ § 57a Rn. 14).[145]

51 Wird die **Kapitalerhöhung** trotz bestehender Mängel **eingetragen,** schuldet der Übernehmer seine Einlageleistung grundsätzlich in Geld (→ § 5 Rn. 264), es sei denn, der Verstoß ist von untergeordneter Bedeutung und tangiert auch keine berechtigten Interessen der Gesellschaftsgläubiger.[146] Das gilt auch für die gemischte Sacheinlage.[147] Darüber hinaus

---

[139] Speziell zur Heilung verdeckter Sacheinlagen BGH Beschl. v. 4.3.1996 – II ZB 8/95, BGHZ 132, 141 (150 ff.) = NJW 1996, 1473; OLG Hamburg Urt. v. 29.4.2005 – 2 Wx 75/03, ZIP 2005, 988 (989); KG Beschl. v. 26.10.2004 – 1 W 21/04, NZG 2005, 183 (184); allgemein Noack/Servatius/Haas/ *Servatius* Rn. 15; MHLS/*Hermanns* Rn. 60; Scholz/*Priester,* 9. Aufl. 2002, Rn. 85; HCL/*Ulmer/Casper* Rn. 32; aA noch KG Beschl. v. 11.12.1914 – 1 a. X. 1174/14, KGJ 47, 108 (111 f.); Urt. v. 19.11.1936 – 1 Wx 529/36, JW 1937, 321; Rowedder/Schmidt-Leithoff/*Schnorbus* Rn. 19.

[140] Vgl. auch Gehrlein/Born/Simon/*Bormann* Rn. 40.

[141] Zum früheren Recht BGH Beschl. v. 4.3.1996 – II ZB 8/95, BGHZ 132, 141 (150 ff.) = NJW 1996, 1473; Lutter/Hommelhoff/*Lutter/Bayer,* 16. Aufl. 2004, § 5 Rn. 56 aE.

[142] BGH Entsch. v. 20.9.1982 – II ZR 236/81, ZIP 1982, 1320; Scholz/*Priester/Tebben* Rn. 35.

[143] OLG Stuttgart Beschl. v. 26.6.1973 – 8 W 37/73, OLGZ 1973, 412 (414 ff.); MHLS/*Hermanns* Rn. 65; Scholz/*Priester/Tebben* Rn. 31; HCL/*Ulmer/Casper* Rn. 30.

[144] Noack/Servatius/Haas/*Servatius* Rn. 11; MHLS/*Hermanns* Rn. 61; Rowedder/Schmidt-Leithoff/ *Schnorbus* Rn. 20; Scholz/*Priester/Tebben* Rn. 36; HCL/*Ulmer/Casper* Rn. 35; Gehrlein/Born/Simon/ *Bormann* Rn. 41; *Hoffmann-Becking* Liber amicorum M. Winter, 2011, 237 (245).

[145] Scholz/*Priester/Tebben* Rn. 36; HCL/*Ulmer/Casper* Rn. 34; Gehrlein/Born/Simon/*Bormann* Rn. 41.

[146] Zust. Gehrlein/Born/Simon/*Bormann* Rn. 42; zum früheren Recht in diese Richtung Baumbach/ Hueck/*Zöllner,* 18. Aufl. 2006, Rn. 14; abw. Roth/Altmeppen/*Roth,* 7. Aufl. 2008, Rn. 6.

[147] Dazu näher *Gerlach,* Die gemischte Sacheinlage, 2016, 197 f.

findet **§ 19 Abs. 4** auf den Fall mangelhafter Festsetzungen **analoge Anwendung** (→ Rn. 112).[148] Wenn der Inferent schon bei vollends fehlender Festsetzung einer Sacheinlage in den Genuss der Wertanrechnung (→ Rn. 94 ff.) kommt, dann muss dies erst recht für einzelne Mängel bei der Festsetzung einer offenen Sacheinlage gelten. Die Einlage eines Sachwerts befreit den Inferenten demnach analog § 19 Abs. 4 S. 1 zwar nicht von der Bareinlageschuld. Allerdings wird der tatsächliche Wert des eingebrachten Sachgegenstandes analog § 19 Abs. 4 S. 3 auf die Bareinlagepflicht angerechnet, während alle hiermit im Zusammenhang stehenden Rechtsgeschäfte wirksam sind (§ 19 Abs. 4 S. 2 analog).[149] Verbleibt nach Anrechnung des Sachwerts noch eine offene Restforderung, ist diese in Geld zu tilgen. Andernfalls kommt eine Kaduzierung nach § 21 in Betracht.[150] War der eingebrachte Sachgegenstand nicht einlagefähig, kommt die Anwendung des § 19 Abs. 5 in Betracht (→ Rn. 78).

b) Mangelhafte Übernahmeerklärung. Verstößt allein die Übernahmeerklärung des **52** Inferenten gegen Abs. 1, ist der Registerrichter wiederum verpflichtet, der Gesellschaft durch Zwischenverfügung aufzugeben, den Mangel zu beseitigen. Erscheint dies aussichtslos oder bleibt die Zwischenverfügung ohne Erfolg, hat der Registerrichter die **Eintragung abzulehnen.**[151] Wird die Erhöhung dennoch **eingetragen,** wird die mangelhafte Übernahmeerklärung **geheilt** und die erfolgten Festsetzungen werden wirksam. Geschuldet ist – anders als bei mangelhaftem Erhöhungsbeschluss – keine Leistung in bar. Vielmehr hat der Inferent seine Leistung in Form der beschlossenen Sacheinlage zu erbringen bzw. mit deren Einlage bereits wirksam erbracht.[152] Für eine Bareinlagepflicht ist im Hinblick auf die mit der Eintragung des Erhöhungsbeschlusses verwirklichte Transparenz der Sacheinlage kein Raum. Außerdem entspricht die Sacheinlageverpflichtung typischerweise dem Willen des Übernehmers.

IV. Differenzhaftung

1. Grundlagen. Bleibt der tatsächliche Wert der eingelegten Sache hinter dem ange- **53** setzten Nominalwert zurück, haftet der Inferent nach Abs. 2 iVm § 9 Abs. 1 S. 1 auf den Differenzbetrag. Damit ist klargestellt, dass eine Überbewertung der Sacheinlage nach Eintragung der Kapitalerhöhung in das Handelsregister nicht zur Unwirksamkeit der Sacheinlagevereinbarung führt und auch nicht die (teilweise) Tilgung der Einlageverpflichtung hindert.[153]

Umgekehrt entbindet die Differenzhaftung den **Registerrichter** aber keineswegs von **54** der Verpflichtung, die Werthaltigkeit der Sacheinlage zu prüfen.[154] Ist die Sacheinlage nicht vollwertig, darf der Registerrichter die Kapitalerhöhung nicht in das Handelsregister eintragen (→ § 57a Rn. 13 ff., → § 57a Rn. 20 ff.). Darin ist auch kein Wertungswiderspruch zu sehen;[155] vielmehr stellen Registerkontrolle und Differenzhaftung als zwei voneinander unabhängige Schutzmechanismen im Interesse der Gesellschaftsgläubiger gemeinsam eine effektive Kapitalaufbringung sicher. Auf der ersten Stufe muss der Registerrichter die Eintra-

---

[148]   Vgl. Scholz/*Priester/Tebben* Rn. 37; BeckOK GmbHG/*Ziemons* Rn. 20 ff.; Gehrlein/Born/Simon/*Bormann* Rn. 42; *Veil* ZIP 2007, 1241 (1246); *Herrler* DB 2008, 2347 (2351 f.); *Hoffmann-Becking* Liber amicorum M. Winter, 2011, 237 (248 ff.).

[149]   Speziell zur Wirksamkeit der Ausführungsgeschäfte *Hoffmann-Becking* Liber amicorum M. Winter, 2011, 237 (246 f.).

[150]   Zutr. Rowedder/Schmidt-Leithoff/*Schnorbus* Rn. 21.

[151]   Noack/Servatius/Haas/*Servatius* Rn. 16; MHLS/*Hermanns* Rn. 62; HCL/*Ulmer/Casper* Rn. 36.

[152]   Rowedder/Schmidt-Leithoff/*Schnorbus* Rn. 22; *Altmeppen* Rn. 13; Noack/Servatius/Haas/*Servatius* Rn. 16; HCL/*Ulmer/Casper* Rn. 37; Gehrlein/Born/Simon/*Bormann* Rn. 44; aA noch Hachenburg/*Schilling,* 6. Aufl. 1959, Rn. 4; Scholz/*Priester,* 6. Aufl. 1983, Rn. 51.

[153]   Unter Hinweis auf die GmbH-Novelle von 1980 Scholz/*Priester/Tebben* Rn. 42; HCL/*Ulmer/Casper* Rn. 36; iErg ebenso MHLS/*Hermanns* Rn. 66; Rowedder/Schmidt-Leithoff/*Schnorbus* Rn. 23.

[154]   Noack/Servatius/Haas/*Servatius* Rn. 18; *Altmeppen* Rn. 10; Rowedder/Schmidt-Leithoff/*Schnorbus* Rn. 23; Scholz/*Priester/Tebben* Rn. 42; HCL/*Ulmer/Casper* Rn. 38.

[155]   So aber HCL/*Ulmer/Casper* Rn. 38.

gung bei mangelnder Vollwertigkeit – abgesehen von Bagatellfällen (§ 57a iVm § 9c Abs. 1 S. 2; → § 57a Rn. 21) – ablehnen. Blieb die Überbewertung indes unerkannt, unterliegt der Inferent auf zweiter Stufe der Differenzhaftung nach §§ 9, 56 Abs. 2.

55   Eine **Ausnahme** gilt für die Umwandlung von Verbindlichkeiten in Eigenkapital im Rahmen eines **Insolvenzplanverfahrens** nach § 254 Abs. 4 InsO (→ Rn. 25). Nach Auffassung des **BGH** scheidet die Differenzhaftung des Anteilseigners einer übertragenden Gesellschaft auch bei der **Verschmelzung** nach § 55 UmwG aus.[156] Denn es fehle in diesem Fall an einer Kapitaldeckungszusage des Inferenten. Nicht die Anteilseigner des übertragenden Rechtsträgers erhielten die neuen Anteile. Vielmehr trete der übertragende Rechtsträger nach § 36 Abs. 2 S. 2 UmwG selbst als Inferent in Erscheinung. Dem ist **nicht zu folgen** (→ § 9 Rn. 5).[157] Erstens fehlt dem vom BGH bemühten Erfordernis einer Kapitaldeckungszusage eine gesetzliche Grundlage. Stattdessen erfordert das Gebot eines **effektiven Kapitalschutzes** im Falle der Ausgabe neuer Anteile an den Inferenten, dass die hierfür erbrachte Leistung auch werthaltig ist. Eine etwaige Differenz zwischen dem Ausgabebetrag der Anteile und dem Wert der eingebrachten Vermögensgegenstände ist mit Blick auf die Interessen der Gesellschaftsgläubiger und des Rechtsverkehrs auszugleichen. Gläubiger und Rechtsverkehr sind im Fall einer im Rahmen der Verschmelzung erfolgenden Kapitalerhöhung nicht weniger schutzwürdig als bei einer regulären Kapitalerhöhung außerhalb der Umwandlungsmaßnahme. Darüber hinaus fehlt es im Falle einer unterwertigen Vermögenszufuhr vom übertragenden Rechtsträger an einem angemessenen Gegenwert für die an die Anteilseiger des übertragenden Rechtsträgers ausgegebenen Anteile.[158] Umgekehrt trifft diese Anteilseigner eine **Kapitalaufbringungsverantwortung,** weil das Gesamtsystem des Verschmelzungsrechts aus wirtschaftlicher Perspektive auf einen Austausch des mittelbar diesen Anteilseignern zugeordneten Vermögens, das im übertragenden Rechtsträger gebunden ist, gegen Anteilsgewährung am übernehmenden Rechtsträger hinausläuft. Dementsprechend stammt die Sacheinlage ökonomisch betrachtet aus der Sphäre der Anteilseiger des übertragenden Rechtsträgers, die nach dessen Untergang auch für die Werthaltigkeit der Vermögensgegenstände einzustehen haben.[159] Auch der Hinweis des BGH[160] auf den **originären Anteilserwerb** vermag mit Blick auf die Geltung der Differenzhaftung bei der Kapitalerhöhung aus Gesellschaftsmitteln (→ § 57i Rn. 31 f.) nicht zu verfangen. Gleiches gilt für die Verschmelzung zur Neugründung[161] ebenso wie für die **Spaltung.**[162]

56   **Keine Anwendung** findet bei der Kapitalerhöhung die im Gründungsstadium[163] geltende **Vorbelastungshaftung.**[164] Das folgt aus der rechtsdogmatischen Einordnung der

[156] BGH Urt. v. 6.11.2018 – II ZR 199/17, NJW 2019, 589 Rn. 15 ff.; zur AG BGH Urt. v. 12.3.2007 – II ZR 302/05, BGHZ 171, 293 Rn. 5 = NJW-RR 2007, 1487; zust. Noack/Servatius/Haas/*Servatius* Rn. 18 aE; MHdB GesR VIII/*Illert/König* § 15 Rn. 254; *Heckschen* EWiR 2019, 101; *Kleindiek* GmbHR 2019, 179 (180); *Otte-Gräbener* GWR 2019, 43.
[157] Dazu und zum Folgenden ausf. *Lieder/Bialluch* ZGR 2019, 760 (763 ff.); im Ergebnis ebenso *Priester* ZIP 2019, 646; *Wachter* DB 2019, 175 (176); *Altmeppen* Rn. 16 aE; zuvor bereits Lutter/*J. Vetter* UmwG § 55 Rn. 42; Kallmeyer/*Kocher* UmwG § 55 Rn. 13; *Ihrig* GmbHR 2015, 622 (642); *Kallmeyer* GmbHR 2007, 1121 (1123).
[158] So auch *Wicke* DNotZ 2019, 405 (407).
[159] *Priester* ZIP 2019, 646 (648); vgl. weiter Schmitt/Hörtnagl/*Hörtnagl/Ollech* UmwG § 55 Rn. 5.
[160] BGH Urt. v. 6.11.2018 – II ZR 199/17, NJW 2019, 589 Rn. 20.
[161] Dazu näher *Lieder/Bialluch* ZGR 2019, 760 (776).
[162] Dazu ausf. *Lieder/Bialluch* ZGR 2019, 760 (778); ebenso HCL/*Ulmer/Habersack* § 9 Rn. 6; MHLS/*Tebben* § 9 Rn. 3; Scholz/*Veil* § 9 Rn. 4; Lutter/*J. Vetter* UmwG § 55 Rn. 35; Lutter/*J. Vetter* UmwG § 56 Rn. 49; Lutter/*Priester* UmwG § 138 Rn. 10; *Kallmeyer* GmbHR 2007, 1121 (1123 f.); aA Gehrlein/Bormann/Simon/*Nießen* § 9 Rn. 4.
[163] Zur Vorbelastungshaftung bei der Gründung grdl. BGH Urt. v. 9.3.1981 – II ZR 54/80, BGHZ 80, 129 (140 f.) = NJW 1981, 1373; ferner Urt. v. 16.1.2006 – II ZR 65/04, BGHZ 165, 391 (394 ff.) = NJW 2006, 1594; *Bayer/Lieder* ZGR 2006, 875 (880 ff.).
[164] BGH Urt. v. 13.7.1992 – II ZR 263/91, BGHZ 119, 177 (187) = NJW 1992, 3300; OLG Düsseldorf Urt. v. 10.1.1996 – 3 Wx 274/95, GmbHR 1996, 214 (216) = NJW-RR 1996, 605; Lutter/Hommelhoff/*Bayer* Rn. 28; MHLS/*Hermanns* Rn. 67; *Altmeppen* Rn. 15; Rowedder/Schmidt-Leithoff/*Schnorbus* Rn. 17 aE; Scholz/*Priester/Tebben* Rn. 43.

Vorbelastungshaftung als Teil einer einheitlichen Gründungshaftung.[165] Bei der Vorbelastungshaftung handelt es sich um die konsequente Fortsetzung der bis zur Eintragung der Gesellschaft in das Handelsregister bestehenden Verlustdeckungshaftung.[166] Sie soll – nach Aufgabe des Vorbelastungsverbots – sicherstellen, dass die vor Eintragung der GmbH (vgl. § 11 Abs. 1) durch wirtschaftliche Betätigung eingetretenen Verluste ausgeglichen werden. Daher ist die Vorbelastungshaftung auf das Gründungsstadium beschränkt; ist die GmbH einmal als juristische Person entstanden, ist die Vorbelastungshaftung nach ihrer Schutzrichtung nicht anwendbar. Im Übrigen ist heute geklärt, dass die auf die Kapitalerhöhung eingezahlten Einlagen im Zeitpunkt der Kapitalerhöhung nicht mehr unversehrt vorhanden sein müssen (→ § 57 Rn. 16).

Neben der Differenzhaftung können der GmbH **kaufrechtliche Gewährleistungsan-** 57 **sprüche** nach § 437 BGB zustehen (vgl. § 9 Abs. 1 S. 2; → § 5 Rn. 230).[167] In diesem Zusammenhang bedürfen Beschaffenheitsvereinbarungen nach § 434 BGB keiner Aufnahme in die Satzung.[168] Der Zeitpunkt des Gefahrübergangs und der Ausschluss der Gewährleistungsrechte bestimmen sich nach den allgemeinen Grundsätzen des Bürgerlichen Rechts.[169] Scheitert hieran die Gewährleistung, kommt – bei Vorliegen der tatbestandlichen Voraussetzung – ein Differenzhaftungsanspruch in Betracht.

Die Rechtsfolgen einer mangelhaften Sacheinlage bestimmen sich nach dem kaufrecht- 58 lichen Instrumentarium.[170] Das gilt namentlich für den kaufrechtlichen **Nacherfüllungsanspruch** gem. § 439 Abs. 1 BGB, der allerdings nicht ohne oder gegen den Willen der Gesellschaft ausgeübt werden kann.[171] Die Ausübung des **Rücktrittsrechts** führt nicht zur Rückabwicklung der Beteiligung, sondern zur Entstehung einer Bareinlagepflicht.[172] Gleiches gilt für die **Minderung,** bei welcher der Sachwert nach § 441 Abs. 3 BGB anzurechnen ist.[173] Zudem können der Gesellschaft Ansprüche auf **Schadensersatz** und **Aufwendungsersatz** zustehen.[174] Im Verhältnis zur Geltendmachung der Differenzhaftung hat die GmbH ein **Wahlrecht.**[175] Für die **gemischte Sacheinlage** (→ Rn. 8) gelten die allgemeinen Vorschriften des Leistungsstörungsrechts gleichermaßen.[176]

2. Tatbestandliche Voraussetzungen. Der Inferent haftet nach Abs. 2 iVm § 9 59 Abs. 1 S. 1 auf den **Differenzbetrag zwischen** dem **tatsächlichen Wert** der eingelegten Sache **und** dem **Nennbetrag** der übernommenen Geschäftsanteile. Es gelten die allgemeinen Bewertungsgrundsätze für die Eröffnungsbilanz.[177] Entscheidend ist in diesem Zusam-

---

[165] Ausf. *Bayer/Lieder* ZGR 2006, 875 (880 ff.); dort auch zur Terminologie.

[166] IdS schon BGH Urt. v. 27.1.1997 – II ZR 123, 94, BGHZ 134, 333 (338) = NJW 1997, 1507; instruktiv dazu *Priester* FS Ulmer, 2003, 477 (479 f.).

[167] RG Urt. v. 5.2.1915 – II 380/14, RGZ 86, 210 (213); Urt. v. 20.6.1933 – II 41/33, RGZ 141, 204 (208); 2.5.1966 – II ZR 219/63, BGHZ 45, 338 (345) = NJW 1966, 1311; Noack/Servatius/Haas/ *Servatius* Rn. 18; MHLS/*Tebben* § 9 Rn. 21; HCL/*Ulmer/Casper* § 5 Rn. 121; ausf. *F. W. Schaefer/Grütze-diek* DB 2006, 1040; *Schlößer/Pfeiffer* NZG 2012, 1047; *Mohren,* Leistungsstörungen beim Einbringen von Sacheinlagen in Gesellschaften mit beschränkter Haftung, 2013, 114 ff.

[168] *Mohren,* Leistungsstörungen beim Einbringen von Sacheinlagen in Gesellschaften mit beschränkter Haftung, 2013, 134 ff.

[169] *Mohren,* Leistungsstörungen beim Einbringen von Sacheinlagen in Gesellschaften mit beschränkter Haftung, 2013, 150 ff., 154 ff.

[170] *Mohren,* Leistungsstörungen beim Einbringen von Sacheinlagen in Gesellschaften mit beschränkter Haftung, 2013, 163 ff.

[171] Zum Ganzen überzeugend *Schlößer/Pfeiffer* NZG 2012, 1047; *Mohren,* Leistungsstörungen beim Einbringen von Sacheinlagen in Gesellschaften mit beschränkter Haftung, 2013, 165 ff.

[172] *Mohren,* Leistungsstörungen beim Einbringen von Sacheinlagen in Gesellschaften mit beschränkter Haftung, 2013, 169 ff.

[173] *Mohren,* Leistungsstörungen beim Einbringen von Sacheinlagen in Gesellschaften mit beschränkter Haftung, 2013, 176 ff.

[174] *Mohren,* Leistungsstörungen beim Einbringen von Sacheinlagen in Gesellschaften mit beschränkter Haftung, 2013, 185 ff., 190 f.

[175] *Mohren,* Leistungsstörungen beim Einbringen von Sacheinlagen in Gesellschaften mit beschränkter Haftung, 2013, 191 ff.

[176] Dazu ausf. *Gerlach,* Die gemischte Sacheinlage, 2016, 146 ff.

[177] OLG Frankfurt Beschl. v. 18.5.2006 – 20 W 495/05, NZG 2006, 631 (632).

menhang die Verwertbarkeit der Sacheinlage für die Zwecke der Gesellschaft.[178] Im Übrigen ist ein schuldhaftes Handeln der Beteiligten nicht erforderlich.[179]

60   Ein den Nennbetrag übersteigendes **Agio** nimmt an der Kapitalbindung nicht teil und bleibt bei der Berechnung daher außer Betracht.[180] Zum einen finden sich im GmbH-Recht keine den § 36a Abs. 2 S. 3 AktG, § 188 Abs. 2 S. 1 AktG[181] entsprechenden Vorschriften. Zum anderen handelt es sich beim Agio in der GmbH – anders als beim aktienrechtlichen Aufgeld, das eine Hauptverpflichtung des Aktionärs (vgl. § 54 AktG) darstellt,[182] – um eine Nebenleistungspflicht iSd § 3 Abs. 2, auf die die besonderen Vorschriften des Kapitalaufbringungsrechts nicht anwendbar sind (→ § 3 Rn. 66 ff.).[183] Deckt der tatsächliche Sachwert das Agio nicht vollständig ab, haftet der Inferent aber gleichwohl aufgrund des allgemeinen schuldrechtlichen Leistungsversprechens.[184]

61   Bei einer **gemischten Sacheinlage** erfolgt die Wertbestimmung unter vollständiger Berücksichtigung der über den Nennbetrag hinausgehenden Leistungspflicht. Ein Minderwert führt daher nicht zur Verminderung der überschießenden Gegenleistungsverpflichtung der GmbH, sondern bezieht sich auf den Nennbetrag des Geschäftsanteils.[185] Wird ein **Grundstück** eingebracht, sind bei der Wertbestimmung etwaige Belastungen, wie Grundschulden oder Hypotheken, wertmindernd in Ansatz zu bringen.[186]

62   **3. Bewertungsstichtag.** Nach § 9 Abs. 1 S. 1 ist für die Bewertung der Zeitpunkt entscheidend, zu dem die Kapitalerhöhung zur Eintragung in das Handelsregister angemeldet wird.[187] Ohne Belang ist der Zeitpunkt der Einlageleistung. Der Inferent trägt demnach das Risiko von Wertverlusten ab der tatsächlichen Einbringung bis zur **Anmeldung** der Kapitalerhöhung. Andererseits partizipiert der Inferent zwischen Einlageleistung und Anmeldung an etwaigen Wertsteigerungen des Sachgegenstandes.

63   Geschäftsführer und Mitgesellschafter sind nach allgemeinen Grundsätzen verpflichtet, eine **unverzügliche Eintragung zu gewährleisten** (→ § 55 Rn. 72). Verstoßen sie gegen diese Pflicht, können sie für den hieraus entstandenen Schaden ersatzpflichtig sein (→ § 55 Rn. 91).[188] Bei Einbringung eines Unternehmens muss die Einbringungsbilanz auf einen Stichtag lauten, der vom Zeitpunkt der Anmeldung nicht weit entfernt liegen darf.[189]

---

[178]   OLG Düsseldorf Urt. v. 28.3.1991 – 6 U 234/90, GmbHR 1992, 112 (113) = NJW-RR 1992, 426; OLG Frankfurt Beschl. v. 18.5.2006 – 20 W 495/05, NZG 2006, 631 (632); Scholz/*Priester/Tebben* Rn. 44.
[179]   Noack/Servatius/Haas/*Servatius* Rn. 18; MHLS/*Hermanns* Rn. 69; Scholz/*Priester/Tebben* Rn. 42; HCL/*Ulmer/Casper* Rn. 39.
[180]   MHLS/*Hermanns* Rn. 78 iVm Rn. 64; Rowedder/Schmidt-Leithoff/*Schnorbus* Rn. 31; Scholz/*Priester/Tebben* Rn. 44; HCL/*Ulmer/Casper* Rn. 39; *Priester* FS Lutter, 2000, 617 (633 f.); *Rottnauer* ZGR 2007, 401 (418 f.); *Lubberich* DNotZ 2016, 164 (167); aA *Gienow* FS Semler, 1993, 165 (173 ff.); vgl. noch Fn. 120.
[181]   S. zur abweichenden Rechtslage im Aktienrecht Hüffer/Koch/*Koch* AktG § 36a Rn. 6; MüKoAktG/*Pentz* AktG § 36a Rn. 6.
[182]   Hüffer/Koch/*Koch* AktG § 54 Rn. 5; ausf. *Priester* FS Lutter, 2000, 617 (618 ff.).
[183]   Instruktiv *Priester* FS Lutter, 2000, 617 (632 f.).
[184]   *Priester* FS Lutter, 2000, 617 (633 f.); Rowedder/Schmidt-Leithoff/*Schnorbus* Rn. 31; ausf. *Mohren,* Leistungsstörungen beim Einbringen von Sacheinlagen in Gesellschaften mit beschränkter Haftung, 2013, 84 ff., 103 ff., 109 ff., 114.
[185]   HCL/*Ulmer/Casper* Rn. 40; Scholz/*Veil* § 9 Rn. 10; *Maier-Reimer* FS Hoffmann-Becking, 2013, 755 (762); vgl. auch *Gerlach,* Die gemischte Sacheinlage, 2016, 143 ff.; aA Scholz/*Priester/Tebben* Rn. 44; *Priester* FS Maier-Reimer, 2010, 525 (528 f., 536).
[186]   OLG Frankfurt Beschl. v. 18.5.2006 – 20 W 495/05, NZG 2006, 631 (632); HCL/*Ulmer/Casper* Rn. 39; *Wicke* Rn. 2; aA LG Bonn Beschl. v. 2.11.2005 – 11 T 10/05, NZG 2006, 632 (633) für den Fall, dass die Grundpfandrechte ausschließlich für Verbindlichkeiten der GmbH haften.
[187]   AllgM, Begr. RegE, BT-Drs. 8/1347, 35; OLG Düsseldorf Beschl. v. 10.1.1996 – 3 Wx 274/95, GmbHR 1996, 214 (216) = NJW-RR 1996, 605; Rowedder/Schmidt-Leithoff/*Schnorbus* Rn. 23; Scholz/*Priester/Tebben* Rn. 45; HCL/*Ulmer/Casper* Rn. 41.
[188]   Scholz/*Priester/Tebben* Rn. 45; HCL/*Ulmer/Casper* Rn. 41.
[189]   *Priester* DNotZ 1980, 515 (530) Fn. 82; Scholz/*Priester/Tebben* Rn. 45; HCL/*Ulmer/Casper* Rn. 41.

Nach Anmeldung der Kapitalerhöhung geht das Verlustrisiko auf die Gesellschaft **64** über, die umgekehrt von etwaigen Wertsteigerungen profitiert.[190] Der Registerrichter ist nicht befugt, die Eintragung wegen nachhaltiger Wertverluste in diesem Zeitraum abzulehnen (→ § 57a Rn. 24 f.).[191]

4. Anspruchsgegner. Liegen die tatbestandlichen Voraussetzungen vor, hat der **Infe- 65 rent** den ermittelten Differenzbetrag durch Geldzahlung zu kompensieren. Dass der Inferent daneben noch aus anderen Rechtsgründen ersatzpflichtig sein kann, wie zB aus § 57 Abs. 4 iVm § 9a Abs. 1 (→ § 57 Rn. 37 ff.), ist in § 9 Abs. 1 S. 2 ausdrücklich klargestellt.[192] Der Grundgedanke der Differenzhaftung, eine effektive Aufbringung des Haftungsfonds sicherzustellen (→ § 9 Rn. 1), sowie die wertungsmäßige Nähe der Differenzhaftung zum Einlageanspruch bedingen die ergänzende Anwendung einiger flankierender Kapitalschutzvorschriften. Dementsprechend können **Mitgesellschafter** nach § 24 in Anspruch genommen werden, und zwar selbst dann, wenn sie nicht an der Kapitalerhöhung teilgenommen haben.[193] **Rechtsvorgänger** des Inferenten haften nach § 22.[194] Außerdem kann der Differenzhaftungsanspruch weder analog § 19 Abs. 2 S. 1 gestundet oder erlassen noch analog § 19 Abs. 2 S. 2 aufgerechnet werden.[195] Der **Notar** muss die Gesellschafter nach § 17 BeurkG auf die Gefahr der Differenzhaftung hinweisen.[196] Das gilt insbesondere dann, wenn an der Bewertung der Sacheinlage Zweifel bestehen.[197]

5. Anspruchsentstehung. Der Anspruch aus Differenzhaftung entsteht mit der Eintra- **66** gung der Kapitalerhöhung in das Handelsregister.[198] Im Gründungsstadium entsteht der Anspruch bereits mit Anmeldung der Gesellschaft zur Eintragung (zum Meinungsstand → § 9 Rn. 26 ff.). Der unterschiedliche Entstehungszeitpunkt resultiert daraus, dass der zwischen dem Inferenten und der Gesellschaft geschlossene Übernahmevertrag als Grundlage für die Einlageverpflichtung die Eintragung in das Handelsregister voraussetzt (→ § 55 Rn. 150).

6. Fälligkeit und Verjährung. Mit Anspruchsentstehung wird der Differenzhaftungs- **67** anspruch sogleich **fällig** (§ 271 Abs. 1 BGB). Eine zusätzliche Aufforderung des Geschäftsführers ist ebenso wenig erforderlich wie ein Gesellschafterbeschluss nach § 46 Nr. 2.[199] Der Anspruch **verjährt** nach § 9 Abs. 2 innerhalb von zehn Jahren seit Eintragung der Kapitalerhöhung in das Handelsregister.

7. Befreiungs- und Aufrechnungsverbot, Vergleich. Nach allgemeiner Auffassung **68** unterliegt der Differenzhaftungsanspruch den kapitalschutzrechtlichen Beschränkungen des **Befreiungs- und Aufrechnungsverbots** gem. § 19 Abs. 2 und 3 (→ § 9 Rn. 7).[200] Das folgt aus der das gesetzliche Kapitalschutzsystem der GmbH flankierenden Sicherungsfunktion der Differenzhaftung.

Allerdings kommt ein **Vergleich** über den Differenzhaftungsanspruch – ebenso wie über **69** die Einlageschuld (→ § 19 Rn. 70) – unter **eng begrenzten** Voraussetzungen in Betracht.

---

[190] Lutter/Hommelhoff/*Bayer* Rn. 28; MHLS/*Hermanns* Rn. 70; Scholz/*Priester/Tebben* Rn. 45; HCL/ Ulmer/*Casper* Rn. 47.
[191] Rowedder/Schmidt-Leithoff/*Schnorbus* Rn. 26; HCL/Ulmer/*Casper* Rn. 47.
[192] Begr. RegE, BT-Drs. 16/6140, 36: Dort weist der Gesetzgeber insbesondere auf einen Anspruch auf ein durch die Sacheinlage nicht vollständig abgedecktes Agio hin.
[193] Begr. RegE, BT-Drs. 8/1347, 35; Lutter/Hommelhoff/*Bayer* Rn. 29; MHLS/*Hermanns* Rn. 71; *Altmeppen* Rn. 14; Scholz/*Priester/Tebben* Rn. 46; HCL/Ulmer/*Casper* Rn. 43.
[194] MHLS/*Hermanns* Rn. 71; Scholz/*Priester/Tebben* Rn. 46; HCL/Ulmer/*Casper* Rn. 43.
[195] Zutr. HCL/Ulmer/*Casper* Rn. 44; Lutter/Hommelhoff/*Bayer* § 9 Rn. 9.
[196] OLG Düsseldorf Urt. v. 15.12.1994 – 18 U 86/94, NJW 1995, 1761 (1762); Rowedder/Schmidt-Leithoff/*Schnorbus* Rn. 23.
[197] BGH Beschl. v. 2.10.2007 – III ZR 13/07, ZIP 2007, 2126 Rn. 10 ff. = NJW 2007, 3566.
[198] AllgM, implizit Noack/Servatius/Haas/*Servatius* Rn. 18; MHLS/*Hermanns* Rn. 70; *Altmeppen* Rn. 14; Rowedder/Schmidt-Leithoff/*Schnorbus* Rn. 34; Scholz/*Priester/Tebben* Rn. 46; HCL/Ulmer/*Casper* Rn. 42.
[199] Scholz/*Priester/Tebben* Rn. 46; HCL/Ulmer/*Casper* Rn. 44; Lutter/Hommelhoff/*Bayer* § 9 Rn. 7.
[200] BGH Urt. v. 6.12.2011 – II ZR 149/10, BGHZ 191, 364 Rn. 21 = NZG 2012, 69 zur AG; Lutter/ Hommelhoff/*Bayer* § 9 Rn. 9.

Dafür muss der Vergleich zum einen aufgrund einer tatsächlichen oder rechtlichen Ungewissheit über Bestand und Umfang der Forderung geschlossen werden. Existenz und Höhe des Anspruchs müssen demnach ernstlich zweifelhaft sein. Auch wenn die Parteien vor dem Vergleich zur **Dokumentation** der Zweifel nicht notwendig ein Wertgutachten einholen müssen, sind sie doch jedenfalls gut beraten, die rechtliche und tatsächliche Ungewissheit sorgfältig zu dokumentieren.[201] Zum anderen verlangt der BGH, dass der Vergleich sich bei näherem Hinsehen nicht als verdeckte Befreiung und damit Umgehung des Erlassverbots erweist.[202] Dem ist im Grundsatz zu folgen, da es bei der gebotenen wirtschaftlichen Betrachtung sinnvoll sein kann, eine langfristige gerichtliche Auseinandersetzung und die hiermit verbundenen Kosten zu vermeiden und im Gegenzug auf einen Teil des eingeforderten, zwischen den Parteien aber umstrittenen Differenzbetrags zu verzichten. Im Rahmen der Gesamtabwägung genießt – ungeachtet des Prozessrisikos und der Prozesskosten – die Integrität der Kapitalaufbringung, auch mit Blick auf die Beweislastverteilung (→ Rn. 70), den grundsätzlichen Vorrang. In formeller Hinsicht bedarf ein Vergleich analog § 46 Nr. 2 der Zustimmung der **Gesellschafterversammlung** (→ § 19 Rn. 73).[203] Für die aus dem Vergleich hervorgehende Forderung gelten die Beschränkungen des Befreiungs- und Aufrechnungsverbots gem. § 19 Abs. 2 und 3, da die Rechtsnatur des ursprünglichen Rechtsverhältnisses durch den Vergleich nicht berührt wird.[204]

70   **8. Darlegungs- und Beweislast.** Die Verteilung der Darlegungs- und Beweislast ist für die Differenzhaftung im Hinblick auf deren Schutzzweck (→ Rn. 53, → Rn. 65) zugunsten der Gesellschaft erleichtert. Zwar ist die Gesellschaft grundsätzlich für sämtliche anspruchsbegründenden Voraussetzungen darlegungs- und beweispflichtig. Der Inferent hat jedoch zumindest in dem Fall, dass die Gesellschaft Verdachtsmomente für eine Überbewertung des Sachgegenstandes vorträgt, darzulegen und zu beweisen, dass die Sacheinlage im Anmeldungszeitpunkt vollwertig war.[205]

V. Verdeckte Sacheinlage

71   **1. Entwicklungsgeschichte. a) Frühere Rechtslage.** Nach bisherigem Recht leitete die ganz hM aus der Verweisung von Abs. 2 aF auf § 19 Abs. 5 aF ab, dass die besonderen Sacheinlagevorschriften bei der Kapitalerhöhung ebenso wenig umgangen werden durften wie bei der Gründung.[206] Um solche Umgehungen zu vermeiden und zu sanktionieren, bediente man sich der Lehre von der verdeckten Sacheinlage.[207] Die Rechtsfigur zielte

---

[201] *Fleischer* AG 2015, 133 (142); *Priester* AG 2012, 525 (526); *Verse* ZGR 2012, 875 (886); *Weng* DStR 2012, 862 (864 f.).

[202] BGH Urt. v. 6.12.2011 – II ZR 149/10, BGHZ 191, 364 Rn. 22 ff. = NZG 2012, 69 zur AG; zust. *Fleischer* AG 2015, 133 (141); *Priester* AG 2012, 525 (526); *Verse* ZGR 2012, 875 (886 f.); *Weng* DStR 2012, 862 (864); *Wieneke* NZG 2012, 136 (138); vgl. zur GmbH bereits RG Urt. v. 23.4.1912 – II 19/12, RGZ 79, 271 (274); BGH Urt. v. 19.7.2004 – II ZR 65/03, BGHZ 160, 127 (133) = NJW 2004, 2898; Baumbach/Hueck/*Fastrich* § 19 Rn. 20.

[203] MHLS/*Ebbing* § 19 Rn. 74; iErg ebenso Noack/Servatius/Haas/*Servatius* § 19 Rn. 20; Lutter/Hommelhoff/*Bayer* § 19 Rn. 20; Rowedder/Schmidt-Leithoff/*Pentz* § 19 Rn. 63; Scholz/*Veil* § 19 Rn. 69; *Priester* AG 2012, 525 (527); *Verse* ZGR 2012, 875 (889).

[204] BGH Urt. v. 6.12.2011 – II ZR 149/10, BGHZ 191, 364 Rn. 34 = NZG 2012, 69 zur AG; zust. *Verse* ZGR 2012, 875 (890).

[205] Im Grundsatz wie hier OLG Düsseldorf Urt. v. 28.3.1991 – 6 U 234/90, WM 1991, 1669 (1671) = NJW-RR 1992, 426; OLG München Urt. v. 3.12.1993 – 23 U 4300/89, GmbHR 1994, 712; OLG Naumburg Urt. v. 23.1.1997 – 7 U 89/96, DB 1998, 125; HCL/*Ulmer/Casper* Rn. 46; Lutter/Hommelhoff/*Bayer* § 9 Rn. 10; vgl. noch OLG Brandenburg Urt. v. 11.11.2009 – 7 U 2/09, GmbHR 2010, 200; einschr. OLG Düsseldorf Urt. v. 5.5.2011 – I-6 U 70/10, AG 2011, 823 (824 f.) = BeckRS 2011, 18559; aA MHLS/*Hermanns* Rn. 71; Rowedder/Schmidt-Leithoff/*Schnorbus* Rn. 25; Scholz/*Priester/Tebben* Rn. 46 aE.

[206] Zur Entstehung der Regelung zur verdeckten Sacheinlage *Seibert* FS Maier-Reimer, 2010, 673 ff.; vgl. weiter *Lieder* GmbHR 2018, 1116 (1120); *Altmeppen* FS Seibert, 2019, 1 f.

[207] Zur Begründung nach bisherigem Recht s. Baumbach/Hueck/*Zöllner*, 18. Aufl. 2006, Rn. 4; MHLS/*Hermanns* Rn. 8; Rowedder/Schmidt-Leithoff/*Zimmermann*, 4. Aufl. 2002, Rn. 1; Scholz/*Priester*, 9. Aufl. 2002, Rn. 1 f.

darauf ab, die Einhaltung der Sacheinlagevorschriften sicherzustellen, die ihrerseits im Interesse der Gläubiger und Mitgesellschafter den besonderen Risiken der Sacheinlage durch Publizität, Bewertung und Prüfung durch den Registerrichter begegneten (→ Rn. 1). Vereinbarten die Gesellschafter eine Bareinlage, sollte die Gesellschaft bei wirtschaftlicher Betrachtung aber einen Sachwert erhalten, dann bestand die Bareinlagepflicht des Inferenten fort.[208] Die Sacheinlagevereinbarung sowie die dinglichen Ausführungsgeschäfte waren analog § 27 Abs. 3 S. 1 AktG aF nichtig.[209]

b) Reform durch das MoMiG. Die Anwendung dieser Grundsätze führte in der Pra- **72** xis, namentlich in der Insolvenz der GmbH, zu sehr ernsten Konsequenzen. Daher mehrten sich im Schrifttum[210] sowie während der Verhandlungen des 66. DJT[211] die kritischen Stimmen, die sich für eine Korrektur der Rechtsfolgen verdeckter Sacheinlagen aussprachen. In Abweichung vom Referentenentwurf[212] enthielt der **Regierungsentwurf zum MoMiG**[213] erstmals in § 19 Abs. 4 RegE eine ausdrückliche Regelung über verdeckte Sacheinlagen bei der GmbH.[214] Danach sollte eine verdeckte Sacheinlage „der Erfüllung der Einlageschuld nicht entgegen" stehen. War der eingelegte Gegenstand vollwertig, sollte die Bareinlageschuld des Inferenten vollständig erfüllt sein, andernfalls Teilerfüllung eintreten.[215] Diese – so genannte – Erfüllungslösung hätte indes zu einer uneingeschränkten Legalisierung verdeckter Sacheinlagen geführt und ist im Schrifttum dafür zu Recht kritisiert worden.[216] Dem folgend korrigierte der **Rechtsausschuss** die Rechtsfolgen der verdeckten Sacheinlage. Nach § 19 Abs. 4 S. 1 besteht die Bareinlageschuld des Inferenten nunmehr fort, wenn ein Sachwert verdeckt eingebracht wird. Allerdings wird der tatsächliche Wert des verdeckt eingebrachten Gegenstands nach § 19 Abs. 4 S. 3 auf die Bareinlageforderung ex lege angerechnet. Anstelle der Erfüllungslösung gilt nun eine Anrechnungslösung. Die Neuregelung ist auf **Altfälle** nach § 3 Abs. 4 EGGmbHG anwendbar (→ § 19 Rn. 307 ff.)[217] und bezieht sich auch auf die Kapitalerhöhung.[218]

2. Rechtspolitische Würdigung. Im Ergebnis führt die Neuregelung dazu, dass der **73** Inferent seine Einlage nur einmal zu erbringen hat.[219] Die nach früherem Recht vielfach als hart empfundenen Rechtsfolgen sind deutlich abgemildert. Bei Werthaltigkeit des eingebrachten Sachgegenstandes ist auch dem Interesse der Gesellschaftsgläubiger an einer vollwertigen Sacheinbringung Genüge getan. Dennoch ist die Neuregelung in rechtspolitischer Hinsicht **nicht überzeugend.**[220] Denn für die Gesellschafter besteht nach neuer Rechtslage kein Anreiz, anstelle einer Barkapitalerhöhung mit anschließender verdeckter Sachwertein-

---

[208] BGH Urt. v. 18.2.1991 – II ZR 104/90, BGHZ 113, 335 (345) = NJW 1991, 1754; Urt. v. 21.2.1994 – II ZR 60/93, BGHZ 125, 141 (150) = NJW 1994, 1477; Scholz/*Priester,* 9. Aufl. 2002, Rn. 33.

[209] BGH Urt. v. 7.7.2003 – II ZR 235/01, BGHZ 155, 329 (338 f.) = NJW 2003, 3127; *Ettinger/Reiff* NZG 2003, 258 (259); *Langenbucher* DStR 2003, 1838 (1840).

[210] Dafür zB DAV WiB 1996, 707 (710 f.); *Krieger* ZGR 1996, 674 (691); *Brandner* FS Boujong, 1996, 37 (45); *Heidenhain* GmbHR 2006, 455 (457 f.); *Grunewald* WM 2006, 2333 (2335 f.); *Triebel/Otte* ZIP 2006, 1321 (1323); *Mülbert* WM 2006, 1977 (1985); *M. Winter* FS Priester, 2007, 867 (874 ff.) – Für eine Differenzhaftung nach früherem Recht *Grunewald* FS Rowedder, 1994, 111 (114 ff.); *Schöpflin* GmbHR 2003, 57 (64 ff.).

[211] Beschluss 8 b) der Abteilung Wirtschaftsrecht, Verh. 66. DJT II/2, 2006, P 290; s. noch *Kleindiek* Verh. 66. DJT II/1, 2006, P 45 (53 f.).

[212] RefE eines Gesetzes zur Modernisierung des GmbH-Rechts und zur Bekämpfung von Missbräuchen (MoMiG) v. 29.5.2006, https://rsw.beck.de/docs/librariesprovider5/rsw-dokumente/referentenentwurfgmbh.de (zuletzt abgerufen am 23.7.2021).

[213] RegE, BT-Drs. 16/6140.

[214] Zur (damals) abweichenden Rechtslage bei der AG s. *Kersting* AG 2008, 883.

[215] Vgl. Begr. RegE, BT-Drs. 16/6140, 40.

[216] So insbes. *Ulmer* ZIP 2008, 45 (50 ff.); ferner *Wirsch* GmbHR 2007, 736 (739 ff.).

[217] Zur Verfassungsmäßigkeit dieser Regelung BGH Urt. v. 22.3.2010 – II ZR 12/08, BGHZ 185, 44 = ZIP 2010, 978 = DStR 2010, 1087 mAnm *Goette* DStR 2010, 1094.

[218] BGH Urt. v. 19.1.2016 – II ZR 61/15, DNotZ 2016, 549 Rn. 21 unter Hinweis auf BGH Urt. v. 20.7.2009 – II ZR 273/07, BGHZ 182, 103 Rn. 13 = NJW 2009, 3091 – Cash-Pool II; Urt. v. 22.3.2010 II ZR 12/08, BGHZ 185, 44 Rn. 19 = NJW 2010, 1948 – ADCOCOM.

[219] Vgl. *Gehrlein* Der Konzern 2007, 771 (783).

[220] Dazu ausf. *Lieder* GmbHR 2018, 1116 (1123 f.).

bringung das reguläre Sacheinlageverfahren durchzuführen. Die mit den Sacheinlagevorschriften erstrebte Publizität und Kontrolle ist nur noch eingeschränkt gewährleistet.[221] Darüber hinaus greift § 19 Abs. 4 tief in das präventive Kapitalschutzsystem der GmbH ein. Dieser Eingriff ist punktuell, systemwidrig[222] und inkonsequent. Eine Rückkehr zum bisherigen System des präventiven Kapitalschutzes ist derzeit nicht durchsetzbar.

74   Vorzugswürdig erscheint daher eine **grundlegende Reform** des gegenwärtigen Kapitalschutzsystems.[223] Mit Blick auf die verdeckte Sacheinlage muss sich ein modernes Kapitalschutzsystem zunächst von der Differenzierung zwischen Bar- und Sacheinlage verabschieden.[224] Damit würde das Kapitalerhöhungsverfahren um die Beifügung von Sacheinlagevereinbarungen und Dokumenten über die Ausführungsgeschäfte und etwaige Bewertungsunterlagen entlastet. Für ein modernes Kapitalschutzsystem sollte allein maßgeblich sein, dass die Einlage vollwertig ist, und zwar unabhängig davon, ob sich der Inferent zur Leistung in bar oder in Form einer Sacheinlage verpflichtet hat. Damit würde sich das leidige Problem der verdeckten Sacheinlage ein für alle Mal erledigen.[225]

75   **3. Tatbestandliche Voraussetzungen.** Eine verdeckte Sacheinlage setzt sich nach § 19 Abs. 4 S. 1 aus zwei Komponenten zusammen: Zum einen muss die Bareinlage des Inferenten bei wirtschaftlicher Betrachtung einer Sacheinlage entsprechen. Zum anderen muss die Einbringung des Vermögenswerts aufgrund einer vorherigen Abrede erfolgen.

76   **a) Wirtschaftliche Entsprechung.** Verdeckte Sacheinlagen treten in der Praxis in ganz unterschiedlichen Erscheinungsformen auf. Maßgeblich ist, dass im Zuge eines Verkehrsgeschäfts zwischen der Gesellschaft und dem Inferenten die geschuldete Bareinlagepflicht bei wirtschaftlicher Betrachtung durch einen anderen Vermögensgegenstand ausgetauscht und auf diese Weise gewissermaßen neutralisiert wird.[226] Hauptanwendungsfall ist die **Veräußerung von Sachgegenständen** des Inferenten an die Gesellschaft im Zusammenhang mit einer Barkapitalerhöhung.[227] Dabei werden die Forderungen von GmbH und Gesellschafter entweder miteinander verrechnet[228] oder der Inferent erhält die gezahlte Bareinlage im Rahmen des Verkehrsgeschäfts wieder zurück.[229] Eine verdeckte Sacheinlage

---

[221] *Bayer* ZGR 2007, 220 (230); *Bayer* FS Kanzleiter, 2010, 75 (84 ff.); *Heckschen* DStR 2007, 1442 (1448); *Brandner* FS Boujong, 1996, 37 (46); *Karsten* GmbHR 2006, 57 (61).

[222] Wie hier *Ulmer* ZIP 2008, 45 (51 f.); idS auch *Markwardt* BB 2008, 2414 (2416); aA *Komo* BB 2011, 2307 (2312).

[223] Dazu umfassend *C. Lieder,* Moderner Kapitalschutz, 2018, 278 ff. (Reformvorschläge), 313 ff. (eigener Entwurf); insbes. zum KG-Modell ausf. *Bayer* ZGR 2007, 220 (234 ff.); *Bayer* FS Kanzleiter, 2010, 75 (85 f.); *Bayer* GmbHR 2010, 1289 (1295 ff.); *Bayer* VGR 18 (2012), 25 (47 ff.); ferner *Bayer/Lieder* GmbHR 2006, 1121 (1128 f.); *J. Vetter* Verh. 66. DJT II/1, 2006, P 75 (P 89 f.); für KmbH als eigenständige Rechtsform *Drygala* ZIP 2006, 1797 (1800 ff.); iErg ebenfalls in diese Richtung *Grunewald* WM 2006, 2333 (2335); *Eidenmüller* ZGR 2007, 168 (189); *Noack* DB 2007, 1395 (1397); *Heckschen* DStR 2007, 1442 (1448 f.); *Herrler* DB 2008, 2347 (2352); *H.-F. Müller* NZG 2011, 761 (765); aA *Ulmer* ZIP 2008, 45 (52); *M. Winter* FS Priester, 2007, 867 (872 f.); *Maier-Reimer/Wenzel* ZIP 2009, 1185 (1196); *Hommelhoff* ZIP 2013, 2177 (2181); krit. auch *Priester* ZIP 2008, 55 (56); abweichende Reformmodelle bei *Hentzen/Schwandtner* ZGR 2009, 1007 (1025 ff.); *Cavin,* Kapitalaufbringung in GmbH und AG, 2012, 494 ff., 605 ff., 650 ff.

[224] Dafür auch Lutter/Hommelhoff/*Bayer* § 19 Rn. 56; *J. Vetter* Verh. 66. DJT II/1, 2006, P 75 (P 93); *Eidenmüller* ZGR 2007, 168 (189); *C. Lieder,* Moderner Kapitalschutz, 2018, 343; *Lieder* GmbHR 2018, 1116 (1124).

[225] Zum Ganzen (zur Gründung) *C. Lieder,* Moderner Kapitalschutz, 2018, 343.

[226] Zur KGaA OLG Dresden Urt. v. 12.1.2017 – 8 U 332/16, NZG 2017, 985 Rn. 54; zur AG: Hölters/*Solveen* AktG § 27 Rn. 32.

[227] Aus der Rspr. s. BGH Urt. v. 10.11.1958 – II ZR 3/57, BGHZ 28, 314 = NJW 1959, 383; OLG Hamburg Urt. v. 9.10.1987 – 11 U 125/87, DB 1988, 646 = NJW-RR 1988, 1253; OLG Köln Urt. v. 10.11.1999 – 26 U 16/99, NZG 2000, 489.

[228] Aus der Rspr. s. BGH Urt. v. 13.10.1954 – II ZR 182/53, BGHZ 15, 52 (58) = NJW 1954, 1842; Beschl. v. 4.3.1996 – II ZB 8/95, BGHZ 132, 141 (143 ff.) = NJW 1996, 1473; Urt. v. 16.9.2002 – II ZR 1/00, BGHZ 152, 37 (40 ff.) = NJW 2002, 3774.

[229] Aus der Rspr. s. BGH Urt. v. 10.11.1958 – II ZR 3/57, BGHZ 28, 314 = NJW 1959, 383; Urt. v. 7.7.2003 – II ZR 235/01, BGHZ 155, 329 (334 f.) = NJW 2003, 3127 = ZIP 2003, 1540; OLG Hamburg Urt. v. 9.10.1987 – 11 U 125/87, DB 1988, 646 = NJW-RR 1988, 1253; OLG Köln Urt. v. 10.11.1999 – 26 U 19/99, NZG 2000, 489 (490).

liegt auch dann vor, wenn zunächst das Verkehrsgeschäft getätigt wird und die von der GmbH erbrachte Gegenleistung danach auf die Bareinlageschuld eingezahlt wird.[230] Wird eine Sache an die GmbH veräußert und sodann die Kaufpreisforderung gegen die GmbH als Sacheinlage eingelegt, ist bei wirtschaftlicher Betrachtung gleichwohl die Sache geleistet worden, deren Werthaltigkeit keiner Prüfung unterlag; auch dabei handelt es sich um eine verdeckte Sacheinlage.[231] Gleiches gilt, wenn zunächst die geschuldete Bareinlage gezahlt und sodann eine **bestehende Gesellschafterforderung getilgt** wird oder wenn nach Tilgung der Gesellschafterforderung der erlangte Betrag als Bareinlage an die GmbH zurückgeführt wird.[232] Eine entsprechende Gesellschafterforderung, wie zB ein Bereicherungsanspruch aufgrund einer rechtsgrundlosen Voreinzahlung auf eine künftige Kapitalerhöhung (→ § 56a Rn. 26 ff.), muss offen als Sacheinlage eingebracht werden.[233] Weitere Anwendungsfälle sind die Aufrechnung mit bestehenden Altforderungen der Gesellschafter (→ Rn. 127), Kapitalerhöhungen im Rahmen des Ausschüttungsrückholverfahrens (→ Rn. 32 ff.)[234] und das **Cash Pooling** (→ § 56a Rn. 73 ff.).

Eine verdeckte Sacheinlage kann auch bei einem **Rückkauf von Wandelschuldver-　77 schreibungen** gegeben sein, wenn der Kreis der Inhaber mit dem Kreis der Inferenten weitgehend übereinstimmt.[235] Gleiches gilt, wenn die Bareinlage mit Mitteln getilgt wird, die der Inferent aus der Rückzahlung eines zuvor gewährten **Gesellschafterdarlehens** von der GmbH erhalten hat.[236] In der letzten Konstellation wird bei wirtschaftlicher Betrachtung der Darlehensrückzahlungsanspruch in die Gesellschaft eingebracht. Ein Hin- und Herzahlen iSd § 19 Abs. 5 scheitert daran, dass die Rückzahlung nicht auf Ausreichung eines Darlehens gerichtet war, sondern gerade ein Darlehen des Gesellschafters zurückgewährt wurde.[237] Während das Hin- und Herzahlen eine Darlehensauszahlung voraussetzt, kommt eine verdeckte Sacheinlage vielfach im Fall einer Darlehensrückzahlung durch die Gesellschaft in Betracht.[238]

Keine verdeckte Sacheinlage liegt indes vor, wenn die Rückzahlung an den Inferen-　78 ten aus der freien Kapitalrücklage iSd § 272 Abs. 2 Nr. 4 HGB stammt, da solche Zahlungen außerhalb des gesetzlichen Schutzsystems der Kapitalaufbringung erfolgen.[239] Gleiches gilt umgekehrt, wenn Sachgegenstände ohne Gegenleistung, Prüfung und Kapitalauswirkung in die Kapitalrücklage nach § 272 Abs. 2 Nr. 4 HGB geleistet werden.[240] Anders kann

---

[230]　Aus der Rspr. s. BGH Urt. v. 10.11.1958 – II ZR 3/57, BGHZ 28, 314 = NJW 1959, 383; Urt. v. 19.4.1982 – II ZR 55/81, NJW 1982, 2444 (2446); Urt. v. 18.2.1991 – II ZR 104/90, BGHZ 113, 335 (340 ff.) = NJW 1991, 1754; Urt. v. 13.4.1992 – II ZR 277/90, BGHZ 118, 83 (93 f.) = NJW 1992, 2222; Urt. v. 21.2.1994 – II ZR 60/93, BGHZ 125, 141 (143 f.) = NJW 1994, 1477; Beschl. v. 4.3.1996 – II ZB 8/95, BGHZ 132, 141 (143 ff.) = NJW 1996, 1473; Urt. v. 16.3.1998 – II ZR 303/96, ZIP 1998, 780 (782) = NJW 1998, 588; Urt. v. 7.7.2003 – II ZR 235/01, BGHZ 155, 329 (334 ff.) = NJW 2003, 3127; BGH Urt. v. 19.1.2016 – II ZR 61/15, DNotZ 2016, 549; OLG Hamburg Urt. v. 9.10.1987 – 11 U 125/87, ZIP 1988, 372 (373) = NJW-RR 1988, 1253; OLG Köln Urt. v. 10.11.1999 – 26 U 19/99, NZG 2000, 489; OLG Dresden Urt. v. 12.1.2017 – 8 U 332/16, NZG 2017, 985 Rn. 59 (zur KGaA).
[231]　AA *Komo* GmbHR 2008, 296 (299 f.); vgl. noch *Bunnemann* NZG 2005, 955 (959); *Wächter* GmbHR 2006, 1084 (1086).
[232]　BGH Urt. v. 19.1.2016 – II ZR 61/15, DNotZ 2016, 549 Rn. 30 unter Hinweis auf BGH Urt. v. 18.2.1991 – II ZR 104/90, BGHZ 113, 335 (344 f.) = NJW 1991, 1754; Urt. v. 16.3.1998 – II ZR 303/96, ZIP 1999, 780 (782) = NJW 1998, 1951; Urt. v. 20.6.2006 – II ZR 176/05, BGHZ 170, 47 Rn. 11 = NJW 2007, 765; vgl. weiter OLG Dresden Urt. v. 12.1.2017 – 8 U 332/16, NZG 2017, 985 Rn. 59 zur KGaA.
[233]　Vgl. BGH Urt. v. 2.12.1968 – II ZR 144/67, BGHZ 51, 157 (159) = WM 1969, 270; Urt. v. 15.3.2004 – II ZR 210/01, BGHZ 158, 283 (285) = NJW 2004, 2592; Urt. v. 26.6.2006 – II ZR 43/05, BGHZ 168, 201 (204) = NJW 2007, 515; Urt. v. 19.1.2016 – II ZR 61/15, DNotZ 2016, 549 Rn. 26.
[234]　Vgl. (zur KGaA) OLG Dresden Urt. v. 12.1.2017 – 8 U 332/16, NZG 2017, 985 Rn. 57 f.
[235]　Zum Ganzen zur AG ausf. *Kopp/Metzner* AG 2012, 856 (860 ff.).
[236]　OLG Köln Urt. v. 20.5.2010 – 18 U 122/09, GmbHR 2010, 1213 (1215) = BeckRS 2010, 17618.
[237]　Vgl. auch *Wachter* EWiR 2011, 81 (82).
[238]　Zur Abgrenzung in diesem Zusammenhang ausf. *Hermanns* DNotZ 2011, 325.
[239]　BGH Beschl. v. 15.10.2007 – II ZR 249/06, NZG 2008, 76; OLG München Urt. v. 27.9.2006 – 7 U 1857/06, ZIP 2007, 126 (129) = BeckRS 2006, 13428; *Haberstock* NZG 2008, 220; *Wicke* § 19 Rn. 23.
[240]　*Bunnemann* NZG 2005, 955 (956).

es liegen, wenn im Zusammenhang mit der Leistung in die freie Kapitalrücklage eine Sachkapitalerhöhung durchgeführt wird, die der GmbH insgesamt einen wirtschaftlichen Nachteil bringt, weil zB ein überschuldetes Unternehmen eingebracht wird.[241] Die Anwendung des § 19 Abs. 4 scheidet ebenfalls aus, wenn der eingebrachte Vermögenswert **nicht einlagefähig** ist (→ Rn. 18 ff.);[242] in Betracht kommt die Anwendung des § 19 Abs. 5 (→ § 56a Rn. 40 ff.) oder ein Verstoß gegen das Gebot der Leistung zur endgültig freien Verfügung der Geschäftsführer (→ § 56a Rn. 40, → § 56a Rn. 87 ff.; → § 57 Rn. 15 f.).

79   **b) Vorherige Absprache.** Zentrale Voraussetzung für die Anwendbarkeit des § 19 Abs. 4 ist die vorherige Absprache. Ohne Belang ist, ob die Beteiligten die Umgehung der Sacheinlagevorschriften bewusst oder unbewusst herbeiführen wollten[243] oder gar beabsichtigt haben.[244] Auch die Wirksamkeit der Abrede ist keine Tatbestandsvoraussetzung der verdeckten Sacheinlage.[245] Die Beteiligten müssen nur schlicht übereingekommen sein. Bloße Erwartungen einer Seite genügen allerdings ebenso wenig wie einseitige Vorstellungen.[246]

80   Maßgeblich ist, dass die Abrede spätestens **bei Abschluss des Übernahmevertrages** getroffen worden ist.[247] Wird die Rückzahlung der geleisteten Bareinlage erst später verabredet, liegt tatbestandlich keine verdeckte Sacheinlage vor.[248] Allerdings greift § 19 Abs. 4 in analoger Anwendung auch bei **nachträglichen Abreden,** die zwischen Begründung der Bareinlageschuld und der Leistung des Geldbetrages getroffen werden.[249] Bis zur tatsächlichen Einlageleistung tangieren Rückzahlungsabreden das Gebot der realen Kapitalaufbringung. Daher ist es nicht gerechtfertigt, vor Einlageleistung verabredete Rückzahlungen dem Kapitalerhaltungsregime der §§ 30, 31 zu unterwerfen. Vielmehr berühren solche Absprachen das Gebot der Leistung zur endgültig freien Verfügung, welches durch die Anrechnungslösung des § 19 Abs. 4 modifiziert wird (→ Rn. 95). In wirtschaftlicher Hinsicht macht es für die Gesellschaft und ihre Gläubiger keinen Unterschied, ob die Absprache vor Begründung der Einlageschuld oder vor Erfüllung der Einlageschuld getroffen wird. In beiden Fällen ist die Rückgewähr der Einlagemittel intendiert und muss durch die (analoge) Anwendung des § 19 Abs. 4 sanktioniert werden. Das gilt auch für Leistungen auf die **Resteinlageschuld.**[250]

---

[241]   Ausf. *Bunnemann* NZG 2005, 955 (956 ff.); vgl. noch *Wächter* GmbHR 2006, 1084 (1086).

[242]   BGH Urt. v. 16.2.2009 – II ZR 120/07, BGHZ 180, 38 Rn. 9 = NJW 2009, 2375; Urt. v. 1.2.2010 – II ZR 173/08, BGHZ 184, 158 Rn. 18 = NJW 2010, 1747 – Eurobike; Urt. v. 20.9.2011 – II ZR 234/09, NZG 2011, 1271 Rn. 15 – ISION; zum alten Recht BGH Urt. v. 21.11.2005 – II ZR 140/04, BGHZ 165, 113 (116 f.) = NJW 2006, 509; Urt. v. 9.1.2006 – II ZR 72/05, BGHZ 165, 352 (356) = NJW 2006, 906; *Habersack* FS Priester, 2007, 157 (163); *Bayer* GmbHR 2004, 445 (451, 453); aA tendenziell *Kersting* VGR 14 (2008), 101 (117 f.); abw. auch *Pentz* GmbHR 2009, 505 (508 f.) für Nutzungsrechte.

[243]   Begr. RegE, BT-Drs. 16/6140, 40.

[244]   BGH Urt. v. 15.1.1990 – II ZR 164/88, BGHZ 110, 60 (64 f.) = NJW 1990, 982; OLG Hamburg Urt. v. 9.10.1987 – 11 U 125/87, DB 1988, 646 = NJW-RR 1988, 1253; OLG Brandenburg Urt. v. 1.7.1998 – 7 U 17/98, GmbHR 1998, 1033 (1034) = NZG 1999, 28; OLG Dresden Urt. v. 12.1.2017 – 8 U 332/16, NZG 2017, 985 Rn. 67 (zur KGaA); Scholz/*Priester*/*Tebben* Rn. 64 aE; *Wicke* § 19 Rn. 20; *Henze* ZHR 154 (1990), 105 (109 f.); aA noch RG v. 16.10.1936 – II 80/36, RGZ 152, 292 (300 f.).

[245]   OLG Dresden Urt. v. 12.1.2017 – 8 U 332/16, NZG 2017, 985 Rn. 67 (zur KGaA); zur AG Hüffer/*Koch*/*Koch* AktG § 27 Rn. 33; GroßkommAktG/*Schall* AktG § 27 Rn. 291.

[246]   OLG Dresden Urt. v. 12.1.2017 – 8 U 332/16, NZG 2017, 985 Rn. 67 (zur KGaA); zur AG vgl. Hölters/*Solveen* AktG § 27 Rn. 37.

[247]   So BGH Urt. v. 7.7.2003 – II ZR 235/01, BGHZ 155, 329 (334 ff.) = NJW 2003, 3127; Lutter/Hommelhoff/*Bayer* § 19 Rn. 62; *Henze* ZHR 154 (1990), 105 (114); *Pentz* ZIP 2003, 2091 (2096); *Benz,* Verdeckte Sacheinlage und Einlagenrückzahlung im reformierten GmbH-Recht (MoMiG), 2010, 75 ff.; aA noch *Priester* ZIP 1991, 345 (351 f.); *Ulmer* ZHR 154 (1990), 128 (140 f.).

[248]   Zum bisherigen Recht Lutter/Hommelhoff/*Lutter*/*Bayer*, 16. Aufl. 2004, § 5 Rn. 43; *Bayer* GmbHR 2004, 445 (450); *Ulmer* ZHR 154 (1990), 128 (140 f.).

[249]   IErg wie hier Lutter/Hommelhoff/*Bayer* § 19 Rn. 65; *Theiselmann* Der Konzern 2009, 460 (462); in diese Richtung auch *Altmeppen* § 19 Rn. 86; (zur KGaA) OLG Dresden Urt. v. 12.1.2017 – 8 U 332/16, NZG 2017, 985 Rn. 66; zur AG Kölner Komm AktG/*Arnold* AktG § 27 Rn. 95; Hüffer/*Koch*/*Koch* AktG § 27 Rn. 33; K. Schmidt/Lutter/*Bayer* AktG § 27 Rn. 64.

[250]   Wie hier Noack/Servatius/Haas/*Servatius* § 19 Rn. 53.

Wird die Rückzahlung erst **nach Einlageleistung** vereinbart und greifen auch die 81 Vermutungsregeln (→ Rn. 83 ff.) nicht ein, ist die wirksame Aufbringung des Stammkapitals nicht tangiert; § 19 Abs. 4 findet daher weder direkte noch analoge Anwendung.[251] Vielmehr greifen in diesem Fall ausschließlich die Grundsätze der Kapitalerhaltung nach §§ 30, 31.

Die Abrede selbst muss nicht ausdrücklich erfolgen; eine **stillschweigende Billigung** 82 der Beteiligten ist ausreichend.[252] Sie kann sowohl zwischen den Gesellschaftern untereinander oder mit den Geschäftsführern getroffen werden.[253] In der **Einpersonengesellschaft** genügt ein entsprechendes „Vorhaben" des Alleingesellschafters.[254] Anderes gilt, wenn der Inferent beabsichtigt, einen Sachgegenstand verdeckt in die GmbH einzubringen; seine **einseitige Absicht** reicht zur Begründung einer Abrede **nicht** aus.[255]

Eine vorherige Absprache iSd § 19 Abs. 4 wird **vermutet,** wenn ein enger zeitlicher 83 und sachlicher Zusammenhang zwischen dem Umsatzgeschäft und der Begründung bzw. – bei nachträglichen Abreden (→ Rn. 80) – der Erfüllung der Bareinlagepflicht besteht.[256] Bis zu einer Zeitdauer von **sechs Monaten** ist der zeitliche Zusammenhang regelmäßig zu bejahen;[257] anderes gilt nach mehr als acht Monaten.[258] Das (Nicht-)Vorliegen des zeitlichen Zusammenhangs ist ohne Belang, soweit die vorherige Absprache anderweitig nachweisbar ist.[259] **Entkopplungsabreden,** die darauf gerichtet sind, die Zahlung der Gegenleistung an den Inferenten zeitlich hinauszuschieben, um die An-

---

[251] Ähnlich *Altmeppen* ZIP 2009, 1545 (1547): nach Eintragung.

[252] BGH Urt. v. 16.1.2006 – II ZR 76/04, BGHZ 166, 8 Rn. 13 = NJW 2006, 1738; OLG Düsseldorf Versäumnisurt. v. 25.6.2008 – 18 U 25/08, BeckRS 2008, 17841 Rn. 70; *Bayer/Lieder* GmbHR 2006, 449 (450).

[253] Vgl. BGH Urt. v. 4.3.1996 – II ZR 89/95, BGHZ 132, 133 = NJW 1996, 1286 (1288); OLG Dresden Urt. v. 12.1.2017 – 8 U 332/16, NZG 2017, 985 Rn. 66 zur KGaA; zur AG K. Schmidt/Lutter/*Bayer* AktG § 27 Rn. 63; Großkomm AktG/*Schall* AktG § 27 Rn. 298.

[254] BGH Urt. v. 11.2.2008 – II ZR 171/06, NZG 2008, 311 Rn. 12; Urt. v. 22.3.2010 – II ZR 12/08, BGHZ 185, 44 Rn. 12 = DStR 2010, 1087 mAnm *Goette* DStR 2010, 1094; OLG Düsseldorf Versäumnisurt. v. 25.6.2008 – 18 U 25/08, BeckRS 2008, 17841 Rn. 70; OLG Koblenz Urt. v. 17.3.2011 – 6 U 879/10, MittBayNot 2011, 330 = DZWIR 2011, 303 mAnm *Illhardt*; *Altmeppen* § 19 Rn. 85; Scholz/*Priester/Tebben* Rn. 64; *Wicke* § 19 Rn. 20.

[255] OLG Köln Urt. v. 22.5.1990 – 22 U 272/89, ZIP 1990, 717 (718) = NJW-RR 1990, 1057; *Henze* ZHR 154 (1990), 105 (114); *Joost* ZIP 1990, 549 (560); *Mülbert* ZHR 154 (1990), 145 (187 ff.).

[256] Begr. RegE, BT-Drs. 16/6140, 41; BGH Urt. v. 16.1.2006 – II ZR 76/04, BGHZ 166, 8 Rn. 13 = NJW 2006, 1736; Urt. v. 18.2.2008 – II ZR 132/06, BGHZ 175, 265 Rn. 13 = NZG 2008, 425 mAnm *Lieder* WuB II A. § 27 AktG 2.08 – Rheinmöve; Urt. v. 22.3.2010 – II ZR 12/08, BGHZ 185, 44 Rn. 14 = NJW 2010, 1948 – ADCOCOM; Urt. v. 19.1.2016 – II ZR 61/15, DNotZ 2016, 549 Rn. 31; OLG Köln Urt. v. 20.5.2010 – 18 U 122/09, GmbHR 2010, 1213 (1215) = BeckRS 2010, 17618; KG Urt. v. 23.12.2010 – 23 U 56/09, GmbHR 2011, 821 (822) = BeckRS 2011, 14597; OLG Koblenz Urt. v. 17.3.2011 – 6 U 879/10, MittBayNot 2011, 330 = DZWIR 2011, 303 mAnm *Illhardt*; OLG Dresden Urt. v. 12.1.2017 – 8 U 332/16, NZG 2017, 985 Rn. 70 f. zur KGaA; Noack/Servatius/Haas/*Servatius* § 19 Rn. 49a; Lutter/Hommelhoff/*Bayer* § 19 Rn. 63; Scholz/*Veil* § 19 Rn. 128; HCL/*Casper* § 19 Rn. 142; *Veil* GmbHR 2007, 1241 (1242); *Kallmeyer* DB 2007, 2755 (2756); *Heinze* GmbHR 2008, 1065 (1066); *Wicke* § 19 Rn. 20; *Bormann/Urlichs* GmbHR Sonderheft Oktober 2008, 37 (39); *Rose* in Bunnemann/Zirngibl GmbH in der Praxis § 6 Rn. 8; *Bayer* FS Kanzleiter, 2010, 75 (81); zum früheren Recht BGH Urt. v. 21.2.1994 – II ZR 60/93, BGHZ 125, 141 (143 f.) = NJW 1994, 1477; Urt. v. 4.3.1996 – II ZR 89/95, BGHZ 132, 133 (139) = NJW 1996, 1286; Urt. v. 2.12.2002 – II ZR 101/02, BGHZ 153, 107 (109) = NJW 2003, 825.

[257] KG Urt. v. 23.12.2010 – 23 U 56/09, GmbHR 2011, 821 (822) = BeckRS 2011, 14597; OLG Koblenz Urt. v. 17.3.2011 – 6 U 879/10, MittBayNot 2011, 330 (331) = DZWIR 2011, 303 mAnm *Illhardt*; OLG Dresden Urt. v. 12.1.2017 – 8 U 332/16, NZG 2017, 985 Rn. 72 zur KGaA; Rowedder/Schmidt-Leithoff/*Pentz* § 19 Rn. 115; Scholz/*Priester/Tebben* Rn. 63; *Bayer/Lieder* GWR 2010, 3 (4); *Wicke* § 19 Rn. 20; *Rose* in Bunnemann/Zirngibl GmbH in der Praxis § 6 Rn. 8; *Bayer* FS Kanzleiter, 2010, 75 (81); zum früheren Recht OLG Köln Urt. v. 2.2.1999 – 22 U 116/98, GmbHR 1999, 663 (664) = NZG 1999, 459; *Bayer* GmbHR 2004, 445 (448).

[258] Lutter/Hommelhoff/*Bayer* § 19 Rn. 638; Noack/Servatius/Haas/*Servatius* § 19 Rn. 49a; *Wicke* § 19 Rn. 20; *Rose* in Bunnemann/Zirngibl GmbH in der Praxis § 6 Rn. 8; *Bayer* FS Kanzleiter, 2010, 75 (82); zum früheren Recht BGH Urt. v. 16.9.2002 – II ZR 1/00, BGHZ 152, 37 (45) = NJW 2002, 3774; KG Urt. v. 23.4.2007 – 23 U 75/06, BeckRS 2007, 12048: zehn Monate.

[259] BGH Beschl. v. 4.3.1996 – II ZB 8/95, BGHZ 132, 141 (146 ff.) = NJW 1996, 1473.

wendbarkeit der Vermutungsregel zu umgehen, sind nicht geeignet, die Anwendung des § 19 Abs. 4 auszuschließen.[260]

84   Indizien für die Annahme eines **sachlichen Zusammenhangs** sind die betragsmäßige Vergleichbarkeit von Einlageschuld und Gegenleistung des Umsatzgeschäfts sowie die Vertretbarkeit des an die Gesellschaft veräußerten Sachgegenstands.[261] Maßgeblich ist, ob der Gesellschaft infolge des Verkehrsgeschäfts bei wirtschaftlicher Betrachtung nicht eine bare Einzahlung, sondern ein anderer Vermögenswert, wie zB Maschinen, Nutzungsrechte oder Forderungen zugewandt werden sollten.[262] Allein aus der zeitlichen Nähe kann indes nicht auf den sachlichen Zusammenhang geschlossen werden. Auch wenn etwa die Beschlussfassung über die Gewinnverwendung und die Bareinlageeinbringung in einem solchen zeitlichen Zusammenhang stehen, ist ein sachlicher Zusammenhang gesondert nachzuweisen.[263] Während GmbH bzw. Insolvenzverwalter die tatbestandlichen Voraussetzungen der Regelvermutung nachzuweisen haben,[264] obliegt es dem Inferenten, die bestehende Regelvermutung zu widerlegen, indem er darlegt und ggf. beweist, dass ein im Zusammenhang mit der Kapitalerhöhung vorgenommenes Umsatzgeschäft zur Kapitalmaßnahme in keiner inneren Beziehung steht.[265]

85   Eine verdeckte Sacheinlage kommt auch bei **gewöhnlichen Umsatzgeschäften** „im Rahmen des laufenden Geschäftsverkehrs" in Betracht.[266] Indes gilt bei alltäglichen Umsatzgeschäften keine Vermutung für eine vorherige Absprache.[267] Fehlt es an der Abrede und greifen auch die Vermutungsregeln (→ Rn. 83 ff.) nicht ein, ist das Verkehrsgeschäft zwischen Inferent und GmbH in Ermangelung einer rechtswidrigen Koppelung von Barkapitalerhöhung und Sacheinbringung zulässig und kein Fall der verdeckten Sacheinlage.[268] Auch **Verwendungsabreden,** die nicht die Rückgewähr der gezahlten Einlage zum Gegenstand haben, sind zulässig.[269]

86   **c) Beteiligung Dritter.** § 19 Abs. 4 findet auch dann Anwendung, wenn sich die Gesellschaft oder der Inferent das Handeln einer dritten Person zurechnen lassen muss. Das

---

[260]   OLG Düsseldorf Urt. v. 11.7.1996 – 6 U 192/95, DB 1996, 1816 (1817) = NJW-RR 1997, 485; MHLS/*Hermanns* Rn. 19; *v. Gerkan* GmbHR 1992, 433 (435 f.); *v. Schnurbein* GmbHR 2010, 568 (571); aA Scholz/*Priester/Tebben* Rn. 70; *D. Mayer* NJW 1990, 2593 (2599).

[261]   OLG Dresden Urt. v. 12.1.2017 – 8 U 332/16, NZG 2017, 985 Rn. 76 zur KGaA; Michalski/*Hermanns,* 2002, Rn. 20; vgl. noch OLG Koblenz Urt. v. 17.3.2011 – 6 U 879/10, MittBayNot 2011, 330 (330 f.) = DZWIR 2011, 303 mAnm *Illhardt*; Scholz/*Priester/Tebben* Rn. 62.

[262]   OLG Dresden Urt. v. 12.1.2017 – 8 U 332/16, NZG 2017, 985 Rn. 75 zur KGaA, und Hinweis auf BGH DStR 2016, 923; Urt. v. 19.1.2016 – II ZR 61/15, DNotZ 2016, 549 Rn. 28.

[263]   OLG Dresden Urt. v. 12.1.2017 – 8 U 332/16, NZG 2017, 985 Rn. 77 zur KGaA, unter Hinweis auf BGH Urt. v. 2.12.1999 – IX ZR 415/98; Urt. v. 18.2.1991 – II ZR 104/90; vgl. weiter BGH Urt. v. 26.5.1997 – II ZR 69/96; Urt. v. 16.9.2002 – II ZR 1/00; BGHZ 152, 37 = NJW 2002, 3774 (3776).

[264]   OLG Dresden Urt. v. 12.1.2017 – 8 U 332/16, NZG 2017, 985 Rn. 75 zur KGaA; zur AG Hüffer/*Koch/Koch* AktG § 27 Rn. 34.

[265]   Lutter/Hommelhoff/*Bayer* § 19 Rn. 63.

[266]   BGH Urt. v. 20.11.2006 – II ZR 176/05, BGHZ 170, 47 Rn. 21 ff. = NJW 2007, 765; Urt. v. 11.2.2008 – II ZR 171/06, NZG 2008, 311 Rn. 13; OLG Hamburg Urt. v. 9.10.1987 – 11 U 125/87, DB 1988, 646 = NJW-RR 1988, 1253; *Bayer/Lieder* NZG 2010, 86 (88 f.); monografisch *Kloss,* Die verdeckte Sacheinlage im GmbH-Recht unter besonderer Berücksichtigung der neuen Einstiegsvariante, 2013, 52 ff.; aA OLG Hamm Urt. v. 12.3.1990 – 8 U 172/89, BB 1990, 1221 (1222) = NJW-RR 1990, 803; OLG Karlsruhe Urt. v. 29.11.1990 – 18 a U 92/90, ZIP 1991, 27 (28) = NJW-RR 1991, 323; MHLS/*Hermanns* Rn. 11; Scholz/*Priester/Tebben* Rn. 69; *Wicke* § 19 Rn. 23; *Henze* ZHR 154 (1990), 105 (112 f.).

[267]   Vgl. BGH Urt. v. 20.11.2006 – II ZR 176/05, BGHZ 170, 47 Rn. 24 = NJW 2007, 765; OLG Hamm Urt. v. 17.8.2004 – 27 U 189/03, ZIP 2005, 1138 (1140) = NZG 2005, 184; Rowedder/Schmidt-Leithoff/*Schnorbus* Rn. 4; *Bork* NZG 2007, 375; *Habersack* FS Priester, 2007, 157 (169); *Wolf,* Die verdeckte Sacheinlage in GmbH und AG, 2013, 83.

[268]   Zum früheren Recht OLG Hamm Urt. v. 12.3.1990 – 8 U 172/89, BB 1990, 1221 (1222) = NJW-RR 1990, 803; OLG Karlsruhe Urt. v. 29.11.1990 – 18 a U 92/90, ZIP 1991, 27 (28) = NJW-RR 1991, 323; *Bayer* ZIP 1998, 1985 (1987).

[269]   BGH Urt. v. 24.9.1990 – II ZR 203/89, NJW 1991, 226 (227); Urt. v. 22.6.1992 – II ZR 30/91, NJW 1992, 2698 (2700); KG Urt. v. 23.4.2007 – 23 U 75/06, BeckRS 2007, 12048; *Wicke* § 19 Rn. 22.

ist der Fall, wenn die Leistung des Dritten an den Inferenten einer Leistung der Gesellschaft oder die Leistung an den Dritten einer Leistung an den Inferenten in jeder Hinsicht gleichsteht.[270] Bei Bestehen **persönlicher Näheverhältnisse,** insbesondere einer verwandtschaftlichen Beziehung zwischen Einleger und Dritten, erfolgt die Zurechnung nach dem Rechtsgedanken der § 89 Abs. 3 S. 1 AktG, § 115 Abs. 2 AktG, § 138 Abs. 1 InsO.[271] Das Näheverhältnis bildet aber stets nur einen **Anhaltspunkt** für eine mögliche Zurechnung; denkbar ist gleichermaßen, dass nahe Angehörige bei der Durchführung eines Geschäfts selbstständige Interessen verfolgen (→ § 19 Rn. 241). Bei der Rückzahlung eines vom Ehegatten an die GmbH gewährten Darlehens kommt eine Zurechnung nach Auffassung des BGH deshalb nur dann in Betracht, wenn das Darlehen bei wirtschaftlicher Betrachtung vom Inferenten der Bareinlage gewährt oder die Einlage mit Mitteln des Ehegatten bewirkt wurde.[272]

Einbezogen sind außerdem Dritte, **für** deren **Rechnung** der Einleger handelt[273] oder **87** die für dessen Rechnung zeichnen, wie zB Treuhänder.[274] Entsprechendes gilt, wenn der Dritte das Verkehrsgeschäft durchführt, nachdem er vom Inferenten das Kapital dafür erhalten hat oder wenn er später vom Einleger für die Vornahme des Geschäfts vergütet werden soll.[275] Zurechenbarer Dritter ist auch eine (Dritt-)Gesellschaft, soweit der Inferent daran maßgeblich beteiligt ist[276] – eine **Beherrschung** durch mehrere Inferenten genügt[277] – oder aber die personelle Zusammensetzung der Gesellschafter der GmbH und des Drittunternehmens weitgehend übereinstimmt.[278] Diese Grundsätze gelten auch für den Leistungsaustausch über mehrere Konzernebenen[279] und für die Kapitalaufbringung im **Cash Pool** (→ § 56a Rn. 73 ff.).[280]

Eine **Zurechnung scheidet aus,** wenn die von der Konzerngesellschaft nach vorheri- **88** ger Absprache an die abhängige Gesellschaft weitergeleitete Bareinlage dazu verwendet wird, das Unternehmen einer Schwestergesellschaft zu erwerben, an dem die Muttergesellschaft weder unmittelbar noch mittelbar beteiligt ist.[281] In diesem Fall partizipiert die Kon-

---

[270] Vgl. BGH Urt. v. 12.6.2018 – II ZR 229/16, NZG 2018, 1144 Rn. 10.
[271] Lutter/Hommelhoff/*Bayer* § 19 Rn. 73; vgl. noch BGH Urt. v. 18.2.1991 – II ZR 104/90, BGHZ 113, 335 (345 f.) = NJW 1991, 1754; abw. Scholz/*Priester/Tebben* Rn. 68 aE, die zusätzlich ein Handeln für Rechnung des Inferenten verlangen.
[272] BGH Urt. v. 12.4.2011 – II ZR 17/10, NZG 2011, 667 Rn. 15; insofern zust. *Cramer* EWiR 2011, 669 (670); *Gruschinske* GmbHR 2012, 551 (553 f.); *Tröger* WuB II C. § 19 GmbHG 1.11; vgl. noch BGH Urt. v. 18.2.1991 – II ZR 104/90, BGHZ 113, 335 (345 f.) = NJW 1991, 1754; Urt. v. 15.1.1990 – II ZR 164/88, BGHZ 110, 47 (67) = NJW 1990, 982.
[273] Lutter/Hommelhoff/*Bayer* § 19 Rn. 72; *Groß* 1991, 217 (224); *Wiedemann* ZIP 1991, 1257 (1267).
[274] BGH Urt. v. 15.1.1990 – II ZR 164/88, BGHZ 110, 47 (67 f.) = NJW 1990, 982; OLG Düsseldorf Urt. v. 15.11.1990 – 6 U 175/89, ZIP 1991, 161 (166); Scholz/*Priester/Tebben* Rn. 68; *Groß* AG 1991, 217 (224); *Joost* ZIP 1990, 549 (563).
[275] Zutr. Lutter/Hommelhoff/*Bayer* § 19 Rn. 61.
[276] BGH Urt. v. 21.2.1994 – II ZR 60/93, BGHZ 125, 141 (144) = NJW 1994, 1477; Urt. v. 2.12.2002 – II ZR 101/02, BGHZ 153, 107 (111) = NJW 2003, 825; Urt. v. 20.7.2009 – II ZR 273/07, BGHZ 182, 103 = NJW 2009, 3091 Rn. 32; Urt. v. 12.6.2018 – II ZR 229/16, NZG 2018, 1144 Rn. 10; OLG Schleswig v. 9.5.2012 – 2 W 37/12, FGPrax 2012, 214 (215) = GmbHR 2012, 908; Lutter/Hommelhoff/*Bayer* § 19 Rn. 70.
[277] BGH Urt. v. 16.1.2006 – II ZR 76/04, BGHZ 166, 8 Rn. 18 = NJW 2006, 1736; *Bayer/Lieder* GmbHR 2006, 449 (450).
[278] BGH Urt. v. 2.12.2002 – II ZR 101/02, BGHZ 153, 107 (111) = NJW 2003, 825 = WuB II C. § 19 GmbHG 2.03 (*Bayer/Pielka*) zur OHG; LG Dresden v. 16.11.2000 – 46 O 32/00, GmbHR 2001, 29; Lutter/Hommelhoff/*Bayer* § 19 Rn. 72.
[279] Vgl. Scholz/*Priester*, 9. Aufl. 2002, Rn. 30; zur AG MüKoAktG/*Pentz* AktG § 27 Rn. 206.
[280] Dazu BGH Urt. v. 16.1.2006 – II ZR 76/04, BGHZ 166, 8 Rn. 20 ff. = NJW 2006, 1736; dazu ausf. *Bayer/Lieder* GmbHR 2006, 449; *Bayer/Lieder* GmbHR 2006, 1121, auch zur rechtspolitischen Problematik; ferner *Altmeppen* ZIP 2006, 1025 (1028 ff.); *Hentzen* DStR 2006, 948 (949 ff.); *J. Vetter/Schwandtner* Der Konzern 2006, 407; *Wessels* ZIP 2006, 1701.
[281] BGH Urt. v. 12.2.2007 – II ZR 272/05, BGHZ 171, 113 Rn. 7 ff. = NZG 2007, 300; *Bork* NZG 2007, 375 (376), *Goette* ZInsO 2007, 1177 (1178); aA noch OLG München Urt. v. 6.10.2005 – 23 U 2381/05, ZIP 2005, 1923 (1924); krit. auch Lutter/Hommelhoff/*Bayer* § 19 Rn. 72 aE; Scholz/*Priester/Tebben* Rn. 68.

zerngesellschaft nicht an dem zur Akquisition abgeführten Kapital, vielmehr handelt es sich um eine zulässige Verwendungsabrede (→ Rn. 85 aE). Anderes gilt, falls die Konzernmutter an der Schwestergesellschaft maßgeblich beteiligt ist.[282]

89   **4. Rechtsfolgen. a) Fortbestehen der Einlageschuld.** Liegen die tatbestandlichen Voraussetzungen der verdeckten Sacheinlage vor, bleibt der Inferent nach § 19 Abs. 4 S. 1 grundsätzlich zur Leistung der Einlage verpflichtet. In rechtsdogmatischer Hinsicht scheitert die Erfüllung der Einlageschuld nicht per se an der vorherigen Absprache zur Leistung einer verdeckten Sacheinlage. Vielmehr ist die Leistung auf die Bareinlageforderung als solche wirksam.[283]

90   **b) Wirksamkeit der Rechtsgeschäfte.** Im Gegensatz zum früheren Recht sind die mit der Sacheinbringung in Zusammenhang stehenden Rechtsgeschäfte uneingeschränkt wirksam (§ 19 Abs. 4 S. 2). Das gilt für die **Sacheinlagevereinbarung** ebenso wie für die **dinglichen Vollzugsgeschäfte** der verdeckten Sacheinbringung.[284] Infolgedessen bestehen zwischen Inferent und Gesellschaft weder Bereicherungs- noch Herausgabeansprüche.[285]

91   Die verdeckte Einbringung des Sachgegenstandes verstößt weder gegen das Gebot zur Leistung der Einlage zur **endgültig freien Verfügung** der Geschäftsführer nach § 7 Abs. 2, § 8 Abs. 2 S. 1, §§ 56a, 57 Abs. 2 S. 1 (→ § 56a Rn. 40) noch gegen das **Befreiungsverbot** nach § 19 Abs. 2 S. 1 (→ Rn. 129).[286] Denn aus der Neuregelung ist abzuleiten, dass verdeckte Sacheinlagen – anders als nach bisherigem Recht[287] – künftig nicht (mehr) gegen diese Rechtsinstitute des GmbH-Rechts verstoßen sollen. Andernfalls würde der Anwendungsbereich des § 19 Abs. 4 entgegen der legislatorischen Intention ganz erheblich beschnitten. Das Gebot der Leistung zur endgültig freien Verfügung und das Befreiungsverbot sind daher **teleologisch zu reduzieren,** soweit die Anwendung der Rechtsinstitute den Normzweck des § 19 Abs. 4 vereiteln würde.

92   **Verdeckte Sacheinlagen** sind trotz der Neuregelung auch weiterhin **verboten,** da sie gegen die allgemeinen Grundsätze der ordnungsgemäßen Sacheinbringung verstoßen.[288] Der Geschäftsführer handelt deshalb rechtswidrig und kann sich schadensersatzpflichtig (→ Rn. 102) und sogar nach § 82 Abs. 1 Nr. 3 strafbar[289] machen (→ § 82 Rn. 80 ff.), wenn er mit dem Inferenten eine verdeckte Sacheinlage vereinbart. Wird er aufgrund

---

[282]   Zutr. Scholz/*Priester,* 9. Aufl. 2002, Rn. 30.
[283]   Ebenso Lutter/Hommelhoff/*Bayer* § 19 Rn. 76, 80.
[284]   IErg auch *Bormann* GmbHR 2007, 897 (900); *Veil* ZIP 2007, 1241 (1243); *Gesell* BB 2007, 2241 (2244); *H.-F. Müller* NZG 2011, 761 (762).
[285]   Wie hier auch Scholz/*Priester*/*Tebben* Rn. 74 aE; *Bormann/Urlichs* GmbHR Sonderheft Oktober 2008, 37 (39); *Westermann* DZWIR 2008, 485 (489); *Fuchs* BB 2009, 170 (172); *H.-F. Müller* NZG 2011, 761 (762).
[286]   AA wohl *Heinze* GmbHR 2008, 1065 (1068 f.); abw. auch *Wirsch,* Kapitalaufbringung und Cash Pooling in der GmbH, 2009, 204 f.
[287]   Vgl. dazu Scholz/*Veil* § 7 Rn. 38; HCL/*Ulmer/Casper* § 7 Rn. 40; aA *K. Schmidt* AG 1986, 106 (112 ff.); *Hommelhoff/Kleindiek* ZIP 1987, 477 (486 ff.).
[288]   Zum Umgehungscharakter der verdeckten Sacheinlage nach neuem Recht Scholz/*Priester/Tebben* Rn. 73; *Büchel* GmbHR 2007, 1065 (1070); *Veil* ZIP 2007, 1241 (1244); *Bormann/Urlichs* GmbHR 2008, 119; *Böffel* ZIP 2018, 1011 (1013); s. jetzt auch BGH Urt. v. 20.7.2009 – II ZR 273/07, BGHZ 182, 103 Rn. 19 = NJW 2009, 3091 = NZG 2009, 944 – Cash Pool II; dazu *Lieder* GmbHR 2009, 1177.
[289]   BT-Drs. 16/9737, 97; ausf. *Herrler* DB 2008, 2347 (2350 f.); ferner *Ulmer* ZIP 2008, 45 (51); *M. Winter* FS Priester, 2007, 867 (874); *Bormann/Urlichs* GmbHR 2008, 119 (120); *Seibert/Decker* ZIP 2008, 1208 (1210); *Fliegner* DB 2008, 1668 (1669); *Maier-Reimer/Wenzel* ZIP 2008, 1449 (1454); *Wicke* § 8 Rn. 14; *Bormann/Urlichs* GmbHR Sonderheft Oktober 2008, 37 (40); *Markwardt* BB 2008, 2414 (2418); *Tebben* RNotZ 2008, 441 (459); *Lips/Randel/Werwigk* DStR 2008, 2220 (2221); *Wälzholz* MittBayNot 2008, 425 (430); *Ulmer* ZIP 2009, 293 (301); *Schall* ZGR 2009, 126 (144); *Kleindiek* FS K. Schmidt, 2009, 893 (898); zum früheren Recht LG Koblenz v. 21.12.1990 – 105 Js (Wi) 22 346/87 – 10 KLs, DB 1991, 1267 zu § 399 Abs. 2 Nr. 4 AktG; aA zum RegE Begr. RegE, BT-Drs. 16/6140, 40; *K. Schmidt* GmbHR 2008, 449 (452); zur geltenden Fassung dezidiert *Altmeppen* ZIP 2009, 1545 (1549 f.); wohl auch *Wälzholz* GmbHR 2008, 841 (845).

dessen strafrechtlich belangt, verliert der Geschäftsführer nach § 6 Abs. 2 S. 2 Nr. 3 lit. c die Fähigkeit, als solcher eine GmbH zu leiten (→ § 6 Rn. 30, → § 6 Rn. 35).[290]

Dem **Geschäftsführer** ist es weiterhin **verboten,** Auszahlungen in Erfüllung des **93** Umsatzgeschäftes vorzunehmen und den Sachgegenstand anzunehmen.[291] Dass er in diesem Zusammenhang nur die nach § 19 Abs. 4 S. 2 wirksame Sacheinlagevereinbarung erfüllt, ist ohne Belang, da der Normzweck dieser Bestimmung ausschließlich darauf abzielt, die unerwünschte Rückabwicklung des Umsatzgeschäfts zu verhindern, nicht aber darauf, die Durchführung verdeckter Sacheinlagen zu ermöglichen oder auch nur zu erleichtern. Die Beachtung dieser Gebote können die Mitgesellschafter durch Unterlassungsklage im Wege der actio pro socio durchsetzen, ggf. auch durch einstweilige Verfügung.[292] Darüber hinaus können sich die Mitgesellschafter an den Registerrichter wenden, der die Eintragung der Kapitalerhöhung verweigern kann (→ Rn. 98). Nach Eintragung können Schadensersatzansprüche bestehen.[293]

c) Anrechnung des Sachwerts. Der tatsächliche Wert des eingelegten Sachgegen- **94** standes ist auf die fortbestehende Einlageschuld nach § 19 Abs. 4 S. 3 anzurechnen. Maßgeblich für die Anrechnung ist der **Nennbetrag** der Bareinlage,[294] nicht etwa der Ausgabebetrag, der zugleich auch ein Aufgeld einschlösse.[295] Denn bei dem Aufgeld handelt es sich um eine Nebenleistung iSd § 3 Abs. 2, die als solche der Einlagepflicht nicht zugeordnet wird (→ § 55 Rn. 62). Das belegt auch § 14 S. 2, wonach sich die Höhe der Einlagepflicht nach dem Nennbetrag des Geschäftsanteils bemisst. Die Anrechnung erfolgt **kraft Gesetzes.** Rechtshandlungen des Inferenten oder der GmbH sind nicht erforderlich.[296] Auch bedarf die Anrechnung nicht der Zustimmung der Mitgesellschafter.[297]

Die **rechtsdogmatische Einordnung** der Anrechnung iSd § 19 Abs. 4 S. 3 ist sehr **95** umstritten.[298] Vertreten werden bereicherungsrechtliche Lösungen.[299] Andere sehen die Anrechnung als Vorteilsausgleichung[300] oder aber als Leistung an Erfüllungs statt kraft gesetzlicher Anordnung an.[301] Wieder andere ziehen eine Parallele zur Differenzhaftung bei der offenen Sachübernahme.[302] Sämtliche Ansätze werden der Anrechnungslösung

290 Vgl. Scholz/*Priester*/*Tebben* Rn. 80; *Römermann* GmbHR Sonderheft Oktober 2008, 16 (21), 62 (63).

291 IdS *Veil* ZIP 2007, 1241 (1244); *Markwardt* BB 2008, 2414 (2416); aA *Heinze* GmbHR 2008, 1065 (1069); *Pentz* FS K. Schmidt, 2009, 1265 (1275); *Pentz* FS Goette, 2011, 355 (356); vgl. Scholz/*Priester*/*Tebben* Rn. 81; zweifelnd Lutter/Hommelhoff/*Bayer* § 19 Rn. 77.

292 Scholz/*Priester*/*Tebben* Rn. 81; DAV NZG 2007, 735 Rn. 52; *Markwardt* BB 2008, 2414 (2417); *Rose* in Bunnemann/Zirngibl GmbH in der Praxis § 6 Rn. 32; aA *Heinze* GmbHR 2008, 1065 (1069).

293 Dazu *Markwardt* BB 2008, 2414 (2417); Scholz/*Priester*/*Tebben* Rn. 81; zweifelnd Lutter/Hommelhoff/*Bayer* § 19 Rn. 77.

294 Lutter/Hommelhoff/*Bayer* § 19 Rn. 78; MHLS/*Ebbing* § 19 Rn. 160; *Wicke* § 19 Rn. 25; *Heidinger*/*Berkefeld* in Heckschen/Heidinger GmbH-Gestaltungspraxis Kap. 11 Rn. 260; *J. Koch* ZHR 175 (2011), 55 (62 f.); vgl. noch BGH Urt. v. 22.3.2010 – II ZR 12/08, NJW 2010, 1948 Rn. 47 (für Zuzahlungen nach § 272 Abs. 2 Nr. 4 HGB).

295 Dafür aber HCL/*Casper* § 19 Rn. 167; *Maier-Reimer*/*Wenzel* ZIP 2008, 1449 (1451); *Maier-Reimer*/*Wenzel* ZIP 2009, 1185 (1188).

296 Rechtsausschuss, BT-Drs. 16/9737, 97; Scholz/*Priester*/*Tebben* Rn. 77; *Wälzholz* GmbHR 2008, 841 (845); *Bormann*/*Urlichs* GmbHR Sonderheft Oktober 2008, 37 (39).

297 Ausf. *Markwardt* BB 2008, 2414 (2416 f.).

298 Ausf. zum Meinungsstand *Benz,* Verdeckte Sacheinlage und Einlagenrückzahlung im reformierten GmbH-Recht (MoMiG), 2010, 111 ff.; *Kloss,* Die verdeckte Sacheinlage im GmbH-Recht unter besonderer Berücksichtigung der neuen Einstiegsvariante, 2013, 195 ff.; *Wolf,* Die verdeckte Sacheinlage in GmbH und AG, 2013, 131 ff.; *Sernetz* ZIP 2010, 2173 (2174 ff.); *Riegger*/*Gayk* FS Maier-Reimer, 2010, 556 (557 ff.), auch zu den praktischen Auswirkungen der unterschiedlichen Ansätze; Noack/Servatius/Haas/*Servatius* § 19 Rn. 61 f.; für scharfe Kritik vgl. *Altmeppen* FS Seibert, 2019, 1 (2 ff.).

299 *Pentz* FS K. Schmidt, 2009, 1265 (1275 ff.); *Pentz* GmbHR 2009, 126 (127 ff.); *Kersting* VGR 14 (2008), 101 (111 ff.); *Schall* ZGR 2009, 126 (139 f.); *W. Müller* NJW 2009, 2862 (2863); *Sernetz* ZIP 2010, 2173.

300 *Ulmer* ZIP 2009, 293; ihm folgend Scholz/*Priester*/*Tebben* Rn. 78; *Blasche* GmbHR 2010, 288 (292).

301 *Maier-Reimer*/*Wenzel* ZIP 2008, 1449 (1451 f.); *Maier-Reimer*/*Wenzel* ZIP 2009, 1185 (1191); *Westermann* DZWIR 2008, 485 (489); *Fuchs* BB 2009, 170 (172).

302 *Benz,* Verdeckte Sacheinlage und Einlagenrückzahlung im reformierten GmbH-Recht (MoMiG), 2010, 114 ff.; Lutter/Hommelhoff/*Bayer* § 19 Rn. 83; *Bayer* FS Kanzleiter, 2010, 75 (84).

nicht vollends gerecht. Die bereicherungsrechtliche Lösung verträgt sich nur schwerlich mit der Wirksamkeit aller mit der verdeckten Sacheinbringung in Zusammenhang stehenden Rechtsgeschäfte (→ Rn. 74). Die Parallele zur Differenzhaftung ist wenig überzeugend, da der Gesetzgeber von der zunächst im Regierungsentwurf zum MoMiG favorisierten Erfüllungslösung mit Differenzhaftung[303] im späteren Verfahren Abstand nahm und stattdessen eine Anrechnungslösung kodifizierte.[304] Schließlich erscheint auch der Rückgriff auf den aus dem Schadensrecht stammenden Gedanken der Vorteilsausgleichung nicht zielführend, weil das Zivilrecht zum einen kein einheitliches Rechtsinstitut der Anrechnung kennt[305] und die Anrechnung von dieser Auffassung zum anderen letztlich auf das Gebot von Treu und Glauben zurückgeführt wird, womit für die praktische Anwendung wenig gewonnen ist. Auch der Hinweis auf § 326 Abs. 2 S. 2 BGB kann nicht überzeugen, da diese Vorschrift gerade keine automatische Kürzung zulässt, wenn die Gegenleistung – wie bei der Anrechnung des Vermögenswerts der eingebrachten Sache nach § 19 Abs. 4 S. 3 – nicht in Geld besteht.[306] Vielmehr ist die Anrechnung iSd § 19 Abs. 4 S. 3 als neuartiges **Erfüllungssurrogat sui generis** zu qualifizieren,[307] das ex lege eintritt und auf Rechtsfolgenseite der Leistung an Erfüllungs statt gem. § 364 Abs. 1 BGB nahe steht. Bereicherungsansprüche wegen Zweckverfehlung (§ 812 Abs. 1 S. 2 Alt. 2 BGB) bestehen nicht, da der Zweck mit der späteren Anrechnung letztlich eingetreten ist. Im Übrigen sind Bereicherungsansprüche durch § 19 Abs. 4 S. 3 grundsätzlich verdrängt.[308] Nur wenn die Kapitalerhöhung vollends scheitert und es deshalb nicht zur Anrechnung kommt, kann die Einlageleistung nach Bereicherungsrecht zurückgefordert werden.[309]

96   Verrechnet wird die Einlageforderung mit dem **tatsächlichen Wert** des verdeckt eingebrachten Vermögensgegenstands. Bei Einbringung einer gegen die GmbH gerichteten **Forderung** des Inferenten besteht der Vermögenszufluss bei der Gesellschaft in ihrer Befreiung von der entsprechenden Verbindlichkeit.[310] Voraussetzung ist allerdings, dass die Forderung vollwertig war, dh das Gesellschaftsvermögen muss ausreichen, um alle (sonstigen) fälligen Forderungen der Gesellschaftsgläubiger zu erfüllen.[311] Das ist jedenfalls dann nicht der Fall, wenn die Gesellschaft im maßgeblichen Zeitpunkt (→ Rn. 97 f.) überschuldet war. Zu diesem Zweck ist eine Überschuldungsbilanz aufzustellen mit den Verkehrs- oder Liquidationswerten aller Vermögensgegenstände einschließlich stiller Reserven.[312] Unschädlich ist hingegen eine Unterbilanz.[313] Die Erfüllung selbst ist bilanzneutral, weil mit der Verringe-

---

[303] Dazu Begr. RegE, BT-Drs. 16/6140, 40.

[304] Dazu Bericht RA, BT-Drs. 16/9737, 56.

[305] Selbst *Ulmer* ZIP 2009, 293 (296 f.) unterscheidet drei verschiedene Fallgruppen.

[306] MüKoBGB/*Ernst* BGB § 326 Rn. 89; Staudinger/*Schwarze*, 2020, BGB § 326 Rn. C 101; Soergel/*Gsell* BGB § 326 Rn. 79.

[307] Vgl. noch *Pentz* FS K. Schmidt, 2009, 1265 (1275); *Pentz* GmbHR 2009, 126 (127); *Veil/Werner* GmbHR 2009, 729 (730); *H.-F. Müller* NZG 2011, 761 (762); *Kloss,* Die verdeckte Sacheinlage im GmbH-Recht unter besonderer Berücksichtigung der neuen Einstiegsvariante, 2013, 209 ff., 232 ff.; *Wolf,* Die verdeckte Sacheinlage in GmbH und AG, 2013, 156 ff.; *Riegger/Gayk* FS Maier-Reimer, 2010, 557 (572); s. ferner Noack/Servatius/Haas/*Servatius* § 19 Rn. 62.

[308] *Ulmer* ZIP 2009, 293 (298); *Benz,* Verdeckte Sacheinlage und Einlagenrückzahlung im reformierten GmbH-Recht (MoMiG), 2010, 104, 123 ff.; Lutter/Hommelhoff/*Bayer* § 19 Rn. 83.

[309] *Ulmer* ZIP 2009, 293 (299); Lutter/Hommelhoff/*Bayer* § 19 Rn. 83 aE; insoweit auch *Maier-Reimer/Wenzel* ZIP 2009, 1185 (1191, 1194).

[310] Vgl. BGH Urt. v. 18.2.1991 – II ZR 104/90, BGHZ 113, 335 (343) = NJW 1991, 1754 (1756); Urt. v. 16.1.2006 – II ZR 76/04, BGHZ 166, 8 Rn. 12 = NJW 2006, 1736 (1737) – Cash Pool; Urt. v. 19.1.2016 – II ZR 61/15, DNotZ 2016, 549 Rn. 33.

[311] Vgl. BGH Urt. v. 10.7.2012 – II ZR 212/10, ZIP 2012, 1857 Rn. 19 = NJW 2012, 3035 (3037); Urt. v. 19.1.2016 – II ZR 61/15, DNotZ 2016, 549 Rn. 33.

[312] BGH Urt. v. 21.2.1994 – II ZR 60/93, BGHZ 125, 141 (146) = NJW 1994, 1477 (1478); Beschl. v. 10.7.2012 – II ZR 212/10, ZIP 2012, 1857 Rn. 19 = NJW 2012, 3035 (3037); Urt. v. 19.1.2016 – II ZR 61/15, DNotZ 2016, 549 Rn. 34.

[313] BGH Urt. v. 19.1.2016 – II ZR 61/15, DNotZ 2016, 549 Rn. 34 unter Hinweis auf BGH Urt. v. 26.3.1984 – II ZR 14/84, BGHZ 90, 370 (373 f.) = NJW 1984, 1891 (1891); Urt. v. 21.2.1994 – II ZR 60/93, BGHZ 125, 141 (146) = NJW 1994, 1477 (1478).

rung auf der Aktivseite die Verbindlichkeit entfällt.[314] Verbleibt infolge mangelnder Werthaltigkeit der Sache ein Fehlbetrag, so ist dieser nachträglich in bar auszugleichen.[315]

Der eingebrachte Sachgegenstand wird nach § 19 Abs. 4 S. 3 mit dem **Wert** auf die **97** Bareinlageverpflichtung angerechnet, den er im **Zeitpunkt** der Anmeldung der Kapitalerhöhung zur Eintragung in das Handelsregister hat. Ist der Vermögenswert zu diesem Zeitpunkt im Gesellschaftsvermögen noch nicht vorhanden, kommt es auf den Wert bei tatsächlicher Sacheinbringung an. Spätere Wertsteigerungen bleiben – ebenso wie im Fall der Differenzhaftung (→ Rn. 53) – außer Betracht.[316] Übersteigt der Sachwert die zunächst fällige Einlageschuld, ist der Wert des verdeckt eingelegten Gegenstandes nicht nur auf die fällige Verpflichtung, sondern auch auf eine erst zukünftig fällig werdende Einlagepflicht anzurechnen.[317] Allerdings ist die Anrechnung nach oben auf den Wert begrenzt, zu welchem die Sache im Verkehrsgeschäft angesetzt worden ist. Geht der objektive Wert über den Kaufpreis hinaus, wird der Differenzbetrag als Agio der Kapitalrücklage nach § 272 Abs. 2 Nr. 1 HGB zugeführt.[318]

Frühester **Zeitpunkt für die Anrechnung** ist die Eintragung der Kapitalerhöhung in **98** das Handelsregister (§ 19 Abs. 4 S. 4). Diese Vorschrift stellt sicher, dass der Geschäftsführer in der Anmeldung nach § 8 nicht versichern kann, die Bareinlageschuld sei infolge Anrechnung erloschen. Zudem wird ermöglicht, dass der Registerrichter die Eintragung der Kapitalerhöhung auch bei Vollwertigkeit der Sacheinlage nach § 57a iVm § 9c Abs. 1 ablehnen kann (→ § 57a Rn. 10).[319] Bis zur Anrechnung können nach § 20 **Zinsen** anfallen (→ Rn. 103); § 19 Abs. 4 erfordert keine abweichende Regelung, da ansonsten die präventive Schutzfunktion der Verzinsungspflicht (→ § 20 Rn. 1) beeinträchtigt würde.[320]

d) Beweislastverteilung. Während die GmbH oder – im Insolvenzfall – der Insol- **99** venzverwalter für den Nachweis der tatbestandlichen Voraussetzungen der verdeckten Sacheinlage verantwortlich zeichnet,[321] ist der **Inferent** für die Werthaltigkeit der Sacheinlage darlegungs- und beweispflichtig (§ 19 Abs. 4 S. 5). Das soll sicherstellen, dass Zweifel an der Vollwertigkeit des eingebrachten Vermögenswerts zulasten des Inferenten gehen.[322] Außerdem entfaltet die Beweislastregelung präventive Wirkung, indem sie den Einleger anhält, eine Sacheinlage nach Maßgabe des geltenden Sacheinlagerechts einzubringen. Die Werthaltigkeit des Gegenstandes kann in einem selbstständigen Beweisverfahren (§§ 485 ff. ZPO) oder durch Klage auf Feststellung des Vermögenswerts ermittelt werden.[323]

Um Risiken im Zusammenhang mit der Durchführung von Verkehrsgeschäften zu **100** vermindern, wird zuweilen vorgeschlagen,[324] ein Wertgutachten erstellen zu lassen. Allerdings sind „**Schubladengutachten**", die erst in ferner Zukunft für die Wertermittlung zum Einsatz kommen sollen, mit erheblichen Unsicherheiten behaftet.[325] In zivilprozessualer Hinsicht handelt es sich bei ihnen um antizipierte Privatgutachten, deren Beweiswert beschränkt ist. Insbesondere handelt es sich bei solchen Privatgutachten nicht um Beweis-

---

314 BGH Beschl. v. 10.7.2012 – II ZR 212/10, ZIP 2012, 1857 Rn. 19 = NJW 2012, 3035 (3037); Urt. v. 19.1.2016 – II ZR 61/15, DNotZ 2016, 549 Rn. 34.
315 Vgl. BGH Urt. v. 22.3.2010 – II ZR 12/08, BGHZ 185, 44 Rn. 45, 60 = NJW 2010, 1948 (1953, 1954) – ADCOCOM; Urt. v. 19.1.2016 – II ZR 61/15, DNotZ 2016, 549 Rn. 33.
316 Lutter/Hommelhoff/*Bayer* § 19 Rn. 78.
317 *Pentz* FS K. Schmidt, 2009, 1265 (1279 f.); aA *Maier-Reimer/Wenzel* ZIP 2009, 1185 (1192).
318 *Veil/Werner* GmbHR 2009, 729 (736).
319 BT-Drs. 16/9737, 97; ferner *Maier-Reimer/Wenzel* ZIP 2008, 1449 (1454); *Markwardt* BB 2008, 2414 (2417); *Wälzholz* MittBayNot 2008, 425 (430).
320 *Heinze* GmbHR 2008, 1065 (1069).
321 OLG Köln Urt. v. 20.5.2010 – 18 U 122/09 GmbHR 2010, 1213 (1215); OLG Dresden Urt. v. 12.1.2017 – 8 U 332/16, NZG 2017, 985 Rn. 67.
322 Begr. RegE, BT-Drs. 16/6140, 40; *Markwardt* BB 2008, 2414 (2417); *Heinze* GmbHR 2008, 1065 (1067).
323 Lutter/Hommelhoff/*Bayer* § 19 Rn. 79; *Gehrlein* Der Konzern 2007, 771 (784).
324 So etwa *Heckschen* DStR 2007, 1442 (1449).
325 Noack/Servatius/Haas/*Servatius* § 19 Rn. 65; Lutter/Hommelhoff/*Bayer* § 19 Rn. 79; *Gehrlein* Der Konzern 2007, 771 (781); näher *Bayer/Lieder* GWR 2010, 3 (4 f.).

mittel des Strengbeweises nach §§ 355 ff. ZPO, sondern lediglich um urkundlich belegten und insofern qualifizierten Parteivortrag.[326] Das bedeutet, dass die Regelungen des Sachverständigenbeweises nicht zur Anwendung gelangen.[327] Insbesondere hat der Inferent keinen Anspruch, den Urheber seines Gutachtens als Sachverständigen nach § 411 Abs. 3 ZPO zum Termin laden zu lassen. Eine Ausnahme gilt nur für den Fall, dass die Gegenpartei in die Verwendung des Schubladengutachtens einwilligt. Widersprechen Gesellschaft oder Insolvenzverwalter hingegen der Verwendung, kann das Gutachten nur als urkundlicher Parteivortrag berücksichtigt werden. Beabsichtigt der Richter, hierauf seine Entscheidung zu stützen, muss er dem Gegner nach § 139 ZPO einen entsprechenden Hinweis erteilen. Hierdurch wird es der Gegenpartei ermöglicht, die Einholung eines gerichtlichen Sachverständigengutachtens als Gegenbeweis nach § 403 ZPO zu beantragen. Hinzu kommt, dass ein Wertgutachten auf ein strafrechtlich relevantes Verhalten iSd § 82 Abs. 1 Nr. 3 hindeuten kann (→ Rn. 92).

101   **e) Haftungsfragen.** Verbleibt nach der Anrechnung des eingebrachten Vermögensgegenstandes ein Fehlbetrag, der vom primären Haftungsschuldner – dem Inferenten – nicht aufgebracht werden kann, haften die **Mitgesellschafter** nach § 24 auf den Differenzbetrag. Ebenso unterliegen die **Rechtsnachfolger** des Einlegers der Haftung nach § 16 Abs. 2.

102   Von der Neuregelung der verdeckten Sacheinlage unberührt bleibt außerdem die Haftung der Gesellschafter und Geschäftsführer für **unrichtige Angaben** im Zusammenhang mit der Anmeldung der Kapitalerhöhung nach § 57 Abs. 4 iVm § 9a Abs. 1 (→ § 57 Rn. 37 ff.) sowie nach § 43 Abs. 2.[328] Der **Geschäftsführer** handelt pflichtwidrig, soweit er die Einbringung der Bareinlage versichert, obgleich bei wirtschaftlicher Betrachtung der Gesellschaft ein Sachwert zugeführt werden soll (→ Rn. 93).[329] Ist der Fehlbetrag vom Inferenten nicht zu erlangen, haftet der Geschäftsführer nach § 43 Abs. 2.[330] Möglich ist zudem die Abberufung des Geschäftsführers sowie die Kündigung seines Anstellungsvertrages aus wichtigem Grund.[331] Auf die auch im GmbH-Recht analog § 93 Abs. 1 S. 2 AktG geltende Haftungsprivilegierung der business judgment rule (→ 3. Aufl. 2019, § 43 Rn. 66 ff.) können sich die Geschäftsführer in diesem Zusammenhang nicht berufen.[332]

103   In Betracht kommt auch eine Haftung des beurkundenden **Notars**[333] und anderer **Berater,**[334] wie zB des die Dokumente für die Kapitalerhöhung vorbereitenden Rechtsanwalts[335] oder eines Steuerberaters.[336] Der Schadensersatzanspruch gegen Rechtsanwälte und Steuerberater stützt sich gemeinhin auf eine Pflichtverletzung des Geschäftsbesorgungsvertrags gem. § 280 Abs. 1 BGB iVm §§ 611, 675 BGB. Ist der Vertrag zwischen GmbH und Berater zustande gekommen, ist der Inferent typischerweise über die Rechtsfigur des Vertrags mit Schutzwirkung zugunsten Dritter in den Beratungsvertrag einbezogen.[337] Der

---

[326] BGH Urt. v. 10.10.2000 – VI ZR 10/00, NJW 2001, 77 (78); Urt. v. 11.5.1993 – VI ZR 243/92, NJW 1993, 2382 (2383); Musielak/Voit/*Huber* ZPO § 402 Rn. 5.

[327] Zum Folgenden näher Musielak/Voit/*Huber* ZPO § 402 Rn. 5.

[328] Vgl. Begr. RegE, BT-Drs. 16/6140, 40; ausf. *Herrler* DB 2008, 2347 (2350); ferner *Wicke* § 19 Rn. 28; *Markwardt* BB 2008, 2414 (2418); s. auch *Meyer* BB 2008, 1742 (1743); krit. *Heinze* GmbHR 2008, 1065 (1069).

[329] S. auch *Maier-Reimer/Wenzel* ZIP 2008, 1449 (1454).

[330] Vgl. *Veil* ZIP 2007, 1241 (1243 f.).

[331] *Wicke* § 19 Rn. 28; *Veil* ZIP 2007, 1241 (1244).

[332] Zur AG *Kopp/Metzner* AG 2012, 856 (860).

[333] BGH Urt. v. 16.11.1995 – IX ZR 14/95, DStR 1996, 273 = NJW 1996, 524; OLG Oldenburg Beschl. v. 26.1.2006 – 13 U 73/05, DB 2006, 777.

[334] BGH Urt. v. 19.5.2009 – IX ZR 43/08, ZIP 2009, 1427 = NZG 2009, 865.

[335] BGH Urt. v. 11.6.1959 – III ZR 46/58, DB 1959, 1028; Urt. v. 2.12.1999 – IV ZR 415/98, AG 2000, 179 = NJW 2000, 254; vgl. (für Steuerberater) noch BGH Urt. v. 3.12.1992 – IX ZR 61/92, DB 1993, 322 = NJW 2000, 254; OLG Oldenburg Urt. v. 26.1.2006 – 13 U 73/05, DB 2006, 777 (778 f.); s. ferner *Pentz* FS K. Schmidt, 2009, 1265 (1274 f.).

[336] Vgl. BGH Urt. v. 19.5.2009 – IX ZR 43/08, ZIP 2009, 1427 Rn. 11 = NZG 2009, 865; s. noch Urt. v. 2.12.1999 – XI ZR 415/98, NZG 2000, 254 (255).

[337] Dazu BGH Urt. v. 2.12.1999 – XI ZR 415/98, NZG 2000, 254 (255); *Merkner/Schmidt-Bendun* NZG 2009, 1054 (1057).

Fehlbetrag ist außerdem nach § 20 zu verzinsen.[338] Für die **Verjährung** des verbleibenden Einlageanspruchs auf den Restbetrag gelten die allgemeinen Vorschriften nach § 55 Abs. 4 iVm § 19 Abs. 6 (→ § 55 Rn. 201 f.). Die Verjährungsfrist für Haftungsansprüche gegen Berater beginnt regelmäßig erst mit Geltendmachung der fortbestehenden Bareinlageschuld gegenüber dem Inferenten.[339]

5. Heilung. a) Zulässigkeit. In Übereinstimmung mit der bisherigen Rechtslage[340] **104** ist auch unter Geltung des neuen Rechts die Heilung einer verdeckten Sacheinlage zulässig,[341] wenngleich ihr praktischer Anwendungsbereich nurmehr gering sein dürfte. Die **Fortgeltung der Heilungsgrundsätze** entspricht dem Willen des Gesetzgebers, wie er in den Materialien zum MoMiG[342] sowie in der Begründung zum ARUG[343] zu Ausdruck gekommen ist. Das ist rechtspolitisch überzeugend und auch nach neuem Recht rechtsdogmatisch ohne Weiteres konstruierbar.

Verdeckte Sacheinlagen führen nach § 19 Abs. 4 S. 1 nicht zur Erfüllung der Einlage- **105** schuld (→ Rn. 89); die verdeckte Sacheinbringung verstößt auch weiterhin gegen die Sacheinlagevorschriften und ist daher haftungsrelevant (→ Rn. 101 ff.). Um solche Haftungsrisiken zu vermeiden,[344] können Geschäftsführer und Mitgesellschafter ein berechtigtes Interesse daran haben, den Gesetzesverstoß zu egalisieren und so **in die Legalität zurückzufinden.** Den Sacheinlagevoraussetzungen Geltung zu verschaffen, namentlich den Publizitätsanforderungen und der Wertkontrolle durch Offenlegung des eingebrachten Vermögenswerts, entspricht dem Regelungsplan des modernen GmbH-Rechts und liegt daher im Interesse der Rechtsordnung.

In rechtsdogmatischer Hinsicht steht die Heilung nach neuem Recht vor dem **106** Problem, dass weder der Sachgegenstand noch etwaige Schadensersatz- oder Bereicherungsansprüche des Inferenten zur Einbringung zur Verfügung stehen. Denn der Inferent hat sein Eigentum an dem Vermögenswert im Rahmen des Verkehrsgeschäfts – nach § 19 Abs. 4 S. 2 wirksam – an die GmbH übertragen. Gleichwohl bestehen keine Bedenken dagegen, die ursprüngliche Bareinlage durch Gesellschafterbeschluss in eine Sacheinlage umzuqualifizieren und festzustellen, dass anstelle der Bareinlage ein Sachwert eingebracht wurde. Der ursprüngliche Sachwert fungiert insofern als fiktiver Einlagegegenstand.[345] Die Interessen der Gesellschaftsgläubiger werden durch die Einhaltung der nach früherem Recht anerkannten tatbestandlichen Heilungsvoraussetzungen (→ Rn. 104) umfassend gewahrt.

338 Ausf. *Banerjea* AG 1998, 498.
339 BGH Urt. v. 19.5.2009 – IX ZR 43/08, ZIP 2009, 1427 = NZG 2009, 865 (868) für § 68 StBerG aF; krit. *Rohde* EWiR 2009, 693 (694); für eine Übertragung auf das neue Verjährungsrecht *Merkner/Schmidt-Bendun* NZG 2009, 1054 (1059).
340 BGH Beschl. v. 4.3.1996 – II ZB 8/95, BGHZ 132, 141 (148 ff.) = NJW 1996, 1473; Baumbach/Hueck/*Hueck/Fastrich,* 18. Aufl. 2006, § 5 Rn. 53, 51b; Lutter/Hommelhoff/*Lutter/Bayer,* 16. Aufl. 2004, § 5 Rn. 55 ff.; Rowedder/Schmidt-Leithoff/*Pentz,* 4. Aufl. 2002, § 19 Rn. 164 ff.; Ulmer/Habersack/Winter/*Ulmer,* 2006, § 5 Rn. 180; *Priester* DB 1990, 1753 (1759 f.); *Krieger* ZGR 1996, 674.
341 IErg ebenso Lutter/Hommelhoff/*Bayer* § 19 Rn. 95 ff.; *Altmeppen* § 19 Rn. 117 f.; Scholz/*Priester/Tebben* Rn. 83 f.; *Wicke* § 19 Rn. 29; *Rose* in Bunnemann/Zirngibl GmbH in der Praxis § 6 Rn. 37 f.; *Tebben* RNotZ 2008, 441 (460); *Kersting* VGR 14 (2008), 101 (121); *Rezori* RNotZ 2011, 125 (140 f.); zweifelnd Noack/Servatius/Haas/*Servatius* § 19 Rn. 68 f.; abw. *Wolf,* Die verdeckte Sacheinlage in GmbH und AG, 2013, 218 ff.; aA dezidiert *Heidinger/Knaier* GmbHR 2015, 1 (4 f.); *Altmeppen* FS Seibert, 2019, 1 (9 f.).
342 Begr. RegE, BT-Drs. 16/6140, 40; in diese Richtung auch *Veil* ZIP 2007, 1241 (1245); *Gehrlein* Der Konzern 2007, 771 (784); gegen die Notwendigkeit einer Heilung nach neuem Recht – ohne Begründung – *Wälzholz* GmbHR 2008, 841 (845).
343 Rechtsausschuss zum ARUG, BT-Drs. 16/13098, 54.
344 Dazu *Veil* ZIP 2007, 1241 (1245); *Gehrlein* Der Konzern 2007, 771 (784). – Auf die Strafbarkeit wegen der ursprünglichen Falschanzeige hat die Heilung keinen Einfluss: Lutter/Hommelhoff/*Bayer* § 19 Rn. 95 aE; Rowedder/Schmidt-Leithoff/*Schaal* § 82 Rn. 44.
345 Abweichende rechtsdogmatische Konstruktion bei *Altmeppen* § 19 Rn. 118: ursprüngliche Leistung des Vermögensgegenstandes als Vorleistung auf im Heilungsverfahren erzeugte Sacheinlageverpflichtung; nachträgliche Änderung der Zweckwidmung. Ähnlich wie hier Lutter/Hommelhoff/*Bayer* § 19 Rn. 96: Feststellung der Einbringung des ursprünglichen Sachgegenstandes.

107   **b) Tatbestandliche Voraussetzungen.** Die Heilung nach neuem Recht hat die nachfolgenden Voraussetzungen zu erfüllen: *Erstens* müssen die Gesellschafter mit satzungsändernder Mehrheit den **Übergang von der Bar- zur Sacheinlage** beschließen (→ Rn. 47); der Beschluss hat die betroffenen Inferenten und die von ihnen geleisteten Vermögenswerte zu enthalten. *Zweitens* muss der Beschluss zur **Eintragung in das Handelsregister** angemeldet werden. Einzureichen ist – anders als sonst bei der Kapitalerhöhung (→ Rn. 130 f.) – ein von den Geschäftsführern und Inferenten unterzeichneter Bericht über die Einlagenumwandlung, ein die Werthaltigkeit der Sacheinlage bestätigendes Wertgutachten sowie die Versicherung der Geschäftsführer in Bezug auf die tatsächliche Leistung und Werthaltigkeit der Sacheinlage. *Drittens* müssen die **registergerichtliche Prüfung** (§ 57a iVm § 9c Abs. 1) und die Eintragung des Umwandlungsbeschlusses in das Handelsregister erfolgen.[346] Ein etwaiger Fehlbetrag ist in bar auszugleichen. Nach § 20 aufgelaufene Zinsforderungen bleiben bestehen.[347] Waren sich die Gesellschafter ursprünglich über die verdeckte Sacheinbringung einig, sind die Mitgesellschafter einander regelmäßig nach den Grundsätzen der gesellschaftsrechtlichen Treuepflicht zur Mitwirkung an der Heilung verpflichtet (→ § 55 Rn. 36 f.).[348]

108   **c) Bewertungszeitpunkt.** Anders als nach früherem Recht[349] ist für die Wertbestimmung des Sachgegenstands nicht mehr der Heilungszeitpunkt, sondern der Zeitpunkt maßgeblich, in dem auch die Anrechnung nach § 19 Abs. 4 S. 3 erfolgt, dh, das Datum der **Anmeldung** der Kapitalerhöhung zur Eintragung in das Handelsregister bzw. der Zeitpunkt der tatsächlichen **Sacheinbringung**.[350] Wäre der Heilungszeitpunkt entscheidend,[351] würde der rechtswidrig handelnde Inferent von einer zwischenzeitlichen Wertsteigerung des Einlagegegenstandes profitieren und insofern gegenüber dem rechtmäßig handelnden Inferenten privilegiert. Dieser Wertungswiderspruch ist nicht hinnehmbar. Die allgemeinen Grundsätze zur Differenzhaftung nach Abs. 2 iVm § 9 Abs. 1 S. 1 dürfen durch die Heilungsmöglichkeit nicht konterkariert werden. Es bleibt also dabei, dass das Risiko von Wertverlusten mit der Anmeldung auf die Gesellschaft übergeht und dieselbe ab diesem Zeitpunkt an etwaigen Wertsteigerungen partizipiert (→ Rn. 62). Demnach ist es ebenso wenig zu rechtfertigen, dem Inferenten ein Wahlrecht zwischen Anmeldungs- und Heilungszeitpunkt zuzubilligen.[352]

109   **6. Sonderfälle. a) Unternehmergesellschaft.** Die Vorschriften über die verdeckte Sacheinlage sind nach zutreffender Auffassung auch auf die UG **anwendbar.**[353] Dass

346   Zu den Voraussetzungen nach früherem Recht BGH Beschl. v. 4.3.1996 – II ZB 8/95, BGHZ 132, 141 (154 f.) = NJW 1996, 1473; Lutter/Hommelhoff/*Lutter/Bayer*, 16. Aufl. 2004, § 5 Rn. 56 f.; Scholz/ *Priester,* 9. Aufl. 2002, Rn. 39 ff.; zum neuen Recht vgl. Lutter/Hommelhoff/*Bayer* § 19 Rn. 96 ff.; Scholz/*Priester/Tebben* Rn. 84; *Rose* in Bunnemann/Zirngibl GmbH in der Praxis § 6 Rn. 38; *Veil* ZIP 2007, 1241 (1245); *Kersting* VGR 14 (2008), 101 (121); *Rezori* RNotZ 2011, 125 (141).
347   Lutter/Hommelhoff/*Bayer* § 19 Rn. 99; ausf. *Banerjea* AG 1998, 489 (499 ff.).
348   Vgl. BGH Urt. v. 7.7.2003 – II ZR 235/01, BGHZ 155, 329 (333 f.) = NJW 2003, 3127; Lutter/ Hommelhoff/*Bayer* § 19 Rn. 96; Henssler/Strohn/*Verse* § 19 GmbHG Rn. 68.
349   BGH Beschl. v. 4.3.1996 – II ZB 8/95, BGHZ 132, 141 (155) = NJW 1996, 1473; Baumbach/Hueck/ *Hueck/Fastrich,* 18. Aufl. 2006, § 19 Rn. 46; Ulmer/Habersack/Winter/*Ulmer,* 2006, § 19 Rn. 138; Lutter/Hommelhoff/*Lutter/Bayer,* 16. Aufl. 2004, § 5 Rn. 56 aE; Roth/Altmeppen/*Roth,* 5. Aufl. 2005, § 19 Rn. 63.
350   So iErg auch Lutter/Hommelhoff/*Bayer* § 19 Rn. 98; Scholz/*Priester/Tebben* Rn. 84; *Wicke* § 19 Rn. 29; *Rose* in Bunnemann/Zirngibl GmbH in der Praxis § 6 Rn. 39; *Rezori* RNotZ 2011, 125 (141); zum RegE *M. Winter* FS Priester, 2007, 867 (877).
351   Dafür Roth/Altmeppen/*Roth,* 8. Aufl. 2015, § 19 Rn. 93.
352   So aber zum alten Recht *Drygala* ZGR 2006, 587 (615 f.).
353   Lutter/Hommelhoff/*Bayer* § 19 Rn. 69; *Altmeppen* § 5a Rn. 24; *Gehrlein* Der Konzern 2007, 771 (779); *Wälzholz* GmbHR 2008, 841 (843 f.); *Wälzholz* MittBayNot 2008, 425 (427); *Heinze* GmbHR 2008, 1065 (1066 f.); *Herrler* DB 2008, 2347 (2349 f.); *Herrler* DNotZ 2008, 903 (914); *Tebben* RNotZ 2008, 441 (445); *Goette* Neues GmbHR Rn. 44; *Rose* in Bunnemann/Zirngibl GmbH in der Praxis § 6 Rn. 34; *Witt* ZIP 2009, 1102 (1104 f.); *Veil* ZGR 2009, 623 (631 f.); *Hennrichs* NZG 2009, 921 (923 f.); *Hennrichs* NZG 2009, 1161 (1164); *Woinar* NotBZ 2009, 197 (204); *Bayer/Hoffmann/Lieder* GmbHR 2010, 9 (12); *Wansleben/Niggemann* NZG 2012, 1412; *Kloss,* Die verdeckte Sacheinlage im GmbH-Recht unter besonderer Berücksichtigung der neuen Einstiegsvariante, 2013, 306 ff.; *Bayer* FS Kanzleiter, 2010, 75 (83 f.); *Kleindiek* FS Hopt, 2010, 941 (943 ff.); *Pentz* FS Goette, 2011, 355 (359 ff.); *Karl* GmbHR 2020, 9 (11 f.).

die Sachgründung nach § 5a Abs. 2 S. 2 unzulässig ist, sagt nichts über die rechtlichen Konsequenzen einer gleichwohl erfolgten Sachkapitalerhöhung in der UG aus.[354] Das Sacheinlageverbot beruht auf dem Umstand, dass die Einbringung von Vermögenswerten aufgrund des verminderten Kapitalerfordernisses bei der UG (§ 5a Abs. 1) schlicht nicht erforderlich ist.[355] Primäres Ziel des Ausschlusses ist demnach die Vereinfachung und Beschleunigung des Gründungsvorgangs sowie etwaiger Kapitalmaßnahmen. Das Sacheinlageverbot hat hingegen keine gläubigerschützende Wirkung.[356] Das ist auch nicht erforderlich, da die Gläubigerinteressen nach neuem Recht durch den besonderen Rechtsformzusatz der UG (→ § 5a Rn. 16) sowie die ergänzenden Haftungsvorschriften für verdeckte Sacheinlagen (→ Rn. 101 ff.) hinreichend gewahrt sind.

Anders als die **Gegenauffassung**[357] meint, bedarf es deshalb keiner Anwendung der **110** bisherigen Grundsätze der verdeckten Sacheinlage. Andernfalls würde das legislatorische Ziel verfehlt, die als zu hart empfundenen Rechtsfolgen verdeckter Sacheinlagen zu entschärfen. In der Sache kann die abweichende Ansicht auch nicht erklären, warum das Haftkapital der einfacher zu errichtenden UG strengeren Schutzstandards unterliegen soll als das Gesellschaftsvermögen der regulären GmbH. Eine unterschiedliche Behandlung von UG und regulärer GmbH vermag in rechtsdogmatischer Hinsicht schließlich auch deshalb nicht zu überzeugen, da die UG keine eigenständige Gesellschaftsform, sondern nur eine besondere Rechtsformvariante der GmbH[358] darstellt.

b) Mustergründung. Die Regelungen des § 19 Abs. 4 sind auch bei Verwendung **111** des Musterprotokolls **anwendbar.**[359] Das Sacheinlageverbot beruht bei Verwendung des Musterprotokolls – ebenso wie bei der UG (→ Rn. 109) – darauf, dass Gründung und Kapitalmaßnahmen vereinfacht und beschleunigt werden sollen (→ § 2 Rn. 265, → § 2 Rn. 206 f.). Sachgründungen und Sachkapitalerhöhungen würden diesem Regelungszweck aufgrund des besonderen Sacheinlageverfahrens nicht gerecht. Im Übrigen gilt das zur UG unter → Rn. 109 f. Gesagte für die Mustergründung entsprechend. Etwaige Gläubigerinteressen sind durch die flankierenden Haftungstatbestände für verdeckte Sacheinlagen (→ Rn. 101 ff.) hinreichend geschützt. Zum anderen entfaltet auch das Sacheinlageverbot bei der Mustergründung keine gläubigerschützende Wirkung, sondern beruht allein auf Praktikabilitätserwägungen.

c) Fehlerhafte Festsetzungen. Ist die Sacheinlage zwar im Kapitalerhöhungsbeschluss **112** festgesetzt worden, sind die getroffenen Festsetzungen indes unvollständig oder in sonstiger Weise mangelhaft, kommt **§ 19 Abs. 4 analog** zur Anwendung (→ Rn. 51). Wenn der

---

[354] So aber – zu Unrecht – *Joost* ZIP 2007, 2242 (2244). – *Klose* GmbHR 2009, 294 (296) hält Sachkapitalerhöhungen analog § 5a Abs. 2 S. 2 für unwirksam, soweit das Stammkapital auf einen Betrag unter 25.000 Euro erhöht wird; andernfalls spiele § 5a Abs. 2 S. 2 keine Rolle.

[355] BT-Drs. 16/6140, 32.

[356] AA – wenn auch krit. – *Veil* ZGR 2009, 623 (630); wie hier aber Lutter/Hommelhoff/*Bayer* § 19 Rn. 69; *Hennrichs* NZG 2009, 1161 (1162); *Wansleben/Niggemann* NZG 2012, 1412 (1414); skeptisch allerdings *Ulmer* GmbHR 2010, 1298 (1301 f.).

[357] *Bormann* GmbHR 2007, 897 (901); *Freitag/Riemenschneider* ZIP 2007, 1485 (1486); *König/Bormann* DNotZ 2008, 652 (656 f.); *Wicke* § 5a Rn. 8; *Wachter* GmbHR Sonderheft Oktober 2008, 25 (33); *Bormann/Urlichs* GmbHR Sonderheft Oktober 2008, 37 (38 f., 42); *Markwardt* BB 2008, 2414 (2421); *Hirte* ZInsO 2008, 933 (935); *Pellens/Kemper/Schmidt* ZGR 2008, 381 (390 f.); *Heckschen* DStR 2009, 166 (171); *Schall* ZGR 2009, 126 (152); *Weber* BB 2009, 842 (845); *Rezori* RNotZ 2011, 125 (147); *C. Schäfer* ZIP 2011, 53 (57); *Ulmer* GmbHR 2010, 1298 (1300 ff.); *Wolf*, Die verdeckte Sacheinlage in GmbH und AG, 2013, 261 ff.; *Priester* FS Roth, 573 (577 f.).

[358] Rechtsausschuss, BT-Drs. 16/6140, 31; *Seibert* GmbHR 2007, 673 (675); *Gehrlein* Der Konzern 2007, 771 (778); *Veil* GmbHR 2007, 1080 (1081); *Wilhelm* DB 2007, 1510; *Freitag/Riemenschneider* ZIP 2007, 1485; *Weber* BB 2009, 842 (843); *Veil* ZGR 2009, 623 (625).

[359] Lutter/Hommelhoff/*Bayer* § 19 Rn. 68; *Wicke* § 2 Rn. 16 aE; *Herrler* DB 2008, 2347 (2349 f.); *Wälzholz* MittBayNot 2008, 425 (427); *Römermann* GmbHR Sonderheft Oktober 2008, 16 (21); *Wicke* NotBZ 2009, 1 (9); *Heckschen* DStR 2009, 166 (167); *Witt* ZIP 2009, 1102 (1105 f.); *Herrler/König* DStR 2010, 2138 (2141); *Rezori* RNotZ 2011, 125 (141); aA *Bormann/Urlichs* GmbHR Sonderheft Oktober 2008, 37 (42).

Inferent schon bei vollends fehlender Festsetzung einer Sacheinlage in den Genuss der Sachwertanrechnung kommt, muss dies erst recht bei einzelnen Festsetzungsmängeln gelten.

113　　**d) Leistung an Erfüllungs statt.** Auch nach Streichung des § 19 Abs. 5 Hs. 1 aF sind Leistungen an Erfüllungs statt auf die Bareinlageschuld unzulässig, da sie gegen § 5 Abs. 4 S. 1, § 56 Abs. 1 S. 1 verstoßen. Erfolgt eine solche Leistung dennoch, kommt **§ 19 Abs. 4 analog** zur Anwendung.[360] Bei wirtschaftlicher Betrachtung ist es ohne Belang, ob ein Vermögensgegenstand nach § 364 Abs. 1 BGB an Erfüllungs statt an die Gesellschaft geleistet oder als verdeckte Sacheinlage eingebracht wird. In beiden Fällen können die Gläubiger der GmbH gleichermaßen auf den Sachwert zugreifen. Entsprechendes gilt, falls anstelle des im Kapitalerhöhungsbeschluss festgelegten Vermögensgegenstandes eine **andere Sacheinlage** an die Gesellschaft erbracht wird.[361]

114　　**Zulässig** sind hingegen Leistungen **erfüllungshalber** (§ 364 Abs. 2 BGB), wie zB die Hingabe von Wechseln oder Schecks (→ § 56a Rn. 16), da die Bareinlageschuld erst dann erlischt, wenn sich die Gesellschaft tatsächlich aus dem erfüllungshalber geleisteten Vermögenswert befriedigt hat. Gegen Sacheinlagevorschriften wird in diesem Fall nicht verstoßen; für eine Anwendung von § 19 Abs. 4 ist kein Raum.

115　　**e) Teileinzahlung.** Ist das Stammkapital nach Maßgabe der § 7 Abs. 2, §§ 56a, 57 Abs. 2 S. 1 (→ § 56a Rn. 5 ff.) nicht vollständig eingezahlt, ergeben sich für die Anwendung des § 19 Abs. 4 einige Besonderheiten. **Ohne Modifikation** ist der Wert des eingebrachten Sachgegenstandes nach § 19 Abs. 4 S. 3 auf die Bareinlageschuld anzurechnen, soweit die an den Inferenten im Rahmen des Verkehrsgeschäfts erbrachte Leistung den Betrag der Teileinzahlung nicht übersteigt oder – bei einem die Teileinzahlung übersteigenden Rückfluss – der Wert des eingebrachten Vermögensgegenstandes mindestens den Betrag der von der Gesellschaft an den Inferenten erbrachten Gegenleistung erreicht.

116　　Bleibt der Wert des Sachgegenstandes hinter der von der Gesellschaft erbrachten Gegenleistung zurück und übersteigt er außerdem die bereits geleistete Teileinzahlung, führt die unreflektierte Anwendung des § 19 Abs. 4 S. 3 zu **Wertungswidersprüchen.** Die vollständige Anrechnung des Sachwerts würde die Differenz zwischen Gegenleistung und Sachwert unberücksichtigt lassen. Diese Differenz wird dem Gesellschaftsvermögen entzogen. Zum Ausgleich kommt eine Anwendung der §§ 30, 31 indes nicht in Betracht, da es sich um ein Problem der Kapitalaufbringung handelt, das auch in diesem Bereich zu lösen ist.[362] Vorzunehmen ist stattdessen eine **teleologische Reduktion** des § 19 Abs. 4 S. 3. Orientiert am Normzweck der Vorschrift findet eine Anrechnung nur insoweit statt, als der Gesellschaft bei einer Gesamtbetrachtung tatsächlich reales Haftkapital zugeflossen ist. Die Anrechnung scheidet aus, soweit die an den Inferenten gezahlte Gegenleistung den Sachwert übersteigt **(Anrechnungssperre).**[363]

117　　Ist der Differenzbetrag zwischen Gegenleistung und Sachwert größer als die Teileinzahlung, vermag die Anrechnungssperre den Kapitalabfluss an den Inferenten nicht vollständig

---

[360]　IErg wie hier Lutter/Hommelhoff/*Bayer* § 19 Rn. 70; Noack/Servatius/Haas/*Servatius* § 19 Rn. 53; *Altmeppen* § 19 Rn. 34, 59; *Gesell* BB 2007, 2241 (2245); *Wicke* § 19 Rn. 24; für eine direkte Anwendung des § 19 Abs. 4: *Heinze* GmbHR 2008, 1065 (1069); *Woinar* NotBZ 2009, 197 (202); *Kleindiek* FS Hopt, 2010, 941 (956 f.); *Roth* FS Hüffer, 2010, 853 (855); vgl. auch *Gehrlein* Der Konzern 2007, 771 (783); *Herrler* DB 2008, 2347 (2352); *Rose* in Bunnemann/Zirngibl GmbH in der Praxis § 6 Rn. 66; *Maier-Reimer/Wenzel* ZIP 2009, 1185 (1196); *Kloss,* Die verdeckte Sacheinlage im GmbH-Recht unter besonderer Berücksichtigung der neuen Einstiegsvariante, 2013, 142 ff.

[361]　Wie hier auch Noack/Servatius/Haas/*Servatius* § 19 Rn. 53a; Lutter/Hommelhoff/*Bayer* § 19 Rn. 70; *Hentzen/Schwandtner* ZGR 2009, 1007 (1018); *Woinar* NotBZ 2009, 197 (202); vgl. noch *Veil* ZIP 2007, 1241 (1246).

[362]　So für die verdeckte gemischte Sacheinlage bei der AG BGH Urt. v. 9.7.2007 – II ZR 62/06, BGHZ 173, 145 Rn. 18 ff. = NJW 2007, 3425 (3427); Urt. v. 18.2.2008 – II ZR 132/06, BGHZ 175, 265 Rn. 15 = NZG 2008, 425 = WuB II A. § 27 AktG 2.08 *Lieder; Habersack* ZGR 2008, 48 (60 f.); K. Schmidt/Lutter/*Bayer* AktG § 52 Rn. 44; *Böttcher* NZG 2008, 416.

[363]　Wie hier Lutter/Hommelhoff/*Bayer* § 19 Rn. 89; iErg auch *Bormann/Ulrichs* GmbHR Sonderheft Oktober 2008, 37 (39 f.).

zu kompensieren. Der Gesellschafter hat nach Durchführung des Verkehrsgeschäfts einen größeren Betrag erhalten, als er bisher in bar eingelegt hat. Für diesen weitergehenden Differenzbetrag haftet der Inferent in Form einer **ergänzenden Differenzhaftung** analog § 56 Abs. 2 iVm § 9 Abs. 1.[364] Die Anwendung des § 9 Abs. 1 ist bei negativen Sacheinlagen anerkannt, die offen eingebracht werden.[365] Für verdeckte Sacheinlagen, die aufgrund einer Teileinzahlung zu einem kompensationslosen Mittelabfluss führen, der die erbrachten Zahlungen übersteigt, kann insofern nichts anderes gelten.

f) Verdeckte gemischte Sacheinlage. Übersteigt die von der Gesellschaft im Rah- **118** men des Verkehrsgeschäfts an den Inferenten geleistete Zahlung den Wert der vereinbarten Bareinlage, handelt es sich um eine verdeckte gemischte Sacheinlage.[366] Ebenso wie bei der regulären gemischten Sacheinlage (→ Rn. 8) scheidet die Aufspaltung in einen rechtmäßigen und einen unrechtmäßigen Teil aus. Die Vorschriften über verdeckte Sacheinlagen gelten **für das gesamte Geschäft.**[367] Das bedeutet zunächst, dass die Gesellschaft keine korporative Pflicht zur Leistung der **Zusatzvergütung** trifft, weil diese entgegen § 56 Abs. 1 S. 1 nicht ordnungsgemäß festgesetzt ist.[368] Auch sind die im Zusammenhang mit der verdeckten gemischten Sacheinlage vorgenommenen **Verkehrsgeschäfte** nach Maßgabe des § 19 Abs. 4 S. 2 wirksam.[369]

Zur Anwendung gelangt auch die **Anrechnungslösung.** Indes ist § 19 Abs. 4 S. 3 **119** orientiert am Normzweck der Vorschrift – in Übereinstimmung mit der Teilzahlungsproblematik (→ Rn. 116) – **teleologisch zu reduzieren,** soweit zwischen den an den Inferenten abgeflossenen Mitteln und dem objektiven Wert des Vermögensgegenstandes eine Differenz besteht.[370] Geht der **Differenzbetrag** über die erbrachte Bareinlage hinaus, haftet der Inferent für den Fehlbetrag zusätzlich analog § 56 Abs. 2 iVm § 9 Abs. 1.[371] Die Gegenauffassung, die in diesem Fall §§ 30, 31 heranziehen will,[372] vermag

[364] Ebenso Lutter/Hommelhoff/*Bayer* § 19 Rn. 90.
[365] Lutter/Hommelhoff/*Bayer* § 9 Rn. 4 aE; Noack/Servatius/Haas/*Servatius* § 9 Rn. 3; Scholz/*Veil* § 9 Rn. 17; *Altmeppen* § 9 Rn. 12; *Dombert* NZG 1998, 413 (414); *Gienow* FS Semler, 1993, 165 (171 ff.).
[366] Zum Tatbestand eingehend *Gerlach,* Die gemischte Sacheinlage, 2016, 151 ff.
[367] Zur AG BGH Urt. v. 9.7.2007 – II ZR 62/06, BGHZ 173, 145 Rn. 15 = NJW 2007, 3425 (3427); Urt. v. 18.2.2008 – II ZR 132/06, BGHZ 175, 265 Rn. 14 = NZG 2008, 425 = WuB II A § 27 AktG 2.08 *Lieder*; Urt. v. 11.5.2009 – II ZR 137/08, NJW 2009, 2886 Rn. 10 = WuB II A. § 27 AktG 1.09 *Lieder* – Lurgi II; zur GmbH BGH Urt. v. 22.3.2010 – II ZR 12/08, BGHZ 185, 44 Rn. 49 ff., 58 = DStR 2010, 1087 mAnm *Goette* DStR 2010, 1094; *Habersack* ZGR 2008, 48 (53); Lutter/Hommelhoff/*Bayer* § 19 Rn. 91; *Maier-Reimer/Wenzel* ZIP 2008, 1449 (1451); *Gerlach,* Die gemischte Sacheinlage, 2016, 156 ff.
[368] Dazu näher *Gerlach,* Die gemischte Sacheinlage, 2016, 161 f.
[369] Dazu ausf. *Gerlach,* Die gemischte Sacheinlage, 2016, 172 ff.
[370] BGH Urt. v. 22.3.2010 – II ZR 12/08, BGHZ 185, 44 Rn. 58 = DStR 2010, 1087 mAnm *Goette* DStR 2010, 1094; Lutter/Hommelhoff/*Bayer* § 19 Rn. 91; HCL/*Casper* § 19 Rn. 182; *Pentz* GmbHR 2010, 673 (678 f.); *Kleindiek* ZGR 2011, 334 (344 ff.); *J. Koch* ZHR 175 (2011), 55 (65 ff.); *H.-F. Müller* NZG 2011, 761 (763); *Benz,* Verdeckte Sacheinlage und Einlagenrückzahlung im reformierten GmbH-Recht (MoMiG), 2010, 176 ff.; *Wolf,* Die verdeckte Sacheinlage in GmbH und AG, 2013, 187 ff.; *Gerlach,* Die gemischte Sacheinlage, 2016, 163 ff.; iErg ebenso *Maier-Reimer/Wenzel* ZIP 2008, 1449 (1451 f.), deren Konstruktion über Bereicherungsansprüche ist rechtsdogmatisch indes nicht überzeugend; s. erneut *Maier-Reimer* FS Hoffmann-Becking, 2013, 755 (763 ff.); ähnlich *Veil/Werner* GmbHR 2009, 729 (735); *Merkner/Schmidt-Bendun* NZG 2009, 1054 (1057); aA – Anwendung der §§ 30, 31 – *Priester* FS Maier-Reimer, 2010, 525 (533 ff.); *Fischer,* Die Anrechnungslösung des § 19 Abs. 4 GmbHG, 2013, 133 ff.
[371] Wie hier Noack/Servatius/Haas/*Servatius* § 19 Rn. 58; Lutter/Hommelhoff/*Bayer* § 19 Rn. 92; *Heidinger/Berkefeld* in Heckschen/Heidinger, GmbH in Gestaltungspraxis Kap. 11 Rn. 294 ff.; *Bormann/Ulrichs* GmbHR Sonderheft Oktober 2008, 37 (40); *Stiller/Redeker* ZIP 2010, 865 (868); *Kleindiek* ZGR 2011, 334 (348 ff.); *J. Koch* ZHR 175 (2011), 55 (68 ff.); *H.-F. Müller* NZG 2011, 761 (763); *Wachter* ZNotP 2010, 324 (331); *Benz,* Verdeckte Sacheinlage und Einlagenrückzahlung im reformierten GmbH-Recht (MoMiG), 2010, 183 ff.; *Gerlach,* Die gemischte Sacheinlage, 2016, 168 ff.
[372] BGH Urt. v. 22.3.2010 – II ZR 12/08, BGHZ 185, 44 Rn. 49 ff. = DStR 2010, 1087 mAnm *Goette* DStR 2010, 1094; *Illhardt* DZWIR 2010, 346; *Pentz* GmbHR 2010, 673 (679 f.); *Pentz* FS Bergmann, 2018, 541 (558 ff.); *Wolf,* Die verdeckte Sacheinlage in GmbH und AG, 2013, 198 ff., 201 ff.; offenbar ebenso *Ekkenga* ZIP 2013, 541 (549 f.).

nicht zu erklären, weshalb der einheitliche Einbringungsvorgang (→ Rn. 8) systemwidrig zwei unterschiedlichen Kapitalschutzregimen – einmal der Kapitalaufbringung, einmal der Kapitalerhaltung – unterworfen werden soll. Diese Grundsätze gelten auch für den Fall der „übertragenden Sanierung"; ein Sonderrecht für diese Fallgestaltung ist nicht anzuerkennen.[373]

120   Ist zwar eine Sacheinlage ordnungsgemäß vereinbart und publik gemacht, wird indes verschwiegen, dass nicht die gesamte Gegenleistung in Form von Geschäftsanteilen, sondern daneben außerdem eine – **verdeckte** – **Zusatzvergütung** erbracht wird, spricht das Schrifttum zuweilen von einer „verdeckt gemischten Sacheinlage".[374] Verdeckt ist in diesem Zusammenhang nicht der Umstand, dass es sich bei dem Einlagegegenstand um eine Sacheinlage handelt, sondern der Umstand, dass Sacheinlage und Sachübernahme kombiniert werden. Nach zutreffender Auffassung findet **§ 19 Abs. 4** wiederum **analoge Anwendung**.[375] Die Gegenauffassung, die von der Unwirksamkeit der zugrunde liegenden Vereinbarung ausgeht,[376] wird dem in § 19 Abs. 4 niedergelegten Rechtsgedanken nicht gerecht und bedeutet einen Rückfall in durch das MoMiG obsolet gewordene Denkmuster. Richtig ist zwar, dass die Anrechnung eines bestimmten Sachwertes in dieser Konstellation ausscheidet. Bei der gebotenen wirtschaftlichen Betrachtung kann es indes keinen Unterschied machen, ob tatsächlich ein Sachgegenstand mit niedrigem Wert auf die Einlageforderung angerechnet wird oder ob von einem höherwertigen Einlagegegestand eine an den Inferenten verdeckt gewährte Gegenleistung im Zusammenhang mit der Kapitalaufbringung in Abzug gebracht wird. Die materiellen Interessen der Gesellschaftsgläubiger werden in beiden Fällen gleichermaßen tangiert. Insbesondere kommen den Gläubigerinteressen die flankierenden Sicherungsmechanismen (→ Rn. 101 ff.) und die Beweislastverteilung des § 19 Abs. 4 S. 5 (→ Rn. 99 f.) zugute. Das gilt umso mehr, als die Gegenauffassung zu nicht hinnehmbaren Wertungswidersprüchen führt, weil derjenige, der die Sacheinlage vollständig verdeckt, besser behandelt würde als derjenige, der die Sacheinlage zwar offenlegt, die gebotene Dokumentation der Sacheinlage indes wegen der verschwiegenen Zusatzvergütung unvollständig ist.[377]

121   **g) Verdeckte Mischeinlage.** Bleibt der Wert der Gegenleistung der Gesellschaft aus dem Verkehrsgeschäft hinter dem Nennbetrag des Geschäftsanteils zurück, ist die Bareinlageschuld des Inferenten in Höhe des von der Rückzahlung nicht tangierten Teils erfüllt. Die Anwendung von § 19 Abs. 4 beschränkt sich auf den Teil der verdeckten Sacheinlage in Höhe des tatsächlich zurückgeflossenen Kapitals.[378] Im Ergebnis handelt es sich in dieser Konstellation um eine verdeckte Mischeinlage, bei welcher der Sacheinlageteil verdeckt erbracht wird. Bei der Anwendung von § 19 Abs. 4 S. 3 ist der objektive Wert des Einlagegegenstandes maßgeblich, der auf den Teil des Nennbetrags anzurechnen ist, der nach Durchführung des Verkehrsgeschäfts an den Inferenten zurückgelangt ist.

---

[373]   BGH Urt. v. 18.2.2008 – II ZR 132/06, BGHZ 175, 265 Rn. 14 = NZG 2008, 425 = WuB II A. § 27 AktG 2.08 *Lieder.*

[374]   Dazu ausf. *Maier-Reimer* FS Hoffmann-Becking, 2013, 755 ff.; *Gerlach,* Die gemischte Sacheinlage, 2016, 177 ff.: „Gemischte Sacheinlage mit verdeckter Zusatzvergütung".

[375]   Lutter/Hommelhoff/*Bayer* § 5 Rn. 32; HCL/*Ulmer/Casper* § 5 Rn. 49; *Habersack* GWR 2010, 107 (109); *Stiller/Redeker* ZIP 2010, 865 (870); *Benz,* Verdeckte Sacheinlage und Einlagenrückzahlung im reformierten GmbH-Recht (MoMiG), 2010, 193 f.

[376]   *J. Koch* ZHR 175 (2011), 55 (76 ff.); *Pentz* Liber amicorum M. Winter, 2011, 499 (506 ff.); *Maier-Reimer* FS Hoffmann-Becking, 2013, 755 (767 ff.) – Wieder anders *Ekkenga* ZIP 2013, 541 (547): keine Offenlegungspflicht des Übernahmegeschäfts; vgl. noch *Wolf,* Die verdeckte Sacheinlage in GmbH und AG, 2013, 209 ff.

[377]   Zutr. *Habersack* GWR 2010, 107 (109).

[378]   Wie hier Lutter/Hommelhoff/*Bayer* § 19 Rn. 93; Noack/Servatius/Haas/*Servatius* § 19 Rn. 58; *Maier-Reimer/Wenzel* ZIP 2009, 1185 (1193); *Heidinger/Berkefeld* in Heckschen/Heidinger GmbH-Gestaltungspraxis Kap. 11 Rn. 274 ff.; *Benz,* Verdeckte Sacheinlage und Einlagenrückzahlung im reformierten GmbH-Recht (MoMiG), 2010, 175; *Riegger/Gayk* FS Maier-Reimer, 2010, 557 (573); *Pentz* FS Bergmann, 2018, 541 (549); Scholz/*Veil* § 19 Rn. 152 f.; aA *Veil/Werner* GmbHR 2009, 729 (736); wohl auch *Krolop* NZG 2007, 577 (578).

h) Mehrere Geschäftsanteile. Übernimmt der Inferent im Rahmen der Kapitalerhö- **122** hung nach § 55 Abs. 4 iVm § 5 Abs. 2 S. 2 mehrere Geschäftsanteile (→ § 55 Rn. 61) und erfolgt daraufhin eine verdeckte Sacheinbringung, dann ist der Wert des Vermögensgegenstandes gem. § 19 Abs. 4 S. 3 nach Maßgabe der eingezahlten Einlagebeträge anteilig auf sämtliche Geschäftsanteile anzurechnen.[379] Bei Teileinzahlungen sowie gemischten Sacheinlagen kommt wiederum die Anwendung von Anrechnungssperre und ergänzender Differenzhaftung (→ Rn. 116 f.) in Betracht.

VI. Anwendung ergänzender Vorschriften

1. Keine Aufrechnung durch den Inferenten. Der Gesellschafter kann gegen seine **123** Einlageschuld nicht einseitig aufrechnen, es sei denn, es handelt sich um die Aufrechnung mit einer Forderung aus der Überlassung eines Sachwertes im Rahmen einer nach § 5 Abs. 4 ordnungsgemäß festgesetzten Sachübernahme (§ 56 Abs. 2 iVm § 19 Abs. 2 S. 2).[380] An der Geltung des Aufrechnungsverbots hat weder die GmbH-Novelle von 1980 noch das MoMiG von 2008 etwas geändert. Die **Neufassung des Wortlauts** durch die erstgenannte Novelle zielte lediglich darauf ab, den Anwendungsbereich der Vorschrift schärfer zu konturieren.[381] Das MoMiG beschränkte sich darauf, die Regelung durch Überführung der in § 19 Abs. 5 aF enthaltenen Sondervorschrift über die Verrechnung mit Forderungen aus Sachübernahmen nach § 19 Abs. 2 S. 2 redaktionell anzupassen.[382] Anhaltspunkte für eine inhaltliche Abschwächung des allgemeinen Aufrechnungsverbots sind weder dem Gesetzestext noch den Materialien zu entnehmen. Für eine analoge Anwendung des § 19 Abs. 4 fehlt es demnach in rechtsmethodischer Hinsicht an einer planwidrigen Regelungslücke.[383] Das hat zur Folge, dass gegeneinander gerichtete Forderungen des Gesellschafters und der GmbH zwar unter Verstoß gegen die Sacheinlagevorschriften (→ Rn. 93) – wirksam nach § 19 Abs. 4 S. 2 – verrechnet werden können; eine einseitige Aufrechnung des Inferenten gegen seine Bareinlageschuld ist aber auch weiterhin ausgeschlossen. Das ergibt sich zum einen aus dem eingeschränkten Anwendungsbereich des § 19 Abs. 4, der sich nur auf die Verrechnung von Forderungen im Rahmen der verdeckten Sacheinlage bezieht. Zum anderen mag man eine sachliche Rechtfertigung für die Ungleichbehandlung der beiden Konstellationen darin erkennen, dass die Gesellschaft auf die einseitige Aufrechnung des Inferenten keinen Einfluss nehmen kann, während die Verrechnung übereinstimmendes Handeln beider Rechtssubjekte voraussetzt.

2. Aufrechnung durch die Gesellschaft. a) Aufrechnung gegen Neuforderun- 124 gen. Gegen nach Begründung der Bareinlageverpflichtung entstandene Forderungen des Inferenten (Neuforderungen) kann die Gesellschaft aufrechnen, wenn sie **vollwertig, fällig und liquide** sind.[384] Die Forderung ist vollwertig, wenn das Gesellschaftsvermögen zur

---

[379] Näher Lutter/Hommelhoff/*Bayer* § 19 Rn. 94.
[380] OLG Celle Urt. v. 31.8.2010 – 9 U 25/10, ZIP 2010, 2298 (2300) = BeckRS 2010, 21813; Lutter/Hommelhoff/*Bayer* § 19 Rn. 24 ff.; *Altmeppen* § 19 Rn. 38 ff.; Scholz/*Priester/Tebben* Rn. 48 f.; *Wicke* § 19 Rn. 10 ff.; *Rose* in Bunnemann/Zirngibl GmbH in der Praxis § 6 Rn. 63; *Heinze* GmbHR 2008, 1065 (1068); *Wälzholz* MittBayNot 2008, 425 (430); *Rezori* RNotZ 2011, 125 (141 f.); *Kloss,* Die verdeckte Sacheinlage im GmbH-Recht unter besonderer Berücksichtigung der neuen Einstiegsvariante, 2013, 96 ff., 100 ff.; abw. *Habersack/Weber* ZGR 2014, 509 (524 ff.) für den Fall, dass die GmbH die Einlage als erbracht behandelt.
[381] Begr. RegE, BT-Drs. 8/1347, 38.
[382] Vgl. Begr. RegE, BT-Drs. 16/6140, 39.
[383] AA *Habersack/Weber* ZGR 2014, 509 (530 ff.).
[384] BGH Urt. v. 6.12.2011 – II ZR 149/10, BGHZ 191, 364 Rn. 36 = NZG 2012, 69 zur AG; OLG Karlsruhe Beschl. v. 18.11.2013 – 7 W 45/13, GmbHR 2014, 144 (146); Lutter/Hommelhoff/*Bayer* § 19 Rn. 27 ff.; Scholz/*Priester/Tebben* Rn. 50; Rowedder/Schmidt-Leithoff/*Pentz* § 19 Rn. 74 ff.; MHLS/*Ebbing* § 19 Rn. 60 ff.; *Wälzholz* MittBayNot 2008, 425 (430); *Rezori* RNotZ 2011, 125 (142); *Kloss,* Die verdeckte Sacheinlage im GmbH-Recht unter besonderer Berücksichtigung der neuen Einstiegsvariante, 2013, 110 ff.; zum früheren R.echt ebenso BGH Urt. v. 13.10.1954 – II ZR 182/53, BGHZ 15, 52 (57) = NJW 1954, 1842; Urt. v. 13.7.1964 – II ZR 110/62, BGHZ 42, 89 (93); Urt. v. 26.3.1984 – II ZR 14/84, BGHZ 90, 370 (373) = NJW 1984, 1891; Urt. v. 21.2.1994 – II ZR 60/95, BGHZ 125, 141 (143) = NJW 1994, 1477; aA *Schall* ZGR 2009, 126 (150): Vollwertigkeit nicht mehr erforderlich.

Erfüllung sämtlicher Verbindlichkeiten ausreicht.[385] Fällig ist die Forderung ab dem Zeitpunkt, zu dem der Gläubiger die Leistung fordern kann.[386] Sie ist liquide, wenn sie nach Grund und Höhe nicht zweifelhaft ist, dh, ihre Durchsetzbarkeit nicht an Einwendungen oder Einreden scheitert.[387] Diese Voraussetzungen müssen objektiv im Zeitpunkt der Aufrechnungserklärung vorliegen.[388] Der Gesellschafter ist für die Erfüllungswirkung der Aufrechnung darlegungs- und **beweispflichtig.**[389]

125   Unzulässig ist nach § 19 Abs. 2 S. 2 weiterhin die Aufrechnung der Einlageforderung mit einer Vergütungsforderung für die Überlassung von Sachwerten im Rahmen einer **Sachübernahme.** Die Regelung des § 19 Abs. 2 S. 2 zielt nach ihrem Normzweck darauf ab, die besonderen Sacheinlagevorschriften des § 5 Abs. 4 vor Umgehungen abzusichern,[390] sodass eine Aufrechnung durch die Gesellschaft ausnahmsweise unzulässig ist, wenn die Vorschriften nicht beachtet sind. Allerdings findet in diesem Zusammenhang **§ 19 Abs. 4 analoge Anwendung.**[391] Denn in wirtschaftlicher Hinsicht macht es für die Gesellschaft und ihre Gläubiger keinen Unterschied, ob ein Sachgegenstand im Wege der verdeckten Sacheinbringung in das Gesellschaftsvermögen überführt wird oder die Einlage unter Verstoß gegen die Anforderungen des § 5 Abs. 4 erbracht wird und eine spätere Verrechnung mit der Vergütungsforderung erfolgt. In beiden Fällen mehrt der Sachgegenstand das Vermögen der Gesellschaft und steht den Gläubigern zur Verwertung zur Verfügung. Eine unterschiedliche Behandlung der beiden Fallgestaltungen ist vor diesem Hintergrund nicht zu rechtfertigen.

126   Kollidiert das Aufrechnungsverbot im Einzelfall mit berechtigten Gläubigerinteressen, muss die Forderung **ausnahmsweise nicht vollwertig** sein.[392] Das gilt namentlich dann, wenn durch die Aufrechnung von der GmbH ein größerer Schaden abgewendet werden kann.[393] In Betracht kommt eine Ausnahme weiterhin, soweit eine Kaduzierung mit anschließender Verwertung aussichtslos erscheint.[394]

127   **b) Aufrechnung gegen Altforderungen.** Gegen eine Forderung, die bei Begründung der Einlageschuld bereits bestand (Altforderung), ist die Aufrechnung nach § 5 Abs. 4

---

[385] RG Urt. v. 16.2.1938 – II 196/37, JW 1938, 1400 (1401); BGH Urt. v. 2.12.2002 – II ZR 101/02, BGHZ 153, 107 (113) = NJW 2003, 825 (826); OLG Hamburg Urt. v. 28.4.2006 – 11 U 291/05, GmbHR 2006, 934 (935); OLG Karlsruhe Beschl. v. 18.11.2013 – 7 W 45/13, GmbHR 2014, 144 (146); aA – keine Überschuldung genügt – RG Urt. v. 20.5.1898 – Rep. I. 120/03, RGZ 54, 389 (392); Urt. v. 4.12.1931 – II 135/31, RGZ 134, 262 (268 f.); OLG Nürnberg Urt. v. 30.6.1970 – 7 U 180/69, GmbHR 1970, 276 (277).

[386] Grüneberg/*Grüneberg* BGB § 271 Rn. 1; MüKoBGB/*Krüger* BGB § 271 Rn. 2.

[387] Vgl. Lutter/Hommelhoff/*Bayer* § 19 Rn. 33; Rowedder/Schmidt-Leithoff/*Pentz* § 19 Rn. 83; MHLS/*Ebbing* § 19 Rn. 90.

[388] RG Urt. v. 4.12.1931 – II 135/31, RGZ 134, 262 (268 f.); BGH Urt. v. 6.12.2011 – II ZR 149/10, BGHZ 191, 364 Rn. 36 = NZG 2012, 69 zur AG.

[389] BGH Urt. v. 15.6.1991 – II ZR 229/91, GmbHR 1992, 522 (524) = NJW 1992, 2229; OLG Hamm Urt. v. 19.9.1983 – 8 U 387/82, GmbHR 1984, 317; OLG Köln Urt. v. 7.1.1986 – 22 U 93/85, ZIP 1986, 569 (571) = NJW-RR 1986, 1296; OLG Düsseldorf Urt. v. 22.7.1993 – 6 U 214/92, DB 1993, 1714 = NJW-RR 1993, 1257; OLG Hamburg Urt. v. 28.4.2006 – 11 U 291/05, GmbHR 2006, 934; OLG Karlsruhe Beschl. v. 18.11.2013 – 7 W 45/13, GmbHR 2014, 144 (146); Lutter/Hommelhoff/*Bayer* § 19 Rn. 37; aA noch OLG Karlsruhe Urt. v. 2.12.1970 – 11 U 75/69, GmbHR 1971, 7 (8).

[390] Zum bisherigen Recht ebenso Ulmer/Habersack/Winter/*Ulmer*, 2005, § 19 Rn. 65, 92 f., 102; 2008, § 56 Rn. 47; Rowedder/Schmidt-Leithoff/*Pentz*, 4. Aufl. 2002, § 19 Rn. 108.

[391] Wie hier Noack/Servatius/Haas/*Servatius* § 19 Rn. 52; *Altmeppen* § 19 Rn. 42; Scholz/Priester/*Tebben* Rn. 50; *Woinar* NotBZ 2009, 197 (202); *Rezori* RNotZ 2011, 125 (142); vgl. noch *Veil* ZIP 2007, 1241 (1246); aA *Habersack/Weber* ZGR 2014, 509 (521 f.): Differenzhaftung gem. § 9.

[392] RG Urt. v. 20.6.1933 – II 41/33, RGZ 141, 204 (211 f.); BGH Urt. v. 13.10.1954 – II ZR 182/53, BGHZ 15, 52 (57 ff.) = NJW 1954, 1842; zur AG Urt. v. 6.12.2011 – II ZR 149/10, BGHZ 191, 364 Rn. 39 = NZG 2012, 69; MüKoAktG/*Bayer* AktG § 66 Rn. 67.

[393] RG Urt. v. 20.6.1933 – II 41/33, RGZ 141, 204 (211 f.); BGH Urt. v. 13.10.1954 – II ZR 182/53, BGHZ 15, 52 (57, 59) = NJW 1954, 1842; Urt. v. 21.9.1978 – II ZR 214/77, NJW 1979, 216; Urt. v. 6.12.2011 – II ZR 149/10, BGHZ 191, 364 Rn. 39 zur AG; Lutter/Hommelhoff/*Bayer* § 19 Rn. 38 aE; Rowedder/Schmidt-Leithoff/*Pentz* § 19 Rn. 85.

[394] Rowedder/Schmidt-Leithoff/*Pentz* § 19 Rn. 85; HCL/*Casper* § 19 Rn. 95; *Wicke* § 19 Rn. 14; zur AG MüKoAktG/*Bayer* AktG § 66 Rn. 67.

unzulässig. Denn die Einbringung von Altforderungen muss im Interesse der realen Kapital-aufbringung sowie der Offenlegung und Prüfung der Werthaltigkeit der Forderung im Wege der ordnungsgemäßen **Sacheinlage** erfolgen.[395] Werden die Sacheinlagevorschriften nicht eingehalten, findet § 19 Abs. 4 analoge Anwendung,[396] da es unter ökonomischen Gesichts-punkten ohne Belang ist, ob die Forderung im Wege einseitiger Aufrechnung oder durch Verrechnung als verdeckte Sacheinlage in das Gesellschaftsvermögen gelangt. Die analoge Anwendung des § 19 Abs. 4 setzt allerdings voraus, dass die Altforderung des Inferenten vollwertig, fällig und liquide ist.[397] Eine teilweise Anrechnung einer nicht vollwertigen Forderung, wie sie bei einer verdeckten Sacheinlage in Betracht kommt (→ Rn. 94), schei-det bei der Aufrechnung durch die GmbH aus, da die Gesellschaft dem Gesellschafter andernfalls die Forderung einseitig unter Nominalwert entziehen könnte, ohne dass sich der Inferent hiergegen wehren kann. Eine Aufteilung der Forderung in einen vollwertigen und einen wertlosen Teil kommt ebenso wenig in Betracht, da dies zum einen rechtsdogma-tisch nicht überzeugend zu begründen ist[398] und zum anderen die Werthaltigkeit der Forde-rungen aller übrigen Gesellschaftsgläubiger beeinträchtigt.[399]

3. Aufrechnungsvertrag. Ein dinglich wirkender Aufrechnungsvertrag ist zulässig, **128** wenn die gegen die GmbH gerichtete Forderung des Einlegers **vollwertig, fällig und liquide** ist.[400] Ist dies nicht der Fall, kommt **§ 19 Abs. 4 analog** zur Anwendung. Denn bei wirtschaftlicher Betrachtung macht es im Ergebnis keinen Unterschied, ob eine Forderung als verdeckte Sacheinlage mit der Einlageforderung verrechnet wird oder durch einen Aufrech-nungsvertrag erlischt. Anders als bei der einseitigen Aufrechnung gegen Altforderungen ist § 19 Abs. 4 analog anwendbar, wenn die Gesellschafterforderung nicht vollwertig ist. Das ergibt sich daraus, dass der Gesellschafter an dem Aufrechnungsvertrag selbst mitwirkt und ihm die Forderung daher nicht ohne sein Zutun unter Nominalwert entzogen werden kann.

4. Erlassverbot. Obgleich Abs. 2 nur auf § 19 Abs. 2 S. 2 verweist, findet auch das **129** Erlassverbot nach § 19 Abs. 2 S. 1 auf die Kapitalerhöhung Anwendung.[401] Die limitierte Bezugnahme auf § 19 Abs. 2 S. 2 ist dessen Verweisung auf § 5 Abs. 4 geschuldet, der die Anwendung der Vorschrift auf die Gesellschaftsgründung nahe legt, während die übrigen Vorschriften des § 19 Abs. 1 und 2 mangels Beschränkung für sämtliche Einlageleistungen bei Gründung und Kapitalerhöhung gleichermaßen gelten.[402]

5. Kein Sacheinlagebericht. Im Gegensatz zur Gründung (§ 5 Abs. 4 S. 2) und in **130** Übereinstimmung mit der Sachkapitalerhöhung im Aktienrecht (§ 183 Abs. 3 AktG) sind

---

[395] OLG Köln Entsch. v. 2.2.1984 – 25 U 11/83, ZIP 1984, 834 (836); OLG Celle Urt. v. 16.11.2005 – 9 U 69/05, GmbHR 2006, 433 (433 f.); Noack/Servatius/Haas/*Servatius* § 19 Rn. 34; Lutter/Hommel-hoff/*Bayer* § 19 Rn. 28, 66; HCL/*Casper* § 19 Rn. 98; *Wicke* § 19 Rn. 14; aA *Schall* ZGR 2009, 126 (148 ff.).

[396] IErg wie hier Noack/Servatius/Haas/*Servatius* § 19 Rn. 52; Lutter/Hommelhoff/*Bayer* § 19 Rn. 36; *Habersack/Weber* ZGR 2014, 509 (520 f.); wohl auch *Heinze* GmbHR 2008, 1065 (1068); vgl. – wohl abw. – *Wälzholz* MittBayNot 2008, 425 (430).

[397] AA Scholz/*Priester/Tebben* Rn. 51; Scholz/*Veil,* Nachtrag MoMiG, § 19 Rn. 9; *Altmeppen* § 19 Rn. 48: Anrechnung analog § 19 Abs. 4 S. 3 in Höhe des Teilwerts; zweifelnd Lutter/Hommelhoff/*Bayer* § 19 Rn. 36; vgl. noch *Wicke* § 19 Rn. 14 aE; *Rezori* RNotZ 2011, 125 (142).

[398] Ebenso iErg RG Urt. v. 22.10.1918 – Rep. II. 158/18, RGZ 94, 61 (63); BGH Urt. v. 26.3.1984 – II ZR 14/84, BGHZ 90, 370 (373) = NJW 1984, 1891; OLG Düsseldorf Urt. v. 20.11.1992 – 17 U 98/ 92, GmbHR 1993, 292 (293) = DStR 1993, 214; Rowedder/Schmidt-Leithoff/*Pentz* § 19 Rn. 81; aA Scholz/*Priester*, 9. Aufl. 2. Aufl.

[399] Vgl. Rowedder/Schmidt-Leithoff/*Pentz*, 4. Aufl. 2002, § 19 Rn. 76; aA dezidiert *Habersack/Weber* ZGR 2014, 509 (518 ff.).

[400] RG Urt. v. 16.2.1938 – II 196/37, JW 1938, 1400 (1401); BGH Urt. v. 13.10.1954 – II ZR 182/53, BGHZ 15, 52 (60) = NJW 1954, 1842; Scholz/*Priester*, 9. Aufl. 2002, Rn. 56; ebenso zur AG BGH Urt. v. 6.12.2011 – II ZR 149/10, BGHZ 191, 364 Rn. 36 = NZG 2012, 69.

[401] Rowedder/Schmidt-Leithoff/*Schnorbus* Rn. 27; Scholz/*Priester*, 9. Aufl. 2002, Rn. 57; HCL/*Ulmer/Cas-per* Rn. 49.

[402] Zutr. HCL/*Ulmer/Casper* Rn. 49; vgl. noch BGH Entsch. v. 20.9.1982 – II ZR 236/81, WM 1982, 1200 (1201).

die Gesellschafter bei der Kapitalerhöhung gegen Sacheinlagen im GmbH-Recht nicht verpflichtet, einen Sachgründungsbericht zu erstellen, der auf die wesentlichen Umstände der Sacheinlageleistung eingeht.[403] Die Gegenauffassung, die sich für die obligatorische Erstellung eines Sacheinlageberichts auch bei der Kapitalerhöhung ausspricht,[404] kann nicht überzeugen. Eine **§ 5 Abs. 4 S. 2 entsprechende Vorschrift fehlt** für die Sachkapitalerhöhung. Eine analoge Anwendung der Vorschrift scheitert in Ermangelung einer planwidrigen Regelungslücke. Der Gesetzgeber hat sich für die Kapitalerhöhung bewusst gegen den Sacheinlagebericht entschieden. Sachlich ist die Abweichung vom Gründungsrecht darauf zurückzuführen, dass die Gesellschafter bei der Kapitalerhöhung, die sie möglicherweise nicht gebilligt haben, nicht gezwungen sein sollen, für die Richtigkeit des Sacheinlageberichts zu garantieren und die Haftung für Falschangaben auf sich zu nehmen.[405] Das ist rechtspolitisch überzeugend, zumal auch ohne Bericht eine hinreichende Prüfung der Sacheinlage durch das Registergericht und die Verantwortlichkeit der Geschäftsführer sichergestellt ist (→ Rn. 101 ff.; → § 57a Rn. 8 ff., → § 57a Rn. 13 ff., → § 57a Rn. 20 ff.).

131   Dass der Sacheinlagebericht nicht obligatorisch zu erstatten ist, hindert das Registergericht indes nicht daran, von den Geschäftsführern ausführliche **Auskünfte und Nachweise** über den Gegenstand und die Werthaltigkeit der Sacheinlage zu verlangen (→ § 57a Rn. 14, → § 57a Rn. 16, → § 57a Rn. 18).[406] Soweit dies zur Kontrolle der Werthaltigkeit notwendig erscheint, ist der Registerrichter im Einzelfall sogar berechtigt, von den Beteiligten einen **Sacheinlagebericht zu verlangen**.[407] Um Verzögerungen im Eintragungsverfahren zu vermeiden, kann sich die Erstellung eines solchen Berichts demnach bereits im Vorfeld der Kapitalerhöhung empfehlen, insbesondere wenn damit kein großer Aufwand verbunden ist.[408] Fordert der Registerrichter den Geschäftsführer zur Erstattung eines Berichts auf, muss dieser den Vorgaben des § 5 Abs. 4 S. 2 (→ § 5 Rn. 271 ff.) vollumfassend genügen.[409] Im Übrigen können die Geschäftsführer für Falschangaben bei Anmeldung der Kapitalerhöhung nach § 57 Abs. 4 iVm § 9a Abs. 1 und 3 haftbar sein (→ § 57 Rn. 37 ff.).

VII. Steuern

132   **1. Einzelne Wirtschaftsgüter.** Werden einzelne Wirtschaftsgüter als Sacheinlage in die GmbH eingebracht, hat die Gesellschaft nach § 6 Abs. 1 Nr. 1, 2, Abs. 6 S. 1 EStG iVm § 9 Abs. 1 BewG den **gemeinen Wert** des Gegenstandes anzusetzen.[410] Ist der

---

403   So die hM, OLG Köln Urt. v. 13.2.1996 – 3 U 98/95, GmbHR 1996, 682 (684) = NJW-RR 1996, 1250; Noack/Servatius/Haas/*Servatius* Rn. 17; Lutter/Hommelhoff/*Bayer* Rn. 7; Meyer-Landrut/Miller/Niehus/*Meyer-Landrut* Rn. 10; MHLS/*Hermanns* Rn. 64; Rowedder/Schmidt-Leithoff/*Schnorbus* Rn. 30; HCL/*Ulmer/Casper* Rn. 54; *Happ* BB 1985, 1927; *Klasen* BB 2008, 2694 (2696); offengelassen von BGH Urt. v. 14.6.2004 – II ZR 121/02, NZG 2004, 910 (911); OLG Jena Beschl. v. 2.11.1993 – 6 W 24/93, GmbHR 1994, 710 (712); BayObLG Beschl. v. 2.11.1994 – 3Z BR 276/94, NJW 1995, 1971 (1972); LG München Urt. v. 9.6.2005 – 5 HKO 10 136/03, DB 2005, 1731.
404   OLG Stuttgart Entsch. v. 19.1.1982 – 8 W 295/81, BB 1982, 397 (398); Scholz/*Priester*/*Tebben* Rn. 39 ff.; *Ehlke* GmbHR 1985, 284 (290); *Lutter* DB 1980, 1317 (1319); *Timm* GmbHR 1980, 286 (290 f.); Gehrlein/Born/Simon/*Bormann* Rn. 34; *Altmeppen* Rn. 10; tendenziell auch LG Memmingen Beschl. v. 18.10.2004 – 2 HT 278/04, NZG 2005, 322 (323).
405   Vgl. Lutter/Hommelhoff/*Bayer* Rn. 7; HCL/*Ulmer/Casper* Rn. 54.
406   Vgl. Lutter/Hommelhoff/*Bayer* Rn. 7; MHLS/*Hermanns* Rn. 64; HCL/*Ulmer/Casper* Rn. 54; Gehrlein/Born/Simon/*Bormann* Rn. 35; Bork/Schäfer/*Arnold/Born* Rn. 8.
407   OLG Stuttgart Entsch. v. 19.1.1982 – 8 W 295/81, GmbHR 1982, 109 (112); OLG Jena Beschl. v. 2.11.1993 – 6 W 24/93, GmbHR 1994, 710 (712); LG Memmingen Beschl. v. 18.10.2004 – 2 HT 278/04, NZG 2005, 332 (323); Lutter/Hommelhoff/*Bayer* Rn. 7 aE; MHLS/*Hermanns* Rn. 64; *Wicke* Rn. 6; *Klasen* BB 2008, 2694 (2696); Bork/Schäfer/*Arnold/Born* Rn. 8; Rowedder/Schmidt-Leithoff/*Schnorbus* Rn. 19; *Lubberich* DNotZ 2016, 164 (166 f.); offengelassen von BayObLG Beschl. v. 2.11.1994 – 3Z BR 276/94, NJW 1995, 1971 (1972).
408   Vgl. *Klasen* BB 2008, 2694 (2696).
409   Vgl. MHLS/*Hermanns* Rn. 64; Scholz/*Priester*/*Tebben* Rn. 40.
410   *Schwarz* FR 2008, 548 (549).

gemeine Wert größer als der bilanziell ausgewiesene Buchwert des Vermögensgegenstands, ist der Differenzbetrag als Unternehmensgewinn zu berücksichtigen, der für die Einkommen- und Gewerbesteuer maßgeblich ist, vorausgesetzt, das eingebrachte Wirtschaftsgut gehörte zum Betriebsvermögen. Nichts anderes gilt für die Einbringung von **Forderungen**.[411] Stammte der Vermögenswert aus dem Privatvermögen, bleibt die Einbringung steuerrechtlich ohne Belang. **Ausnahmen** ergeben sich unter den Voraussetzungen der § 23 Abs. 1 S. 1 Nr. 1 und 2 EStG und § 17 EStG sowie bei Anteilen nach § 21 UmwStG (→ Rn. 133 f.).[412]

2. Unternehmensteile und Anteilstausch. Für die **Einbringung von Betrieben,**   133 **Teilbetrieben und Mitunternehmeranteilen** ermöglicht § 20 Abs. 2 S. 2 UmwStG auf Antrag[413] eine Einbringung zu Buchwerten, soweit eine nachträgliche Besteuerung sichergestellt ist. Entsprechendes gilt nach § 21 Abs. 1 S. 2 UmwStG für die Einbringung von Geschäftsanteilen an einer Kapitalgesellschaft (AG, GmbH) oder einer Genossenschaft, soweit es sich um einen **qualifizierten Anteilstausch** handelt, dh, die erwerbende Gesellschaft aufgrund ihrer bisherigen sowie der hinzuerworbenen Beteiligung über die Mehrheit der Stimmrechte an dem erworbenen Unternehmen verfügt.[414]

Durch die Sondervorschriften kann eine Gewinnrealisierung bei Einbringung auf   134 Antrag vermieden werden, eine Besteuerung des Einbringungsvorgangs erfolgt nachträglich bei Veräußerung des Geschäftsanteils innerhalb der Sperrfrist von sieben Jahren nach Maßgabe des § 22 UmwStG iVm § 16 EStG.[415] Die **nachträgliche Einbringungsgewinnbesteuerung** zielt darauf ab, einerseits die Doppelbesteuerung stiller Reserven zu vermeiden, andererseits aber bei Veräußerung der Geschäftsanteile die vollständige Besteuerung der im Einbringungszeitpunkt aufgelaufenen und auf die übernehmende Gesellschaft übertragenen stillen Reserven sicherzustellen.[416] Stille Reserven, die nach dem Zeitpunkt der Einbringung aufgelaufen sind, sind ab dem Veranlagungszeitraum 2009[417] im Teileinkünfteverfahren nach § 3 Nr. 40 EStG (zu 60 %) bzw. nach § 8b Abs. 2 KStG zu versteuern.[418]

3. Sonderfälle. Bei der **Einbringung eines Grundstücks** fällt neben den zusätzli-   135 chen Kosten für die notarielle Beurkundung sowie die Grundbucheintragung nach § 1 Abs. 1 Nr. 1 GrEStG Grunderwerbsteuer an. Ist der Inferent Unternehmer iSd § 2 Abs. 1 S. 1 UStG, ist **Umsatzsteuer** zu entrichten. Anderes gilt insbesondere bei der Einbringung ganzer Unternehmen (§ 1 Abs. 1a UStG) oder von Wertpapieren (§ 4 Nr. 8 lit. e UStG) sowie bei der Einlage von Grundstücken (§ 4 Nr. 9 lit. a UStG).

Wird ein Vermögenswert als **verdeckte Sacheinlage** eingebracht, fand § 20 UmwStG   136 nach bisheriger Rechtslage keine Anwendung;[419] es konnte sich aber um eine verdeckte

---

[411] BFH Urt. v. 25.1.1984 – I R 183/81, BB 1984, 1142 = DStR 1984, 406; BFH Urt. v. 18.10.1989 – I R 25/85, DB 1990, 970.

[412] Rowedder/Schmidt-Leithoff/*Schnorbus* Rn. 36.

[413] Zum Zeitpunkt der Antragstellung ausf. *Stümper/Walter* GmbHR 2008, 1147; insgesamt zum Antragswahlrecht aus § 20 UmwStG *Schmitt/Schlossmacher* DB 2010, 522; zur Nachweispflicht nach § 22 Abs. 3 UmwStG *Schell* DStR 2010, 2222.

[414] Zum Ganzen ausf. *Schwarz* FR 2008, 548 (550 ff.); *Ley* FR 2007, 109 (116); *Damas* DStZ 2007, 129 (137 f.); *Ott* INF 2007, 387 (389); *Ott* DStZ 2009, 90 (speziell zu Steuerklauseln beim Anteilstausch); *Willibald/Ege* DStZ 2009, 83 (85 ff.); *Stelzer* MittBayNot 2009, 16 (18 ff.); nach dem UmwSt-Erlass 2011 *Pung* GmbHR 2012, 158; *Rasche* GmbHR 2012, 149; *Benz/Rosenberg* DB-Beil. 1 zu Heft 2/2012, 38.

[415] Für Einzelheiten s. *Schwarz* FR 2008, 548 (553 f.); *Schumacher/Neumann* DStR 2008, 325 (331); *Ott* INF 2007, 387 (390 ff.); *Willibald/Ege* DStZ 2009, 83 (86 ff.); *Kutt/Jehke* BB 2010, 474; *Körner* DStR 2010, 897; nach dem UmwSt-Erlass 2011 *Pung* GmbHR 2012, 158 (159 ff.); *Benz/Rosenberg* DB-Beil. 1 zu Heft 2/2012, 38 (47 ff.); zur Gemeinschaftsrechtswidrigkeit des § 22 UmwStG *Graw* FR 2009, 837.

[416] Begr. RegE, BT-Drs. 16/2710, 42.

[417] Zuvor galt das Teileinkünfteverfahren nach §§ 3 Nr. 40 EStG, 8b Abs. 2 KStG aF.

[418] Vgl. Begr. RegE, BT-Drs. 16/2710, 48.

[419] Scholz/*Priester,* 9. Aufl. 2002, Rn. 110; Rowedder/Schmidt-Leithoff/*Zimmermann,* 4. Aufl. 2002, Rn. 31.

Einlage im steuerrechtlichen Sinne handeln.[420] Ob diese Beurteilung auch nach Kodifikation der Anrechnungslösung des § 19 Abs. 4 S. 3 (→ Rn. 94 ff.) Bestand hat, ist bisher
ungeklärt. Da der Wert eingebrachter Betriebe, Teilbetriebe oder Mitunternehmeranteile
nach neuer Rechtslage aber auf die Einlageforderung angerechnet wird und das zugrunde
liegende Verkehrsgeschäft nach § 19 Abs. 4 S. 2 wirksam ist, spricht viel dafür, offene und
verdeckte Sacheinlagen nach neuem Recht steuerrechtlich gleich zu behandeln und § 20
UmwStG in analoger Anwendung heranzuziehen.[421]

§ 56a Leistungen auf das neue Stammkapital

**Für die Leistungen der Einlagen auf das neue Stammkapital finden § 7 Abs. 2
Satz 1 und Abs. 3 sowie § 19 Abs. 5 entsprechende Anwendung.**

Schrifttum: s. § 55.

Übersicht

I. Inhalt und Zweck der Norm

1   Die Vorschrift regelt im Wege der Verweisung auf das Gründungsrecht die Art und
Weise der Einlageleistung auf das neue Stammkapital. Nach § 7 Abs. 2 S. 1 beträgt die
Mindesteinlage bei der Barkapitalerhöhung ein Viertel des Nennbetrags (→ § 7
Rn. 63 ff.), der nach § 5 Abs. 2 S. 1 auf volle Euro lauten muss (→ § 55 Rn. 60). Bei der
Sachkapitalerhöhung ist die vereinbarte Sacheinlage gem. § 7 Abs. 3 vor Anmeldung des
Erhöhungsbeschlusses zur Eintragung in das Handelsregister vollständig an die Gesellschaft

---

[420]   Rowedder/Schmidt-Leithoff/*Zimmermann*, 4. Aufl. 2002, Rn. 31 aE; zur steuerrechtlichen Behandlung
        der verdeckten Einlage zB *Schwarz* FR 2008, 548 (554 f.).
[421]   IErg wie hier *Wachter* GmbHR 2009, 935 (937); *Altrichter-Herzberg* GmbHR 2009, 1190; *Woinar* NotBZ
        2009, 197 (206 f.); vgl. dort auch zu Fragen der Gewerbe- und Umsatzsteuer.

zu bewirken, sodass sie den Geschäftsführern zur endgültig freien Verfügung steht (→ § 7 Rn. 103 ff.; → § 8 Rn. 54 ff.).

Die Verweisungen bezwecken im Interesse der Gesellschaftsgläubiger die **Gewährleis-** **2** **tung der realen Kapitalaufbringung** bei der ordentlichen Kapitalerhöhung.[1] Der Erhöhungsbeschluss wird erst dann in das Handelsregister eingetragen, wenn die von den Gesellschaftern übernommenen Einlagen an die Gesellschaft geleistet worden sind.

Die durch das MoMiG neu in § 56a aufgenommene Verweisung auf § 19 Abs. 5 **3** verfolgt einen gegenläufigen Zweck (→ Rn. 43 ff.) und führt zur Einschränkung des Gebots der Leistung zur endgültig freien Verfügung (→ Rn. 40, → Rn. 64). Der Verweis erklärt die Neuregelung über die **Rückzahlung von Einlageleistungen** an Gesellschafter (Hin- und Herzahlen) auch bei der Kapitalerhöhung für anwendbar. Danach kann bei vorheriger Vereinbarung eine Rückzahlung der Bareinlage an den Gesellschafter ohne Verstoß gegen die Kapitalaufbringungsvorschriften erfolgen, soweit die Leistung durch einen vollwertigen, fälligen und liquiden Rückgewähranspruch gedeckt ist. Wird eine Rückzahlung vereinbart, ist dies bei der Anmeldung der Kapitalerhöhung offenzulegen (→ § 57a Rn. 11).

Entfallen ist – ebenfalls durch das MoMiG – die Verweisung auf die Sondervorschrift **4** des § 7 Abs. 2 S. 3 aF für **Einpersonengesellschaften.** Die Regelung ist durch das MoMiG ersatzlos gestrichen worden, da sie eine in der Praxis verzichtbare Komplizierung des Gründungsrechts für solche Gesellschaften darstellte.[2] Von der Verweisung des § 56a ebenso wenig erfasst ist die Regelung über die bei der Gründung notwendige **Gesamtmindesteinzahlung** in Höhe von 12.500 Euro (§ 7 Abs. 2 S. 2). Das durch die Vorschrift beabsichtigte Minimum an Liquidität (→ § 7 Rn. 72 ff.) macht bei Kapitalerhöhungen keinen Sinn, da der Normzweck schon durch die Anwendung des § 7 Abs. 2 S. 2 im Gründungsstadium sichergestellt ist.[3]

II. Leistung von Geldeinlagen

1. Mindesteinzahlung. a) Einzahlungsbetrag. Bei der Barkapitalerhöhung muss **5** vor deren Anmeldung zur Eintragung in das Handelsregister mindestens ein **Viertel des Nennbetrags** des übernommenen Geschäftsanteils bewirkt sein (§ 56a iVm § 7 Abs. 2 S. 1). Eine höhere Quote kann im Kapitalerhöhungsbeschluss festgeschrieben werden (→ § 55 Rn. 70). Ein von der Mindestquote unabhängiger absoluter Mindestbetrag besteht nicht. Eine absolute Untergrenze ergibt sich aus dem Umstand, dass der Nennbetrag von Geschäftsanteilen nach § 5 Abs. 2 S. 1 auf volle Euro lauten muss.

Das Mindesteinlageerfordernis muss bei **jedem einzelnen Geschäftsanteil** erfüllt sein; **6** freiwillige Mehrleistungen der Gesellschafter auf einen bestimmten Geschäftsanteil kommen weder anderen Anteilen des Gesellschafters (vgl. § 5 Abs. 2 S. 2) noch Anteilen anderer Gesellschafter zugute.[4] Die Mindestquote bezieht sich ausschließlich auf den Nennbetrag der neuen Geschäftsanteile; im Gegensatz zum Aktienrecht (§ 188 Abs. 2 S. 1 AktG iVm § 36a Abs. 1 AktG; → § 56 Rn. 60) bleibt ein vereinbartes **Agio** außer Betracht.[5]

Bei der **Mischeinlage** (→ § 56 Rn. 9) ist die enthaltene Sacheinlage vollständig zu **7** bewirken (→ Rn. 91); Maßstab für das Mindesteinlageerfordernis ist der auf die Bareinlage entfallende Teil des Nennbetrags des neuen Geschäftsanteils.[6] Ist hingegen im Gesellschafts-

---

[1]   Krit. Noack/Servatius/Haas/*Servatius* Rn. 1; MHLS/*Hermanns* Rn. 2; Scholz/*Priester/Tebben* Rn. 2.
[2]   Begr. RegE, BT-Drs. 16/6140, 33.
[3]   Vgl. noch Begr. RegE, BT-Drs. 8/1347, 32; Scholz/*Priester/Tebben* Rn. 5; HCL/*Ulmer/Casper* Rn. 2; Gehrlein/Born/Simon/*Bormann* Rn. 2.
[4]   So zum bisherigen Recht Meyer-Landrut/Miller/Niehus/*Meyer-Landrut* Rn. 2; Scholz/*Priester*, 9. Aufl. 2002, Rn. 3.
[5]   MHLS/*Hermanns* Rn. 39; Rowedder/Schmidt-Leithoff/*Schnorbus* Rn. 2; *Altmeppen* Rn. 4; Scholz/*Priester/Tebben* Rn. 3; HCL/*Ulmer/Casper*, Rn. 4; *Priester* FS Lutter, 2000, 617 (633).
[6]   OLG Celle Beschl. v. 5.1.2016 – 9 W 150/15, NZG 2016, 300; HCL/*Ulmer/Casper* Rn. 5; MHLS/*Hermanns* Rn. 39; Rowedder/Schmidt-Leithoff/*Schnorbus* Rn. 2; Scholz/*Priester/Tebben* Rn. 3 aE; aA *Ehlke* GmbHR 1985, 284 (291).

vertrag bzw. Kapitalerhöhungsbeschluss neben der Sacheinlage keine weitere Zahlung der Bareinlage vorgesehen, handelt es sich um eine nach Maßgabe des § 19 Abs. 2 unzulässige Befreiung von der Bareinzahlungspflicht, sodass eine Eintragung in das Handelsregister ausscheiden muss.[7]

8   **b) Aufstockung von Geschäftsanteilen.** Der Mindesteinzahlung auf den Erhöhungsbetrag bedarf es auch bei der Aufstockung vorhandener Geschäftsanteile (→ § 55 Rn. 57 ff.).[8] Die Gegenauffassung, die dem Gesellschafter eine Berufung auf die zuvor erbrachten Leistungen erlaubt,[9] verkennt den Normzweck der Verweisung auf § 7 Abs. 2 S. 1 (→ Rn. 2). Eine effektive Aufbringung des erhöhten Kapitals wäre nicht gewährleistet, wenn auf den Erhöhungsbetrag keine frischen Geldmittel eingezahlt werden müssten. Namentlich kann die rechtstechnische Durchführung der Kapitalerhöhung – Aufstockung bestehender anstelle Übernahme neuer Geschäftsanteile – nicht über das Schutzniveau berechtigter Gläubigerinteressen entscheiden. Dementsprechend hat der Gesellschafter seine Zahlungsfähigkeit auch im Hinblick auf den Erhöhungsbetrag bei einer Anteilsaufstockung nachzuweisen, indem er die Mindestquote leistet.[10] Das gilt umso mehr, als sich die Mindesteinzahlungspflicht in rechtstechnischer Hinsicht auch nicht auf den erhöhten Geschäftsanteil als solchen, sondern auf den erhöhten Nennbetrag bezieht.[11] Der BGH hat sich der hier vertretenen Auffassung kürzlich angeschlossen.[12]

9   **c) Besonderheiten bei der UG.** Wird das Stammkapital in der UG auf einen Betrag unterhalb 25.000 Euro (§ 5 Abs. 1) erhöht, ist nicht nur ein Viertel des Einlagebetrages einzuzahlen (→ Rn. 5), sondern **analog § 5a Abs. 2 S. 1** der gesamte Erhöhungsbetrag, da andernfalls das **Volleinzahlungsgebot** durch Gründung und unmittelbar anschließende Kapitalerhöhung umgangen werden könnte (→ § 5a Rn. 42).[13] Erfolgt die **Erhöhung auf** einen Betrag von **25.000 Euro** oder mehr, findet § 5a Abs. 2 S. 2 hingegen keine – auch keine analoge – Anwendung.[14] Stattdessen gilt analog § 7 Abs. 2 S. 2 der **Halbeinzahlungsgrundsatz,** und zwar bezogen auf die gesamte Mindeststammkapital-

---

[7]   OLG Celle Beschl. v. 5.1.2016 – 9 W 150/15, NZG 2016, 300; zust. *Hauschild/Maier-Reimer* DB 2016, 1683 (1684); *Sammet* NZG 2016, 344; *Schröter* EWiR 2016, 333 (334).

[8]   Für die hM BGH Beschl. v. 11.6.2013 – II ZB 25/12, NJW 2013, 2428 Rn. 12 ff. = GmbHR 2013, 869 mAnm *Bayer/Illhardt*; OLG Köln Beschl. v. 9.10.2012 – 2 Wx 250/12, NZG 2013, 181; BayObLG Beschl. v. 17.1.1986 – BReg. 3 Z 170/85 und 3 Z 228/85, DB 1986, 738 = BB 1986, 759; *Noack/Servatius/Haas/Servatius* Rn. 2; *Bork/Schäfer/Arnold/Born* Rn. 2 f.; *Henssler/Strohn/Gummert* Rn. 3; *Lutter/Hommelhoff/Bayer* Rn. 2; *MHLS/Hermanns* Rn. 40; *Rowedder/Schmidt-Leithoff/Schnorbus* Rn. 3; *HK-GmbHG/Inhester/Diers* Rn. 5; *Scholz/Priester/Tebben* Rn. 4; *HCL/Ulmer/Casper* Rn. 6.

[9]   *Pastor/Werner* DB 1968, 1935 (1936): Einzahlung eines Viertels der gesamten erhöhten Einlage erforderlich; *Gersch/Herget/Marsch/Stützle* Rn. 10; ebenso *Altmeppen* Rn. 3, soweit die Leistung noch unverbraucht im Gesellschaftsvermögen vorhanden ist.

[10]   Vgl. BayObLG Beschl. v. 17.1.1986 – BReg. 3 Z 170/85 und 3 Z 228/85, DB 1986, 738 = BB 1986, 759; *MHLS/Hermanns* Rn. 40; *Scholz/Priester/Tebben* Rn. 4.

[11]   Vgl. noch *Scholz/Priester/Tebben* Rn. 4; *HCL/Ulmer/Casper* Rn. 6 sowie jetzt auch BGH Beschl. v. 11.6.2013 – II ZB 25/12, NJW 2013, 2428 Rn. 13 = GmbHR 2013, 869 mAnm *Bayer/Illhardt*.

[12]   BGH Beschl. v. 11.6.2013 – II ZB 25/12, NJW 2013, 2428 Rn. 12 ff. = GmbHR 2013, 869 mAnm *Bayer/Illhardt*.

[13]   Ausf. *Klose* GmbHR 2009, 294 (296); ferner iErg auch *Bayer/Hoffmann/Lieder* GmbHR 2010, 9 (12); *Lieder/Hoffmann* GmbHR 2011, 561 (564); *Klose* GmbHR 2009, 294 (296); *Heckschen* DStR 2009, 166 (170); *Weber* BB 2009, 842 (844); *Wachter* GmbHR Sonderheft Oktober 2008, 25 (32); *Seebach* RNotZ 2013, 261 (278).

[14]   OLG Hamm Beschl. v. 5.5.2011 – I-27 W 24/11, FGPrax 2011, 248 = GmbHR 2011, 655; OLG Stuttgart Beschl. v. 13.10.2011 – 8 W 341/11, NZG 2012, 22 (23); OLG München Beschl. v. 7.11.2011 – 31 Wx 475/11, NJW 2012, 1453; *Bayer/Hoffmann/Lieder* GmbHR 2010, 9 (12); *Lieder/Hoffmann* GmbHR 2011, 561 (564); *Lieder/Hoffmann* GmbHR 2011, R193 (R194); *Klose* GmbHR 2009, 294 (296); *Heckschen* DStR 2009, 166 (170); *Weber* BB 2009, 842 (844); *Wachter* GmbHR Sonderheft Oktober 2008, 25 (32); *Klose* GmbHR 2010, 1212; *Miras* DB 2010, 2488 (2491 f.); *Miras* DStR 2011, 1379 (1381); *Lange* NJW 2010, 3686 (3687 f.); *Ries* AnwBl 2011, 13 (14); *C. Schäfer* ZIP 2011, 53 (56 f.); *Klein* NZG 2011, 377 (378); *Wachter* NJW 2011, 2620 (2623); *Seebach* RNotZ 2013, 261 (277).

ziffer (→ § 5a Rn. 44).[15] Die Gegenauffassung, wonach auch bei Erreichen der Schwelle des § 5 Abs. 1 der volle Erhöhungsbetrag einzuzahlen ist,[16] schießt über das mit § 5a Abs. 2 S. 1 verfolgte Ziel hinaus, die Kapitalaufbringung in der UG zu vereinfachen, zumal die Gesellschafter bei der UG ohnehin frei über die Kapitalausstattung befinden können,[17] und führt außerdem zu einer sachlich nicht zu rechtfertigenden Ungleichbehandlung der Mindesteinzahlung in der UG im Vergleich zur Voll-GmbH. Das gilt umso mehr, als in der Systematik der UG ihr möglichst leichtgängiger Übergang zur GmbH angelegt ist.[18] Im Übrigen steht der Nichtanwendung des § 5a Abs. 2 S. 1 in diesem Fall auch nicht die Wertung des § 5 Abs. 5 entgegen.[19] Denn bei der gebotenen wirtschaftlichen Betrachtung steht die Barkapitalerhöhung in der UG auf 25.000 Euro der Gründung einer Voll-GmbH nahe und es macht in diesem Zusammenhang keinen signifikanten Unterschied, ob die GmbH in einem Zug unmittelbar als Vollversion errichtet wird oder über den Umweg der UG-Gründung. Die von der Gegenauffassung befürwortete Analogiebildung zu § 5a Abs. 2 S. 1 scheitert demnach an der mangelnden Vergleichbarkeit der Interessenlage.[20] Die hälftige Einzahlung des Erhöhungsbetrages ist aber nur bis zum Erreichen der Schwelle von 25.000 Euro angezeigt;[21] andernfalls würde die Kapitalerhöhung bei der UG schärferen Erfordernissen unterworfen als bei der regulären GmbH, was mit dem Regelungsziel der UG (→ § 5a Rn. 2 ff.) unvereinbar wäre. An diesen Grundsätzen hat sich auch die nach § 57 Abs. 1 abzugebende Versicherung der Geschäftsführer zu orientieren.[22]

2. Gleichbehandlung. Einzahlungen auf die neu übernommenen bzw. aufgestockten **10** Geschäftsanteile sind auch bei Kapitalerhöhungen nach § 19 Abs. 1 **verhältnismäßig zur Geldeinlage** zu leisten.[23] Einer Verweisung in § 56 Abs. 2 bzw. § 56a bedurfte es nicht, da § 19 Abs. 1 nach Wortlaut und Normzweck (→ § 19 Rn. 1) sämtliche Bareinlageleistungen der Gesellschafter erfasst (→ § 56 Rn. 129). Die gleichmäßige Einzahlungspflicht der Gesellschafter kann durch den Erhöhungsbeschluss abweichend geregelt werden (→ § 55 Rn. 70). Unberührt bleibt der Gleichbehandlungsgrundsatz durch die Vollbewirkungspflicht bei **Sacheinlagen** (→ Rn. 91), da § 19 Abs. 1 nur Geldeinlagen erfasst (→ § 19 Rn. 33 f.).[24] Freilich bietet sich gerade in solchen Fällen eine auf Ausgleich angelegte Rege-

---

15　OLG Celle Beschl. v. 17.7.2017 – 9 W 70/17, GmbHR 2017, 1034; Lutter/Hommelhoff/*Kleindiek* § 5a Rn. 26; MHLS/*Schmidt* 5a Rn. 15; *Wicke* § 5a Rn. 7; *Klose* GmbHR 2009, 294 (296 f.); *Bayer/ Hoffmann/Lieder* GmbHR 2010, 9 (12); *Berninger* GmbHR 2011, 953 (955); *Klein* NZG 2011, 377 (378); *Miras* DStR 2011, 1379 (1381); *C. Schäfer* ZIP 2011, 53 (57); *Seebach* RNotZ 2013, 261 (278); vgl. noch OLG Hamm Beschl. v. 5.5.2011 – I-27 W 24/11, FGPrax 2011, 248 = GmbHR 2011, 655; aA – Geltung des § 56a, § 7 Abs. 2 S. 1 – *C. Schäfer* ZIP 2011, 53 (57); *Wachter* NJW 2011, 2620 (2623) mit unzutr. Hinweis auf *Lieder/Hoffmann* GmbHR 2011, 561 (564 f.).

16　OLG München Beschl. v. 23.9.2010 – 31 Wx 149/10, NJW 2011, 464; inzwischen aufgegeben durch OLG München Beschl. v. 7.11.2011 – 31 Wx 475/11, NJW 2012, 1453; wie das OLG München ursprünglich aber *Priester* ZIP 2010, 2182 (2183); *Priester* FS Roth, 2011, 573 (575 f.); *Heckschen* NotBZ 2010, 468; *Blasche* EWiR 2010, 709; *Specks* RNotZ 2011, 234 (235 f.).

17　Vgl. Begr. RegE MoMiG, BT-Drs. 16/6140, 32; vgl. weiter *Joost* ZIP 2007, 2242 (2244); *Tamm* MDR 2010, 1025 (1026); *Lange* NJW 2010, 3686 (3688).

18　Die Argumentation des BGH Beschl. v. 19.4.2011 – II ZB 25/10, BGHZ 189, 254 Rn. 18 f. = NJW 2011, 1881 zur Nichtgeltung des Sacheinlageverbots des § 5a Abs. 2 S. 2 lässt sich insofern auf das Volleinzahlungsgebot des § 5a Abs. 2 S. 1 übertragen.

19　Zu § 5a Abs. 2 S. 2 BGH Beschl. v. 19.4.2011 – II ZB 25/10, BGHZ 189, 254 Rn. 15 ff. = NJW 2011, 1881.

20　*Lieder/Hoffmann* GmbHR 2011, 561 (564).

21　AA *Klose* GmbHR 2009, 294 (297): Halbeinzahlung für den gesamten Erhöhungsbetrag; wie hier *Bayer/ Hoffmann/Lieder* GmbHR 2010, 9 (12); *Lieder/Hoffmann* GmbHR 2011, 561 (564 f.).

22　Vgl. OLG Celle Beschl. v. 17.7.2017 – 9 W 70/17, GmbHR 2017, 1034; für einen konkreten Formulierungsvorschlag s. *Wachter* GmbHR 2017, 1035 (1037).

23　AllgM, MHLS/*Hermanns* Rn. 9; Rowedder/Schmidt-Leithoff/*Schnorbus* Rn. 23; Scholz/*Priester/Tebben* Rn. 6; HCL/*Ulmer/Casper* Rn. 36.

24　Zutr. Scholz/*Priester/Tebben* Rn. 6; iErg ebenso Rowedder/Schmidt-Leithoff/*Schnorbus* Rn. 23; vgl. aber auch HCL/*Ulmer/Casper* Rn. 37.

lung im Kapitalerhöhungsbeschluss an.[25] Soweit vorherige Einlageverpflichtungen im Zeitpunkt der Kapitalerhöhung noch nicht vollständig erfüllt sind, gilt § 19 Abs. 1 für **alte und neue Einlageschulden** gleichermaßen (→ § 19 Rn. 35).[26]

11   Sind die strengen Voraussetzungen erfüllt, nach welchen Einlageforderungen gepfändet werden können (→ § 19 Rn. 131 ff.), steht der Gleichbehandlungsgrundsatz nach § 19 Abs. 1 einer **Pfändung** nicht entgegen (→ § 19 Rn. 39, → § 19 Rn. 143).[27] Andernfalls würde den Gesellschaftsgläubigern die Rechtsverfolgung unverhältnismäßig erschwert, zumal eine Pfändung regelmäßig nur nach Auflösung der Gesellschaft in Betracht kommt.[28] Der Gleichbehandlungsgrundsatz tritt in diesem Fall zurück, da der in Anspruch genommene Gesellschafter von den Mitgesellschaftern Ausgleich verlangen kann (→ § 19 Rn. 39).

12   **3. Einzahlung. a) Zahlungsformen.** Die Geldeinlage wird durch **Bareinzahlung**[29] oder – wie üblich – durch Gutschrift des Einlagebetrages auf einem **Bankkonto** der GmbH bewirkt (§ 188 Abs. 2 S. 1 AktG, § 36 Abs. 2 AktG, § 54 Abs. 3 S. 1 AktG analog).[30] Bei Aushändigung von Bargeld an den Geschäftsführer hängt die Wirksamkeit der Erfüllung auch davon ab, ob damit tatsächlich eine Mehrung des Kassenbestandes der GmbH verbunden ist.[31] Ob die Bank bei der Kapitalerhöhung selbst Geschäftsanteile übernimmt, ist ohne Belang;[32] das entspricht den Erfordernissen und Realitäten des modernen Bank- und Kapitalverkehrs.

13   Bei Zahlungen auf **debitorische Bankkonten** tritt Tilgungswirkung ein, soweit die Geschäftsführer über den Betrag uneingeschränkt disponieren können,[33] und zwar selbst dann, wenn der **konkrete Kreditrahmen** vom Bankinstitut stillschweigend verbindlich eingeräumt wurde;[34] nicht aber dann, wenn eine Überziehung nur **tatsächlich geduldet** wird, da es in diesem Fall an der rechtlichen Verfügungsmacht der Geschäftsführer fehlt.[35] Anderes gilt, wenn die **Leistung auf Anweisung** des Geschäftsführers auf ein debitorisches Bankkonto erfolgt, da sich bereits in der Anweisung die freie Verfügungsgewalt des

---

[25]   Vgl. HCL/*Ulmer/Casper* Rn. 37; Rowedder/Schmidt-Leithoff/*Schnorbus* Rn. 23.
[26]   Für die hM MHLS/*Hermanns* Rn. 9; Rowedder/Schmidt-Leithoff/*Schnorbus* Rn. 23; Scholz/*Priester/Tebben* Rn. 6; HCL/*Ulmer/Casper* Rn. 36.
[27]   BGH Urt. v. 29.5.1980 – II ZR 142/79, NJW 1980, 2253; Scholz/*Priester/Tebben* Rn. 6 aE; HCL/*Ulmer/Casper* Rn. 38.
[28]   BGH Urt. v. 29.5.1980 – II ZR 142/79, NJW 1980, 2253; HCL/*Ulmer/Casper* Rn. 38.
[29]   OLG Hamburg Urt. v. 16.3.2001 – 11 U 190/00, NZG 2002, 53.
[30]   BGH Urt. v. 18.3.2002 – II ZR 363/00, BGHZ 150, 197 (199 f.) = ZIP 2002, 799 (800 f.) = NJW 2002, 1716 (1717); zur Notarhaftung wegen mangelhafter oder fehlender Aufklärung über die Bedeutung des Bareinlagebegriffs s. OLG Naumburg Urt. v. 21.1.2010 – 1 U 35/09, DStR 2010, 564 = BeckRS 2010, 5519.
[31]   Verneinend OLG München Urt. v. 12.10.2016 – 7 U 1983/16, MittBayNot 2017, 286 Rn. 16 bei einem Geschäftsführer, der sich in „desolater finanzieller Situation befindet" und das Geld für seinen Lebensunterhalt benötigt, auch wenn die Kassenabrechnung und das Kassenzählprotokoll den Eingang des Betrages bestätigen.
[32]   Grdl. *Geßler* FS Möhring, 1975, 173 (174 ff.); ferner Scholz/*Priester/Tebben* Rn. 8; HCL/*Ulmer/Casper* Rn. 10; *Heinsius* FS Fleck, 1988, 89 (102).
[33]   Für die hM BGH Urt. v. 24.9.1990 – II ZR 203/89, NJW 1991, 226 (227); Urt. v. 3.12.1990 – II ZR 215/89, NJW 1991, 1294; Urt. v. 10.6.1996 – II ZR 98/95, NJW-RR 1996, 1249 (1250); OLG Düsseldorf Urt. v. 25.11.1999 – 6 U 166/98, NZG 2000, 690; OLG Naumburg Urt. v. 24.11.2000 – 7 U (Hs) 98/99, 99/99 und 101/99, NZG 2001, 230; Noack/Servatius/Haas/*Servatius* Rn. 4; Noack/Servatius/Haas/*Servatius* § 57 Rn. 12; Lutter/Hommelhoff/*Bayer* Rn. 4; MHLS/*Hermanns* Rn. 12; Scholz/*Priester/Tebben* Rn. 7; HCL/*Ulmer/Casper* Rn. 14; *Bayer* FS Horn, 2006, 271 (276).
[34]   BGH Urt. v. 8.11.2004 – II ZR 362/02, NZG 2005, 180 (181); OLG Oldenburg Urt. v. 17.7.2008 – 1 U 49/08, GmbHR 2008, 1270 (1271); *Wicke* Rn. 4 aE; Gehrlein/Born/Simon/*Bormann* Rn. 6.
[35]   OLG Dresden Urt. v. 23.8.1999 – 2 U 1449/99, GmbHR 1999, 1035 (1036); OLG Oldenburg Urt. v. 17.7.2008 – 1 U 49/08, GmbHR 2008, 1270 (1271); Gehrlein/Born/Simon/*Bormann* Rn. 6; *Spindler* ZGR 1997, 537 (546 f.); *Wimmer* GmbHR 1997, 827 (828); *Bayer* FS Horn, 2006, 271 (276); aA OLG Hamm Urt. v. 25.5.1992 – 8 U 247/91, GmbHR 1992, 750 (751); *Priester* DB 1987, 1473 (1474 f.); vgl. noch BGH Urt. v. 12.4.2011 – II ZR 17/10, NZG 2011, 667 Rn. 13: „wenn die Bank eine neue Verfügung (…) zulässt".

Geschäftsführers über den Einzahlungsbetrag manifestiert; in wirtschaftlicher Hinsicht macht es keinen Unterschied, ob das Geld zunächst an den Geschäftsführer in bar übergeben wird oder eine unmittelbare Einzahlung auf dessen Anweisung hin erfolgt.[36]

Die Einzahlung auf ein debitorisches Konto ist indes nicht ohne Weiteres wirksam, **14** wenn der Geschäftsführer zwar nicht im Zeitpunkt der tatsächlichen Einzahlung, wohl aber **kurze Zeit später** aufgrund weiterer Zahlungseingänge vollständig über den Einzahlungsbetrag verfügen kann.[37] Zwar mag der Einzahlungsbetrag – jedenfalls zu einem bestimmten Teil – im späteren Habensaldo enthalten sein. Dies kann aber nicht darüber hinwegtäuschen, dass die Geldmittel mit Einzahlung nicht zur freien Verfügung der Geschäftsführer standen. Dass der Saldo zu einem späteren Zeitpunkt einmal ein Haben aufweist, ist gerade nicht auf die Leistung des Gesellschafters zurückzuführen, sondern auf die tatsächliche Kontoentwicklung und wird dem Gebot der realen Kapitalaufbringung durch die Gesellschafter daher nicht gerecht.[38] Erweist sich die Einzahlung hingegen als **Zahlung auf ein Darlehen** der GmbH, richtet sich die Erfüllungswirkung nach den Grundsätzen der Gläubigerbefriedigung (→ Rn. 19).

Einzahlungen auf ein **gepfändetes**[39] oder ein **gesperrtes**[40] **Konto** führen nicht zur **15** Erfüllung der Einlageschuld. Der Einzahlung auf ein **Konto des Geschäftsführers** kommt – anders als bei Gründung der Gesellschaft (→ § 7 Rn. 86) – analog § 188 Abs. 2 S. 2 AktG ebenfalls keine Erfüllungswirkung zu.[41]

Wechsel und **Schecks** führen als erfüllungshalber erbrachte Leistungen (§ 364 Abs. 2 **16** BGB) erst in dem Zeitpunkt zur Erfüllung der Einlageforderung, wenn sich die Gesellschaft aus dem erfüllungshalber hingegebenen Gegenstand befriedigt hat (→ § 7 Rn. 92). Erhält der Geschäftsführer zur Erfüllung der Einlageverpflichtung einen Scheck, kann er diesen sogleich zur Tilgung von Forderungen gegen die Gesellschaft einsetzen.[42]

b) Tilgungsbestimmung. Bestehen neben der Bareinlageschuld noch andere Zah- **17** lungspflichten gegenüber der GmbH, muss der Gesellschafter im Zeitpunkt der Einzahlung bestimmen, auf welche Verbindlichkeit er zahlt. Die Leistungsbestimmung kann ausdrücklich erfolgen oder sich aus den Umständen des konkreten Einzelfalls ergeben. In Zweifelsfällen ist die **Sichtweise des Geschäftsführers** als objektiver Leistungsempfänger maßgeblich;[43] wie sich die Leistung aus Sicht der Gesellschaftsgläubiger darstellt, ist irrelevant.[44] Eine Zuordnung der Einzahlung auf die Einlage kann auch dann gegeben sein, wenn sie die offene Einlageschuld überschreitet.[45] Fehlt es an einer Leistungsbestimmung gänzlich, findet § 366 Abs. 2 BGB Anwendung. Erweist sich die Zahlung danach nicht als Leistung auf die Einlageschuld, kommt eine **nachträgliche Tilgungsbestimmung** zugunsten der Einlageverpflichtung nur ausnahmsweise dann in Betracht, wenn die eingezahlten Mittel

---

[36] OLG Bamberg Urt. v. 17.10.2002 – 1 U 89/01, OLGR 2003, 126; OLG Oldenburg Urt. v. 17.7.2008 – 1 U 49/08, GmbHR 2008, 1270 (1271 f.); Lutter/Hommelhoff/*Bayer* § 7 Rn. 22; Noack/Servatius/Haas/*Servatius* § 7 Rn. 11; Gehrlein/Born/Simon/*Bormann* Rn. 6; aA *Haverkamp* ZInsO 2008, 1126 (1128 f.).

[37] So aber OLG Oldenburg Urt. v. 17.7.2008 – 1 U 49/08, GmbHR 2008, 1270 (1272): 1 Tag.

[38] IErg wie hier *Haverkamp* ZInsO 2008, 1126 (1130).

[39] RG Urt. v. 5.3.1938 – II 104/37, RGZ 157, 213 (214); BayObLG Beschl. v. 27.5.1998 – 3Z BR 110/98, GmbHR 1998, 736 (737) = NZG 1998, 680; LG Mainz Entsch. v. 18.9.1986 – 12 HO 53/85, ZIP 1986, 1323 (1325); LG Flensburg Urt. v. 17.2.1998 – 5 O 30/97, GmbHR 1998, 739 Ls.; Noack/Servatius/Haas/*Servatius* § 57 Rn. 13; *Goette* DStR 1997, 924 (926); *Bayer* FS Horn, 2006, 271 (275 f.).

[40] BGH Urt. v. 2.4.1962 – II ZR 169/61, GmbHR 1962, 233; BayObLG Beschl. v. 27.5.1998 – 3Z BR 110/98, GmbHR 1998, 736 (737) = NZG 1998, 680; OLG Hamburg Entsch. v. 23.5.1980 – 11 U 117/79, AG 1980, 275 (277); *Bayer* FS Horn, 2006, 271 (275).

[41] MHLS/*Hermanns* Rn. 10 aE; Rowedder/Schmidt-Leithoff/*Schnorbus* Rn. 4; Scholz/*Priester/Tebben* Rn. 7; BeckOK GmbHG/*Ziemons* Rn. 6.

[42] OLG Dresden Urt. v. 26.8.1999 – 7 U 646/99, NJW-RR 2000, 112; Scholz/*Priester/Tebben* Rn. 7.

[43] OLG Dresden Urt. v. 14.12.1998 – 2 U 2679/98, NZG 1999, 448 (449); Scholz/*Priester/Tebben* Rn. 9.

[44] BGH Urt. v. 22.6.1992 – II ZR 30/91, NJW 1992, 2698 (2699); OLG Köln Urt. v. 17.5.2001 – 18 U 17/01, BB 2001, 1423 (1424) = NZG 2001, 1042; Rowedder/Schmidt-Leithoff/*Schnorbus* Rn. 6; Scholz/*Priester/Tebben* Rn. 9.

[45] OLG München Urt. v. 27.4.2006 – 23 U 5655/05, GmbHR 2006, 935; Scholz/*Priester/Tebben* Rn. 9.

im Gesellschaftsvermögen unversehrt erhalten sind und die Geschäftsführer hierüber vollumfänglich disponieren können (zur Voreinzahlung → Rn. 26 ff.).[46]

18   **c) Zahlung durch Dritte.** Da die Bareinlage nicht in Person des Einlageschuldners zu erbringen ist, kann sie auch durch einen Dritten bewirkt werden (§ 267 Abs. 1 BGB).[47] Der Gesellschafter kann sich die Mittel zudem durch Aufnahme eines Darlehens verschaffen. Soweit das eingebrachte **Kapital** von **der Gesellschaft** selbst stammt bzw. die Gesellschaft durch die Finanzierung des Einlagebetrages auch nur indirekt belastet wird, zB durch Mithaftung oder Bürgschaft, richtet sich die Zulässigkeit der Einzahlung nach § 56a iVm § 19 Abs. 5 (→ Rn. 40 ff., → Rn. 85).

19   **d) Zahlung an Gesellschaftsgläubiger.** Zahlt der Gesellschafter auf Weisung der Geschäftsführer an einen Gläubiger der Gesellschaft, ist mit Blick auf die Tilgungswirkung zwischen der gesetzlichen Mindesteinlage (→ Rn. 5 ff.) und dem Restbetrag zu unterscheiden. Während die Resteinlage durch Tilgung einer Gläubigerforderung erfüllt werden kann, ist die **Mindesteinlage an die Gesellschaft selbst zu leisten.**[48] Die abweichende Gegenauffassung, die auch für die Mindesteinzahlung eine Leistung an Dritte zulässt,[49] widerspricht dem gesetzlichen Kapitalaufbringungssystem. Anders als bei Einzahlungen in das Gesellschaftsvermögen ist bei der Zahlung an Dritte nicht gewährleistet, dass die Vollwertigkeit der Gläubigerforderung durch das Registergericht geprüft wird.[50] Zulässig ist indes die Weiterleitung der Einlage im Rahmen einer im Grundsatz zulässigen Verwendungsabsprache (→ § 57 Rn. 16).

20   Der **Restbetrag** kann hingegen nach § 362 Abs. 2 BGB **durch Zahlung an Gläubiger** getilgt werden. Tilgungswirkung entfaltet eine solche Leistung aber nur dann, wenn die Gesellschafterforderung nach den allgemeinen Grundsätzen vollwertig, fällig und liquide ist (→ Rn. 52 ff.; → § 56 Rn. 124).[51] Zudem muss bei objektiver Betrachtungsweise die Leistung des Gesellschafters auf die Tilgung einer gegen die GmbH gerichteten Forderung gerichtet sein.[52] In Betracht kommt unter diesen Umständen auch eine Zahlung an den **Geschäftsführer als Gläubiger** der Gesellschaft, soweit eine hinreichend bestimmte (Vergütungs-)Forderung des Geschäftsführers gegen die GmbH besteht und für die Zahlung eine ausdrückliche Tilgungsbestimmung in Bezug auf die Gesellschaftsschuld vorliegt.[53] **Unzulässig** sind zudem Zahlungen, die bei wirtschaftlicher Betrachtung dem Inferenten zugutekommen;[54] es gelten die im Rahmen der verdeckten Sacheinlage dargestellten Grundsätze über die Beteiligung Dritter (→ § 56 Rn. 86 ff.).

---

[46] BGH Urt. v. 2.12.1968 – II ZR 144/67, BGHZ 51, 157 (161 f.) = NJW 1969, 840; Entsch. v. 20.9.1982 – II ZR 236/81, ZIP 1982, 1320; Urt. v. 3.12.1990 – II ZR 215/89, WM 1991, 454 (455) = NJW 1991, 1294 (1295); OLG Hamburg Urt. v. 15.4.1994 – 11 U 237/93, DB 1994, 1409 = BB 1994, 1240; Rowedder/Schmidt-Leithoff/*Schnorbus* Rn. 6; Scholz/*Priester/Tebben* Rn. 9 aE; HCL/*Ulmer/Casper* Rn. 11; BeckOK GmbHG/*Ziemons* Rn. 5.

[47] AllgM, MHLS/*Hermanns* Rn. 11; Scholz/*Priester/Tebben* Rn. 11; HCL/*Ulmer/Casper* Rn. 12.

[48] BGH Urt. v. 13.7.1992 – II ZR 263/91, BGHZ 119, 177 (188 f.) = NJW 1992, 3300; Urt. v. 18.3.2002 – II ZR 363/00, BGHZ 150, 197 (200) = NJW 2002, 1716; Urt. v. 25.11.1985 – II ZR 48/85, NJW 1986, 989; Urt. v. 12.4.2011 – II ZR 17/10, NZG 2011, 667 Rn. 12; OLG Naumburg Beschl. v. 10.5.1999 – 7 W 24/99, GmbHR 1999, 1037 (1038) = NZG 2000, 152 (153); OLG Oldenburg Urt. v. 17.7.2008 – 1 U 49/08, GmbHR 2008, 1270 (1272); MHLS/*Hermanns* Rn. 15; *Altmeppen* Rn. 6; Scholz/*Priester/Tebben* Rn. 14; HCL/*Ulmer/Casper* Rn. 15.

[49] Rowedder/Schmidt-Leithoff/*Schmidt-Leithoff* § 7 Rn. 24; Gehrlein/Born/Simon/*Bormann* Rn. 7; *Gehling* DNotZ 1991, 833 (837); *Ulmer* GmbHR 1993, 189 (192 f.); aA HCL/*Ulmer/Casper* Rn. 15.

[50] So zur AG BGH Urt. v. 13.7.1992 – II ZR 263/91, BGHZ 119, 177 (188 f.) = NJW 1992, 3300; Urt. v. 18.3.2002 – II ZR 363/00, BGHZ 150, 197 (200) = NJW 2002, 1716; Scholz/*Priester/Tebben* Rn. 14.

[51] BGH Urt. v. 12.4.2011 – II ZR 17/10, NZG 2011, 667 Rn. 12; OLG Hamm Urt. v. 26.10.1999 – 27 U 26/99, ZIP 2000, 358 = BB 2000, 319; OLG Oldenburg Urt. v. 17.7.2008 – 1 U 49/08, GmbHR 2008, 1270 (1272); HCL/*Ulmer/Casper* Rn. 15.

[52] Vgl. allgemein BeckOK BGB/*Lorenz* BGB § 267 Rn. 8; Grüneberg/*Grüneberg* BGB § 267 Rn. 4; Staudinger/*Bittner/Kolbe,* 2019, BGB § 267 Rn. 8; MüKoBGB/*Krüger* BGB § 267 Rn. 11; speziell zum GmbH-Recht *Cramer* EWiR 2017, 235 (236).

[53] OLG München Urt. v. 12.10.2016 – 7 U 1983/16, MittBayNot 2017, 286 Rn. 17.

[54] Zutr. HCL/*Ulmer/Casper* Rn. 16.

e) Bedingte Leistung. Zulässig sind auch Leistungen, die unter der aufschiebenden 21
Bedingung der Anmeldung oder Eintragung der Kapitalerhöhung erfolgen, wie zB die
aufschiebend bedingte Abtretung einer Forderung an die GmbH als Sacheinlage.[55] Gleiches
gilt für die auflösende Bedingung des endgültigen Scheiterns der Kapitalerhöhung oder
die Nichteinhaltung der für die Anmeldung oder Eintragung geltenden Ausschlussfrist.[56]
Entscheidend ist schließlich, dass die geschuldeten Leistungen den Geschäftsführern im
Zeitpunkt des Wirksamwerdens der Kapitalerhöhung zur endgültig freien Verfügung stehen.
Deshalb ist es auch unschädlich, wenn die Leistungsbewirkung an einen Treuhänder erfolgt,
der unwiderruflich angewiesen ist, die Geldmittel im Zeitpunkt der Anmeldung respektive
Eintragung an die Geschäftsführer herauszugeben.[57]

f) Beweislast. Der **Gesellschafter** ist grundsätzlich für die ordnungsgemäße Bewir- 22
kung der Einlageleistung darlegungs- und beweispflichtig.[58] Ihm ist daher dringend anzuraten, die Einzahlungsbelege nebst Gründungsunterlagen sorgfältig aufzubewahren.[59] Entsprechendes gilt für den Rechtsnachfolger iSd § 16 Abs. 2.[60] Beiden Haftungsschuldnern ist die
Beweisführung allerdings nach den Grundsätzen der sekundären Darlegungs- und Beweislast
erleichtert, da die ordnungsgemäße Erbringung der Bareinlage der Kontrolle des Registergerichts unterliegt (→ § 57a Rn. 5, → § 57a Rn. 12).[61]

Namentlich **bei länger zurückliegenden Einzahlungen** kann der Nachweis durch 23
erwiesene oder unstreitige **Indiztatsachen** erbracht werden. Das Beweismaß beurteilt sich
nach den jeweiligen Umständen des konkreten Einzelfalls.[62] Der Tatrichter hat die Wahr-
scheinlichkeitsgrade der dargelegten Indiztatsachen sowie die hieraus resultierenden Implikationen festzustellen. Abgesehen von den allgemeinen Beweisverwertungsverboten sind ihm
für die Berücksichtigung von Tatsachen, die eine größere Wahrscheinlichkeit für die zu
beweisende Haupttatsache aufweisen, keine rechtlichen Schranken gesetzt.[63] Eine Beweislastumkehr aus Billigkeitsgründen scheidet jedenfalls aus.[64] **Regelmäßig unzureichend** ist
die Vorlage von Jahresabschlüssen und Bilanzen, soweit nicht ersichtlich ist, auf welche

---

[55] Lutter/Hommelhoff/*Bayer* § 7 Rn. 26; aA *Ulrich* GmbHR 2015, R 5.

[56] Lutter/Hommelhoff/*Bayer* § 7 Rn. 26; aA *Ulrich* GmbHR 2015, R 5.

[57] Zum Ganzen *Lutter* FS Heinsius, 1991, 497 ff.

[58] BGH Urt. v. 22.6.1992 – II ZR 30/91, NJW 1992, 2698 (2699); Urt. v. 13.9.2004 – II ZR 137/02,
ZIP 2005, 28 = NZG 2005, 45; Beschl. v. 9.7.2007 – II ZR 222/06, ZIP 2007, 1755 Rn. 2; Beschl.
v. 17.9.2013 – II ZR 142/12, WM 2014, 265 Rn. 3 = BeckRS 2014, 01942; OLG Oldenburg Urt.
v. 10.10.1996 – 1 U 89/96, NJW-RR 1997, 1326; OLG Naumburg Urt. v. 24.11.2000 – 7 U (Hs) 98/
99, 99/99 und 101/99, NZG 2001, 230; OLG Köln Urt. v. 29.1.2009 – 18 U 19/08, NZG 2009, 505;
OLG Jena Urt. v. 14.8.2009 – 6 U 833/08, ZIP 2009, 1759 (1759 f.); Hinweisbeschl. v. 9.4.2013 – 2
U 905/12, ZIP 2013, 1378 = BeckRS 2013, 12227; Urt. v. 19.4.2017 – 2 U 18/15, GmbHR 2017,
754 (756) = BeckRS 2017, 116905; OLG Hamm Urt. v. 16.4.2013 – 27 U 139/12, NJW-RR 2013,
1374; OLG Karlsruhe Beschl. v. 18.11.2013 – 7 W 45/13, GmbHR 2014, 144 = BeckRS 2013, 20940;
OLG München Urt. v. 12.10.2016 – 7 U 1983/16, MittBayNot 2017, 286 Rn. 12; Scholz/*Priester/*
Tebben Rn. 10; HCL/*Ulmer/Casper* Rn. 17; *Bayer/Ilhardt* GmbHR 2011, 505 (508 f.); *Plathner* ZInsO
2010, 2218 (2219 f.).

[59] Zur Aussagekraft der einzelnen Belege ausf. *Plathner* ZInsO 2010, 2218 (2220 ff.); vgl. ferner *Schwedhelm/*
Olbing/Binnewies GmbHR 2011, 1233 (1252).

[60] OLG Karlsruhe Beschl. v. 18.11.2013 – 7 W 45/13, GmbHR 2014, 144 = BeckRS 2013, 20940; LG
Mönchengladbach Urt. v. 10.8.1994 – 7 O 6/94, GmbHR 1995, 121; Scholz/*Priester/Tebben* Rn. 10.

[61] KG Urt. v. 13.8.2004 – 14 U 23/03, GmbHR 2004, 1388 (1389) = NZG 2005, 46; OLG Brandenburg
Urt. v. 5.4.2006 – 4 U 156/05, ZIP 2006, 1343 (1345); HCL/*Ulmer/Casper* Rn. 17; vgl. noch BGH
Urt. v. 13.6.2007 – VIII ZR 236/06, NJW 2007, 3057 (3058).

[62] BGH Beschl. v. 9.7.2007 – II ZR 222/06, ZIP 2007, 1755 Rn. 2 unter Hinweis auf BGH Urt.
v. 13.7.2004 – VI ZR 136/03, NJW 2004, 3423 (3424); BFH Urt. v. 8.2.2011 – IX R 44/10, BFHE
233, 104 Rn. 13 f. = NZG 2011, 1079; OLG Jena Hinweisbeschl. v. 9.4.2013 – 2 U 905/12, ZIP 2013,
1378 = BeckRS 2013, 12227; OLG Hamm Urt. v. 16.4.2013 – 27 U 139/12, NJW-RR 2013, 1374
(1375); OLG Karlsruhe Beschl. v. 18.11.2013 – 7 W 45/13, GmbHR 2014, 144 (145) = BeckRS 2013,
20940; OLG Jena Urt. v. 19.4.2017 – 2 U 18/15, GmbHR 2017, 754 (756) = BeckRS 2017, 116905.

[63] BGH Urt. v. 13.7.2004 – VI ZR 136/03, NJW 2004, 3423; OLG Hamm Urt. v. 16.4.2013 – 27 U
139/12, NJW-RR 2013, 1374 (1375).

[64] BGH Urt. v. 17.2.1996 – XI ZR 41/96, NJW-RR 1997, 892; OLG Hamm Urt. v. 16.4.2013 – 27 U
139/12, NJW-RR 2013, 1374 (1375).

Weise sich die mit der Erstellung beauftragten Personen über die tatsächliche Einlageleistung überzeugt haben.[65] Gleiches gilt für notarielle Erklärungen über die Veräußerung und Abtretung von Geschäftsanteilen.[66] Versicherung und Eintragung des Mindestbetrags lassen als Indizien indes regelmäßig auf die Einzahlung schließen.[67] Der Nachweis kann auch durch Zeugnis des von der GmbH beauftragten Steuerberaters geführt werden, wenn er sich – auch ohne körperliche Prüfung – durch rechnerischen Abgleich und Kontoabstimmung von der Einzahlung überzeugt hat und die Zahlung durch Belege unterstützt ist.[68] Dies setzt allerdings voraus, dass an der Beachtung der Buchführungs- und Bilanzierungsregeln keine Zweifel bestehen.[69]

24   **Steht** hingegen die **Einzahlung** durch den Gesellschafter **fest,** trägt die Gesellschaft, vertreten durch die Geschäftsführer oder im Insolvenzfall den Insolvenzverwalter, für die Tilgung ausnahmsweise ausschließende Umstände, wie zB ein gegen § 19 Abs. 5 verstoßendes Hin- und Herzahlen (→ Rn. 60 f.), eine gesteigerte Vortragslast.[70] Gleiches gilt für die Darlegung von Umständen, die gegen eine freie Verfügbarkeit der Gesellschaft bzw. Geschäftsführer sprechen, wie zB wenn nach der Übertragung vom Geschäftskonto in die Kasse bzw. den Safe die Einzahlung über 3,5 Jahre unangetastet bleibt, ohne dass sich hierfür ein plausibler Grund aus dem Geschäftsbetrieb der GmbH ergibt.[71] Liegen solche Umstände vor, obliegt es wiederum dem Gesellschafter, die Leistung zur freien Verfügung der Geschäftsführer darzulegen und zu beweisen. Umgekehrt ist bei der **Ausfallhaftung** nach § 24 die GmbH darlegungs- und beweispflichtig, da die Gesellschafter in diesem Fall nur subsidiär haften.[72]

25   **4. Mehreinzahlungen.** Werden über die gesetzlichen oder die im Erhöhungsbeschluss verlangten Mindesteinzahlungen freiwillig weitere Leistungen erbracht, befreien diese Zahlungen den Inferenten von seiner Bareinlageverpflichtung auch dann, wenn das eingebrachte Kapital bei Eintragung bereits verbraucht ist.[73] Die zum Gründungsrecht früher vertretene Gegenauffassung, wonach sich die Mehreinzahlungen im Zeitpunkt der Eintragung noch unversehrt im Vermögen der GmbH befinden mussten,[74] ist seit dem Paradigmenwechsel vom Vorbelastungsverbot zur Vorbelastungshaftung (→ § 11 Rn. 173)[75] obsolet. Für die Kapitalerhöhung kann nichts anderes gelten.[76] In der Sache spricht für die Tilgungswirkung freiwilliger Mehrleistungen, dass die Einlageverpflichtung in voller Höhe bereits mit Ab-

---

[65]   OLG Jena Urt. v. 14.8.2009 – 6 U 833/08, ZIP 2009, 1759 (1761); Hinweisbeschl. v. 9.4.2013 – 2 U 905/12, ZIP 2013, 1378 (1379) = BeckRS 2013, 12227; Urt. v. 19.4.2017 – 2 U 18/15, GmbHR 2017, 754 (758) = BeckRS 2017, 116905; OLG Karlsruhe Beschl. v. 18.11.2013 – 7 W 45/13, GmbHR 2014, 144 (145) = BeckRS 2013, 20940; *Plathner* ZInsO 2010, 2218 (2221 f.).

[66]   OLG Karlsruhe Beschl. v. 18.11.2013 – 7 W 45/13, GmbHR 2014, 144 (145) = BeckRS 2013, 20940.

[67]   *Möller* EWiR 2013, 651 (652) unter Hinweis auf OLG Jena Hinweisbeschl. v. 9.4.2013 – 2 U 905/12, ZIP 2013, 1378 = BeckRS 2013, 12227.

[68]   OLG Jena Urt. v. 19.4.2017 – 2 U 18/15, GmbHR 2017, 754 (758) = BeckRS 2017, 116905.

[69]   *Kuna* GmbHR 2017, 758 (759).

[70]   BGH Beschl. v. 17.9.2013 – II ZR 142/12, WM 2014, 265 Rn. 3 = BeckRS 2014, 01942; OLG Jena Urt. v. 19.4.2017 – 2 U 18/15, GmbHR 2017, 754 (757) = BeckRS 2017, 116905.

[71]   OLG Jena Urt. v. 19.4.2017 – 2 U 18/15, GmbHR 2017, 754 (757) = BeckRS 2017, 116905.

[72]   BGH Urt. v. 13.5.1996 – II ZR 275/94, BGHZ 132, 390 (394) = NJW 1996, 2306; OLG Köln Urt. v. 29.1.2009 – 18 U 19/08, NZG 2009, 505 (506).

[73]   Noack/Servatius/Haas/*Servatius* Rn. 8; Lutter/Hommelhoff/*Bayer* Rn. 2; Rowedder/Schmidt-Leithoff/*Schnorbus* Rn. 9; Scholz/*Priester/Tebben* Rn. 15; HCL/*Ulmer/Casper* Rn. 19.

[74]   RG Urt. v. 16.12.1913 – II 532/13, RGZ 83, 370 (374 ff.); BGH Urt. v. 13.10.1954 – II ZR 295/53, BGHZ 15, 66 (68) = NJW 1954, 1844 (für eG); Urt. v. 2.12.1968 – II ZR 144/67, BGHZ 51, 157 (159) = NJW 1969, 840.

[75]   BGH Urt. v. 9.3.1981 – II ZR 54/80, BGHZ 80, 129 (135 ff.) = NJW 1981, 1373 (1374 f.); Urt. v. 16.3.1981 – II ZR 59/80; BGHZ 80, 182 (183 f.) = NJW 1981, 1452 (1452 f.); Noack/Servatius/Haas/*Fastrich* § 11 Rn. 56; Lutter/Hommelhoff/*Bayer* § 11 Rn. 41; Rowedder/Schmidt-Leithoff/*Schmidt-Leithoff* § 11 Rn. 28; MHLS/*Blath* § 11 Rn. 121 ff.; *K. Schmidt* NJW 1981, 1345 (1345 f.); *Ulmer* ZGR 1981, 593 (602 f.); *Lieder* DZWIR 2005, 399 (403); zur dogmatischen Grundlage der Vorbelastungshaftung ausf. *Bayer/Lieder* ZGR 2006, 875 (880 ff.).

[76]   Für die Übertragung der abweichenden Auffassung auf die Kapitalerhöhung noch BGH Urt. v. 7.11.1966 – II ZR 136/64, NJW 1967, 44.

schluss des Übernahmevertrages wirksam und fällig wird (→ § 55 Rn. 187), mag die Durchführung auch unter dem Vorbehalt der Eintragung der Kapitalerhöhung in das Handelsregister stehen (→ § 55 Rn. 187).[77]

5. Voreinzahlungen. a) Problemstellung, Anwendungsfälle. Von der Mehrein- **26** zahlung (→ Rn. 25) zu unterscheiden ist die Voreinzahlung, bei der die Gesellschafter im Vorfeld der Kapitalerhöhung Leistungen an die Gesellschaft erbringen, die auf eine später durchgeführte Kapitalerhöhung angerechnet werden sollen.[78] Praktische Bedeutung haben Voreinzahlungen namentlich in **Krisenzeiten,** wenn die Solvenz der Gesellschaft ohne die Zuführung weiterer Geldmittel gefährdet wäre oder aus anderen Gründen **dringender Kapitalbedarf** besteht. Die Frage, ob antizipierte Einzahlungen zur Tilgung der später entstehenden Bareinlageschuld herangezogen werden können, stellt sich aber auch bei mangelhaften Erhöhungsbeschlüssen und Übernahmeverträgen sowie, wenn Einzahlungen aus Praktikabilitätsgründen im Vorfeld der Kapitalerhöhung erfolgen.[79] Besonderheiten gelten nach § 58f Abs. 1 S. 2 für die **rückwirkende Kapitalerhöhung,** die mit einer vereinfachten Kapitalherabsetzung verbunden ist (→ § 58f Rn. 19 ff.).

b) Meinungsstand. Unstreitig ist die Tilgungswirkung von Voreinzahlungen, wenn **27** sich die eingezahlten Geldmittel bei Abschluss des Übernahmevertrages noch unversehrt im Gesellschaftsvermögen befinden.[80] Ob und in welchem Umfang darüber hinaus noch weitere Fälle tilgungsgeeigneter Vorleistungen anzuerkennen sind, ist in Rspr. und Schrifttum **höchst umstritten.** Während BGH und Instanzgerichte heute zumeist eine restriktive Linie verfolgen, lässt das Schrifttum Voreinzahlungen unter weniger strengen Voraussetzungen zu.[81]

aa) Rechtsprechung. Nachdem der BGH die Entscheidung der Streitfrage zunächst **28** ausdrücklich offen ließ,[82] lehnt er nunmehr die großzügigere, frühere Instanzrechtsprechung[83] ab und erkennt Vorleistungen grundsätzlich nur dann Erfüllungswirkung zu, wenn sich die eingezahlten Geldmittel „als solche und nicht nur wertmäßig" bei Entstehung der Einlageforderung mit Abschluss des Übernahmevertrags noch **unverbraucht im Vermögen der GmbH** befinden.[84] Der geschuldete Betrag muss entweder noch in der Gesellschaftskasse vorhanden sein oder das Gesellschaftskonto muss bis zur Beschlussfassung über

---

[77] Wie hier auch HCL/*Ulmer/Casper* Rn. 19.
[78] Zum gesamten Problemkreis ausf. *Lieder* in Bayer/Koch, Aktuelles GmbH-Recht, 2013, 142 (150 ff.).
[79] Zu den Fallgruppen s. HCL/*Ulmer/Casper* Rn. 20; *Ehlke* ZGR 1995, 426 (432 ff.); *Ulmer* FS Westermann, 2008, 1567 (1569).
[80] Statt aller s. nur BGH Urt. v. 18.9.2000 – II ZR 365/98, BGHZ 145, 150 (154 f.) = NJW 2001, 67; Urt. v. 15.3.2004 – II ZR 210/01, BGHZ 158, 283 (285 f.) = NJW 2004, 2592; Urt. v. 16.6.2006 – II ZR 43/05, BGHZ 168, 201 Rn. 13 = NJW 2007, 515; Lutter/Hommelhoff/*Bayer* § 56 Rn. 19; *Altmeppen* Rn. 16; Roweder/Schmidt-Leithoff/*Schnorbus* Rn. 11; Scholz/*Priester/Tebben* Rn. 17; HCL/*Ulmer/Casper* Rn. 27; *Goette* FS Priester, 2007, 95 (98 f.); *Wülfing* GmbHR 2007, 1124 (1124 f.).
[81] Zum Meinungsstand s. auch *Lieder* in Bayer/Koch, Aktuelles GmbH-Recht, 2013, 142 (151 f.).
[82] BGH Entsch. v. 12.7.1982 – II ZR 175/81, WM 1982, 862 (866) = NJW 1982, 2823 (2827); Urt. v. 11.11.1985 – II ZR 109/84, BGHZ 96, 231 (242) = NJW 1986, 837.
[83] OLG Düsseldorf Entsch. v. 25.6.1981 – 6 U 79/80, ZIP 1981, 847 (855 ff.); Urt. v. 14.7.1981 – 6 U 259/80, WM 1981, 960 (963 ff.); OLG Hamm Urt. v. 7.7.1986 – 8 U 278/85, ZIP 1986, 1321; Urt. v. 21.5.1990 – 8 U 219/89, GmbHR 1991, 198 (199) = NJW-RR 1991, 37 (38).
[84] BGH Urt. v. 7.11.1966 – II ZR 136/64, NJW 1967, 44; Urt. v. 2.12.1968 – II ZR 144/67, BGHZ 51, 157 (159 f., 161 f.) = NJW 1969, 840; Urt. v. 18.9.2000 – II ZR 365/98, BGHZ 145, 150 (154 f.) = NJW 2001, 67; Urt. v. 15.3.2004 – II ZR 210/01, BGHZ 158, 283 (285 f.) = NJW 2004, 2592; Urt. v. 26.6.2006 – II ZR 43/05, BGHZ 168, 201 Rn. 13 = NJW 2007, 515; Urt. v. 24.4.2008 – III ZR 223/06, NZG 2008, 512 Rn. 14; Urt. v. 11.6.2013 – II ZB 25/12, NJW 2013, 2428 Rn. 14; Urt. v. 19.1.2016 – II ZR 61/15, DNotZ 2016, 549 Rn. 18; vgl. noch BGH Beschl. v. 10.7.2012 – II ZR 212/10, NZG 2012, 3035 Rn. 14; aus der Instanz-Rspr. ebenso OLG Köln Urt. v. 2.12.1998 – 27 U 18/98, GmbHR 1999, 288 = NZG 1999, 454; OLG Düsseldorf Urt. v. 25.11.1999 – 6 U 166/98, DB 2000, 612 = NZG 2000, 690; OLG Köln Urt. v. 17.5.2001 – 18 U 17/01, ZIP 2001, 1243 (1244) = NZG 2001, 1042; OLG Celle Urt. v. 16.11.2005 – 9 U 69/05, GmbHR 2006, 433 (434); OLG Jena Urt. v. 14.6.2006 – 6 U 1021/05, NZG 2006, 752 (753); OLG Celle Urt. v. 31.8.2010 – 9 U 25/10, ZIP 2010, 2298 (2299) = BeckRS 2010, 21813.

die Kapitalerhöhung ein Guthaben in entsprechender Höhe aufweisen.[85] Umgekehrt soll es nicht ausreichen, dass bei Einzahlung auf ein debitorisches Bankkonto der Gesellschaft der Kreditrahmen die Einlageschuld vollständig abdeckt (→ Rn. 36).[86] Gleiches gilt, wenn der Erhöhungsbetrag schlicht durch bereits vorhandenes (freies) anderweitiges Gesellschaftsvermögen gedeckt ist.[87]

29   Nur bei **Kapitalerhöhungen zu Sanierungszwecken** soll die Tilgungswirkung nicht vom unversehrten Fortbestand des eingezahlten Kapitals abhängig sein, vorausgesetzt, (1) die Voreinzahlung erfolgt subjektiv mit dem Willen der Beteiligten zur Sanierung der Gesellschaft und ist objektiv zur Sanierung geeignet, (2) für Dritte ist erkennbar, dass es sich um eine Vorleistung handelt, (3) zwischen Vorleistung und Kapitalerhöhung besteht ein enger zeitlicher Zusammenhang, dh, die Kapitalerhöhung muss bei Zahlung der Vorleistung bereits auf den Weg gebracht sein,[88] und (4) im Kapitalerhöhungsbeschluss sowie in der Anmeldung zum Handelsregister müssen Tilgungszweck und der Zeitpunkt der Einzahlung offengelegt sein.[89]

30   **bb) Schrifttum.** Der Meinungsstand im Schrifttum ist facettenreich und in der Sache tendenziell großzügiger. Früher ließ ein Großteil der Lit. unter Heranziehung des Rechtsgedankens des § 235 Abs. 1 S. 2 AktG sanierungsbedingte Voreinzahlungen zu.[90] Heute **verzichtet** das Schrifttum zunehmend **auf das Sanierungsmerkmal**[91] und stellt die zeitliche Verbindung von Vorleistung und Kapitalerhöhung sowie die Offenlegung und Prüfung der Voreinzahlung in den Vordergrund.[92]

31   **c) Stellungnahme. aa) Zulässigkeit nach bürgerlichrechtlichen Grundsätzen.** Die Tilgungswirkung von Vorleistungen bestimmt sich nach den allgemeinen, für das bürgerliche Recht anerkannten Grundsätzen, die durch besondere Vorgaben des Kapitalaufbrin-

---

[85] BGH Urt. v. 19.1.2016 – II ZR 61/15, DNotZ 2016, 549 unter Hinweis auf BGH Urt. v. 15.3.2004 – II ZR 210/01, BGHZ 158, 283 (284 ff.) = NJW 2004, 2592; Urt. v. 24.4.2008 – III ZR 223/06, ZIP 2008, 1928 Rn. 14 = BeckRS 2008, 10700; zust. *Gehrlein* ZInsO 2017, 1977 (1986); OLG Brandenburg Urt. v. 28.12.2017 – 6 U 87/15, BeckRS 2017, 140653 Rn. 75.

[86] BGH Urt. v. 15.3.2004 – II ZR 210/01, BGHZ 158, 283 (285 f.) = NJW 2004, 2592; Urt. v. 24.4.2008 – III ZR 223/06, NZG 2008, 512 Rn. 14; dazu *Goette* FS Priester, 2007, 95 (98 f.); OLG Celle Urt. v. 31.8.2010 – 9 U 25/10, ZIP 2010, 2298 (2299) = BeckRS 2010, 21813; aA noch BGH Urt. v. 10.6.1996 – II ZR 98/95, ZIP 1996, 1466 = NJW-RR 1996, 1249.

[87] BGH Beschl. v. 11.6.2013 – II ZB 25/12, NJW 2013, 2428 Rn. 14; vgl. noch BGH Urt. v. 15.3.2004 – II ZR 210/01, BGHZ 158, 283 (285) = NJW 2004, 2592.

[88] Nach OLG Oldenburg Beschl. v. 26.1.2006 – 13 U 73/05, DB 2006, 777 ist die Frist überschritten, wenn zwischen Vorleistung und Erhöhungsbeschluss 2,5 Monate liegen; zust. Lutter/Hommelhoff/*Bayer* § 56 Rn. 21c Fn. 6. Nach OLG Celle Urt. v. 31.8.2010 – 9 U 25/10, ZIP 2010, 2298 (2299) = BeckRS 2010, 21813 sind bereits drei Wochen schon zu lang.

[89] BGH Urt. v. 26.6.2006 – II ZR 43/05, BGHZ 168, 201 Rn. 15 ff. = NJW 2007, 515; *Goette* FS Priester, 2007, 95 (101 ff.); in diese Richtung aus der Instanz-Rspr. schon OLG Stuttgart Urt. v. 31.5.1994 – 10 U 253/93, ZIP 1994, 1532 (1534) = DNotZ 1994, 695 (696 f.); OLG Karlsruhe Urt. v. 20.8.1999 – 10 U 89/99, GmbHR 1999, 1298; OLG Düsseldorf Urt. v. 25.11.1999 – 6 U 166/98, DB 2000, 612 = NZG 2000, 690; OLG Schleswig Urt. v. 24.6.1999 – 5 U 209/97, NZG 2000, 318 (319); OLG Celle Urt. v. 16.11.2005 – 9 U 69/05, GmbHR 2006, 433 (434); dem BGH nun folgend OLG Celle Urt. v. 31.8.2010 – 9 U 25/10, ZIP 2010, 2298 (2299) = BeckRS 2010, 21813.

[90] Grdl. Lutter/Hommelhoff/*Timm* BB 1980, 737 (744 ff.); dem folgend *Henze* ZHR 154 (1990), 105 (124 ff.); *K. Schmidt* ZGR 1982, 519 (528 ff.); *Priester* FS Fleck, 1988, 231 (235 ff.); aA Meyer-Landrut/Miller/Niehus/*Meyer-Landrut* Rn. 4; Rowedder/Schmidt-Leithoff/*Schnorbus* Rn. 10; *Kutzer* GmbHR 1987, 297 (298).

[91] HK-GmbHG/*Inhester/Diers* Rn. 26; Scholz/*Priester/Tebben* Rn. 21; *Priester* DStR 2010, 494 (498 f.); *Ehlke* ZGR 1995, 426 (450 f.); HCL/*Ulmer/Casper* Rn. 31 f.; *Ulmer* FS Westermann, 2008, 1567 (1585 f.); *Wicke* DB 2016, 1115 (1117); krit. auch Gehrlein/Born/Simon/*Bormann* Rn. 13; Lutter/Hommelhoff/*Bayer* § 56 Rn. 21, 21d; aA BeckOK GmbHG/*Ziemons* Rn. 20 f.; Bork/Schäfer/*Arnold/Born* Rn. 13 ff.; *Altmeppen* Rn. 18 f.; MHLS/*Hermanns* Rn. 18 ff.; *Karollus* DStR 1995, 1065 (1066 f.); *Kort* DStR 2002, 1223 (1225 f.); *Werner* GmbHR 2002, 530 (532 f.); Noack/Servatius/Haas/*Servatius* Rn. 14.

[92] *Karollus* DStR 1995, 1065 (1069); *Priester* FS Fleck, 1988, 231 (250 f.); *Wicke* DB 2016, 1115 (1117); in diese Richtung auch *Goette* FS Priester, 2007, 95 (101 ff.); aA *Ehlke* ZGR 1995, 426 (452 f.).

gungsrechts modifiziert werden.[93] Nach allgemeinem Schuldrecht können sich die Parteien darauf einigen, dass auf einen künftigen Anspruch eine Vorleistung erbracht wird, es sei denn, der potenzielle Anspruchsinhaber weist die Vorleistung zurück oder dieselbe verstößt gegen geschriebenes Recht oder ungeschriebene Rechtsgrundsätze.[94] Tilgungswirkung tritt ein, wenn die Forderung zur Entstehung gelangt.[95] Bis zu diesem Zeitpunkt befindet sich die Voreinzahlung als zweckgebundener Rechenposten im Vermögen der Gesellschaft, ohne dass die Geldmittel nach Bereicherungsrecht herausverlangt werden können.[96] Anderes gilt nur dann, wenn die Kapitalerhöhung endgültig scheitert oder die Einlageforderung aus sonstigen Gründen nicht zur Entstehung gelangt.[97]

bb) Unverbrauchte Voreinzahlungen. Unverbraucht vorhandene Voreinzahlungen **32** führen im Zeitpunkt des Abschlusses des Übernahmevertrages zur Erfüllung der in diesem Zeitpunkt entstehenden Einlageschuld.[98] Sind die Leistungen noch unversehrt im Gesellschaftsvermögen vorhanden, ist es im Hinblick auf die berechtigten Gläubigerinteressen ohne Belang, ob die Vorleistung aus Sanierungs- oder Praktikabilitätsgründen erfolgt.[99]

cc) Verbrauchte Voreinzahlungen. Verbrauchte Voreinzahlungen führen zur Erfül- **33** lung der Einlageschuld, sofern (1) zwischen Vorleistung und Kapitalerhöhung ein enger **zeitlicher Zusammenhang** besteht, dh, die Kapitalerhöhung durch die Gesellschaft schon auf den Weg gebracht ist,[100] (2) die Leistung des Gesellschafters **erkennbar als Voreinzahlung** erfolgt[101] und (3) die Vorleistung im Kapitalerhöhungsbeschluss sowie in der Anmeldung zur Eintragung in das Handelsregister **offengelegt** ist.[102] Diese Voraussetzungen sind erforderlich, aber auch hinreichend, um das Interesse der Gesellschafter an Voreinzahlungen mit den Grundsätzen der effektiven Kapitalaufbringung zu einem angemessenen Ausgleich zu bringen. Die berechtigten Belange der Gesellschaftsgläubiger sind durch die Offenle-

---

[93] Im Grundsatz zutreffende rechtsdogmatische Grundlegung der Problemstellung bei Ulmer/Habersack/ Winter/*Ulmer*, 2008, Rn. 26 ff.; *Ulmer* FS Westermann, 2008, 1567 (1574 ff.); dem folgend schon *Lieder* in Bayer/Koch, Aktuelles GmbH-Recht, 2013, 142 (152).

[94] MüKoBGB/*Fetzer* BGB § 362 Rn. 18; Grüneberg/*Grüneberg* BGB § 362 Rn. 13; BeckOK BGB/*Dennhardt* § 362 Rn. 44; Staudinger/*Olzen,* 2016, BGB § 362 Rn. 24; zur GmbH HCL/*Ulmer/Casper* Rn. 24.

[95] Dazu MüKoBGB/*Fetzer* BGB § 362 Rn. 18; Staudinger/*Olzen,* 2016, BGB § 362 Rn. 24; HCL/*Ulmer/ Casper* Rn. 25; *Groß* GmbHR 1995, 845 (847 f.); aus der Rspr. vgl. OLG Jena Urt. v. 14.6.2006 – 6 U 1021/05, NZG 2006, 752 (753).

[96] Zutr. HCL/*Ulmer/Casper* Rn. 26.

[97] Wie hier MüKoBGB/*Schwab* BGB § 812 Rn. 472; *Groß* GmbHR 1995, 845 (849); abw. HCL/*Ulmer/ Casper* Rn. 26; *Werner* GmbHR 2002, 530 (533); *Goette* FS Priester, 2007, 95 (98).

[98] OLG Karlsruhe Beschl. v. 18.11.2013 – 7 W 45/13, GmbHR 2014, 144 = BeckRS 2013, 20940; LG Mönchengladbach Urt. v. 10.8.1994 – 7 O 6/94, GmbHR 1995, 121; Scholz/*Priester/Tebben* Rn. 19, 21.

[99] Zutr. HCL/*Ulmer/Casper* Rn. 27.

[100] BGH Urt. v. 7.11.1994 – II ZR 248/93, DB 1995, 208 (209) = NJW 1995, 460 (461); Urt. v. 26.6.2006 – II ZR 43/05, BGHZ 168, 201 Rn. 20 = NJW 2007, 515; OLG München Urt. v. 10.8.1998 – 17 U 6479/97, NZG 1999, 84; OLG Schleswig Urt. v. 7.9.2000 – 5 U 71/99, NZG 2001, 137 (138); OLG Celle Urt. v. 31.8.2010 – 9 U 25/10, ZIP 2010, 2298 (2299) = BeckRS 2010, 21813; Noack/Servatius/Haas/*Servatius* Rn. 11; Lutter/Hommelhoff/*Bayer* § 56 Rn. 21c; Scholz/ *Priester/Tebben* Rn. 20; näher *Priester* DStR 2010, 494 (497); *Wülfing* GmbHR 2007, 1124 (1126 f.); *Lieder* in Bayer/Koch, Aktuelles GmbH-Recht, 2013, 142 (153); aA MHLS/*Hermanns* Rn. 23 aE.

[101] BGH Urt. v. 26.6.2006 – II ZR 43/05, BGHZ 168, 201 Rn. 18 = NJW 2007, 515; OLG Hamm Urt. v. 7.7.1986 – 8 U 278/85, DB 1986, 2320 = NJW-RR 1987, 549 (550); OLG Köln Urt. v. 13.3.1991 – 1 U 48/90, ZIP 1991, 928 (929) = NJW-RR 1991, 932; OLG Düsseldorf Urt. v. 25.7.1996 – 6 U 207/95, GmbHR 1997, 606 (607); OLG Celle Urt. v. 31.8.2010 – 9 U 25/10, ZIP 2010, 2298 (2299) = BeckRS 2010, 21813; MHLS/*Hermanns* Rn. 23; Scholz/*Priester/Tebben* Rn. 20; *Wülfing* GmbHR 2007, 1124 (1126); ausf. *Priester* DStR 2010, 494 (496 f.).

[102] BGH Urt. v. 26.6.2006 – II ZR 43/05, BGHZ 168, 201 Rn. 19 = NJW 2007, 515; OLG Karlsruhe Urt. v. 20.8.1999 – 10 U 89/99, GmbHR 1999, 1298 (1299); OLG München Urt. v. 10.8.1998 – 17 U 6479/97, NZG 1999, 84 (85); OLG Celle Urt. v. 31.8.2010 – 9 U 25/10, ZIP 2010, 2298 (2299) = BeckRS 2010, 21813; Noack/Servatius/Haas/*Servatius* Rn. 12; Lutter/Hommelhoff/*Bayer* § 56 Rn. 21e; MHLS/*Hermanns* Rn. 20, 23; Scholz/*Priester/Tebben* Rn. 20; *Karollus* DStR 1995, 1065 (1069); *Wülfing* GmbHR 2007, 1124 (1127); *Goette* FS Priester, 2007, 95 (104); *Priester* FS Fleck, 1988, 231 (250); aA *Ehlke* ZGR 1995, 426 (452 f.).

gungserfordernisse[103] sowie den engen zeitlichen Zusammenhang zwischen Einzahlung und Kapitalerhöhung hinreichend gewahrt.

34   Darüber hinaus bedarf es keiner weiteren Voraussetzungen.[104] Insbesondere setzt die Erfüllungswirkung nicht voraus, dass Vorleistungen aus **Sanierungsgründen** erfolgen.[105] Die allgemeinen Grundsätze über die Tilgungswirkung von Vorleistungen (→ Rn. 31) stehen in keinem Zusammenhang zur Sanierung der Gesellschaft; weder dem GmbH- noch dem Insolvenzrecht sind Anhaltspunkte für ein Sanierungserfordernis zu entnehmen.[106] Die berechtigten Interessen der Beteiligten sind bei Vorliegen der unter → Rn. 33 genannten Voraussetzungen gewahrt. Ohne Belang ist vor diesem Hintergrund außerdem, ob der Inferent für den Fall eines Scheiterns der Kapitalerhöhung den **Rangrücktritt** erklärt oder bereits im Zeitpunkt der Einzahlung der Vorleistung eine gültige **Übernahmeerklärung** abgegeben hat.[107]

35   Zudem spielt es keine Rolle, ob die Vorleistung zu Investitionszwecken oder zur **Deckung des täglichen Finanzbedarfs** verwendet wird.[108] Eine entsprechende Differenzierung überzeugt schon deshalb nicht, weil der BGH – zu Recht – vom Erfordernis der „wertgleichen Deckung" abgerückt ist (→ § 57 Rn. 16).[109] Im Hinblick auf die dogmatische Grundlegung der erfüllungstauglichen Vorleistung kommt der Verwendung der Voreinzahlung keine maßgebliche Bedeutung zu. Das gilt umso mehr, als häufig ein praktisches Bedürfnis dafür besteht, die vorgeleisteten Zahlungen zur Deckung des laufenden Finanzbedarfs einzusetzen.[110]

36   Entgegen der Rspr. des BGH[111] gilt das Gesagte auch für Einzahlungen auf ein **debitorisches Bankkonto,** soweit der Geschäftsführer aufgrund der Kreditlinie über die Einlage im Zeitpunkt der Kapitalerhöhung frei verfügen kann.[112] Weder die Erfordernisse der Kapitalaufbringung noch Transparenzgesichtspunkte verlangen ein Abweichen von den allgemeinen Grundsätzen (→ Rn. 33).[113]

---

[103] Für eine Musterformulierung der Registeranmeldung s. *Lohr* GmbH-StB 2015, 361 (362).
[104] Dazu ausf. *Lieder* in Bayer/Koch, Aktuelles GmbH-Recht, 2013, 142 (154 ff.).
[105] Wie hier; Scholz/*Priester/Tebben* Rn. 21; HCL/*Ulmer/Casper* Rn. 24, 31 f.; *Ulmer* FS Westermann, 2008, 1567 (1585 f.); *Priester* DStR 2010, 494 (498 f.); *Wicke* DB 2016, 1115 (1117); aA BGH Urt. v. 7.11.1994 – II ZR 248/93, DB 1995, 208 (209) = NJW 1995, 460 (461); Urt. v. 10.6.1996 – II ZR 98/95, ZIP 1996, 1466 = NJW-RR 1996, 1249; Urt. v. 18.9.2000 – II ZR 365/98, BGHZ 145, 150 (154 f.) = NJW 2001, 67; BGH Urt. v. 26.6.2006 – II ZR 43/05, BGHZ 168, 201 Rn. 18 = NJW 2007, 515; *Altmeppen* Rn. 19; Rowedder/Schmidt-Leithoff/*Schnorbus* Rn. 15; *Henze* ZHR 154 (1990), 105 (126); *Wülfing* GmbHR 2007, 1124 (1126); *Goette* FS Priester, 2007, 95 (101 ff.); krit. *Ehlke* ZIP 2007, 749 (751 f.); Noack/Servatius/Haas/*Servatius* Rn. 14.
[106] Zutr. HCL/*Ulmer/Casper* Rn. 31; HK-GmbHG/*Inhester/Diers* Rn. 26; ausf. *Lieder* in Bayer/Koch, Aktuelles GmbH-Recht, 2013, 142 (154 f.).
[107] Wie hier Scholz/*Priester/Tebben* Rn. 21; *Priester* DStR 2010, 494 (497); *Wülfing* GmbHR 2007, 1124 (1126); *Lieder* in Bayer/Koch, Aktuelles GmbH-Recht, 2013, 142 (155 f.); aA (hinsichtlich der Übernahmeerklärung) OLG Stuttgart Urt. v. 31.5.1994 – 10 U 253/93, ZIP 1994, 1532 (1535) = DNotZ 1994, 695 (700 f.); *Wegmann* DStR 1992, 1620 (1622 f.); vgl. noch Lutter/Hommelhoff/*Bayer* § 56 Rn. 24; (hinsichtlich des Rangrücktritts) Lutter/Hommelhoff/*Timm* BB 1980, 737 (745, 749).
[108] AA BGH Urt. v. 10.6.1996 – II ZR 98/95, ZIP 1996, 1466 = NJW-RR 1996, 1249; OLG Düsseldorf Urt. v. 25.11.1999 – 6 U 166/98, DB 2000, 612 = NZG 2000, 690; HCL/*Ulmer/Casper* Rn. 28; wie hier aber Scholz/*Priester/Tebben* Rn. 21; *Priester* DStR 2010, 494 (497 f.).
[109] BGH Urt. v. 18.3.2002 – II ZR 363/00, BGHZ 150, 197 (198 f.) = ZIP 2002, 799 (800 f.) = NJW 2002, 1716 (1717 f.); Lutter/Hommelhoff/*Bayer* Rn. 24; Scholz/*Priester/Tebben* § 57 Rn. 11; *Priester* ZIP 1994, 599 (601 ff.); anders noch BGH Urt. v. 13.7.1992 – II ZR 263/91, BGHZ 119, 177 (188) = NJW 1992, 3300 (3303); Urt. v. 10.6.1996 – II ZR 98/95, GmbHR 1996, 772 (773) = NJW-RR 1996, 1249 (1250); MHLS/*Hermanns* Rn. 22 f.; vgl. schließlich das abweichende Kapitalschutzkonzept von *Kersting* ZHR 175 (2011), 644.
[110] Wie hier Scholz/*Priester/Tebben* Rn. 21.
[111] BGH Urt. v. 15.3.2004 – II ZR 210/01, BGHZ 158, 283 (285 f.) = NJW 2004, 2592; dazu *Goette* FS Priester, 2007, 95 (98 f.); ebenso *Wülfing* GmbHR 2007, 1124 (1125); aA noch BGH Urt. v. 10.6.1996 – II ZR 98/95, ZIP 1996, 1466 = NJW-RR 1996, 1249.
[112] Wie hier Lutter/Hommelhoff/*Bayer* § 56 Rn. 25; Scholz/*Priester/Tebben* Rn. 21; HCL/*Ulmer/Casper* Rn. 30; *Ehlke* ZIP 2007, 749 (751); *Lieder* in Bayer/Koch, Aktuelles GmbH-Recht, 2013, 142 (156).
[113] AA *Wülfing* GmbHR 2007, 1124 (1125).

Die vorstehend entwickelten Grundsätze gelten gleichermaßen für die **Vorleistung** **37** **auf künftige Sacheinlagepflichten.**[114] Dafür spricht nach neuer Rechtslage insbesondere, dass selbst verdeckt eingebrachte Sachgegenstände nun nach § 19 Abs. 4 S. 3 mit ihrem tatsächlichen Wert auf die Bareinlageschuld angerechnet werden (→ § 56 Rn. 94 ff.). Vor diesem Hintergrund kann eine strengere Handhabung der vorgeleisteten Sacheinlage im Vergleich zur voreingezahlten Bareinlage nicht überzeugen.

Der **Notar** muss bei Beurkundung einer Kapitalerhöhung prüfen, ob Vorleistungen **38** erfolgt sind, und die Beteiligten über die Rechtsfolgen solcher Einzahlungen aufklären.[115] Tut er dies nicht, verletzt er seine Belehrungspflicht nach § 17 Abs. 1 BeurkG. Sind die beschriebenen Grundsätze der zulässigen Voreinzahlung nicht erfüllt, wird die **Bareinlagepflicht** des Gesellschafters aus der anschließenden Kapitalerhöhung **nicht getilgt.** Dem fortbestehenden Einlageanspruch steht nun grundsätzlich ein Bereicherungsanspruch des Inferenten gegenüber. War die Kapitalerhöhung mittels Voreinzahlung geplant, dann wird bei wirtschaftlicher Betrachtung der Bereicherungsanspruch des Gesellschafters in die GmbH eingebracht. Dabei handelt es sich um eine **verdeckte Sacheinlage** nach § 56 Abs. 2 iVm § 19 Abs. 4 (→ § 56 Rn. 71 ff.).[116] Das hat inzwischen auch der BGH anerkannt, der in diesem Zusammenhang von einer „verdeckten verdeckten Sacheinlage" respektive einer verdeckten Sacheinlage durch Hin- und Herzahlen spricht.[117] Fehlt es an der erforderlichen vorherigen Abrede und greifen auch die Vermutungsregeln (→ § 56 Rn. 83 ff.) nicht ein, findet § 19 Abs. 4 keine unmittelbare Anwendung. Vereinbaren Inferent und GmbH nachträglich die Verrechnung bzw. Aufrechnung, findet § 19 Abs. 4 analoge Anwendung (→ § 56 Rn. 128). Die Bareinlageschuld wird nach diesen Grundsätzen insoweit getilgt, als der Bereicherungsanspruch des Inferenten gegen die GmbH vollwertig, fällig und liquide war.

dd) Stabilisierungsmaßnahmen. Bei Stabilisierungsmaßnahmen haben Vorauszah- **39** lungen des Wirtschaftsstabilisierungsfonds nach § 9a Abs. 1 S. 1 iVm § 7 Abs. 4 WStBG **stets Erfüllungswirkung.** Das gilt nach § 9a Abs. 4 iVm § 7e WStBG auch für Voreinzahlungen, die von anderen Übernehmern erbracht werden.[118] Auch wenn sich die Vorschrift de lege lata nicht verallgemeinern lässt, sollte sie doch zum Anlass genommen werden, um die restriktive BGH-Rspr. (→ Rn. 28 f.) zu liberalisieren.[119]

III. Hin- und Herzahlen

1. Endgültig freie Verfügung; Rückzahlung an Gesellschafter. Bareinlagen sind **40** so zu bewirken, dass sie den Geschäftsführern gem. § 57 Abs. 2 S. 1 zur endgültig freien Verfügung stehen (→ § 57 Rn. 15 f.). Daran fehlte es nach früherem Recht, wenn das eingezahlte Kapital wieder an Gesellschafter zurückgezahlt werden sollte (→ Rn. 42) oder die Geschäftsführer in sonstiger Weise in der Verwendung der Geldmittel beschränkt

---

[114]   Noack/Servatius/Haas/*Servatius* Rn. 17; Scholz/*Priester/Tebben* Rn. 44; Henssler/Strohn/*Gummert* Rn. 10; HCL/*Ulmer/Casper* Rn. 34; *Priester* DStR 2010, 494 (500 f.); *Lieder* in Bayer/Koch, Aktuelles GmbH-Recht, 2013, 142 (156); *Wicke* DB 2016, 1115 (1117); aA *Wülfing* GmbHR 2007, 1124 (1127); BeckOK GmbHG/*Ziemons* Rn. 29.

[115]   BGH Urt. v. 16.11.1995 – IX ZR 14/95, NJW 1996, 524 (525); Urt. v. 24.4.2008 – III ZR 223/06, NZG 2008, 512 Rn. 15; *Lohr* GmbH-StB 2015, 361 (362); krit. *Wachter* GmbHR 2008, 768 (769); vgl. noch OLG Oldenburg Urt. v. 26.1.2006 – 13 U 73/05, DB 2006, 777 (778); ausf. zum Ganzen *Lieder* in Bayer/Koch, Aktuelles GmbH-Recht, 2013, 142 (156 f.).

[116]   Scholz/*Priester/Tebben* Rn. 21 aE; ausf. *Priester* DStR 2010, 494 (499 f.); zum Verhältnis Voreinzahlung und verdeckte Sacheinlage s. ferner *Goette* FS Priester, 2007, 95 (98 f.); *Ehlke* ZIP 2007, 749 (751 f.).

[117]   BGH Beschl. v. 10.7.2012 – II ZR 212/10, NJW 2012, 3035 Rn. 15 f., 18 f.; mit Recht krit. zur Terminologie *Wenzel* EWiR 2013, 147 (148).

[118]   Vgl. zur AG Bürgers/Körber/Lieder/*Lieder* AktG § 188 Rn. 13; BeckOGK/*Servatius* AktG § 188 Rn. 56; Kölner Komm AktG/*Ekkenga* AktG § 188 Rn. 30.

[119]   Zur AG Bürgers/Körber/Lieder/*Lieder* AktG § 188 Rn. 13; *Lieder* ZIP 2020, 837 (847); vgl. noch *Schuster* ZGR 2010, 325 (326); zurückhaltend BeckOGK/*Servatius* AktG § 188 Rn. 56; MüKoAktG/*Schürnbrand/Verse* AktG § 188 Rn. 28.

waren.[120] Von diesem Grundsatz sieht § 56a iVm § 19 Abs. 5 nunmehr eine Ausnahme für Rückzahlungen an Gesellschafter vor. Aber auch Rückflüsse im Rahmen der **verdeckten Sacheinlage** verstoßen im Geltungsbereich der § 56 Abs. 2, § 19 Abs. 4 nicht gegen das Gebot der Leistung zur endgültig freien Verfügung (→ § 56 Rn. 91).

41   Sind allerdings die tatbestandlichen Voraussetzungen dieser beiden Rechtsfiguren nicht erfüllt und fließt dennoch Kapital wieder an den Gesellschafter zurück, dann fehlt es an der Leistung zur **endgültig freien Verfügung** und die Einlageleistung ist in der betreffenden Höhe nicht bewirkt.[121] Das gilt auch für den Fall, dass die Rückzahlung an den Inferenten in Raten erfolgt[122] oder die Gesellschaft den Betrag zunächst an der Inferenten zahlt, der im Anschluss wieder an die GmbH zurückgeführt wird.[123] Ein die Tilgung hinderndes Hin- und Herzahlen ist anzunehmen, wenn objektiv zwischen den Zahlungsströmen ein enger zeitlicher und sachlicher Zusammenhang besteht und diese Geschäfte schon vor der Einlageleistung vereinbart waren, wobei aus dem Zusammenhang nach den allgemeinen Vermutungsregelungen (→ § 56 Rn. 83) auf eine Vorabsprache geschlossen werden kann.[124]

42   **2. Entwicklungsgeschichte. a) Frühere Rechtslage.** Unter Geltung des bisherigen Rechts hatten Rspr.[125] und hL[126] die Lehre von der verdeckten Sacheinlage (→ § 56 Rn. 71 ff.) durch die Rechtsfigur des unzulässigen Hin- und Herzahlens ergänzt, soweit sich das mit der Einlageerbringung zusammenhängende Verkehrsgeschäft auf einen **nicht sacheinlagefähigen Gegenstand** bezog.[127] Hauptanwendungsfall war die Rückzahlung der erbrachten Bareinlage in Form einer Darlehensgewährung an den Gesellschafter. Durch ein solches Hin- und Herzahlen des Einlagebetrages wurden die früheren **Kapitalaufbringungsvorschriften in unzulässiger Weise umgangen,**[128] da es zu einem Austausch der gesellschaftsrechtlich besonders abgesicherten Einlageforderung mit einem schlicht schuldrechtlichen (Darlehensrückzahlungs-)Anspruch kam, dem Gesellschaftsvermögen aber effektiv kein frisches Kapital zugeführt wurde. Dementsprechend führte ein unzulässiges Hin- und Herzahlen auch nicht zur Erfüllung der Bareinlageschuld; die Zahlungsvorgänge wurden so behandelt, als ob überhaupt keine Leistungen geflossen wären.[129]

43   **b) Reform durch das MoMiG.** Ausgangspunkt der Neuregelung ist die **November-Entscheidung,** in welcher der II. Zivilsenat des BGH Zahlungen an Gesellschafter zulasten des gebundenen Vermögens selbst dann als unzulässig iSd §§ 30, 31 ansah, wenn ein vollwertiger Rückzahlungsanspruch bestand (→ § 30 Rn. 13).[130] Während die Entscheidung von

---

[120] HCL/*Ulmer/Casper* Rn. 13.
[121] Vgl. OLG Brandenburg Urt. v. 28.12.2017 – 6 U 87/15, BeckRS 2017, 140653 Rn. 59.
[122] Vgl. BGH Beschl. v. 15.10.2007 – II ZR 263/06, NZG 2008, 511 Rn. 4; OLG Brandenburg Urt. v. 28.12.2017 – 6 U 87/15, BeckRS 2017, 140653 Rn. 59.
[123] Vgl. BGH 20.11.2006 – II ZR 176/05, BGHZ 170, 47 Rn. 15 = NZG 2007, 144; OLG Brandenburg Urt. v. 28.12.2017 – 6 U 87/15, BeckRS 2017, 140653 Rn. 59.
[124] Vgl. OLG Brandenburg Urt. v. 28.12.2017 – 6 U 87/15, BeckRS 2017, 140653 Rn. 59.
[125] BGH Urt. v. 21.11.2005 – II ZR 140/04, BGHZ 165, 113 (116) = NJW 2006, 509, unter Hinweis auf *Bayer* GmbHR 2004, 445 (451, 453) und klarstellend im Hinblick auf BGH Urt. v. 2.12.2002 – II ZR 101/02, BGHZ 153, 107 (111); bestätigt durch BGH Urt. v. 9.1.2006 – II ZR 72/05, BGHZ 165, 352 Rn. 9 = GmbHR 2006, 306 = NJW 2006, 906 (907); beide m. zust. Anm. *Bayer/Graff* WuB II A. § 54 AktG 1.06; aA noch OLG Schleswig Urt. v. 27.1.2005 – 5 U 22/04, GmbHR 2005, 357 (358) = NZG 2005, 853 (854).
[126] *Scholz/Schneider/Westermann*, 10. Aufl. 2006, § 19 Rn. 38; Lutter/Hommelhoff/*Lutter/Bayer,* 16. Aufl. 2004, § Rn. 54; Ulmer/Habersack/Winter/*Ulmer,* 2005, § 19 Rn. 51; Rowedder/Schmidt-Leithoff/*Pentz,* 4. Aufl. 2002, § 19 Rn. 51; *Bayer/Lieder* GmbHR 2006, 449 (451); *Habersack* FS Priester, 2007, 157 (161).
[127] Zur Entstehung der Regelung zum „Hin- und Herzahlen" *Seibert* FS Maier-Reimer, 2010, 673 ff.
[128] Dazu ausf. *Bayer* GmbHR 2004, 445 (451).
[129] BGH Urt. v. 9.1.2006 – II ZR 72/05, BGHZ 165, 352 Rn. 11 = GmbHR 2006, 306 = NJW 2006, 906 (908) unter Hinweis auf BGH Urt. v. 21.11.2005 – II ZR 140/04, BGHZ 165, 113 (116) = GmbHR 2006, 43 = NJW 2006, 509; vgl. auch *Bayer* GmbHR 2004, 445 (452); *Goette* DStR 2006, 139 (145).
[130] BGH Urt. v. 24.11.2003 – II ZR 171/01, BGHZ 157, 72 (76) = NJW 2004, 1111; aufgegeben im Hinblick auf die Neuregelung durch BGH Urt. v. 1.12.2008 – II ZR 102/07, BGHZ 179, 71 Rn. 12 = NJW 2009, 850.

der Wissenschaft überwiegend begrüßt wurde,[131] stieß sie in der Praxis nahezu durchweg auf Ablehnung. Denn sie stellte die Zulässigkeit zentraler Cash-Managementsysteme (Cash Pooling) in den Unternehmen grundlegend in Frage.[132] Dass für das **Cash Pooling kein Sonderrecht** anzuerkennen ist, hat der BGH später für die Kapitalaufbringung ausgesprochen;[133] für die parallele Problematik bei der Kapitalerhaltung galt insofern nichts anderes.[134]

Dieser Kritik entsprach der Reformgesetzgeber mit Schaffung des § 30 Abs. 1 S. 2. **44** Die Vorschrift zielt auf die Rückkehr zur bilanziellen Betrachtungsweise ab und sollte nach Vorstellung der Verfasser des **Referentenentwurfs** auch im Recht der Kapitalaufbringung entsprechende Anwendung finden.[135] Angesichts der gegen die Analogiebildung geäußerten Kritik[136] sah erstmals der **Regierungsentwurf** in § 8 Abs. 2 S. 2 eine ausdrückliche Regelung für das Kapitalaufbringungsrecht vor. Da das Hin- und Herzahlen allerdings deutliche Parallelen zur verdeckten Sacheinlage aufweist, erfolgte die Kodifikation auf Vorschlag des **Rechtsausschusses**[137] letztlich in § 19 Abs. 5, auf welchen § 56a für Einzahlungen auf das erhöhte Kapital verweist. Für **Altfälle** gilt § 3 Abs. 4 EGGmbHG (→ § 19 Rn. 362 ff.).

3. Rechtspolitische Würdigung. Angesichts der wirtschaftlichen Interessen deut- **45** scher Unternehmen an belastbaren Cash-Pool-Systemen ist die Neuregelung vertretbar.[138] Hinsichtlich ihres konkreten Regelungsansatzes stellt sie indes – ebenso wie die Neuregelung der verdeckten Sacheinlage (→ § 56 Rn. 72 f.) – einen **Fremdkörper** im Recht der Kapitalaufbringung dar, der sich bezogen auf die Rückkehr zur bilanziellen Betrachtungsweise als **systemwidrig und inkonsequent** erweist.[139] Die Neuregelung erlaubt es den Gesellschaftern, den gesellschaftsrechtlich gesicherten Einlageanspruch durch eine schwache schuldrechtliche Gegenforderung auszutauschen.[140] Eine reale Aufbringung frischen Haftkapitals findet nicht statt; vielmehr können sich die Gesellschafter entgegen des fortgeltenden § 19 Abs. 2 S. 1 faktisch von ihrer originären Bareinlageverpflichtung befreien. Auch wenn der Gesellschaft nach den tatbestandlichen Voraussetzungen im Zeitpunkt der Rückzahlung ein vollwertiger und fälliger Rückzahlungsanspruch gegen den Inferenten zustehen muss, trägt die Gesellschaft gleichwohl das Risiko dafür, dass die Verbindlichkeiten zu einem späteren Zeitpunkt auch tatsächlich erfüllt werden.[141] Davon abgesehen hat der Gesetzgeber des MoMiG auch sein erklärtes Ziel verfehlt, zentrale Cash-Managementsysteme auf eine tragfähige Rechtsgrundlage zu stellen (→ Rn. 84).

---

[131] Zust. zB *Bayer/Lieder* ZGR 2005, 133 (141 ff.); *Bayer/Lieder* GmbHR 2006, 449 (450 f.); *Engert* BB 2005, 1951; *Kerber* ZGR 2005, 437.

[132] Abl. zB *J. Vetter* BB 2004, 1509; *Helmreich* GmbHR 2004, 457; *Böcker* ZGR 2006, 213 (217); *Wessels* ZIP 2004, 793.

[133] BGH Urt. v. 16.1.2006 – II ZR 76/04, BGHZ 166, 8 (15 f.) = GmbHR 2006, 477 = NJW 2006, 1736 (1738); dazu ausf. *Bayer/Lieder* GmbHR 2006, 449; ferner *Altmeppen* ZIP 2006, 1025 (1028 ff.); *Hentzen* DStR 2006, 948 (949 ff.); zuvor bereits gegen ein Sonderrecht für Cash Pool-Systeme *Bayer/Lieder* ZGR 2005, 133 (147 ff.); *Goette* ZIP 2005, 1481 (1484 f.); *Habersack/Schürnbrand* NZG 2004, 689 (690).

[134] OLG München Urt. v. 24.11.2005 – 23 U 3480/05, NZG 2006, 195 (196) = BB 2006, 286 mAnm *Habersack/Schürnbrand* BB 2006, 288; *Bayer/Lieder* GmbHR 2006, 1121 (1122 ff.); *Pentz* ZIP 2006, 781 (782); *Hentzen* DStR 2006, 948 (952 f.).

[135] Begr. RefE eines Gesetzes zur Modernisierung des GmbH-Rechts und zur Bekämpfung von Missbräuchen (MoMiG) v. 29.5.2006, 55; https://rsw.beck.de/docs/librariesprovider5/rsw-dokumente/referentenentwurfgmbh.de (zuletzt abgerufen am 23.7.2021).

[136] *Bayer/Lieder* GmbHR 2006, 1121 (1127 f.); *Wessels* ZIP 2006, 1701 (1703); *Priester* ZIP 2006, 1557 (1559).

[137] Rechtsausschuss, BT-Drs. 16/9737, 56.

[138] Zust. zB *Saenger* FS Westermann, 2008, 1381 (1395 ff.).

[139] Dazu ausf. *Bayer/Lieder* GmbHR 2006, 1121 (1122 ff.); *Lieder* GmbHR 2018, 1116 (1126 f.); krit. auch Lutter/Hommelhoff/*Bayer* § 19 Rn. 104, 133; *Bayer* VGR 18 (2012), 25 (34 ff.); *Heckschen* DStR 2007, 1442 (1447); *Drygala* NZG 2007, 561 (564); *Goette* Neues GmbHR Rn. 28; *Herrler* DNotZ 2008, 903 (905); aA *Komo* BB 2011, 2307 (2312).

[140] Wie hier Lutter/Hommelhoff/*Bayer* § 19 Rn. 104; *Pentz*, zit. nach *Lieder* DNotZ 2007, 412 (415); *Breitenstein/Meyding* BB 2007, 1457 (1459); *Bormann* GmbHR 2007, 897 (902); *Priester* ZIP 2008, 55; *Bormann/Urlichs* GmbHR 2008, 119 (120); *Pellens/Kemper/Schmidt* ZGR 2008, 381 (398).

[141] Zum Ganzen schon *Bayer/Lieder* GmbHR 2006, 1121 (1123); *Bayer/Lieder* ZGR 2005, 133 (142).

46   Das Gesamtbild lässt eine **grundlegende Reform** des Kapitalschutzsystems unausweichlich erscheinen (→ § 56 Rn. 74).[142] Mit Blick auf das Hin- und Herzahlen wäre schon durch die Aufhebung der Unterscheidung von Bar- und Sacheinlage viel gewonnen. Insbesondere die Abgrenzungsschwierigkeiten zwischen einlagefähigen und nicht einlagefähigen Gegenständen gehörten der Vergangenheit an. Eine weitere Innovation könnte darin bestehen, die Gesellschafter über den Zeitpunkt der tatsächlichen Einlageleistung gesellschaftsvertraglich oder ad hoc durch Einforderungsbeschluss entscheiden zu lassen oder den Geschäftsführer zur Einforderung zu ermächtigen.[143] Vor diesem Hintergrund könnten auch Dienstleistungen und andere derzeit als nicht einlagefähig angesehene Gegenstände als Sacheinlage in Betracht gezogen werden. Stets ist allerdings sicherzustellen, dass die Einlage nur ihrem objektiven Wert im Zeitpunkt der Einlageleistung nach auf die Einlageschuld angerechnet wird. Im Übrigen bleibt der Gesellschafter zur Einzahlung in bar verpflichtet.[144]

47   **4. Tatbestandliche Voraussetzungen.** Erfolgt aufgrund vorheriger Absprache eine Leistung an einen Gesellschafter, die bei wirtschaftlicher Betrachtung einer Rückzahlung der Einlage entspricht, wird der Gesellschafter von seiner Bareinlageschuld befreit, wenn die GmbH in Folge der Rückgewähr einen Anspruch gegen den Gesellschafter erlangt, der vollwertig, fällig und liquide ist.

48   **a) Formelle Subsidiarität.** Erfüllt das Verkehrsgeschäft die tatbestandlichen Voraussetzungen einer verdeckten Sacheinlage, richtet sich die rechtliche Behandlung allein nach § 19 Abs. 4. Die Sonderregelung über das Hin- und Herzahlen ist in diesem Fall nicht anwendbar.[145] Das gilt auch für das Cash Pooling: → Rn. 73 ff.

49   **b) Vorherige Absprache.** Voraussetzung für die Anwendung des § 19 Abs. 5 ist, dass die Beteiligten die Rückzahlung vor Leistung der Einlage vereinbaren. Fehlt es daran, beurteilt sich die Zulässigkeit der (verdeckten) Einlagenrückgewähr nicht nach § 19 Abs. 5,[146] sondern nach § 30 Abs. 1 S. 2 (→ § 30 Rn. 244 ff.).[147] Das gilt auch für den Fall, dass die Rückzahlung nach Leistung der Einlage vereinbart wird.[148] Bei Vorliegen eines engen sachlichen und zeitlichen Zusammenhangs zwischen den Zahlungsvorgängen wird eine vorherige Absprache vermutet (→ § 56 Rn. 83 f.),[149] es sei denn, es handelt sich um ein normales Umsatzgeschäft (→ § 56 Rn. 85).[150] Im Übrigen gelten die Ausführungen

---

[142] Dazu ausf. *Bayer* ZGR 2007, 220 (234 ff.); *Bayer* GmbHR 2010, 1289 (1295 ff.); *Bayer* VGR 18 (2012), 25 (47 ff.); vgl. ferner *Bayer/Lieder* GmbHR 2006, 1121 (1128 f.); *J. Vetter* Verh. 66. DJT II/1, 2006, P 75 (P 89 ff.); (für KmbH als eigenständige Rechtsform) *Drygala* ZIP 2006, 1797 (1800 ff.); iErg ebenfalls in diese Richtung *Grunewald* WM 2006, 2333 (2335); *Eidenmüller* ZGR 2007, 168 (189); *Noack* DB 2007, 1395 (1397); *Heckschen* DStR 2007, 1442 (1448 f.); *Herrler* DB 2008, 2347 (2352); *H.-F. Müller* NZG 2011, 761 (765); aA *Ulmer* ZIP 2008, 45 (52); *M. Winter* FS Priester, 2007, 867 (872 f.); krit. auch *Priester* ZIP 2008, 55 (56); derzeit gegen ein MoMiG II auch *Hommelhoff* ZIP 2013, 2177 (2181); abweichende Reformmodelle bei *Hentzen/Schwandtner* ZGR 2009, 1007 (1025 ff.) und *Cavin,* Kapitalaufbringung in GmbH und AG, 2012, 607 (ff., 650 ff.

[143] Dazu und zum Folgenden bereits *Lieder* GmbHR 2020, 1116 (1127); ausf. *C. Lieder,* Moderner Kapitalschutz, 2018, 344 ff.

[144] Zum Ganzen ausf. *C. Lieder,* Moderner Kapitalschutz, 2018, 356.

[145] Vgl. Begr. RegE, BT-Drs. 16/6140, 34; krit. zur Abgrenzung *Drygala* NZG 2007, 561 (564); DAV NZG 2007, 735 (738) jew. mit Änderungsvorschlag.

[146] Anders wohl *Gehrlein* Der Konzern 2007, 771 (781); *Wälzholz* MittBayNot 2008, 425 (432); *Joost* FS Hüffer, 2010, 405 (409 ff.).

[147] Vgl. noch Lutter/Hommelhoff/*Bayer* § 19 Rn. 109; Scholz/*Priester/Tebben* Rn. 26; *Wicke* § 19 Rn. 36; *Wälzholz* GmbHR 2008, 841 (846).

[148] AA *Büchel* GmbHR 2007, 1065 (1067); wie hier aber Lutter/Hommelhoff/*Bayer* § 19 Rn. 110; *Markwardt* BB 2008, 2414 (2420).

[149] Vgl. BGH Beschl. v. 15.10.2007 – II ZR 263/06, ZIP 2008, 1281 Rn. 4 = NZG 2008, 511 (512): Zeitspanne von 2,5 Monaten; KG Urt. v. 23.4.2007 – 23 U 75/06, BeckRS 2007, 12048: nicht bei mehr als zehn Monaten; s. ferner Lutter/Hommelhoff/*Bayer* § 19 Rn. 108; Scholz/*Priester/Tebben* Rn. 26 aE; *Wicke* § 19 Rn. 36.

[150] *Habersack* FS Priester, 2007, 157 (169); Lutter/Hommelhoff/*Bayer* § 19 Rn. 108; vgl. noch KG Urt. v. 23.4.2007 – 23 U 75/06, BeckRS 2007, 12048.

zur vorherigen Absprache bei der verdeckten Sacheinlage (→ § 56 Rn. 79 ff.) für das Hin-
und Herzahlen entsprechend.

c) Wirtschaftliche Entsprechung. Nach dem klaren Wortlaut des § 19 Abs. 5 ist es 50
erforderlich, dass es zu einem **Hin- und Herzahlen** von Geldmitteln zwischen der Gesellschaft und dem Gesellschafter kommt. Die bloße Einbuchung einer Forderung der Gesellschaft gegen den Inferenten genügt demnach nicht.[151]

Hauptanwendungsfall des § 19 Abs. 5 ist die Rückgewähr der erbrachten Bareinlage 51
als **Darlehen** der GmbH an den Einleger. Dem verwandt ist die Einbringung von gegen
den Gesellschafter gerichteten Forderungen, die als Sacheinlage mangels Einlagefähigkeit
(→ § 56 Rn. 18) nicht in Betracht kommen.[152] Auch die Weiterleitung von Darlehensvaluta einer **Komplementär-GmbH** an die KG[153] sowie Einlageleistungen bei Vorliegen
eines sog. „Zahlungskarussells"[154] können im Gegensatz zur bisherigen Rechtslage nach
Maßgabe des § 19 Abs. 5 zulässig sein.

d) Gegenforderung. Die Tilgung der Bareinlageschuld hängt nach neuem Recht 52
davon ab, ob die aus der Rückzahlung resultierende Forderung der Gesellschaft gegen den
Gesellschafter **vollwertig, fällig und liquide** ist. Sämtliche dieser Voraussetzungen müssen
objektiv im Zeitpunkt der Einlagenrückgewähr vorliegen.[155] War die Forderung bereits
vor der Anmeldung der Kapitalerhöhung begründet, ist der **Zeitpunkt** der Anmeldung
entscheidend.[156] Andernfalls wäre der mit der Offenlegung bezweckte Schutz der Gesellschaftsgläubiger lückenhaft und die Geschäftsführer im Einzelfall gezwungen, eine unrichtige Versicherung abzugeben. Im Ergebnis führt § 19 Abs. 5 entgegen der November-
Entscheidung des BGH[157] die bilanzielle Betrachtungsweise wieder ein und erhebt sie vom
umstrittenen Lehrsatz zur gesetzlichen Maxime des Kapitalaufbringungsrechts.

---

[151] *Bormann/Urlichs* GmbHR Sonderheft Oktober 2008, 37 (43).

[152] Wie hier BGH Urt. v. 21.11.2005 – II ZR 140/04, BGHZ 165, 113 (117) = NJW 2006, 509; Lutter/
Hommelhoff/*Bayer* § 5 Rn. 15; Noack/Servatius/Haas/*Servatius* § 5 Rn. 24; *Altmeppen* § 5 Rn. 29;
HCL/*Ulmer/Casper* § 5 Rn. 49; *Gesell* BB 2007, 2241 (2244); aA OLG Schleswig Urt. v. 20.7.2000 –
5 U 2/00, GmbHR 2000, 1045 = NJW-RR 2001, 175 (176); *Cahn* ZHR 166 (2002), 278 (306);
Drygala ZGR 2006, 587 (629); *Bormann* GmbHR 2007, 897 (903).

[153] Zur bisherigen Rechtslage BGH Urt. v. 10.12.2007 – II ZR 180/06, BGHZ 174, 370 Rn. 8 ff. = NJW-
RR 2008, 480 (481) gegen OLG Jena Urt. v. 28.6.2006 – 6 U 717/05, ZIP 2006, 1534 (1534 f.) =
NZG 2006, 661 (662); zum neuen Recht wie hier OLG Koblenz Urt. v. 17.3.2011 – 6 U 879/10,
MittBayNot 2011, 330 = DZWIR 2011, 303 mAnm *Illhardt*; OLG Schleswig v. 9.5.2012 – 2 W 37/
12, FGPrax 2012, 214 (215) = GmbHR 2012, 908; Scholz/*Priester/Tebben* Rn. 47; *K. Schmidt* ZIP 2008,
481 (490); *Gummert* DStR 2008, 976 (982); *Mohr* GmbH-StB 2008, 115 (118 f.); *Theiselmann* GmbHR
2008, 521 (522 f.); *Wachter* GmbHR Sonderheft Oktober 2008, 87 (91 f.); *Wachter* NZG 2009, 1263; s.
praktische Handlungsempfehlungen bei *Wanner-Laufer* NJW 2014, 36; zur Haftung des Steuerberaters
in diesem Zusammenhang: OLG Karlsruhe Urt. v. 25.5.2007 – 1 U 122/06, BeckRS 2007, 12066; zum
Ganzen ausf. *Rezori* RNotZ 2011, 125 (142 ff.).

[154] Zur bisherigen Rechtslage OLG Oldenburg Urt. v. 26.7.2007 – 1 U 8/07, GmbHR 2007, 1043 =
NZG 2008, 32.

[155] OLG Schleswig v. 9.5.2012 – 2 W 37/12, FGPrax 2012, 214 (216) = GmbHR 2012, 908; *Bormann*
GmbHR 2007, 897 (902); *Gehrlein* Der Konzern 2007, 771 (782); Lutter/Hommelhoff/*Bayer* § 19
Rn. 115; *Wicke* § 19 Rn. 36; *Bormann/Urlichs* GmbHR Sonderheft Oktober 2008, 37 (43); *Markwardt*
BB 2008, 2414 (2420); *Herrler* DB 2008, 2347 (2349); *Herrler* DStR 2011, 2255 (2260); vgl. auch Begr.
RegE, BT-Drs. 16/6140, 41; zur Aufrechnung RG Urt. v. 27.4.1903 – I 120/03, RGZ 54, 389 (392);
für ein nachteiliges Geschäft iSd § 311 Abs. 1 AktG, § 317 AktG BGH Urt. v. 1.12.2008 – II ZR 102/
07, NJW 2009, 850 Rn. 12 ff.; abw. *Blüchel* GmbHR 2007, 1065 (1067): Eintragung der Gesellschaft
bzw. Kapitalmaßnahme.

[156] *Markwardt* BB 2008, 2414 (2420); *Schluck-Amend/Penke* DStR 2009, 1433 (1436); *Herrler* DStR 2011,
2255 (2260).

[157] BGH Urt. v. 24.11.2003 – II ZR 171/01, BGHZ 157, 72; vgl. weiter BGH Urt. v. 18.3.2002 – II ZR
363/00, BGHZ 150, 197 (198 f.) = ZIP 2002, 799 (800 f.) = NJW 2002, 1716 (1717 f.); Lutter/
Hommelhoff/*Bayer* § 56 Rn. 24; Scholz/*Priester/Tebben* § 57 Rn. 11; *Priester* ZIP 1994, 599 (601 ff.);
anders noch BGH Urt. v. 13.7.1992 – II ZR 263/91, BGHZ 119, 177 (188) = NJW 1992, 3300 (3303);
Urt. v. 10.6.1996 – II ZR 98/95, GmbHR 1996, 772 (773) = NJW-RR 1996, 1249 (1250); MHLS/
Hermanns Rn. 22 f.; vgl. schließlich das abweichende Kapitalschutzkonzept von *Kersting* ZHR 175
(2011), 644.

53   **aa) Vollwertigkeit.** Die Forderung ist vollwertig, wenn das Gesellschaftervermögen zur Erfüllung sämtlicher Verbindlichkeiten ausreicht[158] und der Inferent im Zeitpunkt der fälligen Rückzahlung auch zur Erfüllung sämtlicher Verbindlichkeiten in der Lage ist und auch im Übrigen keine Hinweise auf die Uneinbringlichkeit des Rückzahlungsanspruchs bestehen.[159] Die Kreditwürdigkeit des Inferenten darf mit anderen Worten nicht den geringsten Zweifeln unterliegen.[160] Darüber hinaus muss der Rückgewähranspruch angemessen verzinst,[161] grundsätzlich aber nicht besichert sein.[162]

54   Die **Besicherung** ist keine Voraussetzung für die Vollwertigkeit des Rückgewähranspruchs. Die frühere Rspr., die in der unbesicherten Darlehensgewährung noch ein pflichtwidriges Geschäftsführerhandeln erkannte,[163] ist durch Schaffung des § 19 Abs. 5 obsolet geworden. Denn wäre eine Besicherung auch weiterhin erforderlich, könnte die Vorschrift ihr erklärtes Ziel, das Cash Pooling im Konzernverbund auf eine tragfähige Rechtsgrundlage zu stellen (→ Rn. 44), nicht erfüllen. Die Besicherung würde die wirtschaftlichen Vorteile des Cash Pooling zunichtemachen, was mit dem Regelungsziel des § 19 Abs. 5 schlichtweg unvereinbar wäre. Der BGH hat sich im MPS-Urteil implizit für die Zulässigkeit der Gewährung unbesicherter Darlehen ausgesprochen.[164] Anderes gilt, wenn die Sicherheitenbestellung in Abhängigkeit von der Person des Inferenten und dem Umfang der Kreditvergabe auf die Beurteilung der Kreditwürdigkeit des Gesellschafters ausstrahlt.[165] Das Bestehen einer – liquiden – Sicherheit kann das andernfalls bestehende Ausfallrisiko des Inferenten beseitigen.[166] Zudem kann das Vorhandensein oder Fehlen einer Besicherung für die Frage von Bedeutung sein, ob eine Forderung angemessen verzinst ist.[167]

55   Eine angemessene **Verzinsung** des Rückgewähranspruchs ist erforderlich, um die fehlende Verfügbarkeit der abgeflossenen Liquidität zu kompensieren. Das war nach bisheriger Rechtslage für die Kapitalerhaltung anerkannt[168] und gilt heute auch für den Bereich der

---

[158]   Zum bisherigen Recht RG Urt. v. 16.2.1937 – II 196/37, JW 1938, 1400 (1401); BGH Urt. v. 2.12.2002 – II ZR 101/02, BGHZ 153, 107 (113) = NJW 2003, 825 (826); für das neue Recht *Büchel* GmbHR 2007, 1065 (1067); Lutter/Hommelhoff/*Bayer* § 19 Rn. 115; *Lieder* GmbHR 2009, 1177 (1181).

[159]   Wie hier Noack/Servatius/Haas/*Servatius* § 19 Rn. 76a; Lutter/Hommelhoff/*Bayer* § 19 Rn. 115; *Herrler* DStR 2011, 2255 (2259).

[160]   Wie hier *Altmeppen* § 30 Rn. 113; *Spliedt* ZIP 2009, 149 (151); weniger streng *Markwardt* BB 2008, 2414 (2420); *Wirsch* Der Konzern 2009, 443 (447).

[161]   *Winter* DStR 2007, 1484 (1489); *Möller* Der Konzern 2008, 1 (5); *Wicke* NotBZ 2009, 1 (3); *Heckschen* DStR 2009, 166 (173); *Spliedt* ZIP 2009, 149 (150); *Mülbert/Leuschner* NZG 2009, 281 (283); *Schickerling/Blunk* GmbHR 2009, 337 (340); *Eusani* GmbHR 2009, 795 (796 ff.); *Blasche/König* GmbHR 2009, 897 (899 f.); *Lieder* GmbHR 2009, 1177 (1182); *Benz*, Verdeckte Sacheinlage und Einlagenrückzahlung im reformierten GmbH-Recht (MoMiG), 2010, 346 ff.; zweifelnd *Bormann/Urlichs* GmbHR Sonderheft Oktober 2008, 37 (44); aA (im Grundsatz) Scholz/*Priester/Tebben* Rn. 28; *Drygala/Kremer* ZIP 2007, 1289 (1293); *Altmeppen* ZIP 2009, 49 (52); *Wand/Tillmann/Heckenthaler* AG 2009, 148 (152); *Altmeppen* § 19 Rn. 133; Noack/Servatius/Haas/*Servatius* § 19 Rn. 77.

[162]   Scholz/*Priester/Tebben* Rn. 28; *Drygala/Kremer* ZIP 2007, 1289 (1293); *Winter* DStR 2007, 1484 (1489); *Möller* Der Konzern 2008, 1 (5); *Kiefner/Theusinger* NZG 2008, 801 (804); *Wicke* NotBZ 2009, 1 (3); *Wand/Tillmann/Heckenthaler* AG 2009, 148 (152); *Blasche/König* GmbHR 2009, 897 (900); *Lieder* GmbHR 2009, 1177 (1182); *Herrler* DStR 2011, 2255 (2259); zweifelnd aber *Bormann/Urlichs* GmbHR Sonderheft Oktober 2008, 37 (44); vgl. noch *Wicke* § 19 Rn. 32a; *Heckschen* DStR 2009, 166 (173); idS impliziert auch BGH Urt. v. 1.12.2008 – II ZR 102/07, BGHZ 179, 71 Rn. 13 = NJW 2009, 850 – MPS für die Zulässigkeit der Gewährung ungesicherter Darlehen.

[163]   BGH Urt. v. 21.12.1979 – II ZR 244/78, NJW 1980, 1629; Urt. v. 3.12.2001 – II ZR 308/99, ZIP 2002, 213 (214) = NZG 2002, 195 (196 f.); OLG Hamm Entsch. v. 10.5.1995 – 8 U 59/94, ZIP 1995, 1263 (1270); aA OLG Frankfurt Urt. v. 12.12.2007 – 17 U 111/07, AG 2008, 453 (455); OLG Celle Urt. v. 28.5.2008 – 9 U 184/07, AG 2008, 711.

[164]   BGH Urt. v. 1.12.2008 – II ZR 102/07, BGHZ 179, 71 Rn. 13 = NJW 2009, 850 – MPS.

[165]   S. dazu Lutter/Hommelhoff/*Hommelhoff* § 30 Rn. 29; *Lieder* GmbHR 2009, 1177 (1182); *Wirsch* Der Konzern 2009, 443 (447 f.).

[166]   *Herrler* DStR 2011, 2255 (2259).

[167]   *Wicke* NotBZ 2009, 1 (3); *Wirsch* Der Konzern 2009, 443 (447).

[168]   Vgl. MüKoAktG/*Bayer* AktG § 57 Rn. 168 ff.; MHLS/*Heidinger* § 30 Rn. 201 ff.; Rowedder/Schmidt-Leithoff/*Pentz* § 30 Rn. 30 ff.

Kapitalaufbringung. Andernfalls würde der Gesellschaft der Nutzwert des Kapitals kompensationslos entzogen. Dies wird auch nicht durch den Regelungszweck des § 19 Abs. 5 legitimiert. Die Vorschrift ermöglicht unter strengen Voraussetzungen lediglich den Austausch der Einlageforderung gegen einen Rückgewähranspruch. Davon abgesehen trifft § 19 Abs. 5 aber keine weiteren Aussagen über die konkreten Modalitäten der Darlehensgewährung, insbesondere nicht zur Verzinsung.[169] Von einer Verzinsung kann auch nicht für **kurzfristige Forderungen** mit einer Laufzeit von weniger als einem Jahr abgesehen werden.[170] Diese aus dem Bilanzrecht stammende Einschränkung dient lediglich Vereinfachungszwecken, ist aber mit dem Gebot der effektiven Kapitalaufbringung nicht in Einklang zu bringen.[171] Die **Angemessenheit des Zinssatzes** bestimmt sich unter Berücksichtigung der konkreten Umstände des Einzelfalles sowie des allgemeinen Zinsniveaus danach, welchen Zinssatz die GmbH bei einer Darlehensgewährung in einer vergleichbaren Situation am Markt hätte erzielen können.[172] In die vorzunehmende Einzelfallbetrachtung fließen insbesondere das Volumen und die Laufzeit der Darlehensgewährung ein.[173] Ein Zurückbleiben hinter dem Marktzins von weniger als 1 % sollte indes als unschädliche Toleranzabweichung hingenommen werden.[174] Zu Ausnahmen für Cash-Pool-Systeme → Rn. 78.

bb) Fälligkeit. Fällig ist die Forderung ab dem Zeitpunkt, zu dem der Gläubiger die **56** Leistung fordern kann.[175] Das Merkmal der Fälligkeit ist erst auf Vorschlag des Rechtsausschusses in die Vorschrift aufgenommen worden. Es soll verhindern, dass die Gegenforderung infolge Zeitablaufs und etwaiger Liquiditätsverluste beim Gesellschafter zu einem späteren Zeitpunkt nicht realisierbar ist.[176] Wird an den Gesellschafter ein Darlehen ausgereicht, muss vertraglich sichergestellt werden, dass die GmbH die Geldmittel jederzeit fällig stellen kann.[177] Ein jederzeitiges Rückforderungsrecht ist dem bürgerlichen Darlehensrecht (vgl. § 488 Abs. 3 BGB, § 490 BGB) unbekannt[178] und muss deshalb privatautonom zwischen Gesellschafter und GmbH vereinbart werden.[179]

cc) Liquidität. Auch wenn dies in § 19 Abs. 5 nicht ausdrücklich verlangt ist, muss die **57** Forderung weiterhin liquide sein, da ansonsten die von der Regelung implizit vorausgesetzte Gleichwertigkeit von Einlage- und Gegenforderung selbst bei bilanzieller Betrachtung nicht gewährleistet ist.[180] Die Forderung ist liquide, wenn sie nach Grund und Höhe unzweifelhaft ist, dh, ihre Durchsetzbarkeit darf weder an Einwendungen noch an Einreden, wie zB Verjährung, scheitern.[181]

dd) Offenlegung. Sehr umstritten ist die Frage, ob die Offenlegung des Hin- und **58** Herzahlens nach § 19 Abs. 5 S. 2 ebenfalls eine tatbestandliche Voraussetzung für Rückzah-

---

[169] Vgl. noch *Mülbert/Leuschner* NZG 2009, 281 (282 f.).
[170] So aber *Drygala/Kremer* ZIP 2007, 1289 (1293); *Kiefner/Theusinger* NZG 2008, 801 (804).
[171] IErg wie hier *Altmeppen* ZIP 2009, 49 (52); *Mülbert/Leuschner* NZG 2009, 281 (282); *Eusani* GmbHR 2009, 795 (797); *Blasche/König* GmbHR 2009, 897 (899); *Lieder* GmbHR 2009, 1177 (1182); *Wirsch* Der Konzern 2009, 443 (449); *Herrler* DStR 2011, 2255 (2259); *Benz,* Verdeckte Sacheinlage und Einlagenrückzahlung im reformierten GmbH-Recht (MoMiG), 2010, 346 f.
[172] Zutr. *Wirsch* Der Konzern 2009, 443 (448); vgl. noch *Thümmel/Burkhardt* AG 2009, 885 (889).
[173] Vgl. *Wirsch* Der Konzern 2009, 443 (448).
[174] *Herrler* DStR 2011, 2255 (2259); *Wirsch* Der Konzern 2009, 443 (449).
[175] *Grüneberg/Grüneberg* BGB § 271 Rn. 1; MüKoBGB/*Krüger* BGB § 271 Rn. 2.
[176] Vgl. Rechtsausschuss, BT-Drs. 16/9737, 56; s. noch (zur Aufrechnung) Scholz/*Veil* § 19 Rn. 74; Lutter/Hommelhoff/*Bayer* § 19 Rn. 32; HCL/*Casper* § 19 Rn. 215.
[177] Vgl. *Wachter* GmbHR Sonderheft Oktober 2008, 87 (91).
[178] S. nur MüKoBGB/*Berger* BGB § 488 Rn. 43, 221; *Grüneberg/Weidenkaff* BGB § 488 Rn. 11; BeckOK/*Rohe* BGB § 488 Rn. 38.
[179] Zur Disponibilität des bürgerlichrechtlichen Darlehensrechts MüKoBGB/*Berger* BGB § 488 Rn. 223; *Grüneberg/Weidenkaff* BGB § 488 Rn. 11; BeckOK/*Rohe* BGB § 488 Rn. 35, 40.
[180] IErg auch Lutter/Hommelhoff/*Bayer* § 19 Rn. 116; *Lieder* GmbHR 2009, 1177 (1183); *Herrler* DStR 2011, 2255 (2259).
[181] Lutter/Hommelhoff/*Bayer* § 19 Rn. 116; *Lieder* GmbHR 2009, 1177 (1183); *Herrler* DStR 2011, 2255 (2259); *Kupjetz/Peter* GmbHR 2012, 498 (501); vgl. noch Rowedder/Schmidt-Leithoff/*Pentz* § 19 Rn. 83; MHLS/*Ebbing* § 19 Rn. 90.

lungen darstellt. Der **BGH** hat sich – wenngleich ohne nähere Begründung – ausdrücklich dafür ausgesprochen, dass eine Einlagenrückgewähr nur dann zulässig ist, wenn das Hin- und Herzahlen in der Anmeldung auch offengelegt wird.[182] Die Meinungen im Schrifttum sind geteilt. Während ein Großteil dem BGH folgt,[183] lehnt die **vorzugswürdige Gegen-auffassung** die konstitutive Bedeutung der Offenlegung ab.[184] Zwar ist nicht von der Hand zu weisen, dass die Werthaltigkeit des Rückgewähranspruchs durch die Prüfung des Registerrichters gewährleistet wird. Allerdings erlischt die Einlageschuld nach § 19 Abs. 5 S. 1 nur dann, wenn sämtliche Voraussetzungen der Vorschrift tatsächlich erfüllt sind. Das gilt unabhängig von dem Umstand, ob die Erfordernisse in der Anmeldung offengelegt worden sind oder nicht. Für den materiellen Schutz der Gesellschaftsgläubiger ist die Offen-legung demnach ohne Belang.[185] Zudem ist die Gegenauffassung nicht in der Lage, **Altfälle** angemessen zu bewältigen.[186] Soweit hier ebenfalls eine Offenlegung verlangt wird,[187] läuft die mit § 3 Abs. 4 EGGmbHG angestrebte Heilungswirkung (→ § 19 Rn. 367) faktisch ins Leere. Erkennt man für Altfälle hingegen eine Ausnahme von der Offenlegungspflicht an,[188] erscheint die Gegenauffassung wenig stringent.[189] Konsequent ist allein der vollstän-dige Verzicht auf das Offenlegungserfordernis für Alt- und Neufälle. Für die hier vertretene Auffassung spricht weiterhin, dass die besondere Anmeldevorschrift in einem systematisch verselbstständigten zweiten Satz normiert ist, während der erste Satz in sprachlich abge-schlossener Form die tatbestandlichen Voraussetzungen einer zulässigen Rückzahlung nie-derlegt. Hätte der Gesetzgeber die Offenlegung tatsächlich als ein weiteres Tatbestandsmerk-mal angesehen, hätte es nahegelegen, die Offenlegungspflicht in einen umfassenden Satz mit allen übrigen Voraussetzungen zu integrieren. Das ist aber nicht geschehen.[190] Im Übrigen ist ein **Verstoß** gegen § 19 Abs. 5 S. 2 nach allgemeinen Grundsätzen hinreichend **sanktioniert:** Legen die Geschäftsführer die Einlagenrückzahlung nicht ordnungsgemäß

---

[182] BGH Urt. v. 16.2.2009 – II ZR 120/07, BGHZ 180, 38 Rn. 16 = NJW 2009, 2375 – Qivive; Urt. v. 20.7.2009 – II ZR 273/07, BGHZ 182, 103 Rn. 24 f. = NJW 2009, 3091 = NZG 2009, 944 – Cash Pool II.

[183] Vor Qivive: *Wälzholz* GmbHR 2008, 841 (846); *Wälzholz* MittBayNot 2008, 425 (431); *Bormann/Urlichs* GmbHR Sonderheft Oktober 2008, 37 (44); *Katschinski/Rawert* ZIP 2008, 1993 (2000); *Tebben* RNotZ 2008, 441 (461); *Heckschen* DStR 2009, 166 (173); Noack/Servatius/Haas/ Servatius Rn. 6 aE; im Anschluss an Qivive später ebenso *Pentz* GmbHR 2009, 505 (511); *Schluck-Amend/Penke* DStR 2009, 1433 (1436); *Pluskat/Marquardt* NJW 2009, 2353 (2354); *Goette* GWR 2009, 333 (335 f.); *Theisel-mann* Der Konzern 2009, 460 (463); *Strohn* DB 2010, 37 (38).

[184] Dazu ausf. *Lieder* GmbHR 2009, 1177 (1179 f.); *G. H. Roth* NJW 2009, 3397; *Arvento* BB 2010, 202; *Herrler* GmbHR 2009, 785 (786 f.); *Herrler* DStR 2011, 2255 (2257 f.); *Zabel* DZWIR 2010, 359; iErg ebenso *Heidinger/Berkefeld* in Heckschen/Heidinger GmbH-Gestaltungspraxis Kap. 11 Rn. 112; *Altmeppen* § 19 Rn. 143 ff.; Noack/Servatius/Haas/ Servatius § 19 Rn. 80; *Wedemann* GmbHR 2008, 1131 (1133 Fn. 18); *Häublein* DNotZ 2009, 771 (774 f.); *Michelfeit* MittBayNot 2009, 435 (437 f.); *Henkel* NZI 2010, 84 (86 f.); *Schockenhoff/Wexler-Uhlrich* NZG 2009, 1327 (1328 f.); *Illhardt* DZWIR 2011, 305 (306 f.); *Benz,* Verdeckte Sacheinlage und Einlagenrückzahlung im reformierten GmbH-Recht (MoMiG), 2010, 409 ff.; krit. auch *Altmeppen* ZIP 2009, 1545 (1548); jetzt ausdrücklich wie hier *Altmeppen* NZG 2010, 441 (445); zweifelnd Lutter/Hommelhoff/ *Bayer* § 19 Rn. 122; *Bormann/Urlichs* DStR 2009, 641 (643) m. Fn. 24.

[185] Vgl. noch *Altmeppen* ZIP 2009, 1545 (1548); jetzt ausdrücklich wie hier *Altmeppen* NZG 2010, 441 (445); *Lieder* GmbHR 2009, 1177 (1179 f.).

[186] Wie hier schon *Heidinger/Berkefeld* in Heckschen/Heidinger GmbH-Gestaltungspraxis Kap. 11 Rn. 112; *Lieder* GmbHR 2009, 1177 (1180); *G. H. Roth* NJW 2009, 3397 (3399); *Benz,* Verdeckte Sacheinlage und Einlagenrückzahlung im reformierten GmbH-Recht (MoMiG), 2010, 410 f.

[187] So ausdrücklich *Goette* GWR 2009, 333 (336); dagegen *Theusinger* NZG 2009, 1017 (1018); *Hennrichs/ Petig* WuB II C. § 19 GmbHG 1.09.

[188] So etwa LG Erfurt Urt. v. 15.7.2010 – 10 O 994/09, BeckRS 2010, 29372 = DZWIR 2010, 525 mAnm *Illhardt*; Noack/Servatius/Haas/ Servatius § 19 Rn. 80; *Wälzholz* GmbHR 2008, 841 (846); *Heck-schen* GWR 2011, 51 und → § 19 Rn. 325; dagegen dezidiert *Herrler* DStR 2011, 2255 (2256 f.); ebenso OLG Koblenz Urt. v. 17.3.2011 – 6 U 879/10, MittBayNot 2011, 330 = DZWIR 2011, 303 mAnm *Illhardt.*

[189] Zu weiteren ungeklärten Folgefragen der Gegenauffassung s. *Pentz* GmbHR 2009, 505 (511).

[190] Zu Wortlaut und Systematik ähnlich Lutter/Hommelhoff/*Bayer* § 19 Rn. 122; *Lieder* GmbHR 2009, 1177 (1179); *G. H. Roth* NJW 2009, 3397 (3398).

offen, handeln sie pflichtwidrig und sind nach § 9a haftbar;[191] bei Vorsatz droht die Strafbarkeit nach § 82 Abs. 1 Nr. 3.[192] Ist der Einlagebetrag vom Inferenten nicht zu erlangen, haftet der Geschäftsführer nach § 43 Abs. 2.[193] Auf diese Rechtsfolgen sind Offenlegungsverstöße auch bei der Versicherung nach § 8 Abs. 2 (→ § 8 Rn. 60) sowie bei der verdeckten Sacheinlage (→ § 56 Rn. 101 ff.) beschränkt. Eine darüber hinausgehende Sanktionierung ist weder zum Schutz berechtigter Gläubigerinteressen erforderlich noch in systematischer Hinsicht ohne Wertungswidersprüche zu bewerkstelligen.[194]

e) Beteiligung Dritter. Die Vorschriften des § 19 Abs. 5 finden auch dann Anwen- **59** dung, wenn sich die Gesellschaft oder der Inferent das Handeln einer dritten Person zurechnen lassen müssen.[195] Insofern gilt das zur Beteiligung Dritter bei der verdeckten Sacheinlage Gesagte (→ § 56 Rn. 86 ff.) entsprechend.

f) Beweislastverteilung. Der **Gesellschafter** ist für das vollständige Vorliegen der **60** genannten Voraussetzungen darlegungs- und beweispflichtig.[196] Zwar enthält die Neuregelung über das Hin- und Herzahlen – anders als § 19 Abs. 4 S. 5 für die verdeckte Sacheinlage – keine ausdrückliche Beweislastregelung. Eine analoge Anwendung der Beweisregel des § 19 Abs. 4 S. 5 kommt aber ebenso wenig in Betracht wie die Anwendung des § 363 BGB, welcher der Gesellschaft die Beweislast auferlegen würde.[197] Die Beweislast des Gesellschafters ergibt sich vielmehr bereits aus der negativen Formulierung des § 19 Abs. 5 S. 1, die impliziert, dass der Eintritt der Erfüllungswirkung vom Nachweis der Werthaltigkeit der Gegenforderung durch den Gesellschafter abhängt. Insoweit gilt nichts anderes als für das vermutete Verschulden bei schuldrechtlichen Pflichtverletzungen nach § 280 Abs. 1 S. 2 BGB.[198]

In einem Rechtsstreit über die Erfüllung der Einlageschuld, ist der Gesellschafter darle- **61** gungs- und beweisbelastet. Allerdings muss er nicht von sich aus sämtliche Umstände als nicht gegeben nachweisen, die einer wirksamen Einlageerbringung entgegenstehen können. Steht die Einzahlung durch den Gesellschafter fest, trägt die Gesellschaft, vertreten durch die Geschäftsführer oder im Insolvenzfall den Insolvenzverwalter, für solche Umstände eine **gesteigerte Vortragslast** (→ Rn. 22).[199] Die Gesellschaft muss in diesem Zusammenhang Anhaltspunkte aufzeigen, die einer Einlageleistung zur freien Verfügung der Geschäftsführer entgegenstehen. Ist dies erfolgt, trägt der Gesellschafter die Darlegungs- und Beweislast dafür, dass die Einlage im Gesellschaftsvermögen verblieben und nicht wieder (unter Verstoß gegen § 19 Abs. 5) an den Inferenten zurückgeflossen ist.[200]

5. Rechtsfolgen. a) Erfüllung der Bareinlageschuld. Liegen sämtliche Vorausset- **62** zungen des § 19 Abs. 5 vor, ist die Bareinlageschuld des Gesellschafters wirksam erfüllt. Mangels Verstoß gegen Kapitalaufbringungsvorschriften sind auch alle übrigen **schuldrechtlichen**

---

[191] Vgl. noch *Maier-Reimer/Wenzel* ZIP 2008, 1449 (1454).
[192] *Maier-Reimer/Wenzel* ZIP 2008, 1449 (1454); *Tebben* RNotZ 2008, 441 (460 f.); *Lips/Randel/Werwigk* DStR 2008, 2220 (2222); *Römermann* GmbHR Sonderheft Oktober 2008, 62 (64); *Kleindiek* FS K. Schmidt, 2009, 893 (899); *Schluck-Amend/Penke* DStR 2009, 1433 (1437); aA dezidiert *Altmeppen* ZIP 2009, 1545 (1550); vgl. noch *K. Schmidt* GmbHR 2008, 449 (452).
[193] Vgl. (zur verdeckten Sacheinlage) *Veil* ZIP 2007, 1241 (1243, 1244).
[194] Dazu ausf. *Lieder* GmbHR 2009, 1177 (1180); *G. H. Roth* NJW 2009, 3397 (3398 f.).
[195] Aus der Rspr. exemplarisch OLG Schleswig Beschl. v. 9.5.2012 – 2 W 37/12, FGPrax 2012, 214 (215) = GmbHR 2012, 908.
[196] IErg wie hier *Gehrlein* Der Konzern 2007, 771 (781); *Heinze* GmbHR 2008, 1065 (1071); Lutter/Hommelhoff/*Bayer* § 19 Rn. 117; *Wicke* § 19 Rn. 36; Scholz/Priester/*Tebben* Rn. 31; *Markwardt* BB 2008, 2414 (2419); *Heckschen* DStR 2009, 166 (173 f.); zum bisherigen Recht BGH Urt. v. 15.6.1992 – II ZR 229/91, GmbHR 1992, 522 (524) = NJW 1992, 2229 (2231); OLG Hamm Urt. v. 19.9.1982 – 8 U 387/82, GmbHR 1984, 317 (317 f.); OLG Köln Urt. v. 7.1.1986 – 22 U 93/85, ZIP 1986, 569 (571); OLG Düsseldorf Urt. v. 22.7.1993 – 6 U 214/92, DB 1993, 1714 = NJW-RR 1993, 1257 (1258); aA *Tebben* RNotZ 2008, 441 (461); nach früherem Recht OLG Karlsruhe Urt. v. 2.12.1970 – 11 U 75/69, GmbHR 1971, 7 (8).
[197] So *Büchel* GmbHR 2007, 1065 (1067 f.).
[198] Vgl. Grüneberg/*Grüneberg* BGB § 280 Rn. 34; MüKoBGB/*Ernst* BGB § 280 Rn. 34.
[199] BGH Beschl. v. 17.9.2013 – II ZR 142/12, WM 2014, 265 Rn. 3 = BeckRS 2014, 01942.
[200] Vgl. BGH Beschl. v. 17.9.2013 – II ZR 142/12, WM 2014, 265 Rn. 5 = BeckRS 2014, 01942.

Beziehungen zwischen Gesellschaft und Gesellschafter **wirksam.** Die Gesellschaft ist auf den schuldrechtlichen Rückgewähranspruch gegen den Gesellschafter beschränkt.

63   Das rechtliche **Schicksal des Rückgewähranspruchs** bestimmt sich nach allgemeinem Zivilrecht. Insbesondere ist eine analoge Anwendung des § 19 Abs. 2 auf den Rückgewähranspruch dogmatisch nicht begründbar,[201] da dieser Anspruch mit der originären Einlageforderung strukturell nicht vergleichbar ist. Weder dem Gesetzestext noch den Materialien ist zu entnehmen, dass Einlageforderung und Gegenanspruch einander angenähert werden sollten. Deshalb finden – anders als auf die Einlageforderung (→ Rn. 65) – auch § 16 Abs. 2, §§ 21, 22, 24 keine Anwendung.[202] Gleiches gilt für die besondere Verjährungsvorschrift des § 19 Abs. 6; stattdessen finden grundsätzlich die allgemeinen schuldrechtlichen Verjährungsvorschriften nach §§ 195, 199 BGB Anwendung.[203]

64   Die Einlagenrückgewähr steht bei Einhaltung des § 19 Abs. 5 weder dem Gebot der Leistung zur **endgültig freien Verfügung** nach § 7 Abs. 2, § 8 Abs. 2 S. 1, § 56a, § 57 Abs. 2 S. 1 (→ Rn. 40) noch dem **Befreiungsverbot** nach § 19 Abs. 2 S. 1 (→ § 56 Rn. 129) entgegen. Denn die Neuregelung lässt die Intention des Gesetzgebers erkennen, dass solche Rückzahlungen an Gesellschafter – anders als nach bisherigem Recht (→ Rn. 42) – nicht (mehr) gegen diese Vorschriften verstoßen. Andernfalls würde der Anwendungsbereich des § 19 Abs. 5 entgegen der legislatorischen Intention ganz erheblich beschnitten. Das Gebot der Leistung zur endgültig freien Verfügung und das Befreiungsverbot sind daher **teleologisch zu reduzieren,** soweit die Anwendung der Rechtsinstitute den Normzweck des § 19 Abs. 5 vereiteln würde.[204]

65   **b) Nichterfüllung der Voraussetzungen.** Die Anwendung des § 19 Abs. 5 setzt voraus, dass sämtliche tatbestandlichen Voraussetzungen (→ Rn. 47 ff.) erfüllt sind. Ist auch nur ein Tatbestandsmerkmal nicht gegeben, ist § 19 Abs. 5 nicht anwendbar. Das gilt insbesondere dann, wenn die gegen den Gesellschafter gerichtete Rückzahlungsforderung nicht vollwertig, fällig oder liquide ist.[205] Eine **teilweise Anrechnung** des tatsächlichen Werts der Gegenforderung wie bei der verdeckten Sacheinlage nach § 19 Abs. 4 S. 3[206] **kommt nicht in Betracht.** Um dieses Ergebnis zu erzielen, hätte in § 19 Abs. 5 S. 1 anstelle des Wortes „wenn" das Wort „soweit" gewählt werden müssen.[207] Die Abweichung im Vergleich zur Anrechnungslösung bei der verdeckten Sacheinlage (→ § 56 Rn. 94) resultiert aus der strukturellen Schwäche des schuldrechtlichen Rückzahlungsanspruchs im Gegensatz zu dem (verdeckt) in das Vermögen der GmbH eingebrachten Sachgegenstand. Während die Gesellschaftsgläubiger auf den eingelegten Vermögenswert als Haftungsmasse zugreifen können, ist die Gegenforderung stets von der wirtschaftlichen Leistungsfähigkeit des Gesell-

---

201   So aber *Wicke* § 19 Rn. 37; *Heinze* GmbHR 2008, 1065 (1071); Scholz/*Veil* § 19 Rn. 193; iErg wie hier dagegen Noack/Servatius/Haas/*Servatius* § 19 Rn. 83; Lutter/Hommelhoff/*Bayer* § 19 Rn. 121; Scholz/*Priester/Tebben* Rn. 27; *Bormann* GmbHR 2007, 897 (902 f.); *Gehrlein* Der Konzern 2007, 771 (782); *Kallmeyer* DB 2007, 2755 (2756 f.); *Bormann/Urlichs* GmbHR 2008, 119 (120); *König/Bormann* DNotZ 2008, 652 (661); *Herrler* DB 2008, 2347 (2348).

202   Wie hier *Herrler* DB 2008, 2347 (2348); Lutter/Hommelhoff/*Bayer* § 19 Rn. 121; *Altmeppen* § 19 Rn. 139; Noack/Servatius/Haas/*Servatius* § 19 Rn. 83; Scholz/*Priester/Tebben* Rn. 27; *Rose* in Bunnemann/Zirngibl GmbH in der Praxis § 6 Rn. 50; *Pentz* GmbHR 2009, 505 (511); *Schluck-Amend/Penke* DStR 2009, 1433 (1435); (für § 24) *Pellens/Kemper/Schmidt* ZGR 2008, 381 (398); aA *G. H. Roth* NJW 2009, 3397 (3401).

203   Wie hier *Schluck-Amend/Penke* DStR 2009, 1433 (1435).

204   Vgl. noch Begr. RegE, BT-Drs. 16/6140, 35; RA, BT-Drs. 16/9737, 56; aA *Heinze* GmbHR 2008, 1065 (1071 f.); abw. auch *Wirsch*, Kapitalaufbringung und Cash Pooling in der GmbH, 2009, 205.

205   Unstr. *Wirsch* GmbHR 2007, 736 (739); *Gesell* BB 2007, 2241 (2245, 2246 f.); *Kallmeyer* DB 2007, 2755 (2756); *Maier-Reimer/Wenzel* ZIP 2008, 1449 (1453 f.); *Heinze* GmbHR 2008, 1065 (1070); *König/Bormann* DNotZ 2008, 652 (662); Lutter/Hommelhoff/*Bayer* § 19 Rn. 124; *Wicke* § 19 Rn. 35; *Bormann/Urlichs* GmbHR Sonderheft Oktober 2008, 37 (44); *Herrler* DB 2008, 2347 (2348).

206   Zum Gleichlauf von verdeckter Sacheinlage und Hin- und Herzahlen vgl. Begr. RegE, BT-Drs. 16/6140, 25, 40.

207   So der nicht Gesetz gewordene Vorschlag des Bundesrats, BR-Drs. 354/07, 13 = BT-Drs. 16/6140, 66; ebenso *Kallmeyer* DB 2007, 2755 (2756); Lutter/Hommelhoff/*Bayer* § 19 Rn. 124.

schafters abhängig.[208] Daran ändert sich auch dann nichts, wenn die Forderung zu einem späteren Zeitpunkt infolge verbesserter Bonität des Gesellschafters wieder vollwertig wird oder später der Fälligkeitszeitpunkt erreicht ist.[209] Kann die Einlagepflicht vom Inferenten nicht erfüllt werden, haften die **Mitgesellschafter** nach § 24. Ebenso unterliegen die **Rechtsnachfolger** des Einlegers der Haftung nach § 16 Abs. 2.

c) Heilung. Sind die tatbestandlichen Voraussetzungen des § 19 Abs. 5 nicht erfüllt, **66** besteht die Bareinlageverpflichtung des Gesellschafters in voller Höhe unverändert fort. Zahlt der Gesellschafter den offen gebliebenen Einlagebetrag vollständig und ordnungsgemäß ein, erlischt die Einlageschuld und der Gesetzesverstoß ist **geheilt.** Ebenso wie nach altem Recht[210] tilgen auch solche Zahlungen die offen gebliebene Einlageschuld des Inferenten, die auf die vermeintliche Darlehensschuld oder eine anderweitige schuldrechtliche Verpflichtung geleistet werden.[211] Erforderlich ist dabei aber stets, dass sich die Zahlungen der Einlageschuld tatsächlich zurechnen lassen. Nur wenn das Finanzierungsgeschäft mit dem Inferenten endgültig beendet wird, tritt sicher Heilung ein. Indes wird die endgültige Geschäftsbeendigung, etwa die Herausnahme einer Gesellschaft aus dem zentralen Cash-Management-System, regelmäßig nicht den wirtschaftlichen Vorstellungen der Beteiligten entsprechen. Gleiches gilt für die Durchführung einer ordentlichen Kapitalherabsetzung mit anschließender Kapitalerhöhung und ordentlicher Kapitalaufbringung.[212]

Zweifelhaft ist darüber hinaus, ob – und, wenn ja, unter welchen Voraussetzungen – **67** nach Rückführung des Betrages an die GmbH die Geldmittel wieder an den Gesellschafter ausgereicht werden können.[213] Zum Teil wird die Auffassung vertreten, eine **erneute Rückführung** sei wiederum als Hin- und Herzahlen anzusehen, dessen Zulässigkeit sich nach § 19 Abs. 5 beurteilt.[214] Nach den hier abgelehnten Vorgaben des BGH wäre die Rückzahlung nur wirksam, wenn sie auch gegenüber dem Registergericht offengelegt worden ist. Eine spätere Offenlegung ist gesetzlich indes nicht vorgesehen.[215] Auch eine Vergleichbarkeit mit der wirtschaftlichen Neugründung von Vorrats- und Mantel-GmbH (→ § 3 Rn. 31) ist nicht gegeben, da es bei einer materiell nach § 19 Abs. 5 privilegierten Rückzahlung an einer gründungsspezifischen Gefahrenlage mangelt. Überhaupt ist das Offenlegungskriterium für die materielle Wirksamkeit der Rückzahlung nach hier vertretener Auffassung ohne Belang (→ Rn. 58). Die – überzeugende – Gegenauffassung wendet daher § 30 Abs. 1 S. 2 an. Dafür spricht, dass sie die erneute Rückzahlung systemkonform dem Bereich der Kapitalerhaltung zuordnet. Nur für den Fall, dass bereits vor

---

[208]   Krit. *Wälzholz* MittBayNot 2008, 425 (431); *Wicke* § 19 Rn. 35; *Hentzen/Schwandtner* ZGR 2009, 1007 (1022); zust. aber auch Lutter/Hommelhoff/*Bayer* § 19 Rn. 124; Scholz/*Priester/Tebben* Rn. 33.

[209]   *Herrler* DB 2008, 2347 (2348); *Schluck-Amend/Penke* DStR 2009, 1433 (1437).

[210]   BGH Urt. v. 9.1.2006 – II ZR 72/05, BGHZ 165, 352 (356 ff.) = WM 2006, 438 (439 f.) = NJW 2006, 906 (907); Urt. v. 21.11.2005 – II ZR 140/04, BGHZ 165, 113 (117 f.) = NJW 2006, 509 = WuB II A. § 54 AktG 1.06 mAnm *Bayer/Graff;* Beschl. v. 15.10.2007 – II ZR 263/06, ZIP 2008, 1281 Rn. 6 = NZG 2008, 511 (512).

[211]   Begr. RegE, BT-Drs. 16/6140, 34; vgl. noch Lutter/Hommelhoff/*Bayer* § 19 Rn. 126; *Wicke* § 19 Rn. 38; *Büchel* GmbHR 2007, 1065 (1067); *Herrler* DB 2008, 2347 (2348 f.); *Wälzholz* MittBayNot 2008, 425 (432).

[212]   Dazu näher *Herrler* GmbHR 2010, 785 (787); *Herrler* DStR 2011, 2300 (2301).

[213]   Zum Problem s. *G. H. Roth* NJW 2009, 3397 (3400); *Wanner-Laufer* NJW 2014, 36 (37).

[214]   Dazu näher *Benz,* Verdeckte Sacheinlage und Einlagenrückzahlung im reformierten GmbH-Recht (MoMiG), 2010, 374 ff.; *Herrler* DStR 2011, 2300 (2301).

[215]   OLG Stuttgart Beschl. v. 6.9.2011 – 8 W 319/11, NZG 2012, 231 = EWiR § 27 AktG 1/12, 99 *(Henkel)* = DZWIR 2011, 523 mAnm *Illhardt* lässt die Nachholung der Offenlegung nur solange zu, wie die Gesellschaft respektive Kapitalerhöhung noch nicht in das Handelsregister eingetragen ist; OLG München Beschl. v. 17.10.2012 – 31 Wx 352/12, NZG 2013, 347 = GmbHR 2012, 1299 mAnm *Geißler* weigert sich, die „Heilung" in das Handelsregister einzutragen sowie die „Heilungsanmeldung" in den Registerordnung aufzunehmen; zum Ganzen näher *Wanner Laufer* NJW 2014, 36 (37 f.) – Für eine weitergehende Heilungsmöglichkeit *Herrler* GmbHR 2010, 785 (789 ff.); *Herrler* DStR 2011, 2300 (2302 ff.); *Rezori* RNotZ 2011, 125 (133); vgl. weiter, mit dogmatischen Bedenken, *Illhardt* DZWIR 2011, 524 (527); zur AG BeckOGK/*Herrler* AktG § 27 Rn. 274.

Einzahlung der Bareinlage verabredet war, die Geldmittel mehrfach zwischen dem Inferenten und der GmbH hin- und herfließen zu lassen, oder wenn die anerkannten Vermutungsregelungen (→ § 56 Rn. 83 ff.) greifen, kommt ausnahmsweise § 19 Abs. 5 zur Anwendung.

68   **d) Pflichten der Geschäftsführer und Haftungsfragen.** Von der Neuregelung unberührt bleibt die Haftung der Gesellschafter und Geschäftsführer für **unrichtige Angaben** im Zusammenhang mit der Anmeldung der Kapitalerhöhung nach § 57 Abs. 4 iVm § 9a Abs. 1 (→ § 57 Rn. 37 ff.) sowie nach § 43 Abs. 2.[216] Insbesondere sind Rückzahlungen an Gesellschafter oder deren Vereinbarung nach § 19 Abs. 5 S. 2 in der **Anmeldung** der Kapitalerhöhung nach § 57 (→ § 57 Rn. 5 ff., → § 57 Rn. 15) anzugeben, ebenso wie Art und Höhe der Leistungen.[217] Um dem Gericht die Prüfung der tatbestandlichen Voraussetzungen des § 19 Abs. 5 S. 1 zu ermöglichen, sind die notwendigen **Nachweise** und **Unterlagen** regelmäßig mit der Anmeldung beim Registergericht einzureichen.[218] Das gilt namentlich für zwischen Gesellschaft und Inferent getroffene Abreden, zB den Darlehensvertrag, sowie Belege für die Vollwertigkeit des Gegenleistungsanspruchs bzw. die Solvenz des Inferenten.[219] Namentlich die Vollwertigkeit wird regelmäßig durch das Gutachten eines Wirtschaftsprüfers oder Steuerberaters bezeugt werden müssen.[220] In Betracht kommt auch eine positive Bewertung durch eine international anerkannte Ratingagentur, nicht hingegen der allgemeine Hinweis auf „aktuelle, öffentlich zugängliche Ratings".[221] Ist der Nachweis nicht geführt, hat der Registerrichter die Eintragung der Kapitalerhöhung abzulehnen. Eine analoge Anwendung des § 57a iVm § 9c Abs. 1 S. 2 (→ § 57a Rn. 20 f.) kommt nicht in Betracht. Die Vorschrift ist als auf Sacheinlagen beschränkte Ausnahmevorschrift nicht analogiefähig, sodass selbst unwesentliche Abweichungen der Eintragung entgegenstehen.[222] Bei Verstößen handeln die Geschäftsführer pflichtwidrig; sie können sich ersatzpflichtig und strafbar machen (→ Rn. 58).

69   Die Geschäftsführer haften außerdem nach § 43 Abs. 2, wenn sie im Rahmen der **Bilanzierung des Rückgewähranspruchs** schuldhaft die Pflicht zur ordnungsgemäßen Bilanzierung und Bewertung verletzen.[223] Im Hinblick auf die Bedeutung der Bonität des Gesellschafters sind an die Beachtung dieser Grundsätze strenge Anforderungen zu stellen; insbesondere das individuelle **Ausfallrisiko des Gesellschafters** ist nach objektiven Maßstäben in die Betrachtung einzubeziehen.[224] Der Geschäftsführer ist außerdem verpflichtet, sich vor Rückzahlung des Einlagebetrags von der uneingeschränkten Zahlungsfähigkeit des Gesellschafters zu überzeugen.[225] Zu diesem Zweck muss sich der Geschäftsführer mit den

---

[216] Vgl. Begr. RegE, BT-Drs. 16/6140, 40.

[217] Lutter/Hommelhoff/*Bayer* § 19 Rn. 112.

[218] OLG München Beschl. v. 17.2.2011 – 31 Wx 246/10, MittBayNot 2011, 331 (332) = ZIP 2011, 567; OLG Schleswig Beschl. v. 9.5.2012 – 2 W 37/12, FGPrax 2012, 214 (215) = GmbHR 2012, 908; Scholz/*Veil* § 19 Rn. 188; *Krafka* RegisterR-HdB Rn. 967, 978a; aA Gehrlein/Born/Simon/*Sirchich von Kis-Sira* § 19 Rn. 71; *Schall* ZGR 2009, 126 (143); *Wachter* GmbHR 2011, 423 (424 f.); *Wachter* EWiR 2013, 113 (114); vgl. noch *Wicke* NotBZ 2009, 1 (3).

[219] OLG München Beschl. v. 17.2.2011 – 31 Wx 246/10, MittBayNot 2011, 331 (332) = ZIP 2011, 567; OLG Schleswig Beschl. v. 9.5.2012 – 2 W 37/12, FGPrax 2012, 214 (215) = GmbHR 2012, 908; *Altmeppen* § 19 Rn. 141.

[220] Zutr. *Katschinski/Rawert* ZIP 2008, 1993 (2000); ähnlich Lutter/Hommelhoff/*Bayer* § 19 Rn. 112; Scholz/*Priester/Tebben* Rn. 32; *Wälzholz* MittBayNot 2008, 425 (431); *Herrler* DNotZ 2008, 903 (905 f.); weniger streng *Schall* ZGR 2009, 126 (142 f.): Prüfung der „formellen" Vollwertigkeit.

[221] So OLG München Beschl. v. 17.2.2011 – 31 Wx 246/10, MittBayNot 2011, 331 (332) = ZIP 2011, 567.

[222] Ausf. *Herrler* DB 2008, 2347 (2349); ebenso Lutter/Hommelhoff/*Bayer* § 19 Rn. 112; *Herrler* DNotZ 2008, 903 (906).

[223] Dazu *Saenger* FS Westermann, 2008, 1381 (1398); Lutter/Hommelhoff/*Bayer* § 19 Rn. 118.

[224] S. hierzu *Büchel* GmbHR 2007, 1065 (1067); *Kallmeyer* DB 2007, 2755 (2758); *Winter* DStR 2007, 1484 (1486); *Bormann/Urlichs* GmbHR Sonderheft Oktober 2008, 37 (43 f.).

[225] Vgl. auch *K. Schmidt* GmbHR 2008, 449 (452 f.); *König/Bormann* DNotZ 2008, 652 (662); Lutter/Hommelhoff/*Bayer* § 19 Rn. 118.

Einkommens- und Vermögensverhältnissen des Gesellschafters vertraut machen.[226] Handelt es sich um ein Unternehmen, muss er sein Augenmerk auch auf die Unternehmensplanung richten.[227] Zuweilen wird er diese Beurteilung nicht ohne Einschaltung eines externen Beraters treffen können.[228] Ergeben sich auch nur geringfügige Zweifel oder Unregelmäßigkeiten, darf eine Auszahlung ohne Sicherheitenbestellung nicht stattfinden.

Nach Auszahlung ist der Geschäftsführer verpflichtet, die Solvenz des Gesellschafters **70** zu überprüfen und im Ernstfall das Darlehen zurückzufordern oder die Bestellung von Sicherheiten zu verlangen.[229] Zu diesem Zweck kann die GmbH von den Gesellschaftern Informationen über ihre Zahlungsfähigkeit verlangen. Soweit ein solcher **Auskunftsanspruch** im Zusammenhang mit der Darlehensgewährung nicht privatautonom begründet worden ist, kann er entweder auf eine stillschweigende vertragliche Nebenpflicht in Form einer Aufklärungs- bzw. Schutzpflicht nach § 241 Abs. 2 BGB gestützt werden[230] oder aber auf die zwischen Gesellschafter und GmbH bestehende gesellschaftliche Treuepflicht.[231]

Das für Cash-Pool-Systeme grundsätzlich erforderliche **Informations- und Reakti-** **71** **onssystem** nach dem MPS-Urteil des BGH[232] muss nicht in jedem Fall eingerichtet werden. Umfang und Ausgestaltung eines solchen Systems hängen von den Umständen des konkreten Einzelfalles ab und können sehr unterschiedlich ausfallen. Gleichwohl ist regelmäßig, namentlich bei umfangreichen Rückzahlungen, sicherzustellen, dass die GmbH zeitnah und umfassend über wirtschaftliche und finanzielle Schwierigkeiten des Gesellschafters informiert wird. Außerdem sollte sich die Gesellschaft vertraglich effektive Befugnisse ausbedingen, mit welchen sie in der Lage ist, Darlehensverträge fristlos und ohne Vorliegen eines wichtigen Grundes zu kündigen und das Kapital zurückzufordern sowie die Bestellung von Sicherheiten anzuordnen.[233]

In Betracht kommt auch eine Haftung des beurkundenden **Notars**[234] und anderer **72** Berater, wie zB des die Dokumente für die Kapitalerhöhung vorbereitenden Rechtsanwalts.[235] Die originäre Einlageforderung ist nach § 20 zu **verzinsen**.[236] Für die **Verjährung** des Einlageanspruchs gelten die allgemeinen Vorschriften nach § 55 Abs. 4 iVm § 19 Abs. 6 (→ § 55 Rn. 201 f.).

---

226 Dazu und zum Folgenden *Lieder* GmbHR 2018, 1116 (1125); (zur Kapitalerhaltung) *Verse* GmbHR 2018, 113 (121).

227 Zur Kapitalerhaltung ausf. *Becker* ZIP 2017, 1599 (1603 f.); *Kiefner/Bochum* NZG 2017, 1292 (1301).

228 Zur Kapitalerhaltung vgl. *Kiefner/Bochum* NZG 2017, 1292 (1301); *Nordholtz/Hupka* DStR 2017, 1999 (2003); *Verse* GmbHR 2018, 113 (121).

229 Lutter/Hommelhoff/*Bayer* § 19 Rn. 119; Scholz/*Priester/Tebben* Rn. 30; *Wicke* § 19 Rn. 36; *König/Bormann* DNotZ 2008, 652 (662); *Markwardt* BB 2008, 2414 (2421); *Lips/Randel/Werwigk* DStR 2008, 2220 (2222); *Goette* Neues GmbHR Rn. 24; *Thun* in Bunnemann/Zirngibl GmbH in der Praxis § 6 Rn. 60; *Heckschen* DStR 2009, 166 (173); *Lieder* GmbHR 2009, 1177 (1184); s. jetzt auch BGH Urt. v. 1.12.2008 – II ZR 102/07, BGHZ 179, 71 Rn. 14 = NJW 2009, 850 – MPS; dazu *Bayer/Lieder* AG 2010, 885 (891); *Strohn* DB 2014, 1535 (1540).

230 S. allg. Grüneberg/*Grüneberg* BGB § 242 Rn. 37; MüKoBGB/*Bachmann* BGB § 241 Rn. 110 ff.; aA *Schickerling/Blunk* GmbHR 2009, 1294 (1299).

231 IErg ebenso Noack/Servatius/Haas/*Servatius* § 19 Rn. 79; *Lips/Randel/Werwigk* DStR 2008, 2220 (2222); *Goette* Neues GmbHR Rn. 24 aE; *Lieder* GmbHR 2009, 1177 (1184); *Schickerling/Blunk* GmbHR 2009, 1294 (1299); *Bayer/Lieder* AG 2010, 885 (891); aA *Habersack* ZGR 2009, 347 (362).

232 BGH Urt. v. 1.12.2008 – II ZR 102/07, BGHZ 179, 71 = WM 2009, 78 = NJW 2009, 850; dazu etwa *Altmeppen* ZIP 2009, 49; *Bayer* LMK 2009, 275577; *Cahn* Der Konzern 2009, 67; *Habersack* ZGR 2009, 347; *Kropff* NJW 2009, 814; *Mülbert/Leuschner* NZG 2009, 281; *Wand/Tillmann/Heckenthaler* AG 2009, 148; *Bayer/Lieder* AG 2010, 885; vgl. weiter *Neumann* GmbHR 2016, 1016 (1021).

233 Ausf. (zur Kapitalerhaltung) Lutter/Hommelhoff/*Hommelhoff* § 30 Rn. 46; *Henze* WM 2005, 717 (726); vgl. noch *Habersack* ZGR 2009, 347 (362); *Lieder* GmbHR 2009, 1177 (1184); *Schickerling/Blunk* GmbHR 2009, 1294 (1298); *Kordes* GmbH-StB 2009, 342 (344); *Bayer/Lieder* AG 2010, 885 (890 f.); *Strohn* DB 2014, 1535 (1540).

234 Zur verdeckten Sacheinlage BGH Urt. v. 16.11.1995 – IX ZR 14/95, DStR 1996, 273 = NJW 1996, 524 (525).

235 Zur verdeckten Sacheinlage BGH Urt. v. 11.6.1959 – III ZR 46/58, DB 1959, 1028; Urt. v. 3.12.1992 – IX ZR 61/92, DB 1993, 322 = NJW 1993, 1139 (1139 f.); Urt. v. 2.12.1999 – IX ZR 415/98, AG 2000, 179 = NJW 2000, 725.

236 Ausf. *Banerjea* AG 1998, 498 (499 ff.).

73   **6. Sonderfälle. a) Cash Pooling.** Zentrale Cash-Managementsysteme im Konzern-verbund werfen eine Vielzahl rechtlicher Fragestellungen auf. Neben der hier erörterten Kapitalaufbringung im Cash Pool ist diese Thematik auch im Rahmen der Kapitalerhaltung (→ § 30 Rn. 189 ff.),[237] der erweiterten Geschäftsführerhaftung nach § 64 S. 3,[238] der Haftung wegen Insolvenzverschleppung[239] und wegen existenzvernichtenden Eingriffs (→ Anh. § 13 Rn. 539 ff., → Anh. § 13 Rn. 570),[240] des Untreuetatbestands gem. § 266 StGB[241] sowie im Rahmen der insolvenzrechtlichen Anfechtbarkeit absteigender Darle-hen[242] von Bedeutung.[243] Das Cash Pooling war für die Schaffung des § 19 Abs. 5 von zentraler Bedeutung (→ Rn. 43).[244] Die Zulässigkeit zentraler Cash-Managementsysteme beurteilt sich aber freilich nicht allein nach dieser Vorschrift. Vielmehr ist – wie nach bisheriger Rechtslage[245] – sauber danach zu **differenzieren,** ob bei Weiterleitung des Einlagebetrags das Zentralkonto der Finanzierungs- oder Betreibergesellschaft einen positi-ven oder negativen Saldo zugunsten der Tochter-GmbH aufwies.[246]

74   **aa) Verdeckte Sacheinlage.** Bestehen Verbindlichkeiten der GmbH gegenüber der Finanzierungsgesellschaft, dh, ist der **Saldo negativ,** handelt es sich um eine verdeckte Sacheinlage.[247] Denn eingebracht wird bei wirtschaftlicher Betrachtung in dieser Konstella-tion eine Forderung der Finanzierungsgesellschaft gegen die Tochter-GmbH. Die nach § 19 Abs. 4 S. 1 vorausgesetzte vorherige Abrede ergibt sich bei bestehendem Cash-Manage-mentvertrag bereits aus der abredegemäßen Einzahlung der Bareinlage auf das am Cash Pool beteiligte Konto der abhängigen Gesellschaft.[248] Daraus folgt, dass die Kapitalaufbringung im Cash Pool bei negativem Saldo gegenüber der Tochter-GmbH auch nach neuer Rechts-lage **unzulässig** ist (→ § 56 Rn. 92). Zwar wird der Inferent infolge Anrechnung gem.

---

[237]   Dazu auch *Klein* ZIP 2017, 258 (259 ff.); *Neumann* GmbHR 2016, 1016 (1020 f.).

[238]   Dazu *Erne* GWR 2009, 387; *Willemsen/Rechel* GmbHR 2010, 349; *Weitzel/Socher* ZIP 2010, 1069; *Baare,* Cash-Pooling und die Haftung der Geschäftsführer im faktischen GmbH-Konzern, 2013, 33 ff., 89 ff.; *Klein* ZIP 2017, 258 (268 f.); zur Feststellung der Zahlungsunfähigkeit im Cash Pool s. *Saenger/Koch* GmbHR 2010, 113.

[239]   OLG Düsseldorf Urt. v. 20.12.2013 – I-17 U 51/12, GmbHR 2015, 303 mBespr *Beck* GmbHR 2015, 287; zur Ermittlung der Insolvenzreife im Cash Pool *Klein* ZIP 2017, 258 (264 f.).

[240]   Dazu OLG Köln Urt. v. 18.12.2008 – 18 U 162/06, EWiR § 826 BGB 2/09, 667 *(Hangebrauck);* ausf. *Baare,* Cash-Pooling und die Haftung der Geschäftsführer im faktischen GmbH-Konzern, 2013, 41 ff., 44 ff., 58 ff., 65 ff., 93 ff.

[241]   *Arens* GmbHR 2010, 905.

[242]   Dazu ausf. *Brinkmann* ZGR 2017, 708 (710 ff.); *Burg/Westerheide* BB 2008, 62; *Göcke/Rittscher* DZWIR 2012, 355 (356 ff.); *Klinck/Gärtner* NZI 2008, 457; *Reuter* NZI 2011, 921; *Strohn* DB 2014, 1535 (1540 f.); *Willemsen/Rechel* BB 2009, 2215; aus der Rspr. s. BGH Urt. v. 13.6.2013 – IX ZR 259/12, NZG 2013, 1154; OLG Stuttgart Urt. v. 28.3.2018 – 3 U 168/17, NZI 2018, 749.

[243]   Zum Innenrecht des Cash-Pool s. *Decker* ZGR 2013, 392.

[244]   Dazu und zum Folgenden schon ausf. *Lieder* GmbHR 2009, 1177; monografisch *Wirsch,* Kapitalaufbrin-gung und Cash Pooling in der GmbH, 2009, 96 ff.

[245]   Aus der Rspr. s. BGH Urt. v. 21.11.2005 – II ZR 140/04, BGHZ 165, 113 = NJW 2006, 509; Urt. v. 16.1.2006 – II ZR 76/04, BGHZ 166, 8 = NJW 2006, 1736; Urt. v. 10.12.2007 – II ZR 180/06, BGHZ 174, 370 = NJW-RR 2008, 480; Urt. v. 16.2.2009 – II ZR 120/07, BGHZ 180, 38 = NJW 2009, 2375 – Qivive; aus dem Schrifttum vgl. *Bayer/Lieder* GmbHR 2006, 449 (450 ff.); *Bayer/Lieder* GmbHR 2006, 1121 (1125); *Langner* GmbHR 2006, 480 (481); *Vetter/Schwandtner* Der Konzern 2006, 407 (409 ff.).

[246]   BGH Urt. v. 20.7.2009 – II ZR 273/07I, BGHZ 182, 103 Rn. 12 = NJW 2009, 3091 = NZG 2009, 944 – Cash Pool I; dazu *Altmeppen* ZIP 2009, 1545; *Goette* GWR 2009, 333; *Lieder* GmbHR 2009, 1177; *Theiselmann* Der Konzern 2009, 460; *Theusinger* NZG 2009, 1017; *Wirsch* Der Konzern 2009, 443; zuvor bereits idS Lutter/Hommelhoff/*Bayer* § 19 Rn. 129 ff.; *Bormann/Urlichs* DStR 2009, 641; *Heckschen* DStR 2009, 166 (173); *Schluck-Amend/Penke* DStR 2009, 1433 (1435 f.).

[247]   BGH Urt. v. 20.7.2009 – II ZR 273/07, BGHZ 182, 103 Rn. 10 = NJW 2009, 3091 = NZG 2009, 944 – Cash Pool II; Scholz/*Priester/Tebben* Rn. 38; *Böffel* ZIP 2018, 1011 (1017); zuvor bereits ebenso *Bormann/Urlichs* GmbHR Sonderheft Oktober 2008, 37 (43); *Herrler* DNotZ 2008, 903 (906); Lutter/Hommelhoff/*Bayer* § 19 Rn. 130; zum alten Recht BGH Urt. v. 16.1.2006 – II ZR 76/04, BGHZ 166, 8 (15 f.) = GmbHR 2006, 477 = NJW 2006, 1736; *Bayer/Lieder* GmbHR 2006, 449 (452 f.).

[248]   BGH Urt. v. 20.7.2009 – II ZR 273/07, BGHZ 182, 103 Rn. 10 = NJW 2009, 3091 = NZG 2009, 944 – Cash Pool II.

§ 19 Abs. 4 S. 3 von seiner Leistungspflicht frei, soweit die Forderung vollwertig, fällig und liquide ist. Wählen Geschäftsführer aber diesen Weg, handeln sie gleichwohl auch weiterhin pflichtwidrig. Unterlassen sie die Offenlegung der verdeckten Sacheinlage, droht die Haftung nach § 9a Abs. 1 sowie die Strafsanktion nach § 82 Abs. 1 Nr. 3 (→ § 56 Rn. 92, → § 56 Rn. 102).

Der Praxis ist daher nachdrücklich davon abzuraten, eine Barkapitalerhöhung im Cash **75** Pool bei negativem Saldo zulasten der Tochter-GmbH durchzuführen. In solchen Fällen kommt – ebenso wie nach bisheriger Rechtslage – nur der beschwerliche Weg über die **Sachkapitalerhöhung** in Betracht, bei welcher die Forderung der Finanzierungsgesellschaft in die Tochter-GmbH eingelegt wird.[249] Zulässig ist es freilich auch weiterhin, die GmbH zum Zweck der Kapitalerhöhung dauerhaft aus dem Cash-Managementsystem herauszunehmen.[250] Zweifelhaft ist die Zulässigkeit von Einzahlungen auf ein nicht mit dem Cash Pool verbundenes **Sonderkonto.** Die hM hält diese Gestaltung für zulässig, soweit der Einlagebetrag nicht an den Inferenten zurückfließt, sondern ausschließlich für allgemeine Zwecke der Tochter-GmbH eingesetzt wird.[251] Diese Auffassung ist abzulehnen.[252] Selbst wenn Gelder im allgemeinen Geschäftsbetrieb zugunsten der Tochter-GmbH eingesetzt werden, können solche Ausgaben über die Beteiligung der GmbH am Cash-Pool-System der Finanzierungsgesellschaft als Inferentin in Form ersparter eigener Aufwendungen wieder zugutekommen. Dabei handelt es sich um eine Einlagenrückgewähr, die nach § 19 Abs. 5 zu behandeln ist. Als zulässig wird man es hingegen ansehen können, wenn der Erhöhungsbetrag der Tochter zwingend im Rahmen des Target Balancing als **Sockelbetrag** verbleiben muss und nicht an die Mutter zurückfließt.[253]

Wollen die Gesellschafter die Vorteile der Privilegierung für das Hin- und Herzahlen **76** nach § 19 Abs. 5 nutzen (→ Rn. 77 ff.), müssen sie durch **geeignete Vertragsgestaltungen** dafür sorgen, dass der Finanzierungs- gegen die Tochtergesellschaft keine Forderung zusteht. Denkbar, aber wirtschaftlich wenig befriedigend ist, dass die Tochter-GmbH im Vorfeld der Kapitalerhöhung ein **Darlehen von dritter Seite** (Bank) aufnimmt, einen etwaigen negativen Saldo tilgt und sodann die Kapitalerhöhung durchgeführt wird. Unter den Voraussetzungen des § 19 Abs. 5 kann das Erhöhungskapital wieder an die Muttergesellschaft zurückfließen. Die Geldmittel dürfen indes nicht dazu verwendet werden, den von dritter Seite aufgenommenen Kredit abzulösen.[254] Die Installierung des Cash Pools bei einer von der Mutter verschiedenen **Konzerngesellschaft** bietet wegen einer etwaigen Zurechnung keinen wirksamen Schutz gegen das Vorliegen einer verdeckten Sacheinlage.[255]

bb) Hin- und Herzahlen. Ist der Saldo auf dem Zentralkonto zugunsten der GmbH **77** positiv, dh, stehen der Finanzierungsgesellschaft keine Forderungen gegen die Tochter-GmbH zu, liegt eine Einlagenrückgewähr vor, deren **Zulässigkeit** sich **nach § 19 Abs. 5**

249 Zum alten Recht *Bayer/Lieder* GmbHR 2006, 449 (453); *Bayer/Lieder* GmbHR 2006, 1121 (1125); *Lamb/Schluck-Amend* DB 2006, 879 (880); zum neuen Recht allgemein *v. Schnurbein* GmbHR 2010, 568 (571).
250 Zum alten Recht *Bayer/Lieder* GmbHR 2006, 449 (451 ff., 454); *Bayer/Lieder* GmbHR 2006, 1121 (1125); *Cahn* ZHR 166 (2002), 278 (287); *Morsch* NZG 2003, 97 (103); weniger streng *Hentzen* DStR 2006, 948 (955); zum neuen Recht ebenso *Bormann/Urlichs* DStR 2009, 641 (645); *Strohn* DB 2014, 1535 (1538); krit. Scholz/*Priester/Tebben* Rn. 40; *Altmeppen* NZG 2010, 441 (443).
251 Zum alten Recht *Goette* DStR 2006, 767; *Hentzen* DStR 2006, 948 (952); *Wessels* ZIP 2006, 1701 (1702); für das neue Recht ebenso *Theusinger* NZG 2009, 1017 (1018 f.); Scholz/*Priester/Tebben* Rn. 40; Bork/Schäfer/*Arnold/Born* Rn. 11; vgl. noch *Klein* ZIP 2017, 258 (263 f.).
252 Zum alten Recht *Bayer/Lieder* GmbHR 2006, 449 (451 ff.); vgl. auch *Morsch* NZG 2003, 97 (103); *Sieger/Wirtz* ZIP 2005, 2277 (2280); zum neuen Recht vgl. *Bormann/Urlichs* DStR 2009, 641 (644); *Wirsch,* Kapitalaufbringung und Cash Pooling in der GmbH, 2009, 207 f.; *Strohn* DB 2014, 1535 (1538); *Böffel* ZIP 2018, 1011 (1017); wie hier jetzt auch allg. *v. Schnurbein* GmbHR 2010, 568 (570 f.).
253 *Strohn* DB 2014, 1535 (1538).
254 Dazu eingehend und unter Hinweis auf noch weitere Gestaltungsmöglichkeiten *Ekkenga* ZIP 2010, 2469 (2473 f.).
255 Zur AG Bürgers/Körber/*Lieder/Lieder* AktG § 27 Rn. 123; MüKoAktG/*Pentz* AktG § 27 Rn. 205 f.; *Böffel* ZIP 2018, 1011 (1017 f.); vgl. weiter *Ekkenga* ZIP 2010, 2469 (2474 f.).

bestimmt.[256] Entscheidend ist also, dass der GmbH ein vollwertiger, fälliger und liquider Rückgewähranspruch gegen die Finanzierungsgesellschaft zusteht (→ Rn. 52 ff.).

78   Im Hinblick auf die **Vollwertigkeit** des Anspruchs hat die Finanzierungsgesellschaft fortwährend sicherzustellen, dass sie über ausreichende Geldmittel verfügt, um sämtliche Forderungen der am Cash Pool beteiligten Gesellschaften sowie alle sonstigen Ansprüche zu bedienen. Davon abgesehen muss der Rückgewähranspruch grundsätzlich nicht besichert (→ Rn. 54), wohl aber regelmäßig angemessen verzinst sein (→ Rn. 55). Auf eine angemessene **Verzinsung** kann nur dann verzichtet werden, wenn dem anderweitige Vorteile für die Tochter-GmbH aufgrund ihrer Beteiligung am Cash Pool gegenüberstehen, welche die entzogenen Kapitalnutzungsmöglichkeiten aufwiegen und ihr rechtlich nicht entzogen werden können.[257] Solche konzerninternen Vorteile der GmbH müssen aber tatsächlich eine angemessene Gegenleistung darstellen. Unzureichend ist jedenfalls die bloße Möglichkeit, selbst im Ernstfall auf den Cash Pool zugreifen zu können.[258]

79   Das **Fälligkeits**erfordernis des § 19 Abs. 5 verlangt, dass die Tochter-GmbH die weitergeleiteten Geldmittel jederzeit fällig stellen kann. Unzureichend sind daher die Kündigungsrechte wegen Vermögensverfalls (§ 490 Abs. 1 BGB) und aus wichtigem Grund (§ 314 Abs. 1 BGB).[259] Der Cash-Managementvertrag muss vielmehr entweder vorsehen, dass der Einlagebetrag jederzeit aus dem Cash Pool abgezogen werden kann, oder aber es wird der Tochtergesellschaft das Recht eingeräumt, den Cash-Pool-Vertrag jederzeit fristlos und ohne Vorliegen eines wichtigen Grundes zu kündigen, um daraufhin den Einlagebetrag zurückzuerhalten.

80   Liegen die Voraussetzungen des § 19 Abs. 5 S. 1 nicht vor, besteht die Bareinlageschuld unverändert in voller Höhe fort (→ Rn. 65). Die Einlageschuld wird getilgt und der Rechtsverstoß gleichsam **geheilt,** wenn der Inferent den Einlagebetrag ordnungsgemäß an die GmbH leistet (→ Rn. 66). Das setzt voraus, dass erbrachte Leistungen zweifelsfrei der Bareinlageschuld zugeordnet werden können. Das ist allerdings nicht der Fall, wenn Zahlungen aus dem Cash Pool an die Gläubiger der Tochter-GmbH geleistet werden.[260] Der Einlageanspruch kann auch durch Aufrechnung von Seiten der GmbH gegen eine Neuforderung des Inferenten erlöschen, vorausgesetzt, die Gesellschafterforderung ist vollwertig, fällig und liquide (→ § 56 Rn. 124 ff.).

81   **cc) Abgrenzung.** Übersteigt der Einlagebetrag die Verbindlichkeiten der Tochter-GmbH gegenüber der Finanzierungsgesellschaft, liegt im Umfang der bestehenden Verbindlichkeiten eine verdeckte Sacheinlage vor; für den Differenzbetrag gelten die Grundsätze des Hin- und Herzahlens.[261]

82   **dd) Pflichten und Haftung der Geschäftsführer.** Auch wenn die **Offenlegung** nach der hier vertretenen Auffassung keine tatbestandliche Voraussetzung für eine zulässige Einlagenrückgewähr ist (→ Rn. 58), haben die Geschäftsführer die maßgeblichen Umstände des Hin- und Herzahlens bei der Anmeldung der Kapitalerhöhung ordnungsgemäß offenzulegen (→ Rn. 68).[262] Sie müssen insbesondere **Nachweise** dafür erbringen,

---

[256]   BGH Urt. v. 20.7.2009 – II ZR 273/07, BGHZ 182, 103 Rn. 11 = NJW 2009, 3091 = NZG 2009, 944 – Cash Pool II; Scholz/*Priester*/*Tebben* Rn. 39.

[257]   *Lieder* GmbHR 2009, 1177 (1182); ähnlich *Altmeppen* ZIP 2009, 49 (52); aA *Eusani* GmbHR 2009, 795 (798); *Wirsch* Der Konzern 2009, 443 (449). – Zur konkreten Zinshöhe im Cash Pool *Schickerling/ Blunk* GmbR 2009, 1294 (1297); *Thümmel/Burkhardt* AG 2009, 885 (888 f.).

[258]   Wie hier *Spliedt* ZIP 2009, 149 (150); *Mülbert/Leuschner* NZG 2009, 281 (283); *Lieder* GmbHR 2009, 1177 (1182); aA offenbar *Altmeppen* § 19 Rn. 133.

[259]   BGH Urt. v. 20.7.2009 – II ZR 273/07, BGHZ 182, 103 Rn. 28 f. = NJW 2009, 3091 = NZG 2009, 944 – Cash Pool II.

[260]   BGH Urt. v. 20.7.2009 – II ZR 273/07, BGHZ 182, 103 Rn. 22 = NJW 2009, 3091 = NZG 2009, 944 – Cash Pool II.

[261]   BGH Urt. v. 20.7.2009 – II ZR 273/07, BGHZ 182, 103 Rn. 15 = NJW 2009, 3091 = NZG 2009, 944 – Cash Pool II; zuvor bereits ebenso *Maier-Reimer/Wenzel* ZIP 2008, 1449 (1454); *Bormann/Urlichs* DStR 2009, 641 (645).

[262]   Praktische Hinweise für die Einrichtung von Cash-Pooling-Systemen geben *Kupjetz/Peter* GmbHR 2012, 498.

dass der Rückgewähranspruch gegen den Cash Pool vollwertig ist (→ Rn. 68).[263] Im Übrigen droht den Geschäftsführern die Haftung nach § 43 Abs. 2 für den Fall, dass sie sich vor Weiterleitung des Einlagebetrages nicht von der uneingeschränkten Solvenz der Finanzierungsgesellschaft überzeugen.[264] Bleibt die Zahlungsfähigkeit nach einer Untersuchung zweifelhaft, ist eine Auszahlung ohne Sicherheitenbestellung unzulässig (→ Rn. 69).

Auch **nach Weiterleitung** des Einlagebetrags bleiben die Geschäftsführer verpflichtet, **83** die Liquiditätsverhältnisse der Finanzierungsgesellschaft fortwährend zu überwachen, um im Ernstfall die Geldmittel zurückzufordern oder die Bestellung von Sicherheiten zu veranlassen (→ Rn. 70). Zu diesem Zweck können die am Cash Pool beteiligten Gesellschaften Auskunft über die wirtschaftliche und finanzielle Lage der Finanzierungsgesellschaft verlangen (→ Rn. 70). Nach den Ausführungen des BGH im MPS-Urteil erscheint es außerdem erforderlich, in Cash-Pool-Systemen ein besonderes **Informations- und Reaktionssystem** einzurichten.[265] Es muss sichergestellt sein, dass die Tochter-GmbH fortlaufend über die wirtschaftliche und finanzielle Lage der Finanzierungsgesellschaft in Kenntnis gesetzt wird. Zudem müssen der Gesellschaft die rechtlichen Mittel an die Hand gegeben werden, um weitere Liquiditätsabflüsse zu verhindern sowie Rückgewähransprüche zu realisieren und abzusichern, wie zB durch Rechte, Darlehens- und Rahmenverträge fristlos zu kündigen sowie die Bestellung von Sicherheiten zu verlangen.[266]

ee) Rechtspolitische Würdigung. Die rechtliche Behandlung des Cash Pooling, des- **84** sen Vereinfachung und rechtliche Absicherung das erklärte Ziel des Gesetzgebers des MoMiG war (→ Rn. 43 f.), ist auch nach der Reform eine hochkomplexe Rechtsmaterie geblieben.[267] Weder ist das Cash Pooling wesentlich vereinfacht worden, noch wurde eine nachhaltige Deregulierung des Kapitalschutzsystems der GmbH erreicht.[268] Vielmehr bleibt die Kapitalaufbringung im Cash Pool bei negativem Saldo zulasten der Tochter-GmbH unzulässig. Weist das Zentralkonto einen positiven Saldo auf, müssen die strengen Voraussetzungen des § 19 Abs. 5 erfüllt sein. Zudem ist die Rückzahlung nach Auffassung des BGH offenzulegen und fortlaufend die Zahlungsfähigkeit der Finanzierungsgesellschaft zu überwachen. Dringend ist der Praxis zudem die Einrichtung eines Informations- und Reaktionssystems anzuraten. Für Rechtsverstöße drohen den Geschäftsführern empfindliche Haftungs- und Strafsanktionen. Zudem zeigt sich am Beispiel des Cash Pooling besonders deutlich, dass die Rechtsfolgendifferenzierung zwischen verdeckter Sacheinlage und Hin- und Herzahlen zu Zufallsergebnissen führen kann, je nach dem, ob das Zentralkonto einen positiven oder negativen Saldo aufweist.[269] De lege ferenda spricht dies alles für eine **weitergehende Reform** des GmbH-Rechts (→ Rn. 45; → § 56 Rn. 74).

b) Her- und Hinzahlen. Zahlt die Gesellschaft die Einlage nicht an den Gesellschafter **85** zurück, sondern erhält der Gesellschafter von der Gesellschaft die Geldmittel, um daraufhin

---

263 Wie hier Lutter/Hommelhoff/*Bayer* § 19 Rn. 131 iVm Rn. 112.
264 Eingehend zur Haftung der Geschäftsführer im Zusammenhang mit dem Cash Pooling *Baare*, Cash-Pooling und die Haftung der Geschäftsführer im faktischen GmbH-Konzern, 2013, 20 ff.; ferner *Jansen* FS Hommelhoff, 2012, 495 (497 ff.).
265 BGH Urt. v. 1.12.2008 – II ZR 102/07, BGHZ 179, 71 Rn. 14 = NJW 2009, 850; zust. *Goette* GWR 2009, 333 (335); *Habersack* ZGR 2009, 347 (362 f.); *Lieder* GmbHR 2009, 1177 (1184); *Bayer/Lieder* AG 2010, 885 (890 ff.); *Strohn* DB 2014, 1535 (1539 f.); krit. *Mülbert/Leuschner* NZG 2009, 281 (283); ähnlich *Schall* ZGR 2009, 126 (143); s. noch den Formulierungsvorschlag bei *Weitzel/Socher* ZIP 2010, 1069 (1070).
266 Ausf. (zur Kapitalerhaltung) Lutter/Hommelhoff/*Hommelhoff* § 30 Rn. 46; *Henze* WM 2005, 717 (726); vgl. noch *Habersack* ZGR 2009, 347 (362); *Lieder* GmbHR 2009, 1177 (1184); *Schickerling/Blunk* GmbHR 2009, 1294 (1298); *Kordes* GmbH-StB 2009, 342 (344); *Bayer/Lieder* AG 2010, 885 (890 f.); *Strohn* DB 2014, 1535 (1539 f.).
267 Dazu und zum Folgenden schon ausf. *Lieder* GmbHR 2009, 1177 (1185).
268 Vgl. noch *Lieder* GmbHR 2018, 1116 (1127); siehe ferner *Böffel* ZIP 2018, 1011 (1015 ff.) mit Lösungsvorschlag de lege ferenda.
269 Krit. auch *Hentzen/Schwandtner* ZGR 2009, 1007 (1023); *Beneke* ZIP 2010, 105 (110); *Komo* BB 2011, 2307 (2312); *Bayer* VGR 18 (2012), 25 (37).

seine Bareinlageschuld zu erfüllen, dann findet **§ 19 Abs. 5 analoge Anwendung.**[270] Ein solches Her- und Hinzahlen ist vom Wortlaut des § 19 Abs. 5 nicht erfasst. Die Vorschrift setzt voraus, dass es zu einer „Rückzahlung der Einlage" kommt. Das ist aber nicht der Fall, wenn die Gesellschaft dem Inferenten im Vorfeld seiner Einlageleistung den geschuldeten Bareinlagebetrag zur Verfügung stellt.[271] Die damit lokalisierte Regelungslücke ist im Wege der Analogiebildung zu schließen, da beide Erscheinungsformen hinsichtlich Intensität und wirtschaftlicher Folgen des Rechtsverstoßes in jeder Hinsicht vergleichbar sind. In beiden Fällen wird aus ökonomischer Sicht die Bareinlageschuld gegen eine schuldrechtliche Rückzahlungsforderung ausgetauscht. Dementsprechend wäre es widersprüchlich und angesichts des Normzwecks des § 19 Abs. 5 nicht gerechtfertigt, den Forderungstausch bei einer späteren Rückzahlung zu erlauben, in der spiegelbildlichen Konstellation des Her- und Hinzahlens dagegen zu verweigern. Die Vergütung von **Dienstleistungen** (→ Rn. 87 ff.) ist nach Auffassung des BGH nicht als unzulässiges Her- und Hinzahlen zu qualifizieren, falls damit (1) tatsächlich erbrachte Leistungen entgolten werden, deren Vergütung (2) einem Drittvergleich standhält und (3) die Leistungen objektiv werthaltig und für die GmbH nicht unbrauchbar sind.[272]

86   Eine **Finanzierung** der Einlageleistung **durch** außenstehende **Dritte** Zug-um-Zug gegen eine von der GmbH an den Dritten gewährte Besicherung (zB Bürgschaft, Grundpfandrecht) kann ebenfalls analog § 19 Abs. 5 zulässig sein. Voraussetzung ist aber, dass sich die Gesellschaft jederzeit der Inanspruchnahme der Besicherung aufgrund der Sicherungsabrede entziehen kann; entsprechende Vereinbarungen werden in Sicherungsverträgen indes kaum jemals getroffen werden.[273] Sind die Voraussetzungen des § 19 Abs. 5 nicht erfüllt, ist die von der Gesellschaft an den Dritten geleistete Besicherung wegen Verstoß gegen den Grundsatz der realen Kapitalaufbringung als unwirksam anzusehen. Die vom Gesellschafter erbrachte Einlage ist hingegen wirksam getilgt.[274]

87   **c) Dienstleistungen.** Da es Dienstleistungen an der Sacheinlagefähigkeit fehlt (→ § 56 Rn. 35), findet § 19 Abs. 4 keine Anwendung.[275] Ebenso wenig kommt ein Austausch der Einlageschuld gegen eine Dienstleistungsverpflichtung des Gesellschafters nach § 19 Abs. 5 in Betracht.[276] Das hat nunmehr auch der **BGH** im Qivive-Urteil[277] ausdrück-

---

270   IErg wie hier *Maier-Reimer/Wenzel* ZIP 2008, 1449 (1454); Lutter/Hommelhoff/*Bayer* § 19 Rn. 128; *Bayer* VGR 18 (2012), 25 (37); für eine direkte Anwendung des § 19 Abs. 5 BGH Urt. v. 1.2.1010 – II ZR 173/08, NJW 2010, 1747 Rn. 24 – Eurobike; dazu *Bayer/Fiebelkorn* LMK 2010, 304619; *Lieder* EWiR 2010, 169; s. ferner Scholz/*Priester/Tebben* Rn. 25; *Heinze* GmbHR 2008, 1065 (1070); *Schluck-Amend/Penke* DStR 2009, 1433 (1435); *Rezori* RNotZ 2011, 125 (130 f.); aA Noack/Servatius/Haas/*Servatius* § 19 Rn. 75; *Wilk* DStR 2013, 145 (146 f.); tendenziell ebenso *Bormann/Urlichs* GmbHR Sonderheft Oktober 2008, 37 (43).

271   Auch die Begr. RegE, BT-Drs. 16/6140, 34 spricht nur von „Hin- und Herzahlen", „zurückfließen" und „direkt wieder auszahlen".

272   BGH Urt. v. 1.2.2010 – II ZR 173/08, NJW 2010, 1747 Rn. 24 – Eurobike; dazu *Bayer/Fiebelkorn* LMK 2010, 304619; *Lieder* EWiR 2010, 169; Scholz/*Priester/Tebben* Rn. 25.

273   Zum Problemkreis ausf. *Wilk* DStR 2013, 145 (148 ff.), der die Zulässigkeit aber bereits daran scheitern lässt, dass die Darlehensgewährung vor der Einlageleistung erfolgt.

274   Überzeugend *Wilk* DStR 2013, 145 (150 f.) m. Nachw. auch zur Gegenauffassung.

275   BGH Urt. v. 16.2.2009 – II ZR 120/07, BGHZ 180, 38 Rn. 7 ff. = NJW 2009, 2375; dazu *Lieder* LMK 2009, 284066; *Pentz* GmbHR 2009, 505; *Pluskat/Marquardt* NJW 2009, 2353; *Schluck-Amend/Penke* DStR 2009, 1433; *Theusinger/Liese* NZG 2009, 641; ausf. *Bayer/Lieder* NZG 2010, 86 (87 f.); bestätigt durch BGH Urt. v. 1.2.2010 – II ZR 173/08, NJW 2010, 1747 Rn. 10 ff. – Eurobike; dazu *Bayer/Fiebelkorn* LMK 2010, 304619; *Lieder* EWiR 2010, 169; vgl. zuvor schon *Habersack* FS Priester, 2007, 157 (165); *Giedinghagen/Lakenberg* NZG 2009, 201 (203 f.); ferner KG Urt. v. 23.4.2007 – 23 U 75/06, BeckRS 2007, 12048; aA – nach altem Recht für die Anwendung der Grundsätze der verdeckten Sacheinlage – noch OLG Düsseldorf Versäumnisurt. v. 25.6.2008 – 18 U 25/08, BeckRS 2008, 17841 = BB 2008, 180 (182 f.) mAnm *Theusinger*.

276   AA *Heinze* GmbHR 2008, 1065 (1070); zum RegE *Gesell* BB 2007, 2241 (2246); für die Kapitalerhaltung *Drygala/Kremer* ZIP 2007, 1289 (1294 f.); zweifelnd *Wicke* § 19 Rn. 34 aE; wie hier *Herrler* DNotZ 2008, 903 (905); *Giedinghagen/Lakenberg* NZG 2009, 201 (204 f.).

277   BGH Urt. v. 16.2.2009 – II ZR 120/07, BGHZ 180, 38 Rn. 14 ff. = NJW 2009, 2375; dazu *Lieder* LMK 2009, 284066; *Pentz* GmbHR 2009, 505; *Pluskat/Marquardt* NJW 2009, 2353; *Schluck-Amend/Penke* DStR 2009, 1433; *Theusinger/Liese* NZG 2009, 641.

lich so entschieden. Nach Auffassung des Senats scheidet auch ein Verstoß gegen das Erfordernis der Einzahlung zur endgültig freien Verfügung der Geschäftsführer aus, wenn der Einlagebetrag nicht für die Zwecke des Inferenten „reserviert" sei, sondern der GmbH für den allgemeinen Geschäftsbetrieb zur Verfügung stehe.[278] Diese Einschränkung des Leistungsgebots nach § 8 Abs. 2, § 57 Abs. 2 geht zu weit. Der BGH entfernt sich damit von seiner bisherigen Rspr., die darüber hinausgehend verlangte, dass Einlagemittel nicht an den Inferenten zurückfließen.[279] Zugleich verstößt besagte Einschränkung gegen das Gebot der realen Kapitalaufbringung (→ Rn. 2) und beeinträchtigt die Interessen der Gesellschaftsgläubiger. Auch soweit das Leistungsgebot nicht einschlägig ist, darf das Kapital nicht an den Inferenten unmittelbar zurückfließen. Das käme einer nach § 19 Abs. 2 S. 1 unzulässigen Befreiung von der Einlageschuld gleich.

Deshalb bleibt es nach der hier vertretenen Auffassung dabei, dass die ursprünglich **88** geschuldete **Bareinlageverpflichtung** des Gesellschafters aufgrund eines unzulässigen Forderungstausches (→ § 56 Rn. 48) grundsätzlich **fortbesteht.**[280] Die Einbringung von Dienstleistungsforderungen widerspricht sowohl dem Gebot effektiver Kapitalaufbringung als auch dem Normzweck des § 19 Abs. 5. Diese Vorschrift ist im Hinblick auf ihre Entstehungsgeschichte (→ Rn. 42 f.) restriktiv zu interpretieren. Sie zielt namentlich darauf ab, das konzernweite Cash Pooling auf eine gesicherte Rechtsgrundlage zu stellen.[281] Der Forderungsaustausch setzt demnach unausgesprochen voraus, dass die auf Geldleistung gerichtete Einlageschuld auch nur gegen eine auf Geldleistung gerichtete andere – schuldrechtliche – Forderung ausgetauscht werden kann,[282] deren Werthaltigkeit nach allgemeinen Grundsätzen bestimmbar ist.[283] Das ist bei Dienstleistungsansprüchen schwerlich anzunehmen, denn deren Erfüllung hängt in hohem Maße von persönlichen Faktoren ab, namentlich von der Leistungsfähigkeit und Leistungswilligkeit des dienstverpflichteten Gesellschafters. Ex ante ist regelmäßig nicht feststellbar, ob der Dienstverpflichtete nach seinen persönlichen Verhältnissen in der Lage sein wird, die Leistungen später tatsächlich ordnungsgemäß zu erfüllen.[284] Auch die spätere Erbringung von Dienstleistungen führt nicht zur Tilgung der Einlageschuld; die Einlageforderung ist durch Zahlung von Geldmitteln zu erfüllen. Der Bareinlageschuld steht der aus dem Dienstleistungsvertrag resultierende **Vergütungsanspruch** des Inferenten gegenüber.[285]

Ausnahmsweise verstößt die Verpflichtung zur Erbringung von Dienstleistungen nicht **89** gegen das Leistungsgebot zur endgültig freien Verfügung, und zwar dann, wenn sie als normales Umsatzgeschäft anzusehen ist,[286] dh, wenn die vereinbarten Vertragskonditionen einem **Drittvergleich** standhalten.[287] Das Leistungsgebot der § 8 Abs. 2, § 57 Abs. 2 ist teleologisch zu reduzieren, soweit Dienstleistungen unter vergleichbaren Bedingungen am

---

278 BGH Urt. v. 16.2.2009 – II ZR 120/07, BGHZ 180, 38 Rn. 17 = NJW 2009, 2375; Urt. v. 1.2.2010 – II ZR 173/08, NJW 2010, 1747 Rn. 23 – Eurobike; das Reservierungskriterium gegen die berechtigte Kritik des Schrifttums zu Unrecht verteidigend *Priester* DNotZ 2010, 462 (464).

279 BGH Urt. v. 18.3.2002 – II ZR 363/00, BGHZ 150, 197 (199) = NJW 2002, 1716.

280 Zum Folgenden schon *Lieder* LMK 2009, 284066; *Bayer/Lieder* NZG 2010, 86 (88); vgl. auch KG Urt. v. 23.4.2007 – 23 U 75/06, BeckRS 2007, 12048; *Giedinghagen/Lakenberg* NZG 2009, 201 (205).

281 S. BT-Drs. 16/6140, 34; besonders deutlich *Goette* Neues GmbHR Rn. 21, 25; ferner *Fliegner* DB 2008, 1668 (1670); *Markwardt* BB 2008, 2414 (2420); *Herrler* DB 2008, 2347 (2349).

282 AA *Heinze* GmbHR 2008, 1065 (1070); wie hier aber *Giedinghagen/Lakenberg* NZG 2009, 201 (205).

283 Zur Wertbestimmung s. HCL/*Ulmer/Casper* § 5 Rn. 69; Lutter/Hommelhoff/*Bayer* § 5 Rn. 24 ff.; Scholz/*Veil* § 5 Rn. 86 ff.

284 Vgl. GroßkommAktG/*Schall* AktG § 27 Rn. 170; vgl. auch Kölner Komm AktG/*Ekkenga* AktG § 183 Rn. 68; MüKoAktG/*Pentz* AktG § 27 Rn. 33.

285 Dazu ausf. *Hentzen/Schwandtner* ZGR 2009, 1007 (1015 ff.); *Bayer/Lieder* NZG 2010, 86 (90 f.).

286 Zum Folgenden schon *Lieder* LMK 2009, 284066; *Bayer/Lieder* NZG 2010, 86 (88 f.); vgl. KG Urt. v. 23.4.2007 – 23 U 75/06, BeckRS 2007, 12048 = NJOZ 2007, 4993; *Giedinghagen/Lakenberg* NZG 2009, 201 (205).

287 Vgl. OLG Hamm Urt. v. 17.8.2004 – 27 U 189/03, ZIP 2005, 1138 (1140) = NZG 2005, 184 (186); *Habersack* FS Priester, 2007, 157 (169); Rowedder/Schmidt-Leithoff/*Pentz* § 19 Rn. 116; Noack/Servatius/Haas/*Servatius* § 19 Rn. 29a; angenähert von BGH Urt. v. 1.2.2010 – II ZR 179/08, NJW 2010, 1747 Rn. 24 – Eurobike; dazu *Lieder* EWiR 2010, 169 (170).

Markt auch von dritter Seite hätten bezogen werden können. Interessen der Gesellschafts-gläubiger fallen unter diesen Umständen nicht entscheidend ins Gewicht. Zugleich ist gewährleistet, dass die Vereinbarung von Dienstleistungsverpflichtungen nur dann unbe-denklich ist, wenn diese **angemessen vergütet** sind. Unangemessen vergütete Dienstleis-tungen können nach dem hier vertretenen Ansatz auch weiterhin sanktioniert werden. Das ist insbesondere beim Abschluss von Anstellungsverträgen mit Gesellschafter-Geschäftsfüh-rern zu beachten sowie bei der Leistungserbringung durch Gesellschafter von Gemein-schaftsunternehmen[288] oder bei der Vergütung (committment fee) für die Beschaffung und Bereithaltung einer Kapitallinie im Rahmen einer sog. Equity-Line-Finanzierung (Standby Equity Distribution Agreement – SEDA).[289] Auch wenn die Ausführungen des BGH in diesem Punkt nicht eindeutig sind,[290] ist der Praxis dringend anzuraten, von Gesellschaftern erbrachte Dienstleistungen angemessen zu vergüten.

90   **d) Unternehmergesellschaft und Mustergründung.** Die Vorschrift des § 19 Abs. 5 findet auch auf die UG sowie auf Mustergründungen uneingeschränkte Anwendung.[291] Dass in solchen Gesellschaften grundsätzlich keine Sachkapitalerhöhungen durchgeführt werden dürfen (→ § 56 Rn. 10 ff.), hat für die Anwendbarkeit des § 19 Abs. 5 keine Konse-quenzen. Insofern gelten die Ausführungen zur Anwendung des § 19 Abs. 4 auf UG und Mustergründungen (→ § 56 Rn. 109 ff.) entsprechend.

IV. Leistung von Sacheinlagen

91   **1. Sacheinlage.** Sacheinlagen sind nach § 56a iVm § 7 Abs. 3 vor Anmeldung der Kapitalerhöhung **in vollem Umfang zur endgültig freien Verfügung** der Geschäftsfüh-rer zu bewirken. Auf welche Weise die Sacheinlageleistung erfolgt, bestimmt sich nach dem einzulegenden Gegenstand. Sachen sind regelmäßig zu übereignen (§§ 929 ff. BGB), Forderungen sind an die Gesellschaft abzutreten (§ 398 BGB). Bei **Grundstücken** genügt die Eintragung einer Auflassungsvormerkung, das Vorliegen der Auflassung nebst erklärter Eintragungsbewilligung bzw. der vollständige Eintragungsantrag beim Grundbuchamt.[292] Verzögerungen des Grundbuchamts dürfen eine zügige Durchführung der Kapitalerhöhung nicht behindern.

92   Zulässig ist es, die Einlage des Sachgegenstandes von der **Bedingung** einer erfolgrei-chen Durchführung der Kapitalerhöhung abhängig zu machen.[293] Diese Gestaltung verstößt nicht gegen den Grundsatz, dass bedingte Leistungen zur endgültig freien Verfügung der Geschäftsführer zu bewirken sind.[294] Denn soweit die Kapitalerhöhung durchgeführt wird, ist die Bedingung erfüllt und die Sacheinlage steht zur endgültig freien Disposition der Geschäftsführer. Zu diesem Zweck ist **§ 57 Abs. 2 S. 1 teleologisch zu reduzieren,**[295] da die Verfügbarkeit der Leistung im Eintragungszeitpunkt dem Normzweck der Vorschrift (→ § 57 Rn. 1) gleichermaßen gerecht wird. Sicherzustellen ist allein, dass der Inferent bis zu diesem Zeitpunkt nicht mehr einseitig auf den Einlagegegenstand zugreifen kann. Zuläs-

[288] Dazu speziell *Hentzen/Schwandtner* ZGR 2009, 1007 (1013 f.).
[289] Speziell hierzu *Rust/Hennig* AG 2011, 485.
[290] S. *Lieder* LMK 2009, 284066; *Pluskat/Marquardt* NJW 2009, 2353 (2355); *Schodder* BGH EWiR § 19 GmbHG 1/09, 443 (444); *Trendelenburg* BB 2009, 976 (977); klarer nun BGH Urt. v. 1.2.2010 – II ZR 173/08, NJW 2010, 1747 Rn. 24 – Eurobike.
[291] Wie hier *Noack/Servatius/Haas/Servatius* § 19 Rn. 71; *Lutter/Hommelhoff/Bayer* § 19 Rn. 120; *Herrler* DB 2008, 2347 (2349 f.); *Herrler* DNotZ 2008, 903 (914); *Römermann* GmbHR Sonderheft Oktober 2008, 16 (21); *Wicke* NotBZ 2009, 1 (9); *Heckschen* DStR 2009, 166 (167, 171); *Herrler/König* DStR 2010, 2138 (2141 f.); *C. Schäfer* ZIP 2011, 53 (57); *Priester* FS Roth, 2011, 573 (578); aA (für die UG) *Weber* BB 2009, 842 (845); *Bormann/Urlichs* GmbHR Sonderheft Oktober 2008, 37 (42); *Rezori* RNotZ 2011, 125 (147 f.); wohl *Westermann* DZWIR 2008, 485 (487).
[292] Vgl. Lutter/Hommelhoff/*Bayer* Rn. 3; Scholz/*Priester/Tebben* Rn. 42.
[293] Wie hier *Lutter* FS Heinsius, 1991, 497 (512 ff.); Lutter/Hommelhoff/*Bayer* Rn. 3; Scholz/*Priester/Tebben* Rn. 43; aA MHLS/*Hermanns* Rn. 46; Gehrlein/Born/Simon/*Bormann* Rn. 16; *Ulrich* GmbHR 2015, R 5.
[294] Scholz/*Veil* § 7 Rn. 36; HCL/*Ulmer/Casper* § 7 Rn. 53, 56 f.; BeckOK GmbHG/*Ziemons* Rn. 10.
[295] *Lutter* FS Heinsius, 1991, 497 (515); aA MHLS/*Hermanns* Rn. 46.

sig ist unter dieser Voraussetzung auch eine durch die Anmeldung der Kapitalerhöhung aufschiebend bedingte Einbringung[296] sowie eine durch das endgültige Scheitern auflösend bedingte Einlageleistung.[297]

2. Sachübernahme. Bei der Sachübernahme muss vor Anmeldung der Kapitalerhö- 93 hung sowohl der Vermögensgegenstand an die Gesellschaft geleistet als auch der Gegenleistungsanspruch mit der Einlageforderung verrechnet worden sein.[298] Dass die Einlageforderung vor Eintragung der Kapitalerhöhung noch nicht durchsetzbar ist, steht der Verrechnung nicht entgegen,[299] da ansonsten das Vollleistungsgebot des § 7 Abs. 3 bei Sachübernahmen nicht durchgehalten werden könnte.

§ 57 Anmeldung der Erhöhung

(1) Die beschlossene Erhöhung des Stammkapitals ist zur Eintragung in das Handelsregister anzumelden, nachdem das erhöhte Kapital durch Übernahme von Geschäftsanteilen gedeckt ist.

(2) ¹In der Anmeldung ist die Versicherung abzugeben, daß die Einlagen auf das neue Stammkapital nach § 7 Abs. 2 Satz 1 und Abs. 3 bewirkt sind und daß der Gegenstand der Leistungen sich endgültig in der freien Verfügung der Geschäftsführer befindet. ²§ 8 Abs. 2 Satz 2 gilt entsprechend.

(3) Der Anmeldung sind beizufügen:
1. **die in § 55 Abs. 1 bezeichneten Erklärungen oder eine beglaubigte Abschrift derselben;**
2. **eine von den Anmeldenden unterschriebene Liste der Personen, welche die neuen Geschäftsanteile übernommen haben; aus der Liste müssen die Nennbeträge der von jedem übernommenen Geschäftsanteile ersichtlich sein;**
3. **bei einer Kapitalerhöhung mit Sacheinlagen die Verträge, die den Festsetzungen nach § 56 zugrunde liegen oder zu ihrer Ausführung geschlossen worden sind.**

(4) Für die Verantwortlichkeit der Geschäftsführer, welche die Kapitalerhöhung zur Eintragung in das Handelsregister angemeldet haben, finden § 9a Abs. 1 und 3, § 9b entsprechende Anwendung.

Schrifttum: s. § 55.

Übersicht

---

[296] *Lutter* FS Heinsius, 1991, 497 (509 ff.); MHLS/*Hermanns* Rn. 47.
[297] *Lutter* FS Heinsius, 1991, 497 (510 ff.); Scholz/*Priester/Tebben* Rn. 43; MHLS/*Hermanns* Rn. 47.
[298] Scholz/*Priester/Tebben* Rn. 42; HCL/*Ulmer/Casper* Rn. 35; Scholz/*Veil* § 7 Rn. 44; abw. *Altmeppen* § 19 Rn. 61.
[299] HCL/*Ulmer/Casper* Rn. 35; aA noch RG Urt. v. 16.2.1937 – II 196/37, JW 1938, 1400.

I. Inhalt und Zweck der Norm

1   Die Vorschrift enthält in Ergänzung zu § 54 einige **Sonderbestimmungen für die ordentliche Kapitalerhöhung,**[1] deren Wirksamwerden als Satzungsänderung voraussetzt, dass sie zur Eintragung in das Handelsregister angemeldet und eingetragen wird (§ 54 Abs. 3). Anders als im Aktienrecht findet bei der Kapitalerhöhung in der GmbH keine Aufspaltung in eine Anmeldung des Kapitalerhöhungsbeschlusses nach § 184 AktG und eine Anmeldung der Durchführung nach § 188 AktG statt; vielmehr wird die Kapitalerhöhung gem. Abs. 1 nach Übernahme sämtlicher Geschäftsanteile zur Eintragung in das Handelsregister angemeldet.

2   Inhaltlich lehnen sich die **Einzelregelungen** des § 57 an die Vorschriften des Gründungsrechts an. Vergleichbar mit § 8 Abs. 2 bestimmt Abs. 2, dass die Geschäftsführer die Leistung der Mindesteinlage zur endgültig freien Verfügung versichern müssen. Abs. 3 benennt die Unterlagen, die zusätzlich zu den einer Satzungsänderung nach § 54 beizufügenden Anlagen bei der Anmeldung einer Kapitalerhöhung einzureichen sind. Unter Bezugnahme auf das Gründungsrecht (§ 9a Abs. 1 und 3, § 9b) regelt § 57 Abs. 4 die haftungsrechtliche Verantwortlichkeit der Geschäftsführer für unrichtige und unvollständige Angaben im Zusammenhang mit der Anmeldung der Kapitalerhöhung.

II. Anmeldung

3   **1. Materielle Anforderungen. a) Übernahme der Geschäftsanteile.** Zentrale Voraussetzung für die Anmeldung ist, dass die aus der Kapitalerhöhung stammenden neuen Geschäftsanteile durch formgültigen Übernahmevertrag vollständig übernommen worden sind (Abs. 1). Lautet die Kapitalerhöhung auf einen Höchstbetrag, kann die Anmeldung mit jedem gezeichneten Betrag erfolgen, soweit dieser vom ursprünglichen Erhöhungsbeschluss gedeckt ist (→ § 55 Rn. 53). Sieht der Beschluss einen festen Betrag vor und wurden die Geschäftsanteile nicht vollständig gezeichnet, ist die Anmeldung nach fruchtloser Beanstandung durch das Registergericht regelmäßig zurückzuweisen (→ § 55 Rn. 50, → § 55 Rn. 199).[2]

4   **b) Mindesteinzahlung.** Nach § 56a iVm § 7 Abs. 2 S. 1 und Abs. 3 müssen vor der Anmeldung der Kapitalerhöhung die gesetzlichen Mindesteinlagen zur endgültig freien Verfügung der Geschäftsführer erbracht sein (→ § 56a Rn. 5 ff.). Bareinlagen sind zu einem Viertel zu bewirken (→ § 56a Rn. 5 f.); Sacheinlagen sind vollständig zu erbringen (→ § 56a Rn. 91).

---

[1]   Noack/Servatius/Haas/*Servatius* Rn. 1; Lutter/Hommelhoff/*Bayer* Rn. 1; MHLS/*Hermanns* Rn. 1; Scholz/*Priester/Tebben* Rn. 1; HCL/*Ulmer/Casper* Rn. 2; *Altmeppen* Rn. 1.

[2]   MHLS/*Hermanns* Rn. 5; Scholz/*Priester/Tebben* Rn. 2; HCL/*Ulmer/Casper* Rn. 4.

2. Inhalt. a) Kapitalerhöhung. Anzumelden ist in rechtstechnischer Hinsicht der **5**
Kapitalerhöhungsbeschluss; ihm sind nach Abs. 3 Nr. 1 die Übernahmeerklärungen der
Zeichner beizufügen. Für die Anmeldung genügt ein Verweis auf das Beschlussprotokoll,[3]
soweit außerdem der Regelungsgegenstand schlagwortartig angegeben ist.[4] Angaben über
den Erhöhungsbetrag, die neue Stammkapitalziffer oder etwaige Sacheinlagen sind nicht
erforderlich, in der Praxis aber weithin üblich und sinnvoll.[5] Ebenfalls entbehrlich ist die
Anmeldung einer im Zuge der Kapitalerhöhung geänderten Satzung (→ § 55 Rn. 95).[6]

Lautet die Kapitalerhöhung auf einen **Höchstbetrag,** ist in der Anmeldung außerdem **6**
der konkret gezeichnete Erhöhungsbetrag anzugeben, der sich innerhalb der Grenzen des
Erhöhungsbeschlusses halten muss (→ Rn. 3; → § 55 Rn. 53). Verändert sich der gezeichnete Betrag zwischen Anmeldung und Eintragung, kann durch Nachtragsanmeldung der
erhöhte Betrag in das Handelsregister eingetragen werden. Nach erfolgter Eintragung ist
der Kapitalerhöhungsbeschluss verbraucht, dh, die Kapitalerhöhung bezieht sich ausschließlich auf den in das Handelsregister eingetragenen Betrag.[7] Nach Eintragung erfolgte Über-
nahmen bleiben außer Betracht.

b) Versicherung der Geschäftsführer. In der Anmeldung muss nach Abs. 2 S. 1 iVm **7**
§ 7 Abs. 2 S. 1 und Abs. 3 versichert werden, dass die gesetzlichen **Mindesteinlagen zur end-**
gültig freien Verfügung der Geschäftsführer für die Zwecke der Gesellschaft geleistet und
nicht wieder an die Inferenten zurückgezahlt worden sind.[8] Zu versichern ist konkret, dass die
Bareinlagen zu einem Viertel und die Sacheinlagen vollständig bewirkt sind. Auch im Falle weitergehender freiwilliger Mehrleistungen genügt die Versicherung, dass die gesetzlichen Mindesteinlagen erbracht sind.[9] Bei **Mischeinlagen** (→ § 56 Rn. 9) muss versichert werden, dass
die Geldeinlage zu einem Viertel und die Sacheinlage vollständig geleistet worden sind.[10]

Ändert sich zwischen Anmeldung und Eintragung die **Person des Geschäftsführers,** **8**
ist die von den bisherigen Geschäftsführern ordnungsgemäß abgegebene Versicherung weiterhin wirksam und muss nicht wiederholt werden, soweit sich bezüglich der Versicherung
zwischenzeitlich keine inhaltlichen Änderungen ergeben haben.[11] War die Anmeldung hingegen unrichtig oder unvollständig, ist eine ordnungsgemäße Versicherung des neuen
Geschäftsführers erforderlich.[12]

Keinen Bedenken unterliegt die Praxis, die **Versicherung** schon **bei Beurkundung** **9**
des Kapitalerhöhungsbeschlusses zu unterzeichnen und zu beglaubigen, die Unterlagen nach
Absprache mit dem Notar aber erst zu dem Zeitpunkt an den Registerrichter weiterzuleiten,
in dem die Einlage tatsächlich zur endgültig freien Verfügung der Geschäftsführer geleistet
worden ist.[13] Entscheidend ist allein, dass die Versicherung im Zeitpunkt des Zugangs beim
Registergericht inhaltlich zutreffend ist.

3　Scholz/*Priester*/*Tebben* Rn. 4; MHLS/*Hermanns* Rn. 11.
4　Roweder/Schmidt-Leithoff/*Schnorbus* Rn. 3; Ulmer/Habersack/Winter/*Ulmer,* 2008, Rn. 6.
5　Vgl. noch Noack/Servatius/Haas/*Servatius* Rn. 7; Roweder/Schmidt-Leithoff/*Schnorbus* Rn. 5;
Scholz/*Priester*/*Tebben* Rn. 4; aA Lutter/Hommelhoff/*Bayer* Rn. 4; BeckOK GmbHG/*Ziemons* Rn. 12:
zwingende Angabe von Erhöhungsbetrag und Stammkapitalziffer.
6　OLG Frankfurt Vorlagebeschl. v. 12.11.1986 – 20 W 113/86, NJW-RR 1987, 288; Noack/Servatius/
Haas/*Servatius* Rn. 7; Roweder/Schmidt-Leithoff/*Schnorbus* Rn. 3; Scholz/*Priester*/*Tebben* Rn. 4; aA
BeckOK GmbHG/*Ziemons* Rn. 14; Meyer-Landrut/Miller/Niehus/*Meyer-Landrut* Rn. 5.
7　Scholz/*Priester*/*Tebben* Rn. 5.
8　BGH Urt. v. 18.3.2002 – II ZR 363/00, BGHZ 150, 197 (201) = NJW 2002, 1716; Beschl.
v. 11.6.2013 – II ZB 25/12, NJW 2013, 2428 Rn. 11; vgl. noch BeckOK GmbHG/*Ziemons* Rn. 17.
9　MHLS/*Hermanns* Rn. 14; Scholz/*Priester*/*Tebben* Rn. 6.
10　MHLS/*Hermanns* Rn. 18; Scholz/*Priester*/*Tebben* Rn. 6.
11　HCL/*Ulmer*/*Casper* Rn. 7.
12　KG Beschl. v. 30.11.1971 – 1 W 1188/71, NJW 1972, 951; Scholz/*Priester*/*Tebben* Rn. 6 aE; Scholz/
Veil § 8 Rn. 25.
13　LG Gießen Beschl. v. 15.10.2002 – 6 T 9/02, GmbHR 2003, 543; BeckOK GmbHG/*Ziemons* Rn. 39;
Wicke § 8 Rn. 11; Lutter/Hommelhoff/*Bayer* § 8 Rn. 9; *Bärwaldt* GmbHR 2003, 524 (525); *Kallrath*
DNotZ 2000, 533 (534); *Wälzholz* MittBayNot 2008, 425 (426); aA wohl OLG Düsseldorf Beschl.
v. 15.12.1999 – 3 Wx 354/99, GmbHR 2000, 232 = NZG 2000, 262: Anmeldung einer in der Zukunft
liegenden Geschäftsführerbestellung ist unwirksam.

10   **aa) Bareinlagen.** Bei Bareinlagen ist es nach zutreffender hM erforderlich, dass der von jedem Inferenten **geleistete Betrag konkret angegeben** wird. Ein Hinweis darauf, dass den gesetzlichen Erfordernissen genügt oder ein Viertel der Nennbeträge der neuen Geschäftsanteile eingezahlt worden sei, genügt nicht.[14] Übernimmt der Gesellschafter zulässigerweise nach § 55 Abs. 4 iVm § 5 Abs. 2 S. 2 mehrere Geschäftsanteile (→ § 55 Rn. 61), ist der auf jeden einzelnen Geschäftsanteil geleistete Betrag anzugeben.[15] Es kann auch nicht ohne Weiteres von einer gleichmäßigen Aufteilung der Zahlung auf sämtliche Geschäftsanteile ausgegangen werden. Soll eine anteilige Anrechnung erfolgen, muss entweder die konkrete zahlenmäßige Aufteilung auf die Anteile angegeben oder die Erklärung abgegeben werden, dass keine Tilgungsbestimmung isd § 366 Abs. 1 BGB getroffen worden ist.[16] Allein im Fall der Volleinzahlung sämtlicher Geschäftsanteile macht eine Angabe der einzelnen Einzahlungen keinen Sinn, sodass es genügt, die Volleinzahlung zu versichern.[17]

11   Die **Gegenauffassung** lässt bereits die Versicherung genügen, dass die Geldeinlagen zu einem Viertel eingezahlt sind.[18] Das ist im Hinblick auf die Funktion der Geschäftsführerversicherung nicht überzeugend. Denn diese zielt nicht allein darauf ab, den Geschäftsführern Klarheit über die gesetzlichen Einlageleistungen zu verschaffen und als Anknüpfung für die zivil- und strafrechtliche Verantwortlichkeit der Geschäftsführer zu dienen.[19] Vielmehr verfolgt die Versicherung außerdem den Zweck, dem Registergericht die Prüfung der gesetzlichen Mindesteinzahlungen zu ermöglichen. Um diesen Zweck erfüllen zu können, müssen die im Einzelnen konkret geleisteten Geldbeträge angegeben werden.

12   **Entbehrlich** ist es indes, darüber hinaus die **Art und Weise der Leistungserbringung** in die Versicherung aufzunehmen.[20] Ebenso wenig sind die Geschäftsführer verpflichtet, eine nach § 37 Abs. 1 S. 3 AktG, § 188 Abs. 2 S. 1 AktG für die Kapitalerhöhung in der AG erforderliche **Bankbestätigung** vorzulegen. Diese Vorschriften finden im GmbH-Recht keine Entsprechung. Eine analoge Anwendung der aktienrechtlichen Vorschriften scheitert am Fehlen einer planwidrigen Regelungslücke, da die Leistungserbringung bei der GmbH durch eine zivil- und strafrechtlich sanktionierte Versicherung der Geschäftsführer sichergestellt ist und damit bewusst auf eine Bankbestätigung verzichtet wurde.[21] Zweifelt der Registerrichter aufgrund der eingereichten Unterlagen indes an der Ordnungsmäßigkeit der Leistungsbewirkung, kann er von den Anmeldern weitere

---

[14]   BayObLG Beschl. v. 18.12.1979 – BReg. 1 Z 83/79, DNotZ 1980, 646 = DB 1980, 438; Beschl. v. 20.12.1979 – BReg. 1 Z 84/79, DNotZ 1980, 646 = DB 1980, 439; Beschl. v. 14.10.1993 – 3Z BR 191/93, DB 1993, 2524 = DNotZ 1994, 652; OLG Celle Beschl. v. 7.1.1986 – 1 W 37/85, GmbHR 1986, 309 = NJW-RR 1986, 1482; OLG Düsseldorf Beschl. v. 4.9.1985 – 3 Wx 267/85, DNotZ 1986, 179; OLG Hamm Urt. v. 24.2.1981 – 15 W 114/81, DNotZ 1982, 706 (708 f.) = DB 1982, 945; OLG Hamm Beschl. v. 28.10.1986 – 15 W 319/86, WM 1987, 405 (406) = DNotZ 1987, 246; Noack/Servatius/Haas/*Servatius* Rn. 10; Meyer-Landrut/Miller/Niehus/*Meyer-Landrut* Rn. 7; Lutter/Hommelhoff/*Bayer* Rn. 11; MHLS/*Hermanns* Rn. 14; Rowedder/Schmidt-Leithoff/*Schnorbus* Rn. 6; *Altmeppen* Rn. 5; Scholz/*Veil* § 8 Rn. 26; HCL/*Ulmer/Casper* Rn. 8; Bork/Schäfer/*Arnold/Born* Rn. 6.

[15]   OLG Düsseldorf Beschl. v. 19.2.2020 – I-3 Wx 21/20, NZG 2020, 750 Rn. 11; *Wicke* § 8 Rn. 9.

[16]   Vgl. OLG Hamm Beschl. v. 24.3.2011 – 15 W 684/10, RNotZ 2011, 437 (439); OLG Düsseldorf Beschl. v. 19.2.2020 – I-3 Wx 21/20, NZG 2020, 750 Rn. 12.

[17]   OLG Düsseldorf Beschl. v. 25.9.1985 – 3 Wx 363/85, DNotZ 1986, 180 = GmbHR 1986, 267; LG Hagen Beschl. v. 19.7.2007 – 23 T 6/07, RNotZ 2008, 46 (47); Noack/Servatius/Haas/*Servatius* Rn. 10; Lutter/Hommelhoff/*Bayer* Rn. 11 aE; MHLS/*Hermanns* Rn. 14; HCL/*Ulmer/Casper* Rn. 8; BeckOK GmbHG/*Ziemons* Rn. 20.

[18]   Scholz/*Priester/Tebben* Rn. 8 f.; *Baumann* DNotZ 1986, 182; *Kanzleiter* DNotZ 1980, 649; *Kanzleiter* DNotZ 1982, 709.

[19]   So aber Scholz/*Priester/Tebben* Rn. 8.

[20]   OLG Frankfurt Beschl. v. 27.5.1992 – 20 W 134/92, DB 1992, 1282 = NJW-RR 1992, 1253; Scholz/*Priester/Tebben* Rn. 8; HCL/*Ulmer/Casper* Rn. 8; BeckOK GmbHG/*Ziemons* Rn. 21; *Keilbach* MittRhNotK 2000, 365 (373); aA BayObLG Beschl. v. 18.12.1979 – BReg. 1 Z 83/79, DNotZ 1980, 646 = DB 1980, 438; Beschl. v. 20.12.1979 – BReg. 1 Z 84/79, DNotZ 1980, 646 = DB 1980, 439; OLG Hamm Beschl. v. 24.2.1982 – 15 W 114/81, GmbHR 1983, 102 (103) = MittBayNot 1982, 138.

[21]   Vgl. MHLS/*Hermanns* Rn. 16; *Keilbach* MittRhNotK 2000, 365 (372); s. noch BGH Urt. v. 18.2.1991 – II ZR 104/90, BGHZ 113, 335 (352 f.) = NJW 1991, 1754; *Spindler* ZGR 1997, 537 (538, 541); HCL/*Ulmer/Casper* Rn. 10; *Bayer* FS Horn, 2006, 271 (277).

Nachweise über die Art und Weise der Einlageleistung verlangen,[22] insbesondere auch eine Bankbestätigung.[23]

Legen die Anmelder freiwillig oder nach Aufforderung des Registergerichts eine Bank- **13** bestätigung vor, dann **haftet das ausstellende Kreditinstitut** nach Maßgabe der § 188 Abs. 2 S. 1 AktG, § 37 Abs. 1 S. 4 AktG analog für unrichtige Angaben, die im Verantwortungsbereich des Kreditinstituts ihren Ursprung haben.[24] Voraussetzung für die Haftung ist, dass die Bank – wie in der Regel – den Zweck der Bescheinigung kennt und die endgültig freie Verfügbarkeit versichert.[25] Bestätigt sie allein die Gutschrift auf dem Bankkonto, gibt sie eine solche Versicherung nicht ab, sodass eine Haftung ausscheidet.[26]

bb) Sacheinlagen. Bei Sacheinlagen braucht sich die Versicherung ebenfalls nicht **14** auf die Art und Weise der Einlageleistung zu beziehen. Solche Informationen erhält der Registerrichter durch die nach Abs. 3 Nr. 3 der Anmeldung beizufügenden Verträge über die Sacheinlage.[27]

cc) Endgültig freie Verfügung. Das Gebot der Leistung zur endgültig freien Verfü- **15** gung verlangt im Grundsatz, dass die Einlageleistung in den uneingeschränkten Verfügungsbereich der Geschäftsführer gelangt und nicht wieder an den Inferenten zurückgewährt wird.[28] Dieser Grundsatz hat durch die Neuregelung der verdeckten Sacheinlage nach § 19 Abs. 4 (→ § 56 Rn. 71 ff.) sowie des Hin- und Herzahlens nach § 19 Abs. 5 (→ § 56a Rn. 40 ff.) **substanzielle Einschränkungen** erfahren. Die durch die reformierten Vorschriften entstandene Normenkollision ist durch eine teleologische Reduktion des Gebots der Leistung zur endgültig freien Verfügung aufzulösen, soweit die tatbestandlichen Voraussetzungen des § 19 Abs. 4 und 5 vollständig erfüllt sind (→ § 56 Rn. 91; → § 56a Rn. 64). Im Rahmen der Anmeldung ist das **Hin- und Herzahlen** nach Maßgabe der § 56a, § 19 Abs. 5 S. 2 unter Erläuterung der gesetzlichen Voraussetzungen des § 19 Abs. 5 S. 1 offenzulegen.[29] Zudem empfiehlt es sich, entsprechende Nachweise beim Registergericht einzureichen (→ § 56a Rn. 68).

Davon abgesehen erfordert das Verfügbarkeitsgebot **keine wertgleiche Deckung.** Es **16** ist also nicht erforderlich, dass sich die Einlageleistung bis zur Anmeldung bzw. Eintragung der Kapitalerhöhung in das Handelsregister unverbraucht oder zumindest ihrem Wert nach noch im Gesellschaftsvermögen befindet.[30] Auch **Verwendungsabreden,** die nicht die

22   HCL/*Ulmer/Casper* Rn. 8 aE.
23   BGH Urt. v. 18.2.1991 – II ZR 104/90, BGHZ 113, 335 (353) = NJW 1991, 1754; OLG Düsseldorf Urt. v. 31.7.1996 – 3 Wx 293/96, ZIP 1996, 1705; MHLS/*Hermanns* Rn. 16; BeckOK GmbHG/ *Ziemons* Rn. 21; *Bayer* FS Horn, 2006, 271 (277).
24   BGH Urt. v. 18.2.1991 – II ZR 104/90, BGHZ 113, 335 (354 f.) = NJW 1991, 1754; Urt. v. 16.12.1996 – II ZR 200/95, NJW 1997, 945 = DStR 1997, 377 mAnm *Goette* DStR 1997, 378; *Röhricht* FS Boujong, 1996, 457 (474 ff.); MHLS/*Hermanns* Rn. 40; Scholz/*Priester/Tebben* Rn. 42; HCL/*Ulmer/Casper* Rn. 11; *Spindler* ZGR 1997, 537 (548); *Bayer* FS Horn, 2006, 271 (288 f.).
25   BGH Urt. v. 7.1.2008 – II ZR 283/06, NZG 2008, 304 (306); Noack/Servatius/Haas/*Servatius* Rn. 39.
26   BGH Urt. v. 16.12.1996 – II ZR 200/95, NJW 1997, 945 = DStR 1997, 377 mAnm *Goette* DStR 1997, 378; Rowedder/Schmidt-Leithoff/*Schnorbus* § 57a Rn. 5; Scholz/*Priester/Tebben* Rn. 42 aE; *Spindler* ZGR 1997, 537 (544); aA OLG Stuttgart Urt. v. 28.6.1995 – 1 U 182/94, ZIP 1995, 1595 = AG 1995, 516; Noack/Servatius/Haas/*Servatius* Rn. 39.
27   Vgl. noch MHLS/*Hermanns* Rn. 17; Rowedder/Schmidt-Leithoff/*Schnorbus* Rn. 6; *Knaier* ZNotP 2017, 409 (413).
28   BGH Urt. v. 8.11.2004 – II ZR 362/02, NZG 2005, 180 (181); Versäumnisurt. v. 18.3.2002 – II ZR 363/00, BGHZ 150, 197 (199) = NZG 2002, 522; OLG Jena Urt. v. 14.6.2006 – 6 U 1021/05, NZG 2006, 752 (753); Lutter/Hommelhoff/*Bayer* § 7 Rn. 19 ff., 24; Gehrlein/Born/Simon/*Bormann* Rn. 12; *Bayer* FS Horn, 2006, 271 (275).
29   Dazu mit Formulierungsbeispiel BeckOK GmbHG/*Ziemons* Rn. 24 ff.; vgl. weiter Bork/Schäfer/ *Arnold/Born* Rn. 7; Henssler/Strohn/*Gummert* Rn. 15.
30   BGH Versäumnisurt. v. 18.3.2002 – II ZR 363/00, BGHZ 150, 197 (199) = NJW 2002, 1716; Urt. v. 8.11.2004 – II ZR 362/02, NZG 2005, 180 (181); *Priester* ZIP 1994, 599 (602); Noack/Servatius/ Haas/*Servatius* Rn. 12; Lutter/Hommelhoff/*Bayer* Rn. 7; Scholz/*Priester/Tebben* Rn. 11; HCL/*Ulmer/ Casper* Rn. 9; *Wicke* Rn. 4; Gehrlein/Born/Simon/*Bormann* Rn. 12; anders noch (wertgleiche Deckung) BGH Urt. v. 13.7.1992 – II ZR 263/91, BGHZ 119, 177 (187 f.) = NJW 1992, 3300; MHLS/*Hermanns* Rn. 19; Rowedder/Schmidt-Leithoff/*Schnorbus* Rn. 7 ff.; abw. auch *Altmeppen* § 56a Rn. 6 f.

unmittelbare oder mittelbare Rückgewähr der erbrachten Einlage zum Gegenstand haben, sind zulässig,[31] und zwar auch dann, wenn mit den frischen Eigenmitteln Fremdkapital abgelöst wird, um etwa einer bestehenden oder drohenden Überschuldung zu begegnen.[32] Anderes gilt für Kapital, über dessen Verwendung allein der Inferent entscheidet, den Geschäftsführern hingegen kein eigener Spielraum bei der Umsetzung der vom Inferenten vorgegebenen Investitions- und Finanzplanung zukommt.[33] Abgesehen von Voreinzahlungen, die nur unter engen Voraussetzungen zulässig sind (→ § 56a Rn. 26 ff.), muss die Einlageleistung zwischen Beschlussfassung und Anmeldung erfolgen.[34]

17   **dd) Nachweise.** Die Geschäftsführer erfüllen ihre Pflicht durch Abgabe der Versicherung. Zusätzliche Nachweise über die Einlageerbringung, wie zB Einzahlungsbelege oder eine Bankbestätigung (→ Rn. 12 f.) sind grundsätzlich nicht erforderlich. Nur wenn das Registergericht **erhebliche Zweifel an der Richtigkeit der Versicherung** hegt, können nach Abs. 2 S. 2 iVm § 8 Abs. 2 S. 2 zusätzliche Nachweise von den Geschäftsführern angefordert werden.[35] Das verschärft den früheren Maßstab, der bereits begründete Zweifel an der Richtigkeit ausreichen ließ;[36] nunmehr sind erhebliche Zweifel erforderlich. Unzulässig ist es demnach, routinemäßig ohne konkrete Hinweise auf Unzulänglichkeiten die Vorlage von Unterlagen zu verlangen.[37] Zweifel an der Richtigkeit der Versicherung können aber namentlich dann begründet sein, wenn längere Zeit zwischen Abgabe der Versicherung und der Anmeldung vergangen ist,[38] Inferenten offensichtlich Liquiditätsprobleme oder vermögensrechtliche Vorstrafen haben, die Versicherung offenkundig unwahr oder unglaubwürdig oder im Anmeldeverfahren schon einmal eine falsche Versicherung abgegeben worden ist.[39] In solchen Fällen kann der Registerrichter die Einzahlungsnachweise durch Zwischenverfügung nach § 382 Abs. 4 FamFG verlangen.[40]

18   **3. Anlagen. a) Übernahmeerklärungen.** Der Anmeldung sind die Übernahmeerklärungen der Gesellschafter in der Form des § 55 Abs. 1 (→ § 55 Rn. 172 ff.) oder in beglaubigter Abschrift beizufügen (Abs. 3 Nr. 1). Eine eigenständige Beifügung ist entbehrlich, wenn die Erklärungen im notariellen Protokoll über den Kapitalerhöhungsbeschluss enthalten sind,[41] das nach § 54 der Anmeldung beizufügen ist (→ Rn. 28). Die Beifügung der Annahmeerklärungen durch die Gesellschaft (→ § 55 Rn. 181 ff.) ist nicht erforderlich.[42]

---

31   BGH Urt. v. 24.9.1990 – II ZR 203/89, GmbHR 1990, 554 (556) = NJW 1991, 226; Urt. v. 22.6.1992 – II ZR 30/91, WM 1992, 1432 (1434) = NJW 1992, 2698; Urt. v. 12.2.2007 – II ZR 272/05, BGHZ 171, 113 Rn. 10 = NJW 2007, 3285; Urt. v. 22.3.2010 – II ZR 12/08, BGHZ 185, 44 Rn. 14 = NJW 2010, 1948 – AdCoCom; Urt. v. 12.4.2011 – II ZR 17/10, NZG 2011, 667 Rn. 12; OLG Köln Urt. v. 31.3.2011 – 18 U 171/10, NZI 2011, 376 (377) = GmbHR 2011, 648 m. zust. Anm. *Blöse*; LG Koblenz Entsch. v. 21.12.1990 – 105 Js (Wi) 22 346/87 – 10 KLs, WM 1991, 1507 = AG 1992, 93; Noack/Servatius/Haas/*Servatius* Rn. 12; Rowedder/Schmidt-Leithoff/*Schnorbus* Rn. 14; *Wicke* § 19 Rn. 22; ausf. *Cavin*, Kapitalaufbringung in GmbH und AG, 2012, 469 ff.; gegen die Zulässigkeit von Verwendungsabreden OLG Frankfurt Urt. v. 24.6.1991 – 11 U 18/91, AG 1991, 402; LG Koblenz Urt. v. 29.10.1986 – 105 Js (Wi) 17 313/83–10 KLs, WM 1988, 1630.
32   OLG Köln Urt. v. 31.3.2011 – 18 U 171/10, NZI 2011, 376 (377) = GmbHR 2011, 648 m. zust. Anm. *Blöse*.
33   Zur AG LG München I Urt. v. 30.8.2012 – 5 HK O 5699/11, ZIP 2012, 2152 (2155) = BeckRS 2012, 22112.
34   Scholz/*Priester*/*Tebben* Rn. 12; HCL/*Ulmer*/*Casper* Rn. 9.
35   Zust. Gehrlein/Born/Simon/*Bormann* Rn. 14; zum Ganzen ausf. *Wolf* Rpfleger 2010, 453.
36   OLG Düsseldorf Urt. v. 31.7.1996 – 3 Wx 293/96, ZIP 1996, 1705 (1705 f.).
37   Wie hier *Wicke* § 8 Rn. 12; Gehrlein/Born/Simon/*Bormann* Rn. 15; *Heckschen* DStR 2009, 166 (172); in diese Richtung auch *Herrler* DNotZ 2008, 903 (915).
38   *Heckschen* DStR 2009, 166 (172).
39   *Wolf* Rpfleger 2010, 453 (455).
40   Lutter/Hommelhoff/*Bayer* § 9c Rn. 20; *Altmeppen* § 9c Rn. 27; *Wicke* § 9c Rn. 9; *Wolf* Rpfleger 2010, 453 (456).
41   OLG Celle Beschl. v. 11.3.1999 – 9 W 26/99, GmbHR 1999, 1253 (1254); Noack/Servatius/Haas/*Servatius* Rn. 18; Lutter/Hommelhoff/*Bayer* Rn. 10; Rowedder/Schmidt-Leithoff/*Schnorbus* Rn. 18; Scholz/*Priester*/*Tebben* Rn. 16; HCL/*Ulmer*/*Casper* Rn. 12.
42   MHLS/*Hermanns* Rn. 22; Scholz/*Priester*/*Tebben* Rn. 16; HCL/*Ulmer*/*Casper* Rn. 12 aE.

b) Übernehmerliste. Beizufügen ist weiterhin eine Liste der Personen, die die neuen **19** Geschäftsanteile übernommen haben (Abs. 3 Nr. 2). Die Liste ist von sämtlichen Geschäftsführern (→ Rn. 29) oder ihren Bevollmächtigten (→ Rn. 30) zu **unterzeichnen.**

In Anlehnung an § 8 Abs. 1 Nr. 3 sind die **Übernehmer** mit Name und Vorname, **20** Geburtsdatum und Wohnort in die Liste aufzunehmen (→ § 8 Rn. 23).[43] Anzugeben sind außerdem die **Nennbeträge** der im Einzelnen übernommenen Geschäftsanteile bzw. die Aufstockungsbeträge bei Erhöhung der Nennbeträge der bestehenden Geschäftsanteile (→ § 55 Rn. 57 ff.).[44] Nicht nur die durch die Kapitalerhöhung neu beitretenden Dritten sind als Übernehmer anzugeben, sondern auch die an der Erhöhung beteiligten Altgesellschafter.[45]

Darüber hinaus ist es **nicht erforderlich,** der Anmeldung auch sogleich eine neue **21** **Gesellschafterliste** nach § 40 beizufügen (→ § 40 Rn. 142 ff.).[46] Denn erst durch die Eintragung wird die Kapitalerhöhung wirksam und damit eine Veränderung iSd § 40 Abs. 1 S. 1 ausgelöst. Nach Wirksamwerden der Erhöhung hat der Notar gem. § 40 Abs. 2 eine neue Gesellschafterliste zu erstellen und sie – zusammen mit der Notarbescheinigung nach § 40 Abs. 2 S. 2 – zum Handelsregister einzureichen.[47] Aus Praktikabilitätsgründen wird man es aber zulassen können, dass die Gesellschafterliste der Anmeldung beigefügt wird, mit der Anweisung an das Registergericht, die Liste erst nach Eintragung der Kapitalerhöhung in das Handelsregister aufzunehmen.[48] Diese Vorgehensweise vermeidet, dass die Eintragung im Handelsregister längere Zeit unrichtig ist. Die von der Gegenauffassung vorgebrachten Bedenken, die Liste könnte verfrüht oder überhaupt nicht in das Handelsregister aufgenommen werden,[49] sind allgemeiner Natur; aufgrund der Pflichtenbindung des Registergerichts bilden solche Fälle die große Ausnahme. Jedenfalls darf diese allgemeine Gefahr nicht den Blick auf die ökonomisch sinnvolle Handhabung der Listenkorrektur für den Regelfall verstellen. Der Wortlaut des § 40 Abs. 2 S. 1 ist im hiesigen Sinne teleologisch zu interpretieren.

Entgegen einer in der Instanzrechtsprechung[50] vertretenen Auffassung ist es nicht erfor- **22** derlich, dass die **Nummerierung** in der Gesellschafterliste im Rahmen einer Kapitalerhöhung unverändert bleibt.[51] Indes darf unter einer Umnummerierung die Transparenz der Beteiligungsverhältnisse nicht leiden; sämtliche Geschäftsanteile müssen sich zweifelsfrei zuordnen lassen.[52] Für den Regelfall ist eine Beibehaltung der bisherigen Nummerierung aber jedenfalls vorzugswürdig.[53]

Werden Geschäftsanteile durch **juristische Personen** (AG, GmbH) oder **Handelsge-** **23** **sellschaften** (OHG, KG) übernommen, brauchen nur Firma und Sitz der Gesellschaft

---

[43] MHLS/*Hermanns* Rn. 24; Scholz/*Priester/Tebben* Rn. 17; HCL/*Ulmer/Casper* Rn. 13a.

[44] BayObLG Beschl. v. 20.2.2002 – 3Z BR 30/02, BB 2002, 852 (853) = NZG 2002, 585; Noack/ Servatius/Haas/*Servatius* Rn. 19; Lutter/Hommelhoff/*Bayer* Rn. 11; MHLS/*Hermanns* Rn. 23; Scholz/ *Priester/Tebben* Rn. 17.

[45] MHLS/*Hermanns* Rn. 24; Rowedder/Schmidt-Leithoff/*Schnorbus* Rn. 18; Scholz/*Priester/Tebben* Rn. 18; HCL/*Ulmer/Casper* Rn. 18.

[46] LG Augsburg Entsch. v. 16.2.2009 – 1 HK T 323/09, zit. nach *Wachter* GmbHR 2009, 785 (794); Scholz/*Priester/Tebben* Rn. 17 aE; *Heidinger* in Heckschen/Heidinger GmbH-Gestaltungspraxis Kap. 13 Rn. 594; *Meister* NZG 2008, 767 (770); *Herrler* DNotZ 2008, 903 (910, 915); *Link* RNotZ 2009, 193 (207); *D. Mayer* ZIP 2009, 1037 (1048); *Altmeppen* Rn. 13; aA offenbar *Wicke* Rn. 5.

[47] Zur Zuständigkeit des Notars bei der Kapitalerhöhung s. OLG München Beschl. v. 7.7.2010 – 31 Wx 73/10, ZIP 2010, 2145 (2146 f.) = BeckRS 2010, 17926.

[48] OLG Jena Beschl. v. 28.7.2010 – 6 W 256/10, ZIP 2010, 1795 (1796) = DNotZ 2011, 65; Gehrlein/ Born/Simon/*Bormann* Rn. 20; *Herrler* DNotZ 2008, 903 (910, 915); *Link* RNotZ 2009, 193 (207 f.); Scholz/*Priester/Tebben* Rn. 18a; *Wicke* NotBZ 2009, 1 (13); *Blath* notar 2018, 423 (432).

[49] BeckOK GmbHG/*Ziemons* Rn. 35; Lutter/Hommelhoff/*Kleindiek* § 57i Rn. 7; *Meister* NZG 2008, 767 (770); *D. Mayer* ZIP 2009, 1037 (1048); *Wachter* GmbHR 2009, 785 (794); *Saß* RNotZ 2016, 213 (220).

[50] LG Augsburg Beschl. v. 28.4.2009 – 2 HK T 902/09, NZG 2009, 1032 (1033).

[51] Zutr. *Wachter* NZG 2009, 1001 (1004 f.); in diesem Sinne der Übertragung BGH Beschl. v. 1.3.2011 – II ZB 6/10, NJW 2011, 1809 Rn. 13; bestätigt durch BGH Beschl. v. 20.9.2011 – II ZB 17/10, BGHZ 191, 84 Rn. 10 = NZG 2011, 1268; zust. *Blasche* RNotZ 2014, 34 (36 f.).

[52] Vgl. BGH Beschl. v. 1.3.2011 – II ZB 6/10, NJW 2011, 1809 Rn. 13.

[53] Vgl. BGH Beschl. v. 1.3.2011 – II ZB 6/10, NJW 2011, 1809 Rn. 13; *Blasche* RNotZ 2014, 34 (36 f.).

angegeben zu werden (→ § 8 Rn. 23). Trotz Anerkennung der Rechtsfähigkeit der nach außen auftretenden **Gesellschaft bürgerlichen Rechts**[54] sind die notwendigen Angaben in Bezug auf sämtliche Gesellschafter zu machen, und zwar auch soweit die GbR über ihren Namen hinreichend zu identifizieren ist.[55] Damit wird Publizitätsinteressen Rechnung getragen, da sich die innergesellschaftlichen Verhältnisse von GbR – anders als bei juristischen Personen und Personenhandelsgesellschaften – nicht durch Blick in ein Register erschließen. Dieses Publizitätsdefizit war der Grund für die gesetzgeberische Korrektur der BGH-Rspr. zur (formellen) Grundbuchfähigkeit der GbR[56] durch Einführung des § 47 Abs. 2 S. 1 GBO[57] und liegt auch der Sondervorschrift des § 162 Abs. 1 S. 2 HGB zugrunde.[58] Beide Regelungen sprechen für die Angabe der Daten von sämtlichen BGB-Gesellschaftern.[59] Bei der **Erbengemeinschaft** sind – ungeachtet ihrer mangelnden Rechtsfähigkeit[60] – gleichermaßen alle Miterben zu bezeichnen.[61]

24   **Entbehrlich** sind Angaben über die **Art und Weise der Erbringung der Einlage;** weder muss angegeben werden, ob es sich um Bar- oder Sacheinlagen handelt noch welche Einzahlungen bereits erfolgt sind.[62]

25   **c) Sacheinlagen.** Bei Kapitalerhöhungen gegen Sacheinlage sind der Anmeldung weiterhin die der Sacheinlagevereinbarung vorausgehenden **sacheinlagespezifischen Verträge** sowie die in Ausführung der Sacheinlage geschlossenen dinglichen **Vollzugsverträge** beizufügen (Abs. 3 Nr. 3). Erfasst sind insbesondere Verträge, die die Einzelheiten der Sacheinbringung regeln, wie zB eine Verpflichtung zur Übernahme, Fragen des Besitzübergangs und der Gewährleistung.[63] Entbehrlich ist hingegen die Beifügung eines Sachkapitalerhöhungsberichts (→ § 56 Rn. 130 f.).[64]

26   Die bezeichneten Verträge müssen der Anmeldung nur beigefügt werden, wenn sie in schriftlicher oder notarieller Form vorliegen. Ebenso wie § 37 Abs. 4 Nr. 2 AktG[65] begründet Abs. 3 Nr. 3 als nachgebildete Parallelvorschrift **keinen Formzwang.**[66] Sind keine Dokumente vorhanden, ist allein dieser Umstand in der Anmeldung zu vermerken.[67] Von diesem Grundsatz ist auch für die Sachübernahme keine Ausnahme zu machen.[68] Eine

---

[54]   BGH Urt. v. 29.1.2001 – II ZR 331/00, BGHZ 146, 341 (342 ff.) = NJW 2001, 1056.
[55]   OLG Hamm Beschl. v. 18.12.1995 – 15 W 413/95, DB 1996, 321 (322) = NJW-RR 1996, 482; Lutter/ Hommelhoff/*Bayer* Rn. 11; Scholz/*Priester/Tebben* Rn. 17; BeckOK GmbHG/*Ziemons* Rn. 31; Bork/ Schäfer/*Arnold/Born* Rn. 9; ebenso zur Gesellschafterliste OLG Hamm Beschl. v. 24.5.2016 – 27 W 27/16, ZIP 2016, 2021 (2022) = NJW-Spezial 2016, 624; zust. *Hermanns* DB 2016, 2464; *Scheuch* GWR 2016, 399; aA MHLS/*Hermanns* Rn. 24; HCL/*Ulmer/Casper* Rn. 13a; ebenso zur Gesellschafterliste etwa *Huneke* GmbHR 2016, 1186.
[56]   BGH Beschl. v. 4.12.2008 – V ZB 74/08, BGHZ 179, 102 Rn. 13, 19 ff. = NJW 2009, 594; zum Ganzen ausf. *Lieder* Jura 2012, 335.
[57]   Für Einzelheiten s. Bauer/Schaub/*Bayer/Lieder* GBO AT I Rn. 2 f.
[58]   Oetker/*Oetker* HGB § 162 Rn. 7; Baumbach/Hopt/*Roth* HGB § 162 Rn. 2.
[59]   Vgl. noch *Bayer* GmbHR 2012, 1 (2 f.); *Lautner* DNotZ 2011, 643 (650 f.); *Scheuch,* Der Scheingesellschafter der Gesellschaft bürgerlichen Rechts, 2014, 331 ff., 432 f.; *Scheuch* GmbHR 2014, 568.
[60]   BGH Beschl. v. 17.10.2006 – VIII ZB 94/05, NJW 2006, 3715 (3715 f.); Urt. v. 11.9.2002 – XII ZR 187/00, NJW 2002, 3389 (3390); Grüneberg/*Weidlich* BGB § 2032 Rn. 1; aA *Grunewald* AcP 197 (1997), 305 (306 ff.).
[61]   OLG Hamm Beschl. v. 18.11.1974 – 15 Wx 111/74, BB 1975, 292 (293); HCL/*Ulmer/Casper* Rn. 13a.
[62]   KG Beschl. v. 30.4.1909 – 1 a. X. 328/09, KGJ 38, 161 (163); HCL/*Ulmer/Casper* Rn. 14.
[63]   Dazu näher Noack/Servatius/Haas/*Servatius* Rn. 20; MHLS/*Hermanns* Rn. 26; vgl. auch Gehrlein/ Born/Simon/*Bormann* Rn. 23 f.
[64]   Lutter/Hommelhoff/*Bayer* Rn. 15; MHLS/*Hermanns* Rn. 27 aE; *Altmeppen* Rn. 15; HCL/*Ulmer/Casper* Rn. 16; aA OLG Stuttgart Entsch. v. 19.1.1981 – 8 W 295/81, GmbHR 1982, 109 (112); Scholz/ *Priester/Tebben* Rn. 21; offengelassen von BayObLG Beschl. v. 2.11.1994 – 3 Z BR 276/94, DB 1995, 35 (36) = NJW 1995, 1971.
[65]   Dazu MüKoAktG/*Pentz* AktG § 37 Rn. 64; Hüffer/Koch/*Koch* AktG § 37 Rn. 10; GroßkommAktG/ *Röhricht* AktG § 37 Rn. 48.
[66]   Noack/Servatius/Haas/*Servatius* Rn. 20; Lutter/Hommelhoff/*Bayer* Rn. 12; MHLS/*Hermanns* Rn. 27; Rowedder/Schmidt-Leithoff/*Schnorbus* Rn. 18; Scholz/*Priester/Tebben* Rn. 20.
[67]   Scholz/*Veil* § 8 Rn. 10; für die AG Hüffer/Koch/*Koch* AktG § 37 Rn. 10.
[68]   AA HCL/*Ulmer/Casper* Rn. 15; ähnlich MHLS/*Hermanns* Rn. 27; Rowedder/Schmidt-Leithoff/*Schnorbus* Rn. 18.

strengere Behandlung gegenüber der regulären Sacheinlage ist insbesondere nicht durch den Umstand zu rechtfertigen, dass bei der Sachübernahme zusätzliche weitergehende Vereinbarungen erforderlich sind. Vielmehr entscheidet der Registerrichter im Rahmen seiner Prüfungsfunktion darüber, ob es noch weiterer Nachweise bedarf, die er unter Umständen von den Beteiligten anfordern kann (→ § 57a Rn. 14).[69]

Der Anmeldung sind in Anlehnung an § 8 Abs. 1 Nr. 5 weiterhin **Nachweise über** 27 **die Werthaltigkeit** der Sacheinlage beizufügen.[70] Die Gegenauffassung, die für eine eingeschränkte Beifügungspflicht plädiert[71] bzw. eine Beifügung gänzlich ablehnt,[72] setzt sich in Widerspruch mit dem gesetzlichen Prüfungsrecht des Registerrichters, das sich bei Sachkapitalerhöhungen auch auf die Werthaltigkeit der Sacheinlage erstreckt (→ § 57a Rn. 20 ff.).[73] Nicht überzeugend ist es, den Nachweis von dem Verlangen des Registerrichters abhängig zu machen,[74] da das Prüfungsrecht unbedingt ausgestaltet ist. Stets muss das Registergericht darüber befinden, ob die Eintragung wegen einer nicht unerheblichen Überbewertung der Sacheinlage nach § 57a iVm § 9c Abs. 1 abzulehnen ist.

d) Ergänzende Anlagen. Wie bei jeder anderen Satzungsänderung sind bei der Kapi- 28 talerhöhung nach § 54 das **notarielle Protokoll** über den Kapitalerhöhungsbeschluss (→ § 54 Rn. 41 ff.) sowie die Neufassung des **Satzungswortlauts** (→ § 56 Rn. 49; → § 54 Rn. 44 ff.) beizufügen.[75] Nach Abkopplung der Gesellschaftsgründung von der Erteilung staatlicher **Genehmigungen** durch Streichung des § 8 Abs. 1 Nr. 6 aF (→ § 8 Rn. 41 f.) sind die nach früherem Recht relevanten Rechtsfragen obsolet geworden. Die Kapitalerhöhung ist – ebenso wie nach hM zum früheren Recht[76] – unabhängig von der Genehmigungserteilung zulässig. Soweit die **Versicherung** der Geschäftsführer nach Abs. 2 nicht bereits in der Anmeldung selbst enthalten ist, kann sie derselben in öffentlich beglaubigter Form als eigenständige Anlage zulässigerweise beigefügt werden.[77]

4. Formelle Anforderungen. a) Anmelder. aa) Geschäftsführer. Die Anmeldung 29 ist nach § 78 Hs. 2 durch **sämtliche** aktuellen und stellvertretenden[78] **Geschäftsführer** zu bewirken.[79] Ohne Belang ist, ob die wirksam bestellten Geschäftsführer bereits angemeldet sind. Auch bei noch ausstehender Anmeldung müssen sie unterzeichnen.[80] Zugleich müssen die Geschäftsführer analog § 8 Abs. 1 Nr. 2 gemeinsam mit der Anmeldung der Kapitalerhöhung angemeldet und hierdurch legitimiert werden.[81] Prokuristen sind von der Anmeldung ausgeschlossen;[82] § 78 verlangt die Anmeldung ausschließlich durch die Geschäftsführung, und zwar auch bei unechter Gesamtvertretung. Änderungen in der Person der Geschäftsführer berühren die dem zuständigen Registergericht wirksam zugegangene Anmeldung nicht

---

[69]   Vgl. HCL/*Ulmer/Casper* Rn. 16 zur Werthaltigkeitsprüfung.
[70]   Lutter/Hommelhoff/*Bayer* Rn. 14; MHLS/*Hermanns* Rn. 28; Scholz/*Priester/Tebben* Rn. 22; Gehrlein/ Born/Simon/*Bormann* Rn. 24.
[71]   So HCL/*Ulmer/Casper* Rn. 16 „bei nicht vertretbaren Sachen, Immaterialgütern, Beteiligungen".
[72]   So BeckOK GmbHG/*Ziemons* Rn. 37; Bork/Schäfer/*Arnold/Born* Rn. 12; Henssler/Strohn/*Gummert* Rn. 19; Meyer-Landrut/Miller/Niehus/*Meyer-Landrut* Rn. 10. – Rowedder/Schmidt-Leithoff/*Schnorbus* Rn. 18 sowie *Altmeppen* § 57a Rn. 5 f. hält die Vorlage nur für empfehlenswert.
[73]   Vgl. Scholz/*Priester,* 9. Aufl. 2002, Rn. 21.
[74]   Vgl. HCL/*Ulmer/Casper* Rn. 16.
[75]   Noack/Servatius/Haas/*Servatius* Rn. 21; Lutter/Hommelhoff/*Bayer* Rn. 13; MHLS/*Hermanns* Rn. 29; Rowedder/Schmidt-Leithoff/*Schnorbus* Rn. 18; Scholz/*Priester/Tebben* Rn. 15; *Altmeppen* Rn. 11.
[76]   Scholz/*Priester,* 9. Aufl. 2002, Rn. 22; Ulmer/Habersack/Winter/*Ulmer,* 2008, Rn. 18.
[77]   Noack/Servatius/Haas/*Servatius* Rn. 14; Lutter/Hommelhoff/*Bayer* Rn. 5; Scholz/*Priester/Tebben* Rn. 19.
[78]   RG Entsch. v. 4.11.1913 – V D 503/13, LZ 1914, 398 (399); Lutter/Hommelhoff/*Bayer* Rn. 2; MHLS/ *Hermanns* Rn. 7; Scholz/*Priester/Tebben* Rn. 24; HCL/*Ulmer/Casper* Rn. 18.
[79]   OLG Brandenburg Urt. v. 28.12.2017 – 6 U 87/15, BeckRS 2017, 140653 Rn. 48; KG Beschl. v. 3.12.2018 – 2 W 43/18, NZG 2019, 424 Rn. 29.
[80]   MHLS/*Hermanns* Rn. 7; Scholz/*Priester/Tebben* Rn. 24.
[81]   Scholz/*Priester/Tebben* Rn. 24.
[82]   MHLS/*Hermanns* Rn. 7; Rowedder/Schmidt-Leithoff/*Schnorbus* Rn. 15; Scholz/*Priester/Tebben* Rn. 24.

und verlangen auch keine Nachmeldung.[83] Auch im Insolvenzfall (→ § 55 Rn. 75 ff.) bleiben die Geschäftsführer zur Anmeldung zuständig, soweit sich die Kapitalerhöhung nicht
auf die Masse bezieht.[84] Die Gesellschafter der GmbH sind am Eintragungsverfahren nicht
beteiligt. Dementsprechend steht ihnen auch kein eigenes Antrags- und Beschwerderecht
gegen Beschlüsse und Verfügungen zu.[85]

30   **bb) Vertretung.** Im Grundsatz können sich die Geschäftsführer bei der Anmeldung
durch Bevollmächtigte vertreten lassen. Das ist unstreitig, soweit es um die **Einreichung** von
Dokumenten geht. Die Bevollmächtigung bedarf der elektronischen öffentlich beglaubigten
Form (§ 12 Abs. 1 S. 2 HGB).

31   Sehr **umstritten** ist die Frage, ob sich die Geschäftsführer auch bei der Abgabe der
Versicherung nach Abs. 2 vertreten lassen können. Höchstrichterlich ist die Frage bisher
ungeklärt.[86] In der Instanzrechtsprechung und dem Schrifttum wird die Frage streitig diskutiert. Während zum einen jede Bevollmächtigung unter Hinweis auf den höchstpersönlichen
Charakter der Versicherung abgelehnt wird,[87] verlangt ein anderer Teil des Schrifttums zwar
für die Anmeldung Höchstpersönlichkeit, lässt aber eine Einreichung durch Bevollmächtigte
zu;[88] wieder andere verlangen zwar eine höchstpersönliche Versicherung, lassen die Anmeldung aber durch Vertreter zu.[89]

32   Ausgangspunkt für die **Stellungnahme** ist der höchstpersönliche Charakter der Versicherung nach Abs. 2.[90] Soweit die strafrechtliche Sanktion des § 82 Abs. 1 Nr. 3 in Rede
steht, scheidet eine Bevollmächtigung von vornherein aus. Ist die Versicherung demnach –
wie üblich – in der Anmeldung selbst enthalten, können sich die Geschäftsführer nicht
vertreten lassen. In Betracht kommt lediglich, dass die Unterlagen durch einen Bevollmächtigten eingereicht werden (→ Rn. 30); die Anmeldung muss in diesem Fall durch die
Geschäftsführer selbst vorgenommen werden. Ist die Versicherung dagegen der Anmeldung
als eigenständige Anlage beigefügt (→ Rn. 28 aE), ist eine Bevollmächtigung auch bei der
Anmeldung zulässig.

33   **b) Zuständiges Gericht.** Die Anmeldung der Kapitalerhöhung muss nach § 54 Abs. 3
bei dem Handelsgericht erfolgen, in dessen Zuständigkeitsbereich der Gesellschaftssitz belegen ist. Verfügt die Gesellschaft über **Zweigniederlassungen,** ergeben sich im Gegensatz
zur Rechtslage vor dem EHUG (→ § 4a Rn. 112) keine Besonderheiten mehr. Anders als
nach früherem Recht[91] bedarf es keiner Einreichung von zusätzlichen Exemplaren der
Anmeldungsunterlagen.[92]

34   **c) Form.** Die Anmeldung der Kapitalerhöhung erfolgt nach § 12 Abs. 1 S. 1 HGB
iVm § 39a BeurkG elektronisch in öffentlich beglaubigter Form.[93] Das nämliche Formerfordernis gilt für die Erteilung einer Vollmacht zur Anmeldung (→ Rn. 30). Nach dem neu

---

[83]   Scholz/*Veil* § 7 Rn. 12; MHLS/*Hermanns* Rn. 7; HCL/*Ulmer*/*Casper* Rn. 18.
[84]   BayObLG Beschl. v. 17.3.2004 – 3Z BR 046/04, NZG 2004, 582 (583); *Wicke* Rn. 4 aE.
[85]   KG Beschl. v. 3.12.2018 – 22 W 43/18, NZG 2019, 424 Rn. 29 f.
[86]   BGH Beschl. v. 2.12.1991 – II ZB 13/91, BGHZ 116, 190 (196, 199 f.) = DB 1992, 369 (371) = NJW
       1992, 975.
[87]   BayObLG Beschl. v. 12.6.1986 – BReg. 3 Z 29/86, DB 1986, 1666 = DNotZ 1986, 692 (693 f.);
       Lutter/Hommelhoff/*Bayer* Rn. 2; Meyer-Landrut/Miller/Niehus/*Meyer-Landrut* Rn. 4; *Wicke* Rn. 1 aE;
       BeckOK GmbHG/*Ziemons* Rn. 43.
[88]   Rowedder/Schmidt-Leithoff/*Schnorbus* Rn. 15; Scholz/*Veil* § 7 Rn. 11; HCL/*Ulmer*/*Casper* Rn. 19.
[89]   OLG Köln Beschl. v. 1.10.1986 – 2 Wx 53/86, DB 1986, 2376 (2377) = NJW 1987, 135; MHLS/
       Hermanns Rn. 8; Scholz/*Priester*/*Tebben* Rn. 25; Gehrlein/Born/Simon/*Bormann* Rn. 18; Bork/Schäfer/
       Arnold/*Born* Rn. 3.
[90]   KG Entsch. v. 28.11.1904 – 1. Y. 1158/04, KGJ 28, 228 (236) zur Vertretung von Aufsichtsratsmitglie-
       dern; BayObLG Beschl. v. 12.6.1986 – BReg. 3 Z 29/86, DB 1986, 1666 = DNotZ 1986, 692 (694);
       Scholz/*Priester*/*Tebben* Rn. 25; Scholz/*Veil* § 7 Rn. 11; HCL/*Ulmer*/*Casper* § 7 Rn. 13 f.
[91]   Dazu Scholz/*Priester,* 9. Aufl. 2002, Rn. 26.
[92]   Wie hier HCL/*Ulmer*/*Casper* Rn. 22.
[93]   Zu den neuen notariellen Prüfungspflichten s. *Eickelberg*/*Böttcher* FGPrax 2017, 145; *Krafka* NZG 2017,
       889.

eingefügten § 378 Abs. 3 S. 1 FamFG hat der Notar vor Einreichung der Anmeldung die dem Handelsregister zu übermittelnden Unterlagen auf ihre Eintragungsfähigkeit zu prüfen.[94] Zudem ist die Prüfung durch einen notariellen Vermerk nach §§ 39, 39a BeurkG entsprechend zu dokumentieren.[95] Eine Einbindung des Notars in das Eintragungsverfahren ist Ausprägung des deutschen Systems der vorsorgenden Rechtspflege.[96]

d) Keine Pflicht zur Anmeldung. Ebenso wie bei Satzungsänderungen im Allge- **35** meinen (→ § 54 Rn. 22) besteht auch bei der Kapitalerhöhung keine öffentlichrechtliche Verpflichtung zur Anmeldung.[97] Deshalb kann auch die erfolgte Anmeldung jederzeit zurückgenommen werden (→ § 55 Rn. 89; → § 54 Rn. 37). Für die Rücknahme genügt im Hinblick auf das Gesamtvertretungserfordernis bereits der Widerruf der Anmeldeerklärung durch einen Geschäftsführer.[98] Indes können die Geschäftsführer der Gesellschaft gegenüber zur Anmeldung verpflichtet sein, soweit dies von der Gesellschafterversammlung beschlossen wird oder es sich aus dem Anstellungsvertrag der Geschäftsführer ergibt.[99] Ist dies der Fall und liegen auch die materiellen Voraussetzungen der Anmeldung (→ Rn. 3 ff.) vor, kann diese Verpflichtung auch im Klagewege durchgesetzt werden.[100]

e) Gleichzeitige Beschlussanmeldung. Verschiedene Kapitalerhöhungsbeschlüsse **36** können gemeinsam zur Eintragung angemeldet werden. Die formellen und materiellen Voraussetzungen der Anmeldung müssen aber für jeden Kapitalerhöhungsbeschluss vollständig vorliegen. Selbst wenn die Beschlüsse aufeinander aufbauen, führt die gleichzeitige Anmeldung nicht etwa zur einheitlichen Erhöhung des Stammkapitals mit einem Gesamtbetrag. Unzulässig ist es insbesondere, eine unterbewertete Sacheinlage zum Ausgleich des bei einer anderen Sacheinlage bestehenden Fehlbetrags heranzuziehen.[101] Mehrere Kapitalerhöhungen können nur durch einen entsprechenden Gesellschafterbeschluss zu einer einheitlichen Kapitalerhöhung zum Gesamtnennbetrag zusammengefasst werden, nicht aber durch die Geschäftsführer im Rahmen der Anmeldung.[102]

III. Haftung

1. Überblick. Die Geschäftsführer haften als Anmelder für unrichtige und unvollstän- **37** dige Angaben im Zusammenhang mit der Kapitalerhöhung gem. Abs. 4 nach Maßgabe der entsprechend anwendbaren § 9a Abs. 1 und 3, § 9b. Ist deren tatbestandlicher Anwendungsbereich eröffnet, kommt eine allgemeine Geschäftsführerhaftung gegenüber der Gesellschaft nach § 43 nicht in Betracht (→ § 9a Rn. 98 f.).[103] Gegenüber Gläubigern und sonstigen Dritten können die Geschäftsführer nach § 823 Abs. 2 BGB iVm § 82 Abs. 1 Nr. 3 und § 263 StGB sowie § 826 BGB ersatzpflichtig sein.[104] Im Übrigen sind die Geschäftsführer für vorsätzliche Falschangaben über die Zeichnung und Einbringung des erhöhten Kapitals sowie über Sacheinlagen **strafrechtlich** nach § 82 Abs. 1 Nr. 3 verantwortlich. Das gilt

---

[94] Gesetz vom 1.6.2017, BGBl. 2017 I 1296; dazu ausf. *Attenberger* MittBayNot 2017, 335; *Diehm/Rachlitz* DNotZ 2017, 487; *Eickelberg/Böttcher* FG Prax 2017, 145; *Krafka/Heinemann* Rpfleger 2017 661; *J. Weber* RNotZ 2017, 427; *Zimmer* NJW 2017, 1909.

[95] Scholz/*Priester/Tebben* Rn. 28; *J. Weber* RNotZ 2017, 427 (436).

[96] Vgl. Scholz/*Priester/Tebben* Rn. 28 aE; siehe ferner *Preuß* DNotZ 2008, 258.

[97] BayObLG Beschl. v. 7.2.1984 – BReg. 3 Z 190/83, BB 1984, 804; Gehrlein/Born/Simon/*Bormann* Rn. 19; Bork/Schäfer/*Arnold/Born* Rn. 4.

[98] Scholz/*Priester/Tebben* Rn. 27; HCL/*Ulmer/Casper* Rn. 21.

[99] HCL/*Ulmer/Casper* Rn. 20.

[100] Scholz/*Priester/Tebben* Rn. 27.

[101] Noack/Servatius/Haas/*Servatius* Rn. 8; Scholz/*Priester/Tebben* Rn. 29; aA LG Augsburg Beschl. v. 8.1.1996 – 3 HKT 3651/95, GmbHR 1996, 216 (217) = NJW-RR 1996, 604.

[102] Zutr. Scholz/*Priester/Tebben* Rn. 29 aE.

[103] OLG Brandenburg Urt. v. 28.12.2017 – 6 U 87/15, BeckRS 2017, 140653 Rn. 46; Noack/Servatius/*Haas/Servatius* Rn. 30.

[104] Vgl. Lutter/Hommelhoff/*Bayer* Rn. 18; MHLS/*Hermanns* Rn. 38; Rowedder/Schmidt-Leithoff/*Schnorbus* Rn. 23.

insbesondere für die bewusste Umgehung der Sacheinlagevorschriften durch verdeckte Sacheinlagen (→ § 56 Rn. 92) oder ein Hin- und Herzahlen (→ § 56a Rn. 58).

38   **2. Tatbestandliche Voraussetzungen. a) Geschäftsführer.** Die Haftung nach Abs. 4 iVm § 9a Abs. 1 richtet sich gegen die amtierenden Geschäftsführer als Anmelder (→ Rn. 29). Nach Abgabe der Versicherung gem. Abs. 2 bestellte Geschäftsführer sind nicht erfasst.[105] Umgekehrt lässt ein Ausscheiden der Geschäftsführer nach Abgabe der Versicherung ihre Haftung grundsätzlich unberührt.[106]

39   Anders als im Gründungsstadium können die **Gesellschafter** und ihre Auftraggeber mangels entsprechender Verweisung in Abs. 4 im Grundsatz weder zivilrechtlich (vgl. § 9a Abs. 2 und 4) noch strafrechtlich (vgl. § 82 Abs. 1 Nr. 1 und 2) zur Verantwortung gezogen werden. In Betracht kommen lediglich die allgemeine zivilrechtliche Haftung, namentlich nach § 823 Abs. 2 BGB iVm §§ 263, 266 StGB und § 826 BGB (→ § 9a Rn. 100 f.), sowie die Ausfallhaftung nach § 24 (→ § 55 Rn. 55) und die Differenzhaftung bei Sacheinlagen nach § 56 Abs. 2 iVm § 9 Abs. 1 (→ § 56 Rn. 53 ff.).[107] **Banken** können für fehlerhafte Bestätigungen analog § 37 Abs. 1 S. 4 AktG ersatzpflichtig sein (→ Rn. 13).

40   **b) Falsche Angaben.** Haftungsrelevant sind falsche Angaben zum Zweck der Kapitalerhöhung. Angaben sind **falsch,** wenn sie entweder unrichtig oder unvollständig sind.[108] Die objektiven Haftungsvoraussetzungen sind **weit auszulegen.** Ob die betreffende Angabe gesetzlich vorgeschrieben ist oder freiwillig erfolgte, ist ohne Belang.[109]

41   Erfasst sind sowohl **Angaben der Geschäftsführer** im Anmeldungs- und Eintragungsverfahren gegenüber dem Registergericht als auch solche gegenüber anderen Geschäftsführern im Vorfeld der Unterzeichnung der Anmeldung[110] sowie Angaben gegenüber sonstigen Dritten, die einen spezifischen Bezug zur Kapitalerhöhung aufweisen. Zu denken ist insbesondere an Sachverständige, die die Werthaltigkeit einer Sacheinlage begutachten sollen.[111]

42   Andererseits sind sowohl Angaben der Geschäftsführer und ihrer Bevollmächtigten (→ Rn. 30) als auch **Angaben Dritter** erfasst, wie zB der Sachverständigen oder der Übernehmer, soweit die Angaben zur Kapitalerhöhung in einem spezifischen Zusammenhang stehen und deren erkannte Unrichtigkeit von den Geschäftsführern nicht berichtigt wird.[112] Keine Relevanz haben dagegen falsche Angaben gegenüber Gesellschaftern oder Übernehmern der neuen Geschäftsanteile,[113] da nur das Gesellschaftsvermögen vom Schutzbereich der Haftungsvorschrift umfasst ist, nicht aber Einbußen im Vermögen anderer Personen.

43   Inhaltlich müssen die falschen Angaben zum **Zweck der Kapitalerhöhung** erfolgt sein. Das ist der Fall bei Angaben zur Übernahme von und Leistung auf neue Bar- und Sacheinlagen.[114] Von besonderer Bedeutung sind die Einhaltung der Sacheinbringungsvorschriften (→ § 56 Rn. 37 ff.)[115] sowie des Gebots der Leistung zur endgültig freien Verfügbarkeit (→ Rn. 15; → § 56a Rn. 40).[116]

---

[105] Noack/Servatius/Haas/*Servatius* Rn. 31; Scholz/*Priester/Tebben* Rn. 36.
[106] Noack/Servatius/Haas/*Servatius* Rn. 31; Scholz/*Priester/Tebben* Rn. 36; vgl. noch OLG Rostock Urt. v. 2.2.1995 – 1 U 191/94, GmbHR 1995, 658 (659 f.), wonach eine Haftung ausgeschlossen sein soll, soweit der Geschäftsführer bereits vor Eintragung ausgeschieden ist.
[107] Vgl. auch Lutter/Hommelhoff/*Bayer* Rn. 20; MHLS/*Hermanns* Rn. 39; Scholz/*Priester/Tebben* Rn. 41.
[108] Ausschussbericht, BT-Drs. 8/3908, 71; Scholz/*Priester/Tebben* Rn. 37; HCL/*Ulmer/Casper* Rn. 28.
[109] OLG Brandenburg Urt. v. 28.12.2017 – 6 U 87/15, BeckRS 2017, 140653 Rn. 50; Noack/Servatius/Haas/*Servatius* Rn. 32.
[110] MHLS/*Hermanns* Rn. 34.
[111] Rowedder/Schmidt-Leithoff/*Schnorbus* Rn. 20; HCL/*Ulmer/Casper* Rn. 27.
[112] MHLS/*Hermanns* Rn. 33; Scholz/*Priester/Tebben* Rn. 37; HCL/*Ulmer/Casper* Rn. 27; vgl. noch Rowedder/Schmidt-Leithoff/*Schnorbus* Rn. 20.
[113] Rowedder/Schmidt-Leithoff/*Schnorbus* Rn. 20; HCL/*Ulmer/Casper* Rn. 27; abw. Noack/Servatius/Haas/*Servatius* Rn. 32; HK-GmbHG/*Inhester* Rn. 40 Fn. 92.
[114] Vgl. Scholz/*Priester/Tebben* Rn. 37; HCL/*Ulmer/Casper* Rn. 28.
[115] Zur Haftung wegen verdeckter Sacheinlage → § 56 Rn. 102; zum bisherigen Recht LG Mannheim Urt. v. 10.2.1995 – 8 O 424/94, GmbHR 1996, 118 (121).
[116] BGH Urt. v. 13.7.1992 – II ZR 263/91, BGHZ 119, 177 (180 ff.) = NJW 1992, 3300.

Haftungsrelevant sind weiterhin Falschangaben über **Sondervorteile** bei der Kapitaler- **44** höhung.[117] Dass besondere Vergütungen nach Maßgabe der §§ 30, 31 zulässig sind und in die Satzung aufgenommen werden müssen,[118] kann nicht darüber hinwegtäuschen, dass die Verweisung des Abs. 4 auch den Gründungsaufwand und Sondervorteile einbezieht, deren Festsetzung analog § 26 Abs. 2 AktG nicht die Mindesteinlage schmälern darf.[119]

c) Eintragung. Erst die Eintragung der Kapitalerhöhung in das Handelsregister löst **45** die Haftung nach Abs. 4 iVm § 9a Abs. 1 aus.[120] In diesem Zeitpunkt müssen sämtliche tatbestandlichen Voraussetzungen (→ Rn. 38 ff.) erfüllt sein. Berichtigen die Geschäftsführer unrichtige Angaben noch vor der Eintragung und (oder) ergänzen sie unvollständige, scheidet eine Haftung aus. Gleiches gilt, wenn die Angaben im Zeitpunkt der Anmeldung richtig waren, aufgrund von Wertänderungen indes im Eintragungszeitpunkt nicht mehr zutreffend sind; eine Berichtigung ist nicht notwendig.[121]

d) Verschulden. Die Geschäftsführer müssen in Bezug auf sämtliche tatbestandlichen **46** Voraussetzungen schuldhaft gehandelt haben, wobei ein einfach fahrlässiger Verstoß gegen die Sorgfalt eines ordentlichen Geschäftsmannes (§ 43)[122] genügt (vgl. § 9a Abs. 3). Den Geschäftsführern obliegt es nach § 9a Abs. 3, sich vom Verschuldensvorwurf zu entlasten, indem sie nachweisen, dass sie die zum Ersatz verpflichtenden Tatsachen weder kannten noch kennen mussten.[123] Regelmäßig wird sich der Geschäftsführer in diesem Zusammenhang nicht mit dem Hinweis entlasten können, ihm seien bestimmte Umstände unbekannt gewesen, weil sein Prüfungsprogramm die Pflicht einschließt, sämtliche relevanten Umstände für eine Kapitalerhöhung sorgfältig zu ermitteln.[124] Hinsichtlich der Werthaltigkeit von Sacheinlagen können sich die Geschäftsführer regelmäßig unter Hinweis auf ein plausibles Sachverständigengutachten entlasten.[125] Maßgeblicher **Zeitpunkt** ist die Eintragung der Kapitalerhöhung (→ Rn. 45). Eine Haftung kommt demnach auch dann in Betracht, wenn den Geschäftsführern die Unrichtigkeit der Angaben zwar noch bei Anmeldung der Kapitalerhöhung unbekannt war, sie aber bis zur Eintragung Kenntnis erlangen oder ihre Unkenntnis auf Fahrlässigkeit beruht.

3. Rechtsfolge. Die Ersatzpflicht nach Abs. 4 iVm § 9a Abs. 1 erfasst sämtliche Vermö- **47** gensschäden, die der Gesellschaft aufgrund der falschen Angaben mit Eintragung der Kapitalerhöhung entstehen.[126] Ersatzfähig sind insbesondere fehlende Einlagen, und zwar auch in dem Fall, dass diese bei bestehender Einlageschuld vom Übernehmer nicht erlangt werden können.[127] Ob eine Unterbilanz besteht, ist ohne Belang. Vielmehr handelt es sich bei der ausstehenden Einlage um den ersatzfähigen Mindestschaden (→ § 9a Rn. 76).[128] Übernehmer und Geschäftsführer haften als Gesamtschuldner.[129] Zahlt einer der gesamtschuldnerisch

[117] Rowedder/Schmidt-Leithoff/*Schnorbus* Rn. 19; Scholz/*Priester/Tebben* Rn. 38; aA HCL/*Ulmer/Casper* Rn. 29.
[118] Das betont HCL/*Ulmer/Casper* Rn. 29.
[119] OLG Celle Beschl. v. 12.12.2017 – 9 W 134/17, BeckRS 2017, 140459.
[120] Vgl. Rowedder/Schmidt-Leithoff/*Schnorbus* Rn. 21; Scholz/*Priester/Tebben* Rn. 37 aE; HCL/*Ulmer/Casper* Rn. 30.
[121] Noack/Servatius/Haas/*Servatius* Rn. 32.
[122] Vgl. OLG Brandenburg Urt. v. 28.12.2017 – 6 U 87/15, BeckRS 2017, 140653 Rn. 53; Noack/Servatius/Haas/*Servatius* Rn. 33.
[123] Vgl. OLG Brandenburg Urt. v. 28.12.2017 – 6 U 87/15, BeckRS 2017, 140653 Rn. 53; Noack/Servatius/Haas/*Servatius* Rn. 33; näher *Bayer/Illhardt* GmbHR 2011, 505 (508).
[124] Vgl. OLG Brandenburg Urt. v. 28.12.2017 – 6 U 87/15, BeckRS 2017, 140653 Rn. 53; Noack/Servatius/Haas/*Servatius* Rn. 33.
[125] Noack/Servatius/Haas/*Servatius* Rn. 33 aE; Scholz/*Priester/Tebben* Rn. 39.
[126] Wie hier Rowedder/Schmidt-Leithoff/*Schnorbus* Rn. 22; MHLS/*Hermanns* Rn. 37; HCL/*Ulmer/Casper* Rn. 32.
[127] HCL/*Ulmer/Casper* Rn. 25, 32.
[128] Vgl. OLG Brandenburg Urt. v. 28.12.2017 – 6 U 87/15, BeckRS 2017, 140653 Rn. 55; *Altmeppen* Rn. 23.
[129] Vgl. OLG Brandenburg Urt. v. 28.12.2017 – 6 U 87/15, BeckRS 2017, 140653 Rn. 55; Noack/Servatius/Haas/*Servatius* Rn. 34.

verhafteten Geschäftsführer auf diese Schuld, kann er zum einen nach § 426 Abs. 2 BGB iVm § 19 Abs. 1 vom einlagepflichtigen Inferenten Regress verlangen und zum anderen aufgrund des bestehenden Gesamtschuldverhältnisses nach § 426 BGB auf die übrigen Geschäftsführer zugreifen. Für falsche Angaben über die Werthaltigkeit von Sacheinlagen haften die Geschäftsführer neben den Inferenten (§ 56 Abs. 2 iVm § 9 Abs. 1; → § 56 Rn. 53 ff.) auf den Differenzbetrag.

48   **4. Geltendmachung.** Die anspruchsberechtigte Gesellschaft macht die Haftung nach § 46 Nr. 8 mittels **Gesellschafterbeschlusses** mit einfacher Mehrheit geltend (→ § 46 Rn. 247, → § 46 Rn. 273).[130] Ist über das Vermögen der GmbH das Insolvenzverfahren eröffnet worden, ist der Insolvenzverwalter anspruchsberechtigt und es bedarf keines Gesellschafterbeschlusses nach § 46 Nr. 8.[131] Auf Ersatzansprüche kann die Gesellschaft nach Abs. 4 iVm § 9b Abs. 1 weder **verzichten** noch sich darüber **vergleichen,** soweit eine Realisierung zur Befriedigung der Gesellschaftsgläubiger erforderlich ist, es sei denn, es liegen die in § 9b Abs. 1 S. 2 genannten insolvenzrechtlichen Besonderheiten vor.[132] Im Übrigen **verjähren** Haftungsansprüche in fünf Jahren nach Eintragung der Kapitalerhöhung in das Handelsregister (Abs. 4 iVm § 9b Abs. 2). Im Fall der **verdeckten Sacheinlage** (→ § 56 Rn. 102) ist der Zeitpunkt der falschen Angabe im Zusammenhang mit der Kapitalerhöhung, nicht etwa der Zeitpunkt einer späteren Heilung für den Fristbeginn maßgeblich. Zudem lösen falsche Angaben im Zusammenhang mit einem Heilungsversuch keine zweite Verletzungshandlung iSd § 9a Abs. 1 aus.[133]

IV. Eintragung

49   **1. Inhalt.** Die Erhöhung des Stammkapitals ist als Satzungsänderung nach § 54 Abs. 2 iVm § 10 Abs. 1 S. 1 ausdrücklich in das Handelsregister einzutragen (→ § 54 Rn. 94 ff.). Der Eintragungstext lautet beispielsweise: „Das Stammkapital wird aufgrund des Gesellschafterbeschlusses vom … am … von … auf … Euro erhöht". Weiterer Angaben bedarf es nicht. Anzahl und Nennbeträge der neuen Geschäftsanteile sowie die Personen der Übernehmer ergeben sich bereits aus der nach Abs. 3 Nr. 2 der Anmeldung beizufügenden Übernehmerliste (→ Rn. 19 ff.), Einzelheiten zu etwaigen Sacheinlagen sind nach Abs. 3 Nr. 3 ebenfalls der Anlage zur Anmeldung zu entnehmen (→ Rn. 25).

50   **2. Wirkung.** Mit der **Eintragung** in das Handelsregister wird die Kapitalerhöhung wirksam (§ 54 Abs. 3). Während die Einlageschuld des Inferenten bereits mit dem wirksam geschlossenen Übernahmevertrag entsteht (→ § 55 Rn. 187), werden neue Mitgliedschaftsrechte erst mit der Eintragung begründet. Vor diesem Zeitpunkt können die neuen Geschäftsanteile dementsprechend auch nicht nach § 21 kaduziert werden.[134] Die Gesellschaft kann die Einlageverpflichtung des Inferenten indes im Klagewege geltend machen,[135] obgleich dieselbe nur vorbehaltlich der Eintragung der Kapitalerhöhung in das Handelsregister besteht (→ § 55 Rn. 186 ff.).

51   Der Eintragungszeitpunkt ist auch für den **Bilanzstichtag** entscheidend. Liegt dieser vor der Eintragung, muss die Bilanz noch die bisherige Stammkapitalziffer ausweisen.[136] Auf die Kapitalerhöhung bereits geleistete Einlagen sind in der Bilanz als Sonderposition „zur Durchführung der beschlossenen Kapitalerhöhung geleistete Einlagen" aufzuführen.[137]

---

[130] Lutter/Hommelhoff/*Bayer* Rn. 16; MHLS/*Hermanns* Rn. 37; Rowedder/Schmidt-Leithoff/*Schnorbus* Rn. 22; Scholz/*Priester/Tebben* Rn. 38 aE; HCL/*Ulmer/Casper* Rn. 33.
[131] OLG Brandenburg Urt. v. 28.12.2017 – 6 U 87/15, BeckRS 2017, 140653 Rn. 54.
[132] Vgl. OLG Brandenburg Urt. v. 28.12.2017 – 6 U 87/15, BeckRS 2017, 140653 Rn. 86.
[133] KG Urt. v. 23.12.2010 – 23 U 56/09, GmbHR 2011, 821 (822) = BeckRS 2011, 14597.
[134] RG Urt. v. 27.4.1903 – Rep. I. 120/03, RGZ 54, 389 (394); Urt. v. 20.4.1904 – Rep. I. 15/04, RGZ 58, 55 (57); Scholz/*Priester/Tebben* Rn. 33; Gehrlein/Born/Simon/*Bormann* Rn. 29.
[135] Scholz/*Priester/Tebben* Rn. 33; Gehrlein/Born/Simon/*Bormann* Rn. 29.
[136] Rowedder/Schmidt-Leithoff/*Schnorbus* Rn. 30; Scholz/*Priester/Tebben* Rn. 34; HCL/*Ulmer/Casper* Rn. 36.
[137] MüKoHGB/*Reiner* HGB § 272 Rn. 46; Staub/*Hüttemann/Meyer* HGB § 272 Rn. 10; MHLS/*Hermanns* Rn. 43; HCL/*Ulmer/Casper* Rn. 36.

Die Eintragung der Kapitalerhöhung ist nach § 10 Abs. 1 S. 1 HGB im zuständigen elektronischen Informationssystem mit dem gesamten Inhalt **bekanntzumachen**. Für Gesellschaften mit Zweigniederlassungen gilt § 13 Abs. 1 S. 2 HGB.

3. Stabilisierungsmaßnahmen. Bei einer Rekapitalisierung von Unternehmen unter **52** Beteiligung des Wirtschaftsstabilisierungsfonds ist der Kapitalerhöhungsbeschluss nach § 9a Abs. 1 S. 4 iVm § 7c S. 1 WStBG **unverzüglich** zur Eintragung in das Handelsregister **anzumelden** und zum Bundesanzeiger einzureichen.[138] Kein schuldhaftes Zögern stellt es allerdings dar, dass zunächst die notwendigen Übernahmeverträge abgeschlossen werden.[139] Gleichermaßen unverzüglich ist der Kapitalerhöhungsbeschluss nach § 9a Abs. 1 S. 4 iVm § 7c S. 4 WStBG in das Handelsregister **einzutragen,** sofern er nicht offensichtlich nichtig ist.

Abweichend von § 54 Abs. 3 wird der Kapitalerhöhungsbeschluss nicht erst mit Ein- **53** tragung in das Handelsregister **wirksam,** sondern bereits mit Veröffentlichung auf der Internetseite des Unternehmens, spätestens mit Veröffentlichung im Bundesanzeiger, und zwar auch Dritten gegenüber (§ 9a Abs. 1 S. 4 iVm § 7c S. 3 WStBG). Die Wirksamkeit der Kapitalerhöhung ist also nicht mehr von der Eintragung im Handelsregister abhängig, weil man befürchtete, dass die Registergerichte wegen der Corona-Pandemie nicht mehr voll arbeitsfähig sind.[140] Diese Regelung ist **vollkommen verfehlt.** Sie führt zu tiefgreifenden Verwerfungen mit dem tradierten System der vorsorgenden Rechtspflege und beeinträchtigt nachhaltig die Funktionsfähigkeit des Handelsregisters.[141] Sie bedeutet einen übertriebenen und unverhältnismäßigen Eingriff in das GmbH-rechtliche Gesamtsystem der Unternehmensfinanzierung und sollte daher schnellstmöglich korrigiert werden. De lege lata bedarf es mit Blick auf die Wertungen des § 7c S. 4 WStBG aber zumindest insofern einer teleologischen Reduktion der § 7c S. 2 und S. 3 WStBG, dass eine **offensichtliche Nichtigkeit** des Erhöhungsbeschlusses dem Wirksamwerden der Kapitalerhöhung entgegensteht.[142]

Die Einschränkung der Registerkontrolle erhöht die Notwendigkeit für eine hinrei- **54** chende **Prüfung der Anmeldungen durch den Notar.** Dieser hat zu prüfen, ob überhaupt eine Rekapitalisierung iSd § 22 StFG vorliegt, die gesetzlichen Vorgaben über den Gesellschafterbeschluss und die jeweiligen Mehrheiten eingehalten sind, das Bezugsrecht ausgeschlossen worden ist, eine Übernahmeerklärung des Fonds vorliegt und der Geschäftsführer die Leistung der Einlage zur endgültig freien Verfügung versichert hat.[143] Mit Blick auf den Wortlaut des § 7c S. 2 WStBG („angemeldeten Beschlusses") und zur Gewährleistung eines absoluten Minimums an vorsorgender Rechtspflege darf die Kapitalerhöhung erst dann auf der Internetseite oder im Bundesanzeiger veröffentlicht werden, wenn der Notar der GmbH die elektronische Einreichung der Handelsregisteranmeldung bestätigt. Verstößt der Geschäftsführer gegen diese Verpflichtung, ist er nach § 43 Abs. 2 ersatzpflichtig.

V. Fehlerhafte Kapitalerhöhung

1. Fehlerhafter Erhöhungsbeschluss. Die rechtliche Behandlung fehlerhafter Kapi- **55** talerhöhungsbeschlüsse richtet sich auf tatbestandlicher Ebene danach, ob der Gesetzes- bzw. Satzungsverstoß zur Nichtigkeit oder Anfechtbarkeit des Beschlusses führt; auf Rechts-

---

138 Dazu und zum Folgenden zur AG Bürgers/Körber/Lieder/*Lieder* AktG § 188 Rn. 31 ff.; *Lieder* ZIP 2020, 837 (847 ff.).
139 *Noack* DB 2020, 1328 (1332).
140 Begr. RegE, BT-Drs. 19/18109, 28.
141 Dazu ausf. *Lieder* ZIP 2020, 837 (848); zust. HCL/*Ulmer*/*Casper* § 55 Rn. 44a ff.
142 Noch weitergehend (vor der Gesetzeskorrektur) *Omlor*/*Dilek* BB 2020, 1026 (1031 f.); *Noack* DB 2020, 1328 (1332): Wirksamwerden der Kapitalerhöhung stets erst mit Eintragung in das Handelsregister; aA *Schulte* GmbHR 2020, 689 Rn. 11; HCL/*Ulmer*/*Casper* § 55 Rn. 44d.
143 Dazu ausf. *Lieder* ZIP 2020, 837 (849).

folgenseite ist danach zu unterscheiden, ob die Eintragung des fehlerhaften Beschlusses noch aussteht oder bereits erfolgt ist.

56   **a) Nichtigkeit. aa) Gründe.** In analoger Anwendung des § 241 AktG sind Kapitalerhöhungsbeschlüsse – ebenso wie alle übrigen satzungsändernden Beschlüsse – nichtig, wenn:
- die zur Beschlussfassung berufene Gesellschafterversammlung nicht ordnungsgemäß einberufen war (→ § 49 Rn. 10 ff.),
- die Formvorschrift des § 53 Abs. 2 nicht eingehalten worden ist (→ § 53 Rn. 70 ff.),
- der Erhöhungsbeschluss seinem Inhalt nach mit dem Wesen der GmbH nicht vereinbar ist,
- der Beschluss gegen Vorschriften verstößt, die dem Schutz der Gesellschaftsgläubiger oder der Öffentlichkeit zu dienen bestimmt sind,
- der Beschluss inhaltlich gegen die guten Sitten verstößt (→ § 53 Rn. 107),
- ein anfechtbarer Erhöhungsbeschluss durch rechtskräftiges Urteil für nichtig erklärt worden ist oder
- die fehlerhafte Eintragung im Wege der Amtslöschung nach § 398 FamFG im öffentlichen Interesse beseitigt worden ist (→ § 54 Rn. 137).

57   **bb) Heilung.** Die Eintragung des Erhöhungsbeschlusses in das Handelsregister heilt Verstöße gegen die Formvorschrift des § 53 Abs. 2 (→ § 53 Rn. 70 ff.) analog § 242 Abs. 1 AktG mit sofortiger Wirkung.[144] Zur Nichtigkeit führende Einberufungs- und Inhaltsmängel (→ Rn. 56) werden analog § 242 Abs. 2 AktG geheilt, soweit innerhalb von drei Jahren nach Eintragung gegen den Beschluss keine Nichtigkeitsklage erhoben wird.[145] Die Heilungswirkung führt zur materiellrechtlichen Gültigkeit des Erhöhungsbeschlusses[146] sowie zur Entstehung fehlerfreier Geschäftsanteile.[147] Soweit im Ausnahmefall nach Zeitablauf noch ein öffentliches Interesse an der Beseitigung des nichtigen Beschlusses besteht, bleibt analog § 242 Abs. 2 S. 3 AktG eine Amtslöschung nach § 398 FamFG möglich.[148]

58   **cc) Rechtsfolgen. (1) Vor Eintragung.** Die Nichtigkeit des Erhöhungsbeschlusses stellt ein **Eintragungshindernis** dar. Der Registerrichter muss daher die Eintragung eines nichtigen Beschlusses verweigern. Scheitert die Kapitalerhöhung daraufhin gänzlich, entfällt die Bindungswirkung der Übernahmeverträge; auf die neuen Geschäftsanteile geleistete Einzahlungen sind rückabzuwickeln (→ § 55 Rn. 189). Die Lehre von der fehlerhaften Gesellschaft kommt aufgrund § 54 Abs. 3 nicht zur Anwendung.[149]

---

[144] BGH Urt. v. 6.11.1995 – II ZR 181/94, DB 1996, 31 = GmbHR 1996, 49 = NJW 1996, 257; *Lutter/Hommelhoff/Bayer* Rn. 23; *MHLS/Hermanns* Rn. 54; *Scholz/Priester/Tebben* Rn. 44; HCL/*Ulmer/Casper* Rn. 41; *BeckOK GmbHG/Ziemons* Rn. 56; *Temme/Küperkoch* GmbHR 2004, 1556 (1558).

[145] *Lutter/Hommelhoff/Bayer* Rn. 23; *Altmeppen* Rn. 19; *Scholz/Priester/Tebben* Rn. 44; HCL/*Ulmer/Casper* Rn. 41; *BeckOK GmbHG/Ziemons* Rn. 57; *Temme/Küperkoch* GmbHR 2004, 1556 (1558); *Priester* GmbHR 2007, 296 (298).

[146] *Hüffer/Koch/Koch* AktG § 242 Rn. 7; *MüKoAktG/Schäfer* AktG § 242 Rn. 3; *BeckOGK/Casper* AktG § 242 Rn. 12; *GroßkommAktG/Schmidt* AktG § 242 Rn. 1; *K. Schmidt/Lutter/Schwab* AktG § 242 Rn. 14; *Bürgers/Körber/Lieder/Göz* AktG § 242 Rn. 9; teilweise abw. *NK-AktG/Heidel* AktG § 242 Rn. 2, 5.

[147] OLG Stuttgart Urt. v. 17.5.2000 – 20 U 68/99, NZG 2001, 40 (44); *Scholz/Priester/Tebben* Rn. 48 aE; *Gehrlein/Born/Simon/Bormann* § 55 Rn. 78.

[148] Zum Ausnahmecharakter der Löschung *Hüffer/Koch/Koch* AktG § 242 Rn. 8; *MüKoAktG/Schäfer* AktG § 242 Rn. 24; vgl. weiter *BeckOGK/Casper* AktG § 242 Rn. 23 ff.; *GroßkommAktG/Schmidt* AktG § 242 Rn. 14; *K. Schmidt/Lutter/Schwab* AktG § 242 Rn. 18; *Bürgers/Körber/Lieder/Göz* AktG § 242 Rn. 9; zur Anwendung des § 242 Abs. 2 AktG im GmbH-Recht BGH Urt. v. 19.6.2000 – II ZR 73/99, BGHZ 144, 365 (367 f.) = NJW 2000, 2819; *Temme/Küperkoch* GmbHR 2004, 1556 (1558); *Priester* GmbHR 2007, 296 (298).

[149] HCL/*Ulmer/Casper* Rn. 37; *Kort,* Bestandsschutz fehlerhafter Strukturänderungen im Kapitalgesellschaftsrecht, 1998, 204; iErg ebenso *Scholz/Priester/Tebben* Rn. 46; zur Verschmelzung BGH Urt. v. 18.12.1995 – II ZR 294/93, NJW 1996, 659 (660); aA noch *Hachenburg/Schilling*, 6. Aufl. 1959, § 55 Rn. 20; s. auch noch *Zöllner/M. Winter* ZHR 158 (1994), 59 (60).

(2) Nach Eintragung. Wird der nichtige **Erhöhungsbeschluss eingetragen,** 59
bestimmen sich die Rechtsfolgen nach heute hM[150] in Anlehnung an die Lehre von der
fehlerhaften Gesellschaft.[151] Die von Reichsoberhandelsgericht[152] und Reichsgericht[153]
entwickelte und später im Schrifttum[154] lange Zeit überwiegend vertretene Gegenauffassung ist überholt.

Nach **überkommener Auffassung** hinderte die Nichtigkeit des Erhöhungsbeschlusses 60
die Entstehung neuer Geschäftsanteile.[155] Die Inferenten konnten bereits geleistete Zahlungen von der GmbH zurückfordern, soweit sie nicht zur Befriedigung der Gesellschaftsgläubiger erforderlich waren.[156] Unter dieser Voraussetzung sollte der Inferent trotz Nichtigkeit
analog § 77 Abs. 3 zur Einlageleistung verpflichtet sein,[157] es sei denn, der Abschluss des
Übernahmevertrages war ihm nicht zurechenbar, wie zB bei einem geschäftsunfähigen
Übernehmer oder dem Handeln eines vollmachtlosen Vertreters.

Die **heute hM** betont zutreffend die Erfordernisse der Rechtssicherheit und des Verkehrs- 61
schutzes sowie die Schwierigkeiten einer etwaigen Rückabwicklung fehlerhafter Strukturmaßnahmen.[158] Es ist daher nur konsequent, auf fehlerhafte Kapitalerhöhungsbeschlüsse die Grundsätze der fehlerhaften Gesellschaft zu übertragen und durch Eintragung in Vollzug gesetzte
Kapitalmaßnahmen nach innen und nach außen als wirksam zu behandeln, solange sie nicht für
unwirksam erklärt sind, sowie an die Fehlerhaftigkeit nur Rechtsfolgen mit Wirkung ex nunc
zu knüpfen.[159] Nur wenn es am **Erhöhungsbeschluss** vollends **fehlt**, findet die Lehre vom
fehlerhaften Organisationsakt keine Anwendung, weil es an dem notwendigen voluntativen
Element in Form einer zurechenbaren Veranlassung der Eintragung fehlt.[160]

---

[150] Grdl. zur AG *Zöllner* AG 1993, 68 (71 ff., 77 ff.); *Zöllner/M. Winter* ZHR 158 (1994), 59; dem im
Grundsatz folgend (für die GmbH) OLG Stuttgart Urt. v. 17.5.2000 – 20 U 68/99, NZG 2001, 40
(44); *Noack/Servatius/Haas/Servatius* Rn. 28; *Lutter/Hommelhoff/Bayer* Rn. 23, 25; MHLS/*Hermanns*
Rn. 47 ff., 56 f.; *Altmeppen* Rn. 20 ff.; *Scholz/Priester/Tebben* Rn. 48 f.; HCL/*Ulmer/Casper* Rn. 45 ff.;
Temme/Küperkoch GmbHR 2004, 1556 (1557 f.); *Harbarth* GmbHR 2005, 966 (967); *Gehrlein* ZInsO
2021, 175 (178); *Kort*, Bestandsschutz fehlerhafter Strukturänderungen im Kapitalgesellschaftsrecht, 1998,
200 ff.; *C. Schäfer*, Die Lehre vom fehlerhaften Verband, 2002, 321 ff., 422 ff.; zur AG *Hommelhoff* ZHR
158 (1994), 11 (15 ff.); *Krieger* ZHR 158 (1994), 35 (47 ff.); *M. Winter* FS Ulmer, 2003, 699 (702 f.).

[151] Dazu RG Urt. v. 13.11.1940 – II 44/40, RGZ 165, 193 (204); BGH Urt. v. 24.10.1951 – II ZR 18/
51, BGHZ 3, 285 (287 f.) = NJW 1952, 97; Urt. v. 2.7.2001 – II ZR 304/00, BGHZ 148, 201 (207) =
NJW 2001, 2718; MüKoBGB/*Schäfer* BGB § 705 Rn. 333 ff.; *C. Schäfer*, Die Lehre vom fehlerhaften
Verband, 2002, 422 ff.

[152] ROHG Urt. v. 11.4.1876 – I. Rep. 114/76, ROHGE 20, 270 (281 ff.); vgl. zuvor bereits ROHG Urt.
v. 24.4.1872 – II. R. 297/72, ROHGE 5, 415 (417); ROHG Urt. v. 2.11.1872 – II. R. 633/72, ROHGE
7, 412 (417 f.); ROHG v. 15.2.1873 – II. Rep. 28/73, ROHGE 9, 68 (69).

[153] RG Urt. v. 9.10.1914 – Rep. II. 223/14, RGZ 85, 311 (315); Urt. v. 6.4.1935 – II B 5/34, RGZ 147,
257 (271); vgl. noch RG Urt. v. 30.6.1880 – Rep. I. 597/79, RGZ 2, 130 (131); Urt. v. 13.7.1887 –
Rep. I. 171/87, RGZ 19, 124 (126); Urt. v. 14.12.1928 – II 143/28, RGZ 123, 102 (107).

[154] Hachenburg/*Ulmer* Rn. 43 f.; Baumbach/Hueck/*Zöllner*, 15. Aufl. 1988, Rn. 17; zur AG *Baumbach/
Hueck*, 13. Aufl. 1968, AktG § 191 Rn. 4; Kölner Komm AktG/*Lutter*, 2. Aufl. 1985, AktG § 191 Rn. 5;
GroßkommAktG/*Wiedemann*, 3. Aufl. 1973, AktG § 191 Rn. 5; aA *Baums*, Eintragung und Löschung
von Gesellschafterbeschlüssen, 1981, 61, 154; ihm folgend Scholz/*Priester*, 7. Aufl. 1988, § 57 Rn. 45.

[155] RG Beschl. v. 6.4.1935 – II B 5/34, RGZ 147, 257 (271); Rowedder/Schmidt-Leithoff/*Schnorbus* § 55
Rn. 31.

[156] Hachenburg/*Ulmer* Rn. 44; Baumbach/Hueck/*Zöllner*, 15. Aufl. 1988, Rn. 17; Scholz/*Priester*, 7. Aufl.
1988, Rn. 44; zur AG RG Urt. v. 13.3.1934 – II 225/33, RGZ 144, 138 (141); *Baumbach/Hueck*,
13. Aufl. 1968, AktG § 191 Rn. 4; Kölner Komm AktG/*Lutter*, 2. Aufl. 1995, AktG § 191 Rn. 5; Groß-
kommAktG/*Wiedemann*, 3. Aufl. 1973, AktG § 191 Rn. 5; *Schleyer* AG 1957, 145 (146).

[157] Rowedder/Schmidt-Leithoff/*Schnorbus* Rn. 40; BeckOK GmbHG/*Ziemons* Rn. 58 f.; Bork/Schäfer/
Arnold/Born Rn. 15; Lutter/Hommelhoff/*Lutter*, 17. Aufl. 2009, Rn. 23 f.; anders jetzt Lutter/Hommel-
hoff/*Bayer* Rn. 23 f.

[158] Zust. Gehrlein/Born/Simon/*Bormann* § 55 Rn. 78; zur Problematik aus Sicht der Praxis instruktiv
M. Winter FS Ulmer, 2003, 699.

[159] Ausf. *C. Schäfer*, Die Lehre vom fehlerhaften Verband, 2002, 321 ff., 325 ff., 422 ff.; ferner MHLS/
Hermanns Rn. 47 ff.; HCL/*Ulmer/Casper* Rn. 45; Hensler/Strohn/*Gummert* Rn. 29; *M. Winter* FS
Ulmer, 2003, 699.

[160] Vgl. (zur AG) *Bürgers/Körber/Lieder/Lieder* AktG § 189 Rn. 6 aE; MüKoAktG/*Schürnbrand/Verse* AktG
§ 189 Rn. 19; KölnKommAktG/*Ekkenga* AktG § 189 Rn. 4; NK-AktG/*Elser* AktG § 189 Rn. 7; Hüf-
fer/Koch/*Koch* AktG § 189 Rn. 4; *Kort*, Bestandsschutz fehlerhafter Strukturänderungen im Kapitalge-

62   Daraus folgt im Einzelnen, dass ein fehlerhafter Kapitalerhöhungsbeschluss das **Stamm-kapital erhöht** und **neue Geschäftsanteile entstehen lässt.**[161] Die aus den neuen Geschäftsanteilen folgenden Mitgliedschaftsrechte können wirksam ausgeübt werden. Sowohl die bisherigen als auch die durch die fehlerhafte Kapitalerhöhung neu beigetretenen Gesellschafter sind in der Gesellschafterversammlung stimmberechtigt; die unter ihrer Mitwirkung gefassten Beschlüsse sind wirksam.[162] Die **Einlageschuld** der Übernehmer beschränkt sich nicht auf das nach § 77 Abs. 3 zur Befriedigung der Gläubiger erforderliche Maß, sondern besteht in dem vollen, im Übernahmevertrag vereinbarten Umfang.[163]

63   Diese Grundsätze gelten entgegen der hM grundsätzlich auch dann, wenn **besonders schutzwürdige Interessen** tangiert sind, wie zB bei Verfolgung eines verbotenen oder sittenwidrigen Gesellschaftszwecks.[164] Bei Beteiligung geschäftsunfähiger oder nicht voll geschäftsfähiger Übernehmer sind die Grundsätze zu modifizieren. Anders als die hM annimmt, verlangt der **Minderjährigenschutz** aber keine generelle Ausnahme von den Prinzipien der fehlerhaften Gesellschaft.[165] Vorzugswürdig erscheint es vielmehr, die Kapitalerhöhung auch in diesem Fall als wirksam zu betrachten und den Minderjährigen an den für ihn vorteilhaften Rechtsfolgen, namentlich an der Mehrung der Mitgliedschaftsrechte, partizipieren zu lassen. Indes verlangen die Wertungen des Minderjährigenschutzrechts, dass gegen den Minderjährigen die Einlageforderung nicht geltend gemacht werden kann. Zudem kann er im Innenverhältnis verlangen, dass die Abwicklung seiner hinzu erworbenen Beteiligung mit Wirkung ex tunc erfolgt. Das Spannungsverhältnis zwischen dem Minderjährigenschutz und dem Bestands- und Verkehrsschutz der Kapitalerhöhung wird auf diese Weise zu einem angemessenen Ausgleich gebracht; zu diesem Zweck ist auch die – im Schrifttum zuweilen kritisierte[166] – „hinkende" Rechtsstellung des beschränkt Geschäftsfähigen in Kauf zu nehmen.[167]

64   Fehlerhafte Kapitalerhöhungen werden unter Anwendung der Lehre von der fehlerhaften Gesellschaft **ex nunc** mit Wirkung für die Zukunft **abgewickelt.**[168] In der Folge

---

sellschaftsrecht, 1998, 203; aA K. Schmidt/Lutter/ *Veil* AktG § 189 Rn. 8; *C. Schäfer*, Die Lehre vom fehlerhaften Verband, 2002, 422, 424; *Wünschmann*, Rechtsschutz und Bestandsschutz bei fehlerhaften Kapitalmaßnahmen und Unternehmensverträgen im Aktienrecht, 2015, 154 ff.

[161] OLG Stuttgart Urt. v. 17.5.2000 – 20 U 68/99, NZG 2001, 40 (44); Noack/Servatius/Haas/*Servatius* Rn. 28; Scholz/*Priester/Tebben* Rn. 48; HCL/*Ulmer/Casper* Rn. 46; Henssler/Strohn/*Gummert* Rn. 29; im Grundsatz auch MHLS/*Hermanns* Rn. 56; ausf. *C. Schäfer*, Die Lehre vom fehlerhaften Verband, 2002, 422 ff.; *Kort*, Bestandsschutz fehlerhafter Strukturänderungen im Kapitalgesellschaftsrecht, 1998, 195 ff.; zuvor zur AG bereits *Zöllner* AG 1993, 68 (72 ff.); *Zöllner* FS Hadding, 2004, 725 (728 ff.); aA noch BGH Urt. v. 14.7.1998 – XI ZR 173/97, BGHZ 139, 225 (231) = NJW 1998, 3345.

[162] OLG Stuttgart Urt. v. 17.5.2000 – 20 U 68/99, NZG 2001, 40 (44); Lutter/Hommelhoff/*Bayer* Rn. 25; Scholz/*Priester/Tebben* Rn. 48; *Kort*, Bestandsschutz fehlerhafter Strukturänderungen im Kapitalgesellschaftsrecht, 1998, 211; *Temme/Küperkoch* GmbHR 2004, 1556 (1557).

[163] Scholz/*Priester/Tebben* Rn. 48; HCL/*Ulmer/Casper* Rn. 46; Henssler/Strohn/*Gummert* Rn. 29; *Kort*, Bestandsschutz fehlerhafter Strukturänderungen im Kapitalgesellschaftsrecht, 1998, 211; unklar OLG Stuttgart Urt. v. 17.5.2000 – 20 U 68/99, NZG 2001, 40 (44).

[164] Ausf. *C. Schäfer*, Die Lehre vom fehlerhaften Verband, 2002, 260 ff., 282 ff.; zuvor bereits *K. Schmidt* GesR § 6 III 3c aa; *K. Schmidt* AcP 186 (1986), 421 (444 ff., 449 ff.); *Schwintowski* NJW 1988, 937 (941 f.); zweifelnd HCL/*Ulmer/Casper* Rn. 46; aA die noch immer hM, vgl. BGH Urt. v. 25.3.1974 – II ZR 63/72, BGHZ 62, 234 (240 f.) = NJW 1974, 1201; Urt. v. 24.9.1979 – II ZR 95/78, BGHZ 75, 214 (217 f.) = NJW 1980, 638; *Hommelhoff* ZHR 158 (1994), 11 (18 ff.); MHLS/*Hermanns* Rn. 52, 55; noch weitergehend *Kort*, Bestandsschutz fehlerhafter Strukturänderungen im Kapitalgesellschaftsrecht, 1998, 205 f.

[165] Zum Folgenden *Bayer/Lieder* NZG 2012, 1 (4); *K. Schmidt* GesR § 6 III 3c cc; MüKoHGB/*Schmidt* HGB § 105 Rn. 239; zust. jetzt Lutter/Hommelhoff/*Bayer* Rn. 26; zu weitgehend *C. Schäfer*, Die Lehre vom fehlerhaften Verband, 2002, 271 ff., der aufgrund § 723 Abs. 1 S. 3–5 BGB, § 1629a BGB auf einen besonderen Schutz des Minderjährigen gänzlich verzichten will.

[166] MüKoBGB/*Schäfer* BGB § 705 Rn. 348; *Schürnbrand* Organschaft im Recht der privaten Verbände, 2007, 280.

[167] Vgl. *Bayer/Lieder* NZG 2012, 1 (4).

[168] OLG Stuttgart Urt. v. 17.5.2000 – 20 U 68/99, NZG 2001, 40 (44); MHLS/*Hermanns* Rn. 56; HCL/*Ulmer/Casper* Rn. 46; *Kort*, Bestandsschutz fehlerhafter Strukturänderungen im Kapitalgesellschaftsrecht, 1998, 204, 211 f.; *C. Schäfer*, Die Lehre vom fehlerhaften Verband, 2002, 333 ff.; *Temme/Küperkoch* GmbHR 2004, 1556 (1557); *Zöllner* FS Hadding, 2004, 725 (728).

führt die rechtskräftige Nichtigerklärung des Kapitalerhöhungsbeschlusses analog § 248 Abs. 1 AktG, § 241 Nr. 5 AktG ipso iure zur Restitution der bisherigen Stammkapitalziffer.[169] Ohne dass es einer weiteren Erklärung oder eines Gesellschafterbeschlusses bedarf, scheiden die fehlerhaft beigetretenen Gesellschafter aus der GmbH aus. Im Interesse effektiven Gläubigerschutzes findet auf die Rückgewähr der bereits erbrachten Einlageleistungen § 58 ergänzende Anwendung.[170] Im Übrigen erfolgt die Rückabwicklung nicht nach Bereicherungsrecht, sondern nach den Grundsätzen der gesellschaftsrechtlichen Abfindung.[171]

Im **Ausnahmefall** kann der Kapitalerhöhungsbeschluss **auch für die Zukunft** 65 **Bestand** haben. Eine Rückabwicklung ist insbesondere dann ausgeschlossen, wenn die Kapitalerhöhung der **Durchführung einer Verschmelzung** diente und die Rückgängigmachung der Erhöhung zum Entfallen der Verschmelzungswirkungen führen würde.[172] Denn diese Rechtsfolge verstieße gegen die Wertung der § 16 Abs. 3 S. 10 Hs. 2 UmwG (iVm. § 125 S. 1 UmwG), § 20 Abs. 2 UmwG, § 131 Abs. 2 UmwG. Eine weitere Ausnahme für die **Einbringung eines Unternehmens** als Sacheinlage ist hingegen nicht anzuerkennen,[173] da einer Rückabwicklung – anders als bei der Verschmelzung – keine rechtlichen Hindernisse entgegenstehen und sie nach den Grundsätzen der Lehre von der fehlerhaften Gesellschaft auch praktisch durchführbar erscheint.[174]

(3) Eintragung im Freigabeverfahren. Eine **Rückabwicklung** ist **ausgeschlossen,** 66 wenn der Erhöhungsbeschluss aufgrund eines Freigabeverfahrens analog § 246a Abs. 1 AktG in das Handelsregister eingetragen worden ist. Die Grundsätze des aktienrechtlichen Freigabeverfahrens finden im GmbH-Recht – entgegen einer in der obergerichtlichen Rspr.[175] sowie im Schrifttum (→ 3. Aufl. 2019, Anh. § 47 Rn. 281 f.)[176] vertretenen Auffassung – entsprechende Anwendung.[177] Zwar stellt sich die Problematik unvernünftiger oder rechtsmissbräuchlicher Beschlussmängelklagen im Vergleich zur AG bei der GmbH nicht in der-

---

[169]　HCL/*Ulmer/Casper* Rn. 46; *Kort,* Bestandsschutz fehlerhafter Strukturänderungen im Kapitalgesellschaftsrecht, 1998, 212; *C. Schäfer,* Die Lehre vom fehlerhaften Verband, 2002, 427; vgl. noch *Zöllner* FS Hadding, 2004, 725 (728).

[170]　MHLS/*Hermanns* Rn. 56; HCL/*Ulmer/Casper* Rn. 46; zur AG *C. Schäfer,* Die Lehre vom fehlerhaften Verband, 2002, 436 f.; *Kort,* Bestandsschutz fehlerhafter Strukturänderungen im Kapitalgesellschaftsrecht, 1998, 213 f.; *Zöllner* AG 1993, 68 (75 f.); *Zöllner/M. Winter* ZHR 158 (1994), 59 (68 f.); aA *U. Huber* FS Claussen, 1997, 147 (167).

[171]　OLG Stuttgart Urt. v. 17.5.2000 – 20 U 68/99, NZG 2001, 40 (44); Lutter/Hommelhoff/*Bayer* Rn. 25; MHLS/*Hermanns* Rn. 56; Scholz/*Priester/Tebben* Rn. 49; *Temme/Küperkoch* GmbHR 2004, 1556 (1557); ausf. dazu *Kort,* Bestandsschutz fehlerhafter Strukturänderungen im Kapitalgesellschaftsrecht, 1998, 212 f., 215 ff.; *C. Schäfer,* Die Lehre vom fehlerhaften Verband, 2002, 427 ff.; zur AG *Zöllner* AG 1993, 68 (75 f.); *Zöllner/M. Winter* ZHR 158 (1994), 59 (61 ff.); *M. Winter* FS Ulmer, 2003, 699 (703).

[172]　OLG Frankfurt Beschl. v. 24.1.2012 – 20 W 504/10, NZG 2012, 596 (597) = ZIP 2012, 826; Kallmeyer/*Marsch-Barner/Oppenhoff* UmwG § 20 Rn. 42; Lutter/*Grunewald* UmwG § 20 Rn. 78 ff.; Semler/Stengel/*Leonard* UmwG § 20 Rn. 95; *Krieger* ZHR 158 (1994), 35 (49 f.); *Kort,* Bestandsschutz fehlerhafter Strukturänderungen im Kapitalgesellschaftsrecht, 1998, 210; vgl. noch BGH Beschl. v. 21.5.2007 – II ZR 266/04, NZG 2007, 714.

[173]　So aber *Krieger* ZHR 158 (1994), 35 (49).

[174]　Ausf. *Kort,* Bestandsschutz fehlerhafter Strukturänderungen im Kapitalgesellschaftsrecht, 1998, 209 f.

[175]　KG Beschl. v. 23.6.2011 – 23 AktG 1/11, NZG 2011, 1068.

[176]　Scholz/*Priester/Tebben* Rn. 50; BeckOK GmbHG/*Ziemons* Rn. 60; Scholz/*Schmidt* § 45 Rn. 137; *Sauerbruch* GmbHR 2007, 189; *Fleischer* DB 2011, 2132.

[177]　Dazu ausf. *Bayer/Lieder* NZG 2011, 1170; ferner *Harbarth* GmbHR 2005, 966 (969); *Geißler* GmbHR 2008, 128 (132 f.); HCL/*Ulmer/Casper* Rn. 47; BeckOK GmbHG/*Leinekugel* Anh. § 47 Rn. 284 ff.; BeckOK GmbHG/*Trölitzsch* § 54 Rn. 12; Rowedder/Schmidt-Leithoff/*Schnorbus* Rn. 39; Gehrlein/Born/Simon/*Bormann* § 55 Rn. 78; Noack/Servatius/Haas/*Servatius* Rn. 28 aE; MHdB GesR III/*Wolff* § 40 Rn. 50a; *Trautmann,* Das genehmigte Kapital der GmbH, 2012, 95, 110; sympathisierend Bork/Schäfer/*Arnold/Born* § 57a Rn. 2; de lege ferenda ebenso *M. Winter* FS Ulmer, 2003, 699 (722 f.); zum Meinungsstand ausf. *Meurer,* Die Anwendung der aktienrechtlichen Beschlussmängelvorschriften auf die GmbH, 2011, 255 ff., der sich selbst ebenda 262 ff., 404 ff. gegen die Anwendung des § 246a AktG im GmbH-Recht ausspricht; nochmals *Meurer* GmbHR 2013, 729.

selben Schärfe.[178] Dennoch sind solche Fallgestaltungen im GmbH-Recht nicht ausgeschlossen,[179] und auch die übrigen Regelungsziele des § 246a sind auf die GmbH übertragbar, da die Durchsetzung und Bestandskraft der Registereintragung von Kapitalmaßnahmen[180] auch im GmbH-Recht schutzwürdig erscheinen. Das gilt umso mehr, als das umwandlungsrechtliche Freigabeverfahren nach § 16 Abs. 3 UmwG schon seit jeher rechtsformunabhängig ausgestaltet ist und mithin auch die GmbH erfasst.[181]

67   Ist die Eintragung aufgrund einer Freigabeentscheidung gem. § 246a Abs. 1 AktG rechtskräftig erfolgt, bleiben analog § 242 Abs. 2 S. 5 AktG sowohl die **Nichtigerklärung** des fehlerhaften Beschlusses (§ 248 Abs. 1 AktG, § 241 Nr. 5 AktG analog) als auch die **Nichtigkeitsfeststellung** (§ 249 Abs. 1 S. 1 AktG analog) **ohne Wirkung.** Die Kläger sind analog § 246a Abs. 4 S. 1 AktG auf Schadensersatzansprüche gegen die Gesellschaft beschränkt. Die Beseitigung der Eintragungswirkung im Wege der Naturalrestitution kann nicht verlangt werden (§ 246a Abs. 4 S. 2 Hs. 2 AktG analog); die Kläger haben insbesondere keinen Anspruch auf eine Herabsetzung der Stammkapitalziffer.[182]

68   **(4) Reparierende Kapitalerhöhung.** Ist die Rückabwicklung nicht deshalb ausgeschlossen, weil die Eintragung der Kapitalerhöhung im Freigabeverfahren erfolgt ist (→ Rn. 66 f.), kommt eine reparierende Kapitalerhöhung durch **Neuvornahme des Erhöhungsbeschlusses** nach Eintragung in das Handelsregister in Betracht.[183] Dass eine Reparatur im Gründungsstadium der GmbH zulässig ist, wird von § 399 Abs. 1 und 4 FamFG vorausgesetzt und ist heute weithin anerkannt.[184] Auf die Kapitalerhöhung sind diese Überlegungen schon im Hinblick auf die immense wirtschaftliche Bedeutung der Heilung fehlerhafter Kapitalmaßnahmen zu übertragen.[185] Die Gesellschafter können ausnahmsweise nach den allgemeinen Grundsätzen der gesellschaftsrechtlichen Treuepflichtbindung (→ § 55 Rn. 36 f.) verpflichtet sein, für eine reparierende Kapitalerhöhung zu stimmen.[186] In Betracht kommt ferner eine Heilung durch Bestätigung nach § 141 BGB.[187]

69   Soweit der **fehlerhafte Erhöhungsbeschluss** noch im Handelsregister eingetragen und **nicht** gerichtlich **für nichtig erklärt** bzw. seine Nichtigkeit festgestellt worden ist, ist Einlagegegenstand – ähnlich wie bei der Heilung einer verdeckten Sacheinlage nach neuem Recht (→ § 56 Rn. 106) – die bereits im Rahmen der fehlerhaften Kapitalerhöhung eingebrachte ursprüngliche Einlageleistung.[188] Im Interesse eines effektiven Gläubigerschutzes setzt eine wirksame Beschlussfassung voraus, dass die für die Voreinzahlung auf künftige Kapitalerhöhung entwickelten Grundsätze (→ § 56a Rn. 26 ff.) beachtet werden. Andernfalls muss nochmals geleistet werden.[189] In jedem Fall kommt aus Gründen eines effektiven

---

[178] Zum diesbezüglichen Normzweck des § 246a AktG: Begr. RegE, BR-Drs. 3/05, 61; Bürgers/Körber/Lieder/*Göz* AktG § 246a Rn. 1; NK-AktG/*Schatz* AktG § 246a Rn. 1; Hüffer/Koch/*Koch* AktG § 246a Rn. 1.

[179] Von Bedeutung ist dieser Umstand vor allem für GmbH mit großer Mitgliederzahl, die in der Praxis durchaus vorkommen; vgl. aktuelles Material bei *Bayer/Hoffmann* GmbHR 2014, 12 (13 ff.).

[180] Vgl. BeckOGK/*Vatter* AktG § 246a Rn. 5; Hüffer/Koch/*Koch* AktG § 246a Rn. 1.

[181] So auch *Harbarth* GmbHR 2005, 966 (969).

[182] HCL/*Ulmer/Casper* Rn. 47; vgl. noch zur AG Hüffer/Koch/*Koch* AktG § 246a Rn. 12, 26; K. Schmidt/Lutter/*Schwab* AktG § 246a Rn. 55 f., 58 ff.; Bürgers/Körber/Lieder/*Göz* AktG § 246a Rn. 5; NK-AktG/*Schatzl* AktG § 246a Rn. 90, 92.

[183] OLG Jena Beschl. v. 28.1.2016 – 2 W 547/15, GmbHR 2016, 291 (292); *Temme/Küperkoch* GmbHR 2004, 1556 (1559 f.); *Kort*, Bestandsschutz fehlerhafter Strukturänderungen im Kapitalgesellschaftsrecht, 1998, 224 ff.; *Zöllner* AG 1993, 68 (77 ff.); krit. – indes ohne durchgreifende Argumente – DNotI-Report 2011, 84 (85).

[184] Vgl. MHLS/*Leitzen* § 5 Rn. 34 ff.; Scholz/*Schmidt* § 75 Rn. 9; vgl. auch Lutter/Hommelhoff/*Kleindiek* § 76 Rn. 1; Hachenburg/*Hohner* § 76 Rn. 4.

[185] Vgl. *Zöllner* AG 1993, 68 (69, 77 ff.); *Kort*, Bestandsschutz fehlerhafter Strukturänderungen im Kapitalgesellschaftsrecht, 1998, 224.

[186] Ausf. *Kort*, Bestandsschutz fehlerhafter Strukturänderungen im Kapitalgesellschaftsrecht, 1998, 224 ff.

[187] Dazu näher *Heinze* GmbHR 2016, 292 (294).

[188] *Temme/Küperkoch* GmbHR 2004, 1556 (1560).

[189] Zutr. *Temme/Küperkoch* GmbHR 2004, 1556 (1560); (für eine Differenzhaftung bei § 57c) OLG Jena Beschl. v. 28.1.2016 – 2 W 547/15, GmbHR 2016, 291 (292).

Kapitalschutzes die Neuvornahme nur mit Wirkung ex nunc in Betracht.[190] Darüber hinaus ist zu prüfen, ob auch der Zulassungsbeschluss und die Übernahme der Geschäftsanteile an der Nichtigkeitsfolge leiden. Ist dies der Fall, müssen beide Teilakte der Kapitalmaßnahme ebenfalls wiederholt werden.[191]

Soweit der **fehlerhafte Erhöhungsbeschluss** infolge der Beschlussmängelklage **für 70 nichtig erklärt** bzw. seine Nichtigkeit festgestellt worden ist, dient der Abfindungsanspruch (→ Rn. 64) als Einlagegegenstand, der unter Beachtung der Sacheinlagevorschriften einzubringen ist.[192]

In praktischer Hinsicht verliert die Fehlerhaftigkeit des Kapitalerhöhungsbeschlusses 71 mit dem Erlöschen des Rechtsträgers bei **Umwandlungsvorgängen** ihre Relevanz. Das gilt für die Verschmelzung der GmbH auf einen anderen Rechtsträger (§ 20 Abs. 1 Nr. 2 UmwG), ihre Aufspaltung (§ 131 Abs. 1 Nr. 2 UmwG) sowie den Formwechsel (§ 202 Abs. 1 Nr. 1 und 2 UmwG).[193]

(5) Nachfolgende weitere Kapitalerhöhung. Folgt auf die fehlerhafte Kapitalerhö- 72 hung eine weitere Erhöhung des Stammkapitals, dann sind beide Kapitalerhöhungen wirksam, soweit entweder die Fehlerhaftigkeit des vorangegangenen Beschlusses geheilt ist (→ Rn. 57) oder dieser Erhöhungsbeschluss nach den Grundsätzen der fehlerhaften Gesellschaft als **wirksam** behandelt wird (→ Rn. 59 ff.).[194]

Wird die fehlerhafte Kapitalerhöhung **für nichtig erklärt** oder ihre Nichtigkeit festge- 73 stellt, bleibt der nachfolgende Erhöhungsbeschluss gleichwohl wirksam, soweit nach seinem Inhalt das Stammkapital ohne Bezugnahme auf den vorangegangenen Beschluss um einen bestimmten Betrag erhöht werden sollte.[195] In solchen Fällen ist der zweite Beschluss nicht etwa widersprüchlich und deshalb auch nicht aufgrund Perplexität undurchführbar.[196] Vielmehr ergibt sich durch **Auslegung** des nachfolgenden Erhöhungsbeschlusses,[197] dass das Stammkapital um den im nachfolgenden Beschluss genannten Betrag erhöht werden soll.[198] Aber auch bei einer Bezugnahme auf den vorausgegangenen Beschluss, insbesondere den Ausgangsbetrag, ist durch Auslegung zu ermitteln, ob der zweite Beschluss mit dem ersten stehen und fallen sollte. Das kann anzunehmen sein, wenn es auf die exakte Beteiligungsquote eines Gesellschafters ankommt. Geht es hingegen nur um die Stärkung der Eigenkapitalbasis, ist die Nennung des Ausgangsbetrags regelmäßig ohne Belang.[199]

Lässt sich der objektive Wille der Beteiligten durch Auslegung des Erhöhungsbeschlusses 74 nicht ermitteln, finden die Grundsätze über die Störung der **Geschäftsgrundlage** nach § 313 BGB Anwendung, mit der Folge, dass der nachfolgende Beschluss anhand einer Abwägung der tangierten Interessen anzupassen ist. Nur wenn eine Anpassung nicht möglich ist, zB weil der zweite Beschluss ohne die vorangegangene Kapitalerhöhung nicht gefasst worden wäre, scheitert auch die nachfolgende Erhöhung (§ 313 Abs. 3 BGB).[200]

b) Unwirksamkeit. Der Erhöhungsbeschluss ist unwirksam, wenn seine Wirksamkeit 75 ausnahmsweise von der Zustimmung einzelner Gesellschafter abhängt, die über bestimmte

---

[190] Offenbar auch eine Neuvornahme mit Wirkung ex tunc erwägend DNotI-Report 2011, 84 (85).
[191] Vgl. *Temme/Küperkoch* GmbHR 2004, 1556 (1560); DNotI-Report 2011, 84 (85).
[192] GroßkommAktG/*Wiedemann* AktG § 189 Rn. 49; *Temme/Küperkoch* GmbHR 2004, 1556 (1559 f.); *Kort*, Bestandsschutz fehlerhafter Strukturänderungen im Kapitalgesellschaftsrecht, 1998, 227 f.; *Zöllner* AG 1993, 68 (78); *M. Winter* FS Ulmer, 2003, 699 (704); anders noch *Kort* ZGR 1994, 291 (321 ff.).
[193] *Temme/Küperkoch* GmbHR 2004, 1556 (1561); DNotI-Report 2011, 84 (85).
[194] Vgl. *Zöllner* FS Hadding, 2004, 725 (729); HCL/*Ulmer/Casper* Rn. 48.
[195] *Zöllner* FS Hadding, 2004, 725 (727).
[196] So aber noch *Schleyer* AG 1957, 145 (147); Kölner Komm AktG/*Zöllner*, 1985, AktG § 241 Rn. 108; dagegen mit Recht Scholz/*Priester/Tebben* Rn. 45; *Trendelenburg* NZG 2003, 860; *Klaaßen/van Lier* NZG 2014, 1250 (1251); s. auch *Zöllner* FS Hadding, 2004, 725 (726 ff.).
[197] Zur Maßgeblichkeit der Auslegung *Trendelenburg* NZG 2003, 860 (861 ff.); *Klaaßen/van Lier* NZG 2014, 1250 (1251 f.).
[198] Davon geht Scholz/*Priester/Tebben* Rn. 45 im Regelfall aus; relativierend *Zöllner* FS Hadding, 2004, 725 (727).
[199] *Klaaßen/von Lier* NZG 2014, 1250 (1251 ff.).
[200] Ausf. *Zöllner* FS Hadding, 2004, 725 (729 ff.); ferner HCL/*Ulmer/Casper* Rn. 48.

Sonderrechte verfügen (→ § 55 Rn. 34) und sie ihre Zustimmung endgültig verweigert haben (→ § 53 Rn. 104). Für unwirksame Beschlüsse gelten die Rechtsfolgen nichtiger Erhöhungsbeschlüsse entsprechend.[201] Insbesondere hat der Registerrichter die Eintragung des unwirksamen Erhöhungsbeschlusses abzulehnen. Eine dennoch erfolgte Eintragung heilt die Unwirksamkeit analog § 242 Abs. 2 AktG, soweit innerhalb der Frist von drei Jahren die Unwirksamkeit nicht gerichtlich geltend gemacht wird.[202]

76   **c) Anfechtbarkeit.** Liegt keiner der gesetzlichen Nichtigkeitsgründe vor und ergibt sich die Unwirksamkeit des Erhöhungsbeschlusses auch nicht aus anderen Vorschriften (→ Rn. 75), ist der Beschluss analog § 243 Abs. 1 AktG lediglich anfechtbar und muss eingetragen werden. Der anfechtbare Beschluss ist wirksam, solange er nicht durch rechtskräftiges Urteil analog § 241 Nr. 5 AktG für nichtig erklärt worden ist (→ Rn. 56). Wird der anfechtbare Beschluss nicht fristgerecht angegriffen, erlangt er analog § 246 Abs. 1 AktG Bestandskraft und muss eingetragen werden.[203] Zugleich bildet er eine taugliche Rechtsgrundlage für in Ansehung seiner Wirksamkeit geschlossene Übernahmeverträge. Anfechtbare Beschlüsse können analog § 244 AktG bestätigt und damit geheilt werden.[204]

77   **2. Fehlerhafter Zulassungsbeschluss.** Partizipieren die Gesellschafter aufgrund des Zulassungsbeschlusses an der Kapitalerhöhung nach Maßgabe ihrer **bisherigen Beteiligungsverhältnisse,** ist die Nichtigkeit des Zulassungsbeschlusses ohne Belang, da ihm in diesem Fall nur deklaratorische Wirkung zukommt. Die Gesellschafter sind unabhängig davon aufgrund des gesetzlichen Bezugsrechts zur beteiligungsproportionalen Teilnahme an der Kapitalerhöhung berechtigt (→ § 55 Rn. 103 ff.).[205]

78   War das **Bezugsrecht** der Gesellschafter indes ganz oder teilweise **ausgeschlossen** und erweist sich der Bezugsrechtsausschluss als nichtig oder wird er für nichtig erklärt, dann sind **vor der Eintragung** des Kapitalerhöhungsbeschlusses in das Handelsregister die aufgrund des Zulassungsbeschlusses abgeschlossenen Übernahmeverträge unwirksam;[206] bereits erbrachte Einlageleistungen sind rückgängig zu machen (→ § 55 Rn. 189). **Nach der Eintragung** gelten die Grundsätze der Lehre von der fehlerhaften Gesellschaft.[207] Vor der Nichtigerklärung in Ausübung der neuen Mitgliedschaftsrechte vorgenommene Rechtshandlungen haben Bestand.[208] Ebenso sind die Übernahmeverträge als wirksam anzusehen und verpflichten die Übernehmer in vollem Umfang zur Einlageleistung.[209] Wird der Beschluss für nichtig erklärt oder seine Nichtigkeit festgestellt, sind die Mitgesellschafter aufgrund ihrer gesellschaftsrechtlichen Treuepflichtbindung grundsätzlich zur Beseitigung der rechtswidrigen Beteiligungsverhältnisse verpflichtet (→ § 55 Rn. 145).

79   **3. Fehlerhafter Übernahmevertrag. a) Wirksamkeitsmängel.** Die Wirksamkeit des Übernahmevertrags bestimmt sich nach den Grundsätzen der allgemeinen Rechtsgeschäftslehre. Das folgt aus der Rechtsnatur des Übernahmevertrages, in der sich ein körperschaftliches mit einem schuldrechtlichen Element vereinigt (→ § 55 Rn. 152 f.). Sowohl die vom Gesellschafter abgegebene Übernahmeerklärung als auch die von der Gesellschaft abzugebende Annahmeerklärung können fehlerhaft sein. Die Annahmeerklärung ist insbesondere dann unwirksam, wenn es an der erforderlichen Ermächtigung durch die Gesellschafterversammlung (→ § 55 Rn. 182) fehlt. Die **Unwirksamkeit** der Übernahmeerklärung kann sich aus verschiedenen Gründen ergeben. Von besonderer Bedeutung sind:

---

[201] HCL/*Ulmer/Casper* Rn. 49.
[202] HCL/*Ulmer/Casper* § 53 Rn. 102; zur AG MüKoAktG/*Schäfer* AktG § 242 Rn. 26.
[203] Zust. Gehrlein/Born/Simon/*Bormann* § 55 Rn. 79.
[204] Noack/Servatius/Haas/*Noack* Anh. § 47 Rn. 131; Lutter/Hommelhoff/*Bayer* Anh. § 47 Rn. 61; MHLS/*Römermann* Anh. § 47 Rn. 372 ff.; Scholz/*Schmidt* § 45 Rn. 121; *Temme/Küperkoch* GmbHR 2004, 1556 (1558).
[205] Vgl. noch MHLS/*Hermanns* Rn. 57.
[206] HCL/*Ulmer/Casper* Rn. 50.
[207] Zust. Gehrlein/Born/Simon/*Bormann* § 55 Rn. 78.
[208] MHLS/*Hermanns* Rn. 58.
[209] HCL/*Ulmer/Casper* Rn. 50.

– mangelnde oder beschränkte Geschäftsfähigkeit des Übernehmers nach §§ 104 ff. BGB
 (→ § 55 Rn. 157),
– fehlende Genehmigungserteilung durch das Familiengericht nach § 1822 Nr. 10 BGB
 (→ § 55 Rn. 158),
– mangelnde Vollmacht in Vertretungsfällen,
– zum Schein abgegebene Erklärungen nach § 117 BGB,
– Verstoß gegen die Formvorschrift des § 55 Abs. 1 (→ § 55 Rn. 172 ff.) sowie
– fehlende inhaltliche Angaben nach § 55 Abs. 2 S. 2 (→ § 55 Rn. 170).

Darüber hinaus führt auch eine erfolgreiche **Anfechtung** nach § 142 Abs. 1 BGB zur **80**
Nichtigkeit des Übernahmevertrages.[210] Als Anfechtungsgründe kommen für die Übernahmeerklärung des Inferenten wie auch für die Annahmeerklärung der Gesellschaft insbesondere Irrtum (§ 119 BGB), arglistige Täuschung und widerrechtliche Drohung (§ 123 BGB)
in Betracht. Demgegenüber führen Verstöße gegen **Sacheinbringungsvorschriften nicht**
zur Unwirksamkeit des Übernahmevertrages; es gelten die Regelungen über verdeckte
Sacheinlagen nach § 19 Abs. 4 (→ § 56 Rn. 71 ff.).

 b) Rechtsfolgen. aa) Vor Eintragung. Die Unwirksamkeit des Übernahmevertrages **81**
wird vor Eintragung des Erhöhungsbeschlusses nicht durch die Lehre von der fehlerhaften
Gesellschaft eingeschränkt, denn der Abschluss des Übernahmevertrags steht aufgrund des
§ 54 Abs. 3 unter dem Vorbehalt der Eintragung in das Handelsregister.[211] Dementsprechend können Mängel in vollem Umfang geltend gemacht werden. Die Übernehmer können insbesondere eine einstweilige Verfügung gegen die Gesellschaft erwirken, um die
Eintragung nach § 16 Abs. 2 HGB durch Widerspruch zu verhindern (→ § 54
Rn. 120 ff.).[212] Sind auf die Kapitalerhöhung bereits Einlagen geleistet worden, können
diese nach bereicherungsrechtlichen Grundsätzen zurückgefordert werden.[213]

 bb) Nach Eintragung. (1) Grundsatz. Der fehlerhafte Übernahmevertrag ist trotz **82**
seiner Mängel mit Eintragung des Erhöhungsbeschlusses in das Handelsregister nach Maßgabe der **Lehre von der fehlerhaften Gesellschaft** als wirksam zu behandeln, soweit die
fehlerhafte Erklärung zurechenbar veranlasst wurde (→ Rn. 61 ff.).[214] Das hat inzwischen
auch der BGH ausdrücklich anerkannt.[215] Die Erfordernisse der Rechtssicherheit und des
Verkehrsschutzes sowie die Rückabwicklungsschwierigkeiten verlangen auch bei einem
mangelhaften Übernahmevertrag nach Bestandsschutz. Das gilt umso mehr, als Erhöhungsbeschluss und Übernahmevertrag eine Einheit bilden und gemeinsam für die Kapitalerhöhung erforderlich sind.[216]

 Ist der Übernahmevertrag durch Eintragung der Kapitalerhöhung in Vollzug ge- **83**
setzt worden, ist eine **rückwirkende Geltendmachung** der Unwirksamkeitsgründe

---

[210] BGH Urt. v. 15.10.2007 – II ZR 216/06, NZG 2008, 73 Rn. 22; MHLS/*Hermanns* Rn. 59; Scholz/
 Priester/Tebben Rn. 51 f.; HCL/*Ulmer/Casper* § 55 Rn. 102.
[211] MHLS/*Hermanns* Rn. 59 aE; Scholz/*Priester/Tebben* Rn. 52; HCL/*Ulmer/Casper* § 55 Rn. 102 aE; *Kort,*
 Bestandsschutz fehlerhafter Strukturänderungen im Kapitalgesellschaftsrecht, 1998, 197; aA noch
 Hachenburg/*Schilling,* 6. Aufl. 1959, § 55 Anm. 20 f.
[212] RG Urt. v. 10.6.1913 – Rep. II. 95/13, RGZ 82, 375 (379 f.); Scholz/*Priester/Tebben* Rn. 52; HCL/
 Ulmer/Casper § 55 Rn. 103.
[213] *Lutter* FS Schilling, 1973, 207 (223 f.); Scholz/*Priester/Tebben* Rn. 52; *Kort,* Bestandsschutz fehlerhafter
 Strukturänderungen im Kapitalgesellschaftsrecht, 1998, 197.
[214] Noack/Servatius/Haas/*Servatius* Rn. 27; Lutter/Hommelhoff/*Bayer* Rn. 26; Scholz/*Priester/Tebben*
 Rn. 53; HCL/*Ulmer/Casper* § 55 Rn. 102 aE; Bork/Schäfer/*Arnold/Born* Rn. 15; Henssler/Strohn/*Gummert*
 Rn. 30; *Kort,* Bestandsschutz fehlerhafter Strukturänderungen im Kapitalgesellschaftsrecht, 1998, 197;
 C. Schäfer, Die Lehre vom fehlerhaften Verband, 2002, 422; iErg ebenso BGH Urt. v. 15.10.2007 – II
 ZR 216/06, NZG 2008, 73 Rn. 22; mit abw. dogmatischer Begr. bereits RG Urt. v. 10.6.1913 – Rep.
 II. 95/13, RGZ 82, 375 (378 f.); abw. MHLS/*Hermanns* Rn. 61 f., der in erster Linie § 241 Nr. 3 und
 4 AktG, § 242 Abs. 2 S. 1 AktG bzw. § 246 Abs. 1 AktG analog heranziehen will und nur subsidiär die
 Lehre von der fehlerhaften Gesellschaft.
[215] BGH Urt. v. 17.10.2017 – KZR 24/15, NZG 2018, 29 Rn. 35 – ConsulTrust mAnm *Lieder* EWiR
 2018, 99; dazu auch *Lieder* FS Bergmann, 2018, 473 ff.; *Wachter* GmbHR 2018, 134.
[216] *C. Schäfer,* Die Lehre vom fehlerhaften Verband, 2002, 422.

(→ Rn. 79 f.) **ausgeschlossen.** Der neue Geschäftsanteil geht in das Eigentum des Übernehmers über, der im Gegenzug in voller Höhe für die aus dem Übernahmevertrag resultierende Einlageleistung haftet, ohne dass es auf die Erforderlichkeit zur Gläubigerbefriedigung nach § 77 Abs. 3 ankäme.[217] Schadensersatzansprüche der Übernehmer gegen die Gesellschaft sind ausgeschlossen.[218] Im Einzelfall kommt ein Austritt des betroffenen Übernehmers gegen Abfindung aus wichtigem Grund (→ § 34 Rn. 119, → § 34 Rn. 134 ff.) mit Wirkung für die Zukunft in Betracht.[219]

84   Die vorstehenden Grundsätze gelten in **Anfechtungsfällen** unabhängig davon, ob die Erklärung vor oder nach Eintragung wirksam angefochten worden ist.[220] Der Übernehmer kann auch nicht geltend machen, dass aufgrund einer **Verzögerung** die Eintragung eine unangemessen lange Zeit in Anspruch genommen hat und er deshalb vom Übernahmevertrag freigeworden ist.[221]

85   **(2) Zurechenbare Veranlassung.** Der fehlerhafte Übernahmevertrag ist ausnahmsweise nicht als wirksam zu behandeln, soweit der maßgebliche Mangel durch den Übernehmer nicht zurechenbar veranlasst wurde.[222] In diesem Fall verdient der individuelle Schutz des unbeteiligten Übernehmers Vorrang vor den Interessen der Rechtssicherheit und des Verkehrsschutzes. Das ist anzunehmen, soweit es an einer **Übernahmeerklärung** gänzlich **fehlt**[223] sowie bei **vollmachtloser Vertretung,** bei welcher indes der Vertreter nach § 179 BGB haftet.[224] Die Geltendmachung der Anfechtbarkeit der Übernahmeerklärung wegen Irrtums, arglistiger Täuschung und anderer **Willensmängel** kommt hingegen nicht in Betracht.[225] Gleiches gilt für einen **Formmangel** der Übernahmeerklärung (→ § 55 Rn. 175).

86   Eine weitere Ausnahme macht die hM außerdem **bei fehlender und beschränkter Geschäftsfähigkeit,** soweit es an der Zustimmung des gesetzlichen Vertreters oder des Familiengerichts fehlt.[226] Hier ist nach zutreffender Auffassung zu differenzieren:[227] **Geschäftsunfähige** können gem. § 105 BGB keine wirksamen Willenserklärungen abgeben. Demgegenüber verlangen die tragenden Wertungsgesichtspunkte des Minderjährigen-

---

217   Rowedder/Schmidt-Leithoff/ *Schnorbus* Rn. 40; Scholz/*Priester/Tebben* Rn. 54; HCL/*Ulmer/Casper* Rn. 52; *Kort,* Bestandsschutz fehlerhafter Strukturänderungen im Kapitalgesellschaftsrecht, 1998, 197.

218   RG Urt. v. 10.6.1913 – Rep. II. 95/13, RGZ 82, 375 (381 f.); Urt. v. 4.4.1916 – Rep. II. 427/15, RGZ 88, 187 (190); Scholz/*Priester/Tebben* Rn. 54; aA *Kort,* Bestandsschutz fehlerhafter Strukturänderungen im Kapitalgesellschaftsrecht, 1998, 199, soweit das Stammkapital unberührt bleibt; zur AG *Zöllner/M. Winter* ZHR 158 (1994), 59 (77 f.).

219   Lutter/Hommelhoff/*Bayer* Rn. 26; Rowedder/Schmidt-Leithoff/ *Schnorbus* Rn. 40; Scholz/*Priester/Tebben* Rn. 54; HCL/*Ulmer/Casper* Rn. 52 aE; *Kort,* Bestandsschutz fehlerhafter Strukturänderungen im Kapitalgesellschaftsrecht, 1998, 197; *C. Schäfer,* Die Lehre vom fehlerhaften Verband, 2002, 333 ff.; zur AG *Kort* ZGR 1994, 291 (314 ff.).

220   RG Urt. v. 10.6.1913 – Rep. II. 95/13, RGZ 82, 375 (378); Rowedder/Schmidt-Leithoff/ *Schnorbus* Rn. 40; Scholz/*Priester/Tebben* Rn. 53; HCL/*Ulmer/Casper* Rn. 52.

221   Scholz/*Priester/Tebben* Rn. 54; HCL/*Ulmer/Casper* Rn. 52; einschr. *Lutter* FS Schilling, 1973, 207 (231), der allerdings § 185 Abs. 3 AktG analog anwenden will.

222   BGH Urt. v. 17.10.2017 – KZR 24/15, NZG 2018, 29 Rn. 35 – ConsulTrust mAnm *Lieder* EWiR 2018, 99; Noack/Servatius/Haas/*Servatius* Rn. 27; HCL/*Ulmer/Casper* Rn. 53; iErg ebenso MHLS/ *Hermanns* Rn. 62; Scholz/*Priester/Tebben* Rn. 53.

223   BGH Urt. v. 17.10.2017 – KZR 24/15, NZG 2018, 29 Rn. 35 – ConsulTrust mAnm *Lieder* EWiR 2018, 99; Scholz/*Priester/Tebben* Rn. 53; *Gehrlein* ZInsO 2021, 175 (178).

224   BGH Urt. v. 17.10.2017 – KZR 24/15, NZG 2018, 29 Rn. 35 – ConsulTrust mAnm *Lieder* EWiR 2018, 99; Noack/Servatius/Haas/*Servatius* Rn. 27; Lutter/Hommelhoff/*Bayer* Rn. 26; MHLS/*Hermanns* Rn. 62; Scholz/*Priester/Tebben* Rn. 53; HCL/*Ulmer/Casper* Rn. 53; BeckOK GmbHG/*Ziemons* Rn. 65; Bork/Schäfer/*Arnold/Born* Rn. 15.

225   BGH Urt. v. 17.10.2017 – KZR 24/15, NZG 2018, 29 Rn. 35 – ConsulTrust mAnm *Lieder* EWiR 2018, 99; *Gehrlein* ZInsO 2021, 175 (178).

226   Vgl. BGH Urt. v. 30.4.1955 – II ZR 202/53, BGHZ 17, 160 (165 ff.) = NJW 1955, 1067; Noack/Servatius/ Haas/*Servatius* Rn. 27; Lutter/Hommelhoff/*Bayer* Rn. 26; MHLS/*Hermanns* Rn. 62; Rowedder/Schmidt-Leithoff/*Schnorbus* Rn. 41; Scholz/*Priester/Tebben* Rn. 53; HCL/*Ulmer/Casper* Rn. 53; Bork/Schäfer/*Arnold/ Born* Rn. 15; *Kort,* Bestandsschutz fehlerhafter Strukturänderungen im Kapitalgesellschaftsrecht, 1998, 197; vgl. noch BGH Urt. v. 17.10.2017 – KZR 24/15, NZG 2018, 29 Rn. 35 – ConsulTrust mAnm *Lieder* EWiR 2018, 99, der allein von Geschäftsfähigkeit spricht, ohne die beschränkte explizit einzubeziehen.

227   Vgl. *Bayer/Lieder* NZG 2011, 1 (4).

rechts keine generelle Ausnahme von der Anwendung der Lehre von der fehlerhaften Strukturmaßnahme. Stattdessen sind die Grundsätze dahingehend zu modifizieren, dass **beschränkt Geschäftsfähige** zwar neue Mitgliedschaftsrechte erwerben, für die Einlageschuld aber nicht haften. Außerdem können sie die Abwicklung des fehlerhaften Beteiligungsverhältnisses mit Wirkung ex tunc verlangen (→ Rn. 63).

Die Unwirksamkeit einzelner Übernahmeverträge (→ Rn. 79) lässt die **Wirksamkeit 87 der** zugrunde liegenden **Kapitalerhöhung** sowie der sonstigen **Übernahmeverträge** unberührt.[228] Die hierdurch entstehende Unterdeckung kann durch die Ausgabe neuer Geschäftsanteile (→ § 55 Rn. 24) oder eine Kapitalherabsetzung nach § 58 beseitigt werden.[229] Daneben scheidet eine Haftung der übrigen Gesellschafter nach § 24 aus,[230] denn Voraussetzung für die Ausfallhaftung ist, dass überhaupt ein Geschäftsanteil existiert, der kaduziert und verwertet werden kann. Für eine analoge Anwendung des § 24 ist es nicht ausreichend, dass die Gesellschafter dem Ausfallrisiko näher stehen als die Gläubiger.[231] Vielmehr ist der subsidiäre Charakter der Ausfallhaftung zu berücksichtigen (→ § 24 Rn. 1, → § 24 Rn. 7 f.), der durch eine Analogiebildung negiert würde.

4. Fehlerhafte Anmeldung. Bei der Behandlung einer fehlerhaften Anmeldung ist 88 danach zu unterscheiden, ob die Anmeldung einerseits unwirksam ist oder gänzlich fehlt oder andererseits lediglich Form und Inhalt defizitär sind. Im Allgemeinen gilt, dass das Registergericht bei fehlerhafter Anmeldung verlangen kann, dass die Geschäftsführer die Mängel beheben. Kommen sie dieser Aufforderung nicht nach, ist die **Eintragung abzulehnen.**[232]

a) Fehlen der Anmeldung. Fehlt die Anmeldung von vornherein gänzlich, wird sie 89 später wirksam zurückgenommen (→ § 54 Rn. 37 f.) oder ist sie in Ermangelung sämtlicher Unterschriften der Geschäftsführer unwirksam, dann bleibt die **Eintragung** der Kapitalerhöhung in das Handelsregister nach hM **ohne Wirkung.**[233] Die Gegenauffassung, die die Eintragung als wirksam ansieht,[234] überzeugt nicht, da es bei fehlender oder unwirksamer Anmeldung an der erforderlichen Veranlassung der Eintragung durch die Gesellschaft fehlt. Ebenso wie eine mangelnde zurechenbare Veranlassung die Anwendbarkeit der Lehre von der fehlerhaften Gesellschaft ausschließt (→ Rn. 85), führt sie in diesem Kontext zur Unwirksamkeit der eingetragenen Kapitalerhöhung. Dieses Ergebnis ist auch sachlich gerechtfertigt, da die Gesellschaft ein berechtigtes Interesse daran hat, bis zur endgültigen Eintragung noch über die Durchführung der Kapitalerhöhung disponieren zu können.[235]

Haben die Beteiligten die **Eintragung ausnahmsweise zurechenbar veranlasst** und 90 berufen sie sich nachträglich auf den Mangel, müssen sie die Eintragung gegen sich gelten lassen.[236] Das ist regelmäßig der Fall, wenn die Gesellschafter mit der Durchführung der Kapitalerhöhung bis zur Eintragung einverstanden waren und sie sich im Nachhinein auf eine versehentlich fehlende Unterschrift eines Geschäftsführers berufen. Die Gesellschafter erwerben in diesem Fall die neuen Geschäftsanteile und sind zur Einlageleistung verpflichtet. Einer Übernehmerhaftung analog § 77 Abs. 3[237] bedarf es auf der Basis der hier vertretenen Auffassung nicht.

---

[228]   Scholz/*Priester*/*Tebben* Rn. 54; HCL/*Ulmer*/*Casper* Rn. 54; abw. *Brodmann* Anm. 1.

[229]   Rowedder/Schmidt-Leithoff/*Schnorbus* Rn. 41; Scholz/*Priester*/*Tebben* Rn. 54; HCL/*Ulmer*/*Casper* Rn. 54.

[230]   IErg wie hier Rowedder/Schmidt-Leithoff/*Schnorbus* Rn. 41; HCL/*Ulmer*/*Casper* Rn. 54; *Kort,* Bestandsschutz fehlerhafter Strukturänderungen im Kapitalgesellschaftsrecht, 1998, 200.

[231]   Vgl. aber *Baums,* Eintragung und Löschung von Gesellschafterbeschlüssen, 1981, 154 m. Fn. 34; Scholz/*Priester*/*Tebben* Rn. 54.

[232]   MHLS/*Hermanns* Rn. 64; Scholz/*Priester*/*Tebben* Rn. 56.

[233]   Rowedder/Schmidt-Leithoff/*Schnorbus* Rn. 43; Scholz/*Priester*/*Tebben* Rn. 58; HCL/*Ulmer*/*Casper* Rn. 55; Gehrlein/Born/Simon/*Bormann* Rn. 27.

[234]   MHLS/*Hermanns* Rn. 65; ähnlich *Kort,* Bestandsschutz fehlerhafter Strukturänderungen im Kapitalgesellschaftsrecht, 1998, 201.

[235]   Vgl. Scholz/*Priester*/*Tebben* Rn. 58; *Lutter*/*Leinekugel* ZIP 2000, 1225 (1227).

[236]   Ähnlich Scholz/*Priester*/*Tebben* Rn. 58; vgl. auch *Lutter*/*Leinekugel* ZIP 2000, 1225 (1227).

[237]   Dafür HCL/*Ulmer*/*Casper* Rn. 55.

91   Da die Eintragung bei fehlender oder unwirksamer Anmeldung an einem wesentlichen Verfahrensfehler leidet, kann sie nach § 395 Abs. 1 S. 1 FamFG von Amts wegen gelöscht werden.[238] Die **Amtslöschung** geht einer Berichtigung nach § 17 HRV vor.[239] Vor der Löschung fordert der Registerrichter die Geschäftsführer regelmäßig auf, die Anmeldung wirksam vorzunehmen. Dem haben die Geschäftsführer Folge zu leisten. Im Übrigen kann § 15 Abs. 3 HGB nach Bekanntmachung der Kapitalerhöhung zu einer Rechtsscheinhaftung gegenüber Dritten führen (→ § 10 Rn. 3).

92   **b) Form- und Inhaltsmangel.** Leidet die Anmeldung an einem Form- oder Inhaltsmangel, ist die Kapitalerhöhung mit Eintragung in das Handelsregister **gleichwohl wirksam.**[240] Das gilt namentlich für eine fehlerhafte oder unvollständige Versicherung nach Abs. 2 (→ Rn. 7 ff.), fehlende Anlagen (→ Rn. 18 ff.) und den Verstoß gegen die Formvorschrift des § 12 HGB (→ Rn. 34). Die Eintragung lässt indes die Befugnis des Registergerichts unberührt, weiterhin die Beseitigung der Mängel, wie zB die Nachreichung fehlender Anlagen, zu verlangen und nach Maßgabe des § 14 HGB auch zwangsweise durchzusetzen.[241]

93   Eine **Amtslöschung** kommt hingegen **nicht** in Betracht. Im Hinblick auf § 395 Abs. 1 S. 1 FamFG fehlt es an der Wesentlichkeit des Verfahrensmangels. Das Interesse des Rechtsverkehrs an der Gewährleistung des im Handelsregister ausgewiesenen Kapitals wiegt deutlich schwerer als ein rein formeller Verstoß.[242] Eine Amtslöschung nach § 398 FamFG scheitert daran, dass eine fehlerhafte Anmeldung keinen materiellrechtlichen Inhaltsmangel des Kapitalerhöhungsbeschlusses begründet, den § 398 FamFG voraussetzt.[243]

94   **5. Fehlerhafte Eintragung.** Bei **offensichtlichen Unrichtigkeiten,** wie zB Schreibfehlern oder offenbaren Zahlendrehern, sowie bei Unrichtigkeit in unwesentlichen Nebenpunkten, wie zB dem Datum, ist die Eintragung vorbehaltlich weiterer Mängel wirksam und nach § 17 Abs. 1 HRV von Amts wegen **zu berichtigen.**[244]

95   Für **alle übrigen Fehler** gilt das **Deckungsprinzip.** Danach ist die Eintragung wirksam, soweit Beschlussfassung, Anmeldung und Eintragung übereinstimmen. Durch die Abweichung von den allgemeinen Regeln über die Behandlung fehlerhafter Eintragungen bei Satzungsänderungen (→ § 54 Rn. 99 ff.) werden die Schutzinteressen des Rechtsverkehrs an einer gesicherten Kapitalaufbringung mit den Interessen der an der Kapitalerhöhung Beteiligten zu einem angemessenen Ausgleich gebracht.[245]

96   Bedeutsam ist das Deckungsprinzip namentlich bei **fehlerhafter Angabe des Kapitalerhöhungsbetrages.** Bleibt der beschlossene und angemeldete Betrag hinter dem Betrag der eingetragenen Kapitalerhöhung zurück, ist die Erhöhung nach Maßgabe des beschlossenen Betrages wirksam; die Handelsregistereintragung ist nach § 17 HRV zu berichtigen.[246] Übersteigt der Betrag der beschlossenen und angemeldeten Kapitalerhöhung den im Handelsregister eingetragenen Erhöhungsbetrag, ist die Kapitalerhöhung in Höhe des eingetra-

---

[238] MHLS/*Hermanns* Rn. 65; Rowedder/Schmidt-Leithoff/*Schnorbus* Rn. 43; Scholz/*Priester/Tebben* Rn. 58; HCL/*Ulmer/Casper* Rn. 56; *Kort,* Bestandsschutz fehlerhafter Strukturänderungen im Kapitalgesellschaftsrecht, 1998, 201.

[239] HCL/*Ulmer/Casper* Rn. 56.

[240] OLG Stuttgart Urt. v. 17.5.2000 – 20 U 68/99, NZG 2001, 40 (44); MHLS/*Hermanns* Rn. 64; Rowedder/Schmidt-Leithoff/*Schnorbus* Rn. 44; Scholz/*Priester/Tebben* Rn. 56; Ulmer/Habersack/Winter/*Ulmer,* 2008, Rn. 26; Gehrlein/Born/Simon/*Bormann* Rn. 26; *Kort,* Bestandsschutz fehlerhafter Strukturänderungen im Kapitalgesellschaftsrecht, 1998, 201.

[241] Lutter/Hommelhoff/*Bayer* § 57a Rn. 6; Scholz/*Priester/Tebben* Rn. 56 aE.

[242] Ähnlich Scholz/*Priester/Tebben* Rn. 57; iErg ebenso MHLS/*Hermanns* Rn. 64.

[243] MHLS/*Hermanns* Rn. 64; Scholz/*Priester/Tebben* Rn. 57.

[244] HCL/*Ulmer/Casper* Rn. 58; *Priester* BB 2002, 2613 (2615).

[245] Vgl. auch HCL/*Ulmer/Casper* Rn. 60; Scholz/*Priester/Tebben* Rn. 59 aE.

[246] Rowedder/Schmidt-Leithoff/*Schnorbus* Rn. 45; Scholz/*Priester/Tebben* Rn. 60; HCL/*Ulmer/Casper* Rn. 60; iErg ebenso – indes unter Hinweis auf § 142 Abs. 1 FGG aF (§ 395 Abs. 1 FamFG) – MHLS/*Hermanns* Rn. 66; aA *Priester* BB 2002, 2613 (2615).

genen Betrages wirksam.[247] Die Kapitalerhöhung wird im Umfang des beschlossenen Betrages wirksam, sobald die Eintragung bei aufrechterhaltenem Antrag im Handelsregister berichtigt ist.[248]

§ 57a Ablehnung der Eintragung

Für die Ablehnung der Eintragung durch das Gericht findet § 9c Abs. 1 entsprechende Anwendung.

Schrifttum: s. § 55.

Übersicht

I. Inhalt und Zweck der Norm

Die Vorschrift bestimmt durch Verweisung auf das Gründungsrecht, in welchen Fällen der **1** Registerrichter die Eintragung der Kapitalerhöhung in das Handelsregister abzulehnen hat. Dabei ist der materielle Inhalt des § 57a nicht auf die Ablehnung der Eintragung beschränkt, vielmehr ergibt sich aus der Vorschrift mittelbar, dass der **Registerrichter zur Prüfung** der Kapitalerhöhung **berechtigt und verpflichtet** ist. Die Verweisung auf § 9c dient nicht der Einschränkung der Prüfungsbefugnisse, sondern allein der knapperen Fassung des Wortlauts.[1]

Entgegen der systematischen Stellung der Vorschrift im Zusammenhang mit §§ 55 ff. **2** ist der Anwendungsbereich des § 57a nicht auf die Kapitalerhöhung beschränkt. Das Prüfungsrecht umfasst vielmehr **alle übrigen Satzungsänderungen,** einschließlich der Kapitalherabsetzung.[2]

Besondere Bedeutung hat die Verweisung auf § 9c Abs. 1 S. 2. Sie zielt darauf ab, bei **3** der **Sachkapitalerhöhung,** für die weder eine sachverständige Prüfung noch ein Sachgründungsbericht (→ § 56 Rn. 130 f.) obligatorisch sind,[3] eine reale Kapitalaufbringung sicherzustellen. Die Änderung des § 9c Abs. 1 S. 2 durch das **MoMiG** wirkt sich vermittelt durch § 57a auch auf die Kapitalerhöhung aus. Danach kann die Eintragung einer Sachkapitalerhöhung nicht länger bei jeder Überbewertung abgelehnt werden,[4] sondern nur noch dann, wenn der Sachgegenstand „nicht unwesentlich" überbewertet ist.

---

[247] MHLS/*Hermanns* Rn. 66; Ulmer/Habersack/Winter/*Ulmer*, 2008, Rn. 59; aA *Priester* BB 2002, 2613 (2615); vgl. ferner RG Urt. v. 26.6.1914 – II 109/14, RGZ 85, 205 (207) bei fehlerhafter Eintragung und Anmeldung.

[248] MHLS/*Hermanns* Rn. 66; Ulmer/Habersack/Winter/*Ulmer*, 2008, Rn. 59; abw. (für Anwendung des § 17 HRV) Rowedder/Schmidt-Leithoff/*Schnorbus* Rn. 45; Scholz/*Priester/Tebben* Rn. 60.

[1] Begr. RA, BT-Drs. 8/3908, 72; Scholz/*Priester/Tebben* Rn. 1.

[2] Vgl. MHLS/*Hermanns* Rn. 1; Rowedder/Schmidt-Leithoff/*Schnorbus* Rn. 1; Scholz/*Priester/Tebben* Rn. 2; HCL/*Ulmer/Casper* Rn. 2; *Priester* GmbHR 2007, 296 (298); abw. Meyer-Landrut/Miller/Niehus/*Meyer-Landrut* Rn. 1 f.: § 57a analog.

[3] Vgl. Begr. RA, BT-Drs. 8/3908, 70, 72; MHLS/*Hermanns* Rn. 2, 11; HCL/*Ulmer/Casper* Rn. 9.

[4] Zum bisherigen Recht Baumbach/Hueck/*Hueck/Fastrich*, 18. Aufl. 2006, § 9c Rn. 7; Rowedder/Schmidt-Leithoff/*Zimmermann*, 4. Aufl. 2002, Rn. 10; Scholz/*Priester*, 9. Aufl. 2002, Rn. 14; Ulmer/Habersack/Winter/*Ulmer*, 2008, Rn. 16, 20.

4 Von der Verweisung des § 57a ausdrücklich **ausgenommen ist § 9c Abs. 2,** dessen Beschränkungen der Prüfungspflicht das Gründungsverfahren beschleunigen sollen (→ § 9c Rn. 1 f.). Für eine vergleichbare Beschränkung sah der Gesetzgeber des HRefG 1998 (→ § 54 Rn. 62) bei der nach Gründung erfolgenden Kapitalerhöhung kein Bedürfnis.[5] Davon abgesehen ist die Beschränkung für die Kapitalerhöhung ohne Belang, da Kapitalmaßnahmen nach § 9c Abs. 2 S. 1 iVm § 3 Abs. 1 ohnehin ausgenommen sind.[6] Bei anderen Satzungsänderungen ist die mangelnde Verweisung indes durchaus relevant (→ § 54 Rn. 62).

II. Prüfung

5 **1. Gegenstand. a) Allgemeine Vorgaben.** Die Prüfungszuständigkeit des Registerrichters umfasst die materielle **Rechtmäßigkeit des Kapitalerhöhungsbeschlusses und der Übernahmeverträge** sowie die formellen **Eintragungsvoraussetzungen.** Nichtige und unwirksame Kapitalerhöhungsbeschlüsse dürfen nicht eingetragen werden (→ § 57 Rn. 58).[7] Ist der Beschluss lediglich anfechtbar, dann ist er vorbehaltlich einer Beschlussanfechtung wirksam und muss eingetragen werden (→ § 57 Rn. 76). Da auch ein Verstoß gegen das gesetzliche Bezugsrecht der Gesellschafter (→ § 55 Rn. 100 ff.) nur zur Anfechtbarkeit des Erhöhungsbeschlusses führt (→ § 55 Rn. 143), ist der Ausschluss vom Registerrichter nicht zu prüfen.[8]

6 **In formeller Hinsicht** muss die Anmeldung formgerecht erfolgen (→ § 57 Rn. 34), durch sämtliche gegenwärtigen und stellvertretenden Geschäftsführer unterzeichnet (→ § 57 Rn. 29 ff.) und bei dem zuständigen Handelsgericht (→ § 57 Rn. 33) eingereicht werden. Daneben muss eine ordnungsgemäße Versicherung nach § 57 Abs. 2 S. 1 vorliegen (→ § 57 Rn. 7 ff.); der Anmeldung sind außerdem sämtliche Anlagen nach § 57 Abs. 3 beizufügen (→ § 57 Rn. 18 ff.).

7 **In materieller Hinsicht** ist zu überprüfen, ob die neuen Geschäftsanteile wirksam übernommen worden sind[9] und ob der Inhalt des Erhöhungsbeschlusses mit der Gesamtheit der Übernahmeerklärungen übereinstimmt, und zwar sowohl im Hinblick auf den Umfang als auch bezüglich der Frage, ob das Kapital gegen Bar- oder Sacheinlage erhöht werden soll.[10] Soweit Übernahmeverträge unwirksam sind, darf die Kapitalerhöhung nicht eingetragen werden, es sei denn, der Erhöhungsbeschluss lässt eine Kapitalerhöhung auch zu einem Teilbetrag zu (→ § 55 Rn. 51 ff.). Andernfalls darf der Beschluss auch dann nicht in das Handelsregister eingetragen werden, wenn die Eintragung den Wirksamkeitsmangel heilen würde. Dem Registerrichter ist es untersagt, einem gesetzwidrigen Beschluss durch Eintragung zur Wirksamkeit zu verhelfen.[11] Das Registergericht muss zudem sicherstellen, dass der einzutragende Erhöhungsbeschluss eindeutig und klar formuliert ist.[12] Mit Blick auf die Einzahlung der Einlage hat der Registerrichter lediglich die Erbringung der Mindestleistungen nach §§ 56a, 7 Abs. 2 S. 1 und Abs. 3 (→ § 56a Rn. 5 ff.) zu prüfen.[13] Mehrleistungen sind kein Prüfungsgegenstand (zur Eintragung → Rn. 19).[14]

---

[5] Begr. RegE, ZIP 1997, 997 (1002).

[6] Vgl. BayObLG Beschl. v. 23.5.2001 – 3Z BR 31/01, GmbHR 2001, 728 = NJW-RR 2002, 248; Noack/Servatius/Haas/*Servatius* Rn. 1; Lutter/Hommelhoff/*Bayer* Rn. 1; Scholz/*Priester*/*Tebben* Rn. 4; HCL/*Ulmer*/*Casper* Rn. 7.

[7] BayObLG Beschl. v. 5.11.1982 – BReg. 3 Z 92/82, BB 1983, 83 = MittBayNot 1983, 24; Noack/Servatius/Haas/*Servatius* Rn. 4; MHLS/*Hermanns* Rn. 5.

[8] MHLS/*Hermanns* Rn. 5; iErg ebenso Scholz/*Priester*/*Tebben* Rn. 5; ferner Rowedder/Schmidt-Leithoff/*Schnorbus* Rn. 2 aE; HCL/*Ulmer*/*Casper* Rn. 8; zu weitgehend daher BayOLG Beschl. v. 27.2.2002 – 3 Z BR 55/02, NZG 2002, 583 Ls. 1.

[9] MHLS/*Hermanns* Rn. 8; Scholz/*Priester*/*Tebben* Rn. 5.

[10] HCL/*Ulmer*/*Casper* Rn. 8.

[11] *Keilbach* MittRhNotK 2000, 365 (377 f.); MHLS/*Hermanns* Rn. 9; iErg ebenso Lutter/Hommelhoff/*Bayer* § 54 Rn. 9; HCL/*Ulmer*/*Casper* § 57 Rn. 49; *Priester* GmbHR 2007, 296 (298).

[12] BayObLG Beschl. v. 5.7.1971 – BReg. 2 Z 93/70, DB 1971, 1612; HCL/*Ulmer*/*Casper* Rn. 8; BeckOK GmbHG/*Ziemons* Rn. 4.

[13] OLG Stuttgart Beschl. v. 13.7.2011 – 8 W 252/11, NZG 2011, 993.

[14] Ebenso *Knaier* ZNotP 2017, 409 (413).

b) Sacheinlage. Besondere Bedeutung hat die **Prüfung der Werthaltigkeit** der Sach- **8**
einlage bei Sachkapitalerhöhungen (§ 57a iVm § 9c Abs. 1 S. 2). Sie dient in Ermangelung
einer sachverständigen Prüfung sowie eines obligatorischen Sachgründungsberichts
(→ § 56 Rn. 130 f.) der effektiven Aufbringung des erhöhten Kapitals (→ Rn. 3). Vor
diesem Hintergrund ist es erforderlich, dass sich das Registergericht ein eigenes Bild von
der Werthaltigkeit der Sacheinlage verschafft; auf die Versicherung der Geschäftsführer nach
§ 57 Abs. 2 (→ § 57 Rn. 7 ff.) darf es nicht allein vertrauen.[15]

Ein **Sachgründungsbericht** kann nicht stets, sondern nur bei Vorliegen besonderer **9**
Voraussetzungen von den Anmeldern verlangt werden (→ § 56 Rn. 131). Im Übrigen
gelten für den Umfang des Prüfungsrechts auch dann keine Besonderheiten, wenn ein
zeitlicher Zusammenhang zwischen einer Bargründung und einer anschließenden Sachkapitalerhöhung besteht.[16] Dieses Vorgehen ist rechtlich einwandfrei und kann im Einzelfall
wirtschaftlich geboten sein. Für eine Sonderbehandlung dieser Praxis ist daher kein Raum.

c) Verdeckte Sacheinlage. Auch nach neuem Recht ist die verdeckte Einbringung **10**
von Sachgegenständen im Zusammenhang mit einer Barkapitalerhöhung unzulässig
(→ § 56 Rn. 76). Ebenso wie die Geschäftsführer pflichtwidrig handeln, wenn sie mit
Gesellschaftern eine verdeckte Sacheinlage vereinbaren (→ § 56 Rn. 92), ist der Registerrichter befugt, die Eintragung der Barkapitalerhöhung abzulehnen, wenn unter Umgehung
der Sacheinbringungsvorschriften bei wirtschaftlicher Betrachtung tatsächlich ein Sachgegenstand eingelegt werden soll.[17] Dies hat das Registergericht eingehend zu prüfen, soweit
sich hierfür konkrete Anhaltspunkte ergeben.[18] Routinemäßig ist dem Registerrichter eine
solche Prüfung indes mangels Rechtsgrundlage sowie in Abwägung der beteiligten Interessen untersagt.[19]

d) Hin- und Herzahlen. Das Registergericht hat im Hinblick auf die Neuregelung **11**
zum Hin- und Herzahlen nach § 56a iVm § 19 Abs. 5 zu prüfen, ob der Rückzahlungsanspruch der GmbH gegen den Gesellschafter im Zeitpunkt der Eintragung der Kapitalerhöhung in das Handelsregister vollwertig, fällig und liquide ist (→ § 56a Rn. 52 ff.).[20] Die
Geschäftsführer haben in der Anmeldung nach § 19 Abs. 5 S. 2 anzugeben, dass Rückzahlungen an Gesellschafter erfolgt bzw. beabsichtigt sind. Um dem Gericht namentlich die
Prüfung der Vollwertigkeit des Rückzahlungsanspruches zu erleichtern, sind die Geschäftsführer außerdem gehalten, ein entsprechendes Wirtschaftsprüfer- oder Steuerberatergutach-
ten vorzulegen (→ § 56a Rn. 68).[21] Bleiben Fragen offen, kann der Registerrichter diese
und weitere zur Prüfung notwendige Unterlagen von den Anmeldern verlangen.

2. Unterlagen. a) Barkapitalerhöhung. Grundlage für die Ausübung des register- **12**
gerichtlichen Prüfungsrechts bilden die Versicherung der Geschäftsführer nach § 57 Abs. 2
(→ § 57 Rn. 7 ff.) sowie die der Anmeldung nach § 57 Abs. 3 beizufügenden Anlagen

---

15 HCL/*Ulmer/Casper* Rn. 9.
16 So aber noch Lutter/Hommelhoff/*Lutter/Hommelhoff,* 16. Aufl. 2004, Rn. 3; wie hier MHLS/*Hermanns*
    Rn. 7; Scholz/*Priester/Tebben* Rn. 7.
17 BT-Drs. 16/9737, 56; ferner *Maier-Reimer/Wenzel* ZIP 2008, 1449 (1454); *Markwardt* BB 2008, 2414
    (2417); zust. Lutter/Hommelhoff/*Bayer* Rn. 3.
18 Vgl. BGH Urt. v. 18.2.1991 – II ZR 104/90, BGHZ 113, 335 (351 f.) = NJW 1991, 1754; KG Beschl.
    v. 19.5.1998 – 1 W 5328/97, DB 1998, 1400 (1401) = GmbHR 1998, 786 = NZG 1998, 777; AG
    Duisburg Beschl. v. 31.1.1992 – 8 AR 10/92, GmbHR 1993, 293 (294); Noack/Servatius/Haas/*Servatius*
    Rn. 9; Lutter/Hommelhoff/*Bayer* Rn. 3; weniger streng MHLS/*Hermanns* Rn. 7; Scholz/*Priester/Tebben*
    Rn. 11; HCL/*Ulmer/Casper* Rn. 8.
19 KG Beschl. v. 19.5.1998 – 1 W 5328/97, DB 1998, 1400 (1401) = GmbHR 1998, 786 = NZG 1998,
    777; *Bergmann/Schürrle* DNotZ 1992, 144 (150); *Priester* ZGR 1998, 856 (870); im Ansatz abw. LG
    Berlin Beschl. v. 29.5.1997 – 98 T 33/97, BB 1997, 2234 (2235) m. zust. Anm. *Müther* BB 1997, 2235;
    BeckOK GmbHG/*Ziemons* Rn. 9; vgl. zum Problemkreis noch allgemein *Keilbach* MittRhNotK 2000,
    365 (372 f.); MHLS/*Hermanns* Rn. 10.
20 Zust. Lutter/Hommelhoff/*Bayer* Rn. 3; BeckOK GmbHG/*Ziemons* Rn. 10.
21 Zutr. *Katschinski/Rawert* ZIP 2008, 1993 (2000).

(→ § 57 Rn. 18 ff.).[22] Weitere Nachweise dürfen – abgesehen von den Besonderheiten des Hin- und Herzahlens (→ Rn. 11) – nur verlangt werden, soweit im konkreten Einzelfall hinreichende Anhaltspunkte dafür vorliegen, dass die gesetzlichen Eintragungsvoraussetzungen nicht vollständig erfüllt sind.[23] Insofern kann das Gericht insbesondere Bankbestätigungen über Kontogutschriften anfordern,[24] für welche die ausstellenden Kreditinstitute analog § 37 Abs. 1 S. 4 AktG haften (→ § 57 Rn. 12 f.). Besteht indes kein Anlass für begründete Zweifel, dann ist es dem Registerrichter verwehrt, weitere Nachweise routinemäßig zu verlangen. Die Vorlage weiterer Nachweise war noch im RegE der GmbH-Novelle von 1980 vorgesehen,[25] fand aber später bewusst keinen Eingang in den Gesetzestext.[26]

13   **b) Sachkapitalerhöhung.** Anders als bei der Sachgründung bedarf es bei der Sachkapitalerhöhung keines besonderen Berichts nach Maßgabe des § 5 Abs. 4 S. 2 (str., → § 56 Rn. 130 f.). Allerdings sind der Anmeldung in Anlehnung an § 8 Abs. 1 Nr. 5 **Nachweise über die Werthaltigkeit der Sacheinlage** beizufügen, um dem Registerrichter die für die Prüfung notwendigen Informationen zur Verfügung zu stellen (str., → § 57 Rn. 27).[27]

14   Reichen diese Unterlagen für eine hinreichende Prüfung der Werthaltigkeit nicht aus, namentlich weil die eingereichten Dokumente **Zweifel an der Vollwertigkeit** der Sacheinlage begründen, können von den Geschäftsführern weitere Unterlagen durch Zwischenverfügung gem. § 382 Abs. 4 FamFG angefordert werden. Eine routinemäßige Anforderung weiterer Dokumente ist hier indes ebenso wenig veranlasst wie eine sachverständige Prüfung in allen Fällen. Denn der Gesetzgeber hat sich letztlich gegen die noch im RegE zur GmbH-Novelle von 1980[28] vorgesehene obligatorische Sachverständigenprüfung entschieden.[29]

15   **Weitere Nachweise** sind namentlich dann **verzichtbar,** wenn nach den Umständen des konkreten Einzelfalles an der Vollwertigkeit der Sacheinlage keine Zweifel bestehen.[30] Das ist regelmäßig anzunehmen, wenn **Wertpapiere mit Börsenkursen**[31] eingebracht oder **Nachweise über Herstellungs- oder Anschaffungskosten** vorgelegt werden.[32] Das entspricht dem heute geltenden GmbH-Recht. Nach Umsetzung der Änderungen der (zweiten) Kapital-RL[33] in deutsches Recht durch das ARUG[34] kann dieses Ergebnis normativ nunmehr auf den Rechtsgedanken des § 183a Abs. 1 AktG iVm § 38 Abs. 3 AktG, § 37a

---

[22]   Ausschussbegr., BT-Drs. 8/3908, 72 (für die Gründung); MHLS/*Hermanns* Rn. 10; Rowedder/Schmidt-Leithoff/*Schnorbus* Rn. 5; Scholz/*Priester/Tebben* Rn. 8; HCL/*Ulmer/Casper* Rn. 10.

[23]   BayObLG Entsch. v. 18.2.1988 – BReg. 3 Z 154/87, BB 1988, 716 = NJW-RR 1988, 872; Rowedder/Schmidt-Leithoff/*Schnorbus* Rn. 5; Scholz/*Veil* § 9c Rn. 12 f.; HCL/*Ulmer/Casper* Rn. 10; BeckOK GmbHG/*Ziemons* Rn. 8; *K. Schmidt* NJW 1980, 1769 (1770); *Keilbach* MittRhNotK 2000, 365 (372).

[24]   LG Gießen Entsch. v. 19.3.1985 – 6 T 5/85, GmbHR 1986, 162; Scholz/*Priester/Tebben* Rn. 10; Priester DNotZ 1980, 515 (523).

[25]   Vgl. § 57 Abs. 2 iVm § 8 Abs. 2 RegE, bei BT-Drs. 8/1347, 6 (14).

[26]   BGH Urt. v. 18.2.1991 – II ZR 104/90, BGHZ 113, 335 (352) = NJW 1991, 1754; LG Aachen Beschl. v. 29.7.1986 – 43 T 6/86, GmbHR 1987, 358 = MittRhNotK 1986, 170; LG Bonn Beschl. v. 5.11.1991 – 11 T 10/91, GmbHR 1993, 99 (100) = MittRhNotK 1992, 58; Scholz/*Priester/Tebben* Rn. 10; HCL/*Ulmer/Casper* Rn. 10; *Spindler* ZGR 1997, 537 (541).

[27]   S. noch LG Freiburg (Breisgau) Beschl. v. 20.2.2009 – 12 T 1/09, Rpfleger 2009, 386 = BB 2009, 892 mAnm *Peemöller* = GmbHR 2009, 1106 mAnm *Wachter*.

[28]   § 57a Abs. 1 RegE, bei BT-Drs. 8/1347, 14.

[29]   Scholz/*Veil* § 9c Rn. 13; Scholz/*Priester/Tebben* Rn. 12; HCL/*Ulmer/Casper* Rn. 13; *Geßler* BB 1980, 1385 (1387); *Priester* DNotZ 1980, 515 (522 ff.).

[30]   Wie hier HCL/*Ulmer/Casper* Rn. 13.

[31]   Zur Einlage nicht-börsengehandelter Wertpapiere s. *Leuering* NZG 2016, 208.

[32]   Rowedder/Schmidt-Leithoff/*Schnorbus* Rn. 6 aE; Scholz/*Veil* § 9c Rn. 18; *Priester* DNotZ 1980, 515 (522 f.); HCL/*Ulmer/Habersack* § 9c Rn. 40; vgl. auch Begr. RegE, BT-Drs. 8/1347, 33.

[33]   Zur RL 2006/68/EG DAV NZG 2005, 426; *Schäfer* Der Konzern 2007, 407; *Westermann* ZHR 172 (2008), 144.

[34]   Gesetz zur Umsetzung der Aktionärsrechterichtlinie (ARUG) v. 30.7.2009, BGBl. 2009 I 2479.

AktG, § 33a AktG[35] gestützt werden.[36] Danach kann auf eine gesonderte Werthaltigkeitsprüfung verzichtet werden, soweit Wertpapiere mit Börsenkursen, wie zB Aktien und Ren-
tenpapiere,[37] oder Vermögensgegenstände mit Sachverständigengutachten eingebracht werden.[38] Das Registergericht prüft das vorgelegte Sachverständigengutachten nur daraufhin,
ob die Voraussetzungen nach § 33a Abs. 1 Nr. 2 AktG erfüllt und zutreffende Anknüpfungs-
tatsachen zugrunde gelegt worden sind.[39] Der Sachverständige entscheidet selbst über das
herangezogene Bewertungsverfahren.[40]

In Abhängigkeit von dem konkreten Einbringungsgegenstand können vom Register- **16**
richter noch **weitere Nachweise,** wie zB Sachverständigengutachten oder Nachweise über
die Anschaffungs- und Herstellungskosten, verlangt werden. Das gilt namentlich für unvertretbare Sachen,[41] **Grundstücke,**[42] Warenlager[43] und Beteiligungen an nichtbörsennotier-
ten Unternehmen.[44] Auch bei der Einbringung von Urheberrechten, **Patenten** und anderen gewerblichen Schutzrechten sowie daran erteilten **Lizenzen** bedarf es regelmäßig eines
Sachverständigengutachtens.[45]

Wird ein **Unternehmen** als Sacheinlage eingebracht, genügt im Regelfall die mit dem **17**
Testat eines Wirtschaftsprüfers oder Steuerberaters versehene Einbringungsbilanz, soweit ihr
Stichtag nicht unverhältnismäßig weit vom Einbringungstermin entfernt ist.[46] Da in der
Rspr. die Bewertung nach der Ertragswertmethode inzwischen in vielen Bereichen zu
Recht anerkannt ist,[47] muss dies auch im Rahmen der Kapitalaufbringung für die Einbrin-
gungsbilanz gelten.[48] Anders als bei der Sachgründung (vgl. § 5 Abs. 4 S. 2) bedarf es bei der
Kapitalerhöhung jedenfalls nicht der Vorlage geprüfter Jahresabschlüsse für die vergangenen
beiden Jahre.[49] Solange es an konkreten Anhaltspunkten für die Unrichtigkeit der in der
Bilanz befindlichen Wertansätze fehlt, darf das Registergericht grundsätzlich nicht die Vorlage eines Wertgutachtens eines unabhängigen Wirtschaftsprüfers verlangen.[50] Sollen
Gesellschafterforderungen eingebracht werden (→ § 56 Rn. 21), ist im Regelfall eine
entsprechend testierte Bilanz erforderlich.[51]

---

[35]   Dazu näher *Bayer/Lieder* GWR 2010, 3 (3 f.); *Bayer/J. Schmidt* ZGR 2009, 805; *Merkner/Decker* NZG
      2009, 887 (889); *Watrin/Stöver* WPg 2012, 999 (1000 ff.); zum RegE *Seibert/Florstedt* ZIP 2008, 2145
      (2149 f.); *Klasen* BB 2008, 2694 (2697 ff.); *Paschos/Goslar* AG 2009, 14 (19 f.); zum RefE *Seibert* ZIP
      2008, 906 (907); *Böttcher* NZG 2008, 481; *Drinhausen/Keinath* BB 2008, 2078; *Paschos/Goslar* AG 2008,
      605 (612 f.); *Sauter* ZIP 2008, 1706 (1709); *Zetzsche* Der Konzern 2007, 321 (329 ff.).
[36]   Für eine analoge Anwendung im GmbH-Recht auch *Nestler* GWR 2014, 121.
[37]   Vgl. *Bayer/Lieder* GWR 2010, 3; *Bayer/J. Schmidt* ZGR 2009, 805 (808 ff.); *Böttcher* NZG 2008, 481
      (482); *Schäfer* Der Konzern 2007, 407; *Seibert* ZIP 2008, 906 (907).
[38]   Ebenso *Wachter* GmbHR 2009, 1108 (1109).
[39]   KG Beschl. v. 12.10.2015 – 22 W 77/15, NZG 2016, 620 mAnm *Wachter* EWiR 2016, 137.
[40]   KG Beschl. v. 12.10.2015 – 22 W 77/15, NZG 2016, 620 mAnm *Wachter* EWiR 2016, 137.
[41]   HCL/*Ulmer/Casper* Rn. 14.
[42]   BayObLG Beschl. v. 2.11.1994 – 3 Z BR 276/94, NJW 1995, 1971; Scholz/*Priester/Tebben* Rn. 8;
      Priester DNotZ 1980, 515 (522); vgl. noch MHLS/*Hermanns* Rn. 17.
[43]   Scholz/*Priester/Tebben* Rn. 8; *Priester* DNotZ 1980, 515 (522).
[44]   HCL/*Ulmer/Casper* Rn. 14; *Geßler* BB 1980, 1385 (1387).
[45]   MHLS/*Hermanns* Rn. 17; HCL/*Ulmer/Casper* Rn. 14.
[46]   LG Freiburg Beschl. v. 20.2.2009 – 12 T 1/09, GmbHR 2009, 1106 mAnm *Wachter* = BB 2009,
      892 mAnm *Peemöller*; Noack/Servatius/Haas/*Servatius* Rn. 10; MHLS/*Hermanns* Rn. 17; Rowedder/
      Schmidt-Leithoff/*Schnorbus* Rn. 7; Scholz/*Veil* § 8 Rn. 18; Scholz/*Priester/Tebben* Rn. 9; HCL/*Ulmer/
      Casper* Rn. 14.
[47]   BGH Urt. v. 6.12.1993 – II ZR 102/93, BGHZ 124, 282 (286) = NJW 1994, 724; Urt. v. 9.11.1998 –
      II 190/97, BGHZ 140, 35 = NJW 1999, 283; Urt. v. 16.1.2006 – II ZR 65/04, BGHZ 165, 391
      (396) = NJW 2006, 1594; dazu *Bayer/Lieder* ZGR 2006, 875 (892 f.).
[48]   LG Freiburg Beschl. v. 20.2.2009 – 12 T 1/09, GmbHR 2009, 1106 mAnm *Wachter* = BB 2009, 892
      mAnm *Peemöller*; Scholz/*Priester/Tebben* Rn. 9; *Wachter* GmbHR 2009, 1108 (1109); in diese Richtung
      auch HCL/*Ulmer/Casper* Rn. 14; allgemein zur Ertragswertmethode ausf. *Bayer/Lieder* ZGR 2006, 875
      (893 f.); aA Scholz/*Veil* § 8 Rn. 18.
[49]   Rowedder/Schmidt-Leithoff/*Schnorbus* Rn. 7; HCL/*Ulmer/Casper* Rn. 14.
[50]   OLG Stuttgart Beschl. v. 9.3.2020 – 8 W 295/19, FGPrax 2020, 180 (181); Scholz/*Priester/Tebben* Rn. 9.
[51]   OLG Jena Beschl. v. 2.11.1993 – 6 W 24/93, GmbHR 1994, 710 (711); MHLS/*Hermanns* Rn. 17
      aE; Rowedder/Schmidt-Leithoff/*Schnorbus* Rn. 7 aE; Scholz/*Priester/Tebben* Rn. 9; HCL/*Ulmer/Casper*
      Rn. 14.

18   **c) Eigene Ermittlungen.** Nach Maßgabe der vorstehend erörterten Prüfungsdichte kann der Registerrichter nach § 26 FamFG aufgrund eigener Ermittlungen weitere Nachweise anfordern (→ § 9c Rn. 12).[52] Zu diesem Zweck kann er nach § 380 Abs. 1 und 2 FamFG die zuständigen berufsständischen Organe anhören, namentlich die zuständigen Industrie- und Handelskammern sowie Anwalts- und Ärztekammern.[53] Darüber hinaus kommt die Beauftragung von Sachverständigen in Betracht, insbesondere bei der Prüfung von Sacheinlagen (→ Rn. 13 ff.).

III. Eintragung

19   **1. Grundlagen.** Ergibt die Prüfung des Kapitalerhöhungsbeschlusses, der Übernahmeverträge oder der formellen Eintragungsvoraussetzungen einen behebbaren Mangel, dann sind die Anmelder im Wege der Zwischenverfügung nach § 382 Abs. 4 FamFG zur Beseitigung aufzufordern. Kommen sie der Aufforderung innerhalb der vom Registergericht gesetzten angemessenen Frist nicht nach, ist die Eintragung abzulehnen.[54] Auch bei konkreten Zweifeln an der Richtigkeit oder Vollständigkeit der eingereichten Dokumente kann es von den Geschäftsführern durch Zwischenverfügung oder von Amts wegen (→ Rn. 18) weitere Nachweise verlangen (→ Rn. 16).[55] Allerdings ist das Registergericht nicht berechtigt, die Eintragung einer fehlerfreien Satzungsänderung von der Berichtigung des bisherigen Satzungstextes abhängig zu machen und hierdurch eine faktische Satzungssperre zu errichten.[56] Auch aus der Nichterbringung einer (in der Satzung festgesetzten) Mehrleistung ergibt sich kein Eintragungshindernis, solange nur die Versicherung iSd § 57 Abs. 2 korrekt ist, die sich ausschließlich auf die Mindestleistungen nach § 7 Abs. 2 S. 1 und Abs. 3 beziehen muss, worauf sich auch die Prüfungspflicht des Registergerichts beschränkt (→ Rn. 7).[57]

20   **2. Werthaltigkeit von Sacheinlagen. a) Nicht unwesentliche Überbewertung.** Der Registerrichter hat die Eintragung einer Sachkapitalerhöhung nach § 57a iVm § 9c Abs. 1 S. 2 abzulehnen, wenn der Einlagegegenstand seinem objektiven Wert nach den Nennbetrag des dafür ausgegebenen neuen Geschäftsanteils nicht unwesentlich unterschreitet. Zulässig ist es hingegen, die Sacheinlage **unterbewertet,** dh, zu einem geringeren als dem objektiven Wert, einzubringen (→ § 9c Rn. 36 aE).[58]

21   Im Gegensatz zur bisherigen Rechtslage[59] und in Übereinstimmung mit einer vor Inkrafttreten der GmbH-Novelle von 1980 vertretenen Auffassung[60] reicht eine geringfügige Wertdifferenz nicht mehr aus, um die Eintragung abzulehnen. Nach der Gesetzesänderung durch das MoMiG muss der objektive Sachwert[61] vielmehr **nicht unwesentlich** hinter dem Nennbetrag der gewährten Anteile zurückbleiben. Die Neuregelung orientiert sich in der Sache an § 38 Abs. 2 S. 2 AktG und dient der beschleunigten und erleichterten

---

[52] Vgl. noch MHLS/*Hermanns* Rn. 16; *Altmeppen* Rn. 1; Rowedder/Schmidt-Leithoff/*Schnorbus* Rn. 7; Scholz/*Priester/Tebben* Rn. 12; HCL/*Ulmer/Casper* Rn. 11; BeckOK GmbHG/*Ziemons* Rn. 12.
[53] Vgl. *Ries* NZG 2009, 654 (655 f.).
[54] Vgl. Lutter/Hommelhoff/*Bayer* Rn. 4; MHLS/*Hermanns* Rn. 12, 22 f.; Rowedder/Schmidt-Leithoff/*Schnorbus* Rn. 10; Scholz/*Priester/Tebben* Rn. 13; HCL/*Ulmer/Casper* Rn. 16.
[55] BayObLG Beschl. v. 27.2.2002 – 3Z BR 35/02, NZG 2002, 583 zur AG.
[56] Ausf. *Priester* GmbHR 2007, 296 gegen OLG München Beschl. v. 10.10.2005 – 31 Wx 065/05, NZG 2006, 35 (36); ferner Scholz/*Priester/Tebben* Rn. 13 aE; Lutter/Hommelhoff/*Bayer* Rn. 2 aE.
[57] OLG Stuttgart Beschl. v. 13.7.2011 – 8 W 252/11, NZG 2011, 993.
[58] Noack/Servatius/Haas/*Servatius* Rn. 10; MHLS/*Hermanns* Rn. 14; Rowedder/Schmidt-Leithoff/*Schnorbus* Rn. 9; Scholz/*Priester/Tebben* Rn. 14a; Scholz/*Veil* § 5 Rn. 56.
[59] Zum bisherigen Recht Baumbach/Hueck/*Hueck/Fastrich,* 18. Aufl. 2006, § 9c Rn. 7; Rowedder/Schmidt-Leithoff/*Zimmermann,* 4. Aufl. 2002, Rn. 10; Scholz/*Priester,* 9. Aufl. 2002, Rn. 14; Ulmer/Habersack/Winter/*Ulmer,* 2008, Rn. 16, 20.
[60] Scholz/*Winter,* 6. Aufl. 1983, § 5 Rn. 37; aA Hachenburg/*Ulmer,* 7. Aufl. 1975, § 5 Anm. 68.
[61] Zur Wertermittlung vgl. LG Freiburg Beschl. v. 20.2.2009 – 12 T 1/09, Rpfleger 2009, 386 = BB 2009, 892 mAnm *Peemöller* = GmbHR 2009, 1106 mAnm *Wachter.*

Durchführung von Kapitalmaßnahmen[62] und entlastet damit die Registergerichte.[63] Eine Überbewertung ist danach im Hinblick auf die Eintragung unschädlich, soweit sie noch innerhalb der üblichen Bewertungsabweichungen liegt.[64] Erst wenn diese Grenze überschritten ist, kann der Registerrichter weitere Nachweise verlangen.[65] Als Richtwert wird ein **Betrag von 10 %** des angegebenen Sachwerts vorgeschlagen.[66]

b) Sonderfälle. Ein vereinbartes **Agio** muss der Sachgegenstand wertmäßig nicht **22** umfassen, da ein Aufgeld an der Kapitalbindung nicht teilnimmt (→ § 56a Rn. 6). Ist die Sacheinlage zwar überbewertet, deckt ihr objektiver Wert aber jedenfalls den Nennbetrag der dafür ausgegebenen neuen Geschäftsanteile, kann die Eintragung demnach nicht unter Hinweis auf § 9c Abs. 1 S. 2 abgelehnt werden.[67]

Bei der **gemischten Sacheinlage** (→ § 56 Rn. 8) ist die Eintragung bei nicht uner- **23** heblicher Wertdifferenz vom Registerrichter nach fruchtloser Beseitigungsaufforderung abzulehnen.[68] Eine Eintragung darf nur dann erfolgen, wenn die Gesellschafter in Ansehung des Differenzbetrages ihre Vergütung herabsetzen.[69] Anders als die Gegenauffassung meint, führt die Überbewertung nicht zu einer durch Auslegung des Erhöhungsbeschlusses ermittelten Verminderung der vereinbarten Vergütung.[70] Den Gesellschaftern einen entsprechenden Willen zu unterstellen, liefe auf eine unzulässige Fiktion hinaus. – Bei der **Mischeinlage** (→ § 56 Rn. 9) kommt es darauf an, dass der objektive Wert des Einlagegegenstandes dem auf die Sacheinlage entfallenden Teil des Nennbetrags entspricht.[71]

c) Bewertungsstichtag. Maßgeblicher Stichtag für die Bewertung der Sacheinlage ist **24** der **Anmeldezeitpunkt.**[72] Auf den Zeitpunkt der Eintragung kommt es ebenso wenig an, wie bei der Gründung (str., → § 9c Rn. 39 ff.). Selbst wenn man mit der Gegenauffassung im Gründungsstadium das Unversehrtheitsgebot befürwortet, findet dieses jedenfalls bei der Kapitalerhöhung keine Anwendung, da die Gesellschaftsgläubiger ohnehin nicht darauf vertrauen können, dass der eingebrachte Sachwert im Eintragungszeitpunkt noch unversehrt vorhanden ist (→ § 57 Rn. 16).[73]

---

62 Begr. RegE, BT-Drs. 16/6140, 36; LG Freiburg Beschl. v. 20.2.2009 – 12 T 1/09, DB 2009, 1871 (1873) = BB 2009 892 mAnm *Peemöller* = GmbHR 2009, 1106 mAnm *Wachter*; *Herrler* DB 2008, 2347 (2349).
63 LG Freiburg Beschl. v. 20.2.2009 – 12 T 1/09, DB 2009, 1871 (1872 f.) = BB 2009, 892 mAnm *Peemöller* = GmbHR 2009, 1106 mAnm *Wachter*.
64 Für die AG Hüffer/Koch/*Koch* AktG § 38 Rn. 9; MüKoAktG/*Pentz* AktG § 38 Rn. 60; Großkomm-AktG/*Röhricht/Schall* AktG § 38 Rn. 35; BeckOGK/*Stelmaszczyk* AktG § 38 Rn. 10; K. Schmidt/Lutter/*Kleindiek* AktG § 38 Rn. 13; Bürgers/Körber/Lieder/*Lieder* AktG § 38 Rn. 13; NK-AktG/*Terbrack* AktG § 38 Rn. 17; für eine Übertragung auf die GmbH BeckOK GmbHG/*Ziemons* Rn. 19; *Tebben* RNotZ 2008, 441 (459).
65 Begr. RegE, BT-Drs. 16/6140, 36; *Tebben* RNotZ 2008, 441 (459).
66 *Wälzholz* MittBayNot 2008, 425 (432); vgl. *Bayer/Lieder* GWR 2010, 3 (4); abw. *Wachter* GmbHR 2009, 1108: 20 %.
67 LG Augsburg Beschl. v. 8.1.1996 – 3 HKT 3651/95, GmbHR 1996, 216 (217) = NJW-RR 1996, 604; Rowedder/Schmidt-Leithoff/*Schnorbus* Rn. 11 aE; Scholz/*Veil* § 9c Rn. 32; HCL/*Ulmer/Casper* Rn. 17; *Priester* FS Lutter, 2000, 617 (634); aA *Geßler* BB 1980, 1385 (1387).
68 OLG Düsseldorf Beschl. v. 10.1.1996 – 3 Wx 274/95, DB 1996, 368 (369) = NJW-RR 1996, 605; MHLS/*Hermanns* Rn. 13; Scholz/*Veil* § 9c Rn. 32 iVm Scholz/*Veil* § 5 Rn. 85; HCL/*Ulmer/Casper* Rn. 17; BeckOK GmbHG/*Ziemons* Rn. 18; *Kurz* MittBayNot 1996, 172 (173 f.); wohl auch *Spiegelberger/Walz* GmbHR 1998, 761 (764 f.).
69 MHLS/*Hermanns* Rn. 13 aE; vgl. noch Scholz/*Veil* § 9c Rn. 34.
70 So aber Scholz/*Priester/Tebben* Rn. 14a; zur AG GroßkommAktG/*Röhricht*, 4. Aufl., AktG § 27 Rn. 109; aufgegeben jetzt von GroßkommAktG/*Schall* AktG § 27 Rn. 219.
71 Wie hier HCL/*Ulmer/Casper* Rn. 17.
72 Ganz hM, BGH Beschl. v. 4.3.1996 – II ZB 8/95, WM 1996, 673 (679); OLG Düsseldorf Beschl. v. 10.1.1996 – 3 Wx 274/95, DB 1996, 368 (369) = NJW-RR 1996, 605; Noack/Servatius/Haas/*Servatius* Rn. 11; Lutter/Hommelhoff/*Bayer* Rn. 3; *Altmeppen* Rn. 5; Rowedder/Schmidt-Leithoff/*Schnorbus* Rn. 9; MHLS/*Hermanns* Rn. 15; Scholz/*Priester/Tebben* Rn. 15; BeckOK GmbHG/*Ziemons* Rn. 13; aA HCL/*Ulmer/Casper* Rn. 20.
73 Wie hier HCL/*Ulmer/Casper* Rn. 20.

25   Im Gegensatz zu anders lautenden Stellungnahmen kann auch **nicht** auf den **Zeitpunkt der tatsächlichen Einbringung**[74] oder der Beschlussfassung über die Kapitalerhöhung[75] abgestellt werden. Andernfalls wäre der Registerrichter gezwungen, eine erkennbar überbewertete Sacheinlage zuzulassen, obgleich der Gesellschaft bereits wegen Wertverlusten aus dem Zeitraum zwischen Einbringung und Anmeldung ein Differenzhaftungsanspruch nach § 56 Abs. 2 iVm § 9 Abs. 1 zusteht, für den es unstreitig auf den Anmeldezeitpunkt ankommt (→ § 56 Rn. 62 ff.).[76] Dem Gebot der realen Kapitalaufbringung entspricht es, die Gesellschaft nicht auf einen Differenzanspruch zu verweisen, sondern die präventive Kapitalaufbringung sicherzustellen. Für die Maßgeblichkeit des Anmeldezeitpunkts spricht außerdem die neue Vorschrift über den Anrechnungszeitpunkt bei der verdeckten Sacheinlage. Maßgeblich ist nach § 19 Abs. 4 S. 3 ebenfalls primär die Anmeldung der Kapitalerhöhung zur Eintragung in das Handelsregister (→ § 56 Rn. 97 f.).

26   **d) Nachträgliche Mängelbeseitigung.** Ergibt die registergerichtliche Prüfung, dass die Sacheinlage nicht unerheblich überbewertet ist, hat der Registerrichter den Geschäftsführern vor einer endgültigen Ablehnung der Eintragung Gelegenheit zu geben, die festgestellten Mängel zu beseitigen. Die Gesellschafter können frei wählen, ob sie den **Kapitalerhöhungsbeschluss** sowie die Übernahmeverträge an den Sachwert **anpassen,** die Wertdifferenz einzahlen oder die reguläre Sacheinlage in eine Mischeinlage (→ § 56 Rn. 9) umwandeln wollen. Entscheiden sie sich für die **Zahlung des Fehlbetrages,** müssen die Geschäftsführer analog § 57 Abs. 2 iVm § 8 Abs. 2 S. 1 die endgültig freie Verfügbarkeit des nachgezahlten Betrages versichern.[77] Ebenso kann der Gesellschafter bei Zweifeln an der Vollwertigkeit des Sachgegenstandes den Einlagebetrag in bar erbringen und der Geschäftsführer dessen Erhalt zur endgültig freien Verfügung versichern.[78] Die Änderung der Satzung ist in diesem Zusammenhang nicht notwendig. Erfolgt die Mangelbeseitigung durch Vereinbarung einer **Mischeinlage,** muss die Mindesteinzahlung geleistet und versichert werden.[79]

27   **Unzureichend** ist dagegen die **Vereinbarung einer Zahlungspflicht** des Inferenten gegenüber der GmbH in Höhe der Wertdifferenz.[80] Die abweichende Gegenauffassung[81] setzt sich in Widerspruch zum **Gebot der realen Kapitalaufbringung.** Danach muss das für die Kapitalerhöhung erforderliche Kapital real aufgebracht werden. Die Ersetzung der Einlageforderung mit einem Haftungsanspruch nach § 56 Abs. 2 iVm § 9 Abs. 1 ist dafür selbst dann nicht ausreichend, wenn dem Registergericht eine entsprechende Zahlungsverpflichtung des Sachinferenten nachgewiesen wird. Denn dieser Nachweis hat für die Solvenz des Einlegers keinerlei Aussagekraft. Das **Interesse der Gesellschaftsgläubiger** an der Durchführung der Kapitalerhöhung ist zwar anerkennenswert,[82] es hat indes hinter dem Gebot der realen Kapitalaufbringung zurückzustehen, das ebenfalls dem effektiven Schutz der Gläubiger dient. Das gilt umso mehr, als die Kapitalerhöhung heute nicht mehr an einer geringfügigen, sondern nur an einer nicht unerheblichen Überbewertung scheitern kann. Zudem vermag die Gegenauffassung auch nicht zu erklären, wie der bloße Nachweis einer ohnehin bestehenden, gesetzlichen Zahlungspflicht die Eintragung ermöglichen soll, wenn die bestehende Zahlungspflicht für sich allein unstreitig zur Ablehnung der Eintragung führen muss.[83] Schließlich kann sich die Gegenauffassung auch nicht auf die **Neuregelung zum Hin- und Herzahlen** nach § 19 Abs. 5 berufen. Denn diese Vorschrift setzt voraus,

---

[74]   So aber HCL/*Ulmer/Casper* Rn. 20.
[75]   So aber OLG Jena Beschl. v. 2.11.1993 – 6 W 24/93, GmbHR 1994, 710 (711).
[76]   So oder ähnlich MHLS/*Hermanns* Rn. 15; Scholz/*Priester/Tebben* Rn. 15.
[77]   Scholz/*Priester/Tebben* Rn. 16; MHLS/*Hermanns* Rn. 20; HCL/*Ulmer/Casper* Rn. 22.
[78]   OLG Naumburg Beschl. v. 17.1.2018 – 5 Wx 12/17, BeckRS 2018, 17296 Rn. 15; Noack/Servatius/Haas/*Servatius* § 56a Rn. 16.
[79]   MHLS/*Hermanns* Rn. 19; Scholz/*Priester/Tebben* Rn. 16.
[80]   Wie hier MHLS/*Hermanns* Rn. 21; Scholz/*Priester/Tebben* Rn. 16a.
[81]   So Rowedder/Schmidt-Leithoff/*Schnorbus* Rn. 10; HCL/*Ulmer/Casper* Rn. 23.
[82]   Vgl. HCL/*Ulmer/Casper* Rn. 23.
[83]   Bestehende Differenzhaftung rechtfertigt eine Eintragung nicht: Rowedder/Schmidt-Leithoff/*Schnorbus* Rn. 10; Scholz/*Priester/Tebben* Rn. 16a; Scholz/*Veil* § 9c Rn. 40; *Geßler* BB 1980, 1385 (1387).

dass zunächst das Kapital einmal vollständig aufgebracht worden ist; die originäre Begründung einer Forderung ohne vorherige Einzahlung genügt zur Anwendung des § 19 Abs. 5 nicht. Hinzu kommt, dass die Vorschrift auf die rechtliche Bewältigung des Cash Pooling zugeschnitten ist (→ § 56a Rn. 44); eine erweiternde Auslegung widerspricht ihrem eingeschränkten Normzweck.

§ 57b *(weggefallen)*

Die besondere Bekanntmachungsvorschrift des § 57b ist durch das MoMiG mit Wir-   **1** kung zum 1.11.2008 **aufgehoben** worden. Damit verfolgte der Gesetzgeber das bereits mit dem EHUG[1] angestrebte Ziel konsequent weiter, wegen des Übergangs zu einem elektronisch geführten Handelsregister auf Zusatzbekanntmachungen zu verzichten.[2] Dieser Zielsetzung war bereits der Wegfall der aktienrechtlichen Parallelregelung (§ 190 AktG aF)[3] sowie der allgemeinen Bekanntmachungsvorschrift bei Änderungen des Gesellschaftsvertrages (§ 54 Abs. 2 S. 2) durch das EHUG geschuldet (→ § 54 Rn. 124). Nun erfolgt **keine Bekanntmachung von Zusatzinformationen** mehr; vielmehr steht es den interessierten Kreisen frei, sich online über den Inhalt der Handelsregistereintragung zu unterrichten (§§ 9, 10 HGB).

§ 57c Kapitalerhöhung aus Gesellschaftsmitteln

(1) Das Stammkapital kann durch Umwandlung von Rücklagen in Stammkapital erhöht werden (Kapitalerhöhung aus Gesellschaftsmitteln).

(2) Die Erhöhung des Stammkapitals kann erst beschlossen werden, nachdem der Jahresabschluß für das letzte vor der Beschlußfassung über die Kapitalerhöhung abgelaufene Geschäftsjahr (letzter Jahresabschluß) festgestellt und über die Ergebnisverwendung Beschluß gefaßt worden ist.

(3) Dem Beschluß über die Erhöhung des Stammkapitals ist eine Bilanz zugrunde zu legen.

(4) Neben den §§ 53 und 54 über die Abänderung des Gesellschaftsvertrags gelten die §§ 57d bis 57o.

Schrifttum: *Blath,* Einziehung und Nennbetragsanpassung, GmbHR 2011, 1177; *Blath,* Die Kapitalerhöhung aus Gesellschaftsmitteln bei der GmbH: Theorie und Praxis im Überblick, notar 2018, 423; *Börner,* Verbindung von Kapitalerhöhung aus Gesellschaftsmitteln und Kapitalerhöhung gegen Bareinlagen bei Aktiengesellschaften, DB 1988, 1254; *Boesebeck,* Die Behandlung von Vorzugsaktien bei Kapitalerhöhungen aus Gesellschaftsmitteln, DB 1960, 404; *Fett/Spiering,* Typische Probleme bei der Kapitalerhöhung aus Gesellschaftsmitteln, NZG 2002, 358; *Forster/Müller,* Die umwandelbaren Rücklagen bei der Kapitalerhöhung aus Gesellschaftsmitteln, AG 1960, 55, 83; *Fröhlich/Primaczenko,* Kapitalerhöhung aus Gesellschaftsmitteln im GmbH-Recht, GWR 2013, 437; *Geßler,* Das Gesetz über Kapitalerhöhung aus Gesellschaftsmitteln und über die Gewinn- und Verlustrechnung, WM-Beil. 1/1960, 11; *Geßler,* Die Kapitalerhöhung aus Gesellschaftsmitteln, BB 1960, 6; *Geßler,* Zweifelsfragen aus dem Recht der Kapitalerhöhung aus Gesellschaftsmitteln, DNotZ 1960, 619; *Kerbusch,* Zur Erstreckung des Pfandrechts an einem GmbH-Geschäftsanteil auf den durch Kapitalerhöhung aus Gesellschaftsmitteln erhöhten oder neu gebildeten Geschäftsanteil, GmbHR 1990, 156; *Köhler,* Kapitalerhöhung und vertragliche Gewinnbeteiligung, AG 1984, 197; *Nolting,* Disquotale Aufstockung der Nennbeträge von GmbH-Geschäftsanteilen bei der Einziehung, ZIP 2011, 1292; *Priester,* Die neuen Anteilsrechte bei Kapitalerhöhung aus Gesellschaftsmitteln, GmbHR 1980, 236; *Priester,* Heilung verdeckter Kapitalerhöhung aus Gesellschaftsmitteln, GmbHR 1998, 861; *Schemmann,* Asymmetrische Kapitalerhöhungen aus Gesellschaftsmitteln bei der GmbH, NZG 2009, 241; *Simon,* Erhöhung des Stammkapitals aus Gesellschaftsmitteln bei einer GmbH, BB 1962, 72; *Stegemann,* Die steuerliche Behandlung von Gratisaktien, BB 2000, 953;

---

[1]   Gesetz über elektronische Handelsregister und Genossenschaftsregister sowie das Unternehmensregister (EHUG) v. 10.11.2006, BGBl. 2006 I 2553.
[2]   Vgl. Begr. RegE, BT-Drs. 16/6140, 46.
[3]   Dazu näher Bürgers/Körber/*Lieder* AktG § 190 Rn. 1; K. Schmidt/Lutter/*Veil* AktG § 190 Rn. 1.

Than, Rechtliche und praktische Fragen der Kapitalerhöhung aus Gesellschaftsmitteln bei einer Aktiengesellschaft, WM-FG Heinsius, WM Sonderheft 1991, 54 – S. im Übrigen bei § 55.

Übersicht

I. Grundlagen

1   **1. Regelungszweck.** Die Vorschriften über die Kapitalerhöhung aus Gesellschaftsmitteln (§§ 57c–57o) regeln eine besondere und gegenüber der ordentlichen Kapitalerhöhung selbstständige[1] Form der Erhöhung des Stammkapitals, die nicht gegen Einlage, dh, durch Zuführung frischen Eigenkapitals, sondern durch die **Umwandlung von Rücklagen in Stammkapital** erfolgt. Das ordnet die zentrale Grundsatznorm des Abs. 1 ausdrücklich an. Anders als bei der ordentlichen Kapitalerhöhung handelt es sich bei der Kapitalerhöhung aus Gesellschaftsmitteln nicht um eine Maßnahme der Kapitalbeschaffung,[2] sondern regelmäßig um eine Maßnahme der Innenfinanzierung.[3] Im Gesellschaftsvermögen frei verfügbare Mittel werden in gebundenes Haftkapital umgewandelt, das daraufhin an der Kapitalbindung nach §§ 30, 31 teilnimmt und nicht mehr an die Gesellschafter ausgeschüttet werden darf. Auf das so erhöhte Stammkapital kann allein nach Durchführung einer Kapitalherabsetzung (§ 58) wieder zugegriffen werden. Soweit in diesem Zusammenhang von einer „Kapitalberichtigung" gesprochen wird,[4] ist das missverständlich, da die Bezeichnung auf eine rein buchungstechnische Maßnahme hindeutet, während die nominelle Kapitalerhöhung die Eigenkapital-

---

[1]   Es handelt sich in rechtsdogmatischer Hinsicht nicht um einen Unterfall der ordentlichen Kapitalerhöhung. Das unterscheidet die deutsche Regelung von denen anderer europäischer Rechtsordnungen; vgl. *Butters/Hasselbach* DB 1997, 2471 (2475).

[2]   Zutr. *Altmeppen* Rn. 3; Rowedder/Schmidt-Leithoff/*Schnorbus* Rn. 1; Scholz/Priester/*Tebben* Vor § 57c Rn. 10.

[3]   MHLS/*Hermanns* Rn. 2.

[4]   So LG Bonn Urt. v. 10.4.1969 – 11 O 3/69, AG 1970, 18 (19); ebenso Scholz/Priester/*Tebben* Vor § 57c Rn. 11.

basis der GmbH rechtlich verfestigt.[5] Gleichwohl erfolgt die Kapitalerhöhung aus Gesellschaftsmitteln **bilanztechnisch** durch eine Umbuchung der frei verfügbaren Rücklagen in Haftkapital.[6] Rechtskonstruktives Pendant der nominellen Kapitalerhöhung ist die vereinfachte Kapitalherabsetzung nach §§ 58a–58 f. Bei der **Unternehmergesellschaft (UG)** kann die gesetzliche Rücklage nach § 5a Abs. 3 S. 2 Nr. 1 in Haftkapital umgewandelt werden. Das gilt auch dann, wenn ein Stammkapitalbetrag von 25.000 Euro nicht erreicht wird (→ § 5a Rn. 31).[7] Die Kosten der nach § 57e zu testierenden Bilanz stellen in der Praxis ein großes Hindernis für die Kapitalerhöhung der UG aus Gesellschaftsmitteln dar.[8]

2. Regelungsinhalt. Die Kapitalerhöhung aus Gesellschaftsmitteln ist streng von der **2** ordentlichen Kapitalerhöhung zu unterscheiden. Beide Formen der Kapitalerhöhung vollziehen sich zwar durch Satzungsänderung (→ Rn. 18; → § 55 Rn. 27). In §§ 57c–57o sind indes zahlreiche Sonderregelungen enthalten, die von den Vorschriften über die Kapitalerhöhung gegen Einlage wesentlich abweichen. Neben Zulassung und Ablauf der nominellen Kapitalerhöhung stellen die in §§ 57c–57o besonders normierten tatbestandlichen Voraussetzungen sicher, dass die Interessen von Gesellschaftsgläubigern und (Minderheits-)Gesellschaftern hinreichend gewahrt sind. Nicht anders als bei der ordentlichen Kapitalerhöhung gilt auch hier das **Gebot der realen Kapitalaufbringung,** das für die nominelle Kapitalerhöhung allerdings durch besondere bilanzielle Erfordernisse sichergestellt ist (vgl. §§ 57d–57g). Nicht die Zuführung frischen Kapitals, sondern das tatsächliche Vorhandensein frei verfügbarer Kapalrücklagen ist Grundvoraussetzung für die nominelle Kapitalerhöhung.[9] Daneben bildet das **Gebot der verhältniswahrenden Partizipation** sämtlicher Gesellschafter (§ 57j) den zweiten Grundgedanken der Kapitalerhöhung aus Gesellschaftsmitteln, dessen Schutzzweck auf den gesellschaftsrechtlichen Minderheitsschutz gerichtet ist. Bemerkenswert ist in diesem Zusammenhang, dass über die nominelle Kapitalerhöhung zwar ebenso wie über die ordentliche Erhöhung mit satzungsändernder Mehrheit beschlossen wird, an der Kapitalerhöhung aber dennoch sämtliche Gesellschafter kraft Gesetzes (§ 57j) teilnehmen, ohne dass es eines Übernahmevertrages oder einer Einlageleistung bedarf.

3. Bedeutung. Wirtschaftlicher Beweggrund für die Kapitalerhöhung aus Gesell- **3** schaftsmitteln ist zunächst eine **Festigung der Eigenkapitalausstattung** der GmbH durch die Bindung freien Gesellschaftsvermögens. Das erleichtert die Fremdkapitalaufnahme, da sich die Kreditwürdigkeit der GmbH durch die erhöhte Stammkapitalziffer verbessert.[10] Insofern unterscheidet sich die nominelle kaum von der ordentlichen Kapitalerhöhung (→ § 55 Rn. 5 f.).

Anders verhält es sich mit den **steuerrechtlichen Vorteilen.** Bis zur Körperschaft- **4** steuerreform 1977 ermöglichte die Kapitalerhöhung aus Gesellschaftsmitteln auf Grundlage der flankierenden Steuergesetzgebung,[11] eine ertragsteuerrechtliche Doppelbelastung zu vermeiden, die mit der Ausschüttung und Wiedereinlage generierter Gewinne

---

[5]   IErg wie hier HCL/*Ulmer/Casper* Vor § 57c Rn. 1; Rowedder/Schmidt-Leithoff/*Schnorbus* Rn. 1; *Blath* notar 2018, 423; zur AG Kölner Komm AktG/*Lutter* AktG Vor § 207 Rn. 10; vgl. noch Henssler/Strohn/*Gummert* Rn. 3.

[6]   *Altmeppen* Rn. 5; Rowedder/Schmidt-Leithoff/*Schnorbus* Rn. 1; Scholz/*Priester/Tebben* Vor § 57c Rn. 11.

[7]   *Klose* GmbHR 2009, 294 (298); *Hennrichs* NZG 2009, 1161 (1166); BeckOK GmbHG/*Rühland* Rn. 4.

[8]   *Ries/Schulte* NZG 2018, 571 (572); Scholz/*Priester/Tebben* Vor § 57c Rn. 9.

[9]   Scholz/*Priester/Tebben* Vor § 57c Rn. 12; HCL/*Ulmer/Casper* Vor § 57c Rn. 13; zur AG Kölner Komm AktG/*Lutter* AktG Vor § 207 Rn. 8.

[10]   MHLS/*Hermanns* Rn. 2 aE; BeckOK GmbHG/*Rühland* Rn. 3; *Blath* notar 2018, 423; ähnlich Rowedder/Schmidt-Leithoff/*Schnorbus* Rn. 4; Scholz/*Priester/Tebben* Vor § 57c Rn. 11; zur AG Großkomm-AktG/*Hirte* AktG § 207 Rn. 35.

[11]   Gesetz über steuerrechtliche Maßnahmen bei Erhöhung des Nennkapitals aus Gesellschaftsmitteln und bei Überlassung von eigenen Aktien an Arbeitnehmer v. 30.12.1959, BGBl. 1959 I 834; dazu näher Hachenburg/*Ulmer* § 57b Anh. Vor § 1 KapErhG Rn. 15.

typischerweise einhergeht.[12] Mit Einführung des steuerlichen Anrechnungsverfahrens im Jahr 1977 erschien die Durchführung einer nominellen Kapitalerhöhung indes nicht mehr attraktiv. Stattdessen bedienten sich die Gesellschaften des Ausschüttungsrückhol-verfahrens (→ § 55 Rn. 17 ff.). Dies änderte sich wiederum durch die Einführung des Halbeinkünfteverfahrens im Zuge des Steuersenkungsgesetzes 2000,[13] weil das Ausschüt-tungsrückholverfahren daraufhin keine steuerlichen Vorteile mehr brachte (→ § 55 Rn. 17). Seitdem erlebt die Kapitalerhöhung aus Gesellschaftsmitteln eine Renaissance, da mit ihrer Hilfe verhindert werden kann, dass bei den Gesellschaftern steuerpflichtige Gewinne anfallen.[14] Darüber hinaus zeichnet sich die nominelle Kapitalerhöhung im Vergleich zum Ausschüttungsrückholverfahren durch geringere tatbestandliche Voraus-setzungen aus.[15]

5   **4. Entwicklungsgeschichte. a) Meinungsstand vor 1959.** Bereits vor der legislato-rischen Anerkennung der Kapitalerhöhung aus Gesellschaftsmitteln durch das Kapitaler-höhungsgesetz von 1959 (→ Rn. 6) hielt man es praeter legem für zulässig, dass AG und GmbH frei verfügbare Rücklagen ohne Zuführung frischen Kapitals in Grund- bzw. Stammkapital umwandelten. Uneinigkeit herrschte allein über die Rechtsnatur sowie die tatbestandlichen Voraussetzungen der Kapitalmaßnahme. Die Rspr. beurteilte diese Praxis als **Doppelmaßnahmen,** bestehend aus einer Gewinnausschüttung mit anschließender Reinvestition.[16] Diese Konstruktion entsprach indes nicht der Vorstellung der Gesell-schafter, wirkte gekünstelt und führte auch zu einer erhöhten steuerlichen Belastung der GmbH und der Gesellschafter. Deshalb plädierte das Schrifttum für eine **Einheitslösung** und erkannte die Umwandlung von Rücklagen in Haftkapital durch nominelle Erhöhung der Stammkapitalziffer als eine praeter legem zulässige Form der Kapitalerhöhung an.[17]

6   **b) Kapitalerhöhungsgesetz von 1959.** Der Gesetzgeber folgte der einheitlichen Betrachtungsweise und normierte die Kapitalerhöhung aus Gesellschaftsmitteln im Kapital-erhöhungsgesetz von 1959 (KapErhG)[18] als eine besondere, gegenüber der Erhöhung gegen Einlage selbstständige Form der Kapitalerhöhung für AG, KGaA und GmbH. Die damals normierten Einzelbestimmungen waren auf die Aktiengesellschaft zugeschnitten und zielten primär darauf ab, eine weite Streuung des Aktienbesitzes zu gewährleisten.[19] Im Zuge der **Aktienrechtsreform von 1965** wurden die Vorschriften des KapErhG für die AG nahezu inhaltsgleich in §§ 207 ff. AktG überführt, sodass sich der Anwendungsbereich des KapErhG fortan auf die GmbH beschränkte. Der gemeinsame Ursprung der Vorschriften lässt es zu, bei der Auslegung der §§ 57c–57o Rspr. und Schrifttum zum Aktienrecht zu berücksichti-gen.[20] Die **GmbH-Novelle** von 1980 erweiterte das Gesetz um Verschmelzungsregelungen

---

12   Vgl. noch Noack/Servatius/Haas/*Servatius* Vor § 57c Rn. 3; HCL/*Ulmer/Casper* Vor § 57c Rn. 3.
13   Gesetz zur Senkung der Steuersätze und zur Reform der Unternehmensbesteuerung (Steuersenkungsge-setz − StSenkG) v. 23.10.2000, BGBl. 2000 I 1433; im Wesentlichen in Kraft seit 1.1.2001, Art. 19 Abs. 1 StSenkG.
14   Vgl. noch HCL/*Ulmer/Casper* Vor § 57c Rn. 5.
15   Vgl. Scholz/*Priester/Tebben* Vor § 57c Rn. 15; HCL/*Ulmer/Casper* Vor § 57c Rn. 4.
16   RG Urt. v. 20.2.1923 − II 36/22, RGZ 107, 161 (168 f.); Urt. v. 4.12.1923 − II 162/23, RGZ 108, 29 (31); vgl. noch BGH Beschl. v. 9.12.1954 − II ZB 15/54, BGHZ 15, 391 (392) = NJW 1955, 222; aus der Rspr. der Finanzgerichte s. RFH Gutachten v. 14.12.1920 − I D 4/20, RFHE 4, 222 (227 f.); RFH Urt. v. 15.12.1922 − I A 20/22, 21/22 und 199/21, RFHE 11, 157 (169); Urt. v. 13.5.1931 − VI A 925/31, RFHE 28, 326 (335); iErg ebenso später BFH Urt. v. 17.9.1957 − I 165/54 S, BStBl. III 1957, 401 (405).
17   Grdl. *v. Godin* AcP 145 (1939), 69.
18   Gesetz über die Kapitalerhöhung aus Gesellschaftsmitteln und über die Gewinn- und Verlustrechnung v. 23.12.1959, BGBl. 1959 I 789; vgl. noch die Vorläuferregelung in der Verordnung zur Begrenzung von Gewinnausschüttungen (Dividendenabgabeverordnung) v. 12.6.1941, RGBl. 1941 I 323; dazu Rowedder/Schmidt-Leithoff/*Schnorbus* Rn. 2.
19   Begr. RegE, BT-Drs. III/416, 9; s. noch Scholz/*Priester/Tebben* Vor § 57c Rn. 2 f.
20   Noack/Servatius/Haas/*Servatius* Vor § 57c Rn. 1 aE; Lutter/Hommelhoff/*Kleindiek* Rn. 2; MHLS/*Her-manns* Rn. 1; HCL/*Ulmer/Casper* Rn. 2.

(§§ 19–35 KapErhG). Geringfügige Änderungen brachte später außerdem das **Bilanzricht-linien-Gesetz** von 1985.[21]

c) Aufnahme ins GmbHG. Die einheitliche Kodifizierung des Umwandlungsrechts 7 im neuen Umwandlungsgesetz von 1994 führte zum Wegfall der 1980 in das KapErhG aufgenommenen Verschmelzungsvorschriften. Daraufhin entschloss sich der Gesetzgeber, das KapErhG vollständig aufzuheben und §§ 1–17 KapErhG inhaltlich nahezu unverändert[22] in das GmbHG zu überführen.[23] Später sind §§ 57c–57o durch das Euro-Einführungsgesetz **(EuroEG),**[24] das **MoMiG** (→ § 57h Rn. 2; → § 57l Rn. 3) und das **FISG** (→ § 57f Rn. 1) geringfügig geändert worden.

II. Anwendungsbereich

1. Sondervorschriften. Die Regelungen über die nominelle Kapitalerhöhung enthalten 8 keine sachlichen Einschränkungen; §§ 57c–57o sind auf sämtliche GmbH anwendbar, ohne dass es auf deren Gesellschaftszweck oder Unternehmensgegenstand ankäme.[25] Auch die für gemeinnützige **Wohnungsunternehmen** früher vorgesehene Spezialregelung[26] ist schon seit 1990 nicht mehr in Kraft.[27] Das DM-Bilanzgesetz (DMBilG)[28] enthielt für die **Währungsum-stellung** in den neuen Bundesländern einen §§ 57c–57o ausschließenden Sonderfall der Kapitalerhöhung aus Gesellschaftsmitteln. Danach konnte ein neues Haftkapital festgesetzt werden, das über die bisherige Stammkapitalziffer hinausgeht, ohne dass die für die Rechtsform maßgeblichen Vorschriften über die Kapitalerhöhung zu beachten waren. Voraussetzung dafür war, dass der Erhöhungsbetrag aus dem frei vorhandenen Gesellschaftsvermögen aufgebracht werden konnte (§ 56a Abs. 1 S. 1, 4 DMBilG aF). Zwar handelte es sich dabei rechtskonstruktiv um eine Kapitalerhöhung aus Gesellschaftsmitteln.[29] Die allgemeinen Regelungen der §§ 57c–57o fanden neben den spezialgesetzlichen Vorschriften indes keine Anwendung.[30]

2. Liquidation. Anders als die ordentliche Kapitalerhöhung (→ § 55 Rn. 74) ist die 9 Kapitalerhöhung aus Gesellschaftsmitteln im Abwicklungsstadium **nicht** mehr **zulässig.** War die Erhöhung bereits vor Auflösung der GmbH beschlossen worden, darf sie später nicht in das Handelsregister eingetragen werden.[31] Da der Gesellschaft durch die nominelle

---

[21] Gesetz zur Durchführung der Vierten, Siebenten und Achten Richtlinie des Rates der Europäischen Gemeinschaften zur Koordinierung des Gesellschaftsrechts v. 19.12.1985, BGBl. 1985 I 2355; dazu näher Scholz/*Priester*/*Tebben* Vor § 57c Rn. 3; HCL/*Ulmer*/*Casper* Vor § 57c Rn. 8.

[22] Zu den sachlichen Änderungen im Einzelnen Lutter/Hommelhoff/*Lutter*/*Hommelhoff*, 16. Aufl. 2004, Rn. 2; Scholz/*Priester*/*Tebben* Vor § 57c Rn. 4; HCL/*Ulmer*/*Casper* Vor § 57c Rn. 9.

[23] Erfolgt durch Art. 4 Gesetz zur Bereinigung des Umwandlungsrechts (UmwBerG) v. 28.10.1994, BGBl. 1994 I 3210 (3257); in Kraft seit 1.1.1995; s. die Synopsen bei Lutter/Hommelhoff/*Lutter*/*Hommelhoff*, 16. Aufl. 2004, Rn. 2; Scholz/*Priester*, 9. Aufl. 2002, Vor § 57c Rn. 5; UHL/*Ulmer*/*Casper*, 2. Aufl. 2016, Vor § 57c Rn. 21.

[24] Gesetz zur Einführung des Euro v. 9.6.1998, BGBl. 1998 I 1242.

[25] HCL/*Ulmer*/*Casper* 2008, Vor § 57c Rn. 14.

[26] § 9 lit. a WGG aF (Gesetz über die Gemeinnützigkeit im Wohnungswesen – Wohnungsgemeinnützigkeitsgesetz v. 29.2.1940, RGBl. 1940 I 438 (439); dazu BVerwG v. 6.12.1978 – 8 C 24/78, AG 1980, 56 zur AG; *Preißler* DNotZ 1960, 594.

[27] Art. 21 § 1 Steuerreformgesetz 1990 v. 25.7.1988, BGBl. 1988 I 1093 (1136).

[28] Gesetz über die Eröffnungsbilanz in Deutscher Mark und die Kapitalneufestsetzung (D-Markbilanzgesetz – DMBilG) v. 23.9.1990, BGBl. 1990 II 885 (1169, 1245); neu bekannt gemacht am 18.4.1991, BGBl. 1991 I 971; zuletzt geändert durch Art. 3 § 7 EuroEG (Gesetz zur Einführung des Euro v. 9.6.1998, BGBl. 1998 I 1242); aufgehoben durch das Gesetz über die weitere Bereinigung von Bundesrecht v. 8.12.2010, BGBl. 2010 I 1864: Art. 48 Nr. 1.

[29] Wie hier Scholz/*Priester*, 9. Aufl. 2002, Vor § 57c Rn. 16.

[30] Vgl. zur Abgrenzung KG Urt. v. 21.9.1995 – 2 U 7285/94, WM 1996, 631 (634 f.); für Einzelheiten vgl. Rowedder/Schmidt-Leithoff/*Zimmermann*, 4. Aufl. 2002, Rn. 9; Scholz/*Priester*, 9. Aufl. 2002, Vor § 57c Rn. 16.

[31] Noack/Servatius/Haas/*Servatius* Vor § 57c Rn. 6; MHLS/*Hermanns* Rn. 31; *Altmeppen* Rn. 2; Rowedder/Schmidt-Leithoff/*Schnorbus* Rn. 8; Scholz/*Priester*/*Tebben* Vor § 57c Rn. 18; HCL/*Ulmer*/*Casper* Vor § 57c Rn. 16; Bork/Schäfer/*Arnold*/*Born* Rn. 6; *Geßler* WM-Beil. 1/1960, 11 (12); zur AG Großkomm-AktG/*Hirte* AktG § 207 Rn. 155; Kölner Komm AktG/*Lutter* AktG § 207 Rn. 20; zweifelnd hingegen Gehrlein/Born/Simon/*Kowalski* Vor § 57c Rn. 4.

Kapitalerhöhung kein frisches Kapital zugeführt wird, ist ihre Durchführung mit dem auf Beendigung der GmbH und Gläubigerbefriedigung gerichteten Liquidationszweck nicht vereinbar. Zulässig ist es indes, die Kapitalerhöhung aus Gesellschaftsmitteln mit einem Fortsetzungsbeschluss zu verbinden, der den Wiedereintritt der aufgelösten Gesellschaft in das werbende Stadium anordnet.[32]

10 **3. Insolvenz.** Wird über das Vermögen der GmbH das Insolvenzverfahren eröffnet, sind die tatbestandlichen Voraussetzungen der Kapitalerhöhung aus Gesellschaftsmitteln typischerweise nicht erfüllt. Sowohl bei Zahlungsunfähigkeit (§ 17 InsO) als auch bei Überschuldung (§ 19 InsO) wird die Bilanz regelmäßig einen Verlust ausweisen, der nach § 57d Abs. 2 eine nominelle Kapitalerhöhung unmöglich macht.[33]

III. Verbindung mit anderen Kapitalmaßnahmen

11 **1. Ordentliche und nominelle Kapitalerhöhung. a) Getrennte Beschlussfassung.** Unstreitig zulässig ist eine schlichte Zusammenfassung von ordentlicher und nomineller Kapitalerhöhung, soweit über beide Kapitalmaßnahmen in derselben Gesellschafterversammlung getrennt und unabhängig voneinander Beschluss gefasst wird und die jeweils erforderlichen tatbestandlichen Voraussetzungen in beiden Fällen vollständig erfüllt sind.[34] Die Reihenfolge der Beschlussfassung ist ohne Belang. Beide Kapitalerhöhungen sind getrennt zu beschließen, zur Eintragung in das Handelsregister anzumelden, einzutragen und bekanntzumachen.

12 Erfolgt zunächst die Eintragung der ordentlichen Kapitalerhöhung, partizipieren an der nachgeschalteten Kapitalerhöhung aus Gesellschaftsmitteln nach § 57j auch die kurz vorher neu beigetretenen Gesellschafter (→ § 57j Rn. 2 ff.).[35] Dem steht nicht entgegen, dass die dem Beschluss zugrunde zu legende Bilanz das erhöhte Stammkapital nicht ausweist; maßgeblich ist nach § 57d Abs. 1 allein der Nachweis frei verfügbarer Rücklagen.[36] Der **beteiligungsproportionale Anteilserwerb** darf weder erschwert noch umgangen werden. Das ist aber der Fall, wenn die Beteiligung an der nominellen Kapitalerhöhung von der Teilnahme an der ordentlichen Erhöhung abhängig gemacht wird. Diese Gestaltung ist wegen Verstoßes gegen § 57j (→ § 57j Rn. 13) unzulässig.[37] Keine Bedenken bestehen indes dagegen, die nominelle Kapitalerhöhung unter die Bedingung zu stellen, dass die Kapitalerhöhung gegen Einlage tatsächlich gelingt.[38] Darin liegt kein Verstoß gegen das Gebot der verhältniswahrenden Beteiligung, denn in diesem Fall wird die Kapitalerhöhung entweder unter Beachtung des § 57j ordnungsgemäß durchgeführt oder sie unterbleibt vollends.

13 **b) Gemeinsame Beschlussfassung. aa) Meinungsstand.** Ob beide Formen der Kapitalerhöhung in einem einheitlichen Beschluss zusammengefasst werden können, ist

---

32 Noack/Servatius/Haas/*Servatius* Vor § 57c Rn. 6; MHLS/*Hermanns* Rn. 31 aE; Scholz/*Priester/Tebben* Vor § 57c Rn. 18; Gehrlein/Born/Simon/*Kowalski* Vor § 57c Rn. 4.

33 Zutr. MHLS/*Hermanns* Rn. 30; zur AG GroßkommAktG/*Hirte* AktG § 207 Rn. 156; K. Schmidt/ Lutter/*Veil* AktG § 207 Rn. 8.

34 Lutter/Hommelhoff/*Kleindiek* Rn. 14; MHLS/*Hermanns* Rn. 19; Rowedder/Schmidt-Leithoff/*Schnorbus* Rn. 11; Scholz/*Priester/Tebben* Vor § 57c Rn. 19; HCL/*Ulmer/Casper* Vor § 57c Rn. 17; Fett/*Spiering* NZG 2002, 358 (368); *Fröhlich/Primaczenko* GWR 2013, 437; *Geßler* DNotZ 1960, 619 (628 f.); zur AG GroßkommAktG/*Hirte* AktG § 207 Rn. 148; Kölner Komm AktG/*Lutter* AktG Vor § 207 Rn. 13 f.

35 Rowedder/Schmidt-Leithoff/*Schnorbus* Rn. 1; Scholz/*Priester/Tebben* Vor § 57c Rn. 19; *Geßler* DNotZ 1960, 619 (629).

36 Wie hier Rowedder/Schmidt-Leithoff/*Schnorbus* Rn. 11; HCL/*Ulmer/Casper* Vor § 57c Rn. 17; *Geßler* DNotZ 1960, 619 (629).

37 MHLS/*Hermanns* Rn. 20; Scholz/*Priester/Tebben* Vor § 57c Rn. 19; *Geßler* DNotZ 1960, 619 (628 f.); zur AG Begr. RegE vor § 207 AktG, bei *Kropff* S. 309; GroßkommAktG/*Hirte* AktG § 207 Rn. 149.

38 Lutter/Hommelhoff/*Kleindiek* Rn. 15; MHLS/*Hermanns* Rn. 20; Scholz/*Priester/Tebben* Vor § 57c Rn. 19; HCL/*Ulmer/Casper* Vor § 57c Rn. 17; zur AG GroßkommAktG/*Hirte* AktG § 207 Rn. 148 f.; Kölner Komm AktG/*Lutter* AktG Vor § 207 Rn. 13; abw. *Börner* DB 1988, 1254 (1258): grds. zeitlich vorausgehender Beschluss über die nominelle Kapitalerhöhung.

noch immer **stark umstritten.** Während die Rspr.[39] und Teile der Lit.[40] diese Kombinationsform inzwischen anerkennen, spricht sich ein Großteil des Schrifttums[41] auch weiterhin gegen die Wirksamkeit eines einheitlichen Kapitalerhöhungsbeschlusses aus.

bb) Stellungnahme. Gegen eine Kombination von ordentlicher und nomineller Kapi- **14** talerhöhung in einem einheitlichen Beschluss bestehen **keine Bedenken,** soweit die Beschlussfassung einstimmig sowie unter Beachtung sämtlicher Voraussetzungen der beiden Erhöhungsarten erfolgt. Für diese Gestaltung kann ein **wirtschaftliches Bedürfnis** bestehen, wenn zB die Rücklagen für die Aufstockung des Stammkapitals nicht ausreichen und daher frisches Kapital ergänzend zugeführt werden muss.[42] Durch das Erfordernis der einstimmigen Beschlussfassung ist sichergestellt, dass auf Gesellschafter **kein faktischer Zwang** zur Teilnahme an der ordentlichen Kapitalerhöhung ausgeübt wird und der verhältniswahrende Anteilserwerb nach § 57j erfolgt. Die in diesem Zusammenhang erhobenen Bedenken der Gegenauffassung[43] sind demnach nicht überzeugend. Ebenso wenig überzeugt der Hinweis auf die unterschiedlichen Voraussetzungen und Rechtsfolgen der beiden Verfahren.[44] Denn bei vollständiger **Einhaltung der jeweiligen Vorschriften** für beide Erhöhungsformen können in der Praxis auftretende Probleme angemessen bewältigt werden. Auch bestehen keine durchgreifenden Bedenken dagegen, dass neue Geschäftsanteile zum Teil nach § 57j kraft Gesetzes und teilweise durch Übernahmevertrag erworben werden. Die rechtskonstruktiven Unterschiede des Anteilserwerbs stehen einer Zusammenfassung der beiden Kapitalerhöhungsformen in einem einheitlichen Vorgang nicht entgegen, da es sich bei ihnen nur um unterschiedliche Wege handelt, das einheitliche Ziel der Kapitalerhöhung zu erreichen[45] und außerdem der Erwerb in beiden Fällen erst durch die Eintragung in das Handelsregister wirksam wird. Dass die Mittel zum Teil im Gesellschaftsvermögen als Rücklagen vorhanden sind, zum Teil durch die Gesellschafter neu zugeführt werden, unterliegt ebenfalls keinen Bedenken,[46] da auch die Kombination von Bar- und Sacheinlage in Form der Mischeinlage allgemein für zulässig gehalten wird (→ § 56 Rn. 9). Die in der Begründung zum Aktiengesetz von 1965[47] vorgetragenen Bedenken gegen die Typenmischung sind nach alldem heute nicht mehr überzeugend.

cc) Durchführung. Die Kapitalerhöhung gegen Einlage und aus Gesellschaftsmitteln **15** kann in einem einheitlichen Beschluss zusammengefasst werden. Der Beschluss ist wegen § 57j (→ Rn. 14; → § 57j Rn. 12 f.) einstimmig zu fassen.[48] Die tatbestandlichen Voraus-

---

[39]　OLG Düsseldorf Beschl. v. 25.10.1985 – 3 Wx 365/85, NJW 1986, 2060; LG München I Beschl. v. 20.10.1982 – 11 HKT 15 989/82, Rpfleger 1983, 157 = MittBayNot 1983, 82.

[40]　MHLS/*Hermanns* Rn. 22; Scholz/*Priester/Tebben* Vor § 57c Rn. 21 f.; BeckOK GmbHG/*Rühland* Rn. 24.4 f.; Henssler/Strohn/*Gummert* Rn. 15; Gehrlein/Born/Simon/*Kowalski* Rn. 25; HCL/*Ulmer/ Casper* Vor § 57c Rn. 18; *Beitzke* FS A. Hueck, 1959, 295 (299 ff.); referierend *Altmeppen* Rn. 13.

[41]　Noack/Servatius/Haas/*Servatius* Rn. 8; Lutter/Hommelhoff/*Kleindiek* Rn. 14; Bork/Schäfer/*Arnold/ Born* Rn. 16; Fett/*Spiering* NZG 2002, 358 (368); *Fröhlich/Primaczenko* GWR 2013, 437; *Geßler* DNotZ 1960, 619 (628); *Börner* DB 1988, 1254; zur AG ganz hM, Hüffer/Koch/*Koch* AktG § 207 Rn. 6; Kölner Komm AktG/*Lutter* AktG Vor § 207 Rn. 15; MüKoAktG/*Arnold* AktG § 207 Rn. 35; K. Schmidt/ Lutter/*Veil* AktG § 207 Rn. 6; BeckOGK/*Fock/Wüsthoff* AktG § 207 Rn. 6; aA GroßkommAktG/*Hirte* AktG § 207 Rn. 145 ff.

[42]　Scholz/*Priester/Tebben* Vor § 57c Rn. 21 aE; aA Rowedder/Schmidt-Leithoff/*Schnorbus* Rn. 10.

[43]　HCL/*Ulmer/Casper* Vor § 57c Rn. 18; zur AG GroßkommAktG/*Wiedemann*, 3. Aufl. 1973, AktG § 207 Vorbem. IV.

[44]　So aber Noack/Servatius/Haas/*Servatius* Rn. 8; Lutter/Hommelhoff/*Kleindiek* Rn. 14; HCL/*Ulmer/ Casper* Vor § 57c Rn. 18; in diese Richtung auch *Geßler* DNotZ 1960, 619 (628); zur AG Kölner Komm AktG/*Lutter* AktG Vor § 207 Rn. 15; dagegen mit Recht Scholz/*Priester/Tebben* Vor § 57c Rn. 21; Rowedder/Schmidt-Leithoff/*Schnorbus* Rn. 10; vgl. noch MHLS/*Hermanns* Rn. 22.

[45]　Wie hier OLG Düsseldorf Beschl. v. 25.10.1985 – 3 Wx 365/85, NJW 1986, 2060; LG München I Beschl. v. 20.10.1982 – 11 HKT 15 989/82, Rpfleger 1983, 157.

[46]　AA Noack/Servatius/Haas/*Servatius* Rn. 8; Lutter/Hommelhoff/*Kleindiek* Rn. 16 aE; wie hier aber Scholz/*Priester/Tebben* Vor § 57c Rn. 21.

[47]　Begr. RegE Vor § 207 AktG, bei *Kropff* S. 309; dem folgend *Geßler* DNotZ 1960, 619 (628).

[48]　OLG Düsseldorf Beschl. v. 25.10.1985 – 3 Wx 365/85, NJW 1986, 2060; Scholz/*Priester/Tebben* Vor § 57c Rn. 21; LG München I Beschl. v. 20.10.1982 – 11 HKT 15 989/82, Rpfleger 1983, 157; aA MHLS/*Hermanns* Rn. 22 aE; *Beitzke* FS A. Hueck, 1959, 295 (299 f.).

setzungen beider Erhöhungsformen müssen vollständig erfüllt sein (→ Rn. 11). Für den auf die ordentliche Kapitalerhöhung entfallenden Kapitalanteil sind zwischen den Gesellschaftern und der GmbH wirksame Übernahmeverträge (→ § 55 Rn. 150 ff.) abzuschließen und die erforderlichen (Mindest-)Einlagen (→ § 56a Rn. 5 ff.) zu leisten. Zulässig ist die Kapitalerhöhung sowohl gegen Bar- als auch gegen Sacheinlage. Im letzten Fall muss der Beschluss zusätzlich die für Sacheinlagen erforderlichen Festsetzungen (→ § 56 Rn. 37 ff.) enthalten. Der Beschluss ist einheitlich zur Eintragung in das Handelsregister anzumelden. Die Geschäftsführer sind verpflichtet, für den ordentlichen Erhöhungsteil die Versicherung nach § 57 Abs. 2 (→ § 57 Rn. 7 ff.) sowie für den nominellen Erhöhungsteil die Erklärung nach § 57i Abs. 1 S. 2 (→ § 57i Rn. 10 f.) abzugeben. Eintragung und Bekanntmachung haben nach § 57i Abs. 4 (→ § 57i Rn. 21, 23) den Teilbetrag anzugeben, zu dem die Kapitalerhöhung aus Gesellschaftsmitteln erfolgt ist.

16   **2. Nominelle Kapitalerhöhung und Kapitalherabsetzung. a) Ordentliche Kapitalherabsetzung.** Die Verbindung der Kapitalerhöhung aus Gesellschaftsmitteln mit einer ordentlichen Kapitalherabsetzung ist **nicht möglich.** Während die nominelle Kapitalerhöhung gem. § 57i Abs. 2 innerhalb einer Frist von acht Monaten nach dem Bilanzstichtag (→ § 57e Rn. 17 f.) anzumelden ist, muss zwischen der Aufforderung der Gesellschaftsgläubiger in den Gesellschaftsblättern und der Anmeldung der ordentlichen Kapitalherabsetzung nach § 58 Abs. 1 Nr. 1 und 3 ein Zeitraum von wenigstens einem Jahr liegen (→ § 58 Rn. 131 ff.).[49] Soweit für die Verbindung der beiden Kapitalmaßnahmen ein praktisches Interesse besteht, weil im Gesellschaftsvermögen befindliche **eigene Anteile** der GmbH entgegen § 57l an der Kapitalerhöhung nicht teilnehmen sollen, kann dem durch eine im Zusammenhang mit der Kapitalerhöhung beschlossene Einziehung der eigenen Anteile nach § 34 Rechnung getragen werden, soweit die Satzung diese erlaubt.[50]

17   **b) Vereinfachte Kapitalherabsetzung.** Eine Kombination von nomineller Kapitalerhöhung und vereinfachter Kapitalherabsetzung **scheitert regelmäßig** daran, dass nach § 58a Abs. 2 sämtliche Kapitalrücklagen aufzulösen sind, die über 10 % des herabgesetzten Kapitals hinausgehen. Verbleibende Rücklagen werden typischerweise durch die Abdeckung der bestehenden Verluste vollständig aufgezehrt.[51]

IV. Beschluss der Kapitalerhöhung

18   **1. Satzungsänderung. a) Grundsatz.** Der Erhöhungsbeschluss führt – nicht anders als bei der ordentlichen Kapitalerhöhung (→ § 55 Rn. 27) – zu einer Änderung der nach § 3 Abs. 1 Nr. 3 in der Satzung ausgewiesenen Stammkapitalziffer. Aus dem satzungsändernden Charakter folgt, dass die allgemeinen **Vorschriften über die Satzungsänderung** nach §§ 53, 54 erfüllt sein müssen.[52] Die Verweisung des Abs. 4 hat lediglich **deklaratorischen Charakter.**[53]

19   **b) Zuständigkeit.** Die Zuständigkeit für die Beschlussfassung liegt ausschließlich bei den **Gesellschaftern** (§ 53 Abs. 1; → § 53 Rn. 58); diese Befugnis kann keinem anderen Organ oder Dritten übertragen werden. Unzulässig ist es insbesondere, ein genehmigtes Kapital aus Gesellschaftsmitteln zu schaffen (→ § 55a Rn. 11); die Geschäftsführer können im Erhöhungsbeschluss also insbesondere nicht dazu ermächtigt werden, über Betrag und Zeitpunkt der Umwandlung freier Rücklagen in Stammkapital zu entscheiden.[54]

---

[49]   AllgM, Noack/Servatius/Haas/*Servatius* Rn. 10; Lutter/Hommelhoff/*Kleindiek* Rn. 16; MHLS/*Hermanns* Rn. 23; *Altmeppen* Rn. 14; Rowedder/Schmidt-Leithoff/*Schnorbus* Rn. 12; Scholz/*Priester/Tebben* Vor § 57c Rn. 23; HCL/*Ulmer/Casper* Vor § 57c Rn. 19; *Geßler* DNotZ 1960, 619 (630).

[50]   Scholz/*Priester/Tebben* Vor § 57c Rn. 23; HCL/*Ulmer/Casper* Vor § 57c Rn. 19 aE.

[51]   Lutter/Hommelhoff/*Kleindiek* Rn. 16 aE; *Altmeppen* Rn. 14; Rowedder/Schmidt-Leithoff/*Schnorbus* Rn. 12; Scholz/*Priester/Tebben* Vor § 57c Rn. 23; HCL/*Ulmer/Casper* Vor § 57c Rn. 20; abw. Noack/Servatius/Haas/*Servatius* Rn. 10: sinnwidrig und irreführend.

[52]   AllgM; vgl. nur Scholz/*Priester/Tebben* Rn. 1; HCL/*Ulmer/Casper* Rn. 4.

[53]   HCL/*Ulmer/Casper* Rn. 4 aE.

[54]   MHLS/*Hermanns* Rn. 14.

c) Form. Der Beschluss ist **notariell zu beurkunden** (§ 53 Abs. 2 S. 1; → § 53   **20** Rn. 70 ff.). Für **Stimmvollmachten** der Gesellschafter genügt nach § 47 Abs. 3 indes Textform iSd § 126b BGB (→ § 47 Rn. 103; → § 53 Rn. 65). Mangels Übernahmeerklärung bedarf es – anders als bei § 55 Abs. 1 (→ § 55 Rn. 174) – keiner notariellen Beglaubigung.[55]

d) Mehrheitserfordernisse. Der Beschluss bedarf der Mehrheit von **drei Vierteln**   **21** **der abgegebenen Stimmen** (§ 53 Abs. 2 S. 1; → § 53 Rn. 82), wobei die Satzung – was insbesondere für Kapitalerhöhungen praktisch nicht selten ist – ein höheres Zustimmungserfordernis und **weitere Erfordernisse** aufstellen kann (§ 53 Abs. 2 S. 2; → § 53 Rn. 126 ff.). Sind solche Erfordernisse entweder generell für Satzungsänderungen oder für Kapitalerhöhungen in der Satzung vorgesehen, ist durch **Auslegung** zu ermitteln, ob sie auch für Kapitalerhöhungen aus Gesellschaftsmitteln gelten sollen. Im Hinblick auf die gemeinsame Zielrichtung und wirtschaftliche Bedeutung (→ Rn. 2 f.) der beiden Kapitalerhöhungsformen treten die rechtskonstruktiven Unterschiede des Anteilserwerbs (→ § 57j Rn. 2) in den Hintergrund, sodass „andere Erfordernisse" iSd § 53 Abs. 2 S. 2 im Zweifel auch für die nominelle Kapitalerhöhung gelten.[56] Anders liegt der Fall freilich, wenn die Satzungsvorschriften ausdrücklich von „effektiven", „ordentlichen" oder „Kapitalerhöhungen gegen Einlage" sprechen.[57]

e) Keine Zustimmung aller Gesellschafter. Die Zustimmung sämtlicher Gesell-   **22** schafter ist nach § 53 Abs. 3 im Regelfall nicht erforderlich. Denn die nominelle Kapitalerhöhung kann nach §§ 57j, 57m weder zu einer Leistungsvermehrung noch zu einer Rechtsverkürzung führen. Auch die infolge der Kapitalerhöhung herbeigeführte stärkere Bindung des Gesellschaftsvermögens führt zu keiner nach § 53 Abs. 3 relevanten Leistungsvermehrung, da die Gesellschafter keinen Anspruch auf Ausschüttung der umgewandelten Rücklagen haben.[58]

f) Anmeldung und Eintragung. Für Anmeldung und Eintragung der Kapitalerhö-   **23** hung aus Gesellschaftsmitteln erklärt Abs. 4 die Vorschrift des § 54 für anwendbar. Neben den allgemeinen Bestimmungen gelten außerdem die Regelungen des § 57i, auf dessen Erläuterung für Einzelheiten verwiesen wird. Im Übrigen werden die Vorschriften über die ordentliche Kapitalerhöhung nach §§ 55–57a durch die Sonderregelungen der §§ 57c–57o verdrängt und finden auf die Kapitalerhöhung aus Gesellschaftsmitteln keine Anwendung.

2. Inhalt. a) Mindestinhalt. aa) Erhöhungsbetrag. Der Beschluss über die Kapital-   **24** erhöhung aus Gesellschaftsmitteln muss nach § 53 Abs. 1 zunächst den Erhöhungsbetrag beinhalten. Der Betrag wird üblicherweise durch eine bestimmte absolute Größe angegeben. Zulässig ist aber auch, dass der Erhöhungsbetrag im Zeitpunkt der Eintragung aufgrund der im Erhöhungsbeschluss enthaltenen Angaben **eindeutig bestimmbar** ist.[59] Erforderlich ist aber stets die Erhöhung um einen **Festbetrag**. Eine Erhöhung des Stammkapitals bis zu einem bestimmten Höchstbetrag (→ § 55 Rn. 51 ff.) scheidet aus;[60] für diese Gestaltung besteht mangels rechtsgeschäftlicher Beteiligung der Gesellschafter auch kein praktisches Bedürfnis. Neben dem Erhöhungsbetrag bzw. dessen Berechnungsgrundlage bedarf es keiner

---

[55]   MHLS/*Hermanns* Rn. 10; Scholz/*Priester/Tebben* Rn. 1.
[56]   IErg wie hier Noack/Servatius/Haas/*Servatius* Rn. 2; Lutter/Hommelhoff/*Kleindiek* Rn. 6; *Altmeppen* Rn. 3; Scholz/*Priester/Tebben* Rn. 2; HCL/*Ulmer/Casper* Rn. 6; *Geßler* DNotZ 1960, 619 (623 f.); zur AG Kölner Komm AktG/*Lutter* AktG § 207 Rn. 6, 8.
[57]   Noack/Servatius/Haas/*Servatius* Rn. 2 aE; Lutter/Hommelhoff/*Kleindiek* Rn. 6 aE; *Altmeppen* Rn. 3; Rowedder/Schmidt-Leithoff/*Schnorbus* Rn. 13; Scholz/*Priester/Tebben* Rn. 2 aE; HCL/*Ulmer/Casper* Rn. 6; zur AG GroßkommAktG/*Hirte* AktG § 207 Rn. 109.
[58]   IErg ebenso MHLS/*Hermanns* Rn. 11; *Altmeppen* Rn. 3; Rowedder/Schmidt-Leithoff/*Schnorbus* Rn. 13; Scholz/*Priester/Tebben* Rn. 3 aE; HCL/*Ulmer/Casper* Rn. 6 aE; *Wicke* Rn. 2; *Blath* notar 2018, 423 (428).
[59]   OLG Karlsruhe Beschl. v. 7.12.2006 – 7 W 78/06, ZIP 2007, 270 (272 f.) = DStR 2007, 406 zur AG; Lutter/Hommelhoff/*Kleindiek* Rn. 10; HCL/*Ulmer/Casper* Rn. 8.
[60]   Noack/Servatius/Haas/*Servatius* Rn. 3; MHLS/*Hermanns* Rn. 14; Rowedder/Schmidt-Leithoff/*Schnorbus* Rn. 15 iVm § 55 Rn. 11; Scholz/*Priester/Tebben* Rn. 5; HCL/*Ulmer/Casper* Rn. 8.

Angabe der alten und (oder) neuen Stammkapitalziffer,[61] auch wenn dies durchaus zweck-mäßig erscheint.[62]

25   **bb) Bilanz und Rücklagen.** Im Beschluss ist weiterhin ausdrücklich darauf hinzuwei-sen, dass die Kapitalerhöhung durch **Umwandlung von Rücklagen** in Haftkapital erfolgt. Zudem ist anzugeben, welche **Bilanz** (→ § 57e Rn. 2 ff.; → § 57f Rn. 3 ff.) dem Erhö-hungsbeschluss zugrunde liegt sowie – bei Umwandlung mehrerer Rücklagen – welche **Rücklagen** in welcher Höhe für die Kapitalerhöhung herangezogen werden (→ § 57d Rn. 4 ff.).

26   **cc) Geschäftsanteile.** In dem Beschluss muss außerdem festgelegt werden, ob die Erhöhung durch Bildung neuer Geschäftsanteile oder Aufstockung vorhandener Anteile oder eine genau bezeichnete Kombination der beiden Formen erfolgen soll (§ 57h Abs. 1 S. 1, Abs. 2; → § 57h Rn. 4 ff.). Nach der Rechtsänderung durch das MoMiG bestehen auch keine Bedenken dagegen, dass die Gesellschafter nach § 5 Abs. 2 S. 2 (→ § 55 Rn. 61) **mehrere neue Geschäftsanteile** übernehmen,[63] solange die Summe der Nennbeträge aller neuen Geschäftsanteile mit dem Gesamtbetrag der Kapitalerhöhung übereinstimmt (§ 5 Abs. 3 S. 2).

27   **b) Sonstige Angaben.** Soweit die Gesellschafter den für die **Gewinnbeteiligung** relevanten Zeitpunkt abweichend von der Grundsatzregelung des § 57n Abs. 1 bestimmen wollen, sind Angaben nach § 57n Abs. 2 S. 1 (→ § 57n Rn. 3 ff.) ausdrücklich in den Beschluss aufzunehmen. Entsprechendes gilt für die **Anpassung der mitgliedschaftlichen Rechte und Pflichten** aus vorhandenen Geschäftsanteilen nach § 57m Abs. 1 (→ § 57m Rn. 2 ff., → § 57m Rn. 12).

28   **3. Ergänzende Anforderungen. a) Grundsatz.** Der Erhöhungsbeschluss kann nach Abs. 2 nur gefasst werden, wenn zuvor der Jahresabschluss festgestellt sowie über die Ergeb-nisverwendung beschlossen worden ist. Das ist selbst dann erforderlich, wenn die Kapitaler-höhung gem. § 57f aufgrund einer Sonderbilanz durchgeführt wird.[64] Die zusätzlichen Erfordernisse dienen dem **Gebot der realen Kapitalaufbringung** (→ Rn. 2). Sie gewähr-leisten, dass die zur Umwandlung in Haftkapital erforderlichen Rücklagen im Gesellschafts-vermögen tatsächlich vorhanden und nicht zwischenzeitlich durch Ausschüttungen an Gesellschafter verringert worden sind.[65]

29   **b) Feststellung des Jahresabschlusses.** Vor Beschlussfassung über die nominelle Kapitalerhöhung muss zunächst der Jahresabschluss, bestehend aus Jahresbilanz, Gewinn-und Verlustrechnung sowie dem Anhang (§ 242 Abs. 3 HGB, § 264 Abs. 1 S. 1 HGB), für das letzte Geschäftsjahr festgestellt werden. Mit der **Feststellung** wird der von der Geschäftsführung nach § 41 aufgestellte Jahresabschluss, einschließlich der ausgeübten Bilan-zierungs- und Bewertungswahlrechte, für verbindlich erklärt.[66] Die **Kompetenz** für die Abschlussfeststellung liegt nach § 46 Nr. 1 bei den Gesellschaftern, soweit die Satzung keine abweichende Zuständigkeitsverteilung nach § 45 Abs. 2 vorsieht (→ § 46 Rn. 56 ff.). Obli-gatorisch ist eine Prüfung des Jahresabschlusses vor Feststellung nur bei großen und mittel-großen GmbH (§ 316 Abs. 1 HGB iVm § 267 Abs. 2 und 3 HGB). Für kleine Gesellschaften enthält das allgemeine Bilanzrecht keine entsprechende Prüfungspflicht (§ 316 Abs. 1 S. 1 HGB iVm § 267 Abs. 1 HGB). Gleiches gilt für Kleinstkapitalgesellschaften iSd § 267a Abs. 1 HGB, für die nach § 267a Abs. 2 HGB die für kleine Kapitalgesellschaften geltenden Vorschriften entsprechende Anwendung finden. Soll dem Erhöhungsbeschluss die Jahresbi-

---

61   Zutr. Noack/Servatius/Haas/*Servatius* Rn. 3; *Wicke* Rn. 6; abw. Lutter/Hommelhoff/*Kleindiek* Rn. 10.
62   *Blath* notar 2018, 423 (428).
63   Wie hier *Wicke* Rn. 6.
64   MHLS/*Hermanns* Rn. 7; Scholz/*Priester*/*Tebben* Rn. 7; HCL/*Ulmer*/*Casper* Rn. 12.
65   Scholz/*Priester*/*Tebben* Rn. 7; *Fröhlich*/*Primaczenko* GWR 2013, 437; vgl. noch MHLS/*Hermanns* Rn. 7 aE.
66   MHLS/*Hermanns* Rn. 6; Scholz/*Priester*/*Tebben* Rn. 8.

lanz zugrunde gelegt werden, ist auch bei kleinen Gesellschaften nach § 57e Abs. 1 eine Prüfung erforderlich. Soweit der Erhöhungsbeschluss auf Basis einer Zwischenbilanz erfolgt, muss diese nach § 57f Abs. 2 vor der Beschlussfassung geprüft und mit einem uneingeschränkten Bestätigungsvermerk versehen sein (→ § 57f Rn. 3 ff.).

c) Ergebnisverwendung. Weiterhin müssen die Gesellschafter über die Ergebnisver-　**30** wendung Beschluss fassen. Vorbehaltlich einer abweichenden Satzungsregelung haben die Gesellschafter nach § 29 Abs. 1 Anspruch auf Ausschüttung des gesamten Jahresergebnisses. Durch den Beschluss über die Ergebnisverwendung können die Gesellschafter nach § 29 Abs. 2 ebenso bestimmen, dass Beträge in Gewinnrücklagen eingestellt oder als Gewinn vorgetragen werden. Auf Rücklagenbildung gerichtete Beschlüsse sind indes anfechtbar, soweit der Gesellschaftsvertrag obligatorische Ausschüttungen vorsieht. Eine erfolgreiche Anfechtungsklage führt zum Wegfall der satzungswidrig gebildeten Rücklage, die folglich auch nicht zur Umwandlung in Haftkapital herangezogen werden kann.[67] Neben den im Jahresabschluss ausgewiesenen Rücklagen kann die nominelle Kapitalerhöhung außerdem auf neu gebildete Rücklagen gestützt werden, die nach § 57d Abs. 1 als Zuführung im letzten Verwendungsbeschluss auszuweisen sind (→ § 57d Rn. 8 ff.). Ausnahmsweise ist über die Ergebnisverwendung gem. § 57n Abs. 2 S. 2 nach der Kapitalerhöhung zu beschließen, soweit die neuen Geschäftsanteile bereits am Gewinn des vorangegangenen Geschäftsjahres partizipieren sollen (→ § 57n Rn. 4).

d) Zeitliche Abfolge, Bedingung. Aus § 57c Abs. 2, § 57n Abs. 2 ergibt sich, dass　**31** über die Kapitalerhöhung grundsätzlich erst nach Abschlussfeststellung und dem Beschluss über die Ergebnisverwendung beschlossen werden darf. Diese Reihenfolge wird nach ihrem Normzweck (→ Rn. 2, → Rn. 28) auch dann eingehalten, wenn die Beschlüsse **in derselben Gesellschafterversammlung** gefasst werden.[68] Aus Beweisgründen empfiehlt sich eine Zusammenfassung der Abschlussfeststellung, Gewinnverwendung und Kapitalerhöhung in einer Urkunde.[69] Erforderlich ist nur, dass die Voraussetzungen für die jeweiligen Beschlussfassungen rechtzeitig und vollständig vorliegen. Deshalb müssen bei kleinen GmbH iSd § 267 Abs. 1 HGB und Kleinstgesellschaften iSd § 267a HGB zu diesem Zeitpunkt nach § 57e Abs. 1, § 57f Abs. 2 auch bereits geprüfte Jahres- bzw. Zwischenbilanzen vorliegen. Fehlt es daran oder an anderen Voraussetzungen, kann die Kapitalerhöhung gleichwohl beschlossen werden, und zwar unter der **aufschiebenden Bedingung,** dass Anmeldung und Eintragung erst bei Vorliegen sämtlicher Voraussetzungen erfolgen sollen.[70] Hierdurch wird dem berechtigten Interesse der Gesellschafter an einer zügigen Durchführung der Kapitalerhöhung ebenso Rechnung getragen, wie dem auf reale Kapitalaufbringung gerichteten Normzweck des Abs. 2.

e) Bilanz. Dass dem Beschluss über die nominelle Kapitalerhöhung nach Abs. 3 eine　**32** Bilanz zugrunde zu legen ist, erklärt sich aus der **fundamentalen Bedeutung,** die der Bilanz und den dort ausgewiesenen Rücklagen für die Kapitalerhöhung aus Gesellschaftsmitteln im Hinblick auf das **Gebot der realen Kapitalaufbringung** und den damit verbundenen Gläubigerschutz zukommt. Ebenso wie bei der ordentlichen Kapitalerhöhung die effektive Zuführung frischen Kapitals durch notariell beglaubigte Übernahmeerklärungen nachzuweisen und von den Geschäftsführern nach § 57 Abs. 2 zu versichern ist, bildet bei der nominellen Kapitalerhöhung die Bilanz den maßgeblichen Nachweis dafür, dass die für die Umwandlung in Haftkapital erforderlichen Rücklagen tatsächlich im Gesellschaftsver-

---

[67]　Lutter/Hommelhoff/*Kleindiek* Rn. 11; Scholz/*Priester/Tebben* Rn. 9.

[68]　AllgM, Noack/Servatius/Haas/*Servatius* Rn. 5; Lutter/Hommelhoff/*Kleindiek* Rn. 8; MHLS/*Hermanns* Rn. 5; *Altmeppen* Rn. 10; Scholz/*Priester/Tebben* Rn. 10; HCL/*Ulmer/Casper* Rn. 13.

[69]　Näher *Fröhlich/Primaczenko* GWR 2013, 437 (438).

[70]　LG Duisburg Beschl. v. 9.12.1988 – 12 T 8/88, GmbHR 1990, 85 (86); Lutter/Hommelhoff/*Kleindiek* Rn. 9; MHLS/*Hermanns* Rn. 5; Scholz/*Priester/Tebben* Rn. 10; HCL/*Ulmer/Casper* Rn. 13; *Wicke* Rn. 4; Henssler/Strohn/*Gummert* Rn. 9; Noack/Servatius/Haas/*Servatius* Rn. 5 aE; aA *Fröhlich/Primaczenko* GWR 2013, 437 (438 f.).

mögen vorhanden sind.[71] Abs. 3 verlangt schlicht, dass dem Erhöhungsbeschluss eine Bilanz zugrunde liegt; die besonderen Anforderungen an diese Bilanz ergeben sich aus §§ 57e–57g, auf deren Erläuterung für Einzelfragen verwiesen wird. Als Grundlage dient nach § 57e Abs. 1 regelmäßig die festgestellte und geprüfte **Jahresbilanz** für das letzte vor Beschlussfassung abgelaufene Geschäftsjahr (→ § 57e Rn. 2 ff.), oder aber eine nach § 57f Abs. 2 speziell für die Kapitalerhöhung aufgestellte und geprüfte **Zwischenbilanz** (→ § 57f Rn. 3 ff.). Die besonderen Festsetzungen für **Sacheinlagen** (→ § 56 Rn. 37 ff.) müssen bei der nominellen Kapitalerhöhung selbst dann nicht beachtet werden, wenn die umgewandelte Rücklage ihre Entstehung einer Sacheinlage verdankt (→ § 57d Rn. 6).

V. Fehlerhafter Erhöhungsbeschluss

33   Wird gegen die besonderen Voraussetzungen des Abs. 2 und 3 verstoßen, ist der Erhöhungsbeschluss analog § 241 Nr. 3 AktG **nichtig,** da die verletzten Vorschriften dem Schutz der Gläubiger zu dienen bestimmt sind.[72] Ein Verstoß gegen das Bilanzerfordernis liegt auch vor, wenn die Bilanz nichtig oder wirksam angefochten ist (→ § 57d Rn. 31 f.).[73] Nichtig ist der Kapitalerhöhungsbeschluss regelmäßig auch dann, wenn es an den gesetzlichen Mindestvoraussetzungen (→ Rn. 18 ff.) fehlt.[74] Liegt ein Nichtigkeitsgrund vor, darf der Registerrichter die Kapitalerhöhung nicht eintragen (→ § 57i Rn. 20). Im Übrigen gelten die allgemeinen Grundsätze über die Fehlerhaftigkeit satzungsändernder Beschlüsse (→ § 54 Rn. 99 ff.).

VI. Kosten und Steuern

34   **1. Kosten.** Für die **notarielle Beurkundung** des Erhöhungsbeschlusses fällt nach KV 21100 GNotKG eine doppelte Gebühr, mindestens 120 Euro, an, wobei der Geschäftswert höchstens 5 Mio. Euro beträgt, auch wenn mehrere Beschlüsse mit verschiedenem Gegenstand in einem Beurkundungsverfahren zusammengefasst werden (§ 108 Abs. 5 GNotKG). Für die Beurkundung der **Anmeldung** zur Eintragung in das Handelsregister fällt nach KV 21201 Nr. 5 GNotKG eine halbe Gebühr nach KV 21100 GNotKG an, die mindestens 30 Euro beträgt. Für die **Eintragung** des Erhöhungsbeschlusses in das Handelsregister fällt nach § 58 Abs. 1 S. 1 Nr. 1, Abs. 2 GNotKG iVm GV 2400 HRegGebV eine Aufwandsgebühr iHv 270 Euro an. Außerdem verursacht die **Bekanntmachung** Kosten nach KV 31004 GNotKG. Die **Anpassung der Satzung** ist nicht gebührenpflichtig, soweit sie mit der Eintragung des Erhöhungsbeschlusses durchgeführt wird. Das gilt sowohl für die Notarkosten (KV Vorbem. 2.1 Nr. 4 GNotKG) als auch für die Kosten der Registereintragung.[75]

35   **2. Steuern. a) Keine Einkommensteuer.** Die im Zuge der nominellen Kapitalerhöhung von den Gesellschaftern erworbenen neuen Anteilsrechte zählen nach § 1 **Kapitalerhö-**

---

[71]   Vgl. MHLS/*Hermanns* Rn. 12 aE; Scholz/*Priester/Tebben* Rn. 11; HCL/*Ulmer/Casper* Rn. 14; *Geßler* WM-Beil. 1/1960, 11 (12); *Blath* notar 2018, 423 (424).

[72]   LG Duisburg Beschl. v. 9.12.1988 – 12 T 8/88, GmbHR 1990, 85 (86); MHLS/*Hermanns* Rn. 26; *Altmeppen* Rn. 12; HCL/*Ulmer/Casper* Rn. 15; *Fröhlich/Primaczenko* GWR 2013, 437 (438); *Blath* notar 2018, 423 (432); ebenso (beschränkt auf Abs. 2) Rowedder/Schmidt-Leithoff/*Schnorbus* Rn. 16; aA – für Verstoß gegen Abs. 2 – Noack/Servatius/Haas/*Servatius* Rn. 5: Verstoß gegen die zeitliche Reihenfolge ist kein Inhaltsmangel, sodass Beschluss nur anfechtbar ist; ebenso nunmehr auch Lutter/Hommelhoff/*Kleindiek* Rn. 12; *Wicke* Rn. 4, Scholz/*Priester/Tebben* Rn. 13; wohl auch Henssler/Strohn/*Gummert* Rn. 9.

[73]   Noack/Servatius/Haas/*Servatius* Rn. 7; Lutter/Hommelhoff/*Kleindiek* Rn. 11; Scholz/*Priester/Tebben* Rn. 13.

[74]   *Altmeppen* Rn. 12; Scholz/*Priester/Tebben* Rn. 13; HCL/*Ulmer/Casper* Rn. 15.

[75]   Zur AG nach altem Recht BayObLG Beschl. v. 27.3.1975 – BReg. 3 Z 88/73, AG 1975, 248 (249); BayObLG Beschl. v. 16.6.1978 – BReg. 3 Z 36/76, BayObLGZ 1978, 146 (151) = AG 1978, 295; BayObLG Beschl. v. 15.6.1978 – BReg. 3 Z 167/77, AG 1978, 295; OLG Düsseldorf Beschl. v. 15.6.1966 – 10 W 43/66, Rpfleger 1967, 57.

hungssteuergesetz (KapErhStG)[76] nicht zu den Einkünften iSd § 2 Abs. 1 EStG. Hierdurch wird die von der früheren Rspr. befürwortete Doppelbesteuerung (→ Rn. 5) vermieden. Die einkommensteuerrechtliche Neutralität der nominellen Kapitalerhöhung ist letztlich die Konsequenz aus der gesetzlichen Anerkennung der Einheitstheorie (→ Rn. 6).[77] Die Kapitalerhöhung aus Gesellschaftsmitteln unterliegt als einheitlicher Vorgang nur der Körperschaftsteuer, die auf die in Rücklagen eingestellten Gewinne erhoben wird.

Werden die besonderen **Vorschriften** der §§ 57c–57o **nicht eingehalten,** kommt § 1   **36** KapErhStG nicht zur Anwendung.[78] Es handelt sich in diesem Fall um eine Doppelmaßnahme, die als **verdeckte Gewinnausschüttung** zu besteuern ist.[79] Anderes gilt, wenn die Kapitalmaßnahme fehlerhaft als nominelle Kapitalerhöhung in das Handelsregister eingetragen wird, da die konstitutive Wirkung der Handelsregistereintragung für die steuerrechtliche Beurteilung verbindlich ist.[80]

b) Körperschaftsteuer. Die Gesellschafter können gesellschaftsrechtlich frei darüber   **37** entscheiden, welche der gebildeten Rücklagen in Stammkapital umgewandelt werden soll. Nach der **Fiktion** des § 28 Abs. 1 S. 1 KStG gilt in steuerrechtlicher Hinsicht als umgewandelt zunächst der positive Bestand des Einlagekontos iSd § 27 Abs. 1 S. 1 KStG (Kapitalrücklage), bevor es auf die sonstigen Rücklagen, namentlich Gewinnrücklagen, ankommt. Gelten Gewinnrücklagen als berührt, sind diese Beträge nach § 28 Abs. 1 S. 3 KStG in einer steuerlichen Sonderrechnung separat auszuweisen und getrennt festzustellen. Bei einer späteren **Kapitalherabsetzung** wird gem. § 28 Abs. 2 S. 1 KStG zunächst dieser Teil des Erhöhungsbetrags verwendet. Die Rückzahlung an Gesellschafter gilt in diesem Fall nach § 28 Abs. 2 S. 2 KStG als Gewinnausschüttung, die bei natürlichen Personen ab Veranlagungszeitraum 2009[81] dem Teileinkünfteverfahren gem. § 20 Abs. 1 Nr. 2 S. 2 EStG, § 3 Nr. 40 S. 1 lit. a EStG bzw. der Abgeltungssteuer unterliegt (→ Rn. 39).[82]

c) Anschaffungskosten. Um die Entstehung eines Bilanzgewinns durch die neu ent-   **38** standenen Anteilsrechte zu vermeiden, sind nach § 3 KapErhStG die Anschaffungskosten der alten Geschäftsanteile – nach dem Verhältnis der Anteilsrechte am Stammkapital – auf die alten und neuen Geschäftsanteile zu verteilen. Diese steuerrechtliche Bestimmung ist das Pendant zu der bilanzrechtlichen Vorschrift des § 57o, auf dessen Erläuterung für Einzelheiten verwiesen wird. § 3 KapErhStG kommt nicht zur Anwendung, wenn der Gesellschafter nicht mit den Anschaffungskosten, sondern mit einem anderen zulässigen Wert bilanziert; maßgeblich ist in diesem Fall der andere Wert.[83]

d) Privates Veräußerungsgeschäft. Die Sonderregeln für private Veräußerungsge-   **39** schäfte nach § 23 Abs. 1 S. 1 Nr. 2 EStG aF[84] gelten für Geschäftsanteile, die vor dem Veranlagungszeitraum 2009 privat erworben worden sind. Danach erworbene Anteile unter-

---

76   Gesetz über steuerrechtliche Maßnahmen bei Erhöhung des Nennkapitals aus Gesellschaftsmitteln und bei Überlassung von eigenen Aktien an Arbeitnehmer v. 30.12.1959, BGBl. 1959 I 834; dazu näher Hachenburg/*Ulmer* § 57b Anh. Vor § 1 KapErhG Rn. 15.
77   Zutr. Rowedder/Schmidt-Leithoff/*Zimmermann,* 4. Aufl. 2002, Rn. 21; Scholz/*Priester,* 9. Aufl. 2002, Vor § 57c Rn. 24.
78   *Altmeppen* Rn. 15; Scholz/*Priester,* 9. Aufl. 2002, Vor § 57c Rn. 25; vgl. noch Begr. RegE, BT-Drs. 7/4803, 36.
79   BFH v. 5.4.1978 – I R 164/75, BStBl. II 1978, 414 (416).
80   BFH Urt. v. 10.10.1973 – I R 18/72, BStBl. II 1974, 32 (33); Urt. v. 27.3.1979 – VIII R 147/76, BStBl. II 1979, 560 (561).
81   Zuvor galt das Teileinkünfteverfahren nach § 20 Abs. 1 Nr. 2 S. 2 EStG aF, § 3 Nr. 40 S. 1 lit. a EStG aF.
82   Lutter/Hommelhoff/*Lutter/Kleindiek* Rn. 19; Rowedder/Schmidt-Leithoff/*Schnorbus* Rn. 20; zur AG MüKoAktG/*Arnold* AktG § 27 Rn. 47.
83   *Streck* KStG § 3 KapErhStG Rn. 4; Scholz/*Priester,* 9. Aufl. 2002, Vor § 57c Rn. 27.
84   Dazu → 1. Aufl. 2011, Rn. 39; BFH Urt. v. 25.2.2009 – IX R 26/08, DStR 2009, 1423 (1425); Urt. v. 9.11.2010 – IX R 24/09, BFHE 231, 557 Rn. 21 = DStR 2011, 212; Lutter/Hommelhoff/*Lutter,* 17. Aufl. 2009, Rn. 18; Rowedder/Schmidt-Leithoff/*Zimmermann,* 4. Aufl. 2002, Rn. 23; Scholz/*Priester,* 9. Aufl. 2002, Vor § 57c Rn. 28; *Stegemann* BB 2000, 953 (956).

liegen der **Abgeltungssteuer** für künftige private Veräußerungsgewinne von 25 % (§ 32d EStG).[85] Bei Veräußerung von im Betriebsvermögen gehaltenen Anteilen sowie von im Privatvermögen gehaltenen Anteilen bei einer Beteiligung von mindestens 1 % gilt ab einer Anteilsveräußerung zum 1.1.2009 das **Teileinkünfteverfahren,** demzufolge 60 % der Erträge nach § 3 Nr. 40 EStG zu versteuern sind.[86] Für an Körperschaften beteiligte Körperschaften sind Gewinnausschüttungen in Höhe von 95 % von der Körperschaftsteuer befreit (§ 8b Abs. 1 S. 1, Abs. 5 S. 1 KStG). Ist der Umwandlung des steuerlichen Einlagekontos in Nennkapital eine Kapitalherabsetzung nachgeschaltet, ist die Gewinnausschüttung nach § 28 Abs. 2 S. 3 KStG nicht steuerpflichtig.

40   **e) Verfahren.** Die Gesellschaft hat die nominelle Kapitalerhöhung gem. § 4 KapErhStG innerhalb von zwei Wochen nach Eintragung des Erhöhungsbeschlusses in das Handelsregister dem Finanzamt mitzuteilen. Der Mitteilung ist eine Abschrift des Kapitalerhöhungsbeschlusses beizufügen.

§ 57d Ausweisung von Kapital- und Gewinnrücklagen

(1) Die Kapital- und Gewinnrücklagen, die in Stammkapital umgewandelt werden sollen, müssen in der letzten Jahresbilanz und, wenn dem Beschluß eine andere Bilanz zugrunde gelegt wird, auch in dieser Bilanz unter „Kapitalrücklage" oder „Gewinnrücklagen" oder im letzten Beschluß über die Verwendung des Jahresergebnisses als Zuführung zu diesen Rücklagen ausgewiesen sein.

(2) Die Rücklagen können nicht umgewandelt werden, soweit in der zugrunde gelegten Bilanz ein Verlust, einschließlich eines Verlustvortrags, ausgewiesen ist.

(3) Andere Gewinnrücklagen, die einem bestimmten Zweck zu dienen bestimmt sind, dürfen nur umgewandelt werden, soweit dies mit ihrer Zweckbestimmung vereinbar ist.

Schrifttum: s. § 57c.

Übersicht

I. Zweck und Inhalt der Norm

1   Die Vorschrift normiert, unter welchen Voraussetzungen Rücklagen in Stammkapital umgewandelt werden dürfen und welche Bilanzpositionen für eine Umwandlung ausschei-

---

[85]   Dazu näher *Rödder* DStR-Beiheft 40/2007, 17; *Brusch* FR 2007, 999; vgl. noch Rowedder/Schmidt-Leithoff/*Schnorbus* Rn. 19.

[86]   Ausf. *Rech* BC 2008, 86.

den. Diese Erfordernisse stellen sicher, dass sich im Gesellschaftsvermögen tatsächlich genügend frei verfügbares Eigenkapital befindet, das durch die Kapitalerhöhung aus Gesellschaftsmitteln in Haftkapital umgewandelt werden kann. § 57d enthält damit für die nominelle Kapitalerhöhung eine spezielle Ausformung des **Gebots der realen Kapitalaufbringung.**[1] Die Vorschrift erleichtert dem Registerrichter zugleich die Prüfung des Vorhandenseins umwandlungsfähiger Eigenkapitalpositionen (→ § 57i Rn. 18).[2]

Zu diesem Zweck bestimmt Abs. 1, dass zunächst nur **Kapital- und Gewinnrückla-** 2 **gen** für eine Umwandlung in Haftkapital in Betracht kommen (→ Rn. 4 ff.). Sie müssen sich aus der letzten Jahresbilanz ergeben und außerdem in der Zwischenbilanz enthalten sein, soweit diese der Kapitalerhöhung zugrunde gelegt wird (→ Rn. 20). Umwandlungsfähig sind außerdem Zuführungen, die sich nicht aus der letzten Jahresbilanz ergeben, sondern dem letzten Jahresergebnis entstammen (→ Rn. 8 ff.).

Die in Abs. 2 und 3 enthaltenen **Umwandlungsbeschränkungen** verfolgen verschie- 3 dene Zielsetzungen: Das Verbot, Rücklagen im Fall eines Verlustausweises umzuwandeln (Abs. 2; → Rn. 21 f.), dient ebenso wie Abs. 1 (→ Rn. 1) dem Gebot der effektiven Kapitalaufbringung im **Interesse der Gesellschaftsgläubiger.**[3] Im Gegensatz dazu zielt Abs. 3 auf den **Schutz der (Minderheits-)Gesellschafter** ab.[4] Danach können zweckbestimmte Gewinnrücklagen nur dann zur Umwandlung herangezogen werden, wenn dies mit der Zweckbestimmung in Einklang steht (→ Rn. 24 ff.). Die Vorschrift schützt insofern den mittels Beschlussfassung geäußerten Willen der Gesellschafter, in ihrem Interesse Gewinnrücklagen für bestimmte Zwecke zu bilden. Die unterschiedliche Schutzrichtung von Abs. 2 und 3 wirkt sich namentlich auf die Mängelfolgen aus (→ Rn. 31 f.).

II. Umwandlungsvoraussetzungen

1. Umwandlungsfähige Positionen. a) Rücklagen.
Zur Umwandlung in Stamm- 4 kapital kommen nach Abs. 1 die in der maßgeblichen Bilanz (→ Rn. 20) als „Kapitalrücklage" oder „Gewinnrücklagen" bezeichneten Positionen in Betracht. Damit nimmt das GmbH-Recht Bezug auf die Bilanzgliederung nach § 266 Abs. 3 HGB sowie die flankierenden Regelungen des § 272 Abs. 2–5 HGB. Die umwandlungsfähigen Positionen sind im Hinblick auf den Zweck der Vorschrift (→ Rn. 1) streng formalisiert und abschließend in Abs. 1 geregelt.[5] Eine Ausdehnung auf nicht ausdrücklich genannte Positionen scheidet aus.

aa) Kapitalrücklage.
In die Kapitalrücklage einzustellen sind nach § 272 Abs. 2 HGB 5 Aufgelder (Agio) bei der Ausgabe neuer Geschäftsanteile (→ § 55 Rn. 65 ff.), Zuzahlungen für an Gesellschafter gewährte Vorzüge (→ § 55 Rn. 64), (bei der GmbH seltene) Einnahmen für die Ausgabe von Wandelschuldverschreibungen (→ § 55 Rn. 10) sowie anderweitige von den Gesellschaftern geleistete Zahlungen ins Eigenkapital der GmbH.

Bei den letztgenannten „anderen Zuzahlungen" iSd § 272 Abs. 2 Nr. 4 HGB kann es 6 sich sowohl um Bareinlagen als auch um **Sacheinlagen** handeln.[6] Erfasst werden sämtliche Vermögensgegenstände, deren Wert feststellbar ist und die von den Gesellschaftern freiwillig in die Kapitalrücklage als Kapitalzuführung eingebracht werden.[7] Das gilt auch dann, wenn ein Sachgegenstand deshalb in die Rücklage eingestellt wird, um eine nominelle Kapitaler-

1   Vgl. MHLS/*Hermanns* Rn. 1; Rowedder/Schmidt-Leithoff/*Schnorbus* Rn. 1; Scholz/*Priester/Tebben* Rn. 1; *Wicke* Rn. 1; Bork/Schäfer/*Arnold/Born* Rn. 1.
2   So auch Scholz/*Priester/Tebben* Rn. 1; vgl. noch HCL/*Ulmer/Casper* Rn. 9 zum formellen Bilanzausweis.
3   Vgl. noch MHLS/*Hermanns* Rn. 1; Scholz/*Priester/Tebben* Rn. 1.
4   Wie hier Lutter/Hommelhoff/*Kleindiek* Rn. 2; MHLS/*Hermanns* Rn. 22 aE; Scholz/*Priester/Tebben* Rn. 1; jetzt auch Rowedder/Schmidt-Leithoff/*Schnorbus* Rn. 1; abw. HCL/*Ulmer/Casper* Rn. 14: Schutz des Gesellschaftsinteresses.
5   MHLS/*Hermanns* Rn. 2 f.; zur Parallelvorschrift des § 208 Abs. 1 S. 1 AktG GroßkommAktG/*Hirte* AktG § 208 Rn. 3.
6   Zust. *Blath* notar 2018, 423 (426).
7   OLG Hamm Beschl. v. 22.1.2008 – 15 W 246/07, ZIP 2008, 1475 (1476) = DStR 2008, 988; MüKoHGB/*Reiner* HGB § 272 Rn. 99 ff.; EBJS/*Böcking/Gros* HGB § 272 Rn. 20 ff.; *Küting/Kessler* BB 1989, 25 (30, 32).

höhung durchzuführen.[8] Die Sacheinlagevorschriften der ordentlichen Kapitalerhöhung (→ § 56 Rn. 37 ff.) kommen nicht zur Anwendung, da die Interessen der Gesellschaftsgläubiger durch das besondere Verfahren der Kapitalerhöhung aus Gesellschaftsmitteln (→ § 57c Rn. 20 ff.; → § 57i Rn. 2 ff., → § 57i Rn. 15 ff., → § 57i Rn. 21 ff.) ausreichend gewährleistet sind.[9] Das Gebot der realen Kapitalaufbringung kann es indes erfordern, dass das Registergericht ausnahmsweise auch die Richtigkeit der zugrunde liegenden Bilanz prüft (→ § 57i Rn. 19).[10]

7   **bb) Gewinnrücklagen.** Die Gewinnrücklagen umfassen nach § 266 Abs. 3 A.III. HGB die gesetzliche Rücklage, die nunmehr für die Unternehmergesellschaft nach § 5a Abs. 3 S. 1 (→ § 5a Rn. 29 ff.) vorgesehen ist, die Rücklage für Anteile am herrschenden Unternehmen (→ Rn. 30), die satzungsmäßigen Rücklagen und andere Gewinnrücklagen. Dabei dürfen nur solche Beträge als Gewinnrücklagen ausgewiesen werden, die im jeweiligen Geschäftsjahr oder in einem Geschäftsjahr zuvor aus dem Jahresergebnis gebildet worden sind (§ 272 Abs. 3 S. 1 HGB).

8   **b) Rücklagenzuführung.** Neben den in der Bilanz ausdrücklich als Kapital- und Gewinnrücklagen bezeichneten Beträgen sind nach Abs. 1 aE auch die im letzten Bilanzfeststellungsbeschluss ausgewiesenen **Zuführungen zu diesen Rücklagen umwandlungsfähig.** Das war vor dem Bilanzrichtlinien-Gesetz von 1985 (→ § 57c Rn. 8 aE) noch umstritten[11] und ist heute ausdrücklich anerkannt.[12]

9   Die **praktische Bedeutung** solcher Zuführungen ist indes **gering,** da die Gesellschafter nach § 268 Abs. 1 HGB die Bilanz auch unter Berücksichtigung der vollständigen oder teilweisen Verwendung des Jahresergebnisses aufstellen können. Die Gesellschafter sind berechtigt, das Jahresergebnis im Zeitpunkt des Ergebnisverwendungsbeschlusses in umwandlungsfähige Rücklagen iSd Abs. 1 einzustellen, soweit dies gesellschaftsvertraglich zulässig ist (→ § 57c Rn. 32).[13] Ist dieser Weg versperrt, kommt eine Zuführung zu den Rücklagen iSd Abs. 1 aE in Betracht. Das gilt insbesondere, wenn über die Ergebnisverwendung erst nach der Bilanzfeststellung beschlossen wird[14] oder wenn über Bilanzfeststellung und Ergebnisverwendung unterschiedliche Gesellschaftsorgane entscheiden.[15]

10   Rücklagenzuführungen sind nur dann umwandlungsfähig, wenn der Kapitalerhöhung die festgestellte und geprüfte **Jahresbilanz** des letzten Geschäftsjahres (→ § 57e Rn. 3 ff.) zugrunde gelegt wird. Beruht die Kapitalerhöhung hingegen auf einer **Zwischenbilanz** iSd § 57f Abs. 1 (→ § 57f Rn. 3 ff.), dann müssen die im letzten Jahresabschluss den Rücklagen zugeführten Beträge dort schon als regulär umwandlungsfähige Rücklagen ausgewiesen sein.[16] Das ergibt sich aus dem insofern eindeutigen Wortlaut der Vorschrift, der bei zugrunde gelegter Zwischenbilanz nur den Rücklagenausweis, nicht aber die Rücklagenzuführung genügen lässt.

---

[8]   OLG Hamm Beschl. v. 22.1.2008 – 15 W 246/07, ZIP 2008, 1475 (1476) = DStR 2008, 988; *Blath* notar 2018, 423 (426).

[9]   BGH Urt. v. 26.5.1997 – II ZR 69/96, BGHZ 135, 381 (384 f.) = NJW 1997, 2516; OLG Hamm Beschl. v. 22.1.2008 – 15 W 246/07, ZIP 2008, 1475 (1476 f.) = DStR 2008, 988; GroßkommAktG/ *Hirte* AktG § 207 Rn. 8; MüKoAktG/*Schürnbrand/Verse* AktG § 183 Rn. 29; *Bayer* ZIP 1998, 1985 (1989); *Priester* GmbHR 1998, 861 (865); *Blath* notar 2018, 423 (426).

[10]   Speziell für diesen Fall OLG Hamm Beschl. v. 22.1.2008 – 15 W 246/07, ZIP 2008, 1475 (1478) = DStR 2008, 988; *Blath* notar 2018, 423 (426).

[11]   Dazu Hachenburg/*Ulmer,* 7. Aufl. 1984, KapErhG § 2 Rn. 5; Scholz/*Priester,* 6. Aufl. 1983, KapErhG § 2 Rn. 8 ff.

[12]   Noack/Servatius/Haas/*Servatius* Rn. 3; *Altmeppen* Rn. 4; BeckOK GmbHG/*Rühland* Rn. 2; *Wicke* Rn. 3.

[13]   Lutter/Hommelhoff/*Kleindiek* Rn. 13; MHLS/*Hermanns* Rn. 21; Rowedder/Schmidt-Leithoff/*Schnorbus* Rn. 5; HCL/*Ulmer/Casper* Rn. 6; Scholz/*Priester/Tebben* Rn. 6.

[14]   MHLS/*Hermanns* Rn. 19; HCL/*Ulmer/Casper* Rn. 6 aE.

[15]   MHLS/*Hermanns* Rn. 19; Scholz/*Priester/Tebben* Rn. 6; HCL/*Ulmer/Casper* Rn. 6.

[16]   Lutter/Hommelhoff/*Kleindiek* Rn. 14; MHLS/*Hermanns* Rn. 20; *Altmeppen* Rn. 7; Scholz/*Priester/Tebben* Rn. 6 aE; HCL/*Ulmer/Casper* Rn. 5, 9.

Die Umwandlung von Rücklagenzuführungen scheidet weiterhin aus, wenn die neuen **11** Geschäftsanteile **rückwirkend am Gewinn** des letzten Geschäftsjahres **berechtigt** sein sollen.[17] Denn nach § 57n Abs. 2 S. 2 (→ § 57n Rn. 4) folgt der Ergebnisverwendungsbeschluss für das letzte Geschäftsjahr – anders als im Regelfall des § 57c Abs. 2 – dem Kapitalerhöhungsbeschluss zeitlich nach.

c) Nachschusskapital. Das von den Gesellschaftern der GmbH nach Maßgabe der **12** §§ 26–28 zugeführte Nachschusskapital ist in der Bilanz nach § 42 Abs. 2 S. 3 als „Kapitalrücklage" gesondert zu vermerken. Diese Rücklage kann im Rahmen einer nominellen Kapitalerhöhung in Stammkapital umgewandelt werden. Voraussetzung ist allerdings, dass die Nachschüsse **tatsächlich eingezahlt** sind.[18] Nicht eingezahlte Nachschüsse sind nicht umwandlungsfähig.[19] Dem stehen das Gebot der realen Kapitalaufbringung (→ Rn. 1) und damit letztlich **Gläubigerschutzerwägungen** entgegen.[20] Die schuldrechtliche Forderung gegen den Gesellschafter steht dem tatsächlichen Vorhandensein der Finanzmittel nicht gleich. Ebenso wie bei der ordentlichen Kapitalerhöhung muss auch hier die Einlageleistung erbracht sein, denn nur eingezahltes, tatsächlich vorhandenes Vermögen kann in Haftkapital umgewandelt werden. Dem steht auch § 19 Abs. 5 nicht entgegen, wonach die Einlagenrückgewähr an Gesellschafter nunmehr unter strengen Voraussetzungen zulässig ist. Denn auch nach dieser Vorschrift ist erforderlich, dass die Einlage zunächst tatsächlich geleistet worden ist. Das bloße Bestehen oder die Einbuchung einer Forderung gegen den Gesellschafter sind nicht ausreichend. Zudem kommt eine Auflösung der nach § 42 Abs. 2 S. 3 gebildeten Kapitalrücklage erst dann in Betracht, wenn die Nachschüsse tatsächlich eingezahlt sind. Vor diesem Zeitpunkt dient die Rücklage als bilanzieller Ausgleich für die nach § 42 Abs. 2 S. 2 ausgewiesenen „eingeforderten Nachschüsse".[21]

2. Bilanzausweis. Die Rücklagen müssen nicht nur materiellrechtlich umwandlungs- **13** fähige Bilanzpositionen darstellen, sondern nach Abs. 1 auch **ausdrücklich** als Rücklagen oder Rücklagenzuführung **ausgewiesen** sein. Das dient dem Gebot der realen Kapitalaufbringung und erleichtert die Bilanzprüfung (→ Rn. 1).

a) Stille Reserve. Reserven, die in der Bilanz nicht ausdrücklich als Rücklagen ausge- **14** wiesen sind, können nach dem insoweit eindeutigen Wortlaut des Abs. 1 auch nicht zur Umwandlung in Haftkapital herangezogen werden.[22] Im Hinblick auf den Normzweck der Vorschrift (→ Rn. 1) ist das Erfordernis des formellen Bilanzausweises streng zu interpretieren (→ Rn. 4). Zudem bieten nicht ausgewiesene Reserven keine genügende Sicherheit für die Kapitalaufbringung. Anderes gilt aber, nachdem die stillen Reserven nach Maßgabe der bilanzrechtlichen Vorschriften aufgelöst und den Rücklagen zugeführt worden sind.[23]

b) Jahresüberschuss. Der Jahresüberschuss nach § 266 Abs. 3 A.V. HGB kann mangels **15** Rücklagenausweis ebenso wenig in Haftkapital umgewandelt werden.[24] Hierdurch wird zugleich sichergestellt, dass die Gesellschaft autonom über die Ausschüttung von Gewinnen entscheiden kann.[25]

17   Lutter/Hommelhoff/*Kleindiek* Rn. 13 aE; HCL/*Ulmer/Casper* Rn. 7.
18   Noack/Servatius/Haas/*Servatius* Rn. 2; Lutter/Hommelhoff/*Kleindiek* Rn. 5; MHLS/*Hermanns* Rn. 7; *Altmeppen* Rn. 8; Rowedder/Schmidt-Leithoff/*Schnorbus* Rn. 6; Scholz/*Priester/Tebben* Rn. 8; HCL/*Ulmer/Casper* Rn. 4; Gehrlein/Born/Simon/*Kowalski* Rn. 6.
19   So aber *Küting/Weber* GmbHR 1984, 165 (173).
20   In diese Richtung auch MHLS/*Hermanns* Rn. 7 aE; Scholz/*Priester/Tebben* Rn. 8.
21   Vgl. Lutter/Hommelhoff/*Kleindiek* Rn. 5; *Altmeppen* Rn. 8; HCL/*Ulmer/Casper* Rn. 4.
22   MHLS/*Hermanns* Rn. 16; Lutter/Hommelhoff/*Kleindiek* Rn. 6; *Altmeppen* Rn. 5; Scholz/*Priester/Tebben* Rn. 4; HCL/*Ulmer/Casper* Rn. 5, 9; BeckOK GmbHG/*Rühland* Rn. 13; *Blath* notar 2018, 423 (426 f.).
23   Noack/Servatius/Haas/*Servatius* Rn. 1; Lutter/Hommelhoff/*Kleindiek* Rn. 6; *Altmeppen* Rn. 5; Rowedder/Schmidt-Leithoff/*Schnorbus* Rn. 2 aE; Scholz/*Priester/Tebben* Rn. 4; HCL/*Ulmer/Casper* Rn. 5; Bork/Schäfer/*Arnold/Born* Rn. 4; *Förster/Müller* AG 1960, 83 (86).
24   *Altmeppen* Rn. 4; Scholz/*Priester/Tebben* Rn. 6.
25   Amtl. Begr., BT-Drs. III/416, 11; Scholz/*Priester/Tebben* Rn. 6.

16   **c) Gewinnvortrag.** Auch ein Gewinnvortrag kann nicht zur nominellen Kapitalerhöhung verwandt werden, da es an der Rücklagenzuweisung durch die Gesellschafter fehlt[26] und der Gewinnvortrag zudem nur vorläufiger Natur ist.[27] Umwandlungsfähig sind Gewinnvorträge erst dann, wenn sie ausdrücklich in Rücklagen eingestellt worden sind.[28]

17   **d) Rückstellungen.** Ebenso wenig umwandlungsfähig sind Rückstellungen, die Fremdkapitalcharakter besitzen. Nur wenn Rückstellungen im Rahmen eines Jahresabschlusses aufgelöst und in Rücklagen eingestellt worden sind, können sie zur nominellen Erhöhung des Stammkapitals herangezogen werden.[29]

18   **e) Künftige Rücklagen.** Entgegen einer im Schrifttum vertretenen Ansicht[30] kann die nominelle Kapitalerhöhung nicht dergestalt aufschiebend bedingt beschlossen werden, dass die Anmeldung zur Eintragung in das Handelsregister erst nach zukünftiger Bildung der erforderlichen Rücklagen erfolgen soll.[31] Zum einen verlangt Abs. 1 einen formellen Ausweis der Rücklagen in der Bilanz; dieser fehlt naturgemäß bei erst später gebildeten Rücklagen. Zum anderen würde durch diese Auffassung die autonome Entscheidungsmacht der Gesellschafter über die Gewinnverwendung beeinträchtigt.[32] Zulässig ist es indes, die Anmeldung der Kapitalerhöhung unter die aufschiebende Bedingung zu stellen, dass die Jahresbilanz nach dem zuvor gefassten Erhöhungsbeschluss ordnungsgemäß geprüft und festgestellt wird (→ § 57c Rn. 33).

19   **f) Sonderposten mit Rücklagenanteil.** Ebenfalls von der Umwandlung ausgeschlossen sind vor der Novellierung durch das **BilMoG** gebildete Sonderposten mit Rücklagenanteil iSd § 247 Abs. 3 HGB aF, § 273 HGB aF.[33] Dabei handelt es sich um Passivpositionen, die in der Bilanz im Hinblick auf künftige Einkommen- und Ertragsteuern ausgewiesen sind, wie zB Rücklagen für Auslandsinvestitionen, Ersatzbeschaffungen und Preissteigerungen.[34] Die Umwandlungsfähigkeit solcher Positionen scheitert in formeller Hinsicht daran, dass Sonderposten mit Rücklagenanteil nicht als Rücklagen iSd Abs. 1 in der Bilanz ausgewiesen sind.[35] In der Sache beruht der Ausschluss darauf, dass es sich dabei materiell gesehen um Rückstellungen handelt, deren tatsächlicher Eigenkapitalanteil von der künftigen Steuerbelastung abhängig ist und daher vor Auflösung keine sichere Grundlage für eine nominelle Kapitalerhöhung darstellt.[36] Eines eigenständigen Ausschlusstatbestandes, wie ihn § 2 Abs. 2 S. 2 Nr. 3 KapErhG aF früher vorsah, bedarf es daher nicht. Die Novellierung durch das BilMoG hat zum ersatzlosen Wegfall der Vorschriften geführt.[37]

20   **3. Maßgebliche Bilanz.** Rücklagen und Rücklagenzuführung müssen sich nach dem gesetzlichen Normalfall aus der Bilanz des letzten Geschäftsjahres ergeben. Beruht die Kapitalerhöhung stattdessen auf einer **Zwischenbilanz** iSd § 57f Abs. 1 (→ § 57f Rn. 3 ff.),

---

[26]   Wie hier MHLS/*Hermanns* Rn. 17; Scholz/*Priester/Tebben* Rn. 4; HCL/*Ulmer/Casper* Rn. 8; *Geßler* WM-Beil. 1/1960, 11 (13); *Schippel* DNotZ 1960, 353 (357); *Forster/Müller* AG 1960, 83 (86).

[27]   Vgl. Scholz/*Verse* § 29 Rn. 46; MHLS/*Hermanns* Rn. 17.

[28]   MHLS/*Hermanns* Rn. 17 aE; Scholz/*Priester/Tebben* Rn. 4 aE; HCL/*Ulmer/Casper* Rn. 9; *Schippel* DNotZ 1960, 353 (357 f.).

[29]   Scholz/*Priester/Tebben* Rn. 4; HCL/*Ulmer/Casper* Rn. 9.

[30]   So zur AG *Beitzke* FS A. Hueck, 1959, 295 (302 ff.).

[31]   Abl. auch MHLS/*Hermanns* Rn. 17; Lutter/Hommelhoff/*Kleindiek* Rn. 6; *Altmeppen* Rn. 4; Scholz/*Priester/Tebben* Rn. 7; BeckOK GmbHG/*Rühland* Rn. 14.1; *Geßler* DNotZ 1960, 619 (627).

[32]   Der von Scholz/*Priester/Tebben* Rn. 7 zusätzlich ins Feld geführte Gedanke des Gläubigerschutzes ist demgegenüber von untergeordneter Bedeutung.

[33]   Zur Beibehaltung solcher Sonderposten für die Zukunft ausf. *Dettmeier* DB 2009, 2124; *Briese/Suermann* DB 2010, 121 (122 f.).

[34]   Vgl. Scholz/*Priester*, 9. Aufl. 2002, Rn. 14; HCL/*Ulmer/Casper* Rn. 13; *Forster/Müller* AG 1960, 83 (85).

[35]   Noack/Servatius/Haas/*Servatius* Rn. 1; Rowedder/Schmidt-Leithoff/*Schnorbus* Rn. 10; Scholz/*Priester*, 9. Aufl. 2002, Rn. 14; Ulmer/Habersack/Winter/*Ulmer*, 2008, Rn. 13.

[36]   Vgl. noch Lutter/Hommelhoff/*Kleindiek* Rn. 6; MHLS/*Hermanns* Rn. 3; Rowedder/Schmidt-Leithoff/*Schnorbus* Rn. 10; Scholz/*Priester/Tebben* Rn. 11.

[37]   Dazu s. Begr. RegE, BT-Drs. 16/10 067, 49.

müssen die Rücklagen in beiden Bilanzen ausgewiesen sein.[38] Eine Rücklagenzuführung nach Feststellung der Jahresbilanz scheidet in diesem Fall aus.

III. Umwandlungsbeschränkungen

1. Verluste. Steht den Rücklagen ein Verlust oder Verlustvortrag auf der Aktivseite der **21** maßgeblichen Bilanz entgegen, kommen sie nach Abs. 2 für eine Umwandlung nicht in Betracht. Solche Gegenpositionen zum Eigenkapital vermindern bei Auflösung die Rücklage, sodass deren formeller Ausweis in materieller Hinsicht für eine reale Erweiterung der Haftkapitalbasis im Wege der nominellen Kapitalerhöhung ausscheidet. Insoweit fehlt es an dem **tatsächlichen Vorhandensein frei verfügbaren Vermögens.** Das Umwandlungsverbot des Abs. 2 dient insofern dem Gebot der realen Kapitalaufbringung und besteht dementsprechend im Interesse der Gesellschaftsgläubiger (→ Rn. 1). Daraus folgt, dass entsprechende Verluste von den *umwandlungsfähigen* Rücklagen abzusetzen sind.[39] Nicht umwandlungsfähige Rücklagen dürfen aufgrund von Gläubigerschutzerwägungen zur nominellen Kapitalerhöhung nicht herangezogen werden. Dieses Verbot darf auch nicht dadurch mittelbar umgangen werden, dass Verluste mit nicht umwandlungsfähigen Positionen saldiert werden.

Verluste sind nur dann zu berücksichtigen, wenn sie in der **Bilanz** ausgewiesen sind, **22** **die der Kapitalerhöhung konkret zugrunde gelegt wird.**[40] Ist ein Verlust oder Verlustvortrag zwar in der letzten Jahresbilanz, nicht mehr aber in der der Kapitalerhöhung zugrunde liegenden Zwischenbilanz iSd § 57f Abs. 1 enthalten – zB weil ein bisher gegebener Verlustvortrag inzwischen getilgt worden ist –, bleibt der in der Jahresbilanz enthaltene Verlustvortrag außer Betracht. Tritt indes umgekehrt zwischen der letzten Jahresbilanz und dem Stichtag der Erhöhungssonderbilanz ein neuer Verlust ein, sind Rücklagen in entsprechender Höhe nicht umwandlungsfähig. Gleiches gilt für Verluste, die nach dem Stichtag der jeweiligen Bilanz eintreten und deshalb in die Versicherung der Geschäftsführer nach § 57i Abs. 1 S. 2 (→ § 57i Rn. 10 f.) aufzunehmen sind.[41]

Abs. 2 regelt das Umwandlungsverbot für Gegenpositionen zum Eigenkapital abschlie- **23** ßend. Neben Verlusten und Verlustvorträgen sind die nach früherem Recht zu berücksichtigenden **anderen Gegenposten zum Eigenkapital** (vgl. § 2 Abs. 2 S. 1 KapErhG aF)[42] nicht wertmindernd zu berücksichtigen. Deshalb ist auch die früher vertretene Ansicht, wonach aktivierte derivative Geschäftswerte von den Rücklagen abzusetzen seien,[43] heute nicht mehr haltbar.[44]

2. Zweckbestimmte Gewinnrücklage. Unterliegen Gewinnrücklagen iSd Abs. 1 **24** einer bestimmten Zweckbindung, ist ihre Umwandlung in Haftkapital nach Abs. 3 nur dann zulässig, wenn diese Zweckbindung der Umwandlung nicht entgegensteht. Der Anwendungsbereich dieser Umwandlungsbeschränkung ist – anders als es der Gesetzestext vermuten lässt – nicht auf „**andere Gewinnrücklagen**" iSd § 266 Abs. 3 A.III. Nr. 4 HGB[45] beschränkt, sondern umfasst **auch satzungsmäßige Gewinnrücklagen** iSd § 266

---

[38]   Noack/Servatius/Haas/*Servatius* Rn. 4; Lutter/Hommelhoff/*Kleindiek* Rn. 1; MHLS/*Hermanns* Rn. 18; *Altmeppen* Rn. 7; Scholz/*Priester/Tebben* Rn. 5; HCL/*Ulmer/Casper* Rn. 10; *Wicke* Rn. 3; abw. für junge AG mit beachtlichen Gründen *Klett/Bonn* AG 2020, 658: teleologische Reduktion des § 208 Abs. 1 S. 1 AktG, so dass Erhöhungsbilanz ausreicht und keine Jahresbilanz notwendig ist.

[39]   Scholz/*Priester/Tebben* Rn. 10 aE; *Forster/Müller* AG 1960, 55 (56); zur AG Kölner Komm AktG/*Lutter* AktG § 208 Rn. 14, 16.

[40]   MHLS/*Hermanns* Rn. 24; *Altmeppen* Rn. 10; Scholz/*Priester/Tebben* Rn. 10; HCL/*Ulmer/Casper* Rn. 1, 12.

[41]   Wie hier Noack/Servatius/Haas/*Servatius* Rn. 7; Lutter/Hommelhoff/*Kleindiek* Rn. 7 aE; MHLS/*Hermanns* Rn. 24 aE; *Altmeppen* Rn. 10; Scholz/*Priester/Tebben* Rn. 10; HCL/*Ulmer/Casper* Rn. 12.

[42]   Zur früheren Rechtslage Scholz/*Priester*, 6. Aufl. 1983, KapErhG § 2 Rn. 15 f.

[43]   Zum früheren Meinungsstand Hachenburg/*Ulmer*, 7. Aufl. 1984, KapErhG § 2 Rn. 13.

[44]   Heute allgM, Rowedder/Schmidt-Leithoff/*Schnorbus* Rn. 9; Scholz/*Priester*, 9. Aufl. 2002, Rn. 13; HCL/*Ulmer/Casper* Rn. 13.

[45]   Dazu Staub/*Hüttemann/Meyer* HGB § 272 Rn. 63.

Abs. 3 A.III. Nr. 3 HGB.[46] Eine unterschiedliche Behandlung der beiden Gewinnrücklagenarten ist mit dem Normzweck unvereinbar. Soweit Gewinnrücklagen eine Zweckbindung aufweisen, muss diese im Interesse der (Minderheits-)Gesellschafter (→ Rn. 3) unabhängig von der konkreten Art der Gewinnrücklage respektiert werden.

25 Die **Umwandlungsfähigkeit** von zweckgebundenen Gewinnrücklagen bestimmt sich nach dem beabsichtigten Verwendungszweck der jeweiligen Rücklage. Der Verwendungszweck darf einer Bindung als Haftkapital nicht widersprechen.[47] Aktivierungsfähig sind demnach insbesondere Rücklagen, die **Investitionszwecken** zu dienen bestimmt sind und die nicht zur Vermögensminderung führen.[48] Anderes gilt für Rücklagen, die für anderweitige vermögensmindernde Aufwendungen bestimmt sind und der GmbH daher **nicht auf Dauer** verbleiben sollen, wie zB Rücklagen für spätere Dividendenzahlungen, Gratifikationen, Spenden oder freiwillige soziale Leistungen.[49]

26 Vorbehaltlich einer abweichenden Satzungsregelung (§ 45 Abs. 1) entscheidet die **Gesellschafterversammlung** über die Zweckbestimmung der Gewinnrücklagen. Das kann sowohl in der Satzung erfolgen als auch durch einfachen Gesellschafterbeschluss, wie zB gemeinsam mit der (teilweisen) Zuführung des Jahresergebnisses in Rücklagen. Dass die Zweckbestimmung darüber hinaus in der Bilanz zum Ausdruck kommt, ist nicht erforderlich.[50]

27 Steht die Zweckbestimmung einer Umwandlung nach diesen Grundsätzen entgegen, kann die betreffende Gewinnrücklage dennoch umgewandelt werden, wenn die Gesellschafter zuvor oder gleichzeitig mit dem Kapitalerhöhungsbeschluss die **Zweckbestimmung** entsprechend **ändern**. Fehlt es an einem ausdrücklichen Änderungsbeschluss der Gesellschafter, führt der auf die zweckgebundene Rücklage bezogene Kapitalerhöhungsbeschluss im Zweifelsfall zu einer konkludenten Aufhebung der Zweckbindung, soweit die ursprüngliche Zweckbestimmung auf einem **einfachen Gesellschafterbeschluss** beruhte.[51] Ergibt sich eine solche Bindung indes aus dem Gesellschaftsvertrag, ist ein **satzungsändernder Beschluss** erforderlich. Über Satzungsänderung und Kapitalerhöhung kann in derselben Gesellschafterversammlung beschlossen werden, solange nur sichergestellt ist, dass zunächst die Satzungsänderung durch Eintragung nach § 54 Abs. 3 wirksam wird, auf deren Grundlage danach die Kapitalerhöhung in das Handelsregister eingetragen werden kann.[52]

28 **3. Rücklagen für eigene Geschäftsanteile.** Nach früherem Recht waren für eigene Anteile gebildete Rücklagen von der Umwandlung ausgeschlossen.[53] Der Gesetzeswortlaut des Abs. 1, der sämtliche Gewinnrücklagen, also auch diejenige für eigene Geschäftsanteile nach § 266 Abs. 3 A.III. Nr. 2 HGB aF erfasste, war insofern teleologisch zu reduzieren,

[46] Noack/Servatius/Haas/*Servatius* Rn. 10; MHLS/*Hermanns* Rn. 25; Rowedder/Schmidt-Leithoff/ *Schnorbus* Rn. 11; Scholz/*Priester/Tebben* Rn. 13; HCL/*Ulmer/Casper* Rn. 14.

[47] So auch MHLS/*Hermanns* Rn. 26.

[48] Amtl. Begr., BT-Drs. III/416, 10; *Geßler* BB 1960, 6 (8); Lutter/Hommelhoff/*Kleindiek* Rn. 10; *Altmeppen* Rn. 13; Rowedder/Schmidt-Leithoff/*Schnorbus* Rn. 11; HCL/*Ulmer/Casper* Rn. 16.

[49] Lutter/Hommelhoff/*Kleindiek* Rn. 10; MHLS/*Hermanns* Rn. 26; *Altmeppen* Rn. 13; Rowedder/ Schmidt-Leithoff/*Schnorbus* Rn. 11; HCL/*Ulmer/Casper* Rn. 16; *Blath* notar 2018, 423 (426).

[50] MHLS/*Hermanns* Rn. 26 aE; *Altmeppen* Rn. 14; Rowedder/Schmidt-Leithoff/*Schnorbus* Rn. 11; Scholz/ *Priester/Tebben* Rn. 13 aE; HCL/*Ulmer/Casper* Rn. 15; Gehrlein/Born/Simon/*Kowalski* Rn. 13.

[51] Noack/Servatius/Haas/*Servatius* Rn. 10; Lutter/Hommelhoff/*Kleindiek* Rn. 11; MHLS/*Hermanns* Rn. 27; *Altmeppen* Rn. 14; Rowedder/Schmidt-Leithoff/*Schnorbus* Rn. 11 aE; Scholz/*Priester/Tebben* Rn. 14; HCL/*Ulmer/Casper* Rn. 16; *Wicke* Rn. 5.

[52] Lutter/Hommelhoff/*Kleindiek* Rn. 12; MHLS/*Hermanns* Rn. 27; *Altmeppen* Rn. 14; Rowedder/ Schmidt-Leithoff/*Schnorbus* Rn. 11; Scholz/*Priester/Tebben* Rn. 14; HCL/*Ulmer/Casper* Rn. 16; *Wicke* Rn. 5; Noack/Servatius/Haas/*Servatius* Rn. 11; aA zur AG Kölner Komm AktG/*Lutter* AktG § 208 Rn. 20.

[53] So die ganz hM, Baumbach/Hueck/*Zöllner*, 19. Aufl. 2010, Rn. 1 aE; Lutter/Hommelhoff/*Lutter*, 17. Aufl. 2009, Rn. 8; Roth/Altmeppen/*Roth*, 6. Aufl. 2009, Rn. 6; Rowedder/Schmidt-Leithoff/*Zimmermann*, 4. Aufl. 2002, Rn. 4; Scholz/*Priester*, 9. Aufl. 2002, Rn. 4; Scholz/*Priester*, Rn. 15; Ulmer/Habersack/Winter/*Ulmer*, 2008, Rn. 3; zur AG GroßkommAktG/*Hirte* AktG § 208 Rn. 40; Kölner Komm AktG/*Lutter* AktG § 208 Rn. 12; MüKoAktG/*Arnold* AktG § 208 Rn. 14 aE, 16; BeckOGK/*Fock/Wüsthoff* AktG § 208 Rn. 7; K. Schmidt/Lutter/*Veil* AktG § 208 Rn. 4.

und zwar orientiert an der **Wertung des § 272 Abs. 4 HGB aF sowie am Rechtsgedanken des Abs. 3.**[54]

Nach der **Novellierung durch das BilMoG** ändert sich die bilanzielle Behandlung **29** eigener Anteile, und zwar auch von Altbeständen, die noch nach altem Recht bis 31.12.2009 erstmals bilanziert worden sind.[55] Nunmehr ist der Nennbetrag bzw. der rechnerische Wert der erworbenen eigenen Anteile von der Bilanzposition „Gezeichnetes Kapital" auf der Passivseite als Kapitalrückzahlung abzusetzen (§ 272 Abs. 1a HGB). Der verbleibende Differenzbetrag zwischen dem Kaufpreis und dem Nennwert ist mit frei verfügbaren Rücklagen zu verrechnen. Nach neuem Recht wird also **keine Rücklage für eigene Anteile** mehr gebildet, vielmehr wird den Gesichtspunkten der Kapitalerhaltung dadurch Rechnung getragen, dass die Anschaffungskosten zuvor frei verfügbare Rücklagen mindern.[56]

4. Rücklagen für Anteile am herrschenden Unternehmen. Nach der Neufassung **30** des HGB durch das BilMoG sind Rücklagen für Anteile an einem herrschenden oder mehrheitlich beteiligten Unternehmen (§ 266 Abs. 3 A. III. Nr. 2 HGB) von der Umwandlung ausgeschlossen.[57] Der Gesetzeswortlaut des Abs. 1 ist orientiert an der **Wertung des § 272 Abs. 4 HGB sowie am Rechtsgedanken des Abs. 3** teleologisch zu reduzieren. Die für solche Anteile gebildete Rücklage stellt das Gegenstück zu dem auf der Aktivseite der Bilanz anzusetzenden Betrag dar, der nach § 272 Abs. 4 S. 1 HGB für eine Umwandlung in Haftkapital nicht herangezogen werden darf. Dem steht der Wortlaut dieser Vorschrift („andere Gewinnrücklage") nicht entgegen, da allein der Rechtsgedanke des Abs. 3 zur Anwendung gelangt und der Gesetzestext nach einhelliger Auffassung auch einer Erstreckung auf satzungsmäßige Rücklagen iSd § 266 Abs. 3 A. III. Nr. 3 HGB nicht entgegensteht (→ Rn. 24). Zur Umwandlung in Haftkapital dürfen solche Rücklagen in der Sache nicht herangezogen werden, da unklar ist, ob sie zukünftig zur Kompensation für die auf der Aktivseite angesetzten Beträge erforderlich sind. Sie bilden keine sichere Grundlage für eine nominelle Erhöhung des Stammkapitals. Zugleich wird durch das Umwandlungsverbot der **Normzweck des § 33 Abs. 2 flankiert,** der für den Erwerb von Anteilen an einem herrschenden oder mit Mehrheit beteiligten Unternehmen analoge Anwendung findet (→ § 33 Rn. 199), um einen Rückfluss von Eigenkapital an die maßgeblich beteiligte Gesellschaft zu verhindern (→ § 33 Rn. 199). Dieses Verbot darf auch nicht dadurch mittelbar umgangen werden, dass solche Rücklagen zu einer Erweiterung der Haftkapitalbasis der GmbH verwendet werden.

IV. Mängelfolgen

1. Nichtigkeit. Sind die zur Umwandlung bestimmten Positionen nicht formell ord- **31** nungsgemäß als **Kapital- oder Gewinnrücklage** in der Bilanz ausgewiesen oder als Rücklagenzuführung wirksam erfolgt, führt ein Verstoß gegen Abs. 1 analog § 241 Abs. 1 Nr. 3 AktG zur Nichtigkeit des Kapitalerhöhungsbeschlusses, da die Vorschriften zwingend ausgestaltet (→ Rn. 4) und dem Schutz der Gesellschaftsgläubiger zu dienen bestimmt sind (→ Rn. 1).[58] Nichts anderes gilt für Verstöße gegen das **Umwandlungsverbot bei Verlusten** und Verlustvorträgen nach Abs. 2. In beiden Fällen hat der Registerrichter die Eintragung der Kapitalerhöhung in das Handelsregister abzulehnen (→ § 57i Rn. 18, → § 57i Rn. 20).

---

54 Zur Argumentation im Einzelnen → 1. Aufl. 2011, Rn. 28.
55 Vgl. BeckOK GmbHG/*Rühland* Rn. 8; BeBiKo/*Störk/Kliem/Meyer* HGB § 272 Rn. 136.
56 Dazu Begr. RegE, BT-Drs. 16/10 067, 66; Lutter/Hommelhoff/*Kleindiek* Rn. 4; *Küting/Reuter* BB 2008, 658; *Blumenberg/Roßner* GmbHR 2008, 1079 (1080 f.); *Rodewald/Pohl* GmbHR 2009, 32 (34); *Wachter* GmbHR 2009, 953 (954); *Kreher/Sailer/Rothenburger/Spang* DB-Beil. 5/2009, 99 (100 ff.).
57 Zur Neufassung s. Begr. RegE, BT-Drs. 16/10 067, 66; wie hier jetzt auch Scholz/*Priester/Tebben* Rn. 12; Lutter/Hommelhoff/*Kleindiek* Rn. 4, 8; BeckOK GmbHG/*Rühland* Rn. 8; Henssler/Strohn/*Gummert* Rn. 2 aE; *Wicke* Rn. 4.
58 Wie hier Lutter/Hommelhoff/*Kleindiek* Rn. 16; MHLS/*Hermanns* Rn. 28; *Altmeppen* Rn. 15; Rowedder/Schmidt-Leithoff/*Schnorbus* Rn. 12; Scholz/*Priester/Tebben* Rn. 15; HCL/*Ulmer/Casper* Rn. 19; einschr. Noack/Servatius/Haas/*Servatius* Rn. 4, 8: Nichtigkeit nur bei fehlendem Ausweis in der Basisbilanz.

32   **2. Anfechtbarkeit.** Die Nichtbeachtung der **Zweckbindung freier Gewinnrücklagen** nach Abs. 3 führt lediglich zur Anfechtbarkeit des Erhöhungsbeschlusses,[59] da der Normzweck dieser Umwandlungsschranke nicht im Interesse der Gesellschaftsgläubiger besteht, sondern dem Schutz der (Minderheits-)Gesellschafter zu dienen bestimmt ist (→ Rn. 3). Eine analoge Anwendung des § 241 Nr. 3 AktG scheidet demnach aus. Der Beschluss ist analog § 243 Abs. 1 AktG anfechtbar. Soweit der Beschluss nicht angegriffen wird, hat der Registerrichter einzutragen. Die Zweckbindung von Gewinnrücklagen ist von seinem Prüfungsauftrag nicht umfasst (str., → § 57i Rn. 19).

§ 57e Zugrundelegung der letzten Jahresbilanz; Prüfung

(1) Dem Beschluß kann die letzte Jahresbilanz zugrunde gelegt werden, wenn die Jahresbilanz geprüft und die festgestellte Jahresbilanz mit dem uneingeschränkten Bestätigungsvermerk der Abschlußprüfer versehen ist und wenn ihr Stichtag höchstens acht Monate vor der Anmeldung des Beschlusses zur Eintragung in das Handelsregister liegt.

(2) Bei Gesellschaften, die nicht große im Sinne des § 267 Abs. 3 des Handelsgesetzbuchs sind, kann die Prüfung auch durch vereidigte Buchprüfer erfolgen; die Abschlußprüfer müssen von der Versammlung der Gesellschafter gewählt sein.

Schrifttum: s. § 57c.

Übersicht

I. Normzweck

1   Die Regelung enthält besondere Bestimmungen für die der nominellen Kapitalerhöhung im Regelfall (zur Aufstellung einer Erhöhungssonderbilanz → § 57f Rn. 3 ff.) zugrunde zu legende letzte Jahresbilanz. Ebenso wie §§ 57f, 57g konkretisiert § 57e das allgemeine Bilanzerfordernis des § 57c Abs. 3 (→ § 57c Rn. 34). Die Vorschrift dient dem **Gebot der realen Kapitalaufbringung** und besteht somit im Interesse der Gesellschaftsgläubiger.[1] Im Einzelnen enthält § 57e nähere Bestimmungen über Prüfung, Bestätigungsvermerk und die zeitliche Verwendbarkeit der letzten Jahresbilanz.

II. Gesetzliche Anforderungen an die Jahresbilanz

2   **1. Aufstellung.** Die Aufstellung der zugrunde liegenden Jahresbilanz unterliegt keinem Sonderrecht; sie erfolgt nach den allgemeinen Grundsätzen des § 42 GmbHG iVm §§ 242 ff., 264 ff. HGB. Gleiches gilt für die Rücklagenbildung; allein die Umwandlungsfä-

---

[59] IErg ebenso Noack/Servatius/Haas/*Servatius* Rn. 12; Lutter/Hommelhoff/*Kleindiek* Rn. 16; MHLS/*Hermanns* Rn. 29; *Altmeppen* Rn. 15; Rowedder/Schmidt-Leithoff/*Schnorbus* Rn. 12; Scholz/*Priester*/*Tebben* Rn. 15; HCL/*Ulmer/Casper* Rn. 20; *Fett/Spiering* NZG 2002, 358 (360).

[1] MHLS/*Hermanns* Rn. 1; HCL/*Ulmer/Casper* §§ 57e–57g Rn. 1; BeckOK GmbHG/*Rühland* Rn. 1; (zur Parallelvorschrift des § 209 AktG) GroßkommAktG/*Hirte* AktG § 209 Rn. 8.

higkeit der Rücklagen ist in § 57d besonders geregelt (→ § 57d Rn. 4 ff., → § 57d Rn. 21 ff.). Die letzte Jahresbilanz kann sich auch auf ein **Rumpfgeschäftsjahr** beziehen.[2] Das kann sinnvoll sein, wenn umwandlungsfähige Rücklagen in der letzten Jahresbilanz nicht enthalten waren. Denn in diesem Fall kommt eine Umwandlung aufgrund der Erhöhungssonderbilanz nicht in Betracht (→ § 57d Rn. 9 f.). Anstelle der Sonderbilanz kann eine auf das Rumpfgeschäftsjahr bezogene Jahresbilanz aufgestellt werden.[3]

2. Feststellung. Die Vorschrift des Abs. 1 verlangt in sachlicher Übereinstimmung **3** mit § 57c Abs. 2 (→ § 57c Rn. 31) die Feststellung der Jahresbilanz. Vorbehaltlich einer abweichenden Satzungsregelung beschließt die Gesellschafterversammlung nach § 46 Nr. 1 über die Bilanzfeststellung (→ § 46 Rn. 16 ff.). Handelt es sich um eine **mittelgroße oder große** GmbH, müssen der Feststellung nach § 316 Abs. 1 HGB iVm § 267 Abs. 2 und 3 HGB eine Prüfung der Bilanz sowie die Erteilung des Bestätigungsvermerks vorausgehen. Bei **kleinen** Gesellschaften iSd § 267 Abs. 1 HGB sowie Kleinstgesellschaften iSd § 267a HGB ist nach § 57e Abs. 1 ebenfalls eine Prüfung erforderlich; diese kann aber auch nach der Feststellung erfolgen. Gleichwohl muss die Prüfung vor der Beschlussfassung über die Kapitalerhöhung stattfinden; ein späterer Zeitpunkt, wie zB bei Anmeldung der Kapitalerhöhung, kommt nicht in Betracht.[4] Liegt eine geprüfte Jahresbilanz mit erteiltem Bestätigungsvermerk vor, kann über Feststellung und Kapitalerhöhung in derselben Gesellschafterversammlung beschlossen werden (→ § 57c Rn. 33).

3. Prüfung. a) Grundsatz. Abweichend von den allgemeinen Vorschriften (→ Rn. 3) **4** muss **jede Jahresbilanz** nach Abs. 1 von Abschlussprüfern geprüft (→ Rn. 6 ff.) und mit einem uneingeschränkten Bestätigungsvermerk (→ Rn. 13 f.) versehen sein. Das Prüfungserfordernis dient ebenfalls dem Grundsatz der realen Kapitalaufbringung, indem sachverständige Prüfer das tatsächliche Vorhandensein umwandlungsfähiger Bilanzpositionen im Interesse der Gesellschaftsgläubiger verifizieren und ausdrücklich bestätigen.[5] Da die Abschlussprüfer für die Richtigkeit der Bilanz verantwortlich zeichnen, ist namentlich der Registerrichter von einer entsprechenden Prüfungsverpflichtung entlastet (→ § 57i Rn. 19). Zum maßgeblichen **Zeitpunkt** der Prüfung → Rn. 15.

b) Anwendbare Vorschriften. Für Umfang, Gegenstand und Verfahren der Jahresbi- **5** lanzprüfung bei **großen und mittelgroßen** Gesellschaften iSd § 267 Abs. 2 und 3 HGB gelten die allgemeinen Regelungen der §§ 316 ff. HGB ohne Einschränkung. Die Prüfung **kleiner** und Kleinst-GmbH erfolgt analog § 57f Abs. 3 S. 2 nach den für Erhöhungssonderbilanzen geltenden eingeschränkten Vorschriften.[6] Die Einhaltung dieser Bestimmungen gewährleistet, dass umwandlungsfähige Rücklagen für eine Kapitalerhöhung tatsächlich zur Verfügung stehen. Bei wirtschaftlicher Betrachtung bestehen zwischen Jahres- und Zwischenbilanz keine nennenswerten Unterschiede. Der Normzweck des Abs. 1 (→ Rn. 1) ist demnach durch die entsprechende Anwendung der Grundsätze des § 57f Abs. 3 S. 2 hinreichend gewahrt.

c) Prüfer. aa) Eignung. Für die Prüfung **großer** Gesellschaften iSd § 267 Abs. 3 **6** HGB sind nach § 319 Abs. 1 S. 1 HGB nur Wirtschaftsprüfer und Wirtschaftsprüfungsgesellschaften iSd § 1 Abs. 1 und 2 WPO zugelassen. Die Prüfung **kleiner und mittelgroßer** GmbH kann nach Abs. 2 auch durch vereidigte Buchprüfer iSd § 128 Abs. 1 S. 1 WPO erfolgen. Für Buchprüfungsgesellschaften (§ 128 Abs. 1 S. 2 WPO) gilt nichts anderes, da

---

2   Näher Scholz/*Priester/Tebben* §§ 57e–57g Rn. 1.
3   Vgl. Lutter/Hommelhoff/*Kleindiek* §§ 57e–57g Rn. 4; Scholz/*Priester/Tebben* §§ 57e–57g Rn. 1; Fett/*Spiering* NZG 2002, 358 (361).
4   Vgl. Lutter/Hommelhoff/*Kleindiek* §§ 57e–57g Rn. 3; Scholz/*Priester/Tebben* §§ 57e–57g Rn. 13 aE.
5   Vgl. Scholz/*Priester/Tebben* §§ 57e–57g Rn. 5; MHLS/*Hermanns* Rn. 3.
6   OLG Hamm Beschl. v. 6.7.2010 – 15 W 334/09, NZG 2010, 307; Lutter/Hommelhoff/*Kleindiek* §§ 57e–57g Rn. 3; *Altmeppen* 57e–57g Rn. 3; Scholz/*Priester/Tebben* §§ 57e–57g Rn. 6; HCL/*Ulmer/Casper* §§ 57e–57g Rn. 5; *Wicke* §§ 57e–57g Rn. 3; BeckOK GmbHG/*Rühland* Rn. 10.1; *Blath* notar 2018, 423 (424); aA MHLS/*Hermanns* Rn. 5.

Buchprüfer ihre Eignung nicht durch Zusammenschluss in einer Gesellschaft verlieren. Vielmehr spricht die Wertung des § 319 Abs. 1 S. 2 HGB für eine Gleichstellung von Buchprüfern und Buchprüfungsgesellschaften.[7] Zur Prüfung ungeeignet sind indes Steuerberater, soweit sie nicht zugleich Wirtschaftsprüfer oder vereidigte Buchprüfer sind.[8] Die vorgenannten Prüfer können die Prüfung nur durchführen, wenn sie nicht nach § 319 Abs. 2–4 HGB **ausgeschlossen** sind.[9] Bei Unternehmen von öffentlichem Interesse iSd § 316a S. 2 HGB sind die Vorgaben der Abschlussprüferverordnung zu beachten. Das gilt insbesondere für das Verbot der Erbringung von Nichtprüfungsleistungen nach Art. 5 Abs. 1 Abschlussprüferverordnung.[10]

7   **bb) Wahl.** Die **Gesellschafterversammlung** wählt nach Abs. 2 Hs. 2 die Abschlussprüfer, wobei wie üblich eine schriftliche Beschlussfassung nach § 48 Abs. 2 genügt.[11] Ist die Jahresbilanz bereits im Vorfeld der Kapitalerhöhung ordnungsgemäß geprüft worden, genügt eine Bestätigung durch die Gesellschafterversammlung.[12] Entgegen ihrem klaren Wortlaut („müssen") ist die Zuständigkeitsvorschrift orientiert an § 318 Abs. 1 S. 2 HGB teleologisch zu reduzieren, der speziell für die GmbH bestimmt, dass die Wahlberechtigung der Gesellschafter durch Gesellschaftsvertrag auf ein anderes Organ verlagert werden kann.[13]

8   Ist eine solche **Verlagerung** allgemein in der Satzung angeordnet, dann gilt sie nach zutreffender Auffassung auch für die Kapitalerhöhung aus Gesellschaftsmitteln,[14] denn § 318 Abs. 1 S. 2 HGB ermöglicht eine abweichende Regelung für sämtliche Wahlen von Abschlussprüfern. Dass gerade die Prüferauswahl bei der nominellen Kapitalerhöhung ein anderes Gewicht haben sollte, als die Wahl bei der regelmäßigen Prüfung des Jahresabschlusses, ist nicht ersichtlich. Außerdem gilt eine abweichende Zuständigkeitsregelung für Jahresbilanzen im Zweifelsfall auch für Erhöhungssonderbilanzen,[15] da beide Bilanzen bei wirtschaftlicher Betrachtung den gleichen Schutzzweck verfolgen. Anderes gilt freilich, wenn der Gesellschaftsvertrag ausdrücklich eine abweichende Regelung für die Kapitalerhöhung aus Gesellschaftsmitteln sowie für die Jahres- und Zwischenbilanz vorsieht.

9   Ist gegen die **Wahlvorschriften verstoßen** worden, obgleich die Prüfung im Übrigen durch geeignete Prüfer (→ Rn. 6) durchgeführt wurde, steht dieser Verstoß der Kapitalerhöhung nicht entgegen, wenn die ordnungsgemäße Wahl der Abschlussprüfer vor Beschlussfassung über die Kapitalerhöhung nachgeholt wird.[16]

10   **cc) Prüfungsauftrag.** Nach erfolgter Wahl haben grundsätzlich die Geschäftsführer dem gewählten Prüfer unverzüglich den Prüfungsauftrag zu erteilen (§ 318 Abs. 1 S. 4

---

[7] Wie hier MHLS/*Hermanns* Rn. 6; *Altmeppen* §§ 57e–57g Rn. 10; Scholz/*Priester/Tebben* §§ 57e–57g Rn. 7; HCL/*Ulmer/Casper* §§ 57e–57g Rn. 6; iErg auch Lutter/Hommelhoff/*Kleindiek* §§ 57e–57g Rn. 3 aE.

[8] MHLS/*Hermanns* Rn. 6 aE; Rowedder/Schmidt-Leithoff/*Schnorbus* §§ 57e–57g Rn. 6.

[9] Lutter/Hommelhoff/*Kleindiek* §§ 57e–57g Rn. 10; Rowedder/Schmidt-Leithoff/*Schnorbus* §§ 57e–57g Rn. 6 aE; Scholz/*Priester/Tebben* §§ 57e–57g Rn. 7 aE; HCL/*Ulmer/Casper* §§ 57e–57g Rn. 7 aE.

[10] Dazu Begr. RegE, BT-Drs. 19/26966, 102; *Schüppen* DStR 2021, 246 (248 f.).

[11] Noack/Servatius/Haas/*Servatius* Rn. 3; Lutter/Hommelhoff/*Kleindiek* §§ 57e–57g Rn. 7; *Altmeppen* §§ 57e–57g Rn. 11; Scholz/*Priester/Tebben* §§ 57e–57g Rn. 8; HCL/*Ulmer/Casper* §§ 57e–57g Rn. 7.

[12] *Altmeppen* §§ 57e–57g Rn. 15; Rowedder/Schmidt-Leithoff/*Schnorbus* §§ 57e–57g Rn. 7; Lutter/Hommelhoff/*Kleindiek* §§ 57e–57g Rn. 3.

[13] IErg wie hier Noack/Servatius/Haas/*Servatius* Rn. 3; MHLS/*Hermanns* Rn. 7; *Altmeppen* §§ 57e–57g Rn. 11; Rowedder/Schmidt-Leithoff/*Schnorbus* §§ 57e–57g Rn. 7; Scholz/*Priester/Tebben* §§ 57e–57g Rn. 8; HCL/*Ulmer/Casper* §§ 57e–57g Rn. 7; BeckOK GmbHG/*Rühland* Rn. 7; anders noch das frühere Recht, vgl. (zu § 3 Abs. 2 KapErhG aF) Hachenburg/*Ulmer,* 7. Aufl. 1984, § 57b Anh. §§ 3–5 KapErhG Rn. 8.

[14] MHLS/*Hermanns* Rn. 7; *Altmeppen* §§ 57e–57g Rn. 11; HK-GmbHG/*Inhester* § 57g Rn. 9; Scholz/*Priester/Tebben* §§ 57e–57g Rn. 8; *Wicke* §§ 57e–57g Rn. 3 aE; Gehrlein/Born/Simon/*Kowalski* Rn. 4; aA Noack/Servatius/Haas/*Servatius* Rn. 3; Bork/Schäfer/*Arnold/Born* §§ 57e–57g Rn. 7; Lutter/Hommelhoff/*Kleindiek* §§ 57e–57g Rn. 7; Rowedder/Schmidt-Leithoff/*Schnorbus* §§ 57e–57g Rn. 7: ausdrückliche Nennung der nominellen Kapitalerhöhung erforderlich.

[15] MHLS/*Hermanns* § 57f Rn. 9; HCL/*Ulmer/Casper* §§ 57e–57g Rn. 7; aA Noack/Servatius/Haas/*Servatius* Rn. 3 aE; Lutter/Hommelhoff/*Kleindiek* §§ 57e–57g Rn. 7: ausdrückliche Bezeichnung der Zwischenbilanz erforderlich.

[16] Scholz/*Priester/Tebben* §§ 57e–57g Rn. 8 aE.

HGB),[17] es sei denn, die Gesellschaft hat einen Aufsichtsrat. In diesem Fall erteilt das Überwachungsorgan den Auftrag gem. § 52 Abs. 1 iVm § 111 Abs. 2 S. 3 AktG (vgl. auch § 318 Abs. 1 S. 4 HGB).[18]

d) Gegenstand. Bei **großen und mittelgroßen** Gesellschaften erfolgt die Prüfung des **11** Jahresabschlusses, in dem die zugrunde liegende letzte Jahresbilanz enthalten ist, nach § 317 Abs. 1 HGB. Handelt es sich um eine **kleine** GmbH, ist nach dem Prüfungszweck allein die Jahresbilanz zu prüfen; die Gewinn- und Verlustrechnung ist nicht Prüfungsgegenstand.[19]

Die Jahresbilanz ist **inhaltlich** daraufhin zu überprüfen, ob nach den gesetzlichen **12** und satzungsmäßigen[20] Bestimmungen die für die Umwandlung erforderlichen Rücklagen ausgewiesen werden bzw. entsprechende Rücklagenzuführungen erfolgen durften. Die Prüfung erstreckt sich auf die Einhaltung der allgemeinen Bewertungs- und Bilanzierungsvorschriften. Zu prüfen ist insbesondere, ob Aktiva überbewertet und Passiva unterbewertet sind, um sicherzustellen, dass die Jahresbilanz eine verlässliche Grundlage für die Prüfung durch das Registergericht darstellt.[21] Ob die ordnungsgemäß gebildeten Rücklagen tatsächlich umwandlungsfähig sind, ist vom Auftrag der Abschlussprüfer indes nicht umfasst;[22] das ist vom Registergericht zu prüfen (→ § 57i Rn. 18).

4. Bestätigungsvermerk. Die dem Kapitalerhöhungsbeschluss zugrunde liegende **13** Bilanz bedarf nach Abs. 1 eines **uneingeschränkten** Bestätigungsvermerks der Abschlussprüfer. Die Erteilung setzt voraus, dass die Prüfung keine Einwendungen gegen die Gesetz- und Satzungsmäßigkeit der Bilanz ergeben hat (vgl. § 57f Abs. 2 S. 2). Ausreichend ist es, dass der Bestätigungsvermerk jedenfalls für die Jahresbilanz uneingeschränkt erteilt wurde; Beanstandungen der Gewinn- und Verlustrechnung oder des Anhangs bleiben außer Betracht.[23]

Bei **großen und mittelgroßen** Gesellschaften richtet sich der Inhalt des Bestätigungs- **14** vermerks nach § 322 HGB.[24] Bei **kleinen** und Kleinst-GmbH muss der Vermerk analog § 57f Abs. 2 S. 2 zum Ausdruck bringen, dass die Jahresbilanz sämtlichen gesetzlichen und satzungsmäßigen Anforderungen (→ Rn. 2 ff.) genügt.[25] Die Prüfer haben den Vermerk analog § 322 Abs. 7 S. 1 HGB zu **unterzeichnen.** Eine nach dieser Vorschrift für die Pflichtprüfung vorgesehene Angabe von **Ort und Datum** ist zwar nicht als Wirksamkeitsvoraussetzung zu verlangen, da es sich nur um Ordnungsvorschriften handelt. Im Hinblick auf die spätere Prüfung durch das Registergericht erscheinen solche Angaben gleichwohl empfehlenswert.[26] Wird die geprüfte und bestätigte Jahresbilanz **nachträglich geändert,** bedarf es der Erteilung eines neuen uneingeschränkten Bestätigungsvermerks.[27]

17   Wie hier Scholz/*Priester/Tebben* §§ 57e–57g Rn. 9.
18   Zust. *Blath* notar 2018, 423 (424).
19   Lutter/Hommelhoff/*Kleindiek* §§ 57e–57g Rn. 4; Scholz/*Priester/Tebben* §§ 57e–57g Rn. 10; HCL/ *Ulmer/Casper* §§ 57e–57g Rn. 8.
20   Für die Prüfung der Einhaltung von Satzungsbestimmungen auch Lutter/Hommelhoff/*Kleindiek* §§ 57e– 57g Rn. 10 (Minderheitsschutz); MHLS/*Hermanns* Rn. 4; Rowedder/Schmidt-Leithoff/*Schnorbus* §§ 57e–57g Rn. 4; aA Scholz/*Priester/Tebben* §§ 57e–57g Rn. 11.
21   Vgl. Lutter/Hommelhoff/*Kleindiek* §§ 57e–57g Rn. 10; MHLS/*Hermanns* Rn. 4; Scholz/*Priester/Tebben* §§ 57e–57g Rn. 11; HCL/*Ulmer/Casper* §§ 57e–57g Rn. 8; *Blath* notar 2018, 423 (424).
22   AllgM, Lutter/Hommelhoff/*Kleindiek* §§ 57e–57g Rn. 10; MHLS/*Hermanns* Rn. 4; Rowedder/ Schmidt-Leithoff/*Schnorbus* §§ 57e–57g Rn. 4; Scholz/*Priester/Tebben* §§ 57e–57g Rn. 11; HCL/*Ulmer/ Casper* §§ 57e–57g Rn. 8 aE; *Blath* notar 2018, 423 (424).
23   MHLS/*Hermanns* Rn. 8; *Altmeppen* §§ 57e–57g Rn. 16; Rowedder/Schmidt-Leithoff/*Schnorbus* §§ 57e– 57g Rn. 8; Scholz/*Priester/Tebben* §§ 57e–57g Rn. 15; zur AG MüKoAktG/*Arnold* AktG § 209 Rn. 36 f.
24   Zust. *Blath* notar 2018, 423 (424).
25   OLG Hamm Beschl. v. 6.7.2010 – 15 W 334/09, NZG 2010, 307; Noack/Servatius/Haas/*Servatius* Rn. 2; Scholz/*Priester/Tebben* §§ 57e–57g Rn. 15; BeckOK GmbHG/*Rühland* Rn. 11; *Blath* notar 2018, 423 (424); vgl. noch AG Duisburg v. 31.12.1993 – 23 HR B 3193, DB 1994, 466 (467); HCL/*Ulmer/ Casper* §§ 57e–57g Rn. 9.
26   Wie hier *Altmeppen* §§ 57e–57g Rn. 16; Scholz/*Priester/Tebben* §§ 57e–57g Rn. 15; HCL/*Ulmer/Casper* §§ 57e–57g Rn. 9; *Blath* notar 2018, 423 (424); ähnlich Rowedder/Schmidt-Leithoff/*Schnorbus* §§ 57e– 57g Rn. 8: Angaben sind selbstverständlich.
27   Lutter/Hommelhoff/*Kleindiek* §§ 57e–57g Rn. 9 aE; MHLS/*Hermanns* Rn. 8 aE; *Altmeppen* §§ 57e–57g Rn. 15; Rowedder/Schmidt-Leithoff/*Schnorbus* §§ 57e–57g Rn. 8 aE; Scholz/*Priester/Tebben* §§ 57e– 57g Rn. 15 aE; HCL/*Ulmer/Casper* §§ 57e–57g Rn. 9 aE.

15 **5. Höchstfrist.** Die Jahresbilanz kann dem Kapitalerhöhungsbeschluss nach Abs. 1 nur dann zugrunde gelegt werden, wenn zwischen dem Bilanzstichtag und der Anmeldung des Erhöhungsbeschlusses nicht mehr als **acht Monate** vergangen sind. Für den Fristablauf ist die Anmeldung entscheidend, die tatsächlich zur Eintragung des Erhöhungsbeschlusses in das Handelsregister führen würde; zurückgenommene oder zurückgewiesene Anmeldungen sind ohne Belang.[28] Bloße Beanstandungen des Registerrichters ändern nichts an der Rechtzeitigkeit der Anmeldung, soweit sie ohne Zurückweisung behoben werden können.[29] Die abweichende Gegenauffassung[30] kann nicht überzeugen, da ohne Zurückweisung die spätere Eintragung auf der ursprünglichen Anmeldung beruht, die ihrerseits rechtzeitig erfolgte, selbst wenn Mängel aufgrund einer Zwischenverfügung zuvor noch beseitigt werden mussten.[31] Das Datum der Eintragung ist irrelevant.[32] Wird die gesetzliche Frist auch nur **geringfügig überschritten,** liegt ein Gesetzesverstoß vor, sodass die Eintragung des Erhöhungsbeschlusses nach § 57i Abs. 2 (→ § 57i Rn. 18) abzulehnen ist.[33] Hat die Gesellschaft ausnahmsweise einen **Doppelsitz** (zur Zulässigkeit → § 4a Rn. 18), ist die Frist des § 57d Abs. 1 im Hinblick auf die Selbstständigkeit der beiden zuständigen Registergerichte nur dann gewahrt, wenn die Anmeldung innerhalb der Achtmonatsfrist bei beiden Gerichten erfolgt.[34]

III. Mängelfolgen

16 **1. Prüfung und Bestätigungsvermerk.** Ist die der Kapitalerhöhung zugrunde liegende Jahresbilanz nicht ordnungsgemäß geprüft oder mit keinem uneingeschränkten Bestätigungsvermerk versehen, dann ist der Erhöhungsbeschluss analog § 241 Nr. 3 AktG **nichtig,** da beide Erfordernisse dem Gebot der realen Kapitalaufbringung dienen und demnach im Interesse der Gesellschaftsgläubiger zu beachten sind.[35] Wird der Beschluss gleichwohl eingetragen, heilt ein Verstoß analog § 242 Abs. 2 AktG innerhalb von drei Jahren (→ § 54 Rn. 108 ff.).[36]

17 **2. Höchstfrist.** Die Rechtsfolgen eines Verstoßes gegen die Achtmonatsfrist bestimmen sich nach der Bedeutung, die der Frist im Einzelfall zukommt. Soweit die Frist bereits im Zeitpunkt des **Erhöhungsbeschlusses** verstrichen ist, kann die letzte Jahresbilanz der Kapitalerhöhung aus Gründen des Gläubigerschutzes nicht zugrunde gelegt werden, da die Jahresbilanz nach Ablauf von acht Monaten keine hinreichende Sicherheit

---

[28] MHLS/*Hermanns* Rn. 9 aE; *Altmeppen* §§ 57e–57g Rn. 18; Scholz/*Priester*/*Tebben* §§ 57e–57g Rn. 16; *Blath* notar 2018, 423 (425).
[29] Noack/Servatius/Haas/*Servatius* Rn. 4; MHLS/*Hermanns* Rn. 9; Rowedder/Schmidt-Leithoff/*Schnorbus* §§ 57e–57g Rn. 9 aE; Scholz/*Priester*/*Tebben* §§ 57e–57g Rn. 16; *Wicke* §§ 57e–57g Rn. 1; BeckOK GmbHG/*Rühland* Rn. 14; Bork/Schäfer/*Arnold*/*Born* §§ 57e–57g Rn. 12; Henssler/Strohn/ *Gummert* Rn. 8; Gehrlein/Born/Simon/*Kowalski* Rn. 1; *Blath* notar 2018, 423 (425).
[30] Lutter/Hommelhoff/*Kleindiek* §§ 57e–57g Rn. 11; diff. HCL/*Ulmer*/*Casper* §§ 57e–57g Rn. 17; HCL/ *Ulmer*/*Casper* § 57i Rn. 18.
[31] Vgl. noch MHLS/*Hermanns* Rn. 9.
[32] Noack/Servatius/Haas/*Servatius* Rn. 4 aE; Scholz/*Priester*/*Tebben* §§ 57e–57g Rn. 16; HCL/*Ulmer*/*Casper* §§ 57e–57g Rn. 17.
[33] Zutr. OLG Frankfurt Entsch. v. 27.4.1981 – 20 W 831/80, BB 1981, 1253 (1254): 1 Tag; LG Essen Entsch. v. 8.6.1982 – 45 T 2/82, BB 1982, 1901: 6 Tage; Noack/Servatius/Haas/*Servatius* Rn. 4; Lutter/ Hommelhoff/*Kleindiek* §§ 57e–57g Rn. 11; MHLS/*Hermanns* Rn. 9; HCL/*Ulmer*/*Casper* §§ 57e–57g Rn. 17; *Wicke* §§ 57e–57g Rn. 1; *Blath* notar 2018, 423 (425); zweifelnd Scholz/*Priester*/*Tebben* §§ 57e– 57g Rn. 16 m. Fn. 24.
[34] AA KG Beschl. v. 20.2.1973 – 1 W 522/72, BB 1973, 1001 (1002); wie hier dagegen zutr. HCL/ *Ulmer*/*Casper* §§ 57e–57g Rn. 17 aE.
[35] AllgM, OLG Jena Beschl. v. 28.1.2016 – 2 W 547/15, DStR 2016, 927 Rn. 10; BayObLG Beschl. v. 9.4.2002 – 3Z BR 39/02, ZIP 2002, 1398 (1400) = RNotZ 2002, 407 zur AG; Noack/Servatius/ Haas/*Servatius* Rn. 5; Lutter/Hommelhoff/*Kleindiek* §§ 57e–57g Rn. 12; MHLS/*Hermanns* Rn. 10; *Altmeppen* §§ 57e–57g Rn. 19; Rowedder/Schmidt-Leithoff/*Schnorbus* §§ 57e–57g Rn. 13; Scholz/*Priester*/ *Tebben* §§ 57e–57g Rn. 18; HCL/*Ulmer*/*Casper* §§ 57e–57g Rn. 18; *Blath* notar 2018, 423 (433).
[36] OLG Jena Beschl. v. 28.1.2016 – 2 W 547/15, DStR 2016, 927 Rn. 11; Noack/Servatius/Haas/*Servatius* Rn. 5 aE.

mehr für das tatsächliche Vorhandensein umwandlungsfähiger Bilanzpositionen bietet. Ein Verstoß führt in diesem Fall analog § 241 Nr. 3 AktG zur Nichtigkeit des Erhöhungsbeschlusses.[37]

Anders liegt der Fall, wenn die Kapitalerhöhung noch innerhalb der Höchstfrist **18** beschlossen, die Kapitalerhöhung indes **nicht rechtzeitig** zur Eintragung in das Handelsregister **angemeldet** wurde. Denn in dieser Konstellation liegt kein Mangel des Erhöhungsbeschlusses, sondern lediglich ein Anmeldungsmangel vor, der einer Eintragung nach § 57i Abs. 2 formell entgegensteht.[38] Der Registerrichter muss die Eintragung ablehnen (→ Rn. 15). Eine nachträglich errichtete Bilanz kann das Problem nicht lösen, da diese Bilanz der konkret angemeldeten Kapitalerhöhung nicht zugrunde lag.[39] Der Mangel ist aber geheilt, wenn der Erhöhungsbeschluss in das Handelsregister eingetragen wird.[40] Eine **Amtslöschung** kommt weder nach § 395 Abs. 1 S. 1 FamFG noch gem. § 398 FamFG in Betracht (→ § 57 Rn. 93).[41]

§ 57f Anforderungen an die Bilanz

(1) ¹Wird dem Beschluß nicht die letzte Jahresbilanz zugrunde gelegt, so muß die Bilanz den Vorschriften über die Gliederung der Jahresbilanz und über die Wertansätze in der Jahresbilanz entsprechen. ²Der Stichtag der Bilanz darf höchstens acht Monate vor der Anmeldung des Beschlusses zur Eintragung in das Handelsregister liegen.

(2) ¹Die Bilanz ist, bevor über die Erhöhung des Stammkapitals Beschluß gefaßt wird, durch einen oder mehrere Prüfer darauf zu prüfen, ob sie dem Absatz 1 entspricht. ²Sind nach dem abschließenden Ergebnis der Prüfung keine Einwendungen zu erheben, so haben die Prüfer dies durch einen Vermerk zu bestätigen. ³Die Erhöhung des Stammkapitals kann nicht ohne diese Bestätigung der Prüfer beschlossen werden.

(3) ¹Die Prüfer werden von den Gesellschaftern gewählt; falls nicht andere Prüfer gewählt werden, gelten die Prüfer als gewählt, die für die Prüfung des letzten Jahresabschlusses von den Gesellschaftern gewählt oder vom Gericht bestellt worden sind. ²Im Übrigen sind, soweit sich aus der Besonderheit des Prüfungsauftrags nichts anderes ergibt, § 318 Absatz 1 Satz 2, § 319 Absatz 1 bis 4, § 319b Absatz 1, § 320 Absatz 1 Satz 2 und Absatz 2, die §§ 321 und 323 des Handelsgesetzbuchs sowie bei Gesellschaften, die Unternehmen von öffentlichem Interesse nach § 316a Satz 2 des Handelsgesetzbuchs sind, auch Artikel 5 der Verordnung (EU) Nr. 537/2014 des Europäischen Parlaments und des Rates vom 16. April 2014 über spezifische Anforderungen an die Abschlussprüfung bei Unternehmen von öffentlichem Interesse und zur Aufhebung des Beschlusses 2005/909/EG der Kommission (ABl. L 158 vom 27.5.2014, S. 77; L 170 vom 11.6.2014, S. 66) anzuwenden. ³Bei Gesellschaften, die nicht große im Sinne des § 267 Abs. 3 des Handelsgesetzbuchs sind, können auch vereidigte Buchprüfer zu Prüfern bestellt werden.

Schrifttum: s. § 57c.

---

[37] Ausf. MHLS/*Hermanns* Rn. 11; dem folgend HCL/*Ulmer/Casper* §§ 57e–57g Rn. 18; iErg auch Noack/ Servatius/Haas/*Servatius* Rn. 5.

[38] Lutter/Hommelhoff/*Kleindiek* §§ 57e–57g Rn. 12; Scholz/*Priester/Tebben* §§ 57e–57g Rn. 18; HCL/ *Ulmer/Casper* §§ 57e–57g Rn. 19.

[39] Zutr. MHLS/*Hermanns* Rn. 11.

[40] Noack/Servatius/Haas/*Servatius* Rn. 5; Lutter/Hommelhoff/*Kleindiek* §§ 57e–57g Rn. 12; MHLS/*Hermanns* Rn. 11; *Altmeppen* §§ 57e–57g Rn. 23; Scholz/*Priester/Tebben* §§ 57e–57g Rn. 18; HCL/*Ulmer/ Casper* §§ 57e–57g Rn. 19.

[41] IErg ebenso Scholz/*Priester/Tebben* §§ 57e–57g Rn. 18 aE; HCL/*Ulmer/Casper* §§ 57e–57g Rn. 19 aE.

Übersicht

I. Normzweck

1   **1. Zweck und Inhalt der Norm.** Die Vorschrift ermöglicht es, der nominellen Kapitalerhöhung anstelle der letzten Jahresbilanz (§ 57e Abs. 1; → § 57e Rn. 2 ff.) eine gesondert aufgestellte Erhöhungssonderbilanz (Zwischenbilanz) zugrunde zu legen. § 57f enthält besondere Vorschriften für die Aufstellung und Prüfung dieser Bilanz. Da sich § 57f ausschließlich auf die Erhöhungssonderbilanz bezieht, ist es auch missverständlich, wenn die amtliche Überschrift generell von „Anforderungen an die Bilanz" spricht.[1] Die Vorschriften dienen in Übereinstimmung mit § 57e (→ § 57e Rn. 1) primär dem **Gebot der realen Kapitalaufbringung** und daher dem Interesse der Gesellschaftsgläubiger. Die für die Zwischenbilanz geltenden Vorschriften sind außerdem für die Auslegung des § 57e von Bedeutung (→ § 57e Rn. 5, → § 57e Rn. 14). Abs. 3 S. 2 ist durch das FISG[2] geändert worden und findet erstmals Anwendung auf Prüfer, die für das nach dem 31.12.2021 beginnende Geschäftsjahr gewählt werden (s. § 9 Abs. 2 EGGmbHG).

2   **2. Praktische Bedeutung.** Dass dem Kapitalerhöhungsbeschluss die letzte Jahresbilanz zugrunde gelegt wird, bietet sich regelmäßig deshalb an, weil die mit der Aufstellung einer Erhöhungssonderbilanz verbundenen Kosten und Verzögerungen nicht anfallen. Zuweilen kann es sich aber lohnen, trotz der damit verbundenen Nachteile eine Zwischenbilanz aufzustellen. Das gilt zunächst, wenn andernfalls die **Achtmonatsfrist** des § 57e Abs. 1 nicht eingehalten werden könnte, da die Frist entweder bereits verstrichen ist oder eine fristgerechte Anmeldung mit großer Sicherheit ausscheidet, und zugleich die nächste Jahresbilanz nicht abgewartet werden soll. Vorteilhaft kann die Aufstellung aber auch sein, wenn innerhalb dieser Frist **Verlustvorträge beseitigt** worden sind (→ § 57d Rn. 22).[3] Umgekehrt kann die Zwischenbilanz einen in der Jahresbilanz **fehlenden Rücklagenausweis** nicht ersetzen, da Rücklagen nach dem insofern klaren Wortlaut des § 57d Abs. 1 nur umwandlungsfähig sind, wenn sie bereits in der Jahresbilanz ausgewiesen waren (→ § 57d Rn. 4, → § 57d Rn. 22).[4] Hier kann aber eine auf das Rumpfgeschäftsjahr bezogene Jahresbilanz helfen (→ § 57e Rn. 2).

II. Gesetzliche Anforderungen an die Erhöhungsbilanz

3   **1. Aufstellung.** Die **Geschäftsführer** sind analog §§ 41, 42 GmbHG iVm § 264 HGB für die Aufstellung der Erhöhungssonderbilanz zuständig.[5] **Inhaltlich** orientiert sich die

---

[1]   Krit. auch Gehrlein/Born/Simon/*Kowalski* Rn. 1.
[2]   Gesetz zur Stärkung der Finanzmarktintegrität (Finanzmarktintegritätsstärkungsgesetz) vom 3.6.2021, BGBl. 2021 I 1534.
[3]   Vgl. Lutter/Hommelhoff/*Kleindiek* §§ 57e–57g Rn. 6; MHLS/*Hermanns* Rn. 1; Scholz/Priester/*Tebben* §§ 57e–57g Rn. 2, 4; HCL/Ulmer/*Casper* §§ 57e–57g Rn. 10.
[4]   Noack/Servatius/Haas/*Servatius* Rn. 2; Scholz/Priester/*Tebben* §§ 57e–57g Rn. 2, 4; Lutter/Hommelhoff/*Kleindiek* §§ 57e–57g Rn. 4; HCL/Ulmer/*Casper* §§ 57e–57g Rn. 10.
[5]   Vgl. MHLS/*Hermanns* Rn. 4; Scholz/Priester/*Tebben* §§ 57e–57g Rn. 3; HCL/Ulmer/*Casper* §§ 57e–57g Rn. 10 aE; Henssler/Strohn/*Gummert* Rn. 8; *Blath* notar 2018, 423 (425).

Zwischenbilanz nach den Grundsätzen der Bilanzkontinuität (vgl. § 252 Abs. 1 Nr. 1 HGB) an der letzten Jahresbilanz. Abs. 1 S. 1 bestimmt in diesem Zusammenhang, dass die Zwischenbilanz hinsichtlich Gliederung und Wertansätzen der Jahresbilanz entsprechen muss. Gleiches gilt analog § 252 Abs. 1 Nr. 6 HGB auch hinsichtlich der Bewertungsmethoden.[6] Im Übrigen hat die Erhöhungssonderbilanz die Geschäftsvorgänge seit der letzten Jahresbilanz vollständig und korrekt abzubilden.[7] Die Bilanz muss außerdem das Ergebnis, dh den auf den maßgeblichen Stichtag angefallenen Gewinn oder Verlust, ausweisen.[8] Die Aufstellung einer Gewinn- und Verlustrechnung ist dagegen entbehrlich.[9]

2. Feststellung. Auch die Erhöhungssonderbilanz ist analog § 46 Nr. 1 durch die **4** **Gesellschafterversammlung** festzustellen. Das ist zwar gesetzlich nicht ausdrücklich vorgeschrieben, ergibt sich aber aus der Funktion der Bilanzfeststellung, die die von den Geschäftsführern ausgeübten Bilanzierungs- und Bewertungswahlrechte erst für verbindlich erklärt (→ § 57c Rn. 31).[10] Nach diesem Zweck ist die Einhaltung einer besonderen Form nicht erforderlich. Vielmehr kann die Feststellung auch **stillschweigend** gemeinsam mit der Beschlussfassung über die Kapitalerhöhung erfolgen, der die entsprechende Zwischenbilanz zugrunde gelegt wird.[11] Die abweichende Gegenauffassung, die eine gesonderte Feststellung vor dem Kapitalerhöhungsbeschluss verlangt,[12] übersieht, dass die Beschlüsse nach dem Normzweck des § 57c in derselben Gesellschafterversammlung gefasst werden können (→ § 57c Rn. 33).

3. Prüfung. a) Grundsatz. Das Prüfungserfordernis dient ebenso wie bei § 57e **5** (→ § 57e Rn. 4) dem Gebot der realen Kapitalaufbringung und steht damit im Interesse der Gesellschaftsgläubiger.[13] Soweit sich nachfolgend aus den Vorgaben des § 57f keine Besonderheiten ergeben, gelten die für Jahresbilanzen bei → § 57e Rn. 4 ff. näher dargelegten Grundsätze entsprechend.

b) Prüfer. Für die Wahl der Abschlussprüfer ist nach Abs. 3 S. 1 Hs. 1 grundsätzlich **6** die **Gesellschafterversammlung** zuständig. Die Satzung kann gem. Abs. 3 S. 2 iVm § 318 Abs. 1 S. 2 HGB eine abweichende Zuständigkeitsverteilung vorsehen. Ist diese für die Abschlussprüferwahl allgemein oder im Hinblick auf die Jahresbilanz erfolgt, erfasst die abweichende Regelung im Zweifel auch die Prüferbestellung für Zwischenbilanzen (→ § 57e Rn. 8). Hatten die Gesellschafter schon für die Prüfung der **letzten Jahresbilanz** **Prüfer gewählt** oder sind solche gerichtlich bestellt worden, gelten sie nach Abs. 3 S. 1 Hs. 2 auch für die Prüfung der Erhöhungssonderbilanz als gewählt, es sei denn, die Gesellschafterversammlung entscheidet sich für die Wahl neuer Prüfer. Im ersten Fall ist die Durchführung einer Gesellschafterversammlung einschließlich Beschlussfassung über die Prüferbestellung entbehrlich. Bei **Unternehmen von öffentlichem Interesse** iSd § 316a S. 2 HGB sind die Vorgaben des Art. 5 Abschlussprüferverordnung zu beachten, namentlich

---

6　Zust. *Blath* notar 2018, 423 (425).

7　MHLS/*Hermanns* Rn. 4; Scholz/*Priester/Tebben* §§ 57e–57g Rn. 3.

8　*Altmeppen* §§ 57e–57g Rn. 5; Rowedder/Schmidt-Leithoff/*Schnorbus* §§ 57e–57g Rn. 10; Scholz/*Priester/Tebben* §§ 57e–57g Rn. 3; HCL/*Ulmer/Casper* §§ 57e–57g Rn. 11; *Blath* notar 2018, 423 (425).

9　AllgM, Noack/Servatius/Haas/*Servatius* Rn. 1 aE; MHLS/*Hermanns* Rn. 4 aE; *Altmeppen* §§ 57e–57g Rn. 5; Rowedder/Schmidt-Leithoff/*Schnorbus* §§ 57e–57g Rn. 10; Scholz/*Priester/Tebben* §§ 57e–57g Rn. 3; HCL/*Ulmer/Casper* §§ 57e–57g Rn. 11; zur AG Kölner Komm AktG/*Lutter* AktG § 209 Rn. 12.

10　MHLS/*Hermanns* Rn. 5; HCL/*Ulmer/Casper* §§ 57e–57g Rn. 13; iErg ebenso *Altmeppen* §§ 57e–57g Rn. 5; Rowedder/Schmidt-Leithoff/*Schnorbus* §§ 57e–57g Rn. 10; Scholz/*Priester/Tebben* §§ 57e–57g Rn. 3; *Blath* notar 2018, 423 (425).

11　*Altmeppen* §§ 57e–57g Rn. 5; Rowedder/Schmidt-Leithoff/*Schnorbus* §§ 57e–57g Rn. 10 aE; Scholz/*Priester/Tebben* §§ 57e–57g Rn. 3 aE; HCL/*Ulmer/Casper* §§ 57e–57g Rn. 13; *Wicke* §§ 57e–57g Rn. 2; Gehrlein/Born/Simon/*Kowalski* Rn. 5.

12　Dafür Noack/Servatius/Haas/*Servatius* Rn. 12; MHLS/*Hermanns* Rn. 5; BeckOK GmbHG/*Rühland* Rn. 5; Bork/Schäfer/*Arnold/Born* §§ 57e–57g Rn. 10; in diese Richtung auch Lutter/Hommelhoff/*Kleindiek* §§ 57e–57g Rn. 5; grundsätzlich ebenso Henssler/Strohn/*Gummert* Rn. 11; *Blath* notar 2018, 423 (425).

13　MHLS/*Hermanns* Rn. 7.

Lieder　　　　　　　　　　389

das Verbot der Erbringung von Nichtprüfungsleistungen.[14] Bei **kleinen und mittelgroßen** Gesellschaften iSd § 267 Abs. 1 und 2 HGB können auch vereidigte Buchprüfer sowie Buchprüfungsgesellschaften zu Prüfern bestellt werden (→ § 57e Rn. 6).

7   **c) Gegenstand.** Inhaltlich bestimmt sich die Prüfung der Erhöhungssonderbilanz in Ermangelung eines Verweises des Abs. 3 S. 2 auf § 317 HGB nach dem Zweck der Prüfung, der darin besteht, der auf der Zwischenbilanz basierenden Kapitalerhöhung eine **verlässliche Bilanzbasis** zu schaffen.[15] Dementsprechend ist die Zwischenbilanz daraufhin zu überprüfen, ob nach den gesetzlichen und satzungsmäßigen Bestimmungen die für die Umwandlung erforderlichen Rücklagen ausgewiesen werden durften.[16] Zudem ist nach Abs. 1, Abs. 2 S. 1 zu prüfen, ob die Bilanz auch im Hinblick auf Gliederung und Wertansätze den gesetzlichen Anforderungen entspricht.[17]

8   **d) Zeitpunkt.** Die Prüfung der Erhöhungssonderbilanz muss der Beschlussfassung über die Kapitalerhöhung nach Abs. 2 S. 3 zeitlich vorausgehen. Änderungen der geprüften Bilanz machen eine erneute Prüfung unter Einbeziehung der geänderten Umstände erforderlich.[18]

9   **4. Bestätigungsvermerk.** Die Zwischenbilanz bildet nur dann eine taugliche Grundlage für den Kapitalerhöhungsbeschluss, wenn sie nach Abs. 2 S. 2 und 3 **vor** der **Beschlussfassung** mit einem **uneingeschränkten Bestätigungsvermerk** der Abschlussprüfer versehen worden ist. Im Übrigen gilt das für den Bestätigungsvermerk von Jahresbilanzen Gesagte (→ § 57e Rn. 13 f.) hier entsprechend.

10   **5. Höchstfrist.** Die Zwischenbilanz kann dem Kapitalerhöhungsbeschluss nach Abs. 1 S. 2 nur dann wirksam zugrunde gelegt werden, wenn zwischen dem Bilanzstichtag und der Anmeldung des Erhöhungsbeschlusses nicht mehr als **acht Monate** vergangen sind (→ § 57e Rn. 15).

III. Mängelfolgen

11   **1. Prüfung und Bestätigungsvermerk.** Ebenso wie die gesetzlichen Anforderungen an die Jahresbilanz (→ § 57e Rn. 1, → § 57e Rn. 16) sind auch die besonderen Vorschriften über die Erhöhungssonderbilanz nach § 57f dem Gebot der realen Kapitalaufbringung und damit zugleich dem Schutz der Gesellschaftsgläubiger zu dienen bestimmt (→ Rn. 1). Ein Verstoß gegen § 57f führt somit analog § 241 Nr. 3 AktG zur **Nichtigkeit** des Erhöhungsbeschlusses.

12   **2. Höchstfrist.** Bei Überschreitung der Achtmonatsfrist ist danach **zu differenzieren,** ob die Frist bereits im Zeitpunkt der Beschlussfassung abgelaufen war – dann ist Nichtigkeit analog § 241 Nr. 3 AktG die Folge –, oder ob die Frist erst bei Anmeldung zur Eintragung in das Handelsregister überschritten ist – dann handelt es sich lediglich um ein Eintragungshindernis (→ § 57e Rn. 17 f.).

§ 57g Vorherige Bekanntgabe des Jahresabschlusses

Die Bestimmungen des Gesellschaftsvertrags über die vorherige Bekanntgabe des Jahresabschlusses an die Gesellschafter sind in den Fällen des § 57f entsprechend anzuwenden.

Schrifttum: s. § 57c.

---

[14]   Vgl. Begr. RegE, BT-Drucks. 19/26966, 119.
[15]   Vgl. HCL/*Ulmer/Casper* §§ 57e–57g Rn. 14.
[16]   Zust. *Blath* notar 2018, 423 (425).
[17]   Zutr. Noack/Servatius/Haas/*Servatius* Rn. 2; MHLS/*Hermanns* Rn. 8; *Altmeppen* §§ 57e–57g Rn. 7.
[18]   Rowedder/Schmidt-Leithoff/*Schnorbus* §§ 57e–57g Rn. 5 aE; Scholz/*Priester/Tebben* §§ 57e–57g Rn. 14; HCL/*Ulmer/Casper* §§ 57e–57g Rn. 14.

I. Normzweck

Die Vorschrift ordnet an, dass die für den Jahresabschluss geltenden **gesellschaftsver-** 1
traglichen Bekanntgabevorschriften auch für die Erhöhungssonderbilanz iSd § 57f gelten. In rechtssystematischer Hinsicht gehört die Bestimmung zu § 57f und ist als dessen
vierter Absatz zu lesen.[1] Für die Bekanntmachung der Jahresbilanz bedurfte es keiner entsprechenden Bestimmung, da diese als Teil des Jahresabschlusses nach § 42a Abs. 1 bekannt
zu machen ist, soweit die Satzung keine abweichende Regelung trifft.[2]

II. Bekanntgabe

1. Grundsatz. Regelt der Gesellschaftsvertrag ausdrücklich die Bekanntgabe des Jahres- 2
abschlusses, dann gelten diese Vorschriften nach § 57g auch für die Bekanntgabe der Erhöhungssonderbilanz. Fehlt es an entsprechenden Bestimmungen, findet § 42a Abs. 1 auf die
Bekanntmachung der Zwischenbilanz analoge Anwendung.[3] Danach haben die Geschäftsführer analog § 42a Abs. 1 S. 2 die Bilanz mit dem Prüfungsbericht unverzüglich vorzulegen, auf
deren Grundlage die Gesellschafter über die Feststellung entscheiden. Die Bekanntgabe muss
nicht besonders dokumentiert werden, obgleich dies aus Beweissicherungsgründen angezeigt
sein kann.[4] Mangels Verweisung in § 57f Abs. 3 S. 2 ist auch eine Offenlegung der Sonderbilanz nach § 325 HGB entbehrlich.[5] Ebenso wenig braucht die erfolgte Bekanntgabe im
Erhöhungsbeschluss festgestellt zu werden.[6] Der allgemeine Informationsanspruch der Gesellschafter nach § 51a bleibt von der Bekanntgabepflicht unberührt.[7]

2. Mitwirkung des Aufsichtsrats. Nach zutreffender Auffassung ist analog § 42a 3
Abs. 1 S. 3 auch die Vorlage an einen gebildeten Aufsichtsrat **erforderlich.**[8] Zwar bemerkt
die Gegenauffassung[9] zutreffend, dass das Überwachungsorgan auch sonst an der Kapitalerhöhung nicht mitwirkt. Der Fokus der Vorlagepflicht an den Aufsichtsrat richtet sich indes auf
die Mitwirkung des Aufsichtsrats bei der Bilanzprüfung. Eine Beteiligung bei der Prüfung
der Zwischenbilanz erscheint insofern nur konsequent. Dafür spricht in der Sache, dass der
Aufsichtsrat für die Prüfung auch in diesem Fall besser geeignet ist als die Gesellschafter. Es
wäre sinnwidrig, den Sachverstand der Aufsichtsratsmitglieder zwar bei der Bilanzprüfung zu
nutzen, bei der Prüfung einer Erhöhungssonderbilanz aber darauf zu verzichten.

III. Mängelfolgen

Ein Verstoß gegen die Bekanntgabevorschriften für die Sonderbilanz führt zur 4
Anfechtbarkeit des Erhöhungsbeschlusses analog § 243 Abs. 1 AktG.[10] Eine Nichtigkeit

[1]   Zutr. MHLS/*Hermanns* Rn. 1.
[2]   Dazu *Hommelhoff/Priester* ZGR 1986, 463 (479 f.); MHLS/*Hermanns* Rn. 1; Scholz/*Priester/Tebben*
      §§ 57e–57g Rn. 17.
[3]   Noack/Servatius/Haas/*Servatius* Rn. 1; Lutter/Hommelhoff/*Kleindiek* §§ 57e–57g Rn. 8; MHLS/*Her-
      manns* Rn. 2; *Altmeppen* §§ 57e–57g Rn. 19; Rowedder/Schmidt-Leithoff/*Schnorbus* §§ 57e–57g Rn. 12;
      Scholz/*Priester/Tebben* §§ 57e–57g Rn. 17; HCL/*Ulmer/Casper* §§ 57e–57g Rn. 12; *Wicke* §§ 57e–57g
      Rn. 2; *Blath* notar 2018, 423 (425).
[4]   So auch MHLS/*Hermanns* Rn. 3; aA – Dokumentation im Jahresabschluss erforderlich – noch Meyer-
      Landrut/Miller/Niehus/*Meyer-Landrut* KapErhG §§ 3–5 Rn. 7.
[5]   IErg Noack/Servatius/Haas/*Servatius* Rn. 2; MHLS/*Hermanns* Rn. 3; *Altmeppen* §§ 57e–57g Rn. 22;
      Rowedder/Schmidt-Leithoff/*Schnorbus* §§ 57e–57g Rn. 12 aE; Scholz/*Priester/Tebben* §§ 57e–57g
      Rn. 17 aE; *Blath* notar 2018, 423 (425).
[6]   Scholz/*Priester/Tebben* §§ 57e–57g Rn. 17.
[7]   Lutter/Hommelhoff/*Kleindiek* §§ 57e–57g Rn. 8 aE; MHLS/*Hermanns* Rn. 3 aE; Scholz/*Priester/Tebben*
      §§ 57e–57g Rn. 17; HCL/*Ulmer/Casper* §§ 57e–57g Rn. 12 aE.
[8]   Zutr. MHLS/*Hermanns* Rn. 2.
[9]   So Scholz/*Priester/Tebben* §§ 57e–57g Rn. 17; *Altmeppen* §§ 57e–57g Rn. 20; Meyer-Landrut/Miller/
      Niehus/*Meyer-Landrut* KapErhG §§ 3–5 Rn. 7; ebenso Rowedder/Schmidt-Leithoff/*Schnorbus* §§ 57e–
      57g Rn. 12, der gleichwohl die Vorlage an den Aufsichtsrat für selbstverständlich hält.
[10] IErg wie hier MHLS/*Hermanns* Rn. 3; *Altmeppen* §§ 57e–57g Rn. 19; Rowedder/Schmidt-Leithoff/
      Schnorbus §§ 57e–57g Rn. 13 aE; Scholz/*Priester/Tebben* §§ 57e–57g Rn. 18 aE; HCL/*Ulmer/Casper*
      §§ 57e–57g Rn. 18.

analog § 241 Nr. 3 AktG scheidet aus, da die Bekanntgabe nach ihrem Normzweck allein darauf abzielt, das Informationsinteresse der Gesellschafter zu schützen.[11] Die Interessen der Gesellschaftsgläubiger sind hiervon – anders als bei den zentralen Bilanzvorschriften des § 57e (→ § 57e Rn. 1, → § 57e Rn. 16) und des § 57f (→ § 57f Rn. 1, → § 57f Rn. 11) – nicht berührt.[12]

§ 57h Arten der Kapitalerhöhung

(1) [1]**Die Kapitalerhöhung kann vorbehaltlich des § 57l Abs. 2 durch Bildung neuer Geschäftsanteile oder durch Erhöhung des Nennbetrags der Geschäftsanteile ausgeführt werden.** [2]**Die neuen Geschäftsanteile und die Geschäftsanteile, deren Nennbetrag erhöht wird, müssen auf einen Betrag gestellt werden, der auf volle Euro lautet.**

(2) [1]**Der Beschluß über die Erhöhung des Stammkapitals muß die Art der Erhöhung angeben.** [2]**Soweit die Kapitalerhöhung durch Erhöhung des Nennbetrags der Geschäftsanteile ausgeführt werden soll, ist sie so zu bemessen, daß durch sie auf keinen Geschäftsanteil, dessen Nennbetrag erhöht wird, Beträge entfallen, die durch die Erhöhung des Nennbetrags des Geschäftsanteils nicht gedeckt werden können.**

Schrifttum: s. § 57c.

Übersicht

I. Normzweck

1   Zweck des § 57h ist es, die **Ausführung der Kapitalerhöhung** in Bezug auf die **Anteilsrechte der Gesellschafter** zu regeln. Ebenso wie bei der ordentlichen Kapitalerhöhung (→ § 55 Rn. 57 ff.) können die Gesellschafter auch bei der nominellen Kapitalerhöhung nach Abs. 1 S. 1 grundsätzlich autonom darüber entscheiden, ob für den Erhöhungsbetrag **neue Geschäftsanteile ausgegeben** werden **oder** ob sich die Nennbeträge bereits **vorhandener Anteile erhöhen.** Ausgeschlossen ist das Wahlrecht der Gesellschafter nur bei teilweise eingezahlten Geschäftsanteilen. Im Interesse einer realen Kapitalaufbringung scheidet die Ausgabe neuer Anteile aus; nach § 57l Abs. 2 S. 2 kann die Erhöhung ausschließlich durch die Aufstockung alter Anteile erfolgen (→ § 57l Rn. 7).

2   Der Nennbetrag der neuen Anteile sowie der Mindesterhöhungsbetrag vorhandener Anteile müssen nach Abs. 1 S. 2 auf **volle Euro** lauten. Früher mussten die Nennbeträge neu gebildeter Geschäftsanteile noch mindestens 50 Euro betragen und durch 10 teilbar sein (Abs. 1 S. 2 aF). Die Vorschrift ist durch das MoMiG neu gefasst worden; ihre Änderung ist eine unmittelbare und folgerichtige Konsequenz der allgemeinen Liberalisierung der

---

[11]   Wie hier MHLS/*Hermanns* Rn. 3.
[12]   So auch Rowedder/Schmidt-Leithoff/*Schnorbus* §§ 57e–57g Rn. 1.

Anteilsstückelung (→ § 55 Rn. 59). Die an der früheren Regelung geäußerte rechtspolitische Kritik[1] ist damit obsolet.

Die Gesellschafter müssen nach Abs. 2 S. 1 bereits im **Zeitpunkt der Beschlussfas- 3 sung** entscheiden, welche Art der Ausführung sie bevorzugen. Entscheiden sie sich für eine **Nennbetragserhöhung,** muss der Gesamtbetrag der Kapitalerhöhung nach Abs. 2 S. 2 so gewählt sein, dass auf keinen Anteil ein Betrag entfällt, der durch die Nennbetragserhöhung nicht gedeckt ist. Im Klartext verlangt die schwer verständliche Vorschrift nach neuem Recht also, dass der auf jeden Geschäftsanteil entfallende Betrag auf volle Euro lautet. Insoweit geht Abs. 2 S. 2 in seinem Regelungsgehalt nicht über den neu gefassten Abs. 1 S. 2 hinaus. Die Vorschrift hat heute **keinen eigenständigen Anwendungsbereich** mehr und sollte deshalb bei nächster Gelegenheit durch den Gesetzgeber gestrichen werden.[2]

II. Ausführungsarten der Kapitalerhöhung

1. Ausgabe neuer Geschäftsanteile. Nach Abs. 1 S. 2 müssen die Nennbeträge neuer 4 Geschäftsanteile auf **volle Euro** lauten. Zulässig ist außerdem die Ausgabe **mehrerer Geschäftsanteile** (§ 5 Abs. 2 S. 2; → § 5 Rn. 46). Dabei kann die Höhe der neu ausgegebenen Anteile unterschiedlich hoch sein, solange sich nur die Summe der Nennbeträge alter und neuer Geschäftsanteile mit dem erhöhten Stammkapital deckt (§ 5 Abs. 3; → § 5 Rn. 45 f.) und die Beteiligungsverhältnisse der bisherigen Gesellschafter nach § 57j gewahrt bleiben.[3]

Nach neuem Recht ist für **jeden Geschäftsanteil** ein neuer Anteil auszugeben oder 5 der Geschäftsanteil zu erhöhen (→ § 57j Rn. 9).[4] Unstreitig zulässig ist die Ausgabe mehrerer Anteile außerdem, falls die Geschäftsanteile von unterschiedlicher Qualität iSd § 57m Abs. 1 sind, also zB bei regulären und Vorzugsanteilen,[5] sowie, wenn die Anteile zwar die gleiche Qualität aufweisen, aber eine unterschiedliche Berechtigung Dritter an den Geschäftsanteilen besteht, wie zB Nießbrauch, Pfandrecht, Treuhandverhältnis oder Testamentsvollstreckung.[6] Die Neuregelung ändert indes nichts daran, dass die Gesellschafter mit Zustimmung des betroffenen Gesellschafters oder bei entsprechender Regelung im Gesellschaftsvertrag beschließen können, dass auch in diesen Fällen nur ein einziger neuer Anteil ausgegeben wird,[7] solange nur die Beteiligungsverhältnisse nach § 57j unberührt bleiben. Ebenso kann eine größere Anzahl neuer Geschäftsanteile gebildet werden, als der Gesellschafter bisher alte Anteile innehatte.[8]

Die neuen Geschäftsanteile sind ebenso **rechtlich selbstständig und frei veräußer- 6 bar,** wie aus einer ordentlichen Kapitalerhöhung hervorgegangene neue Geschäftsanteile.[9]

---

[1] Dazu Scholz/*Priester/Tebben* Rn. 3; HCL/*Ulmer/Casper* Rn. 2; *Priester* GmbHR 1980, 236 m. Fn. 1 in Auseinandersetzung mit der Amtl. Begr., BT-Drs. III/416, 13.

[2] Vgl. jetzt auch Gehrlein/Born/Simon/*Kowalski* Rn. 6.

[3] Zust. *Blath* notar 2018, 423 (430).

[4] Das war bereits nach der früher hM ausschlaggebend Baumbach/Hueck/*Zöllner,* 18. Aufl. 2006, Rn. 5; Lutter/Hommelhoff/*Lutter/Hommelhoff,* 16. Aufl. 2004, Rn. 2; Roth/Altmeppen/*Roth,* 5. Aufl. 2005, Rn. 2 ff.; Rowedder/Schmidt-Leithoff/*Zimmermann,* 4. Aufl. 2002, Rn. 4; Scholz/*Priester,* 9. Aufl. 2002, Rn. 4 aE; aA noch *Priester* GmbHR 1980, 236 (237); Ulmer/Habersack/Winter/*Ulmer,* 2008, Rn. 8.

[5] Schon nach bisheriger Rechtslage unstr. Lutter/Hommelhoff/*Lutter/Hommelhoff,* 16. Aufl. 2004, Rn. 2; Scholz/*Priester,* 9. Aufl. 2002, Rn. 4; Ulmer/Habersack/Winter/*Ulmer,* 2008, Rn. 9.

[6] Nach bisheriger Rechtslage sehr umstritten; vgl. einerseits Baumbach/Hueck/*Zöllner,* 18. Aufl. 2006, Rn. 5; Lutter/Hommelhoff/*Lutter/Hommelhoff,* 16. Aufl. 2004, Rn. 2; MHLS/*Hermanns* Rn. 4; Scholz/ *Priester,* 9. Aufl. 2002, Rn. 4 aE; andererseits Meyer-Landrut/Miller/Niehus/*Meyer-Landrut* KapErhG § 6 Rn. 2; Ulmer/Habersack/Winter/*Ulmer,* 2008, Rn. 9.

[7] So schon nach bisherigem Recht Baumbach/Hueck/*Zöllner,* 18. Aufl. 2006, Rn. 5 aE; MHLS/*Hermanns* Rn. 4; vgl. noch Lutter/Hommelhoff/*Lutter/Hommelhoff,* 16. Aufl. 2004, Rn. 2; zum neuen Recht *Schemann* NZG 2009, 241 (243 f.).

[8] *Schemann* NZG 2009, 241 (243 f.).

[9] AllgM, Noack/Servatius/Haas/*Servatius* Rn. 6; MHLS/*Hermanns* Rn. 3 aE; Scholz/*Priester/Tebben* Rn. 3; HCL/*Ulmer/Casper* Rn. 8.

Neben vollen Anteilen kann der Gesellschafter nach neuer Rechtslage auch weiterhin **Teilrechte** iSd § 57k Abs. 1 erwerben.[10]

7   **2. Aufstockung vorhandener Geschäftsanteile.** Nachdem neue Geschäftsanteile nur noch auf volle Euro lauten müssen, hat sich die **praktische Bedeutung** der Nennbetragserhöhung erheblich **verringert.**[11] Hinzu kommt, dass diese Ausführungsart nicht zur Schaffung selbstständig verwertbarer Anteilsrechte führt. Wollen Gesellschafter über den erhöhten Teil verfügen, muss zuvor erst eine Teilung des Geschäftsanteils erfolgen.[12] Ein Anwendungsbereich verbleibt der Aufstockung aber kraft Gesetzes; nach § 57l Abs. 2 S. 2 muss die Kapitalerhöhung **bei teileingezahlten Geschäftsanteilen** zwingend durch die Erhöhung der Nennbeträge erfolgen.

8   Bei der Aufstockung muss der Gesamtbetrag der Kapitalerhöhung nach Abs. 1 S. 2, Abs. 2 S. 2 so gewählt werden, dass der Erhöhungsbetrag für jeden Anteil auf **volle Euro** lautet. Ist dies nicht der Fall, scheidet eine Kapitalerhöhung durch Erhöhung des Nennbetrags aus. Die Gesellschafter werden sich in diesem Fall regelmäßig für die – ggf. mit der Nennbetragserhöhung kombinierte (→ Rn. 10) – Ausgabe neuer Geschäftsanteile entschließen. Denkbar ist die Gestaltungsform, dass allein die **freien Spitzen** zu einem neuen Anteil zusammengefasst werden, an dem Teilrechte iSd § 57k Abs. 1 bestehen können und der auf volle Euro lauten muss (→ Rn. 4), die Kapitalerhöhung im Übrigen aber durch eine Erhöhung des Nennbetrags erfolgt.[13] Das ist nach § 57l Abs. 2 S. 2 nur dann nicht möglich, wenn an der Kapitalerhöhung Geschäftsanteile partizipieren, die nur teilweise eingezahlt sind (→ Rn. 7).

9   Mangels abweichender Beschlussfassung (→ Rn. 5) oder Satzungsregelung partizipieren **mehrere Geschäftsanteile** eines Gesellschafters verhältniswahrend an der Kapitalerhöhung.[14] Eine abweichende Regelung ist zulässig, solange die mit den Geschäftsanteilen verbundenen Rechte unberührt bleiben.[15]

10   **3. Verbindung beider Ausführungsarten.** Nach dem Normzweck des Abs. 1 S. 1 soll den Gesellschaftern ein **Wahlrecht** über die Art der Ausführung der Kapitalerhöhung eröffnet werden. Dem entspricht es, dass beide Ausführungsarten sowohl bei derselben Kapitalerhöhung als auch bei demselben Geschäftsanteil eines Gesellschafters kombiniert werden können.[16] Dafür spricht auch die Regelung des § 57l Abs. 2 S. 3, wonach bei Vorhandensein teilweise und voll eingezahlter Geschäftsanteile die Kapitalerhöhung teilweise durch Ausgabe neuer Anteile und teilweise durch Aufstockung vorhandener Geschäftsanteile erfolgen kann. Diese Vorschrift ist Ausdruck des allgemeinen Rechtsgedankens, dass Gesellschafter die Ausführung der Kapitalerhöhung nach ihren Vorstellungen gestalten können.

---

[10]   Zur bisherigen Rechtslage Scholz/*Priester,* 9. Aufl. 2002, Rn. 4; Ulmer/Habersack/Winter/*Ulmer,* 2008, Rn. 7 f.; *Simon* BB 1962, 72 (73).

[11]   Zu Bedeutung und Anwendungsbereich nach bisherigem Recht: Baumbach/Hueck/*Zöllner,* 18. Aufl. 2006, Rn. 7; Scholz/*Priester,* 9. Aufl. 2002, Rn. 5; Ulmer/Habersack/Winter/*Ulmer,* 2008, Rn. 10.

[12]   Daran hat sich durch die Streichung des § 17 nichts geändert; zur Zulässigkeit und Durchführung der Teilung vgl. BGH Urt. v. 17.12.2013 – II ZR 21/12, NZG 2014, 184 mBespr *Lieder* NZG 2014, 329 = GmbHR 2014, 198 mAnm *Bayer;* vgl. ferner *Förl* RNotZ 2008, 409; *Mayer* DNotZ 2008, 403 (424 ff.); *Wachter* ZNotP 2008, 378 (398 ff.); *Wedemann* GmbHR 2008, 1131 (1134); *Heckschen* DStR 2007, 1442 (1450).

[13]   Noack/Servatius/Haas/*Servatius* Rn. 3; Lutter/Hommelhoff/*Kleindiek* Rn. 4; *Altmeppen* Rn. 7; Scholz/*Priester/Tebben* Rn. 6 aE; HCL/*Ulmer/Casper* Rn. 11; ausf. *Priester* GmbHR 1980, 236 (240 f.); aA Rowedder/Schmidt-Leithoff/*Schnorbus* Rn. 8; *Geßler* BB 1960, 6 (9); *Schippel* DNotZ 1960, 353 (367 f.); *Simon* BB 1962, 72: keine Teilrechtsbildung bei der Nennbetragserhöhung zulässig.

[14]   Meyer-Landrut/Miller/Niehus/*Meyer-Landrut* KapErhG § 6 Rn. 3; *Altmeppen* Rn. 4; Rowedder/Schmidt-Leithoff/*Schnorbus* Rn. 4; Scholz/*Priester/Tebben* Rn. 5.

[15]   Wie hier Scholz/*Priester/Tebben* Rn. 5; *Schemmann* NZG 2009, 241 (244).

[16]   Noack/Servatius/Haas/*Servatius* Rn. 8; MHLS/*Hermanns* Rn. 7; *Altmeppen* Rn. 8; Rowedder/Schmidt-Leithoff/*Schnorbus* Rn. 6; Scholz/*Priester/Tebben* Rn. 7; HCL/*Ulmer/Casper* Rn. 10; BeckOK GmbHG/*Rühland* Rn. 9; Bork/Schäfer/*Arnold/Born* Rn. 1 aE; Gehrlein/Born/Simon/*Kowalski* Rn. 1, 5; *Schemmann* NZG 2009, 241; *Blath* notar 2018, 423 (430); aA noch *Schippel* DNotZ 1960, 353 (367).

Anderes gilt freilich wiederum im Sonderfall des § 57l Abs. 2 S. 2, 3 (→ § 57l Rn. 7, → § 57l Rn. 9).

III. Ausübung des Wahlrechts

1. Beschlusserfordernis. Das Wahlrecht ist nach Abs. 2 S. 1 **im Erhöhungsbe-** 11 **schluss** auszuüben. Die Zuständigkeit für die Beschlussfassung liegt ausschließlich bei den Gesellschaftern; sie kann keinem anderen Organ oder Dritten zugewiesen werden. Der Beschluss ist notariell zu beurkunden und bedarf der Mehrheit von drei Vierteln der abgegebenen Stimmen, wobei die Satzung ein höheres Zustimmungserfordernis und weitere Erfordernisse aufstellen kann (→ § 57c Rn. 20 ff.).

2. Schranken. Die Gesellschafter können grundsätzlich frei über die Ausübung des 12 Wahlrechts entscheiden. Dabei haben sie die Vorgaben des gesellschaftsrechtlichen **Gleichbehandlungsgrundsatzes** (→ § 53 Rn. 110) sowie die Grundsätze der gesellschaftsrechtlichen **Treuepflichtbindung** (→ § 53 Rn. 111) zu beachten. Ohne die Zustimmung des betreffenden Gesellschafters kommt eine Ungleichbehandlung danach nur in Betracht, wenn es dafür einen rechtfertigenden Grund gibt.[17] Das wird angenommen bei fehlender Volleinzahlung sämtlicher Geschäftsanteile sowie bei Nennbetragserhöhungen zur Vermeidung von Teilrechten,[18] sollte in der Sache aber streng gehandhabt werden.[19] Darüber hinaus haben die Gesellschafter keinen Anspruch auf eine bestimmte Art der Ausführung.[20]

3. Änderung. Vor Eintragung der Kapitalerhöhung in das Handelsregister können 13 die Gesellschafter die getroffene Entscheidung noch abändern, soweit der Änderungsbeschluss den genannten Beschlusserfordernissen (→ Rn. 11) entspricht[21] und innerhalb der bilanziellen Höchstfrist von acht Monaten (→ § 57e Rn. 15) zur Eintragung in das Handelsregister angemeldet wird.[22] **Nach Eintragung** kann auf die neuen und erhöhten Geschäftsanteile nur noch durch Teilung (→ 2. Aufl. 2016, § 46 Rn. 84 ff.) und Zusammenlegung (→ 2. Aufl. 2016, § 46 Rn. 89 f.) eingewirkt werden.[23]

4. Inhalt. Dem Wortlaut des Erhöhungsbeschlusses muss sich nach Abs. 2 S. 1 **zwei-** 14 **felsfrei** die Ausführungsart der Kapitalerhöhung entnehmen lassen. Das ist bei der nominellen Kapitalerhöhung im Vergleich zur ordentlichen Erhöhung deshalb von besonderer Relevanz, weil die Zuteilung der neuen Anteilsrechte ohne Abschluss eines Übernahmevertrages durch Eintragung des Erhöhungsbeschlusses in das Handelsregister erfolgt (§ 57j S. 1; → § 57j Rn. 2). **Ausdrücklich** muss dem Erhöhungsbeschluss demnach zu entnehmen sein, ob die Kapitalerhöhung durch Ausgabe neuer oder Aufstockung vorhandener Geschäftsanteile oder durch eine genau zu bezeichnende Kombination beider Ausführungsarten erfolgt.

Erfolgt die Kapitalerhöhung vollständig entweder durch die Ausgabe neuer oder durch 15 die Aufstockung vorhandener Anteile, dann braucht der Erhöhungsbeschluss keine weiteren **Angaben über Anzahl und Nennbetrag** der neuen oder erhöhten Geschäftsanteile zu enthalten.[24] Diese Angaben lassen sich mit Blick auf den Gesamtbetrag der Kapitalerhöhung

---

[17] Noack/Servatius/Haas/*Servatius* Rn. 8; BeckOK GmbHG/*Rühland* Rn. 11; Lutter/Hommelhoff/*Kleindiek* Rn. 6; MHLS/*Hermanns* Rn. 10; Scholz/*Priester/Tebben* Rn. 8; HCL/*Ulmer/Casper* Rn. 12; aA – immer eine Zustimmung des Betroffenen verlangend – *Altmeppen* Rn. 9; *Wicke* Rn. 3.
[18] Vgl. MHLS/*Hermanns* Rn. 10; Scholz/*Priester/Tebben* Rn. 8; HCL/*Ulmer/Casper* Rn. 12.
[19] Zutr. *Altmeppen* Rn. 10.
[20] Wie hier Lutter/Hommelhoff/*Kleindiek* Rn. 6; Scholz/*Priester/Tebben* Rn. 8; HCL/*Ulmer/Casper* Rn. 12.
[21] Lutter/Hommelhoff/*Kleindiek* Rn. 6; Scholz/*Priester/Tebben* Rn. 2; HCL/*Ulmer/Casper* Rn. 13.
[22] Zutr. HCL/*Ulmer/Casper* Rn. 13.
[23] Scholz/*Priester/Tebben* Rn. 2; HCL/*Ulmer/Casper* Rn. 13.
[24] So die hM, LG Mannheim Beschl. v. 28.11.1960 – 9 T 1/60, BB 1961, 303; iErg Noack/Servatius/Haas/*Servatius* Rn. 9 aE; Lutter/Hommelhoff/*Kleindiek* Rn. 7; MHLS/*Hermanns* Rn. 9; *Altmeppen* Rn. 9; Rowedder/Schmidt-Leithoff/*Schnorbus* Rn. 8; Scholz/*Priester/Tebben* Rn. 10; wohl auch HCL/*Ulmer/Casper* Rn. 15; zur AG GroßkommAktG/*Hirte* AktG § 207 Rn. 120; Kölner Komm AktG/*Lutter* AktG § 207 Rn. 14; aA noch Meyer-Landrut/Miller/Niehus/*Meyer-Landrut* KapErhG § 6 Rn. 7.

leicht errechnen. Gleichwohl empfiehlt es sich, die Angaben zur Klarstellung und Streitvermeidung in den Erhöhungsbeschluss aufzunehmen.[25] Notwendig sind Angaben über Anzahl und Nennbeträge bei der Kombination beider Ausführungsarten oder bei der Bildung von Teilrechten zum Ausgleich für freie Spitzen.[26] Werden die Ausführungsarten kombiniert, ist es unschädlich, dass der Erhöhungsbeschluss nur die rechnerische Grundlage der Anteilszuteilung enthält, solange sich auf deren Basis Anzahl und Nennbeträge der neuen und erhöhten Anteile zweifelsfrei bestimmen lassen.[27] Auch wenn dies aus Rechtsgründen nicht zwingend erforderlich ist, empfehlen sich in dieser Konstellation ebenfalls ausdrückliche Angaben. Weitergehende Angaben sind notwendig, wenn für einen Gesellschafter nach § 5 Abs. 2 S. 2 **mehrere Geschäftsanteile** ausgegeben werden sollen. Das muss aus dem Erhöhungsbeschluss ebenso ausdrücklich hervorgehen, wie unterschiedliche Nennbeträge dieser Geschäftsanteile (vgl. § 5 Abs. 3 S. 1).

IV. Mängelfolgen

16   Verstößt der Erhöhungsbeschluss gegen das Mindestnennbetragserfordernis des Abs. 1 S. 2 oder enthält er keine (ordnungsgemäßen) Angaben iSd Abs. 2 S. 1, dann ist er analog § 241 Nr. 3 AktG **nichtig,** da beide Vorschriften dem öffentlichen Interesse zu dienen bestimmt sind.[28] Da Abs. 2 S. 2 neben Abs. 1 S. 2 keinen eigenständigen Anwendungsbereich mehr besitzt, führt ein Verstoß stets zur Nichtigkeit. Der frühere Meinungsstreit über die Rechtsfolgen eines isolierten Verstoßes gegen die Vorschrift[29] ist heute überholt.

§ 57i Anmeldung und Eintragung des Erhöhungsbeschlusses

(1) [1]Der Anmeldung des Beschlusses über die Erhöhung des Stammkapitals zur Eintragung in das Handelsregister ist die der Kapitalerhöhung zugrunde gelegte, mit dem Bestätigungsvermerk der Prüfer versehene Bilanz, in den Fällen des § 57f außerdem die letzte Jahresbilanz, sofern sie noch nicht nach § 325 Abs. 1 des Handelsgesetzbuchs eingereicht ist, beizufügen. [2]Die Anmeldenden haben dem Registergericht gegenüber zu erklären, daß nach ihrer Kenntnis seit dem Stichtag der zugrunde gelegten Bilanz bis zum Tag der Anmeldung keine Vermögensminderung eingetreten ist, die der Kapitalerhöhung entgegenstünde, wenn sie am Tag der Anmeldung beschlossen worden wäre.

(2) Das Registergericht darf den Beschluß nur eintragen, wenn die der Kapitalerhöhung zugrunde gelegte Bilanz für einen höchstens acht Monate vor der Anmeldung liegenden Zeitpunkt aufgestellt und eine Erklärung nach Absatz 1 Satz 2 abgegeben worden ist.

(3) Zu der Prüfung, ob die Bilanzen den gesetzlichen Vorschriften entsprechen, ist das Gericht nicht verpflichtet.

(4) Bei der Eintragung des Beschlusses ist anzugeben, daß es sich um eine Kapitalerhöhung aus Gesellschaftsmitteln handelt.

Schrifttum: s. § 57c.

---

25   Zutr. Scholz/*Priester/Tebben* Rn. 10 aE; HCL/*Ulmer/Casper* Rn. 15.

26   Rowedder/Schmidt-Leithoff/*Schnorbus* Rn. 8; HCL/*Ulmer/Casper* Rn. 15.

27   Wie hier MHLS/*Hermanns* Rn. 9; ähnlich Noack/Servatius/Haas/*Servatius* Rn. 9; aA wohl HCL/*Ulmer/Casper* Rn. 15.

28   AllgM, Noack/Servatius/Haas/*Servatius* Rn. 10; Lutter/Hommelhoff/*Kleindiek* Rn. 9; MHLS/*Hermanns* Rn. 11; *Altmeppen* Rn. 11; Rowedder/Schmidt-Leithoff/*Schnorbus* Rn. 11 f.; Scholz/*Priester/Tebben* Rn. 11; HCL/*Ulmer/Casper* Rn. 16.

29   Für Nichtigkeit bei gleichzeitigem Verstoß gegen § 57j: MHLS/*Hermanns* Rn. 12; Rowedder/Schmidt-Leithoff/*Schnorbus* Rn. 13; HCL/*Ulmer/Casper* Rn. 16; aA noch Baumbach/Hueck/*Zöllner,* 18. Aufl. 2006, Rn. 10: Anfechtbarkeit; aufgegeben in 19. Aufl. 2010; wie hier jetzt auch Noack/Servatius/Haas/*Servatius* Rn. 10.

Übersicht

I. Normzweck

Die Vorschrift enthält einige **Sonderregelungen für Anmeldung, Eintragung und** **1** **Prüfung** der Kapitalerhöhung aus Gesellschaftsmitteln. Sie ergänzt insofern die allgemeinen Bestimmungen des § 54, die nach § 57c Abs. 4 flankierend zur Anwendung gelangen. Als Besonderheit bestimmt Abs. 1 S. 1, dass mit der Anmeldung zusätzlich die notwendigen Rechnungslegungsdokumente zum Handelsregister einzureichen sind. Darüber hinaus müssen die Gesellschafter im Interesse einer realen Kapitalaufbringung versichern, dass es zwischenzeitlich zu keinen relevanten Werteinbußen gekommen ist (Abs. 1 S. 2). Nur wenn diese beiden Voraussetzungen erfüllt sind, darf die Kapitalerhöhung nach Abs. 2 in das Handelsregister eingetragen werden. Dass der Registerrichter zuvor die Richtigkeit der vorgelegten Bilanzen prüft, ist indes nicht erforderlich (Abs. 3). Bei Eintragung ist nach Abs. 4 ausdrücklich anzugeben, dass es sich um eine Kapitalerhöhung aus Gesellschaftsmitteln handelt.

II. Anmeldung

1. Grundsatz. Die Kapitalerhöhung aus Gesellschaftsmitteln ist nach § 57c Abs. 4 iVm **2** § 54 Abs. 1 zur Eintragung in das Handelsregister anzumelden. Anders als bei der ordentlichen Erhöhung des Stammkapitals ist hier nicht erforderlich, dass zuvor die neuen Geschäftsanteile übernommen worden sind. Bei der nominellen Kapitalerhöhung erwerben die Gesellschafter gem. § 57j S. 1 kraft Gesetzes die neuen Anteilsrechte (→ § 57j Rn. 2).

2. Anmelder. Die Anmeldung ist nach § 78 Hs. 2 durch **sämtliche** aktuellen und stell- **3** vertretenden **Geschäftsführer** zu bewirken (→ § 57 Rn. 29). Prokuristen sind von der Anmeldung ausgeschlossen;[1] § 78 verlangt die Anmeldung ausschließlich durch die Geschäftsführung, und zwar auch bei unechter Gesamtvertretung. Im Grundsatz können sich die Geschäftsführer bei der Anmeldung durch **Bevollmächtigte** vertreten lassen. Im Hinblick auf den höchstpersönlichen Charakter der Versicherung nach Abs. 1 S. 2 ist eine Stellvertretung indes ausgeschlossen, wenn die Versicherung – wie üblich – in der Anmeldung selbst enthalten

---

[1] *Altmeppen* Rn. 2; Scholz/*Priester*/*Tebben* Rn. 2; BeckOK GmbHG/*Rühland* Rn. 2; Henssler/Strohn/ *Gummert* Rn. 2.

ist. Ist die Versicherung dagegen der Anmeldung als eigenständige Anlage beigefügt, kommt eine Bevollmächtigung auch bei der Anmeldung in Betracht (→ § 57 Rn. 31 f.).[2]

4   **3. Inhalt.** Anzumelden ist der **Kapitalerhöhungsbeschluss.** Der Eintragungsantrag ist darauf gerichtet, dass die Kapitalerhöhung in das Handelsregister eingetragen wird. Dafür genügt ein Verweis auf das Beschlussprotokoll,[3] soweit der Regelungsgegenstand schlagwortartig bezeichnet ist. Angaben über den Erhöhungsbetrag, die neue Stammkapitalziffer oder die Art der Kapitalerhöhung (aus Gesellschaftsmitteln) sind nicht erforderlich, soweit sie sich aus dem Erhöhungsbeschluss ergeben.[4] Ebenfalls entbehrlich ist die Anmeldung der im Zuge der Kapitalerhöhung geänderten Satzung.[5] Aus Praktikabilitätsgründen empfiehlt sich indes eine ausführliche Anmeldung, die alle bezeichneten Angaben enthält.[6]

5   **4. Anlagen. a) Beschlussprotokoll.** Dem Eintragungsantrag ist zunächst das Protokoll über den Kapitalerhöhungsbeschluss beizufügen, und zwar entweder in Ausfertigung oder als beglaubigte Abschrift. Einzureichen sind auch etwaige Vollmachten (→ § 54 Rn. 41).

6   **b) Bilanzen.** Der Anmeldung ist nach Abs. 1 S. 1 weiterhin die der Kapitalerhöhung **zugrunde liegende Bilanz** (→ § 57e Rn. 2 ff.; → § 57f Rn. 3 ff.) beizufügen, die mit einem uneingeschränkten Bestätigungsvermerk der Prüfer (→ § 57e Rn. 13 ff.) versehen sein muss. Bildet eine **Erhöhungssonderbilanz** nach § 57f Abs. 1 (→ § 57f Rn. 3 ff.) die Grundlage der Kapitalerhöhung, dann ist zusätzlich die Jahresbilanz des letzten Geschäftsjahres einzureichen, soweit dies nicht bereits nach Maßgabe des § 325 Abs. 1 HGB geschehen ist. Aus der Jahresbilanz wird für den Registerrichter ersichtlich, ob beide Bilanzen die umwandlungsfähigen Rücklagen enthalten (→ § 57d Rn. 4 ff.).[7] Handelt es sich um eine kleine GmbH iSd § 267 Abs. 1 HGB oder eine Kleinstgesellschaft iSd § 267a HGB, muss die Bilanz weder geprüft noch mit einem uneingeschränkten Bestätigungsvermerk versehen sein.[8] Diese Erfordernisse müssen nur bei derjenigen Bilanz erfüllt sein, die der Kapitalerhöhung tatsächlich zugrunde liegt.

7   **c) Satzungswortlaut.** Daneben ist der Anmeldung nach § 57c Abs. 4 iVm § 54 Abs. 1 S. 2 der vollständige Wortlaut des neu gefassten Gesellschaftsvertrages einschließlich der dafür nach § 54 Abs. 1 S. 2 Hs. 2 vorgesehenen Notarbescheinigung beizufügen.[9] Die Satzung muss auch die Anpassungen nach Maßgabe des § 57m nachvollziehen, soweit diese auch im Erhöhungsbeschluss enthalten sind (→ § 57m Rn. 12 ff.).

8   **d) Gesellschafterliste.** Anders als nach bisherigem Recht[10] ist es **nicht erforderlich,** der Anmeldung auch sogleich eine neue Gesellschafterliste nach § 40 beizufügen (→ 2. Aufl. 2016, § 40 Rn. 175 ff.).[11] Denn erst durch die Eintragung wird die Kapitalerhö-

---

[2]   Zust. *Blath* notar 2018, 423 (431).
[3]   Noack/Servatius/Haas/*Servatius* Rn. 5; HCL/*Ulmer*/*Casper* Rn. 7; Scholz/*Priester*/*Tebben* Rn. 3.
[4]   Vgl. Noack/Servatius/Haas/*Servatius* Rn. 5; MHLS/*Hermanns* Rn. 4; *Altmeppen* Rn. 3; Scholz/*Priester*/ *Tebben* Rn. 3.
[5]   MHLS/*Hermanns* Rn. 4 aE; Scholz/*Priester*/*Tebben* Rn. 3 aE.
[6]   *Blath* notar 2018, 423 (431) mit Formulierungsvorschlag (S. 432).
[7]   Scholz/*Priester*/*Tebben* Rn. 4; HCL/*Ulmer*/*Casper* Rn. 8.
[8]   AllgM, *Altmeppen* §§ 57e–57g Rn. 3; Rowedder/Schmidt-Leithoff/*Schnorbus* Rn. 3; Scholz/*Priester*/*Tebben* Rn. 4; HCL/*Ulmer*/*Casper* Rn. 8.
[9]   Noack/Servatius/Haas/*Servatius* Rn. 11; Lutter/Hommelhoff/*Kleindiek* Rn. 3; Rowedder/Schmidt-Leithoff/*Schnorbus* Rn. 3; Scholz/*Priester*/*Tebben* Rn. 4; HCL/*Ulmer*/*Casper* Rn. 9; BeckOK GmbHG/ *Rühland* Rn. 5; aA *Altmeppen* Rn. 4.
[10]   Zum bisherigen Recht schon Baumbach/Hueck/*Zöllner,* 18. Aufl. 2006, Rn. 12; Lutter/Hommelhoff/ *Lutter*/*Hommelhoff,* 16. Aufl. 2004, Rn. 3 aE; Roth/Altmeppen/*Roth,* 5. Aufl. 2005, Rn. 3a; Rowedder/ Schmidt-Leithoff/*Zimmermann,* 4. Aufl. 2002, Rn. 3 aE; Scholz/*Priester,* 9. Aufl. 2002, Rn. 5 aE.
[11]   LG Augsburg Entsch. v. 16.2.2009 – 1 HK T 323/09, zit. nach *Wachter* GmbHR 2009, 785 (794); *Heidinger*/*Blath* in Heckschen/Heidinger GmbH-Gestaltungspraxis Kap. 10 Rn. 120; *Meister* NZG 2008, 767 (770); *Herrler* DNotZ 2008, 903 (910, 915); *Link* RNotZ 2009, 193 (207); *D. Mayer* ZIP 2009, 1037 (1048); Noack/Servatius/Haas/*Servatius* Rn. 12; Scholz/*Priester*/*Tebben* Rn. 5; zust. jetzt auch Lutter/ Hommelhoff/*Kleindiek* Rn. 7; BeckOK GmbHG/*Rühland* Rn. 5 aE, 6; aA offenbar *Wicke* § 57 Rn. 5; *Altmeppen* § 57 Rn. 13.

hung wirksam (→ Rn. 22) und damit eine Veränderung iSd § 40 Abs. 1 S. 1 ausgelöst. Nach Wirksamwerden der Erhöhung hat der Notar gem. § 40 Abs. 2 eine neue Gesellschafterliste zu erstellen und sie – zusammen mit der Notarbescheinigung nach § 40 Abs. 2 S. 2 – zum Handelsregister einzureichen. Zwar ändern sich durch die nominelle Kapitalerhöhung weder die personelle Zusammensetzung der Gesellschafter noch deren Beteiligungsquote, wohl aber die Anzahl sowie die Nennbeträge der Geschäftsanteile. Aus Praktikabilitätsgründen wird man es zulassen können, dass die Gesellschafterliste der Anmeldung beigefügt wird, mit der Anweisung an das Registergericht, die Liste erst nach Eintragung der Kapitalerhöhung in das Handelsregister aufzunehmen.[12] Diese Vorgehensweise vermeidet, dass die Eintragung im Handelsregister längere Zeit unrichtig ist. Die von der Gegenauffassung vorgebrachten Bedenken, die Liste könnte verfrüht oder überhaupt nicht in das Handelsregister aufgenommen werden,[13] sind allgemeiner Natur; aufgrund der Pflichtenbindung des Registergerichts bilden solche Fälle die große Ausnahme. Jedenfalls darf diese Gefahr nicht den Blick auf die ökonomisch sinnvolle Handhabung der Listenkorrektur für den Regelfall verstellen. Der Wortlaut des § 40 Abs. 2 S. 1 ist im hiesigen Sinne teleologisch zu interpretieren.

Daneben braucht **keine Übernehmerliste** (vgl. § 57 Abs. 3 Nr. 2; → § 57 Rn. 19) **9** eingereicht zu werden, da sich der Anteilserwerb nicht durch Abschluss eines Übernahmevertrages, sondern kraft Gesetzes nach § 57j vollzieht (→ § 57j Rn. 2). Dementsprechend sind auch **keine Übernahmeerklärungen** (vgl. § 57 Abs. 3 Nr. 1; → § 57 Rn. 18) beizufügen.

5. Versicherung der Geschäftsführer. In der Anmeldung haben sämtliche Geschäfts- **10** führer nach Abs. 1 S. 2 gegenüber dem Registergericht zu versichern, dass nach ihrem Wissen seit dem Stichtag der zugrunde liegenden Bilanz bis zum Anmeldezeitpunkt **keine Vermögensminderungen** eingetreten sind, die der Kapitalerhöhung entgegenstünden, wenn sie im Anmeldezeitpunkt beschlossen worden wäre. Die Versicherung kann in der Anmeldung selbst enthalten oder derselben als eigenständige Anlage beigefügt sein. In beiden Fällen muss sie notariell beglaubigt sein.[14]

Die Erklärung nach Abs. 1 S. 2 dient dem **Gebot der realen Kapitalaufbringung** **11** und schützt die durch die Kapitalerhöhung berührten Interessen der Gesellschaftsgläubiger.[15] Ihre Einhaltung ist durch § 82 Abs. 1 Nr. 4 strafrechtlich sanktioniert. Dem Normzweck der Vorschrift entspricht es, dass die Versicherung nur dann rechtmäßig abgegeben werden kann, wenn sich die Geschäftsführer zuvor **positive Kenntnis** darüber verschafft haben, dass die im Erhöhungsbeschluss angegebenen Rücklagen noch immer zur Umwandlung in Haftkapital tatsächlich zur Verfügung stehen; insbesondere dürfen sie weder durch operative Verluste noch durch Ausschüttungen an Gesellschafter vermindert sein.[16] Das muss der Versicherung nach Abs. 1 S. 2 eindeutig zu entnehmen sein. Unzureichend ist dagegen eine Versicherung, die nur feststellt, dass der Geschäftsführer von wertmindernden Vorgängen keine Kenntnis habe.[17]

6. Form, Gericht. Die Anmeldung der Kapitalerhöhung erfolgt nach § 12 Abs. 1 **12** S. 1 HGB iVm § 39a BeurkG elektronisch in öffentlich beglaubigter Form bei dem Registergericht, in dessen Zuständigkeitsbereich der Gesellschaftssitz belegen ist. Das

---

12   OLG Jena Beschl. v. 28.7.2010 – 6 W 256/10, ZIP 2010, 1795 (1796) = DNotZ 2011, 65; *Herrler* DNotZ 2008, 903 (910, 915); *Link* RNotZ 2009, 193 (207 f.); *Wicke* NotBZ 2009, 1 (13).
13   Lutter/Hommelhoff/*Kleindiek* Rn. 7; *Meister* NZG 2008, 767 (770); *D. Mayer* ZIP 2009, 1037 (1048); *Wachter* GmbHR 2009, 785 (794).
14   Noack/Servatius/Haas/*Servatius* Rn. 7 aE; MHLS/*Hermanns* Rn. 5; Rowedder/Schmidt-Leithoff/ *Schnorbus* Rn. 5 aE; Scholz/*Priester/Tebben* Rn. 6 aE; HCL/*Ulmer/Casper* Rn. 11.
15   Vgl. noch Scholz/*Priester/Tebben* Rn. 6; HCL/*Ulmer/Casper* Rn. 10; BeckOK GmbHG/*Rühland* Rn. 7.
16   Lutter/Hommelhoff/*Kleindiek* Rn. 5; MHLS/*Hermanns* Rn. 6; Rowedder/Schmidt-Leithoff/*Schnorbus* Rn. 5; Scholz/*Priester/Tebben* Rn. 6; HCL/*Ulmer/Casper* Rn. 10; *Blath* notar 2018, 423 (432).
17   Zutr. Lutter/Hommelhoff/*Kleindiek* Rn. 5; MHLS/*Hermanns* Rn. 6; Scholz/*Priester/Tebben* Rn. 6; HCL/*Ulmer/Casper* Rn. 10.

nämliche Formerfordernis gilt für die Erteilung einer Vollmacht zur Anmeldung
(→ § 57 Rn. 34).

13   **7. Keine Pflicht zur Anmeldung.** Ebenso wie bei Satzungsänderungen im Allgemeinen (→ § 54 Rn. 22) besteht bei der Kapitalerhöhung aus Gesellschaftsmitteln **keine
öffentlichrechtliche Verpflichtung** zur Anmeldung.[18] Auch kann die erfolgte Anmeldung jederzeit zurückgenommen werden (→ § 57 Rn. 35). Indes können die Geschäftsführer **der Gesellschaft gegenüber** zur Anmeldung verpflichtet sein, soweit dies von
der Gesellschafterversammlung beschlossen wird oder es sich aus dem Anstellungsvertrag
der Geschäftsführer ergibt und die Versicherung nach Abs. 1 S. 2 rechtmäßig abgegeben
werden kann.[19] Das in solchen Fällen grundsätzlich eröffnete Klagerecht ist im Hinblick
auf die Höchstfrist von acht Monaten praktisch wertlos.[20] Die Geschäftsführer können
der GmbH gegenüber indes nach § 43 Abs. 2 ersatzpflichtig sein und ggf. abberufen
werden.

14   **8. Verantwortlichkeit der Anmelder.** In Ermangelung von Sondervorschriften (vgl.
§ 57 Abs. 4 iVm § 9a Abs. 1 und 3; → § 57 Rn. 37 ff.) richtet sich die **zivilrechtliche
Haftung** der Anmelder nach den allgemeinen Grundsätzen. Entsteht der Gesellschaft aus
der ordnungswidrigen Anmeldung ein Schaden, sind die Geschäftsführer im Innenverhältnis
nach § 43 Abs. 2 ersatzpflichtig. Im Außenverhältnis gegenüber den Gesellschaftsgläubigern
haften sie nach § 823 Abs. 2 BGB iVm § 57i Abs. 1 S. 2[21] und § 82 Abs. 1 Nr. 4,[22] da
beide Vorschriften dem Schutz von Gläubigerinteressen zu dienen bestimmt sind und damit
Schutzgesetzqualität iSd § 823 Abs. 2 BGB aufweisen (→ Rn. 11). Geben die Geschäftsführer vorsätzlich eine unrichtige Erklärung iSd Abs. 1 S. 2 ab, können sie nach § 82 Abs. 1
Nr. 4 **strafrechtlich** zur Verantwortung gezogen werden.

III. Prüfung

15   **1. Maßstab.** Der Registerrichter darf im Grundsatz davon ausgehen, dass die bei
Anmeldung eingereichten Unterlagen und Erklärungen richtig sind. Nur wenn das Regis-
tergericht aufgrund konkreter Anhaltspunkte **begründete Zweifel** an der Richtigkeit der
Unterlagen[23] oder erhebliche Zweifel an der Richtigkeit der Versicherung iSd Abs. 1 S. 2
hegt, kann es nach § 26 FamFG weitere Nachforschungen anstellen und ggf. zusätzliche
Nachweise von den Geschäftsführern verlangen.

16   Für die **Versicherung der Geschäftsführer** verschärft sich analog § 8 Abs. 2 S. 2 der
Prüfungsmaßstab. Während früher bereits begründete Zweifel an der Richtigkeit ausreichend waren,[24] sind nunmehr **erhebliche Zweifel** erforderlich.[25] Unzulässig ist es demnach, routinemäßig ohne konkrete Hinweise auf Unzulänglichkeiten die Vorlage weiterer
Unterlagen zu verlangen.[26] Der durch das MoMiG neu eingefügte § 8 Abs. 2 S. 2 kommt
im Rahmen der nominellen Kapitalerhöhung zur Anwendung, da die Versicherungen iSd

[18] *Altmeppen* Rn. 1; Scholz/*Priester*/*Tebben* Rn. 1; Lutter/Hommelhoff/*Kleindiek* Rn. 1; HCL/*Ulmer*/*Cas-per* Rn. 4.
[19] Lutter/Hommelhoff/*Kleindiek* Rn. 1; HCL/*Ulmer*/*Casper* Rn. 4; Scholz/*Priester*/*Tebben* Rn. 1; *Altmep-pen* Rn. 1.
[20] Zutr. Scholz/*Priester*/*Tebben* Rn. 1; HCL/*Ulmer*/*Casper* Rn. 4; zur AG Kölner Komm AktG/*Lutter* AktG § 210 Rn. 3.
[21] Wie hier MHLS/*Hermanns* Rn. 8; *Blath* notar 2018, 423 (432).
[22] So auch Noack/Servatius/Haas/*Servatius* Rn. 7; Lutter/Hommelhoff/*Kleindiek* Rn. 16 aE; *Altmeppen* Rn. 8; Rowedder/Schmidt-Leithoff/*Schnorbus* Rn. 6; Scholz/*Priester*/*Tebben* Rn. 7; HCL/*Ulmer*/*Casper* Rn. 12; *Blath* notar 2018, 423 (432).
[23] So schon nach bisherigem Recht MHLS/*Hermanns* Rn. 9; HCL/*Ulmer*/*Casper* Rn. 13.
[24] Scholz/*Priester*/*Tebben* Rn. 8; HCL/*Ulmer*/*Casper* Rn. 13; (zur ordentlichen Kapitalerhöhung) OLG Düsseldorf Urt. v. 31.7.1996 – 3 Wx 293/96, ZIP 1996, 1705 (1705 f.).
[25] Zust. *Blath* notar 2018, 423 (433).
[26] Zur ordentlichen Kapitalerhöhung ebenso *Wicke* § 8 Rn. 12; in diese Richtung auch *Herrler* DNotZ 2008, 903 (915).

§ 8 Abs. 2 S. 1 und § 57i Abs. 1 S. 2 nach ihrem Schutzzweck in jeder Hinsicht vergleichbar sind. Nach Auffassung des Gesetzgebers rechtfertigt primär die strafrechtliche Verantwortlichkeit der Geschäftsführer nach § 82 Abs. 1 Nr. 3 den verschärften Prüfungsmaßstab im Rahmen des § 8 Abs. 2 S. 1.[27] Dann muss dies auch für die Erklärung nach Abs. 1 S. 2 gelten, die ebenso nach § 82 Abs. 1 Nr. 4 strafrechtlich sanktioniert ist.

2. Gegenstand. Die Prüfungszuständigkeit des Registerrichters umfasst die **Recht-** 17
mäßigkeit des Kapitalerhöhungsbeschlusses und das vollständige Vorliegen der formellen **Eintragungsvoraussetzungen.** Der **Erhöhungsbeschluss** muss formgerecht
(→ § 57c Rn. 22) mit der erforderlichen Mehrheit (→ § 57c Rn. 23) zustande gekommen sein und die erforderlichen Angaben nach § 57h (→ § 57h Rn. 14) enthalten. Zudem müssen die Geschäftsführer den Erhöhungsbeschluss mit den zugehörigen Anlagen
(→ Rn. 5 ff.) und der Versicherung nach Abs. 1 S. 2 (→ Rn. 10 f.) ordnungsgemäß zur Eintragung in das Handelsregister **angemeldet** haben.

Die vorgelegten **Bilanzen** müssen entsprechend geprüft (→ § 57e Rn. 4 ff.; → § 57f 18
Rn. 5 ff.) und mit einem uneingeschränkten Bestätigungsvermerk versehen sein (→ § 57e
Rn. 13 f.; → § 57f Rn. 9).[28] Sie müssen die umwandlungsfähigen Rücklagen iSd § 57d
Abs. 1 ausweisen (→ § 57d Rn. 4 ff.) und dürfen nicht gegen die Umwandlungsbeschränkungen des § 57d Abs. 2 verstoßen (→ § 57d Rn. 21 ff.) und im Zeitpunkt der Anmeldung nach § 57i Abs. 2 nicht älter als acht Monate sein (ausführlich → § 57e Rn. 15).[29]

Davon abgesehen muss **nicht geprüft** werden, ob die Kapitalerhöhung auch mit der 19
Zweckbindung der Rücklagen nach § 57d Abs. 3 in Einklang steht, da diese Vorschrift nicht dem Interesse der Gesellschaftsgläubiger dient, sondern allein den Schutz der Gesellschafter bezweckt (→ § 57d Rn. 3, → § 57d Rn. 32).[30] Auch die **inhaltliche Richtigkeit** der Bilanz ist nach Abs. 3 kein Prüfungsgegenstand. Sie wird vielmehr durch den uneingeschränkten Bestätigungsvermerk des Prüfers garantiert; der Registerrichter kann sich darauf grundsätzlich verlassen. Nur wenn konkrete Anhaltspunkte vorliegen, die ihn an der Richtigkeit des Bestätigungsvermerks zweifeln lassen, kann er weitere Nachforschungen anstellen und ggf. weitere Nachweise von den Geschäftsführern verlangen.[31] Nicht zu prüfen ist außerdem, ob der Abschlussprüfer ordnungsgemäß bestellt und ob die zeitliche Reihenfolge von Bilanzfeststellung, Ergebnisverwendung und Kapitalerhöhung nach § 57c Abs. 2 eingehalten worden ist.[32]

3. Entscheidung. Nichtige und unwirksame Kapitalerhöhungsbeschlüsse dürfen 20
nicht eingetragen werden. Die Eintragung ist in diesem Fall abzulehnen. Ist der Beschluss lediglich **anfechtbar,** dann ist er vorbehaltlich einer Beschlussanfechtung wirksam und muss eingetragen werden. Liegt ein **behebbarer Mangel** vor, zB beim Fehlen der Versicherung nach Abs. 1 S. 2 oder des Bestätigungsvermerks,[33] fordert das Registergericht die Geschäftsführer durch Zwischenverfügung zur Mangelbeseitigung auf. Für den Ablauf der Achtmonatsfrist ist in diesem Fall allein der Anmeldezeitpunkt von Bedeutung (→ § 57e Rn. 15). Sind Mängel **unbehebbar,** ist die Anmeldung zurückzuweisen, so zB bei Überschreitung der Höchstfrist (→ § 57e Rn. 15, → § 57e Rn. 18).

---

27 Begr. RegE, BT-Drs. 16/6140, 35.
28 Vgl. OLG Jena Beschl. v. 28.1.2016 – 2 W 547/15, DStR 2016, 927 Rn. 9.
29 Zust. *Blath* notar 2018, 423 (433).
30 Noack/Servatius/Haas/*Servatius* Rn. 13; Scholz/*Priester/Tebben* Rn. 10; HCL/*Ulmer/Casper* Rn. 15, 17; aA Lutter/Hommelhoff/*Kleindiek* Rn. 8; zur AG GroßkommAktG/*Hirte* AktG § 210 Rn. 30 ff.; Kölner Komm AktG/*Lutter* AktG § 210 Rn. 12; unklar *Altmeppen* Rn. 11, 15.
31 OLG Hamm Beschl. v. 22.1.2008 – 15 W 246/07, ZIP 2008, 1475 (1478) = DStR 2008, 988; Noack/Servatius/Haas/*Servatius* Rn. 13 aE; *Altmeppen* Rn. 16; Scholz/*Priester/Tebben* Rn. 10; HCL/*Ulmer/Casper* Rn. 16; zur AG Kölner Komm AktG/*Lutter* AktG § 210 Rn. 13.
32 Noack/Servatius/Haas/*Servatius* Rn. 13; Scholz/*Priester/Tebben* Rn. 10; HCL/*Ulmer/Casper* Rn. 14 aE; aA für § 57c Abs. 2 – MHLS/*Hermanns* Rn. 11.
33 Meyer-Landrut/Miller/Niehus/*Meyer-Landrut* § 57b Anh. § 7 KapErhG Rn. 5; *Altmeppen* Rn. 14; Scholz/*Priester/Tebben* Rn. 12.

IV. Eintragung

21   **1. Inhalt.** Aufgrund der Anmeldung werden der **Erhöhungsbetrag** nebst **Datum**
von Beschluss und Eintragung nach § 10 Abs. 1 ausdrücklich in das Handelsregister eingetragen. Zusätzlich ist nach Abs. 4 anzugeben, dass das Stammkapital **aus Gesellschaftsmitteln** erhöht wurde. Diese Angabe dient dem Schutz des Rechtsverkehrs,
indem Dritte ausdrücklich darauf hingewiesen werden, dass das Stammkapital nicht
durch frisches Kapital, sondern durch die Umwandlung von Rücklagen erhöht worden
ist.[34] Ist diese Eintragung unterblieben, kann das Registergericht den Zusatz gem. § 17
Abs. 1 HRV nachtragen.[35] Die von der Gegenauffassung[36] geäußerten Bedenken müssen
zurückstehen, da die Kapitalerhöhung in materieller Hinsicht tatsächlich aus Gesellschaftsmitteln erfolgt ist. Der rein formelle Verstoß lässt die Kapitalerhöhung nicht scheitern. Vielmehr ist sie im Interesse von Rechtssicherheit und Rechtsklarheit mit Eintragung in ihrem Bestand geschützt. Das dient letztlich auch dem Schutz der
Gesellschaftsgläubiger, da das Gesellschaftsvermögen aufgrund der nominellen Kapitalerhöhung in einem stärkeren Maß gebunden ist.[37]

22   **2. Wirkung.** Die Kapitalerhöhung wird nach § 57c Abs. 4 iVm § 54 Abs. 3 mit ihrer
Eintragung in das Handelsregister wirksam. Für die nominelle Kapitalerhöhung bedeutet
das, dass in diesem Zeitpunkt **ex lege** die **neuen Anteilsrechte** entstehen. Die konkrete
Ausgestaltung der Kapitalerhöhung ergibt sich aus dem Erhöhungsbeschluss; er bestimmt,
ob neue Geschäftsanteile entstehen oder vorhandene Anteile aufgestockt werden (→ § 57h
Rn. 4 ff.). Die Anteilsrechte entstehen nach § 57j S. 1 unmittelbar bei den Gesellschaftern;
ein Rechtsübergang findet nicht statt (→ § 57j Rn. 2). Nach Eintragung kann die Erhöhung
nur durch eine Kapitalherabsetzung nach § 58 rückgängig gemacht werden.

23   **3. Bekanntmachung.** Die Eintragung der Kapitalerhöhung ist nach § 10 Abs. 1 S. 1
HGB im zuständigen elektronischen Informationssystem mit dem gesamten Inhalt zu veröffentlichen. Für Gesellschaften mit Zweigniederlassungen gilt § 13 Abs. 1 S. 2 HGB.

V. Fehlerhafte Kapitalerhöhung

24   **1. Fehlerhafter Erhöhungsbeschluss.** Ist der Beschluss lediglich **anfechtbar,** dann
ist er vorbehaltlich einer Beschlussanfechtung wirksam und muss eingetragen werden.
Erfolgt die Eintragung aufgrund eines **nichtigen** Erhöhungsbeschlusses, wird die Kapitalerhöhung nicht wirksam, es sei denn, der Mangel ist geheilt. Die Eintragung **heilt** Verstöße
gegen Formvorschriften analog § 242 Abs. 1 AktG mit sofortiger Wirkung. Zur Nichtigkeit
führende Einberufungs- und Inhaltsmängel (→ § 57c Rn. 35; → § 57d Rn. 31; → § 57e
Rn. 16 f.; → § 57f Rn. 11 f.; → § 57h Rn. 16) werden analog § 242 Abs. 2 AktG geheilt,
soweit innerhalb von drei Jahren nach Eintragung gegen den Beschluss keine Nichtigkeitsklage erhoben wird.[38] In Betracht kommt in diesen Fällen zugleich eine **Amtslöschung**
der Kapitalerhöhung nach § 398 FamFG.[39] Den Gesellschaftern ist daraufhin freigestellt,
einen wirksamen Kapitalerhöhungsbeschluss zu fassen.

25   Für die Anwendung der Lehre von der **fehlerhaften Gesellschaft** ist bei der nominellen Kapitalerhöhung **kein Raum,** da weder Gläubigerinteressen noch Abwicklungsschwie-
rigkeiten im Innenverhältnis nach einer gesteigerten Bestandskraft der Eintragung verlangen.

---

[34]   Lutter/Hommelhoff/*Kleindiek* Rn. 10; MHLS/*Hermanns* Rn. 13; Rowedder/Schmidt-Leithoff/*Schnorbus* Rn. 9; Scholz/*Priester/Tebben* Rn. 14; HCL/*Ulmer/Casper* Rn. 19.

[35]   LG Essen Entsch. v. 8.6.1982 – 45 T 2/82, BB 1982, 1821; MHLS/*Hermanns* Rn. 19; *Altmeppen* Rn. 20;
Rowedder/Schmidt-Leithoff/*Schnorbus* Rn. 9, 15; Scholz/*Priester/Tebben* Rn. 18.

[36]   HCL/*Ulmer/Casper* Rn. 19.

[37]   Vgl. noch MHLS/*Hermanns* Rn. 19.

[38]   Vgl. *Fröhlich/Primaczenko* GWR 2013, 437 (439); *Blath* notar 2018, 423 (433).

[39]   Lutter/Hommelhoff/*Kleindiek* § 57c Rn. 13; *Fröhlich/Primaczenko* GWR 2013, 437 (439); zur AG OLG
Frankfurt Beschl. v. 29.10.2001 – 20 W 58/01, AG 2002, 352 = NZG 2002, 91.

Es bleibt demnach bei der rückwirkenden Nichtigkeit der nominellen Kapitalerhöhung.[40] Weder entstehen neue Anteilsrechte, noch haften die Gesellschafter.[41]

2. Fehlerhafte Anmeldung. a) Fehlende Anmeldung. Sollte die **Anmeldung** von **26** vornherein gänzlich **fehlen,** wird sie später wirksam zurückgenommen (→ § 54 Rn. 37) oder ist sie in Ermangelung sämtlicher Unterschriften der Geschäftsführer unwirksam, dann bleibt die **Eintragung** der Kapitalerhöhung in das Handelsregister **ohne Wirkung** (str., → § 57 Rn. 89). Da die Eintragung in diesem Fall an einem wesentlichen Verfahrensfehler leidet, kann sie nach § 395 Abs. 1 S. 1 FamFG von Amts wegen gelöscht werden (→ § 57 Rn. 91). Haben die Beteiligten die Eintragung ausnahmsweise **zurechenbar veranlasst** und berufen sie sich nachträglich auf den Mangel, müssen sie die Eintragung gegen sich gelten lassen (→ § 57 Rn. 90).

b) Form- und Inhaltsmangel. Leidet die Anmeldung an einem Form- oder Inhalts- **27** mangel, ist die Kapitalerhöhung mit Eintragung in das Handelsregister **wirksam** (→ § 57 Rn. 92). Das ist zB der Fall, wenn die Anlagen oder die Versicherung nach Abs. 1 S. 2 fehlen oder aber die Höchstfrist bei Anmeldung bereits verstrichen ist (→ § 57e Rn. 15). Eine Amtslöschung kommt hingegen nicht in Betracht (→ § 57 Rn. 93).[42]

3. Fehlerhafte Eintragung. Bei **offensichtlichen Unrichtigkeiten** ist die Eintra- **28** gung vorbehaltlich weiterer Mängel wirksam und nach § 17 Abs. 1 HRV von Amts wegen **zu berichtigen** (→ § 57 Rn. 94). Für **alle übrigen Fehler** gilt das **Deckungsprinzip.** Danach ist die Eintragung wirksam, soweit Beschlussfassung, Anmeldung und Eintragung übereinstimmen (→ § 57 Rn. 95). Fehlt der Hinweis, dass die Kapitalerhöhung **aus Gesell-schaftsmitteln** erfolgt ist, ist die Eintragung wirksam; der fehlende Zusatz ist nach § 17 Abs. 1 HRV zu ergänzen (str., → Rn. 21).

4. Fehlerhafte Bekanntmachung. Ist die Kapitalerhöhung zwar ordnungsgemäß ein- **29** getragen, aber fehlerhaft bekannt gemacht worden, ist die Eintragung wirksam.[43] **Gutgläu-bige Dritte** können sich nach den allgemeinen Grundsätzen des § 15 Abs. 3 HGB auf fehlerhaft bekannt gemachte Tatsachen berufen, wie zB eine höhere Stammkapitalziffer (→ § 10 Rn. 3). Für die Kapitalerhöhung aus Gesellschaftsmitteln gelten im Grundsatz keine Besonderheiten.[44]

5. Haftungsfragen. Wird die Kapitalerhöhung aus Gesellschaftsmitteln in das Han- **30** delsregister eingetragen, obwohl die in der Bilanz ausgewiesenen Rücklagen oder Rückla-genzuführungen tatsächlich nicht vorhanden oder überbewertet sind oder sind zwischen dem Bilanzstichtag und dem Anmeldezeitpunkt Wertverluste eingetreten, über welche die Geschäftsführer sich entgegen Abs. 1 S. 2 nicht erklärt haben, dann stellt sich die Frage, wie mit der hierdurch entstandenen **Unterdeckung des Erhöhungsbetrages** zu verfahren ist. Unstreitig ist, dass pflichtwidrig handelnde Geschäftsführer nach § 43 Abs. 2 und pflichtwid-rig handelnde Abschlussprüfer nach § 323 HGB (iVm § 57f Abs. 3 S. 2) auf Schadensersatz in Anspruch genommen werden können.[45] Wird hierdurch oder durch eine vereinfachte

[40] Ausf. *C. Schäfer,* Die Lehre vom fehlerhaften Verband, 2002, 440 ff.; iErg ebenso Noack/Servatius/Haas/ *Servatius* Rn. 18; Lutter/Hommelhoff/*Kleindiek* Rn. 13; HCL/*Ulmer/Casper* Rn. 23; BeckOK GmbHG/*Rühland* Rn. 21; Gehrlein/Born/Simon/*Kowalski* Rn. 19; Henssler/Strohn/*Gummert* Rn. 17; Bork/Schäfer/*Arnold/Born* Rn. 5; *Blath* notar 2018, 423 (433); aA MHLS/*Hermanns* Rn. 16 aE; zur AG *Kort,* Bestandsschutz fehlerhafter Strukturänderungen im Kapitalgesellschaftsrecht, 1998, 232 f.; ebenso Scholz/*Priester/Tebben* Rn. 17 unter Hinweis auf § 16 Abs. 3.

[41] Scholz/*Priester/Tebben* Rn. 17; HCL/*Ulmer/Casper* Rn. 23.

[42] Rowedder/Schmidt-Leithoff/*Schnorbus* Rn. 14; Scholz/*Priester/Tebben* Rn. 18; HCL/*Ulmer/Casper* Rn. 26; BeckOK GmbHG/*Rühland* Rn. 22; zur AG Kölner Komm AktG/*Lutter* AktG § 210 Rn. 19; Lutter/*Friedewald* ZIP 1986, 691 (692).

[43] MHLS/*Hermanns* Rn. 20; HCL/*Ulmer/Casper* Rn. 28.

[44] Wie hier MHLS/*Hermanns* Rn. 20; Rowedder/Schmidt-Leithoff/*Schnorbus* Rn. 15; HCL/*Ulmer/Casper* Rn. 28, aA Lutter/Hommelhoff/*Kleindiek* Rn. 13; Scholz/*Priester/Tebben* Rn. 18 aE; zur AG Kölner Komm AktG/*Lutter* AktG § 211 Rn. 2 aE.

[45] Vgl. Scholz/*Priester/Tebben* Rn. 21; HCL/*Ulmer/Casper* Rn. 29.

Kapitalherabsetzung die Unterdeckung beseitigt, scheidet eine Ersatzpflicht der Gesellschafter aus. Verbleibt ein Fehlbetrag, ist die Frage der Gesellschafterhaftung **sehr umstritten.**

31   Die noch immer **hM lehnt** eine (ergänzende) **Haftung der Gesellschafter ab;**[46] die Unterdeckung könne durch eine vereinfachte Kapitalherabsetzung nach § 58a oder die Einbehaltung ausschüttungsfähiger Gewinne beseitigt werden. Das ist **nicht überzeugend.** Die Gesellschafter unterliegen vielmehr der **Differenzhaftung** analog § 9 Abs. 1.[47]

32   Grundlage der Differenzhaftung ist das **Gebot der realen Kapitalaufbringung.** Die Interessen der Gesellschaftsgläubiger sind auf Basis der hM nur unzureichend geschützt. Generiert die GmbH keine hinreichenden Gewinne oder weigern sich die Gesellschafter an einer vereinfachten Kapitalherabsetzung teilzunehmen,[48] tragen die Gläubiger das Risiko der Unterdeckung des Erhöhungsbetrages. Dieses Ergebnis lässt sich mit dem Gesamtsystem des Kapitalschutzes bei der nominellen Kapitalerhöhung nicht in Einklang bringen. Sämtliche Voraussetzungen für die Zulässigkeit von Kapitalerhöhungen aus Gesellschaftsmitteln zielen darauf ab, die reale Aufbringung des Erhöhungsbetrages sicherzustellen. Ohne eine flankierende Differenzhaftung der Gesellschafter wäre das Kapitalschutzsystem lückenhaft. Es bestünde die Gefahr, dass eine solche Lücke von den Gesellschaftern eigeninteressiert ausgenutzt wird. Vor diesem Hintergrund ist es ohne Belang, dass die Gesellschafter anders als bei der ordentlichen Kapitalerhöhung keine Einzahlungspflicht übernommen haben. Die unterschiedliche rechtliche Konstruktion der beiden Kapitalerhöhungsformen rechtfertigt keine unterschiedliche Bewertung der Gläubigerinteressen. Auch § 8 Abs. 2 KapErhG aF („Die neuen Stammeinlagen gelten als voll eingezahlt") steht der hier vertretenen Auffassung nach seiner Aufhebung nicht mehr entgegen.[49]

33   **6. Verdeckte nominelle Kapitalerhöhung.** Haben die Gesellschafter eine ordentliche Kapitalerhöhung gegen Einlage beschlossen, ist die Durchführung indes nicht durch Zuführung frischen Kapitals, sondern durch die Umwandlung freier Rücklagen in Haftkapital erfolgt, dann liegt eine verdeckte Kapitalerhöhung aus Gesellschaftsmitteln vor, die einen **Verstoß gegen** die Vorschriften der ordnungsgemäßen **Kapitalaufbringung** darstellt.

34   **a) Behandlung wie verdeckte Sacheinlage.** Aufgrund der vergleichbaren Interessenlage finden in dieser Konstellation die Grundsätze der **verdeckten Sacheinlage** nach § 19 Abs. 4 analoge Anwendung.[50] Bei wirtschaftlicher Betrachtung ist es letztlich ohne Belang, ob die Eigenkapitalbasis durch frisches Kapital verstärkt oder durch die Umwandlung von Rücklagen stärker gebunden wird, solange nur die besonderen Voraussetzungen der Kapitalerhöhung aus Gesellschaftsmitteln erfüllt sind. Dafür spricht außerdem, dass eine doppelte Belastung der Gesellschafter durch Verwendung der Rücklagen und Fortbestehen der Bareinzahlungspflicht vermieden wird, ganz wie es dem Normzweck des § 19 Abs. 4 entspricht (→ § 56 Rn. 71 ff.).

35   Für die **Anrechnung** analog § 19 Abs. 4 S. 3 kommen nur solche Rücklagen in Betracht, die nach § 57d umwandlungsfähig sind. Die Rücklagen müssen sich zudem aus

---

[46] So Lutter/Hommelhoff/*Kleindiek* Rn. 15; *Altmeppen* Rn. 21; Rowedder/Schmidt-Leithoff/*Schnorbus* Rn. 12; HCL/*Ulmer/Casper* Rn. 30; *Wicke* Rn. 3; BeckOK GmbHG/*Rühland* Rn. 23; Henssler/Strohn/ *Gummert* § 57d Rn. 9; Henssler/Strohn/*Gummert* § 57i Rn. 12; Bork/Schäfer/*Arnold/Born* Rn. 5; *Korsten* AG 2006, 321 (326 f.); zur AG BGH Urt. v. 12.3.2007 – II ZR 302/05, BGHZ 171, 293 Rn. 12 = NZG 2007, 513; GroßkommAktG/*Hirte* AktG § 211 Rn. 12 f.; Hüffer/Koch/*Koch* AktG § 211 Rn. 5; Kölner Komm AktG/*Lutter* AktG § 211 Rn. 8; MüKoAktG/*Arnold* AktG § 211 Rn. 9; zum österreichischen Recht OGH Entsch. v. 13.10.2010 – 3 Ob 86/10h, GesRZ 2011, 115 (119 f.) mAnm *van Husen.*

[47] Wie hier *Priester* GmbHR 1980, 236 (238 f.); Scholz/*Priester/Tebben* Rn. 21; MHLS/*Hermanns* Rn. 21; Gehrlein/Born/Simon/*Kowalski* Rn. 22; *Lieder/Bialluch* ZGR 2019, 760 (765 f.); zum österreichischen Recht für eine Ausfallhaftung *Gruber* GesRZ 2011, 290.

[48] Dazu sind sie nach zutreffender Auffassung nicht verpflichtet: Scholz/*Priester/Tebben* Rn. 21; *Karsten* AG 2006, 321 (324); aA zur AG Kölner Komm AktG/*Lutter* Komm § 211 Rn. 8.

[49] Krit. zu dieser Vorschrift früher schon Baumbach/Hueck/*Zöllner*, 18. Aufl. 2006, Rn. 18; Scholz/*Priester/Tebben* Rn. 20; HCL/*Ulmer/Casper* Rn. 30; iErg auch Rowedder/Schmidt-Leithoff/*Zimmermann*, 4. Aufl. 2002, Rn. 12.

[50] Zust. Lutter/Hommelhoff/*Kleindiek* Rn. 17; Lutter/Hommelhoff/*Kleindiek* § 57d Rn. 1 aE; ebenso *Wicke* Rn. 4; erwägend Scholz/*Priester/Tebben* Rn. 19; abw. *Altmeppen* Rn. 22.

einer Jahresbilanz oder einer Zwischenbilanz ergeben, deren Stichtag nicht mehr als acht Monate zurückliegt. Maßgeblich ist der Zeitpunkt, in dem die frei verfügbaren Rücklagen in Haftkapital umgebucht worden sind. Auch darf es zwischenzeitlich zu keinen Wertverlusten gekommen sein (vgl. Abs. 1 S. 2; → Rn. 10).

b) Nachträgliche Heilung. Daneben wird man auch eine nachträgliche Heilung **36** unter Einhaltung sämtlicher **Voraussetzungen der Kapitalerhöhung aus Gesellschaftsmitteln** zulassen müssen.[51] Die Gesellschafter haben dafür nachträglich einen entsprechenden Heilungsbeschluss über die Umwandlung tatsächlich vorhandener Rücklagen zu fassen. Dem Beschluss muss eine testierte Bilanz zugrunde liegen, die nicht älter als acht Monate sein darf. Zudem haben die Gesellschafter den Beschluss zum Handelsregister anzumelden und die Versicherung nach Abs. 1 S. 2 abzugeben. Das Registergericht prüft die Voraussetzungen nach den für die nominelle Kapitalerhöhung geltenden Grundsätzen. Mit der Eintragung in das Handelsregister erfolgt die Heilung mit Wirkung ex nunc. Einzutragen ist analog Abs. 4 insbesondere auch, dass es sich um eine Kapitalerhöhung aus Gesellschaftsmitteln handelt. Damit ist auch den Bedenken[52] Rechnung getragen, die Gläubiger könnten von einer Zuführung frischen Kapitals ausgehen. Für sie ist damit ausdrücklich ersichtlich, dass es sich um eine Erhöhung aus Gesellschaftsmitteln handelt.

§ 57j Verteilung der Geschäftsanteile

[1]**Die neuen Geschäftsanteile stehen den Gesellschaftern im Verhältnis ihrer bisherigen Geschäftsanteile zu.** [2]**Ein entgegenstehender Beschluß der Gesellschafter ist nichtig.**

Schrifttum: s. § 57c.

Übersicht

I. Normzweck

Die Vorschrift bildet die **rechtsdogmatische Grundlage des Anteilserwerbs** bei **1** der Kapitalerhöhung aus Gesellschaftsmitteln. Sie ordnet zum einen an, dass die neuen Anteilsrechte **kraft Gesetzes unmittelbar** in der Person der Gesellschafter entstehen. Es findet also kein Rechtsübergang von der Gesellschaft auf die Gesellschafter statt. Zum anderen schreibt § 57j S. 1 fest, dass die Gesellschafter an den neuen bzw. erhöhten Geschäftsanteilen **entsprechend** ihrer bisherigen **Beteiligungsquote** am Stammkapital der GmbH partizipieren. Das trägt dem Umstand Rechnung, dass die Gesellschafter die umgewandelten Rücklagen entsprechend der bisherigen Beteiligungsverhältnisse erwirtschaftet haben.[1] Dann ist es nur konsequent, dass ihnen die neuen Anteilsrechte auch verhältniswahrend zugeordnet werden. Hierdurch verhindert die Vorschrift im Interesse der

---

[51]   Ausf. *Priester* GmbHR 1998, 861; ferner *Altmeppen* Rn. 22; Scholz/*Priester/Tebben* Rn. 19; Lutter/Hommelhoff/*Kleindiek* Rn. 17; *Wicke* Rn. 4 aE; Gehrlein/Born/Simon/*Kowalski* Rn. 20; Bork/Schäfer/*Arnold/Born* Rn. 7; *Täke* StB 2001, 452 (455 ff.); aA Noack/Servatius/Haas/*Servatius* § 57c Rn. 9.
[52]   So Noack/Servatius/Haas/*Servatius* § 57c Rn. 9.
[1]   Zust. *Blath* notar 2018, 423 (429).

(Minderheits-)Gesellschafter, dass ihre Beteiligungsquote durch eine nominelle Kapitalerhöhung verwässert wird.[2] Wenngleich die Schaffung des § 57j verfassungsrechtlich im Hinblick
auf die Eigentumsgarantie nach Art. 14 GG nicht zwingend geboten war,[3] so erweist sich die
Vorschrift dennoch als einfachgesetzliche Ausformung des verfassungsrechtlich garantierten
Anteilseigentums bei der GmbH. Damit in Zusammenhang steht auch der **zwingende
Charakter** der Regelung nach § 57j S. 2, der in rechtspolitischer Hinsicht allerdings nicht
zweifelsfrei ist.[4]

II. Erwerb der neuen Anteilsrechte

2   **1. Unmittelbarer, gesetzlicher Erwerb.** Der Anteilserwerb ist in rechtsdogmatischer
Hinsicht zum einen dadurch gekennzeichnet, dass er sich nach § 57j S. 1 **kraft Gesetzes**
vollzieht. Es bedarf dafür – anders als bei der ordentlichen Kapitalerhöhung (→ § 55
Rn. 150 ff.) – keiner rechtsgeschäftlichen Grundlage, insbesondere nicht des Abschlusses
eines Übernahmevertrages. Zum anderen entsteht der neue Geschäftsanteil **unmittelbar**
in der Person des Gesellschafters.[5] Bei der Aufstockung vorhandener Anteile erhöhen sich
deren Nennbeträge mit Eintragung der Kapitalerhöhung in das Handelsregister.[6] Es handelt
sich um einen Fall des Direkterwerbs. Weder findet hier ein Rechtsübergang statt, noch
sind dingliche Ausführungshandlungen der Gesellschafter erforderlich oder ein entgegenstehender Wille relevant.[7] Ebenso wenig bestehen auf den Erwerb neuer Anteilsrechte gerichtete Bezugsrechte der Gesellschafter.[8] Das Gesagte gilt gleichermaßen für die Entstehung
von Teilrechten (→ § 57k Rn. 4) und die Behandlung eigener Anteile der Gesellschaft
(→ § 57l Rn. 4).

3   **2. Scheingesellschafter.** Ist der **wahre Inhaber** eines Geschäftsanteils nicht in der
Gesellschafterliste iSd § 40 als Gesellschafter der GmbH eingetragen, nimmt er gleichwohl
nach § 57j S. 1 an der Kapitalerhöhung teil.[9] Das beruht auf dem Umstand, dass die im Zuge
der nominellen Kapitalerhöhung in Haftkapital umgewandelten Rücklagen wertungsmäßig
schon bisher den materiell berechtigten Gesellschaftern zustanden, und nicht etwa dem
nach § 16 Abs. 1 legitimierten (Schein-)Gesellschafter.[10] Ist der Scheingesellschafter aber als
Inhaber des neuen Anteils in der Gesellschafterliste eingetragen, kommt ein gutgläubiger
Erwerb nach § 16 Abs. 3 in Betracht (→ § 16 Rn. 255 ff.).[11]

4   Ist der **Scheingesellschafter im Erhöhungsbeschluss** ausdrücklich **genannt,** dann
ist im Zweifel davon auszugehen, dass die Gesellschafter trotz der Namensnennung den
Anforderungen des § 57j S. 1 entsprechen wollten. Im Hinblick auf die Nichtigkeitsfolge
des § 57j S. 2 (→ Rn. 10, → Rn. 14) wird man den Gesellschaftern regelmäßig nicht
unterstellen können, dass sie einen nicht verhältniswahrenden Beschluss fassen wollten.

---

[2]   Vgl. *Schnorbus* ZGR 2004, 126 (138); zur AG GroßkommAktG/*Hirte* AktG § 212 Rn. 5.
[3]   Ausf. MHLS/*Hermanns* Rn. 2; aA *Geßler* WM-Beil. 1/1960, 11 (19); vgl. noch Scholz/*Priester*/*Tebben*
      Rn. 1; *Geßler* BB 1960, 6 (8).
[4]   S. *Schemmann* NZG 2009, 241 (242).
[5]   Noack/Servatius/Haas/*Servatius* Rn. 5; Lutter/Hommelhoff/*Kleindiek* Rn. 1; MHLS/*Hermanns* Rn. 4;
      Altmeppen Rn. 1; Rowedder/Schmidt-Leithoff/*Schnorbus* Rn. 2; Scholz/*Priester*/*Tebben* Rn. 5; HCL/
      Ulmer/*Casper* Rn. 3.
[6]   Unstr. MHLS/*Hermanns* Rn. 3; HCL/*Ulmer*/*Casper* Rn. 3.
[7]   Lutter/Hommelhoff/*Kleindiek* Rn. 1; Rowedder/Schmidt-Leithoff/*Schnorbus* Rn. 2; Scholz/*Priester*/
      Tebben Rn. 5; HCL/*Ulmer*/*Casper* Rn. 3; *Geßler* WM-Beil. 1/1960, 11 (19); zur AG OLG Dresden
      Beschl. v. 9.2.2001 – 15 W 129/01, AG 2001, 532 = NZG 2001, 756.
[8]   Vgl. MHLS/*Hermanns* Rn. 4; Scholz/*Priester*/*Tebben* Rn. 5; HCL/*Ulmer*/*Casper* Rn. 3; *Geßler* DNotZ
      1960, 619 (639).
[9]   Zust. jetzt Lutter/Hommelhoff/*Kleindiek* Rn. 1; ebenso schon HCL/*Ulmer*/*Casper* Rn. 3; *Wicke* Rn. 1;
      Altmeppen § 16 Rn. 17; Scholz/*Priester*/*Tebben* Rn. 5; ausf. *Schnorbus* ZGR 2004, 126 (137 ff.); *Stein* FS
      Ulmer, 2003, 643 (647 f.); aA *Habel* GmbHR 2000, 267 (269 Fn. 10); referierend Bork/Schäfer/*Arnold*/
      Born Rn. 3.
[10] Vgl. *Schnorbus* ZGR 2004, 126 (138); *Stein* FS Ulmer, 2003, 643 (648); ebenso jetzt Lutter/Hommelhoff/
      Kleindiek Rn. 1.
[11] *Altmeppen* § 16 Rn. 70.

Dementsprechend ist der Erhöhungsbeschluss vorbehaltlich entgegenstehender Anhaltspunkte nach den Grundsätzen der gesetzeskonformen Auslegung dahingehend zu verstehen, dass im Zweifel die wahren Gesellschafter an der Kapitalerhöhung teilnehmen sollen.[12]

3. Übertragungsvorgänge. Verfügt der bisheriger Gesellschafter zwischen dem Zeit- 5 punkt des Erhöhungsbeschlusses und der Eintragung der Kapitalerhöhung über seinen **bisherigen Geschäftsanteil**, so entstehen die neuen Anteilsrechte im Zeitpunkt der Handelsregistereintragung gem. § 57j S. 1 ipso iure unmittelbar beim Erwerber.[13] Zielt das Verfügungsgeschäft darauf ab, zwar den bisherigen Geschäftsanteil zu übertragen, dem Veräußerer indes das Recht zum Erwerb der neuen Anteilsrechte für den veräußerten Geschäftsanteil zu belassen, entfaltet die Vereinbarung wegen des zwingenden Charakters des § 57j S. 1 keine dingliche Rechtswirkung. Aufgrund des unmittelbaren Erwerbs nach § 57j entsteht für den Gesellschafter kein Bezugsrecht, über das verfügt werden könnte.[14] Die Abrede ist stattdessen im Zweifel dahingehend auszulegen, dass der Erwerber verpflichtet sein soll, die neuen Anteilsrechte an den Veräußerer (zurück) zu übertragen.[15]

Verfügt der bisherige Gesellschafter vor Eintragung der Kapitalerhöhung im Voraus 6 über die **neuen Anteilsrechte,** so entstehen dieselben zunächst in seiner Person und gehen im Wege des Durchgangserwerbs auf den Erwerber über.[16] Das gilt uneingeschränkt für die Entstehung neuer Geschäftsanteile. Erfolgt die Kapitalerhöhung durch Aufstockung vorhandener Anteile, kann über den anteiligen Erhöhungsbetrag mangels rechtlicher Verselbstständigung nicht eigenständig verfügt werden. Die Vereinbarung ist in diesem Fall dahingehend auszulegen, dass der Veräußerer verpflichtet sein soll, eine Teilung des aufgestockten Anteils zu veranlassen und den auf die Kapitalerhöhung entfallenden Anteil an den Erwerber abzutreten.[17]

4. Rechte Dritter. Sind Geschäftsanteile mit Rechten Dritter belastet, dann erstrecken 7 sich diese Rechte **mit der hM** auch auf die durch die Kapitalerhöhung neu entstandenen oder erhöhten Anteile.[18] Das gilt zB für Nießbrauch, Pfandrecht, Nacherbfolge, Testamentsvollstreckung und Treuhandverhältnisse. Für jeden Geschäftsanteil erhält der Gesellschafter (mindestens) einen neuen Anteil, soweit im Zuge der Kapitalerhöhung nicht der Nennwert erhöht, sondern neue Geschäftsanteile ausgegeben werden (→ § 57c Rn. 28).

Die **Gegenauffassung,** die eine Erstreckung der Rechte Dritter kraft Gesetzes ablehnt 8 und nur durch Rechtsgeschäft zulässt,[19] wird dem Regelungsgehalt des § 57j S. 1 sowie der wirtschaftlichen Bedeutung der nominellen Kapitalerhöhung nicht hinreichend gerecht. Bereits vor der Kapitalerhöhung standen den Gesellschaftern die frei verfügbaren Rücklagen nach Maßgabe ihrer Beteiligung wirtschaftlich zu. Durch die Kapitalerhöhung sind diese Mittel nur stärker gebunden worden (→ § 57c Rn. 1). Es ist daher nicht überzeugend, die den Geschäftsanteilen zuvor wertungsmäßig zugeordneten Rücklagen nunmehr dem Zugriff der bisher am Geschäftsanteil Berechtigten zu entziehen. Die Rechtsstellung des Dritten würde andernfalls beeinträchtigt.[20] Dass eine Erstreckung dinglicher Rechte nach

---

[12] Zurückhaltender *Schnorbus* ZGR 2004, 126 (139 f.); für die Anwendung des Grundsatzes „falsa demonstratio non nocet": *Stein* FS Ulmer, 2003, 643 (648 f.).
[13] Noack/Servatius/Haas/*Servatius* § 57i Rn. 16 aE; Scholz/*Priester/Tebben* § 57i Rn. 16 aE; HCL/*Ulmer/Casper* Rn. 4; *Habel* GmbHR 2000, 267 (269).
[14] MHLS/*Hermanns* Rn. 4; *Fröhlich/Primaczenko* GWR 2013, 437 (438).
[15] Zutr. HCL/*Ulmer/Casper* Rn. 4; zust. Scholz/*Priester/Tebben* § 57i Rn. 16 aE.
[16] Noack/Servatius/Haas/*Servatius* § 57i Rn. 16; Scholz/*Priester/Tebben* § 57i Rn. 16; HCL/*Ulmer/Casper* Rn. 4.
[17] Wie hier HCL/*Ulmer/Casper* Rn. 4 aE.
[18] Lutter/Hommelhoff/*Kleindiek* Rn. 4; *Altmeppen* § 57m Rn. 19; Scholz/*Priester/Tebben* § 57m Rn. 24; HCL/*Ulmer/Casper* Rn. 5; *Wicke* Rn. 2; BeckOK GmbHG/*Rühland* Rn. 4; *Geßler* DNotZ 1960, 619 (639 f.); zur AG Kölner Komm AktG/*Lutter* AktG § 212 Rn. 4.
[19] MHLS/*Hermanns* Rn. 5; Rowedder/Schmidt-Leithoff/*Schnorbus* Rn. 3; *Kerbusch* GmbHR 1990, 156 (157 ff.); *Fröhlich/Primaczenko* GWR 2013, 437 (438); einschr. Gehrlein/Born/Simon/*Kowalski* § 57m Rn. 15; zweifelnd auch *Blath* notar 2018, 423 (430).
[20] Vgl. noch Lutter/Hommelhoff/*Kleindiek* Rn. 4; Scholz/*Priester/Tebben* § 57m Rn. 24.

bürgerlichrechtlichen Grundsätzen die Ausnahme darstellt,[21] ist ohne Belang, da sich die Belastung der neuen Anteilsrechte in rechtsdogmatischer Hinsicht analog § 57j S. 1 vollzieht. In der praktischen Anwendung werden beide Auffassungen aber häufig zum gleichen Ergebnis führen, da sich die vertragliche Verpfändungsabrede regelmäßig auch auf die künftigen Geschäftsanteile des Pfandgebers erstreckt.[22]

9 **5. Beteiligungsproportionaler Erwerb. a) Grundsatz.** Die Kapitalerhöhung erfolgt im **Verhältnis der bisherigen Beteiligung** der Gesellschafter am Stammkapital der GmbH. Eigene Anteile der Gesellschaft nehmen nach § 57l Abs. 1 (→ § 57l Rn. 4 f.) ebenso an der Kapitalerhöhung teil wie teileingezahlte Geschäftsanteile; für das Beteiligungsverhältnis ist nicht die Einzahlung, sondern der Nennbetrag entscheidend (§ 57l Abs. 2 S. 1; → § 57l Rn. 6). **Eingezogene Anteile** bleiben außer Betracht. Sie werden nicht als eigene Anteile der Gesellschaft behandelt; vielmehr partizipieren die übrigen Anteile verhältnismäßig an der Kapitalerhöhung.[23]

10 **b) Abweichende Beschlussfassung.** Vom Grundsatz des verhältniswahrenden Anteilserwerbs kann nach § 57j S. 2 nicht abgewichen werden. Das gilt nach Normzweck (→ Rn. 1) und Entstehungsgeschichte[24] der Vorschrift selbst dann, wenn alle Gesellschafter mit einer anderweitigen Verteilung einverstanden sind.[25] Es liegt in der Konsequenz des zwingenden Charakters des § 57j S. 2, dass auch bei geringfügigen Abweichungen mit der hM **keine Ausnahme** zuzulassen ist, und zwar auch dann nicht, wenn hierdurch freie Spitzen vermieden werden sollen.[26] Die von der Gegenauffassung vorgeschlagene teleologische Reduktion[27] widerspricht dem Normzweck des § 57j. Im Übrigen werden ungedeckte Spitzen nach der Liberalisierung der Anteilsstückelung (→ § 57h Rn. 2) praktisch keine Probleme mehr bereiten.

11 Bei der hM muss es auch für die Aufstockung der Geschäftsanteile der nach einer **Einziehung** verbliebenen Gesellschafter bewenden.[28] Bei der Aufstockung handelt es sich in diesem Kontext um ein praeter legem entwickeltes Instrument, das aus Praktikabilitätsgründen überwiegend anerkannt ist (→ § 34 Rn. 68). Als solches vermag es sich indes nicht über die Grundprinzipien des Kapitalerhöhungssystems hinwegzusetzen.

12 **c) Mittelbare Erwerbshindernisse.** Der Normzweck des § 57j S. 2 verbietet auch Abreden, die die bisherigen Beteiligungsverhältnisse mittelbar beeinträchtigen. Unzulässig ist deshalb eine **im Erhöhungsbeschluss enthaltene Abtretungsverpflichtung** für die neuen Anteilsrechte.[29] Dasselbe wirtschaftliche Ergebnis können die Gesellschafter zulässigerweise dadurch herbeiführen, dass sie sich individualvertraglich zur Abtre-

---

[21] Dazu MHLS/*Hermanns* Rn. 5.

[22] Vgl. MHLS/*Hermanns* Rn. 5; *Fröhlich/Primaczenko* GWR 2013, 437 (438).

[23] Wie hier Lutter/Hommelhoff/*Kleindiek* Rn. 3; Rowedder/Schmidt-Leithoff/*Schnorbus* Rn. 4 aE; HCL/ Ulmer/*Casper* Rn. 6; *Geßler* DNotZ 1960, 619 (637); iErg auch MHLS/*Hermanns* Rn. 6.

[24] Ausf. *Geßler* BB 1960, 6 (8 f.).

[25] Noack/Servatius/Haas/*Servatius* Rn. 1; Lutter/Hommelhoff/*Kleindiek* Rn. 6; *Altmeppen* Rn. 7; Scholz/ Priester/*Tebben* Rn. 2; HCL/Ulmer/*Casper* Rn. 7; *Fröhlich/Primaczenko* GWR 2013, 437 (438, 439); zur AG OLG Dresden Beschl. v. 9.2.2001 – 15 W 129/01, AG 2001, 532 = NZG 2001, 756; Kölner Komm AktG/*Lutter* AktG § 212 Rn. 5, 9; und jetzt auch MHLS/*Hermanns* Rn. 7.

[26] Noack/Servatius/Haas/*Servatius* Rn. 1; Lutter/Hommelhoff/*Kleindiek* Rn. 6, 8 aE; *Altmeppen* Rn. 8; HCL/Ulmer/*Casper* Rn. 7; BeckOK GmbHG/*Rühland* Rn. 6; Bork/Schäfer/Arnold/*Born* Rn. 2; Henssler/Strohn/*Gummert* Rn. 2; *Fröhlich/Primaczenko* GWR 2013, 437 (438); zur AG OLG Dresden Beschl. v. 9.2.2001 – 15 W 129/01, AG 2001, 532 = NZG 2001, 756; Kölner Komm AktG/*Lutter* AktG § 212 Rn. 9.

[27] Ausf. Scholz/Priester/*Tebben* Rn. 3; MHLS/*Hermanns* Rn. 7; Rowedder/Schmidt-Leithoff/*Schnorbus* Rn. 6; dem folgend Gehrlein/Born/Simon/*Kowalski* Rn. 6; zur AG K. Schmidt/Lutter/*Veil* AktG § 212 Rn. 2; iErg ebenso LG Mannheim Beschl. v. 30.9.1960 – 10 T 6/60, BB 1961, 303 = GmbHR 1961, 85 (86); *Simon* GmbHR 1961, 179 (179 f.); de lege lata auch *Schemmann* NZG 2009, 241 (242).

[28] *Blath* GmbHR 2011, 1177 (1183); aA *Nolting* ZIP 2011, 1292 (1295 ff.).

[29] Noack/Servatius/Haas/*Servatius* Rn. 5; Lutter/Hommelhoff/*Kleindiek* Rn. 7; MHLS/*Hermanns* Rn. 8; *Altmeppen* Rn. 6; Scholz/Priester/*Tebben* Rn. 4; HCL/Ulmer/*Casper* Rn. 7; *Blath* notar 2018, 423 (429).

tung der neuen Anteile verpflichten oder die Anteile nach Eintragung der Kapitalerhöhung übertragen.[30]

Außerdem darf die Beteiligung an der verhältniswahrenden Kapitalerhöhung auch nicht **13** vom Eintritt einer **Bedingung** abhängig gemacht oder auf sonstige Weise erschwert werden.[31] Unzulässig ist es daher, zB die Beteiligung an der nominellen Kapitalerhöhung von der Teilnahme an einer vorgeschalteten Erhöhung gegen Einlage abhängig zu machen.[32] Keine Bedenken bestehen indes dagegen, die nominelle Kapitalerhöhung unter die Bedingung zu stellen, dass die ordentliche Kapitalerhöhung tatsächlich gelingt (→ § 57c Rn. 14).

III. Mängelfolgen

Verstößt der Erhöhungsbeschluss gegen das Gebot des verhältniswahrenden Anteilser- **14** werbs, ist er nach § 57j S. 2 **nichtig**. Ob die Nichtigkeit der Verteilungsregelung zur Gesamtnichtigkeit des Beschlusses führt, ist nach § 139 BGB zu ermitteln.[33] Allerdings ist im Hinblick auf die klare Nichtigkeitsfolge anzunehmen, dass ein Rechtsverstoß **im Zweifel keine Gesamtnichtigkeit** des Kapitalerhöhungsbeschlusses zur Folge haben sollte.[34] Das gilt namentlich, wenn Abweichungen auf fehlerhaften Berechnungen beruhen oder es sich um geringfügige Abweichungen handelt. In solchen Fällen ist die Kapitalerhöhung mit der Eintragung wirksam; die Zuteilung der neuen Anteilsrechte erfolgt nach § 57j S. 1 im Verhältnis der bisherigen Beteiligungsquote. Ergibt sich aus den Umständen, dass die Beteiligten das Stammkapital tatsächlich nicht verhältniswahrend erhöhen wollten, dann ist der Erhöhungsbeschluss analog § 139 BGB **insgesamt nichtig**. Der Registerrichter hat die Eintragung abzulehnen. Die gleichwohl eingetragene Kapitalerhöhung ist unwirksam. Die Nichtigkeit wird analog § 242 Abs. 2 AktG nach Ablauf von drei Jahren geheilt.[35]

§ 57k Teilrechte; Ausübung der Rechte

(1) Führt die Kapitalerhöhung dazu, daß auf einen Geschäftsanteil nur ein Teil eines neuen Geschäftsanteils entfällt, so ist dieses Teilrecht selbständig veräußerlich und vererblich.

(2) Die Rechte aus einem neuen Geschäftsanteil, einschließlich des Anspruchs auf Ausstellung einer Urkunde über den neuen Geschäftsanteil, können nur ausgeübt werden, wenn Teilrechte, die zusammen einen vollen Geschäftsanteil ergeben, in einer Hand vereinigt sind oder wenn sich mehrere Berechtigte, deren Teilrechte zusammen einen vollen Geschäftsanteil ergeben, zur Ausübung der Rechte (§ 18) zusammenschließen.

Schrifttum: s. § 57c.

[30] MHLS/*Hermanns* Rn. 8; Rowedder/Schmidt-Leithoff/*Schnorbus* Rn. 6; Scholz/*Priester/Tebben* Rn. 4; HCL/*Ulmer/Casper* Rn. 7.

[31] Noack/Servatius/Haas/*Servatius* Rn. 5; MHLS/*Hermanns* Rn. 9; *Altmeppen* Rn. 6; Scholz/*Priester/Tebben* Rn. 4; HCL/*Ulmer/Casper* Rn. 8; BeckOK GmbHG/*Rühland* Rn. 7; zur AG Kölner Komm AktG/ *Lutter* AktG § 212 Rn. 10.

[32] Zust. *Blath* notar 2018, 423 (429).

[33] Noack/Servatius/Haas/*Servatius* Rn. 6; Lutter/Hommelhoff/*Kleindiek* Rn. 8; *Altmeppen* Rn. 9; Scholz/ *Priester/Tebben* Rn. 6; Gehrlein/Born/Simon/*Kowalski* Rn. 9; Bork/Schäfer/*Arnold/Born* Rn. 5; Henssler/Strohn/*Gummert* Rn. 6; *Fröhlich/Primaczenko* GWR 2013, 437 (439); zur AG Kölner Komm AktG/ *Lutter* AktG § 212 Rn. 11; aA HCL/*Ulmer/Casper* Rn. 9; Rowedder/Schmidt-Leithoff/*Schnorbus* Rn. 7; zur AG offengelassen von OLG Dresden Beschl. v. 9.2.2001 – 15 W 129/01, AG 2001, 532 = NZG 2001, 756.

[34] Wie hier Scholz/*Priester/Tebben* Rn. 6; zur AG Kölner Komm AktG/*Lutter* AktG § 212 Rn. 11; iErg auch HCL/*Ulmer/Casper* Rn. 9; *Wicke* Rn. 3; Gehrlein/Born/Simon/*Kowalski* Rn. 9; aA MHLS/*Hermanns* Rn. 10; BeckOK GmbHG/*Rühland* Rn. 9; wohl auch *Fröhlich/Primaczenko* GWR 2013, 437 (439).

[35] MHLS/*Hermanns* Rn. 10; *Altmeppen* Rn. 10; Rowedder/Schmidt-Leithoff/*Schnorbus* Rn. 8; Scholz/ *Priester/Tebben* Rn. 6; HCL/*Ulmer/Casper* Rn. 10; vgl. auch *Fröhlich/Primaczenko* GWR 2013, 437 (439); aA zur AG Hüffer/Koch/*Koch* AktG § 212 Rn. 4; Kölner Komm AktG/*Lutter* AktG § 212 Rn. 12.

Übersicht

I. Normzweck

1   **1. Zweck und Inhalt der Norm.** Die Vorschrift lässt bei der Kapitalerhöhung aus Gesellschaftsmitteln die **Entstehung rechtlich selbstständiger Teilrechte** zu, soweit auf einen Geschäftsanteil nur ein Teil eines neuen Geschäftsanteils entfällt. Der praktische Anwendungsbereich der Vorschrift ist nach der Neuregelung der Anteilsstückelung durch das MoMiG (→ § 57h Rn. 2) heute denkbar gering. Notwendig ist die Bildung von Teilrechten nur noch dann, wenn nach der beteiligungsproportionalen Teilnahme aller Gesellschafter an der Kapitalerhöhung nach § 57j S. 1 **freie Spitzen** verbleiben, die nicht auf **volle Euro** lauten (§ 57h Abs. 1 S. 2; → § 57h Rn. 4, → § 57h Rn. 6).

2   Nach Abs. 1 entstehen in diesem Fall rechtlich selbstständig veräußerliche und vererbliche Teilbeträge, deren Summe keinen ganzen Geschäftsanteil bilden muss (→ Rn. 4 ff.). Die **Ausübung der Mitgliedschaftsbefugnisse** aus den Teilrechten setzt nach Abs. 2 voraus, dass sich die Anteile in einer Hand vereinigen oder sich mehrere Berechtigte zur gemeinschaftlichen Rechtsausübung nach § 18 zusammenschließen. Eine Entstehung von Teilrechten nach § 57k ist ausgeschlossen, wenn Geschäftsanteile nur teilweise eingezahlt sind, da in diesem Fall nach § 57l Abs. 2 S. 2 keine neuen Geschäftsanteile ausgegeben werden können (→ Rn. 7).

3   **2. Rechtsnatur.** Teilrechte sind mit der hM als **selbstständige Teile eines Anteilsrechts** zu begreifen, die dem Inhaber eine in quantitativer Hinsicht beschränkte, mitgliedschaftliche Stellung verschaffen.[1] Die Einordnung als Bruchteils- oder Gesamthandsgemeinschaft scheidet demgegenüber aus.[2] Denn zum einen sind Teilrechte iSd Abs. 1 – anders als bei der BGB-Gesellschaft nach § 719 Abs. 1 BGB – frei übertragbar (→ Rn. 8); zum anderen entsteht eine Bruchteilsgemeinschaft erst durch einen Zusammenschluss der Teilberechtigten zur Rechtsausübung nach § 18 iVm §§ 741 ff. BGB. Vorher können die Rechte aus den Teilrechten nach Abs. 2 nicht ausgeübt werden.

II. Entstehung von Teilrechten

4   **1. Voraussetzungen.** Teilrechte entstehen mit Eintragung der Kapitalerhöhung in das Handelsregister nach § 57j S. 1 **kraft Gesetzes** unmittelbar in der Hand der Gesellschafter (→ § 57j Rn. 2). Über Anzahl und Nennbeträge der Teilrechte entscheidet der **Kapitalerhöhungsbeschluss** (→ § 57h Rn. 11).[3] Rechtlich erforderlich sind Angaben aber nur, soweit von den sich aus § 57h Abs. 1 S. 2 ergebenden Teilrechtsbeträgen abgewichen werden

---

[1]   Lutter/Hommelhoff/*Kleindiek* Rn. 2; MHLS/*Hermanns* Rn. 2; Scholz/*Priester/Tebben* Rn. 6; *Altmeppen* Rn. 3; Rowedder/Schmidt-Leithoff/*Schnorbus* Rn. 3; HCL/*Ulmer/Casper* Rn. 4; BeckOK GmbHG/*Rühland* Rn. 2; *Fröhlich/Primaczenko* GWR 2013, 437 (439); zur AG GroßkommAktG/*Hirte* AktG § 213 Rn. 7; *Hüffer/Koch/Koch* AktG § 213 Rn. 2; Kölner Komm AktG/*Lutter* AktG § 213 Rn. 3; aA Noack/Servatius/Haas/*Servatius* Rn. 5; Henssler/Strohn/*Gummert* Rn. 6.

[2]   Für Gesamthandsgemeinschaft aber *Geßler* BB 1960, 6 (9).

[3]   Lutter/Hommelhoff/*Kleindiek* Rn. 1; Scholz/*Priester/Tebben* Rn. 5; Rowedder/Schmidt-Leithoff/*Schnorbus* Rn. 3; HCL/*Ulmer/Casper* Rn. 3; *Simon* BB 1962, 72 (73).

soll.[4] Auch für diese Festsetzung gilt der Grundsatz verhältniswahrender Beteiligung nach § 57j S. 1 ohne jede Einschränkung (→ § 57j Rn. 10); Verstöße führen im Zweifel zur Nichtigkeit der abweichenden Teilrechtsfestsetzung (→ § 57j Rn. 14).

Analog § 5 Abs. 2 S. 2 kann ein Gesellschafter auch **mehrere Teilrechte** erhalten.[5] **5** Die gesetzliche Mindestgrenze für neue Geschäftsanteile von einem Euro (§ 57h Abs. 1 S. 2; → § 57h Rn. 4) steht dem nicht entgegen, da es hier nicht um reguläre Geschäftsanteile, sondern um Teilrechte iSd Abs. 1 geht. Allerdings kann der Gesellschafter verlangen, dass sich das auf ihn entfallende Teilrecht der Höhe nach auf den gem. § 57h Abs. 1 S. 2 zwingend verbleibenden Spitzenbetrag beschränkt.[6] Im Übrigen ist bei der Festsetzung von Teilrechten der gesellschaftsrechtliche Gleichbehandlungsgrundsatz zu beachten. Davon abgesehen spricht § 57k dafür, dass Erhöhungsbeschlüsse nicht schon deshalb treuwidrig und infolge dessen anfechtbar sind, weil sie zur Entstehung von Teilrechten führen.[7]

Nicht erforderlich ist, dass sämtliche Teilrechte zusammen genommen einen oder meh- **6** rere reguläre Geschäftsanteile ergeben. Das ist dem Gesetzestext – entgegen der hM[8] – an keiner Stelle zu entnehmen. In Abs. 2 heißt es nur, dass Teilrechte gemeinsam ausgeübt werden können, wenn sie zusammen einen vollen Geschäftsanteil ergeben. Daraus ergibt sich keine tatbestandliche Voraussetzung für die Bildung von Teilrechten. Der Regelungsgehalt der Vorschrift ist schon mit Blick auf ihre systematische Stellung auf die Ausübung der Teilrechte beschränkt. Auch aus Abs. 1 iVm § 57h Abs. 1 S. 2 ergibt sich nichts anderes, denn die letztere Vorschrift regelt nur die Entstehung regulärer Geschäftsanteile; über Teilrechte sagt sie nichts aus. Davon abgesehen enthält Abs. 1 nur eine Definition; danach handelt es sich bei Teilrechten um Teile eines Geschäftsanteils. Dass sämtliche Teilrechte zusammen einen solchen Geschäftsanteil ergeben müssen, ist auch nach dieser Vorschrift nicht erforderlich. Daneben existiert für Teilrechte auch **keine gesetzliche Höchstgrenze**.[9]

2. Ausnahme. Sind die vorhandenen Geschäftsanteile nur **teilweise eingezahlt,** **7** scheidet die Entstehung von Teilrechten aus. In diesem Fall kommt nach § 57l Abs. 2 S. 2 nur die Aufstockung der bisherigen Anteile in Betracht, nicht aber die Schaffung neuer Geschäftsanteile. Ausgeschlossen ist daher auch die Schaffung selbstständiger neuer Teilrechte (→ § 57h Rn. 7 ff.).

III. Rechtliche Behandlung von Teilrechten

1. Übertragbarkeit. Teilrechte sind nach Abs. 1 veräußerbar und vererblich. Die rechts- **8** geschäftliche Übertragung erfolgt durch Abtretung des Teilrechts nach §§ 398, 413 BGB. Hierfür bedarf es analog § 15 Abs. 3 und 4 der notariellen Beurkundung,[10] denn auch der Handel mit Teilrechten soll weitgehend eingeschränkt sein (→ § 15 Rn. 16). Darüber hinaus unterliegt

---

[4] Für die Notwendigkeit einer betragsmäßigen Festsetzung *Altmeppen* Rn. 3; Lutter/Hommelhoff/*Kleindiek* Rn. 1; Scholz/*Priester/Tebben* Rn. 5; Gehrlein/Born/Simon/*Kowalski* Rn. 4; aA LG Mannheim Beschl. v. 28.11.1960 – 9 T 1/60, BB 1961, 303 = GmbHR 1961, 85; Noack/Servatius/Haas/*Servatius* Rn. 3; Henssler/Strohn/*Gummert* Rn. 4; Bork/Schäfer/*Arnold/Born* Rn. 3; zur AG GroßkommAktG/ *Hirte* AktG § 207 Rn. 128 ff.
[5] Anders noch das frühere Recht Lutter/Hommelhoff/*Lutter/Hommelhoff,* 16. Aufl. 2004, Rn. 1; Rowedder/Schmidt-Leithoff/*Zimmermann,* 4. Aufl. 2002, Rn. 4; Ulmer/Habersack/Winter/*Ulmer,* 2008, Rn. 5; zum neuen Recht auch weiter für einen Anteil *Altmeppen* § 5 Rn. 9; wie hier jetzt Lutter/ Hommelhoff/*Kleindiek* Rn. 1; Scholz/*Priester/Tebben* Rn. 5; vgl. noch *Wicke* Rn. 1.
[6] Noack/Servatius/Haas/*Servatius* Rn. 4; Lutter/Hommelhoff/*Kleindiek* Rn. 1; Scholz/*Priester/Tebben* Rn. 4 aE; HCL/*Ulmer/Casper* Rn. 5 aE; ähnlich MHLS/*Hermanns* Rn. 7; aA – nur Gleichbehandlungsgrundsatz – *Simon* BB 1962, 72 (73).
[7] In diese Richtung aber Noack/Servatius/Haas/*Servatius* Rn. 1; dagegen zu Recht MHLS/*Hermanns* Rn. 4; Scholz/*Priester/Tebben* Rn. 1.
[8] Lutter/Hommelhoff/*Kleindiek* Rn. 1; MHLS/*Hermanns* Rn. 6; *Altmeppen* Rn. 3; Rowedder/Schmidt-Leithoff/*Schnorbus* Rn. 2; Scholz/*Priester/Tebben* Rn. 2; *Priester* GmbHR 1980, 236 (240); wie hier aber Noack/Servatius/Haas/*Servatius* Rn. 5.
[9] Scholz/*Priester/Tebben* Rn. 4; HCL/*Ulmer/Casper* Rn. 3; *Simon* BB 1962, 72 (73)
[10] Noack/Servatius/Haas/*Servatius* Rn. 6; Lutter/Hommelhoff/*Kleindiek* Rn. 4 aE; MHLS/*Hermanns* Rn. 9; *Altmeppen* Rn. 4; Scholz/*Priester/Tebben* Rn. 7; HCL/*Ulmer/Casper* Rn. 7; BeckOK GmbHG/ *Rühland* Rn. 9; Henssler/Strohn/*Gummert* Rn. 7.

die Übertragung von Teilrechten analog § 15 Abs. 5 den in der Satzung festgeschriebenen Verfügungsbeschränkungen, da § 57m Abs. 1 die Gleichbehandlung von neuen und alten Anteilsrechten anordnet und dies nach dem Normzweck auch für Teilrechte gilt, die Geschäftsanteilen qualitativ in nichts nachstehen.[11] In Betracht kommt außerdem die Einziehung analog § 34 sowie die Belastung von Teilrechten; sie können insbesondere ge- und verpfändet werden.[12]

9   **2. Rechtsausübung. a) Ausschluss.** Soweit die Teilrechte nicht vereinigt sind (→ Rn. 10 ff.), können die durch sie vermittelten mitgliedschaftlichen Befugnisse nach Abs. 2 nicht selbstständig ausgeübt werden. Das gilt für sämtliche Facetten des Mitgliedschaftsrechts, namentlich für Stimm- und Informationsrechte sowie für das Gewinnbezugsrecht.[13] Soweit keine Anteilsvereinigung iSd Abs. 2 vorliegt, bleiben Teilrechte bei der Gewinnverteilung nach Maßgabe des § 29 vollständig außer Betracht.

10   **b) Vereinigung der Geschäftsanteile. aa) Erwerb.** Dem Gesellschafter stehen die Mitgliedschaftsrechte uneingeschränkt zu, wenn sich Teilrechte in seiner Hand vereinigen, die zusammen einen Geschäftsanteil ergeben. Das kann durch rechtsgeschäftliche Abtretung nach §§ 398, 413 BGB (→ Rn. 8) ebenso erfolgen wie im Wege der erbrechtlichen Gesamtnachfolge gem. § 1922 Abs. 1 BGB. Entsprechen die einzelnen Teilrechte einem ganzen Geschäftsanteil, so entsteht mit dem Erwerb des letzten Teilrechts ein regulärer Geschäftsanteil, der fortan keinen Ausübungsbeschränkungen unterliegt.[14]

11   **bb) Zusammenschluss.** Alternativ können sich die Teilrechtsinhaber auch zur Ausübung der Teilrechte zusammenschließen. Für den Zusammenschluss ist zu unterscheiden: Bleiben die **Gesellschafter** die selbstständigen **Inhaber der Teilrechte** und koordinieren sie lediglich die Rechtsausübung durch die Bildung einer BGB-Innengesellschaft, dann gelten für das Innenverhältnis §§ 705 ff. BGB und für die Wahrnehmung der Mitgliedschaftsrechte gegenüber der GmbH die Regelungen des § 18.[15]

12   Übertragen die Gesellschafter ihre Teilrechte indes auf eine durch sie gegründete Gesellschaft, dann werden die **Teilrechte Eigentum der BGB-Gesellschaft** und vereinigen sich zu einem regulären Geschäftsanteil, dessen Rechte durch die Gesellschaft ausgeübt werden. Eines Rückgriffs auf § 18 bedarf es nach zutreffender Auffassung nicht (→ § 55 Rn. 155),[16] da die BGB-Gesellschaft selbst rechtsfähige Inhaberin des Geschäftsanteils ist und gerade keine Mehrheit von Berechtigten vorliegt. In rechtsdogmatischer Hinsicht handelt es sich nicht um einen Zusammenschluss zur gemeinsamen Rechtsausübung, sondern um die Vereinigung der Teilrechte durch rechtsgeschäftlichen Erwerb (→ Rn. 10).

§ 571 Teilnahme an der Erhöhung des Stammkapitals

(1) Eigene Geschäftsanteile nehmen an der Erhöhung des Stammkapitals teil.

(2) ¹Teileingezahlte Geschäftsanteile nehmen entsprechend ihrem Nennbetrag an der Erhöhung des Stammkapitals teil. ²Bei ihnen kann die Kapitalerhöhung nur durch Erhöhung des Nennbetrags der Geschäftsanteile ausgeführt werden. ³Sind neben teileingezahlten Geschäftsanteilen vollständig eingezahlte Geschäftsanteile

---

[11] Vgl. Noack/Servatius/Haas/*Servatius* Rn. 6; HCL/*Ulmer/Casper* Rn. 7; iErg ebenso *Altmeppen* Rn. 4; Lutter/Hommelhoff/*Kleindiek* Rn. 4; MHLS/*Hermanns* Rn. 9; Scholz/*Priester/Tebben* Rn. 7; BeckOK GmbHG/*Rühland* Rn. 9; Henssler/Strohn/*Gummert* Rn. 7.

[12] MHLS/*Hermanns* Rn. 9; *Altmeppen* Rn. 4; Scholz/*Priester/Tebben* Rn. 7; HCL/*Ulmer/Casper* Rn. 7; zur AG Kölner Komm AktG/*Lutter* AktG § 213 Rn. 3.

[13] Noack/Servatius/Haas/*Servatius* Rn. 7; Lutter/Hommelhoff/*Kleindiek* Rn. 5; MHLS/*Hermanns* Rn. 10; Scholz/*Priester/Tebben* Rn. 8; HCL/*Ulmer/Casper* Rn. 8; zur AG Kölner Komm AktG/*Lutter* AktG § 213 Rn. 4.

[14] Scholz/*Priester/Tebben* Rn. 9; HCL/*Ulmer/Casper* Rn. 9.

[15] Noack/Servatius/Haas/*Servatius* Rn. 7; Lutter/Hommelhoff/*Kleindiek* Rn. 5; MHLS/*Hermanns* Rn. 11; Rowedder/Schmidt-Leithoff/*Schnorbus* Rn. 3; Scholz/*Priester/Tebben* Rn. 10; HCL/*Ulmer/Casper* Rn. 10; Bork/Schäfer/*Arnold/Born* Rn. 5.

[16] MHLS/*Hermanns* Rn. 11; HCL/*Ulmer/Casper* Rn. 10; BeckOK GmbHG/*Rühland* Rn. 11; Scholz/*Priester/Tebben* Rn. 10 Lutter/Hommelhoff/*Kleindiek* Rn. 5; aA Noack/Servatius/Haas/*Servatius* Rn. 7; *Altmeppen* Rn. 5; wohl auch Gehrlein/Born/Simon/*Kowalski* Rn. 8.

vorhanden, so kann bei diesen die Kapitalerhöhung durch Erhöhung des Nennbetrags der Geschäftsanteile und durch Bildung neuer Geschäftsanteile ausgeführt werden. [4]Die Geschäftsanteile, deren Nennbetrag erhöht wird, können auf jeden Betrag gestellt werden, der auf volle Euro lautet.

Schrifttum: s. § 57c.

Übersicht

I. Normzweck

Für die Kapitalerhöhung aus Gesellschaftsmitteln enthält § 57l einige **Sondervorschriften für eigene und teileingezahlte Geschäftsanteile.** Anders als bei der regulären Kapitalerhöhung (→ § 55 Rn. 161) nehmen eigene Anteile nach Abs. 1 an der Kapitalerhöhung aus Gesellschaftsmitteln teil. Entsprechendes gilt nach Abs. 2 S. 1 für teilweise eingezahlte Geschäftsanteile. Insofern ergänzen Abs. 1 und Abs. 2 S. 1 das Gebot der verhältniswahrenden Teilnahme an der nominellen Kapitalerhöhung nach § 57j S. 1.[1] **1**

Aus Gründen des Gläubigerschutzes sieht Abs. 2 S. 2 für teileingezahlte Anteile vor, dass die Kapitalerhöhung abweichend von § 57h Abs. 1 S. 1 (→ § 57h Rn. 1) nur durch die **Erhöhung des Nennbetrags,** nicht aber durch Ausgabe neuer Geschäftsanteile durchgeführt werden kann. Neue Geschäftsanteile können nur für voll eingezahlte Anteile entstehen. Das gilt nach Abs. 2 S. 3 auch dann, wenn voll eingezahlte neben teileingezahlten Anteilen vorhanden sind. **2**

Darüber hinaus ordnet Abs. 2 S. 4 an, dass der neue Nennbetrag auf **volle Euro** lauten muss. Insoweit geht die Vorschrift in ihrem Regelungsgehalt nicht über den im Zuge des MoMiG neu gefassten § 57h Abs. 1 S. 2 (→ § 57h Rn. 5) hinaus. Ebenso wie § 57h Abs. 2 S. 2 (→ § 57h Rn. 3) hat § 57l Abs. 2 S. 4 heute **keinen eigenständigen Anwendungsbereich** mehr[2] und sollte deshalb bei nächster Gelegenheit durch den Gesetzgeber gestrichen werden. **3**

II. Eigene Geschäftsanteile

1. Hintergrund. Das Gebot des beteiligungsproportionalen Anteilserwerbs rechtfertigt und bedingt die Teilnahme eigener Anteile an der nominellen Kapitalerhöhung. Durch Abs. 1 wird verhindert, dass sich die Beteiligungsverhältnisse der Gesellschafter entgegen § 57j S. 1 verschieben. Im Übrigen waren die umgewandelten Rücklagen auch den von der Gesellschaft gehaltenen, eigenen Geschäftsanteilen zugeordnet, sodass der Anteilserwerb auch in der Sache nur konsequent erscheint.[3] Durch die Teilnahme eigener Anteile an der **4**

---

[1] Zutr. MHLS/*Hermanns* Rn. 1; (für Abs. 1) HCL/*Ulmer/Casper* Rn. 3.
[2] Wie hier auch *Wicke* Rn. 1; Noack/Servatius/Haas/*Servatius* Rn. 4 aE.
[3] Ebenso Noack/Servatius/Haas/*Servatius* Rn. 1; Rowedder/Schmidt-Leithoff/*Schnorbus* Rn. 2; Scholz/*Priester/Tebben* Rn. 1; HCL/*Ulmer/Casper* Rn. 3; zur AG Kölner Komm AktG/*Lutter* AktG § 215 Rn. 2; aA GroßkommAktG/*Wiedemann*, 3. Aufl. 1973, AktG § 215 Rn. 1; abw. auch *Geßler* BB 1960, 6 (9 f.): Vereinfachungsregelung.

nominellen Kapitalerhöhung wird auch nicht gegen das Prinzip verstoßen, dass die Gesellschaft aus eigenen Anteilen analog § 71b AktG keine Rechte herleiten kann.[4] Denn der Anteilserwerb beruht nicht auf einer Rechtsausübung der Gesellschaft; sie darf auch an der Beschlussfassung über die Kapitalerhöhung nicht teilnehmen (→ Rn. 5). Vielmehr erfolgt die Ausgabe der neuen oder die Aufstockung der vorhandenen Geschäftsanteile kraft Gesetzes gem. § 57j S. 1 mit Eintragung des Erhöhungsbeschlusses in das Handelsregister.

5   **2. Durchführung.** Die Teilnahme eigener Geschäftsanteile an der Kapitalerhöhung aus Gesellschaftsmitteln vollzieht sich uneingeschränkt nach Maßgabe der §§ 57h, 57j, 57k. Die Durchführung kann demnach sowohl durch die Ausgabe neuer als auch durch die Aufstockung bisheriger Geschäftsanteile erfolgen. Zudem kommt der Erwerb von Teilrechten in Betracht.[5] Da die Gesellschaft analog § 71b AktG aus eigenen Anteilen aber keine mitgliedschaftlichen Befugnisse herleiten kann, ist sie bei der Beschlussfassung über die Kapitalerhöhung nicht stimmberechtigt (→ § 33 Rn. 162).[6]

III. Teilweise eingezahlte Geschäftsanteile

6   **1. Teilnahme zum Nennbetrag.** Teileingezahlte Geschäftsanteile nehmen ebenso wie voll eingezahlte Anteile nach Abs. 2 S. 1 mit ihrem **vollen Nennbetrag** an der Kapitalerhöhung aus Gesellschaftsmitteln teil. Diese Regelung ist angesichts des Gebots der verhältniswahrenden Teilnahme sämtlicher Gesellschafter nach § 57j S. 1 folgerichtig.[7] Denn auch aus den teilweise eingezahlten Geschäftsanteilen stehen den Gesellschaftern die mitgliedschaftlichen Befugnisse in vollem Umfang zu, soweit der Gesellschaftsvertrag keine abweichende Regelung enthält (vgl. § 29 Abs. 3; → § 29 Rn. 189 ff.). Selbst wenn die Satzung bestimmt, dass die Einzahlung für die Ausübung der Mitgliedschaftsrechte maßgeblich sein soll, nehmen teileingezahlte Geschäftsanteile zum vollen Nennwert an der Kapitalerhöhung teil.[8] Denn für die Verteilung der neuen Anteilsrechte ist nicht die tatsächliche Einzahlung auf den Geschäftsanteil entscheidend, sondern die Höhe der durch den vorhandenen Anteil übernommenen Einlageverpflichtung. Wollte man dies anders sehen, könnte die Verschiebung der Beteiligungsquote bei teileingezahlten Anteilsrechten selbst nach späterer Volleinzahlung nicht mehr nachträglich korrigiert werden.[9] Die Teileinzahlung führt bei einer für diesen Fall vorgesehenen satzungsmäßigen Beschränkung der Mitgliedschaftsrechte – insofern konsequent – lediglich dazu, dass sich die Einschränkungen nach § 57m Abs. 2 auch auf die hinzuerworbenen Anteilsrechte erstrecken (→ § 57m Rn. 16 ff.).

7   **2. Ausführung der Kapitalerhöhung. a) Erhöhung des Nennbetrags.** Anders als bei voll eingezahlten Geschäftsanteilen nach § 57h Abs. 1 S. 1 steht den Gesellschaftern bei teileingezahlten Anteilen **kein Wahlrecht** zwischen der Ausgabe neuer und der Aufstockung vorhandener Anteile zu. Nach Abs. 2 S. 2 nehmen teilweise eingezahlte Geschäftsanteile stets durch die Erhöhung des Nennbetrags an der nominellen Kapitalerhöhung teil. Die Vorschrift dient den berechtigten **Interessen der Gesellschaftsgläubiger,** indem sie die noch offene Einzahlungsverpflichtung der Gesellschafter ergänzend absichert. Bleibt der Gesellschafter die Restzahlung schuldig, kann der erhöhte Geschäftsanteil vollständig nach § 21 kaduziert und bei Bedarf nach § 23 verwertet werden. Bei Ausgabe neuer Geschäftsanteile könnte die Gesellschaft – in Ermangelung einer abweichenden Regelung[10] – auf die neuen Anteile nicht zugrei-

---

[4]   Scholz/*Priester/Tebben* Rn. 1; HCL/*Ulmer/Casper* Rn. 3; ähnlich Noack/Servatius/Haas/*Servatius* Rn. 1;
      aA MHLS/*Hermanns* Rn. 2.
[5]   Zust. *Blath* notar 2018, 423 (429).
[6]   RG Urt. v. 21.10.1921 – II 113/21, RGZ 103, 64 (66); MHLS/*Hermanns* Rn. 3; *Altmeppen* Rn. 1;
      Rowedder/Schmidt-Leithoff/*Schnorbus* Rn. 2; Scholz/*Priester/Tebben* Rn. 2; HCL/*Ulmer/Casper* Rn. 3.
[7]   Noack/Servatius/Haas/*Servatius* Rn. 2; MHLS/*Hermanns* Rn. 4; Scholz/*Priester/Tebben* Rn. 4; HCL/
      Ulmer/Casper Rn. 4.
[8]   MHLS/*Hermanns* Rn. 4; Rowedder/Schmidt-Leithoff/*Schnorbus* Rn. 3; Scholz/*Priester/Tebben* Rn. 4;
      HCL/*Ulmer/Casper* Rn. 4.
[9]   Wie hier auch Scholz/*Priester/Tebben* Rn. 4; HCL/*Ulmer/Casper* Rn. 4.
[10] So das abweichende Regelungskonzept des § 26 2. Durchführungsverordnung zur Dividendenabgabeverordnung v. 5.5.1942, RGBl. 1942 I 261; dagegen ausdrücklich Amtl. Begr., BT-Drs. III/416, 15.

fen, da diese als voll eingezahlt anzusehen sind. Außerdem wären die bisherigen Geschäftsanteile nach Umwandlung der Rücklagen in ihrem Wert gemindert.[11]

b) Freie Spitzen. Entstehen bei der nominellen Kapitalerhöhung unter Beteiligung **8** teileingezahlter Geschäftsanteile **freie Spitzen,** so können diese nicht durch die Entstehung von Teilrechten iSd § 57k Abs. 1 ausgeglichen werden. Denn Teilrechte können nur bei der Ausgabe neuer Geschäftsanteile entstehen, was nach Abs. 2 S. 2 ausgeschlossen ist. Anders als nach früherer Rechtslage[12] hat Abs. 2 S. 4 in diesem Zusammenhang keine Bedeutung mehr (→ Rn. 3).[13]

c) Voll eingezahlte Anteile. Nehmen teilweise eingezahlte Geschäftsanteile neben **9** voll eingezahlten Anteilen an der Kapitalerhöhung teil, besteht für letztere Anteile nach Abs. 2 S. 3 das allgemeine **Wahlrecht** nach § 57h Abs. 1 S. 1. Für voll eingezahlte Geschäftsanteile können sowohl neue Anteile ausgegeben als auch der Nennbetrag vorhandener Anteile aufgestockt werden. Der Erhöhungsbeschluss muss die Ausführungsart ausdrücklich bestimmen (→ § 57h Rn. 11). Abs. 2 S. 3 regelt nur eine von mehreren zulässigen Kombinationsmöglichkeiten bei der Kapitalerhöhung aus Gesellschaftsmitteln (→ § 57h Rn. 10).

3. Verrechnung. Der Gesellschafter kann seine teilweise noch **offene Einlagever-** **10** **pflichtung nicht durch Verrechnung** mit dem aus der nominellen Kapitalerhöhung stammenden Betrag **erfüllen.**[14] Das folgt schon daraus, dass die neuen Anteilsrechte unmittelbar kraft Gesetzes nach § 57j S. 1 in der Hand der Gesellschafter entstehen. Nach § 57j S. 2 ist dieses Prinzip der Disposition der Gesellschafter vollständig entzogen (→ § 57j Rn. 10). Davon abgesehen verstieße die Verrechnung auch gegen das Erlassverbot nach § 19 Abs. 2 S. 1. An dieser Rechtslage hat sich auch durch die Neuregelungen der verdeckten Sacheinlage und des Hin- und Herzahlens nach § 19 Abs. 4 und 5 nichts geändert. Das Gebot des verhältniswahrenden Anteilserwerbs ist noch immer strikt zu beachten.

Möchten die Gesellschafter frei verfügbare Rücklagen für die Befriedigung von Einlage- **11** verpflichtungen nutzbar machen, müssen sie die **Rücklagen auflösen,** an die Gesellschafter entsprechend ihrer Beteiligungsquote **ausschütten** und sie in die GmbH **wieder einzahlen.** Dabei sind die besonderen Sacheinlagevorschriften zu beachten (→ § 55 Rn. 21; → § 56 Rn. 32 ff.). Wird hiergegen verstoßen, kommen die reformierten Grundsätze der verdeckten Sacheinlage nach § 19 Abs. 4 zur Anwendung (→ § 56 Rn. 71 ff.).

IV. Mängelfolgen

1. Teilnahme an der Kapitalerhöhung. Bleiben eigene Anteile bei der Kapitalerhö- **12** hung entgegen Abs. 1 unberücksichtigt oder werden teileingezahlte Anteile entgegen § 57l Abs. 2 S. 1 überhaupt nicht oder zu einem geringeren als dem Nennbetrag berücksichtigt, dann ist der Erhöhungsbeschluss analog § 57j S. 2 nichtig, da § 57l Abs. 1, Abs. 2 S. 1 dem Gebot der verhältniswahrenden Beteiligung verpflichtet ist (→ Rn. 1). Anders als bei einem Verstoß gegen § 57j S. 1 ist analog § 139 BGB im Zweifel von der **Gesamtnichtigkeit** des Erhöhungsbeschlusses auszugehen,[15] da den Gesellschaftern nicht der Willen unterstellt werden kann, jedenfalls gesetzeskonform handeln zu wollen.

---

[11] Noack/Servatius/Haas/*Servatius* Rn. 3; Lutter/Hommelhoff/*Kleindiek* Rn. 2; Scholz/*Priester/Tebben* Rn. 5; HCL/*Ulmer/Casper* Rn. 4; *Wicke* Rn. 1.
[12] Zur bisherigen Rechtslage vgl. Lutter/Hommelhoff/*Lutter/Hommelhoff,* 16. Aufl. 2004, Rn. 3; Scholz/*Priester,* 9. Aufl. 2002, Rn. 6; Ulmer/Habersack/Winter/*Ulmer,* 2008, Rn. 7; krit. Baumbach/Hueck/*Zöllner,* 18. Aufl. 2006, Rn. 4.
[13] AA offenbar Lutter/Hommelhoff/*Kleindiek* Rn. 3; Scholz/*Priester/Tebben* Rn. 6.
[14] AllgM, Baumbach/Hueck/Haas/*Servatius* Rn. 2 aE; MHLS/*Hermanns* Rn. 6; *Altmeppen* Rn. 3; Rowedder/Schmidt-Leithoff/*Schnorbus* Rn. 3; HCL/*Ulmer/Casper* Rn. 5.
[15] IErg ebenso (zu Abs. 2 S. 2) Noack/Servatius/Haas/*Servatius* Rn. 3 aF; Gehrlein/Born/Simon/*Kowalski* Rn. 8; Henssler/Strohn/*Gummert* Rn. 6; stets für Gesamtnichtigkeit Lutter/Hommelhoff/*Kleindiek* Rn. 1; MHLS/*Hermanns* Rn. 8; *Altmeppen* Rn. 6; Scholz/*Priester/Tebben* Rn. 8; aA nur HCL/*Ulmer/Casper* Rn. 9.

13   **2. Erhöhung zum Nennbetrag.** Erfolgt die Kapitalerhöhung teileingezahlter Geschäftsanteile durch die Ausgabe neuer Anteile, dann ist der Erhöhungsbeschluss analog § 241 Nr. 3 AktG im Zweifel nichtig, da mit § 57l Abs. 2 S. 2 eine dem Gläubigerschutz verpflichtete Vorschrift (→ Rn. 2) verletzt worden ist.[16]

§ 57m Verhältnis der Rechte; Beziehungen zu Dritten

(1) Das Verhältnis der mit den Geschäftsanteilen verbundenen Rechte zueinander wird durch die Kapitalerhöhung nicht berührt.

(2) [1]Soweit sich einzelne Rechte teileingezahlter Geschäftsanteile, insbesondere die Beteiligung am Gewinn oder das Stimmrecht, nach der je Geschäftsanteil geleisteten Einlage bestimmen, stehen diese Rechte den Gesellschaftern bis zur Leistung der noch ausstehenden Einlagen nur nach der Höhe der geleisteten Einlage, erhöht um den auf den Nennbetrag des Stammkapitals berechneten Hundertsatz der Erhöhung des Stammkapitals, zu. [2]Werden weitere Einzahlungen geleistet, so erweitern sich diese Rechte entsprechend.

(3) Der wirtschaftliche Inhalt vertraglicher Beziehungen der Gesellschaft zu Dritten, die von der Gewinnausschüttung der Gesellschaft, dem Nennbetrag oder Wert ihrer Geschäftsanteile oder ihres Stammkapitals oder in sonstiger Weise von den bisherigen Kapital- oder Gewinnverhältnissen abhängen, wird durch die Kapitalerhöhung nicht berührt.

Schrifttum: s. § 57c.

Übersicht

I. Normzweck

1   Die Vorschrift zielt darauf ab, dass sich das **Verhältnis der Mitgliedschaftsrechte** unter den Gesellschaftern sowie die **Beziehungen der Gesellschaft zu Dritten** durch

---

[16]   Wie hier Noack/Servatius/Haas/*Servatius* Rn. 3; stets für Gesamtnichtigkeit Lutter/Hommelhoff/*Kleindiek* Rn. 4; MHLS/*Hermanns* Rn. 8; *Altmeppen* Rn. 6; Rowedder/Schmidt-Leithoff/*Schnorbus* Rn. 4; Scholz/*Priester*/*Tebben* Rn. 9; HCL/*Ulmer*/*Casper* Rn. 10.

die nominelle Kapitalerhöhung in materieller Hinsicht nicht verändert.[1] Zunächst ergänzt Abs. 1 das Gebot der verhältniswahrenden Beteiligung nach § 57j S. 1 um die Regel, dass das Verhältnis der Mitgliedschaftsrechte zueinander durch die nominelle Kapitalerhöhung nicht verändert wird. Bisherige Sonderrechte und Mitgliedschaftspflichten werden von der nominellen Kapitalerhöhung demnach nicht berührt. Kommt es für die Ausübung **teilweise eingezahlter Geschäftsanteile** – anders als nach dem gesetzlichen Grundsatz (vgl. § 57n Abs. 2 S. 3; → § 57n Rn. 5) – kraft Satzung nicht auf den Nennwert der Geschäftsanteile, sondern auf den Umfang der Einlageleistung an, bestimmt Abs. 2 S. 1, dass die neuen Anteilsrechte den Gesellschaftern ebenfalls in Abhängigkeit von der tatsächlichen Einlageleistung zustehen; die mitgliedschaftlichen Rechte erweitern sich durch zusätzliche Einzahlungen entsprechend (Abs. 2 S. 2). Zwischen der Gesellschaft und **Dritten** bestehende Vertragsverhältnisse, die auf die bisherigen Kapital- oder Gewinnverhältnisse bezogen sind, werden nach Abs. 3 durch die Kapitalerhöhung nicht verändert.

II. Unveränderlichkeit der Mitgliedschaft

1. Grundsatz. Nach der Grundregel des Abs. 1 werden die Verhältnisse der Mitglied- **2** schaftsrechte zwischen den Gesellschaftern unverändert beibehalten. Bedeutung kommt dieser Sonderbestimmung nur dann zu, wenn sich eine verhältniswahrende Beteiligung der Gesellschafter mit gleichbleibenden Mitgliedschaftsrechten nicht bereits aus der Anwendung der § 57j S. 1, § 57k Abs. 1 ergibt. Letzteres ist namentlich der Fall, wenn **keine Vorzugsrechte oder Nebenpflichten** der Gesellschafter bestehen.[2] Auch soweit Rechte den Gesellschaftern **nach Köpfen** zustehen, bleiben sie durch die Kapitalerhöhung unberührt. Das gilt namentlich für das Teilnahme- und Informationsrecht der Gesellschafter.[3]

Nichts anderes ergibt sich für unterschiedliche **Gattungen von Geschäftsanteilen,** **3** soweit die Vermehrung der Anteilsrechte unter Wahrung der bisherigen Verhältnisse zu einer Aufwertung der Rechtsstellung führt, wie zB bei **Mehrstimmrechten.**[4] Im Gegensatz dazu ist die Rechtsstellung bei **Gewinnvorzugsrechten** durch Anwendung des Abs. 1 anzupassen (→ Rn. 4 ff.).

2. Sonderrechte. a) Vermögenssonderrechte. Steht dem Inhaber eines Geschäfts- **4** anteils ein vermögensrechtliches Sonderrecht zu, das ihn zu einem bestimmten Prozentsatz am Gewinn oder am Liquidationserlös beteiligt, dann erstreckt sich das Vorzugsrecht nach den allgemeinen Grundsätzen regelmäßig auch auf die neuen Anteile.[5] Bezieht sich das Vorzugsrecht aber auf die Stammkapitalziffer oder den Nennbetrag des Geschäftsanteils, dann muss regelmäßig eine inhaltliche Anpassung des Vermögenssonderrechts erfolgen.[6]

Typischer Beispielsfall ist die **Vorzugsdividende.** War dem Gesellschafter vor der Kapi- **5** talerhöhung die Verzinsung seines Geschäftsanteils (100.000 Euro) zu 5 % (5.000 Euro) garantiert und wird das Stammkapital durch die Kapitalerhöhung verdoppelt, dann könnte der bevorrechtigte Gesellschafter ohne Korrektur nach Abs. 1 eine Verzinsung in Gesamthöhe von 10.000 Euro verlangen. Damit würde das Gewinnrecht der übrigen Gesellschafter aber unverhältnismäßig beschnitten. Dieses Ergebnis soll Abs. 1 verhindern, indem die Vorschrift verlangt, dass es bei dem absoluten Umfang der ursprünglichen Sonderberechtigung in Höhe von 5.000 Euro bleibt.[7] Die Anpassung vollzieht sich kraft Gesetzes und bedarf

---

[1] *Altmeppen* Rn. 1.
[2] Vgl. HCL/*Ulmer*/*Casper* Rn. 4; Noack/Servatius/Haas/*Servatius* Rn. 2.
[3] Noack/Servatius/Haas/*Servatius* Rn. 1; Scholz/*Priester*/*Tebben* Rn. 3.
[4] Ebenso MHLS/*Hermanns* Rn. 11 mit Rechenbeispiel; Rowedder/Schmidt-Leithoff/*Schnorbus* Rn. 3; Scholz/*Priester*/*Tebben* Rn. 3; HCL/*Ulmer*/*Casper* Rn. 5 mit Rechenbeispiel.
[5] HCL/*Ulmer*/*Casper* Rn. 6.
[6] *Boesebeck* DB 1960, 404; Lutter/Hommelhoff/*Kleindiek* Rn. 6; *Altmeppen* Rn. 4; Rowedder/Schmidt-Leithoff/*Schnorbus* Rn. 4; HCL/*Ulmer*/*Casper* Rn. 7.
[7] IErg wie hier Noack/Servatius/Haas/*Servatius* Rn. 2; MHLS/*Hermanns* Rn. 7; Scholz/*Priester*/*Tebben* Rn. 4; HCL/*Ulmer*/*Casper* Rn. 7; *Geßler* DNotZ 1960, 619 (636); zur AG Kölner Komm AktG/*Lutter* AktG § 216 Rn. 6.

keiner Zustimmung des bevorrechtigten Gesellschafters, da es zu keiner materiellen Beeinträchtigung seiner Rechtsstellung kommt.[8]

6   **Rechtstechnisch** vollzieht sich die Anpassung im Regelfall durch eine verhältnismäßige Absenkung des Prozentsatzes bezogen auf die gesamten neuen Anteilsrechte; im Beispielsfall ermäßigt sich die Vorzugsdividende demnach auf 2,5 %. Daneben ist es nach zutreffender, wenngleich umstrittener Auffassung außerdem zulässig, dass das Vermögenssonderrecht des alten Geschäftsanteils unberührt bleibt und der neu gebildete Anteil ohne den Vorzug entsteht.[9] Die ablehnende Gegenauffassung[10] bleibt eine tragfähige Begründung für ihren restriktiven Ansatz schuldig. Sie kann sich für das GmbH-Recht – anders als die allgemeine Ansicht im Aktienrecht[11] – auf keine § 139 Abs. 1 AktG entsprechende Vorschrift berufen. Zudem ist Abs. 1 zwar nicht im Kern dispositiv, allerdings sind der Regelung auch keine Vorgaben für die konkrete Ausgestaltung der inhaltlichen Anpassung zu entnehmen (→ Rn. 14). Im Ergebnis führt der Meinungsstreit zu keinen wesentlichen Unterschieden, da die Gegenauffassung nach Vollzug der Kapitalerhöhung ebenfalls eine abweichende Regelung der Rechtsverhältnisse zulässt.[12] Konsequenter erscheint es indes, den Umweg über eine doppelte Beschlussfassung und Eintragung zu vermeiden und die Gesellschafter über die nähere Ausgestaltung der verhältniswahrenden Beteiligung entscheiden zu lassen.

7   **b) Verwaltungssonderrechte.** Abgesehen von Mehrstimmrechten (→ Rn. 3) ergeben sich aus Abs. 1 für andere Verwaltungsrechte keine Besonderheiten, wenn sie dem Gesellschafter entweder höchstpersönlich als Sondervorteile zustehen oder aber eine Aufstockung bestehender Geschäftsanteile erfolgt. Denn in diesen Fällen kommt es zu keiner Vermehrung der Sonderrechte.[13] Das gilt für das Recht zur Geschäftsführung ebenso wie für Zustimmungsvorbehalte oder Entsenderechte für Beirat oder Aufsichtsrat. Nur wenn solche Verwaltungssonderrechte an die Inhaberschaft des Geschäftsanteils geknüpft sind und die Ausgabe neuer Anteile dementsprechend zu einer Vermehrung der Herrschaftsrechte führen würde, verlangt Abs. 1, dass der neue Geschäftsanteil ohne Sonderrecht entsteht.[14]

8   **c) Sondervorteile.** Knüpfen Sonderrechte nicht an die Inhaberschaft eines Geschäftsanteils an, sondern sind sie den Gesellschaftern persönlich zugewiesen, dann spricht man von Sondervorteilen. Da sie den Gesellschaftern ad personam zustehen, werden sie durch die Kapitalerhöhung nicht verändert, insbesondere tritt keine Vorteilsvermehrung ein. Einer Anpassung nach Abs. 1 bedarf es daher grundsätzlich nicht.[15] Anders kann der Fall zu beurteilen sein, wenn der Sondervorteil von der Stammkapitalziffer, dem Nennbetrag des Geschäftsanteils oder den Dividendenprozenten abhängt; dann gelten die Grundsätze des Abs. 3 entsprechend (→ Rn. 24 ff.).[16]

9   **3. Minderheitsrechte.** Soweit Minderheitsrechte an einen bestimmten **Prozentsatz** anknüpfen, wie zB bei § 50 Abs. 1, § 61 Abs. 2 S. 2, § 66 Abs. 2, dann kommt § 57m Abs. 1 nicht zur Anwendung, da die Beteiligungsverhältnisse nach § 57j S. 1 durch die nominelle Kapitalerhöhung unberührt bleiben. Ist die Ausübung eines Minderheitsrechts indes von einer **Mindestkapitalgrenze** abhängig, ist die mit der Kapitalerhöhung verbundene ver-

---

[8]   Wie hier Noack/Servatius/Haas/*Servatius* Rn. 2 aE; *Altmeppen* Rn. 3; HCL/*Ulmer/Casper* Rn. 7; zur AG GroßkommAktG/*Hirte* AktG § 216 Rn. 26; MüKoAktG/*Arnold* AktG § 216 Rn. 16, 18.

[9]   Wie hier Noack/Servatius/Haas/*Servatius* Rn. 3; MHLS/*Hermanns* Rn. 18; Scholz/*Priester/Tebben* Rn. 4; Gehrlein/Born/Simon/*Kowalski* Rn. 4.

[10]   Ulmer/Habersack/Winter/*Ulmer,* 2008, Rn. 13.

[11]   Vgl. GroßkommAktG/*Hirte* AktG § 216 Rn. 24 f.; Hüffer/Koch/*Koch* AktG § 216 Rn. 2 f.; Kölner Komm AktG/*Lutter* AktG § 216 Rn. 6; MüKoAktG/*Arnold* AktG § 216 Rn. 14; BeckOGK/*Fock/Wüsthoff* AktG § 216 Rn. 6; K. Schmidt/Lutter/*Veil* AktG § 216 Rn. 4 f.

[12]   HCL/*Ulmer/Casper* Rn. 15.

[13]   Zust. *Blath* notar 2018, 423 (431).

[14]   Lutter/Hommelhoff/*Kleindiek* Rn. 7; MHLS/*Hermanns* Rn. 10; *Altmeppen* Rn. 5; Scholz/*Priester/Tebben* Rn. 5; HCL/*Ulmer/Casper* Rn. 8.

[15]   AllgM, MHLS/*Hermanns* Rn. 9; *Altmeppen* Rn. 6; Rowedder/Schmidt-Leithoff/*Schnorbus* Rn. 4; Scholz/*Priester/Tebben* Rn. 6; HCL/*Ulmer/Casper* Rn. 9.

[16]   Wie hier *Altmeppen* Rn. 4; Scholz/*Priester/Tebben* Rn. 6; HCL/*Ulmer/Casper* Rn. 9.

hältnismäßige Verminderung der Grenze durch eine proportionale Erhöhung des Mindestbetrags auszugleichen, sodass die neue Kapitalgrenze letztlich der ursprünglichen Beteiligungsquote entspricht.[17]

4. Mitgliedschaftspflichten. Der Grundsatz von der Unveränderlichkeit der Mit- **10** gliedschaft erstreckt sich neben den mitgliedschaftlichen Rechten der Gesellschafter auch auf deren mitgliedschaftliche Verpflichtungen. Unberührt bleibt zum einen die **Resteinzahlungspflicht** der Gesellschafter (→ § 57l Rn. 7). Zum anderen bleiben analog Abs. 1 iVm § 216 Abs. 3 S. 2 AktG auch die **Nebenleistungspflichten** iSd § 3 Abs. 2 materiell unverändert.[18] Nichts anderes gilt für Nachschusspflichten iSd §§ 26 ff.

Um bei **nennwertbezogenen Leistungspflichten** eine Leistungsvermehrung zu ver- **11** meiden, müssen die Verpflichtungen an den erhöhten Wert der nach Kapitalerhöhung insgesamt vorhandenen Geschäftsanteile angepasst werden.[19] Sind die Pflichten **nicht auf den Nennwert bezogen,** erfolgt eine anteilige Belastung der alten und neuen Geschäftsanteile.[20] Erfolgt später eine getrennte Übertragung von neuen und alten Anteilen, haften Veräußerer und Erwerber gesamtschuldnerisch.[21] Sonstige auf den bisherigen Geschäftsanteilen ruhende **Belastungen** erstrecken sich analog Abs. 1 auch auf die neuen Anteilsrechte. Das gilt zB für Vorerwerbsrechte von Mitgesellschaftern oder der Gesellschaft.[22] Nichts anderes gilt für satzungsmäßig vorgesehene Einziehungsbefugnisse und Verfügungsbeschränkungen iSd § 15 Abs. 5.[23]

5. Durchführung der Anpassung. a) Erhöhungsbeschluss. Ebenso wie neue **12** Anteilsrechte nach § 57j S. 1 ipso iure entstehen, erfolgt die inhaltliche Anpassung der Mitgliedschaft nach Abs. 1 **kraft Gesetzes** mit der Eintragung des Erhöhungsbeschlusses in das Handelsregister.[24] Der Erhöhungsbeschluss muss hierzu **keine Angaben** enthalten.[25] Dennoch empfiehlt es sich, die entsprechenden Anpassungen zur Klarstellung ausdrücklich in den Beschluss aufzunehmen und darüber hinaus den Wortlaut des Gesellschaftsvertrages anzupassen (→ Rn. 13).[26] Ist die Sicherheit des Rechtsverkehrs durch unzureichende Angaben im Erhöhungsbeschluss gefährdet, dann muss der Registerrichter nach fruchtlos verlaufener Zwischenverfügung die Eintragung ablehnen.[27]

b) Änderung der Satzungsfassung. Daneben bedarf es einer Anpassung des Sat- **13** zungswortlauts an die nach Abs. 1 modifizierte Mitgliedschaft der Gesellschafter.[28] Die Satzungsänderung ist **deklaratorischer Natur,** da lediglich die bisherige Satzungsfassung an die neuen materiellen Verhältnisse angepasst wird. Dennoch vollzieht sich die Satzungsän-

---

[17]   AllgM, Lutter/Hommelhoff/*Kleindiek* Rn. 9; MHLS/*Hermanns* Rn. 15; Scholz/*Priester/Tebben* Rn. 7; HCL/*Ulmer/Casper* Rn. 10.

[18]   Mit Betonung gesetzeshistorischer Gesichtspunkte Scholz/*Priester/Tebben* Rn. 8; HCL/*Ulmer/Casper* Rn. 11; iErg ebenso Lutter/Hommelhoff/*Kleindiek* Rn. 8; *Altmeppen* Rn. 8.

[19]   Lutter/Hommelhoff/*Kleindiek* Rn. 8; MHLS/*Hermanns* Rn. 16; *Altmeppen* Rn. 8; Rowedder/Schmidt-Leithoff/*Schnorbus* Rn. 5; Scholz/*Priester/Tebben* Rn. 8; HCL/*Ulmer/Casper* Rn. 12.

[20]   *Altmeppen* Rn. 8; Rowedder/Schmidt-Leithoff/*Schnorbus* Rn. 5; Scholz/*Priester/Tebben* Rn. 8; Lutter/Hommelhoff/*Kleindiek* Rn. 8 aE; vgl. noch Noack/Servatius/Haas/*Servatius* Rn. 5.

[21]   HCL/*Ulmer/Casper* Rn. 12.

[22]   Lutter/Hommelhoff/*Kleindiek* Rn. 2; Rowedder/Schmidt-Leithoff/*Schnorbus* Rn. 5; Scholz/*Priester/Tebben* Rn. 8; HCL/*Ulmer/Casper* Rn. 12.

[23]   Zur AG LG Bonn Urt. v. 10.4.1969 – 11 O 3/69, AG 1970, 18 (19); ebenso Lutter/Hommelhoff/*Kleindiek* Rn. 2; Scholz/*Priester/Tebben* Rn. 8 aE; HCL/*Ulmer/Casper* Rn. 12 aE.

[24]   Noack/Servatius/Haas/*Servatius* Rn. 3, 9; Lutter/Hommelhoff/*Kleindiek* Rn. 10; *Altmeppen* Rn. 10; Rowedder/Schmidt-Leithoff/*Schnorbus* Rn. 6; Scholz/*Priester/Tebben* Rn. 11; HCL/*Ulmer/Casper* Rn. 13; einschr. MHLS/*Hermanns* Rn. 18: bei verschiedenen Anpassungsmöglichkeiten.

[25]   Lutter/Hommelhoff/*Kleindiek* Rn. 10; *Altmeppen* Rn. 10; Rowedder/Schmidt-Leithoff/*Schnorbus* Rn. 6; HCL/*Ulmer/Casper* Rn. 13; aA v. Godin/*Wilhelmi* AktG § 216 Rn. 3.

[26]   Rowedder/Schmidt-Leithoff/*Schnorbus* Rn. 6; HCL/*Ulmer/Casper* Rn. 13; *Blath* notar 2018, 423 (431).

[27]   Noack/Servatius/Haas/*Servatius* Rn. 9; Scholz/*Priester/Tebben* Rn. 12, 26; HCL/*Ulmer/Casper* Rn. 13 aE; weniger streng *Altmeppen* Rn. 10 f.: berichtigende Satzungsänderung wünschenswert; weitergehend MHLS/*Hermanns* Rn. 19: Drittbezug nicht erforderlich; vgl. noch BeckOK GmbHG/*Rühland* Rn. 23.

[28]   Zust. *Blath* notar 2018, 423 (431).

derung nach den **allgemeinen Grundsätzen.**[29] Aus der gesellschaftsrechtlichen Treue-pflicht kann sich ergeben, dass die Gesellschafter zur Mitwirkung an der Satzungsänderung ausnahmsweise verpflichtet sind.[30]

14   **c) Abweichende Ausgestaltung.** Die Vorschrift des Abs. 1 ist im Hinblick auf das Gebot der verhältniswahrenden Durchführung der nominellen Kapitalerhöhung in ihrem Kerngehalt **nicht disponibel.**[31] An dem Verhältnis der Mitgliedschaftsrechte und -pflichten unter den Gesellschaftern darf sich durch die Kapitalerhöhung nichts ändern. Allerdings können die Gesellschafter frei darüber entscheiden, **auf welche Weise** sie die nach Abs. 1 zwingend erforderliche Anpassung durchführen wollen, wie zB bei der Behandlung von Vorzugsdividenden (→ Rn. 5 f.).[32]

15   Davon abgesehen kann von Abs. 1 nicht durch einstimmigen Beschluss abgewichen werden. Die Gesellschafter sind darauf beschränkt, die Mitgliedschaftsrechte **nach Durch-führung** der Kapitalerhöhung zu ändern. Ein entsprechender Änderungsbeschluss kann in derselben Gesellschafterversammlung als nach § 51 Abs. 2 eigens anzukündigender Beschlussgegenstand gefasst werden.[33] Der Änderungsbeschluss muss nach dem Erhöhungs-beschluss in das Handelsregister eingetragen werden.[34] Zu diesem Zeitpunkt sind die Rechtsfolgen des Abs. 1 bereits eingetreten und der Änderungsbeschluss erlangt gem. § 54 Abs. 3 seine Wirksamkeit.

III. Teileingezahlte Geschäftsanteile

16   **1. Voraussetzungen.** Die Anwendbarkeit des Abs. 2 setzt tatbestandlich voraus, dass die Ausübung von Mitgliedschaftsrechten aus teilweise eingezahlten Anteilen nicht an den Nennbetrag der Geschäftsanteile anknüpft, sondern an die tatsächlich auf die Geschäfts-anteile geleistete Einlage. Dies kommt im Gegensatz zum Aktienrecht (vgl. § 60 Abs. 2 AktG, § 134 Abs. 2 AktG, § 271 Abs. 3 AktG) nur in Betracht, wenn die Satzung eine solche – vom gesetzlichen Regelfall im GmbH-Recht (vgl. § 29 Abs. 3 S. 1, § 57l Abs. 2 S. 3) abwei-chende – Bestimmung enthält. In der Praxis ist das nur selten der Fall.

17   **2. Rechtsfolgen.** Die Kapitalerhöhung aus Gesellschaftsmitteln erfolgt bei teileinge-zahlten Geschäftsanteilen nach § 57l Abs. 2 S. 2 stets durch Aufstockung der vorhandenen Anteile. Nach Abs. 2 S. 1 stehen dem Gesellschafter die Rechte aus dem erhöhten Geschäfts-anteil **zu demselben Prozentsatz** zu, der schon bisher galt. Die Mitgliedschaftsrechte erhöhen sich demnach nicht um den vollständigen Erhöhungsbetrag, sondern nur anteilig nach dem Prozentsatz der zuvor tatsächlich erbrachten Einlageleistung.[35]

18   Davon unberührt bleibt die Verpflichtung des Gesellschafters auf Leistung des **Restein-lagebetrags** (→ § 57l Rn. 7). Zahlt der Gesellschafter später auf die ursprüngliche Leis-tungspflicht, hat dies nach Abs. 2 S. 2 zur Folge, dass er nicht nur die Rechte aus dem bisherigen Teilbetrag, sondern auch aus dem erhöhten Gesamtanteil in entsprechend erhöh-tem Umfang ausüben kann. Die Mitgliedschaftsrechte der Gesellschafter erhöhen sich nach dieser Vorschrift überproportional zur erfolgten Einlageleistung.[36]

---

[29]   Ganz hM, Noack/Servatius/Haas/*Servatius* Rn. 9; Lutter/Hommelhoff/*Kleindiek* Rn. 10; MHLS/*Her-manns* Rn. 19; *Altmeppen* Rn. 10 f.; Scholz/*Priester/Tebben* Rn. 12; BeckOK GmbHG/*Rühland* Rn. 11; aA nur HCL/*Ulmer/Casper* Rn. 14: einfache Mehrheit ausreichend, auf andere Gesellschaftsorgane dele-gierbar.

[30]   IErg auch Lutter/Hommelhoff/*Kleindiek* Rn. 11; Scholz/*Priester/Tebben* Rn. 12 aE.

[31]   Im Grundsatz wie hier Lutter/Hommelhoff/*Kleindiek* Rn. 5; HCL/*Ulmer/Casper* Rn. 15; aA Noack/ Servatius/Haas/*Servatius* Rn. 3, 10; *Altmeppen* Rn. 12; Scholz/*Priester/Tebben* Rn. 13.

[32]   Vgl. noch MHLS/*Hermanns* Rn. 18.

[33]   Übereinstimmend Scholz/*Priester/Tebben* Rn. 13; HCL/*Ulmer/Casper* Rn. 15; zur AG *Eckardt* BB 1967, 99 (102).

[34]   Lutter/Hommelhoff/*Kleindiek* Rn. 12; HCL/*Ulmer/Casper* Rn. 15; aA Noack/Servatius/Haas/*Servatius* Rn. 3; *Altmeppen* Rn. 11; Scholz/*Priester/Tebben* Rn. 13: gleichzeitige Eintragung möglich.

[35]   Wie hier Noack/Servatius/Haas/*Servatius* Rn. 6; *Altmeppen* Rn. 14; Scholz/*Priester/Tebben* Rn. 15; HCL/*Ulmer/Casper* Rn. 18.

[36]   Vgl. Noack/Servatius/Haas/*Servatius* Rn. 7; MHLS/*Hermanns* Rn. 25; Scholz/*Priester/Tebben* Rn. 15 f.; HCL/*Ulmer/Casper* Rn. 19.

Die Funktionsweise des Abs. 2 sei an folgendem **Beispielsfall** verdeutlicht: Steht dem 19
Gesellschafter ein Geschäftsanteil iHv 100.000 Euro zu, auf den nur die Hälfte eingezahlt ist,
und bestimmen sich die Rechte aus der Mitgliedschaft kraft Satzung nach der tatsächlichen
Einzahlung, dann kann der Gesellschafter sein Stimmrecht nur für 50.000 Euro ausüben.
Wird die Stammkapitalziffer aufgrund einer Kapitalerhöhung aus Gesellschaftsmitteln verdoppelt, dann erhöht sich das Stimmrecht nicht um den vollen Erhöhungsbetrag
(100.000 Euro), sondern nur um den Prozentsatz der Einzahlung (50.000 Euro), sodass
der Gesellschafter für insgesamt 100.000 Euro stimmberechtigt ist. Zahlt er später weitere
25.000 Euro auf seine ursprüngliche Einlageschuld ein, dann erhöht sich sein Stimmrecht
nicht allein um den Einzahlungsbetrag (25.000 Euro), sondern gleichzeitig um den anteiligen Erhöhungsbetrag nach Abs. 2 S. 2 (weitere 25.000 Euro). Der Gesellschafter ist für
insgesamt 150.000 Euro stimmberechtigt. Erfolgt später die Restzahlung auf die ursprüngliche Einlagepflicht (25.000 Euro), erhöht sich das Stimmrecht wiederum gem. Abs. 2 S. 2
überproportional, sodass der Gesellschafter nunmehr aus dem gesamten Geschäftsanteil iHv
200.000 Euro stimmberechtigt ist.

Ebenso wie bei Abs. 1 vollzieht sich die inhaltliche **Anpassung** auch bei teileingezahl-   20
ten Geschäftsanteilen **kraft Gesetzes** mit Eintragung des Erhöhungsbeschlusses in das Handelsregister. Der Erhöhungsbeschluss muss keine Angaben enthalten, wenngleich sich ausdrückliche Festsetzungen aus Klarstellungsgründen empfehlen (→ Rn. 12). Im Übrigen
bedarf es außerdem einer Anpassung der Satzungsfassung (→ Rn. 13).

3. Liquidation. In der Liquidation der GmbH verteilt sich der Liquidationserlös nach 21
§ 72 S. 1 im Grundsatz nach dem Nennbetrag der Geschäftsanteile. Sind indes teileingezahlte
Anteile vorhanden, richtet sich die **Erlösverteilung** analog § 271 Abs. 3 AktG primär
nach den Beträgen der auf die Geschäftsanteile tatsächlich **geleisteten Einlagen.** Verbleibt
daraufhin ein Überschuss, wird dieser nach Maßgabe der Nennbeträge auf die Gesellschafter
verteilt (→ § 72 Rn. 17).

Hat vor der Liquidation eine **Kapitalerhöhung aus Gesellschaftsmitteln** stattgefun-   22
den, partizipieren die Erhöhungsbeträge, die auf teileingezahlte Geschäftsanteile entfallen,
analog § 216 Abs. 2 S. 3 AktG **in vollem Umfang** an der Erlösverteilung.[37] Dieses Ergebnis
entspricht zwar nicht dem in Abs. 2 niedergelegten Rechtsgedanken. Dennoch ist der Auffassung zu folgen, weil die Gesellschafter die im Rahmen der nominellen Kapitalerhöhung in
Stammkapital umgewandelten Rücklagen ohne Rücksicht auf den Umfang der tatsächlichen
Einlageleistung zuvor gemeinsam erwirtschaftet haben.

Die Gesellschafter können nach § 72 S. 2 in der Satzung eine **abweichende Erlösver-**   23
teilung festschreiben (→ § 72 Rn. 18 f.). Zulässig ist es insbesondere, die Verteilung des
Liquidationserlöses vom Umfang der tatsächlich erbrachten Einlageleistung abhängig zu
machen.[38]

IV. Beziehungen zu Dritten

1. Rechte Dritter gegen die Gesellschaft. a) Grundsatz. Die Vorschrift des 24
Abs. 3 erweitert den in Abs. 1 niedergelegten Grundsatz von der Unveränderlichkeit der
Mitgliedschaft auf die vertraglichen Beziehungen der Gesellschaft zu Dritten. Solche
Rechtsbeziehungen bleiben von der nominellen Kapitalerhöhung in materieller Hinsicht
namentlich dann unberührt, wenn sie der Höhe nach von der Gewinnausschüttung der
Gesellschaft, dem Nennbetrag oder Wert ihrer Geschäftsanteile oder ihres Stammkapitals
oder sonst von den ursprünglichen Kapital- und Gewinnverhältnissen abhängig sind.
Nach ihrem Normzweck ist die Anpassungsvorschrift dem **Schutz der Gesellschafts-**

---

[37]   Wie hier MHLS/*Hermanns* Rn. 27; *Wicke* Rn. 4; ähnlich Noack/Servatius/Haas/*Servatius* Rn. 8; *Altmep-
       pen* Rn. 14; Scholz/*Priester/Tebben* Rn. 18; ebenso mit gesetzeshistorischen Erwägungen Lutter/Hom-
       melhoff/*Kleindiek* Rn. 14; HCL/*Ulmer/Casper* Rn. 20.
[38]   Lutter/Hommelhoff/*Kleindiek* Rn. 14; MHLS/*Hermanns* Rn. 28; *Altmeppen* Rn. 16; Rowedder/
       Schmidt-Leithoff/*Schnorbus* Rn. 8 aE; Scholz/*Priester/Tebben* Rn. 18 aE; HCL/*Ulmer/Casper* Rn. 20 aE.

gläubiger zu dienen bestimmt.[39] In rechtsdogmatischer Hinsicht handelt es sich bei Abs. 3 um eine spezialgesetzliche Ausprägung der in § 313 BGB kodifizierten Lehre von der Geschäftsgrundlage.[40]

25   **b) Dritte.** Zu den Dritten iSd Abs. 3 gehören zunächst solche Personen, die mit der Gesellschaft in einer vertraglichen Beziehung stehen, aber nicht Gesellschafter sind. Gleiches gilt für **Gesellschafter,** deren Rechtsbeziehung zur Gesellschaft nicht auf ihrer Eigenschaft als Gesellschafter beruht.[41] Das ist der Fall, wenn zwischen vertraglichem Rechtsverhältnis und Mitgliedschaftsverhältnis kein spezifischer Bezug besteht.

26   **c) Unmittelbare, gesetzliche Anpassung.** Die Anpassung der Vertragsverhältnisse erfolgt nach Abs. 3 unmittelbar **kraft Gesetzes.** Es bedarf keiner rechtsgeschäftlichen Änderungsabrede zwischen der Gesellschaft und dem Dritten.[42] Das bedeutet in zivilprozessualer Hinsicht, dass der Dritte entweder die angepasste Leistung unmittelbar einklagen oder auf Feststellung des angepassten Rechtsverhältnisses klagen muss; für eine Gestaltungsklage ist kein Raum.[43] Nach den Grundsätzen der Privatautonomie kann die Anpassung nach Abs. 3 auch vertraglich ausgeschlossen werden.[44]

27   **d) Zeitpunkt.** Abs. 3 kommt zur Anwendung auf rechtsgeschäftliche oder rechtsgeschäftsähnliche Schuldverhältnisse, die im Zeitpunkt der **Eintragung** des Erhöhungsbeschlusses wirksam begründet sind und noch bestehen. Wird das Rechtsverhältnis nach diesem Zeitpunkt ohne wesentliche Änderung des Vertragsinhalts verlängert, ist die Vertragsänderung regelmäßig dahingehend auszulegen, dass die Anpassung unberührt bleiben sollte. Der geänderte Vertragsinhalt gilt indes im Zweifel dann, wenn Inhalt oder Umfang kapital- oder gewinnbezogener Leistungen geändert werden. Gleiches gilt für den **Neuabschluss** von Rechtsbeziehungen iSd Abs. 3, da dem Vertragsabschluss in diesem Fall schon die Kapitalverhältnisse nach der Kapitalerhöhung zugrunde lagen.[45]

28   **e) Tantiemen.** Von besonderer praktischer Bedeutung für die Anwendung von Abs. 3 sind Tantiemen für Geschäftsführer sowie Aufsichtsrats- oder Beiratsmitglieder. Eine Anpassung erfolgt aber nur dann, wenn sich die Vergütung **prozentual** an der Verzinsung des Stammkapitals oder dem Nennbetrag von Geschäftsanteilen orientiert. Richtet sich die Vergütung nach dem absoluten Wert des Jahresgewinns, ist für die Anwendung von Abs. 3 kein Raum.

29   War mit dem **Geschäftsführer** ursprünglich **beispielsweise** vereinbart, dass er 5 % des Gewinns erhalten solle, der nach der Ausschüttung einer Verzinsung von 4 % des Stammkapitals verbleibt, dann halbiert sich der vom Gewinn abgezogene Zinssatz auf 2 %, wenn das Stammkapital im Rahmen einer nominellen Kapitalerhöhung verdoppelt wird. Dadurch wird sichergestellt, dass sich an der Berechnungsgrundlage für die Tantiemen keine materielle Änderung ergibt.[46]

---

39   Ebenso HCL/*Ulmer/Casper* Rn. 21.
40   Zutr. HCL/*Ulmer/Casper* Rn. 21; vgl. noch Noack/Servatius/Haas/*Servatius* Rn. 11.
41   Lutter/Hommelhoff/*Kleindiek* Rn. 15; *Altmeppen* Rn. 18; Rowedder/Schmidt-Leithoff/*Schnorbus* Rn. 9; Scholz/*Priester/Tebben* Rn. 19; HCL/*Ulmer/Casper* Rn. 22; *Boesebeck* DB 1960, 139; zur AG Kölner Komm AktG/*Lutter* AktG § 216 Rn. 19.
42   Noack/Servatius/Haas/*Servatius* Rn. 12; Lutter/Hommelhoff/*Kleindiek* Rn. 15; MHLS/*Hermanns* Rn. 32; *Altmeppen* Rn. 17; Rowedder/Schmidt-Leithoff/*Schnorbus* Rn. 9; Scholz/*Priester/Tebben* Rn. 20; HCL/*Ulmer/Casper* Rn. 21; *Geßler* DNotZ 1960, 619 (637); *Zöllner* ZGR 1986, 288 (290).
43   MHLS/*Hermanns* Rn. 32; Scholz/*Priester/Tebben* Rn. 20; HCL/*Ulmer/Casper* Rn. 21 aE; *Geßler* WM-Beil. 1/1960, 11 (24).
44   Noack/Servatius/Haas/*Servatius* Rn. 12; Scholz/*Priester/Tebben* Rn. 20 aE; *Köhler* AG 1984, 197.
45   Scholz/*Priester/Tebben* Rn. 21; Noack/Servatius/Haas/*Servatius* Rn. 12; HCL/*Ulmer/Casper* Rn. 23.
46   Weitere Beispiele bei *Boesebeck* DB 1960, 139; *Koppensteiner* ZHR 139 (1975), 191 (193); *Köhler* AG 1984, 197; *Pannen/Köhler* AG 1985, 52; *Than* WM-FG Heinsius, 1991, 54 (59 ff.); *Zöllner* ZGR 1986, 288 (290); Noack/Servatius/Haas/*Servatius* Rn. 11; Lutter/Hommelhoff/*Kleindiek* Rn. 15; HCL/*Ulmer/Casper* Rn. 24.

Entsprechendes gilt im Grundsatz auch für **Aufsichtsratsmitglieder.** Handelt es sich 30 indes um eine nach § 1 Abs. 1 MitbestG **mitbestimmte GmbH,** ist zu beachten, dass sich die Beteiligung der Aufsichtsratsmitglieder am Jahresgewinn der Gesellschafter nach § 25 Abs. 1 Nr. 2 MitbestG iVm § 113 Abs. 3 AktG bestimmt. Danach vermindert sich der Anteil am Bilanzgewinn um die Mindestverzinsung von 4 % der auf die Geschäftsanteile geleisteten Einlagen.[47]

f) Genussrechte, stille Beteiligung. Das für Tantiemen Gesagte (→ Rn. 28 ff.) gilt 31 für Genussrechte entsprechend.[48] Bei Genussrechten handelt es sich um schuldrechtliche Ansprüche, die Dritten gegen die Gesellschaft zustehen und die ihrem Inhalt nach typischerweise auf anteilige Leistungen am Gesellschaftsgewinn gerichtet sind. Da es sich demnach um Gläubigerrechte handelt, erfolgt nach Abs. 3 mit Eintragung der Kapitalerhöhung ipso iure die inhaltliche Anpassung der Genussrechte. Nichts anderes gilt für stille Beteiligungen an der GmbH.[49]

2. Rechte der Gesellschaft gegen Dritte. Selten kommt es vor, dass der Gesellschaft 32 gegen Dritte Ansprüche zustehen, die auf die Kapital- oder Gewinnverhältnisse der Gesellschaft bezogen sind. Denkbar ist zB eine auf die Stammkapitalziffer der kapitalerhöhenden GmbH bezogene Dividendengarantie eines Dritten. Auch in einem solchen Fall kommt Abs. 3 zur Anwendung mit der Folge, dass sich der Prozentsatz reziprok zur Erhöhung des Stammkapitals vermindert, während der garantierte Betrag in seinem materiellen Gesamtumfang unverändert bleibt.[50]

3. Beziehungen zwischen Gesellschaftern und Dritten. a) Schuldrechtliche 33 **Beziehungen.** Auf die Rechtsbeziehungen zwischen Dritten und Gesellschaftern findet Abs. 3 keine Anwendung, da sein Anwendungsbereich nur Beziehungen der Gesellschaft zu Dritten erfasst. Eine analoge Anwendung des Abs. 3 kommt ebenfalls nicht in Betracht, da es im Hinblick auf die allgemeinen Grundsätze der Vertragsauslegung an einer planwidrigen Regelungslücke mangelt. Zweifelsfragen sind demnach im Wege der **Vertragsauslegung** zu klären. Hat ein Gesellschafter vor Wirksamwerden der Kapitalerhöhung seinen **Geschäftsanteil verkauft,** aber noch nicht übereignet, umfasst die vertragliche Übereignungsverpflichtung bei gleichem Kaufpreis im Zweifel auch die durch die Kapitalerhöhung neu entstandenen Anteilsrechte.[51] Denn die im Rahmen der Kapitalerhöhung umgewandelten freien Rücklagen waren dem verkauften Anteil zuvor schon wirtschaftlich zugeordnet. Entsprechendes gilt für die **Option** an einem Geschäftsanteil; diese erstreckt sich im Zweifel auf die neuen Anteilsrechte.[52] Nur wenn eine Auslegung der vertraglichen Abreden zwischen den Beteiligten ausscheidet, kommt eine Störung der **Geschäftsgrundlage** nach § 313 BGB zur Anwendung.[53]

b) Dingliche Beziehungen. Sind die Geschäftsanteile mit dinglichen Rechten Dritter 34 belastet, dann erstrecken sich diese Rechte nach zutreffender Auffassung kraft Gesetzes auch auf die durch die Kapitalerhöhung neu entstandenen oder erhöhten Geschäftsanteile (str.,

---

47   Vgl. noch HCL/*Ulmer/Casper* Rn. 24.
48   Noack/Servatius/Haas/*Servatius* Rn. 11; Rowedder/Schmidt-Leithoff/*Schnorbus* Rn. 9; Scholz/*Priester/ Tebben* Rn. 22; HCL/*Ulmer/Casper* Rn. 25.
49   MHLS/*Hermanns* Rn. 30; Scholz/*Priester/Tebben* Rn. 22 aE; Noack/Servatius/Haas/*Servatius* Rn. 11 aE; HCL/*Ulmer/Casper* Rn. 26.
50   Noack/Servatius/Haas/*Servatius* Rn. 11; Lutter/Hommelhoff/*Kleindiek* Rn. 15 aE; MHLS/*Hermanns* Rn. 31; *Altmeppen* Rn. 20; Scholz/*Priester/Tebben* Rn. 25; HCL/*Ulmer/Casper* Rn. 27.
51   Noack/Servatius/Haas/*Servatius* Rn. 13; MHLS/*Hermanns* Rn. 34; *Altmeppen* Rn. 19; Rowedder/ Schmidt-Leithoff/*Schnorbus* Rn. 10; Scholz/*Priester/Tebben* Rn. 23; HCL/*Ulmer/Casper* Rn. 28; vgl. noch Lutter/Hommelhoff/*Kleindiek* 57j Rn. 5.
52   MHLS/*Hermanns* Rn. 34; Scholz/*Priester/Tebben* Rn. 23 aE; Noack/Servatius/Haas/*Servatius* Rn. 13; *Schippel* DNotZ 1960, 353 (371).
53   Restriktiv wie hier HCL/*Ulmer/Casper* Rn. 28 aE; großzügiger Noack/Servatius/Haas/*Servatius* Rn. 13; wieder anders *Geßler* DNotZ 1960, 619 (638).

→ § 57j Rn. 7 f.).[54] Das gilt zB für Nießbrauch und Pfandrecht, aber auch für sonstige Belastungen des Anteilsrechts, wie zB durch Nacherbfolge, Testamentsvollstreckung und Treuhandverhältnisse. Sind Geschäftsanteile zur Sicherheit übereignet, entstehen die neuen Anteile in der Hand des Sicherungsnehmers als formellem Eigentümer. Mit Wegfall des Sicherungszwecks sind die alten und neuen Anteile an den Sicherungsgeber zurück zu übertragen.[55] Entsprechendes gilt für Geschäftsanteile, die einem Treuhandverhältnis unterliegen.

V. Mängelfolgen

35   **1. Unveränderlichkeit der Mitgliedschaft.** Da die Anpassung der mitgliedschaftlichen Rechte und Pflichten nach Abs. 1 kraft Gesetzes eintritt, ist es ohne Belang, ob die Anpassungen im Erhöhungsbeschluss nachvollzogen sind (→ Rn. 12). Mangelnde Angaben berühren die Rechtmäßigkeit des Erhöhungsbeschlusses nicht.[56] Wird durch abweichende Anpassungen gegen den zwingenden Kerngehalt des Abs. 1 (→ Rn. 2 ff.) verstoßen, ist der Beschluss anfechtbar. Wird das Mitgliedschaftsrecht eines Gesellschafters ohne dessen Zustimmung beeinträchtigt, ist der Erhöhungsbeschluss analog § 53 Abs. 3 unwirksam.[57]

36   **2. Beziehungen zu Dritten.** Wird durch den Erhöhungsbeschluss unter Verstoß gegen Abs. 3 nachteilig in die Rechtsstellung Dritter eingegriffen, dann ist eine solche Änderung des Vertragsverhältnisses ohne die Zustimmung des Dritten nach dem Rechtsgedanken der Unzulässigkeit von Verträgen zulasten Dritter unwirksam.[58] Daran ändert auch die Eintragung nichts. Auf die Wirksamkeit des Erhöhungsbeschlusses hat ein Rechtsverstoß indes grundsätzlich keine Auswirkungen.[59]

§ 57n Gewinnbeteiligung der neuen Geschäftsanteile

(1) Die neuen Geschäftsanteile nehmen, wenn nichts anderes bestimmt ist, am Gewinn des ganzen Geschäftsjahres teil, in dem die Erhöhung des Stammkapitals beschlossen worden ist.

(2) ¹Im Beschluß über die Erhöhung des Stammkapitals kann bestimmt werden, daß die neuen Geschäftsanteile bereits am Gewinn des letzten vor der Beschlußfassung über die Kapitalerhöhung abgelaufenen Geschäftsjahrs teilnehmen. ²In diesem Fall ist die Erhöhung des Stammkapitals abweichend von § 57c Abs. 2 zu beschließen, bevor über die Ergebnisverwendung für das letzte vor der Beschlußfassung abgelaufene Geschäftsjahr Beschluß gefaßt worden ist. ³Der Beschluß über die Ergebnisverwendung für das letzte vor der Beschlußfassung über die Kapitalerhöhung abgelaufene Geschäftsjahr wird erst wirksam, wenn das Stammkapital erhöht worden ist. ⁴Der Beschluß über die Erhöhung des Stammkapitals und der

---

[54]   Noack/Servatius/Haas/*Servatius* Rn. 14; Lutter/Hommelhoff/*Kleindiek* § 57j Rn. 4; *Altmeppen* Rn. 19; *Altmeppen* § 57j Rn. 2; Scholz/*Priester*/*Tebben* Rn. 24; HCL/*Ulmer*/*Casper* Rn. 29; HCL/*Ulmer*/*Casper* § 57j Rn. 5; *Geßler* DNotZ 1960, 619 (639 f.); *Schuler* NJW 1960, 1423 (1428); *Teichmann* ZGR 1972, 1 (16 ff.); *Reichert*/*Schlitt*/*Düll* GmbHR 1998, 565 (569); zur AG Kölner Komm AktG/*Lutter* AktG § 212 Rn. 4; Kölner Komm AktG/*Lutter* AktG § 216 Rn. 26; diff. Gehrlein/Born/Simon/*Kowalski* Rn. 15; aA MHLS/*Hermanns* Rn. 34; MHLS/*Hermanns* § 57j Rn. 5; Rowedder/Schmidt-Leithoff/*Schnorbus* § 57j Rn. 3; *Kerbusch* GmbHR 1990, 156 (157 ff.); offengelassen von BGH Urt. v. 20.4.1972 – II ZR 143/69, BGHZ 58, 316 (319) = NJW 1972, 1755 (zur KG).

[55]   Vgl. noch Lutter/Hommelhoff/*Kleindiek* § 57j Rn. 4; Scholz/*Priester*/*Tebben* Rn. 24; Noack/Servatius/Haas/*Servatius* Rn. 14.

[56]   Rowedder/Schmidt-Leithoff/*Schnorbus* Rn. 11; Scholz/*Priester*/*Tebben* Rn. 26; HCL/*Ulmer*/*Casper* Rn. 30; vgl. noch MHLS/*Hermanns* Rn. 35.

[57]   Noack/Servatius/Haas/*Servatius* Rn. 10; MHLS/*Hermanns* Rn. 35 aE; Rowedder/Schmidt-Leithoff/*Schnorbus* Rn. 11; Scholz/*Priester*/*Tebben* Rn. 26; HCL/*Ulmer*/*Casper* Rn. 30.

[58]   Wie hier MHLS/*Hermanns* Rn. 36; *Altmeppen* Rn. 21; Lutter/Hommelhoff/*Kleindiek* Rn. 18; vgl. auch HCL/*Ulmer*/*Casper* Rn. 31.

[59]   Zutr. Lutter/Hommelhoff/*Kleindiek* Rn. 18; MHLS/*Hermanns* Rn. 36.

Beschluß über die Ergebnisverwendung für das letzte vor der Beschlußfassung über die Kapitalerhöhung abgelaufene Geschäftsjahr sind nichtig, wenn der Beschluß über die Kapitalerhöhung nicht binnen drei Monaten nach der Beschlußfassung in das Handelsregister eingetragen worden ist; der Lauf der Frist ist gehemmt, solange eine Anfechtungs- oder Nichtigkeitsklage rechtshängig ist.

Schrifttum: s. § 57c.

Übersicht

I. Normzweck

Die Regelung enthält **Sondervorschriften für die Gewinnberechtigung** der durch **1** die Kapitalerhöhung aus Gesellschaftsmitteln entstandenen neuen Anteilsrechte. Ist nichts anderes vorgesehen, sind die Anteile nach Abs. 1 für das gesamte Geschäftsjahr gewinnberechtigt, in dem die Kapitalerhöhung beschlossen worden ist. Die Berechtigung kann nach Maßgabe des Abs. 2 auch auf den Gewinn des vor der Beschlussfassung vollendeten Geschäftsjahres ausgedehnt werden. Das setzt voraus, dass über die Kapitalerhöhung vor der Ergebnisverwendung beschlossen (Abs. 2 S. 2) und der Erhöhungsbeschluss binnen drei Monaten in das Handelsregister eingetragen wird (Abs. 2 S. 4). Zur Gewährleistung von Rechtssicherheit und Rechtsklarheit kann über die besonderen gesetzlichen Erfordernisse des Abs. 2 nicht disponiert werden. Im Übrigen ist die praktische Bedeutung der Vorschriften gering.[1] Sie sind ursprünglich für das Aktienrecht entworfen worden,[2] für das wirtschaftliche Leben der GmbH indes wenig relevant.[3]

II. Geschäftsjahr der Kapitalerhöhung

Als gesetzlichen Normalfall sieht Abs. 1 vor, dass die neuen Anteilsrechte am Gewinn **2** des **gesamten Geschäftsjahres** teilnehmen, in dem über die Kapitalerhöhung beschlossen worden ist. Maßgeblich ist der Beschlusszeitpunkt; der Zeitpunkt der Handelsregistereintragung ist ohne Belang.[4] Die Vorschrift ist rechtspolitisch überzeugend. Sie vereinfacht die Gewinnverteilung innerhalb des laufenden Geschäftsjahres und trägt gleichzeitig dem Umstand Rechnung, dass es aufgrund der verhältniswahrenden Beteiligung der Gesellschafter an der Kapitalerhöhung zu keiner abweichenden Zuordnung des zwischenzeitlich erwirtschafteten Gewinns kommt. Es fehlt demzufolge regelmäßig an einem sachlichen Grund im Hinblick auf die Gewinnberechtigung zwischen bisherigen und hinzuerworbenen Anteilsrechten zu differenzieren.[5]

[1] Wie hier MHLS/*Hermanns* Rn. 1; HCL/*Ulmer/Casper* Rn. 3 aE; *Wicke* Rn. 2.
[2] Dazu ausf. GroßkommAktG/*Hirte* AktG § 217 Rn. 1, 5; Kölner Komm AktG/*Lutter* AktG § 217 Rn. 4 ff.; MüKoAktG/*Arnold* AktG § 217 Rn. 3, 11; zur GmbH näher Scholz/*Priester/Tebben* Rn. 2; ferner Noack/Servatius/Haas/*Servatius* Rn. 3; MHLS/*Hermanns* Rn. 1; HCL/*Ulmer/Casper* Rn. 3.
[3] Krit. deshalb MHLS/*Hermanns* Rn. 1 aE.
[4] Noack/Servatius/Haas/*Servatius* Rn. 1; Lutter/Hommelhoff/*Kleindiek* Rn. 1; MHLS/*Hermanns* Rn. 2; *Altmeppen* Rn. 1; Rowedder/Schmidt-Leithoff/*Schnorbus* Rn. 2; Scholz/*Priester/Tebben* Rn. 1; HCL/*Ulmer/Casper* Rn. 2; *Wicke* Rn. 1.
[5] Ebenso Scholz/*Priester/Tebben* Rn. 1; HCL/*Ulmer/Casper* Rn. 2.

III. Beteiligung am Vorjahresgewinn

3   **1. Grundsatz.** Die Gesellschafter können abweichend vom gesetzlichen Regelfall des Abs. 1 (→ Rn. 1) im **Erhöhungsbeschluss** festlegen, dass die neuen Anteilsrechte am Gewinn des vorangegangenen Geschäftsjahres teilnehmen (Abs. 2 S. 1). Im Hinblick auf den gesellschaftsrechtlichen Gleichbehandlungsgrundsatz muss dies in Ermangelung eines sachlichen Rechtfertigungsgrundes für sämtliche Gesellschafter gleichermaßen angeordnet sein.

4   **2. Zeitliche Abfolge.** Zentrale Voraussetzung für die Beteiligung am Vorjahresgewinn ist, dass – abweichend vom Normalfall des § 57c Abs. 2 (→ § 57c Rn. 33) – über die **Kapitalerhöhung** nach Abs. 2 S. 2 **vor der Ergebnisverwendung beschlossen** wird. Liegt bereits ein entsprechender Ergebnisverwendungsbeschluss vor, scheidet eine abweichende Gewinnberechtigung nach Abs. 2 grundsätzlich aus, da der hiermit entstandene Gewinnanspruch den Gesellschaftern nicht ohne ihre Zustimmung entzogen werden kann (→ § 29 Rn. 149).[6] Entscheiden sich die Gesellschafter einstimmig für die **Aufhebung** des Ergebnisverwendungsbeschlusses, ist Abs. 2 S. 2 gewahrt, soweit daraufhin zunächst über die Kapitalerhöhung und sodann über die Ergebnisverwendung beschlossen wird. Das kann auch konkludent durch einstimmigen Kapitalerhöhungsbeschluss geschehen.[7]

5   **3. Ergebnisverwendungsbeschluss.** Der nach dem Erhöhungsbeschluss zu fassende Ergebnisverwendungsbeschluss muss bereits die Gewinnberechtigung der durch die Kapitalerhöhung entstehenden neuen Anteilsrechte berücksichtigen. Er wird nach Abs. 2 S. 3 erst dann **wirksam,** wenn der Kapitalerhöhungsbeschluss nach § 54 Abs. 3 in das Handelsregister eingetragen ist. Damit ist gewährleistet, dass vorher keine Gewinnansprüche der Gesellschafter bestehen.[8] Zudem trägt die Vorschrift dem Umstand Rechnung, dass die neuen Anteilsrechte ebenfalls erst mit Eintragung des Kapitalerhöhungsbeschlusses entstehen (→ § 57i Rn. 22).[9]

6   Der Beschluss über die Ergebnisverwendung muss **nicht innerhalb der Höchstfrist** von drei Monaten (→ Rn. 7) gefasst werden,[10] da sich der Anwendungsbereich des Abs. 2 S. 4 auf den Kapitalerhöhungsbeschluss beschränkt; eine analoge Anwendung der Vorschrift scheidet aus, da es wegen der allgemeinen Beschlussfrist des § 42a Abs. 2 an einer planwidrigen Regelungslücke mangelt. Es gilt daher die Frist nach § 42a Abs. 2. Gleichwohl empfiehlt es sich in der Praxis, beide Beschlüsse separat in derselben Gesellschafterversammlung zu fassen.[11] Da es sich bei dem Ergebnisverwendungsbeschluss um einen gesellschaftsinternen Vorgang handelt, muss er auch **nicht beim Handelsregister eingereicht** werden.[12]

7   **4. Höchstfrist.** Der Erhöhungsbeschluss muss innerhalb von **drei Monaten** seit Beschlussfassung in das Handelsregister eingetragen werden; andernfalls sind er und der Ergebnisverwendungsbeschluss nach Abs. 2 S. 4 Hs. 1 nichtig. Der Fristablauf ist nach Abs. 2 S. 4 Hs. 2 iVm § 209 BGB **gehemmt,** wenn eine Anfechtungs- oder Nichtigkeitsklage gegen den Erhöhungsbeschluss erhoben ist. Eine Hemmung wegen fehlender staatlicher Genehmigung der Kapitalerhöhung kommt nach Neufassung der Vorschrift durch das ARUG vom 30.7.2009 (BGBl. 2009 I 2479) nicht länger in Betracht. Dabei handelt es sich um eine konsequente Folgeänderung zur Streichung des § 8 Abs. 1 Nr. 6 aF im Zuge des

---

6   Lutter/Hommelhoff/*Kleindiek* Rn. 3; MHLS/*Hermanns* Rn. 8; Rowedder/Schmidt-Leithoff/*Schnorbus* Rn. 3; HCL/*Ulmer/Casper* Rn. 4; vgl. aber Scholz/*Priester/Tebben* Rn. 4.

7   Noack/Servatius/Haas/*Servatius* Rn. 5; Scholz/*Priester/Tebben* Rn. 4; *Priester* ZIP 2000, 261 (264); iErg auch *Altmeppen* Rn. 3; *Wicke* Rn. 2; zur AG GroßkommAktG/*Hirte* AktG § 217 Rn. 22.

8   Zust. *Blath* notar 2018, 423 (427).

9   Vgl. Rowedder/Schmidt-Leithoff/*Schnorbus* Rn. 3; Scholz/*Priester/Tebben* Rn. 5; HCL/*Ulmer/Casper* Rn. 5.

10   Noack/Servatius/Haas/*Servatius* Rn. 4; MHLS/*Hermanns* Rn. 9; *Altmeppen* Rn. 6; Scholz/*Priester/Tebben* Rn. 3; HCL/*Ulmer/Casper* Rn. 4.

11   Vgl. Scholz/*Priester/Tebben* Rn. 3; HCL/*Ulmer/Casper* Rn. 4.

12   Noack/Servatius/Haas/*Servatius* Rn. 4 aE; Lutter/Hommelhoff/*Kleindiek* Rn. 3; MHLS/*Hermanns* Rn. 9; *Altmeppen* Rn. 6; Scholz/*Priester/Tebben* Rn. 5 aE; HCL/*Ulmer/Casper* Rn. 4.

MoMiG, wonach die Eintragung der GmbH von etwaigen staatlichen Genehmigungserfordernissen entkoppelt worden ist (→ § 8 Rn. 41 f.; → § 57 Rn. 28).[13]

IV. Ausschluss der Gewinnberechtigung

1. Grundsatz. Die Beteiligung am Vorjahresgewinn (→ Rn. 3 ff.) ist nicht die einzige **8** zulässige Ausnahme vom gesetzlichen Normalfall des Abs. 1. Dass Abs. 2 eine abschließende Ausnahmevorschrift darstellt, ist der Norm weder nach Wortlaut noch Normzweck (→ Rn. 1) zu entnehmen.[14] Vielmehr können die Gesellschafter die Berechtigung der neuen Anteilsrechte für den im Geschäftsjahr der beschlossenen Kapitalerhöhung erwirtschafteten Gewinn **ganz oder teilweise ausschließen.**[15] Das werden die Gesellschafter vor allem dann in Betracht ziehen, wenn die neuen Geschäftsanteile zeitnah veräußert werden sollen.

2. Formelle Anforderungen. Der entsprechende Festsetzungsbeschluss bedarf einer **9** **Mehrheit von drei Vierteln** der abgegebenen Stimmen, da zwar alle Gesellschafter nominell von dieser Festsetzung betroffen sind, sich aber materiell am Gesamtumfang der Gewinnberechtigung nichts ändert und der erwirtschaftete Gewinn sich nur unterschiedlich auf die alten und neuen Geschäftsanteile verteilt.[16]

3. Materielle Anforderungen. Bei einem Ausschluss müssen in jedem Fall der gesell- **10** schaftsrechtliche **Gleichbehandlungsgrundsatz** beachtet und die Sonderrechte der Gesellschafter gewahrt sein (→ § 53 Rn. 104, → § 53 Rn. 110, → § 53 Rn. 181 ff.). Es stellt aber grundsätzlich keine Ungleichbehandlung dar, die neuen Anteile nicht nur im Geschäftsjahr des Erhöhungsbeschlusses, sondern auch im **Folgejahr** von der Gewinnberechtigung auszuschließen.[17] An der materiellen Rechtsposition der Gesellschafter ändert sich hierdurch nichts. Die Erwerber der neuen Anteile können nicht verlangen, im Hinblick auf die Gewinnberechtigung uneingeschränkt wie Altgesellschafter behandelt zu werden, denn regelmäßig werden sie für temporär nicht gewinnberechtigte Geschäftsanteile einen geringen Preis gezahlt haben. Der Veräußerer muss den Erwerber bei Vertragsschluss gem. § 311 Abs. 2 Nr. 1 BGB, § 241 Abs. 2 BGB über solche und vergleichbare für die Willensbildung des Erwerbers maßgebliche Umstände der Gewinnberechtigung **aufklären.**[18]

V. Mängelfolgen

Wird entgegen der in Abs. 2 S. 2 angeordneten Reihenfolge zunächst über die Ergeb- **11** nisverwendung und danach über die Kapitalerhöhung beschlossen, bestimmt sich die Nichtigkeit des Erhöhungsbeschlusses nach § 139 BGB. Da es sich bei der Gewinnberechtigung indes typischerweise um einen untergeordneten Nebenpunkt der nominellen Kapitalerhöhung handelt, führt ein Verstoß im Zweifel nur zur **(Teil-)Nichtigkeit** des betroffenen Beschlussteils.[19] In diesem Fall gilt die gesetzliche Regelbeteiligung nach Abs. 1 (→ Rn. 2).

13 Vgl. Rechtsausschuss zum ARUG, BT-Drs. 16/13098, 44 iVm 41; s. noch *Wachter* GmbHR 2009, 953 (955).
14 Vgl. Noack/Servatius/Haas/*Servatius* Rn. 2; MHLS/*Hermanns* Rn. 3; Scholz/*Priester/Tebben* Rn. 6.
15 Noack/Servatius/Haas/*Servatius* Rn. 2; Lutter/Hommelhoff/*Kleindiek* Rn. 5; MHLS/*Hermanns* Rn. 5; *Altmeppen* Rn. 9; Rowedder/Schmidt-Leithoff/*Schnorbus* Rn. 2; Scholz/*Priester/Tebben* Rn. 6; HCL/ *Ulmer/Casper* Rn. 6; *Blath* notar 2018, 423 (430).
16 Wie hier HCL/*Ulmer/Casper* Rn. 6; iErg auch MHLS/*Hermanns* Rn. 5.
17 So aber MHLS/*Hermanns* Rn. 5; vgl. auch Noack/Servatius/Haas/*Servatius* Rn. 2 aE.
18 Wie hier MHLS/*Hermanns* Rn. 6.
19 Lutter/Hommelhoff/*Kleindiek* Rn. 3; *Altmeppen* Rn. 5; BeckOK GmbHG/*Rühland* Rn. 9.2; Gehrlein/ Born/Simon/*Kowalski* Rn. 5; Henssler/Strohn/*Gummert* Rn. 6; zur AG allgM, GroßkommAktG/*Hirte* AktG § 217 Rn. 22; Hüffer/Koch/*Koch* AktG § 217 Rn. 4; Kölner Komm AktG/*Lutter* AktG § 217 Rn. 7; MüKoAktG/*Arnold* AktG § 217 Rn. 16; BeckOGK/*Fock/Wüsthoff* AktG § 217 Rn. 4; K. Schmidt/Lutter/*Veil* AktG § 217 Rn. 3; stets für Teilnichtigkeit Rowedder/Schmidt-Leithoff/ *Schnorbus* Rn. 3; HCL/*Ulmer/Casper* Rn. 4; aA – Gesamtnichtigkeit – MHLS/*Hermanns* Rn. 12; diff. – Anfechtbarkeit, Gesamtnichtigkeit – Noack/Servatius/Haas/*Servatius* Rn. 6, 7; Scholz/*Priester/Tebben* Rn. 4; *Wicke* Rn. 2.

Ein Verstoß gegen die Höchstfrist führt nach Abs. 2 S. 4 zur **Nichtigkeit** des Erhöhungs-sowie des Ergebnisverwendungsbeschlusses.

§ 57o Anschaffungskosten

¹Als Anschaffungskosten der vor der Erhöhung des Stammkapitals erworbenen Geschäftsanteile und der auf sie entfallenden neuen Geschäftsanteile gelten die Beträge, die sich für die einzelnen Geschäftsanteile ergeben, wenn die Anschaffungskosten der vor der Erhöhung des Stammkapitals erworbenen Geschäftsanteile auf diese und auf die auf sie entfallenden neuen Geschäftsanteile nach dem Verhältnis der Nennbeträge verteilt werden. ²Der Zuwachs an Geschäftsanteilen ist nicht als Zugang auszuweisen.

Schrifttum: s. § 57c.

I. Normzweck

1   Die Vorschrift enthält **bilanzielle Sonderregelungen** für die Behandlung der durch die nominelle Kapitalerhöhung entstandenen Anteilsrechte, soweit die alten Geschäftsanteile zum Betriebsvermögen eines bilanzierungspflichtigen Kaufmanns gehören. § 57o bildet das bilanzrechtliche Pendant zur steuerrechtlichen Vorschrift des § 3 KapErhStG (→ § 57c Rn. 40) und ergänzt auf diese Weise die ertragsteuerliche Neutralität der nominellen Kapitalerhöhung um die bilanzrechtliche Komponente. Nach § 57o S. 1 verteilen sich die **Anschaffungskosten** für die alten Geschäftsanteile auch auf die neuen Anteile; Bedeutung hat dies für eine etwaige spätere Veräußerung. Außerdem sind die neuen Anteilsrechte nach S. 2 nicht als **Zugang** zu verbuchen, mit der Folge, dass dafür auch kein Gewinn auszuweisen ist; die bisherigen Bilanzansätze werden fortgeschrieben.

II. Anschaffungskosten

2   Die bisher in der Bilanz für die vorhandenen Geschäftsanteile ausgewiesenen Anschaffungskosten verteilen sich nach S. 1 auf die bisherigen und hinzuerworbenen Anteile **im Verhältnis ihrer Nennbeträge**. Die Regelung zieht bilanzielle Konsequenzen aus den wirtschaftlichen Vorgängen bei der Kapitalerhöhung aus Gesellschaftsmitteln. Dabei wird der GmbH kein frisches Kapital zugeführt, sodass für die neuen Anteile auch keine Anschaffungskosten anfallen. Diese sind vielmehr bereits in den Kosten für die Anschaffung der bisherigen Anteile enthalten. Durch die nominelle Kapitalerhöhung wird der den alten Anteilen bisher in Form von frei verfügbaren Rücklagen zugrunde liegende Wert bei wirtschaftlicher Betrachtung in Form der neuen Geschäftsanteile **abgespalten**.[1] Es ist daher nur konsequent, dass sich die Anschaffungskosten infolge dessen auf die alten und neuen Anteile verteilen.

3   Sind **mehrere Geschäftsanteile** zu unterschiedlichen Kosten angeschafft worden, dann wird kein Durchschnittswert ermittelt. Vielmehr verteilen sich die Anschaffungskosten jeweils separat auf die einzelnen alten und die ihnen zugeordneten neuen Geschäftsanteile.[2] Sind die bisherigen Geschäftsanteile nach § 253 Abs. 3 S. 3, Abs. 4 HGB zu einem **niedrigeren Wert** bilanziert worden, ist dieser Wert für die Verteilung der Anschaffungskosten maßgeblich.[3]

---

[1]   *Geßler* DNotZ 1960, 619 (638 f.); *Geßler* WM-Beil. 1/1960, 11 (22); ebenso Rowedder/Schmidt-Leithoff/*Schnorbus* Rn. 2; Scholz/*Priester/Tebben* Rn. 4; HCL/*Ulmer/Casper* Rn. 2.

[2]   Lutter/Hommelhoff/*Kleindiek* Rn. 1; *Altmeppen* Rn. 2; Rowedder/Schmidt-Leithoff/*Schnorbus* Rn. 2; HCL/*Ulmer/Casper* Rn. 2; Noack/Servatius/Haas/*Servatius* Rn. 2 mit Rechenbeispielen.

[3]   Noack/Servatius/Haas/*Servatius* Rn. 2 mit Rechenbeispielen; Lutter/Hommelhoff/*Kleindiek* Rn. 1; *Altmeppen* Rn. 3; Rowedder/Schmidt-Leithoff/*Schnorbus* Rn. 2; HCL/*Ulmer/Casper* Rn. 2; *Börnstein* DB 1960, 216 (217); zur AG Kölner Komm AktG/*Lutter* AktG § 220 Rn. 3.

Erhielt der Gesellschafter im Zuge der Kapitalerhöhung **Teilrechte** iSd § 57k Abs. 1,   **4**
dann bestimmt sich der Wert des aus dem Teilrecht durch Hinzuerwerb gebildeten neuen
Geschäftsanteils nach den anteilig auf das Teilrecht entfallenden Anschaffungskosten für den
alten Geschäftsanteil und den für das hinzuerworbene Teilrecht tatsächlich angefallenen
Anschaffungskosten.[4] Die letzteren Anschaffungskosten sind als Zugang (→ Rn. 5) auszuweisen.[5]

III. Kein Zugang

Die neuen Anteilsrechte aus einer nominellen Kapitalerhöhung sind in der Bilanz nach   **5**
S. 2 nicht als Zugang auszuweisen. Hierdurch wird verhindert, dass in der Bilanz ein tatsächlich nicht eingetretener Gewinn auszuweisen ist.[6] Das ist rechtspolitisch überzeugend, da
sich durch die Kapitalerhöhung der Umfang des Eigenkapitals der GmbH nicht verändert.
Das Gesellschaftsvermögen wird durch die Entstehung neuer Anteilsrechte nur stärker
gebunden. Der für einen Zugang erforderliche Wertzuwachs findet demnach nicht statt.[7]

Vorbemerkung (Vor § 58)

Schrifttum (zur ordentlichen und vereinfachten Kapitalherabsetzung): *Beuthien,* Wofür ist bei einer
Kapitalherabsetzung Sicherheit zu leisten? − Zur kapitalschutzrechtlichen Auslegung des § 58 Abs. 1 Nr. 2
GmbHG und des § 225 Abs. 1 S. 1 AktG, GmbHR 2016, 729; *Buchwald,* Besonderer Beschluss über die
Ausschüttung freiwerdender Beträge nach Kapitalherabsetzung, GmbHR 1958, 182; *Ekkenga,* Die Kapital-
rabsetzung nach der neuen EG-Kapitalrichtlinie: Änderungen, Ergänzungen und Umsetzungsbedarf, Der
Konzern 2007, 413; *Ekkenga,* Sicherung von Teilforderungen aus Dauerschuldverhältnissen bei Beendigung
eines Vertragskonzerns gem. § 303 AktG? Vorschlag für eine Neuorientierung, FS Krieger, 2020, 237; *Felix,*
Effektive Kapitalherabsetzung der GmbH und eigener Geschäftsanteil, GmbHR 1989, 286; *Gotthardt,* Sicher-
heitsleistung für Forderungen pensionsberechtigter Arbeitnehmer bei Kapitalherabsetzung, BB 1990, 2419;
Halm, Formelle und materielle Erfordernisse der ordentlichen Kapitalherabsetzung im Recht der GmbH,
DStR 1997, 1332; *Heinzmann,* Die Neuordnung der Kapitalverhältnisse bei der Sanierung der GmbH, 1992;
Heuer, Die Herabsetzung des Stammkapitals, GmbHR 1950, 35; *Hirte,* Genüsse zum Versüßen vereinfachter
Kapitalherabsetzungen, FS Claussen, 1997, 115; *Hirte,* Die vereinfachte Kapitalherabsetzung bei der GmbH,
Kölner Schrift zur Insolvenzordnung, 2. Aufl. 2000, 1253; *Hohmuth,* Die Kapitalherabsetzung bei der GmbH,
2007; *Hohmuth,* Die Kapitalherabsetzung bei der GmbH unter der Geltung des MoMiG, GmbHR 2009, 349;
Jaeger, Sicherheitsleistung für Ansprüche aus Dauerschuldverhältnissen bei Kapitalherabsetzung, Verschmelzung
und Beendigung eines Unternehmensvertrages, DB 1996, 1069; *Geißler,* Funktion und Durchführung der
vereinfachten Kapitalherabsetzung bei der GmbH, GmbHR 2005, 1102; *Krieger,* Beschlußkontrolle bei Kapitalherabsetzungen, ZGR 2000, 885; *Krieger,* Sicherheitsleistung für Versorgungsrechte?, FS Nirk, 1992, 551;
Krieger, Beschlusskontrolle bei Kapitalherabsetzung, ZGR 2000, 885; *N. Meier,* Der praktische Fall: Rückgriff
auf das Stammkapital zur Verlustabdeckung?, GmbHR 2007, 638; *Naraschewski,* Die vereinfachte Kapitalherabsetzung bei der Spaltung einer GmbH, GmbHR 1995, 697; *Naraschewski,* Gläubigerschutz bei der Verschmelzung von GmbH, GmbHR 1998, 356; *Natterer,* Materielle Kontrolle von Kapitalherabsetzungsbeschlüssen?
Die Sachsenmilch-Rechtsprechung, AG 2001, 629; *Priester,* Kapitalschutz bei der übertragenden Gesellschaft
in Spaltungsfällen, FS H. Schippel, 1996, 487; *Rittner,* Die Sicherheitsleistung bei der ordentlichen Kapitalherabsetzung, FS Oppenhoff, 1985, 317; *K. Schmidt,* Die sanierende Kapitalerhöhung im Recht der Aktiengesellschaft, GmbH und Personengesellschaft, ZGR 1982, 519; *Sommer,* Die sanierende Kapitalherabsetzung bei
der GmbH, 1993; *Sommer/Maser,* Die Neuregelung der „Sanierenden Kapitalherabsetzung" bei der GmbH,
GmbHR 1996, 22; *Suchanek/Herbst,* Steht die vereinfachte Kapitalherabsetzung der Abführung des „ganzen
Gewinns" gem. § 14 Abs. 1 S. 1, § 17 S. 1 KStG entgegen?, GmbHR 2006, 966; *Thole,* Ansprüche des
Pensions-Sicherungs-Vereins nach § 303 AktG gegen die ehemals beherrschende Gesellschaft eines Vertrags-
konzerns nach Insolvenzeröffnung, ZIP 2020, 389; *Wiedemann/Küpper,* Die Rechte des Pensions-Sicherungs-
Vereins als Träger der Insolvenzsicherung in einem Konkursverfahren nach einer Kapitalherabsetzung, FS
Pleyer, 1986, 445; *Wirth,* Vereinfachte Kapitalherabsetzung zur Unternehmenssanierung, DB 1996, 867.

**Schrifttum (zu sonstigen Sanierungsinstrumenten und weiteren in den Vorbemerkungen angespro-
chenen Themen):** *Bauer/Dimmling,* Endlich im Gesetz(entwurf): Der Debt-Equity-Swap, NZI 2011, 517;
Bay/Seeburg/Böhmer, Debt-Equity-Swap nach § 225a II 1 des geplanten Gesetzes zur weiteren Erleichterung

---

[4]   *Geßler* WM-Beil. 1/1960, 11 (22) mit Rechenbeispiel; ebenso *Altmeppen* Rn. 4; Rowedder/Schmidt-
     Leithoff/*Schnorbus* Rn. 4; HCL/*Ulmer/Casper* Rn. 4; *Gerlach* BB 1998, 1506 (1507).
[5]   Noack/Servatius/Haas/*Servatius* Rn. 3; Lutter/Hommelhoff/*Kleindiek* Rn. 2 aE; MHLS/*Hermanns*
     Rn. 4 aE; *Altmeppen* Rn. 4; Scholz/*Priester/Tebben* Rn. 3; HCL/*Ulmer/Casper* Rn. 4 aE.
[6]   MHLS/*Hermanns* Rn. 4; Scholz/*Priester/Tebben* Rn. 3.
[7]   Vgl. Scholz/*Priester/Tebben* Rn. 2; HCL/*Ulmer/Casper* Rn. 3.

der Sanierung von Unternehmen (ESUG), ZInsO 2011, 1927; *Bitter,* Sanierung in der Insolvenz – Der Beitrag von Treue- und Aufopferungspflichten zum Sanierungserfolg, ZGR 2010, 147; *Brinkmann,* Wege aus der Insolvenz eines Unternehmens – oder: Die Gesellschafter als Sanierungshindernis, WM 2011, 97; *Brinkmann,* Die Haftung der Geschäftsleiter in der Krise nach dem Gesetz zur Fortentwicklung des Sanierungs- und Insolvenzrechts (SanInsFoG), ZIP 2020, 2361; *Cahn/Simon/Theiselmann,* Debt Equity Swap zum Nennwert!, DB 2010, 1629; *Cranshaw/Portisch,* Paradigmen des Unternehmensstabilisierungs- und restrukturierungsgesetzes (StaRUG) nach dem Regierungsentwurf aus Gläubigersicht – Teil 2, ZInsO 2020, 2617; *Desch,* Der neue Stabilisierungs- und Restrukturierungsrahmen nach dem Regierungsentwurf StaRUG in der Praxis, BB 2020, 2498; *Döge,* Sanieren oder Ausscheiden aus der GmbH, ZIP 2018, 1220; *Eidenmüller/Engert,* Reformperspektiven einer Umwandlung von Fremd- in Eigenkapital (Debt-Equity-Swap) im Insolvenzplanverfahren, ZIP 2009, 541; *Ekkenga,* Neuerliche Vorschläge zur Nennwertanrechnung beim Dept-Equity-Swap – Erkenntnisfortschritt oder Wiederbelebungsversuche am untauglichen Objekt?, DB 2012, 331; *R. Fischer,* Der Übernahme-Swap durch Insolvenzplan – Investitionsentscheidung im Wettbewerb, NZI 2013, 823; *Gehrlein,* Banken – vom Kreditgeber zum Gesellschafter – neue Haftungsfallen? (Debt-Equity-Swap nach ESUG), NZI 2012, 257; *Gehrlein,* Das Gesetz über den Stabilisierungs- und Restrukturierungsrahmen für Unternehmen (StaRUG) – ein Überblick, BB 2021, 66; *Gehrlein,* Kapitalerhöhung bei der GmbH in der Krise, ZInsO 2021, 175; *Friedl,* Der Tausch von Anleihen in Aktien, BB 2012, 1102; *Goette,* „Sanieren oder Ausscheiden" – Zur Treuepflicht des Gesellschafters in der Sanierungssituation, GWR 2010, 1; *Häsemeyer,* Obstruktion gegen Sanierungen und gesellschaftsrechtliche Treupflichten, ZHR 160 (1996), 109; *Himmelsbach/Achsnick,* Investments in Krisenunternehmen im Wege sanierungsprivilegierter debt-equity-swaps, NZI 2006, 561; *Hirte/Mock,* Das Gesetz zur weiteren Erleichterung der Sanierung von Unternehmen (Teil I), DB 2011, 632; *Hölzle,* Die „erleichterte Sanierung von Unternehmen" in der Nomenklatur der InsO – ein hehres Regelungsziel des RefE-ESUG, NZI 2011, 124; *Hofert/Möller,* GmbH-Finanzierung: Debt Mezzanine Swap – der bessere Debt Equity Swap für Unternehmen in der Krise, GmbHR 2009, 527; *Kanzler/Mader,* Sanierung um jeden Preis?, GmbHR 2012, 992; *Keller,* Der Gesellschafter im Insolvenzplanverfahren, BB 2020, 2435; *Korch,* Die Rolle der Gesellschafter im künftigen Restrukturierungsverfahren, ZIP 2020, 446; *Kresser,* Debt-equity-swaps im Insolvenzplanverfahren de lege ferenda, ZInsO 2010, 1409; *Krumm,* Die Verschmelzung von Schwestergesellschaften ohne Anteilsgewährung, GmbHR 2010, 24; *Kruse/Pricking,* Die rechtliche Behandlung gezielter Abwesenheit von Gesellschafterversammlungen bei gesellschaftsvertraglichen Anwesenheitsquoren, DStR 2020, 2434; *Kunze,* Positive Stimmpflichten im Kapitalgesellschaftsrecht, 2003; *Lutter,* Das Girmes-Urteil, JZ 1995, 1053; *Lieder,* Unternehmensrechtliche Implikationen der Corona-Gesetzgebung – Präsenzlose Versammlungen und stabilisierende Kapitalmaßnahmen, ZIP 2020, 837; *Madaus,* Keine Reorganisation ohne die Gesellschafter, ZGR 2011, 761; *Maier-Reimer,* Debt Equity Swap, in VGR, Gesellschaftsrecht in der Diskussion 2011, 2012, 107 (zit. VGR 17 (2011), 107); *Marsch-Barner,* Treupflicht und Sanierung, ZIP 1996, 853; *Meyer/Degener,* Debt-Equity-Swap nach dem RegE-ESUG, BB 2011, 847; *Mölls/Diderrichs,* Bewertung von Debt-Equity-Swaps in kritischer Betrachtung, ZHR 183 (2019), 617; *Müller,* Die Umsetzung der EU-Richtlinie über präventive Restrukturierungsrahmen, ZIP 2020, 2256; *Omlor/Dilek,* Corona-Gesellschaftsrecht – Rekapitalisierung von Gesellschaften in Zeiten der Pandemie, BB 2020, 1026; *Petersen,* Der Gläubigerschutz im System des Umwandlungsrechts, Der Konzern 2004, 185; *Petersen,* Vereinfachte Kapitalherabsetzung durch Verschmelzung?, GmbHR 2004, 728; *Priester,* Pflicht zur Quotenwahrung als Pendant des Bezugsrechts bei der GmbH?, GmbHR 2005, 1013; *Priester,* „Sanieren oder Ausscheiden" im Recht der GmbH, ZIP 2010, 497; *Priester,* Debt-Equity-Swap zum Nennwert?, DB 2010, 1445; *Proske/Streit,* Rettende Restrukturierung durch Rechtsrahmen? Lob und Kritik zum Regierungsentwurf des StaRUG, NZI 2020, 969; *R. Redeker,* Kontrollerwerb an Krisengesellschaften: Chancen und Risiken des Debt-Equity-Swap, BB 2007, 673; *Reuter/Buschmann,* Sanierungsverhandlungen mit Kreditgebern: Strategien „alternativer Investoren" auf dem rechtlichen Prüfstand, ZIP 2008, 1003; *Rodewald,* Vereinfachte „Kapitalherabsetzung" durch Verschmelzung von GmbH, GmbHR 1997, 19; *Rodewald,* Umgang mit Stamm- und Grundkapitalziffern bei Verschmelzungsvorgängen – Gläubigerschutz jenseits gesetzlicher Erfordernisse, GmbHR 2005, 515; *Rodewald/Pohl,* Neuregelungen des Erwerbs von eigenen Anteilen durch die GmbH im Bilanzrechtsmodernisierungsgesetz (BilMoG) – Möglichkeiten einer „vereinfachten" Kapitalherabsetzung oder (nur) verminderte Aussagekraft der Bilanz?, GmbHR 2009, 32; *Roß/Drögemüller,* Verschmelzungen und Abspaltungen bei Schwestergesellschaften nach der Reform des UmwG, DB 2009, 580; *Schluck-Amend,* Paradigmenwechsel bei der Stellung des Gesellschafters im Insolvenzverfahren nach dem ESUG, FS Hoffmann-Becking, 2013, 1039; *K. Schmidt,* Sanieren oder Ausscheiden, JZ 2010, 125; *K. Schmidt,* Debt-to-Equity-Swap bei der (GmbH & Co.) Kommanditgesellschaft – ESUG, „Sanieren oder Ausscheiden" und vor allem: Fragen über Fragen!, ZGR 2012, 565; *K. Schmidt,* Gesellschaftsrecht und Insolvenzrecht im ESUG-Entwurf, BB 2011, 1603; *Schmidt/Schlitt,* Debt Equity Swap – Eine attraktive Form der Restrukturierung?, Der Konzern 2009, 279; *St. Schneider,* BGH unternimmt Abgrenzung zu „Sanieren oder Ausscheiden", NZG 2011, 575; *Schöne,* Spaltung unter Beteiligung von GmbH, 1998; *Schulte,* Die neuen „Corona"-Regelungen im GmbH-Recht im Praxistest und im Registerverfahren, GmbHR 2020, 689; *Simon/Merkelbach,* Gesellschaftsrechtliche Strukturmaßnahmen im Insolvenzplanverfahren nach dem ESUG, NZG 2012, 121; *Spliedt,* Debt-Equity-Swap und weitere Strukturänderungen nach dem ESUG, GmbHR 2012, 462; *Stupp,* Hybride Finanzierungsformen und

Nachschusspflicht als Rettungsanker für Fonds-KGs?, DB 2010, 489; *von Sydow/Beyer,* Erwerb von notleidenden Krediten und anschließende Kapitalerhöhung mit Sacheinlage, AG 2005, 635; *Theiselmann,* Debt Equity Swaps als Instrument zur finanziellen Restrukturierung, GmbH-StB 2013, 150; *Thole,* Der Entwurf des Unternehmensstabilisierungs- und -restrukturierungsgesetzes (StaRUG-RefE), ZIP 2020, 1985; *Toth-Feher/Schick,* Distressed Opportunities – Rechtliche Probleme beim Erwerb notleidender Forderungen von Banken, ZIP 2004, 491; *Vallender,* Aufgaben und Befugnisse des Restrukturierungsgerichts nach dem Gesetz über den Stabilisierungs- und Restrukturierungsrahmen für Unternehmen (Teil 2), ZInsO 2020, 2677; *Veil,* Krisenbewältigung durch Gesellschaftsrecht, ZGR 2006, 374; *Verse,* Anteilseigner im Insolvenzverfahren, ZGR 2010, 299; *Wagner,* Notleidende geschlossene Fonds: Sanieren oder Ausscheiden, NZG 2009, 1378; *Wansleben,* Werthaltigkeitsprüfung und Offenlegung beim Debt Equity Swap, WM 2012, 2083; *Weber,* Sanieren oder Ausscheiden – Treuebindungen bei der Sanierung von Personengesellschaften, DStR 2010, 702; *Weber/Schneider,* Die nach dem Gesetz zur weiteren Erleichterung der Sanierung von Unternehmen (ESUG) vorgesehenen Umwandlung von Forderungen in Anteils- bzw. Mitgliedschaftsrechte (Debt-Equity-Swap), ZInsO 2012, 374; *Weiler,* Grenzen des Verzichts auf die Anteilsgewährung im Umwandlungsrecht, NZG 2008, 527; *Westphal/Janjuah,* Zur Modernisierung des deutschen Sanierungsrechts, ZIP-Beil. 3/2008; *Wicke,* Die GmbH in Zeiten der Corona-Pandemie, NZG 2020, 501; *Willemsen/Rechel,* Insolvenzrecht im Umbruch – ein Überblick über den RegE-ESUG, BB 2011, 834; *Wuschek,* Debt-Equity-Swap – Gestaltung von Anteilsrechten im Insolvenzplanverfahren, ZInsO 2012, 1768; *Zöllner,* Die Schranken mitgliedschaftlicher Stimmrechtsmacht bei den privatwirtschaftlichen Personenverbänden, 1963.

Übersicht

I. Überblick

1   Das GmbHG kennt die ordentliche Kapitalherabsetzung, die in § 58 geregelt ist, und die vereinfachte Kapitalherabsetzung, die in den §§ 58a ff. geregelt ist. In der nachfolgenden Vorbemerkung sollen die folgenden, entweder beide Arten der Kapitalherabsetzung oder die §§ 58a ff. insgesamt betreffenden Fragen vor die Klammer gezogen werden:
- Grundlagen und Grundelemente, die sowohl die ordentliche Kapitalherabsetzung als auch die vereinfachte Kapitalherabsetzung betreffen;
- der Einsatz der Kapitalherabsetzung zu Sanierungszwecken und damit zusammenhängend die Grundlinien der vereinfachten Kapitalherabsetzung nach den §§ 58a–58f;
- Grundfragen der mit vielen Kapitalherabsetzungen zusammenhängenden, in den §§ 58–58f jedoch nicht angesprochenen Unternehmenssanierung;
- Kapitalherabsetzungen in besonderen Phasen der Gesellschaft: Vor-GmbH, Liquidation, Insolvenz, Bestehen eines Unternehmensvertrags, Kapitalherabsetzung in Spaltungsfällen (§ 139 UmwG);
- alternative Arten einer Herabsetzung des gebundenen Kapitals;
- steuerliche Folgen der ordentlichen und der vereinfachten Kapitalherabsetzung.

II. Allgemeines zu ordentlicher und vereinfachter Kapitalherabsetzung

2   **1. Inhalt und Wirkung.** Die Kapitalherabsetzung mindert den Betrag des im Gesellschaftsvertrag festgelegten (§ 3 Abs. 1 Nr. 3) Stammkapitals. Das Stammkapital ist zwar gem. § 42 Abs. 1, § 266 Abs. 3 A.I. HGB in der Bilanz als Teil des Eigenkapitals unter der Position gezeichnetes Kapital auszuweisen. Die Kapitalherabsetzung selbst berührt aber den Betrag des **Eigenkapitals** nicht. Dieses ist vielmehr der Saldo der Aktiva und echten Passiva (Verbindlichkeiten und Rückstellungen) und wird in seinem Gesamtbetrag nur durch Veränderungen der Aktiva und echten Passiva, beispielsweise die durch eine Kapitalherabsetzung ermöglichte Auszahlung von Gesellschaftsvermögen, berührt.

3   Im Hinblick auf das bilanzielle Eigenkapital handelt es sich bei der Kapitalherabsetzung also um einen reinen **Umbuchungsvorgang.** Das Stammkapital wird zugunsten anderer Eigenkapitalpositionen gemindert; frei verfügbare Rücklagen können dadurch erhöht oder ein Verlustvortrag vermindert oder ausgeglichen werden.

4   Aufgrund der besonderen gesellschaftsrechtlichen Bedeutung der Eigenkapitalposition gezeichnetes Kapital/Stammkapital erschöpft sich die Wirkung der Kapitalherabsetzung allerdings nicht in einem Buchungsvorgang. Vielmehr werden die an die Höhe des Stammkapitals anknüpfenden gesellschaftsrechtlichen Bestimmungen berührt (ausführlich → Rn. 10 ff.). Insbesondere wird der für die **Kapitalaufbringung und -erhaltung** maßgebliche Betrag herabgesetzt.[1]

5   **2. Arten.** Das Gesetz kennt die in § 58 geregelte **ordentliche Kapitalherabsetzung** und die **vereinfachte Kapitalherabsetzung** gemäß den §§ 58a ff. Beide Arten unterscheiden sich in
- den Voraussetzungen, unter denen sie möglich sind: Bei der vereinfachten Kapitalherabsetzung müssen zuvor bestimmte frei verfügbare Eigenkapitalpositionen verwendet oder verbraucht worden sein (§ 58a Abs. 2);
- den möglichen Zwecken: die vereinfachte Kapitalherabsetzung ist nur zum Ausgleich von Wertminderungen und der Deckung sonstiger Verluste zulässig (§ 58a Abs. 1);
- der Art und Weise des Gläubigerschutzes: zur ordentlichen Kapitalherabsetzung → § 58 Rn. 81 ff., zur vereinfachten Kapitalherabsetzung vgl. §§ 58b–58d; → Rn. 49;
- der Dauer der Umsetzung: aufgrund des besonderen Gläubigerschutzes nimmt die Umsetzung einer ordentlichen Kapitalherabsetzung deutlich mehr Zeit in Anspruch;
- der Technik der Kapitalherabsetzung: die vereinfachte Kapitalherabsetzung führt zwingend zu einer Herabsetzung der Nennbeträge der einzelnen Geschäftsanteile (§ 58a Abs. 3 S. 1), zur ordentlichen Kapitalherabsetzung → § 58 Rn. 9 ff.;

---

[1]   So auch deutlich UHL/*Casper* § 58 Rn. 5; Scholz/*Priester/Tebben* § 58 Rn. 6 f., jeweils mwN.

– dem den Gesellschaftern eröffneten Handlungsspielraum: während die ordentliche Kapitalherabsetzung Flexibilität im Hinblick auf Ausschüttungen schafft, dient die vereinfachte Kapitalherabsetzung der Verbesserung des Bilanzbildes und der Erleichterung von Sanierungen.

Neben den in den §§ 58 ff. geregelten Grundtypen gibt es gesetzlich angesprochene Sonder- **6** fälle, nämlich die Kapitalherabsetzung im Zusammenhang mit der **Währungsumstellung auf Euro** nach § 1 Abs. 3 S. 3 EGGmbHG (knapp → § 58 Rn. 74 ff.) und der vereinfachten Kapitalherabsetzung im Zusammenhang mit einer umwandlungsrechtlichen Spaltung nach **§ 139 UmwG** (ausführlich → Rn. 120 ff.).

Terminologisch wird häufig zwischen **effektiver oder materieller Kapitalherabset-** **7** **zung** einerseits und nomineller Kapitalherabsetzung andererseits unterschieden.[2] Bei ersterer liegt keine Unterbilanz vor; der Zweck der Kapitalherabsetzung besteht primär in der Schaffung eines größeren Gestaltungsspielraums im Hinblick auf das Auszahlungsverbot des § 30 Abs. 1. Gewisse Unschärfen in der Terminologie bestehen im Hinblick auf die Frage, ob eine effektive Kapitalherabsetzung stets die Ausschüttung von Vermögen an die Gesellschafter, also eine Minderung des Eigenkapitals, zur Folge haben muss oder ob auch die ordentliche Kapitalherabsetzung zur Einstellung von Beträgen in die Kapitalrücklage als effektive Kapitalherabsetzung zu verstehen ist. Nachfolgend soll dem erstgenannten, engeren Verständnis gefolgt werden. Bei der nominellen Kapitalherabsetzung wird der Betrag des Stammkapitals an den niedrigeren Betrag des Eigenkapitals angepasst. Dies erhöht die Aussichten, in Zukunft früher in Übereinstimmung mit § 30 Abs. 1 Ausschüttungen vornehmen zu können; eine unmittelbare Ausschüttung von Vermögen ist jedoch nicht möglich. Die vereinfachte Kapitalherabsetzung ist stets eine nominelle Kapitalherabsetzung in diesem Sinne.

3. Statistisches Material. Verlässliche statistische Untersuchungen über die Verbrei- **8** tung ordentlicher und vereinfachter Kapitalherabsetzungen liegen nicht vor. Die intensivsten Analysen finden sich in einer Dissertation aus dem Jahr 2006, in der exemplarisch die im Handelsregisterbezirk Stuttgart in den Jahren 2000–2004 bei GmbH vorgenommenen Kapitalherabsetzungen untersucht wurden.[3] Danach wurden in diesem Zeitraum insgesamt 72 Kapitalherabsetzungen bei GmbH eingetragen, davon 30 ordentliche Kapitalherabsetzungen nach § 58 (41,67 %), 29 Kapitalherabsetzungen zur Glättung der Geschäftsanteile aufgrund der Euroumstellung nach § 86 Abs. 3 S. 3 aF (heute § 1 Abs. 3 S. 3 EGGmbHG) (40,28 %), neun vereinfachte Kapitalherabsetzungen nach den §§ 58a ff. (12,5 %) und vier Fälle einer vereinfachten Kapitalherabsetzung im Zusammenhang mit einer Spaltung nach § 139 UmwG (5,56 %). Zum Ende des Untersuchungszeitraums waren im Registerbezirk Stuttgart 9.584 GmbH eingetragen.[4]

Gerade die vergleichsweise geringe Zahl vereinfachter Kapitalherabsetzungen erstaunt. **9** Während Kapitalherabsetzungen im Zusammenhang mit der Währungsumstellung auf Euro kontinuierlich abnehmen, dürfte die Bedeutung der vereinfachten Kapitalherabsetzung in wirtschaftlichen Krisen deutlich zunehmen. Einfluss auf die **Akzeptanz der vereinfachten Kapitalherabsetzung** als Sanierungsinstrument wird dabei auch die weitere Klärung der mitunter nicht einfachen Rechtsfragen im Hinblick auf die Verpflichtung der Gesellschafter, sich an Sanierungen aktiv zu beteiligen (ausführlich → Rn. 68 ff.), haben.

4. Bedeutung. Die Bedeutung der Kapitalherabsetzung und ihre möglichen Zwecke **10** hängen unmittelbar mit den Funktionen des Stammkapitals zusammen und sollen entsprechend anhand dieser Funktionen erläutert werden:

(1) Das Stammkapital bestimmt einen Betrag, bis zu dessen Höhe Nettovermögen **11** der Gesellschaft in besonderer Weise im Interesse der Gläubiger, denen nach § 13 Abs. 2

---

[2] Scholz/*Priester*/*Tebben* § 58 Rn. 9, 14; UHL/*Casper* § 58 Rn. 2; Rowedder/Schmidt-Leithoff/*Schnorbus* § 58 Rn. 2, 7.
[3] *Hohmuth*, Die Kapitalherabsetzung bei der GmbH, 2007, 33 ff.
[4] S. *Kornblum* GmbHR 2005, 39 (40); *Kornblum* GmbHR 2006, 28 (30); *Hohmuth*, Die Kapitalherabsetzung bei der GmbH, 2007, 28.

grundsätzlich nur das Gesellschaftsvermögen und nicht die Gesellschafter haften, geschützt ist:

12   Zunächst wird über die **Kapitalaufbringungsregeln** sichergestellt, dass der Gesellschaft ein Nettovermögen in Höhe des Stammkapitals tatsächlich zugeführt wird. Die einzelnen Gesellschafter übernehmen die Verpflichtung, eine Einlage mindestens in Höhe des Nominalbetrags ihres Anteils zu erbringen. Bei Verstößen haften sie. Ein Verzicht der Gesellschaft auf die Einlageleistung ist nicht möglich (§ 19 Abs. 2 S. 1). Ein faktischer Verzicht ist nur durch eine ordentliche Kapitalherabsetzung unter Beachtung der besonderen gläubigerschützenden Bestimmungen des § 58 möglich.

13   Praktisch noch wichtiger ist der Schutz des Gesellschaftsvermögens gegen Entnahmen der Gesellschafter durch die **Kapitalerhaltungsgrundsätze,** insbesondere § 30 Abs. 1. Dieser trifft eine deutliche Unterscheidung zwischen den verschiedenen Eigenkapitalpositionen: Nettovermögen der Gesellschaft in Höhe der Stammkapitalziffer ist der Entnahme durch die Gesellschafter generell entzogen; ein darüber hinausgehender Betrag in Höhe frei verfügbarer Eigenkapitalpositionen wie Gewinnvortrag und Kapital- oder Gewinnrücklagen steht dagegen grundsätzlich, nach Berücksichtigung negativer Eigenkapitalpositionen (Verlustvortrag) und vorbehaltlich gesetzlicher (insbesondere § 33 Abs. 2 S. 1) oder gesellschaftsvertraglicher Beschränkungen, für Ausschüttungen zur Verfügung. Eine Umbuchung innerhalb des Eigenkapitals durch Minderung des Stammkapitals und Erhöhung frei verfügbarer Rücklagen erhöht die Flexibilität der Gesellschafter im Hinblick auf Ausschüttungen und Entnahmen. Ein Gläubigerschutzsystem, das anders als das deutsche Kapitalschutzsystem nicht auf die Aufbringung und Erhaltung eines Garantiefonds, sondern allein auf die Erhaltung der Solvenz und die Vermeidung von Illiquidität abstellt, würde zum Schutz der Gläubiger keine besonderen Vorschriften über die Kapitalherabsetzung benötigen.

14   (2) Daneben ist das Stammkapital, vorbehaltlich abweichender Regelungen im Gesellschaftsvertrag, Maßstab für die **Verteilung der Gesellschafterrechte,** insbesondere des Stimmrechts (§ 47 Abs. 2), des Gewinnrechts (§ 29 Abs. 3) und der Beteiligung am Liquidationserlös (§ 72). Entsprechend kann durch eine Kapitalherabsetzung, die die Anteile verschiedener Gesellschafter nicht einheitlich betrifft (näher → § 58 Rn. 12), auch eine abweichende Aufteilung der Gesellschafterrechte in Innenverhältnis erreicht werden.

15   (3) Bei einer Kapitalerhöhung muss der Inferent eine Einlage mindestens in Höhe des Nennbetrags seines Geschäftsanteils leisten. Er erhält **Rechte, die proportional zu dem von ihm gezeichneten Anteil** im Verhältnis zum Stammkapital sind. Lassen sich unter diesen Restriktionen keine Eigenkapitalgeber finden, kann die vorherige Herabsetzung des Stammkapitals sinnvoll sein.

16   (4) Nach § 5 Abs. 3 S. 2 muss das Stammkapital mit der **Summe der Nennbeträge** aller Geschäftsanteile übereinstimmen. Die Neufassung des § 5 Abs. 3 durch das MoMiG und die Begründung der Änderung stellen klar, dass dies nicht nur für die Gründung, sondern auch den weiteren Verlauf der Gesellschaft gilt.[5] Soll ein Geschäftsanteil durch Einziehung vernichtet werden (§ 34), geht zwar der betroffene Geschäftsanteil unter, die Stammkapitalziffer bleibt jedoch unberührt (§ 34 Abs. 3). Eine Angleichung der Summe der Stammeinlagen an den Betrag des Stammkapitals kann in diesem Fall durch Erhöhung der Nominalbeträge der übrigen Anteile oder durch die Schaffung eines neuen Anteils erfolgen (ausführlich → § 34 Rn. 67 ff.). Eine gleichzeitige (ordentliche) Kapitalherabsetzung bietet insoweit eine zusätzliche Alternative der Anpassung, bei der die Stammkapitalziffer auf die verminderte Summe der Nominalbeträge herabgesetzt wird.

17   **5. Normzweck.** Die Vorschriften über die Kapitalherabsetzung bezwecken zunächst, den Gesellschaftern zu ermöglichen, ihren Handlungsspielraum zu erweitern, indem die vorstehenden Wirkungen des Stammkapitals auf einen geringeren Betrag beschränkt werden. Insbesondere verschaffen sie den Gesellschaftern durch Herabsetzung des für die **Kapitalerhaltung** maßgeblichen Betrages Flexibilität zur Vornahme von Ausschüttungen. In

---

5   Begr. RegE MoMiG, BT-Drs. 16/6140, 31.

der Krise können die Gesellschafter eine unerwünschte Unterbilanz beseitigen und in Kombination mit einer Kapitalerhöhung Sanierungen erleichtern (ausführlich → Rn. 47 f.).

Zum anderen bezwecken die Vorschriften den **Schutz der Gläubiger** vor den mit **18** der vorstehend beschriebenen Begünstigung der Gesellschafter verbundenen Risiken. Die den Gesellschaftern eingeräumte Möglichkeit, das zuvor den Gläubigern im Gesellschaftsvertrag und dem Handelsregister kommunizierte Schutzniveau einseitig zu senken, bedarf eines Ausgleichs zugunsten der Gläubiger. Dieser wird im Rahmen des § 58 durch Information und Befriedigungs- bzw. Besicherungsrechte, im Rahmen der §§ 58a ff. primär durch Beschränkung der Entnahmemöglichkeiten nach Wirksamwerden der Kapitalherabsetzung erreicht.

6. Funktionen der Kapitalherabsetzung. Die durch eine Kapitalherabsetzung **19** erreichbaren operativen Zwecke lassen sich wie folgt systematisieren und zusammenfassen:

a) Flexibilisierung im Hinblick auf Kapitalschutz. Die durch die ordentliche **20** Kapitalherabsetzung bewirkte Minderung der für Kapitalaufbringung und -erhaltung maßgeblichen Ziffer kann insbesondere zu folgenden Zwecken genutzt werden:

– **Ermöglichung der Auszahlung** zuvor durch § 30 Abs. 1 für den Gläubigerschutz **21** reservierter Vermögensbestandteile. Hier kann es zunächst um die freiwillige Ausschüttung operativ nicht erforderlichen Vermögens an die Gesellschafter gehen. Sofern der Minderungsbetrag nicht sofort ausgeschüttet werden soll, kann er auch in zukünftig frei verfügbare Rücklagen eingestellt werden, um so in der Zukunft höhere Ausschüttungen oder Entnahmen zu ermöglichen. Zur Verbuchung der Herabsetzung und der Ausschüttung ausführlich → § 58 Rn. 23 ff., → § 58 Rn. 157 ff.

– Als möglicher Zweck einer Kapitalherabsetzung wird auch die **Rückgabe einer Sach-** **22** **einlage** genannt.[6] Solange eine Ausschüttung oder Entnahme nicht mangels frei verfügbaren Vermögens an § 30 Abs. 1 scheitert, ist eine Kapitalherabsetzung allerdings nicht erforderlich. Die Kapitalerhaltungsgrundsätze schützen die eingebrachten Sacheinlagen nicht gegenständlich. Mit Zustimmung des Gesellschafters und der übrigen Gesellschafter kann bestimmt werden, dass die Gesellschaft den Gewinnauszahlungsanspruch durch Übertragung einer Sache erfüllt (ausf. zur Möglichkeit der Sachausschüttung im Rahmen der Gewinnverteilung → § 29 Rn. 127 f.).[7]

– Eine Auszahlung von Gesellschaftsvermögen kann erforderlich werden, um **Ansprüche** **23** **ausscheidender Gesellschafter** zu befriedigen. Hier kommt zunächst die Abfindung eines ausgeschlossenen oder ausgetretenen Gesellschafters in Betracht, dessen Geschäftsanteil nach § 34 eingezogen worden ist (zum Abfindungsanspruch des ausgeschlossenen oder ausgetretenen Gesellschafters → § 34 Rn. 119). Nach § 34 Abs. 3 beschränkt § 30 Abs. 1 auch Abfindungszahlungen an den Gesellschafter (näher → § 34 Rn. 31).[8]

– Unabhängig vom Vorhandensein ungebundenen, zur Auszahlung an Gesellschafter zur **24** Verfügung stehenden Vermögens ist eine Kapitalherabsetzung erforderlich, wenn der einzuziehende Anteil noch nicht voll eingezahlt ist. Grund hierfür ist, dass in der Einziehung vor vollständiger Einlageleistung ein teilweiser Erlass der Einlage liegt, sodass § 19 Abs. 2 und 3 Anwendung finden (→ Rn. 10 ff.; → § 34 Rn. 30).[9] Entsprechend kann eine Kapitalherabsetzung erforderlich sein, um der Gesellschaft den **Erwerb eines** **Geschäftsanteils** zu ermöglichen, wenn die Gesellschaft die nach § 33 Abs. 2 S. 1 geforderte Rücklage nicht bilden kann, also kein zur Zahlung des Kaufpreises ohne Verstoß gegen § 30 Abs. 1 verfügbares Vermögen zur Verfügung steht.

– Neben einem Abfindungsanspruch aufgrund der Einziehung des Geschäftsanteils nach **25** § 34 ist an gesetzliche Zahlungsansprüche von Gesellschaftern im Zusammenhang mit

---

6   Hachenburg/*Ulmer* § 58 Rn. 8; UHL/*Casper* § 58 Rn. 9; Scholz/*Priester/Tebben* § 58 Rn. 10.
7   S. Scholz/*Priester/Tebben* § 58 Rn. 10; Hachenburg/*Goerdeler/Müller* § 29 Rn. 94.
8   Noack/Servatius/Haas/*Kersting* § 34 Rn. 12, 40 ff.
9   RG Urt. v. 27.9.1918 – II 55/18, RGZ 93, 326 (329); BGH Urt. v. 1.4.1953 – II ZR 235/52, BGHZ 9, 157 (168 f.) = NJW 1953, 780; Noack/Servatius/Haas/*Kersting* § 34 Rn. 11; Scholz/*Priester/Tebben* § 58 Rn. 12.

Umwandlungsmaßnahmen (bare Zuzahlungen und Abfindungen nach §§ 15, 29, 125, 196, 207 UmwG) zu denken.[10]

26 – Gerade in Konzernen kann ein Interesse an geringen Stammkapitalziffern der Tochtergesellschaften bestehen, um geringeren Beschränkungen bei der **Konzerninnenfinanzierung** (Cash Pooling, upstream loans, upstream securities) zu unterliegen. Dies gilt, wenn auch in gemindertem Umfang, auch noch nach Einführung des § 30 Abs. 1 S. 2 durch das MoMiG.

27 – Bei der Einräumung von Garantien und sonstigen Sicherheiten durch Tochtergesellschaften in der Rechtsform der GmbH zugunsten der finanzierenden Banken, beispielsweise im Rahmen einer **Akquisitionsfinanzierung,** wird die Durchsetzbarkeit derartiger upstream securities durch eine sog. limitation language auf den Teil des Vermögens beschränkt, der die Stammkapitalziffer des Sicherungsgebers übersteigt.[11] Hier hat die finanzierende Bank ein Interesse an einem möglichst niedrigen Stammkapital.

28 – Im Hinblick auf die Beschränkungen der Kapitalaufbringung (§ 19 Abs. 2) kann die Kapitalherabsetzung dazu benutzt werden, einen Gesellschafter von der Verpflichtung zur Erbringung seiner Einlage in Höhe des Herabsetzungsbetrags (§ 19 Abs. 3) zu befreien. Besondere Bedeutung hat diese Befreiung traditionell bei der **Heilung verdeckter Sacheinlagen,** der jedoch nach dem MoMiG nur noch eine eingeschränkte Bedeutung zukommt (ausführlich → § 19 Rn. 252). Hilfreich ist sie außerdem in Fällen, in denen die Gründung, trotz Fehlerhaftigkeit der Beitrittserklärung eines Gesellschafters oder die Kapitalerhöhung trotz Fehlerhaftigkeit des Übernahmevertrags, insbesondere der Zeichnungserklärung des Gesellschafters, oder des Kapitalerhöhungsbeschlusses, aufgrund Eintragung in das Handelsregister wirksam geworden ist. Zur unwirksamen Beitrittserklärung eines Gesellschafters bei Gründungsmängeln → § 2 Rn. 181 ff.;[12] zu Mängeln im Zusammenhang mit der Kapitalerhöhung → § 57 Rn. 55 ff.[13]

29   **b) Beseitigung von Geschäftsanteilen.** Die Einziehung führt nicht automatisch zu einer Herabsetzung des Stammkapitals um den Nennbetrag des eingezogenen Anteils (ausführlich → § 34 Rn. 64). Häufig werden die verbleibenden Gesellschafter eine gleichzeitige Kapitalherabsetzung beschließen, statt einen neuen Geschäftsanteil auszugeben oder die übrigen Geschäftsanteile anteilig um den Nennbetrag des eingezogenen Anteils zu erhöhen. Allerdings ist dabei zu beachten, dass die ordentliche Kapitalherabsetzung gem. § 58 Abs. 1 Nr. 3 erst mit einjähriger Verzögerung angemeldet und damit wirksam werden kann (auch → § 34 Rn. 65). Eine begleitende Kapitalherabsetzung kommt insbesondere bei der Einziehung von der Gesellschaft gehaltenen eigenen Anteilen in Betracht.

30   **c) Verbesserung des Bilanzbildes.** Obwohl die Kapitalherabsetzung selbst den Betrag des Eigenkapitals unberührt lässt, kann eine Kapitalherabsetzung aus bilanzoptischen Gründen sinnvoll sein. Möglicherweise wird es vorgezogen, statt eines höheren Stammkapitals eine geringere Stammkapitalziffer mit entsprechend erhöhten Rücklagen auszuweisen. Eine **Unterbilanz,** bei der das Eigenkapital geringer als das Stammkapital ist, zeigt, dass die Gesellschaft Verluste erwirtschaftet hat. Auch dies kann durch eine Kapitalherabsetzung kaschiert werden. Eine bilanzielle Überschuldung, bei der die Schulden das Aktivvermögen übersteigen, kann durch eine bloße Kapitalherabsetzung naturgemäß nicht beseitigt werden. Allerdings kann die Kapitalherabsetzung die Beschaffung zusätzlichen Eigenkapitals erleichtern.

---

10 Zur umstrittenen Frage, ob bei der Erfüllung dieser Ansprüche die Kapitalerhaltungsgrundsätze zu beachten sind, vgl. etwa *Ihrig* GmbHR 1995, 622 (631 f., 641); *Petersen,* Der Gläubigerschutz im Umwandlungsrecht, 2001, 178 ff.; *J. Vetter* ZHR 168 (2004), 8 (18 ff.) mwN, die jeweils zu Recht dem Kapitalschutz den Vorrang geben.
11 Zu Inhalt und Ausgestaltung derartiger Klauseln etwa *Bastuck* WM 2000, 1091 (1097 f.); *Diem/Jahn,* Akquisitionsfinanzierungen, 4. Aufl. 2019, § 43 Rn. 95 ff.
12 Noack/Servatius/Haas/*Kersting* § 2 Rn. 44 f.
13 Noack/Servatius/Haas/*Servatius* § 55 Rn. 42; Noack/Servatius/Haas/*Servatius* § 57 Rn. 27 ff.

d) Erleichterung von Sanierungen. Eigenkapitalgeber sind zur Zuführung neuen 31
Eigenkapitals in der Krise häufig nur bereit, wenn sich die **Altgesellschafter stark verwäs-
sern** lassen. Häufig fordern sie daher eine vorhergehende oder gleichzeitige Kapitalherabsetzung, die dazu führt, dass die neuen Kapitalgeber mit Ihrer Einlage eine relativ größere
Beteiligung am Unternehmen erwerben.

Wirtschaftlich geradezu zwingend ist dies, wenn die Gesellschaft Verluste erwirtschaftet 32
hat, sodass der **Verkehrswert des Unternehmens** (**equity value,** nicht enterprise value)
unter dem Betrag des Stammkapitals liegt. Sind in einer solchen Situation nicht alle Gesellschafter bereit, sich an der Sanierung zu beteiligen, wird es nicht möglich sein, neue Eigenkapitalgeber zu finden, wenn nicht zugleich das Kapital herabgesetzt wird. Die neuen Kapitalgeber werden verlangen, dass sie eine angemessene Beteiligung an der Gesellschaft
erhalten, die mindestens dem Wert ihrer Einlage im Verhältnis zum Unternehmenswert
(equity value) entspricht. Da Anteile aber nicht unter pari ausgegeben werden können,
wäre die Schaffung derartiger angemessener Beteiligungsquoten allein im Wege der Kapitalerhöhung nicht möglich, wenn die Geschäftsanteile der Altgesellschafter einen unter dem
jeweiligen Nennbetrag liegenden Verkehrswert haben. Ohne Kapitalherabsetzung ließen
sich angemessene Beteiligungsverhältnisse nur durch sonstige, häufig nicht erwünschte und/
oder ohne die Zustimmung aller Altgesellschafter nicht mögliche Ersatzkonstruktionen, wie
die unentgeltliche Übertragung von Altanteilen auf die neuen Kapitalgeber oder die Schaffung von mit Vorzugsrechten ausgestatteten neuen Anteilen erreichen (→ Rn. 38 ff.).

III. Kapitalherabsetzung und Sanierung; Grundzüge der vereinfachten Kapitalherabsetzung

1. Ungeeignetheit der ordentlichen Kapitalherabsetzung zur Sanierung. Die 33
Unterstützung einer Sanierung dürfte der in der Praxis bei weitem bedeutsamste Anwendungsbereich für eine Kapitalherabsetzung sein. Die ordentliche Kapitalherabsetzung nach
§ 58 ist für diesen Zweck aus den folgenden Gründen nicht geeignet:[14]

Soll die Kapitalerhöhung gegen sanierende Einlagen den neuen Kapitalgebern eine 34
angemessene Beteiligungsquote vermitteln, kann sie nicht vor der Kapitalherabsetzung wirksam werden. Aufgrund des **Sperrjahres** von einem Jahr nach § 58 Abs. 1 Nr. 3 für die
Anmeldung der Kapitalherabsetzung kann damit auch die Kapitalerhöhung erst nach Ablauf
eines Jahres seit der letzten Bekanntmachung der Kapitalherabsetzung gem. § 58 Abs. 1
Nr. 1 wirksam werden. Für sanierungsbedürftige Gesellschaften ist dieser Zeitraum typischerweise zu lang, da die Gesellschaft das frische Kapital in der Krise regelmäßig sofort
benötigt.

Leistet der Inferent seine Einlage im Hinblick auf die erst ein Jahr später wirksam 35
werdende Kapitalerhöhung sofort, ergeben sich Probleme im Hinblick auf die ordnungsgemäße **Erbringung der Einlage.** Für eine Bareinlage dürfte der Zeitraum bis zum Wirksamwerden der Kapitalerhöhung zu lang sein. Bei einer Verrechnung vorzeitig darlehensweise
geleisteter Beträge mit der Einlageforderung sind die Grundsätze der Sacheinlage zu beachten; neben Beachtung der besonderen formalen Voraussetzungen ist die Vollwertigkeit der
Darlehensforderung des Inferenten im Zeitpunkt der Anmeldung erforderlich.[15] Hat der
Inferent die erforderlichen zusätzlichen Mittel im Hinblick auf die zukünftige Kapitalerhöhung vorab zur Verfügung gestellt, erhält er die von ihm als Gegenleistung erwarteten
Gesellschafterrechte erst mit erheblicher zeitlicher Verzögerung.

Die Anmeldung der Kapitalherabsetzung und damit das Wirksamwerden der Kapitalhe- 36
rabsetzung und der Kapitalerhöhung setzen **Befriedigung oder Sicherstellung der Gläubiger** nach § 58 Abs. 1 Nr. 2 voraus. Hierzu wird eine sanierungsbedürftige Gesellschaft
regelmäßig nicht in der Lage sein.

---

[14]   Zur rechtspolitischen Kritik an der Sanierungsfeindlichkeit des § 58 vgl. etwa *K. Schmidt* ZGR 1982,
       519 (533 f.); *Sommer,* Die sanierende Kapitalherabsetzung bei der GmbH, 1993, 29 ff.
[15]   Hierzu Hachenburg/*Ulmer* § 58 Rn. 83.

37 Sofern der wirtschaftlich erforderliche Kapitalschnitt eine Kapitalherabsetzung unter den **Mindeststammkapitalbetrag** nach § 5 Abs. 1 erfordern würde, steht der Sanierung § 58 Abs. 2 S. 1 entgegen.

38 Vor Einführung der §§ 58a–58f im Jahr 1994 mussten Sanierungen unter Zufuhr frischen Eigenkapitals auf recht umständliche rechtliche Konstruktionen gestützt werden. Diese haben seit Einführung der §§ 58a ff. ihre praktische Bedeutung verloren und sollen daher nachfolgend nur skizziert werden:[16]

39 **Vorangehende Kapitalerhöhung:** Die Kapitalerhöhung wird zeitgleich mit der Kapitalherabsetzung beschlossen und alsbald durchgeführt, angemeldet und eingetragen. Die Wirkungen der Kapitalherabsetzung werden auf die Altgeschäftsanteile beschränkt. In der Zwischenzeit bis zum Wirksamwerden der Kapitalherabsetzung stehen den Altgesellschaftern allerdings formal noch Gesellschafterrechte zu, die sie eigentlich aufgrund der wirtschaftlichen Zielsetzung nicht mehr haben sollen. Zum Ausgleich in der Zwischenzeit ist entweder die treuhänderische Übertragung von Gesellschafterrechten auf die Neugesellschafter – dies erfordert die Zustimmung der übertragenden Altgesellschafter – oder die Einräumung von mit den Neuanteilen verbundenen Vorzugsrechten, die mit Wirksamkeit der Kapitalherabsetzung entfallen, denkbar.[17]

40 Eine Sanierung ist durch freiwillige **Zahlungen in die Kapitalrücklage** möglich. Sind allerdings nicht alle Gesellschafter bereit, sich an einer derartigen Sanierung zu beteiligen, führen die ungleichmäßigen Zuzahlungen zu einem wirtschaftlich ungerechtfertigten Ergebnis. Umstritten ist, ob eine Kapitalherabsetzung derart beschlossen werden kann, dass nur der Nennbetrag der Geschäftsanteile derjenigen Gesellschafter herabgesetzt wird, die nicht zuvor eine freiwillige Zuzahlung erbracht haben.[18] Sind die Gesellschafter nicht ausnahmsweise aufgrund der Treupflicht verpflichtet, an der Sanierung mitzuwirken (→ Rn. 68 ff.), sprechen das Verbot unfreiwilliger im Gesellschaftsvertrag nicht vorgesehener Nachschüsse (§ 707 BGB, § 26), der Gleichbehandlungsgrundsatz und das Verbot der unfreiwilligen (Teil-)Einziehung eines Geschäftsanteils eher gegen die Zulässigkeit dieser Gestaltung. Zum wirtschaftlichen Ausgleich einseitiger Zuschüsse können möglicherweise **Vorzugsrechte** zugunsten der Geschäftsanteile der Leistenden im Gesellschaftsvertrag vorgesehen werden; die dadurch bedingte Ungleichbehandlung der Gesellschafter kann im Einzelfall sachlich gerechtfertigt sein.[19]

41 Soll ein bisher nicht an der Gesellschaft Beteiligter den Zuschuss erbringen, ohne das Risiko einer Vorableistung auf die zukünftige Kapitalerhöhung zu übernehmen (→ Rn. 35), könnten ihm die Altgesellschafter als Gegenleistung **Teile ihrer Geschäftsanteile übertragen.** Im Verhältnis zur Gesellschaft dürften die Zuschüsse als Einlage der Altgesellschafter gewertet werden. Wirtschaftlich angemessen ist eine solche Lösung allerdings wiederum nur, wenn sich alle Altgesellschafter beteiligen.

42 Teilweise wurde vorgeschlagen, die Anwendung der oben dargestellten Sanierungshindernisse (Sperrjahr und Gläubigerbefriedigung/-sicherstellung) bei Verbindung einer Kapitalherabsetzung mit einer Kapitalerhöhung zu Sanierungszwecken im Wege einer **teleologischen Reduktion** auszuschließen; durchgesetzt hatten sich diese Vorschläge de lege lata jedoch nicht.[20]

43 Schließlich war die Flucht aus dem GmbH-Recht ins Aktienrecht durch vorherigen Formwechsel der GmbH in die AG ein denkbarer Weg, um eine Kapitalherabsetzung mit gleichzeitiger Kapitalerhöhung durch qualifizierten Mehrheitsbeschluss zu ermöglichen.[21]

---

[16] Ausführlicher zu diesen Konstruktionen Hachenburg/*Ulmer* § 58 Rn. 84 ff.; zu einem Überblick UHL/*Casper* § 58 Rn. 74 ff.

[17] Zu dieser Gestaltungsweise Hachenburg/*Ulmer* § 58 Rn. 84 f. mwN.

[18] Dafür Ehrenberg HandelsR-HdB/*Feine* S. 615; *Heinzmann,* Die Neuordnung der Kapitalverhältnisse bei Sanierung der GmbH, 1992, 16 ff.; abl. Scholz/*Priester/Tebben* § 58 Rn. 89; krit. auch Hachenburg/*Ulmer* § 58 Rn. 86.

[19] So auch RG Urt. v. 25.4.1911 – II 572/10, RGZ 76, 155 (158); UHL/*Casper* § 58 Rn. 77; Scholz/*Priester/Tebben* § 58 Rn. 89; Hachenburg/*Ulmer* § 58 Rn. 87.

[20] S. nur Hachenburg/*Ulmer* § 58 Rn. 77; UHL/*Casper* § 58a Rn. 1, jeweils mwN.

[21] Hierzu *K. Schmidt* AG 1985, 150.

2. Entstehungsgeschichte der §§ 58a–58f. In Reaktion auf die vorstehend geschil- 44
derten Sanierungshemmnisse hat der Gesetzgeber im Rahmen der **Insolvenzrechtsreform
von 1994**[22] mit sofortiger Wirkung zum Inkrafttreten am 19.10.1994 die Möglichkeit der
vereinfachten Kapitalherabsetzung durch Einführung der §§ 58a–58f geschaffen. Beabsichtigt war ihre Einführung bereits im Rahmen der gescheiterten GmbH-Reform von 1971/
1973.[23] Im Rahmen der kleinen GmbH-Novelle von 1980 wurde die Problematik dagegen
nicht angepackt.[24]

Konzept und Details der Neuregelung orientieren sich eng an den aktienrechtlichen 45
Regelungen der **§§ 229–236 AktG** (ausführlich → Rn. 56 ff.).

Nachträgliche Änderungen ergaben sich durch das EuroEG vom 9.6.1998 (BGBl. 46
1998 I 1242, 1245) und insbesondere durch das **MoMiG** vom 23.10.2008 (BGBl. 2008 I
2026),[25] das mit Wirkung zum 1.11.2008 zu verschiedenen Änderungen in § 58a Abs. 3 und
§ 58f Abs. 1 geführt hat. Die Änderungen durch das MoMiG beschränken sich allerdings
auf Folgeänderungen zur Änderung des § 5, insbesondere der Herabsetzung des Nennbetrags eines Anteils auf 1 Euro, und terminologische Klarstellungen. Zuletzt wurden § 58a
Abs. 4 S. 3, § 58e Abs. 3 S. 2 und § 58f Abs. 2 S. 2 durch das ARUG vom 30.7.2009 (BGBl.
2009 I 2479) geändert (näher → § 58a Rn. 109).

3. Normzweck der §§ 58a–58f. Die §§ 58a–58f sind eine unmittelbare Reaktion auf 47
die dargestellten Sanierungshemmnisse des § 58. **Sanierungen** sollten erleichtert werden.
Der sanierungshemmende Gläubigerschutz des § 58 sollte durch ein anderes Gläubigerschutzkonzept ersetzt werden, das Sanierungen nicht behindert.[26] Da bei Sanierungen regelmäßig frisches Kapital zugeführt werden muss, ist ein wichtiges Element der Neuregelung
die Ermöglichung einer praktikablen Verknüpfung von Kapitalherabsetzung und Kapitalerhöhung (s. § 58a Abs. 4, § 58f).

Daneben stellen die §§ 58a–58f ein Konzept zur Verfügung, das flexibel die Beseitigung 48
einer Unterbilanz auch unabhängig von einer Krise erlaubt und damit die Schaffung ausgeglichener Bilanzverhältnisse ermöglicht. Paradebeispiel hierfür ist eine **Abspaltung,** bei der
das verbleibende Nettovermögen der übertragenden Gesellschaft unter dem Betrag des
Stammkapitals liegt. Die Eigenkapitalminderung ergibt sich hier daraus, dass die Gegenleistung für die Übertragung eines Teils des Vermögens nicht der Gesellschaft selbst, sondern
ihren Gesellschaftern in Form der Anteile am übernehmenden Rechtsträger zufließt. Hier
ist der Gesetzgeber den Spaltungspartnern noch zusätzlich entgegen gekommen, indem er
in § 139 UmwG die vereinfachte Kapitalherabsetzung ausdrücklich erwähnt und gegenüber
den §§ 58a ff. gewisse Erleichterungen vorgesehen hat (→ Rn. 120 ff.).

4. Überblick über das Konzept, wesentliche Unterschiede zur ordentlichen 49
Kapitalherabsetzung. Die Regelungen über die vereinfachte Kapitalherabsetzung wollen
die Defizite des § 58 im Hinblick auf Sanierungen insbesondere durch folgende Elemente
beheben:

- **Verzicht auf eine einjährige Sperrfrist** mit vorheriger Gläubigerbenachrichtigung
  und Gläubigerbefriedigung/-sicherstellung als Anmelde- und damit Wirksamkeitsvoraussetzung: Stattdessen sofortiges Wirksamwerden mit nachträglichem Gläubigerschutz
  durch Beschränkungen im Hinblick auf die Verwendung der frei gewordenen Beträge
  (§ 58b) und Beschränkungen von Gewinnausschüttungen (§ 58d).

---

22 S. Art. 48 Nr. 4 EGInsO v. 5.10.1994, BGBl. 1994 I 2911 (2931); zum sofortigen Inkrafttreten s. Art. 110
    Abs. Nr. 3 EGInsO. Eine nochmalige Verkündung erfolgte als Art. 4 Nr. 3 UmwBerG v. 28.10.1994,
    BGBl. 1994 I 3210 (3259 f.).
23 S. §§ 181 ff. des Entwurfs, BT-Drs. VI/3088 = BT-Drs. 7/253.
24 Eine frühere Regelung der Problematik fand sich im fünften Teil Kap. II der 3. VO des Reichspräsidenten
    zur Sicherung von Wirtschaft und Finanzen und zur Bekämpfung politischer Ausschreitungen
    v. 6.10.1931, RGBl. 1931 I 537 (556 f.), die durch §§ 9 ff. DVO v. 18.2.1932, RGBl. 1932 I 75, auf das
    GmbH-Recht übertragen wurde, ausf. UHL/*Casper* § 58a Rn. 2 mwN.
25 Zu den Änderungen der §§ 58a ff. durch das MoMiG ausf. *Hohmuth* GmbHR 2009, 349 (352 f.).
26 Begr. RegE EGInsO, BT-Drs. 12/3803, 87.

– Möglichkeit einer Herabsetzung des **Stammkapitals unter die Mindestkapitalziffer** des § 5 Abs. 1 bei gleichzeitiger Kapitalerhöhung (§ 58a Abs. 4).

50 Dem Fokus auf die Sanierung entsprechend, wird der Zusammenhang der Kapitalherabsetzung mit einer **gleichzeitigen Kapitalerhöhung** betont (§ 58a Abs. 4, § 58f). Darüber hinaus sollen die Sanierungsmöglichkeiten durch weitere Erleichterungen wie die **Möglichkeit der rückwirkenden bilanziellen Abbildung** (§ 58e und § 58f) verbessert werden.

51   Dem abweichenden Fokus – Erleichterung von Sanierungen statt Ermöglichung einer freien Verwendung des Gesellschaftsvermögens – entsprechend sind die Voraussetzungen, unter denen eine vereinfachte Kapitalherabsetzung zulässig ist, deutlich enger als bei der ordentlichen Kapitalherabsetzung: Erforderlich ist ein weitgehendes Abschmelzen der Rücklagenpositionen (§ 58a Abs. 2). Der Zweck ist auf den **Ausgleich von Wertminderungen und sonstigen Verlusten** beschränkt (§ 58a Abs. 1). Dem Konzept entsprechen die Beschränkungen der Möglichkeiten, die aus der Kapitalherabsetzung gewonnenen Beträge zu verwenden (§ 58b).

52   Im Hinblick auf die bereits eingetretenen Verluste und im Interesse der Erleichterung von Sanierungen ist der Gläubigerschutz unterschiedlich ausgestaltet: Die vereinfachte Kapitalherabsetzung wird kurzfristig wirksam. Allerdings dürfen freigewordene Beträge für eine Dauer von fünf Jahren nicht zu **Ausschüttungen** verwendet werden (§ 58b Abs. 3, § 58c). Darüber hinaus sind auch Gewinnausschüttungen aus dem operativen Geschäft für eine Dauer von fünf Jahren nur zulässig, wenn die Kapital- und Gewinnrücklagen 10 % des Stammkapitals erreichen (§ 58d Abs. 1). Für zwei Jahre ist die Gewinnausschüttung noch weiter beschränkt, indem im Grundsatz keine 4 % des Stammkapitals übersteigenden Gewinne ausgeschüttet werden dürfen (§ 58d Abs. 2).

53   **5. Verhältnis zur ordentlichen Kapitalherabsetzung.** Der Gesetzgeber hat den Gesellschaftern die Wahl gelassen, welche Art der Kapitalherabsetzung sie wählen, sofern die (strengeren) Voraussetzungen der vereinfachten Kapitalherabsetzung erfüllt sind. Die Auswahl ist damit gesetzlich nicht determiniert, sondern richtet sich nach **Zweckmäßigkeitserwägungen**. Angesichts der Schwierigkeiten, die die ordentliche Kapitalherabsetzung für eine Sanierung mit sich bringt, ist es allerdings kaum denkbar, dass im Sanierungsfall eine ordentliche Kapitalherabsetzung durchgeführt wird, wenn auch eine vereinfachte möglich ist.

54   **6. Überblick über das Verfahren einer vereinfachten Kapitalherabsetzung.** Die wesentlichen Schritte einer vereinfachten Kapitalherabsetzung sind:
– ggf. vorab: Auflösung von Kapital- und Gewinnrücklagen (§ 58a Abs. 2);
– Kapitalherabsetzungsbeschluss (§ 58a Abs. 3, 5), regelmäßig verbunden mit einem Kapitalerhöhungsbeschluss (§ 58a Abs. 4);
– ggf. Zusammenlegung von Geschäftsanteilen (→ § 58a Rn. 51 ff.);
– Anmeldung der Kapitalherabsetzung zum Handelsregister (§ 58a Abs. 5 iVm § 54);
– Prüfung durch das Registergericht und Handelsregistereintragung;
– Einreichung einer aktualisierten Gesellschafterliste nach § 40.

55 **Muster** für die wesentlichen Dokumente einer vereinfachten Kapitalherabsetzung finden sich in den verschiedenen Formular-Handbüchern.[27]

56   **7. Parallelität zur aktienrechtlichen Regelung.** Die §§ 58a ff. sind eng an die bereits vorher geltenden §§ 229 ff. AktG angelehnt. Übernommen wurden insbesondere:
– das Konzept einer von der ordentlichen Kapitalherabsetzung abweichenden vereinfachten Kapitalherabsetzung mit modifiziertem, für die Gesellschaft und die Gesellschafter weniger belastendem Gläubigerschutz;

---

[27]   MVHdB I GesR/*Heidenhain/Hasselmann* Form. IV. 95; BeckFormB BHW/*Wentrup* Form. IX. 47; *Volhard* in Hopt Vertrags- und Formularhandbuch zum Handels-, Gesellschafts- und Bankrecht, 4. Aufl. 2011, II D 2.5, 2.6; *Miras* in Langenfeld/Miras GmbH-Vertragspraxis, 8. Aufl. 2019, Kap. 10 § 3; *Dorsel* in Wurm/Wagner/Zartmann, Das Rechtsformularbuch, 17. Aufl. 2015, Kap. 121 Rn. 39 ff.

– die Beschränkung der vereinfachten Kapitalherabsetzung auf die nominelle Kapitalherabsetzung mit einem Verbot, die frei gewordenen Beträge an die Gesellschafter auszuschütten (allerdings mit Unterschieden im Detail, zB im Hinblick auf die Verwendung der Mittel zur Dotierung von Kapitalrücklagen und die Dauer der Ausschüttungssperre der frei gewordenen Beträge).

Unterschiede zwischen den aktien- und GmbH-rechtlichen Regelungen ergeben 57 sich insbesondere aus:

– der unterschiedlichen Kapitalbindung, insbesondere können bei der GmbH Kapitalrücklagen frei ausgeschüttet werden;
– dem Fehlen einer gesetzlichen Rücklage bei der GmbH;
– der unterschiedlichen Organzuständigkeit für die Feststellung des Jahresabschlusses (vgl. § 58e Abs. 1 S. 2 und § 233 Abs. 2 S. 1 AktG);
– der im Hinblick auf den unterschiedlichen Gläubigerschutz eigenständigen Interessenabwägung des Gesetzgebers bei Schaffung der §§ 58a ff., insbesondere die Festlegung einer besonderen Ausschüttungssperre von fünf Jahren (§ 58b Abs. 3);
– dem Bestreben des Gesetzgebers, die Regelungen knapper zu fassen und Selbstverständliches nicht ausdrücklich zu regeln, beispielsweise das Verbot, im Rahmen der Kapitalherabsetzung frei gewordene Beträge an die Gesellschafter auszuschütten (→ § 58b Rn. 7).

Die weitgehend pauschale Übertragung der aktienrechtlichen Regelungen ins GmbH- 58 Recht kann nicht überall überzeugen.[28] Unter Beachtung der Unterschiede im Wortlaut und der vorstehend beschriebenen Unterschiede der Rechtsform, können die **§§ 229–236 AktG** und die dazu vertretenen Auffassungen trotzdem bei der **Auslegung** der §§ 58a–58f in sehr weitem Umfang herangezogen werden.[29] Auf die Gemeinsamkeiten und Unterschiede zu den entsprechenden aktienrechtlichen Vorschriften wird im Rahmen der Erläuterungen der Einzelbestimmungen hingewiesen.

IV. Rechtliche Grundfragen der Sanierung durch Kapitalschnitt, Sonderformen der Sanierung

1. Konflikt Altgesellschafter – Neuinvestoren. a) Überblick. Eine Sanierung 59 durch Kapitalherabsetzung mit gleichzeitiger Kapitalerhöhung kann zu Konflikten zwischen den von der Kapitalherabsetzung betroffenen Altgesellschaftern untereinander sowie zwischen diesen und den Zeichnern neuer Anteile führen, wenn nicht alle bisherigen Gesellschafter willens oder in der Lage sind, sich an der Kapitalerhöhung anteilig zu beteiligen. Ein solcher Kapitalschnitt führt dazu, dass die Altgesellschafter die bisherigen Verluste tragen, indem ihre Beteiligungen nominal abgewertet werden und die Neugesellschafter auf dieser verminderten Bewertungsbasis einsteigen. Die Verteilung der Beteiligungsquoten zwischen Alt- und Neugesellschaftern ist dabei keine reine Rechenaufgabe, sondern regelmäßig Ergebnis mitunter harter Verhandlungen. Die Umsetzung der Sanierung erfordert die **Mitwirkung der Altgesellschafter,** die den Kapitalherabsetzungs- und den Kapitalerhöhungsbeschluss mit qualifizierter satzungsändernder Mehrheit fassen müssen.

Im Hinblick auf den potenziellen Konflikt zwischen Alt- und Neugesellschaftern, aber 60 auch den Altgesellschaftern untereinander sind zwei Konstellationen zu unterscheiden:

– Die erforderlichen Beschlüsse für die vereinfachte Kapitalherabsetzung mit kombinierter Kapitalerhöhung kommen mit qualifizierter Mehrheit, aber nicht einstimmig zustande. Hier werden die überstimmten Altgesellschafter fragen, an welchen rechtlichen Maßstäben die zugrunde liegenden Beschlüsse zu messen sind (→ Rn. 61 ff.).
– Die erforderliche Beschlussfassung kommt nicht zustande oder droht, nicht zustande zu kommen, und die die Sanierung unterstützenden Gesellschafter fragen, ob die

---

[28] Krit. zur Übertragung der aktienrechtlichen Regelungen in das GmbHG auch Noack/Servatius/Haas/ *Kersting* § 58a Rn. 2; plastisch Baumbach/Hueck/*Zöllner,* 19. Aufl. 2010, Rn. 2: teilweise nicht funktionsfähig, zu aufwendig und mit zu viel juristischem Geräusch verbunden.
[29] So ausdrücklich auch Scholz/*Priester/Tebben* Vor § 58a Rn. 6.

übrigen Altgesellschafter nicht verpflichtet sind, den Kapitalschnitt zu ermöglichen (→ Rn. 68 ff.).

61   **b) Sachliche Rechtfertigung.** Die Voraussetzungen der vereinfachten Kapitalherabsetzung sind in §§ 58a ff. abschließend beschrieben. Ein darüber hinausgehendes ungeschriebenes Tatbestandsmerkmal der **sachlichen Rechtfertigung ist nicht anzuerkennen.**[30] Dies ist für die ordentliche Kapitalherabsetzung anerkannt (→ § 58 Rn. 60) und gilt für die vereinfachte Kapitalherabsetzung erst recht. Für das Aktienrecht hat der BGH dies ausdrücklich klargestellt, und zwar sowohl für die Herabsetzung des Nennwerts als auch für die bei Unterschreitung des Mindestnennwerts erforderlich werdende Zusammenlegung von Aktien nach § 222 Abs. 4 AktG.[31]

62   Offengelassen hat der BGH in der **Sachsenmilch-Entscheidung,** ob eine sachliche Rechtfertigung dann erforderlich ist, wenn durch die vereinfachte Kapitalherabsetzung die Überschuldung nicht vollständig beseitigt und mit der Kapitalherabsetzung keine Kapitalerhöhung unter Beteiligung der Altgesellschafter verbunden wird.[32] Eine Entscheidung hierüber erübrigte sich, da mit der Kapitalherabsetzung eine Sanierung durch einen Dritten verbunden war, der die Aktien nach der Kapitalherabsetzung kaufen und die Gesellschaft sanieren wollte. Nach Ansicht des Gerichts wäre der Dritte hierzu bei einer Kapitalerhöhung unter Beteiligung der Altaktionäre nicht bereit gewesen; ein alternatives Sanierungskonzept unter Beteiligung der Altaktionäre kam nicht in Betracht. Eine Verpflichtung zur Durchführung einer Sanierung unter Beteiligung der Altaktionäre kommt nur dann in Betracht, wenn die Erfolgsaussichten dieses Konzepts genauso groß sind wie die der Sanierung durch einen Dritten, der gerade nicht bereit ist, mit den Altgesellschaftern in Zukunft zusammenzuarbeiten. Bei der Entscheidung, welches Sanierungskonzept verfolgt wird, handelt es sich um eine unternehmerische Entscheidung, bei der sich Geschäftsführung und Gesellschaftermehrheit auf die **Business Judgment Rule** des § 93 Abs. 1 S. 2 AktG berufen können (zur Geltung der Business Judgment Rule im GmbH-Recht → § 43 Rn. 66 ff.). Vorbehaltlich eines missbräuchlichen Hinausdrängens von Minderheitsgesellschaftern wird man daher auch in der isolierten Kapitalherabsetzung keine einer sachlichen Inhaltskontrolle zugängliche Entscheidung sehen können.[33]

63   In der Zusammenlegung von Anteilen im Rahmen der Kapitalherabsetzung kann ein Eingriff in die Gesellschafterstellung liegen, sofern die relativen Beteiligungsquoten der Gesellschafter verschoben werden oder einzelne Gesellschafter vollständig aus der Gesellschaft ausscheiden. Soweit zur Erreichung des von der Mehrheit im Rahmen ihres unternehmerischen Ermessens bestimmten Sanierungszwecks kein milderes Mittel in Betracht kommt, können sich Minderheitsgesellschafter jedoch nicht unter Berufung auf eine Inhaltskontrolle oder die gesellschaftsrechtliche Treuepflicht erfolgreich gegen die vereinfachte Kapitalherabsetzung wenden. Erforderlich ist aber, dass die Herabsetzung der Nennbeträge der einzelnen Anteile in einer die Gesellschafter möglichst wenig belastenden Art und Weise erfolgt und unnötige Zusammenlegungen von Anteilen vermieden werden.[34] Insbesondere wird man verlangen können, dass von der neuen Möglichkeit des § 5 Abs. 2 S. 1, den

---

[30]   Ganz hM, s. nur *Geißler* GmbHR 2005, 1102 (1106); Bork/Schäfer/*Arnold/Born* § 58a Rn. 21; UHL/*Casper* § 58a Rn. 39; HK-GmbHG/*Inhester* § 58a Rn. 14; Lutter/Hommelhoff/*Kleindiek* § 58a Rn. 18; Scholz/*Priester/Tebben* § 58a Rn. 10, 16 f.; Rowedder/Schmidt-Leithoff/*Schnorbus* § 58a Rn. 25 f.; Noack/Servatius/Haas/*Kersting* § 58a Rn. 18; s. auch LG Kiel Urt. v. 18.1.2013 – 16 O 4/12, BeckRS 2013, 04335.
[31]   BGH Urt. v. 9.2.1998 – II ZR 278/96, BGHZ 138, 71 (74 ff.) = NJW 1998, 2054 – Sachsenmilch; Urt. v. 5.7.1999 – II ZR 126/98, BGHZ 142, 167 = NJW 1999, 3197 – Hilgers; zust. etwa *Krieger* ZGR 2000, 885 (890); *Wirth* DB 1996, 867 (870 ff.); abl. *Natterer* AG 2001, 629 (633 ff.).
[32]   BGH Urt. v. 9.2.1998 – II ZR 278/96, BGHZ 138, 71 (77 ff.) = NJW 1998, 2054 (2056 f.) – Sachsenmilch.
[33]   So auch UHL/*Casper* § 58a Rn. 44; Scholz/*Priester/Tebben* § 58a Rn. 16 f.; tendenziell auch Rowedder/Schmidt-Leithoff/*Schnorbus* § 58a Rn. 25 f.
[34]   So auch UHL/*Casper* § 58a Rn. 40; zur AG s. BGH Urt. v. 9.2.1998 – II ZR 278/96, BGHZ 138, 71 (77) = NJW 1998, 2054 (2056 f.) – Sachsenmilch.

Nennbetrag eines Anteils notfalls bis auf **einen Euro** herabzusetzen, Gebrauch gemacht wird.[35] Zur möglichst schonenden Zusammenlegung ausführlich → § 58a Rn. 57 ff.

c) Bezugsrecht. Eine andere Frage ist, ob den Altgesellschaftern bei der mit einer **64** vereinfachten Kapitalherabsetzung verbundenen Kapitalerhöhung ein Bezugsrecht einzuräumen ist. Hier gelten die allgemeinen Regeln (auch → § 55 Rn. 100 ff.; → § 58a Rn. 101 ff.).[36] Ein sachlicher Grund zum **Bezugsrechtsausschluss** wird insbesondere dann anerkannt, wenn die Kapitalerhöhung zu Sanierungszwecken erfolgt und die Sanierung anders nicht erreichbar erscheint.[37] Das Interesse eines Investors, die Kapitalerhöhung allein zu zeichnen, ist in der Krise der Gesellschaft, bei der die Gesellschaft überschuldet ist und dringend der Zuführung neuer Mittel bedarf und in der die Altgesellschafter ihre Beteiligung bei wirtschaftlicher Betrachtung bereits verloren haben, grundsätzlich anzuerkennen und nicht missbräuchlich. Dies gilt auch dann, wenn der Investor einer der Altgesellschafter ist.

Soweit ein Bezugsrecht der Altgesellschafter anzuerkennen ist, berechtigt dies jedenfalls **65** bei einer vereinfachten Kapitalherabsetzung mit gleichzeitiger Kapitalerhöhung lediglich zur Übernahme eines der bisherigen Beteiligung entsprechenden Anteils am Kapitalerhöhungsbetrag. Dagegen kann ein Gesellschafter in diesem Fall im Grundsatz nicht verlangen, lediglich eine nicht seiner bisherigen Beteiligungsquote entsprechende **Minimalbeteiligung** im Rahmen der Kapitalerhöhung übernehmen zu können (ausführlich → § 58a Rn. 102 ff.).[38]

d) Sondervorteil. Der BGH hat auch klargestellt, dass mit der Sanierung durch einen **66** Gesellschafter verbundene Chancen und der Zugang zur Nutzung von Vermögenswerten der Gesellschaft – konkret ging es um Verlustvorträge – keinen die Anfechtbarkeit begründenden **Sondervorteil** iSd § 243 Abs. 2 AktG darstellen.[39]

e) Missbrauchsverbot. Der Kapitalherabsetzungsbeschluss ist daher nur am allgemei- **67** nen Missbrauchsverbot zu messen. Die Gesellschaftermehrheit darf die Kapitalherabsetzung also nicht missbräuchlich gezielt dazu nutzen, einen Gesellschafter aus der Gesellschaft auszuschließen.[40] Die Anforderungen an einen solchen **Rechtsmissbrauch** sind hoch und die Darlegungs- und Beweislast liegt beim Anfechtungskläger. Rechtsmissbrauch wäre auch denkbar, wenn die vereinfachte Kapitalherabsetzung kurz vor einer ohnehin beabsichtigten Liquidation der Gesellschaft erfolgt, bei der (zB aufgrund hoher stiller Reserven) eine Verteilung des Restvermögens an die Gesellschafter zu erwarten ist.[41]

f) Mitwirkungspflicht der Altgesellschafter. Eine für den Erfolg der Sanierung **68** möglicherweise entscheidende Frage ist, ob die Altgesellschafter verpflichtet sind, die notwendigen Gesellschafterbeschlüsse zur vereinfachten Kapitalherabsetzung und zur Kapitalerhöhung zu fassen. Dazu lassen sich folgende **Grundsätze** zusammenfassen:
– Mangels gesetzlicher Verpflichtung kann sich die Mitwirkungspflicht eines GmbH- **69** Gesellschafters an einem Kapitalschnitt nur aus der gesellschaftsrechtlichen **Treuepflicht**

---

35 IErg wohl ebenso UHL/*Casper* § 58a Rn. 41; ähnlich zur Verpflichtung, die Kapitalherabsetzung mit anschließender Kapitalerhöhung bei einer AG so vorzunehmen, dass möglichst viele Gesellschafter in der Gesellschaft verbleiben können, beispielsweise durch eine möglichst kleine Stückelung der Aktien, BGH Urt. v. 5.7.1999 – II ZR 126/98, BGHZ 142, 167 (170) = NJW 1999, 3197 – Hilgers; dazu *Krieger* ZGR 2000, 885 (902 ff.); *Henze* BB 2001, 53 (55 f.); *J. Vetter* AG 2000, 193 (206); *Ekkenga*, Handbuch der AG-Finanzierung, 2. Aufl. 2019, Kap. 15 Rn. 73.
36 Noack/Servatius/Haas/*Servatius* § 55 Rn. 20 ff.
37 LG Heidelberg Urt. v. 16.3.1988 – KfH II O 6/88, AG 1989, 447 (448); Noack/Servatius/Haas/*Servatius* § 55 Rn. 27; zur AG ausf. *Ekkenga*, Handbuch der AG-Finanzierung, 2. Aufl. 2019, Kap. 15 Rn. 44 ff.
38 BGH Urt. v. 18.4.2005 – II ZR 151/03, ZIP 2005, 985 (987) = GmbHR 2005, 925 (926 f.) mAnm *Werner* GmbHR 2005, 928; krit. *Priester* GmbHR 2005, 1013; *Hohmuth*, Die Kapitalherabsetzung bei der GmbH, 2007, 153 ff.; Noack/Servatius/Haas/*Kersting* § 58a Rn. 35.
39 BGH Urt. v. 9.2.1998 – II ZR 278/96, BGHZ 138, 71 (80 f.) = NJW 1998, 2054 (2056) – Sachsenmilch.
40 So ausdrücklich LG Kiel Urt. v. 18.1.2013 – 16 O 4/12, BeckRS 2013, 04335; Lutter/Hommelhoff/*Kleindiek* § 58a Rn. 19.
41 Hierzu auch Noack/Servatius/Haas/*Kersting* § 58a Rn. 23.

ergeben. Die Treuepflicht besteht sowohl gegenüber der Gesellschaft als auch gegenüber den übrigen Gesellschaftern (→ § 13 Rn. 97 ff.).[42]

70 – Allgemein resultiert für den einzelnen Gesellschafter aus der Treuepflicht eine Verpflichtung die Interessen der Gesellschaft zu wahren, sie nicht durch schädigendes Verhalten zu beeinträchtigen und sie gegebenenfalls aktiv zu fördern. Gegenüber Mitgesellschaftern ist gleichfalls auf deren berechtigte Interessen Rücksicht zu nehmen (→ § 13 Rn. 88 ff.).[43]

71 – Die Reichweite der Treuepflichten richtet sich nach der tatsächlichen Struktur der Gesellschaft, also insbesondere danach, ob es sich um eine **personalistische GmbH** mit wenigen eng zusammenarbeitenden Gesellschaftern oder eine Publikums-GmbH mit großem Gesellschafterkreis handelt.[44] Außerdem reicht die Treuepflicht bei einem Mehrheitsgesellschafter weiter als bei einem lediglich kapitalistisch beteiligten Minderheitsgesellschafter (→ § 13 Rn. 90 f., → § 13 Rn. 104).[45] Auch den **Minderheitsgesellschafter** einer kapitalistisch strukturierten Gesellschaft trifft aber eine Treuepflicht. Die für die AG anerkannten Treuepflichten des Kleinaktionärs[46] gelten erst recht für GmbH-Gesellschafter.[47]

72 – Entscheidend ist eine Einzelfallbetrachtung, die neben der bereits genannten Realstruktur der Gesellschaft den Gesellschaftszweck, die Art des auszuübenden Rechts (fremdnützig/eigennützig) und vor allem den Verhältnismäßigkeitsgrundsatz beachten muss, dessen Einhaltung anhand der aus dem öffentlichen Recht bekannten Kriterien der **Geeignetheit, Erforderlichkeit und Zumutbarkeit** zu überprüfen ist (→ § 13 Rn. 93).[48]

73 – Aus der Treuepflicht kann sich im Einzelfall die Verpflichtung ergeben, das Stimmrecht in einer bestimmten Weise auszuüben (ausführlich → § 13 Rn. 111 ff.).[49] Erforderlich ist dazu in der konkreten Entscheidungssituation eine Ermessensreduzierung auf Null. Anerkannte Fallgruppe einer solchen Stimmpflicht sind Maßnahmen im Rahmen einer für den Erhalt des Unternehmens notwendigen und sinnvollen **Sanierung** (→ § 13 Rn. 151).[50]

74 Zur Konkretisierung der Treuepflichten im Zusammenhang mit einem Kapitalschnitt ist die „**Sanieren oder Ausscheiden**" Entscheidung des BGH vom 19.10.2009,[51] die inhalt-

---

[42] S. nur BGH Urt. v. 5.6.1975 – II ZR 23/74, BGHZ 65, 15 (18 f.) = NJW 1976, 191 – ITT; zur AG BGH Urt. v. 20.3.1995 – II ZR 205/94, BGHZ 129, 136 (142) = NJW 1995, 1739 (1740) – Girmes; Noack/Servatius/Haas/*Fastrich* § 13 Rn. 20 ff.; MHdB GesR III/*Böhm* § 32 Rn. 18; MHLS/*Lieder* § 13 Rn. 140 f.

[43] BGH Urt. v. 20.3.1995 – II ZR 205/94, BGHZ 129, 136 (143 f.) = NJW 1995, 1739 (1740) – Girmes, zur AG; UHL/*Raiser* § 14 Rn. 68; Noack/Servatius/Haas/*Fastrich* § 13 Rn. 21.

[44] Näher etwa *Bitter* ZGR 2010, 147 (172 ff.).

[45] UHL/*Raiser* § 14 Rn. 69 f.; MHdB GesR III/*Böhm* § 32 Rn. 19; Noack/Servatius/Haas/*Fastrich* § 13 Rn. 22.

[46] BGH Urt. v. 20.3.1995 – II ZR 205/94, BGHZ 129, 136 (142 ff.) = NJW 1995, 1739 (1740) – Girmes.

[47] So ausdrücklich auch Noack/Servatius/Haas/*Fastrich* § 13 Rn. 22, 24; UHL/*Casper* § 58a Rn. 27; s. auch *Döge* ZIP 2020, 1220 (1221 f.).

[48] BGH Urt. v. 5.6.1975 – II ZR 23/74, BGHZ 65, 15 (19) = NJW 1976, 191 – ITT; Rowedder/Schmidt-Leithoff/*Pentz* § 13 Rn. 40; Noack/Servatius/Haas/*Fastrich* § 13 Rn. 26a f.; zur Beachtung des Verhältnismäßigkeitsgrundsatzes im Kontext der Stimmrechtsausübung HCL/*Raiser* § 14 Rn. 78, 88.

[49] BGH Urt. v. 20.3.1995 – II ZR 205/94, BGHZ 129, 136 (152 f.) – Girmes, zur AG; *Zöllner,* Die Schranken mitgliedschaftlicher Stimmrechtsmacht bei den privatwirtschaftlichen Personenverbänden, 1963, 353 f.; Noack/Servatius/Haas/*Fastrich* § 13 Rn. 29; Noack/Servatius/Haas/*Noack* § 47 Rn. 111; MHdB GesR III/*Böhm* § 32 Rn. 31.

[50] BGH Urt. v. 20.3.1995 – II ZR 205/94, BGHZ 129, 136 (152) = DStR 1995, 1232 – Girmes, zur AG; ausf. *Häsemeyer* ZHR 160 (1996), 109, insbes. 125; *Lutter* JZ 1995, 1053 (1054); *Marsch-Barner* ZIP 1996, 853; *Döge* ZIP 2020, 1220 (1222); MHdB GesR III/*Böhm* § 32 Rn. 31; MHLS/*Lieder* § 13 Rn. 186; Scholz/*Priester/Tebben* § 58a Rn. 18 f.; ebenso jetzt Rowedder/Schmidt-Leithoff/*Schnorbus* § 58a Rn. 11 (abw. von Rowedder/Schmidt-Leithoff/*Zimmermann,* 4. Aufl. 2002, Rn. 11); aA *Kunze,* Positive Stimmpflichten im Kapitalgesellschaftsrecht, 2003, 183 ff., der auf das Recht der Gesellschafter zur sofortigen Liquidation verweist; tendenziell zurückhaltend auch MHLS/*Waldner* § 58a Rn. 9, 18.

[51] BGH Urt. v. 19.10.2009 – II ZR 240/08, NJW 2010, 65 – Sanieren oder Ausscheiden; dazu *Goette* GWR 2010, 1; *Priester* ZIP 2010, 497; *Rummel/Enge* NZG 2017, 256; *K. Schmidt* JZ 2010, 125; *Schöne* ZIP 2015, 501; *Stupp* DB 2010, 489 (492 ff.); *Wagner* NZG 2009, 1378; *Weber* DStR 2010, 702; seitdem

lich für eine GbR durch Entscheidung vom 9.6.2015 grundsätzlich bestätigt wurde,[52] von erheblicher Bedeutung, auch wenn sie eine OHG betraf. Die Gesellschafter einer sanierungsbedürftigen Publikumspersonengesellschaft (GmbH & Co. OHG) beschlossen auf der Grundlage eines Sanierungskonzepts eine Kapitalherabsetzung mit gleichzeitiger Kapitalerhöhung, ließen dabei aber jedem Gesellschafter die Wahl, sich entweder durch die Zeichnung neuen Kapitals an der Sanierung zu beteiligen oder anderenfalls automatisch auszuscheiden. Die Beklagten hatten dieser Änderung des Gesellschaftsvertrags nicht zugestimmt, anschließend auch kein neues Kapital gezeichnet und wurden nun von der Gesellschaft – da sie aus dieser automatisch ausgeschieden seien – auf Zahlung des jeweiligen Anteils am Auseinandersetzungsfehlbetrag gem. § 739 BGB verklagt. Der BGH bestätigte, dass aus der gesellschafterlichen Treuepflicht ausnahmsweise eine Zustimmungspflicht hinsichtlich der für eine Sanierung erforderlichen Beschlüsse resultieren kann. Voraussetzung dafür ist einerseits, dass die Sanierung dringend erforderlich und das Sanierungskonzept wirtschaftlich sinnvoll ist. Zum anderen ist eine Interessenabwägung vorzunehmen, in deren Rahmen insbesondere die schützenswerten Belange der sanierungsunwilligen Gesellschafter, aber auch der sanierungsbereiten Gesellschafter zu berücksichtigen sind. Die Interessen der Sanierungsverweigerer stehen jedenfalls dann nicht entgegen, wenn das Ausscheiden für den Gesellschafter gegenüber der sofortigen Liquidation der Gesellschaft nicht nachteilig, sondern sogar günstiger ist[53] und andererseits den sanierungsbereiten Gesellschaftern ein Verbleiben der Verweigerer nicht zumutbar wäre, da die Verweigerer im Falle der erfolgreichen Sanierung von den Sanierungsbeiträgen der übrigen Gesellschafter durch eine, wenn auch verwässerte, Gewinnteilnahme und die wirtschaftlich noch bedeutsamere Befreiung der auf sie entfallenden Gesellschaftsschulden profitieren würden. In einer weiteren Entscheidung hat der BGH die Grenzen der Treuepflicht des Minderheitsgesellschafters aufgezeigt: Der Gesellschaftsvertrag einer in die Krise geratenen GbR sah auch für Fälle einer dringend benötigten Kapitalzufuhr vor, dass kein Gesellschafter an der Kapitalerhöhung teilnehmen, wohl aber eine Verwässerung aufgrund einer ohne seine Beteiligung durch die übrigen Gesellschafter durchgeführten Kapitalerhöhung hinnehmen musste. Im Krisenfall beschloss die Gesellschaftermehrheit trotzdem eine Änderung des Gesellschaftsvertrags derart, dass ein Gesellschafter, der an der zur Sanierung erforderlichen Kapitalerhöhung nicht teilnimmt, automatisch aus der Gesellschaft ausscheidet. Der BGH hielt diese Änderung gegenüber dem Gesellschafter, der gegen die Kapitalerhöhung und die Änderung des Gesellschaftsvertrags gestimmt und an der Kapitalerhöhung nicht teilgenommen hatte, für unwirksam; die Weigerung, sich an der Kapitalerhöhung und der Änderung des Gesellschaftsvertrags zu beteiligen, hielt er nicht für treuwidrig. Der BGH bestätigte zwar den Grundsatz, dass eine Zustimmungspflicht dann in Betracht komme, wenn sie mit Rücksicht auf das bestehende Gesellschaftsverhältnis oder die bestehenden Rechtsbeziehungen der Gesellschafter untereinander dringend erforderlich und die Änderung des Gesellschaftsvertrags dem Gesellschafter unter Berücksichtigung seiner eigenen Belange zumutbar ist. Grundlage solcher Treuepflichten könne jedoch stets nur die auf dem konkreten Gesellschaftsverhältnis beruhende Erwar-

---

im Grundsatz ebenso OLG Stuttgart Urt. v. 11.7.2013 – 19 U 11/13, NZG 2013, 1061; OLG München Urt. v. 12.12.2013 – 24 U 348/13, ZIP 2014, 1172; OLG Düsseldorf Urt. v. 27.6.2014 – I-16 U 149/13, BeckRS 2014, 14414, jeweils zu einem geschlossenen Immobilienfonds in der Rechtsform der GbR; OLG Karlsruhe Urt. v. 22.4.2016 – 4 U 226/15, NZG 2017, 260, zu einem als KG strukturierten Immobilienfonds.

52 BGH Urt. v. 9.6.2015 – II ZR 420/13, NJW 2015, 2882 mAnm *Schimrick* NJW 2015, 2886; dazu *Escher-Weingart* WM 2016, 1569; s. außerdem BGH Urt. v. 25.1.2011 – II ZR 122/09, NZG 2011, 510.

53 Im der Entscheidung zugrunde liegenden Fall hätten die ausscheidenden Gesellschafter aufgrund des negativen Abfindungsanspruchs (§ 739 BGB iVm § 105 Abs. 3 HGB) im Ergebnis 120 % bezogen auf ihre ursprüngliche Einlage an die Gesellschaft leisten müssen, während der im Rahmen der Kapitalerhöhung zu erbringende Beitrag aufgrund von Schuldenerlassen durch die Gläubiger Banken lediglich 60 % betragen hätte. Im Falle der sofortigen Liquidation der Gesellschaft wäre im Rahmen der Verlustübernahmehaftung (§ 735 BGB) eine Nachzahlung in Höhe von 133 % bezogen auf die ursprüngliche Einlage angefallen, vgl. *Stupp* DB 2010, 489 (493).

tungshaltung der übrigen Gesellschafter sein. Aufgrund der ursprünglichen Regelung habe auf Seiten der Mitgesellschafter keine solche berechtigte Erwartungshaltung bestanden; umgekehrt habe diese Regelung ein schutzwürdiges Vertrauen des Verweigerers begründet, bei der Ablehnung einer Beteiligung an der Kapitalerhöhung nicht aus der Gesellschaft ausscheiden zu müssen. Der Gesichtspunkt der gesellschaftsrechtlichen Treuepflicht rechtfertige es nicht, in eine sachlich nicht unvertretbare Regelung einzugreifen, nur weil dies für angemessener erachtet werde.[54]

75   Aufgrund der unterschiedlichen Haftungsstruktur ist diese Rspr. **nicht uneinge-schränkt auf die GmbH übertragbar.**[55] Anders als das Personengesellschaftsrecht kennt das GmbH-Recht keine persönliche Haftung (§ 128 HGB), keine Pflicht zur Ausgleichung des Fehlbetrags beim Ausscheiden eines Gesellschafters (§ 739 BGB) und keine Verlustüber-nahmehaftung im Falle der Liquidation (§ 735 BGB). Dies muss bei der Interessenabwägung Berücksichtigung finden. Zunächst greift ohne eine Außen-, Fehlbetrags- bzw. Verlustüber-nahmehaftung das Argument des Freiwerdens von anteiligen Gesellschaftsschulden bei erfolgreicher Sanierung durch die sanierungswilligen Mitgesellschafter nicht, aufgrund des-sen der BGH im Interesse der sanierenden Gesellschafter das Ausscheiden der Sanierungsun-willigen für gerechtfertigt hielt. Allerdings würden auch bei der GmbH in der Gesellschaft verbleibende Sanierungsverweigerer anteilig an der durch die Sanierung zurückerworbenen Ertragskraft durch ihre Gewinnteilnahme profitieren, ohne dass sie dazu zusätzliche Mittel investiert und damit riskiert hätten.[56] Bei der GmbH greift auch das Argument nicht, dass das Ausscheiden für die Sanierungsverweigerer wirtschaftlich günstiger als die allein durch die Sanierung der Mitgesellschafter vermiedene Liquidation ist. Bei der GmbH droht in beiden Fällen keine Nachschusspflicht. Immerhin ist das Ausscheiden bei wirtschaftlicher Wertlosigkeit der Anteile im Vergleich zur Liquidation aber auch nicht nachteilig.[57] Zudem hat der BGH bei der Publikumspersonengesellschaft sogar ein mit recht beträchtlichen Kosten verbundenes Ausscheiden als den Sanierungsunwilligen zumutbar angesehen; dies spricht dafür, erst recht ein unentgeltliches Ausscheiden ohne weitere Zahlungsverpflichtun-gen für zumutbar zu halten. Als Fazit lässt sich festhalten, dass die Entscheidung des BGH vom 19.10.2009 und die Folgeentscheidungen in der Tendenz die Position der sanierungs-willigen Gesellschafter gegenüber den Sanierungsverweigerern deutlich gestärkt hat, dass mit dieser Entscheidung aber keine Pauschallösung vorgegeben wurde, sondern nach wie vor die **Umstände des Einzelfalls** maßgeblich sind. Ist der Anteil der Sanierungsverweigerer allerdings ohne die Sanierung wirtschaftlich wertlos und wird ein überzeugendes Sanie-rungskonzept vorgelegt, dürfte die Interessenabwägung tendenziell zu Lasten der Sanie-rungsverweigerer ausgehen.

76   Für die erforderliche Abwägung aller Umstände des Einzelfalls lassen sich weitere Krite-rien und Wertungen aufzeigen, die mit zu berücksichtigen sind:[58]
– Nach gängiger Dogmatik dürfte eine Verpflichtung zur Mitwirkung leichter zu begrün-den sein, wenn nicht (ausschließlich) außenstehende Dritte, sondern ein Teil der Altgesell-schafter bereit ist, die neuen Anteile gegen Einlage zu übernehmen. In diesem Fall ist nicht nur die Treuepflicht gegenüber der Gesellschaft, sondern auch gegenüber den Mitgesellschaftern betroffen. Auch bei einem Einstieg ausschließlich neuer Gesellschafter, wie dies insbesondere bei **Debt-Equity-Swaps** typisch ist (→ Rn. 86 ff.), kann sich aber eine Mitwirkungspflicht der Altgesellschafter ergeben.

---

[54]   BGH Urt. v. 25.1.2011 – II ZR 122/09, NZG 2011, 510 Rn. 17 ff.; dazu *St. Schneider* NZG 2011, 575.
[55]   Ausführlicher *Priester* ZIP 2010, 497 (499 ff.); *Döge* ZIP 2020, 1220 (1222 ff.); Scholz/*Priester/Tebben* § 58 Rn. 92; außerdem *Weber* DStR 2010, 702 (704 ff.); zur Übertragbarkeit auf den Kommanditisten *Stupp* DB 2010, 489 (493 ff.).
[56]   Eine derartige Benachteiligung der sanierungsbereiten Gesellschafter ebenfalls abl. *Döge* ZIP 2018, 1220 (1224).
[57]   Ebenso *Döge* ZIP 2018, 1220 (1224).
[58]   Ausführlicher speziell zur auf die Treuepflicht gestützten Verpflichtung zur Mitwirkung an einem Kapital-schnitt zur Sanierung *Häsemeyer* ZHR 160 (1996), 109 (125 ff., 128); *R. Redeker* BB 2007, 673 (675 f.).

– Eine Verpflichtung zur Mitwirkung an den erforderlichen Beschlüssen liegt dann beson- **77** ders nahe, wenn die Altgesellschafter die Möglichkeit haben, sich an der Kapitalerhöhung gleichmäßig zu beteiligen. Auf der anderen Seite ist es nicht unangemessen, wenn ein Investor nur dann zu einem Investment bereit ist, wenn er dadurch die einfache oder qualifizierte Mehrheit an der Gesellschaft erwirbt, um anschließend die Sanierung und erfolgreiche Neuausrichtung des Unternehmens kontrollieren zu können (→ Rn. 64).

– Die Verteilung der Beteiligungsquoten zwischen Alt- und Neugesellschaftern ist keine **78** reine Rechenaufgabe, sondern regelmäßig **Ergebnis mitunter harter Verhandlungen.** Da die Neugesellschafter nicht verpflichtet sind, eine „faire" Verteilung der Beteiligungsquoten nach Durchführung der Kapitalerhöhung („post money") zu akzeptieren, kann man auch den Altgesellschaftern nicht völlig verbieten, ihre aufgrund der Notwendigkeit ihrer Mitwirkung gegebene Machtposition in den Verhandlungen in einem gewissen Maße taktisch einzusetzen.

– Andererseits ist zu berücksichtigen, dass aufgrund des großen Zeitdrucks in der Sanie- **79** rungssituation keine anderen Möglichkeiten zur Verfügung stehen. Insbesondere haben die Gesellschaft und die die Sanierung mittragenden Gesellschafter faktisch keine Möglichkeit, die opponierenden Gesellschafter auf Mitwirkung zu verklagen. **Einstweiliger Rechtsschutz** ist nach teilweise vertretener Ansicht zwar möglich; dies ist aber umstritten und wegen uneinheitlicher Rspr. zumindest unsicher (→ Anh. § 47 Rn. 267 ff.).[59] Mit dieser erheblichen Machtposition, die die Altgesellschafter in dieser Situation haben, ist eine besondere Treuebindung verbunden.

– Treuwidrig handeln die Altgesellschafter dann, wenn sie sich einem objektiv notwendigen **80** und Erfolg versprechenden Sanierungsversuch aus **eigennützigen Erwägungen** wider- setzen (→ § 13 Rn. 151).[60] Eigennützig sind die Erwägungen dann, wenn sie durch Einsatz ihrer Blockademöglichkeit wirtschaftliche Vorteile zu erzielen versuchen, die sie ohne die Sanierung nicht erreichen könnten, oder wenn sie sich dem Sanierungsversuch ohne nachvollziehbare Erwägungen widersetzen. Indiz dafür ist, wenn eine Sanierung notwendig ist und die sich widersetzenden Gesellschafter kein Alternativkonzept aufwei- sen können. Ist die **Gesellschaft bereits überschuldet** oder steuert sie klar auf die Überschuldung zu, ist der Anteil der Altgesellschafter bereits wertlos geworden. In einem solchen Fall ist die Wahrscheinlichkeit, dass eine Verweigerung der Mitwirkung oder die Forderung nach einer maßgeblich fortbestehenden Beteiligung nach Durchführung der Kapitalerhöhung treuwidrig ist, sehr hoch.[61] Verstärkt wird diese Erwägung durch die Änderung der InsO durch das ESUG und das StaRUG, nach der die Gesellschafter nunmehr auch im Rahmen eines Insolvenzverfahrens Sanierungsmaßnahmen nicht mehr blockieren können (näher → Rn. 92 ff.).

– Das vorgeschlagene Sanierungskonzept muss plausibel sein.[62] Ein Indiz für die **Plausibili- 81 tät des Sanierungskonzepts** ist, wenn es unter Zuhilfenahme sachverständiger Unter- stützung ausgearbeitet worden ist. Regelmäßig wird eine vorherige Abstimmung mit den wesentlichen Gläubigern und ggf. den Arbeitnehmern erforderlich sein, soweit die Arbeitnehmer ebenfalls freiwillige Sanierungsbeiträge zu erbringen haben.[63] Allerdings können die Gesellschafter nicht verlangen, dass sie generell als letzte nach Eingehung fester Verpflichtungen durch alle übrigen Beteiligten entscheiden. Mitunter kann der

---

[59]   Näher hierzu *Nietsch* GmbHR 2006, 393; *Häsemeyer* ZHR 160 (1996), 109 (121 ff.); MHLS/*Römermann* Anh. § 47 Rn. 603 ff.; Noack/Servatius/Haas/*Noack* Anh. § 47 Rn. 202 ff.

[60]   Ähnlich zur AG BGH Urt. v. 20.3.1995 – II ZR 205/94, BGHZ 129, 136 (153) = NJW 1995, 1739 (1743) – Girmes; Lutter/Hommelhoff/*Kleindiek* § 58a Rn. 4, 20 f.; aA *Schöne* ZIP 2015, 501 (508), der in der Beschlussfassung der Mehrheitsgesellschafter über die Einführung einer Regelung zum zwangsweisen Ausscheiden der nicht sanierungsbereiten Gesellschafter sogar einen treuwidrigen Eingriff in die Rechts- stellung dieser Gesellschafter sieht.

[61]   S. auch *Bitter* ZGR 2010, 147 (166 f.); *Döge* ZIP 2018, 1220 (1222).

[62]   OLG München Beschl. v. 16.1.2014 – 23 AktG 3/13, ZIP 2014, 472 (474 f.) mit allerdings sehr strengen Anforderungen an die Plausibilität des Sanierungskonzepts.

[63]   Tendenziell in weitergehendem Umfang eine Vorabsprache mit den Arbeitnehmern fordernd Lutter/ Hommelhoff/*Kleindiek* § 58a Rn. 20.

Erfolg der Sanierung davon abhängen, dass die Gesellschafter ein Zeichen setzen, um so die übrigen Beteiligten zu den von deren Seite erforderlichen Schritten zu bewegen.

82 – Ein Indiz für ein plausibles Sanierungskonzept und die Verweigerung der Unterstützung aus eigennützigen Interessen kann die **Zahl der die Maßnahme ablehnenden Altgesellschafter** mit gleicher Interessenlage sein. Stimmt die Mehrheit derjenigen Altgesellschafter, die an der Kapitalerhöhung nicht teilnehmen, für die Maßnahme, ist dies ein Indiz dafür, dass das Konzept fair und angemessen ist.

83 – Eine Mitwirkungspflicht von Gesellschaftern beschränkt sich stets auf die Ermöglichung der Sanierung durch diejenigen, die bereit und in der Lage sind, Kapital zuzuschießen.[64] Dagegen kann aus der gesellschaftsrechtlichen Treuepflicht keine Verpflichtung abgeleitet werden, selbst an der Kapitalerhöhung teilzunehmen und **zusätzliche Einlagen** zu leisten. Dies würde einer unzulässigen Nachschusspflicht gleichkommen.[65]

84 Nach ähnlichen Grundsätzen entscheidet sich, ob sich ein überstimmter Minderheitsgesellschafter, der den Kapitalherabsetzungsbeschluss anficht, treuwidrig verhält und entsprechend **schadensersatzpflichtig** macht, wobei eine Schadensersatzpflicht Verschulden voraussetzt.

85 **Rechtspolitisch** wäre eine stärkere Inpflichtnahme der Altgesellschafter im Interesse des Unternehmens, seiner Arbeitnehmer und Vertragspartner zu begrüßen. Rechtstatsächlich sind erfolgreiche Sanierungen praktisch nur im Einvernehmen zwischen Alt- und Neugesellschaftern möglich. Die Herausbildung klarer Pflichten der Altgesellschafter zur Mitwirkung und das Schadensersatzrisiko bei Verletzung dieser Pflichten sollte es in der Praxis aber erleichtern, in der zur Verfügung stehenden kurzen Zeit eine einvernehmliche Lösung zu finden.

86 **2. Sonderfall Debt-Equity-Swap.** Eine Sonderform der häufig mit einer vereinfachten Kapitalherabsetzung verbundenen Form der Sanierung ist der so genannte Debt-Equity-Swap. Der Debt-Equity-Swap ist ein Sanierungsinstrument, bei dem die Inhaber von Forderungen gegenüber einer in der Krise befindlichen Gesellschaft ihre (ggf. zuvor von Dritten günstig erworbenen) Forderungen gegen die Gesellschaft gegen eine Eigenkapitalposition eintauschen, indem sie als Gegenleistung entweder bereits bestehende Anteile von den Altaktionären oder neue Anteile im Wege einer Sachkapitalerhöhung unter Ausschluss des Bezugsrechts übernehmen. Die Forderungen gegen die Gesellschaft erlöschen entweder im Wege der Konfusion oder aufgrund eines separaten Erlassvertrages. Eine Überschuldung kann so aufgehoben oder verhindert werden. Die (drohende) Zahlungsunfähigkeit wird unmittelbar durch die entfallenden kurzfristigen Tilgungs- und Zinszahlungsverpflichtungen gemindert. Darüber hinaus kann die Zahlungsunfähigkeit mittelbar beseitigt werden, indem das Erlöschen der alten Forderungen entweder Raum für neue Kreditlinien bei Dritten schafft oder der Investor selbst eine zusätzliche Kreditlinie einräumt. In der Praxis ist der Debt-Equity-Swap typischerweise mit einem umfassenderen Sanierungskonzept verbunden.

87 Die **praktische Bedeutung** von Debt-Equity-Swaps und ähnlichen Konstruktionen hat dadurch zugenommen, dass sich eine Gruppe von „alternativen Investoren" wie Hedge Fonds oder Opportunity Fonds darauf spezialisiert hat, Sanierungen durch Aufkauf von Krediten vorzubereiten und Unternehmen oder Unternehmensbeteiligungen aus der Position des Fremdkapitalgläubigers in der Krise zu übernehmen.

88 Im Rahmen eines Debt-Equity-Swap im Wege der Sachkapitalerhöhung (häufig im Anschluss an einen Kapitalschnitt) stellen sich **verschiedene Haftungsrisiken** für den Inferenten, die durch unterschiedliche Meinungen zu den für die Bewertung der einzubringenden Forderungen maßgeblichen Methoden noch verschärft werden, die hier allerdings

---

64 Bei einem gesellschaftsvertraglich festgelegten Anwesenheitsquorum kann die Mitwirkungspflicht sich auch darauf richten, der Gesellschaftsversammlung nicht unentschuldigt oder absichtlich fernzubleiben, um so der Beschlussfassung zu ermöglichen, *Kruse/Pricking* DStR 2020, 2434 (2439).

65 So ausdrücklich auch UHL/*Casper* § 58a Rn. 60; Lutter/Hommelhoff/*Kleindiek* § 58a Rn. 4; MHLS/*Waldner* § 58a Rn. 18.

nicht vertieft behandelt werden können:[66] Insbesondere handelt es sich bei der Einbringung der Forderungen gegen die Gesellschaft um eine Sacheinlage. Ihre Werthaltigkeit ist sorgfältig zu prüfen, zumal sich der Darlehensnehmer in der Krise befindet. Es fragt sich, ob die einzubringenden Forderungen regelmäßig nur mit einem deutlichen Bewertungsabschlag gegenüber ihrem Nominalbetrag angesetzt werden können. Der Investor übernimmt die verschuldensunabhängige Differenzhaftung gem. den § 56 Abs. 2, § 9. Nach Wirksamwerden des Debt-Equity-Swap besteht für den Investor das Risiko, dass seine nicht eingebrachten Forderungen gegen die Gesellschaft den Regeln über Gesellschafterdarlehen, insbesondere § 39 Abs. 1 Nr. 5 InsO und § 135 InsO unterfallen. Besondere Bedeutung wird insoweit haben, ob die Voraussetzungen des Sanierungsprivilegs des § 39 Abs. 4 S. 2 InsO vorliegen. Schließlich wird auf das Risiko hingewiesen, dass der Investor aufgrund massiver Einflussnahme auf die Gesellschaft als faktischer Geschäftsführer behandelt wird.

Auch bei Debt-Equity-Swaps stellt sich die Frage, ob die Altgesellschafter zur Fassung **89** der erforderlichen **Kapitalherabsetzungs- und Kapitalerhöhungsbeschlüsse** verpflichtet sind. Es gelten die zuvor (→ Rn. 68 ff.) dargestellten Grundsätze, wobei zu beachten ist, dass die Altgesellschafter an der Kapitalerhöhung typischerweise nicht beteiligt werden.[67]

Im Hinblick auf die technische Durchführung einer im Zusammenhang mit einem **90** Debt-Equity-Swap erfolgenden vereinfachten Kapitalherabsetzung unter gleichzeitiger Kapitalerhöhung ist zu beachten, dass dabei die **Zulässigkeit von Sacheinlagen** nach § 58a Abs. 4 S. 1 beschränkt und eine rückwirkende bilanzielle Abbildung nach § 58f Abs. 1 ausgeschlossen ist (auch → § 58f Rn. 23 f.).

Rechtspolitisch gilt auch hier trotz der in Deutschland weit verbreiteten Skepsis **91** gegenüber Finanzinvestoren, dass Erleichterungen von Sanierungen gerade auch im unmittelbaren Vorfeld der Insolvenz im Interesse der betroffenen Unternehmen, ihrer Arbeitnehmer und Vertragspartner liegen und damit auch aus volkswirtschaftlicher Sicht zu begrüßen sind. Ist das Unternehmen unter Führung der bisherigen Gesellschafter in die Krise geraten und haben die Anteile an der Gesellschaft ihren Wert praktisch bereits verloren, entspricht es auch dem insolvenzrechtlichen Gedanken des Vorrangs der Fremdkapitalgeber, dass die Übernahme der verbliebenen Werte durch die Gläubiger durch Übernahme des Unternehmens erleichtert wird.

3. Kapitalschnitt und Debt-Equity-Swap in Insolvenz und Restrukturierung. 92 a) Insolvenzplanverfahren. Vor dem Inkrafttreten des Gesetzes zur weiteren Erleichterung der Sanierung von Unternehmen **(ESUG)** vom 7.12.2011 (BGBl. 2011 I 2587) blieb auch nach Eröffnung eines Insolvenzverfahrens die Entscheidung über eine Herabsetzung und Erhöhung des Stammkapitals und das Ausscheiden und die Aufnahme neuer Gesellschafter in der Kompetenz der Gesellschafter. Selbst im Insolvenzplanverfahren bestanden keine Möglichkeiten, Kapitalmaßnahmen gegen den Willen der Gesellschafter zu erzwingen.[68] Um Unternehmenssanierungen zu erleichtern, führte das ESUG mit **§ 225a Abs. 2 InsO** den insolvenzrechtlichen Debt-Equity-Swap als gesetzlich normiertes Sanierungsinstrument

---

[66] Eingehender zu Debt-Equity-Swaps und den dabei zu beachtenden Normen und Risiken *Friedl* BB 2012, 1102; *Himmelsbach/Achsnick* NZI 2006, 561; *Maier-Reimer* VGR 17 (2011), 107 (118 ff.); *R. Redeker* BB 2007, 673; *Reuter/Buschmann* ZIP 2008, 1003 (1009 ff.); *K. Schmidt* ZGR 2012, 565 (571 ff.); *Schmidt/Schlitt* Der Konzern 2009, 279; *Theiselmann* GmbH-StB 2013, 150 ff.; *Toth-Feher/Schick* ZIP 2004, 491 (495 ff.); *v. Sydow/Beyer* AG 2005, 635; *Wansleben* WM 2012, 2083; zur AG *Ekkenga,* Handbuch der AG-Finanzierung, 2. Aufl. 2019, Kap. 15 Rn. 23 f.; speziell zu den steuerlichen Risiken von Debt-Equity-Swaps und deren Ersatz durch Debt-Mezzanine-Swaps *Ekkenga,* Handbuch der AG-Finanzierung, 2. Aufl. 2019, Kap. 15 Rn. 10 ff.; *Hofert/Möller* GmbHR 2009, 527; speziell zu den anzuwendenden Bewertungsmethoden *Mölls/Diderrich* ZHR 183 (2019), 617.

[67] Zur Verpflichtung der Altgesellschafter zur Mitwirkung an Debt-Equity-Swaps aufgrund der gesellschaftsrechtlichen Treuepflicht *R. Redeker* BB 2007, 673 (675 f.).

[68] Ausf. zur Rechtslage vor dem ESUG und den damit verbundenen Defiziten *Sassenrath* ZIP 2003, 1517 (1518 f.); *Westphal/Janjuah* ZIP-Beil. 3/2008, 14; MüKoInsO/*Eidenmüller* InsO § 217 Rn. 67 f.; teilweise wurde ein Anspruch des Insolvenzverwalters auf Abtretung der Gesellschaftsanteile anerkannt, so *Delhaes* NZI 1999, 47, (50); dagegen aber hM, s. etwa MüKoInsO/*Eidenmüller* InsO § 217 Rn. 68; *Eidenmüller/Engert* ZIP 2009, 541 (543); Uhlenbruck/*Lüer/Streit* InsO § 217 Rn. 41 ff.

ein.[69] Insbesondere hat das ESUG durch die Einführung von § 245 Abs. 1, 3 InsO und § 246a InsO das Blockadepotential der Altgesellschafter hinsichtlich der Durchführung eines Kapitalschnitts und eines Debt-Equity-Swap im Insolvenzplanverfahren sowie das Differenz-haftungsrisiko des Inferenten im Rahmen einer solchen im Insolvenzplan vorgesehenen Eigenkapitalzufuhr entschärft bzw. ausgeschlossen.[70]

93   Die Altgesellschafter werden gem. § 217 S. 2 InsO, § 221 InsO Beteiligte des Insolvenz-planverfahrens, in deren Rechte durch den gestaltenden Teil des Insolvenzplans eingegriffen werden kann. Gem. § 225a Abs. 2 InsO kann im gestaltenden Teil des Insolvenzplans vorge-sehen werden, dass Forderungen von Gläubigern in Anteils- oder Mitgliedschaftsrechte am Schuldner umgewandelt werden; insbesondere kann der Plan eine Kapitalherabsetzung oder -erhöhung, die Leistung von Sacheinlagen oder den Ausschluss von Bezugsrechten vorse-hen. Die für einen Kapitalschnitt und einen Debt-Equity-Swap erforderlichen **Kapitalhe-rabsetzungs- oder -erhöhungsbeschlüsse liegen automatisch mit der Annahme des Insolvenzplans vor** und müssen nicht mehr gesondert gefasst werden.[71]

94   Die Annahme des Insolvenzplans erfordert zwar die Zustimmung durch die Beteiligten und damit auch, sofern wie bei einem Kapitalschnitt in die Rechte der Gesellschafter eingegriffen wird, der Gesellschafter. Das Gesetz sieht aber verschiedene **Mechanismen** vor, die sicherstellen sollen, **dass die Altgesellschafter die Sanierung nicht blockieren:**

95   – Im Insolvenzplanverfahren erfolgt die Abstimmung über den Insolvenzplan gem. § 243 InsO in Gruppen, die von den jeweiligen Beteiligten am Insolvenzplanverfahren gebildet werden. Die **Altgesellschafter** bilden dabei gem. **§ 222 Abs. 1 Nr. 4 InsO eine eigene Gruppe.** Auch für die Gläubiger, deren Forderungen im Rahmen eines Debt-Equity-Swap in eine Gesellschafterstellung umgewandelt werden sollen, wird regelmäßig eine Gruppe zu bilden sein, auch wenn eine solche nicht ausdrücklich im Katalog des § 222 Abs. 1 Nr. 1–4 InsO aufgeführt ist.[72] Der Insolvenzplan wird mit der Zustimmung jeder Gruppe mit den erforderlichen in § 244 Abs. 1 InsO festgelegten Mehrheiten angenom-men. Es ist also nicht die Zustimmung jedes einzelnen Gesellschafters erforderlich.

96   – § 245 InsO enthält Regeln dazu, wann die Zustimmung einer Gruppe trotz Verfehlens der erforderlichen Mehrheiten als erteilt gilt. Dieses **Obstruktionsverbot** hat gerade für die erforderliche Zustimmung der Gruppe der Altgesellschafter Bedeutung. Ihre Zustim-mung gilt als erteilt, wenn die Altgesellschafter durch den Insolvenzplan voraussichtlich nicht schlechter gestellt werden, als sie ohne einen Plan stünden (§ 245 Abs. 1 Nr. 1 InsO) und sie angemessen an dem wirtschaftlichen Wert beteiligt werden, der auf der Grundlage des Insolvenzplans allen Beteiligten zufließen soll (§ 245 Abs. 1 Nr. 2 InsO). Für die Altgesellschafter liegt eine solche angemessene Beteiligung gem. § 245 Abs. 3 InsO vor, wenn nach dem Insolvenzplan kein Gläubiger wirtschaftliche Werte erhält, die den vollen Betrag seines Anspruchs übersteigen, und die Altgesellschafter insgesamt gleichgestellt sind.

97   – Nimmt kein Mitglied der Gruppe Altgesellschafter an der Abstimmung über den Insol-venzplan teil, wird ihre Zustimmung nach § 246 InsO fingiert.

---

[69]   Ausführlicher zum Debt-Equity-Swap nach der Neuregelung des ESUG *Bauer/Dimmling* NZI 2011, 517; *R. Fischer* NZI 2013, 823; *Gehrlein* NZI 2012, 257; *Kanzler/Mader* GmbHR 2012, 992; *Maier-Reimer* VGR 17 (2011), 107 (110 ff.); *Meyer/Degener* BB 2011, 847; *K. Schmidt* ZGR 2012, 565 (578 ff.); *Simon/Merkelbach* NZG 2012, 121 (123 ff.); *Spliedt* GmbHR 2012, 462; *Weber/Schneider* ZInsO 2012, 374; *Wuschek* ZInsO 2012, 1768.

[70]   Gegen die Schwächung der Position der Altgesellschafter werden verfassungsrechtliche Bedenken im Hinblick auf Art. 9 und Art. 14 GG geäußert, die aber letztlich nicht überzeugen; ausf. zu Art. 9 GG *Bitter* ZGR 2010, 147 (196 f.); *Verse* ZGR 2010, 299 (312); zu Art. 14 GG *Bauer/Dimmling* NZI 2011, 517 (518); *Eidenmüller/Engert* ZIP 2009, 541 (545 ff.); *Hölzle* NZI 2011, 124 (127); *Hirte/Knof/Mock* DB 2011, 632; *Kresser* ZInsO 2010, 1409 (1415 ff.); *Meyer/Degener* BB 2011, 846 (847 f.); *K. Schmidt* BB 2011, 1603 (1609); *Verse* ZGR 2010, 299 (310 ff.); *Simon/Merkelbach* NZG 2012, 121 (124 f.), die allerdings den Bezugsrechtsausschluss als Verstoß gegen Art. 14 Abs. 1 GG ansehen; aA oder zumindest krit. *Brinkmann* WM 2011, 97 (100); *Madaus* ZGR 2011, 761; *Schluck-Amend* FS Hoffmann-Becking, 2013, 1039 (1050 f.); zweifelnd auch *Willemsen/Rechel* BB 2011, 834 (839).

[71]   Näher etwa *Meyer/Degener* BB 2011, 847; *Wuschek* ZInsO 2012, 1768 (1770).

[72]   S. etwa *Weber/Schneider* ZInsO 2012, 374 (380).

Im Ergebnis ist festzustellen, dass ein Kapitalschnitt und ein Debt-Equity-Swap im Insol- **98**
venzverfahren auch gänzlich ohne die Zustimmung der Altgesellschafter und ohne Bezugsrecht durchgeführt werden kann. Die Rechtsposition der Altgesellschafter und damit ihre
Verhandlungsposition und ihr Einfluss auf die Gestaltung des Insolvenzplans sind im Vergleich zur früheren Rechtslage zugunsten der Beseitigung von Sanierungshemmnissen, die
aus der Sphäre der Altgesellschafter und den ihnen nach Gesellschaftsrecht zustehenden
Rechten resultierten,[73] erheblich geschwächt worden. Häufig wird sogar eine Kapitalherabsetzung auf „Null" geboten sein und eine Kompensation der Altgesellschafter für den
Anteilsverlust im Insolvenzplan ausscheiden. Eine **Missbrauchskontrolle** wird allerdings
durch das Insolvenzgericht im Rahmen von § 231 Abs. 1 Nr. 1 InsO und §§ 250 f. InsO
sichergestellt.[74]

Auch die **Rechtsposition von sanierungswilligen Neugesellschaftern** wurde **99**
durch das ESUG verbessert: Vor Einführung des ESUG bestand auch bei einem Debt-
Equity-Swap im Rahmen eines Insolvenzverfahrens ein erhebliches **Differenzhaftungsri-**
siko (→ Rn. 88). Auch im Rahmen des insolvenzplanrechtlichen Debt-Equity-Swap ist bei
der Bewertung der als Sacheinlage einzubringenden Forderungen das Vollwertigkeitsprinzip
anstelle des Nominalwertprinzips anzuwenden.[75] Zudem wird man vor dem Hintergrund
der Systematik des ESUG für die Bewertung der einzubringenden Forderungen auf den
Zerschlagungswert abzustellen haben und nicht auf den Fortführungswert.[76] Grundsätzlich
bestünde daher auch hier ein Differenzhaftungsrisiko, das der Gesetzgeber allerdings im
Hinblick auf die Planungssicherheit der sanierungswilligen Gläubiger mit der Einführung
von § 254 Abs. 4 InsO beseitigt hat.[77] Nach der gerichtlichen Bestätigung des Insolvenzplans
ist die Geltendmachung von Ansprüchen aufgrund einer Überwertung der eingebrachten
Forderungen gegen die Inferenten nicht mehr möglich.[78] Dies ändert in der Praxis allerdings
nichts am Erfordernis eines sorgfältig angefertigten Bewertungsgutachtens.[79]

Außerdem schützt das **Sanierungsprivileg des § 39 Abs. 1 Nr. 5, Abs. 4 S. 2 InsO** **100**
(ggf. iVm § 135 Abs. 4 InsO) sanierungswillige Gläubiger vor der Gefahr des Nachrangs
ihrer übrigen Forderungen beispielsweise in dem Fall, dass ihre bestehenden Forderungen
nur teilweise im Rahmen eines insolvenzrechtlichen Debt-Equity-Swap in Geschäftsanteile
umgewandelt werden. Relevanz kann daneben das Kleinbeteiligungsprivileg des § 39 Abs. 5
InsO (ggf. iVm § 135 Abs. 4 InsO) haben.

b) Restrukturierungsverfahren. Durch das am 1.1.2021 in Kraft getretene Gesetz **101**
über den Stabilisierungs- und Restrukturierungsrahmen für Unternehmen **(StaRUG)** vom
22.12.2020 (BGBl. 2020 I 3256) wurde ein Rechtsrahmen geschaffen, der Unternehmen
insolvenzabwendende Sanierungen auf Grundlage eines von den Gläubigern mehrheitlich
angenommenen Restrukturierungsplans ermöglicht. Dadurch wurde die Lücke geschlossen,
die das geltende Sanierungsrecht zwischen dem Bereich der freien, dafür aber auf den
Konsens aller Beteiligten angewiesenen Sanierung einerseits und der Sanierung im Rahmen
eines Insolvenzverfahrens mit ihren Kosten und Nachteilen gegenüber der freien Sanierung
gelassen hat.[80]

---

73 Krit. hierzu *Schluck-Amend* FS Hoffmann-Becking, 2013, 1039 (1047).
74 Hierzu unter dem Terminus „Verbot insolvenzfremder Zwecke" *Keller* BB 2020, 2435 (2439).
75 BR-Drs. 127/11, 45; für die Anwendung des Nominalwertprinzips etwa: *Cahn/Simon/Theiselmann* DB
    2010, 1629; krit. und für ein mehrstufiges Bewertungsverfahren *Mölls/Diderrichs* ZHR 183 (2019), 617.
76 *Simon/Merkelbach* NZG 2012, 121 (123); *Bay/Seeburg* ZInsO 2011, 1927 (1934 ff.); BR-Drs. 127/11,
    45; für eine Bewertung nach Fortführungswert: *Priester* DB 2010, 1445 (1448); *Eidenmüller/Engert* ZIP
    2009, 541 (543); für eine Bewertung auf Grundlage freigesetzten Aktivvermögens *Ekkenga* DB 2012,
    331 (336).
77 BT-Drs. 17/5712, 32 (36).
78 Krit. hierzu *Simon/Merkelbach* NZG 2012, 121 (123); s. auch BR-Drs. 127/11, 45; für eine Bewertung
    nach Fortführungswerten *Priester* DB 2010, 1445 (1448); für eine Bewertung auf Grundlage freigesetzten
    Aktivvermögens *Ekkenga* DB 2012, 331 (336).
79 *K. Schmidt* BB 2011, 1603 (1608 f.); zu einem möglichen Schadenersatzanspruch der Gesellschaft aus
    § 826 BGB gegen die Inferenten bei vorsätzlicher erheblicher Überbewertung der im Rahmen des
    Debt-Equity-Swap eingebrachten Forderung *Kanzler/Mader* GmbHR 2012, 992 (997).
80 BT-Drs. 19/24181, 1.

102   Mithilfe des **Restrukturierungsplans** können gem. § 2 Abs. 3 StaRUG – wie beim
Insolvenzplan – auch die Anteils- oder Mitgliedschaftsrechte der an dem Schuldner beteiligten Personen gestaltet, sonstige gesellschaftsrechtlich zulässige Regelungen getroffen sowie
Anteils- und Mitgliedschaftsrechte übertragen werden.[81] Der durch das ESUG mit § 225a
Abs. 2 InsO eingeführte insolvenzrechtliche Debt-Equity-Swap ist im Restrukturierungsplanverfahren gem. § 7 Abs. 4 StaRUG entsprechend möglich.[82]

103   Auch die Altgesellschafter können gem. § 7 Abs. 1 StaRUG Planbetroffene sein, in
deren Rechte durch den gestaltenden Teil des Restrukturierungsplans eingegriffen werden
kann. Insbesondere kann der Plan nicht nur einen Debt-Equity-Swap, sondern auch eine
Kapitalherabsetzung oder -erhöhung, die Leistung von Sacheinlagen, den Ausschluss von
Bezugsrechten oder die Zahlung von Abfindungen an ausscheidende an dem Schuldner
beteiligte Personen vorsehen. Im Vergleich zum Insolvenzplanverfahren ergeben sich insoweit die folgenden Gemeinsamkeiten und Unterschiede:

104   – Ähnlich wie im Insolvenzplanverfahren erfolgt die Abstimmung über den Restrukturierungsplan gem. § 25 StaRUG in den nach § 9 StaRUG gebildeten Gruppen.[83] Der
Restrukturierungsplan muss mit einer Mehrheit von 75 % des Forderungsvolumens in
jeder Gruppe von Planbetroffenen angenommen werden.[84] Anders als im Insolvenzplanrecht nach § 244 Abs. 1 InsO kommt es also auf eine Kopfmehrheit nicht an,[85] dafür
wirken Enthaltungen oder die Nichtteilnahme an der Abstimmung im Ergebnis wie
Neinstimmen.

105   – Über die Regelung des § 26 Abs. 1 Nr. 1–3 StaRUG gilt das aus § 245 InsO bekannte
Obstruktionsverbot in etwas modifizierter Form. Danach sind auch gruppenübergreifende Mehrheitsentscheidungen (**„cross-class-cram-down"**) möglich, so dass der
Widerstand einer Gruppe (zB der Gesellschafter) überwunden werden kann.[86] Voraussetzung hierfür ist, dass (i) die Mitglieder dieser Gruppe durch den Restrukturierungsplan
voraussichtlich nicht schlechter gestellt werden als sie ohne einen Plan stünden, (ii) die
Mitglieder dieser Gruppe angemessen an dem wirtschaftlichen Wert beteiligt werden,
der auf der Grundlage des Plans den Planbetroffenen zufließen soll (Planwert) und (iii)
die Mehrheit der abstimmenden Gruppen dem Plan mit den erforderlichen Mehrheiten
zugestimmt hat.

106   – Falls kein Mitglied der Gruppe der Altgesellschafter an der Abstimmung über den
Restrukturierungsplan teilnimmt, erfolgt – anders als im Rahmen des Insolvenzplans
nach § 246 InsO – keine Fiktion der Zustimmung allein aufgrund der Nichtteilnahme.
Wurden lediglich zwei Gruppen gebildet, so genügt gem. § 26 Abs. 1 Nr. 3 Hs. 2 StaRUG
die Zustimmung nur einer Gruppe, die allerdings nicht nur aus Anteilsinhabern oder
nachrangigen Restrukturierungsgläubigern bestehen darf.[87]

107   – Aus der Perspektive der Altgesellschafter ist zudem zu beachten, dass eine gruppenübergreifende Mehrheitsentscheidung gem. § 27 Abs. 2 Nr. 2 StaRUG (vorbehaltlich der
in § 28 Abs. 2 StaRUG getroffenen, eng umgrenzten Ausnahmen) voraussetzt, dass die
Altgesellschafter ihre Beteiligung aufgeben. Der Restwert der Beteiligung ist in diesem
Fall gem. § 64 Abs. 3 StaRUG auszugleichen.

108 Zusammenfassend ist festzuhalten, dass auch im Restrukturierungsplanverfahren Kapitalschnitt und Debt-Equity-Swap ohne die Zustimmung der Altgesellschafter und ohne
Bezugsrecht durchgeführt werden können. Die Entziehung von Anteilen gegen den Gesellschafterwillen im Restrukturierungsverfahren ist dabei kritischer zu sehen als im Insolvenzplanverfahren. Im Zeitpunkt der drohenden Zahlungsunfähigkeit als Anknüpfungspunkt

---

[81]   BT-Drs. 19/24181, 112; *Desch* BB 2020, 2498 (2503); *Gehrlein* BB 2021, 66 (67 f.).
[82]   BT-Drs. 19/24181, 117; *Cranshaw/Portisch* ZInsO 2020, 2617 (2621); *Gehrlein,* BB 2021, 68.
[83]   BT-Drs. 19/24181, 127; *Brinkmann* ZIP 2020, 2361 (2362); *Gehrlein* BB 2021, 66 (70).
[84]   *Brinkmann* ZIP 2020, 2361 (2362); *Korch* ZIP 2020 (446); *Müller* ZIP 2020, 2256.
[85]   BT-Drs. 19/24181, 126; *Proske/Streit* NZI 2020, 969 (970); *Thole* ZIP 2020, 1985 (1990).
[86]   BT-Drs. 19/24181, 127; *Brinkmann* ZIP 2020, 2361 (2362); *Desch* BB 2020, 2498 (2504); *Korch* ZIP
2020, 446; *Vallender* ZInsO 2020, 2677 (2678).
[87]   BT-Drs. 19/24181, 128.

für das Restrukturierungsverfahren[88] sind die Anteile im Unterschied zum Insolvenzverfahren grundsätzlich noch werthaltig. Dementsprechend besteht die Gefahr, dass Gesellschafter mittels missbräuchlicher **Loan-to-own Strategien** aus dem Unternehmen gedrängt werden.[89]

Mit der Verkündung des gerichtlichen Beschlusses zur Bestätigung des Restrukturie- **109** rungsplans treten die im gestaltenden Teil festgelegten Wirkungen ein.[90] Dies gilt gem. § 67 Abs. 1 StaRUG auch im Verhältnis zu Planbetroffenen, die gegen den Plan gestimmt haben oder die an der Abstimmung nicht teilgenommen haben, obgleich sie ordnungsgemäß am Abstimmungsverfahren beteiligt worden sind.[91] Es ist daher sicherzustellen, dass alle für den Sanierungserfolg erforderlichen Planbetroffenen ermittelt und am Verfahren beteiligt werden. Hierin liegt ein wesentlicher Unterschied zum Insolvenzplan, in dem gem. § 254b InsO sogar Gläubiger an den Plan gebunden werden, die dem Schuldner nicht bekannt waren oder die von der Insolvenz keine Kenntnis hatten. Ab diesem Zeitpunkt besteht – wie im Insolvenzplanverfahren gem. § 254 Abs. 4 InsO – auch **kein Differenzhaftungsrisiko** mehr, da gem. § 67 Abs. 5 StaRUG keine Ansprüche wegen einer Überbewertung der Forderung gegen die bisherigen Gläubiger geltend gemacht werden können.[92]

V. Sonderfälle der ordentlichen und vereinfachten Kapitalherabsetzung

1. Kapitalherabsetzung im Stadium der Vor-GmbH. Im Gründungsstadium vor **110** Eintragung der GmbH sind die Gründer frei, einvernehmlich und in notarieller Form den Gesellschaftsvertrag einschließlich des Betrags des Stammkapitals zu ändern (auch → § 2 Rn. 57 ff.).[93] Die besonderen Gläubigerschutzmechanismen des § 58 müssen nicht eingehalten werden; das Haftungsregime der Vorgesellschaft bietet den Gesellschaftern ausreichenden Schutz.[94] Ein darüber hinausgehender Schutz der Gläubiger in ihrem Vertrauen auf einen bestimmten Betrag des Stammkapitals und dessen Aufbringung ergibt sich nicht aus dem Gesellschaftsrecht. Denkbar sind allein allgemeine zivilrechtliche Ansprüche aus **culpa in contrahendo**/§ 311 Abs. 2 BGB, deren Voraussetzungen allerdings allenfalls in besonders gelagerten Ausnahmefällen vorliegen werden.[95] Nach der Rspr. ist im Stadium der Vor-GmbH auch eine Herabsetzung des Kapitals unter 25.000 Euro derart möglich, dass die Gründer nunmehr die Gründung einer Unternehmergesellschaft anstreben.[96]

2. Kapitalherabsetzung im Liquidationsstadium. Gegen eine Kapitalherabsetzung **111** im Liquidationsstadium bestehen keine Bedenken. Dies gilt sowohl für die ordentliche[97] als auch die vereinfachte Kapitalherabsetzung.[98] Allerdings sind sowohl die besonderen Gläubigerschutzvorschriften der Kapitalherabsetzung als auch der Liquidation zu beachten. Insbesondere müssen nach **§ 73** die Ansprüche aller Gläubiger befriedigt oder sichergestellt

---

[88] Vgl. zum Anwendungsbereich *Brinkmann* ZIP 2020, 2361 (2363 f.).
[89] *Proske/Streit* NZI 2020, 969 (970); *Korch* ZIP 2020, 446 (448).
[90] BT-Drs. 19/24181, 166; *Desch* BB 2020, 2498 (2506); *Vallender* ZInsO 2020, 2677 (2678).
[91] *Desch* BB 2020, 2498 (2505); *Gehrlein* BB 2021, 66 (75); *Proske/Streit* NZI 2020, 969.
[92] BT-Drs. 19/24181, 166; *Desch* BB 2020, 2498 (2503); *Gehrlein* ZInsO 2021, 175 (190).
[93] Zur Frage, ob für eine Änderung des Gesellschaftsvertrags gem. § 2 die Mitwirkung sämtlicher Gründer erforderlich ist oder bereits ein satzungsändernder Beschluss mit qualifizierter Mehrheit ausreicht, *Priester* ZIP 1987, 280.
[94] Unstr., s. nur OLG Frankfurt Beschl. v. 20.12.2010 – 20 W 377/10, GmbHR 2011, 984 (985); *Priester* ZIP 1987, 280 (285); Scholz/*Priester/Tebben* § 58 Rn. 44; Hachenburg/*Ulmer* § 58 Rn. 41a; MHLS/*Waldner* Vor §§ 58–58f Rn. 11.
[95] Ebenso *Altmeppen* § 58 Rn. 29; UHL/*Casper* § 58 Rn. 34; tendenziell weitergehend *Priester* ZIP 1987, 280 (285); Scholz/*Priester/Tebben* § 58 Rn. 44.
[96] OLG Frankfurt Beschl. v. 20.12.2010 – 20 W 377/10, GmbHR 2011, 984 m. abl. Anm. *Wachter* GmbHR 2011, 986.
[97] S. nur OLG Frankfurt Beschl. v. 11.9.1973 – 20 W 639/73, NJW 1974, 463 (464).
[98] Zur vereinfachten Kapitalherabsetzung ebenfalls unstr., s. etwa UHL/*Casper* § 58a Rn. 12; Noack/Servatius/Haas/*Kersting* § 58a Rn. 5; MHLS/*Waldner* Vor §§ 58–58f Rn. 12; *Haas/Kolmann/Kurz* in Gottwald/Haas InsR-HdB § 90 Rn. 17; *Uhlenbruck* GmbHR 1995, 81 (85); *Wicke* § 58 Rn. 1.

werden, nicht nur die Ansprüche der Gläubiger, die sich nach § 58 Abs. 1 Nr. 2 bei der Gesellschaft gemeldet haben.[99]

112   **3. Kapitalherabsetzung in der Insolvenz.** Auch eine ordentliche oder vereinfachte Kapitalherabsetzung während eines Insolvenzverfahrens ist zulässig (zu einem Kapitalschnitt **im Rahmen eines Insolvenzplanverfahrens** → Rn. 92 ff.).[100] Die Beschlusskompetenz liegt bei den Gesellschaftern.[101] Die Verwendung etwaiger frei gewordener Mittel unterliegt allerdings den Beschränkungen des Insolvenzrechts. Sinnvoll ist eine Kapitalherabsetzung im Stadium der Insolvenz nur zu Zwecken der Sanierung; für diesen Zweck kommt praktisch allerdings nur die vereinfachte Kapitalherabsetzung in Frage.

113   Zur AG hat der BGH ausdrücklich entschieden, dass eine **vereinfachte Kapitalherabsetzung** auch nach Eröffnung eines Insolvenzverfahrens zulässig ist, unabhängig davon, ob die vereinfachte Kapitalherabsetzung mit einer Kapitalerhöhung verbunden wird oder nicht. Erwägungen des Gläubigerschutzes stehen dem nicht entgegen. Die vereinfachte Kapitalherabsetzung verschlechtert die Position der Gläubiger nicht; die Gefährdung ihrer Stellung beruht ausschließlich auf den bereits eingetretenen Verlusten.[102] Dies gilt in gleicher Weise für die GmbH; rechtliche Bedenken gegen die Zulässigkeit einer vereinfachten Kapitalherabsetzung in diesem Stadium sind nicht erkennbar.[103] Die Sanierungsbedürftigkeit der Gesellschaft ist hier offensichtlich. Allerdings wird eine vereinfachte Kapitalherabsetzung aus praktischen Gründen regelmäßig nur Sinn machen, wenn sie mit einem Sanierungskonzept verbunden ist, dass zur Beendigung des Insolvenzverfahrens führt. Denkbar ist sie insbesondere im Zusammenhang mit einem Insolvenzplan.[104] Bei Kapitalmaßnahmen im Rahmen eines Insolvenzplans wird das Gesellschaftsrecht aber seit Inkrafttreten des ESUG in weitem Umfang durch das Insolvenzrecht überlagert (ausführlich → Rn. 92 ff.).

114   **4. Kapitalherabsetzung bei Bestehen eines Beherrschungs- oder Gewinnabführungsvertrags.** Auch bei Bestehen eines Beherrschungs- oder Gewinnabführungsvertrags kann eine ordentliche oder vereinfachte Kapitalherabsetzung durchgeführt werden. Da der Kapitalschutz der abhängigen Gesellschaft durch den **Verlustausgleich** entsprechend § 302 AktG ersetzt wird, ließe sich fragen, ob der besondere Gläubigerschutz der §§ 58 ff. überhaupt erforderlich ist, sofern der Verlustausgleichsanspruch durchsetzbar und vollwertig ist. Eine teleologische Reduktion ist angesichts des klaren Wortlauts des § 58, der §§ 58a ff. und ebenso der §§ 222 ff. AktG allerdings nicht zu begründen. Im Übrigen macht es auch rechtspolitisch Sinn, beim Bestehen eines Unternehmensvertrags nicht nur den Betrag des Eigenkapitals, sondern auch dessen Aufgliederung in gezeichnetes Kapital und sonstige Bestandteile im Grundsatz zu konservieren.

115   Ein Beherrschungs- und Gewinnabführungsvertrag verpflichtet das herrschende Unternehmen, jeden während der Vertragsdauer sonst entstehenden Jahresfehlbetrag auszugleichen. Ein wichtiges Element des Außenseiterschutzes im Vertragskonzern ist die Konservierung des Eigenkapitalstatus bei Abschluss des Vertrages, was einerseits durch die Beschränkung der Gewinnabführung auf den Jahresüberschuss gem. § 301 AktG (außerdem → Anh. § 13 Rn. 681)[105] und andererseits durch die Übernahme des Jahresfehlbetrags gem.

---

[99]   IErg heute unstr., s. nur UHL/*Casper* § 58 Rn. 37; Lutter/Hommelhoff/*Kleindiek* § 58 Rn. 40; Scholz/*Priester/Tebben* § 58 Rn. 45; MHLS/*Waldner* Vor §§ 58–58f Rn. 12; Noack/Servatius/Haas/*Kersting* § 58 Rn. 12; Rowedder/Schmidt-Leithoff/*Schnorbus* § 58 Rn. 20.

[100]   Unstr., s. zur ordentlichen Kapitalherabsetzung nur UHL/*Casper* § 58 Rn. 37; Lutter/Hommelhoff/*Kleindiek* § 58 Rn. 41; MHLS/*Waldner* Vor §§ 58–58f Rn. 12a; Scholz/*Bitter* Vor § 64 Rn. 196; Rowedder/Schmidt-Leithoff/*Schnorbus* § 58 Rn. 20; *Wicke* § 58 Rn. 1.

[101]   So ausdrücklich zur vereinfachten Kapitalherabsetzung UHL/*Casper* § 58a Rn. 12.

[102]   BGH Urt. v. 9.2.1998 – II ZR 278/96, BGHZ 138, 71 (78 f.) = NZG 1998, 549 – Sachsenmilch; zur erstinstanzlichen Entscheidung vgl. *Wirth* DB 1996, 867.

[103]   Zur vereinfachten Kapitalherabsetzung bei der GmbH ausdrücklich UHL/*Casper* § 58a Rn. 12; Noack/Servatius/Haas/*Kersting* § 58a Rn. 5; Bork/Schäfer/*Arnold/Born* § 58a Rn. 7.

[104]   Hierauf weisen hin *Uhlenbruck* GmbHR 1995, 81 (85 f.); *Hirte* in Kölner Schrift zur Insolvenzordnung, 2. Aufl. 2000, 1253 (1278 f.); UHL/*Casper* § 58a Rn. 12.

[105]   Es ist anerkannt, dass § 301 AktG entsprechend auf die GmbH Anwendung findet, s. nur Emmerich/Habersack/*Emmerich* AktG § 301 Rn. 8; vgl. außerdem § 17 Abs. 1 S. 2 Nr. 1 KStG.

§ 302 Abs. 1 AktG erreicht wird. Diesem Konzept liefe es zuwider, wenn das herrschende Unternehmen berechtigt wäre, **während der Vertragslaufzeit erwirtschaftete Verluste** durch eine Kapitalherabsetzung auszugleichen.[106] Entsprechend sind als ausgleichsfähige Verluste iSd § 58a Abs. 1 nur vorvertragliche Verluste anzuerkennen.[107]

Die im Rahmen einer Kapitalherabsetzung frei gewordenen Beträge können gem. § 301 **116** AktG nicht im Rahmen der Gewinnabführung abgezogen werden, sondern nur wie sonstige aufgelöste vorvertragliche Kapitalrücklagen im Wege der **Gewinnausschüttung an alle Gesellschafter** verteilt werden.

Bei einer vereinfachten Kapitalherabsetzung sind dabei die besonderen Ausschüttungs- **117** sperren im Anschluss an die Durchführung der Kapitalherabsetzung nach § 58d zu beachten, die nach ganz hM auch die Gewinnabführung unter einem Gewinnabführungsvertrag beschränken (näher mN → § 58d Rn. 14). In diesem Zusammenhang ergeben sich verschiedene gesellschafts- und steuerrechtliche Fragen. Ein Vertrag, der während der Geltung der **Ausschüttungssperren des § 58d** abgeschlossen wird und die übliche Formulierung zur Abführung des gesamten Gewinns vorsieht, ist nicht wegen Verstoßes gegen § 58d nichtig (zur Problematik, ob ein gegen § 58d verstoßender Gewinnverwendungsbeschluss nichtig ist, → § 58d Rn. 42, → § 58d Rn. 47).[108] § 58d beschränkt die Gewinnabführungsmöglichkeit kraft Gesetzes, ohne dass eine ausdrückliche vertragliche Klarstellung erforderlich ist.[109]

In steuerlicher Hinsicht fragt sich, ob die angestrebte **körperschaftsteuerliche** **118** **Organschaft** aufgrund des Gewinnabführungsvertrags anzuerkennen ist. Dies setzt nach § 14 Abs. 1 S. 1 KStG, § 17 S. 1 KStG voraus, dass die GmbH durch den Vertrag verpflichtet ist, ihren ganzen Gewinn abzuführen. Die Ausschüttungssperren des § 58d stehen dieser Voraussetzung nicht entgegen. Was als ganzer Gewinn iSd § 14 Abs. 1 S. 1 KStG zu verstehen ist, bestimmt sich nach dem Gesellschaftsrecht.[110] Der maximal nach Gesellschaftsrecht abzuführende Gewinn bestimmt sich unter Berücksichtigung gesetzlicher Ausschüttungssperren, insbesondere der §§ 300 f. AktG. In gleicher Weise ist auch § 58d bei der Bestimmung des zivilrechtlich zulässigerweise abzuführenden Gewinns zu berücksichtigen.[111]

Nach § 14 Abs. 1 S. 1 Nr. 3 S. 1 KStG muss der Gewinnabführungsvertrag auf mindes- **119** tens fünf Jahre abgeschlossen und während seiner gesamten Geltungsdauer durchgeführt werden. Aus den vorstehenden Gründen stehen die Beschränkungen des abzuführenden Gewinns durch § 58d einer **Durchführung des Gewinnabführungsvertrags** nicht entgegen.[112] Durchgeführt ist der Gewinnabführungsvertrag, wenn er in Übereinstimmung mit den in ihm enthaltenen Vereinbarungen und nach Maßgabe des Gesetzes vollzogen worden ist.[113] Dies hat zur Konsequenz, dass eine überhöhte, gegen § 58d verstoßende Gewinnabführung unter einem Gewinnabführungsvertrag das Risiko birgt, dass der Vertrag als nicht durchgeführt angesehen wird.[114]

5. § 139 UmwG. a) Bedeutung der Vorschrift. Ist eine GmbH als übertragender **120** Rechtsträger an einer Abspaltung oder Ausgliederung beteiligt, kann aufgrund eines Spaltungsverlusts eine **spaltungsbedingte Unterbilanz** entstehen, wenn der Nettovermögensabfluss nicht durch offene Rücklagen oder einen Gewinnvortrag gedeckt ist.[115] Regelmäßig

---

[106] Ganz hM im aktienrechtlichen Schrifttum, s. etwa GroßkommAktG/*Hirte* AktG § 302 Rn. 24; Emmerich/Habersack/*Emmerich* AktG § 302 Rn. 36; MüKoAktG/*Altmeppen* AktG § 302 Rn. 53; Kölner Komm AktG/*Koppensteiner* AktG § 302 Rn. 13; MHdB GesR IV/*Krieger* § 71 Rn. 71.

[107] So ausdrücklich zur AG GroßkommAktG/*Hirte* AktG § 302 Rn. 24.

[108] Ausdrücklich *Suchanek/Herbst* GmbHR 2006, 966 (968).

[109] Eine solche Klarstellung empfehlend Scholz/*Priester/Tebben* § 58d Rn. 3.

[110] S. nur BFH Urt. v. 18.12.2002 – I R 51/01, BStBl. II 2005, 49 = GmbHR 2003, 363.

[111] *Suchanek/Herbst* GmbHR 2006, 968.

[112] *Suchanek/Herbst* GmbHR 2006, 970.

[113] S. nur BFH Urt. v. 5.4.1995 – I R 156/93, GmbHR 1995, 602.

[114] So *Suchanek/Herbst* GmbHR 2006, 970.

[115] Bei Aufspaltungen erlischt dagegen der übertragende Rechtsträger (vgl. § 131 Abs. 1 Nr. 2 S. 1 UmwG), weshalb sich Fragen einer spaltungsbedingten Unterbilanz beim übertragenden Rechtsträger nicht stellen und § 139 UmwG nicht anwendbar ist.

ist dies nur bei Abspaltungen der Fall, da die Gegenleistung in Form der Anteile am übernehmenden Rechtsträger hier nicht dem übertragenden Rechtsträger, sondern dessen Gesellschaftern gewährt wird (vgl. § 123 Abs. 2 UmwG). Im Rahmen einer Ausgliederung, bei der die Gesellschaft selbst die Gegenleistung in Form der Anteile am übernehmenden Rechtsträger erhält, fehlt es dagegen nur ausnahmsweise dann an einem vollen Bilanzausgleich, wenn unmittelbar nach der Spaltung eine Teilwertabschreibung auf die an die Gesellschaft gewährten Anteile (§ 123 Abs. 3 UmwG) notwendig ist.[116]

121   Deckt das der übertragenden Gesellschaft verbleibende Vermögen das Stammkapital nicht ab, kann die Umwandlung aufgrund der nach **§ 140 UmwG** erforderlichen Kapitaldeckungserklärung nicht zur Eintragung angemeldet werden. Bei der Abspaltung, die zu einer spaltungsbedingten Unterbilanz führt, wäre die Anteilsgewährung an die Gesellschafter außerdem eine unzulässige Rückzahlung von Stammkapital (§ 30). Um in diesen Fällen eine drohende spaltungsbedingte Unterbilanz zu vermeiden, erlaubt § 139 UmwG eine vereinfachte Kapitalherabsetzung, soweit diese zur Durchführung der Spaltung erforderlich ist.

122   **b) Voraussetzungen.** Uneinigkeit besteht darüber, ob § 139 UmwG einen **Rechtsgrund- oder Rechtsfolgenverweis** auf die §§ 58a ff. enthält.[117] Dogmatisch spricht für die Annahme einer Rechtsfolgenverweisung, dass der Vermögensabfluss bei der Abspaltung Entnahme- und nicht Verlustcharakter hat.[118] Die Entstehung einer Unterbilanz allein durch Entnahmen rechtfertigt an sich aber keine vereinfachte Kapitalherabsetzung (→ § 58a Rn. 27).

123   Praktische Bedeutung hat der Streit für die Frage, ob **§ 58a Abs. 2** zur Anwendung gelangt und deshalb Rücklagen in Höhe von 10 % des herabgesetzten Stammkapitals bestehen bleiben dürfen, oder ob eine vollständige Auflösung frei verfügbarer Eigenkapitalpositionen erforderlich ist. Für die vollständige Auflösung (und damit für eine Rechtsfolgenverweisung) spricht neben dem Wortlaut des § 139 UmwG (Erforderlichkeit der Kapitalherabsetzung), dass § 58a Abs. 2 eine Kapitalreserve für sanierungsbedürftige GmbH gewähren will, bei § 139 UmwG jedoch grundsätzlich keine Sanierungssituation vorliegt. Die der Gesellschaft eingeräumte größere Flexibilität in Sanierungssituationen ist bei Entstehen einer Unterbilanz aufgrund einer Entnahmehandlung rechtspolitisch jedenfalls nicht geboten. Die vereinfachte Kapitalherabsetzung ist im Fall des § 139 UmwG daher nur in dem Umfang zulässig, der zur Beseitigung der Unterbilanz notwendig ist; frei verfügbare Rücklagen sind zuvor vollständig aufzulösen.

124   Darüber hinaus vertritt eine beachtliche Auffassung, dass eine vereinfachte Kapitalherabsetzung nur soweit erforderlich und zulässig ist, wie beim übernehmenden Rechtsträger Nennkapital gebildet wird.[119] Hiermit soll verhindert werden, dass abgespaltene Vermögenswerte, die beim übertragenden Rechtsträger Teil des gebundenen Stammkapitals waren, beim über-

---

[116] Beispiel: überschuldeter übernehmender Rechtsträger, dazu näher Semler/Stengel/*Reichert* UmwG § 139 Rn. 4, 9; Widmann/Mayer/*Mayer* UmwG § 139 Rn. 17 f.; Kallmeyer/*Sickinger* UmwG § 139 Rn. 4.

[117] Für einen Rechtsfolgenverweis AG Charlottenburg Beschl. v. 28.5.2008 – 99 AR 3278/08, GmbHR 2008, 993; *Mayer* DB 1995, 861 (866); *Ittner* MittRhNotK 1997, 105 (108); *Naraschewski* GmbHR 1995, 697 (700); *Priester* FS Schippel, 1996, 487 (492); Lutter/*Priester* UmwG § 139 Rn. 5; Scholz/*Priester*/*Tebben* § 58a Rn. 44; UHL/*Casper* § 58a Rn. 63; Bork/Schäfer/*Arnold*/*Born* § 58a Rn. 8; Kallmeyer/*Sickinger* UmwG § 139 Rn. 1; Semler/Stengel/*Reichert* UmwG § 139 Rn. 6; für einen Rechtsgrundverweis Widmann/Mayer/*Mayer* UmwG § 139 Rn. 24 unter Aufgabe der zuvor vertretenen Gegenauffassung; Schmitt/Hörtnagl/*Hörtnagl* UmwG § 139 Rn. 8; *Schöne,* Spaltung unter Beteiligung von GmbH, 1998; *Sommer,* Die sanierende Kapitalherabsetzung bei der GmbH, 1993, 68; *Hohmuth,* Die Kapitalherabsetzung der GmbH, 2007, 236 ff.

[118] So auch *Priester* FS Schippel, 1996, 487 (492).

[119] AG Charlottenburg Beschl. v. 28.5.2008 – 99 AR 3278/08, GmbHR 2008, 993; *Priester* GmbHR 2008, 994 (995) (Anm. zu AG Charlottenburg Beschl. v. 28.5.2008); *Priester* FS Schippel, 1996, 493 (497 f.); Lutter/*Priester* UmwG § 139 Rn. 10 f.; Semler/Stengel/*Reichert* UmwG § 139 Rn. 10; aA Schmitt/Hörtnagl/*Hörtnagl* UmwG § 139 Rn. 12 ff.; Kallmeyer/*Sickinger* UmwG § 139 Rn. 3; Widmann/Mayer/*Mayer* UmwG § 139 Rn. 21; *Schöne,* Spaltung unter Beteiligung von GmbH, 1998; *Sommer,* Die sanierende Kapitalherabsetzung bei der GmbH, 1993, 69; *Ittner* MittRhNotK 1997, 105 (108); *Sagasser* in Sagasser/Bula/Brünger Umwandlungen § 18 Rn. 100.

nehmenden Rechtsträger für Ausschüttungen an die Gesellschafter zur Verfügung stehen. Das läuft im Ergebnis auf eine umwandlungsrechtliche Pflicht zur Kongruenz der Nennkapitalia der beteiligten Rechtsträger vor und nach der Umwandlungsmaßnahme hinaus (sog. **Summengrundsatz**). Ein solcher Summengrundsatz lässt sich dem UmwG jedoch nicht entnehmen (→ Rn. 131 f.). Vor dem Hintergrund der teilweise abweichenden Rspr. wird sich allerdings eine vorherige Abstimmung mit dem zuständigen Registergericht empfehlen.

c) Rechtsfolgen. Von § 58b werden die im Rahmen der vereinfachten Kapitalherabset- **125** zung bilanziell frei gewordenen Beträge einer strikten Zweckbindung unterworfen. § 58b ist auch bei der spaltungsbedingten vereinfachten Kapitalherabsetzung auf den übertragenden Rechtsträger anzuwenden. Entgegen verbreiteter Auffassung[120] darf der Herabsetzungsbetrag aber ausschließlich zum Ausgleich der Unterbilanz gem. § 58b Abs. 1, jedoch nicht zur Dotierung der Kapitalrücklage (§ 58b Abs. 2) verwandt werden, um einen Widerspruch zu dem Erfordernis, die gesamten frei verfügbaren Rücklagen vorab aufzulösen, zu vermeiden.[121]

Beim **übernehmenden Rechtsträger** bestehen hingegen keine durch die vereinfachte **126** Kapitalherabsetzung „gewonnenen Beträge", sodass eine unmittelbare Anwendung von § 58b insoweit nicht in Betracht kommt. Teilweise wird jedoch im Rahmen einer recht extensiven **Analogie zu § 58b** angenommen, dass für den übernehmenden Rechtsträger ein allgemeines Verbot gilt, ausschüttbare Rücklagen zu bilden.[122] Die für eine Analogie erforderliche Regelungslücke besteht jedoch nicht. Für den Gläubigerschutz stehen mit der gesamtschuldnerischen Haftung (§ 133 UmwG) und dem Anspruch auf Sicherheitsleistung (§ 132 UmwG iVm § 22 UmwG) besondere, nicht auf den allgemeinen Kapitalschutz abstellende Gläubigerschutzinstrumente zur Verfügung.

Mit § 58c trägt der Gesetzgeber der immanenten Unsicherheit einer Prognose über **127** den endgültigen Verlusteintritt Rechnung, indem er die Verwendungsbindung auch auf das Eigenkapital erstreckt, welches in Folge ausgebliebener Verluste wider Erwarten nicht zur Verlustdeckung benötigt wird. Auch spaltungsbedingte Vermögensminderungen können geringer als angenommen ausfallen, insbesondere wenn bei der Beschlussfassung über die vereinfachte Kapitalherabsetzung noch keine Spaltungsbilanz vorliegt oder wenn der Spaltungsplan bzw. -vertrag nach der Beschlussfassung noch geändert wird.[123] § 58c findet daher auf den übertragenden Rechtsträger Anwendung.[124]

Der Verweis von § 139 UmwG auf die Rechtsfolgen der vereinfachten Kapitalherabset- **128** zung erfolgt uneingeschränkt, weshalb auch die Ausschüttungssperren des **§ 58d** von der übertragenden GmbH zu beachten sind.[125] Eine teleologische Reduktion ist nicht angezeigt. Zwar mag der Gesetzgeber bei § 58d vorrangig die im Fall des § 58a vorliegende Krisensituation vor Augen gehabt haben. Es besteht aber kein Grund, die Gesellschafter bei einem Ausgleich eines durch eine Entnahmehandlung entstandenen Spaltungsverlusts besser zu stellen.

Die **§§ 58e und 58f** ermöglichen eine bilanzielle Rückbeziehung der Kapitalmaßnah- **129** men auf die Bilanz des vorausgehenden Geschäftsjahres. Ob eine solche bilanzielle Rückbeziehung auch im Fall der Spaltung erforderlich und zulässig ist, wird unterschiedlich beur-

---

120 Schmitt/Hörtnagl/*Hörtnagl* UmwG § 139 Rn. 25 f.; Widmann/Mayer/*Mayer* UmwG § 139 Rn. 71; Semler/Stengel/*Reichert* UmwG § 139 Rn. 15.

121 So auch *Naraschewski* GmbHR 1995, 697 (701).

122 Dafür Lutter/*Priester* UmwG § 139 Rn. 14; zust. Semler/Stengel/*Reichert* UmwG § 139 Rn. 15; *Hohmuth*, Die Kapitalherabsetzung bei der GmbH, 2007, 246 f.

123 Lutter/*Priester* UmwG § 139 Rn. 15; *Naraschewski* GmbHR 1995, 697 (702); Widmann/Mayer/*Mayer* UmwG § 139 Rn. 72.

124 Unstr., vgl. Semler/Stengel/*Reichert* UmwG § 139 Rn. 15; Lutter/*Priester* UmwG § 139 Rn. 15; Widmann/Mayer/*Mayer* UmwG § 139 Rn. 72 f.; *Naraschweski* GmbHR 1995, 697 (702); *Hohmuth*, Die Kapitalherabsetzung bei der GmbH, 2007, 247.

125 Wie hier Schmitt/Hörtnagl/*Hörtnagl* UmwG § 139 Rn. 29; *Sagasser* in Sagasser/Bula/Brünger Umwandlungen § 18 Rn. 106; aA Kallmeyer/*Sickinger* UmwG § 139 Rn. 6; Lutter/*Priester* UmwG § 139 Rn. 16; *Naraschweski* GmbHR 1995, 697 (702); *Hohmuth*, Die Kapitalherabsetzung bei der GmbH, 2007, 248 f. Die Vertreter der Gegenansicht ersetzen die Anwendung des § 58d auf die übertragende GmbH regelmäßig durch Anerkennung eines Summengrundsatzes und Geltung des § 58b auch für den übernehmenden Rechtsträger (→ Rn. 112).

teilt. Ein Bedürfnis für eine solche Bilanzierung wird teilweise unter Hinweis darauf abgelehnt, dass ein Abfluss der Vermögenswerte gem. § 131 UmwG erst mit Eintragung der Spaltung erfolgt und die Kapitalherabsetzung zu diesem Zeitpunkt bereits eingetreten sein muss (§ 139 S. 2 UmwG).[126] Eine rückwirkende bilanzielle Abbildung der Kapitalherabsetzung kommt nur dann in Betracht, wenn auch die Spaltung bereits im Jahresabschluss für das abgelaufene Geschäftsjahr abgebildet wird. Dies ist aufgrund der Möglichkeit, einen in der Vergangenheit liegenden Spaltungsstichtag festzulegen, theoretisch denkbar; praktisch erfolgt die Rückwirkung allerdings in der Regel nur auf den Beginn des laufenden Geschäftsjahres. Soweit ausnahmsweise eine Abbildung der Spaltung im Jahresabschluss des abgelaufenen Geschäftsjahres erfolgen sollte, bestehen keine Bedenken, dort auch bereits die vereinfachte Kapitalherabsetzung abzubilden.[127]

130   **d) Verfahren.** Der Spaltungsbeschluss ersetzt den für die vereinfachte Kapitalherabsetzung gem. § 58a Abs. 5, § 53 erforderlichen Beschluss nicht. Beide Maßnahmen werden aber zweckmäßigerweise zusammen beschlossen (zur Angabe des Zwecks der Kapitalherabsetzung im Kapitalherabsetzungsbeschluss → § 58a Rn. 48 ff.). Die Anmeldung von Kapitalherabsetzung und Spaltung zum Handelsregister kann dann ebenfalls zusammen erfolgen, wobei für die Anmeldung der Spaltung **§ 140 UmwG** zu beachten ist. Die vereinfachte Kapitalherabsetzung muss jedoch gem. § 139 S. 2 UmwG vor der Spaltung eingetragen werden. Die Wirkung der Eintragung der Umwandlungsmaßnahme gem. § 20 Abs. 2 UmwG erstreckt sich auch auf eine zur Durchführung der Spaltung (oder auch Verschmelzung) durchgeführte Kapitalherabsetzung.[128]

131   **6. Kapitalherabsetzung im Rahmen von Stabilisierungsmaßnahmen.** Zunächst die Finanz-, später die Coronakrise haben ein Sonderrecht für stabilisierende Kapitalmaßnahmen entstehen lassen, das sich heute im Stabilisierungsfonds- (StFG) und im Wirtschaftsstabilisierungsbeschleunigungsgesetz (WStBG) findet, die beide durch das **Wirtschaftsstabilisierungsfondsgesetz**[129] eingeführt worden sind (→ § 55 Rn. 23). Der Finanzmarktstabilisierungsfonds und der Wirtschaftsstabilisierungsfonds (WStF) können sich an der Rekapitalisierung von Unternehmen beteiligen. Der Anwendungsbereich erstreckt sich gem. § 2 Abs. 1 WStBG auf Unternehmen des Finanzsektors (§ 1 Nr. 4 WStBG) und Unternehmen der Realwirtschaft (§ 1 Nr. 5 WStBG), die die Kriterien des § 16 Abs. 2 StFG erfüllen.[130] Im Interesse einer erleichterten und zeitnahen Durchführung der Rekapitalisierung modifiziert das WStBG zunächst bis zum 31.12.2021 die für Kapitalmaßnahmen geltenden Vorschriften (ausführlicher zur Kapitalerhöhung → § 55 Rn. 23).

132   Im Hinblick auf Kapitalherabsetzungen, die einer **Stabilisierung von Unternehmen unter Beteiligung des WStF** dienen, sind folgende Erleichterungen relevant:
– Gem. § 9a Abs. 1 S. 1 WStBG iVm § 7 Abs. 6 WStBG können die Gesellschafterbeschlüsse zu einer Kapitalerhöhung oder Kapitalherabsetzung in Abweichung von § 53 Abs. 2 S. 1 Hs. 2 **mit einfacher Mehrheit der anwesenden Stimmen** gefasst werden. Abweichende Bestimmungen im Gesellschaftsvertrag sind unbeachtlich (§ 9a Abs. 1 S. 2 WStBG). Sonstige Erfordernisse der Beschlussfassung bleiben allerdings unberührt. Insbesondere sind die Beschlüsse nach wie vor gem. § 53 Abs. 2 S. 1 Hs. 1 notariell zu beurkunden.[131]

---

[126]   *Naraschewski* GmbHR 1995, 697 (702); Widmann/Mayer/*Mayer* UmwG § 139 Rn. 80; Semler/Stengel/*Reichert* UmwG § 139 Rn. 17.

[127]   IErg auch Lutter/*Priester* UmwG § 139 Rn. 17; *Hohmuth,* Die Kapitalherabsetzung bei der GmbH, 2007, 249 ff.

[128]   OLG Frankfurt Beschl. v. 24.1.2012 – 20 W 504/10, NZG 2012, 596 zu einer Kapitalherabsetzung einer AG zur Durchführung einer Verschmelzung; zu einer Kapitalerhöhung s. auch Lutter/*J. Vetter* UmwG § 55 Rn. 82.

[129]   Gesetz zur Errichtung eines Wirtschaftsstabilisierungsfonds (Wirtschaftsstabilisierungsfondsgesetz – WStFG) v. 27.3.2020 (BGBl. 2020 I 543); zu einführenden und weiterführenden Literaturhinweisen → § 55 Rn. 23.

[130]   Zum Anwendungsbereich *Lieder* ZIP 2020, 837 (845).

[131]   Dazu ausf. *Lieder* ZIP 2020, 837 (850); *Omlor/Dilek* BB 2020, 1026 (1031); *Wicke* NZG 2020, 501 (504); *Wicke* Einl. Rn. 27r.

– Gem. § 9a Abs. 1 S. 4 WStBG iVm § 7c S. 1–4[132] WStBG **wird die Kapitalmaßnahme** 133 **bereits mit der Veröffentlichung auf der Internetseite der Gesellschaft, spätestens mit der Veröffentlichung im Bundesanzeiger wirksam.**[133] Die Eintragung in das Handelsregister ist abweichend von § 54 Abs. 3 kein Wirksamkeitserfordernis. Die Regelung ist problematisch und wird rechtspolitisch zu Recht kritisiert (→ § 57 Rn. 55 für Kapitalerhöhungsbeschlüsse).[134] Teilweise werden bereits de lege lata Einschränkungen gefordert (→ § 57 Rn. 53). Die Bedeutung des Verzichts auf die Handelsregistereintragung als Wirksamkeitsvoraussetzung hat für die ordentliche Kapitalherabsetzung eine praktisch geringe Bedeutung, da das Verfahren bis zum Wirksamwerden der Maßnahme ohnehin gestreckt ist und insbesondere das Sperrjahr nach § 58 Abs. 1 Nr. 3 zu beachten ist; dieses wird von § 9a Abs. 1 WStBG, § 7c WStBG nicht berührt.[135] Größere praktische Bedeutung ist bei der vereinfachten Kapitalherabsetzung denkbar, zumal das Registergericht hier recht weitgehende Prüfungspflichten trifft (→ § 58a Rn. 86 ff.).

Die Erleichterungen nach § 9a WStBG finden auch dann Anwendung, wenn es im Einzelfall 134 an einer besonderen Eilbedürftigkeit der Kapitalmaßnahme fehlt (→ § 55 Rn. 29). Sie stehen auch im Einklang mit Art. 14 Abs. 1 GG (→ § 55 Rn. 29). Gesellschafter machen sich nach § 9a Abs. 1 S. 1 WStBG iVm § 7 Abs. 7 S. 1 WStBG **schadensersatzpflichtig,** wenn sie eine für den Fortbestand der Gesellschaft erforderliche Maßnahme nach § 22 StFG, insbesondere durch ihre Stimmrechtsausübung, verzögern oder vereiteln (→ § 55 Rn. 48).

VI. Alternative Maßnahmen zur Minderung des Stammkapitals

1. Umwandlungsmaßnahmen. Die Verschmelzung einer GmbH auf eine andere, 135 übernehmende GmbH, deren Stammkapital nicht um den Betrag des Stammkapitals der übertragenden GmbH erhöht wird, hat ebenfalls einen kapitalherabsetzenden Effekt, weil Gesellschaftsvermögen von den Kapitalschutzbindungen frei wird. Einer solchen „kalten" Kapitalherabsetzung soll nach teilweise vertretener Auffassung eine Pflicht der übernehmenden Gesellschaft zur Kapitalerhöhung um den Betrag des Stammkapitals der übertragenden Gesellschaft **(Summengrundsatz)** entgegenstehen.[136] Inwieweit die übernehmende Gesellschaft bei der Verschmelzung einem solchen Kapitalerhöhungsgebot unterliegt, war in Rspr. und Lit. in der Vergangenheit höchst umstritten.[137]

Seit dem Zweiten Gesetz zur Änderung des UmwG vom 19.4.2007 (BGBl. 2007 I 136 542)[138] können die Gesellschafter der übertragenden Gesellschaft gem. § 54 Abs. 1 S. 3 UmwG auf eine Anteilsgewährung verzichten. Über den Wortlaut hinaus wird die Neuregelung allgemein so verstanden, dass in diesen Fällen auch **keine Kapitalerhöhung beim übernehmenden Rechtsträger** erforderlich ist.[139] Jedenfalls nach dieser Gesetzesänderung lässt sich ein Summengrundsatz aus dem UmwG nicht mehr ableiten.

Eine Kapitalerhöhung wurde unter der alten Gesetzeslage vor allem zum Schutz der 137 Altgläubiger des übertragenden Rechtsträgers vor einer verringerten Kapitalschutzbindung

---

[132] In der ursprünglichen Fassung des § 9a Abs. 1 S. 4 WStBG wurde nur auf § 7 S. 1 und 2 WStBG verwiesen; dabei handelte es sich um ein Redaktionsversehen; vgl. hierzu auch *Schulte* GmbHR 2020, 689 (691).

[133] *Wicke* NZG 2020, 501 (504); *Wicke* Einl. Rn. 27r.

[134] *Lieder* ZIP 2020, 837 (848, 851).

[135] *Omlor/Dilek* BB 2020, 1026 (1032); *Altmeppen* § 58 Rn. 55.

[136] So insbes. *Petersen,* Der Gläubigerschutz im Umwandlungsrecht, 2001, 206 ff.; *Petersen* GmbHR 2004, 728 ff. und *Petersen* Der Konzern 2004, 185 (187 f.).

[137] Überblick zum Streitstand bei *Lutter/J. Vetter* UmwG § 54 Rn. 72 ff.; *Semler/Stengel/Reichert* UmwG § 54 Rn. 19 ff.; aus der Rspr. zur alten Rechtslage zuletzt OLG Hamm Beschl. v. 3.8.2004 – 15 W 236/04, GmbHR 2004, 1533.

[138] Die Neufassung entspricht an dieser Stelle inhaltlich einem entsprechenden Vorschlag des DAV-Handelsrechtsausschusses NZG 2000, 802.

[139] *Lutter/J. Vetter* UmwG § 54 Rn. 63 ff.; *Semler/Stengel/Reichert* UmwG § 54 Rn. 23 f., *Kallmeyer/ Kocher* UmwG § 54 Rn. 18; *Widmann/Mayer/Mayer* UmwG § 54 Rn. 10 ff.; *Heckschen* DB 2008, 1363 (1364); *Weiler* NZG 2008, 527 (528); *Priester* GmbHR 2008, 994 (995); *Mayer/Weiler* DB 2007, 1235 (1239); *Roß/Drögemüller* DB 2009, 580.

gefordert.[140] Der Gläubigerschutz erfolgt bei Umwandlungsvorgängen jedoch grundsätzlich über den Anspruch auf Sicherheitsleistung (§ 22 UmwG). Damit folgt das umwandlungsrechtliche Gläubigerschutzkonzept weitgehend dem Ansatz bei der ordentlichen Kapitalherabsetzung (§ 58 Abs. 1 Nr. 2). Nach teilweise vertretener Ansicht soll der Anspruch auf Sicherheitsleistung in Verschmelzungsfällen jedoch deshalb nicht ausreichend sein, weil das frei gewordene Ausschüttungsvolumen in dem Zeitpunkt, in dem es zur Geltendmachung des Anspruchs aus § 22 UmwG kommt, bereits vollständig an die Gesellschafter ausbezahlt sein könnte, während bei der Kapitalherabsetzung die einjährige Auszahlungssperre gilt (§ 58 Abs. 1 Nr. 3).[141] Auch im Verschmelzungsfall soll der Anspruch auf Sicherheitsleistung daher durch eine Ausschüttungssperre flankiert werden, soweit entsprechende Ansprüche auf Sicherheitsleistung fristgerecht angemeldet, aber noch nicht erfüllt worden sind.[142] Eine solche Analogie würde zwar zu einer Ausweitung des Gläubigerschutzes führen; eine entsprechende planwidrige **Regelungslücke ist jedoch nicht zu erkennen.** Umwandlungsrechtlich ist der Gläubigerschutz abschließend durch den Anspruch auf Sicherheitsleistung gem. § 22 UmwG (und eine Organhaftung gem. § 25 UmwG) geregelt.[143] Ergänzend mag in Extremfällen eine Inanspruchnahme der Gesellschafter wegen bereits ausgeschütteter Beträge über allgemeine Regeln (§ 826 BGB) in Betracht kommen.[144]

138   Sofern man die **Unternehmergesellschaft** (haftungsbeschränkt) grundsätzlich für nach dem UmwG umwandlungsfähig hält (→ § 5a Rn. 49 ff.)[145] und sie auch als aufnehmenden Rechtsträger zulässt, könnte die Kapitalbindung durch eine Verschmelzung zur Aufnahme auf eine bestehende Unternehmergesellschaft sogar über die Möglichkeiten der Kapitalherabsetzung hinaus gemindert werden. Wenn man bei der Unternehmergesellschaft (haftungsbeschränkt) das Verbot von Sacheinlagen (§ 5a Abs. 2 S. 2) (zu Recht) auch auf die Kapitalerhöhung erstreckt (→ § 5a Rn. 41 f.),[146] ist eine verschmelzungsbedingte Kapitalerhöhung, die immer eine Sachkapitalerhöhung ist, sogar unzulässig, sofern nicht ein Stammkapital von 25.000 Euro überschritten und die UG dadurch zur vollwertigen GmbH erstarkt.[147]

139   Für die **Aufspaltung** einer GmbH auf mehrere Zielrechtsträger, deren Nennkapitalia in Summe hinter dem Stammkapital der übertragenden GmbH zurückbleiben, gelten vorstehende Ausführungen entsprechend.[148] Hingegen kann allein durch Formwechsel keine Veränderung der Nennkapitalia erreicht werden (vgl. § 247 Abs. 1 UmwG).

140   **2. Erwerb eigener Anteile.** Durch das BilMoG vom 25.5.2009 (BGBl. 2009 I 1102) wurde die Bilanzierung des Erwerbs eigener Aktien neu geregelt.[149] Während zuvor die

---

[140] *Petersen* GmbHR 2004, 728; *Petersen* Der Konzern 2004, 185 (188 f.); die Neuregelung unter diesem Aspekt kritisierend *Mayer/Weiler* DB 2007, 1235 (1238).

[141] *Ihrig* ZHR 160 (1996), 317 (337); *Schöne,* Spaltung unter Beteiligung von GmbH, 1998; *Sommer,* Die sanierende Kapitalherabsetzung bei der GmbH, 1993, 71 f.

[142] *Ihrig* ZHR 160 (1996), 317 (337); *Naraschewski* GmbHR 1998, 356 (360); *Semler/Stengel/Seulen* UmwG § 22 Rn. 25 und 56 f.; dem folgend *U. H. Schneider* NZG 2007, 888 (892).

[143] *Rodewald* GmbHR 1997, 19 (21); *Krumm* GmbHR 2010, 24 (25); *Widmann/Mayer/Vossius* UmwG § 22 Rn. 2 f.; *Lutter/Grunewald* UmwG § 22 Rn. 25; *Lutter/J. Vetter* UmwG § 54 Rn. 102; *Kallmeyer/ Marsch-Barner/Oppenhoff* UmwG § 22 Rn. 12; *Semler/Stengel/Reichert* UmwG § 54 Rn. 24.

[144] Hierauf weisen *Rodewald* GmbHR 2005, 515 (518); *Lutter/J. Vetter* UmwG § 54 Rn. 102 hin.

[145] Für die grundsätzliche Umwandlungsfähigkeit *Bormann* GmbHR 2007, 897 (899); *Meister* NZG 2008, 767; *Tettinger* Der Konzern 2008, 75; *Heinemann* NZG 2008, 820; *Lips/Rande/Werwigk* DStR 2008, 2220 (2222); *Veil* ZIP 2007, 1080 (1084); *Lutter/J. Vetter* UmwG § 46 Rn. 4 ff. mwN; zurückhaltend *Freitag/Riemenschneider* ZIP 2007, 1485 (1486); *Heckschen* MoMiG notarielle Praxis Rn. 242.

[146] *Heckschen* MoMiG notarielle Praxis Rn. 188, 237 ff.; *Meister* NZG 2008, 767 (768); *Heinemann* NZG 2008, 820 (822); *Seibert* GmbHR 2007, 673 (676); *Lutter/J. Vetter* UmwG § 46 Rn. 6 mwN; das Verbot der Sacheinlage wird aber zum Teil als auf den Gründungsvorgang beschränkt angesehen, vgl. DAV-Stellungnahme NZG 2007, 735 (737).

[147] BGH Beschl. v. 19.4.2011 – II ZB 25/10, NJW 2011, 1881 (1882); OLG München Beschl. v. 7.11.2011 – 31 Wx 475/11, NZG 2012, 104; OLG Stuttgart Beschl. v. 13.10.2011 – 8 W 341/11, DStR 2011, 2261; *Lutter/J. Vetter* UmwG § 46 Rn. 8 mwN.

[148] Dazu *Schöne,* Spaltung unter Beteiligung von GmbH, 1998; *Sommer,* Die sanierende Kapitalherabsetzung bei der GmbH, 1993, 72.

[149] Dazu auch Begr. RegE v. 30.7.2008, BT-Drs. 16/10067.

erworbenen Anteile auf der Aktivseite der Bilanz auszuweisen und als Gegenposition eine Rücklage für eigene Anteile nach § 272 Abs. 4 HGB zu bilden waren, wird der Nennbetrag der eigenen Anteile nunmehr offen in der Vorspalte von dem Posten „Gezeichnetes Kapital" als **Kapitalrückzahlung** abgesetzt. Eine Aktivierung der eigenen Anteile ist entfallen; Gleiches gilt auch für die Rücklage für eigene Anteile nach § 272 Abs. 4 HGB, die sicherstellte, dass Mittel in Höhe der Aufwendungen für die eigenen Anteile dauerhaft gegen Ausschüttungen gesperrt sind. Die Absetzung in einer Vorspalte beschränkt diese Sperrwirkung auf das nach diesem Abzug in der Hauptspalte verbleibende „Gezeichnete Kapital (Stammkapital) abzüglich Kapitalrückzahlung".[150] In der Sache wird damit das gezeichnete Kapital ohne Beachtung der gläubigerschützenden Vorschriften der §§ 58 ff. herabgesetzt. Für den Gläubigerschutz durch Kapitalerhaltung hat dies jedoch keine Relevanz, da für die Kapitalerhaltung nach § 30 nicht der Betrag des in der Bilanz erscheinenden gezeichneten Kapitals, sondern der Betrag des im Gesellschaftsvertrag festgelegten und im Handelsregister eingetragenen Stammkapitals maßgeblich ist (ausführlich → § 33 Rn. 3 mwN).[151]

Durch das BilMoG ist auch **§ 33 Abs. 2 S. 1** neugefasst worden: Der Erwerb eigener **141** Anteile darf nunmehr nur erfolgen, wenn die Gesellschaft im Zeitpunkt des Erwerbs in Höhe der Aufwendungen für den Erwerb (hypothetisch) eine Rücklage bilden könnte, ohne dadurch das Stammkapital oder eine nach dem Gesellschaftsvertrag zu bildende Rücklage, die nicht zur Zahlung an die Gesellschafter verwandt werden darf, zu mindern. Hierdurch soll erreicht werden, dass im Zeitpunkt des Erwerbs entsprechende freie Mittel vorhanden sein müssen. Eine Kapitalbindung nach Art der Rücklage für eigene Aktien ist dagegen nicht mehr vorgesehen. Auch dies hat jedoch keine Auswirkungen auf den Umfang der Kapitalerhaltung, da zugleich die Aktivierung der Anschaffungskosten für die eigenen Anteile auf der Aktivseite entfallen ist.

§ 58 Herabsetzung des Stammkapitals

(1) Eine Herabsetzung des Stammkapitals kann nur unter Beobachtung der nachstehenden Bestimmungen erfolgen:

1. **der Beschluß auf Herabsetzung des Stammkapitals muß von den Geschäftsführern in den Gesellschaftsblättern bekanntgemacht werden; in dieser Bekanntmachung sind zugleich die Gläubiger der Gesellschaft aufzufordern, sich bei derselben zu melden; die aus den Handelsbüchern der Gesellschaft ersichtlichen oder in anderer Weise bekannten Gläubiger sind durch besondere Mitteilung zur Anmeldung aufzufordern;**
2. **die Gläubiger, welche sich bei der Gesellschaft melden und der Herabsetzung nicht zustimmen, sind wegen der erhobenen Ansprüche zu befriedigen oder sicherzustellen;**
3. **die Anmeldung des Herabsetzungsbeschlusses zur Eintragung in das Handelsregister erfolgt nicht vor Ablauf eines Jahres seit dem Tage, an welchem die Aufforderung der Gläubiger in den Gesellschaftsblättern stattgefunden hat;**
4. **mit der Anmeldung ist die Bekanntmachung des Beschlusses einzureichen; zugleich haben die Geschäftsführer die Versicherung abzugeben, daß die Gläubiger, welche sich bei der Gesellschaft gemeldet und der Herabsetzung nicht zugestimmt haben, befriedigt oder sichergestellt sind.**

(2) ¹Die Bestimmung in § 5 Abs. 1 über den Mindestbetrag des Stammkapitals bleibt unberührt. ²Erfolgt die Herabsetzung zum Zweck der Zurückzahlung von

---

[150] Beispiel nach *Küting/Reuter* BB 2008, 658: Bei einem Erwerb eigener Aktien mit einem (rechnerischen) Nennwert von 5 GE/Aktie zum Preis von jeweils 100 GE sind vom ausgewiesenen gezeichneten Kapital pro Aktie 5 GE Nennwert (offen) abzusetzen und die Gewinnrücklagen um 95 GE/Aktie (Differenz zwischen Kaufpreis und Nennbetrag) zu kürzen.

[151] *Rodewald/Pohl* GmbHR 2009, 32 (34 f.); s. auch Arbeitskreis Bilanzrecht der Hochschullehrer Rechtswissenschaft BB 2008, 209 (215).

Einlagen oder zum Zweck des Erlasses zu leistender Einlagen, dürfen die verbleibenden Nennbeträge der Geschäftsanteile nicht unter den in § 5 Abs. 2 und 3 bezeichneten Betrag herabgehen.

Schrifttum: s. Vor § 58.

Übersicht

I. Allgemeines

1. Inhalt, Bedeutung, Zweck und Wirkung. Die Kapitalherabsetzung mindert den 1
Betrag des im Gesellschaftsvertrag festgelegten (§ 3 Abs. 1 Nr. 3) Stammkapitals. Ebenso
wie bei der Kapitalerhöhung ist dazu zwingend eine **Änderung des Gesellschaftsvertrags**
erforderlich. Entsprechend gelten für die Kapitalherabsetzung neben den §§ 58 ff. auch
die §§ 53 f., § 58 Abs. 1 ergänzt die §§ 53 f. im Hinblick auf materielle und prozedurale
Vorschriften zum Gläubigerschutz. Abs. 2 enthält Klarstellungen im Hinblick auf die Einhaltung der Vorschriften zum Mindestbetrag des Stammkapitals (§ 5 Abs. 1) und die zwingenden Vorgaben für den Nennbetrag des einzelnen Geschäftsanteils (§ 5 Abs. 2 und 3).

Zur Wirkung und Bedeutung der ordentlichen Kapitalherabsetzung, den Unterschie- 2
den zur vereinfachten Kapitalherabsetzung, dem **Zweck des § 58** und den unterschiedlichen **Funktionen der Kapitalherabsetzung** näher → Vor § 58 Rn. 2 ff. Allein die
ordentliche Kapitalherabsetzung ermöglicht zeitnahe Ausschüttungen an die Gesellschafter
oder die Befreiung von Einlageverpflichtungen. Demgegenüber ist typischerweise allein die
vereinfachte Kapitalherabsetzung zu Sanierungen geeignet (näher → Vor § 58 Rn. 33 ff.).

2. Regelungsumfang, Unterschiede zum Aktienrecht. Die ordentliche Kapitalhe- 3
rabsetzung ist im GmbHG in § 58 und den ergänzend anwendbaren §§ 53 f. nur recht
rudimentär geregelt. Nicht geregelt sind insbesondere
– Vorgaben für den Inhalt des Kapitalherabsetzungsbeschlusses (ausführlich → Rn. 37 ff.);
– die Auswirkung der Herabsetzung auf die einzelnen Geschäftsanteile (ausführlich
  → Rn. 39 ff.);
– die bilanziellen Auswirkungen der Kapitalherabsetzung (ausführlich → Rn. 23 ff.).
Die ordentliche Kapitalherabsetzung ist im Aktienrecht demgegenüber detaillierter geregelt 4
(§§ 222–228, 237–240 AktG). Entsprechend ist bei den von § 58 offengelassenen Fragen
zu überlegen, ob aktienrechtliche Bestimmungen entsprechend angewandt werden können.

Anders als das AktG (§§ 237–239 AktG) regelt das GmbHG nicht ausdrücklich die 5
Kapitalherabsetzung zur Einziehung von Anteilen. Die Einziehung von Geschäftsanteilen
(§ 34) selbst lässt den Betrag des Stammkapitals unberührt; möglich ist allerdings die Kombination von Einziehung und ordentlicher Kapitalherabsetzung (ausführlich → Vor § 58
Rn. 29).

3. Entstehungsgeschichte. Der Text des § 58 wurde seit 1892 nur wenig verändert.[1] 6
Durch Art. 12 Justizkommunikationsgesetz vom 22.3.2005 (BGBl. 2005 I 837) erfolgte eine
redaktionelle Änderung in Abs. 1 Nr. 1: § 58 Abs. 1 wurde an den neu eingeführten § 12
angepasst, indem in Nr. 1 die bisherige Formulierung „… durch die in § 30 Abs. 2 bezeich-
neten Blätter bekannt gemacht …" durch „… in den Gesellschaftsblättern bekannt
gemacht …" ersetzt wurde. Danach wurde Abs. 2 S. 2 durch das **MoMiG** vom 23.10.2008
(BGBl. 2008 I 2026) mit Wirkung zum 1.11.2008 an die veränderten Regelungen in § 5
Abs. 1–3 zum Mindestbetrag der Stammeinlage (1 Euro statt bisher 100 Euro) und zur
Teilbarkeit (durch 1 statt bisher durch 50) sowie an die durch das MoMiG veränderte
Terminologie angepasst. Die Gesetzesbegründung sieht darin eine rein formale Folgeänderung zur Änderung des § 5.[2] Ganz sauber ist der im Grundkonzept beibehaltene Verweis
auf die Beschränkungen des § 5 allerdings nicht; der Verweis auf dessen Abs. 3 macht nach
neuer Rechtslage keinen Sinn (auch → Rn. 19). Zuletzt wurde die Vorschrift im Rahmen
des ARUG vom 30.7.2009 (BGBl. 2009 I 2479) geändert (→ Rn. 85).

II. Auswirkungen der Kapitalherabsetzung auf Stammkapital und Nennbeträge; Beschränkungen des Abs. 2; Auswirkungen auf den Jahresabschluss

1. Auswirkungen auf den Betrag des Stammkapitals, Beachtlichkeit des Min- 7
deststammkapitals (Abs. 2 S. 1). Die Kapitalherabsetzung führt zu einer Minderung des

---

[1] Die offizielle Begr. des RegE eines Gesetzes betreffend die Gesellschaften mit beschränkter Haftung ist
abgedruckt in der Sammlung sämtlicher Drucksachen des Reichstages, 8. Legislaturperiode, 1. Session
1890/92, Bd. VIII, 1892, Nr. 660 zu § 59 (die Nummerierung hatte sich nachträglich geändert).
[2] Begr. RegE MoMiG, BT-Drs. 16/6140, 46.

Stammkapitals. Abs. 2 S. 1 stellt ausdrücklich klar, dass die Kapitalherabsetzung nicht zu einem Betrag führen darf, der unter dem von § 5 Abs. 1 geforderten **Mindeststammkapital** von 25.000 Euro liegt (zu den Rechtsfolgen eines Verstoßes → Rn. 75 ff.). Auch bei gleichzeitiger Kapitalerhöhung darf dieser Betrag nach hM – anders als bei der vereinfachten Kapitalherabsetzung (§ 58a Abs. 4) und anders als im Aktienrecht (§ 228 Abs. 1 AktG) – nicht vorübergehend unterschritten werden.[3] Für eine teleologische Reduktion des Abs. 2 S. 1 oder eine analoge Anwendung des § 58a Abs. 4 besteht trotz der von *Zöllner/Haas* angeführten beachtlichen Argumente[4] kein Bedarf, da in allen Fällen, in denen eine solche Herabsetzung unter den Mindestbetrag des Stammkapitals in Betracht kommt, die vereinfachte Kapitalherabsetzung zur Verfügung stehen wird.

8   Im Wege der Kapitalherabsetzung ist es nicht möglich, unter Unterschreitung des Mindeststammkapitals in den Status einer **Unternehmergesellschaft** iSd § 5a zu wechseln (zur vereinfachten Kapitalherabsetzung → § 58a Rn. 46).[5] Die Möglichkeit eines unter dem Mindeststammkapital von 25.000 Euro liegenden Stammkapitals ist bei der Unternehmergesellschaft nach § 5a Abs. 1 auf die Gründung beschränkt. Möglich soll ein Wechsel von der GmbH zur Unternehmergesellschaft allerdings im Stadium der Vor-GmbH, also vor Eintragung der GmbH in das Handelsregister, sein (auch → Vor § 58 Rn. 96).[6]

9   **2. Auswirkungen auf die Nennbeträge der Geschäftsanteile. a) Ausgangspunkt.** Nach heute ganz einheitlicher Meinung muss die Kapitalherabsetzung zwingend zu einer entsprechenden Minderung der Summe der **Nennbeträge der Geschäftsanteile** führen.[7] Es ist danach nicht möglich, dass zwar das Stammkapital herabgesetzt wird, die Nennbeträge der einzelnen Geschäftsanteile aber unberührt bleiben und damit deren Summe über dem Betrag des Stammkapitals liegt. Dies war nach alter Rechtslage noch nicht zwingend aus § 5 Abs. 3 S. 3 aF abzuleiten, wonach der Gesamtbetrag der Stammeinlagen mit dem Stammkapital übereinstimmen musste, da dies nach überwiegender Auffassung nur auf die Gründung bezogen wurde und ein nachträgliches Auseinanderfallen nicht zwingend ausschloss (näher → § 5 Rn. 43).[8]

10   Im Zusammenhang mit der Änderung des § 5 Abs. 3 durch das MoMiG und der Klarstellung in dessen S. 2, dass die Summe der Nennbeträge aller Geschäftsanteile mit dem Stammkapital übereinstimmen muss, hat der Gesetzgeber jedoch ausdrücklich bestätigt, dass diese Vorgabe immer und nicht nur bei der Gründung gilt.[9] Bei der Herabsetzung zum Zweck der Zurückzahlung von Stammeinlagen und des Erlasses zu leistender Einlagen liegt die Minderung des Nennbetrags zumindest eines einzelnen Geschäftsanteils auf der Hand und ergibt sich auch aus Abs. 2 S. 2. Aber auch in sonstigen Fällen der Kapitalherabsetzung, insbesondere bei der Kapitalherabsetzung zur Beseitigung einer Unterbilanz, darf der aus Gründen der Rechtsklarheit sowohl im Interesse der Gesellschafter als auch der Gläubiger sinnvolle[10] **Gleichlauf des Stammkapitals mit der Summe der Nennbeträge** nicht aufgegeben werden. § 58a Abs. 3 S. 1 regelt die Frage ausdrücklich für die vereinfachte Kapitalherabsetzung. Ein Umkehrschluss für die ordentliche Kapitalherabsetzung lässt sich daraus nicht ziehen. Vielmehr stellt die

---

[3]   LG Saarbrücken Beschl. v. 11.6.1991 – 7 T 3/91 IV, GmbHR 1992, 380; Bork/Schäfer/*Arnold/Born* Rn. 4; UHL/*Casper* Rn. 26; MHLS/*Waldner* Rn. 4 mwN; Lutter/Hommelhoff/*Kleindiek* Rn. 6; Scholz/*Priester/Tebben* Rn. 33; Gehrlein/Born/Simon/*Schulze* Rn. 2; BeckOK GmbHG/*Rühland* Rn. 15; aA noch Baumbach/Hueck/*Zöllner/Haas,* 21. Aufl. 2017, Rn. 4; *Wicke* Rn. 2.

[4]   Baumbach/Hueck/*Zöllner/Haas,* 21. Aufl. 2017, Rn. 4.

[5]   Ganz einhM, s. nur *Altmeppen* Rn. 20; HK-GmbHG/*Inhester* Rn. 12; Scholz/*Priester/Tebben* Rn. 33; Gehrlein/Born/Simon/*Schulze* Rn. 2; BeckOK GmbHG/*Rühland* Rn. 15; *Wicke* Rn. 2.

[6]   OLG Frankfurt Beschl. v. 20.12.2010 – 20 W 377/10, GmbHR 2011, 984 m. abl. Anm. *Wachter* GmbHR 2011, 986.

[7]   UHL/*Casper* Rn. 14 ff.; Scholz/*Priester/Tebben* Rn. 21 ff.; Hachenburg/*Ulmer* Rn. 14 ff.; Rowedder/Schmidt-Leithoff/*Schnorbus* Rn. 10; Noack/Servatius/Haas/*Kersting* Rn. 6.

[8]   Noack/Servatius/Haas/*Servatius* § 5 Rn. 9; Hachenburg/*Ulmer* § 5 Rn. 11.

[9]   Begr. RegE MoMiG, BT-Drs. 16/6140, 31; zweifelnd *Hohmuth* GmbHR 2009, 349 (351).

[10] Ausf. Hachenburg/*Ulmer* Rn. 19.

Gesetzesbegründung ausdrücklich klar, dass damit die Streitfrage, ob bei einer Kapitalherabsetzung zur Beseitigung einer Unterbilanz die Nennbeträge angepasst werden müssen, geklärt werden sollte.[11]

b) Alternativen. Damit kommen zwei Grundtypen einer Anpassung der Nennbeträge 11 in Betracht: entweder bezieht sich die Kapitalherabsetzung auf einzelne Geschäftsanteile oder die Nennbeträge aller Geschäftsanteile werden anteilig herabgesetzt.

Die **disproportionale Nennbetragsminderung** nur einzelner Anteile ergibt sich 12 zwingend bei einer Kapitalherabsetzung zur Beseitigung von Geschäftsanteilen (→ Vor § 58 Rn. 29) und zum Zweck des Erlasses zu leistender Einlagen (→ Vor § 58 Rn. 24). Zum Erfordernis der Zustimmung des Betroffenen → Rn. 64.

Erfolgt die Kapitalherabsetzung zur Beseitigung einer Unterbilanz oder sollen die 13 Gesellschafter auf andere Weise gleichmäßig von der Kapitalherabsetzung betroffen sein, wie dies auch bei der Einstellung von Beträgen in die Kapitalrücklage oder der gleichmäßigen Ausschüttung der frei gewordenen Beträge an alle Gesellschafter der Fall ist, vermindern sich die Nennbeträge der Geschäftsanteile pro rata.

Nach ganz überwiegender Ansicht erfolgt die Anpassung der Nennbeträge in diesen 14 Fällen – vorbehaltlich der Beachtung des Abs. 2 S. 2 – **automatisch,** ohne dass dies im Kapitalherabsetzungsbeschluss ausdrücklich bestimmt sein muss.[12] Zwar verlangt § 58a Abs. 3 S. 1, dass im Beschluss über die vereinfachte Kapitalherabsetzung die Nennbeträge der Geschäftsanteile dem herabgesetzten Stammkapital anzupassen sind. Eine ausdrückliche Anpassung empfiehlt sich auch für die ordentliche Kapitalherabsetzung nach § 58. Enthält der Beschluss allerdings ausnahmsweise keine ausdrückliche Regelung zu einer disproportionalen Herabsetzung der Nennbeträge, betrifft die Kapitalherabsetzung aber alle Gesellschafter gleichmäßig, ist dem Kapitalherabsetzungsbeschluss der Wille der Gesellschafter zur anteiligen Herabsetzung auch ohne ausdrückliche Klarstellung zu entnehmen.

c) Beschränkungen (Abs. 2 S. 2). aa) Alte Rechtslage bis 2008. Nach früherer 15 Gesetzeslage, die, von Ausnahmefällen (§ 57h Abs. 1 S. 2, § 46 Abs. 1 S. 3 UmwG, § 55 Abs. 1 S. 2 UmwG, § 243 Abs. 3 S. 2 UmwG, jeweils aF) abgesehen, für jeden Geschäftsanteil einen Nennbetrag von mindestens 100 Euro und die Teilbarkeit des Nennbetrags durch 50 vorsah (§ 5 Abs. 1 und Abs. 3 S. 2 aF), konnten sich bei einer Kapitalherabsetzung Schwierigkeiten insbesondere bei der gleichmäßigen Herabsetzung der Nennbeträge aller Anteile, aber auch bei dem Erlass von Einlagen, ergeben.

Abs. 2 S. 2 aF sah vor, dass bei einer Kapitalherabsetzung zum Zweck der Rückzahlung 16 von Stammeinlagen oder des Erlasses geschuldeter Einzahlungen der verbleibende Betrag der Stammeinlagen nicht unter den in § 5 Abs. 1 und 3 bezeichneten Betrag herabgesetzt werden darf. Ziel war, die Schaffung von Kleinstanteilen entgegen dem Zweck des § 5 Abs. 1 und 3 zu verhindern.[13] Diesem Zweck entsprechend wurde die Beschränkung auch auf eine Kapitalherabsetzung zum Zweck der Erhöhung der Kapitalrücklage erstreckt.[14] Gewisse Erleichterungen wurden lediglich für Anteile anerkannt, die ihrerseits ausnahmsweise lediglich der Untergrenze von 50 Euro bei einer Teilbarkeit durch zehn gem. § 57h Abs. 1 S. 2, § 46 Abs. 1 S. 3 UmwG, § 55 Abs. 1 S. 2 UmwG, § 243 Abs. 3 S. 2 UmwG unterlagen.[15]

---

[11] Begr. RegE EGInsO, BT-Drs. 12/3803, 88. Begründet wird dies ausdrücklich damit, dass die aus den Geschäftsanteilen der Gesellschafter fließenden Rechte in ihrem Umfang eindeutig identifizierbar sein sollen.

[12] *Altmeppen* Rn. 5; UHL/*Casper* Rn. 14 ff., 30, 64; Lutter/Hommelhoff/*Kleindiek* Rn. 11; Scholz/*Priester/ Tebben* Rn. 24; Hachenburg/*Ulmer* Rn. 18, 33; Rowedder/Schmidt-Leithoff/*Schnorbus* Rn. 10, 16.

[13] S. etwa Scholz/*Priester/Tebben* Rn. 25.

[14] Ulmer/Habersack/Winter/*Casper*, 2008, Rn. 17; Scholz/*Priester/Tebben* Rn. 26; Hachenburg/*Ulmer* Rn. 20; Rowedder/Schmidt-Leithoff/*Schnorbus* Rn. 11.

[15] Hierzu näher und mit Unterschieden im Detail Ulmer/Habersack/Winter/*Casper*, 2008, Rn. 18; Lutter/ Hommelhoff/*Lutter/Hommelhoff*, 16. Aufl. 2004, Rn. 10; Scholz/*Priester/Tebben*, 9. Aufl. 2000/2002, Rn. 26; Hachenburg/*Ulmer* Rn. 21; Rowedder/Schmidt-Leithoff/*Zimmermann*, 4. Aufl. 2002, Rn. 11.

17   Für eine Kapitalherabsetzung zur **Beseitigung einer Unterbilanz** wurde aus Abs. 2 S. 2 aF der Umkehrschluss gezogen und das Mindestbetrags- und Teilbarkeitserfordernis nicht angewandt. Entsprechend § 58a Abs. 3 S. 2 aF, der für die vereinfachte Kapitalherabsetzung einen Mindestnennbetrag von 50 Euro und eine Teilbarkeit durch zehn vorsah, wurde jedoch auch für die ordentliche Kapitalherabsetzung zur Beseitigung einer Unterbilanz die Einhaltung dieser Grenzen verlangt.[16]

18   Sofern die vorgenannten Grenzen nicht eingehalten werden konnten, musste nach **Ausweichlösungen** gesucht werden. Diese bestanden in der Einziehung der Zwerganteile[17] und der Zusammenlegung mehrerer Anteile,[18] ggf. unter Bildung von Gemeinschaftsanteilen iSd § 18.[19] Diskutiert wurde dabei insbesondere, wessen Zustimmung zu einem solchen Beschluss erforderlich ist und ob eine Verpflichtung zur Erteilung einer solchen Zustimmung besteht.

19   **bb) Rechtslage seit 2008.** In der Praxis haben sich diese Probleme heute weitgehend erledigt, da Geschäftsanteile nach § 5 Abs. 2 S. 1 auf **jeden vollen Eurobetrag** lauten können. Der Wortlaut des im Rahmen des MoMiG geänderten (→ Rn. 6) Abs. 2 S. 2 erweckt allerdings nach wie vor den Eindruck, als würde er besondere Beschränkungen auferlegen. Diese sind jedoch praktisch nicht gegeben. Die Neuregelung des Abs. 2 S. 2 ist nicht gelungen: Die Differenzierung nach Kapitalherabsetzungszwecken ist obsolet geworden, da der neue Mindestnennbetrag von einem Euro generell gilt. Der Verweis auf § 5 Abs. 3 läuft ohnehin leer. Einfacher und klarer wäre gewesen, in Abs. 2 S. 1 auch auf § 5 Abs. 2 zu verweisen oder einen § 58a Abs. 3 S. 2 entsprechenden, lediglich klarstellenden Hinweis aufzunehmen.[20]

20   Das einzige auch nach neuer Rechtslage fortbestehende, praktisch aber kaum jemals relevant werdende Problem stellt der Fall dar, dass die Kapitalherabsetzung zwar zu einem auf einen vollen Eurobetrag lautenden Stammkapital, nicht jedoch zu auf volle **Eurobeträge** lautenden Nennbeträgen der Geschäftsanteile führen würde. Beispiel: Das in einen Geschäftsanteil im Nennbetrag von 999 Euro und einen Geschäftsanteil im Nennbetrag von 49.001 Euro eingeteilte Stammkapital von 50.000 Euro soll auf die Hälfte reduziert werden.

21   Diese Problematik ist auch bisher schon bekannt gewesen. Zu Recht wurde zur Lösung vorgeschlagen, im Kapitalerhöhungsbeschluss die Nennbeträge der einzelnen Geschäftsanteile auf zulässige glatte Euro-Beträge zu setzen und die Zuviel- bzw. Minderbeträge durch **Barzahlungen** zwischen den Gesellschaftern auszugleichen.[21] Alternativ wären **Minimalkapitalerhöhungen** bzw. **Teileinziehungen** denkbar, bei denen die Ausgleichsbeträge an die bzw. von der Gesellschaft zu zahlen wären. Erforderlich ist in jedem Fall die Zustimmung aller betroffenen Gesellschafter. Angesichts der typischerweise minimalen wirtschaftlichen Auswirkungen der Modifikationen wird in diesen Fällen ein berechtigtes Interesse der Mehrheit an der Kapitalherabsetzung unterstellt, eine Mitwirkungspflicht aufgrund der gesellschaftsrechtlichen Treuepflicht eher zu bejahen sein als in den im Übrigen diskutierten Fällen (→ Vor § 58 Rn. 68 ff.).

22   Eine gewisse praktische Verschärfung des Problems kann sich aus der Änderung des § 5 Abs. 2 ergeben, da nunmehr jeder Gesellschafter mehrere Anteile übernehmen darf. Es ist damit zulässig, dass jeder Gesellschafter eine recht hohe Zahl an Geschäftsanteilen mit

---

[16]   S. etwa Ulmer/Habersack/Winter/*Casper*, 2008, Rn. 19; Scholz/*Priester/Tebben,* 9. Aufl. 2000/2002, Rn. 27; Baumbach/Hueck/*Zöllner,* 18. Aufl. 2006, Rn. 7.

[17]   Scholz/*Priester/Tebben* Rn. 29.

[18]   Ulmer/Habersack/Winter/*Casper*, 2008, Rn. 21; Scholz/*Priester/Tebben* Rn. 28; Rowedder/Schmidt-Leithoff/*Schnorbus* Rn. 11; Noack/Servatius/Haas/*Kersting* Rn. 10.

[19]   Hierzu Ulmer/Habersack/Winter/*Casper,* 2008, Rn. 21; Scholz/*Priester/Tebben* Rn. 18; Hachenburg/*Ulmer* Rn. 24; Rowedder/Schmidt-Leithoff/*Schnorbus* Rn. 11.

[20]   So zu Recht *Hohmuth* GmbHR 2009, 349 (350 f.); krit. auch Scholz/*Priester/Tebben* Rn. 27; *Wicke* Rn. 3.

[21]   *Heuer* GmbHR 1950, 36 (37); Ulmer/Habersack/Winter/*Casper*, 2008, Rn. 17; Hachenburg/*Ulmer* Rn. 20; Rowedder/Schmidt-Leithoff/*Schnorbus* Rn. 11.

einem Nennbetrag von jeweils einem Euro zeichnet. Sollten sich aufgrund der Kapitalherabsetzung Nennbeträge von weniger als einem Euro oder von gebrochenen Eurobeträgen ergeben, ist primäres Mittel der Glättung die **Zusammenlegung von Geschäftsanteilen** eines Gesellschafters. Die Zustimmung des Gesellschafters ist hierfür nicht erforderlich.[22] Theoretisch ist auch eine Zusammenlegung der Geschäftsanteile verschiedener Gesellschafter denkbar mit der Folge des Entstehens einer Rechtsgemeinschaft am Anteil gem. § 18; auch hierfür wird man keine Zustimmung jedes einzelnen betroffenen Gesellschafters verlangen können (→ § 58a Rn. 57 ff.).[23] Eine Rechtsgemeinschaft an einem Anteil von einem Euro dürfte jedoch selten praktisch sinnvoll sein; regelmäßig werden sich in diesen Fällen Maßnahmen nach → Rn. 21 empfehlen.

3. Auswirkungen auf den Jahresabschluss. a) Ausweis in der Bilanz. Die Kapital- 23
herabsetzung führt zu einer Minderung des in der Bilanz ausgewiesenen gezeichneten Kapitals. Die Gegenbuchung ist in dem Fall, dass die Rücklagen erhöht werden sollen, eine entsprechende Erhöhung der Kapitalrücklage (§ 266 Abs. 3 A.II. HGB).[24] Es handelt sich um einen reinen Passivtausch. Das bilanzielle **Eigenkapital** bleibt unberührt; lediglich die gesellschaftsrechtliche Kapitalbindung ändert sich betragsmäßig. Eine Einstellung des Herabsetzungsbetrags in die Gewinnrücklage wäre unzulässig, da nach § 272 Abs. 3 HGB als Gewinnrücklagen nur Beträge ausgewiesen werden dürfen, die aus dem Ergebnis, also dem erwirtschafteten Jahresüberschuss des Geschäftsjahres oder früherer Jahre, gebildet worden sind.

Erfolgt die Kapitalherabsetzung zum **Ausgleich einer Unterbilanz,** wird die Gegen- 24
buchung zur Minderung des gezeichneten Kapitals die Minderung des Verlustvortrags sein.

Auch wenn die Kapitalherabsetzung zur **Rückzahlung von Einlagen** durchgeführt 25
wird, sind die freiwerdenden Beträge zunächst in die Kapitalrücklage zu buchen. Kapitalherabsetzung und Auszahlung bzw. Begründung eines Auszahlungsanspruchs sind zwei unterschiedliche Geschäftsvorfälle. Die Entscheidung, die freigewordenen Mittel auszuschütten, wird dann über Kapitalrücklage an Verbindlichkeiten gegenüber Gesellschaftern gebucht. Die Folge ist zunächst ein Passivtausch; mit Erfüllung der Verbindlichkeit durch Auszahlung der Mittel tritt eine Bilanzverkürzung ein. Entsprechendes gilt für die Kapitalherabsetzung zum Zwecke der Zahlung einer Abfindung an einen ausgeschiedenen Gesellschafter.

Erfolgt die Kapitalherabsetzung zum **Erlass einer Einlageverpflichtung** (auch 26
→ Rn. 160), ist Gegenbuchung der Minderung des gezeichneten Kapitals die entsprechende Minderung der Position, in der die ausstehenden Einlagen verbucht sind. Nach § 272 Abs. 1 S. 3 HGB sind die nicht eingeforderten ausstehenden Einlagen auf das gezeichnete Kapital auf der Passivseite vom gezeichneten Kapital offen abzusetzen (sog. Nettomethode).[25] Der verbleibende Betrag ist als Posten „Eingefordertes Kapital" in der Hauptspalte der Passivseite auszuweisen. Der eingeforderte, aber noch nicht eingezahlte Betrag ist unter den Forderungen gesondert auszuweisen.

b) Auswirkungen auf die GuV. Für die AG ist der Ausweis der Kapitalherabsetzung 27
in der Gewinn- und Verlustrechnung in **§ 240 AktG** geregelt. Folgende Grundprinzipien lassen sich zusammenfassen:

---

22 Ebenso Noack/Servatius/Haas/*Kersting* Rn. 10; zur alten Rechtslage bereits Ulmer/Habersack/Winter/
Casper, 2008, Rn. 21; einschr. Lutter/Hommelhoff/*Kleindiek* Rn. 15: nur bei satzungsmäßiger Gestattung der Zusammenlegung oder Einziehung; *Altmeppen* Rn. 13; Scholz/*Priester/Tebben* Rn. 28: nur wenn Einziehung der Anteile möglich wäre; iÜ aber regelmäßig Verpflichtung zur Zustimmung aufgrund der gesellschaftsrechtlichen Treuepflicht.

23 AA Scholz/*Priester/Tebben* Rn. 28; Noack/Servatius/Haas/*Kersting* Rn. 10, nach dem aber ohne die Zustimmung Teilrechte nach Art des § 57k entstehen, aus denen Rechte ohne Zusammenlegung nicht ausgeübt werden können; zur alten Rechtslage auch Ulmer/Habersack/Winter/*Casper,* 2008, Rn. 21; auf eine Zustimmung bei satzungsmäßiger Gestattung der Zusammenlegung oder Einziehung verzichtend Lutter/Hommelhoff/*Kleindiek* Rn. 15.

24 So ausdrücklich auch Scholz/*Priester/Tebben* Rn. 13.

25 Näher hierzu Baumbach/Hueck/*Schulze-Osterloh,* 18. Aufl. 2006, § 42 Rn. 105.

28 – Jede Art der Kapitalherabsetzung ist zwingend[26] in der GuV auszuweisen (§ 240 S. 1 AktG), allerdings naturgemäß nicht in den Positionen zur Ermittlung des Jahresüberschusses/-fehlbetrags gem. § 275 Abs. 2 und 3 HGB, sondern erst nach diesem Posten im Zusammenhang mit den Veränderungen der Rücklagen gem. § 275 Abs. 4 HGB, § 158 Abs. 1 AktG unter einem Posten „Ertrag aus der Kapitalherabsetzung". Folge dieser Regelung ist, dass sich der **Bilanzgewinn** um den Kapitalherabsetzungsbetrag erhöht bzw. sich der Bilanzverlust entsprechend mindert.

29 – Auch wenn der Herabsetzungsbetrag nicht ausgeschüttet, sondern bei einer vereinfachten Kapitalherabsetzung gem. § 229 Abs. 1 AktG, § 232 AktG in die Kapitalrücklage eingestellt werden soll, wird der vorstehende Ertrag aus der Kapitalherabsetzung ausgewiesen. Zur Neutralisierung dieses Ertrags ist nach § 240 S. 2 AktG die Position „**Einstellung in die Kapitalrücklage nach den Vorschriften über die vereinfachte Kapitalherabsetzung**" zu bilden, sodass die Kapitalherabsetzung in der GuV ohne Auswirkung auf den Bilanzgewinn bleibt.[27]

30 Fraglich ist, ob **§ 240 AktG** insoweit zwingend analog auf die GmbH anzuwenden ist. Dies ist entgegen verbreiteter Ansicht[28] zu verneinen.[29] Der zwingende Ausweis in der GuV ist bei der AG erforderlich, um überhaupt eine Ausschüttung an die Aktionäre zu ermöglichen, da nach § 57 Abs. 3 AktG an die Aktionäre nur der Bilanzgewinn ausgeschüttet werden darf. Bei der GmbH darf dagegen grundsätzlich auch Vermögen in Höhe der Kapital- und Gewinnrücklagen entnommen werden. Die Gegenansicht will die analoge Anwendung unter Hinweis auf den Regelungszweck des § 240 AktG, Gläubiger und Aktionäre über die wahre Ertragslage zu informieren, begründen.[30] Werden die Folgen aus der Kapitalherabsetzung nur in der Bilanz gezeigt, ist für Gesellschafter und Gläubiger jedoch noch klarer, dass die Maßnahme die Ertragslage und -kraft der Gesellschaft in keiner Weise berührt hat.

31   Dies besagt aber nicht, dass der Kapitalherabsetzungsbetrag nicht auch bei der GmbH Bilanzgewinn erhöhend über die GuV verbucht werden darf. Freiwillig kann ein Ausweis entsprechend § 240 AktG erfolgen. Auch bei der GmbH ist eine den Bilanzgewinn erhöhende Auflösung von Rücklagen möglich.[31] Wenn der Kapitalherabsetzungsbetrag in die Kapitalrücklage eingestellt werden kann, muss auch eine den Bilanzgewinn erhöhende Auflösung möglich sein.[32] Sollen aber gerade nicht alle Gesellschafter pro rata bzw. entsprechend dem für die Gewinnverteilung im Gesellschaftsvertrag vorgesehenen Schlüssel am Herabsetzungsbetrag beteiligt werden, ist eine Verbuchung allein über die Bilanz einfacher (ohne dadurch berechtigte Informationsinteressen zu verletzen). Eine disproportionale Gewinnverteilung (ausführlich → § 29 Rn. 189)[33] wird über eine offene Entnahme aus dem Eigenkapital vermieden.

32   **c) Ergänzende Angaben im Anhang.** Nach § 240 S. 3 AktG ist nach der Herabsetzung des Grundkapitals einer AG im Anhang zu erläutern, ob und in welcher Höhe die

---

[26]   Nach hM können die Angaben nicht entsprechend § 158 Abs. 1 S. 2 AktG im Anhang gemacht werden, s. etwa K. Schmidt/Lutter/*Kleindiek* AktG § 240 Rn. 3, AktG § 158 Rn. 10; MüKoAktG/*Oechsler* AktG § 240 Rn. 3 mwN.

[27]   Der Ausweis nach § 240 S. 2 AktG tritt nicht an Stelle, sondern neben den Ausweis nach S. 1, s. etwa Hüffer/Koch/*Koch* AktG § 240 Rn. 4; MüKoAktG/*Oechsler* AktG § 240 Rn. 4; K. Schmidt/Lutter/ *Kleindiek* AktG § 240 Rn. 5.

[28]   Scholz/*Priester/Tebben* Rn. 80; Rowedder/Schmidt-Leithoff/*Schnorbus* Rn. 1, 43; Hachenburg/*Ulmer* Rn. 6; BeckHdB Rechnungslegung/*Heymann,* Stand Juni 2011, B 231 Rn. 87; BeBiKo/*Störk/Kliem/ Meyer* HGB § 272 Rn. 107.

[29]   So auch *Hohmuth,* Die Kapitalherabsetzung bei der GmbH, 2007, 63 ff.; MHLS/*Waldner* Vor §§ 58–58f Rn. 9; zweifelnd auch *ADS* AktG § 240 Rn. 1, die allerdings seine Anwendung bei der Verbuchung der Kapitalherabsetzung empfehlen.

[30]   Scholz/*Priester/Tebben* Rn. 80.

[31]   Zur Verbuchung etwa Baumbach/Hueck/*Schulze-Osterloh,* 18. Aufl. 2006, § 42 Rn. 479.

[32]   Für die Möglichkeit, die Kapitalherabsetzung auch bei der GmbH entsprechend § 240 AktG zu verbuchen, ausdrücklich auch *ADS* AktG § 240 Rn. 1; aA Noack/Servatius/Haas/*Kersting* Rn. 13.

[33]   Im Übrigen s. *Schwandtner,* Disquotale Gewinnausschüttungen in Personen- und Kapitalgesellschaften, 2006, 1 f. und 130 ff.

aus der Kapitalherabsetzung und aus der Auflösung von Rücklagen gewonnenen Beträge (i) zum Ausgleich von Wertminderungen, (ii) zur Deckung von sonstigen Verlusten oder (iii) zur Einstellung in die Kapitalrücklage verwandt werden. Auch wenn sie die Verwendungsarten der vereinfachten Kapitalherabsetzung nach § 229 Abs. 1 S. 1 AktG aufgreift, gilt die Bestimmung zwingend auch für die ordentliche Kapitalherabsetzung.[34]

Für die GmbH gibt es keine vergleichbare zwingende Vorschrift. Eine analoge Anwen- **33** dung scheidet mangels planwidriger Regelungslücke aus.[35] Allerdings kann eine freiwillige Angabe im Anhang oder Lagebericht empfehlenswert oder – falls die Darstellung der Vermögens- und Ertragslage im Abschluss ansonsten irreführend wäre – geboten sein.[36]

d) Relevanter Abschluss. Die vorstehend beschriebenen Wirkungen zeigen sich **34** grundsätzlich im Wirksamwerden des der Kapitalherabsetzung nachfolgenden Einzelabschlusses der GmbH. Eine Rückwirkung auf den vorangegangenen Jahresabschluss ist nur bei der vereinfachten Kapitalherabsetzung unter den Voraussetzungen des § 58e denkbar (vgl. im Einzelnen → § 58e Rn. 1 ff.). Maßgeblich ist der für die Kapitalerhaltung maßgebliche **Einzelabschluss,** nicht der Konzernabschluss.[37]

III. Überblick über das Verfahren der ordentlichen Kapitalherabsetzung

Die wesentlichen Schritte einer ordentlichen Kapitalherabsetzung sind: **35**
– Kapitalherabsetzungsbeschluss;
– Bekanntmachung des Beschlusses mit Aufforderung an die Gläubiger und besondere Mitteilung an die bekannten Gläubiger (Abs. 1 Nr. 1);
– Befriedigung/Sicherstellung der Gläubiger (Abs. 1 Nr. 2);
– Ablauf des Sperrjahres seit der Bekanntmachung (Abs. 1 Nr. 3);
– Anmeldung der Kapitalherabsetzung zum Handelsregister mit Versicherung der Geschäftsführer betreffend Befriedigung/Sicherstellung der Gläubiger (Abs. 1 Nr. 3 und 4);
– Handelsregistereintragung;
– Einreichung einer aktualisierten Gesellschafterliste nach § 40;
– ggf. Umsetzung der wirtschaftlich bezweckten Maßnahme, zB Auszahlung von Vermögen.

Muster für die wesentlichen Dokumente einer ordentlichen (und vereinfachten) Kapitalhe- **36** rabsetzung finden sich in den verschiedenen Formular-Handbüchern.[38]

IV. Gesellschafterbeschluss

1. Inhalt. a) Kapitalherabsetzungsbetrag. Der Inhalt des Kapitalherabsetzungsbe- **37** schlusses spiegelt den Inhalt des Kapitalerhöhungsbeschlusses (→ § 55 Rn. 49 ff.) wider, nur dass der wesentliche Inhalt des Kapitalherabsetzungsbeschlusses (i) die Herabsetzung des Stammkapitals und (ii) der neue Betrag des Stammkapitals oder der Betrag der Herabsetzung

---

34 K. Schmidt/Lutter/*Kleindiek* AktG § 240 Rn. 8; MüKoAktG/*Oechsler* AktG § 240 Rn. 7.
35 Zur analogen Anwendung des § 240 AktG: *Hohmuth,* Die Kapitalherabsetzung bei der GmbH, 2007, 63 ff.; MHLS/*Waldner* Vor §§ 58–58f Rn. 9; zweifelnd auch *ADS* AktG § 240 Rn. 1, die allerdings seine Anwendung bei der Verbuchung der Kapitalherabsetzung empfehlen; aA Scholz/*Priester/Tebben* Rn. 80.
36 Eine freiwillige Angabe empfehlend auch Roth/Altmeppen/*Roth,* 9. Aufl. 2019, Rn. 11: Angabe im Anhang oder Lagebericht.
37 Im Aktienrecht wird § 240 AktG mit dem gesonderten Ausweis des Buchertrags aus Kapitalherabsetzung nach hM ebenfalls nur im Einzelabschluss ausgewiesen; s. K. Schmidt/Lutter/*Kleindiek* AktG § 240 Rn. 4; s. auch *ADS* HGB § 298 Rn. 200; BeckHdB Rechnungslegung/*Wahlers,* Stand Oktober 2013, AktG § 240 Rn. 7.
38 MVHdB I GesR/*Heidenhain/Hasselmann* Form. IV. 93–97; BeckFormB BHW/*Wentrup* Form. IX. 44–47; *Volhard* in Hopt Vertrags- und Formularhandbuch zum Handels-, Gesellschafts- und Bankrecht, 4. Aufl. 2013, II D. 2.5, 2.6.; *Miras* in Langenfeld/Miras, GmbH-Vertragspraxis, 8. Aufl. 2019, Kap. 10 §§ 2 u. 3; *Dorsel* in Wurm/Wagner/Zartmann, Das Rechtsformularbuch, 17. Aufl. 2015, Kap. 121 Rn. 39 ff.

ist.[39] Entsprechend dem Kapitalerhöhungsbeschluss ist auch für den Kapitalherabsetzungsbeschluss nicht zwingend zu verlangen, dass jeweils das Ausgangsstammkapital, der Herabsetzungsbetrag und das Zielstammkapital bezeichnet werden.[40] Wie bei der Kapitalerhöhung ist eine solche Klarstellung aber sinnvoll. Es empfiehlt sich eine Formulierung wie: „Das Stammkapital wird von […] Euro um […] Euro auf […] Euro herabgesetzt".

38   Zulässig ist im Grundsatz auch, lediglich den **Höchstbetrag** der Kapitalherabsetzung anzugeben.[41] Allerdings ist die Entscheidung über die Kapitalherabsetzung und die entsprechende Änderung des Gesellschaftsvertrags zwingend den Gesellschaftern vorbehalten. Eine Ermächtigung der Geschäftsführer, den Betrag nach ihrem Ermessen zu bestimmen, wäre unzulässig. Der Beschluss muss also den finalen Betrag für die Geschäftsführer bestimmbar machen.[42] Zulässig ist beispielsweise die Abhängigkeit von der Einziehung und Einziehbarkeit von Geschäftsanteilen oder vom Betrag der in einer noch nicht erstellten Bilanz ausgewiesenen Unterbilanz.[43] Keine Bedenken bestehen auch, zunächst einen Höchstbetrag zu beschließen, das zeitaufwendige Verfahren nach § 58 in Gang zu setzen und durch späteren Gesellschafterbeschluss vor Anmeldung der Kapitalherabsetzung den Betrag innerhalb des Rahmens zu fixieren.

39   **b) Herabsetzung der Nennbeträge.** Die Herabsetzung der Nennbeträge der einzelnen Geschäftsanteile ist nicht zwingend im Kapitalherabsetzungsbeschluss anzusprechen.[44] Ohne besondere Regelung erfolgt eine **quotale Herabsetzung** (→ Rn. 14). Auch bei einer Kapitalherabsetzung zur Zurückzahlung von Einlagen oder des (alle Anteile gleichmäßig betreffenden) Erlasses der geschuldeten Einzahlungen, bei denen der Registerrichter die Einhaltung des Abs. 2 S. 2 überprüfen muss, gilt nichts Abweichendes.[45] Diese Überprüfung ist – gerade nach der Herabsetzung des Mindestnennbetrags auf 1 Euro durch das MoMiG – auch ohne Angabe des Betrags im Beschluss ohne Weiteres möglich.

40   Etwas anderes gilt allerdings dann, wenn die Kapitalherabsetzung **disproportional** erfolgt und damit mit einer vollständigen oder teilweisen Einziehung eines Geschäftsanteils verbunden wird.[46]

41   Bei der Festsetzung der neuen Stammkapitalziffer ist die Beschränkung auf den **gesetzlichen Mindestbetrag** gem. Abs. 2 S. 1 (→ Rn. 7 f.) und das Erfordernis, dass der Nennbetrag jedes einzelnen Geschäftsanteils auf volle Euro lauten muss (→ Rn. 19 ff.), zu beachten.

42   **c) Angabe des Zwecks.** Nach § 222 Abs. 3 AktG ist im Hauptversammlungsbeschluss einer AG zur Herabsetzung des Grundkapitals festzusetzen, zu welchem Zweck die Herabsetzung erfolgt, namentlich ob Teile des Grundkapitals zurückgezahlt werden sollen. Die Angabe des Zwecks ist regelmäßig zur Information der Gesellschafter auch bei der GmbH sinnvoll. Die heute ganz hM verlangt aus Gründen des Gesellschafter- und Gläubigerschutzes und zur Ermöglichung der Registerprüfung weitergehend, dass der Zweck analog § 222 Abs. 3 AktG auch bei der Kapitalherabsetzung einer GmbH im Gesellschafter-

---

[39]   Zum Mindestinhalt (ii) gehen die Formulierungen auseinander; teilweise wird die Angabe des Herabsetzungsbetrags verlangt (Scholz/*Priester/Tebben* Rn. 33), teilweise die Angabe der neuen, zukünftigen Stammkapitalziffer; so Lutter/Hommelhoff/*Kleindiek* Rn. 6. Nach zutreffender Ansicht reicht jede dieser Formulierungen aus.

[40]   EinhM, s. nur Lutter/Hommelhoff/*Kleindiek* Rn. 6; Scholz/*Priester/Tebben* Rn. 33.

[41]   Unstr., s. etwa etwa Bork/Schäfer/*Arnold/Born* Rn. 7; UHL/*Casper* Rn. 27; Lutter/Hommelhoff/*Kleindiek* Rn. 7; Scholz/*Priester/Tebben* Rn. 34; Rowedder/Schmidt-Leithoff/*Schnorbus* Rn. 13; *Wicke* Rn. 2; Noack/Servatius/Haas/*Kersting* Rn. 18.

[42]   EinhM, s. etwa Bork/Schäfer/*Arnold/Born* Rn. 7; UHL/*Casper* Rn. 27; Lutter/Hommelhoff/*Kleindiek* Rn. 7; Scholz/*Priester/Tebben* Rn. 34; Rowedder/Schmidt-Leithoff/*Schnorbus* Rn. 13; Noack/Servatius/Haas/*Kersting* Rn. 18; aA Meyer-Landrut/Miller/Niehus/*Meyer-Landrut* Rn. 11, der Bestimmung durch Geschäftsführer für zulässig hält.

[43]   So auch etwa UHL/*Casper* Rn. 27; Noack/Servatius/Haas/*Kersting* Rn. 18.

[44]   Ganz überwM, s. nur Lutter/Hommelhoff/*Kleindiek* Rn. 11; Scholz/*Priester/Tebben* Rn. 35; Hachenburg/*Ulmer* Rn. 33.

[45]   So ausdrücklich auch Scholz/*Priester/Tebben* Rn. 35.

[46]   EinhM, s. nur Lutter/Hommelhoff/*Kleindiek* Rn. 14; Scholz/*Priester/Tebben* Rn. 35; Hachenburg/*Ulmer* Rn. 33; Noack/Servatius/Haas/*Kersting* Rn. 19.

beschluss ausreichend konkret[47] festgelegt wird.[48] Dieses Verständnis liegt auch der Gesetzesbegründung zu § 58a zugrunde.[49] Folge dieser Auffassung ist:

- Ohne eine entsprechende Festlegung ist der Kapitalherabsetzungsbeschluss rechtswidrig **43** und kann von jedem Gesellschafter angefochten werden (auch → Rn. 64 f.).
- Unabhängig von einer Anfechtung ist die Kapitalherabsetzung rechtswidrig und darf vom **44** Registergericht nicht eingetragen werden.
- Die Bestimmung des Zwecks und dessen spätere Änderung (→ Rn. 56) durch die Gesell- **45** schafter bedarf ebenfalls der qualifizierten Mehrheit.

Begründung und Konsequenzen dieser Auffassung überzeugen aus folgenden Gründen **46** nicht (auch → § 58a Rn. 49 zum Beschluss einer vereinfachten Kapitalherabsetzung):

- Ob angesichts der ausdrücklichen Regelung in § 222 Abs. 3 AktG eine Analogie oder **47** ein Umkehrschluss nahe liegt, ist zumindest offen.
- Aus Gründen des **Gläubigerschutzes** ist die Angabe des Zwecks nicht erforderlich. Ohne **48** Zweckangabe müssen die Gläubiger mit dem „Schlimmsten", also einer Auszahlung des freiwerdenden Vermögens an die Gesellschafter rechnen und können sich darauf einstellen.[50]
- Gegen eine Begründung der Zweckangabe mit Gläubigerschutzerwägungen spricht auch, **49** dass der Zweck den Gläubigern gar nicht bekannt gemacht wird (→ Rn. 88). Wer die Angabe des Zwecks mit Gläubigerschutzerwägungen begründet, müsste konsequent bei nachträglicher Änderung des Zwecks erneut den Ablauf eines Sperrjahres von einem Jahr fordern, was zu Recht nicht vertreten wird (auch → Rn. 72).[51]
- Bei der Prüfung der Kapitalherabsetzung durch das **Registergericht** spielt der Zweck **50** im Hinblick auf die Einhaltung des Abs. 2 S. 2 eine Rolle. Soweit nicht klargestellt ist, dass keiner der für Abs. 2 S. 2 maßgeblichen Zwecke, sondern der Zweck Beseitigung einer Unterbilanz verfolgt wird, müssen dessen Anforderungen erfüllt werden. Gerade nach der Herabsetzung des Mindestnennbetrags eines Geschäftsanteils auf einen Euro hat die Bestimmung aber ohnehin ihre Bedeutung verloren. Auch nach alter Rechtslage konnte sie allerdings nicht als Argument verwandt werden, die Eintragung der Kapitalherabsetzung mangels Angabe des Zwecks auch dann zu verweigern, wenn kein Konflikt mit § 5 Abs. 1 und 3 erkennbar war.[52]
- Es ist nicht erkennbar, warum es den Gesellschaftern zur Wahrung ihrer eigenen Interes- **51** sen verboten werden sollte, den Zweck offenzulassen und damit Flexibilität zu wahren. **Minderheitsgesellschafter** werden gegen eine Ungleichbehandlung oder Benachteiligung ohnehin geschützt (→ Rn. 63 f.).
- Die Begründung der zwingenden Zweckbestimmung mit der **Satzungsänderungs-** **52** **kompetenz** der Gesellschafter[53] überzeugt deshalb nicht, weil der Zweck gerade nicht Satzungsbestandteil wird.[54]

---

47 Hierzu UHL/*Casper* Rn. 29; Scholz/*Priester*/*Tebben* Rn. 38.
48 BayObLG Beschl. v. 16.1.1979 – BReg. 1 Z 127/78, BB 1979, 240 = GmbHR 1979, 111; Bork/Schäfer/*Arnold*/*Born* Rn. 8; UHL/*Casper* Rn. 28; Lutter/Hommelhoff/*Kleindiek* Rn. 8; Scholz/*Priester*/*Tebben* Rn. 37; Hachenburg/*Ulmer* Rn. 31; BeckOK GmbHG/*Rühland* Rn. 18; Roweder/Schmidt-Leithoff/*Schnorbus* Rn. 16; Gehrlein/Born/Simon/*Schulze* Rn. 13; MHLS/*Waldner* Vor §§ 58–58f Rn. 5; MHdB GesR III/*Wegmann* § 54 Rn. 8; *Halm* DStR 1997, 1332 (1333); *Hohmuth,* Die Kapitalherabsetzung bei der GmbH, 2007, 85 f.; *Sommer,* Die sanierende Kapitalherabsetzung bei der GmbH, 1993, 52 f.; zum Beschluss nach § 58a OLG Hamm Beschl. v. 15.11.2010 – I-15 W 191/10, ZIP 2011, 568 (569) m. abl. Anm. *Wachter* EWiR 2011, 421 (422) (§ 58a GmbHG 1/11); aA Noack/Servatius/Haas/*Kersting* Rn. 20; HK-GmbHG/*Inhester* Rn. 13; *Wicke* Rn. 4; *Altmeppen* Rn. 14 (anders noch Roth/Altmeppen/*Roth,* 9. Aufl. 2019, Rn. 15); *Heuer* GmbHR 1950, 35 (36); *Uhlenbruck* GmbHR 1995, 81 (85) zur vereinfachten Kapitalherabsetzung; im älteren Schrifttum Zweckangabe nur bei Beseitigung einer Unterbilanz fordernd Ehrenberg HandelsR-HdB/*Feine* S. 622; nur bei Freisetzung von Gesellschaftsvermögen zur Prüfung der Voraussetzungen des § 58 Abs. 2 S. 2 *Vogel* Rn. 2.
49 RegE EGInsO zu § 58a, BT-Drs. 12/3803, 87.
50 Zutr. Noack/Servatius/Haas/*Kersting* Rn. 20.
51 UHL/*Casper* Rn. 33; Scholz/*Priester*/*Tebben* Rn. 42; Hachenburg/*Ulmer* Rn. 37.
52 Aus diesem Grund erscheint nicht einmal die von Noack/Servatius/Haas/*Kersting* Rn. 20 für sinnvoll gehaltene Angabe des Zwecks der Beseitigung einer Unterbilanz erforderlich.
53 UHL/*Casper* Rn. 28; Hachenburg/*Ulmer* Rn. 31.
54 Zutr. Noack/Servatius/Haas/*Kersting* Rn. 20; insoweit auch MHLS/*Waldner* Vor §§ 58–58f Rn. 5.

53 – Die Gesellschafter können im Einzelfall ein Interesse daran haben, **Flexibilität** zu wahren und beispielsweise erst nach Ablauf der einjährigen Sperrfrist zu entscheiden, ob die Kapitalherabsetzung zu Auszahlungen an die Gesellschafter oder Stärkung der Kapitalrücklage verwandt werden soll. Möglich sollte auch sein, bei drohender Unterbilanz eine ordentliche Kapitalherabsetzung einzuleiten. Sollte sich im Sperrjahr die Vermögenslage besser als erwartet entwickeln, kann ein anderer Zweck verfolgt werden.

54 – Es ist auch nicht erkennbar, warum die Bestimmung des Zwecks zwingend mit **qualifizierter Mehrheit** gefasst werden soll. Auch Beschlüsse über die Gewinnverwendung oder sonstige die Gesellschafter nicht ungleich betreffende Entnahmen oder die Bildung oder Auflösung von Rücklagen bedürfen keiner qualifizierten Mehrheit.

55 Im Ergebnis sollte es den Gesellschaftern daher erlaubt werden, den Zweck der Kapitalherabsetzung **zunächst offenzulassen** und diesen später (spätestens mit der Entscheidung über die Aufstellung des Jahresabschlusses und die Ergebnisverwendung für das Geschäftsjahr, in dem die Kapitalherabsetzung wirksam wird) mit einfacher Mehrheit zu bestimmen.

56 Die hM sieht in der im Kapitalherabsetzungsbeschluss getroffenen Zweckbestimmung eine **Selbstbindung der Gesellschafter,** von der bis zum Wirksamwerden der Kapitalherabsetzung nur mit satzungsändernder Mehrheit abgewichen werden kann.[55] Nach erfolgter Eintragung der Kapitalherabsetzung soll für die Änderung des Zwecks nach teilweise vertretener Auffassung sogar die Zustimmung aller Gesellschafter erforderlich sein.[56]

57 Eine **Änderung** der im Zusammenhang mit der Kapitalherabsetzung getroffenen Zweckbestimmung sollte mit einfacher Mehrheit zugelassen werden, sofern nicht die Verfolgung dieses Zwecks, zB die Einziehung eines Geschäftsanteils, nach Gesetz oder Gesellschaftsvertrag eine qualifizierte Mehrheit und/oder die Zustimmung des Betroffenen verlangt.

58   **d) Abänderung des Gesellschaftsvertrags.** Da der Betrag des Stammkapitals zwingender Bestandteil des Gesellschaftsvertrags ist, ist jede Kapitalherabsetzung zwingend auch eine Änderung des Gesellschaftsvertrags. Allerdings genügt die Beschlussfassung über die Kapitalherabsetzung. Ein darüber hinausgehender Beschluss, dass § x des Gesellschaftsvertrags (Stammkapital) geändert wird, ist nicht erforderlich.[57] Beschließen die Gesellschafter lediglich den Höchstbetrag der Kapitalherabsetzung (→ Rn. 38), bedarf es allerdings eines weiteren Beschlusses zur Bestimmung des genauen Betrags des Stammkapitals in der Satzung. Die Ermächtigung eines anderen Organs zu Fassungsänderungen im Gesellschaftsvertrag entsprechend § 179 Abs. 1 S. 2 AktG ist bei der GmbH nach hM nicht möglich (ausführlich → § 53 Rn. 56 f.).[58] Praktikabel kann allerdings die Bevollmächtigung eines Gesellschafters, Geschäftsführers oder eines Dritten zur Beschlussfassung über die Satzungsänderung sein.[59]

59   **e) Sonstige Angaben.** Weitere Angaben sind erforderlich, wenn die Kapitalherabsetzung mit einer anderen Maßnahme wie der Einziehung oder Zusammenlegung von Geschäftsanteilen verbunden wird. Diese richten sich nach den für diese Maßnahmen maßgeblichen Vorschriften. Zur **Durchführung** der Kapitalherabsetzung sind Angaben nur dann erforderlich, wenn sich die Details der Durchführung nicht schon aus einem im Kapitalherabsetzungsbeschluss angegebenen Zweck der Kapitalherabsetzung ergeben (→ Rn. 42 ff.).[60] Insbesondere sind im Kapitalherabsetzungsbeschluss keine Angaben zur

---

[55] UHL/*Casper* Rn. 33; Lutter/Hommelhoff/*Kleindiek* Rn. 9; Scholz/*Priester/Tebben* Rn. 42; Hachenburg/ *Ulmer* Rn. 37; MHLS/*Waldner* Vor §§ 58–58f Rn. 5; *Hohmuth,* Die Kapitalherabsetzung bei der GmbH, 2007, 86; krit. *Altmeppen* Rn. 18.

[56] Lutter/Hommelhoff/*Kleindiek* Rn. 9; für Änderung der Zweckbestimmung nur durch Satzungsänderung Hachenburg/*Ulmer* Rn. 37.

[57] So die einhM, s. nur OLG Düsseldorf Beschl. v. 30.7.1968 – 3 W 248/68, GmbHR 1968, 223; UHL/ *Casper* Rn. 31; Scholz/*Priester/Tebben* Rn. 36; Hachenburg/*Ulmer* Rn. 34; Rowedder/Schmidt-Leithoff/ *Schnorbus* Rn. 17.

[58] Noack/Servatius/Haas/*Noack* § 53 Rn. 55; UHL/*Casper* Rn. 22.

[59] Scholz/*Priester/Tebben* Rn. 36.

[60] So auch Scholz/*Priester/Tebben* Rn. 39; Hachenburg/*Ulmer* Rn. 35. Rowedder/Schmidt-Leithoff/ *Schnorbus* Rn. 18.

quotalen Minderung der Nennbeträge der einzelnen Geschäftsanteile erforderlich, da diese automatisch eintritt (→ Rn. 14, → Rn. 39).

2. Sachliche Rechtfertigung. Eine sachliche Rechtfertigung für die Kapitalherabset- **60** zung selbst ist nicht erforderlich (zur vereinfachten Kapitalherabsetzung → Vor § 58 Rn. 61); entsprechend ist der Beschluss **keiner gerichtlichen Inhaltskontrolle zugänglich.**[61] Etwas anderes kann allerdings für die im Zusammenhang mit einer Kapitalherabsetzung beschlossenen Maßnahmen wie die Einziehung eines Anteils gelten (zur Einziehung näher → § 34 Rn. 14 ff.).

3. Form. Da die Kapitalherabsetzung eine Änderung des Gesellschaftsvertrags bewirkt, **61** sind die §§ 53 f. anwendbar. Der Beschluss muss daher gem. § 53 Abs. 2 S. 1 notariell beurkundet werden. Für die Art der **Beurkundung,** insbesondere die Frage der Zulässigkeit einer Auslandsbeurkundung gelten die zu § 53 anerkannten Grundsätze.

4. Mehrheitserfordernis. Beim Mehrheitserfordernis ist zwischen der Kapitalherab- **62** setzung selbst und mit dieser verbundenen, die Gesellschafter ungleichmäßig betreffenden Maßnahmen zu unterscheiden:
- Als Änderung des Gesellschaftsvertrags bedarf der Kapitalherabsetzungsbeschluss gem. **63** § 53 Abs. 2 einer Mehrheit von **drei Vierteln** der abgegebenen Stimmen; weitergehende Mehrheitserfordernisse, die im Gesellschaftsvertrag für dessen Änderung vorgeschrieben sind, sind zu beachten. Die Zustimmung aller Gesellschafter ist dagegen grundsätzlich nicht erforderlich.[62] Ein Recht jedes Gesellschafters oder eines einzelnen Gesellschafters auf Beibehaltung einer bestimmten Stammkapitalziffer mit der Folge, dass eine Herabsetzung der Zustimmung des oder der berechtigten Gesellschafter bedürfen, ist theoretisch denkbar.[63] In der Praxis kommt dies allerdings kaum vor. Ein solches Recht kann nur angenommen werden, wenn es deutlich vereinbart worden ist. Ein reduziertes Mehrheitserfordernis gilt für Kapitalmaßnahmen zu Stabilisierungszwecken unter Beteiligung des Wirtschaftsstabilisierungsfonds; hier genügt nach § 9a Abs. 1 S. 1 WStBG iVm § 7 Abs. 6 WStBG die einfache Mehrheit der anwesenden Stimmen (→ Vor § 58 Rn. 131 ff.).
- Etwas anderes gilt, wenn die Gesellschafter von der Kapitalherabsetzung ungleichmäßig **64** betroffen sind. Hier ist analog § 35 BGB eine **Zustimmung der benachteiligten Gesellschafter** erforderlich. Zu beachten ist, dass sich die Ungleichbehandlung einerseits aus der disproportionalen Minderung der Nennbeträge unterschiedlicher Geschäftsanteile, andererseits aus der ungleichmäßigen Verwendung der frei gewordenen Mittel ergeben kann. Im Fall einer disproportionalen Kapitalherabsetzung zur disproportionalen Auskehrung von Gesellschaftsvermögen gilt daher Folgendes: (i) Die Zustimmung derjenigen Gesellschafter, deren Geschäftsanteile stärker von der Nennbetragsminderung betroffen sind, ist erforderlich, weil sie entsprechend stärker ihre an den Nennbetrag der Anteile geknüpften Rechte verlieren. (ii) Die Zustimmung der übrigen Gesellschafter ist erforderlich, weil sie bei der Ausschüttung des Gesellschaftsvermögens schlechter behandelt werden. Unterschiede ergeben sich allerdings bei den Rechtsfolgen der fehlenden Zustimmung: während eine Ungleichbehandlung im Grundsatz nur die Anfechtung begründet (vorstehend (ii)), wird eine Entziehung von Gesellschafterrechten vorbehaltlich satzungsmäßiger Sonderregeln nur mit Zustimmung des Betroffenen wirksam (vorstehend (i)).[64] Entsprechendes gilt bei der Kapitalherabsetzung zum Erlass der Einlageverpflichtung eines einzelnen Gesellschafters gem. § 19 Abs. 3.
- Erfolgt die Kapitalherabsetzung im Zusammenhang mit der **Einziehung** eines Anteils, **65** sind die Rechte des von der Einziehung betroffenen Gesellschafters bei der Einziehung

---

61 Lutter/Hommelhoff/*Kleindiek* Rn. 5; Scholz/*Priester/Tebben* Rn. 32; zum Aktienrecht BGH Urt. v. 9.2.1998 – II ZR 278/96, BGHZ 138, 71 (74 ff.) = NJW 1998, 2054 – Sachsenmilch.
62 EinhM, s. nur UHL/*Casper* Rn. 23; Scholz/*Priester/Tebben* Rn. 40; Hachenburg/*Ulmer* Rn. 6, 26.
63 Darauf weisen hin UHL/*Casper* Rn. 23; Hachenburg/*Ulmer* Rn. 6, 26; Scholz/*Priester/Tebben* Rn. 40.
64 So auch Scholz/*Priester/Tebben* Rn. 41; Lutter/Hommelhoff/*Kleindiek* Rn. 17; Hachenburg/*Ulmer* Rn. 27; wohl aA – bloße Anfechtbarkeit – Rowedder/Schmidt-Leithoff/*Schnorbus* Rn. 12.

oder des der Einziehung vorausgegangenen Akts (Ausschluss, Austritt) zu beachten. Die Kapitalherabsetzung bedeutet keine zusätzliche Rechtsbeeinträchtigung. Die Zustimmung des Ausscheidenden zur Kapitalherabsetzung ist daher nicht erforderlich.[65]

66   **5. Nachträgliche Änderungen. a) Mehrheit.** Bis zur Eintragung der Kapitalherabsetzung ist diese und entsprechend die Satzungsänderung noch nicht wirksam geworden. Für die Änderung des Kapitalherabsetzungsbeschlusses gelten die allgemeinen Regeln über die Änderung satzungsändernder Beschlüsse (→ § 53 Rn. 166 ff.): Im Grundsatz ist ein Beschluss mit satzungsändernder Mehrheit in der Form des **§ 53 Abs. 2** erforderlich und ausreichend.

67   Fraglich könnte sein, ob durch den Kapitalherabsetzungsbeschluss bereits **Rechte einzelner Gesellschafter** begründet worden sind, die nur noch mit deren Zustimmung wieder entzogen oder geändert werden können (Beispiele: Anspruch auf Auszahlung von Vermögen nach Beschluss über Kapitalherabsetzung zur Auszahlung von Liquidität; Anspruch auf Erlass der Einlageverpflichtung nach Kapitalherabsetzung nach § 19 Abs. 3). Folgende Grundsätze lassen sich aufstellen (zur entsprechenden Problematik bei der Kapitalerhöhung → § 55 Rn. 90 f.):

68   – Rechte auf und aus der Kapitalherabsetzung werden grundsätzlich noch nicht durch den bloßen Beschluss, sondern erst durch die Eintragung der Kapitalherabsetzung begründet.[66]

69   – Sofern ein Anspruch auf die Erreichung des mit der Kapitalherabsetzung verfolgten Zwecks aus einem außerhalb des Kapitalherabsetzungsbeschlusses liegenden Rechtsverhältnis (beispielsweise einer **Gesellschaftervereinbarung**) besteht, bleibt dieser Anspruch von dem Änderungsbeschluss unberührt. Ob eine Verletzung dieser Rechtsposition lediglich zu Schadensersatz-, Unterlassungs- und Beseitigungsansprüchen oder ausnahmsweise zur Anfechtbarkeit des Änderungsbeschlusses führt, richtet sich nach allgemeinen Regeln (zur Rechtslage bei gegen eine Gesellschaftervereinbarung verstoßenden Gesellschafterbeschlüssen → § 47 Rn. 249 f.).[67]

70   – Nur in seltenen Ausnahmefällen wird sich ein solcher Anspruch auf Durchführung der Kapitalherabsetzung aus den Grundsätzen der **culpa in contrahendo/§ 311 Abs. 2 BGB** begründen lassen.

71 Die Änderung des Beschlusses kann sich auf die **Änderung des Zwecks** beschränken. Da dieser nach der hier vertretenen Auffassung kein konstitutiver Bestandteil des Kapitalherabsetzungsbeschlusses ist, ist für seine nachträgliche Änderung entgegen der ganz überwiegenden Meinung keine satzungsändernde Mehrheit erforderlich (ausführlicher mN zum Meinungsstand → Rn. 42 ff., → Rn. 56 f.).

72   **b) Erneute Auslösung der Gläubigerschutzmechanismen.** Eine erneute Bekanntmachung mit erneuter Ingangsetzung der Sperrfrist und entsprechend verlängertem Zeitraum der Gläubiger, Befriedigung oder Sicherheitsleistung zu verlangen, wird nur durch eine **Erhöhung des Kapitalherabsetzungsbetrages** ausgelöst. Die bloße Änderung des Zwecks der Kapitalherabsetzung soll selbst nach Ansicht derjenigen, die die zwingende Angabe des Zwecks aus Gründen des Gläubigerschutzes im Kapitalherabsetzungsbeschluss fordern, keinen solchen erneuten Lauf der Sperrfrist auslösen.[68]

73   **6. Aufhebungsbeschluss.** Soll der Kapitalherabsetzungsbeschluss vor Eintragung der Kapitalherabsetzung aufgehoben werden, ist dazu wie bei der Aufhebung sonstiger satzungsändernder Beschlüsse, anders als bei der Änderung des Beschlusses, weder eine qualifizierte

---

[65] So auch UHL/*Casper* Rn. 24; Hachenburg/*Ulmer* Rn. 27.
[66] So auch UHL/*Casper* Rn. 33; Scholz/*Priester/Tebben* Rn. 42; Hachenburg/*Ulmer* Rn. 37; aA *Buchwald* GmbHR 1958, 182; Ehrenberg HandelsR-HdB/*Feine* S. 625 nimmt vor der Eintragung ein aufschiebend bedingtes Gläubigerrecht eines Gesellschafters an, wenn die Kapitalherabsetzung der Rückzahlung von Kapital dient.
[67] Noack/Servatius/Haas/*Noack* § 47 Rn. 117 ff.
[68] UHL/*Casper* Rn. 33; Scholz/*Priester/Tebben* Rn. 42; Hachenburg/*Ulmer* Rn. 37.

satzungsändernde Mehrheit noch notarielle Beurkundung erforderlich.[69] Der Anspruch der Gläubiger, Befriedigung oder Sicherheitsleistung zu verlangen, entfällt.[70] Nach Eintragung der Kapitalherabsetzung ist eine Aufhebung nicht mehr möglich. Die Wirkungen der Kapitalherabsetzung können lediglich faktisch durch eine Kapitalerhöhung wieder rückgängig gemacht werden.

7. Mängel des Kapitalherabsetzungsbeschlusses. Als Satzungsänderung gelten für **74** den Kapitalherabsetzungsbeschluss die allgemeinen Grundsätze über die Nichtigkeit und Anfechtbarkeit von satzungsändernden Gesellschafterbeschlüssen, die Möglichkeiten von Minderheitsgesellschaftern zur Erhebung von Beschlussmängelklagen und die Überprüfung der Rechtmäßigkeit durch das Registergericht (ausführlich → § 54 Rn. 63 ff.).[71]

Für spezielle Beschlussmängel im Zusammenhang mit Kapitalherabsetzungsbeschlüssen **75** gilt Folgendes:
- Verstöße gegen überwiegend **gläubigerschützende Bestimmungen** führen zur Nich- **76** tigkeit. Dies wird zu Recht bei der Nichteinhaltung der Mindestkapitalziffer entgegen Abs. 2 S. 1 angenommen.[72]
- Demgegenüber soll ein Verstoß gegen den **Mindestnennbetrag** des einzelnen Geschäfts- **77** anteils (Abs. 1 S. 2) nur anfechtbar sein, da diese Bestimmung zwar auch, aber nicht überwiegend Gläubigerinteressen schütze.[73] Aufgrund der Herabsetzung des Mindestnennbetrags auf einen Euro dürfte dieser theoretische Mangel in Zukunft keinerlei praktische Bedeutung mehr haben.
- Anfechtbarkeit wird von der hM auch bei **fehlender Zweckangabe** angenommen.[74] **78** Nach der hier vertretenen Auffassung ist dagegen die Angabe des Zwecks nicht zwingend erforderlich und sein Fehlen dementsprechend kein Beschlussmangel (ausführlich → Rn. 42 ff.). Anfechtbar soll der Beschluss auch dann sein, wenn der angegebene Zweck nicht erreichbar ist, wobei (noch) fehlende Liquidität zur bezweckten Auszahlung von Vermögen keine Unerreichbarkeit des Zwecks begründet.[75]
- Verstöße gegen nur dem **Gesellschafterschutz** dienende Normen, insbesondere den **79** Gleichbehandlungsgrundsatz, etwa bei fehlender Zustimmung aller übrigen Gesellschafter zu einem Einlagenerlass, begründen nur die Anfechtbarkeit. An einem wirksamen Beschluss fehlt es allerdings, wenn der Gesellschafter, dessen Anteil herabgesetzt wird und der entsprechend Gesellschafterrechte verliert, seine erforderliche Zustimmung nicht erteilt hat (→ Rn. 64).
- Zur Frage, ob und inwieweit Verstöße gegen die vorstehenden Mängel auch vom **Regis-** **80** **tergericht** überprüft werden, → Rn. 144 ff.

V. Gläubigerschutz

1. Überblick. Der Schutz der Gläubiger bei der Kapitalherabsetzung besteht aus (i) **81** der Information der Gläubiger durch Bekanntmachung der Kapitalherabsetzung mit Aufforderung zur Meldung in den Gesellschaftsblättern sowie der gezielten Aufforderung zur Meldung (Abs. 1 Nr. 1) und (ii) Befriedigung oder Sicherstellung der Gläubiger, die sich gemeldet haben (Abs. 1 Nr. 2). Dieser Gläubigerschutz unterscheidet sich sowohl von der

---

[69] Unstr., s. nur UHL/*Casper* Rn. 34; Rowedder/Schmidt-Leithoff/*Schnorbus* Rn. 19; Hachenburg/*Ulmer* Rn. 38.
[70] So auch UHL/*Casper* Rn. 34; Hachenburg/*Ulmer* Rn. 38.
[71] Noack/Servatius/Haas/*Noack* Anh. § 47 Rn. 1 ff.; speziell zu satzungsändernden Beschlüssen Noack/Servatius/Haas/*Noack* § 54 Rn. 19 ff.
[72] UHL/*Casper* Rn. 69; Scholz/*Priester/Tebben* Rn. 82; Hachenburg/*Ulmer* Rn. 72; *Altmeppen* Rn. 69.
[73] UHL/*Casper* Rn. 70; Scholz/*Priester/Tebben* Rn. 82; Hachenburg/*Ulmer* Rn. 73; Bork/Schäfer/*Arnold/Born* Rn. 10.
[74] BayObLG Beschl. v. 16.1.1979 – BReg. 1 Z 127/78, BB 1979, 240 = GmbHR 1979, 111; Bork/Schäfer/*Arnold/Born* Rn. 10; UHL/*Casper* Rn. 70; Scholz/*Priester/Tebben* Rn. 82; Hachenburg/*Ulmer* Rn. 73; *Hohmuth,* Die Kapitalherabsetzung bei der GmbH, 2007, 90 f.
[75] Scholz/*Priester/Tebben* Rn. 82; zur fehlenden Liquidität LG Hannover Urt. v. 9.3.1995 – 21 O 84/94, AG 1995, 285 betr. AG.

aktienrechtlichen Kapitalherabsetzung als auch von der Liquidation (sowie weiteren Fällen, in denen das Gesetz einer potentiellen Minderung des Gläubigerschutzes durch Information und Sicherheitsleistung begegnet, → Rn. 105 f.) vor allem in der Art der Warnung der Gläubiger: Anders als im Aktienrecht (§ 225 AktG) und bei der Liquidation (§§ 65, 73) ergibt sich aus dem Handelsregister kein Hinweis auf den verminderten Gläubigerschutz, auf den die Gläubiger anschließend mit einem Verlangen nach Sicherheitsleistung reagieren können. Bei der Kapitalherabsetzung folgen dem Kapitalherabsetzungsbeschluss lediglich die Mitteilung in den Gesellschaftsblättern und die spezielle Aufforderung, während die Anmeldung und Eintragung der Kapitalherabsetzung im Anschluss an die Befriedigung/ Sicherstellung der Gläubiger nach Ablauf der Sperrfrist von einem Jahr erfolgt.

82   **Neugläubiger,** die ihre Forderungen erst nach der Bekanntmachung in den Gesellschaftsblättern erworben haben, müssen nach hM nicht informiert werden. Dies ist nicht unbedenklich, im Ergebnis aber vertretbar (ausführlich → Rn. 91 ff.).

83   Ein weiterer Unterschied zur aktienrechtlichen Kapitalherabsetzung und der Liquidation ist, dass die Gläubiger bei der Kapitalherabsetzung einer GmbH **keinen Anspruch auf Befriedigung oder Sicherung** haben; die Befriedigung/Sicherstellung bildet lediglich eine Anmeldevoraussetzung (Abs. 1 Nr. 4) und gibt den Gläubigern damit lediglich die Möglichkeit, eine Kapitalherabsetzung ohne Befriedigung/Sicherstellung zu verhindern (→ Rn. 103).

84   **2. Information der Gläubiger (Abs. 1 Nr. 1). a) Bekanntmachung in Gesellschaftsblättern. aa) Form, Verfahren.** Der Herabsetzungsbeschluss muss nach Abs. 1 Nr. 1 von den Geschäftsführern in den Gesellschaftsblättern bekannt gemacht werden. Gesellschaftsblätter sind der Bundesanzeiger und sonstige öffentliche Blätter oder elektronische Informationsmedien, die im Gesellschaftsvertrag als Gesellschaftsblätter bezeichnet sind (§ 12).

85   Bis zur Änderung der Vorschrift im Zuge des ARUG (auch → Rn. 6) waren drei einzelne, üblicherweise aber direkt aufeinander folgende Bekanntmachungen erforderlich. Das Erfordernis einer dreimaligen Bekanntmachung machte jedoch bereits seit Einführung des elektronischen Bundesanzeigers keinen Sinn mehr.[76] Dem hat der Gesetzgeber jetzt (mit einiger Verspätung) Rechnung getragen.

86   Die Bekanntmachung durch die Geschäftsführer verweist auf deren **Organzuständigkeit.** Sie müssen diese Pflicht jedoch nicht persönlich erfüllen; eine Veranlassung durch die Geschäftsführer genügt.[77] Die Mitteilung muss die Namen der Geschäftsführer nicht bezeichnen;[78] erst recht muss sie von den Geschäftsführern nicht unterschrieben werden. Die Veröffentlichung durch oder auf Veranlassung eines anderen Gesellschaftsorgans beeinträchtigt die Rechte der Gläubiger nicht und begründet daher nicht die Fehlerhaftigkeit der Kapitalherabsetzung.[79]

87   **bb) Inhalt.** Nach dem Wortlaut ist der Beschluss auf Herabsetzung des Stammkapitals bekannt zu machen. Dazu reicht die **Nennung des (maximalen) Herabsetzungsbetrags** aus. Bei einem Maximalbetrag müssen die Details, nach denen sich die Höhe der Kapitalherabsetzung bestimmt, nicht zwingend angegeben werden.[80]

88   Umstritten ist, ob daneben auch der **Zweck der Kapitalherabsetzung** bekannt gemacht werden muss. Dies wird selbst von den Vertretern der herrschenden Meinung, die die Angabe des Zwecks zwingend im Kapitalherabsetzungsbeschluss verlangt, überwiegend nicht verlangt.[81] Dem ist nach dem hier vertretenen Verständnis zum Erfordernis der

[76] So auch UHL/*Casper* Rn. 39; jetzt auch Beschlussempfehlung und Bericht des Rechtsausschusses zum RegE ARUG, BT-Drs. 16/13 098, 61.
[77] So ausdrücklich auch UHL/*Casper* Rn. 39; Scholz/*Priester/Tebben* Rn. 47; MHLS/*Waldner* Rn. 15.
[78] Scholz/*Priester/Tebben* Rn. 47.
[79] So auch MHLS/*Waldner* Rn. 15.
[80] So auch Scholz/*Priester/Tebben* Rn. 47.
[81] Bork/Schäfer/*Arnold/Born* Rn. 12; UHL/*Casper* Rn. 40; Lutter/Hommelhoff/*Kleindiek* Rn. 19; Hachenburg/*Ulmer* § 58 Rn. 43; Scholz/*Priester/Tebben* Rn. 47; BeckOK GmbHG/*Rühland* Rn. 27; Rowedder/Schmidt-Leithoff/*Schnorbus* Rn. 21; Gehrlein/Born/Simon/*Schulze* Rn. 17; MHdB

Zweckangabe (→ Rn. 42 ff.) zu folgen. Auch die teilweise angenommene Verpflichtung der Gesellschafter, einem Gläubiger auf Verlangen Auskunft über den Zweck zu erteilen,[82] lässt sich nicht begründen.[83]

In der Bekanntmachung sind die Gläubiger sogleich aufzufordern, sich bei der Gesell- **89** schaft zu melden. Anders als nach § 225 Abs. 1 S. 2 AktG müssen die Gläubiger nicht auf ihr **Recht, Sicherheitsleistung oder Befriedigung verlangen zu können,** oder die Folgen unterbliebener Meldungen hingewiesen werden.[84] Die Geschäftsführer können die Aufforderung vielmehr in enger Anlehnung an den Gesetzeswortlaut formulieren.[85] Zulässig und sinnvoll ist allerdings, die Gläubiger zur Angabe des Rechtsgrundes ihrer Forderung und deren Höhe aufzufordern (→ Rn. 98 f.).

b) Besondere Mitteilung. aa) Inhalt. Neben der Bekanntmachung haben die **90** Geschäftsführer die bekannten Gläubiger der Gesellschaft durch besondere Mitteilung zur Anmeldung aufzufordern. Für den Inhalt gelten die gleichen Grundsätze wie für die Aufforderung im Rahmen der Bekanntmachung (→ Rn. 87 ff.). Zwischen der Aufforderung, sich bei der Gesellschaft „zu melden" und der Aufforderung „zur Anmeldung" in der Mitteilung besteht kein Unterschied.

bb) Empfänger. Aufzufordernde Gläubiger sind diejenigen Forderungsgläubiger, die **91** nach Abs. 1 Nr. 2 potentiell zu befriedigen oder sicherzustellen sind (→ Rn. 116 ff.). Umstritten ist, welcher **Zeitpunkt für die Gläubigerstellung** maßgeblich ist: Auf den Zeitpunkt des Kapitalherabsetzungsbeschlusses wird heute – soweit ersichtlich – nicht mehr abgestellt. Die wohl überwiegende Auffassung hatte bis zur Änderung durch das ARUG (→ Rn. 85) auf den Zeitpunkt der dritten Bekanntmachung in den Gesellschaftsblättern abgestellt und stellt heute konsequent auf den Zeitpunkt der (einmaligen) Bekanntmachung ab.[86] Nach anderer Ansicht ist der Zeitpunkt der Anmeldung zum Handelsregister[87] oder gar der Eintragung[88] maßgeblich. Abzuwägen ist der Schutz der Gläubiger mit dem Interesse der Gesellschaft an praktikabler Durchführung der Kapitalherabsetzung. Für Mitteilungen an Neugläubiger auch nach der Bekanntmachung spricht, dass die Gläubiger an sich nur den Inhalt des Handelsregisters gegen sich gelten lassen müssen.

Trotzdem kann der hM gefolgt werden. Müsste die Gesellschaft die individuellen Gläu- **92** bigermitteilungen bis zur Anmeldung fortsetzen, ergäben sich Schwierigkeiten bei der Anmeldung, da den Gläubigern jeweils eine gewisse Mindestfrist zur Reaktion auf die Mitteilung zugestanden werden müsste. Der Gesetzgeber hat den Gläubigerschutz bei der Kapitalherabsetzung bewusst abweichend von vergleichbaren Fällen geregelt (→ Rn. 81 ff.). Auch für die öffentliche Bekanntmachung ist nicht vorgesehen, dass diese auch die Zeit bis zur Handelsregisteranmeldung abdecken muss. Nachdem die öffentliche Bekanntmachung in den Gesellschaftsblättern nunmehr gem. § 8b Abs. 2 Nr. 5 HGB permanent über die Internet-Seite des Unternehmensregisters zugänglich ist, ist es vertretbar, nur auf diesen Zeitpunkt abzustellen.

Ausnahmsweise kann sich eine Mitteilungspflicht gegenüber Gläubigern, die ihre For- **93** derung **nach diesem Zeitpunkt** erworben haben, aus allgemeinen Grundsätzen der culpa

---

GesR III/*Wegmann* § 54 Rn. 13; Noack/Servatius/Haas/*Kersting* Rn. 23a; aA BayObLG Beschl. v. 16.1.1979 – BReg. 1 Z 127/78, BB 1979, 240 = GmbHR 1979, 111; MHLS/*Waldner* Rn. 16.

[82] So UHL/*Casper* Rn. 40; Scholz/*Priester/Tebben* Rn. 47; MHdB GesR III/*Wegmann* § 54 Rn. 13; Gehrlein/Born/Simon/*Schulze* Rn. 17.

[83] Zust. *Altmeppen* Rn. 32.

[84] EinhM, s. nur UHL/*Casper* Rn. 40; Scholz/*Priester/Tebben* Rn. 48; Rowedder/Schmidt-Leithoff/*Schnorbus* Rn. 22; Noack/Servatius/Haas/*Kersting* Rn. 23a.

[85] So auch Scholz/*Priester/Tebben* Rn. 48.

[86] UHL/*Casper* Rn. 41; Scholz/*Priester/Tebben* Rn. 51; Hachenburg/*Ulmer* Rn. 44; Lutter/Hommelhoff/ *Kleindiek* Rn. 20; Rowedder/Schmidt-Leithoff/*Schnorbus* Rn. 23; *Hohmuth*, Die Kapitalherabsetzung bei der GmbH, 2007, 92; Bork/Schäfer/*Arnold/Born* Rn. 13.

[87] *Altmeppen* Rn. 34, 38; Noack/Servatius/Haas/*Kersting* Rn. 24.

[88] BeckOK GmbHG/*Rühland* Rn. 28.1; Gehrlein/Born/Simon/*Schulze* Rn. 19.

in contrahendo/§ 311 Abs. 2 BGB ergeben,[89] beispielsweise wenn ein Gläubiger gezielt nach dem Stammkapital der Gesellschaft fragt oder der Gesellschaft das Vertrauen des Gläubigers auf eine bestimmte Stammkapitalziffer auf andere Weise erkennbar ist.

94   Zu informieren sind die der Gesellschaft aus ihren Handelsbüchern oder auf sonstige Weise bekannten Gläubiger. Die Geschäftsführer haben die Gläubiger mit der **Sorgfalt eines ordentlichen Geschäftsmanns** (§ 43 Abs. 1) zu ermitteln. Die Ermittlungspflicht beschränkt sich allerdings auf die der Gesellschaft verfügbaren Informationen.[90]

95   **cc) Form, Frist.** Eine bestimmte Form ist für die Aufforderung nicht vorgesehen. Schon aus Gründen der Nachweisbarkeit empfiehlt sich aber **Textform** (§ 126b BGB).

96   Der **Zeitpunkt der Mitteilung** ist im Gesetz nicht vorgesehen. Sie sollte in jedem Fall mit ausreichendem Vorlauf (mindestens zwei Wochen) vor der Anmeldung der Kapitalherabsetzung erfolgen, um den Gläubigern ausreichend Zeit zu lassen, Befriedigung oder Sicherheitsleistung zu verlangen.[91]

97   **3. Gläubigerbefriedigung/-besicherung (Abs. 1 Nr. 2).** Nach Abs. 1 Nr. 2 sind die Gläubiger, die sich bei der Gesellschaft melden und der Kapitalherabsetzung nicht zustimmen, wegen der erhobenen Ansprüche zu befriedigen oder sicherzustellen. Dies ermöglicht den Gläubigern, das Wirksamwerden der Kapitalherabsetzung ohne Befriedigung/Besicherung ihrer Forderungen zu verhindern.

98   **a) Meldung des Gläubigers und Zustimmung zur Kapitalherabsetzung. aa) Inhalt.** Der besondere Gläubigerschutz durch Befriedigung/Sicherstellung knüpft an eine Meldung des Gläubigers an. Das Gesetz gibt deren Inhalt nicht im Detail vor. Der recht weite Begriff Meldung und die davon unterschiedene Zustimmung zur Kapitalherabsetzung zeigen, dass ein ausdrücklicher Widerspruch zur Kapitalherabsetzung oder ein **ausdrückliches Verlangen nach Befriedigung/Sicherstellung** nicht erforderlich ist. Das Konzept ist, dass alle Gläubiger, die sich aktiv an die Gesellschaft wenden, befriedigt oder sichergestellt werden müssen, soweit sie nicht ausnahmsweise einer Kapitalherabsetzung ohne einen solchen besonderen Schutz ihrer Position zugestimmt haben. Ausreichend und erforderlich ist die bloße Mitteilung der eigenen Ansprüche. Sofern der Gläubiger nicht davon ausgehen kann, dass die Gesellschaft die Höhe der Forderung kennt, muss er diese angeben. Ohne diese Mitteilung wäre eine Befriedigung oder Sicherstellung der erhobenen Ansprüche nicht möglich.

99   Zu beachten ist allerdings, dass die Anforderungen an die Meldung nicht über diejenigen hinausgehen dürfen, die in der Bekanntmachung und Aufforderung nach Abs. 1 Nr. 1 hierfür gesetzt worden sind. Beschränkt sich die Aufforderung darauf, sich als Gläubiger bei der Gesellschaft zu melden, kann eine bloße Meldung ohne Angabe des aus Sicht des Gläubigers offenen Betrages nicht als unzureichend angesehen werden.

100   Aus der Meldung muss allerdings erkennbar werden, dass sie im Hinblick auf oder im Zusammenhang mit der Kapitalherabsetzung erfolgt. Eine erkennbar damit nicht im Zusammenhang stehende Erwähnung der Forderung, die nicht den Schluss darauf zulässt, dass der Gläubiger die Kapitalherabsetzung ohne Befriedigung/Sicherstellung verhindern will, genügt nicht.[92]

---

[89]   Hierauf weisen auch hin *Altmeppen* Rn. 36; UHL/*Casper* Rn. 41; Hachenburg/*Ulmer* Rn. 44; Lutter/Hommelhoff/*Kleindiek* Rn. 22; Scholz/*Priester/Tebben* Rn. 52, der eine Hinweispflicht jedenfalls bei größeren Geschäftsabschlüssen auf Kredit annimmt; Rowedder/Schmidt-Leithoff/*Schnorbus* Rn. 23; *Hohmuth*, Die Kapitalherabsetzung bei der GmbH, 2007, 97 f.; Bork/Schäfer/*Arnold/Born* Rn. 13: bei größeren Geschäften auf Kredit; aA wohl MHLS/*Waldner* Rn. 17; Meyer-Landrut/Miller/Niehus/*Meyer-Landrut* Rn. 19.

[90]   Ebenso Scholz/*Priester/Tebben* Rn. 49.

[91]   Strenger Noack/Servatius/Haas/*Kersting* Rn. 25: unverzügliche Mitteilung; ebenso MHLS/*Waldner* Rn. 17; ähnlich wie hier dagegen Lutter/Hommelhoff/*Kleindiek* Rn. 21; Scholz/*Priester/Tebben* Rn. 51; für eine Regelfrist von drei Monaten UHL/*Casper* Rn. 42.

[92]   So auch UHL/*Casper* Rn. 44; Scholz/*Priester/Tebben* Rn. 54.

Auch wenn die Meldung nicht als **Willenserklärung** qualifiziert wird (→ Rn. 104), **101**
ist sie und die Zustimmung zur Kapitalherabsetzung doch auslegungsfähig. Dabei ist jedoch
der Grundsatz zu beachten, dass eine bloße Meldung zur Wahrung der Rechtsposition
ausreicht und die Zustimmung zur Kapitalherabsetzung als Ausnahme angesehen wird. In
einer Meldung der eigenen Forderung ohne ausdrückliche Zustimmung zur Kapitalherabsetzung wird man daher allenfalls in klar gelagerten Ausnahmefällen eine konkludente
Zustimmung zur Kapitalherabsetzung sehen können.

bb) Empfänger, Form und Frist. Die Meldung muss der Gesellschaft zugehen. Eine **102**
Mitteilung gegenüber dem Registergericht genügt nicht.[93] Eine besondere Form ist nicht
vorgeschrieben; wie bei der Aufforderung der Gesellschaft nach Abs. 1 Nr. 1 (→ Rn. 95)
empfiehlt sich jedoch Textform. Auch eine besondere Frist sieht § 58 nicht vor; sie muss
nicht zwingend innerhalb der Jahresfrist gem. Abs. 1 Nr. 3 erfolgen.[94] Aus Abs. 1 Nr. 4
folgt jedoch, dass sie der Gesellschaft vor Anmeldung der Kapitalherabsetzung zugegangen
sein muss. Die Gesellschaft kann nach Erhalt der Meldung selbstverständlich versuchen, im
Verhandlungswege eine Zustimmung des Gläubigers zur Kapitalherabsetzung zu erreichen.

cc) Rechtswirkung und Rechtsnatur. Die Wirkung der Meldung beschränkt sich **103**
darauf, dass die Kapitalherabsetzung nicht durchgeführt werden darf, ohne dass die Gläubiger, die sich gemeldet und der Kapitalherabsetzung nicht zugestimmt haben, befriedigt oder
sichergestellt worden sind (Abs. 1 Nr. 4). Die Meldung verändert das Schuldverhältnis, auf
dem die Gläubigerstellung beruht, nicht. Insbesondere erwirbt der Gläubiger mit der Meldung **keinen Anspruch auf sofortige Befriedigung** oder Sicherstellung.[95] Der Gläubiger
kann lediglich die Kapitalherabsetzung ohne Befriedigung/Sicherstellung verhindern. Die
Gesellschaft hat stets die Möglichkeit, die Kapitalherabsetzung abzubrechen und damit die
Befriedigung/Sicherstellung zu vermeiden.

Da die Rechtswirkungen kraft Gesetzes eintreten, wird die Meldung überwiegend und **104**
zu recht nicht als **Willenserklärung** qualifiziert.[96] Es handelt sich stattdessen um eine
rechtsgeschäftsähnliche Handlung, die der Auslegung nach den für Willenserklärungen maßgeblichen Regeln zugänglich ist (→ Rn. 101).

b) Befriedigung/Sicherstellung. aa) Überblick. Das Prinzip, die Gesellschafter **105**
durch Sicherheitsstellung oder Sicherheitsleistung gegen von ihnen nicht zu verhindernde,
die Durchsetzbarkeit ihrer Ansprüche potentiell gefährdende Maßnahmen der Gesellschaft
und ihrer Gesellschafter zu schützen, hat der Gesetzgeber an vielen Stellen im Gesellschaftsrecht angewandt. Zu verweisen ist insbesondere auf die folgenden Fälle:
– Ordentliche Kapitalherabsetzung bei der AG (§ 225 Abs. 1 AktG, ähnlich § 22 Abs. 2 **106**
  GenG) sowie vereinfachte Kapitalherabsetzung bei GmbH und AG (§ 58d Abs. 2 S. 2–
  4 und § 233 Abs. 2 S. 2–4 AktG);
– Liquidation von Verbänden (§ 73 Abs. 2 S. 2, § 272 Abs. 3 AktG, § 90 Abs. 2 S. 2 GenG,
  § 52 Abs. 2 BGB);
– Beendigung eines Beherrschungs- oder Gewinnabführungsvertrages (§ 303 AktG);
– Eingliederung einer Aktiengesellschaft (§ 321 AktG);
– Verschmelzung und aufgrund vielfacher Verweise sonstige Umwandlungsmaßnahmen
  (§ 22 UmwG).
Trotz im Detail teilweise abweichender Formulierungen kann bei den verschiedenen Zwei- **107**
felsfragen auch die sehr vereinzelte Rechtsprechung und die im Vergleich zu § 58 häufig
umfangreichere Lit. zu anderen Normen mit herangezogen werden. Da das Gläubigerge-

---

93   AA *Altmeppen* Rn. 40; *Scholz/Priester/Tebben* Rn. 54.
94   Unstr., s. nur UHL/*Casper* Rn. 46; *Scholz/Priester/Tebben* Rn. 55; Rowedder/Schmidt-Leithoff/*Schnor-
      bus* Rn. 28.
95   EinhM, s. nur UHL/*Casper* Rn. 43; *Scholz/Priester/Tebben* Rn. 53; Rowedder/Schmidt-Leithoff/*Schnor-
      bus* Rn. 29.
96   So auch UHL/*Casper* Rn. 45; *Scholz/Priester/Tebben* Rn. 54; Noack/Servatius/Haas/*Kersting* Rn. 27;
      Bork/Schäfer/*Arnold/Born* Rn. 15; Lutter/Hommelhoff/*Kleindiek* Rn. 24.

fährdungspotential bei der Kapitalherabsetzung, bei der die Gläubigergefährdung nur mittelbar durch Erhöhung des zukünftigen Entnahmepotentials besteht, deutlich geringer ist als in den Fällen, in denen den Gläubigern der primäre oder ein zusätzlicher Schuldner verloren geht oder ein elementares Gläubigerschutzinstrument wie der Verlustausgleich nach § 302 AktG vollständig endet, sind die Anforderungen an die Sicherheitsleistung jedenfalls nicht strenger als in den anderen vorstehend aufgeführten Konstellationen.

108   Abs. 1 Nr. 2 erwähnt Befriedigung oder Sicherstellung. Die Entscheidung darüber obliegt der Gesellschaft. Befriedigung oder Sicherstellung muss lediglich angeboten werden. Nimmt ein Gläubiger das Angebot nicht an, hindert dies nicht die Eintragung der Kapitalherabsetzung.[97]

109   **bb) Befriedigung.** Befriedigung meint jede zum Erlöschen der Forderung führende Rechtshandlung. Maßgeblich sind die Bestimmungen der §§ 362 ff. BGB, insbesondere § 362 Abs. 1 BGB zur Erfüllung und der §§ 387 ff. BGB, insbesondere § 389 BGB zur Aufrechnung.

110   **cc) Sicherstellung.** Im Interesse der Gesellschaft lässt das Gesetz zur Erfüllung der Anmeldevoraussetzungen statt einer Befriedigung der Forderung die Sicherstellung des Gläubigers zu. Dies gilt auch bei fälligen Forderungen.[98] Ein Anspruch des Gläubigers auf Erfüllung seiner fälligen Forderung wird dadurch nicht berührt.

111   Vorbehaltlich einer abweichenden Vereinbarung mit dem Gläubiger wird Sicherstellung ganz allgemein als Sicherheitsleistung iSd **§§ 232–240 BGB** verstanden.[99] Dem sollte in dieser Striktheit aus den folgenden Gründen nicht gefolgt werden:

112 – Abs. 1 Nr. 2 spricht anders als § 73 Abs. 2, §§ 225, 272 Abs. 3 AktG, §§ 303, 321 AktG, § 22 UmwG nicht von Sicherheitsleistung, sondern von Sicherstellung. Die §§ 232 ff. BGB knüpfen an eine Verpflichtung zur Sicherheitsleistung an.

113 – Aus der **Entstehungsgeschichte** – Abs. 1 Nr. 2 war so schon in der ursprünglichen Fassung des Gesetzes von 1892 als § 59 Abs. 1 Nr. 2 enthalten, § 73 Abs. 2 wurde erst in der Novelle von 1898 eingefügt – lassen sich zwar unmittelbar keine Hinweise auf eine Ungleichbehandlung entnehmen. Das GmbHG verwendet allerdings in den § 7 Abs. 2 S. 3, § 19 Abs. 4 S. 1 und 32a Abs. 2 aF, die im Rahmen der GmbH-Novelle von 1980 eingefügt worden sind, den wiederum abweichenden Begriff der Bestellung einer Sicherung. Zu § 7 führt die Gesetzesbegründung aus, dass die Sicherung zwar in der Regel in Form einer Sicherheitsleistung iSd § 232 BGB zu erfolgen habe, der Begriff „Sicherung" allerdings nicht ausschließen solle, dass auch andere, wirtschaftlich gleichwertige Absicherungen geleistet werden könnten.[100]

114 – Eine etwas flexiblere, über die sehr starren und heute nur noch bedingt wirtschaftlichen Gepflogenheiten entsprechenden Voraussetzungen der §§ 232 ff. BGB hinausgehende Art der Sicherstellung erlaubt auch eine in sich stimmigere Lösung anderer Streitfragen wie der der Behandlung **anderweitig besicherter Gläubiger** (→ Rn. 120).

115 Die Sicherstellung hat sich daher am Schutzniveau der §§ 232 ff. BGB zu orientieren, lässt aber im Einzelfall eine etwas **flexiblere Art der Besicherung** zu, soweit diese als für einen Gläubiger akzeptabel erscheinen muss. Insbesondere die **Subsidiarität der Bürgschaft** nach § 232 Abs. 2 BGB sollte im Rahmen des § 58 nicht zwingend sein.[101]

---

[97] So ausdrücklich auch UHL/*Casper* Rn. 49; MHLS/*Waldner* Rn. 22.
[98] EinhM, s. nur UHL/*Casper* Rn. 49; Hachenburg/*Ulmer* Rn. 52; Scholz/*Priester/Tebben* Rn. 57.
[99] Ausf. *Rittner* FS Oppenhoff, 1985, 317 (328 ff.) mit Verweisen auf das ältere Schrifttum; *Altmeppen* Rn. 49; UHL/*Casper* Rn. 49; Lutter/Hommelhoff/*Kleindiek* Rn. 26; Scholz/*Priester/Tebben* Rn. 58; Hachenburg/*Ulmer* Rn. 53; Rowedder/Schmidt-Leithoff/*Schnorbus* Rn. 31; MHLS/*Waldner* Rn. 22.
[100] RegE eines Gesetzes zur Änderung des GmbHG und anderer handelsrechtlicher Vorschriften v. 15.12.1977, BT-Drs. 8/1347, 32; *Rittner* FS Oppenhoff, 1985, 317 (329) versteht dies dagegen als Bestätigung der hM.
[101] Ähnlich Noack/Servatius/Haas/*Kersting* Rn. 33; *Hohmuth,* Die Kapitalherabsetzung bei der GmbH, 2007, 102; rechtspolitisch für eine Herauslösung der Besicherungsanforderungen aus dem streng formalen Korsett der §§ 232 ff. BGB *Ekkenga* Der Konzern 2007, 413 (416 f.) zu § 225 AktG.

dd) Erfasste Forderungen. Von Abs. 1 Nr. 2 erfasst werden alle Forderungen gegen **116** die Gesellschaft, deren Rechtsgrund zum maßgeblichen **Zeitpunkt der Bekanntmachung in den Gesellschaftsblättern** gelegt war. Ansprüche aus Dauerschuldverhältnissen sind mit ihrer Entstehung begründet. Vertragliche Schadensersatzansprüche erfordern neben dem Vertragsschluss auch die den Schadensersatz begründende Vertragsverletzung. Soweit ausnahmsweise auch Gläubigern, die ihre Forderung nach dem Zeitpunkt der Bekanntmachung erworben haben, Mitteilung zu machen ist (→ Rn. 93), müssen auch diese Gläubiger ein Widerspruchsrecht haben.[102]

Auf die Fälligkeit, eine Befristung oder eine auflösende **Bedingung** kommt es nicht **117** an.[103] Aufschiebend bedingte Forderungen sind nach herrschender Auffassung ebenfalls zu berücksichtigen,[104] es sei denn, dass die Wahrscheinlichkeit des Bedingungseintritts gering ist oder eine gesicherte Anwartschaft fehlt (zB bei verfallbaren Ruhegeldzusagen).[105] Ebenso wenig kommt es darauf an, ob die Forderungen des Gläubigers in der Bilanz der Gesellschaft zu passivieren sind.[106]

Erfasst werden nicht nur Geldforderungen, sondern im Grundsatz auch Forderungen, **118** die auf **Handlungen oder Unterlassungen** gerichtet sind (zur Bewertung → Rn. 123). Die Forderungen können schuldrechtlicher Art (insbesondere Vertrag und Delikt) sein, können sich im Einzelfall aber auch aus **dinglichen Rechtsgründen** ergeben, zB Folgenbeseitigungsansprüche aus § 1004 BGB oder Ansprüche aus den §§ 987 ff. BGB. Häufig fehlt es bei dinglichen Ansprüchen allerdings am Sicherungsbedürfnis, etwa bei Ansprüchen aus § 985 BGB (→ Rn. 120).

Grundsätzlich werden auch **bestrittene Forderungen** erfasst. Die Gesellschaft kann **119** sich nicht durch bloßes Bestreiten des Bestehens einer Forderung von ihrer Obliegenheit zum Gläubigerschutz befreien. Auf der anderen Seite kann auch die Behauptung einer Forderung ins Blaue hinein nicht ausreichen. Eine Befriedigung oder Sicherstellung einer Forderung ist dann nicht erforderlich, wenn die geltend gemachte Forderung offensichtlich unbegründet ist oder die Geschäftsführer nach sorgfältiger Prüfung vom Nichtbestehen der Forderung überzeugt sind.[107] Zur Erklärung nach Abs. 1 Nr. 4 in diesen Fällen → Rn. 141.

ee) Fehlendes Besicherungsbedürfnis. Im Grundsatz ist anerkannt, dass Gläubiger **120** insoweit nicht zu befriedigen oder sicherzustellen sind, als ein Sicherungsbedürfnis fehlt. § 58d Abs. 2 S. 3, wonach bei der vereinfachten Kapitalherabsetzung eine Sicherstellung von Gläubigern nicht erforderlich ist, die im Fall eines Insolvenzverfahrens ein Recht auf vorzugsweise Befriedigung aus einer Deckungsmasse haben, die nach gesetzlicher Vorschrift zu ihrem Schutz errichtet und staatlich überwacht ist, wird nach allgemeiner Ansicht analog auf die ordentliche Kapitalherabsetzung angewandt.[108] Dies ist Ausdruck eines allgemeinen Rechtsgedankens,

---

[102] So auch *Hohmuth,* Die Kapitalherabsetzung bei der GmbH, 2007, 100 f.
[103] Unstr., s. nur UHL/*Casper* Rn. 48, 50; Hachenburg/*Ulmer* Rn. 51a; Scholz/*Priester/Tebben* Rn. 56.
[104] *Wiedemann/Küpper* FS Pleyer, 1986, 445 (451); UHL/*Casper* Rn. 48, 50; Hachenburg/*Ulmer* Rn. 51a; Scholz/*Priester/Tebben* Rn. 56; Lutter/Hommelhoff/*Kleindiek* Rn. 25, 27; Rowedder/Schmidt-Leithoff/ *Schnorbus* Rn. 27; MHLS/*Waldner* Rn. 19; gegen eine Berücksichtigung aufschiebend bedingter Forderungen Hachenburg/*Schilling,* 6. Aufl. 1979, Rn. 23.
[105] Hachenburg/*Ulmer* Rn. 51a; Scholz/*Priester/Tebben* Rn. 56; Rowedder/Schmidt-Leithoff/*Schnorbus* Rn. 27; *Krieger* FS Nirk, 1992, 551 (555); *Hohmuth,* Die Kapitalherabsetzung bei der GmbH, 2007, 99.
[106] AA *Ekkenga,* FS Krieger, 2020, 237, 245 ff. für Teilforderungen aus Dauerschuldverhältnissen (zu § 303 AktG).
[107] Bork/Schäfer/*Arnold/Born* Rn. 20; UHL/*Casper* Rn. 51; Scholz/*Priester/Tebben* Rn. 60 f.; Hachenburg/ *Ulmer* Rn. 54; Noack/Servatius/Haas/*Kersting* Rn. 42 f.; Roth/Altmeppen/*Roth,* 9. Aufl. 2019, Rn. 21; Gehrlein/Born/Simon/*Schulze* Rn. 26; für eine Besicherung bereits dann, wenn Anspruchsgrund und -höhe schlüssig dargelegt sind, auch wenn der zukünftige Ausgang der Beweiserhebung ungewiss ist, *Ekkenga* Der Konzern 2007, 413 (415); ähnlich MüKoAktG/*Oechsler* AktG § 225 Rn. 12, jeweils zu § 225 AktG; weitergehend für Besicherung aller bestrittenen Forderungen KG Beschl. v. 27.6.1907 – 1 X 744/07, KGJ 34 A, 172 (174 f.); KG Beschl. v. 19.4.1928 – 1 b F 226/28, JFG 5, 261 (264 f.); *Altmeppen* Rn. 49; MHLS/*Waldner* Rn. 22.
[108] UHL/*Casper* Rn. 50; Noack/Servatius/Haas/*Kersting* Rn. 33; Scholz/*Priester/Tebben* Rn. 58; *Altmeppen* Rn. 49; *Krieger* FS Nirk, 1992, 551 (552); § 225 Abs. 1 S. 3 AktG enthält eine entsprechende Einschränkung für die ordentliche Kapitalherabsetzung bei der AG.

wonach Forderungen nicht nach Abs. 1 Nr. 2 zu besichern sind, wenn und soweit bereits eine ausreichende angemessene Besicherung besteht. Nach verbreitet vertretener Auffassung gilt dies nur für Sicherheiten, die die Voraussetzungen der §§ 232 ff. BGB erfüllen.[109] Nach anderer Auffassung genügt auch eine nach den Umständen gleichwertige Sicherheit.[110] Teilweise wird auch eine zuvor mit Einverständnis des Gläubigers bestellte, den Anforderungen der §§ 111 ff. BGB nicht genügende Sicherheit für ausreichend erachtet.[111] Nach dem hier vertretenen Verständnis der Sicherstellung (→ Rn. 111 ff.) ist diesen großzügigeren Auffassungen zu folgen. Ausreichen sollte beispielsweise auch eine **Aufrechnungsmöglichkeit** des Gläubigers.[112]

121   **ff) Höhe der Sicherstellung.** Die Höhe der Sicherheit ist nicht auf den Betrag der Kapitalherabsetzung begrenzt.[113] Eine **Beschränkung der Sicherheitsleistung auf den anteiligen Betrag der Kapitalherabsetzung**[114] würde zwar Kapitalherabsetzungen deutlich erleichtern; die Gleichstellung von Befriedigung und Sicherstellung sowie die einschränkungslose Bezugnahme auf die „erhobenen Ansprüche" in Abs. 1 Nr. 2 sprechen aber deutlich gegen eine solche Beschränkung. Eine **Abzinsung** zukünftig fällig werdender Beträge ist nach hM nicht vorzunehmen.[115]

122   Die Bestimmung der Höhe der sicherzustellenden Forderung kann im Einzelfall schwierig sein. Bei **Dauerschuldverhältnissen** kann es unangemessen sein, alle in der Zukunft potentiell denkbaren Einzelforderungen schlicht zu addieren. Hier bietet es sich an, die vom Gesetzgeber für handelsrechtliche Fälle der Nachhaftung vorgesehene Lösung der §§ 26, 160 HGB (Beschränkung auf innerhalb von fünf Jahren fällig werdende Ansprüche) im Regelfall als Obergrenze heranzuziehen (zu Versorgungsansprüchen → Rn. 125 f.).[116] Dies hat der BGH für die Pflicht zur Sicherheitsleistung nach § 303 Abs. 1 AktG anerkannt.[117] Kann das Verhältnis von der Gesellschaft zu einem früheren Zeitpunkt gekündigt werden, ist der nächstmögliche Kündigungszeitpunkt maßgeblich.[118] Soweit das vernünftige angemessene Sicherungsinteresse des Gläubigers unter Beachtung der Umstände des Einzelfalls eine geringere Absicherung erfordert, ist der geringere Betrag maßgeblich.[119] Für das konkrete Sicherungsinteresses stellt die Rspr. auf Kriterien wie den Grad der Gefährdung der Gläubigerforderung, die Veränderung des Sicherungsbedürfnisses im Zeitablauf, den Zeitpunkt der Fälligkeit eines begründeten Teilanspruchs (bei Fälligkeit in weiter Ferne Minderung des Sicherungsinteresses) sowie die Verzögerung eines gerichtlichen Schutzes ab.[120]

---

[109]   So *Rittner* FS Oppenhoff, 1985, 317 (325, 329 f.); *Wiedemann/Küpper* FS Pleyer, 1986, 445 (453); Rowedder/Schmidt-Leithoff/*Schnorbus* Rn. 31; MHLS/*Waldner* Rn. 22.

[110]   Noack/Servatius/Haas/*Kersting* Rn. 33, der als Beispiel die Bürgschaft einer Großbank oder eines öffentlich-rechtlichen Kreditinstituts nennt; Bork/Schäfer/*Arnold/Born* Rn. 16.

[111]   Hachenburg/*Ulmer* Rn. 53; Scholz/*Priester/Tebben* Rn. 58; iErg ähnlich Kölner Komm AktG/*Ekkenga* AktG § 225 Rn. 52 f., der bei nicht den §§ 232 ff. BGB entsprechender Besicherung den Einwand unzulässiger Rechtsausübung erwägt.

[112]   So zu § 303 AktG MüKoAktG/*Altmeppen* AktG § 303 Rn. 60; Emmerich/Habersack/*Emmerich* AktG § 303 Rn. 27; K. Schmidt/Lutter/*Stephan* AktG § 303 Rn. 15.

[113]   So ausdrücklich auch UHL/*Casper* Rn. 50; zum Aktienrecht GroßkommAktG/*Schilling,* 3. Aufl. 1973, AktG § 225 Anm. 14; BeckOGK/*Marsch-Barner/Maul* AktG § 225 Rn. 21.

[114]   So *Beuthien* GmbHR 2016, 729.

[115]   So zu § 303 AktG auch K. Schmidt/Lutter/*Stephan* AktG § 303 Rn. 13.

[116]   So auch *Jaeger* DB 1996, 1069 (1071); MHLS/*Waldner* Rn. 22; Emmerich/Habersack/*Emmerich* AktG § 303 Rn. 13b f., 19; dagegen noch BGH Urt. v. 18.3.1996 – II ZR 299/94, NJW 1996, 1539 (1540); OLG Hamm Urt. v. 18.2.2008 – I-8 U 235/06, AG 2008, 898 (899); *Schröer* DB 1999, 317 (322).

[117]   BGH Urt. v. 7.10.2014 – II ZR 361/13, BGHZ 202, 317 Rn. 9 = NJW-RR 2015, 232; dem folgend LAG Köln v. 30.11.2015 – 2 Sa 349/14, BeckRS 2016, 67813; Urt. v. 30.11.2015 – 2 Sa 348/14, BeckRS 2016, 67763; LAG Köln Urt. v. 30.11.2015 – 2 Sa 7/15, BeckRS 2016, 67764.

[118]   MHLS/*Waldner* Rn. 22; zu § 303 AktG s. MüKoAktG/*Altmeppen* AktG § 303 Rn. 31 f.

[119]   BGH Urt. v. 18.3.1996 – II ZR 299/94, NJW 1996, 1539 zu § 26 KapErhG, Beschränkung der Sicherheit auf die dreifache Jahresmiete bei 30-jährigem Mietvertrag; OLG Hamm Urt. v. 18.2.2008 – I-8 U 235/06, AG 2008, 898 (899) zu § 303 AktG; Scholz/*Priester/Tebben* Rn. 58; zu § 303 AktG K. Schmidt/Lutter/*Stephan* AktG § 303 Rn. 11, 15 mwN; zu Sicherheitsleistungen nach dem UmwG *Schröer* DB 1999, 317 (321 f.).

[120]   OLG Hamm Urt. v. 18.2.2008 – I-8 U 235/06, AG 2008, 898 (899 f.).

Nicht auf Geldleistungen gerichtete Forderungen sind zu bewerten. Im Einzelfall 123
kann es hier allerdings an einem vernünftigen Sicherungsbedürfnis fehlen. So wird ein
Mieter nicht sicherungsbedürftig sein, da er durch sein Recht zum Einbehalt des Mietzinses
ausreichend geschützt ist.[121]

Bedingte Forderungen sind ebenfalls anhand der Umstände des Einzelfalls pflichtge- 124
mäß zu bewerten.[122] Dabei kann auch die **Eintrittswahrscheinlichkeit** berücksichtigt
werden. Als Maßstab können die Grundsätze herangezogen werden, die im Rahmen der
Bilanzierung von Verbindlichkeiten maßgeblich sind, insbesondere § 252 Abs. 1 Nr. 4 HGB,
§ 253 Abs. 1 S. 2 HGB.

gg) Pensionsverbindlichkeiten. Verfallbare Rentenanwartschaften sind nicht abzusi- 125
chern (→ Rn. 117). Unverfallbare Anwartschaften stellen zwar aufschiebend bedingte Forderungen dar, sind mangels Sicherungsbedürfnis jedoch insoweit nicht abzusichern, als
sie nach §§ 7 ff. BetrAVG vom **Pensionssicherungsverein** gedeckt sind. Das BAG hat
ausdrücklich entschieden, dass die Insolvenzsicherung des PSV den Fällen der § 225 Abs. 1
S. 3 AktG, § 303 Abs. 2 AktG, § 321 Abs. 2 AktG vergleichbar ist (zur Beachtlichkeit der
zu diesen Normen entwickelten Grundsätze im Rahmen des § 58 → § 58 Rn. 105 ff.).[123]
Es fragt sich dann, ob der PSV seinerseits zu informieren ist, ein Melderecht hat und
sicherzustellen ist. Dies ist nur für den Fall zu bejahen, dass der PSV vor dem Zeitpunkt der
Bekanntmachung in den Gesellschaftsblättern gem. § 9 Abs. 2 BetrAVG Forderungsinhaber
geworden ist.[124]

Die Rspr. hat bisher eine analoge Anwendung der §§ 26, 159 HGB auf unverfallbare 126
Pensionsanwartschaften und laufende Versorgungsansprüche aus verständlichen Gründen
abgelehnt. Stattdessen hat sie auf das konkrete Sicherungsinteresse des Gläubigers im Einzelfall abgestellt und für Versorgungsansprüche eine Sicherung für einen Zeitraum von **zehn
Jahren** für angemessen erachtet.[125]

c) Sorgfaltspflicht der Geschäftsführer. Das Bestehen der Forderung und damit 127
die Bestimmung der Gläubiger, die zur Meldung aufzufordern sind sowie der Betrag der
Sicherstellung kann im Einzelfall schwierig festzustellen sein. Die Geschäftsführer haben
hierbei die Sorgfalt eines ordentlichen Geschäftsmanns **(§ 43 Abs. 1)** anzuwenden. Eine
Fehlbeurteilung birgt die folgenden Risiken:
– Sie laufen Gefahr, sich gegenüber der Gesellschaft nach § 43 schadensersatzpflichtig und 128
  sich, bei vorsätzlichem Verhalten, gem. § 82 Abs. 2 Nr. 1 **strafbar** zu machen.
– Beurteilt der Registerrichter die Situation anders, wird er die Kapitalherabsetzung nicht
  eintragen (→ Rn. 146 ff.).
– Der betroffene Gläubiger, der anders als die Gesellschaft der Auffassung ist, berechtigter-
  weise Sicherstellung zu verlangen, kann das Registergericht informell über seine abweichende Auffassung informieren oder im Wege der einstweiligen Verfügung gegen die
  Durchführung der Kapitalherabsetzung vorgehen (→ Rn. 129).

---

[121] So zu § 303 AktG auch K. Schmidt/Lutter/*Stephan* AktG § 303 Rn. 14, 16.
[122] Scholz/*Priester/Tebben* Rn. 58; Hachenburg/*Ulmer* Rn. 53.
[123] BAG Urt. v. 30.7.1996 – 3 AZR 397/95, DB 1997, 531 (532 ff.); OLG Zweibrücken Urt. v. 8.1.2004 –
      4 U 70/03, AG 2004, 568 (569); *Gotthardt* BB 1990, 2419 (2421 ff.); *Krieger* FS Nirk, 1992, 551 (557 ff.);
      UHL/*Casper* Rn. 48; Scholz/*Priester/Tebben* Rn. 56; Lutter/Hommelhoff/*Kleindiek* Rn. 25; Bork/Schä-
      fer/*Arnold/Born* Rn. 16; K. Schmidt/Lutter/*Stephan* AktG § 303 Rn. 17 mwN; aA *Rittner* FS Oppen-
      hoff, 1985, 317 (327 f.); *Wiedemann/Küpper* FS Pleyer, 1986, 445 (452 ff.); Noack/Servatius/Haas/*Ker-
      sting* Rn. 33; MHLS/*Waldner* Rn. 22.
[124] Str., wie hier iErg Bork/Schäfer/*Arnold/Born* Rn. 16; Scholz/*Priester/Tebben* Rn. 56; MHLS/*Waldner*
      Rn. 19; etwas weitergehend *Krieger* FS Nirk, 1992, 551 (564 ff., 568), der es ausreichen lässt, wenn der
      Forderungsübergang hinreichend wahrscheinlich ist; für einen Anspruch unabhängig davon, ob der
      Forderungsübergang vor oder nach dem Stichtag stattfand K. Schmidt/Lutter/*Stephan* AktG § 303
      Rn. 17; *Thole* ZIP 2020, 389 ff, 397; aA *Wiedemann/Küpper* FS Pleyer, 1986, 445 (456 ff.); generell
      gegen ein Widerspruchs- und Befriedigungsrecht des PSV UHL/*Casper* Rn. 48.
[125] OLG Hamm Urt. v. 18.2.2008 – I-8 U 235/06, AG 2008, 898; für eine Begrenzung auf fünf Jahre
      K. Schmidt/Lutter/*Stephan* AktG § 303 Rn. 17; gegen zeitliche Begrenzung *Thole* ZIP 2020, 389,
      399.

129   **d) Einstweilige Verfügung.** Ein Gläubiger kann, wenn er befürchtet, dass die Kapitalherabsetzung unter Verstoß gegen Abs. 1 erfolgt, mit einer einstweiligen Verfügung gegen
die Eintragung der Kapitalherabsetzung vorgehen.[126] Bedeutung kann dies insbesondere für
von der Gesellschaft bestrittene und für unbegründet gehaltene Ansprüche haben. Diese
Möglichkeit hat er aber nur, wenn er sich ordnungsgemäß gemeldet hat. Ohne Meldung
hat er kein Recht, die Kapitalherabsetzung ohne Befriedigung/Sicherstellung seiner Forderung zu verhindern. Auch Gläubiger, die ihre Forderung erst nach der Bekanntmachung
der Kapitalherabsetzung nach Nr. 1 oder erst nach Anmeldung der Kapitalherabsetzung
erworben haben (zum maßgeblichen Zeitpunkt → Rn. 92 f.), können nicht im Wege der
einstweiligen Verfügung vorgehen, ohne Rücksicht darauf, ob sie im Einzelfall Kenntnis
von der Kapitalherabsetzung hatten, oder nicht.[127]

130   **4. Konkurrierende Gläubigerschutzbestimmungen.** Die speziellen Gläubigerschutzinstrumente des Abs. 1 lassen die allgemeinen GmbH-rechtlichen Gläubigerschutzinstrumente unberührt. Insbesondere im Hinblick auf die Auszahlung aufgrund der Kapitalherabsetzung frei gewordenen Vermögens ist zu beachten, dass jede Zahlung an Gesellschafter,
sei es als Auszahlung von Vermögen, Gewinnausschüttung oder Rückzahlung der Einlage,
im Zeitpunkt der Leistung an den Gesellschafter mit **§ 30 Abs. 1** vereinbar sein muss. In
gleicher Weise wie § 30 gelten auch § 15b InsO (früher § 64 aF) sowie die Grundsätze über
die Existenzvernichtungshaftung (§ 826 BGB). Zum Verhältnis des Gläubigerschutzes nach
§ 58 zum besonderen Gläubigerschutz im Vertragskonzern → Vor § 58 Rn. 114 ff.

VI. Handelsregisteranmeldung

131   **1. Sperrjahr (Abs. 1 Nr. 3).** Anders als im Aktienrecht erfolgt nach Abs. 1 Nr. 3 nur
eine einzige Anmeldung des Kapitalherabsetzungsbeschlusses; eine Anmeldung der Durchführung der Kapitalherabsetzung ist nicht vorgesehen.

132   Die Anmeldung erfolgt nicht vor Ablauf eines Sperrjahres seit der Aufforderung und
Bekanntmachung gem. Abs. 1 Nr. 1 in den Gesellschaftsblättern. Dieses Sperrjahr ist auch
bei Kapitalherabsetzungen im Zusammenhang mit Stabilisierungsmaßnahmen unter Beteiligung des Wirtschaftsstabilisierungsfonds zu beachten, auch wenn die Handelsregistereintragung bei diesen nach § 9a Abs. 1 S. 4 WStBG iVm § 7c S. 1–4 WStBG keine konstitutive
Wirkung hat (→ Vor § 58 Rn. 131 ff., → Vor § 58 Rn. 133). Die Frist wird nur durch
eine **zutreffende und eindeutige Bekanntmachung** ausgelöst; bei der Beurteilung haben
jedenfalls die Münchener Gerichte einen sehr (und wohl übermäßig) strengen Maßstab
angelegt.[128] Die gesonderte Aufforderung an die bekannten Gläubiger ist für den Beginn
des Sperrjahres ohne Bedeutung.[129] Zur Frage, welche nachträglichen Änderungen des
Kapitalherabsetzungsbeschlusses die Gläubigerschutzmechanismen und damit die Sperrfrist
erneut auslösen, → Rn. 72.

133   Da mit der Anmeldung nach Abs. 1 Nr. 4 die Versicherung abzugeben ist, dass die
Gläubiger befriedigt oder sichergestellt sind und sich Gläubiger zu diesem Zweck bis zur
Anmeldung melden können, ist eine Anmeldung vor Ablauf des Sperrjahres nicht lediglich
auszusetzen, sondern **zurückzuweisen**.[130]

---

[126] HM, s. nur UHL/*Casper* Rn. 53; Lutter/Hommelhoff/*Kleindiek* Rn. 28; Scholz/*Priester/Tebben* Rn. 54;
Hachenburg/*Ulmer* Rn. 48, 56; Rowedder/Schmidt-Leithoff/*Schnorbus* Rn. 29; aA früher Baumbach/
Hueck/*Zöllner/Haas*, 21. Aufl. 2017, Rn. 28, der den Gläubiger auf Amtshaftungsansprüche verweist;
nunmehr offenlassend Noack/Servatius/Haas/*Kersting* Rn. 28.

[127] AA wohl noch Roth/Altmeppen/*Roth*, 9. Aufl. 2019, Rn. 25.

[128] OLG München Beschl. v. 4.4.2011 – 31 Wx 131/11, BeckRS 2011, 07415: konkret ging es um
einen Schreibfehler in der Bekanntmachung. Abw. vom Kapitalherabsetzungsbeschluss war bei einer
Kapitalherabsetzung von 256.000 Euro um 231.000 Euro auf 25.000 Euro der Kapitalherabsetzungsbetrag mit 230.645,94 Euro angegeben worden, Ausgangs- und Zielbetrag des Stammkapitals wurden
dagegen zutr. bekannt gemacht. Das OLG München verneinte eine Auslösung der Jahresfrist.

[129] Unstr., s. nur BayObLG Beschl. v. 20.9.1974 – BReg. 2 Z 43/74, GmbHR 1974, 287 (288); UHL/
Casper Rn. 56.

[130] Unstr., s. nur Lutter/Hommelhoff/*Kleindiek* Rn. 30; Hachenburg/*Ulmer* Rn. 59; Scholz/*Priester/Tebben*
Rn. 63; Noack/Servatius/Haas/*Kersting* Rn. 34.

Gesetzlich nicht geregelt ist, dass die Kapitalherabsetzung **unverzüglich** nach Ablauf 134
des Sperrjahres angemeldet werden muss. Eine bestimmte Frist ist daher nicht einzuhalten.
Allerdings sind die Geschäftsführer wie bei sonstigen eintragungspflichtigen Maßnahmen
auch verpflichtet, die Anmeldung alsbald vorzunehmen. Nicht zulässig wäre, dass die Gesellschafter den Geschäftsführer anweisen, die Anmeldung auf längere Zeit aufzuschieben, um
so flexibel und ohne Sperrjahr das Kapital bei Bedarf zu jedem beliebigen Zeitpunkt herabsetzen zu können.[131] In einem solchen Fall könnte das Registergericht die Eintragung
aufgrund der Verletzung von Gläubigerinteressen ablehnen.

2. Inhalt und Anlagen. Angemeldet wird der Kapitalherabsetzungsbeschluss. Die 135
damit zwingend verbundene Änderung des Gesellschaftsvertrags ist sinnvollerweise, aber
nicht zwingend in der Anmeldung ausdrücklich anzusprechen.[132] Die Angabe des Zwecks
der Kapitalherabsetzung ist auch nach denjenigen Autoren, die die zwingende Angabe des
Zwecks im Kapitalherabsetzungsbeschluss verlangen, nicht erforderlich.[133]

Die folgenden **Anlagen** sind der Anmeldung beizufügen: 136
– Ausfertigung oder beglaubigte Abschrift der notariellen Urkunde über den Herabsetzungsbeschluss;
– vollständiger Satzungswortlaut mit Bescheinigung des Notars nach § 54 Abs. 1 S. 2;
– die Versicherung der Geschäftsführer nach Abs. 1 Nr. 4;
– Belege für die Bekanntmachung gem. Abs. 1 Nr. 1 (Abs. 1 Nr. 4).

Die besonderen **Mitteilungen** nach Abs. 1 Nr. 1 müssen dagegen nicht beigefügt wer- 137
den.[134]

3. Formalien der Anmeldung. Nach § 78 ist die Anmeldung von sämtlichen, ein- 138
schließlich stellvertretenden (§ 44) Geschäftsführern vorzunehmen. Soweit die Anmeldung
die Versicherung nach Abs. 1 Nr. 4 nicht unmittelbar enthält, ist die **Vertretung** durch
einen Bevollmächtigten möglich (näher → § 78 Rn. 43 ff.). Die Vollmacht bedarf gem.
§ 12 Abs. 1 S. 2 HGB der öffentlichen Beglaubigung. Die Anmeldung ist nach § 12 Abs. 2
HGB elektronisch in öffentlich beglaubigter Form einzureichen.

4. Versicherung nach Abs. 1 Nr. 4. Die Versicherung, dass die Gläubiger, welche 139
sich bei der Gesellschaft gemeldet und der Herabsetzung nicht zugestimmt haben, befriedigt
oder sichergestellt sind, ist von **sämtlichen Geschäftsführern** einschließlich Stellvertretern
(§ 44) abzugeben. Die Versicherung kann der Anmeldung als Anlage beigefügt oder in diese
aufgenommen werden. Allerdings ist zu beachten, dass bei der Versicherung anders als bei
der Anmeldung Vertretung nicht möglich ist.[135] Aufgrund des Zusammenhangs mit der
Anmeldung und der Strafbarkeitsfolge des § 82 Abs. 2 Nr. 1 ist auch für die Versicherung
nach Abs. 1 Nr. 4 **öffentliche Beglaubigung** zu fordern.[136]

Auch wenn sich keine Gläubiger gemeldet haben oder alle Gläubiger der Kapitalherab- 140
setzung zugestimmt haben, ist eine Versicherung mit diesem Inhalt abzugeben.[137] Details
zur Art der Befriedigung oder Sicherstellung müssen dagegen nicht mitgeteilt werden.

---

[131] Zust. Scholz/*Priester*/*Tebben* Rn. 63.
[132] So auch ausdrücklich UHL/*Casper* Rn. 56; Scholz/*Priester*/*Tebben* Rn. 65; aA Meyer-Landrut/Miller/
        Niehus/*Meyer-Landrut* Rn. 23.
[133] AllgM, s. UHL/*Casper* Rn. 57; Lutter/Hommelhoff/*Kleindiek* Rn. 33; Scholz/*Priester*/*Tebben* Rn. 67;
        Hachenburg/*Ulmer* Rn. 60; Rowedder/Schmidt-Leithoff/*Schnorbus* Rn. 34; MHdB GesR III/*Wegmann*
        § 54 Rn. 23.
[134] So ausdrücklich BayObLG Beschl. v. 20.9.1974 – BReg. 2 Z 43/74, GmbHR 1974, 287 (288); UHL/
        Casper Rn. 59; Scholz/*Priester*/*Tebben* Rn. 68; Rowedder/Schmidt-Leithoff/*Schnorbus* Rn. 36; Hachen-
        burg/*Ulmer* Rn. 62.
[135] Unstr., vgl. Noack/Servatius/Haas/*Kersting* Rn. 41; UHL/*Casper* Rn. 58; Scholz/*Priester*/*Tebben* Rn. 64;
        Rowedder/Schmidt-Leithoff/*Schnorbus* Rn. 35; Hachenburg/*Ulmer* Rn. 61.
[136] So auch *Altmeppen* Rn. 53; MHdB GesR III/*Wegmann* § 54 Rn. 21; nunmehr auch Lutter/Hommel-
        hoff/*Kleindiek* Rn. 32 (abw. von Lutter/Hommelhoff/*Kleindiek*, 18. Aufl. 2012, Rn. 23); aA Bork/Schä-
        fer/*Arnold*/*Born* Rn. 19.
[137] So BayObLG Beschl. v. 20.9.1974 – BReg. 2 Z 43/74, GmbHR 1974, 287 (288).

141   Die vorsätzliche Abgabe einer unwahren Versicherung ist nach § 82 Abs. 2 Nr. 1 **strafbar.** Details der Prüfung, ob und wie eine konkrete Forderung sicherzustellen ist, können im Einzelfall schwierig sein (zu bestrittenen Forderungen → Rn. 119). Auch wenn es gesetzlich nicht geboten ist, auf einzelne Forderungen und deren Befriedigung oder Sicherung einzugehen,[138] ist es dem Geschäftsführer doch erlaubt, zusätzliche Angaben zu machen.[139] Diese mindern das Risiko einer unwahren Versicherung, haben allerdings zur Folge, dass das Gericht die ordnungsgemäße Befriedigung und Sicherstellung selbst materiell überprüft, was zur Folge haben kann, dass die Eintragung der Kapitalherabsetzung verzögert oder sogar ganz abgelehnt wird (zur Prüfung durch den Registerrichter nachfolgend → Rn. 146 ff.).

VII. Eintragung und Veröffentlichung

142   **1. Prüfung durch das Registergericht. a) Überblick.** Das Registergericht prüft zusätzlich zu den allgemeinen Anforderungen an die Anmeldung eines satzungsändernden Beschlusses folgende speziellen Voraussetzungen der Kapitalherabsetzung:
– Formalien der Anmeldung, insbesondere Unterzeichnung durch alle Geschäftsführer (→ Rn. 138);
– Vollständigkeit der Anlagen (Beleg für die Bekanntmachung, Versicherung nach Abs. 1 Nr. 4);
– Einhaltung des Sperrjahres und
– Vorliegen der Voraussetzungen des Abs. 2 S. 1 und 2 (→ Rn. 19 ff.).
143 Dagegen ist die Einhaltung der Vorschriften über die **besondere Mitteilung** an die Gläubiger vom Registergericht nicht zu überprüfen.[140]

144   **b) Überprüfung des Kapitalherabsetzungsbeschlusses.** Das Gericht überprüft Verstöße gegen Vorschriften, die ausschließlich oder jedenfalls auch gläubigerschützend sind, unabhängig davon, ob diese die Nichtigkeit oder nur die Anfechtbarkeit des Beschlusses begründen. Dazu gehören insbesondere Verstöße gegen Abs. 2 S. 1 und 2.[141] Nach herrschender, hier nicht geteilter Meinung hat das Gericht darüber hinaus zu prüfen, ob im Kapitalherabsetzungsbeschluss der **Zweck der Kapitalherabsetzung** angegeben ist (zur Frage, ob die Angabe des Zwecks im Kapitalherabsetzungsbeschluss zwingend erforderlich ist, ausführlich → Rn. 42 ff.).[142] Die Frage, ob die Gesellschaft den Zweck der Kapitalherabsetzung auch tatsächlich verwirklichen kann, soll dagegen vom Registergericht nicht geprüft werden.[143]
145   Die Anfechtung begründende Verstöße gegen Normen, die wie etwa der Gleichbehandlungsgrundsatz ausschließlich dem **Gesellschafterschutz dienen** (Beispiel: fehlende Zustimmung aller übrigen Gesellschafter zu einem Einlagenerlass), überprüft das Registergericht nicht; es kann aus diesem Grund auch nicht die Eintragung verweigern.[144] Eine auch vom Registergericht zu beachtende Unwirksamkeit liegt allerdings dann vor, wenn der Gesellschafter, dessen Anteil herabgesetzt wird und der entsprechend Gesellschafterrechte verliert, seine erforderliche Zustimmung nicht erteilt hat (→ Rn. 64). Zur Bedeutung einer anhängigen Anfechtungsklage für die Eintragung → Rn. 163.

---

138   AA Roth/Altmeppen/*Roth,* 9. Aufl. 2019, Rn. 24a; Meyer-Landrut/Miller/Niehus/*Meyer-Landrut* Rn. 24, die eine Verpflichtung der Geschäftsführer annehmen, in der Versicherung über nicht sichergestellte bestrittene Forderungen zu berichten; dagegen Noack/Servatius/Haas/*Kersting* Rn. 43.
139   So auch Noack/Servatius/Haas/*Kersting* Rn. 43; Lutter/Hommelhoff/*Kleindiek* Rn. 28; Scholz/*Priester/Tebben* Rn. 61; Bork/Schäfer/*Arnold/Born* Rn. 20.
140   So ausdrücklich BayObLG Beschl. v. 20.9.1974 – BReg. 2 Z 43/74, GmbHR 1974, 287 (288); UHL/*Casper* Rn. 65.
141   So ausdrücklich auch UHL/*Casper* Rn. 70; Scholz/*Priester/Tebben* Rn. 82.
142   BayObLG Beschl. v. 16.1.1979 – BReg. 1 Z 127/78, BB 1979, 240 = GmbHR 1979, 111; Scholz/*Priester/Tebben* Rn. 69, 82; Hachenburg/*Ulmer* Rn. 73.
143   Lutter/Hommelhoff/*Kleindiek* Rn. 35.
144   So auch UHL/*Casper* Rn. 70; Scholz/*Priester/Tebben* Rn. 82; Hachenburg/*Ulmer* Rn. 73.

c) Überprüfung der Gläubigerschutzinstrumente. Das Registergericht hat auch **146** zu prüfen, ob die materiellen Rechte der Gläubiger gewahrt worden sind. Im Hinblick auf Befriedigung oder Sicherstellung darf sich der Registerrichter grundsätzlich auf die strafrechtlich geschützte Versicherung der Geschäftsführer verlassen. Anderes gilt nur dann, wenn er **konkrete Anhaltspunkte** dafür hat, dass Gläubiger nicht ordnungsgemäß befriedigt oder sichergestellt worden sind.[145] Diese können sich zum einen aus der Versicherung selbst ergeben (→ Rn. 141); zum anderen ist nicht ausgeschlossen, dass sich Gläubiger, die sich übergangen fühlen, unmittelbar an das Registergericht wenden. Forderungen von Gläubigern, die sich zu spät bei der Gesellschaft gemeldet haben, sind vom Gericht allerdings nicht zu berücksichtigen (auch → Rn. 102):[146] Das Kapitalherabsetzungsverfahren ist bewusst typisiert und formal ausgestaltet worden; würden insbesondere auch alle nach der Anmeldung begründeten Forderungen berücksichtigt, könnte das Prüfungsverfahren leicht zu einem nicht endenden Prozess werden.

Probleme können sich insbesondere im Hinblick auf **streitige Forderungen** **147** (→ Rn. 119), ein ausnahmsweise fehlendes Sicherungsbedürfnis (→ Rn. 120) und die Höhe der Sicherheit bei Dauerschuldverhältnissen bzw. nicht auf Geldleistung gerichteten Forderungen und bedingten Forderungen (→ Rn. 121 ff.) ergeben.

Prüfungspflicht und -umfang des Registerrichters in diesen Fällen sind umstritten. **148** Insoweit wird heute auf das pflichtgemäße **richterliche Ermessen** verwiesen.[147] Für dessen Ausübung lassen sich folgende Eckpunkte kennzeichnen, die allerdings zueinander in einem gewissen Spannungsverhältnis stehen:

– Das Registerverfahren ist an sich nicht das geeignete Verfahren und der Registerrichter nicht die geeignete Stelle, um das Bestehen von Forderungen zu beurteilen.
– Andererseits muss über die Frage des ordnungsgemäßen Gläubigerschutzes entschieden werden; der Registerrichter kann seine Entscheidung nicht formal und ausschließlich von der vorherigen prozessgerichtlichen Klärung des Bestehens oder Nichtbestehens der Forderung abhängig machen.[148]
– Im Ausgangspunkt hat die Gesellschaft den Nachweis über die ordnungsgemäße Absicherung der Gläubiger zu führen, was bei Zweifeln eine Entscheidung gegen die Gesellschaft nahe legt.
– Andererseits darf der Registerrichter berücksichtigen, dass das Gesetz die Beurteilung der Forderung und des Sicherungsbedürfnisses des Gläubigers **primär in die Verantwortung des Geschäftsführers** gelegt hat und dieser neben seiner strafrechtlichen Verantwortung den Gläubigern auch persönlich schadensersatzpflichtig werden kann (→ Rn. 171).

Im Ergebnis wird man einen gewissen **Entscheidungsspielraum** des Registergerichts **149** anerkennen müssen. Zur Aufklärung des Sachverhalts kann das Gericht die Gesellschaft und den Gläubiger anhören, um sich selbst ein Urteil zu bilden.[149] Das Registergericht kann die Eintragung auch nach § 381 FamFG aussetzen, um der Gesellschaft die Möglichkeit einer prozessgerichtlichen Klärung durch negative Feststellungsklage zu geben. Allerdings sollte der Registerrichter hiervon nicht vorschnell Gebrauch machen, sondern den ihm eingeräumten Spielraum aktiv ausnutzen. Kommt der Richter zu der Auffassung, dass ein Gläubiger nicht ordnungsgemäß befriedigt oder sichergestellt worden ist, kann

---

[145]   OLG Frankfurt Beschl. v. 14.9.1973 – 20 W 639/73, NJW 1974, 463 (464); UHL/*Casper* Rn. 66; Scholz/*Priester*/*Tebben* Rn. 70.

[146]   So ausdrücklich auch etwa Noack/Servatius/Haas/*Kersting* Rn. 29; Scholz/*Priester*/*Tebben* Rn. 55; nunmehr auch *Altmeppen* Rn. 42.

[147]   *Altmeppen* Rn. 46; UHL/*Casper* Rn. 67; Scholz/*Priester*/*Tebben* Rn. 71; *Hohmuth,* Die Kapitalherabsetzung bei der GmbH, 2007, 107 f.

[148]   AA KG Beschl. v. 27.6.1907 – 1 X 744/07, KGJ 34 A, 172 (174 f.); Beschl. v. 19.4.1928 – 1 b F 226/28, JFG 5, 261 (264 f.); MHLS/*Waldner* Rn. 25; MHdB GesR III/*Wegmann* § 54 Rn. 25 sprechen dem Registergericht jegliche materielle Prüfungskompetenz ab und verlangen stets eine Entscheidung des Prozessgerichts über das Nichtbestehen der Forderung.

[149]   So ausdrücklich auch *Altmeppen* Rn. 46; Scholz/*Priester*/*Tebben* Rn. 71.

er der Gesellschaft im Wege der Zwischenverfügung aufgeben, die Besicherung nachzuweisen. Entsprechend den Grundsätzen zur Ermessensreduzierung auf Null ist in seltenen Ausnahmefällen wie bei liquider Beweislage und dem Vorliegen eines besonderen Bedürfnisses der Gesellschaft an der Eintragung sogar eine Pflicht des Registergerichts zur Überprüfung denkbar.[150]

150   **2. Eintragung und Bekanntmachung.** § 58 regelt die Eintragung der Kapitalherabsetzung nicht. Insoweit gelten die allgemeinen Grundsätze über Satzungsänderungen (§ 54), insbesondere:

- Nach § 54 Abs. 3 wird die Kapitalherabsetzung erst mit Eintragung in das Handelsregister wirksam;
- bei der Eintragung muss auf die Herabsetzung der Stammkapitalziffer ausdrücklich hingewiesen werden (§ 54 Abs. 2, § 10);
- das Registergericht macht die Eintragung in einem elektronischen Informations- und Kommunikationssystem nach § 10 HGB bekannt.

151   Wie bei sonstigen Satzungsänderungen auch ist eine **Rückwirkung** des Wirksamwerdens auf einen Zeitpunkt vor der Eintragung nicht möglich (zur vereinfachten Kapitalherabsetzung vgl. aber § 58e).[151] Nach ganz einhelliger Auffassung soll auch das Wirksamwerden auf einen späteren Zeitpunkt nicht möglich sein, auch wenn eine ausdrückliche Regelung wie in § 224 AktG fehlt, da das Wirksamwerden der Kapitalherabsetzung möglichst rechtssicher feststehen soll.[152]

152   **3. Wirkung der Eintragung.** Mit der Eintragung wird die Kapitalherabsetzung wirksam (§ 54 Abs. 3); Anderes gilt nach § 9a Abs. 1 S. 4 WStBG iVm § 7c S. 1–4 WStBG für Kapitalmaßnahmen zu Stabilisierungszwecken unter Beteiligung des Wirtschaftsstabilisierungsfonds (→ Vor § 58 Rn. 131 ff., → Vor § 58 Rn. 133). Für die Frage, inwieweit **Mängel des Verfahrens** die Wirksamkeit der Kapitalherabsetzung berühren, gelten im Grundsatz die gleichen Regeln wie für sonstige Satzungsänderungen, insbesondere Kapitalerhöhungen (zu Satzungsänderungen ausführlich → § 54 Rn. 103 ff., zu Kapitalerhöhungen → § 57 Rn. 57 ff., → § 57 Rn. 75 f.). Im Einzelnen:

153   Für die Frage, inwieweit die Eintragung Mängel des Kapitalherabsetzungsbeschlusses heilt, kann auf die allgemeinen Grundsätze zu satzungsändernden Beschlüssen und insbesondere Kapitalerhöhungsbeschlüssen verwiesen werden. Vgl. ausführlich zu den verschiedenen Kategorien von Mängeln bei Satzungsänderungsbeschlüssen → § 54 Rn. 70 ff., zu Kapitalerhöhungsbeschlüssen → § 57 Rn. 55 ff.

154   Die Kapitalherabsetzung wird durch Eintragung insbesondere auch dann wirksam, wenn die besonderen Gläubigerschutzmechanismen (Bekanntmachung, Befriedigung/Sicherstellung, Sperrjahr) nicht eingehalten worden sind; eine **Amtslöschung** nach §§ 395, 398 FamFG scheidet aus.[153]

155   Etwas anderes gilt allerdings dann, wenn eine **wirksame Anmeldung** gar nicht vorliegt. In diesem Fall ist die Eintragung unwirksam und eine Amtslöschung der Eintragung nach § 395 FamFG möglich.[154]

156   Soweit vertragliche Rechte der Gesellschafter oder Dritter auf die Stammkapitalziffer, den Nennbetrag eines Geschäftsanteils oder den auf einen bestimmten Nennbetrag entfallenden Gewinnanteil abstellen, können sich durch das Wirksamwerden der Kapitalherabsetzung Veränderungen ergeben. Größere Bedeutung hat diese Problematik im Aktienrecht, wo insbesondere auf Wandel- und Optionsanleihen sowie Abfindungsansprüche nach § 305

---

[150] So Noack/Servatius/Haas/*Kersting* Rn. 44; aA UHL/*Casper* Rn. 67; *Altmeppen* Rn. 47.
[151] Unstr., s. nur UHL/*Casper* Rn. 61.
[152] So zu bedingten oder befristeten Kapitalherabsetzungen bei der AG MüKoAktG/*Oechsler* AktG § 224 Rn. 2; krit. Scholz/*Priester/Tebben* Rn. 73; K. Schmidt/Lutter/*Veil* AktG § 224 Rn. 2; Kölner Komm AktG/*Ekkenga* AktG § 224 Rn. 3, 6.
[153] Ganz einhM, s. nur Lutter/Hommelhoff/*Kleindiek* Rn. 37; Scholz/*Priester/Tebben* Rn. 83; Hachenburg/*Ulmer* Rn. 75.
[154] Lutter/Hommelhoff/*Kleindiek* Rn. 37; Scholz/*Priester/Tebben* Rn. 83; Hachenburg/*Ulmer* Rn. 74, 76.

Abs. 2 Nr. 1 und 2 AktG verwiesen wird. Zu denken ist darüber hinaus an **partiarische Darlehen, stille Beteiligungen** oder **Umtauschverhältnisse bei Verschmelzungen** oder sonstigen Umwandlungsmaßnahmen. Ob und welche Änderung der Rechte sich konkret ergibt, ist im Grundsatz durch (ergänzende) Vertragsauslegung zu ermitteln. Im Zweifel kann der Grundsatz des § 57m Abs. 3 herangezogen werden, wonach eine Kapitalerhöhung aus Gesellschaftsmitteln vertragliche Rechte und Pflichten, die beispielsweise von der Gewinnausschüttung, dem Nennbetrag der Geschäftsanteile oder der Stammkapitalziffer abhängen, unberührt lässt.[155]

VIII. Vollzug der Kapitalherabsetzung

1. Umsetzungsmaßnahmen. Weitere Vollzugshandlungen sind nicht zwingend **157** erforderlich. Insbesondere erfolgt die Anpassung der Nennbeträge vorbehaltlich abweichender Bestimmungen im Kapitalherabsetzungsbeschluss und der Beachtung des Abs. 2 S. 2 automatisch (→ Rn. 14). Allerdings kann die Erreichung des Zwecks der Kapitalherabsetzung weitere Handlungen erfordern.

Erfolgt die Kapitalherabsetzung zum Zweck der **Rückzahlung von Einlagen,** ist **158** kein besonderer Ausschüttungsbeschluss mehr erforderlich; der Anspruch auf Rückzahlung entsteht mit Wirksamwerden der Kapitalherabsetzung.[156] Mit der Eintragung der Kapitalherabsetzung hat sich die Stammkapitalziffer und damit die Vermögensbindung der Gesellschaft verändert. Vorbehaltlich der Voraussetzungen des § 30 Abs. 1 kann Vermögen in Höhe des Kapitalherabsetzungsbetrags an die Gesellschafter ausgezahlt werden. Sieht der Gesellschaftsvertrag ausnahmsweise abweichende Verteilungsregeln für die Gewinnausschüttung und die Verteilung des Liquidationserlöses vor, ist im Zweifel der Maßstab für die Liquidation maßgeblich.[157] Eigene Kapitalanteile bleiben wie bei der Gewinnausschüttung und der Verteilung des Liquidationserlöses unberücksichtigt.[158] Ist die Rückzahlung von Einlagen nicht schon im Kapitalherabsetzungsbeschluss als deren Zweck vorgesehen, können die Gesellschafter nach allgemeinen Regeln über die Auszahlung beschließen; ohne einen solchen Beschluss kann in diesem Fall kein Auszahlungsanspruch entstehen.[159]

Auch die Kapitalherabsetzung zur **Beseitigung einer Unterbilanz** oder zur Bildung **159** oder Erhöhung der Kapitalrücklage bedarf keiner weiteren Beschlüsse. Selbstverständlich ist die Kapitalherabsetzung als Geschäftsvorfall ordnungsgemäß zu verbuchen (zur Bilanzierung ausführlich → Rn. 23 ff.).

Die bezweckte Anteilseinziehung oder der Erlass der Einlageforderung kann mit Wirk- **160** samwerden der Kapitalherabsetzung umgesetzt werden. Die zusätzlich erforderlichen Schritte richten sich nicht nach § 58, sondern nach den diese Maßnahmen regelnden Bestimmungen. Zum Erlass der Verpflichtung zur Leistung von Einlagen ist rechtstechnisch neben der von § 19 Abs. 3 geforderten Kapitalherabsetzung (die der Zustimmung aller Gesellschafter bedarf, → Rn. 62 ff.), ein **Erlassvertrag** zwischen der Gesellschaft, vertreten durch ihre Geschäftsführer, und dem Gesellschafter erforderlich. Dessen Abschluss bedarf keiner besonderen Form; sein Zustandekommen richtet sich nach allgemeinen Grundsätzen des BGB einschließlich des § 151 BGB.[160] Im Einzelfall können die erforderlichen Willenserklärungen der Gesellschafter in der Zustimmung zum Kapitalherabsetzungsbeschluss und

---

155 Ausführlicher zu den praktisch wichtigen Folgen der Kapitalherabsetzung einer AG etwa K. Schmidt/
     Lutter/ *Veil* AktG § 224 Rn. 6 f. mwN; zur GmbH etwa Scholz/ *Priester/Tebben* Rn. 75.
156 Wohl allgM, s. nur UHL/ *Casper* Rn. 7, 62; Scholz/ *Priester/Tebben* Rn. 76; Rowedder/Schmidt-Leithoff/
     Schnorbus Rn. 40; Hachenburg/ *Ulmer* Rn. 6, 65.
157 So auch Noack/Servatius/Haas/ *Kersting* Rn. 13; generell auf die Liquidationsquoten abstellend Scholz/
     Priester/Tebben Rn. 76.
158 Unstr., s. nur *Felix* GmbHR 1989, 286; UHL/ *Casper* Rn. 7; Scholz/ *Priester/Tebben* Rn. 76; Hachenburg/
     Ulmer Rn. 6.
159 *Altmeppen* Rn. 60.
160 So auch Scholz/ *Priester/Tebben* Rn. 79; UHL/ *Casper* Rn. 62; gegen eine Zuständigkeit der Geschäftsführer Noack/Servatius/Haas/ *Kersting* Rn. 14.

die Zustimmung der Geschäftsführer konkludent in deren Entgegennahme gesehen werden.[161]

161   **2. Einreichung Gesellschafterliste.** In der Gesellschafterliste nach § 40 sind die Nennbeträge der Geschäftsanteile jedes Gesellschafters anzugeben. Aufgrund der Kapitalherabsetzung tritt eine Änderung entweder bei einzelnen oder allen Gesellschaftern zwingend ein. Jedenfalls bei disproportionaler Herabsetzung der Nennbeträge ist eine neue Gesellschafterliste unverzüglich einzureichen. Ob dies auch bei einer gleichmäßigen Herabsetzung der Nennbeträge aller Gesellschafter gilt, ist umstritten. Die Entscheidung hängt davon ab, ob eine Veränderung des Umfangs der Beteiligung iSd § 40 Abs. 1 eine relative Verschiebung der Beteiligungsquoten erfordert oder eine absolute Änderung des Nennbetrags ausreicht (ausführlich → § 40 Rn. 44).[162] Gerade nach Änderung des § 40 durch das MoMiG (ausdrückliche Erwähnung der Nennbeträge in Abs. 1) und der Aufwertung der Gesellschafterliste im Hinblick auf § 16 idF des MoMiG ist der wohl auch schon bisher hM zu folgen, die eine unverzügliche Einreichung der aktualisierten Gesellschafterliste auch bei gleichmäßiger Herabsetzung der Nennbeträge verlangt.

IX. Rechtsmängel und Verfahrensverstöße

162   **1. Mängel des Kapitalherabsetzungsbeschlusses.** Als Satzungsänderung gelten für den Kapitalherabsetzungsbeschluss die allgemeinen Grundsätze über die Nichtigkeit und Anfechtbarkeit von satzungsändernden Gesellschafterbeschlüssen, die Möglichkeiten von Minderheitsgesellschaftern zur Erhebung von Beschlussmängelklagen und die Überprüfung der Rechtmäßigkeit durch das Registergericht (ausführlich → § 54 Rn. 63 ff.).[163] Zu Mängeln des Kapitalherabsetzungsbeschlusses → Rn. 74 ff., zu deren Überprüfung durch das Registergericht → Rn. 142 ff.

163   Minderheitsgesellschafter können Beschlussmängel nach allgemeinen Grundsätzen geltend machen. Auch ohne formale Registersperre der Anfechtungsklage wird das Gericht bei anhängiger Anfechtungsklage gegen den Kapitalherabsetzungsbeschluss die Eintragung häufig nach § 381 FamFG aussetzen, auch wenn nach seiner Auffassung keine gläubigerschützenden Normen, die die Abweisung der Anmeldung rechtfertigen, vorliegen. Im Aktienrecht erlaubt das **Freigabeverfahren nach § 246a AktG** der Gesellschaft bei angefochtenen Kapitalherabsetzungsbeschlüssen, in einem gesonderten summarischen Verfahren durch das Prozessgericht verbindlich klären zu lassen, ob die Beschlussmängelklage der Eintragung der Kapitalherabsetzung entgegensteht. Nach zutreffender, aber sehr umstrittener Ansicht ist § 246a AktG bei Beschlussmängeln der GmbH entsprechend anzuwenden (→ Anh. § 47 Rn. 191).[164]

164   **2. Mängel der Anmeldung oder Eintragung.** Zur Frage, welche Mängel des Verfahrens vom Gericht überprüft werden, → Rn. 142 ff. Für Fehler bei der Eintragung gelten die allgemeinen Regeln zur Eintragung von Satzungsänderungen. Insbesondere ist eine Eintragung bei fehlender wirksamer Anmeldung oder bei inhaltlicher Abweichung der Eintragung von der Anmeldung nichtig; eine **Löschung nach § 395 FamFG** ist möglich

---

[161]   So auch UHL/*Casper* Rn. 62; Rowedder/Schmidt-Leithoff/*Schnorbus* Rn. 40; ähnlich Scholz/*Priester*/*Tebben* Rn. 79.

[162]   Für Letzteres die schon bisher wohl hM, s. Hachenburg/*Mertens* § 40 Rn. 3; MHLS/*Waldner* Rn. 24; Lutter/Hommelhoff/*Bayer* § 16 Rn. 7 f.; Rowedder/Schmidt-Leithoff/*Görner* § 40 Rn. 13; mittlerweile auch Lutter/Hommelhoff/*Kleindiek* Rn. 39; Scholz/*Priester*/*Tebben* Rn. 78a; UHL/*Casper* Rn. 64 (früher abw. UHL/*Casper,* 2008, Rn. 64).

[163]   Ausf. zur Mangelhaftigkeit von Gesellschafterbeschlüssen Noack/Servatius/Haas/*Noack* Anh. § 47 Rn. 1 ff., speziell zu satzungsändernden Beschlüssen Noack/Servatius/Haas/*Noack* § 54 Rn. 20 ff.

[164]   *Bayer/Lieder* NZG 2011, 1170; Lutter/Hommelhoff/*Bayer* Anh. § 47 Rn. 88; *Geißler* GmbHR 2008, 128 (133); *Harbarth* GmbHR 2005, 966 (969); UHL/*Raiser* Anh. § 47 Rn. 13; de lege ferenda auch schon *M. Winter* FS Ulmer, 2003, 699 (722 f.); aA KG Beschl. v. 23.6.2011 – 23 AktG 1/11, NZG 2011, 1068 m. krit. Anm. *Nikoleyczik* EWiR 2011, 711; *Fleischer* DB 2011, 2132; *Meurer* GmbHR 2013, 729; *Sauerbruch* GmbHR 2007, 189 (191); Noack/Servatius/Haas/*Noack* § 54 Rn. 28; zweifelnd auch Scholz/*Schmidt* § 45 Rn. 137.

(allgemein → § 54 Rn. 131 ff.).[165] Form- oder sonstige formale Fehler wie das Fehlen von Anlagen lassen die Wirksamkeit einer trotzdem erfolgten Eintragung dagegen unberührt (allgemein → § 54 Rn. 99).[166]

3. Heilung von Mängeln durch Eintragung. Zur Frage, in welchem Umfang Män- **165** gel des Beschlusses oder des Verfahrens die Wirksamkeit der Kapitalherabsetzung nach erfolgter Eintragung unberührt lassen, → Rn. 152 ff.

4. Rechte übergangener Gläubiger. Hat die Gesellschaft einen Gläubiger entgegen **166** Abs. 1 Nr. 1 nicht zur Meldung aufgefordert oder trotz Meldung entgegen Abs. 1 Nr. 2 nicht befriedigt oder sichergestellt, stellt sich dessen Rechtsposition wie folgt dar:
– Vor Eintragung der Kapitalherabsetzung kann er gegen die Eintragung im Wege der **167** einstweiligen Verfügung vorgehen (→ Rn. 129) oder sich informell an das Registergericht wenden, um dieses im Rahmen der Prüfung der Anmeldung von dem Verstoß gegen § 58 zu überzeugen.
– Nach der Eintragung haben Gläubiger keine Möglichkeit mehr, die Kapitalherabsetzung **168** löschen zu lassen und damit rückgängig zu machen.[167]
– Nach allgemeiner Ansicht gewährt Abs. 1 Nr. 2 den Gläubigern keinen Anspruch auf **169** Befriedigung oder Sicherstellung (→ Rn. 83). § 58 wird heute jedoch ganz allgemein als Schutzgesetz iSd § 823 Abs. 2 BGB angesehen.[168] Konsequenz ist, dass ein übergangener Gläubiger einen Schadensersatzanspruch nach §§ 31, 823 Abs. 2 BGB gegen die Gesellschaft hat. Im Wege der Naturalrestitution kann er Sicherstellung seiner noch nicht fälligen Forderung verlangen.[169]
– Daneben haftet ihm der Geschäftsführer persönlich aus § 823 Abs. 2 BGB auf Schadenser- **170** satz.[170]

5. Verantwortlichkeit der Geschäftsführer. Der Geschäftsführer hat bei der Durch- **171** führung der Kapitalherabsetzung die Sorgfalt eines ordentlichen Geschäftsmanns nach § 43 Abs. 1 anzuwenden. Verletzt er seine Pflichten, ist er der Gesellschaft gegenüber nach § 43 Abs. 2 schadensersatzpflichtig. Bei Auszahlung von Beträgen unter Verstoß gegen § 30 Abs. 1 gilt die verschärfte Haftung nach § 43 Abs. 3. Daneben kommt eine unmittelbare Haftung gegenüber den Gläubigern der Gesellschaft, die er nicht ordnungsgemäß zur Meldung aufgefordert, befriedigt oder sichergestellt hat, aus § 823 Abs. 2 BGB in Betracht (→ Rn. 170). Zur Möglichkeit, das Risiko durch Formulierung der Versicherung nach Abs. 1 Nr. 4 zu begrenzen, → Rn. 141. Die vorsätzliche Abgabe einer falschen Versicherung nach Abs. 1 Nr. 4 ist gem. § 82 Abs. 2 Nr. 1 **strafbar.** Auch § 82 Abs. 2 Nr. 1 ist als Schutzgesetz iSd § 823 Abs. 2 BGB zu qualifizieren.

X. Sonderfälle, insbesondere im Zusammenhang mit der Umstellung des Stammkapitals auf Euro

Zur Möglichkeit einer ordentlichen Kapitalherabsetzung im Stadium der Vor-GmbH, **172** im Liquidationsstadium, in der Insolvenz und bei Bestehen eines Beherrschungs- und Gewinnabführungsvertrags, näher → Vor § 58 Rn. 110 ff.

Ergänzend ist auf die Möglichkeiten des Einsatzes der Kapitalherabsetzung zur **Wäh- 173 rungsumstellung** hinzuweisen: Wie bei allen Kapitalmaßnahmen ist Voraussetzung einer

---

[165] S. auch UHL/*Casper* Rn. 71, 73; Noack/Servatius/Haas/*Noack* § 54 Rn. 39.
[166] UHL/*Casper* Rn. 72; Noack/Servatius/Haas/*Noack* § 54 Rn. 39.
[167] Heute wohl unstr., s. nur Scholz/*Priester/Tebben* Rn. 84.
[168] BayObLG Beschl. v. 20.9.1974 – BReg. 2 Z 43/74, GmbHR 1974, 287 (289); LG Bonn Urt. v. 16.3.2018 – 1 O 308/17, BeckRS 2018, 36544, Rn. 32; UHL/*Casper* Rn. 53; Scholz/*Priester/Tebben* Rn. 84; MHLS/*Waldner* Rn. 28; Rowedder/Schmidt-Leithoff/*Schnorbus* Rn. 30; Noack/Servatius/Haas/*Kersting* Rn. 52; zur Schutzgesetzeigenschaft des § 73 Abs. 2 → § 73 Rn. 43 f.
[169] So Scholz/*Priester/Tebben* Rn. 84.
[170] LG Bonn Urt. v. 16.3.2018 – 1 O 308/17, BeckRS 2018, 36544, Rn. 31 ff. (dort auch ausführlich zur dreijährigen Verjährungsfrist nach § 195 BGB); UHL/*Casper* Rn. 53; Lutter/Hommelhoff/*Kleindiek* Rn. 21; Scholz/*Priester/Tebben* Rn. 85; Noack/Servatius/Haas/*Kersting* Rn. 52.

Eintragung der Kapitalherabsetzung, dass das Kapital der Gesellschaft auf Euro umgestellt worden ist (§ 1 Abs. 1 S. 4 EGGmbHG). Bei Altgesellschaften, die ihr Kapital noch nicht umgestellt haben, wäre also zusätzlich eine Umstellung auf Euro zu beschließen (hierzu § 1 EGGmbHG, vormals § 86 aF).

174   Im Zusammenhang mit der (heute allerdings kaum noch praktisch relevanten) **Umstellung des Stammkapitals und der Geschäftsanteile auf Euro** kann eine Kapitalherabsetzung sinnvoll sein. § 86 Abs. 3 S. 3 aF traf hierzu bisher eine Sonderregelung. Diese ist inhaltlich unverändert mit minimalen sprachlichen Änderungen durch das MoMiG im neu geschaffenen § 1 EGGmbHG verschoben worden. Der die Kapitalherabsetzung ansprechende **§ 1 Abs. 3 S. 3 EGGmbHG** lautet:

(3) (...) [3]Werden mit der Umstellung weitere Maßnahmen verbunden, insbesondere das Kapital verändert, bleiben die hierfür geltenden Vorschriften unberührt; auf eine Herabsetzung des Stammkapitals, mit der die Nennbeträge der Geschäftsanteile auf einen Betrag nach Absatz 1 Satz 4 gestellt werden, ist jedoch § 58 Abs. 1 des Gesetzes betreffend die Gesellschaften mit beschränkter Haftung nicht anzuwenden, wenn zugleich eine Erhöhung des Stammkapitals gegen Bareinlagen beschlossen und diese in voller Höhe vor der Anmeldung zum Handelsregister geleistet werden.

175   Zu den Erläuterungen kann uneingeschränkt auf die bisherigen Kommentierungen zu § 86 Abs. 3 verwiesen werden.[171]

176   Einen Sonderfall der Kapitalherabsetzung regelte auch das **D-Markbilanzgesetz** vom 23.9.1990/22.3.1991) für die Neufestsetzung des Kapitals von Gesellschaften in den neuen Bundesländern im Zusammenhang mit der Währungsumstellung.[172]

§ 58a Vereinfachte Kapitalherabsetzung

(1) Eine Herabsetzung des Stammkapitals, die dazu dienen soll, Wertminderungen auszugleichen oder sonstige Verluste zu decken, kann als vereinfachte Kapitalherabsetzung vorgenommen werden.

(2) [1]Die vereinfachte Kapitalherabsetzung ist nur zulässig, nachdem der Teil der Kapital- und Gewinnrücklagen, der zusammen über zehn vom Hundert des nach der Herabsetzung verbleibenden Stammkapitals hinausgeht, vorweg aufgelöst ist. [2]Sie ist nicht zulässig, solange ein Gewinnvortrag vorhanden ist.

(3) [1]Im Beschluß über die vereinfachte Kapitalherabsetzung sind die Nennbeträge der Geschäftsanteile dem herabgesetzten Stammkapital anzupassen. [2]Die Geschäftsanteile müssen auf einen Betrag gestellt werden, der auf volle Euro lautet.

(4) [1]Das Stammkapital kann unter den in § 5 Abs. 1 bestimmten Mindestnennbetrag herabgesetzt werden, wenn dieser durch eine Kapitalerhöhung wieder erreicht wird, die zugleich mit der Kapitalherabsetzung beschlossen ist und bei der Sacheinlagen nicht festgesetzt sind. [2]Die Beschlüsse sind nichtig, wenn sie nicht binnen drei Monaten nach der Beschlußfassung in das Handelsregister eingetragen worden sind. [3]Der Lauf der Frist ist gehemmt, solange eine Anfechtungs- oder Nichtigkeitsklage rechtshängig ist. [4]Die Beschlüsse sollen nur zusammen in das Handelsregister eingetragen werden.

(5) Neben den §§ 53 und 54 über die Abänderung des Gesellschaftsvertrags gelten die §§ 58b bis 58 f.

Schrifttum: s. Vor § 58.

---

[171] Außerdem, auch zur empirischen Bedeutung *Hohmuth,* Die Kapitalherabsetzung bei der GmbH, 2007, 185 ff.

[172] Hierzu ausf. und mwN die älteren Kommentare, etwa Scholz/*Priester,* 9. Aufl. 2000/2002, Rn. 91; Rowedder/Schmidt-Leithoff/*Zimmermann,* 4. Aufl. 2002, Rn. 7.

Übersicht

I. Normzweck und Überblick

§ 58a ist die Grundnorm der §§ 58a–58f über die vereinfachte Kapitalherabsetzung. **1** Der **Zweck** dieser Vorschriften besteht in der Erleichterung von Sanierungen und der Schaffung ausgeglichener Bilanzverhältnisse (→ Vor § 58 Rn. 47 f.). Angesichts der Risiken, die Minderheitsgesellschaftern (Zusammenlegung von Anteilen; im Extremfall Ausscheiden aus der Gesellschaft) und Gesellschaftsgläubigern (ihr Schutz bleibt aufgrund der fehlenden Sicherstellung deutlich hinter dem des § 58 zurück) drohen, hat der Gesetzgeber den Einsatzbereich der vereinfachten Kapitalherabsetzung eng begrenzt und als bloße **ultima ratio** vorgesehen.[1] Für andere Zwecke als den Ausgleich von Verlusten stehen die §§ 58a ff. nicht zur Verfügung. Vorrangig sind Verluste durch die Auflösung von Eigenkapitalpositionen auszugleichen. Im Wortlaut des § 58a wird diese begrenzte Zwecksetzung an der Grundvoraussetzung der Verlustdeckung in Abs. 1 und dem Erfordernis, sonstige Eigenkapitalpositionen gem. Abs. 2 vorab aufzulösen, deutlich.

Die folgenden Absätze enthalten dann bereits wichtige technische Details zur Durch- **2** führung einer vereinfachten Kapitalherabsetzung: Abs. 3 regelt die Auswirkungen auf die Nennbeträge der einzelnen Geschäftsanteile. Abs. 4 spricht die in der Praxis wichtige Kombination der Kapitalherabsetzung mit einer Kapitalerhöhung an und erlaubt bei einer solchen Kombination, dass die Kapitalherabsetzung bei isolierter Betrachtung unter den Mindestbetrag des Stammkapitals nach § 5 Abs. 1 herabgesetzt werden darf. Abs. 5 enthält schließlich die rein deklaratorische Klarstellung zu den im Übrigen für die vereinfachte Kapitalherabsetzung geltenden Vorschriften.

II. Grundvoraussetzung der Verlustdeckung (Abs. 1, Abs. 2)

1. Grundsatz. Nach Abs. 1 ist eine vereinfachte Kapitalherabsetzung zulässig, wenn **3** sie zum Ausgleich von Wertminderungen oder zur Deckung sonstiger Verluste dient. Die

---

[1] Ähnlich Scholz/*Priester/Tebben* Rn. 6; zum Schutz der Minderheitsgesellschafter bereits Begr. RegE EG-InsO, BT-Drs. 12/3803, 88.

Formulierung des Abs. 1 S. 1, die wörtlich **§ 229 Abs. 1 S. 1 AktG** entspricht, ist nicht klar. Den Abs. 1 und 2 liegt eine **bilanzielle Betrachtungsweise** zugrunde. Die verwendeten Begriffe sind jedoch, wie auch an anderen Stellen des GmbHG (zB § 30), nicht entsprechend gewählt.

4 Aus den Abs. 1 und 2 sowie den § 58b Abs. 1 und 2, § 58c ergibt sich, dass eine vereinfachte Kapitalherabsetzung nicht schon bei Entstehen eines Verlusts in einem Geschäftsjahr zulässig ist. Erforderlich ist vielmehr, dass das Eigenkapital iSd § 266 Abs. 3 A. HGB unter den Betrag des Stammkapitals, das als gezeichnetes Kapital iSd § 266 Abs. 3 A.I. HGB ausgewiesen wird, zuzüglich eines Puffers von 10 % des nach der Kapitalherabsetzung verbleibenden Stammkapitals gemindert worden ist (zu besonderen Eigenkapitalpositionen allerdings → Rn. 18 f.). Insoweit kann man anschaulich davon sprechen, dass die vereinfachte Kapitalherabsetzung nur zur Beseitigung einer **Unterbilanz** erfolgen darf, wobei diese allerdings in Abweichung von den Grundsätzen zu § 30 Abs. 1 auf eine andere Eigenkapitalgröße bezogen ist.[2]

5 Aus Abs. 1 wird diese Beschränkung der vereinfachten Kapitalherabsetzung auf die fast vollständige Minderung des Eigenkapitals auf den Betrag des Stammkapitals nicht erkennbar. Verluste können an sich auch entstehen, wenn die Kapital- und Gewinnrücklagen noch nicht aufgebraucht sind und die Gesellschaft ein erheblich über dem Stammkapital liegendes Eigenkapital aufweist. Aus Abs. 2 folgt jedoch, dass derartige Verluste zunächst durch **Auflösung frei verfügbarer Eigenkapitalpositionen** aufgefangen werden müssen.

6 Die Regelung des Abs. 1 (und des Abs. 2) findet seine inhaltliche Entsprechung in den Beschränkungen für die **Verwendung der frei gewordenen Beträge** gem. § 58b Abs. 1 (und 2) (näher → § 58b Rn. 5 ff.).

7 Die vereinfachte Kapitalherabsetzung kann auch zur bloßen **Auffüllung der Rücklagen** benutzt werden, sofern diese durch Verluste unter einen Betrag von 10 % des Stammkapitals nach Kapitalherabsetzung gemindert worden sind.[3] Dies ergibt sich aus Abs. 2 und § 58b Abs. 2. Praktische Bedeutung hat diese Möglichkeit nicht. Die Parallelvorschrift des § 229 Abs. 1 AktG erlaubt darüber hinaus eine vereinfachte Kapitalherabsetzung zur Einstellung in die Kapitalrücklage unabhängig vom Vorliegen eines Verlusts. Die **Dotierung der Kapitalrücklage** als eigenständiger Zweck der vereinfachten Kapitalherabsetzung unabhängig vom Vorliegen eines Verlusts ist bei der GmbH deshalb nicht zugelassen worden, weil die Kapitalrücklage bei der GmbH kein gegen Entnahmen durch die Gesellschafter besonders geschützter Reservefonds ist.[4]

8 § 58b Abs. 2 lässt zwar die Einstellung der frei gewordenen Beträge in die Kapitalrücklage zu; er setzt allerdings voraus, dass die Eigenkapitalziffer gerade durch einen Verlust unter die kritische Schwelle gemindert worden ist (Abs. 1). Eine Dotierung der Kapitalrücklage unabhängig vom Entstehen eines Verlusts lässt sich daraus nicht ableiten (auch → § 58b Rn. 9 ff.).[5] Ist ein ausreichender Verlust entstanden, bestehen aber keine Bedenken, die Dotierung der Kapitalrücklage als Nebenzweck der vereinfachten Kapitalherabsetzung offen und von vornherein zuzulassen. Die Dotierung der Kapitalrücklage nach § 58b Abs. 2 ist also nicht auf den Fall beschränkt, dass das Eigenkapital nach der Kapitalherabsetzung wider Erwarten höher ausfällt als geplant.[6] § 58b Abs. 2 begrenzt die Dotierung der Kapitalrücklage auf einen Maximalbetrag von 10 % des herabgesetzten Stammkapitals, wobei diese Kapitalrücklage dann aus Gründen des Gläubigerschutzes für eine Dauer von fünf Jahren besonderen Verwendungsbeschränkungen unterliegt (§ 58b Abs. 3).

---

[2] Ähnlich UHL/*Casper* Rn. 15; Noack/Servatius/Haas/*Kersting* Rn. 7.
[3] So ausdrücklich auch Noack/Servatius/Haas/*Kersting* Rn. 7.
[4] Begr. RegE EGInsO, BT-Drs. 12/3803, 87; dass die Dotierung der Kapitalrücklage als alleiniger eigenständiger Zweck nicht zulässig ist, ist unstr., s. nur UHL/*Casper* Rn. 18; Scholz/*Priester/Tebben* Rn. 4; Noack/Servatius/Haas/*Kersting* Rn. 8.
[5] So auch Noack/Servatius/Haas/*Kersting* Rn. 8; aA UHL/*Casper* Rn. 18; wohl auch Scholz/*Priester/Tebben* Rn. 4 f.
[6] So auch UHL/*Casper* Rn. 18.

Die vorstehenden Grundsätze gelten mit gewissen Besonderheiten auch für die verein- **9** fachte Kapitalherabsetzung zur **Durchführung einer Abspaltung oder Ausgliederung** nach § 139 UmwG (ausführlich → Vor § 58 Rn. 120 ff.).

2. Überprüfung des Vorliegens der maßgeblichen Unterbilanz. Aus dem Vorste- **10** henden ergibt sich, dass die vereinfachte Kapitalherabsetzung nur zum Ausgleich solcher Verluste zulässig ist, die das Eigenkapital unter einen bestimmten kritischen Betrag gemindert haben. Zwei Voraussetzungen sind erforderlich:
– das Bestehen einer Unterbilanz und
– das Entstehen der Unterbilanz durch Wertminderungen oder andere Verluste.
Dabei fragt sich, wie und zu welchem Zeitpunkt Unterbilanz und Verluste zu ermitteln **11** sind.

a) Vorliegen einer Unterbilanz. aa) Überblick. Aus Abs. 2 ergibt sich, dass eine **12** vereinfachte Kapitalherabsetzung nur bei Vorliegen einer Unterbilanz zulässig ist, bei der das Eigenkapital, das aus dem Stammkapital, Rücklagen sowie einem Gewinn- oder Verlustvortrag bestehen kann, unter den Betrag des aktuellen Stammkapitals zuzüglich 10 % des Stammkapitals nach der Kapitalherabsetzung gesunken ist. Der Maximalbetrag der Kapitalherabsetzung ist auf den Betrag der Unterdeckung des Stammkapitals zuzüglich 10 % des Stammkapitals nach der Herabsetzung beschränkt.

Beispiel: Die GmbH weist ein Stammkapital von 100.000 Euro, Rücklagen von **13** 20.000 Euro und einen Verlust in Höhe von 32.000 Euro auf. Es ergibt sich ein Eigenkapital von 88.000 Euro und damit eine Unterdeckung des Stammkapitals von 12.000 Euro. Eine vereinfachte Kapitalherabsetzung ist zulässig, allerdings nicht in voller Höhe des Verlusts, da zunächst die Rücklagen aufzulösen sind. Würden die Rücklagen in voller Höhe aufgelöst, verbliebe eine Unterdeckung des Stammkapitals in Höhe von 12.000 Euro. § 58a erlaubt aber über den Unterdeckungsbetrag von 12.000 Euro hinaus eine Kapitalherabsetzung um 20.000 Euro auf 80.000 Euro und den Ausweis einer Rücklage in Höhe von 8.000 Euro.

Für die **Berechnung des 10%-Puffers** kommt es auf das Stammkapital nach der **14** Herabsetzung an. § 58b Abs. 2 präzisiert, dass dies mindestens der **Mindestnennbetrag** nach § 5 Abs. 1 ist. Auch wenn dies in Abs. 2 nicht ausdrücklich gesagt wird, gilt diese Wertung auch im Rahmen des § 58a, da sich nur so Wertungswidersprüche vermeiden lassen.[7] Bedeutung hat dieser Mindestbetrag in dem Fall, dass die Möglichkeit einer Kapitalherabsetzung unter den Mindestnennbetrag bei gleichzeitiger Kapitalerhöhung nach Abs. 4 genutzt wird. Der Betrag einer solchen gleichzeitigen Kapitalerhöhung bleibt dagegen für die Berechnung des 10%-Puffers unberücksichtigt.[8]

Die **Ermittlung einer Unterbilanz,** im Sinne des Unterschreitens des Eigenkapitals **15** unter den Betrag einer bestimmten kritischen Eigenkapitalziffer (Stammkapital plus 10%-Puffer), kann grundsätzlich auf zwei verschiedene Arten erfolgen:
– Zum einen durch Saldierung der verschiedenen Eigenkapitalpositionen nach § 266 Abs. 3 A. HGB unter Verrechnung von Verlusten und Verlustvorträgen mit Rücklagen und Gewinnvortrag. Diese Betrachtung scheint § 58a Abs. 2 zugrunde zu liegen.
– Zum anderen durch Ermittlung des Nettovermögens in Höhe der Aktiva abzüglich der echten Passiva, insbesondere der Verbindlichkeiten und Rückstellungen. Dieser Betrag entspricht im Grundsatz gerade dem bilanziellen Eigenkapital nach § 266 Abs. 3 A. HGB. Beide Berechnungsmethoden kommen grundsätzlich zum gleichen Ergebnis. Da aber die **16** Berechnung über die Subtraktion der echten Passiva von den Aktiva ausführlich ist und den

---

[7]   Ganz hM, s. etwa Bork/Schäfer/*Arnold/Born* Rn. 14; UHL/*Casper* Rn. 21; Scholz/*Priester/Tebben* Rn. 7; Lutter/Hommelhoff/*Kleindiek* Rn. 13; Rowedder/Schmidt-Leithoff/*Schnorbus* Rn. 8 – unter Aufgabe der abweichenden Auffassung in Rowedder/Schmidt-Leithoff/*Zimmermann*, 4. Aufl. 2002, Rn. 8; MHLS/*Waldner* Rn. 4; *Wicke* Rn. 3; *Hohmuth,* Die Kapitalherabsetzung bei der GmbH, 2007, 122 ff.; ebenso die hM zu § 229 Abs. 2 AktG, vgl. nur MüKoAktG/*Oechsler* AktG § 229 Rn. 36; K. Schmidt/ Lutter/*Veil* AktG § 229 Rn. 10.

[8]   Unstr., s. nur Scholz/*Priester/Tebben* Rn. 7; zu § 229 AktG MüKoAktG/*Oechsler* AktG § 229 Rn. 36; K. Schmidt/Lutter/*Veil* AktG § 229 Rn. 10.

Blick auf die kritischen Bilanzpositionen lenkt, deren Qualifikation als Eigenkapital oder
Verbindlichkeiten problematisch sein kann, sollen nachfolgend unter → Rn. 21 ff. auch
für die vermeintlich aufwendigere zweite Berechnungsmöglichkeit maßgebliche Positionen
angesprochen werden.

17   Für die Unterbilanzrechnung gelten im Prinzip zwar die gleichen **Grundsätze wie
bei § 30 Abs. 1** (etwa → § 30 Rn. 78 ff.),[9] wobei Bezugsgröße bei § 30 allein die Stammkapitalziffer ohne einen 10%-Puffer ist. Unterschiede können sich aber zum einen aus der
unterschiedlichen Zwecksetzung der Normen ergeben. § 30 Abs. 1 dient dem Schutz der
Gläubiger gegen Auszahlungen an die Gesellschafter, § 58a der Erleichterung von Sanierungen. Darüber hinaus könnte die Ermittlung der Unterbilanz über die Eigenkapitalpositionen
nach Abs. 2 eher für eine formale Betrachtung der Bilanzpositionen sprechen, während zu
§ 30 Abs. 1 zu einzelnen Positionen eine materielle Zuordnung vertreten wird.

18   **bb) Berechnung über das Eigenkapital (Abs. 2).** Nach Abs. 2 ist die vereinfachte
Kapitalherabsetzung nur zulässig, wenn Kapital- und Gewinnrücklagen, soweit sie 10 % des
herabgesetzten Stammkapitals übersteigen, vorab aufgelöst worden sind und kein Gewinnvortrag mehr besteht. Das Gesetz knüpft hier an die handelsbilanziellen Begriffe an (vgl. § 266
Abs. 3 A. HGB). Die bis zum Inkrafttreten des BilMoG vom 25.5.2009 (BGBl. 2009 I 1102)
möglichen **Sonderposten mit Rücklageanteil** (§ 247 Abs. 3 HGB aF; § 273 HGB aF; aufgehoben durch das BilMoG) waren als echte Passiva zu berücksichtigen, auch wenn sie einen
gewissen Eigenkapitalanteil enthielten.[10] Sie zählten nicht zum Eigenkapital und waren entsprechend nicht vorab aufzulösen.[11] Maßgeblich sind die Beträge des HGB-Einzelabschlusses, nicht
des Konzernabschlusses. Stille Reserven sind entsprechend nicht vorab zu nutzen, etwa durch
Verkauf eines Gegenstands zum den Buchwert übersteigenden Verkehrswert.[12]

19   Die Kapitalrücklage umfasst alle Positionen nach § 272 Abs. 2 HGB, sofern sie ausgewiesen sind. Als Gewinnrücklagen nennt § 266 Abs. 3 A.III. HGB die gesetzliche Rücklage,
die Rücklage für Anteile an einem herrschenden oder mehrheitlich beteiligten Unternehmen, satzungsmäßige Rücklagen und andere Gewinnrücklagen. Gesetzliche Rücklagen gibt
es bei der GmbH nicht.

20   Bis 2009 sahen § 272 Abs. 4 HGB aF und § 33 Abs. 2 GmbHG aF die Bildung einer
Rücklage für eigene Anteile vor, die nach § 272 Abs. 4 S. 2 HGB aF nur aufgelöst werden
durfte, soweit die eigenen Anteile ausgegeben, veräußert oder eingezogen oder die eigenen
Anteile auf der Aktivseite mit einem niedrigeren Betrag angesetzt wurden. § 272 Abs. 4
S. 2 HGB aF wurde zu Recht als lex specialis angesehen. Die Rücklage für eigene Anteile
diente der bilanziellen Neutralisierung des aktivierten Werts der eigenen Anteile und sollte
gerade nicht zum Ausgleich eines Verlusts genutzt werden.[13] Das BilMoG hat die Bilanzierung eigener Aktien grundlegend neu geregelt (zu einem Überblick → Vor § 58
Rn. 140 f.): Eine der bisherigen Rechtslage weitgehend entsprechende Rücklage ist nur
noch für **Anteile an einem herrschenden oder mit Mehrheit beteiligten Unternehmen** zu bilden; insoweit entspricht deren Behandlung der bisherigen einhelligen Auffassung. Für Anteile an der GmbH selbst ist nach neuer Rechtslage keine Rücklage für eigene
Anteile mehr zu bilden. Der Nennbetrag der eigenen Anteile ist stattdessen nach § 272
Abs. 1a HGB in der Vorspalte offen von dem Posten „Gezeichnetes Kapital" abzusetzen.
Der Unterschiedsbetrag zwischen dem Nennbetrag und den Anschaffungskosten ist mit den

9   Noack/Servatius/Haas/*Servatius* § 30 Rn. 19 ff.
10   UHL/*Casper* Rn. 15; Noack/Servatius/Haas/*Kersting* Rn. 7; im Rahmen der Unterbilanzkontrollrech-
     nung nach § 30 wird dagegen nach hM nur der in ihnen enthaltene Rückstellungsanteil als echtes Passiva
     behandelt, s. etwa Lutter/Hommelhoff/*Hommelhoff* § 30 Rn. 15.
11   Ganz hM, s. nur UHL/*Casper* Rn. 22; Scholz/*Priester*, 9. Aufl. 2000/2002, Rn. 8; Rowedder/Schmidt-
     Leithoff/*Schnorbus* Rn. 7; zu § 229 AktG s. nur K. Schmidt/Lutter/*Veil* AktG § 229 Rn. 9.
12   Unstr., s. nur Lutter/Hommelhoff/*Kleindiek* Rn. 14; Scholz/*Priester/Tebben* Rn. 8; Noack/Servatius/
     Haas/*Kersting* Rn. 14.
13   Wohl einhM, s. nur *Altmeppen* Rn. 8; UHL/*Casper* Rn. 15; Lutter/Hommelhoff/*Kleindiek* Rn. 14;
     Scholz/*Priester/Tebben* Rn. 8; Rowedder/Schmidt-Leithoff/*Schnorbus* Rn. 7; zu § 229 AktG MüKo-
     AktG/*Oechsler* AktG § 229 Rn. 39; K. Schmidt/Lutter/*Veil* AktG § 229 Rn. 11.

frei verfügbaren Rücklagen zu verrechnen. Die Frage, ob die Rücklage für eigene Anteile als Gewinnrücklage zählt, stellt sich insoweit nicht mehr. Die in § 33 Abs. 2 S. 1 angesprochene Rücklage für eigene Anteile wird nicht tatsächlich gebildet; es ist lediglich im Zeitpunkt des Erwerbs zu prüfen, ob sie gebildet werden könnte. Für die durch das Bilanzrichtlinie-Umsetzungsgesetz (BilRUG) vom 17.7.2015 (BGBl. 2015 I 1245) in § 272 Abs. 5 HGB[14] eingeführte Rücklage im Zusammenhang mit der phasengleichen Vereinnahmung von Beteiligungsergebnissen gilt das zu § 272 Abs. 4 HGB Ausgeführte entsprechend. Auch diese Rücklage kann gerade nicht zu einem Ausgleich von Verlusten genutzt werden.

cc) Berechnung über Ermittlung des Reinvermögens. Im Einzelnen gilt für die **21** Unterbilanzrechnung durch Abzug der echten Passiva von den Aktiva:
- **Aktive und passive Rechnungsabgrenzungsposten** sind als Aktiva und Passiva zu **22** berücksichtigen.[15]
- **Rücklagen** sind Eigenkapitalpositionen und sind nicht als Verbindlichkeiten zu berück- **23** sichtigen. Eine Besonderheit gilt allerdings für die **Rücklage für Anteile an einem herrschenden oder mehrheitlich beteiligten Unternehmen** nach § 266 Abs. 3 A.III.2 HGB, § 272 Abs. 4 HGB, die gerade der bilanziellen Neutralisierung eines Aktivums dient (→ Rn. 20). Bei der Unterbilanzrechnung haben daher entweder sowohl der Bilanzposten Anteile an einem herrschenden oder mehrheitlich beteiligten Unternehmen auf der Aktivseite und die entsprechende Rücklage auf der Passivseite unberücksichtigt zu bleiben, oder die Rücklage wird, sofern die Anteile am herrschenden oder mehrheitlich beteiligten Unternehmen als Aktivum berücksichtigt werden, wie eine Verbindlichkeit abgezogen oder der kritischen Eigenkapitalziffer von 110 % des Stammkapitals nach Kapitalherabsetzung hinzuaddiert. Entsprechendes gilt für die durch das BilRUG eingeführte Rücklage nach § 272 Abs. 5 HGB. Bleibt die Rücklage in der Berechnung des Reinvermögens unberücksichtigt, darf auch eine dadurch zu neutralisierende Vermögensmehrung auf der Aktivseite aufgrund des Beteiligungsergebnisses nicht berücksichtigt werden.
- Aktiva, die zwar in der Bilanz gezeigt werden, die für Zwecke der Ermittlung des zu **24** Ausschüttungen an die Gesellschafter verfügbaren Vermögens aber unberücksichtigt bleiben, müssen ebenfalls unberücksichtigt bleiben, auch wenn anders als bei Anteilen an einem herrschenden oder mehrheitlich beteiligten Unternehmen (und bis zum BilMoG auch eigenen Anteilen) kein separater Ausgleichsposten auf der Passivseite gesetzlich vorgeschrieben ist. Bedeutung hat dies für die Fälle des § 268 Abs. 8 HGB idF des BilMoG (nach alter Rechtslage hatte dies Bedeutung für als Bilanzierungshilfe nach § 269 HGB aF aktivierte Aufwendungen für die Ingangsetzung und Erweiterung des Geschäftsbetriebs; § 269 HGB ist jedoch durch das BilMoG aufgehoben worden). Danach dürfen bei Aktivierung bestimmter Aktiva Gewinne nur ausgeschüttet werden, wenn die nach der Ausschüttung verbleibenden frei verfügbaren Rücklagen zuzüglich eines Gewinnvortrags und abzüglich eines Verlustvortrags mindestens den für die betreffenden Aktiva angesetzten Beträgen abzüglich der damit im Zusammenhang stehenden passivierten latenten Steuern entsprechen. Dabei geht es um die folgenden Aktiva:
  - **selbst geschaffene immaterielle Vermögensgegenstände** des Anlagevermögens, die nach § 248 Abs. 2 HGB idF BilMoG aktiviert worden sind;
  - aktive **latente Steuern** (vgl. § 274 HGB idF BilMoG);
  - nach § 246 Abs. 2 S. 2 HGB idF BilMoG aktivierte Vermögensgegenstände, die dem Zugriff der Gläubiger entzogen sind und ausschließlich der Erfüllung von Schulden aus Altersversorgungsverpflichtungen oder vergleichbar langfristig fälligen Verpflichtungen dienen.

b) Das Entstehen der Unterbilanz durch Verluste (Abs. 1). Nach Abs. 1 ist die **25** vereinfachte Kapitalherabsetzung nur zulässig, wenn sie dazu dient, Wertminderungen aus-

---

14　Zum neu eingeführten § 272 Abs. 5 HGB Oser/Orth/Wirtz BB 2015, 1729 (1734)
15　So ausdrücklich auch Noack/Servatius/Haas/*Kersting* Rn. 7; UHL/*Casper* Rn. 15; zu § 30 Abs. 1 ist dies umstritten; für eine Berücksichtigung etwa Hachenburg/*Goerdeler/Müller* § 30 Rn. 40; aA Lutter/ Hommelhoff/*Hommelhoff* § 30 Rn. 16.

zugleichen oder sonstige Verluste zu decken. Wertminderungen sind dabei als ein Beispiel für Verluste zu verstehen; der Verlust ist der maßgebliche Oberbegriff.[16]

26   **aa) Verluste.** Verluste sind alle Eigenkapitalminderungen, die über die Gewinn- und Verlustrechnung zu buchen sind und das Eigenkapital in der Bilanz des Jahresabschlusses über die Position Jahresfehlbetrag mindern würden. Wodurch der Verlust entstanden ist und ob der Verlust vermeidbar war, ist ohne Belang. Auch Verluste aus Spekulationsgeschäften und Veruntreuungen rechtfertigen eine vereinfachte Kapitalherabsetzung.[17]

27   Eigenkapitalminderungen durch **Entnahmen,** die unmittelbar in der Bilanz oder in der Gewinn- und Verlustrechnung nach der Position Gewinn-/Verlustvortrag (s. § 275 Abs. 4 HGB, § 158 Abs. 1 AktG) verbucht werden, berechtigen nicht zu einer vereinfachten Kapitalherabsetzung. Haben die Gesellschafter beispielsweise ohne Verstoß gegen § 30 Abs. 1 die gesamten freien Rücklagen entnommen, können sie keine vereinfachte Kapitalherabsetzung durchführen, um eine Kapitalrücklage in Höhe von 10 % des herabgesetzten Stammkapitals zu bilden. Tritt in dieser Phase ein Verlust auf, ist die vereinfachte Kapitalherabsetzung auf den Betrag dieses Verlusts zu beschränken. Entsprechendes gilt für eine Eigenkapitalminderung nach § 272 Abs. 1a HGB durch **Erwerb eigener Anteile.**

28   Der Verlust muss nicht zwingend im laufenden oder vergangenen Jahr erwirtschaftet worden sein. Er muss auch nicht bereits in einer Bilanz abgebildet worden sein.[18] Maßgeblich ist allein, ob er im **Zeitpunkt der Beschlussfassung** über die vereinfachte Kapitalherabsetzung das Eigenkapital unter den kritischen Betrag gemindert hat.

29   Fraglich ist, wie bereits absehbare, **drohende Verluste** zu behandeln sind. Unzweifelhaft reichen drohende Verluste aus, für die nach den allgemeinen Grundsätzen des § 249 HGB eine Rückstellung zu bilden wäre.[19] In einer gewissen Abweichung vom strikten bilanzrechtlichen Stichtagsprinzip sind darüber hinaus auch Verluste zu berücksichtigen, die mit ausreichender Wahrscheinlichkeit für das laufende Geschäftsjahr zu erwarten sind, auch wenn sie in einem unterjährigen Stichtagsabschluss noch nicht berücksichtigt werden könnten.[20] Beispiel: Die Gesellschaft weiß, dass sie aufgrund der wirtschaftlichen Gesamtlage und Wettbewerbssituation Waren nicht kostendeckend wird verkaufen können. Mangels schwebenden Geschäfts wäre die Bildung von Rückstellungen nach § 249 Abs. 1 HGB nicht möglich. Der Wortlaut des Abs. 1 lässt diese Abweichung von bilanziellen Grundsätzen zu. Rechtspolitisch ist die Erleichterung einer Sanierung auch in einem solchen Fall sinnvoll.

30   Bei der Abschätzung des Verlusts sind nicht nur die Aufwandspositionen, sondern auch die **gegenläufigen Erträge** zu betrachten. Der Verlust muss nachhaltig sein. Daran fehlt es, wenn der gewöhnliche Geschäftsverlauf seine Kompensation durch Erträge und damit ein insgesamt positives Ergebnis des Geschäftsjahres und das Fehlen einer relevanten Unterbilanz am Ende des Geschäftsjahres erwarten lässt.[21] Die bei Unternehmen in zyklischen Industrien häufig anzutreffenden Verluste in den ersten Monaten des Geschäftsjahres rechtfertigen daher keine vereinfachte Kapitalherabsetzung, wenn diese typischerweise durch ertragsstärkere Monate am Jahresende ausgeglichen werden.

31   Nicht ganz klar ist, wie weit bei der Prüfung der Nachhaltigkeit des Verlusts in die Zukunft geschaut werden muss. Das OLG Frankfurt will eine vereinfachte Kapitalherabset-

---

16   So ausdrücklich auch UHL/*Casper* Rn. 14; Scholz/*Priester/Tebben* Rn. 3; Rowedder/Schmidt-Leithoff/*Schnorbus* Rn. 3; MHLS/*Waldner* Rn. 3.
17   So ausdrücklich auch Lutter/Hommelhoff/*Kleindiek* Rn. 8; Scholz/*Priester/Tebben* Rn. 3; Rowedder/Schmidt-Leithoff/*Schnorbus* Rn. 4; zur AG *Wirth* DB 1996, 867 (868).
18   Unstr., s. nur Scholz/*Priester/Tebben* Rn. 12.
19   BGH Urt. v. 5.10.1992 – II ZR 172/91, BGHZ 119, 305 (320 f.) = NJW 1993, 57 – Klöckner, zur AG; die Berücksichtigung zukünftiger Verluste wohl auf diesen Fall beschränkend UHL/*Casper* Rn. 16; Lutter/Hommelhoff/*Kleindiek* Rn. 12; Scholz/*Priester/Tebben* Rn. 11; *Altmeppen* Rn. 2; MHLS/*Waldner* Rn. 7; Rowedder/Schmidt-Leithoff/*Schnorbus* Rn. 5; *Wicke* Rn. 2; Noack/Servatius/Haas/*Kersting* Rn. 11.
20   Ähnlich MüKoAktG/*Oechsler* AktG § 229 Rn. 20, 23; K. Schmidt/Lutter/*Veil* AktG § 229 Rn. 6; *N. Meier* GmbHR 2007, 638 (639).
21   Wohl unstr., s. nur UHL/*Casper* Rn. 16; Bork/Schäfer/*Arnold/Born* Rn. 12.

zung auch dann ausschließen, wenn die Verluste eine dauernde Veränderung des Stammkapitals nicht rechtfertigen und in den Folgejahren ein Ausgleich der Verluste zu erwarten ist.[22] Dem kann aus Gründen des Minderheitenschutzes gefolgt werden, doch ist der **Beurteilungsspielraum** der Gesellschaftermehrheit zu beachten (→ Rn. 37). Dieser ist umso größer, je weiter die Prognose in die Zukunft reicht. Anfechtbar wäre ein Beschluss über die vereinfachte Kapitalherabsetzung aber dann, wenn der von der Gesellschaftermehrheit genehmigte aktuelle Geschäftsplan selbst einen Ausgleich der Verluste in absehbarer Zukunft vorsieht. Anderes kann allerdings dann gelten, wenn die zwischenzeitliche Unterbilanz für die Gesellschaft operative Nachteile zur Folge hat, beispielsweise eine dringend benötigte externe Finanzierung nicht möglich ist.

bb) Wertminderungen. Wertminderungen beziehen sich auf Gegenstände des **32** Aktivvermögens. Isolierte Wertminderungen von Aktiva, die nicht durch einen Aktivtausch oder eine Minderung echter Passiva ausgeglichen werden, führen zu einer Minderung des Eigenkapitals, der als Aufwand in der Gewinn- und Verlustrechnung, beispielsweise als Abschreibungen, zu zeigen ist. Derartige Wertminderungen sind ein Unterfall des Verlusts (→ Rn. 25). Die für die Berücksichtigung von Verlusten geltenden Grundsätze (→ Rn. 26 ff.) gelten uneingeschränkt.

Wertminderung bedeutet nicht zwingend, dass sich der Wert eines Vermögensgegen **33** stands nachträglich vermindert hat. Denkbar ist auch, dass er von Anfang an zu teuer eingekauft worden ist und der wahre, unter den Anschaffungskosten liegende Betrag erst nachträglich erkannt wird und entsprechend erst zu diesem Zeitpunkt einen Aufwand und eine Eigenkapitalminderung auslöst.

Etwas anderes gilt aber im Hinblick auf **überbewertete Sacheinlagen.**[23] Die verein **34** fachte Kapitalherabsetzung darf nicht dazu verwandt werden, einen Gesellschafter von seiner Einlageverpflichtung zu befreien. § 19 Abs. 3 hat nur die ordentliche Kapitalherabsetzung im Blick. Erst recht darf die vereinfachte Kapitalherabsetzung nicht zu dem Zweck benutzt werden, unabhängig von einer Überbewertung Gesellschafter von ihrer Verpflichtung zur Erbringung noch offener Einlagen zu befreien.[24] Anderes gilt, wenn die Einlageverpflichtung wegen nichtiger Beitritts- oder Übernahmeverträge gar nicht erst wirksam begründet worden ist; in diesem Fall ist ein relevanter Verlust gegeben.[25]

c) Ermittlung der Unterbilanz und der Verluste. Maßgeblich für die Ermittlung **35** der relevanten Unterbilanz und des Verlusts ist eine **bilanzielle Betrachtungsweise.** Sowohl die Höhe der Rücklagen als auch die des Verlusts richten sich nach den für den Einzeljahresabschluss maßgeblichen Grundsätzen des HGB. Maßgeblich sind die Buchwerte der einzelnen Aktiva und Passiva, nicht davon abweichende Verkehrs- oder Liquidationswerte.[26] Im Rahmen des § 253 Abs. 1 Nr. 2 HGB ist bei der Bewertung von der Unternehmensfortführung auszugehen. **Stille Reserven** bleiben unberücksichtigt.[27] Für die Ermittlung der Unterbilanz gelten in weitem Umfang die gleichen Grundsätze wie zu § 30 Abs. 1.

Wie bei § 30 Abs. 1 ist insbesondere die Erstellung eines förmlichen **Zwischenab-** **36** **schlusses** zum Stichtag der Beschlussfassung über die Kapitalherabsetzung zwar nützlich, aber nicht erforderlich.[28] Die Bilanz des letzten Geschäftsjahres sollte die Verluste der vergangenen Geschäftsjahre, vorbehaltlich wertaufhellender Tatsachen und nachträglicher faktischer Veränderungen, zutreffend abbilden. Die Ertrags-/Verlustsituation des laufenden Geschäftsjahres kann häufig mit ausreichender Sicherheit abgeschätzt werden. Die Geschäftsführung und die Gesellschafter müssen nach sorgfältiger Prüfung der aktuellen Zahlen des

---

[22]   OLG Frankfurt Urt. v. 10.5.1988 – 5 U 285/86, WM 1989, 1688 (1689 f.) zu § 229 AktG.
[23]   So ausdrücklich auch Noack/Servatius/Haas/*Kersting* Rn. 7; UHL/*Casper* Rn. 15.
[24]   So auch Noack/Servatius/Haas/*Kersting* Rn. 9.
[25]   So auch UHL/*Casper* Rn. 15.
[26]   Unstr., s. nur UHL/*Casper* Rn. 16; Noack/Servatius/Haas/*Kersting* Rn. 10.
[27]   Unstr., s. nur Scholz/*Priester/Tebben* Rn. 8, 13.
[28]   Unstr., s. nur Bork/Schäfer/*Arnold/Born* Rn. 10; UHL/*Casper* Rn. 16; Lutter/Hommelhoff/*Kleindiek* Rn. 10; Scholz/*Priester/Tebben* Rn. 12; Noack/Servatius/Haas/*Kersting* Rn. 10, 12.

Rechnungswesens davon ausgehen, dass ein Verlust zur maßgeblichen Unterbilanz geführt hat. Minderheitsgesellschafter müssen die Möglichkeit haben, dies auf Plausibilität hin zu überprüfen. Gegenüber dem Registergericht (zur Überprüfung durch das Registergericht → Rn. 86 ff.) und in einem etwaigen Anfechtungsklageverfahren ist dies plausibel nachzuweisen. In Zweifelsfällen ist die Erstellung zumindest einer verkürzten Zwischenbilanz daher häufig aus praktischen Gründen geboten.[29]

37   Auch wenn die Kapitalherabsetzung von den Gesellschaftern beschlossen wird, müssen doch auch die Geschäftsführer vom Vorliegen einer Unterbilanz überzeugt sein, da die Begrenzung der vereinfachten Kapitalherabsetzung auf Fälle der Unterbilanz auch Gläubigerschutzbelangen dient (→ Vor § 58 Rn. 47).[30] Bei der Beurteilung steht den Gesellschaftern und Geschäftsführern der **Beurteilungsspielraum** zur Verfügung, der auch sonst für die Entscheidung von Bewertungs- und Bilanzierungsfragen gilt.[31] Innerhalb des Beurteilungsspielraums können sich die Gesellschafter gegenüber den Geschäftsführern durchsetzen. Die Business Judgment Rule entsprechend § 93 Abs. 1 S. 2 AktG ist mangels unternehmerischer Ermessensentscheidung dagegen nicht anwendbar. Unzulässig ist selbstverständlich, die Verluste durch Manipulation zu schaffen, indem Aktiva bewusst unter- oder Passiva überbewertet werden.[32]

38   **3. Vorherige Auflösung von frei verfügbaren Rücklagen (Abs. 2).** Wichtigste Funktion dieser Vorschrift ist die Verdeutlichung der maßgeblichen Eigenkapitalziffer, unter die das Eigenkapital gefallen sein muss, bevor eine vereinfachte Kapitalherabsetzung durchgeführt werden darf (dazu und zu den einzelnen Rücklagen → Rn. 12 ff.).

39   Es fragt sich darüber hinaus, ob Abs. 2 auch **verfahrensmäßige Voraussetzungen** für eine vereinfachte Kapitalherabsetzung im Hinblick auf die Auflösung der Rücklagen und die Verwendung des Gewinnvortrags aufstellt:

40   – Weitgehend unstreitig ist, dass die Gesellschaft vor der Beschlussfassung nicht erst noch eine **förmliche Bilanz** aufstellen muss, in der die Rücklagen aufgelöst und der Gewinnvortrag mit zwischenzeitlichen Verlusten verrechnet worden sind.[33]

41   – Nach hM müssen die Rücklagen vor der Durchführung der Kapitalherabsetzung durch **Gesellschafterbeschluss** (oder im Hinblick auf Gewinnrücklagen durch Beschluss eines sonstigen für die Gewinnverwendungsentscheidung zuständigen Organs) aufgelöst werden.[34] Ein solches förmliches Erfordernis macht bei der GmbH an sich keinen Sinn. Um im Interesse der Gläubiger und ggf. opponierender Minderheitsgesellschafter sicherzustellen, dass die vereinfachte Kapitalherabsetzung nur als ultima ratio eingesetzt wird, genügt die Betrachtung des Eigenkapitalsaldos. Da ohnehin keine Zwischenbilanz zu erstellen ist und sich die zwingende Auflösung der Rücklagen im nächsten Abschluss unmittelbar aus Abs. 2 ergibt, erscheint ein separater Beschluss verzichtbar. Da die Unterscheidung zwischen Kapital- und Gewinnrücklagen im GmbH-Recht, von satzungsmäßigen Rücklagen abgesehen (→ Rn. 42) auch keine besondere praktische Bedeutung hat, sind im Rahmen der Auflösung auch keine unternehmerischen Entscheidungen zu treffen. Aller-

---

[29]   So auch Lutter/Hommelhoff/*Kleindiek* Rn. 10; Scholz/*Priester/Tebben* Rn. 12.

[30]   Abw. wird verbreitet darauf hingewiesen, dass die Feststellung des Verlusts allein den Gesellschaftern obliege, so UHL/*Casper* Rn. 16; Roth/Altmeppen/*Roth,* 9. Aufl. 2019, Rn. 5; Scholz/*Priester/Tebben* Rn. 12.

[31]   So auch Roth/Altmeppen/*Roth,* 9. Aufl. 2019, Rn. 5; MüKoAktG/*Oechsler* AktG § 229 Rn. 22; von Ermessensspielraum sprechen UHL/*Casper* Rn. 16; Scholz/*Priester/Tebben* Rn. 12; Noack/Servatius/ Haas/*Kersting* Rn. 11.

[32]   OLG Frankfurt Urt. v. 10.5.1988 – 5 U 285/86, WM 1989, 1688 (1689 f.) zu § 229 AktG.

[33]   UHL/*Casper* Rn. 24; Lutter/Hommelhoff/*Kleindiek* Rn. 15; Scholz/*Priester/Tebben* Rn. 9a; Noack/Servatius/Haas/*Kersting* Rn. 12; aA MHLS/*Waldner* Rn. 6.

[34]   UHL/*Casper* Rn. 23; Scholz/*Priester/Tebben* Rn. 9; *Wicke* Rn. 3; Rowedder/Schmidt-Leithoff/*Schnorbus* Rn. 9; Noack/Servatius/Haas/*Kersting* Rn. 12; Lutter/Hommelhoff/*Kleindiek* Rn. 15; aA Lutter/ Hommelhoff/*Lutter,* 18. Aufl. 2012, Rn. 13 genügt eine Auflösung durch die Geschäftsführung; dies dürfte aber regelmäßig der gesellschaftsinternen Kompetenzverteilung widersprechen, vgl. hierzu etwa Baumbach/Hueck/*Schulze-Osterloh,* 18. Aufl. 2006, § 42 Rn. 204, 213; Noack/Servatius/Haas/*Kersting* Rn. 12.

dings ist zuzugestehen, dass Abs. 2 und § 58b Abs. 1 die Auflösung der Rücklagen als eigenständigen Akt erscheinen lassen. In der Praxis ist daher ein Beschluss der Gesellschafter, der vor oder gleichzeitig mit dem Kapitalherabsetzungsbeschluss zu fassen ist, dringend zu empfehlen. Fehlt ein ausdrücklicher Beschluss, bestehen allerdings keine Bedenken, diesen im Zweifel als im Kapitalherabsetzungsbeschluss konkludent mit enthalten zu sehen.[35]

– Auch praktische Bedeutung hat allerdings die Kategorie der **satzungsmäßigen Rückla-** 42 **gen.** Haben die Gesellschafter sich im Gesellschaftsvertrag geeinigt, eine Rücklage für bestimmte Zwecke zu bilden, muss diese vorab mit der im Gesellschaftsvertrag hierfür vorgesehenen, ansonsten der satzungsändernden Mehrheit aufgelöst werden.[36] Hier müssen die Gesellschafter in dem Fall, dass sie die Rücklagen nicht vollständig auflösen, sondern den 10%-Puffer des Abs. 2 stehen lassen, im Rahmen der satzungsmäßigen Vorgaben entscheiden, welche Rücklage bestehen bleiben soll. Soweit kein Zweifel darüber besteht, welche Rücklage bestehen bleiben soll, und die Kapitalherabsetzung mit der für die Auflösung der Rücklage erforderlichen Mehrheit beschlossen worden ist, kann im Kapitalherabsetzungsbeschluss wiederum eine konkludente Auflösung der Rücklage gesehen werden.[37]

– Für die von Abs. 2 S. 2 geforderte Eliminierung des **Gewinnvortrags** gilt Entsprechendes 43 wie zu den Rücklagen. Auch insoweit wird von der ganz hM ein Verwendungsbeschluss der Gesellschafter oder des sonst zur Entscheidung über die Gewinnverwendung zuständigen Organs gefordert.[38]

– Umstritten ist schließlich, ob vor der Kapitalherabsetzung die Auflösung der Rücklagen 44 und die Verwendung des Gewinnvortrags auch entsprechend verbucht werden muss.[39] Zwar sind die Geschäftsführer verpflichtet, die Auflösung der Rücklagen bzw. die Verwendung des Gewinnvortrags wie jeden anderen Geschäftsvorfall auch ordnungsgemäß zu verbuchen. Dies stellt aber keine Voraussetzung der vereinfachten Kapitalherabsetzung dar, zumal ohnehin keine Bilanz auf den Zeitpunkt des Kapitalherabsetzungsbeschlusses aufgestellt werden muss. Weder aus dem Wortlaut noch dem Sinn und Zweck des Abs. 2 lässt sich ein solches zusätzliches formales Erfordernis ableiten. Die interne Verbuchung ist insbesondere nicht vom Registergericht zu überprüfen.

III. Kapitalherabsetzungsbeschluss (einschließlich Abs. 3)

1. Inhalt. a) Kapitalherabsetzungsbetrag. Wie bei der ordentlichen Kapitalherab- 45 setzung, muss der Kapitalherabsetzungsbeschluss den Betrag der Kapitalherabsetzung erkennen lassen (→ § 58 Rn. 37). Entsprechend dem ordentlichen Kapitalherabsetzungsbeschluss ist auch für den vereinfachten Kapitalherabsetzungsbeschluss nicht zwingend zu verlangen, dass jeweils das Ausgangsstammkapital, der Herabsetzungsbetrag und das Zielstammkapital bezeichnet werden.[40] Sinnvoll ist dies trotzdem.

Auch bei der vereinfachten Kapitalherabsetzung ist der **Mindestbetrag** des Stammkapi- 46 tals nach § 5 Abs. 1 grundsätzlich einzuhalten, auch wenn dies anders als in § 58 Abs. 2 nicht ausdrücklich klargestellt wird. Es ergibt sich aber eindeutig aus Abs. 4, der die Unter-

---

[35] Ebenso iErg auch *Altmeppen* Rn. 9; UHL/*Casper* Rn. 23; nunmehr offenlassend Scholz/*Priester/Tebben* Rn. 9; aA Noack/Servatius/Haas/*Kersting* Rn. 12, die einen ausdrücklichen Beschluss fordern.

[36] So auch Lutter/Hommelhoff/*Kleindiek* Rn. 15; UHL/*Casper* Rn. 23.

[37] Im Grundsatz ebenso Rowedder/Schmidt-Leithoff/*Schnorbus* Rn. 9; MHLS/*Waldner* Rn. 6.

[38] *Altmeppen* Rn. 9; UHL/*Casper* Rn. 25; Lutter/Hommelhoff/*Kleindiek* Rn. 16; Scholz/*Priester/Tebben* Rn. 9; *Wicke* Rn. 3; Noack/Servatius/Haas/*Kersting* Rn. 15.

[39] Für ein solches Erfordernis noch Lutter/Hommelhoff/*Lutter,* 18. Aufl. 2012, Rn. 13, 14; Roth/Altmeppen/*Roth,* 9. Aufl. 2019, Rn. 9; aA zu Recht Noack/Servatius/Haas/*Kersting* Rn. 12, 15; Lutter/Hommelhoff/*Kleindiek* Rn. 15; Scholz/*Priester/Tebben* Rn. 9a.

[40] So wohl auch Scholz/*Priester/Tebben* Rn. 21; MHLS/*Waldner* Rn. 10, 12; Noack/Servatius/Haas/*Kersting* Rn. 17; teilweise wird allerdings stets und unabhängig von einer gleichzeitigen Kapitalerhöhung die Angabe sowohl der Höhe des Kapitalherabsetzungsbetrags als auch der Höhe des neuen Stammkapitals verlangt, so UHL/*Casper* Rn. 33; Lutter/Hommelhoff/*Kleindiek* Rn. 23.

schreitung des Mindestnennbetrags nur bei gleichzeitiger Kapitalerhöhung erlaubt. Die Überführung einer GmbH in eine **Unternehmergesellschaft** nach § 5a mit einem unter 25.000 Euro liegenden Stammkapital ist ebenso wenig wie bei der ordentlichen Kapitalherabsetzung (→ § 58 Rn. 8) möglich.[41]

47   Umstritten ist, ob der Herabsetzungsbetrag fixiert werden muss oder wie bei der ordentlichen Kapitalherabsetzung (→ § 58 Rn. 38) die Angabe eines **Höchstbetrages** zulässig ist.[42] Die Situation weicht insoweit von der ordentlichen Kapitalherabsetzung ab, als die Anmeldung der vereinfachten Kapitalherabsetzung zum Handelsregister alsbald nach Beschlussfassung ohne Abwarten eines Sperrjahres erfolgen kann, was für ein geringeres Interesse an Flexibilität spricht. Andererseits ist zu beachten, dass die Entscheidung über eine vereinfachte Kapitalherabsetzung in einer Krisensituation erfolgt, bei der mitunter sehr schnell gehandelt werden muss und die Gesellschafterversammlung nicht erst nach Abschluss der endgültigen Überprüfung der Eigenkapitalsituation einberufen werden kann. Zur Erleichterung von Sanierungen sollte den Gesellschaftern ein ausreichendes Maß an Flexibilität eingeräumt werden. Die Kriterien zur Bestimmung des genauen Betrages müssen allerdings von den Gesellschaftern vorgegeben werden; eine Delegation der Entscheidung hierüber an die Geschäftsführer wäre unzulässig. Zulässig ist daher etwa die Festlegung eines Höchstbetrags mit der Maßgabe, dass der genaue Betrag von dem endgültigen Ergebnis der Eigenkapital- und Verlustüberprüfung, der Vornahme von Einzahlungen in die Kapitalrücklage oder im Fall des Abs. 4 von der Übernahme neuer Anteile abhängt.[43]

48   **b) Zweckangabe.** Aus dem Kapitalherabsetzungsbeschluss muss hervorgehen, dass es sich nicht um eine Kapitalherabsetzung nach § 58, sondern um eine vereinfachte Kapitalherabsetzung handelt, auch wenn eine entsprechende Angabe nicht ausdrücklich vorgeschrieben ist.[44]

49   Die ganz hM verlangt darüber hinaus, dass auch der **Zweck** der Kapitalherabsetzung angegeben wird.[45] Anzugeben sei, ob die vereinfachte Kapitalherabsetzung zur Verlustdeckung oder zur Rücklagendotierung erfolge. Anders als § 229 Abs. 1 S. 2 AktG verlangt § 58a dies nicht. Nach der Gesetzesbegründung wurde hierauf allerdings nur deshalb verzichtet, um keinen Umkehrschluss zu § 58 nahezulegen, zu dem die hM ein Erfordernis zur Angabe des Zwecks auch ohne gesetzliche Vorgabe angenommen hatte.[46] Trotzdem ist der hM nicht zu folgen. Ebenso wie zur ordentlichen Kapitalherabsetzung lässt sich dieses Erfordernis aus dem Gesetz nicht begründen (ausführlich → § 58 Rn. 46 ff.).[47] Durch die Klarstellung, dass es sich um eine vereinfachte Kapitalherabsetzung handelt, werden Gläubiger und Minderheitsgesellschafter ausreichend darüber informiert, dass die Kapitalherabsetzung zum Ausgleich von Verlusten erfolgt. Anders als im Aktienrecht sind gar keine unterschiedlichen Zwecksetzungen denkbar. Zwischen dem Ausgleich von Wertminderungen und der Deckung sonstiger Verluste ist nicht zu unterscheiden, da Wertminderungen ein Unterfall des Verlusts sind (→ Rn. 25). Eine vereinfachte Kapitalherabsetzung ausschließlich zur Dotierung von Rücklagen ist anders als im Aktienrecht gerade nicht zulässig

---

41 So ausdrücklich auch *Böhringer* BWNotZ 2008, 104 (106); *Hohmuth* GmbHR 2009, 349 (352).
42 Zu Recht für die Zulassung eines Höchstbetrages Roth/Altmeppen/*Roth,* 9. Aufl. 2019, Rn. 13; Rowedder/Schmidt-Leithoff/*Schnorbus* Rn. 12; Noack/Servatius/Haas/*Kersting* Rn. 17; HK-GmbHG/ *Inhester* Rn. 16; tendenziell zurückhaltender Lutter/Hommelhoff/*Kleindiek* Rn. 23; Scholz/*Priester/Tebben* Rn. 22; aA *Altmeppen* Rn. 15; Bork/Schäfer/*Arnold/Born* Rn. 18; UHL/*Casper* Rn. 32; BeckOK GmbHG/*Rühland* Rn. 29; Gehrlein/Born/Simon/*Schulze* Rn. 18; MHLS/*Waldner* Rn. 12.
43 IErg ebenso Lutter/Hommelhoff/*Kleindiek* Rn. 23; Scholz/*Priester/Tebben* Rn. 22.
44 Unstr., s. nur UHL/*Casper* Rn. 31; Lutter/Hommelhoff/*Kleindiek* Rn. 22; Scholz/*Priester/Tebben* Rn. 20; zur AG MüKoAktG/*Oechsler* AktG § 229 Rn. 17; K. Schmidt/Lutter/*Veil* AktG § 229 Rn. 14.
45 Bork/Schäfer/*Arnold/Born* Rn. 19; UHL/*Casper* Rn. 35; Lutter/Hommelhoff/*Kleindiek* Rn. 25; Scholz/*Priester/Tebben* Rn. 23 f.; BeckOK GmbHG/*Rühland* Rn. 30; Rowedder/Schmidt-Leithoff/ *Schnorbus* Rn. 12; Gehrlein/Born/Simon/*Schulze* Rn. 19; MHLS/*Waldner* Rn. 13 f.
46 Begr. RegE EGInsO, BT-Drs. 12/3803, 87 zu § 58a, außerdem BT-Drs. 12/3803, 89 zu § 58b.
47 So auch *Altmeppen* Rn. 13; Noack/Servatius/Haas/*Kersting* Rn. 19; HK-GmbHG/*Inhester* Rn. 17; *Uhlenbruck* GmbHR 1995, 81 (85); *Wachter* EWiR 2011, 421 (422) (§ 58a GmbHG 1/11); wohl auch *Wicke* Rn. 4.

(→ Rn. 8 f.). Dass der Herabsetzungsbetrag der zur Verlustdeckung durchgeführten vereinfachten Kapitalherabsetzung in Höhe von bis zu 10 % des herabgesetzten Stammkapitals als Kapitalrücklage verbucht werden kann, ergibt sich aus dem Gesetz und geht über die reine Zweckangabe hinaus. In der Terminologie des Gesetzes handelt es sich nicht um den Zweck der Kapitalherabsetzung (Abs. 1), sondern lediglich um die Verwendung der gewonnenen Beträge (§ 58b). Wie die Kapitalrücklage im Jahresabschluss dotiert sein wird, folgt ohnehin nicht aus einer Zwecksetzung im Herabsetzungsbeschluss, sondern dem tatsächlichen Bestand des Eigenkapitals und dem Betrag des Stammkapitals am Ende des Geschäftsjahres (vgl. § 58c). Für die Praxis ist allerdings zu beachten, dass sich das OLG Hamm ausdrücklich der hier abgelehnten Gegenauffassung angeschlossen hat;[48] in der Praxis empfiehlt sich daher aus Vorsichtsgründen, den Zweck der Kapitalherabsetzung im Beschluss möglichst konkret ausdrücklich anzugeben.[49]

Eine Besonderheit gilt allerdings für eine vereinfachte Kapitalherabsetzung zur Durch- **50** führung einer **Abspaltung oder Ausgliederung** nach § 139 UmwG (ausführlich → Vor § 58 Rn. 120 ff.): Hier muss die Verbindung zwischen Spaltung und Kapitalherabsetzung zum Ausdruck kommen, da (i) sich die Verlustdeckung nur aus der Spaltung ergibt und (ii) die Abspaltung oder Ausgliederung erst nach der Kapitalherabsetzung in das Handelsregister eingetragen werden darf.[50] Eine einheitliche Beschlussfassung über die Spaltungsmaßnahme und die vereinfachte Kapitalherabsetzung reicht hierzu aus;[51] empfehlenswert ist allerdings die Klarstellung, dass die Kapitalherabsetzung zur Durchführung der Spaltung erfolgt.

c) Anpassung der Nennbeträge (Abs. 3). Abs. 3 bestimmt ausdrücklich, dass im **51** Beschluss über die vereinfachte Kapitalherabsetzung die Nennbeträge der Geschäftsanteile dem herabgesetzten Kapital anzupassen sind. Dies kann dadurch geschehen, dass im Beschluss für jeden Geschäftsanteil der neue Nennbetrag festgelegt wird. Zwingend ist dies allerdings nicht.[52] Gerade bei Gesellschaften mit einer großen Zahl an Geschäftsanteilen bietet es sich an, die Art der Anpassung generisch zu beschreiben. Eine solche **allgemeine Beschreibung** ist zwingend erforderlich in den Fällen, in denen im Kapitalherabsetzungsbeschluss der Herabsetzungsbetrag noch nicht abschließend festgelegt wird (→ Rn. 47). Erforderlich ist jedoch, dass aufgrund dieser generischen Beschreibung der Nennbetrag jedes Geschäftsanteils zweifelsfrei bestimmt werden kann.

Grundsätzlich sind die Nennbeträge **quotal** herabzusetzen. Mit Zustimmung der **52** betroffenen Gesellschafter kann der Herabsetzungsbetrag auch **disproportional** aufgeteilt oder ein Gesellschafter vollständig ausgeschlossen werden.[53]

Gerade bei quotaler Aufteilung des Herabsetzungsbetrags auf alle Geschäftsanteile kann **53** sich das Problem ergeben, dass einzelne Geschäftsanteile unter den Betrag von einem Euro sinken oder nicht mehr auf einen **vollen Eurobetrag** lauten würden. § 5 Abs. 2 S. 1 ist zwingend auch bei der vereinfachten Kapitalherabsetzung zu beachten, wie § 58a Abs. 3 S. 2 ausdrücklich klarstellt.

Beispiel: Das Stammkapital von 50.000 Euro ist wie folgt auf die Gesellschafter A, B, **54** C und D aufgeteilt: A – ein Geschäftsanteil im Nennbetrag von 49.992 Euro. B – zwei

---

48   OLG Hamm Beschl. v. 15.11.2010 – I-15 W 191/10, ZIP 2011, 568 (569).
49   So auch krit. Anm. *Wachter* zu OLG Hamm Beschl. v. 11.11.2010 – I-15W 191/10, EWiR 2011, 421 (422) (§ 58a GmbHG 1/11).
50   So auch UHL/*Casper* Rn. 35; Noack/Servatius/Haas/*Kersting* Rn. 20; *Altmeppen* Rn. 13.
51   So ausdrücklich auch Noack/Servatius/Haas/*Kersting* Rn. 20; *Altmeppen* Rn. 32; aA etwa Semler/Stengel/*Reichert* UmwG § 139 Rn. 12; Lutter/*Priester* UmwG § 139 Rn. 18, die auch bei einheitlicher Beschlussfassung eine Zweckangabe verlangen, dafür allerdings die Angabe „zur Durchführung der Spaltung“ im Beschluss ausreichen lassen.
52   So auch Noack/Servatius/Haas/*Kersting* Rn. 18; HK-GmbHG/*Inhester* Rn. 18; enger Scholz/*Priester/Tebben* Rn. 26, der die Angabe der Nennbeträge jedes Anteils bei geringer Zahl von Geschäftsanteilen und festem Herabsetzungsbetrag verlangt; teilweise wird stets die Angabe der Stammeinlagen (Nennbeträge) aller Anteile verlangt, so Lutter/Hommelhoff/*Kleindiek* Rn. 26; BeckOK GmbHG/*Rühland* Rn. 32; MHLS/*Waldner* Rn. 15; so wohl auch UHL/*Casper* Rn. 33 (zurückhaltender aber UHL/*Casper* Rn. 45).
53   So auch *Altmeppen* Rn. 17; Lutter/Hommelhoff/*Kleindiek* Rn. 28.

Geschäftsanteile im Nennbetrag von jeweils ein Euro, C und D jeweils ein Geschäftsanteil im Nennbetrag von drei Euro. Das Stammkapital soll zur Verlustdeckung auf 25.000 Euro herabgesetzt werden. Diese Halbierung führt bei B, C und D zu Nennbeträgen ihrer Geschäftsanteile, die nicht auf volle Euro lauten.

55 Diese Problematik war nach **alter Rechtslage** ungleich bedeutsamer, da der Mindestnennbetrag eines Geschäftsanteils mindestens 100 Euro betrug und durch 50 teilbar sein musste (§ 5 Abs. 1 und 3 S. 2 aF). Abs. 3 S. 2–5 aF sah hierzu die folgenden Erleichterungen vor:
– die Geschäftsanteile nach Herabsetzung mussten nur noch auf mindestens 50 Euro lauten und durch 10 teilbar sein und
– Geschäftsanteile, die diese Voraussetzung nicht erfüllten, durften von den Geschäftsführern bei Vorliegen bestimmter Voraussetzungen (Einlage voll geleistet, keine Nachschusspflicht, keine Pfandrechte oder sonstigen Rechte Dritter an den Anteilen, keine unterschiedliche Ausstattung der Anteile mit Rechten und Pflichten nach dem Gesellschaftsvertrag) zu gemeinschaftlichen Geschäftsanteilen vereinigt werden.[54] S. 4 und 5 regelten die zu beachtende Form (notarielle Beurkundung der Vereinigungserklärung) und das Wirksamwerden der Vereinigung durch Eintragung des Kapitalherabsetzungsbeschlusses im Handelsregister.

56 Die S. 2–5 des Abs. 2 sind durch das **MoMiG** gestrichen worden. Der Gesetzgeber hat diese Streichung als bloße Folgeänderung zur Änderung des § 5 angesehen.[55] Dies trifft für die Streichung des S. 2 zu, übersieht jedoch, dass das Bedürfnis nach einer Zusammenlegung von Geschäftsanteilen durch die allgemeine Herabsetzung des Mindestnennbetrags auf einen Euro zwar praktisch erheblich gemindert, aber nicht gänzlich ausgeschlossen worden ist. Angesichts der ausdrücklichen Streichung der Befugnis der Geschäftsführer zur Vereinigung von Anteilen in Abs. 2 und der Neuregelung der Zusammenlegung von Geschäftsanteilen in § 46 Nr. 4 – hier wurde die Zusammenlegung von Geschäftsabteilen ergänzt – kann nicht auf die alte Rechtslage zurückgegriffen werden.

57 Das MoMiG verfolgte ausdrücklich die Absicht, die Zusammenlegung von Geschäftsanteilen freizugeben, allerdings unter der Voraussetzung der **Zustimmung der Gesellschafter**.[56] Die Gesellschafter sind darüber hinaus frei, die Anforderungen an die Zusammenlegung abweichend von der dispositiven Bestimmung des § 46 Nr. 4 an höhere oder geringere Voraussetzungen zu knüpfen.[57] Können sich die Gesellschafter nicht einvernehmlich auf die Aufteilung des Herabsetzungsbetrags auf die einzelnen Geschäftsanteile einigen, gilt Folgendes:

58 – Der Umstand, dass ein Geschäftsanteil noch **nicht voll eingezahlt** oder mit einer Nachschusspflicht oder Rechten Dritter belastet ist oder nach dem Gesellschaftsvertrag mit unterschiedlichen Rechten oder Pflichten ausgestattet ist, schließt die Zusammenlegung abweichend von Abs. 2 S. 3 aF nicht aus.[58] Die Gesetzesbegründung weist lediglich darauf hin, dass die Gesellschafter dies bei ihrer Zustimmung berücksichtigen können.[59]

59 – Die Gesellschafter können im Kapitalherabsetzungsbeschluss Geschäftsanteile so zusammenlegen, dass alle Geschäftsanteile auf volle Eurobeträge lauten. Wie vom Gesetzgeber zur Neuregelung des § 46 Nr. 4 klargestellt[60] und nach alter Rechtslage aufgrund der

---

[54] Anerkannt war dabei, dass die Befugnis der Geschäftsführer nur subsidiär war und eine Zusammenlegung im Zusammenhang mit der Kapitalherabsetzung durch die Gesellschafter nicht ausschloss, vgl. Ulmer/Habersack/Winter/*Casper,* 2008, Rn. 37; Lutter/Hommelhoff/*Lutter/Hommelhoff,* 16. Aufl. 2004, Rn. 22; Scholz/*Priester,* 9. Aufl. 2000/2002, Rn. 28; Baumbach/Hueck/*Zöllner,* 18. Aufl. 2006, Rn. 27; Rowedder/Schmidt-Leithoff/*Zimmermann,* 4. Aufl. 2002, Rn. 15, der allerdings die Zuständigkeit zur Erklärung der Zusammenlegung zwingend bei den Geschäftsführern sah.
[55] Begr. RegE MoMiG, BT-Drs. 16/6140, 46 zu Nr. 40 (Änderung von Abs. 3).
[56] Begr. RegE MoMiG, BT-Drs. 16/6140, 45 zu Nr. 29b (Änderung von § 46 Nr. 4).
[57] So ausdrücklich Begr. RegE MoMiG, BT-Drs. 16/6140, 45 zu Nr. 29b.
[58] Auch nach alter Rechtslage war allerdings anerkannt, dass die Gesellschafter in derartigen Fällen über die Befugnisse der Geschäftsführer nach § 58a Abs. 2 S. 3 aF hinausgehende Möglichkeiten hatten; hierzu etwa Baumbach/Hueck/*Zöllner,* 18. Aufl. 2006, Rn. 29.
[59] Begr. RegE MoMiG, BT-Drs. 16/6140, 45 zu Nr. 29b (Änderung von § 46 Nr. 4).
[60] Vgl. Begr. RegE MoMiG, BT-Drs. 16/6140, 45 zu Nr. 29b (Änderung von § 46 Nr. 4).

Zuständigkeit der Geschäftsführer vorausgesetzt,[61] ist hierzu die Zustimmung des betroffenen Gesellschafters nicht erforderlich.

– Die Zustimmung der betroffenen Gesellschafter ist auch dann nicht erforderlich, wenn **60** die Geschäftsanteile verschiedener Gesellschafter vereinigt werden. Dies war auch nach alter Rechtslage für die Zusammenlegung voll eingezahlter Anteile anerkannt.[62] Folge einer solchen Zusammenlegung ist, dass die Gesellschafter **Mitberechtigte** werden, die die Rechte aus dem Anteil nur gemeinschaftlich nach § 18 ausüben können.

– Bei der Zusammenlegung haben die Gesellschafter das Ziel der möglichst gleichmäßigen **61** Aufteilung des Kapitalherabsetzungsbetrags unter Wahrung der Anforderungen des § 5 Abs. 2 S. 1 auf möglichst schonende Weise herbeizuführen.[63] Auch wenn hierfür die Umstände des Einzelfalls maßgeblich sind, lassen sich doch einige **Grundsätze** beschreiben: Soweit die Zusammenlegung der Anteile eines Gesellschafters möglich ist, sind seine Anteile nicht mit Anteilen eines anderen Gesellschafters zusammenzulegen.[64] Im Beispielsfall (→ Rn. 54) muss B nicht hinnehmen, dass einer seiner Anteile mit einem Anteil des C oder D zusammengelegt wird. Bei der Zusammenlegung sind die Schaffung gemeinschaftlicher Anteile und die Zahl der Mitberechtigten auf ein Minimum zu begrenzen.[65] Notfalls sind Anteile auf Verlangen des Betroffenen zu teilen. C und D können im Beispielsfall also verlangen, dass sie statt eines gemeinschaftlichen Anteils im Nennbetrag von drei Euro jeweils einen Geschäftsanteil im Nennbetrag von einem Euro und eine Mitberechtigung am verbleibenden zusammengelegten Anteil von einem Euro erhalten. Bestehen mehrere Alternativen, sind primär noch nicht voll eingezahlte Anteile zusammenzulegen. Lässt die Situation der Gesellschaft Flexibilität zu, ist der Gesellschaftermehrheit möglicherweise zuzumuten, den Kapitalherabsetzungsbetrag so festzulegen, dass Zusammenlegungen von Geschäftsanteilen unterschiedlicher Gesellschafter möglichst vermieden werden.[66] Auch die Berücksichtigung personeller Belange, etwa persönlicher Feindschaften ist im Rahmen des Möglichen geboten.[67] Allerdings ist der Gesellschaftermehrheit bei derartigen subjektiven Kriterien im Interesse der Rechtssicherheit ein ausreichender **Ermessensspielraum** zuzugestehen.

Der Beschluss über eine Zusammenlegung von Anteilen nach § 46 Nr. 4 bedarf zwar grund- **62** sätzlich keiner qualifizierten Mehrheit. Vorliegend ist die Zusammenlegung jedoch integraler Bestandteil des Kapitalherabsetzungsbeschlusses und der zwingenden Anpassung der Nennbeträge der einzelnen Geschäftsanteile. Entsprechend erstreckt sich das für den Kapitalherabsetzungsbeschluss geltende **Mehrheitserfordernis** auch auf die Zusammenlegung.

Ist die Zusammenlegung mit der Kapitalherabsetzung derart verknüpft, dass sie nur für **63** den Fall des **Wirksamwerdens** gelten soll, wird die Zusammenlegung auch erst mit der Eintragung der Kapitalherabsetzung wirksam. Hiervon ist im Zweifel auszugehen, wenn die Zusammenlegung im Kapitalherabsetzungsbeschluss mit enthalten ist.

d) Änderung des Gesellschaftsvertrags. Da der Betrag des Stammkapitals zwingen- **64** der Bestandteil des Gesellschaftsvertrags ist, ist jede vereinfachte Kapitalherabsetzung wie jede ordentliche Kapitalherabsetzung zwingend auch eine Änderung des Gesellschaftsver-

---

61 Ausdrücklich zu Abs. 2 S. 3 aF, *van Kann,* Die erzwungene Zusammenlegung von GmbH-Anteilen, 1999, 82 ff.; Ulmer/Habersack/Winter/*Casper,* 2008, Rn. 37; Scholz/*Priester,* 9. Aufl. 2000/2002, Rn. 28.

62 Ulmer/Habersack/Winter/*Casper,* 2008, Rn. 37; Scholz/*Priester,* 9. Aufl. 2000/2002, Rn. 27; Michalski/*Waldner,* 2002, Rn. 17; Rowedder/Schmidt-Leithoff/*Schnorbus* Rn. 14; *van Kann,* Die erzwungene Zusammenlegung von GmbH-Anteilen, 1999, 82 ff.

63 Dies war auch für die Vereinigung nach Abs. 2 S. 3 aF anerkannt, s. Ulmer/Habersack/Winter/*Casper,* 2008, Rn. 39; Lutter/Hommelhoff/*Lutter/Hommelhoff,* 16. Aufl. 2004, Rn. 22; Scholz/*Priester/Tebben* Rn. 27; Baumbach/Hueck/*Zöllner,* 18. Aufl. 2006, Rn. 28.

64 So auch UHL/*Casper* Rn. 48; Noack/Servatius/Haas/*Kersting* Rn. 28; Scholz/*Priester/Tebben* Rn. 27.

65 Ähnlich *Altmeppen* Rn. 12; UHL/*Casper* Rn. 48; Noack/Servatius/Haas/*Kersting* Rn. 28; Scholz/*Priester/Tebben* Rn. 27.

66 Noack/Servatius/Haas/*Kersting* Rn. 23.

67 Noack/Servatius/Haas/*Kersting* Rn. 28; zur alten Rechtslage auch Scholz/*Priester/Tebben* Rn. 27.

trags. Zur Frage, ob dies ausdrücklich im Beschluss angesprochen werden muss, gilt das zur ordentlichen Kapitalherabsetzung Ausgeführte (→ § 58 Rn. 58).

65   **e) Umstellung auf Euro bei Altgesellschaften.** Wie bei allen Kapitalmaßnahmen ist Voraussetzung einer Eintragung, dass das Kapital der Gesellschaft auf Euro umgestellt worden ist (§ 1 Abs. 1 S. 4 EGGmbHG). Bei Altgesellschaften, die ihr Kapital noch nicht umgestellt haben, wäre also zusätzlich eine Umstellung auf Euro zu beschließen (hierzu § 1 EGGmbHG, vormals § 86 GmbHG), hierzu auch → § 58 Rn. 173 f.

66   **2. Materielle Anforderungen (sachliche Rechtfertigung, Bezugsrechtsausschluss).** Die Beschlüsse über die vereinfachte Kapitalherabsetzung sowie einer damit verbundenen Kapitalerhöhung nach Abs. 4 bedürfen keiner sachlichen Rechtfertigung (hierzu sowie zu den Anforderungen an den Bezugsrechtsausschluss, der Sondervorteilsproblematik, dem Missbrauchsverbot sowie der Pflicht der Minderheit, am Kapitalschnitt mitzuwirken, ausführlich → Vor § 58 Rn. 59 ff.).

67   **3. Form und Mehrheitserfordernis.** Wie die Kapitalerhöhung und die ordentliche Kapitalherabsetzung nach § 58 ist auch die vereinfachte Kapitalherabsetzung zwingend eine **Satzungsänderung,** für die die §§ 53 f. gelten. Abs. 5 ordnet dies noch einmal ausdrücklich, allerdings rein deklaratorisch an. Für Form und Mehrheit gelten die Grundsätze zur ordentlichen Kapitalherabsetzung (→ § 58 Rn. 61 ff.) entsprechend. Das Erfordernis der notariellen Beurkundung nach § 53 Abs. 2 erstreckt sich auch auf eine als Teil der Kapitalherabsetzung beschlossene Zusammenlegung von Geschäftsanteilen (auch → Rn. 62).[68] Bei Kapitalmaßnahmen zu Stabilisierungszwecken unter Beteiligung des Wirtschaftsstabilisierungsfonds gelten Besonderheiten: Nach § 9a Abs. 1 S. 1 WStBG iVm § 7 Abs. 6 WStBG genügt für die Beschlussfassung die einfache Mehrheit der anwesenden Stimmen und die Eintragung in das Handelsregister hat abweichend nach § 54 Abs. 3 keine konstitutive Wirkung (ausführlicher → Vor § 58 Rn. 131 ff.).

68   **4. Pflicht zur Zustimmung.** Zur Frage, ob und unter welchen Voraussetzungen Gesellschafter verpflichtet sind, sich durch positive Stimmabgabe an der Sanierungsmaßnahme zu beteiligen, ausführlich → Vor § 58 Rn. 68 ff.

69   **5. Nachträgliche Änderung und Aufhebung.** Für die nachträgliche Änderung und die Aufhebung des Kapitalherabsetzungsbeschlusses gelten die zur ordentlichen Kapitalherabsetzung dargestellten Grundsätze (→ § 58 Rn. 66 ff.).

70   **6. Mängel des Kapitalherabsetzungsbeschlusses.** Als **Satzungsänderung** gelten für den Kapitalherabsetzungsbeschluss die allgemeinen Grundsätze über die Nichtigkeit und Anfechtbarkeit von satzungsändernden Gesellschafterbeschlüssen, die Möglichkeiten von Minderheitsgesellschaftern zur Erhebung von Beschlussmängelklagen und die Überprüfung der Rechtmäßigkeit durch das Registergericht (→ Rn. 86; ausführlich → § 54 Rn. 63 ff.).[69]

71   Für spezielle Beschlussmängel im Zusammenhang mit Kapitalherabsetzungsbeschlüssen gilt Folgendes:

72 – Als Grundregel ist zu beachten, dass die **Rechtssicherheit** bei Beschlüssen, die der Sanierung einer in der Krise befindlichen Gesellschaft dienen, von noch größerer Bedeutung ist als bei gewöhnlichen Gesellschafterbeschlüssen. Da die Sanierung im Grundsatz auch Gläubigerinteressen dient, sollte bei Beschlussmängeln besonders kritisch überprüft werden, ob die Nichtigkeitsfolge gerechtfertigt und notwendig ist.

---

[68]   Abs. 3 S. 4 aF sah für die Zusammenlegungserklärung der Geschäftsführer ebenfalls eine notarielle Beurkundung vor; diese wurde auch auf eine Zusammenlegung durch die Gesellschafter erstreckt, s. etwa Ulmer/Habersack/Winter/*Casper*, 2008, Rn. 40.

[69]   Ausf. zur Mangelhaftigkeit von Gesellschafterbeschlüssen Noack/Servatius/Haas/*Noack* Anh. § 47 Rn. 1 ff., speziell zu satzungsändernden Beschlüssen Noack/Servatius/Haas/*Noack* § 54 Rn. 19 ff.

– Verstöße gegen die Abs. 1 und 2 begründen nach zutreffender ganz hM nur die **Anfecht-** 73
barkeit, nicht jedoch die Nichtigkeit des Herabsetzungsbeschlusses.[70] Die Begrenzungen
der vereinfachten Kapitalherabsetzung durch Abs. 1 und 2 dienen zwar auch dem Schutz
vor einer Umgehung des § 58 mit seinem weitergehenden Gläubigerschutz. Der auch
bei Verstößen gegen die Abs. 1 und 2 greifende Gläubigerschutz der §§ 58b ff. ist aber
ausreichend und erlaubt, auf Verstöße nicht mit der Nichtigkeitsfolge reagieren zu müssen. Erweist sich die Annahme des auszugleichenden Verlusts nachträglich als zu hoch,
war sie aber im Zeitpunkt der Beschlussfassung kaufmännisch vertretbar, kommt nicht
einmal eine Anfechtung in Betracht; die Rechtsfolgen richten sich allein nach § 58c.[71]

– Werden die **Nennbeträge der einzelnen Geschäftsanteile nicht angegeben,** ist zu 74
überlegen, ob dem Beschluss nicht der Wille zur quotalen Anpassung entnommen werden
kann. Ansonsten kommt Anfechtbarkeit des Beschlusses in Betracht. Fraglich ist, ob der
Beschluss dann nichtig ist, wenn die Nennbeträge einzelner Anteile unter einen Euro
sinken oder nicht mehr auf volle Euro lauten würden und die Gesellschafter nicht ausdrücklich eine Zusammenlegung von Anteilen gem. § 46 Nr. 4 beschlossen haben.
Anders als nach alter Rechtslage sind die Geschäftsführer nicht mehr originär zuständig,
die Zusammenlegung vorzunehmen.[72] Allerdings bestehen keine Bedenken, dass die
Gesellschafter die Geschäftsführer zur Zusammenlegung ermächtigen. Da dies auch konkludent möglich ist, sollte die Nichtigkeit des Beschlusses allenfalls ausnahmsweise in
Betracht kommen.[73]

– Soweit entgegen der hier vertretenen Auffassung (→ Rn. 49) die **Zweckangabe** im 75
Beschluss gefordert wird, wird bei Verstoß gegen dieses Erfordernis nur Anfechtbarkeit
des Beschlusses angenommen.[74]

– Wie bei der ordentlichen Kapitalherabsetzung ist Nichtigkeit des Beschlusses, vorbehalt- 76
lich des Abs. 4, ausnahmsweise anzunehmen bei einer Herabsetzung des **Stammkapitals**
unter den Mindestbetrag von 25.000 Euro (zur ordentlichen Kapitalherabsetzung
→ § 58 Rn. 75 ff.) und in dem Fall, dass der Umfang der Kapitalherabsetzung unklar
bleibt und dem Beschluss auch nicht im Wege der Auslegung entnommen werden kann.[75]

– Verstöße gegen die **Treuepflicht** oder die **Verletzung des Bezugsrechts** bei einer 77
gleichzeitigen Kapitalerhöhung begründen ebenfalls nur die Anfechtbarkeit, wobei gerade
in diesen Fällen das unternehmerische Ermessen der Gesellschaftermehrheit zu beachten
ist (→ Vor § 58 Rn. 62).

IV. Handelsregisteranmeldung und weitere Vollzugshandlungen

1. Anmeldung. Als Änderung des Gesellschaftsvertrags muss der Beschluss über die 78
vereinfachte Kapitalherabsetzung zum Handelsregister angemeldet werden **(§ 54 Abs. 1).**
Die vereinfachte Kapitalherabsetzung wird erst mit der Eintragung in das Handelsregister
wirksam (§ 54 Abs. 3). Abs. 5 weist auf die Geltung des § 54 noch einmal klarstellend hin.
Keine konstitutive Wirkung hat die Handelsregistereintragung allerdings nach § 9a Abs. 1
S. 4 WStBG iVm § 7c S. 1–4 WStBG bei Kapitalmaßnahmen zu Stabilisierungszwecken
unter Beteiligung des Wirtschaftsstabilisierungsfonds (→ Vor § 58 Rn. 131 ff., → Vor § 58
Rn. 133).

Inhalt: Die Anmeldung muss sich auf einen bestimmten Kapitalherabsetzungsbetrag 79
beziehen. Lässt der Kapitalherabsetzungsbeschluss den Betrag noch offen und gibt er ledig-

---

[70] So auch *Altmeppen* Rn. 30; UHL/*Casper* Rn. 36; Lutter/Hommelhoff/*Kleindiek* Rn. 35; Scholz/*Priester*/
Tebben Rn. 43; Noack/Servatius/Haas/*Kersting* Rn. 22.

[71] Unstr., s. nur OLG Frankfurt Urt. v. 10.5.1988 – 5 U 285/86, WM 1989, 1688 (1690) zu §§ 229, 232
AktG; UHL/*Casper* Rn. 36.

[72] Nach alter Rechtslage wurde in diesem Fall daher von der hM lediglich Anfechtbarkeit des Beschlusses
angenommen, s. immer noch Baumbach/Hueck/*Zöllner*, 18. Aufl. 2006, Rn. 22.

[73] So auch Noack/Servatius/Haas/*Kersting* Rn. 22, 27.

[74] UHL/*Casper* Rn. 37; Lutter/Hommelhoff/*Kleindiek* Rn. 35.

[75] UHL/*Casper* Rn. 37; Lutter/Hommelhoff/*Kleindiek* Rn. 36; Scholz/*Priester*/*Tebben* Rn. 43; Noack/Ser-
vatius/Haas/*Kersting* Rn. 22.

lich vor, wie dieser zu fixieren ist (→ Rn. 47), muss die endgültige Bestimmung vor der Anmeldung abgeschlossen sein.

80   Die Anmeldung ist Grundlage für die Prüfung der Rechtmäßigkeit durch das Registergericht (→ Rn. 86 ff.). Es empfiehlt sich daher, in der Anmeldung kurz zu erläutern, dass die **Voraussetzungen der Abs. 1 und 2** vorliegen, soweit sich dies nicht aus dem Kapitalherabsetzungsbeschluss ergibt. Gleiches gilt für die Fixierung des Kapitalherabsetzungsbetrags.

81   Die folgenden **Anlagen** sind der Anmeldung beizufügen:
- Ausfertigung oder beglaubigte Abschrift der notariellen Urkunde über den Herabsetzungsbeschluss;
- **vollständiger Satzungswortlaut** mit Bescheinigung des Notars nach § 54 Abs. 1 S. 2. Bei gleichzeitiger Kapitalerhöhung gem. Abs. 4 hat die Satzung die neue Stammkapitalziffer anzugeben. Wird das Stammkapital wieder auf den bisherigen Betrag erhöht, erübrigt sich die Beifügung des Satzungswortlauts.[76]

82 Weitere Anlagen sind gesetzlich nicht vorgesehen. Ein dokumentarischer Nachweis über den entstandenen Verlust und das Vorliegen einer Unterbilanz iSd Abs. 2, beispielsweise eine **Zwischenbilanz,** ist nicht zwingend erforderlich, aber auch nicht schädlich. Zur Vermeidung von Zwischenverfügungen des Registergerichts kann sich die freiwillige Vorlage einer (Zwischen-)Bilanz empfehlen.[77] Bei kombinierter Kapitalerhöhung sind zusätzlich die in § 57 vorgesehenen Unterlagen beizufügen.

83   Fraglich ist, ob die Anmeldung von den Geschäftsführern nur in vertretungsberechtigter Zahl oder **durch sämtliche Geschäftsführer** unterzeichnet werden muss. Gegen Letzteres spricht überzeugend, dass § 78 nur auf § 58 Bezug nimmt und der Anmeldung der ordentlichen Kapitalherabsetzung gem. § 58 Abs. 1 Nr. 4 deutlich größere Bedeutung für den Gläubigerschutz zukommt, als der Anmeldung einer vereinfachten Kapitalherabsetzung.[78] Verbreitet wird die für die ordentliche Kapitalherabsetzung geltende Sondervorschrift des § 78 Hs. 2 dennoch entsprechend angewandt.[79] Wird in der Anmeldung zugleich eine Kapitalerhöhung angemeldet, ergibt sich das Erfordernis der Bewirkung durch sämtliche Gesellschafter unmittelbar aus § 78 iVm § 57 Abs. 1.

84   Eine Sperrfrist ist anders als bei der ordentlichen Kapitalherabsetzung (§ 58 Abs. 1 Nr. 3) vor der Anmeldung nicht abzuwarten. Allerdings muss der exakte Kapitalherabsetzungsbetrag feststehen. Eine **alsbaldige Anmeldung** ist insbesondere in den Fällen der vereinfachten Kapitalherabsetzung mit kombinierter Kapitalerhöhung (Abs. 4) sowie der Rückwirkung der vereinfachten Kapitalherabsetzung (§ 58e Abs. 3) und der gleichzeitigen Kapitalerhöhung (§ 58f Abs. 2) zu empfehlen, da die Kapitaländerungsbeschlüsse in diesen Fällen nichtig sind, wenn sie nicht innerhalb von drei Monaten nach der Beschlussfassung eingetragen worden sind.

85   Zur Anmeldung der vereinfachten Kapitalherabsetzung im Zusammenhang mit **Spaltungsfällen** gem. § 139 UmwG → Vor § 58 Rn. 130.

86   **2. Prüfung durch das Registergericht.** Die Prüfung des Registergerichts hat sich zunächst darauf zu erstrecken, dass
- der Beschluss ordnungsgemäß beurkundet worden ist,
- ein bestimmter (zulässiger) Kapitalherabsetzungsbetrag festgesetzt worden ist,
- die Nennbeträge der Geschäftsanteile dem herabgesetzten Stammkapital nach Abs. 3 angepasst worden sind,

---

[76]   So auch UHL/*Casper* Rn. 51; Lutter/Hommelhoff/*Kleindiek* Rn. 33; Scholz/*Priester*/*Tebben* Rn. 33; aA Rowedder/Schmidt-Leithoff/*Schnorbus* Rn. 19.

[77]   So auch *Wachter* EWiR 2011, 421 (422) (§ 58a GmbHG 1/11).

[78]   So auch UHL/*Casper* Rn. 50; Scholz/*Priester*/*Tebben* Rn. 32; HK-GmbHG/*Inhester* Rn. 23; Gehrlein/Born/Simon/*Schulze* Rn. 23; MHLS/*Waldner* Rn. 21; Lutter/Hommelhoff/*Kleindiek* Rn. 30; BeckOK GmbHG/*Rühland* Rn. 46; *Hohmuth,* Die Kapitalherabsetzung bei der GmbH, 2007, 143 f.

[79]   Lutter/Hommelhoff/*Lutter*, 18. Aufl. 2012, Rn. 23 (anders jetzt Lutter/Hommelhoff/*Lutter* Rn. 30); Baumbach/Hueck/*Zöllner*/*Haas*, 21. Aufl. 2017, Rn. 30 (offengelassen jetzt Noack/Servatius/Haas/*Kersting* Rn. 30).

– die einzelnen Geschäftsanteile, soweit erforderlich nach Zusammenlegung gem. § 46
Nr. 4, auf volle Euro lauten.

Nach hM prüft das Gericht darüber hinaus, ob der Kapitalherabsetzungsbeschluss eine **87**
ordnungsgemäße Zweckbestimmung enthält.[80]

Fehlen gesetzlich vorgesehene Angaben, ist die Eintragung zu verweigern, auch wenn **88**
der Mangel nicht zur Nichtigkeit führt.[81] Für die Beachtlichkeit von sonstigen Rechtsmän-
geln, die nur die **Anfechtbarkeit** begründen, zB Einberufungsmängel oder Treupflichtver-
stöße, gelten die allgemeinen Grundsätze (→ § 54 Rn. 75 ff.).

Daneben hat das Registergericht auch die bilanziellen **Voraussetzungen des Abs. 1** **89**
und Abs. 2 zu prüfen, da deren Beachtung Voraussetzung für einen Verzicht auf die besonderen gläubigerschützenden Voraussetzungen der ordentlichen Kapitalherabsetzung ist.[82]
Zu überprüfen ist zunächst anhand des letzten Jahresabschlusses, ob noch Rücklagen oder
Gewinnvortrag vorhanden waren, die einer vereinfachten Kapitalherabsetzung nach Abs. 2
entgegenstünden.[83] Ausreichend ist, dass sich bei einer Betrachtung aller Eigenkapitalpositi-
onen die erforderliche Unterbilanz ergibt; die formale Auflösung von Rücklagen oder
Gewinnvortrag durch einen Beschluss der Geschäftsführer oder Gesellschafter hat das
Gericht nicht zu überprüfen (→ Rn. 39 ff.).[84] Ergibt sich aus der letzten Jahresbilanz keine
Unterbilanz, sind weitere Nachweise erforderlich.

Für die Entwicklung seit dem Stichtag des letzten dem Gericht vorliegenden Jahresab- **90**
schlusses und insbesondere die Feststellung des nach Abs. 1 erforderlichen Verlusts ist der
Prüfungsumfang des Registergerichts auf eine **Plausibilitätsprüfung** beschränkt.[85] Dies
gilt umso mehr für die Abschätzung zukünftiger Verluste (→ Rn. 29 ff.). Zu prüfen ist, ob
die Annahme einer Unterbilanz und der angegebene Verlust in Höhe des Betrags der
Kapitalherabsetzung einer vertretbaren kaufmännischen Prognose entsprechen. Bei Zweifeln
kann der Registerrichter die Einreichung entsprechender Unterlagen der Gesellschaft verlangen, die die Entwicklung seit dem letzten Jahresabschluss verdeutlichen und erläutern.
Das Gericht sollte dabei aber die Eilbedürftigkeit der Sanierung im Auge behalten und
keine überzogenen Anforderungen stellen.

Hat die Gesellschaft zur Feststellung der Unterbilanz eine **Zwischenbilanz** aufgestellt, **91**
kann sie diese einreichen, um den Verlust nachzuweisen. Der Registerrichter kann die
Aufstellung einer solchen auch verlangen, wenn der Gesellschaft ein anderweitiger Nachweis
der Verluste nicht gelingt.[86] Angesichts der dadurch bedingten Verzögerung und des Fehlens
einer gesetzlichen Verpflichtung kann das Gericht dagegen nicht die Einreichung einer
festgestellten oder gar geprüften Zwischenbilanz verlangen.[87]

3. Eintragung. Mit der Eintragung der Kapitalherabsetzung wird die Herabsetzung **92**
des Stammkapitals wirksam (Abs. 5 iVm § 54 Abs. 3). Auf eine entsprechende Abbildung
der Kapitalherabsetzung in den Büchern oder einem Abschluss der Gesellschaft kommt es

---

[80]   UHL/*Casper* Rn. 52.
[81]   So ausdrücklich auch UHL/*Casper* Rn. 54; Lutter/Hommelhoff/*Kleindiek* Rn. 35; Scholz/*Priester/Teb-
       ben* Rn. 43.
[82]   Unstr., s. nur UHL/*Casper* Rn. 52 f.; Lutter/Hommelhoff/*Kleindiek* Rn. 32; Scholz/*Priester/Tebben*
       Rn. 36.
[83]   Rowedder/Schmidt-Leithoff/*Schnorbus* Rn. 28; Lutter/Hommelhoff/*Kleindiek* Rn. 32; Scholz/*Priester/*
       Tebben Rn. 36.
[84]   AA wohl Lutter/Hommelhoff/*Kleindiek* Rn. 32.
[85]   BGH Urt. v. 9.2.1998 – II ZR 278/96, BGHZ 138, 71 (80) = NJW 1998, 2054 – Sachsenmilch, zur
       AG; UHL/*Casper* Rn. 53; Lutter/Hommelhoff/*Kleindiek* Rn. 22; Scholz/*Priester/Tebben* Rn. 36;
       Noack/Servatius/Haas/*Kersting* Rn. 32; *Krafka* RegisterR-HdB Rn. 1078.
[86]   UHL/*Casper* Rn. 53 und Bork/Schäfer/*Arnold/Born* Rn. 27: jeweils „ultima ratio"; Rowedder/
       Schmidt-Leithoff/*Schnorbus* Rn. 28; Scholz/*Priester/Tebben* Rn. 36; MHLS/*Waldner* Rn. 22; Lutter/
       Hommelhoff/*Kleindiek* Rn. 32: tendenziell großzügiger; HK-GmbHG/*Inhester* Rn. 25; BeckOK
       GmbHG/*Rühland* Rn. 56; *Krafka* RegisterR-HdB Rn. 1078; enger Noack/Servatius/Haas/*Kersting*
       Rn. 32: Registergericht kann nicht Vorlage einer vollen Zwischenbilanz verlangen.
[87]   So ausdrücklich auch Kölner Komm AktG/*Ekkenga/Schirrmacher* AktG § 229 Rn. 8; zu Prüfung und
       Testat ebenso UHL/*Casper* Rn. 53; Scholz/*Priester/Tebben* Rn. 36.

nicht an. Keine konstitutive Wirkung hat die Handelsregistereintragung allerdings nach § 9a Abs. 1 S. 4 WStBG iVm § 7c S. 1–4 WStBG bei Kapitalmaßnahmen zu Stabilisierungszwecken unter Beteiligung des Wirtschaftsstabilisierungsfonds (→ Vor § 58 Rn. 131 ff., → Vor § 58 Rn. 133).

93   **4. Weitere Vollzugshandlungen.** Anders als bei der ordentlichen Kapitalherabsetzung sind auch keine weiteren Durchführungshandlungen wie Auszahlungen denkbar. Für die Verpflichtung zur Einreichung einer aktualisierten **Gesellschafterliste** gilt das zur ordentlichen Kapitalherabsetzung Ausgeführte (→ § 58 Rn. 161) entsprechend.

V. Unterschreiten der Mindeststammkapitalziffer, Kombination von Kapitalherabsetzung und Kapitalerhöhung (Abs. 4)

94   **1. Regelungsinhalt.** Abs. 4 erlaubt bei einer vereinfachten Kapitalherabsetzung die Unterschreitung des Mindeststammkapitals, sofern die Kapitalherabsetzung mit einer Barkapitalerhöhung auf den Betrag des Mindeststammkapitals (oder einen höheren Betrag) verbunden wird. Im GmbH-Recht ist diese Möglichkeit anders als nach der **Parallelvorschrift des § 228 AktG** auf die vereinfachte Kapitalherabsetzung und damit auf Sanierungsfälle beschränkt. Auch die Frist des Abs. 4 S. 2 ist gegenüber der Sechsmonatsfrist des § 228 Abs. 2 S. 1 AktG und im Gleichlauf mit den Fristen in § 58e Abs. 3 S. 1, § 58f Abs. 2 S. 1 auf drei Monate verkürzt.

95   Für den Fall, dass eine gleichzeitig erfolgende Kapitalerhöhung den Betrag des Mindeststammkapitals wieder erreicht, lässt Abs. 4 sogar eine zwischenzeitliche **Herabsetzung auf Null** zu.[88]

96   Abs. 4 hat erhebliche **praktische Bedeutung.** Ohne ihn wäre bei den vielen GmbH, die lediglich das gesetzliche Mindeststammkapital aufweisen, keine vereinfachte Kapitalherabsetzung möglich. Darüber hinaus kann es in Fällen, in denen die Altgesellschafter nicht bereit oder in der Lage sind, die zur Sanierung erforderlichen Mittel vollständig und pro rata aufzubringen, aus wirtschaftlichen Gründen erforderlich sein, die Beteiligungen der Altgesellschafter im Rahmen einer Sanierung deutlich zu entwerten, damit Investoren bereit sind, neues Kapital im Wege einer Kapitalerhöhung zur Verfügung zu stellen (→ Vor § 58 Rn. 47, → Vor § 58 Rn. 59 ff.).

97   **2. Gleichzeitige Barkapitalerhöhung.** Abs. 4 fordert, dass die Beschlüsse über die Kapitalherabsetzung und die Kapitalerhöhung zugleich getroffen werden. Hierfür ist erforderlich, aber auch ausreichend, dass die Kapitalerhöhung in **derselben Gesellschafterversammlung** beschlossen wird.[89]

98   Der **Mindestumfang der Kapitalerhöhung** ist lediglich durch die Grenze des § 5 Abs. 1 und die durch die Kapitalherabsetzung verursachte Differenz zu dieser Grenze bestimmt. Nicht erforderlich ist also, dass etwa ein vor der Kapitalherabsetzung ausgewiesenes höheres Stammkapital wieder erreicht wird.[90] Umgekehrt sind die Gesellschafter auch nicht gehindert, das Stammkapital über die alte Stammkapitalziffer anzuheben.[91] Nicht erforderlich ist, dass durch die Kapitalherabsetzung auf Null und die gleichzeitige Barkapitalerhöhung ein sofortiger Verlustausgleich erreicht wird; möglich ist beispielsweise auch, dass der Ausgleich erst durch eine weitere im Zusammenhang mit der Maßnahme geplante Sachkapitalerhöhung erfolgt.[92] Im Übrigen ist durchaus denkbar, dass für eine erfolgreiche

---

[88]   Unstr., s. nur UHL/*Casper* Rn. 56; Lutter/Hommelhoff/*Kleindiek* Rn. 24; Scholz/*Priester/Tebben* Rn. 41; Rowedder/Schmidt-Leithoff/*Schnorbus* Rn. 15; MHLS/*Waldner* Rn. 19; Noack/Servatius/ Haas/*Kersting* Rn. 33; zur AG BGH Urt. v. 5.7.1999 – II ZR 126/98, BGHZ 142, 167 = NZG 1999, 1158 – Hilgers.

[89]   Unstr., s. etwa UHL/*Casper* Rn. 57; Scholz/*Priester/Tebben* Rn. 40; *Altmeppen* Rn. 24; Rowedder/ Schmidt-Leithoff/*Schnorbus* Rn. 16; Noack/Servatius/Haas/*Kersting* Rn. 34.

[90]   Unstr., s. etwa *Altmeppen* Rn. 25; UHL/*Casper* Rn. 58; Scholz/*Priester/Tebben* Rn. 40; Noack/Servatius/ Haas/*Kersting* Rn. 34; Rowedder/Schmidt-Leithoff/*Schnorbus* Rn. 15.

[91]   Noack/Servatius/Haas/*Kersting* Rn. 34; MHLS/*Waldner* Rn. 19.

[92]   LG Kiel Urt. v. 18.1.2013 – 16 O 4/12, BeckRS 2013, 04335.

Sanierung kein kurzfristiger vollständiger Verlustausgleich durch Eigenkapitalzufuhr erforderlich ist.

Bis zur Grenze des § 5 Abs. 1 verbietet Abs. 4 ausdrücklich die Festsetzung von **Sach-** 99 **einlagen.** Es müssen also Bareinlagen mindestens in Höhe der Differenz zwischen Mindeststammkapital und der durch die Kapitalherabsetzung erreichten Stammkapitalziffer vereinbart werden. Darüber hinaus spricht rechtlich nichts gegen die Zulässigkeit von Sacheinlagen.[93] In praktischer Hinsicht ist allerdings im Hinblick auf die Dreimonatsfrist des Abs. 4 S. 2 zu bemerken, dass die Eintragung einer Sachkapitalerhöhung regelmäßig länger dauert als die einer Barkapitalerhöhung. Darüber hinaus ist zu beachten, dass eine rückwirkende bilanzielle Abbildung von Kapitalherabsetzung und Sachkapitalerhöhung nach § 58f Abs. 1 S. 2 ausgeschlossen ist. Möglich ist, eine Barkapitalerhöhung mit einer separaten Sachkapitalerhöhung zu kombinieren.[94] Soweit Sacheinlagen unzulässig sind, sind auch verdeckte Sacheinlagen unzulässig (ausführlich → § 19 Rn. 162 ff.). Eine verdeckte Sacheinlage führt jedoch nicht zur Nichtigkeit des Barkapitalerhöhungsbeschlusses; die Rechtsfolge beschränkt sich auf die Frage, ob die Bareinlageverpflichtung erfüllt worden ist (ausf. zu den Rechtsfolgen verdeckter Sacheinlagen → § 19 Rn. 262 ff.).[95]

Wie bei einer isolierten Kapitalerhöhung können auf den Erhöhungsbetrag entweder neue 100 Geschäftsanteile gebildet oder die Nennbeträge schon bestehender Geschäftsanteile aufgestockt werden.[96] Dies gilt auch bei einer Kapitalherabsetzung auf Null. Bestehen **Rechte Dritter an einem Geschäftsanteil,** hat die Gesellschaftermehrheit bei ihrer Entscheidung die Verpflichtung des betroffenen Gesellschafters gegenüber dem Dritten, beispielsweise einem Pfandgläubiger, den bestehenden Anteil aufzustocken, zu berücksichtigen, sofern keine vorrangigen Interessen an der Schaffung neuer Geschäftsanteile bestehen.[97] Die vorgenannte Verpflichtung gilt jedoch lediglich im Innenverhältnis zwischen den Gesellschaftern und nicht gegenüber Dritten. Erfolgt keine Aufstockung der bestehenden Anteile, begründet dies keine Schadensersatzansprüche des Dritten gegenüber den Mitgesellschaftern.[98]

Allen Gesellschaftern stehen im Rahmen der Kapitalerhöhung **Bezugsrechte** entspre- 101 chend ihrer Beteiligung vor der Kapitalherabsetzung zu.[99] Gerade bei einer Kombination von Kapitalerhöhung und Kapitalschnitt zur Sanierung nach Abs. 4 werden allerdings häufig die Voraussetzungen für einen Bezugsrechtsausschluss vorliegen (→ Vor § 58 Rn. 64). Sofern das Bezugsrecht nicht nach den allgemeinen Regeln ausgeschlossen wurde, muss die Kapitalerhöhung so gestaltet werden, dass auch Minderheitsgesellschafter ihre vorherige Beteiligungsquote wieder erreichen können. Hierzu ist von der Möglichkeit, den Nennbetrag der einzelnen Anteile abweichend von der alten Rechtslage auf jeden vollen Eurobetrag festzusetzen, Gebrauch zu machen.[100]

Umstritten ist, ob ein Gesellschafter sein Bezugsrecht auch **teilweise ausüben** kann. 102 **Beispiel:** Fünf Gesellschafter sind mit Beteiligungsquoten von jeweils 20 % beteiligt. Im Rahmen der mit einer Kapitalherabsetzung auf Null verbundenen Kapitalerhöhung wird jeder Gesellschafter zur Übernahme eines Geschäftsanteils in Höhe von 20 % des Kapitalerhöhungs-

---

[93] So auch die ganz hM, s. etwa *Altmeppen* Rn. 25; UHL/*Casper* Rn. 58; Scholz/*Priester/Tebben* Rn. 40; Lutter/Hommelhoff/*Kleindiek* Rn. 24; Roweder/Schmidt-Leithoff/*Schnorbus* Rn. 14; Noack/Servatius/Haas/*Kersting* Rn. 34; aA *Sommer/Maser* GmbHR 1996, 22 (30).

[94] LG Kiel Urt. v. 18.1.2013 – 16 O 4/12, BeckRS 2013, 04335.

[95] AA *Ulmer* GmbHR 2010, 1298 (1306), der Nichtigkeit des Kapitalerhöhungsbeschlusses analog § 242 Nr. 3 AktG annimmt; *Wicke* Rn. 7.

[96] Unstr., s. nur Lutter/Hommelhoff/*Kleindiek* Rn. 29; Scholz/*Priester/Tebben* Rn. 31; Noack/Servatius/Haas/*Kersting* Rn. 18.

[97] So auch Lutter/Hommelhoff/*Kleindiek* Rn. 29; Scholz/*Priester/Tebben* Rn. 31.

[98] LG Kiel Urt. v. 30.4.2015 – 16 O 42/14, GmbHR 2015, 1044 (1046); ausdrücklich zust. UHL/*Casper* Rn. 59.

[99] Noack/Servatius/Haas/*Kersting* Rn. 35; *Altmeppen* Rn. 27; MHLS/*Waldner* Rn. 19; Bork/Schäfer/ *Arnold/Born* Rn. 31.

[100] Zur Verpflichtung, von der Möglichkeit des Abs. 3 S. 2 Gebrauch zu machen, Noack/Servatius/Haas/ *Kersting* Rn. 35; zur alten Rechtslage s. auch Scholz/*Priester*, 9. Aufl. 2000/2002, Rn. 40; zur AG BGH Urt. v. 5.7.1999 – II ZR 126/98, BGHZ 142, 167 (170) = NZG 1999, 1158 (1158 f.) – Hilgers.

betrags zugelassen. Kann ein Gesellschafter verlangen, sein Bezugsrecht nur teilweise ausüben und bspw. lediglich einen Zwerganteil von 0,1 % zeichnen zu dürfen? Kann die Gesellschaftermehrheit beschließen, dass das Bezugsrecht nur vollständig oder gar nicht ausgeübt werden kann (mit Anwachsung des nicht ausgeübten Bezugsrechts bei den anderen Gesellschaftern)?

103 Der BGH hat eine solche **Alles-oder-Nichts-Lösung** zugelassen und ein Recht auf teilweise Ausübung des Bezugsrechts im Rahmen einer Kapitalerhöhung nach Abs. 4 abgelehnt.[101] Die hiergegen vorgebrachte Kritik[102] überzeugt nicht.[103] Insbesondere hat die durch das MoMiG eingeführte Möglichkeit, mehrere Geschäftsanteile zu zeichnen, die Rspr. des BGH nicht überholt.[104] Auch nach alter Rechtslage wäre es möglich gewesen, den Nennbetrag des neuen Geschäftsanteils bei teilweiser Ausübung des Bezugsrechts (in den Grenzen des § 5 Abs. 1 und 3 aF) individuell festzusetzen. Auch kann in der Verweigerung einer teilweisen Bezugsrechtsausübung kein Verstoß gegen den Grundsatz gesehen werden, dass kein Gesellschafter verpflichtet ist, zusätzliches Kapital im Rahmen einer Kapitalerhöhung nachzuschießen.[105] Der Gesellschafter behält vielmehr die volle Entscheidungsfreiheit, ob er an der Kapitalerhöhung teilnimmt oder nicht. Richtig ist zwar, dass ein Gesellschafter, der sein Bezugsrecht nicht ausübt, bei einer mit einer Kapitalherabsetzung auf Null verbundenen Kapitalerhöhung nach Abs. 4 aus der Gesellschaft ausscheidet. Wirtschaftlich ist die bisherige Beteiligung in diesem Fall aber durch die entstandenen Verluste bereits entwertet gewesen.

104 Für die Auffassung des BGH sprechen jedenfalls für Kapitalerhöhungen nach Abs. 4 die folgenden Überlegungen:
– Anders als bei der kapitalistisch verfassten AG sind für die vom Typus her personalistisch verfasste GmbH die Beteiligungsquoten der Gesellschafter von besonderer Bedeutung. Im Beispielsfall (→ Rn. 102) hätte die Gesellschaft ein anderes Gepräge, wenn die Gesellschafter nicht mehr gleichberechtigt beteiligt wären, sondern einer von ihnen nur noch einen Zwerganteil halten würde.
– Die Mehrheit kann ein Interesse daran haben, eine Gesellschafterstellung, die bspw. volle Informationsrechte nach § 51a und das Recht zur Beschlussanfechtung vermittelt, nicht gegen Einzahlung eines Minimalbetrags zu gewähren.
– Gerade in Sanierungssituationen erscheint es nicht unfair und unverhältnismäßig, einen gewissen Anreiz zu setzen, dass sich jeder Gesellschafter gleichmäßig an der Sanierung beteiligt. Gerade in Sanierungssituationen sollte der Ermessensspielraum der sanierungswilligen Mehrheit nicht ohne zwingende Gründe eingeschränkt werden.

105 Zwar ist es denkbar, dass die Gesellschaftermehrheit im Einzelfall die teilweise Bezugsrechtsausübung aus sachfremden missbräuchlichen Erwägungen ausschließt, bspw. um einen Minderheitsgesellschafter gezielt faktisch auszuschließen. Diesen Fällen kann aber mit einer Anfechtbarkeit des Kapitalherabsetzungs- und des Kapitalerhöhungsbeschlusses wegen Rechtsmissbrauchs oder Treupflichtverletzung Rechnung getragen werden, für die dann der Minderheitsgesellschafter die Darlegungs- und Beweislast trägt. Eine grundsätzliche Unzulässigkeit der Regelung, dass das Bezugsrecht nur vollständig ausgeübt werden kann, lässt sich darauf nicht stützen.

106 Rechtsfolge einer unzulässigen Beschränkung des Bezugsrechts ist nicht die Nichtigkeit, sondern lediglich die **Anfechtbarkeit** des Kapitalerhöhungsbeschlusses und der betreffenden Satzungsänderung sowie eines damit verbundenen Beschlusses zur Herabsetzung des Stammkapitals unter den Mindestnennbetrag.[106] Der Auffassung von *Priester,*[107] im Zusammenhang mit einer Kapitalherabsetzung auf Null stelle ein unzulässiger Bezugsrechtsausschluss einen Eingriff

---

[101] BGH Urt. v. 18.4.2005 – II ZR 151/03, ZIP 2005, 985 (987) = GmbHR 2005, 925 (926 f.) mAnm *Werner* GmbHR 2005, 928.
[102] *Priester* GmbHR 2005, 1013; Scholz/*Priester*/*Tebben* Rn. 40 f.; *Hohmuth,* Die Kapitalherabsetzung bei der GmbH, 2007, 153 ff.; Noack/Servatius/Haas/*Kersting* Rn. 35; krit. auch *Altmeppen* Rn. 27.
[103] So auch UHL/*Casper* Rn. 41, 59; BeckOK GmbHG/*Rühland* Rn. 41.
[104] AA Noack/Servatius/Haas/*Kersting* Rn. 35; wie hier *Altmeppen* Rn. 27.
[105] AA *Priester* GmbHR 2005, 1013 (1015).
[106] BGH Urt. v. 18.4.2005 – II ZR 151/03, ZIP 2005, 985 (987) = GmbHR 2005, 925 (926 f.) mAnm *Werner* GmbHR 2005, 928.
[107] *Priester* GmbHR 2005, 1013 (1016 f.).

in den Kern der Mitgliedschaft dar, der der Zustimmung aller betroffenen Gesellschafter bedürfe und bei deren Fehlen der Beschluss nicht nur nichtig oder anfechtbar, sondern unwirksam sei, ist nicht zu folgen. Neben ihrem Sonderrechtscharakter spricht gerade auch die für die Praxis kaum hinnehmbare Einschränkung der Rechtssicherheit dagegen.

Das Gebot des Abs. 3, im Kapitalherabsetzungsbeschluss auch die Nennbeträge der **107** bestehenden Geschäftsanteile anzugeben, gilt auch bei gleichzeitiger Kapitalerhöhung. Werden die bestehenden Geschäftsanteile im Rahmen der Kapitalerhöhung aufgestockt, empfiehlt es sich, für jeden Geschäftsanteil sowohl den auf ihn entfallenden Herabsetzungs- als auch den entsprechenden Erhöhungsbetrag anzugeben. Erfolgt die vereinfachte Kapitalherabsetzung und die Kapitalerhöhung in einem Beschluss, genügt aber auch die Angabe bzw. die klar bestimmte Methode zur Berechnung desjenigen Nennbetrags, der nach der Kapitalerhöhung maßgeblich ist.[108]

3. Eintragung innerhalb der Dreimonatsfrist. Die Eintragung der Beschlüsse über **108** die Kapitalherabsetzung und die gleichzeitige Kapitalerhöhung muss nach Abs. 4 S. 2 innerhalb von **drei Monaten** seit Beschlussfassung erfolgen. Die Anmeldung der Beschlüsse allein genügt hierfür nach dem eindeutigen Gesetzeswortlaut nicht.[109] Für die Fristberechnung gelten die §§ 187 f. BGB.[110] Nach Ablauf der drei Monate sind beide Beschlüsse nichtig.[111] Trägt der Registerrichter trotzdem ein, tritt nach Ablauf von drei Jahren Heilung ein (§ 242 Abs. 2 AktG analog).[112]

Die Dreimonatsfrist ist nach Abs. 4 S. 3 gehemmt, solange eine Beschlussmangelklage **109** anhängig ist. Die **Beschlussmangelklage** (Nichtigkeits- oder Anfechtungsklage) kann sich gegen den Kapitalherabsetzungs- und/oder den Kapitalerhöhungsbeschluss richten. Die Nichtigkeit des einen hat, sofern nicht ohnehin ein einheitlicher Beschluss vorliegt, jedenfalls nach § 139 BGB die Nichtigkeit des anderen zur Folge.[113] Beginn und Ende der Rechtshängigkeit richten sich nach allgemeinen zivilprozessualen Grundsätzen (insbesondere §§ 261 f. ZPO); § 167 ZPO ist zu beachten.[114] Soweit ein **Freigabeverfahren** nach § 246a AktG analog zur Verfügung steht (→ § 58 Rn. 163) und eingeleitet worden ist, ist Abs. 4 S. 3 teleologisch derart zu reduzieren, dass die Dreimonatsfrist bei aus Sicht der Gesellschaft erfolgreichem Abschluss des Freigabeverfahrens nur für den Zeitraum ab Rechtshängigkeit der Klage bis zur rechtskräftigen Beendigung des Freigabeverfahrens gehemmt ist.

Im Rahmen des ARUG vom 30.7.2009 (BGBl. 2009 I 2479) ist die Regelung über **110** eine Fristhemmung bei ausstehender staatlicher Genehmigung entfallen. Eine staatliche Genehmigung war bereits seit Inkrafttreten des MoMiG auch für GmbH mit genehmigungsbedürftigem Unternehmensgegenstand keine Eintragungsvoraussetzung mehr.

Hemmung bedeutet, dass der Zeitraum der Rechtshängigkeit in die Dreimonatsfrist **111** nicht eingerechnet wird. Der Rechtsgedanke des § 209 BGB gilt entsprechend.[115]

Die Beschlüsse sollen nach Abs. 4 S. 4 nur **zusammen in das Handelsregister einge-** **112** **tragen** werden. Hintergrund ist die Vermeidung von Unklarheiten durch eine isolierte vorherige Eintragung der Kapitalherabsetzung unter die Mindeststammkapitalgrenze des § 5 Abs. 1.[116] Daneben soll verhindert werden, dass das Register dadurch unrichtig wird, dass sich die Eintragung eines der Beschlüsse länger als drei Monate hinzieht und dadurch auch der bereits eingetragene Beschluss nachträglich nichtig wird.[117] Da es sich lediglich um eine

---

[108] So auch Noack/Servatius/Haas/*Kersting* Rn. 18.
[109] Unstr., s. nur Scholz/*Priester/Tebben* Rn. 42; Rowedder/Schmidt-Leithoff/*Schnorbus* Rn. 17.
[110] Allg. Ansicht, s. nur UHL/*Casper* Rn. 61.
[111] Rechtspolitisch krit. zu dieser Nichtigkeitsfolge *Hohmuth*, Die Kapitalherabsetzung bei der GmbH, 2007, 155 f.; MHLS/*Waldner* Rn. 23.
[112] UHL/*Casper* Rn. 61; Scholz/*Priester/Tebben* Rn. 43; Rowedder/Schmidt-Leithoff/*Schnorbus* Rn. 17.
[113] OLG München Beschl. v. 16.1.2014 – 23 AktG 3/13, ZIP 2014, 472 (475) zur AG.
[114] Ebenso UHL/*Casper* Rn. 61; zu § 270 Abs. 3 ZPO aF Noack/Servatius/Haas/*Kersting* Rn. 36.
[115] So auch UHL/*Casper* Rn. 61; Noack/Servatius/Haas/*Kersting* Rn. 36.
[116] Ähnlich UHL/*Casper* Rn. 62; Rowedder/Schmidt-Leithoff/*Schnorbus* Rn. 17; *Sommer/Maser* GmbHR 1996, 22 (29).
[117] Noack/Servatius/Haas/*Kersting* Rn. 37.

Sollvorschrift handelt, bleibt die separate Eintragung beider Beschlüsse folgenlos, sofern beide innerhalb der Dreimonatsfrist eingetragen werden.[118]

§ 58b Beträge aus Rücklagenauflösung und Kapitalherabsetzung

(1) Die Beträge, die aus der Auflösung der Kapital- oder Gewinnrücklagen und aus der Kapitalherabsetzung gewonnen werden, dürfen nur verwandt werden, um Wertminderungen auszugleichen und sonstige Verluste zu decken.

(2) [1]Daneben dürfen die gewonnenen Beträge in die Kapitalrücklage eingestellt werden, soweit diese zehn vom Hundert des Stammkapitals nicht übersteigt. [2]Als Stammkapital gilt dabei der Nennbetrag, der sich durch die Herabsetzung ergibt, mindestens aber der nach § 5 Abs. 1 zulässige Mindestnennbetrag.

(3) Ein Betrag, der auf Grund des Absatzes 2 in die Kapitalrücklage eingestellt worden ist, darf vor Ablauf des fünften nach der Beschlußfassung über die Kapitalherabsetzung beginnenden Geschäftsjahrs nur verwandt werden
1. zum Ausgleich eines Jahresfehlbetrags, soweit er nicht durch einen Gewinnvortrag aus dem Vorjahr gedeckt ist und nicht durch Auflösung von Gewinnrücklagen ausgeglichen werden kann;
2. zum Ausgleich eines Verlustvortrags aus dem Vorjahr, soweit er nicht durch einen Jahresüberschuß gedeckt ist und nicht durch Auflösung von Gewinnrücklagen ausgeglichen werden kann;
3. zur Kapitalerhöhung aus Gesellschaftsmitteln.

Schrifttum: s. Vor § 58.

Übersicht

I. Normzweck und Überblick

1   § 58b ist das **Gegenstück zu § 58a.** Während § 58a als Zulässigkeitsvoraussetzungen einer vereinfachten Kapitalherabsetzung die Verlustdeckung (§ 58a Abs. 1) und die vorherige weitgehende Auflösung von Eigenkapitalpositionen (§ 58a Abs. 2) normiert, bestimmt

---

[118] So ausdrücklich auch Noack/Servatius/Haas/*Kersting* Rn. 37; UHL/*Casper* Rn. 62; Rowedder/ Schmidt-Leithoff/*Schnorbus* Rn. 17; Gehrlein/Born/Simon/*Schulze* Rn. 31; iErg auch Bork/Schäfer/ *Arnold/Born* Rn. 33.

§ 58b, dass der von der strikten Kapitalbindung entbundene Betrag auch wirklich nicht zu einem anderen Zweck als der Deckung eines Verlusts und der Dotierung einer Kapitalrücklage bis zu einer Höhe von 10 % der Stammkapitalziffer nach Kapitalherabsetzung verwendet werden darf. Abs. 1 entspricht dem § 58a Abs. 1, Abs. 2 dem § 58a Abs. 2. Die jeweiligen Absätze sind entsprechend auszulegen. Bedeutung hat dies für den letzten Halbsatz des Abs. 2 S. 2, der so in § 58a Abs. 2 nicht ausdrücklich klargestellt ist (→ § 58a Rn. 14). Auch ohne ausdrückliche Regelung der Abs. 1 und 2 hätte ihr Inhalt schon aus § 58a abgeleitet werden können.

Größere praktische Bedeutung hat Abs. 3, der die Verwendung des in die Kapitalrück- **2** lage eingestellten Betrags regelt. Diese Regelung ist erforderlich, da die Kapitalrücklage anders als im Aktienrecht keiner besonderen Bindung unterliegt und ohne eine gesetzliche Regelung jederzeit ausgeschüttet werden könnte.

Abs. 1 entspricht im Wesentlichen **§ 230 S. 2 AktG**; die Regelung des Abs. 2 ist im **3** Aktienrecht in **§ 231 S. 1 und 2 AktG** enthalten. Eine Abs. 3 entsprechende Regelung erübrigt sich im Aktienrecht der Kapitalherabsetzung, da eine ähnliche Vermögensbindung (allerdings mit gewissen Abweichungen, → Rn. 19 f.) in § 150 Abs. 3 und 4 AktG generell geregelt ist.

§ 58b (und die zu dessen Abs. 1 und 2 korrespondierenden Abs. 1 und 2 des § 58a) **4** und § 58d bilden das Grundgerüst des **Gläubigerschutzes** der vereinfachten Kapitalherabsetzung. § 58b wird dabei durch § 58c für den Sonderfall einer Fehlberechnung oder Fehlschätzung des Verlusts ergänzt. Nur die strikte Einhaltung dieser Bestimmungen rechtfertigt den Verzicht auf die besonderen Gläubigerschutzinstrumente bei der ordentlichen Kapitalherabsetzung nach § 58, insbesondere auf die Information und Sicherstellung der Gläubiger.

II. Verwendung der frei gewordenen Beträge (Abs. 1, Abs. 2)

1. Verlustdeckung und Auszahlungsverbot nach Abs. 1. Nach Abs. 1 dürfen die **5** aus der Auflösung der Kapital- und Gewinnrücklagen gem. § 58a Abs. 2 und aus der Herabsetzung des Stammkapitals **gewonnenen Beträge** nur dazu verwandt werden, Wertminderungen auszugleichen und sonstige Verluste zu decken. Für die Auflösung eines **Gewinnvortrags** nach § 58a Abs. 2 S. 2 gilt Entsprechendes. Zu den gewonnenen Beträgen iSd Abs. 1 und 2 zählen nicht freiwillige Zuzahlungen in die Kapitalrücklage, die bei Gelegenheit der Kapitalherabsetzung geleistet werden.

Wertminderungen und Verluste sind wie in § 58a Abs. 1 zu verstehen (im Einzelnen **6** → § 58a Rn. 26 ff.). Nicht erforderlich ist, dass im Rahmen der vereinfachten Kapitalherabsetzung der gesamte ausgewiesene Verlust gedeckt wird.[1]

Die aktienrechtliche Parallelvorschrift des § 230 AktG verbietet darüber hinaus aus- **7** drücklich die Verwendung der frei gewordenen Beträge zu **Zahlungen an die Gesellschafter** oder die **Befreiung von der Einlagepflicht.** Auch ohne ausdrückliche Regelung ergibt sich ein entsprechendes Verbot bereits aus der Zweckbegrenzung des Abs. 1; der Ausschluss dieser Zwecke ist gerade die Kernaussage der Begrenzung der vereinfachten Kapitalherabsetzung auf die Verlustdeckung.[2] Das Verbot, freigewordene Mittel zu Auszahlungen zu verwenden, kommt im Wortlaut in dem Wort „nur" zum Ausdruck und ist vom Gesetzgeber ausdrücklich betont worden.[3] Zu anderen Zwecken steht auch im GmbH-Recht nur die ordentliche Kapitalherabsetzung zur Verfügung (auch → Vor § 58 Rn. 20 ff.).

Unzulässige Auszahlungen an die Gesellschafter sind von der zulässigen Erfüllung von **8** Ansprüchen eines Gesellschafters aus einem **Drittgeschäft** abzugrenzen. Eine unzulässige Auszahlung kann dabei allerdings auch in einem Drittgeschäft zu nicht marktgerechten Konditionen liegen. Für die Abgrenzung sind die Grundsätze maßgeblich, die zum Vorliegen einer Auszahlung iSd § 30 Abs. 1 S. 1 entwickelt worden sind (näher → § 30

---

[1] Unstr., s. nur Scholz/Priester/Tebben Rn. 4; Noack/Servatius/Haas/Kersting Rn. 2.
[2] Unstr., s. nur UHL/Casper Rn. 1, 4; Scholz/Priester/Tebben Rn. 5; Noack/Servatius/Haas/Kersting Rn. 3; MHLS/Waldner Rn. 6.
[3] Begr. RegE EGInsO, BT-Drs. 12/3803, 89.

Rn. 126 ff.)[4] und die nach hier vertretener Auffassung auch für § 58d Abs. 1 maßgeblich sind (→ § 58d Rn. 10 ff.). In einem **Darlehen** an den Gesellschafter liegt keine Auszahlung, wenn der Darlehensrückzahlungsanspruch vollwertig ist (→ § 30 Abs. 1 S. 2).[5]

9   **2. Dotierung der Kapitalrücklage nach Abs. 2.** Nach Abs. 2 können die aus der Auflösung von Rücklagen (und Gewinnvortrag) sowie der Herabsetzung des Stammkapitals gewonnenen Beträge außerdem in die Kapitalrücklage eingestellt werden, soweit diese zusammen mit nach § 58a Abs. 2 nicht aufgelösten Rücklagen 10 % des Stammkapitals nach Kapitalherabsetzung nicht übersteigt. Grundsätzlich ist dabei denkbar, dass der aus der Herabsetzung des Stammkapitals frei gewordene Betrag **vollständig in die Kapitalrücklage** gestellt wird, wenn die entstandenen Verluste bereits vollständig durch Auflösung des Gewinnvortrags und der Rücklagen nach § 58a Abs. 2 ausgeglichen worden sind.

10 **Beispiel:** Stammkapital vor Kapitalherabsetzung: 100.000 Euro; Rücklagen 50.000 Euro; Verlust 50.000 Euro. In diesem Fall dürfte das Stammkapital beispielsweise auf 91.000 Euro herabgesetzt werden, um eine Kapitalrücklage von 9.000 Euro zu bilden. Erforderlich ist allerdings, dass das Eigenkapital durch Verluste unter die kritische Grenze des Stammkapitals plus 10 % gefallen ist, die Eigenkapitalminderung also nicht ausschließlich durch **Entnahmen** entstanden ist (→ § 58a Rn. 8, → § 58a Rn. 27).

11 **Beispiel:** Im Beispielsfall ist kein Verlust, sondern stets Gewinn erwirtschaftet worden und die Gesellschafter entnehmen 50.000 Euro im Wege der Gewinnausschüttung oder Entnahme aus der Kapitalrücklage.

12 Da § 58a Abs. 2 erlaubt, Rücklagen bis zu einer Höhe von 10 % des nach der Kapitalherabsetzung verbleibenden Stammkapitals zu behalten, ist es denkbar, dass die Bilanz eine Kapitalrücklage bis zu dieser Höhe und gleichzeitig einen Verlustvortrag aus der Zeit vor der Kapitalherabsetzung ausweist.[6]

13 Der Wortlaut der § 58a Abs. 2, § 58b Abs. 2 ist insoweit nicht eindeutig, als § 58a Abs. 2 den Eindruck erweckt, als müssten **Gewinnrücklagen,** die zusammen mit Kapitalrücklagen 10 % des Stammkapitals nicht übersteigen, nicht aufgelöst werden. § 58b Abs. 1 und 2 könnten vom Wortlaut her so verstanden werden, als würde es sich bei diesen Beträgen nicht um aus der Auflösung von Rücklagen gewonnene Beträge handeln, die nach Abs. 2 in die Kapitalrücklage einzustellen sind. Der Normzweck des Abs. 2 ist aber eindeutig: Alle nach der vereinfachten Kapitalherabsetzung verbliebenen Rücklagen sind als Kapitalrücklage zu verbuchen und unterliegen der verschärften Vermögensbindung des Abs. 3.

14 Maßgebend für die 10%-Beschränkung ist das Stammkapital, wie es im Zeitpunkt des Kapitalherabsetzungsbeschlusses als Folge der vereinfachten Kapitalherabsetzung abzusehen ist. Eine mit der Kapitalherabsetzung verbundene oder zwischen Kapitalherabsetzungsbeschluss und Eintragung der Kapitalherabsetzung erfolgende **Kapitalerhöhung** ist für die Bestimmung des Maximalbetrags der Kapitalrücklage ohne Bedeutung.[7] Bei einer Kapitalherabsetzung unter den Betrag des Mindeststammkapitals gem. § 58a Abs. 4 darf die Kapitalrücklage 10 % des Mindeststammkapitals nach § 5 Abs. 1, also 2.500 Euro betragen.

15 Unberührt bleibt allerdings die Sondervorschrift des § 58c, die zu einer die 10%-Grenze übersteigenden Kapitalrücklage führen kann. Entsprechendes gilt bei Rechenfehlern, die erst nach Wirksamkeit der vereinfachten Kapitalherabsetzung entdeckt werden (auch → § 58c Rn. 13 f.). Insoweit ist es zutreffend, in Abs. 2 nur eine Zulässigkeitsgrenze, aber **keine Buchungsgrenze,** die eine Abweichung von allgemeinen Ansatz- oder Bewertungsvorschriften verlangt oder legitimiert, zu sehen.[8]

---

[4] Noack/Servatius/Haas/*Servatius* § 30 Rn. 24 ff.
[5] Zust. *Altmeppen* Rn. 6; Scholz/*Priester/Tebben* Rn. 5; ausführlicher zur Frage, unter welchen Voraussetzungen in einem Darlehen eine Auszahlung iSd § 30 Abs. 1 zu sehen ist, *J. Vetter* in Goette/Habersack MoMiG Rn. 4.33 ff.; *J. Vetter/Lauterbach* in Lutter/Bayer Holding-HdB Rn. 11.31 ff. ua zu Kriterien für die Vollwertigkeit und zur Bedeutung einer angemessenen Verzinsung.
[6] So ausdrücklich auch MHLS/*Waldner* Rn. 4.
[7] Unstr., s. nur UHL/*Casper* Rn. 6; Scholz/*Priester/Tebben* Rn. 6; Noack/Servatius/Haas/*Kersting* Rn. 5.
[8] Noack/Servatius/Haas/*Kersting* Rn. 6.

Zur Frage, was mit „gewonnenen Beträgen" gemeint ist, → Rn. 13. Für sonstige **16** Beträge, die zu Eigenkapitaländerungen führen, beispielsweise das Agio bei einer Kapitalerhöhung, freiwillige Einzahlungen in die Kapitalrücklage oder zukünftige Jahresüberschüsse, gilt § 58b nicht.[9] Eine Verwendungsbeschränkung kann sich insoweit lediglich aus § 58d ergeben, der eine Ausschüttungssperre für Gewinne (nicht aber für freiwillige Einzahlungen in die Kapitalrücklage) enthält.

Zweck der 10%-Grenze des Abs. 2 ist, den Gesellschaftern einerseits die Schaffung **17** oder Erhaltung eines gewissen Polsters zum Ausgleich weiterer Verluste, die nicht unmittelbar zu einer Unterdeckung des Stammkapitals führen, zu ermöglichen. Andererseits soll dieses Polster ganz bewusst im Interesse der Gläubiger begrenzt werden, da die Kapitalrücklage im GmbH-Recht (abgesehen von den Sonderregeln der §§ 58b ff.) anders als das Stammkapital und die Kapitalrücklage im Aktienrecht keine Ausschüttungssperre begründet und der besondere Gläubigerschutz (im Kern die fünfjährige Ausschüttungssperre des Abs. 3 und des § 58d) deutlich hinter dem Gläubigerschutz bei der ordentlichen Kapitalherabsetzung (vollständige Befriedigung oder Sicherstellung vor Wirksamwerden der Kapitalherabsetzung) zurückbleibt.[10]

III. Verwendung der im Wege der Kapitalherabsetzung geschaffenen Kapitalrücklage (Abs. 3)

1. Überblick. Abs. 3 beschränkt die Verwendbarkeit der im Rahmen der vereinfachten **18** Kapitalherabsetzung frei gewordenen und in die Kapitalrücklage eingestellten Beträge derart, dass diese nur zum Ausgleich eines Jahresfehlbetrags, eines Verlustvortrags oder zur Kapitalerhöhung aus Gesellschaftsmitteln verwandt werden dürfen. Die Beschränkung der Verwendung auf diese Zwecke bedeutet insbesondere, dass ein entsprechender Teil des Aktivvermögens gegen Entnahmen und Ausschüttungen gesperrt ist. Die Regelung ist aus Gründen des Gläubigerschutzes erforderlich, da das GmbH-Recht im Übrigen keine gesetzliche Rücklage kennt und auch die Kapitalrücklage (mit Ausnahme der Rücklage für eigene Anteile nach § 272 Abs. 4 HGB und der Rücklage nach § 272 Abs. 5 HGB) anders als im Aktienrecht keinen gesetzlichen Verwendungsbeschränkungen unterliegt.

Durch Abs. 3 wird **de facto eine gesetzliche Rücklage** für die Dauer von fünf Jahren **19** geschaffen. Die Verwendungsmöglichkeiten ähneln denen der gesetzlichen Rücklage und der Kapitalrücklage nach § 150 Abs. 3 und 4 AktG. Dabei entspricht Abs. 3 Nr. 1 und 2 der strengeren Bindung der 10 % des Grundkapitals nicht übersteigenden Summe aus gesetzlicher Rücklage und Kapitalrücklage gem. § 150 Abs. 3 AktG, während Abs. 3 Nr. 3 darüber hinaus auch die Kapitalerhöhung aus Gesellschaftsmitteln zulässt, wie sie nach § 150 Abs. 4 AktG nur für den 10 % des Grundkapitals übersteigenden Betrag der gesetzlichen und der Kapitalrücklagen zulässig ist.

Ein großer Unterschied zur Bindung der gesetzlichen Rücklage und der Kapitalrück- **20** lage nach Aktienrecht besteht darin, dass die besondere Bindung der Kapitalrücklage nach Abs. 3 nur für eine **begrenzte Dauer** von fünf Geschäftsjahren nach der Beschlussfassung über die Kapitalherabsetzung besteht. In dieser Regelung wird die Abwägung zwischen Gläubigerinteressen und Gesellschafterinteressen durch den Gesetzgeber deutlich.[11]

Die besonderen Verwendungsbeschränkungen gelten nur für die aus der Kapitalherab- **21** setzung gewonnenen und nach Abs. 2 in die Kapitalrücklage eingestellten Beträge. Nach dem Kapitalherabsetzungsbeschluss erwirtschaftete Gewinne unterliegen lediglich den Beschränkungen des § 58d; nachträgliche Einzahlungen in die Kapitalrücklage unterliegen gar keinen besonderen Bindungen (→ Rn. 16).

2. Verlustdeckung (Abs. 3 Nr. 1 und 2). Nach Abs. 3 Nr. 1 darf der nach Abs. 2 in **22** die Kapitalrücklage eingestellte Betrag zum Ausgleich eines Jahresfehlbetrags des laufenden

---

[9]   Unstr., s. nur UHL/*Casper* Rn. 6; Scholz/*Priester/Tebben* Rn. 6.
[10] Ähnlich UHL/*Casper* Rn. 6.
[11] Hierzu ausdrücklich Begr. RegE EGInsO, BT-Drs. 12/3803, 89.

Jahres und zum Ausgleich eines Verlustvortrags aus dem Vorjahr verwandt werden. Dies gilt in beiden Varianten jedoch nur, soweit der Jahresfehlbetrag bzw. Verlustvortrag nicht durch die Auflösung von Gewinnrücklagen ausgeglichen werden kann. Außerdem darf der Jahresfehlbetrag auch nicht durch einen Gewinnvortrag aus dem Vorjahr, der Verlustvortrag nicht durch einen aktuellen Jahresüberschuss gedeckt sein. Die verwendeten bilanzrechtlichen Begriffe sind iSd **§ 266 Abs. 3 A. HGB** zu verstehen. Gewinnrücklagen umfassen satzungsmäßige und andere Gewinnrücklagen (§ 266 Abs. 3 A.III. Nr. 3 und 4 HGB).[12]

23   Der gem. Abs. 3 Nr. 1 zum Ausgleich verwendbare **„Gewinnvortrag aus dem Vorjahr"** muss wegen § 58a Abs. 2 S. 2 zwingend nach dem Kapitalherabsetzungsbeschluss entstanden sein.[13] Der Gewinnvortrag muss nicht zwingend aus dem der Verrechnung mit dem Gewinn unmittelbar vorangegangenen Vorjahr stammen; er muss in diesem Jahr jedoch noch in der Bilanz als solcher ausgewiesen gewesen sein.[14]

24   Der in Abs. 3 Nr. 2 angesprochene **Verlustvortrag aus dem Vorjahr** muss ebenfalls nicht zwingend unmittelbar im vorangegangenen Jahr entstanden sein.[15] Unstreitig kann es sich um über mehrere Jahre vorgetragene oder kumulierte Verluste handeln.[16] Soweit sie nicht im Rahmen der Kapitalherabsetzung ausgeglichen worden sind, können sie auch aus der Zeit vor der Kapitalherabsetzung stammen.[17]

25   Bei den zum Ausgleich vorrangig heranzuziehenden **Gewinnrücklagen** handelt es sich um Rücklagen, die aus Gewinnen gebildet worden sind, die nach dem Kapitalherabsetzungsbeschluss erwirtschaftet worden sind, da alle im Zeitpunkt des Kapitalherabsetzungsbeschlusses vorhandenen Gewinnrücklagen entweder aufzulösen waren oder fortan als Kapitalrücklage nach Abs. 2 zu verbuchen sind (→ Rn. 13).[18] Es besteht aber keine Pflicht, Gewinnrücklagen alsbald zum Ausgleich eines entstehenden Verlusts aufzulösen.[19]

26   Nach allgemeinen Regeln kann die Kapitalrücklage bereits bei der **Aufstellung des Jahresabschlusses** aufgelöst werden (§ 158 Abs. 1 AktG analog, § 275 Abs. 4 HGB).[20]

27   **3. Kapitalerhöhung aus Gesellschaftsmitteln (Abs. 3 Nr. 3).** Die Zulässigkeit der Verwendung der in die Kapitalrücklage eingestellten Beträge zu einer Kapitalerhöhung aus Gesellschaftsmitteln ist konsequent, auch wenn sie in § 150 Abs. 3 AktG für die Verwendung der gesetzlichen Rücklage im Aktienrecht so nicht vorgesehen ist. Durch die Kapitalerhöhung wird eine dauerhafte, nur durch eine Kapitalherabsetzung aufzulösende Bindung entsprechender Beträge und eine Sperre gegen Ausschüttungen gem. § 30 Abs. 1 im Interesse der Gläubiger sichergestellt.

28   Eine Kapitalerhöhung aus Gesellschaftsmitteln schließt eine **anschließende ordentliche Kapitalherabsetzung** innerhalb des Fünfjahreszeitraums des Abs. 3 nicht aus.[21] Die Regelungen über die Kapitalherabsetzung gewährleisten aus Sicht des Gesetzgebers einen ausreichenden Gläubigerschutz. Eine **Umgehung des Abs. 3** kann darin nicht gesehen werden. Gleiches muss für eine vereinfachte Kapitalherabsetzung innerhalb des Fünfjahres-

---

12   So ausdrücklich auch *UHL/Casper* Rn. 8.
13   Ähnlich *UHL/Casper* Rn. 8 und *Rowedder/Schmidt-Leithoff/Schnorbus* Rn. 7; *Hohmuth*, Die Kapitalherabsetzung bei der GmbH, 2007, 160, die allerdings verlangen, dass der Vortrag aus einem der Kapitalherabsetzung folgenden Geschäftsjahr stammt.
14   Zust. *Altmeppen* Rn. 16.
15   Unstr., s. nur *UHL/Casper* Rn. 9.
16   S. nur *UHL/Casper* Rn. 9; *Scholz/Priester/Tebben* Rn. 11; *Rowedder/Schmidt-Leithoff/Schnorbus* Rn. 7.
17   So ausdrücklich auch *Hohmuth*, Die Kapitalherabsetzung bei der GmbH, 2007, 160 f.; *UHL/Casper* Rn. 9; *Lutter/Hommelhoff/Kleindiek* Rn. 12.
18   Zust. *Altmeppen* Rn. 18; a.A *Rowedder/Schmidt-Leithoff/Schnorbus* Rn. 6; *Scholz/Priester/Tebben* Rn. 10; *UHL/Casper* Rn. 8, anders aber *UHL/Casper* Rn. 9.
19   Unstr. s. nur *Altmeppen* Rn. 18; *UHL/Casper* Rn. 9; *Scholz/Priester/Tebben* Rn. 11; *Rowedder/Schmidt-Leithoff/Schnorbus* Rn. 7.
20   Näher *Baumbach/Hueck/Schulze-Osterloh*, 18. Aufl. 2006, § 42 Rn. 224 f.; außerdem *Lutter/Hommelhoff/Kleindiek* Rn. 11; *Rowedder/Schmidt-Leithoff/Schnorbus* Rn. 7.
21   Ganz einhM, s. nur *Altmeppen* Rn. 19; *UHL/Casper* Rn. 10; *Lutter/Hommelhoff/Kleindiek* Rn. 14; *Scholz/Priester/Tebben* Rn. 13; *Gehrlein/Born/Simon/Schulze* Rn. 13; *MHLS/Waldner* Rn. 7; *Noack/Servatius/Haas/Kersting* Rn. 10.

zeitraums gelten, da hierdurch der besondere Gläubigerschutz der §§ 58a ff. erneut ausgelöst und die Gläubiger nicht benachteiligt werden.

4. Fünfjahresfrist. Die Frist des Abs. 3 endet mit **Ablauf des fünften Geschäftsjah-** 29 **res,** das nach dem Beschluss über die Kapitalherabsetzung beginnt.[22] Anders als § 58c S. 1 stellt Abs. 3 auf das Ende des Geschäftsjahres und nicht auf die Aufstellung des Jahresabschlusses für dieses Geschäftsjahr ab. Maßgeblich ist, ob die Verwendung einen Geschäftsvorfall des fünften Geschäftsjahres darstellt. Eine Auflösung der Kapitalrücklage im Rahmen der Aufstellung des Jahresabschlusses für das fünfte Geschäftsjahr und die Auszahlung des erhöhten Bilanzgewinns im Rahmen der Gewinnverwendung für das fünfte Geschäftsjahr sind nicht mehr verboten; die Verwendung erfolgt insoweit erst im sechsten Geschäftsjahr.

Ein Geschäftsjahr kann auch ein **Rumpfgeschäftsjahr** sein. Abs. 3 kann kein Verbot, 30 das Geschäftsjahr zu ändern, entnommen werden. Die Möglichkeit, den Fünfjahreszeitraum des Abs. 3 durch Geschäftsjahresänderungen zu verkürzen, finden ihre Grenzen nur im Verbot des allgemeinen Rechtsmissbrauchs.

IV. Abbildung der vereinfachten Kapitalherabsetzung im Jahresabschluss

1. Bilanz. Die Bilanz wird bei der vereinfachten Kapitalherabsetzung jedenfalls durch 31 eine Änderung der Position „**Gezeichnetes Kapital**" berührt. Regelmäßig ergeben sich aufgrund der Verpflichtung zur Auflösung von Rücklagen und Gewinnvortrag nach § 58a Abs. 2 und der Bildung der Kapitalrücklage nach § 58b Abs. 2 auch Veränderungen dieser Eigenkapitalpositionen.

Da die **Kapitalrücklage** nach Abs. 2 einer besonderen Vermögensbindung unterliegt, 32 ist sie als solche im Jahresabschluss besonders kenntlich zu machen. Dabei ist zunächst eine besondere Kennzeichnung in der Bilanz erforderlich.[23] Rücklagen unter der Position „Eigenkapital", die einer besonderen Vermögensbindung oder besonderen Verwendungsbeschränkungen unterliegen, sind in der Bilanz gesondert zu kennzeichnen. Das lässt sich unmittelbar dem § 266 Abs. 3 A. HGB entnehmen, nach dem beispielsweise eine gesetzliche Rücklage gesondert auszuweisen ist. Vorliegend bietet sich eine besondere Kennzeichnung innerhalb der Position Kapitalrücklage an, beispielsweise „davon nach § 58b Abs. 3, § 58c gebunden".[24]

2. Gewinn- und Verlustrechnung. In der GuV dürfen Veränderungen der Kapital- 33 und Gewinnrücklagen erst nach dem Posten „Jahresüberschuss/Jahresfehlbetrag" ausgewiesen werden (§ 275 Abs. 4 HGB). Üblich ist auch bei der GmbH die Fortsetzung der GuV entsprechend § 158 Abs. 1 S. 1 AktG, auch wenn eine ausdrückliche Vorschrift im GmbHG fehlt. Alternativ zulässig wäre entsprechend § 158 Abs. 1 S. 2 AktG, die Angaben im Anhang zu machen.[25] **§ 240 AktG** trifft für die Kapitalherabsetzung bei einer AG (insbesondere für die vereinfachte Kapitalherabsetzung) eine ergänzende Sonderbestimmung: Der Kapitalherabsetzungsbetrag ist als „Ertrag aus der Kapitalherabsetzung" in der GuV gesondert auszuweisen. Eine Einstellung des aus der Kapitalherabsetzung gewonnenen Betrags in die Kapitalrücklage gem. § 229 Abs. 1 AktG und § 232 AktG ist als „Einstellung in die Kapitalrücklage nach den Vorschriften über die vereinfachte Kapitalherabsetzung" gesondert auszuweisen. Während bei Entnahmen im Wege der ordentlichen Kapitalherabsetzung die für eine Analogie erforderliche vergleichbare Wertungs- und Interessenlage zweifelhaft ist (zur ordentlichen Kapitalherabsetzung → § 58 Rn. 51), ist gerade wegen der gezielten Regelung der vereinfachten Kapitalherabsetzung in § 240 S. 2 AktG für die vereinfachte Kapitalherab-

---

22   AllgA, s. nur UHL/*Casper* Rn. 11; Lutter/Hommelhoff/*Kleindiek* Rn. 9; Scholz/*Priester*/*Tebben* Rn. 14.
23   Lutter/Hommelhoff/*Kleindiek* Rn. 5; Noack/Servatius/Haas/*Kersting* Rn. 8; *Altmeppen* Rn. 21; Scholz/ *Priester*/*Tebben* Rn. 16; Bork/Schäfer/*Arnold*/*Born* Rn. 3; *Wicke* Rn. 3; Rowedder/Schmidt-Leithoff/ *Schnorbus* Rn. 9, unter Aufgabe der in Rowedder/Schmidt-Leithoff/*Zimmermann*, 4. Aufl. 2002, Rn. 6 vertretenen Gegenauffassung.
24   So Scholz/*Priester*/*Tebben* Rn. 16; UHL/*Casper* Rn. 12; Lutter/Hommelhoff/*Kleindiek* Rn. 5.
25   Zur zwingenden Geltung des § 158 Abs. 1 AktG im GmbH-Recht Baumbach/Hueck/*Schulze-Osterloh*, 18. Aufl. 2006, § 42 Rn. 225, 479.

setzung von einer analogen Anwendung des § 240 AktG im GmbH-Recht auszugehen.[26] Da die vereinfachte Kapitalherabsetzung zwingend dem Ausgleich von Verlusten dient und sie bilanziell regelmäßig der Eliminierung eines Jahresfehlbetrags oder Verlustvortrags zur Folge hat, ist es sinnvoll, die Veränderung der Eigenkapitalpositionen immer auch über die GuV zu verbuchen. Zu beachten ist allerdings, dass § 240 AktG nach dessen durch das BilRUG eingeführten letzten Satz auf kleine Kapitalgesellschaften iSd § 267 Abs. 1 HGB keine Anwendung findet.

34   Dabei sind allerdings in die gesondert gekennzeichnete Kapitalrücklage nicht nur der Kapitalherabsetzungsbetrag, sondern auch etwaige 10 % des Stammkapitals nicht übersteigende **Gewinnrücklagen** gem. § 58a Abs. 2, § 58b Abs. 1 und 2 einzustellen (→ Rn. 13).

35   Zu § 240 AktG, der § 158 Abs. 1 S. 1 AktG ergänzt, ist umstritten, ob auch für ihn das Wahlrecht des § 158 Abs. 1 AktG, die Angaben im Anhang zu machen, gilt. Mit der wohl hM ist angesichts des eindeutigen Wortlauts des § 240 AktG auch bei der GmbH von einer zwingenden Darstellung in der GuV auszugehen.[27]

36   **3. Anhang.** Nach § 240 S. 3 AktG ist nach der Herabsetzung des Grundkapitals einer AG im Anhang zu erläutern, ob und in welcher Höhe die aus der Kapitalherabsetzung und aus der Auflösung von Rücklagen gewonnenen Beträge (i) zum Ausgleich von Wertminderungen, (ii) zur Deckung von sonstigen Verlusten oder (iii) zur Einstellung in die Kapitalrücklage verwandt werden. Für die vereinfachte Kapitalherabsetzung bei einer GmbH gilt dies entsprechend.[28]

V. Folgen von Verstößen

37   Folgende Verstöße gegen § 58b sind denkbar:
– Aus der Kapitalherabsetzung und der Auflösung von Kapital- und Gewinnrücklagen gewonnene Beträge werden zu anderen Zwecken verwandt. Denkbar ist hier eine bloße Fehlverbuchung der Art, dass diese Beträge als Gewinnrücklagen oder Gewinnvortrag ausgewiesen werden. Darüber hinaus ist auch an eine unzulässige Ausschüttung an die Gesellschafter zu denken (Verstoß gegen Abs. 3). Der Ausschüttung gleichzusetzen wäre die Befreiung eines Gesellschafters von seiner Einlageverpflichtung.
– Beide Verstöße kommen auch in Betracht, nachdem zunächst die Kapitalrücklage gebildet und dann unter Verstoß gegen Abs. 3 aufgelöst wird, indem vor Ablauf der Fünfjahresfrist Beträge aus der Kapitalrücklage in andere Eigenkapitalpositionen umgebucht oder ausgeschüttet werden.
– Schließlich ist denkbar, dass die 10%-Grenze des Abs. 2 überschritten wird.

38   **1. Unzulässigkeit.** Verstöße gegen § 58b sind unzulässig. Die Geschäftsführer, die daran mitwirken, verletzen ihre Pflicht und machen sich nach § 43 Abs. 2 der Gesellschaft gegenüber schadensersatzpflichtig.[29] Da § 58b dem Gläubigerschutz dient, wirkt eine Zustimmung der Gesellschaft analog **§ 43 Abs. 3 S. 3** nicht haftungsausschließend.[30] Mitglieder eines Aufsichts- oder Beirats, die durch Feststellung des Abschlusses an dem Rechtsverstoß mitwirken, können nach §§ 116, 93 AktG (iVm § 52 Abs. 1) haften.

39   Auch die Gesellschafter verstoßen gegen ihre Verpflichtungen. § 58b nähert den Kapitalschutz bei der GmbH für eine Zeitdauer von fünf Jahren dem Kapitalschutz der AG in Teilbereichen an. Die Beachtung dieser Vorschriften obliegt auch den Gesellschaftern. Erfolgt eine Ausschüttung an einen Gesellschafter unter Verstoß gegen § 58b, findet **§ 31**

---

[26] Ausdrücklich auch UHL/*Casper* Rn. 12; Scholz/*Priester*/*Tebben* Rn. 17; Rowedder/Schmidt-Leithoff/*Schnorbus* § 58c Rn. 5; MHLS/*Waldner* Rn. 7; aA *Hohmuth,* Die Kapitalherabsetzung bei der GmbH, 2007, 63 ff.

[27] Vgl. K. Schmidt/Lutter/*Kleindiek* AktG § 240 Rn. 3; K. Schmidt/Lutter/*Kleindiek* AktG § 158 Rn. 10; MüKoAktG/*Oechsler* AktG § 240 Rn. 3 mwN.

[28] So auch ausdrücklich Scholz/*Priester*/*Tebben* Rn. 17; Rowedder/Schmidt-Leithoff/*Schnorbus* § 58c Rn. 5.

[29] Unstr., s. nur Lutter/Hommelhoff/*Kleindiek* Rn. 7; Scholz/*Priester*/*Tebben* Rn. 20.

[30] So auch *Altmeppen* Rn. 25.

nach umstrittener, aber zutreffender Ansicht unmittelbare oder analoge Anwendung.[31] Nach der Gegenauffassung soll sich der Rückzahlungsanspruch der Gesellschaft dagegen, vorbehaltlich eines Verstoßes gegen § 30 Abs. 1, nach Bereicherungsrecht (§ 812 BGB) richten.[32] Die einem Verstoß gegen § 30 vergleichbare Interessenlage zeigt sich auch im Aktienrecht: Ein Verstoß gegen die §§ 230 f. AktG führt hier zwanglos zur Anwendung der Kapitalschutzbestimmungen der §§ 57 f., 62 AktG. Für die unmittelbare Anwendung der §§ 30 f. wird auf das Stammkapital vor der Herabsetzung abgestellt.[33] Methodisch liegt jedoch eine analoge Anwendung der §§ 30 f. näher, weil mit Eintragung der Kapitalherabsetzung das Stammkapital herabgesetzt ist und § 30 Abs. 1 von seinem Wortlaut her nicht unmittelbar greift.

2. Rechtswidrigkeit der Kapitalherabsetzung. Verstöße gegen Abs. 1 und 2 ent- **40** sprechen Verstößen gegen § 58a Abs. 1 und 2 und sind insoweit schon vor Wirksamwerden der Kapitalherabsetzung denkbar. Zu den Auswirkungen auf den Kapitalherabsetzungsbeschluss (Anfechtbarkeit) → § 58 Rn. 74 ff.; zur Befugnis des Registergerichts, die Kapitalherabsetzung trotz bloßer Anfechtbarkeit des Kapitalherabsetzungsbeschlusses abzulehnen → § 58 Rn. 144; → § 58a Rn. 88.

3. Auswirkungen auf den Jahresabschluss. Da § 58b primär Gläubigerinteressen **41** schützt, wird bei Verstößen ganz überwiegend entsprechend § 256 Abs. 1 Nr. 1 AktG **Nichtigkeit** des Jahresabschlusses angenommen; der Beschluss über seine Feststellung ist analog § 241 Nr. 3 AktG nichtig.[34] Dies überzeugt nicht uneingeschränkt.[35]

Zunächst dürfte der gesetzliche Ansatzpunkt hier § 256 Abs. 1 Nr. 4 AktG sein, der **42** § 256 Abs. 1 Nr. 1 AktG als lex specialis vorgeht.[36] Darüber hinaus wird Nichtigkeit nach § 256 Abs. 1 Nr. 1 AktG nur dann angenommen, wenn zugleich die Voraussetzungen des § 256 Abs. 4 oder 5 AktG vorliegen.[37]

In der Sache ist eine Nichtigkeit des Jahresabschlusses nur dann zu bejahen, wenn der **43** Rechtsverstoß gerade in der Art der Verbuchung besteht. Dies ist beispielsweise dann der Fall, wenn Beträge statt in die Kapitalrücklage in andere Eigenkapitalpositionen gebucht werden. Nichtigkeit des Jahresabschlusses ist jedoch keine zulässige Rechtsfolge, wenn ein außerhalb der Aufstellung des Jahresabschlusses liegendes Verhalten rechtswidrig ist und im Jahresabschluss zutreffend abgebildet worden ist.

Beispiel: Die Verluste sind rechtswidrig zu hoch angenommen worden, sodass sich **44** eine Kapitalrücklage ergibt, die 10 % des herabgesetzten Stammkapitals übersteigt. Eine Nichtigkeit oder Verpflichtung zur Rückabwicklung der Kapitalherabsetzung lässt sich hier nicht begründen. Ist die Kapitalherabsetzung aber wirksam muss der nachfolgende Jahresabschluss die Vermögenslage zutreffend abbilden und eine über 10 % des Grundkapitals hinausgehende Kapitalrücklage ausweisen. Die Annahme der Nichtigkeit des Jahresabschlusses ist insoweit nicht begründbar.[38] § 58c bestätigt dieses Ergebnis.

---

[31] Für unmittelbare Anwendung des § 31 Noack/Servatius/Haas/*Kersting* Rn. 14; UHL/*Casper* Rn. 14; Rowedder/Schmidt-Leithoff/*Schnorbus* Rn. 13; für analoge Anwendung Lutter/Hommelhoff/*Kleindiek* Rn. 7; wohl auch Rowedder/Schmidt-Leithoff/*Zimmermann*, 4. Aufl. 2002, Rn. 14; *Altmeppen* Rn. 26.

[32] Roth/Altmeppen/*Roth*, 9. Aufl. 2019, Rn. 8; MHLS/*Waldner* Rn. 9; *Hohmuth,* Die Kapitalherabsetzung bei der GmbH, 2007, 161 f.; s. auch UHL/*Casper* Rn. 14; für eine vorrangige Anwendung von § 31 und subsidiären Rückgriff auf § 812 BGB Scholz/*Priester/Tebben* Rn. 20; BeckOK GmbHG/*Rühland* Rn. 19; *Wicke* Rn. 4.

[33] Noack/Servatius/Haas/*Kersting* Rn. 14; UHL/*Casper* Rn. 14.

[34] Bork/Schäfer/*Arnold/Born* Rn. 8; UHL/*Casper* Rn. 13; HK-GmbHG/*Inhester* Rn. 8; Lutter/Hommelhoff/*Kleindiek* Rn. 3, 7; Scholz/*Priester/Tebben* Rn. 18; Rowedder/Schmidt-Leithoff/*Schnorbus* Rn. 10, 12; Gehrlein/Born/Simon/*Schulze* Rn. 16; Noack/Servatius/Haas/*Kersting* Rn. 11.

[35] Zust. *Altmeppen* Rn. 23.

[36] MüKoAktG/*Koch* AktG § 256 Rn. 32; Hüffer/Koch/*Koch* AktG § 256 Rn. 15; K. Schmidt/Lutter/*Schwab* AktG § 256 Rn. 22.

[37] K. Schmidt/Lutter/*Schwab* AktG § 256 Rn. 5 mwN.

[38] So zutr. Noack/Servatius/Haas/*Kersting* Rn. 12, ebenso *Altmeppen* Rn. 23; für das Aktienrecht Hüffer/Koch/*Koch* AktG § 231 Rn. 7; iErg ebenso Scholz/*Priester/Tebben* Rn. 19.

45   Dagegen ist der Jahresabschluss nichtig, wenn die gewonnenen Beträge entgegen Abs. 2 nicht als Kapitalrücklage ausgewiesen oder in die Kapitalrücklage eingestellte Beträge entgegen Abs. 3 vor Ablauf der Fünfjahresfrist verwandt werden. Allerdings kommt eine **Heilung** der Nichtigkeit analog § 256 Abs. 6 AktG in Betracht.[39]

46   **4. Nichtigkeit des Gewinnverwendungsbeschlusses.** Ein Gewinnverwendungsbeschluss, der gegen § 58b verstößt, ist ebenfalls entsprechend **§ 241 Nr. 3 AktG** nichtig.[40] Daneben kommt eine Nichtigkeit analog § 253 Abs. 1 S. 1 AktG in Betracht, sofern die Feststellung des zugrunde liegenden Jahresabschlusses nichtig ist.

47   **5. Unmittelbare Ansprüche der Gläubiger gegen die Gesellschaft.** Bei Verstößen gegen die Zweckbindung der vereinfachten Kapitalherabsetzung nach § 58b wird vereinzelt befürwortet, die rechtswidrige vereinfachte Kapitalherabsetzung als ordentliche Kapitalherabsetzung nach § 58 zu behandeln mit der Folge, dass die besonderen Gläubigerschutzbestimmungen des § 58 einzuhalten sind.[41] Die hM folgt dem nicht in der Begründung, wohl aber im Ergebnis: Sie behandelt die eingetragene Kapitalherabsetzung nach § 58a als vereinfachte Kapitalherabsetzung, gewährt aber den Gläubigern einen **Anspruch auf Befriedigung oder Sicherstellung** entsprechend § 58 als Ausfluss eines Schadensersatzanspruchs.[42]

48   Dieses Ergebnis überzeugt nicht.[43] Zunächst ist fraglich, woraus sich ein unmittelbarer Schadensersatzanspruch der Gläubiger gegen die Gesellschaft ergeben soll. Dieser könnte wohl nur über § 823 Abs. 2 BGB begründet werden, sofern man § 58b als **Schutzgesetz** zu Gunsten der Gläubiger versteht. Insoweit dürfte Einiges dafür sprechen, die Qualifikation des § 58b, der die Vermögensbindung des Stammkapitals für eine Fünfjahresfrist teilweise auf die Kapitalrücklage erstreckt, an die Qualifikation des § 30 Abs. 1, der Grundnorm des Kapitalschutzes, anzulehnen. Dieser wird nach ganz überwiegender Ansicht nicht als Schutzgesetz iSd § 823 Abs. 2 BGB angesehen.[44] Selbst wenn sich ein unmittelbarer Schadensersatzanspruch der Gläubiger begründen ließe, lässt sich aus den §§ 249 ff. BGB kaum eine Verpflichtung zur Befriedigung oder Sicherstellung aller Gläubiger ableiten. Dies zeigt sich schon daran, dass der insoweit zu befriedigende oder sicherzustellende Betrag typischerweise ganz erheblich über dem Betrag der unzulässigen Verwendung des im Zusammenhang mit der Kapitalherabsetzung gewonnenen Betrages liegen wird.

§ 58c Nichteintritt angenommener Verluste

[1]**Ergibt sich bei Aufstellung der Jahresbilanz für das Geschäftsjahr, in dem der Beschluß über die Kapitalherabsetzung gefaßt wurde, oder für eines der beiden folgenden Geschäftsjahre, daß Wertminderungen und sonstige Verluste in der bei der Beschlußfassung angenommenen Höhe tatsächlich nicht eingetreten oder ausgeglichen waren, so ist der Unterschiedsbetrag in die Kapitalrücklage einzustellen.** [2]**Für einen nach Satz 1 in die Kapitalrücklage eingestellten Betrag gilt § 58b Abs. 3 sinngemäß.**

Schrifttum: s. Vor § 58.

---

[39]   Näher zur Anwendbarkeit des § 256 Abs. 6 AktG im GmbH-Recht *Casper,* Heilung nichtiger Beschlüsse im Kapitalgesellschaftsrecht, 1998, 350 ff.

[40]   EinhM, s. nur *Altmeppen* Rn. 24; UHL/*Casper* Rn. 13; Lutter/Hommelhoff/*Kleindiek* Rn. 3, 7; Scholz/ *Priester/Tebben* Rn. 18; Noack/Servatius/Haas/*Kersting* Rn. 13.

[41]   So Lutter/Hommelhoff/*Kleindiek* Rn. 1.

[42]   Baumbach/Hueck/*Zöllner/Haas,* 21. Aufl. 2017, Rn. 15; UHL/*Casper* Rn. 15; Scholz/*Priester/Tebben* Rn. 21; Rowedder/Schmidt-Leithoff/*Schnorbus* Rn. 14; MHLS/*Waldner* Rn. 10; Bork/Schäfer/*Arnold/ Bork* Rn. 10; HK-GmbHG/*Inhester* Rn. 11; Gehrlein/Born/Simon/*Schulze* Rn. 14.

[43]   Nunmehr auch *Altmeppen* Rn. 29; Noack/Servatius/Haas/*Kersting* Rn. 15.

[44]   BGH Urt. v. 19.2.1990 – II ZR 268/88, BGHZ 110, 342 (359 f.) = NJW 1990, 1725; Urt. v. 25.6.2001 – II ZR 38/99, GmbHR 2001, 771 (772); Lutter/Hommelhoff/*Hommelhoff* § 30 Rn. 1.

I. Normzweck und Überblick

Die Höhe der nach § 58a Abs. 1 für die vereinfachte Kapitalherabsetzung erforderlichen **1** Wertminderungen oder Verluste lässt sich zahlenmäßig oft nicht objektiv und definitiv bestimmen. Häufig sind Vermögensminderungen durch Wertberichtigungen und Abschreibungen und insbesondere zukünftige sonstige Verluste durch Rückstellungen im Wege der Prognose abzuschätzen. Das Risiko einer Überbewertung eines Verlusts ist dabei im Gesetz selbst angelegt. Zu verweisen ist hier insbesondere auf das **Vorsichtsprinzip** und das **Imparitätsprinzip** nach § 252 Abs. 1 Nr. 4 HGB, die in der Tendenz eine Überbewertung der Passiva im Vergleich zu den Aktiva zur Folge haben. Folge dieser Gesetzeskonzeption ist, dass der Betrag der Verluste und damit der vereinfachten Kapitalherabsetzung häufig zu hoch angesetzt wird. § 58c trägt dem Rechnung, indem ein solcher zu hoch angesetzter Herabsetzungsbetrag der strengeren Vermögensbindung des § 58b Abs. 3 unterworfen wird.

Die Bedeutung der Vorschrift wird deutlich, wenn man sich die bilanziellen Auswirkun- **2** gen ohne sie vor Augen führt: Erweist sich in einer Folgeperiode, dass sich ein befürchtetes Risiko, für das beispielsweise eine Rückstellung gebildet worden ist, nicht in der angenommenen Höhe realisiert hat, wäre in der Folgeperiode die Rückstellung aufzulösen, was einen den Jahresüberschuss erhöhenden außerordentlichen Ertrag zur Folge hätte. Ohne § 58c könnte dieser zusätzliche Ertrag an die Gesellschafter ausgeschüttet werden. § 58c dient damit wie §§ 58b, 58d dem **Gläubigerschutz**.[1]

Die aktienrechtliche Parallelvorschrift des **§ 232 AktG** entspricht § 58c S. 1 wortwört- **3** lich. § 58c S. 2 hat – wie § 58b Abs. 3 – keine unmittelbare Entsprechung, da die Kapitalrücklage im Aktienrecht generell einer besonderen Vermögensbindung unterliegt (auch → § 58b Rn. 3, → § 58b Rn. 19).

II. Voraussetzungen

1. Zu hoch angenommene Eigenkapitalunterdeckung. Erforderlich ist, dass sich **4** bei der Aufstellung einer der dem Kapitalherabsetzungsbeschluss folgenden drei Jahresbilanzen herausstellt, dass der durch Wertminderungen oder auf sonstige Weise entstandene Verlust tatsächlich ausgeglichen oder nicht in der **bei der Beschlussfassung** angenommenen Höhe eingetreten war. Maßgeblich ist der Zeitpunkt des Kapitalherabsetzungsbeschlusses, nicht der Eintragung der Kapitalherabsetzung. Erträge, die nach dem Kapitalherabsetzungsbeschluss realisiert worden sind, sind nicht mit zu berücksichtigen. Auf ihnen beruhende Jahresüberschüsse unterliegen keinen besonderen Bindungen und können – vorbehaltlich des § 30 Abs. 1 – frei ausgeschüttet werden.

Der Verlust und die von § 58a vorausgesetzte Unterbilanz (→ § 58a Rn. 11 ff.) ist im **5** Grundsatz durch eine **bilanzielle Rechnung** auf den Tag des Kapitalherabsetzungsbeschlusses zu ermitteln, wobei der Werterhellungszeitraum bis zum Zeitpunkt der Aufstellung der dritten nachfolgenden Jahresbilanz ausgedehnt wird. Die Erstellung einer förmlichen

---

[1] So ausdrücklich zu § 232 AktG BGH Urt. v. 5.10.1992 – II ZR 172/91, BGHZ 119, 305 (322) = BB 1993, 451.

Bilanz auf den Zeitpunkt des Kapitalherabsetzungsbeschlusses ist dabei allerdings nicht erforderlich (→ § 58a Rn. 36).

6   Zu ermitteln ist, ob das Eigenkapital im Zeitpunkt des Kapitalherabsetzungsbeschlusses die Summe aus Stammkapital nach der Kapitalherabsetzung und verbliebener Kapitalrücklage überstiegen hat. Dafür ist eine **Gesamtbetrachtung** aller Positionen entscheidend; die Überprüfung lediglich einzelner in die Abschätzung der Eigenkapitalsituation im Zeitpunkt des Kapitalherabsetzungsbeschlusses einbezogener Verlustpositionen ist unzureichend.[2] Erweist sich eine einzelne Passivposition nachträglich als zu hoch angesetzt, ergibt sich aus § 58c trotzdem keine Verpflichtung zur Rücklagenbildung, wenn dafür eine andere Passivposition mit einem höheren oder ein Aktivum mit einem niedrigeren Wert, als im Zeitpunkt des Kapitalherabsetzungsbeschlusses angenommen, anzusetzen ist. Dabei ist nicht ausgeschlossen, in diese Saldobetrachtung auch Verlustpositionen einzubeziehen, die im Zeitpunkt des Kapitalherabsetzungsbeschlusses schon bestanden, aber damals nicht erkannt worden waren.[3] Ausreichend ist auch, dass eine angenommene Aufwandsposition durch eine damals nicht erkannte Ertragsposition ausgeglichen worden ist.[4]

7   Nach § 58c S. 1 muss sich das Fehlen oder der Ausgleich des angenommenen Verlusts bei der Aufstellung einer der folgenden drei Jahresbilanzen ergeben. Zu berücksichtigen sind daher nur solche wertaufhellenden Umstände, die sich in einem der nachfolgenden drei Jahresabschlüsse **bilanziell niederschlagen**.[5]

8   **Beispiele:** Die angenommene Rückstellung für einen Prozess oder eine Steuerverbindlichkeit erweist sich als zu hoch und musste in einem der nachfolgenden Abschlüsse aufgelöst werden; eine abgeschriebene Forderung wird nachträglich bezahlt; eine außerplanmäßige Abschreibung hat die tatsächliche Wertminderung überstiegen und führt entsprechend zu einer Wertaufholung nach § 280 Abs. 1 HGB in einem nachfolgenden Abschluss. Sieht aber die Gesellschaft im letzten Beispiel von einer Wertzuschreibung gem. § 280 Abs. 2 HGB ab, fehlt es am erforderlichen bilanziellen Niederschlag.

9   Abzugrenzen ist der Nichteintritt eines Verlusts von der nachträglichen **Realisierung stiller Reserven**. Wird beispielsweise nach dem Kapitalherabsetzungsbeschluss ein planmäßig nach § 253 Abs. 2 HGB abgeschriebener Gegenstand des Anlagevermögens zu einem den Buchwert übersteigenden Preis verkauft, ist der realisierte Buchgewinn nicht verlustmindernd zu berücksichtigen, auch wenn davon auszugehen ist, dass der Vermögensgegenstand den höheren Wert bereits zum Zeitpunkt des Kapitalherabsetzungsbeschlusses hatte. Auch bei Kenntnis all dieser Umstände hätte der Vermögensgegenstand zum Zeitpunkt des Kapitalherabsetzungsbeschlusses nicht mit einem höheren Wert bilanziert werden dürfen, soweit nicht ausnahmsweise die Voraussetzungen für eine Wertaufholung vorlagen. Der Buchgewinn ist erst durch den Verkauf und damit durch einen Geschäftsvorfall realisiert worden, der zeitlich nach dem Kapitalherabsetzungsbeschluss eingetreten ist.

10   **2. Relevanter Werterhellungszeitraum.** Maßgeblich ist, ob sich der Nichteintritt oder Ausgleich des Verlusts bei der Aufstellung einer der drei dem Kapitalherabsetzungsbeschluss (nicht der Eintragung der Kapitalherabsetzung) folgenden Jahresbilanzen ergeben hat. Die Umstände müssen also nicht bis zum dritten nachfolgenden Jahresbilanzstichtag bekannt geworden sein; es genügt vielmehr ein Bekanntwerden **bis zur Aufstellung** des auf diesen Stichtag bezogenen Jahresabschlusses (vgl. § 252 Abs. 1 Nr. 4 HGB).

11   Wird die Kapitalherabsetzung gem. § 58e bilanziell rückwirkend im Jahresabschluss des vorangegangenen Geschäftsjahres abgebildet und wird der Jahresabschluss für dieses Geschäftsjahr ausnahmsweise entgegen § 58e Abs. 2 erst nach dem Kapitalherabsetzungsbe-

---

2   Ganz einhM, s. nur UHL/*Casper* Rn. 2; Noack/Servatius/Haas/*Kersting* Rn. 4; Scholz/*Priester/Tebben* Rn. 4; MHLS/*Waldner* Rn. 4; Rowedder/Schmidt-Leithoff/*Schnorbus* Rn. 2; MüKoAktG/*Oechsler* AktG § 232 Rn. 6.

3   So ausdrücklich auch Noack/Servatius/Haas/*Kersting* Rn. 4; *Altmeppen* Rn. 3; aA wohl MüKoAktG/ *Oechsler* AktG § 232 Rn. 6.

4   AA MHLS/*Waldner* Rn. 5.

5   EinhM, s. nur UHL/*Casper* Rn. 2; Scholz/*Priester/Tebben* Rn. 4; Noack/Servatius/Haas/*Kersting* Rn. 2.

schluss aufgestellt (→ § 58e Rn. 42), gilt § 58c über seinen Wortlaut hinaus auch schon für diesen Jahresabschluss.[6]

Da werterhellende Umstände grundsätzlich auch noch zu einem späteren Zeitpunkt **12** bekannt werden können, ist die Begrenzung auf den Zeitpunkt bis zur Aufstellung des dritten nachfolgenden Jahresabschlusses **rechtspolitisch kritisiert** und eine gesetzgeberische Anpassung an die Fünfjahresfrist der § 58b Abs. 3 und § 58d Abs. 1 gefordert worden.[7] Große praktische Bedeutung dürfte eine solche Verlängerung des Werterhellungszeitraums allerdings nicht haben.

3. Anwendung bei pflichtwidriger Kapitalherabsetzung. Entscheidend für § 58c **13** ist die tatsächliche Verlustlage, nicht die Frage, ob der Verlust im Zeitpunkt der Beschlussfassung pflichtwidrig unter Verstoß gegen Bilanzierungsregeln ermittelt worden ist. § 58c hat allerdings gerade den Fall im Blick, dass sich bei Beachtung der Bilanzierungs- und Bewertungsvorschriften ein Verlust ergeben hat und nachträgliche, im Zeitpunkt des Kapitalherabsetzungsbeschlusses noch nicht erkennbare Umstände zeigen, dass der Verlust tatsächlich geringer war. Allerdings ist § 58c nach zutreffender herrschender Ansicht auch auf den Fall anzuwenden, dass ein zu hoher **Verlust pflichtwidrig angenommen** und die vereinfachte Kapitalherabsetzung trotzdem eingetragen worden ist.[8]

§ 58c ist entsprechend anzuwenden, wenn der Kapitalherabsetzungsbetrag deshalb zu **14** hoch festgesetzt wurde, weil **Rücklagen und Gewinnvortrag** entgegen § 58a Abs. 2 in zu geringem Umfang aufgelöst worden sind.[9]

III. Rechtsfolge

1. Folgen für die nachfolgenden Jahresabschlüsse. Rechtsfolge eines sich nach- **15** träglich als zu hoch angenommenen Verlusts ist, dass der Unterschiedsbetrag zwischen tatsächlichem und im Zeitpunkt des Kapitalherabsetzungsbeschlusses angenommenen und der Kapitalherabsetzung zugrunde gelegten Verlusts in die Kapitalrücklage einzustellen ist. Die Pflicht und die Zulässigkeit einer solchen Einstellung ergibt sich dabei nicht aus § 272 Abs. 2 HGB, sondern unmittelbar aus § 58c.

Innerhalb der Kapitalrücklage ist der nach § 58c eingestellte Betrag ebenso wie die **16** Kapitalrücklage nach § 58b Abs. 3 **gesondert zu kennzeichnen** (→ § 58b Rn. 32).[10]

Da nur solche Umstände zu berücksichtigen sind, die sich bilanziell niederschlagen, **17** führen diese Umstände in der GuV des betreffenden Geschäftsjahres regelmäßig zu einem **außerordentlichen Ertrag.**

Beispiel: Der Prozess, für den im Zeitpunkt des Kapitalherabsetzungsbeschlusses eine **18** Rückstellung angesetzt wurde, wird im übernächsten Geschäftsjahr gewonnen. Die Rückstellung wird aufgelöst; in der GuV wird ein entsprechender außerordentlicher Ertrag verbucht. In einem ersten Schritt führen die von § 58c vorausgesetzten Werterhellungen also zu einer Erhöhung des Jahresüberschusses (oder einer Minderung des Jahresfehlbetrags) in dem betreffenden nachfolgenden Jahresabschluss. In einem weiteren Buchungsschritt ist der Teil des Jahresüberschusses, der dem Unterschiedsbetrag zwischen angenommenem und tatsächlichem Verlust im Zeitpunkt des Kapitalherabsetzungsbeschlusses entspricht, in die Kapitalrücklage einzustellen. Diese Dotierung der Kapitalrücklage vermindert entsprechend den Bilanzgewinn des betreffenden nachfolgenden Geschäftsjahres.

---

[6]   Noack/Servatius/Haas/*Kersting* § 58e Rn. 2; UHL/*Casper* § 58e Rn. 2; Scholz/*Priester/Tebben* § 58e Rn. 2; MHLS/*Waldner* Rn. 2; *Hohmuth,* Die Kapitalherabsetzung bei der GmbH, 2007, 164.
[7]   Noack/Servatius/Haas/*Kersting* Rn. 3; MHLS/*Waldner* Rn. 2.
[8]   Ganz einhM, s. nur UHL/*Casper* Rn. 3; MHLS/*Waldner* Rn. 3; Noack/Servatius/Haas/*Kersting* Rn. 5, für lediglich analoge Anwendung Scholz/*Priester/Tebben* Rn. 6; MüKoAktG/*Oechsler* AktG § 232 Rn. 10.
[9]   Lutter/Hommelhoff/*Kleindiek* Rn. 6; MHLS/*Waldner* Rn. 3; Noack/Servatius/Haas/*Kersting* Rn. 5; MüKoAktG/*Oechsler* AktG § 232 Rn. 11.
[10] So ausdrücklich auch UHL/*Casper* Rn. 5; Scholz/*Priester/Tebben* Rn. 8; MHLS/*Waldner* Rn. 7; Rowedder/Schmidt-Leithoff/*Schnorbus* Rn. 5.

19   Nach dem auf die vereinfachte Kapitalherabsetzung bei der GmbH entsprechend anwendbaren **§ 240 S. 2 AktG** (→ § 58b Rn. 33) ist der Unterschiedsbetrag wie ein Betrag nach § 58b Abs. 2 als „Einstellung in die Kapitalrücklage nach den Vorschriften über die vereinfachte Kapitalherabsetzung" auszuweisen.[11] Eine weitergehende Unterscheidung zwischen Beträgen, die nach § 58b Abs. 2, und Beträgen, die nach § 58c auszuweisen sind, ist angesichts der einheitlichen Behandlung und Wirkung nicht erforderlich.[12]

20   Problematischer ist, wenn in dem nachfolgenden Geschäftsjahr trotz des außerordentlichen Ertrags in Höhe des Unterschiedsbetrags ein Jahresfehlbetrag erwirtschaftet worden ist. Hier führt § 58c dazu, dass sich der **Bilanzverlust** durch die Einstellung des Unterschiedsbetrags in die Kapitalrücklage gegenüber dem Jahresfehlbetrag noch erhöht.

21   Der gesamte Unterschiedsbetrag ist in die Kapitalrücklage einzustellen; eine **Höchstgrenze** sieht § 58b nicht vor. Insbesondere gilt die Beschränkung des § 58 Abs. 2 auf 10 % des Stammkapitals nicht.[13]

22   Eine nachträgliche Korrektur vorangegangener, seit dem Kapitalherabsetzungsbeschluss festgestellter Abschlüsse wird von § 58c nicht gefordert.[14]

23   **2. Verpflichteter Personenkreis.** § 58c ist als zwingende Bilanzierungsregel von allen Organen zu beachten, die die nachfolgenden drei Jahresabschlüsse aufzustellen oder festzustellen haben. Die Vorschrift verweist ausdrücklich auf die Aufstellung der betreffenden Jahresbilanz; die Aufstellung fällt in die Kompetenz der Geschäftsführer. Aber auch die Gesellschafterversammlung, der Aufsichtsrat oder ein Beirat, die den Jahresabschluss feststellen, haben die Verpflichtung zur Bildung der Kapitalrücklage zu beachten.[15] Darüber hinaus ist die Einhaltung des § 58c vom Abschlussprüfer sicherzustellen.[16]

24   **3. Verschärfte Kapitalbindung (§ 58c S. 2).** § 58c S. 2 ordnet ausdrücklich die Geltung des § 58b Abs. 3 für den nachträglich in die Kapitalrücklage eingestellten Betrag an. Zu den Verwendungsbeschränkungen → § 58b Rn. 18 ff. zu § 58b Abs. 3. Im Hinblick auf den in § 58b Abs. 3 vorgesehenen Fünfjahreszeitraum bedeutet sinngemäße Anwendung nicht, dass dieser erst mit der Einstellung der zusätzlichen Beträge in die Kapitalrücklage zu laufen beginnt.

IV. Folgen von Verstößen

25   Für die Rechtsfolgen von Verstößen gelten die zu Verstößen gegen § 58b Abs. 2 und 3 dargestellten Grundsätze entsprechend (→ § 58b Rn. 37 ff.). Wird der Unterschiedsbetrag nicht in die Kapitalrücklage eingestellt oder wird er nach Einstellung entgegen § 58b Abs. 3 verwendet, ergeben sich die folgenden **Rechtsfolgen:**
   – Das Verhalten ist unzulässig. Mitwirkende Geschäftsführer (oder Aufsichts- oder Beiratsmitglieder) verletzen ihre Pflichten und machen sich der Gesellschaft gegenüber schadensersatzpflichtig.
   – Wird ein Betrag unter Verstoß gegen § 58c (ggf. iVm § 58b Abs. 3) an die Gesellschafter ausgeschüttet, haften diese auf Rückzahlung analog § 31 (→ § 58b Rn. 39).
   – Der nachfolgende Jahresabschluss ist analog § 256 Abs. 1 Nr. 4 AktG, der darauf beruhende Gewinnverwendungsbeschluss analog § 241 Nr. 3 AktG nichtig.[17]

---

[11]   So auch Scholz/*Priester*/*Tebben* Rn. 9; MHLS/*Waldner* Rn. 7.
[12]   So auch UHL/*Casper* Rn. 5.
[13]   Unstr., s. nur Scholz/*Priester*/*Tebben* Rn. 9; Rowedder/Schmidt-Leithoff/*Schnorbus* Rn. 4; zu § 232 AktG s. nur MüKoAktG/*Oechsler* § 232 Rn. 4.
[14]   EinhM, s. UHL/*Casper* Rn. 4; Scholz/*Priester*/*Tebben* Rn. 7; Noack/Servatius/Haas/*Kersting* Rn. 2; MHLS/*Waldner* Rn. 7; Rowedder/Schmidt-Leithoff/*Schnorbus* Rn. 3; Hüffer/Koch/*Koch* AktG § 232 Rn. 5.
[15]   Unstr. s. nur UHL/*Casper* Rn. 6; Lutter/Hommelhoff/*Kleindiek* Rn. 9; Scholz/*Priester*/*Tebben* Rn. 10; Noack/Servatius/Haas/*Kersting* Rn. 7.
[16]   Unstr. s. nur UHL/*Casper* Rn. 6; Lutter/Hommelhoff/*Kleindiek* Rn. 9; Scholz/*Priester*/*Tebben* Rn. 10; Noack/Servatius/Haas/*Kersting* Rn. 7.
[17]   IErg unstr., s. nur UHL/*Casper* Rn. 8; Lutter/Hommelhoff/*Kleindiek* Rn. 10; Scholz/*Priester*/*Tebben* Rn. 12; Noack/Servatius/Haas/*Kersting* Rn. 8, die die Nichtigkeit des Jahresabschlusses aber teilweise auf § 256 Abs. 1 Nr. 1 AktG stützen.

Die vorstehenden Rechtsfolgen gelten allerdings nur dann, wenn in einem der drei nachfol- 26
genden Jahresabschlüsse tatsächlich der im Zeitpunkt des Kapitalherabsetzungsbeschlusses
zu hoch angenommene Verlust ertragserhöhend abgebildet worden ist. Wird die Annahme
eines zu hohen Verlusts dagegen nicht nachträglich bilanziell berücksichtigt, richten sich
die Folgen nach **allgemeinen Grundsätzen** über unrichtige Wertansätze bei der
Abschlusserstellung.[18]

§ 58d Gewinnausschüttung

(1) ¹Gewinn darf vor Ablauf des fünften nach der Beschlußfassung über die Kapitalherabsetzung beginnenden Geschäftsjahrs nur ausgeschüttet werden, wenn die Kapital- und Gewinnrücklagen zusammen zehn vom Hundert des Stammkapitals erreichen. ²Als Stammkapital gilt dabei der Nennbetrag, der sich durch die Herabsetzung ergibt, mindestens aber der nach § 5 Abs. 1 zulässige Mindestnennbetrag.

(2) ¹Die Zahlung eines Gewinnanteils von mehr als vier vom Hundert ist erst für ein Geschäftsjahr zulässig, das später als zwei Jahre nach der Beschlußfassung über die Kapitalherabsetzung beginnt. ²Dies gilt nicht, wenn die Gläubiger, deren Forderungen vor der Bekanntmachung der Eintragung des Beschlusses begründet worden waren, befriedigt oder sichergestellt sind, soweit sie sich binnen sechs Monaten nach der Bekanntmachung des Jahresabschlusses, auf Grund dessen die Gewinnverteilung beschlossen ist, zu diesem Zweck gemeldet haben. ³Einer Sicherstellung der Gläubiger bedarf es nicht, die im Fall des Insolvenzverfahrens ein Recht auf vorzugsweise Befriedigung aus einer Deckungsmasse haben, die nach gesetzlicher Vorschrift zu ihrem Schutz errichtet und staatlich überwacht ist. ⁴Die Gläubiger sind in der Bekanntmachung nach § 325 Abs. 2 des Handelsgesetzbuchs auf die Befriedigung oder Sicherstellung hinzuweisen. *[Neufassung ab 1.8.2022: ⁴Die Gläubiger sind auf die Befriedigung oder Sicherstellung durch eine gesonderte Erklärung hinzuweisen, die der das Unternehmensregister führenden Stelle gemeinsam mit dem Jahresabschluss elektronisch zur Einstellung in das Unternehmensregister zu übermitteln ist.]*

Schrifttum: s. Vor § 58.

Übersicht

I. Normzweck und Überblick

Der **Gläubigerschutz** bei der vereinfachten Kapitalherabsetzung wird ausschließlich 1
über Ausschüttungssperren verwirklicht. Grundnormen sind §§ 58b, 58c, die eine Ausschüt-

---

[18] So ausdrücklich auch UHL/*Casper* Rn. 8; Lutter/Hommelhoff/*Kleindiek* Rn. 11; Scholz/*Priester/Tebben* Rn. 12.

tung der im Wege der Kapitalherabsetzung freigewordenen Beträge verhindern, und § 58d. § 58d sieht für eine Dauer von fünf Jahren die **Erhöhung des gegen Entnahmen durch die Gesellschafter geschützten Haftungsfonds** um 10 % vor. Ausschüttungen sind entsprechend nur zulässig, wenn Kapital- und Gewinnrücklagen zusammen 10 % des Stammkapitals erreichen, ohne dass eine Pflicht zur Schaffung einer solchen Rücklage begründet wird. Damit stehen die Gesellschafter immer noch deutlich besser als bei einem Verzicht auf die Kapitalherabsetzung, denn dann hätten sie Kapital- und Gewinnrücklagen zunächst in Höhe der gesamten Stammkapitalunterdeckung ansparen müssen, bevor Ausschüttungen zulässig gewesen wären.

2   Abs. 2 sieht für die Dauer von zwei Jahren unabhängig von der Höhe der zwischenzeitlich erwirtschafteten Rücklagen und Gewinne eine grundsätzliche **Beschränkung der Ausschüttung** auf maximal 4 % des Stammkapitals vor. Eine Ausnahme kann nur über recht rigide Gläubigerschutzinstrumente (Befriedigung/Sicherstellung) erkauft werden.

3   Abs. 1 entspricht vom Grundkonzept her dem **§ 233 Abs. 1 AktG.** In der Sache etabliert § 58d Abs. 1 eine gesetzliche Rücklage von 10 % des Stammkapitals, allerdings beschränkt auf fünf Jahre. Die dauerhafte Bindung der gesetzlichen Rücklage und der Kapitalrücklage im Aktienrecht erklärt die Unterschiede zwischen beiden Normen. Abs. 2 stimmt wortwörtlich mit **§ 233 Abs. 2 AktG** überein. Das ausdrückliche Ausschüttungsverbot des § 233 Abs. 3 AktG ist nicht in § 58d übernommen worden, da sein Regelungsgehalt durch die Abs. 1 und 2 ausreichend deutlich wird. Die enge Orientierung am Wortlaut des § 233 AktG ist dem Verständnis der Norm nicht förderlich; insbesondere die Beschränkung des Verbots auf die Ausschüttung von „Gewinn" ist im GmbH-Recht nicht sachgemäß (→ Rn. 10 f.).

4   Das Gläubigerschutzsystem des § 58d trägt klare Züge eines **Kompromisses.** Im Vergleich zum rigiden Gläubigerschutz bei der ordentlichen Kapitalherabsetzung nach § 58 erstaunt, zu welch geringem Preis die Gesellschafter eine vereinfachte Kapitalherabsetzung erkaufen können. Bei dem Mindeststammkapital von 25.000 Euro beträgt der zusätzliche Haftvermögenspuffer nach Abs. 1 gerade einmal 2.500 Euro. Entsprechend ist das gesetzliche Gläubigerschutzkonzept rechtspolitisch als bescheiden und fragwürdig kritisiert worden.[1] Im Vergleich zu der Akribie, mit der die Kapitalaufbringung gesichert wird, erstaunt die Regelung in der Tat. Rechtspolitisch kann der vom Gesetzgeber vorgesehene Kompromiss aber hingenommen werden, da der reine Betrag des Stammkapitals bzw. des gegen Gesellschafterzugriffe geschützten Vermögensfonds für Zwecke des Gläubigerschutzes ohnehin nur begrenzte Bedeutung hat.[2]

II. Beschränkung von Gewinnausschüttungen (Abs. 1)

5   **1. Höhe der Rücklagen und deren bilanzielle Ermittlung.** Nach Abs. 1 darf Gewinn vor Ablauf des fünften nach der Beschlussfassung über die Kapitalherabsetzung beginnenden Geschäftsjahres nur ausgeschüttet werden, wenn die Kapital- und Gewinnrücklagen zusammen 10 % des Stammkapitals erreichen. S. 2 stellt ausdrücklich klar, dass die Stammkapitalziffer nach Herabsetzung maßgeblich ist. Bei einer Kapitalherabsetzung unter den **Betrag des Mindeststammkapitals** gem. § 58a Abs. 4 ist nach S. 2 der Mindestnennbetrag gem. § 5 Abs. 1 in Höhe von 25.000 Euro maßgeblich. Wird die Kapitalherabsetzung mit einer Kapitalerhöhung verbunden, ist der Kapitalerhöhungsbetrag für Abs. 1 irrelevant.

6   Der Begriff der Kapital- und Gewinnrücklagen ist auch im Rahmen des § 58d bilanzrechtlich, also iSd § 266 Abs. 3 A.II. und A.III. HGB zu verstehen. Damit werden alle Kapitalrücklagen nach § 272 Abs. 2 HGB erfasst. Dies ist im Hinblick auf freiwillige **Einzahlungen in die Kapitalrücklage gem. § 272 Abs. 2 Nr. 4 HGB** erstaunlich, die selbst

---

[1]   UHL/*Casper* Rn. 3; Scholz/*Priester*/*Tebben* Rn. 2; Noack/Servatius/Haas/*Kersting* Rn. 1 f.
[2]   Ausf. *J. Vetter*, Referat zum 66. DJT, 2006, Bd. II/1, P 75, 80 ff. mwN.

im Aktienrecht keinen besonderen Entnahmebeschränkungen unterliegen.[3] Angesichts des klaren Wortlauts ist jedoch keine Ausnahme gerechtfertigt. Dafür spricht auch, dass freiwillige Einzahlungen in die Kapitalrücklage nach § 272 Abs. 2 Nr. 4 HGB der Kapitalbindung des § 30 Abs. 1 unterfallen, wenn eine Unterbilanz eingetreten ist.

Eine Ausnahme gilt allerdings für die **Rücklage für Anteile an einem herrschenden** 7 **oder mehrheitlich beteiligten Unternehmen** nach § 272 Abs. 4 HGB, auch wenn sie nach § 266 Abs. 3 A.III.2 HGB unter den Gewinnrücklagen auszuweisen ist. Bis zur Neuregelung der Bilanzierung eigener Anteile durch das BilMoG vom 25.5.2009 (BGBl. 2009 I 1102) war dies allgemein auch für die nunmehr weggefallene Rücklage für eigene Anteile anerkannt (§ 272 HGB wurde im Hinblick auf die Bilanzierung eigener Anteile durch das BilMoG grundlegend reformiert, → § 58a Rn. 20, → Vor § 58 Rn. 140 f.).[4] Die Rücklage für eigene Anteile diente nur der bilanziellen Neutralisierung des aktivierten Werts der eigenen Anteile; nach der gesetzlichen Wertung sollte dieser Wert gerade nicht das Eigenkapital und das Ausschüttungsvolumen erhöhen. Auch im Rahmen des § 58a Abs. 2 wurde die Rücklage für eigene Anteile nicht als Gewinnrücklage behandelt (→ § 58a Rn. 20). Schon nach altem Recht wurde die Rücklage für Anteile eines herrschenden oder mit Mehrheit beteiligten Unternehmens nach § 272 Abs. 4 S. 4 HGB gleich behandelt. Gleiches gilt für die durch das BilRUG eingeführte Rücklage nach § 272 Abs. 5 HGB, die nach dem ausdrücklichen Wortlaut gerade nicht ausgeschüttet werden darf (auch → § 58a Rn. 20).

Abs. 1 verlangt nicht die Bildung einer gesondert auszuweisenden **gesetzlichen Rück-** 8 **lage.** Ein Jahresüberschuss darf auch während der Sperrfrist des Abs. 1 zu anderen Zwecken als der Dotierung von Gewinnrücklagen verwendet werden, beispielsweise einer Kapitalerhöhung aus Gesellschaftsmitteln oder dem Ausweis eines Gewinnvortrags.[5]

Teilweise wird vertreten, dass eine Gewinnausschüttung nur dann zulässig ist, wenn 9 Kapital- und Gewinnrücklagen in der erforderlichen Höhe in der **letzten verfügbaren Bilanz** – die Bilanz des Geschäftsjahres, dessen Gewinn ausgeschüttet werden soll, reicht aus – tatsächlich ausgewiesen sind. Ein Gewinnvortrag soll dagegen bei der Ermittlung der 10%-Grenze nicht mitgerechnet werden.[6] Dieser sehr formalen Betrachtungsweise ist nicht zu folgen; maßgeblich ist nicht der formale Ausweis der Rücklagen, sondern die Frage, ob das frei verfügbare bilanzielle Eigenkapital die relevante Grenze von 110 % des Stammkapitals übersteigt und Kapital- und Gewinnrücklagen in ausreichender Höhe gebildet werden könnten. Ein Gewinnvortrag kann jederzeit in eine Gewinnrücklage umgewandelt werden. Andererseits muss ein **Verlustvortrag** bei der Überprüfung eines Überschreitens der relevanten Eigenkapitalschwelle ebenfalls mitberücksichtigt werden.

2. Erfasste Leistungen. Die Wirkung des Abs. 1 entspricht einer Erhöhung der für 10 die Kapitalerhaltung nach § 30 Abs. 1 maßgeblichen Kapitalziffer auf 110 % des Stammkapitals für eine Dauer von fünf Jahren. Abs. 1 S. 1 spricht zwar nur das Verbot von Gewinnausschüttungen vor Auffüllung des Haftungsfonds an. Gemeint sind jedoch alle Leistungen an Gesellschafter und einem Gesellschafter nahe stehende Personen, die als **Auszahlungen iSd § 30 Abs. 1** zu qualifizieren sind. Der zu enge Wortlaut ergibt sich aus der Orientierung an § 233 Abs. 1 AktG; anders als im GmbH-Recht genügt in § 233 AktG der Verweis auf Gewinnausschüttungen, da an Aktionäre vor Auflösung der Gesellschaft nach § 57 Abs. 3 AktG ohnehin nur der Bilanzgewinn verteilt werden darf.

---

[3] Entsprechend wollen etwa Hüffer/Koch/*Koch* AktG § 233 Rn. 4 und MHdB GesR IV/*Scholz* § 62 Rn. 31 mwN Einzahlungen nach § 272 Abs. 2 Nr. 4 HGB vom Anwendungsbereich des § 233 Abs. 1 AktG ausnehmen; dagegen jedoch die ganz hM, s. nur UHL/*Casper* Rn. 8; Scholz/*Priester/Tebben* Rn. 6.

[4] So ausdrücklich auch UHL/*Casper* Rn. 6; Scholz/*Priester/Tebben* Rn. 6; zweifelnd MHLS/*Waldner* Rn. 3.

[5] Unstr., s. nur *Altmeppen* Rn. 4; UHL/*Casper* Rn. 4; Lutter/Hommelhoff/*Kleindiek* Rn. 13; Scholz/ *Priester/Tebben* Rn. 9; MHLS/*Waldner* Rn. 3.

[6] Scholz/*Priester/Tebben* Rn. 6; HK-GmbHG/*Inhester* Rn. 3; wohl auch UHL/*Casper* Rn. 4; flexibler dagegen wohl Noack/Servatius/Haas/*Kersting* Rn. 3, der ausreichen lässt, dass Rücklagen in der entsprechenden Höhe gebildet werden können.

11   Auch wenn die hM die Parallele zu § 30 Abs. 1 nicht ausdrücklich zieht, ist das Verständnis doch weitgehend einheitlich: Unbestritten ist, dass nicht nur offene, sondern auch **verdeckte Gewinnausschüttungen** erfasst werden.[7] Ob eine verdeckte Gewinnausschüttung an den Gesellschafter in bar erfolgt, ist unerheblich. Nicht erfasst werden dagegen Zahlungen aus **Verkehrsgeschäften**. Wie zu § 30 Abs. 1 ist zu fordern, dass die Leistung aufgrund des Gesellschaftsverhältnisses erfolgt. Für die Abgrenzung von nicht auf dem Gesellschaftsverhältnis beruhenden Drittgeschäften, bei denen der Gesellschafter der Gesellschaft wie ein unabhängiger Dritter gegenübersteht, sowie der Erfüllung sonstiger von der Gesellschafterstellung unabhängiger Verbindlichkeiten, kann auf die zu § 30 Abs. 1 entwickelten Grundsätze zurückgegriffen werden (etwa → § 30 Rn. 146 ff.).[8] Bei einem Verkehrsgeschäft mit dem Gesellschafter zu Konditionen, die zum Nachteil der Gesellschaft vom Marktstandard abweichen, ist regelmäßig davon auszugehen, dass die Besserstellung des Gesellschafters auf dem Gesellschaftsverhältnis beruht.

12   Die Erfüllung eines wirksam begründeten Anspruchs, beispielsweise eines Anspruchs auf Rückzahlung eines Gesellschafterdarlehens, stellt keine unzulässige Auszahlung dar.[9] In einem **Darlehen** an den Gesellschafter liegt keine unzulässige Auszahlung, wenn der Darlehensrückzahlungsanspruch vollwertig ist (s. § 30 Abs. 1 S. 2).[10] Für die Abgrenzung zulässiger von unzulässigen Leistungen, gelten für Abs. 1 und § 58b Abs. 3 einheitliche Grundsätze (→ § 58b Rn. 8).

13   **Gewinnabhängige Zahlungen** an den Gesellschafter aufgrund von selbstständigen Rechtsverhältnissen, beispielsweise aufgrund von Gewinnschuldverschreibungen, stillen Gesellschaften, partiarischen Darlehen, Genussrechten oder einer gewinnabhängigen Geschäftsführervergütung, sind nicht per se unzulässig; entscheidend ist auch hier, ob die gewinnabhängige Vergütung eine angemessene Gegenleistung für eine nicht auf dem Gesellschaftsverhältnis beruhende Leistung des Gesellschafters darstellt.[11] Allerdings ist gerade bei derartigen Leistungen besonders genau zu prüfen, ob die Gesellschaft eine solche Vereinbarung auch mit einem Dritten abgeschlossen hätte.

14   Nach hM erfasst § 58d auch die Gewinnabführung unter einem **Gewinnabführungsvertrag**.[12] Dagegen könnte auf den ersten Blick sprechen, dass der Gläubigerschutz gem. § 302 AktG den gesellschaftsrechtlichen Kapitalschutz verdrängt. Letztlich überzeugt diese Überlegung jedoch nicht. Eine vereinfachte Kapitalherabsetzung bei Bestehen eines Beherrschungs- oder Gewinnabführungsvertrages kann ohnehin nur zum Ausgleich vorvertraglicher Verluste durchgeführt werden (→ Vor § 58 Rn. 115). Mit dem verminderten Stammkapital müssen die Gläubiger nach Beendigung des Unternehmensvertrags leben. Im Hinblick auf die Zeit nach Beendigung des Unternehmensvertrages muss der von § 58d Abs. 1 erstrebte erhöhte Haftungsfonds schon während der Vertragslaufzeit geschaffen und erhalten werden, auch wenn er während dieser Zeit wegen § 302 AktG keine Bedeutung hat. Das im Aktienrecht vorgebrachte Argument, die Schaffung einer gesetzlichen Rücklage iHv 10 % des Grundkapitals werde bereits durch § 300 AktG erreicht,[13] greift für das GmbH-Recht nicht, da das GmbH-Recht keine gesetzliche Rücklage kennt.[14]

---

[7]   So etwa UHL/*Casper* Rn. 5; Scholz/*Priester/Tebben* Rn. 3; Noack/Servatius/Haas/*Kersting* Rn. 4.
[8]   Noack/Servatius/Haas/*Servatius* § 30 Rn. 23 ff.
[9]   So ausdrücklich auch UHL/*Casper* Rn. 5; MHLS/*Waldner* Rn. 6.
[10]   Ausführlicher *J. Vetter* in Goette/Habersack MoMiG Rn. 4.33 ff., ua zu Kriterien für die Vollwertigkeit und zur Bedeutung einer angemessenen Verzinsung.
[11]   EinhM, s. nur UHL/*Casper* Rn. 5; Scholz/*Priester/Tebben* Rn. 3; Noack/Servatius/Haas/*Kersting* Rn. 4; MHLS/*Waldner* Rn. 6; Bork/Schäfer/*Arnold/Bork* Rn. 2; zu § 233 AktG MüKoAktG/*Oechsler* AktG § 233 Rn. 5.
[12]   Im GmbH-Recht ist dies wohl unbestritten, s. nur *Suchanek/Herbst* GmbHR 2006, 966 (968); *Altmeppen* Rn. 6; UHL/*Casper* Rn. 5; Lutter/Hommelhoff/*Kleindiek* Rn. 6; Scholz/*Priester/Tebben* Rn. 3; Rowedder/Schmidt-Leithoff/*Schnorbus* Rn. 6; Noack/Servatius/Haas/*Kersting* Rn. 4; zu § 233 AktG ebenso BeckOGK/*Marsch-Barner/Maul* AktG § 233 Rn. 3; aA für die AG MHdB GesR IV/*Scholz* § 62 Rn. 32 mwN; MüKoAktG/*Oechsler* AktG § 233 Rn. 6.
[13]   MHdB GesR IV/*Scholz* § 62 Rn. 32.
[14]   So zutr. UHL/*Casper* Rn. 5.

Zu den aufgrund der Beschränkung der Gewinnabführung durch § 58d Abs. 1 und **15**
Abs. 2 auftretenden zivil- und steuerrechtlichen Fragen, insbesondere die Frage, ob ein
Gewinnabführungsvertrag ausdrücklich auf die Beschränkung des § 58d hinweisen muss
und ob § 58d der Anerkennung der steuerlichen Organschaft entgegensteht, näher → Vor
§ 58 Rn. 118 f.

Nicht erfasst werden **Leistungen an Dritte,** auch wenn sie an den Gewinn der Gesell- **16**
schaft anknüpfen oder von ihm abhängig sind.[15] Anderes gilt jedoch dann, wenn der Dritte
dem Gesellschafter zuzurechnen ist, wie dies bei einer Treuhand der Fall ist, oder ein
sonstiges Näheverhältnis besteht. Auch insoweit sind die zu § 30 Abs. 1 entwickelten Grundsätze entsprechend anzuwenden (→ § 30 Rn. 149 ff.).[16]

Gewinngemeinschaften nach § 292 Abs. 1 Nr. 1 AktG und **Teilgewinnabfüh-** **17**
rungsverträge nach § 292 Abs. 1 Nr. 2 AktG mit Dritten führen entsprechend nicht zu
einer Gewinnabführung iSd Abs. 1. Ist ein Gesellschafter unter einem solchen Vertrag
berechtigt, ist allerdings regelmäßig von einer Gewinnausschüttung iSd § 58d auszugehen,
soweit die Gewinnabführung oder -poolung nicht ausnahmsweise als angemessene Gegenleistung der Gesellschaft angesehen werden kann.[17]

Nicht erfasst werden Zahlungen Dritter, die der Gesellschaft auch nicht wirtschaftlich **18**
als Vermögensminderung zuzurechnen sind. So werden Dividendengarantien oder Surrogate
Dritter, insbesondere die Zahlung eines laufenden Ausgleichs an Gesellschafter entsprechend
§ 304 AktG, nicht erfasst.[18]

3. Zeitdauer der Ausschüttungsbeschränkung. a) Beginn der Kapitalbindung. **19**
Umstritten ist, ob die besondere Kapitalbindung des Abs. 1 **mit dem Beschluss über die**
vereinfachte Kapitalherabsetzung[19] oder dem Wirksamwerden der Kapitalherabsetzung
mit Eintragung in das Handelsregister beginnt.[20] Es geht um Fälle, in denen ein Gewinnverwendungsbeschluss zwischen dem Kapitalherabsetzungsbeschluss und dessen Eintragung
getroffen wird; vor dem Kapitalherabsetzungsbeschluss beschlossene Gewinnverwendungsbeschlüsse begründen, ihre Wirksamkeit unterstellt, unentziehbare Ansprüche jedes einzelnen Gesellschafters und dürfen auch noch nach dem Kapitalherabsetzungsbeschluss umgesetzt werden.[21] Der Streit hat keinerlei praktische Relevanz, da das Vorliegen der
Voraussetzungen des § 58a Abs. 1 und 2 trotz Vorliegens eines ausschüttbaren Gewinns
praktisch nicht denkbar ist. Sollte ein solcher Fall doch einmal eintreten, sollte die vom
Wortlaut her offene Frage zugunsten des Gläubigerschutzes und damit im Sinne der erstgenannten Auffassung entschieden werden.

Ein **rückwirkender Vollzug** der Kapitalherabsetzung nach §§ 58e, 58f ändert an **20**
Beginn und Dauer der Kapitalbindung nichts.[22]

b) Ende der Kapitalbindung. Die Beschränkung des Abs. 1 S. 1 gilt bis zum Ablauf **21**
des fünften nach der Beschlussfassung über die Kapitalherabsetzung beginnenden Geschäftsjahres. Die **Fünfjahresfrist** entspricht der des § 58b Abs. 3. Für die Berechnung gelten
die gleichen Grundsätze; insbesondere gelten auch Rumpfgeschäftsjahre grundsätzlich als
Geschäftsjahre (→ § 58b Rn. 29 f.).

---

[15]   So ausdrücklich auch *Altmeppen* Rn. 6; Lutter/Hommelhoff/*Kleindiek* Rn. 6; MHdB GesR IV/*Scholz*
      § 62 Rn. 32; Scholz/*Priester/Tebben* Rn. 3; Rowedder/Schmidt-Leithoff/*Schnorbus* Rn. 6.
[16]   Noack/Servatius/Haas/*Servatius* § 30 Rn. 24 ff.
[17]   IErg ebenso UHL/*Casper* Rn. 5; Noack/Servatius/Haas/*Kersting* Rn. 4; *Altmeppen* Rn. 6.
[18]   Lutter/Hommelhoff/*Kleindiek* Rn. 15; Noack/Servatius/Haas/*Kersting* Rn. 4.
[19]   So UHL/*Casper* Rn. 6; Lutter/Hommelhoff/*Kleindiek* Rn. 5; MHLS/*Waldner* Rn. 5; Noack/Servatius/
      Haas/*Kersting* Rn. 5; Bork/Schäfer/*Arnold/Bork* Rn. 5; Gehrlein/Born/Simon/*Schulze* Rn. 11;
      BeckOK GmbHG/*Rühland* GmbHR 2005, 1102 (1109); Scholz/*Priester/Tebben* Rn. 4
      (früher abw. Scholz/*Priester,* 10. Aufl. 2010, Rn. 4).
[20]   So Rowedder/Schmidt-Leithoff/*Schnorbus* Rn. 5, zu Abs. 2 Rn. 7; *Hohmuth,* Die Kapitalherabsetzung
      bei der GmbH, 2007, 165 f.; zu § 233 AktG MüKoAktG/*Oechsler* AktG § 233 Rn. 10.
[21]   So zutr. Noack/Servatius/Haas/*Kersting* Rn. 5; UHL/*Casper* Rn. 6; *Geißler* GmbHR 2005, 1102 (1109).
[22]   So zur Bindung des Abs. 2 auch Scholz/*Priester/Tebben* Rn. 10; Noack/Servatius/Haas/*Kersting* Rn. 8.

22   Früher war umstritten, ob auf das **Ende des Geschäftsjahres** abzustellen ist und damit die Ausschüttung des im fünften Geschäftsjahr erwirtschafteten Gewinns im sechsten Geschäftsjahr zulässig ist[23] oder ob auf die Ertragsperiode abzustellen ist und auch die nach Ende des Geschäftsjahres erfolgende Ausschüttung des im fünften Geschäftsjahr erwirtschafteten Gewinns den Beschränkungen des Abs. 1 unterliegt.[24] Nur die erstgenannte Auffassung ist konsequent und hat sich mittlerweile durchgesetzt. Die zweitgenannte Auffassung führt entweder zu inkonsequenten Ergebnissen oder einer grundlegenden Uminterpretation des § 58d: Dieser erfasst gerade nicht nur förmliche Gewinnausschüttungen (→ Rn. 10 ff.), sondern auch verdeckte und offene Entnahmen aus Rücklagen. Es macht keinen Sinn, eine im sechsten Geschäftsjahr beschlossene Gewinnausschüttung zu verbieten, anschließend aber (im sechsten oder einem nachfolgenden Geschäftsjahr) eine offene Entnahme aus der im fünften Geschäftsjahr gebildeten Gewinnrücklage zuzulassen. Würde man die am Ende des fünften Geschäftsjahres bestehenden Rücklagen dagegen dauerhaft gegen Ausschüttungen schützen, hätte man sich vollends vom Wortlaut des Abs. 1 entfernt.

23   **Nach Ablauf** der Sperrfrist können Gewinne uneingeschränkt im Rahmen der §§ 29 f. ausgeschüttet werden. Dies gilt auch für Gewinne, die auf der Auflösung innerhalb der Sperrfrist gebildeter Rücklagen oder eines Gewinnvortrags aus dieser Zeit beruhen.[25]

24   **c) Zwischenzeitliches Erreichen der 10%-Grenze.** Umstritten ist, ob das Verbot des Abs. 1 wieder auflebt, wenn die Rücklagen einmal den Betrag von 10 % des Stammkapitals überschritten haben und anschließend innerhalb des Fünfjahreszeitraums wieder unter die 10%-Grenze gefallen sind. Sowohl die Funktionsweise der aktienrechtlichen gesetzlichen Rücklage, die dauerhaft als Entnahmesperre wirkt, als auch die Funktionsweise des § 30 Abs. 1 sprechen dafür, im GmbH-Recht § 58d auch in einem solchen Fall uneingeschränkt anzuwenden.[26] Das im Aktienrecht denkbare Wortlautargument („erreicht haben") scheidet im GmbH-Recht aus („erreichen").

III. Beschränkung von Gewinnausschüttungen auf 4 % (Abs. 2)

25   **1. Bemessung der 4%-Schranke.** Kumulativ zur Ausschüttungsbegrenzung des Abs. 1 tritt die Begrenzung des Abs. 2 S. 1, wonach die Zahlung eines Gewinnanteils von mehr als 4 % auch bei Vorliegen einer 10 % des Stammkapitals übersteigenden Rücklage erst für ein Geschäftsjahr zulässig ist, das später als zwei Jahre nach dem Kapitalherabsetzungsbeschluss beginnt. Die 4%-Grenze bezieht sich auf den **Betrag des Stammkapitals.**

26   Umstritten ist, ob die Stammkapitalziffer im Zeitpunkt des Ausschüttungsbeschlusses[27] oder das Stammkapital zum Ende des vorangegangenen Geschäftsjahres, für das der Gewinn ausgeschüttet wird,[28] maßgeblich ist. Hierauf kommt es an, wenn das Stammkapital im Zeitraum zwischen dem Geschäftsjahresende und dem Ausschüttungsbeschluss verändert worden ist. Der Wortlaut ist für diese Frage wenig ergiebig, nennt er doch nicht einmal das Stammkapital als Bezugsgröße. Die 4%-Grenze des § 233 Abs. 2 AktG greift die vom

---

[23]   MHLS/*Waldner* Rn. 5; Gehrlein/Born/Simon/*Schulze* Rn. 14; BeckOK GmbHG/*Rühland* Rn. 9; Lutter/Hommelhoff/*Kleindiek* Rn. 5; *Altmeppen* Rn. 8; HK-GmbHG/*Inhester* Rn. 6.; Noack/Servatius/Haas/*Kersting* Rn. 6; *Hohmuth*, Die Kapitalherabsetzung bei der GmbH, 2007, 166 f.

[24]   So noch Lutter/Hommelhoff/*Lutter,* 18. Aufl. 2012, Rn. 2; Baumbach/Hueck/*Zöllner/Haas,* 21. Aufl. 2017, Rn. 6; Roth/Altmeppen/*Roth,* 9. Aufl. 2019, Rn. 5.

[25]   So ausdrücklich auch UHL/*Casper* Rn. 6; MHLS/*Waldner* Rn. 5.

[26]   So auch UHL/*Casper* Rn. 4; Lutter/Hommelhoff/*Kleindiek* Rn. 3; Scholz/*Priester/Tebben* Rn. 7; *Altmeppen* Rn. 5; Noack/Servatius/Haas/*Kersting* Rn. 3; Bork/Schäfer/*Arnold/Bork* Rn. 4; HK-GmbHG/*Inhester* Rn. 3; Gehrlein/Born/Simon/*Schulze* Rn. 9; *Geißler* GmbHR 2005, 1102 (1109); *Hohmuth*, Die Kapitalherabsetzung bei der GmbH, 2007, 167; aA Rowedder/Schmidt-Leithoff/*Schnorbus* Rn. 4 und die hM im Aktienrecht, s. Hüffer/Koch/*Koch* AktG § 233 Rn. 5; Kölner Komm AktG/*Ekkenga/Schirrmacher* AktG § 233 Rn. 7; MHdB GesR IV/*Scholz* § 62 Rn. 33; MüKoAktG/*Oechsler* AktG § 233 Rn. 11.

[27]   So UHL/*Casper* Rn. 11; Scholz/*Priester/Tebben* Rn. 11; Lutter/Hommelhoff/*Kleindiek* Rn. 7; Bork/Schäfer/*Arnold/Bork* Rn. 6; zu § 233 Abs. 2 AktG Hüffer/Koch/*Koch* AktG § 233 Rn. 6.

[28]   So *Altmeppen* Rn. 10; Noack/Servatius/Haas/*Kersting* Rn. 7.

Gesetzgeber gem. § 254 Abs. 1 AktG für angemessen gehaltene Mindestverzinsung von 4 % auf. Sie hat insoweit die ordentliche Gewinnausschüttung für ein vorangegangenes Geschäftsjahr im Blick. Normzweck ist gerade, den Gesellschaftern eine für angemessen erachtete Mindestrendite ihres investierten Kapitals zu ermöglichen.[29] Da die Gewinne nachträglich gezahlt werden, spricht viel dafür, auch für die vom Gesetzgeber als berechtigt angesehene 4%-Verzinsung des eingezahlten Eigenkapitals im Rahmen des § 233 Abs. 2 AktG, § 58d Abs. 2 GmbHG auf das am Ende des vorangegangenen Geschäftsjahres vorhandene Stammkapital abzustellen.

Die 4%-Schranke stellt auf den **Gesamtausschüttungsbetrag** ab. Solange die 4%- **27** Schranke insgesamt eingehalten ist, ist es unerheblich, ob der Gewinn disproportional ausgeschüttet wird und einzelne Gesellschafter eine höhere und andere eine niedrigere Verzinsung erzielen.[30] § 58d dient dem Gläubigerschutz. Der Streit zum Verständnis der 4%-Grenze bei § 254 Abs. 1 AktG zwischen kollektivistischer und individualistischer Deutung[31] ist für § 58d irrelevant.

2. Zahlung von Gewinnanteilen. Das Verbot übermäßiger Zahlung von Gewinnan- **28** teilen ist ebenso wie die Beschränkung auf Gewinnausschüttungen in Abs. 1 für das GmbH-Recht zu eng formuliert. Auch iRd Abs. 2 S. 1 geht es um alle Leistungen an den Gesellschafter (oder ihm nahe stehende Personen), die einen Verstoß gegen **§ 30 Abs. 1** begründen können. Es gilt das zu Abs. 1 Ausgeführte (→ Rn. 10 f.). Eine Ausnahme wird man für die Rückzahlung von nach Wirksamwerden der Kapitalherabsetzung vorgenommenen Einzahlungen in die Kapitalrücklage nach § 272 Abs. 2 Nr. 4 HGB anerkennen können; das betreffende Vermögen war weder bei der Kapitalherabsetzung vorhanden, noch wurde es mit den vorhandenen Betriebsmitteln erwirtschaftet, sodass ein besonderer Vermögensschutz zu Gunsten der Gläubiger nicht gerechtfertigt ist.

3. Zeitliche Bindung. Abs. 2 S. 1 erlaubt über 4 % des Stammkapitals hinausgehende **29** Ausschüttungen erst für das Geschäftsjahr, das später als zwei Jahre nach dem Kapitalherabsetzungsbeschluss (nicht der Eintragung) beginnt. Der Bindung unterliegen damit das Geschäftsjahr, in dem die Kapitalherabsetzung beschlossen wird, sowie die beiden folgenden Geschäftsjahre. Für den **Beginn der Bindung** gilt das zu Abs. 1 Ausgeführte (→ Rn. 19 f.).

Für das Ende der Zweijahresfrist gelten nicht die zu Abs. 1 dargestellten Grundsätze **30** (→ Rn. 21 f.). Die Zahlung eines Gewinns ist erst **für ein Geschäftsjahr** zulässig, das später als zwei Jahre nach dem Kapitalherabsetzungsbeschluss beginnt. Die ordentliche Gewinnausschüttung für das zweite Geschäftsjahr nach dem Kapitalherabsetzungsbeschluss erfolgt typischerweise nach der ordentlichen Gesellschafterversammlung, die über die Gewinnverwendung für dieses Geschäftsjahr beschließt. Obwohl diese im dritten Geschäftsjahr stattfindet, greift die Bindung des Abs. 2 S. 1.[32] Die im zweiten Geschäftsjahr erwirtschafteten und über 4 % des Stammkapitals hinausgehenden Gewinne sind jedoch nicht dauerhaft gesperrt, sondern können zumindest im nächsten Geschäftsjahr ausgeschüttet werden.

4. Ausnahme (Abs. 2 S. 2–4). a) Das besondere Gläubigerschutzverfahren der **31** **S. 2–4.** Die Gesellschafter können die Beschränkung des Abs. 2 S. 1 (aber nicht die des Abs. 1) vermeiden, indem sie einen besonderen, am Gläubigerschutz bei der ordentlichen Kapitalherabsetzung orientierten Gläubigerschutz sicherstellen. Kernelement dieses Gläubigerschutzsystems ist wie bei § 58 die Befriedigung oder Sicherstellung der Gläubiger. Das Verfahren ist jedoch zugunsten der Gesellschaft teilweise deutlich abweichend geregelt. Im Einzelnen:

---

[29] Noack/Servatius/Haas/*Kersting* Rn. 7.
[30] Wohl unstr., s. nur UHL/*Casper* Rn. 12; Lutter/Hommelhoff/*Kleindiek* Rn. 7; Rowedder/Schmidt-Leithoff/*Schnorbus* Rn. 8.
[31] Hierzu etwa K. Schmidt/Lutter/*Schwab* AktG § 254 Rn. 1.
[32] So ausdrücklich auch Scholz/*Priester*/*Tebben* Rn. 1.

32 – **Hinweis:** Die Gesellschaft hat die Gläubiger gem. Abs. 2 S. 4 auf die Befriedigung oder Sicherstellung hinzuweisen. Nach dem Wortlaut genügt ein Hinweis auf das Recht auf Befriedigung oder Sicherstellung nach § 58d Abs. 2 S. 2. Anders als nach § 58 Nr. 1 ist keine Aufforderung der Gläubiger, sich bei der Gesellschaft zu melden, oder ein Hinweis auf dieses Erfordernis erforderlich.[33] Sinnvoll ist ein Hinweis darauf, dass Voraussetzung für eine Sicherstellung die rechtzeitige Meldung innerhalb der Sechsmonatsfrist ist, zumal die Gesellschaft ein Interesse daran hat, nicht den Eindruck zu erwecken, als bestehe das Recht auf Sicherstellung zeitlich unbegrenzt.

33 – Der Hinweis hat bis zum 31.7.2022 nach Abs. 2 S. 4 in der Bekanntmachung des Jahresabschlusses nach § 325 HGB zu erfolgen. Gemeint ist der Jahresabschluss, aufgrund dessen die Gewinnverteilung beschlossen wird (s. Abs. 2 S. 2). Die Bekanntmachung nach § 325 Abs. 2 HGB hat **unverzüglich** nach der elektronischen Einreichung des Jahresabschlusses beim Betreiber des Bundesanzeigers zu erfolgen. Die Einreichung beim Bundesanzeiger hat unverzüglich nach Vorlage des Abschlusses an die Gesellschafter, jedenfalls aber innerhalb von zwölf Monaten seit dem Abschlussstichtag zu erfolgen (§ 325 Abs. 1 S. 2 HGB). Abs. 2 S. 4 wurde mit Wirkung zum 1.8.2022 durch das DiRUG neu gefasst. Ab diesem Zeitpunkt hat der Hinweis durch eine gesonderte Erklärung zu erfolgen, die der das Unternehmensregister führenden Stelle gemeinsam mit dem Jahresabschluss elektronisch zur Einstellung in das Unternehmensregister zu übermitteln ist. Das Unternehmensregister wird vom Betreiber des elektronischen Bundesanzeigers, der Bundesanzeiger Verlagsgesellschaft mbH, betrieben.[34] Nach dem Wortlaut des Abs. 2 S. 4 hat der Hinweis in der Bekanntmachung jedes Jahresabschlusses, auf dessen Grundlage ein Gewinnanteil von mehr als 4 % ausgeschüttet werden soll, zu erfolgen; sollen in den zwei ersten Jahren nach der Beschlussfassung über die Kapitalherabsetzung Gewinne in dieser Höhe ausgeschüttet werden, wirkt der Hinweis in der Bekanntmachung des ersten Jahresabschlusses also nicht zugleich für das Folgejahr.

34 – Anders als nach § 58 ist nur eine **allgemeine Hinweisbekanntmachung** erforderlich; eine gezielte Aufforderung der bekannten Gläubiger wird nicht verlangt.

35 – **Meldung:** Gläubiger sind nach Abs. 2 S. 2 aE dann zu befriedigen oder sicherzustellen, wenn sie sich innerhalb von sechs Monaten nach der Bekanntmachung des Jahresabschlusses, aufgrund dessen die Gewinnverteilung beschlossen worden ist, bei der Gesellschaft zu diesem Zweck gemeldet haben (zu den Anforderungen an eine Meldung → § 58 Rn. 98 ff.).

36 – **Altgläubigereigenschaft:** Weitere Voraussetzung für die Verpflichtung, einen Gläubiger zu befriedigen oder sicherzustellen, ist, dass dessen Forderung bereits vor der Bekanntmachung der Eintragung des Kapitalherabsetzungsbeschlusses begründet worden ist (Abs. 2 S. 2). Die Bekanntmachung richtet sich nach § 10 HGB. Zur Frage, welche Forderungen erfasst werden (insbesondere zu Anforderungen an die Begründung der Forderung, Ansprüchen aus Dauerschuldverhältnissen, bedingten oder bestrittenen Forderungen sowie auf Handlungen oder Unterlassungen gerichteten Forderungen) gilt das zu § 58 Ausgeführte entsprechend (→ § 58 Rn. 116 ff.).

37 – **Befriedigung/Sicherstellung:** Die Altgläubiger, die sich rechtzeitig gemeldet haben, müssen entweder befriedigt oder sichergestellt worden sein. Auch zu den Anforderungen an eine Befriedigung und insbesondere an die Sicherstellung ist auf die Ausführungen zu § 58 zu verweisen (→ § 58 Rn. 105 ff.).

38 – Wie bei § 58 haben die Gläubiger **keinen Anspruch auf Sicherstellung;**[35] die Sicherstellung oder Befriedigung aller Gläubiger, die sich gemeldet haben, ist lediglich Voraussetzung dafür, dass eine die 4%-Schranke übersteigende Ausschüttung zulässig ist. Solange

---

[33] Ausdrücklich auch UHL/*Casper* Rn. 14; Scholz/*Priester/Tebben* Rn. 13; Noack/Servatius/Haas/*Kersting* Rn. 11.

[34] Verordnung über die Übertragung der Führung des Unternehmensregisters vom 15.12.2006.

[35] EinhM, s. nur UHL/*Casper* Rn. 13; Scholz/*Priester/Tebben* Rn. 15; Noack/Servatius/Haas/*Kersting* Rn. 15.

die Ausschüttung nicht erfolgt ist, können die Gesellschafter ohne Mitwirkung der Gläubiger auf die Durchführung der Gewinnausschüttung, soweit sie die 4%-Schranke übersteigt, verzichten.

– **Ausnahme bei anderweitiger Besicherung:** Abs. 2 S. 3 bestimmt ausdrücklich, dass **39** die Sicherstellung eines Gläubigers nicht erforderlich ist, wenn – und nach richtigem Verständnis soweit – er im Fall eines Insolvenzverfahrens über das Vermögen der Gesellschaft ein Recht auf vorzugsweise Befriedigung aus einer Deckungsmasse hat, die nach gesetzlicher Vorschrift zu seinem Schutz errichtet und staatlich überwacht ist. An welche Fälle der Gesetzgeber hier gedacht hat, ist unklar. Von den zur Parallelvorschrift des § 233 Abs. 2 S. 3 AktG diskutierten Anwendungsfällen kann theoretisch allein § 30 PfandBG in Betracht kommen.[36]

Abs. 2 S. 3 ist allerdings Ausdruck des allgemeinen Rechtsgedankens, dass Gläubiger nicht **40** sichergestellt werden müssen, soweit ein Sicherungsbedürfnis aufgrund schon bestehender angemessener Absicherung fehlt.[37] Auch insoweit ist auf die Ausführungen zu § 58 zu verweisen (→ § 58 Rn. 120).

b) Möglichkeit der Ausschüttung nach Durchführung des Verfahrens. Über die **41** 4%-Begrenzung hinausgehende Ausschüttungen dürfen erst erfolgen, nachdem das vorstehende Gläubigerschutzverfahren abgeschlossen ist, insbesondere also die Sechsmonatsfrist, innerhalb derer sich Gläubiger melden können, abgelaufen ist und alle berechtigten Gläubiger, die sich gemeldet haben, befriedigt oder sichergestellt worden sind.

Fraglich ist, ob auch der **Gewinnverwendungsbeschluss** erst nach Abschluss des **42** Verfahrens gefasst werden darf, um die Nichtigkeit des Beschlusses wegen Verletzung gläubigerschützender Bestimmungen analog § 241 Nr. 3 AktG zu vermeiden. Soweit wird man nicht gehen können. Zur Vermeidung der Nichtigkeit des Beschlusses empfiehlt es sich jedoch dringend, den gesetzlichen Vorbehalt des Abs. 2 ausdrücklich in den Gewinnverwendungsbeschluss aufzunehmen.[38] Ohne einen solchen ausdrücklichen Vorbehalt ist der Beschluss nur dann nicht nichtig, wenn ihm ein konkludenter Vorbehalt im Wege der Auslegung entnommen werden kann. Dagegen ist es mit der Rechtsgeschäftslehre nicht vereinbar, den Beschluss nur dann als rückwirkend nichtig anzusehen, wenn nachträglich ein Verstoß gegen Abs. 2 S. 2–4 erfolgt.[39] Sollte der Gewinnverwendungsbeschluss gegen Abs. 2 verstoßen, spricht viel dafür, die Nichtigkeit im Zweifel auf den 4 % übersteigenden Teil des Gewinns zu beschränken.[40] Vor Abschluss des speziellen Gläubigerschutzverfahrens kann, vorbehaltlich des Abs. 1, selbstverständlich eine **Teilausschüttung** in Höhe von bis zu 4 % des Stammkapitals erfolgen.[41]

Das für die Gesellschafter sehr aufwendige Verfahren nach Abs. 2 S. 2–4 ist für **jede 43 4 % des Stammkapitals übersteigende Gewinnausschüttung** innerhalb des Zeitraums nach Abs. 2 durchzuführen. Die Befriedigung und Sicherstellung im ersten Jahr nach der Kapitalherabsetzung legitimiert also keine Gewinnausschüttung im zweiten Jahr, die erneut 4 % übersteigt. Dies ergibt sich daraus, dass die Frist, innerhalb derer die Gläubiger bei der Gesellschaft melden können, nach Abs. 2 S. 2 jeweils mit der Bekanntmachung desjenigen Jahresabschlusses beginnt, aufgrund dessen die Gewinnverteilung beschlossen werden soll.

Das spezielle Gläubigerschutzverfahren nach Abs. 2 S. 2–4 ist speziell auf die offene **44** Gewinnausschüttung zugeschnitten. Obwohl Abs. 2 S. 1 auch **verdeckte Gewinnausschüttungen** beschränkt (→ Rn. 11), erlaubt die Ausnahme des Abs. 2 S. 2–4 nur die Durchführung ordentlicher Gewinnausschüttungen. Das sehr detailliert und formal gere-

---

[36]   Näher hierzu UHL/*Casper* Rn. 15; Noack/Servatius/Haas/*Kersting* Rn. 12.

[37]   So auch Scholz/*Priester/Tebben* Rn. 14; Noack/Servatius/Haas/*Kersting* Rn. 12.

[38]   Noack/Servatius/Haas/*Kersting* Rn. 16; Lutter/Hommelhoff/*Kleindiek* Rn. 12; Scholz/*Priester/Tebben* Rn. 13.

[39]   So auch UHL/*Casper* Rn. 17.

[40]   IErg ebenso UHL/*Casper* Rn. 17; krit. *Altmeppen* Rn. 13, nach dem aber die Aufspaltung in zwei Teilbeschlüsse, von denen einer die 4%-Grenze einhält, diskutabel sei.

[41]   Unstr., s. nur Noack/Servatius/Haas/*Kersting* Rn. 13.

gelte Verfahren des Abs. 2 S. 2–4 passt auf sonstige Entnahmen nicht. Insbesondere werden verdeckte Gewinnausschüttungen nicht aufgrund eines bestimmten Jahresabschlusses vorgenommen; dieser ist aber erforderlich, um die Sechsmonatsfrist des Abs. 2 S. 2 in Gang zu setzen.

45   Angesichts des erheblichen Aufwands für die Gesellschaft (potenziell Befriedigung oder Sicherstellung aller Gläubiger) und des vergleichsweise geringen Nutzens (geringfügig erhöhte Ausschüttungsmöglichkeit in einem bestimmten Geschäftsjahr) ist die **praktische Bedeutung** der Ausnahme des Abs. 2 S. 2–4 äußerst begrenzt.

IV. Folgen von Verstößen

46   Eine offene oder verdeckte Gewinnausschüttung unter Verstoß gegen § 58d Abs. 1 oder Abs. 2 ist rechtswidrig. Mitwirkende Geschäftsführer verletzen ihre Pflichten und machen sich der Gesellschaft gegenüber nach § 43 Abs. 2 **schadensersatzpflichtig.** Eine Zustimmung der Gesellschafter wirkt analog § 43 Abs. 3 nicht exkulpierend (auch → § 58b Rn. 38).[42]

47   Ein gegen Abs. 1 oder 2 verstoßender Gewinnverwendungsbeschluss ist analog § 241 Nr. 3 AktG **nichtig.** Zur Nichtigkeit des Gewinnverwendungsbeschlusses in dem Fall, dass von der Ausnahme nach Abs. 2 S. 2–4 Gebrauch gemacht wird, → Rn. 42.

48   Wird ein Betrag unter Verstoß gegen § 58d an die Gesellschafter ausgeschüttet, haften diese auf Rückzahlung **analog § 31.**[43] Die Voraussetzungen für eine Analogie liegen vor. Auch § 58d dient dem Gläubigerschutz durch Kapitalschutz. Es kann nicht davon ausgegangen werden, dass der Gesetzgeber den Anspruch der Gesellschaft allein auf Bereicherungsrecht (einschließlich der Möglichkeit des Wegfalls der Bereicherung nach § 818 Abs. 3 BGB) stützen wollte. Das Fehlen einer ausdrücklichen Regelung lässt sich mit dem aktienrechtlichen Vorbild erklären, bei dem wegen der weiten Formulierung des § 62 AktG, der in seiner Funktion dem § 31 entspricht, keine ausdrückliche Anspruchsgrundlage der Gesellschaft erforderlich ist (auch → § 58b Rn. 39).[44] Die hM stützt den Rückzahlungsanspruch dagegen auf § 812 BGB.[45] Ansprüche aus § 826 BGB bleiben unberührt.

§ 58e Beschluss über die Kapitalherabsetzung

(1) ¹Im Jahresabschluß für das letzte vor der Beschlußfassung über die Kapitalherabsetzung abgelaufene Geschäftsjahr können das Stammkapital sowie die Kapital- und Gewinnrücklagen in der Höhe ausgewiesen werden, in der sie nach der Kapitalherabsetzung bestehen sollen. ²Dies gilt nicht, wenn der Jahresabschluß anders als durch Beschluß der Gesellschafter festgestellt wird.

(2) Der Beschluß über die Feststellung des Jahresabschlusses soll zugleich mit dem Beschluß über die Kapitalherabsetzung gefaßt werden.

(3) ¹Die Beschlüsse sind nichtig, wenn der Beschluß über die Kapitalherabsetzung nicht binnen drei Monaten nach der Beschlußfassung in das Handelsregister eingetragen worden ist. ²Der Lauf der Frist ist gehemmt, solange eine Anfechtungs- oder Nichtigkeitsklage rechtshängig ist.

(4) Der Jahresabschluß darf nach § 325 des Handelsgesetzbuchs erst nach Eintragung des Beschlusses über die Kapitalherabsetzung offengelegt werden.

Schrifttum: s. Vor § 58.

---

[42]   So ausdrücklich auch Noack/Servatius/Haas/*Kersting* Rn. 18.
[43]   So auch *Altmeppen* Rn. 14; Lutter/Hommelhoff/*Kleindiek* Rn. 14.
[44]   Zur Anwendbarkeit des § 62 Abs. 1 AktG bei gegen § 233 AktG verstoßenden Zahlungen etwa MüKo-AktG/*Oechsler* AktG § 233 Rn. 9, 16.
[45]   UHL/*Casper* Rn. 18; Scholz/*Priester/Tebben* Rn. 16; Noack/Servatius/Haas/*Kersting* Rn. 17; MHLS/*Waldner* Rn. 12; HK-GmbHG/*Inhester* Rn. 12.

Übersicht

I. Normzweck und Überblick

§ 58e erlaubt die **bilanzielle Abbildung** der vereinfachten Kapitalherabsetzung bereits **1** in dem Jahresabschluss für das unmittelbar vor dem Kapitalherabsetzungsbeschluss abgelaufene Geschäftsjahr. Betroffen sind ausschließlich Eigenkapitalpositionen, nämlich die Herabsetzung des Stammkapitals und die Veränderung der Rücklagen. Abs. 1 S. 2 und Abs. 2 betreffen Sonderregelungen zur Beschlussfassung über die Feststellung des Jahresabschlusses (Feststellung durch Gesellschafter und Kombination mit dem Kapitalherabsetzungsbeschluss). Abs. 3 zieht eine zeitliche Grenze für die rückwirkende bilanzielle Abbildung: Diese knüpft nach ihrem Wortlaut nicht an einen bestimmten Zeitablauf zwischen Geschäftsjahresende und Beschlussfassung oder Eintragung der Kapitalherabsetzung an, sondern an die Frist zwischen Kapitalherabsetzungsbeschluss und dessen Eintragung in das Handelsregister (näher → Rn. 43 ff.). Angesichts der engen Verknüpfung zwischen Feststellung des Jahresabschlusses und Kapitalherabsetzung erlaubt Abs. 4 konsequent eine Abweichung von der Verpflichtung nach § 325 Abs. 1 S. 2 und Abs. 2 HGB, wonach der Jahresabschluss unverzüglich nach seiner Vorlage an die Gesellschafter, jedoch spätestens vor Ablauf des 12. Monats seit dem Abschlussstichtag beim Betreiber des Bundesanzeigers elektronisch einzureichen und anschließend unverzüglich bekanntzumachen ist.

§ 58e enthält eine Abweichung vom bilanzrechtlichen **Stichtagsprinzip** (§ 252 Abs. 1 **2** Nr. 3 HGB), da mit der Kapitalherabsetzung ein Geschäftsvorfall des Folgejahres abgebildet wird. Allerdings ist diese Abweichung in ihren Wirkungen sehr begrenzt:

– Betroffen sind allein Eigenkapitalpositionen (gezeichnetes Kapital, Rücklagen, ggf. **3** Gewinnvortrag/Verlustvortrag), also der ohnehin atmende Saldo aus Aktiva und echten Verbindlichkeiten. Anderes gilt allerdings bei der ebenfalls rückwirkenden Bilanzierung einer gleichzeitig stattfindenden Kapitalerhöhung gem. § 58f (→ § 58f Rn. 12 f.).

– Veränderungen der Rücklagen werden ohnehin im Zusammenhang mit der Bilanzaufstel- **4** lung/-feststellung vorgenommen, die stets dem Bilanzstichtag nachfolgt (vgl. § 275 Abs. 4 HGB und § 158 AktG, der im GmbH-Recht entsprechend angewandt wird).

– Die GuV wird nur unterhalb der Position Jahresüberschuss betroffen (vgl. § 275 Abs. 4 **5** HGB; § 158 AktG). Ein tatsächlich erwirtschafteter Verlust wird also nicht verschleiert.

6 Der Normzweck besteht darin, den Gesellschaftern zu ermöglichen, bereits früher ein **negatives Bilanzbild** zu vermeiden, das die Kreditwürdigkeit der Gesellschaft herabsetzen könnte.[1] Der Ausweis einer Unterbilanz, der häufig als Anzeichen einer Krise zu werten ist, wird vermieden.[2] § 58e beschränkt sich auf diese eher bilanzkosmetischen Wirkungen, die Eigenkapitalziffer und die Vermögenslage selbst werden gerade nicht berührt.

7   Die eigentliche Bedeutung erlangt § 58e in Kombination mit § 58f, der auch die rückwirkende bilanzielle Abbildung einer **gleichzeitigen Kapitalerhöhung** unter bestimmten Voraussetzungen erlaubt. Durch die Kombination beider Vorschriften wird damit ermöglicht, die erfolgreiche Sanierung der Gesellschaft einschließlich der Verbesserung der Vermögenslage aufgrund der Kapitalerhöhung bereits im vorangegangenen Jahresabschluss und damit deutlich früher abzubilden und nach § 325 HGB öffentlich zu kommunizieren.

8   § 58e entspricht weitgehend **§ 234 AktG**. Inhaltliche Unterschiede ergeben sich aus der unterschiedlichen Kompetenz zur Feststellung des Jahresabschlusses bei GmbH und AG. Der Dispens von § 325 HGB (Abs. 4) ist im Aktienrecht in § 236 AktG geregelt. Aufgrund der weitgehend gleichen Regelungen ist die rückwirkende Abbildung der Kapitalherabsetzung auch bei zwischenzeitlichem Formwechsel einer AG in eine GmbH und umgekehrt möglich.[3]

II. Rückwirkung auf den letzten Jahresabschluss (Abs. 1 S. 1)

9   **1. Überblick über die Voraussetzungen.** Abs. 1 S. 1 berechtigt die Gesellschaft, Stammkapital und Rücklagen im letzten vor dem Kapitalherabsetzungsbeschluss abgelaufenen Geschäftsjahr in der Höhe auszuweisen, in der sie nach der Kapitalherabsetzung bestehen sollen. Eine Verpflichtung zu einer solchen bilanziellen Vorwegnahme wird nicht begründet.[4] Die folgenden Voraussetzungen müssen für eine solche rückwirkende bilanzielle Abbildung erfüllt sein:

10 – Der Jahresabschlusses muss durch die Gesellschafterversammlung festgestellt werden (Abs. 1 S. 2, → Rn. 37 ff.).

11 – Der Wille zur rückwirkenden Abbildung der Kapitalherabsetzung muss ausreichend deutlich zum Ausdruck kommen (→ Rn. 15 ff.).

12 – Der Kapitalherabsetzungsbeschluss muss in dem auf den relevanten Jahresabschluss folgenden Jahr gefasst werden (→ Rn. 26).

13 – Die Berücksichtigung im vergangenen Jahresabschluss und der entsprechende Gesellschafterbeschluss über die Feststellung des Jahresabschlusses setzen nicht voraus, dass die vereinfachte Kapitalherabsetzung bereits durch Handelsregistereintragung wirksam geworden ist. Die relevanten Eigenkapitalpositionen können in der Höhe ausgewiesen werden, „in der sie nach der Kapitalherabsetzung bestehen sollen" (Abs. 1 S. 1 aE).

14 – Allerdings hat die Eintragung der Kapitalherabsetzung nach Abs. 3 insofern Bedeutung, als der Kapitalherabsetzungsbeschluss und der Beschluss über die Feststellung des Jahresabschlusses nachträglich vernichtet werden, wenn der Kapitalherabsetzungsbeschluss nicht (vorbehaltlich einer gegen ihn gerichteten Beschlussmängelklage) innerhalb der **Dreimonatsfrist** des Abs. 3 nach der Beschlussfassung in das Handelsregister eingetragen wird (→ Rn. 43 ff.).

15   **2. Verknüpfung von Kapitalherabsetzung und Rückwirkung.** § 58e ist eine in Teilen unausgegorene und **unklare Vorschrift.** Dies betrifft insbesondere das Verhältnis von Kapitalherabsetzung und rückwirkender Abbildung im letzten Jahresabschluss:

---

[1]   So die Begr. RegE EGInsO, BT-Drs. 12/3803, 89.
[2]   Rechtspolitisch krit. zur Funktion der §§ 58e und 58f; *Hohmuth* GmbHR 2009, 349 (352 f.); *Hohmuth,* Die Kapitalherabsetzung bei der GmbH, 2007, 170, da der kundige Jahresabschlussleser die tatsächliche Verlustsituation ohnehin aus der GuV ablesen könne und viele abhängige GmbH ohnehin von der Offenlegung ihrer Abschlüsse entbunden seien; ähnlich Noack/Servatius/Haas/*Kersting* Rn. 1.
[3]   So zum Formwechsel der GmbH in eine AG auch MüKoAktG/*Oechsler* AktG § 234 Rn. 4.
[4]   Unstr., ausdr. etwa Noack/Servatius/Haas/*Kersting* Rn. 2.

- Einerseits ergibt sich aus Abs. 1 deutlich, dass die Rückwirkung im Ermessen der Gesell- **16** schafter steht. Andererseits ordnet Abs. 3 nach seinem Wortlaut die Nichtigkeit sowohl des Kapitalherabsetzungsbeschlusses als auch des Beschlusses über die Feststellung des Jahresabschlusses an, wenn die Kapitalherabsetzung nicht innerhalb einer bestimmten Frist durch Eintragung in das Handelsregister wirksam geworden ist (zur notwendigen teleologischen Reduktion des Abs. 3 → Rn. 50).
- Einerseits regelt Abs. 1 primär die bilanzielle Abbildung der Kapitalherabsetzung und **17** damit den Feststellungsbeschluss, stellt aber keine besonderen Voraussetzungen an den Kapitalherabsetzungsbeschluss oder dessen Anmeldung zum Handelsregister zur Ermöglichung der Rückwirkung auf. Andererseits muss das Registergericht offensichtlich wissen, ob die Kapitalherabsetzung rückwirkend bilanziell abgebildet werden soll, da es nur in diesem Fall die Eintragung der Kapitalherabsetzung nach Ablauf von drei Monaten ablehnen muss.

Bei der Bestimmung des Verhältnisses von Kapitalherabsetzung und rückwirkender bilanziel- **18** ler Abbildung ist von Folgendem auszugehen:
- Die Gesellschafter sind frei, im Kapitalherabsetzungsbeschluss ausdrücklich eine zwin- **19** gende Verbindung zwischen Kapitalherabsetzung und rückwirkender bilanzieller Abbildung zu schaffen. Tun sie dies, hängt die Kapitalherabsetzung von der Zulässigkeit der rückwirkenden bilanziellen Abbildung und damit insbesondere davon ab, ob die Dreimonatsfrist für die Eintragung der Kapitalherabsetzung nach Abs. 3 eingehalten wird.
- Der Wille zur bilanziellen Rückwirkung kann auch allein im Feststellungsbeschluss zum **20** Ausdruck gebracht werden, indem der Jahresabschluss die Kapitalherabsetzung bereits abbildet.
- Abs. 3 geht davon aus, dass die Rückwirkung auch dem Handelsregister gegenüber zum **21** Ausdruck gebracht wird. Der Registerrichter muss wissen, ob er eine Kapitalherabsetzung nach drei Monaten noch eintragen darf oder nicht. Ergibt sich die Rückwirkung nicht aus dem Kapitalherabsetzungsbeschluss und wird der Feststellungsbeschluss ausnahmsweise nicht als Nachweis der Voraussetzungen des § 58a Abs. 1 und 2 beigefügt, muss die **Rückwirkung in der Anmeldung** deutlich gemacht werden.
- Soll die Kapitalherabsetzung nach dem Willen der Gesellschafter in jedem Fall und notfalls **22** auch ohne Rückwirkung wirksam werden, ist ihnen dringend zu empfehlen, dies eindeutig zum Ausdruck zu bringen, am besten im Kapitalherabsetzungsbeschluss selbst, ansonsten aber jedenfalls in der Anmeldung (zur Nichtigkeitsfolge des Abs. 3 → Rn. 49 ff.).

3. Abgelaufenes Geschäftsjahr. a) In Betracht kommende Geschäftsjahre. **23** Abs. 1 erlaubt die rückwirkende Bilanzierung der vereinfachten Kapitalherabsetzung im letzten, vor dem Kapitalherabsetzungsbeschluss **abgelaufenen Geschäftsjahr.** Eine weitergehende bilanzielle Vorwegnahme der Kapitalherabsetzung in einem noch weiter zurückliegenden Geschäftsjahr wäre unzulässig, der Beschluss über die Feststellung des Jahresabschlusses und der Jahresabschluss selbst wären nichtig (§ 241 Nr. 3 AktG, § 256 Abs. 1 Nr. 1 und 4 AktG analog). Wird der Kapitalherabsetzungsbeschluss im Geschäftsjahr 2 gefasst, ist also eine bilanzielle Abbildung im Jahresabschluss für das Geschäftsjahr 1 zulässig, nicht dagegen im Jahresabschluss für Geschäftsjahr 0.

Eine andere Frage ist, ob in dem Fall, dass die in Geschäftsjahr 2 beschlossene verein- **24** fachte Kapitalherabsetzung erst in Geschäftsjahr 3 eingetragen wird, der bilanzielle Ausweis der Kapitalherabsetzung nach Abs. 1 S. 1 statt im Jahresabschluss von Geschäftsjahr 1 im Jahresabschluss von Geschäftsjahr 2 erfolgen darf (auch → Rn. 28 f.). Auch hierbei handelt es sich um eine bilanzielle Rückwirkung eines noch nicht wirksam gewordenen Geschäftsvorfalls. Obwohl der Wortlaut des Abs. 1 S. 1 unmittelbar nicht greift, da Geschäftsjahr 2 gerade nicht das letzte vor der Beschlussfassung über die Kapitalherabsetzung abgelaufene Geschäftsjahr ist, kann im Wege eines argumentum e maiore ad minus auf die Zulässigkeit dieser weniger weit reichenden bilanziellen Rückwirkung geschlossen werden.[5]

---

[5] So auch Noack/Servatius/Haas/*Kersting* Rn. 4; UHL/*Casper* Rn. 4; Rowedder/Schmidt-Leithoff/ *Schnorbus* Rn. 4; MHLS/*Waldner* Rn. 3.

25   Teilweise wird in diesem Fall der rückwirkende bilanzielle Ausweis im Geschäftsjahr, in dem die Kapitalherabsetzung beschlossen worden ist (Geschäftsjahr 2), sogar als zwingend angesehen.[6] Begründet wird dies damit, dass die besondere Vermögensbindung der §§ 58b, 58c, 58d an den Zeitpunkt der Beschlussfassung und nicht der Eintragung anknüpfe. Dem ist nicht zu folgen. Die Durchbrechung des Stichtagsprinzips durch rückwirkenden bilanziellen Ausweis ist eine Ausnahme, die in das Ermessen der Gesellschafter gestellt worden ist. Die Zementierung dieser Rückwirkung dadurch, dass aus der Option eine Pflicht zum rückwirkenden Ausweis abgeleitet wird, ist nicht gerechtfertigt. Das eher theoretische Problem, die Kapitalbindung der § 58b Abs. 3, §§ 58c, 58d schon vor dem Wirksamwerden der Kapitalherabsetzung ab der entsprechenden Beschlussfassung sicherzustellen, lässt sich dadurch lösen, dass man diese besondere Kapitalbindung bereits mit dem Zeitpunkt der Beschlussfassung beginnen lässt (näher → § 58b Rn. 29; → § 58d Rn. 19).

26   **b) Zusammenhang zwischen Geschäftsjahresende und Zeitpunkt der Beschlussfassung.** § 58e bestimmt nicht ausdrücklich, dass die Beschlüsse über die Kapitalherabsetzung und die Feststellung des Jahresabschlusses innerhalb einer bestimmten Frist nach Ablauf des vorangegangenen Geschäftsjahres beschlossen werden müssen. Allerdings ergibt sich eine Beschränkung daraus, dass die Rückwirkung nur für das letzte vor der Beschlussfassung über die Kapitalherabsetzung abgelaufene Geschäftsjahr möglich ist. Daraus folgt, dass der Kapitalherabsetzungsbeschluss **innerhalb eines Jahres** seit dem letzten Bilanzstichtag gefasst werden muss (ausführlich → Rn. 23 ff.).

27   Darüber hinaus bestimmt **§ 42a Abs. 2,** dass die Gesellschafter spätestens bis zum Ablauf der ersten acht Monate oder, wenn es sich um eine kleine Gesellschaft iSd § 267 Abs. 1 HGB handelt, bis zum Ablauf der ersten elf Monate des Geschäftsjahres über die Feststellung des Jahresabschlusses für das vorangegangene Geschäftsjahr zu beschließen haben. Der Gesellschaftsvertrag kann die Frist nicht verlängern. Zwar ließe sich argumentieren, dass kein Anlass besteht, den Gesellschaftern bei rechtswidriger Verzögerung der Feststellung des Jahresabschlusses die Möglichkeit einer rückwirkenden Bilanzierung der vereinfachten Kapitalherabsetzung offen zu halten. Angesichts der ohnehin bestehenden Jahresfrist, dem Umstand, dass die Überschreitung der Frist des § 42a nicht sanktioniert ist (→ § 42a Rn. 1 ff.)[7] und dem Bestreben, Sanierungen nicht durch übermäßig enge Gesetzesauslegung zu erschweren, spricht allerdings mehr für eine großzügigere Auslegung, nach der eine Rückwirkung der Kapitalherabsetzung auch noch nach Ablauf der Frist des § 42a Abs. 2 zulässig ist.

28   **c) Bedeutung der Eintragung.** Der Wortlaut des Abs. 1 verlangt nicht, dass die Kapitalherabsetzung innerhalb des laufenden Geschäftsjahres, in dem der Kapitalherabsetzungsbeschluss gefasst wird, eingetragen werden muss.[8] Auch wenn die Jahresfrist für die Fassung des Kapitalherabsetzungsbeschlusses eingehalten wird, ist es durchaus denkbar, dass die Eintragung der Kapitalherabsetzung unter Einhaltung der zulässigen Frist des Abs. 3 erst nach dem Ende des laufenden Geschäftsjahres erfolgt. Dies hätte zwar zur Folge, dass der im Jahresabschluss des Vorjahres ausgewiesene Geschäftsvorfall Kapitalherabsetzung erst mehr als ein Jahr später wirksam wird. Der Wortlaut der Abs. 1 und 3 ist insoweit aber eindeutig; eine teleologische Reduktion lässt sich nicht begründen.[9] Abs. 3 lässt sogar ein noch deutlich weiter hinausgeschobenes Wirksamwerden der Kapitalherabsetzung zu, da die rechtskräftige Beendigung eines Anfechtungsprozesses gegen den Kapitalherabsetzungsbeschluss auch mehrere Jahre in Anspruch nehmen kann.

---

[6]   So Noack/Servatius/Haas/*Kersting* Rn. 4; UHL/*Casper* Rn. 4.
[7]   Noack/Servatius/Haas/*Kersting* § 42a Rn. 19.
[8]   EinhM, s. nur Noack/Servatius/Haas/*Kersting* Rn. 3; UHL/*Casper* Rn. 4; Lutter/Hommelhoff/*Kleindiek* Rn. 10; Scholz/*Priester/Tebben* Rn. 3; Rowedder/Schmidt-Leithoff/*Schnorbus* Rn. 4.
[9]   Unstr., s. nur Noack/Servatius/Haas/*Kersting* Rn. 3; Lutter/Hommelhoff/*Kleindiek* Rn. 10; Scholz/*Priester/Tebben* Rn. 3; Rowedder/Schmidt-Leithoff/*Schnorbus* Rn. 4; Bork/Schäfer/*Arnold/Bork* §§ 58e–58f Rn. 5.

Verzögert sich die Eintragung der Kapitalherabsetzung ohne Verstoß gegen Abs. 3 über **29** den Zeitpunkt der Feststellung des nächsten Jahresabschlusses hinaus, muss die bereits im vorangegangenen Jahresabschluss abgebildete Kapitalerhöhung auch in dem folgenden Abschluss berücksichtigt werden. Dies ergibt sich aus dem zwingenden bilanzrechtlichen Grundsatz der **Bilanzkontinuität**.[10]

4. Ausweis der Kapitalherabsetzung im letzten Jahresabschluss. a) Bilanz. Die **30** rückwirkende bilanzielle Berücksichtigung beschränkt sich auf die **Eigenkapitalpositionen**. In der Bilanz ist unter der Position „Gezeichnetes Kapital" bereits die herabgesetzte Stammkapitalziffer auszuweisen. Die Kapital- und Gewinnrücklagen sind nach § 58a Abs. 2 S. 1 in dem dort beschriebenen Umfang aufzulösen. Ein etwaiger Gewinnvortrag muss nach § 58a Abs. 2 S. 2 vollständig mit einem Verlustvortrag oder Jahresfehlbetrag verrechnet worden sein. Etwaige nach § 58a Abs. 2 S. 1 verbliebene Gewinnrücklagen sind gem. § 58b Abs. 2 als Kapitalrücklage auszuweisen (→ § 58b Rn. 13). Die Kapitalrücklage ist aufgrund der besonderen Bindung nach § 58b Abs. 3 gesondert zu kennzeichnen (→ § 58b Rn. 32). § 58c dürfte bei der rückwirkenden bilanziellen Abbildung dagegen keine praktische Bedeutung haben.

Alle übrigen Bilanzpositionen, dh alle Aktivpositionen und die echten Verbindlichkei- **31** ten und Rückstellungen, werden nicht berührt. Das ausgewiesene Nettovermögen/Eigenkapital ändert sich aufgrund des Abs. 1 nicht. Etwas anderes gilt allerdings dann, wenn außer der Kapitalherabsetzung auch eine gleichzeitig beschlossene Barkapitalerhöhung nach § 58f rückwirkend bilanziell abgebildet wird.

b) GuV. Verbreitet wird darauf hingewiesen, dass die GuV von § 58e unberührt **32** bleibe.[11] Dies ist insoweit zutreffend, als die Ermittlung des Jahresfehlbetrags (oder theoretisch -überschusses) nicht berührt wird. Allerdings sind die Einstellungen in und Entnahmen aus den Rücklagen gem. § 275 Abs. 4 HGB, § 158 Abs. 1 S. 1 AktG analog auch in der GuV, allerdings nach dem Posten „Jahresüberschuss/Jahresfehlbetrag", auszuweisen. § 240 S. 1 und S. 2 AktG treffen darüber hinaus ergänzende Bestimmungen für den Ausweis einer Kapitalherabsetzung in der GuV, die auf die vereinfachte Kapitalherabsetzung analog anzuwenden sind (ausführlich → § 58b Rn. 33).

c) Anhang, Lagebericht. Eine Pflicht zur Erläuterung der Rückwirkung im Anhang **33** oder im Lagebericht sieht § 58e nicht vor. Es bleibt bei den allgemeinen Vorschriften.[12] Hier ist auf § 240 S. 3 AktG und den Umstand hinzuweisen, dass § 240 AktG nach hM die Option des § 158 Abs. 1 S. 2 AktG, die Veränderungen der Rücklagen im Anhang darzustellen, ausschließt (→ § 58b Rn. 35). Hat die Gesellschaft ihren Jahresabschluss um einen Anhang zu erweitern, hat dieser auf die rückwirkende Berücksichtigung der Kapitalherabsetzung hinzuweisen. Das macht § 285 Nr. 33 HGB deutlich, der die Angabe von Vorgängen besonderer Bedeutung, die nach dem Schluss des Geschäftsjahres eingetreten sind, verlangt.[13]

d) Berücksichtigung bereits bei Aufstellung und Prüfung. Soll von der Möglich- **34** keit der rückwirkenden bilanziellen Abbildung der Kapitalherabsetzung Gebrauch gemacht werden, ist sinnvollerweise sicherzustellen, dass die Geschäftsführer dies bereits bei der Aufstellung des Jahresabschlusses beachten, sodass der Abschlussprüfer auch die vorweggenommenen Ausweise prüfen kann. Würde der rückwirkende Ausweis der Kapitalherabsetzung erst anschließend von den Gesellschaftern angewiesen, wäre der aufgestellte Entwurf zu ändern und eine Nachtragsprüfung vorzunehmen.[14]

---

[10] So auch Noack/Servatius/Haas/*Kersting* Rn. 3; *Altmeppen* Rn. 4; MHLS/*Waldner* Rn. 3.
[11] Noack/Servatius/Haas/*Kersting* Rn. 1.
[12] Zust. Scholz/*Priester/Tebben* Rn. 4.
[13] Rowedder/Schmidt-Leithoff/*Schnorbus* Rn. 5.
[14] So auch Scholz/*Priester/Tebben* Rn. 7.

35   **5. Beschränkte Wirkung des Abs. 1.** Die Wirkung des Abs. 1 ist auf den dargestellten Ausweis der Eigenkapitalpositionen im vorangegangenen Jahresabschluss beschränkt. Das Wirksamwerden der Kapitalherabsetzung mit ihrer Eintragung wird nicht berührt. Das Ende der Fristen für die besondere Vermögensbindung nach den § 58b Abs. 3, § 58d wird durch § 58e nicht vorverlegt. Zur Vorverlegung des Beginns des Anwendungsbereichs des § 58c → § 58c Rn. 11. Unstreitig ist auch, dass § 58e nur für die vereinfachte Kapitalherabsetzung gilt und auf die ordentliche Kapitalherabsetzung auch nicht analog angewandt werden kann.[15]

36   **6. Verstöße.** Verstöße gegen Abs. 1 führen zur **Nichtigkeit des Jahresabschlusses** analog § 256 Abs. 1 Nr. 1 AktG, in dem die Kapitalherabsetzung unzulässigerweise abgebildet wird.[16] Der Kapitalherabsetzungsbeschluss bleibt von einem solchen Verstoß aber grundsätzlich unberührt, soweit er nicht eindeutig eine Verknüpfung mit der Rückwirkung der Art erkennen lässt, dass die Kapitalherabsetzung ohne rückwirkende bilanzielle Abbildung nicht gewollt ist.

III. Anforderungen an die Beschlussfassung durch die Gesellschafter

37   **1. Feststellung des Jahresabschlusses durch die Gesellschafter (Abs. 1 S. 2).** Die rückwirkende bilanzielle Abbildung der Kapitalherabsetzung ist nach Abs. 1 S. 2 nur dann zulässig, wenn der Jahresabschluss durch Beschluss der Gesellschafter festgestellt wird. Dies ist im GmbH-Recht, anders als bei der AG, der Normalfall: Die Feststellung des Jahresabschlusses obliegt nach **§ 42a Abs. 1 und 2, § 46 Nr. 1** grundsätzlich der Gesellschafterversammlung, und zwar auch bei der mitbestimmten GmbH (→ § 42a Rn. 1 ff.).[17] Der Gesellschaftsvertrag kann der Gesellschafterversammlung diese Kompetenz allerdings entziehen und einem anderen Organ, insbesondere einem Gesellschafterausschuss oder Aufsichtsrat, zuweisen (§ 45 Abs. 2; näher → § 42a Rn. 1 ff.).[18]

38   Umstritten ist, wie zu verfahren ist, wenn der Gesellschaftsvertrag die Kompetenz zur Feststellung des Jahresabschlusses einem **anderen Organ** zuweist. Hier ist in einem ersten Schritt im Wege der Auslegung des Gesellschaftsvertrags zu ermitteln, ob die Übertragung der Kompetenz auf ein anderes Organ verdrängend wirkt oder die Gesellschafterversammlung berechtigt bleiben soll, die Befugnis jederzeit wieder an sich zu ziehen. Lässt sich auf diese Weise die Kompetenz der Gesellschafterversammlung nicht begründen, ist die dogmatische Behandlung umstritten. Im Aktienrecht wird die Problematik dadurch vermieden, dass die Zuständigkeit zur Feststellung des Jahresabschlusses bei rückwirkendem Ausweis der Kapitalherabsetzung zwingend der Hauptversammlung zugewiesen wird (§ 234 Abs. 2 S. 1 AktG). Teilweise wird vorgeschlagen, diese Kompetenzregelung analog auf § 58e anzuwenden.[19] Im Wege der Auslegung des Abs. 1 S. 2 kann dieses Ergebnis allerdings nicht gewonnen werden; die Voraussetzungen für eine Analogie sind kaum begründbar.[20] Überzeugender ist es daher, den Gesellschaftern die Möglichkeit, die Entscheidungsbefugnis an sich zu ziehen, nur im Wege der **Satzungsdurchbrechung** zu gewähren.[21] Konkret handelt es sich um eine punktuelle Durchbrechung einer satzungsmäßigen Kompetenzvorschrift, die im Grundsatz mit qualifizierter Mehrheit und unter notarieller Beurkundung des Beschlusses zulässig ist (ausführlich → § 53 Rn. 44 ff.).[22]

39   Hat das nach dem Gesellschaftsvertrag zuständige Organ den Jahresabschluss für das vorangegangene Jahr bereits festgestellt, ist fraglich, ob die Gesellschafterversammlung diese

---

15   So ausdrücklich auch Noack/Servatius/Haas/*Kersting* Rn. 2; MHLS/*Waldner* Rn. 1.
16   So auch UHL/*Casper* Rn. 7.
17   Noack/Servatius/Haas/*Kersting* § 42a Rn. 15 mwN.
18   Noack/Servatius/Haas/*Kersting* § 42a Rn. 16.
19   So Noack/Servatius/Haas/*Kersting* Rn. 5.
20   So auch UHL/*Casper* Rn. 5; Gehrlein/Born/Simon/*Schulze* Rn. 5.
21   So Lutter/Hommelhoff/*Kleindiek* Rn. 3; Scholz/*Priester/Tebben* Rn. 6; Rowedder/Schmidt-Leithoff/
      Schnorbus Rn. 3; Gehrlein/Born/Simon/*Schulze* Rn. 5; *Geißler* GmbHR 2005, 1102 (1110); im Grundsatz auch UHL/*Casper* Rn. 5.
22   Scholz/*Priester/Tebben* § 53 Rn. 26 ff.; enger Noack/Servatius/Haas/*Noack* § 53 Rn. 50 f.

Feststellung beseitigen kann, um eine rückwirkende bilanzielle Abbildung der Kapitalherabsetzung zu ermöglichen. Im Aktienrecht wird eine solche Aufhebung der bereits erfolgten Feststellung des Jahresabschlusses abgelehnt.[23] Dies überzeugt im GmbH-Recht nicht, und zwar unabhängig davon, ob die Gesellschafterversammlung selbst oder ein anderes satzungsmäßig bestimmtes Organ bereits über die Feststellung entschieden hat.[24] Stattdessen gelten die allgemeinen Regeln über die Aufhebung des Beschlusses über die Feststellung des Jahresabschlusses. Hierzu wird vertreten, dass die Feststellung mit Zustimmung aller Gesellschafter rückwirkend geändert werden kann, solange der Jahresabschluss noch nicht offengelegt ist, danach nur, sofern dies für die Gläubiger nicht ungünstiger ist. Die Zustimmung aller Gesellschafter ist allerdings dann nicht erforderlich, wenn ihnen keine Gewinnbezugsrechte genommen werden.[25] Es ist kein Grund ersichtlich, im Rahmen des § 58e strengere Maßstäbe anzulegen.[26] Die Gesellschafterversammlung ist statt des satzungsmäßig vorgesehenen Organs unter den in → Rn. 38 beschriebenen Voraussetzungen für die Aufhebung zuständig.[27]

2. Gleichzeitige Beschlüsse über Feststellung des Jahresabschlusses und Kapi- **40** **talherabsetzung (Abs. 2).** Nach Abs. 2 soll der Beschluss über die Feststellung des Jahresabschlusses zugleich mit dem Beschluss über die Kapitalherabsetzung gefasst werden. Es handelt sich um eine bloße „Soll-Vorschrift". „Zugleich" bedeutet nach einhelliger Auffassung die Beschlussfassung in **derselben Gesellschafterversammlung.**[28] Insoweit gelten dieselben Grundsätze wie zur Gleichzeitigkeit von Kapitalherabsetzungsbeschluss und Kapitalerhöhung nach § 58a Abs. 4 (→ § 58a Rn. 97).

Auch wenn die Gleichzeitigkeit nicht zwingend angeordnet ist, sind doch gewisse **41** rechtliche Restriktionen zu beachten. Im Grundsatz kann der Beschluss über die Feststellung des Jahresabschlusses nicht zeitlich vor dem Kapitalherabsetzungsbeschluss gefasst werden. Ohne Kapitalherabsetzungsbeschluss ist die Minderung des Stammkapitals noch nicht einmal im Ansatz rechtlich angelegt. Nach hM soll allerdings ein zeitlich vorangehender Feststellungsbeschluss als unter die aufschiebende Bedingung des Zustandekommens des Kapitalherabsetzungsbeschlusses gestellt anzusehen sein.[29] Man wird dies für zulässig halten können. Sinnvoll ist es jedoch nicht, und ein praktisches Bedürfnis besteht ebenfalls nicht. Steht im Zeitpunkt des Feststellungsbeschlusses die Höhe der Verluste noch nicht fest, sodass der Kapitalherabsetzungsbetrag noch nicht fixiert werden kann, kann auch der Feststellungsbeschluss mangels klarer Daten nicht gefasst werden. Steht der Kapitalherabsetzungsbetrag dagegen fest, ist kein Grund ersichtlich, warum der Kapitalherabsetzungsbeschluss nicht gleichzeitig mit dem Feststellungsbeschluss, der diesen bereits abbildet, gefasst werden soll.[30]

Ein Verstoß gegen Abs. 2 führt nach hM nicht zur Nichtigkeit oder Anfechtbarkeit **42** des Kapitalherabsetzungsbeschlusses oder des Feststellungsbeschlusses.[31] Für den Kapitalherabsetzungsbeschluss liegt dies auf der Hand; sein Inhalt ist von der rückwirkenden bilanziellen Abbildung unabhängig. Für einen dem Kapitalherabsetzungsbeschluss nachfolgenden

---

23   Hüffer/Koch/*Koch* AktG § 234 Rn. 4; Kölner Komm AktG/*Ekkenga/Schirrmacher* AktG § 234 Rn. 6; K. Schmidt/Lutter/*Veil* AktG § 234 Rn. 4 ff.
24   So auch *Altmeppen* Rn. 9; HK-GmbHG/*Inhester* Rn. 4; Lutter/Hommelhoff/*Kleindiek* Rn. 3 (abw. von Lutter/Hommelhoff/*Lutter*, 18. Aufl. 2012, Rn. 3); dies erwägt auch MHLS/*Waldner* Rn. 4; aA Bork/Schäfer/*Arnold/Bork* §§ 58e–58f Rn. 7; Gehrlein/Born/Simon/*Schulze* Rn. 5.
25   Scholz/*K. Schmidt* § 46 Rn. 25; Scholz/*Meyer* § 42a Rn. 39; Noack/Servatius/Haas/*Noack* § 46 Rn. 15.
26   So auch Scholz/*Priester/Tebben* Rn. 8; *Altmeppen* Rn. 9.
27   Für eine generelle Zuständigkeit des satzungsmäßig für die Feststellung zuständigen Organs UHL/*Casper* Rn. 6.
28   S. nur UHL/*Casper* Rn. 7; Lutter/Hommelhoff/*Kleindiek* Rn. 5; Scholz/*Priester/Tebben* Rn. 9; Noack/Servatius/Haas/*Kersting* Rn. 6; zu § 234 Abs. 2 AktG MüKoAktG/*Oechsler* AktG § 234 Rn. 13.
29   *Altmeppen* Rn. 7; Noack/Servatius/Haas/*Kersting* Rn. 6; Lutter/Hommelhoff/*Kleindiek* Rn. 5; Scholz/*Priester/Tebben* Rn. 9; MHLS/*Waldner* Rn. 6; wohl eine ausdrückliche Bedingung verlangend UHL/*Casper* Rn. 7.
30   Zust. *Altmeppen* Rn. 7.
31   *Altmeppen* Rn. 7; Noack/Servatius/Haas/*Kersting* Rn. 6; UHL/*Casper* Rn. 7; Scholz/*Priester/Tebben* Rn. 9; MHLS/*Waldner* Rn. 5; zu § 234 AktG MüKoAktG/*Oechsler* AktG § 234 Rn. 13.

Feststellungsbeschluss kann es gute Gründe geben. Denkbar ist, dass die Abschlussarbeiten im Zeitpunkt des Kapitalherabsetzungsbeschlusses schlicht noch nicht beendet sind. Gründe, die Rechtswidrigkeit des Feststellungsbeschlusses in diesem Fall anzunehmen, bestehen nicht. Wird der Feststellungsbeschluss vor dem Kapitalherabsetzungsbeschluss gefasst, lässt sich der Feststellungsbeschluss allerdings nur über die Annahme einer Bedingung (→ Rn. 41) retten; ohne eine solche Bedingung wäre der Jahresabschluss inhaltlich falsch und der Feststellungsbeschluss zumindest anfechtbar.

IV. Eintragung innerhalb der Dreimonatsfrist (Abs. 3)

43   **1. Dreimonatsfrist. a) Zweck.** Nach Abs. 3 sind beide Beschlüsse nichtig, wenn der Beschluss über die Kapitalherabsetzung nicht binnen drei Monaten nach der Beschlussfassung in das Handelsregister eingetragen worden ist. Mit der Befristung soll erreicht werden, dass der Zeitraum, zwischen dem die Kapitalherabsetzung bereits aufgrund des gefassten Feststellungsbeschlusses bilanziell abgebildet, aber noch nicht wirksam geworden ist, begrenzt wird.[32] Dagegen kann der Zweck nicht in der Verkürzung des Zeitraums zwischen Bilanzstichtag und Wirksamwerden der Kapitalherabsetzung gesehen werden, da dazu zusätzlich eine Zeitvorgabe für den Kapitalherabsetzungsbeschluss erforderlich gewesen wäre.

44   **b) Berechnung und Wahrung der Dreimonatsfrist.** Werden Feststellungs- und Kapitalherabsetzungsbeschluss nicht gleichzeitig gefasst, ist fraglich, welcher Beschluss den **Fristbeginn** auslöst. Die wohl hM stellt auf den jeweils zeitlich früheren Beschluss,[33] andere stellen auf den Kapitalherabsetzungsbeschluss ab.[34] Mit dem Zweck der Fristsetzung vereinbar ist weder die eine noch die andere Auffassung. Es besteht kein Grund, einer Anfang Januar beschlossenen Kapitalherabsetzung die Rückwirkung zu versagen, wenn die Kapitalherabsetzung erst Ende April eingetragen wird und der Beschluss über die Feststellung des Jahresabschlusses ohnehin erst im Mai beschlossen wird. Maßgeblich sollte stets der Feststellungsbeschluss sein.[35]

45   Für **Fristlauf** und Fristende gelten wie zu § 58a Abs. 4 S. 3 die §§ 187 f. BGB. Das **Fristende** richtet sich nach § 188 Abs. 2 BGB; die Eintragung muss bis zu dem Tag erfolgt sein, der nach seiner Zahl dem Tag der Beschlussfassung entspricht.[36]

46   Die Frist ist gewahrt, wenn die Eintragung der Kapitalherabsetzung innerhalb der Dreimonatsfrist, also spätestens am letzten Tag der Frist erfolgt. Die bloße Anmeldung innerhalb der Frist genügt nicht. Eine Verlängerung der Frist oder eine Wiedereinsetzung bei unverschuldeter Verzögerung ist nicht vorgesehen.[37] Die Rechtsfolge der Fristversäumung (→ Rn. 49 ff.) tritt insbesondere auch dann ein, wenn das Gericht die Verzögerung mitverursacht hat.

47   **c) Hemmung bei Rechtshängigkeit.** Nach Abs. 3 S. 2 ist der Lauf der Dreimonatsfrist gehemmt, solange eine Anfechtungs- oder Nichtigkeitsklage rechtshängig ist; zu der im Rahmen des ARUG entfallenen Fristhemmung bei ausstehender staatlicher Genehmigung → § 58a Rn. 110. Mit Anfechtungs- oder Nichtigkeitsklagen sind zunächst Beschlussmängelklagen iSd §§ 246, 249 AktG analog, nicht etwa eine sonstige Klage auf Feststellung der Nichtigkeit des Kapitalherabsetzungsbeschlusses[38] gemeint. Zwar sind nur diese Klagen für

---

[32]   Zust. *Altmeppen* Rn. 10; Scholz/*Priester/Tebben* Rn. 10.
[33]   UHL/*Casper* Rn. 8, der allerdings klarstellt, dass es bei einem früheren, allerdings auf den Kapitalherabsetzungsbeschluss bedingten Feststellungsbeschluss auf den Kapitalherabsetzungsbeschluss ankommt; Lutter/Hommelhoff/*Kleindiek* Rn. 6; Scholz/*Priester/Tebben* Rn. 11; MHLS/*Waldner* Rn. 8; Noack/Servatius/Haas/*Kersting* Rn. 8; HK-GmbHG/*Inhester* Rn. 7; MüKoAktG/*Oechsler* AktG § 234 Rn. 14.
[34]   Roth/Altmeppen/*Altmeppen*, 9. Aufl. 2019, Rn. 6.
[35]   Zust. *Altmeppen* Rn. 11.
[36]   Näher zur Berechnung auch Noack/Servatius/Haas/*Kersting* Rn. 8.
[37]   So ausdrücklich auch Noack/Servatius/Haas/*Kersting* Rn. 11.
[38]   Unstr., s. nur Scholz/*Priester/Tebben* Rn. 12; Hüffer/Koch/*Koch* AktG § 234 Rn. 8.

die Eintragung der Kapitalherabsetzung relevant. Mit der herrschenden Auffassung[39] kann jedoch trotzdem im Hinblick auf den Zweck der Frist, den Zeitraum zwischen wirksamer Feststellung des Jahresabschlusses und dem Wirksamwerden der Kapitalherabsetzung zu begrenzen, auch einer Beschlussmängelklage gegen den Feststellungsbeschluss hemmende Wirkung zuerkannt werden. Das Konzept der Hemmung entspricht dem des § 58a Abs. 4 S. 3. Auf dessen Erläuterungen zu Beginn und Ende der Rechtshängigkeit sowie der Relevanz eines Freigabeverfahrens analog § 246a AktG im Hinblick auf eine gegen den Kapitalherabsetzungsbeschluss erhobene Beschlussmängelklage wird verwiesen (→ § 58a Rn. 109).

Die Hemmung der Frist bedeutet in Anlehnung an **§ 209 BGB**, dass die Dauer der **48** Rechtshängigkeit in den Lauf der Dreimonatsfrist nicht eingerechnet wird. Der Zeitraum der Hemmung beginnt mit der Rechtshängigkeit der Beschlussmängelklage; maßgeblich sind die allgemeinen zivilprozessualen Vorschriften. Zur Begründung der Rechtshängigkeit ist die Zustellung der Klageschrift erforderlich (§§ 261, 253 ZPO). Die Hemmungsfrist endet mit der rechtskräftigen Beendigung der Rechtshängigkeit, insbesondere durch Urteil, Vergleich oder Klagerücknahme.

2. Nichtigkeitsfolge. Die Nichtigkeitsfolge des Abs. 3 bei Nichteinhaltung der Drei- **49** monatsfrist bezieht sich nach dem Wortlaut **sowohl auf den Feststellungsbeschluss als auch den Kapitalherabsetzungsbeschluss.** Für den Feststellungsbeschluss ist dies konsequent, da ein zu langer Zeitraum zwischen der bilanziellen Abbildung und dem tatsächlichen Wirksamwerden der Kapitalherabsetzung vermieden werden soll (→ Rn. 43). Für den Kapitalherabsetzungsbeschluss ist dies nur dann zweckmäßig und sinnvoll, wenn die Kapitalherabsetzung nur unter der Voraussetzung wirksam werden soll, dass sie auch rückwirkend bilanziell abgebildet werden kann. Dies wird bei sanierungsbedürftigen Gesellschaften nicht immer der Fall sein. Wollten die Gesellschafter daher in jedem Fall das Wirksamwerden der Kapitalherabsetzung, notfalls auch ohne Rückwirkung, besteht kein Grund, ihnen die Sanierung zu verbieten, wenn sich die Eintragung verzögert und die Rückwirkung nicht möglich ist.

Die Nichtigkeitsfolge des Abs. 3 ist daher im Wege der **teleologischen Reduktion 50** grundsätzlich auf den Feststellungsbeschluss zu begrenzen und auf den Kapitalherabsetzungsbeschluss nur dann zu erstrecken, wenn die Rückwirkung nach Vorstellung der Gesellschafter zwingende Voraussetzung für die Kapitalherabsetzung sein sollte.[40] Zu Recht wird daher lediglich Nichtigkeit des Feststellungsbeschlusses angenommen, wenn die Gesellschaft im Kapitalherabsetzungsbeschluss eindeutig erklärt, dass die bilanzielle Rückwirkung keine Voraussetzung für die Kapitalherabsetzung sein soll.[41] Die Anforderungen an die entsprechende Willensäußerung der Gesellschaft sollten dabei nicht überzogen werden. Es ist schon fraglich, ob von dem zwingenden Willen der Verknüpfung von Kapitalherabsetzung und Rückwirkung ausgegangen werden kann, wenn der Kapitalherabsetzungsbeschluss hierzu nichts sagt.[42] Eine ausdrückliche Äußerung ist nicht erforderlich; der entsprechende Wille kann sich auch im Wege der Auslegung ergeben. Ausreichend ist auch, dass sich der Wille, Kapitalherabsetzung und Rückwirkung nicht zwingend zu verknüpfen, aus der Anmeldung ergibt. Ergibt sich ein solcher Wille, führt die Nichteinhaltung der Dreimonatsfrist nur zur Nichtigkeit des Feststellungsbeschlusses.

Die Nichtigkeitsfolge tritt **unabhängig von einer Veranlassung** oder eines Verschul- **51** dens der Verzögerung durch die Gesellschaft ein, insbesondere auch dann, wenn das Gericht die Verzögerung mitverursacht hat. Grundsätzlich sind in einem solchen Fall Amtshaftungsansprüche gem. Art. 34 GG, § 839 BGB denkbar.[43]

---

[39] UHL/*Casper* Rn. 9; Scholz/*Priester/Tebben* Rn. 12; MHLS/*Waldner* Rn. 9; Noack/Servatius/Haas/*Kersting* Rn. 9; Hüffer/Koch/*Koch* AktG § 234 Rn. 8.

[40] Noack/Servatius/Haas/*Kersting* Rn. 12; Lutter/Hommelhoff/*Kleindiek* Rn. 9.

[41] Noack/Servatius/Haas/*Kersting* Rn. 12; UHL/*Casper* Rn. 11; Lutter/Hommelhoff/*Kleindiek* Rn. 9; Scholz/*Priester/Tebben* Rn. 15; MHLS/*Waldner* Rn. 11; Hüffer/Koch/*Koch* AktG § 234 Rn. 9; MHdB GesR IV/*Scholz* § 62 Rn. 11.

[42] Zust. *Altmeppen* Rn. 13.

[43] Lutter/Hommelhoff/*Kleindiek* Rn. 8; MHLS/*Waldner* Rn. 11; Rowedder/Schmidt-Leithoff/*Schnorbus* § 58a Rn. 17.

52   **3. Heilung.** Nach Ablauf der Dreimonatsfrist darf das Registergericht die Kapitalherabsetzung nicht mehr eintragen. Wird trotzdem eingetragen, wird die Kapitalherabsetzung trotzdem nicht wirksam, sofern sie von der bilanziellen Rückwirkung abhängen
sollte. Möglich ist allerdings die Heilung des nichtigen Beschlusses in Folge der Eintragung analog § 242 Abs. 3 AktG, der die Heilung ausdrücklich für die Parallelvorschrift
des § 234 Abs. 3 AktG anspricht.[44] Die Heilung erstreckt sich, auch wenn sich § 242
Abs. 3 AktG hierauf nicht bezieht, auch auf den nichtigen Jahresabschluss.[45] Eine Heilung des Feststellungsbeschlusses nach § 256 Abs. 6 AktG ist von dessen Wortlaut nicht
erfasst.[46] Im Anschluss an die Heilung dürfte ein öffentliches Interesse an einer analog
§ 242 Abs. 2 S. 3 AktG möglichen Amtslöschung kaum begründbar sein.[47] Eine Neuvornahme der Beschlüsse ist – anders als eine Bestätigung analog § 244 AktG – naturgemäß
möglich; die Zulässigkeitsvoraussetzungen richten sich dann aber allein nach den neuen
Beschlüssen.

V. Offenlegungssperre (Abs. 4)

53   **1. Verbot.** Nach Abs. 4 darf der festgestellte Jahresabschluss nach § 325 HGB erst
offengelegt werden, nachdem die in ihm abgebildete Kapitalherabsetzung eingetragen
worden ist. Gläubigern und Geschäftsverkehr soll der Abschluss noch nicht offengelegt
werden, solange ein wichtiger in ihm abgebildeter Geschäftsvorfall nicht wirksam geworden ist und Feststellungsbeschluss und Jahresabschluss mit dem Risiko der Nichtigkeit
behaftet sind.

54   Das Verbot der Offenlegung umfasst
– die Einreichung des Jahresabschlusses durch die Geschäftsführer nach § 325 Abs. 1 S. 1
  und 2 HGB;
– die Einreichung der sonstigen zusammen mit dem Jahresabschluss einzureichenden
  Unterlagen nach § 325 Abs. 1 S. 3 HGB;
– die Bekanntmachung des Jahresabschlusses und der sonstigen Unterlagen im Bundesanzeiger nach § 325 Abs. 2 HGB.

55 Aufgrund des Verweises auf § 325 HGB in § 326 HGB gilt Abs. 4 auch für GmbH, die als
kleine Kapitalgesellschaften iSd § 267 Abs. 1 HGB zu qualifizieren sind.[48]

56   Unklar ist, ob das Verbot auch einen von der Gesellschaft aufgestellten **Konzernab-**
schluss erfasst. Dessen Offenlegung ist in § 325 Abs. 3 HGB geregelt, was für eine Erstreckung des Verbots spricht. Andererseits meint das GmbHG mit Jahresabschluss (entsprechend auch Jahresbilanz) stets den Einzelabschluss (bzw. die Einzelbilanz) der Gesellschaft.
Da der Konzernabschluss auch nicht das Eigenkapital der Gesellschaft selbst unter klarer
Aufgliederung in gezeichnetes Kapital und Rücklagen aufzeigt und die Kapitalherabsetzung
keinen Einfluss auf den Konzernabschluss hat, ist die frühere Offenlegung eines Konzernabschlusses als zulässig anzusehen.

57   Abs. 4 begründet einen **Dispens** von den Pflichten gem. § 325 HGB. Die Beachtung
des Abs. 4 führt dazu, dass kein Verstoß gegen das Unverzüglichkeitserfordernis des § 325
Abs. 1 und 2 HGB gegeben ist. Nach Eintragung der Kapitalherabsetzung innerhalb der
Dreimonatsfrist ist die Offenlegung dann unverzüglich nachzuholen.[49]

---

[44] Unstr., s. nur UHL/*Casper* Rn. 10; Scholz/*Priester*/*Tebben* Rn. 14; Noack/Servatius/Haas/*Kersting*
      Rn. 14.
[45] Ganz einhM, s. nur Scholz/*Priester*/*Tebben* Rn. 14; *Altmeppen* Rn. 16; Rowedder/Schmidt-Leithoff/
      Schnorbus Rn. 8; Noack/Servatius/Haas/*Kersting* Rn. 14; Hüffer/Koch/*Koch* AktG § 234 Rn. 10; Köl-
      ner Komm AktG/*Ekkenga*/*Schirrmacher* AktG § 234 Rn. 19; MüKoAktG/*Oechsler* AktG § 234 Rn. 18.
[46] So auch MüKoAktG/*Koch* AktG § 256 Rn. 70; aA UHL/*Casper* Rn. 10.
[47] Ähnlich UHL/*Casper* Rn. 10, der aber eine Amtslöschung auch schon vor Heilung regelmäßig aus-
      schließt.
[48] Unstr., s. nur UHL/*Casper* Rn. 12; Noack/Servatius/Haas/*Kersting* Rn. 16; Scholz/*Priester*/*Tebben*
      Rn. 16; MHLS/*Waldner* Rn. 13.
[49] Unstr., s. nur UHL/*Casper* Rn. 12; Lutter/Hommelhoff/*Kleindiek* Rn. 12; *Altmeppen* Rn. 10; MHLS/
      Waldner Rn. 13; Noack/Servatius/Haas/*Kersting* Rn. 16a.

2. Rechtsfolge von Verstößen. Abs. 4 wird ganz überwiegend als **Schutzgesetz iSd** 58
§ 823 Abs. 2 BGB qualifiziert.[50] Entsprechend hat ein Verstoß ein theoretisches persönliches Haftungsrisiko der Geschäftsführer (und der Gesellschaft über § 31 BGB) gegenüber Gläubigern der Gesellschaft (zusätzlich zu der theoretisch bestehenden Haftung gegenüber der Gesellschaft aus § 43 Abs. 2) zur Folge.

Das praktische Haftungsrisiko ist allerdings gering:[51] Die inhaltliche Unrichtigkeit des 59
Jahresabschlusses müsste adäquate Ursache für den Schaden des Gläubigers sein. Der Gläubiger muss auf den falschen Jahresabschluss vertraut haben. Die Beweislast trägt der Gläubiger.[52] Unabhängig davon, ob der Gläubiger sich den Jahresabschluss wirklich näher angesehen hat, ist die Ursächlichkeit einer bloßen Umbuchung von Eigenkapitalpositionen für eine Vermögensdisposition eher unwahrscheinlich. Theoretisch denkbar ist wohl nur der Fall, dass der Gläubiger aus dem Jahresabschluss entnommen hat und entnehmen durfte, dass die Sanierung der Gesellschaft durch Kapitalschnitt bereits erfolgreich abgeschlossen ist, er im Vertrauen darauf Vermögensdispositionen trifft und sich später herausstellt, dass die Sanierung doch gescheitert ist.[53]

§ 58f Kapitalherabsetzung bei gleichzeitiger Erhöhung des Stammkapitals

(1) ¹Wird im Fall des § 58e zugleich mit der Kapitalherabsetzung eine Erhöhung des Stammkapitals beschlossen, so kann auch die Kapitalerhöhung in dem Jahresabschluß als vollzogen berücksichtigt werden. ²Die Beschlussfassung ist nur zulässig, wenn die neuen Geschäftsanteile übernommen, keine Sacheinlagen festgesetzt sind und wenn auf jeden neuen Geschäftsanteil die Einzahlung geleistet ist, die nach § 56a zur Zeit der Anmeldung der Kapitalerhöhung bewirkt sein muss. ³Die Übernahme und die Einzahlung sind dem Notar nachzuweisen, der den Beschluß über die Erhöhung des Stammkapitals beurkundet.

(2) ¹Sämtliche Beschlüsse sind nichtig, wenn die Beschlüsse über die Kapitalherabsetzung und die Kapitalerhöhung nicht binnen drei Monaten nach der Beschlußfassung in das Handelsregister eingetragen worden sind. ²Der Lauf der Frist ist gehemmt, solange eine Anfechtungs- oder Nichtigkeitsklage rechtshängig ist. ³Die Beschlüsse sollen nur zusammen in das Handelsregister eingetragen werden.

(3) Der Jahresabschluß darf nach § 325 des Handelsgesetzbuchs erst offengelegt werden, nachdem die Beschlüsse über die Kapitalherabsetzung und Kapitalerhöhung eingetragen worden sind.

Schrifttum: s. Vor § 58.

Übersicht

---

[50] Bork/Schäfer/*Arnold/Bork* §§ 58e–58f Rn. 12; UHL/*Casper* Rn. 13; Scholz/*Priester/Tebben* Rn. 17; Rowedder/Schmidt-Leithoff/*Schnorbus* Rn. 10; MHLS/*Waldner* Rn. 14; Noack/Servatius/Haas/*Kersting* Rn. 17.

[51] Unstr., s. nur UHL/*Casper* Rn. 13; Noack/Servatius/Haas/*Kersting* Rn. 17; MHLS/*Waldner* Rn. 14; Scholz/*Priester/Tebben* Rn. 17.

[52] So ausdrücklich auch UHL/*Casper* Rn. 13; Noack/Servatius/Haas/*Kersting* Rn. 17; wohl auch Kölner Komm AktG/*Ekkenga/Schirrmacher* § 236 Rn. 3; für eine Vermutung noch Kölner Komm AktG/*Lutter*, 2. Aufl. 1995, § 236 Rn. 3.

[53] Zust. *Altmeppen* Rn. 15.

I. Normzweck und Überblick

1   § 58f ergänzt die Möglichkeit der rückwirkenden bilanziellen Abbildung der vereinfachten Kapitalherabsetzung, indem auch eine gleichzeitig stattfindende Kapitalerhöhung bilanziell rückwirkend abgebildet werden darf. Die praktische Bedeutung des § 58e ergibt sich gerade aus der Kombination mit § 58f, der erlaubt, im Jahresabschluss des vergangenen Jahres nicht nur eine veränderte Eigenkapitalzusammensetzung, sondern ein erhöhtes Eigenkapital mit der entsprechenden Erhöhung einer Aktivposition (ausführlich → Rn. 12 f.) und damit den **Sanierungserfolg** zu dokumentieren. § 58f komplettiert damit neben § 58a Abs. 4 und § 58e die Sonderregelungen für einen Kapitalschnitt mit kombinierter Kapitalerhöhung zur Sanierung der GmbH.

2   Die bereits von § 58e erlaubte **Durchbrechung des Stichtagsprinzips** wird in § 58f auf einen weiteren Geschäftsvorfall eines dem Abschlussstichtag nachfolgenden Geschäftsjahres erstreckt.

3   Die Voraussetzungen des § 58f sind eng an **§ 58e und § 58a Abs. 4** angelehnt. Abs. 1 S. 2 stellt besondere Anforderungen an die Kapitalerhöhung; insbesondere ist eine Sachkapitalerhöhung ausgeschlossen und die Bareinlage muss im Grundsatz bereits vor der Beschlussfassung zu einem Viertel geleistet worden sein. Abs. 2 stellt dem § 58e Abs. 3 entsprechende Anforderungen an eine zeitnahe Eintragung der eintragungsbedürftigen Beschlüsse, wobei wie bei § 58a Abs. 4 S. 4 der Kapitalherabsetzungsbeschluss und der Kapitalerhöhungsbeschluss nur zusammen in das Handelsregister eingetragen werden sollen. Abs. 3 verzögert entsprechend § 58e Abs. 4 die Offenlegung des Jahresabschlusses bis zu dieser Eintragung.

4   Wie bei § 58e beschränkt sich auch die Wirkung des § 58f auf den Ausweis der Kapitalmaßnahmen im vorangegangenen Jahresabschluss (→ § 58e Rn. 35). Auf den Zeitpunkt der Wirksamkeit der Kapitalmaßnahmen selbst hat § 58f dagegen keine Auswirkungen.

5   Abs. 1 S. 2 ist durch das **MoMiG** mit Wirkung zum 1.11.2008 geändert worden. Die Änderungen beschränken sich aber auf terminologische Folgeänderungen zu § 5, indem der Begriff Stammeinlagen durch Geschäftsanteile ersetzt worden ist. Durch das ARUG ist die zuvor in Abs. 3 S. 2 vorgesehene Fristhemmung bei ausstehender staatlicher Genehmigung entsprechend den Streichungen in § 58a Abs. 4 S. 3 und § 58e Abs. 3 S. 2 entfallen (→ § 58a Rn. 110).

6   § 58f Abs. 1 und 2 entsprechen inhaltlich dem **§ 235 AktG**. Die Abweichungen sind den unterschiedlichen Begrifflichkeiten in GmbH- und Aktienrecht geschuldet. Die Regelung des § 58f Abs. 3 findet sich inhaltlich in **§ 236 AktG** wieder. § 235 AktG verweist zusätzlich auf die Eintragung der Durchführung der Kapitalerhöhung; im GmbH-Recht wird demgegenüber nicht zwischen Anmeldung/Eintragung der Kapitalerhöhung einerseits und deren Durchführung andererseits unterschieden.

II. Rückwirkung auf den letzten Jahresabschluss (Abs. 1)

7   **1. Überblick über Möglichkeiten und Voraussetzungen.** § 58f setzt einen „**Fall des § 58e**" voraus. Dementsprechend ist die rückwirkende Berücksichtigung der Kapitalerhöhung nur zusammen mit einem gleichzeitigen Ausweis der Kapitalherabsetzung möglich. Es müssen daher die Voraussetzungen des § 58e Abs. 1 für die Rückwirkung der Kapitalhe-

rabsetzung (→ § 58e Rn. 9 ff.) ebenso vorliegen wie die weiteren Voraussetzungen des
§ 58f Abs. 1.

§ 58f stellt für die rückwirkende Berücksichtigung der Kapitalerhöhung Voraussetzun- **8**
gen auf, die sich einerseits auf das Zusammenspiel der beiden Kapitalmaßnahmen (Abs. 1
S. 1) und andererseits speziell auf die Kapitalerhöhung (Abs. 1 S. 2 und 3) beziehen:

- Die Beschlüsse über die Kapitalherabsetzung und die Kapitalerhöhung müssen **gleichzeitig**, also in der gleichen Gesellschafterversammlung getroffen werden (→ Rn. 16 ff.).
- Die Rückwirkung ist lediglich für das letzte vor der Beschlussfassung über die Kapitalmaßnahmen abgelaufene Geschäftsjahr möglich. Die Beschlüsse müssen demnach **innerhalb eines Jahres** seit dem letzten Bilanzstichtag gefasst werden (→ Rn. 9 ff.).
- Die Übernahme der neuen Stammeinlagen muss durch Abschluss des **Übernahmevertrags** zwischen dem Übernehmer und der Gesellschaft sichergestellt sein (→ Rn. 19 ff.).
- Die Kapitalerhöhung muss nach Abs. 1 S. 2 als **Barkapitalerhöhung** beschlossen werden. Eine rückwirkende bilanzielle Berücksichtigung einer Sachkapitalerhöhung ist ausgeschlossen (→ Rn. 23 f.).
- Auf die neuen Stammeinlagen muss die nach §§ 56a, 7 Abs. 2 S. 1 erforderliche **Mindesteinzahlung** in Höhe von einem Viertel des Nennbetrags ordnungsgemäß erfolgt sein (→ Rn. 25 ff.).

**2. Zeitlicher Umfang der Rückwirkung und Verknüpfung mit der Kapitaler- 9
höhung.** Wie § 58e Abs. 1 für die Kapitalherabsetzung erlaubt Abs. 1 die rückwirkende
Bilanzierung auch der Kapitalerhöhung im letzten, vor dem Kapitalerhöhungsbeschluss
abgelaufenen Geschäftsjahr (→ § 58e Rn. 23 ff.). Werden Kapitalherabsetzung und -erhö-
hung in Jahr 2 beschlossen, aber erst in Jahr 3 in das Handelsregister eingetragen, kann die
erstmalige rückwirkende bilanzielle Abbildung entweder im Abschluss von Geschäftsjahr 1
oder im Abschluss von Geschäftsjahr 2 erfolgen (ausführlich → § 58e Rn. 24 f.). Allerdings
kann das Maß der Rückwirkung für Kapitalherabsetzung und Kapitalerhöhung nur einheitlich bestimmt werden. Werden Kapitalherabsetzung und -erhöhung zwar in Jahr 2 beschlossen, aber erst in Jahr 3 eingetragen, ist es nicht möglich, eine der beiden Maßnahmen im
Abschluss von Jahr 1, die andere im Abschluss von Jahr 2 abzubilden.[1]

Daraus, dass § 58f die gleichzeitige Berücksichtigung der Kapitalherabsetzung in dem **10**
Jahresabschluss vorschreibt, folgt, dass eine isolierte rückwirkende Abbildung nur der Kapi-
talerhöhung nicht zulässig ist.[2] Andererseits ist selbst bei einem Vorgehen nach § 58e die
Berücksichtigung auch der Kapitalerhöhung im Jahresabschluss nicht zwingend.[3] Der
Gesellschaft verbleiben damit **drei Möglichkeiten:** Sie kann (1) Kapitalherabsetzung und
Kapitalerhöhung rückwirkend ausweisen oder (2) auf eine Rückwirkung beider Kapital-
maßnahmen verzichten. Für die ebenfalls mögliche Kompromissalternative (3), die rückwir-
kende bilanzielle Abbildung nur der Kapitalherabsetzung, sind wohl keine nachvollziehbaren
Gründe ersichtlich, wenn die Voraussetzungen des Abs. 1 S. 2 vorliegen.[4] Im Übrigen setzt
Alternative 3 voraus, dass beide Kapitalmaßnahmen isoliert zulässig wären. Unzulässig wäre
Alternative 3, wenn bei der Kapitalherabsetzung von der Möglichkeit des § 58a Abs. 4 S. 1
Gebrauch gemacht wird, das Stammkapital unter den Mindestnennbetrag von 25.000 Euro
herabzusetzen.

Über die rückwirkende bilanzielle Abbildung entscheiden die Gesellschafter. Diese **11**
müssen ihren **Willen zur bilanziellen Rückwirkung** ausreichend deutlich zum Ausdruck
bringen. Es gelten die zu § 58e dargestellten Grundsätze (→ § 58e Rn. 15 ff.). Insbesondere
ist nicht erforderlich, dass die Rückwirkung bereits im Kapitalerhöhungs- und/oder Kapital-

---

1   Zust. Scholz/*Priester*/*Tebben* Rn. 4.
2   Unstr., s. nur UHL/*Casper* Rn. 3; Lutter/Hommelhoff/*Kleindiek* Rn. 3; Noack/Servatius/Haas/*Kersting*
    Rn. 3; Scholz/*Priester*/*Tebben* Rn. 4, Rowedder/Schmidt-Leithoff/*Schnorbus* Rn. 2.
3   Unstr., s. nur Lutter/Hommelhoff/*Kleindiek* Rn. 3; Noack/Servatius/Haas/*Kersting* Rn. 3; Scholz/*Pries-
    ter*/*Tebben* Rn. 4; Rowedder/Schmidt-Leithoff/*Schnorbus* Rn. 2.
4   Ähnlich Noack/Servatius/Haas/*Kersting* Rn. 3; UHL/*Casper* Rn. 3.

herabsetzungsbeschluss zum Ausdruck gebracht wird.[5] Kommt der Wille zur rückwirkenden bilanziellen Abbildung der Kapitalherabsetzung ausreichend deutlich zum Ausdruck, ist bei Fehlen gegenteiliger Anhaltspunkte davon auszugehen, dass auch eine gleichzeitig beschlossene Kapitalerhöhung, die den Anforderungen des Abs. 1 genügt, im selben Abschluss abgebildet werden soll.

12   **3. Ausweis der Kapitalerhöhung im letzten Jahresabschluss.** Im Unterschied zur rückwirkenden Abbildung der Kapitalherabsetzung nach § 58e (→ § 58e Rn. 30 f.) wirkt sich das Vorgehen nach § 58f auch auf der **Aktivseite** der Bilanz aus. Umstritten ist allerdings, welche Aktivposition zu erhöhen ist:
- In Höhe der tatsächlich gezahlten Einlageleistung wird teilweise als Gegenbuchung eine Erhöhung der Position **Kassenbestand/Bankguthaben** vorgeschlagen.[6] Nach dieser Ansicht wird also nicht nur die Veränderung des Eigenkapitals, sondern auch die Bareinlage rückwirkend abgebildet.
- Nach der Gegenauffassung erfolgt die Gegenbuchung trotz der Einzahlung stets im Posten der **ausstehenden Einlagen** nach § 272 Abs. 1 S. 2 HGB.[7]

13   Der zweiten Ansicht ist entgegen der im GmbH-Recht herrschenden und mit der im bilanzrechtlichen Schrifttum vorherrschenden Auffassung zu folgen. Die Rückwirkung und damit die Durchbrechung des Stichtagsprinzips ist auf der Aktivseite auf das für die rückwirkende Abbildung der Kapitalerhöhung notwendige Maß zu beschränken. Der Anwendungsbereich des § 58f sollte nicht über die Kapitalveränderung hinaus auf den weiteren Geschäftsvorfall der Einzahlung erstreckt werden. Der Normzweck des § 58f wird ausreichend durch die rückwirkende Abbildung der Eigenkapitalveränderung erreicht. Angesichts der in den letzten Jahren immer wichtiger werdenden Betrachtung und Analyse der liquiden Mittel und der Interdependenzen mit der Kapitalflussrechnung sollte eine rückwirkende Fehlinformation hierüber nicht zugelassen werden.

14   Ein eventuell über den Nennwert hinaus vereinbartes **Agio** ist in der Bilanz als Kapitalrücklage (§ 266 Abs. 3 A.II. HGB, § 272 Abs. 2 Nr. 1 HGB) zu berücksichtigen.[8] Die Ermächtigung zur rückwirkenden bilanziellen Abbildung der Kapitalerhöhung beschränkt sich also nicht auf die Position des gezeichneten Kapitals.

15   In der **GuV** wird die Kapitalerhöhung nicht abgebildet. § 240 AktG regelt nur die Kapitalherabsetzung. Für die Erläuterungen in **Anhang** und **Lagebericht** gelten die allgemeinen Bestimmungen (zum Anhang s. § 284 HGB; zum Lagebericht § 289 Abs. 1 S. 1, Abs. 2 Nr. 1 HGB).

16   **4. Voraussetzungen des Abs. 1 im Einzelnen. a) Gleichzeitige Beschlussfassung durch die Gesellschafterversammlung.** Abs. 1 S. 1 fordert die **gleichzeitige Beschlussfassung** über beide Kapitalmaßnahmen, die rückwirkend im Jahresabschluss Berücksichtigung finden sollen. Damit muss auch der Kapitalerhöhungsbeschluss innerhalb eines Jahres seit dem letzten Bilanzstichtag gefasst werden (→ § 58e Rn. 26 f.). Im Zusammenspiel mit § 58e Abs. 2 ergibt sich, dass nach der Vorstellung des Gesetzgebers gleichzeitig über Kapitalherabsetzung, Kapitalerhöhung und Feststellung des Jahresabschlusses beschlossen werden soll.

17   Gleichzeitig bedeutet dabei nicht notwendig die Fassung eines einheitlichen Beschlusses; vielmehr genügt es wie bei § 58a Abs. 4 (→ § 58a Rn. 97) und § 58e Abs. 2 (→ § 58e

---

5   So ausdrücklich auch Noack/Servatius/Haas/*Kersting* Rn. 11.
6   *Altmeppen* Rn. 16; UHL/*Casper* Rn. 2; Baumbach/Hueck/*Zöllner/Haas*, 21. Aufl. 2017, Rn. 2; Scholz/ *Priester/Tebben* Rn. 15; Rowedder/Schmidt-Leithoff/*Schnorbus* Rn. 1; Lutter/Hommelhoff/*Kleindiek* Rn. 1; BeckOGK/*Marsch-Barner/Maul* AktG § 235 Rn. 6; K. Schmidt/Lutter/*Veil* AktG § 235 Rn. 2; *Hohmuth*, Die Kapitalherabsetzung bei der GmbH, 2007, 182.
7   ADS HGB § 272 Rn. 42; BeBiK/*Störk/Kliem/Meyer* HGB § 272 Rn. 39 f.; HdJ/*Singhof* III/2 Rn. 103 (Stand: Juni 2008); MüKoAktG/*Oechsler* AktG § 235 Rn. 2; nunmehr auch Noack/Servatius/Haas/ *Kersting* Rn. 2; wohl auch Hüffer/Koch/*Koch* AktG § 235 Rn. 2; MHdB GesR IV/*Scholz* § 62 Rn. 42 und *Nowotny* DB 1979, 557, die nur die Aktivierung von Einlageforderungen erwähnen.
8   So ausdrücklich auch UHL/*Casper* Rn. 2; Scholz/*Priester/Tebben* Rn. 15; MHLS/*Waldner* Rn. 2.

Rn. 40 ff.), dass der Kapitalherabsetzungs- und der Kapitalerhöhungsbeschluss in **derselben Gesellschafterversammlung** gefasst werden.[9]

Im Gegensatz zur „Soll-Vorschrift" des § 58e Abs. 2 (→ § 58e Rn. 40) handelt es sich **18** bei der Gleichzeitigkeit in Abs. 1 S. 1 um eine **echte Voraussetzung** der rückwirkenden Berücksichtigung der Kapitalmaßnahmen. Richtig ist zwar, dass für eine solche Voraussetzung kein zwingender Grund gegeben ist, sofern das Stammkapital nicht gem. § 58a Abs. 4 unter den Mindestbetrag herabgesetzt wird und der Kapitalerhöhungsbeschluss auf den noch nicht eingetragenen Kapitalherabsetzungsbeschluss Bezug nimmt. Angesichts des gerade in Abgrenzung zu § 58e Abs. 2 klaren Wortlauts ist eine Auslegung dergestalt, dass der Kapitalerhöhungsbeschluss auch in einer späteren Versammlung gefasst werden kann, solange es sich nur der Sache nach um eine mit der Kapitalherabsetzung kombinierte Maßnahme handelt,[10] kein Raum.[11] Den Gesellschaftern verbleibt allerdings die Möglichkeit, die noch nicht eingetragene Kapitalherabsetzung rückwirkend wieder aufzuheben und dann gleichzeitig mit der Kapitalerhöhung erneut zu beschließen.[12] Aus diesem Grund sollte auch kein rechtspolitisches Bedürfnis für eine einschränkende teleologische Auslegung des Gleichzeitigkeitserfordernisses bestehen.

b) Übernahme der neuen Geschäftsanteile. Als spezielle Voraussetzung der Kapi- **19** talerhöhung fordert Abs. 1 S. 2, dass die neuen Geschäftsanteile bereits im Zeitpunkt des Kapitalerhöhungsbeschlusses vollständig übernommen worden sind. Bereits im Zeitpunkt der Beschlussfassung muss also der **Übernahmevertrag** zwischen Gesellschaft und Übernehmer (→ § 55 Rn. 150 ff.) zustande gekommen sein.

Sinn ergibt dieses Erfordernis, wenn zugleich mit dem Beschluss über die Kapitalmaßnah- **20** men auch über die Feststellung des Jahresabschlusses beschlossen wird, wie es der Gesetzgeber nach § 58e Abs. 2 vorsieht. So wird sichergestellt, dass bei der Entscheidung über die bilanzielle Rückwirkung feststeht, dass die Kapitalerhöhung durchgeführt wird. Halten sich die Gesellschafter zulässigerweise nicht an die „Soll-Vorschrift" des § 58e Abs. 2, spricht allerdings vom Normzweck her nichts dagegen, eine Übernahme auch erst nach dem Beschluss über die Kapitalmaßnahmen zuzulassen. Beispiel: Die Gesellschafter beschließen im Februar einen Kapitalschnitt durch kombinierte Kapitalherabsetzung und -erhöhung und führen anschließend die Kapitalerhöhung durch. Im April entscheiden sie im Rahmen der Feststellung des Jahresabschlusses über die rückwirkende Abbildung des Kapitalschnitts. Die hM würde in diesem Fall unter Berufung auf den Wortlaut eine Rückwirkung ablehnen.[13] Dies überzeugt nicht. Vielmehr ist von einer teleologischen Reduktion des Wortlauts auszugehen.[14] Die Übernahme ist Voraussetzung lediglich der bilanziellen Rückwirkung und nicht der Kapitalerhöhung insgesamt. Zu diesem Zweck genügt es, wenn die Übernahme im **Zeitpunkt der Feststellung des Jahresabschlusses** abgeschlossen ist. Treffen die Gesellschafter den Feststellungsbeschluss erst nach den Beschlüssen über die Kapitalmaßnahmen, genügt es, dass die Übernahme erst zwischen diesen Beschlüssen erfolgt. Praktisch bedeutet dies, dass die Gesellschafter die Entscheidung über die rückwirkende bilanzielle Abbildung auch noch treffen können, nachdem Kapitalherabsetzungs- und -erhöhungsbeschluss gefasst worden sind. Der zu weit geratene Wortlaut ist Folge davon, dass sich der Gesetzgeber über die zeitliche Abfolge

---

[9]   Unstr., s. etwa UHL/*Casper* Rn. 5; Noack/Servatius/Haas/*Kersting* Rn. 6; Scholz/*Priester*/*Tebben* Rn. 6.
[10]   So Noack/Servatius/Haas/*Kersting* Rn. 6; *Altmeppen* Rn. 4; von einem bloßen „Sollerfordernis" gehen auch MüKoAktG/*Oechsler* AktG § 235 Rn. 6; BeckOGK/*Marsch-Barner*/*Maul* AktG § 235 Rn. 7; K. Schmidt/Lutter/*Veil* AktG § 235 Rn. 4 aus.
[11]   So auch UHL/*Casper* Rn. 6; Scholz/*Priester*/*Tebben* Rn. 6; Roth/Altmeppen/*Roth*, 9. Aufl. 2019, Rn. 4; Lutter/Hommelhoff/*Kleindiek* Rn. 6; Gehrlein/Born/Simon/*Schulze* Rn. 4; MHdB GesR III/*Wegmann* § 54 Rn. 67; ebenso zu 235 AktG Hüffer/Koch/*Koch* AktG § 235 Rn. 4; MüKoAktG/*Oechsler* AktG § 235 Rn. 5; MHdB GesR IV/*Scholz* § 62 Rn. 43.
[12]   Darauf weisen hin UHL/*Casper* Rn. 5; Scholz/*Priester*/*Tebben* Rn. 6; MHLS/*Waldner* Rn. 5; krit. Noack/Servatius/Haas/*Kersting* Rn. 6.
[13]   UHL/*Casper* Rn. 7; Lutter/Hommelhoff/*Kleindiek* Rn. 7; Roth/Altmeppen/*Roth*, 9. Aufl. 2019, Rn. 6; Scholz/*Priester*/*Tebben* Rn. 7; HK-GmbHG/*Inhester* Rn. 5.
[14]   So bereits Noack/Servatius/Haas/*Kersting* Rn. 9; zust. *Altmeppen* Rn. 5; MHLS/*Waldner* Rn. 7.

der einzelnen Schritte und die Verknüpfung der Kapitalmaßnahmen mit der Rückwirkung keine klaren Vorstellungen gemacht hat (auch → § 58e Rn. 15).

21   Es bestehen auch keine Bedenken, dass der Übernahmevertrag **gleichzeitig** mit dem Kapitalerhöhungsbeschluss abgeschlossen wird, die Übernahmeerklärung des Inferenten gem. § 55 Abs. 1 also in derselben notariellen Urkunde enthalten ist. Innerhalb der hM, die die in → Rn. 20 vertretene großzügigere Auslegung ablehnt, ist dies umstritten.[15] Da die Übernahmeerklärung nach § 55 Abs. 1 an sich lediglich notariell beglaubigt werden muss, ist eine vorherige separate, lediglich notariell beglaubigte Übernahmeerklärung im Hinblick auf die Kosten günstiger.[16]

22   Der Übernahmevertrag kann unter der **Voraussetzung des Wirksamwerdens der Kapitalerhöhung** abgeschlossen werden. Da die Übernahme ohne Kapitalerhöhung regelmäßig keinen Sinn macht, wird man dem Vertrag eine solche Bedingung auch ohne ausdrückliche Regelung entnehmen können, soweit nicht ausnahmsweise die Verpflichtung zur Einzahlung unabhängig von der Kapitalerhöhung gewollt ist.[17]

23   **c) Barkapitalerhöhung.** Die rückwirkende bilanzielle Berücksichtigung der Kapitalerhöhung ist nach Abs. 1 S. 2 nur dann möglich, wenn die Kapitalerhöhung gegen Bareinlagen erfolgt. Umgekehrt ist sie bei einer **Sachkapitalerhöhung** ausgeschlossen. Die Regelung dient der einfachen Feststellbarkeit eines effektiven Mittelzuflusses.[18] Außerdem ist zu berücksichtigen, dass die Durchführung und Eintragung einer Sachkapitalerhöhung regelmäßig mehr Zeit in Anspruch nimmt als eine Barkapitalerhöhung und die rückwirkende Berücksichtigung der Sanierungsmaßnahme bei der Zulassung von Sacheinlagen wegen der Eintragungsfrist des Abs. 2 S. 1 in vielen Fällen gefährdet sein dürfte (→ § 58a Rn. 99).

24   Die strikte Regelung des Abs. 1 S. 2 weist einen beachtlichen Unterschied zu § 58a Abs. 4 auf, der bei der Kapitalerhöhung Sacheinlagen erlaubt, soweit nur das Mindeststammkapital des § 5 Abs. 1 durch Bareinlagen aufgefüllt wird (→ § 58a Rn. 99). Im Ergebnis führt dieser Unterschied dazu, dass die Zulässigkeit von Sacheinlagen in § 58a Abs. 4 dann nicht fruchtbar gemacht werden kann, wenn die Kapitalmaßnahmen rückwirkend in der Bilanz berücksichtigt werden sollen.[19] Eine Konsequenz ist, dass eine Sanierung durch **Debt-Equity-Swap** (→ Vor § 58 Rn. 86 ff.) nicht rückwirkend bilanziell abgebildet werden kann.[20]

25   **d) Mindesteinzahlung.** Abs. 1 S. 2 verlangt für die bilanzielle Rückwirkung der Kapitalerhöhung außerdem, dass die nach § 56a an sich erst im Zeitpunkt der Handelsregisteranmeldung erforderliche Einzahlung bereits im Beschlusszeitpunkt geleistet ist. § 56a verweist für die Leistung einer Bareinlage auf § 7 Abs. 2 S. 1. Danach muss auf jeden Geschäftsanteil mindestens ein Viertel des Nennbetrags eingezahlt worden sein. Die hM erstreckt diese Verpflichtung zur Leistung vor der Beschlussfassung auch auf einen 25 % des Nennbetrags übersteigenden Betrag, sofern der Übernehmer nach den internen Absprachen unter den Gesellschaftern verpflichtet ist, mehr als 25 % des Nennbetrags sofort zu zahlen.[21] Teilweise wird die Verpflichtung zur Voreinzahlung auch auf das Agio erstreckt, das bei der AG gem. § 36a Abs. 1 AktG, § 188 Abs. 2 AktG immer zu 100 % vor der Anmeldung gezahlt werden muss.[22]

---

[15] Gleichzeitigkeit zulassend UHL/*Casper* Rn. 8; Scholz/*Priester/Tebben* Rn. 7; aA Lutter/Hommelhoff/*Kleindiek* Rn. 7; Rowedder/Schmidt-Leithoff/*Schnorbus* Rn. 7, die den Abschluss der Beglaubigung vor der Beurkundung des Kapitalerhöhungsbeschlusses fordern.

[16] Hierauf weisen zu Recht hin *Ries*, Praxis- und Formularbuch zum Registerrecht, Rn. 3.438, 3.463; *Hohmuth*, Die Kapitalherabsetzung bei der GmbH, 2007, 80.

[17] Ähnlich UHL/*Casper* Rn. 8.

[18] UHL/*Casper* Rn. 6; Scholz/*Priester/Tebben* Rn. 8; MHLS/*Waldner* Rn. 6; zu § 235 AktG OLG Düsseldorf Urt. v. 25.6.1981 – 6 U 79/80, ZIP 1981, 847 (856).

[19] Rowedder/Schmidt-Leithoff/*Schnorbus* Rn. 4.

[20] Hierauf weisen ebenfalls hin Lutter/Hommelhoff/*Kleindiek* Rn. 5; MHLS/*Waldner* Rn. 6.

[21] UHL/*Casper* Rn. 9; Lutter/Hommelhoff/*Kleindiek* Rn. 8; Scholz/*Priester/Tebben* Rn. 10; Bork/Schäfer/*Arnold/Born* §§ 58e–58f Rn. 16; MüKoAktG/*Oechsler* AktG § 235 Rn. 11; aA MHLS/*Waldner* Rn. 8; HK-GmbHG/*Inhester* Rn. 6.

[22] UHL/*Casper* Rn. 9.

Gestützt wird die hM auf eine zur AG ergangene Entscheidung des BGH, in der der **26** BGH die in § 235 Abs. 1 S. 2 AktG enthaltene Verweisung auf § 188 Abs. 2 AktG und dessen Bezugnahme (unter anderem) auf §§ 36, 36a Abs. 2 AktG präzisiert.[23] Danach erfordert die Eintragung die Einzahlung des eingeforderten Betrags (§ 36 Abs. 2 AktG), der nach § 36a Abs. 2 AktG mindestens 25 % des Nennbetrages sowie ein Agio erfassen muss. Der BGH führt sodann aus: „Hat der Vorstand der Aktiengesellschaft auch den Restbetrag geltend gemacht (§ 36 Abs. 2 AktG), umfasst die Einzahlungspflicht auch diesen Betrag". Das GmbHG stellt in der §§ 235, 188, 36, 36a AktG entsprechenden Verweisungskette der § 58a Abs. 1, § 56a, § 7 Abs. 2 S. 1 aber gerade nicht auf den eingeforderten Betrag ab (der eben auch über dem gesetzlichen Mindestbetrag liegen kann), sondern ausschließlich auf den gesetzlich normierten Mindestbetrag. Auch verlangt § 7 Abs. 2 nicht die zwingende Volleinzahlung eines Agios (hM; etwa → § 7 Rn. 65).[24] Es spricht daher mehr dafür, die formale Voraussetzung des § 58f Abs. 1 nur auf 25 % des Nennbetrags zu beziehen.

Die Bareinlage muss nach allgemeinen Regeln zur freien Verfügbarkeit der Geschäfts- **27** führer geleistet werden.[25] Der Verweis in § 56a auf den durch das MoMiG neugefassten § 19 Abs. 5 stellt klar, dass die **darlehensweise Rückgewähr** der eingelegten Mittel an den Inferenten der wirksamen Erbringung der Bareinlage bei Vorliegen der Voraussetzungen des § 19 Abs. 5 nicht entgegensteht. Seit dem 1.11.2008 ist nicht mehr erforderlich, dass bei Übernahme aller neuen Geschäftsanteile durch eine Person diese eine **Sicherheit** für den nicht eingezahlten Betrag stellt (§ 7 Abs. 2 S. 3 sowie der Verweis hierauf in § 56a sind durch das MoMiG, BGBl. 2008 I 2028, gestrichen worden).

Wegen der ausdrücklichen Forderung des Gesetzes stellt sich die Problematik einer **28** **Voreinzahlung** auf eine künftige Kapitalerhöhung (ausführlich → § 56a Rn. 26 ff.)[26] hier nicht.[27] Die Tilgungswirkung der vorher erfolgten Zahlung wird vom Gesetz vorausgesetzt. Dies gilt in Höhe der gesamten Voreinzahlung einschließlich eines etwaigen Agios, auch wenn sich das Gesetz als Mindestvoraussetzung mit einer Einzahlung in Höhe von 25 % des Nennbetrags begnügt.[28]

Von der Frage der Tilgungswirkung der Voreinzahlung ist die Frage zu unterscheiden, **29** ob die Mittel verbraucht werden dürfen oder jedenfalls im Zeitpunkt des Kapitalerhöhungsbeschlusses noch vollständig zur Verfügung stehen müssen. Die Möglichkeit zum Verbrauch wird in der Regel nur im Zusammenhang mit dem Erfordernis wertgleicher Deckung bis zur Anmeldung/Eintragung diskutiert,[29] welches der BGH mittlerweile aufgegeben hat (auch → § 7 Rn. 95 ff.).[30] Entsprechend ist auch im Rahmen des § 58f unschädlich, wenn die Einlage im Zeitpunkt der Anmeldung oder Eintragung nicht mehr vollständig vorhanden ist.[31] Darüber hinaus kann auch nicht verlangt werden, dass die Mittel bis zum Kapitalerhöhungsbeschluss gebunden sind und nicht verbraucht werden dürfen. Zur eindeutigen Zuordnung der Einzahlung ist aber eine deutliche Kennzeichnung als Einlageleistung zu empfehlen.[32]

Wird mit der hier vertretenen Auffassung die Zulässigkeit der Übernahme auch wäh- **30** rend des Zeitraums zwischen Kapitalerhöhungsbeschluss und **Feststellung des Jahresabschluss** bejaht (→ Rn. 19 ff.), kann die Einzahlung konsequenterweise ebenfalls bis zu diesem Zeitpunkt erfolgen.[33]

---

23   BGH Urt. v. 13.4.1992 – II ZR 277/90, BGHZ 118, 83 (88) = DStR 1992, 1552.
24   Scholz/*Veil* § 7 Rn. 20; HCL/*Ulmer/Casper* § 7 Rn. 26, jeweils mwN.
25   Unstr., s. nur UHL/*Casper* Rn. 9; Lutter/Hommelhoff/*Kleindiek* Rn. 8; Scholz/*Priester/Tebben* Rn. 10.
26   Noack/Servatius/Haas/*Servatius* § 56a Rn. 9 ff.
27   EinhM, s. nur *Altmeppen* Rn. 5; UHL/*Casper* Rn. 9; Scholz/*Priester/Tebben* Rn. 9; Noack/Servatius/ Haas/*Kersting* Rn. 10; MHLS/*Waldner* Rn. 8.
28   AA MHLS/*Waldner* Rn. 8.
29   Vgl. etwa MüKoAktG/*Oechsler* AktG § 235 Rn. 11; Hüffer/Koch/*Koch* AktG § 235 Rn. 7.
30   BGH Urt. v. 18.3.2002 – II ZR 363/00, WM 2002, 963 (964 f.); Scholz/*Priester/Tebben* Rn. 10.
31   So auch UHL/*Casper* Rn. 9, Noack/Servatius/Haas/*Kersting* Rn. 10.
32   So auch Scholz/*Priester/Tebben* Rn. 9.
33   So auch Noack/Servatius/Haas/*Kersting* Rn. 9; *Hohmuth,* Die Kapitalherabsetzung bei der GmbH, 2007, 181.

31   Beim Scheitern der Kapitalerhöhung gelten für die Rückzahlung der Einlage an den Inferenten die allgemeinen Regeln. Soweit man den **Rückzahlungsanspruch** nicht unmittelbar aus dem Übernahmevertrag ableitet, wird er aus § 812 Abs. 1 S. 1 Alt. 1 BGB unter Ausschluss des § 818 Abs. 3 BGB begründet.[34]

32   **5. Nachweis der Voraussetzungen.** Das Vorliegen der speziellen Voraussetzungen des Abs. 1 S. 2 ist nach S. 3 dem Notar, der den Beschluss über die Kapitalerhöhung beurkundet, nachzuweisen. Die Gesellschaft hat diese Pflicht von sich aus zu erfüllen, denn mangels einer Pflicht zur notariellen Beurkundung des Beschlusses über die Feststellung des Jahresabschlusses erfährt der Notar bei der Beurkundung des Kapitalerhöhungsbeschlusses nicht zwangsläufig von der beabsichtigten bilanziellen Rückwirkung.[35]

33   Zum Nachweis der Übernahme sind dem Notar die notariell aufgenommenen oder **beglaubigten Übernahmeerklärungen** (§ 55 Abs. 1) vorzulegen. Unproblematisch und in der Praxis die Regel ist, dass die Übernahmeerklärung vor dem die Kapitalmaßnahmen beurkundenden Notar abgegeben wird.[36] Wie der erforderliche Nachweis der Mindesteinzahlungen zu erbringen ist, steht im Ermessen des Notars. Anzuraten ist die Vorlage von Bankbestätigungen oder -quittungen wegen des gegenüber bloßen Bankauszügen höheren Beweiswerts.[37]

34   Die notarielle Urkunde muss erkennen lassen, dass die Nachweise dem Notar vorgelegen haben. Dies kann entweder durch einen entsprechenden Bestätigungsvermerk des Notars oder die Mitbeurkundung der Nachweise erfolgen.[38] Dies erleichtert dem Registergericht die Überprüfung der Zulässigkeitsvoraussetzungen der kombinierten Kapitalmaßnahme mit Rückwirkung.

35   Mit Blick auf die Möglichkeit auch erst späterer Übernahme und Einzahlung (→ Rn. 19 ff.) ist auch die Erbringung der entsprechenden Nachweise noch **nach Beurkundung** des Kapitalerhöhungsbeschlusses bis zum Beschluss über die Feststellung des Jahresabschlusses möglich.[39]

36   Erbringen die Gesellschafter den Nachweis nicht, darf der Notar die Kapitalerhöhung trotzdem beurkunden, es sei denn, aus dem Gesellschafterbeschluss wird deutlich, dass die Kapitalerhöhung zwingend mit bilanzieller Rückwirkung erfolgen soll.[40] **Ohne Nachweis** ist die bilanzielle Rückbeziehung der Kapitalerhöhung nicht grundsätzlich ausgeschlossen. Liegen Übernahme und Einzahlung trotz fehlenden Nachweises vor, muss das Registergericht, dem die Rückwirkung offenzulegen ist (→ Rn. 11), die Voraussetzungen überprüfen,[41] was zu einer Verzögerung der Eintragung und damit zu einer Gefährdung der Rückwirkung führen kann.

37   **6. Folgen von Verstößen gegen die speziellen Voraussetzungen aus Abs. 1 S. 2.** Liegen die Voraussetzungen des Abs. 1 S. 2 tatsächlich nicht vor, ist der Jahresabschluss, der die Kapitalerhöhung ausweist analog § 256 Abs. 1 Nr. 1 AktG nichtig.[42]

---

[34]   Zur bereicherungsrechtlichen Begr. UHL/*Casper* Rn. 10; BeckOGK/*Marsch-Barner/Maul* AktG § 235 Rn. 9.

[35]   Wohl unstr., s. nur *Altmeppen* Rn. 9; UHL/*Casper* Rn. 11; Noack/Servatius/Haas/*Kersting* Rn. 11.

[36]   Zur Zulässigkeit der Beurkundung durch denselben Notar s. etwa UHL/*Casper* Rn. 12; Noack/Servatius/Haas/*Kersting* Rn. 11.

[37]   Ähnlich Noack/Servatius/Haas/*Kersting* Rn. 11; Scholz/*Priester/Tebben* Rn. 11; Lutter/Hommelhoff/*Kleindiek* Rn. 10.

[38]   Eine Mitbeurkundung verlangend Noack/Servatius/Haas/*Kersting* Rn. 11; Roth/Altmeppen/*Roth,* 9. Aufl. 2019, Rn. 7; einen Vermerk für ausreichend haltend MHLS/*Waldner* Rn. 10; UHL/*Casper* Rn. 11.

[39]   So auch *Altmeppen* Rn. 7; Noack/Servatius/Haas/*Kersting* Rn. 11.

[40]   EinhM, s. nur UHL/*Casper* Rn. 11; Scholz/*Priester/Tebben* Rn. 12; Noack/Servatius/Haas/*Kersting* Rn. 12; Lutter/Hommelhoff/*Kleindiek* Rn. 10.

[41]   S. auch UHL/*Casper* Rn. 16.

[42]   Ganz einhM, s. nur *Altmeppen* Rn. 12; UHL/*Casper* Rn. 13; Noack/Servatius/Haas/*Kersting* Rn. 12; MHLS/*Waldner* Rn. 7.

Teilweise wird bei einem Verstoß gegen die Voraussetzung gleichzeitiger Beschlussfas- **38** sung nach Abs. 1 S. 1 **Nichtigkeit des Kapitalerhöhungsbeschlusses** analog § 241 Nr. 3 AktG angenommen; die Auswirkungen auf den Kapitalherabsetzungs- und den Feststellungsbeschluss sollen sich nach § 139 BGB richten.[43] Gleiches soll bei einem Verstoß gegen Abs. 1 S. 2 gelten.[44] Dem ist jedenfalls nicht in dieser Allgemeinheit zu folgen. § 58f Abs. 1 stellt lediglich Voraussetzungen für die Rückwirkung, nicht dagegen die Wirksamkeit der Kapitalerhöhung auf. Entsprechend haben sich die Rechtsfolgen von Verstößen auf den Ausschluss der Rückwirkung zu beschränken. Eine Nichtigkeit der Beschlüsse kommt nur in Betracht, wenn diese eindeutig erkennen lassen, dass sie nur für den Fall gelten sollen, dass eine rückwirkende bilanzielle Abbildung der Kapitalmaßnahmen möglich ist.

Ein **Verstoß gegen Abs. 1 S. 3** führt nicht zur Nichtigkeit der Beschlüsse oder des **39** Jahresabschlusses, sofern die materiellen Voraussetzungen trotz fehlenden Nachweises gegenüber dem Notar vorgelegen haben (→ Rn. 36).[45]

III. Eintragung innerhalb der Dreimonatsfrist (Abs. 2)

Nach Abs. 2 S. 1 sind sämtliche Beschlüsse nichtig, wenn die Beschlüsse über die Kapi- **40** talherabsetzung und die Kapitalerhöhung nicht innerhalb von drei Monaten nach der Beschlussfassung eingetragen worden sind. Abs. 2 passt die Regelung aus § 58e Abs. 3 daran an, dass nun auch die Kapitalerhöhung rückwirkend abgebildet werden soll.

Über den Inhalt des § 58e Abs. 3 (zu Einzelheiten → § 58e Rn. 43 ff.) hinaus verlangt **41** Abs. 3 S. 3 die **gleichzeitige Eintragung** der Beschlüsse. Es handelt sich um eine „Soll-Vorschrift", deren Nichtbeachtung keine nachteiligen Konsequenzen für die Berücksichtigung der Kapitalmaßnahmen im vorangegangenen Jahresabschluss hat, solange nur beide Beschlüsse innerhalb der Dreimonatsfrist eingetragen werden.[46]

IV. Offenlegungssperre (Abs. 3)

Der Regelungsgehalt des Abs. 3 entspricht vollumfänglich dem des § 58e Abs. 4, auf **42** dessen Erläuterungen (→ § 58e Rn. 53 ff.) deshalb verwiesen wird.

§ 59 *(weggefallen)*

---

[43]   UHL/*Casper* Rn. 13.
[44]   UHL/*Casper* Rn. 13.
[45]   UHL/*Casper* Rn. 14; Noack/Servatius/Haas/*Kersting* Rn. 12.
[46]   EinhM, s. nur UHL/*Casper* Rn. 16; Scholz/*Priester/Tebben* Rn. 14; Lutter/Hommelhoff/*Kleindiek* Rn. 12; Rowedder/Schmidt-Leithoff/*Schnorbus* Rn. 9.

Abschnitt 5. Auflösung und Nichtigkeit der Gesellschaft

§ 60 Auflösungsgründe

(1) Die Gesellschaft mit beschränkter Haftung wird aufgelöst:

1. durch Ablauf der im Gesellschaftsvertrag bestimmten Zeit;
2. durch Beschluß der Gesellschafter; derselbe bedarf, sofern im Gesellschaftsvertrag nicht ein anderes bestimmt ist, einer Mehrheit von drei Vierteilen der abgegebenen Stimmen;
3. durch gerichtliches Urteil oder durch Entscheidung des Verwaltungsgerichts oder der Verwaltungsbehörde in den Fällen der §§ 61 und 62;
4. durch die Eröffnung des Insolvenzverfahrens; wird das Verfahren auf Antrag des Schuldners eingestellt oder nach der Bestätigung eines Insolvenzplans, der den Fortbestand der Gesellschaft vorsieht, aufgehoben, so können die Gesellschafter die Fortsetzung der Gesellschaft beschließen;
5. mit der Rechtskraft des Beschlusses, durch den die Eröffnung des Insolvenzverfahrens mangels Masse abgelehnt worden ist;
6. mit der Rechtskraft einer Verfügung des Registergerichts, durch welche nach § 399 des Gesetzes über das Verfahren in Familiensachen und in den Angelegenheiten der freiwilligen Gerichtsbarkeit ein Mangel des Gesellschaftsvertrags festgestellt worden ist;
7. durch die Löschung der Gesellschaft wegen Vermögenslosigkeit nach § 394 des Gesetzes über das Verfahren in Familiensachen und in den Angelegenheiten der freiwilligen Gerichtsbarkeit.

(2) Im Gesellschaftsvertrag können weitere Auflösungsgründe festgesetzt werden.

Schrifttum: *Arens,* Fortsetzung einer GmbH nach Eröffnung des Insolvenzverfahrens im Wege der wirtschaftlichen Neugründung, GmbHR 2017, 449; *Baums,* Eintragung und Löschung von Gesellschafterbeschlüssen, 1981; *Bokelmann,* Der Prozeß gegen eine im Handelsregister gelöschte GmbH, NJW 1977, 1130; *Bork,* Die als vermögenslos gelöschte GmbH im Prozess, JZ 1991, 841; *Buchner,* Amtslöschung, Nachtragsliquidation und masselose Insolvenz von Kapitalgesellschaften, 1988; *Brünkmans/Brünkmans,* Fortführung einer GmbH nach Insolvenzplan, NZI 2019, 431; *Caspar/Weller,* Mobilität und grenzüberschreitende Umstrukturierung der SE, NZG 2009, 681; *Däubler,* Die Löschung der GmbH wegen Vermögenslosigkeit, GmbHR 1964, 246; *Ege/Klett,* Praxisfragen der grenzüberschreitenden Mobilität von Gesellschaften, DStR 2012, 2442; *Erle,* Anforderungen an die Kapitalausstattung einer aufgelösten GmbH bei ihrer Fortsetzung, GmbHR 1997, 973; *Fichtelmann,* Die Fortsetzung einer aufgelösten GmbH, GmbHR 2003, 67; *Fichtner,* Austritt und Kündigung bei der GmbH, BB 1967, 18; *Fischer,* Die Fortsetzung einer GmbH, GmbHR 1955, 165; *Franz/Laeger,* Die Mobilität deutscher Kapitalgesellschaften nach Umsetzung des MoMiG unter Einbeziehung des Referentenentwurfes zum Internationalen Gesellschaftsrecht, BB 2008, 679; *Frey/v. Bredow,* Der Wegfall des einzigen Komplementärs nach der HGB-Reform, ZIP 1998, 1621; *Galla,* Fortsetzung einer GmbH in der Nachtragsliquidation, GmbHR 2006, 635; *Gehrlein,* Möglichkeiten und Grenzen der Fortsetzung einer aufgelösten GmbH, DStR 1997, 31; *Goette,* Haftungsfragen bei der Verwendung von Vorratsgesellschaften und „leeren" GmbH-Mänteln, DStR 2004, 461; *Grohmann/Gruschinske,* Die identitätswahrende grenzüberschreitende Satzungssitzverlegung in Europa – Schein oder Realität?, GmbHR 2008, 27; *Halm/Linder,* Die Fortsetzungsmöglichkeit bei der aufgelösten GmbH nach der neuen Insolvenzordnung, DStR 1999, 379; *Heller,* Die vermögenslose GmbH, 1989; *Hennrichs,* Fortsetzung einer mangels Masse aufgelösten GmbH, ZHR 159 (1995), 593; *Hirte,* Auflösung der Kapitalgesellschaft, ZInsO 2000, 127; *Hirte,* Die Entwicklung des Unternehmens- und Gesellschaftsrechts in Deutschland im Jahre 2008, NJW 2009, 421; *Hofmann,* Zur Auflösung einer GmbH, GmbHR 1975, 217; *Hofmann,* Zur Liquidation einer GmbH, GmbHR 1976, 258; *Hönn,* Die konstitutive Wirkung der Löschung von Kapitalgesellschaften, ZHR 138 (1974), 50; *Hoffmann/Leible,* Cartesio – fortgeltende Sitztheorie, grenzüberschreitender Formwechsel und Verbot materiellrechtlicher Wegzugsbeschränkungen, BB 2009, 98; *Hüffer,* Das Ende der Rechtspersönlichkeit von Kapitalgesellschaften, GS D. Schultz, 1987, 99; *John,* Die organisierte Rechtsperson, 1977; *Kieninger,* Niederlassungsfreiheit als Freiheit der nachträglichen Rechtswahl – Die Polbud-Entscheidung des EuGH, EuZW 2012, 888; *v. Köhler,* § 62 GmbH-Gesetz und das Kartellrecht, NJW 1961, 1292; *Kögel,* Vermögenslose GmbH – offene Fragen zu ihrem Ende, GmbHR 2003, 460; *Kreutz,* Von der Einmann- zur „Keinmann"-GmbH?, FS Stimpel, 1985, 379; *Lieder/Kliebisch,* Nichts Neues im Internationalen Gesellschaftsrecht: Anwendbarkeit der Sitztheorie auf Gesellschaften aus Drittstaaten?, BB 2009, 338;

Leuering/Simon, Die gelöschte GmbH im Prozess, NJW-Spezial 2007, 27; *Lindacher,* Die Nachgesellschaft – Prozessuale Fragen bei gelöschten Kapitalgesellschaften, FS Henckel, 1995, 549; *v. Morgen,* Das Squeeze-Out und seine Folgen für AG und GmbH, WM 2003, 1553; *Nentwig,* Grenzüberschreitender Formwechsel setzt keine Verlegung des Verwaltungssitzes in den Zuzugstaat voraus, GWR 2017, 432; *Oldenburg,* Die Keinmann-GmbH, 1985; *Paulick,* Die GmbH ohne Gesellschafter, 1979; *Saenger,* Die im Handelsregister gelöschte GmbH im Prozeß, GmbHR 1994, 300; *Scheele,* Trennung von Minderheitsgesellschafter durch Auflösung der GmbH kraft Gesetzes?, BB 1985, 2012; *Schlitt,* Die Auswirkungen des Handelsrechtsreformgesetzes auf die Gestaltung von GmbH & Co. KG-Verträgen, NZG 1998, 580; *Schmelz,* Das Liquidationsrecht der GmbH, terra incognita?, NZG 2007, 135; *H. Schmidt,* Zur Vollbeendigung juristischer Personen, 1989; *K. Schmidt,* Zum Liquidationsrecht der GmbH & Co., GmbHR 1980, 263; *K. Schmidt,* Löschungsgesetz und GmbH & Co., BB 1980, 1497; *K. Schmidt,* Löschung und Beendigung der GmbH, GmbHR 1988, 209; *K. Schmidt,* Zur Ablösung des Löschungsgesetzes, GmbHR 1994, 829; *K. Schmidt,* Insolvenz und Insolvenzabwicklung bei der typischen GmbH & Co. KG, GmbHR 2002, 1209; *K. Schmidt,* Unterbilanzhaftung bei Fortsetzung einer aufgelösten Gesellschaft?, DB 2014, 701; *P. Scholz,* Die Fortsetzung der Liquidations-GmbH, GmbHR 1982, 232; *Scholz,* Die Fortsetzung der aufgelösten GmbH, JZ 1952, 199; *Schulz,* Die masselose Liquidation der GmbH, 1986; *Töpf-Schleuning,* Einfache Kündigungsklauseln in GmbH-Satzungen, 1993; *Uhlenbruck,* Die Durchsetzung von Gläubigeransprüchen gegen eine vermögenslose GmbH, ZIP 1996, 1641; *Vallender,* Auflösung und Löschung der GmbH-Veränderungen aufgrund des neuen Insolvenzrechts, NZG 1998, 249; *van Venrooy,* Mangelnde Rentabilität als Auflösungsgrund nach § 60 Abs. 2 GmbHG, 1993, 65; *Wachter,* Umwandlung insolventer Gesellschaften, NZG 2015, 858; *Wicke,* Zulässigkeit des grenzüberschreitenden Formwechsels – Rechtssache „Vale" des Europäischen Gerichtshofs zur Niederlassungsfreiheit, DStR 2012, 1756; *Winkler,* Erwerb eigener Geschäftsanteile durch die GmbH, GmbHR 1972, 73; *Winnefeld,* Löschung oder Fortbestand einer vermögenslosen GmbH?, BB 1975, 70; *Wöhlert,* Umzug von Gesellschaften innerhalb Europas – Eine systematische Darstellung unter Auswertung der Entscheidungen „Cartesio" und „Trabrennbahn", GWR 2009, 161; *Ziegler,* Eintragung des Liquidators bei Vermögenslosigkeit der GmbH, Rpfleger 1987, 287; *Zimmer/Naendrup,* Das Cartesio-Urteil des EuGH: Rück- oder Fortschritt für das internationale Gesellschaftsrecht?, NJW 2009, 545.

Übersicht

I. Bedeutung der Norm

1   1. Sinn und Zweck. Der Fünfte Abschnitt des GmbHG behandelt die Auflösung und Nichtigkeit der GmbH. Als Ausgangsnorm in Bezug auf den Teilbereich Auflösung dient § 60 und zählt in seinem Abs. 1 **abdingbare** (Abs. 1 Nr. 1–2; zum teilweise zwingenden Charakter von Abs. 1 Nr. 2 → Rn. 89) und **zwingende** (Abs. 1 Nr. 3–7) **Auflösungsgründe** auf. Diese können durch gesellschaftsvertragliche Regelungen ergänzt werden (Abs. 2). Nähere Ausgestaltungen und Präzisierungen zu einigen der in § 60 genannten Auflösungsgründen finden sich in §§ 61 und 62; die Abwicklung der aufgelösten Gesellschaft wird in §§ 65–67, 74 geregelt, während §§ 68–73 die Auswirkungen der Abwicklung auf die Gesellschaft und die Aufgaben der Liquidatoren zum Gegenstand haben (zur Nichtigkeit einer Gesellschaft s. §§ 75–77). § 60 behandelt nicht abschließend die sämtlichen (gesetzlichen) Auflösungsgründe (→ Rn. 223 ff.). Weitgehend parallel zu § 60 ist die aktienrechtliche Auflösungsvorschrift in § 262 AktG ausgestaltet (mit Ausnahme einer Entsprechung von Abs. 1 Nr. 3, Abs. 2 sieht § 262 AktG identische Auflösungsgründe vor).[1]

2   § 60 soll einen Rahmen für die Sachverhalte schaffen, die zu einem Wegfall der Gesellschaft an der Teilnahme am Rechtsverkehr und der Beendigung ihrer Existenz führen. Dieser Wegfall kann auf dem Willen der Gesellschafter beruhen (Abs. 1 Nr. 1–2, Abs. 2), kann der Gesellschaft aber auch von dritter Seite, insbesondere durch gerichtliche oder behördliche Verfügungen (Abs. 1 Nr. 3–7), aufgezwungen werden. Da die Auflösung regelmäßig zur Beendigung der Existenz der Gesellschaft sowie zu erheblichen Auswirkungen nicht zuletzt auf den Rechtsverkehr und insbesondere die Gläubiger der Gesellschaft führt, ist die Auflösung im Interesse des **Bestandsschutzes der GmbH** nur in einem engen und eindeutig umrissenen Rahmen möglich. Es bedarf daher klarer gesetzlicher Regelungen zur Auflösung und des sich daran anschließenden Abwicklungszeitraums, ehe die GmbH endgültig erlischt. Zielsetzung ist dabei ein im Gläubigerschutz begründetes, weitgehend einheitliches Verfahren.

3   2. Anwendungsbereich. Die Regelungen zur Auflösung von Gesellschaften, insbesondere auch von § 60, finden für die GmbH jedenfalls ab dem Zeitpunkt deren erstmaliger Eintragung im Handelsregister Anwendung. Gleiches gilt für die **UG/Unternehmergesellschaft** als Rechtsformvariante der GmbH. Insofern bestehen – mit Ausnahme marginaler Abweichungen bei der Auflösung gem. Abs. 1 Nr. 6 (→ Rn. 144) – keine Unterschiede. Zu hinterfragen ist indes, ob die GmbH-spezifischen Auflösungsregelungen auch für die sog. **Vorgesellschaft,** dh eine GmbH in Gründung nach Abschluss eines notariell beurkundeten Gesellschaftsvertrags, gelten. Der **BGH** will bei einer Vor-GmbH, deren Gesellschafter die Eintragung der Gesellschaft im Handelsregister aufgeben, die Abwicklungsregelungen der GmbH zur Anwendung gelangen lassen, soweit sie eine Eintragung im Handelsregister nicht voraussetzen.[2]

4   Mit Wirkung ab dem Jahr 1999 (→ Rn. 14 f.) sind die GmbHG-spezifischen gesetzlichen Auflösungsgründe mit Ausnahme der Nichtigerklärung der Gesellschaft gem. §§ 75, 77 in § 60 zusammengefasst. Sie lassen sich systematisch unterteilen: Abs. 1 Nr. 1, 2 und in Teilen Nr. 3 Alt. 1 beschreibt die **privatautonome Entscheidung der Gesellschafter,** die Gesellschaft zu beenden; Abs. 1 Nr. 4, 5 und 7 lässt bei entsprechend negativer Vermö-

---

[1]   Vgl. auch UHL/*Casper* Rn. 1.
[2]   BGH Urt. v. 31.3.2008 – II ZR 308/06, NJW 2008, 2441; ebenso Rowedder/Schmidt-Leithoff/*Gesell* Rn. 7.

genslage die Auflösung auch **gegen den Willen der Gesellschafter** zu. Gleiches gilt, wenn die Auflösung im **zwingenden öffentlichen Interesse** geboten ist (Abs. 1 Nr. 3 Alt. 2, Nr. 6).

Für ausländische, einer deutschen GmbH vergleichbare Kapitalgesellschaften mit tat- **5** sächlichem Verwaltungssitz in Deutschland gelten die §§ 60 ff. nicht:[3] Entweder unterfällt die jeweilige Kapitalgesellschaft, insbesondere bei Zuzugsfällen von EU-Gesellschaften, der sog. Gründungstheorie, sodass es für die Auflösungsbestimmungen einzig auf das Recht des Gründungsstaates ankommt (zur Gründungstheorie und ihrer Anwendbarkeit insbesondere im EU-Rechtsverkehr ausführlich → § 4a Rn. 14 ff.). Oder es ist in dem vom **BGH** ausdrücklich bestätigten Anwendungsbereich der Sitztheorie[4] davon auszugehen, dass die im Ausland gegründete Kapitalgesellschaft in Deutschland nicht als juristische Person anerkannt wird und damit nicht rechtsfähig ist,[5] weil ihr die insoweit notwendige konstitutive Eintragung in ein deutsches Register fehlt.[6] Dies ist etwa im Fall des Zuzugs einer außerhalb des EU-Raumes gegründeten Kapitalgesellschaft relevant, für die auch nicht durch zwischenstaatliches Abkommen die Gründungstheorie für maßgeblich erklärt wurde. Aufgrund fehlender eigener Rechtspersönlichkeit kann auch die deutsche Niederlassung einer ausländischen Kapitalgesellschaft nicht unmittelbar nach den Regelungen des GmbHG aufgelöst und abgewickelt werden.[7]

Allerdings sind zumindest für den Fall einer Nachtragsliquidation die vom BGH **6** ursprünglich zu Fallgestaltungen staatlicher Enteignungen entwickelten Grundsätze der Rest- und Spaltgesellschaft zu berücksichtigen.[8] Auch für den Fall einer im Ausland in Folge einer behördlichen Anordnung gelöschten Gesellschaft ist es denkbar, dass diese für ihr in Deutschland belegenes Vermögen als Restgesellschaft fortbestehen kann.[9] Insoweit kann für das in Deutschland belegene Vermögen einer nach ausländischem Recht gegründeten Kapitalgesellschaft eine Nachtragsliquidation nach deutschem Recht statthaft sein, auch wenn die Gesellschaft nach dem Recht des Gründungsstaates als beendet oder gar gelöscht gilt.[10] Insoweit kann es zu einer versteckten Rückverweisung auf das Recht des inländischen Belegenheitsorts für das vorhandene Vermögen kommen, was zur entsprechenden Anwendung des deutschen Liquidations-Sachrechts als sachnächstes Recht führt.[11] Dabei kann ein Nachtragsliquidator entsprechend § 273 Abs. 4 AktG zu bestellen sein (→ Rn. 44 ff.), wenn Vermögen vorhanden ist oder einzelne Abwicklungsmaßnahmen erforderlich sind.[12] Dabei wird davon ausgegangen, dass die Organe der im Ausland untergegangenen Gesellschaft nicht mehr befugt sind, wenn mit dem Erlöschen der Gesellschaft die Funktion der Organe und in Folge dessen auch deren Vertretungsmacht endete.[13]

Der praktische Anwendungsbereich der einzelnen Tatbestände in § 60 variiert deutlich. **7** Anders als die Auflösung im Insolvenzzusammenhang (Abs. 1 Nr. 4–5) sowie – schon deut-

---

3 Ebenso Scholz/*Scheller* Rn. 11; anders Noack/Servatius/Haas/*Haas* Rn. 65 für eine beschränkte Anwendbarkeit von Abs. 1 Nr. 5 bei Masselosigkeit von nach EU-ausländischem Recht gegründete Gesellschaften.
4 BGH Beschl. v. 22.11.2016 – II ZB 19/15, NZG 2017, 347; Urt. v. 27.10.2008 – II ZR 158/06, NJW 2009, 289 – Trabrennbahn; s. außerdem hierzu *Lieder/Kliebisch* BB 2009, 338; *Hoffmann/Leible* BB 2009, 98; *Wöhlert* GWR 2009, 161.
5 S. etwa OLG Düsseldorf Urt. v. 10.9.1998 – 5 U 1/98, JZ 2000, 203; LG Potsdam Urt. v. 30.9.1999 – 31 O 134/98, RIW 2000, 145; LG Marburg Urt. v. 27.8.1992 – 1 O 115/92, NJW-RR 1993, 222; statt vieler Palandt/*Thorn* EGBGB Anh. § 12 Rn. 10.
6 AllgM, vgl. etwa BeckOK BGB/*Mäsch* EGBGB Art. 12 Rn. 100; MüKoBGB/*Kindler* IntGesR Rn. 464 ff.
7 Rowedder/Schmidt-Leithoff/*Gesell* Rn. 7 mwN.
8 S. zur Restgesellschaft stRpr seit BGH Urt. v. 11.7.1957 – II ZR 318/55, NJW 1957, 1433.
9 BGH Beschl. v. 22.11.2016 – II ZB 19/15, NZG 2017, 347; Noack/Servatius/Haas/*Haas* Rn. 81b.
10 BGH Beschl. v. 22.11.2016 – II ZB 19/15, NZG 2017, 347; iErg in früherer Zeit auch OLG Jena Beschl. v. 22.8.2007 – 6 W 244/07, NZG 2007, 877; aA AG Charlottenburg Beschl. v. 7.11.2008 – 99 AR 3845/09, GmbHR 2009, 321 (322 f.).
11 Scholz/*Scheller* Rn. 78 mwN.
12 BGH Beschl. v. 22.11.2016 – II ZB 19/15, NZG 2017, 347.
13 BGH Beschl. v. 22.11.2016 – II ZB 19/15, NZG 2017, 347; Noack/Servatius/Haas/*Haas* Rn. 81b.

lich weniger zahlreich – diejenige aufgrund Auflösungsbeschlusses der Gesellschafter (Abs. 1 Nr. 2) sind die weiteren Auflösungsgründe des Abs. 1 vergleichsweise selten anzutreffen. Geringe praktische Bedeutung haben zudem gesellschaftsvertragliche Regelungen zur Auflösung einer Gesellschaft (Abs. 2).

8   **3. Begriffsklärungen.** Die Auflösung einer Gesellschaft kann auf einer Vielzahl von Auflösungsgründen beruhen und es können nach Auflösung verschiedene Konstellationen für das weitere zeitliche Bestehen der Gesellschaft auftreten. Da insbesondere aber die Begrifflichkeiten im Zusammenhang mit der Auflösung nicht immer einheitlich verwendet werden und das GmbHG nicht zwischen Auflösung und Beendigung unterscheidet, ist zunächst wie folgt zu differenzieren:

9   **a) Auflösungsreife.** Im Anschluss an *K. Schmidt* wird häufig der Zeitraum vor der Auflösung, in welchem der materielle Auflösungsgrund schon vorhanden, aber noch nicht jede Voraussetzung für die Auflösung[14] erfüllt ist, als Auflösungsreife bezeichnet.[15] Zwar habe die Gesellschaft zu diesem Zeitpunkt noch uneingeschränkt den Status einer werbend tätigen Gesellschaft inne, jedoch mache derjenige, der sich auf die Auflösungsreife berufe, die **„Auflösungseinrede"** geltend. Dies habe ggf. Mitwirkungspflichten der Gesellschafter bei der Fassung von auflösungshindernden Beschlüssen zur Folge. Nicht zuletzt deshalb, weil der Beginn eines solchen Zeitraums regelmäßig kaum von außen bestimmbar ist und keine eigentlichen Rechtsfolgen daran geknüpft sind, stößt diese Einordnung auch auf Kritik.[16] Im Ergebnis scheint die Auflösungsreife als eigener begrifflicher Zeitraum in der Tat nicht erforderlich,[17] zumal zumindest die gesetzlichen Auflösungsgründe des Abs. 1 allesamt ein bestimmtes Ereignis voraussetzen, welches erst die Rechtswirkungen der Auflösung herbeiführt. Selbst wenn etwa im Fall der Löschung wegen Vermögenslosigkeit (Abs. 1 Nr. 7) der Umstand der Vermögenslosigkeit schon länger vorgelegen haben mag, kommt die Wirkung der Auflösung erst mit der Löschung der Gesellschaft im Handelsregister zum Tragen.

10   **b) Auflösung.** Bis zur Auflösung ist die Gesellschaft regelmäßig aktiv und werbend tätig am Rechtsverkehr beteiligt. Ab diesem Zeitpunkt ist das weitere Schicksal der Gesellschaft auf **Beendigung ihrer Existenz** ausgerichtet; damit einher geht regelmäßig die Abwicklung der Geschäftsaktivitäten der Gesellschaft. Der Gesellschaft ist gem. § 68 Abs. 2 der Zusatz „in Liquidation" (i. L.) anzufügen.

11   **c) Abwicklung und Liquidation.** Ab Auflösung, aber vor Beendigung befindet sich die Gesellschaft im **Liquidationsstadium** gem. §§ 65–74. Dieses ist für die Fälle, in denen die Auflösung nicht aufgrund eines Insolvenzverfahrens erfolgt ist, durch die Liquidatoren durchzuführen (§ 66 Abs. 1); der **Abwicklungszeitraum** beträgt mindestens ein Jahr (insbesondere Einhaltung des sog. Sperrjahrs, § 73 Abs. 1). Mit der Abwicklung bzw. Liquidation ist die Tätigkeit der Gesellschaft auf die Beendigung ihrer Existenz gerichtet.

12   **d) Beendigung.** Die Beendigung der Gesellschaft führt zum **Wegfall ihrer Existenz** als Rechtspersönlichkeit. Es ist im Einzelnen streitig, welche weiteren Voraussetzungen zur Auflösung und Löschung hinzutreten müssen, um zur Beendigung der Gesellschaft zu führen (→ Rn. 31 ff.). Die Beendigung wird auch als Erlöschen bezeichnet, teilweise zudem als Vollbeendigung.[18]

13   **e) Löschung.** Mit der Löschung einer Gesellschaft im Handelsregister soll deren Existenzbeendigung gegenüber außenstehenden Dritten verlautbart werden. Regelmäßig führt

---

14   Etwa: überschuldete Gesellschaft ohne bisherige Eröffnung des Insolvenzverfahrens; weitere Beispiele vgl. Scholz/*Scheller* Rn. 2.
15   Scholz/*Schmidt/Bitter,* 11. Aufl. 2013, Rn. 2 f.; *K. Schmidt* GesR § 38 IV 1; Rowedder/Schmidt-Leithoff/*Gesell* Rn. 2; Scholz/*Scheller* Rn. 2 f.
16   Hachenburg/*Ulmer* Rn. 7; Meyer-Landrut/Miller/Niehus/*Niehus* Rn. 2.
17   Ähnlich wohl auch UHL/*Casper* Rn. 12; HK-GmbHG/*Frank* Rn. 4.
18   Scholz/*Scheller* Rn. 6 f.; *K. Schmidt* GmbHR 1988, 209.

die Löschung der Gesellschaft auch zur Beendigung, sofern nicht noch **aktives Vermögen** der Gesellschaft vorhanden ist oder anderer **nachwirkender Handlungsbedarf** besteht (die letzte Variante ist teilweise sehr umstritten; näher → Rn. 43 ff.). In beiden letztgenannten Fällen ist die Gesellschaft trotz Löschung nicht beendet, vielmehr hat eine Nachtragsliquidation (→ Rn. 299, insbesondere → § 74 Rn. 41 ff.) stattzufinden.

4. Gesetzgeberische Entwicklungen. § 60 ist in den vergangenen Jahrzehnten nur **14** in vergleichsweise überschaubarem Umfang, zuletzt durch das **FGG-RG** und kurz zuvor durch das **MoMiG**, modifiziert worden. Allenfalls hat Abs. 1, in erster Linie veranlasst durch Auswirkungen anderweitiger Reformgesetze, gewisse Änderungen erfahren. Bereits in der ersten Fassung des GmbHG aus dem Jahr 1892[19] waren die Nr. 1–3 des Abs. 1 enthalten. Im Jahr 1969 wurde die gerichtliche Feststellung eines Mangels des Gesellschaftsvertrags gem. § 144a FGG (nunmehr § 399 FamFG) als Auflösungsgrund eingefügt.[20] Der weitere gesetzliche Auflösungsgrund als Folge einer gerichtlichen Feststellung nach § 144b FGG (durch das MoMiG ersatzlos gestrichen) wurde im Jahr 1980 mit der sog. **kleinen GmbH-Reform** aufgenommen.[21] Nach einer weiteren lediglich redaktionellen Änderung im Jahr 1991[22] erfolgten im Zuge der **Neuregelung des Insolvenzrechtes** mit Wirkung zum Jahresbeginn 1999 erhebliche Änderungen der insolvenzbezogenen Auflösungsgründe in Abs. 1 (Art. 2 Nr. 9 EGInsO, Art. 48 Nr. 5 EGInsO); so wurde Abs. 1 Nr. 4–5 neu gefasst (Abs. 1 Nr. 4 wurde lediglich an die Neuregelungen der InsO angepasst), die bisherige Nr. 5 wurde ohne inhaltliche Änderung zur Nr. 6 und der Auflösungsgrund wegen Löschung aufgrund Vermögenslosigkeit gem. § 141a FGG in Nr. 7 neu eingefügt. Einhergehend mit diesen Änderungen des Abs. 1 wurde das bis zu diesem Zeitpunkt gültige Löschungsgesetz aufgehoben (Art. 110 EGInsO iVm Art. 2 Nr. 9 EGInsO). Verdrängt wurde damit das Gesetz über die Auflösung und Löschung von Gesellschaften und Genossenschaften vom 9.10.1934 (RGBl. 1934 I 914). Dessen Regelungen sind nunmehr in Teilen in Abs. 1 Nr. 5 (früher § 1 Abs. 1 S. 1 LöschG) und Abs. 1 Nr. 7 (früher § 2 Abs. 1 S. 2 LöschG) sowie § 394 FamFG (früher § 141a FGG) abgebildet, zum Teil gänzlich weggefallen.

Durch das MoMiG vom 23.10.2008 (BGBl. 2008 I 2026) wurde schließlich mit Wir- **15** kung zum 1.11.2008 die Alt. 2 von Abs. 1 Nr. 6 gelöscht; dabei handelt es sich um eine **Folgeänderung**, welche durch die ersatzlose Streichung der früheren Regelung in § 19 Abs. 4, wonach eine volle Sicherung der Erbringung der Stammeinlagen im Fall einer nachträglichen Vereinigung aller Geschäftsanteile in einer Hand eintreten musste, bedingt ist. Eine zunächst im Verlauf des Gesetzgebungsverfahrens für das MoMiG vorgesehene Ergänzung des Abs. 1 Nr. 6[23] wurde dagegen nicht übernommen. Die Aufnahme dieser Regelung hätte bedeutet, dass eine Gesellschaft, die der **staatlichen Genehmigung** bedarf (etwa ein Handwerksbetrieb, vgl. §§ 1, 7 Abs. 4 HwO), von Amts wegen zu löschen gewesen wäre, wenn nicht binnen drei Monaten oder einer vom Registergericht gesetzten Frist nach erstmaliger Eintragung der Gesellschaft im Handelsregister die staatliche Genehmigungsurkunde vorgelegt wird. Hintergrund dieser zunächst vorgesehenen Änderung war die beabsichtigte **Erleichterung und Beschleunigung von Gesellschaftsgründungen**, indem die nach früherem Recht (§ 8 Abs. 1 Nr. 6) als Voraussetzung der Eintragung erfor-

[19] Gesetz betreffend die Gesellschaften mit beschränkter Haftung (GmbHG) v. 20.4.1892, RGBl. 1892, 477 idF der Bekanntmachung v. 20.5.1898, RGBl. 1898, 846.
[20] Gesetz zur Durchführung der 1. Richtlinie des Rates der Europäischen Gemeinschaften zur Koordinierung des Gesellschaftsrechts v. 15.8.1969, BGBl. 1969 I 1146; seinerzeit eingefügt als Abs. 1 Nr. 5; derzeit Nr. 6.
[21] Gesetz zur Änderung des Gesetzes betreffend die Gesellschaften mit beschränkter Haftung und anderer handelsrechtlicher Vorschriften v. 4.7.1980, BGBl. 1980 I 836; bis zur Einfügung des neuen Insolvenzrechts als Nr. 5 des Abs. 1, seit 1998 als Nr. 6.
[22] Gesetz zur Durchführung der Zwölften Richtlinie des Rates der Europäischen Gemeinschaften auf dem Gebiet des Gesellschaftsrechts betreffend Gesellschaften mit beschränkter Haftung mit einem einzigen Gesellschafter v. 18.12.1991, BGBl. 1991 I 2206.
[23] RefE MoMiG v. 29.5.2006, BMJ v. 29.5.2006.

derliche staatliche Genehmigungsurkunde hätte nachgereicht werden können. Letztlich hat sich der Gesetzgeber aber dafür ausgesprochen, ähnlich der Situation bei Personengesellschaften und Einzelunternehmern das **staatliche Genehmigungsverfahren** ganz von dem registerrechtlichen Eintragungsverfahren **abzukoppeln** (vgl. hierzu § 7 HGB);[24] insoweit ist die Notwendigkeit eines Amtslöschungsverfahrens bei Nichtvorlage der Genehmigungsurkunde weggefallen. Zudem änderte sich im Zuge des Gesetzes zur Reform des Verfahrens in Familiensachen und in den Angelegenheiten der freiwilligen Gerichtsbarkeit **(FGG-RG)** vom 17.12.2008 (BGBl. 2008 I 2586) die Nummerierung der Verweisnormen in Abs. 1 Nr. 6–7. Zu den einzelnen Änderungen aufgrund des FGG-RG → Rn. 130 ff., → Rn. 154 ff.

16   **5. Besteuerung.** Die Auflösung lässt die **Steuerpflicht** der Gesellschaft unberührt. Allerdings fällt die Verpflichtung zur **jährlichen Steuerveranlagung** weg (diese ergibt sich aus § 7 Abs. 3 KStG); stattdessen hat die Gesellschaft, sofern nicht von den Finanzbehörden im Fall eines Abwicklungszeitraums von mindestens drei Jahren abweichend gefordert, lediglich am Ende des gesamten Abwicklungszeitraums eine diesen vollständig abdeckende Steuererklärung abzugeben (§ 11 Abs. 1 KStG; ausführlich → § 71 Rn. 51).

II. Auflösung, Beendigung und Löschung

17   **1. Überblick.** Der Gesetzgeber, der in § 60 inhaltlich recht deutlich voneinander abweichende Auflösungsgründe statuiert, geht von folgendem **regelmäßigen Verfahren** nach Eintritt des Auflösungsereignisses aus: nach der Auflösung (§ 60) und ihrer Eintragung in das Handelsregister (vgl. § 65) folgt das Abwicklungs- bzw. Liquidationsverfahren durch die hierzu berufenen Liquidatoren (§§ 65–74), an dessen Ende die Verteilung des verbleibenden Restvermögens der Gesellschaft steht (§§ 72 f.). Nach der Vermögensverteilung wird die Gesellschaft endgültig im Handelsregister gelöscht mit der Folge, dass ihre **Vollbeendigung** eingetreten ist. Allerdings passt dieser Regelablauf für eine Vielzahl von Konstellationen nicht; erfolgt etwa die Löschung der Gesellschaft aufgrund Vermögenslosigkeit (Abs. 1 Nr. 7), so führt die zur Auflösung führende Löschung auch gleichzeitig unmittelbar zur Beendigung der Gesellschaft,[25] sofern nicht ausnahmsweise doch noch Vermögen vorhanden ist, das der Verteilung unterliegt (vgl. § 66 Abs. 5), oder anderweitiger nicht-vermögensbezogener Abwicklungsbedarf besteht (→ Rn. 44 ff.). Bei dieser Konstellation schließt sich also an die Auflösung **kein Abwicklungs- bzw. Liquidationsverfahren** an. Andererseits ist nicht selten die Konstellation anzutreffen, dass nach einem Auflösungsbeschluss der Gesellschafter das „ordentliche" Liquidationsverfahren durchgeführt, nach dessen Abschluss das verbleibende Vermögen der Gesellschaft verteilt und die Gesellschaft gelöscht wird, sich aber später herausgestellt, dass entgegen der Kenntnis der Liquidatoren doch noch Gesellschaftsvermögen (etwa ein bis zu diesem Zeitpunkt nicht bekannter Anspruch der Gesellschaft gegen eine dritte Person) oder anderweitiger nachwirkender Handlungsbedarf vorhanden war. In diesem Fall ist die Existenz der Gesellschaft trotz der formalen Löschung die Gesellschaft dennoch nicht beendet und erloschen, was zur Folge hat, dass nachträglich ein Liquidationsverfahren, zumeist als sog. **Nachtragsliquidation** bezeichnet, durchzuführen ist (→ Rn. 299; → § 74 Rn. 41 ff.). Aufgrund der möglichen Überlagerungen der Auflösungssysteme sind daher die grundlegenden Varianten zu unterscheiden.

18   **2. Abgrenzung Auflösung und Beendigung.** Regelmäßig bewirkt die Auflösung, gleichgültig ob diese aus dem Eintritt eines gesetzlichen (Abs. 1) oder gesellschaftsvertraglich vereinbarten (Abs. 2) Auflösungsgrundes herrührt oder Folge eines sich direkt oder indirekt aus gesetzlichen Normen ergebenden sonstigen Grundes ist (→ Rn. 197 ff.), noch nicht die Beendigung der Gesellschaft. Stattdessen ist bis zum endgültigen Erlöschen ein Abwicklungsverfahren zu durchlaufen, mit welchem die **Ansprüche der außenstehenden Gläu-**

---

24   Statt vieler Baumbach/Hopt/*Hopt* HGB § 7 Rn. 3.
25   *K. Schmidt* GmbHR 1994, 829 (831 ff.).

biger erfüllt werden sollen und ein dann etwa noch verbleibendes Gesellschaftsvermögen an die Gesellschafter zu verteilen ist. Wird jedoch eine Gesellschaft nach Abs. 1 Nr. 7 iVm § 394 FamFG aufgrund Vermögenslosigkeit aus dem Handelsregister gelöscht, so führt dies zur sofortigen Beendigung auch ohne Durchführung eines Abwicklungs- bzw. Liquidationsverfahrens.[26] Letztgenanntes ist ausnahmsweise nur dann erforderlich, wenn sich herausstellt, dass entgegen dem Ergebnis der vor der Löschung zwingend durchzuführenden **registergerichtlichen Prüfung** (eingehend → Rn. 172 ff.) doch noch Gesellschaftsvermögen vorhanden ist (§ 66 Abs. 5) oder anderweitiger nicht vermögensbezogener nachwirkender Handlungsbedarf besteht (→ Rn. 44 ff.). In einigen Fällen kann es aber auch zur Beendigung der Gesellschaft ohne vorherigen Auflösungstatbestand kommen (→ Rn. 19 ff.). Es ist indes auch möglich, dass eine Gesellschaft ohne Verwirklichung eines Auflösungsgrundes nach § 60 **von Amts wegen** nach § 397 S. 2 FamFG iVm § 397 S. 1 FamFG und §§ 75, 77 in das Abwicklungsstadium unter entsprechender Anwendung der Regelungen in §§ 65 ff. übergeht (→ Rn. 60 ff.). Die Löschung der (vermögenslosen) Gesellschaft nach § 394 Abs. 1 S. 2 FamFG – auf diese Löschungsvorschrift verweist auch Abs. 1 Nr. 7, sodass es nahe liegen würde, insoweit einen Auflösungsgrund zu sehen – nach Abschluss des **Insolvenzverfahrens** bewirkt nicht die Auflösung, sondern die Beendigung der Gesellschaft. Aufgelöst wurde in diesem Fall die Gesellschaft aber bereits nach Abs. 1 Nr. 4 mit Eröffnung des Insolvenzverfahrens.[27]

3. Auflösung und ihre Wirkung. a) Fortbestehen als juristische Person. Die **19** GmbH besteht auch nach Auflösung als juristische Person (§ 13 Abs. 1)[28] und als Handelsgesellschaft (§ 13 Abs. 3) unverändert fort; es gilt das Prinzip der Vollkontinuität.[29] Lediglich ihr Zweck ist durch den **Zweck der Liquidation** überlagert, ohne dass dies jedoch in der Regel das (sofortige) Ende der Geschäftstätigkeiten der Gesellschaft bedeutet. Vielmehr können auch während des Abwicklungs- bzw. Liquidationszeitraums werbende, dh aktive am Geschäfts- und Rechtsverkehr teilhabende, Tätigkeiten im Rahmen des Liquidationszweckes vorgenommen werden (§ 70). An Stelle der bisherigen Geschäftsführer, deren **Vertretungsmacht** mit der Auflösung (mit Ausnahme der insolvenzbedingten Auflösung gem. Abs. 1 Nr. 4 → Rn. 124) automatisch erlischt,[30] treten die Liquidatoren der Gesellschaft; diese haben die Geschäfte der Gesellschaft abzuwickeln und deren Beendigung in die Wege zu leiten (§ 66). Sofern nicht ausdrücklich widerrufen, ändert jedoch – in Übereinstimmung mit der nunmehr hM – die Auflösung der GmbH nichts an dem Fortbestehen von Prokuren, Handlungsvollmachten und Vollmachten.[31] Ein automatisches Erlöschen findet jedoch im Fall der Auflösung wegen Eröffnung des Insolvenzverfahrens gem. Abs. 1 Nr. 4, vgl. § 117 InsO – für vor der Auflösung erteilte Prokuren, Handlungsvollmachten und Vollmachten statt.[32]

Trotz Liquidationsbeginns kann die **Satzung** der Gesellschaft noch **geändert werden,** **20** insbesondere mit einem Inhalt, der das Verfahren der Abwicklung erleichtert oder die Fortsetzung der Gesellschaft ermöglicht.[33] Von der Liquidation unberührt bleibt die Firma der Gesellschaft; allerdings ist der Firmierung ein auf die Abwicklung hindeutender Zusatz (in der Regel „i.L.", vgl. § 68 Abs. 2) beizufügen. Soweit die entsprechenden Beträge für die Abwicklung benötigt werden, dürfen die Liquidatoren auch noch **rückständige**

---

[26]   Rowedder/Schmidt-Leithoff/*Gesell* Rn. 2 bezeichnet daher Abs. 1 Nr. 7 zu Recht als „systemwidrig".
[27]   S. auch Lutter/Hommelhoff/*Kleindiek* Rn. 18.
[28]   BAG Urt. v. 22.3.1988 – 3 AZR 350/86, NJW 1988, 2637.
[29]   HK-GmbHG/*Frank* Rn. 5; dazu auch Gehrlein/Born/Simon/*Beckmann/Hofmann* Vor §§ 60 ff. Rn. 4.
[30]   BayObLG Beschl. v. 31.3.1994 – 3 Z BR 251/93, DNotZ 1995, 217.
[31]   S. auch Noack/Servatius/Haas/*Haas* Rn. 11, HK-GmbHG/*Frank* Rn. 17; Rowedder/Schmidt-Leithoff/*Gesell* Rn. 4.
[32]   LG Halle Beschl. v. 1.9.2004 – 11 T 8/04, NZG 2005, 442; Rowedder/Schmidt-Leithoff/*Gesell* Rn. 4; Noack/Servatius/Haas/*Haas* Rn. 42; einschr. UHL/*Casper* Rn. 122, welcher offenbar Prokuren als nicht von § 117 InsO erfasst sieht.
[33]   BayObLG Beschl. v. 12.1.1995 – 3Z BR 314/94, NJW-RR 1996, 417; Rowedder/Schmidt-Leithoff/*Gesell* Rn. 4; Noack/Servatius/Haas/*Haas* Rn. 9.

Einlageverpflichtungen und damit im Zusammenhang stehende Nebenleistungen von Gesellschaftern einfordern und einziehen.[34] Wenn nicht besondere Gründe entgegenstehen, wie etwa die bereits begonnene Verteilung des Vermögens der Gesellschaft oder die bereits erfolgte Eintragung der Löschung im Handelsregister, kann die Rückänderung der Gesellschaft in eine aktive werbende durch Fortsetzungsbeschluss der Gesellschafter umgesetzt werden (→ Rn. 241 ff.). Zudem wird darauf verwiesen,[35] dass bei einer nur scheinbar aufgelösten Gesellschaft ein Fortsetzungsbeschluss nicht erforderlich sei, vielmehr im Zweifel durch **Feststellungsklage** geklärt werden könne, dass die Gesellschaft als werbend tätige weiterbesteht. Diese Auffassung ist nicht unrichtig, gleichwohl die nur scheinbare Auflösung angesichts der an klare Voraussetzungen geknüpften Tatbestände in § 60 eher fernliegend erscheint. Ist etwa im Fall des Abs. 1 Nr. 2 der Auflösungsbeschluss nicht rechtswirksam zustande gekommen und wird daher angefochten, so ist er im ordentlichen **Beschlussmängelverfahren** für nichtig zu erklären; weiterer Maßnahmen bedarf es dann nicht.

21   **b) Fortbestehende Verpflichtungen.** Aufgrund des Umstandes, dass die Auflösung keine unmittelbare Änderung in der Rechtspersönlichkeit der Gesellschaft bewirkt, bleiben die **Rechtsverhältnisse** der Gesellschaft zu außenstehenden Dritten wie insbesondere Arbeitnehmern, Kunden oder sonstigen Vertragspartnern ohne eine von den Liquidatoren ausgesprochene Kündigung oder anderweitige Aufhebung **unverändert** bestehen. Bei Dauerschuldverhältnissen können Vertragsänderungen oder Kündigungen gem. §§ 313, 314 BGB in Erwägung zu ziehen sein.[36] Der Umstand einer erfolgten Auflösung ändert nichts an einer bestehenden Steuerpflicht der Gesellschaft (→ Rn. 16).

22   **c) Umwandlungen.** Eine Umwandlung der Gesellschaft in eine andere Rechtsform ist trotz Beginn des Liquidationsverfahrens nicht ausgeschlossen. So ordnet § 3 Abs. 3 UmwG ausdrücklich an, dass eine aufgelöste Gesellschaft als **übertragender Rechtsträger** an Verschmelzungen beteiligt sein kann, wenn deren Fortsetzung beschlossen werden könnte; zudem verweist § 124 Abs. 2 UmwG für den Fall einer Spaltung auf die vorgenannte Vorschrift. Gesetzlich nicht geregelt ist dagegen die Konstellation, dass die aufgelöste Gesellschaft bei einer Umwandlungsmaßnahme als **übernehmender Rechtsträger** beteiligt werden soll. Die Rspr. bejaht zu Recht gleichwohl diese Variante, sofern die Gesellschaft durch Fortsetzungsbeschluss wieder reaktiviert wurde.[37] In der Lit. wird teilweise darauf verwiesen, dass ein formaler Fortsetzungsbeschluss entbehrlich sein kann, da häufig der **Umwandlungsbeschluss** inzident den Fortsetzungsbeschluss enthalten wird.[38] Dieser Auffassung ist beizupflichten, sofern im konkreten Einzelfall nicht besondere Umstände wie etwa die Verschmelzung zweier aufgelöster Gesellschaften mit dem Ziel, lediglich das Abwicklungsverfahren zu vereinfachen oder zu vereinheitlichen, gegeben sind. Seit dem ESUG[39] ist die Insolvenz der Gesellschaft kein Hinderungsgrund mehr in dem Sinne, dass diese nicht übertragender Rechtsträger sein könnte; nicht zuletzt können gesellschaftsrechtliche Beschlüsse, auch der Fortsetzungsbeschluss, § 225a Abs. 3 InsO bereits im Insolvenzplan behandelt werden.[40] Ist aber die Gesellschaft aufgelöst und ausnahmsweise nicht (inzident) reaktiviert oder kann nicht mehr fortgesetzt werden, so kommt nach vorzugswürdiger Ansicht die Stellung als übernehmender Rechtsträger nicht mehr in Betracht;[41] dies gilt insbesondere dann, wenn der übernehmende Rechtsträger in Insolvenz befindlich ist.[42]

---

[34]   Noack/Servatius/Haas/*Haas* Rn. 9.
[35]   Scholz/*Schmidt*/*Bitter,* 11. Aufl. 2013, Rn. 5.
[36]   Gehrlein/Born/Simon/*Beckmann*/*Hofmann* Vor §§ 60 ff. Rn. 5; UHL/*Casper* Rn. 123.
[37]   OLG Naumburg Beschl. v. 12.2.1997 – 10 Wx 1–97, NJW-RR 1998, 178; AG Erfurt Beschl. v. 25.10.1995 – HRB 1870, GmbHR 1996, 373 Ls.
[38]   Bejahend auch Noack/Servatius/Haas/*Haas* Rn. 10; Semler/Stengel/*Stengel* UmwG § 3 Rn. 43.
[39]   Gesetz zur weiteren Erleichterung der Sanierung von Unternehmen v. 7.12.2011, BGBl. 2011 I 2582.
[40]   Ebenso Semler/Stengel/*Stengel* UmwG § 3 Rn. 44 mwN.
[41]   OLG Naumburg Beschl. v. 12.2.1997 – 10 Wx 1–97, NJW-RR 1998, 178; AG Erfurt Beschl. v. 25.10.1995 – HRB 1870, GmbHR 1996, 373 Ls.; Semler/Stengel/*Stengel* UmwG § 3 Rn. 45; aA statt vieler Schmitt/Hörtnagl/*Winter* UmwG § 3 Rn. 46 mwN.
[42]   Semler/Stengel/*Stengel* UmwG § 3 Rn. 43 mwN; aA offenbar *Wachter* NZG 2015, 858.

d) Einstellung der Geschäftstätigkeiten. Nicht zur Auflösung führt die in der recht- 23
lichen Praxis nicht selten anzutreffende Einstellung des Geschäftsbetriebs einer Gesellschaft
im Sinne eines Wegfalls der aktiven werbenden Tätigkeit, es sei denn, darin ist die **stillschweigende Auflösung** mittels Beschlusses der Gesellschafter zu sehen (→ Rn. 89 ff.).
Bei einer stillen Liquidation[43] ohne ausdrücklichen oder zumindest inzidenten Auflösungsbeschluss kann die Gesellschaft auch nach Abwicklung der laufenden Geschäftsaktivitäten
einschließlich der Beendigung ggf. bestehender Arbeitsverhältnisse dauerhaft fortbestehen;
die für eine – aus rechtlicher Sicht aktive – Gesellschaft bestehenden Verpflichtungen wie
etwa Einhaltung der Buchführungspflicht (§ 41), Erstellung und Vorlage des Jahresabschlusses (§ 42a Abs. 1), Abgabe von Steuererklärungen (§ 34 Abs. 1 AO iVm § 149 Abs. 1 S. 1
AO und den Einzelsteuergesetzen, zB § 18 Abs. 1 S. 1 UStG) oder Beachtung der Verpflichtungen gegenüber dem Registergericht (zB durch Einreichung einer aktualisierten Gesellschafterliste im Fall von Veränderungen in den Personen der Gesellschafter, vgl. § 40 Abs. 1
S. 1) durch die Geschäftsführung sind indes weiterhin zu erfüllen.

4. Eintritt der Beendigung. a) Beendigungstatbestände, insbesondere Umwand- 24
lungen. Äußerer Anknüpfungspunkt der Beendigung einer Gesellschaft ist regelmäßig die
Löschung im Handelsregister, sei es nach Abschluss des Liquidationsverfahrens (§ 74
Abs. 1 S. 2) oder nach Abschluss des Insolvenzverfahrens (Abs. 1 Nr. 4 iVm § 394 Abs. 1
S. 2 FamFG). Die bloße formal erfolgte Löschung ist aber nicht ausreichend; vielmehr muss
zur endgültigen Beendigung der Gesellschaft hinzutreten, dass diese vermögenslos ist und
auch kein weiterer Abwicklungsbedarf besteht (letzteres ist str., im Einzelnen → Rn. 30 ff.).
Die Beendigung wird auch nicht durch den Umstand gehindert, dass sich später das Vorhandensein weiterer Verbindlichkeiten herausstellt (→ Rn. 43).[44]

Maßnahmen nach dem Umwandlungsgesetz können zur Beendigung einer Gesellschaft 25
auch ohne vorheriges Liquidationsverfahren führen; dies gilt allerdings nur, sofern die
Gesellschaft **übertragender Rechtsträger** ist, da andernfalls die Umwandlungsmaßnahme
ohnehin keine Änderung in der Rechtsgestalt der Gesellschaft bewirkt. Eine Fallgestaltung
für das Erlöschen der Gesellschaft ohne vorherige Liquidationsdurchführung ist die Verschmelzung auf eine offene Handelsgesellschaft, Kommanditgesellschaft, Partnerschaftsgesellschaft, GmbH, Aktiengesellschaft, Kommanditgesellschaft auf Aktien, eingetragene
Genossenschaft oder – für den Fall, dass vorstehende Verschmelzungen nicht möglich sind, –
mit dem Vermögen des Alleingesellschafters als natürlicher Person (§§ 3 ff., 39–45 UmwG –
Personenhandelsgesellschaft, §§ 46–59 UmwG – GmbH, §§ 60–76 UmwG – AG, § 78
UmwG iVm §§ 60–76 UmwG – KGaA, §§ 120–122 UmwG – natürliche Person). Die
Rechtswirkung der Beendigung tritt in diesem Fall auch **ohne Löschung der Gesellschaft**
im Handelsregister ein (§ 20 Abs. 1 Nr. 2 S. 2 UmwG); vielmehr kommt es auf die Eintra-
gung der Verschmelzung in das Handelsregister des übernehmenden Rechtsträgers an (§ 20
Abs. 1 Nr. 2 S. 1 UmwG, § 56 UmwG). Gleiches gilt für die **Vermögensübertragung
der Gesellschaft** in Gestalt einer Vollübertragung auf die öffentliche Hand (§ 174 Abs. 1
UmwG, § 175 Nr. 1 UmwG iVm § 175 Nr. 2 ff. UmwG). Im Fall der **Aufspaltung** (§ 123
Abs. 1 UmwG) erlischt die Gesellschaft ebenfalls im Moment der Eintragung der Spaltung
im Handelsregister des übertragenden Gesellschaft, ohne dass es einer besonderen Löschung
bedarf (vgl. § 131 Abs. 1 Nr. 2 UmwG). Die **formwechselnde Umwandlung** der Gesellschaft nach §§ 190 ff. UmwG führt zur Beendigung als GmbH, nicht aber zum Erlöschen
als eigenständige Rechtspersönlichkeit (§ 202 Abs. 1 Nr. 1 UmwG). Da die Identität des
Rechtsträgers bestehen bleibt,[45] liegt keine umfassende Beendigung in einem den sonstigen
Umwandlungen vergleichbaren Fall durch ersatzlosen Wegfall der Existenz der Gesellschaft
vor.[46]

---

43   Zur stillen Liquidation einer Gesellschaft s. auch etwa OLG Köln Urt. v. 1.10.1999 – 19 U 219/98,
      NZG 2000, 684.
44   So auch Scholz/*Scheller* Rn. 9.
45   Ebenso Scholz/*Scheller* Rn. 7.
46   Ähnlich Noack/Servatius/Haas/*Haas* Rn. 4; UHL/*Casper* Rn. 14.

26   **b) Keine Beendigungstatbestände. aa) Bloße Vermögenslosigkeit.** Entgegen der in der Lit. vertretenen **hM** hat der BGH bislang noch nicht ausdrücklich von seinen früheren Entscheidungen Abstand genommen, bei welchen er den Eintritt der Vermögenslosigkeit bereits als ausreichenden Ansatzpunkt für die Beendigung und das Erlöschen einer Gesellschaft angesehen und der Löschung der Gesellschaft nur **deklaratorische Wirkung** zuerkannt hatte.[47] Vielmehr hat der **BGH** diese Frage lange nicht entscheiden müssen und hatte sie vor einiger Zeit noch einmal explizit offengelassen.[48] Aus den etlichen Entscheidungen der Instanzengerichte[49] sowie des BAG[50] scheint die Tendenz erkennbar zu sein, neben der Vermögenslosigkeit auch die entsprechende **registergerichtliche Eintragung der Löschung** zu verlangen.

27   Hintergrund der früher in Rspr. und Teilen der Lit.[51] vertretenen Meinung, wonach es nur auf den Eintritt der Vermögenslosigkeit ankommen soll, war die Auffassung, dass die Löschung der Gesellschaft im Handelsregister systematisch lediglich als nach außen gerichtete **Bekundung einer Tatsache** eingestuft werden könne. Die mit dieser Rechtsprechungstendenz offenbar verfolgte Zielsetzung, nämlich Flexibilität für die Frage der Bejahung des Fortbestandes einer Gesellschaft bei nach wie vor vorhandenem Gesellschaftsvermögen auch nach bereits erfolgter Löschung im Handelsregister, geht indes ins Leere, da die Anknüpfung an eine bestehende Vermögenslosigkeit der Gesellschaft ohnehin der zentrale Aspekt für die Beurteilung der Frage sein muss, ob eine Gesellschaft erloschen ist. Zur Erreichung der **gewollten Flexibilität** wäre indes der – überdies zu mehr Rechtssicherheit führende – Weg über die Löschung als weitere Voraussetzung der Beendigung naheliegender. Zudem ist die automatische Beendigung einer vermögenslos gewordenen Gesellschaft auch mit dem für die GmbH geltenden **Eintragungsprinzip** nicht vereinbar;[52] so ist etwa bei einer Maßnahme mit Auswirkungen auf die Binnenstruktur einer Gesellschaft regelmäßig die Eintragung im Handelsregister erforderlich (s. etwa das Wirksamwerden einer Satzungsänderung erst mit Eintragung im Handelsregister, vgl. § 54 Abs. 3).

28   Darüber hinaus würde die vom BGH früher ausdrücklich vertretene Auffassung zu **Rechtsunsicherheiten** führen; es ist – insbesondere für einen außenstehenden Dritten – nicht ohne Weiteres feststellbar, ab welchem Zeitpunkt bei einer Gesellschaft Vermögenslosigkeit zu bejahen ist; daran anknüpfen würde jedoch unmittelbar die einschneidende Folge des Erlöschens der Gesellschaft.[53] Ferner wird überzeugend gegen die frühere hM angeführt, dass auch die Beendigung der vermögenslosen GmbH erst mit Eintragung der Löschung im Handelsregister eintreten soll (Abs. 1 Nr. 7 iVm § 394 Abs. 1 S. 1 FamFG).[54] Zudem

---

[47] RG Urt. v. 12.11.1935 – II 48/35, RGZ 149, 293 (296); Urt. v. 27.4.1937 – VII 331/36, RGZ 155, 42 (44); Urt. v. 12.10.1937 – II 51/37, RGZ 156, 23 (26); BGH Urt. v. 4.6.1957 – VIII ZR 68/56, WM 1957, 975; Urt. v. 29.9.1967 – V ZR 40/66, NJW 1968, 297 (298); die Instanzengerichte haben sich dem BGH zunächst angeschlossen, vgl. etwa OLG Hamm Entsch. v. 26.11.1986 – 14 W 78/85, Rpfleger 1987, 251; OLG Düsseldorf Beschl. v. 13.7.1979 – 3 W 139/79, GmbHR 1979, 227 (228).

[48] BGH Urt. v. 21.10.1985 – II ZR 82/85, WM 1986, 145; anders wohl BAG Urt. v. 22.3.1988 – 3 AZR 350/86, NJW 1988, 2637 – bei dieser Entscheidung wird auf das Erfordernis der Löschung als Voraussetzung für die Beendigung abgestellt.

[49] OLG Celle Beschl. v. 3.1.2008 – 9 W 124/07, NZG 2008, 271; OLG Düsseldorf Urt. v. 14.11.2003 – 16 U 95/98, NZG 2004, 916; OLG Koblenz Beschl. v. 8.2.1991 – 1 W 3357/90, NJW-RR 1991, 933; Urt. v. 1.4.1998 – 1 U 463/97, NZG 1998, 637; HessLAG Urt. v. 28.6.1993 – 16 Sa 1617/92, NZA 1994, 384; OLG Stuttgart Urt. v 30.9.1998 – 20 U 21/98, NZG 1999, 31 (33) – diese Entscheidung ist für die – allerdings insoweit vergleichbare – Konstellation der Löschung einer Aktiengesellschaft wegen Vermögenslosigkeit ergangen; OLG Düsseldorf Urt. v. 14.11.2003 – 16 U 95/98, NZG 2004, 916.

[50] S. etwa BAG Urt. v. 4.6.2003 – 10 AZR 448/02, NZA 2003, 1049; bereits in früherer Zeit BAG Urt. v. 22.3.1988 – 3 AZR 350/86, NJW 1988, 2637.

[51] *Däubler* GmbHR 1964, 246 (247); *Hofmann* GmbHR 1976, 258 (267); *Bokelmann* NJW 1977, 1130 (1131).

[52] So auch überzeugend Hachenburg/*Ulmer* Anh. § 60 Rn. 35; *Hönn* ZHR 138 (1974), 50 (69); diesen folgend Rowedder/Schmidt-Leithoff/*Gesell* Rn. 53.

[53] Statt vieler Rowedder/Schmidt-Leithoff/*Gesell* Rn. 53.

[54] *Hönn* ZHR 138 (1974), 50 (66 ff.).

wird zu Recht darauf verwiesen, dass seit 1993 für die Eintragung der Löschung nicht mehr auf die eher allgemeine Norm in § 31 Abs. 2 HGB als Grundlage für die Löschung zurückgegriffen werden muss, sondern nunmehr die reguläre Löschungsvorschrift des § 74 Abs. 1 herangezogen werden könne mit der Folge, dass umso mehr die bisherige höchstrichterliche Rspr., welche das nach außen sichtbare Registerverfahren nicht als weiteres Tatbestandsmerkmal der Beendigung sieht, obsolet sei.[55] Aus alledem ist der mittlerweile hM zuzustimmen, welche für das Erlöschen einer Gesellschaft neben der Vermögenslosigkeit im Sinne eines **Doppeltatbestandes** zumindest auch die Eintragung der Löschung im Handelsregister fordert (→ Rn. 32 ff.).[56]

bb) Gesellschaft zugleich ihre Alleingesellschafterin. In der juristischen Lit. **29** nimmt die wohl letztlich theoretische Frage einen breiten Raum ein, welche Folgen es nach sich zieht, wenn eine Gesellschaft keine **außenstehenden Gesellschafter** mehr hat, sondern alle Geschäftsanteile an sich selbst hält oder Geschäftsanteile an der Gesellschaft nicht mehr existieren. Trotz der in § 34 anerkannten Möglichkeit, dass die Gesellschaft unter bestimmten Voraussetzungen eigene Anteile erwerben kann, wird von der ganz überwiegenden Auffassung in der Lit. in dem Wegfall des letzten außenstehenden Gesellschafters ein die Existenz der Gesellschaft nachhaltig in Frage stellender Vorgang gesehen.[57] Obwohl im Einzelnen unterschiedliche Ansätze und Rechtsfolgen aus dem Umstand der „Kein-Mann-GmbH" vorgeschlagen werden, besteht allerdings Einigkeit dahingehend, dass der Wegfall außenstehender Gesellschafter nicht zur Beendigung der Gesellschaft führt.[58] Nach richtiger Ansicht führt er (lediglich) zur automatischen Auflösung (→ Rn. 203 ff.).

cc) Weitere Tatbestände. Die Beendigung oder das Erlöschen der Gesellschaft folgt **30** nicht schon aus dem bloßen **Einstellen des Geschäftsbetriebes.** Die aktive werbende Tätigkeit der Gesellschaft im Sinne einer Teilnahme am Rechts- und Geschäftsverkehr ist nicht Bestehensvoraussetzung für die GmbH.[59] Ebenso ist die Gesellschaft noch nicht beendet, wenn zwar die Voraussetzungen für eine **gerichtliche Nichtigerklärung** der Gesellschaft gem. § 75 oder einer Amtslöschung nach § 397 FamFG vorliegen, aber die entsprechenden gerichtlichen Maßnahmen noch nicht umgesetzt worden sind. Gleiches gilt im Fall der **Entziehung der Gewerbeerlaubnis** (→ Rn. 219), der behördlichen Untersagung der Unternehmenstätigkeit, der (Zwangs-)Auflösung gem. Abs. 1 Nr. 3 iVm § 62 durch behördliche Verfügung aufgrund einer Gefährdung des Gemeinwohls (→ Rn. 110) oder einer Auflösung nach § 17 VereinsG iVm §§ 3 ff. VereinsG (→ § 62 Rn. 9).

5. Abgrenzung Löschung und Beendigung. In den meisten Fällen erfolgt die **31** Löschung der Gesellschaft zeitlich nach dem Feststehen der Vermögenslosigkeit, sei es durch Schlussverteilung des verbleibenden Vermögens nach ordnungsgemäß durchgeführter Liquidation zur Beendigung der Gesellschaft oder – in der Praxis häufiger – durch eingetretene Insolvenztatbestände. Daher ist die Löschung häufig derjenige Akt, der unmittelbar zur Beendigung der Gesellschaft führt. Diese Stringenz fehlt aber insbesondere im Fall einer bei Löschung nicht vermögenslosen Gesellschaft.

a) Löschung trotz vorhandenen Vermögens. Wird die Gesellschaft gelöscht, ohne **32** dass diese vermögenslos ist, so stellt sich die Frage, ob die Gesellschaft gleichwohl beendet ist oder in welcher Form auch immer weiterbesteht.

aa) Auffassung einer konstitutiven Wirkung der Amtslöschung. *Hönn* geht im **33** Fall der Löschung der Gesellschaft trotz vorhandenen Vermögens zwar von einem Erlöschen

55 *Altmeppen* Rn. 7.
56 Scholz/*Scheller* Rn. 66 ff.; *K. Schmidt* GmbHR 1988, 209; zT bereits in früherer Zeit *Hönn* ZHR 138 (1974), 50 (57); *Winnefeld* BB 1975, 70 (72); Lutter/Hommelhoff/*Kleindiek* Rn. 17; UHL/*Casper* Rn. 18, 30 ff.; Noack/Servatius/Haas/*Haas* Rn. 6; *Altmeppen* Rn. 7; MHLS/*Nerlich* Rn. 8 ff.; *Bork* JZ 1991, 841 (844).
57 Vgl. etwa Lutter/Hommelhoff/*Kleindiek* Rn. 24; Scholz/*Scheller* Rn. 80.
58 Statt vieler UHL/*Casper* Rn. 106; Noack/Servatius/Haas/*Haas* Rn. 5; *Wicke* Rn. 10.
59 Noack/Servatius/Haas/*Haas* Rn. 8.

der Gesellschaft als juristischer Person aus, aber gleichzeitig von der **Fiktion ihres Fortbestehens** für Zwecke der durchzuführenden Nachtragsliquidation.[60] Diese Meinung kann allerdings nicht die Frage beantworten, wie eine rechtlich nicht mehr existente Gesellschaft noch Vermögensträger sein kann.[61] Mit Hinweis auf das für die GmbH geltende **Eintragungsprinzip**, welches etwa dazu führt, dass die GmbH erst mit Eintragung im Handelsregister als solche entsteht (vgl. § 11 Abs. 1; näher → § 11 Rn. 147 ff.) und Satzungsänderungen zu ihrer Wirksamkeit der registerlichen Eintragung bedürfen (vgl. § 54 Abs. 3; näher → § 53 Rn. 3), vertritt *Ulmer* die Auffassung, die Gesellschaft verliere mit ihrer Löschung ihre Rechtsfähigkeit.[62] Falls die Löschung unrichtigerweise trotz vorhandenen Vermögens erfolgt ist, soll nach einer früheren Variante dieser Auffassung eine Gesamthand der Gesellschafter als **Nachgesellschaft** vorliegen, welche über die Vermögensgegenstände der Gesellschaft als „**Sondervermögen**" verfügt.[63] Das Konzept der Nachgesellschaft baut dabei auf dem für eine GmbH vor ihrem Entstehen durch erstmalige Eintragung im Handelsregister geltenden Grundsatz auf, wonach bis zur Eintragung eine Vorgesellschaft existiere. Daher sei die Nachgesellschaft gleichsam als **Gesamthandsgesellschaft sui generis** zu verstehen, deren Gesellschaftsverfassung auf der Satzung der (erloschenen) Gesellschaft beruhe.

34   Jedoch ist schon nicht klar, in welcher **konkreten Rechtsgestalt** diese Nachgesellschaft bestehen soll; konsequenterweise müsste man, zumal es sich wohl nicht um eine Kapitalgesellschaft eigener – ungeschriebener – Art handeln soll, von einer persönlichen Haftung der Gesellschafter ausgehen;[64] zudem wird zu Recht in Frage gestellt, wie die Vermögensgegenstände der Gesellschaft auf die Nachgesellschaft überführt werden.[65] Nach einer weiteren, inhaltlich zwischen den vorstehenden Varianten einer ersatzlösen Beendigung und dem Fortbestehen einer Gesamthandsgesellschaft liegenden Auffassung endet die rechtliche Existenz der Gesellschaft als juristische Person im Moment ihrer Löschung, während indes eine Art „Nach-GmbH" als eine Stufe unterhalb der GmbH bestehen bleibe.[66] Diese Gesellschaft verfüge allenfalls über eine eingeschränkte Rechtsfähigkeit dahingehend, die zum Zwecke der Abwicklung notwendigen Handlungen vornehmen zu können. Zum Teil wird vertreten, dass es sich bei der durch die Löschung der GmbH begründeten Form um eine Stufe zwischen Nichtperson und juristischer Person handeln soll.[67] Allerdings wird die Figur der „Nach-GmbH" bzw. einer ähnlichen Nach-Gesellschaft zwischen Nicht-Person und juristischer Person zu Recht überwiegend abgelehnt;[68] nicht zuletzt weil es an der notwendigen rechtsverbindlichen **Bestimmbarkeit** einer solchen Nachgesellschaft fehlt und die sich aus der Löschung der nicht vermögenslosen Gesellschaft ergebenden Folgefragestellungen auch anderweitig (→ Rn. 35 ff.) beantwortet werden können. Ohne die vorstehenden Begründungsansätze im Detail zu bejahen, hat der BGH in früheren Entscheidungen ebenfalls die Auffassung vertreten, die Löschung der Gesellschaft führe in jedem Fall zu deren Vollbeendigung.[69]

35   **bb) Lehre vom „Doppeltatbestand".** Demgegenüber fordert die maßgeblich durch *K. Schmidt*[70] geprägte **Lehre vom „Doppeltatbestand"** zur finalen Beendigung der Gesellschaft neben der Eintragung der Löschung im Handelsregister wegen Vermögenslosig-

---

[60]   *Hönn* ZHR 138 (1974), 50 (74).
[61]   Ebenso Rowedder/Schmidt-Leithoff/*Gesell* Rn. 53.
[62]   Hachenburg/*Ulmer* Anh. § 60 Rn. 37.
[63]   In diese Richtung bereits *Hüffer* GS D. Schultz, 1987, 103 ff.; ausdrücklich Hachenburg/*Ulmer* Anh. § 60 Rn. 18.
[64]   *Bork* JZ 1991, 841 (843).
[65]   *Saenger* GmbHR 1994, 300 (302); Rowedder/Schmidt-Leithoff/*Gesell* Rn. 53.
[66]   *Heller*, Die vermögenslose GmbH, 1989, 128; ähnlich auch *Buchner*, Amtslöschung, Nachtragsliquidation und masselose Insolvenz von Kapitalgesellschaften, 1988, 133; *Lindacher* FS Henckel, 1995, 549; *H. Schmidt*, Zur Vollbeendigung juristischer Personen, 1989, 130 ff., 170 f. und 184 f.
[67]   *John*, Die organisierte Rechtsperson, 1977, 218 ff.
[68]   Ähnlich auch UHL/*Casper* Rn. 96 aE; Rowedder/Schmidt-Leithoff/*Gesell* Rn. 53.
[69]   BGH Urt. v. 4.6.1957 – VIII ZR 68/56, WM 1957, 975; Urt. v. 29.9.1967 – V ZR 40/66, NJW 1968, 297 (298).
[70]   *K. Schmidt* GmbHR 1988, 209; Scholz/*Seiler* Rn. 66 ff.

keit zumindest auch das tatsächliche Vorliegen von Vermögenslosigkeit.[71] Dieser Auffassung, welcher der BGH in Abkehrung seiner bisherigen ablehnenden Rspr.[72] noch nicht ausdrücklich – wenn auch wohl inhaltlich – gefolgt ist,[73] haben sich zwischenzeitlich die Instanzengerichte ganz überwiegend angeschlossen.[74] Auch das Bundesarbeitsgericht legt die Lehre vom „Doppeltatbestand" seinen Entscheidungen – welche überwiegend zur Prozessfähigkeit von aufgrund Vermögenslosigkeit gelöschten Gesellschaften ergangen sind – zugrunde.[75] Überwiegend wird darauf abgestellt, aus Gesichtspunkten der Rechtssicherheit und Rechtsklarheit den Umstand der Vermögenslosigkeit als alleinigen Grund für die Beendigung der Gesellschaft nicht anzuerkennen. Andernfalls könne der Rechtsverkehr nicht erkennen, ab welchem Zeitpunkt die Beendigung der Gesellschaft aufgrund Vermögenslosigkeit eintritt oder bereits eingetreten ist. Zudem bleibt bei der Lehre vom „Doppeltatbestand" der bisherige Rechtsträger als **Zuordnungssubjekt** erhalten,[76] dh die von der Gegenauffassung kaum zu lösenden Fragen insbesondere dahingehend, wie das Vermögen der Gesellschaft auf eine nachfolgende (Gesamthands-)Gesellschaft oder Gemeinschaft übergehen können soll, stellen sich aufgrund des Weiterbestands der Gesellschaft nicht.

cc) Stellungnahme. Systematisch ist zunächst zu hinterfragen, in welchem Ausmaß 36 die **Löschung** der Gesellschaft im Handelsregister **verbindlicher und endgültiger Natur** ist. Dabei ist insbesondere relevant, ob nach der Löschung nur eine geordnete und finale Abwicklung in Betracht kommt oder die Löschung der Gesellschaft insgesamt korrigiert oder gar revidiert werden kann. Etwa mit der Folge, dass die Wirkung der Löschung im Nachhinein wegfällt und die Gesellschaft wie vorher als werbend tätige GmbH weiterbesteht.

Dabei erfährt vor allem § 395 FamFG besondere Relevanz; danach kann das Registergericht 37 eine Eintragung von Amts wegen löschen, wenn diese wegen des Mangels einer wesentlichen Voraussetzung unzulässig ist.[77] § 395 FamFG entspricht weitgehend der früheren Regelung in § 142 FGG, jedoch mit der Verbesserung und Klarstellung, dass die Unzulässigkeit auch erst nach der Vornahme der entsprechenden Eintragung entstehen kann und dennoch eine anschließende Löschung der Eintragung rechtfertigt. Da auch die Löschung einer Gesellschaft im Handelsregister wegen Vermögenslosigkeit eine Eintragung im Handelsregister darstellt, ist der Anwendungsbereich des § 395 FamFG für unrichtigerweise – trotz Vorhandenseins von Vermögen – erfolgte Löschungen nach dem unmittelbaren Gesetzeswortlaut eröffnet. Allerdings ist zu berücksichtigen, dass nach einer recht weitgehenden Auffassung § 395 FamFG nicht anwendbar sein soll, wenn gleichzeitig die in der insoweit als lex specialis vorgehenden Regelung des § 397 FamFG normierten **Grundkonstellationen** erfasst sind.[78] Dies wäre indes bei der Löschung der Löschung einer Gesellschaft zu bejahen,

---

71 S. etwa *Hönn* ZHR 138 (1974), 50 (57); *Winnefeld* BB 1975, 70 (72); Lutter/Hommelhoff/*Kleindiek* Rn. 17; UHL/*Casper* Rn. 18, 30 ff.; Noack/Servatius/Haas/*Haas* Rn. 6; MHLS/*Nerlich* Rn. 8 ff.; Bork/Schäfer/*Roth* Rn. 27; Gehrlein/Born/Simon/*Beckmann/Hofmann* Vor §§ 60 ff. Rn. 8; *Bork* JZ 1991, 841 (844); *Leuering/Simon* NJW-Spezial 2007, 27 (28); *Schmelz* NZG 2007, 135 (136 f.).
72 BGH Urt. v. 4.6.1957 – VIII ZR 68/56, WM 1957, 975; Urt. v. 29.9.1967 – V ZR 40/66, NJW 1968, 297 (298).
73 BGH Beschl. v. 20.5.2015 – VII ZB 53/13, NJW 2015, 2424 deutet indes stark dahin, dass der BGH die Lehre vom Doppeltatbestand als maßgeblich ansieht.
74 KG Urt. v. 14.8.2003 – 8 U 320/02, KGR 2004, 32; OLG Celle Beschl. v. 3.1.2008 – 9 W 124/07, NZG 2008, 271; OLG Düsseldorf Urt. v. 14.11.2003 – 16 U 95/98, NZG 2004, 916; OLG Koblenz Beschl. v. 8.2.1991 – 1 W 3357/90, NJW-RR 1991, 933; Urt. v. 1.4.1998 – 1 U 463/97, NZG 1998, 637; HessLAG Urt. v. 28.6.1993 – 16 Sa 1617/92, NZA 1994, 384; OLG Stuttgart Urt. v. 30.9.1998 – 20 U 21/98, NZG 1999, 31 (33) – diese Entscheidung ist für die – allerdings insoweit vergleichbare – Konstellation der Löschung einer Aktiengesellschaft wegen Vermögenslosigkeit ergangen; OLG Düsseldorf Urt. v. 14.11.2003 – 16 U 95/98, NZG 2004, 916.
75 Vgl. nur BAG Urt. v. 4.6.2003 – 10 AZR 448/02, NZA 2003, 1049; Urt. v. 22.3.1988 – 3 AZR 350/86, NJW 1988, 2637.
76 So bereits *Bork* JZ 1991, 841 (844).
77 Vgl. hierzu RegE FGG-RG v. 10.5.2007, BR-Drs. 309/07, 649.
78 OLG Düsseldorf Beschl. v. 22.6.2004 – 3 Wx 44/04, NZG 2004, 825; allerdings ergangen für die Löschung fehlerhaft eingetragener Squeeze-Out-Beschlüsse bei Aktiengesellschaften.

da es um die Eintragung von Gesellschaften mit beschränkter Haftung geht (§ 397 S. 2 FamFG iVm § 397 S. 1 FamFG). Jedoch kann im Fall der möglichen Rückgängigmachung einer fehlerhaft erfolgten Gesellschafts-Löschung ein Vorrang von § 397 FamFG keinesfalls bejaht werden; § 397 FamFG ist nicht in jedem Fall die speziellere Vorschrift im Verhältnis zu § 395 FamFG, vielmehr überschneiden sich die Anwendungsbereiche.

38   Ein Vorrang von § 397 FamFG mag allenfalls dann bestehen, wenn die Löschung auf der Vorschrift des § 75 und damit einem Mangel des Gesellschaftsvertrages beruht.[79] Dies bedeutet aber, dass bei Fehlen materiell-rechtlicher Eintragungsvoraussetzungen eine Korrektur über § 395 FamFG nicht möglich ist. Somit ist es naheliegend, den Anwendungsbereich von § 395 FamFG auf das Vorliegen wesentlicher Verfahrensmängel zu beschränken.[80] Eine Amtslöschung der Löschung einer Gesellschaft kommt also nicht in Betracht, wenn das Gericht **materiell-rechtlich Umstände** falsch gewichtet hat, also bspw. trotz inhaltlicher Prüfung das Vorhandensein von Vermögen falsch beurteilt hat.[81] Nur dann, wenn erhebliche formale Mängel das Eintragungsverfahren bestimmt haben, ist die Löschung möglich. Dies ist zu bejahen bei Eintragung aufgrund des Antrags eines Unbefugten und ohne Willen des zur Antragstellung Berechtigten,[82] bei einer unzureichenden Ermittlung von Amts wegen,[83] einer fehlerhaften Zustellung[84] oder Rechtsmittelbelehrung,[85] der Eintragung der Löschung wegen Insolvenzverfahrensablehnung mangels Masse trotz Fehlens eines entsprechenden vorangehenden rechtskräftigen Beschlusses (Abs. 1 Nr. 5),[86] der Löschung vor Ablauf der Widerspruchsfrist gem. § 395 Abs. 2 FamFG oder vor Rechtskraft der den Widerspruch zurückweisenden Verfügung[87] sowie der versehentlichen Eintragung der Löschung bei einer an und für sich vom Löschungsverfahren nicht betroffenen Gesellschaft, bspw. durch Vertauschen der jeweils maßgeblichen Handelsregister-Nummer im Moment der Eintragung.

39   Liegt ein rechtskräftiger Beschluss des Insolvenzgerichts über die Ablehnung der Eröffnung eines Insolvenzverfahrens mangels Masse nicht vor und führt das Registergericht gleichwohl fehlerhafterweise die Löschung der Gesellschaft basierend auf der Norm des Abs. 1 Nr. 5 durch, so hat eine Amtslöschung der Löschung gem. § 395 FamFG zu erfolgen. Unmittelbare **Rechtsmittel** gegen die fälschlich erfolgte Löschung stehen nicht zur Verfügung.[88] Allerdings muss das Registergericht im Zweifel von Amts wegen nach § 395 FamFG tätig werden. In diesem Fall besteht die Gesellschaft selbst dann, wenn das Registergericht die Löschung nicht beseitigt, als **werbend tätige Gesellschaft** fort; falls sich die Gesellschaft vor der Löschung bereits im Liquidationsstadium befunden hat, gilt der Abwicklungsstatus unverändert weiter.[89] Rechtlich ist in dieser Variation die (fehlerhafte) Löschung der Gesellschaft – trotz Eintragung im Handelsregister und der damit verbundenen Außenwirkung – als **„Nullum"** zu behandeln; die Gesellschaft konnte durch die Löschung nicht beendet werden.

---

[79] Ebenso Noack/Servatius/Haas/*Haas* Anh. § 77 Rn. 19.
[80] Noack/Servatius/Haas/*Haas* Anh. § 77 Rn. 19.
[81] So etwa BayObLG Beschl. v. 4.6.1997 – 3Z BR 44–97, NJW-RR 1998, 613 (614); KG Beschl. v. 6.7.2004 – 1 W 174/04, NZG 2004, 1004, allerdings mit angreifbarer Argumentation zu der Frage, was unter wesentlicher Voraussetzung zu verstehen ist.
[82] Diese für die Amtslöschung einer GmbH nicht ganz passende Fallgruppe wird bei Hachenburg/*Hohner* § 75 Rn. 9; Rowedder/Schmidt-Leithoff/*Schmidt-Leithoff* § 7 Rn. 16; Scholz/*Veil* § 7 Rn. 16 erörtert; im Falle der Löschung nach § 394 FamFG (allerdings ergangen zum früheren § 141a FGG) sehen BayObLG Beschl. v. 4.6.1997 – 3 Z BR 44–97, NJW-RR 1998 und OLG Hamm Beschl. v. 12.11.1992 – 15 W 266/92, NJW-RR 1993, 547 das Fehlen einer wesentlichen Verfahrensvoraussetzung insbes. in der nicht erfolgten, aber eben notwendige Anhörung der gesetzlichen Vertreter der Gesellschaft.
[83] OLG Düsseldorf Beschl. v. 13.7.1979 – W 139/79, GmbHR 1979, 228 (229).
[84] OLG Düsseldorf Beschl. v. 5.8.1998 – 3 Wx 304/98, NZG 1998, 819.
[85] OLG Frankfurt Entsch. v. 11.11.1992 – 20 W 418/92, GmbHR 1993, 298 (299).
[86] Scholz/*Schmidt/Bitter,* 11. Aufl. 2013, Rn. 27.
[87] OLG Zweibrücken Beschl. v. 1.3.2002 – 3 W 38/02, NZG 2002, 426; *Hüffer* GS D. Schultz, 1987, 106; UHL/*Casper* Rn. 91.
[88] Noack/Servatius/Haas/*Haas* Anh. § 77 Rn. 11 unter Verweis auf § 383 Abs. 3 FamFG.
[89] Bejahend ebenfalls UHL/*Casper* Rn. 97.

Kommt dagegen eine Amtslöschung der Löschung nach § 395 FamFG nicht in **40**
Betracht, so erfährt die zuvor (→ Rn. 33 ff.) erörterte Fragestellung entscheidende Bedeu-
tung, ob der Lehre vom „Doppeltatbestand" zu folgen ist oder vielmehr der Löschung der
Gesellschaft konstitutive Wirkung auch im Fall des Vorhandenseins von Vermögen
zukommt. Richtigerweise ist der **Lehre vom „Doppeltatbestand"** der Vorzug zu geben.
Neben den dargestellten Schwächen der Gegenauffassung insbesondere in Bezug auf die
Rechtspersönlichkeit der durch die Löschung beendeten Gesellschaft sowie der unbefriedi-
genden Konstellation, dass bei Annahme einer Gesamthandsgesellschaft von einer persönlichen Haftung der Gesellschafter ausgegangen werden müsste, kommt dabei der Norm des
§ 66 Abs. 5 entscheidende Bedeutung zu. Demgemäß findet bei einer wegen Vermögenslosigkeit bereits gelöschten Gesellschaft die Liquidation nur statt, wenn und sofern sich nach
der Löschung herausstellt, dass entgegen der Einschätzung des Gerichts im Zeitpunkt der
Löschung doch noch Gesellschaftsvermögen vorhanden war. § 66 Abs. 5 geht mithin –
indem die Fortgeltung des GmbH-spezifischen Liquidationsrechtes angeordnet wird – davon
aus, dass die betroffene Gesellschaft nach wie vor als juristische Person, und zwar in der
Rechtsgestalt der GmbH, existent ist. Damit wird inzident der traditionell vertreten Auffassung, wonach der Löschung der Gesellschaft konstitutive Bedeutung zukommt, eine Absage
erteilt. Die Gesellschaft findet daher weder ihre Fortsetzung als **Gesamthandsgesellschaft**
noch als Nachgesellschaft eigener Art oder gar als Personifikation zwischen juristischer
Person und Personengesellschaft.[90]

Bei Vorhandensein von Vermögen kann also die Löschung der Gesellschaft **in keinem** **41**
Fall Konstitutivwirkung dahingehend begründen, dass eine Vollbeendigung der Gesellschaft eintritt. Sofern allerdings nicht schon ein wesentlicher formaler Mangel zur Löschung
geführt hat, ist anerkannt, dass die Löschung zumindest zur Auflösung führt und sich die
Gesellschaft ab dem Zeitpunkt des im Handelsregister eingetragenen Löschungsvermerks
im Abwicklungsstadium befindet.[91] Durch das Registergericht hat eine (Wieder-)Bestellung
von Abwicklern zu erfolgen, die früheren Geschäftsführer, aber auch – insbesondere falls
sich die Gesellschaft schon vor der Löschung im Liquidationsstadium befunden hat – die
früheren Liquidatoren sind für die sich nunmehr anschließende Abwicklung nicht mehr
vertretungsbefugt.[92] Die Gesellschaft befindet sich dann im Status der Nachtragsliquidation
(ausführlich → Rn. 299, insbesondere → § 74 Rn. 41 ff.).

b) Löschung bei Vermögenslosigkeit. Nach der im Schrifttum vorherrschenden **42**
Lehre vom Doppeltatbestand (→ Rn. 35) ist eine Gesellschaft beendet und erloschen, wenn
Vermögenslosigkeit eingetreten und die Löschung im Handelsregister erfolgt ist. Zu der
Frage, welche Auswirkungen ein weiterer – nicht unmittelbar vermögensbezogener –
Abwicklungsbedarf hat, → Rn. 43. Ist etwa bei einer Gesellschaft das Insolvenzverfahren
eröffnet oder mangels Masse abgelehnt worden und tatsächlich kein Vermögen (oder ander-
weitiger Abwicklungsbedarf, → Rn. 44 ff.) vorhanden, so gibt es keinen Anlass, die Vollbeendigung der Gesellschaft mit dem vollständigen **Verlust ihrer Rechtspersönlichkeit** in
Zweifel zu ziehen. In dieser Konstellation ergibt sich letztlich kein Abgrenzungsproblem
zu der früheren höchstrichterlichen Rspr., welche der Löschung konstitutive Bedeutung
zuerkannt hatte (→ Rn. 33), zumindest soweit man den Zeitraum ab Eintragung der
Löschung im Handelsregister betrachtet; denn auch nach der früheren gerichtlichen Auffassung ist jedenfalls die Gesellschaft in diesem Fall vollbeendet.

Später bekannt werdende (zusätzliche) **Verbindlichkeiten** der Gesellschaften stehen – **43**
anders als vorhandenes Vermögen – der Vollbeendigung der Gesellschaft nicht entgegen;

---

[90] Ebenso UHL/*Casper* Rn. 96.
[91] OLG Hamm Entsch. v. 20.2.1991 – 8 U 121 und 196/90, GmbHR 1992, 111; ebenso Scholz/*Scheller*
      Rn. 66.
[92] BGH Urt. v. 4.2.1991 – II ZR 246/89, NJW 1991, 1884; ähnlich bereits vorher BGH Beschl.
      v. 23.2.1970 – II ZB 5/69, NJW 1970, 1044; Scholz/*Scheller* Rn. 69; Rowedder/Schmidt-Leithoff/
      Gesell Rn. 58.

sie entfallen nach **hM** mit dem Erlöschen der Gesellschaft.[93] Für die Konstellation der tatsächlichen Vermögenslosigkeit[94] trifft diese Aussage zu. Nach anderer Auffassung bekundet die Löschung der Gesellschaft nur eine Tatsache und hat insoweit keine weitere rechtsgestaltende Wirkung in Richtung endgültiges Erlöschen der Gesellschaft.[95] In den meisten Fällen der Vollbeendigung ist nicht eindeutig sicher, ob nicht auch noch korrespondierendes Vermögen besteht, welches dann zu weiterem Abwicklungsbedarf führt. Daher gilt: in jedem Fall ist die erfolgreiche Durchsetzung von gegen die Gesellschaft gerichteten (finanziellen) Ansprüchen ausgeschlossen, sofern diese über kein Vermögen mehr verfügt.[96]

44   **c) Der sog. erweiterte Doppeltatbestand bei weiterem Abwicklungsbedarf.** Geklärt scheint nach den vorstehenden Erläuterungen, dass die Gesellschaft im Fall des Vorhandenseins von Vermögen trotz einer (fehlerhafterweise) erfolgten registerrechtlichen Löschung nicht vollbeendet ist. Ein **weiterer Abwicklungsbedarf** in Bezug auf die im Handelsregister gelöschte Gesellschaft kann sich auch aus anderen Umständen als dem späteren Auffinden von Vermögen oder Vermögenswerten ergeben. Dieser weitere Abwicklungsbedarf kann vermögensmäßiger oder nicht-vermögensmäßiger Natur sein, etwa im Fall der Erfüllung eines durch Vormerkung gegen die Gesellschaft gesicherten Anspruches[97] oder der Nachholung einer unterlassenen Rechnungslegung zum Abschluss der Liquidation gem. § 71 Abs. 1.[98] Fraglich ist dabei, ob und wenn ja in welchem Umfang eine Vollbeendigung der Gesellschaft zu verneinen sein wird.

45   **aa) Die hL vom sog. erweiterten Doppeltatbestand.** In Erweiterung der von *K. Schmidt* geprägten Lehre vom Doppeltatbestand, dh Vollbeendigung der Gesellschaft nur bei Vermögenslosigkeit und Löschung im Handelsregister, wird in der Lit. teilweise darauf abgestellt, dass nicht nur bei vorhandenem Vermögen eine **Vollbeendigung** der Gesellschaft im Sinn des Erlöschens **unmöglich** ist, sondern auch bei sonstigem **anderweitig vorhandenem Abwicklungsbedarf** der Gesellschaft.[99] Obwohl nicht ausdrücklich darauf verwiesen wird, dürfte sich diese Auffassung nicht zuletzt auf den allgemeinen Grundsatz stützen, dass die Liquidation einer Gesellschaft nicht nur der Erlösverteilung dient, sondern auch der **Befriedigung der Gläubiger**.[100] Damit sind indes neben der – freilich in der Praxis häufigsten – Gruppe der Geld-Gläubiger auch diejenigen Vertragspartner und sonstigen Gläubiger der Gesellschaft gemeint, welche nicht unmittelbar vermögensbezogene Ansprüche, etwa Sacherfüllungsansprüche, geltend machen. Dabei wird eine zum gewissen Teil auftretende Widersprüchlichkeit zu dem Grundsatz, dass originäre Verbindlichkeiten einer Gesellschaft mit deren Beendigung wegfallen bzw. nicht mehr durchsetzbar sind (→ Rn. 43), hinzunehmen sein. Ganz überwiegend wird im Fall eines anderweitigen Abwicklungsbedarfes von der Notwendigkeit einer **Nachtragsliquidation** entsprechend § 273 Abs. 4 AktG ausgegangen.[101]

---

[93]   In diese Richtung wohl BGH Urt. v. 5.4.1979 – II ZR 73/78, NJW 1979, 1592 für eingetragenen Verein, ausdrücklich Rowedder/Schmidt-Leithoff/*Gesell* Rn. 57; Noack/Servatius/Haas/*Haas* Anh. § 77 Rn. 16; UHL/*Casper* Rn. 92; ebenso auch Hüffer/Koch/*Koch* AktG § 273 Rn. 14 für die insoweit vergleichbare aktienrechtliche Regelung in § 273 AktG; aA BGH Urt. v. 29.9.1967 – V ZR 40/66, NJW 1968, 297; offengelassen von BGH Urt. v. 28.1.2003 – XI ZR 243/02, NZG 2003, 773.

[94]   Dies ist wohl nur eindeutig zu bejahen im Fall einer Gesamtrechtsnachfolge, als insoweit sämtliche Aktiva und Passiva auf einen neuen Rechtsträger übergehen, vgl. hierzu auch Scholz/*Scheller* Rn. 9.

[95]   BGH Urt. v. 29.9.1967 – V ZR 40/66, NJW 1968, 297; ähnlich auch OVG Bautzen Beschl. v. 10.6.2020 – 6 A 801/19, BeckRS 2020, 17540.

[96]   OVG Bautzen Beschl. v. 10.6.2020 – 6 A 801/19, BeckRS 2020, 17540; ähnlich auch Scholz/*Scheller* Rn. 9.

[97]   BGH Urt. v. 10.10.1988 – II ZR 92/88, NJW 1989, 220.

[98]   OLG Stuttgart Beschl. v. 7.12.1994 – 8 W 311/93, NJW-RR 1995, 805 (806).

[99]   *H. Schmidt*, Zur Vollbeendigung juristischer Personen, 1989, 103 ff.; *Bork* JZ 1991, 841 (845); *Saenger* GmbHR 1994, 300 (302); Rowedder/Schmidt-Leithoff/*Gesell* Rn. 56; Noack/Servatius/Haas/*Haas* Rn. 7, insbes. 105; Hachenburg/*Hohner* Rn. 36.

[100] Dies betont etwa BGH Urt. v. 9.7.1981 – 2 AZR 329/79, NJW 1982, 1831, allerdings nicht unmittelbar im Zusammenhang mit nachwirkenden Handlungspflichten der Gesellschaft.

[101] So etwa Noack/Servatius/Haas/*Haas* Rn. 105; *Altmeppen* § 74 Rn. 27; Hachenburg/*Hohner* § 74 Rn. 33; ähnlich auch *Bork* JZ 1991, 841 (845); *Saenger* GmbHR 1994, 300 (302).

Die Rspr. ist bislang eher zurückhaltend mit der ausdrücklichen Anerkennung des sog. **46** erweiterten Doppeltatbestandes umgegangen, gleichwohl eine Tendenz hierfür zu erkennen ist. Zu der Frage, ob eine Gesellschaft trotz vorgenommener Löschung fortbesteht, wenn sie bestimmten nachwirkenden Handlungspflichten ausgesetzt ist, hat der BGH grundlegend mit seinem Urteil vom 10.10.1988 Stellung genommen.[102] Darin hat er die Durchführung von Abwicklungsmaßnahmen immer für den Fall anerkannt, dass ein entsprechendes **berechtigtes Interesse** besteht. Ausdrücklich beantwortet diese Entscheidung jedoch nicht die Frage, ob die Löschung der vermögenslosen Gesellschaft auch bei vorhandenem anderweitigen Abwicklungsbedarf zur Beendigung – unter Anerkennung der Notwendigkeit in Hinblick auf die Bestellung eines besonderen „Organs" für die Erledigung der Abwicklungsmaßnahmen – führt oder die Löschung durch die (Wieder-)Bestellung von Nachtragsliquidatoren aufgehoben wird. Der BGH lässt eine Präferenz dahingehend erkennen, dass bei bestehendem weiterem Handlungsbedarf auf Ebene der Gesellschaft ein **Abwickler** entsprechend § 273 Abs. 4 AktG zu bestellen sei;[103] jedenfalls sei § 273 Abs. 4 AktG aber für das Recht der GmbH entsprechend anwendbar.[104] Allerdings schließt der **BGH** auch nicht die nachfolgend erläuterte Literaturmeinung aus, wonach bei Löschung der Gesellschaft und gleichzeitiger Vermögenslosigkeit die Gesellschaft „ein für allemal beseitigt" sei und allenfalls noch – ohne dass die Gesellschaft wieder in das Liquidationsstadium zurückkehrt – durch das Registergericht eine Person zu bestellen ist, welche die verbleibende(n) Abwicklungsmaßnahme(n) für die Gesellschaft vornimmt.

Auch in nachfolgenden Entscheidungen hat die Rspr. – allerdings ohne ausdrückliche **47** Festlegung – zu erkennen gegeben, dass eine Gesellschaft bei Löschung und Vermögenslosigkeit letztlich doch nicht endgültig beendet und erloschen ist, falls nachwirkender Handlungsbedarf besteht. Der **BGH** hat sich etwa in einer späteren Entscheidung mit der Formulierung beholfen, die Gesellschaft sei bei Inanspruchnahme auf Abgabe einer bestimmten Erklärung „zum Zweck der prozessualen Durchsetzung des Anspruchs als existent anzusehen".[105] Etwas deutlicher sind verschiedene Entscheidungen von Instanzengerichten; so hat etwa das Bayerische Oberste Landesgericht explizit die **Notwendigkeit einer Nachtragsliquidation** anerkannt, wenn sich nach Löschung der Gesellschaft im Handelsregister in entsprechender Anwendung von § 273 Abs. 4 AktG die Notwendigkeit weiterer Abwicklungsmaßnahmen ergibt.[106] Das OLG Hamm bejaht die Beendigung der Liquidation (erst) dann, wenn das verwertbare Vermögen der Gesellschaft verteilt ist „und keine sonstigen Abwicklungsmaßnahmen erforderlich sind".[107] Aus alledem ist wohl zu folgern, dass die überwiegende Rspr. inhaltlich der Lehre vom sog. erweiterten Doppeltatbestand folgt und davon ausgeht, dass die Löschung im Fall der Vermögenslosigkeit bei gleichzeitig fortbestehendem (nachwirkendem) Handlungsbedarf nicht zur **Vollbeendigung der Gesellschaft** führt und daher eine Nachtragsliquidation durchzuführen sei.[108] Das BAG hat, zumindest im Fall eines Passivprozesses der Gesellschaft, auf die (zusätzliche) Bestellung eines Prozesspflegers nach § 57 ZPO abgestellt,[109] wobei die Bestellung nicht zwingend nachrangig zur entsprechenden Anwendung von § 273 Abs. 4 AktG angesehen wird.[110]

---

[102]　BGH Urt. v. 10.10.1988 – II ZR 92/88, NJW 1989, 220.
[103]　So ausdrücklich für den Fall der erforderlichen Nachtragsliquidation bei einer im Ausland untergegangenen ausländischen Gesellschaft (Restgesellschaft) BGH Beschl. v. 22.11.2016 – II ZB 19/15, NZG 2017, 347.
[104]　So ausdrücklich auch OLG Hamm Beschl. v. 13.7.1990 – 15 W 40/90, NJW-RR 1990, 1371; Beschl. v. 5.9.1996 – 15 W 125/96, NJW-RR 1997, 32.
[105]　BGH Urt. v. 26.4.2001 – XI ZR 317/99, NJW 2001, 3616.
[106]　BayObLG Beschl. v. 21.7.2004 – 3Z BR 130/04, NZG 2004, 1164.
[107]　OLG Hamm Beschl. v. 8.5.2001 – 15 W 43/01, NJW-RR 2002, 324.
[108]　Ebenso OLG Köln Entsch. v. 31.8.1992 – 2 Wx 24–25/92, GmbHR 1993, 823; OLG Hamm Beschl. v. 5.9.1996 – 15 W 125/96, NJW-RR 1997, 32; KG Beschl. v. 9.1.2001 – 1 W 2002/00, FGPrax 2001, 86 (87); OLG Stuttgart Beschl. v. 7.12.1994 – 8 W 311/93, NJW-RR 1995, 805, OLG Hamburg Urt. v. 28.9.1988 – 5 U 62/88, NJW-RR 1989, 570.
[109]　BAG Beschl. v. 15.9.2007 – 3 AZB 11/07, NZG 2008, 770 (771).
[110]　Vgl. auch Noack/Servatius/Haas/*Haas* Rn. 105.

48   Die Rspr. hat in folgenden Konstellationen die **Notwendigkeit eines Abwicklungs-bedarfes** trotz vorangehender Löschung der Gesellschaft bejaht und damit eine Beendigung der Gesellschaft abgelehnt:[111] Mitwirkung der Gesellschaft als Hauptschuldnerin bei einer vertraglich vorgesehenen Erklärung, welche letztlich erst zur Inanspruchnahme des Bürgen führt;[112] Mitwirkung an der Auszahlung eines Betrages nach dessen Hinterlegung;[113] Rechtsausübung in Bezug auf grundbuchmäßig gesicherte Rechte;[114] Erfüllung der Verpflichtungen der Gesellschaft zur Rechnungslegung gem. § 71 Abs. 1 während des Liquidations-Zeitraums;[115] Mitwirkung bei der Durchführung eines steuerlichen Verfahrens gegen die Gesellschaft,[116] insbesondere Entgegennahme eines Bescheides betreffend die Steuerveranlagung;[117] Wahrnehmung von Rechten in einem Passivprozess der Gesellschaft,[118] insbesondere bei einem Kündigungsschutzprozess eines Arbeitnehmers oder bei dessen Klage auf Erteilung eines Dienstzeugnisses[119] sowie bei dem Verfahren im Hinblick auf nachwirkende Einsichtnahmen von Gesellschaftsgläubigern in die Bücher und Schriften der Gesellschaften nach deren Löschung.[120]

49   In diesem Zusammenhang wird vertreten, dass eine Nachtragsliquidation aufgrund erst nachträglich bekannt gewordenen Vermögens iSv § 66 Abs. 5 **Vorrang** vor der entsprechenden gem. § 273 Abs. 4 AktG im Fall nachwirkenden anderweitigen Handlungsbedarfes auf Ebene der Gesellschaft habe.[121] Dieser Auffassung ist auch zuzustimmen, da die Nachtragsliquidation umfassenden Charakter hat und naturgemäß auch die nicht unmittelbar vermögensbezogenen Abwicklungshandlungen mit umfasst.

50   **bb) Die Gegenauffassung.** Nach anderer Auffassung hindert die bloße Erforderlichkeit von nicht vermögensbezogenen Abwicklungsmaßnahmen im Sinn von nachwirkenden Handlungspflichten die Vollbeendigung der Gesellschaft nicht.[122] Der zur **Löschung führende Doppeltatbestand,** nämlich Löschung plus Vermögenslosigkeit, sei in diesen Fällen erfüllt, mithin die Gesellschaft erloschen.[123] Stattdessen wird darauf abgestellt, dass es nicht um die Liquidation eines Geschäftsvermögens oder um die noch ausstehende Beendigung eines Rechtsträgers gehe, sondern ausschließlich um nachwirkende Handlungszuständigkeiten; letztere rechtfertigten indes nicht die umfassende Anwendung des Liquidationsrechtes.[124] Ähnlich argumentiert ein Teil der Rspr., wonach bei einzelnen begrenzten Abwicklungsmaßnahmen (so etwa bei bloßer Notwendigkeit der Zustellung eines Schriftstücks an die gelöschte Gesellschaft) die Durchführung einer Nachtragsliquidation „unverhältnismäßig" sei und ein Fortbestand der Liquidations-GmbH verneint wird.[125]

51   Die dogmatische Begründung der Befürworter einer eingegrenzten Anwendung der Lehre vom Doppeltatbestand weicht indes stark voneinander ab, soweit es um die rechtlichen Grundlagen für die Einordnung der Abwicklungsmaßnahmen geht. *Ulmer* befürwortet die

---

[111]   Übersichtlich bei Noack/Servatius/Haas/*Haas* Rn. 105.
[112]   BGH Urt. v. 10.10.1988 – II ZR 92/88, NJW 1989, 220.
[113]   OLG Frankfurt Beschl. v. 15.7.1982 – 20 W 797/81, WM 1982, 1266 (1267), allerdings für den – gleichwohl vergleichbaren – Fall der GmbH & Co. KG ergangen.
[114]   BayObLG Beschl. v. 12.1.1995 – 3 Z BR 314/94, DNotZ 1995, 975.
[115]   OLG Stuttgart Beschl. v. 7.12.1994 – 8 W 311/93, NJW-RR 1995, 805.
[116]   BayObLG Beschl. v. 31.5.1983 – BReg. 37 13/83, BB 1983, 1303.
[117]   BayObLG Beschl. v. 31.5.1983 – 3 Z 13/63, BB 1984, 446 (447); ähnlich auch OLG Hamm Beschl. v. 5.9.1996 – 15 W 125/96, NJW-RR 1997, 32.
[118]   Noack/Servatius/Haas/*Haas* Rn. 105.
[119]   BAG Urt. v. 9.7.1981 – 2 AZR 329/79, NJW 1982, 1831; ähnlich auch KG Beschl. v. 9.1.2001 – 1 W 2002/00, FGPrax 2001, 86 (87).
[120]   OLG Hamm Beschl. v. 8.5.2001 – 15 W 43/01, NJW-RR 2002, 324.
[121]   So bereits BayObLG Beschl. v. 31.5.1983 – 3 Z 13/63, BB 1984, 446 (447) zur dem heutigen § 66 Abs. 5 entsprechenden früheren Regelung in § 2 Abs. 3 LöschG; ebenso Noack/Servatius/Haas/*Haas* Anh. § 77 Rn. 18.
[122]   S. etwa UHL/*Casper* Rn. 98; ähnlich bereits früher Hachenburg/*Ulmer* Rn. 40.
[123]   Scholz/*Scheller* Rn. 71.
[124]   Ähnlich auch OLG Hamm Beschl. v. 11.11.1986 – 15 W 70/86, NJW-RR 1987, 348 zur früheren Regelung in § 2 Abs. 3 LöschG, welche dem heutigen § 66 Abs. 5 entspricht.
[125]   OLG Jena Beschl. v. 8.6.2007 – 6 U 311/07, NZG 2007, 717 (718 f.).

Bestellung eines Pflegers analog § 1913 BGB.[126] Nach dieser Norm kann einem unbekannten Beteiligten, insbesondere einem möglichen zukünftigen Nacherben, für bestimmte Angelegenheiten durch Entscheidung des zuständigen Amtsgerichts (Vormundschaftsgerichtes)[127] ein Pfleger bestellt werden. Die vorgenannte Auffassung stützt sich insbesondere auf die parallele Entscheidung des BGH zum mitgliedslos gewordenen und insoweit vermeintlich erloschenen Verein, bei welchem eine Vermögensabwicklung analog § 45 BGB durch einen nach § 1913 BGB zu bestellenden Pfleger vorgenommen werden soll.[128]

In der Lit. erfährt die von *Ulmer* entwickelte **analoge Anwendung von § 1913 BGB** 52 teilweise Ablehnung.[129] Anders als bei § 1913 BGB handele ein womöglich bestellter Pfleger nicht im Namen eines vorhandenen oder zukünftigen, nur unbekannten Dritten, sondern für ein – im Moment der Vornahme der Handlung – hinreichend bekanntes **Nicht-Rechtssubjekt**.[130] Daher wird auf die analoge Anwendbarkeit von § 74 Abs. 2 S. 2 verwiesen, wonach das Registergericht im Zweifel – bei fehlender Bestellung durch den Gesellschaftsvertrag oder einen Gesellschafterbeschluss – eine Person bestimmt, welche die Bücher und Schriften der Gesellschaft nach Abschluss des Liquidationsverfahrens für den Zeitraum von 10 Jahren aufbewahrt.[131] Die Aufgabe dieser **Aufbewahrungsperson** sei es nicht, nachträglich noch Verbindlichkeiten zu erfüllen, sondern wenige öffentlich-rechtlich zwingende Handlungs- oder Duldungspflichten sowie die von der Rspr. anerkannte Konstellation der Zeugniserteilungspflicht für frühere Arbeitnehmer[132] zu erfüllen.

cc) Stellungnahme. Im Ergebnis ist trotz **teilweise nicht befriedigender Ergeb-** 53 **nisse** der Lehre vom sog. erweiterten Doppeltatbestand zu folgen. Obwohl diese Auffassung gerade im Zusammenhang der prozessualen Wirkungen einer Amtslöschung (→ Rn. 66) eine Vielzahl offener Fragen aufwirft und das Fortbestehen der Gesellschaft in manchen Fällen eines nachwirkenden nicht vermögensbezogenen Handlungsbedarfes unverhältnismäßig aufwändig erscheint, ist ihr gleichwohl der Vorzug gegenüber der insbesondere von *Ulmer* und *Casper* vertretenen Gegenauffassung zu geben. Im Ergebnis nämlich sieht das Recht der GmbH – auch unter entsprechender Zugrundelegung ausführlicherer aktienrechtlicher Vorschriften – außerhalb der Nachtragsliquidation **keinen Mechanismus** und insbesondere keine Funktion für eine Person vor, welche trotz Löschung und Beendigung der Gesellschaft nachwirkend im Namen und für die Gesellschaft tätig werden sowie dabei Willenserklärung für die Gesellschaft abgeben oder entgegennehmen kann.

Die insbesondere von *K. Schmidt* und *Casper* bevorzugte entsprechende Anwendung 54 von § 74 Abs. 2 S. 2 erscheint zwar in „einfachen" Fällen, bei welchen etwa lediglich eine behördliche Willensäußerung entgegenzunehmen ist, zunächst naheliegend und sinnvoll, gelangt indes schnell an ihre Grenzen, sobald es um eine **aktive Handlungspflicht** der jeweils berufenen Person geht. Denn die gegenüber dem Registergericht oder nötigenfalls durch das Gericht zu benennende Aufbewahrungsperson gem. § 74 Abs. 2 S. 2 hat nach dem gesetzgeberischen Leitbild lediglich ein beschränkte Funktion, nämlich Verwahrung der Bücher und Schriften der Gesellschaft für einen Zeitraum von zehn Jahren nach Beendigung der Liquidation (§ 74 Abs. 2 S. 1). Die Aufgabe der Aufbewahrungsperson ist demgemäß überwiegend passiv und beschränkt sich auf vergleichsweise überschaubare aktive Pflichten für den Fall, dass Gesellschafter und deren Rechtsnachfolger oder auch Gesell-

---

[126] Hachenburg/*Ulmer* Rn. 40. Im Ansatz ähnlich OLG Nürnberg Hinweisbeschl. v. 10.8.2007 – 13 U 1097/07, NZG 2007, 76 (77) zur Auflösung einer englischen Ltd. mit Verwaltungssitz in Deutschland: Bestellung eines Pflegers analog § 1913 BGB bei Unklarheiten über den rechtlichen Status einer Restgesellschaft.

[127] Zum Verfahren s. etwa Palandt/*Götz* BGB Einf. v. § 1909 Rn. 8.

[128] BGH Urt. v. 17.11.1955 – II ZR 172/54, NJW 1956, 138; ähnlich BAG Urt. v. 13.4.1967 – 5 AZR 426/66, NJW 1967, 1437.

[129] UHL/*Casper* Rn. 98.

[130] Ähnlich auch UHL/*Casper* Rn. 98.

[131] Scholz/*Schmidt/Bitter*, 11. Aufl. 2013, Rn. 61; UHL/*Casper* Rn. 98.

[132] KG Beschl. v. 9.1.2001 – 1 W 2002/00, FGPrax 2001, 86 (87).

schaftsgläubiger – in diesem Fall allerdings erst nach entsprechender gerichtlicher Ermächtigung – Einsicht in die Bücher und Schriften nehmen (§ 74 Abs. 3).[133]

55   Eine über den Wortlaut von § 74 Abs. 2 S. 2 hinausgehende Verpflichtung der Aufbewahrungsperson, aktiv und nachträglich vergleichbar einem (Vertretungs-)Organ der Gesellschaft mit Außenwirkung zu agieren, kann indes nicht angenommen werden.[134] Dies muss nicht zuletzt vor dem Hintergrund Geltung beanspruchen, dass die Verwahrungsperson aufgrund einer zumindest organähnlichen Funktion andernfalls erheblichen, bei Annahme der Funktion als **Aufbewahrungsperson** häufig nachvollziehbarerweise nicht bedachten **Haftungsgefahren** ausgesetzt sein könnte. Gerade mit Blick darauf, dass in der Praxis, etwa bei Liquidationen der deutschen Vertriebsgesellschaften internationaler Konzerne, nicht selten die Verwahrungsfunktion von operativ nicht involvierten Dritten wie beispielsweise Angehörigen von Steuerberatungs-, Rechtsberatungs- oder Wirtschaftsprüfungsgesellschaften wahrgenommen wird, liegt es nicht nahe, der Aufbewahrungsperson nachwirkende Handlungspflichten aufzuerlegen.

56   Dies muss gerade besonders auch für den in Teilen der Lit. ausdrücklich bejahten Fall Anwendung finden, dass – quasi als milderes Mittel zum aufwändigen Nachtragsliquidationsverfahren – die entsprechend § 74 Abs. 2 S. 2 bestellte Aufbewahrungsperson im Zweifel auch für die Abgabe der **eidesstattlichen Versicherung** nach §§ 899 ff. ZPO zuständig und verantwortlich sein soll.[135] Insoweit scheint der im Wege der Analogie erfolgende Rückgriff auf § 74 Abs. 2 S. 2 nicht geeignet, die Problematik eines nachwirkenden Handlungsbedarfes auf Ebene der Gesellschaft befriedigend zu lösen.[136] Daher bietet sich konsequenterweise auch nicht die aus Praktikabilitätsgründen naheliegend wirkende Lösung an, bei welcher nach passiver Rolle (dann Anwendbarkeit von § 74 Abs. 2 S. 2 zu bejahen) und aktiven Handlungspflichten (dann Heranziehung von § 74 Abs. 2 S. 2 nicht geeignet) unterschieden wird.

57   Ähnliches gilt für die von *Ulmer* vertretene Auffassung, welche eine Pflegerbestellung entsprechend § 1913 BGB befürwortet. Dabei ist wohl weniger auf die häufig zugrunde gelegten **formalen Argumente** etwa dahingehend, dass § 1913 BGB nicht auf das Handeln im Namen einer nichtexistenten Person passe und eine Heranziehung der Rspr. zum mitgliedslos gewordenen Verein abzulehnen sei, abzustellen als vielmehr auf die Sachferne der im Pflegschaftsrecht fußenden Bestellung gem. § 1913 BGB. Die Frage der nachlaufenden Handlungspflichten trotz Eintragung der Beendigung der Gesellschaft im Handelsregister ist nach **gesellschaftsrechtlichen Grundsätzen** zu lösen, nicht aber durch Rückgriff auf besondere Rechtsinstitute des Vormundschafts- und Pflegschaftsrechts.[137] Dies gilt umso mehr, als es zwar naheliegend erscheinen mag, das „Wiederaufleben" einer Gesellschaft unter Hinweis auf die Geringfügigkeit einer ausstehenden Maßnahme abzulehnen, allerdings damit die dahinterliegenden rechtlichen Aspekte wie etwa insbesondere die Frage nach der rechtlichen Qualität einer Vertretung der Gesellschaft durch den Pfleger trotz deren dauerhafter Beendigung mit dieser Lösung unbeantwortet blieben.[138]

58   Letztlich ist daher – wie vom BGH zwar angedeutet, aber bislang nicht ausdrücklich entschieden – auf eine entsprechende Anwendung von § 273 Abs. 4 AktG abzustellen. Soweit nicht nachträglich bekannt gewordenes Vermögen der Gesellschaft vorhanden ist, sondern anderweitiger Abwicklungsbedarf nach Eintragung der Beendigung der Gesellschaft im Handelsregister auftritt, ist eine Nachtragsliquidation durch **gerichtliche Bestellung**

---

133   S. hierzu etwa Noack/Servatius/Haas/*Haas* § 74 Rn. 12.
134   Ähnlich Rowedder/Schmidt-Leithoff/*Gesell* Rn. 56.
135   So aber ausdrücklich Scholz/*Schmidt/Bitter,* 11. Aufl. 2013, Rn. 61.
136   Anders wohl OLG Jena Beschl. v. 8.6.2007 – 6 U 311/07, NZG 2007, 717 (718 f.) zumindest für den Fall, dass lediglich eine Zustellung an die Gesellschaft zu bewirken ist.
137   Ähnlich auch Rowedder/Schmidt-Leithoff/*Gesell* § 74 Rn. 22.
138   Eine bislang soweit ersichtlich nicht abschließend behandelte Folgefrage besteht dann darin, ob zumindest im Moment der durch den Pfleger vorgenommenen Handlung noch einmal kurzzeitig die Gesellschaft „aufflackert" oder die Handlung, die ja für die Gesellschaft vorgenommen wird, dennoch nichts an deren dauerhaften Beendigung ändert.

eines Abwicklers durchzuführen. Zwar mag auch diese Lösung mit Schwächen behaftet sein, insbesondere hinsichtlich der Frage, wie der Rechtsverkehr erkennen können soll, ob die Gesellschaft dauerhaft beendet ist oder mittels Nachtragsliquidation (kurzzeitig) zurück in das Auflösungsstadium versetzt wird. Außerdem mag der Rückgriff auf die **Nachtragsliquidation** gerade bei geringfügigen Einzeltatbeständen wie etwa Entgegennahme von Steuerbescheiden **unangemessen** wirken und zu einem unverhältnismäßig scheinenden formalen Aufwand führen. Gleichwohl bietet alleine der Rückgriff auf die vergleichbaren und ausführlicheren aktienrechtlichen Bestimmungen die Gewähr dafür, dass der nachwirkende Handlungsbedarf innerhalb eines angemessenen gesellschaftsrechtlichen Rahmens erledigt werden kann. Somit bleibt es – trotz nicht unberechtigter Kritik durch die Gegenauffassung – dabei: das Vorhandensein nachträglichen Abwicklungsbedarfes hindert trotz Eintragung der Löschung der Gesellschaft im Handelsregister deren dauerhafte Beendigung; die Gesellschaft besteht vielmehr im Liquidationsstadium fort, bis die jeweiligen Abwicklungsmaßnahmen erledigt sind.

Allerdings ist gleichwohl der Umfang der nicht vermögensbezogenen nachwirkenden **59** Handlungspflichten kritisch zu hinterfragen. Insbesondere die **Rspr.** ist in der Vergangenheit recht **großzügig** mit der Anerkennung eines nachwirkenden Handlungsbedarfes verfahren und hat etwa unter anderem mehrfach die Notwendigkeit für das Tätigwerden eines Abwicklers im Fall einer nachträglichen Erteilung eines Dienstzeugnisses für einen früheren Mitarbeiter der – häufig aufgrund Vermögenslosigkeit – gelöschten Gesellschaft angenommen.[139] Letztlich handelt es sich aber dabei um **Verpflichtungen** der Gesellschaft aus eingegangenen Verträgen. Gleichzeitig ist davon auszugehen, dass die Verbindlichkeiten einer Gesellschaft mit deren Beendigung, also bei tatsächlicher Vermögenslosigkeit mit der Eintragung der Löschung im Handelsregister, wegfallen bzw. nicht mehr durchsetzbar sind (→ Rn. 43). Bei einer strengen Betrachtung könnte man daher zweifeln, ob die nachwirkende Pflicht zur Zeugniserteilung nicht schon mit der Löschung der vermögenslosen Gesellschaft weggefallen ist. In diesem Fall wäre danach zu differenzieren, ob es sich bei dem anderweitigen nachwirkenden Abwicklungsbedarf um einen aktiven Anspruch der Gesellschaft (dann kein Erlöschen) oder eine passive Inanspruchnahme ohne – auch mittelbare – vermögensrechtliche Auswirkung zugunsten der Gesellschaft (dann Erlöschen) handelt. Die durch die insbesondere arbeitsrechtliche Rspr. vorgenommene Gleichsetzung mit anderweitigem nicht vermögensbezogenen Abwicklungsbedarf wird, soweit ersichtlich, in der Lit. nicht in Frage gestellt. Ob allerdings arbeitnehmerbezogene Schutzerwägungen insoweit Vorrang vor gesellschaftsrechtlichen Grundprinzipien haben können, erscheint indes mindestens im Ansatz zweifelhaft. Die insoweit zum Ausdruck kommende Rechtsauffassung mag allenfalls vor dem folgenden Hintergrund gerechtfertigt erscheinen: die Abwicklung einer Gesellschaft erfolgt insbesondere im Gläubigerinteresse und es kann nicht vermögensbezogener nachwirkender Handlungsbedarf ggf. auch dann noch erfüllt werden kann, wenn die Gesellschaft über keine Vermögenswerte mehr verfügt, während es gerechtfertigt ist, bei gänzlich weggefallenem Vermögen der Gesellschaft zusätzliche (vermögensrechtliche) Ansprüche Dritter gegen die GmbH als endgültig erloschen anzusehen.

6. Löschung ohne Durchführung eines Liquidationsverfahrens. Nicht immer **60** folgt die Löschung und damit die Beendigung auf die vorherige Durchführung eines „geordneten" Abwicklungsverfahrens. Vielmehr kommt es in einigen Fallgruppen zur Löschung der Gesellschaft im Handelsregister, ohne dass vorher eine Auflösung, geschweige denn ein Liquidationsverfahren, stattgefunden hätte.

a) Maßnahmen nach dem Umwandlungsgesetz. Die mit einer Verschmelzung **61** einhergehende **Universalsukzession** führt zur Beendigung der übertragenden Gesellschaft, ohne dass es einer Auflösung, eines Abwicklungszeitraums oder zumindest der **Eintragung**

---

[139] BAG Urt. v. 9.7.1981 – 2 AZR 329/79, NJW 1982, 1831; ähnlich auch KG Beschl. v. 9.1.2001 – 1 W 2002/00, FGPrax 2001, 86 (87).

der Verschmelzung im Handelsregister der übertragenden Gesellschaft bedürfte.[140] Ausreichend ist vielmehr die Eintragung der Verschmelzung im Handelsregister des **übernehmenden Rechtsträgers** (vgl. § 20 Abs. 1 Nr. 2 S. 1 UmwG, § 56 UmwG). Ähnlich gelagert ist die Vermögensübertragung der Gesellschaft im Fall der Vollübertragung auf die öffentliche Hand (§ 174 Abs. 1 UmwG, § 175 Nr. 1 UmwG iVm § 175 Nr. 2 ff. UmwG).

62   Ebenfalls keiner vorherigen Auflösung samt Durchführung eines Liquidationsverfahrens bedarf es bei der **Aufspaltung** nach § 123 Abs. 1 UmwG. In diesem Fall erlischt die Gesellschaft gem. § 131 Abs. 1 Nr. 2 UmwG im Moment der Eintragung der Spaltung im Handelsregister der übertragenden Gesellschaft. Selbst dann, wenn Gegenstände des Aktivvermögens bei der Aufteilung übersehen und keiner der übernehmenden Gesellschaften zugewiesen worden, kann es in diesem Fall nicht zu einem Fortbestehen der Gesellschaft kommen. Schließlich ordnet § 131 Abs. 3 UmwG ausdrücklich an, dass der betreffende Gegenstand im Zweifel gesamthänderisch auf die übernehmenden Gesellschaften übergeht, sofern nicht eine eindeutige Zuordnung durch Auslegung des Spaltungsvertrags möglich ist. Die weiteren Maßnahmen nach dem Umwandlungsgesetz wie etwa Formwechsel führen indes nicht zu einem liquidationslosen Erlöschen der Gesellschaft.

63   **b) Ablehnung des Insolvenzverfahrens nach Abs. 1 Nr. 5.** Lehnt das Insolvenzgericht die Eröffnung eines Insolvenzverfahrens bei einer Gesellschaft mangels Masse ab, so ist die Geschäftsstelle des Insolvenzgerichtes gem. § 31 Nr. 2 InsO gehalten, dem Registergericht entsprechend Mitteilung zu erstatten. Nach Rechtskraft dieses Beschlusses löscht das Registergericht die Gesellschaft nach Abs. 1 Nr. 5 im Handelsregister. Ein vorheriges Liquidationsverfahren findet nicht statt, ist aber auch nicht erforderlich, da im Regelfall ohnehin kein **verteilungsfähiges Vermögen** vorhanden ist. Nach allgemeinen und vorstehend erläuterten (→ Rn. 31) Grundsätzen ist gleichwohl eine Nachtragsliquidation durchzuführen und daher die Gesellschaft noch nicht beendet sowie endgültig erloschen, falls sich später nachwirkender Handlungsbedarf durch wider Erwarten doch vorhandenes Vermögen oder anderweitiger Abwicklungsnotwendigkeiten herausstellt.[141] Die Ablehnung des Insolvenzverfahrens mangels Masse wird nachfolgend (→ Rn. 118) ausführlich behandelt.

64   **c) Löschung wegen Vermögenslosigkeit nach § 394 FamFG und Abs. 1 Nr. 7.** Die Löschung einer Gesellschaft durch das Registergericht von Amts wegen richtet sich nach § 394 Abs. 1 FamFG. Abs. 1 Nr. 7 nimmt Bezug auf § 394 FamFG, ohne dessen Voraussetzungen oder Anwendungsbereich zu erweitern. Ähnlich der Konstellation bei Ablehnung des Insolvenzverfahrens mangels Masse nach Abs. 1 Nr. 5 erfolgt die Löschung dann, wenn das die Eintragung durchführende Registergericht im Moment der Löschung von einem ggf. noch bei der Gesellschaft vorhandenen **Vermögenssubstrat** nicht ausgeht. Insoweit ist auch hier kein Liquidationsverfahren vonnöten, ebenfalls keine vor Eintragung der Löschung erfolgende Eintragung der Auflösung.[142] Nähere Ausführungen zu der Löschung wegen Vermögenslosigkeit finden sich bei der Kommentierung zu Abs. 1 Nr. 7 (→ Rn. 154 ff.).

65   **d) Spaltungs-Altregelungen für neue Bundesländer nach Wiedervereinigung.** Vergleichbar zur umwandlungsrechtlichen Aufspaltung sieht § 10 Abs. 1 S. 2 SpTrUG[143] vor, dass von der Treuhandanstalt verwaltete Unternehmen im Fall der Übertragung sämtlicher Aktiva und Passiva auf andere von der Treuhandgesellschaft gehaltene Gesellschaften ohne besondere Eintragung einer Löschung zur Beendigung gelangen. Dieser Vorschrift kommt keine praktische Bedeutung mehr zu.

---

[140] Offenbar aA UHL/*Casper* Rn. 102 für Zusammenfallen von Auflösung und Beendigung in dieser besonderen Konstellation.
[141] Ebenso Rowedder/Schmidt-Leithoff/*Gesell* Rn. 59.
[142] S. auch Rowedder/Schmidt-Leithoff/*Gesell* Rn. 61.
[143] Gesetz über die Spaltung der von der Treuhandanstalt verwalteten Unternehmen (SpTrUG) v. 5.4.1991, BGBl. 1991 I 854, zuletzt geändert durch Bilanzrechtsreformgesetz v. 4.12.2004, BGBl. 2004 I 3166.

7. Prozessuale Folgen einer Amtslöschung. Die Auswirkungen einer Löschung **66** und damit Beendigung der Gesellschaft auf anhängige Rechtsstreitigkeiten sind komplex und werden in Rspr. und Lit. häufig nicht widerspruchsfrei behandelt. Vorzugswürdig ist in Bezug auf die prozessualen Folgerungen der Löschung dahingehend zu differenzieren, ob es sich um einen von der Gesellschaft geführten Aktivprozess handelt oder die Gesellschaft Beklagte in einem gegen sie geführten zivilrechtlichen Klageverfahren ist. Darüber hinaus kann auch der Zeitpunkt der Löschung besondere Auswirkungen auf das jeweilige Prozessrechtsverhältnis zeigen.

a) Löschung während eines Aktivprozesses der Gesellschaft. In einem von der **67** Gesellschaft geführten Zivilprozess führt die Löschung der Gesellschaft in der gerichtlichen Praxis zumindest dann, wenn von einer der Prozessparteien der Umstand der erfolgten Löschung thematisiert und damit dem Zivilgericht bekannt wird, zu der Frage, ob die Gesellschaft noch **partei- und prozessfähig** ist oder die von ihr angestrengte Klage möglicherweise insgesamt unabhängig vom Bestehen der geltend gemachten materiellen Klageansprüche unzulässig wird. Besondere Bedeutung kommt indes dabei vorgeschaltet dem Problemkreis zu, ob eine Gesellschaft, die derzeit einen vermögensrechtlichen Aktivprozess führt, überhaupt wegen **Vermögenslosigkeit** gelöscht werden darf. Unter Zugrundelegung der Rspr. insbesondere des Bayerischen Obersten Landesgerichtes, wonach bereits in dem von der Gesellschaft geltend gemachten **Anspruch** oder behaupteten **Rechtsverhältnis** ein Vermögensgegenstand zu sehen sei,[144] ist selbst dann, wenn über das tatsächliche Bestehen dieses Anspruches erst in dem anhängigen Verfahren entschieden wird, davon auszugehen, dass der noch anhängige Aktivprozess die Löschung der Gesellschaft dem Grunde nach ausschließt.[145] Gleichzeitig kann die Löschung während der Anhängigkeit eines derartigen Aktivprozesses die Parteifähigkeit der Gesellschaft nicht beseitigen.[146]

Die Vertreter der Auffassung, welche nicht der Lehre vom sog. erweiterten Doppeltat- **68** bestand folgen, sondern (→ Rn. 50 ff.) für die Beendigung (lediglich) zur Voraussetzung machen, dass die Gesellschaft im Register gelöscht wurde und tatsächlich über kein Vermögen mehr verfügt, können hinsichtlich der prozessualen Folgen der Amtslöschung stringent argumentieren: hat die Gesellschaft noch Vermögen, so bestehe sie fort und sei nicht untergegangen; somit habe sie ihre Rechtsfähigkeit behalten und sei im laufenden Prozess weiterhin prozessfähig iSv § 50 ZPO. Verfüge die Gesellschaft dagegen über kein Vermögen mehr, so sei ihre **Rechtsfähigkeit** durch Vollbeendigung verloren; damit fehle die Parteifähigkeit, die Klage werde unzulässig und sei durch Prozessurteil abzuweisen.[147] Allerdings ist im Einklang mit der Lehre vom sog. erweiterten Doppeltatbestand davon auszugehen, dass die im Handelsregister gelöschte Gesellschaft auch dann nicht beendet ist, wenn anderweitiger, nicht vermögensbezogener Abwicklungsbedarf gegeben ist. Konsequenterweise wird man auch in diesen, in der Lit. zu den prozessualen Auswirkungen kaum näher diskutierten Fällen davon auszugehen haben, dass das Fortbestehen der insoweit fehlerhafterweise gelöschten Gesellschaft an ihrer Parteifähigkeit für den laufenden Aktivprozess nichts zu ändern vermag.[148] Auf die häufig anzutreffende Anknüpfung daran, ob die Gesellschaft substantiiert

---

144 So etwa BayObLG Beschl. v. 21.7.2004 – 3Z BR 130/04, NZG 2004, 1164; prägnant bei *Leuering/Simon* NJW-Spezial 2007, 27; *Casper* fordert zusätzlich, dass die Vollstreckung des eingeklagten Anspruchs hinreichend Aussicht auf Erfolg hat, UHL/*Casper* Rn. 100.

145 *Uhlenbruck* ZIP 1996, 1641 (1649); ebenso *Leuering/Simon* NJW-Spezial 2007, 27; Noack/Servatius/Haas/*Haas* § 74 Rn. 18; UHL/*Casper* Rn. 100.

146 BGH Urt. v. 24.10.1985 – VII ZR 337/84, NJW 1986, 850; BayObLG Beschl. v. 21.7.2004 – 3Z BR 130/04, NZG 2004, 1164; OLG Koblenz Beschl. v. 10.2.2004 – 14 W 103/04, NJW-RR 2004, 1222; Urt. v. 9.3.2007 – 8 U 228/06, DStR 2007, 821; ähnlich bereits früher BGH Urt. v. 4.4.1951 – II ZR 10/50, NJW 1951, 650 (für die oHG); *Leuering/Simon* NJW-Spezial 2007, 27; UHL/*Casper* Rn. 100; Noack/Servatius/Haas/*Haas* § 74 Rn. 18.

147 S. etwa *Bork* JZ 1991, 841 (846) ua mit Verweis auf BGH Urt. v. 5.4.1979 – II ZR 73/78, NJW 1979, 1592 zur Parteifähigkeit des gelöschten Vereins ergangen.

148 Ähnlich auch *Leuering/Simon* NJW-Spezial 2007, 27 (28); Rowedder/Schmidt-Leithoff/*Gesell* Rn. 59; etwas anders akzentuiert bereits in früherer Zeit BGH Urt. v. 29.9.1967 – V ZR 40/66, NJW 1968, 297; OLG Frankfurt Urt. v. 28.9.1989 – 3 U 30/89, NJW-RR 1991, 318.

vermögensrechtliche Ansprüche oder – in nicht vermögensrechtlichen Streitigkeiten – zumindest im Fall des Obsiegens Kostenerstattungsansprüche gegen den jeweiligen Beklagten behaupten kann,[149] kommt es daher nicht (mehr) entscheidend an. Vielmehr ist notwendig, aber auch ausreichend, dass der Aktivprozess der Gesellschaft zumindest mittelbar auch **Gläubigerinteressen** dient.[150] Nur dann ist es nämlich gerechtfertigt, von dem Grundsatz abzuweichen, dass mit der Gesellschaft auch weitergehende Ansprüche und Verbindlichkeiten erlöschen bzw. nicht mehr durchsetzbar sind.[151]

69   Unabhängig von der vorbeschriebenen Sonderkonstellation im Falle der Zugrundelegung des sog. erweiterten Doppeltatbestandes besteht indes Einigkeit darüber, dass eine trotz Anhängigkeit eines Aktivprozesses vorgenommene Löschung der Gesellschaft die Grundlage für eine **Nachtragsliquidation** ist.[152] Die Gesellschaft bleibt parteifähig.[153] Allerdings ist zu berücksichtigen, dass nach allgemeinen Grundsätzen mit der Löschung der Gesellschaft im Handelsregister die Funktion der bisherigen Geschäftsführer oder, wenn der Löschung ein Abwicklungsverfahren vorangegangen war, Liquidatoren ersatzlos wegfällt.[154] Sie bleibt auch nicht erhalten, wenn der Rechtsstreit bereits vor der Löschung der Gesellschaft anhängig war.[155] Daher ist die Gesellschaft ab dem Zeitpunkt ihrer Löschung im Handelsregister **prozessunfähig**.[156] Der von ihr betriebene Aktivprozess ist grundsätzlich nach § 241 Abs. 1 ZPO zu unterbrechen, bis der Nachtragsliquidator gegenüber dem Gericht den Nachweis seiner Bestellung erbringt. Eine Unterbrechung ist jedoch entsprechend § 246 ZPO nicht erforderlich, wenn die Gesellschaft zum Zeitpunkt ihrer Löschung bereits einen Prozessbevollmächtigten bestellt hatte; in diesem Fall ist allerdings der Prozess auf **Antrag des Prozessbevollmächtigten auszusetzen,** um diesem ein Handeln im Einklang mit den Maßgaben seiner Mandantschaft zu ermöglichen. Entgegen der dem Grunde nach einschlägigen Regelung des § 56 Abs. 1 ZPO wird in dem Aktivprozess der Gesellschaft deren Prozessunfähigkeit nicht weiter berücksichtigt.[157] Stattdessen soll eine erteilte Prozessvollmacht gem. § 86 ZPO selbst dann über die Löschung im Handelsregister hinaus wirken,[158] wenn zu diesem Zeitpunkt die Klage der Gesellschaft noch nicht einmal anhängig war.[159]

70   Unterliegt die Gesellschaft letztendlich in dem von ihr angestrengten Aktivprozess, so ist sie jedenfalls auch dann, wenn sie über kein weiteres Vermögen verfügt, bis zum

---

[149] So etwa BGH Urt. v. 21.10.1985 – II ZR 82/85, WM 1986, 145; OLG Hamm Entsch. v. 24.3.1987 – 7 U 20/86, NJW-RR 1987, 1254 (1255).

[150] IErg auch *Bork* JZ 1991, 841 (847).

[151] S. auch *Heller,* Die vermögenslose GmbH, 1989, 182.

[152] Noack/Servatius/*Haas* § 74 Rn. 18; UHL/*Casper* Rn. 100.

[153] Teilweise ausdrücklich nur für die Fälle entschieden, bei denen vermögensrechtliche Ansprüche der Gesellschaft geltend gemacht wurden, BGH Urt. v. 29.9.1967 – V ZR 40/66, NJW 1968, 97; BAG Urt. v. 22.3.1988 – 3 AZR 350/86, NJW 1998, 2637; OLG Koblenz Urt. v. 1.4.1998 – 1 U 463/97, NZG 1998, 637; OLG Hamm Urt. v. 20.2.1998 – 19 U 95/97, NZG 1998, 778; insoweit handelt sich um eine doppelrelevante Tatsache, die bei der Prüfung der Zulässigkeit als gegeben zu unterstellen ist, sodass die gelöschte Gesellschaft im Aktivprozess über vermögensrechtliche Ansprüche immer als parteifähig zu behandeln ist, vgl. auch *Bork* JZ 1991, 841 (846 f.).

[154] S. etwa BGH Urt. v. 18.1.1994 – XI ZR 95/93, NJW 1994, 542; Noack/Servatius/*Haas* § 74 Rn. 18.

[155] So ausdrücklich BGH Urt. v. 18.4.1985 – IX ZR 75/84, BB 1985, 1148; Urt. v. 18.1.1994 – XI ZR 95/93, NJW 1994, 542; OLG Hamburg Urt. v. 12.4.1996 – 11 U 154/94, NJW-RR 1997, 1400; aA OLG Hamm Urt. v. 21.12.1995 – 6 U 54/95, BB 1996, 1029, jedoch ohne nähere Begründung und offensichtlich mit fehlerhafter Bezugnahme auf BGH BB 1985, 1148.

[156] BGH Urt. v. 18.1.1994 – XI ZR 95/93, NJW 1994, 542; oder etwa OLG Hamm Urt. v. 3.7.1997 – 22 U 92/96, NJW-RR 1998, 470; ebenso Noack/Servatius/*Haas* § 74 Rn. 18.

[157] BayObLG Beschl. v. 21.7.2004 – 3Z BR 130/04, NZG 2004, 1164; OLG Hamburg Urt. v. 12.4.1996 – 11 U 154/94, NJW-RR 1997, 1400; MHLS/*Nerlich* § 74 Rn. 37; Lutter/Hommelhoff/*Kleindiek* § 74 Rn. 18; Noack/Servatius/*Haas* § 74 Rn. 18.

[158] BAG Urt. v. 19.3.2002 – 9 AZR 752/00, NZG 2002, 1175; Urt. v. 20.1.2000 – 2 AZR 733/98, NZA 2000, 613; BFH Urt. v. 27.4.2000 – I R 65/98, NJW-RR 2001, 244.

[159] BGH Urt. v. 18.1.1994 – XI ZR 95/93, NJW 1994, 542: Löschung vor Berufungseinlegung; Noack/Servatius/*Haas* § 74 Rn. 18.

Abschluss des Kostenverfahrens als parteifähig zu behandeln. Die Kosten des Rechtsstreits sind der Gesellschaft nach § 91 ZPO aufzuerlegen, auch wenn diese Maßnahme regelmäßig aufgrund nicht vorhandenen Vermögens bei der Gesellschaft letztlich eine Formalie bleibt.[160]

Ist dagegen eine Gesellschaft gelöscht und will erst anschließend einen Aktivprozess, **71** insbesondere zur Durchsetzung von angenommenen vermögensrechtlichen Ansprüchen, beginnen, so kann dieser nur eingeleitet werden, wenn vorher das **Registergericht** auf entsprechenden Antrag eines Beteiligten, meist von Gläubiger- oder Gesellschafterseite, nach § 66 Abs. 5 einen Nachtragsliquidator bestellt und die Gesellschaft als im Abwicklungsstadium befindlich wieder im Handelsregister einzutragen hat.[161]

b) Löschung und Passivprozess der Gesellschaft. Steht die Gesellschaft in einem **72** Klageverfahren auf der Beklagtenseite, so kommt erneut dem **Zeitpunkt der Löschung** der Gesellschaft im Handelsregister besondere Bedeutung zu. Wird die Gesellschaft aufgrund Vermögenslosigkeit vor Anhängigkeit einer vermögensrechtlichen Klage durch einen außenstehenden Dritten gelöscht, so ist die Klage im Fall der tatsächlichen Vermögenslosigkeit der Gesellschaft als **unzulässig** abzuweisen, weil die Gesellschaft tatsächlich mit der Eintragung der Löschung im Handelsregister vollbeendet worden ist und ihr somit die Partei- und Prozessfähigkeit gem. §§ 50 ff. ZPO fehlt.[162] Nicht ausreichend ist es in diesem Fall für die Klägerseite, auf einen möglichen **Kostenerstattungsanspruch** der Gesellschaft im Fall ihres Obsiegens hinzuweisen, da der Kläger dann die Erfolgsaussichten des von ihm angestrengten Prozesses in Frage zu stellen hätte.[163] Die Zulässigkeit einer Klage gegen eine bereits gelöschte Gesellschaft ist daher nur dann zu bejahen, wenn substantiiert dargelegt wird, dass die Gesellschaft noch über anderweitiges Vermögen verfügt.[164] Es reicht also nicht, wenn der Kläger lediglich vermögensrechtliche Ansprüche behauptet und einklagt; vielmehr muss er entweder konkrete Sachwerte der Gesellschaft aufzeigen oder auf Regressansprüche der Gesellschaft für den Fall ihres Unterliegens im Prozess hinweisen.[165]

Fraglich ist jedoch, wie insbesondere mit **Passivprozessen** der Gesellschaft zu verfahren **73** ist, welche sich auf **nicht vermögensrechtliche Ansprüche** stützen und nach deren Löschung anhängig gemacht werden. Nach der hier vertretenen Auffassung (→ Rn. 53) bleibt die Gesellschaft trotz Löschung auch bei nicht vorhandenem Vermögen erhalten, sofern anderweitiger Abwicklungsbedarf besteht. Würde man dagegen passive Inanspruchnahme konsequent stets als typische Verbindlichkeit der Gesellschaft ansehen, die mit Löschung der Gesellschaft endgültig wegfällt (→ Rn. 43), wäre **ein nach Löschung anhängig gemachter Passivprozess,** bei dem es um nicht vermögensrechtliche Ansprüche des Klägers geht und dieser auch nicht das Vorhandensein weiteren Vermögens substantiiert darlegen kann, in jedem Fall **als unzulässig abzuweisen.**[166]

---

[160] UHL/*Casper* Rn. 100; *Bork* JZ 1991, 841 (846) entgegen der Auffassung von *Heller*, Die vermögenslose GmbH, 1989, 182, der die Kostentragungspflicht bei dem letzten Vertretungsorgan der Gesellschaft sieht, da dieses den Aktivprozess eingeleitet habe. Verwendet wird von UHL/*Casper* Rn. 100 das Argument, dass für die Kostentragungspflicht des Organs keine (gesetzlichen) Anhaltspunkte bestünden.

[161] Ähnlich auch UHL/*Casper* Rn. 100; allerdings erscheint unklar, warum eine bloß substantiierte Behauptung des Vorliegens von Vermögen im Prozess nicht genügen soll. Schließlich ist nach Bestellung eines Nachtragsliquidators und (Wieder-)Eintragung der Gesellschaft im Handelsregister jedenfalls klar, dass die Gesellschaft parteifähig ist. Als Klägerin hat sie vor der Klagezustellung an die Gegenseite auch die entsprechenden Gerichtskostenvorschüsse zu leisten. Insoweit erscheint der Rechtsverkehr ausreichend geschützt.

[162] Wohl auch Noack/Servatius/Haas/*Haas* § 74 Rn. 19; ebenso *Leuering/Simon* NJW-Spezial 2007, 27 (28).

[163] So auch *Leuering/Simon* NJW-Spezial 2007, 27 (28); UHL/*Casper* Rn. 101.

[164] BGH Urt. v. 25.10.2010 – II ZR 114/09, NJW-RR 2011, 115; Lutter/Hommelhoff/*Kleindiek* § 74 Rn. 19; MHLS/*Nerlich* § 74 Rn. 40; Noack/Servatius/Haas/*Haas* § 74 Rn. 19; vgl. auch BGH Urt. v. 4.6.1957 – VIII ZR 68/56, WM 1957, 975; LG Bonn Urt. v. 18.3.1997 – 3 O 304–96, NJW-RR 1998, 180 (181).

[165] MHLS/*Nerlich* § 74 Rn. 40; *Bork* JZ 1991, 841 (849); s. auch BGH Urt. v. 10.10.1988 – II ZR 92/88, NJW 1989, 220; Urt. v. 5.4.1979 – II ZR 73/78, NJW 1979, 1592 zum Verein.

[166] So iErg wohl UHL/*Casper* Rn. 101.

74   Die Rspr. und Lit. legen hier indes teilweise weniger strenge Maßstäbe an, sodass die Nachtragsliquidation einzuleiten ist, wenn die Gesellschaft auf Vornahme einer Handlung in Anspruch genommen wird, für die kein Vermögen erforderlich ist; insoweit ist von einer Parteifähigkeit der Gesellschaft auszugehen.[167] Diese ist dann spätestens mit Bestellung eines Nachtragsliquidators auch wieder prozessfähig.

75   Erfolgt die Löschung der Gesellschaft erst im laufenden Passivprozess der Gesellschaft, so sind auch hier die vorstehenden Grundprinzipien maßgeblich: ähnlich einem Aktivprozess der Gesellschaft dürfte das Vorhandensein sonstiger nicht-vermögensbezogener Abwicklungsmaßnahmen die Löschung der Gesellschaft ausschließen.[168] Dies kann allerdings nicht bei unmittelbar vermögensrechtlichen Ansprüchen, die Dritte im Klagewege beanspruchen, gelten, sofern nicht anderweitig substantiiert auf das Vorhandensein von Vermögen verwiesen wird. Dabei kommt der Frage entscheidende Bedeutung zu, ob das mögliche Bestehen eines Kostenerstattungsanspruchs im Falle des Obsiegens im Passivprozess das Vorhandensein von Vermögen zumindest **fingiert.** In der Rspr. und der überwiegenden Lit. wird es in der Tat als ausreichend angesehen, wenn die gelöschte GmbH einen den Eintritt der Vermögenslosigkeit hindernden **Kostenerstattungsanspruch** haben kann.[169] Dies erscheint anders als im Fall, dass die Klage erst nach Löschung der Gesellschaft eingereicht wird (→ Rn. 72), angesichts fehlender Widersprüchlichkeit auf Klägerseite auch gerechtfertigt. Daher bleibt die Gesellschaft im Passivprozess jedenfalls bis zur rechtskräftigen Entscheidung in der Hauptsache bestehen,[170] weswegen auch die Einlegung von Rechtsmitteln durch die gelöschte Gesellschaft im Passivprozess nicht ausgeschlossen ist.[171] Auf Antrag ist eine **Nachtragsliquidation** durchzuführen. Prozessual bedeutet die Löschung der Gesellschaft dabei selbst unter Berücksichtigung des Umstands, dass diese zum Wegfall der Organstellung für Geschäftsführer bzw. Liquidatoren führt, nicht zwingend die Prozessunfähigkeit. Denn nach bisheriger Rspr. soll eine erteilte Prozessvollmacht gem. § 86 ZPO auch über die Löschung der Gesellschaft hinaus wirksam sein.[172] Im Übrigen kann der Passivprozess in der Hauptsache übereinstimmend durch die Parteien gem. § 91a ZPO für erledigt erklärt werden; diese Prozesshandlung kann von der Gesellschaft als Beklagter abgegeben werden, da sie – zumindest wegen möglicher Kostenerstattungsansprüche im Fall des Obsiegens – als parteifähig anzusehen ist.[173] Eine einseitige Erledigterklärung durch den Kläger scheitert zwar möglicherweise nicht daran, dass die Klage bisher zulässig und begründet war, dürfte jedoch deswegen problematisch sein, weil nach der hier vertretenen Auffassung die Löschung der Gesellschaft regelmäßig nicht zum Verlust deren Parteifähigkeit und damit zur Unzulässigkeit der Klage führt.[174] Geht man indes von der Beendigung der Gesellschaft mit ihrem Erlöschen aus, so könnte der Kläger den Rechtsstreit einseitig für erledigt erklären.

---

[167] BAG Urt. v. 9.7.1981 – 2 AZR 329/79, NJW 1982, 1831; Noack/Servatius/Haas/*Haas* § 74 Rn. 19; MHLS/*Nerlich* § 74 Rn. 40, *Saenger* GmbHR 1994, 300 (304).

[168] BAG Urt. v. 9.7.1981 – 2 AZR 329/79, NJW 1982, 1831; *Bork* JZ 1991, 841 (848); Noack/Servatius/Haas/*Haas* § 74 Rn. 19; aA BGH Urt. v. 29.9.1981 – VI ZR 21/80, NJW 1982, 238; OLG Saarbrücken Entsch. v. 6.3.1991 – 1 U 143/90, GmbHR 1992, 311; Urt. v. 5.4.1979 – II ZR 73/78, NJW 1979, 1592.

[169] BGH Urt. v. 11.5.1989 – III ZR 96/87, KTS 1989, 857; *Bork* JZ 1991, 841 (847 ff.); *Saenger* GmbHR 1994, 300 (304 f.); *Leuering/Simon* NJW-Spezial 2007, 27 (28); aA OLG Saarbrücken Entsch. v. 6.3.1991 – 1 U 143/90, GmbHR 1992, 311; *Heller,* Die vermögenslose GmbH, 1989, 190 ff.

[170] *Bork* JZ 1991, 841 (850).

[171] BGH Urt. v. 6.2.1991 – VIII ZR 26/90, NJW-RR 1991, 660; Urt. v. 18.1.1994 – XI ZR 95/93, NJW-RR 1994, 542; Scholz/*Scheller* Rn. 75.

[172] LAG Hamm Urt. v. 1.3.2013 – 10 Sa 1175/12, BeckRS 2013, 69682; BAG Urt. v. 19.3.2002 – 9 AZR 752/00, NZG 2002, 1175; Urt. v. 20.1.2000 – 2 AZR 733/98, NZA 2000, 613; BFH Urt. v. 27.4.2000 – I R 65/98, NJW-RR 2001, 244.

[173] *Bork* JZ 1991, 841 (850).

[174] Anders wohl OLG Hamm Beschl. v. 19.1.1988 – 21 U 151/86, NJW-RR 1988, 1307 zur GmbH & Co. KG; dabei wird davon ausgegangen, dass bei unstr. nicht vorhandenem Vermögen die Gesellschaft unbeschadet möglicher Kostenerstattungsansprüche nicht mehr existent und damit der Rechtsstreit erledigt sei; s. auch OLG Hamburg Urt. v. 28.9.1988 – 5 U 62/88, NJW-RR 1989, 570.

8. Anderweitiges Ausscheiden eines Gesellschafters. Auch Handlungen und **76** Maßnahmen, die zunächst nur einen Gesellschafter betreffen, können weitreichende Auswirkungen auf das Schicksal und den zukünftigen Bestand der Gesellschaft haben. Dies kann sowohl für Fälle gelten, in denen der Gesellschafter, sei es durch Kündigung oder Austritt, aktiv sein Ausscheiden aus der Gesellschaft bewirken will, als auch dann, wenn die übrigen Gesellschafter bzw. die Gesellschaft selbst das Ausscheiden des betroffenen Gesellschafters betreiben.

a) Kündigung durch den Gesellschafter. Das GmbHG beinhaltet **keine gesetzli-** **77** **chen Kündigungsrechte für einen Gesellschafter.** Insbesondere beim Vorhandensein mehrerer Gesellschafter sieht jedoch häufig der Gesellschaftsvertrag zulässigerweise Regelungen für eine Kündigung der Gesellschaft durch einen Gesellschafter vor. Ist dies der Fall, so bestimmen sich die Rechtsfolgen der Kündigung durch einen Gesellschafter grundsätzlich nach den jeweiligen Bestimmungen im Gesellschaftsvertrag. Fehlen aber solche Regelungen, obwohl der Gesellschaftsvertrag die Kündigung durch einen Gesellschafter zulässt, so ist umstritten, ob die Kündigung lediglich zum Ausscheiden des betroffenen Gesellschafters bei gleichzeitiger Fortsetzung der Gesellschaft durch die weiteren Gesellschafter oder zur Auflösung der Gesellschaft führt. Die wohl hM bejaht zu Recht die Auflösungsfolge (ausführlich → Rn. 231 ff.).

b) Austritt und Ausschluss. Enthält der Gesellschaftsvertrag einer GmbH keine Kün- **78** digungsklausel, so steht jedem Gesellschafter ein **Austrittsrecht aus wichtigem Grund** zu (ausführlich → § 34 Rn. 101 ff., → § 34 Rn. 178 ff.).[175] Die Ausübung dieses Austrittsrechts führt nicht zur Auflösung oder gar Beendigung der Gesellschaft. Da allerdings der Austritt die Aufbringung und Erhaltung des Stammkapitals nicht beeinträchtigen darf und insbesondere dann, wenn die dem Gesellschafter zustehende Abfindung nicht ohne Verstoß gegen § 30 erbracht werden könnte, ein Austritt unzulässig sein kann,[176] verbleibt dem betroffenen Gesellschafter als ultima ratio die Möglichkeit der Erhebung einer Auflösungsklage entsprechend § 61.[177] Insoweit kann eine Auflösung nach Abs. 1 Nr. 3 bewirkt werden.

Ein durch die übrigen Gesellschafter betriebener **Ausschluss** eines Gesellschafters **aus** **79** **wichtigem Grund** hat ebenfalls keine Auswirkungen auf den Bestand der Gesellschaft. Allerdings entfaltet der Ausschluss nur dann eine die Gesellschafterstellung des betroffenen Gesellschafters beendigende Wirkung, wenn die Gesellschaft das geschuldete Abfindungsentgelt ohne Verstoß gegen die Kapitalbindungsvorschrift des § 30 erbringen kann (näher → § 34 Rn. 101 ff., → § 34 Rn. 123 ff.).

III. Gesetzliche Auflösungsgründe des Abs. 1

Abs. 1 enthält die wesentlichen Auflösungsgründe in Bezug auf eine Gesellschaft. **80** Neben der Möglichkeit, aufgrund der Regelung in Abs. 2 im Gesellschaftsvertrag weitere Auflösungsgründe festzusetzen, finden sich weitere **spezialgesetzliche,** aber auch zusätzliche durch Rspr. und Lit. herausgebildete **Auflösungsgründe** (näher → Rn. 197 ff.). Während der in Nr. 1 des Abs. 1 genannte Tatbestand im Belieben der Gesellschafter steht, gilt dies für die Nr. 2 nur mit der Einschränkung, dass eine Gesellschaft auch bei entgegenstehender gesellschaftsvertraglicher Regelung zumindest im Fall der einstimmigen Beschlussfassung der Gesellschafter immer zwingend der Auflösung unterliegt (näher → Rn. 89). Dagegen sind die Auflösungsgründe der Nr. 3–7 in keinem Fall durch Satzung oder Gesellschafterbeschluss abdingbar.[178] Zur gesetzgeberischen Entwicklung von Abs. 1 → Rn. 14.

---

[175] AllgM, s. nur etwa RG Urt. v. 7.2.1930 – II 247/29, RGZ 128, 1 (16); BGH Urt. v. 1.4.1953 – II ZR 235/52, NJW 1953, 780 zur Ausschließung; Urt. v. 16.12.1991 – II ZR 58/91, NJW 1992, 893.

[176] S. etwa RG Urt. v. 7.12.1942 – II 103/42, DR 1943, 811; Noack/Servatius/Haas/*Kersting* Anh. § 34 Rn. 23.

[177] Noack/Servatius/Haas/*Kersting* Anh. § 34 Rn. 23; UHL/*Casper* Rn. 23.

[178] BayObLG Beschl. v. 25.7.1978 – BReg. 1 Z 69/78, DB 1978, 2164 (2165); Rowedder/Schmidt-Leithoff/*Gesell* Rn. 10.

81   **1. Auflösung durch Zeitablauf (Abs. 1 Nr. 1).** Der in der Praxis nur selten anzutreffende Fall der Auflösung durch Zeitablauf nach Abs. 1 Nr. 1 erfordert eine Befristung der Existenz der Gesellschaft in deren Gesellschaftsvertrag.[179] Dies folgt für Bestimmungen im Zusammenhang mit der Gründung einer Gesellschaft unmittelbar aus § 3 Abs. 2, gilt indes auch für eine spätere Einfügung einer Befristung der Dauer der Gesellschaft.[180] Gem. § 10 Abs. 2 S. 1 ist die im Gründungs-Gesellschaftsvertrag enthaltene Befristung und gem. § 54 Abs. 2 die durch Gesellschafterbeschluss erstmalig eingeführte oder geänderte Befristung im Handelsregister einzutragen; mit gleichem Inhalt hat das Registergericht die Registereintragungen elektronisch zu veröffentlichen (vgl. hierzu § 10 S. 1 HGB und § 32 HRV). Geklärt scheint, dass das Fehlen der registerlichen Eintragung weder zur **Unwirksamkeit der Befristung** führt noch die Auflösung insgesamt verhindert.[181] Hintergrund ist nicht zuletzt der Umstand, dass auch die weiteren ausschließlich gesellschaftsvertraglich vorgesehenen Auflösungsgründe iSv Abs. 2 nicht der Eintragung im Handelsregister bedürfen. Allerdings ist die Eintragung der Befristung von Amts wegen nachzuholen, wenn das Fehlen der Eintragung trotz ursprünglich vorhandener gesellschaftsvertraglicher Befristung bemerkt wird.[182]

82   **a) Grundsatz der automatischen Auflösung.** Die Gesellschaft tritt mit Ablauf der im Gesellschaftsvertrag bestimmten Zeitdauer bzw. dem Eintritt des gesellschaftsvertraglich vereinbarten Ereignisses automatisch **ipso iure in das Auflösungsstadium.**[183] § 134 HGB ist nicht analog anwendbar.[184] Die Eintragung der Auflösung im Handelsregister gem. § 65 hat nur deklaratorische Wirkung, sie ist gerade nicht Voraussetzung der Auflösung. Die Rechtsfolgen der Auflösung gelangen daher auch dann zur Anwendung, wenn die Gesellschafter einvernehmlich die Gesellschaft fortsetzen oder dies zumindest beabsichtigen.[185] In Betracht kommt aber ein Fortsetzungsbeschluss der Gesellschafter (→ Rn. 241 ff.). Dieser muss indes die bisherige gesellschaftsvertragliche Regelung zur Befristung beseitigen, sodass er in die Form einer Satzungsänderung einzukleiden ist.[186] Zu berücksichtigen ist dabei die Regelung des § 53 Abs. 3: sind ausnahmsweise bestimmte Gesellschafter gerade bei Fortsetzung der Gesellschaft nebenleistungspflichtig (s. nur § 3 Abs. 2) und bedeutet die Verlängerung eine Mehrung der Leistungspflichten, etwa bei wiederkehrenden Nebenleistungen,[187] so ist für die Wirksamkeit der Verlängerung die Zustimmung der betroffenen Gesellschafter erforderlich (zum Zustimmungserfordernis und zu Treuepflichterwägungen ausführlich → Rn. 85).[188]

83   **b) Abgrenzung.** Der Zeitpunkt, zu dem die Gesellschaft aufgrund des im Gesellschaftsvertrag verankerten Willens der Gesellschafter automatisch aufgelöst sein soll, muss nicht zwingend kalendermäßig bestimmt sein. Ausreichend ist vielmehr die Anknüpfung der Auflösung an ein **objektiv bestimmbares, zukünftiges** und vor allem gewiss und nachweisbar eintretendes **Ereignis,** wie etwa Befristung der Gesellschaft auf die Lebenszeit

---

[179]   Bei Fehlen einer solchen Regelung ist die Gesellschaft auf unbestimmte Zeit eingegangen, vgl. etwa *Hofmann* GmbHR 1975, 218 mwN. Eine Auflösung tritt dann allenfalls aufgrund der weiteren Auflösungsgründe ein.

[180]   AllgM, vgl. etwa Noack/Servatius/Haas/*Haas* Rn. 13; Scholz/*Scheller* Rn. 14; *Altmeppen* Rn. 9; Lutter/ Hommelhoff/*Kleindiek* Rn. 2.

[181]   *Wicke* Rn. 3; Lutter/Hommelhoff/*Kleindiek* Rn. 2; Noack/Servatius/Haas/*Haas* Rn. 16; Scholz/*Scheller* Rn. 14; *Altmeppen* Rn. 9.

[182]   *Altmeppen* Rn. 9; Scholz/*Scheller* Rn. 14.

[183]   Noack/Servatius/Haas/*Haas* Rn. 16; Scholz/*Scheller* Rn. 16; *Altmeppen* Rn. 10; UHL/*Casper* Rn. 26; Lutter/Hommelhoff/*Kleindiek* Rn. 3.

[184]   Rowedder/Schmidt-Leithoff/*Gesell* Rn. 15; UHL/*Casper* Rn. 26.

[185]   Hachenburg/*Ulmer* Rn. 23; Noack/Servatius/Haas/*Haas* Rn. 16; Scholz/*Scheller* Rn. 16, der zudem darauf verweist, dass die Gesellschafter es unterbinden können, wenn die Geschäftsführer die Tätigkeit der Gesellschaft trotz deren Auflösung fortsetzen.

[186]   Vgl. etwa Noack/Servatius/Haas/*Haas* Rn. 16; Hachenburg/*Ulmer* Rn. 23.

[187]   RG Urt. v. 29.4.1932 – II 368/32, RGZ 136, 185 (188).

[188]   *Altmeppen* Rn. 11; Noack/Servatius/Haas/*Haas* Rn. 15; UHL/*Casper* Rn. 28; Lutter/Hommelhoff/ *Kleindiek* Rn. 3; Gehrlein/Born/Simon/*Beckmann/Hofmann* Rn. 7.

bzw. das Höchstalter eines Gesellschafters oder Geschäftsführers oder die Dauer eines gewerblichen Schutzrechts.[189] Häufig wird die Abgrenzung zu solchen Fällen, bei welchen der Zeitpunkt eines Ereignisses unbestimmt bzw. ungewiss ist, schwierig sein. In den letztgenannten Konstellationen ist eine nach Abs. 2 zulässige auflösende Bedingung gegeben.[190] Große Unterschiede im Hinblick auf die Auflösungsfolgen bestehen allerdings nicht,[191] da die Fälle des bestimmten Ereignisses nach Abs. 1 Nr. 1 und des unbestimmten Ereignisses nach Abs. 2 **demselben Auflösungsregime** unterworfen sind. Allenfalls bei der Eintragung der Befristung im Handelsregister sind Abweichungen gegeben, da die Auflösungsgründe nach Abs. 2 nicht eintragungspflichtig sind.[192] Ein vereinbartes Kündigungsrecht stellt keine Zeitbeschränkung dar.[193]

c) Veränderungen der Zeitdauer. Durch Beschlussfassung der Gesellschafter ist vor **84** Eintritt der Auflösung eine Beseitigung, Verlängerung oder Verkürzung der ursprünglich im Gesellschaftsvertrag vereinbarten Zeitdauer möglich. Dabei handelt es sich um eine **Satzungsänderung** gem. §§ 53, 54.[194] Im Grundsatz gilt daher, dass die Veränderung der Zeitdauer neben der notariellen Beurkundung einer Dreiviertelmehrheit der abgegebenen Stimmen in einer Gesellschafterversammlung bedarf. Eine formlose Verabredung der Gesellschafter im Hinblick auf den Zeitpunkt der Auflösung der Gesellschaft kann dise zu einem Beschluss nach Abs. 1 Nr. 2 verpflichten[195] oder eine **Stimmbindungsabrede für eine Satzungsänderung** hin zu einer einzuführenden Befristung nach Abs. 1 Nr. 1 begründen die unmittelbaren Folgen einer gesellschaftsvertraglich eingefügten Zeitbefristung nach Abs. 1 Nr. 1 können indes dadurch nicht eintreten.

Bei Beschlussfassungen zur Beseitigung oder Verlängerungen einer gesellschaftsvertrag- **85** lich vereinbarten Zeitdauer führt allerdings insbesondere der Gesichtspunkt des Minderheitenschutzes zu Zweifelsfragen: Vereinfachend kann darauf abgestellt werden, dass die Zustimmung eines betroffenen Gesellschafters zu dem satzungsändernden Beschluss erforderlich ist, wenn im Zusammenhang mit der Befristung der Gesellschaft für diesen ein Sonderrecht begründet ist. Dieses kann darin liegen, dass der Gesellschaftsvertrag allen oder einzelnen Gesellschaftern gem. § 3 Abs. 2 die Verpflichtung zur insbesondere dauerhaften Erbringung von Leistungen aufbürdet, bspw. bei wiederkehrenden Nebenleistungen.[196] In diesem Fall folgt das Sonderrecht des Gesellschafters aus § 53 Abs. 3. Eine relevante Vermehrung von Leistungen iSv § 53 Abs. 3 ist indes nicht zu bejahen, wenn alle oder einzelne Gesellschafter noch nicht erbrachte Stammeinlagen einzahlen müssen[197] oder weiterhin einer anderweitig gesellschaftsvertraglich vereinbarten Nachschusspflicht ausgesetzt sind.[198] Ebenfalls wird ein die Veränderung der Zeitbestimmung hinderndes Sonderrecht in den Konstellationen diskutiert, in welchen sich aus dem Gesellschaftsvertrag der Gesellschaft ein hinreichend konkretisiertes Recht von Gesellschaftern auf Auflösung zum gesellschaftsvertraglich vorgesehenen Zeitpunkt ergibt.[199] Bei Vorliegen eines Sonderrechts, gleichgültig aufgrund fortbestehender Nebenleistungspflichten oder aufgrund gesellschaftsvertraglich

---

[189] UHL/*Casper* Rn. 25; Lutter/Hommelhoff/*Kleindiek* Rn. 2; Rowedder/Schmidt-Leithoff/*Gesell* Rn. 1.
[190] Noack/Servatius/Haas/*Haas* Rn. 14; Rowedder/Schmidt-Leithoff/*Gesell* Rn. 12; HK-GmbHG/*Frank* Rn. 21. Nach UHL/*Casper* Rn. 25 kommt auch die Umdeutung in ein Kündigungsrecht mit Auflösungsfolge in Betracht.
[191] Etwas unklar Rowedder/Schmidt-Leithoff/*Gesell* Rn. 11 und 42, der zu Recht bei zu unbestimmten oder unklaren Bestimmungen des Gesellschaftsvertrags die Anwendung von Abs. 2 gegeben sieht, allerdings in diesem Fall zur Auflösung auf die Notwendigkeit eines Gesellschaftsbeschlusses verweist.
[192] UHL/*Casper* Rn. 25; Scholz/*Scheller* Rn. 16.
[193] Ebenso Rowedder/Schmidt-Leithoff/*Gesell* Rn. 11.
[194] Lutter/Hommelhoff/*Kleindiek* Rn. 2; Scholz/*Scheller* Rn. 17; *Altmeppen* Rn. 11; ganz hM.
[195] Zu Recht Scholz/*Scheller* Rn. 14.
[196] RG Urt. v. 29.4.1932 – II 368/31, RGZ 136, 185 (188); Hachenburg/*Ulmer* Rn. 22; Rowedder/Schmidt-Leithoff/*Gesell* Rn. 12; Noack/Servatius/Haas/*Haas* Rn. 15.
[197] *Altmeppen* Rn. 11; Noack/Servatius/Haas/*Haas* Rn 15
[198] S. Rowedder/Schmidt-Leithoff/*Gesell* Rn. 12; Noack/Servatius/Haas/*Haas* Rn. 15.
[199] Hachenburg/*Ulmer* Rn. 25; Scholz/*Scheller* Rn. 18; UHL/*Casper* Rn. 25; weitergehend RG Urt. v. 29.4.1932 – II 368/31, RGZ 136, 185 (190).

vorgesehenem individuellem Recht auf Auflösung, wird das Zustimmungserfordernis nicht durch Zugrundelegung eines Rechts auf Austritt aus der Gesellschaft gegen Abfindung entbehrlich.[200]

86   Allerdings kann es gegen **gesellschaftsvertragliche Treuepflichten** verstoßen und zur Unbeachtlichkeit der Willensäußerung eines Gesellschafters führen, wenn dieser trotz Vorhandenseins eines ernsthaften Angebots zum Austritt gegen eine angemessene, insbesondere sofort realisierbaren Abfindung seine Zustimmung zur Verlängerung der Befristung verweigert.[201] Wird ein Gesellschafter, dem kein Sonderrecht auf Beibehaltung des bisherigen Auflösungszeitpunkts zusteht, bei der Beschlussfassung über die Verlängerung der Befristung durch Mehrheitsbeschluss überstimmt, so steht ihm nicht automatisch ein Austrittsrecht gegen Abfindung zu. Vielmehr muss für ihn die weitere Einbindung in die Gesellschaft aus den allgemeinen Grundsätzen zum Austritt aus wichtigem Grund (→ § 34 Rn. 101 ff., → § 34 Rn. 178 ff.) unzumutbar sein.[202]

87   Im Fall einer Verkürzung der gesellschaftsvertraglich vorgesehenen Zeitdauer der Gesellschaft ist ähnlich der Beseitigung oder Verlängerung der Befristung die Zustimmung derjenigen Gesellschafter erforderlich, zu deren Gunsten die Einhaltung der ursprünglich vereinbarten Zeitdauer ein **persönliches Sonderrecht** darstellt.[203] Allerdings ist ohne besondere Umstände die Minderheit gegen eine satzungsmäßige Verkürzung der Frist nicht geschützt, nicht zuletzt deshalb, weil auch trotz gesellschaftsvertraglich fixierter Zeitdauer ein Auflösungsbeschluss nach Abs. 1 Nr. 2 nicht ausgeschlossen ist[204] und die Dauer der Gesellschaft kein dem Willen der Gesellschafter entzogenes Rechtsverhältnis darstellt.[205] Indes sind auch hier Fälle denkbar, bei denen die Verkürzung der Frist auf einer treuwidrigen Stimmrechtsausübung beruht und daher rechtlich nicht zulässig ist.[206]

88   Beschlussfassungen über die Veränderung der Zeitdauer der Gesellschaft können, wie sämtliche anderen Gesellschafterbeschlüsse auch, Mängeln unterliegen und daher nichtig oder anfechtbar sein. Besondere Fragestellungen ergeben sich insbesondere für den Fall, dass nach einem nichtigen oder später für nichtig erklärten Verlängerungsbeschluss die Gesellschaft über den ursprünglich gesellschaftsvertraglich festgelegten Zeitraum hinaus werbend fortgeführt wird und insoweit Geschäfte mit Dritten durchführt. Dann stellt sich in besonderem Maße die Frage nach der Wirksamkeit bzw. Rückabwicklung solcher Geschäfte. Die Wirksamkeit dürfte zumindest dann zu bejahen sein, wenn die Geschäftsführer und die später bestellten Liquidatoren personenidentisch sind.[207] Wird eine Satzungsänderung betreffend die Veränderung der vorher befristeten Zeitdauer der Gesellschaft ohne die Zustimmung eines Gesellschafters getroffen, der über ein entsprechendes Sonderrecht verfügt, so ist diese unwirksam. Allerdings tritt eine Heilung dieses Mangels nach dem Ablauf von drei Jahren nach Eintragung der Satzungsänderung im Handelsregister in entsprechender Anwendung der Grundsätze aus § 242 Abs. 2 AktG ein.[208]

---

[200]   UHL/*Casper* Rn. 27; Noack/Servatius/Haas/*Haas* Rn. 15; ebenso nunmehr auch eindeutig Rowedder/Schmidt-Leithoff/*Gesell* Rn. 12; aA *Fischer* GmbHR 1955, 165 (167); HK-GmbHR/*Koch* Rn. 6; mittlerweile einschr. – Scholz/*Scheller* Rn. 18.

[201]   Hachenburg/*Ulmer* Rn. 25; Scholz/*Scheller* Rn. 18; Noack/Servatius/Haas/*Haas* Rn. 15; Ring/Grziwotz/*Grziwotz* Rn. 4; Bork/Schäfer/*Roth* Rn. 5; einschr. wohl UHL/*Casper* Rn. 28; HK-GmbHR/*Koch* Rn. 7; OLG München Sitzungsprotokoll v 15.1.2015 – 23 U 2469/14, BeckRS 2016, 5420: nur wenn Erreichen des Gesellschaftszwecks objektiv unmöglich und Ablehnung der Auflösung evident rechtsmissbräuchlich.

[202]   Ebenso Noack/Servatius/Haas/*Haas* Rn. 15; Hachenburg/*Ulmer* Rn. 25; Rowedder/Schmidt-Leithoff/*Gesell* Rn. 12 und wohl auch UHL/*Casper* Rn. 28 entgegen *Fischer* GmbHR 1955, 165 (168), der dem überstimmten Gesellschafter wohl in jedem Fall ein Austrittsrecht einräumen will; dazwischen Scholz/*Scheller* Rn. 18.

[203]   Vgl. etwa OLG Rostock Urt. v. 5.5.1913, OLGE 28, 343; Noack/Servatius/Haas/*Haas* Rn. 15; Scholz/*Scheller* Rn. 18.

[204]   Ebenso Rowedder/Schmidt-Leithoff/*Gesell* Rn. 13; Gehrlein/Born/Simon/*Beckmann/Hofmann* Rn. 13.

[205]   Ähnlich Scholz/*Scheller* Rn. 18.

[206]   Vgl. etwa Noack/Servatius/Haas/*Haas* Rn. 15.

[207]   Hierzu weitergehend Scholz/*Scheller* Rn. 19.

[208]   Ebenso UHL/*Casper* Rn. 28.

2. Auflösungsbeschluss (Abs. 1 Nr. 2). Die in der Praxis nicht selten anzutreffende 89
Auflösung der Gesellschaft durch Gesellschafterbeschluss steht dem Grunde nach im Belieben der Gesellschafter. Die Regelung in Abs. 1 Nr. 2 enthält nur insoweit zwingendes
Recht, als der Gesellschaftsvertrag die Möglichkeit der Auflösung durch Gesellschafterbeschluss nicht wirksam ausschließen kann.[209] Selbst eine als „unauflöslich" bezeichnete
Gesellschaft kann durch einstimmigen Gesellschafterbeschluss zulässigerweise aufgelöst werden.[210]

a) Zuständigkeit. Für die Beschlussfassung über die Auflösung einer Gesellschaft ist 90
ausschließlich und zwingend deren Gesellschafterversammlung zuständig.[211] Einem anderen
Gesellschaftsorgan, wie etwa der Geschäftsführung oder Aufsichtsgremien, kann die Auflösungszuständigkeit nicht übertragen werden.[212] Ebenso ist es nicht möglich, als Wirksamkeitsvoraussetzung des Auflösungsbeschlusses die **Zustimmung** oder sonstige anderer
Gesellschaftsorgane oder fremder **Dritter** vorzusehen.[213] Allenfalls kann durch entsprechende Regelungen des Gesellschaftsvertrages ein anderes Gesellschaftsorgan, etwa der Aufsichtsratsvorsitzende als Repräsentant des Aufsichtsrats, verpflichtet sein, bei Vorliegen
bestimmter Sachverhalte Vorbereitungshandlungen für die Auflösung der Gesellschaft einzuleiten, insbesondere durch Einberufung einer auf die Auflösung der Gesellschaft gerichteten
Gesellschafterversammlung.[214] Einer derartigen Verpflichtung kann indes nur gesellschaftsinterne Wirkung zukommen; außenstehenden Dritten gegenüber besteht sie nicht.[215] Weist
die Satzung einzelnen Gesellschaftern ein Auflösungsrecht zu, so ist dieses als Kündigungsrecht gem. Abs. 2 zu werten.[216] Dritte können auch nicht von Gesellschaftern oder einem
anderen für auflösungseinleitende Maßnahmen zuständigen Gesellschaftsorgan die Auflösung der Gesellschaft aufgrund einer bestimmten Satzungsregelung oder eines sonstigen
Umstandes verlangen.[217] Zulässig und wirksam sind aber nach vorherrschender Auffassung
Stimmbindungsvereinbarungen der Gesellschafter, welche auf die Auflösung der Gesellschaft
gerichtet sind;[218] Gleiches gilt für den Fall, dass die Gesellschafter einen Dritten zur Fassung
des Auflösungsbeschlusses bevollmächtigen.[219]

b) Mehrheit. Das in Abs. 1 Nr. 2 ausdrücklich angeordnete Dreiviertel-Mehrheitserfordernis entspricht inhaltlich den (Mehrheits-)Voraussetzungen für eine Satzungsänderung, 91
vgl. § 53 Abs. 2 S. 1. Es kommt auf die abgegebenen Stimmen an; nach allgemeinen Grundsätzen zählen Enthaltungen nicht, sind also keine „Nein-Stimmen".[220]

aa) Zusätzliche Satzungsänderung. In besonderen Konstellationen kann es ausnahmsweise erforderlich sein,[221] dass der Auflösungsbeschluss zusätzlich die **Voraussetzungen einer Satzungsänderung** erfüllt, dh notariell zu beurkunden ist und nach vorheriger 92
Anmeldung eine Eintragung der Satzungsänderung im Handelsregister erfolgt. Dies ist ins-

[209] AllgM, vgl. Noack/Servatius/Haas/*Haas* Rn. 22; Hachenburg/*Ulmer* Rn. 25; wohl auch Rowedder/
Schmidt-Leithoff/*Gesell* Rn. 10; *Altmeppen* Rn. 16; ebenso wohl auch Scholz/*Scheller* Rn. 20.
[210] Lutter/Hommelhoff/*Kleindiek* Rn. 6; Hachenburg/*Ulmer* Rn. 29; *Altmeppen* Rn. 17; UHL/*Casper*
Rn. 38, HK-GmbHR/*Koch* Rn. 6.
[211] AllgM, s. etwa *Wicke* Rn. 4; Scholz/*Scheller* Rn. 20; Noack/Servatius/Haas/*Haas* Rn. 17; Rowedder/
Schmidt-Leithoff/*Gesell* Rn. 17.
[212] Noack/Servatius/Haas/*Haas* Rn. 17; Scholz/*Scheller* Rn. 20.
[213] S. nur UHL/*Casper* Rn. 29; Noack/Servatius/Haas/*Haas* Rn. 17.
[214] *Hofmann* GmbHR 1975, 217 (219); Hachenburg/*Ulmer* Rn. 26; Rowedder/Schmidt-Leithoff/*Gesell*
Rn. 18.
[215] Scholz/*Scheller* Rn. 20.
[216] Lutter/Hommelhoff/*Kleindiek* Rn. 6.
[217] RG Urt. v. 4.11.1895 – VI 191/95, RGZ 36, 27 (29); Scholz/*Scheller* Rn. 20, der berechtigtermaßen
darauf verweist, dass die Organhaftung nach § 15a InsO (früher § 64 aF) einen ausreichenden Schutz
der Gläubiger der Gesellschaft vor unzulässig langem Bestehen der Gesellschaft bietet.
[218] S. hierzu nur UHL/*Casper* Rn. 29 mwN.
[219] Rowedder/Schmidt-Leithoff/*Gesell* Rn. 17.
[220] Vgl. etwa Lutter/Hommelhoff/*Kleindiek* Rn. 6; Scholz/*Scheller* Rn. 22.
[221] S. etwa RG Urt. v. 10.12.1920 – II 245/20, RGZ 101, 78; BayObLG Beschl. v. 2.11.1994 – 3Z BR
152/94, NJW-RR 1995, 1001.

besondere dann der Fall, wenn der Beschluss außerhalb der Auflösung noch weitere Bestimmungen über die Grundordnung der Gesellschaft ändert[222] oder vor Ablauf einer vorhandenen Mindest- oder Festlaufzeit der Gesellschaft die Auflösung beschlossen werden soll und nicht der Gesellschaftsvertrag ausdrücklich eine Verkürzung der festgesetzten Dauer ermöglicht.[223] Insoweit handelt es sich um eine **zustandsbegründende Satzungsdurchbrechung,** welche nur unter Einhaltung der Voraussetzungen des § 53 wirksam ist.[224]

93   Die Einhaltung der Formalien einer Satzungsänderung ist dagegen nicht erforderlich, wenn die Gesellschaft durch Beschlussfassung der Gesellschafter gem. Abs. 1 Nr. 2 vor dem Termin für eine erstmalige Kündigung der Gesellschaft aufgelöst werden soll und der Gesellschaftsvertrag die Auflösung nicht ausschließt.[225] Einer Satzungsänderung bedarf es nach vorzugswürdiger Auffassung ebenfalls dann nicht, wenn die Gesellschaft aufgrund einer besonderen Regelung im Gesellschaftsvertrag als **„unauflöslich"** bezeichnet ist. Notwendig ist in diesem Fall allerdings Einstimmigkeit der Gesellschafter.[226] Wird diese nicht erreicht, so bleibt dem in der Beschlussfassung unterlegenen Gesellschafter die Möglichkeit der Auflösungsklage nach § 61.[227]

94   Insbesondere zu Unklarheiten können diejenigen Fälle führen, bei denen die Auflösungswirkung nach dem Willen der Gesellschafter nicht sofort eintreten soll. Dies sind in der Regel auf befristete oder bedingte Auflösung gerichtete Beschlussfassungen. Das Reichsgericht hat in einer frühen Entscheidung den Standpunkt vertreten, die Einführung einer (Auflösungs-)Bedingung oder einer Frist bei einer auf unbestimmte Zeit eingegangenen Gesellschaft stelle stets eine Satzungsänderung dar und bedürfe daher immer den Formalien der §§ 53 ff.[228] Obgleich diese Lösung einen rechtssicheren und praktikablen Umgang mit der Problematik ermöglicht, wird sie von der hM zu Recht abgelehnt.[229] Die früher in der Rspr. vertretene Linie differenziert nämlich nicht ausreichend dahingehend, ob die Beschlussfassung der Gesellschafter ganz überwiegend auf **Auflösung** der Gesellschaft oder auf bloße **Satzungsänderung** im Sinn der Einführung einer festen Dauer für die werbend tätige Gesellschaft gerichtet ist.[230]

95   Tritt aus objektiver ex ante Sicht der Tatbestand, welcher automatisch ohne weitere Zwischenakte der Gesellschafter zur Auflösung der Gesellschaft führen soll, in Kürze bzw. zumindest innerhalb eines überschaubaren Zeitraums ein, so handelt es sich um einen einfachen Auflösungsbeschluss, der keiner zusätzlichen, aus einer Satzungsänderung resultierenden Formalien bedarf. Dies ist etwa dann der Fall, wenn insbesondere aus Zweckmäßigkeitserwägungen an einen bestimmten in der nahen Zukunft liegenden Zeitpunkt angeknüpft wird, etwa das Geschäfts-, Halbjahres- oder Quartalsende als **Stichtag für die Auflösung.** Ähnliches gilt dann, wenn der Eintritt der vorgesehenen Bedingung in Kürze zu erwarten ist, zB die Anknüpfung der Auflösung an eine bevorstehende erfolgreiche

---

[222] Vgl. etwa *Altmeppen* Rn. 15.
[223] RG Urt. v. 10.12.1920 – II 245/20, RGZ 101, 78; Urt. v. 3.7.1934 – II 116/34, RGZ 145, 99 (101 f.); *Hofmann* GmbHR 1975, 218; Rowedder/Schmidt-Leithoff/*Gesell* Rn. 16; *Altmeppen* Rn. 15; UHL/*Casper* Rn. 37 und 46.
[224] Scholz/*Scheller* Rn. 23; ähnlich auch Hachenburg/*Ulmer* Rn. 33, der darauf abstellt, dass der Gesellschaftsvertrag im Zweifel entsprechend auslegungsbedürftig sei.
[225] OLG Karlsruhe Entsch. v. 30.3.1982 – 11 W 22/82, GmbHR 1982, 276; Scholz/*Scheller* Rn. 23; Noack/Servatius/Haas/*Haas* Rn. 18; UHL/*Casper* Rn. 46.
[226] *Hofmann* GmbHR 1975, 217 (219); Lutter/Hommelhoff/*Kleindiek* Rn. 6; Rowedder/Schmidt-Leithoff/*Gesell* Rn. 16; Noack/Servatius/Haas/*Haas* Rn. 17; HK-GmbHG/*Frank* Rn. 25; aA UHL/*Casper* Rn. 38, 46; MHLS/*Nerlich* Rn. 37; Hachenburg/*Ulmer* Rn. 29, 33; MHdB GesR III/*Weitbrecht* § 62 Rn. 5; iS einer Rechtfertigungskontrolle in besonderen Konstellationen bejahen Gehrlein/Born/Simon/ *Beckmann*/*Hofmann* Rn. 15 aus dem Rechtsgedanken des Abs. 1 Nr. 2 in Ausnahmefällen das Genügen einer Dreiviertelmehrheit.
[227] Ebenso Scholz/*Scheller* Rn. 30; UHL/*Casper* Rn. 38.
[228] RG Urt. v. 6.3.1997 – 329/06, RGZ 65, 264 (267).
[229] So bereits KG Urt. v. 27.4.1939 – 1 Wx 291/39, DR 1939, 1166; wohl auch RG Urt. v. 3.7.1934 – II 116/34, RGZ 145, 99 (101); ebenso Lutter/Hommelhoff/*Kleindiek* Rn. 5; Noack/Servatius/Haas/ *Haas* Rn. 18; UHL/*Casper* Rn. 47.
[230] Ebenso UHL/*Casper* Rn. 47.

Unternehmensveräußerung oder die Entziehung einer öffentlich-rechtlichen Genehmigung wie der Gewerbeerlaubnis. Ist dagegen der maßgebliche Beschluss der Gesellschafter auf die Einführung einer festen bzw. zumindest von einem künftigen ungewissen Ereignis abhängigen Gesellschaftsdauer gerichtet, so liegt eine beurkundungs- und eintragungspflichtige Satzungsänderung vor.[231] Als Indiz für die Abgrenzung, ob es sich um eine bloße Auflösung oder eine Abänderung der Zeitdauer der Gesellschaft handelt, wird man vorrangig darauf abstellen müssen, innerhalb welchen Zeitrahmens nach Beschlussfassung das jeweilige Auflösungsereignis eintritt bzw. aus objektiver Sicht zum Zeitpunkt der Beschlussfassung zu erwarten war bzw. ist.[232] Im Zweifel sollte stets der etwas aufwändigere Weg über eine notariell zu beurkundende Satzungsänderung gewählt werden.

bb) Abweichende Mehrheitserfordernisse. Abweichend von dem gesetzlich vorge- **96** sehenen Regelfall, welcher eine **Dreiviertelmehrheit** der tatsächlich abgegebenen Stimmen unter Außerachtlassung von Enthaltungen fordert, kann der Gesellschaftsvertrag höhere, aber auch geringere Mehrheiten für den Auflösungsbeschluss festsetzen.[233] Geht der Gesellschaftsvertrag von einer „einstimmigen" Beschlussfassung oder davon aus, dass die Gesellschaft „unauflöslich" ist, so müssen alle Gesellschafter der Auflösung zustimmen; in diesen Fällen kommt es regelmäßig nicht auf die abgegebenen, sondern die vorhandenen Stimmen an.[234] Gleichermaßen ist es möglich, durch Gesellschaftsvertrag eine geringere Mehrheit genügen zu lassen; regelmäßig wird dies die **einfache Mehrheit** sein. Zu berücksichtigen ist dabei allerdings, dass trotz gesellschaftsvertraglicher Anordnung die einfache Mehrheit nicht ausreichend sein kann, wenn der Auflösungsbeschluss zugleich eine Satzungsänderung darstellt (→ Rn. 92). Möglich ist es zudem, durch den Gesellschaftsvertrag einer Minderheit der Gesellschafter das Recht auf Auflösung einzuräumen. Jedoch wird eine derartige Regelung zu Recht nicht als eine Modifikation des in Abs. 1 Nr. 2 zugrunde gelegten gesetzlichen Normalfalls angesehen, sondern als Kündigungsrecht einer Minderheit mit Auflösungsfolge iSv Abs. 2.[235] Besondere rechtliche Auswirkungen aus dieser Unterscheidung ergeben sich indes nicht. Unabhängig von der jeweils konkret geforderten Mehrheit steht fest, dass die aus § 181 BGB resultierenden Beschränkungen der Mehrfachvertretung bzw. des Selbstkontrahierens bei einem Auflösungsbeschluss nicht gelten; dies bedeutet, dass in der Beschlussfassung über die Auflösung einer Gesellschaft eine Person für sich, aber auch für einen oder mehrere andere Gesellschafter mitwirken darf.[236]

cc) Grenzen im Zusammenhang mit der Auflösung. Sofern der Auflösungsbe- **97** schluss mit der notwendigen Mehrheit und unter Einhaltung der im Einzelfall erforderlichen Voraussetzungen getroffen wurde, bedarf er im Grundsatz **keiner besonderen Rechtfertigung.** Vielmehr trägt er seine Rechtfertigung in sich mit der Folge, dass eine unterschiedliche Betroffenheit von Mehrheit und Minderheit hinzunehmen ist.[237] Indes gelten nach allgemeinen Grundsätzen die Beschränkungen, die die Gesellschafter untereinander zu berücksichtigen haben, insbesondere hierbei die gesellschaftsrechtliche Treuepflicht.[238]

Allerdings liegt ein Treuepflichtverstoß nicht schon darin begründet, dass die Auflösung **98** der Gesellschaft zur Liquidation und damit in der Regel zur Zerschlagung des Gesellschaftsunternehmens führt. Denn dieser Nachteil ist nur eine zwangsläufige Folge der durch

---

231 S. etwa UHL/*Casper* Rn. 47.
232 Instruktiv hierzu zur Abgrenzung insgesamt Scholz/*Scheller* Rn. 23.
233 AllgM, s. *Hofmann* GmbHR 1955, 217 (219); Lutter/Hommelhoff/*Kleindiek* Rn. 6; Rowedder/Schmidt-Leithoff/*Gesell* Rn. 16; Noack/Servatius/Haas/*Haas* Rn. 17; UHL/*Casper* Rn. 38; Hachenburg/*Ulmer* Rn. 29.
234 So wohl auch UHL/*Casper* Rn. 38; Noack/Servatius/Haas/*Haas* Rn. 17.
235 *Hofmann* GmbHR 1975, 217 (219); UHL/*Casper* Rn. 39; Scholz/*Scheller* Rn. 30; Lutter/Hommelhoff/*Kleindiek* Rn. 6; Hachenburg/*Ulmer* Rn. 30; Noack/Servatius/Haas/*Haas* Rn. 17.
236 Dies entspricht der heute hM, etwa → § 47 Rn. 173; bejahend ebenfalls UHL/*Casper* Rn. 37.
237 Ausdrücklich bejahend BGH Urt. v. 28.1.1980 – II ZR 124/78, NJW 1980, 1278; Urt. v. 1.2.1988 – II ZR 75/87, NJW 1988, 1579 zur AG; Rowedder/Schmidt-Leithoff/*Gesell* Rn. 17; Noack/Servatius/Haas/*Haas* Rn. 20.
238 S. etwa nur UHL/*Casper* Rn. 40.

Gesetz oder Satzung gerade zugelassenen Auflösung und kann daher nicht als Grund dafür herhalten, der Auflösung die Wirksamkeit abzusprechen. Gleiches gilt mit Blick darauf, dass der eine Gesellschafter wirtschaftlich mehr am Fortbestand der Gesellschaft mit dem sich daraus ergebenden Gewinnbezug, der andere mehr an ihrer Auflösung und der Auszahlung des Auseinandersetzungserlöses interessiert sein mag. Die gesetzliche Folge der Auflösung, die Liquidation, betrifft nach §§ 66 ff. alle Gesellschafter nach dem Maß ihrer jeweiligen Beteiligung rechtlich in gleicher Weise, sodass eine **Deinvestitionsfreiheit** für die Gesellschafter(-mehrheit) anzuerkennen ist.[239] Ein Treuepflichtverstoß ist jedoch dann gegeben, wenn der Auflösungsbeschluss dazu führt, dass die Mehrheit **unzulässige Sondervorteile** zu Lasten der Gesellschaft oder der Gesellschafterminderheit verfolgt. Dies mag dann der Fall sein, wenn der Mehrheitsgesellschafter das Unternehmen – in welcher Form auch immer – nach der Auflösung selbst weiterführen will und deshalb die Auflösung betreibt oder sich die Treuwidrigkeit aus anderen Umständen aufdrängt.[240]

99   Insbesondere in der häufig als sog. **„übertragende Auflösung"** bezeichneten ersten Fallgruppe, in welcher sich der Mehrheitsgesellschafter der Auflösungskompetenz bedient, um hierdurch Ausschließungseffekte zu erzielen und dabei möglicherweise eine Verkehrswertabfindung der betroffenen Minderheitsgesellschafter zu umgehen, wird man im Nachhinein die **Treuwidrigkeit** des Handelns des Mehrheitsgesellschafters feststellen und bejahen können. Dies mag vor allem dann gelingen, wenn nachweisbar ist, dass dem Mehrheitsgesellschafter kaum eine andere Möglichkeiten zur Verfügung gestanden hätten, um sich das Gesellschaftsunternehmen einzuverleiben. Insbesondere ist dies dann relevant, wenn eine Ausschließung der Minderheitsgesellschafter mangels Vorhandenseins hierzu rechtfertigender Gründe oder wegen zu hoher, nicht bedienbarer Abfindungsansprüche nicht möglich gewesen wäre (zur Ausschließung von Gesellschaftern → § 34 Rn. 123). Zu beachten ist dabei, dass die höchstrichterliche und insbesondere durch Entscheidungen des Bundesverfassungsgerichts geprägte Rspr. zum **Hinausdrängen von Minderheitsgesellschaften** bei Aktiengesellschaften[241] auf die GmbH nur beschränkt übertragbar sein kann. Hintergrund ist nicht zuletzt die stärkere Verbundenheit der Gesellschafter untereinander. Daher wird eine übertragende Auflösung aus eigensüchtigen Motiven des Mehrheitsgesellschafters ohne besondere Rechtfertigung insbesondere durch ausdrückliche gesellschaftsvertragliche Regelungen immer als treuwidrig und damit anfechtbar anzusehen sein.[242]

100   Treuepflichterwägungen sind indes auch dann relevant, wenn es um die Beurteilung von positiven und aktiven **Zustimmungspflichten** zur Auflösung einer Gesellschaft geht. In der Vergangenheit wurde hier teilweise vertreten, dass eine auf die Auflösung zielende Stimmpflicht nicht bestehen könne.[243] Verwiesen wird auch darauf, dass mit der in § 61 geregelten Auflösungsklage eine ultima ratio zur Beendigung einer Gesellschaft bestehe, sodass es auf die Frage positiver Stimmpflichten nicht oder zumindest nur in ganz seltenen Fällen ankommen könne.[244] Jedoch sind mit dem Auflösungsprozess aufgrund der Gestaltungsklage des § 61 in erster Linie diejenigen Konstellationen betroffen, in denen inhaltlich über das Vorliegen eines wichtigen Grundes für die Auflösung der Gesellschaft gestritten werden muss. Häufig liegt aber der Grund für die Auflösung offen zutage.

101   Nicht zuletzt weil im Fall des § 61 die Auflösungspflicht erst mit Rechtskraft des Auflösungsurteils eintritt und daher über einen erheblichen Zeitraum Unklarheit hinsichtlich des weiteren Schicksals der Gesellschaft besteht, verdient die Sichtweise Vorzug, welche

---

[239]   BGH Urt. v. 28.1.1980 – II ZR 124/78, NJW 1980, 1278.
[240]   Ebenso UHL/*Casper* Rn. 40; ähnlich auch Gehrlein/Born/Simon/*Beckmann/Hofmann* Rn. 22 f.
[241]   BVerfG Beschl. v. 23.8.2000 – 1 BvR 68/95 und 1 BvR 147/97, NJW 2001, 279 – Moto Meter; vorher ua BVerfG Beschl. v. 27.4.1999 – 1 BvR 1613–94, NJW 1999, 3769 – DAT/Altana.
[242]   Ebenso mit jeweils ausf. Begr. und Erl. Scholz/*Scheller* Rn. 28; UHL/*Casper* Rn. 43. Ein Verstoß gegen die Treuepflicht kann – entgegen der bei *v. Morgen* WM 2003, 1553 (1558) zum Ausdruck kommenden Auffassung – nicht schon dann begründet sein, wenn der Auflösungsbeschluss mit geringerer Mehrheit als beim aktienrechtlichen Squeeze-Out (95 %, vgl. § 327a Abs. 1 S. 1 AktG) gefasst wurde.
[243]   *Hofmann* GmbHR 1975, 217 (219).
[244]   Hachenburg/*Ulmer* Rn. 31.

das Bestehen von Stimmpflichten nicht durch einen Vorrang der Auflösungsklage nach § 61 ausgeschlossen sieht. Jedoch setzt die **aktive Stimmpflicht** regelmäßig voraus, dass der Gesellschaftszweck offensichtlich nicht mehr erreicht werden kann oder eine Weigerung bei der Mitwirkung zur Auflösung aus anderen Gründen **evident rechtsmissbräuchlich** ist.[245] Zu bejahen ist daher eine Stimmpflicht zur Auflösung der Gesellschaft aus Treuepflichterwägungen dann, wenn ohne die sofortige Auflösung eine erhebliche Verringerung des letztlich an die Gesellschafter auszukehrenden Gesellschaftsvermögens droht oder eine GmbH & Co. KG bereits aufgelöst ist, ihre nunmehr funktionslose Komplementär-GmbH aber noch ohne rechtfertigenden Grund fortbesteht (zum Auflösungsverfahren bei der GmbH & Co. KG → Rn. 299).[246]

c) Beschlussinhalt. Die Regelung in Abs. 1 Nr. 2 setzt keinen bestimmten Beschluss-   **102** inhalt voraus; insbesondere muss das **Wort „Auflösung"** in der maßgeblichen Beschlussfassung der Gesellschaft **nicht ausdrücklich** enthalten sein. Zum Ausdruck kommen muss indes der auf Auflösung gerichtete Wille der Gesellschafter.[247] Der Beschluss über die Einstellung des Geschäftsbetriebs der Gesellschaft ist ohne Hinzutreten weiterer Umstände nicht als Auflösungsbeschluss anzusehen.[248] Gleiches gilt für die Unternehmensveräußerung insbesondere im Wege des sog. „asset deal" (Einzelrechtsnachfolge). Selbst im Fall der Fortführung der Firma durch den Erwerber bei gleichzeitiger Umfirmierung der veräußernden Gesellschaft hat die frühere Rspr. nicht einen dabei inzident gefassten Auflösungsbeschluss angenommen.[249] Als konkludent gefasster Auflösungsbeschluss kann es indes zu sehen sein, wenn sämtliche Gesellschafter wechselseitig und aufeinander bezogen die Gesellschaft aufkündigen.[250] Zu der Frage, ob die Verlegung des (Satzungs-)Sitzes einer Gesellschaft in das Ausland zugleich einen Auflösungsbeschluss darstellt, → Rn. 210.

d) Beschlussform. Sofern der **Auflösungsbeschluss** nicht gleichzeitig eine Satzungs-   **103** änderung beinhaltet (→ Rn. 92), kann er **formlos gefasst** werden,[251] dh insbesondere mündlich, in Textform (auch im Sinne einer Beschlussfassung gem. § 48 Abs. 2) oder in notarieller Form. Auch genügt der Abschluss eines Prozessvergleiches, mit welchem die Gesellschaft aufgelöst wird.[252] Gleiches soll für die Unterzeichnung einer Handelsregisteranmeldung der Auflösung durch sämtliche Gesellschafter gelten,[253] was aber wohl zumindest systematisch nicht damit im Einklang steht, dass die Anmeldung der Auflösung gem. § 65 (ausschließlich) durch die Liquidatoren zu erfolgen hat. Allerdings ist die Zulassung konkludenter Auflösungsbeschlüsse nicht zuletzt vor dem Hintergrund ihrer erheblichen Auswirkungen als rechtspolitisch problematisch anzusehen und daher größtmögliche Klarheit der entsprechenden Beschlussfassungen erforderlich.[254] Dies ist nicht zuletzt deshalb relevant, weil der Auflösungsbeschluss bei der entsprechenden Handelsregisteranmeldung dem Regis-

---

[245] OLG München Sitzungsprotokoll v 15.1.2015 – 23 U 2469/14, BeckRS 2016, 05420 Rn. 9; ebenso Scholz/*Scheller* Rn. 24; UHL/*Casper* Rn. 44.

[246] Auch UHL/*Casper* Rn. 44.

[247] BayObLG Beschl. v. 2.11.1994 – 3Z BR 152/94, NJW-RR 1995, 1001; ähnlich auch BGH Urt. v. 23.11.1998 – II ZR 70–97, NJW 1999, 1481 (1483); BFH Urt. v. 9.3.1983 – I R 202/79, BB 1983, 1199; ebenso die allgM in der Lit., vgl. etwa UHL/*Casper* Rn. 30; Scholz/*Scheller* Rn. 21; Lutter/Hommelhoff/*Kleindiek* Rn. 5; *Altmeppen* Rn. 18; Noack/Servatius/Haas/*Haas* Rn. 19.

[248] BGH Urt. v. 23.11.1998 – II ZR 70–97, NJW 1999, 1481 (1483); KG Urt. v. 13.4.1995 – 2 U 582/94, NJW-RR 1996, 103; vgl. auch BAG Urt. v. 11.3.1998 – 2 AZR 414/97, NZA 1998, 879; statt vieler Rowedder/Schmidt-Leithoff/*Gesell* Rn. 15.

[249] RG Urt. v. 29.5.1923 – II 31/23, RGZ 107, 31 (33) unter Aufgabe früherer abw. Rspr.; vgl. auch MHLS/*Nerlich* Rn. 43; Hachenburg/*Ulmer* Rn. 25; UHL/*Casper* Rn. 30; Noack/Servatius/Haas/*Haas* Rn. 19.

[250] BayObLG Beschl. v. 2.11.1994 – 3Z BR 152/94, NJW-RR 1995, 1001; bejahend ebenfalls Rowedder/Schmidt-Leithoff/*Gesell* Rn. 15; Noack/Servatius/Haas/*Haas* Rn. 19; UHL/*Casper* Rn. 30.

[251] AllgM, s. nur BayObLG Beschl. v. 2.11.1994 – 3Z BR 152/94, NJW-RR 1995, 1001.

[252] KG Beschl. v. 17.1.1919 – 1a X 7/19, KGJ 51 A, 136; Noack/Servatius/Haas/*Haas* Rn. 19.

[253] RG Urt. v. 10.12.20 – II 245/20 RGZ 101, 78 (79); ebenso Hachenburg/*Ulmer* Rn. 32; Scholz/*Scheller* Rn. 22.

[254] Scholz/*Scheller* Rn. 22.

tergericht gegenüber nachzuweisen ist (→ § 65 Rn. 11).[255] Die Vertretung beteiligter Minderjähriger durch die Eltern ist auch ohne familiengerichtliche Genehmigung möglich.[256]

104   **e) Beschlussfolgen.** Die Auflösung der Gesellschaft, dh der Beginn des Liquidationsstadiums, tritt mit entsprechender wirksamer Beschlussfassung ein.[257] Generell hat die Eintragung der Auflösung im Handelsregister **nur deklaratorische, keine konstitutive Wirkung.**[258] Der Auflösungsbeschluss beinhaltet im Regelfall keine Änderung des Gesellschaftsvertrags, obwohl der Unternehmensgegenstand dem Grunde nach von einer werbenden aktiven Tätigkeit in eine Abwicklungsfunktion übergeht.[259] Insoweit erfolgt – sofern nicht mit dem Liquidationsbeschluss ausnahmsweise doch eine Satzungsänderung der Gesellschaft einhergeht – die Eintragung der Auflösung der Gesellschaft im Handelsregister nach § 65 und nicht nach § 54.

105   **aa) Späterer Auflösungszeitpunkt.** Der Beschluss über die Liquidation erfährt dann keine sofortige Wirksamkeit, wenn er befristet oder bedingt gefasst ist. In diesem Fall gelangt die Gesellschaft mit dem Eintritt des jeweils vorher festgelegten Datums und Ereignisses in das Stadium der Liquidation. Allerdings ist zu berücksichtigen, dass eine Beschlussfassung über eine nicht sofort eintretende Liquidation möglicherweise als **Satzungsänderung** zu verstehen ist, insbesondere wenn das den Liquidationsbeginn auslösende Ereignis erst in weiterer Zukunft liegt oder der Eintritt des Ereignisses nicht mit Sicherheit vorausgesagt werden kann (→ Rn. 92). In diesem Fall wird der Liquidationsbeschluss erst wirksam, wenn er nach ordnungsgemäßer Abfassung in notarieller Form und vorheriger Anmeldung im Handelsregister der Gesellschaft eingetragen ist (vgl. § 54 Abs. 3). Enthält der Auflösungsbeschluss keine besondere Zeitbestimmung und hat auch keinen satzungsändernden Charakter, so wird er **im Zweifel sofort wirksam.**[260] Allerdings sollte der Beschlusstext den Auflösungszeitpunkt so genau wie möglich spezifizieren, da – insbesondere aus steuerrechtlichen Gründen – selbst eine Auflösung „mit dem heutigen Tage" noch zu Auslegungsfragen führen kann.[261]

106   **bb) Keine Rückwirkung; Aufhebung.** Der Liquidationsbeschluss ist **keiner Rückwirkung** zugänglich, dh er kann nicht mit echter Wirkung für die Vergangenheit getroffen werden.[262] Schließlich ist die Gesellschaft innerhalb des Zeitraums zwischen gewolltem Auflösungsdatum und der Beschlussfassung mit Außenwirkung als aktiv werbend tätig zu behandeln. Auch dann, wenn die Gesellschaft tatsächlich bereits inaktiv war, kann eine Rückwirkungsfiktion nicht eingreifen. Allenfalls ist es möglich, dass sich die Gesellschafter im Verhältnis zu einander so behandeln, als sei die Auflösung bereits früher erfolgt.[263]

107   Sofern die Gesellschafter die Auflösung der Gesellschaft bereits beschlossen haben, kann eine **Rückgängigmachung mittels neuen Gesellschafterbeschlusses** ohne Eintritt der Auflösungswirkungen nur dann erfolgen, wenn die Auflösung nicht mit sofortiger Wirkung beschlossen war, sondern erst zu einem zukünftigen – tatsächlich aber noch nicht eingetretenen – Zeitpunkt. In diesem Fall genügt mangels abweichender gesellschaftsvertraglicher Regelung eine Beschlussfassung der Gesellschafter mit **einfacher Mehrheit,** nicht erforderlich ist eine Dreiviertel-**Mehrheit.**[264] Ist dagegen bei der Beschlussfassung über die Aufhe-

---

[255] Ebenso Noack/Servatius/Haas/*Haas* Rn. 19.
[256] BGH Urt. v. 22.9.1969 – II ZR 144/68, NJW 1970, 33; Noack/Servatius/Haas/*Haas* Rn. 19.
[257] AllgM, s. nur BFH Urt. v. 9.3.1983 – I R 202/79, BB 1983, 1199; OLG München Urt. v. 9.11.2017 – 23 U 239/17, ZInsO 2018, 1112; MHLS/*Nerlich* Rn. 43; Noack/Servatius/Haas/*Haas* Rn. 21; Scholz/ *Scheller* Rn. 25; UHL/*Casper* Rn. 48.
[258] BGH Urt. v. 23.11.1998 – II ZR 70–97, NJW 1999, 1481 (1483); Noack/Servatius/Haas/*Haas* Rn. 21.
[259] Ebenso Rowedder/Schmidt-Leithoff/*Gesell* Rn. 15.
[260] BFH Urt. v. 5.12.1973 – I R 72/72, BB 1974, 637; Urt. v. 9.3.1983 – I R 202/79, BB 1983, 1199; ebenso Hachenburg/*Ulmer* Rn. 35; Scholz/*Scheller* Rn. 26; Rowedder/Schmidt-Leithoff/*Gesell* Rn. 15.
[261] Auflösung sofort oder mit Ablauf des Tages der Beschlussfassung? S. hierzu Scholz/*Scheller* Rn. 26 mit Verweis auf BFH Urt. v. 5.12.1973 – I R 72/72, BB 1974, 637.
[262] S. etwa nur UHL/*Casper* Rn. 49.
[263] Ebenso Hachenburg/*Ulmer* Rn. 35; Rowedder/Schmidt-Leithoff/*Gesell* Rn. 15.
[264] Ebenso MHLS/*Nerlich* Rn. 50; Noack/Servatius/Haas/*Noack* § 47 Rn. 31; UHL/*Casper* Rn. 49.

bung der Liquidation der in der früheren Gesellschafterentscheidung bestimmte Auflösungszeitpunkt bereits eingetreten, so kann die bereits eingetretene Auflösung nicht mit rückwirkender Kraft beseitigt werden. Vielmehr ist ein Fortsetzungsbeschluss mit qualifizierter Mehrheit von Dreiviertel der abgegebenen Stimmen erforderlich (→ Rn. 262).[265]

cc) Beschlussmängel. Ist der **Gesellschafterbeschluss** über die Liquidation der **108** Gesellschaft unter Verstoß gegen bestehende **Treuepflichten** zustande gekommen, etwa im Fall der beabsichtigten eigennützigen Überführung des Gesellschaftsvermögen auf den Mehrheitsgesellschafter (→ Rn. 99), so ist er **anfechtbar** und nach allgemeinen Grundsätzen in dem durchzuführenden gerichtlichen Anfechtungsverfahren mit rückwirkender Kraft **für nichtig zu erklären.** Gleiches gilt bei Vorhandensein anderweitiger Anfechtungsgründe wie etwa bestimmter Satzungs- oder Verfahrensverstöße bei der Beschlussfassung.[266] Passivlegitimiert ist in diesem Fall die Gesellschaft, welche durch den oder die Liquidator(en) vertreten wird.[267]

Die Nichtigkeit eines Auflösungsbeschlusses kann sich ebenfalls aus allgemeinen Grund- **109** sätzen ergeben. Eine Besonderheit im Verhältnis zu anderen nichtigen Gesellschafterbeschlüssen besteht darin, dass die Gesellschaft ab dem Zeitpunkt der Fassung des – nichtigen – Liquidationsbeschlusses mit **Außenwirkung als aufgelöst** behandelt wird, dh Liquidatoren bestellt werden und die Auflösung zur Eintragung im Handelsregister angemeldet wird. Gleichwohl besteht die Gesellschaft rechtlich als werbend aktive weiter; die Grundsätze der Lehre vom fehlerhaften Verband sind nicht anwendbar. Stellt sich die Nichtigkeit vor der Vermögensverteilung an die Gesellschafter heraus, so sind die **Abwicklungshandlungen** soweit möglich **rückgängig** zu machen. Danach kommt es darauf an, ob die Gesellschaft noch einer Fortsetzung zugänglich ist oder bereits die Fortführung rechtlich unmöglich geworden ist.[268] Der Streitwert einer Anfechtungs- oder Nichtigkeitsklage ist analog § 247 AktG zu bestimmen; dabei sind sämtliche Umstände des Einzelfalls, insbesondere die Bedeutung der Sache für die Parteien, entscheidend.[269]

3. Auflösung durch Urteil oder Verwaltungsakt (Abs. 1 Nr. 3). Die häufig als **110** Auflösung durch „**Staatsakt**" bezeichnete Regelung des Abs. 1 Nr. 3 verweist auf die Auflösung durch Urteil der ordentlichen Gerichtsbarkeit im Falle des § 61 sowie durch Verwaltungsakt iSv § 62. Die Vorschrift des Abs. 1 Nr. 3 ist **zwingend,**[270] da sie der Durchsetzung elementarer Minderheitsrechte dient (§ 61) bzw. im überragenden öffentlichen Interesse eingefügt wurde. Die Auflösung gem. § 61 wird nur dann durch (zivil-)gerichtliches Gestaltungsurteil ausgesprochen, wenn die Erreichung des Gesellschaftszwecks unmöglich geworden ist oder andere, in den Verhältnissen der Gesellschaft liegende wichtige Auflösungsgründe eingetreten sind. Dabei sollen persönliche Gründe in den Personen der Gesellschafter, sofern es sich nicht um ein tiefgreifendes und offensichtlich unheilbares Zerwürfnis handelt, nicht ausreichen.[271] Hinsichtlich der Auflösung gem. § 62 wird in Abs. 1 Nr. 3 nach wie vor auf eine mögliche Entscheidung des **Verwaltungsgerichts** verwiesen. Dieser Verweis geht indes ins Leere, da die Auflösungsentscheidung stets mittels privatrechtsgestaltenden Verwaltungsakt durch Verwaltungsbehörden, nicht durch die Judikative getroffen wird. Die Auflösungsbestimmung in Abs. 1 Nr. 3 iVm §§ 61, 62 hat nur sehr geringe praktische Bedeutung (im Einzelnen → § 61 Rn. 1 ff., → § 62 Rn. 1 ff.

[265] Scholz/*Scheller* Rn. 27.
[266] Vgl. etwa BGH Urt. v. 28.1.1980 – II ZR 124/78, NJW 1980, 1278; Urt. v. 1.2.1988 – II ZR 75/87, NJW 1988, 1579 zur AG; Hachenburg/*Ulmer* Rn. 37; Scholz/*Scheller* Rn. 28.
[267] BGH Urt. v. 14.12.1961 – II ZR 97/59, NJW 1962, 538; ebenso MHLS/*Nerlich* Rn. 51.
[268] Hierzu ausf. UHL/*Casper* Rn. 50, der indes bei vorgenommener Vermögensverteilung immer eine irreversible Auflösung der Gesellschaft analog § 726 BGB sieht.
[269] UHL/*Casper* Rn. 51.
[270] BayObLG Beschl. v. 25.7.1978 – BReg. 1 Z 69/78, DB 1978, 2164 (2165) für § 61; ebenso Rowedder/ Schmidt-Leithoff/*Gesell* Rn. 10; Hachenburg/*Ulmer* Rn. 1; Noack/Servatius/Haas/*Haas* Rn. 23.
[271] OLG Naumburg Urt. v. 20.4.2012 – 10 U 24/10.Hs, NZG 2012, 1430 Ls.

111   **4. Auflösung durch Eröffnung des Insolvenzverfahrens (Abs. 1 Nr. 4).** Die
Regelung des Abs. 1 Nr. 4 ist durch die zum Jahresbeginn 1999 in Kraft getretene Insolvenz-
rechtsreform neu gefasst worden, hat indes aber **keine inhaltliche Änderung** erfahren
(Art. 48 Nr. 5 lit. a EGInsO). Die Eröffnung des Insolvenzverfahrens führt zwingend zur
Auflösung der Gesellschaft; eine gesellschaftsvertragliche oder anderweitig gesellschafterin-
tern vereinbarte Abweichung ist nicht wirksam.[272] Etwas **systemwidrig** sieht der zweite
Teil von Abs. 1 Nr. 4 die Möglichkeit einer **Fortsetzung der Gesellschaft** aufgrund entsprechender Willensbildung ihrer Gesellschafter vor, falls das Insolvenzverfahren auf Antrag
der Gesellschaft eingestellt oder ein Insolvenzplan bestätigt worden ist. Die Aufnahme in
die Regelung zu den Auflösungsgründen verwundert etwas, zumal die Fortsetzung einer
aufgelösten Gesellschaft gerade auch im Fall des Vorliegens anderweitiger Auflösungsgründe
anerkannt ist (zur Fortsetzung der aufgelösten Gesellschaft allgemein → Rn. 241 ff.).

112   **a) Abgrenzung.** Wird die Eröffnung des **Insolvenzverfahrens** durch das Insolvenzgericht **mangels Masse** abgelehnt, so führt dies ebenfalls zur Auflösung der Gesellschaft.
Allerdings ist für diesen Fall die Regelung in Abs. 1 Nr. 5 maßgeblich. Findet die Insolvenz
nicht auf Gesellschafts-, sondern nur auf Gesellschafterebene statt, so ist der Bestand der
Gesellschaft nicht unmittelbar beeinträchtigt und die Gesellschaft nicht aufgelöst, sofern
nicht der Gesellschaftsvertrag eine gegenteilige Rechtsfolge vorsieht (auch → Rn. 222).
Allerdings ist es dem auf Gesellschafterebene bestellten Insolvenzverwalter gestattet, den
Geschäftsanteil zu verwerten. Selbst eine **Vinkulierungsregelung,** die als satzungsmäßige
Verfügungsbeschränkung in der Regel die Wirksamkeit von Geschäftsanteilsübertragungen
von der vorher erteilten Zustimmung von einzelnen oder sämtlichen Gesellschaftern oder
anderen Gesellschaftsorganen abhängig macht, kann in diesem Fall die Übertragung an eine
vom Insolvenzverwalter bestimmte Person nicht verhindern.[273] Sofern eine vollwertige
Abfindung geleistet wird, ist es jedoch zulässig, in den Gesellschaftsvertrag Bestimmungen
dahingehend aufzunehmen, dass die Geschäftsanteile eines insolventen Gesellschafters durch
Gesellschafterbeschluss eingezogen werden können (ausführlich → § 34 Rn. 41).

113   Die Einziehung von Geschäftsanteilen muss auch dann (noch) möglich sein, wenn
der Insolvenzverwalter – mit dem Ziel der Umgehung der Einziehung durch die übrigen
Gesellschafter – die Geschäftsanteile des in Insolvenz gefallenen Gesellschafters sofort auf
eine dritte, regelmäßig mit dem insolventen Gesellschafter verbundene **(Zweck-)Gesell-
schaft** überträgt.[274] Die Gesellschafterinsolvenz kann in der Satzung der Gesellschaft als
(vertraglicher) Auflösungsgrund nach Abs. 2 eingefügt werden; auch in diesem Fall kommt
es auf den Zeitpunkt der rechtskräftigen Eröffnung des Insolvenzverfahrens an. Fehlt eine
entsprechende Auflösungsregelung in der Satzung der Gesellschaft, so kann die Gesellschafterinsolvenz gleichwohl in bestimmten – gewiss äußerst seltenen – Fällen einen **wichtigen
Grund für die Auflösung** iSv § 61 bilden und nach entsprechender Auflösungsklage durch
andere Gesellschafter zur Auflösung der Gesellschaft führen.[275]

114   **b) Voraussetzungen und Wirkung der Auflösung.** Die Auflösungswirkung tritt
mit dem **Beschluss** ein, mit welchem das Insolvenzverfahren über das Vermögen der Gesellschaft eröffnet wurde. Insolvenzgründe sind Zahlungsunfähigkeit (§ 17 InsO), drohende
Zahlungsunfähigkeit (§ 18 InsO) oder Überschuldung (§ 19 InsO; → § 64 Rn. 12 ff.,
→ § 64 Rn. 27 ff.). Auf die Rechtskraft des Beschlusses kommt es nicht an.[276] Konkreter
Zeitpunkt der Wirkungen der Auflösung ist der im Eröffnungsbeschluss nach § 27 Abs. 2
Nr. 3 InsO angegebene Zeitpunkt, bei Fehlen eines solchen wird auf 12.00 Uhr des Tages

---

[272]   Hachenburg/*Ulmer* Rn. 1; Noack/Servatius/Haas/*Haas* Rn. 24; Rowedder/Schmidt-Leithoff/*Gesell*
          Rn. 10.
[273]   BGH Urt. v. 7.4.1960 – II ZR 69/58, NJW 1960, 1053; Urt. v. 12.6.1975 – II ZB 12/73, NJW 1975,
          1835; statt vieler Noack/Servatius/Haas/*Servatius* § 15 Rn. 39; Rowedder/Schmidt-Leithoff/*Gesell*
          Rn. 20.
[274]   Rowedder/Schmidt-Leithoff/*Gesell* Rn. 20.
[275]   Ebenso UHL/*Casper* Rn. 54.
[276]   Anders offenbar Rowedder/Schmidt-Leithoff/*Gesell* Rn. 20, 22: Rechtskraft notwendig.

des Eröffnungsbeschlusses abgestellt (§ 27 Abs. 3 InsO). Auf den Zeitpunkt der Eintragung im Handelsregister kommt es dabei nicht entscheidend an.[277] Gem. § 80 Abs. 1 InsO erlangt ab diesem Zeitpunkt der bestellte **Insolvenzverwalter** die **Verwaltungs- und Verfügungsbefugnis** über das Gesellschaftsvermögen, das in diesem Moment automatisch zur Insolvenzmasse wird (§§ 35, 36 Abs. 1 und 2 InsO). Während des Insolvenzverfahrens bleiben zwar die Organe der Gesellschaft bestehen, jedoch sind die Verwaltungs- und Verfügungsrechte des Insolvenzverwalters vorrangig (→ § 64 Rn. 100 ff.). Erteilte Prokuren, Handlungsvollmachten und Vollmachten erlöschen gem. § 117 InsO (→ Rn. 19 mwN). Die Aufhebung des Eröffnungsbeschlusses im Beschwerdeverfahren führt zum rückwirkenden Wegfall der Auflösung;[278] dh anders als bei der Abweisung der Verfahrenseröffnung mangels Masse tritt die Auflösungswirkung zunächst unmittelbar ein. Der Eröffnungsbeschluss wird gem. § 34 Abs. 2 InsO rechtskräftig, wenn er nicht binnen zwei Wochen (die Zweiwochenfrist ergibt sich aus § 4 InsO iVm § 569 Abs. 1 ZPO) nach Verkündung bzw. Zustellung (s. § 6 Abs. 2 InsO) durch die Gesellschaft mittels sofortiger Beschwerde angefochten wird. In entsprechender Anwendung von § 15 Abs. 1 InsO wird man verlangen müssen, dass jeder Geschäftsführer allein zur Einlegung der Beschwerde befugt ist.[279]

c) Verfahren. Der **Ablauf** der Liquidation richtet sich nach **insolvenzrechtlichen** **115** **Bestimmungen;** die §§ 66 ff. sind nicht anwendbar.[280] Dies bedeutet, dass die Abwicklung nicht von Liquidatoren, sondern ausschließlich durch den Insolvenzverwalter durchgeführt wird (§ 80 InsO), und gilt auch dann, wenn sich nach Beendigung des Insolvenzverfahrens herausstellt, dass noch Vermögenswerte der Gesellschaft vorhanden sind (s. etwa § 199 S. 2 InsO).[281] Beendet wird das Insolvenzverfahren durch die Beschlussfassung des Insolvenzgerichts im Anschluss an die Schlussverteilung der Insolvenzmasse, § 200 Abs. 1 InsO. Ist die Gesellschaft nach der Schlussverteilung tatsächlich vermögenslos, so erfolgt ihre Löschung aufgrund § 394 Abs. 1 S. 2 FamFG.[282]

Im Hinblick auf das registerrechtliche Verfahren regelt § 31 Nr. 1 InsO, dass die **116** Geschäftsstelle des Insolvenzgerichts dem Registergericht eine Ausfertigung des Insolvenz-Eröffnungsbeschlusses zu übermitteln hat. Nach allgemeiner Meinung – und in Übereinstimmung mit dem Wortlaut von Abs. 1 Nr. 4 – hat die Eintragung der Auflösung der Gesellschaft im Handelsregister aufgrund der vorherigen Eröffnung eines Insolvenzverfahrens nur **deklaratorische Wirkung.** Aufgrund der spezialgesetzlichen Regelung in § 32 Abs. 2 HGB erfolgt ausnahmsweise keine Bekanntmachung im Hinblick auf die im Register eingetragene Auflösung wegen Insolvenzeröffnung.

d) Besonderheiten bei GmbH & Co. KG. Die Auflösung der GmbH & Co. KG **117** in ihrer Eigenschaft als Kommanditgesellschaft aufgrund eröffneten Insolvenzverfahrens führt nicht automatisch auch zur Auflösung der Komplementär-GmbH. Allerdings wird sich in aller Regel unmittelbar daran die Insolvenzeröffnung über das Vermögen der Komplementär-GmbH und damit auch die Auflösung der Komplementär-GmbH anschließen (zu den Besonderheiten der Auflösung bei einer GmbH & Co. KG → Rn. 299).

5. Auflösung durch Abweisung des Insolvenzverfahrens mangels Masse **118** **(Abs. 1 Nr. 5).** Ähnlich wie die Regelung in Abs. 1 Nr. 4 hat der Auflösungsgrund aufgrund Abweisung des Insolvenzverfahrens mangels Masse zum 1.1.1999 eine **Neuregelung** erfahren (Art. 48 Nr. 5 lit. c EGInsO). Ohne wesentliche inhaltliche Modifikation[283] wurde

---

277 Vgl. auch FG LSA Urt. v. 20.4.2011 – 3 K 59/09, EFG 2011, 1180.
278 MHLS/*Nerlich* Rn. 144; *Passarge* in Passarge/Torwegge GmbH-Liquidation Rn. 50; UHL/*Casper* Rn. 53.
279 S. ausdrücklich Noack/Servatius/Haas/*Haas* Rn. 39.
280 *Vallender* NZG 1998, 249 (251); ebenso Noack/Servatius/Haas/*Haas* Rn. 24; UHL/*Casper* Rn. 53; Ring/Grziwotz/*Grziwotz* Rn. 11.
281 *Vallender* NZG 1998, 249 (251); Noack/Servatius/Haas/*Haas* Rn. 24; ebenso Gehrlein/Born/Simon/ *Beckmann/Hofmann* Rn. 29 sowie Gehrlein/Born/Simon/*Beckmann/Hofmann* Vor § 60 Rn. 21.
282 S. auch *Passarge* in Passarge/Torwegge GmbH-Liquidation Rn. 52.
283 S. etwa *K. Schmidt* GmbHR 1994, 829 (833).

die früher in § 1 LöschG enthaltene Bestimmung in den Regelungsbereich von Abs. 1 Nr. 5 überführt.

119   **a) Abgrenzung.** Der Anwendungsbereich von Abs. 1 Nr. 5 ergänzt denjenigen von Abs. 1 Nr. 4. Für den Fall, dass das Insolvenzverfahren zunächst (aus nachträglicher Sicht: unbegründeterweise) eröffnet worden ist, aber zu einem späteren Zeitpunkt mangels Masse aufgrund § 207 InsO eingestellt wird, so ist Abs. 1 Nr. 5 nicht, auch nicht analog anwendbar. Schließlich ist die Gesellschaft aufgrund des zuvor erfolgten Insolvenzeröffnungsbeschlusses nach Abs. 1 Nr. 4 aufgelöst worden.[284]

120   **b) Voraussetzungen und Wirkung der Auflösung.** Die Auflösung nach Abs. 1 Nr. 5 tritt nur nach einem Insolvenzantrag und einem darauf hin ergehenden und rechtskräftigen Beschluss des Insolvenzgerichts über die Abweisung des Insolvenzantrags mangels Masse gem. § 26 InsO ein.

121   **aa) Masselosigkeit.** Die Abweisung eines Insolvenzverfahrens mangels Masse hat dann zu erfolgen, wenn trotz eines zu bejahenden Insolvenzgrundes gem. §§ 17 ff. InsO nach Überzeugung des Insolvenzgerichts im Zeitpunkt unmittelbar vor der Entscheidung über die Insolvenzeröffnung das Vermögen der Gesellschaft nicht ausreichen wird, um die nach § 54 InsO zu berechnenden **Kosten des Insolvenzverfahrens** zu decken, und auch kein **Verfahrenskostenvorschuss** oder eine **Stundung** gem. § 26 Abs. 1 S. 2 InsO gewährt wird. Dabei bestellt das Insolvenzgericht einen Gutachter, regelmäßig den vorläufigen Insolvenzverwalter iSv § 22 Abs. 1 S. 2 Nr. 3 InsO, mit der Prüfung dahingehend, ob die Verfahrenskosten durch das Gesellschaftsvermögen gedeckt sind.[285] Die Bezugnahme auf das Nicht-Ausreichen des Gesellschaftsvermögens ist nicht identisch mit dem weiteren sich aus Abs. 1 Nr. 7 iVm § 394 FamFG ergebenden Auflösungsgrund der Vermögenslosigkeit. Bei dem Verweis auf das Vermögen der Gesellschaft iSv § 26 Abs. 1 S. 1 InsO sind ausschließlich **liquide Mittel** der Gesellschaft gemeint.[286] Konkret bedeutet dies, dass die Gesellschaft nur dann nach § 394 FamFG gelöscht wird, wenn zur Masselosigkeit die Vermögenslosigkeit hinzutritt.[287] Zur Masselosigkeit im Einzelnen → § 64 Rn. 159 ff.

122   **bb) Rechtskraft der Eröffnungsablehnung.** Entscheidender Anknüpfungspunkt für den Eintritt der Auflösungswirkung ist indes nicht die tatsächlich gegebene Masselosigkeit, sondern die **Rechtskraft** eines **erlassenen Ablehnungsbeschlusses** durch das Insolvenzgericht – und zwar unabhängig davon, ob die Masselosigkeit zu Recht angenommen wurde oder nicht.[288] Demgemäß kommt es selbst dann zur Auflösung, wenn die Gesellschaft tatsächlich noch über erhebliches Vermögen verfügt. Der Ablehnungsbeschluss gelangt nur in Rechtskraft, wenn die Frist zur Einlegung der **sofortigen Beschwerde** iSv § 34 Abs. 1 InsO verstrichen ist oder die sofortige Beschwerde endgültig abgewiesen sind. Die Frist zur Einlegung der sofortigen Beschwerde beträgt gem. § 4 InsO iVm § 569 Abs. 1 ZPO zwei Wochen ab Verkündung oder alternativ ab Zustellung des Beschlusses über die Ablehnung der Insolvenzeröffnung. Die sofortige Beschwerde kann sowohl durch den Insolvenz-Antragsteller als auch die Gesellschaft eingelegt werden (§ 34 Abs. 1 InsO). Sie kann auch darauf gestützt werden, dass nachträglich ein **Massekostenvorschuss** iSv § 26 Abs. 1 S. 2 InsO geleistet wurde.[289] Innerhalb der Gesellschaft ist jeder Geschäftsführer einzeln zur Beschwerdeeinlegung befugt; entgegenstehende gesellschaftsvertragliche Vertretungsregelungen sind in entsprechender Anwendung von § 15 Abs. 1 InsO unbeachtlich.[290] Ist die

---

284   Ausdrücklich auch Rowedder/Schmidt-Leithoff/*Gesell* Rn. 23; UHL/*Casper* Rn. 55.
285   S. auch *Passarge* in Passarge/Torwegge GmbH-Liquidation Rn. 55.
286   Ebenso Scholz/*Scheller* Rn. 34, der zudem zu Recht darauf verweist, dass die Existenz erschwert durchsetzbarer Forderungen in diesem Fall nicht genügen kann.
287   Vgl. etwa *Passarge* in Passarge/Torwegge GmbH-Liquidation Rn. 56.
288   So ausdrücklich auch UHL/*Casper* Rn. 56; iErg auch Scholz/*Scheller* Rn. 35.
289   Scholz/*Scheller* Rn. 35; UHL/*Casper* Rn. 56.
290   AllgM, s. etwa MHLS/*Nerlich* Rn. 243; UHL/*Casper* Rn. 56; Rowedder/Schmidt-Leithoff/*Gesell* Rn. 26; Noack/Servatius/Haas/*Haas* Rn. 39.

sofortige Beschwerde erfolglos, bleibt nach dem gesetzlichen Wegfall der weiteren Beschwerde gem. § 7 InsO nur dann die Rechtsbeschwerde, wenn diese zugelassen wurde (vgl. § 4 InsO iVm §§ 574 ff. ZPO). Danach kann allenfalls die Restitutionsbeschwerde gem. § 4 InsO iVm § 569 Abs. 1 S. 3 ZPO eingelegt werden.[291]

cc) Folgen der Eröffnungsablehnung. Die **Eintragung** der Ablehnung der Insol- **123** venzeröffnung mangels Masse im Handelsregister hat nach allgemeiner Meinung nur **deklaratorischen Charakter.**[292] Die Rechtsfolge der Auflösung tritt indes bereits mit Rechtskraft des Ablehnungsbeschlusses ein. Im Fall der Auflösung nach Abs. 1 Nr. 5 bleibt die Gesellschaft **rechts- und parteifähig.**[293] Sie verliert allerdings für bestimmte Konstellationen die Prozessführungsbefugnis in Aktivprozessen.[294] Mit der Auflösung endet die bisherige **Vertretungsbefugnis** der Geschäftsführer[295] sowie Prokuristen (→ Rn. 19 mwN) und es sind nach allgemeinen Grundsätzen (vgl. §§ 66 ff.) Liquidatoren für die Gesellschaft zu bestimmen.[296] Satzungsänderungen der Gesellschaft sind noch möglich, soweit sie nicht dem Zweck der Liquidation der Gesellschaft entgegenstehen.[297] Sofern die Gesellschaft zugleich Komplementär-GmbH einer GmbH & Co. KG ist, behält sie in Bezug auf letztgenannte ihre Geschäftsführungs- und Vertretungsbefugnis unverändert weiter.[298] Die Gesellschaft kann nach ihrer Auflösung aufgrund rechtskräftig mangels Masse abgelehnten Insolvenzeröffnungsbeschluss auch nicht mehr übernehmende Rechtsträgerin bei einer Verschmelzung sein.[299]

c) Verfahren. aa) Gesellschaftsrechtliches Abwicklungsverfahren. Mit der Auflö- **124** sung nach Abs. 1 Nr. 4 geht der Eintritt der Gesellschaft in das Liquidationsstadium einher. Eine Vollbeendigung tritt erst ein, wenn die Gesellschaft das Liquidationsverfahren nach §§ 66 ff. durchgeführt hat, also die Gesellschaft abgewickelt und gelöscht wurde. Möglich – und in der Praxis häufig anzutreffen – ist jedoch, dass die Gesellschaft vorher wegen Vermögenslosigkeit nach § 394 FamFG (→ Rn. 154) gelöscht worden und auf diesem Wege erloschen ist.[300] Nach hM richtet sich die Liquidation ausschließlich nach den **gesellschaftsrechtlichen Abwicklungsmaßstäben,** anders als bei der Auflösung nach Eröffnung des Insolvenzverfahrens (Abs. 1 Nr. 4) gelten nicht die strengeren Abwicklungsregelungen der InsO.[301] Dies bedeutet insbesondere, dass das insolvenzrechtliche Gleichbehandlungsgebot im Hinblick auf (fremde) Gesellschaftsgläubiger keine Beachtung findet.[302] Diese Auffassung ist

[291] S. etwa *Altmeppen* Rn. 23.
[292] Vgl. Lutter/Hommelhoff/*Kleindiek* Rn. 9; Rowedder/Schmidt-Leithoff/*Gesell* Rn. 23; *Altmeppen* Rn. 23; Bork/Schäfer/*Roth* Rn. 16 und UHL/*Casper* Rn. 57.
[293] AllgM, vgl. etwa BGH Urt. v. 3.4.2003 – IX ZR 287/99, NJW 2003, 2231 (2232); BAG Urt. v. 22.3.1988 – 3 AZR 350/86, NJW 1988, 2637; OLG Koblenz Entsch. v. 8.10.1993 – 2 U 1851/91, NJW-RR 1994, 500; statt vieler s. Gehrlein/Born/Simon/*Beckmann/Hofmann* Rn. 39; Noack/Servatius/Haas/*Haas* Rn. 67 mwN.
[294] BGH Urt. v. 24.10.1985 – VII ZR 337/84, NJW 1986, 850 zur GmbH & Co. KG; Urt. v. 22.12.1988 – VII ZR 129/88, NJW 1989, 1932 (1933); Urt. v. 3.4.2003 – IX ZR 287/99, NJW 2003, 2231 (2232); etwa MHLS/*Nerlich* Rn. 252.
[295] BayObLG Beschl. v. 31.3.1994 – 3 Z BR 251/93, GmbHR 1994, 481 (482); aus der Lit. etwa Noack/Servatius/Haas/*Haas* Rn. 67.
[296] BayObLG Beschl. v. 30.6.1987 – BReg. 3 Z 75/87, BB 1987, 1625; OLG Koblenz Urt. v. 21.6.1990 – 5 U 1065/89, GmbHR 1991, 315; Noack/Servatius/Haas/*Haas* Rn. 67.
[297] BayObLG Beschl. v. 12.1.1995 – 3 Z BR 314/94, GmbHR 1995, 532; LG Berlin Beschl. v. 23.4.1999 – 98 T 9/99, ZIP 1999, 1050: Rechtsmissbrauch bei nicht liquidationsdienlicher Sitzverlegung; Rowedder/Schmidt-Leithoff/*Gesell* Rn. 24.
[298] BGH Urt. v. 8.10.1979 – II ZR 257/78, NJW 1980, 233; MHLS/*Nerlich* Rn. 253; Noack/Servatius/Haas/*Haas* Rn. 67; aA *K. Schmidt* GmbHR 1994, 829 (834).
[299] KG Beschl. v. 22.9.1998 – 1 W 2161/97, NZG 1999, 359; Noack/Servatius/Haas/*Haas* Rn. 67.
[300] S. auch Scholz/*Schmidt/Bitter*, 11. Aufl. 2013, Rn. 26.
[301] S. bereits BGH Urt. v. 18.11.1969 – II ZR 83/68, NJW 1970, 469 (470); Urt. v. 31.5.1976 – II ZR 90/74, BB 1976, 852; UHL/*Casper* Rn. 58; Hachenburg/*Ulmer* Rn. 11; zur aA s. bereits *K. Schmidt* GmbHR 1994, 829 (833).
[302] BGH Urt. v. 18.11.1969 – II ZR 83/68, NJW 1970, 469 (470); Urt. v. 31.5.1976 – II ZR 90/74, BB 1976, 852; ausdrücklich auch Rowedder/Schmidt-Leithoff/*Gesell* Rn. 24.

von *K. Schmidt*[303] und bereits in früherer Zeit durch *Schulz*[304] angegriffen worden. Danach sollen die Pflichten des Liquidators in der masselosen Liquidation mindestens an insolvenzrechtlichen Maßstäben ausgerichtet sein,[305] nicht zuletzt weil die Liquidation einer masselosen GmbH zwar der Form nach ein gesellschaftsrechtlicher Abwicklungsvorgang sei, der Sache nach aber ein **Insolvenzverfahren.** Auch wenn die Vorschläge von *K. Schmidt* und *Schulz* angesichts mancher Missbräuche inhaltlich nicht unrichtig sein mögen, geht der Gesetzgeber gleichwohl davon aus, dass sich auch die Abwicklung der nach Abs. 1 Nr. 5 aufgelösten Gesellschaft nach den gesellschaftsrechtlichen Regelungen in §§ 66 ff. richtet.[306] Unterlegt wird dies zudem dadurch, dass der Gesetzgeber im Zusammenhang mit dem seit 1.11.2008 in Kraft getretenen MoMiG zwar an mancher Stelle bisherige Missbräuche im Zusammenhang mit der Verwendung einer GmbH bekämpft (vgl. etwa die Einfügung der Verpflichtung, eine inländische Geschäftsadresse anzugeben, um den nicht selten anzutreffenden „Firmenbestattungen" zu begegnen, § 8 Abs. 4 Nr. 1), die Regelungen zum Abwicklungsverfahren nach Insolvenzablehnung mangels Masse aber unberührt gelassen hat.

125   Folgt man der zuvor erläuterten hM, welche nicht insolvenz-, sondern ausschließlich gesellschaftsrechtliche Abwicklungsprinzipien für anwendbar erklärt, so ist es nach §§ 70 ff. Aufgabe der Liquidatoren, die laufenden Geschäfte der Gesellschaft abzuwickeln, das Gesellschaftsvermögen liquide zu machen, das **Auszahlungsverbot nach § 73** zu beachten und – je nach Umfang des Gesellschaftsvermögen – die **Gläubiger der Gesellschaft** zu befriedigen und **Rechnung** über die Geschäfte der Gesellschaft zu **legen.** Dies bedeutet andererseits auch, dass die Gläubiger ohne (rechtliche) Einschränkungen zur Vollstreckung ihrer titulierten Forderungen schreiten können. Da aber häufig in der Liquidationsphase – mangels bestellten Insolvenzverwalters – von Seiten der Liquidatoren, welche in der Regel personenidentisch mit den früheren Geschäftsführern sind, bzw. der Gesellschafter kein Interesse an einer ordnungsgemäßen Abwicklung der Gesellschaft besteht, kann es sein, dass erhebliche Vermögenswerte, etwa Ansprüche der Gesellschaft gegen frühere Organe oder Gesellschafter, nicht mehr weiterverfolgt werden.[307] Gem. § 68 Abs. 2 muss der Firma der Gesellschaft nach Auflösung gem. Abs. 1 Nr. 4 und vor endgültiger Löschung ein Liquidationszusatz (in der Regel „i. L.") hinzugefügt werden.

126   Die Auflösung nach Abs. 1 Nr. 5 schließt ein Löschungsverfahren nach § 394 FamFG (vgl. → Rn. 154 ff. zu Abs. 1 Nr. 7) nicht aus, im Gegenteil: das **Registergericht** hat das Löschungsverfahren in Bezug auf die Gesellschaft nach § 394 FamFG **von Amts wegen** einzuleiten, wenn sie Kenntnis von der Vermögenslosigkeit der Gesellschaft erlangt, unabhängig ob diese sogleich bei Auflösung nach Abs. 1 Nr. 4 oder nach restlicher Vermögensverteilung nach der Abwicklung eingetreten ist.[308] Häufig warten die Registergerichte mit der Einleitung des Löschungsverfahrens nach § 394 FamFG eine gewisse Zeitspanne, in der Regel ein halbes Jahr, ab, um vorher die **Vermögensabwicklung zu ermöglichen.**[309] Die Beendigung der Gesellschaft erfordert neben der Vermögenslosigkeit auch die Eintragung der Löschung der Gesellschaft im Handelsregister (ausführlich → Rn. 26).

127   **bb) Registerverfahren.** Die Auflösung aufgrund Ablehnung der Insolvenzeröffnung mangels Masse ist **von Amts** wegen in das Handelsregister einzutragen (vgl. § 65 Abs. 1 S. 2 iVm S. 3). Die Geschäftsstelle des Insolvenzgerichts ist verpflichtet, dem Registergericht

---

[303] *K. Schmidt* GmbHR 1994, 829 (833).
[304] *Schulz*, Die masselose Liquidation der GmbH, 1986, 94 ff.
[305] Etwa durch die von *Schulz* vorgeschlagene Bestellung eines Notliquidators analog §§ 29, 48 BGB, der umfassende Rechte beanspruchen könne.
[306] Ähnlich auch Rowedder/Schmidt-Leithoff/*Gesell* Rn. 24.
[307] So auch Rowedder/Schmidt-Leithoff/*Gesell* Rn. 24, der zu Recht darauf verweist, dass Gläubiger an das Insolvenzgericht einen Verfahrenskostenvorschuss iSv § 26 Abs. 1 S. 2 InsO leisten können, um die Ablehnung mangels Masse und die damit einhergehende Auflösung der Gesellschaft zu verhindern.
[308] OLG Frankfurt Entsch. v. 11.8.1980 – 20 W 216/80, DB 1981, 83; BayObLG Beschl. v. 31.3.1994 – 3Z BR 251/93, DStR 1994, 947; Rowedder/Schmidt-Leithoff/*Gesell* Rn. 24; UHL/*Casper* Rn. 58; MHLS/*Nerlich* Rn. 252.
[309] *Vallender* NZG 1998, 249 (250) zur Löschung nach dem früheren § 2 LöschG.

gem. § 31 Nr. 2 InsO eine beglaubigte Abschrift des Eröffnungsablehnungsbeschlusses mit
Rechtskraftbescheinigung zu übermitteln. Auch ohne ausdrücklichen Verweis auf die
Rechtskraftbescheinigung wird man davon auszugehen haben, dass diese durch das Insolvenzgericht vorzulegen ist.[310] Die nach allgemeinen (gesellschaftsrechtlichen) Regelungen
bestimmten Liquidatoren sind gem. § 67 anzumelden; sie haben insbesondere die Versicherung nach § 67 Abs. 3 abzugeben.[311]

Ist die Eintragung der Auflösung der Gesellschaft im Handelsregister **zu Unrecht** **128**
erfolgt, so ist zu unterscheiden: lagen die Voraussetzungen für den Erlass des Ablehnungsbeschlusses nicht vor, etwa weil die Gesellschaft gar nicht masselos war oder kein Insolvenzgrund in Bezug auf die Gesellschaft bestand, und ist gleichwohl der Ablehnungsbeschluss
in Rechtskraft erwachsen, so ist die **Gesellschaft** auf entsprechende Beschlussfassung hin
fortzusetzen (→ Rn. 241 ff.). Eine Amtslöschung der Auflösungseintragung gem. § 395
FamFG kommt in diesem Fall nicht in Betracht.[312] Dagegen existiert eine Gesellschaft trotz
erfolgter Eintragung der Auflösung wegen Abs. 1 Nr. 4 als aktiv werbende weiterhin, wenn
die Auflösung formal zu Unrecht aufgrund Fehlens einer wesentlichen Eintragungsvoraussetzung im Register eingetragen wurde, etwa weil keine rechtskräftige Entscheidung über
die Ablehnung der Insolvenzeröffnung vorliegt. In diesem Fall ist die unrichtige Eintragung
gem. § 395 FamFG zu löschen.[313]

d) Fortsetzung der Gesellschaft. Ist die Auflösung einer Gesellschaft deswegen ein- **129**
getreten, weil die Eröffnung eines Insolvenzverfahrens über ihr Vermögen mangels Masse
rechtskräftig abgewiesen wurde, so kann die Gesellschaft nach hM nicht mittels entsprechender späterer Beschlussfassung ihrer Gesellschafter fortgesetzt werden (im Einzelnen
→ Rn. 282).

6. Auflösung durch Verfügung des Registergerichts (Abs. 1 Nr. 6). Abs. 1 Nr. 6 **130**
verweist in erster Linie auf § 399 FamFG.

a) Allgemeines. aa) Zeitliche Entwicklung. Die Rechtskraft einer Verfügung nach **131**
§ 399 Abs. 4 FamFG, dh die rechtskräftige Feststellung eines in § 399 Abs. 4 FamFG in
Bezug genommenen Satzungsmangels, führt **ipso iure zur Auflösung nach Abs. 1 Nr. 6.**
Da vor der rechtskräftigen Verfügung ein Hinweis des Registergerichts zu erfolgen hat,
stellt Abs. 1 Nr. 6 ein – vergleichsweise selten anzutreffendes[314] – Sanktionsinstrument
zugunsten des Registergerichts für den Fall dar, dass die Gesellschaft bzw. ihre Gesellschafter
den gesetzeswidrigen Zustand nicht rechtzeitig beheben. Die Bestimmung erweitert über
den Anwendungsbereich von § 397 S. 2 Alt. 1 FamFG iVm § 75 hinaus die Möglichkeiten
des Registergerichts, gegen **Satzungsmängel** der Gesellschaft vorzugehen.

Die Regelung des Abs. 1 Nr. 6 wurde, seinerzeit als Nr. 5, ebenso wie die Vorgängerre- **132**
gelung zu § 399 FamFG (§ 144a FGG) durch das **Koordinierungsgesetz** aus dem Jahr
1969 eingeführt.[315] Mit diesen Änderungen sollten die bisher zur starren Nichtigkeitsfolge
des § 75 führenden Satzungsmängel deutlich eingeschränkt werden.[316] Im Zuge der GmbH-
Reform des Jahres 1980 trat § 144b FGG und damit einhergehend eine Anpassung der
(damaligen) Regelung in Abs. 1 Nr. 5 durch Neuaufnahme einer zusätzlichen Auflösungsal-
ternative in Kraft. Schließlich wurde im Zusammenhang mit der 1999 zur Geltung gelangten
Insolvenzrechtsreform durch Neueinfügung einer Nr. 5 für Abs. 1 die Nummerierung der
Norm verschoben (nunmehr Nr. 6; Art. 48 Nr. 5 EGInsO). Durch das **MoMiG** wurde

---

[310] Vgl. etwa Rowedder/Schmidt-Leithoff/*Gesell* Rn. 25; Noack/Servatius/Haas/*Haas* Rn. 66, 68.
[311] *Ziegler* Rpfleger 1987, 287 (288); Rowedder/Schmidt-Leithoff/*Gesell* Rn. 25.
[312] KG Urt. v. 11.2.1937 – 1 Wx 718/36, JW 1937, 1739; OLG Düsseldorf Beschl. v. 13.7.1979 – 3 W 139/79, GmbHR 1979, 227 (228); ebenso Scholz/*Scheller* Rn. 37; Rowedder/Schmidt-Leithoff/*Gesell* Rn. 25; UHL/*Casper* Rn. 57.
[313] Scholz/*Scheller* Rn. 37.
[314] S. etwa Rowedder/Schmidt-Leithoff/*Gesell* Rn. 27 mwN.
[315] Gesetz zur Durchführung der Ersten Richtlinie des Rates der Europäischen Gemeinschaften zur Koordinierung des Gesellschaftsrechts v. 15.8.1969, BGBl. 1969 I 1146.
[316] Hierzu weitergehend UHL/*Casper* Rn. 60.

schließlich mit Wirkung zum 1.11.2008 § 144b FGG ersatzlos aufgehoben, sodass auch die bisherige zweite Alternative des Abs. 1 Nr. 6 gestrichen werden konnte (→ Rn. 134). Seither ist Abs. 1 Nr. 5 wieder auf den ursprünglich geregelten Auflösungsgrund beschränkt.

133   Mit dem am 1.9.2009 in Kraft getretenen **FGG-RG**[317] wurden in Abs. 1 nur terminologische Anpassungen vorgenommen. Inhaltlich entspricht § 399 FamFG der früheren Regelung in § 144a FGG,[318] sodass – soweit nicht nachfolgend ausdrücklich auf eine Abweichung hingewiesen wird – die bisher zu § 144a FGG entwickelten Grundsätze weitere Anwendung und Beachtung finden. Es erfolgte durch das FGG-RG lediglich eine Anpassung an die Terminologie des FamFG sowie eine Ergänzung (§ 399 Abs. 2 S. 3 FamFG) dahin, dass mit der Zurückweisung des Widerspruchs der Gesellschaft dieser im Regelfall die Verfahrenskosten aufzuerlegen sind. Der aus Abs. 1 Nr. 6 folgende Auflösungsgrund kommt indes in der **registerrechtlichen Praxis** allerdings nur sehr **selten** vor. Denn eine anfängliche Nichtigkeit oder das Fehlen von Satzungsbestimmungen führt in der Regel dazu, dass der die Gründung bzw. Satzungsänderung der Gesellschaft beurkundende Notar oder zumindest das Registergericht den Mangel vor Eintragung der entsprechenden Maßnahme bemerkt und daher die Eintragung bis zur Heilung des Mangels unterbleibt.[319]

134   **bb) Nichterfüllung von Einzahlungs- oder Sicherungspflichten.** Bis zum Inkrafttreten des **MoMiG** am 1.11.2008 enthielt Abs. 1 Nr. 6 eine **zweite Alternative.** Diese sollte mit Verweis auf § 144b FGG und daraus folgend auf § 19 Abs. 4 eine Sanktion zugunsten des Registergerichts ermöglichen, um zur Beachtung der GmbH-spezifischen Bestimmungen über die Volleinzahlung von Stammeinlagen bzw. die Bestellung von Sicherungen für ausstehende Teile von Geldeinlagen bei der Einmanngründung (§ 7 Abs. 2 S. 3 aF) anzuhalten. Das von Amts wegen einzuleitende Verfahren im Falle eines Verstoßes gegen § 19 Abs. 4 aF führte zur Auflösung der Gesellschaft, wenn innerhalb von drei Jahren nach erstmaliger Eintragung der GmbH im Handelsregister eine Anteilsvereinigung – mit dem Ergebnis der Umgehung der einengenden Vorschriften zur Einmanngründung – erfolgte und dies, auch nach Ablauf der Dreijahresfrist, durch Verfügung des Registergerichts rechtskräftig festgestellt wurde. Die mit dem MoMiG verfolgte Zielsetzung, künftige **Einmanngründungen nicht mehr strengeren Maßstäben** zu unterwerfen,[320] führte indes zum Wegfall der bisherigen Fassung von § 19 Abs. 4. Als Folgeänderungen war dann § 144b FGG ersatzlos zu streichen und Abs. 1 Nr. 6 Alt. 2 ebenfalls zu löschen.

135   Auch für die Unternehmergesellschaft, die gem. § 5a Abs. 2 nur bei Volleinzahlung des Stammkapitals in das Handelsregister eingetragen werden darf, wurde offenbar keine gesetzgeberische Notwendigkeit gesehen, einen Verstoß gegen die Volleinzahlungspflicht mit der Auflösungsfolge gem. § 399 FamFG zu sanktionieren.

136   **b) Abgrenzung. aa) Amtslöschung nach § 395 FamFG.** Als weitestgehend inhaltlich unveränderte Nachfolgevorschrift zu § 142 FGG ermöglicht § 395 FamFG dem Registergericht die **von Amts wegen** vorzunehmende Löschung einer unzulässigen Eintragung bei einer Gesellschaft durch Einfügung eines entsprechenden Vermerkes im Handelsregister. Soweit bei der Gesellschaft ein erheblicher Satzungsmangel besteht, könnte man versucht sein, die Gesellschaft insgesamt zu löschen. Indes ist anerkannt, dass im Fall ihrer Anwendbarkeit, dh bei Vorliegen von Inhaltsmängeln in Bezug auf die Satzung, die Regelung in § 399 FamFG als lex specialis vorrangig vor § 395 FamFG ist.[321] Eine Amtslöschung einer Eintragung aufgrund § 399 FamFG im Zusammenhang mit Satzungsmängeln kann allerdings dann erfolgen, wenn die Eintragung aufgrund eines wesentlichen Verfahrensmangels

[317] Gesetz zur Reform des Verfahrens in Familiensachen und in den Angelegenheiten der freiwilligen Gerichtsbarkeit (FGG-Reformgesetz – FGG-RG) v. 17.12.2008, BGBl. 2008 I 2586.
[318] S. RegE FGG-RG v. 10.5.2007, BR-Drs. 309/07, 650.
[319] S. auch Rowedder/Schmidt-Leithoff/*Gesell* Rn. 27.
[320] Vgl. etwa *Wicke* § 7 Rn. 5.
[321] BayObLG Beschl. v. 23.2.1989 – BReg. 3 Z 136/88, BB 1989, 727; KG Beschl. v. 8.2.1991 – 1 W 3211/90, NJW-RR 1991, 860 (861); ebenso Keidel/*Heinemann* FamFG § 399 Rn. 3; Rowedder/Schmidt-Leithoff/*Gesell* Rn. 29; UHL/*Casper* Rn. 62; diff. Scholz/*Scheller* Rn. 43.

bewirkt worden ist (etwa im Fall eines Mangels bei der vorhergehenden Handelsregisteranmeldung oder anderen formalen Mängeln).[322]

bb) Löschung nach § 397 FamFG aufgrund von Nichtigkeitsgründen des § 75. 137
Aufgrund von § 397 S. 2 FamFG iVm § 75 Abs. 1 kann eine Gesellschaft als nichtig gelöscht
werden, wenn der Gesellschaftsvertrag **keine Bestimmung über die Höhe des Stammkapitals oder den Gegenstand des Unternehmens** enthält oder – in letztgenanntem
Fall – die entsprechende Bestimmung nichtig ist. Die Löschungsverfahren nach § 397
FamFG und § 399 FamFG, welche Satzungsmängel betrifft, können nebeneinander betrieben werden, da sie sowohl von Tatbestands- als auch Rechtsfolgeseite unterschiedlich
ausgestaltet sind.[323] In § 75 ist als Rechtsfolge bei Geltendmachung der Mängel die Nichtigkeit der Gesellschaft als Auflösungsgrund vorgesehen. Die unterschiedlichen Anknüpfungen
lassen sich wie folgt darstellen:[324]
– Satzungsbestimmung zur Firma und zum Sitz (§ 3 Abs. 1 Nr. 1) fehlt oder ist nichtig:
  Anwendbarkeit von § 399 Abs. 4 FamFG;
– Satzungsbestimmung zum Unternehmensgegenstand (§ 3 Abs. 1 Nr. 2) fehlt oder ist
  nichtig: Anwendbarkeit von § 397 Abs. 1 S. 2 FamFG;
– Satzungsbestimmung zum Stammkapital (§ 3 Abs. 1 Nr. 3) fehlt: Anwendbarkeit von
  § 397 Abs. 1 S. 2 FamFG;
– Satzungsbestimmung zum Stammkapital (§ 3 Abs. 1 Nr. 3) ist nichtig: Anwendbarkeit
  von § 399 Abs. 4 FamFG;
– Satzungsbestimmung zur Zahl und den Nennbeträgen der Geschäftsanteile (§ 3 Abs. 1
  Nr. 4) fehlt oder ist nichtig: Anwendbarkeit von § 399 Abs. 4 FamFG.

cc) Firmenmissbrauch nach § 37 HGB, § 392 FamFG. Rechtsfolge des Firmen- 138
missbrauchsverfahrens gem. § 37 HGB, § 392 FamFG ist die **Unterlassungsverpflichtung
unter Festsetzung von Ordnungsgeld** im Hinblick auf denjenigen, der eine ihm nicht
zustehende, dh unzulässige, Firma in Bezug auf die Gesellschaft gebraucht. Der Unterschied
zu § 399 Abs. 4 FamFG iVm § 3 Abs. 1 Nr. 1 Alt. 1 liegt darin begründet, dass sich § 392
FamFG iVm § 37 HGB gegen die Verwendung der Firma im Rechtsverkehr wendet, während § 399 Abs. 4 FamFG – ebenso wie § 397 FamFG – unzulässige Eintragungen sanktionieren soll. Daher wird teilweise vertreten, das Registergericht müsse sich an dem konkreten
Verstoß (Gebrauch oder Eintragung) sowie am Grundsatz der Verhältnismäßigkeit orientieren,[325] was im Regelfall das Missbrauchsverfahren als milderes Mittel indiziere.[326] Kritisiert
wird diese Auffassung von *Casper* in erster Linie aufgrund der unterschiedlichen Zielrichtung der Verfahren hinsichtlich der Adressaten einer registergerichtlichen Maßnahme.[327]
Während das Firmenmissbrauchsverfahren die Geschäftsführung als Vertretungsorgan der
Gesellschaft betreffe und ihr die weitere Verwendung der Firma verbiete, richte sich das
Verfahren nach § 399 Abs. 4 FamFG unmittelbar gegen die Gesellschaft. Da aber nur die
Gesellschafter und eben nicht die Geschäftsführer den Mangel durch **Satzungsänderung
beheben** könnten, sei das Verfahren nach § 399 Abs. 4 FamFG im Fall des unzulässigen
Gebrauchs einer eingetragenen Firma grundsätzlich vorrangig.[328] Demgegenüber geht die
wohl hM – ohne expliziten Vorrang eines der beiden Verfahren – davon aus, dass das
Registergericht die Wahl des Verfahrens im freien Ermessen bestimmen könne.[329] Letztlich

[322] Vgl. hierzu UHL/*Casper* Rn. 62.
[323] Keidel/*Heinemann* FamFG § 399 Rn. 4; Bumiller/Harders/*Harders* FamFG § 399 Rn. 1.
[324] Vgl. anschaulich Scholz/*Scheller* Rn. 43.
[325] S. etwa aus der Kommentarlit. zum HGB EBJS/*Reuschle* HGB § 37 Rn. 17; für die GmbH-spezifische
Kommentierung Scholz/*Scheller* Rn. 44.
[326] Ähnlich, allerdings als genereller Vorrang, Hachenburg/*Ulmer* Rn. 47.
[327] UHL/*Casper* Rn. 64.
[328] So auch iErg bereits früher Hachenburg/*Heinrich* § 4 Rn. 102; Hachenburg/*Ulmer* Rn. 47; in jüngerer
Zeit MHLS/*Nerlich* Rn. 261, Passage in Passarge/Torwegge GmbH-Liquidation Rn. 59.
[329] KG Beschl. v. 8.8.1955 – 1 W 2250/55, NJW 1955, 1926; Beschl. v. 12.11.1964 – 1 W 1851/64, NJW
1965, 254 (255 f.); Keidel/*Heinemann* FamFG § 399 Rn. 10; Noack/Servatius/Haas/*Servatius* § 4 Rn. 31;
Altmeppen § 4 Rn. 43; Rowedder/Schmidt-Leithoff/*Schmidt-Leithoff* § 4 Rn. 75.

ist der Auffassung der Vorzug zu geben, wonach im Grundsatz das Firmenmissbrauchsverfahren als milderes Mittel vorrangig ist, allerdings mit der Einschränkung, dass das Registergericht im Fall eines bereits im Handelsregister eingetragenen Mangels der Satzungsbestimmung über die Firma verpflichtend und vorrangig nach § 399 Abs. 4 FamFG vorzugehen hat.

139   **dd) Übereinstimmung mit EU-Recht.** *Baums* hat die Vereinbarkeit der Vorgängervorschrift zu § 399 Abs. 4 FamFG (§ 144a Abs. 4 FGG) mit Art. 11 RL 68/151/EWG[330] (heute Art. 11 GesR-RL) kritisiert, soweit nicht das Fehlen einer Bestimmung über die Zahl und den Nennbetrag von Geschäftsanteilen (damals: Stammeinlagen) in § 3 Abs. 1 Nr. 4 betroffen sei (→ Rn. 191).[331] Allerdings wird man davon auszugehen haben, dass der Begriff der Nichtigkeit nach dem Verständnis des deutschen GmbH-Rechts (vgl. § 77) nicht identisch mit demjenigen der GesR-RL ist.[332] Insoweit ist die Europarechtswidrigkeit von § 399 Abs. 4 FamFG nicht anzunehmen.

140   **c) Voraussetzungen des § 399 Abs. 4 FamFG.** Jeder der Tatbestände des § 399 Abs. 4 FamFG setzt einen nicht unerheblichen Mangel der Satzung der Gesellschaft voraus, um die sich aus Abs. 1 Nr. 6 ergebende Auflösungsfolge zu rechtfertigen. Zur Abgrenzung zur Nichtigkeit der Gesellschaft im Falle eines Verstoßes gegen die Satzungsbestimmungen, deren Richtigkeit der Gesetzgeber durch § 75 eine besondere Bedeutung für den Rechtsverkehr zuerkannt hat (ausführlich → Rn. 137).

141   **aa) Firma (§ 399 Abs. 4 FamFG iVm § 3 Abs. 1 Nr. 1 Alt. 1).** Neben dem – wohl nur theoretischen – Fall der **Nichtangabe einer Firma** kann die Nichtigkeit der von den Gesellschaftern gewählten Firma zur Auflösung der Gesellschaft führen. Die Nichtigkeit der Firma kann sich aus §§ 18 ff. HGB, aber insbesondere auch aus einem Verstoß gegen § 4 ergeben.[333] Darüber hinaus wird man aufgrund der Neueinfügung in § 5a im Zuge des MoMiG davon auszugehen haben, dass § 399 Abs. 4 FamFG iVm § 3 Abs. 1 Nr. 1 Alt. 1 auch dann zur Anwendung gelangt, wenn bei einem Stammkapital unterhalb des Mindestbetrages nach § 5 Abs. 1 die Bezeichnung als „Unternehmergesellschaft (haftungsbeschränkt)" oder „UG (haftungsbeschränkt)" nicht Teil der Firma ist. Dagegen ist das Ordnungsgeldverfahren nach § 392 FamFG vorrangig, wenn eine Unternehmergesellschaft im Rechtsverkehr nicht die im Gesellschaftsvertrag enthaltene Firma verwendet, sondern bspw. das Element „haftungsbeschränkt" weglässt.[334] Umstritten ist die Frage, ob ein unmittelbarer Verstoß gegen das Gebot der Firmenausschließlichkeit bzw. -unterscheidbarkeit gem. § 30 HGB die entsprechende Satzungsbestimmung über die Firma nichtig macht oder allenfalls das Firmenmissbrauchsverfahren nach § 392 FamFG iVm § 37 HGB zur Anwendung gelangen kann. Für letztere Auffassung spricht sich zu Recht die wohl **hM** aus[335] und stützt sich nicht zuletzt darauf, dass andernfalls die zum Zeitpunkt des entsprechenden Gesellschafterbeschlusses wirksame Fassung der Satzung noch vor Eintragung der Gesellschaft in das Handelsregister nichtig werden könnte, weil eine zuvor eine gleichlautende andere Firma eingetragen wurde.[336] Die Nichtigkeit wäre in diesem Fall eine **unverhältnismäßige Rechtsfolge,** zumal die Unterlassung des Gebrauchs der Firmierung durch Beanstandung

---

330   Erste Richtlinie des Rates der EG (RL 68/151/EWG) v. 9.3.1968, ABl. 1968 L 65, 8; aufgehoben.
331   *Baums,* Eintragung und Löschung von Gesellschafterbeschlüssen, 1981, 57.
332   Ebenso Noack/Servatius/Haas/*Haas* Anh. § 77 Rn. 32, der hinsichtlich der Rechtsfolgen differenziert.
333   S. etwa OLG Köln Beschl. v. 10.3.1980 – 2 Wx 1/80, BB 1980, 652; BayObLG Beschl. v. 23.2.1989 – BReg. 3 Z 136/88, BB 1989, 727; UHL/*Casper* Rn. 63 MHLS/*Nerlich* Rn. 263; *Passarge* in Passarge/Torwegge GmbH-Liquidation Rn. 59.
334   MüKoFamFG/*Krafka* FamFG § 399 Rn. 5; Keidel/*Heinemann* FamFG § 399 Rn. 10.
335   MHLS/*Nerlich* Rn. 263; UHL/*Casper* Rn. 63; Hachenburg/*Ulmer* Rn. 46; Scholz/*Scheller* Rn. 44; Rowedder/Schmidt-Leithoff/*Gesell* Rn. 29; *Passarge* in Passarge/Torwegge GmbH-Liquidation Rn. 59; Noack/Servatius/Haas/*Servatius* § 4 Rn. 28; aA KG Beschl. v. 8.2.1991 – 1 W 3211/90, GmbHR 1991, 319 (320); *Altmeppen* § 4 Rn. 43.
336   S. etwa Noack/Servatius/Haas/*Servatius* § 4 Rn. 28.

im Firmenmissbrauchsverfahren durchgesetzt und eine Änderung oder unterscheidbare Ergänzung der Firma noch ohne Weiteres erfolgen kann.[337]

Für die Anwendbarkeit von § 399 Abs. 4 FamFG ist es unerheblich, ob die Nichtigkeit **142** der Satzungsbestimmung über die Firma bereits bei Errichtung der Gesellschaft vorgelegen hat oder im Zuge einer späteren Satzungsänderung aufgetreten ist.[338] Aufgrund einer nachträglichen Änderung des Geschäftsbetriebs der Gesellschaft oder sonstiger wesentlicher tatsächlicher Umstände wird die (Sach-)Firma nicht nichtig; § 399 Abs. 4 FamFG ist in dieser Konstellation auch nicht analog anwendbar.[339] Verwendet eine Gesellschaft **unzulässigerweise** eine **firmenmäßige Bezeichnung** wie Bank, Volksbank oder Sparkasse und verstößt damit gegen §§ 39, 40 KWG, so ist die Firma der Gesellschaft, nicht die Gesellschaft selbst, von Amts wegen nach § 43 Abs. 2 KWG iVm §§ 395, 396 FamFG zu löschen.

bb) Sitz (§ 399 Abs. 4 FamFG iVm § 3 Abs. 1 Nr. 1 Alt. 2). Ebenso wie der Sat- **143** zungsmangel im Hinblick auf die Firmierung der Gesellschaft hat auch die Auflösungsfolge aufgrund nichtiger oder fehlender Sitzbestimmung **kaum praktische Relevanz,** da regelmäßig vor Eintragung der Gesellschaft im Handelsregister – bzw. im Fall der nachträglichen Satzungsänderung vor deren Eintragung – eine entsprechende Kontrolle durch das Registergericht stattfindet.[340] Eine Nichtigkeit der Bestimmung über den Sitz und damit die Anwendbarkeit von § 399 Abs. 4 FamFG kommt jedoch bei missbräuchlicher unzulässiger Wahl, regelmäßig bei Begründung eines satzungsrechtlichen Doppelsitzes und bei Wahl eines **ausländischen Satzungssitzes** zum Tragen (etwa → § 4a Rn. 80).[341] Eine entsprechende nachträgliche Beschlussfassung unter Verstoß gegen § 4a führt zur Nichtigkeit des Satzungsänderungsbeschlusses analog § 241 Abs. 3 Fall 3 AktG; eine erfolgte Eintragung im Handelsregister ist gemäß § 398 FamFG zu löschen.[342] Zu der Frage der Auflösung der Gesellschaft durch Satzungssitzverlegung in das Ausland → Rn. 210.

cc) Stammkapital (§ 399 Abs. 4 FamFG iVm § 3 Abs. 1 Nr. 3). Enthält die Sat- **144** zung der Gesellschaft keinerlei Angaben zum Stammkapital, so liegt ein Nichtigkeitsgrund iSv § 75 Abs. 1 vor, welcher einerseits im Prozesswege zur Nichtigerklärung und andererseits zur Löschung durch das Registergericht von Amts wegen gem. § 397 S. 2 Alt. 2 FamFG führen kann. Ist dagegen die Bestimmung des Stammkapitals (lediglich) nichtig, so kann dies zur Auflösung der Gesellschaft nach Abs. 1 Nr. 6 führen. Eine Nichtigkeit im vorgenannten Sinne ist zu bejahen, wenn die satzungsmäßige Bestimmung über das Stammkapital außerhalb des Anwendungsbereichs der Unternehmergesellschaft gegen die **Vorgaben über das gesetzliche Mindestkapital** nach § 5 Abs. 1 verstößt oder das Stammkapital in ausländischer Währung oder in Kryptowährung festgesetzt ist.[343] Bei einer **Unternehmergesellschaft** kommt ein entsprechender Mangel insoweit in Betracht, als der Betrag des Stammkapitals nicht auf volle Euro lautet und/oder einen Betrag unterhalb von 1 Euro oder oberhalb von 24.999 Euro vorsieht. Zur Frage eines Verstoßes gegen § 5a → Rn. 141. Unter Beachtung des § 86 ist eine Beibehaltung des Stammkapitals, das auf Deutsche Mark statt Euro lautet, nach wie vor möglich.

dd) Zahl und Nennbetrag der Geschäftsanteile (§ 399 Abs. 4 FamFG iVm § 3 **145** **Abs. 1 Nr. 4).** Durch das MoMiG wurde die bisherige Formulierung in § 3 Abs. 1 Nr. 4, die auf „Stammeinlagen" verwiesen hatte, durch „Geschäftsanteile" ersetzt. Da das GmbH-

---

[337] Ähnlich auch *Passarge* in Passarge/Torwegge GmbH-Liquidation Rn. 59; ausf. und instruktiv zur Abgrenzung Scholz/*Scheller* Rn. 46.

[338] UHL/*Casper* Rn. 63.

[339] BayObLG Beschl. v. 29.6.1979 – BReg. 3 Z 83/76, GmbHR 1980, 11 (12); BayObLG Beschl. v. 20.2.2002 – 3Z BR 380/01, NZG 2002, 828 betr. Mangel hinsichtlich des Sitzes; Noack/Servatius/Haas/*Haas* Anh. § 77 Rn. 33; aA – für analoge Anwendbarkeit von § 399 Abs. 4 FamFG – UHL/*Casper* Rn. 63.

[340] Vgl. nur *Passarge* in Passarge/Torwegge GmbH-Liquidation Rn. 60.

[341] Keidel/*Heinemann* FamFG § 399 Rn. 3; Scholz/*Scheller* Rn. 48; Hachenburg/*Ulmer* Rn. 48.

[342] Bumiller/Harders/*Harders* FamFG § 399 Rn. 4; Scholz/*Scheller* Rn. 48.

[343] UHL/*Casper* Rn. 65; Scholz/*Scheller* Rn. 49; Lutter/Hommelhoff/*Kleindiek* Rn. 11.

Recht außerdem nunmehr jedem Gesellschafter erlaubt, **jederzeit mehrere Geschäftsanteile** zu übernehmen,[344] hat der Gesellschaftsvertrag auch eine Bestimmung über die Anzahl der von dem Gesellschafter gehaltenen Geschäftsanteile zu enthalten. Zudem muss – wie bisher – die betragsmäßige Höhe des jeweiligen Geschäftsanteils angegeben werden; dabei sind insbesondere die Vorschriften in § 5 Abs. 2 und 3 maßgeblich. Fehlt die Angabe der Zahl und des Nennbetrags der Geschäftsanteile, so ist die Festsetzung nichtig und die Gesellschaft ist mit entsprechender rechtskräftiger registergerichtlichen Verfügung aufgelöst (Abs. 1 Nr. 6). Nach wie vor ist eine getrennte Benennung von Stammkapital und Geschäftsanteilen erforderlich (vgl. § 3 Abs. 1 Nr. 3 und 4). Andernfalls ist die Anwendbarkeit von § 399 Abs. 4 FamFG mit der Möglichkeit der Auflösungsfolge nach Abs. 1 Nr. 6 ebenfalls eröffnet.[345] § 399 Abs. 4 FamFG greift jedoch nicht ein, wenn die Angaben über die einzelnen Geschäftsanteile nach Eintragung der Satzung im Handelsregister gelöscht werden (→ § 3 Rn. 55) oder die Übernahme von Geschäftsanteilen bei einer Kapitalerhöhung nichtig ist.[346] Keine Auflösung gemäß § 399 Abs. 4 FamFG tritt indes ein, wenn nach einer erfolgten Einziehung die Summe der Nennbeträge und der Betrag des Stammkapitals voneinander abweichen; dies ist einstweilen hinzunehmen.[347]

146   **d) Rechtskräftige Festsetzung.** Um die Wirkung des Abs. 1 Nr. 6, nämlich Auflösung der Gesellschaft, zu erreichen, bedarf es einer **Verfügung des Registergerichts**, mit welcher einer der vorbezeichneten Mängel des Gesellschaftsvertrags in Bezug auf Firma, Sitz, Stammkapital oder Geschäftsanteile nach § 399 Abs. 4 FamFG festgestellt wird. Abweichend vom Normalfall einer Verfügung im Verfahren der freiwilligen Gerichtsbarkeit, bei welchem nach § 40 Abs. 1 FamFG[348] das Wirksamwerden mit Bekanntmachung gegenüber der Gesellschaft eintritt, verlangt Abs. 1 Nr. 6 ausdrücklich, dass die entsprechende Verfügung in Rechtskraft erwachsen ist. Die Auflösungswirkung ist somit unmittelbare Folge der formellen Rechtskraft der Verfügung des Registergerichts, welche den Mangel bzw. Verstoß des Gesellschaftsvertrags feststellt; einer **eigenständigen „Auflösungsverfügung"** bedarf es daher nicht.[349]

147   **e) Verfahren. aa) Zuständigkeit.** Das Verfahren richtet sich seit dem Inkrafttreten des FGG-Reformgesetzes nach dem FamFG. Die sachliche Zuständigkeit des Registergerichts folgt unmittelbar aus § 399 Abs. 4 FamFG iVm § 399 Abs. 1 S. 1 FamFG sowie § 23a Abs. 1 Nr. 1, Abs. 2 Nr. 3 GVG,[350] die örtliche aus § 377 Abs. 1 FamFG iVm § 376 FamFG; maßgeblich ist daher der Sitz der Gesellschaft.[351] Ob ein Satzungsmangel iSv § 399 Abs. 4 FamFG gegeben ist, hat das Registergericht **von Amts wegen** zu prüfen. So bereits bei der früheren – inhaltlich übereinstimmenden – Rechtslage nach dem FGG ganz hM[352] (s. nunmehr auch § 26 FamFG). Es besteht also **kein Ermessen** bei hinreichendem Verdacht eines Satzungsmangels.[353] Das Registergericht hat auch auf Antrag der in § 380 FamFG bezeichneten berufsständischen Organe wie etwa die IHK tätig zu werden. Nach früherem Recht lag dem Antragsrecht der damals als „Organe des Handelsstandes" bezeichneten

---

[344] S. etwa *Wicke* § 3 Rn. 14.

[345] *Scholz/Scheller* Rn. 50.

[346] Vgl. etwa UHL/*Casper* Rn. 66; *Scholz/Scheller* Rn. 50; dazu auch *Baums,* Eintragung und Löschung von Gesellschafterbeschlüssen, 1981, 154.

[347] BGH v. 2.12.2014 – II R 32213, NJW 2015, 1385; *Scholz/Scheller* Rn. 50.

[348] § 40 Abs. 1 FamFG soll trotz gewisser Anpassungen des Wortlauts inhaltlich der früheren Regelung in § 16 Abs. 1 FGG entsprechen, vgl. RegE FGG-RG v. 10.5.2007, BR-Drs. 309/07, 431; zur früheren Rechtslage s. etwa *Scholz/Schmidt/Bitter,* 11. Aufl. 2013, Rn. 41.

[349] S. auch UHL/*Casper* Rn. 59.

[350] Zur Frage, an welchem Amtsgericht das Registergericht etabliert ist, vgl. § 376 Abs. 1 FamFG.

[351] Beim früher anwendbaren FGG fehlte einem dem § 377 FamFG entsprechende Norm, vgl. RegE FGG-RG v. 10.5.2007, BR-Drs. 309/07, 641.

[352] Vgl. etwa statt vieler Noack/Servatius/Haas/*Haas* Anh. § 77 Rn. 36.

[353] Noack/Servatius/Haas/*Haas* Anh. § 77 Rn. 36; Gehrlein/Born/Simon/*Beckmann/Hofmann* Rn. 43; etwas einschr. KG Beschl. v. 8.2.1991 – 1 W 3211/90, GmbHR 1991, 319 (320); Keidel/*Heinemann* FamFG § 399 Rn. 18: kein Ermessen; Bumiller/Harders/*Harders* FamFG § 399 Rn. 9.

Gruppierungen die allgemeine Norm des § 126 FGG zugrunde. Dritte, wie etwa Behörden, außenstehende Gläubiger oder Gesellschafter können die Einleitung eines entsprechenden Feststellungsverfahrens durch das Registergericht anregen (§ 24 Abs. 1 FamFG).[354] Das Registergericht trifft dann dem Dritten gegenüber eine Unterrichtungspflicht, soweit es der Anregung nicht folgt und der Anregende ersichtlich ein berechtigtes Interesse an der Benachrichtigung hat (§ 24 Abs. 2 FamFG). **Zuständig** für das Verfahren nach § 399 Abs. 4 FamFG ist nach § 17 Nr. 1 lit. f RPflG ausschließlich der **Registerrichter,** nicht der Rechtspfleger.

bb) Ablauf. Sofern das Registergericht nach entsprechender Prüfung die Vorausset- **148** zungen des § 399 Abs. 4 FamFG bejaht, hat es der Gesellschaft eine **Frist zur Behebung des entsprechenden Mangels** durch Herbeiführung einer Satzungsänderung samt Durchführung einer entsprechenden Handelsregister-Anmeldung oder alternativ zur Rechtfertigung der bisherigen Satzungsbestimmung zu setzen. Gleichzeitig ist darauf hinzuweisen, dass andernfalls eine Feststellung über einen nicht behobenen Satzungsmangel erfolgt und die Gesellschaft aufgelöst wird (§ 399 Abs. 4 FamFG iVm § 399 Abs. 1 S. 2 FamFG). Die Gesellschaft ist also zwingend Beteiligter des Verfahrens iSv § 7 Abs. 2 Nr. 1 FamFG. Das Registergericht hat eine Frist zu gewähren, die üblicherweise zur Durchführung und Eintragung einer Satzungsänderung genügend ist.[355] Die gewährte Frist kann verlängert werden.[356] Die Aufforderung richtet sich an die Gesellschaft, welche regelmäßig durch die Geschäftsführer, im Fall der Führungslosigkeit durch die Gesellschafter vertreten wird (§ 35 Abs. 2 S. 2 iVm Abs. 1 S. 1 und 2). Damit hat sich der nach früherem Recht erörterte Streit erledigt, ob bei Nicht-Erreichbarkeit der Geschäftsführer die Löschungsabsicht zu veröffentlichen ist oder die Zustellung an die Gesellschafter ausreicht (oder zusätzlich erforderlich ist).[357] Die berufsständischen Organe, zB die IHK, sind anzuhören, soweit dies **zweckmäßig** erscheint (§ 380 Abs. 2 FamFG iVm § 380 Abs. 1 FamFG),[358] und diese nicht ohnehin durch entsprechende Antragstellung maßgeblich für die Verfahrenseinleitung waren. Die registergerichtliche Aufforderung an die Gesellschaft ist **nicht mit der Beschwerde** anfechtbar, sondern es besteht (lediglich) die in § 399 Abs. 1 S. 1 aE FamFG vorgesehene Möglichkeit eines Widerspruchs.[359] Auf die Möglichkeit der Einlegung des Widerspruchs ist durch das Registergericht gem. § 39 FamFG hinzuweisen. Der Aufforderung zur Mangelbehebung kann sogar nach Ende der gerichtlich bestimmten Frist widersprochen werden; Voraussetzung ist aber, dass das Registergericht noch keine Entscheidung getroffen hat.[360] Das Registergericht hat bei der Entscheidung über den Widerspruch den Amtsermittlungsgrundsatz nach § 26 FamFG sowie das **Recht des Betroffenen auf Gehör** zu beachten (Grundlage ist stets Art. 103 Abs. 1 GG, beachte die spezialgesetzliche Ausprägung in § 7 Abs. 4 FamFG).[361] Wird ein Widerspruch etwa der Gesellschaft für begründet erklärt, so kann ein berufsständisches Organ wie die IHK Beschwerde einlegen (vgl. § 399 Abs. 3 FamFG sowie § 380 Abs. 5 FamFG). Gleiches gilt dann, wenn ein Antrag eines berufsständischen Organs auf Einleitung des Feststellungsverfahrens abgewiesen wurde. Bereits nach altem Recht waren die berufsständischen Organe (damals als „Organe des Handelsstandes" bezeichnete) beschwerdeberechtigt (vgl. § 126 FGG).[362]

---

[354] Ebenso Keidel/*Heinemann* FamFG § 399 Rn. 17.
[355] AllgM, vgl. etwa UHL/*Casper* Rn. 41; Hachenburg/*Ulmer* Rn. 52; Noack/Servatius/Haas/*Haas* Anh. § 77 Rn. 36.
[356] Keidel/*Heinemann* FamFG § 399 Rn. 22 unter Verweis auf § 16 Abs. 2 FamFG iVm § 224 Abs. 2 ZPO.
[357] Hierzu UHL/*Casper* Rn. 41.
[358] Zweckmäßigkeit wird – aus dem Gesichtspunkt der beabsichtigten Verfahrensbeschleunigung – wohl nur bei zweifelhaften Fällen gegeben sein, vgl. § 23 HRV; RegE FGG-RG v. 10.5.2007, BR-Drs. 309/07, 643.
[359] Bumiller/Harders/*Harders* FamFG § 399 Rn. 11.
[360] Bumiller/Harders/*Harders* FamFG § 399 Rn. 11; UHL/*Casper* Rn. 69, MHLS/*Nerlich* Rn. 272.
[361] Bumiller/Harders/*Harders* FamFG § 399 Rn. 11; Keidel/*Heinemann* FamFG § 399 Rn. 28; Scholz/ *Schmidt/Bitter*, 11. Aufl. 2013, Rn. 41.
[362] Rowedder/Schmidt-Leithoff/*Gesell* Rn. 30.

149   Setzt die Gesellschaft nicht innerhalb der durch das Registergericht bestimmten Frist die Satzungsänderung um oder wird ein Widerspruch der Gesellschaft zurückgewiesen, so hat das Registergericht den **Mangel der Satzung durch Verfügung** festzustellen (§ 399 Abs. 4 FamFG iVm § 399 Abs. 2 S. 1 FamFG). Zur Verfahrenserleichterung kann nach § 399 Abs. 2 S. 2 FamFG die gerichtliche Feststellung mit der Zurückweisung des Widerspruchs verbunden werden. Durch das FGG-Reformgesetz wurde zudem erstmalig eingefügt, dass die Gesellschaft die Kosten des Widerspruchsverfahrens zu tragen hat, soweit dies nicht unbillig ist (§ 399 Abs. 2 S. 3 FamFG).

150   Die Verfügung des Registergerichts betreffend die Feststellung des Satzungsmangels kann mit der Beschwerde angefochten werden (§ 399 Abs. 4 FamFG iVm § 399 Abs. 3 FamFG). Das frühere Recht sah die jetzt nicht mehr relevante sofortige Beschwerde (§ 144a Abs. 3 FGG iVm § 22 FGG) sowie die sofortige weitere Beschwerde zum OLG (§ 27 FGG) vor. Das Beschwerdeverfahren richtet sich nach §§ 58 ff. FamFG. Dabei entscheidet das **Oberlandesgericht** als **Beschwerdegericht**[363] (§ 119 Abs. 1 Nr. 1 lit. b GVG) völlig neu – und ohne Präklusion – über die aktuelle Sach- und Rechtslage (§ 68 Abs. 3 FamFG).[364] Falls die Verfügung des Registergerichts sowohl die Feststellung des Satzungsverstoßes als auch die Zurückweisung des Widerspruchs der Gesellschaft iSv § 399 Abs. 2 S. 2 FamFG enthält, ist die einheitlich zu erhebende Beschwerde das maßgebliche Rechtsmittel.[365] Beschwerdebefugt ist die Gesellschaft, vertreten durch die Geschäftsführer, sowie bei Ablehnung eines Antrags auch die jeweilige berufsständische Organisation (vgl. § 399 Abs. 3 FamFG). Wenn die **Gesellschafter** oder sonstige Dritte durch eine Feststellungsverfügung des Registergerichts unmittelbar betroffen sind, steht ihnen das Recht zur Einlegung der **Beschwerde** zu (§ 59 Abs. 1 FamFG).[366] Eine entsprechende Beschwerdebefugnis zugunsten der Arbeitnehmer der Gesellschaft ist indes abzulehnen.[367] Nach den in §§ 70 ff. FamFG niedergelegten Maßgaben ist die **(weitere) Rechtsbeschwerde** eines Beteiligten gegen die ablehnende Beschwerdeentscheidung des Oberlandgerichts statthaft. Zuständiges Gericht für die Rechtsbeschwerde ist seit dem FGG-Reformgesetz der **BGH** (§ 133 GVG), der früher nur in Fällen des § 28 Abs. 2 FGG iVm § 28 Abs. 3 FGG zur Entscheidung berufen war. Im Anschluss an die formell rechtskräftige Feststellungsverfügung über den Satzungsmangel findet – mit deklaratorischer Wirkung – die Eintragung der Auflösung im Handelsregister statt.[368]

151   **f) Rechtsfolgen.** Die Gestaltungswirkung der Feststellungsverfügung, dh die Auflösung der Gesellschaft gem. Abs. 1 Nr. 6, tritt mit **formeller Rechtskraft** gem. Abs. 1 Nr. 6 ein, also nicht schon mit Bekanntgabe gegenüber der Gesellschaft (vgl. die hiervon abweichende allgemeine Bestimmung in § 40 Abs. 1 FamFG, welche auf die Bekanntgabe abstellt), sondern erst mit **Unanfechtbarkeit;** es handelt sich daher um eine „gestaltende Auflösungsentscheidung".[369]

152   Eine Berichtigung, Änderung bzw. Ergänzung der einmal erfolgten Satzungsmangelfeststellung durch das Registergericht unter den Voraussetzungen der §§ 42 und 43 FamFG ist nicht ausgeschlossen.[370] Denn es handelt sich bei der Satzungsmangelfeststellung des Registergerichts aufgrund der ausdrücklichen Maßgabe in § 399 Abs. 3 S. 1 FamFG um einen **Beschluss** und damit sind – entgegen § 38 Abs. 1 S. 2 FamFG – die §§ 38 ff. FamFG anwendbar (§ 384 Abs. 1 FamFG und § 382 FamFG als Sonderregelung iSv § 38 Abs. 1

---

[363] Bis zum Inkrafttreten des FGG-RG war hierfür nach § 19 Abs. 2 FGG das Landgericht zuständig.
[364] Keidel/*Heinemann* FamFG § 399 Rn. 34.
[365] Vgl. etwa Keidel/*Heinemann* FamFG § 399 Rn. 33: auch getrennte Einlegung möglich; UHL/*Casper* Rn. 41.
[366] S. hierzu Keidel/*Heinemann* FamFG § 399 Rn. 33 sowie Scholz/*Schmidt/Bitter*, 11. Aufl. 2013, Rn. 41.
[367] AG Berlin-Charlottenburg Beschl. v. 10.3.1992 – 92 HRB 34 745, GmbHR 1992, 679; Scholz/*Schmidt/ Bitter*, 11. Aufl. 2013, Rn. 41.
[368] Keidel/*Heinemann* FamFG § 399 Rn. 35.
[369] Scholz/*Schmidt/Bitter*, 11. Aufl. 2013, Rn. 32 und 41.
[370] Ua mit Verweis auf die Unterschiede zur früheren Regelung in § 18 FGG Scholz/*Schmidt/Bitter*, 11. Aufl. 2013, Rn. 41.

S. 2 FamFG).[371] Aufgrund des Vorrangs der spezialgesetzlichen Regelung in § 395 FamFG ist eine Wiederaufnahme nach einer rechtskräftigen Entscheidung gem. § 48 FamFG nicht statthaft.[372] Im Fall einer Verfügung des Registergerichts nach vorstehenden Maßgaben fällt im Zweifel die Satzungsmangelfeststellung ersatzlos weg mit der Folge, dass auch die **Auflösungswirkungen beseitigt** sind und die Gesellschaft wieder eine aktiv werbende Rolle hat. Wie schon im alten Recht ist im Rechtsmittelverfahren gem. §§ 58 ff. FamFG, also vor Rechtskraft der Satzungsmangelfeststellung, eine nach Ergehen des Beschlusses über die Satzungsmangelfeststellung eingetragene Satzungsänderung zu berücksichtigen.[373]

Wird ein Satzungsmangel erst nach Rechtskraft der Verfügung nach § 399 Abs. 4 **153** FamFG beseitigt, so kann die Gesellschaft **durch Fortsetzungsbeschluss** der Gesellschafter wieder zu einer werbend tätigen Unternehmung reaktiviert werden (→ Rn. 286).[374] Die **nachträgliche Heilung** des Satzungsmangels vermag indes nichts mehr an der bereits eingetretenen Auflösung ändern.[375]

7. Löschung bei Vermögenslosigkeit (Abs. 1 Nr. 7). Abs. 1 Nr. 7 verweist in erster **154** Linie auf § 394 FamFG.

a) Allgemeines. aa) Zeitliche Entwicklung. Abs. 1 Nr. 7 wurde erstmalig mit Wir- **155** kung zum 1.1.1999 im Zuge der **Insolvenzrechtsreform** in das GmbHG eingefügt (Art. 2 Nr. 9 EGInsO, Art. 48 Nr. 5 EGInsO). Auf diesen Zeitpunkt hin wurde die weitgehend deckungsgleiche[376] Vorgängervorschrift des § 2 LöschG aufgehoben (Art. 2 Nr. 9 EGInsO, Art. 110 EGInsO).[377] Abs. 1 Nr. 7 enthält nicht abschließend die gesamte materiell-rechtliche Regelung, sondern verweist auf § 394 FamFG. Zunächst hatte sich Abs. 1 Nr. 7 in erster Linie auf die Löschung nach der Vorschrift des § 141a FGG bezogen, welche zusätzlich zur früheren Regelung des § 2 LöschG ein Antragsrecht der Steuerbehörde[378] sowie die Bestimmung vorgesehen hatte, dass eine Amtslöschung der Gesellschaft auch im Fall eines über das Vermögen der Gesellschaft durchgeführten Insolvenzverfahrens zu erfolgen hat (§ 141a Abs. 1 S. 2 FGG; Art. 23 Nr. 1 EGInsO). Außerdem waren durch die Insolvenzrechtsreform Regelungen zur Löschung der GmbH & Co. KG in § 141a Abs. 3 FGG aufgenommen worden. Ebenso war die frühere Bestimmung in § 2 Abs. 1 S. 2 LöschG ersatzlos weggefallen, wonach eine Gesellschaft gelöscht werden konnte, wenn sie in drei Jahren aufeinanderfolgend ihre Verpflichtung zur Offenlegung von Jahresabschlüssen gem. § 325 HGB nicht erfüllt hatte und nicht das Vorhandensein ausreichenden Vermögens nachweisen konnte. Durch das FGG-RG[379] wurde schließlich § 141a FGG ohne wesentliche unmittelbare inhaltliche Änderungen durch § 394 FamFG abgelöst. Das Verfahren für die Löschung richtet sich aufgrund des Verweises in § 394 Abs. 3 FamFG nach § 393 Abs. 3– 4 FamFG, sodass sich mittelbare Änderungen ergeben, da das Verfahren für die Löschung einer Firma, insbesondere in § 393 Abs. 3 FamFG, gewisse Modifikationen erfahren hat. Zudem wurde das Verfahren zur Löschung von Genossenschaften, welches bisher in § 147

---

[371] Dies betonend auch RegE MoMiG v. 23.5.2007, BT-Drs. 16/6140, 65; vgl. die Begr. zu § 38 FamFG.
[372] Keidel/*Engelhardt* FamFG § 48 Rn. 7; wohl auch Keidel/*Heinemann* FamFG § 399 Rn. 35; anders offenbar Scholz/*Schmidt/Bitter*, 11. Aufl. 2013, Rn. 41 mit Verweis auf § 48 Abs. 2 FamFG iVm §§ 578 ff. ZPO.
[373] So ausdrücklich im Fall der nach altem Recht maßgeblichen weiteren Beschwerde BayObLG Beschl. v. 7.2.2001 – 3Z BR 258/00, NJW-RR 2001, 1047; vgl. auch UHL/*Casper* Rn. 59.
[374] Bumiller/Harders/*Harders* FamFG § 399 Rn. 14.
[375] S. etwa UHL/*Casper* Rn. 59.
[376] S. etwa BayObLG Beschl. v. 10.2.1999 – 3Z BR 43–99, NJW-RR 1999, 1054; *K. Schmidt* GmbHR 1994, 829 (830); UHL/*Casper* Rn. 70.
[377] Das Löschungsgesetz war 1934 in Kraft getreten (Gesetz über die Auflösung und Löschung von Gesellschaften und Genossenschaften v. 9.10.1934, RGBl. 1934 I 914) und hatte die frühere Rspr. zum Amtslöschungsverfahrens nach § 31 Abs. 2 HGB abgelöst, vgl. etwa KG Beschl. v. 8.3.1927 – 1b X 1237/27, JW 1927, 1383; UHL/*Casper* Rn 44
[378] Seit dem 1.9.2009 in Kraft getretenen FGG-RG als „Finanzbehörde" bezeichnet.
[379] Gesetz zur Reform des Verfahrens in Familiensachen und in den Angelegenheiten der freiwilligen Gerichtsbarkeit (FGG-Reformgesetz – FGG-RG) v. 17.12.2008, BGBl. 2008 I 2586.

Abs. 1 S. 2, Abs. 2 FGG enthalten war, in § 394 FamFG integriert. Hinzugekommen sind letztlich nur gewisse verfahrensbezogene Änderungen (→ Rn. 170).

156   **bb) Zielrichtung.** Abs. 1 Nr. 7 führt bei tatsächlicher Vermögenslosigkeit der Gesellschaft, zumindest im Fall des § 394 Abs. 1 S. 1 FamFG auch ohne Notwendigkeit der Durchführung eines Abwicklungsverfahrens, zum **endgültigen Erlöschen und zur Beendigung der Gesellschaft.** Normzweck von Abs. 1 Nr. 7 iVm § 394 FamFG ist vor dem Hintergrund der von vermögenslosen juristischen Personen ausgehenden wirtschaftlichen Gefahren der Schutz des Rechtsverkehrs, insbesondere der Gläubigerschutz. Aufgrund des Umstandes, dass im Fall tatsächlicher Vermögenslosigkeit eine Vollbeendigung der Gesellschaft auch ohne Abwicklungsverfahren eintreten kann und daher die sich aus Abs. 1 Nr. 7 ergebende Rechtsfolge nicht lediglich die Auflösung der Gesellschaft ist, wird zu Recht teilweise die **Systemfremdheit** dieser Regelung bemängelt.[380] Nur dann, wenn sich nach Löschung gem. Abs. 1 Nr. 7 das Vorhandensein nicht nur **absolut unwesentlicher Vermögensgegenstände** herausstellt, ist ein Liquidationsverfahren durchzuführen (vgl. § 66 Abs. 5). Ähnliches gilt für weiterhin bestehendem Abwicklungsbedarf der Gesellschaft (→ Rn. 44 ff.). In diesem Fall hat die Löschung der Gesellschaft nur deren **Auflösung** zur Folge, **nicht** jedoch die **Vollbeendigung.**[381] Hinzuweisen ist jedoch darauf, dass die Gesellschaft zumindest im Fall der Löschung nach § 394 Abs. 1 S. 2 FamFG bereits vor der Eintragung der Löschung, und zwar aufgrund des nach Abs. 1 Nr. 4 eröffneten Insolvenzverfahrens, aufgelöst war. Das Verfahren nach § 394 FamFG geht den allgemeinen Verfahren nach § 14 HGB, §§ 388 ff. FamFG sowie § 31 Abs. 2 HGB, § 393 FamFG vor.[382] Im Verhältnis zu § 74 Abs. 1 S. 2 ist die Löschung nach § 394 FamFG **nicht zwingend nachrangig.**[383]

157   **b) Löschungsvoraussetzungen.** Die Löschung einer jeweils noch nicht vollbeendeten Gesellschaft aufgrund der Regelung des § 394 Abs. 1 FamFG kann zum einen darauf beruhen, dass das Registergericht nach entsprechender eingehender Prüfung bei der Gesellschaft von deren Vermögenslosigkeit auszugehen hat (Abs. 1 S. 1). Zum anderen kann sie sich auch aus einer vom Registergericht nach verkürzter Prüfung angenommenen Vermögenslosigkeit der Gesellschaft im Fall eines vorher durchgeführten Insolvenzverfahrens ergeben (Abs. 1 S. 2).

158   **aa) Eingetragene existierende Gesellschaft.** In beiden für die Anwendung von Abs. 1 Nr. 7 bedeutsamen Varianten des § 394 Abs. 1 FamFG muss es sich um eine Gesellschaft handeln, die (schon) im Handelsregister als GmbH eingetragen, aber noch nicht endgültig erloschen und vollbeendet ist. Darüber hinaus findet § 394 Abs. 1 FamFG – unbeschadet von Abs. 1 Nr. 7 – Anwendung für die sonstigen Kapitalgesellschaften (AG und KGaA) sowie über § 394 Abs. 4 FamFG auch für die GmbH & Co. KG, soweit nicht bei dieser direkt oder indirekt eine natürliche Person als Vollhafter fungiert. Bei einer **Vor-GmbH** kommt die Löschung schon begrifflich nicht in Betracht, da diese noch nicht im **Handelsregister** eingetragen ist.[384] Ebenso unanwendbar ist § 394 Abs. 1 FamFG, wenn die Gesellschaft bereits im Handelsregister gelöscht ist. Dagegen scheitert die Anwendbarkeit dieser Norm nicht daran, dass die Gesellschaft nicht mehr werbend aktiv tätig oder bereits nach Maßgabe eines **anderen Auflösungsgrundes** in das Auflösungsstadium eingetreten ist.[385] Insbesondere ist also die Löschung einer Gesellschaft nach § 394 Abs. 1 FamFG nicht

[380] Ebenso UHL/*Casper* Rn. 70; Gehrlein/Born/Simon/*Beckmann/Hofmann* Rn. 46; stärker auf die unterschiedlichen Interessenslagen der Beteiligten abstellend Scholz/*Scheller* Rn. 52.

[381] S. auch Lutter/Hommelhoff/*Kleindiek* Rn. 17.

[382] Statt vieler s. Keidel/*Heinemann* FamFG § 394 Rn. 4; Rowedder/Schmidt-Leithoff/*Gesell* Rn. 36; UHL/*Casper* Rn. 83, jeweils mwN.

[383] Ebenso Noack/Servatius/Haas/*Haas* § 74 Rn. 5; MHLS/*Nerlich* § 74 Rn. 14; UHL/*Casper* Rn. 83.

[384] Ebenso Scholz/*Scheller* Rn. 53.

[385] BayObLG Entsch. v. 20.12.1983 – BReg. 3Z 90/83, BB 1984, 315; OLG Frankfurt Entsch. v. 11.8.1980 – 20 W 216/80, DB 1981, 83; ebenso UHL/*Casper* Rn. 72; Scholz/*Scheller* Rn. 53; Keidel/*Heinemann* FamFG § 394 Rn. 5.

ausgeschlossen, über deren Vermögen ein Insolvenzverfahren eröffnet wurde und somit die Auflösung nach Abs. 1 Nr. 4 erfolgt ist, aber zu einem späteren Zeitpunkt das Insolvenzverfahren mangels Masse gem. § 207 Abs. 1 S. 1 InsO eingestellt wurde. Gleiches gilt dann, wenn die Eröffnung des Insolvenzverfahrens rechtskräftig mangels Masse abgelehnt wurde und daher die Gesellschaft nach Abs. 1 Nr. 5 aufgelöst ist.[386] Steht eine bereits aufgelöste Gesellschaft kurz vor **Abschluss des Liquidationsverfahrens** und haben die Liquidatoren ggf. sogar die Beendigung der Liquidation zum Handelsregister gem. § 74 Abs. 1 S. 1 bei noch ausstehender Eintragung angemeldet, so ist auch in diesem Fall noch eine Löschung nach § 394 Abs. 1 S. 1 FamFG möglich. Ein **Anspruch** der Gesellschaft bzw. ihrer Gesellschaft darauf, in den Registerakten der Gesellschaft die **optisch vorzugswürdige** Beendigung der Gesellschaft aufgrund durchgeführter und abgeschlossener **Abwicklung** statt einer Löschung wegen Vermögenslosigkeit stehen zu haben, ist nicht anzuerkennen.[387] Umgekehrt ist aber eine Löschung gem. § 394 FamFG auch nicht dadurch ausgeschlossen, dass bei einem laufenden Liquidationsverfahren gem. Abs. 1 Nr. 2 die Finanzbehörden unter Verweis auf ein noch nicht abgeschlossenes Besteuerungsverfahren der Eintragung der Löschung nicht „zustimmen".[388]

bb) Vermögenslosigkeit (§ 394 Abs. 1 S. 1 FamFG). Als entscheidende Vorausset- **159** zung der Amtslöschung knüpft § 394 Abs. 1 S. 1 FamFG an die Vermögenslosigkeit der Gesellschaft an. Dies liegt vor, wenn zugunsten der Gläubiger (und nachrangig der Gesellschafter) **keine Vermögensgegenstände der Gesellschaft verwertbar** sind.[389] Eine Überschuldung der Gesellschaft ist nicht erforderlich, aber als solche – außer bei hinzutretendem Fehlen von aktiven Vermögensgegenständen – auch nicht ausreichend.[390] Gleiches gilt für den Fall der Unterkapitalisierung oder Unterbilanz[391] sowie Masselosigkeit und das Nicht-Vorhandensein von Vermögenspositionen (§ 26 Abs. 1 InsO), welche die Kosten für das Insolvenzverfahren decken.[392] Die Ablehnung der Eröffnung eines Insolvenzverfahrens mangels Masse führt noch nicht zwingend dazu, dass das Registergericht von Vermögenslosigkeit auszugehen hat; allerdings wird dadurch die **Vermögenslosigkeit indiziert.**[393]

Maßgeblich ist daher für die Zugrundelegung von Vermögenslosigkeit, dass den Gesell- **160** schaftsgläubigern und Gesellschaftern **keine Zugriffs- oder Verteilungsmasse** zur Verfügung steht.[394] Insoweit ist auf das Fehlen verwertbarer (aktiver) Vermögensgegenstände abzustellen, welche ein ordentlicher Kaufmann in seiner Bilanz aktivieren könnte.[395] Da mit dem Bilanzrechtsmodernisierungsgesetz[396] das frühere generelle Verbot, selbst geschaffene immaterielle Wirtschaftsgüter des Anlagevermögens zu aktivieren (zB selbst geschaffener

---

[386]   Scholz/*Scheller* Rn. 4.
[387]   IErg ebenso UHL/*Casper* Rn. 72.
[388]   OLG Düsseldorf Beschl. v. 1.2.2017 – I-3 Wx 300/16, NJW-RR 2017, 810; aA OLG Hamm Beschl. v. 1.7.2015 – 27 W 71/15, NZG 2015, 953; Beschl. v. 29.7.2015 – 27 W 50/15, NZG 2015, 1159.
[389]   Wohl allgM, vgl. etwa BayObLG Beschl. v. 12.1.1995 – 3Z BR 256/94, NJW-RR 1995, 612; Beschl. v. 10.2.1999 – 3Z BR 43–99, NJW-RR 1999, 1054; BAG Urt. v. 19.3.2002 – 9 AZR 752/00, NJW 2003, 80 (81); Noack/Servatius/Haas/*Haas* Anh. § 77 Rn. 5; Lutter/Hommelhoff/*Kleindiek* Rn. 16; *Altmeppen* § 75 Rn. 52.
[390]   OLG Frankfurt Entsch. v. 13.12.1982 – 20 W 147/82, BB 1983, 420; MHLS/*Nerlich* Rn. 283; Rowedder/Schmidt-Leithoff/*Gesell* Rn. 33; Scholz/*Scheller* Rn. 54; Noack/Servatius/Haas/*Haas* Anh. § 77 Rn. 5.
[391]   Ebenso UHL/*Casper* Rn. 73.
[392]   Allerdings liegt in diesen Fällen die Vermögenslosigkeit nahe; s. hierzu auch BAG Urt. v. 22.3.1998 – 3 AZR 350/86, GmbHR 1988, 388 (389); BayObLG Beschl. v. 20.12.1983 – BReg. 3Z 90/83, BB 1984, 315 (316); vgl. hierzu auch Scholz/*Scheller* Rn. 54.
[393]   BayObLG Beschl. v. 20.12.1983 – BReg. 3Z 90/83, BB 1984, 315; Scholz/*Schmidt/Bitter,* 11. Aufl. 2013, Rn. 49.
[394]   Scholz/*Scheller* Rn. 54 mwN.
[395]   BayObLG Beschl. v. 12.1.1995 – 3Z BR 256/94, NJW-RR 1995, 612; OLG Hamm Beschl. v. 12.11.1992 – 15 W 266/92, NJW-RR 1993, 547 (549); UHL/*Casper* Rn. 73.
[396]   Neuregelung des § 248 Abs. 2 HGB durch das Gesetz zur Modernisierung des Bilanzrechts (Bilanzierungsmodernisierungsgesetz – BilMoG) v. 25.5.2009, BGBl. 2009 I 1102.

Firmenwert oder Know-how, vgl. § 248 Abs. 2 HGB aF), aufgehoben wurde, schließen Vermögensgegenstände wie etwa ein Firmenwert oder betriebsbezogenes Know-how, das mit hinreichender Sicherheit verwertbar ist, die Annahme der Vermögenslosigkeit aus.[397] Insgesamt kommt es im **Interesse des Gläubigerschutzes** entscheidend auf die geldbezogene Realisierbarkeit von Wirtschaftsgütern[398] und nicht auf eine formelle, rein bilanziell orientierte Betrachtung an, so aber die wohl **hM.**[399]

161   Bis heute ist nicht abschließend geklärt, ab welcher **Schwelle** Vermögenslosigkeit zu bejahen ist. Anerkannt ist, dass selbst ein in **nur geringem Umfang** vorhandenes Gesellschaftsvermögen die Löschung nach § 394 Abs. 1 S. 1 FamFG hindert.[400] Das OLG Frankfurt hat dies etwa bei einem Guthaben der Gesellschaft auf einem Treuhandkonto in Höhe von 3.000 Euro angenommen,[401] das OLG Düsseldorf bei einem Betrag von 3.000 Euro auf dem Girokonto der Gesellschaft.[402] Anders soll es nur bei „verschwindend geringem" Vermögen[403] oder nicht-bilanzierungsfähigem Vermögen sein.[404] Richtigerweise wird man jeweils die Besonderheiten des Einzelfalles, etwa die **leichte Realisierbarkeit des Vermögensgegenstandes** im Verhältnis zu seinem betragsmäßigen Wert, zu berücksichtigen haben.[405] Vermögenslosigkeit ist jedenfalls dann zu bejahen, wenn eine sinnvolle Befriedigungsmöglichkeit der Gläubiger keinesfalls realistisch erscheint.[406]

162   Obwohl es sich in diesem Fall um aktivierbare Vermögensgegenstände handelt, sind Bestandteile des Anlage- oder Umlaufvermögens der Gesellschaft, welche einem **Dritten,** bspw. für ein gewährtes Darlehen, zur Sicherung **übereignet sind,** bei der Prüfung in Bezug auf die Vermögenslosigkeit allenfalls insoweit zu berücksichtigen, als ihr Wert den Betrag der gesicherten Forderung übersteigt.[407] Dieser Maßstab findet auch auf an Dritte sicherungsübereignete Forderungen[408] Anwendung. Bei zum Gesellschaftsvermögen gehörenden **Grundstücken** wird unabhängig von der Höhe vorhandener Belastungen die

---

[397] Ebenso Noack/Servatius/Haas/*Haas* Anh. § 77 Rn. 5; Rowedder/Schmidt-Leithoff/*Gesell* Rn. 33; Bork/Schäfer/*Roth* Rn. 32.

[398] So offenbar auch OLG Frankfurt Beschl. v. 29.11.2015 – 20 W 116/12, NJW-RR 2015, 928, anders zur früheren Rechtslage BAG Urt. v. 19.3.2002 – 9 AZR 752/00, NJW 2003, 80 (81) und – unter Verweis auf nur aus Vorsichtsgründen fehlende Bilanzierungsfähigkeit – Rowedder/Schmidt-Leithoff/*Gesell* Rn. 33.

[399] Vgl. etwa OLG Frankfurt Beschl. v. 7.9.1977 – 20 W 660/07, DB 1978, 628; wohl auch OLG Frankfurt Entsch. v. 13.12.1982 – 20 W 147/82, BB 1983, 420; BayObLG Beschl. v. 18.6.1982 – BReg. 3Z 48/82, BB 1982, 1590; BayObLG Beschl. v. 20.12.1983 – BReg. 3Z 90/83, BB 1984, 315; LG Hamburg Beschl. v. 14.11.1951 – 26 T 32/51–26 T 37/51, BB 1952, 530; *Heller,* Die vermögenslose GmbH, 1989, 15 ff.; UHL/*Casper* Rn. 75, wohl auch Keidel/*Heinemann* FamFG § 394 Rn. 9.

[400] BayObLG Beschl. v. 20.12.1983 – BReg. 3Z 90/83, BB 1984, 315; OLG Frankfurt Urt. v. 7.8.1992 – 20 w 263/92, WM 1992, 1944 (1946); OLG Frankfurt Entsch. v. 11.11.1992 – 20 W 418/92, OLGZ 1994, 39; OLG Frankfurt Beschl. v. 4.8.1997 – 20 W 359–96, NJW-RR 1998, 612 (613); OLG Hamm Beschl. v. 12.11.1992 – 15 W 266/92, NJW-RR 1993, 547 (549); OLG Karlsruhe Beschl. v. 10.8.1999 – 14 Wx 24/99, NJW-RR 2000, 630 (631); OLG Köln Beschl. v. 9.2.1994 – 2 Wx 48/93, NJW-RR 1994, 726 (727); OLG Koblenz Urt. v. 8.10.1993 – 2 U 1851/91, NJW-RR 1994, 500 (501); MHLS/*Nerlich* Rn. 279; Lutter/Hommelhoff/*Kleindiek* Rn. 16; UHL/*Casper* Rn. 73; Scholz/*Scheller* Rn. 54.

[401] OLG Frankfurt Beschl. v. 10.10.2005 – 20 W 289/05, FGPrax 2006, 83.

[402] OLG Düsseldorf Beschl. v. 20.1.2011 – 3 Wx 3/11, Rpfleger 2011, 329.

[403] Ebenso die ganz hM in der Lit., vgl. etwa *Hartung* BB 1982, 421; Noack/Servatius/Haas/*Haas* Anh. § 77 Rn. 5; UHL/*Casper* Rn. 73; Scholz/*Scheller* Rn. 54; aA allerdings OLG Frankfurt Beschl. v. 12.12.1982 – 20 W 147/82, BB 1983, 420; OLG Düsseldorf Beschl. v. 13.11.1996 – 3 Wx 494/96, BB 1996, 2617. Das OLG Köln Beschl. v. 9.2.1994 – 2 Wx 48/93, NJW-RR 1994, 726 (727) ist im Jahr 1994 beim im dortigen Sachverhalt nicht ganz geklärten – Vorhandensein von ca. 250 Euro von Vermögenslosigkeit der Gesellschaft ausgegangen.

[404] So etwa Gehrlein/Born/Simon/*Beckmann/Hofmann* Rn. 49; MHLS/*Nerlich* Rn. 280; aA Bork/Schäfer/*Roth* Rn. 20, Lutter/Hommelhoff/*Kleindiek* Rn. 26; Rowedder/Schmidt-Leithoff/*Gesell* Rn. 33.

[405] Ebenso UHL/*Casper* Rn. 73 entgegen *Kögel* GmbHR 2003, 460 (461) (letzter stellt vereinfachend auf eine Grenze von 500 Euro ab).

[406] Noack/Servatius/Haas/*Haas* Anh. § 77 Rn. 5; ähnlich wohl auch HK-GmbHR/*Koch* Rn. 12.

[407] Bereits zum insoweit vergleichbaren früheren Recht LG Hamburg Beschl. v. 14.11.1951 – 26 T 32/51–26 T 37/51, BB 1952, 530; UHL/*Casper* Rn. 75; wohl auch Rowedder/Schmidt-Leithoff/*Gesell* Rn. 33; Noack/Servatius/Haas/*Haas* Anh. § 77 Rn. 5.

[408] BAG Urt. v. 19.3.2002 – 9 AZR 752/00, NJW 2003, 80 (81); zust. UHL/*Casper* Rn. 75.

Annahme der Vermögenslosigkeit ausgeschlossen.[409] Dies mag nicht zu Unrecht als widersprüchlich wahrgenommen werden, kann aber ansatzweise Rechtfertigung durch den evident ersichtlichen nachwirkenden Handlungsbedarf für die Gesellschaft gerade mit Blick auf Grundbuchfragen finden. Uneinbringliche Forderungen beseitigen nicht die Vermögenslosigkeit der Gesellschaft, ebenso nicht (mehr) verwertbare Schutzrechte oder ähnliche wertlose Vermögensgegenstände[410] sowie schwebende Geschäfte, bloße Aussichten auf Vermögenserwerb und eigene Geschäftsanteile der Gesellschaft.[411]

Rechtshängige Aktivprozesse der Gesellschaft mit Vermögensbezug sprechen dafür, **163** dass die Gesellschaft noch über Vermögen verfügt und daher nicht zu löschen ist.[412] Zum Teil wird dies auch vermutet, wenn die Gesellschaft Beklagtenpartei in einem zivilgerichtlichen Verfahren ist, da offenbar zumindest der jeweilige Kläger vom Vorhandensein von Vermögen ausgehe.[413] Dies erscheint indes höchst zweifelhaft[414] und bedarf im Zweifel einer näheren Aufklärung anhand der **Einzelfallumstände,** wobei die Löschung nach § 394 Abs. 1 FamFG nicht an der Möglichkeit eines eventuell später begründeten Kostenerstattungsanspruchs im Fall der Klageabweisung scheitert.[415]

Ein **steuerlicher Verlustvortrag** vermag ebenfalls nichts an einer ansonsten zu beja- **164** henden Vermögenslosigkeit der Gesellschaft ändern,[416] da er sich nur im Falle zukünftiger Gewinne wirtschaftlich vorteilhaft auswirken kann (§ 8 Abs. 1 S. 1 KStG iVm § 10d EStG) und damit zwingend die Fortführung der Gesellschaft voraussetzt. Außerdem gelangt die Verrechnung von Gewinnen mit dem früheren Verlustvortrag aufgrund der Regelung in § 8c KStG (Stichwort: schädlicher Beteiligungserwerb) in den meisten Fällen einer Veräußerung nicht zur Anwendung. Zuletzt stünde eine Vergütung für den Verlustvortrag, welche regelmäßig im Zusammenhang mit dem Verkauf des bloßen GmbH-Mantels erzielt würde, nur den Gesellschaftern und nicht der Gesellschaft zu.[417]

Forderungen gegen Organe der Gesellschaft und deren Gesellschafter, wie etwa **Scha-** **165** **densersatzansprüche** gegen die Geschäftsführer (§ 43 Abs. 2 und 3; § 64 S. 1 aF, jetzt § 15b Abs. 4 InsO) oder Liquidatoren (§ 73 Abs. 3) sowie Einlageforderungen (zB aus § 9a Abs. 1 und 2) oder sonstige Ansprüche – etwa Erstattungsansprüche nach §§ 30, 31 sowie Verlustübernahmeverpflichtungen nach § 302 AktG analog im Fall von Unternehmensverträgen – gegen die Gesellschafter, schließen die Vermögenslosigkeit der Gesellschaft jedenfalls dann aus, wenn diese rechtlich **durchsetzbar** sind und die jeweiligen Schuldner insoweit zahlungsfähig sind.[418] Aber auch dann, wenn die Geschäftsführer bzw. Liquidatoren der Gesellschaft die Ansprüche nicht durchsetzen wollen oder (insbesondere aus prozessualen Gründen) können, wird die Vermögenslosigkeit häufig abzulehnen sein.[419] Sofern daher die Gesellschafter insbesondere mit Unterstützung der Geschäftsführer eine „kalte Liquida-

---

[409] Ebenso *Heller,* Die vermögenslose GmbH, 1989, 16; Rowedder/Schmidt-Leithoff/*Gesell* Rn. 33; MHLS/*Nerlich* Rn. 283; UHL/*Casper* Rn. 75.

[410] Scholz/*Scheller* Rn. 54; UHL/*Casper* Rn. 75.

[411] Scholz/*Scheller* Rn. 54; Noack/Servatius/Haas/*Haas* Anh. § 77 Rn. 6.

[412] UHL/*Casper* Rn. 78; zu Recht wird darauf hingewiesen, dass die Beurteilung im Fall von Anhaltspunkten für eine missbräuchliche Rechtsausübung anders auszufallen hat.

[413] So offenbar Scholz/*Schmidt/Bitter,* 11. Aufl. 2013, Rn. 49; generell zweifelnd(er) nunmehr Scholz/*Scheller* Rn. 54.

[414] Ebenso UHL/*Casper* Rn. 78.

[415] In diese Richtung wohl auch BGH Urt. v. 5.4.1979 – II ZR 73/78, NJW 1979, 1592; s. auch MHLS/*Nerlich* Rn. 282; UHL/*Casper* Rn. 78; Rowedder/Schmidt-Leithoff/*Gesell* Rn. 33, der zudem noch die Frage thematisiert, ob die Gesellschaft bereits die durch die Klagepartei zu erstattenden Kosten gezahlt hat.

[416] IErg ebenso UHL/*Casper* Rn. 79; Rowedder/Schmidt-Leithoff/*Gesell* Rn. 34.

[417] Ebenso Noack/Servatius/Haas/*Haas* Anh. § 77 Rn. 6; UHL/*Casper* Rn. 79.

[418] BayObLG Beschl. v. 30.10.1984 – BReg. 3Z 204/84, GmbHR 1985, 215; *Heller,* Die vermögenslose GmbH, 1989, 21 f.; Noack/Servatius/Haas/*Haas* Anh. § 77 Rn. 5; UHL/*Casper* Rn. 79; Keidel/*Heinemann* FamFG § 394 Rn. 8.

[419] OLG Celle Beschl. v. 2.12.1996 – 9 W 159/96, GmbHR 1997, 752; Scholz/*Scheller* Rn. 55; UHL/ *Casper* Rn. 76; aA offenbar OLG Hamm Beschl. v. 12.11.1992 – 15 W 266/92, NJW-RR 1993, 547 (549); *Saenger* GmbHR 1994, 300 (301); Rowedder/Schmidt-Leithoff/*Gesell* Rn. 33.

tion" in der Weise durchgeführt haben, dass die Vermögenslosigkeit der Gesellschaft entgegen § 30 und § 73 zB durch Verteilung des Vermögens vor Ablauf des Sperrjahrs künstlich geschaffen wurde, so stehen die dadurch ausgelösten Ersatzansprüche der Gesellschaft einer Löschung der Gesellschaft wegen Vermögenslosigkeit entgegen.[420] In der Praxis wird indes nicht selten eine **derartige Vorgehensweise unentdeckt (und damit unsanktioniert)** bleiben. Die vorzunehmende Prüfung der Durchsetzbarkeit von Ersatzansprüchen gegen Gesellschafter oder (frühere) Organe der Gesellschaft verpflichtet das Registergericht nicht, bis ins letzte Detail die Erfolgsaussichten von entsprechenden Klageverfahren zu prüfen.[421]

166   **cc) Vermögenslosigkeit nach Insolvenzverfahren (§ 394 Abs. 1 S. 2 FamFG).** Gem. Abs. 1 Nr. 7 mit Verweis auf § 394 Abs. 1 S. 2 FamFG ist eine Gesellschaft zudem von Amts wegen zu löschen, wenn das Insolvenzverfahren über ihr Vermögen durchgeführt worden ist und keine Anhaltspunkte dafür bestehen, dass die Gesellschaft noch über Vermögenswerte verfügt. § 394 Abs. 1 S. 2 FamFG entspricht dem inhaltsgleichen früheren § 141a Abs. 1 S. 2 FGG; diese Regelung wurde erstmalig mit der Insolvenzrechts-Reform mit Wirkung zum 1.1.1999 eingefügt.

167   Die Ablehnung der Eröffnung des Insolvenzverfahrens mangels Masse führt nicht zur (entsprechenden) Anwendung von § 394 Abs. 1 S. 2 FamFG, sondern wird häufig nach entsprechender umfänglicher Prüfung durch das Registergericht die Löschung der Gesellschaft wegen Vermögenslosigkeit aufgrund § 394 Abs. 1 S. 1 FamFG begründen.[422] Die weitere Voraussetzung, nämlich **(Anhaltspunkte für) Vermögenslosigkeit,** entspricht inhaltlich der insoweit wortgleich formulierten Regelung in § 394 Abs. 1 S. 1 FamFG. Allerdings ist, da das Gesetz lediglich das Vorhandensein von Anhaltspunkten für die Vermögenslosigkeit fordert, diesbezüglich eine weniger umfangreiche Prüfung durch das Registergericht notwendig.[423] Zur Prüfungsintensität → Rn. 179.

168   **dd) Maßgeblicher Zeitpunkt.** Für die Prüfung der Vermögenslosigkeit bei einer vom Registergericht beabsichtigten Amtslöschung nach § 394 Abs. 1 S. 1 FamFG, aber auch bei der eher summarischen Prüfung nach Abs. 1 S. 2 im Falle eines bereits durchgeführten Insolvenzverfahrens (§ 394 Abs. 1 S. 2 FamFG) stellt sich die Frage, zu welchem Zeitpunkt die Vermögenslosigkeit vorliegen muss. Nach mittlerweile **hM** kommt es entsprechend allgemeiner (zivil-)prozessualer Maßgaben auf den **Zeitpunkt der Entscheidung** über die Löschung, dh die Löschungsverfügung, an.[424] Falls im Zusammenhang mit dem Löschungsverfahren der Rechtsmittelweg beschritten wurde, ist die letzte mündliche Verhandlung in der Tatsacheninstanz maßgeblich.[425] Auf den früher teilweise herangezogenen Zeitpunkt der **Eintragung der Löschung**[426] kann dagegen richtigerweise nicht abgestellt werden, da in diesem Fall nur die kurz zuvor getroffene Löschungsentscheidung technisch ausgeführt wird.[427] Eine Gesellschaft, deren zunächst gegebene Vermögenslosigkeit, etwa durch zusätzliche Einlagen der Gesellschafter, beseitigt wurde, ist nicht vermögenslos und kann daher nicht nach § 394 Abs. 1 FamFG gelöscht werden.[428]

---

[420]   UHL/*Casper* Rn. 77; Rowedder/Schmidt-Leithoff/*Gesell* Rn. 32; ähnlich auch BGH Urt. v. 10.10.1988 – II ZR 92/88, NJW 1989, 220 – dort wird bereits ein die Vermögenslosigkeit hindernder Umstand darin gesehen, dass die Gesellschaft einen Ersatzanspruch gegen Gesellschafter oder Geschäftsführer hat, weil ein Gläubiger bei der Liquidation zu Unrecht übergangen wurde.
[421]   So bereits früher BayObLG Beschl. v. 20.4.1994 – 37 BR 68/94, GmbHR 1994, 888 (889); OLG Celle Beschl. v. 2.12.1996 – 9 W 159/96, GmbHR 1997, 752; Noack/Servatius/Haas/*Haas* Anh. § 77 Rn. 5.
[422]   Ebenso UHL/*Casper* Rn. 81; ähnlich auch Scholz/*Scheller* Rn. 56.
[423]   Noack/Servatius/Haas/*Haas* Anh. § 77 Rn. 13; UHL/*Casper* Rn. 81.
[424]   Statt vieler s. OLG Schleswig Beschl. v. 25.5.2000 – 2 W 82/00, NJW-RR 2001, 30; Keidel/*Heinemann* FamFG § 394 Rn. 7; Bumiller/Harders/*Harders* FamFG § 394 Rn. 3.
[425]   OLG Hamm Beschl. v. 12.11.1992 – 15 W 266/92, NJW-RR 1993, 547 (549); Baumbach/Hueck/*Haas* Anh. § 77 Rn. 7; UHL/*Casper* Rn. 80.
[426]   So etwa OLG Köln Beschl. v. 9.2.1994 – 2 Wx 48/93, NJW-RR 1994, 726 (727) unter Berufung auf Hachenburg/*Ulmer* Anh. § 60 Rn. 19.
[427]   Ebenso Noack/Servatius/Haas/*Haas* Anh. § 77 Rn. 7.
[428]   OLG Köln Beschl. v. 9.2.1994 – 2 Wx 48/93, NJW-RR 1994, 726 (727); Scholz/*Scheller* Rn. 57; Noack/Servatius/Haas/*Haas* Anh. § 77 Rn. 7.

c) Löschungsverfahren. Als registerrechtlicher Vorgang bestimmt sich das Löschungs- **169** verfahren nach dem Fünften Buch des FamFG. Für die Löschung aufgrund § 394 FamFG ist der **Richter** und nicht der Rechtspfleger **zuständig** (§ 17 Nr. 1 lit. e, Nr. 2 lit. b RPflG). Sachlich zuständig ist das Amtsgericht – Registergericht – (vgl. § 23a Abs. 1 Nr. 1, Abs. 2 Nr. 3 GVG). Die örtliche Zuständigkeit bestimmt sich nach § 377 Abs. 1 FamFG iVm § 376 FamFG.

aa) Verfahrenseinleitung. Die Löschung der Gesellschaft nach § 394 FamFG wird **170** als **Amtsverfahren der freiwilligen Gerichtsbarkeit** betrieben. Es bleibt auch dann beim Amtsverfahren, wenn die Initiative zur Verfahrenseinleitung durch einen Antrag einer antragsberechtigten Institution gem. § 23 FamFG oder aufgrund einer Anregung einer weiteren Person gem. § 24 FamFG eingeleitet worden ist.[429] Ausdrücklich als antragsberechtigt für das Löschungsverfahren bei Vermögenslosigkeit (§ 394 Abs. 1 S. 1 FamFG) sind die Finanzbehörden genannt.[430] Damit gemeint sind sowohl kommunale (Finanz-)Behörden wie etwa die für die Gewerbesteuer zuständigen Gemeinden als auch insbesondere die allgemeinen Finanzämter.[431] Zudem sind die berufsständischen Organe iSv § 380 FamFG antragsberechtigt (bis zum Inkrafttreten des FGG-RG am 1.9.2009: Antragsrecht der damals als „Organe des Handelsstandes" bezeichneten Institutionen nach § 126 FGG). Im Fall einer Löschung nach § 394 Abs. 1 S. 2 FamFG ist ein **formeller Antrag** vor dem Hintergrund der Mitteilungspflicht des Insolvenzgerichts über die Durchführung des Insolvenzverfahrens weder erforderlich noch zulässig; im Zweifel wird ein solcher immerhin als – stets mögliche – **Anregung** zu verstehen sein. Die Pflicht zum Tätigwerden des Registergerichts von Amts wegen ergibt sich unmittelbar aus dem Wortlaut der Norm.

Obwohl die antragsberechtigten Institutionen im Fall des § 394 Abs. 1 S. 1 FamFG ein **171** Recht zur **Beschwerdeeinlegung** gegen einen ihren Antrag zurückweisenden Beschluss haben (§ 380 Abs. 5 FamFG für die berufsständischen Organe, allgemein § 59 FamFG),[432] wird ihnen dadurch nicht die Herrschaft über das registergerichtliche Löschungsverfahren vermittelt.[433] Allerdings ist das Registergericht verpflichtet, einen **substantiierten Hinweis** auf die Vermögenslosigkeit einer Gesellschaft zu prüfen, auch wenn es sich um eine Anregung außerhalb des Kreises der antragsberechtigten Institutionen handelt. In diesem Fall steht der die Anregung gebenden Person jedoch kein Beschwerderecht zu.[434] Ein solches besteht zudem ohnehin bei der Verletzung in eigenem Recht;[435] die Gesellschaft selbst ist nicht beschwerdebefugt, falls sie die Anregung zur Löschung gegeben hat.[436]

bb) Verfahrensgrundsätze bei § 394 Abs. 1 S. 1 FamFG. Die Prüfung der Vermö- **172** genslosigkeit im Fall des § 394 Abs. 1 S. 1 FamFG durch das Registergericht vor Verfügung der Löschung erfolgt am **Maßstab von § 26 FamFG** (früher § 12 FGG). Da eine verfügte Amtslöschung weitreichende Folgen nach sich zieht, hat das Registergericht die Vermögenslosigkeit der Gesellschaft besonders sorgfältig und gewissenhaft zu ermitteln und dieser Prüfung **strenge Anforderungen** zu unterwerfen.[437] Nicht ausreichend ist die bloße Überzeugung des Gerichts von der Vermögenslosigkeit der Gesellschaft. Vielmehr hat das Gericht vorher **ausreichende eigene Ermittlungen** anzustellen.[438] Nicht genügend ist es dabei

---

[429] Ähnlich UHL/*Casper* Rn. 84.

[430] Bis zum Inkrafttreten des FGG-Reformgesetzes am 1.9.2009 als „Steuerbehörden" bezeichnet.

[431] S. auch Rowedder/Schmidt-Leithoff/*Gesell* Rn. 36; *Passarge* in Passarge/Torwegge GmbH-Liquidation Rn. 68.

[432] Vgl. hierzu auch Keidel/*Heinemann* FamFG § 394 Rn. 16.

[433] Scholz/*Scheller* Rn. 59; Rowedder/Schmidt-Leithoff/*Gesell* Rn. 36; UHL/*Casper* Rn. 84.

[434] AllgM, s. etwa BayObLG Beschl. v. 30.10.1968 – 2 Z 64/68, Rpfleger 1969, 56; UHL/*Casper* Rn. 84.

[435] Bumiller/Harders/*Harders* FamFG § 394 Rn. 8; Keidel/*Heinemann* FamFG § 394 Rn. 16.

[436] OLG München Beschl. v. 12.5.2011 – 31 Wx 205/11, NZG 2011, 709.

[437] OLG Frankfurt Entsch. v. 13.12.1982 – 20 W 147/82, BB 1983, 420; BayObLG Beschl. v. 12.1.1995 – 3Z BR 256/95, BB 1995, 740; Beschl. v. 27.5.1998 – 3 Z BR 110–98, NJW-RR 1999, 41; LG München I Beschl. v. 10.4.1989 – 17 HKT 5297/89, GmbHR 1990, 86 (87).

[438] OLG Düsseldorf Beschl. v. 13.11.1996 – 3 Wx 494/96, NJW-RR 1997, 870 = GmbHR 1997, 131; OLG Karlsruhe Beschl. v. 10.8.1999 – 14 Wx 24/99, NJW-RR 2000, 630; OLG Düsseldorf Beschl. v. 5.4.2006 – I-3 Wx 222/05, NZG 2006, 542; Lutter/Hommelhoff/*Kleindiek* Rn. 15.

etwa, wenn das Registergericht ganz überwiegend das Zahlungsverhalten der Gesellschaft berücksichtigt und daraus (negative) Schlussfolgerungen zieht oder die Geschäftsführer der Gesellschaft trotz Aufforderung durch das Registergericht den Vermögensstatus der Gesellschaft nicht offenlegen.[439]

173   In der Regel wird das Registergericht gerade dann besondere Ermittlungen anzustellen haben, wenn die Eröffnung des Insolvenzverfahrens rechtskräftig mangels Masse abgelehnt wurde und daher die Gesellschaft nach Abs. 1 Nr. 5 aufgelöst ist.[440] Ein Automatismus in Richtung einer dann in jedem Fall notwendigen Löschung wegen Vermögenslosigkeit besteht indes nicht.[441] Allerdings wurde durch die Rspr. auch klar herausgestellt, dass das Registergericht **keine Ermittlungen „ins Blaue hinein"** vornehmen muss.[442] Dabei wird zum Teil vertreten, das Registergericht müsse keine Anfrage beim für die Gesellschaft zuständigen Finanzamt vornehmen, nicht zuletzt weil dieses aufgrund Steuergeheimnisses und Nichtanwendbarkeit von § 30 Abs. 4 Nr. 2 AO im Fall von § 394 FamFG ohnehin an der Weitergabe der Daten gehindert wäre.[443] Allerdings haben die Finanzbehörden dem Registergericht gem. § 379 Abs. 2 FamFG Auskunft über die steuerlichen Verhältnisse der Gesellschaft zu erteilen, soweit dies zur Löschung der Gesellschaft benötigt wird. Die Norm des § 379 Abs. 2 FamFG als Ausnahmevorschrift iSv § 30 Abs. 4 Nr. 2 AO[444] gilt aber auch für das Löschungsverfahren nach § 394 FamFG.[445] Daher hat das Registergericht jedenfalls dann, wenn es Anhaltspunkte dafür hat, dass die Auskunft der Finanzbehörden Erkenntnisse zum Vermögen der Gesellschaft bringen kann, dies auch zur Auskunftserteilung im Rahmen der Ermittlungspflicht aufzufordern.

174   Die Gesellschaft muss insgesamt das Vorhandensein von Vermögen zwar nicht beweisen,[446] muss aber mitwirken und die Umstände vortragen.[447] Das Vorhandensein von Vermögen kann neben den allgemeinen Beweismitteln wie etwa Testate sachkundiger Personen und Institutionen auch durch Versicherung an Eides statt durch einen Verfahrensbeteiligten nachgewiesen werden, § 31 Abs. 1 FamFG.[448] Dabei können zusätzlich zur betroffenen Gesellschaft nicht zuletzt auch deren Organmitglieder, Gesellschafter oder Gläubiger beteiligt und somit zur Glaubhaftmachung zugelassen werden.[449]

175   **cc) Kein Ermessen des Registergerichts bei § 394 Abs. 1 S. 1 FamFG.** Anders als bei der Löschung wegen vermuteter Vermögenslosigkeit in § 394 Abs. 1 S. 2 FamFG handelt es sich bei der Löschung wegen tatsächlicher Vermögenslosigkeit iSv S. 1 um eine **„Kann"-Vorschrift.** Gleichzeitig verwundert es bereits auf den ersten Blick, wie „kann" und „von Amts wegen" zusammenpassen mögen. Nicht erstaunlich ist daher, dass in Rspr. und juristischer Lit. seit längerer Zeit umstritten ist, ob es sich bei § 394 Abs. 1 S. 1 FamFG um eine Ermessensvorschrift handelt oder ob dem Registergericht allenfalls ein **gewisser Beurteilungsspielraum** bei der Feststellung der Vermögenslosigkeit zukommen kann.

176   Die Rspr. und die früher wohl **hM** geht – unter Bezugnahme auf den „Kann"-Wortlaut in der insoweit identischen Vorgängervorschrift zu § 394 Abs. 1 S. 1 FamFG (früher § 141a Abs. 1 S. 1 FGG) – von einer **pflichtgemäßen Ermessensentscheidung** des Registerge-

---

[439] OLG Düsseldorf Beschl. v. 13.11.1996 – 3 Wx 494/96, NJW-RR 1997, 870; vgl. auch UHL/*Casper* Rn. 85.

[440] Scholz/*Scheller* Rn. 60.

[441] Ebenso UHL/*Casper* Rn. 85.

[442] OLG Brandenburg Beschl. v. 6.3.2000 – 8 Wx 595/99, NJW-RR 2001, 176 (178); *Altmeppen* § 75 Rn. 55; UHL/*Casper* Rn. 85.

[443] OLG München Beschl. v. 22.11.2012 – 31 Wx 421/12, NZG 2013, 188; diesem folgend UHL/*Casper* Rn. 85.

[444] S. etwa Bumiller/Harders/*Harders* FamFG § 379 Rn. 3; Keidel/*Heinemann* FamFG § 379 Rn. 8.

[445] So auch OLG Frankfurt Beschl. v. 29.1.2015 – 20 W 116/12, NJW-RR 2015, 928 (930); ebenso wohl auch Noack/Servatius/Haas/*Haas* Anh. § 77 Rn. 9.

[446] OLG Karlsruhe Beschl. v. 10.8.1999 – 14 Wx 24/99, NJW-RR 2000, 630.

[447] OLG Brandenburg Beschl. v. 6.3.2000 – 8 Wx 595/99, NJW-RR 2001, 176 (178).

[448] Ähnlich UHL/*Casper* Rn. 85 zum früheren § 15 Abs. 2 FGG.

[449] UHL/*Casper* Rn. 85; einengend offenbar – nur Antragsteller und Gesellschaft als Beteiligte – Keidel/*Heinemann* FamFG § 394 Rn. 17.

richts im Zusammenhang mit der Einleitung des Löschungsverfahrens aus.[450] Das sichere
Wissen um die Vermögenslosigkeit führt nach dieser Auffassung noch nicht zwingend zur
Löschung der Gesellschaft. Zur Begründung wird nicht zuletzt darauf verwiesen, dass nach
Entstehungsgeschichte und Gesetzeszweck des früheren LöschG (als Vorgängergesetz zu
§ 141a FGG und § 394 FamFG) nicht jede vermögenslose Gesellschaft ohne Ausnahme
zu löschen sein soll, sondern nur die **„lebensunfähigen" Gesellschaften** verschwinden
sollen.[451]

Eine mittlerweile im Vordringen befindliche Gegenauffassung bestreitet das Vorhanden- **177**
sein eines **Richterermessens** bei § 394 Abs. 1 S. 1 FamFG.[452] Vielmehr sei § 394 FamFG
eine Ergänzung zu den Vorschriften über die Kapitalsicherung bei der GmbH (vgl. etwa
§§ 5, 7, 19, 30 f.). Aus diesen Regelungen folge aber der Grundsatz, dass keine Gesellschaft
vermögenslos existieren dürfe. Auch überzeuge das Wortlautargument nicht zwingend, da
die Formulierung der Norm ohne sachliche Diskussion aus dem früheren § 2 LöschG
übernommen worden sei und der Normzweck keine Ermessensentscheidung gebiete. Da
die Gesellschafter jederzeit, etwa durch Nachschießen oder anderweitige Zurverfügungstel-
lung von Kapital, die Vermögenslosigkeit der Gesellschaft beseitigen können, sei auch ihr
Interesse am Bestand der Gesellschaft nachrangig zum öffentlichen Interesse an der Löschung
vermögensloser Gesellschaften. Bei **bevorstehender Kapitalzufuhr** durch Gesellschafter
(aber auch durch Gesellschaftsgläubiger) sowie bei nachwirkenden Handlungspflichten trotz
bestehender Vermögenslosigkeit komme eine Aussetzung des Verfahrens in Betracht.[453]

Diese Auffassung will dem Registergericht allenfalls einen Beurteilungsspielraum für **178**
die Feststellung der Vermögenslosigkeit einräumen, um dem Umstand Rechnung tragen
zu können,[454] dass es sich bei der Prüfung der Vermögenslosigkeit einer Gesellschaft häufig
um eine inhaltlich schwierige Entscheidung handeln wird. Nicht zuletzt vor dem Hintergrund einer sachlich nicht gerechtfertigten Differenzierung zwischen den beiden Fallgruppen des § 394 Abs. 1 FamFG sowie der Unklarheiten, die aus dem Zusammenspiel von
„kann" und „von Amts wegen" im Wortlaut von § 394 Abs. 1 S. 1 FamFG folgen, wird
man mit der im Vordringen befindlichen Ansicht davon auszugehen haben, dass dem Registergericht **kein Ermessen** bei der Löschung einer Gesellschaft wegen Vermögenslosigkeit
zukommen kann. Allenfalls ist ein gewisser Beurteilungsspielraum bei der Prüfung der
Vermögenslosigkeit anzuerkennen.

dd) Verfahrensgrundsätze bei § 394 Abs. 1 S. 2 FamFG. Im Fall der Löschung **179**
nach Durchführung eines Insolvenzverfahrens aufgrund vermuteter Vermögenslosigkeit
gem. § 394 Abs. 1 S. 2 FamFG ist – anders als bei der Löschung nach S. 1 – keine intensive
Verifizierung der Vermögenslosigkeit der Gesellschaft erforderlich.[455] Es reicht vielmehr eine Prüfung dahingehend, ob Anhaltspunkte für vorhandenes Gesellschaftsvermögen
bestehen, was aber nach Abschluss des Insolvenzverfahrens regelmäßig nicht der Fall sein

[450]   OLG Karlsruhe Beschl. v. 10.8.1999 – 14 Wx 24/99, NJW-RR 2000, 630; OLG Frankfurt Beschl.
       v. 7.9.1977 – 20 W 660/77, DB 1978, 628; Entsch. v. 13.12.1982 – 20 W 147/82, BB 1983, 420; OLG
       Zweibrücken Entsch. v. 28.10.1988 – 3 W 121/88, ZIP 1989, 241 (242) noch zu § 142 FGG; Ulmer
       § 395 FamFG; Hachenburg/Ulmer Anh. § 60 Rn. 28; Rowedder/Schmidt-Leithoff/Gesell Rn. 38;
       MüKoAktG/Koch AktG § 262 Rn. 98 zur aktienrechtlichen Parallelvorschrift in § 262 Abs. 1 Nr. 6
       AktG; Keidel/Heinemann FamFG § 394 Rn. 14.
[451]   So ausdrücklich Rowedder/Schmidt-Leithoff/Gesell Rn. 38.
[452]   Scholz/Scheller Rn. 60; MHLS/Nerlich Rn. 294; Noack/Servatius/Haas/Haas Anh. § 77 Rn. 9; UHL/
       Casper Rn. 86; Schulz, Die masselose Liquidation der GmbH, 1986, 30 f.; Gehrlein/Born/Simon/Beck-
       mann/Hofmann Rn. 48; aus der aktienrechtlichen Lit. zu § 262 Abs. 1 Nr. 6 MüKoAktG/Koch AktG
       § 262 Rn. 98.
[453]   UHL/Casper Rn. 86.
[454]   UHL/Casper Rn. 87 sowie zum Aktienrecht MüKoAktG/Koch AktG § 262 Rn. 98; aA indes wohl
       Scholz/Schmidt/Bitter, 11. Aufl. 2013, Rn. 55, der sich auf ein „Aufgreifermessen" des Gerichts stützen
       will, aber bei der Frage der Vermögenslosigkeit weder von einem Ermessen noch von einem Beurtei-
       lungsspielraum ausgeht.
[455]   Ausdrücklich auch Scholz/Scheller Rn. 60 mit Hinweis auf die weiterbestehende allgemeine Amtspflicht
       zur gewissenhaften Prüfung sowie die insoweit zurücktretende Amtsermittlungspflicht.

wird.[456] Allerdings führt die vergleichsweise wenig verdichtete Prüfungsintensität nicht dazu, dass für das Registergericht ein **freies Ermessen** in Bezug auf die Annahme der Vermögenslosigkeit bestünde. Dem steht bereits der Wortlaut der Norm („ist … zu löschen") entgegen.[457] Das Registergericht wird **von Amts wegen** tätig (§ 26 FamFG), nachdem ihm das Insolvenzgericht – ebenfalls von Amts wegen – nach § 31 Abs. 1 Nr. 1 InsO die Eröffnung des Insolvenzverfahrens und nach § 200 Abs. 2 S. 3 InsO, § 215 Abs. 1 S. 3 InsO iVm § 31 Abs. 1 Nr. 1 InsO dessen Aufhebung nach Vollzug der Schlussverteilung oder nach Verteilung der Insolvenzmasse im Fall der Masseunzulänglichkeit mitgeteilt hat.[458]

180   Ist tatsächlich kein Vermögen der Gesellschaft bzw. kein anderweitiger Abwicklungsbedarf mehr vorhanden (zur Wirkung der Löschung → Rn. 191), so führt die **Löschung** gem. § 394 Abs. 1 S. 2 FamFG zur **Vollbeendigung der Gesellschaft,** während bereits einige Zeit zuvor mit der Eröffnung des Insolvenzverfahrens die Auflösung der Gesellschaft eingetreten ist (vgl. Abs. 1 Nr. 4). In diesem Fall bedarf es nicht der Durchführung eines Liquidationsverfahrens gem. §§ 65 ff., da es dem Insolvenzverwalter obliegt, die Abwicklung der Gesellschaft zu bewerkstelligen.[459] Es kommt somit nicht darauf an, ob das Insolvenzverfahren nach Anzeige der **Masseunzulänglichkeit** iSv § 211 Abs. 1 InsO eingestellt wurde, sich bei der Schlussverteilung ein an die Gesellschafter auszukehrender Überschuss gem. § 199 S. 2 InsO ergibt oder das Insolvenzverfahren bei gleichzeitigem Nicht-Fortbestehen der Gesellschaft (anders im Fall der Durchführung eines Insolvenzplans nach §§ 217 ff. InsO) anderweitig abgeschlossen wird. Da keine gesetzliche Grundlage für die Anmeldung des Erlöschens der Gesellschaft durch den Insolvenzverwalter nach deren Abwicklung vorgesehen ist (vgl. aber § 74 Abs. 1 S. 1 für das „ordentliche" Liquidationsverfahren gem. §§ 65 ff.), obliegt die Amtslöschung nach durchgeführtem Insolvenzverfahren ausschließlich dem Registergericht.[460]

181   **ee) Information der Beteiligten und Widerspruchsmöglichkeit.** Bejaht das Registergericht nach entsprechender Prüfung die Vermögenslosigkeit der Gesellschaft, so hat es **die Absicht der bevorstehenden Löschung** den gesetzlichen Vertretern der Gesellschaft, also den Geschäftsführern, bekannt zu machen (§ 394 Abs. 2 S. 1 FamFG). Dabei hat das Gericht aufgrund § 37 Abs. 2 FamFG die Umstände offenzulegen, die zum Löschungsverfahren geführt haben.[461] Bei der Bekanntgabe entscheidet das Registergericht nach pflichtgemäßem Ermessen (§ 15 Abs. 2 FamFG), ob es eine förmliche Zustellung nach §§ 166 ff. ZPO vornimmt oder die Verfügung durch Aufgabe zur Post nach § 15 Abs. 2 FamFG bekannt gibt.[462] Die Bekanntgabe gegenüber den statuarischen Vertretungsorganen ist nach dem Gesetzeswortlaut allerdings nur dann maßgeblich, soweit Geschäftsführer vorhanden sind und ihre Person und ihr inländischer Aufenthalt bekannt sind. Ist die Gesellschaft **führungslos,** so wird sie nach den allgemeinen Grundsätzen des § 35 Abs. 2 S. 2 iVm Abs. 1 S. 1 und 2 durch die Gesellschafter vertreten.[463] Eine Gesellschaft ist indes nur führungslos, wenn sie keine Geschäftsführer hat, nicht jedoch, wenn diese oder ihre Aufenthaltsorte im Inland nicht bekannt sind.[464] In letztgenannten Fällen bietet sich die **öffentliche Zustellung** nach § 15a HGB iVm den Vorschriften der ZPO (insbesondere § 185 Nr. 2 ZPO) an, wenn eine Zustellung unter der eingetragenen Geschäftsanschrift der Gesellschaft (§ 8 Abs. 4 Nr. 1, § 10 Abs. 1 S. 1) nicht durchführbar ist. Möglich ist auch die Bekanntgabe an eine nach § 10 Abs. 2 S. 2 im Handelsregister als empfangsberechtigt

---

[456] Ebenso Noack/Servatius/Haas/*Haas* Anh. § 77 Rn. 13.
[457] AllgM, vgl. Keidel/*Heinemann* FamFG § 394 Rn. 14; UHL/*Casper* Rn. 81; Scholz/*Scheller* Rn. 64.
[458] S. auch Noack/Servatius/Haas/*Haas* Anh. § 77 Rn. 14.
[459] *K. Schmidt* GmbHR 1994, 829 (831); Noack/Servatius/Haas/*Haas* Anh. § 77 Rn. 12; UHL/*Casper* Rn. 81.
[460] Ebenso UHL/*Casper* Rn. 81; krit. jedoch die wohl hM, vgl. *K. Schmidt* GmbHR 1994, 829 (831); Noack/Servatius/Haas/*Haas* Anh. § 77 Rn. 12; MHLS/*Nerlich* Rn. 277.
[461] OLG Köln Beschl. v. 17.3.2011 – 2 Wx 27/11, Rpfleger 2011, 443.
[462] Bumiller/Harders/*Harders* FamFG § 394 Rn. 6; Keidel/*Heinemann* FamFG § 394 Rn. 21.
[463] Vgl. auch OLG Köln Beschl. v. 17.3.2011 – 2 Wx 27/11, GmbHR 2011, 596 (598).
[464] S. etwa *Wicke* § 35 Rn. 26.

eingetragene Person, und zwar unabhängig davon, ob eine Zustellung an die in § 35 Abs. 1 genannten Vertreter der Gesellschaft tatsächlich umsetzbar ist. Aufgrund der allgemeinen Offenlegungspflicht in § 37 Abs. 2 FamFG, welche dem Betroffenen ein Äußerungsrecht einräumen soll, hat das Registergericht vorab der Gesellschaft die Umstände mitzuteilen, die für die Einleitung des Löschungsverfahrens maßgeblich waren, und der Gesellschaft Gelegenheit zur Stellungnahme zu geben.[465] Allerdings reicht insoweit ein kurzer Verweis darauf, auf welcher Basis das Registergericht zu der Löschungsabsicht gelangt ist; überspannte Anforderungen an die Darlegung können nicht gestellt werden, da andernfalls materiell-rechtlich berechtigte Löschungen oft aus sachlich zurücktretenden formalen Gründen torpediert werden könnten.[466]

Nach § 394 Abs. 2 S. 2 FamFG kann das Registergericht neben der vorstehenden **182** Zustellung die Veröffentlichung der Löschungsabsicht (samt Fristsetzung) im **elektronischen Informations- und Kommunikationssystem** nach § 10 HGB[467] vornehmen. Dies gilt insbesondere bei Unerreichbarkeit der Gesellschaft.[468] Die Bekanntmachung nach § 394 Abs. 2 S. 2 FamFG kann auch anstelle der Zustellung angeordnet werden.[469]

Nach dem Wortlaut von § 394 Abs. 2 S. 1 FamFG hat das Registergericht der Gesellschaft **183** zugleich mit der Bekanntgabe der Löschungsabsicht eine angemessene **Frist zum Widerspruch** einzuräumen. Bisher ist nicht höchstrichterlich geklärt, welche Frist tatsächlich angemessen ist. Klar ist jedenfalls, dass die Frist nicht zu kurz sein sollte.[470] Zum Teil wird danach unterschieden, ob die Löschungsabsicht der Gesellschaft unmittelbar zugestellt oder lediglich elektronisch veröffentlicht wurde. Für die Zustellung wird ein Zeitraum von zwei Wochen[471] bis zu einem Monat[472] als angemessen angesehen, für die Veröffentlichung ein Zeitraum von einem Monat[473] oder auch etwas länger.[474] Die Gewährung einer – teilweise vorgeschlagenen – Frist **von drei Monaten** erscheint jedenfalls nicht zielführend.[475] Richtigerweise wird man davon auszugehen haben, dass eine Frist von (mindestens) vier Wochen, und zwar auch im Fall der elektronischen Veröffentlichung der Löschungsabsicht, den in § 394 Abs. 2 S. 1 FamFG aufgestellten Erfordernissen genügen dürfte.[476] Aus der Bekanntmachung des Registergerichts muss klar und verständlich hervorgehen, dass die Löschung der Gesellschaft wegen Vermögenslosigkeit droht, aber hiergegen ein Widerspruch möglich ist (§ 39 FamFG).[477] Andernfalls ist die **Bekanntgabe zu unbestimmt** und eine Amtslöschung einer gleichwohl vorgenommenen Löschung denkbar (→ Rn. 188). Nicht ausreichend ist insbesondere die Ankündigung, die Firma der Gesellschaft nach § 31 Abs. 2 S. 2 HGB zu löschen.[478]

---

[465] OLG Köln Beschl. v. 17.3.2011 – 2 Wx 27/11, GmbHR 2011, 596 (597); ähnlich auch Scholz/*Scheller* Rn. 61; UHL/*Casper* Rn. 88.

[466] So auch UHL/*Casper* Rn. 88.

[467] S. www.handelsregister.de; ausf. hierzu EBJS/*Schaub* HGB § 10 Rn. 1 ff.

[468] Ebenso Rowedder/Schmidt-Leithoff/*Gesell* Rn. 37; UHL/*Casper* Rn. 88.

[469] Ganz hM, s. etwa BayObLG Beschl. v. 12.1.1995 – 3Z BR 256/94, NJW-RR 1995, 612; OLG Frankfurt Beschl. v. 4.8.1997 – 20 W 359–96, NJW-RR 1998, 612 (613); OLG München Beschl. v. 3.8.2005 – 31 Wx 4/05, OLGR 2005, 714; UHL/*Casper* Rn. 88; *Altmeppen* § 75 Rn. 56: wohl elektronische Veröffentlichung.

[470] Vgl. etwa Hachenburg/*Ulmer* Anh. § 60 Rn. 31; Rowedder/Schmidt-Leithoff/*Gesell* Rn. 37.

[471] UHL/*Casper* Rn. 88; Hachenburg/*Ulmer* Anh. § 60 Rn. 31; MHLS/*Nerlich* Rn. 296.

[472] Rowedder/Schmidt-Leithoff/*Gesell* Rn. 37: drei bis vier Wochen.

[473] MHLS/*Nerlich* Rn. 296; Noack/Servatius/Haas/*Haas* Anh. § 77 Rn. 9; UHL/*Casper* Rn. 88; Hachenburg/*Ulmer* Anh. § 60 Rn. 31.

[474] Rowedder/Schmidt-Leithoff/*Gesell* Rn. 37: vier bis sechs Wochen.

[475] So aber *Altmeppen* § 75 Rn. 60 unter Zugrundelegung der früher in § 141 Abs. 1 S. 2 FGG genannten Frist; bereits aber früher verwies § 141a Abs. 2 FGG insoweit nicht auf § 141 FGG. Außerdem wurde im Zuge des FGG-Reformgesetzes auch im Rahmen der Neufassung von § 393 FamFG auf die Mindestfrist von drei Monaten verzichtet.

[476] Ähnlich auch *Passarge* in Passarge/Torwegge GmbH-Liquidation Rn. 70; Keidel/*Heinemann* FamFG § 394 Rn. 20: ein Monat; Bumiller/Harders/*Harders* FamFG § 394 Rn. 7.

[477] So bereits KG Beschl. v. 22.4.1926 – 1 x 210/26, DNotV 1927, 120; Scholz/*Schmidt/Bitter*, 11. Aufl. 2013, Rn. 53; Rowedder/Schmidt-Leithoff/*Gesell* Rn. 37.

[478] KG Beschl. v. 22.4.1926 – 1 x 210/26, DNotV 1927, 120; Scholz/*Schmidt/Bitter*, 11. Aufl. 2013, Rn. 53; UHL/*Casper* Rn. 88.

184   **Widerspruchsberechtigt** ist stets die Gesellschaft, welche insoweit durch ihre Geschäftsführer oder Liquidatoren vertreten wird. Im Fall der elektronischen Veröffentlichung der
Löschungsabsicht gem. § 394 Abs. 2 S. 2 FamFG sieht der Gesetzeswortlaut ein Widerspruchsrecht zugunsten jeder Person vor, die ein **berechtigtes Interesse** daran hat, dass die Löschung
unterbleibt. Insoweit hat das FGG-Reformgesetz keine Neuerung gebracht. Gleichwohl war
schon für die entsprechende frühere Norm des § 141a Abs. 2 FGG anerkannt, dass Dritte im
Fall eines berechtigten Interesses auch dann immer über das Recht zum Widerspruch verfügen, selbst wenn keine elektronische Veröffentlichung erfolgt ist, sondern die Löschungsabsicht
der Gesellschaft lediglich bekannt gemacht wurde.[479] Dies gilt nicht zuletzt deshalb, weil
andernfalls das Widerspruchsrecht von Dritten ohne nachvollziehbaren Hintergrund von der
Zufälligkeit abhinge, für welche Bekanntgabeart sich das Registergericht im konkreten Fall
entschieden hat.[480] Der Umstand, dass im Zuge des FGG-RG die Gelegenheit nicht genutzt
wurde, den missverständlichen Gesetzeswortlaut insoweit anzupassen, vermag daran nichts zu
ändern.[481] Ein **berechtigtes Interesse** als außenstehende Person werden regelmäßig nur
Gesellschafter oder Gläubiger der Gesellschaft nachweisen können.[482]

185   Der **Widerspruch** kann durch die jeweils Berechtigten **formlos,** also insbesondere
auch mündlich zum Protokoll des Rechtspflegers oder der Geschäftsstelle des Registergerichts (§ 25 Abs. 2 FamFG), eingelegt werden. Der Widerspruch muss nicht als solcher
bezeichnet werden;[483] ausreichend ist auch die Benennung als „Beschwerde".[484] Der
Widerspruch kann letztlich nur damit begründet werden, dass die Gesellschaft tatsächlich
nicht vermögenslos sei, da nach der hier vertretenen Auffassung in beiden Fällen des § 394
Abs. 1 FamFG **kein Ermessen** des Registergerichts besteht.[485] Wenn Widerspruch eingelegt worden ist, hat das Registergericht erneut den Sachverhalt zu prüfen und dabei auch
mögliche Hinweise von nicht-widerspruchsberechtigten Personen zu beachten. Ist kein
Widerspruch eingelegt oder die vorstehende Prüfung abgeschlossen, folgt eine **Entscheidung des Registergerichts durch Verfügung.** Diese beinhaltet bei Fehlen eines Widerspruchs regelmäßig die **Löschung der Gesellschaft.** Andernfalls ist der Widerspruch
zurückzuweisen und die Löschung zu verfügen, oder dem Widerspruch ist bei gleichzeitiger
Verfahrenseinstellung stattzugeben.[486]

186   Im Fall der Zurückweisung des Widerspruchs ergeht ein **Beschluss des Gerichts,** der
nach § 394 Abs. 3 FamFG iVm § 393 Abs. 3 S. 1 und 2 FamFG mit der Beschwerde nach
§ 58 FamFG anfechtbar ist.[487] Zugleich sind denjenigen Personen, deren Widerspruch
zurückgewiesen worden ist, nach § 394 Abs. 3 FamFG iVm § 393 Abs. 4 FamFG die **Kosten
des Verfahrens** aufzuerlegen, sofern dies nicht – ausnahmsweise – unbillig ist. Vor der
Löschung ist das jeweils zuständige berufsständische Organ iSv § 380 FamFG anzuhören
(§ 394 Abs. 2 S. 3 FamFG). Zweckmäßig ist zudem die Anhörung des für die jeweilige
Körperschaft zuständigen Finanzamtes.[488] Während des Amtslöschungs- und Rechtsmittel-
verfahrens tritt **keine Vollbeendigung** der Gesellschaft ein, selbst wenn Vermögenslosigkeit
vorliegt. Die Gesellschaft ist für das entsprechende Verfahren beteiligtenfähig.[489] Wird dage-

---

[479]   Mittlerweile wohl allgM, vgl. BayObLG Beschl. v. 12.1.1995 – 3Z BR 256/94, NJW-RR 1995, 612;
        Scholz/*Scheller* Rn. 62; MHLS/*Nerlich* Rn. 297; *Passarge* in Passarge/Torwegge GmbH-Liquidation
        Rn. 70; Rowedder/Schmidt-Leithoff/*Gesell* Rn. 37; Keidel/*Heinemann* FamFG § 394 Rn. 25.
[480]   UHL/*Casper* Rn. 89; Noack/Servatius/Haas/*Haas* Anh. § 77 Rn. 9 mwN.
[481]   Die Gesetzesbegr. des FGG-RG geht von der inhaltlichen Weitergeltung der bisherigen Prinzipien aus,
        vgl. Begr. RegE FGG-RG v. 10.5.2007, BR-Drs. 309/07, 649.
[482]   OLG München Beschl. v. 3.8.2005 – 31 Wx 4/05, OLGR 2005, 714; UHL/*Casper* Rn. 89.
[483]   Vgl. etwa Keidel/*Heinemann* FamFG § 394 Rn. 23; Bumiller/Harders/*Harders* FamFG § 394 Rn. 8.
[484]   Scholz/*Schmidt/Bitter,* 11. Aufl. 2013, Rn. 53 mwN.
[485]   Ebenso Noack/Servatius/Haas/*Haas* Anh. § 77 Rn. 9; *Passarge* in Passarge/Torwegge GmbH-Liquidation
        Rn. 70; Scholz/*Scheller* Rn. 64; MHLS/*Nerlich* Rn. 298; weitergehend Rowedder/Schmidt-Leithoff/
        Gesell Rn. 37: Widerspruchsrecht auch bei Untunlichkeit der Löschungsankündigung; UHL/*Casper*
        Rn. 89.
[486]   Rowedder/Schmidt-Leithoff/*Gesell* Rn. 37.
[487]   Scholz/*Scheller* Rn. 62.
[488]   Ebenso UHL/*Casper* Rn. 90; Scholz/*Scheller* Rn. 62.
[489]   Ähnlich BayObLG Beschl. v. 4.6.1997 – 3Z BR 44–97, NJW-RR 1998, 613; Scholz/*Scheller* Rn. 62.

gen eine Anregung eines außenstehenden **Dritten,** etwa eines Gesellschaftsgläubigers, auf
Löschung der Gesellschaft abgelehnt, so ist dieser mangels Vorhandenseins eines subjektiven
Rechts auf Eintragung des Erlöschens der Gesellschaft **nicht beschwerdeberechtigt.**[490]

ff) Löschungsverfügung. Gem. § 394 Abs. 3 FamFG iVm § 393 Abs. 5 FamFG darf **187**
die Löschung der Gesellschaft erst verfügt werden, wenn kein Widerspruch erhoben oder
dieser rechtskräftig zurückgewiesen wurde. Die Löschungsverfügung ihrerseits ist **sofort
rechtskräftig,** dh insbesondere nicht mit Beschwerde anfechtbar.[491] Wird gleichwohl
Beschwerde eingelegt, so ist diese allenfalls als Anregung zur Amtslöschung der Löschung
zu verstehen.[492] Deren Zurückweisung kann ihrerseits mit der Beschwerde gem. § 395
Abs. 1 und 3 FamFG, § 393 Abs. 3 S. 2 FamFG angefochten werden.[493] Nicht bereits
die Löschungsverfügung selbst bewirkt die Auflösung der Gesellschaft, sondern erst die
tatsächliche Löschung.[494] Der Verfügung hat sich unmittelbar folgend die tatsächliche
Löschung anzuschließen. Eine **Wiedereinsetzung in den vorigen Stand** zur Ermöglichung der Widerspruchseinlegung nach Ablauf der jeweiligen Widerspruchsfrist ist ausgeschlossen.[495] Die Löschung erfolgt durch **Eintragung eines Vermerks** in Spalte 6 lit. b
des Registerblatts der Gesellschaft (§ 43 Nr. 6 lit. b ff. HRV) unter Rötung der bisherigen
Eintragungen (§ 22 Abs. 1 S. 1 HRV).

gg) Amtslöschung der Löschung. Eine aufgrund § 395 Abs. 1 S. 1 FamFG erfol- **188**
gende **Amtslöschung** der ursprünglich nach § 394 FamFG vorgenommenen Löschung der
Gesellschaft ist nicht ausgeschlossen. Sie findet allerdings nicht statt, wenn sich nachträglich
herausstellt, dass die Gesellschaft im Zeitpunkt ihrer Löschung nach § 394 FamFG tatsächlich
nicht vermögenslos war.[496] Vielmehr sieht in diesem Fall § 66 Abs. 5 die Durchführung
einer **(Nachtrags-)Liquidation** vor. Gleiches gilt im Fall eines anderweitig vorhandenen,
jedoch nicht-vermögensbezogenen Handlungsbedarfes (ausführlich → Rn. 44).

Möglich ist jedoch eine Amtslöschung der Löschung, wenn letztgenannte auf einem **189**
wesentlichen Verfahrensfehler beruht.[497] Dies wurde in der Vergangenheit zu Recht bejaht
für eine unzureichende Ermittlung der Vermögenslosigkeit von Amts wegen,[498] die unzureichende Zustellung bzw. anderweitige Bekanntmachung der Löschungsankündigung,[499] eine
fehlerhafte Rechtsmittelbelehrung[500] sowie die Löschung vor Ablauf der Widerspruchsfrist
oder vor Rechtskraft der den Widerspruch zurückweisenden Verfügung[501] oder bei Verletzung rechtlichen Gehörs.[502] Gleiches gilt dann, wenn die Löschungsankündigung zu unbe-

---

[490] BayObLG Beschl. v. 10.1.2001 – 3Z BR 385/00, NJW-RR 2001, 613; UHL/*Casper* Rn. 91.
[491] Rowedder/Schmidt-Leithoff/*Gesell* Rn. 39; ebenso Scholz/*Scheller* Rn. 63.
[492] OLG Düsseldorf Beschl. v. 5.8.1998 – 3 Wx 304–98, NJW-RR 1999, 1053.
[493] OLG Köln Beschl. v. 17.3.2011 – 2 Wx 28/11, BeckRS 2011, 06179.
[494] Scholz/*Scheller* Rn. 52.
[495] KG Beschl. v. 30.7.1936 – 1 Wx 361/36, JW 1936, 2935; Scholz/*Scheller* Rn. 63; Rowedder/Schmidt-
       Leithoff/*Gesell* Rn. 37; Bumiller/Harders/*Harders* FamFG § 394 Rn. 8; aA offenbar Keidel/*Heinemann*
       FamFG § 394 Rn. 26.
[496] Ganz allgM, vgl. etwa BayObLG Beschl. v. 4.6.1997 – 3Z BR 44–97, NJW-RR 1998, 613; Noack/
       Servatius/Haas/*Haas* Anh. § 77 Rn. 11; MHLS/*Nerlich* Rn. 302; Rowedder/Schmidt-Leithoff/*Gesell*
       Rn. 39; Scholz/*Scheller* Rn. 77; Keidel/*Heinemann* FamFG § 394 Rn. 33.
[497] AllgM, vgl. bereits KG Beschl. v. 11.2.1937 – 1 Wx 718/36, JW 1937, 1739; Noack/Servatius/Haas/
       Haas Anh. § 77 Rn. 11; MHLS/*Nerlich* Rn. 302; Rowedder/Schmidt-Leithoff/*Gesell* Rn. 39; Scholz/
       Scheller Rn. 77; Hachenburg/*Ulmer* Anh. § 60 Rn. 34; UHL/*Casper* Rn. 91; *Passarge* in Passarge/Tor-
       wegge GmbH-Liquidation Rn. 71.
[498] OLG Düsseldorf Beschl. v. 13.7.1979 – 3 W 139/79, GmbHR 1979, 227 (228); allerdings zu Recht
       Scholz/*Scheller* Rn. 77 mit Hinweis darauf, dass es sich insoweit um einen zugrundliegenden Verfahrens-
       fehler handeln muss.
[499] BayObLG Beschl. v. 4.6.1997 – 3Z BR 44–97, NJW-RR 1998, 613; OLG Hamm Beschl.
       v. 12.11.1992 – 15 W 266/92, NJW-RR 1993, 547 (549); OLG Düsseldorf Beschl. v. 5.8.1998 – 3 Wx
       304–98, NJW-RR 1999, 1053.
[500] OLG Frankfurt Entsch. v. 11.11.1992 – 20 W 418/92, OLGZ 1994, 39.
[501] OLG Zweibrücken Beschl. v. 1.3.2002 – 3 W 38/02, NZG 2002, 426; OLG Schleswig Beschl.
       v. 25.5.2000 – 2 W 82/00, NJW-RR 2001, 30 (31); ebenso Scholz/*Scheller* Rn. 77.
[502] OLG Düsseldorf Beschl. v. 5.8.1998 – 3 Wx 304/98, NZG 1998, 819; ebenso UHL/*Casper* Rn. 63.

stimmt ist. Berechtigter Verfahrensbeteiligter kann insoweit ein Gesellschafter der betroffenen Gesellschaft sein.[503]

190   Diskussionswürdig ist dagegen der soweit ersichtlich noch nicht höchstgerichtlich entschiedene Fall, dass ein Verstoß gegen die Verpflichtung der **Anhörung des jeweils zuständigen berufsständischen Organs** nach § 394 Abs. 2 S. 3 FamFG vorliegt. Diese Bestimmung soll im öffentlichen Interesse, aber nicht zum unmittelbaren Schutz der Gesellschaft eine Beteiligung der berufsständischen Organe sichern, sodass zunächst ein hinreichender Grund für die Amtslöschung der Löschung nicht naheliegend erscheint. Allerdings zeigt das Versäumen der Anhörung des entsprechenden berufsständischen Organs, dass das Registergericht jedenfalls gegen **bestehende Amtsermittlungspflichten** verstoßen hat. Nicht zuletzt, da nicht auszuschließen ist, dass in bestimmten Ausnahmefällen die Stellungnahme der berufsständischen Organ eine Art Entlastung für die Gesellschaft mit Blick auf die von dem Registergericht angenommene Vermögenslosigkeit mit sich bringen kann, ist eine Amtslöschung der Löschung nicht grundsätzlich ausgeschlossen.[504] Für eine Restitutionsbeschwerde im Sinn von § 569 Abs. 1 S. 3 ZPO dürfte dagegen kein Raum sein.[505]

191   **d) Löschungswirkung.** In dem gesetzlich zugrunde gelegten Normalfall führt die Löschung der Gesellschaft wegen Vermögenslosigkeit zu deren **liquidationslosem Erlöschen** im Sinn einer Vollbeendigung der Gesellschaft. Bei einer Löschung nach § 394 Abs. 1 S. 1 FamFG geht mit der Löschung die Auflösung nach Abs. 1 Nr. 7 einher, nicht dagegen bei der Löschung wegen vermuteter Vermögenslosigkeit nach § 394 Abs. 1 S. 2 FamFG, da im letzteren Fall die Gesellschaft bereits nach Abs. 1 Nr. 4 aufgelöst war.[506] Problematisch ist die vollbeendigende Wirkung in den Fällen, in welchen die Gesellschaft trotz einer vom Registergericht angenommenen Vermögenslosigkeit tatsächlich noch über nicht nur äußerst **geringfügige Vermögenswerte** verfügt oder ein sonstiger, nicht-vermögensbezogener Abwicklungsbedarf besteht.

192   **aa) Beendigung der Gesellschaft.** Ist die Gesellschaft vermögenslos, unterliegt keinem weiteren Abwicklungsbedarf und wird daraufhin aufgrund § 394 Abs. 1 FamFG gelöscht, so ist sie nicht nur aufgelöst, wie man aus dem Wortlaut von Abs. 1 Nr. 7 vermuten würde, sondern vollbeendet und erloschen.[507] Die Beendigung und das Erlöschen stehen daher unter der **doppelten Voraussetzung** der Vermögenslosigkeit und der rechtskräftigen Löschungsverfügung.[508] In diesem Fall erlöschen die Verbindlichkeiten der Gesellschaft bzw. sind jedenfalls nicht mehr durchsetzbar (→ Rn. 43); dagegen bleiben Sicherungsrechte auch dann erhalten, wenn sie akzessorisch sind.[509]

193   **bb) Abwicklung nach § 66 Abs. 5 bei vorhandenem Vermögen.** Die Löschungswirkung ist für die Konstellation umstritten, in der die gelöschte Gesellschaft tatsächlich nicht vermögenslos ist. Nach der heute ganz vorherrschenden **Lehre vom Doppeltatbestand** ist die konstitutive Wirkung der Löschung abzulehnen; vielmehr tritt die Beendigung der Gesellschaft erst ein, wenn auch das restliche Aktivvermögen abgewickelt ist (ausführlich → Rn. 31).

---

[503] OLG Köln Beschl. v. 17.3.2011 – 2 Wx 27/11, Rpfleger 2011, 443.
[504] KG Beschl. v. 4.4.2006 – 1 W 272/05, FGPrax 2006, 225; Bumiller/Harders/*Harders* FamFG § 394 Rn. 8; aA offenbar (allerdings unter Bezugnahme auf vorstehendes Urteil) Keidel/*Heinemann* FamFG § 394 Rn. 33.
[505] So aber *Altmeppen* § 75 Rn. 64 als zusätzliche Möglichkeit neben der Amtslöschung gem. § 395 FamFG.
[506] Ebenso Lutter/Hommelhoff/*Kleindiek* Rn. 18.
[507] Zumindest für die Löschung nach tatsächlicher Vermögenslosigkeit allgM, vgl. Rowedder/Schmidt-Leithoff/*Gesell* Rn. 52 ff.; Noack/Servatius/Haas/*Haas* Anh. § 77 Rn. 16; Scholz/*Scheller* Rn. 65; UHL/*Casper* Rn. 92; Lutter/Hommelhoff/*Kleindiek* Rn. 17.
[508] S. auch OLG Düsseldorf Urt. v. 14.11.2003 – 16 U 95/98, NZG 2004, 916; Noack/Servatius/Haas/*Haas* Anh. § 77 Rn. 16.
[509] BGH Urt. v. 28.1.2003 – XI ZR 243/02, NZG 2003, 773; OLG Köln Urt. v. 20.4.2003 – 13 U 124/02, GmbHR 2004, 1020; OLG Schleswig Urt. v. 1.10.1992 – 5 U 117/91, NJW-RR 1993, 754; Noack/Servatius/Haas/*Haas* Anh. § 77 Rn. 16; Hachenburg/*Ulmer* Anh. § 60 Rn. 16.

Bei Vorhandensein von Gesellschaftsvermögen hat daher die Löschung keine vollbeen- **194** dende Wirkung für die Gesellschaft, sondern lediglich **Auflösungswirkung nach Abs. 1 Nr. 7.**[510] Durch § 66 Abs. 5 ist ausdrücklich gesetzlich angeordnet, dass eine Liquidation stattzufinden hat und das verbleibende Gesellschaftsvermögen in einem geordneten Verfahren durch vom Registergericht bestellte Liquidatoren zu verteilen ist.[511]

cc) Wirkung bei noch vorhandenem nicht-vermögensbezogenem Abwick- **195** **lungsbedarf.** Ist dagegen die Gesellschaft wegen – auch tatsächlich gegebener – Vermögenslosigkeit gelöscht und **noch anderweitigem nachwirkendem Handlungsbedarf bzw. Abwicklungsmaßnahmen,** wie etwa einem Zeugniserteilungsanspruch eines früheren Arbeitnehmers, ausgesetzt, so steht nach der höchstrichterlichen Rspr. bis heute noch nicht fest, ob die Gesellschaft auch tatsächlich vollbeendet und erloschen ist. Nach vorzugswürdiger, allerdings stark umstrittener Auffassung besteht die Gesellschaft trotz formaler Löschung weiter. Dies wird zu Recht auf die entsprechende Anwendung von § 273 Abs. 4 AktG gestützt mit der Folge, dass eine (Nachtrags-)Liquidation durchgeführt werden muss (ausführlich → Rn. 44). Jedenfalls dürfte aber feststehen, dass im Zweifel die Liquidation nach § 66 Abs. 5 aufgrund nachträglich festgestellten Vermögens Vorrang vor der Anschlussliquidation wegen nicht-vermögensbezogenen Abwicklungsbedarfes hat.[512]

dd) Prozessuale Wirkungen. Das Erlöschen einer Gesellschaft hat den **Verlust ihrer** **196** **Rechtsfähigkeit** ebenso wie ihrer **Parteifähigkeit** zur Folge. In diesem Fall wird die Klage in einem Passivprozess der Gesellschaft unzulässig.[513] Allerdings bleibt dem Kläger die Erledigterklärung in der Hauptsache möglich und die Gesellschaft kann – trotz zu Recht erfolgter Löschung wegen Vermögenslosigkeit – zur Tragung der Kosten des Rechtsstreits verurteilt werden.[514] Im Aktivprozess der Gesellschaft kann der bisherige Prozessvertreter der Gesellschaft das Verfahren weiterführen; der Prozess ist auf Antrag des Prozessvertreters allenfalls auszusetzen, um diesem ein Handeln im Einklang mit den Maßgaben seiner Mandantschaft zu ermöglichen.[515] Zu den prozessualen Wirkungen der Amtslöschung im Detail → Rn. 66.

IV. Weitere zwingende Auflösungsgründe

Den sich unmittelbar aus Abs. 1 Nr. 1–7 ergebenden Auflösungsgründen kommt keine **197** abschließende Bedeutung zu; vielmehr existieren noch **weitere (spezial-)gesetzliche Auflösungsgründe** sowie solche, welche sich erst mittelbar aus gesetzlichen Bestimmungen oder Prinzipien ergeben und insbesondere durch die Rspr. herausgearbeitet wurden. Zudem sind gesellschaftsvertraglich vereinbarte Auflösungsgründe denkbar (→ Rn. 223).

1. Gesetzliche Auflösungsgründe außerhalb von Abs. 1. a) Nichtigkeit gem. **198** **§ 75 sowie Amtslöschung gem. § 397 FamFG.** Die Nichtigerklärung einer Gesellschaft mittels rechtskräftigen Gestaltungsurteils nach § 75 aufgrund eines in dieser Vorschrift genannten massiven Satzungsmangels sowie die auf diesem Grund basierende Amtslöschung nach § 397 S. 2 Alt. 2 FamFG führen letztlich zur **Auflösung der Gesellschaft.** Zwar spricht der Umstand, dass die Nichtigkeit nach § 75 nicht im Katalog von Abs. 1 erwähnt ist, für den historischen Willen des Gesetzgebers, eine Differenzierung zwischen einer lediglich aufgelösten und einer (dem Grunde nach schon immer) nichtigen Gesellschaft beizubehalten.[516] Dies ergibt sich nicht zuletzt auch daraus, dass nach rechtskräftig festge-

---

[510] S. etwa OLG Hamm Beschl. v. 9.5.2001 – 15 W 43/01, BB 2001, 1701 (1702); Scholz/*Scheller* Rn. 77.
[511] Hierzu auch Keidel/*Heinemann* FamFG § 394 Rn. 35; Bumiller/Harders/*Harders* FamFG § 394 Rn. 10.
[512] So bereits BayObLG Beschl. v. 31.5.1983 – 3 Z 13/63, BB 1984, 446 (447) zur dem heutigen § 66 Abs. 5 entsprechenden früheren Regelung in § 2 Abs. 3 LöschG; ebenso Noack/Servatius/Haas/*Haas* Anh. § 77 Rn. 18.
[513] Ausnahme sind Klagen der Gesellschaft wegen nachwirkenden, nicht-vermögensbezogenen Handlungsbedarfes, vgl. etwa Noack/Servatius/Haas/*Haas* Anh. § 77 Rn. 16, 18.
[514] Vgl. etwa BGH Urt. v. 29.9.1981 – VI ZR 21/80, NJW 1982, 238.
[515] BayObLG Beschl. v. 21.7.2004 – 3Z BR 130/04, NZG 2004, 1164.
[516] Ähnlich auch Scholz/*Schmidt/Bitter,* 11. Aufl. 2013, Rn. 64.

stellter Nichtigkeit und entsprechender Eintragung im Handelsregister nach **§ 77 Abs. 1 die Vorschriften über die Abwicklung der Gesellschaft** lediglich entsprechende Anwendung finden. Allerdings ist sowohl die nach § 75 für nichtig erklärte als auch die nach § 397 FamFG gelöschte Gesellschaft eine **„real existierende" Liquidationsgesellschaft.** Letztlich spricht daher mehr dafür, die Nichtigkeit nach § 75 ebenso wie die darauf gestützte Amtslöschung nach § 397 S. 2 Alt. 1 FamFG als spezialgesetzliche Auflösungsgründe zu sehen, deren Wirkungen weitgehend mit denjenigen der Auflösungstatbestände in Abs. 1 übereinstimmen.[517]

199   **b) Verbot nach §§ 3, 17 VereinsG.** Nach § 17 Nr. 1 und 2 VereinsG iVm § 3 Abs. 1 S. 1 VereinsG kann die Auflösung einer Gesellschaft aus einer entsprechenden **Verfügung der obersten Landesbehörde oder des Bundesministers des Innern** folgen, wenn sich die Gesellschaft gegen die verfassungsmäßige Ordnung oder gegen den Gedanken der Völkerverständigung richtet oder ihre Zwecke oder ihre Tätigkeit den in § 74a Abs. 1 GVG oder § 120 Abs. 1 und 2 GVG genannten Strafgesetzen oder dem § 130 StGB zuwiderlaufen. Zusätzlich kommt die Auflösung einer Gesellschaft aufgrund von § 17 Nr. 3 und 4 VereinsG in Betracht, wenn sie von einem Verbot als Teil- oder Ersatzorganisation erfasst wird (→ § 62 Rn. 9 ff.).

200   **c) Untersagung nach § 38 KWG.** Als Folge der Aufhebung der einer Gesellschaft erteilten Erlaubnis zum Betrieb von Bankgeschäften oder zum Erbringen von Finanzdienstleistungen oder eines Erlöschens einer Erlaubnis kann die **BAFin** gem. § 38 KWG bestimmen, dass das jeweilige Institut abzuwickeln ist. Diese Entscheidung wirkt wie ein **Auflösungsbeschluss.** Die Bundesanstalt für Finanzdienstleistungsaufsicht hat die Verfügung dem Registergericht zur Eintragung mitzuteilen (§ 38 Abs. 1 S. 2 und 3 KWG; → § 62 Rn. 12 f.).

201   **d) Übergangsrecht.** In der Vergangenheit hat der Gesetzgeber bei zwingend durchzuführenden Rechtsanpassungen den betroffenen Gesellschaften häufig eine Übergangsfrist zur Umsetzung eingeräumt. Wurde diese nicht eingehalten, drohte die Auflösung der Gesellschaft. In erster Linie sind hier die Vorschriften aufgrund Art. 12 § 1 GmbHGÄndG (GmbH-Novelle 1980)[518] sowie – im Zuge der deutschen Wiedervereinigung im Jahr 1990 – § 22 TreuhG[519] und § 57 DMBilG[520] zu nennen. Die vorgenannten Bestimmungen sind heute in der Praxis allesamt nicht mehr von Relevanz, sodass auf eine detaillierte Beschreibung verzichtet wird.[521]

202   **2. Weitere anerkannte Auflösungsgründe.** Weitere Auflösungsgründe einer Gesellschaft folgen nicht unmittelbar aus gesetzlich normierten Auflösungstatbeständen, sondern sind aufgrund allgemeiner und besonderer Rechtsprinzipien auch ohne ausdrückliche gesetzliche Regelung als solche anzuerkennen.

203   **a) Erwerb aller Geschäftsanteile durch die Gesellschaft.** In der Lit. seit jeher stark umstritten ist die Frage, welche Rechtsfolgen eintreten, wenn die Gesellschaft selbst **Inhaberin aller ihrer Geschäftsanteile** wird oder solche nicht mehr bestehen. Während die Diskussionen hierzu in der juristischen Lit. vergleichsweise breiten Raum einnehmen, hat sich die Rspr. offenbar bislang nicht vertieft mit der Problematik beschäftigen müssen.[522]

---

[517]   Ebenso UHL/*Casper* Rn. 105 und 16; aA Noack/Servatius/Haas/*Haas* § 75 Rn. 5.

[518]   Auflösung einer Gesellschaft mit einem geringeren Stammkapital als 50.000 DM nach Ablauf des 31.12.1985 (Gesetz zur Änderung des Gesetzes betreffend die Gesellschaften mit beschränkter Haftung und anderer handelsrechtlicher Vorschriften v. 4.7.1980, BGBl. 1980 I 836).

[519]   Auflösung einer Gesellschaft „im Aufbau" nach dem Treuhandgesetz, deren Leitungsorgan insbes. bestimmte Maßnahmen für die Eintragung der Gesellschaft nicht bis zum 30.6.1991 durchgeführt hat (Treuhandgesetz v. 17.6.1990, BGBl. 1990 I 300).

[520]   D-Markbilanzgesetz v. 18.4.1991, BGBl. 1991 I 971 idF v. 28.7.1994, BGBl. 1994 I 1842.

[521]   Ausführlicher hierzu s. Noack/Servatius/Haas/*Haas* Rn. 77 ff.; UHL/*Casper* Rn. 103 ff.

[522]   Soweit ersichtlich, sind entsprechende Urteile bislang nicht veröffentlicht worden – oder gar nicht ergangen, vgl. etwa Rowedder/Schmidt-Leithoff/*Gesell* Rn. 50.

Daher scheint der Umfang der Erörterungen in der Lit. in der Tat unangebracht sein, gleichwohl *K. Schmidt/Bitter*[523] insofern beizupflichten ist, als die unkritische Zulassung der Keinmann-GmbH wohl zur kautelarjuristischen Verwendung dieser Gestaltung für Stiftungszwecke führen würde.

Zunächst ist festzuhalten, dass der Erwerb eigener Geschäftsanteile durch eine Gesell- **204** schaft vom Gesetzgeber ausdrücklich für zulässig erachtet wird, sofern die **Voraussetzungen des § 33** eingehalten werden. Ersichtlich liegt jedoch der Regelung des § 33 die Vorstellung zugrunde, dass auch nach dem Erwerb durch die Gesellschaft außenstehende Gesellschafter verbleiben. Jedoch ist durch die GmbH-spezifischen Bestimmungen der gegenteilige Fall nicht ausdrücklich ausgeschlossen; dieser könnte sich theoretisch durch Einziehung oder Erwerb aller verbleibenden Geschäftsanteile oder durch den Übergang aller Geschäftsanteile auf die Gesellschaft aufgrund Kaduzierung gem. § 21 oder Aufgabe gem. § 27 ergeben.

Zum Teil wird vertreten, dass die Gesellschaft nach Ausscheiden des letzten außenste- **205** henden Gesellschafters werbend fortbesteht.[524] Argumentativ gestützt wird dies nicht zuletzt darauf, dass eine Gesellschaft – wie bspw. die Stiftung – nicht zwingend Gesellschafter haben müsse, um gleichwohl **Körperschaft** zu sein.[525] Allerdings ist der Auffassung zuzustimmen, die es als für die GmbH wesensfremd ansieht, wenn eine Gesellschaft ohne Gesellschafter werbend tätig ist, da sich die Gesellschaft nicht fortwährend selbst organisieren kann, sondern der Bestimmung durch Gesellschafter unterliegen muss.[526] Vermittelnd stellt *H. P. Westermann*[527] darauf ab, dass eine Auflösung der Gesellschaft erst nach einer Übergangsfrist eintritt, in welcher eine Beseitigung des der gesetzgeberischen Intention zuwiderlaufenden Zustandes erfolgen kann. Jedoch wird dies mangels Bestimmtheit zu Recht verworfen.[528]

Darüber hinaus wird in Teilen der Lit. gegen die Zulässigkeit Keinmann-GmbH **206** angeführt, dass der Erwerb des letzten von einem außenstehenden **Dritten** gehaltenen Geschäftsanteils nichtig sei.[529] Allerdings kennt das Recht der GmbH einen **derartigen Nichtigkeitsgrund nicht.**[530] Außerdem kann sich der Übergang aller verbleibenden, von außenstehenden Dritten gehaltenen Geschäftsanteile der Gesellschaft auch aus §§ 21, 27 ergeben.[531] Daher führt mit der ganz **hM** das Ausscheiden des letzten außenstehenden Dritten als Gesellschafter der Gesellschaft zwingend zu deren **Auflösung.**[532] Durch Veräußerung und Übertragung eines Geschäftsanteils auf einen Dritten kann die Gesellschaft den Auflösungsgrund beseitigen und formlos, ggf. konkludent durch vorstehende Maßnahme, die **Fortsetzung der Gesellschaft** beschließen.[533] Der im Fall der Abwicklung der Gesellschaft entstehende Liquidationserlös ist in entsprechender Anwendung von §§ 45, 46 BGB den in der Satzung für diesen Fall bestimmten Personen auszukehren, in

---

[523] Scholz/*Schmidt/Bitter*, 11. Aufl. 2013, Rn. 65.
[524] *Kreutz* FS Stimpel, 1985, 379 ff.; *Paulick*, Die GmbH ohne Gesellschafter, 1979, 92 – Ausnahme: Einziehung.
[525] So etwa Rowedder/Schmidt-Leithoff/*Pentz*, 4. Aufl. 2002, § 33 Rn. 26, der gleichwohl den Fortbestand der Keinmann-Gesellschaft als aktiv werbende Gesellschaft ablehnt.
[526] S. etwa Rowedder/Schmidt-Leithoff/*Gesell* Rn. 50.
[527] Scholz/*Westermann* § 33 Rn. 34.
[528] Lutter/Hommelhoff/*Kleindiek* Rn. 24; Rowedder/Schmidt-Leithoff/*Gesell* Rn. 50; Scholz/*Scheller* Rn. 80.
[529] *Oldenburg*, Die Keinmann-GmbH, 1985, 120; *Winkler* GmbHR 1972, 73 (77).
[530] Rowedder/Schmidt-Leithoff/*Gesell* Rn. 50; UHL/*Paura* § 33 Rn. 118; *Altmeppen* Rn. 29.
[531] Hachenburg/*Ulmer* Rn. 60; UHL/*Casper* Rn. 106.
[532] Vgl. nur Scholz/*Scheller* Rn. 80; Lutter/Hommelhoff/*Kleindiek* Rn. 24; Noack/Servatius/Haas/*Haas* Rn. 81; Noack/Servatius/Haas/*Kersting* § 33 Rn. 19; Gehrlein/Born/Simon/*Beckmann/Hofmann* Vor §§ 60 ff. Rn. 16; Rowedder/Schmidt-Leithoff/*Gesell* Rn. 50; UHL/*Paura* § 33 Rn. 90 f.; Bork/Schäfer/*Roth* Rn. 41; Ring/Grziwotz/*Grziwotz* Rn. 17; HK-GmbHG/*Frank* Rn. 46.
[533] UHL/*Casper* Rn. 106; Noack/Servatius/Haas/*Kersting* § 33 Rn. 19; Lutter/Hommelhoff/*Kleindiek* Rn. 24; Scholz/*Scheller* Rn. 80; zweifelnd *Fichtelmann* GmbHR 2003, 67 (69); Rowedder/Schmidt-Leithoff/*Gesell* Rn. 50, der nicht unberechtigt kritisiert, dass sich die Geschäftsführung aus eigenem Entschluss neue Gesellschafter (sich selbst?) aussucht und sich damit die Gesellschaft zueignen kann.

dem – wohl regelmäßig zu erwartenden – Fall des Fehlens einer solchen Bestimmung an den Fiskus.[534]

207   **b) Kündigung.** Räumt der Gesellschaftsvertrag den Gesellschaftern ausdrücklich ein Kündigungsrecht ein und sieht keine besondere Regelung dahingehend vor, dass das Ausscheiden des kündigenden Gesellschafters zum Fortbestand der Gesellschaft führt, so folgt mit dem Wirksamkeitszeitpunkt der Kündigung **die Auflösung der Gesellschaft.** In der kautelarjuristischen Praxis wird indes meist geregelt sein, dass die Kündigung des Gesellschafters (lediglich) zu dessen Ausscheiden führt. Insoweit besteht die Gesellschaft fort. Weitergehend → Rn. 231.

208   Die Kündigung ist gegenüber der Gesellschaft, vertreten durch den oder die Geschäftsführer, auszusprechen; ist der Kündigende alleiniger Geschäftsführer, sind tatsächliche Erklärungsgegner für die Gesellschaft deren Gesellschafter.[535]

209   **3. Keine Auflösungsgründe.** Nicht jeder Sachverhalt, der häufig kurz- oder mittelfristig dazu führt, dass die Gesellschaft nicht mehr aktiv werbend am Geschäftsleben teilnimmt oder teilnehmen kann, stellt zugleich einen Auflösungsgrund dar. Gleiches gilt für den lange Zeit nach ganz **hM** als Auflösungsgrund anerkannten Fall der Sitzverlegung einer Gesellschaft in das Ausland.

210   **a) Sitzverlegung ins Ausland.** Seit langem ist die Frage umstritten, ob der Beschluss der Gesellschafter über eine Sitzverlegung der Gesellschaft **zur Auflösung der Gesellschaft führt oder lediglich nichtig ist.**[536] Die frühere Rspr. und die ihr folgende **hM** hat die Auflösungsfolge überwiegend bejaht.[537] Die meisten gerichtlichen Entscheidungen sind insoweit zu der Frage ergangen, wie die tatsächliche Verlegung des Verwaltungssitzes in das Ausland zu beurteilen ist. Durch die im Zuge des MoMiG vorgenommene Streichung des früheren § 4a Abs. 2 aF, welcher das Auseinanderfallen von Satzungs- und Verwaltungssitz verbot, ist jedenfalls durch den Gesetzgeber entschieden, dass die Gesellschaft ihren tatsächlichen Verwaltungssitz in das Ausland verlegen darf.[538] Eine solche, regelmäßig durch **einfachen Gesellschafterbeschluss** zu bewirkende Maßnahme führt also in keinem Fall mehr zur Auflösung der Gesellschaft (ausführlich → § 4a Rn. 68 ff.).

211   Problematisch ist aber nach wie vor, ob die nachträgliche formwahrende Verlegung des Satzungssitzes in das Ausland automatisch zur Auflösung der Gesellschaft und zum Beginn des Liquidationszeitraums führt. Ein solcher Beschluss verstößt materiell-rechtlich gegen § 4a. Zum Teil wird dann die Auflösungsfolge – offensichtlich gestützt auf die bisherige **hM** zur Verlegung des Verwaltungssitzes und ohne weitere Differenzierung – bejaht.[539] Allerdings läuft eine derartige Rechtsfolge regelmäßig dem **Gesellschafterwillen zuwider;** die Gesellschafter werden kaum den Sitz um den Preis der Auflösung

---

[534]   Rowedder/Schmidt-Leithoff/*Gesell* Rn. 50; Scholz/*Scheller* Rn. 80; Noack/Servatius/Haas/*Haas* Rn. 81; UHL/*Casper* Rn. 106.

[535]   HK-GmbHG/*Frank* Rn. 61 mwN: Kündigung bewirkt mit Zugang beim letzten Gesellschafter.

[536]   Zum früheren Streitstand ausf. UHL/*Casper* Rn. 31 ff.

[537]   Vgl. zur früheren Auffassung etwa RG Urt. v. 29.6.1923 – II 552/22, RGZ 107, 94 (97); Urt. v. 5.6.1882 – I 291/82, RGZ 7, 68 (69 f.) für AG; BGH Urt. v. 11.7.1957 – II ZR 318/55, NJW 1957, 1433; BayObLG Beschl. v. 7.5.1992 – 3Z BR 14/92, DB 1992, 1400; OLG Düsseldorf Beschl. v. 26.3.2001 – 3 Wx 88/01, NJW 2001, 2184 = GmbHR 2001, 438; BFH Urt. v. 29.1.2003 – I R 6/99, GmbHR 2003, 722 (724), obiter dictum; Hachenburg/*Ulmer* Rn. 27; *Schwarz* NZG 2001, 613; Staudinger/*Großfeld,* 1998, IntGesR Rn. 634 ff.; zum Meinungsstand s. etwa auch MüKoBGB/*Kindler* IntGesR Rn. 392–400 mit eigener diff. Auffassung; Rowedder/Schmidt-Leithoff/*Gesell* Rn. 49; zutr. aA OLG Düsseldorf Beschl. v. 26.3.2001 – 3 Wx 88/01, NJW 2001, 2184; Hüffer/Koch/*Koch* AktG § 5 Rn. 12; Scholz/*Scheller* Rn. 81.

[538]   RegE MoMiG v. 23.5.2007, BT-Drs. 16/6140, 65.

[539]   RG Urt. v. 22.1.1916 – V 293/15, RGZ 88, 53 (54 f.) zur Gewerkschaft Gothaischen Rechts; OLG Hamm Beschl. v. 30.4.1997 – 15 W 91–97, NJW-RR 1998, 615; Beschl. v. 1.2.2001 – 15 W 390/00, NJW 2001, 2183; BayObLG Beschl. v. 7.5.1992 – 3Z BR 14/92, NJW-RR 1993, 43; Hachenburg/*Ulmer* Rn. 27; *Altmeppen,* 6. Aufl. 2009, Rn. 19; *Schwarz* NZG 2001, 613; ähnlich auch in *Ege/Klett* DStR 2012, 2447; Bork/Schäfer/*Roth* Rn. 10; wohl auch Rowedder/Schmidt-Leithoff/*Gesell* Rn. 49.

verlegen wollen.[540] Daher ist mit einer im Vordringen befindlichen Auffassung davon auszugehen, dass der Beschluss über die Verlegung des Satzungssitzes analog § 241 Nr. 3 AktG nichtig ist, die nichtige Satzungsänderung als solche nicht eintragbar ist und der bisherige Satzungssitz bestehen bleibt (auch → § 4a Rn. 80).[541] Hat das Registergericht die (nichtige) Sitzverlegung gleichwohl versehentlich eingetragen, so muss eine Amtslöschung der Eintragung nach § 395 Abs. 1 S. 1 FamFG erfolgen (→ § 4a Rn. 80).[542] Auch führt eine sich der Beschlussfassung der Gesellschafter über die Sitzverlegung in das Ausland anschließende tatsächliche Verlegung des Verwaltungssitzes nicht zur Auflösung der Gesellschaft, weil die Gesellschaft aufgrund der rechtlichen Beibehaltung des früheren Satzungssitzes dem **deutschen Gesellschaftsstatut** nicht entzogen wird.

Modifikationen zu den vorgenannten Grundsätzen ergeben sich indes aus den Grund- **212** sätzen des europäischen, unionsrechtlichen Gesellschaftskollisionsrechts. Zunächst ist dabei festzuhalten, dass der EuGH in seinem Urteil vom 16.12.2008 in Sachen Cartesio ausdrücklich die Auflösungsfolge in Bezug auf eine Gesellschaft innerhalb der EU, die ihren Sitz in einen anderen Mitgliedstaat verlegt, als mit der **Niederlassungsfreiheit** des Art. 49 AEUV (damals Art. 43 EGV) nicht unvereinbar gesehen hat.[543] In dem Urteil war entgegen der Stellungnahme des Generalanwalts Maduro[544] eine aus der Niederlassungsfreiheit abzuleitende **Wegzugsfreiheit für Gesellschaften** ausdrücklich abgelehnt worden.[545] Im Anschluss daran war – wie hier in der → 1. Aufl. 2011, Rn. 207 vertreten – die identitätswahrende Satzungssitzverlegung einer deutschen GmbH in das (EU-)Ausland nicht als möglich anzusehen, da weder aus der europarechtlich verankerten Niederlassungsfreiheit (Art. 49, 54 AEUV; früher Art. 43, 48 EGV) noch aus den Folgerungen der zwischenzeitlich EU-rechtlich anerkannten Gründungstheorie eine entsprechende identitätswahrende Sitzverlegung garantiert schien (→ § 4a Rn. 66 mwN).[546] Dies galt umso mehr, als die seit langer Zeit geplante **Sitzverlegungs-RL**[547] nicht entschieden vorangekommen war[548] und das geltende deutsche Gesellschaftsrecht keine Möglichkeit einer identitätswahrenden Verlegung vorgesehen hatte.[549] In einem obiter dictum der Cartesio-Entscheidung hatte es der EuGH gleichwohl als unvereinbar mit der Niederlassungsfreiheit gehalten, wenn ein Wegzugstaat eine Hinausumwandlung untersagt, sofern der Zuzugsstaat ein entsprechendes Verfahren anbietet.[550]

Mit seiner **VALE-Entscheidung** hat dann der EuGH im Jahr 2012 für einen Pauken- **213** schlag gesorgt und seiner langen Tradition der rechtsgestaltenden Urteile im unionsrechtlichen Gesellschaftskollisionsrecht entsprechend[551] (ausführlich → Einl. Rn. 350 ff.) neue

---

[540] Ebenso Scholz/*Scheller* Rn. 21.
[541] BayObLG Beschl. v. 8.12.2003 – 2 W 123/03, GmbHR 2003, 1496 (1497); s. außerdem Scholz/*Scheller* Rn. 81; *Wicke* § 4a Rn. 6; UHL/*Casper* Rn. 32; HK-GmbHG/*Frank* Rn. 27; Noack/Servatius/Haas/ *Servatius* § 4a Rn. 9; *Kögel* GmbHR 1998, 1108 (1111); *Wicke* § 4a Rn. 10; Hüffer/Koch/*Koch* AktG § 5 Rn. 13; MüKoAktG/*Heider* AktG § 5 Rn. 54 f., beide letztgenannten zum Aktienrecht; nunmehr offenbar mittlerweile Lutter/Hommelhoff/*Kleindiek* Rn. 5.
[542] Ebenso UHL/*Casper* Rn. 32; Rowedder/Schmidt-Leithoff/*Schmidt-Leithoff* § 4a Rn. 18; MüKoAktG/ *Heider* AktG § 4a Rn. 53 zum Aktienrecht; aA UHL/*Ulmer/Löbbe* § 4a Rn. 25: offensichtlich für Vorrang von § 399 Abs. 4 FamFG.
[543] EuGH Urt. v. 16.12.2008 – C-210/06, NJW 2009, 569 (571) – Cartesio; ausf. Urteilsbesprechung bei *Zimmer/Naendrup* NJW 2009, 545.
[544] Schlussanträge v. 22.5.2008 – C-210/06, NZG 2008, 498.
[545] EuGH Urt. v. 16.12.2008 – C-210/06, NJW 2009, 569 – Cartesio.
[546] Vgl. auch UHL/*Casper* Rn. 35.
[547] Vorentwurf 14. Richtlinie über die Verlegung des Sitzes einer Gesellschaft in einen anderen Mitgliedstaat v. 20.4.1997, ZIP 1997, 1721; s. hierzu *Grohmann/Gruschinske* GmbHR 2008, 27.
[548] Im Jahr 2012 hatten sowohl EU-Kommission als auch Europäisches Parlament Aktivitäten in Richtung einer Sitzverlegungsrichtlinie gestartet, vgl. EU-Kommission Pressemitt. v. 20.2.2012 – IP/12/149; Europäisches Parlament Entschl. v. 2.2.2012 – 2011/2046.
[549] *Franz/Laeger* BB 2008, 679; ausf. hierzu *Wicke* § 4a Rn. 10.
[550] Hierzu auch *Kindler* EuZW 2012, 888; *Caspar/Weller* NZG 2009, 681.
[551] Beginnend mit der sog. Centros-Entscheidung, vgl. EuGH Urt. v. 9.3.1999 – C-212/97, Slg. 1999, I-1459 = NJW 1999, 2027 – Centros.

Aspekte als bindend erachtet.[552] Dem EuGH-Urteil lag der Sachverhalt zugrunde, dass eine nach italienischem Recht gegründete Gesellschaft beschlossen hatte, ihren Sitz nach Ungarn zu verlegen und in Ungarn tätig zu werden. Die zuständige italienische Registerbehörde hatte die Maßnahme als Löschung und Sitzverlegung eingetragen. Das erst deutlich später (der Zeitraum betrug neun Monate) mit der Neueintragung befasste Handelsregister in Ungarn lehnte die Neugründung als ungarische Rechtsform unter Hinweis darauf ab, dass das ungarische Umwandlungsrecht nur auf innerstaatliche Sachverhalte anwendbar sei. Der EuGH hat es schließlich in seiner VALE-Entscheidung als nicht mit der unionsrechtlichen Niederlassungsfreiheit vereinbar angesehen, wenn eine nationale Regelung zwar für inländische Gesellschaften die Möglichkeit einer Umwandlung vorsieht, aber die Umwandlung einer dem Recht eines anderen Mitgliedstaats unterliegenden Gesellschaft in eine inländische Gesellschaft mittels Gründung der letztgenannten Gesellschaft generell nicht zulässt.

214   Noch weiter ist der EuGH in seiner Entscheidung vom 24.10.2017 gegangen.[553] In dem dortigen Sachverhalt beabsichtigte die in Polen gegründete Gesellschaft **Polbud**, ihren bisherigen Verwaltungssitz in Polen zu behalten, aber den Satzungssitz nach Luxembourg zu verlegen. In Abkehr von der VALE-Entscheidung hat der EuGH die Ausübung einer tatsächlichen wirtschaftlichen Tätigkeit im Aufnahmemitgliedstaat gerade nicht als Bedingung für die Anwendbarkeit der Niederlassungsfreiheit angesehen. Damit ist die Niederlassungsfreiheit als (nachträgliche) Rechtswahlfreiheit zu verstehen und der EuGH hat den Wettbewerb der Rechtssysteme, insbesondere auch für den Bereich des Steuerrechts, als berechtigtes Wegzugsinteresse anerkannt. Gleichermaßen darf von der wegziehenden Gesellschaft regelmäßig nicht die Durchführung eines Liquidationsverfahrens am bisherigen Satzungssitz verlangt werden. Da nach Auffassung des EuGH in vergleichbaren Fällen Wegzugsbeschränkungen allenfalls aus zwingenden Gründen des Allgemeininteresses in Betracht kommen, wird wohl bis zur endgültigen Verabschiedung einer Sitzverlegungsrichtlinie erhebliche Rechtsunsicherheit verbleiben, etwa zur Frage, wie in verhältnismäßiger und nichtdiskriminierender Weise die Rechte Dritter, also insbesondere von Gläubigern, Arbeitnehmern und Minderheitsgesellschaftern, ausreichend geschützt werden können.[554]

215   Ausdrückliche Verfahrensvorschriften für vorgenannte Ausprägungen des Formwechsels sind bisher nicht vorhanden. Zwar wurde auf Ebene der EU die **RL (EU) 2019/2121** in Bezug auf grenzüberschreitende Umwandlungen, Verschmelzungen und Spaltungen erlassen, allerdings ist diese bislang noch nicht in nationales Recht umgesetzt – insofern gelten dann zur Koordination der unterschiedlichen Registerverfahren die Bestimmungen zur grenzüberschreitenden Verschmelzung einschließlich der nationalen Umsetzungsvorschriften (vgl. etwa §§ 190 ff. UmwG) sowie zur Sitzverlegung europäischer Rechtsformen, insbesondere der Europäischen Aktiengesellschaft (SE, vgl. Art. 8 SE-VO sowie §§ 12 ff. SEAG).[555] Die RL (EU) 2019/2121 ist aufgrund Art. 3 Abs. 1 RL (EU) 2019/2121 bis zum 31.1.2023 in nationales Recht umzusetzen. Wirksam wird die grenzüberschreitende Sitzverlegung – nach Ablauf des geordneten Registerverfahrens – mit Eintragung im Register des Zuzugsstaates. Danach erfolgt die Eintragung der Sitzverlegung im Herkunftsstaat. Eine Auflösung der GmbH findet also auch im unionrechtlichen Sachverhalt nicht statt: entweder die Beschlussfassung ist nach allgemeinen Grundsätzen (→ Rn. 211) nichtig, etwa weil sie aus VALE bzw. Polbud folgenden Voraussetzungen nicht genügt, oder sie führt zum identitätswahrenden Fortbestehen im EU-Ausland. Es bleibt abzuwarten, ob VALE und Polbud das Ende einer Entwicklung ist oder rechtspolitische Neuerungen, etwa durch Vorgaben einer Sitzverlegungsrichtlinie, hinzutreten.

216   **b) Umwandlungsrechtliche Maßnahmen.** Maßnahmen nach dem Umwandlungsgesetz können zum **liquidationslosen Erlöschen** einer Gesellschaft führen. Dies gilt insbesondere dann, wenn eine Gesellschaft als übertragender Rechtsträger auf einen anderen

---

[552] EuGH Urt. v. 12.7.2012 – C-378/10, NZG 2012, 871 – Vale.
[553] EuGH Urt. v. 25.10.2017 – C-106/16, NJW 2017, 363 – Polbud.
[554] Zum Vorstehenden ausf. *Kieninger* NJW 2017, 3624; *Nentwig* GWR 2017, 432.
[555] *Wicke* DStR 2012, 1756 mwN.

übernehmenden Rechtsträger verschmolzen wird (§§ 3 ff., 39–45 UmwG: Personenhandelsgesellschaft, §§ 46–59 UmwG: GmbH, §§ 60–76 UmwG: AG, § 78 UmwG iVm §§ 60–78 UmwG: KGaA, §§ 120–122 UmwG: natürliche Person), eine Vermögensübertragung durch Vollübertragung auf die öffentliche Hand (§ 174 Abs. 1 UmwG, § 175 Nr. 1 UmwG iVm § 175 Nr. 2 ff. UmwG) oder eine Aufspaltung (§ 123 Abs. 1 UmwG, § 131 Abs. 1 Nr. 2 UmwG) stattfindet (allgemein → Rn. 61). Die vorstehenden Grundsätze finden auch für die in §§ 122 ff. UmwG geregelten grenzüberschreitenden Verschmelzungen Anwendung. In diesen Fällen bedarf es jedoch keines Rückgriffes auf die Rechtsfigur der Auflösung, da es sich um eine **sofortige Vollbeendigung der Gesellschaft** ohne weiteren Abwicklungsbedarf handelt.[556] Die weiteren Maßnahmen nach dem Umwandlungsgesetz wie etwa Formwechsel (§§ 191 ff. UmwG) führen indes nicht zu einem liquidationslosen Erlöschen der Gesellschaft; vielmehr besteht die Gesellschaft bei einem Formwechsel in ihrer Identität fort.[557] Bei grenzüberschreitenden Formwechseln entsprechend der EuGH-Entscheidung in Sachen VALE kommt es ebenfalls nicht zu einer Auflösung der Gesellschaft (ausführlich → Rn. 213).

c) Vermögenslosigkeit der Gesellschaft. Der bloße Umstand, dass eine Gesellschaft **217** vermögenslos ist, führt noch nicht automatisch zu deren Auflösung. Vielmehr muss nach mittlerweile ganz hL vom **(erweiterten) Doppeltatbestand** zur Vermögenslosigkeit noch der formale Akt der Löschung der Gesellschaft im Handelsregister hinzutreten, damit die Gesellschaft – im Fall des § 394 Abs. 1 FamFG auch ohne vorherige Durchführung eines Liquidationsverfahrens – vollbeendet ist (ausführlich → Rn. 35). Nach früherer, mittlerweile wohl überholter Rspr.[558] hatte dagegen die Vermögenslosigkeit eine über die bloße Auflösung hinausgehende Rechtsfolge: sie führte zum sofortigen automatischen Erlöschen der Gesellschaft.

d) Veräußerung oder Einstellung des Geschäftsbetriebes der Gesellschaft. Wird **218** der Geschäftsbetrieb der Gesellschaft, dh sämtliche Aktiva und Passiva, veräußert oder verpachtet, so führt dies regelmäßig nicht zur Auflösung der Gesellschaft. Gleiches gilt für die Einstellung des Geschäftsbetriebes der Gesellschaft.[559] Allerdings kann ausnahmsweise in der entsprechenden Handlung ein **(konkludenter) Auflösungsbeschluss der Gesellschaft** nach Abs. 1 Nr. 2 zu sehen sein (ausführlich → Rn. 102). Fehlt es an einem Auflösungsbeschluss, so kann die Auflösung der Gesellschaft seitens eines die Beendigung der Gesellschaft anstrebenden Gesellschafters nur durch einen rechtsgestaltenden Akt wie ein entsprechendes Auflösungsurteil nach § 61 oder – sofern gesellschaftsvertraglich vorgesehen – eine auflösende Kündigung bewirkt werden.[560]

e) Entzug staatlicher Genehmigungen. Wird der Gesellschaft die Gewerbeerlaubnis **219** entzogen oder durch anderweitigen Verwaltungsakt die Unternehmenstätigkeit untersagt, so liegt regelmäßig kein Auflösungstatbestand vor.[561] Anders stellt sich der Sachverhalt dar, wenn mit dem vorstehend beschriebenen Entzug **gleichzeitig eine Auflösungsverfügung der Verwaltungsbehörde** nach § 62 verbunden ist (→ § 62 Rn. 14). Denkbar ist jedoch die Auflösung der Gesellschaft aufgrund Auflösungsurteils nach § 61, weil die Erreichung des Gesellschaftszweckes nicht mehr möglich oder die Fortführung der Gesellschaft

---

[556] Ebenso Scholz/*Scheller* Rn. 7; Noack/Servatius/Haas/*Haas* Rn. 83; aA UHL/*Casper* Rn. 102 für Zusammenfallen von Auflösung und Beendigung in dieser besonderen Konstellation.

[557] Scholz/*Scheller* Rn. 7.

[558] Vgl. etwa BGH Urt. v. 21.10.1985 – II ZR 82/85, NJW 1986, 394; BayObLG Beschl. v. 23.9.1993 – 3Z BR 172/93, DNotZ 1994, 651; OLG Hamm Urt. v. 6.10.1989 – 11 U 102/89, NJW-RR 1990, 477 (478).

[559] AllgM; s. nur Scholz/*Scheller* Rn. 21 mwN; Hachenburg/*Ulmer* Rn. 61; Rowedder-Schmidt-Leithoff/*Gesell* Rn. 5, 9; Noack/Servatius/Haas/*Haas* Rn. 88.

[560] Ähnlich Scholz/*Scheller* Rn. 30.

[561] AllgM; vgl. etwa UHL/*Casper* Rn. 107; Rowedder-Schmidt-Leithoff/*Gesell* Rn. 9; Noack/Servatius/Haas/*Haas* Rn. 86.

für einen oder alle Gesellschaft nicht mehr zumutbar ist.[562] Gleiches kann bei Ausübung eines gesellschaftsvertraglichen Kündigungsrechtes gelten. Der Entzug einer staatlichen Genehmigung ohne einhergehende Auflösungsverfügung gibt dem Registergericht keine Grundlage für eine Amtslöschung der Gesellschaft nach § 395 Abs. 1 FamFG.[563]

220 **f) Verfügungen des Bundeskartellamts.** Kartellrechtliche Verstöße der Gesellschaft bedingen nicht unmittelbar deren Auflösung (→ § 62 Rn. 15).[564] Relevant ist dies insbesondere für die **Untersagungsbefugnisse der Kartellbehörden** bei missbräuchlichem oder verbotenem Wettbewerbsverhalten gem. § 18 Abs. 1 GWB, § 22 Abs. 5 GWB, § 37a GWB (→ § 62 Rn. 15).[565] Insbesondere stellt die Befugnis, kartellrechtlich vollzogene Zusammenschlüsse durch Verfügung gem. § 41 Abs. 3 S. 1 GWB aufzulösen, für die jeweils verfügende Behörde keine Grundlage zur Auflösung der Gesellschaft als solcher dar (→ § 62 Rn. 15).[566] Das GWB in der aktuellen Fassung enthält insgesamt keine Ermächtigung zur Auflösung einer GmbH.[567] Allenfalls sind Konsequenzen wie etwa die in § 41 Abs. 4 GWB beschriebenen Stimmrechtsbeschränkungen oder Befugnisse zur Einsetzung eines Treuhänders denkbar (auch → § 62 Rn. 15).

221 **g) Erwerb aller Geschäftsanteile durch eine Person.** Die sog. Einmann-GmbH, dh die Vereinigung aller Geschäftsanteile der Gesellschaft in einer Hand, ist kein Auflösungsgrund.[568] Dies ist mit der GmbH-Novelle 1980[569] und dem Gesetz zur Durchführung der 12. EG-Richtlinie vom 18.12.1991[570] ausdrücklich gesetzlich festgeschrieben worden. Dagegen führt die soge. **Keinmann-GmbH,** bei welcher sämtliche Geschäftsanteile von der Gesellschaft selbst gehalten werden oder überhaupt keine Geschäftsanteile an dieser mehr bestehen, zur Auflösung der Gesellschaft (näher → Rn. 203).

222 **h) Tod oder Insolvenz eines Gesellschafters.** Der Tod eines oder aller Gesellschafter lässt den Fortbestand der Gesellschaft unberührt, führt also nicht zu deren Auflösung. Dies entspricht der **allgM.** Eine Ausnahme gilt nur, wenn der Gesellschaftsvertrag den entsprechenden Sachverhalt ausdrücklich als Auflösungsgrund vorsieht. Gleiches gilt für den Fall der Insolvenz eines Gesellschafters (→ Rn. 112) sowie dessen Ausschließung oder Austritt aus der Gesellschaft.[571]

V. Gesellschaftsvertragliche Auflösungsgründe (Abs. 2)

223 **1. Überblick.** Aufgrund der Regelung in Abs. 2 können die Gesellschafter in Ergänzung zu den (teilweise zwingenden) Tatbeständen in Abs. 1 **weitere Auflösungsgründe** in dem Gesellschaftsvertrag der Gesellschaft festschreiben. Auflösungsgründe, die aus zwingenden gesetzlichen Bestimmungen herrühren, können auch durch eine gesellschaftsvertragliche Vereinbarung nicht eingeschränkt werden.[572] Häufig wird zwischen **statuarischen**

---

[562] Bejahend ebenfalls UHL/*Casper* Rn. 107.
[563] OLG Frankfurt Beschl. v. 15.8.1983 – 20 W 358/83, BB 1984, 13; ebenso Noack/Servatius/Haas/*Haas* Rn. 86; UHL/*Casper* Rn. 107.
[564] Ganz hM, vgl. etwa Noack/Servatius/Haas/*Haas* § 62 Rn. 5; Hachenburg/*Ulmer* Rn. 11; aA *v. Köhler* NJW 1961, 1292 (1293).
[565] S. Noack/Servatius/Haas/*Haas* § 62 Rn. 5; Rowedder/Schmidt-Leithoff/*Gesell* Rn. 14; Hachenburg/ *Ulmer* Rn. 11.
[566] S. Noack/Servatius/Haas/*Haas* Rn. 87; ähnlich KG Entsch. v. 2.7.1982 – Kart 28/81, BB 1982, 1814 (1819).
[567] MHLS/*Nerlich* Rn. 43.
[568] AllgM, vgl. etwa RG 20.3.1908 – Rep. II 586/07, RGZ 68, 174; Noack/Servatius/Haas/*Haas* Rn. 82; UHL/*Casper* Rn. 106.
[569] Gesetz zur Änderung des Gesetzes betreffend die Gesellschaften mit beschränkter Haftung und anderer handelsrechtlicher Vorschriften v. 4.7.1980, BGBl. 1980 I 836.
[570] Gesetz zur Durchführung der Zwölften Richtlinie des Rates der Europäischen Gemeinschaften auf dem Gebiet des Gesellschaftsrechts betreffend Gesellschaften mit beschränkter Haftung mit einem einzigen Gesellschafter v. 18.12.1991, BGBl. 1991 I 2206.
[571] AllgM; s. statt vieler UHL/*Casper* Rn. 107.
[572] Ebenso *Altmeppen* Rn. 31; MHLS/*Nerlich* Rn. 310.

Auflösungsgründen und Kündigungsklauseln unterschieden.[573] Sind die Voraussetzungen von statuarischen Auflösungsgründen eingetreten, so folgt daraus automatisch – und ohne Notwendigkeit einer weiteren Beschlussfassung der Gesellschafter – die Auflösung der Gesellschaft.[574] Dagegen ermöglichen Kündigungsklauseln jedem hierzu berechtigten Gesellschafter, durch Abgabe einer wirksamen Kündigungserklärung einseitig die Auflösung der Gesellschaft zu bewirken.

Der entsprechende Auflösungsgrund muss **unmittelbar in der Satzung der Gesell-** 224 **schaft** geregelt sein. Andernfalls kann die mit der Auflösung verbundene Gestaltungswirkung gegenüber der Gesellschaft nicht erreicht werden.[575] In einem solchen Fall, etwa bei Vereinbarung des Auflösungsgrundes in einer Gesellschaftervereinbarung außerhalb der Satzung, führt selbst das Einigsein aller Gesellschafter über den Eintritt des vereinbarten Auflösungsgrundes nicht zur Auflösung der Gesellschaft nach Abs. 2. Jedoch ist es denkbar, eine solche Vereinbarung als (konkludenten) Auflösungsbeschluss iSv Abs. 1 Nr. 2 anzusehen. Regelmäßig, insbesondere im Fall der fehlenden Einigkeit der Gesellschafter im Zeitpunkt des Eintritts des – damals einvernehmlich – außerhalb der Satzung vereinbarten Auflösungsgrundes, wird man von einem **Stimmbindungsvertrag** zwischen den Gesellschaftern auszugehen haben, der diese verpflichtet, im Zeitpunkt des Eintrittes des entsprechenden Grundes einen Auflösungsbeschluss zu fassen.[576]

2. Gesellschaftsvertraglich vereinbarte Auflösungsgründe. Typischerweise sind 225 im Gesellschaftsvertrag als Auflösungsgründe solche Tatbestände festgelegt, welche an ein **besonderes Ereignis** in Bezug auf die Person eines Gesellschafters oder die Verhältnisse der Gesellschaft anknüpfen und im Zeitpunkt des Eintritts dieses Ereignisses zur Auflösung führen sollen, ohne dass es dann auf entsprechende Willensäußerungen ankommen muss. In der kautelarjuristischen Praxis dürfte es allerdings in den meisten Fällen mit Blick auf die absolute und unflexible Wirkung der Auflösung vorzugswürdig sein, anstelle von ipso iure zur Anwendung gelangenden Auflösungsgründen entsprechende Kündigungsrechte in den Gesellschaftsvertrag aufzunehmen.[577] Häufig ergeben sich **Abgrenzungsprobleme** zwischen Auflösungsgründen nach Abs. 1 Nr. 1 und Abs. 2: der Eintritt eines bestimmten, gesellschaftsvertraglich als Auflösungsgrund vorgesehenen Ereignisses kann insbesondere auch als satzungsmäßig verankerte Befristung iSv Abs. 1 Nr. 1 zu verstehen sein. Allerdings ist in diesem Fall unerheblich, ob die Auflösung aus Abs. 1 Nr. 1 oder Abs. 2 folgt.[578]

a) Hinreichende Bestimmtheit. Mit Eintritt eines statuarischen Auflösungsgrundes 226 ist die Gesellschaft automatisch aufgelöst. Daher muss aus dem Wortlaut der entsprechenden Satzungsbestimmung für jeden Beteiligten, seien es die Gesellschafter, die Geschäftsführung, der Registerrichter oder sonstige involvierte Dritte, eindeutig erkennbar sein, ob der Auflösungstatbestand eingetreten ist oder nicht.[579] Insoweit gilt ein ähnlicher **Bestimmtheitsmaßstab** wie bei der Befristung einer Gesellschaft nach Abs. 1 Nr. 1 (→ Rn. 81). Da bereits der Eintritt eines hinreichend bestimmten Auflösungsgrundes zur Zweckänderung der Gesellschaft und dem Beginn des Liquidationsstadiums führt, ist auch bei den statuarischen Auflösungsgründen die Eintragung der Auflösung im Handelsregister lediglich von **deklaratorischer Natur.**[580]

---

[573] Scholz/*Scheller* Rn. 87; Noack/Servatius/Haas/*Haas* Rn. 89 ff.; ähnlich UHL/*Casper* Rn. 109 ff.; Lutter/Hommelhoff/*Kleindiek* Rn. 26 f.

[574] Lutter/Hommelhoff/*Kleindiek* Rn. 26; Scholz/*Scheller* Rn. 87; MHLS/*Nerlich* Rn. 313.

[575] AllgM, vgl. etwa RG Urt. v. 21.6.1912 – II 223/12, RGZ 79, 418 (422); Rowedder/Schmidt-Leithoff/*Gesell* Rn. 41; Scholz/*Scheller* Rn. 87; MHLS/*Nerlich* Rn. 313; Bork/Schäfer/*Roth* Rn. 22.

[576] Scholz/*Scheller* Rn. 87; UHL/*Casper* Rn. 107; *Altmeppen* Rn. 33; MHLS/*Nerlich* Rn. 309.

[577] Ähnlich Scholz/*Scheller* Rn. 88.

[578] Ebenso MHLS/*Nerlich* Rn. 312.

[579] OLG Düsseldorf Beschl. v. 2.7.2020 – I-3 Wx 88/20, BeckRS 2020, 18377; UHL/*Casper* Rn. 110; Scholz/*Scheller* Rn. 89; MHdB GesR III/*Weitbrecht* § 62 Rn. 20; Noack/Servatius/Haas/*Haas* Rn. 90.

[580] Rowedder/Schmidt-Leithoff/*Gesell* Rn. 41.

227   Nicht zuletzt vor dem Hintergrund des durch die Auflösung der Gesellschaft bedingten
Eingriffes in den Kernbereich der Mitgliedschaftsrechte ihrer Gesellschafter[581] können unbe-
stimmt geregelte gesellschaftsvertragliche Tatbestände keine Auflösungswirkung entfalten.
Höchstrichterlich ist bisher nicht geklärt, welche weiteren Rechtsfolgen sich aus einer **unbe-
stimmten Auflösungsklausel** im Gesellschaftsvertrag ergeben. Unbenommen bleibt es
jedenfalls einem Gesellschafter, den Weg über die Auflösungsklage nach § 61 zu beschreiten.
Allerdings bleibt die Interpretation eines unbestimmten Auflösungsgrundes als (deklaratorische)
Wiederholung von § 61 im Gesellschaftsvertrag[582] regelmäßig hinter dem ursprünglichen
Gesellschafterwillen zurück, zumal nach dieser gesetzlichen Bestimmung regelmäßig ein wichtiger Grund für die Auflösung vorhanden sein muss. Daher wird man in den meisten Fällen
davon auszugehen haben, dass der ursprünglich zum automatischen Eintritt vorgesehene Auflösungsgrund wenigstens als **Kündigungsklausel** (→ Rn. 231) anzusehen ist.[583]

228   Kündigungsrechte können indes zu erheblichen Folgeproblemen und Schwierigkeiten
bei der Rechtsdurchsetzung führen, wenn ihre Voraussetzungen und insbesondere die
Rechtsfolgen wie etwa Abfindungshöhe und -modalitäten nicht im Gesellschaftsvertrag
spezifiziert sind. Daher steht es einem Gesellschafter frei, alternativ (oder kumulativ) zur
Geltendmachung des Kündigungsrechtes von einer Stimmbindung der Gesellschafter
in Richtung eines Auflösungsbeschlusses auszugehen, wenn zwar der statuarische Auflösungsgrund nicht ausreichend bestimmbar ist, aber dennoch außerhalb des Gesellschaftsvertrages liegende Umstände die Bindung der Gesellschafter zweifelsfrei belegen.[584] In diesem
Fall ist jeder weitere Gesellschafter aus den letztlich aus § 242 BGB folgenden **Treuepflicht-
gesichtspunkten** gehalten, einem Auflösungsbeschluss zuzustimmen. Ein treuwidrig dagegen opponierender Gesellschafter kann ex tunc behandelt werden, als sei die Gesellschaft
mit Eintritt des besonderen Ereignisses aufgelöst worden.[585]

229   **b) Anwendungsfälle.** Die Satzung einer Gesellschaft kann jedes **hinreichend bestimmbare Ereignis** als Auflösungsgrund vorsehen.[586] Relevant sind dabei insbesondere folgende Fälle: Tod, Insolvenz, Ausscheiden oder Geschäftsunfähigkeit eines Gesellschafters, Pfändung in den Geschäftsanteil eines Gesellschafters,[587] Eintritt der Unterbilanz bei der
Gesellschaft, Ertraglosigkeit bzw. Verlusterzielung der Gesellschaft (ggf. über einen bestimmten
Zeitraum), Verlust eines besonders wichtigen Patents oder sonstigen Schutzrechts (ggf. durch
Zeitablauf; dann, → Rn. 225, Abgrenzung zum Auflösungstatbestand des Abs. 1 Nr. 1 schwierig) sowie Nicht-Erteilung oder Entzug von staatlichen Genehmigungen, des Status anerkannter Gemeinnützigkeit bzw. Mildtätigkeit oder privatrechtlichen Nutzungserlaubnissen.[588]

230   Nicht ausreichend bestimmt sind regelmäßig Formulierungen, welche auf die fehlende
Rentabilität[589] oder das Vorliegen eines – im Gesellschaftsvertrag nicht näher erläuterten –
wichtigen Grundes für die Auflösung abstellen.[590] Ebenfalls ist es zu unbestimmt, wenn

---

[581]   Darauf verweist UHL/*Casper* Rn. 110.
[582]   Von Scholz/*Scheller* Rn. 89 als eine mögliche Rechtsfolge eines unbestimmten Auflösungsgrundes ange-
          sehen.
[583]   Scholz/*Scheller* Rn. 89; bei Ring/Grziwotz/*Grziwotz* Rn. 19 Vorrang eines Austrittsrechts; ähnlich OLG
          Düsseldorf Beschl. v. 2.7.2020 – I-3 Wx 88/20, BeckRS 2020, 18377.
[584]   Ähnlich Rowedder/Schmidt-Leithoff/*Gesell* Rn. 42; Lutter/Hommelhoff/*Kleindiek* Rn. 26; *Wicke*
          Rn. 11; *Altmeppen* Rn. 33.
[585]   Ähnlich offenbar auch Scholz/*Scheller* Rn. 89 und UHL/*Casper* Rn. 112, allerdings sich offensichtlich
          nur beziehend auf den vereinbarten Auflösungsgrund der Unmöglichkeit der Zweckerreichung.
[586]   MHLS/*Nerlich* Rn. 311.
[587]   Rowedder/Schmidt-Leithoff/*Gesell* Rn. 40 verweist zu Recht darauf, dass in diesen Fällen der Gesell-
          schaftsvertrag regelmäßig den Ausschluss des betroffenen Gesellschafters bzw. die Einziehung dessen
          Geschäftsanteils vorrangig vorsehen sollte.
[588]   AllgM, s. etwa die Nachweise bei MHLS/*Nerlich* Rn. 312; Rowedder/Schmidt-Leithoff/*Gesell* Rn. 40;
          Altmeppen Rn. 30; *Wicke* Rn. 11; Ring/Grziwotz/*Grziwotz* Rn. 18.
[589]   Jedoch aA *van Venrooy* GmbHR 1993, 65 (66 ff.), der allerdings mindestens die Nachweisprobleme bei
          der Anmeldung nach § 65 in Kauf nimmt oder nicht berücksichtigt.
[590]   Rowedder/Schmidt-Leithoff/*Gesell* Rn. 41; Noack/Servatius/Haas/*Haas* Rn. 89; MHLS/*Nerlich*
          Rn. 311; *Altmeppen* Rn. 33.

der Gesellschaftsvertrag die Unmöglichkeit der Zweckerreichung oder – gegenteilig – das tatsächliche Erreichen des ursprünglich verfolgten Gesellschaftszweckes als **automatischen Auflösungsgrund** statuiert.[591] Der in § 726 BGB für die Auflösung der BGB-Gesellschaft vorgesehene Auflösungsgrund lässt sich auf die insoweit abweichend strukturierte GmbH, bei welcher insbesondere den – registergerichtlich vor Eintragung zu überprüfenden – Verlautbarungen des Handelsregisters eine besondere Bedeutung zukommt, nicht übertragen.[592]

3. Besonderheiten im Zusammenhang mit Kündigungsklauseln. a) Überblick. **231** Das GmbH-Recht enthält keine Regelungen über Kündigungsrechte eines Gesellschafters. Ohne besondere gesellschaftsvertragliche Regelung kann ein Gesellschafter nur ausscheiden, wenn er gem. § 61 erfolgreich Auflösungsklage erhoben hat oder ihm – ausnahmsweise – ein **besonderes Austrittsrecht** zusteht. Die GmbH-rechtlich weitgehend ausgeprägte **Satzungsdispositivität** erlaubt es jedoch den Gesellschaftern, Kündigungsrechte in den Gesellschaftsvertrag aufzunehmen.[593] Das Kündigungsrecht, welches bei Ausübung zur Auflösung der Gesellschaft durch einseitiges Rechtsgeschäft führt, kann jedem einzelnen, aber auch bestimmten einzelnen Gesellschaftern eingeräumt werden.[594] Es führt je nach Ausgestaltung zur Auflösung der Gesellschaft **(auflösende Kündigung),** zum Austritt des kündigenden Gesellschafters bei Fortbestand der Gesellschaft **(Austrittskündigung)** und zum Ausschluss eines Gesellschafters durch Kündigung der Gesellschaft durch einen oder mehrere andere Gesellschafter **(Ausschließungskündigung).** Ist die Bestimmung in der Satzung nicht völlig eindeutig, so ist die gewollte Kündigungsart durch Auslegung zu bestimmen.[595]

In der Praxis sehen GmbH-Gesellschaftsverträge häufig ein Kündigungsrecht vor, **232** zumeist gleichermaßen für sämtliche Gesellschafter. Dieses ist häufig als Austrittskündigung ausgestaltet mit der Folge, dass die Gesellschaft den **Geschäftsanteil einzieht,** erwirbt, anderen Gesellschaftern den Erwerb überlässt oder die Gesellschafterversammlung einen oder mehrere neu eintretende Gesellschafter bestimmen kann, welche den Geschäftsanteil erwerben können.[596] Der jeweilige Gesellschaftsvertrag enthält zudem meist eine Regelung dahingehend, ob und ggf. in welcher Höhe der Erwerber des Geschäftsanteils eine Abfindung an den kündigenden Gesellschafter schuldet. Die nachstehend erörterten Problemkreise finden daher nur vergleichsweise seltene Anwendung im Fall von gesellschaftsvertraglich eingeräumten Kündigungsrechten.

b) Problematik einer einfachen Kündigungsklausel. Stark umstritten ist die Frage, **233** welche Rechtsfolgen ein gesellschaftsvertraglich verankertes Kündigungsrecht nach sich zieht, dessen Wirkungen nicht klar geregelt sind. Die Rspr. und ihr folgend die wohl **hM** hat im Fall der Ausübung einer solchen einfachen Kündigungsklausel die **Auflösung der Gesellschaft** angenommen. Zum Teil hat die Rspr. die Präzisierung vorgenommen, dass die Auflösungsfolge zumindest dann eintrete,[597] wenn nicht die Auslegung einer unklaren

---

[591] Ebenso offensichtlich UHL/*Casper* Rn. 112; Noack/Servatius/Haas/*Haas* Rn. 89; Rowedder/Schmidt-Leithoff/*Gesell* Rn. 41 bejaht die Unbestimmtheit im Fall der Unmöglichkeit der Zweckerreichung, verneint diese aber – ohne nähere Begründung – für die tatsächliche Erreichung des Geschäftszwecks.

[592] Ähnlich UHL/*Casper* Rn. 112.

[593] AllgM, vgl. nur RG Urt. v. 21.6.1912 – II 223/12, RGZ 79, 418 (421 f.); MHLS/*Nerlich* Rn. 313 mwN.

[594] Scholz/*Scheller* Rn. 90; UHL/*Casper* Rn. 118.

[595] S. etwa *Topf-Schleuning,* Einfache Kündigungsklauseln in GmbH-Satzungen, 1993, 35 ff.; Scholz/*Schelller* Rn. 90; MHLS/*Nerlich* Rn. 313; UHL/*Casper* Rn. 117.

[596] Ähnlich Rowedder/Schmidt-Leithoff/*Gesell* Rn. 43.

[597] RG Urt. v. 21.6.1912 – II 223/12, RGZ 79, 418 (421); Urt. v. 27.9.1918 – II 55/18, RGZ 93, 326 (327); Urt. v. 25.2.1919 – II 304/18, RGZ 95, 39 (40); Urt. v. 19.3.1926 – II 236/25, RGZ 113, 147 (149); BGH Urt. v. 2.12.1996 – II ZR 243/95, NJW-RR 1997, 606; OLG Karlsruhe Urt. v. 3.10.1956 – 1 U 44/56, GmbHR 1960, 24; BayObLG Urt. v. 9.12.1974 – BReg. 2 Z 57/74, BB 1975, 249; *Topf-Schleuning,* Einfache Kündigungsklauseln in GmbH-Satzungen, 1993, 137 ff.; Meyer-Landrut/Miller/Niehus/*Niehus* Rn. 21; wohl auch HK-GmbHG/*Frank* Rn. 63 sowie Scholz/*Scheller* Rn. 93, allerdings für Beachtung des von ihm vorgeschlagenen Subsidiaritätsgrundsatzes.

Bestimmung doch zum **Ausscheiden des kündigenden Gesellschafters** führt.[598] Eine tendenzielle Korrektur soll nach einzelnen Stimmen innerhalb der Lit. dadurch erfolgen, dass die Gesellschafter mit der hierzu im Einzelfall notwendigen Mehrheit die Fortsetzung der aufgelösten Gesellschaft ohne zukünftige Zugehörigkeit des kündigenden Gesellschafters beschließen können[599] und – deutlich weitergehend – die Mitwirkungsrechte des kündigenden Gesellschafters bei einer entsprechenden Abstimmung erheblich eingeschränkt werden können.[600] Teilweise wird auch davon ausgegangen, dass sich der kündigende Gesellschafter (nur) dann auf seine Treuepflicht verweisen lassen muss, wenn die Kündigung zur Unzeit erfolgt und ein Fortsetzen der Gesellschafterstellung keinen bedeutenden Nachteil für ihn darstellt.[601] Die Rspr. hat in Abgrenzung zur Ausscheidensfolge zudem darauf hingewiesen, dass ohne anderweitige Satzungsregel die Wirksamkeit der Kündigung nicht mit der Erklärung oder dem Kündigungstermin eintrete, sondern erst mit der Einziehung oder **anderweitigen Übernahme des betroffenen Geschäftsanteils**.[602] Zuletzt wird teilweise auch noch auf folgendes verwiesen: eine Auslegungsregel, wonach im Zweifel nicht die Auflösung der Gesellschaft, sondern nur das Ausscheiden des kündigenden Gesellschafters beabsichtigt sei, existiere im geltenden Recht nicht.[603]

234   In der Lit. ist die in der Rspr. entwickelte Sichtweise vielfach auf Bedenken gestoßen. So wird nicht selten vertreten, dass ein satzungsmäßig eingeräumtes einfaches Kündigungsrecht nur zum Ausscheiden des kündigenden Gesellschafters führe, nicht aber zur **folgenschwere(re)n Auflösung der Gesellschaft**.[604] *Kleindiek*[605] schlägt vermittelnd vor, dass der kündigende Gesellschafter bei einer einfachen Kündigungsklausel gegen **Abfindung nach Liquidationswerten** ausscheidet. Allerdings könne er eine angemessene Frist von mindestens drei Monaten setzen, innerhalb deren seinem Ansinnen Folge geleistet werden müsse, andernfalls die Auflösung *ipso iure* eintrete. Gestützt wird diese Auffassung nicht zuletzt auf die Erwägung, dass das Ausscheiden des kündigenden Gesellschafters gegen Abfindung bei gleichzeitigem Fortbestand der Gesellschaft unter den übrigen Gesellschaftern am besten den **Interessen der Mitgesellschafter** und der Öffentlichkeit am **Fortbestehen des Unternehmens** entspreche, ohne das Interesse des Kündigenden an der Liquidation seiner Beteiligung ernsthaft zu beeinträchtigen. Somit sei von den Gesellschaftern regelmäßig bei Geltung einer **einfachen Kündigungsklausel** gewollt, dass die Gesellschaft weiterhin existiere. Dies stehe im Übrigen auch im Einklang mit der für Personenhandelsgesellschaften geltenden Regelung des § 131 Abs. 3 Nr. 3 HGB, welche – anders als die Bestimmung in § 131 Abs. 1 Nr. 6 HGB vor dem HRefG Vgl. etwa § 131 Abs. 2 HGB sowie § 141a Abs. 3 FGG (nunmehr: § 394 Abs. 4 FamFG), jeweils eingefügt durch HRefG vom 22.6.1998 (BGBl. 1998 I 1474) – im Fall der Kündigung eines Gesellschafters (nur noch) dessen Ausscheiden aus der Gesellschaft und nicht mehr die Auflösung der Gesellschaft zur Folge habe. Zuletzt folge mittelbar aus dem in Abs. 1 Nr. 2 bestimmten Auflösungsgrund aufgrund Beschlussfassung der Gesellschafter, dass ein einziger Gesellschafter ohne Stimmenmehrheit es nicht in der Hand haben könne, einseitig die Auflösung der Gesellschaft herbeizuführen.

235   Zur eigenen Stellungnahme ist zunächst festzuhalten, dass weder die Ausscheidensnoch die Auflösungsfolge in allen Punkten zu befriedigenden Ergebnissen führen wird. Der in der Rspr. vertretenen Ansicht ist im ersten Schritt darin Recht zu geben, dass ein

---

[598] So etwa BGH Urt. v. 2.12.1996 – II ZR 243/95, NJW-RR 1997, 606; wohl noch weitergehend OLG Düsseldorf Urt. v. 19.9.2003 – 16 U 236/02, GmbHR 2004, 356 = BB 1975, 249 (359): Tendenz zur Fortsetzung unter den verbleibenden Gesellschafter mittels Auslegung der Satzung.

[599] Vgl. *Topf-Schleuning*, Einfache Kündigungsklauseln in GmbH-Satzungen, 1993, 137 ff.

[600] UHL/*Casper* Rn. 117; bereits früher Hachenburg/*Ulmer* Rn. 70.

[601] Gehrlein/Born/Simon/*Beckmann/Hofmann* Rn. 58.

[602] BGH Urt. v. 2.12.1996 – II ZR 243/95, NJW-RR 1997, 606.

[603] So etwa Meyer-Landrut/Miller/Niehus/*Niehus* Rn. 21; UHL/*Casper* Rn. 114.

[604] *Fischer* GmbHR 1955, 165 (168 f.); *Fichtner* BB 1967, 18; *Hofmann* GmbHR 1975, 223; Rowedder/Schmidt-Leithoff/*Gesell* Rn. 45.

[605] Lutter/Hommelhoff/*Kleindiek* Rn. 27.

Ausscheiden des kündigenden Gesellschafters häufig kaum lösbare Folgeprobleme nach sich zieht, da bei einfachen Kündigungsklauseln gerade **die Kündigungsfolgen nicht gesellschaftsvertraglich** geregelt sind. Ohne abweichende satzungsmäßige Grundlage endet aber die Mitgliedschaft des kündigenden Gesellschafters in der fortbestehenden GmbH erst mit dem endgültigen Verlust seines Geschäftsanteils durch Einziehung oder anderweitige Übernahme. Erst dann gelangt der **Abfindungsanspruch** des Kündigenden zur Entstehung.[606] Im Übrigen ist die Höhe der Abfindung eines ausscheidenden Gesellschafters häufig schon beim Vorhandensein entsprechender Abfindungsregelungen im Gesellschaftsvertrag in hohem Maße streitbehaftet; dies dürfte dann für den Fall einer gänzlich fehlenden Regelung umso mehr gelten. Zuletzt kann eine Abfindung des ausscheidenden Gesellschafters auch an den Kapitalerhaltungsregelungen in §§ 30 f. sowie an dem Fehlen einer gesellschaftsvertraglichen Einziehungsklausel (gem. § 34 Abs. 1 ist eine Einziehung nur bei entsprechender gesellschaftsvertraglicher Bestimmung möglich) scheitern;[607] auch dieser Gesichtspunkt spricht gegen die in vielen Teilen der Lit. geforderte Ausscheidensfolge.

Allerdings begegnet auch die in der Rspr. favorisierte **Auflösungsfolge** nicht nur **236** deshalb, weil die Kündigung eines Gesellschafters eben nur dessen Ausscheiden nahelegt und an und für sich nicht die Existenz der gesamten Gesellschaft in Frage stellen sollte, **erheblichen Bedenken.** Der in vielen Teilen der Lit. vertretenen Auffassung ist insoweit zuzustimmen, als durch die Neuregelung des § 131 HGB durch das HRefG vom 22.6.1998 (BGBl. 1998 I 1474) stärker der gesetzgeberische Wille zum Fortbestand einer Gesellschaft im Fall der Kündigung durch lediglich einen Gesellschafter zum Ausdruck gekommen ist. Außerdem gelangt das Befürworten der Auflösungsfolge dort an seine Grenze, wo andere Gesellschafter berechtigtermaßen die Gesellschaft fortsetzen wollen. Ein Fortsetzungsbeschluss mit einhergehendem „Entlassen" des kündigenden Gesellschafters aus der GmbH und Gewährung einer Abfindung ist dem geltenden Recht nicht zu entnehmen. Dies gilt umso mehr dann, wenn ein Fortsetzungsbeschluss nicht gegen den Willen des kündigenden Gesellschafters gefasst werden kann; ein Stimmverbot dieses Gesellschafters dürfte aber selbst für den Fall nicht anerkennenswert sein, dass ihm eine Verkehrswertabfindung zugesagt (und auch gewährt) wird.[608] Schließlich handelt ein Gesellschafter bei Ausübung eines ihm gesellschaftsvertraglich eingeräumten **Kündigungsrechts** regelmäßig gerade **nicht treuwidrig,** sodass ihm nicht mit dieser Argumentation die Mitwirkung bei der weiteren Gestaltung des Schicksals der Gesellschaft entzogen werden darf. Gleichwohl verdient im Zweifel der Auflösung der Gesellschaft aufgrund der klareren und einfacheren Rechtsfolgen der Vorzug.

Somit bietet sich folgende Lösung an: Zunächst ist die Satzung der Gesellschaft intensiv **237** danach zu prüfen, ob nicht trotz Fehlens einer genauen Bestimmung über die Rechtsfolge des Ausscheidens aus anderen Bestimmungen ein unbedingter Fortsetzungswille zum Ausdruck kommt. Dies kann – im Einklang mit der Rspr.[609] – etwa darin liegen, dass der Gesellschaftsvertrag ein erhöhtes Mehrheitserfordernis für das Fassen eines Auflösungsbeschlusses vorsieht. Fehlt es an entsprechenden **gesellschaftsvertraglichen Grundlagen,** so führt die Kündigung aufgrund einer einfachen Kündigungsklausel im Zweifel zur **Auflösung der Gesellschaft.** Die Gesellschafter können dieses Ergebnis aber durch einen Fortsetzungsbeschluss korrigieren, der gleichzeitig zum Ausscheiden des kündigenden Gesellschafters gegen Verkehrswertabfindung mindestens unter Berücksichtigung des Liquidationswerts führt, wobei die Rechte des kündigenden Gesellschafters ohne Vorliegen ganz besonderer Voraussetzungen nicht durch Stimmverbote oder ähnliches beschnitten werden dürfen.

c) Voraussetzungen, Art der Kündigung; Kündigungsfolgen. Für den Fall, dass **238** die Gesellschafter die Möglichkeit der Kündigung in den Gesellschaftsvertrag aufnehmen

---

[606] S. etwa BGH Urt. v. 2.12.1996 – II ZR 243/95, NJW-RR 1997, 606.

[607] Hierzu etwa auch MHLS/*Nerlich* Rn. 318.

[608] Wohl auch Rowedder/Schmidt-Leithoff/*Gesell* Rn. 45 entgegen Hachenburg/*Ulmer* Rn. 70; UHL/ *Casper* Rn. 116.

[609] So OLG Düsseldorf Urt. v. 19.9.2003 – 16 U 236/02, GmbHR 2004, 356; diesem insoweit folgend UHL/*Casper* Rn. 114.

wollen, sind sie in der Regelung der **Kündigungsvoraussetzungen** weitgehend **keinen Beschränkungen** unterworfen. Insbesondere findet das für ipso iure wirkende Auflösungsgründe geltende Bestimmtheitserfordernis (→ Rn. 226) keine entsprechend strikte Anwendung, da es in erster Linie auf die Eindeutigkeit der Kündigungserklärung ankommt, während die Frage der Kündigungsberechtigung gerichtlich geklärt werden kann.[610] Gleichwohl ist es in jedem Fall ratsam, die Kündigungsgründe – und damit einhergehend die Ermittlung der Höhe der Abfindung sowie die Auszahlungsmodalitäten – möglichst detailliert zu fassen, um möglichst keinen Raum für spätere Unklarheiten zu lassen.[611] Ebenso kann der Gesellschaftsvertrag ein **Übernahme- oder Einziehungsrecht** in Hinblick auf den Geschäftsanteil des kündigenden Gesellschafters zugunsten der weiteren Gesellschafter vorsehen. Dieses ist dann vor Ablauf der Kündigungsfrist bzw. Eintritt der Auflösung auszuüben.[612]

239   Ein Kündigungsrecht für Gesellschafter kann als ordentliches ausgestaltet werden, welches dann – sofern nicht rechtsmissbräuchlich – ohne Begründung ausgeübt werden kann. Beispielhaft lässt sich hier das einfache (ordentliche) **Kündigungsrecht** jedes Gesellschafters nach Ablauf einer gesellschaftsvertraglich vereinbarten **Mindestfrist** für die Gesellschaft anführen. Ebenso kann der Gesellschaftsvertrag aber auch das Vorliegen eines Kündigungsgrundes verlangen, etwa im Fall der außerordentlichen Kündbarkeit der Gesellschaft bei Vorliegen eines wichtigen Grundes in der Person eines Gesellschafters oder den besonderen Verhältnissen der Gesellschaft.[613] Im Fall der außerordentlichen Kündigungsmöglichkeit muss der Kündigungsgrund in der Satzung hinreichend bestimmbar erwähnt sein. Gleichzeitig besteht bei gänzlichem Fehlen einer gesellschaftsvertraglich zulässigen Möglichkeit zur außerordentlichen Kündigung gerade vor dem Hintergrund einer zu erhebenden Auflösungsklage nach § 61 kein Kündigungsrecht aus wichtigem Grund.[614] Sieht dagegen die Satzung der Gesellschaft ein Kündigungsrecht vor, bleibt es dem ausscheidenswilligen Gesellschafter gleichwohl möglich, den (beschwerlicheren) Weg über die **Auflösungsklage** zu beschreiten.[615]

240   Falls der Gesellschaftsvertrag ein Ausscheiden des kündigenden Gesellschafters vorsieht, führt die **Kündigung sämtlicher Gesellschafter** zu demselben Termin zwingend zur Auflösung der Gesellschaft, obwohl es sich ohne besondere wechselbezüglich vereinbarte Erklärungen der Gesellschafter nicht um einen Auflösungsbeschluss iSv Abs. 1 Nr. 2 handelt.[616] Dagegen führt eine **Kündigung,** welche gleichzeitig lediglich durch die **Mehrheit der Gesellschafter** ausgesprochen wurde, nicht zur Auflösung der Gesellschaft, sondern zur Fortsetzung durch die verbleibende Minderheit der Gesellschafter.[617]

VI. Fortsetzung der aufgelösten GmbH

241   **1. Ausgangsbasis.** Nicht immer folgt aus der Auflösung einer Gesellschaft deren kurz- bzw. mittelfristige Löschung und Vollbeendigung. In einigen Fällen mag ein **Bedürfnis zum Fortbestand der Gesellschaft** bestehen, so etwa wenn der ursprünglich zur Auflösung führende Grund nachträglich wegfällt, gleichwohl aber nicht nur die leere Hülle der Gesellschaft noch vorhanden ist.

---

[610]   AllgM, vgl. etwa UHL/*Casper* Rn. 118; Rowedder/Schmidt-Leithoff/*Gesell* Rn. 43.

[611]   UHL/*Casper* Rn. 119 plädiert für den Fall, dass die Ausscheidensmodalitäten zu unbestimmt sind, für ein Austrittsrecht des kündigenden Gesellschafters aus wichtigem Grund.

[612]   RG Urt. v. 25.2.1919 – II 304/18, RGZ 95, 39 (40); UHL/*Casper* Rn. 119; ausf. zum Vollzug des Austritts nach Kündigung Ring/Grziwotz/*Grziwotz* Rn. 35 – dort wird von einem Wahlrecht der Gesellschaft ausgegangen, ob diese den Geschäftsanteil einzieht oder Abtretung an sich bzw. einen Dritten verlangt.

[613]   Scholz/*Scheller* Rn. 91; UHL/*Casper* Rn. 117; MHLS/*Nerlich* Rn. 330.

[614]   Scholz/*Scheller* Rn. 91.

[615]   UHL/*Casper* Rn. 119.

[616]   Ebenso Noack/Servatius/Haas/*Haas* Rn. 90.

[617]   BGH Urt. v. 7.4.2008 – II ZR 3/06, NJW 2008, 1943 betr. Sozietätsvertrag; s. auch *Hirte* NJW 2009, 421.

a) Grundsätzliche Zulässigkeit einer Fortsetzung. Aus dem Wortlaut von Abs. 1 **242** Nr. 4 im Zusammenhang mit der Einstellung des Insolvenzverfahrens sowie dem Fortbestand der Gesellschaft im Fall eines bestätigten Insolvenzplanes ergibt sich ausdrücklich, dass die Gesellschafter in bestimmten Konstellationen die Fortsetzung der Gesellschaft trotz vorheriger Auflösung beschließen können.

Konsequenterweise hat daher das RG[618] im Jahr 1927 entgegen der damals hM, welche **243** aus einem **Umkehrschluss zu Abs. 1 Nr. 4** die Unzulässigkeit weiterer Fortsetzungsbeschlüsse angenommen hatte,[619] die Zulässigkeit der Fortsetzung einer aufgelösten Gesellschaft im Grundsatz auch für Fallkonstellationen jenseits des Anwendungsbereichs von Abs. 1 Nr. 4 anerkannt. In der Lit. wird die Fortsetzungsmöglichkeit für eine aufgelöste Gesellschaft bejaht.[620] Für die Aktiengesellschaft sieht § 274 AktG ausdrücklich eine Regelung zur Fortsetzung nach Auflösung vor. In der Folgezeit nach der weichenstellenden reichsgerichtlichen Entscheidung wurden allgemeine, aber auch speziell auf die einzelnen Auflösungsgründe bezogene Voraussetzungen für die Fortsetzung einer aufgelösten Gesellschaft herausgearbeitet (→ Rn. 247). Anerkannt ist mittlerweile ebenfalls, dass nicht jede aufgelöste Gesellschaft durch Fortsetzungsbeschluss der Gesellschafter reaktiviert werden kann, sondern abhängig von dem jeweils zur Auflösung führenden Grund **Differenzierungen bis hin zu Fortsetzungsverboten** bestehen können (→ Rn. 270). Hinsichtlich einer Vielzahl von Fallvarianten ist aber bis jetzt noch keine abschließende rechtliche Klärung erfolgt.

b) Rechtsfolge der Fortsetzung einer aufgelösten Gesellschaft. Mit Wirksam- **244** werden eines (zulässig gefassten) Fortsetzungsbeschlusses fällt die Zweckbestimmung der Auflösung und Abwicklung fort. Die Gesellschaft existiert in diesem Fall als (wieder) werbende GmbH weiter.[621] Maßgeblich sind dann nicht mehr die Liquidationsregelungen der §§ 66 ff.,[622] sondern die allgemein für eine aktiv am Rechtsverkehr teilnehmende GmbH geltenden gesetzlichen Bestimmungen.[623] Im Zusammenhang mit dem Fortsetzungsbeschluss sind erneut **Geschäftsführer zu bestimmen;** die Amtszeit und Funktion der Liquidatoren endet mit Wirksamwerden der Fortsetzung.[624] Der Fortsetzungsbeschluss zielt regelmäßig nicht auf eine Satzungsänderung der Gesellschaft, solange nicht ausschließlich auf diesem Weg der Auflösungsgrund aus der Welt geschafft werden kann.[625] Eine Satzungsänderung ist etwa erforderlich im Fall einer Auflösung der Gesellschaft durch Zeitablauf nach der entsprechenden gesellschaftsvertraglichen Bestimmung oder im Fall der Auflösung aufgrund Satzungsmangels (→ Rn. 260).

c) Handelsregister. Auf die Eintragung der Fortsetzung im Handelsregister kommt **245** es nicht entscheidend an, weil die Eintragung der Fortsetzung als solche – anders als bei der entsprechenden aktienrechtlichen Regelung in § 274 Abs. 4 S. 1 AktG[626] und mit Ausnahme dessen, wenn die Beseitigung des Auflösungsgrundes eine Satzungsänderung erfordert – nur **deklaratorische Wirkung** hat.[627] Die Handelsregisteranmeldung haben

---

[618] RG Beschl. v. 25.10.1927 – II B 14/27, RGZ 118, 337 (339 f.).
[619] S. hierzu ausf. UHL/*Casper* Rn. 124.
[620] Vgl. etwa Noack/Servatius/Haas/*Haas* Rn. 91; Lutter/Hommelhoff/*Kleindiek* Rn. 28; Scholz/*Scheller* Rn. 95; UHL/*Casper* Rn. 124; MHLS/*Nerlich* Rn. 325; *Passarge* in Passarge/Torwegge GmbH-Liquidation Rn. 422; *Altmeppen* Rn. 35; *Wicke* Rn. 12; *Hofmann* GmbHR 1975, 226; *Fichtelmann* GmbHR 2003, 67.
[621] Rowedder/Schmidt-Leithoff/*Gesell* Rn. 83.
[622] BayObLG Urt. v. 6.8.1987 – BReg. 3Z 106/87, BB 1987, 2119 (2121).
[623] Vgl. auch UHL/*Casper* Rn. 125.
[624] *Passarge* in Passarge/Torwegge GmbH-Liquidation Rn. 436.
[625] Scholz/*Scheller* Rn. 95; UHL/*Casper* Rn. 126.
[626] Ausnahmsweise war ein konstitutiver Charakter der Handelsregistereintragung bei zwischenzeitlich nicht mehr relevanten Regelung in Art. 12 § 1 Abs. 3 S. 2 GmbHGÄndG (GmbH-Novelle 1980) vorgesehen gewesen; hierzu → Rn. 201 mwN.
[627] Statt vieler s. Scholz/*Scheller* Rn. 95.

die neu bestellten Geschäftsführer in vertretungsberechtigter Anzahl vorzunehmen,[628] die Zuständigkeit der Liquidatoren entfällt mit dem Wirksamwerden des Fortsetzungsbeschlusses.[629] **Besondere Erklärungspflichten** der Geschäftsführer bestehen nach allgemeinen Grundsätzen dann, wenn die Fortsetzung der Gesellschaft zugleich eine wirtschaftliche Neugründung beinhaltet (→ § 8 Rn. 46).[630] Unabhängig hiervon ist durch die Geschäftsführer gegenüber dem Registergericht zu versichern, dass die Voraussetzungen der Fortsetzung gegeben sind, insbesondere noch nicht mit der Verteilung des Vermögens an die Gesellschafter begonnen wurde und die Verbindlichkeiten der Gesellschaft das Gesellschaftsvermögen nicht übersteigen.[631] Ein Nachweis hierüber ist anders als nach der für die Aktiengesellschaft geltenden Norm des § 273 Abs. 3 S. 2 AktG nicht erforderlich; ein solcher kann aber durch das Registergericht angefordert werden (vgl. § 26 FamFG).[632]

246   War die Auflösung der Gesellschaft noch nicht im Handelsregister eingetragen und ergibt sich diese auch nicht aus anderen aus dem Handelsregister ersichtlichen Umständen, wie etwa aus dem Gesellschaftsvertrag bei Zeitablauf oder bei Eröffnung eines Insolvenzverfahrens, so bedarf es keiner Anmeldung zum Handelsregister und nachfolgender Eintragung.[633] Gleichwohl wird die Eintragung im Hinblick auf § 15 Abs. 1 HGB für zulässig erachtet.[634] Ist etwa im Fall der vorherigen Auflösung der Gesellschaft aufgrund Erreichens einer satzungsmäßig eindeutig geregelten Zeitbestimmung ausnahmsweise die Änderung deren Gesellschaftsvertrags zur Fortsetzung erforderlich, so kommt es nach allgemeinen Grundsätzen des § 54 Abs. 3 auf die Eintragung im Handelsregister an.[635] Das Registergericht hat die Eintragung der Fortsetzung der Gesellschaft nach §§ 10, 11 HGB **bekannt zu machen.**[636]

247   **2. Voraussetzungen einer Fortsetzung.** Bei den Voraussetzungen an die Fortsetzung sind zum einen Umstände zu berücksichtigen, die für alle Arten der beabsichtigen Fortsetzung nach vorheriger Auflösung – und zwar unabhängig vom jeweiligen Auflösungsgrund – gleichermaßen oder zumindest grundsätzlich gelten (→ Rn. 248). Zum anderen sind **Besonderheiten der einzelnen Auflösungsgründe** zu würdigen (→ Rn. 270). Im Einzelfall kann dies dazu führen, dass bezogen auf einen speziellen Auflösungsgrund ein für sonstige Auflösungstatbestände ohne Einschränkungen geltender Grundsatz ausnahmsweise keine Anwendung findet. Daher haben bei einer Prüfung, ob eine Gesellschaft einem Fortsetzungsbeschluss zugänglich ist, in jedem Fall auch die Besonderheiten zu den einzelnen Auflösungsgründen Berücksichtigung zu finden.

248   **a) Rechtliche Existenz der Gesellschaft.** Voraussetzung für die wirksame Beschlussfassung der Gesellschafter über die Fortsetzung ist, dass die Gesellschaft nach wie vor als juristische Person existent ist. Dies ist nicht der Fall, wenn die Gesellschaft vollbeendet und im Handelsregister gelöscht ist.[637] Eine Ausnahme mag nur dann anzuerkennen sein, wenn die Löschung der Gesellschaft wegen eines **Verfahrensmangels nach § 395 FamFG** rückgängig zu machen ist.[638] In dieser Konstellation kann die Fortsetzung freilich erst nach

---

[628]   S. etwa Noack/Servatius/Haas/*Haas* Rn. 92a; Lutter/Hommelhoff/*Kleindiek* Rn. 29; *Altmeppen* Rn. 36.
[629]   Noack/Servatius/Haas/*Haas* Rn. 92a; Rowedder/Schmidt-Leithoff/*Gesell* Rn. 84.
[630]   Ebenso BGH Versäumnisurt. v. 10.12.2013 – II ZR 53/12, NJW-RR 2014, 416; Noack/Servatius/ Haas/*Haas* Rn. 92a; aA UHL/*Casper* Rn. 131, der nach einem Fortsetzungsbeschluss eine der Gründungskontrolle der Kapitalausstattung vergleichbare Fortsetzungskontrolle durch das Registergericht bestreitet.
[631]   Scholz/*Scheller* Rn. 108 mwN.
[632]   So Scholz/*Scheller* Rn. 108.
[633]   Noack/Servatius/Haas/*Haas* § 65 Rn. 20; *Passarge* in Passarge/Torwegge GmbH-Liquidation Rn. 436.
[634]   Scholz/*Scheller* Rn. 107; zweifelnd UHL/*Casper* Rn. 138, der auf den Umstand der fehlender Außenwirkung einer Auflösungseintragung abstellt.
[635]   Rowedder/Schmidt-Leithoff/*Gesell* Rn. 84; UHL/*Casper* Rn. 126; Scholz/*Scheller* Rn. 107.
[636]   *Passarge* in Passarge/Torwegge GmbH-Liquidation Rn. 436.
[637]   So bereits RG Beschl. v. 25.10.1927 – II B 14/27, RGZ 118, 337 (340); vgl. etwa Scholz/*Scheller* Rn. 97.
[638]   Ebenso wohl UHL/*Casper* Rn. 128.

Amtslöschung der Löschung beschlossen werden, sodass im maßgeblichen Zeitpunkt des Fortsetzungsbeschlusses jedenfalls eine rechtlich existente Gesellschaft zugrunde liegt.

Problematisch ist indes die Fallkonstellation, bei welcher eine Gesellschaft zwar im **249** Handelsregister gelöscht ist, jedoch der dahinter stehende materielle Auflösungsgrund wie etwa Vermögenslosigkeit (Abs. 1 Nr. 7 iVm § 394 FamFG) tatsächlich nicht gegeben und daher eine Nachtragsliquidation erforderlich ist. Unter Zugrundelegung der Lehre vom sog. erweiterten Doppeltatbestand (ausführlich → Rn. 44) deutet zunächst viel darauf hin, in Anbetracht der dann nicht zu bejahenden Vollbeendigung der Gesellschaft einen Fortsetzungsbeschluss zuzulassen. Allerdings kann der Fortbestand der Gesellschaft **aus rechtspolitischen Gründen** im Fall der (meist fehlerhaften) Löschung einer Gesellschaft bei gleichzeitiger Notwendigkeit einer Nachtragsliquidation allenfalls deren Schlussabwicklung dienen; eine Rückverwandlung in das Stadium einer werbenden Gesellschaft ist nicht mehr möglich.[639] Näher → Rn. 282, → Rn. 288.

b) Kein Verstoß im Hinblick auf Kapitalausstattung. Noch nicht abschließend **250** geklärt sind bislang Fragen im Zusammenhang mit der Vermögenssituation der zu reaktivierenden (aufgelösten) Gesellschaft. Insbesondere ist dabei von Relevanz, ob eine Fortsetzung der Gesellschaft überhaupt noch möglich ist, wenn die Gesellschafter bereits mit der **Vermögensverteilung** begonnen haben, und ob eine **Mindest-Kapitalausstattung** der Gesellschaft als Voraussetzung für einen zulässigen Fortsetzungsbeschluss zu fordern ist.

aa) Begonnene Verteilung des Gesellschaftsvermögens. Sobald die Gesellschafter **251** nach Eintritt in das Auflösungsstadium damit begonnen haben, das Vermögen der Gesellschaft an sich auszukehren oder anderweitig zu verteilen, soll nach **hM** und neuerer Rspr. des BGH eine Fortsetzung der aufgelösten GmbH nicht mehr zulässig sein.[640] Zum Teil wird dabei nicht danach differenziert, ob jede (auch nur vorübergehende) Verteilung eines Teils des Gesellschaftsvermögens bereits ausreichend ist oder eine gewisse Eingriffsintensität etwa dahingehend vorliegen muss, dass das gesetzliche Mindestkapital oder das satzungsmäßig fixierte Stammkapital nicht mehr erreicht wird.

Die **hM** stützt sich unter anderem auf Art. 12 § 1 Abs. 3 GmbHGÄndG (GmbH- **252** Novelle 1980).[641] Diese, nur für damalige Übergangsfälle relevante Vorschrift verbietet die Fortsetzung einer wegen zu niedrigen Stammkapitals aufgelösten Gesellschaft **nach Beginn der Vermögensverteilung.** Auch stellt die Spezialregelung zur Fortsetzung aufgelöster Aktiengesellschaften in § 274 Abs. 1 S. 1 AktG ausdrücklich darauf ab, dass mit der Vermögensverteilung noch nicht begonnen sein darf. Zudem wird auf den gesetzgeberischen Willen verwiesen, da der – allerdings insoweit nicht umgesetzte – Regierungsentwurf aus dem Jahr 1971/1973 zur GmbH-Reform[642] mit § 226 Abs. 1 S. 1 GmbHG-E eine dem § 274 Abs. 1 AktG vergleichbare Regelung hatte einführen wollen. Außerdem habe bei Abweichen von dem strikten Ausschluss der Fortsetzbarkeit nach begonnener Vermögensverteilung im Interesse des Rechtsverkehrs eine Prüfung stattzufinden, ob zumindest noch in irgendeiner Form Vermögen der Gesellschaft vorhanden ist. Diese Prüfung müsse aber in diesem Fall unabhängig davon erfolgen, ob man das Vorhandensein eines gewissen **Mindestvermögens** fordert oder zumindest eine Überschuldung nicht zulassen will. Eine gesetzlich verankerte Pflicht des Registergerichts zu einer entsprechenden Prüfung sei aber

---

[639] Ebenso Scholz/*Scheller* Rn. 97; Noack/Servatius/Haas/*Haas* Rn. 91 stellt ua darauf ab, dass Gesellschaft noch nicht durch Beendigung erloschen ist.

[640] Zuletzt ausdrücklich für die Fortsetzung einer nach Abs. 1 Nr. 4 aufgelösten GmbH BGH Beschl. v. 8.4.2020 – II ZB 3/19, DStR 2020, 1265; in der Vergangenheit schon BayObLG Beschl. v. 25.7.1978 – BReg. 1 Z 69/78, DB 1978, 2164 (2165); (wohl auch) BayObLG Beschl. v. 4.2.1998 – 3 Z BR 462/97, NZG 1998, 465; OLG Düsseldorf Urt. v. 28.5.1979 – II ZR 172/78, BB 1979, 1522 (1523); OLG Celle Beschl. v. 3.1.2008 – 9 W 124/07, NZG 2008, 271; Scholz/*Scheller* Rn. 98; UHL/*Casper* Rn. 131 ff., Lutter/Hommelhoff/*Kleindiek* Rn. 29; Rowedder/Schmidt-Leithoff/*Gesell* Rn. 66; Noack/Servatius/Haas/*Haas* Rn. 91; ähnlich auch HK GmbHG/*Frank* Rn. 66, offen MHLS/*Nerlich* Rn. 326.

[641] Gesetz zur Änderung des Gesetzes betreffend die Gesellschaften mit beschränkter Haftung und anderer handelsrechtlicher Vorschriften v. 4.7.1980, BGBl. 1980 I 836; hierzu → Rn. 198.

[642] BT-Drs. VI/3088 = 7/253.

gerade nicht gegeben,[643] zumal die Überprüfung der Rückzahlung schwierig auszuführen sei und damit Rechtsklarheit und Kontrolle nicht gewährleistet seien.[644] Insoweit sei das Verbot der Vermögensverteilung ein notwendiger Ersatz für die sonst fehlende Fortsetzungskontrolle durch das Registergericht, nicht zuletzt vor dem Hintergrund, dass § 30 nach Aufhebung des Insolvenzverfahrens nicht mehr anwendbar sei.[645] Zuletzt wird darauf verwiesen, dass die Gesellschafter mit dem Beschluss, das Vermögen unter sich aufzuteilen, einen **definitiven Schritt zur Beendigung der Gesellschaft** eingeleitet hätten.[646] Dies habe zur Folge, dass spätestens ab diesem Zeitpunkt ein Gläubiger nicht mehr davon ausgehen könne, in rechtlich geordneter Weise befriedigt zu werden. Zu berücksichtigen sei zudem, dass die Fortsetzung einer aufgelösten GmbH nicht mit ihrer Neugründung vergleichbar sei; daher könnten die Gläubiger nicht mit der Unversehrtheit des Stammkapitals oder des gesetzlichen Mindestkapitals rechnen.[647]

253   Eine gewichtige Auffassung geht indes abweichend davon aus, dass die begonnene Auskehrung des Gesellschaftsvermögens nicht per se die Fortsetzung der Gesellschaft ausschließt.[648] Vielmehr könne es (→ Rn. 255) nur auf eine aus **Gesichtspunkten des Gläubigerschutzes** ausreichende Kapitalausstattung der Gesellschaft im Zeitpunkt der Beschlussfassung über die Fortsetzung ankommen.[649] Dabei erfahre die **Kapitalerhaltungsvorschrift** des § 30 besondere Bedeutung, welche mit dem Fortsetzungsbeschluss hin zu einer (erneut) werbend aktiven GmbH wiederauflebe. Sofern kein Verstoß gegen § 30 durch Unterschreitung des Stammkapitals vorliege, sei eine Fortsetzung der aufgelösten Gesellschaft trotz begonnener Vermögensverteilung nicht ausgeschlossen. Die spezielle Auszahlungssperre des § 73 finde dabei – auch bereits vor Ablauf des Sperrjahres – keine Anwendung mehr, da der Zweck der Gesellschaft wieder eine werbende Tätigkeit sei und daher die Liquidationsvorschriften insoweit nicht mehr anwendbar sein könnten. Kritisiert wird von dieser Auffassung zudem, dass der von der **hM** häufig vorgenommene Verweis auf die insoweit vermeintlich parallele Norm des § 274 Abs. 1 S. 1 AktG auch deshalb ins Leere gehe, weil die strengere Norm des § 274 AktG auch als Korrelat zu der deutlich schwächer ausgeprägten **Finanzierungsverantwortung** der Gesellschafter einer Aktiengesellschaft (vgl. § 1 Abs. 1 S. 2 AktG, § 46 AktG) angesehen werden könne.[650]

254   Im Ergebnis ist trotz einiger Bedenken[651] der **hM** und neueren Rspr. des BGH zu folgen. Zunächst ist richtig, dass eine ausdrückliche gesetzliche Grundlage für die durch das Registergericht dann vorzunehmende Prüfung im Hinblick auf die Voraussetzungen des § 30 fehlt. Zudem bejaht der BGH[652] zu Recht eine **registerrechtliche Prüfung** der Kapitalaufbringung der Gesellschaft durch „rechtschöpferische"[653] Anordnung bei einer wirtschaftlichen Neugründung einer bereits bestehenden Gesellschaft. Der BGH hält auch die Grundsätze der wirtschaftlichen Neugründung bei Fortsetzung der aufgelösten GmbH

---

[643]   S. etwa BGH Beschl. v. 8.4.2020 – II ZB 3/19, DStR 2020, 1265; UHL/*Casper* Rn. 131; Rowedder/Schmidt-Leithoff/*Gesell* Rn. 66; aA offenbar RG Beschl. v. 25.10.1927 – II B 14/27, RGZ 118, 337 (340), welches offensichtlich von einer derartigen Prüfungspflicht des Registergerichts ausgegangen war.
[644]   MHLS/*Nerlich* Rn. 327.
[645]   BGH Beschl. v. 8.4.2020 – II ZB 3/19, DStR 2020, 1265, *Galla* GmbHR 2006, 635 (636); ähnlich Rowedder/Schmidt-Leithoff/*Gesell* Rn. 66; UHL/*Casper* Rn. 132.
[646]   Rowedder/Schmidt-Leithoff/*Gesell* Rn. 66, der zudem analog § 274 Abs. 3 S. 2 AktG die Versicherung der Geschäftsführer bei Anmeldung der Fortsetzung der Gesellschaft zum Handelsregister fordert, dass mit der Verteilung des Vermögens noch nicht begonnen wurde.
[647]   BGH Beschl. v. 8.4.2020 – II ZB 3/19, DStR 2020, 1265; Rowedder/Schmidt-Leithoff/*Gesell* Rn. 66.
[648]   *Erle* GmbHR 1997, 973; ähnlich *Hennrichs* ZHR 159 (1995), 593 (607); *Fichtelmann* GmbHR 2003, 67 (68); *Hirte* ZInsO 2000, 127 (131); ebenso *Altmeppen* Rn. 41 ff.; Gehrlein/Born/Simon/*Beckmann/Hofmann* Rn. 63; bereits früher RG Beschl. v. 25.10.1927 – II B 14/27, RGZ 118, 337 (340); Ehrenberg HandelsR-HdB/*Feine* S. 650; Scholz/*Scheller* Rn. 97.
[649]   Zust. auch Bork/Schäfer/*Roth* Rn. 32.
[650]   *Erle* GmbHR 1997, 973 (978); MHLS/*Nerlich* Rn. 330.
[651]   In Abkehr zur Kommentierung bis einschließlich zur → 3. Aufl. 2018, Rn. 245.
[652]   BGH Beschl. v. 9.12.2002 – II ZB 12/02, NJW 2003, 892.
[653]   *Goette* DStR 2004, 461 (463).

zumindest dann für möglich, wenn deren entsprechenden Voraussetzungen vorliegen.[654] Und in der Tat werden bei der Fortsetzung der aufgelösten Gesellschaft die Voraussetzungen einer **wirtschaftlichen Neugründung** häufig unmittelbar vorliegen, sodass die registerrechtliche Prüfungspflicht bei beabsichtigter Fortsetzung schon aus allgemeinen Erwägungen folgt.[655] Allerdings weist der BGH nicht ganz zu Unrecht darauf hin, dass die aufgelöste Gesellschaft nicht per se ein unternehmensleerer Mantel[656] und somit die mit der Fortführung beabsichtigte Zweckänderung von einer Abwicklungs- hin zu einer werbenden Gesellschaft nicht zwingend als wirtschaftliche Neugründung zu sehen sei.[657] In der Abwägung, ob der Rechtsverkehr zu schützen ist durch strenge Prüfung der Voraussetzungen einer wirtschaftlichen Neugründung oder zumindest eine Versicherung der Geschäftsführer über die Nichtverteilung des Gesellschaftsvermögens bzw. Vorhandensein von Vermögen, ist es wohl noch vertretbar, die für die Registergerichte „bequemere" Lösung der Geschäftsführer-Versicherung zu akzeptieren, zumal das Registergericht entsprechend § 26 FamFG weitere Nachweise hierzu einfordern darf.

bb) Vorhandensein von Eigenkapital bei der Gesellschaft. Stark umstritten ist, in   **255** welchem Umfang die Gesellschaft bei beabsichtigter Fortsetzung nach vorheriger Auflösung über Eigenkapital verfügen muss. Eine Auffassung stellt auf das Vorhandensein des **gesetzlichen Mindestkapitals** ab.[658] Noch weitergehend wird in Anlehnung an eine frühere Entscheidung des RG das Vorhandensein des **gesellschaftsvertraglich fixierten Nominalkapitals** für erforderlich angesehen.[659]

Dagegen geht die **hM** davon aus, dass es nicht auf gesetzliche oder gesellschaftsvertragli   **256** che Mindestkapitalziffern ankomme, sondern das Vorhandensein von Gesellschaftsvermögen in einem die Schulden deckenden oder übersteigenden Umfang, dh das **Nichtvorliegen** des Insolvenzgrundes der **Überschuldung**, ausreichend sei.[660] Gestützt wird dies nicht zuletzt darauf, dass das Registergericht das tatsächliche Eigenkapital nur bei Neugründung bzw. hinsichtlich des Erhöhungsbetrags bei einer Kapitalerhöhung geprüft werde, während dies bei Fortsetzung nach Auflösung ausgeschlossen sei.[661] Zudem könnten die Gläubiger der Gesellschaft nicht mit der Unversehrtheit des Stammkapitals der Gesellschaft oder des gesetzlichen **Mindestkapitals** rechnen.[662] Darüber hinaus sei Rechtsfolge des unterlassenen Ausgleichs einer Unterbilanz nicht die Unwirksamkeit des Fortsetzungsbeschlusses, sondern eine Unterbilanzhaftung.[663] Geschützt würden die Gläubiger nicht zuletzt auch dadurch, dass in vielen Fällen (etwa bei Auflösung nach Abs. 1 Nr. 5 und 7) eine Fortführung der Gesellschaft schon aus anderen Gründen ausgeschlossen sei.[664] Bei der Prüfung des ausrei

---

[654]   BGH Beschl. v. 8.4.2020 – II ZB 3/19, DStR 2020, 1265; für die Liquidation allg. BGH Versäumnisurt.
        v. 10.12.2013 – II ZR 53/12, NJW-RR 2014, 416.
[655]   Ähnlich auch Noack/Servatius/Haas/*Haas* Rn. 91.
[656]   Vom BGH als „leere Hülse" bezeichnet; s. hierzu *K. Schmidt* DB 2014, 701; ähnlich auch Scholz/*Scheller*
        Rn. 100.
[657]   BGH Versäumnisurt. v. 10.12.2013 – II ZR 53/12, NJW-RR 2014, 416.
[658]   KG Urt. v. 3.4.1941 – 1 Wx 57/41, DR 1941, 1543; OLG Düsseldorf Beschl. v. 13.7.1979 – 3 W 139/
        79, GmbHR 1979, 227.
[659]   RG Beschl. v. 25.10.1927 – II B 14/27, RGZ 118, 337 (340); Noack/Servatius/Haas/*Haas* Rn. 91: bei
        Erfüllung der Anforderungen an eine wirtschaftliche Neugründung; Bork/Schäfer/*Roth* Rn. 32; Ring/
        Grziwotz/*Grziwotz* Rn. 20; *Scholz* JZ 1952, 201; Hachenburg/*Schmidt/Goerdeler*, 6. Aufl. 1956, Rn. 5;
        ebenso wohl Ehrenberg HandelsR-HdB/*Feine* S. 650.
[660]   So offenbar in der jüngsten Vergangenheit BGH Beschl. v. 8.4.2020 – II ZB 3/19, DStR 2020, 1265;
        außerdem BayObLG Beschl. v. 4.2.1998 – 3 Z BR 462/97, NZG 1998, 465; wohl auch OLG Stuttgart
        Beschl. v. 17.12.1991 – 8 W 17/91, BB 1992, 531; bejahend UHL/*Casper* Rn. 132; Rowedder/Schmidt-
        Leithoff/*Gesell* Rn. 68; Scholz/*Scheller* Rn. 100; *K. Schmidt* DB 2014, 701; Gehrlein/Born/Simon/*Beckmann/Hofmann* Rn. 62; *Altmeppen* Rn. 41 ff.; *Erle* GmbHR 1997, 973 (979); Gehrlein DStR 1997, 31
        (32).
[661]   S. etwa Rowedder/Schmidt-Leithoff/*Gesell* Rn. 68
[662]   So ausdrücklich UHL/*Casper* Rn. 132.
[663]   So früher Scholz/*Schmidt/Bitter,* 11. Aufl. 2013, Rn. 86; nunmehr aufgegeben Scholz/*Scheller* Rn. 100.
[664]   UHL/*Casper* Rn. 132.

chenden Gesellschaftsvermögens seien Liquidationswerte einzusetzen und stille Reserven aufzulösen; außerdem müsse eine Überlebensprognose aufgestellt werden.[665]

257   Richtigerweise verdient die Auffassung den Vorzug, welche auf das **Vorhandensein des satzungsmäßigen Stammkapitals** abstellt. Dies gilt nicht zuletzt vor dem bereits vorstehend erläuterten Hintergrund, dass häufig mit der Fortsetzung der aufgelösten Gesellschaft eine wirtschaftliche Neugründung einhergeht, für welche das Vorhandensein des satzungsmäßigen Stammkapitalbetrags weitgehend anerkannt ist. Es spricht nichts dagegen, von der Geschäftsführung im Zusammenhang mit der Anmeldung der Fortsetzung der Gesellschaft zum Handelsregister die Versicherung zu verlangen, dass der **Gegenstand der Einlageleistungen** weiterhin zu ihrer freien Verfügung steht. Im Übrigen würde ein Abstellen auf das gesetzliche Mindestkapital nicht die Besonderheiten der jeweiligen Gesellschaft berücksichtigen, zumal durch die Einfügung der Unternehmergesellschaft in § 5a das Festhalten am „herkömmlichen" Mindeststammkapital ohnehin aufgeweicht worden ist und somit ein kaum geeigneter Anknüpfungspunkt sein wird.

258   **c) Fortsetzungsbeschluss.** Selbst dann, wenn die Auflösungsvoraussetzungen durch eine rein tatsächliche Handlung wie etwa Wegfall des letztlich zur Auflösung führenden wichtigen Grundes iSv § 61 beseitigt werden können, muss ein Gesellschafterbeschluss mit der Zielrichtung einer Fortsetzung zum erneuten Ingangsetzen der Gesellschaft als aktiv werbende erfolgen.

259   **aa) Beschlussgrundlagen.** Der Fortsetzungsbeschluss muss nicht ausdrücklich als solcher gefasst werden.[666] Eine **konkludente Beschlussfassung**, etwa „versteckt" in einem anderen Gesellschafterbeschluss, ist zulässig; allerdings muss der auf die Fortsetzung der Gesellschaft gerichtete Gesellschafterwille eindeutig erkennbar sein. Dies ist jedenfalls dann nicht erfüllt, wenn die Liquidatoren der Gesellschaft ohne entsprechende Willensäußerung der Gesellschafter eine werbende Tätigkeit der Gesellschaft begründen.[667]

260   Grundsätzlich ist der **Fortsetzungsbeschluss formfrei** möglich. Eine Ausnahme gilt dann, wenn mit dem Fortsetzungsbeschluss tatsächlich eine Satzungsänderung einhergeht oder aus rechtlichen Gründen einherzugehen hat. Letzteres ist etwa dann zu bejahen, wenn die frühere Auflösung der Gesellschaft auf einer gesellschaftsvertraglich vereinbarten Zeitablaufklausel iSv Abs. 1 Nr. 1 beruht.[668] Regelmäßig tritt die **Gestaltungswirkung** des Fortsetzungsbeschlusses, dh die Umwidmung der Gesellschaft von dem Abwicklungsbetrieb zum werbenden Unternehmen, **mit sofortiger Wirkung** ein. Die Fortsetzung kann jedoch auch auf einen anderen Zeitpunkt hin beschlossen werden, ebenso sind Befristungen oder Bedingungen möglich. Notwendig ist indes, dass bei einer aufschiebenden Bedingung oder einem erst zukünftig Fortsetzungsbeschluss im relevanten späteren Zeitpunkt die Voraussetzungen der Fortsetzung noch gegeben sind.[669]

261   Die Beschlussfassung hat aber nur dann eine die Gesellschaft fortsetzende Wirkung, wenn der **Auflösungsgrund** vorher oder zeitgleich mit der Beschlussfassung, etwa im Fall der Aufhebung eines früheren Auflösungsbeschlusses der Gesellschafter, **beseitigt** ist. Ohne Beschlussfassung der Gesellschafter über eine Fortsetzung der Gesellschaft oder bei Fortbestehen des Auflösungsgrundes verbleibt es bei der Abwicklung.[670]

262   **bb) Mehrheit.** Die in der Vergangenheit stark umstrittene Frage nach der für einen Fortsetzungsbeschluss notwendigen Mehrheit dürfte mittlerweile geklärt sein. Während das

---

[665]   BayObLG Beschl. v. 4.2.1998 – 3 Z BR 462/97, NZG 1998, 465; im Grundsatz zust., aber einschr. – nur für besondere Fälle, die auf ein zu geringes Eigenkapital hindeuten – Rowedder/Schmidt-Leithoff/ *Gesell* Rn. 68.
[666]   AllgM, vgl. etwa Scholz/*Scheller* Rn. 102; Rowedder/Schmidt-Leithoff/*Gesell* Rn. 69; UHL/*Casper* Rn. 133.
[667]   *Fichtelmann* GmbHR 2003, 67 (68 f.); Scholz/*Scheller* Rn. 103.
[668]   S. auch Noack/Servatius/Haas/*Haas* Rn. 92a.
[669]   UHL/*Casper* Rn. 133; Rowedder/Schmidt-Leithoff/*Gesell* Rn. 69.
[670]   Rowedder/Schmidt-Leithoff/*Gesell* Rn. 69.

Reichsgericht die Einstimmigkeit der Gesellschafter zum Maßstab erhoben hatte[671] und – völlig gegenläufig – in der Lit. teilweise mangels ausdrücklicher Anordnung einer bestimmten Mindestmehrheit das Ausreichen einer einfachen Mehrheit vertreten wurde,[672] geht die heute ganz **hM** von einem **Mehrheitserfordernis von 75 %** der abgegebenen Stimmen aus, sofern nicht die Satzung der Gesellschaft ausnahmsweise eine höhere Mehrheit vorsieht.[673]

Der **hM** ist zu folgen. Eine einfache Mehrheit kann bereits mit Blick auf die Bedeutung **263** der Maßnahme und der Nähe zu einer Satzungsänderung nicht genügen, um eine aufgelöste Gesellschaft zu reaktivieren. Dies gilt umso mehr, als auch die zeitlich vorgeschaltete Auflösung der Gesellschaft selbst regelmäßig dem Erfordernis einer Dreiviertelmehrheit gem. Abs. 1 Nr. 2 unterworfen ist. Dieses Argument spricht im Übrigen auch gegen das Postulat der Einstimmigkeit, zumal die Fortsetzung der Gesellschaft letztlich den Abwicklungszweck wieder in einen werbenden zurückverwandelt und dies inhaltlich einer – regelmäßig mit Dreiviertelmehrheit zu fassenden – **Satzungsänderung** entspricht.[674] Zudem geht auch die aktienrechtliche Parallelvorschrift in § 274 Abs. 1 S. 2 AktG für den Fall der Fortsetzung von einer Dreiviertelmehrheit aus. In Übereinstimmung damit sah ferner § 226 Abs. 1 S. 2 AktG des insoweit nicht umgesetzten Regierungsentwurfs aus dem Jahr 1971/1973 zur GmbH-Reform ausdrücklich die Dreiviertelmehrheit für den Fortsetzungsbeschluss vor.[675] Daher ist es auch nicht erforderlich, mit der älteren Rspr.[676] hinsichtlich der relevanten Mehrheitserfordernisse eine **Differenzierung nach** den einzelnen **Auflösungsgründen** vorzunehmen, etwa im Fall einer satzungsmäßigen Befristung oder im Fall eines Auflösungsbeschlusses ein dauerhaftes Recht jedes einzelnen Gesellschafters auf Auflösung zugrunde zu legen.[677] Allenfalls kann dem einzelnen Gesellschafter in einer derartigen Konstellation ein Recht auf das eigene Ausscheiden und den Erhalt einer angemessenen Abfindungszahlung zustehen (→ Rn. 268).

In bestimmten Fällen, etwa bei entsprechender ausdrücklicher satzungsmäßiger Bestim- **264** mung für einen Fortsetzungsbeschluss, mag die Dreiviertelmehrheit nicht ausreichend, in manchen Fällen wie etwa des Ausreichens einer einfachen Mehrheit nicht erforderlich sein. Gleiches ist dann anzunehmen, wenn die Satzung der Gesellschaft – wie es wohl üblich sein dürfte – keine Regelung zu einem Mehrheitserfordernis beim Fortsetzungsbeschluss vorsieht, aber gleichwohl für den Fall des regelmäßig vorgeschalteten Auflösungsbeschlusses ausdrücklich eine höhere oder niedrigere als die Dreiviertelmehrheit anordnet. In diesem Fall erfordert der Fortsetzungsbeschluss als eine Art **actus contrarius** selbst dann, wenn die Auflösung der Gesellschaft nicht durch Beschlussfassung der Gesellschafterversammlung iSv Abs. 1 S. 2 herbeigeführt wurde, das Erreichen der satzungsmäßigen Mehrheit für eine Auflösung.

Außerdem wird die bloße Dreiviertelmehrheit für die Fortsetzung der Gesellschaft dann **265** nicht genügen, wenn insbesondere aus allgemeinen gesellschaftsrechtlichen Grunderwägungen ein **Sonderrecht für einen Gesellschafter** besteht. Das ist etwa dann relevant, wenn aufgrund konkreter gesellschaftsvertraglicher Bestimmung der Fortsetzungsbeschluss nicht ohne seine Zustimmung gefasst werden kann, ihm anderweitig ein Sonderrecht auf Liquidation eingeräumt wurde oder die Fortsetzung der Gesellschaft zu einer vorher nicht vereinbarten Leistungsvermehrung für den betroffenen Gesellschafter führt.[678] In den vorgenann-

---

671 RG Beschl. v. 25.10.1927 – II B 14/27, RGZ 118, 337 (341); diesem folgend KG Beschl. v. 6.3.1930 – 1b X 93/30, JW 1930, 2719; wohl auch Ehrenberg HandelsR-HdB/*Feine* S. 649.
672 *P. Scholz* GmbHR 1982, 232.
673 Scholz/*Scheller* Rn. 103; Rowedder/Schmidt-Leithoff/*Gesell* Rn. 70; MHLS/*Nerlich* Rn. 341; UHL/*Casper* Rn. 134; Hachenburg/*Ulmer* Rn. 88 ff.; Noack/Servatius/Haas/*Haas* Rn. 92; *R. Fischer* GmbHR 1955, 165 (168); *Hofmann* GmbHR 1975, 217 (227); wohl auch *Gehrlein* DStR 1997, 31 (32).
674 Vgl. etwa Noack/Servatius/Haas/*Haas* Rn. 92; MHLS/*Nerlich* Rn. 341.
675 BT-Drs. VI/3088 = 7/253.
676 RG Urt. v. 29.4.1932 – II 368/31, RGZ 136, 186 (190).
677 S. auch Scholz/*Schmidt/Bitter*, 11. Aufl. 2013, Rn. 88.
678 Ähnlich Noack/Servatius/Haas/*Haas* Rn. 92; UHL/*Casper* Rn. 135.

ten Fällen kommt es neben dem allgemein geltenden Mehrheitserfordernis darauf an, dass der betreffende Gesellschafter der Fortsetzung ausdrücklich zustimmt. Andernfalls kann die fehlende Zustimmung auch nicht durch die Gewährung eines Austrittsrechts ersetzt werden.[679] Ebenso erfordert ein Fortsetzungsbeschluss für eine aufgelöste Gesellschaft dann die Zustimmung des betroffenen Gesellschafters, wenn die Kündigung dieses Gesellschafters zur Auflösung der Gesellschaft geführt hat. Andernfalls hätten es die weiteren Gesellschafter in der Hand, dem kündigenden Gesellschafter mit einem der üblichen Dreiviertelmehrheit unterliegenden Gesellschafterbeschluss zur Fortsetzung der Gesellschaft faktisch rückwirkend sein **Kündigungsrecht zu entziehen** und den Charakter seiner Kündigungshandlung nachträglich zu ändern.[680] Den kündigenden Gesellschafter kann allenfalls dann eine Zustimmungspflicht treffen, wenn der Fortsetzungsbeschluss in Bezug auf die Gesellschaft zugleich ein Austrittsrecht zugunsten des kündigenden Gesellschafters unter angemessenen Bedingungen insbesondere zu den Modalitäten der Abfindung enthält (zur Zustimmungspflicht → Rn. 268).[681] Ähnliches gilt für den Fall, dass die Auflösung der Gesellschaft durch ein Auflösungsurteil iSv Abs. 1 Nr. 3 iVm § 61 herbeigeführt wurde; eine Fortsetzung setzt nach ganz **hM** die aktive Zustimmung des das Auflösungsverfahren betreibenden Gesellschafters voraus (→ Rn. 275).

266   **cc) Austrittsrecht.** Teilweise wird vertreten, ein angemessener Minderheitenschutz für diejenigen Gesellschafter, die mit der beabsichtigten Fortsetzung der Gesellschaft nicht einverstanden und zugleich nicht ausnahmsweise zur Mitwirkung am Fortsetzungsbeschluss aufgrund Treuepflichtserwägungen verpflichtet sind, sei durch **Austritts- und Abfindungsrechte** zu bewerkstelligen.[682] Dieser, vor allem in der älteren Lit. anzutreffenden Auffassung steht die wohl mittlerweile überwiegende Meinung entgegen, welche ein Austrittsrecht für den ablehnenden Gesellschafter nicht schon im Fortsetzungsbeschluss begründet sieht, sondern dieses nach allgemeinen Grundsätzen nur zugestehen will, wenn ein **wichtiger Grund für den Austritt** gegeben ist.[683]

267   Der mittlerweile hM verdient der Vorzug. Im Innenverhältnis der Gesellschafter gilt – auch nach Auflösung der Gesellschaft – das **Mehrheitsprinzip.** Dies gilt auch grundsätzlich auch dann, wenn die Auflösung auf einem entgegenlautenden früheren Beschluss der Gesellschafter nach Abs. 1 Nr. 2 beruht. Insoweit ist es keinesfalls zwingend, einem ablehnenden Gesellschafter in jedem Fall ein Austrittsrecht aus der Gesellschaft zuzubilligen. Eine Ausnahme gilt dann, wenn das Verbleiben in der Gesellschaft für den betreffenden Gesellschafter so unzumutbar wird, dass ihm nach allgemeinen Grundsätzen ein **Austrittsrecht aus wichtigem Grund zusteht** (zum gesellschaftsrechtlich gemeinhin anerkannten Austrittsrecht aus wichtigem Grund → § 34 Rn. 178 ff.). Letztlich aber werden beide Auffassungen zum Austrittsrecht eines ablehnenden Gesellschafters bei beabsichtigter Fortsetzung der Gesellschaft häufig allenfalls zu geringfügig abweichenden Rechtsfolgen führen, weil jedenfalls in beiden Konstellationen ein Austrittsrecht nicht absolut ausgeschlossen wird.[684] Ein Austrittsrecht aus wichtigem Grund steht einem Gesellschafter jedenfalls auch dann zu, wenn ihm durch die Fortsetzung vermehrte Leistungspflichten auferlegt oder Rechte entzogen werden.[685]

---

[679]   So zu Recht UHL/*Casper* Rn. 135 entgegen der durch *Scholz* JZ 1952, 199 (202) wohl begründeten hM, welcher auch – teilweise abgestuft – Scholz/*Scheller* Rn. 105; *Altmeppen* Rn. 46; *Hofmann* GmbHR 1975, 227 folgen.

[680]   Grdl. hierzu BGH Urt. v. 13.7.1967 – II ZR 72/67, NJW 1967, 2157 für den insoweit vergleichbaren Fall der Fortsetzung einer aufgekündigten OHG entschieden; ebenso Noack/Servatius/Haas/*Haas* Rn. 92; UHL/*Casper* Rn. 135.

[681]   UHL/*Casper* Rn. 135.

[682]   *Fischer* GmbHR 1955, 167 (168); *Hofmann* GmbHR 1975, 227; ebenso letztlich Scholz/*Scheller* Rn. 104 mwN insbes. zur ebenfalls bejahenden früheren Kommentarlit.

[683]   Hachenburg/*Ulmer* Rn. 93; UHL/*Casper* Rn. 137; Rowedder/Schmidt-Leithoff/*Gesell* Rn. 72; Noack/Servatius/Haas/*Haas* Rn. 92; Meyer-Landrut/Miller/*Niehus* Rn. 23.

[684]   Ähnlich auch UHL/*Casper* Rn. 127; Scholz/*Scheller* Rn. 104, welcher lediglich einen Unterschied „gradueller Art" zwischen beiden Auffassungen zu erkennen vermag und das wesentliche Differenzierungskriterium in der Verteilung von Regel und Ausnahme sieht.

[685]   S. ausdrücklich auch Rowedder/Schmidt-Leithoff/*Gesell* Rn. 72.

dd) Zustimmungspflicht. Eine generelle Verpflichtung eines Gesellschafters zur **268** positiven Mitwirkung bei der Beschlussfassung über die Fortsetzung der Gesellschaft ist nicht anzuerkennen.[686] In Einzelfällen mögen indes aus der **gesellschaftsrechtlichen Treuepflicht** folgende Zustimmungspflichten bestehen, insbesondere dann, wenn ein vorrangiges gemeinsames Interesse der fortsetzungswilligen Gesellschafter an der Rückumwandlung der GmbH in eine werbende Gesellschaft besteht und die Rückumwandlung für die widersprechenden Gesellschafter gleichwohl zumutbar ist.[687] Dies gilt insbesondere, wenn die Gesellschaft nicht auf eine neue vertragliche Grundlage gestellt wird, sondern nur die bisherige Geschäftsgrundlage wiederhergestellt wird.[688] Diese Auffassung wird offensichtlich auch von der Rspr. geteilt; so hat der BGH[689] bereits ausdrücklich unter Rückgriff auf die für Personengesellschaften entwickelten Grundsätze eine Mitwirkungspflicht von Gesellschaftern bei der Fortsetzung angenommen, wenn dem betreffenden Gesellschafter **keine Belastung** daraus erwachse. Eine positive Stimmpflicht ist im Zweifel einklagbar und vollstreckbar. In Betracht kommt in bestimmten Fällen sogar die Behandlung einer negativen Stimmabgabe bei der Beschlussfassung über die Fortsetzung als Zustimmung, und zwar ohne vorherige Klage, Urteil und Rechtskraft.[690]

d) Kein Ausschluss der Fortsetzung. Nicht in jedem Fall kann eine aufgelöste **269** Gesellschaft nach Maßgabe der vorstehenden Voraussetzungen fortgesetzt werden. Jedenfalls dann, wenn die Gesellschaft durch einen **zwingenden Auflösungsgrund** (s. etwa die Auflösungstatbestände in Abs. 1 Nr. 3–7) in das Liquidationsstadium eingetreten ist und der Auflösungsgrund nach wie vor maßgeblich ist, kann eine Fortsetzung der Gesellschaft nicht wirksam beschlossen werden.[691] Dies ist etwa bei Fortbestehen der Auflösungsverfügung einer Verwaltungsbehörde iSv Abs. 1 Nr. 3 iVm § 62 der Fall. Dagegen sind entgegen der bis vor geraumer Zeit vorrangigen Rechtsauffassung[692] darüber hinausgehende **Auflösungsschranken,** insbesondere solche aufgrund des öffentlichen Interesses oder von Gläubigerinteressen an der Auflösung der GmbH, nicht als eigenständige Hinderungsgründe für eine Fortsetzung anzuerkennen.[693] Ausreichend ist vielmehr der Rückgriff auf allgemeine Rechtsgrundsätze, welche für die Fortsetzung den Wegfall des materiellen Auflösungsgrundes voraussetzen.

3. Besonderheiten bei bestimmten Auflösungsgründen. Neben den allgemeinen **270** Grundsätzen – und teilweise anstelle dieser – existieren für die einzelnen Auflösungsgründe auch noch weitere Voraussetzungen und Besonderheiten. Als Grundsatz für die nachfolgenden Einzelbetrachtungen ist darauf abzustellen, dass regelmäßig für eine wirksame Fortsetzung der Gesellschaft zusätzlich zu dem Fortsetzungsbeschluss auch der **Auflösungsgrund aktiv beseitigt** oder anderweitig weggefallen sein muss.[694]

a) Auflösung durch Zeitablauf (Abs. 1 Nr. 1). Bei der beabsichtigten Fortsetzung **271** einer Gesellschaft, deren Satzung die Auflösung nach Ablauf eines vorbestimmten Zeitpunkts vorsieht, wird regelmäßig unterschieden zwischen einer Satzungsänderung, die den Eintritt des Auflösungsgrund hindert, und einem Fortsetzungsbeschluss nach Ablauf der satzungsmäßig bestimmten Zeit. Im ersteren Fall handelt es sich nicht um einen Fortset-

---

686 Wohl ganz hM, vgl. etwa Scholz/*Scheller* Rn. 106; Rowedder/Schmidt-Leithoff/*Gesell* Rn. 71; *Scheele* BB 1985, 2012 (2013); wohl ebenso MHLS/*Nerlich* Rn. 344; mittlerweile auch *Altmeppen* Rn. 46.

687 UHL/*Casper* Rn. 136.

688 Scholz/*Scheller* Rn. 106; MHLS/*Nerlich* Rn. 349.

689 BGH Urt. v. 25.9.1986 – II ZR 262/85, NJW 1987, 189 zu einem Kapitalerhöhungsbeschluss einer Gesellschaft, die aufgrund Unterschreitens der durch die GmbH-Novelle 1980 erhöhten Mindestsumme für das Stammkapital aufgelöst wurde, vgl. Art. 12 § 1 GmbHGÄndG (GmbH-Novelle 1980); hierzu → Rn. 201.

690 Dies erwähnende auch Scholz/*Scheller* Rn. 106; zur Behandlung von (treuwidrig) gegenteilig abgegebenen Stimmen insbes. → § 47 Rn. 260; Noack/Servatius/Haas/*Noack* § 47 Rn. 108.

691 Vgl. etwa UHL/*Casper* Rn. 127.

692 Ehrenberg HandelsR-HdB/*Feine* S. 648; *Scholz* JZ 1952, 200; *Hofmann* GmbHR 1975, 226.

693 UHL/*Casper* Rn. 129; bereits früher Hachenburg/*Ulmer* Rn. 83.

694 Vgl. auch Lutter/Hommelhoff/*Kleindiek* Rn. 30; MHLS/*Nerlich* Rn. 350.

zungsbeschluss im engeren Sinne, da ein solcher regelmäßig die – hier noch nicht eingetretene – vorherige Auflösung der Gesellschaft voraussetzt. Erforderlich, aber auch ausreichend
ist in diesem Fall ein **Gesellschafterbeschluss** zur Änderung bzw. zum vollständigen Wegfall der Befristung, welcher den Voraussetzungen der allgemeinen Vorschriften zur Satzungsänderung (§§ 53 ff.) genügt. Im zweiten Fall, dh der bereits eingetretenen Auflösung, geht
der Fortsetzungsbeschluss mit einer Satzungsänderung einher. Die Satzungsänderung bedarf
gem. § 53 einer **Dreiviertelmehrheit,** der notariellen Beurkundung und erforderlichenfalls
weiterer gesellschaftsvertraglich niedergelegter Voraussetzungen. Für den an und für sich
formfreien Fortsetzungsbeschluss ist in Ermangelung besonderer gesellschaftsvertraglicher
Regelungen die bloße Dreiviertelmehrheit ausreichend.

272   In der Lit. wird häufig unnötig zwischen den beiden Beschlussfassungen unterschieden;
Gesell geht etwa ausdrücklich davon aus, dass die beiden Beschlussfassungen in getrennten
Urkunden erfolgen können.[695] Vorzugswürdig ist es jedoch, die Fortsetzung und Satzungsänderung als **einheitliche Beschlussfassung** zu sehen, die in einer notariellen Urkunde
zusammengefasst sein sollte.[696] Wird nämlich der Fortsetzungsbeschluss in einer gesonderten
(privatschriftlichen) Urkunde zeitlich vor der Satzungsänderung getroffen, so geht er – selbst
unter Außerachtlassung der Frage, inwieweit der Gesellschafterbeschluss rechtsgeschäftliche
Elemente enthält und damit eine **(Gesamt-)Formnichtigkeit** aus dem Gesichtspunkt
der Einheitlichkeit eines Rechtsgeschäfts im Raum stehen könnte (zur Rechtsnatur des
Gesellschafterbeschlusses übersichtlich etwa → § 47 Rn. 8) – mindestens ins Leere, weil
damit die bestehende Zeitablaufsklausel der Satzung nicht aufgehoben wurde. Erfolgt dagegen der Satzungsänderungsbeschluss, mit welchem die Zeitdauer der Gesellschaft verlängert
wird oder die Gesellschaft nunmehr auf unbestimmte Zeit errichtet sein soll, vor dem
Fortsetzungsbeschluss, so ist letzterer schon nicht mehr erforderlich, weil jedenfalls der
Satzungsänderungsbeschluss zumindest konkludent den Fortsetzungsbeschluss beinhaltet.

273   Im Fall der Fortsetzung einer bereits nach Abs. 1 Nr. 1 aufgelösten Gesellschaft ist der
Umstand der Fortsetzung gemeinsam mit oder nach der Satzungsänderung in das Handelsregister einzutragen.[697] Obwohl die Eintragung der Fortsetzung in den meisten anderen Fällen
lediglich **deklaratorischen Charakter** hat, wird die Fortsetzung der durch Zeitablauf
aufgelösten Gesellschaft erst mit der Eintragung der Satzungsänderung in das Handelsregister
wirksam (in doppelter Analogie § 274 Abs. 4 S. 2 AktG iVm § 274 Abs. 2 Nr. 2 AktG). Eine
isolierte Eintragung des Fortsetzungsbeschlusses ohne Eintragung der Satzungsänderung ist
nicht zulässig und daher eine entsprechende Handelsregisteranmeldung durch das Registergericht zurückzuweisen.[698] Der Umstand, dass Einzahlungen auf Geschäftsanteile noch
nicht geleistet sind oder Nachschüsse eingefordert werden können, führt nicht dazu, dass
jeder Gesellschafter aufgrund eigenen Sonderrechts die Fortsetzung der Gesellschaft verhindern könnte; eine nicht gegen den Willen der betroffenen Gesellschafter durchführbare
Leistungsvermehrung liegt gerade nicht vor.[699]

274   **b) Auflösungsbeschluss (Abs. 1 Nr. 2).** Der Fortsetzungsbeschluss nach einer Auflösung gem. Abs. 1 Nr. 2 ist ein aufhebender Beschluss. Anders als bei der Aufhebung von
noch nicht eingetragenen Satzungsänderungen genügt daher nicht prinzipiell die einfache
Mehrheit,[700] da die Beschlussfassung über die Auflösung regelmäßig im Gegensatz zu der
einer nachfolgenden Handelsregistereintragung bedürfenden Satzungsänderung sofort wirksam wird. Vielmehr unterliegt der Fortsetzungsbeschluss als **actus contrarius** genau denselben Mehrheitserfordernissen wie die zeitlich vorhergehende Beschlussfassung über die Auflösung der Gesellschaft, dh im Regelfall ist – mangels abweichender gesellschaftsvertraglicher

---

[695] Rowedder/Schmidt-Leithoff/*Gesell* Rn. 73.
[696] Ähnlich, allerdings ohne nähere Begr. *Passarge* in Passarge/Torwegge GmbH-Liquidation Rn. 437; aA
       Scholz/*Scheller* Rn. 109.
[697] Ähnlich MHLS/*Nerlich* Rn. 351; wohl auch Rowedder/Schmidt-Leithoff/*Gesell* Rn. 73.
[698] *Passarge* in Passarge/Torwegge GmbH-Liquidation Rn. 437.
[699] Scholz/*Scheller* Rn. 109; Rowedder/Schmidt-Leithoff/*Gesell* Rn. 73.
[700] Hierzu UHL/*Casper* Rn. 140; Scholz/*Scheller* Rn. 110.

Gestaltung – Dreiviertelmehrheit erforderlich.[701] Die Formalien einer Satzungsänderung sind nicht einmal dann erforderlich, wenn zum Auflösungsbeschluss, etwa im Fall der vorzeitigen Auflösung einer Gesellschaft, ausnahmsweise eine Satzungsänderung durchzuführen war.[702]

c) Auflösung durch Urteil oder Verwaltungsakt (Abs. 1 Nr. 3). In den Fällen der 275 Auflösung nach Abs. 1 Nr. 3 ist die Fortsetzung der Gesellschaft nicht gemeinhin ausgeschlossen. Erforderlich ist jedenfalls nach allgemeinen Grundsätzen ein mit der relevanten Mehrheit von regelmäßig drei Vierteln zu fassender Fortsetzungsbeschluss. Hinzu treten weitere Voraussetzungen, die jedoch – s. den Fall einer Auflösungsverfügung nach § 62 – die Gesellschafter nur beschränkt in der Hand haben.

aa) Auflösungsurteil (Abs. 1 Nr. 3 Alt. 1 iVm § 61). Im Einklang mit der **hM** ist 276 zur Fortsetzung einer durch Auflösungsurteil gem. § 61 in Liquidation getretenen Gesellschaft die Zustimmung derjenigen Gesellschafter erforderlich, die das Auflösungsurteil erstritten haben.[703] Zudem wird regelmäßig die **Beseitigung des zur Auflösung führenden wichtigen Grundes** erforderlich sein.[704] Einschränkend hierzu lässt eine Auffassung die Beseitigung des Auflösungsgrundes und einen mit der notwendigen Mehrheit gefassten Fortsetzungsbeschluss ausreichen. Auf die Zustimmung der die Auflösung betreibenden Gesellschafter soll es offenbar demnach nicht immer entscheidend ankommen,[705] sondern stärker darauf, dass nachträglich der wichtige Grund weggefallen ist. Allerdings scheint diese Auffassung bereits deshalb nicht zielführend zu sein, weil die Voraussetzungen für eine gedeihliche Fortsetzung einer personalistisch ausgestalteten Gesellschaft spätestens mit Durchführung eines Auflösungsklage-Verfahrens entfallen sind und den die Auflösung betreibenden Gesellschaftern eine Fortsetzung regelmäßig nicht zumutbar ist. Dies dürfte selbst dann gelten, wenn möglicherweise der formale Punkt, an dem sich der Streit über die Auflösung der Gesellschaft entzündet hat, nachträglich korrigiert worden ist. In bestimmten Ausnahmefällen, insbesondere wenn den Auflösungsklägern die Möglichkeit zum Ausscheiden bei gleichzeitiger Gewährung einer angemessenen Abfindung eingeräumt worden ist, kann die Verweigerung der Zustimmung zur Fortsetzung treuwidrig sein.[706]

bb) Auflösungsverfügung (Abs. 1 Nr. 3 Alt. 2 iVm § 62). Im Fall der Auflösung 277 der Gesellschaft durch behördliche Verfügung haben es die Gesellschafter der Gesellschaft regelmäßig nicht alleine in der Hand, die Fortsetzung der Gesellschaft durch entsprechende Beschlussfassung auf Gesellschafterebene herbeizuführen. Da die Auflösung auf einem staatlichen Verwaltungsakt beruht, ist es vor der Fortsetzung der Gesellschaft zusätzlich erforderlich, dass dieser **Verwaltungsakt** von der zuständigen Verwaltungsbehörde formell **widerrufen oder zurückgenommen** wird (§§ 48, 49 VwVfG; → § 62 Rn. 59).[707] Der Wegfall oder die Beseitigung des Auflösungsgrundes allein macht die Auflösung nicht gegenstandslos. Die Gesellschaft kann in diesem Fall nicht einmal fortgesetzt werden, wenn die Verwaltungsbehörde ihre „Zustimmung" hierzu erteilt, aber gleichzeitig die Auflösungsverfügung weiter Bestand hat.[708] Ein Anspruch der Gesellschaft auf **Wiederaufgreifen des Verfahrens** zum Zwecke der anschließenden Rücknahme oder des Widerrufs der Auflösungsverfü-

---

[701] Scholz/*Scheller* Rn. 110; Rowedder/Schmidt-Leithoff/*Gesell* Rn. 74; UHL/*Casper* Rn. 140.
[702] UHL/*Casper* Rn. 140: Abwicklung nicht satzungsmäßig verankert.
[703] BayObLG Beschl. v. 25.7.1978 – BReg. 1 Z 69/78, DB 1978, 2164 (2165); Noack/Servatius/Haas/*Haas* Rn. 94; UHL/*Casper* Rn. 141; Lutter/Hommelhoff/*Kleindiek* Rn. 31; MHLS/*Nerlich* Rn. 357; *Hofmann* GmbHR 1975, 227; *P. Scholz* GmbHR 1982, 234; im Grundsatz auch zust. Rowedder/Schmidt-Leithoff/*Gesell* Rn. 75.
[704] UHL/*Casper* Rn. 141; Scholz/*Scheller* Rn. 11; wohl ebenso MHLS/*Nerlich* Rn. 353.
[705] Scholz/*Scheller* Rn. 111; iErg zust. Rowedder/Schmidt-Leithoff/*Gesell* Rn. 75; ähnlich auch *Altmeppen* Rn. 48.
[706] Noack/Servatius/Haas/*Haas* Rn. 94; *Passarge* in Passarge/Torwegge GmbH-Liquidation Rn. 439.
[707] UHL/*Casper* Rn. 142; Rowedder/Schmidt-Leithoff/*Gesell* Rn. 75, Scholz/*Scheller* Rn. 112; MHLS/*Nerlich* Rn. 354; *Altmeppen* § 62 Rn. 6.
[708] Scholz/*Scheller* Rn. 112; UHL/*Casper* Rn. 142; iErg auch Noack/Servatius/Haas/*Haas* Rn. 93; Rowedder/Schmidt-Leithoff/*Gesell* Rn. 75; aA offensichtlich *Hofmann* GmbHR 1975, 227.

gung besteht jedoch nur bei Vorliegen der Voraussetzungen des § 51 VwVfG (auch → § 62 Rn. 59).

278   Wird die Auflösungsverfügung im Rechtsmittelverfahren aufgehoben, handelt es sich nicht um einen Fortsetzungsfall. Stattdessen wird die **Auflösungsverfügung rückwirkend beseitigt** und die Gesellschaft in eine werbend aktive Gesellschaft zurückverwandelt.[709] Die Gesellschaft gilt dann als nicht aufgelöst, sodass es schon gar keines Fortsetzungsbeschlusses bedarf (→ § 62 Rn. 59).[710]

279   **d) Auflösung durch Eröffnung des Insolvenzverfahrens (Abs. 1 Nr. 4).** Die Regelung in Abs. 1 Nr. 4 beinhaltet nicht nur Auflösung der Gesellschaft im Fall der Eröffnung des Insolvenzverfahrens über ihr Vermögen, sondern auch ausdrücklich die Möglichkeit der Fortsetzung, wenn das Verfahren auf Antrag der Gesellschaft gem. §§ 212, 213 InsO eingestellt wird oder ein Insolvenzplan gem. §§ 217 ff. InsO, insbesondere §§ 248, 258 InsO bestätigt wird, welcher den Fortbestand der Gesellschaft vorsieht. In einem derartigen Fall kann die Gesellschaft mittels Fortsetzungsbeschlusses nach allgemeinen Grundsätzen fortgesetzt werden; dabei muss der Insolvenzplan die Fortführung der Gesellschaft oder aber zumindest deren Möglichkeit ausdrücklich vorsehen.[711] In jedem Fall muss der jeweilige **Insolvenzgrund,** welcher Auflösungsgrund ist, **beseitigt** sein, dh die Gesellschaft darf weder zahlungsunfähig noch überschuldet sein.[712] Zur erforderlichen Kapitalausstattung der Gesellschaft → Rn. 255.

280   Stark umstritten ist dagegen die Frage, ob eine Fortsetzung der Gesellschaft auch möglich ist, wenn das Insolvenzverfahren auf **andere Weise als** die in **Abs. 1 Nr. 4** ausdrücklich genannten Fallgruppen beendet wird. Dies ist insbesondere relevant für die Aufhebung des Insolvenzverfahrens nach Schlussverteilung unter den Gläubigern gem. § 200 InsO sowie die Einstellung des Insolvenzverfahrens mangels Masse gem. § 207 InsO, wenn gleichzeitig die Gesellschaft ausnahmsweise noch über entsprechendes Vermögen verfügt. Denkbar wäre auch eine Fortsetzung, wenn alle Gläubiger im Insolvenzverfahren befriedigt werden oder die Gesellschafter nachschießen. Eine weit verbreitete Auffassung will in manchen derartigen Fällen die Fortsetzung der Gesellschaft nicht ausschließen und sieht in der spezialgesetzlichen Anordnung über die Zulässigkeit der Fortsetzung für die ausdrücklich in Abs. 1 Nr. 4 genannten Konstellationen keine Notwendigkeit für einen Gegenschluss dahingehend, dass darüber hinaus eben keine Fortsetzung möglich sein soll.[713] Allerdings soll nach dieser Auffassung die Fortsetzung nicht nur eines entsprechenden Gesellschafterbeschlusses bedürfen, sondern vielmehr von einer **ausreichenden Kapitalisierung** der Gesellschaft abhängen. So wird vertreten, dass ein (freies) Gesellschaftsvermögen in Höhe des gesellschaftsvertraglich vorgesehenen Stammkapitals[714] oder zumindest des gesetzlichen Mindestkapitals[715] vorhanden sein muss. Nach weniger weitreichender Ansicht reicht es aus, wenn die Insolvenzreife der Gesellschaft beseitigt ist.[716] Nach **hM** handelt es sich bei den durch Abs. 1 Nr. 4 Fortsetzungsmöglichkeiten um einen abgeschlossenen Komplex, aus dem zwingend die Unzulässigkeit der Fortsetzung in anderen Fällen der Auflösung einer Gesellschaft aufgrund

---

[709]   S. etwa UHL/*Casper* Rn. 143.
[710]   Lutter/Hommelhoff/*Kleindiek* § 62 Rn. 15; *Altmeppen* § 62 Rn. 6.
[711]   BGH Beschl. v. 8.4.2020 – II ZB 3/19, DStR 2020, 1265; ebenso *Brünkmans/Brünkmans* NZI 2019, 431; aA OLG Celle Beschl. v. 8.3.2019 – 9 W 17/19, NZG 2019, 543.
[712]   Noack/Servatius/Haas/*Haas* Rn. 95; MHLS/*Nerlich* Rn. 356; *Passarge* in Passarge/Torwegge GmbH-Liquidation Rn. 442.
[713]   LG Berlin Beschl. v. 12.3.1971 – 92 T 4/71, BB 1971, 759; Scholz/*Schmidt/Bitter,* 11. Aufl. 2013, Rn. 96; Scholz/*Schmidt/Bitter,* 11. Aufl. 2013, § 63 Rn. 74; *Altmeppen* Rn. 51; Meyer-Landrut/Miller/Niehus/*Niehus* Rn. 27; *Fichtelmann* GmbHR 2003, 67 (71); Uhlenbruck/*Hirte* InsO § 11 Rn. 155; *Hirte* ZInsO 2000, 127 (131).
[714]   Hachenburg/*Schmidt/Goerdeler,* 6. Aufl. 1956, § 63 Rn. 20.
[715]   LG Berlin Beschl. v. 12.3.1971 – 92 T 4/71, BB 1971, 759.
[716]   *Altmeppen* Rn. 51; *Fichtelmann* GmbHR 2003, 67 (71); Uhlenbruck/*Hirte* InsO § 11 Rn. 155: mindestens ein die Verbindlichkeiten deckendes Vermögen; *Hirte* ZInsO 2000, 127 (131).

Insolvenzverfahrenseröffnung folgt.[717] Der BGH[718] hat sich der Auffassung der hM angeschlossen.

Der **hM** ist zuzustimmen und eine Fortsetzungsmöglichkeit einer Gesellschaft nach **281** Eröffnung des Insolvenzverfahrens außerhalb der ausdrücklich in Abs. 1 Nr. 4 genannten Tatbestände abzulehnen. Dabei ist davon auszugehen, dass kein Bedürfnis und keine sinnvolle Begründung für die Ermöglichung der Fortsetzung einer Gesellschaft besteht, deren Gesellschafter das Insolvenzverfahren mit negativem Ausgang – etwa ohne Abwendung nach Abs. 1 Nr. 4 iVm §§ 212, 213 InsO – zugelassen haben.[719] Zudem spricht gegen die Annahme einer Fortsetzungsmöglichkeit in den nicht in Abs. 1 Nr. 4 genannten Fällen der Umstand, dass der Wortlaut des Abs. 1 Nr. 4 gerade im Zuge der Insolvenzrechtsreform des Jahres 1994 nicht erweitert wurde (→ Rn. 14). Ferner dient die Auflösungsfolge des Abs. 1 Nr. 4 dem **Gläubigerschutz** und es ist regelmäßig nicht zu erwarten, dass die Gesellschaft in den nicht in Abs. 1 Nr. 4 genannten Fällen nach Abschluss des Insolvenzverfahrens noch über maßgebliches Gesellschaftsvermögen verfügt, welches eine Fortsetzung der Gesellschaft ohne Gefährdung der Gläubiger rechtfertigen könnte.[720] Eine andere Sichtweise ist auch deshalb schon nicht geboten, weil gerade nach Beseitigung der Insolvenzreife und nach der Befriedigung aller Gläubiger der Weg des § 212 InsO beschritten und eine Einstellung des Insolvenzverfahrens wegen Wegfalls des Insolvenzgrundes herbeigeführt werden kann; anschließend ist ein Beschluss über die Fortsetzung der Gesellschaft möglich.[721] Eine Ausnahme ist auch nicht dann anzuerkennen, wenn die Voraussetzungen für eine Mantelverwendung in Gestalt der wirtschaftlichen Neugründung eingehalten werden und somit eine Kontrolle durch das Registergericht stattfinden kann.[722] Zu beachten ist jedoch die durch das ESUG[723] erstmalig eingefügte Regelung in § 225a Abs. 3 InsO: soll eine Sanierung des insolventen Unternehmens mittels Insolvenzplan erfolgen, so ist in diesem Fall auch die Fortsetzung der aufgelösten Gesellschaft möglich. Stellt sich gleichwohl in einem Fall der Auflösung nach Eröffnung des Insolvenzverfahrens, bei dem nicht nach Abs. 1 Nr. 4 eine Fortsetzung möglich ist, das Vorhandensein von Gesellschaftsvermögen heraus, so hat statt einer Fortsetzung der Gesellschaft deren **Nachtragsliquidation** stattzufinden.

e) Auflösung durch Abweisung des Insolvenzverfahrens mangels Masse (Abs. 1 282 Nr. 5). Wie im Zusammenhang mit der Auflösung gem. Abs. 1 Nr. 4 nach Eröffnung des Insolvenzverfahrens ist auch im Fall der Auflösung nach Ablehnung der Insolvenzverfahrenseröffnung mangels Masse (Abs. 1 Nr. 5) die Frage zu beantworten, ob die Gesellschaft überhaupt noch einer Fortsetzung zugänglich ist. Ein Bedürfnis für die Fortsetzung mag sich in einigen Fällen daraus ergeben, dass die Gesellschaft ausnahmsweise – entgegen der Einschätzung, welche zur Ablehnung der Verfahrenseröffnung aufgrund fehlender Masse geführt hat – doch noch **Gesellschaftsvermögen** in nicht nur völlig unerheblichem Umfang vorhanden ist.

---

[717]   OLG Schleswig Beschl. v. 1.4.2014 – 2 W 89/13, NZG 2014, 698; OLG Celle Beschl. v. 29.12.2010 – 9 W 136/10, NZG 2011, 464; BayObLG Beschl. v. 14.10.1993 – 3Z BR 116/93, NJW 1994, 594 (595); KG Beschl. v. 1.7.1992 – 1 W 6135/92, BB 1993, 1750 (1751); OLG München Beschl. v. 3.8.2005 – 31 Wx 4/05, GmbHR 2006, 91 (92); OLG Köln Beschl. v. 1.2.1958 – 8 W 44/57, NJW 1959, 199, obiter dictum; Noack/Servatius/Haas/*Haas* Rn. 95a; UHL/*Casper* Rn. 146; *Passarge* in Passarge/Torwegge GmbH-Liquidation Rn. 442; *Hofmann* GmbHR 1975, 226; *Gehrlein* DStR 1997, 31 (33); Scholz/*Scheller* Rn. 115; MHdB GesR III/*Weitbrecht* § 62 Rn. 32; HK-GmbHG/*Frank* Rn. 76; iErg auch Rowedder/Schmidt-Leithoff/*Gesell* Rn. 76.

[718]   BGH Beschl. v. 28.4.2015 – II ZB 13/14, NJW-RR 2015, 1132.

[719]   Rowedder/Schmidt-Leithoff/*Gesell* Rn. 76.

[720]   UHL/*Casper* Rn. 146; MüKoAktG/*Koch* AktG § 274 Rn. 18 mwN für die aktienrechtliche Parallelvorschrift des § 274 Abs. 2 Nr. 1 AktG.

[721]   BGH Beschl. v. 28.4.2015 – II ZB 13/14, NJW-RR 2015, 1132; zust. auch Gehrlein/Born/Simon/*Beckmann*/*Hofmann* Rn. 69.

[722]   KG Beschl. v. 17.10.2016 – 22 W 70/16, NJW-RR 2017, 361; OLG Schleswig Beschl. v. 1.4.2014 2 W 89/13, NZG 2014, 698; ebenso Hachenburg/*Ulmer* Rn. 102; aA UHL/*Casper* Rn. 146; *Arens* GmbHR 2017, 449 (451).

[723]   Gesetz zur weiteren Erleichterung der Sanierung von Unternehmen v. 7.12.2011, BGBl. 2011 I 2582.

283 Die **hM** lehnt die Fortsetzung im Fall der vorherigen Auflösung nach Abs. 1 Nr. 5 ab,[724] zum Teil sogar auch dann, wenn der Gesellschaft vor der Fortsetzung neues Vermögen zugeführt wurde.[725] Wie bei Abs. 1 Nr. 4 (→ Rn. 279) wird darauf abgestellt, dass im Hinblick auf die insolvenzrechtlichen Auflösungsgründe die Fortsetzungsmöglichkeiten abschließend – und zwar nur in Abs. 1 Nr. 4 – genannt seien. Dies gelte nicht zuletzt vor dem Hintergrund, dass Abs. 1 Nr. 4 im Zuge der Insolvenzrechtsreform des Jahres 1994 nicht erweitert worden sei. Zudem sei ein **effektiver Gläubigerschutz** nach einer masselosen Insolvenz nicht möglich, insbesondere sei das Fortsetzungsinteresse der Gesellschafter gegenüber dem Schutz des Rechtsverkehrs nachrangig.

284 Von einer im Vordringen befindlichen Auffassung wird die **hM** bestritten.[726] Auch im Fall der masselosen Insolvenz werde die Gesellschaft lediglich aufgelöst und bestehe in ihrer ursprünglichen Identität noch fort. Die Auflösung der Gesellschaft mangels Masse müsse nicht zwingend bedeuten, dass die Gesellschaft über keinerlei Vermögensgegenstände verfügt und daher eine Fortsetzung aussichtslos wäre. Werde daher der Insolvenzgrund beseitigt, sei die Fortsetzung der Gesellschaft nicht ausgeschlossen. Differenziert wird dabei teilweise danach, ob es bereits ausreichen soll, wenn die Gesellschafter die Überschuldung bzw. Zahlungsunfähigkeit beseitigt haben,[727] oder die Auffüllung des gesetzlichen Mindestkapitals[728] bzw. des satzungsmäßigen Stammkapitals[729] erforderlich ist. Teilweise wird dabei vertreten, dass zwar grundsätzlich die **hM** zu befürworten sei, aber ausnahmsweise ein Fortsetzungsbeschluss zuzulassen sei, wenn die Voraussetzungen einer **wirtschaftlichen Neugründung** vorliegen und dies dem Registergericht gegenüber offengelegt wird.[730]

285 Auch hier ist der **hM** zu folgen. Es besteht kein Bedürfnis und keine sinnvolle Begründung für die Ermöglichung der Fortsetzung einer Gesellschaft nach Ablehnung der Insolvenzverfahrenseröffnung. Dies nicht zuletzt vor dem Hintergrund, dass die entsprechende Verfügung des Insolvenzgerichts nicht ohne Weiteres über die Gesellschaft „hineinbricht", sondern die Gesellschaft – und regelmäßig auch die Gesellschafter – bis zur Ablehnung der Verfahrenseröffnung mangels Masse Gelegenheit gehabt hätten, diese abzuwenden und stattdessen nachzuweisen, dass die Gesellschaft über hinreichendes Vermögen verfügt. Dadurch ist freilich eine **Nachtragsliquidation,** insbesondere für den Fall des späteren Auffindens von Vermögenswerten, **nicht ausgeschlossen.** Im Einklang mit der bisher ganz vorherrschenden Rspr. ist auch davon auszugehen, dass eine Zuführung neuen Vermögens nichts an dem Ausschluss der Fortsetzbarkeit zu ändern vermag. Selbst dann, wenn die Gesellschaft aufgrund entsprechender Maßnahmen der Gesellschafter wieder über ihr **sat-**

---

[724] BGH Urt. v. 8.10.1979 – II ZR 257/78, NJW 1980, 233 für die GmbH & Co. KG; KG Beschl. v. 17.10.2016 – 22 W 70/16, FGPrax 2017, 74; BayObLG Beschl. v. 14.10.1993 – 3Z BR 116/93, NJW 1994, 594 (595); Beschl. v. 12.1.1995 – 3Z BR 314/94, NJW-RR 1996, 417; KG Beschl. v. 1.7.1992 – 1 W 6135/92, BB 1993, 1750 (1751); bejahend ebenfalls Rowedder/Schmidt-Leithoff/*Gesell* Rn. 77; Scholz/*Scheller* Rn. 117; UHL/*Casper* Rn. 147, im Grundsatz; *Hofmann* GmbHR 1975, 226; *Gehrlein* DStR 1997, 31 (33); *Halm/Linder* DStR 1999, 379 (380 f.).

[725] So ausdrücklich BGH Urt. v. 8.10.1979 – II ZR 257/78, NJW 1980, 233 für die GmbH & Co. KG; KG Beschl. v. 17.10.2016 – 22 W 70/16, FGPrax 2017, 74; BayObLG Beschl. v. 12.1.1995 – 3Z BR 314/94, NJW-RR 1996, 417; OLG Köln Beschl. v. 24.2.2010 – 2 Wx 18/10, FGPrax 2010, 200.

[726] LG Berlin Beschl. v. 12.3.1971 – 92 T 4/71, BB 1971, 759 (760); Noack/Servatius/Haas/*Haas* Rn. 96; Lutter/Hommelhoff/*Kleindiek* Rn. 33; Scholz/*Schmidt/Bitter,* 11. Aufl. 2013, Rn. 97; *Altmeppen* Rn. 53; Ring/Grziwotz/*Grziwotz* Rn. 21; *Fichtelmann* GmbHR 2003, 67 (71); *Passarge* in Passarge/Torwegge GmbH-Liquidation Rn. 443; *Hirte* ZInsO 2000, 127 (131); *Hennrichs* ZHR 159 (1995), 593 (605 ff.); tendenziell wohl auch, wenngleich nicht eindeutig MHLS/*Nerlich* Rn. 357 ff.

[727] So Lutter/Hommelhoff/*Kleindiek* Rn. 33; Scholz/*Schmidt/Bitter,* 11. Aufl. 2013, Rn. 97; *Hirte* ZInsO 2000, 127 (131); *Passarge* in Passarge/Torwegge GmbH-Liquidation Rn. 443; *Hennrichs* ZHR 159 (1995), 593 (605 ff.).

[728] LG Berlin Beschl. v. 12.3.1971 – 92 T 4/71, BB 1971, 759 (760).

[729] *Hennrichs* ZHR 159 (1995), 593 (605 ff.); *Fichtelmann* GmbHR 2003, 68 (71).

[730] UHL/*Casper* Rn. 146; Ring/Grziwotz/*Grziwotz* Rn. 21; ähnlich im Fall überwundener Insolvenz analog § 212 InsO Noack/Servatius/Haas/*Haas* Rn. 96 sowie *Arens* GmbHR 2017, 449; bereits früher *Hennrichs* ZHR 159 (1995), 593 (600 ff.); ähnlich andeutend auch OLG Celle Beschl. v. 3.1.2008 – 9 W 124/07, NZG 2008, 271.

zungsmäßiges **Stammkapital** verfügt, sollte aus grundsätzlichen, die besondere Bedeutung einer Auflösung der Gesellschaft aufgrund eines Insolvenztatbestand berücksichtigenden Erwägungen eine Fortsetzung nicht mehr möglich sein. Dies steht auch nicht im Widerspruch zu der oben vertretenen Auffassung (→ Rn. 251), dass in den Fällen, in welchen eine Fortsetzung der Gesellschaft rechtlich zulässig ist, in jedem Fall – entgegen der diesbezüglichen **hM** – eine Auffüllung des satzungsmäßigen Stammkapitals erforderlich ist.

f) Auflösung durch Verfügung des Registergerichts (Abs. 1 Nr. 6). Ist die 286 Gesellschaft aufgrund Rechtskraft einer Verfügung des Registergerichts aufgelöst, mit welcher ein Satzungsmangel iSv Abs. 1 Nr. 6 iVm § 399 FamFG festgestellt wurde (beachte: durch das MoMiG wurde der frühere Verweis in Abs. 1 Nr. 6 auf § 144b FGG gelöscht; → Rn. 14), so ist gleichwohl die Fortsetzung der Gesellschaft nicht ausgeschlossen. Erforderlich ist in diesem Fall neben dem Fortsetzungsbeschluss eine Beschlussfassung der Gesellschafter, welche den Satzungsmangel behebt. Dies ist nur im Wege der Satzungsänderung gem. § 53 möglich.[731] Typischerweise handelt es sich um eine einheitliche Beschlussfassung (→ Rn. 272), wobei der den Auflösungsgrund beseitigende Gesellschafterbeschluss zur Satzungsänderung im Zweifel auch den Fortsetzungsbeschluss konkludent enthält.[732]

Die Eintragung der Auflösungsverfügung im Handelsregister hindert nicht die Fassung 287 eines Fortsetzungsbeschlusses (samt damit einhergehender Satzungsänderung), da die bloße Eintragung nicht die **Vollbeendigung** der Gesellschaft bewirken kann.[733] Die Amtslöschung gem. § 395 FamFG der Eintragung einer wegen angeblichen Satzungsmangels erfolgten Auflösung der Gesellschaft führt nicht zur automatischen Fortsetzung der Gesellschaft, weil die Auflösungswirkung nicht durch die Auflösungseintragung, sondern durch die Rechtskraft der auflösenden Verfügung eintritt.[734] Entsprechend § 274 Abs. 4 S. 2 AktG iVm § 274 Abs. 2 Nr. 2 AktG wird die Fortsetzung nicht schon mit dem formgemäßen Gesellschafterbeschluss über Fortsetzung und Satzungsänderung wirksam, sondern erst mit der entsprechenden Eintragung der Maßnahme im Handelsregister.[735]

g) Löschung bei Vermögenslosigkeit (Abs. 1 Nr. 7). Auch bei der vorhergehen- 288 den Löschung einer Gesellschaft aufgrund Vermögenslosigkeit nach Abs. 1 Nr. 7 iVm § 394 FamFG ist die Frage, ob die Gesellschaft fortgesetzt werden kann, stark umstritten. Insbesondere hat dies dann Relevanz, wenn sich nachträglich herausstellt, dass die Gesellschaft tatsächlich nicht vermögenslos ist. In diesem Fall deutet auf den ersten Blick viel darauf hin, dass der Ausschluss der Fortsetzbarkeit für die Gesellschaft eine unangemessene Rechtsfolge darstellen würde.

Dementsprechend kann nach der früher überwiegenden Auffassung eine Beschlussfas- 289 sung der Gesellschafter über die Fortsetzung der wegen Vermögenslosigkeit aufgelösten Gesellschaft zumindest dann erfolgen, wenn sich nachträglich das Vorhandensein eines **Gesellschafts-Reinvermögens** (nach Abzug der Verbindlichkeiten) in Höhe des **gesetzlichen Stammkapitals** auffinden lässt.[736] Zum Teil wird es unter Hinweis darauf, dass

---

[731] OLG Düsseldorf Urt. v. 28.5.1979 – II ZR 172/78, GmbHR 1979, 276; Noack/Servatius/Haas/*Haas* Rn. 97; UHL/*Casper* Rn. 148; *Passarge* in Passarge/Torwegge GmbH-Liquidation Rn. 444; Scholz/*Scheller* Rn. 118; Rowedder/Schmidt-Leithoff/*Gesell* Rn. 78; MHLS/*Nerlich* Rn. 363; Lutter/Hommelhoff/*Kleindiek* Rn. 31.

[732] MHLS/*Nerlich* Rn. 363; *Passarge* in Passarge/Torwegge GmbH-Liquidation Rn. 444; UHL/*Casper* Rn. 148.

[733] Noack/Servatius/Haas/*Haas* Rn. 97; *Altmeppen* Rn. 58; UHL/*Casper* Rn. 148; aA offensichtlich *P. Scholz* GmbHR 1982, 228 (231).

[734] UHL/*Casper* Rn. 149 entgegen OLG Düsseldorf Urt. v. 28.5.1979 – II ZR 172/78, GmbHR 1979, 276.

[735] Ebenso UHL/*Casper* Rn. 148 mwN.

[736] So zunächst KG Urt. v. 3.4.1941 – 1 Wx 57/41, DR 1941, 1543; anschließend OLG Düsseldorf Beschl. v. 13.7.1979 – 3 W 139/79, GmbHR 1979, 227 (228); *H. Schmidt*, Zur Vollbeendigung juristischer Personen, 1989, 178 ff.; HK-GmbHR/*Koch* Rn. 22; sowie die früher vorherrschende Kommentarlit., Nachweise bei UHL/*Casper* Rn. 149 Fn. 365.

andernfalls eine Kapitalgarantie wie bei Gründung einer Gesellschaft gefordert werde, bereits als ausreichend angesehen, wenn die Gesellschaft nicht überschuldet und daher keine Insolvenzreife gegeben ist.[737] Nach einer weiteren Ausprägung dieser Auffassung ist eine Fortsetzung trotz Löschung wegen Vermögenslosigkeit dann und nur dann möglich, wenn die Löschung zu Unrecht erfolgt war, sich also nachträglich die Existenz von Gesellschaftsvermögen herausstellt.[738]

290   Mit der zwischenzeitlich wohl **hM** ist indes davon auszugehen, dass bei vorangegangener Löschung wegen Vermögenslosigkeit eine Fortsetzung der aufgelösten Gesellschaft in keinem Fall mehr möglich ist.[739] Dies gilt auch dann, wenn der Gesellschaft ausreichend Kapital dahingehend zugeführt worden sein sollte, dass ihr Reinvermögen nunmehr wieder das satzungsmäßige Stammkapital erreicht (→ Rn. 282).[740] Diese Auffassung steht auch nicht im Widerspruch zur hier vertretenen Lehre vom sog. erweiterten Doppeltatbestand. Selbst wenn eine Gesellschaft durch die fehlerhafte Löschung bei noch vorhandenen Vermögenswerten oder anderweitigem Abwicklungsbedarf nicht vollbeendet ist, sondern im Zweifel eine Nachtragsliquidation erfolgen muss, ist dadurch nicht ausgeschlossen, dass eine **vollständige Reaktivierung** der Gesellschaft im Sinn einer Fortsetzung nicht mehr stattfinden kann. Dafür spricht jedenfalls der mit § 394 FamFG beabsichtigte **Bereinigungseffekt,** welcher zum Schutz des Rechtsverkehrs vermögenslose Gesellschaften ersatzlos beseitigen will.[741] Dabei wird in der Lit. auch das Argument vorgebracht, dass eine als vermögenslos gelöschte Gesellschaft nicht besser behandelt werden dürfe als eine, bei der bereits mit der Verteilung des Vermögens begonnen wurde.[742]

291   Daher ist im Einklang mit der **hM** derjenigen Auffassung der Vorzug zu geben, welche im Fall der vorangegangenen Löschung nach Abs. 1 Nr. 7 die Fortsetzung gemeinhin ausschließt. Dafür spricht im Übrigen das der Löschung zeitlich vorausgehende registerrechtliche Verfahren: das Registergericht darf die Löschung der Gesellschaft nur **nach entsprechender Anhörung** gem. § 394 Abs. 4 FamFG iVm § 394 Abs. 2 S. 1 FamFG verfügen. Haben die Gesellschafter aber – etwa mangels Widerspruches – zugelassen, dass in der Öffentlichkeit die Vermutung der endgültigen Existenzvernichtung der Gesellschaft eingetreten ist, so sind sie im Hinblick auf eine mögliche Fortsetzung nicht schutzwürdig.[743] Es ist allenfalls die Durchführung einer gerichtlich anzuordnenden Nachtragsliquidation gem. § 66 Abs. 5 statthaft.[744] Hatten die Gesellschafter dagegen keine Gelegenheit, zur beabsichtigten Löschungsverfügung des Registergerichts Stellung zu nehmen, so ist die Löschung der Gesellschaft ihrerseits nach § 395 FamFG zu löschen mit der Folge, dass die Gesellschaft unverändert als werbende fortbesteht (→ Rn. 188). Eine solche Löschung der Löschung iSv § 395 FamFG kann indes nicht lediglich darauf gestützt werden, dass zum Löschungszeitpunkt unerkannt Vermögenswerte bestanden haben oder diese bei der ordnungsgemäßen Ermittlung bei der Prüfung nach § 394 FamFG nicht festgestellt werden konnten.[745]

---

[737] Noack/Servatius/Haas/*Haas* Rn. 98; Noack/Servatius/Haas/*Haas* § 66 Rn. 42; *Hirte* ZInsO 2000, 127 (132); *Galla* GmbHR 2006, 635 (639 f.).

[738] Noack/Servatius/Haas/*Haas* Rn. 98; Gehrlein/Born/Simon/*Beckmann/Hofmann* Rn. 73; ebenso Scholz/*Schmidt/Bitter,* 8. Aufl. 1995, Rn. 24; mittlerweile jedoch wie hM.

[739] KG Beschl. v. 31.8.2018 – 22 W 33/15, NJW-RR 2019, 98; OLG Stuttgart Beschl. v. 18.11.2011 – 8 W 419/11, FGPrax 2012, 25; OLG Celle Beschl. v. 3.1.2008 – 9 W 124/07, NZG 2008, 271; Scholz/ *Scheller* Rn. 119; Rowedder/Schmidt-Leithoff/*Gesell* Rn. 79; Lutter/Hommelhoff/*Kleindiek* Rn. 32; *Altmeppen* Rn. 60; *Passarge* in Passarge/Torwegge GmbH–Liquidation Rn. 445; UHL/*Casper* Rn. 149; Meyer-Landrut/Miller/Niehus/*Niehus* Rn. 29; *Gehrlein* DStR 1997, 31 (34); *Halm/Linder* DStR 1999, 379 (381 f.); *P. Scholz* GmbHR 1982, 230.

[740] Zumindest missverständlich OLG Celle Beschl. v. 3.1.2008 – 9 W 124/07, NZG 2008, 271, welches auf die Möglichkeit der (wirtschaftlichen) Neugründung hinweist.

[741] Ähnlich Rowedder/Schmidt-Leithoff/*Gesell* Rn. 77.

[742] Scholz/*Scheller* Rn. 119; ihm folgend UHL/*Casper* Rn. 150.

[743] Ähnlich auch OLG Celle Beschl. v. 3.1.2008 – 9 W 124/07, NZG 2008, 271; wohl auch Rowedder/ Schmidt-Leithoff/*Gesell* Rn. 79; UHL/*Casper* Rn. 150.

[744] OLG Stuttgart Beschl. v. 18.11.2011 – 8 W 419/11, FGPrax 2012, 25.

[745] KG Beschl. v. 31.8.2018 – 22 W 33/15, NJW-RR 2019, 98 – allerdings einschr. dahingehend, dass Abweichendes gelten könne, wenn die Gesellschaft zum Löschungszeitpunkt noch werbend tätig gewesen sei.

h) Auflösung aufgrund gesellschaftsvertraglicher Regelung (Abs. 2). Hat ein 292
gesellschaftsvertraglich festgelegter Auflösungsgrund iSv Abs. 2 zum Eintritt in das Liquidationsstadium geführt, so bedarf es neben dem – ggf. konkludent gefassten – Fortsetzungsbeschlusses einer **Satzungsänderung** der Gesellschaft zur Überwindung des seinerzeitigen
Auflösungsgrundes.[746] Falls möglich, ist indes auch die Beseitigung des eigentlichen Auflösungsgrundes denkbar. In diesem Fall müsste die Satzung der Gesellschaft nicht zwingend
geändert werden, sondern könnte vielmehr den bereits einmal verwirklichten (und wieder
rückgängig gemachten) Auflösungsgrund als möglicherweise erneut zum automatischen
Eintritt in die Liquidation führenden Tatbestand beibehalten. Ist eine Satzungsänderung zur
Überwindung des Auflösungsgrundes erforderlich, so wird die Fortsetzung erst wirksam
mit entsprechender **Eintragung im Handelsregister** (vgl. § 54 Abs. 3).

Stark umstritten ist dagegen die Frage, welche Rechtsfolgen aus der (satzungsmäßig 293
zugelassenen) Kündigung eines Gesellschafters resultieren, während gleichzeitig der Gesellschaftsvertrag keine Regelungen über das Ausscheiden und die Abfindung dieses Gesellschafters enthält. Nach der hier vertretenen Auffassung führt die Kündigung in dieser Konstellation regelmäßig zur Auflösung der Gesellschaft und bei Fortsetzung durch die weiteren
Gesellschafter zum Ausscheiden des betroffenen Gesellschafters gegen Verkehrswertabfindung (ausführlich → Rn. 233).

i) Auflösung nach Nichtigkeitsurteil (§ 75, § 397 Abs. 1 S. 2 FamFG). Leidet die 294
Gesellschaft an einem zu einem Nichtigkeitsurteil nach § 75 führenden Satzungsmangel
und ist nicht ausnahmsweise bei mangelhafter Bestimmung über den Unternehmensgegenstand eine Heilung nach § 76 möglich, so ordnet § 77 ausdrücklich an, dass mit Eintragung
der Nichtigkeit im Handelsregister die **Liquidationsvorschriften** Anwendung finden, dh
die Gesellschaft im Auflösungsstadium befindlich ist. Ähnliches gilt für die Löschung einer
Gesellschaft wegen Nichtigkeit aufgrund der Regelung in § 397 Abs. 1 S. 2 FamFG. Dies
bedeutet indes, dass die Gesellschaft – ebenso wie eine nach Abs. 1 oder 2 aufgelöste
Gesellschaft – der Fortsetzung zugänglich ist. Daher bedarf es eines Satzungsänderungsbeschlusses, der zur Behebung des angegriffenen Satzungsmangels führt.[747] Ein Fortsetzungsbeschluss ist zusätzlich erforderlich, sofern er sich nicht schon – was regelmäßig der Fall
sein wird – konkludent aus dem Satzungsänderungsbeschluss ergibt.

Problematisch ist allenfalls die Konstellation, wenn die Nichtigkeit der Gesellschaft 295
Folge eines von einem Gesellschafter gem. § 75 erstrittenen Urteils ist. Ähnlich zu der
Fallgruppe, bei welcher ein Gesellschafter aufgrund **Ausübung** eines gesellschaftsvertraglich
verankerten **Kündigungsrechtes** die Auflösung der Gesellschaft herbeigeführt hat, fordert
ein Teil der Lit. grundsätzlich die **Zustimmung** des Nichtigkeitsklägers zur Fortsetzung.[748]
Diese Sichtweise ist indes abzulehnen: der kündigende Gesellschafter ist bei der Liquidation
der Gesellschaft aufgrund seiner eigenen Kündigung bereits hinsichtlich seiner Motivlage
zur Auflösung nicht schutzwürdig. Gleichzeitig sollen die Gesellschafter ein gesellschaftsvertragliches Kündigungsrecht nicht dadurch entwerten können, dass sie nach der – nicht zu
verhindernden Auflösungsfolge – einfach die Fortsetzung beschließen. Dagegen gewährt
§ 75 dem betroffenen Gesellschafter kein subjektives Auflösungsrecht, sondern das Auflösungsurteil ist lediglich Folge eines objektiven Satzungsmangels.[749] In Bezug auf die Fortsetzung kann es somit nicht darauf ankommen, ob ein Gesellschafter oder ein sonstiges Organmitglied die Nichtigkeit geltend gemacht hat. Daher können die Gesellschafter unter
Einhaltung der allgemeinen Voraussetzung die Fortsetzung der Gesellschaft ggf. auch **gegen
den Willen des Auflösungsklägers** beschließen.[750] Die vorstehenden Grundsätze haben

---

[746] AllgM, vgl. etwa Scholz/*Scheller* Rn. 121; Rowedder/Schmidt-Leithoff/*Gesell* Rn. 80; UHL/*Casper*
Rn. 152.
[747] Vgl. etwa UHL/*Casper* Rn. 155; Rowedder/Schmidt-Leithoff/*Gesell* Rn. 81; Lutter/Hommelhoff/
Kleindiek § 77 Rn. 4; iErg wohl auch Noack/Servatius/Haas/*Haas* Rn. 99.
[748] Rowedder/Schmidt-Leithoff/*Gesell* Rn. 81; UHL/*Casper* Rn. 153.
[749] Ähnlich auch Scholz/*Scheller* Rn. 120.
[750] Offenbar aA Noack/Servatius/Haas/*Haas* § 77 Rn. 7.

sinngemäß auch dann zu gelten, wenn die Löschung wegen Nichtigkeit gem. § 397 Abs. 1 S. 2 FamFG auf der Anregung eines Gesellschafters beruht.

296   **j) Fortsetzung bei Keinmann-Gesellschaft.** Eine Gesellschaft, die sämtliche Geschäftsanteile an ihr selbst hält, tritt mit dem Erwerb des letzten außenstehenden Geschäftsanteils in das Liquidationsstadium. Die Veräußerung eines Geschäftsanteils an einen Dritten durch die Gesellschaft begründet in diesem Fall einen zumindest **konkludent gefassten Gesellschafterbeschluss** zur Fortsetzung der Gesellschaft (→ Rn. 206). Der Geschäftsführer der Gesellschaft hat die Fortsetzung zur Eintragung im Handelsregister anzumelden. Will er nicht die notarielle Übertragungsurkunde beifügen und Gefahr laufen, dass diese vom Registergericht möglicherweise als nicht ausreichender Nachweis über die Fortsetzung beanstandet wird, so sollte zumindest nachträglich ein Protokoll über eine Beschlussfassung der Gesellschafterversammlung zur Fortsetzung der Gesellschaft erstellt werden.[751]

297   **k) Weitere Auflösungsfälle.** Für den – heute nicht mehr relevanten – Fall der Auflösung einer Gesellschaft nach Art. 12 § 1 GmbHGÄndG (GmbH-Novelle 1980; → Rn. 201) sieht Abs. 3 dieser Vorschrift eine ausdrückliche **Fortsetzungsmöglichkeit** vor. Auch im Fall der Auflösung eines Kreditinstituts nach § 38 KWG ist eine Fortsetzung der Gesellschaft nicht ausgeschlossen; erforderlich ist jedoch – neben Einhaltung der allgemeinen Fortsetzungsvoraussetzungen – die erneute **Erlangung der Bankerlaubnis.**[752]

298   Dagegen kommt in den Fällen der **Verschmelzung** als übertragender Rechtsträger, Aufspaltung und Vermögensübertragung nach dem Umwandlungsgesetz (→ Rn. 22) eine Fortsetzung der durch die jeweiligen Maßnahme aufgelösten Gesellschaft bereits deswegen nicht mehr in Betracht, weil mit Eintragung der jeweiligen Maßnahme im Handelsregister die Vollbeendigung der betreffenden Gesellschaft eingetreten ist.[753] Beim **Formwechsel,** der Beteiligung an einer Verschmelzung als übernehmender Rechtsträger und der Abspaltung sowie Ausgliederung wird die Gesellschaft indes nicht aufgelöst, sodass auch eine Fortsetzung schon begrifflich ausscheidet.

VII. Nachtragsliquidation

299   Nach Löschung der Gesellschaft im Handelsregister ist eine sog. Nachtragsliquidation erforderlich, wenn sich nachträglich noch **verteilungsfähiges Gesellschaftsvermögen** auffinden lässt.[754] Das Gesellschaftsvermögen muss bereits im Zeitpunkt der Löschung vorhanden gewesen sein; ein späterer Erwerb ist mangels eines vorhandenen Rechtsträgers ausgeschlossen und kann daher die Beendigung der Gesellschaft nicht überwinden.[755] Allerdings wird die letztgenannte Fallgruppe in der Praxis eher selten anzutreffen sein, da häufig die entsprechende Vermögensposition der Gesellschaft bereits im Zeitpunkt deren Löschung im Kern angelegt ist, dh zwar möglicherweise noch nicht realisiert ist, aber zumindest als Forderung aktiviert werden könnte und müsste.

300   Stark umstritten ist die Frage, ob im Einklang mit dem sog. erweiterten Doppeltatbestand eine Nachtragsliquidation entsprechend § 273 Abs. 4 S. 1 AktG auch dann durchzuführen ist, wenn **anderweitiger, nicht-vermögensbezogener Abwicklungsbedarf** besteht. Die hier vertretene Auffassung bejaht dies; zum Streitstand → Rn. 44.

301   Zu den rechtlichen Besonderheiten zur Nachtragsliquidation → § 66 Rn. 79 ff. bzw. insbesondere → § 74 Rn. 41 ff. Die Begrifflichkeit der Nachtragsliquidation wird dabei teilweise zu Recht in Frage gestellt,[756] da sie auch zur Anwendung gelangen kann, wenn

---

[751]   IErg auch Scholz/*Scheller* Rn. 121.
[752]   Ebenso Rowedder/Schmidt-Leithoff/*Gesell* Rn. 82.
[753]   Ebenso Rowedder/Schmidt-Leithoff/*Gesell* Rn. 82; UHL/*Casper* Rn. 153.
[754]   AllgM, vgl. etwa bereits BGH Beschl. v. 23.2.1970 – II ZB 5/69, NJW 1970, 1044; Noack/Servatius/Haas/*Haas* Rn. 104.
[755]   Vgl. etwa OVG Berlin Beschl. v. 12.11.1992 – 8 S 215/92, GmbHR 1993, 510 (511); *Altmeppen* § 74 Rn. 21; Noack/Servatius/Haas/*Haas* Rn. 104.
[756]   Rowedder/Schmidt-Leithoff/*Gesell* Rn. 64: „nachzuholende Liquidation".

ein Auflösungstatbestand die sofortige Löschung der Gesellschaft auch ohne Durchführung eines ordentlichen Liquidationsverfahrens nach sich zieht.

VIII. GmbH & Co. KG

1. Überblick. Nachfolgend werden die rechtlichen Implikationen der Auflösung einer 302 GmbH & Co. KG und ihrer Komplementär-GmbH, insbesondere die relevanten Wechselwirkungen, dargestellt. Dabei wird ausschließlich die Situation einer **typischen GmbH & Co. KG** behandelt, bei welcher die Komplementär-GmbH als alleinige persönlich haftende Gesellschafterin der KG fungiert und die Kommanditisten der KG beteiligungsidentisch auch an der GmbH beteiligt sind. Auf Besonderheiten, wie etwa das Vorhandensein einer natürlichen Person als zusätzlichem persönlich haftenden Gesellschafter zum Zwecke der steuerlichen Entprägung (vgl. § 15 Abs. 3 Nr. 2 EStG) oder der Umgehung von Offenlegungsvorschriften nach §§ 325 ff. HGB (vgl. § 264a Abs. 1 Nr. 1 HGB), kann hier ebenso wenig eingegangen werden wie auf die Situation bei Einheitsgesellschaften oder mehrstöckigen GmbH & Co. KGs.

a) Kein einheitliches Auflösungs- und Liquidationsverfahren. Die Vorschriften 303 des HGB zur Kommanditgesellschaft gehen von dem – aus wirtschaftsrechtlicher Praxis gesehen – „Ausnahmefall" aus, dass die Kommanditgesellschaft aus einem oder mehreren Kommanditisten und einer natürlichen Person als persönlich haftendem Gesellschafter ausgeht. Nur an sehr wenigen Stellen und tendenziell erst in jüngerer Zeit wird dem Umstand Rechnung getragen, dass die überwiegende Anzahl von Kommanditgesellschaften als **typische GmbH & Co. KG** auftreten. Hierfür finden sich aber nur sehr wenige gesetzliche Vorschriften. Wesentliche Grundsätze mussten in der Rspr. und Lit. entwickelt werden.

Ähnlich verhält es sich für die Frage der Auflösung bei der GmbH & Co. KG. Eine 304 Gesamtauflösung der KG und der GmbH ist gesetzlich nicht vorgesehen, vielmehr ist sowohl für die Auflösungstatbestände als auch -folgen jeweils das für die betreffende Gesellschaftsform maßgebliche Rechtsregime anwendbar. Die Auflösung und ihre Folgen richten sich daher für die GmbH – ohne besondere Abweichungen im Hinblick auf die Eigenschaft als Komplementär-GmbH – nach §§ 60 ff., für die KG im Wesentlichen nach § 161 Abs. 2 HGB iVm § 131 HGB. Mit dem Handelsrechtsreformgesetz aus dem Jahr 1998 sind immerhin in der letzten Vergangenheit gewisse Verknüpfungen zwischen den Auflösungsregularien bei der GmbH und der KG erreicht worden (vgl. etwa § 131 Abs. 2 HGB sowie § 141a Abs. 3 FGG (nunmehr § 394 Abs. 4 FamFG), jeweils eingefügt durch HRefG vom 22.6.1998, BGBl. 1998 I 1474).

Zu berücksichtigen ist jedoch stets, dass die – eher verstreut und teilweise unbefriedi- 305 gend gelösten – gesetzlichen Auflösungsregelungen für die GmbH & Co. KG um ausdrücklich bestimmte Auflösungsgründe in den Gesellschaftsverträgen von KG und GmbH ergänzt werden sollten (Abs. 2 ermöglicht ausdrücklich die Aufnahme zusätzlicher Auflösungsgründe für die GmbH). In diesem Fall kann eine „gemeinsame Taktung" erreicht werden, insbesondere ein Gleichlauf der Auflösung, wenn eine der beiden Gesellschaften in das Liquidationsstadium eintritt.

b) Auswirkungen der Auflösung der KG auf die Komplementär-GmbH. Auch 306 dann, wenn eine GmbH Komplementärin einer KG ist, gelten die allgemein für eine GmbH relevanten Auflösungsgründe.[757] Sofern nicht die Satzung der GmbH ein anderes bestimmt, führt die Auflösung der KG nicht zur Auflösung ihrer Komplementärin.[758] Jeder Gesellschafter kann aber in diesem Fall gem. § 61 auf **Auflösung der Gesellschaft** klagen, wenn die die einzige (operative) Tätigkeit der Gesellschaft in der Übernahme der Komplementär-

---

[757] S. etwa Scholz/*Scheller* Rn. 124.
[758] Ganz hM, vgl. etwa *Altmeppen* Rn. 120; MHLS/*Nerlich* Rn. 374; UHL/*Casper* Rn. 157; Rowedder/ Schmidt-Leithoff/*Gesell* Rn. 90; Baumbach/Hopt/*Roth* HGB Anh. § 177a Rn. 46.

Stellung bei der KG besteht, da insoweit die Erreichung des mit der Gesellschaft verfolgten Gesellschaftszwecks unmöglich wird.[759]

307   Darüber hinaus stellt sich die Frage, ob und in welchen Fällen ein wirksam getroffener Gesellschafterbeschluss der KG, der die Auflösung der KG zum Inhalt hat, auch zur unmittelbaren Auflösung der GmbH führt. Dies wird in der Lit. zumeist dann bejaht, wenn an beiden Gesellschaften jeweils dieselben Gesellschafter identisch beteiligt sind, sich der Zweck der GmbH in der Übernahme der Komplementär-Stellung bei der KG erschöpft und der Auflösungsbeschluss der KG auch die formellen Anforderungen an einen **Auflösungsbeschluss** der GmbH insbesondere iSv Abs. 2 erfüllt.[760] Zu Recht wird eingewandt,[761] dass die Gesellschafter die GmbH womöglich für einen anderen Zweck, insbesondere als GmbH-Mantel für eine spätere Verwendung, bereithalten wollen. Obgleich der vorgenannte Streit in der Lit. meist ohne Auswirkung bleiben wird, weil er letztlich nur die Frage von Regel und Ausnahme berührt, dürfte der **hM** zu folgen sein. Sofern nicht besondere Umstände auf eine andere Absicht hindeuten, ist davon auszugehen, dass mit der KG auch die GmbH aufgelöst werden soll. Das Registergericht wird nur bei abweichendem konkretisiertem Vorbringen eines Gesellschafters insbesondere im Sinn einer Gegenvorstellung die Eintragung der Auflösung in das Handelsregister der GmbH verhindern können.

308   Zur Frage der **Simultanauflösung** bei Vermögenslosigkeit aufgrund § 394 Abs. 4 und Abs. 1 FamFG → Rn. 327. Die Beendigung der KG gem. §§ 147 ff., 157 HGB führt ebenfalls nicht zwingend zur **Auflösung** der GmbH,[762] sofern nicht eine entgegenstehender konkreter Wille der Gesellschafter in Form eines mindestens konkludenten Gesellschafterbeschlusses nachgewiesen werden kann.

309   **2. Auflösungsgründe der KG.** Für die KG sind über die Regelungen in § 161 Abs. 2 HGB, § 131 HGB Auflösungsgründe relevant, die seit dem HRefG vom 22.6.1998 (BGBl. 1998 I 1474) den Auflösungsgründen bei der GmbH etwas stärker angenähert wurden. Daneben existieren insbesondere im Zusammenhang mit der (vorangehenden) Auflösung der Komplementär-GmbH Fragestellungen, bei welchen teilweise streitig bzw. noch nicht abschließend geklärt ist, ob die Auflösung der GmbH auch zum **Beginn der Liquidation** bei der KG führt.

310   Unabhängig hiervon geht die **hM** von einem numerus clausus der Auflösungsgründe aus,[763] wobei zu Recht auf die Missverständlichkeit dieser Begrifflichkeit hingewiesen wird, da durch das HGB weder eine gesellschaftsvertragliche Erweiterung der Auflösungsgründe ausgeschlossen ist noch die im Wege der Rechtsfortbildung erfolgende Anerkennung ungeregelter (gesetzlicher) Auflösungsgründe.[764]

311   **a) Allgemeine Auflösungsgründe der KG ohne direkten Bezug zur Komplementär-GmbH.** Ähnlich zum Auflösungstatbestand des Abs. 1 Nr. 1 für die GmbH wird auch die KG durch Ablauf der Zeit aufgelöst, für welche sie eingegangen wurde (§ 161 Abs. 2 HGB iVm § 131 Abs. 1 Nr. 1 HGB). Allerdings müssen die Gesellschafter nicht die formalen Voraussetzungen für eine Satzungsänderung entsprechend §§ 53 ff. beachten, wenn sie vor Zeitablauf den Gesellschaftsvertrag entsprechend ändern wollen.

312   Eine Auflösung der KG ist ferner möglich durch Gesellschafterbeschluss nach § 161 Abs. 2 HGB iVm § 131 Abs. 1 Nr. 2 HGB. Auch hier ist für den Auflösungsbeschluss keine besondere Form erforderlich. Auf die für die GmbH-rechtliche Parallelvorschrift in Abs. 1 Nr. 2 relevante Dreiviertelmehrheit kommt es nicht an. Vielmehr gelten die für die betreffende KG maßgeblichen Mehrheitsregeln, dh Einstimmigkeit bei fehlender ausdrücklicher Vereinbarung (§ 119 Abs. 1 HGB), andernfalls die gesellschaftsvertraglich bestimmte Mehr-

---

[759] UHL/*Casper* Rn. 157; Rowedder/Schmidt-Leithoff/*Gesell* Rn. 90; MHLS/*Nerlich* Rn. 374; iErg auch Scholz/*Scheller* Rn. 124.
[760] So etwa MHLS/*Nerlich* Rn. 374; UHL/*Casper* Rn. 157.
[761] Rowedder/Schmidt-Leithoff/*Gesell* Rn. 90.
[762] Ebenso Rowedder/Schmidt-Leithoff/*Gesell* Rn. 91.
[763] BGH Urt. v. 8.10.1979 – II ZR 257/78, NJW 1980, 233; Scholz/*Scheller* Rn. 125 mwN.
[764] Scholz/*Scheller* Rn. 125 mwN.

heit (vgl. § 119 Abs. 2 HGB). Zu berücksichtigen ist schließlich, dass § 131 Abs. 1 Nr. 2 HGB in Konkurrenz zu § 131 Abs. 3 Nr. 6 HGB treten kann, wonach ein Gesellschafter, falls durch den Gesellschaftsvertrag zugelassen,[765] aus der KG aufgrund Gesellschafterbeschlusses ausgeschlossen werden kann.[766]

Zur Auflösung der KG führt außerdem die **Eröffnung des Insolvenzverfahrens** 313 über das Vermögen der KG, § 161 Abs. 2 HGB iVm § 131 Abs. 1 Nr. 3 HGB. Von der entsprechenden Vorschrift für die GmbH in Abs. 1 Nr. 4 unterscheidet sich die Regelung insoweit, als nicht ausdrücklich gesetzlich eine Fortsetzungsmöglichkeit für den Fall vorgesehen ist, dass das Insolvenzverfahren auf Antrag des Schuldners eingestellt wird, der nach der Bestätigung eines den Fortbestand der Gesellschaft vorsehenden Insolvenzplans aufgehoben wird.

Schließlich wird die KG auch aufgelöst, wenn eine „**gerichtliche Entscheidung**" 314 iSv § 161 Abs. 2 HGB iVm § 131 Abs. 1 Nr. 4 HGB ergangen ist. Die entsprechende Formulierung bezieht sich auf ein vorangegangenes Auflösungsurteil nach § 133 HGB. Anders als bei der parallelen GmbH-rechtlichen Vorschrift in Abs. 1 Nr. 3 wird nicht zusätzlich auf eine entsprechende allgemeine Auflösungskompetenz durch Entscheidung des Verwaltungsgerichts oder der Verwaltungsbehörde verwiesen; jedoch Auflösung nach § 38 Abs. 1 KWG sowie §§ 3 f. VereinsG denkbar.[767]

Zuletzt tritt die Auflösung der KG gem. § 161 Abs. 2 HGB iVm § 131 Abs. 2 S. 1 315 Nr. 1 HGB mit Rechtskraft des Beschlusses ein, durch den gem. § 26 InsO die Eröffnung des Insolvenzverfahrens mangels Masse abgelehnt worden ist. Außerdem gilt dies dann, wenn die KG nach § 394 Abs. 4 FamFG wegen Vermögenslosigkeit gelöscht worden ist (vgl. § 161 Abs. 2 HGB iVm § 131 Abs. 2 S. 1 Nr. 2 HGB). Die Bestimmungen entsprechen weitgehend den für eine GmbH geltenden Auflösungsgründen in Abs. 1 Nr. 5 und 7. Allerdings unterscheidet sich dieser Auflösungsgrund von den vorgenannten für eine KG maßgeblichen Auflösungstatbeständen dadurch, dass es zur Auflösungsfolge nur dann kommt, wenn keine natürliche Person ein Vollhafter der KG ist.

Nicht die bloße Auflösung, sondern das sofortige liquidationslose Erlöschen wird dann 316 bewirkt, wenn sämtliche Gesellschaftsanteile der KG in einer Person zusammenfallen und damit das Gesellschaftsvermögen ipso iure dem letzten verbliebenen Gesellschafter zuwächst.[768] Diskutiert und in der Lit. bejaht wird in diesem Zusammenhang eine Ausnahme für den Fall, dass die Anteile lediglich formal und temporär in einer Person vereinigt sind (etwa bei Vorerbschaft oder Treuhandverhältnissen).[769] Eine Besonderheit gilt es bei der Einheits-GmbH & Co. KG zu berücksichtigen, bei welcher die KG zugleich alleinige Gesellschafterin der Komplementär-GmbH ist: Lässt man in diesem Fall den gleichzeitige Austritt aller Kommanditisten aus der KG zu, so entstünde eine Keinmann-GmbH (→ Rn. 206, → Rn. 296). Diese ist indes mit dem Austritt als aufgelöst anzusehen und lediglich die Rückgängigmachung des Austritts kann zu einer Fortsetzung der Komplementär-GmbH führen.[770]

b) Besonderheiten bei der Auflösung der Komplementär-GmbH. Die Komple- 317 mentär-GmbH hat während ihrer Tätigkeit als persönlich haftende Gesellschafterin der KG **wesentliche Einwirkungsmöglichkeiten** auf deren rechtliches Schicksal. Wird aber die

---

Trotz Unklarheit in der Formulierung von § 131 Abs. 3 Nr. 6 ist eine gesellschaftsvertragliche Grundlage für den Ausschließungsbeschluss erforderlich, vgl. etwa MüKoHGB/*Schmidt* HGB § 131 Rn. 88; EBJS/*Lorz* HGB § 131 Rn. 54.

766 Hierzu auch Scholz/*Scheller* Rn. 127.

767 Vgl. EBJS/*Lorz* HGB § 131 Rn. 28.

768 BGH Urt. v. 10.7.1975 – II ZR 154/72, NJW 1975, 1774 (1775); Urt. v. 19.2.1990 – II ZR 42/89, NJW-RR 1990, 798; Urt. v. 19.2.2002 – VI ZR 394/00, NJW 2002, 1430 (1431); BayObLG Beschl. v. 19.6.2001 – 3Z BR 48/01, NZG 2001, 889 ber. Übertragung aller Kommanditbeteiligungen auf die Komplementär-GmbH; aA *Bippus* AcP 195 (1995), 32.

769 Vgl. Scholz/*Scheller* Rn. 132; etwas anders EBJS/*Wertenbruch* HGB § 105 Rn. 33, der zumindest bei einer Testamentsvollstreckung das Vorhandensein zweier separater Gesellschaftsanteile nicht ausschließt.

770 Ähnlich Scholz/Scheller Rn. 132.

GmbH aufgelöst, so treffen § 161 Abs. 2 HGB iVm § 131 HGB keine Regelung darüber, ob dies auch automatisch zur Auflösung der KG führt. Lediglich in dem Fall, dass über das Vermögen der GmbH das Insolvenzverfahren nach Abs. 1 Nr. 4 eröffnet wird, sieht § 131 Abs. 3 Nr. 2 eine Rechtsfolge mit Wirkung auf die KG vor, allerdings nicht die Auflösung der KG, sondern nur das Ausscheiden der GmbH aus der KG. Stark umstritten – und wohl nicht völlig widerspruchsfrei lösbar – ist die Frage, ob nicht der Liquidationsbeginn bei der GmbH zu einem automatischen, gleichwohl nicht gesetzlich ausdrücklich geregelten Auflösungstatbestand bei der KG führt.

318   **aa) Keine allgemeine Auflösungsfolge bzgl. KG bei Auflösung der GmbH.** Die wohl bislang **hM** bestreitet, dass die Auflösung der GmbH automatisch zur Auflösung der KG führt.[771] Entwickelt wurde die Auffassung auf Basis des früheren § 131 Nr. 4 HGB aF, wonach der Tod eines Gesellschafters im Zweifel zur Auflösung der Gesellschaft führen sollte. Mit dem Tod sei allenfalls die Vollbeendigung der GmbH vergleichbar, nicht aber schon die bloße Auflösung der GmbH. Auch mit dem Handelsrechtsreformgesetz aus dem Jahr 1998, als dessen Folge der Tod eines (persönlich haftenden) Gesellschafters nicht mehr Auflösungs-, sondern nur noch Ausscheidensgrund sei, ändere an der bisherigen Auffassung nichts. Die aufgelöste GmbH sei nach wie vor existent und könne durch ihre Liquidatoren wirksam vertreten werden und somit ihre Verpflichtungen gegenüber Dritten, als auch gegenüber der KG, erfüllen. Gleichwohl könnten aber die Gesellschafter der KG der GmbH die **Komplementär-Stellung** gem. §§ 117, 127 HGB **entziehen** und sie wohl auch nach § 140 HGB durch **Klage ausschließen.** Zudem stützt sich die **hM** darauf, dass die Liquidation über das Vermögen der GmbH nicht eine aktiv werbende Tätigkeit der KG verhindere. Zuletzt wird – insbesondere aus rechtspraktischer Sicht – darauf hingewiesen, dass nach der **hM** die KG weiterhin von der GmbH, für diese handelnd die Liquidatoren, vertreten werden könne, während in einer aufgelösten KG ohne abweichende gesellschaftsvertragliche Grundlage alle Gesellschafter, mithin also auch die Kommanditisten, Liquidatoren wären (§ 161 Abs. 2 HGB, § 146 Abs. 1 S. 1 HGB).

319   Die Gegenauffassung bejaht als automatische Folge der Auflösung der GmbH die Auflösung der KG.[772] Die Auflösung der persönlich haftenden Gesellschafterin sei ein in § 131 HGB nicht enthaltener, weil vom HGB-Gesetzgeber nicht bedachter Auflösungstatbestand. Die GmbH könne bereits wegen der persönlichen Komplementär-Haftung nicht sinnvoll abgewickelt werden, wenn nicht auch die KG liquidiert werde. Ein Zuwarten bis zur Vollbeendigung der Komplementär-GmbH sei nicht angängig. Zudem könne der Liquidator einer Komplementär-GmbH zumindest nicht dauerhaft die Rolle des geschäftsführenden Gesellschafters in einer werbenden KG ausfüllen. Besonders augenfällig werde aber die Widersprüchlichkeit der **hM** bei folgender Betrachtung: die KG sei zwar nach der **hM** bei Eröffnung des Insolvenzverfahrens über das Vermögen der GmbH als Komplementärin aufgelöst (§ 131 Abs. 3 Nr. 2 HGB), nicht aber dann, wenn ein Insolvenzverfahren über das GmbH-Vermögen mangels Masse abgelehnt werde. Auch könnte nach der **hM** eine KG als werbende Gesellschaft fortbestehen, obwohl die Komplementär-GmbH schwere Satzungsmängel iSv Abs. 1 Nr. 6 iVm § 399 Abs. 4, 1 FamFG bzw. § 75 aufweist.

320   Der **hM** ist der Vorzug zu geben, obwohl die Ungleichbehandlung der Folgen einer GmbH-Auflösung nach Abs. 1 Nr. 4 im einen Fall und nach Abs. 1 Nr. 5 im anderen Fall in der Tat **nicht widerspruchsfrei** ist. Allerdings wird man dies als Folge der durch das Handelsrechtsreformgesetz des Jahres 1998 ausdrücklich eingefügten Ausscheidensfolge nach

---

[771] Vgl. etwa BGH Urt. v. 8.10.1979 – II ZR 257/78, NJW 1980, 233; Urt. v. 24.10.1985 – VII ZR 337/84, NJW 1986, 850; OLG Frankfurt Beschl. v. 15.7.1982 – 20 W 797/81, BB 1982, 1689; OLG Hamburg Urt. v. 13.3.1987 – 11 U 184/86, NJW 1987, 1896 (1897); Rowedder/Schmidt-Leithoff/*Gesell* Rn. 87; Baumbach/Hopt/*Roth* HGB § 131 Rn. 20; Gehrlein/Born/Simon/*Beckmann/Hofmann* Rn. 4; *Schlitt* NZG 1998, 580 (584) mwN; MHLS/*Nerlich* Rn. 376; nunmehr seit der 12. Aufl. 2018 wohl auch Scholz/*Scheller* Rn. 136.
[772] Scholz/*Schmidt/Bitter*, 11. Aufl. 2013, Rn. 115; *K. Schmidt* BB 1980, 1497; *Frey/v. Bredow* ZIP 1998, 1621 (1622); in der jüngeren Vergangenheit UHL/*Casper* Rn. 164; *Altmeppen* Rn. 123.

§ 131 Abs. 3 Nr. 2 HGB hinzunehmen haben. Im Übrigen hätte der Gesetzgeber eine derart grundsätzliche Frage – selbst wenn sie aufgrund entsprechender gesellschaftsvertraglicher Regelungen nur selten zur Entscheidung gelangen wird – spätestens im Zuge des HRefG des Jahres 1998 eindeutig regeln müssen, um zu der von der Gegenauffassung gewünschten Rechtsfolge der beiderseitigen Auflösung gelangen zu können. Der **hM** ist nicht zuletzt auch deshalb Folge zuzustimmen, da sie im Zusammenhang mit der Wahrnehmung der Aufgaben als Liquidator der KG durch die entsprechenden Organe der aufgelösten GmbH zu einer befriedigenderen und – anders als die Gegenauffassung, welche § 146 HGB insoweit einschränken will –[773] weniger widerspruchsbehafteten Lösung gelangt.

Da insgesamt die Frage der Wirkung einer Auflösung der GmbH auf die KG nicht **321** abschließend geklärt ist und unbestrittenermaßen gerade in Bezug auf die Vertretung der (nicht aufgelösten) KG durch den Liquidator der (aufgelösten) GmbH vor allem praktische Probleme entstehen können, sollte der **Gesellschaftsvertrag der KG** eine Regelung dahingehend enthalten, dass die KG mit Liquidationsbeginn im Hinblick auf die GmbH ebenfalls aufgelöst ist und die aufgelöste GmbH alleinige Liquidatorin ist.[774] Ebenso können der Gesellschaftsvertrag oder die Kommanditisten bei entsprechender Beschlussfassung eine Fortsetzung der KG unter Eintritt eines neuen persönlich haftenden Gesellschafters vorsehen.[775] Denkbar ist auch eine Fortsetzung der aufgelösten GmbH, soweit die allgemeinen und besonderen Fortsetzungsvoraussetzungen erfüllt werden.

bb) Auswirkungen der Auflösung der GmbH aufgrund Abs. 1 Nr. 4 auf die 322 KG. Wird bei der Komplementär-GmbH das Insolvenzverfahren eröffnet, so folgt daraus nach Abs. 1 Nr. 4 ihre unmittelbare Auflösung. Gleichzeitig tritt eine weitere Rechtsfolge ein: aufgrund § 131 Abs. 3 Nr. 2 HGB führt mangels abweichender gesellschaftsvertraglicher Regelung „die Eröffnung des Insolvenzverfahrens über das Vermögen des Gesellschafters" zu dessen Ausscheiden. Insoweit verliert die Komplementär-GmbH ipso iure und ohne weitere Handlungen der Kommanditisten ihre **Gesellschafterstellung in der KG.** Diese Rechtsfolge wird in Teilen der Lit. bestritten, soweit dort die Auffassung vertreten wird, die Auflösung der GmbH ziehe immer die Auflösung der KG nach sich; insoweit sei § 131 Abs. 2 HGB teleologisch zu reduzieren.[776] Ein **allgemeiner Grundsatz,** dass die Auflösung der GmbH auch zwingend zur Auflösung der KG führen muss, lässt sich aber insbesondere den gesetzlichen Regelungen nicht entnehmen. Daher bleibt es bei den gesetzlich angeordneten Rechtsfolgen und eine mögliche Ungleichbehandlung insbesondere der Folgerungen aus einer Auflösung wegen Eröffnung des Insolvenzverfahrens im Vergleich zur Auflösung wegen rechtskräftiger Ablehnung der Insolvenzverfahrenseröffnung ist hinzunehmen. Unbeschadet der Frage, ob jede Auflösung der GmbH auch die der KG nach sich zieht, führt aber jedenfalls das Ausscheiden der Komplementär-GmbH als einzig vertretungsberechtigtes Organ auf Ebene der KG zu deren Auflösung, da die KG nicht als werbende Gesellschaft ohne ihre Komplementär-GmbH als einzige zur Vertretung berechtigte persönlich haftende Gesellschafterin fortbestehen kann.[777] Sofern es sich um eine GmbH & Co. KG bestehend aus nur einer Komplementär-GmbH und einem Kommanditisten handelt, führt das Ausscheiden der GmbH zur liquidationslosen Vollbeendigung der KG unter Gesamtrechtsnachfolge des Kommanditisten.[778]

cc) Auswirkungen der Auflösung der GmbH aufgrund Abs. 1 Nr. 5 auf die 323 KG. Besondere Bedeutung hat die in der juristischen Lit. geführte Diskussion darüber, ob der Liquidationsbeginn bei der GmbH auch zur Auflösung der KG führt, im Zusammenhang mit der Auflösung der Komplementär-GmbH aufgrund Abs. 1 Nr. 5, dh bei einer rechtskräftig mangels Masse abgelehnten Insolvenzeröffnung. Obwohl in der Tat die Lösung,

---

[773] So aber Scholz/*Schmidt/Bitter,* 11. Aufl. 2013, Rn. 115a.
[774] Scholz/*Scheller* Rn. 136.
[775] *Altmeppen* Rn. 124.
[776] S. etwa UHL/*Casper* Rn. 167.
[777] Baumbach/Hopt/*Roth* HGB § 131 Rn. 18, 34 mwN.
[778] BGH Urt. v. 15.3.2004 – II ZR 247/01, NZG 2004, 611.

dass die Auflösung der GmbH hier anders als bei der Auflösung aufgrund Insolvenzeröffnung nach Abs. 1 Nr. 4 nicht automatisch die Auflösung der KG nach sich zieht (→ Rn. 318), zu einer Ungleichbehandlung führen mag, ist dies aufgrund der ausdrücklichen gesetzlichen Anordnung in § 131 Abs. 3 Nr. 2 HGB hinzunehmen. Die KG ist also nicht aufgelöst, nur weil bei der Komplementär-GmbH die Eröffnung des Insolvenzverfahrens mangels Masse abgelehnt worden ist.

324   **dd) Auswirkungen der Auflösung der GmbH aufgrund Abs. 1 Nr. 7 auf die KG.** Für den Fall, dass die GmbH etwa wegen Vermögenslosigkeit nach Abs. 1 Nr. 7 gelöscht wurde, dies jedoch bei der KG ausnahmsweise – aus welchen Gründen auch immer – unterblieben ist, kann mit der Löschung der GmbH keine Vollbeendigung, sondern allenfalls die Auflösung der GmbH bewirkt worden sein. In Bezug auf die GmbH ist eine Nachtragsliquidation (→ Rn. 299) einzuleiten, da die GmbH in ihrer Eigenschaft als Komplementärin der KG jedenfalls **erheblichen Abwicklungsbedarf** im Sinne des sog. erweiterten Doppeltatbestandes (→ Rn. 44) zu erfüllen hätte. Nur vorsorglich: anders als im Fall der Eröffnung des Insolvenzverfahrens über das Vermögen der GmbH scheidet diese nicht automatisch nach § 131 Abs. 2 S. 1 HGB als Gesellschafterin aus der KG aus, sodass ihre Aufgabe als Komplementärin in der Tat vorerst weiterbesteht. Der Liquidator der GmbH müsste das **Gesellschaftsverhältnis der KG** kündigen und ggf. Notmaßnahmen für die KG einleiten.[779] Kann die KG in diesem Fall keinen neuen persönlich haftenden Gesellschafter bestellen, so ist sie mit Wirksamwerden des Ausscheidens der GmbH aufgelöst.[780] Daher kommt es auf die in der Lit. geäußerte Auffassung nicht entscheidend an, die (berechtigte) Löschung der GmbH nach Abs. 1 Nr. 7 iVm § 394 FamFG führe zu deren Erlöschen und damit zum Wegfall des letzten Komplementärs, sodass in diesem Fall das Ausscheiden der GmbH aus der KG zumindest analog § 131 Abs. 3 Nr. 1 HGB (Stichwort: „Tod des Gesellschafters") oder aus der Verfehlung eines Strukturprinzips der GmbH & Co. KG bejaht werden müsse.[781]

325   **c) Gesellschaftsvertragliche Auflösungsgründe der KG.** Wie bei der GmbH, bleibt es auch den Gesellschaftern der KG unbenommen, zusätzlich **gesellschaftsvertragliche Auflösungsgründe** festzulegen.[782] Ebenso können Gründe für das automatische Ausscheiden der GmbH als persönlich haftende Gesellschafterin oder deren Ausschluss vereinbart werden (vgl. § 131 Abs. 3 Nr. 5 und 6 HGB). Die KG ist dann aufgelöst, wenn die GmbH als einzige Komplementärin ausgeschieden ist.[783]

326   **d) Keine Auflösungsgründe.** Der Formwechsel bei der KG führt nicht zu deren Auflösung (für die insoweit vergleichbaren Fälle bei der GmbH → Rn. 22). Gleiches gilt für den Tod eines Kommanditisten, vgl. § 177 HGB. Ebenso folgt die Auflösung der KG nicht schon aus dem **Ausscheiden eines Gesellschafters** gem. § 131 Abs. 3 HGB, dh im Fall seiner Kündigung (§ 131 Abs. 3 Nr. 2 HGB), seiner Insolvenz (§ 131 Abs. 3 Nr. 3 HGB) oder der Kündigung durch seine Privatgläubiger (§ 131 Abs. 3 Nr. 4 HGB). Nur dann, wenn von der vorstehenden Maßnahme eine GmbH als einzige Komplementärin der KG betroffen ist, folgt daraus ausnahmsweise die Auflösung der KG, weil diese nicht werbend tätig ohne eine persönlich haftende Gesellschafterin bestehen kann.[784]

327   **3. Simultanauflösung von GmbH und KG.** In der Lit. wird die Frage erörtert, ob aus **Einheitlichkeitsgesichtspunkten** die Vorschrift des § 131 Abs. 2 HGB analoge Anwendung auf die GmbH finden müsse, wenn die mit ihr verbundene KG aufgrund

[779] Ebenso Rowedder/Schmidt-Leithoff/*Gesell* Rn. 88.
[780] In anderem Zusammenhang ebenso UHL/*Casper* Rn. 159; aA offensichtlich Rowedder/Schmidt-Leithoff/*Gesell* Rn. 88, der im Zweifel vom Fortbestehen der bisherigen KG als oHG ausgeht.
[781] UHL/*Casper* Rn. 162; s. auch Scholz/*Scheller* Rn. 133 ff.
[782] S. etwa Scholz/*Scheller* Rn. 138.
[783] Vgl. Baumbach/Hopt/*Roth* HGB § 131 Rn. 18, 34 mwN.
[784] Scholz/*Scheller* Rn. 127; Baumbach/Hopt/*Roth* HGB § 131 Rn. 18, 34 mwN; wohl ebenso *Altmeppen* Rn. 121.

Vermögenslosigkeit nach § 131 Abs. 2 S. 1 Nr. 2 HGB iVm § 394 Abs. 4 FamFG gelöscht wird.[785] In diesem Zusammenhang wird darauf verwiesen, dass zwar § 131 Abs. 2 HGB eine gewisse **Koordinierung der Abwicklungsregime** beabsichtige, allerdings das weitere Schicksal der GmbH von entsprechenden Entscheidungen ihrer Gesellschafter abhänge und die GmbH im Falle eigener Vermögenslosigkeit unmittelbar nach Abs. 1 Nr. 7 iVm § 394 Abs. 1 FamFG gelöscht werden könne. Dies ist sicherlich im Ergebnis nicht unrichtig, berücksichtigt aber nicht ausreichend die Regelung in § 394 Abs. 4 S. 2 FamFG. Danach darf eine KG nur dann wegen Vermögenslosigkeit im Handelsregister gelöscht werden, wenn nach entsprechender Prüfung des Registergerichts davon auszugehen ist, dass die Vermögenslosigkeit auch bei sämtlichen persönlich haftenden Gesellschaftern, also insbesondere der Komplementär-GmbH, gegeben ist. In einem derartigen Fall wird jedoch – sofern nicht ausnahmsweise die Koordinierung der Löschungen auf Ebene des Registergerichts missglückt – ohnehin eine **Simultanlöschung der beiden Gesellschaften** stattfinden. Insoweit bedarf die Frage, ob der für Kommanditgesellschaften geltende Auflösungstatbestand auch entsprechende Anwendung für die Komplementär-GmbH finden kann, keiner weiteren Klärung. Die Auflösung nach § 394 Abs. 4 und Abs. 1 FamFG führt regelmäßig zum sofortigen liquidationslosen Erlöschen, sofern nicht noch Vermögen vorhanden ist oder anderweitiger nicht-vermögensbezogener Abwicklungsbedarf besteht (allgemein → Rn. 44).

Die Stimmen in der Lit., nach welchen die Auflösung der GmbH in jedem Fall auch **328** zur Auflösung der KG führt, sehen im Fall der Simultaninsolvenz von GmbH und KG das Bedürfnis nach einer **teleologischen Reduktion** von § 131 Abs. 3 S. 1 Nr. 2 HGB, da andernfalls die Auflösung der GmbH aufgrund Eröffnung des Insolvenzverfahrens (Abs. 1 Nr. 4) mit dem damit einhergehenden Ausscheiden der GmbH aus der KG zu einer zweifachen Auflösung und zum Fortfall der Geschäftsführung bei der KG führen würde.[786] Besondere Auswirkungen hätte dies im Fall der Simultaninsolvenz bei der Einpersonen-GmbH & Co. KG. In diesem Fall würde der Wegfall der Komplementärin zum liquidationslosen Erlöschen der KG führen. Folge wäre der – gerade nicht gewollte – Wegfall des Insolvenzverfahrens bei der insolventen KG. Unabhängig von dem Umstand, dass nach hiesiger Sichtweise die Auflösung der GmbH nicht zwingend zur Auflösung der KG führt (→ Rn. 318), bewirkt indes auch die durch die Simultaninsolvenz hervorgerufene Simultanauflösung nicht zwingend die **Handlungsunfähigkeit** der KG. Die Gesellschafter der KG müssen für eine Vertretung für die bisherige Komplementärin sorgen bzw. diese übernehmen. Konsequenterweise hat daher der BGH in einer jüngeren Entscheidung die teleologische Reduktion von § 131 Abs. 3 S. 1 Nr. 3 HGB im Fall der Simultaninsolvenz abgelehnt.[787] Für den speziellen Fall der Einpersonen-GmbH & Co. KG ist hat sich daher BGH in dieser Entscheidung nicht festgelegt. Allerdings ist nach hiesiger Auffassung auch in diesem Fall – im Einklang mit den allgemeinen Regelungen zur Vollbeendigung bei Wegfall der Komplementär-GmbH – die „Anwachsung" bei dem bisherigen Kommanditisten hinzunehmen, zumal anerkannt ist, dass dieser unter Rückgriff auf den Rechtsgedanken des § 27 HGB nur mit dem erworbenen KG-Vermögen für die Altschulden haften muss.[788]

4. Liquidation der KG. Für den Vollzug der Abwicklung der KG gelten die §§ 145 ff. **329** HGB, hinsichtlich der GmbH die §§ 66 ff. Trotz der formalen Trennung der beiden Abwicklungsverfahren besteht eine Verpflichtung der Liquidatoren der GmbH, eine **bestmögliche Koordinierung** der beiden Verfahren herbeizuführen. Dies gilt auch dann, wenn die GmbH aufgrund Anordnung des Gesellschaftsvertrags oder der Gesellschafterversammlung ausnahmsweise nicht Liquidatorin der KG sein sollte (vgl. § 146 Abs. 1 HGB).

---

[785] So ausdrücklich UHL/*Casper* Rn. 157.
[786] *K. Schmidt* GmbHR 2002, 1209 (1213 ff.); UHL/*Casper* Rn. 167.
[787] DGH Urt. v. 8.5.2014 – 1 ZR 217/12, NZG 2014, 897.
[788] Wohl hM, vgl. etwa BGH Urt. v. 10.12.1990 – II ZR 256/89, NJW 1991, 844 (846); MüKoHGB/ *Schmidt* HGB § 139 Rn. 66; aA Baumbach/Hopt/*Roth* HGB § 131 Rn. 35.

Zu Recht wird häufig darauf hingewiesen,[789] dass die GmbH nicht vor der KG vollbeendet werden sollte, da sie andernfalls deren Liquidation nicht abschließen könnte.

330   **5. Fortsetzung der KG.** Die Fortsetzung der KG kann – ebenso wie bei der GmbH (→ Rn. 241) – durch Beschlussfassung der Gesellschafter bestimmt werden. Es ist auch möglich, die GmbH und die KG in parallel ausgestalteten Schritten synchron fortzusetzen.

331   **a) Voraussetzungen.** Nach ganz **hM** hat zur Fortsetzung ein **Doppeltatbestand** einzutreten, nämlich Beseitigung des Auflösungsgrundes bzw. gesetzliche Gestattung der Fortsetzung sowie rechtswirksame Beschlüsse über die Fortsetzung.[790] Wie bei der GmbH ist indes davon auszugehen, dass eine aufgrund von Insolvenztatbeständen (vgl. § 131 Abs. 1 Nr. 3, Abs. 2 S. 1 Nr. 1 HGB) oder aufgrund Löschung wegen Vermögenslosigkeit (vgl. § 131 Abs. 2 S. 1 Nr. 2 HGB) aufgelöste KG nicht mehr fortgesetzt werden kann.[791] Darüber hinaus scheidet eine Fortsetzung aber auch dann aus, wenn das Insolvenzverfahren nach Eröffnung auf Antrag des Schuldners eingestellt oder nach der Bestätigung eines Insolvenzplans, der den Fortbestand der Gesellschaft vorsieht, aufgehoben wird.[792] Die entsprechende, bei Abs. 1 Nr. 4 ausdrücklich formulierte Öffnungsklausel wurde bei § 131 Abs. 2 S. 1 Nr. 1 HGB gerade nicht übernommen, obwohl diese Bestimmung erst mit dem HRefG vom 22.6.1998 (BGBl. 1998 I 1474) eingefügt wurde. Anders als bei der GmbH (→ Rn. 250) ist eine bestimmte Mindestkapitalausstattung der KG nicht erforderlich, insbesondere bedarf es nicht des Vorhandenseins des vollen Einlagekapitals, da dieses auch bei Neuerrichtung einer KG nicht Voraussetzung für deren Entstehen oder Eintragungsfähigkeit ist. Ausreichend, aber auch notwendig ist daher anders als bei der GmbH lediglich, dass die KG weder überschuldet noch zahlungsunfähig ist.[793]

332   **b) Beschlussfassung.** Abweichend zur Situation bei einer GmbH sieht das Recht der Kommanditgesellschaft nicht ausdrücklich vor, dass eine **qualifizierte Mehrheit** wie etwa von drei Vierteln zur wirksamen Beschlussfassung über die Fortsetzung der KG genügt. Daher bedarf es nach allgemeinen Grundsätzen gem. § 161 Abs. 2 HGB, § 119 Abs. 1 HGB im Zweifel einer Zustimmung sämtlicher Gesellschafter. Eine Ausnahme gilt dann, wenn der Gesellschaftsvertrag eine abweichende Mehrheit vorsieht,[794] wobei eine Formulierung, wonach Änderungen des Gesellschaftsvertrages durch eine bestimmte Mehrheit gefasst werden können, noch nicht als ausreichende Grundlage für einen dahingehenden Mehrheitsbeschluss zur Fortsetzung der KG angesehen werden kann.[795]

333   Für den Fall, dass die Auflösung der KG alleinige Folge der Auflösung der GmbH war und die Gesellschafter der GmbH deren Fortsetzung beschlossen haben, ist jeder Gesellschafter verpflichtet, seine Zustimmung auch zur Fortsetzung der KG zu erteilen.[796] Andernfalls handelt er **treuwidrig** und kann auf Erteilung der Zustimmung verklagt werden.[797]

§ 61 Auflösung durch Urteil

(1) Die Gesellschaft kann durch gerichtliches Urteil aufgelöst werden, wenn die Erreichung des Gesellschaftszweckes unmöglich wird, oder wenn andere, in den Verhältnissen der Gesellschaft liegende, wichtige Gründe für die Auflösung vorhanden sind.

---

[789] So etwa MHLS/*Nerlich* Rn. 382; UHL/*Casper* Rn. 168.
[790] Statt vieler vgl. MHLS/*Nerlich* Rn. 383.
[791] Ebenso ausdrücklich zumindest für den Fall der Löschung wegen Vermögenslosigkeit Scholz/*Scheller* Rn. 139.
[792] Offenbar aA Scholz/*Scheller* Rn. 139.
[793] IErg auch Scholz/*Scheller* Rn. 140.
[794] S. etwa MHLS/*Nerlich* Rn. 383; UHL/*Casper* Rn. 169; Scholz/*Scheller* Rn. 141.
[795] BGH Urt. v. 12.11.1952 – II ZR 260/51, NJW 1953, 102.
[796] *K. Schmidt* GmbHR 1980, 263; Scholz/*Schmidt/Bitter*, 11. Aufl. 2013, Rn. 120; MHLS/*Nerlich* Rn. 383; UHL/*Casper* Rn. 169.
[797] UHL/*Casper* Rn. 169; MHLS/*Nerlich* Rn. 384; allg. zur Klage bei Treuwidrigkeit MüKoBGB/*Schäfer* BGB § 705 Rn. 231 ff.

(2) ¹Die Auflösungsklage ist gegen die Gesellschaft zu richten. ²Sie kann nur von Gesellschaftern erhoben werden, deren Geschäftsanteile zusammen mindestens dem zehnten Teil des Stammkapitals entsprechen.

(3) Für die Klage ist das Landgericht ausschließlich zuständig, in dessen Bezirk die Gesellschaft ihren Sitz hat.

Schrifttum: *Balz,* Bestandsschutz der Gesellschaft mit beschränkter Haftung, JZ 1983, 241; *Becker,* Typologie und Probleme der Handelsrechtlichen Gestaltungsklagen unter besonderer Berücksichtigung der GmbH-rechtlichen Auflösungsklage (§ 61 GmbHG), ZZP 97 (1984), 314; *Geißler,* Die Reichweite der GmbH-Auflösungsklage bei der Bewältigung fundamentaler Gesellschafterzerwürfnisse, GmbHR 2012, 1049; *U. Haas,* Beruhen Schiedsabreden in Gesellschaftsverträgen nicht auf Vereinbarungen i.S. des § 1066 ZPO oder vielleicht doch?, SchiedsVZ 2007, 1; *Happ-Pfeifer,* Der Streitwert gesellschaftsrechtlicher Klagen und Gerichtsverfahren, ZGR 1991, 103; *Häsemeyer,* Drittinteressen im Zivilprozeß, ZZP 101 (1988), 385; *Hofmann,* Zur Auflösung einer GmbH, GmbHR 1975, 217; *A. Hueck,* Die Bedeutung der Zwangsamortisation von Geschäftsanteilen für die Sicherung einer Finanzierungs-GmbH, DB 1957, 37; *Joost,* Die Parteirolle der personalistischen GmbH und ihrer Gesellschafter bei gesellschaftsinternen Klagen, ZGR 1984, 77; *Kajetan Schuhknecht/Werther/Irmler.* Wirksamkeit einer Satzungsbestimmung zur zwangsweisen Einziehung von Geschäftsanteilen bei Erhebung einer Auflösungsklage, GWR 2015, 489; *Konow,* Die gerichtliche Auflösung einer GmbH, GmbHR 1973, 217; *Kornmeier,* Schiedsgerichtsvereinbarung im der GmbH-Satzung, DB 1980, 194; *Kühn,* Der Minderheitenschutz in der GmbH, GmbHR 1965, 132; *Loritz,* Probleme der Rechtskraft von Schiedssprüchen im deutschen Zivilprozeßrecht, ZZP 105 (1991), 1; *Matrotzke,* Urteilswirkungen gegen Dritte und rechtliches Gehör, ZZP 100 (1987), 164; *K. Müller,* Die Sicherungsübereignung von GmbH-Anteilen, 1969; *Sachs,* Das Entgelt bei der Anteilseinziehung wegen Pfändung, GmbHR 1976, 60; *K. Schmidt,* Schiedsfähigkeit von GmbH-Beschlüssen, ZGR 1988, 523; *P. Scholz,* Die Fortsetzung der Liquidations-GmbH, GmbHR 1982, 228; *Teichmann,* Der Nießbrauch an Gesellschaftsanteilen – gesellschaftsrechtlicher Teil –, ZGR 1972, 1; *Volhard,* Kann die GmbH-Satzung die Einziehung des Geschäftsanteils eines Auflösungsklägers vorsehen?, GmbHR 1995, 617; *Vollmer,* Die Wirkungen rechtskräftiger Schiedssprüche bei gesellschaftsrechtlichen Gestaltungsklagen, BB 1984, 1774; *Walter,* Die Vollstreckbarerklärung als Voraussetzung bestimmter Wirkungen des Schiedsspruchs, FS Schwab, 1990, 540; *Wieser,* Die Vollstreckbarkeit im weiteren Sinn, ZZP 102 (1989), 261.

Übersicht

I. Normzweck – Anwendungsbereich

1   **1. Zweck der Vorschrift. a) Allgemeines.** § 61 soll nach dem Willen des Gesetzgebers einen Ausgleich dafür darstellen, dass einem Gesellschafter ansonsten weder eine gesetzliche Auflösungsmöglichkeit noch ein gesetzliches Austrittsrecht aus wichtigem Grund zustehen, soweit er nicht allein oder mit anderen Gesellschaftern zusammen 75 % der Stimmen gem. § 60 Abs. 1 Nr. 2 erreicht. Auch sieht die Satzung häufig für die Gesellschafter kein Austritts- oder Kündigungsrecht vor und knüpft die nach dem Gesetz ansonsten freie Übertragbarkeit von Gesellschaftsbeteiligungen häufig an besondere Erfordernisse (Vinkulierung).[1] § 61 gehört damit zu den gesetzlichen Minderheitsrechten des GmbHG (§§ 50, 60, 66).[2] Im Gegensatz zu Individualrechten, die jedem einzelnen Gesellschafter schon kraft seiner Mitgliedschaft zustehen, setzt § 61 aber voraus, dass ein Gesellschafter allein oder mehrere Gesellschafter zusammen mindestens 10 % des Stammkapitals erreichen. Dadurch wird zugleich in Kauf genommen, dass ein oder mehrere Gesellschafter, die nicht über das nötige Stammkapital verfügen, in der Gesellschaft „gefangen" sind. Der Wortlaut der Vorschrift gibt damit einer erhöhten Rechtssicherheit den Vorzug zu Lasten eines schwächeren Individualschutzes des einzelnen Gesellschafters. Als Ausgleich gewährt die Rechtsprechung heute jedoch einem Gesellschafter auch ohne entsprechende Satzungsklausel ein Austrittsrecht aus wichtigem Grund, das im Regelfall sogar vorrangig zum Klagerecht aus § 61 geltend zu machen ist (→ Rn. 14). Die praktische Bedeutung des § 61 ist deshalb und aufgrund des allgemein anzuwendenden Grundsatzes der Subsidiarität (→ Rn. 9 ff.) sehr gering.[3]

2   **b) Verhältnis zu § 60.** Während § 60 Abs. 1 Nr. 2 einer qualifizierten Mehrheit der Gesellschafter das Recht verleiht, die Gesellschaft durch Beschluss und ohne das Erfordernis eines besonderen Grundes aufzulösen, gibt § 60 Abs. 1 Nr. 3 Alt. 1 iVm § 61 einer Minderheit der Gesellschafter mit mindestens 10 % des Stammkapitals die Möglichkeit, die gerichtliche Auflösung der Gesellschaft aus wichtigem Grund zu erreichen. § 61 regelt dabei die besonderen formellen und materiellen Voraussetzungen des in § 60 Abs. 1 Nr. 3 Alt. 1 normierten Auflösungsgrundes der Auflösung durch gerichtliches Urteil. Materiell wird dabei das Vorliegen eines in den Verhältnissen der Gesellschaft liegenden, wichtigen Grundes verlangt. Formell wird die Auflösung durch Gestaltungsklage geltend gemacht.

3   **c) Verhältnis zu anderen Vorschriften.** § 61 ähnelt dem § 133 HGB, der die Auflösungsklage bei Personenhandelsgesellschaften regelt. Hier zeigt sich eine Parallele zum Recht der Personenhandelsgesellschaften, gleichzeitig jedoch auch ein Gegensatz zum Recht der Aktiengesellschaft, das keine vergleichbare Klagebefugnis kennt.[4] Vielmehr soll § 61 gerade einen Ausgleich für die gegenüber der Aktie erschwerte Veräußerlichkeit von Geschäftsan-

---

[1]   MHLS/*Nerlich* Rn. 3; Rowedder/Schmidt-Leithoff/*Gesell* Rn. 1.
[2]   Scholz/*Scheller* Rn. 1.
[3]   Scholz/*Scheller* Rn. 1, 27; einschr. *Geißler* GmbHR 2012, 1049 (1054), der in ausf. Betrachtung die Fallgruppen herausarbeitet, in denen der Auflösungsklage nach wie vor Bedeutung zukommen soll.
[4]   Lutter/Hommelhoff/*Kleindiek* Rn. 1.

teilen darstellen.[5] Anders als bei § 133 HGB (zur Auflösung der GmbH & Co. KG → Rn. 66 ff.) ist eine auf § 61 gestützte Klage aber nicht gegen die widersprechenden Mitgesellschafter, sondern nach Abs. 2 S. 1 gegen die Gesellschaft selbst zu richten. Entsprechend stellt § 61 für das Vorliegen eines wichtigen Grundes darauf ab, dass der zur Unzumutbarkeit der Fortsetzung der Gesellschaft führende wichtige Grund in den Verhältnissen der Gesellschaft begründet ist, während § 133 HGB weiter gefasst ist und auch das Vorliegen eines wichtigen Grundes in der Person eines anderen Gesellschafters erfasst.

2. Unabdingbarkeit. a) Allgemeines. Das in § 61 geregelte Recht zur Auflösung 4 der Gesellschaft durch Klage ist als Minderheitsrecht unentziehbar und zwingend. Durch Satzung kann die Auflösungsklage zwar erleichtert oder erweitert, jedoch nicht eingeschränkt, erschwert oder vollständig ausgeschlossen werden.[6] Dies sind die entscheidenden Kriterien für die Prüfung der Zulässigkeit einer Abweichung vom Auflösungsrecht eines oder mehrerer Gesellschafter nach § 61. Darüber hinausgehende, abschließende Grundsätze lassen sich nicht aufstellen. Vielmehr muss jeweils der Einzelfall geprüft werden.

b) Zulässige Erleichterungen oder Erweiterungen. Zulässig ist es, das Auflösungs- 5 recht einer geringeren Minderheit zuzugestehen, deren Anteil am Stammkapital unter 10 % liegt. Ebenso ist es zulässig jedem einzelnen Gesellschafter unabhängig von der Höhe seiner Beteiligung am Stammkapital das Klagerecht einzuräumen.[7] Auch können allgemein die Anforderungen an das Vorliegen eines wichtigen Grundes herabgesetzt werden oder spezielle zusätzliche Auflösungsgründe aufgenommen werden, die unterhalb der Schwelle des wichtigen Grundes liegen.[8] Auch kann in formeller Hinsicht anstelle des Klagerechts einem oder mehreren Gesellschaftern ein Auflösungs- oder Kündigungsrecht gegeben werden.[9] Bei Einräumung eines solchen Rechts sind dann jedoch im Falle einer Ausübung die gesellschaftsrechtlichen Treuepflichten zu beachten. Die Möglichkeit, im Gesellschaftsvertrag ein Schiedsgericht auch für die Auflösungsklage vorzusehen, stellt als Alternative zur Klage vor dem ordentlichen Gericht keine Abweichungen von Abs. 3 in Form einer unzulässigen Erschwerung dar (zur Schiedsgerichtsbarkeit im Rahmen der Auflösungsklage → Rn. 54 ff.).[10] Erleichterungen oder Erweiterungen des Rechts auf Erhebung der Auflösungsklage werden in der Praxis jedoch dem Interesse der übrigen Gesellschafter am Fortbestand der Gesellschaft in den meisten Fällen nicht gerecht. In die Satzung aufzunehmende Kündigungs- oder Austrittsrechte für den einzelnen Gesellschafter können hier eine sinnvolle Alternative sein. Deren Ausübung kann auch auf den Fall des Vorliegens eines wichtigen Grundes beschränkt sein. Als „milderes Mittel" tritt die Auflösungsklage nach dem Subsidiaritätsprinzip (zum Subsidiaritätsprinzip → Rn. 9 ff.) in ihrem Anwendungsbereich häufig hinter diese Gestaltungsrechte zurück. Da in diesen Fällen eine gerichtliche Prüfung dann jedoch nicht per se erfolgt, bringen diese Regelungen immer das Risiko der Rechtsunsicherheit im Zusammenhang mit der Frage des Vorliegens des wichtigen Grundes mit sich, wenn deren Ausübung hieran gebunden ist.

c) Unzulässige Einschränkungen oder Erschwerungen. aa) Keine Erhöhung 6 der Grenze oder Ausschluss wichtiger Gründe. Unzulässig wäre es, den erforderlichen Anteil eines oder mehrerer Gesellschafter am Stammkapital über die 10%-Grenze hinaus zu erhöhen.[11] Unzulässig wäre auch eine Satzungsregelung, wonach bestimmte Gründe als

---

5 OLG München Beschl. v. 1.7.2010 – 31 Wx 102/10, MittBayNot 2010, 409; Noack/Servatius/Haas/ *Haas* Rn. 1; aA UHL/*Casper* Rn. 1 mit der Begründung, dass es sich bei der Vinkulierung von Geschäftsanteilen um einen Ausnahmefall handele. Dies ist rechtssystematisch richtig, jedoch dürfte in der Praxis die Zahl der GmbH-Satzungen, die von § 15 Abs. 5 Gebrauch machen, außerhalb der Mustergründungen nach § 2 Abs. 1a bei weitem überwiegen.
6 *Krafka* RegisterR-HdB Rn. 1120; *Passarge* in Passarge/Torwegge GmbH-Liquidation Rn. 74, 75.
7 MHLS/*Nerlich* Rn. 6; Rowedder/Schmidt-Leithoff/*Gesell* Rn. 4.
8 MHLS/*Nerlich* Rn. 6; Rowedder/Schmidt-Leithoff/*Gesell* Rn. 4.
9 Scholz/*Scheller* Rn. 36.
10 Rowedder/Schmidt-Leithoff/*Gesell* Rn. 4.
11 MHLS/*Nerlich* Rn. 4, 5.

wichtige Gründe ausgeschlossen sein sollen, die tatsächlich wichtiger Grund sind.[12] Eine solche Klausel kann jedoch insoweit beachtlich sein, als sie vom Gericht bei der Frage der Ermittlung des wichtigen Grundes zur Auslegung des Gesellschaftsverhältnisses herangezogen und frei gewürdigt wird.[13]

7   **bb) Unzulässigkeit von Fortsetzungsklauseln.** Nach hM[14] sind auch Satzungsbestimmungen unwirksam, die den anderen Gesellschaftern nach erfolgreicher Auflösungsklage die Fortsetzung der Gesellschaft ohne Zustimmung des klagenden Gesellschafters erlauben (→ Rn. 64). Eine Gegenstimme[15] differenziert danach, ob die Klausel die Fortsetzung mit dem Kläger vorsieht oder ohne ihn. Werde die Gesellschaft ohne ihn fortgesetzt und werde er angemessen abgefunden, sei die Klausel grundsätzlich zulässig. Nur wenn die Abfindung der Höhe nach hinter dem bei Abwicklung der Gesellschaft auf den Kläger entfallenden voraussichtlichen Liquidationswert bleibe oder unter Berücksichtigung der §§ 30, 31 das Lösungsrecht des Gesellschafters erschwert sei, sei die Klausel unzulässig. Dem kann nicht gefolgt werden. Das Gesetz ordnet als Rechtsfolge zwingend die Auflösung an. Nur soweit man aus einer solchen Fortsetzungsklausel im Einzelfall oder nach allgemeinen Grundsätzen ein Austrittsrecht des klagenden Gesellschafters ableiten kann und ihm dessen Ausübung im Einzelfall auch zumutbar ist, wird man ihn hierauf verweisen können. Das ist dann jedoch keine Frage der Wirksamkeit der Fortsetzungsklausel sondern der Subsidiarität der Auflösungsklage (→ Rn. 9 ff.). Einer Fortsetzungsklausel bedarf es dann überhaupt nicht.

8   **cc) Unzulässigkeit von Einziehungs- oder Zwangsabtretungsklauseln.** Nach hM sind außerdem Satzungsbestimmungen unwirksam, die für den Fall der Aufhebungsklage die Einziehung oder Zwangsabtretung des klagenden Gesellschafters nach § 34 vorsehen.[16] Dem ist zuzustimmen. Dennoch werden solche Bestimmungen in der Praxis immer noch und trotz vereinzelter Eintragungsablehnungen durch Registergerichte[17] häufig verwendet, um den Fortbestand der Gesellschaft für die verbleibenden Gesellschafter zu sichern.[18] Eine Ansicht[19] macht die Zulässigkeit der Einziehungs- oder Zwangsabtretungsklausel davon abhängig, ob die Satzung die Möglichkeit eines Ausschlusses des Gesellschafters oder seines Austritts oder seiner Kündigung vorsieht. Ist das nicht der Fall, verstoße die Einziehungs- oder Zwangsabtretungsklausel gegen § 61. Sehe die Klausel dagegen die Einziehung oder Abtretung nur bei einer ohne wichtigen Grund erhobenen Auflösungsklage vor oder sei zwar ein wichtiger Grund gegeben, die Auflösungsklage aber gegenüber

---

[12]   Rowedder/Schmidt-Leithoff/*Gesell* Rn. 4.
[13]   MHLS/*Nerlich* Rn. 4, 5; Noack/Servatius/Haas/*Haas* Rn. 3.
[14]   BayObLG Beschl. v. 25.7.1978 – BReg. 1 Z 69/78, DB 1978, 2164 (2165) = DNotZ 1979, 49 (50 f.); MHLS/*Nerlich* Rn. 4, 5; Rowedder/Schmidt-Leithoff/*Gesell* Rn. 4; *Krafka* RegisterR-HdB Rn. 1120; Bartl/Bartl/Beine/Koch/Schlarb/Schmidt/*Koch* Rn. 2.
[15]   Hachenburg/*Ulmer* Rn. 54; UHL/*Casper* Rn. 55, jeweils mwN.
[16]   OLG München Beschl. v. 1.7.2010 – 31 Wx 102/10, MittBayNot 2010 409 (410); Noack/Servatius/Haas/*Haas* Rn. 3; MHLS/*Nerlich* Rn. 9; Rowedder/Schmidt-Leithoff/*Gesell* Rn. 4; Bartl/Bartl/Beine/Koch/Schlarb/Schmidt/*Koch* Rn. 2; *Krafka* RegisterR-HdB Rn. 1120, der darauf verweist, dass solche Klauseln bei der Ersteintragung der Gesellschaft gem. § 9c Abs. 2 nicht beanstandet werden können, bei späterer Einfügung oder Neufassung der Satzung jedoch durchaus; aA A. *Hueck* DB 1957, 37 (38 f.), der die Zulässigkeit einer Einziehung von der Höhe des Abfindungsentgeltes abhängig macht; so iE auch *Sachs* GmbHR 1976, 60 (61), der die Einziehung für den Fall der Erhebung der Auflösungsklage ohne weitere Begründung für allgemein zulässig hält. *Kajetan Schuhknecht/Werther/Irmler* GWR 2015, 489 (492 f.) beurteilen Klauseln generell als wirksam, gehen jedoch davon aus, dass die Berufung auf die Satzungsbestimmung im Einzelfall treupflichtwidrig sein kann.
[17]   Vgl. dazu den Fall des LG Dresden Beschl. v. 20.12.1993 – 45 T 82/93, GmbHR 1994, 555; OLG München Beschl. v. 1.7.2010 – 31 Wx 102/10, MittBayNot 2010, 409 (410) stellt hierzu jedoch klar, dass die Unwirksamkeit einer solchen Klausel kein Eintragungshindernis im Rahmen der Gründung einer GmbH darstellt.
[18]   So *Volhard* GmbHR 1995, 617 (618). Zu den möglichen Konsequenzen s. auch MHLS/*Nerlich* Rn. 7 mwN.
[19]   *Volhard* GmbHR 1995, 617 (621); diff. wie zur Fortsetzungsklausel Hachenburg/*Ulmer* Rn. 54 aE; Gehrlein/Born/Simon/*Beckmann/Hofmann* Rn. 7; jetzt wohl auch UHL/*Casper* Rn. 55 aE.

deren Kündigung oder dem Austritt des klagenden Gesellschafters subsidiär, so sei die Klausel wirksam, weil sie nur die bestehende Rechtslage bestätige. Auch hier ist jedoch zumindest von einer mittelbaren Beeinträchtigung des klagenden Gesellschafters auszugehen, zumal durch den Grundsatz der Subsidiarität der Auflösungsklage, der letztlich an den Grundsatz der Zumutbarkeit anknüpft (→ Rn. 17 ff.), dem Fortbestandsinteresse der verbleibenden Gesellschafter ausreichend Rechnung getragen wird.[20] Ob ein wichtiger Grund vorliegt, wird im Regelfall zudem schwierig zu prüfen und streitig sein und ist deshalb durch das Gericht zu klären.[21] Unzulässig ist auch eine Klausel, die eine Einziehung quasi als Sanktion für eine erfolglos erhobene Auflösungsklage ermöglichen will. Ihr abschreckender Charakter würde aufgrund der schwerwiegenden Folgen zu einer faktischen Einschränkung des gesetzlich unentziehbaren Minderheitenrechtes führen. Die Erhebung einer Auflösungsklage per se stellt bei vergleichender Betrachtung auch kein Fehlverhalten des Gesellschafters dar, das eine Einziehung aufgrund allgemeiner Einziehungsklauseln aus wichtigem Grund oder wegen Pflichtverletzung rechtfertigen würde.[22]

3. Subsidiarität. a) Allgemeines. aa) Einschränkende Auslegung – ultima ratio. 9
Eine erfolgreiche, auf § 61 gestützte Klage führt zur Auflösung der Gesellschaft. Aufgrund der einschneidenden Rechtsfolgen, die dieses Klagerecht für alle Gesellschafter hat, ist die Ausübung dieses Minderheitenrechts an den Grundsatz der Subsidiarität (Prinzip des mildesten Mittels) gebunden. Bereits aus der gesellschaftsrechtlichen Treuepflicht, die auch zwischen den Gesellschaftern einer GmbH besteht, folgt, dass im Rahmen der Prüfung des Vorliegens eines wichtigen Grundes nach § 61 stets die schutzwürdigen Interessen der übrigen Gesellschafter mit zu berücksichtigen sind.[23] Die Auflösung der GmbH nach § 61 ist das äußerste Mittel (ultima ratio) der Minderheit und kann dieser nur dann zugestanden werden, wenn kein milderes aber ebenso effektives Mittel zur Beseitigung der Störungen innerhalb der Gesellschaft zur Verfügung steht (allgM).[24] Die die Auflösungsklage einschränkenden Vorschriften des § 212 GmbHG-RegE 1971/73 sind zwar nicht Gesetz geworden, dennoch sollte § 61 einschränkend ausgelegt werden. Der Subsidiaritätsgrundsatz ist dabei jedoch **keine besondere Prozessvoraussetzung** im Rahmen der Zulässigkeit der Klage, sondern bildet einen besonderen **Wertungsgesichtspunkt** im Rahmen der Feststellung des wichtigen Grundes (→ Rn. 22). Die Darlegungs- und Beweislast dafür, dass das Auflösungsverlangen treuwidrig ist, da dem Auflösungskläger zumutbare und weniger einschneidende Maßnahmen zur Verfügung stehen, trägt der Gegner der Auflösungsklage, also die Gesellschaft.[25] Eine Anwendung von § 61 scheidet insbesondere dann aus, wenn die Gesellschaft aus anderweitigem Grund aufgelöst wird.[26]

bb) Unzumutbarkeit. Nur wenn gerade das **Weiterbestehen der Gesellschaft** für 10
die klagenden Gesellschafter **unzumutbar** ist, wird man davon ausgehen können, dass deren Auflösungsinteresse das Interesse der übrigen Gesellschafter am Fortbestand der Gesellschaft überwiegt. Dieses zentrale Wertungskriterium der Subsidiarität muss deshalb bei der Feststel-

---

20 Noack/Servatius/Haas/*Haas* Rn. 3; ausf. Scholz/*Scheller* Rn. 5.
21 MHLS/*Nerlich* Rn. 9; vgl. schon *van Venrooy* GmbHR 1992, 141 (146) zu den praktischen Beweisschwierigkeiten einer Auflösungsklage am Beispiel eines enttäuschten Finanzanlegers.
22 So zutr. Scholz/*Scheller* Rn. 6.
23 OLG Naumburg Urt. v. 20.4.2012 – 10 U 24/10.Hs, BeckRS 2012, 21440; Urt. v. 5.4.2012 – 2 U 106/11, BeckRS 2012, 10193; Noack/Servatius/Haas/*Haas* Rn. 11.
24 RG Urt. v. 27.6.1940 – II 31/39, RGZ 164, 257 (264); BGH Urt. v. 1.4.1953 – II ZR 235/52, BGHZ 9, 157 (158); Urt. v. 17.2.1955 – IIZR 316/53, BGHZ 16, 317 (322) = NJW 1955, 667; Urt. v. 23.2.1981 – II ZR 229/79, BGHZ 80, 346 (348) = NJW 1981, 2302 (2303) mAnm *Balz* JZ 1983, 241; OLG Naumburg Urt. v. 20.4.2012 – 10 U 24/10.Hs, BeckRS 2012, 21440; MHLS/*Nerlich* Rn. 10; Scholz/*Scheller* Rn. 7; Rowedder/Schmidt-Leithoff/*Gesell* Rn. 2 f.; Noack/Servatius/Haas/*Haas* Rn. 5; *Passarge* in Passarge/Torwegge GmbH-Liquidation Rn. 75; krit. *van Venrooy* GmbHR 1992, 141 (143).
25 OLG Naumburg v. 20.4.2012 – 10 U 24/10, BeckRS 2012, 21440.
26 OLG Naumburg Urt. v. 20.4.2012 – 10 U 24/10.Hs, BeckRS 2012, 21440; Noack/Servatius/Haas/*Haas* Rn. 5.

lung des wichtigen Grundes für die Auflösungsklage stets beachtet werden.[27] Ausgehend von jedem Einzelfall wird man deshalb zu prüfen haben, **was** konkret den klagenden Gesellschaftern unzumutbar ist und wie diesen auf andere Weise als durch Auflösung der Gesellschaft ebenso wirksam abgeholfen werden kann.[28] Für die Praxis ergibt sich folgende Prüfungsreihenfolge:

11   **b) Vorrang der Satzungsanpassung.** Ist für die klagenden Gesellschafter lediglich die **unveränderte Fortsetzung** des Gesellschaftsverhältnisses **unzumutbar** geworden und besteht hierin für diese gerade der wichtige Grund, so ist stets vorrangig zu prüfen, ob nicht bereits eine Verpflichtung der übrigen Gesellschafter zur Mitwirkung bei einer abhelfenden Änderung des Gesellschaftsvertrages besteht.[29] Kann den Interessen der klagenden Gesellschafter bereits hierdurch Rechnung getragen werden, so bleibt für eine Anwendung des § 61 kein Raum. Ist ausnahmsweise bereits der Anwendungsbereich der Nichtigkeitsklage nach § 75 eröffnet, so ist auch diese vorrangig vor § 61 zu erheben.[30]

12   **c) Vorrang von Veräußerung, Austritt, Kündigung oder Ausschließung. aa) Grundsatz.** Ist für die klagenden Gesellschafter nicht das Weiterbestehen der Gesellschaft selbst, sondern nur die **Mitgliedschaft** an ihr **unzumutbar** geworden, so sind diese auf vorrangig bestehende Möglichkeiten, diese zu beenden, zu verweisen.

13   **bb) Veräußerung der Beteiligung.** Kann ein klagender Gesellschafter seine Gesellschaftsbeteiligung leicht zu vollem, nicht hinter dem voraussichtlichen Liquidationserlös zurückbleibenden Gegenwert veräußern, so hat er zunächst diese Möglichkeit in Betracht zu ziehen.[31] Das gilt insbesondere dann, wenn die übrigen Mitgesellschafter oder Dritte entsprechende Kaufangebote machen und die Erfüllung des Kaufpreisanspruches gesichert ist.[32] Dabei sind entsprechende Vertragsverhandlungen vom klagenden Gesellschafter ernsthaft und nachvollziehbar zu führen. So können insbesondere rein taktische Verkaufsangebote ohne die wesentlichen Vertragskonditionen keine Ausnahme Subsidiarität der Auflösungsklage begründen.[33]

14   **cc) Kündigung und Austrittsrecht.** Kann der Gesellschafter satzungsgemäß durch Kündigung seine Mitgliedschaft in der Gesellschaft beenden, so ist vorrangig hiervon Gebrauch zu machen. Hilft die Satzung in diesen Fällen nicht weiter, so ist zu prüfen, ob dem Gesellschafter nicht das gewohnheitsrechtlich anerkannte, außerordentliche Austrittsrecht[34] zur Seite steht. Kündigung bzw. Austritt müssen dem Gesellschafter jedoch zumutbar sein.[35] Deshalb ist in all diesen Fällen wiederum abzuwägen, ob nicht ausnahmsweise ideelle Bindungen an die Gesellschaft oder die Höhe der Abfindung[36] zu einer Unzumutbarkeit

---

[27] MHLS/*Nerlich* Rn. 10; UHL/*Casper* Rn. 4.
[28] Eingehend hierzu Scholz/*Scheller* Rn. 7; MHLS/*Nerlich* Rn. 11; Rowedder/Schmidt-Leithoff/*Gesell* Rn. 2 f.; für einen kurzen Überblick mit Beispielen vgl. *Hofmann* GmbHR 1975, 217 (220 f.).
[29] Vgl. dazu Rowedder/Schmidt-Leithoff/*Schnorbus* § 53 Rn. 82, 83.
[30] Rowedder/Schmidt-Leithoff/*Gesell* Rn. 3.
[31] BGH Urt. v. 15.4.1958 – II ZR 274/83, NJW 1985, 1901; OLG Naumburg Urt. v. 20.4.2012 – 10 U 24/10.Hs, BeckRS 2012, 21440; OLG München Urt. v. 2.3.2005 – 7 U 4759/04, BB 2005, 685; so iErg auch Scholz/*Scheller* Rn. 9; Lutter/Hommelhoff/*Kleindiek* Rn. 1; *Passarge* in Passarge/Torwegge GmbH-Liquidation Rn. 75.
[32] Noack/Servatius/Haas/*Haas* Rn. 5; MHLS/*Nerlich* Rn. 11; Rowedder/Schmidt-Leithoff/*Gesell* Rn. 3; Lutter/Hommelhoff/*Kleindiek* Rn. 1.
[33] OLG Brandenburg Urt. v. 30.4.2008 – 7 U 194/07, BeckRS 2008, 11017.
[34] Vgl. dazu BGH Urt. v. 1.4.1953 – II ZR 235/52, BGHZ 9, 157 – danach entsprechen sich das Recht des Gesellschafters zum Austritt aus wichtigem Grund und das Recht zur Ausschließung durch die übrigen Gesellschafter; Urt. v. 16.12.1991 – II ZR 58/91, BGHZ 116, 359; aA noch RG Urt. v. 7.2.1930 – II 247/29, RGZ 128, 1 (15); vgl. dazu Rowedder/Schmidt-Leithoff/*Görner* § 34 Rn. 101 ff.
[35] So zur Kündigung OLG Naumburg Urt. v. 20.4.2012 – 10 U 24/10.Hs, BeckRS 2012, 21440; Urt. v. 5.4.2012 – 2 U 106/11, BeckRS 2012, 10193; Noack/Servatius/Haas/*Haas* Rn. 5.
[36] OLG Naumburg Urt. v. 20.4.2012 – 10 U 24/10.Hs, BeckRS 2012, 21440 geht dabei von dem vollen, nicht hinter dem voraussichtlichen Liquidationserlös zurückbleibenden Wert aus. *Altmeppen* Rn. 6 ver-

führen oder ob der Bestand der Gesellschaft aus anderen Gründen keine Beachtung verdient[37] und deshalb das Auflösungsinteresse des klagenden Gesellschafters überwiegt.[38] Das kann insbesondere auch dann der Fall sein, wenn vertragsuntreue Mitgesellschafter, die ihrerseits einen wichtigen Grund schuldhaft gesetzt haben, im Falle des Ausscheidens unbilligerweise die Früchte der Gesellschaft weiter ziehen dürften.[39] Hat der betroffene Gesellschafter von diesen Möglichkeiten Gebrauch gemacht und wird sein Abfindungsanspruch nicht in angemessener Zeit erfüllt oder bereiten ihm die verbleibenden Gesellschafter bei dessen Durchsetzung Probleme, so wird man ihm nach angemessener Zeit und unter Berücksichtigung der Grenzen der Zumutbarkeit dennoch das Recht zugestehen müssen, Auflösungsklage zu erheben (sog. erfolgloser Austrittsversuch).[40] Auch die Durchführung eines in der Satzung geregelten Konfliktlösungsverfahrens wie einer sog. Exit- oder Shootout Klausel wird regelmäßig Vorrang vor einer Auflösungsklage haben.[41]

dd) Ausschließungsrecht. Steht dem betroffenen Gesellschafter zur Beseitigung des **15** wichtigen Grundes ein Ausschließungsrecht[42] gegen einen oder mehrere Gesellschafter zu und kann er dieses in der Gesellschafterversammlung durchsetzen, so kann er auch hierauf zu verweisen sein.[43] Die Auflösungsklage ist auch dann unbegründet, wenn die Gesellschaft nach Beschluss der übrigen Gesellschafter durch Erhebung einer Ausschließungsklage aus wichtigem Grund[44] gegen den Auflösungskläger den Streit innerhalb der Gesellschaft beseitigen könnte, weil der Auflösungskläger selbst für den wichtigen Grund verantwortlich ist.[45] Das gilt jedoch dann nicht, wenn die übrigen Gesellschafter selbst wichtige Gründe gesetzt haben, die ihre Ausschließung rechtfertigen könnten.[46] Im Einzelfall kann es dabei auf den Grad des wechselseitigen Verschuldens abzustellen sein, wobei bei gleichem Verschulden die Auflösung das letzte in Betracht kommende Mittel sein wird.[47]

II. Materielle Voraussetzungen – wichtiger Grund (Abs. 1)

1. Allgemeines. a) Unbestimmter Rechtsbegriff. Voraussetzung für die Begrün- **16** detheit und damit den Erfolg einer auf § 61 gestützten Auflösungsklage ist das Vorliegen eines wichtigen Grundes. Dieser wichtige Grund muss nach dem Wortlaut der Vorschrift gerade in den Verhältnissen der Gesellschaft liegen. Es handelt sich dabei um einen unbestimmten Rechtsbegriff, so dass dem Gericht bei der Feststellung, ob ein solcher gegeben

---

weist darauf, dass mit Aufgabe der Bedingungslehre im Jahr 2012 Abfindungsprobleme heute regelmäßig anders als durch gerichtliche Auflösung der GmbH zu lösen seien. Ein Gesellschafter müsse auch notfalls hinnehmen, dass ihm eine Abfindung von der Gesellschaft aus ungebundenem Vermögen nicht geleistet werden könne. Scholz/*Scheller* Rn. 7 betont in diesem Zusammenhang berechtigterweise die fortbestehende Subsidiarität der Auflösungsklage, wenn bei Unfähigkeit der Gesellschaft zur Abfindungsleistung im Einzelfall eine Ausfallhaftung der verbleibenden Gesellschafter besteht.

[37] BGH Urt. v. 15.4.1985 – II ZR 274/83, NJW 1985, 1901 (1902).
[38] Rowedder/Schmidt-Leithoff/*Gesell* Rn. 3; weniger diff., aber ebenso im Einzelfall abwägend MHLS/ *Nerlich* Rn. 11; Noack/Servatius/Haas/*Haas* Rn. 5; Scholz/*Scheller* Rn. 8; einschr. dagegen Hachenburg/*Ulmer* Rn. 4, der auf die Unsicherheiten bei der Geltendmachung des Austrittsrechts und der Durchsetzung des Abfindungsanspruches verweist; anders jetzt UHL/*Casper* Rn. 4.
[39] Rowedder/Schmidt-Leithoff/*Gesell* Rn. 3.
[40] BGH Urt. v. 26.10.1983 – II ZR 87/83, BGHZ 88, 320 (326); Scholz/*Scheller* Rn. 8 mwN; Noack/ Servatius/Haas/*Haas* Rn. 5; iE wohl auch Hachenburg/*Ulmer* Rn. 4; anders jetzt UHL/*Casper* Rn. 4; OLG Koblenz Beschl. v. 8.6.2005 – 6 W 203/05, BeckRS 2005, 13167.
[41] Scholz/*Scheller* Rn. 9.
[42] Allg. vgl. dazu Rowedder/Schmidt-Leithoff/*Görner* § 34 Rn. 81 ff.
[43] Rowedder/Schmidt-Leithoff/*Gesell* Rn. 3; Scholz/*Scheller* Rn. 10; aA Meyer-Landrut/Miller/Niehus/ *Meyer-Landrut* Rn. 4.
[44] Allg. vgl. dazu Rowedder/Schmidt-Leithoff/*Görner* § 34 Rn. 90 ff.
[45] BGH Urt. v. 23.2.1981 – II ZR 229/79, BGHZ 80, 346 (348) = NJW 1981, 2302 (2303); Noack/ Servatius/Haas/*Haas* Rn. 5; MHLS/*Nerlich* Rn. 12.
[46] BGH Urt. v. 17.2.1955 – II ZR 316/53, BGHZ 16, 317 (322 f.) = NJW 1955, 667; Urt. v. 25.1.1960 – II ZR 22/59, BGHZ 32, 17 (30 ff.) = NJW 1960, 866 (869); Noack/Servatius/Haas/*Haas* Rn. 5; MHLS/*Nerlich* Rn. 12.
[47] Rowedder/Schmidt-Leithoff/*Gesell* Rn. 3.

ist, ein Beurteilungsspielraum verbleibt.[48] Stellt das Gericht einen wichtigen Grund zur Auflösung fest, so besteht entgegen dem Wortlaut („kann") jedoch kein Ermessensspielraum für die Anordnung der Rechtsfolge. Das Gericht muss dann durch Gestaltungsurteil die Gesellschaft auflösen (→ Rn. 52).[49]

17   **b) Unzumutbarkeit. aa) Grundsatz.** Maßstab für die Beurteilung der Frage des Vorliegens eines wichtigen Grundes ist, ob dem bzw. den klagenden Gesellschaftern die Fortsetzung der Gesellschaft unzumutbar ist.[50] Die Unzumutbarkeit muss sich dabei gerade aus den Verhältnissen der Gesellschaft, also deren Weiterführung und nicht dem Verbleib in ihr ergeben.[51] Der Auflösungsgrund muss der Fortsetzung der Gesellschaft dauerhaft und nicht nur vorübergehend entgegenstehen.

18   **bb) Unbeachtlichkeit persönlicher Gründe.** Persönliche Gründe der Gesellschafter sind grundsätzlich nicht ausreichend. Sie können jedoch, insbesondere in einer personalistisch geprägten GmbH, ausnahmsweise auf die Verhältnisse der Gesellschaft durchschlagen und somit den Fortbestand der Gesellschaft unzumutbar machen.[52] Sie gewähren jedoch häufig nach der gegenwärtigen Rechtsprechung ein Austritts- oder Ausschließungsrecht. Unzumutbarkeit setzt aber schon begrifflich voraus, dass dem klagenden Gesellschafter kein ebenso wirksames und damit zumutbares milderes Mittel zur Verfügung steht. Hierin spiegelt sich also der zu § 61 allgemein anerkannte Grundsatz der Subsidiarität schon tatbestandlich und schränkt die Anerkennung wichtiger Gründe erheblich ein.[53]

19   **cc) Anforderungen – letzter Ausweg.** Gegenüber den Verhältnissen bei Gründung der Gesellschaft muss eine so grundlegende Änderung eingetreten sein, dass selbst unter Berücksichtigung alternativer Lösungsmöglichkeiten des klagenden Gesellschafters und Abwägung aller Umstände die Auflösung der GmbH die einzige zumutbare Rechtsfolge darstellt.[54]

20   **c) Maßgeblicher Zeitpunkt.** Für die Feststellung des wichtigen Grundes ist auf die Verhältnisse zum Zeitpunkt der **letzten mündlichen Verhandlung** in der letzten Tatsacheninstanz abzustellen. Danach sind auch nach Klageerhebung eingetretene Umstände wie etwa eine weitere Verschärfung der Spannungen in der Gesellschaft oder eine zusätzliche Verschlechterung der Rentabilität aber auch von den übrigen Gesellschaftern eingeleitete Maßnahmen zur Beseitigung des wichtigen Grundes zu Gunsten bzw. zu Lasten des klagenden Gesellschafters zu berücksichtigen.[55]

21   **2. Unmöglichkeit der Zweckerreichung. a) Allgemeines. aa) Ausgangspunkt.** Als gesetzliches Beispiel eines wichtigen Grundes nennt Abs. 1 ausdrücklich die Unmöglichkeit, den Gesellschaftszweck zu erreichen. Damit wird die zentrale Bedeutung, die diesem Auflösungsgrund bereits im Recht der Personengesellschaften (vgl. § 726 BGB) beigemessen wird, auch für die GmbH bereits vom Gesetzgeber selbst besonders betont.[56] Ausgangspunkt für die Gründung einer Gesellschaft ist der Wille der Gesellschafter, auf diesem Wege ein

---

[48]   MHLS/*Nerlich* Rn. 14; Rowedder/Schmidt-Leithoff/*Gesell* Rn. 5.
[49]   HM, RGZ 122, 312 (314); 164, 129 (132); UHL/*Casper* Rn. 8; Rowedder/Schmidt-Leithoff/*Gesell* Rn. 5.
[50]   Scholz/*Scheller* Rn. 27; Noack/Servatius/Haas/*Haas* Rn. 6; Rowedder/Schmidt-Leithoff/*Gesell* Rn. 5; enger MHLS/*Nerlich* Rn. 18, der ein „unmöglich Machen" verlangt.
[51]   Rowedder/Schmidt-Leithoff/*Gesell* Rn. 5.
[52]   RG Urt. v. 27.6.1940 – II 31/39, RGZ 164, 257 (258); BGH Urt. v. 23.2.1981 – II ZR 229/79, BGHZ 80, 346 (348) = NJW 1981, 2392; Urt. v. 15.4.1985 – II ZR 274/83, NJW 1985, 1901; OLG Saarbrücken Urt. v. 12.7.1979 – 8 U 14/78, AG 1980, 26 (28); Rowedder/Schmidt-Leithoff/*Gesell* Rn. 5; MHLS/*Nerlich* Rn. 14; vgl. auch *Passarge* in Passarge/Torwegge GmbH-Liquidation Rn. 79, 80.
[53]   Scholz/*Scheller* Rn. 27 weist darauf hin, dass dies bei der Auswertung älterer Rspr. vor Anerkennung des Austrittsrechts beachtet werden muss.
[54]   UHL/*Casper* Rn. 11.
[55]   UHL/*Casper* Rn. 9; zur Auflösungsklage nach § 133 vgl. OLG Nürnberg Urt. v. 27.3.1958 – 3 U 227/54, WM 1958, 710 (713); Baumbach/Hopt/*Roth* HGB § 133 Rn. 5.
[56]   UHL/*Casper* Rn. 13.

gemeinsam verfolgtes Ziel zu erreichen. Die Gesellschaft ist also Mittel zum Zweck. Ist es auf Dauer unmöglich geworden, diesen Zweck zu erreichen, so verliert die Gesellschaft grundsätzlich ihre Existenzberechtigung.

bb) Subsidiarität. Im Einzelfall ist dabei unter Anwendung des Grundsatzes der Subsi- **22** diarität wie folgt zu unterscheiden: Kann der von den Gesellschaftern verfolgte Gesellschaftszweck durch eine für alle Beteiligten zumutbare Anpassung der Satzung doch noch erreicht werden, so sind die Gesellschafter vorrangig hierauf zu verweisen. Insoweit kommen auch eine Kapitalerhöhung (Ausschöpfung eines genehmigten Kapitals) oder Nachschusseinziehung bei fehlender Rentabilität als vorrangige Mittel in Betracht (auch → Rn. 32).[57] Auch ein rechtmäßig gefasster Beschluss über die Änderung des Unternehmensgegenstandes entzieht der Klage die Grundlage, wenn dadurch ein Erreichen des Gesellschaftszwecks wieder möglich wird. Nur dann, wenn eine Zweckerreichung durch die Gesellschaft als solche überhaupt ausscheidet, liegt ein entsprechender Auflösungsgrund vor. Ein Verweis der klagenden Gesellschafter auf ein vorrangig wahrzunehmendes Austritts- oder Kündigungsrecht kommt in diesen Fällen regelmäßig ebenso wenig in Betracht wie der Vorrang einer Ausschließung von Gesellschaftern. Ist der ursprünglich gemeinsam mit der Gesellschaft verfolgte Zweck endgültig weggefallen, so gibt es auch für die übrigen Gesellschafter kein schutzwürdiges Interesse daran, den Fortbestand der Gesellschaft zu sichern.[58]

b) Gesellschaftszweck. aa) Abgrenzung zum Unternehmensgegenstand. Der **23** Wortlaut des Abs. 1 stellt ausdrücklich auf den Gesellschaftszweck ab. Dieser ist grundsätzlich **vom Gegenstand des Unternehmens** iSd § 3 Abs. 1 Nr. 2, § 10 Abs. 1 und § 75 Abs. 1 **zu unterscheiden** (eingehend → § 1 Rn. 6 ff.).[59] Der Unternehmensgegenstand dient als nach außen gerichtete Verlautbarung der Gesellschafter in erster Linie der Information für Rechtsverkehr und Öffentlichkeit über die Tätigkeitsgebiete der Gesellschaft (→ § 1 Rn. 9). Der Zweck der Gesellschaft betrifft dagegen das Verhältnis der Gesellschafter untereinander und die von ihnen mit der Gesellschaft verfolgten Ziele (→ § 1 Rn. 15).[60] Während der Unternehmensgegenstand nach der gesetzlichen Regelung und ohne abweichende Satzungsbestimmung mit einer Dreiviertelmehrheit der abgegebenen Stimmen geändert werden kann, bedarf eine Änderung des Gesellschaftszwecks der Zustimmung sämtlicher Gesellschafter (→ § 1 Rn. 15).[61] Häufig wird der Unternehmensgegenstand jedoch zumindest ein Teil des Gesellschaftszwecks sein.

bb) Ermittlung des Gesellschaftszwecks – Gewinnerzielungsabsicht. Zur Er- **24** mittlung des Gesellschaftszwecks ist in erster Linie die **Satzung** auszulegen. Dazu können auch die Eintragungsunterlagen und die Anlage des Unternehmens herangezogen werden.[62] Die Berücksichtigung von Motiven einzelner oder selbst aller Gesellschafter scheidet dagegen aus, wenn diese keinen Niederschlag in der Satzung oder den weiteren Eintragungsunterlagen gefunden haben.[63] Lässt sich aus diesen Unterlagen kein weitergehender Gesellschaftszweck entnehmen, so ist für die Ermittlung des Gesellschaftszweckes der in der Satzung festgelegte Unternehmensgegenstand von besonderer Bedeutung. In diesen Fällen besteht der Gesellschaftszweck nämlich häufig gerade in der Erzielung von Gewinnen durch

---

[57] Zur mangelnden Aussicht auf Rentabilität vgl. RG Urt. v. 3.5.1927 – 354/26 II, JW 1927, 1684.
[58] UHL/*Casper* Rn. 13.
[59] Noack/Servatius/Haas/*Haas* Rn. 7; MHLS/*Nerlich* Rn. 15; Rowedder/Schmidt-Leithoff/*Gesell* Rn. 8; *Passarge* in Passarge/Torwegge GmbH-Liquidation Rn. 80. AA nur Lutter/Hommelhoff/*Kleindiek* Rn. 9.
[60] UHL/*Casper* Rn. 15; Noack/Servatius/Haas/*Haas* Rn. 7.
[61] UHL/*Casper* Rn. 17.
[62] RG Urt. v. 4.6.1940 – II 171/39, RGZ 164, 129 (140); Urt. v. 4.6.1940 – II 171/39, DR 1940, 1726 (1727); MHLS/*Nerlich* Rn. 15; Noack/Servatius/Haas/*Haas* Rn. 7; Lutter/Hommelhoff/*Kleindiek* Rn. 9; UHL/*Casper* Rn. 17, ohne auf die Art des Unternehmens abzustellen; *Passarge* in Passarge/ Torwegge GmbH-Liquidation Rn. 80; *Hofmann* GmbHR 1975, 217 (220 f.); aA Rowedder/Schmidt-Leithoff/*Gesell* Rn. 9 der darauf verweist, dass die Gewinnerzielungsabsicht praktisch nie ausdrücklich im Vertrag niedergelegt ist.
[63] So OLG Saarbrücken Urt. v. 12.7.1979 – 8 U 14/78, AG 1980, 26 (28); vgl. auch UHL/*Casper* Rn. 16; Noack/Servatius/Haas/*Haas* Rn. 7; *Passarge* in Passarge/Torwegge GmbH-Liquidation Rn. 80.

den Betrieb des Unternehmensgegenstandes.[64] In diesen Fällen führt die Unmöglichkeit, den Unternehmensgegenstand zu verfolgen, regelmäßig auch zur Unmöglichkeit der Erreichung des Gesellschaftszwecks.[65]

25   **cc) Weitere Zwecke.** Neben der Gewinnerzielungsabsicht können als Zweck der Gesellschaft aber auch andere Ziele verfolgt werden. So kann Unternehmensgegenstand beispielsweise das Halten von Beteiligungen zur Durchsetzung unternehmerischen Einflusses oder die bloße Übernahme der Komplementärstellung im Rahmen einer GmbH und Co. KG sein.[66] Auch ein vom Unternehmensgegenstand völlig losgelöster Gesellschaftszweck ist möglich. Das kann insbesondere dann der Fall sein, wenn Gesellschaftszweck die Verfolgung gemeinnütziger Zwecke aus den Gewinnen der Gesellschaft ist und der in der Satzung konkret gewählte Unternehmensgegenstand letztlich nur ein mögliches Mittel zur Erreichung dieses Ziels ist.[67]

26   **c) Unmöglichkeit.** Die Ursache für die Unmöglichkeit der Zweckerreichung kann sich aus rechtlichen oder wirtschaftlichen, technischen Umständen ergeben.

27   **aa) Rechtliche Unmöglichkeit.** Eine rechtliche Unmöglichkeit kann beispielsweise begründet sein in der Nichterteilung oder Nichtigerklärung des der Produktion zu Grunde liegenden Patents[68] wegen eines kollidierenden Schutzrechts oder der Kündigung einer für die Tätigkeit der Gesellschaft unverzichtbaren Lizenz.[69] Sie kann aber auch die Folge eines Verbots nach dem GWB, dem Entzug der erforderlichen Gewerbeerlaubnis oder der Untersagung des Betriebs einer für die Gesellschaftsexistenz notwendigen Anlage sein.[70] Anders als Verwaltungsentscheidungen nach § 62 (→ § 62 Rn. 54) lösen solche Verbote und Untersagungen die Gesellschaft zwar nicht unmittelbar auf, können jedoch je nach den Umständen dazu führen, dass die Verfolgung des Gesellschaftszwecks für alle Gesellschafter unzumutbar und damit unmöglich wird. Ist Gesellschaftszweck ausschließlich die Verfolgung gemeinnütziger Zwecke und wird die steuerliche Anerkennung als gemeinnützig endgültig versagt, so kann sich auch daraus eine rechtliche Unmöglichkeit ergeben.

28   **bb) Wirtschaftliche Unmöglichkeit.** Beispiel für eine **wirtschaftliche** Unmöglichkeit ist die dauernde Unrentabilität des Unternehmens der Gesellschaft.[71] Kann die Unrentabilität durch Kapitalzuführung, etwa im Wege der Kapitalerhöhung oder Nachschusseinziehung beseitigt werden, so scheidet Unmöglichkeit aus (auch → Rn. 31 f.). Das wird jedoch im Regelfall nur dann in Betracht kommen, wenn die Satzung diese Möglichkeiten bereits vorsieht, da die Gesellschafter ansonsten hierzu nicht verpflichtet sind.[72] Eine Nichtausschüttung des Gewinns steht der Unrentabilität nicht ohne weiteres gleich. Unzureichende Gewinnausschüttungen oder übermäßige Selbstfinanzierung der Gesellschaft auf Betreiben der Gesellschaftermehrheit können jedoch zu einer Anfechtung des Gewinnverteilungsbeschlusses wegen Treuepflichtverletzung führen.[73] Die Gesellschafter müssen magere Jahre grundsätzlich hinnehmen. Auch die Tatsache allein, dass die Gesellschafter aus den Liquidationserlösen eine bessere Verzinsung erzielen würden, genügt nicht. Selbst Verluste, auch am Stammkapital, allein genügen nicht. Sie können jedoch ein Indiz für eine dauernde Unrentabilität sein, wenn dauerhaft nicht mit einer Besserung zu rechnen ist und die weitere

---

[64]   Vgl. dazu RG, HRR 1935 Nr. 1404 zu § 61; *Passarge* in Passarge/Torwegge GmbH-Liquidation Rn. 80.
[65]   Noack/Servatius/Haas/*Haas* Rn. 7; UHL/*Casper* Rn. 17; MHLS/*Nerlich* Rn. 16.
[66]   Noack/Servatius/Haas/*Haas* Rn. 7; UHL/*Casper* Rn. 16.
[67]   Noack/Servatius/Haas/*Haas* Rn. 7; UHL/*Casper* Rn. 16, 17; MHLS/*Nerlich* Rn. 16.
[68]   RG Urt. v. 8.5.1908 – Rep. II 626/07/4, LZ 1908, 542; KG Urt. v. 3.11.1909 – VII. 3S., OLGR 19, 371; Noack/Servatius/Haas/*Haas* Rn. 8; UHL/*Casper* Rn. 18, 19.
[69]   UHL/*Casper* Rn. 18.
[70]   UHL/*Casper* Rn. 18, 19; Scholz/*Scheller* Rn. 29; Rowedder/Schmidt-Leithoff/*Gesell* Rn. 7 Fn. 24.
[71]   RG Urt. v. 3.5.1927 – 354/26 II, JW 1927, 1684; HRR 1935 Nr. 1404 zu § 61; Noack/Servatius/Haas/*Haas* Rn. 8; UHL/*Casper* Rn. 18; Rowedder/Schmidt-Leithoff/*Gesell* Rn. 9a Fn. 25.
[72]   Noack/Servatius/Haas/*Haas* Rn. 8; Rowedder/Schmidt-Leithoff/*Gesell* Rn. 7; MHLS/*Nerlich* Rn. 17.
[73]   So UHL/*Casper* Rn. 21.

Existenz der Gesellschaft dadurch wirtschaftlich sinnlos ist.[74] Gleiches gilt für Vollstreckungsmaßnahmen gegen die GmbH.[75] Wirtschaftliche oder technische Unmöglichkeit kann auch vorliegen bei dauerndem Ausfall des einzigen Lieferanten, Verlust der Absatzgebiete ohne Ausweichmöglichkeit, Verlust der Versorgung mit nicht substituierbaren Rohstoffen oder definitive Unwirtschaftlichkeit des Herstellungsverfahrens infolge der technischen Entwicklung.[76] Mit der Auflösung und Beendigung der GmbH und Co. KG wird häufig auch für die **Komplementär-GmbH** das Erreichen des Gesellschaftszwecks unmöglich geworden sein.[77] Ebenso ist der Fall zu beurteilen, in dem eine GmbH ausschließlich als Verkaufsstelle einer anderen GmbH gegründet worden ist und Letztere durch Liquidation beendet wurde,[78] es sei denn der Gesellschaftszweck war produktbezogen und ein Vertrieb des Produkts kann auf geänderte Weise sichergestellt werden. Wurde die Gesellschaft als Auffanggesellschaft gegründet und fällt der Dritte, der hierdurch saniert werden sollte, dennoch in Insolvenz, so kann der Gesellschaftszweck unmöglich werden.[79] Dagegen führt der Verlust der wirtschaftlichen Selbstständigkeit der GmbH durch mehrheitliche Beteiligung eines herrschenden Unternehmens oder die Einbeziehung in dessen Konzernorganisation im Regelfall nicht zur Begründetheit einer auf § 61 gestützten Auflösungsklage.[80] Etwas anderes wird nur ausnahmsweise dann gelten, wenn der Zweck tatsächlich die von solcher Art der Beherrschung unabhängige Tätigkeit der Gesellschaft gewesen sein sollte.[81] Im Regelfall wird man einen Gesellschafter, für den diese Situation unzumutbar erscheint, auf die Ausübung eines möglichen und zumutbaren Austritts- bzw. Kündigungsrechts verweisen.[82] Die Unmöglichkeit der Zweckerreichung folgt auch nicht bereits daraus, dass die Gesellschaft derzeit und bereits über einen längeren Zeitraum hinweg nicht mehr werbend tätig ist, wenn nicht ausgeschlossen ist, dass die Gesellschaft künftig dem Unternehmensgegenstand entsprechende Aufträge erhält.[83]

d) Zeitpunkt. Das Gesetz selbst geht nach seinem Wortlaut („unmöglich wird") von **29** einer **nachträglichen** Unmöglichkeit aus. Erfasst sind nach dem Sinn und Zweck der Vorschrift jedoch auch Fälle der **anfänglichen,** bei Vertragsschluss noch nicht erkennbaren Unmöglichkeit, insbesondere also auch die Fälle, bei denen der Gesellschaftszweck von vornherein noch nie zu erreichen war.[84] Das folgt schon daraus, dass Abs. 1 keine abschließende Aufzählung der wichtigen Gründe vornimmt, sondern die nachträgliche Unmöglichkeit der Zweckerreichung nur als einen besonderen wichtigen Grund hervorhebt.

e) Dauer. Die Erreichung des Gesellschaftszwecks muss auf Dauer und damit endgültig **30** unmöglich geworden sein. Eine nur vorübergehende Unmöglichkeit der Zweckerreichung, insbesondere eine kriegs-, streik- oder konjunkturbedingte Unmöglichkeit, begründet die Auflösungsklage nach § 61 grundsätzlich nicht, weil sie den Fortbestand der Gesellschaft noch nicht unzumutbar macht.[85] Gleiches gilt für eine vorübergehende Unrentabilität (aber zur dauernden Unrentabilität → Rn. 28, → Rn. 32). Nur dann, wenn einem Gesellschafter

---

[74] Rowedder/Schmidt-Leithoff/*Gesell* Rn. 9a; Scholz/*Scheller* Rn. 29.
[75] MHLS/*Nerlich* Rn. 17.
[76] Rowedder/Schmidt-Leithoff/*Gesell* Rn. 7 Fn. 25; zu den sachlichen Gründen UHL/*Casper* Rn. 20, MHLS/*Nerlich* Rn. 21; Scholz/*Scheller* Rn. 29; *Passarge* in Passarge/Torwegge GmbH-Liquidation Rn. 80.
[77] UHL/*Casper* Rn. 19; Noack/Servatius/Haas/*Haas* Rn. 7; Rowedder/Schmidt-Leithoff/*Gesell* Rn. 7.
[78] KG Urt. v. 20.5.1924 – 6 U 3729/23, GmbHR 1924, 281.
[79] MHLS/*Nerlich* Rn. 17; Noack/Servatius/Haas/*Haas* Rn. 8.
[80] So OLG Saarbrücken Urt. v. 12.7.1979 – 8 U 14/78, AG 1980, 26 (28); UHL/*Casper* Rn. 19; Rowedder/Schmidt-Leithoff/*Gesell* Rn. 7.
[81] Rowedder/Schmidt-Leithoff/*Gesell* Rn. 7.
[82] Rowedder/Schmidt-Leithoff/*Gesell* Rn. 7; UHL/*Casper* Rn. 19.
[83] OLG Naumburg Urt. v. 5.4.2012 – 2 U 106/11, BeckRS 2012, 10193; Noack/Servatius/Haas/*Haas* Rn. 8 aE.
[84] AllgM, MHLS/*Nerlich* Rn. 17; Noack/Servatius/Haas/*Haas* Rn. 8; UHL/*Casper* Rn. 18; Rowedder/Schmidt-Leithoff/*Gesell* Rn. 6.
[85] RG Urt. v. 4.6.1940 – II 171/39, RGZ 164, 129 (143 f.); HRR 1935 Nr. 1404 zu § 61; MHLS/*Nerlich* Rn. 17; Rowedder/Schmidt-Leithoff/*Gesell* Rn. 6; Scholz/*Scheller* Rn. 29.

ein Festhalten am Gesellschaftsvertrag unzumutbar ist, kann dieser die Auflösungsklage erheben. Die Unmöglichkeit ist dann eine dauernde. In diesen Fällen ist jedoch ausnahmsweise vorrangig zu prüfen, ob der betroffene Gesellschafter zu angemessenen Bedingungen von einem Kündigungs- oder Austrittsrecht Gebrauch machen kann.[86]

31   **3. Andere wichtige Gründe. a) Sachliche Gründe. aa) Unzumutbarkeit auf Dauer.** Wirtschaftliche und technische Gründe in den Verhältnissen der Gesellschaft, die den Fortbestand der Gesellschaft auf Dauer unzumutbar machen, sind regelmäßig solche, die den Gegenstand des Unternehmens betreffen und deshalb schon zur Unmöglichkeit der Zweckerreichung führen.[87] Bloße Erschwerungen der Betätigung der Gesellschaft genügen nicht, um eine Unzumutbarkeit für den Fortbestand der Gesellschaft zu begründen. Sind die Gründe im Einzelfall behebbar, scheiden eine Unzumutbarkeit und damit das Vorliegen eines wichtigen Grundes aus.

32   **bb) Dauernde Unrentabilität oder drohende Gesellschafterhaftung.** Finanzielle Gründe wie der Verlust wesentlicher Teile des Stammkapitals oder die fehlende Kreditfähigkeit der Gesellschaft, genügen für sich allein nicht, um die Auflösung zu rechtfertigen (zur wirtschaftlichen Unmöglichkeit → Rn. 28).[88] Nur dann, wenn sich aus diesem Umstand zugleich auch eine dauernde Unrentabilität der Gesellschaft ergibt oder das verbliebene Kapital nicht ausreicht, damit die Gesellschaft ihre Geschäftstätigkeit überhaupt fortführen kann, kommt das Vorliegen eines wichtigen Grundes in Betracht, ebenso wenn ansonsten eine Gesellschafterhaftung wegen Unterkapitalisierung droht.[89] Dies setzt jedoch wiederum voraus, dass die Gesellschafter satzungsgemäß nicht verpflichtet oder bei bestehender Verpflichtung tatsächlich nicht in der Lage sind, die Krise durch Zufuhr neuen Kapitals oder sonstiger Sanierungsmaßnahmen abzuwenden. Ist die Gesellschaft schon zahlungsunfähig oder überschuldet, so ist bereits nach § 15a Abs. 1 S. 1 InsO das Insolvenzverfahren zu beantragen, mit dessen Eröffnung die Gesellschaft aufgelöst wird (§ 60 Abs. 1 Nr. 4). Wird die Eröffnung des Insolvenzverfahrens durch rechtskräftigen Beschluss abgelehnt, so wird die Gesellschaft nach § 60 Abs. 1 Nr. 5 aufgelöst. Für eine Auflösungsklage ist dann kein Raum.

33   **b) Persönliche Gründe. aa) Grundsatz.** § 61 verlangt, dass die wichtigen Gründe in den Verhältnissen der Gesellschaft liegen. Damit scheiden persönliche Gründe eines oder mehrerer Gesellschafter grundsätzlich aus.[90] Insoweit unterscheidet sich die Vorschrift von § 133 HGB, der in der Person eines Gesellschafters liegende Gründe für eine Auflösung ausreichen lässt. In diesen Fällen gebührt vielmehr einem bestehenden und zumutbaren Kündigungs- oder Austrittsrecht sowie einem entsprechenden Ausschlussrecht der Vorrang, wenn dadurch die Störung beseitigt werden kann. Das gilt insbesondere in den Fällen, in denen über das Vermögen eines Gesellschafters das Insolvenzverfahren eröffnet wird oder seine Geschäftsanteile gepfändet werden, zumal die meisten Satzungen gerade für diese Fälle ein Einziehungsrecht vorsehen.[91] Ebenso sind die Fälle zu beurteilen, in denen ein Gesellschafter die von ihm übernommenen gesellschaftsvertraglichen Pflichten verletzt oder nicht in der Lage ist, vereinbarte Geschäftsführungsaufgaben wahrzunehmen.[92] Eine Auflösungsklage kommt in diesen Fällen nur dann in Betracht, wenn diese Umstände zugleich eine wesentliche Bedeutung für die Verhältnisse der Gesellschaft als solche haben.[93]

---

[86]   Rowedder/Schmidt-Leithoff/*Gesell* Rn. 6.
[87]   MHLS/*Nerlich* Rn. 21; Noack/Servatius/Haas/*Haas* Rn. 10; Rowedder/Schmidt-Leithoff/*Gesell* Rn. 9.
[88]   UHL/*Casper* Rn. 21; Rowedder/Schmidt-Leithoff/*Gesell* Rn. 9.
[89]   Lutter/Hommelhoff/*Kleindiek* Rn. 8; offengelassen bei Noack/Servatius/Haas/*Haas* Rn. 10.
[90]   Rowedder/Schmidt-Leithoff/*Gesell* Rn. 10; UHL/*Casper* Rn. 22; *Passarge* in Passarge/Torwegge GmbH-Liquidation Rn. 81.
[91]   Noack/Servatius/Haas/*Haas* Rn. 11; MHLS/*Nerlich* Rn. 20; Rowedder/Schmidt-Leithoff/*Gesell* Rn. 10; aA wohl Ring/Grziwotz/*Grziwotz* Rn. 5.
[92]   Noack/Servatius/Haas/*Haas* Rn. 11; MHLS/*Nerlich* Rn. 20; UHL/*Casper* Rn. 23; aA wohl Ring/Grziwotz/*Grziwotz* Rn. 5.
[93]   UHL/*Casper* Rn. 23; MHLS/*Nerlich* Rn. 20 aE.

bb) Ausnahme. Ein wichtiger Auflösungsgrund kann jedoch in den **innergesell-** 34 **schaftlichen Verhältnissen** begründet sein. Bloße persönliche Streitigkeiten zwischen den Gesellschaftern werden hierfür regelmäßig allein nicht genügen. Hinzukommen muss vielmehr, dass gerade durch diese persönlichen Streitigkeiten die Willensbildung in der Geschäftsführung oder in der Gesellschafterversammlung praktisch unmöglich wird und dadurch der Fortbestand der Gesellschaft in Frage gestellt wird,[94] etwa wenn sich zwei gleichstarke Gruppen von Gesellschaftern im Konflikt gegenüberstehen erforderliche Beschlussfassungen blockieren[95] oder offensichtlich eine Verständigung über wesentliche, für die Fortführung der Gesellschaft zentrale Fragen nicht mehr möglich ist.[96] Je personalistischer eine GmbH strukturiert ist, desto mehr kann solche Zerwürfnisse eine Fortführung der Gesellschaft unmöglich machen.[97] Ist eine Gesellschaft auf die Zusammenarbeit aller Gesellschafter angelegt und angewiesen, so kann also in diesen Fällen auch eine tief greifende, unheilbare Zerrüttung zwischen den Gesellschaftern ohne Rücksicht auf die Frage des Verschuldens einen Auflösungsgrund darstellen.[98] Letzteres wird gerade bei Familiengesellschaften oder Gesellschaften mit geringer Mitgliederzahl nicht selten vorkommen. Anderes gilt jedoch wiederum dann, wenn ein Gesellschafter die Zerrüttung der Art zu vertreten hat, dass dessen Ausschließung selbst ohne satzungsgemäße Regelung möglich ist.[99]

4. Mängel des Gesellschaftsvertrages. a) Sonderregelungen. Enthält der Gesell- 35 schaftsvertrag keine Bestimmungen über die Höhe des Stammkapitals oder über den Gegenstand des Unternehmens oder sind die Bestimmungen über den Gegenstand des Unternehmens nichtig, so ist dieser Mangel jeweils vorrangig durch die Nichtigkeitsklage nach § 75 geltend zu machen (zur Subsidiarität → Rn. 9 ff.).[100] Alternativ hierzu besteht in diesen Fällen auch die Möglichkeit einer Amtslöschung nach § 397 S. 2 FamFG durch das zuständige Registergericht (§ 395 FamFG). Enthält der Gesellschaftsvertrag keine Bestimmungen über die Firma oder den Sitz der Gesellschaft, die Zahl und die Nennbeträge der von den Gesellschaftern zu übernehmenden Geschäftsanteile oder ist die Bestimmung über die Höhe des Stammkapitals nichtig, so kann die Durchführung des gerichtlichen Verfahrens nach § 399 Abs. 4 FamFG ebenfalls zur Auflösung der Gesellschaft führen.

b) Gründungs-/Satzungsmängel. Im Übrigen ist hinsichtlich der Rechtsfolgen 36 zwischen Mängeln bei Gründung der Gesellschaft und Mängeln, die auf einer Satzungsänderung beruhen, zu unterscheiden.

aa) Gründungsmängel. Das Vorliegen eines Gründungsmangels allein begründet die 37 Auflösungsklage nach § 61 noch nicht. Die Rechtsprechung des BGH, die im Personengesellschaftsrecht bei Gründungsmängeln eine Auflösung nach § 133 HGB ohne Prüfung

---

[94] So Rowedder/Schmidt-Leithoff/*Gesell* Rn. 10.

[95] OLG Naumburg Urt. v. 5.4.2012 – 2 U 106/11, BeckRS 2012, 10193; OLG Brandenburg Urt. v. 30.4.2008 – 7 U 194/07, BeckRS 2008, 11017; OLG München Urt. v. 2.3.2005 – 7 U 4759/04, BB 2005, 685; BGH Urt. v. 23.2.1981 – II ZR 229/79, NJW 1981, 2302; RG Urt. v. 27.6.1940 – II 31/39, RGZ 164, 257 (258 f.); Noack/Servatius/Haas/*Haas* Rn. 11; MHLS/*Nerlich* Rn. 19; eingehend hierzu auch *Knies* GmbHR 2005, 1386 und *Geißler* GmbHR 2009 (1051 f.).

[96] So OLG Naumburg Urt. v. 20.4.2012 – 10 U 24/10.Hs, BeckRS 2012, 21440.

[97] RG Urt. v. 27.6.1940 – II 31/39, RGZ 164, 257 (258); BGH Urt. v. 23.2.1981 – II ZR 229/79, BGHZ 80, 346 (347) = NJW 1981, 2302; MHLS/*Nerlich* Rn. 19.

[98] RG Urt. v. 9.7.1915 – 189/15 II, JW 1915, 1365; Urt. v. 3.7.1917 – 63/17 II, JZ 1917, 929 (930); Urt. v. 27.6.1940 – II 31/39, RGZ 164, 257 (258); BGH Urt. v. 23.2.1981 – II ZR 229/79, BGHZ 80, 346 (347) = NJW 1981, 2302; Urt. v. 15.4.1985 – II ZR 274/83, NJW 1985, 1901; OLG Naumburg Urt. v. 20.4.2012 – 10 U 24/10.Hs, BeckRS 2012, 21440; Noack/Servatius/Haas/*Haas* Rn. 11; eingehend zu dieser Frage *Passarge* in Passarge/Torwegge GmbH-Liquidation Rn. 81, 82, der in diesen Fällen für die Auflösung aus wichtigem Grund danach fragt, ob das Interesse eines Gesellschafters, sein investiertes Kapital für andere Verwendungen frei zu stellen, das Interesse des Mitgesellschafters am Erhalt der Gesellschaft übersteigt.

[99] RG Urt. v. 27.6.1940 – II 31/39, RGZ 164, 257 (258 f.); BGH Urt. v. 23.2.1981 – II ZR 229/79, BGHZ 80, 346 (348) = NJW 1981, 2302; OLG München Urt. v. 2.3.2005 – 7 U 4759/04, BB 2005, 685; MHLS/*Nerlich* Rn. 19.

[100] AllgM, UHL/*Casper* Rn. 24; Noack/Servatius/Haas/*Haas* Rn. 12.

eines weiteren wichtigen Grundes zulässt,[101] ist auf die GmbH nicht anwendbar. Insoweit stellen die §§ 75, 395, 397–399 FamFG eine für die GmbH abschließende Sonderregelung dar.[102] Gründungsmängel **nach Eintragung** der Gesellschaft bilden einen wichtigen Grund für eine Auflösungsklage, wenn sie die hierdurch betroffenen Gesellschafter bei Kenntnis des Mangels vom Vertragsabschluss abgehalten hätten und nicht zwischenzeitlich infolge der Zusammenarbeit in der Gesellschaft ihre Bedeutung verloren, sondern die andauernde Unzumutbarkeit des Fortbestands der Gesellschaft zur Folge haben.[103] Mängel bei Gründung der Gesellschaft müssen also insoweit jeweils im Einzelfall daraufhin geprüft werden, ob sie bezogen auf Gegenwart und Zukunft einen wichtigen Grund iSv § 61 darstellen. Ist dies der Fall, so steht ihre Heilung als Eintragungsfolge[104] der Auflösungsklage nicht entgegen. Das kann zB der Fall sein, wenn der Vertragsabschluss aufgrund arglistiger Täuschung, Irrtum oder Ähnlichem zu Stande kam und die Fristen der §§ 121, 124 BGB zur Geltendmachung dieses Mangels jeweils noch nicht abgelaufen sind.[105] Gründungsmängel vor Eintragung der Gesellschaft führen als solche schon nicht zur Anwendung des § 61. Das gilt insbesondere im Falle einer arglistigen Täuschung.[106]

38   **bb) Satzungsmängel.** Beruhen die Mängel auf einer **Satzungsänderung,** sind sie in entsprechender Anwendung der §§ 241 ff. AktG vorrangig durch Anfechtungs- oder Nichtigkeitsklage geltend zu machen (Subsidiarität). Sie stellen nur in seltenen Ausnahmefällen einen wichtigen Grund dar, der zur Unzumutbarkeit des Fortbestandes der Gesellschaft führt.[107]

39   **5. Revisibilität.** Das Instanzgericht hat im Rahmen der Auflösungsklage nach § 61 nicht nur den rechtserheblichen Sachverhalt zu ermitteln und den unbestimmten Rechtsbegriff (→ Rn. 16) des wichtigen Grundes herauszuarbeiten, sondern auch eine Subsumtion der festgestellten Tatsachen unter den Obersatz des wichtigen Grundes vorzunehmen. Im Ausgangspunkt handelt es sich hierbei zwar um einen Vorgang der Rechtsanwendung, doch ist es unvermeidlich, dass bei dieser Subsumtion zur Feststellung des wichtigen Grundes unter Anwendung des richterlichen Beurteilungsspielraumes auch tatsächliche Wertungen mit in die Entscheidung einfließen. Folglich ist die Abgrenzung zwischen den dem angegriffenen Urteil zu Grunde liegenden tatsächlichen Feststellungen (der Tatfrage) und den nach §§ 549, 550 ZPO mit der Revision angreifbaren Gesetzesverletzungen (der Rechtsfrage) im Einzelfall schwierig.[108] Wegen dieser engen Verknüpfung von Tat- und Rechtsfrage beschränkt sich das Revisionsgericht nicht auf die Nachprüfung des vom Instanzgericht zugrunde gelegten Begriffs des wichtigen Grundes, sondern prüft im Grundsatz auch dessen Vorliegen anhand des hierfür erheblichen Parteivorbringens. Als Ausgleich wird dem Instanzgericht jedoch ein tatrichterlicher Beurteilungsspielraum eingeräumt.[109] Nur wenn das Instanzgericht diesen überschreitet, insbesondere den Begriff des wichtigen Grundes verkannt hat oder den Sachverhalt in dieser Hinsicht nicht erschöpfend gewürdigt hat, liegt eine zur Aufhebung des Urteils führende Gesetzesverletzung vor. Damit sind die Feststellungen des Instanzgerichts zum wich-

---

[101]   BGH Urt. v. 24.10.1951 – II ZR 18/51, BGHZ 3, 285 (290) = NJW 1952, 97; Urt. v. 30.3.1967 – II ZR 102/65, BGHZ 47, 293 (300); Urt. v. 29.6.1960 – II ZR 158/69, BGHZ 55, 5 (9) = NJW 1971, 375; Baumbach/Hopt/*Roth* HGB § 105 Rn. 88; zur Kritik an dieser Rspr. vgl. *K. Schmidt* GesR § 6 III 2.

[102]   So iErg auch Noack/Servatius/Haas/*Haas* Rn. 12; Scholz/*Scheller* Rn. 32; Noack/Servatius/Haas/*Haas* Rn. 23 Fn. 45 aE, mit jeweils abw. Begr.

[103]   UHL/*Casper* Rn. 24; MHLS/*Nerlich* Rn. 19; Rowedder/Schmidt-Leithoff/*Gesell* Rn. 19.

[104]   UHL/*Casper* Rn. 24 mit Verweis auf § 2 Rn. 91.

[105]   UHL/*Casper* Rn. 24; MHLS/*Nerlich* Rn. 23; Noack/Servatius/Haas/*Haas* Rn. 12.

[106]   KG Urt. v. 22.1.1997 – 23 U 1899/95, KGR 1997, 174 (177 f.); Rowedder/Schmidt-Leithoff/*Gesell* Rn. 9.

[107]   UHL/*Casper* Rn. 24; MHLS/*Nerlich* Rn. 23; für einen generellen Vorrang von Anfechtungs- und Nichtigkeitsklage Scholz/*Scheller* Rn. 32; Rowedder/Schmidt-Leithoff/*Gesell* Rn. 10.

[108]   So UHL/*Casper* Rn. 36; MHLS/*Nerlich* Rn. 24; allg. zur dieser Abgrenzung Zöller/*Gummer* ZPO § 546 Rn. 7 ff.

[109]   UHL/*Casper* Rn. 36, 37; Noack/Servatius/Haas/*Haas* Rn. 13.

tigen Grund voll reversibel, soweit nicht die richtige Ermittlung der Tatsachen und ihre Würdigung innerhalb des tatrichterlichen Beurteilungsspielraumes infrage stehen.[110]

III. Formelle Voraussetzungen – die Klage (Abs. 2, Abs. 3)

1. Parteien (Abs. 2). Abs. 2 benennt die Parteien der Auflösungsklage. Kläger sind **40** nach Abs. 2 S. 2 die Gesellschafter, deren Geschäftsanteile zusammen mindestens 10 % des Stammkapitals entsprechen (Klagebefugnis). Beklagter ist nach Abs. 2 S. 1 die Gesellschaft.

a) Kläger. aa) Klagebefugnis. Die Klagebefugnis ist ein Recht der **Gesellschafter. 41** Die Klagebefugnis ist Prozessvoraussetzung, deren Fehlen im Zeitpunkt der letzten mündlichen Verhandlung die Klage unzulässig macht.[111] Gesellschafter sind die Gründer der Gesellschaft, die Übernehmer von Stammeinlagen im Rahmen einer Kapitalerhöhung sowie jeweils deren Gesamt- oder Einzelrechtsnachfolger. Klagebefugt sind außerdem nur solche Gesellschafter, die nach § 16 Abs. 1 gegenüber der Gesellschaft als Gesellschafter gelten. Die Klagebefugnis eines Gesellschafters entfällt im Kaduzierungsverfahren (§ 21) mit der Verlustigerklärung nach § 21 Abs. 2, ebenso mit der Preisgabe im Nachschussverfahren nach § 27 sowie mit der Einziehung nach § 34.[112]

bb) Anteilsveräußerung. Im Falle der Anteilsveräußerung setzt die Klagebefugnis des **42** Erwerbers nach § 16 Abs. 1 voraus, dass der Erwerber in der im Handelsregister aufgenommenen Gesellschafterliste (§ 40) eingetragen ist oder die Liste unverzüglich nach Vornahme der Rechtshandlung als Solcher in das Handelsregister aufgenommen wird. Veräußert ein klagender Gesellschafter seinen Anteil während des Prozesses, verliert er seine Klagebefugnis. § 265 ZPO findet anders als bei der Anfechtungsklage[113] keine Anwendung.[114] Führt eine Veräußerung also dazu, dass das nach § 62 Abs. 2 erforderliche 10%-Quorum unterschritten wird, so wird die Klage unzulässig. Die unterschiedliche Behandlung im Verhältnis zur Anfechtungsklage rechtfertigt sich durch eine grundsätzlich andere Interessenlage. Die gerichtliche Aufhebung eines fehlerhaften und rechtswidrigen Gesellschafterbeschlusses liegt regelmäßig im Interesse aller Beteiligten. Daran ändert die Anteilsveräußerung durch den die Anfechtungsklage betreibenden Gläubiger nichts. Dagegen verliert der Auflösungskläger mit der Anteilsveräußerung regelmäßig sein Interesse an der Auflösung, das sich schon wegen der klägerbezogenen Bestimmung des wichtigen Grundes nicht ohne weiteres auf seinen Rechtsnachfolger oder die übrigen Beteiligten übertragen lässt.[115] Hat der Erwerber ausnahmsweise selbst ein schutzwürdiges Interesse an der Fortführung der Auflösungsklage, so ist ihm der Eintritt in den Prozess entsprechend § 263 ZPO im Wege des gewillkürten Parteiwechsels zu ermöglichen, wenn die Gesellschaft als Beklagte dem zustimmt oder das Gericht dies für sachdienlich erklärt.[116] Veräußert der Kläger nur einen Teil seines Anteils, so lässt dies die Aufhebungsklage unberührt, wenn der verbleibende Anteil allein oder zusammen mit den weiteren Klägern 10 % des Stammkapitals erreicht.

cc) Erbfolge. Anders als die Veräußerung führt die Erbfolge nicht zum Verlust der **43** Klagebefugnis, sondern nur zum Parteiwechsel unter Unterbrechung des Rechtsstreits gem. §§ 239, 246 ZPO. Die Unterbrechung wirkt dabei für und gegen alle Streitgenossen. Die

---

[110] BGH Urt. v. 23.1.1967 – II ZR 166/65, BGHZ 46, 392 (396) = NJW 1967, 1081 zu §§ 142, 140 HGB; BAG AP BGB § 626 Nr. 13; UHL/*Casper* Rn. 36, 37; MHLS/*Nerlich* Rn. 25; Noack/Servatius/ Haas/*Haas* Rn. 13; Lutter/Hommelhoff/*Kleindiek* Rn. 10.

[111] Ebenso Scholz/*Scheller* Rn. 16: Sachurteilsvoraussetzung.

[112] UHL/*Casper* Rn. 27.

[113] BGH Urt. v. 25.2.1965 – II ZR 287/63, BGHZ 43, 261 (267 f.).

[114] Noack/Servatius/Haas/*Haas* Rn. 14; MHLS/*Nerlich* Rn. 27; Rowedder/Schmidt-Leithoff/*Gesell* Rn. 12; Scholz/*Scheller* Rn. 16; UHL/*Casper* Rn. 26; Lutter/Hommelhoff/*Kleindiek* Rn. 3; *Altmeppen* Rn. 8.

[115] MHLS/*Nerlich* Rn. 27; Rowedder/Schmidt-Leithoff/*Gesell* Rn. 12; UHL/*Casper* Rn. 26; Lutter/Hommelhoff/*Kleindiek* Rn. 3.

[116] Noack/Servatius/Haas/*Haas* Rn. 14; MHLS/*Nerlich* Rn. 27; Rowedder/Schmidt-Leithoff/*Gesell* Rn. 12; Scholz/*Scheller* Rn. 16; UHL/*Casper* Rn. 26; Lutter/Hommelhoff/*Kleindiek* Rn. 3.

Erben können den unterbrochenen Prozess aufnehmen und fortführen.[117] Die gleichen Grundsätze gelten, wenn über das Vermögen eines Gesellschafters das **Insolvenzverfahren** eröffnet ist. Hier kann nur der Insolvenzverwalter klagen (§ 80 InsO) oder den nach § 240 ZPO, § 85 InsO unterbrochenen Prozess fortführen.[118]

44   **dd) Rechte Dritter.** Da die Klagebefugnis nur den nach § 16 legitimierten Gesellschaftern zusteht, scheiden **Treugeber** bei einer Treuhand am Geschäftsanteil ebenso wie **Nießbraucher** oder **vertragliche Pfandgläubiger** bereits nach dem Wortlaut der Vorschrift als Kläger aus.[119] Rechte Dritter am Geschäftsanteil wie der Nießbrauch, ein vertragliches Pfandrecht oder das Bestehen eines Treuhandverhältnisses ändern umgekehrt auch nichts an der Klagebefugnis des betroffenen Gesellschafters.[120] Dem Gesellschafter steht in diesen Fällen ein nach außen unbeschränktes Auflösungsrecht zu, das nur im Innenverhältnis zum Dritten je nach Vereinbarung mit diesem einer schuldrechtlichen Bindung unterliegt.[121] § 61 gewährt ein unverzichtbares Minderheitsrecht, das nicht durch Interessen Dritter verhindert werden kann. Deshalb kann der betroffene Gesellschafter selbst dann ohne die Zustimmung Dritter klagen, wenn diesen als Nießbraucher oder Pfandgläubiger nach §§ 1071, 1276 BGB ein dinglich wirkendes Zustimmungsrecht zur Aufhebung des Mitgliedschaftsrechts zusteht.[122] Dem Treugeber, Pfandgläubiger oder Nießbraucher stehen jedoch unter Umständen Schadensersatzansprüche gegen den klagenden Gesellschafter zu, wenn dieser die Auflösung der Gesellschaft herbeiführt oder gerade nicht herbeiführt und diesen gegenüber dabei vertraglich vereinbarte oder gesetzliche Pflichten verletzt. Das gilt insbesondere für die Fälle des Bestehens eines Treuhandverhältnisses. Dieses kann jedoch im Rahmen der Begründetheit für die Frage des Vorliegens eines wichtigen Grundes von Bedeutung sein. So kann zu prüfen sein, ob im Einzelfall der wichtige Grund entfällt, wenn beispielsweise der Treuhänder eine in der Person des Treugebers nicht bestehende Unzumutbarkeit der Fortsetzung der Gesellschaft geltend macht, oder umgekehrt ein wichtiger Grund vorliegt, wenn der Treuhänder persönliche Interessen eines mit Billigung aller Mitgesellschafter vorhandenen Treugebers zur Begründung der Klage vorträgt.[123] Gleiches gilt für die Rechtstellung des **Pfändungspfandgläubigers.** Ihm steht weder die Auflösungsklage noch ein Kündigungsrecht analog § 135 HGB zu. Auch hindert das Bestehen eines Pfändungspfandrechts nicht die Erhebung der Auflösungsklage durch den betroffenen Gesellschafter. Dem Pfändungspfandgläubiger verbleibt nur die Möglichkeit, den gepfändeten Anteil im Wege der Zwangsversteigerung zu verwerten.[124]

45   **ee) Quorum.** Die Geschäftsanteile des oder der klagenden Gesellschafter müssen nach Abs. 2 S. 2 mindestens **10 % des Stammkapital**s der Gesellschaft entsprechen, sofern nicht der Gesellschaftsvertrag einen geringeren Prozentsatz vorsieht oder diese Beschränkung ganz ausschließt (→ Rn. 4 ff.). Es handelt sich hierbei um eine vom Gericht von Amts wegen zu prüfende Prozessvoraussetzung, die im Zeitpunkt der letzten mündlichen Verhandlung vorliegen muss.[125] Ansonsten ist die Klage unzulässig.[126] Klagen mehrere Gesellschafter, so sind sie notwendige Streitgenossen nach § 62 Abs. 1 Alt. 1 ZPO. Das ist selbst dann der Fall, wenn jeder

---

117   Scholz/*Scheller* Rn. 16; UHL/*Casper* Rn. 26; Rowedder/Schmidt-Leithoff/*Gesell* Rn. 12.
118   Rowedder/Schmidt-Leithoff/*Gesell* Rn. 13; Scholz/*Scheller* Rn. 16; MHLS/*Nerlich* Rn. 28; Noack/Servatius/Haas/*Haas* Rn. 15; Lutter/Hommelhoff/*Kleindiek* Rn. 3; UHL/*Casper* Rn. 27.
119   AllgM, vgl. nur MHLS/*Nerlich* Rn. 29 mwN.
120   MHLS/*Nerlich* Rn. 30; Rowedder/Schmidt-Leithoff/*Gesell* Rn. 13; Noack/Servatius/Haas/*Haas* Rn. 15; UHL/*Casper* Rn. 28.
121   Scholz/*Scheller* Rn. 16; *K. Müller*, Die Sicherungsübereignung von GmbH-Anteilen, 1969, 48 ff.
122   Noack/Servatius/Haas/*Haas* Rn. 15; MHLS/*Nerlich* Rn. 30; Rowedder/Schmidt-Leithoff/*Gesell* Rn. 13; Scholz/*Scheller* Rn. 16; UHL/*Casper* Rn. 28; *Altmeppen* Rn. 8; so iErg wohl auch *Teichmann* ZGR 1972, 1 (15 f.).
123   Rowedder/Schmidt-Leithoff/*Gesell* Rn. 13; ebenso MHLS/*Nerlich* Rn. 31; UHL/*Casper* Rn. 28, die insoweit allg. auf die Bedeutung der Rechte Dritter für das Vorliegen eines wichtigen Grundes verweisen.
124   MHLS/*Nerlich* Rn. 30; Rowedder/Schmidt-Leithoff/*Gesell* Rn. 13; Scholz/*Scheller* Rn. 16 UHL/*Casper* Rn. 29.
125   Rowedder/Schmidt-Leithoff/*Gesell* Rn. 11.
126   UHL/*Casper* Rn. 30; Scholz/*Scheller* Rn. 16; Rowedder/Schmidt-Leithoff/*Gesell* Rn. 11; Noack/Servatius/Haas/*Haas* Rn. 14; MHLS/*Nerlich* Rn. 26.

einzelne klagende Gesellschafter selbst bereits 10 % des Stammkapitals hält, da das streitige Rechtsverhältnis ihnen gegenüber nur einheitlich festgestellt, also nur einheitlich auf Auflösung der Gesellschaft oder auf Klageabweisung erkannt werden kann.[127]

ff) Berechnung. Für die Berechnung des zur Erhebung der Auflösungsklage erforderli- **46** chen Stammkapitals gelten die gleichen Grundsätze wie zu § 50.[128] Die satzungsgemäße Stimmberechtigung der Geschäftsanteile ist hierfür ohne Belang.[129] Ebenso kommt es nicht darauf an, ob die Geschäftsanteile voll einbezahlt sind.[130] Eingezogene (§ 34) oder eigene Anteile der Gesellschaft zählen bei der Berechnung nicht mehr mit, sind also bei der Feststellung des gesamten Stammkapitals abzuziehen.[131] Das Gleiche gilt für kaduzierte Anteile während des Schwebezustandes, also nach Zugang der Kaduzierungserklärung und vor Verwertung des Anteils.[132] Nach § 27 preisgegebene Anteile (abandonnierte Geschäftsanteile) mindern das Stammkapital bis zum Verkauf oder der Zuweisung an die Gesellschaft nach § 27 Abs. 3 S. 1 nicht, da der Gesellschafter seine Rechte solange noch ausüben kann.[133] Ebenso bleibt ein Gesellschafter nach Abgabe der Austrittserklärung bis zum Vollzug des Austritts noch Inhaber seiner Geschäftsanteile mit allen Rechten und Pflichten.[134] Eine Erhöhung oder Verminderung des Stammkapitals während des Prozesses muss mit in die Berechnung einbezogen werden, wenn sie als Satzungsänderung vor der letzten mündlichen Verhandlung mit Eintragung in das Handelsregister wirksam geworden sind.[135] Der Beitritt eines Gesellschafters als Nebenintervenient auf der Klägerseite gem. §§ 66, 69 erhöht nicht die notwendige Stammkapitalbeteiligung der Kläger.[136]

b) Beklagter. Die Auflösungsklage ist nach Abs. 2 S. 1 ausschließlich gegen die Gesell- **47** schaft zu richten.[137] Eine gegen die übrigen Gesellschafter oder einen Mehrheitsgesellschafter gerichtete Auflösungsklage ist – vorbehaltlich der Führungslosigkeit der Gesellschaft iSv § 35 Abs. 1 S. 2 – unzulässig. Die Gesellschaft wird im Prozess durch die Geschäftsführer in vertretungsberechtigter Zahl (§ 35 Abs. 2) vertreten. Die wirksame Klagezustellung kann auch bei Gesamtvertretung durch zwei oder mehrere Geschäftsführer an einen Geschäftsführer allein erfolgen (§ 35 Abs. 2 S. 3, § 170 Abs. 3 ZPO). Ist einer der Kläger zugleich auch Geschäftsführer der beklagten Gesellschaft, so kann er die Gesellschaft im Prozess nicht vertreten, selbst wenn er wirksam von den Beschränkungen des § 181 BGB befreit ist.[138] Sind die Geschäftsführer danach an der Vertretung der Gesellschaft gehindert oder hat die Gesellschaft im Zeitpunkt der Erhebung der Auflösungsklage nicht die zur Vertretung

---

127 Scholz/*Scheller* Rn. 17; Rowedder/Schmidt-Leithoff/*Gesell* Rn. 11; MHLS/*Nerlich* Rn. 26; so iErg auch RG Urt. v. 4.6.1940 – II 171/39, RGZ 164, 129 (131 f.); Noack/Servatius/Haas/*Haas* Rn. 16; Lutter/Hommelhoff/*Kleindiek* Rn. 3; *Altmeppen* Rn. 8; UHL/*Casper* Rn. 33.

128 Vgl. MHLS/*Nerlich* Rn. 32.

129 KG Beschl. v. 27.2.1914 – 1a X 127/14, GmbHR 1914, 185 (188 f.); *Kühn* GmbHR 1965 132 (133); Rowedder/Schmidt-Leithoff/*Gesell* Rn. 11; MHLS/*Nerlich* Rn. 32; UHL/*Casper* Rn. 30.

130 KG Beschl. v. 27.2.1914 – 1a X 127/14, GmbHR 1914, 185 (189); *Kühn* GmbHR 1965, 132; Rowedder/Schmidt-Leithoff/*Gesell* Rn. 11; MHLS/*Nerlich* Rn. 32; UHL/*Casper* Rn. 30.

131 MHLS/*Nerlich* Rn. 32; Noack/Servatius/Haas/*Haas* Rn. 14; UHL/*Casper* Rn. 30; *Kühn* GmbHR 1965, 132; Rowedder/Schmidt-Leithoff/*Gesell* Rn. 9 für die Einziehung, offengelassen dagegen für eigenen Anteile der Gesellschaft.

132 MHLS/*Nerlich* Rn. 32; Noack/Servatius/Haas/*Haas* Rn. 14; UHL/*Casper* Rn. 30; Rowedder/Schmidt-Leithoff/*Gesell* Rn. 11; aA *Kühn* GmbHR 1965, 132.

133 Noack/Servatius/Haas/*Haas* Rn. 14; UHL/*Casper* Rn. 30; *Kühn* GmbHR 1965, 132; aA MHLS/*Nerlich* Rn. 32; Noack/Servatius/Haas/*Noack* § 50 Rn. 23.

134 OLG Naumburg Urt. v. 20.4.2012 – 10 U 24/10.Hs, BeckRS 2012, 21440.

135 UHL/*Casper* Rn. 30; MHLS/*Nerlich* Rn. 32; Rowedder/Schmidt-Leithoff/*Gesell* Rn. 11.

136 Rowedder/Schmidt-Leithoff/*Gesell* Rn. 11.

137 AA für die personalistische GmbH *Joost* ZGR 1984, 71 (99 f.), der den Gesellschaftern in diesen Fällen die Parteirolle zuweist; krit. zu dieser Vorschrift auch *Häsemeyer* ZZP 101 (1988), 385 (410); *Matrotzke* ZZP 100 (1987), 164 (208 ff.).

138 Rowedder/Schmidt-Leithoff/*Gesell* Rn. 14 unter Verweis auf den Zweiparteiengrundsatz im Prozess, ebenso bereits das RG für die „Aktienkommanditgesellschaft", Urt. v. 22.6.1907 – Rep. I. 40/07, RGZ 66, 240 (242); BGH Urt. v. 11.7.1983 – II ZR 114/82, NJW 1984, 57; UHL/*Casper* Rn. 31; MHLS/*Nerlich* Rn. 33; Noack/Servatius/Haas/*Haas* Rn. 18.

erforderliche Zahl der Geschäftsführer; so hat auf Antrag des Klägers oder eines sonstigen Beteiligten das Registergericht analog § 29 BGB einen Notgeschäftsführer oder das Prozessgericht nach § 57 ZPO vorläufig einen Prozessvertreter zu bestellen.[139] Die nicht klagenden Gesellschafter können die Notbestellung allerdings häufig dadurch verhindern, dass sie analog § 46 Nr. 8 einen Prozessvertreter bestellen, wobei die klagenden Gesellschafter bei der Beschlussfassung hierüber analog § 47 Abs. 4 kein Stimmrecht haben.[140] Treten Gesellschafter der GmbH auf der Beklagtenseite bei, so liegt eine streitgenössische Nebenintervention nach §§ 66, 69 ZPO vor.[141]

48   **c) Nebenintervention. aa) Beitritt auf der Aktiv- oder Passivseite.** Die nicht klagenden Gesellschafter können der Auflösungsklage in jeder Lage des Rechtsstreits auf der Aktiv- oder der Passivseite nach § 66 ZPO als Nebenintervenienten beitreten. Im Regelfall wird dies auf der Passivseite als Beitritt zur beklagten Gesellschaft der Fall sein. Das für die Nebenintervention nach § 66 ZPO notwendige Interesse ergibt sich für die beitretenden Gesellschafter bereits daraus, dass das der Auflösungsklage stattgebende Urteil die Gesellschaft in eine Liquidationsgesellschaft umwandelt und damit unmittelbar in die Rechte aller Gesellschafter eingreift.[142] Wegen dieser inter-omnes-Wirkung des Auflösungsurteils ist das Prozessgericht verpflichtet, die nicht klagenden Gesellschafter von Amts wegen über die Auflösungsklage zu informieren und ihnen die Möglichkeit zu geben, als Nebenintervenienten dem Rechtsstreit beizutreten, sofern dies nicht bereits durch die Geschäftsführung geschehen ist.[143] Art. 103 Abs. 1 GG gebietet es, die Mitgesellschafter von der Auflösungsklage in Kenntnis zu setzen und nicht vor vollendete Tatsachen zu stellen. Werden die Gesellschafter nicht über die Auflösungsklage informiert, so ist ihr Recht auf rechtliches Gehör nach Art. 103 Abs. 1 GG verletzt. Das Auflösungsurteil ist dann verfassungswidrig und aufzuheben.[144] Hat eine Gesellschaft eine unüberschaubare Anzahl von Gesellschaftern und ist deren Benachrichtigung durch das Prozessgericht deshalb praktisch kaum möglich und zumutbar, so kommt ausnahmsweise die Benachrichtigung eines Repräsentationsorgans wie des Gesellschafterbeirates oder des Aufsichtsrates in Betracht.[145] Daneben besteht in diesen Fällen ausnahmsweise auch die Möglichkeit der Veröffentlichung des Rechtsstreites in den in § 30 Abs. 2 S. 2, § 65 Abs. 2 S. 1 genannten Blättern.[146]

49   **bb) Streitgenossenschaft.** Treten Mitgesellschafter dem Prozess als Nebenintervenienten auf der Aktiv- oder Passivseite bei, so handelt es sich um einen Fall der streitgenössischen Nebenintervention nach § 69 ZPO, da ein der Auflösungsklage stattgebendes, rechtskräftiges Urteil allen Gesellschaftern gegenüber Wirkung entfaltet.[147] Die Nebenintervenienten haben dann nach §§ 61, 62 ZPO die Stellung von notwendigen Streitgenossen. Sie können in dieser Eigenschaft Prozesshandlungen auch gegen den Willen der unterstützten Partei vornehmen, insbesondere auch selbstständig Rechtsmittel einlegen.[148] Das gilt jedoch nicht mehr, wenn die Klage zurückgenommen wurde, da der Rechtsstreit dann beendet

---

[139]   Noack/Servatius/Haas/*Haas* Rn. 18; UHL/*Casper* Rn. 31; Rowedder/Schmidt-Leithoff/*Gesell* Rn. 14; MHLS/*Nerlich* Rn. 33.

[140]   Scholz/*Scheller* Rn. 20; so iErg auch UHL/*Casper* Rn. 31; MHLS/*Nerlich* Rn. 33; Rowedder/Schmidt-Leithoff/*Gesell* Rn. 4; Noack/Servatius/Haas/*Haas* Rn. 18.

[141]   Scholz/*Scheller* Rn. 20; Rowedder/Schmidt-Leithoff/*Gesell* Rn. 14.

[142]   *Becker* ZZP 97 (1984), 314 (317); UHL/*Casper* Rn. 32; MHLS/*Nerlich* Rn. 34.

[143]   BVerfG Beschl. v. 9.2.1982 – 1 BvR 191/81, BVerfGE 60, 7 (15) = NJW 1982, 1635; UHL/*Casper* Rn. 32; MHLS/*Nerlich* Rn. 35; Noack/Servatius/Haas/*Haas* Rn. 16.

[144]   BVerfG Beschl. v. 9.2.1982 – 1 BvR 191/81, BVerfGE 60, 7 (15) = NJW 1982, 1635.

[145]   Scholz/*Scheller* Rn. 21; MHLS/*Nerlich* Rn. 35; *Becker* ZZP 97 (1984), 314 (334 f.); offengelassen von BVerfG Beschl. v. 9.2.1982 – 1 BvR 191/81, BVerfGE 60, 7 (15) = NJW 1982, 1635; Rowedder/Schmidt-Leithoff/*Gesell* Rn. 16; aA Noack/Servatius/Haas/*Haas* Rn. 16.

[146]   MHLS/*Nerlich* Rn. 36; Noack/Servatius/Haas/*Haas* Rn. 16; krit. *Häsemeyer* ZZP (1988), 385 (410) Fn. 125.

[147]   RG Urt. v. 4.6.1940 – II 171/39, RGZ 164, 129 (131 f.); UHL/*Casper* Rn. 33; MHLS/*Nerlich* Rn. 37; Noack/Servatius/Haas/*Haas* Rn. 16; ebenso Scholz/*Scheller* Rn. 21.

[148]   RG Urt. v. 4.6.1940 – II 171/39, RGZ 164, 129 (132); MHLS/*Nerlich* Rn. 37; Noack/Servatius/Haas/*Haas* Rn. 16.

ist.[149] Anteile von Gesellschaftern, die auf der Aktivseite den klagenden Gesellschaftern als Nebenintervenienten beitreten, zählen nicht zu den für die Klagebefugnis erforderlichen 10 % des Stammkapitals (→ Rn. 46).[150]

2. Zuständigkeit (Abs. 3). Zuständig für die Auflösungsklage ist nach Abs. 3 das **50** Landgericht, in dessen Bezirk die Gesellschaft ihren satzungsgemäßen Sitz (§ 4a) hat. Diese Zuständigkeitsregelung umfasst die örtliche und sachliche Zuständigkeit der ordentlichen Gerichte und ist nach dem ausdrücklichen Wortlaut eine ausschließliche. Abweichende Gerichtsstandvereinbarungen sind damit unwirksam (§ 40 Abs. 2 Nr. 2 ZPO). Jedoch wird man zu berücksichtigen haben, dass § 4a den Gesellschaftern nunmehr eine weit reichende Autonomie hinsichtlich der Begründung bzw. Verlegung des Gesellschaftssitzes gibt (→ § 4a Rn. 6 ff.). Gegebenenfalls wird hier zu prüfen sein, ob eine Sitzverlegung durch entsprechende Beschlussmehrheiten im nahen Zusammenhang mit einer Auslösungsklage gegen gesellschaftsvertragliche Treupflichten verstößt. Die Auflösungsklage ist § 95 Nr. 4 lit. a GVG iVm § 13 Abs. 3 als Handelssache nach zu qualifizieren, für die gem. §§ 96, 98 GVG die Kammer für Handelssachen zuständig ist.

3. Verfahren. Das gerichtliche Verfahren der Auflösungsklage entspricht im Wesentli- **51** chen dem Verfahren der Anfechtungs- oder Nichtigkeitsklage. Insoweit kann auf die dortigen Ausführungen verwiesen werden (→ Anh. § 47 Rn. 166 ff.). Ein der Auflösung zustimmender Vergleich oder ein Klageanerkenntnis auf Auflösung der Gesellschaft sind unzulässig.[151] Die Beklagte kann jedoch über Nichtbestreiten, Geständnis, Säumnis und Verzicht auf die Einlegung von Rechtsmitteln das Ergebnis des Prozesses in ähnlicher Weise beeinflussen.[152] Die Geschäftsführer können sich hierdurch jedoch gegenüber den nicht klagenden Gesellschaftern schadensersatzpflichtig machen.[153] Diesen verbleibt aber die Möglichkeit dem Verfahren als Nebenintervenienten beizutreten (§§ 66, 69 ZPO) und in ihrer Stellung als notwendige Streitgenossen (§§ 61, 62 ZPO) Prozesshandlungen vorzunehmen und beispielsweise den Erlass eines Säumnisurteils zu verhindern oder Rechtsmittel einzulegen (→ Rn. 49). Zur Wahrung ihrer Interessen und zur Wahrung des rechtlichen Gehörs sind sie deshalb vom Prozessgericht über die Erhebung der Auflösungsklage zu informieren (→ Rn. 48). Das Prozessgericht hat außerdem von Amts wegen die Klagebefugnis der Kläger als Prozessvoraussetzung zu prüfen, insbesondere ob deren Geschäftsanteile zusammen der gesetzlich vorgegebenen Quote mindestens 10 % des Stammkapitals oder einer satzungsgemäß vereinbarten geringeren entsprechen (→ Rn. 4 ff., → Rn. 45 ff.).

4. Urteil. a) Stattgebendes Urteil. Stellt das Prozessgericht das Vorliegen eines wich- **52** tigen Grundes in den Verhältnissen der Gesellschaft fest, so hat es durch Urteil die Auflösung der Gesellschaft auszusprechen. Es handelt sich also insoweit nicht um eine Ermessensentscheidung des Gerichts. Der Wortlaut des Abs. 1 „die Gesellschaft kann aufgelöst werden" ist insoweit missverständlich (→ Rn. 16).[154] Für den Erfolg der Auflösungsklage muss das Prozessgericht das Vorliegen des wichtigen Grundes im Zeitpunkt der letzten mündlichen Verhandlung feststellen (→ Rn. 20).[155] Darlegungs- und beweispflichtig für die den wichti-

149 BGH Beschl. v. 22.12.1964 – I a ZR 237/63, NJW 1965, 760; MHLS/*Nerlich* Rn. 37; Noack/Servatius/ Haas/*Haas* Rn. 16; UHL/*Casper* Rn. 33.

150 MHLS/*Nerlich* Rn. 38; UHL/*Casper* Rn. 33; Rowedder/Schmidt-Leithoff/*Gesell* Rn. 14a.

151 MHLS/*Nerlich* Rn. 39; Scholz/*Scheller* Rn. 21; Noack/Servatius/Haas/*Haas* Rn. 17; aA UHL/*Casper* Rn. 40 für das Anerkenntnisurteil, das er für zulässig hält.

152 Noack/Servatius/Haas/*Haas* Rn. 17; MHLS/*Nerlich* Rn. 39; Scholz/*Scheller* Rn. 21; aA jedoch Rowedder/Schmidt-Leithoff/*Gesell* Rn. 16, der ein Säumnisurteil für unzulässig hält, jedoch hinsichtlich Nichtbestreiten, Geständnis und Nichteinlegung von Rechtsbehelfen übereinstimmt.

153 Noack/Servatius/Haas/*Haas* Rn. 17.

154 RG Urt. v. 4.6.1940 – II 171/39, RGZ 164, 129 (132); *Becker* ZZP 97 (1984), 314 (317); MHLS/*Nerlich* Rn. 46; UHL/*Casper* Rn. 41; Noack/Servatius/Haas/*Haas* Rn. 21; Rowedder/Schmidt-Leithoff/*Gesell* Rn. 16.

155 Rowedder/Schmidt-Leithoff/*Gesell* Rn. 16.

gen Grund bildenden Umstände ist der Auflösungskläger.[156] Das der Klage stattgebende Urteil hat nach § 60 Abs. 1 Nr. 3 Gestaltungswirkung. Mit Eintritt der Rechtskraft löst es die Gesellschaft mit inter-omnes-Wirkung gegenüber allen Gesellschaftern auf[157] und erledigt andere anhängige Auflösungsklagen.[158] Dieser Zeitpunkt ist Stichtag für die nach § 71 Abs. 1 aufzustellende Liquidationsbilanz und auch Bewertungsstichtag für die Auseinandersetzung. Das Urteil wirkt also anders als § 140 Abs. 2 HGB nicht auf den Zeitpunkt der Klageerhebung zurück.[159] Wegen der Gestaltungswirkung des Auflösungsurteils kann dieses in der Hauptsache nicht für vorläufig vollstreckbar erklärt werden. Ist dies erfolgt, so tritt vor Rechtskraft dennoch keine Auslösungswirkung ein.[160] Hinsichtlich der Kosten kann dagegen eine vorläufige Vollstreckbarkeit angeordnet werden, die sich dann nach den §§ 709, 710 ZPO richtet. Da die Auflösung der Gesellschaft erst mit der Rechtskraft des Urteils eintritt, ist diese von den Geschäftsführern in vertretungsberechtigter Zahl erst ab diesem Zeitpunkt nach § 65 Abs. 1 anzumelden. Die Anmeldung kann vom Registergericht nach den § 14 HGB iVm § 388 FamFG (früher § 132 FGG) erzwungen werden. Die Folgen der Auflösung richten sich nach den **§§ 66 ff.**

53   **b) Klageabweisendes Urteil.** Anders als das Auflösungsurteil wirkt das die Klage abweisende Urteil nur zwischen den Beteiligten des Rechtsstreites. Es bindet also die nicht klagenden und nicht beigetretenen Gesellschafter in keiner Weise und hindert sie nicht, eine erneute Klage nach § 61, auch gestützt auf die wichtigen Gründe, zu erheben, die bereits Gegenstand der abgewiesenen Klage waren.[161] Ist das Urteil als Prozessurteil ergangen, so kann derselbe Kläger nach Erlangung des erforderlichen Quorums des Stammkapitals oder Beseitigung eines sonstigen Prozesshindernisses die Auflösungsklage erneut und gestützt auf denselben wichtigen Grund erheben. Ist das Urteil dagegen als Sachurteil ergangen, so kann der Kläger nicht erneut gestützt auf denselben wichtigen Grund als identischem Streitgegenstand Klage nach § 61 erheben.[162] Er kann jedoch erneut Auflösungsklage gestützt auf andere, von ihm noch nicht geltend gemachte, wichtige Gründe erheben. Das die Klage abweisende Sachurteil entfaltet für den Kläger also nur hinsichtlich des von ihm geltend gemachten wichtigen Grundes und der zugrunde liegenden Tatsachen Rechtskraftwirkung. Es stellt darüber hinausgehend auch nicht rechtskräftig fest, dass die Gesellschaft besteht und nicht aus anderem Grund bereits aufgelöst ist.[163]

54   **5. Schiedsgericht. a) Zulässigkeit.** Trotz der ausschließlichen Zuständigkeit des Landgerichts gem. Abs. 1 wird nach mittlerweile hM die Vereinbarung eines Schiedsgerichts für die Auflösungsklage im Gesellschaftsvertrag anders als bei Anfechtungs- und Nichtigkeitsklagen[164] anerkannt.[165] Dem ist zu folgen. Die ausschließliche Zuständigkeit des Land-

---

[156]   UHL/*Casper* Rn. 18; RG Urt. v. 4.6.1940 – II 171/39, RGZ 164, 129 (142); zur Beweislast der Gesellschaft hinsichtlich des Eingreifens von der Auflösungsklage vorgehenden milderen, zur Behebung der Störung geeigneten Mitteln, vgl. BGH Urt. v. 15.4.1985 – II ZR 274/83, NJW 1985, 1901.

[157]   *Schlosser*, Gestaltungsklagen und Gestaltungsurteile, 1966, 231; *Hofmann* GmbHR 1975, 217 (221); Scholz/*Scheller* Rn. 22; Noack/Servatius/Haas/*Haas* Rn. 22; Rowedder/Schmidt-Leithoff/*Gesell* Rn. 17; UHL/*Casper* Rn. 42; MHLS/*Nerlich* Rn. 46.

[158]   Noack/Servatius/Haas/*Haas* Rn. 22.

[159]   RG Urt. v. 7.12.1920 – II 208/29, JW 1921, 463; UHL/*Casper* Rn. 42; Scholz/*Scheller* Rn. 22; Rowedder/Schmidt-Leithoff/*Gesell* Rn. 17; Noack/Servatius/Haas/*Haas* Rn. 22; MHLS/*Nerlich* Rn. 47.

[160]   KG Beschl. v. 6.10.1911 – Ia 3S, OLGE 27, 390; Scholz/*Scheller* Rn. 22; MHLS/*Nerlich* Rn. 46; UHL/*Casper* Rn. 44; Noack/Servatius/Haas/*Haas* Rn. 22; Rowedder/Schmidt-Leithoff/*Gesell* Rn. 17; MHLS/*Nerlich* Rn. 46; einschr. *Vollmer* BB 1984, 1774 (1775).

[161]   Rowedder/Schmidt-Leithoff/*Gesell* Rn. 12; UHL/*Casper* Rn. 45; MHLS/*Nerlich* Rn. 47. Scholz/*Scheller* Rn. 23 spricht hier von subjektiver Begrenzung der materiellen Rechtskraft.

[162]   Rowedder/Schmidt-Leithoff/*Gesell* Rn. 12; UHL/*Casper* Rn. 45; MHLS/*Nerlich* Rn. 47. Scholz/*Scheller* Rn. 23 spricht hier von objektiver Begrenzung der materiellen Rechtskraft.

[163]   Rowedder/Schmidt-Leithoff/*Gesell* Rn. 12.

[164]   Vgl. hierzu die Lit., Nachweise bei Hachenburg/*Ulmer* Rn. 36 Fn. 74, der die Zulässigkeit des Schiedsgerichts entgegen der hM auch für Anfechtungs- und Nichtigkeitsklagen befürwortet; ähnlich *Kornmeier* DB 1980, 194 (195 ff.).

[165]   BayObLG Beschl. v. 24.2.1984 – BReg. 3 Z 197/83, DB 1984, 1240 (1241) = BB 1984, 746 = WM 1984, 809; UHL/*Casper* Rn. 38 mit eingehender Begr.; MHLS/*Nerlich* Rn. 42; Noack/Servatius/Haas/

gerichts betrifft nur die ordentliche Gerichtsbarkeit und schließt damit Gerichtsstandsvereinbarungen aus. Auch sind Gestaltungsklagen der Schiedsgerichtsbarkeit nicht generell
entzogen, weil es an der Vergleichs- und damit Schiedsgerichtsfähigkeit der Parteien hinsichtlich des Streitgegenstandes als Grundvoraussetzung für eine Schiedsgerichtsvereinbarung fehlt.[166] Für die Vergleichsfähigkeit nach § 1030 Abs. 1 ZPO ist nach hM[167] nämlich
nicht auf die Parteien des Rechtsstreits sondern die Parteien des Schiedsvertrages, also die
Gesellschafter abzustellen. Die Gesellschafter sind aber in Angelegenheiten, die zur Kompetenz der Gesellschafterversammlung gehören, unbestritten vergleichsfähig.[168] Das Problem
der objektiven Schiedsgerichtsfähigkeit (§ 1025 Abs. 1 ZPO aF) hat sich mit der Neufassung
des § 1030 ZPO erledigt.[169] Im Hinblick auf die Gestaltungswirkung steht der Schiedsspruch nach richtiger Ansicht (→ Rn. 52) dem Gestaltungsurteil gleich.[170] Abzustellen ist
vorrangig auf die Frage, ob das Schiedsgericht zur Austragung eines gegen alle Gesellschafter
gerichteten Rechtsstreits berechtigt ist. Da das Urteil des Schiedsgerichts in seiner Gestaltungswirkung aber wie das Urteil des ordentlichen Gerichts nur gegen alle Gesellschafter
einheitlich wirken kann, müssen sich auch alle Gesellschafter dem Spruch des Schiedsgerichts unterworfen haben. Das setzt voraus, dass die Zuständigkeit des Schiedsgerichts nicht
nur in einer Schiedsgerichtsvereinbarung zwischen dem klagenden Gesellschafter und der
Gesellschaft, sondern in der Satzung selbst geregelt ist.[171] Die Schiedsgerichtsvereinbarung
muss deshalb bereits im Gesellschaftsvertrag vereinbart sein. Mangels Schutzwürdigkeit der
weiteren Gesellschafter wird man eine Schiedsgerichtsvereinbarung zwischen der dem klagenden Gesellschafter und der Gesellschaft jedoch dann Geltung zuerkennen können, wenn
die übrigen Gesellschafter ihr zugestimmt haben.[172] Soll eine Schiedsgerichtsvereinbarung
später im Wege der Satzungsänderung in den Gesellschaftsvertrag aufgenommen werden,
so bedarf es hierzu eines einstimmigen Beschlusses aller Gesellschafter.[173] § 1031 ZPO findet
wegen § 1066 ZPO in diesem Fall keine Anwendung. Soll eine Schiedsgerichtsvereinbarung
vor Prozessbeginn zwischen dem klagenden Gesellschafter und der Gesellschaft getroffen
werden, so müssen alle anderen Gesellschafter dieser zustimmen.[174] Eine rügelose Einlassung
der beklagten Gesellschaft vor dem Schiedsgericht kann den Mangel einer satzungsmäßen
Schiedsklausel nicht beseitigen.[175] Gegen die Zulässigkeit einer satzungsgemäßen Schiedsgerichtsvereinbarung können auch nicht die Grundsätze des rechtlichen Gehörs angeführt
werden, da sie sich selbst bereits bei Gründung der Gesellschaft bzw. bei der nachträglichen
Einbeziehung der Schiedsgerichtsklausel durch Satzungsänderung der Schiedsgerichtsbarkeit
unterworfen haben.[176] Außerdem sind die im Schiedsverfahren nicht beteiligten Gesellschafter vom Schiedsgericht ebenso wie vom Landgericht zur Gewährung des rechtlichen Gehörs
zu unterrichten und haben ebenso wie bei einer Auflösungsklage vor dem Landgericht das
Recht zur Nebenintervention.[177]

---

[166]   Haas Rn. 20; Rowedder/Schmidt-Leithoff/*Gesell* Rn. 15; Lutter/Hommelhoff/*Kleindiek* Rn. 5; *Altmep-
       pen* Rn. 11; *Kornmeier* DB 1980, 194 (195); eingehend hierzu auch *Becker* ZZP 97 (1984), 314 (318 ff.).
       MHLS/*Nerlich* Rn. 43.
[167]   Vgl. nur BGH Urt. v. 25.10.1962 – II ZR 188/61, BGHZ 38, 155 (158) = NJW 1963, 203.
[168]   MHLS/*Nerlich* Rn. 43; Hachenburg/*Ulmer* Rn. 37; eingehend UHL/*Casper* Rn. 38 unter Verweis auf
       die geänderte Rspr. des BGH zur Schiedsfähigkeit von Beschlussmängelstreitigkeiten.
[169]   UHL/*Casper* Rn. 38.
[170]   UHL/*Casper* Rn. 38.
[171]   Scholz/*Scheller* Rn. 15; Henssler/Strohn/*Arnold* Rn. 22 mit Verweis auf die Unzulässigkeit des Abschlus-
       ses eines Vergleichs; UHL/*Casper* Rn. 38; aA Noack/Servatius/Haas/*Haas* Rn. 20, der davon ausgeht,
       dass eine Schiedsklausel auch allein zwischen den Partien des Auflösungsprozesses vereinbart werden
       könne, da es sich um eine vermögensrechtliche Streitigkeit iSv § 1030 Abs. 1 S. 1 ZPO handele.
[172]   So auch Rowedder/Schmidt-Leithoff/*Gesell* Rn. 15; Henssler/Strohn/*Arnold* Rn. 22.
[173]   Rowedder/Schmidt-Leithoff/*Gesell* Rn. 15; MHLS/*Nerlich* Rn. 44; UHL/*Casper* Rn. 39; Baumbach/
       Hueck/*Schulze-Osterloh/Fastrich*, 18. Aufl. 2006, Rn. 20; offengelassen jetzt von Noack/Servatius/Haas/
       Haas Rn. 20 mit Verweis auf *Haas* SchiedsVZ 2007, 1.
[174]   MHLS/*Nerlich* Rn. 44; Rowedder/Schmidt-Leithoff/*Gesell* Rn. 15.
[175]   MHLS/*Nerlich* Rn. 44.
[176]   So richtig Hachenburg/*Ulmer* Rn. 37.
[177]   Noack/Servatius/Haas/*Haas* Rn. 20; MHLS/*Nerlich* Rn. 44; Rowedder/Schmidt-Leithoff/*Gesell*
       Rn. 15; UHL/*Casper* Rn. 38.

55   **b) Urteilswirkung.** Der Spruch des Schiedsgerichts auf Auflösung der Gesellschaft hat nach § 1055 ZPO unter den Parteien die Wirkung eines rechtskräftigen gerichtlichen Urteils.[178] Dabei ist jedoch umstritten, ob dies auch für die Gestaltungswirkung des Urteils gilt. Die wohl hM geht davon aus, dass der Schiedsspruch die Gesellschaft nicht unmittelbar auflöse, sondern dass es zur Herbeiführung der Gestaltungswirkung noch zusätzlich einer Vollstreckbarkeitserklärung nach § 1060 Abs. 1 ZPO bedürfe.[179] Die hierzu angeführten Argumente überzeugen jedoch nicht. So wird angeführt, dass erst mit der rechtskräftigen Vollstreckbarkeitserklärung die Ungewissheit entfalle, ob die Gestaltungswirkung Bestand habe. Denn erst nach rechtskräftiger Vollstreckbarkeitserklärung entfalle die Gefahr einer Aufhebung nach § 1059 ZPO. Außerdem wird für die Notwendigkeit einer Vollstreckbarkeitserklärung angeführt, dass der Schiedsspruch nach § 1055 ZPO gerade nur Wirkung unter den Parteien habe. Dem ist jedoch entgegenzuhalten, dass die Gefahr einer Aufhebung (für die Zukunft) auch bei anderen gesellschaftsrechtlichen Gestaltungsrechten besteht, etwa bei dem Auflösungsbeschluss nach § 60 Abs. 1 Nr. 2.[180] Hier stellt jedoch niemand die unmittelbare Gestaltungswirkung in Frage. Deshalb wird vielfach die unmittelbare Gestaltungswirkung des die Gesellschaft auflösenden Schiedsspruches anerkannt, dennoch für die von Amts wegen durchzuführende Eintragung der Auflösung im Handelsregister unter Berufung auf den Schiedsspruch und die gerichtliche Bestellung eines Liquidators dessen Vollstreckbarkeitserklärung verlangt.[181] Dabei wird darauf verwiesen, dass der Eintritt der Auflösungswirkung unabhängig von der Eintragung der Auflösung im Handelsregister ist und dass diese Differenzierung gerade auch für die Gesellschafter besondere Bedeutung erlangen kann. Letzter Ansicht ist zwar insoweit zu folgen, als der Schiedsspruch unmittelbare Gestaltungswirkung entfaltet. Geht man aber hiervon aus, so ist es nur konsequent für deren Eintragung im Handelsregister ebenso auf eine Vollstreckbarkeitserklärung zu verzichten.[182] Vereinbaren die Gesellschafter eine Schiedsklausel, dann wollen sie gerade eine schnelle Entscheidung, die sofort und ohne staatliche Vollstreckbarkeitserklärung wirksam wird.[183]

56   **6. Einstweilige Verfügung.** Die Gesellschaft kann nach allgemeiner Meinung nicht durch eine einstweilige Verfügung aufgelöst werden, weil diese die Hauptsache in ihrer rechtsgestaltenden Wirkung im Ergebnis vorwegnehmen würde.[184] Es können jedoch Maßnahmen zur Sicherung des Klagerechts und dessen Durchführbarkeit im einstweiligen Rechtsschutz gemäß den §§ 938, 940 ZPO getroffen werden. Häufig wird es dabei um die vorläufige Entziehung von Geschäftsführungsbefugnis und Vertretungsmacht von Mitgesellschaftern und/oder Geschäftsführern während der Dauer des Auflösungsverfahrens gehen.[185] Soll einem geschäftsführenden Mitgesellschafter das Recht entzogen werden, von seinen Befugnissen als Gesellschaftsorgan Gebrauch zu machen,[186] so ist die einstweilige

---

[178] Eingehend zu den Wirkungen rechtskräftiger Schiedssprüche bei gesellschaftsrechtlichen Gestaltungsklagen *Vollmer* BB 1984, 1774.

[179] BayObLG Beschl. v. 24.2.1984 – BReg. 3 Z 197/83, DB 1984, 1240 (1241) = BB 1984, 746 = WM 1984, 809; Baumbach/Hueck/*Schulze-Osterloh/Fastrich,* 18. Aufl. 2006, Rn. 23; *Wieser* ZZP 102 (1989), 261 (270 f.); *K. Schmidt* ZGR 1988, 523 (536); *Altmeppen* Rn. 11; Ring/Grziwotz/*Grziwotz* Rn. 11; Bork/Schäfer/*Roth* Rn. 15.

[180] MHLS/*Nerlich* Rn. 45; Hachenburg/*Ulmer* Rn. 42 mit eingehender Erl. noch auf der alten Rechtsgrundlage.

[181] Rowedder/Schmidt-Leithoff/*Gesell* Rn. 15; Lutter/Hommelhoff/*Kleindiek* Rn. 6; Thomas/Putzo/ *Reichold* ZPO § 1060 Rn. 7.

[182] So auch MHLS/*Nerlich* Rn. 45; UHL/*Casper* Rn. 43; Scholz/*Scheller* Rn. 24; Noack/Servatius/Haas/ *Haas* Rn. 23; *Vollmer* BB 1984, 1774 (1777); *Loritz* ZZP 105 (1991), 1 (19); allg. Stein/Jonas/*Schlosser* ZPO § 1060 Rn. 2; Zöller/*Geimer* ZPO § 1055 Rn. 2; Zöller/*Geimer* ZPO § 1060 Rn. 2; ebenso *Walter* FS Schwab, 1990, 539 (555 f.), der sich eingehend mit der allgemeinen Frage der Vollstreckbarerklärung als Voraussetzung bestimmter Wirkungen des Schiedsspruchs auseinandersetzt.

[183] *Vollmer* BB 1984, 1774 (1777); *Walter* FS Schwab, 1990, 539 (554).

[184] MHLS/*Nerlich* Rn. 49; Rowedder/Schmidt-Leithoff/*Gesell* Rn. 19; Noack/Servatius/Haas/*Haas* Rn. 26; UHL/*Casper* Rn. 46; Scholz/*Scheller* Rn. 26.

[185] Vgl. dazu UHL/*Casper* Rn. 46.

[186] Scholz/*Scheller* Rn. 26 betont, dass Antragsziel nicht die Amtsenthebung, sondern das Verbot an den Geschäftsführer ist, einstweilen von seinen Befugnissen Gebrauch zu machen.

Verfügung aufgrund des Gesellschaftsverhältnisses unmittelbar gegen ihn selbst zu richten.[187] Soll dagegen einem Fremdgeschäftsführer die Geschäftsführung und Vertretung entzogen werden, so ist die Gesellschaft Antragsgegnerin, weil nur sie mangels direkter Rechtsbeziehungen des beantragenden Gesellschafters zum Fremdgeschäftsführer diesen abberufen kann.[188] Letzteres ist dann zugleich das Antragsziel. Ebenso kann der Antrag auf Einsetzung eines Sequesters nur gegen die Gesellschaft gerichtet werden.[189]

Nach bis zum 31.12.1997 geltender Rechtlage waren Beantragung und Erlass von **57** einstweiligen Verfügungen im Rahmen eines Schiedsgerichtsverfahrens nach nicht unumstrittener Ansicht unzulässig. Sie waren den staatlichen Gerichten vorbehalten.[190] Nach gegenwärtiger Rechtslage kann das Schiedsgericht gem. § 1041 ZPO, sofern die Parteien nichts anderes vereinbart haben, auf Antrag einer Partei vorläufige oder sichernde Maßnahmen anordnen, die es in Bezug auf den Streitgegenstand für erforderlich hält.[191] Es kann dabei jedoch von jeder Partei im Zusammenhang mit einer solchen Maßnahme Sicherung verlangen.

7. Rechtsmittel. a) Berufung. Die Zulässigkeit der Berufung richtet sich nach § 511 **58** ZPO. Danach ist die Berufung zulässig, wenn der Wert des Beschwerdegegenstandes 600 Euro übersteigt (§ 511 Abs. 2 Nr. 1 ZPO), was bei Klage auf Auflösung einer GmbH in aller Regel der Fall sein wird (→ Rn. 60 ff.). Daneben ist die Berufung auch dann zulässig, wenn das Landgericht sie zugelassen hat (§ 511 Abs. 2 Nr. 2, Abs. 4 ZPO).

b) Revision. Die Revision (→ Rn. 39) gegen das Urteil des Berufungsgerichts ist **59** nach § 542 Abs. 1 ZPO, § 543 ZPO nur zulässig, wenn das Berufungsgericht sie selbst in seinem Urteil zugelassen hat (§ 543 Abs. 1 Nr. 1 ZPO) oder wenn das Revisionsgericht sie auf Beschwerde gegen die Nichtzulassung zugelassen hat (§ 543 Abs. 1 Nr. 2, Abs. 2 ZPO, § 544 Abs. 6 ZPO).

8. Streitwert. Die Festsetzung des Streitwertes der Auflösungsklage nach § 61 ist **60** umstritten. Vereinfacht dargestellt werden hierzu zwei Meinungen vertreten, die im Ausgangspunkt entweder auf den Wert der Gesellschaft oder den Wert des Geschäftsanteils des Klägers abstellen, letztere jedoch untereinander in Einzelfragen wiederum voneinander abweichen.

a) Gesellschaftswert. Nach einer Ansicht richtet sich der Streitwert nach dem Wert **61** sämtlicher Geschäftsanteile und damit nach dem Gesamtwert der Gesellschaft.[192] Dem ist jedoch entgegenzuhalten, dass durch eine solche Streitwertfestsetzung der Kläger einem für ihn nicht tragbaren Kostenrisiko ausgesetzt würde, das er sich häufig nicht wird leisten können. Außerdem wäre das Verhältnis zum Streitwert einer Anfechtungsklage gegen den Auflösungsbeschluss verschoben.[193]

b) Anteilswert. Zum Teil werden für die Streitwertfestsetzung die § 275 Abs. 4 AktG, **62** § 247 AktG analog angewandt.[194] Der Streitwert wird dabei vom Gericht nach billigem Ermessen unter Berücksichtigung des Interesses des Klägers an der Sache bestimmt. Der Wert des Geschäftsanteils ist dabei Richt- und Höchstwert, kann und wird aber in der Regel unterschritten werden. Dagegen wird eingewandt, dass bereits vom Grundsatz her

---

[187]   OLG Frankfurt Beschl. v. 31.7.1979 – 5 U 85/79, GmbHR 1979, 229 = GmbHR 1980, 32 mit Verweis auf OLG Frankfurt Urt. v. 19.9.1922 – 5 U 410/22, JW 1923, 87; Rowedder/Schmidt-Leithoff/*Gesell* Rn. 19; MHLS/*Nerlich* Rn. 50.

[188]   OLG Düsseldorf Urt. v. 12.3.1934 – 6 U 42/34, JW 1934, 2711 (2712); Rowedder/Schmidt-Leithoff/*Gesell* Rn. 19; MHLS/*Nerlich* Rn. 50.

[189]   UHL/*Casper* Rn. 46; Rowedder/Schmidt-Leithoff/*Gesell* Rn. 19.

[190]   UHL/*Casper* Rn. 47; zur alten Rechtslage vgl. noch Hachenburg/*Ulmer* Rn. 46.

[191]   Noack/Servatius/Haas/*Haas* Rn. 26; UHL/*Casper* Rn. 47; Scholz/*Scheller* Rn. 26.

[192]   *Lappe* GmbHR 1957, 43.

[193]   MHLS/*Nerlich* Rn. 52; Rowedder/Schmidt-Leithoff/*Gesell* Rn. 20.

[194]   Scholz/*Scheller* Rn. 25.

eine Anfechtungsklage etwas anderes als eine Auflösungsklage sei.[195] Von der wohl hM wird für die Streitwertfestsetzung auf § 3 ZPO zurückgegriffen. Das Gericht setzt danach den Streitwert nach freiem Ermessen unter Berücksichtigung des Interesses des Klägers an der Auflösung fest. Maßgeblich wird danach im Regelfall der Wert der Anteile des Klägers sein.[196] Allerdings wird von den meisten Anhängern dieser Ansicht wiederum auf den Rechtsgedanken der § 275 Abs. 4 AktG, § 274 Abs. 1 S. 1, Abs. 2 AktG als Wertungskorrektiv zurückgegriffen, soweit er auf die Auflösungsklage passt. Danach ist der Wert der Anteile des Klägers nach billigem Ermessen zu korrigieren, wenn der Ansatz des vollen Wertes die wirtschaftliche Lage des Klägers erheblich gefährden würde.[197] Nicht angewandt werden kann § 247 Abs. 1 S. 2 AktG, der ausschließlich auf die AG zugeschnitten ist.[198]

IV. Fortsetzung der Gesellschaft

63   **1. Allgemeines.** Grundsätzlich kann auch eine nach § 61 durch rechtskräftiges Gerichtsurteil oder Schiedsspruch bereits aufgelöste Gesellschaft durch **Beschluss der Gesellschafter** fortgesetzt werden. Gerichtsurteil oder Schiedsspruch führen nämlich nur zur Auflösung der Gesellschaft, nicht jedoch zu deren Beendigung. Die werbende Gesellschaft wandelt sich also zunächst nur in eine Liquidationsgesellschaft um, die aber durch einen entsprechenden Gesellschafterbeschluss auch wieder zurück in eine werbende Gesellschaft verwandelt werden kann.[199] Es gelten insoweit die allgemeinen Grundsätze zur Fortsetzung der Gesellschaft nach deren Auflösung (→ § 60 Rn. 241 ff.).

64   **2. Voraussetzungen.** Der Beschluss der Gesellschafter über die Fortsetzung der Gesellschaft bedarf im Regelfall einer **Dreiviertelmehrheit** der Gesellschafter.[200] Sieht die Satzung ausnahmsweise eine andere Mehrheit für die Auflösung der Gesellschaft vor, so gilt diese auch für den Beschluss über der Fortsetzung. Die Rechtskraft des Auflösungsurteils steht einem Fortsetzungsbeschluss selbst dann nicht entgegen, wenn an dem Auflösungsverfahren die Mehrzahl der Gesellschafter als Kläger oder Nebenintervenienten beteiligt waren, da die Rechtskraft eines Urteils es den Parteien nicht verbietet, den Streitgegenstand später anders zu regeln.[201] Zum Schutz der klagenden Gesellschafter, deren wichtigen Grund zur Auflösung der Gesellschaft das Gericht bestätigt und ihnen gewissermaßen ein Sonderrecht[202] auf Abwicklung gegeben hat, bedarf der Fortsetzungsbeschluss jedoch jeweils deren Zustimmung.[203] Ohne die **Zustimmung aller klagenden Gesellschafter** könnte deren ansonsten unentziehbares Minderheitenschutzrecht durch einen Fortsetzungsbeschluss leicht umgangen und diese auf ihr Abfindungsguthaben verwiesen werden. Deshalb kann auch in der Satzung nicht geregelt werden, dass die nach

---

[195]   Rowedder/Schmidt-Leithoff/*Gesell* Rn. 20.
[196]   OLG München Beschl. v. 18.12.1956 – 4 W 277/56, GmbHR 1957, 43; *Happ-Pfeifer* ZGR 1991, 103 (116 f.); UHL/*Casper* Rn. 48; MHLS/*Nerlich* Rn. 52; Noack/Servatius/Haas/*Haas* Rn. 25; Rowedder/Schmidt-Leithoff/*Gesell* Rn. 21 unter Verweis auf § 133 HGB. Das OLG Köln Beschl. v. 14.12.1987 – 2 W 181/87, GmbHR 1988, 192 = BB 1982, 1384 will den Wert gem. § 12 Abs. 1 GKG, § 3 ZPO nach freiem Ermessen festsetzen und dabei den Wert der Anteile des Klägers nach mehreren Faktoren beurteilen.
[197]   *Happ-Pfeifer* ZGR 1991, 103 (116 f.); UHL/*Casper* Rn. 48; MHLS/*Nerlich* Rn. 52; Noack/Servatius/Haas/*Haas* Rn. 25; aA Rowedder/Schmidt-Leithoff/*Gesell* Rn. 20, der allein auf den Wert der Anteile des Klägers abstellt.
[198]   OLG Celle Beschl. v. 18.12.1973 – 9 W 50, 51/73, Rpfleger 1974, 233; *Happ-Pfeifer* ZGR 1991, 103 (117); Noack/Servatius/Haas/*Haas* Rn. 25; MHLS/*Nerlich* Rn. 52.
[199]   MHLS/*Nerlich* Rn. 53.
[200]   MHLS/*Nerlich* Rn. 53; Rowedder/Schmidt-Leithoff/*Gesell* Rn. 21; UHL/*Casper* Rn. 49.
[201]   Rowedder/Schmidt-Leithoff/*Gesell* Rn. 21.
[202]   Rowedder/Schmidt-Leithoff/*Gesell* Rn. 21.
[203]   BayObLG Beschl. v. 25.7.1978 – BReg. 2 Z 69/78, DB 1978, 2164 (2165) mit Verweis auf RG Beschl. v. 25.10.1927 – II B 14/27, RGZ 118, 337; *Hofmann* GmbHR 1975, 217 (227); *P. Scholz* GmbHR 1982, 228 (234); MHLS/*Nerlich* Rn. 54; Rowedder/Schmidt-Leithoff/*Gesell* Rn. 221; UHL/*Casper* Rn. 49; Scholz/*Scheller* Rn. 35; Noack/Servatius/Haas/*Haas* Rn. 27; *Passarge* in Passarge/Torwegge GmbH-Liquidation Rn. 622.

§ 61 aufgelöste Gesellschaft durch Mehrheitsbeschluss ohne Zustimmung der klagenden Gesellschafter fortgesetzt werden kann.[204] Die Gegenansicht,[205] die für Fall des Vorliegens einer Fortsetzungsklausel in der Satzung auf die Zustimmung der klagenden Gesellschafter verzichten will, vermag nicht zu überzeugen. Teilweise wird jedoch davon ausgegangen, dass die anderen Gesellschafter den Auflösungsgrund in geeigneten Fällen durch eine Satzungsänderung mit der erforderlichen Mehrheit auch gegen den Kläger beseitigen können.[206] Dem ist zu folgen. Entfällt durch eine solche Satzungsänderung der wichtige Grund des Klägers vor dem Ende der letzten mündlichen Verhandlung, so ist die Klage bereits unbegründet. Erfolgt die Satzungsänderung erst danach, insbesondere nach Eintritt der Rechtskraft, und beseitigt den wichtigen Grund für den Kläger zumutbar, so kann ausgehend von dem in § 61 verkörperten Gedanken der Subsidiarität nichts anderes gelten.[207] Hierfür wird freilich in einer durch und durch zerstrittenen Gesellschaft kein Raum sein.

3. Zeitpunkt. Wird der Fortsetzungsbeschluss ausnahmsweise noch **während des** **65** **Auflösungsprozesses,** also vor dem Ende der letzten mündlichen Verhandlung gefasst, ist zu unterscheiden. Stimmt der Kläger dem Beschluss zu, so wird die Klage unbegründet und das Gericht hat nach § 91a ZPO nur noch über die Kosten des Verfahrens zu entscheiden. Stimmt der Kläger dem Beschluss dagegen nicht zu, so ist zu prüfen, ob der Beschluss nicht als Verweis auf das Austrittsrecht des Klägers ausgelegt werden kann, so dass die Klage aus Subsidiaritätsgründen als unbegründet abzuweisen ist (→ Rn. 9 ff.).[208] Ansonsten kommt dem Fortsetzungsbeschluss nur ausnahmsweise dann eine Wirkung zu, wenn die Gesellschafter den Auflösungsgrund durch ihn beseitigen können. Nach Beginn der Verteilung des Vermögens der Gesellschaft und nach Löschung der Gesellschaft im Handelsregister ist die Fortsetzung der Gesellschaft bereits nach den allgemeinen Grundsätzen ausgeschlossen.

V. GmbH & Co. KG

1. Auflösung der Komplementär GmbH. Bei der GmbH & Co. KG ist jeweils **66** zwischen der gerichtlichen Auflösung der KG und derjenigen der Komplementär GmbH zu unterscheiden. Für die gerichtliche Auflösung der Komplementär GmbH gilt § 61. Besteht deren Gesellschaftszweck ausschließlich in der Führung der Geschäfte der KG, so kann deren Auflösung und Beendigung bereits einen wichtigen Grund für die Auflösung der Komplementär GmbH darstellen (→ Rn. 28).[209]

2. Auflösung der KG. Die gerichtliche Auflösung der KG erfolgt durch Urteil nach **67** den § 161 Abs. 2 HGB, § 133 HGB. Die Auflösungsklage ist nach § 133 Abs. 3 HGB unabdingbar und steht nach § 133 Abs. 1 HGB jedem Gesellschafter unabhängig von seiner Beteiligungshöhe, also auch der Komplementär GmbH zu. Anders als bei § 61 ist die Klage nicht gegen die Gesellschaft zu richten, sondern gegen die nicht klagenden Mitgesellschafter, die sich auch nicht bindend gegenüber dem Kläger mit der Auflösung einverstanden erklärt

---

[204] BayObLG Beschl. v. 25.7.1978 – BReg. 1 Z 69/78, DB 1978, 2164 (2165); Rowedder/Schmidt-Leithoff/*Gesell* Rn. 21; MHLS/*Nerlich* Rn. 54. Vgl. allg. zur Fortsetzung der Gesellschaft nach Auflösung auch Rowedder/Schmidt-Leithoff/*Gesell* § 60 Rn. 65 ff.

[205] Hachenburg/*Ulmer* Rn. 54; jetzt UHL/*Casper* Rn. 55, beide mit wenig überzeugendem Verweis auf OLG Hamburg Beschl. v. 23.9.1982 – 2 W 34/81, BB 1982, 2007 (2008); so iE wohl auch A. *Hueck* DB 1957, 37 (38); *Sachs* GmbHR 1976, 60 (61).

[206] Rowedder/Schmidt-Leithoff/*Gesell* Rn. 21; MHLS/*Nerlich* Rn. 54; aA wohl Hachenburg/*Ulmer* Rn. 48, Fn. 100; jetzt UHL/*Casper* Rn. 49 Fn. 112.

[207] MHLS/*Nerlich* Rn. 54 verweist darauf, dass hierdurch die Auflösungswirkung nicht negiert werde, da Rechtskraft und Gestaltungswirkung des Urteils nicht entgegenstünden; ähnlich *Passarge* in Passarge/Torwegge GmbH-Liquidation Rn. 622, 629, der davon ausgeht, dass die Verweigerung der Zustimmung im Einzelfall treuwidrig sein kann, so dass dann ein Anspruch auf Zustimmung besteht.

[208] MHLS/*Nerlich* Rn. 54.

[209] UHL/*Casper* Rn. 19, 56; MHLS/*Nerlich* Rn. 56.

haben.[210] Ansonsten ist die Klage unzulässig.[211] Dies sichert das Recht aller Gesellschafter auf Gewährung des rechtlichen Gehörs.

68   Die Auflösungswirkung tritt wie bei § 61 mit Rechtskraft des Urteils ein.[212] Anders als bei § 61 kann sich der Auflösungsgrund bei § 133 HGB auch aus der Person des Gesellschafters ergeben, insbesondere dann, wenn dieser eine ihm nach dem Gesellschaftsvertrag obliegende wesentliche Verpflichtung vorsätzlich oder grob fahrlässig verletzt (§ 133 Abs. 2 HGB). Im Rahmen einer GmbH & Co. KG ist bei der Abstimmung beider Gesellschaftsverträge aufeinander möglich auf eine Synchronisierung der Regelungen zur Auflösung der Gesellschaft zu achten, soweit die entsprechenden gesetzlichen Regelungen Spielraum hierfür lassen.

§ 62 Auflösung durch eine Verwaltungsbehörde

(1) Wenn eine Gesellschaft das Gemeinwohl dadurch gefährdet, daß die Gesellschafter gesetzwidrige Beschlüsse fassen oder gesetzwidrige Handlungen der Geschäftsführer wissentlich geschehen lassen, so kann sie aufgelöst werden, ohne daß deshalb ein Anspruch auf Entschädigung stattfindet.

(2) Das Verfahren und die Zuständigkeit der Behörden richtet sich nach den für streitige Verwaltungssachen *landesgesetzlich* geltenden Vorschriften.

Schrifttum: *Becker,* Zur Auflösung juristischer Personen wegen widerrechtlicher oder gemeinwohlgefährdender Zweckverfolgung nach schweizerischen und deutschem Recht, ZSchwR 107 (1988), 613; *Hofmann,* Zur Auflösung einer GmbH, GmbH, GmbHR 1975, 217; *v. Köhler,* § 62 GmbH-Gesetz und das Kartellrecht, NJW 1961, 1292; *Kohlmann,* Nulla poena – nullum crimen sine lege, Art. 103 Abs. 2 GG und das Aktienrecht, AG 1961, 309; *Konow,* Die gerichtliche Auflösung einer GmbH, GmbHR 1973, 217.

Übersicht

---

[210] BGH Urt. v. 15.6.1959 – II ZR 44/58, BGHZ 30, 195 (197); MHLS/*Nerlich* Rn. 57; UHL/*Casper* Rn. 57 und Scholz/*Scheller* Rn. 37 mwN. Scholz/*Scheller* Rn. 38 plädieren bei einer GmbH & Co. KG bei der Auflösung der KG für eine analoge Anwendung des Abs. 2 auf die KG, so dass die Klage gegen die KG selbst zu richten wäre, räumen aber ein, dass sich diese Ansicht praktisch wohl nicht durchsetzen wird. Er empfiehlt deshalb eine Klarstellung bereits im Gesellschaftsvertrag der KG zu treffen, nach der alle das Gesellschaftsverhältnis betreffenden Streitigkeiten durch Prozess mit der durch den Geschäftsführer vertretenen Gesellschaft auszuführen sind.

[211] Vgl. dazu BGH Urt. v. 29.11.1961 – V ZR 181/60, BGHZ 36, 187 (191 f.).

[212] RG Urt. v. 21.1.1929 – VIII 286/28, RGZ 123, 151 (153); Baumbach/Hopt/*Roth* HGB § 133 Rn. 15.

I. Normzweck – Anwendungsbereich

1. Zweck der Vorschrift. a) Entstehungsgeschichte. Der Gesetzestext des § 62 ist **1** seit seiner Entstehung im Jahr 1892 unverändert. Durch den Erlass der VwGO vom 21.1.1960 (BGBl. 1960 I 17) sind mWv 1.4.1960 die früheren S. 2 und 3 des Abs. 2 (Wortlaut: „Wo ein Verwaltungsverfahren nicht besteht, kann die Auflösung nur durch gerichtliche Erkenntnis auf Betreiben der höheren Verwaltungsbehörde erfolgen. Ausschließlich zuständig ist in diesem Falle das Landgericht, in dessen Bezirk die Gesellschaft ihren Sitz hat") jedoch bereits ohne förmliche Aufhebung gegenstandslos geworden[1] und aus diesem Grund im Gesetzestext kursiv gedruckt. Gleiches gilt für den Verweis „landesgesetzlich". Sie können jedoch noch für die Auslegung von Abs. 2 S. 1 herangezogen werden (→ Rn. 46). In den 70er Jahren war geplant, die Vorschrift in Anlehnung an die §§ 396–398 AktG neu zu fassen und im Schlussteil des GmbHG getrennt von den übrigen Auflösungsgründen zu regeln.[2] Die Reform ist jedoch gescheitert. Änderungen sind auch im Rahmen des MoMiG[3] nicht erfolgt.[4] Wegen der teilweise unscharfen Tatbestandsmerkmale und des umstrittenen Verwaltungsverfahrens ist die Vorschrift auf rechtspolitische Kritik gestoßen.[5] Verfassungsrechtliche Bedenken bestehen jedoch im Hinblick auf die verfassungskonforme Auslegung und Anwendung insbesondere die Berücksichtigung des Übermaßverbotes nicht.[6]

b) Zweck der Vorschrift, Verhältnis zu § 60. Zweck der Vorschrift ist es, das **2** Gemeinwohl vor gesetzwidrigen Handlungen durch die Gesellschaft zu schützen. Hierzu regelt § 62 die Voraussetzungen und das Verfahren der Auflösung durch öffentlich-rechtliche Maßnahmen, während § 60 Abs. 1 Nr. 3 Alt. 2 die Auflösung als Rechtsfolge bestimmt. Durch die Vorschrift soll verhindert werden, dass die Möglichkeit, juristische Personen zu beliebigen Zwecken auf der Grundlage der jeweiligen Gesetze zu gründen und zu betreiben, zu Lasten des Gemeinwohls missbraucht wird.[7] Anders als die übrigen in § 60 normierten Auflösungsgründe, die ihren Ursprung und Zweck im Privatrecht finden, dient § 62 der Gefahrenabwehr im öffentlichen Interesse.

c) Parallelvorschriften. Vergleichbare Vorschriften zu § 62 finden sich für den Verein **3** in §§ 43, 44 BGB, für die AG und die KGaA in §§ 396–398 AktG und für die Genossenschaft in § 81 GenG.

d) Bedeutung der Vorschrift. aa) Geringe Praxisrelevanz. § 62 ist öffentlich- **4** rechtlicher Natur und dem **Gefahrenabwehrrecht,** also dem Verwaltungsrecht zuzuordnen. Die Vorschrift hat in der Praxis keine nennenswerte Bedeutung erlangt.[8] Verfahren

---

1. MHLS/*Nerlich* Rn. 1; Rowedder/Schmidt-Leithoff/*Gesell* Rn. 1.
2. Vgl. §§ 289–291 GmbHG-RegE 1971/73; hierzu *Konow* GmbHR 1973, 217 (218 ff.); krit. UHL/*Casper* Rn. 3.
3. Vgl. Art. 1 Nr. 44 MoMiG v. 22.10.2008, BGBl. 2008 I 2026 (2031).
4. Dies zu Recht bedauernd UHL/*Casper* Rn. 24.
5. Vgl. die Nachweise bei UHL/*Casper* Rn. 3 Fn. 5–7; Noack/Servatius/Haas/*Haas* Rn. 1 Fn. 2.
6. UHL/*Casper* Rn. 1; Rowedder/Schmidt-Leithoff/*Gesell* Rn. 1; Noack/Servatius/Haas/*Haas* Rn. 1.
7. So UHL/*Casper* Rn. 1.
8. So schon *Hofmann* GmbHR 1975, 217 (221); vgl. auch MHLS/*Nerlich* Rn. 2; *Passarge* in Passarge/Torwegge GmbH-Liquidation Rn. 85.

und Entscheidungen, die sich mit § 62 auseinandersetzen, sind bislang kaum bekannt geworden. So wird bislang in der einschlägigen Literatur allein auf eine Entscheidung des KG[9] aus dem Jahr 1937 sowie des schweizerischen Bundesgerichts[10] zur Auflösung einer Schweizer AG verwiesen.

5   **bb) Rechtsunsicherheit.** Die geringe Bedeutung der Vorschrift folgt einerseits aus den durch die Verweisung von Abs. 2 auf die landesrechtlichen Vorschriften **nur unvollständig geregelten Kompetenz- und Verfahrensfragen** und der daraus resultierenden Rechtsunsicherheit.[11] So verlangte die bislang hM zur Auflösung eine verwaltungsgerichtliche Klage, statt – wie in der Kommentarliteratur heute zunehmend stark vertreten – eine Auflösungsbefugnis der höheren Verwaltungsbehörde und damit ein weniger umständliches Verfahren anzuerkennen (→ Rn. 44 ff.). Das gerichtliche Auflösungsverfahren wird dabei als viel zu langsam und umständlich kritisiert.[12] Die Auflösung als Sanktion ist im Vergleich zu den Wirtschaftsstraftaten, die im Rahmen der GmbH als Gesellschaftsform geschehen, zu wenig abschreckend und ungenügend.[13] Vorsätzliche Gesetzesbrecher werden die Gesellschaft häufig ins Insolvenzverfahren gehen lassen und über Mittelsmänner ihre Geschäfte in einer neuen Gesellschaft weiter betreiben.[14]

6   **cc) Subsidiarität.** Die geringe Bedeutung der Vorschrift beruht andererseits auch auf deren Subsidiarität gegenüber anderen behördlichen Einzelmaßnahmen und spezialgesetzlichen Regelungen (→ Rn. 40 ff.).[15] Aufgrund des verwaltungsrechtlichen Charakters der Vorschrift sind bei Anwendung des § 62 die allgemeinen verwaltungsrechtlichen Verfahrensgrundsätze zu beachten. Nach dem Wortlaut der Vorschrift („kann") hat die zuständige Behörde bei der Entscheidung über die Auflösung ihr pflichtgemäßes Ermessen (→ Rn. 42; anders bei § 61 trotz gleichen Wortlauts, → § 61 Rn. 16) auszuüben und hat dabei insbesondere das rechtsstaatliche **Übermaßverbot**[16] zu beachten. Zu berücksichtigende Kriterien sind danach Geeignetheit, Erforderlichkeit und Verhältnismäßigkeit der Maßnahme im Einzelfall.[17] Häufig wird die Anwendung des § 62 schon an dem Grundsatz der Erforderlichkeit scheitern, weil zur Gefahrenbeseitigung weniger einschneidende, aber ebenso effektive Mittel, die den Bestand der Gesellschaft unberührt lassen, zur Verfügung stehen.[18]

7   **e) Unabdingbarkeit.** Da die Vorschrift dem Schutz des Gemeinwohls und damit öffentlichen Interessen dient, kann sie durch Gesellschaftsvertrag nicht abbedungen werden.[19]

8   **2. Entsprechende Regelungen.** Außer § 62 existieren noch weitere Vorschriften, die als Eingriffsbefugnisse eine Auflösung der Gesellschaft durch Staatsakt vorsehen.

9   **a) §§ 3, 17 VereinsG.** Anders als die gesetzliche Überschrift des VereinsG vermuten lässt, gilt dieses nach § 2 Abs. 1 VereinsG ohne Rücksicht auf die Rechtsform für jede Vereinigung, zu der sich eine Mehrheit natürlicher oder juristischer Personen für längere Zeit zu einem gemeinsamen Zweck freiwillig zusammengeschlossen und einer organisierten Willensbildung unterworfen hat. Vom Wortlaut des Gesetzes erfasst ist damit grundsätzlich auch die Mehrpersonen-GmbH. Die Einmann-GmbH unterfällt nur dann ausnahmsweise

---

[9]   KG Urt. v. 14.1.1937 – 9 U 6126/36, JW 1937, 1270.
[10] BG Urt. v. 9.3.1986 – RIW 1988, 140 mAnm *Dagon/Scholtissek* RIW 1988, 142; dazu *Becker* ZSchwR 107 (1988), 613 mit Bemerkungen zur Rechtslage in Deutschland 625.
[11] UHL/*Casper* Rn. 2, der ebenso wie Rowedder/Schmidt-Leithoff/*Gesell* Rn. 1 der Vorschrift auch für die Zukunft keine größere Bedeutung beimisst.
[12] Rowedder/Schmidt-Leithoff/*Gesell* Rn. 2.
[13] Scholz/*Scheller* Rn. 1, 2; Rowedder/Schmidt-Leithoff/*Gesell* Rn. 1; MHLS/*Nerlich* Rn. 2.
[14] Rowedder/Schmidt-Leithoff/*Gesell* Rn. 1.
[15] *Altmeppen* Rn. 1; Lutter/Hommelhoff/*Kleindiek* Rn. 1.
[16] Lutter/Hommelhoff/*Kleindiek* Rn. 1; MHLS/*Nerlich* Rn. 5.
[17] Lutter/Hommelhoff/*Kleindiek* Rn. 1.
[18] UHL/*Casper* Rn. 2; MHLS/*Nerlich* Rn. 5.
[19] Scholz/*Scheller* Rn. 1.

dem Anwendungsbereich des VereinsG, wenn dieser die Voraussetzungen einer der Vereinigung eingegliederten Teilorganisation gem. § 3 Abs. 3 VereinsG erfüllt.[20] § 17 VereinsG schränkt den durch § 2 VereinsG eröffneten Anwendungsbereich für Wirtschaftsvereinigungen (so die gesetzliche Überschrift) jedoch wiederum erheblich ein. Nach dieser Regelung sind die Vorschriften des VereinsG auf Kapitalgesellschaften, insbesondere die GmbH nur anzuwenden,

– wenn sie sich gegen die verfassungsmäßige Ordnung oder gegen den Gedanken der Völkerverständigung richten oder
– wenn ihre Zwecke oder ihre Tätigkeit den in § 74a Abs. 1 GVG oder § 120 Abs. 1 und 2 GVG genannten Strafgesetzen oder dem § 130 StGB zuwiderlaufen oder
– wenn sie von einem Verbot, das aus einem der in Nr. 1 oder 2 genannten Gründe erlassen wurde, nach § 3 Abs. 3 als Teilorganisation erfasst werden, oder
– wenn sie Ersatzorganisation eines Vereins sind, der aus einem der in Nr. 1 oder 2 genannten Gründe verboten wurde.

Stellt die Verbotsbehörde das Vorliegen der Voraussetzungen des § 17 VereinsG in seiner **10** Verfügung fest, so hat sie zugleich die Auflösung der GmbH anzuordnen (Verbot; § 3 Abs. 1 S. 1 Hs. 2 VereinsG). Die GmbH darf erst dann als verboten iSd Art. 9 Abs. 2 GG behandelt werden (§ 3 Abs. 1 S. 1 Hs. 1 VereinsG). Mit dem Verbot ist in der Regel die Beschlagnahme (§ 10 VereinsG) und Einziehung (§ 11 VereinsG) des Vereinsvermögens zu verbinden, § 3 Abs. 1 S. 2 VereinsG. Zuständige Verbotsbehörde ist nach § 3 Abs. 2 Nr. 1 VereinsG die jeweilige oberste Landesbehörde, wenn sich die Tätigkeit der GmbH auf deren Gebiet beschränkt, der Bundesminister des Innern, wenn sich die Tätigkeit der GmbH über das Gebiet eines Landes hinaus erstreckt (§ 3 Abs. 2 Nr. 2 VereinsG). Die Abwicklung des verbotenen Vereins richtet sich nicht nach den §§ 66 ff., sondern ausschließlich nach § 13 VereinsG.[21] Nach § 7 Abs. 2 VereinsG sind dann insbesondere die Beschlagnahme des Gesellschaftsvermögens, die Auflösung der GmbH nachdem das Verbot unanfechtbar geworden ist und das Erlöschen der GmbH auf Anzeige der Verbotsbehörde in das Handelsregister einzutragen.

§ 30 Abs. 2 Nr. 3 VereinsG ordnet an, dass § 62 durch das Inkrafttreten des VereinsG **11** unberührt bleibt. Für den Fall, dass der Anwendungsbereich von § 17 VereinsG und § 62 geöffnet ist, ist das Verhältnis von beiden Vorschriften jedoch umstritten. Zum Teil wird von einem generellen Vorrang des § 17 VereinsG ausgegangen.[22] Begründet wird dies damit, dass das VereinsG mit der Beschlagnahme und Vermögenseinziehung gem. § 3 Abs. 1 S. 2 VereinsG die erheblich schärferen Maßnahmen erlaubt, die über die bloße Auflösung mit nachfolgender Liquidation zu Gunsten der Gesellschafter nach § 62 hinausgehen.[23] Demgegenüber gehen andere unter Berufung auf den Wortlaut von § 30 Abs. 2 Nr. 3 VereinsG von einer konkurrierenden Zuständigkeit der Verbotsbehörde nach dem VereinsG und der Auflösungsbehörde nach dem GmbHG aus.[24] Da § 62 gerade nicht mit einer Beschlagnahme und Einziehung des Gesellschaftsvermögens verbunden sei, gebühre dieser Vorschrift im Regelfall als Mittel der Mittel im Rahmen der Verhältnismäßigkeitsprüfung der Vorrang.[25]

b) § 38 KWG. Nach § 38 KWG kann die BaFin bestimmen, dass eine Gesellschaft, **12** deren Erlaubnis zum Betrieb von Bankgeschäften oder zur Erbringung von Finanzdienstleistungen gem. § 35 KWG erloschen oder aufgehoben worden ist, abzuwickeln ist. Die Entscheidung über die Abwicklung wirkt wie ein Auflösungsbeschluss und ist dem Registerge-

---

20 So auch UHL/*Casper* Rn. 7.
21 *Hofmann* GmbHR 1975, 224.
22 Rowedder/Schmidt-Leithoff/*Gesell* Rn. 12; Lutter/Hommelhoff/*Kleindiek* Rn. 1; *Altmeppen* Rn. 8; Scholz/*Scheller* Rn. 10; Noack/Servatius/Haas/*Haas* Rn. 4, 10.
23 Rowedder/Schmidt-Leithoff/*Gesell* Rn. 12.
24 UHL/*Casper* Rn. 9; MHLS/*Nerlich* Rn. 38.
25 UHL/*Casper* Rn. 9; MHLS/*Nerlich* Rn. 38.

richt zum Zwecke der Eintragung mitzuteilen. Auf Antrag sind vom Registergericht besondere Abwickler zu bestellen.

13   Nach allgemeiner Ansicht wird § 62 durch das KWG nicht berührt. Soweit ausnahmsweise die Voraussetzungen beider Eingriffsrechte vorliegen, wird man aufgrund der größeren Sachnähe von einem vorrangigen Einschreiten der Bundesanstalt für Finanzdienstleistungsaufsicht auszugehen haben.[26]

14   **c) Sonstige behördliche Eingriffe. aa) Gewerbeuntersagung.** Untersagen Behörden in anderen Fällen den Geschäftsbetrieb oder bestimmte geschäftliche **Tätigkeiten,** so hat dies nicht die Auflösung der Gesellschaft zur Folge, sondern richtet sich allein gegen den beanstandeten Betrieb beziehungsweise die beanstandete Tätigkeit.[27] Eine automatische Auflösung der Gesellschaft ist mit dem behördlichen Einschreiten also in diesen Fällen gerade nicht verbunden. Die Gesellschaft besteht also fort. Eine gesetzliche Befugnis zur Auflösung besteht in diesen Fällen für die Behörde nicht. Jedoch kann eine Gewerbeuntersagung nach §§ 35, 59 GewO,[28] § 16 Abs. 3 HwO oder § 15 GastG die Zweckerreichung der Gesellschaft unmöglich machen und damit einen Grund für eine Auflösung nach § 60 Abs. 1 Nr. 2 oder § 61 darstellen. Gleiches gilt für das Verbot einer einzelnen Anlage in den Fällen der §§ 20 f., 25 BImSchG oder § 51 GewO. Hier ist dann von Fall zu Fall zu prüfen, ob die Voraussetzungen für eine Auflösung gegeben sind.

15   **bb) Kartellrechtliche Verstöße.** Ebenso führen kartellrechtliche Verstöße der Gesellschaft nicht zu deren Auflösung.[29] Das gilt insbesondere für die Untersagungsbefugnisse der Kartellbehörden gegenüber missbräuchlichem oder verbotenem Wettbewerbsverhalten gem. §§ 32, 32a GWB. Das GWB enthält keine Ermächtigung zur Auflösung einer GmbH,[30] auch nicht für den Fall der Auflösungsverfügung des Bundeskartellamts nach § 41 Abs. 3 GWB. In diesen Fällen bleibt zu prüfen, ob ein Einschreiten der nach § 62 zuständigen obersten Landesbehörde in Betracht kommt, wenn die Gesellschaft nach dem Unternehmensgegenstand als Organisation für ein nach § 1 GWB verbotenes Kartell dienen soll und damit der Unternehmensgegenstand und auch das dann den Gesellschaftern zurechenbare Verhalten gesetzwidrig ist.[31] Die Kartellbehörden können jedoch in durchaus wirkungsvoller Art und Weise gegen die Gesellschaft vorgehen, indem sie mittels Maßnahmen § 41 Abs. 3 GWB vorgehen und einen vollzogenen Zusammenschluss, der die Untersagungsvoraussetzungen nach § 36 Abs. 1 GWB erfüllt, auflösen.[32] Ebenso können sie gegen die Gesellschaft mit Bußgeldern einschreiten, §§ 81 ff. GWB. Erst wenn diese rechtlichen Maßnahmen als nicht ausreichend erscheinen und zugleich die Voraussetzungen des § 62 vorliegen, kann auf der Grundlage dieser Ermächtigungsgrundlage eingegriffen werden. Entsprechendes gilt für ein Einschreiten der Europäischen Kommission auf der Grundlage der Fusionskontrollverordnung durch Rückgängigmachung von Zusammenschlüssen (Art. 8 Abs. 4 FKVO) oder Verhängung von Bußgeldern (Art. 14 Abs. 2 FKVO) und bei Verstößen gegen die Binnenmarktregelungen der Art. 101 und 102 AEUV (vormals Art. 81 und 82 EGV) durch Verhängung von Bußgeldern nach Art. 23 Abs. 2 VO (EG) 1/2003. Zuständig für die Auflösungsverfügung ist dann nach hM die oberste Landesbehörde.[33]

16   Nach anderer Ansicht sollen hingegen die Kartellbehörden auf der Grundlage des § 62 bei Gericht den Antrag auf Auflösung der Gesellschaft stellen können.[34] Unabhängig davon,

---

[26]   MHLS/*Nerlich* Rn. 41; UHL/*Casper* Rn. 10; ebenso Rowedder/Schmidt-Leithoff/*Gesell* Rn. 13, der dies zusätzlich mit den stärkeren Untersuchungsrechten der BaFin begründet.

[27]   AllgM, UHL/*Casper* Rn. 11; Scholz/*Scheller* Rn. 23; MHLS/*Nerlich* Rn. 42; Rowedder/Schmidt-Leithoff/*Gesell* Rn. 14; Noack/Servatius/Haas/*Haas* Rn. 5.

[28]   Zur Abgrenzung von § 35 GewO VGH München Beschl. v. 7.6.2018 – 22 ZB 18.807, NVwZ-RR 2019, 182.

[29]   HM, eingehend Scholz/*Scheller* Rn. 7, 24 UHL/*Casper* Rn. 11; MHLS/*Nerlich* Rn. 43 ff.; Rowedder/Schmidt-Leithoff/*Gesell* Rn. 14; aA wohl *v. Köhler* NJW 1961, 1292.

[30]   MHLS/*Nerlich* Rn. 43.

[31]   MHLS/*Nerlich* Rn. 44; Rowedder/Schmidt-Leithoff/*Gesell* Rn. 14.

[32]   Mit ausf. Begr., weshalb § 41 Abs. 3 GWB keine Auflösungsbefugnis beinhaltet, Scholz/*Scheller* Rn. 24.

[33]   MHLS/*Nerlich* Rn. 45; Rowedder/Schmidt-Leithoff/*Gesell* Rn. 14.

[34]   *v. Köhler* NJW 1961, 1292 (1293).

ob man überhaupt noch von einer Zuständigkeit des Gerichts für die Auflösung der Gesellschaft ausgeht (→ Rn. 44 ff.), findet sich für diese Ansicht jedoch schon keine Ermächtigung im Gesetz. Eine unter Verstoß gegen § 1 GWB als Gemeinschaftsunternehmen gegründete und eingetragene GmbH ist dennoch als solche existent und parteifähig.[35] Auf sie sind deshalb die allgemeinen Vorschriften des GmbH-Rechts anzuwenden.[36]

II. Materielle Voraussetzungen – Auflösungsgrund (Abs. 1)

1. Allgemeines. a) Objektive und subjektive Auflösungsvoraussetzungen. 17
Abs. 1 regelt die materiell rechtlichen Voraussetzungen für eine Auflösung der Gesellschaft durch eine Verwaltungsbehörde. Zu unterscheiden ist dabei zwischen **objektiven (Gefährdungs-) und subjektiven (Zurechnungs-)Voraussetzungen.**[37] In objektiver Hinsicht muss eine Gefährdung des Gemeinwohls durch die Gesellschafter vorliegen, die entweder auf dem Fassen gesetzwidriger Gesellschafterbeschlüsse (Abs. 1 Alt. 1) oder dem Geschehenlassen rechtswidriger Handlungen der Geschäftsführer (Abs. 1 Alt. 2) beruht und den Gesellschaftern damit zurechenbar ist. Während in Alt. 1 der Gesellschafterbeschluss durch die Gesellschafter selbst gefasst wird und ihnen damit schon per se zuzurechnen ist, ist für die Zurechnung der Handlungen der Geschäftsführer in Alt. 2 in subjektiver Hinsicht zusätzlich erforderlich, dass diese wissentlich, also in **Kenntnis** der Gesellschafter erfolgt sind. Aufgrund der weit reichenden Rechtsfolgen der Auflösung nach § 62 ist es außerdem erforderlich, dass den Gesellschaftern in beiden Alternativen die Rechtswidrigkeit der ihnen zuzurechnenden Beschlüsse oder Handlungen der Geschäftsführer bekannt war (→ Rn. 23 ff.). Als Korrektiv ist schließlich das rechtsstaatliche **Übermaßverbot**[38] zu beachten und die die Auflösung hinsichtlich Geeignetheit, Erforderlichkeit und Verhältnismäßigkeit im Einzelfall zu prüfen.

b) Maßgeblicher Zeitpunkt. Die Voraussetzungen für die Auflösung der Gesellschaft 18
müssen (noch) im **Zeitpunkt des Erlasses** der Auflösungsverfügung vorliegen.[39] Ist die Gefährdung zu diesem Zeitpunkt bereits dauerhaft behoben oder nicht mehr schwerwiegend genug, so kommt eine Auflösung nicht mehr in Betracht.[40] Das gilt besonders dann, wenn ein gesetzwidriger Beschluss von den Gesellschaftern oder durch Urteil aufgehoben wurde oder die Geschäftsführung die Ausführung der gesetzwidrigen Beschlüsse verweigert und selbst im Amt bleibt. Eine Auflösung scheidet auch dann aus, wenn die rechtswidrig handelnden Geschäftsführer in der Zwischenzeit abberufen haben oder die Gefährdung sich auf sonstige Weise erledigt hat.

2. Gesetzwidrige Beschlüsse oder Handlungen. a) Gesetzwidrigkeit. aa) Ver- 19
stoß gegen Ge- oder Verbotsnorm. Abs. 1 setzt voraus, dass die Beschlüsse der Gesellschafter oder die Handlungen der Geschäftsführer gesetzwidrig ergangen sind. Gesetzwidrig sind alle Verstöße gegen geltendes Recht. Es kommt dabei nicht darauf an, ob es sich um Vorschriften des Zivilrechts, des öffentlichen Rechts oder des Strafrechts handelt.[41] Für den Fall des Verstoßes gegen zivilrechtliche Vorschriften wird jedoch genau zu prüfen sein, ob eine Gefährdung des Gemeinwohls im Einzelfall in Betracht kommt.[42] In jedem Fall muss

---

[35]   So auch MHLS/*Nerlich* Rn. 46; Rowedder/Schmidt-Leithoff/*Gesell* Rn. 14; aA aber OLG Hamm Beschl. v. 13.3.1986 – 4 W 43/86, WuW/E OLG 3748; Beschl. v. 7.7.1987 – 4 W 11/87, WuW/E OLG 4033, jeweils für eine GmbH & Co. KG.

[36]   MHLS/*Nerlich* Rn. 46; Rowedder/Schmidt-Leithoff/*Gesell* Rn. 14.

[37]   So auch UHL/*Casper* Rn. 13.

[38]   Lutter/Hommelhoff/*Kleindiek* Rn. 1; MHLS/*Nerlich* Rn. 5.

[39]   UHL/*Casper* Rn. 14, 28; Rowedder/Schmidt-Leithoff/*Gesell* Rn. 4.

[40]   Scholz/*Scheller* Rn. 6; Rowedder/Schmidt-Leithoff/*Gesell* Rn. 4; UHL/*Casper* Rn. 14.

[41]   *Hofmann* GmbHR 1975, 217 (221); Rowedder/Schmidt-Leithoff/*Gesell* Rn. 2; Noack/Servatius/Haas/ *Haas* Rn. 7; UHL/*Casper* Rn. 15; aA hinsichtlich zivilrechtlicher Vorschriften wohl MHLS/*Nerlich* Rn. 6. Scholz/*Scheller* Rn. 3 setzt sich ausf. und diff. mit der Frage auseinander, ob auch Verstöße gegen ausländisches Zivilrecht in den Anwendungsbereich der Norm fallen.

[42]   Ebenso UHL/*Casper* Rn. 15, der selbst einen Verstoß gegen Gewohnheitsrecht ausreichen lässt, wenn dieser ausnahmsweise zu einer Gefährdung des Gemeinwohls führt; so auch MHLS/*Nerlich* Rn. 7.

es sich bei der betroffenen Vorschrift um eine Ge- oder Verbotsnorm handeln.[43] Selbst Verstöße gegen die guten Sitten und damit § 138 BGB, § 3 UWG sind gesetzeswidrig und können im Falle einer Gefährdung des Gemeinwohls zu einer Auflösung der Gesellschaft führen.[44]

20   **bb) Verstoß gegen Gesellschaftsvertrag.** Einen Verstoß gegen den Gesellschaftsvertrag begründet keine Auflösung der Gesellschaft, selbst wenn er ausnahmsweise zu einer Gefährdung des Gemeinwohls führen sollte.[45] Unabhängig davon, dass dies aufgrund des fehlenden Kausalzusammenhangs wohl schon kaum tatsächlich in Betracht kommen wird, ist der Wortlaut des § 62 Abs. 1 insoweit abschließend.

21   Verstößt bereits der Gesellschaftszweck oder der in ihm enthaltene Unternehmensgegenstand gegen geltendes Recht, so kommen eine Nichtigkeitsklage der Gesellschafter gem. § 75 oder eine Amtslöschung durch das Registergericht nach § 397 FamFG in Betracht, da der Unternehmensgegenstand in diesen Fällen wegen Verstoßes gegen § 134 BGB nichtig ist und die Gesellschaft bereits gar nicht eingetragen hätte werden dürfen.[46]

22   Teilweise wird vertreten, dass Gesetzesverstöße, die nach der allgemeinen Lebenserfahrung in jedem Unternehmen bisweilen vorkommen können, nach dem Sinn und Zweck der Vorschrift bereits außerhalb des Anwendungsbereiches von § 62 liegen, der insoweit keine Ermächtigungsgrundlage für eine Auflösung darstellt.[47] Dem ist zwar im Ergebnis zuzustimmen, richtigerweise wird man in diesen Fällen jedoch vom Fehlen einer Gefährdung des Gemeinwohls ausgehen können oder das Vorliegen der subjektiven Zurechenbarkeit verneinen müssen.

23   **b) Beschlüsse der Gesellschafter oder Handlungen der Geschäftsführer. aa) Zurechenbarkeit.** Nach dem eindeutigen Wortlaut des Abs. 1 müssen die gesetzwidrigen Beschlüsse von den Gesellschaftern gefasst worden sein oder die Gesellschafter müssen die gesetzwidrigen Handlungen der Geschäftsführer wissentlich geschehen lassen haben. Die Auflösung der Gesellschaft knüpft damit immer an ein den **Gesellschaftern zuzurechnendes Verhalten** an. Die Gesellschafter als höchstes Organ und „Herren der Gesellschaft" müssen also im Ergebnis für das von der Gesellschaft als solcher ausgehende gesetzwidrige Verhalten verantwortlich sein, das den eigentlichen Gegenstand der Gefahrenabwehr bildet.[48] Sie sind es auch, die von der Auflösung der Gesellschaft unmittelbar betroffen sind. Zurechnung setzt dabei **kein Verschulden** der Gesellschafter voraus.[49] § 62 ist Teil des Gefahrenabwehrrechtes, das für die Störereigenschaft nicht an Verschulden anknüpft.[50]

24   **bb) Mehrheit der Gesellschafter.** Beschlüsse der Gesellschafterversammlung (Abs. 1 Alt. 1) sind den Gesellschaftern grundsätzlich zuzurechnen. Sie müssen dazu nicht einstimmig von allen Gesellschaftern gefasst worden seien. Ausreichend ist, dass die Beschlussfassung von der erforderlichen Mehrheit der Gesellschafter ausgeht.[51] Die Gesetzwidrigkeit muss sich aus dem **Inhalt** des Gesellschafterbeschlusses ergeben. Das nun gesetzwidrige Zustandekommen des Beschlusses ist unbeachtlich.[52] Haben die Gesellschafter durch die Satzung Beschlusskompetenzen auf ein weiteres Gremium verlagert, so wird man in diesen Fällen

---

[43]   Scholz/*Scheller* Rn. 3; MHLS/*Nerlich* Rn. 8.
[44]   Scholz/*Scheller* Rn. 3; UHL/*Casper* Rn. 2; Rowedder/Schmidt-Leithoff/*Gesell* Rn. 2; MHLS/*Nerlich* Rn. 16; Noack/Servatius/Haas/*Haas* Rn. 7.
[45]   AllgM, UHL/*Casper* Rn. 15; Scholz/*Scheller* Rn. 3; Rowedder/Schmidt-Leithoff/*Gesell* Rn. 2; MHLS/ *Nerlich* Rn. 7; Noack/Servatius/Haas/*Haas* Rn. 7.
[46]   UHL/*Casper* Rn. 18; Rowedder/Schmidt-Leithoff/*Gesell* Rn. 8.
[47]   Scholz/*Scheller* Rn. 4; Rowedder/Schmidt-Leithoff/*Gesell* Rn. 8.
[48]   Scholz/*Scheller* Rn. 7; UHL/*Casper* Rn. 19.
[49]   MHLS/*Nerlich* Rn. 16; Rowedder/Schmidt-Leithoff/*Gesell* Rn. 5; UHL/*Casper* Rn. 19; ähnlich für die AG GroßkommAktG/*K. Schmidt* AktG § 396 Rn. 9, 11.
[50]   MHLS/*Nerlich* Rn. 16.
[51]   HM, MHLS/*Nerlich* Rn. 17; Rowedder/Schmidt-Leithoff/*Gesell* Rn. 5; Scholz/*Scheller* Rn. 7; UHL/ *Casper* Rn. 19; Noack/Servatius/Haas/*Haas* Rn. 8.
[52]   MHLS/*Nerlich* Rn. 17; Rowedder/Schmidt-Leithoff/*Gesell* Rn. 5; UHL/*Casper* Rn. 19.

Abs. 1 Alt. 2 entsprechend heranziehen können, also auf das wissentliche Geschehenlassen der Beschlussfassung durch dieses Gremium abzustellen haben.

cc) Kenntnis der Gesellschafter. Gesetzwidrige Handlungen der Geschäftsführer 25 müssen die Gesellschafter wissentlich geschehen lassen (Abs. 1 Alt. 2). Die Zurechnung setzt hier also Kenntnis der Gesellschafter voraus. Bewusstes Verschließen vor der Kenntnis steht dabei der positiven Kenntnis gleich.[53] Diese Kenntnis muss wiederum eine **Mehrheit der Gesellschafter** erlangt haben,[54] die für sich genommen in der Lage wären, die gesetzwidrigen Handlungen der Geschäftsführer zu unterbinden, insbesondere diese abzuberufen. Kenntnis einzelner Gesellschafter ohne Einfluss auf die Geschäftsführung genügt nicht. Sind die Geschäftsführer zugleich auch Gesellschafter und haben sie die Mehrheit der Geschäftsanteile inne, so kommt es auf die Kenntnis der übrigen Gesellschafter von deren gesetzwidrigen Handlungen nicht an.[55] Wissentliches Geschehenlassen liegt nicht schon dann vor, wenn sich die Gesellschafter nicht um die Geschäftsführung kümmern, sondern den Geschäftsführern vertrauen und ihnen freie Hand lassen.[56] Haben die Gesellschafter jedoch einmal Kenntnis von einzelnen gesetzwidrigen Handlungen der Geschäftsführer erlangt, so können sie sich in künftigen Fällen nicht mehr ohne weiteres auf Nichtwissen berufen. Sie müssen vielmehr in Zukunft solche Handlungen wirksam unterbinden, notfalls die Geschäftsführer abberufen.[57]

dd) Kenntnis der Gesetzwidrigkeit. In beiden Alternativen des Abs. 1 muss sich 26 die erforderliche Mehrheit der Gesellschafter der Rechtswidrigkeit der von ihr gefassten Beschlüsse bzw. der Handlungen der Geschäftsführer bewusst sein. Die Gesellschafter müssen also insoweit **auch Kenntnis von der Gesetzwidrigkeit** haben.[58] Dabei können sich die Gesellschafter nicht bewusst der Kenntniserlangung verschließen, indem sie trotz Belehrung über die Rechtswidrigkeit auf ihren irrigen Rechtsstandpunkt beharren.[59]

3. Gefährdung des Gemeinwohls. Das den Gesellschaftern zuzurechnende, gesetz- 27 widrige Verhalten muss zu einer Gefährdung des Gemeinwohls führen.

a) Gefährdung. aa) Gefahr. Unter einer Gefahr ist eine Lage zu verstehen, die bei 28 ungehindertem Ablauf mit hinreichender Wahrscheinlichkeit zu einem Schaden bzw. einer nicht unerheblichen Rechtsgutverletzung führt.[60] Dieser Schaden muss sich gerade auf das Gemeinwohl auswirken. Die Beeinträchtigung der Interessen einzelner Vertragspartner der Gesellschaft oder der Interessen von Mitgesellschaftern selbst, reicht hierfür in keinem Fall aus.[61]

Haben die Gesellschafter bereits einen gesetzwidrigen Beschluss erlassen, so wird die 29 Behörde im Regelfall kaum beurteilen können, ob und wann dieser durch die Geschäftsführung ausgeführt wird. Unter Wahrung des Verhältnismäßigkeitsprinzips wird die Behörde in einem solchen Fall regelmäßig nicht die Ausführung des Beschlusses abwarten müssen, sondern unmittelbar zum Einschreiten berechtigt sein.[62] Das gilt umso eher, je enger die

---

[53] *Altmeppen* Rn. 2; Noack/Servatius/Haas/*Haas* Rn. 8; Lutter/Hommelhoff/*Kleindiek* Rn. 4.
[54] MHLS/*Nerlich* Rn. 18; Rowedder/Schmidt-Leithoff/*Gesell* Rn. 5; Scholz/*Scheller* Rn. 7; UHL/*Casper* Rn. 19; Noack/Servatius/Haas/*Haas* Rn. 8. Ebenso Lutter/Hommelhoff/*Kleindiek* Rn. 4 auch für eine Minderheit der Gesellschafter, die wegen der des Interesses anderer Gesellschafter über eine faktische in der GmbH verfügt.
[55] UHL/*Casper* Rn. 21.
[56] MHLS/*Nerlich* Rn. 18; Rowedder/Schmidt-Leithoff/*Gesell* Rn. 5; Scholz/*Scheller* Rn. 7; UHL/*Casper* Rn. 21.
[57] Rowedder/Schmidt-Leithoff/*Gesell* Rn. 5.
[58] *Hofmann* GmbHR 1975, 217 (221); Rowedder/Schmidt-Leithoff/*Gesell* Rn. 5; UHL/*Casper* Rn. 21; Noack/Servatius/Haas/*Haas* Rn. 8; Lutter/Hommelhoff/*Kleindiek* Rn. 4.
[59] UHL/*Casper* Rn. 21; Rowedder/Schmidt-Leithoff/*Gesell* Rn. 5; Lutter/Hommelhoff/*Kleindiek* Rn. 4.
[60] UHL/*Casper* Rn. 16; ähnlich MHLS/*Nerlich* Rn. 12.
[61] UHL/*Casper* Rn. 16; MHLS/*Nerlich* Rn. 12; Rowedder/Schmidt-Leithoff/*Gesell* Rn. 3.
[62] Rowedder/Schmidt-Leithoff/*Gesell* Rn. 4.

Ausführungshandlung und der daraus resultierende Schaden in Zusammenhang stehen und je schwerer der einmal eingetretene Schaden beseitigt werden kann.

30   **bb) Drohende Gefährdung.** Fraglich und umstritten ist, ob auch bereits eine bloß drohende Gefährdung des Gemeinwohls zu einer Auflösung der Gesellschaft führen kann. Teilweise wird deshalb davon ausgegangen, dass bereits ein den Gesellschaftern zuzurechnendes, gesetzwidriges Verhalten vorliegen muss, aus dem sich eine konkrete Gefahr für das Gemeinwohl ergibt.[63] Eine Gefährdung könne außer in dringenden Ausnahmefällen nur dann vorliegen, wenn aus früheren Handlungen auf in Zukunft noch weitergehende Aktivitäten geschlossen werden könne (Prognose).[64] Insbesondere der Wortlaut des Abs. 1 spricht dafür, dass es durch bereits erfolgte Beschlüsse der Gesellschafter oder Handlungen der Geschäftsführer schon zu einer Gefährdung des Gemeinwohls gekommen sein muss.

31   Zu berücksichtigen ist jedoch, dass § 62 der Gefahrenabwehr dient. Sinn und Zweck der Vorschrift ist es, das Gemeinwohl vor künftigen Schäden zu bewahren. Wie das allgemeine Ordnungsrecht insgesamt dient § 62 damit der präventiven Gefahrenabwehr und nicht der repressiven Verfolgung von Gesetzesverstößen. Deshalb kann es im Einzelfall keine Rolle spielen, ob bereits gesetzwidrige Beschlüsse oder Handlungen vorgenommen wurden. Vielmehr ist jeweils im Einzelfall zu prüfen, ob ein behördliches Einschreiten unter Berücksichtigung des Verhältnismäßigkeitsprinzips schon jetzt erforderlich ist, um den Eintritt eines Schadens wirksam zu verhindern oder ob ein Zuwarten unter Abwägung aller Interessen noch verlangt werden kann.[65]

32   **b) Gemeinwohl.** Das Gemeinwohl besteht im Ausgangspunkt in den **wesentlichen Interessen der Öffentlichkeit,** die jedoch selbst im Einzelnen nur schwer zu bestimmen und abzugrenzen sind.[66] Außerdem muss ein öffentliches Interesse nicht zugleich immer auch identisch mit dem Gemeinwohl sein, das das Betroffensein weiter Kreise der Öffentlichkeit erfordert.[67] Im Gegensatz dazu ist das Staatsinteresse als stärkeres Rechtsgut nicht immer dann tangiert, wenn eine Gefährdung des Gemeinwohls in Betracht kommt.[68] Eine exakte und abschließende Definition des Begriffs des Gemeinwohls für sich genommen ist deshalb nicht möglich. In der Vergangenheit wurden wegen der mangelnden Bestimmtheit dieses Rechtsbegriffs und den mit der Auflösung verbundenen weit reichenden Rechtsfolgen rechtsstaatliche Bedenken geäußert.[69]

33   **c) Verhältnismäßigkeit.** Um rechtsstaatlichen Bedenken Rechnung zu tragen, ist § 62 hinsichtlich des unbestimmten Rechtsbegriffs der Gefährdung des Gemeinwohls dem Sinn und Zweck der Vorschrift folgend einschränkend auszulegen. § 62 hat die Aufgabe aus der Masse der denkbaren und möglichen Gesetzesverstöße diejenigen aufzugreifen, die unter Berücksichtigung des rechtsstaatlich gebotenen **Übermaßverbotes** (Art. 20 Abs. 3 GG) wegen ihrer Schwere und erheblichen Bedeutung für die Öffentlichkeit einen Anlass zur behördlichen Auflösung geben können.[70] Es sollen nur Gesetzesverstöße erfasst werden, die auch nach den Regeln der Verhältnismäßigkeit eine Auflösung nach § 62 mit den damit verbundenen, weit reichenden Rechtsfolgen rechtfertigen. Erforderlich ist damit eine nachhaltige Beeinträchtigung eines breiten Kreises der Öffentlichkeit oder der Öffentlichkeit insgesamt, die nur durch die Auflösung der Gesellschaft beseitigt werden kann.[71]

---

[63]   UHL/*Casper* Rn. 14; ähnlich Rowedder/Schmidt-Leithoff/*Gesell* Rn. 2 aE, „aktuelle Gefährdung".
[64]   Rowedder/Schmidt-Leithoff/*Gesell* Rn. 3; Lutter/Hommelhoff/*Kleindiek* Rn. 5.
[65]   Ähnlich Scholz/*Scheller* Rn. 6.
[66]   Noack/Servatius/Haas/*Haas* Rn. 9; MHLS/*Nerlich* Rn. 8.
[67]   Rowedder/Schmidt-Leithoff/*Gesell* Rn. 3; MHLS/*Nerlich* Rn. 8.
[68]   Rowedder/Schmidt-Leithoff/*Gesell* Rn. 3; MHLS/*Nerlich* Rn. 8.
[69]   Zur Parallelvorschrift § 288 AktG, jetzt § 396 AktG, *Kohlmann* AG 1961, 309 (312 f.).
[70]   UHL/*Casper* Rn. 16; Noack/Servatius/Haas/*Haas* Rn. 9.
[71]   MHLS/*Nerlich* Rn. 10; Noack/Servatius/Haas/*Haas* Rn. 9; UHL/*Casper* Rn. 16; ähnlich Rowedder/
        Schmidt-Leithoff/*Gesell* Rn. 3, der auch eine drohende Gefährdung für ausreichend hält und eine Definition wie folgt versucht: „Eine Gemeinwohlgefährdung iSv § 62 Abs. 1 liegt nur vor, wenn durch nachhaltige Schädigung einzelner oder durch eine erhebliche Beeinträchtigung oder Gefährdung eines unüber-

Eine Gefährdung der allgemeinen Interessen der Volkswirtschaft braucht nicht vorzuliegen.[72]

Es also zu prüfen, ob die Auflösung der Gesellschaft zur Gefahrenabwehr geeignet, 34 erforderlich und im Einzelfall verhältnismäßig, also angemessen ist. Stehen weniger einschneidende aber genauso effektive Aufsichtsmaßnahmen oder Sanktionen zur Verfügung, um die Gefahr zu beseitigen, so sind diese vorrangig anzuwenden. Daraus folgt die **subsidiäre Anwendbarkeit** des § 62.[73] Als vorrangige Maßnahmen in Betracht kommen hier beispielsweise Strafverfolgung, Registerzwang, Untersagung des Gewerbebetriebs, Rücknahme einer gewerblichen Konzession, Erlaubnis oder Genehmigung, Untersagungsverfügung der Kartellbehörde oder private Klagen.[74] Nur wenn diese Maßnahmen nicht zum Erfolg geführt haben oder absehbar nicht zum Erfolg führen werden, kommt einer Auflösung der Gesellschaft nach § 62 in Betracht.

d) Beispiele. aa) Schädigung Einzelner. Die Schädigung privater Interessen Einzel- 35 ner stellt regelmäßig keine Gemeinwohlgefährdung dar, selbst dann nicht, wenn sie von strafrechtlicher Relevanz sein sollte. Insbesondere kommt eine Auflösung der Gesellschaft nach § 62 nicht in Betracht, wenn Gesellschaftsorgane gegenüber nur einzelnen Dritten Betrugs- oder Unterschlagungsdelikte begangen haben. Handelt es sich jedoch um eine wiederholte und nachhaltige Schädigung von Dritten, so kann hierin durchaus eine Gefährdung des Gemeinwohls bestehen. So wird in regelrechten Schwindelunternehmen allgemein eine nachhaltige und zur Auflösung nach § 62 berechtigende Gefährdung des Gemeinwohls in der Schädigung der beteiligten Verkehrskreise gesehen.[75]

Ob deshalb beispielsweise bei betrügerischen **Kapitalsammelgesellschaften,** 36 Abschreibungsgesellschaften und Brokerfirmen aus Gründen des Kapitalanlegerschutzes neben privatrechtlichen Maßnahmen auch auf § 62 zurückgegriffen werden kann, ist noch nicht abschließend geklärt.[76] Dies erscheint jedoch dann gerechtfertigt, wenn die Gesellschafter sich von vornherein bewusst und gewollt zur Schädigung einer unbestimmten Anzahl von Anlegern in gesetzwidriger Weise zu einer GmbH zusammengeschlossen haben und eine Schädigung weiterer Anleger in der Zukunft auf andere Weise nicht ausgeschlossen werden kann.

bb) Steuerhinterziehung, unerlaubter Wettbewerb. Nachhaltige, in ungewöhn- 37 lich hohem Maße begangene **Steuerhinterziehung,** wiederholte Missachtung von Waffenexportverboten, sowie bei dauernder, eine Vielzahl von Personen gefährdender Verletzung gewerbeaufsichts- oder umweltrechtlicher Vorschriften können eine Gefährdung des Gemeinwohls darstellen. In den meisten Fällen wird es jedoch bereits an der Erforderlichkeit einer Auflösung nach § 62 fehlen, da entsprechende Spezialgesetze mildere Mittel zur Verfügung stellen.[77]

Insbesondere im Fall der Ausübung einer verwaltungsrechtlich **nicht gestatteten** 38 **Tätigkeit** oder von unerlaubtem Wettbewerb bieten die spezialgesetzlichen Eingriffsbefugnisse im Regelfall bereits eine ausreichende Grundlage für ein behördliches Einschreiten. Für eine Auflösung nach § 62 wird daneben nur im Ausnahmefall ein eigener Anwendungsbereich verbleiben, wenn bei nachhaltigen Verstößen andere Maßnahmen nicht Erfolg versprechend sind.[78]

---

sehbaren Kreises der Öffentlichkeit Schäden drohen, die durch individuelle Aufsichtsmaßnahmen und Sanktionen – Registerzwang, Wirtschaftsaufsicht, Gewerbeaufsicht, Steuerstrafrecht, private Klagen, etc. – nicht wirksam bekämpft werden können.".

72 UHL/*Casper* Rn. 16; Rowedder/Schmidt-Leithoff/*Gesell* Rn. 3; MHLS/*Nerlich* Rn. 3.
73 VGH München Beschl. v. 7.6.2018 – 22 ZB 18.807, NVwZ-RR 2019, 182.
74 Noack/Servatius/Haas/*Haas* Rn. 9; MHLS/*Nerlich* Rn. 11; Scholz/*Scheller* Rn. 5.
75 UHL/*Casper* Rn. 17; Scholz/*Scheller* Rn. 10; MHLS/*Nerlich* Rn. 13.
76 Dagegen Scholz/*Scheller* Rn. 10 mwN.
77 UHL/*Casper* Rn. 17; MHLS/*Nerlich* Rn. 14, 15.
78 So iE auch Scholz/*Scheller* Rn. 9.

39   **cc) Staatsinteresse.** Eine **Gefährdung von Staatsschutzinteressen** oder Interessen der Völkerverständigung wird regelmäßig zugleich auch eine Gefährdung des Gemeinwohls darstellen. Im Verhältnis zu den §§ 17, 3 VereinsG mit ihren einschneidenden Rechtsfolgen (Beschlagnahme, Vermögenseinziehung) wird § 62 im Regelfall nach der hier vertretenen Ansicht das mildere Mittel darstellen und deshalb Vorrang genießen (auch → Rn. 6).

40   **4. Verhältnismäßigkeit und Subsidiarität. a) Grundsatz der Verhältnismäßigkeit.** Die Anwendung des § 62 zum Zwecke der Auflösung einer Gesellschaft unterliegt dem **Subsidiaritätsprinzip** im Verhältnis zu anderen Eingriffsmaßnahmen. Dieses wiederum ist Ausfluss des rechtsstaatlich gebotenen **Übermaßverbotes** (Grundsatz der Verhältnismäßigkeit), das schon über den verfassungskonform auszulegenden Begriff der Gemeinwohlgefährdung[79] aber auch nach den allgemeinen Verwaltungsgrundsätzen der Eingriffsverwaltung zur Gefahrenabwehr zu berücksichtigen ist (auch → Rn. 6). Die Auflösung muss danach geeignet und erforderlich sein, um die von der Gesellschaft ausgehenden Gefahren für das Gemeinwohl abzuwehren und trotz der Schwere des damit verbundenen Eingriffs in einem vernünftigen Verhältnis zu dem angestrebten, dem Gemeinwohl dienenden Zweck stehen.[80]

41   Schon bei der Prüfung der Eignung wird § 62 schon häufig hinter andere Eingriffsbefugnisse zurücktreten, weil schon die Auflösung der Gesellschaft als Rechtsfolge nur wenig effektiv ist (zu den Folgen der Auflösung → Rn. 54).[81] Selbst wenn die Auflösung der Gesellschaft im Einzelfall ein geeignetes Mittel zur Gefahrenabwehr darstellen sollte, wird diese dennoch in aller Regel an der notwendigen Erforderlichkeit scheitern, da spezialgesetzliche Eingriffsbefugnisse die Gefahr mit weniger einschneidenden Rechtsfolgen für die Gesellschafter jedenfalls ebenso effektiv beseitigen.[82] Nur wenn keine milderen Mitteln zur wirksamen Bekämpfung einer erheblichen Gefahr für das Gemeinwohl gegeben sind und sich die Gefahr nicht auf andere Weise als durch Auflösung der Gesellschaft beseitigen lässt, findet § 62 Anwendung.[83] Daraus folgt die geringe Bedeutung dieser Vorschrift für die Praxis.

42   **b) Ermessensentscheidung.** Es ist umstritten, ob der zuständigen Verwaltungsbehörde bei Vorliegen der Voraussetzungen zur Auflösung der Gesellschaft ein Ermessensspielraum zusteht[84] oder ob es sich um eine gebundene Entscheidung handelt.[85] Der Wortlaut des § 62 („kann") spricht dafür, dass die zuständige Behörde bei der Anwendung dieser Vorschrift eine Entscheidung nach **pflichtgemäßem Ermessen** zu treffen hat.[86] Auch das aus der Verfassung abgeleitete Opportunitätsprinzip als im Ordnungsrecht durch die Behörde immer zu berücksichtigende Schranke verlangt eine pflichtgemäße Ermessensausübung hinsichtlich der Einleitung des Auflösungsverfahrens.[87]

43   Ob die Behörde ihr Ermessen richtig ausgeübt hat, unterliegt der verwaltungsgerichtlichen Prüfung nach § 114 VwGO. Dabei prüft das Gericht, ob die Auflösung rechtswidrig ist, weil die gesetzlichen Grenzen des Ermessens überschritten sind oder von dem Ermessen in einer dem Zweck der Ermächtigung nicht entsprechenden Weise Gebrauch gemacht ist. Liegt aber eine Gefährdung des Gemeinwohls vor und kommt kein milderes, für die betroffenen Gesellschafter weniger einschneidendes aber gleichzeitig ebenso effektives Mittel zur

---

[79]   Allg. zum Übermaßverbot BVerfG Beschl. v. 15.12.1965 – 1 BvR 513/65, BVerfGE 19, 342 (348 f.); Entsch. v. 5.3.1968 – 1 BvR 579/67, BVerfGE 23, 127 (133 f.); BVerwG Urt. v. 24.2.1966 – IC 37.65, BVerwGE 23, 280 (283 ff.); Urt. v. 24.10.1967 – IV C 229.65, BVerwGE 28, 139 (143); Urt. v. 22.4.1971 – VIII C 186.70, BVerwGE 38, 68 (70 f.). Zum Begriff der Gemeinwohlgefährdung → Rn. 27 ff.

[80]   UHL/*Casper* Rn. 22.

[81]   So auch Scholz/*Scheller* Rn. 8.

[82]   UHL/*Casper* Rn. 23; MHLS/*Nerlich* Rn. 19.

[83]   *Konow* GmbHR 1973, 217 (220); UHL/*Casper* Rn. 23; Scholz/*Scheller* Rn. 8.

[84]   So UHL/*Casper* Rn. 5; Rowedder/Schmidt-Leithoff/*Gesell* Rn. 6; MHLS/*Nerlich* Rn. 26; Noack/Servatius/Haas/*Haas* Rn. 11.

[85]   So Scholz/*Scheller* Rn. 16 und *Altmeppen* Rn. 4. Letzter begründet dies damit, dass es sich um einen unbestimmten Rechtsbegriff auf Tatbestandsseite handle.

[86]   UHL/*Casper* Rn. 5; MHLS/*Nerlich* Rn. 26.

[87]   UHL/*Casper* Rn. 5; Rowedder/Schmidt-Leithoff/*Gesell* Rn. 6.

Gefahrenabwehr in Betracht, was jeweils der vollen verwaltungsgerichtlichen Nachprüfung unterliegt, so wird das Ermessen der Verwaltungsbehörde regelmäßig auf Null reduziert sein.[88] In diesen Fällen ist also ausschließlich die behördliche Entscheidung auf Auflösung der Gesellschaft ermessensfehlerfrei, was der vollen Kontrolle durch das Verwaltungsgericht unterliegt. Die Abgrenzung zu einer gebundenen Entscheidung wird deshalb in der Praxis wohl nur von untergeordneter Bedeutung sein.

III. Formelle Voraussetzungen – Zuständigkeit und Verfahren (Abs. 2 S. 1)

1. Anwendung der VwGO. Der Wortlaut des § 62 ist seit seiner Entstehung im Jahr **44** 1892 unverändert. Gem. Abs. 2 S. 1 richten sich Verfahren und Zuständigkeit der Behörden nach den für streitige Verwaltungssachen landesrechtlich geltenden Vorschriften. Verfahren und Zuständigkeit richten sich also nach dem **Verwaltungsprozessrecht** und damit nach der **VwGO** als Bundesrecht. Mit deren Inkrafttreten am 1.4.1960 sind die bis dahin geltenden landesrechtlichen Verwaltungsprozessvorschriften außer Kraft getreten (§ 195 Abs. 5 VwGO), so dass der Verweis in § 62 Abs. 2 S. 1 auf die landesrechtlich geltenden Vorschriften gegenstandslos geworden ist. Gleiches gilt für Abs. 2 S. 2 und 3, die eine Ersatzzuständigkeit der ordentlichen Gerichte für solche Länder regeln, in denen ein Verwaltungsstreitverfahren nicht besteht.[89] Mit diesen Vorschriften wollte der Gesetzgeber 1892 einen lückenlosen Verwaltungsrechtsschutz sicherstellen, den es bis dahin nicht gab, der heute jedoch durch die VwGO gewährleistet ist.[90] Eine Zuständigkeit der ordentlichen Gerichte kommt nach heute geltendem Recht nicht mehr in Betracht.

2. Verwaltungsakt. a) Früher hM. Früher wurde übereinstimmend die Ansicht vertre- **45** ten, dass das **Verwaltungsgericht** für die Auflösung einer GmbH zuständig sei und hierüber durch **Gestaltungsurteil** auf Antrag der zuständigen Behörde zu entscheiden habe.[91] Begründet wurde dies mit der Entstehungsgeschichte und dem Wortlaut des Abs. 2. Wegen des Verweises in Abs. 2 S. 1 auf die für streitige Verwaltungssachen geltenden Vorschriften und die in Abs. 2 S. 2 und 3 vorgesehenen Ersatzzuständigkeit der ordentlichen Gerichte für den Fall des Fehlens landesrechtlicher Vorschriften über ein Verwaltungsverfahren ging man von einer gerichtlichen Auflösungskompetenz aus.[92] Dass der die Rechtsfolge bestimmende § 60 Abs. 1 Nr. 3 Alt. 2 allgemein von einer Entscheidung des Verwaltungsgerichts oder der Verwaltungsbehörde ausgeht, wurde nicht als Gegenargument sondern als redaktionelles Versehen gewertet.[93] Außerdem wurde eine Parallele zu § 396 Abs. 1 AktG gezogen, die die Entscheidung über die Auflösung einer Aktiengesellschaft den ordentlichen Gerichten auf Antrag der zuständigen obersten Landesbehörde übertrug. Die Übernahme einer entsprechenden Regelung war zudem in § 289 GmbHG-RegE 1971/73 vorgesehen, ist jedoch nicht als Gesetz in Kraft getreten.[94]

b) Heute hM. Die mittlerweile[95] hM geht dagegen von einer Zuständigkeit der **Ver- 46 waltungsbehörden** zur Auflösung einer GmbH durch **Verwaltungsakt** aus.[96] Den hierfür

---

88   UHL/*Casper* Rn. 5; MHLS/*Nerlich* Rn. 26; Noack/Servatius/Haas/*Haas* Rn. 11; Rowedder/Schmidt-Leithoff/*Gesell* Rn. 6.
89   Scholz/*Scheller* Rn. 14; MHLS/*Nerlich* Rn. 20; Noack/Servatius/Haas/*Haas* Rn. 11; UHL/*Casper* Rn. 24.
90   Eingehend zum ganzen Scholz/*K. Schmidt*, 9. Aufl. 2000/2002, Rn. 9 mit Darstellung der Situation des Verwaltungsrechtsschutzes zur Zeit des Inkrafttretens des GmbHG. § 62 Abs. 2 S. 2 und 3 sind zudem bereits mit Einführung der Verwaltungsgerichtsbarkeit in allen Ländern der Bundesrepublik und West-Berlin nach 1945 gegenstandslos geworden, UHL/*Casper* Rn. 24; MHLS/*Nerlich* Rn. 20.
91   KG Urt. v. 14.1.1937 – 9 U 6126/36, JW 1937, 1270; Hachenburg/*W. Schmidt*, 6. Aufl., 1956, Rn. 3; *v. Köhler* NJW 1961, 1292 (1293); *Hofmann* GmbHR 1975, 217 (221); offen *Konow* GmbHR 1973, 217 (218); wN bei Scholz/*Scheller* Rn. 13.
92   So noch Begr. RegE GmbHG 1971/73, BT-Drs. 595/71, 230.
93   UHL/*Casper* Rn. 25.
94   Vgl. dazu *Konow* GmbHR 1973, 217 (218 ff.).
95   Erstmals Scholz/*K. Schmidt*, 6. Aufl., 1978, Rn. 8.
96   Scholz/*Scheller* Rn. 13; UHL/*Casper* Rn. 26; MHLS/*Nerlich* Rn. 23; Rowedder/Schmidt-Leithoff/*Gesell* Rn. 7; Noack/Servatius/Haas/*Haas* Rn. 13; Lutter/Hommelhoff/*Kleindiek* Rn. 2; *Altmeppen*

vorgebrachten, überzeugenden Argumenten ist zu folgen. Eine dem § 396 Abs. 1 AktG
vergleichbare Vorschrift ist gerade nicht Gesetz geworden. Eine analoge Anwendung dieser
Vorschrift hinsichtlich der Verfahrensabläufe im öffentlichen Ordnungsrecht wäre systemwidrig. Außerdem fehlt es an der für eine analoge Anwendung erforderlichen Regelungslücke.[97] Die Anwendung des Abs. 2 hat unter Berücksichtigung der veränderten Normsitua-
tion zu erfolgen (→ Rn. 44). Die bei Entstehung dieser Vorschrift geltende Rechtslage für
die Aufgabenverteilung zwischen Verwaltungsbehörden und Verwaltungsgerichten hat sich
grundlegend geändert. Abs. 2 S. 1 verweist hinsichtlich Verfahren und Zuständigkeit auf
die VwGO als geltendem Verwaltungsprozessrecht. Der Systematik der VwGO entspricht
es, dass der rechtsgestaltende Eingriff durch Verwaltungsakt der Verwaltungsbehörde erfolgt
und deren Handeln durch den in den §§ 40, 42 VwGO garantierten Rechtsweg zu den
Verwaltungsgerichten kontrolliert wird. Aus heutiger Sicht spricht daher auch der Wortlaut
des § 60 Abs. 1 Nr. 3 Alt. 2, der zum Zeitpunkt seiner Entstehung noch den unterschiedlichen verwaltungsrechtlichen Situationen der Länder Rechnung tragen musste, gegen eine
Zuständigkeit der Verwaltungsgerichte.[98] Auf der Grundlage dieser geänderten Aufgabenverteilung ist Abs. 2 S. 1 als **Ermächtigungsgrundlage** der Verwaltungsbehörde zur Auflösung der Gesellschaft zu sehen. Parallel hierzu erfolgt auch die Entziehung der Rechtsfähigkeit nach den §§ 43, 44 BGB durch gestaltenden Verwaltungsakt. Eine auf den Wortlaut
des Abs. 2 S. 2 gestützte gegenteilige Auffassung ist schon deshalb abzulehnen, als diese
Vorschrift mittlerweile gegenstandslos geworden ist und deshalb nicht mehr in die aktuelle
Betrachtung einbezogen werden darf.[99]

47   **3. Sachliche und örtliche Zuständigkeit.** Die sachliche Zuständigkeit für die nach
nunmehr hM von der Verwaltungsbehörde zutreffende Entscheidung über die Auflösung
der Gesellschaft richtet sich gem. Abs. 2 S. 1 nach Landesrecht. Spezielle landesrechtliche
Zuständigkeitsvorschriften existieren jedoch derzeit nicht.[100] Grund dafür ist zum einen
wohl die bislang geringe praktische Relevanz der Vorschrift zum anderen aber auch der
Umstand, dass § 62 in der Vergangenheit nicht als eigenständige ordnungsrechtliche
Ermächtigungsgrundlage für die Verwaltung angesehen wurde (→ Rn. 45). Damit ist die
Zuständigkeit im Ausgangspunkt jeweils nach dem allgemeinen Polizei- und Ordnungs-
recht/Sicherheitsrecht der Länder zu bestimmen.

48   Soweit Landesgesetze von einer Mehrfachkompetenz der Verwaltungsbehörden auf
allen Verwaltungsebenen ausgehen, ist aus Gründen der Effektivität der Gefahrenabwehr von
der Zuständigkeit der obersten Landesbehörde also des jeweiligen für zuständig erklärten,
ersatzweise des fachlich zuständigen Ministeriums auszugehen.[101]

49   Häufig erklärt das jeweilige Landesrecht die „örtlichen Ordnungsbehörden" für zuständig.[102] Teilweise wird die Gemeinde direkt zur primär zuständigen Ordnungsbehörde
erklärt.[103] Soweit danach also die unterste Verwaltungsbehörde zuständig wäre, dürfte diese
mit der Auflösungsverfügung aber regelmäßig überfordert sein.[104] Die insoweit bestehende

Rn. 4; *Krafka* RegisterR-HdB Rn. 1121; Ring/Grziwotz/*Grziwotz* Rn. 5; Bork/Schäfer/*Roth* Rn. 8;
Passarge in Passarge/Torwegge GmbH-Liquidation Rn. 85; Bartl/Bartl/Beine/Koch/Schlarb/Schmidt/
Koch Rn. 1.
[97]   UHL/*Casper* Rn. 24, 26; Noack/Servatius/Haas/*Haas* Rn. 11.
[98]   Rowedder/Schmidt-Leithoff/*Gesell* Rn. 7.
[99]   Scholz/*Scheller* Rn. 13; Rowedder/Schmidt-Leithoff/*Gesell* Rn. 7.
[100] Scholz/*Scheller* Rn. 14; Rowedder/Schmidt-Leithoff/*Gesell* Rn. 8; MHLS/*Nerlich* Rn. 24; UHL/*Casper*
       Rn. 27.
[101] So regelt in Bayern Art. 6 LStVG: „Die Gemeinden, Landratsämter, Regierungen und das Staatsministe-
       rium des Innern, für Sport und Integration haben als Sicherheitsbehörden die Aufgabe, die öffentliche
       Sicherheit und Ordnung durch Abwehr von Gefahren und durch Unterbindung und Beseitigung von
       Störungen aufrechtzuerhalten." Zuständig wäre danach das Bayerische Innenministerium. Vgl. auch § 3
       SOG Hamburg.
[102] Nur beispielhaft: § 89 HSOG Hessen, § 165 LVwG Schleswig-Holstein, § 5 OBG Brandenburg; § 5
       OBG NRW.
[103] So § 4 OBG Thüringen.
[104] UHL/*Casper* Rn. 27; MHLS/*Nerlich* Rn. 24; Rowedder/Schmidt-Leithoff/*Gesell* Rn. 8.

Regelungslücke kann durch entsprechende Anwendung des in § 396 Abs. 1 AktG und § 3 Abs. 2 Nr. 1 VereinsG zum Ausdruck kommenden Rechtsgedankens geschlossen werden. Sachlich und örtlich zuständig ist danach die oberste Landesbehörde des Landes, in dem die Gesellschaft ihren Sitz hat. Dies ist im Regelfall das Wirtschaftsministerium.[105] Für dessen Zuständigkeit spricht nicht nur die höhere fachliche Kompetenz sondern auch die dadurch gesicherte Einheitlichkeit der Rechtsanwendung zumindest auf Landesebene.[106]

Eine Zuständigkeit der Kartellbehörden wird von der hM zutreffender Weise auch in **50** den Fällen abgelehnt, in denen die Anwendung des § 62 ausnahmsweise auf einem Verstoß gegen das GWB beruht. Unabhängig davon, ob man eine Zuständigkeit der Kartellbehörden für zweckmäßig hält, ist die in § 62 gesetzlich normierte Ermächtigungsgrundlage nicht kartellrechtlicher Natur.[107]

4. Verfahren. a) Anwendbare Vorschriften. Geht man mit der zutreffenden hM **51** (→ Rn. 46) davon aus, das die zuständige Verwaltungsbehörde über die Auflösung der Gesellschaft durch Verwaltungsakt entscheidet, so finden für das Verfahren die jeweiligen **Verwaltungsverfahrensgesetze**[108] **der Länder** Anwendung, in denen die betroffene Gesellschaft ihren Sitz hat. Danach gilt:

b) Verfahren. Das Verfahren wird von Amts wegen durchgeführt (§ 13 Abs. 1 Nr. 2 **52** VwVfG). Nach § 13 Abs. 2 S. 2 Hs. 2 VwVfG sind zugleich die **Gesellschafter** der GmbH, soweit sie der Behörde bekannt sind, von dem Verfahren zu unterrichten, da die Auflösungsverfügung auch ihnen gegenüber rechtsgestaltende Wirkung entfaltet.[109] Auf Antrag sind die Gesellschafter dann notwendig zum Verfahren hinzuzuziehen und gelten dann als Beteiligte (§ 13 Abs. 2 S. 2 Hs. 1, Abs. 1 Nr. 4 VwVfG). VwVfG. Alle Beteiligten sind vor Erlass der Auflösungsverfügung zu hören (§ 28 Abs. 1 VwVfG). Hierdurch wird insbesondere den Gesellschaftern, die bislang keine Kenntnis von den gesetzeswidrigen Vorgängen hatten, die Möglichkeit gegeben, selbst die Gemeinwohlgefährdung zu beseitigen, um damit die Auflösung der Gesellschaft zu verhindern.

5. Auflösungsverfügung. a) Auflösung. Die Auflösung erfolgt durch Verwaltungs- **53** akt (→ Rn. 46). Die Entscheidung über die Auflösung steht im pflichtgemäßen Ermessen der Verwaltungsbehörde (→ Rn. 42). Sie setzt voraus, dass die Auflösungsvoraussetzungen noch im Zeitpunkt der Entscheidung vorliegen (→ Rn. 18). Die Auflösungsverfügung ist allen Beteiligten, also der Gesellschaft und den Gesellschaftern gem. § 41 Abs. 1 VwVfG bekannt zu geben. Mit dieser **Bekanntgabe** ist die Gesellschaft aufgelöst (§ 43 Abs. 1 VwVfG).[110] Einer förmlichen Zustellung bedarf es hierfür nicht, obwohl diese Vorgehensweise der Verwaltungsbehörde regelmäßig angeraten sein wird.[111] Eintritt der **Bestandskraft** ist anders als bei einem Gestaltungsurteil **nicht Voraussetzung** für den Eintritt der Auflösungswirkung.[112] Folgt man hingegen der früher hM, nach der die Auflösung der

---

[105] So iErg auch Scholz/*Scheller* Rn. 15; MHLS/*Nerlich* Rn. 24; Rowedder/Schmidt-Leithoff/*Gesell* Rn. 8; Noack/Servatius/Haas/*Haas* Rn. 12; *Altmeppen* Rn. 5; UHL/*Casper* Rn. 27 mit Verweis auf Kommentierungen zum AktG; Ring/Grziwotz/*Grziwotz* Rn. 5; Bork/Schäfer/*Roth* Rn. 8; *Passarge* in Passarge/Torwegge GmbH-Liquidation Rn. 85.

[106] MHLS/*Nerlich* Rn. 24; Rowedder/Schmidt-Leithoff/*Gesell* Rn. 8.

[107] Scholz/*Scheller* Rn. 15; MHLS/*Nerlich* Rn. 24; UHL/*Casper* Rn. 27; aA iErg wohl *v. Köhler* NJW 1961, 1293.

[108] Zur Vereinheitlichung werden nachfolgend jedoch die im Wesentlichen übereinstimmenden Vorschriften des VwVfG des Bundes zitiert.

[109] UHL/*Casper* Rn. 28; Rowedder/Schmidt-Leithoff/*Gesell* Rn. 9; MHLS/*Nerlich* Rn. 25; einschr. Scholz/*Scheller* Rn. 16, der eine notwendige Hinzuziehung durch Beteiligung am Verwaltungsverfahren nur auf Antrag für erforderlich hält.

[110] Rowedder/Schmidt-Leithoff/*Gesell* Rn. 9; MHLS/*Nerlich* Rn. 27, 28.

[111] So auch Scholz/*Scheller* Rn. 16. Einer Zustellung bedarf es nur, wenn diese im Gesetz ausdrücklich gefordert wird, vgl. §§ 56, 57 VwGO, die eine Zustellung fordern, wenn dadurch eine Frist in Gang gesetzt werden soll. Dagegen auf Zustellung abstellend UHL/*Casper* Rn. 29; *Altmeppen* Rn. 6, Noack/Servatius/Haas/*Haas* Rn. 13.

[112] MHLS/*Nerlich* Rn. 28; Scholz/*Scheller* Rn. 16; UHL/*Casper* Rn. 29; Rowedder/Schmidt-Leithoff/*Gesell* Rn. 9.

Gesellschaft auf Antrag der Verwaltungsbehörde durch das Gericht erfolgt, so erfolgt die Auflösung erst mit Rechtskraft des verwaltungsgerichtlichen Urteils.[113]

54   **b) Folgen der Auflösung.** Mit der Bekanntgabe der Auflösungsverfügung ist die Gesellschaft zwar aufgelöst, aber immer noch existent. Die Gesellschaft ist nach den §§ 65 ff. abzuwickeln.[114] An die Stelle der Geschäftsführer treten die Liquidatoren, bei denen es sich im Regelfall jedoch gerade um die bisherigen Geschäftsführer handelt, sofern nicht durch Satzung oder Gesellschafterbeschluss die Liquidation anderen Personen übertragen wird (§ 66 Abs. 1). Die Liquidatoren haben die Auflösung nach § 65 Abs. 1 zur Eintragung in das Handelsregister anzumelden. Eine Eintragung von Amts wegen ist gesetzlich nicht vorgesehen. Die Verwaltungsbehörde (nach früher hM das Verwaltungsgericht) ist noch nicht einmal verpflichtet, das Handelsregister von der Auflösung zu benachrichtigen.[115] Ob die Auflösung auf der Grundlage dieser Rechtsfolgen tatsächlich im Einzelfall geeignet sein wird, eine für das Gemeinwohl bestehende Gefährdung zu beseitigen, erscheint zumindest fraglich.

55   **c) Entschädigung.** Abs. 1 aE schließt einen Anspruch auf Entschädigung wegen der Auflösung ausdrücklich aus. Das gilt selbstverständlich nur für den Fall der **rechtmäßigen** Auflösung der Gesellschaft. Wird die Gesellschaft nämlich wegen einer bestehenden Gemeinwohlgefährdung aufgelöst, so handelt es sich nicht um eine entschädigungspflichtige Enteignung oder einen enteignungsgleichen Eingriff, da § 62 in diesem Fall Ausdruck der Sozialpflichtigkeit des Eigentums nach Art. 14 Abs. 2 GG ist.[116] Abs. 1 ist insoweit nur klarstellend. Denn eine Auseinandersetzung des vorhandenen Gesellschaftsvermögens unter den Gesellschaftern nach Maßgabe des Gesellschaftsvertrages oder des Gesetzes wird durch Abs. 1 nicht ausgeschlossen.[117] War die Auflösung der Gesellschaft hingegen aufgrund einer Amtspflichtverletzung unrechtmäßig, so steht die Vorschrift einem Schadensersatzanspruch insbesondere nach § 839 BGB, Art. 34 GG, anders als einem Entschädigungsanspruch nicht entgegen.[118]

56   **6. Rechtsmittel. a) Anfechtungsklage.** Gegen die Auflösungsverfügung als verwaltungsbehördlichem Verwaltungsakt ist die Anfechtungsklage gem. § 42 Abs. 1 VwGO statthaft. Der vorherigen Durchführung eines Widerspruchsverfahrens bedarf es nach § 68 Abs. 1 Nr. 1 nach der hier vertretenen Ansicht nicht. da für den Erlass des Verwaltungsaktes die oberste Landesbehörde zuständig ist (→ Rn. 48 f.). Nach § 42 Abs. 2 VwGO sind sowohl die Gesellschaft als auch die Gesellschafter selbst klagebefugt. Die Gesellschaft wird dabei durch ihre Liquidatoren vertreten (§ 66 Abs. 1).[119] Andere, mittelbar betroffene Personen, etwa Fremdgeschäftsführer oder Arbeitnehmer sind mangels Verletzungen in eigenen Rechten nicht klagebefugt.[120]

57   **b) Aufschiebende Wirkung.** Nach § 80 Abs. 1 VwGO hat die Anfechtungsklage aufschiebende Wirkung.[121] Die Wirksamkeit des Verwaltungsaktes wird also vorläufig

---

[113]   Rowedder/Schmidt-Leithoff/*Gesell* Rn. 9, 10; Scholz/*Scheller* Rn. 16.
[114]   MHLS/*Nerlich* Rn. 35; Noack/Servatius/Haas/*Haas* Rn. 12; Rowedder/Schmidt-Leithoff/*Gesell* Rn. 9; UHL/*Casper* Rn. 12.
[115]   Rowedder/Schmidt-Leithoff/*Gesell* Rn. 9; UHL/*Casper* Rn. 29; Noack/Servatius/Haas/*Haas* Rn. 14; Scholz/*Scheller* Rn. 19, der hierin sowie in dem Umstand, dass noch nicht einmal das alte Management abgelöst wird, mit Recht die rechtspolitische Schwäche des § 62 sieht.
[116]   Scholz/*Scheller* Rn. 18; MHLS/*Nerlich* Rn. 33; Noack/Servatius/Haas/*Haas* Rn. 15; Rowedder/Schmidt-Leithoff/*Gesell* Rn. 11; *Altmeppen* Rn. 7; UHL/*Casper* Rn. 33, Fn. 82 mit weiteren Verweisen auf § 396 AktG.
[117]   Scholz/*Scheller* Rn. 18; Rowedder/Schmidt-Leithoff/*Gesell* Rn. 11; Noack/Servatius/Haas/*Haas* Rn. 14. Anders im Falle der Auflösung nach dem VereinsG (→ Rn. 9 f.).
[118]   Scholz/*Scheller* Rn. 18; MHLS/*Nerlich* Rn. 33; UHL/*Casper* Rn. 33; Rowedder/Schmidt-Leithoff/*Gesell* Rn. 11; Noack/Servatius/Haas/*Haas* Rn. 15; *Altmeppen* Rn. 7.
[119]   Noack/Servatius/Haas/*Haas* Rn. 13.
[120]   UHL/*Casper* Rn. 31; MHLS/*Nerlich* Rn. 30; Scholz/*Scheller* Rn. 17.
[121]   *Altmeppen* Rn. 5; Noack/Servatius/Haas/*Haas* Rn. 13 mwN.

gehemmt. Das ändert jedoch nichts an der Vertretung der Gesellschaft durch die Liquidatoren.[122] Bis zur Rechtskraft des Verwaltungsgerichtsurteils können sich weder die Verwaltungsbehörde, noch die Gesellschaft oder Dritte auf die Auflösung berufen. Die Gesellschaft gilt bis zu diesem Zeitpunkt als noch nicht aufgelöst. Dementsprechend besteht auch noch keine Pflicht zur Anmeldung der Auflösung zum Handelsregister nach § 65 Abs. 1. Die Verwaltungsbehörde kann jedoch nach § 80 Abs. 2 Nr. 4 VwGO die sofortige Vollziehung anordnen, wodurch die aufschiebende Wirkung der Anfechtungsklage entfällt.

c) Entscheidung. Das Verwaltungsgericht überprüft die Auflösungsverfügung nach 58 Maßgabe des § 114 VwGO daraufhin, ob die Verwaltungsbehörde ermessensfehlerfrei entschieden hat, insbesondere ob eine Reduzierung des Ermessensspielraums auf Null vorgelegen hat (→ Rn. 43). Ob nach Erlass der Auflösungsverfügung neue eingetretene Tatsachen, die zum Wegfall der Auflösungsvoraussetzungen führen, im Anfechtungsprozess zu berücksichtigen sind, ist umstritten.[123] Lehnt man dies ab, so können Sie nur zu einem Wiederaufgreifen des Verfahrens nach § 51 VwVfG und Widerruf oder Rücknahme des Verwaltungsaktes führen.[124] Wird der Auflösungsklage stattgegeben, so entfällt mit der Rechtskraft des Anfechtungsurteils die auflösende Wirkung rückwirkend.[125] Die Abwicklung der Gesellschaft ist beendet. Es handelt sich hier um eine werbende Gesellschaft, ohne dass es eines Fortsetzungsbeschlusses durch die Gesellschafter bedarf.

IV. Fortsetzung der Gesellschaft

Auch nach wirksamer Auflösung der Gesellschaft durch Verwaltungsakt können die 59 Gesellschafter die Fortsetzung der Gesellschaft beschließen. Da die Auflösung jedoch auf einem staatlichen Verwaltungsakt beruht, ist es vor der Fortsetzung der Gesellschaft zusätzlich erforderlich, dass dieser Verwaltungsakt von der zuständigen Verwaltungsbehörde formell widerrufen oder zurückgenommen wird (§§ 48, 49 VwVfG).[126] Ein Anspruch der Gesellschaft auf Wiederaufgreifen des Verfahrens besteht jedoch nur bei Vorliegen der Voraussetzungen des § 51 VwVfG, sofern die Verwaltungsbehörde nicht ausnahmsweise von sich aus den Verwaltungsakt widerruft oder zurücknimmt. Der Wegfall oder die Beseitigung des Auflösungsgrundes ist also allein nicht ausreichend für die Fortsetzung der Gesellschaft, selbst wenn die Verwaltungsbehörde ihre Zustimmung hierzu erteilt.[127] Der Wegfall oder die Beseitigung des Auflösungsgrundes ist aber im Regelfall Voraussetzung für den Widerruf oder die Rücknahme des Verwaltungsaktes gem. §§ 48, 49 VwVfG. Wird die Auflösungsverfügung mit rückwirkender Kraft nach Rechtsmittel aufgehoben, handelt es sich nicht um einen Fortsetzungsfall. Die Gesellschaft gilt dann als nicht aufgelöst, so dass es schon gar keines Fortsetzungsbeschlusses bedarf.[128]

§ 63 *(weggefallen)*

§ 64 *(aufgehoben)*

Schrifttum (zu den Eröffnungsgründen): *Bitter,* Insolvenzvorsorge durch Rangrücktritt und Patronatsvereinbarung, ZHR 181 (2017), 428; *Bitter/Hommerich,* Die Zukunft des Überschuldungsbegriffs, 2012; *Böcker/Poertzgen,* Der insolvenzrechtliche Überschuldungsbegriff ab 2014, GmbHR 2013, 17; *Bork,* Grundfragen

---

[122] UHL/*Casper* Rn. 12.
[123] Befürwortend Kopp/Schenke/*Schenke* VwGO § 113 Rn. 35 ff. mit eingehender Begr., insbes. Verweis auf den Wortlaut des § 113 Abs. 1 S. 1 VwGO: „soweit der Verwaltungsakt rechtswidrig ist".
[124] Vgl. UHL/*Casper* Rn. 32.
[125] MHLS/*Nerlich* Rn. 33; Scholz/*Scheller* Rn. 17.
[126] Scholz/*Scheller* Rn. 20; UHL/*Casper* Rn. 34; Rowedder/Schmidt Leithoff/*Gesell* Rn. 15, MHLS/*Nerlich* Rn. 36; *Altmeppen* Rn. 6; *Passarge* in Passarge/Torwegge GmbH-Liquidation Rn. 630.
[127] Scholz/*Scheller* Rn. 20; Rowedder/Schmidt-Leithoff/*Gesell* Rn. 15.
[128] Scholz/*Scheller* Rn. 20; Lutter/Hommelhoff/*Kleindiek* Rn. 15; *Altmeppen* Rn. 6.

der Zahlungsunfähigkeit (§ 17 InsO), KTS 2005, 1; *Bork,* Zahlungsunfähigkeit, Zahlungsstockung und Passiva II, ZIP 2008, 1749; *Bork,* Zum Stand der Diskussion um den Überschuldungstatbestand und zum Vorschlag einer Rückkehr zum Überschuldungstatbestand von 1999, ZIP-Beil. 43/2019; *Brinkmann,* Die Antragspflichten bei Überschuldung – ein notwendiges Korrelat der beschränkten Haftung, NZI 2019, 921; *Harz/Bornmann/Conrad/Ecker,* Zahlungsunfähigkeit, drohende Zahlungsunfähigkeit und Überschuldung, NZI 2015, 737; *Crezelius,* Überschuldung und Bilanzierung, FS Röhricht, 2005, 787; *Dahl/Schmitz,* Probleme von Überschuldung und Zahlungsunfähigkeit nach FMStG und MoMiG, NZG 2009, 567; *Dittmer,* Die Feststellung der Zahlungsunfähigkeit von Gesellschaften mit beschränkter Haftung, 2013; *Ebke/Seagon/Piekenbrock* (Hrsg.), Überschuldung: Quo vadis?, 2020; *Egner/Wolf,* Zur Unbrauchbarkeit des Überschuldungstatbestandes als gläubigerschützendes Instrument, AG 1978, 99; *Ehlers,* Der Eröffnungsgrund der drohenden Zahlungsunfähigkeit, ZInsO 2005, 169; Fachausschuss Sanierung und Insolvenz (FAS) des Instituts der Wirtschaftsprüfer, IDW Standard: Beurteilung des Vorliegens von Insolvenzeröffnungsgründen (IDW ES 11), ZInsO 2015, 1136; *Fenske,* Zur Unbrauchbarkeit des Überschuldungstatbestandes, AG 1997, 554; *Fromm,* Die Überschuldungsprüfung im Insolvenzrecht, GmbHR 2004, 940; *Fromm,* Der Überschuldungsstatus im Insolvenzrecht, ZInsO 2004, 943; *Götker,* Der Geschäftsführer in der Insolvenz der GmbH, 1999; *Goette,* Zur Frage, welche Anforderungen an die Geschäftsleitung und ihre Berater bei der Fertigung einer Fortführungsprognose zu stellen sind, DStR 2016, 1684 (Teil I) und DStR 2016, 1752 (Teil II); *Götz,* Überschuldung und Handelsbilanz, 2004; *Götz,* Entwicklungslinien insolvenzrechtlicher Überschuldungsmessung, KTS 2003, 1; *Gutmann,* Die rechnerische Ermittlung der Zahlungsunfähigkeit, NZI 2021, 473; *Haas,* Bilanzierungsprobleme bei der Erstellung eines Überschuldungsstatus nach § 19 Abs. 2 InsO, Kölner Schrift zur InsO, 3. Aufl. 2009, 1293; *Hartmann,* Überschuldungsprüfung im Kontext des Finanzmarktstabilisierungsgesetzes, 2014; *Harz/Bornmann/Conrad/Ecker,* Zahlungsunfähigkeit, drohende Zahlungsunfähigkeit und Überschuldung, NZI 2015, 737; *Hirte,* IFRS und Insolvenzrecht, ZGR 2008, 284; *Hüttemann,* Überschuldung, Überschuldungsstatus und Unternehmensbewertung, FS K. Schmidt, 2009, 761; *Klein,* Grundlagen des insolvenzrechtlichen Überschuldungsbegriffs, 2019; *Lüer,* Gesetzgeberischer Reformeifer statt Rechtspolitik – Zur Neufassung von § 19 Abs. 2 InsO, FS Hüffer, 2010, 603; *Lutter,* Zahlungseinstellung und Überschuldung unter der neuen Insolvenzordnung, ZIP 1999, 641; *W. Müller,* Der Überschuldungsstatus im Lichte der neueren Gesetzgebung, FS Hüffer, 2010, 701; *Neuberger,* Überschuldung abschaffen? Überschuldung stärken!, ZIP 2019, 1549; *Nickert/Lamberti,* Überschuldungs- und Zahlungsunfähigkeitsprüfung im Insolvenzrecht, 3. Aufl. 2015; *Pabst,* Materielle Insolvenz – Die retrograde Ermittlung der Zahlungsunfähigkeit, 2013; *Pape,* Zahlungsunfähigkeit in der Gerichtspraxis, WM 2008, 1949; *Piekenbrock,* Überschuldung als Insolvenzeröffnungsgrund in Europa, KTS 2017, 333; *Pott,* Renaissance des modifiziert zweistufigen Überschuldungsbegriffs, NZI 2012, 4; *Schlenkhoff,* Insolvenzgründe, Prognose und Antragspflicht, 2014; *K. Schmidt,* Dogmatik und Praxis des Rangrücktritts, ZIP 2015, 901; *K. Schmidt,* Überschuldung und Insolvenzantragspflicht nach dem Finanzmarktstabilisierungsgesetz, DB 2008, 2467; *K. Schmidt,* Konkursgründe und Gläubigerschutz, AG 1978, 334; *Sikora,* Die Fortbestehensprognose im Rahmen der Überschuldungsprüfung, ZInsO 2010, 1761; *Staufenbiel/Hoffmann,* Die Ermittlung des Eintritts der Zahlungsunfähigkeit, ZInsO 2008, 785 (I), 838 (II), 891 (III); *Steffek,* Insolvenzgründe in Europa – Rechtsvergleich, Regelungsstrukturen und Perspektiven der Rechtsangleichung, KTS 2009, 317; *Stracke,* Zur Übertragbarkeit des zivilrechtlichen Überschuldungsbegriffs in das Strafrecht, 2007; *Temme,* Die Eröffnungsgründe der Insolvenzordnung, 1997; *Weber/Küting/Eichenlaub,* Zweifelsfragen im Rahmen der Beurteilung des Vorliegens von Insolvenzeröffnungsgründen, GmbHR 2014, 1009; *Wolf/Schlagheck,* Überschuldung, 2007.

Schrifttum (zum Insolvenzeröffnungsverfahren): *Brettner,* Die Strafbarkeit wegen Insolvenzverschleppung gemäß § 15a InsO, 2013; *Delhaes,* Der Insolvenzantrag, 1994; *Delhaes,* Die Stellung, Rücknahme und Erledigung von das Insolvenzverfahren einleitender Anträge nach der Insolvenzordnung, Kölner Schrift zur InsO, 3. Aufl. 2009, 98; *Horstkotte,* Die führungslose GmbH im Insolvenzantragsverfahren, ZInsO 2009, 209; *Poertzgen,* Organhaftung wegen Insolvenzverschleppung, 2006; *Poertzgen,* Die rechtsformneutrale Insolvenzantragspflicht (§ 15a InsO), ZInsO 2007, 574; *Poertzgen,* Der 3-Wochen-Zeitraum im Rahmen der Antragspflicht (§ 15a InsO), ZInsO 2008, 944; *Poertzgen,* Die systematische Berechtigung der Insolvenzantragspflicht (§ 15a InsO), ZInsO 2014, 165; *Römermann,* Aktuelles zur Insolvenzantragspflicht nach § 15a InsO, NZI 2010, 241; *Steenken,* Die Insolvenz der Vor-GmbH, 2002; *Wagner,* Insolvenzantragstellung nur im EU-Ausland? Zivil- und strafrechtliche Risiken für den GmbH-Geschäftsführer, ZIP 2006, 1934.

Schrifttum (zum Stabilisierungs- und Restrukturierungsrahmen): *Bea/Dressler,* Business Judgement Rule versus Gläubigerschutz? – Praktische Erwägungen zur Organhaftung im Kontext des StaRUG, NZI 2021, 67; *Braun,* Die vorinsolvenzliche Sanierung von Unternehmen, 2014; *Desch* (Hrsg.), Das neue Restrukturierungsrecht, 2021; *Frind,* Überreguliert statt saniert?, ZInsO 2020, 2241; *Fuhrmann/Heinen/Schilz,* Die gesellschaftsrechtlichen Aspekte des StaRUG, NZG 2021, 684; *Haarmeyer/Lissner/Rombach,* Neues Sanierungsrecht in Deutschland – Fortschritt oder vertane Chance?, ZInsO 2021, 368; *Kuntz,* Geschäftsleiterhaftung bei drohender Zahlungsunfähigkeit nach StaRUG, ZIP 2021, 597; *H.-F. Müller* Die Umsetzung der EU-Richtlinie über präventive Restrukturierungsrahmen, ZIP 2020, 2253; *Scholz,* Die Krisenpflichten von Geschäftsleitern nach Inkrafttreten des StaRUG, ZIP 2021, 219; *Skaraudszun,* Grundfragen zum StaRUG – Ziele, Rechtsnatur, Rechtfertigung, Schutzinstrumente, KTS 2021, 1; *Wahlers,* Ausgestaltung und Erforderlichkeit eines vorinsolvenzliche Sanierungsverfahrens, 2016.

Schrifttum (zum eröffneten Insolvenzverfahren): *Burkert,* Der Debt-to-Equity-Swap im Spannungsverhältnis von Gesellschafts- und Insolvenzrecht, 2014; *Fichtelmann,* Die Rechtsstellung des Geschäftsführers der GmbH in der Insolvenz der Gesellschaft, GmbHR 2008, 76; *Fischer-Böhnlein,* Rechnungslegung von Kapitalgesellschaften im Insolvenzverfahren, BB 2001, 191; *Gehrlein,* Reichweite und Grenzen der Befugnisse von Gesellschaftern und Anteilseignern in der Regelinsolvenz, ZInsO 2017, 1977; *Geiger,* Insolvenz einer GmbH nach deutschem Recht und einer Société à responsabilité limitée nach französischem Recht, 2008; *Götker,* Der Geschäftsführer in der Insolvenz der GmbH, 1999; *Grüneberg,* Die Rechtspositionen der Organe der GmbH und des Betriebsrats im Konkurs, 1988; *Gutsche,* Die Organkompetenzen im Insolvenzverfahren, 2003; *Henssler,* Die verfahrensrechtlichen Pflichten des Geschäftsführers im Insolvenzverfahren über das Vermögen der GmbH und der GmbH & Co. KG, Kölner Schrift zur InsO, 3. Aufl. 2009, 990; *Kübler/Prütting,* Insolvenzordnung, Sonderband 1: Gesellschaftsrecht, bearb. von Ulrich Noack, 1999 (zit. als Kübler/Prütting/ *Noack*); *H.-F. Müller,* Der Verband in der Insolvenz, 2002; *H.-F. Müller,* Die Kapitalerhöhung in der Insolvenz, ZGR 2004, 842; *Prusko,* Die Gesellschafterstellung in der Insolvenz, 2013; *Pujol,* Die Sanierung der Schuldnergesellschaft vor dem Hintergrund der gesellschaftsrechtlichen Neutralität des Insolvenzrechts nach deutschem und französischem Recht, 2007; *Rieländer,* Die Umfirmierung der Kapitalgesellschaft im Insolvenzverfahren, ZHR 184 (2020), 507; *Rödder,* Kompetenzbeschränkungen der Gesellschaftsorgane in der Insolvenz der GmbH, 2006; *K. Schmidt,* Wege zum Insolvenzrecht der Unternehmen, 1990; *K. Schmidt,* Insolvenzordnung und Gesellschaftsrecht, ZGR 1998, 633; *Stobbe,* Die Durchsetzung gesellschaftsrechtlicher Ansprüche der GmbH in Insolvenz und masseloser Liquidation, 2000; *v. Spee,* Gesellschafter im Reorganisationsverfahren, 2014; *Thole,* Gesellschaftsrechtliche Maßnahmen in der Insolvenz, 3. Aufl. 2020; *Uhlenbruck,* Gesellschaftsrechtliche Defizite der Insolvenzordnung, FS Lüer, 2008, 461; *F. Weber,* Die Funktionsteilung zwischen Konkursverwalter und Gesellschaftsorganen im Konkurs der Kapitalgesellschaft, KTS 1970, 73; *Wellensiek/Flitsch,* Das Verhältnis von insolvenzrechtlichem Verdrängungs- und insolvenzfreiem Gesellschaftsbereich, FS Fischer, 2008, 579.

Schrifttum (zur Haftung für Masseschmälerung nach Insolvenzreife): *Altmeppen,* Was bleibt von den masseschmälernden Zahlungen?, ZIP 2015, 949; *Altmeppen,* Organhaftung für verbotene Zahlungen, ZIP 2017, 1833; *Altmeppen,* Neue und alte Irrtümer zur Dogmatik der Haftung für masseschmälernde Zahlungen, ZIP 2020, 937; *Altmeppen,* Die fortgesetzten Irrtümer über die Zahlungsverbote, ZIP 2021, 1; *Baumert,* § 15b InsO – offene Praxisfragen beim korrigierenden Eingriff des Gesetzgebers in die Rechtsprechung des II. Senats, NZG 2021, 443; *Biehl,* Geschäftsführer- und Gesellschafterhaftung wegen Insolvenzverschleppung bei der GmbH, 2014; *Bitter,* Zur Haftung des Geschäftsführers aus § 64 Abs. 2 GmbH für "Zahlungen" nach Insolvenzreife, WM 2001, 666; *Bitter,* § 64 GmbHG – Neustart durch den Gesetzgeber erforderlich!, ZIP-Beil. 22/2016, 6; *Bitter,* Geschäftsleiterhaftung in der Insolvenz – Alles neu durch SanInsFoG und StaRUG?, ZIP 2021, 321; *Bitter,* Massesicherung nach Insolvenzreife – Der neue § 15b InsO, GmbHR 2022, 57; *Bitter/Baschnagel,* Haltung von Geschäftsführern und Gesellschaftern in der Insolvenz ihrer GmbH, ZInsO 2018, 557 (Teil I); *Brinkmann,* Drahtseilakt ohne Sicherung? – Die Haftung aus den Zahlungsverboten nach § 64 S. 1 GmbHG, § 92 Abs. 2 AktG und die Deckung durch die D&O Versicherung, FS Bergmann, 2018, 93; *Cadmus,* Zur anspruchsmindernden Berücksichtigung von Massezuflüssen bei der Haftung für Zahlungen auf das debitorische Gesellschaftskonto nach § 64 S. 1 GmbHG, KTS 2015, 143; *Casper,* Die Haftung für masseschmälernde Zahlungen nach § 64 S. 1 GmbHG: Hat der BGH den Stein der Weisen gefunden?, ZIP 2016, 793; *Floren,* Adressaten der Insolvenzverschleppungshaftung sowie der Haftung gem. § 64 GmbHG, 2019; *Hodgson,* Die Neufassung des Zahlungsverbots ab Insolvenzreife nach § 15b InsO, NZI-Beil. 2021, 85; *Gehrlein,* Insolvenzanfechtungsrecht als Auslegungshilfe bei den Tatbeständen der Haftung für verbotene Zahlungen, ZHR 181 (2017), 482; *Gehrlein,* Exkulpation des Geschäftsführers für nach Insolvenzreife verfolgte Zahlungen, ZRI 2020, 183; *Gehrlein,* Kompensation verbotener Zahlungen – eine unendliche Geschichte, NZG 2021, 59; *Geißler,* Wertgedeckte und nicht wertgedeckte Zahlungen bei Insolvenzreife der GmbH, GmbHR 2011, 907; *Glozbach,* Die Haftung des GmbH-Geschäftsführers nach § 64 Abs. 2 GmbHG für Zahlungen nach Insolvenzreife, 2004; *Goette,* Zur systematischen Einordnung des § 64 Abs. 2 GmbHG, FS Kreft, 2004, 53 = ZInsO 2005, 1; *Haas,* Der Erstattungsanspruch nach § 64 II GmbHG, NZG 2004, 737; *Haas,* § 64 S. 1 GmbHG im (vorläufigen) Eigenverwaltungs- und Schutzschirmverfahren, ZHR 178 (2014), 603; *Habersack/Foerster,* Austauschgeschäfte der insolvenzreifen Gesellschaft, ZHR 178 (2014), 387; *Habersack/ Foerster,* Debitorische Konten und Massezuflüsse im Recht der Zahlungsverbote, ZGR 2016, 153; *Kleindiek,* Geschäftsführerhaftung in der Krise, FS U. H. Schneider, 2011, 617; *Knittel/Schwall,* Plädoyer für eine praktische Handhabung des § 64 S. 1 GmbHG, NZI 2013, 782; *Liebs,* Die Nichtbeachtung des Zahlungsverbots in der Krise des Unternehmens – zur Haftung der Geschäftsleitung und des Aufsichtsrats, FS Rittner, 1991, 369; *Lieder/Wagner,* Masseschmälerung durch Forderungseinziehung auf debitorische Konten – Alte Probleme im neuen Gewand, ZGR 2021, 495; *H.-F. Müller,* Die Begrenzung der Haftung wegen masseschmälernder Zahlungen durch das SanInsFoG, GmbHR 2021, 737; *H.-F. Müller,* Geschäftsführerhaftung für Zahlungen auf debitorische Konten, NZG 2015, 1021; *H.-F. Müller,* Massekürzung und Massezufluss im Regime der Zahlungsverbote, DB 2015, 723; *H.-F. Müller,* Geschäftsleiterhaftung wegen Insolvenzverschleppung und fachkundiger Rat, NZG 2012, 981; *Otte,* Das Zahlungsverbot und die Ersatzpflicht nach § 64 Satz 1 GmHG, 2019; *Poertzgen,* Organhaftung wegen Insolvenzverschleppung, 2006; *Poertzgen,* Geschäftsführerhaftung aus § 64 Satz 1 GmbHG – Anwendungspraxis und rechtspolitische Kritik, ZInsO 2011, 305; *Poertzgen,* Quo vadis § 64 GmbHG?, ZInsO 2016, 1182; *Poertzgen,* Insolvenzverschleppung in Zeiten von COVInsAG, StaRUG und SanInsFOG, ZInsO 2020, 2509; *Priebe,* Die Haftung des GmbH-Geschäftsführers gem. § 64 GmbHG, ZInsO 2014, 1681; *Sander,* Die Entwicklung der Rechtsprechung zum Zahlungsverbot, FS Bergmann, 2018, 583; *Schall,* Kapitalgesellschaftsrechtlicher Gläubigerschutz, 2009; *A. Schmidt,* Die neue Geschäftsleiterhaftung gem. § 15b InsO im Lichte der Rechtsprechung zu § 64 Satz 1 GmbHG a.F. – was bleibt, was ist neu?, ZRI 2021, 389; *A. Schmidt/Poertzgen,* Geschäftsführerhaftung (§ 64 S. 1 GmbHG) in Zeiten des ESUG, NZI 2013, 369; *K. Schmidt,* Weg mit den Zahlungsverboten in Insolvenzverschleppungsfällen!, ZHR 175 (2011), 433; *K. Schmidt,* Debitorisches Bankkonto und Insolvenzverschleppungshaftung: Ist Geben seliger denn Nehmen?, ZIP 2008, 1401; *K. Schmidt,* Übermäßige Geschäftsführerrisiken aus § 64 Abs. 2 GmbHG, § 130 Abs. 3 HGB?, ZIP 2005, 2177; *K. Schmidt,* Verbotene Zahlungen in der Krise von Handelsgesellschaften und die daraus resultierenden Ersatzpflichten, ZHR 168 (2004), 637; *K. Schmidt,* Geschäftsführerhaftung gem. § 64 Abs. 2 GmbHG bei masseloser Insolvenz, GmbHR 2000, 1225; *Schmittmann,* Die Haftung von Organen in Krise und Insolvenz, 2015; *Schröer-Conigliello/Schmittmann,* Managers on the hook? – Aktuelle Rechtsprechung zur Haftung des GmbH-Geschäftsführers bei Verletzung der Massesicherungspflicht aus der Praktiker-Perspektive, ZIP 2017, 1548; *Schulze-Osterloh,* Zahlungen nach Eintritt der Insolvenzreife, FS Bezzenberger, 2000, 415; *Seibel,* Der Geschäftsführer in der Insolvenz der Gesellschaft, 2012; *Theiselmann/Redeker,* Die Geschäftsführer-Haftung für Zahlungen nach Insolvenzreife, GmbHR 2008, 961; *Thole,* Gläubigerschutz durch Insolvenzrecht, 2010; *Thole,* Die Geschäftsleiterhaftung im StaRUG und nach § 15b InsO n.F., BB 2021, 1347; *Weiß,* Insolvenzspezifische Geschäftsführerhaftung, 2017.

Schrifttum (zur Insolvenzverursachungshaftung): *Altmeppen,* Die rätselhafte Haftung von Geschäftsleitern für insolvenzbegründende „Zahlungen" an Gesellschafter, FS Hüffer, 2010, 1; *Böcker,* Wildwuchsbekämpfung und erster Formschnitt bei § 64 Satz 3 GmbHG, DZWiR 2013, 403; *Böcker/Poertzgen,* Kausalität und Verschulden beim künftigen § 64 S. 3 GmbHG, WM 2007, 1203; *Cahn,* Das Zahlungsverbot nach § 92 Abs. 2 Satz 3 AktG – aktien- und konzernrechtliche Aspekte des neuen Liquiditätsschutzes, Der Konzern 2009, 7; *Gehrlein,* Die Rechtslage im Insolvenzrecht nach MoMiG, Kölner Schrift zur Insolvenzordnung, 3. Aufl. 2009, 825; *Greulich/Bunnemann,* Geschäftsführerhaftung für die zur Zahlungsunfähigkeit führende Zahlungen an die Gesellschafter nach § 64 II 3 GmbHG-RefE, NZG 2006, 681; *Greulich/Rau,* Zur partiellen Insolvenzverursachungshaftung nach § 64 S. 3 GmbHG-RegE, NZG 2008, 284; *Haas,* § 64 S. 3 GmbHG – Erste Eckpunkte des BGH, NZG 2013, 41; *Jost,* Die Insolvenzverursachungshaftung nach § 64 Satz 3 GmbHG, § 2 Abs. 2 Satz 3 AktG, ZInsO 2014, 2471; *Kleindiek,* Geschäftsführerhaftung nach der GmbH-Reform, FS K. Schmidt, 2009, 893; *Knof,* Die neue Insolvenzverursachungshaftung nach § 64 S. 3 RegE-GmbHG, DStR 2007, 1536 (Teil I) und DStR 2007, 1580 (Teil II); *Lorys,* Die Insolvenzverursachungshaftung gemäß § 64 Satz 3 GmbHG als Ausschüttungssperre nach dem Vorbild des Wrongful Trading, 2016; *Niesert/Hohler,* Die Haftung des Geschäftsführers für die Rückzahlung von Gesellschafterdarlehen und ähnliche Leistungen – Zugleich ein Beitrag zur Auslegung des § 64 S. 3 GmbHG, NZI 2009, 345; *Nolting-Hauff/Greulich,* Was von der Insolvenzverursachungshaftung nach § 64 S. 3 GmbHG bleibt, GmbHR 2013, 169; *Perlick,* Die Insolvenzverursachungshaftung nach § 64 S. 3 GmbHG, 2014; *Poertzgen/Meyer,* Aktuelle Probleme des § 64 Satz 3 GmbHG, ZInsO 2012, 249; *Schall,* Kapitalgesellschaftsrechtlicher Gläubigerschutz, 2009; *Schluck-Amend,* Die Insolvenzverursachungshaftung des GmbH-Geschäftsführers, FS Hommelhoff, 2012, 961; *K. Schmidt,* GmbH-Reform auf Kosten der Geschäftsführer?, GmbHR 2008, 449; *K. Schmidt,* Reform der Kapitalsicherung und Haftung in der Krise nach dem Regierungsentwurf des MoMiG, GmbHR 2007, 1072; *Strohn* Existenzvernichtung, §§ 30, 31, 43 GmbHG und § 64 S. 3 GmbHG – Koordinierungsbedarf?, ZHR 173 (2009), 589.

Schrifttum (zur Haftung für die Verletzung der Insolvenzantragspflicht): *Altmeppen,* Insolvenzverschleppungshaftung Stand 2001, ZIP 2001, 2201; *Altmeppen,* Probleme der Konkursverschleppungshaftung ZIP 1997, 1173; *Altmeppen/Wilhelm,* Quotenschaden, Individualschaden und Klagebefugnis bei der Verschleppung des Insolvenzverfahrens über das Vermögen der GmbH, NJW 1999, 673; *Barthen/Staab,* Insolvenzverschleppungshaftung der Geschäftsleiter gemäß § 823 Abs. 2 BGB i.V.m. § 15a InsO, ZInsO 2019, 1285; *Bayer/Lieder,* Ersatz des Vertrauensschadens wegen Insolvenzverschleppung und Haftung des Teilnehmers, WM 2006, 1; *Bork,* Haftung des Geschäftsführers wegen verspäteten Konkursantrags, ZGR 1995, 505; *Canaris,* Die Haftung für fahrlässige Verletzungen der Konkursantragspflicht nach § 64 GmbHG, JZ 1993, 649; *Dauner-Lieb,* Die Berechnung des Quotenschadens, ZGR 1998, 617; *Ehricke,* Zur Teilnehmerhaftung von Gesellschaftern bei Verletzungen von Organpflichten mit Außenwirkung durch den Geschäftsführer einer GmbH, ZGR 2000, 351; *Flume,* Die Haftung des GmbH-Geschäftsführers bei Geschäften nach Konkursreife der GmbH, ZIP 1994, 337; *Goette,* Zur persönlichen Haftung des Geschäftsführers einer GmbH gegenüber Dritten aus Geschäften, die nach Eintritt der Konkursreife mit ihnen geschlossen werden, DStR 1994, 1048; *Haas,* Aktuelle Rechtsprechung zur Insolvenzantragspflicht des GmbH-Geschäftsführers nach § 64 Abs. 1 GmbHG, DStR 2003, 423; *Haas,* Geschäftsführerhaftung und Gläubigerschutz, 1997; *Hasselbach,* Die Geltendmachung von Gesamtschadensansprüchen der Gläubiger durch den Insolvenzverwalter, DB 1996, 2213; *Henssler/Dedek,* Gesamtschaden wegen verspäteter Antragstellung, FS Uhlenbruck, 2000, 175; *Höffner,* Zivilrechtliche Haftung und strafrechtliche Verantwortung des GmbH-Geschäftsführers bei Insolvenzverschleppung, 2003; *Klöhn,* Der individuelle Insolvenzverschleppungsschaden, KTS 2012, 133; *B. Kübler,* Die Konkursverschleppungshaftung des Geschäftsführers nach der „Wende" des Bundesgerichtshofs – Bedeutung für die Praxis, ZGR 1995, 481; *Meyke,* Zivilprozessuale Aspekte der Haftung wegen Konkursverschleppung, ZIP 1998, 1179; *G. Müller,* Zum

Schutz der Neugläubiger nach § 64 GmbHG, GmbHR 1994, 209; *Poertzgen,* Organhaftung wegen Insolvenz-verschleppung, 2006; *Reiff/Arnold,* Unbeschränkte Konkursverschleppungshaftung des Geschäftsführers einer GmbH auch gegenüber gesetzlichen Neugläubigern?, ZIP 1998, 1893; *Römermann,* Insolvenzverschleppungs-haftung und die Folgen, NZG 2009, 854; *K. Schmidt,* Haftungsrealisierung in der Gesellschaftsinsolvenz, KTS 2001, 373; *K. Schmidt,* Kein Abschied vom Quotenschaden bei der Insolvenzverschleppungshaftung, NZI 1998, 9; *Schüppen,* Aktuelle Fragen der Konkursverschleppung durch den GmbH-Geschäftsführer, DB 1994, 197; *Schulze-Osterloh,* § 64 Abs. 1 GmbHG als Schutzgesetz iSd § 823 Abs. 2 BGB, FS Lutter, 2000, 707; *Stöber,* Die Insolvenzverschleppungshaftung in Europa, ZHR 17 (2012), 326; *G. Wagner,* Grundfragen der Insolvenzverschleppungshaftung nach der GmbH-Reform, FS K. Schmidt, 2009, 1665.

Schrifttum (zur GmbH & Co. KG): *Schlitt,* Die GmbH & Co. KG in der Insolvenz nach neuem Recht, NZG 1998, 701 (Teil I) und NZG 1998, 755 (Teil II); *K. Schmidt,* Insolvenz und Insolvenzabwicklung in der typischen GmbH & Co. KG, GmbHR 2002, 1209.

Übersicht

A. Entwicklung und Bedeutung der Norm

I. Wortlaut

§ 64 wurde **aufgehoben mWv 1.1.2021** durch Art. 16 **SanInsFoG** (Sanierungs- und **1** Insolvenzrechtsfortentwicklungsgesetz vom 22.12.2020, BGBl. 2020 I 3256). Die Vorschrift lautete in der bis 31.12.2020 gültigen Fassung:

§ 64 aF Haftung für Zahlungen nach Zahlungsunfähigkeit oder Überschuldung
[1]Die Geschäftsführer sind der Gesellschaft zum Ersatz von Zahlungen verpflichtet, die nach Eintritt der Zahlungsunfähigkeit der Gesellschaft oder nach Feststellung ihrer Überschuldung geleistet werden. [2]Dies gilt nicht von Zahlungen, die auch nach diesem Zeitpunkt mit der Sorgfalt eines ordentlichen Geschäftsmanns vereinbar sind. [3]Die gleiche Verpflichtung trifft die Geschäftsführer für Zahlungen an Gesellschafter, soweit diese zur Zahlungsunfähigkeit der Gesellschaft führen mussten, es sei denn, dies war auch bei Beachtung der in Satz 2 bezeichneten Sorgfalt nicht erkennbar. [4]Auf den Ersatzanspruch finden die Bestimmungen in § 43 Abs. 3 und 4 entsprechende Anwendung.

Zum geltenden Recht: **2**

§ 13 InsO Eröffnungsantrag

(1) [1]Das Insolvenzverfahren wird nur auf schriftlichen Antrag eröffnet. [2]Antragsberechtigt sind die Gläubiger und der Schuldner. [3]Dem Antrag des Schuldners ist ein Verzeichnis der Gläubiger und ihrer Forderungen beizufügen. [4]Wenn der Schuldner einen Geschäftsbetrieb hat, der nicht eingestellt ist, sollen in dem Verzeichnis besonders kenntlich gemacht werden
1. die höchsten Forderungen,
2. die höchsten gesicherten Forderungen,
3. die Forderungen der Finanzverwaltung,
4. die Forderungen der Sozialversicherungsträger sowie
5. die Forderungen aus betrieblicher Altersversorgung.

[5]Der Schuldner hat in diesem Fall auch Angaben zur Bilanzsumme, zu den Umsatzerlösen und zur durchschnittlichen Zahl der Arbeitnehmer des vorangegangenen Geschäftsjahres zu machen. [6]Die Angaben nach Satz 4 sind verpflichtend, wenn
1. der Schuldner Eigenverwaltung beantragt,
2. der Schuldner die Merkmale des § 22a Absatz 1 erfüllt oder
3. die Einsetzung eines vorläufigen Gläubigerausschusses beantragt wurde.

[7]Dem Verzeichnis nach Satz 3 und den Angaben nach den Sätzen 4 und 5 ist die Erklärung beizufügen, dass die enthaltenen Angaben richtig und vollständig sind.

(2) Der Antrag kann zurückgenommen werden, bis das Insolvenzverfahren eröffnet oder der Antrag rechtskräftig abgewiesen ist.

(3) Ist der Eröffnungsantrag unzulässig, so fordert das Insolvenzgericht den Antragsteller unverzüglich auf, den Mangel zu beheben und räumt ihm hierzu eine angemessene Frist ein.

(4) [1]Das Bundesministerium der Justiz und für Verbraucherschutz wird ermächtigt, durch Rechtsverordnung mit Zustimmung des Bundesrates für die Antragstellung durch den Schuldner ein Formular einzuführen. [2]Soweit nach Satz 1 ein Formular eingeführt ist, muss der Schuldner dieses benutzen. [3]Für Verfahren, die von den Gerichten maschinell bearbeitet, und für solche, die nicht maschinell bearbeitet werden, können unterschiedliche Formulare eingeführt werden.

§ 13a InsO Antrag zur Begründung eines Gruppen-Gerichtsstands

(1) In einem Antrag nach § 3a Absatz 1 sind anzugeben:
1. Name, Sitz, Unternehmensgegenstand sowie Bilanzsumme, Umsatzerlöse und die durchschnittliche Zahl der Arbeitnehmer des letzten Geschäftsjahres der anderen gruppenangehörigen Unternehmen, die nicht lediglich von untergeordneter Bedeutung für die Unternehmensgruppe sind; für die übrigen gruppenangehörigen Unternehmen sollen entsprechende Angaben gemacht werden,
2. aus welchen Gründen eine Verfahrenskonzentration am angerufenen Insolvenzgericht im gemeinsamen Interesse der Gläubiger liegt,
3. ob eine Fortführung oder Sanierung der Unternehmensgruppe oder eines Teils davon angestrebt wird,
4. welche gruppenangehörigen Unternehmen Institute im Sinne des § 1 Absatz 1b des Kreditwesengesetzes, Finanzholding-Gesellschaften im Sinne des § 1 Absatz 3a des Kreditwesengesetzes, Kapitalverwaltungsgesellschaften im Sinne des § 17 Absatz 1 des Kapitalanlagegesetzbuches, Zahlungsdienstleister im Sinne des § 1 Absatz 1 des Zahlungsdiensteaufsichtsgesetzes oder Versicherungsunternehmen im Sinne des § 7 Nummer 33 des Versicherungsaufsichtsgesetzes sind, und
5. die gruppenangehörigen Schuldner, über deren Vermögen die Eröffnung eines Insolvenzverfahrens beantragt oder ein Verfahren eröffnet wurde, einschließlich des zuständigen Insolvenzgerichts und des Aktenzeichens.

(2) [1]Dem Antrag nach § 3a Absatz 1 ist der letzte konsolidierte Abschluss der Unternehmensgruppe beizufügen. [2]Liegt ein solcher nicht vor, sind die letzten Jahresabschlüsse der gruppenangehörigen Unternehmen beizufügen, die nicht lediglich von untergeordneter Bedeutung für die Unternehmensgruppe sind. [3]Die Jahresabschlüsse der übrigen gruppenangehörigen Unternehmen sollen beigefügt werden.

§ 14 InsO Antrag eines Gläubigers

(1) [1]Der Antrag eines Gläubigers ist zulässig, wenn der Gläubiger ein rechtliches Interesse an der Eröffnung des Insolvenzverfahrens hat und seine Forderung und den Eröffnungsgrund glaubhaft macht. [2]Der Antrag wird nicht allein dadurch unzulässig, dass die Forderung erfüllt wird.

(2) Ist der Antrag zulässig, so hat das Insolvenzgericht den Schuldner zu hören.

(3) [1]Wird die Forderung des Gläubigers nach Antragstellung erfüllt, so hat der Schuldner die Kosten des Verfahrens zu tragen, wenn der Antrag als unbegründet abgewiesen wird. [2]Der Schuldner hat die Kosten auch dann zu tragen, wenn der Antrag eines Gläubigers wegen einer zum Zeitpunkt der Antragstellung wirksamen nichtöffentlichen Stabilisierungsanord-

nung nach dem Unternehmensstabilisierungs- und restrukturierungsgesetz abgewiesen wird und der Gläubiger von der Stabilisierungsanordnung keine Kenntnis haben konnte.

§ 15 InsO Antragsrecht bei juristischen Personen und Gesellschaften ohne Rechtspersönlichkeit

(1) [1]Zum Antrag auf Eröffnung eines Insolvenzverfahrens über das Vermögen einer juristischen Person oder einer Gesellschaft ohne Rechtspersönlichkeit ist außer den Gläubigern jedes Mitglied des Vertretungsorgans, bei einer Gesellschaft ohne Rechtspersönlichkeit oder bei einer Kommanditgesellschaft auf Aktien jeder persönlich haftende Gesellschafter, sowie jeder Abwickler berechtigt. [2]Bei einer juristischen Person ist im Fall der Führungslosigkeit auch jeder Gesellschafter, bei einer Aktiengesellschaft oder einer Genossenschaft zudem auch jedes Mitglied des Aufsichtsrats zur Antragstellung berechtigt.

(2) [1]Wird der Antrag nicht von allen Mitgliedern des Vertretungsorgans, allen persönlich haftenden Gesellschaftern, allen Gesellschaftern der juristischen Person, allen Mitgliedern des Aufsichtsrats oder allen Abwicklern gestellt, so ist er zulässig, wenn der Eröffnungsgrund glaubhaft gemacht wird. [2]Zusätzlich ist bei Antragstellung durch Gesellschafter einer juristischen Person oder Mitglieder des Aufsichtsrats auch die Führungslosigkeit glaubhaft zu machen. [3]Das Insolvenzgericht hat die übrigen Mitglieder des Vertretungsorgans, persönlich haftenden Gesellschafter, Gesellschafter der juristischen Person, Mitglieder des Aufsichtsrats oder Abwickler zu hören.

(3) [1]Ist bei einer Gesellschaft ohne Rechtspersönlichkeit kein persönlich haftender Gesellschafter eine natürliche Person, so gelten die Absätze 1 und 2 entsprechend für die organschaftlichen Vertreter und die Abwickler der zur Vertretung der Gesellschaft ermächtigten Gesellschafter. [2]Entsprechendes gilt, wenn sich die Verbindung von Gesellschaften in dieser Art fortsetzt.

§ 15a InsO Antragspflicht bei juristischen Personen und Gesellschaften ohne Rechtspersönlichkeit

(1) [1]Wird eine juristische Person zahlungsunfähig oder überschuldet, haben die Mitglieder des Vertretungsorgans oder die Abwickler ohne schuldhaftes Zögern einen Eröffnungsantrag zu stellen. [2]Der Antrag ist spätestens drei Wochen nach Eintritt der Zahlungsunfähigkeit und sechs Wochen nach Eintritt der Überschuldung zu stellen. [3]Das Gleiche gilt für die organschaftlichen Vertreter der zur Vertretung der Gesellschaft ermächtigten Gesellschaft oder die Abwickler bei einer Gesellschaft ohne Rechtspersönlichkeit, bei der kein persönlich haftender Gesellschafter eine natürliche Person ist; dies gilt nicht, wenn zu den persönlich haftenden Gesellschaftern eine andere Gesellschaft gehört, bei der ein persönlich haftender Gesellschafter eine natürliche Person ist.

(2) Bei einer Gesellschaft im Sinne des Absatzes 1 Satz 3 gilt Absatz 1 sinngemäß, wenn die organschaftlichen Vertreter der zur Vertretung der Gesellschaft ermächtigten Gesellschafter ihrerseits Gesellschaften sind, bei denen kein persönlich haftender Gesellschafter eine natürliche Person ist, oder sich die Verbindung von Gesellschaften in dieser Art fortsetzt.

(3) Im Fall der Führungslosigkeit einer Gesellschaft mit beschränkter Haftung ist auch jeder Gesellschafter, im Fall der Führungslosigkeit einer Aktiengesellschaft oder einer Genossenschaft ist auch jedes Mitglied des Aufsichtsrats zur Stellung des Antrags verpflichtet, es sei denn, diese Person hat von der Zahlungsunfähigkeit und der Überschuldung oder der Führungslosigkeit keine Kenntnis.

(4) Mit Freiheitsstrafe bis zu drei Jahren oder mit Geldstrafe wird bestraft, wer entgegen Absatz 1 Satz 1 und 2, auch in Verbindung mit Satz 3 oder Absatz 2 oder Absatz 3, einen Eröffnungsantrag
1. nicht oder nicht rechtzeitig stellt oder
2. nicht richtig stellt.

(5) Handelt der Täter in den Fällen des Absatzes 4 fahrlässig, ist die Strafe Freiheitsstrafe bis zu einem Jahr oder Geldstrafe.

(6) Im Falle des Absatzes 4 Nummer 2, auch in Verbindung mit Absatz 5, ist die Tat nur strafbar, wenn der Eröffnungsantrag rechtskräftig als unzulässig zurückgewiesen wurde.

(7) Auf Vereine und Stiftungen, für die § 42 Absatz 2 des Bürgerlichen Gesetzbuchs gilt, sind die Absätze 1 bis 6 nicht anzuwenden.

§ 15b InsO Zahlungen bei Zahlungsunfähigkeit und Überschuldung; Verjährung

(1) [1]Die nach § 15a Absatz 1 Satz 1 antragspflichtigen Mitglieder des Vertretungsorgans und Abwickler einer juristischen Person dürfen nach dem Eintritt der Zahlungsunfähigkeit oder der Überschuldung der juristischen Person keine Zahlungen mehr für diese vornehmen. [2]Dies gilt nicht für Zahlungen, die mit der Sorgfalt eines ordentlichen und gewissenhaften Geschäftsleiters vereinbar sind.

(2) [1]Zahlungen, die im ordnungsgemäßen Geschäftsgang erfolgen, insbesondere solche Zahlungen, die der Aufrechterhaltung des Geschäftsbetriebs dienen, gelten vorbehaltlich des Absatzes 3 als mit der Sorgfalt eines ordentlichen und gewissenhaften Geschäftsleiters vereinbar. [2]Im Rahmen des für eine rechtzeitige Antragstellung maßgeblichen Zeitraums nach § 15a Absatz 1 Satz 1 und 2 gilt dies nur, solange die Antragspflichtigen Maßnahmen zur nachhaltigen Beseitigung der Insolvenzreife oder zur Vorbereitung eines Insolvenzantrags mit der Sorgfalt eines ordentlichen und gewissenhaften Geschäftsleiters betreiben. [3]Zahlungen, die im Zeitraum zwischen der Stellung des Antrags und der Eröffnung des Verfahrens geleistet werden, gelten auch dann als mit der Sorgfalt eines ordentlichen und gewissenhaften Geschäftsleiters vereinbar, wenn diese mit Zustimmung eines vorläufigen Insolvenzverwalters vorgenommen wurden.

(3) Ist der nach § 15a Absatz 1 Satz 1 und 2 für eine rechtzeitige Antragstellung maßgebliche Zeitpunkt verstrichen und hat der Antragspflichtige keinen Antrag gestellt, sind Zahlungen in der Regel nicht mit der Sorgfalt eines ordentlichen und gewissenhaften Geschäftsleiters vereinbar.

(4) [1]Werden entgegen Absatz 1 Zahlungen geleistet, sind die Antragspflichtigen der juristischen Person zur Erstattung verpflichtet. [2]Ist der Gläubigerschaft der juristischen Person ein geringerer Schaden entstanden, beschränkt sich die Ersatzpflicht auf den Ausgleich dieses Schadens. [3]Soweit die Erstattung oder der Ersatz zur Befriedigung der Gläubiger der juristischen Person erforderlich ist, wird die Pflicht nicht dadurch ausgeschlossen, dass dieselben in Befolgung eines Beschlusses eines Organs der juristischen Person gehandelt haben. [4]Ein Verzicht der juristischen Person auf Erstattungs- oder Ersatzansprüche oder ein Vergleich der juristischen Person über diese Ansprüche ist unwirksam. [5]Dies gilt nicht, wenn der Erstattungs- oder Ersatzpflichtige zahlungsunfähig ist und sich zur Abwendung des Insolvenzverfahrens mit seinen Gläubigern vergleicht, wenn die Erstattungs- oder Ersatzpflicht in einem Insolvenzplan geregelt wird oder wenn ein Insolvenzverwalter für die juristische Person handelt.

(5) [1]Absatz 1 Satz 1 und Absatz 4 gelten auch für Zahlungen an Personen, die an der juristischen Person beteiligt sind, soweit diese zur Zahlungsunfähigkeit der juristischen Person führen mussten, es sei denn, dies war auch bei Beachtung der in Absatz 1 Satz 2 bezeichneten Sorgfalt nicht erkennbar. [2]Satz 1 ist auf Genossenschaften nicht anwendbar.

(6) Die Absätze 1 bis 5 gelten auch für die nach § 15a Absatz 1 Satz 3 und Absatz 2 zur Stellung des Antrags verpflichteten organschaftlichen Vertreter der zur Vertretung der Gesellschaft ermächtigten Gesellschafter.

(7) [1]Die Ansprüche aufgrund der vorstehenden Bestimmungen verjähren in fünf Jahren. [2]Besteht zum Zeitpunkt der Pflichtverletzung eine Börsennotierung, verjähren die Ansprüche in zehn Jahren.

(8) [1]Eine Verletzung steuerrechtlicher Zahlungspflichten liegt nicht vor, wenn zwischen dem Eintritt der Zahlungsunfähigkeit nach § 17 oder der Überschuldung nach § 19 und der Entscheidung des Insolvenzgerichts über den Insolvenzantrag Ansprüche aus dem Steuerschuldverhältnis nicht oder nicht rechtzeitig erfüllt werden, sofern die Antragspflichtigen ihren Verpflichtungen nach § 15a nachkommen. [2]Wird entgegen der Verpflichtung nach § 15a ein Insolvenzantrag verspätet gestellt, gilt dies nur für die nach Bestellung eines vorläufigen Insolvenzverwalters oder Anordnung der vorläufigen Eigenverwaltung fällig werdenden Ansprüche aus dem Steuerschuldverhältnis. [3]Wird das Insolvenzverfahren nicht eröffnet und ist dies auf eine Pflichtverletzung der Antragspflichtigen zurückzuführen, gelten die Sätze 1 und 2 nicht.

§ 16 InsO Eröffnungsgrund

Die Eröffnung des Insolvenzverfahrens setzt voraus, daß ein Eröffnungsgrund gegeben ist.

§ 17 InsO Zahlungsunfähigkeit

(1) Allgemeiner Eröffnungsgrund ist die Zahlungsunfähigkeit.

(2) [1]Der Schuldner ist zahlungsunfähig, wenn er nicht in der Lage ist, die fälligen Zahlungspflichten zu erfüllen. [2]Zahlungsunfähigkeit ist in der Regel anzunehmen, wenn der Schuldner seine Zahlungen eingestellt hat.

§ 18 InsO Drohende Zahlungsunfähigkeit

(1) Beantragt der Schuldner die Eröffnung des Insolvenzverfahrens, so ist auch die drohende Zahlungsunfähigkeit Eröffnungsgrund.

(2) [1]Der Schuldner droht zahlungsunfähig zu werden, wenn er voraussichtlich nicht in der Lage sein wird, die bestehenden Zahlungspflichten im Zeitpunkt der Fälligkeit zu erfüllen. [2]In aller Regel ist ein Prognosezeitraum von 24 Monaten zugrunde zu legen.

(3) Wird bei einer juristischen Person oder einer Gesellschaft ohne Rechtspersönlichkeit der Antrag nicht von allen Mitgliedern des Vertretungsorgans, allen persönlich haftenden Gesellschaftern oder allen Abwicklern gestellt, so ist Absatz 1 nur anzuwenden, wenn der oder die Antragsteller zur Vertretung der juristischen Person oder der Gesellschaft berechtigt sind.

§ 19 InsO Überschuldung

(1) Bei einer juristischen Person ist auch die Überschuldung Eröffnungsgrund.

(2) [1]Überschuldung liegt vor, wenn das Vermögen des Schuldners die bestehenden Verbindlichkeiten nicht mehr deckt, es sei denn, die Fortführung des Unternehmens ist in den nächsten zwölf Monaten nach den Umständen überwiegend wahrscheinlich. [2]Forderungen auf Rückgewähr von Gesellschafterdarlehen oder aus Rechtshandlungen, die einem solchen Darlehen wirtschaftlich entsprechen, für die gemäß § 39 Abs. 2 zwischen Gläubiger und Schuldner der Nachrang im Insolvenzverfahren hinter den in § 39 Abs. 1 Nr. 1 bis 5 bezeichneten Forderungen vereinbart worden ist, sind nicht bei den Verbindlichkeiten nach Satz 1 zu berücksichtigen.

(3) [1]Ist bei einer Gesellschaft ohne Rechtspersönlichkeit kein persönlich haftender Gesellschafter eine natürliche Person, so gelten die Absätze 1 und 2 entsprechend. [2]Dies gilt nicht, wenn zu den persönlich haftenden Gesellschaftern eine andere Gesellschaft gehört, bei der ein persönlich haftender Gesellschafter eine natürliche Person ist.

§ 1 COVInsAG Aussetzung der Insolvenzantragspflicht

(1) [1]Die Pflicht zur Stellung eines Insolvenzantrags nach § 15a der Insolvenzordnung und nach § 42 Absatz 2 des Bürgerlichen Gesetzbuchs ist bis zum 30. September 2020 ausgesetzt. [2]Dies gilt nicht, wenn die Insolvenzreife nicht auf den Folgen der Ausbreitung des SARS-CoV-2-Virus (COVID-19-Pandemie) beruht oder wenn keine Aussichten darauf bestehen, eine bestehende Zahlungsunfähigkeit zu beseitigen. [3]War der Schuldner am 31. Dezember 2019 nicht zahlungsunfähig, wird vermutet, dass die Insolvenzreife auf den Auswirkungen der COVID-19-Pandemie beruht und Aussichten darauf bestehen, eine bestehende Zahlungsunfähigkeit zu beseitigen. [4]Ist der Schuldner eine natürliche Person, so ist § 290 Absatz 1 Nummer 4 der Insolvenzordnung mit der Maßgabe anzuwenden, dass auf die Verzögerung der Eröffnung des Insolvenzverfahrens im Zeitraum zwischen dem 1. März 2020 und dem 30. September 2020 keine Versagung der Restschuldbefreiung gestützt werden kann. [5]Die Sätze 2 und 3 gelten entsprechend.

(2) Vom 1. Oktober 2020 bis zum 31. Dezember 2020 ist allein die Pflicht zur Stellung eines Insolvenzantrags wegen Überschuldung nach Maßgabe des Absatzes 1 ausgesetzt.

(3) [1]Vom 1. Januar 2021 bis zum 30. April 2021 ist die Pflicht zur Stellung eines Insolvenzantrags nach Maßgabe des Absatzes 1 für die Geschäftsleiter solcher Schuldner ausgesetzt, die

im Zeitraum vom 1. November 2020 bis zum 28. Februar 2021 einen Antrag auf die Gewährung finanzieller Hilfeleistungen im Rahmen staatlicher Hilfsprogramme zur Abmilderung der Folgen der COVID-19-Pandemie gestellt haben. [2]War eine Antragstellung aus rechtlichen oder tatsächlichen Gründen innerhalb des Zeitraums nicht möglich, gilt Satz 1 auch für Schuldner, die nach den Bedingungen des staatlichen Hilfsprogramms in den Kreis der Antragsberechtigten fallen. [3]Die Sätze 1 und 2 gelten nicht, wenn offensichtlich keine Aussicht auf Erlangung der Hilfeleistung besteht oder die erlangbare Hilfeleistung für die Beseitigung der Insolvenzreife unzureichend ist.

§ 2 COVInsAG Folgen der Aussetzung

(1) Soweit nach § 1 Absatz 1 die Pflicht zur Stellung eines Insolvenzantrags ausgesetzt ist,
1. gelten Zahlungen, die im ordnungsgemäßen Geschäftsgang erfolgen, insbesondere solche Zahlungen, die der Aufrechterhaltung oder Wiederaufnahme des Geschäftsbetriebes oder der Umsetzung eines Sanierungskonzepts dienen, als mit der Sorgfalt eines ordentlichen und gewissenhaften Geschäftsleiters im Sinne des § 64 Satz 2 des Gesetzes betreffend die Gesellschaften mit beschränkter Haftung, des § 92 Absatz 2 Satz 2 des Aktiengesetzes, des § 130a Absatz 1 Satz 2, auch in Verbindung mit § 177a Satz 1 des Handelsgesetzbuchs und des § 99 Satz 2 des Genossenschaftsgesetzes vereinbar;
2. gilt die bis zum 30. September 2023 erfolgende Rückgewähr eines im Aussetzungszeitraum gewährten neuen Kredits sowie die im Aussetzungszeitraum erfolgte Bestellung von Sicherheiten zur Absicherung solcher Kredite als nicht gläubigerbenachteiligend; dies gilt auch für die Rückgewähr von Gesellschafterdarlehen und Zahlungen auf Forderungen aus Rechtshandlungen, die einem solchen Darlehen wirtschaftlich entsprechen, nicht aber deren Besicherung; § 39 Absatz 1 Nummer 5 und § 44a der Insolvenzordnung finden insoweit in Insolvenzverfahren über das Vermögen des Schuldners, die bis zum 30. September 2023 beantragt wurden, keine Anwendung;
3. sind Kreditgewährungen und Besicherungen im Aussetzungszeitraum nicht als sittenwidriger Beitrag zur Insolvenzverschleppung anzusehen;
4. sind Rechtshandlungen, die dem anderen Teil eine Sicherung oder Befriedigung gewährt oder ermöglicht haben, die dieser in der Art und zu der Zeit beanspruchen konnte, in einem späteren Insolvenzverfahren nicht anfechtbar; dies gilt nicht, wenn dem anderen Teil bekannt war, dass die Sanierungs- und Finanzierungsbemühungen des Schuldners nicht zur Beseitigung einer eingetretenen Zahlungsunfähigkeit geeignet gewesen sind. Entsprechendes gilt für
   a) Leistungen an Erfüllungs statt oder erfüllungshalber;
   b) Zahlungen durch einen Dritten auf Anweisung des Schuldners;
   c) die Bestellung einer anderen als der ursprünglich vereinbarten Sicherheit, wenn diese nicht werthaltiger ist;
   d) die Verkürzung von Zahlungszielen;
5. gelten die bis zum 31. März 2022 erfolgten Zahlungen auf Forderungen aufgrund von bis zum 28. Februar 2021 gewährten Stundungen als nicht gläubigerbenachteiligend, sofern über das Vermögen des Schuldners ein Insolvenzverfahren bis zum Ablauf des 18. Februar 2021 noch nicht eröffnet worden ist.

(2) Absatz 1 Nummer 2 bis 5 gilt auch für Unternehmen, die keiner Antragspflicht unterliegen, sowie für Schuldner, die weder zahlungsunfähig noch überschuldet sind.

(3) Absatz 1 Nummer 2 und 3 gilt im Fall von Krediten, die von der Kreditanstalt für Wiederaufbau und ihren Finanzierungspartnern oder von anderen Institutionen im Rahmen staatlicher Hilfsprogramme anlässlich der COVID-19-Pandemie gewährt werden, auch dann, wenn der Kredit nach dem Ende des Aussetzungszeitraums gewährt oder besichert wird, und unbefristet für deren Rückgewähr.

(4) [1]Soweit nach § 1 Absatz 2 die Pflicht zur Stellung eines Insolvenzantrags ausgesetzt ist und keine Zahlungsunfähigkeit vorliegt, ist Absatz 1 anwendbar. [2]Absatz 2 findet entsprechende Anwendung. [3]Absatz 3 bleibt unberührt.

(5) Ist die Pflicht zur Stellung eines Insolvenzantrags nach § 1 Absatz 3 ausgesetzt, gelten die Absätze 1 bis 3 entsprechend, jedoch Absatz 1 Nummer 1 nur mit der Maßgabe, dass an die Stelle der darin genannten Vorschriften § 15b Absatz 1 bis 3 der Insolvenzordnung tritt.

§ 3 COVInsAG Eröffnungsgrund bei Gläubigerinsolvenzanträgen

Bei zwischen dem 28. März 2020 und dem 28. Juni 2020 gestellten Gläubigerinsolvenzanträgen setzt die Eröffnung des Insolvenzverfahrens voraus, dass der Eröffnungsgrund bereits am 1. März 2020 vorlag.

§ 4 COVInsAG Prognosezeitraum für die Überschuldungsprüfung

[1] Abweichend von § 19 Absatz 2 Satz 1 der Insolvenzordnung ist zwischen dem 1. Januar 2021 und dem 31. Dezember 2021 anstelle des Zeitraums von zwölf Monaten ein Zeitraum von vier Monaten zugrunde zu legen, wenn die Überschuldung des Schuldners auf die COVID-19-Pandemie zurückzuführen ist. [2] Dies wird vermutet, wenn
1. der Schuldner am 31. Dezember 2019 nicht zahlungsunfähig war,
2. der Schuldner in dem letzten, vor dem 1. Januar 2020 abgeschlossenen Geschäftsjahr ein positives Ergebnis aus der gewöhnlichen Geschäftstätigkeit erwirtschaftet hat und
3. der Umsatz aus der gewöhnlichen Geschäftstätigkeit im Kalenderjahr 2020 im Vergleich zum Vorjahr um mehr als 30 Prozent eingebrochen ist.

II. Entstehungsgeschichte des § 64 aF

Das **haftungsbewehrte Zahlungsverbot** zum **Schutz der Gläubiger** war bis Ende 3 2020 für die GmbH im früheren § 64 normiert. Diese Vorschrift hat eine wechselhafte Geschichte.[1] Sie regelte in ihrer ursprünglichen Fassung von 1892 in Abs. 1 die Insolvenzantragspflicht der Geschäftsführer und in Abs. 2 die Haftung wegen verbotener Zahlungen nach Insolvenzreife. Nach einigen redaktionellen und inhaltlichen Veränderungen lautete sie wie folgt:

§ 64 GmbHG 1892 (aF)

(1) [1] Wird die Gesellschaft zahlungsunfähig, so haben die Geschäftsführer ohne schuldhaftes Zögern, spätestens aber drei Wochen nach Eintritt der Zahlungsunfähigkeit, die Eröffnung des Insolvenzverfahrens zu beantragen. [2] Dies gilt sinngemäß, wenn sich eine Überschuldung der Gesellschaft ergibt.
(2) [1] Die Geschäftsführer sind der Gesellschaft zum Ersatz von Zahlungen verpflichtet, die nach Eintritt der Zahlungsunfähigkeit der Gesellschaft oder nach Feststellung ihrer Überschuldung geleistet werden. [2] Dies gilt nicht von Zahlungen, die auch nach diesem Zeitpunkt mit der Sorgfalt eines ordentlichen Geschäftsmanns vereinbar sind. [3] Auf den Ersatzanspruch finden die Bestimmungen in § 43 Abs. 3 und 4 entsprechende Anwendung.

Der Gesetzgeber hat durch das **MoMiG zum 1.11.2008** die Verpflichtung zur Stellung 4 eines Insolvenzantrags erweitert und rechtsformübergreifend in § 15a InsO verlagert. Der bisherige Abs. 2 wurde inhaltlich unverändert in § 64 S. 1, 2, 4 überführt. Als echte Neuerung kam die Insolvenzverursachungshaftung nach S. 3 hinzu. Als Folge der Corona-Pandemie ist durch § 2 Abs. 1 Nr. 1 COVInsAG das Zahlungsverbot ebenso wie die Insolvenzantragspflicht vorübergehend gelockert worden.

Durch das **SanInsFoG** (→ Rn. 1) wurden die bisher in den gesellschaftsrechtlichen 5 Einzelgesetzen geregelten Zahlungsverbote (§ 64, § 93 Abs. 3 Nr. 6 AktG iVm § 92 Abs. 2 S. 1 AktG, § 130a Abs. 1 HGB, § 34 Abs. 3 Nr. 4 GenG iVm § 99 GenG) mit Wirkung ab dem 1.1.2021 in dem neuen **§ 15b InsO** zusammengefasst und inhaltlich verändert. Es bleibt aber im Kern dabei, dass die Geschäftsführer selbst der Gesellschaft Zahlungen erstatten müssen, die sie nach Eintritt der Insolvenzreife vorgenommen haben (§ 15b Abs. 1 S. 1, Abs. 4 S. 1 InsO, früher § 64 S. 1). Ziel ist es, Masseverkürzungen im Vorfeld des Insolvenzverfahrens zu verhindern bzw. – wenn der Geschäftsführer seine Massesicherungspflicht verletzt – zu gewährleisten, dass das Gesellschaftsvermögen wieder aufgefüllt wird, damit es zur ranggerechten und gleichmäßigen Befriedigung der Gläubiger zur Verfügung

---

[1] Näher *Weiß*, Insolvenzspezifische Geschäftsführerhaftung, 2017, Rn. 179 ff.

steht (näher → Rn. 160 ff.).[2] Erlaubt sind nur Zahlungen, die mit der Sorgfalt eines ordentlichen Geschäftsmanns vereinbar sind (§ 15b Abs. 1 S. 2 InsO, früher § 64 S. 2). Hier erweitert aber das neue Recht den Spielraum, in dem es Geschäftsleitern, solange diese keine
Insolvenzverschleppung betreiben, grundsätzlich Zahlungen im ordnungsgemäßen
Geschäftsgang, insbesondere zur Aufrechterhaltung des Geschäftsbetriebs, erlaubt (§ 15b
Abs. 2, 3 InsO). Neu austariert wird ferner das Verhältnis des insolvenzrechtlichen Zahlungsverbots zu steuerrechtlichen Leistungspflichten (§ 15b Abs. 8 InsO). Das Zahlungsverbot
erstreckt sich auch auf Leistungen der Geschäftsführer an die **Gesellschafter,** die diese zwar
vor Eintritt der materiellen Insolvenz vorgenommen haben, die aber zwingend zur Illiquidität der Gesellschaft führen mussten (§ 15b Abs. 5 InsO, früher § 64 S. 3). Damit soll im
Zusammenwirken mit anderen Schutzinstrumenten der Gefahr einer Ausplünderung der
Gesellschaft vorgebeugt werden. Für eine Reihe von Einzelfragen (Haftungsausschluss durch
Gesellschafterweisung, Verzicht, Vergleich und Verjährung) gelten wie bisher die allgemeinen Regeln für die Geschäftsführerhaftung nach § 43 (§ 64 S. 4 iVm § 43 Abs. 3, 4 bzw.
§ 15b Abs. 4 S. 3–5, Abs. 7 InsO). Eine bedeutsame Änderung im Regime der Rechtsfolgen
liegt aber insbesondere darin, dass die Geschäftsleiter gegen die Verpflichtung zur Erstattung
der verbotswidrig geleisteten Zahlungen einwenden können, dass der Gläubigerschaft der
Gesellschaft ein geringerer Schaden entstanden ist (§ 15b Abs. 4 S. 2 InsO). Damit wird die
bislang geltende Erstattungspflicht sui generis (→ Rn. 160) zu einer Haftung für einen
(vermuteten) Gesamtgläubigerschaden umgestaltet. Leider hat die Rspr. nicht alle Möglichkeiten genutzt, den Umfang der Haftung schon auf der Basis der bis zum 31.12.2020
geltenden lex lata sachgerecht zu begrenzen.

6   § 64 gilt weiter für die Fälle, in denen die Haftung bereits **vor dem 31.12.2020**
begründet wurde (→ Rn. 226). Außerdem haben die Zahlungsverbote trotz der partiellen
Entschärfung zum 1.1.2021 auch zukünftig zentrale Bedeutung für Geschäftsführer und
Liquidatoren von GmbHs. Daher wird der frühere § 64 hier weiterhin kommentiert und
dabei zudem näher auf die Änderungen durch den neuen § 15b InsO eingegangen.

III. Rechtstatsächliches

7   Angesichts guter Konjunkturlage war bis 2019 ein kontinuierlicher Rückgang der Zahl
der Insolvenzen zu verzeichnen. Die gravierenden wirtschaftlichen Folgen der Corona-
Pandemie haben aufgrund massiver staatlicher Hilfen und der vorübergehenden Lockerung
der Insolvenzantragspflicht durch § 1 COVInsAG 2020 noch nicht auf die Insolvenzstatistik
durchgeschlagen.[3] In naher Zukunft ist aber mit einer Erhöhung der Insolvenzfälle zu
rechnen. Von den 18.749 Unternehmensinsolvenzen 2019 entfielen 53,66 %, dh 10.060,
auf die Rechtsform der GmbH[4] (2009: 13.105 – 40,1 % von 32.687; 2013: 12.221 – 47,01 %
von 25.995; 2017: 10.439 – 51,95 % von 20.093). Die **Insolvenzhäufigkeit** liegt bei
Unternehmen dieser Rechtsform deutlich höher als im Durchschnitt der deutschen Unternehmen (→ Einl. Rn. 207). Insbesondere die durch das MoMiG 2008 neu eingeführte
Unternehmergesellschaft mit durchweg nur sehr geringem Stammkapital hat sich als besonders insolvenzanfällig erwiesen (2019: 2.182 Insolvenzfälle, dh 21,69 % aller GmbH-Insol-
venzen).[5] Der Anteil der eröffneten Verfahren hat sich seit dem Inkrafttreten der Insolvenzordnung zum 1.1.1999 deutlich erhöht. Er beträgt derzeit bezogen auf die GmbH 65,95 %,[6]

---

2   BGH Beschl. v. 6.8.2019 – X ARZ 317/19, NZG 2019, 1113 Rn. 18; Urt. v. 14.6.2018 – IX ZR 232/17,
      BGHZ 219, 98 Rn. 25 = NJW 2018, 2494; Urt. v. 5.5.2008 – II ZR 38/07, NJW 2008, 2504 Rn. 10;
      Beschl. v. 10.4.2003 – IX ZB 586/02, NZG 2003, 582 (583); Urt. v. 8.1.2001 – II ZR 88/99, BGHZ 146,
      264 (278) = NJW 2001, 1280; Urt. v. 29.11.1999 – II ZR 273/98, BGHZ 143, 184 (186) = NJW 2000,
      668; *Goette* ZInsO 2005, 1 (2 ff.); *Haas* NZG 2004, 737 (738 ff.); *Röhricht* ZIP 2005, 505 (509); *Schulze-
      Osterloh* FS Bezzenberger, 2000, 415 (419 ff.); Lutter/Hommelhoff/*Kleindiek* Rn. 6; HCL/*Casper* Anh. § 62
      Rn. 6.
3   S. *Krauß/Conrad* ZInsO 2020, 2085 (2087 f.).
4   S. Statistisches Bundesamt, Unternehmen und Arbeitsstätten, Fachserie 2, Reihe 4.1, 12/2019, 11.
5   S. Statistisches Bundesamt, Unternehmen und Arbeitsstätten, Fachserie 2, Reihe 4.1, 12/2019, 11.
6   S. Statistisches Bundesamt, Unternehmen und Arbeitsstätten, Fachserie 2, Reihe 4.1, 12/2019, 11.

während es im letzten Jahr unter dem Regime des alten Konkursrechts nur 34,4 % waren.[7] Bei der Unternehmergesellschaft liegt die Eröffnungsquote allerdings bei 44 %. Nicht nur deshalb bleibt die masselose Insolvenz ein drängendes Problem.[8]

Zu konstatieren ist auch, dass Insolvenzverfahren nach wie vor **viel zu spät eingeleitet** **8** werden, durchschnittlich mehr als zehn Monate nach Eintritt des Insolvenzgrundes.[9] Da die Geschäftsführer in der Zwischenzeit durchweg weitere Zahlungen leisten, ergibt sich hieraus die **erhebliche praktische Bedeutung** des Erstattungsanspruchs nach § 64 S. 1 (heute § 15b Abs. 4 InsO). Nimmt man die Vielzahl der veröffentlichten Entscheidungen in den letzten Jahren als Maßstab,[10] haben sich solche Klagen als probates Mittel zur Auffüllung der Insolvenzmasse erwiesen. Hingegen ist die Haftung nach § 64 S. 3 (heute § 15b Abs. 5 InsO) bislang kaum einmal relevant geworden. Angesichts der restriktiven Handhabung der Vorschrift durch den BGH (→ Rn. 249) wird sich daran wohl wenig ändern.

IV. Anforderungen an die Geschäftsführer

Die Geschäftsführer müssen die **finanzielle Lage** der Gesellschaft ständig **beobachten** **9** (→ Rn. 205 f.).[11] Von ihnen wird erwartet, dass sie sich gegenüber Begehrlichkeiten der Gesellschafter standhaft zeigen, deren Weisungsrecht in der Masseerhaltungs- und Insolvenzvermeidungspflicht des § 64 (heute § 15b InsO) ihre Grenze findet.[12] Normgerechtes Verhalten setzt voraus, dass die Geschäftsleiter und ihre Berater über **zentrale Begriffe des Insolvenzrechts** sowie über Einleitung und Ablauf des Verfahrens einschließlich der intrikaten Haftungsrisiken umfassend Bescheid wissen. Diesem Informationsbedürfnis trägt die nachfolgende Kommentierung Rechnung.

B. Insolvenzfähigkeit und Eröffnungsgründe

I. Insolvenzfähigkeit

Nach § 11 Abs. 1 S. 1 InsO kann ein Insolvenzverfahren über das Vermögen jeder **10** natürlichen und jeder juristischen Person eröffnet werden. Die GmbH als juristische Person (§ 13 Abs. 1) ist unter Einschluss der Sonderform der Unternehmergesellschaft (haftungsbeschränkt) unproblematisch insolvenzfähig.[13] Das gilt auch für die bereits **aufgelöste,** aber noch nicht vollbeendete Gesellschaft (§ 11 Abs. 3 InsO). Der Insolvenzantrag gegen eine nach § 394 FamFG gelöschte Gesellschaft ist zulässig, wenn noch verteilbares Vermögen vorhanden ist.[14] Insolvenzfähig ist auch die in Vollzug gesetzte fehlerhafte Gesellschaft.[15] Die **Vorgesellschaft** kann als werdende juristische Person bereits selbstständig Rechte und Pflichten begründen. Deshalb kann sich schon vor der Eintragung die Notwendigkeit erge-

7   S. *Haas/Kolmann/Kurz* in Gottwald/Haas InsR-HdB § 90 Rn. 2; zu bemerkenswerten regionalen Unterschieden der Eröffnungsquoten s. *Haarmeyer/Beck/Frind* ZInsO 2008, 1178.
8   Vgl. zu den rechtspolitischen Vorschlägen für eine Problemlösung *Hollinderbäumer* BB 2013, 1223 (1225 ff.).
9   *Kirstein* ZInsO 2006, 966 (967).
10   S. etwa *Schröer-Conigliello/Schmittmann* ZIP 2017, 1548.
11   BGH Urt. v. 14.5.2007 – II ZR 48/06, NJW 2007, 2118 Rn. 16; Urt. v. 27.3.2012 – II ZR 171/10, NZG 2012, 672 Rn. 15; Urt. v. 19.6.2012 – II ZR 243/11, ZIP 2012, 1557 Rn. 11; *Crezelius* FS Röhricht, 2005, 787 (790); *Veil* ZGR 2006, 374 (376 ff.); *H. P. Westermann* DZWIR 2006, 485 (487 ff.); *Haas/Kolmann/Kurz* in Gottwald/Haas InsR-HdB § 90 Rn. 8; klarstellend nunmehr § 1 StaRUG.
12   Begr. RegE MoMiG, BT-Drs. 16/6140, 47.
13   S. nur LG Kleve Beschl. v. 21.3.2017 – 4 T 577/16, ZInsO 2017, 1751 = BeckRS 2017, 116563; *Haas/Kolmann/KurzKurz* in Gottwald/Haas InsR-HdB § 90 Rn. 44; HK-InsO/*Sternal* InsO § 11 Rn. 7; *Jaeger/Ehricke* InsO § 11 Rn. 39; MüKoInsO/*Vuia* InsO § 11 Rn. 22.
14   LG Hamburg Beschl. v. 6.5.2016 – 326 T 28/16, NZI 2016, 735; *Jaeger/Ehricke* InsO § 11 Rn. 96; Uhlenbruck/*Hirte* InsO § 11 Rn. 46 ff.
15   BGH Beschl. v. 16.10.2006 – II ZB 32/05, ZIP 2006, 2174 Rn. 13; *Gundlach* in Gottwald/Haas InsR-HdB § 5 Rn. 7; HK-InsO/*Sternal* InsO § 11 Rn. 15; *Jaeger/Ehricke* InsO § 11 Rn. 21 f., 64; MüKoInsO/*Vuia* InsO § 11 Rn. 47.

ben, ein Insolvenzverfahren über ihr Vermögen durchzuführen. Auf sie findet § 11 Abs. 1 S. 1 InsO entsprechende Anwendung.[16] Bei der unechten Vorgesellschaft, dh einer Gesellschaft, bei der trotz formgerechten Vertrags die Gründung einer GmbH entweder von vornherein nicht beabsichtigt oder später aufgegeben wurde, ist die Gleichstellung mit der juristischen Person nicht gerechtfertigt. Sie unterliegt vielmehr je nach Sachlage dem Recht der GbR oder dem der OHG (→ § 11 Rn. 104 ff.). Folglich ist sie als Gesellschaft ohne Rechtspersönlichkeit iSd § 11 Abs. 2 Nr. 1 InsO insolvenzfähig.[17] Das gilt auch für die **Vorgründungsgesellschaft,** sofern es sich nicht um eine reine Innengesellschaft handelt.[18] Keine Insolvenzfähigkeit besitzt der **Konzern.** Deshalb ist bei Vorliegen eines Insolvenzgrundes jeweils über das Vermögen der einzelnen rechtlich selbstständigen Gesellschaften ein separates Insolvenzverfahren zu eröffnen.[19] Allerdings enthalten die durch das Gesetz zur Erleichterung von Konzerninsolvenzen vom 13.4.2017 (BGBl. 2017 I 866) neu eingeführten §§ 3a–3e, 13a, 56b, 269a–269i, 270g InsO gesonderte Regelungen, die zu einer verbesserten Abstimmung der Verfahren führen sollen.

11   Die GmbH ist selbst **Schuldnerin** im Sinne der InsO. Dies gilt auch für die Vor-GmbH und die GmbH in Liquidation. Da sie als (werdende) juristische Person nicht selbst handeln kann, wird sie im Insolvenzverfahren durch ihre Geschäftsführer bzw. Liquidatoren vertreten (→ Rn. 110).

II. Zahlungsunfähigkeit (§ 17 InsO)

12   **1. Bedeutung.** Die Zahlungsunfähigkeit ist der praktisch mit Abstand **wichtigste Eröffnungsgrund.** Er wurde aus dem früheren Konkursrecht übernommen (§ 102 KO), aber durch die Insolvenzrechtsreform 1999 erstmals legaldefiniert (§ 17 Abs. 2 S. 1 InsO). Danach ist der Schuldner zahlungsunfähig, wenn er nicht in der Lage ist, seine fälligen Zahlungspflichten zu erfüllen. Mit dieser Definition sollte die Verfahrenseinleitung gegenüber dem früheren Rechtszustand **vorverlagert** werden.[20] Beibehalten wurde das Merkmal der Zahlungseinstellung als Indiz für die Zahlungsunfähigkeit (§ 17 Abs. 2 S. 1 InsO). In § 15b Abs. 1, 5 InsO wird ebenso an den Begriff der Zahlungsunfähigkeit angeknüpft wie in § 15a InsO. Er hat ferner Bedeutung für die Insolvenzanfechtung (§§ 130–132 InsO) sowie bestimmte Straftatbestände (§§ 283, 283c StGB). Hier kann es jeweils notwendig sein, den genauen Zeitpunkt des Eintritts der Zahlungsunfähigkeit zu bestimmen. Dagegen genügt es bei der Entscheidung des Insolvenzgerichts über das Vorliegen eines Eröffnungsgrundes festzustellen, dass dieser jedenfalls im Zeitpunkt des Eröffnungsbeschlusses vorliegt.[21]

13   **2. Fällige Zahlungspflichten.** Im Rahmen des § 17 InsO kommt es allein auf die Zahlungspflichten des Schuldners an. Das sind seine **Geldschulden**[22] unter Einschluss der gegen ihn gerichteten Ansprüche auf Hinterlegung von Geld[23] und Freistellung von einer

---

[16]   BGH Beschl. v. 9.10.2003 – IX ZB 34/03, NZG 2003, 1167; *Haas/Kolmann/Kurz* in Gottwald/Haas InsR-HdB § 90 Rn. 615; HK-InsO/*Sternal* InsO § 11 Rn. 11; Jaeger/*Ehricke* InsO § 11 Rn. 42; Kölner Komm InsO/*Hess* InsO § 11 Rn. 74; MüKoInsO/*Vuia* InsO § 11 Rn. 24.

[17]   HK-InsO/*Sternal* InsO § 11 Rn. 11; Uhlenbruck/*Hirte* InsO § 11 Rn. 39.

[18]   *Haas/Kolmann/Kurz* in Gottwald/Haas InsR-HdB § 90 Rn. 612; HK-InsO/*Sternal* InsO § 11 Rn. 12; Uhlenbruck/*Hirte* InsO § 11 Rn. 36.

[19]   *Böcker* GmbHR 2004, 1314 (1316); *Specovius/von Wilcken* in Gottwald/Haas InsR-HdB § 95 Rn. 13; HK-InsO/*Sternal* InsO § 11 Rn. 9; Jaeger/*Ehricke* InsO § 11 Rn. 32; MüKoInsO/*Vuia* InsO § 11 Rn. 35; Uhlenbruck/*Hirte* InsO § 11 Rn. 394 ff.

[20]   Begr. zu §§ 20, 21 RegE InsO, BT-Drs. 12/2443, 114.

[21]   BGH Beschl. v. 27.7.2006 – IX ZB 204/04, BGHZ 169, 17 Rn. 8 ff. = NJW 2006, 3553; HK-InsO/*Laroche* InsO § 16 Rn. 16; HK-InsO/*Laroche* InsO § 17 Rn. 3; MüKoInsO/*Schmahl/Vuia* InsO § 16 Rn. 41.

[22]   *Dittmer,* Die Feststellung der Zahlungsunfähigkeit von Gesellschaften mit beschränkter Haftung, 2013, 119 f.; HK-InsO/*Laroche* InsO § 17 Rn. 5; Nerlich/Römermann/*Mönning* InsO § 17 Rn. 15; Noack/Servatius/Haas/*Haas* Vor § 64 Rn. 4.

[23]   HK-InsO/*Laroche* InsO § 17 Rn. 5.

Geldschuld.[24] Verpflichtungen zur Erbringung von Sach- oder Dienstleistungen sind im Rahmen von § 17 InsO nicht zu berücksichtigen, sie können jedoch gegebenenfalls im Wege des Schadensersatzes in eine Zahlungspflicht übergehen.[25] Nicht zu berücksichtigen sind vom Schuldner ernsthaft bestrittene Gläubigerforderungen. Deren materielle Berechtigung ist zwar grundsätzlich nicht im Insolvenzverfahren zu prüfen, sondern außerhalb dessen geltend zu machen. Sind solche Forderungen aber rechtskräftig zuerkannt und kann deshalb aus ihnen sogleich vollstreckt werden, müssen sie bei der Bewertung der Zahlungsunfähigkeit berücksichtigt werden. Auf die materielle Richtigkeit der zugrunde liegenden Urteile kommt es dann im Hinblick auf die Insolvenzgründe nicht an.[26]

Nur **fällige** Geldschulden können die Zahlungsunfähigkeit begründen. Fälligkeit iSv **14** § 271 BGB bezeichnet den Zeitpunkt, von dem an der Gläubiger Leistung verlangen kann. Verzug iSv § 286 BGB muss noch nicht eingetreten sein.

Nach Ansicht des BGH ist über die zivilrechtliche Fälligkeit hinaus erforderlich, dass **15** der Gläubiger eine Handlung vornimmt, aus der sich der Wille, vom Schuldner **Erfüllung zu verlangen,** im Allgemeinen ergibt.[27] Ein solches ernsthaftes Einfordern liegt sicher in der klageweisen Geltendmachung eines Anspruchs.[28] Doch sind die Anforderungen gering, sodass auch die Übersendung einer Rechnung[29] oder eine mündliche Zahlungsaufforderung genügt.[30] Das spätere Stillhalten beseitigt die Fälligkeit einer einmal ernsthaft eingeforderten Forderung nicht.[31] Der Gläubiger muss vielmehr deutlich zum Ausdruck bringen, dass er in eine spätere oder nachrangige Befriedigung seiner Forderung einwilligt. Eine rechtlich bindende Vereinbarung ist nicht erforderlich.[32] Hat der Gläubiger den Verzicht auf die zwangsweise Durchsetzung seiner Forderungen von der Erbringung gewisser Leistungen, insbesondere Ratenzahlungen, abhängig gemacht, so kann der Schuldner erneut zahlungsunfähig werden, wenn er nicht imstande ist, diese Leistungen zu erbringen.[33] Eine Steuerforderung wird nicht ernsthaft eingefordert, solange die Vollziehung des Bescheids wegen Zweifeln an dessen Rechtmäßigkeit ausgesetzt ist.[34]

Gestundete Forderungen dürfen in der Liquiditätsbilanz nicht berücksichtigt werden. **16** „**Erzwungene Stundungen**", die dadurch entstehen, dass der Schuldner seine Verbindlichkeiten nicht oder verspätet erfüllt, die Gläubiger aber nicht sofort klagen oder vollstrecken, weil sie keine Realisierungschancen sehen oder nicht für den sofortigen Zusammenbruch des Unternehmens verantwortlich sein wollen, stehen der Zahlungsunfähigkeit aber nicht entgegen.[35] Das Einfordern seitens des Gläubigers ist entbehrlich, wenn die Schuldne-

---

24   HK-InsO/*Laroche* InsO § 17 Rn. 5.
25   HK-InsO/*Laroche* InsO § 17 Rn. 5; Jaeger/*Müller* InsO § 17 Rn. 6.
26   BGH Beschl. v. 10.7.2018 – IX ZB 36/07, NZI 2018, 764 Rn. 6.
27   BGH Beschl. v. 19.7.2007 – IX ZB 36/07, BGHZ 173, 286 Rn. 12 ff. = ZIP 2007, 1666; Urt. v. 14.5.2009 – IX ZR 63/08 2, BGHZ 181, 132 Rn. 2 = NJW 2009, 2600; Urt. v. 6.12.2012 – IX ZR 3/12, NJW 2013, 940 Rn. 26; Urt. v. 22.6.2017 – IX ZR 111/14, NZI 2017, 718 Rn. 16; Urt. v. 19.12.2017 – II ZR 88/16, BGHZ 217, 129 Rn. 16 = NZG 2018, 343; Beschl. v. 10.7.2018 – 1 StR 605/16, NZI 2018, 764 Rn. 6; zust. *Erdmann* NZI 2007, 695; *Staufenbiel/Hoffmann* ZInsO 2008, 785 (787 f.); *Tetzlaff* ZInsO 2007, 1334 (1336 f.); aA *Pabst*, Materielle Insolvenz – Die retrograde Ermittlung der Zahlungsunfähigkeit, 2013, 74 ff.; *Bork* KTS 2005, 1 (5 f.); *Schulz* ZIP 2009, 2281 (2282 ff.).
28   BGH Beschl. v. 10.7.2018 – 1 StR 605/16, NZI 2018, 764 Rn. 6.
29   BGH Beschl. v. 19.7.2007 – IX ZB 36/07, BGHZ 173, 286 Rn. 9 = ZIP 2007, 1666; Urt. v. 14.5.2009 – IX ZR 63/08, BGHZ 181, 132 Rn. 22 = NJW 2009, 2600 = EWiR § 17 InsO 1/09, 579 *(Chr. Keller)*; Urt. v. 22.6.2017 – IX ZR 111/14, NZI 2017, 718 Rn. 16.
30   *Pape* WM 2008, 1949 (1955); HK-InsO/*Laroche* InsO § 17 Rn. 9.
31   BGH Beschl. v. 19.7.2007 – IX ZB 36/07, BGHZ 173, 286 Rn. 18 = ZIP 2007, 1666; *Erdmann* NZI 2007, 695 (697).
32   BGH Beschl. v. 20.12.2007 – IX ZR 93/06, ZIP 2008, 420 Rn. 25 f.; Urt. v. 22.11.2012 – IX ZR 62/10, ZIP 2013, 79 Rn. 8.
33   BGH Beschl. v. 20.12.2007 – IX ZR 93/06, ZIP 2008, 420 Rn. 26; Urt. v. 6.12.2012 – IX ZR 3/12, NJW 2013, 940 Rn. 29 ff.
34   BGH Urt. v. 22.5.2014 – IX ZR 95/13, ZIP 2014, 1289 Rn. 30.
35   BGH Urt. v. 14.2.2008 – IX ZR 38/04, ZIP 2008, 706 Rn. 22; Urt. v. 24.3.2016 – IX ZR 242/13, NZI 2016, 454 Rn. 10; Urt. v. 17.11.2016 – IX ZR 65/15, NZI 2017, 64 Rn. 29; OLG Hamm Urt. v. 16.10.2007 – 27 U 176/06, ZInsO 2008, 511 (513); *Dittmer*, Die Feststellung der Zahlungsunfähigkeit von Gesellschaften mit beschränkter Haftung, 2013, 73 f.

rin von sich aus die baldige Begleichung der Verbindlichkeit ankündigt.[36] Darlegungs- und beweispflichtig für die Stundung ist der in Anspruch genommene Geschäftsleiter.[37]

17   Im Rahmen der Prüfung der Voraussetzungen des § 17 InsO außer Betracht bleiben **Forderungen eines Gesellschafters,** für die er einen Rangrücktritt erklärt hat[38] oder die wegen des Kapitalerhaltungsgebots des § 30 nicht durchsetzbar sind.[39] Ebenfalls nicht fällig sind Gesellschafterforderungen, die dem Zahlungsverbot des § 15b Abs. 5 InsO (früher § 64 S. 3) unterliegen (→ Rn. 256).

18   **3. Unvermögen. a) Fehlen liquider Mittel.** Die Nichterfüllung muss objektiv auf einem **Mangel an Zahlungsmitteln** beruhen.[40] Kommt die Gesellschaft ihren laufenden Verbindlichkeiten wegen Führungslosigkeit, Krankheit, Überlastung oder Nachlässigkeit der Geschäftsleitung nicht nach, ist dies für § 17 InsO ohne Bedeutung. Dies gilt erst Recht für die **Zahlungsunwilligkeit** des Schuldners bzw. seiner organschaftlichen Vertreter.[41] In den genannten Fällen können die Gläubiger notfalls Befriedigung im Wege der Einzelzwangsvollstreckung erreichen, der Durchführung eines Insolvenzverfahrens bedarf es nicht. Ist der Schuldner zur Zahlung in der Lage, so kommt es nicht darauf an, wie er sich die Zahlungsmittel beschafft hat, etwa durch Kreditaufnahme oder unwirtschaftliche Veräußerung von Anlagevermögen[42] oder gar durch Straftaten.[43] Die Haftung Dritter ändert an einer bestehenden Zahlungsunfähigkeit ebenso wenig wie eine Patronatserklärung nur gegenüber den Gläubigern.[44] Vermieden werden kann die Illiquidität aber mit Hilfe einer Zahlungszusage der Gesellschafter, die sich gegenüber ihrer GmbH verpflichten, die zur Erfüllung der jeweils fälligen Verbindlichkeiten benötigten Mittel zur Verfügung zu stellen. Dies setzt jedoch voraus, dass der Gesellschaft ein ungehinderter Zugriff auf die Mittel eröffnet wird oder die Gesellschafter ihrer Ausstattungsverpflichtung tatsächlich nachkommen.[45] Es genügt ferner, dass die Schuldnerin imstande ist, mit Hilfe eines sofort abrufbaren Bankkredits ihren fälligen Verbindlichkeiten zu genügen.[46]

19   **b) Zeitliches Moment.** Eine **vorübergehende Zahlungsstockung** und nicht schon eine endgültige Zahlungsunfähigkeit ist gegeben, wenn der Schuldner voraussichtlich in der Lage ist, sich **innerhalb von drei Wochen** die zur Begleichung der fälligen Verbindlichkeiten notwendigen Mittel zu beschaffen.[47] Zahlungsunfähigkeit ist also Zeitraumilliquidi-

---

36   BGH Urt. v. 14.5.2009 – IX ZR 63/08, BGHZ 181, 132 Rn. 24 = NJW 2009, 2600.
37   BGH Urt. v. 26.1.2016 – II ZR 394/13, NZG 2016, 658 Rn. 24 f.; *Arens* GmbHR 2018, 555 (559).
38   *Haas* NZI 1999, 209 (214); *Mock* JZ 2015, 525 (527); *Thole* FS Kübler, 2015, 681 (683 ff.); *Nickert* in Nickert/Lamberti, Überschuldungs- und Zahlungsunfähigkeitsprüfung im Insolvenzrecht, 3. Aufl. 2015, Rn. 168; Jaeger/*Müller* InsO § 17 Rn. 12.
39   FAS des IDW ES 11 Rn. 31, abgedruckt in ZInsO 2015, 1136; *Temme,* Die Eröffnungsgründe der Insolvenzordnung, 1997, 20 f.; *Nickert* in Nickert/Lamberti, Überschuldungs- und Zahlungsunfähigkeitsprüfung im Insolvenzrecht, 3. Aufl. 2015, Rn. 168; Jaeger/*Müller* InsO § 17 Rn. 11.
40   *Götker,* Der Geschäftsführer in der Insolvenz der GmbH, 1999, Rn. 58 ff.; *Harz* ZInsO 2001, 193 (195); *Temme,* Die Eröffnungsgründe der Insolvenzordnung, 1997, 7 ff.; *Gundlach* in Gottwald/Haas InsR-HdB § 6 Rn. 7; HK-InsO/*Laroche* InsO § 17 Rn. 12.
41   BGH Beschl. v. 13.6.2006 – IX ZB 214/05, NZI 2006, 590 Rn. 13; Beschl. v. 10.7.2014 – IX ZR 287/13, ZInsO 2014, 1661 = BeckRS 2014, 15812; *Burger/Schellberg* BB 1995, 261 (262); *Götker,* Der Geschäftsführer in der Insolvenz der GmbH, 1999, Rn. 81 ff.; *Pape* WM 2008, 1949 (1957); *Gundlach* in Gottwald/Haas InsR-HdB § 6 Rn. 12; HK-InsO/*Laroche* InsO § 17 Rn. 12; Kübler/Prütting/Bork/ *Pape* InsO § 17 Rn. 14 ff.; Nerlich/Römermann/*Mönning* InsO § 17 Rn. 24.
42   *Staufenbiel/Hoffmann* ZInsO 2008, 785 (789); HK-InsO/*Laroche* InsO § 17 Rn. 16; Jaeger/*Müller* InsO § 17 Rn. 17.
43   BGH Urt. v. 14.5.2009 – IX ZR 63/08, BGHZ 181, 132 Rn. 19 = NJW 2009, 2600; BGH Urt. v. 19.4.2007 – 5 StR 505/06, wistra 2007, 308; Beschl. v. 16.5.2017 – 2 StR 169/15, ZInsO 2017, 1364 Rn. 34; HK-InsO/*Laroche* InsO § 17 Rn. 16; Jaeger/*Müller* InsO § 17 Rn. 17.
44   BGH Urt. v. 19.5.2011 – IX ZR 9/10, NZG 2011, 913 Rn. 19 ff.; zum Schadensersatz aus einer solchen externen Patronatserklärung s. BGH Beschl. v. 12.1.2017 – IX ZR 95/16, NZI 2017, 157.
45   BGH Urt. v. 26.1.2016 – II ZR 394/13, NZG 2016, 658 Rn. 31.
46   BGH Beschl. v. 15.11.2018 – IX ZR 81/18, BeckRS 2018, 32036 Rn. 7.
47   BGH Urt. v. 24.5.2005 – IX ZR 123/04, BGHZ 163, 134 (139) = NJW 2005, 3062; Urt. v. 12.10.2006 – IX ZR 228/03, ZIP 2006, 2222 Rn. 27; Beschl. v. 29.11.2007 – IX ZB 12/07, NJW 2008, 1380 Rn. 9; Beschl. v. 23.5.2007 – 1 StR 88/07, NStZ 2007, 643 (644); Urt. v. 27.3.2012 – II

tät, nicht Zeitpunktilliquidität, wenn auch die Zeitspanne nur kurz ist.[48] Zur Ermittlung der Zahlungsunfähigkeit ist regelmäßig eine **Liquiditätsbilanz** aufzustellen. Dabei sind zunächst die am Stichtag vorhandenen Zahlungsmittel den zu diesem Zeitpunkt fälligen Verbindlichkeiten gegenüberzustellen. Darüber hinaus müssen auf der Aktivseite die innerhalb von drei Wochen voraussichtlich realisierbaren liquiden Mittel („Akiva II")[49] und spiegelbildlich auf der Passivseite die in diesem Zeitraum fällig werdenden Verbindlichkeiten („Passiva II")[50] angesetzt werden.

c) **Tolerierte geringfügige Unterdeckung.** Ergibt sich aus der Liquiditätsbilanz eine **20** Unterdeckung, so liegt Zahlungsunfähigkeit vor, sofern der Anteil der offenen Verbindlichkeiten nicht ganz unwesentlich ist. Beträgt die innerhalb von drei Wochen nicht zu beseitigende Liquiditätslücke weniger als **10 %** der fälligen Gesamtschulden, ist regelmäßig von Zahlungsfähigkeit auszugehen, es sei denn, es lässt sich bereits absehen, dass die Lücke demnächst mehr als 10 % erreichen wird. Dagegen rechtfertigt eine Liquiditätslücke von mehr als 10 % die Annahme der Zahlungsunfähigkeit, sofern nicht ausnahmsweise mit an Sicherheit grenzender Wahrscheinlichkeit zu erwarten ist, dass die Liquiditätslücke demnächst vollständig oder nahezu vollständig geschlossen wird und den Gläubigern ein Zuwarten nach den besonderen Umständen des Einzelfalls zuzumuten ist.[51]

Bei der Prognose kommt es maßgeblich auf die Zukunftsaussichten des Unternehmens an. **21** Sind diese schlecht und ein weiterer wirtschaftlicher Niedergang des Unternehmens wahrscheinlich, so kann auch eine relativ geringe Liquiditätslücke, die zwischen 0 % und 10 % liegt, die Annahme der Zahlungsunfähigkeit begründen.[52] Lässt sich hingegen aufgrund von konkreten Tatsachen belegen, dass die Zukunftsaussichten des Unternehmens sehr gut sind, so mag im Einzelfall auch vorübergehend einmal eine größere Lücke hinzunehmen sein. Im Interesse des Gläubigerschutzes ist hier jedoch äußerste Zurückhaltung geboten.

ZR 171/10, NZG 2012, 672 Rn. 10; Beschl. v. 21.8.2013 – 1 StR 665/12, NJW 2014, 164 Rn. 13; Urt. v. 9.6.2016 – IX ZR 174/15, NZI 2016, 736 Rn. 27; Urt. v. 17.11.2016 – IX ZR 65/15, NZI 2017, 64 Rn. 17; Beschl. v. 4.12.2018 – 4 StR 319/18, NZI 2019, 247 Rn. 11; *Saenger/Koch* GmbHR 2010, 113 (116 f.); Jaeger/*Müller* InsO § 17 Rn. 25; großzügiger etwa *Harz/Baumgartner/Conrad* ZInsO 2005, 1304 (1307); *Kamm/Köchling* ZInsO 2006, 732 (734 f.): vier Wochen; zum alten Recht noch BGH Urt. v. 25.10.2001 – IX ZR 17/01, BGHZ 149, 100 (108) = NJW 2002, 512; ferner *Gutmann* NZI 2021, 473 (478 f.): ein bis zwei Monate; für eine einzelfallbezogene Betrachtung *Dittmer,* Die Feststellung der Zahlungsunfähigkeit von Gesellschaften mit beschränkter Haftung, 2013, 51 ff.

[48] *Pabst,* Materielle Insolvenz – Die retrograde Ermittlung der Zahlungsunfähigkeit, 2013, 45 ff., 69 ff.; *Stahlschmidt* JR 2002, 89 (90); Jaeger/*Müller* InsO § 17 Rn. 26.

[49] BGH Urt. v. 24.5.2005 – IX ZR 123/04, BGHZ 163, 134 (138) = NJW 2005, 3062; Beschl. v. 19.7.2007 – IX ZB 36/07, BGHZ 173, 286 Rn. 30 = ZIP 2007, 1666; Urt. v. 12.10.2006 – IX ZR 228/03 8, ZIP 2006, 2222 Rn. 2; Urt. v. 5.6.2008 – 1 StR 126/08, wistra 2008, 379 Rn. 39; Beschl. v. 21.8.2013 – 1 StR 665/12, NJW 2014, 164 Rn. 14; Urt. v. 17.11.2016 – IX ZR 65/15, NZI 2017, 64 Rn. 17; FAS des IDW ES 11 Rn. 24, abgedruckt in ZInsO 2015, 1136; HK-InsO/*Laroche* InsO § 17 Rn. 18; K. Schmidt/*K. Schmidt* InsO § 17 Rn. 34.

[50] BGH Urt. v. 19.12.2017 – II ZR 88/16, BGHZ 217, 129 Rn. 33 ff. = NZG 2018, 343; Beschl. v. 21.8.2013 – 1 StR 665/12, NJW 2014, 164 Rn. 14; *Bork* ZIP 2008, 1749 (1751 ff.); *Harz/Bornmann/Conrad/Ecker* NZI 2015, 737 (739 f.); *Hölzle* ZIP 2007, 613 (615); FAS des IDW ES 11 Rn. 24, abgedruckt in ZInsO 2015, 1136; *Krauß* ZInsO 2016, 2361 (2362 ff.); *Mylich* ZIP 2018, 514 (515 ff.); *Plagens/Wilke* ZInsO 2010, 2107 (2114); *Staufenbiel/Hoffmann* ZInsO 2008, 891 (893); *Weber/Küting/Eichenlaub* GmbHR 2014, 1009 (1010 f.); HK-InsO/*Laroche* InsO § 17 Rn. 19; aA *Fischer* FS Ganter, 2010, 153 (157 ff.); K. Schmidt/*K. Schmidt* InsO § 17 Rn. 34.

[51] BGH Urt. v. 24.5.2005 – IX ZR 123/04, BGHZ 163, 134 (139 ff.) = NJW 2005, 3062; Beschl. v. 27.7.2006 – IX ZB 204/04, BGHZ 169, 17 Rn. 16 = NJW 2006, 3553; Urt. v. 8.12.2005 – IX ZR 182/01, NJW 2006, 1348 Rn. 25; Beschl. v. 19.7.2007 – IX ZB 36/07 1, BGHZ 173, 286 Rn. 3 = ZIP 2007, 1666; Beschl. v. 13.6.2006 – IX ZB 238/05, ZIP 2006, 1457 Rn. 6; Urt. v. 12.10.2006 – IX ZR 228/03, ZIP 2006, 2222 Rn. 27; Urt. v. 27.3.2012 – II ZR 171/10, NZG 2012, 672 Rn. 10; Urt. v. 6.12.2012 – IX ZR 3/12, NJW 2013, 940 Rn. 19; Urt. v. 26.1.2016 – II ZR 394/13, NZG 2016, 658 Rn. 31; Urt. v. 17.11.2016 – IX ZR 65/15, NZI 2017, 64 Rn. 17; Urt. v. 19.12.2017 – II ZR 88/16, BGHZ 217, 129 Rn. 10 = NZG 2018, 343; krit. zur Tolerierung einer dauerhaften Unterdeckung *Gutmann* NZI 2021, 4/3 (4/9).

[52] *Dittmer,* Die Feststellung der Zahlungsunfähigkeit von Gesellschaften mit beschränkter Haftung, 2013, 42 ff.

22   **4. Zahlungseinstellung.** Erleichtert wird der Nachweis der Zahlungsunfähigkeit durch die **gesetzliche Vermutung**[53] des § 17 Abs. 2 S. 2 InsO. Zahlungseinstellung, der die Vorschrift indizielle Bedeutung beimisst, ist dasjenige nach außen hervortretende Verhalten des Schuldners, in dem sich typischerweise dokumentiert, dass er nicht in der Lage ist, seine fälligen und eingeforderten Zahlungsverpflichtungen zu erfüllen.[54] Nicht verlangt wird, dass der Schuldner seine Zahlungen tatsächlich vollständig eingestellt hat. Vielmehr reicht die Nichtzahlung eines wesentlichen Teils der fälligen Verbindlichkeiten des Schuldners aus.[55] Bereits die Nichterfüllung einer einzelnen Forderung kann genügen, sofern diese der Höhe nach nicht ganz unerheblich ist.[56] Als Schwellenwert wird man auch insoweit 10 % annehmen können,[57] der Zahlungsrückstand muss länger als drei Wochen andauern.[58] Äußeres Anzeichen für eine Zahlungseinstellung kann außerdem die eigene Erklärung des Schuldners sein, nicht zahlen zu können, auch wenn sie mit einer Stundungsbitte verbunden wird.[59] Dem steht die Nichteinhaltung von Zahlungszusagen[60] und das monatelange völlige Schweigen auf Rechnungen und Mahnungen[61] gleich. Als weitere Indizien kommen in Betracht die ausstehende Zahlung von Löhnen und Gehältern,[62] von

---

[53]   BGH Urt. v. 12.10.2006 – IX ZR 228/03, ZIP 2006, 2222 Rn. 12; Urt. v. 30.6.2011 – IX ZR 134/ 10, ZIP 2011, 1416 Rn. 10; Urt. v. 6.12.2012 – IX ZR 3/12, NJW 2013, 940 Rn. 20; Beschl. v. 26.3.2015 – IX ZR 134/13, NJW 2015, 1824 Rn. 6; Urt. v. 7.5.2015 – IX ZR 95/14, NJW 2015, 2113 Rn. 12; Urt. v. 26.1.2016 – II ZR 394/13, NZG 2016, 658 Rn. 30; Urt. v. 12.10.2017 – IX ZR 50/15, NJW 2018, 396 Rn. 14.

[54]   BGH Urt. v. 20.11.2001 – IX ZR 48/01, BGHZ 149, 178 (184 f.) = NJW 2002, 515; Urt. v. 12.10.2006 – IX ZR 228/03, ZIP 2006, 2222 Rn. 13; Beschl. v. 19.7.2007 – IX ZR 231/04, ZIP 2007, 1449 Rn. 28; Urt. v. 21.6.2007 – IX ZR 231/04, NZI 2007, 517 Rn. 28; Beschl. v. 20.12.2007 – IX ZR 93/06, ZIP 2008, 420 Rn. 21; Urt. v. 30.6.2011 – IX ZR 134/10, ZIP 2011, 1416 Rn. 12; Urt. v. 24.1.2012 – II ZR 119/10, ZIP 2012, 723 Rn. 13; Urt. v. 18.7.2013 – IX ZR 143/12, ZIP 2013, 2015 Rn. 9; Urt. v. 6.12.2012 – IX ZR 3/12, NJW 2013, 940 Rn. 20; Urt. v. 17.11.2016 – IX ZR 65/15, NZI 2017, 64 Rn. 18; Urt. v. 12.10.2017 – IX ZR 50/15, NJW 2018, 396 Rn. 12; Beschl. v. 5.3.2020 – IX ZR 171/18, NZI 2020, 520 Rn. 12; Kübler/Prütting/Bork/*Pape* InsO § 17 Rn. 17.

[55]   BGH Urt. v. 12.10.2006 – IX ZR 228/03, ZIP 2006, 2222 Rn. 19; Beschl. v. 21.7.2007 – IX ZR 231/ 04, ZIP 2007, 1449 Rn. 29; Urt. v. 14.2.2008 – IX ZR 38/04, ZIP 2008, 706 Rn. 15; Urt. v. 30.6.2011 – IX ZR 134/10, ZIP 2011, 1416 Rn. 12; Urt. v. 24.1.2012 – II ZR 119/10, ZIP 2012, 723 Rn. 13; Urt. v. 18.7.2013 – IX ZR 143/12, ZIP 2013, 2015 Rn. 9; Urt. v. 6.12.2012 – IX ZR 3/ 12, NJW 2013, 940 Rn. 21; Urt. v. 17.11.2016 – IX ZR 65/15, NZI 2017, 64 Rn. 19; Urt. v. 22.6.2017 – IX ZR 111/14, NZI 2017, 718 Rn. 24; Beschl. v. 5.3.2020 – IX ZR 171/18, NZI 2020, 520 Rn. 12.

[56]   BGH Urt. v. 20.11.2001 – IX ZR 48/01, BGHZ 149, 178 (185) = NJW 2002, 515; Beschl. v. 24.4.2008 – II ZR 51/07, ZInsO 2008, 1019 Rn. 5; Urt. v. 30.6.2011 – IX ZR 134/10, ZIP 2011, 1416 Rn. 12; Urt. v. 6.12.2012 – IX ZR 3/12, NJW 2013, 940 Rn. 21; Urt. v. 17.11.2016 – IX ZR 65/15, NZI 2017, 64 Rn. 19; Urt. v. 22.6.2017 – IX ZR 111/14, NZI 2017, 718 Rn. 24; Urt. v. 12.10.2017 – IX ZR 50/15, NJW 2018, 396 Rn. 12; Beschl. v. 5.3.2020 – IX ZR 171/18, NZI 2020, 520 Rn. 12; OLG Celle Urt. v. 30.10.2008 – 13 U 130/08, ZInsO 2009, 386 (387); OLG Hamm Urt. v. 16.10.2007 – 27 U 176/06, ZInsO 2008, 511 (512).

[57]   *Hölzle* ZIP 2007, 613 (618); HK-InsO/*Laroche* InsO § 17 Rn. 26 f.

[58]   BGH Beschl. v. 21.7.2007 – IX ZR 231/04, ZIP 2007, 1449 Rn. 30; Urt. v. 30.6.2011 – IX ZR 134/ 10, ZIP 2011, 1416 Rn. 12; Urt. v. 9.6.2016 – IX ZR 174/15, NZI 2016, 736 Rn. 27.

[59]   BGH Urt. v. 12.10.2006 – IX ZR 228/03, ZIP 2006, 2222 Rn. 15; Urt. v. 6.12.2012 – IX ZR 3/12, NJW 2013, 940 Rn. 21; Urt. v. 22.5.2014 – IX ZR 95/13, ZIP 2014, 1289 Rn. 22; Beschl. v. 16.4.2015 – IX ZR 6/14, NJW 2015, 1959 Rn. 4; Urt. v. 14.7.2016 – IX ZR 188/15, NZI 2016, 837 Rn. 17; Urt. v. 17.11.2016 – IX ZR 65/15, NZI 2017, 64 Rn. 19; Urt. v. 25.2.2016 – IX ZR 109/15, NJW 2016, 1168 Rn. 21; Urt. v. 6.7.2017 – IX ZR 178/16, ZIP 2017, 1677 Rn. 16; Beschl. v. 5.3.2020 – IX ZR 171/18, NZI 2020, 520 Rn. 12; OLG Hamm Urt. v. 16.10.2007 – 27 U 176/06, ZInsO 2008, 511 (512).

[60]   BGH Urt. v. 9.6.2016 – IX ZR 174/15, NZI 2016, 736 Rn. 21.

[61]   BGH Urt. v. 25.2.2016 – IX ZR 109/15, NJW 2016, 1168 Rn. 13; Urt. v. 14.7.2016 – IX ZR 188/ 15, NZI 2016, 837 Rn. 23; Urt. v. 6.7.2017 – IX ZR 178/16, ZIP 2017, 1677 Rn. 16; Urt. v. 18.1.2018 – IX ZR 144/16, NZI 2018, 264 Rn. 13.

[62]   BGH Urt. v. 12.10.2006 – IX ZR 228/03, ZIP 2006, 2222 Rn. 24; Urt. v. 14.2.2008 – IX ZR 38/ 04, ZIP 2008, 706 Rn. 20; Beschl. v. 24.4.2008 – II ZR 51/07, ZInsO 2008, 1019 Rn. 7; Urt. v. 19.2.2009 – IX ZR 62/08, NJW 2009, 1202 Rn. 16; Beschl. v. 21.8.2013 – 1 StR 665/12, NJW 2014, 164 Rn. 15.

Sozialversicherungsbeiträgen,[63] Steuern,[64] Energie- und Telefonkosten,[65] eine dauerhaft schleppende Zahlungsweise,[66] Wechselproteste und Scheckrückgaben,[67] Flucht vor den Gläubigern, Einstellung des Geschäftsbetriebs, Verhaftung wegen Vermögensdelikten, gescheiterte Vollstreckungsversuche,[68] Abgabe eidesstattlicher Versicherungen.[69] Die Bitte des Schuldners auf Abschluss einer Ratenzahlungsvereinbarung ist, wenn sie sich im Rahmen der Gepflogenheiten des Geschäftsverkehrs hält, als solche kein Indiz für eine Zahlungseinstellung.[70] Auch aus der Anordnung von Kurzarbeit als Instrument der Anpassung des Arbeitsvolumens an das Auftragsvolumen bei unverändertem Arbeitnehmerstamm kann kein Rückschluss auf eine etwaige Zahlungsunfähigkeit gezogen werden, da durch die Reduzierung der Lohnzahlungspflichten gerade die Zahlungsfähigkeit aufrecht erhalten werden soll.[71]

Eine einmal eingetretene Zahlungseinstellung kann nur dadurch wieder **beseitigt** wer- 23
den, dass der Schuldner die Zahlungen an die Gesamtheit der Gläubiger wieder aufnimmt.[72] Die Tilgung der Verbindlichkeit des Antragstellers im Eröffnungsverfahren (§ 14 InsO) genügt nur, wenn es die einzige offene Zahlungsverpflichtung ist.[73] Die Stundung von Forderungen reicht erst aus, wenn danach die geschuldeten Ratenzahlungen allgemein wieder aufgenommen werden.[74] Auch ein Insolvenzplan beseitigt die Zahlungseinstellung nicht, wenn die in ihm vorgesehenen Zahlungen nicht tatsächlich geleistet werden.[75] Die allgemeine Aufnahme der Zahlungen hat derjenige zu beweisen, der sich auf den nachträglichen Wegfall einer zuvor eingetretenen Zahlungseinstellung beruft.[76]

[63] Vgl. BGH Urt. v. 10.7.2003 – IX ZR 89/02, WM 2003, 1776 (1778); Beschl. v. 13.6.2006 – IX ZB 238/05, ZIP 2006, 1457 Rn. 6 f.; Urt. v. 12.10.2006 – IX ZR 228/03, ZIP 2006, 2222 Rn. 24; Beschl. v. 24.4.2008 – II ZR 51/07, ZInsO 2008, 1019 Rn. 2; Urt. v. 19.2.2009 – IX ZR 62/08, NJW 2009, 1202 Rn. 16; Urt. v. 30.6.2011 – IX ZR 134/10, ZIP 2011, 1416 Rn. 15; Urt. v. 18.7.2013 – IX ZR 143/12, ZIP 2013, 2015 Rn. 12; Urt. v. 7.5.2015 – IX ZR 95/14, NJW 2015, 2113 Rn. 15, 20; OLG Celle Urt. v. 30.10.2008 – 13 U 130/08, ZInsO 2009, 386 (387).
[64] BGH Beschl. v. 24.4.2008 – II ZR 51/07, ZInsO 2008, 1019 Rn. 6; Urt. v. 30.6.2011 – IX ZR 134/10, ZIP 2011, 1416 Rn. 16; Urt. v. 6.12.2012 – IX ZR 3/12, NJW 2013, 940 Rn. 36; Urt. v. 7.5.2015 – IX ZR 95/14, NJW 2015, 2113 Rn. 15.
[65] BGH Urt. v. 18.7.2013 – IX ZR 143/12, ZIP 2013, 2015 Rn. 12.
[66] BGH Urt. v. 7.5.2015 – IX ZR 95/14, NJW 2015, 2113 Rn. 19; Urt. v. 9.6.2016 – IX ZR 174/15, NZI 2016, 736 Rn. 23.
[67] BGH Beschl. v. 21.8.2013 – 1 StR 665/12, NJW 2014, 164 Rn. 15.
[68] BGH Beschl. v. 21.8.2013 – 1 StR 665/12, NJW 2014, 164 Rn. 15; Beschl. v. 15.11.2018 – IX ZR 81/18, BeckRS 2018, 32036 Rn. 5.
[69] Harz/Baumgartner/Conrad ZInsO 2005, 1304 (1306); Pape WM 2008, 1949 (1956).
[70] BGH Beschl. v. 16.4.2015 – IX ZR 6/14, NJW 2015, 1959 Rn. 3; Urt. v. 25.2.2016 – IX ZR 109/15, NJW 2016, 1168 Rn. 20; Urt. v. 18.1.2018 – IX ZR 144/16, NZI 2018, 264 Rn. 20; zur Zahlungsvereinbarung mit einem Gerichtsvollzieher s. BGH Urt. v. 6.7.2017 – IX ZR 178/16, ZIP 2017, 1677 Rn. 20; zum Ganzen auch Wiester/Naumann ZIP 2016, 2351.
[71] OLG Koblenz Urt. v. 1.10.2015 – 2 U 864/14, ZInsO 2016, 1156 = BeckRS 2016, 05273.
[72] BGH Urt. v. 25.10.2001 – IX ZR 17/01, BGHZ 149, 100 (109) = NJW 2002, 512; Urt. v. 20.11.2001 – IX ZR 48/01, BGHZ 149, 178 (188) = NJW 2002, 515; Urt. v. 8.12.2005 – IX ZR 182/01, NJW 2006, 1348 Rn. 25; Urt. v. 12.10.2006 – IX ZR 228/03, ZIP 2006, 2222 Rn. 23; Beschl. v. 21.7.2007 – IX ZR 231/04, ZIP 2007, 1449 Rn. 32; Beschl. v. 20.12.2007 – IX ZR 93/06, ZIP 2008, 420 Rn. 24; Beschl. v. 18.12.2014 – IX ZB 34/14, NJW 2015, 1388 Rn. 12; Beschl. v. 11.4.2013 – IX ZB 256/11, NJW 2013, 2119 Rn. 12; Urt. v. 25.2.2016 – IX ZR 109/15, NJW 2016, 1168 Rn. 24; Urt. v. 24.3.2016 – IX ZR 242/13, NZI 2016, 454 Rn. 10; Urt. v. 17.11.2016 – IX ZR 65/15, NZI 2017, 64 Rn. 25.
[73] BGH Urt. v. 20.11.2001 – IX ZR 48/01, BGHZ 149, 178 (190) = NJW 2002, 515.
[74] BGH Urt. v. 25.10.2001 – IX ZR 17/01, BGHZ 149, 100 (109) = NJW 2002, 512; Beschl. v. 21.7.2007 – IX ZR 231/04, ZIP 2007, 1449 Rn. 35.
[75] HK-InsO/Laroche InsO § 17 Rn. 44; Jaeger/Müller InsO § 17 Rn. 34.
[76] BGH Urt. v. 25.10.2001 – IX ZR 17/01, BGHZ 149, 100 (109) = NJW 2002, 512; Urt. v. 20.11.2001 – IX ZR 48/01, BGHZ 149, 178 (188) = NJW 2002, 515; Urt. v. 8.12.2005 – IX ZR 182/01, NJW 2006, 1348 Rn. 25; Urt. v. 12.10.2006 – IX ZR 228/03, ZIP 2006, 2222 Rn. 23; Beschl. v. 21.7.2007 – IX ZR 231/04, ZIP 2007, 1449 Rn. 32; Beschl. v. 20.12.2007 – IX ZR 93/06, ZIP 2008, 420 Rn. 24; Urt. v. 6.12.2012 – IX ZR 3/12, NJW 2013, 940 Rn. 33; Urt. v. 25.2.2016 – IX ZR 109/15, NJW 2016, 1168 Rn. 24; Urt. v. 24.3.2016 – IX ZR 242/13, NZI 2016, 454 Rn. 11; OLG Hamm Urt. v. 16.10.2007 – 27 U 176/06, ZInsO 2008, 511 (512).

24   Ist von einer Zahlungseinstellung auszugehen, hat der nach § 64 in Anspruch genommene Geschäftsführer die Möglichkeit, die nach § 17 Abs. 2 S. 2 InsO bestehende Vermutung der Zahlungsunfähigkeit zu **widerlegen,** indem er vorträgt und gegebenenfalls
beweist, dass eine Liquiditätsbilanz im maßgebenden Zeitraum für die Schuldnerin eine
Deckungslücke von weniger als 10 % ausweist. Die pauschale Behauptung genügt insoweit
allerdings nicht. Vielmehr muss der Geschäftsführer, der in der Regel mit den finanziellen
Verhältnissen der insolvent gewordenen GmbH auf Grund seiner Tätigkeit vertraut ist, zu
einer Liquiditätsbilanz, die Zahlungsfähigkeit belegen soll, konkrete Angaben zu machen.[77]

III. Drohende Zahlungsunfähigkeit (§ 18 InsO)

25   **1. Bedeutung.** § 18 InsO ermöglicht es dem Schuldner, schon bei einer sich in absehbarer Zukunft abzeichnenden Insolvenz ein geordnetes Verfahren zur Regulierung seiner
Schulden einzuleiten. Bisher wurde davon allerdings in der Praxis nur wenig Gebrauch
gemacht.[78] Die drohende Zahlungsunfähigkeit ist nur bei einem **Eigenantrag** des Schuld-
ners Eröffnungsgrund. Sie löst keine Antragspflicht nach § 15a InsO aus und auch das
Zahlungsverbot des § 64 S. 1 greift zu diesem Zeitpunkt noch nicht ein. Drohende Zah-
lungsunfähigkeit genügt aber im Rahmen von § 283 StGB (Bankrott) und § 283d StGB
(Schuldnerbegünstigung). Ferner wird im Anfechtungsrecht in § 3 Abs. 1 S. 2 AnfG, § 133
Abs. 1 S. 2 InsO auf dieses Merkmal abgestellt. Auch die Inanspruchnahme der zentralen
Instrumente des Stabilisierungsrahmens nach dem StaRUG (→ Rn. 93) setzt drohende
Zahlungsunfähigkeit voraus.

26   **2. Tatbestand.** Drohende Zahlungsunfähigkeit ist gegeben, wenn der Schuldner
voraussichtlich nicht in der Lage sein wird, seine bestehenden Zahlungspflichten im Zeitpunkt ihrer Fälligkeit zu erfüllen (§ 18 Abs. 2 InsO). Der Eintritt der Zahlungsunfähigkeit
iSv § 17 InsO muss wahrscheinlicher sein als ihre Vermeidung.[79] Um dies festzustellen sind
in einem Liquiditätsplan die vorhandenen Zahlungsmittel und die im Prognosezeitraum zu
erwartenden Einnahmen auf der einen Seite und die jedenfalls bis zu dem maßgeblichen
Zeitpunkt fälligen Verbindlichkeiten auf der anderen Seite aufzuführen. Entgegen dem
insoweit missverständlichen Wortlaut des § 18 Abs. 2 S. 1 InsO sind nicht nur die bereits
bestehenden, sondern auch die mit überwiegender Wahrscheinlichkeit **neu entstehenden
Verbindlichkeiten** in die Betrachtung mit einzubeziehen.[80] Der **Prognosezeitraum**
beträgt nach § 18 Abs. 2 S. 2 nF in der Regel zwei Jahre. Im Einzelfall kann mit Rücksicht
auf die Besonderheiten des jeweiligen Schuldners eine kürzere oder längere Zeitspanne
maßgeblich sein.[81]

IV. Überschuldung (§ 19 InsO)

27   **1. Bedeutung.** Bei der GmbH als juristischer Person ist auch die Überschuldung
Eröffnungsgrund (§ 19 Abs. 1 InsO, früher § 63 Abs. 1 aF). Die damit regelmäßig verbundene obligatorische Vorverlagerung der Verfahrenseinleitung ist **Korrelat für den
beschränkten Haftungsfonds** der Gesellschaft und dient dem präventiven Schutz ihrer

---

[77]   BGH Urt. v. 26.1.2016 – II ZR 394/13, NZG 2016, 658 Rn. 30; Urt. v. 19.12.2017 – II ZR 88/16,
      BGHZ 217, 129 Rn. 17 ff. = NZG 2018, 343.
[78]   S. etwa *Ehlers* ZInsO 2005, 169 (171); *Greil/Herden* ZInsO 2011, 109 (110).
[79]   Begr. zu § 22 RegE InsO, BT-Drs. 12/2443, 115.
[80]   *Harz/Bornmann/Conrad/Ecker* NZI 2015, 737 (741); *Schlenkhoff,* Insolvenzgründe, Prognose und Antrags-
      pflicht, 2014, 101 f.; *Temme,* Die Eröffnungsgründe der Insolvenzordnung, 1997, 55 ff.; *Gundlach* in
      Gottwald/Haas InsR-HdB § 6 Rn. 18; HK-InsO/*Laroche* InsO § 18 Rn. 10; *Jaeger/Müller* InsO § 18
      Rn. 10; Scholz/*Bitter* Vor § 64 Rn. 111; wohl auch BGH Beschl. v. 5.2.2015 – IX ZR 211/13, BeckRS
      2015, 06445 Rn. 13 = ZInsO 2015, 841; aA OLG München Urt. v. 21.3.2013 – 23 U 3344/12, NZI
      2013, 542 (544); *Burger/Schellberg* BB 1995, 261 (264).
[81]   Begr. RegE SanInsFoG, BT-Drs. 19/24181, 196.

Gläubiger.[82] Da bei der Vor-GmbH die Gesellschafter nur im Innenverhältnis haften, gilt § 19 InsO auch hier.[83] An den Überschuldungstatbestand knüpft sowohl die Insolvenzantragspflicht des § 15a InsO als auch das Zahlungsverbot des § 15b InsO (früher § 64 S. 1) an. Er spielt zudem im Insolvenzstrafrecht eine Rolle (§ 283 StGB).

2. Überschuldungsbegriff. Der Überschuldungstatbestand weist eine wechselhafte **28** Geschichte auf.[84] § 19 Abs. 2 S. 1 InsO definiert ihn nunmehr wie folgt: „Überschuldung liegt vor, wenn das Vermögen des Schuldners die bestehenden Verbindlichkeiten nicht mehr deckt, es sei denn, die Fortführung des Unternehmens in den nächsten zwölf Monaten ist nach den Umständen überwiegend wahrscheinlich." Der Überschuldungsbegriff enthält folglich ein bilanzielles und ein prognostisches Element. Das Unternehmen kann trotz bilanzieller (rechnerischer) Überschuldung weiter am Markt agieren, sofern eine positive Fortbestehensprognose besteht. Das entspricht dem von *Karsten Schmidt* begründeten[85] **modifizierten zweistufigen Überschuldungsbegriff.** Demgegenüber wurde früher die Überschuldung allein bilanziell ermittelt. Nach dem herkömmlichen zweistufigen Überschuldungsbegriff[86] vermag eine positive Fortführungsprognose für sich allein die Insolvenzreife niemals auszuräumen.[87] Sie bewirkt lediglich, dass die Aktiva des Unternehmens nicht mit den Liquidations-, sondern mit den regelmäßig höheren Going-Concern-Werten anzusetzen sind. Dieses traditionelle Verständnis hatte die Rspr. schon unter dem Regime der Konkursordnung überwunden.[88] Der Gesetzgeber der InsO entschied sich dann mit Rücksicht auf vermeintliche Gläubigerinteressen für eine Rückkehr zum überkommenen Konzept.[89] In der 1999 in Kraft getretenen ursprünglichen Fassung von § 19 Abs. 2 S. 2 InsO war ausdrücklich vorgesehen, dass eine etwaige positive Fortbestehensprognose lediglich bei der Bewertung des Unternehmens zu berücksichtigen sei.[90] Diese Entscheidung erwies sich dann allerdings bald schon als nicht tragfähig.

Das **Finanzmarktstabilisierungsgesetz 2008** knüpfte dann mit dem „neuen" § 19 **29** Abs. 2 InsO wieder an den modifizierten zweistufigen Überschuldungsbegriff an, wie er vom BGH bis zum Inkrafttreten der Insolvenzordnung vertreten wurde (Art. 5 FMStG, BGBl. 2008 I 1982). Der Gesetzgeber wollte das „ökonomisch völlig unbefriedigende Ergebnis" vermeiden, dass auch Unternehmen, bei denen die überwiegende Wahrscheinlichkeit besteht, dass sie weiter erfolgreich am Markt agieren können, zwingend ein Insolvenzverfahren zu durchlaufen haben.[91] Allerdings sind die Unterschiede weniger groß als

---

82 *Crezelius* FS Röhricht, 2005, 787 (790 f.); *Stracke,* Zur Übertragbarkeit des zivilrechtlichen Überschuldungsbegriffs in das Strafrecht, 2007, 50 ff.; MüKoInsO/*Drukarczyk/Schüler* InsO § 19 Rn. 1; Jaeger/*Müller* InsO § 19 Rn. 4; Uhlenbruck/*Mock* InsO § 19 Rn. 2.
83 *Steenken,* Die Insolvenz der Vor-GmbH, 2002, 73 ff.; *Geißler* DZWIR 2009, 52 (54); *Haas* DStR 1999, 985 (986); Jaeger/*Müller* InsO § 19 Rn. 12; Uhlenbruck/*Mock* InsO § 19 Rn. 31; aA Scholz/*Bitter* Vor § 64 Rn. 38.
84 S. *Götz* KTS 2003, 1; *Stracke,* Zur Übertragbarkeit des zivilrechtlichen Überschuldungsbegriffs in das Strafrecht, 2007, 63 ff.; K. *Schmidt/K. Schmidt* InsO § 19 Rn. 3 ff.
85 K. *Schmidt* AG 1978, 334 (337 ff.); K. *Schmidt* JZ 1982, 165 (167 ff.).
86 Zur Entwicklung s. aber *Bork* ZIP-Beil. 43/2019, 3; *Götz* KTS 2003, 1; *Stracke,* Zur Übertragbarkeit des zivilrechtlichen Überschuldungsbegriffs in das Strafrecht, 2007, 63 ff.
87 BGH Urt. v. 5.2.2007 – II ZR 234/05, BGHZ 171, 46 Rn. 19 = NZG 2007, 347; Beschl. v. 5.2.2007 – II ZR 51/06, NZG 2007, 678 Rn. 5; *Crezelius* FS Röhricht, 2005, 787 (794); *Holzer* ZIP 2008, 2108 (2110); *Körnert/Wagner* ZInsO 2009, 2131 (2133); HCL/*Casper* Anh. § 62 Rn. 66.
88 BGH Urt. v. 13.7.1992 – II ZR 269/91, BGHZ 119, 201 (213 ff.) = NJW 1992, 2831; Urt. v. 21.2.1994 – II ZR 60/93, BGHZ 125, 141 (148) = NJW 1994, 1477; Urt. v. 6.6.1994 – II ZR 292/91, BGHZ 126, 181 (199) = NJW 1994, 2220; aus der Lit. etwa *Kupsch* BB 1984, 159; *Schüppen* DB 1994, 197 (199 f.); *Ulmer* KTS 1981, 469 (473 ff.); Hachenburg/*Ulmer* § 63 Rn. 34 ff.
89 BT-Rechtsausschuss zu § 23 RegEInsO, BT-Drs. 12/7302, 157.
90 BGH Urt. v. 5.2.2007 – II ZR 234/05, BGHZ 171, 46 Rn. 19 = NZG 2007, 347; KG Urt. v. 1.11.2005 – 7 U 49/05, GmbHR 2006, 374 (375); OLG Naumburg Urt. v. 20.8.2003 – 5 U 67/03, GmbHR 2004, 240 (241); OLG Schleswig Urt. v. 10.3.2005 – 7 U 166/03, GmbHR 2005, 1124 (1125); *Fromm* GmbHR 2004, 940 (943); Jaeger/*Müller* InsO § 19 Rn. 24 ff.; auf den Ertragswert des Unternehmens unter Verzicht auf eine Einzelbewertung abstellend *Hüttemann* FS K. Schmidt, 2009, 761 (770 ff.).
91 BT-Drs. 16/10 600, 21; zust. *Becker/Janssen/St. Müller* DStR 2009, 1660 (1664); *Dahl* NZI 2008, 719; *Holzer* ZIP 2008, 2108 (2110 f.); *Hoos/Kleinschmidt* NZG 2009, 1172; *Otto* MDR 2008, 1369; krit. *Eckert/Happe* ZInsO 2008, 1098; *Körnert/Wagner* ZInsO 2009, 2131 (2133 ff.); FK-InsO/*Schmerbach* InsO § 19 Rn. 24a ff.

---

vom Gesetzgeber angenommen, wenn man im Rahmen der bilanziellen Überschuldungsmessung den Ansatz eines good will bzw. Firmenwerts zulässt (auch → Rn. 38).[92] Die
Regelung war zunächst bis zum 31.12.2010 befristet,[93] wurde dann erst einmal durch das
Gesetz zur Erleichterung der Sanierung von Unternehmen vom 24.9.2009 (BGBl. 2009 I
1982) um drei Jahre verlängert. Nach einer im Auftrag des BMJV durchgeführten Experten-
befragung[94] hat der Gesetzgeber sich dann durch Gesetz vom 5.12.2012 (BGBl. 2012 I 2418)
zur dauerhaften Beibehaltung bekannt.[95] Rechtspolitisch wird der in der Praxis schwer
feststellbare und vielen ausländischen Rechtsordnungen gänzlich unbekannte Tatbestand der
Überschuldung allerdings zunehmend ganz grundsätzlich in Frage gestellt.[96]

30   Trotz der rechtspolitischen Einwände hat der Gesetzgeber auch im **SanInsFoG Ende
2020** am Überschuldungstatbestand festgehalten. Die Überschuldung solle weiterhin die ihr
zukommende wichtige Funktion im Insolvenzrecht der haftungsbeschränkten Rechtsträger
übernehmen. Die sich an die Überschuldung knüpfende Antragspflicht zwinge die
Geschäftsleiter zu einer vorausschauenden Planung, welche ihrerseits Grundvoraussetzung
für die frühzeitige Entdeckung von Krisenanzeichen sei. Zudem stehe der Überschuldungstatbestand für eine hinreichend schwerwiegende Gefährdung der Gläubigerinteressen, die
Anlass zur Bereinigung dieser Gefährdung im Rahmen eines Insolvenzverfahrens sei. Allerdings genügt es nunmehr für eine positive Prognose, dass die Fortführung des Unternehmens
in den nächsten zwölf Monaten nach den Umständen überwiegend wahrscheinlich ist.
Durch diese Begrenzung des Prognosezeitraums wird der Überschuldungstatbestand enger
gefasst und klarer als bisher von dem der drohenden Zahlungsfähigkeit iSv § 18 InsO abge-
grenzt.[97] Für die durch die Corona-Pandemie in wirtschaftliche Schwierigkeiten geratenen
Unternehmen ist in § 4 COVInsAG sogar eine zeitlich befristete Verkürzung auf vier
Monate vorgesehen (→ Rn. 32).

31   **3. Fortführungsprognose.** Eine günstige Überlebensprognose setzt subjektiv den
Fortführungswillen des Schuldners bzw. seiner Organe voraus.[98] Dies allein genügt selbstverständlich nicht, hinzukommen muss die **objektive Überlebensfähigkeit** des Unternehmens.[99] Die **Finanzkraft** der Gesellschaft muss nach überwiegender Wahrscheinlichkeit
mittelfristig zur Fortführung des Unternehmens ausreichen.[100] Das war nach der bis zum
31.12.2020 geltenden Rechtslage gegeben, wenn die Gesellschaft jedenfalls im laufenden

---

[92] *Bitter* ZInsO 2008, 1097; Scholz/*Bitter* Vor § 64 Rn. 47.

[93] Art. 6 Abs. 3, 7 Abs. 2 FMStG; zu Recht krit. gegenüber der Verfallsregel *Hirte/Knof/Mock* ZInsO 2008,
1217 (1225); *K. Schmidt* DB 2008, 2467 (2471); *K. Schmidt* ZIP 2009, 1551 (1552 f.).

[94] Vgl. *Bitter/Hommerich*, Die Zukunft des Überschuldungsbegriffs, 2012; *Bitter/Hommerich/Reiß* ZIP 2012,
1201.

[95] Für eine Rückkehr zum herkömmlichen zweistufigen Überschuldungsbegriff aber *Bork* ZIP-Beil. 43/
2019, 7; *Neuberger* ZIP 2019, 1549.

[96] *Böcker/Poertzgen* GmbHR 2008, 1289 (1294); *Böcker/Poertzgen* GmbHR 2013, 17; *Egner/Wolf* AG 1978,
99; *Fenske* AG 1997, 554; *Frystaki* NZI 2011, 521; *Gruber* EuZW 2019, 181 (185); *Hölzle* ZIP 2008,
2003 (2004 f.); *Hunkemüller/Tymann* ZInsO 2011, 712; *Leithaus* NZI 2019, 1 (4); *Lüer* FS Hüffer, 2010,
603 ff.; *Möhlmann-Mahlau/Schmitt* NZI 2009, 19; *Rokas* ZInsO 2009, 18 (21); *Pott* NZI 2012, 4 (8 f.);
für die Beibehaltung als zwingender Insolvenzgrund *Brinkmann* NZI 2019, 921; *Bork* ZIP-Beil. 43/
2019, 5; *Klöhn* ZRI 2020, 2; *Neuberger* ZIP 2019, 1549; *Thole* ZIP 2017, 101; *Thole* ZInsO 2019, 1622;
rechtsvergleichender Überblick bei *Piekenbrock* KTS 2017, 333 (340 ff.); *Steffek* KTS 2009, 317 (333 ff.).

[97] S. schon *Brinkmann* in Ebke/Seagon/Piekenbrock, Überschuldung: Quo vadis?, 2020, 67 (75 f.) = NZI
2019, 921 (924).

[98] Begr. RegE zu § 23 InsO, BT-Drs. 12/2443, 115; BGH Beschl. v. 9.10.2006 – II ZR 303/05, ZIP
2006, 2171 Rn. 3; Urt. v. 18.10.2010 – II ZR 151/09, ZIP 2010, 2400 Rn. 13; KG Urt. v. 1.11.2005 –
7 U 49/05, GmbHR 2006, 374 (376); OLG Oldenburg Urt. v. 24.4.2008 – 8 U 5/08, ZInsO 2009,
154 (155); *Temme*, Die Eröffnungsgründe der Insolvenzordnung, 1997, 118; *Goette* DStR 2016, 1684
(1688); *Haarmann/Vorwerk* BB 2015, 1603; FK-InsO/*Schmerbach* InsO § 19 Rn. 20a; HK-InsO/*Laroche*
InsO § 19 Rn. 8; Nerlich/Römermann/*Mönning* InsO § 19 Rn. 19; aA *Hüttemann* FS K. Schmidt, 2009,
761 (765 f.); Scholz/*Bitter* Vor § 64 Rn. 55.

[99] Begr. RegE zu § 23 InsO, BT-Drs. 12/2443, 115; BGH Beschl. v. 9.10.2006 – II ZR 303/05, ZIP
2006, 2171; OLG Oldenburg Urt. v. 24.4.2008 – 8 U 5/08, ZInsO 2009, 154 (155); *Haarmann/Vorwerk*
BB 2015, 1603 (1605 ff.); HK-InsO/*Laroche* InsO § 19 Rn. 9; Scholz/*Bitter* Vor § 64 Rn. 56.

[100] BGH Urt. v. 13.7.1992 – II ZR 269/91, BGHZ 119, 201 (214) = NJW 1992, 2831.

und dem nächsten Geschäftsjahr voraussichtlich nicht zahlungsunfähig wurde.[101] Der Prognosezeitraum konnte bei Vorliegen branchen- und unternehmensspezifischer Besonderheiten ausgedehnt werden, sofern sich die Zahlungsströme plausibel prognostizieren ließen.[102] Nach § 19 Abs. 2 S. 1 nF wird der Prognosezeitraum nunmehr auf zwölf Monate begrenzt. Die Prognose ist auf der Grundlage eines für Dritte nachvollziehbaren Ertrags- und Finanzplans zu erstellen.[103] Bereits eingeleitete Sanierungsmaßnahmen können berücksichtigt werden. Ein Sanierungskonzept, dessen Umsetzung von der Zustimmung eines Gläubigers abhängt, ist nicht geeignet, eine positive Fortbestehensprognose zu begründen, wenn dieser Gläubiger sein notwendiges Einverständnis verweigert.[104] Eine rechtsverbindliche Zusage ist aber nicht erforderlich, vielmehr reicht es aus, dass die Gewährung der Sanierungsbeiträge überwiegend wahrscheinlich ist.[105] Einer positiven Fortführungsprognose steht nicht entgegen, dass das Unternehmen (insbesondere im Rahme einer übertragenden Sanierung) veräußert werden soll.[106] Bleibt die Überlebensfähigkeit des Unternehmens offen, so kann sie nicht unterstellt werden, denn die Fortführung ist nach § 19 Abs. 2 S. 1 Hs. 2 InsO der gesetzliche Ausnahmefall. Wird der Geschäftsführer nachträglich wegen Insolvenzverschleppung in Anspruch genommen, trägt er die Darlegungs- und Beweislast für das Vorliegen der Voraussetzungen einer günstigen Prognose für den fraglichen Zeitraum,[107] ein gewisser Beurteilungsspielraum ist ihm allerdings zuzubilligen.[108] Zur eigenen haftungsrechtlichen

---

[101] OLG Hamburg Urt. v. 13.10.2017 – 11 U 53/17, DB 2017, 2664 (2265) = BeckRS 2017, 128837; KG Urt. v. 1.11.2005 – 7 U 49/05, GmbHR 2006, 374 (376); OLG Naumburg Urt. v. 20.8.2003 – 5 U 67/03, GmbHR 2004, 240 (241); LG Frankfurt a. M. Urt. v. 29.4.2021 – 2-21 O 182/17, BeckRS 2021, 9099; *Götz*, Überschuldung und Handelsbilanz, 2004, 177 ff.; *Schlenkhoff*, Insolvenzgründe, Prognose und Antragspflicht, 2014, 137 f.; *Bitter/Kresser* ZIP 2012, 1733 (1739); *Bork* ZIP 2000, 1709 (1710); *Fromm* GmbHR 2004, 940 (944); *Früh/Wagner* WPg 1998, 907 (911); *Groß/Amen* DB 2005, 1861 (1863 f.); FAS des IDW ES 11 Rn. 60, abgedruckt in ZInsO 2015, 1136; *Sikora* ZInsO 2010, 1761 (1765); *Weber/Küting/Eichenlaub* GmbHR 2014, 1009 (1019); MüKoInsO/*Drukarczyk/Schüler* InsO § 19 Rn. 53 ff.; *Nerlich/Römermann/Mönning* InsO § 19 Rn. 20; HK-InsO/*Laroche* InsO § 19 Rn. 10; Noack/Servatius/Haas/*Haas* Vor § 64 Rn. 38.

[102] *Götz*, Überschuldung und Handelsbilanz, 2004, 178 f.; *Schlenkhoff*, Insolvenzgründe, Prognose und Antragspflicht, 2014, 1371 f.; *Bitter/Kresser* ZIP 2012, 1733 (1740 ff.); *Bork* ZIP 2000, 1709 (1710); *Früh/Wagner* WPg 1998, 907 (911); *Sikora* ZInsO 2010, 1761 (1765 ff.); *Braun/Bußhardt* InsO § 19 Rn. 32; Noack/Servatius/Haas/*Haas* Vor § 64 Rn. 38.

[103] BGH Beschl. v. 9.10.2006 – II ZR 303/05, ZIP 2006, 2171; Urt. v. 18.10.2010 – II ZR 151/09, ZIP 2010, 2400 Rn. 13; KG Urt. v. 1.11.2005 – 7 U 49/05, GmbHR 2006, 374 (376); OLG Naumburg Urt. v. 20.8.2003 – 5 U 67/03, GmbHR 2004, 240 (241); OLG München Urt. v. 17.1.2019 – 23 U 998/18, NZG 2019, 941 (943); OLG Schleswig Urt. v. 11.2.2010 – 5 U 60/09, NZI 2010, 492 (493 f.); LG Göttingen Beschl. v. 3.11.2008 – 10 T 119/08, NZI 2008, 751 (752); *Fromm* GmbHR 2004, 940 (943 f.); *Goette* DStR 2016, 1684 (1692 f.); *Götz*, Überschuldung und Handelsbilanz, 2004, 174 ff.; *Nickert* in Nickert/Lamberti, Überschuldungs- und Zahlungsunfähigkeitsprüfung im Insolvenzrecht, 3. Aufl. 2015, Rn. 299 ff.; *Sikora* ZInsO 2010, 1761 (1767 ff.); MüKoInsO/*Drukarczyk/Schüler* InsO § 19 Rn. 58 ff.; Noack/Servatius/Haas/*Haas* Vor § 64 Rn. 37; Rowedder/Schmidt-Leithoff/*M. Schmidt-Leithoff/Schneider* Vor § 64 Rn. 123; HCL/*Casper* Anh. § 62 Rn. 69.

[104] BGH Urt. v. 23.2.2004 – II ZR 207/01, NZG 2004, 619 (620).

[105] *Fischer* NZI 2016, 665 (671 ff.); *Morgen/Rathje* ZIP 2018, 1955 (1962 f.).

[106] *Morgen/Rathje* ZIP 2018, 1955 (1962 f.).

[107] BGH Beschl. v. 9.10.2006 – II ZR 303/05, NZI 2007, 44 = ZIP 2006, 2171 Rn. 3; Urt. v. 18.10.2010 – II ZR 151/09, NZG 2010, 1393 = ZIP 2010, 2400 Rn. 11; KG Urt. v. 1.11.2005 – 7 U 49/05, GmbHR 2006, 374 (376); OLG Koblenz Urt. v. 5.11.2004 – 5 U 875/04, ZIP 2005, 211 (212); OLG Naumburg Urt. v. 20.8.2003 – 5 U 67/03, GmbHR 2004, 240 (241); *Bork* ZIP 2000, 1709 (1712); *Götker*, Der Geschäftsführer in der Insolvenz der GmbH, 1999, Rn. 686; *Groß/Amen* WPg 2002, 225 (238); *Groß/Amen* WPg 2003, 67 (71); *Schlenkhoff*, Insolvenzgründe, Prognose und Antragspflicht, 2014, 167 f.; *Sikora* ZInsO 2010, 1761 (1774); *Temme*, Die Eröffnungsgründe der Insolvenzordnung, 1997, 124 f.; FK-InsO/*Schmerbach* InsO § 19 Rn. 23b; Kübler/Prütting/Bork/*Pape* InsO § 19 Rn. 17; *Rokas* ZInsO 2009, 18 (20); MHdB GesR III/*Oberle* § 65 Rn. 35; Uhlenbruck/*Mock* InsO § 19 Rn. 53; Hachenburg/*Ulmer* § 63 Rn. 37; Rowedder/Schmidt-Leithoff/*Schmidt-Leithoff/Schneider* Vor § 64 Rn. 125; HCL/*Casper* Anh. § 62 Rn. 69.

[108] BGH Urt. v. 6.6.1994 – II ZR 292/91, BGHZ 126, 181 (199) = NJW 1994, 2220; Urt. v. 12.2.2007 – II ZR 308/05, NJW-RR 2007, 690 Rn. 16; KG Urt. v. 1.11.2005 – 7 U 49/05, GmbHR 2006, 374 (377); OLG Düsseldorf Urt. v. 31.3.1999 – 12 U 176/97, NZG 1999, 944 (946); OLG Koblenz Urt. v. 5.11.2004 – 5 U 875/04, ZIP 2005, 211 (212); OLG Naumburg Urt. v. 20.8.2003 – 5 U 67/03, GmbHR 2004, 240 (241); OLG Schleswig Urt. v. 11.2.2010 – 5 U 60/09, NZI 2010, 492 (493); LG

Absicherung empfiehlt es sich, bei Anzeichen für eine rechnerische Überschuldung einen nachvollziehbaren Ertrags- und Finanzplan jedenfalls für die kommenden zwölf Monate zu erstellen, die zugrunde gelegten Daten und Annahmen sorgfältig zu dokumentieren[109] und gegebenenfalls einen sachverständigen Dritten hinzuzuziehen.[110]

32   § 4 COVInsAG enthält eine **zeitliche befristete Sonderregelung.** Danach ist abweichend von § 19 Abs. 2 S. 1 InsO im Kalenderjahr 2021 anstelle des Zeitraums von zwölf Monaten ein Prognosezeitraum von vier Monaten zugrunde zu legen, wenn die Überschuldung des Schuldners auf die COVID-19-Pandemie zurückzuführen ist. Dies wird vermutet, wenn der Schuldner am 31.12.2019 nicht zahlungsunfähig war, in dem letzten, vor dem 1.1.2020 abgeschlossenen Geschäftsjahr ein positives Ergebnis aus der gewöhnlichen Geschäftstätigkeit erwirtschaftet hat und der Umsatz aus der gewöhnlichen Geschäftstätigkeit im Kalenderjahr 2020 im Vergleich zum Vorjahr um mehr als 30 % eingebrochen ist. Die Regelung trägt den erheblichen Prognoseunsicherheiten Rechnung, die sich für viele Unternehmen aufgrund der Corona-Pandemie und der zur Eindämmung dieser Pandemie ergriffenen Maßnahmen ergeben.

33   **4. Überschuldungsbilanz. a) Allgemeines.** Die Überschuldungsbilanz dient der Feststellung, ob das am **Stichtag** vorhandene Vermögen noch zur Befriedigung sämtlicher Gläubiger ausreicht. Dazu werden die verwertbaren Vermögensgegenstände und die Schulden gegenübergestellt. Die **Handelsbilanz** dient dabei als Ausgangsbasis,[111] jedoch dürfen die Ansätze wegen ihrer abweichenden, auf periodengerechte Gewinnermittlung gerichteten Funktion nicht einfach übernommen werden.[112] Vielmehr ist der „wahre Wert" des Unternehmens unter Aufdeckung stiller Reserven und Lasten zu ermitteln. Der Ausweis eines nicht durch Eigenkapital gedeckten Fehlbetrags (§ 268 Abs. 3 HGB) hat aber indizielle Bedeutung für die Überschuldung.[113] Er muss daher für den Geschäftsleiter Anlass zu intensiver kritischer Selbstprüfung sein[114] und erleichtert dem Insolvenzverwalter bzw. dem

---

Frankfurt a. M. Urt. v. 29.4.2021 – 2-21 O 182/17, BeckRS 2021, 9099; *Fischer* NZI 2016, 665 (666 ff.); *Goette* DStR 2016, 1752 (1753 ff.); FAS des IDW ES 11 Rn. 64, abgedruckt in ZInsO 2015, 1136; *Kühne/Nickert* ZInsO 2017, 2405 (2407); ZInsO 2014, 2297 (2300 ff.); *Liebs* FS Rittner, 1991, 369 (371); Rowedder/Schmidt-Leithoff/*Schmidt-Leithoff/Schneider* Vor § 64 Rn. 125; aA Uhlenbruck/*Mock* InsO § 19 Rn. 21.

[109]   *Goette* DStR 2016, 1752 (1758); MHdB GesR III/*Oberle* § 65 Rn. 35; Rowedder/Schmidt-Leithoff/ *Schmidt-Leithoff/Schneider* Vor § 64 Rn. 125.

[110]   OLG Düsseldorf Urt. v. 31.3.1999 – 12 U 176/97, NZG 1999, 944 (946); *Groß/Amen* WPg 2002, 225 (239); *Rokas* ZInsO 2009, 18 (20); Rowedder/Schmidt-Leithoff/*Schmidt-Leithoff/Schneider* Vor § 64 Rn. 125; HCL/*Casper* Anh. § 62 Rn. 69.

[111]   *Crezelius* FS Röhricht, 2005, 787 (796); *Haas* in Kölner Schrift zur InsO, 3. Aufl. 2009, 1293 Rn. 8, 27; Jaeger/*Müller* InsO § 19 Rn. 43; MüKoInsO/*Drukarczyk/Schüler* InsO § 19 Rn. 87; Noack/Servatius/Haas/*Haas* Vor § 64 Rn. 58.

[112]   BGH Urt. v. 8.1.2001 – II ZR 88/99, BGHZ 146, 264 (267 f.) = NJW 2001, 1280; Urt. v. 21.2.1994 – II ZR 60/93, BGHZ 125, 141 (146) = NJW 1994, 1477; OLG Brandenburg Beschl. v. 23.7.2008 – 7 U 21/07, ZInsO 2008, 1081 (1082); OLG Köln Urt. v. 11.12.2008 – 18 U 138/07, NZI 2009, 128 (130); *Crezelius* FS Röhricht, 2005, 787 (796); *Haas* in Kölner Schrift zur InsO, 3. Aufl. 2009, 1293 Rn. 8; *Hirte* ZGR 2008, 284 (286); *Hartmann,* Überschuldungsprüfung im Kontext des Finanzmarktstabilisierungsgesetzes, 2014, 153 ff.; *Hüttemann* FS K. Schmidt, 2009, 761 (768 f.); *Stahlschmidt* JR 2002, 89 (92); HK-InsO/*Laroche* InsO § 19 Rn. 12; Jaeger/*Müller* InsO § 19 Rn. 43; Kübler/Prütting/Bork/ *Pape* InsO § 19 Rn. 9; MüKoInsO/*Drukarczyk/Schüler* InsO § 19 Rn. 87; Nerlich/Römermann/*Mönning* InsO § 19 Rn. 28; Uhlenbruck/*Mock* InsO § 19 Rn. 17; Noack/Servatius/Haas/*Haas* Vor § 64 Rn. 58; Hachenburg/*Ulmer* § 63 Rn. 43; aA *Wackerbarth* NZI 2009, 145.

[113]   BGH Urt. v. 7.3.2005 – II ZR 138/03, NZI 2005, 482 (483); Beschl. v. 15.10.2007 – II ZR 236/06, NZI 2008, 199 Rn. 4; Urt. v. 19.11.2013 – II ZR 229/11, ZIP 2014, 168 Rn. 17; Urt. v. 19.11.2019 – II ZR 53/18, NZI 2020, 167 Rn. 21; OLG Brandenburg Beschl. v. 23.7.2008 – 7 U 21/07, ZInsO 2008, 1081 (1082); OLG Celle Urt. v. 7.5.2008 – 9 U 191/07, GmbHR 2008, 1034 (1035); OLG Celle Urt. v. 1.2.2006 – 9 U 147/05, ZInsO 2006, 440 (441); OLG Köln Urt. v. 11.12.2008 – 18 U 138/07, NZI 2009, 128 (130); OLG Schleswig Urt. v. 10.3.2005 – 7 U 166/03, GmbHR 2005, 1124 (1125); *Arens* GmbHR 2018, 555 (557); *Haas* in Kölner Schrift zur InsO, 3. Aufl. 2009, 1293 Rn. 8; *Römermann* NZG 2009, 854 (855); Scholz/*Bitter* Vor § 64 Rn. 68.

[114]   OLG Celle Urt. v. 7.5.2008 – 9 U 191/07, GmbHR 2008, 1034 (1035); Jaeger/*Müller* InsO § 19 Rn. 43.

Gläubiger im Haftungsprozess die Beweisführung.[115] Legt der Anspruchsteller für seine Behauptung, die Gesellschaft sei überschuldet gewesen, eine Handelsbilanz vor, aus der sich ein Fehlbetrag ergibt, hat er die Ansätze dieser Bilanz daraufhin zu überprüfen und zu erläutern, ob und gegebenenfalls in welchem Umfang stille Reserven oder sonstige aus ihr nicht ersichtliche Vermögenswerte vorhanden sind. Es ist dann Sache des in Anspruch genommenen Geschäftsleiters, im Rahmen seiner sekundären Darlegungslast substantiiert vorzutragen, welche stillen Reserven oder sonstige für eine Überschuldungsbilanz maßgeblichen Vermögenswerte in der Handelsbilanz nicht ausgewiesen sind.[116] Damit wird von ihm nichts Unmögliches verlangt. Denn er ist berechtigt, zum Zwecke der Beweisführung Einsicht in die Buchhaltung der Gesellschaft zu nehmen.[117] Die Tendenz zur Umstellung auf IFRS führt zu einer noch stärkeren Annäherung von Handels- und Überschuldungsbilanz.[118]

Nach dem herkömmlichen zweistufigen Überschuldungsbegriff entscheidet die Fort- **34** führungsprognose darüber, ob unter Liquidations- oder Going-Concern-Gesichtspunkten zu bewerten ist (→ Rn. 28 f.). Dagegen ist nach § 19 Abs. 2 InsO idF des FMStG bei positiver Fortführungsprognose eine bilanzielle Überschuldungsmessung ganz und gar entbehrlich. Der Überschuldungsstatus wird daher, wenn überhaupt erforderlich, stets unter der **Liquidationsprämisse** aufgestellt.[119] Reichen die im Rahmen einer Liquidation erzielbaren Erlöse unter Berücksichtigung der Abwicklungskosten[120] aus, um die Schulden zu decken, muss kein Insolvenzantrag gestellt werden, da die Interessen der Gläubiger (noch) nicht gefährdet sind (Fall Borgward). Kommt hingegen zu der negativen Fortführungsprognose noch die rechnerische Überschuldung hinzu, muss das Insolvenzverfahren binnen der Sechswochenfrist des § 15a InsO eingeleitet werden.

b) Aktiva. Die Vermögensgegenstände der Gesellschaft sind grundsätzlich mit ihren **Ein- 35 zelveräußerungswerten** anzusetzen.[121] Auf diese hat die geplante Abwicklungsgeschwindigkeit erheblichen Einfluss, da sich bei einer raschen Zerschlagung unter Zeitdruck nur ver-

[115] BGH Urt. v. 27.4.2009 – II ZR 253/07, NZG 2009, 750 Rn. 9 = GmbHR 2009, 817 mAnm *Blöse* = EWiR § 64 GmbHG aF 1/09, 575 *(Podewils)*; Urt. v. 16.3.2009 – II ZR 280/07, NJW 2009, 2454 Rn. 10 = NZI 2009, 490 mAnm *Poertzgen* = EWiR § 92 AktG 1/09, 15 *(Kiem)*; Beschl. v. 24.4.2008 – II ZR 51/07, ZInsO 2008, 1019 Rn. 8; Beschl. v. 5.11.2007 – II ZR 262/06, NZG 2008, 75 Rn. 2 f.; Urt. v. 19.11.2013 – II ZR 229/11, ZIP 2014, 168 Rn. 17; OLG Brandenburg Beschl. v. 23.7.2008 – 7 U 21/07, ZInsO 2008, 1081 (1082); OLG Hamburg Urt. v. 13.10.2017 – 11 U 53/17, DB 2017, 2664 (2265) = BeckRS 2017, 128837; OLG Schleswig Urt. v. 11.2.2010 – 5 U 60/09, ZIP 2010, 516 (517); *Hacker/Schumann* WpG 2020, 1453 (1456); *Römermann* NZG 2009, 854 (855); Uhlenbruck/*Mock* InsO § 19 Rn. 52.

[116] BGH Urt. v. 27.4.2009 – II ZR 253/07, NZG 2009, 750 Rn. 9; Urt. v. 16.3.2009 – II ZR 280/07, NJW 2009, 2454 Rn. 10; Urt. v. 15.3.2011 – II ZR 204/09, NJW 2011, 2427 Rn. 33; Urt. v. 19.11.2013 – II ZR 229/11, ZIP 2014, 168 Rn. 17 f.; OLG Schleswig Urt. v. 11.2.2010 – 5 U 60/09, NZI 2010, 492 (493); *Arens* GmbHR 2018, 555 (557).

[117] BGH Urt. v. 19.12.2017 – II ZR 88/16, BGHZ 217, 129 Rn. 24 = NZG 2018, 343; *Arens* GmbHR 2018, 555 (558).

[118] *Götz*, Überschuldung und Handelsbilanz, 2004, 293 ff.; *Hartmann*, Überschuldungsprüfung im Kontext des Finanzmarktstabilisierungsgesetzes, 2014, 157 ff.; *Hirte* ZGR 2008, 284 (289 ff.).

[119] BGH Urt. v. 19.11.2019 – II ZR 53/18, NZI 2020, 167 Rn. 21; OLG Hamburg Urt. v. 13.10.2017 – 11 U 53/17, DB 2017, 2664 = BeckRS 2017, 128837; *Böcker/Poertzgen* GmbHR 2008, 1289 (1291); *Haas* in Kölner Schrift zur InsO, 3. Aufl. 2009, 1293 Rn. 10, 16; FAS des IDW ES 11 Rn. 53, abgedruckt in ZInsO 2015, 1136; MHdB GesR III/*Oberle* § 65 Rn. 30; Noack/Servatius/Haas/*Haas* Vor § 64 Rn. 53; Scholz/*Bitter* Vor § 64 Rn. 67.

[120] KG Urt. v. 1.11.2005 – 7 U 49/05, GmbHR 2006, 374, 377; *Möhlmann* DStR 1998, 1843 (1846); *Förschle/Hoffmann* in WFD Sonderbilanzen P Rn. 101; MüKoInsO/*Drukarczyk/Schüler* InsO § 19 Rn. 91; Noack/Servatius/Haas/*Haas* Vor § 64 Rn. 54.

[121] *Auler* DB 1976, 2169 (2170); *Förschle/Hoffmann* in WFD Sonderbilanzen P Rn. 100; *Höffner* BB 1999, 198 (199 f.); *Haas* in Kölner Schrift zur InsO, 3. Aufl. 2009, 1293 Rn. 17; *Hartmann*, Überschuldungsprüfung im Kontext des Finanzmarktstabilisierungsgesetzes, 2014, 118; *Möhlmann* DStR 1998, 1843 (1847); *Temme*, Die Eröffnungsgründe der Insolvenzordnung, 1997, 145; *Wolf/Schlagheck*, Überschuldung, 2007, 36 f.; FK-InsO/*Schmerbach* InsO § 19 Rn. 10; Jaeger/*Müller* InsO § 19 Rn. 49; MüKoInsO/*Drukarczyk/Schüler* InsO § 19 Rn. 91; Noack/Servatius/Haas/*Haas* Vor § 64 Rn. 54; Rowedder/Schmidt-Leithoff/*Schmidt-Leithoff/Schneider* Vor § 64 Rn. 128.

hältnismäßig geringe Erlöse erzielen lassen.[122] Normalerweise ist aber von einer geordneten Liquidation auszugehen.[123] Soll das Unternehmen oder Unternehmensteile als Sachgesamtheit veräußert werden, so kann ein gegenüber der Einzelliquidation erwarteter Mehrerlös nur berücksichtigt werden, wenn für eine derartige Veräußerung konkrete Aussichten bestehen.[124]

36   Die Aktivierung einer **Forderung** setzt voraus, dass diese durchsetzbar ist, sie muss einen realisierbaren Vermögenswert darstellen.[125] Soweit hier Zweifel bestehen, ist dem durch eine Abschreibung auf den Nennwert Rechnung zu tragen. Bestrittene Ansprüche dürfen aktiviert werden, wenn und soweit eine Klage Aussicht auf Erfolg hat.[126] Auch Forderungen aus schwebenden Geschäften sind bereits zu berücksichtigen, wenn trotz drohender Insolvenz mit der Erfüllung zu rechnen ist.[127] Allerdings sind abweichend von der Handelsbilanz auch Verbindlichkeiten aus schwebenden Geschäften und Dauerschuldverhältnissen zu passivieren.[128] Nicht anzusetzen sind hingegen künftige Forderungen, die sich erst aus der Ausübung des Anfechtungsrechts des Verwalters gem. §§ 129 ff. InsO ergeben.[129] Erst recht müssen die nach § 92 InsO einzuziehenden Ansprüche auf Ersatz von Gesamtschäden außer Betracht bleiben, da sie materiellrechtlich den Gläubigern, nicht der Gesellschaft zustehen.[130]

37   Zu den Ansprüchen der Gesellschaft gegen ihre **Gesellschafter** gehören insbesondere solche auf Erbringung rückständiger Einlagen, Zahlung von eingeforderten Nachschüssen, Differenz- und Vorbelastungshaftung und Erstattung verbotener Rückzahlungen. Aktivierbar sind auch Verlustausgleichsansprüche gegen die Muttergesellschaft im Vertragskonzern,[131] Ansprüche auf Nachteilsausgleich gem. § 311 Abs. 2 AktG,[132] sowie Rechte aus „harten" Patronatserklärungen, sofern sie zugunsten aller Gläubiger abgegeben wurden,[133] und schließlich auch Schadensersatzansprüche aus § 826 BGB. Bei den genannten Ansprüchen muss jedoch stets kritisch geprüft werden, ob außerhalb eines Insolvenzverfahrens realistischerweise mit einer Durchsetzung gegen die Gesellschafter – zumal wenn sie einen beherrschenden Einfluss ausüben – gerechnet werden kann.[134] Dieser Vorbehalt gilt in gleicher Weise für Schadensersatzforderungen gegen die **Geschäftsführer.** Überhaupt nicht zu berücksichtigen sind Erstattungsan-

---

[122]   *Früh/Wagner* WPg 1998, 907 (911); *Höffner* BB 1999, 198 (199); *Temme,* Die Eröffnungsgründe der Insolvenzordnung, 1997, 146 f.; *Weber/Küting/Eichenlaub* GmbHR 2014, 1009 (1016 f.); FK-InsO/*Schmerbach* InsO § 19 Rn. 10; Jaeger/*Müller* InsO § 19 Rn. 49; MüKoInsO/*Drukarczyk/Schüler* InsO § 19 Rn. 91.
[123]   *Hartmann,* Überschuldungsprüfung im Kontext des Finanzmarktstabilisierungsgesetzes, 2014, 121; *Temme,* Die Eröffnungsgründe der Insolvenzordnung, 1997, 146 f.
[124]   *Auler* DB 1976, 2169 (2170); *Förschle/Hoffmann* in WFD Sonderbilanzen P Rn. 102; *Möhlmann* DStR 1998, 1843 (1847); *Temme,* Die Eröffnungsgründe der Insolvenzordnung, 1997, 147 f.; FK-InsO/*Schmerbach* InsO § 19 Rn. 10; Noack/Servatius/Haas/*Haas* Vor § 64 Rn. 54.
[125]   BGH Urt. v. 18.10.2010 – II ZR 151/09, ZIP 2010, 2400 Rn. 18.
[126]   Uhlenbruck/*Mock* InsO § 19 Rn. 67; Scholz/*Bitter* Vor § 64 Rn. 75; sehr restriktiv OLG Hamburg Urt. v. 13.10.2017 – 11 U 53/17, DB 2017, 2664 (2266) = BeckRS 2017, 128837.
[127]   OLG Hamm Urt. v. 25.1.1993 – 8 U 250/91, NJW-RR 1993, 445; OLG München Urt. v. 17.1.2019 – 23 U 998/18, NZG 2019, 941 (942); *Temme,* Die Eröffnungsgründe der Insolvenzordnung, 1997, 153; HK-InsO/*Laroche* InsO § 19 Rn. 17; Uhlenbruck/*Mock* InsO § 19 Rn. 67; Noack/Servatius/Haas/*Haas* Vor § 64 Rn. 55; Scholz/*Bitter* Vor § 64 Rn. 81.
[128]   OLG München Urt. v. 17.1.2019 – 23 U 998/18, NZG 2019, 941 (942); Jaeger/*Müller* InsO § 19 Rn. 71.
[129]   *Temme,* Die Eröffnungsgründe der Insolvenzordnung, 1997, 153; MHdB GesR III/*Oberle* § 65 Rn. 44; FK-InsO/*Schmerbach* InsO § 19 Rn. 11; HK-InsO/*Laroche* InsO § 19 Rn. 14; Jaeger/*Müller* InsO § 19 Rn. 44; Uhlenbruck/*Mock* InsO § 19 Rn. 124; Noack/Servatius/Haas/*Haas* Vor § 64 Rn. 45; Scholz/*Bitter* Vor § 64 Rn. 76.
[130]   Jaeger/*Müller* InsO § 19 Rn. 44; Scholz/*Bitter* Vor § 64 Rn. 76.
[131]   *Crezelius* FS Röhricht, 2005, 787 (802 f.); *Gundlach* in Gottwald/Haas InsR-HdB § 6 Rn. 54; Jaeger/*Müller* InsO § 19 Rn. 66; MüKoInsO/*Drukarczyk/Schüler* InsO § 19 Rn. 97; Uhlenbruck/*Mock* InsO § 19 Rn. 104; Noack/Servatius/Haas/*Haas* Vor § 64 Rn. 47; Hachenburg/*Ulmer* § 63 Rn. 42; Scholz/*Bitter* Vor § 64 Rn. 77.
[132]   Uhlenbruck/*Mock* InsO § 19 Rn. 105.
[133]   *Bitter* ZHR 181 (2017), 428 (465 ff.); *Crezelius* FS Röhricht, 2005, 787 (803); *Merz/Hübner* DStR 2005, 802 (803 f.); Jaeger/*Müller* InsO § 19 Rn. 66; Noack/Servatius/Haas/*Haas* Vor § 64 Rn. 476; Lutter/Hommelhoff/*Kleindiek* Anh. § 64 Rn. 39; einschr. *Haußer/Heeg* ZIP 2010, 1427 (1431 ff.).
[134]   *Bittmann* wistra 1999, 10 (13); *W. Müller* FS Hüffer, 2010, 701 (711); HK-InsO/*Laroche* InsO § 19 Rn. 14; Jaeger/*Müller* InsO § 19 Rn. 64; Noack/Servatius/Haas/*Haas* Vor § 64 Rn. 47a, 55.

sprüche nach § 15b InsO bzw. § 64,[135] da diese nur im Insolvenzverfahren oder nach Abweisung eines Antrags mangels Masse durchgesetzt werden können (→ Rn. 232 f.).

Immaterielle Vermögensgegenstände wie Patente, Marken, Gebrauchsmuster, Kon- 38 zessionen und Lizenzen dürfen ohne Rücksicht auf die handelsrechtlichen Einschränkungen (§ 248 Abs. 2 S. 2 HGB) im Überschuldungsstatus angesetzt werden, soweit sie rechtlich und tatsächlich verwertbar sind.[136] Ein **Geschäfts- oder Firmenwert** kann bei negativer Fortführungsprognose nur dann angesetzt werden, wenn ein konkretes Angebot eines Investors vorliegt, der bereit ist, einen die Differenz zwischen den einzelnen Vermögenswerten und den Schulden übersteigenden Kaufpreis zu bezahlen.[137] Bei günstiger Fortführungsprognose sollte hingegen eine positive Marktbeurteilung genügen,[138] doch ist dann nach § 19 Abs. 2 InsO idF des FMStG die Aufstellung eines Überschuldungsstatus ohnehin entbehrlich (→ Rn. 28 f.). Nicht anzusetzen sind Aufwendungen für die Ingangsetzung oder Erweiterung des Geschäftsbetriebs.[139]

Eigene Anteile der Schuldnergesellschaft können zwar grundsätzlich berücksichtigt 39 werden, sie sind jedoch unter der Liquidationsprämisse regelmäßig mit Null zu bewerten.[140] Aktive Rechnungsabgrenzungsposten repräsentieren bei drohender Abwicklung nur dann einen realen Vermögenswert, wenn eine vorzeitige Vertragsbeendigung möglich ist und die geleistete Vorauszahlung dann zurückgefordert werden kann.[141]

c) Passiva. Im Überschuldungsstatus sind grundsätzlich alle **Verbindlichkeiten** der 40 Gesellschaft zu passivieren. Sie werden mit dem Rückzahlungsbetrag angesetzt, langfristig unverzinsliche Verbindlichkeiten jedoch auf den Barwert abgezinst.[142] Bei der Ausgabe von Warengutscheinen ist auf den Zeitpunkt der Einlösbarkeit abzustellen.[143] Ob eine Schuld durch eine Bürgschaft abgesichert ist, spielt keine Rolle, denn dies ändert an deren Bestand nichts.[144] Auch Verbindlichkeiten aus schwebenden Geschäften gehören in den Überschuldungsstatus.[145]

---

[135] S. *Haas* in Kölner Schrift zur InsO, 3. Aufl. 2009, 1293 Rn. 11; Jaeger/*Müller* InsO § 19 Rn. 68; Noack/ Servatius/Haas/*Haas* Vor § 64 Rn. 45; Hachenburg/*Ulmer* § 63 Rn. 42; Rowedder/Schmidt-Leithoff/ *Schmidt-Leithoff/Schneider* Vor § 64 Rn. 134; aA Uhlenbruck/*Mock* InsO § 19 Rn. 116.

[136] BGH Urt. v. 13.7.1992 – II ZR 269/91, BGHZ 119, 201 (214) = NJW 1992, 2831; *Fromm* ZInsO 2004, 943 (949); FAS des IDW ES 11 Rn. 78, abgedruckt in ZInsO 2015, 1136; *Kallmeyer* GmbHR 1999, 16 (17); *Stahlschmidt* JR 2002, 89 (93); HK-InsO/*Laroche* InsO § 19 Rn. 16; Uhlenbruck/*Mock* InsO § 19 Rn. 78; Noack/Servatius/Haas/*Haas* Vor § 64 Rn. 47; Hachenburg/*Ulmer* § 63 Rn. 41; Lutter/Hommelhoff/*Kleindiek* Anh. § 64 Rn. 40; Rowedder/Schmidt-Leithoff/*Schmidt-Leithoff/Schneider* Vor § 64 Rn. 136.

[137] *Fromm* ZInsO 2004, 943 (949); *Haas* in Kölner Schrift zur InsO, 3. Aufl. 2009, 1293 Rn. 58; *Hartmann,* Überschuldungsprüfung im Kontext des Finanzmarktstabilisierungsgesetzes, 2014, 179; FAS des IDW ES 11 Rn. 79, abgedruckt in ZInsO 2015, 1136; *Förschle/Hoffmann* in WFD Sonderbilanzen P Rn. 111 f.; Braun/*Bußhardt* InsO § 19 Rn. 26; HK-InsO/*Laroche* InsO § 19 Rn. 16; Jaeger/*Müller* InsO § 19 Rn. 68; Rowedder/Schmidt-Leithoff/*Schmidt-Leithoff/Schneider* Vor § 64 Rn. 137; großzügiger *W. Müller* FS Hüffer, 2010, 701 (713).

[138] *Crezelius* FS Röhricht, 2005, 787 (801); *Kallmeyer* GmbHR 1999, 16 (17); Jaeger/*Müller* InsO § 19 Rn. 68; s. auch OLG Celle Urt. v. 5.12.2001 – 9 U 204/01, NZG 2002, 730; OLG Hamburg Urt. v. 4.7.2008 – 11 U 278/05, BeckRS 2008, 17 846.

[139] BGH Urt. v. 22.10.1990 – II ZR 238/89, NJW 1991, 1057 (1059); *Harz* ZInsO 2001, 193 (200); *Lutter* ZIP 1999, 641 (644); *Wolf/Schlagheck,* Überschuldung, 2007, 63 ff.; Noack/Servatius/Haas/*Haas* Vor § 64 Rn. 47.

[140] *Auler* DB 1976, 2169 (2172); *Hartmann,* Überschuldungsprüfung im Kontext des Finanzmarktstabilisierungsgesetzes, 2014, 128; *Wolf/Schlagheck,* Überschuldung, 2007, 103 f.; MHdB GesR III/*Oberle* § 65 Rn. 42; Uhlenbruck/*Mock* InsO § 19 Rn. 118 f.

[141] *Crezelius* FS Röhricht, 2005, 787 (804 f.); *Fromm* ZInsO 2004, 943 (949); *Harz* ZInsO 2001, 193 (201); *Möhlmann* DStR 1998, 1843 (1846); *Temme,* Die Eröffnungsgründe der Insolvenzordnung, 1997, 155; *Förschle/Hoffmann* in WFD Sonderbilanzen P Rn. 115; Uhlenbruck/*Mock* InsO § 19 Rn. 120.

[142] *Auler* DB 1976, 2169 (2173); *Förschle/Hoffmann* in WFD Sonderbilanzen P Rn. 120; Uhlenbruck/*Mock* InsO § 19 Rn. 203; Noack/Servatius/Haas/*Haas* Vor § 64 Rn. 55.

[143] Näher *Schwemmer* DStR 2020, 1585.

[144] LG Tübingen Beschl. v. 10.8.1960 – 1 T 67/60, KTS 1961, 158 (159).

[145] *Temme,* Die Eröffnungsgründe der Insolvenzordnung, 1997, 173 ff.; *Fromm* ZInsO 2004, 943 (950); Uhlenbruck/*Mock* InsO § 19 Rn. 153; Noack/Servatius/Haas/*Haas* Vor § 64 Rn. 49; Scholz/*Bitter* Vor § 64 Rn. 87.

41   **Passive Rechnungsabgrenzungsposten** sind stets in voller Höhe auszuweisen, denn
entweder muss die Gesellschaft die ihr obliegende Gegenleistung noch erbringen oder –
bei vorzeitiger Vertragsauflösung – den empfangenen Betrag zurückzahlen.[146] **Aufwen-
dungs- und Annuitätendarlehen** im Rahmen des öffentlich geförderten sozialen Wohnungsbaus und Aufwendungsdarlehen im Rahmen des frei finanzierten Wohnungsbaus werden passiviert, wenn der Darlehensgläubiger des Bauherrn keinen Rangrücktritt erklärt.

42   Rückstellungen für **ungewisse Verbindlichkeiten** sind zu bilden, sofern eine Inan-
spruchnahme des Schuldners ernstlich droht.[147] Das Risiko ist realistisch zu bewerten.[148]
In der Handelsbilanz ausgewiesene Aufwandsrückstellungen (§ 249 Abs. 1 S. 2 Nr. 1
HGB) sind zu eliminieren, weil ihnen keine Rechtsansprüche Dritter gegenüberstehen.[149] Aus demselben Grund bleiben auch Kulanzrückstellungen iSd § 249 Abs. 1 S. 2
Nr. 2 HGB außen vor.[150] Rückstellungen sind aber zu bilden für die voraussichtlichen
Abwicklungskosten, weil sich ohne deren Einbeziehung das Ausfallrisiko der Gläubiger im Auflösungsfall nicht taxieren lässt.[151] Daher müssen auch zu erwartende Verpflichtungen aus Sozialplänen bereits berücksichtigt werden.[152] Nicht antizipiert werden
dürfen etwaige Kosten eines Insolvenzverfahrens, da die Überschuldungsbilanz gerade
der Feststellung dient, ob ohne die Eröffnung eines solchen Verfahrens die Befriedigung
der Gläubiger gesichert ist.[153]

43   Rückstellungen sind zu bilden **für laufende Pensionen,** sofern die Gesellschaft nicht
aufgrund der Krise zur Kürzung berechtigt ist,[154] und dies ohne Rücksicht darauf, ob
die Gesellschaft von ihrem handelsrechtlichen Wahlrecht gem. Art. 28 EGHGB Gebrauch
gemacht hat oder nicht.[155] Das gilt auch für Pensionsanwartschaften. Diese bleiben allerdings
unberücksichtigt, soweit sie noch nicht unverfallbar sind und durch vorgesehene Entlassun-
gen den betroffenen Arbeitnehmern ihre Ansprüche entzogen würden.[156]

---

[146] *Auler* DB 1976, 2169 (2173); *Harz* ZInsO 2001, 193 (201); *Temme,* Die Eröffnungsgründe der Insolvenzordnung, 1997, 188 ff.; *Förschle/Hoffmann* in WFD Sonderbilanzen P Rn. 115; Noack/Servatius/Haas/
Haas Vor § 64 Rn. 49.

[147] BGH Urt. v. 22.9.2003 – II ZR 229/02, NJW 2003, 3629 (3630); *Harz* ZInsO 2001, 193 (201); *Temme,*
Die Eröffnungsgründe der Insolvenzordnung, 1997, 164; *Wolf/Schlagheck,* Überschuldung, 2007, 134;
MüKoInsO/*Drukarczyk/Schüler* InsO § 19 Rn. 99; Uhlenbruck/*Mock* InsO § 19 Rn. 159; Noack/Serva-
tius/Haas/*Haas* Vor § 64 Rn. 49; Hachenburg/*Ulmer* § 64 Rn. 45.

[148] *Temme,* Die Eröffnungsgründe der Insolvenzordnung, 1997, 164 ff.

[149] *Temme,* Die Eröffnungsgründe der Insolvenzordnung, 1997, 162; *Wolf/Schlagheck,* Überschuldung, 2007,
134 f.; MüKoInsO/*Drukarczyk/Schüler* InsO § 19 Rn. 100; Uhlenbruck/*Mock* InsO § 19 Rn. 161; Lut-
ter/Hommelhoff/*Kleindiek* Anh. § 64 Rn. 42.

[150] *Temme,* Die Eröffnungsgründe der Insolvenzordnung, 1997, 163; MüKoInsO/*Drukarczyk/Schüler* InsO
§ 19 Rn. 100; Uhlenbruck/*Mock* InsO § 19 Rn. 161; Noack/Servatius/Haas/*Haas* Vor § 64 Rn. 49;
Lutter/Hommelhoff/*Kleindiek* Anh. § 64 Rn. 42.

[151] KG Urt. v. 1.11.2005 – 7 U 49/05, GmbHR 2006, 374 (377); *Haas* in Kölner Schrift zur InsO, 3. Aufl.
2009, 1293 Rn. 48; *Hartmann,* Überschuldungsprüfung im Kontext des Finanzmarktstabilisierungsgesetzes, 2014, 131 f.; Noack/Servatius/Haas/*Haas* Vor § 64 Rn. 49; Lutter/Hommelhoff/*Kleindiek* Anh.
§ 64 Rn. 42; Scholz/*Bitter* Vor § 64 Rn. 91.

[152] *Förschle/Hoffmann* in WFD Sonderbilanzen P Rn. 101, 117; MHdB GesR III/*Oberle* § 65 Rn. 49;
MüKoInsO/*Drukarczyk/Schüler* InsO § 19 Rn. 101; Lutter/Hommelhoff/*Kleindiek* Anh. § 64 Rn. 42;
anders OLG Celle Urt. v. 5.12.2001 – 9 U 204/01, NZG 2002, 730 (731); Noack/Servatius/Haas/
Haas Vor § 64 Rn. 45; Scholz/*Bitter* Vor § 64 Rn. 91.

[153] *Fromm* ZInsO 2004, 943 (949); *Haas* in Kölner Schrift zur InsO, 3. Aufl. 2009, 1293 Rn. 11; *Temme,*
Die Eröffnungsgründe der Insolvenzordnung, 1997, 175 ff.; *Förschle/Hoffmann* in WFD Sonderbilanzen
P Rn. 101; MHdB GesR III/*Oberle* § 65 Rn. 51; FK-InsO/*Schmerbach* § 19 Rn. 16; MüKoInsO/*Dru-
karczyk/Schüler* InsO § 19 Rn. 89; Uhlenbruck/*Mock* InsO § 19 Rn. 199; Noack/Servatius/Haas/*Haas*
Vor § 64 Rn. 45; Scholz/*Bitter* Vor § 64 Rn. 91.

[154] *Wolf/Schlagheck,* Überschuldung, 2007, 135 ff.; *Förschle/Hoffmann* in WFD Sonderbilanzen P Rn. 116;
HK-InsO/*Laroche* InsO § 19 Rn. 22; Jaeger/*Müller* InsO § 19 Rn. 80, 83; MüKoInsO/*Drukarczyk/
Schüler* InsO § 19 Rn. 102 f.; Noack/Servatius/Haas/*Haas* Vor § 64 Rn. 49.

[155] *W. Müller* FS Hüffer, 2010, 701 (715); *Wolf/Schlagheck,* Überschuldung, 2007, 138 f.; *Förschle/Hoffmann*
in WFD Sonderbilanzen P Rn. 116; Jaeger/*Müller* InsO § 19 Rn. 80; Noack/Servatius/Haas/*Haas* Vor
§ 64 Rn. 49.

[156] *Förschle/Hoffmann* in WFD Sonderbilanzen P Rn. 116; Jaeger/*Müller* InsO § 19 Rn. 81.

Im Überschuldungsstatus auszublenden sind die **Eigenkapitalposten** im Jahresab- 44
schluss, dh das gezeichnete Kapital (Stammkapital), freie Rücklagen, Gewinnvortrag oder
Jahresüberschuss, sowie Sonderrücklagen für eigene Geschäftsanteile.[157]

Nach § 19 Abs. 2 S. 2 InsO sind Forderungen aus **Gesellschafterdarlehen** oder wirt- 45
schaftlich entsprechenden Rechtshandlungen, für die gem. § 39 Abs. 2 InsO ein **Rangrücktritt** vereinbart wurde, nicht bei den Verbindlichkeiten zu berücksichtigen. Der Gesetzgeber
des MoMiG knüpft damit an die Rspr. des BGH zu den eigenkapitalersetzenden Gesellschafterleistungen[158] an.[159] Nach dieser war aber zumindest ein Rücktritt „an die letzte Stelle"
innerhalb der Rangklasse des § 39 Abs. 2 InsO erforderlich.[160] Nach der Neuregelung reicht
es aus, dass ein Rang hinter den nach § 39 Abs. 1 Nr. 5 InsO gesetzlich subordinierten
Gesellschafterforderungen vereinbart wird.[161]

Anders als es der insoweit missverständliche Wortlaut nahe legen mag, genügt es 46
nicht, dass der Rangrücktritt nur für den Fall der Verfahreneröffnung erklärt wird.
Denn dann könnten die Gesellschafter ihre Forderungen bis zu diesem Zeitpunkt noch
durchsetzen, ohne dass diese Gefährdung der Interessen der übrigen Gläubiger im Überschuldungsstatus abgebildet würde. Notwendig ist daher, wie im bisherigen Recht,[162]
ein Rangrücktritt auch schon für den Zeitraum der **Krise** (auch → § 84 Rn. 189).[163]
Die Aussage des § 19 Abs. 2 S. 2 InsO zur erforderlichen Rangtiefe hat Modellcharakter
über den eigentlichen Anwendungsbereich der Vorschrift hinaus.[164] Auch für sonstige
Gesellschafterforderungen und **Forderungen außenstehender Dritter** ist ein Rücktritt in den Rang des § 39 Abs. 2 InsO notwendig, aber auch ausreichend, um die Passivierungspflicht entfallen zu lassen.[165] Ist für die Forderung eine Sicherheit bestellt, muss
sich die Nachrangabrede auch auf diese erstrecken.[166] Der Parteiwille muss angesichts
der Bedeutung der Vereinbarung klar und eindeutig zum Ausdruck kommen, eine kon-

---

[157] Jaeger/*Müller* InsO § 19 Rn. 85 f.; Uhlenbruck/*Mock* InsO § 19 Rn. 196; s. auch OLG Köln Urt.
v. 11.12.2008 – 18 U 138/07, NZI 2009, 128 (130).

[158] BGH Urt. v. 8.1.2001 – II ZR 88/99, BGHZ 146, 264 (269 ff.) = NJW 2001, 1280; Urt. v. 1.3.2010 –
II ZR 13/09, ZIP 2010, 1078 Rn. 6, 13 (Erstreckung auf sog. gesplittete Einlage); ferner OLG Schleswig
Urt. v. 10.3.2005 – 7 U 166/03, GmbHR 2005, 1124 (1125).

[159] Nach dem RegE des MoMiG sollten die Forderungen aus Gesellschafterdarlehen noch automatisch aus
dem Überschuldungsstatut herausfallen, s. dazu die berechtigte rechtspolitische Kritik von *Bork* ZGR
2007, 250 (261 f.); *K. Schmidt* BB 2008, 461 ff.

[160] BGH Urt. v. 1.3.2010 – II ZR 13/09, ZIP 2010, 1078 Rn. 6, 13; noch strenger wohl vorgehend BGH
Urt. v. 8.1.2001 – II ZR 88/99, BGHZ 146, 264 (271) = NJW 2001, 1280 (Gleichstellung mit den
Einlagerückzahlungsansprüchen der Gesellschafter).

[161] BGH Urt. v. 5.3.2015 – IX ZR 133/14, BGHZ 204, 231 Rn. 18 = NJW 2015, 1672; *Berger* ZInsO
2015, 1938 (1940); *Bitter* ZHR 181 (2017), 428 (463); *Geißler* DZWIR 2015, 345 (348); *Grögler/
P. Schneider* ZInsO 2015, 1528 (1529); *Hartmann*, Überschuldungsprüfung im Kontext des Finanzmarktstabilisierungsgesetzes, 2014, 113 f.; *Hoos/Köhler* GmbHR 2015, 729 (733); FAS des IDW ES 11 Rn. 86,
abgedruckt in ZInsO 2015, 1136; *K. Schmidt* ZIP 2015, 901 (903); *Westphal/Kresser* DB 2015, 33 (34,
41); krit. *Wazlawik* NZI 2012, 988 (990).

[162] S. nur BGH Urt. v. 8.1.2001 – II ZR 88/99, BGHZ 146, 264 (273) = NJW 2001, 1280; *Haarmann* FS
Röhricht, 2005, 137 (138) mwN.

[163] BGH Urt. v. 5.3.2015 – IX ZR 133/14, BGHZ 204, 231 Rn. 19 = NJW 2015, 1672; *Bitter/Heim* ZIP
2015, 644 (647); *Frystaki* NZI 2013, 609 (610 ff.); *Geißler* DZWIR 2015, 345 (348); *Haas* DStR 2009,
326 (327); *Hoos/Köhler* GmbHR 2015, 729 (732); Noack/Servatius/Haas/*Haas* Vor § 64 Rn. 89;
K. Schmidt/K. Schmidt InsO § 19 Rn. 35; aA *Thole* FS Kübler, 2015, 681 (682 f.); *Kahlert/Gehrke* DStR
2010, 227 (229 f.); *Geiser* NZI 2013, 1056.

[164] *Haas* DStR 2009, 326 (327).

[165] BGH Urt. v. 5.3.2015 – IX ZR 133/14, BGHZ 204, 231 Rn. 14 = NJW 2015, 1672; *Trutnau*, Der
insolvenzrechtliche Rücktritt durch Nichtgesellschafter, 2016, 51 ff.; *Berger* ZInsO 2015, 1938 (1940);
Bitter/Heim ZIP 2015, 644 (645); *Geißler* DZWIR 2015, 345 (348); *Hoos/Köhler* GmbHR 2015, 729
(730); *Kahlert/Gehrke* DStR 2010, 227 (230); *Leithaus/Schaefer* NZI 2010, 844 (846); *W. Müller* FS
Hüffer, 2010, 701 (710); Noack/Servatius/Haas/*Haas* Vor § 64 Rn. 89; implizit auch schon BGH Urt.
v 20.2.2014 – IX ZR 137/13, ZIP 2014, 1087 Rn. 23 im Rahmen der AGB-Kontrolle einer solchen
Klausel.

[166] OLG Düsseldorf Urt. v. 10.11.2011 – I-6 U 275/10, BeckRS 2011, 27231; näher *Becker* NZI 2020,
819.

kludente Rangrücktrittserklärung scheidet in der Regel aus.[167] Ein in **allgemeinen Geschäftsbedingungen** eines Darlehensvertrags geregelter Rangrücktritt ist als Abrede über den unmittelbaren Gegenstand der Hauptleistung des Nachrangdarlehens nach § 307 Abs. 3 S. 1 BGB der Inhaltskontrolle entzogen.[168] Sie ist jedenfalls gegenüber Verbrauchern aber nur dann **hinreichend transparent** (§ 307 Abs. 1 S. 2, Abs. 3 S. 2 BGB), wenn aus ihr die Rangtiefe, die vorinsolvenzliche Durchsetzungssperre, deren Dauer und die Erstreckung auf die Zinsen klar und unmissverständlich hervorgehen. Knüpft eine solche Klausel die vorinsolvenzliche Durchsetzungssperre an das Entstehen von Insolvenzeröffnungsgründen, muss sie die erfassten Tatbestände klar und unmissverständlich bezeichnen.[169]

47   Die **dogmatische Einordnung** des Rangrücktritts ist umstritten. Nach Auffassung des BGH handelt es sich bei einer qualifizierten Rangrücktrittsvereinbarung weder um einen bedingten Forderungserlass[170] noch um ein pactum de non petendo,[171] sondern um einen verfügenden Schuldänderungsvertrag, bei dem die Forderung des Gläubigers mit dinglicher Wirkung inhaltlich dahin umgewandelt wird, dass sie nicht mehr zu passivieren ist und nur im Falle eines die Verbindlichkeiten übersteigenden Aktivvermögens befriedigt werden darf.[172] Als Vertrag zu Gunsten der Gläubigergesamtheit (§ 328 BGB) kann die Vereinbarung ab Insolvenzreife nicht durch eine Abrede des Schuldners mit dem Gläubiger der Forderung aufgehoben werden.[173] Die Abrede erfasst bei Individualverträgen im Zweifel neben der Hauptforderung auch die Zinsen und sonstigen Nebenforderungen.[174] Wird eine mit einem qualifizierten Rangrücktritt versehene Verbindlichkeit trotz Insolvenzreife beglichen, kann die Zahlung mangels eines Rechtsgrunds gem. § 812 BGB kondiziert werden.[175] Besteht (insbesondere wegen § 814 BGB) kein Bereicherungsanspruch, kann der Verwalter die erbrachte Leistung nach § 134 InsO anfechten[176] Ein auf Krisenabwendung und Insolvenz beschränkter Rangrücktritt führt bilanz- und steuerrechtlich weder bei dem betreffenden Gläubiger noch bei der Schuldnerin zu einer gewinnwirksamen Ausbuchung der Forderung[177] bzw. der Verbindlichkeit.[178]

---

[167]   OLG Karlsruhe Urt. v. 12.9.2017 – 8 U 97/16, BeckRS 2017, 150726 Rn. 40 ff.
[168]   BGH Urt. v. 6.12.2018 – IX ZR 143/17, BGHZ 220, 280 Rn. 27 ff. = NJW 2019, 1446.
[169]   BGH Urt. v. 6.12.2018 – IX ZR 143/17, BGHZ 220, 280 Rn. 31 ff. = NJW 2019, 1446; OLG Hamburg Urt. v. 11.3.2020 – 13 U 141/19, WM 2020, 1116 = BeckRS 2020, 4957.
[170]   *Priester* DB 1977. 2429 (2433); *Serick* ZIP 1980, 9 (14 f.).
[171]   *K. Schmidt* ZIP 2015, 901 (910).
[172]   BGH Urt. v. 5.3.2015 – IX ZR 133/14, BGHZ 204, 231 Rn. 32 = NJW 2015, 1672; zust. *Geißler* DZWIR 2015, 345 (347).
[173]   BGH Urt. v. 5.3.2015 – IX ZR 133/14, BGHZ 204, 231 Rn. 35 ff. = NJW 2015, 1672; *Berger* ZIP 2016, 1 (3); *Bitter* ZHR 181 (2017), 428 (459 ff.); *Bitter/Heim* ZIP 2015, 644 (646 f.); *Geißler* DZWIR 2015, 345 (349 f.); *Mock* JZ 2015, 525 (527 f.); abl. *Berger* ZInsO 2015, 1938 (1944 ff.); *Ekkenga* ZIP 2017, 1493 (1499 ff.); *K. Schmidt* ZIP 2015, 901 (909 f.); *Westphal/Kresser* DB 2015, 33 (35 f.).
[174]   BGH Urt. v. 5.3.2015 – IX ZR 133/14, BGHZ 204, 231 Rn. 17 = NJW 2015, 1672; *Bitter/Heim* ZIP 2015, 644 (647); *Geißler* DZWIR 2015, 345 (348); *Grögler/P. Schneider* ZInsO 2015, 1528 (1531); *Westphal/Kresser* DB 2015, 33 (36).
[175]   BGH Urt. v. 5.3.2015 – IX ZR 133/14, BGHZ 204, 231 Rn. 33 f. = NJW 2015, 1672; *Hoos/Köhler* GmbHR 2015, 729 (734); *Mock* JZ 2015, 525 (528).
[176]   BGH Urt. v. 6.12.2018 – IX ZR 143/17, BGHZ 220, 280 Rn. 9 ff. = NJW 2019, 1446; BGH Urt. v. 20.4.2017 – IX ZR 252/16, BGHZ 214, 250 Rn. 9 ff. = NJW 2017, 2199; ohne Rücksicht auf die Kondizierbarkeit der Leistung eine Schenkungsanfechtung bejahend noch BGH Urt. v. 5.3.2015 – IX ZR 133/14, BGHZ 204, 231 Rn. 46 ff. = NJW 2015, 1672; ferner *Bitter/Heim* ZIP 2015, 644 (645 f.); *Geißler* DZWIR 2015, 345 (351); *Hoos/Köhler* GmbHR 2015, 729 (734); *Mock* JZ 2015, 525 (528); Gehrlein/Born/Simon/*Gehrlein* Vor § 64 Rn. 323; Scholz/*Bitter* Vor § 64 Rn. 100 ff.
[177]   Dazu BMF 8.9.2006 – IV B 2 – S 2133–10/06, NZI 2006, 634; BFH Urt. v. 10.11.2005 – IV R 13/04, NZI 2006, 253; einschr. aber BFH Urt. v. 15.4.2015 – I R 44/14, ZIP 2015, 1386 mAnm *Kahlert* ZIP 2015, 1389; Urt. v. 10.8.2016 – I R 25/15, NZI 2017, 634; s. ferner *Braun* DStR 2012, 1360; *Grögler/P. Schneider* ZInsO 2015, 1528 (1532 f.); *Hennrichs* NZG 2016, 1255 (1256 f.); *Hoos/Köhler* GmbHR 2015, 729 (733); *K. Schmidt* BB 2016, 2 (5); *Weitnauer* GWR 2012, 193.
[178]   BFH Urt. v. 19.8.2020 – XI R 32/18, NZI 2021, 53.

C. Insolvenzeröffnungsverfahren

I. Antrag

Gem. § 13 Abs. 1 S. 1 InsO wird das Insolvenzverfahren nur aufgrund eines **Antrags** **48** eingeleitet. Eine Eröffnung des Verfahrens von Amts wegen kommt nicht in Betracht. Für den Antrag ist Schriftform vorgeschrieben, eingeführt durch Art. 1 Nr. 4 Gesetz zur Vereinfachung des Insolvenzverfahrens vom 13.4.2007, BGBl. 2007 I 509. Von der Möglichkeit, nach § 13 Abs. 4 InsO nF einen Formularzwang einzuführen, wurde bislang kein Gebrauch gemacht. Der Antrag muss den Schuldner hinreichend individualisieren und inhaltlich bestimmt sein (§ 253 Abs. 2 ZPO iVm § 4 InsO).[179] Ein gegen eine gelöschte Gesellschaft gerichteter Antrag kann nicht in dem Sinne ausgelegt oder umgedeutet werden, dass er als Eröffnungsantrag gegen deren Rechtsnachfolger zu behandeln ist.[180] Als Prozesshandlung darf der Antrag weder bedingt noch befristet gestellt werden, doch kann das Insolvenzgericht die Bearbeitung auf Wunsch des Antragstellers kurzfristig zurückstellen.[181] Ist ein Insolvenzverfahren bereits eröffnet, sind weitere Eröffnungsanträge gegen denselben Schuldner unzulässig.[182]

Der Antrag ist an das **Insolvenzgericht** zu richten, in dessen Bezirk die Gesellschaft **49** ihren Satzungssitz hat (§ 3 Abs. 1 S. 1 InsO iVm § 17 ZPO). Liegt der Mittelpunkt der wirtschaftlichen Tätigkeit an einem anderen Ort, so bestimmt dieser die örtliche Zuständigkeit (§ 3 Abs. 1 S. 2 InsO). Hat die Gesellschaft ihre wirtschaftliche Tätigkeit bereits eingestellt, kommt es allein auf den satzungsgemäßen Sitz an, auch wenn der Verwaltungssitz an einen anderen Ort verlegt wurde.[183] Die sog. Firmenbestattung wird so erschwert.

Für die (vorrangig zu prüfende) **internationale Zuständigkeit** bestimmt Art. 3 **50** Abs. 1 UAbs. 1 S. 1 EuInsVO, dass für die Eröffnung des Verfahrens die Gerichte des EU-Mitgliedstaats zuständig sind, in dem der Schuldner den Mittelpunkt seiner hauptsächlichen Interessen hat. Das ist der Ort, an dem der Schuldner gewöhnlich der Verwaltung seiner Interessen nachgeht und damit für Dritte feststellbar ist (Art. 3 Abs. 1 UAbs. 1 S. 2 EuInsVO).[184] Die GmbH kann die Durchführung eines Insolvenzverfahrens in Deutschland nicht dadurch verhindern, dass sie zwischen der Antragstellung und der Eröffnung[185] oder in den drei Monaten vor Antragstellung (Art. 3 Abs. 1 UAbs. 2 S. 2 EuInsVO) ihren Verwaltungssitz in einen anderen Mitgliedstaat verlegt.

II. Antragsbefugnis

1. Gläubiger. Antragsberechtigt sind nach § 13 Abs. 1 S. 2 InsO die Gläubiger und **51** der Schuldner. Der Antrag eines Gläubigers ist **zulässig,** wenn er ein rechtliches Interesse an der Eröffnung des Insolvenzverfahrens hat und seine Forderung und den Eröffnungsgrund glaubhaft machen kann (§ 14 Abs. 1 InsO).

---

[179] BGH Urt. v. 12.12.2002 – IX ZB 426/02, BGHZ 153, 205 (207) = NJW 2003, 1187; HK-InsO/ *Sternal* InsO § 13 Rn. 7; MüKoInsO/*Schmahl/Vuia* InsO § 13 Rn. 93; K. Schmidt/*Gundlach* InsO § 13 Rn. 3.

[180] BGH Beschl. v. 25.9.2008 – IX ZB 221/07, WM 2008, 2128 Rn. 7 = BeckRS 2008, 21 916.

[181] BGH Urt. v. 13.4.2006 – IX ZR 158/05, BGHZ 167, 190 Rn. 12 = NJW 2006, 2701; HK-InsO/ *Sternal* InsO § 13 Rn. 4; Jaeger/*Gerhardt* InsO § 13 Rn. 33; MüKoInsO/*Schmahl/Vuia* InsO § 13 Rn. 72.

[182] BGH Beschl. v. 17.2.2005 – IX ZB 176/03, BGHZ 162, 181 (183) = NJW 2005, 1433; Beschl. v. 3.7.2008 – IX ZB 182/07, NJW 2008, 3494 Rn. 8 ff.; Beschl. v. 18.5.2004 – IX ZB 189/03, NZI 2004, 444; HK-InsO/*Sternal* InsO § 13 Rn. 3; MüKoInsO/*Schmahl/Vuia* InsO § 13 Rn. 87; K. Schmidt/ *Gundlach* InsO § 13 Rn. 8.

[183] BayObLG Beschl. v. 25.7.2003 – 1 AR 72/03, GmbHR 2004, 1492 (1493); Beschl. v. 19.9.2003 – 1 AR 102/03, GmbHR 2004, 1493 (1494); OLG Braunschweig Beschl. v. 22.2.2000 – 1 W 4/00, OLGR Braunschweig 2000, 105 (106); OLG Celle Beschl. v. 9.10.2003 – 2 W 108/03, NZG 2004, 427 (428); OLG Schleswig Beschl. v. 4.2.2004 – 2 W 14/04, NZI 2004, 264 (265); HK-InsO/*Sternal* InsO § 3 Rn. 11; Jaeger/*Gerhardt* InsO § 3 Rn. 11; MüKoInsO/*Ganter/Lohmann* InsO § 3 Rn. 8.

[184] S. zur EuInsVO 2000 schon EuGH Urt. v. 2.5.2006 – C-341/04, EuZW 2006, 337 Rn. 32 – Eurofood/ Parmalat.

[185] Vgl. EuGH Urt. v. 17.1.2006 – C-1/04, EuZW 2006, 125 Rn. 22 ff. – Staubitz-Schreiber.

52   Der Gläubiger muss einen persönlichen **Vermögensanspruch** gegen den Schuldner haben (vgl. § 38 InsO), der Anspruch kann bedingt oder betagt sein. Der Anspruch muss grundsätzlich zur Zeit der Entscheidung über den Eröffnungsantrag bestehen. Verliert der Antragsteller nach Antragstellung seine Forderung durch Erfüllung, so führt dies aber nicht zur Unzulässigkeit des Antrags, wenn innerhalb von zwei Jahren vor der aktuellen Antragstellung bereits ein anderer Insolvenzantrag vorlag (§ 14 Abs. 1 S. 2 InsO). Dadurch soll verhindert werden, dass insolvente Schuldner wiederholt die Verfahrenseröffnung durch Zahlungen an den antragstellenden Gläubiger verhindern können.[186] Auf den Rang einer Forderung im Verfahren kommt es nicht an. Forderungen der Gesellschafter auf Rückgewähr von Einlagen begründen aber kein Antragsrecht.[187] Gleiches gilt für Darlehen, die qua Vereinbarung mit Eigenkapital gleichgestellt und im Insolvenzfall nicht als Insolvenzforderung berücksichtigt werden sollen.[188] Inhaber dinglicher Ansprüche, denen ein Recht an einem bestimmten Vermögensgegenstand zusteht, haben als solche keine Antragsbefugnis. Diese kann sich aber aus einer durch das dingliche Recht gesicherten schuldrechtlichen Forderung ergeben.[189]

53   Unzulässig ist der Antrag, wenn der Schuldner die Forderung ernsthaft **bestreitet,** denn es ist nicht Aufgabe des Insolvenzgerichts, den Bestand rechtlich zweifelhafter Ansprüche zu überprüfen.[190] Der Antragsteller ist auf den Prozessweg zu verweisen. Dies gilt auch dann, wenn der Schuldner sich auf Verjährung beruft und die Forderung deshalb womöglich nicht durchsetzbar ist.[191] Umgekehrt obliegt es dem Insolvenzgericht nicht, Einwänden gegen eine bereits titulierte Forderung oder ihre Vollstreckbarkeit nachzugehen, weil der Schuldner diese in dem für den jeweiligen Einwand vorgesehenen Verfahren geltend machen kann.[192] Da es auf den Zeitpunkt der Eröffnungsentscheidung ankommt, darf der Antragsteller die zunächst geltend gemachte Forderung auswechseln.[193]

54   Der **Eröffnungsgrund** muss sich aus § 17 InsO (Zahlungsunfähigkeit) oder § 19 InsO (Überschuldung) ergeben. Drohende Zahlungsunfähigkeit berechtigt nach § 18 InsO nur den Schuldner, nicht aber die Gläubiger zum Antrag. Bei zwischen dem 28.3. und dem 28.6.2020 gestellten Gläubigerinsolvenzanträgen verlangt § 3 COVInsAG mit Rücksicht auf die Folgen der COVID-19-Pandemie, dass der Eröffnungsgrund bereits am 1.3.2020 vorlag. Während der Dauer einer **Stabilisierungsanordnung** setzt das Insolvenzgericht das Verfahren über die Insolvenzeröffnung aus (§ 58 StaRuG), um dem Schuldner die Chance einer Restrukturierung zu geben.

55   Zur **Glaubhaftmachung** der tatsächlichen Voraussetzungen von Forderung und Insolvenzgrund kommen alle präsenten Beweismittel iSv § 294 ZPO unter Einschluss der Versicherung an Eides statt in Betracht. Es bedarf nicht des vollen Beweises, vielmehr genügt die überwiegende Wahrscheinlichkeit.[194] Der Gläubiger muss das Vorliegen eines Eröffnungsgrundes auch dann glaubhaft machen, wenn er nach Ausgleich seiner Forderung im Eröffnungsverfahren seinen Antrag gem. § 14 Abs. 1 S. 2 InsO weiterverfolgen will, weil in einem Zeitraum von zwei Jahren vor der Antragstellung bereits ein Antrag auf Eröffnung eines Insolvenzverfahrens über das Vermögen des Schuldners anhängig war.[195]

---

[186]   BT-Drs. 17/3030, 42.
[187]   BGH Beschl. v. 30.6.2009 – IX ZA 21/09, BeckRS 2009, 20 530 Rn. 2; Scholz/*Bitter* Vor § 64 Rn. 85.
[188]   Scholz/*Bitter* Vor § 64 Rn. 85.
[189]   MüKoInsO/*Schmahl/Vuia* InsO § 13 Rn. 32 f.
[190]   BGH Beschl. v. 13.6.2006 – IX ZB 214/05, NZI 2006, 590 Rn. 13; Beschl. v. 29.6.2006 – IX ZB 245/05, NZI 2006, 588 Rn. 11; Beschl. v. 1.2.2007 – IX ZB 79/06, NZI 2007, 350 Rn. 6; Beschl. v. 29.11.2007 – IX ZB 12/07, NJW 2008, 1380 Rn. 9.
[191]   BGH Beschl. v. 29.3.2007 – IX ZB 141/06, NZI 2007, 408 Rn. 10 f.
[192]   BGH Beschl. v. 13.6.2006 – IX ZB 214/05, NZI 2006, 590 Rn. 13; Beschl. v. 29.6.2006 – IX ZB 245/05, NZI 2006, 588 Rn. 11; Beschl. v. 29.11.2007 – IX ZB 12/07, NJW 2008, 1380 Rn. 9.
[193]   BGH Beschl. v. 5.2.2004 – IX ZB 29/03, NZI 2004, 587 (588).
[194]   BGH Beschl. v. 18.12.2014 – IX ZB 34/14, NJW 2015, 1388 Rn. 10; HK-InsO/*Sternal* InsO § 14 Rn. 15; Jaeger/*Gerhardt* InsO § 14 Rn. 18; MüKoInsO/*Schmahl/Vuia* InsO § 14 Rn. 65; K. Schmidt/*Gundlach* InsO § 14 Rn. 19.
[195]   BGH Beschl. v. 11.4.2013 – IX ZB 256/11, NJW 2013, 2119 Rn. 6 ff.; Beschl. v. 18.12.2014 – IX ZB 34/14, NJW 2015, 1388 Rn. 6 ff.

Das **rechtliche Interesse** an der Eröffnung eines Insolvenzverfahrens kann einem Gläu- **56** biger, der Forderung und Insolvenzgrund glaubhaft macht, in der Regel nicht abgesprochen werden.[196] Es fehlt nicht schon deshalb, weil der Gläubiger zuvor nicht versucht hat, seine Forderung im Wege der Einzelzwangsvollstreckung durchzusetzen[197] oder weil sie nur geringfügig ist.[198] Auch die absehbare Unzulänglichkeit der Masse oder die Vermögenslosigkeit des Schuldners berührt das Rechtsschutzinteresse nicht.[199] Ebenfalls unschädlich ist, dass der antragstellende Gläubiger nur eine nachrangige Forderung hat und deshalb nicht mit einer Befriedigung im Verfahren rechnen kann.[200] Dass die Forderung auf einem noch nicht vollständig erfüllten Vertrag beruht und dem Verwalter daher im eröffneten Verfahren das Wahlrecht nach § 103 InsO zusteht, lässt das Rechtsschutzinteresse nicht entfallen, da der Gläubiger auch im Falle der Ablehnung der Erfüllung als Insolvenzgläubiger am Verfahren beteiligt bleibt (§ 103 Abs. 2 S. 1 InsO).[201] Missbräuchlich und damit unzulässig ist ein Antrag eines Gläubigers jedoch, wenn er ausschließlich verfahrensfremde Zwecke verfolgt, etwa weil er den Schuldner unter Druck setzen möchte, um eine bevorzugte Befriedigung seiner eigenen Forderung zu erreichen,[202] einen Konkurrenten aus dem Wettbewerb entfernen[203] oder sich von einem lästigen Vertrag lösen will,[204] oder lediglich beabsichtigt, die schuldnerischen Vermögensverhältnisse auszuforschen und pfändbare Gegenstände zu ermitteln.[205] Ein Rechtsschutzinteresse fehlt auch dann, wenn der Gläubiger zweifelsfrei vollständig gesichert ist, weil er dann auf die Durchführung eines Insolvenzverfahrens zur Wahrung seiner Interessen nicht angewiesen ist.[206] Strenge Maßstäbe sind schließlich anzulegen, wenn ein Fall des § 14 Abs. 1 S. 2 InsO vorliegt.[207] Das fortdauernde Rechtsschutzinteresse trotz zwischenzeitlicher Begleichung der den Antrag stützenden Forderung kann sich aber insbesondere bei Fiskus und Sozialversicherungsträgern daraus ergeben, dass sie es bei Fortführung der Geschäftstätigkeit des insolventen Schuldners nicht verhindern können, weitere Forderungen gegen diesen zu erwerben;[208] erklären diese den Insolvenzantrag nach Erfüllung der Antragsforderung für erledigt,[209] rechtfertigt dieser Umstand allein nicht den Schluss auf einen unzulässigen Druckantrag, vielmehr müssen weitere besondere Anhaltspunkte hinzukommen.[210] Wird der Gläubigerantrag durch einen vollmachtlosen Vertreter gestellt, so kann der Mangel durch Genehmigung des Berechtigten rückwirkend geheilt werden.[211] Ob es der Zulässigkeit des Antrags entgegen steht, dass die Schuldnergesellschaft

---

[196]   BGH Beschl. v. 19.6.2006 – IX ZB 245/05, ZIP 2006, 1452 Rn. 7; Beschl. v. 29.6.2006 – IX ZB 245/ 05, NZI 2006, 588 Rn. 7; Beschl. v. 7.2.2008 – IX ZB 137/07, DZWIR 2008, 288 Rn. 6; Beschl. v. 24.9.2020 – IX ZB 71/19, NZI 2020, 1043 Rn. 17.

[197]   BGH Beschl. v. 20.3.1986 – III ZR 55/85, NJW-RR 1986, 1188; Braun/*Bußhardt* InsO § 14 Rn. 12; HK-InsO/*Sternal* InsO § 14 Rn. 36; K. Schmidt/*Gundlach* InsO § 14 Rn. 26.

[198]   BGH Beschl. v. 5.2.2004 – IX ZB 29/03, NZI 2004, 587; Braun/*Bußhardt* InsO § 14 Rn. 12; HK-InsO/*Sternal* InsO § 14 Rn. 42; Jaeger/*Gerhardt* InsO § 14 Rn. 9.

[199]   BGH Beschl. v. 23.9.2010 – IX ZB 282/09, NZI 2011, 759 Rn. 11.

[200]   BGH Beschl. v. 23.9.2010 – IX ZB 282/09, NZI 2011, 759 Rn. 11.

[201]   BGH Beschl. v. 29.6.2006 – IX ZB 245/05, NZI 2006, 588 Rn. 9; Braun/*Bußhardt* InsO § 14 Rn. 13; MüKoInsO/*Schmahl/Vuia* InsO § 14 Rn. 24.

[202]   BGH Beschl. v. 24.9.2020 – IX ZB 71/19, NZI 2020, 1043 Rn. 17; HK-InsO/*Sternal* InsO § 14 Rn. 38; Jaeger/*Gerhardt* InsO § 14 Rn. 4; MüKoInsO/*Schmahl/Vuia* InsO § 14 Rn. 30; K. Schmidt/*Gundlach* InsO § 14 Rn. 25.

[203]   BGH Beschl. v. 19.5.2011 – IX ZB 214/10, NZI 2011, 540; HK-InsO/*Sternal* InsO § 14 Rn. 40.

[204]   BGH Beschl. v. 29.6.2006 – IX ZB 245/05, NZI 2006, 588 Rn. 12.

[205]   HK-InsO/*Sternal* InsO § 14 Rn. 40; Jaeger/*Gerhardt* InsO § 14 Rn. 4; MüKoInsO/*Schmahl/Vuia* InsO § 14 Rn. 58.

[206]   BGH Beschl. v. 29.11.2007 – IX ZB 12/07, NJW 2008, 1380 Rn. 12; Beschl. v. 5.5.2011 – IX ZB 250/10, NZI 2011, 632 Rn. 6; HK-InsO/*Sternal* InsO § 14 Rn. 34; MüKoInsO/*Schmahl/Vuia* InsO § 14 Rn. 27; schon die Gläubigerstellung iSd § 13 Abs. 1 S. 2 InsO abl. Jaeger/*Gerhardt* InsO § 14 Rn. 7.

[207]   BT-Drs. 17/3030, 42; BGH Beschl. v. 12.7.2012 – IX ZB 18/12, NZG 2012, 1353 Rn. 7; *Spiekermann* ZIP 2019, 749 (750 f.); aA K. Schmidt/*Gundlach* InsO § 14 Rn. 26.

[208]   BT-Drs. 17/3030, 42; BGH Beschl. v. 18.12.2014 – IX ZB 34/14, NJW 2015, 1388 Rn. 14.

[209]   Zur Zulässigkeit und Kostentragung in diesem Fall s. *Spiekermann* ZIP 2019, 749 (753 ff.).

[210]   BGH Beschl. v. 24.9.2020 – IX ZB 71/19, NZI 2020, 1043 Rn. 18 ff.

[211]   BGH Beschl. v. 27.3.2003 – IX ZB 402/02, NZG 2003, 583 (584).

führungslos (→ Rn. 60 f.) ist (§ 4 InsO iVm § 51 ZPO),²¹² erscheint zweifelhaft, sie sollte vielmehr entsprechend dem Rechtsgedanken der § 10 Abs. 2 S. 2 InsO, § 15 Abs. 1 S. 2 InsO, § 101 Abs. 1 S. 2 Hs. 2 InsO, § 35 Abs. 1 S. 2 insoweit als verfahrensfähig angesehen werden.²¹³

57   **2. Die Gesellschaft als Schuldnerin. a) Antragsbefugnis der organschaftlichen Vertreter.** Den Eigenantrag der Gesellschaft stellen nach § 15 Abs. 1 InsO die **Geschäftsführer** bzw. **Liquidatoren.** Sie handeln hierbei im Namen der GmbH. Jeder Einzelne von ihnen ist hierzu berechtigt ohne Rücksicht auf die sonst geltende gesetzliche oder statutarische Vertretungsregelung.²¹⁴ Die gesellschaftsrechtliche Vertretungsordnung ist allerdings nach § 18 Abs. 3 InsO maßgeblich, wenn der Eröffnungsantrag auf drohende Zahlungsunfähigkeit gestützt wird. In dem Antrag der Gesellschaft müssen die wesentlichen Umstände dargestellt werden, aus denen sich der behauptete Eröffnungsgrund ergibt.²¹⁵ Haben nicht alle Geschäftsführer bzw. Liquidatoren den Insolvenzantrag gestellt, so muss zusätzlich der Eröffnungsgrund nach § 15 Abs. 2 S. 1 InsO glaubhaft gemacht werden. Die übrigen organschaftlichen Vertreter sind nach § 15 Abs. 2 S. 3 InsO **zu hören.** Wenn sie widersprechen, werden sie dadurch nicht zu Kostengläubigern, da sie auf Seiten der Schuldnergesellschaft stehen.²¹⁶ Die Anhörungspflicht entfällt, soweit die Geschäftsführer bzw. Liquidatoren sich im Ausland befinden und ihre Anhörung das Verfahren übermäßig verzögern würde oder wenn ihr Aufenthalt unbekannt ist (§ 10 InsO).

58   Antragsberechtigt ist auch der **faktische Geschäftsführer,** allerdings nur bei fehlerhaftem, nicht bei gänzlich fehlendem Bestellungsakt.²¹⁷ Ehemalige organschaftliche Vertreter können den Insolvenzantrag nicht mehr stellen. Ebenso wenig sind Prokuristen und sonstige Bevollmächtigte der Gesellschaft zur Antragstellung befugt.²¹⁸ Gleiches gilt für den Aufsichtsrat oder Beirat der GmbH und die einzelnen Mitglieder solcher Beratungs- und Kontrollgremien.²¹⁹ Auch die Gesellschafterversammlung ist nicht antragsbefugt. Sie kann allerdings die Geschäftsleiter **anweisen,** ein Insolvenzverfahren einzuleiten.²²⁰ Hierfür genügt die einfache Mehrheit, da die Auflösung nicht Gegenstand des Beschlusses (vgl. § 60 Abs. 1 Nr. 2), sondern lediglich dessen mittelbare Folge (vgl. § 60 Abs. 1 Nr. 4) ist. Ein negativer Weisungsbeschluss, trotz Vorliegens der Voraussetzungen des § 15a InsO, einen Insolvenzantrag pflichtwidrig nicht zu stellen, ist nichtig.²²¹ Vor einem freiwilligen Antrag nach § 18 InsO muss wegen der weitreichenden Wirkungen der Eröffnung des Verfahrens zuvor ein zustimmender Gesellschafterbeschluss eingeholt

²¹² LG Kleve Beschl. v. 21.3.2017 – 4 T 577/16, ZIP 2017, 1955 = BeckRS 2017, 116563; AG Oldenburg Beschl. v. 24.6.2016 – 65 IN 9/16, NZI 2016, 925 mAnm *Laroche* NZI 2016, 926.
²¹³ *Horstkotte* ZInsO 2009, 209 (211 ff.); *Knauth* NZI 2018, 55; *Köhler-Ma/de Bruyn* ZIP 2018, 261; *U. Müller/Rautmann* ZInsO 2017, 2408 (2409 ff.); *Altmeppen* Vor § 64 Rn. 50; Noack/Servatius/Haas/*Haas* Rn. 301; HK-GmbHG/*Kolmann* Vor § 64 Rn. 187.
²¹⁴ BGH Beschl. v. 24.3.2016 – IX ZB 32/15, NZG 2016, 552 Rn. 14.
²¹⁵ BGH Urt. v. 12.12.2002 – IX ZB 426/02, BGHZ 153, 205 (207) = NJW 2003, 1187; AG Köln Beschl. v. 25.3.2008 – 73 IN 227/07, ZIP 2009, 822 (823).
²¹⁶ BGH Beschl. v. 18.5.2017 – IX ZB 79/16, NZG 2017, 909 Rn. 11.
²¹⁷ Jaeger/*Müller* InsO § 15 Rn. 36 ff.; Noack/Servatius/Haas/*Haas* Rn. 313; HCL/*Casper* Anh. § 62 Rn. 79; aA MHdB GesR III/*Oberle* § 65 Rn. 56.
²¹⁸ AG Köln Urt. v. 1.12.2005 – 71 IN 564/05, ZIP 2006, 628 (629); Haas/Kolmann/Kurz in Gottwald/Haas InsR-HdB § 90 Rn. 68; MHdB GesR III/*Oberle* § 65 Rn. 57; HK-InsO/*Sternal* InsO § 15 Rn. 9; Jaeger/*Müller* InsO § 15 Rn. 32; MüKoInsO/*Klöhn* InsO § 15 Rn. 33; Scholz/*Bitter* Vor § 64 Rn. 130; HCL/*Casper* Anh. § 62 Rn. 80.
²¹⁹ Haas/Kolmann/Kurz in Gottwald/Haas InsR-HdB § 90 Rn. 68; MHdB GesR III/*Oberle* § 65 Rn. 57; Jaeger/*Müller* InsO § 15 Rn. 31.
²²⁰ Haas/Kolmann/Kurz in Gottwald/Haas InsR-HdB § 90 Rn. 65; MHdB GesR III/*Oberle* § 65 Rn. 57; HK-InsO/*Laroche* InsO § 18 Rn. 17; Jaeger/*Müller* InsO § 15 Rn. 31; Noack/Servatius/Haas/*Haas* § 60 Rn. 28c; Scholz/*Bitter* Vor § 64 Rn. 137; HCL/*Casper* Anh. § 62 Rn. 80.
²²¹ LG Dortmund Beschl. v. 23.9.1985 – 9 T 560/85, NJW-RR 1986, 258; *Henssler* ZInsO 1999, 121 (125); Haas/Kolmann/Kurz in Gottwald/Haas InsR-HdB § 90 Rn. 77; Hachenburg/*Ulmer* Rn. 7; Scholz/*Bitter* Vor § 64 Rn. 138.

werden.[222] Dieser betrifft zwar grundsätzlich nur das Innenverhältnis,[223] sein Fehlen kann jedoch über die Grundsätze des Missbrauchs der Vertretungsmacht im Einzelfall auch auf die Wirksamkeit des Antrags im Außenverhältnis durchschlagen.[224]

Die **einzelnen Gesellschafter** sind grundsätzlich ebenfalls nicht antragsbefugt. Anders **59** liegt es allerdings in der Vor-GmbH, deren Anteilseigner wegen ihrer zwar nur internen, aber doch unbeschränkten persönlichen Haftung ein Anhörungs- und Antragsrecht nach § 15 InsO neben den Geschäftsführern zuzubilligen ist.[225] Darüber hinaus kann das Insolvenzgericht unmittelbar aus dem Grundrecht auf rechtliches Gehör (Art. 103 Abs. 1 GG) verpflichtet sein, auch den Gesellschaftern einer regulären GmbH Gelegenheit zur Stellungnahme zu geben, soweit dies nicht zu einer unverhältnismäßigen Verzögerung des Eröffnungsverfahrens führen würde.[226]

b) Führungslosigkeit der Gesellschaft. Darüber hinaus ist durch das MoMiG für **60** den Fall der Führungslosigkeit der Gesellschaft den **Gesellschaftern** die Antragsbefugnis gewährt worden (§ 15 Abs. 1 S. 2 InsO). Diese subsidiäre Zuständigkeit setzt den Eintritt von Zahlungsunfähigkeit und Überschuldung voraus, bei drohender Zahlungsunfähigkeit bleibt es bei der Regelung des § 18 Abs. 3 InsO (→ Rn. 57). Führungslosigkeit ist gegeben, wenn die Gesellschaft keine organschaftlichen Vertreter „hat" (§ 10 Abs. 2 S. 2 InsO, § 35 Abs. 1 S. 2). Es genügt nicht, dass dessen Aufenthalt unbekannt ist.[227] Das Verschwinden des Geschäftsleiters kann auch nicht ohne Weiteres als konkludente Amtsniederlegung angesehen werden.[228] Den Vorschlag, die Ersatzzuständigkeit wie bei Aktiengesellschaft und Genossenschaft den Mitgliedern des Aufsichtsrats auch bei der GmbH zuzuweisen, wenn diese über ein entsprechendes Kontrollorgan verfügt,[229] hat der Gesetzgeber nicht aufgegriffen.[230] Ist eine Personengesellschaft oder juristische Person Gesellschafterin, so kann entsprechend § 15 Abs. 1 S. 1 InsO, § 15a Abs. 2 InsO jeder ihrer organschaftlichen Vertreter den Antrag stellen. Wenn über das Vermögen eines Gesellschafters das Insolvenzverfahren eröffnet wurde, ist der Verwalter für ihn antragsbefugt.[231]

Zum Schutz gegen haltlose Anträge müssen die Gesellschafter (bzw. die für sie handelnden Personen, → Rn. 60) das Fehlen von organschaftlichen Vertretern **glaubhaft** machen, **61** etwa durch Vorlage des Rücktrittsschreibens, des Abberufungsbeschlusses, der Todesurkunde, der Gerichts- oder Verwaltungsentscheidung (§ 15 Abs. 2 S. 2 InsO). Eine fortbestehende Eintragung des ausgeschiedenen Geschäftsführers im Handelsregister steht nicht entgegen, da die negative Publizität des § 15 Abs. 1 HGB hier keine Rolle spielt.[232] Wird der Antrag nicht von allen Gesellschaftern gestellt, so ist ferner gem. § 15 Abs. 2 S. 1 InsO

---

[222] OLG München Urt. v. 21.3.2013 – 23 U 3344/12, ZIP 2013, 1121 (1124); LG Frankfurt a. M. Urt. v. 13.8.2013 – 3-09 O 78/13, ZIP 2013, 1720 (1724); *Lang/Mutschalie* NZI 2013, 953 (955); *Leinekugel/ Skauradszun* GmbHR 2011, 1121 (1123 ff.); *Fölsing* ZInsO 2013, 1325 (1328 f.); *Möhlenkamp* BB 2013, 2828 (2830); *H.-F. Müller* DB 2014, 41 (44); *Saenger/Al-Wraikat* NZG 2013, 1201 (1203 f.); *Thole* ZIP 2013, 1937 (1944); *Wertenbruch* DB 2013, 1592 (1593 ff.); Scholz/*Bitter* Vor § 64 Rn. 139; aA *Gessner* NZI 2018, 185; *Hölzle* ZIP 2013, 1846 (1848 ff.).

[223] OLG München Urt. v. 21.3.2013 – 23 U 3344/12, ZIP 2013, 1121 (1124); *Lang/Mutschalie* NZI 2013, 953 (955); *Leinekugel/Skauradszun* GmbHR 2011, 1121 (1126); *Möhlenkamp* BB 2013, 2828 (2830); *Saenger/Al-Wraikat* NZG 2013, 1201 (1203 f.); *Thole* ZIP 2013, 1937 (1944); *Wertenbruch* DB 2013, 1592 (1593).

[224] *Meyer* ZInsO 2013, 2361 (2365); *H.-F. Müller* DB 2014, 41 (44).

[225] *Geißler* DZWIR 2009, 52 (55); *Haas* DStR 1999, 985 (987); Jaeger/*Müller* InsO § 15 Rn. 20; MüKo-InsO/*Klöhn* InsO § 15 Rn. 31; aA *Steenken,* Die Insolvenz der Vor-GmbH, 2002, 96.

[226] *Marotzke* ZInsO 2015, 325 (328 ff.); *H.-F. Müller* DB 2014, 41 (43).

[227] AG Hamburg Beschl. v. 27.11.2008 – 67 c IN 478/08, NJW 2009, 304 unter zutr. Hinweis auf die Entstehungsgeschichte; aA gleichwohl *Mock* EWiR § 15a InsO 1/09, 245; *Passarge* GmbHR 2010, 295.

[228] AG Hamburg Beschl. v. 27.11.2008 – 67 c IN 478/08, NJW 2009, 304; Kölner Komm InsO/*Hess* InsO § 15 Rn. 43; anders *Gehrlein* BB 2008, 846 (848); *N. Schmidt/Gundlach* DStR 2018, 198 (199).

[229] *Gehrlein* BB 2008, 846 (848).

[230] Krit. etwa *Gundlach/Frenzel/Strandmann* NZI 2008, 647; für ein subsidiäres Antragsrecht de lege lata Scholz/*Bitter* Vor § 64 Rn. 134.

[231] Noack/Servatius/Haas/*Haas* § 60 Rn. 28a.

[232] *Horstkotte* ZInsO 2009, 209 (211).

auch der Eröffnungsgrund mit den Mitteln des § 294 ZPO glaubhaft zu machen. Das Insolvenzgericht hat die übrigen Gesellschafter anzuhören (§ 15 Abs. 2 S. 3 InsO). Aus den durch das MoMiG eingeführten Regelungen zur führungslosen GmbH ergibt sich implizit, dass die Gesellschaft auch ohne Geschäftsführer verfahrensfähig ist. Die den Gesellschaftern zugewiesene subsidiäre Antragsbefugnis wäre sinnlos, wenn ihr Antrag nach § 4 InsO iVm § 51 ZPO als unzulässig abgewiesen werden müsste (→ Rn. 56).

III. Rücknahme des Antrags

62   **1. Grundsatz.** Der Antrag kann nach § 13 Abs. 2 InsO zurückgenommen werden, bis das Insolvenzverfahren eröffnet oder der Antrag rechtskräftig abgelehnt worden ist. Einen Antrag, der für eine Gesellschaft gestellt wurde, kann grundsätzlich nur der derjenige zurücknehmen, der ihn **gestellt** hat.[233] Könnten die Geschäftsleiter in vertretungsberechtigter Zahl dies tun,[234] würde die jedem Einzelnen durch § 15 Abs. 1 InsO eingeräumte Antragsbefugnis konterkariert, er müsste unter Umständen nach § 15a InsO sofort wieder einen neuen Insolvenzantrag stellen. Den Interessen der übrigen Antragsberechtigten wird durch das jedem von ihnen im Eröffnungsverfahren zustehende Anhörungsrecht (§ 15 Abs. 2 InsO) und das jedem von ihnen gegen den Eröffnungsbeschluss zustehende Beschwerderecht (§ 34 InsO; → Rn. 90) Genüge getan.

63   **2. Ausnahmen.** Ist jedoch die Person, die den Antrag gestellt hat, inzwischen aus ihrem Amt **ausgeschieden,** so sind der Nachfolger[235] und die übrigen verbliebenen Geschäftsleiter[236] nach Maßgabe der allgemeinen Vertretungsregelung[237] zur Rücknahme befugt. Denn sonst wäre die Gesellschaft insoweit handlungsunfähig, da niemand mehr den Antrag zurücknehmen könnte. Dies wäre eine zu starke Einschränkung des gesetzlichen Dispositionsgrundsatzes. Eine etwaige Insolvenzantragspflicht hat der ausgeschiedene Geschäftsleiter bereits erfüllt, die Fortführung der Gesellschaft liegt nunmehr in der Verantwortung der aktuell vorhandenen Geschäftsleiter. Haben die Gesellschafter im Wege ihrer Ersatzzuständigkeit (→ Rn. 60 f.) einen Insolvenzantrag gestellt, so kann dies nach Beendigung der Führungslosigkeit durch einen neu bestellten organschaftlichen Vertreter in den zeitlichen Grenzen des § 13 Abs. 2 InsO wieder revidiert werden. Rechtsmissbräuchlich und damit unwirksam ist die Rücknahme des Insolvenzeröffnungsantrags durch einen offensichtlich nur zu diesem Zweck neu berufenen Geschäftsführer nach Absetzung des antragstellenden Geschäftsführers, wenn objektiv ein Insolvenzgrund nach § 17 InsO oder § 19

[233] LG Dortmund Beschl. v. 23.9.1985 – 9 T 560/85, NJW-RR 1986, 258; LG Tübingen Beschl. v. 10.8.1960 – 1 T 67/60, KTS 1961, 158 (159); AG Duisburg Beschl. v. 10.11.2001 – 62 IN 47/01, NZI 2002, 209; AG Duisburg Beschl. v. 3.11.1994 – 43 N 231/94, ZIP 1995, 582; AG Magdeburg Beschl. v. 9.3.1998 – 36 N 107/97, ZInsO 1998, 43; Haas/Kolmann/Kurz in Gottwald/Haas InsR-HdB § 90 Rn. 71 f.; MHdB GesR III/Oberle § 65 Rn. 67; FK-InsO/Schmerbach § 15 Rn. 20; Kübler/Prütting/Bork/Pape InsO § 13 Rn. 122 ff.; MüKoInsO/Klöhn InsO § 15 Rn. 83; Lutter/Hommelhoff/Kleindiek Anh. § 64 Rn. 54; Scholz/Bitter Vor § 64 Rn. 142 f.
[234] Delhaes, Der Insolvenzantrag, 1994, 189 ff.; Delhaes in Kölner Schrift zur InsO, 3. Aufl. 2009, 98 Rn. 36 ff.; Fenski BB 1988, 2265 (2267); K. Schmidt ZGR 1998, 633 (655); Uhlenbruck/Hirte InsO § 15 Rn. 6; offengelassen von BGH Beschl. v. 10.7.2008 – IX ZB 122/07, NZG 2008, 709 Rn. 12 = GmbHR 2008, 987 mAnm Blöse.
[235] LG Berlin Beschl. v. 25.2.1974 – 81 T 656/73, KTS 1974, 182 (184); MHdB GesR III/Oberle § 65 Rn. 67; Jaeger/Müller InsO § 15 Rn. 58; Scholz/Bitter Vor § 64 Rn. 143; abl. LG Dortmund Beschl. v. 23.9.1985 – 9 T 560/85, NJW-RR 1986, 258; AG Magdeburg Beschl. v. 9.3.1998 – 36 N 107/97, ZInsO 1998, 43; FK-InsO/Schmerbach InsO § 15 Rn. 21; Kübler/Prütting/Bork/Pape InsO § 13 Rn. 122 ff.
[236] BGH Beschl. v. 10.7.2008 – IX ZB 122/07, NZG 2008, 709 Rn. 12 = GmbHR 2008, 987 mAnm Blöse (für den Fall, dass einer von zwei Geschäftsführern aus dem Amt scheidet); Vuia in Gottwald/Haas InsR-HdB § 10 Rn. 6; HK-InsO/Sternal InsO § 13 Rn. 33; Jaeger/Müller InsO § 15 Rn. 58; MüKoInsO/Klöhn InsO § 15 Rn. 84; Noack/Servatius/Haas/Haas § 60 Rn. 36c; Scholz/Bitter Vor § 64 Rn. 143; abl. Kübler/Prütting/Bork/Pape InsO § 13 Rn. 122 ff.
[237] Vuia in Gottwald/Haas InsR-HdB § 10 Rn. 6; Noack/Servatius/Haas/Haas § 60 Rn. 36c; anders Lutter/Hommelhoff/Kleindiek Anh. § 64 Rn. 54; MüKoInsO/Klöhn InsO § 15 Rn. 84: Nur alle verbleibenden Geschäftsführer gemeinsam.

InsO vorliegt.[238] Ein nach § 18 InsO gestellter freiwilliger Antrag kann – auch gegen den Willen des Antragstellers – von den Geschäftsführern in vertretungsberechtigter Zahl zurückgenommen werden, da hier ein Konflikt mit den Insolvenzantragspflichten gar nicht in Betracht kommt.[239]

IV. Insolvenzantragspflichten

1. Zweck. Die nunmehr in § 15a InsO statuierten Antragspflichten zielen auf eine   **64** **frühzeitige Einleitung des Insolvenzverfahrens** bei Gesellschaften mit beschränktem Haftungsfonds ab. Wenn solche Gebilde ihre Verbindlichkeiten nicht mehr erfüllen können, sollen sie umgehend aus dem Rechts- und Geschäftsverkehr gezogen werden, da die Rechtfertigung für die Haftungsprivilegierung dann entfallen ist. Weitere Verluste würden allein zu Lasten der Gläubiger gehen, die Geschäftsführer dürfen nicht auf ihre Kosten weiter wirtschaften. Die Altgläubiger müssen vor einer weiteren Verringerung der Masse, potentielle Neugläubiger vor einem Vertragsschluss mit dem notleidenden Schuldner geschützt werden.[240] Entsprechende Antragspflichten sind mit allerdings großen Unterschieden im Einzelnen in den meisten Rechtsordnungen der EU verankert.[241]

Die Verletzung der Antragspflicht ist **haftungsbewehrt** (→ Rn. 258 ff.) und wird auch   **65** strafrechtlich sanktioniert (§ 15a Abs. 4, 5 InsO). § 15a InsO ist rechtsformübergreifend ausgestaltet und soll nach dem erklärten Willen des Gesetzgebers auch die Geschäftsleiter von Auslandsgesellschaften mit Inlandssitz mit einbeziehen.[242]

2. Voraussetzungen. Die Pflicht, einen Insolvenzantrag für die GmbH zu stellen, besteht   **66** nach § 15a InsO nur bei **Zahlungsunfähigkeit** (§ 17 InsO) und **Überschuldung** (§ 19 InsO), **drohende** Zahlungsunfähigkeit (§ 18 InsO) genügt nicht.[243] Der Antrag ist auch zu stellen, wenn die Masse voraussichtlich nicht ausreicht, um die Kosten des Insolvenzverfahrens zu decken (§ 26 InsO), denn diese Prüfung obliegt allein dem Insolvenzgericht.[244] Die Antragspflicht setzt die Eintragung der Gesellschaft nicht voraus, greift also schon für die Vor-GmbH ein.[245] Bei Kreditinstituten tritt nach § 46b KWG an die Stelle der Antragspflicht die Pflicht zur Anzeige eines Insolvenzgrundes bei der BaFin, die allein zur Antragstellung berechtigt ist.[246]

---

[238] AG Freiburg Beschl. v. 11.2.2019 – 8 IN 730/18, NZI 2019, 516 m. krit. Anm. *Vuia.*
[239] Scholz/*Bitter* Vor § 64 Rn. 143.
[240] Begr. RegE MoMiG, BT-Drs. 16/6140, 55; BGH Urt. v. 6.6.1994 – II ZR 292/91, BGHZ 126, 181 (190 ff.) = NJW 1994, 2220; Urt. v. 25.7.2005 – II ZR 390/03, BGHZ 164, 50 (60) = NJW 2005, 3137; Urt. v. 21.10.2014 – II ZR 113/13, NZG 2015, 227 Rn. 13; für die Abschaffung *Eidenmüller* ZIP 2010, 649 (653); *Hirte* FS Schäfer, 2008, 605 (616 f.); *Hirte* FS Lüer, 2008, 387 (392 ff.); nicht bezweckt wird, Gläubiger vor der Verjährung ihrer Ansprüche zu bewahren (§ 204 Abs. 1 Nr. 10 BGB), dies können sie durch einen eigenen Antrag oder Klageerhebung selbst erreichen, vgl. OLG Nürnberg Urt. v. 9.2.2009 – 14 U 1226/08, ZIP 2009, 751 (752 f.).
[241] S. dazu vergleichend *McCormack/Keay/Brown/Dahlgreen,* Study on a new approach to business failure and insolvency, 2016, 48 ff., abrufbar unter http://ec.europa.eu/justice/civil/files/insolvency/insolven cy_study_2016_final_en.pdf; für eine europaweite harmonisierte Insolvenzantragspflicht *Stöber* ZHR 176 (2012), 326 (331 ff.).
[242] Begr. zu RegE MoMiG, BT-Drs. 16/6140, 55; ebenso *Buchmann,* Die Insolvenz der englischen Limited in Deutschland, 2007, 280 ff.; *Wilms* KTS 2007, 337 (341 ff.); *Hefendehl* ZIP 2011, 601 (602 f.); *Poertzgen* ZInsO 2007, 574 (575 f.); *Poertzgen* NZI 2007, 15 (17); *Römermann* NZI 2010, 241 (242); *Altmeppen* Vor § 64 Rn. 11 ff.; abl. aufgrund einer gesellschaftsrechtlichen Qualifikation der Antragspflichten und euoparechtlicher Bedenken etwa *Bittmann/Gruber* GmbHR 2008, 867 (868 ff.); *Hirte* FS Lüer, 2008, 387 (388 ff.); *Mayer,* Insolvenzantragspflicht und Scheinauslandsgesellschaften, 2008, 117 ff.; *Stöber* ZHR 17 (2012), 326 (330 f.); MüKoInsO/*Klöhn* InsO § 15a Rn. 56.
[243] BGH Urt. v. 19.11.2019 – II ZR 53/18, NZI 2020, 167 Rn. 27.
[244] *Delhaes* in Kölner Schrift zur InsO, 3. Aufl. 2009, 98 Rn. 7; HK-InsO/*Kleindiek* InsO § 15a Rn. 8; MüKoInsO/*Klöhn* InsO § 15a Rn. 116; Scholz/*K. Schmidt* Rn. 287.
[245] *Geißler* DZWIR 2009, 52 (54 f.); *Haas/Kolmann/Kurz* in Gottwald/Haas InsR-HdB § 90 Rn. 622 f.; Uhlenbruck/*Hirte* InsO § 11 Rn. 41; Hachenburg/*Ulmer* Rn. 4; Rowedder/Schmidt-Leithoff/*Schmidt-Leithoff/Schneider* Vor § 64 Rn. 59; aA *Altmeppen* ZIP 1997, 273; *Poertzgen* ZInsO 2014, 165 (169), *Steenken,* Die Insolvenz der Vor-GmbH, 2002, 73 ff.
[246] Dazu umfassend *Binder,* Bankeninsolvenzen im Spannungsfeld zwischen Bankaufsichts- und Insolvenzrecht, 2005, 155 ff.

67   **3. Verpflichtete. a) Geschäftsführer und Liquidatoren.** Für die Erfüllung der Antragspflicht ist jeder Geschäftsführer als Mitglied des Vertretungsorgans der GmbH bzw. nach deren Auflösung jeder Liquidator verantwortlich. Eine interne Geschäftsverteilung entbindet hiervon nicht,[247] ebenso wenig ist derjenige entlastet, der nur rein formell als Strohmann das Amt eines Organwalters bekleidet.[248]

68   Hinsichtlich des **faktischen Geschäftsführers** ist zu differenzieren: Derjenige, der fehlerhaft zum Geschäftsführer bestellt wurde, ist zur Antragstellung selbst berechtigt (→ Rn. 58 f.) und damit korrespondierend auch verpflichtet.[249] Leitet er die Gesellschaft ohne förmlichen Bestellungsakt tatsächlich wie ein Geschäftsführer, kann er den Antrag selbst nicht stellen, und folgerichtig auch – entgegen der hM[250] – keiner Antragspflicht unterliegen.[251] Er muss entsprechend § 15a Abs. 1 InsO dafür sorgen, dass die hierfür zuständigen Personen das Verfahren einleiten.[252]

69   Ein ausgeschiedener Geschäftsführer kann den Antrag nicht mehr stellen. Durch eine **Amtsniederlegung** nach Eintritt der Insolvenzreife vermag er sich seiner Verantwortung gleichwohl nicht zu entziehen; von ihm ist zu fordern, dass er entweder vorher noch das Verfahren einleitet oder bei seinen Nachfolgern darauf hinwirkt, dass diese den gebotenen Antrag stellen.[253]

70   **b) Gesellschafter bei Führungslosigkeit.** Das **MoMiG** hat den Gesellschaftern der GmbH für den Fall der Führungslosigkeit der Gesellschaft nicht nur ein Antragsrecht eingeräumt (→ Rn. 60), sondern auch eine damit einhergehende Antragspflicht auferlegt (§ 15a Abs. 3 InsO). Damit sollen die Anteilseigner dazu angehalten werden, für die jederzeit ordnungsgemäße Vertretung durch mindestens einen Geschäftsführer zu sorgen.[254] Abzustellen ist auf die materielle Gesellschaftereigenschaft. Die Eintragung in die Gesellschafterliste hat Indizwirkung, kann aber entgegen einer teilweise vertretenen Auffassung[255] nicht allein ausschlaggebend sein, da sonst eine Umgehung der Antragspflicht durch schlichte Nichteintragung drohen würde.[256] Auf den Umfang der Beteiligung kommt es nicht an.[257] Die Antragspflicht besteht für den einzelnen Gesellschafter allerdings nur dann, wenn er von der Zahlungsunfähigkeit bzw. Überschuldung und der Führungslosigkeit **wusste.** Er trägt die volle Beweislast für das Fehlen entsprechender Kenntnis.[258] Schon der Nachweis,

---

[247]   BGH Urt. v. 1.3.1993 – II ZR 81/94, NJW 1994, 2149 (2150); Kübler/Prütting/Bork/*Preuß* InsO § 15a Rn. 22; MüKoInsO/*Klöhn* InsO § 15a Rn. 70.

[248]   *Siegmann/Vogel* ZIP 1994, 1821; Kübler/Prütting/Bork/*Preuß* InsO § 15a Rn. 22; MüKoInsO/*Klöhn* InsO § 15a Rn. 71.

[249]   *Haas* DStR 1998, 1359 (1361); *Haas/Kolmann/Kurz* in Gottwald/Haas InsR-HdB § 90 Rn. 78; Kübler/Prütting/Bork/*Preuß* InsO § 15a Rn. 28.

[250]   BGH Urt. v. 18.12.2014 – 4 StR 323/14, 4 StR 324/14, NZG 2015, 246; Urt. v. 21.3.1988 – II ZR 194/87, BGHZ 104, 44 (46 ff.) = NJW 1988, 1789; Urt. v. 10.5.2000 – 3 StR 101/00, GmbHR 2000, 878 (879 f.); Urt. v. 22.9.1982 – 3 StR 287/82, BGHSt 31, 118 (121 f.) = NJW 1983, 240; Urt. v. 10.6.1958 – 5 StR 190/58, GmbHR 1958, 178; OLG Karlsruhe Beschl. v. 7.3.2006 – 3 Ss 190/05, NJW 2006, 1364; FK-InsO/*Schmerbach* InsO § 15a Rn. 11; HK-InsO *Kleindiek* InsO § 15a Rn. 10; MüKoInsO/*Klöhn* InsO § 15a Rn. 75 ff.; Hachenburg/*Ulmer* Rn. 12; Lutter/Hommelhoff/*Kleindiek* Anh. § 64 Rn. 59; anders *Stein* ZHR 148 (1984), 207 (222 ff.).

[251]   *Haas* DStR 1998, 1359 (1362); Kübler/Prütting/Bork/*Preuß* InsO § 15a Rn. 29; Noack/Servatius/Haas/*Haas* Rn. 311 ff.; Scholz/*Bitter* Rn. 266.

[252]   Kübler/Prütting/Bork/*Preuß* InsO § 15a Rn. 29; Scholz/*Bitter* Rn. 266.

[253]   BGH Urt. v. 14.12.1951 – 2 StR 368/51, BGHSt 2, 53 = NJW 1952, 554 = LM § 84 Nr. 1 mAnm *Geier*; Kübler/Prütting/Bork/*Preuß* InsO § 15a Rn. 25; MüKoInsO/*Klöhn* InsO § 15a Rn. 73 f.; Noack/Servatius/Haas/*Haas* Rn. 221; Hachenburg/*Ulmer* Rn. 9; Rowedder/Schmidt-Leithoff/*Schmidt-Leithoff/Schneider* Vor § 64 Rn. 74; Scholz/*Bitter* Rn. 261.

[254]   Begr. RegE MoMiG, BT-Drs. 16/6140, 55.

[255]   *Römermann* NZI 2010, 241 (243).

[256]   *Brettner*, Die Strafbarkeit wegen Insolvenzverschleppung gemäß § 15a InsO, 2013, 187 f.; *Berger* ZInsO 2009, 1977 (1982).

[257]   *Brettner*, Die Strafbarkeit wegen Insolvenzverschleppung gemäß § 15a InsO, 2013, 188; *Haas/Kolmann/Kurz* in Gottwald/Haas InsR-HdB § 90 Rn. 80; MüKoInsO/*Klöhn* InsO § 15a Rn. 84.

[258]   Begr. RegE MoMiG, BT- Drs. 16/6140, 55; *Poertzgen* ZInsO 2007, 574 (577); Scholz/*Bitter* Rn. 159.

dass er entweder den Insolvenzgrund **oder** die Führungslosigkeit nicht kannte, entlastet ihn.[259]

Weiß der Gesellschafter allerdings um die Insolvenzreife, hat er Anlass nachzuforschen, **71** warum kein Insolvenzantrag gestellt wird, und kann die Nichtbesetzung des Geschäftsführerpostens unschwer erkennen. Umgekehrt ist das Wissen um die Führungslosigkeit der Gesellschaft Grund genug, sich einen Überblick über deren Vermögensverhältnisse zu verschaffen. Einem Gesellschafter mit einer Zwergbeteiligung wird der Entlastungsbeweis typischerweise leichter fallen als dem Mehrheitsgesellschafter mit maßgeblichem Einfluss auf die Geschicke der Korporation. Notwendig ist aber stets positive Kenntnis, bloßes Kennenmüssen genügt nicht. Der positiven Kenntnis steht jedoch das **bewusste Verschließen** vor der Kenntnis gleich.[260]

4. Inhalt. Um der Antragspflicht nach § 15a InsO zu genügen, muss der Normadres- **72** sat nicht nur irgendeinen, sondern einen **zulässigen Insolvenzantrag** stellen.[261] Insbesondere ist der Antrag beim örtlich und international zuständigen Gericht anzubringen. Liegen bei einer GmbH zweifelsfrei die Voraussetzungen für die Anerkennung eines Hauptinsolvenzverfahrens im EU-Ausland vor, wird die Verpflichtung mit dem Antrag bei dem dortigen Insolvenzgericht erfüllt.[262] Der Antrag darf des Weiteren keine falschen oder unvollständigen Angaben enthalten, durch die eine der Sach- und Rechtslage entsprechende gerichtliche Entscheidung verhindert oder erheblich erschwert wird.[263] Wegen Fehlens eines Rechtsschutzinteresses unzulässig ist ein Eröffnungsantrag, der unabhängig von den Vermögensverhältnissen des Schuldners und etwa bestehenden Ansprüchen gegen Gesellschafter, Organmitglieder und Anfechtungsgegner – insbesondere im Rahmen einer sog. „**Firmenbestattung**" – ausschließlich auf eine Abweisung mangels Masse (§ 26 InsO) gerichtet ist. Mit einem solchen missbräuchlichen Vorgehen genügt der Geschäftsführer nicht seinen Pflichten nach § 15a InsO.[264]

5. Frist. § 15a Abs. 1 InsO gibt dem Normadressaten eine knapp bemessene Zeit- **73** spanne, um eine Sanierung außerhalb eines Insolvenzverfahrens zu versuchen.[265] Der Antrag ist unverzüglich, bei **Zahlungsunfähigkeit** spätestens aber innerhalb von **drei Wochen,** im Fall der **Überschuldung** innerhalb von **sechs Wochen** zu stellen. Die verlängerte Höchstfrist bei Anträgen wegen Überschuldung wurde durch das SanInsFoG mit Wirkung zum 1.1.2021 eingeführt, um den Gesellschaften mehr Zeit für Sanierungsbemühungen zu geben.

Für den **Fristbeginn** knüpft das Gesetz an den „Eintritt" der Zahlungsunfähigkeit oder **74** Überschuldung an. Der Wortlaut spricht dafür, auf das objektive Vorliegen der Insolvenzreife abzuheben.[266] Doch dürfte dann oftmals die Antragsfrist bereits abgelaufen sein, bevor die Geschäftsleiter Gelegenheit hatten, Sanierungsmaßnahmen einzuleiten. Zu großzügig erscheint es aber, mit einer verbreiteten Auffassung die Frist erst mit der **positiven Kenntnis** der organschaftlichen Vertreter vom Eröffnungsgrund beginnen zu lassen.[267] Diese Auffassung

259 Begr. RegE MoMiG, BT- Drs. 16/6140, 55; *Poertzgen* ZInsO 2007, 574 (577); Scholz/*Bitter* Rn. 159.
260 Begr. RegE MoMiG, BT-Drs. 16/6140, 56; *Poertzgen* ZInsO 2007, 574 (577); FK-InsO/*Schmerbach* InsO § 15a Rn. 17; HK-InsO/*Kleindiek* InsO § 15a Rn. 21; krit. *Römermann* NZI 2010, 241 (244).
261 *Haas* DStR 2003, 423 (426); MüKoInsO/*Klöhn* InsO § 15a Rn. 132; Uhlenbruck/*Wegener* InsO § 13 Rn. 41; Noack/Servatius/Haas/*Haas* Rn. 227; aA BayObLG Beschl. v. 23.3.2000 – 5 St RR 36/00, NZI 2000, 50 (51).
262 AG Köln Beschl. v. 10.8.2005 – 71 IN 416/05, NZI 2005, 564; AG Hamburg Beschl. v. 9.5.2006 – 67 c IN 122/06, NZI 2006, 486 (487); MüKoInsO/*Klöhn* InsO § 15a Rn. 132; anders *Wagner* ZIP 2006, 1934.
263 *Weiß* ZInsO 2009, 1520; HK-InsO/*Kleindiek* InsO § 15a Rn. 15; MüKoInsO/*Klöhn* InsO § 15a Rn. 133.
264 BGH Beschl. v. 7.5.2020 – IX ZB 84/19, NZI 2020, 679 mAnm *Laroche* = LMK 2020, 430874 *(Thole)*.
265 *Poertzgen* ZInsO 2008, 944 (945) mN zur Entstehungsgeschichte.
266 So MüKoInsO/*Klöhn* InsO § 15a Rn. 119; Scholz/*Bitter* Rn. 281.
267 BGH Urt. v. 9.7.1979 – II ZR 118/77, BGHZ 75, 96 (110 f.) = NJW 1979, 1823; Urt. v. 9.7.1979 – II ZR 211/77, NJW 1979, 1829; Urt. v. 30.7.2003 – 5 StR 221/03, BGHSt 48, 307 (309) = NJW 2003, 3787; Urt. v. 24.1.1961 – 1 StR 132/60, BGHSt 15, 306 (310) = NJW 1961, 740; OLG Frankfurt

ist zwar besonders sanierungsfreundlich, privilegiert aber den Geschäftsleiter zu Unrecht, der über längere Zeit fahrlässig in Unkenntnis der Insolvenzreife blieb, und dem gleichwohl drei bzw. sechs weitere Wochen zur Antragstellung eingeräumt werden. Da die Antragspflicht im öffentlichen Interesse liegt, kann es schwerlich darauf ankommen, wie aufmerksam der Verpflichtete die Vermögensverhältnisse der GmbH beobachtet. Maßgeblich muss vielmehr sein, wann der Insolvenzgrund bei pflichtgemäßer Prüfung objektiv erkennbar war.[268] Einem sorgfältigen Geschäftsführer reicht dies, um Sanierungschancen zu prüfen. Immerhin konzediert auch die Gegenansicht, dass der Fristbeginn von der subjektiven Kenntnis des Geschäftsleiters nicht abhängen kann, wenn dieser sich der Kenntniserlangung wider Treu und Glauben verschließt,[269] sodass die Differenzen trotz des unterschiedlichen Ausgangspunkts im praktischen Ergebnis nicht sehr groß sind. Für die subsidiäre Antragspflicht der **Gesellschafter** (§ 15a Abs. 3 InsO) besteht die Besonderheit, dass für sie die Antragsfrist erst mit Kenntnis von Eröffnungsgrund und Führungslosigkeit zu laufen beginnt.

75   Der Antrag ist gem. § 15a Abs. 1 S. 2 InsO spätestens drei Wochen nach Eintritt der Zahlungsunfähigkeit und sechs Wochen nach Eintritt der Überschuldung zu stellen. Damit werden den Antragspflichtigen feste **Höchstfristen** vorgegeben. Sie können die zur Verfügung stehende Zeitspanne nutzen, um eine außergerichtliche Sanierung zu erreichen oder gegebenenfalls eine Reorganisation im präventiven Restrukturierungsrahmen oder auf der Grundlage eines Eigenverwaltungsverfahrens ordentlich und gewissenhaft vorzubereiten.[270] Der Antrag muss aber ohne schuldhaftes Zögern gestellt werden, wenn nicht damit gerechnet werden kann, dass dies innerhalb der drei bzw. sechs Wochen gelingt.[271] Selbst wenn noch erfolgversprechende Vergleichsverhandlungen laufen, rechtfertigt dies keinesfalls ein Überschreiten der vom Gesetzgeber gesetzten Höchstfristen.[272]

76   **6. Erlöschen.** Mit der Antragstellung durch einen der Verpflichteten erlischt die Antragspflicht auch für die Übrigen.[273] Allerdings sind diese verpflichtet, im Rahmen der Anhörung nach § 15 Abs. 2 S. 3 InsO zutreffende Angaben zu machen.[274] Die Antragspflicht lebt für alle wieder auf, wenn der Antrag zurückgenommen wird. Durch einen **Gläubigerantrag** erledigt sich hingegen die Antragspflicht erst dann, wenn das Verfahren tatsächlich eröffnet wird.[275] Auch die Ablehnung eines Insolvenzantrags mangels Masse (§ 26

Urt. v. 18.8.2004 – 23 U 170/03, NZG 2004, 1157 (1159); OLG Koblenz Urt. v. 5.11.2004 – 5 U 875/04, ZIP 2005, 211 (213); *Thümmel* BB 2002, 1105 (1106); *Schulze-Osterloh* FS Lutter, 2000, 707 (718); *Altmeppen* Vor § 64 Rn. 69; Hachenburg/*Ulmer* Rn. 25; *Wicke* Rn. 8.

[268] BGH Urt. v. 17.7.2008 – IX ZB 225/07, ZIP 2008, 1793 Rn. 10; Urt. v. 5.2.2007 – II ZR 234/05, BGHZ 171, 46 Rn. 8 = NZG 2007, 347; Urt. v. 29.11.1999 – II ZR 273/98, BGHZ 143, 184 (185) = NJW 2000, 668; *Bayer/J. Schmidt* AG 2005, 644 (648 ff.); *Poertzgen* ZInsO 2008, 944 (947 f.); *Poertzgen*, Organhaftung wegen Insolvenzverschleppung, 2006, 166 f.; HK-InsO/*Kleindiek* InsO § 15a Rn. 13; Kübler/Prütting/Bork/*Preuß* InsO § 15a Rn. 55; *Altmeppen* Vor § 64 Rn. 94; Lutter/Hommelhoff/ *Kleindiek* Anh. § 64 Rn. 62.

[269] OLG Frankfurt Urt. v. 18.8.2004 – 23 U 170/03, NZG 2004, 1157 (1159); OLG Koblenz Urt. v. 5.11.2004 – 5 U 875/04, ZIP 2005, 211 (212 f.); *Thümmel* BB 2002, 1105 (1106); *Schulze-Osterloh* FS Lutter, 2000, 707 (718); Hachenburg/*Ulmer* Rn. 25.

[270] Begr. RegE SanInsFoG, BT-Drs. 19/24181, 193.

[271] Begr. RegE SanInsFoG, BT-Drs. 19/24181, 193; BGH Urt. v. 9.7.1979 – II ZR 118/77, BGHZ 75, 96 (111 f.) = NJW 1979, 1823; Urt. v. 30.7.2003 – 5 StR 221/03, BGHSt 48, 307 (309) = NJW 2003, 3787; MüKoInsO/*Klöhn* InsO § 15a Rn. 122 ff.; Lutter/Hommelhoff/*Kleindiek* Anh. § 64 Rn. 67; Rowedder/Schmidt-Leithoff/*Schmidt-Leithoff/Schneider* Vor § 64 Rn. 68; Scholz/*Bitter* Rn. 286; HCL/ *Casper* Anh. § 62 Rn. 84.

[272] BGH Urt. v. 12.2.2007 – II ZR 308/05, NJW-RR 2007, 690 Rn. 17; für eine maßvolle Verlängerung bei besonderen Umständen des Einzelfalls aber OLG Hamburg Urt. v. 25.6.2010 – 11 U 133/06, NZG 2010, 1225.

[273] *Delhaes* in Kölner Schrift zur InsO, 3. Aufl. 2009, 98 Rn. 7; Kübler/Prütting/Bork/*Preuß* InsO § 15a Rn. 23; MüKoInsO/*Klöhn* InsO § 15a Rn. 136; Noack/Servatius/Haas/*Haas* Rn. 220, 230; Hachenburg/*Ulmer* Rn. 28; Rowedder/Schmidt-Leithoff/*Schmidt-Leithoff/Schneider* Vor § 64 Rn. 72; Scholz/ *Bitter* Rn. 289.

[274] MüKoInsO/*Klöhn* InsO § 15a Rn. 136; HCL/*Casper* Anh. § 62 Rn. 85.

[275] BGH Urt. v. 5.7.1956 – 3 StR 140/56, BB 1957, 273; Urt. v. 6.10.1987 – 1 StR 475/87, wistra 1988, 69; Urt. v. 28.10.2008 – 5 StR 166/08, NJW 2009, 157 Rn. 22 ff.; OLG Dresden Beschl. v. 16.4.1998

InsO) lässt die Antragspflicht entfallen. Sie wird aber wieder virulent, wenn nachträglich wesentliche Vermögenswerte entdeckt werden.[276] Die Antragspflicht erlischt, wenn der Insolvenzgrund nachhaltig beseitigt ist,[277] insbesondere durch Sanierungsmaßnahmen. Weder Überschuldung noch Zahlungsunfähigkeit dürfen aber bestehen bleiben.

Unbeachtlich ist eine **Weisung** der Gesellschafter, den gebotenen Antrag nicht zu **77** stellen. Selbst das Einvernehmen mit sämtlichen vorhandenen Gläubigern ändert an der Antragspflicht nichts, da § 15a InsO öffentlichen Interessen dient und auch den Zweck hat, zu verhindern, dass neue Gläubiger Forderungen gegen die bereits insolvenzreife Gesellschaft begründen.[278]

7. Strafbarkeit. Die Verletzung der Insolvenzantragspflicht wird in § 15a Abs. 4, 5 **78** InsO **strafrechtlich sanktioniert** (auch → § 84 Rn. 119 ff.). Die Insolvenzverschleppung ist ein echtes Sonderdelikt. **Täter** können nur die in § 15a Abs. 1–3 InsO genannten Personen sein, also in Bezug auf die GmbH Geschäftsführer bzw. Liquidatoren sowie im Fall der Führungslosigkeit die Gesellschafter; andere können sich nur als Anstifter (§ 26 StGB) oder Gehilfen (§ 27 StGB) strafbar machen. Problematisch ist im Hinblick auf das strafrechtliche Analogieverbot die Einbeziehung der nicht aufgrund eines formalen Bestellungsakts agierenden faktischen Geschäftsleiter in den Kreis der tauglichen Täter,[279] denn diese sind gerade nicht Mitglied des Vertretungsorgans iSv § 15a Abs. 1 InsO (→ Rn. 68).[280]

Den **objektiven Tatbestand** von § 15a Abs. 4, 5 InsO verwirklicht nicht nur, wer **79** den Gang zum Insolvenzrichter gar nicht antritt, sondern auch derjenige, der den Antrag verspätet oder unrichtig stellt; Letzteres setzt eine gewisse Erheblichkeit voraus.[281] Für die Tatbestandsmerkmale der Zahlungsunfähigkeit und der Überschuldung sind die Legaldefinitionen der §§ 17, 19 InsO maßgeblich.[282]

Abs. 4 erfasst die **vorsätzliche** Tatbegehung. Der Vorsatz muss sich auf sämtliche **80** objektive Tatbestandsmerkmale beziehen. Dolus eventualis genügt. Vor allem muss der Geschäftsleiter zumindest ernsthaft mit der Möglichkeit rechnen, dass Zahlungsunfähigkeit oder Überschuldung eingetreten ist.[283]

– 1 Ws 100/97, NZI 1999, 117; *Brettner,* Die Strafbarkeit wegen Insolvenzverschleppung gemäß § 15a InsO, 2013, 157 ff.; *Götker,* Der Geschäftsführer in der Insolvenz der GmbH, 1999, Rn. 656; *Grube/ Maurer* GmbHR 2003, 1461 (1462 ff.); HK-InsO/*Kleindiek* InsO § 15a Rn. 8; Kübler/Prütting/Bork/ *Preuß* InsO § 15a Rn. 24; MüKoInsO/*Klöhn* InsO § 15 Rn. 135, 137; Hachenburg/*Ulmer* Rn. 30; Rowedder/Schmidt-Leithoff/*Schmidt-Leithoff/Schneider* Vor § 64 Rn. 73; Scholz/*Bitter* Rn. 297 ff.; anders Noack/Servatius/Haas/*Haas* Rn. 220, 230.

276 *Stobbe,* Die Durchsetzung gesellschaftsrechtlicher Ansprüche der GmbH in Insolvenz und masseloser Liquidation, 2000, Rn. 293; *Grube/Maurer* GmbHR 2003, 1461 (1465 f.); Noack/Servatius/Haas/*Haas* Rn. 219; eine Ausnahme für § 84 Abs. 1 Nr. 2 aF (heute § 15a Abs. 4 InsO) macht BGH Urt. v. 28.10.2008 – 5 StR 166/08, NJW 2009, 157 Rn. 29 ff. = GmbHR 2009, 205 mAnm *Schröder.*

277 BGH Urt. v. 12.3.2007 – II ZR 315/05, NJW 2007, 3130 Rn. 15; Urt. v. 19.11.2019 – II ZR 53/18, NZI 2020, 167 Rn. 24; Urt. v. 24.1.1961 – 1 StR 132/60, BGHSt 15, 306 (310) = NJW 1961, 740; Kübler/Prütting/Bork/*Preuß* InsO § 15a Rn. 62; Noack/Servatius/Haas/*Haas* Rn. 230; krit. gegenüber dem Merkmal der Nachhaltigkeit MüKoInsO/*Klöhn* InsO § 15a Rn. 135.

278 OLG München Urt. v. 22.6.2017 – 23 U 3769/16, NZI 2017, 723 (727); *Götker,* Der Geschäftsführer in der Insolvenz der GmbH, 1999, Rn. 657; Noack/Servatius/Haas/*Haas* Rn. 224; Hachenburg/*Ulmer* Rn. 32; Rowedder/Schmidt-Leithoff/*Schmidt-Leithoff/Schneider* Vor § 64 Rn. 53.

279 S. BGH Urt. v. 18.12.2014 – 4 StR 323/14, 4 StR 324/14, NJW 2015, 712; Beschl. v. 21.4.2021 – 6 StR 67/21, BeckRS 2021, 10614; Urt. v. 10.5.2000 – 3 StR 101/00, GmbHR 2000, 878 (879 f.); Urt. v. 22.9.1982 – 3 StR 287/82, BGHSt 31, 118 (121 f.) = NJW 1983, 240; OLG Karlsruhe Beschl. v. 7.3.2006 – 3 Ss 190/05, NJW 2006, 1364.

280 *Brettner,* Die Strafbarkeit wegen Insolvenzverschleppung gemäß § 15a InsO, 2013, 84 ff.; HK-InsO/ *Kleindiek* InsO § 15a Rn. 42; HCL/*Ransiek* Vor § 82 Rn. 60 ff.

281 *Rönnau/Wegner* ZInsO 2014, 1025; *Altmeppen* Vor § 64 Rn. 101; Kübler/Prütting/Bork/*Preuß* InsO § 15a Rn. 77; HK-InsO/*Kleindiek* InsO § 15a Rn. 45.

282 BGH Beschl. v. 23.5.2007 – 1 StR 88/07, NStZ 2007, 643; HK-InsO/*Kleindiek* InsO § 15a Rn. 48; einschr. im Hinblick auf die Überschuldung *Altmeppen* Vor § 64 Rn. 90.

283 *Brettner,* Die Strafbarkeit wegen Insolvenzverschleppung gemäß § 15a InsO, 2013, 162 ff.; aA – positive Kenntnis erforderlich – BGH Beschl. v. 30.7.2003 – 5 StR 221/03, BGHSt 48, 307 (309) = NJW 2003, 3787.

81   Nach **Abs. 5** ist auch die fahrlässige Tatbegehung strafbewehrt. Der Geschäftsführer handelt insbesondere dann fahrlässig, wenn er die finanzielle Lage der Gesellschaft nicht sorgfältig genug beobachtet und so den Eröffnungsgrund pflichtwidrig nicht erkennt.

82   Die subsidiär antragsverpflichteten **Gesellschafter** müssen gem. § 15a Abs. 3 Hs. 2 InsO positive Kenntnis sowohl vom Eröffnungsgrund als auch von der Führungslosigkeit der Gesellschaft haben. Dies wird sowohl für die Strafbarkeit nach Abs. 4 als auch nach Abs. 5 vorausgesetzt.[284] Die zivilrechtliche Umkehr der Beweislast gilt hier nicht.[285]

83   **8. Vorübergehende Aussetzung wegen der Corona-Pandemie.** Der Gesetzgeber hat im Rahmen eines umfassenden Maßnahmenpakets mit dem Gesetz zur vorübergehenden Aussetzung der Insolvenzantragspflicht und zur Begrenzung der Organhaftung bei einer durch die COVID-19-Pandemie bedingten Insolvenz (COVID-19-Insolvenzaussetzungsgesetz – COVInsAG) vom 27.3.2020 (BGBl. 2020 I 569) rasch und sachgerecht[286] auf die Corona-Krise reagiert. Zentrale Bedeutung hat die **Lockerung der Insolvenzantragspflicht** durch § 1 **COVInsAG.** Sie soll dem Schuldner Gelegenheit geben, den Insolvenzgrund insbesondere durch Inanspruchnahme staatlicher Hilfen und/oder im Zuge von Sanierungs- oder Finanzierungsvereinbarungen zu beseitigen. § 1 Abs. 1 COVInsAG enthält die ursprüngliche weitreichende Privilegierung, die bis zum 30.9.2020 befristet ist. Die auf den Eröffnungsgrund der Überschuldung beschränkte Regelung des § 1 Abs. 2 COVInsAG betrifft den Folgezeitraum bis Ende 2020. Der mit Wirkung zum 1.1.2021 angefügte § 1 Abs. 3 COVInsAG regelt die Folgen verzögerter Auszahlung von Corona-Hilfen auf die Insolvenzantragstellung.

84   Nach § 1 COVInsAG ist vom 1.3.2020 (rückwirkend) bis zum 30.9.2020 die Insolvenzantragspflicht grundsätzlich **ausgesetzt. Ausgenommen** von der Aussetzung sind gem. § 1 Abs. 1 S. 2 COVInsAG die Fälle, in denen die Insolvenzreife gar nicht auf der Pandemie beruht oder keine Aussichten bestehen, eine bestehende Zahlungsunfähigkeit zu beseitigen. Für die **Kausalität** reicht es, dass die Pandemie mitursächlich für die Insolvenz ist.[287] Hypothetische Reserveursachen werden nicht berücksichtigt.[288] **Aussichten** zur Beseitigung der Zahlungsunfähigkeit bestehen, wenn es konkrete Anhaltspunkte dafür gibt, dass der Schuldner in nächster Zeit die Zahlung staatlicher Fördergelder oder die Zuführung anderer Mittel erhalten wird oder wenn absehbar ist, dass die für eine Betriebsstillegung oder -einschränkung ursächlichen staatlichen Maßnahmen demnächst aufgehoben werden oder der Betrieb seine Produktion erfolgreich umstellen kann.[289] Irrelevant sind die Aussichten für die Beseitigung einer etwaigen Überschuldung. Es genügt, wenn begründete Hoffnung besteht, dass die Schuldnerin wenigstens ihre fälligen Zahlungspflichten erfüllen kann (vgl. § 17 Abs. 2 S. 1 InsO; näher → Rn. 13 ff.). Die Liquiditätslücke muss bis zum Ende des Aussetzungszeitraums des Abs. 1 am 30.9.2020 geschlossen werden können.[290] Die Anforderungen an die Wahrscheinlichkeit der Vorhersage sind deutlich geringer als die für eine positive Fortführungsprognose nach § 19 InsO.[291] Zerschlagen sich zwischenzeitlich die Aussichten auf Wiederherstellung der Zahlungsfähigkeit, so ist unverzüglich Insolvenzantrag zu stellen.[292] Die Geschäftsleiter müssen auch während des Aussetzungszeitraums die Entwicklung genau beobachten, um unverzüglich reagieren zu können.

---

[284] *Bittmann* NStZ 2009, 113 (115).
[285] *Brettner,* Die Strafbarkeit wegen Insolvenzverschleppung gemäß § 15a InsO, 2013, 218 ff.; *Bittmann* NStZ 2009, 113 (115); *Hefendehl* ZIP 2011, 601 (606 f.).
[286] S. *Bitter* ZIP 2020, 685 (697 f.); *Madaus* ZInsO 2020, 1693 (1694); *Paulus/Undritz/Schulte-Kaubrügger* ZIP 2020, 699 (701); *Schluck-Amend* NZI 2020, 289 (293); *Thole* ZIP 2020, 650 (660). Kritisch allerdings *Pape* NZI 2020, 393; *von Riegen* ZInsO 2020, 1688 (1693); *Theiselmann/Verhoeve* ZIP 2020, 797 (801).
[287] *Fritz* ZRI 2020, 217 (220); *Gerdes/Schade/Demisch* ZInsO 2020, 1422 (1425); *Schluck-Amend* NZI 2020, 289 (290); *Schülke* DStR 2020, 989 (931 f.); *Thole* ZIP 2020, 650 (652); *Scholz/Bitter* Rn. 495.
[288] *Ganter* NZI 2020, 1017 (1019); *Klinck* ZRI 2021, 2 (3); *Scholz/Bitter* Rn. 496.
[289] *Ganter* NZI 2020, 1017 (1019); *Scholz/Bitter* Rn. 499.
[290] *Bitter* ZIP 2020, 686 (690); *Gerdes/Schade/Demisch* ZInsO 2020, 1422 (1426); *Thole* ZIP 2020, 650 (653).
[291] *Römermann* NJW 2020, 1108 (1109); *Scholz/Bitter* Rn. 498.
[292] *Bitter* ZIP 2020, 686 (689); *Gerdes/Schade/Demisch* ZInsO 2020, 1422 (1426); *Heinrich* NZI 2021, 71 (72); *Hölzle/Schulenberg* ZIP 2020, 633 (638); *Thole* ZIP 2020, 650 (653), zweifelnd *Ganter* NZI 2020, 1017 (1018).

Die **Darlegungs- und Beweislast** für das Vorliegen zumindest einer der beiden Aus- **85** nahmefälle trägt nach der Formulierung in § 1 Abs. 1 S. 2 COVInsAG („Das gilt nicht …“) derjenige, der sich auf eine Verletzung der Insolvenzantragspflicht und der damit korrespondierenden Massesicherungspflicht (→ Rn. 88) beruft.[293] Dieser Nachweis wird durch **§ 1 Abs. 1 S. 3 COVInsAG** zusätzlich erschwert. Danach wird sowohl die Ursächlichkeit der Pandemie für die Insolvenzreife als auch die Aussicht zur Beseitigung der Illiquidität vermutet, wenn der Schuldner **am 31.12.2019 nicht zahlungsunfähig** war. Bloße Zahlungsschwierigkeiten, die noch keine Antragspflicht begründet haben, genügen nicht.[294] Umstritten ist, ob auch die Geschäftsleiter von Gesellschaften privilegiert werden, die bereits zum 31.12.2019 überschuldet waren.[295] Das ist wohl zu verneinen, da bei einem schon vor 2020 bestehenden Insolvenzgrund die Pandemie nicht ursächlich gewesen sein kann.[296] Dies gilt in der Regel auch für eine im Januar oder Februar 2020 eingetretene Insolvenz, da sich die Krise in dieser frühen Phase in Deutschland und Europa noch nicht auf das Wirtschaftsgeschehen ausgewirkt hatte.[297] Für die Feststellung der Überschuldung bleibt es bei den allgemeinen Regeln der Darlegungs- und Beweislast (→ Rn. 31). Insbesondere ist es Sache des in Anspruch genommenen Geschäftsleiters, im Falle einer rechnerischen Überschuldung die Voraussetzungen für eine positive Fortbestehensprognose darzutun.[298] Denn die beweisrechtliche Privilegierung des § 1 Abs. 1 S. 3 Alt. 1 COVInsAG betrifft gerade nicht das Bestehen einer Insolvenzreife, sondern deren Ursachen.

Durch **§ 1 Abs. 2 COVInsAG** ist die Aussetzung der Insolvenzantragspflicht für den **86** Eröffnungsgrund der **Überschuldung** bis zum 31.12.2020 verlängert worden. Das gilt allerdings nur unter den Voraussetzungen des Abs. 1, dh die Überschuldung muss auf die Pandemie zurückzuführen sein, wovon aber im Zweifel auszugehen ist.[299] An die Widerlegung dieser Vermutung sind besonders strenge Anforderungen zu stellen, wenn das Unternehmen nachweist, dass es zum 31.12.2019 nicht zahlungsunfähig war. Regelmäßig ist also die Insolvenzantragspflicht für zwar überschuldete, aber noch zahlungsfähige Unternehmen für das letzte Quartal 2020 weiterhin ausgesetzt. Bei Zahlungsunfähigkeit greift aber für diesen Zeitraum wieder die Insolvenzantragspflicht des § 15a InsO. Die Geschäftsleiter müssen also unverzüglich, spätestens aber innerhalb von drei Wochen den Gang zum Insolvenzgericht antreten. Lag bereits vor dem 30.9.2020 Zahlungsunfähigkeit vor, so beginnt die Dreiwochenfrist mit dem Ende des Aussetzungszeitraums.[300]

Seit dem 1.1.2021 besteht sowohl für zahlungsunfähige als auch für überschuldete **87** Unternehmen mit beschränktem Haftungsfonds grundsätzlich wieder die Pflicht zur Insolvenzantragstellung. § 1 Abs. 3 COVInsAG trägt aber dem Umstand Rechnung, dass zahlreiche von der Pandemie betroffene Unternehmen Anspruch auf **finanzielle Unterstützung aus den staatlichen Corona-Hilfsprogrammen** haben, die Prüfung und Auszahlung sich aber verzögert. Voraussetzung für die bis zum 30.4.2021 befristete Aussetzung ist, dass die Hilfe zwischen dem 1.11.2020 und dem 28.2.2021 beantragt wird, die Erlangung der Hilfeleistung aussichtsreich und diese zur Beseitigung der Insolvenzreife geeignet ist. Auf die tatsächliche Antragstellung kommt es ausnahmsweise nicht an, wenn eine Beantragung der Hilfen aus rechtlichen oder tatsächlichen Gründen bis zum 28.2.2021 nicht möglich ist. In diesen Fällen wird auf die Antragsberechtigung abgestellt. Zu prüfen sind Anspruchsgrund und Anspruchsumfang im konkreten Einzelfall. Allerdings ist ange-

---

[293] *Bitter* ZIP 2020, 686 (687); *Ganter* NZI 2020, 1017 (1019); *Hölzle/Schulenberg* ZIP 2020, 633 (636); *Thole* ZIP 2020, 650 (651); *Sämisch/Deichgräber/Quitzau* ZInsO 2020, 1234 (1235); Scholz/*Bitter* Rn. 490.

[294] Ganter NZI 2020, 1017 (1019).

[295] Verneinend *Römermann* NJW 2020, 1108 (1109); BeckOK InsO/*Wolfer*, 23. Ed. 15.4.2021, COVInsAG § 1 Rn. 10.

[296] *Bitter* ZIP 2020, 686 (688 f.); *Ganter* NZI 2020, 1017 (1020); *Sämisch/Deichgräber/Quitzau* ZInsO 2020, 1234 (1237 f.); *Thole* ZIP 2020, 650 (653 f.).

[297] Ausnahmen sind bei Unternehmen mit engen Geschäftskontakten in frühzeitig betroffenen Regionen Asiens denkbar, s. *Bitter* ZIP 2020, 686 (689).

[298] Scholz/*Bitter* Rn. 495; aA *Fritz* ZRI 2020, 217 (222); *Thole* ZIP 2020, 650 (654).

[299] *Fritz/Wieduwilt* ZRI 2020, 529.

[300] *Ganter* NZI 2020, 1017 (1019).

sichts der oft unklaren Förderbedingungen im Zweifel ein großzügiger Maßstab angezeigt. Nur wenn offensichtlich kein Anspruch auf Leistungen besteht oder evident ist, dass die Hilfeleistung auch im Zusammenhang mit anderen Mitteln nicht zur Sanierung reicht, scheidet die Aussetzung aus.[301] Zusätzlich gelten die Anforderungen des Abs. 1, dh die Insolvenzreife des Unternehmens muss pandemiebedingt sein und es muss Aussichten zur Beseitigung einer bestehenden Zahlungsunfähigkeit bis zum Ende des Aussetzungszeitraums (hier: 30.4.2021) geben. Lag am 31.12.2019 keine Zahlungsunfähigkeit vor, gelten zugunsten des Schuldners wiederum entsprechende Vermutungen. Fehlt eine realistische Perspektive für eine Wiederherstellung der Zahlungsfähigkeit, dann wird auch die beantragte Hilfeleistung in der Regel schon nicht zur Bereinigung der Insolvenz geeignet sein. Stellt sich heraus, dass kein Anspruch auf staatliche Unterstützung gegeben ist bzw. dieser nicht für eine Sanierung ausreicht, müssen die Geschäftsleiter nach Maßgabe von § 15a InsO unverzüglich Insolvenzantrag stellen. Eine gewisse Erleichterung liegt darin, dass nach **§ 4 COVInsAG** zeitlich befristet auf das Kalenderjahr 2021 abweichend von § 19 Abs. 2 S. 1 InsO anstelle des Zeitraums von zwölf Monaten ein Prognosezeitraum von vier Monaten zugrunde zu legen ist, wenn die Überschuldung des Schuldners auf den Folgen der COVID-19-Pandemie beruht (→ Rn. 32).

88   Während des Aussetzungszeitraums ruht die Verpflichtung des Schuldners, einen Insolvenzantrag zu stellen. Damit entfällt auch eine zivilrechtliche Haftung von Organmitgliedern oder Gesellschaftern gem. § 823 Abs. 2 BGB iVm § 15a Abs. 1–3 InsO und eine Strafbarkeit nach § 15a Abs. 4, 5 InsO.[302] Die Masseerhaltungspflicht des § 15b Abs. 1 S. 1 InsO (früher § 64 S. 1) ist zwar nicht gänzlich suspendiert. Doch gelten nach **§ 2 Abs. 1 Nr. 1 COV-InsAG** Zahlungen, die im ordnungsgemäßen Geschäftsgang erfolgen, insbesondere solche Zahlungen, die der Aufrechterhaltung oder Wiederaufnahme des Geschäftsbetriebes oder der Umsetzung eines Sanierungskonzepts dienen, als mit der Sorgfalt eines ordentlichen und gewissenhaften Geschäftsleiters vereinbar, und sind daher nach § 15b Abs. 1 S. 2 InsO (früher § 64 S. 2) privilegiert. In § 2 COVInsAG nicht erwähnte Haftungstatbestände können aber im Einzelfall durchaus in Betracht kommen, etwa die steuerliche Haftung nach §§ 34, 69 AO sowie Ansprüche wegen Betrugs gem. § 823 Abs. 2 BGB iVm § 263 StGB oder Nichtabführung von Sozialversicherungsbeiträgen gem. § 823 Abs. 2 BGB iVm § 266a StGB (→ Rn. 288 ff.).

89   Das **Recht** des Schuldners, einen Insolvenzantrag zu stellen, bleibt unberührt.[303] Für die Vertretungsbefugnis bei einem solchen freiwilligen Antrag gilt § 18 Abs. 3 InsO entsprechend,[304] dh abweichend von § 15 InsO ist die gesellschaftsrechtliche Vertretungsregelung maßgeblich (→ Rn. 57). Vor dem Gang zum Insolvenzgericht müssen die Geschäftsführer einen zustimmenden Gesellschafterbeschluss einholen. Auch die Rücknahme eines nach dem 3.3.2020 gestellten Antrags ist möglich, und zwar auch gegen den Willen des Antragstellers, wenn die Geschäftsführer in vertretungsberechtigter Zahl agieren.[305]

V. Entscheidung über den Eröffnungsantrag

90   **1. Eröffnung des Verfahrens.** Ist der Insolvenzantrag zulässig, ein Insolvenzgrund gegeben (§ 16 InsO) und ausreichend Masse iSv § 26 InsO vorhanden, so **eröffnet** das Insolvenzgericht das Verfahren durch Beschluss. Der Beschluss ist mit seinem Erlass wirksam.[306] Eine Ausfertigung wird an das Registergericht übermittelt (§ 31 Abs. 1 Nr. 1 InsO), das die Eröffnung des Verfahrens von Amts wegen nach § 65 Abs. 1 S. 2, 3 einträgt. Die Gesellschaft ist nach § 60 Abs. 1 Nr. 4 aufgelöst. Gegen den Eröffnungsbeschluss steht der Gesellschaft nach § 34 Abs. 2 InsO die **sofortige Beschwerde** zu. Sie kann entsprechend

---

[301] *Heinrich* NZI 2021, 71 (74).
[302] *Fritz* ZRI 2020, 217 (223).
[303] *Fritz* ZRI 2020, 217 (222).
[304] Scholz/*Bitter* Rn. 509.
[305] Scholz/*Bitter* Rn. 510.
[306] HK-InsO/*Laroche* InsO § 27 Rn. 30.

§ 15 Abs. 1 InsO[307] von jedem Geschäftsführer bzw. Liquidator und im Falle der Führungslosigkeit von jedem Gesellschafter eingelegt werden. Dies gilt auch bei der Eröffnung des
Insolvenzverfahrens durch einen Eigenantrag der Gesellschaft. Die Beschwerde kann jedoch
nicht darauf gestützt werden, dass der Insolvenzgrund nach der Eröffnungsentscheidung
weggefallen ist, hierfür steht allein das Verfahren nach § 212 InsO zur Verfügung.[308] Nicht
geltend gemacht werden kann ferner, dass die Masse die Kosten des Verfahrens nicht deckt
und der Antrag deshalb nach § 26 InsO abzuweisen gewesen wäre.[309]

2. Ablehnung der Insolvenzeröffnung. Liegen die in → Rn. 90 genannten Voraus- **91**
setzungen nicht vor, so **weist** das Gericht den Antrag **ab.** Dem Antragsteller, also Gläubiger
oder Gesellschaft, steht hiergegen die sofortige Beschwerde zu, der Gesellschaft darüber
hinaus unabhängig von der Antragstellung immer dann, wenn die Abweisung mangels Masse
erfolgte (§ 34 Abs. 1 InsO). Die Beschwerde kann namens der Gesellschaft jeder der in § 15
Abs. 1 InsO Genannten einlegen, anders nur, wenn lediglich drohende Zahlungsunfähigkeit
geltend gemacht wird.[310] Mit der Rechtskraft der Abweisung des Antrags mangels Masse
ist die Gesellschaft gem. § 60 Abs. 1 Nr. 5 aufgelöst mit der Folge, dass eine gesellschaftsrechtliche Liquidation nach §§ 66 ff. durchzuführen ist. Eine Fortsetzung ist ausgeschlossen
(→ § 60 Rn. 282 ff.).[311]

3. Einstweilige Maßnahmen. Das Insolvenzgericht kann schon vor der Entscheidung **92**
über die Insolvenzeröffnung vorläufige Sicherungsmaßnahmen anordnen, insbesondere
bereits einen vorläufigen Insolvenzverwalter bestellen (§§ 21–25 InsO). Gegen die Anordnung solcher Sicherungsmaßnahmen ist seitens der Schuldnergesellschaft die sofortige
Beschwerde statthaft (§ 21 Abs. 1 S. 2 InsO).

D. Stabilisierungs- und Restrukturierungsrahmen

Als Alternative zur Sanierung im Insolvenzverfahren hat der deutsche Gesetzgeber **93**
in Umsetzung der RL (EU) 2019/1023[312] mit dem Unternehmensstabilisierungs- und
-Restrukturierungsgesetz (StaRUG) zum 1.1.2021 den Unternehmen einen **Stabilisie-
rungs- und Restrukturierungsrahmen** zur Verfügung gestellt, dessen Instrumente (§ 29
StaRUG) bei drohender Zahlungsunfähigkeit in Anspruch genommen werden können. Die
Einführung eines vorinsolvenzlichen Sanierungsverfahrens in das deutsche Recht ist zwar
grundsätzlich sinnvoll und geboten.[313] Ob das überhastet verabschiedete, stark an insolvenzrechtlichen Vorbildern orientierte, mit 102 Vorschriften nebst Anlage und zahlreichen allzu
detailverliebten Differenzierungen, Ausnahmen und Rückausnahmen unnötig komplizierte
Regelwerk tatsächlich die gewünschte Akzeptanz in der Praxis finden wird, erscheint jedoch
eher zweifelhaft. Jedenfalls für KMU ist es wegen seiner Komplexität wohl kaum geeignet.[314]

---

[307] HK-InsO/*Laroche* InsO § 34 Rn. 8.
[308] BGH Beschl. v. 27.7.2006 – IX ZB 204/04, BGHZ 169, 17 Rn. 19 = NJW 2006, 3553.
[309] BGH Urt. v. 17.7.2008 – IX ZB 225/07, ZIP 2008, 1793 Rn. 5 ff.
[310] *Henssler* ZInsO 1999, 121 (125); Jaeger/*Müller* InsO § 15 Rn. 63; abw. HK-InsO/*Laroche* InsO § 34
       Rn. 4 f.
[311] KG Beschl. v. 17.10.2016 – 22 W 70/16, NZG 2017, 307.
[312] RL (EU) 2019/1023 des Europäischen Parlaments und des Rates vom 20.6.2019 über präventive
       Restrukturierungsrahmen, über Entschuldung und über Tätigkeitsverbote sowie über Maßnahmen zur
       Steigerung der Effizienz von Restrukturierungs-, Insolvenz- und Entschuldungsverfahren und zur Ände-
       rung der RL (EU) 2017/1132 (Richtlinie über Restrukturierung und Insolvenz), ABl. EU 2019 L 172,
       18.
[313] Zur rechtspolitischen Diskussion s. *Braun*, Die vorinsolvenzliche Sanierung von Unternehmen, 2015,
       22 ff.; *Wahlers*, Ausgestaltung und Erforderlichkeit eines vorinsolvenzliche Sanierungsverfahrens, 2016,
       188 ff.
[314] Krit. etwa *Singer*, Vorinsolvenzlicher Restrukturierungsrahmen für Deutschland unter dem Einfluss der
       EU-Restrukturierungsrichtlinie, 2022, 98 ff.; *Frind* ZInsO 2020, 2241; *Haarmeyer/Lissner/Rombach*
       ZInsO 2021, 368; *H.-F. Müller* ZIP 2020, 2253.

94   Herzstück des neuen Sanierungsverfahrens ist der dem Insolvenzplan (§§ 217 ff. InsO) nachgebildete **Restrukturierungsplan** (§§ 2 ff. StaRUG). Um die Verhandlungen zu erleichtern und abzuschirmen, wird dieses Instrument ergänzt durch die euphemistisch als „Stabilisierung" bezeichnete vorübergehende Aussetzung von Vollstreckungs- und Verwertungsmaßnahmen einzelner Gläubiger (§§ 49 ff. StaRUG). Gestaltet werden können in dem Plan nicht nur Forderungen von Gläubigern (mit Ausnahme insbesondere von Arbeitnehmerforderungen), sondern auch die Rechte der Anteilsinhaber und die Struktur der Schuldnergesellschaft. Sofern die Anteilsinhaber von dem Plan betroffen sind, nehmen sie als eigene Gruppe am Abstimmungsverfahren teil (§ 9 Abs. 1 Nr. 4 StaRUG), können aber durch eine gruppenübergreifende Mehrheitsentscheidung nach § 26 StaRUG von den Restrukturierungsgläubigern ohne weiteres überstimmt werden. Dazu wird es aber in der Praxis kaum kommen, denn vorlageberechtigt ist nur die Schuldnerin bzw. ihre organschaftlichen Vertreter. Die Kontroll- und Weisungsbefugnisse der Gesellschafter bleiben auch im Restrukturierungsverfahren bestehen. Der Geschäftsführer einer GmbH muss daher vor der Einreichung eines Planangebots einen zustimmenden Gesellschafterbeschluss einholen, der bei Strukturmaßnahmen einer Dreiviertelmehrheit bedarf.[315]

95   Für die Geschäftsleiter statuiert das StaRUG zahlreiche **haftungsbewehrte Pflichten.** Sie müssen während der Rechtshängigkeit der Restrukturierungssache (s. § 31 Abs. 3, 4 StaRUG) darauf hinwirken, dass der Schuldner die Restrukturierungssache mit der Sorgfalt eines ordentlichen und gewissenhaften Geschäftsleiters betreibt und die Interessen der Gesamtheit der Gläubiger wahrt. Insbesondere hat er Maßnahmen zu unterlassen, welche mit dem Restrukturierungsziel nicht vereinbar sind oder welche die Erfolgsaussichten der in Aussicht genommenen Restrukturierung gefährden. Mit dem Restrukturierungsziel ist es in der Regel nicht vereinbar, Forderungen zu begleichen oder zu besichern, die durch den Restrukturierungsplan gestaltet werden sollen (s. § 32 Abs. 1 StaRUG). Entgegenstehende Weisungen der Gesellschafter sind unwirksam. Den Geschäftsleitern (und damit mittelbar auch den weisungsberechtigten Gesellschaftern) ist jedoch bei der Gestaltung und Organisation des Restrukturierungsvorhabens ein weiter Beurteilungsspielraum in Anlehnung an die Business Judgement Rule zuzubilligen.[316] Wird er schuldhaft überschritten, statuiert § 43 StaRUG eine Innenhaftung gegenüber der Schuldnergesellschaft in Höhe des den Gläubigern entstandenen Schadens. Die Geschäftsleiter haften ferner gem. § 57 StaRUG unmittelbar gegenüber den betroffenen Gläubigern, wenn sie aufgrund vorsätzlich oder fahrlässig unrichtiger Angaben Stabilisierungsanordnungen erwirkt haben.

96   Gem. § 42 Abs. 1 S. 1 StaRUG werden die **Insolvenzantragspflichten** der organschaftlichen Vertreter nach § 15a InsO und § 42 Abs. 2 BGB während der Rechtshängigkeit (s. § 31 Abs. 3, 4 StaRUG) der Restrukturierungssache suspendiert. An ihre Stelle tritt die strafbewehrte Pflicht, dem Restrukturierungsgericht den Eintritt einer Zahlungsunfähigkeit bzw. Überschuldung unverzüglich **anzuzeigen** (§ 42 Abs. 1 S. 2, Abs. 2 StaRUG). Wird die Insolvenzreife angezeigt oder erhält das Restrukturierungsgericht auf andere Weise von ihr Kenntnis, so beendet es in der Regel von Amts wegen das Restrukturierungsverfahren (§ 33 Abs. 2 Nr. 1 Hs. 1 StaRUG); die Insolvenzantragspflicht der organschaftlichen Vertreter lebt dann wieder auf. Allerdings kann das Gericht von der Aufhebung absehen, wenn die Eröffnung eines Insolvenzverfahrens offensichtlich nicht im Interesse der Gesamtgläubigerschaft liegt, weil die Verhandlungen über den Restrukturierungsplan bereits weit fortgeschritten sind, oder wenn die Zahlungsunfähigkeit bzw. Überschuldung auf einer Forderung beruht, die durch den Plan gestaltet werden soll, sofern der Erfolg des Restrukturierungsvor-

---

[315] *Rahut* NZI-Beil. 2021, 52 (54). Für eine Einbindung der Gesellschafter schon bei der Anzeige des Restrukturierungsvorhabens *Brünkmans* ZInsO 2021, 125 (127); *Fuhrmann/Heinen/Schilz* NZG 2021, 684 (685 ff.); *Jungmann* ZRI 2021, 209 (213); *Scholz* ZIP 2021, 219 (224); *Seibt/Bulgrin* DB 2020, 2226 (2236); gänzlich abl. *Skarandszun* KTS 2021, 1 (47 ff.), der den Schutz durch das Schlechterstellungsverbot (§§ 26 Abs. 1 Nr. 1, 64 StaRUG) als ausreichend ansieht.

[316] *Bea/Dressler* NZI 2021, 67 (68 ff.); *Guntermann* WM 2021, 214 (219 f.); *Scholz* ZIP 2021, 219 (226 ff.); *Desch/Hochdorfer* in Desch, Das neue Restrukturierungsrecht, 2021, § 6 Rn. 25; enger – Ermessen ohne Business Judgement Rule gegenüber den Gläubigern – *Kuntz* ZIP 2021, 597 (607 ff.).

habens überwiegend wahrscheinlich ist (§ 33 Abs. 2 Nr. 1 Hs. 2, 3 StaRUG). Um zu verhindern, dass ein einzelner Gläubiger die vorstehend beschriebene Regelung durch einen Insolvenzantrag unterläuft, setzt das angerufene Insolvenzgericht das Verfahren zur Entscheidung über diesen Antrag für die Dauer der Stabilisierung aus (§ 58 StaRUG).

Außerdem werden die haftungsbewehrten **Zahlungsverbote** nach § 15b InsO ange- **97** passt. § 89 Abs. 3 StaRUG privilegiert für den Zeitraum nach der Anzeige der Insolvenzreife Zahlungen, die für die Fortführung der gewöhnlichen Geschäftstätigkeit und die Vorbereitung und Umsetzung des Restrukturierungsvorhabens erforderlich sind, sofern sie nicht ohne Nachteil bis zur absehbaren Entscheidung des Restrukturierungsgerichts aufgeschoben werden können.

E. Die GmbH im eröffneten Insolvenzverfahren

I. Status der Gesellschaft

Die Gesellschaft wird durch die Eröffnung des Insolvenzverfahrens aufgelöst (§ 60 Abs. 1 **98** Nr. 4); sie verliert aber nicht die Fähigkeit, Träger von Rechten und Pflichten zu sein.[317] Allerdings wird der Gesellschaftszweck fortan durch den **Insolvenzzweck** überlagert.[318] Dieser ist auf bestmögliche gemeinschaftliche Gläubigerbefriedigung gerichtet (§ 1 S. 1 InsO).[319] Im Verfahren wird die Gesellschaft, wenn keine Reorganisation möglich ist, vollständig abgewickelt (§ 199 S. 2 InsO). Es übernimmt zugleich die Aufgabe der gesellschaftsrechtlichen Liquidation.[320]

Im Insolvenzverfahren über ihr Vermögen ist die GmbH selbst **Schuldnerin** und damit **99** Verfahrensbeteiligte. Das Unternehmen wird vom Insolvenzverwalter grundsätzlich bis zur Entscheidung der Gläubigerversammlung über die Art der Verwertung weitergeführt (§§ 157, 159, 160 InsO),[321] der Erhalt ist ein mögliches Ergebnis des Verfahrens (§ 1 S. 2 InsO). Die Gesellschaft behält die Kaufmannseigenschaft.[322] Prokuren oder Handlungsvollmachten erlöschen jedoch (§ 117 InsO). Der Insolvenzverwalter kann neue erteilen.[323]

II. Organisation

1. Allgemeines. Nach der herrschenden Amtstheorie ist der Insolvenzverwalter kein **100** Gesellschaftsorgan.[324] Die Organstruktur der Gesellschaft bleibt unverändert. Zwar werden

---

[317] BGH Urt. v. 28.3.1996 – IX ZR 77/95, NJW 1996, 2035; Beschl. v. 24.3.2016 – IX ZB 32/15, NZG 2016, 552 Rn. 13; Beschl. v. 26.11.2019 – II ZB 21/17, BGHZ 224, 72 Rn. 37 = NZG 2020, 223.

[318] *H.-F. Müller,* Der Verband in der Insolvenz, 2002, 124 ff.; *Haas/Kolmann/Kurz* in Gottwald/Haas InsR-HdB § 90 Rn. 317.

[319] BGH Urt. v. 16.3.2017 – XI ZR 253/03, BGHZ 214, 220 Rn. 21 ff. = NJW 2017, 1749; Urt. v. 12.3.2020 – IX ZR 125/17, NJW 2020, 1800 Rn. 26; *H.-F. Müller,* Der Verband in der Insolvenz, 2002, 7 ff.

[320] *K. Schmidt* ZGR 1998, 633 (635 ff.); *K. Schmidt* KTS 2001, 373 (374 f.); *H.-F. Müller,* Der Verband in der Insolvenz, 2002, 13 ff.; Noack/Servatius/Haas/*Haas* § 60 Rn. 42, 62.

[321] Zum insolvenzspezifischen Sorgfaltsmaßstab bei unternehmerischen Entscheidungen des Verwalters s. BGH Urt. v. 12.3.2020 – IX ZR 125/17, NJW 2020, 1800 Rn. 25 ff.

[322] *Haas/Kolmann/Kurz* in Gottwald/Haas InsR-HdB § 90 Rn. 317; Noack/Servatius/Haas/*Haas* § 60 Rn. 42; Scholz/*Bitter* Vor § 64 Rn. 165.

[323] LG Halle Beschl. v. 1.9.2004 – 11 T 8/04, NZG 2005, 442 (443); *Gutsche,* Die Organkompetenzen im Insolvenzverfahren, 2003, Rn. 369; HK-InsO/*Marotzke* InsO § 117 Rn. 5; Uhlenbruck/*Sinz* InsO § 117 Rn. 14 ff.; Noack/Servatius/Haas/*Haas* § 60 Rn. 48; Scholz/*Bitter* Vor § 64 Rn. 165.

[324] BGH Urt. v. 26.1.2006 – XI ZR 282/03, ZInsO 2006, 260 Rn. 6; Beschl. v. 27.10.1983 – I ARZ 334/83, BGHZ 88, 331 (334) = NJW 1984, 739; Urt. v. 14.4.1987 – IX ZR 260/86, BGHZ 100, 346 (351) = NJW 1987, 3133; Urt. v. 14.6.2018 – IX ZR 232/17, BGHZ 219, 98 Rn. 28 = NJW 2018, 2494; Beschl. v. 26.11.2019 – II ZB 21/17, BGHZ 224, 72 Rn. 38 = NZG 2020, 223; BVerwG Beschl. v. 18.1.2006 – 6 C 21.05, ZIP 2006, 530 Rn. 8; *Gutsche,* Die Organkompetenzen im Insolvenzverfahren, 2003, Rn. 151 ff.; *H.-F. Müller,* Der Verband in der Insolvenz, 2002, 56 ff.; *Haas/Kolmann/Kurz* in Gottwald/Haas InsR-HdB § 90 Rn. 319; Jaeger/*Windel* InsO § 80 Rn. 18; Noack/Servatius/Haas/*Haas* § 60 Rn. 43; aA vor allem *K. Schmidt* KTS 1984, 345; *K. Schmidt,* Wege zum Insolvenzrecht der Unter-

die Befugnisse der Organe durch das Verfügungs- und Verwaltungsrecht des Insolvenzverwalters (§ 80 InsO) weitgehend **verdrängt**, es verbleibt ihnen jedoch ein verbandsautono-
mer **insolvenzfreier Bereich.** Bei der Realisierung bestimmter Maßnahmen müssen Insolvenzverwalter und Gesellschaftsorgane auch zusammenwirken.[325]

101   **2. Geschäftsführer. a) Organstellung.** Die **bisherigen Geschäftsführer** bleiben im
Amt. Sie werden nicht etwa durch Liquidatoren ersetzt.[326] Der Insolvenzverwalter kann
das Organschaftsverhältnis nicht beenden.[327] Eine Abberufung durch die Gesellschafterversammlung nach § 38 oder ein Rücktritt ist aber weiterhin möglich.[328] Das Ausscheiden
kann der Insolvenzverwalter allerdings zum Handelsregister anmelden, wenn kein Geschäftsführer verblieben ist.[329]

102   **b) Anstellungsverhältnis.** Auch das Anstellungsverhältnis bleibt zunächst durch die
Insolvenz **unberührt** (§ 108 InsO). Es endet weder nach §§ 115, 116 InsO noch besteht
ein Erfüllungswahlrecht des Verwalters nach § 103 InsO. Dies gilt auch für den Alleingesell-
schafter- oder Mehrheitsgesellschafter-Geschäftsführer.[330] Die vor Verfahrenseröffnung
begründeten Gehaltsansprüche sind bloße Insolvenzforderungen nach § 38 InsO, die
Gehaltsansprüche für die Zeit danach hingegen Masseschulden (§ 55 Abs. 1 Nr. InsO).[331]
Eine Kürzung der Bezüge entsprechend § 87 Abs. 2 AktG lehnt der BGH für die GmbH
ab,[332] doch ist ein nachvollziehbarer Grund für die Ungleichbehandlung gegenüber der AG
nicht ersichtlich.[333] Zumindest sollte der Geschäftsführer aufgrund seiner organschaftlichen

---

nehmen, 1990, 107 ff.; *K. Schmidt* ZGR 1998, 633 (644 f.); ihm folgend *Rödder,* Kompetenzbeschränkungen der Gesellschaftsorgane in der Insolvenz der GmbH, 2006, 16; *Schürnbrand,* Organschaft im Recht
der privaten Verbände, 2007, 206 ff. Zur analogen Anwendung der Geschäftschancenlehre auf den Verwalter s. BGH Urt. v. 16.3.2017 – XI ZR 253/03, BGHZ 214, 220 Rn. 21 ff. = NJW 2017, 1749; die
Business Judgement Rule findet keine Anwendung BGH Urt. v. 12.3.2020 – IX ZR 125/17, NJW
2020, 1800 Rn. 29 ff.; aA *K. Schmidt* ZIP 2018, 853 (856); *Leichtle/Theusinger* NZG 2018, 251.

[325]   Grundlegend *F. Weber* KTS 1970, 73 (77 ff.); s. ferner BGH Beschl. v. 26.11.2019 – II ZB 21/17, BGHZ
224, 72 Rn. 38 = NZG 2020, 223; BayObLG Beschl. v. 10.3.1988 – 3 Z 125/87, AG 1988, 301 (303);
Gutsche, Die Organkompetenzen im Insolvenzverfahren, 2003, Rn. 292 ff.; *H.-F. Müller,* Der Verband
in der Insolvenz, 2002, 87 ff.; *Noack* ZIP 2002, 1873 (1874 f.); *Rödder,* Kompetenzbeschränkungen der
Gesellschaftsorgane in der Insolvenz der GmbH, 2006, 35 ff.; *Wellensiek/Flitsch* FS Fischer, 2008, 579 ff.;
Jaeger/Windel InsO § 80 Rn. 76, 83 ff.; *Uhlenbruck/Hirte* InsO § 11 Rn. 118; für eine vollständige
Verdrängung der Organe dagegen *Wolf Schulz* KTS 1986, 389.

[326]   KG Beschl. v. 26.4.2012 – 25 W 103/11, ZIP 2012, 1352 (1353); *Grüneberg,* Die Rechtspositionen der
Organe der GmbH und des Betriebsrats im Konkurs, 1988, 111 f.; *H.-F. Müller,* Der Verband in der
Insolvenz, 2002, 63 ff.; *Kübler/Prütting/Noack* GesR Rn. 290; MHdB GesR III/*Oberle* § 65 Rn. 105;
Uhlenbruck/Hirte InsO § 11 Rn. 120; Noack/Servatius/Haas/*Haas* § 60 Rn. 43.

[327]   BGH Beschl. v. 11.1.2007 – IX ZB 271/04, NZG 2007, 384 Rn. 21 = LMK 2007, 220 541 *(Roth)*;
KG Beschl. v. 1.10.1915 – 1a X 692/15, KGJ A 134, 136; *Kübler/Prütting/Noack* GesR Rn. 293;
Noack/Servatius/Haas/*Haas* § 60 Rn. 44.

[328]   BGH Beschl. v. 24.3.2016 – IX ZB 32/15, NZG 2016, 552 Rn. 19; OLG Hamm Beschl. v. 2.9.2014 –
27 W 97/14, ZInsO 2014, 2452 (2453); *Grüneberg,* Die Rechtspositionen der Organe der GmbH und des
Betriebsrats im Konkurs, 1988, 45 ff.; *Haas/Kolmann/Kurz* in Gottwald/Haas InsR-HdB § 90 Rn. 320;
Kübler/Prütting/Noack GesR Rn. 293 f.

[329]   LG Baden-Baden Beschl. v. 2.7.1996 – 2 T 74/96, ZIP 1996, 1352; *Haas/Kolmann/Kurz* in Gottwald/
Haas InsR-HdB § 90 Rn. 320; *Kübler/Prütting/Noack* GesR Rn. 292.

[330]   BGH Urt. v. 20.6.2005 – II ZR 18/03, NJW 2005, 3069 (3070); OLG Brandenburg Urt. v. 11.12.2002 –
7 U 37/02, NZI 2003, 324 (325 f.); OLG Düsseldorf Urt. v. 14.4.2000 – 16 U 109/99, NZG 2000,
1044; OLG Hamm Urt. v. 29.3.2000 – 8 U 156/99, NZI 2000, 475 (476); *Fichtelmann* GmbHR 2008,
76 (82); *H.-F. Müller,* Der Verband in der Insolvenz, 2002, 74 ff.; *Haas/Kolmann/Kurz* in Gottwald/
Haas InsR-HdB § 90 Rn. 321; MHdB GesR III/*Oberle* § 65 Rn. 109; Noack/Servatius/Haas/*Haas* § 60
Rn. 49; zu § 22 KO BGH Urt. v. 25.6.1979 – II ZR 219/78, BGHZ 75, 209 (211 ff.) = NJW 1980,
595; anders Kübler/Prütting/*Noack* GesR Rn. 299.

[331]   *Fichtelmann* GmbHR 2008, 76 (81); *Haas/Kolmann/Kurz* in Gottwald/Haas InsR-HdB § 90 Rn. 322;
Uhlenbruck/*Hirte* InsO § 11 Rn. 127, 129; Noack/Servatius/Haas/*Haas* § 60 Rn. 49. Eine Karenzent-
schädigung aus einem vertraglichen Wettbewerbsverbot bei Kündigung in der Insolvenz ist einfache
Insolvenzforderung BGH Beschl. v. 8.10.2009 – IX ZR 61/06, GmbHR 2009, 1332.

[332]   BGH Urt. v. 27.10.2015 – II ZR 296/14, BGHZ 207, 190 Rn. 25 = NJW 2016, 1236.

[333]   *H.-F. Müller,* Der Verband in der Insolvenz, 2002, 83 ff.; *Geiger,* Insolvenz einer GmbH nach deutschem
Recht und einer Société à responsabilité limitée nach französischem Recht, 2008, 87; *Henssler* in Kölner

Treuepflicht gehalten sein, einer Reduzierung seiner Vergütung zuzustimmen, wenn die ungekürzte Fortzahlung in der Krise für die Gesellschaft unzumutbar wäre.[334] Unter Umständen kann der Verwalter auch mit einem Schadensersatzanspruch der Gesellschaft gegen den Geschäftsführer aus § 43 Abs. 2 oder § 15b InsO (§ 64 aF) aufrechnen.[335]

Sowohl der Insolvenzverwalter als auch der Geschäftsführer können das Anstellungsverhält- **103** nis nach § 113 Abs. 1 S. 1 InsO **kündigen.**[336] Die Kündigungsfrist beträgt nach § 113 Abs. 1 S. 2 InsO drei Monate, sofern nicht eine kürzere vertragliche oder gesetzliche (§ 622 BGB)[337] Frist maßgeblich ist. Kündigt der Insolvenzverwalter, so kann der Geschäftsführer Schadensersatz wegen vorzeitiger Beendigung des Anstellungsvertrages als Insolvenzforderung verlangen (§ 113 Abs. 1 S. 3 InsO). Entsprechend § 87 Abs. 3 AktG ist der Anspruch beschränkt auf den Schaden, der innerhalb von zwei Jahren nach Ende des Dienstverhältnisses entsteht.[338]

Durch § 113 InsO unberührt bleibt das Recht zur **außerordentlichen Kündigung** **104** nach § 626 BGB. Diese setzt allerdings einen wichtigen Grund voraus, der allein durch die Eröffnung des Verfahrens nicht begründet wird. Wohl aber berechtigt eine schuldhafte Insolvenzverschleppung[339] oder eine schwerwiegende Verletzung der Auskunfts- und Mitwirkungspflichten den Verwalter zur sofortigen Auflösung des Dienstverhältnisses mit dem Geschäftsführer. Für den Lauf der Zweiwochenfrist des § 626 Abs. 2 BGB kommt es allein auf die Kenntnis der für die Kündigung maßgebenden Tatsachen seitens des Insolvenzverwalters, nicht mehr auf die der Gesellschafter an.[340]

c) Rechte und Pflichten. aa) Weitgehende Verdrängung. Soweit die Verwaltungs- **105** und Verfügungsbefugnis des Verwalters über die Masse reicht, schließt dies konkurrierende Befugnisse der Geschäftsführer aus. Kern dieses sog. **Verdrängungsbereichs** ist die Unternehmensführung. So rückt der Verwalter in vollem Umfang in die Arbeitgeberstellung der Schuldnergesellschaft ein mit der Folge, dass er die sich aus dieser Funktion sich ergebenden Rechte und Pflichten wahrnehmen muss, insbesondere das Direktionsrecht, das Kündigungs- und Einstellungsrecht, die Pflicht zur Lohnfortzahlung und zur Erfüllung der Schutz- und Fürsorgepflichten. Auch der Zeugnisanspruch des Arbeitnehmers richtet sich gegen den Verwalter, und zwar auch für den Zeitraum vor Insolvenzeröffnung.[341] Die für die Zeugniserteilung notwendigen Informationen kann er gem. §§ 97, 101 InsO von den gegenwärtigen und früheren Geschäftsführern erlangen (→ Rn. 111). Der Verwalter tritt als Arbeitgeber auch in die sozialversicherungsrechtlichen Pflichten ein. Außerdem hat er die steuerrechtlichen sowie die ordnungs- und umweltrechtlichen Pflichten der GmbH zu erfüllen. Soweit es die Masseverwaltung betrifft, entscheidet der Verwalter und nicht etwa der Geschäftsführer darüber, einen Berufsgeheimnisträger von der Schweigepflicht zu entbinden.[342] Für Pflichtverletzungen haftet der Verwalter den Beteiligten nach § 60 InsO.

---

[334] Schrift zur InsO, 3. Aufl. 2009, 990 Rn. 45; *Haas/Kolmann/Kurz* in Gottwald/Haas InsR-HdB § 90 Rn. 322; Noack/Servatius/Haas/*Haas* § 60 Rn. 49; aA Uhlenbruck/*Hirte* InsO § 11 Rn. 127.

[334] *Spliedt* in K. Schmidt/Uhlenbruck Sanierung Rn. 7.214; Noack/Servatius/Haas/*Haas* § 60 Rn. 49; s. auch BGH Urt. v. 15.6.1992 – II ZR 88/91, NJW 1992, 294 (2896).

[335] OLG Brandenburg Urt. v. 11.12.2002 – 7 U 37/02, NZI 2003, 324 (327); Uhlenbruck/*Hirte* InsO § 11 Rn. 128.

[336] BGH Urt. v. 20.6.2005 – II ZR 18/03, NJW 2005, 3069 (3070); *Fichtelmann* GmbHR 2008, 76 (81 ff.); *Haas/Kolmann/Kurz* in Gottwald/Haas InsR-HdB § 90 Rn. 323; Uhlenbruck/*Hirte* InsO § 11 Rn. 125; Noack/Servatius/Haas/*Haas* § 60 Rn. 50.

[337] OLG Düsseldorf Urt. v. 10.4.2000 – 16 U 109/99, NZG 2000, 1044 (1045); *Götker*, Der Geschäftsführer in der Insolvenz der GmbH, 1999, Rn. 913; *H.-F. Müller*, Der Verband in der Insolvenz, 2002, 76 f.

[338] *H.-F. Müller*, Der Verband in der Insolvenz, 2002, 80; *Haas/Kolmann/Kurz* in Gottwald/Haas InsR-HdB § 90 Rn. 323; Noack/Servatius/Haas/*Haas* § 60 Rn. 50.

[339] BGH Urt. v. 20.6.2005 – II ZR 18/03, NJW 2005, 3069 (3070).

[340] *Fichtelmann* GmbHR 2008, 76 (82).

[341] BAG Urt. v. 30.1.1991 – 5 AZR 32/90, NJW 1991, 1971.

[342] BGH Urt. v. 30.9.1989 – III ZR 112/88, BGHZ 109, 260 (270 ff.) = NJW 1990, 510; OLG Hamm Beschl. v. 17.8.2017 – 4 Ws 130/17, ZIP 2018, 91 = BeckRS 2017, 127244; OLG Köln Beschl. v. 1.9.2015 – 2 Ws 544/15, ZIP 2016, 331 = BeckRS 2015, 20895; *H.-F. Müller*, Der Verband in der Insolvenz, 2002, 93; Jaeger/*Windel* InsO § 80 Rn. 88; aA OLG Zweibrücken Beschl. v. 8.12.2016 – 1 Ws 334/16, NJW 2017, 902.

106   **bb) Insolvenzfreier Bereich.** Die Geschäftsführer behalten aber ihre Befugnisse im **gesellschaftsinternen Bereich.** Dazu gehört es auch, eine neue Geschäftsadresse der Gesellschaft[343] oder personelle Veränderungen in der Geschäftsleitung (zur subsidiären Befugnis des Verwalters → Rn. 101)[344] zum Handelsregister anzumelden. Die Anmeldung von Satzungsänderungen obliegt ihnen nur, soweit diese nicht masserelevant sind. Der Bezug zur Insolvenzmasse ist etwa bei einer Firmenänderung gegeben, die folglich der Verwalter anzumelden hat,[345] Gleiches gilt entgegen der hM[346] auch für die Anmeldung einer von den Gesellschaftern beschlossenen Kapitalerhöhung.[347]

107   Die Geschäftsführer haben die Gesellschafterliste nach § 40 zu führen und nach Maßgabe von § 49 Gesellschafterversammlungen einzuberufen,[348] nicht aber eine Anleihegläubigerversammlung nach dem SchVG.[349] **Auskunftspflichtig** gem. § 51a ist der Geschäftsführer nur noch, soweit es sich um rein innergesellschaftliche Angelegenheiten ohne Massebezug handelt.[350] Im Übrigen ist der Verwalter zuständig, in dessen Besitz sich die Geschäftsbücher nunmehr befinden (§ 36 Abs. 2 Nr. 1 InsO), allerdings muss er Einsicht grundsätzlich nur hinsichtlich der Unterlagen gewähren, die den Zeitraum vor der Verfahrenseröffnung betreffen.[351]

108   Der Geschäftsführer vertritt die Gesellschaft weiterhin in masseneutralen gesellschaftsinternen **Rechtsstreitigkeiten.** Anfechtungs- oder Nichtigkeitsklagen, die den dem Verwalter zugewiesenen Vermögensbereich betreffen, sind jedoch gegen ihn zu richten.[352] Hätte der Erfolg der Klage allerdings für die Masse positive Auswirkungen, soll der Verwalter zur Vermeidung von Interessenkonflikten nicht verpflichtet sein, den Beschluss zu verteidigen,

---

[343] OLG Hamm Beschl. v. 9.3.2017 – 27 W 175/16, NZG 2017, 747; KG Beschl. v. 26.4.2012 – 25 W 103/11, ZIP 2012, 1352 (1353).

[344] OLG Hamm Beschl. v. 9.3.2017 – 27 W 175/16, NZG 2017, 747; OLG Köln Beschl. v. 11.7.2001 – 2 Wx 13/01, NZI 2001, 470 (471); OLG Rostock Beschl. v. 17.12.2002 – 6 W 52/02, Rpfleger 2003, 444 = GmbHR 2003, 1133 Ls.; *Spliedt* in K. Schmidt/Uhlenbruck Sanierung Rn. 7.313; Noack/Servatius/Haas/*Haas* § 60 Rn. 45; aA AG Charlottenburg Beschl. v. 3.11.1995 – 97 HRB 49 246, NJW-RR 1997, 31 (32).

[345] KG Beschl. v. 3.3.2014 – 12 W 145/13, ZInsO 2014, 1157 (1159), das allerdings eine Genehmigung der vom organschaftlichen Vertreter vorgenommenen Anmeldung durch den Verwalter entsprechend § 185 Abs. 2 BGB zulässt; OLG Köln Beschl. v. 11.7.2001 – 2 Wx 13/01, NZI 2001, 470 (471); *Gutsche,* Die Organkompetenzen im Insolvenzverfahren, 2003, Rn. 354; *Linardatos* ZIP 2017, 901 (910); *Priester* DNotZ 2016, 892 (898); Noack/Servatius/Haas/*Haas* § 60 Rn. 45.

[346] BayObLG Beschl. v. 17.3.2004 – 3 Z BR 46/04, GmbHR 2004, 669 = KTS 2004, 409 mAnm *Barnert;* KG Urt. v. 19.7.1999 – 23 U 3401/97, NZG 2000, 193 (194); OLG Zweibrücken Urt v. 12.12.2013 – 4 U 39/13, ZIP 2014, 588 (589); *Geiger,* Insolvenz einer GmbH nach deutschem Recht und einer Société à responsabilité limitée nach französischem Recht, 2008, 113 f.; *Kuntz* DStR 2006, 519 (520 f.); *Haas/Kolmann/Kurz* in Gottwald/Haas InsR-HdB § 90 Rn. 332; Noack/Servatius/Haas/*Haas* § 60 Rn. 45.

[347] *Gundlach/Frenzel/Schmidt* NZI 2007, 692 (694); *H.-F. Müller* ZGR 2004, 842 (847); *Pujol,* Die Sanierung der Schuldnergesellschaft vor dem Hintergrund der gesellschaftsrechtlichen Neutralität des Insolvenzrechts nach deutschem und französischem Recht, 2007, 60 f., 63; *Rödder,* Kompetenzbeschränkungen der Gesellschaftsorgane in der Insolvenz der GmbH, 2006, 56 f.

[348] KG Beschl. v. 1.10.1915 – 1a X 692/15, KGJ A 134, 135; OLG Stuttgart Urt v. 27.12.2016 – 10 U 97/16, NZG 2017, 665 (667); Jaeger/*Windel* InsO § 80 Rn. 79; Noack/Servatius/Haas/*Haas* § 60 Rn. 45.

[349] OLG Stuttgart Urt v. 27.12.2016 – 10 U 97/16, NZG 2017, 665 (667 f.).

[350] *Gutsche,* Die Organkompetenzen im Insolvenzverfahren, 2003, Rn. 376.

[351] BayObLG Beschl. v. 8.4.2005 – 3Z BR 246/04, GmbHR 2005, 1360 = KTS 2006, 68 m. krit. Anm. *Bruns/Heese;* OLG Hamm Beschl. v. 25.10.2001 – 15 W 118/01, NZG 2002, 178; Beschl. v. 10.1.2008 – 15 W 343/07, ZIP 2008, 899; KG Beschl. v. 25.7.2014 – 12 W 81/13, ZIP 2014, 1744 zur KG; OLG Zweibrücken Beschl. v. 7.9.2006 – 3 W 122/06, ZIP 2006, 2047 (2048) zur KG; *Gutsche,* Die Organkompetenzen im Insolvenzverfahren, 2003, Rn. 371 ff.; *Haas* FS Konzen, 2006, 157 (162 ff.); *Robrecht* GmbHR 2002, 692; Noack/Servatius/Haas/*Haas* § 60 Rn. 55; gänzlich gegen einen Übergang der Verpflichtung auf den Insolvenzverwalter Kübler/Prütting/*Noack* GesR Rn. 341; Uhlenbruck/*Hirte* InsO § 11 Rn. 137.

[352] RG Urt. v. 6.5.1911 – Rep. L 164/10, RGZ 76, 244 (246 ff.) zur AG; BGH Urt. v. 10.3.1960 – II ZR 56/59, BGHZ 32, 114 (121 f.) = NJW 1960, 1006 zur Genossenschaft; Urt. v. 21.4.2020 – II ZR 412/17, BGHZ 225, 198 Rn. 28 = BeckRS 2020, 8598 zur AG; Urt. v. 21.4.2020 – II ZR 56/18, NZI 2020, 739 Rn. 39 zur KGaA; OLG München Beschl. v. 6.10.2010 – 7 U 2193/10, ZIP 2010, 2369; *H.-F. Müller,* Der Verband in der Insolvenz, 2002, 190 ff.; *Gehrlein* ZInsO 2017, 1977 (1987); *Lübke* ZGR 2021, 156 (159); *Haas/Kolmann/Kurz* in Gottwald/Haas InsR-HdB § 90 Rn. 366; Uhlenbruck/*Hirte* InsO § 11 Rn. 138 f.; Noack/Servatius/Haas/*Haas* § 60 Rn. 56.

diese Aufgabe fällt wiederum den Geschäftsführern als organschaftlichen Vertretern der beklagten Gesellschaft zu.[353] Der Verwalter kann sich als Nebenintervenient auf der Seite des Klägers beteiligen.[354] Ein eigenes Anfechtungsrecht steht ihm nicht zu,[355] wohl aber kann er analog § 249 AktG Nichtigkeitsklage erheben.[356] S. speziell zur Bilanznichtigkeitsklage → Rn. 131.

Problematisch ist die **Finanzierung** des innergesellschaftlichen Bereichs in der Insol- **109** venz, da das Gesellschaftsvermögen vollständig in die Masse fällt (→ Rn. 120 f.). Denkbar sind zum einen freiwillige Leistungen der Gesellschafter,[357] zum anderen aber kann der Verwalter den Geschäftsführern entsprechend § 100 InsO Mittel aus der Masse zur Verfügung stellen, etwa um eine Gesellschafterversammlung zur Beschlussfassung über Sanierungsmaßnahmen durchzuführen.[358]

cc) Gemeinschuldnerbereich. Die Geschäftsführer haben ferner die Rechte und **110** Pflichten der Schuldnergesellschaft im Verfahren wahrzunehmen (sog. Gemeinschuldnerbereich).[359] Zu den **Rechten** gehören die Teilnahme-, Beteiligungs- und Unterrichtungsrechte nach § 74 Abs. 1 InsO, § 151 Abs. 1 S. 2 InsO, § 156 Abs. 2 S. 1 InsO, § 158 Abs. 2 S. 1 InsO, § 161 S. 1 InsO, die Initiativrechte zur Beendigung des Verfahrens (§§ 212, 213 InsO), das Planvorlagerecht des § 218 Abs. 1 InsO, die Rechte im Forderungsfeststellungsverfahren (§ 176 S. 2 InsO, § 186 InsO), Antragsrechte auf Untersagung bzw. Aussetzung von Maßnahmen (§ 158 Abs. 2 S. 2 InsO, § 161 S. 2 InsO, § 163 Abs. 1 InsO, § 233 InsO), das Widerspruchsrecht nach § 247 InsO und schließlich das Recht zur Einlegung der sofortigen Beschwerde für die Schuldnergesellschaft in den gesetzlich bestimmten Fällen (§ 6 InsO).

Als Schuldnervertreter iSd § 101 InsO treffen den Geschäftsführer die **Auskunfts- und** **111** **Mitwirkungspflichten** des § 97 InsO, die gem. § 98 InsO auch zwangsweise durchgesetzt werden können. Das Insolvenzgericht kann gegen ihn nach § 99 InsO auch eine Postsperre verhängen. Die Auskunftspflicht erfasst alle für die Insolvenzabwicklung relevanten Sachverhalte, ohne Rücksicht darauf, ob sie Schadensersatzansprüche gegen den jeweiligen Geschäftsführer begründen können. Dieser ist hingegen nicht verpflichtet, über seine eigenen Vermögensverhältnisse und die Durchsetzbarkeit der gegen ihn gerichteten Ansprüche Angaben zu machen.[360] Die Offenbarungspflicht erstreckt sich auch auf solche Umstände, die geeignet sind, die Verfolgung wegen einer Straftat oder Ordnungswidrigkeit herbeizuführen (§ 97 Abs. 1 S. 2 InsO). Jedoch können die so gewonnenen Aussagen in einem Straf- oder Ordnungswidrigkeitsverfahren nur mit Zustimmung des Geschäftsführers verwertet werden (§ 97 Abs. 1 S. 3 InsO).

Die Verpflichtung zur Auskunft ist – anders als die Mitwirkungspflicht – nicht davon **112** abhängig, dass an die Normadressaten entsprechende Fragen gerichtet werden; sie müssen viel-

---

[353]   Vgl. RG Urt. v. 6.5.1911 – Rep. L 164/10, RGZ 76, 244 (249 f.) zur AG; BGH Urt. v. 19.7.2011 – II ZR 246/09; BGHZ 190, 291 Rn. 9 = ZIP 2011, 1862; Urt. v. 21.4.2020 – II ZR 412/17, BGHZ 225, 198 Rn. 28 = BeckRS 2020, 8598 zur AG; Urt. v. 21.4.2020 – II ZR 56/18, NZI 2020, 739 Rn. 39; ferner *H.-F. Müller*, Der Verband in der Insolvenz, 2002, 193 f.; *Gehrlein* ZInsO 2017, 1977 (1987); *Lübke* ZGR 2021, 156 (159); *Haas/Kolmann/Kurz* in Gottwald/Haas InsR-HdB § 90 Rn. 366; Uhlenbruck/*Hirte* InsO § 11 Rn. 139; Noack/Servatius/Haas/*Haas* § 60 Rn. 56.

[354]   BGH Urt. v. 19.7.2011 – II ZR 246/09, BGHZ 190, 291 Rn. 9 = ZIP 2011, 1862.

[355]   *Haas/Kolmann/Kurz* in Gottwald/Haas InsR-HdB § 90 Rn. 366.

[356]   *H.-F. Müller*, Der Verband in der Insolvenz, 2002, 207 ff.

[357]   *Haas/Kolmann/Kurz* in Gottwald/Haas InsR-HdB § 90 Rn. 334, 350.

[358]   *H.-F. Müller*, Der Verband in der Insolvenz, 2002, 117 f.; *Geiger*, Insolvenz einer GmbH nach deutschem Recht und einer Société à responsabilité limitée nach französischem Recht, 2008, 115 f.; Jaeger/*Windel* InsO § 80 Rn. 78; für eine Analogie zu § 276a Satz 2, 3 InsO *Thole* ZIP 2018, 1565 (1569 f.).

[359]   BGH Beschl. v. 11.1.2007 – IX ZB 271/04, NZG 2007, 384 Rn. 21; Beschl. v. 24.3.2016 – IX ZB 32/15, NZG 2016, 552 Rn. 13; BFH Urt. v. 27.9.2017 – XI R 9/16, ZIP 2017, 2397; KG Beschl. v. 1.10.1915 – 1a X 692/15, KGJ A 134, 135; *Uhlenbruck* KTS 1997, 371; *Uhlenbruck* GmbHR 2002, 941 (943 ff.); *Haas/Kolmann/Kurz* in Gottwald/Haas InsR-HdB § 90 Rn. 336 ff.; Jaeger/*Windel* InsO § 80 Rn. 79.

[360]   BGH Beschl. v. 9.3.2015 – IX ZB 62/14, NZG 2015, 563 Rn. 11 ff.; näher *Laroche* ZInsO 2015, 1469.

mehr die betroffenen Umstände **von sich aus** offenlegen, soweit sie offensichtlich für das Insolvenzverfahren von Bedeutung sein können und nicht klar zu Tage liegen.[361] So begründen bereits konkrete Anhaltspunkte, die eine Anfechtbarkeit oder eine anderweitige Mehrung der Masse möglich erscheinen lassen, die Pflicht, den Sachverhalt auch ohne Nachfrage seitens des Gerichts oder des Verwalters zu offenbaren.[362] Der zur Auskunft Verpflichtete darf sich darauf beschränken, sein präsentes Wissen mitzuteilen. Er ist vielmehr auch gehalten, die Vorarbeiten zu erbringen, die für eine sachdienliche Auskunft erforderlich sind, wobei hierzu auch das Forschen nach vorhandenen Unterlagen und deren Zusammenstellung gehören kann.[363]

113   Die **Mitwirkungspflicht** verlangt, den Verfahrenszweck aktiv zu fördern und alles zu unterlassen, was dessen Verwirklichung gefährden könnte. Der Geschäftsführer muss sich auf Anordnung des Gerichts jederzeit zur Verfügung stellen, um seinen Auskunfts- und Mitwirkungspflichten nachzukommen (§ 97 Abs. 3 S. 1 InsO). Diese öffentlich-rechtlichen Verpflichtungen knüpfen an die Organstellung an, sie bestehen deshalb auch dann noch, wenn der Verwalter den Anstellungsvertrag bereits gekündigt hat. Nimmt er den Organwalter jedoch in erheblichem Umfang in Anspruch, muss er die Tätigkeit angemessen vergüten.[364] Ein **ehemaliger Geschäftsführer,** der nicht früher als zwei Jahre vor Insolvenzantragstellung aus dem Amt geschieden ist, ist nach § 101 Abs. 1 S. 2 Hs. 1 InsO, § 97 Abs. 1 InsO, § 98 InsO zur Auskunft verpflichtet. Durch Amtsniederlegung kann sich der Geschäftsführer somit nur teilweise seinen verfahrensrechtlichen Pflichten entziehen.[365] Er unterliegt nicht etwa einer lediglich subsidiären Auskunftspflicht, die erst eingreift, wenn neu bestellte Organwalter die Auskunft nicht erteilen können oder wollen.[366] Vielmehr ist der Auskunftspflicht im Interesse einer effektiven Verfahrensförderung auch dann uneingeschränkt zu genügen, wenn neu bestellte Geschäftsführer vorhanden sind.[367] Verfügt die Gesellschaft aktuell über keine organschaftlichen Vertreter, so sind auch die Gesellschafter zur Auskunft verpflichtet (§ 101 Abs. 1 S. 2 Hs. 2 InsO, § 97 Abs. 1 InsO, § 98 InsO).

114   Die Verfahrenspflichten treffen jeden Geschäftsführer individuell. Dagegen können sie die Verfahrensrechte nur in vertretungsberechtigter Zahl geltend machen.[368] Allein das Recht, Beschwerde nach § 34 Abs. 1 InsO gegen die Eröffnung des Insolvenzverfahrens einzulegen, steht entsprechend § 15 Abs. 1 InsO jedem einzelnen Geschäftsführer ohne Rücksicht auf die gesellschaftsrechtliche Vertretungsregelung zu.

115   **3. Gesellschafter.** Die Gesamtheit der Gesellschafter bleibt auch in der Insolvenz das **oberste Organ** der Gesellschaft.[369] Die Gesellschafter können weiterhin Beschlüsse fassen, allerdings nur soweit das Verwaltungs- und Verfügungsrecht des Verwalters nicht berührt wird und der Insolvenzzweck nicht entgegensteht.[370] Nach wie vor sind sie zuständig für die Bestellung und Abberufung von Geschäftsführern. Sie sind aber nicht befugt, Anstellungsver-

---

[361]   BGH Beschl. v. 11.2.2010 – IX ZB 126/08, NZI 2010, 264 Rn. 5; Beschl. v. 8.3.2012 – IX ZB 70/10, BeckRS 2012, 7047 Rn. 13; *Geißler* ZInsO 2020, 1622 (1623).

[362]   BGH Beschl. v. 11.2.2010 – IX ZB 126/08, NZI 2010, 264 Rn. 6; Beschl. v. 8.3.2012 – IX ZB 70/10, ZInsO 2012, 751 Rn. 14 = BeckRS 2012, 7047.

[363]   BGH Beschl. v. 19.1.2006 – IX ZB 14/03, ZInsO 2006, 264 = BeckRS 2006, 02828.

[364]   *Geißler* ZInsO 2020, 1622 (1625); *Henssler* in Kölner Schrift zur InsO, 3. Aufl. 2009, 990 Rn. 51; *Uhlenbruck* GmbHR 2002, 941 (943); *Haas/Kolmann/Kurz* in Gottwald/Haas InsR-HdB § 90 Rn. 336.

[365]   *H.-F. Müller,* Der Verband in der Insolvenz, 2002, 133 f.; *Geißler* ZInsO 2020, 1622 (1629).

[366]   So aber *Henssler* in Kölner Schrift zur InsO, 3. Aufl. 2009, 990 Rn. 46.

[367]   BGH Beschl. v. 9.3.2015 – IX ZB 62/14, NZG 2015, 563 Rn. 10; *H.-F. Müller,* Der Verband in der Insolvenz, 2002, 135.

[368]   *H.-F. Müller,* Der Verband in der Insolvenz, 2002, 89; *Henssler* in Kölner Schrift zur InsO, 3. Aufl. 2009, 990 Rn. 54; *Haas/Kolmann/Kurz* in Gottwald/Haas InsR-HdB § 90 Rn. 340; Kübler/Prütting/*Noack* GesR Rn. 306; anders für den Einstellungsantrag nach § 212 InsO (nur alle Geschäftsführer gemeinschaftlich) AG Hamburg Beschl. v. 26.4.2006 – 67 c IN 312/05, ZIP 2006, 1688 (1689); dagegen *Fölsing* ZInsO 2016, 1506 (1508); offengelassen von BGH Beschl. v. 24.3.2016 – IX ZB 32/15, NZG 2016, 552 Rn. 15.

[369]   *Haas/Kolmann/Kurz* in Gottwald/Haas InsR-HdB § 90 Rn. 347; Kübler/Prütting/*Noack* GesR Rn. 336; Noack/Servatius/Haas/*Haas* § 60 Rn. 52; Scholz/*Bitter* Vor § 64 Rn. 192.

[370]   *Haas/Kolmann/Kurz* in Gottwald/Haas InsR-HdB § 90 Rn. 347; Kübler/Prütting/*Noack* GesR Rn. 336; Scholz/*Bitter* Vor § 64 Rn. 192.

träge zu Lasten der Masse zu schließen. Die Geschäftsführer unterliegen weiterhin ihren Weisungen, selbstredend aber nicht der Verwalter oder die anderen Insolvenzorgane. Weisungen im Hinblick auf die zwingenden Verfahrenspflichten der organschaftlichen Vertreter sind unwirksam. Die Gesellschafter beschließen auch über die Entlastung der Geschäftsführer, die aber in der Insolvenz keine Verzichtswirkung hat.[371] Eine vor Verfahrenseröffnung beschlossene Generalbereinigung oder Entlastung kann der Verwalter hinsichtlich ihrer vermögensrechtlichen Folgen für die Gesellschaft nach Maßgabe der §§ 129 ff. InsO anfechten.[372]

116   Die Gesellschafter können auch in der Insolvenz eine **Kapitalerhöhung** (§§ 55 ff.),[373] eine vereinfachte Kapitalherabsetzung (§§ 58a ff.) oder die Einforderung von Nachschüssen beschließen (§ 26), der Übertragung von Gesellschaftsanteilen zustimmen (§ 15) und Anteile einziehen (§ 34). Eigene Anteile der Gesellschaft unterliegen aber der alleinigen Verwaltungs- und Verfügungsbefugnis des Insolvenzverwalters.[374] Ebenso fällt die Einforderung von Einlagen (§ 46 Nr. 2), die Geltendmachung von Schadensersatzansprüchen (§ 46 Nr. 8) oder von bereits beschlossenen Nachschüssen in den Aufgabenbereich des Verwalters. Dagegen sollen nach allerdings kritikwürdiger Ansicht des BGH die Gesellschafter weiterhin zu einer Änderung der Firma (§ 3 Abs. 1 Nr. 1) befugt sein, obwohl diese Bestandteil der Masse ist (näher → Rn. 123).[375] Eine vor der Verfahrenseröffnung vorgenommene Firmenänderung kann nach § 133 InsO anfechtbar sein.[376] In das **Verfahren** selbst sind die Gesellschafter grundsätzlich nur eingebunden, wenn die Gesellschaft führungslos ist. Dann müssen sie gem. § 10 Abs. 2 S. 2 InsO angehört werden und unterliegen der Auskunftspflicht nach § 101 Abs. 1 S. 2 Hs. 2 InsO iVm § 97 Abs. 1 InsO, § 98 InsO. Gesellschafter der Insolvenzschuldnerin sind allerdings nach Ansicht des BGH ausnahmsweise analog § 64 Abs. 3 InsO selbst zur Beschwerde gegen die Festsetzung der Vergütung des Insolvenzverwalters befugt, wenn die Höhe der Festsetzung ihr Recht auf eine Teilhabe an einem Überschuss (§ 199 S. 2 InsO) beeinträchtigen kann.[377]

117   **4. Aufsichtsrat. a) Fortbestand.** Ein etwaiger Aufsichtsrat bleibt in der Insolvenz bestehen.[378] Seine **Bedeutung** ist aber stark reduziert, denn die Überwachungs- und Beratungsfunktion bezieht sich allein auf das den Geschäftsführern verbliebene Aufgabenfeld. Dem Verwalter gegenüber hat das Gremium keinerlei Aufsichtsbefugnisse. Die Kompetenz der Gesellschafter zur Wahl und Abberufung der Aufsichtsratsmitglieder wird durch die Verfahrenseröffnung nicht berührt.[379]

118   **b) Verfahrenspflichten.** Die Mitglieder des Aufsichtsorgans sind gem. § 101 Abs. 1 S. 1 InsO, §§ 97–99 InsO wie die Geschäftsführer umfassend zu **Auskunft und Mitwir-**

---

371   *Grüneberg*, Die Rechtspositionen der Organe der GmbH und des Betriebsrats im Konkurs, 1988, 50 ff.; *H.-F. Müller*, Der Verband in der Insolvenz, 2002, 166 f.; *Gehrlein* ZInsO 2017, 1977 (1986); *Haas/Kolmann/Kurz* in Gottwald/Haas InsR-HdB § 90 Rn. 358; Kübler/Prütting/*Noack* GesR Rn. 338; MHdB GesR III/*Oberle* § 65 Rn. 104; Scholz/*Bitter* Vor § 64 Rn. 193; für Unzulässigkeit KG Urt. v. 5.5.1959 – 2 U 150/59, GmbHR 1959, 257.

372   *Haas/Kolmann/Kurz* in Gottwald/Haas InsR-HdB § 90 Rn. 358; Scholz/*Bitter* Vor § 64 Rn. 193.

373   Zur Kapitalerhöhung in der Insolvenz *Gundlach/Frenzel/Schmidt* NZI 2007, 692 ff.; *Kuntz* DStR 2006, 519; *H.-F. Müller* ZGR 2004, 842.

374   *Haas/Kolmann/Kurz* in Gottwald/Haas InsR-HdB § 90 Rn. 349; Jaeger/*Windel* InsO § 80 Rn. 82.

375   BGH Beschl. v. 26.11.2019 – II ZB 21/17, BGHZ 224, 72 Rn. 24 ff. = NZG 2020, 223; *Rieländer* ZHR 184 (2020), 507 (521 ff.); anders etwa *H.-F. Müller,* Der Verband in der Insolvenz, 2002, 177 f.; *Joussen* GmbHR 1994, 159 (162 f.). für die Befugnis der Gesellschafterversammlung mit Zustimmung des Verwalters dagegen OLG Karlsruhe Beschl. v. 8.1.1993 – 4 W 28/92, ZIP 1993, 133 (134); KG Beschl. v. 3.3.2014 – 12 W 145/13, ZInsO 2014, 1157 (1158); *Haas/Kolmann/Kurz* in Gottwald/Haas InsR-HdB § 90 Rn. 359; Kübler/Prütting/*Noack* GesR Rn. 339.

376   OLG Düsseldorf Beschl. v. 26.10.1988 – 3 Wx 403/88, ZIP 1989, 457 (458).

377   BGH Beschl. v. 20.2.2014 – IX ZB 32/12, ZIP 2014, 87 = NZI 2014, 383 mAnm *Mock.*

378   Vgl. RG Urt. v. 14.2.1913 – Rep. II 449/12, RGZ 81, 332 (335); KG Beschl. v. 4.8.2005 – 1 W 397/03, ZIP 2005, 1553 (1554); *Grüneberg,* Die Rechtspositionen der Organe der GmbH und des Betriebsrats im Konkurs, 1988, 159; *Oechsler* AG 2006, 606; *Haas/Kolmann/Kurz* in Gottwald/Haas InsR-HdB § 90 Rn. 361; aA nur *Wolf Schulz* KTS 1986, 389 (412).

379   OLG Düsseldorf Beschl. v. 11.4.2013 – 3 Wx 36/13, ZIP 2013, 1022 (1023 f.) zur AG.

kung im Insolvenzverfahren verpflichtet. Der Begriff des Aufsichtsorgans iSv § 101 S. 1 InsO ist dabei funktional zu verstehen. Erfasst sind – unabhängig von der Bezeichnung – alle aufgrund gesetzlicher Verpflichtung oder freiwillig eingerichteten Organe, die über substanzielle Kontrollrechte gegenüber der Geschäftsleitung verfügen.[380]

119   **c) Vergütung.** Nach ganz hM **entfallen** die Vergütungsansprüche der Mitglieder des Aufsichtsorgans mit der Eröffnung des Insolvenzverfahrens.[381] Die zuvor erworbenen Ansprüche sind einfache Insolvenzforderungen.[382]

III. Masse

120   **1. Kongruenz von Masse und Gesellschaftsvermögen.** In die Insolvenzmasse fällt nach § 35 InsO das **gesamte Vermögen** der Gesellschaft, das ihr im Zeitpunkt der Verfahrenseröffnung gehört und das sie während des Verfahrens erwirbt. Dies bedeutet, dass das von der Gesellschaft betriebene Unternehmen einschließlich der Firma vollständig der Verwaltungs- und Verfügungsbefugnis des Verwalters (§ 80 InsO)[383] unterliegt. Die Einschränkung des § 36 InsO hinsichtlich des der Zwangsvollstreckung nicht unterliegenden Vermögens soll die private Existenz natürlicher Personen gewährleisten und hat in der Gesellschaftsinsolvenz keinerlei Bedeutung.[384]

121   Eine **Freigabe** von Gegenständen des Gesellschaftsvermögens, deren Verwertung nicht lohnt, ist entgegen der Ansicht von BGH[385] und BVerwG[386] nicht zulässig.[387] Denn der Verwalter hat die Gesellschaft, sofern eine Sanierung ausscheidet, vollständig abzuwickeln (arg. § 199 S. 2 InsO). Dies setzt voraus, dass Insolvenzmasse und Gesellschaftsvermögen kongruent sind. Das Insolvenzverfahren hat zudem eine Ordnungsfunktion. Dem widerspräche es, wenn den Geschäftsführern mittelloser Gesellschaften etwa die Entsorgung kontaminierter Abfälle etc auferlegt würde. Dem Verwalter bleibt es unbenommen, den Geschäftsführern die Verwertung einzelner Massegegenstände für Rechnung der Masse zu überlassen.[388] Mit einer Freigabe hat dies nichts zu tun.

122   **2. Abgrenzung zur Gesellschaftersphäre.** Die **Trennung** zwischen Gesellschafts- und Gesellschaftervermögen bleibt in der Insolvenz erhalten. Daher kann der Verwalter

---

[380] *H.-F. Müller,* Der Verband in der Insolvenz, 2002, 146 f.; *Haas/Kolmann/Kurz* in Gottwald/Haas InsR-HdB § 90 Rn. 362; enger Jaeger/*Schilken* InsO § 101 Rn. 10.

[381] RG Urt. v. 14.2.1913 – Rep. II 449/12, RGZ 81, 332 (338 f.); *Oechsler* AG 2006, 606 (607 f.); *Haas/Kolmann/Kurz* in Gottwald/Haas InsR-HdB § 90 Rn. 361; Kübler/Prütting/*Noack* GesR Rn. 342; MHdB GesR III/*Oberle* § 65 Rn. 110; differenzierend *H.-F. Müller,* Der Verband in der Insolvenz, 2002, 158 ff.

[382] *Haas/Kolmann/Kurz* in Gottwald/Haas InsR-HdB § 90 Rn. 361.

[383] Zu den Pflichten bei der Verwaltung des Vermögens (Wertmehrungsgebot) s. BGH Urt. v. 16.3.2017 – XI ZR 253/03, BGHZ 214, 220 Rn. 12 ff. = NJW 2017, 1749.

[384] *H.-F. Müller,* Der Verband in der Insolvenz, 2002, 29 ff.; *Gehrlein* ZInsO 2017, 1977 (1980); *Haas/Kolmann/Kurz* in Gottwald/Haas InsR-HdB § 90 Rn. 368; Kübler/Prütting/*Noack* GesR Rn. 275.

[385] BGH Urt. v. 21.4.2005 – XI ZR 281/03, BGHZ 163, 32 (34 ff.) = NJW 2005, 2015; Urt. v. 5.7.2001 – XI ZR 327/99, BGHZ 148, 252 (258 f.) = NJW 2001, 2966; Urt. v. 26.1.2006 – XI ZR 282/03, ZInsO 2006, 260 Rn. 14; Urt. v. 14.6.2018 – IX ZR 232/17, BGHZ 219, 98 Rn. 29 = NJW 2018, 2494; aus der Lit. etwa *Gehrlein* ZInsO 2017, 1977 (1980); *Haas/Kolmann/Kurz* in Gottwald/Haas InsR-HdB § 90 Rn. 369; MHdB GesR III/*Oberle* § 65 Rn. 91; HK-InsO/*Ries* InsO § 35 Rn. 53; Jaeger/*Windel* InsO § 80 Rn. 29 f.; MüKoInsO/*Vuia* InsO § 80 Rn. 142 f.; Nerlich/Römermann/*Mönning* InsO § 80 Rn. 102 f.; Uhlenbruck/*Hirte* InsO § 35 Rn. 72.

[386] BVerwG Urt. v. 23.9.2004 – 7 C 22.03, ZIP 2004, 2145 (2147 f.); zum alten Recht BVerwG Beschl. v. 20.1.1984 – 4 C 37.80, ZIP 1984, 722 mwN.

[387] OLG Karlsruhe Urt. v. 25.7.2003 – 14 U 207/01, ZIP 2003, 1510 (1511 f.); OVG Greifswald Urt. v. 16.1.1997 – 3 L 94/96, NJW 1998, 175 (178); *H.-F. Müller,* Der Verband in der Insolvenz, 2002, 37 ff.; *Pieper,* Die Freigabe in der Insolvenz einer GmbH, 2007, 163 ff.; *Rödder,* Kompetenzbeschränkungen der Gesellschaftsorgane in der Insolvenz der GmbH, 2006, 24 ff.; *K. Schmidt,* Wege zum Insolvenzrecht der Unternehmen, 1990, 73 ff.; *K. Schmidt* ZGR 1998, 633 (637 f.); *K. Schmidt* AG 2006, 597 (598 ff.); Kübler/Prütting/*Bork/Holzer* InsO § 35 Rn. 21; Scholz/*Bitter* Vor § 64 Rn. 167 ff.

[388] *K. Schmidt* ZGR 1998, 633 (638).

nicht über die Anteile der Gesellschafter verfügen.[389] Eine Übertragung des Unternehmens kann er ohne deren Zustimmung daher außerhalb eines Insolvenzplanverfahrens (§ 225a InsO) nur im Wege eines asset deals, nicht aber durch einen share deal verwirklichen (zum Insolvenzplanverfahren → Rn. 136 ff.).[390] Wohl aber fallen eigene Anteile der Gesellschaft wie auch Beteiligungen an anderen Gesellschaften in die Masse.[391]

3. Firma. Die Firma besteht nach Insolvenzeröffnung weiter fort und fällt in die Masse. **123** Der Verwalter ist daher befugt, die Firma, auch wenn sie den Namen einer Person enthält, zusammen mit dem Unternehmen gem. § 23 HGB ohne Zustimmung der Gesellschaft oder des Namensträgers zu **veräußern.**[392] Eine Haftung des Erwerbers nach § 25 HGB wegen Firmenfortführung scheidet im Rahmen eines Insolvenzverfahrens aus.[393] Für den weiteren Verlauf der Abwicklung muss in der Regel eine Ersatzfirma gebildet werden.[394] Nach verbreiteter Ansicht kann der Verwalter die hierfür erforderliche Satzungsänderung aufgrund einer Annexkompetenz zu seiner Verwaltungs- und Verfügungsbefugnis selbst ohne Mitwirkung der Gesellschafter vornehmen.[395] Dem hat der BGH nunmehr leider eine Absage erteilt. Da im Regelinsolvenzverfahren die innergesellschaftlichen Kompetenzen der Organe unberührt blieben, bedürfe es für eine Satzungsänderung eines Beschlusses der Gesellschafter. Dass die Firmenänderung mittelbar Auswirkungen auf die Verwertung der Masse habe, genüge nicht, um eine originäre Kompetenz des Verwalters zu begründen.[396] Dieser ist also auf die Mitwirkung der Gesellschafter angewiesen, wenn er eine Übertragung des schuldnerischen Unternehmens zusammen mit der Firma vornehmen will und eine Doppelfirmierung unzulässig wäre oder vom Erwerber aus wirtschaftlichen Gründen abgelehnt wird. Immerhin wird man dem Verwalter einen Anspruch gegen die Gesellschaft auf Vornahme der notwendigen Satzungsänderung gem. § 97 InsO zubilligen,[397] allerdings ist die Durchsetzung umständlich und kompliziert.[398] Es bleibt die Möglichkeit, die Übertra-

---

[389]   Die Gesellschafter können ihre Anteile weiterhin veräußern, die bestehende Insolvenz begründet auch keinen Rechtsmangel, BGH Urt. v. 26.9.2018 – VIII ZR 187/17, NJW 2019, 145 Rn. 41.

[390]   *Treffer* GmbHR 2002, 205 (206).

[391]   OLG München Beschl. v. 24.8.2010 – 31 Wx 154/10, ZIP 2010, 1756; AG Charlottenburg Beschl. v. 3.11.1995 – 97 HRB 49 246, NJW-RR 1997, 31 (32); zur Ausübung der Rechte aus Beteiligungen an anderen Gesellschaften durch den Insolvenzverwalter näher *Heckschen* ZIP 2010, 1319; speziell zum anhängigen Beschlussmängelstreit des insolventen Gesellschafters BGH Urt. v. 24.10.2017 – II ZR 16/16, NZG 2018, 32.

[392]   BGH Urt. v. 27.9.1982 – II ZR 51/82, BGHZ 85, 221 (223 f.) = NJW 1983, 755; Urt. v. 14.12.1989 – I ZR 17/88, NJW 1990, 1605 (1607); Beschl. v. 26.11.2019 – II ZB 21/17, BGHZ 224, 72 Rn. 10 = NZG 2020, 223; Scholz/*Bitter* Vor § 64 Rn. 185.

[393]   BGH Urt. v. 23.10.2013 – VIII ZR 423/12, NZG 2014, 511 Rn. 17; Scholz/*Bitter* Vor § 64 Rn. 186; dies gilt auch bei Veräußerung durch den Schuldner in der Eigenverwaltung, s. BGH Urt. v. 3.12.2019 – II ZR 457/18, NZI 2020, 285 Rn. 11 ff.; dazu *Neuberger* ZIP 2020, 606.

[394]   KG Beschl. v. 10.7.2017 – 22 W 47/17, NZG 2017, 1113 (1114); *Emmrich,* Das Firmenrecht im Konkurs, 1992, 129 f.; *Grüneberg,* Die Rechtspositionen der Organe der GmbH und des Betriebsrats im Konkurs, 1988, 59 ff.; *H.-F. Müller,* Der Verband in der Insolvenz, 2002, 175 ff.; *Hacker/v. Lilien-Waldau* NZI 2017, 787 (788); *Linardatos* ZIP 2017, 901 (903 ff.); *Priester* DNotZ 2016, 892 (893); *Rieländer* ZHR 184 (2020), 507 (513 ff.); *Ulmer* NJW 1983, 1697 (1700); Scholz/*Bitter* Vor § 64 Rn. 185a; einschr. BGH Beschl. v. 26.11.2019 – II ZB 21/17, BGHZ 224, 72 Rn. 11 ff. = NZG 2020, 223; aA *Bokelmann* KTS 1982, 27 (45 ff.); *Leuering* NJW 2016, 3265 (3267 f.).

[395]   KG Beschl. v. 10.7.2017 – 22 W 47/17, NZG 2017, 1113 (1114 f.); *Hacker/v. Lilien-Waldau* NZI 2017, 787 (788 f.); *Joussen* GmbHR 1994, 159 (162 f.); *Linardatos* ZIP 2017, 901 (906 ff.); *Priester* DNotZ 2016, 892 (895 ff.); Scholz/*Bitter* Vor § 64 Rn. 185a; gegen das Erfordernis einer formalen Satzungsänderung LG Essen Beschl. v. 4.5.2009 – 44 T 3/09, ZIP 2009, 1583 (1584) = BeckRS 2009, 23101; *Horstkotte* ZInsO 2016, 1369 (1370 f.); *Ulmer* NJW 1983, 1697 (1700 ff.); *Wachter* GmbHR 2016, 930 (931); für eine lediglich subsidiäre Befugnis des Verwalters bei Untätigkeit der Gesellschafter *Grüneberg,* Die Rechtspositionen der Organe der GmbH und des Betriebsrats im Konkurs, 1988, 67 ff.; *Haas/Kolmann/Kurz* in Gottwald/Haas InsR-HdB § 90 Rn. 359.

[396]   BGH Beschl. v. 26.11.2019 – II ZB 21/17, BGHZ 224, 72 Rn. 24 ff. = NZG 2020, 223; *Rieländer* ZHR 184 (2020), 507 (521 ff.); krit. *Noack* NZG 2020, 257; *H.-F. Müller* WuB 2020, 253; *Priester* EWiR 2020, 103.

[397]   *Rieländer* ZHR 184 (2020), 507 (531 ff.).

[398]   *Linardatos* ZIP 2017, 901 (907).

gung des Unternehmens in einem Insolvenzplan zu regeln und die Firmenänderung in den gestaltenden Teil des Plans aufzunehmen (§ 225a Abs. 3 InsO).[399] Doch ist ein solches Vorgehen deutlich aufwändiger und teurer als die klassische übertragende Sanierung durch den Insolvenzverwalter.

124   **4. Einlageforderungen.** Zur Insolvenzmasse gehören auch noch offene Einlageforderungen. Diese kann der Insolvenzverwalter **ohne vorherigen Gesellschafterbeschluss** (§ 46 Nr. 2) einziehen,[400] dies gilt auch für ein etwaiges Agio.[401] Dabei ist er an statutarische Fälligkeitstermine nicht gebunden.[402] Der Verwalter führt gegebenenfalls auch das **Kaduzierungsverfahren** nach §§ 21 ff. durch.[403] Er darf die Gesellschafter nicht in weiterem Umfang in Anspruch nehmen, als dies zur Gläubigerbefriedigung erforderlich ist. Der Einlageschuldner, der sich auf die fehlende Erforderlichkeit beruft, muss allerdings die tatsächlichen Voraussetzungen für das Vorliegen eines solchen Ausnahmefalls dartun und gegebenenfalls beweisen.[404] Sofern die vollständige Einziehung der Einlagen nicht notwendig ist, muss der Verwalter die Gesellschafter zwar grundsätzlich gleich behandeln. Unbedenklich ist es jedoch, wenn er einen von ihnen wegen Vermögenslosigkeit nicht heranzieht.[405]

125   Das Verbot der Befreiung von der Einlageleistung (§ 19 Abs. 2 S. 1) gilt grundsätzlich auch für den Verwalter,[406] es steht jedoch dem Abschluss eines **Vergleichs** nicht entgegen.[407] Der Gesellschafter unterliegt dem Aufrechnungsverbot des § 19 Abs. 2 S. 2.[408] Der Verwalter kann aufrechnen, wenn die Einlageforderung wirtschaftlich weniger wert ist als die dem Gesellschafter-Gläubiger voraussichtlich zustehende Insolvenzquote.[409] Er kann die Einlageforderung im Interesse einer zügigen Abwicklung auch gegen nicht vollwertiges Entgelt an einen Dritten abtreten.[410] Hinsichtlich der **Verjährung** tritt gem. § 19 Abs. 6 S. 2 mit der Eröffnung des Verfahrens eine sechsmonatige Ablaufhemmung ein. Damit soll dem Verwalter Gelegenheit gegeben werden, die Forderung zu prüfen und gegebenenfalls verjährungsunterbrechende Maßnahmen einzuleiten (→ § 19 Rn. 338 ff.).

126   Auch Einlageforderungen aus einer **Kapitalerhöhung** fallen in die Insolvenzmasse, und dies wegen der Einbeziehung des Neuerwerbs durch die InsO unabhängig davon, ob die Gesellschafter den Beschluss vor oder nach Eröffnung des Insolvenzverfahrens gefasst haben.[411] Die Verfahrenseröffnung hat auf den Bestand eines zuvor ergangenen Beschlusses

---

[399]   *Rieländer* ZHR 184 (2020), 507 (538 ff.).

[400]   BGH Urt. v. 15.10.2007 – II ZR 216/06, NZG 2008, 273 Rn. 18; OLG Jena Beschl. v. 8.6.2007 – 6 U 311/07, NZG 2007, 717 (718) = EWiR § 74 GmbHG 1/08, 15 (*Höpfner*); *Gehrlein* ZInsO 2017, 1977 (1982); *Haas/Kolmann/Kurz* in Gottwald/Haas InsR-HdB § 90 Rn. 372; *Scholz/Bitter* Vor § 64 Rn. 180.

[401]   BGH Urt. v. 15.10.2007 – II ZR 216/06, NZG 2008, 273 Rn. 19; *Gehrlein* ZInsO 2017, 1977 (1982).

[402]   BGH Urt. v. 15.10.2007 – II ZR 216/06, NZG 2008, 273 Rn. 18; *Gehrlein* ZInsO 2017, 1977 (1982); *Haas/Kolmann/Kurz* in Gottwald/Haas InsR-HdB § 90 Rn. 372; *Scholz/Bitter* Vor § 64 Rn. 180.

[403]   OLG Jena Beschl. v. 8.6.2007 – 6 U 311/07, NZG 2007, 717 (718) = EWiR § 74 GmbHG 1/08, 15 (*Höpfner*); *Haas/Kolmann/Kurz* in Gottwald/Haas InsR-HdB § 90 Rn. 372; *Uhlenbruck/Hirte* InsO § 35 Rn. 311; *Scholz/Bitter* Vor § 64 Rn. 180.

[404]   Vgl. RG Urt. v. 25.3.1899 – 353/98 I, JW 1899, 305; Urt. v. 3.4.1912 – Rep. I 178/11, RGZ 79, 174 (175); *Scholz/Bitter* Vor § 64 Rn. 180.

[405]   Jaeger/*Müller* InsO § 35 Rn. 154.

[406]   BayObLG Beschl. v. 30.10.1984 – BReg. 3 Z 204/84, ZIP 1985, 33 (34); aA Jaeger/*Windel* InsO § 80 Rn. 86.

[407]   BayObLG Beschl. v. 30.10.1984 – BReg. 3 Z 204/84, ZIP 1985, 33 (34); *K. Schmidt* KTS 2001, 373 (379); *Walker*, Die GmbH-Stammeinlageforderung in der Insolvenz, 2004, 80 ff.

[408]   BGH Urt. v. 21.9.1978 – II ZR 214/77, NJW 1979, 216; Jaeger/*Windel* InsO § 94 Rn. 158.

[409]   *Uhlenbruck/Hirte* InsO § 35 Rn. 121.

[410]   *Haas/Kolmann/Kurz* in Gottwald/Haas InsR-HdB § 90 Rn. 374; Jaeger/*Windel* InsO § 80 Rn. 87; *Uhlenbruck/Hirte* InsO § 35 Rn. 121.

[411]   *Kuntz* DStR 2006, 519; *H.-F. Müller* ZGR 2004, 842 (845 ff.); *Pieper*, Die Freigabe in der Insolvenz einer GmbH, 2007, 158 ff.; *Pujol*, Die Sanierung der Schuldnergesellschaft vor dem Hintergrund der gesellschaftsrechtlichen Neutralität des Insolvenzrechts nach deutschem und französischem Recht, 2007, 57 f.; *Haas/Kolmann/Kurz* in Gottwald/Haas InsR-HdB § 90 Rn. 377; aA *Götker*, Der Geschäftsführer in der Insolvenz der GmbH, 1999, Rn. 984 ff.; *Robrecht* GmbHR 2002, 692; *Uhlenbruck* FS Lüer, 2008, 461 (473 ff.); *Wellensiek/Flitsch* FS Fischer, 2008, 579 (593).

keine Auswirkung.[412] Jedoch sollen nach hM die Gesellschafter befugt sein, den Beschluss bis zur Eintragung aufzuheben, die Inferenten die Übernahmeverträge aus wichtigem Grund kündigen können (→ § 55 Rn. 77, → § 55 Rn. 190 f.).[413]

5. Sonstige Ansprüche der Gesellschaft gegen die Gesellschafter. Insolvenzbe- **127** fangen und daher vom Verwalter nach § 80 InsO einzuziehen sind außerdem sonstige Ansprüche der Gesellschaft gegen ihre Gesellschafter, insbesondere aus Vorbelastungshaftung bei Geschäftsaufnahme vor Eintragung, Differenzhaftung gem. § 9, Gründerhaftung (§ 9a), auf Rückgewähr verbotener Zahlungen nach § 31 Abs. 1, 3, Erbringung von Nebenleistungspflichten (§ 3 Abs. 2) und Zahlung von Nachschüssen (§ 26). Ebenfalls Bestandteil der Masse sind nach dem neuen Binnenhaftungsmodell des BGH Ansprüche wegen Existenzvernichtung gem. § 826 BGB.[414]

6. Ersatzansprüche gegen Geschäftsführer. Besondere Bedeutung haben in der **128** Insolvenz Ersatzansprüche gegen die Geschäftsführer aus §§ 9a, 43 Abs. 2, 3, § 64 S. 1 und 3 bzw. § 15b InsO. Der Verwalter kann diese Ansprüche ohne einen Gesellschafterbeschluss (§ 46 Nr. 8) nach § 80 InsO durchsetzen.[415] Soweit § 9b Abs. 1 S. 1, § 43 Abs. 3 S. 3, § 64 S. 4 bzw. § 15h Abs. 4 S. 4, 5 InsO Vergleichsverbote enthalten, ist er hieran nicht gebunden, er haftet aber für einen für die Masse ungünstigen Vergleich nach § 60 InsO.[416] Ein Verzicht ist regelmäßig evident insolvenzzweckwidrig und damit unwirksam.

7. Anfechtung. In die Masse fällt auch das, was der Insolvenzverwalter durch Anfech- **129** tung von gläubigerbenachteiligenden Rechtshandlungen nach §§ 129 ff. InsO erlangt. Die Anfechtung von Vermögenstransfers an bestimmte **Insider** wird nach § 138 Abs. 2 InsO erleichtert. Als Insider im Sinne dieser Vorschrift gelten Geschäftsführer, Aufsichtsrats- und Beiratsmitglieder, mit mehr als 25 % am Stammkapital beteiligte Gesellschafter, Personen, die über vergleichbare Informationsmöglichkeiten verfügen, und Angehörige der vorstehend Genannten. Sicherung und Befriedigung von Forderungen aus **Gesellschafterdarlehen** und vergleichbaren Leistungen sind nach Maßgabe von § 135 Abs. 1, 2, 4 InsO anfechtbar.

IV. Rechnungslegung

1. Interne Rechnungslegung. Zu unterscheiden ist zwischen der internen (insol- **130** venzrechtlichen) Rechnungslegung des Verwalters gegenüber den Verfahrensbeteiligten und der weiterzuführenden externen Rechnungslegung nach Handels- und Steuerrecht. Sie verfolgen unterschiedliche Ziele, sind aber soweit wie möglich aufeinander abzustimmen, um überflüssige Doppelarbeit zu vermeiden.[417] Insolvenzrechtlich ist der Verwalter verpflichtet, ein Verzeichnis der Massegegenstände (§ 151 InsO) und der Gläubiger (§ 152 InsO) anzulegen. Er hat ferner eine auf den Zeitpunkt der Eröffnung des Verfahrens bezo-

---

[412] BGH Urt. v. 7.11.1994 – II ZR 248/93, NJW 1995, 460; KG Urt. v. 19.7.1999 – 23 U 3401/97, NZG 2000, 193 (194); *Kuntz* DStR 2006, 519 (521); *H.-F. Müller* ZGR 2004, 842 (851); *Pujol,* Die Sanierung der Schuldnergesellschaft vor dem Hintergrund der gesellschaftsrechtlichen Neutralität des Insolvenzrechts nach deutschem und französischem Recht, 2007, 62; krit. *Haas/Kolmann/Kurz* in Gottwald/Haas InsR-HdB § 90 Rn. 376.

[413] BGH Urt. v. 7.11.1994 – II ZR 248/93, NJW 1995, 460; KG Urt. v. 19.7.1999 – 23 U 3401/97, NZG 2000, 193 (194); OLG Zweibrücken Urt v. 12.12.2013 – 4 U 39/13, ZIP 2014, 588 (589); *Kuntz* DStR 2006, 519 (521 ff.); *Haas/Kolmann/Kurz* in Gottwald/Haas InsR-HdB § 90 Rn. 376; stark einschr. demgegenüber *Gehrlein* ZInsO 2017, 1977 (1986); *Gundlach/Frenzel/Schmidt* NZI 2007, 692 (693 ff.); *H.-F. Müller* ZGR 2004, 842 (851 ff.); *Pujol,* Die Sanierung der Schuldnergesellschaft vor dem Hintergrund der gesellschaftsrechtlichen Neutralität des Insolvenzrechts nach deutschem und französischem Recht, 2007, 62 ff.

[414] BGH Urt. v. 16.7.2007 – II ZR 3/04, BGHZ 173, 246 Rn. 34 = NJW 2007, 2689 – Trihotel; Urt. v. 28.4.2008 – II ZR 264/06, BGHZ 176, 204 Rn. 11 = NJW 2008, 2437 – Gamma.

[415] BGH Urt. v. 14.7.2004 – VIII ZR 224/02, NZG 2004, 962 (964); *Gehrlein* ZInsO 2017, 1977 (1983).

[416] BGH Urt. v. 14.6.2018 – IX ZR 232/17, BGHZ 219, 98 Rn. 21 ff. = NJW 2018, 2494; *Haas* ZInsO 2007, 464 (469); *K. Schmidt* KTS 2001, 373 (379).

[417] *Fischer-Böhnlein/Körner* BB 2001, 191 (197 ff.).

gene Vermögensübersicht zu erstellen (§ 153 InsO). Bei Beendigung seines Amtes muss er der Gläubigerversammlung gem. § 66 InsO Rechnung legen.[418] Dieses Rechenwerk wird im Schlusstermin nach § 197 Abs. 1 Nr. 1 InsO erörtert.

131   **2. Externe Rechnungslegungspflicht. a) Inhalt und Umfang.** Nach § 155 Abs. 1 S. 1 InsO bleiben die **handels- und steuerrechtlichen Rechnungslegungspflichten** der GmbH im Insolvenzverfahren unberührt. Für die Erfüllung dieser Pflichten ist nunmehr anstelle der Geschäftsführer der **Insolvenzverwalter** verantwortlich (§ 155 Abs. 1 S. 2 InsO), wenn nicht ausnahmsweise Eigenverwaltung nach §§ 270 ff. InsO angeordnet wird. Weder die Einstellung des Betriebs noch Massearmut entbindet ihn hiervon.[419] Der Verwalter hat auch Bilanzen für die Geschäftsjahre vor der Insolvenzeröffnung aufzustellen, wenn dies pflichtwidrig unterblieben ist.[420] Die Geschäftsführer sind hierzu nach Inbesitznahme der Bücher seitens des Verwalters gem. § 148 InsO gar nicht mehr in der Lage. Auch zu einer Korrektur unrichtiger Jahresabschlüsse kann der Verwalter angehalten sein. Er ist außerdem analog § 256 Abs. 7 AktG, § 249 Abs. 1 AktG befugt, eine Bilanznichtigkeitsklage zu erheben, wenn dies für die Masse vorteilhaft ist.[421] Ein Rechtsschutzinteresse an der Feststellung der Nichtigkeit hat er grundsätzlich auch dann, wenn er den beanstandeten Jahresabschluss durch einen neuen Abschluss ersetzt hat.[422]

132   Mit der Eröffnung des Insolvenzverfahrens beginnt gem. § 155 Abs. 2 S. 1 InsO ein **neues Geschäftsjahr.** Für den Zeitraum zwischen dem letzten regulären Bilanzstichtag und dem Tag des Eröffnungsbeschlusses entsteht dadurch regelmäßig ein Rumpfgeschäftsjahr.[423] Der Verwalter kann ohne Mitwirkung der Gesellschafter zum bisherigen Geschäftsjahr zurückkehren, muss aber hierzu erneut ein weiteres Rumpfgeschäftsjahr bilden.[424] Die Änderung wird aber erst mit der Mitteilung an das Registergericht wirksam. Eine rückwirkende Änderung ist ausgeschlossen.[425]

133   Für das Rumpfgeschäftsjahr vor Verfahrenseröffnung sowie für alle nachfolgenden Geschäftsjahre hat der Verwalter einen **Jahresabschluss** mit Bilanz, Gewinn- und Verlustrechnung, Anhang sowie bei mittelgroßen und großen Gesellschaften einen Lagebericht aufzustellen. Ferner ist bezogen auf den Zeitpunkt des Eröffnungsbeschlusses eine **Insolvenzeröffnungsbilanz** mit erläuterndem Bericht zu erstellen. Die Ansätze müssen nicht notwendig mit denen der Schlussbilanz der werbenden Gesellschaft übereinstimmen, da

---

[418] Dazu im Einzelnen IDW RH HFA 01.010, 1.011, 1.012, abgedruckt in ZInsO 2008, 75 (130, 179); *Frystatzki* NZI 2009, 581; *Kloos* NZI 2009, 586.

[419] LG Frankfurt (Oder) Beschl. v. 4.9.2006 – 32 T 12/05, NZI 2007, 294 (295); *H.-F. Müller,* Der Verband in der Insolvenz, 2002, 108; *Schmitt/Möhlmann-Mahlau* NZI 2007, 703 (704); *Braun/Haffa/Leichtle* InsO § 155 Rn. 1; anders *Kunz/Mundt* DStR 1997, 664 (670 f.); *Undritz/Carl/Vogel* DZWIR 2008, 353 (355); *Jaeger/Eckardt* InsO § 155 Rn. 35 ff.; MüKoInsO/*Füchsl/Weishäupl/Jaffé* InsO § 155 Rn. 11; Noack/Servatius/Haas/*Haas* § 41 Rn. 11; offenlassend BGH Beschl. v. 21.6.2011 – II ZB 12/10, BGHZ 190, 110 Rn. 24 = ZIP 2011, 1673; Urt. v. 16.9.2010 – IX ZR 121/09, ZIP 2010, 2164 Rn. 10.

[420] Vgl. OGH Urt. v. 29.3.2001 – 6 Ob 25/01 x, NZG 2001, 987; ferner KG Beschl. v. 3.6.1997 – 1 W 8260/95, ZIP 1997, 1511 = NZG 1998, 74; LG Frankfurt (Oder) Beschl. v. 4.9.2006 – 32 T 12/05, NZI 2007, 294 (295); *Jaeger/Eckardt* InsO § 155 Rn. 25 ff.; MüKoInsO/*Füchsl/Weishäupl/Jaffé* InsO § 155 Rn. 4; Uhlenbruck/*Sinz* InsO § 155 Rn. 11; Noack/Servatius/Haas/*Haas* § 41 Rn. 10.

[421] BGH Urt. v. 21.4.2020 – II ZR 412/17, BGHZ 225, 198 Rn. 23 ff. = BeckRS 2020, 8598 zur AG; Urt. v. 21.4.2020 – II ZR 56/18, NZI 2020, 739 Rn. 18 ff. zur KGaA; OLG Dresden Urt. v. 9.2.2017 – 8 U 576/16, ZIP 2017, 2003 = BeckRS 2017, 102414; *H.-F. Müller,* Der Verband in der Insolvenz, 2002, 211 ff.; *Lübke* ZGR 2021, 156 (159).

[422] BGH Urt. v. 21.4.2020 – II ZR 56/18, NZI 2020, 739 Rn. 27 ff. zur KGaA.

[423] BGH Beschl. v. 14.10.2014 – II ZB 20/13, NZG 2015, 157 Rn. 10; *Eisolt/Schmidt* BB 2009, 654 (655); *Förschle/Weisang* in WFD Sonderbilanzen R Rn. 56; *Jaeger/Eckardt* InsO § 155 Rn. 65; MüKoInsO/*Füchsl/Weishäupl/Jaffé* InsO § 155 Rn. 18; Noack/Servatius/Haas/*Haas* § 41 Rn. 12; aA OLG Frankfurt Beschl. v. 21.5.2012 – 20 W 65/12, ZIP 2012, 1617.

[424] BGH Beschl. v. 14.10.2014 – II ZB 20/13, NZG 2015, 157 Rn. 11; *Jaeger/Eckardt* InsO § 155 Rn. 68 ff.; MüKoInsO/*Füchsl/Weishäupl/Jaffé* InsO § 155 Rn. 18; Noack/Servatius/Haas/*Haas* § 41 Rn. 12; für Zuständigkeit der Gesellschafter *Eisolt/Schmidt* BB 2009, 654 (655); *Weisang* BB 1998, 1149 (1151).

[425] BGH Beschl. v. 14.10.2014 – II ZB 20/13, NZG 2015, 157 Rn. 12 ff.; Beschl. v. 21.2.2017 – II ZB 16/15, NZI 2017, 630 Rn. 10 ff.; auf den Zeitpunkt der Eintragung abstellend OLG Frankfurt Beschl. v. 1.10.2013 – 20 W 340/12, ZIP 2014, 433.

sich durch die in der Auflösung (§ 60 Abs. 1 Nr. 4) liegende Zäsur mitunter Veränderungen bei Ansatz und Bewertung ergeben.[426] Mit der Beendigung des Insolvenzverfahrens hat der Verwalter eine Schlussbilanz aufzustellen, wodurch sich wiederum ein Rumpfgeschäftsjahr bildet. Im Übrigen gelten weitgehend dieselben Grundsätze wie für die Liquidationsrechnungslegung nach § 71. Eine Erleichterung für den Insolvenzverwalter bedeutet die Regelung des § 155 Abs. 2 S. 2 InsO, wonach die Zeit vom Eröffnungstermin bis zum Berichtstermin (§ 29 Abs. 1 Nr. 1 InsO, § 156 InsO) nicht in die gesetzlichen Fristen für die Aufstellung und Offenlegung von Jahresabschlüssen eingerechnet wird.

b) Prüfung. Der Jahresabschluss unterliegt bei anderen als kleinen Gesellschaften der **134** **Pflichtprüfung nach §§ 316 ff. HGB.** Sind die Verhältnisse der Gesellschaft überschaubar, so kann das Registergericht entsprechend § 71 Abs. 3 von der Prüfung der Jahresabschlüsse befreien, die sich auf den Zeitraum nach Verfahrenseröffnung beziehen.[427] Geschieht dies nicht, wird der Abschlussprüfer gem. § 155 Abs. 3 S. 1 InsO vom Registergericht auf Antrag des Verwalters bestellt. Ein für das Geschäftsjahr vor Verfahrenseröffnung von den Gesellschaftern nach § 318 Abs. 1 HGB bereits bestellter Prüfer bleibt aber gem. § 155 Abs. 3 S. 2 InsO im Amt.[428] Der Verwalter kann ihn nicht ablösen,[429] ihm ist jedoch das Antragsrecht mit dem Ziel seiner Ersetzung nach § 318 Abs. 3 HGB zuzubilligen.[430]

c) Publizität. Der Verwalter hat nach Maßgabe von § 325 HGB die Jahresabschlüsse **135** offenzulegen.[431] Eine Befreiung hiervon ist nicht möglich.[432] Bei Verletzung seiner Publizitätsverpflichtung kann gegen den Verwalter ein Ordnungsgeld gem. § 335 HGB verhängt werden, denn die Pflichtenzuweisung nach § 155 Abs. 1 S. 2 InsO beinhaltet auch die Verantwortlichkeit für den Fall der Verletzung dieser Pflichten.[433]

V. Insolvenzplanverfahren

1. Überblick. Die Einführung des Insolvenzplanverfahrens als flexibles **Sanierungs-** **136** **instrument** nach dem Vorbild des US-amerikanischen Chapter 11 Bankruptcy Code

---

[426] *Eisolt/Schmidt* BB 2009, 654 (656); *Fischer-Böhnlein/Körner* BB 2001, 191 (195 f.); *Schmitt/Möhlmann-Mahlau* NZI 2007, 703 (704 f.); Noack/Servatius/Haas/*Haas* § 41 Rn. 14; aA *Weisang* BB 1998, 1149 (1150); *Förschle/Weisang* in WFD Sonderbilanzen R Rn. 75; Nerlich/Römermann/*Andres* InsO § 155 Rn. 23.

[427] OLG München Beschl. v. 9.1.2008 – 31 Wx 66/07, GmbHR 2008, 323 (324); *H.-F. Müller,* Der Verband in der Insolvenz, 2002, 109 f.; HK-InsO/*Depré* InsO § 155 Rn. 6; Jaeger/*Eckardt* InsO § 155 Rn. 65, 121 ff.; MüKoInsO/*Füchsl/Weishäupl/Jaffé* InsO § 155 Rn. 21; Nerlich/Römermann/*Andres* InsO § 155 Rn. 26; Noack/Servatius/Haas/*Haas* § 41 Rn. 15; für eine Erstreckung auf vorhergehende Geschäftsjahre *Kind/Frank/Heinrich* NZI 2006, 205 (207); die Zuständigkeit des Insolvenzgerichts bejahend *Kunz/Mundt* DStR 1997, 664 (668).

[428] Für eine analoge Anwendung der Regelung auf Prüfaufträge für frühere Jahre OLG Karlsruhe Beschl. v. 4.5.2017 – 14 W 21/17 (Wx), NZG 2017, 1036; gegen OLG Dresden Beschl. v. 30.9.2009 – 13 W 281/09, NZG 2010, 396; Jaeger/*Eckardt* InsO § 155 Rn. 114.

[429] OLG Frankfurt Beschl. v. 4.12.2003 – 20 W 232/03, NZG 2004, 285 (286); HK-InsO/*Depré* InsO § 155 Rn. 16; Jaeger/*Eckardt* InsO § 155 Rn. 117.

[430] *Klerx* NZG 2003, 943 (944 ff.); HK-InsO/*Depré* InsO § 155 Rn. 16; Jaeger/*Eckardt* InsO § 155 Rn. 117; zweifelnd OLG Frankfurt Beschl. v. 4.12.2003 – 20 W 232/03, NZG 2004, 285 (286).

[431] LG Frankfurt (Oder) Beschl. v. 4.9.2006 – 32 T 12/05, NZI 2007, 294 (295); LG Frankfurt a. M. Beschl. v. 1.10.2007 – 3-6 T 30/07, ZIP 2007, 2325; LG Hagen Beschl. v. 11.5.2007 – 24 T 2/07, NZI 2008, 112 (113); *Grashof* NZI 2008, 65 (68); *Undritz/Zak/Vogel* DZWIR 2008, 353 (357); *de Weerth* NZI 2008, 711 (713); HK-InsO/*Depré* InsO § 155 Rn. 13; Jaeger/*Eckardt* InsO § 155 Rn. 132 ff.; aA LG Bonn Beschl. v. 22.4.2008 – 11 T 28/07, ZIP 2008, 1082 = EWiR § 155 InsO 1/08, 443 *(Weitzmann);* LG Bonn Beschl. v. 16.9.2009 – 30 T 366/09, NZI 2009, 781.

[432] *Grashof* NZI 2008, 65 (68 f.); *Undritz/Zak/Vogel* DZWIR 2008, 353 (357); *de Weerth* NZI 2008, 711 (713); Jaeger/*Eckardt* InsO § 155 Rn. 134; aA in analoger Anwendung von § 71 Abs. 3 *Kunz/Mundt* DStR 1997, 664 (668).

[433] LG Frankfurt (Oder) Beschl. v. 4.9.2006 – 32 T 12/05, NZI 2007, 294 (295); LG Hagen Beschl. v. 11.5.2007 – 24 T 2/07, NZI 2008, 112 (113); *de Weerth* NZI 2008, 711 (713 f.); aA LG Bonn Beschl. v. 22.4.2008 – 11 T 28/07, ZIP 2008, 1082; LG Frankfurt a. M. Beschl. v. 1.10.2007 – 3-6 T 30/07, ZIP 2007, 2325; *Grashof* NZI 2008, 65 (69); *Undritz/Zak/Vogel* DZWIR 2008, 353 (357 f.); Jaeger/*Eckardt* InsO § 155 Rn. 139 ff.

gehörte zu den zentralen Neuerungen der Insolvenzordnung. Durch das Gesetz zur weiteren Erleichterung der Sanierung von Unternehmen (ESUG) vom 7.12.2011 (BGBl. 2011 I 2582) ist das Verfahren tiefgreifend reformiert worden. Insbesondere sind nunmehr nicht mehr nur Eingriffe in die Rechte der Gläubiger, sondern auch in die der Anteilseigner der Schuldnergesellschaft möglich. Darauf hatte der Gesetzgeber der Insolvenzordnung noch mit der Überlegung verzichtet, Gegenstand der Haftung sei das Vermögen des Schuldners, nicht dessen gesellschafts- oder verbandsrechtliche Organisation. Den Organen der Schuldnerin sollte es vorbehalten sein, über die für eine Reorganisation notwendigen verbandsrechtlichen Maßnahmen außerhalb des Insolvenzverfahrens zu entscheiden.[434] Von dem Grundsatz der gesellschaftsrechtlichen Neutralität der Insolvenzordnung hat sich der Gesetzgeber einer verbreiteten Forderung folgend[435] mit dem ESUG verabschiedet. Damit sollen die Möglichkeiten der Sanierung durch einen Insolvenzplan erweitert und das Blockadepotential der Anteilsinhaber abgebaut werden.[436] Die Aussicht, dass gesellschaftsrechtliche Maßnahmen ohne Mitwirkung der zuständigen Organe getroffen werden, ist für diese allerdings nicht gerade attraktiv und konterkariert in gewisser Weise das Anliegen, den Gesellschaften Anreize für eine frühzeitige Einleitung des Verfahrens zu setzen.[437] Außerdem birgt die Neuregelung die Gefahr eines Missbrauchs zu Lasten der Gesellschafter in sich. Immerhin fällt deren Mitgliedschaft in den Schutzbereich der Art. 9 GG und Art. 14 GG. Geschützt wird nicht nur die in der Insolvenz regelmäßig stark entwertete vermögensrechtliche Position der Gesellschafter, sondern auch ihre Teilhabe- und Mitwirkungsrechte.[438] Einer vollständigen Entrechtung der Anteilsinhaber ist bei der Handhabung der §§ 217 ff. InsO entschieden zu begegnen.[439]

137   **2. Gesellschaftsrechtliche Maßnahmen im Plan.** § 217 S. 2 InsO erlaubt nunmehr die **Einbeziehung der Anteils- und Mitgliedschaftsrechte** der am Schuldner beteiligten Personen in den Plan mit unmittelbar gestaltender Wirkung (vgl. § 254 Abs. 1 InsO). Nach § 225a Abs. 3 InsO kann der Plan jede Regelung treffen, die nach dem Gesellschaftsrecht zulässig ist,[440] insbesondere die Fortsetzung der aufgelösten Gesellschaft und die Übertragung von Anteils- und Mitgliedschaftsrechten. Eigens hervorgehoben wird auch, dass im Planverfahren ein **Debt-Equity-Swap** mit den typischen Instrumentarien Kapitalherabsetzung und anschließende Kapitalerhöhung, Einbringung von Forderungen als Sacheinlagen sowie Ausschluss des Bezugsrechts der Altgesellschafter verwirklicht werden kann (§ 225a Abs. 2 InsO). § 225a Abs. 2 S. 2 InsO stellt klar, dass eine Umwandlung von Forderungen in Anteilsrechte gegen den Willen des betroffenen Gläubigers nicht möglich ist. Sollen Gläubiger Anteile übernehmen, so ist dem Plan die zustimmende Erklärung eines jeden dieser Gläubiger beizufügen (§ 230 Abs. 2 InsO). Nach § 254 Abs. 4 S. 2 InsO ist eine Haftung des Inferenten wegen Überbewertung der Einlage gegenüber der Gesellschaft nach Bestätigung des Plans ausgeschlossen. Damit soll den Unsicherheiten bei der Bewertung der eingebrachten Forderungen Rechnung getragen und den Gläubigern Planungssicherheit

---

[434]   Allg. Begr. RegE InsO, BT-Drs. 12/2443, 83; zum ursprünglichen Konzept der Insolvenzordnung umfassend *H.-F. Müller*, Der Verband in der Insolvenz, 2002, 318 ff.

[435]   *Bork* ZIP 2010, 397; *Eidenmüller* ZIP 2010, 649 (657); *Eidenmüller/Engert* ZIP 2009, 541 (542 ff.); *Eidenmüller/Frobenius/Prusko* NZI 2010, 545 (549); *Jaffe/Friedrich* ZIP 2008, 1849 (1854); *Kresser* ZInsO 2010, 1409 ff.; *Sassenrath* ZIP 2003, 1517 (1527 ff.); *Stapper* ZInsO 2009, 2361 (2364); *Uhlenbruck* NZI 2008, 201 (202 f.); *Verse* ZGR 2010, 299 (305 ff.).

[436]   Begr. RegE ESUG, BT-Drs. 17/5712, 30; Begr. RegE ESUG, BT-Drs. 17/5712, 44.

[437]   Vgl. *H.-F. Müller*, Der Verband in der Insolvenz, 2002, 367; *Spliedt* GmbHR 2012, 462 (466 f.).

[438]   S. etwa BVerfG Urt. v. 1.3.1979 – 1 BvR 532, 533/7, 419/78 und 1 BvL 21/78, BVerfGE 50, 289 (342 ff.); Urt. v. 11.7.2012 – 1 BvR 3142/07, 1569/08, NJW 2012, 3081 (3082).

[439]   *Brinkmann* WM 2011, 97 (100 f.); *Madaus* ZGR 2011, 749 (753 ff.); *Madaus* ZIP 2014, 500; *H.-F. Müller* KTS 2012, 419 (424 ff.); *H.-F. Müller* DB 2014, 41; *C. Schäfer* ZIP 2013, 2237; *C. Schäfer* ZIP 2014, 2417; *Stöber* ZInsO 2012, 1811 (1818 f.); *H. P. Westermann* NZG 2015, 134; tendenziell auch BVerfG Beschl. v. 17.10.2013 – 2 BvR 1978/13, NZI 2013, 1072, ZIP 2013, 2163 (Suhrkamp).

[440]   Zur umstr. Auslegung des unklaren Kriteriums der gesellschaftsrechtlichen Zulässigkeit s. *Keller* BB 2020, 2435 (2438 f.); *C. Schäfer* ZIP 2019, 1305 (1306 ff.); HK-InsO/*Haas* InsO § 225a Rn. 9 ff.; Jaeger/*Münch* InsO § 225a Rn. 34 f.

gegeben werden.[441] Dabei geht der Gesetzgeber offenbar davon aus, dass die Anrechnung mit dem objektiven, durch die Insolvenz in der Regel reduzierten Wert der Forderung zu erfolgen hat (→ § 56 Rn. 19i).[442] Denn die Vorschrift wäre schlicht überflüssig, wenn das Risiko einer Überbewertung gar nicht bestünde, weil Forderungen ohne Rücksicht auf ihre Werthaltigkeit einfach zum Nennwert eingebracht werden könnten. Der Insolvenzverwalter ist nach § 254a Abs. 2 InsO berechtigt, anstelle der sonst zuständigen Organe der Schuldnergesellschaft die erforderlichen Anmeldungen beim jeweiligen Registergericht vorzunehmen.[443]

Über die im Gesetz ausdrücklich aufgeführten Gegenstände hinaus kommen beispiels- **138** weise die Änderung des Gesellschaftszwecks, Umwandlungsmaßnahmen, der Abschluss von Unternehmensverträgen, die Schaffung und Abschaffung von Sonderrechten für einzelne Gesellschafter, die Einführung fakultativer Organe, die Abberufung und Bestellung von Organwaltern und der Ausschluss von Gesellschaftern als Planelemente in Betracht.[444] Die Eingriffe dürfen aber nicht weiter gehen, als dies zur Durchsetzung der berechtigten finanziellen Interessen der Gläubiger geboten ist.[445] Daraus folgt etwa, dass den Altgesellschaftern grundsätzlich die Möglichkeit eingeräumt werden muss, an einer Kapitalerhöhung durch Zuführung neuer Mittel mitzuwirken, um so ihre Beteiligung aufrechtzuerhalten. Ein Ausschluss des Bezugsrechts im Insolvenzplan muss **durch sachliche Gründe gerechtfertigt,** dh für den Sanierungserfolg unabdingbar, sein (→ § 56 Rn. 19j).[446] Dabei sind die Besonderheiten der Insolvenz selbstredend zu berücksichtigen. Der Umtausch von Forderungen in Anteile zum Zwecke der Sanierung liegt zumeist im Interesse der insolventen Gesellschaft (→ § 55 Rn. 95). Ggf. müssen die von der Sachkapitalerhöhung ausgeschlossenen Gesellschafter jedoch die Chance erhalten, sich mit einer Einlage an einer parallel durchzuführenden Barkapitalerhöhung zu beteiligen (→ § 55 Rn. 94).[447] Der Umfang der den Altgesellschaftern einzuräumenden Beteiligung sollte sich an der Höhe des bisherigen statutarischen Stammkapitals der jeweiligen Schuldnergesellschaft orientieren.[448] Denn das ist der Betrag, den die Gesellschafter ursprünglich als Haftungsausstattung für angemessen erachtet haben. Daher sollte man sie nicht daran hindern, diesen Haftungsfonds wiederherzustellen.

Um zu verhindern, dass eine erfolgversprechende Sanierung durch sog. **Change of 139 Controll-Klauseln** torpediert wird, sieht § 225a Abs. 4 InsO vor, dass gesellschaftsrechtliche Strukturmaßnahmen im Insolvenzplan grundsätzlich nicht zum Anlass

---

[441] Begr. RegE ESUG, BT-Drs. 17/5712, 36; krit. *Brinkmann* WM 2011, 97 (101); *Hölzle* NZI 2011, 124 (129); *Landfermann* WM 2012, 821 (830).

[442] *Brünkmans* ZInsO 2017, 1401 (1405 ff.); *H.-F. Müller* KTS 2012, 419 (445 ff.); *Prusko*, Die Gesellschafterstellung in der Insolvenz, 2013, 207 ff.; *Segmiller*, Kapitalmaßnahmen im Insolvenzplan, 2013, 185 ff.; *Zarzitzky*, Die Reform des Insolvenzplanverfahrens, 2014, 86 ff.; für eine Anrechnung mit dem Nennwert dagegen *Burkert*, Der Debt-to-Equity-Swap im Spannungsverhältnis von Gesellschafts- und Insolvenzrecht, 2014, 107 ff.; *Cahn/Simon/Theiselmann* CFL 2010, 238 (242 ff.); *Cahn/Simon/Theiselmann* DB 2010, 1629; *Schall* ZGR 2009, 126 (149 ff.); *Simon* CFL 2010, 448 (452 f.); *Spliedt* GmbHR 2012, 462 (464).

[443] Zum Prüfungsumfang des Registergerichts *Brünkmans/Greif-Werner* ZInsO 2015, 1585 (1592 ff.); *Klausmann* NZG 2015, 1300 (1304 ff.).

[444] S. *Haas* NZG 2012, 961 (965); *Spliedt* GmbHR 2012, 462 (466).

[445] *Wertenbruch* ZIP 2013, 1693 (1697); *Madaus* ZGR 2011, 749 (761 ff.); *Stöber* ZInsO 2012, 1811 (1819).

[446] *Burkert*, Der Debt-to-Equity-Swap im Spannungsverhältnis von Gesellschafts- und Insolvenzrecht, 2014, 89 ff.; *v. Spee*, Gesellschafter im Reorganisationsverfahren, 2014, 192 ff.; *Zarzitzky*, Die Reform des Insolvenzplanverfahrens, 2014, 97 ff.; *H.-F. Müller* KTS 2012, 419 (441 ff.); *Simon/Merkelbach* NZG 2012, 121 (125); *C. Schäfer* ZIP 2013, 2237 (2242); *K. Schmidt* ZGR 2012, 566 (579 f.); *Wertenbruch* ZIP 2013, 1693 (1697 ff.); abl. *Decher/Voland* ZIP 2013, 103 (105 ff.); *Eidenmüller* NJW 2014, 217 (218); *Haas* NZG 2012, 961 (965); *Spliedt* GmbHR 2012, 462 (466); das Bestehen eines Bezugsrechts in der Insolvenz generell verneinend *Schulz*, Der Debt Equity Swap in der Insolvenz, 2015, 213 ff.

[447] S. speziell zum insolvenzrechtlichen Debt-Equity-Swap *v. Spee*, Gesellschafter im Reorganisationsverfahren, 2014, 197 ff.; *Simon/Merkelbach* NZG 2012, 121 (125 f.).

[448] *H.-F. Müller* KSzW 2013, 65 (67); anders *Burkert*, Der Debt-to-Equity-Swap im Spannungsverhältnis von Gesellschafts- und Insolvenzrecht, 2014, 96: Altgesellschafter in Höhe des gesetzlichen Mindestnennbetrags des Stammkapitals zu beteiligen; *v. Spee*, Gesellschafter im Reorganisationsverfahren, 2014, 211: mindestens 10 %.

genommen werden dürfen, Verträge mit dem Schuldner aufzulösen.⁴⁴⁹ § 225a Abs. 5 InsO enthält schließlich eine **Abfindungsregelung** für den Fall, dass die Durchführung einer Strukturmaßnahme für den einzelnen Anteilsinhaber nach allgemeinem Gesellschaftsrecht einen wichtigen Grund zum Austritt aus der Gesellschaft darstellt.

140   **3. Verfahren.** Soll im Insolvenzplan in die Rechte der Gesellschafter eingegriffen werden, so wirken sie als „**Beteiligte**" an der Abstimmung im Planverfahren mit. Nach § 222 Abs. 1 Nr. 4 InsO bilden sie eine eigene **Gruppe**. Zulässig ist gem. § 222 Abs. 2 InsO auch die Bildung mehrerer Gruppen, in denen Gesellschafter mit jeweils homogenen wirtschaftlichen Interessen zusammengefasst werden.

141   Die Willensbildung der Gesellschafter erfolgt im Rahmen des **Erörterungs- und Abstimmungstermins.** Zu der Versammlung sind sie, sofern in ihre Rechte eingegriffen werden soll, besonders zu laden. Mit der Ladung ist ihnen ein Abdruck des Plans oder eine Zusammenfassung seines wesentlichen Inhalts zuzusenden (§ 235 Abs. 2 S. 2, Abs. 3 S. 3 Hs. 1 InsO).

142   Die Anteilsinhaber stimmen in einer oder mehreren Gruppen gesondert über den Insolvenzplan ab (§ 243 InsO). Die Stimmrechtsmacht bemisst sich gem. § 238a Abs. 1 InsO allein nach der Beteiligung am gezeichneten Kapital oder Vermögen des Schuldners. Anteilsinhaber, deren Rechte durch den Plan nicht angetastet werden, haben kein Stimmrecht (§ 238a Abs. 2 InsO iVm § 237 Abs. 2 InsO). Die Festsetzung der Stimmrechte durch das Insolvenzgericht muss vor dem Beginn der Abstimmung abgeschlossen sein, andernfalls ist die Abstimmung zu wiederholen.⁴⁵⁰ Zur Annahme des Plans durch die Gruppe der Anteilsinhaber ist die **einfache Kapitalmehrheit** ausreichend. Gem. § 244 Abs. 3 InsO iVm Abs. 1 Nr. 2 InsO müssen mehr als die Hälfte der Summe der bei der Abstimmung repräsentierten Beteiligungen zustimmen. Auf eine Kopfmehrheit kommt es abweichend von der allgemeinen Regel des § 244 Abs. 1 Nr. 1 InsO nicht an. Damit will der Gesetzgeber gesellschaftsrechtlichen Wertungen Rechnung tragen.⁴⁵¹

143   Ebenso wie die übrigen Beteiligten unterliegen auch die Anteilsinhaber dem **Obstruktionsverbot des § 245 InsO.** Nach Abs. 1 der Vorschrift gilt die Zustimmung einer Gruppe als erteilt, wenn (1) die Angehörigen dieser Gruppe durch den Plan nicht schlechter gestellt werden, als sie ohne Plan stünden, (2) die Angehörigen dieser Gruppe angemessen an dem wirtschaftlichen Wert beteiligt werden, der auf der Grundlage des Plans den Beteiligten zufließen soll, und (3) die Mehrheit der abstimmenden Gruppen dem Plan mit den erforderlichen Mehrheiten zugestimmt haben. Eine angemessene wirtschaftliche Beteiligung der Anteilsinhaber liegt nach § 245 Abs. 3 InsO vor, wenn nach dem Plan (1) kein Gläubiger wirtschaftliche Werte erhält, die den vollen Betrag seines Anspruchs übersteigen und (2) kein Anteilsinhaber, der ohne Plan den Anteilsinhabern der Gruppe gleichgestellt wäre, bessergestellt wird als diese. Die Zustimmung zu dem Plan gilt ferner als erteilt, wenn sich kein Mitglied der Gruppe der Anteilseigner an der Abstimmung beteiligt (§ 246a InsO). Der Gesetzgeber unterstellt dabei eine rationale Apathie von Gesellschaftern, deren Anteile durch die Insolvenz wertlos geworden sind und für die in dem Plan keine Leistungen vorgesehen sind.⁴⁵² Die Wertlosigkeit der Anteile darf allerdings nicht ohne Weiteres unterstellt werden.⁴⁵³

144   **4. Entscheidung des Insolvenzgerichts und Rechtsmittel.** Der Plan bedarf zu seiner Wirksamkeit der **Bestätigung** durch das Insolvenzgericht (§ 248 Abs. 1 InsO). Dieses hat **von Amts wegen** umfassend die Rechtmäßigkeit⁴⁵⁴ des Plans zu prüfen. Insbesondere muss es – ohne Bindung an seine im Rahmen der Vorprüfung des Insolvenzplans nach

⁴⁴⁹ S. BT-RA, BT-Drs. 17/7511, 49 zu § 225a Abs. 4 und 5 InsO.
⁴⁵⁰ BGH Beschl. v. 17.12.2020 – IX ZB 38/18, NZI 2021, 177 mAnm *Leithaus.*
⁴⁵¹ Begr. RegE ESUG, BT-Drs. 17/5712, 34.
⁴⁵² Begr. RegE ESUG, BT-Drs. 17/5712, 34.
⁴⁵³ BGH Beschl. v. 17.7.2014 – IX ZB 13/14, NJW 2014, 2436 Rn. 41 = NZI 2014, 751 m. zust. Anm. *H.-F. Müller*; näher *C. Schäfer/Wüstemann* ZIP 2014, 2240; *Schmidt-Preuß* NJW 2016, 1269.
⁴⁵⁴ BGH Beschl. v. 26.4.2018 – IX ZB 49/17, NZI 2018, 691 Rn. 14 mAnm *Marwedel.*

§ 231 InsO getroffene Entscheidung[455] – kontrollieren, ob die Vorschriften über Zustande-kommen und Inhalt des Plans beachtet worden sind (§ 250 Nr. 1 InsO). Ein wesentlicher Verfahrensverstoß liegt vor, wenn es sich um einen Mangel handelt, der Einfluss auf die Annahme des Insolvenzplans gehabt haben kann. Die Kausalität muss nicht feststehen, sondern lediglich ernsthaft in Betracht kommen, dass der Mangel tatsächlich Einfluss auf die Annahme des Plans hatte.[456] Zu den Vorschriften über den Inhalt des Plans gehören auch die gesellschaftsrechtlichen Vorgaben nach § 225a InsO (→ Rn. 137 f.).[457] Das BVerfG hat zu Recht darauf hingewiesen, dass in diesem Rahmen auch dafür Sorge zu tragen ist, dass die Grundrechte der Beteiligten gewahrt werden.[458] Darüber hinaus kann jeder Beteiligte nach Maßgabe von § 251 InsO beim Insolvenzgericht die Versagung der Bestätigung beantragen. Dem **Antrag auf Minderheitenschutz** ist stattzugeben, wenn der Antragstel-ler durch den Plan schlechter gestellt wird als im Regelinsolvenzverfahren, er muss spätestens im Abstimmungstermin dem Plan schriftlich oder zu Protokoll widersprochen und hier bereits seine individuelle Beeinträchtigung glaubhaft gemacht haben. Nach § 251 Abs. 3 InsO ist der Antrag abzuweisen, wenn in dem Plan Vorsorge für den Fall getroffen ist, dass ein Beteiligter eine Schlechterstellung nachweist. Maßgeblich für die Entschädigung ist dasjenige, was der Anteilsinhaber bei einer Abwicklung des Rechtsträgers im Regelinsol-venzverfahren erhalten hätte.[459] Ob ein Anspruch auf finanziellen Ausgleich besteht, ist außerhalb des Insolvenzverfahrens vor den ordentlichen Gerichten zu klären. Die Planbestä-tigung wird durch den Zivilprozess nicht berührt. Das Insolvenzgericht hat lediglich zu prüfen, ob die im Plan bereit gestellten Mittel ausreichen, um eine etwaige Schlechterstel-lung des widersprechenden Beteiligten zu kompensieren.[460]

Durch das ESUG erhalten die Anteilsinhaber außerdem die Befugnis, gegen die Ent- **145** scheidung des Insolvenzgerichts über die Versagung bzw. Bestätigung **sofortige Beschwerde** nach § 253 InsO zu erheben. Beschwerdebefugt ist ein Beteiligter, wenn er dem Plan spätestens im Abstimmungstermin schriftlich oder zu Protokoll widersprochen und gegen den Plan gestimmt hat (§ 253 Abs. 2 Nr. 1, 2 InsO). Außerdem muss er glaubhaft machen, dass er durch den Plan wesentlich schlechter gestellt wird als ohne Plan (§ 253 Abs. 2 Nr. 3 InsO) und die Nachteile nicht durch einen Reservefonds ausgeglichen werden können. Unwesentlich soll die Schlechterstellung nach den Gesetzesmaterialien jedenfalls immer dann sein, wenn die Wertdifferenz unter 10 % liegt.[461] Nicht erforderlich ist, dass der Beschwerdeführer zuvor einen Antrag auf Minderheitenschutz gestellt hat.[462] Umge-kehrt gilt § 253 Abs. 2 Nr. 3 InsO aber auch dann, wenn der Beschwerdeführer gar keine Verletzung des § 251 InsO rügt.[463] Hat er aber eine wesentliche Schlechterstellung glaubhaft gemacht, hat das Beschwerdegericht umfassend eine Verletzung der §§ 248–252 InsO zu prüfen.[464]

Dem zügigen Planvollzug dient das auf Initiative des Rechtsausschusses in Anlehnung **146** an § 246a AktG eingeführte **Freigabeverfahren nach § 253 Abs. 4 InsO nF.** Das Gericht

[455] BGH Beschl. v. 26.4.2018 – IX ZB 49/17, NZI 2018, 691 Rn. 13 mAnm *Marwedel*; Beschl. v. 16.2.2017 – IX ZB 103/15, NJW 2017, 2280 Rn. 15 f.; zum Prüfungsumfang des Gerichts im Rahmen von § 231 InsO näher BGH Beschl. v. 7.5.2015 – IX ZB 75/14, NJW 2015, 2660 Rn. 8 ff.
[456] BGH Beschl. v. 26.4.2018 – IX ZB 49/17, NZI 2018, 691 Rn. 54 mAnm *Marwedel*.
[457] HK-InsO/*Haas* InsO § 250 Rn. 2.
[458] BVerfG Beschl. v. 17.10.2013 – 2 BvR 1978/13, NZI 2013, 1072 = ZIP 2013, 2163 (Suhrkamp).
[459] Für den Ansatz des Reorganisationswerts *Drukarczyk* NZI 2015, 110 (116 f.); *C. Schäfer/Wüstemann* ZIP 2014, 1757 (1762); abl. *Andrianesis* WM 2017, 362 (365 ff.); *Brünkmans* ZInsO 2017, 1401 (1402 ff.); *Eidenmüller* ZIP 2010, 649 (657); *Hirte/Knof/Mock* DB 2011, 632 (641).
[460] Begr. RegE ESUG, BT-Drs. 17/5712, 35; BGH Beschl. v. 20.7.2017 – IX ZB 13/16, NZG 2017, 1316 Rn. 14 ff.; Gehrlein/Born/Simon/*Gehrlein* Vor § 64 Rn. 99.
[461] Begr. RegE ESUG, BT-Drs. 17/5712, 35.
[462] BGH Beschl. v. 17.7.2014 – IX ZB 13/14, NJW 2014, 2436 Rn. 11 ff. = NZI 2014, 751 m. zust. Anm. *H.-F. Müller*.
[463] BGH Beschl. v. 17.7.2014 – IX ZB 13/14, NJW 2014, 2436 Rn. 26 f. = NZI 2014, 751 m. zust. Anm. *H.-F. Müller*.
[464] BGH Beschl. v. 17.7.2014 – IX ZB 13/14, NJW 2014, 2436 Rn. 35 ff. = NZI 2014, 751 m. zust. Anm. *H.-F. Müller*.

weist die Beschwerde auf Antrag des Insolvenzverwalters (im Falle der Eigenverwaltung ist der Schuldner selbst antragsberechtigt)[465] zurück, wenn nach seiner freien Überzeugung die Nachteile einer Verzögerung des Planvollzugs die individuellen Nachteile für den Beschwerdeführer überwiegen, es sei denn, es liegt ein besonders schwerer Rechtsverstoß vor. Bejaht das Gericht ein vorrangiges Vollzugsinteresse, ist der Beschwerdeführer auf die Geltendmachung eines zivilrechtlichen Schadensersatzanspruches verwiesen, die Rückgängigmachung der Wirkungen des Insolvenzplans kann er nicht verlangen (§ 253 Abs. 4 S. 3, 4 InsO). Der Schaden kann mithin nur darin liegen, dass das Liquidationsinteresse des Beschwerdeführers durch den Plan nicht gewahrt wurde. Hat das Beschwerdegericht aber schon in der Sache entschieden, ist der Weg über § 253 Abs. 4 InsO versperrt.[466] Das Freigabeverfahren hat nicht den Zweck, eine fehlerhafte Beschwerdeentscheidung zu heilen und so der Rechtsbeschwerde den Boden zu entziehen. Wird gegen die Ausgangsentscheidung Rechtsbeschwerde eingelegt, so hebt das Gericht die verfahrensfehlerhafte zweite Entscheidung von Amts wegen auf.[467] Gegen die Eilentscheidung nach § 253 Abs. 4 InsO selbst ist allerdings kein Rechtsmittel gegeben.[468]

VI. Eigenverwaltung

147   **1. Bedeutung.** Nach §§ 270 ff. InsO kann das Insolvenzgericht die Eigenverwaltung des Schuldners unter Aufsicht eines Sachwalters anordnen. Damit können die Kenntnisse und Erfahrungen der bisherigen Geschäftsleiter genutzt werden, die anders als ein Fremdverwalter keine Einarbeitungszeit benötigen. Auch verursacht das Verfahren weniger Aufwand und Kosten als das Regelinsolvenzverfahren mit Insolvenzverwalter. Der Gesetzgeber der Insolvenzordnung hat sich durch die Möglichkeit der Eigenverwaltung einen Anreiz zur rechtzeitigen Verfahrenseinleitung versprochen.[469] Die Praxis hat allerdings von diesem Institut zunächst nur sehr zurückhaltend Gebrauch gemacht.[470] Das hat sich durch die Erleichterungen, die das zum 1.3.2012 in Kraft getretene ESUG gebracht hat, offenbar nur wenig geändert.[471] Ob die beabsichtigte weitere Stärkung durch das SanInsFoG ab 2021 greift, bleibt abzuwarten. Eine erhöhte Akzeptanz wäre durchaus zu begrüßen, denn die Eigenverwaltung kann in Sanierungsfällen, gerade in Verbindung mit der Vorlage eines Insolvenzplans (§ 218 Abs. 1 S. 2 InsO), ein durchaus sinnvolles Instrument sein.[472] Wichtig ist eine frühzeitige Abstimmung mit den Gläubigern. Oftmals allerdings betrachten diese das bisherige Management, das die Gesellschaft in die Krise geführt hat, mit Misstrauen. Es kann sich daher empfehlen, die Geschäftsleitung auszuwechseln und mit den neuen, unbelasteten Geschäftsführern auf ein Insolvenzverfahren in Eigenverwaltung zuzusteuern.

148   **2. Voraussetzungen und Verfahren.** Die Anordnung der Eigenverwaltung setzt nach § 270a InsO einen Antrag des Schuldners voraus, dem eine Eigenverwaltungsplanung und weitere Informationen zu seiner wirtschaftlichen Situation beizufügen ist. Diese Unterlagen prüft das Insolvenzgericht nach Maßgabe von §§ 270b, 270f InsO. Einem vorläufigen Gläubigerausschuss ist nach § 270b Abs. 3 InsO Gelegenheit zur Stellungnahme zu geben. Der Antrag muss bis zur Entscheidung des Insolvenzgerichts über die Eröffnung des Insolvenz-

---

[465] LG Berlin Beschl. v. 20.10.2014 – 51 T 696/14, ZInsO 2014, 2232 (2233).

[466] BGH Beschl. v. 17.7.2014 – IX ZB 13/14, NJW 2014, 2436 Rn. 28 ff. = NZI 2014, 751 m. zust. Anm. *H.-F. Müller*; anders für den Fall einer Aufhebung der Beschwerdeentscheidung durch das Rechtsbeschwerdegericht LG Berlin Beschl. v. 20.10.2014 – 51 T 696/14, ZInsO 2014, 2232 f.; *Skauradszun* DB 2014, 2694 (2695); krit. *Fölsing* ZInsO 2014, 2239.

[467] BGH Beschl. v. 17.7.2014 – IX ZB 13/14, NJW 2014, 2436 Rn. 40 = NZI 2014, 751 m. zust. Anm. *H.-F. Müller*.

[468] BGH Beschl. v. 17.9.2014 – IX ZB 26/14, ZIP 2014, 2040 Rn. 6 ff.

[469] Begr. RegE InsO, BT-Drs. 12/2443, 223.

[470] K. Schmidt/*Undritz* InsO Vor §§ 270 ff. Rn. 1, 5.

[471] *Madaus* KTS 2015, 115.

[472] Zu den ökonomischen Vorteilen der Eigenverwaltung mit umfangreichen rechtsvergleichenden Hinweisen s. *Eidenmüller* ZHR 175 (2011), 11.

verfahrens gestellt werden. Antragsberechtigt für die Schuldnergesellschaft sind die **Geschäftsführer in vertretungsberechtigter Zahl.**[473]

Das Gericht hat die Eigenverwaltung gem. § 271 InsO **nachträglich** anzuordnen, **149** wenn die **Gläubigerversammlung** dies mit Kopf- und Summenmehrheit verlangt und der Schuldner zustimmt. Umgekehrt ist eine vom Gericht angeordnete Eigenverwaltung aufzuheben, wenn die Gläubigerversammlung dies beantragt (§ 272 Abs. 1 Nr. 3 InsO). Von Amts wegen erfolgt die Aufhebung, wenn die Erreichung einer angestrebten Sanierung sich als aussichtslos erweist, der Schuldner in schwerwiegender Weise gegen insolvenzrechtliche Pflichten verstößt oder sich auf sonstige Weise zeigt, dass er nicht bereit oder in der Lage ist, seine Geschäftsführung am Interesse der Gläubiger auszurichten (§ 272 Abs. 1 Nr. 1, 2 InsO). Ein **Rechtsmittel** gibt es weder gegen die Anordnung der Eigenverwaltung noch gegen deren Ablehnung.[474] Dass § 34 Abs. 2 InsO den Geschäftsführern der Schuldnergesellschaft gegen die Eröffnung des Verfahrens das Recht zur sofortigen Beschwerde einräumt, bedeutet nicht, dass ihnen eine solche Befugnis auch gegen die zusammen mit dem Eröffnungsbeschluss ausgesprochene Ablehnung der Eigenverwaltung zusteht, da beide Entscheidungen rechtlich selbstständig sind.[475] Ebenso wenig können die Gläubiger in „erweiternder Auslegung von § 34 Abs. 1 InsO"[476] die gerichtliche Anordnung der Eigenverwaltung anfechten.[477]

Die Vorteile der Eigenverwaltung sollen nicht dadurch in Frage gestellt werden, dass **150** dem Schuldner bereits im **Eröffnungsverfahren** die Verfügungsmacht über sein Vermögen entzogen wird.[478] Es ist aber ein vorläufiger Sachwalter zu bestellen, auf den die §§ 274, 275 InsO entsprechend anzuwenden sind. Weist der Antrag behebbare Mängel auf, so kann das Gericht zudem anordnen, dass Verfügungen des Schuldners der Zustimmung durch den vorläufigen Sachwalter bedürfen (§ 270c Abs. 3 S. 2 InsO). In § 270c Abs. 4 InsO ist vorgesehen, dass der Schuldner Masseverbindlichkeiten begründet. Haben die Geschäftsführer den Insolvenzantrag schon bei **drohender Zahlungsunfähigkeit** gestellt, so muss das Gericht Rücksicht auf die schutzwürdigen Belange der Gesellschaft nehmen. Sieht es die Voraussetzungen für die Anordnung der Eigenverwaltung als nicht erfüllt an, so hat es nach § 270c Abs. 5 InsO die Geschäftsführer hiervon vorab zu informieren, um ihnen Gelegenheit zu geben, den Insolvenzantrag zurückzunehmen und eine außergerichtliche Sanierung zu versuchen.

Mit **§ 270d InsO** wird dem Schuldner im Zeitraum zwischen Eröffnungsantrag und **151** Verfahrenseröffnung ein eigenständiges **Verfahren zur Vorbereitung einer Sanierung** zur Verfügung gestellt. Er kann es einleiten, wenn drohende Zahlungsunfähigkeit oder Überschuldung, aber noch keine Zahlungsunfähigkeit, eingetreten ist, und die angestrebte Sanierung nicht offensichtlich aussichtslos ist. Diese Voraussetzungen sind von einem anerkannten Insolvenzfachmann zu bescheinigen. Liegen sie vor, so setzt das Gericht dem Schuldner eine Frist von maximal drei Monaten zur Vorlage eines Insolvenzplans (§ 270d

---

[473] *Haas* in Gottwald/Haas InsR-HdB § 85 Rn. 17 ff.; HK-InsO/*Landfermann* InsO § 270 Rn. 4; MüKoInsO/*Tetzlaff* InsO § 270 Rn. 31; aA Nerlich/Römermann/*Riggert* InsO § 270 Rn. 20: analog § 15 Abs. 1 InsO jeder einzelne Geschäftsführer; Kübler/Prütting/Bork/*Pape* InsO § 270 Rn. 21; K. Schmidt/*Undritz* InsO 270 Rn. 6: nur alle Geschäftsführer gemeinschaftlich.

[474] BGH Beschl. v. 11.1.2007 – IX ZB 85/05, NZI 2007, 238 Rn. 6; Beschl. v. 11.1.2007 – IX ZB 10/05, NZI 2007, 240 Rn. 7; AG Köln Beschl. v. 22.8.2005 – 71 N 426/05, NZI 2005, 633 (634); *Haas* in Gottwald/Haas InsR-HdB § 85 Rn. 88 ff.; Kübler/Prütting/Bork/*Pape* InsO § 270 Rn. 129 ff.; MüKoInsO/*Tetzlaff* InsO § 270 Rn. 118, 125 ff.; Nerlich/Römermann/*Riggert* InsO § 270 Rn. 29; Uhlenbruck/*Zipperer* InsO § 270 Rn. 42 f.

[475] BGH Beschl. v. 11.1.2007 – IX ZB 10/05, NZI 2007, 240 Rn. 8 f.; *Haas* in Gottwald/Haas InsR-HdB § 85 Rn. 88; Kübler/Prütting/Bork/*Pape* InsO § 270 Rn. 132 ff.; MüKoInsO/*Tetzlaff* InsO § 270 Rn. 125 ff.; Nerlich/Römermann/*Riggert* InsO § 270 Rn. 29; Uhlenbruck/*Zipperer* InsO § 270 Rn. 56; aA Jaeger/*Schilken* InsO § 34 Rn. 22.

[476] So *Smid* WM 1998, 2489 (2510).

[477] AG Köln Beschl. v. 22.8.2005 – 71 N 426/05, NZI 2005, 633 (634); *Haas* in Gottwald/Haas InsR-HdB § 85 Rn. 88; MüKoInsO/*Tetzlaff* InsO § 270 Rn. 118; Uhlenbruck/*Zipperer* InsO § 270 Rn. 56.

[478] Begr. RegE ESUG, BT-Drs. 17/712, 39.

Abs. 1 InsO). Es ist ein vorläufiger Sachwalter einzusetzen, auf dessen Auswahl der Schuldner maßgeblichen Einfluss hat (§ 270d Abs. 2 S. 1, 2 InsO). Wenn der Schuldner dies beantragt, muss es ihm Vollstreckungsschutz (§ 270d Abs. 3 InsO) gewähren.

152   **3. Folgen der Anordnung. a) Verhältnis Geschäftsführer und Sachwalter.** Die GmbH **behält** die **Verwaltungs- und Verfügungsbefugnis** über ihr Vermögen, diese wird durch die Geschäftsführer wahrgenommen. Sie unterliegen dabei jedoch der Aufsicht durch den **Sachwalter.** Die Geschäftsführer sollen Verbindlichkeiten, die nicht zum gewöhnlichen Geschäftsverkehr gehören, nur mit Zustimmung des Sachwalters eingehen (§ 275 Abs. 1 S. 1 InsO). Gewöhnliche Verbindlichkeiten sollen sie nicht eingehen, wenn der Sachwalter widerspricht (§ 275 Abs. 1 S. 2 InsO). Der Sachwalter kann die Übertragung des Zahlungsverkehrs auf sich verlangen (§ 275 Abs. 2 InsO). Die Geschäftsführer müssen – wie der Insolvenzverwalter nach § 160 InsO – die Zustimmung des Gläubigerausschusses einholen, wenn sie Rechtshandlungen vornehmen wollen, die für das Insolvenzverfahren von besonderer Bedeutung sind (§ 276 InsO). Die genannten Beschränkungen wirken jedoch grundsätzlich nur intern. Das Insolvenzgericht kann aber nach § 277 InsO anordnen, dass bestimmte Geschäfte nur mit Zustimmung des Sachwalters wirksam sind.

153   Den Geschäftsführern stehen die Rechte nach den **§§ 103–128 InsO** zu (§ 279 S. 1 InsO). Von besonderer Bedeutung sind das Erfüllungswahlrecht gem. § 103 InsO und das Sonderkündigungsrecht des § 113 InsO. Die Befugnisse aus §§ 120, 122, 126 InsO können die Geschäftsführer wirksam nur mit Zustimmung des Sachwalters ausüben (§ 279 S. 3 InsO). Die Geschäftsführer haben sowohl die interne Rechnungslegung gegenüber den Verfahrensbeteiligten als auch die externe Rechnungslegung nach Handels- und Steuerrecht (→ Rn. 130 ff.) zu erledigen (§ 281 InsO). Gegenstände, an denen ein Absonderungsrecht besteht, können sie nach Maßgabe von § 282 InsO verwerten. Es steht aber nicht ihnen, sondern dem Sachwalter zu, einen Antrag auf Aufhebung des Beschlusses einer Gläubigerversammlung nach § 78 InsO zu stellen.[479] Diesem obliegt es auch, Haftungsansprüche nach §§ 92, 93 InsO zu realisieren und ungerechtfertigte Vermögensverschiebungen nach §§ 129 ff. InsO rückgängig zu machen (§ 280 InsO). In erweiternder Auslegung dieser Vorschrift sollten alle Ansprüche der Gesellschaft wegen schuldhafter Insolvenzverschleppung und Insolvenzverursachung (§ 64 und § 826 BGB) durch den Sachwalter geltend gemacht werden.[480] Nach § 276a Abs. 2 InsO haftet der Geschäftsleiter den Beteiligten entsprechend §§ 60, 61 InsO. Damit wird die einschlägige Entscheidung des BGH vom 26.4.2018[481] bestätigt.

154   **b) Die Geschäftsführer und die übrigen Gesellschaftsorgane.** Nach § 276a Abs. 1 S. 1 InsO verlieren die **Gesellschafterversammlung** und, sofern ein solches Gremium vorhanden ist, der Aufsichtsrat ihren Einfluss auf die Geschäftsführer. Grundgedanke der durch das ESUG neu eingeführten Vorschrift ist,[482] dass die Überwachungsorgane der Schuldnergesellschaft keine weitergehenden Einflussmöglichkeiten auf die Geschäftsführung haben sollen als im Regelinsolvenzverfahren.[483] Allerdings wird die Eigenverwaltung dadurch aus Sicht der Gesellschafter deutlich unattraktiver und der Anreiz für sie geringer, einer frühzeitigen Verfahrenseinleitung zuzustimmen.[484] Die Neuregelung ist daher rechtspolitisch durchaus fragwürdig. Sie sollte jedenfalls nicht entgegen Wortlaut und Systematik schon im Eröffnungsverfahren zur Anwendung gebracht werden.[485] Zudem gelten die Rest-

---

[479]   Vgl. BGH Beschl. v. 22.6.2017 – IX ZB 82/16, NZI 2017, 758 Rn. 7.
[480]   Ähnlich *Haas* in Gottwald/Haas InsR-HdB § 88 Rn. 119.
[481]   BGH vom 26.4.2018 – IX ZR 238/17, BGHZ 218, 290 = NJW 2018, 2125 = KTS 2019, 78 m. zust. Anm. *Becker.*
[482]   Für die frühere Rechtslage aber schon idS *Prütting/Huhn* ZIP 2002, 777 (778 ff.); dagegen etwa *Ringstmeier/Homann* NZI 2002, 406; diff. *Noack* ZIP 2002, 1873 (1876 ff.); *Rödder,* Kompetenzbeschränkungen der Gesellschaftsorgane in der Insolvenz der GmbH, 2006, 189 ff.
[483]   Begr. RegE ESUG, BT-Drs. 17/712, 42.
[484]   S. zur Kritik *Hofmann* NZI 2010, 798 (804); *Zipperer* ZIP 2012, 1492.
[485]   *Klöhn* NZG 2013, 81 (84); *Zipperer* ZIP 2012, 1492 (1494 f.); K. Schmidt/*Undritz* InsO § 276a Rn. 2; aA *Haas* ZHR 178 (2014), 603 (619 ff.).

riktionen nur, soweit die Verwaltung und Verwertung der Insolvenzmasse betroffen ist. Im sog. insolvenzfreien Bereich (→ Rn. 106 ff.) bleiben die Befugnisse der Kontrollgremien wie im Regelinsolvenzverfahren unberührt.[486] Daher ist auch die Bestellung und Abberufung von Aufsichtsratsmitgliedern durch die Gesellschafter weiterhin möglich.[487] Eingeschränkt wird aber die Befugnis der Gesellschafterversammlung bzw. des Aufsichtsrats, die Geschäftsleitung auszutauschen. Weil damit erhebliche Einflussmöglichkeiten verbunden wären, wird die Wirksamkeit der Bestellung und Abberufung von Geschäftsführern nach § 276a Abs. 1 S. 2 InsO an die Zustimmung des Sachwalters geknüpft. Auf diese Zustimmung besteht ein Anspruch, wenn die Maßnahme nicht zu Nachteilen für die Gläubiger führt (§ 276a Abs. 1 S. 3 InsO). Für Abschluss, Änderung und Kündigung des Anstellungsvertrages gilt die Regelung nicht,[488] wohl aber unterliegt die Entscheidung der Gesellschafter[489] Zustimmungsvorbehalten nach § 275 InsO und gegebenenfalls auch nach § 277 InsO.[490]

VII. Beendigung des Verfahrens

1. Regelfall: Aufhebung nach § 200 InsO. Das Vermögen der Gesellschaft wird im   155 Verfahren regelmäßig **vollständig** verwertet und der Erlös an die Gläubiger verteilt. Bleibt nach Befriedigung aller Gläubiger ausnahmsweise noch ein Überschuss, wird dieser gem. § 199 S. 2 InsO an die Gesellschafter ausgekehrt. Dadurch wird eine nachfolgende gesellschaftsrechtliche Liquidation vermieden (→ Rn. 98). Sobald die Schlussverteilung vollzogen ist, beschließt das Insolvenzgericht nach § 200 Abs. 1 InsO die **Aufhebung** des Verfahrens.

Zur **Vollbeendigung der Gesellschaft** bedarf es nach der Theorie vom Doppeltatbe-   156 stand über die im Verfahren herbeigeführte Vermögenslosigkeit hinaus der Löschung im Register (näher → § 74 Rn. 32 f.).[491] Diese erfolgt nach § 394 Abs. 1 S. 2 FamFG (früher § 141a Abs. 1 S. 2 FGG) von Amts wegen. Der Verwalter hat nach Aufhebung des Verfahrens die Bücher und Schriften der Gesellschaft den hierzu gem. § 74 Abs. 2 verpflichteten Personen zur Verwahrung herauszugeben.[492] Ergibt sich später, dass noch Vermögensgegenstände vorhanden sind, so findet eine **Nachtragsverteilung** durch den Insolvenzverwalter nach Maßgabe der §§ 203 ff. InsO statt.

2. Einstellung des Verfahrens. Das Insolvenzgericht stellt das Verfahren ein, wenn   157 sich nach Eröffnung herausstellt, dass die Insolvenzmasse nicht einmal die Verfahrenskosten **deckt** (§ 207 InsO), ferner dann, wenn der Verwalter anzeigt, dass zwar die Verfahrenskosten gedeckt sind, jedoch die sonstigen Masseverbindlichkeiten nicht befriedigt werden können und er die Masse nach Maßgabe von § 209 InsO verteilt hat (§ 211 InsO). Das Verfahren ist außerdem auf Antrag der Geschäftsführer der Schuldnergesellschaft einzustellen, wenn der Eröffnungsgrund entfallen ist (§ 212 InsO) oder alle Gläubiger zustimmen (§ 213 InsO). Abgesehen vom Fall der Masseunzulänglichkeit wird die Gesellschaft hier nicht im Verfahren abgewickelt. Die Auflösung nach § 60 Abs. 1 Nr. 4 wirkt zwar weiter fort, jedoch erfolgt

---

[486]   *Klöhn* NZG 2013, 81 (84); *Klöhn* DB 2013, 41 (42); *Thole*, Gesellschaftsrechtliche Maßnahmen in der Insolvenz, 3. Aufl. 2020, Rn. 146 ff.; K. Schmidt/*Undritz* InsO § 276a Rn. 3.

[487]   OLG Düsseldorf Beschl. v. 11.4.2013 – I-3 Wx 36/13, NZI 2013, 504 (505); *Klöhn* NZG 2013, 81 (84); *Scheibner* DZWIR 2013, 279; *Thole*, Gesellschaftsrechtliche Maßnahmen in der Insolvenz, 3. Aufl. 2020, Rn. 186 ff.; K. Schmidt/*Undritz* InsO § 276a Rn. 3; aA AG Montabaur Beschl. v. 19.6.2012 – HRB 20744, ZIP 2012, 1307 (1308).

[488]   MüKoInsO/*Klöhn* InsO § 276a Rn. 50.

[489]   AG Duisburg Beschl. v. 4.10.2005 – 60 IN 136/02, NZI 2006, 112 (113); HK-InsO/*Landfermann* InsO § 270 Rn. 26; aA *Rödder*, Kompetenzbeschränkungen der Gesellschaftsorgane in der Insolvenz der GmbH, 2006, 193.

[490]   HK-InsO/*Landfermann* InsO § 270 Rn. 26.

[491]   K. *Schmidt* GmbHR 1994, 829 (830 ff.); *Vallender* NZG 1998, 249 (250); *Haas/Kolmann/Kurz* in Gottwald/Haas InsR-HdB § 90 Rn. 303, 607.

[492]   *H.-F. Müller*, Der Verband in der Insolvenz, 2002, 22 f.; *Haas/Kolmann/Kurz* in Gottwald/Haas InsR-HdB § 90 Rn. 607.

die Abwicklung durch die Liquidatoren nach §§ 66 ff. Eine **Fortsetzung** kommt nur bei der Einstellung nach §§ 212, 213 InsO in Betracht (→ § 60 Rn. 279 ff.).[493]

158   **3. Insolvenzplan.** Das Insolvenzgericht hebt das Verfahren schließlich auch auf, wenn ein Insolvenzplan rechtskräftig bestätigt ist (§ 258 InsO). Sieht der Plan den Fortbestand der Gesellschaft vor, so können die Gesellschafter wiederum deren **Fortsetzung** beschließen (§ 60 Abs. 1 Nr. 4 Hs. 2). Im Plan muss nicht konkret dargelegt werden, in welcher Art und Weise die Fortsetzung der Gesellschaft erfolgen soll. Ein Insolvenzplan sieht den Fortbestand der Gesellschaft bereits dann vor, wenn er die Fortführung der Gesellschaft als eine Möglichkeit darstellt, die nach Aufhebung des Insolvenzverfahrens im Ermessen der Gesellschafter steht.[494] Nach § 225a Abs. 3 InsO ist es aber auch zulässig, die Fortsetzung mit unmittelbarer gestaltender Wirkung im Insolvenzplan selbst vorzusehen, dann muss die Regelung hinreichend konkret sein.

F. Haftung für Masseschmälerung nach Insolvenzreife

I. Grundlegung

159   **1. Zahlungsverbot.** Zu unterscheiden ist zwischen dem Erstattungsanspruch und dem ihm **vorgelagerten Zahlungsverbot.** Der neue § 15b InsO bringt dies in § 15b Abs. 1 und 4 InsO deutlicher zum Ausdruck als der mit Ablauf des 31.12.2020 aufgehobene § 64 S. 1. Dem Geschäftsleiter ist es im Verhältnis zur Gesellschaft untersagt, Zahlungen nach Eintritt der Insolvenzreife vorzunehmen. Verstößt er rechtswidrig und schuldhaft gegen diese Pflicht, so hat er die Zahlungen zu ersetzen. Er unterliegt aber keinem Verfügungsverbot und seine Vertretungsmacht nach außen bleibt unberührt. Die von ihm veranlassten Zahlungen haben nach allgemeinen Regeln Erfüllungswirkung gem. § 362 BGB. § 64 (heute § 15b InsO) ist weder ein Verbotsgesetz iSv § 134 BGB[495] noch ein Schutzgesetz nach § 823 Abs. 2 BGB.[496] Zwar hat die Vorschrift ohne Zweifel eine **gläubigerschützende Funktion,** doch ist die von ihr als Sanktion statuierte Pflicht zur Wiederauffüllung des Gesellschaftsvermögens abschließend. Für eine daneben bestehende Außenhaftung ist kein Raum. Wohl aber begründet die schuldhafte Verletzung der Insolvenzantragspflicht (heute § 15a InsO) einen unmittelbaren Schadensersatzanspruch der Gläubiger nach § 823 Abs. 2 BGB (→ Rn. 258). Auch kommt eine Anfechtung der Zahlungen nach §§ 129 ff. InsO in Betracht, wenn die dort bezeichneten Voraussetzungen vorliegen (zum Verhältnis von Erstattungsanspruch und Insolvenzanfechtung → Rn. 217 f.).

160   **2. Erstattungsanspruch. a) Meinungsstand nach bisherigem Recht.** Die Rechtsnatur des Anspruchs nach § 64 S. 1 aF ist umstritten. Die Rspr. qualifiziert ihn als **Erstattungsanspruch eigener Art,** der dem Gesamtinteresse der Gläubiger an gleichmäßiger Befriedigung dient.[497] Nach einer in der Lit. verbreiteten Auffassung handelt es sich

[493] BGH Beschl. v. 28.4.2015 – II ZB 13/14, NZG 2015, 872; *Miras* NZG 2015, 1349.
[494] BGH Beschl. v. 8.4.2020 – II ZB 3/19, NZG 2020, 1182 Rn. 21 ff.; dazu *Heckschen/Weitbrecht* ZIP 2020, 1737.
[495] *Poertzgen,* Organhaftung wegen Insolvenzverschleppung, 2006, 219.
[496] RG Urt. v. 4.2.1910 – Rep. II 255/09, RGZ 73, 30 (34); BGH Urt. v. 19.11.2019 – II ZR 53/18, NZG 2020, 260 Rn. 15; Beschl. v. 21.5.2019 – II ZR 337/17, BeckRS 2019, 12184 Rn. 16; OLG Brandenburg Beschl. v. 23.7.2008 – 7 U 21/07, ZInsO 2008, 1081 (1083); anders MüKoAktG/*Spindler* AktG § 90 Rn. 68.
[497] BGH Urt. v. 18.3.1974 – II ZR 2/72, NJW 1974, 1088 (1089); Urt. v. 8.1.2001 – II ZR 88/99, BGHZ 146, 264 (278) = NJW 2001, 1280; Beschl. v. 11.2.2008 – II ZR 291/06, NZG 2008, 468 Rn. 6; Urt. v. 20.9.2010 – II ZR 78/09, BGHZ 187, 60 Rn. 14 = NJW 2011, 221; Urt. v. 15.3.2011 – II ZR 204/09, NJW 2011, 2427 Rn. 20; Beschl. v. 6.8.2019 – X ARZ 317/19, NZG 2019, 1113 Rn. 18; Urt. v. 11.2.2020 – II ZR 427/18, NZG 2020, 517 Rn. 21; Urt. v. 18.11.2020 – IV ZR 217/19, NJW 2021, 231 Rn. 20 = GmbHR 2021, 134 mAnm *Bitter*; OLG Hamm Urt. v. 31.5.2012 – I-27 U 25/12, ZIP 2012, 2106: keine Forderung aus vorsätzlich begangener unerlaubter Handlung iSd § 302 Nr. 1 InsO; OLG Karlsruhe Urt. v. 20.6.2002 – 19 U 150/01, NZG 2002, 917 (918); OLG Schleswig Urt.

hingegen um einen echten **Schadensersatzanspruch** im Interesse aller Gläubiger.[498] Letztlich soll es danach nur noch auf den Saldo der während der Dauer der Insolvenzverschleppung insgesamt eingetretenen Masseschmälerung ankommen.[499] Dadurch soll eine Überkompensation zu Lasten der Geschäftsleiter verhindert werden. Für eine solche Gesamtbetrachtung findet sich im Wortlaut des § 64 S. 1 aF aber kein Anhalt.[500] Sie birgt auch die Gefahr, dass die Durchsetzung des Anspruchs erheblich erschwert und dieser dadurch zum „zahnlosen Tiger" wird, wenn der Insolvenzverwalter den Schaden für die Masse im einzelnen darlegen und beweisen müsste.[501] Es ist allerdings durchaus möglich, die Haftung schon nach der bisherigen Rechtslage sachgerecht dadurch zu beschränken, dass in unmittelbarem Zusammenhang mit dem jeweiligen Zahlungsvorgang stehende Rechtshandlungen mit in die Betrachtung einbezogen werden. Die Rspr. hat allerdings die bestehenden Spielräume leider nur unzureichend genutzt (→ Rn. 174 ff.).

b) Neue Rechtslage. Der Gesetzgeber des **SanInsFoG** hat die Kritik an dem vermeintlichen „Schreckensregime der Zahlungsverbote"[502] aufgegriffen. Sie bleiben zwar bestehen (§ 15b Abs. 1 S. 1 InsO),[503] und Rechtsfolge eines Verstoßes ist nach der zum 1.1.2021 in Kraft getretenen Neuregelung auch weiterhin, dass die Verantwortlichen der Gesellschaft zur Erstattung verpflichtet sind (§ 15b Abs. 4 S. 1 InsO). Ist der Gläubigerschaft aber ein geringerer Schaden entstanden, so beschränkt sich die Ersatzpflicht gem. § 15b Abs. 4 S. 2 InsO auf den Ausgleich dieses Schadens. Nach der Begründung des Regierungsentwurfs sollte der bestehende Streit über die Rechtsnatur des Anspruchs und insbesondere darüber, ob es sich um einen Schadensersatzanspruch oder einen Anspruch eigener Art handelt, damit nicht abschließend entschieden, sondern beide Ansätze zu einem einheitlichen Ansatz verbunden werden. In der Sache laufe dies auf eine bereits in der reichsgerichtlichen Rspr.[504] angelegte **Vermutung eines Gesamtgläubigerschadens** in Höhe der verbotswidrig geleisteten Zahlungen hinaus. Hierdurch werde vermieden, dass die Inanspruchnahme des Ersatzpflichtigen über dasjenige hinausgehe, was zur Erreichung des Zwecks der Zahlungsverbote – die Erhaltung der Masse im Interesse der Gläubiger – erforderlich sei.[505] **161**

Die Neuregelung wird ganz **unterschiedlich** bewertet. Während etwa *Poertzgen* sie als beifallswürdige „juristische Sensation"[506] feiert, meinen andere, dass sich gegenüber **162**

---

v. 27.10.2005 – 5 U 82/05, OLGR 2005, 785 (786); ebenso *Biehl,* Geschäftsführer- und Gesellschafterhaftung wegen Insolvenzverschleppung bei der GmbH, 2014, 161 ff.; *Fleck* GmbHR 1974, 224 (230 f.); *Gehrlein* ZHR 181 (2017), 482 (490 ff.); *Goette* ZInsO 2005, 1 (2 ff.); *Haas* NZG 2004, 737 (738 ff.); *Heitsch* ZInsO 2009, 1571 (1575 ff.); *H.-F. Müller* DB 2015, 723; *Otte,* Das Zahlungsverbot und die Ersatzpflicht nach § 64 Satz 1 GmbHG, 2019, 30 ff.; *Röhricht* ZIP 2005, 505 (509); *Schall,* Kapitalgesellschaftsrechtlicher Gläubigerschutz, 2009, 186 ff.; Noack/Servatius/Haas/*Haas* Rn. 17; Hachenburg/*Ulmer* Rn. 37; Lutter/Hommelhoff/*Kleindiek* Rn. 4 ff.; *Wicke* Rn. 19; MüKoAktG/*Spindler* AktG § 92 Rn. 58; BeckOGK/*Fleischer* AktG § 92 Rn. 21.

[498] *Altmeppen* ZIP 2015, 949 (952 f.); *Altmeppen* ZIP 2017, 1833 (1834 f.); *Altmeppen* ZIP 2020, 937 (943 f.); *Bitter* WM 2001, 666 (667 ff.); *Bitter* ZInsO 2010, 1505 (1515); *Poertzgen,* Organhaftung wegen Insolvenzverschleppung, 2006, 226 f.; *K. Schmidt* ZHR 168 (2004), 637 (652 ff.); *K. Schmidt* ZIP 2005, 2177 (2181 ff.); *K. Schmidt* ZIP 2008, 1401 (1408 f.); *Weiß,* Insolvenzspezifische Geschäftsführerhaftung, 2017, Rn. 175 ff., 372 ff.; *Altmeppen* Rn. 30 ff.; HCL/*Casper* Anh. § 62 Rn. 101.

[499] So auch OGH Wien Beschl. v 26.7.2017 – 6 Ob 164/16k.

[500] Gegen eine teleologische Korrektur des Zahlungsbegriffs explizit BGH Urt. v. 18.10.2010 – II ZR 151/09, NZG 2010, 1393 Rn. 21; ebenfalls abl. *Cadmus* KTS 2015, 143 (149 ff.); *Habersack/Foerster* ZHR 178 (2014), 387 (393 ff.); *H.-F. Müller* DB 2015, 723 ff.; Noack/Servatius/Haas/*Haas* Rn. 17; Lutter/Hommelhoff/*Kleindiek* Rn. 4 f.; HK-GmbHG/*Kolmann* Rn. 6 ff.; ausführliche Auseinandersetzung in der → 3. Aufl. 2018, Rn. 138 ff.

[501] *Goette* ZInsO 2005, 1 (3 f.).

[502] *K. Schmidt* ZIP 2008, 1401 (1403).

[503] Für die Abschaffung de lege ferenda *Poertzgen* ZInsO 2011, 305 (311 ff.); *K. Schmidt* ZHR 175 (2011), 433 (441 f.); *K. Schmidt* NZG 2015, 129 (133).

[504] RG Urt. v. 30.11.1938 – II 39/18, RGZ 159, 211 (229 f.).

[505] Begr. RegE SanInsFoG, BT-Drs. 19/24181, 195.

[506] *Poertzgen* ZInsO 2020, 2509 (2516); zurückhaltender *Bitter* GmbHR 2020, 1157 (1158): „Schritt in die richtige Richtung".

der bisherigen Rechtslage praktisch gar nichts geändert habe.[507] Kontinuität besteht insofern, als bei der Bemessung des Anspruchs nach wie vor von den einzelnen Zahlungen auszugehen ist. Allerdings können die Geschäftsleiter nunmehr den Einwand eines niedrigeren Gesamtgläubigerschadens erheben. Dogmatisch ist der Anspruch aus § 15b InsO deshalb als besonders ausgestalteter, **insolvenzspezifischer Schadensersatzanspruch** zu qualifizieren.[508] Die Geltendmachung wird immerhin dadurch erleichtert, dass die Summe der einzelnen Zahlungen als Vermutungstatbestand gewertet wird. Die Auswirkungen der Reform auf die Insolvenzpraxis werden davon abhängen, wie hoch die Gerichte die Anforderungen an die den Geschäftsleitern obliegende Widerlegung dieser Vermutung ansetzen (→ Rn. 223).

II. Normadressaten

163   Das Zahlungsverbot und der im Falle der Verletzung resultierende Ersatzanspruch richten sich nach § 64 S. 1 aF gegen die **Geschäftsführer** unter Einschluss der faktischen Geschäftsführer[509] sowie über § 71 Abs. 4 an die Liquidatoren. Daran hat sich unter dem neuen § 15b Abs. 1, 4 InsO, der sich an die antragspflichtigen Mitglieder des Vertretungsorgans und Abwickler einer juristischen Person wendet, nichts geändert. Auch die Geschäftsführer einer UG (→ § 5a Rn. 46)[510] sowie einer errichteten, aber noch nicht eingetragenen Vor-GmbH sind erfasst. Die Massesicherungspflicht endet, wenn der Geschäftsführer sein Amt wirksam niederlegt.[511] Eine bis dahin bereits begründete Haftung bleibt unberührt. Gesellschafter betrifft das Zahlungsverbot selbst dann nicht, wenn wegen Führungslosigkeit der Gesellschaft die Insolvenzantragspflicht nach § 15a Abs. 3 InsO auf sie übergegangen ist.[512] Auch Prokuristen und sonstige rechtsgeschäftlich bestellte Vertreter der Gesellschaft haften nicht.[513]

164   Die Mitglieder eines etwaigen **Aufsichtsrats** oder Beirats sind zwar nicht selbst Adressaten von § 15b InsO (früher § 64 S. 1), sie können jedoch unter Umständen wegen Verletzung ihrer Überwachungspflichten in Anspruch genommen werden, wenn die Geschäftsführer nach Insolvenzreife verbotene Zahlungen vornehmen. Es gehört zu den Aufgaben des Aufsichtsrats, solche Zahlungen möglichst zu verhindern. Gerät die Gesellschaft in eine Krise, so muss er seine Überwachungstätigkeit entsprechend der jeweiligen Risikolage intensivieren.[514] Was die Rechtsfolgen angeht, war nach dem alten Recht zwischen fakultativen und obligatorischen Kontrollgremien zu differenzieren. Bei letzteren verweisen die einschlägigen Mitbestimmungsregeln (§ 1 Abs. 1 Nr. 3 DrittelbG, § 25 Abs. 1 Nr. 2 MitbestG, § 3 Abs. 2 Montan-MitbestG, § 3 Abs. 1 S. 2 Montan-MitbestErgG) sowie § 18 Abs. 2 KAGB auf §§ 116, 92, 93 AktG, daher traf die Mitglieder

---

[507] *Gehrlein* DB 2020, 2393 (2397); *Hacker/Schumann* WpG 2020, 1453 (1456); *A. Schmidt* ZRI 2021, 389 (395).

[508] *H.-F. Müller* GmbHR 2021, 737 (741); aA *Hentschel/Ruster* ZInsO 2021, 637 (641); Kübler/Prütting/Bork/*Bork/Kebekus* InsO § 15b Rn. 5: kein Schadensersatzanspruch.

[509] BGH Beschl. v. 11.2.2008 – II ZR 291/06, NZG 2008, 468 Rn. 5 f.; Urt. v. 11.7.2005 – II ZR 235/03, ZIP 2005, 1550; Beschl. v. 6.8.2019 – X ARZ 317/19, NZG 2019, 1113 Rn. 20; OLG Brandenburg Urt. v. 15.11.2000 – 7 U 114/00, NZG 2001, 807; OLG München, Urt. v. 17.7.2019 – 7 U 2463/18, NZG 2019, 1189 (1190); OLG Schleswig Urt. v. 4.5.2007 – 5 U 100/06, ZInsO 2007, 948 (949); OLG Stuttgart Beschl. v. 22.11.2004 – 14 AR 7/04, OLGR 2005, 171; *Naurock* NZG 2005, 921; Noack/Servatius/Haas/*Haas* Rn. 22 ff.; Henssler/Strohn/*Arnold* Rn. 8; HK-GmbHG/*Kolmann* Rn. 19; Lutter/Hommelhoff/*Kleindiek* Rn. 6; Scholz/*Bitter* Rn. 67.

[510] S. auch Bork/Schäfer/*Bork* Rn. 3.

[511] Eine rein faktische Niederlegung reicht nicht, BGH Beschl. v. 21.5.2019 – II ZR 337/17, BeckRS 2019, 12184 Rn. 19.

[512] *Bitter/Baschnagel* ZInsO 2018, 557 (577); *Poertzgen/Meyer* ZInsO 2012, 249 (251); Lutter/Hommelhoff/*Kleindiek* Rn. 8; Gehrlein/Born/Simon/*Sandhaus* Rn. 9; Scholz/*Bitter* Rn. 74; anders Noack/Servatius/Haas/*Haas* Rn. 20; Henssler/Strohn/*Arnold* Rn. 8; HK-GmbHG/*Kolmann* Rn. 21; wohl auch *Hölzle* GmbHR 2007, 729 (731).

[513] OLG Düsseldorf Urt. v. 30.7.1992 – 6 U 251/91, GmbHR 1993, 159; Noack/Servatius/Haas/*Haas* Rn. 20; HK-GmbHG/*Kolmann* Rn. 19; HCL/*Casper* Anh. § 62 Rn. 96.

[514] KG Urt. v. 29.4.2021 – 2 U 108/18, ZInsO 2021, 1323 (1328) = BeckRS 2021, 11268.

solcher Organe auch die in § 93 Abs. 3 Nr. 6 AktG aF vorgesehene strikte Erstattungspflicht für den Mittelabfluss.[515] Dagegen bezieht sich § 52 Abs. 1 für den freiwillig gebildeten Aufsichtsrat auf den § 116 AktG ausdrücklich nur „in Verbindung mit § 93 Abs. 1 und 2 S. 1 und 2 des Aktiengesetzes"; § 93 Abs. 3 Nr. 6 AktG aF war also ausgenommen. Die Mitglieder eines fakultativen Aufsichtsrats hafteten daher nur dann für regelwidrige Zahlungen, wenn der Gesellschaft hierdurch nachweislich ein Schaden iSd §§ 249 ff. BGB entstanden war, und damit weniger streng als ihre Kollegen in obligatorischen Aufsichtsräten.[516]

Nach der Aufhebung des § 93 Abs. 3 Nr. 6 AktG verweist § 116 S. 1 AktG nunmehr **165** auch auf den neuen **§ 15b InsO**. Da der Wortlaut des § 52 unverändert blieb, kann dies so verstanden werden, dass nunmehr auch die Mitglieder eines fakultativen Aufsichtsrats in die Verantwortung genommen werden sollen. Dass der Gesetzgeber des SanInsFoG aber die bisherige Differenzierung aufgeben wollte, ist nicht ersichtlich. Es bleibt vielmehr dabei, dass sich die Haftung in nicht mitbestimmten GmbH-Kontrollgremien ausschließlich nach § 116 S. 1 AktG iVm § 93 Abs. 1, 2 S. 1 u 2 AktG richtet.[517]

Der Anspruch wegen des Verstoßes gegen die Masseerhaltungspflicht beruht auf dem **166** Organschaftsverhältnis zwischen Gesellschaft und Geschäftsleiter. Eine Teilnahme außenstehender Dritter nach § 830 BGB scheidet aus, weil es sich gerade nicht um einen Deliktstatbestand handelt.[518]

§ 15b InsO ist wie schon § 64 aF insolvenzrechtlich zu qualifizieren und findet daher **167** auch auf die Geschäftsleiter von **Auslandsgesellschaften mit Inlandssitz** Anwendung.[519] Aus der Zugehörigkeit zum Insolvenzstatut folgt allerdings auch, dass die Norm auf die Geschäftsleiter von GmbHs, die ihren Verwaltungssitz in das Ausland verlegt haben (zur Zulässigkeit → § 4a Rn. 68 ff.), nicht anwendbar ist.[520] Für die organschaftlichen Vertreter kapitalistischer Personengesellschaften, Aktiengesellschaften und Genossenschaften galten bis zum 31.12.2020 die Schwestervorschriften der §§ 130a, 177a HGB, § 93 Abs. 3 Nr. 6 AktG iVm § 92 Abs. 2 AktG, § 99 Abs. 2 GenG iVm § 34 Abs. 3 Nr. 4 GenG. Eine analoge Anwendung auf Vorstände von Vereinen und Stiftungen war mangels planwidriger Rege-

---

[515] BGH Urt. v. 20.9.2010 – II ZR 78/09, BGHZ 187, 60 Rn. 14 ff. = NJW 2011, 221; zur Haftung der Aufsichtsratsmitglieder der AG s. BGH Urt. v. 16.3.2009 – II ZR 280/07, NJW 2009, 2454 Rn. 15 ff.; OLG Düsseldorf Urt. v. 31.5.2012 – I-16 U 176/10, ZIP 2012, 2299; aA *Mock* KTS 2020, 245 (270 ff.); *Noack* FS Goette, 2011, 345 (353 f.).

[516] BGH Urt. v. 20.9.2010 – II ZR 78/09, BGHZ 187, 60 Rn. 20 ff. = NJW 2011, 221; KG Urt. v. 29.4.2021 – 2 U 108/18, ZInsO 2021, 1323 (1331 f.) = BeckRS 2021, 11268; *Floren,* Adressaten der Insolvenzverschleppungshaftung sowie der Haftung gem. § 64 GmbHG, 2019, 184 ff.; *Kiefner/Langen* NJW 2011, 192; *Noack* FS Goette, 2011, 345 (346 ff.); *Thiessen* ZGR 2010, 275; Bork/Schäfer/*Bork* Rn. 5; Lutter/Hommelhoff/*Kleindiek* Rn. 9; krit. aber *Altmeppen* ZIP 2010, 1973; *Schürnbrand* NZG 2010, 1207; anders als Vorinstanz auch noch OLG Brandenburg Urt. v. 17.2.2009 – 6 U 102/07, ZIP 2009, 866 (867 ff.) = EWiR § 52 GmbHG 1/09, 479 *(Schodder)* = GmbHR 2009, 657 mAnm *Bormann.*

[517] *Bitter* ZIP 2021, 321 (332); aA *Baumert* ZRI 2021, 962 (966 f.).

[518] BGH Beschl. v. 11.2.2008 – II ZR 291/06, NZG 2008, 468 Rn. 6; Beschl. v. 6.8.2019 – X ARZ 317/19, NZG 2019, 1113 Rn. 20; *Floren,* Adressaten der Insolvenzverschleppungshaftung sowie der Haftung gem. § 64 GmbHG, 2019, 193; Lutter/Hommelhoff/*Kleindiek* Rn. 8; Scholz/*Bitter* Rn. 77.

[519] Begr. RegE MoMiG, BT-Drs. 16/6140, 47; EuGH Urt. v. 10.12.2015 – C-594/14, NJW 2016, 223 Rn. 14 ff. – Kornhaas; BGH Vorlagebeschl. v. 2.12.2014 – II ZR 119/14, NZG 2015, 101; Urt. v. 15.3.2016 – II ZR 119/14, NJW 2016, 2660 Rn. 14 ff.; Urt. v. 4.7.2017 – II ZR 319/15, NZG 2017, 1034 Rn. 8; OLG Düsseldorf Urt. v. 1.10.2015 – I 6 U 169/14, NZI 2016, 642 (643); KG Urt. v. 24.9.2009 – 8 U 250/08, ZIP 2009, 2156; OLG Jena Urt. v. 17.7.2013 – 2 U 815/12, ZIP 2013, 1820 = NZI 2013, 807 m. krit. Anm. von *Poertzgen; Buchmann,* Die Insolvenz der englischen Limited in Deutschland, 2007, 239 ff.; *Wilms,* Die englische Limited in deutscher Insolvenz, 2006, 191 ff.; *Barthel* ZInsO 2011, 211; *Bitter* ZIP 2021, 321 (331); *Bitter/Baschnagel* ZInsO 2018, 557 (576 f.); *Hübner* IPrax 2015, 297; *Kindler* IPRax 2010, 430; *Kindler* EuZW 2016, 136; *Mankowski* NZG 2016, 281; *Schall* ZIP 2016, 289; *Servatius* DB 2015, 1087 (1089 ff.); *Weller/Schulz* IPRax 2014, 336; Noack/*Servatius*/Haas Rn. 81; HK-GmbHG/*Kolmann* Rn. 14, 18; iErg auch *Altmeppen* Rn. 5; aA Ringe/*Willemer* NZG 2010, 56; *Schall,* Kapitalgesellschaftsrechtlicher Gläubigerschutz, 2009, 206; Bork/Schäfer/*Bork* Rn. 3.

[520] HK-GmbHG/*Kolmann* Rn. 15.

lungslücke zu verneinen.[521] Durch § 15b InsO hat sich am Adressatenkreis im Ergebnis nichts geändert.

III. Zahlungen

168   **1. Grundsätzliches.** Bei der Auslegung des Begriffs der Zahlung in § 15b Abs. 1 InsO (früher § 64 S. 1) ist dem Zweck der Norm Rechnung zu tragen. Das spricht zum einen für ein **weites Verständnis,** das nicht nur reine Geldleistungen, sondern auch sonstige vergleichbare Leistungen zu Lasten des Gesellschaftsvermögens, durch die der Gesellschaft im Ergebnis Liquidität entzogen wird, mit einbezieht. Zum anderen aber muss der durch die Zahlung in die Masse gelangte Gegenwert berücksichtigt werden (näher → Rn. 174 ff.).[522] Nicht erforderlich ist, dass der auf Regress in Anspruch genommene Geschäftsführer die Zahlung selbst vorgenommen oder angeordnet hat, es reicht vielmehr, dass er sie hätte verhindern können.[523] Da ihn schon bei ersten Anzeichen der Krise eine umfassende Über- wachungs- und Kontrollpflicht sowohl gegenüber seinen Mitgeschäftsführern als auch gegenüber den Angestellten der Gesellschaft trifft, geht die Zurechnung von Leistungen aus dem Gesellschaftsvermögen sehr weit (zum Verschulden → Rn. 203 ff.).[524]

169   **2. Anwendungsfälle, insbesondere bargeldloser Zahlungsverkehr.** Zahlungen sind unproblematisch **Barauszahlungen** aus dem Kassenbestand, aber auch Auszahlungen und Überweisungen von einem **kreditorisch geführten Konto.**[525] Gleichgestellt ist die Abbuchung aufgrund einer Einzugsermächtigung der Geschäftsführer[526] oder die Einlösung eines von ihnen ausgestellten Schecks.[527] Auch Zahlungen in dem genannten Sinne von einem für die Gesellschaft errichteten Treuhandkonto können die Haftung auslösen.[528] Dem Geschäftsführer regelmäßig nicht zuzurechnen sind Abbuchungen, die auf einer Kon- topfändung beruhen,[529] wohl aber iSd Rspr. zu § 133 InsO[530] selbstbestimmte Zahlungen zur Abwendung der Zwangsvollstreckung.[531] Ebenfalls zu verantworten hat er in der Krise

---

[521]   BGH Beschl. v. 8.2.2010 – II ZR 54/09, NZG 2010, 625 Rn. 5 = EWiR § 42 BGB 2/10, 555 *(G. Roth)*; OLG Hamburg Urt. v. 5.2.2009 – 6 U 216/07, NZG 2009, 1036 = EWiR § 42 BGB 1/09, 331 *(G. Roth);* OLG Karlsruhe Urt. v. 19.6.2009 – 14 U 137/07, NZG 2009, 995 (996 f.) = EWiR § 42 BGB 2/09, 699 *(Hangebrauck); Koza* DZWIR 2008, 98; *H.-F. Müller* ZIP 2010, 153 (158 f.); HK- GmbHG/*Kolmann* Rn. 17; aA jedoch *Passage* ZInsO 2005, 176; *Passarge* NZG 2008, 605; *Roth/Knof* KTS 2009, 163 (179 f.); *Wischmeyer* DZWIR 2005, 230.

[522]   Begr. RegE MoMiG, BT-Drs. 16/6140, 46.

[523]   BGH Urt. v. 11.2.2020 – II ZR 427/18, NZG 2020, 517 Rn. 17; Urt. v. 16.3.2009 – II ZR 32/08, NJW 2009, 1598 Rn. 13 = EWiR § 130a HGB aF 1/09, 645 *(Wilkens/Breßler);* OLG Brandenburg Beschl. v. 29.7.2020 – 7 W 38/20, BeckRS 2020, 18683 Rn. 12; OLG München Urt. v. 19.1.2011 – 7 U 4342/10, ZIP 2011, 277 (278).

[524]   BGH Urt. v. 1.3.1993 – II ZR 81/94, NJW 1994, 2149 (2150); OLG München Urt. v. 28.11.2007 – 7 U 5444/05, GmbHR 2008, 320 (321); OLG Oldenburg Beschl. v. 10.3.2004 – 1 W 2/04, GmbHR 2004, 1340 (1341); OLG Oldenburg Urt. v. 5.11.1998 – 1 U 107/98, NZG 2001, 37 (39 f.); *Haas/ Kolmann/Kurz* in Gottwald/Haas InsR-HdB § 90 Rn. 196; HK-GmbHG/*Kolmann* Rn. 41.

[525]   S. nur OLG Hamm Urt. v. 18.3.2021 – I-28 U 279/19, ZInsO 2021, 962 (968) = BeckRS 2021, 11809; *K. Schmidt* in K. Schmidt/Uhlenbruck Sanierung Rn. 11.42; Noack/Servatius/Haas/*Haas* Rn. 101; HCL/*Casper* Anh. § 62 Rn. 112. Maßgeblich ist der Kontenstand, zu dem die betreffende Buchung vorgenommen worden ist, nicht etwa der Tages-Anfangssaldo, OLG Köln Urt. v. 16.3.2017 – 18 U. 226/13, BeckRS 2017, 154679 Rn. 332.

[526]   LG Köln Urt. v. 12.7.1989 – 9 S 43/89, GmbHR 1990, 136; Noack/Servatius/Haas/*Haas* Rn. 96; Scholz/*Bitter* Rn. 111.

[527]   Noack/Servatius/Haas/*Haas* Rn. 101; Scholz/*Bitter* Rn. 111; HCL/*Casper* Anh. § 62 Rn. 112.

[528]   OLG Düsseldorf Urt. v. 24.9.1998 – 6 U 199/97, NZG 1999, 80.

[529]   BGH Urt. v. 16.3.2009 – II ZR 32/08, NJW 2009, 1598 Rn. 14 = EWiR § 130a HGB aF 1/09, 645 *(Wilkens/Breßler);* Urt. v. 25.1.2011 – II ZR 196/09, ZIP 2011, 422 Rn. 28 = EWiR § 64 GmbHG 1/ 11, 257 *(Giedinghage/Göb);* OLG München Urt. v. 19.1.2011 – 7 U 4342/10, ZIP 2011, 277 (278); *Schröer-Conigliello/Schmittmann* ZIP 2017, 1548 (1553); Rowedder/Schmidt-Leithoff/*Schmidt-Leithoff/ Schneider* Rn. 32; HK-GmbHG/*Kolmann* Rn. 42; Scholz/*Bitter* Rn. 115.

[530]   S. BGH Urt. v. 10.2.2005 – IX ZR 211/02, BGHZ 162, 143 (152) = LMK 2005, 94 *(H.-F. Müller);* HK-InsO/*Thole* InsO § 133 Rn. 9.

[531]   *Geißler* GmbHR 2011, 907 (908); Rowedder/Schmidt-Leithoff/*Schmidt-Leithoff/Schneider* Rn. 32; HK- GmbHG/*Kolmann* Rn. 42.

der Gesellschaft von der Bank vorgenommene Kontoverrechnungen aufgrund einer von ihm eingegangenen oder nicht rechtzeitig gekündigten sog. „Cross-Pledge"-Vereinbarung.[532]

Überweisungen, Abbuchungen etc von einem **debitorischen Konto** berühren die **170** verteilungsfähige Masse nicht, sondern gehen allein zu Lasten der Bank, wenn diese über keine Gesellschaftssicherheiten verfügt. Wird mit den Kreditmitteln eine Gesellschaftsverbindlichkeit getilgt, so findet lediglich ein Gläubigerwechsel statt, was keine Haftung nach § 15b Abs. 4 InsO (früher § 64 S. 1) auszulösen vermag.[533] Wohl aber kann sich der Geschäftsführer gegenüber der Bank nach § 823 Abs. 2 BGB iVm § 15a InsO schadensersatzpflichtig machen.[534] **Eingänge** auf einem debitorischen Konto der Gesellschaft sind als Zahlungen an die kontoführende Bank anzusehen, da sie die ihr gegenüber bestehende Darlehensverbindlichkeit verringern.[535] Dies gilt auch bei der Einziehung einer Vorauszahlung, und zwar unabhängig davon, ob die auf Vorauszahlung gerichtete Forderung der Gesellschaft zugunsten der Gläubiger hätte verwertet werden können. Es genügt, dass der Gesellschaft ein schuldrechtlicher Anspruch gegen den Vorauszahlenden zustand, der durch den Zahlungseingang getilgt wird, mithin der Gegenwert für das Geleistete aus dem Vermögen der Gesellschaft stammt.[536] Um eine Haftung nach § 15b Abs. 1, 4 InsO (früher § 64 S. 1) zu vermeiden, muss der Geschäftsführer ein neues, ausschließlich auf Guthabenbasis geführtes Konto bei einer anderen Bank eröffnen und den aktuellen Gesellschaftsgläubigern die geänderte Kontoverbindung unverzüglich mitteilen.[537] Verwendet er aber den eingegangenen Betrag in unmittelbarem zeitlichem Zusammenhang (30 Tage) für Zahlungen, für

---

[532] OLG München Urt. v. 13.2.2013 – 7 U 2831/12, NJW 2013, 1747 m. krit. Bespr. *Primozic/Brugugnone* NJW 2013, 1709.

[533] BGH Urt. v. 4.7.2017 – II ZR 319/15, NZG 2017, 1034 Rn. 13; Urt. v. 26.1.2016 – II ZR 394/13, NZG 2016, 658 Rn. 38; Urt. v. 23.6.2015 – II ZR 366/13, BGHZ 206, 52 Rn. 32= NJW 2015, 2806; Urt. v. 3.6.2014 – II ZR 100/13, NZG 2014, 1069 Rn. 15; Urt. v. 25.1.2011 – II ZR 196/09, ZIP 2011, 422 Rn. 26 = EWiR § 64 GmbHG 1/11, 257 *(Giedinghage/Göb);* BGH Urt. v. 25.1.2010 – II ZR 258/08, NZG 2010, 346 Rn. 10; Urt. v. 26.3.2007 – II ZR 310/05, NZG 2007, 462 Rn. 8; Urt. v. 29.11.1999 – II ZR 273/98, BGHZ 143, 184 (187) = NJW 2000, 668; OLG Brandenburg Urt. v. 17.2.2009 – 6 U 102/07, ZIP 2009, 866 (870) = EWiR § 52 GmbHG 1/09, 479 *(Schodder)* = GmbHR 2009, 657 mAnm *Bormann;* Urt. v. 12.1.2016 – 6 U 123/13, ZIP 2016, 923 (926) = BeckRS 2016, 03550; *Cadmus* KTS 2015, 143 (151 f.); *H.-F. Müller* DB 2015, 723 (727); *Poertzgen* ZInsO 2016, 1182 (1184 f.); aA *Bitter/Baschnagel* ZInsO 2018, 557 (582 f.); *Gehrlein* ZInsO 2018, (2017), 482 (518 f.); *Bieder/ Wagner* ZGR 2021, 495 (503 f.); *Schall,* Kapitalgesellschaftsrechtlicher Gläubigerschutz, 2009, 191 f.; anders zur Insolvenzanfechtung BGH Beschl. v. 27.3.2008 – IX ZR 210/07, NJW 2008, 1535 Rn. 4; Urt. v. 6.10.2009 – IX ZR 191/05, NJW 2009, 3362.

[534] BGH Urt. v. 5.2.2007 – II ZR 234/05, BGHZ 171, 46 Rn. 12 ff. = NZG 2007, 347; Urt. v. 26.3.2007 – II ZR 310/05, NZG 2007, 462 Rn. 8.

[535] BGH Urt. v. 11.2.2020 – II ZR 427/18, NZG 2020, 517 Rn. 15; Urt. v. 27.10.2020 – II ZR 355/18, NZG 2021, 66 Rn. 31; Urt. v. 26.1.2016 – II ZR 394/13, NZG 2016, 658 Rn. 39; Urt. v. 8.12.2015 – II ZR 68/14, NJW 2016, 1092 Rn. 10; Urt. v. 23.6.2015 – II ZR 366/13, BGHZ 206, 52 Rn. 11 = NJW 2015, 2806; Urt. v. 3.6.2014 – II ZR 100/13, NZG 2014, 1069 Rn. 16; Urt. v. 26.3.2007 – II ZR 310/05, NZG 2007, 462 Rn. 12; Urt. v. 11.9.2000 – II ZR 370/99, NJW 2001, 304; Urt. v. 29.11.1999 – II ZR 273/98, BGHZ 143, 184 (187) = NJW 2000, 668; OLG Brandenburg Urt. v. 17.2.2009 – 6 U 102/07, ZIP 2009, 866 (870) = EWiR § 52 GmbHG 1/09, 479 *(Schodder)* = GmbHR 2009, 657 mAnm *Bormann;* Urt. v. 12.1.2016 – 6 U 123/13, ZIP 2016, 923 (925 f.) = BeckRS 2016, 03550; OLG Düsseldorf Beschl. v. 12.3.1999 – 22 W 12/99, GmbHR 1999, 661 (662); OLG Hamburg Urt. v. 21.4.1995 – 11 U 195/93, GmbHR 1995, 521 (522); OLG Oldenburg Beschl. v. 10.3.2004 – 1 W 2/04, GmbHR 2004, 1340 (1341); LG Itzehoe Urt. v. 1.4.1996 – 6 O 236/95, ZIP 1996, 797 (798); *Poertzgen* ZInsO 2016, 1182 (1183 f.); *Schall,* Kapitalgesellschaftsrechtlicher Gläubigerschutz, 2009, 191; *Haas/Kolmann/Kurz* in Gottwald/Haas InsR-HdB § 90 Rn. 175; *Lutter/Hommelhoff/Kleindiek* Rn. 22; aA OLG Celle Urt. v. 19.8.1998 – 9 U 23/98, NZG 1999, 77; *Bitter* WM 2001, 666 (667 ff.); *K. Schmidt* ZIP 2008, 1401 (1404 ff.); *Seibel,* Der Geschäftsführer in der Insolvenz der Gesellschaft, 2012, 125 ff.; HCL/*Casper* Anh. § 62 Rn. 130.

[536] BGH Urt. v. 11.2.2020 – II ZR 427/18, NZG 2020, 517 Rn. 15.

[537] BGH Urt. v. 11.2.2020 – II ZR 427/18, NZG 2020, 517 Rn. 18; Urt. v. 26.3.2007 – II ZR 310/05, NZG 2007, 462 Rn. 12; Urt. v. 29.11.1999 – II ZR 273/98, BGHZ 143, 184 (187) = NJW 2000, 668; OLG Brandenburg Urt. v. 12.1.2016 – 6 U 123/13, ZIP 2016, 923 (926) = BeckRS 2016, 03550; OLG Düsseldorf Beschl. v. 12.3.1999 – 22 W 12/99, GmbHR 1999, 661 (662); OLG Hamburg Urt. v. 21.4.1995 – 11 U 195/93, GmbHR 1995, 521 (522); *Strohn* NZG 2011, 1161 (1165).

die eine Gegenleistung in die Masse gelangt oder die nach § 15b Abs. 1 S. 2 InsO/§ 64 S. 2 aF privilegiert ist, so wird dadurch der Zahlungseingang haftungsrechtlich neutralisiert (→ Rn. 181). Zum Einzug von zur Sicherung abgetretenen Forderungen (→ Rn. 173).

171   Zahlungen sind bei weiter Auslegung auch die Aufrechnung oder Verrechnung mit einer Gegenforderung der Gesellschaft,[538] die Lieferung von Waren oder Übertragung von Rechten (zur Bestellung dinglicher Sicherheiten → Rn. 203).[539] Zu weit geht es jedoch, die Begründung von Verbindlichkeiten in § 15b Abs. 1 S. 1 InsO/§ 64 S. 1 aF mit einzube-ziehen, da hierdurch unmittelbar keine Mittel aus der Masse abfließen.[540] Ebenso wenig kann die unterlassene Kündigung eines Dauerschuldverhältnisses,[541] der unterlassene Erwerb oder die unterbliebene Geltendmachung einer Forderung[542] als Zahlung qualifiziert werden. An einem Vermögenstransfer fehlt es auch bei der Erbringung von Dienstleistungen durch eigene Mitarbeiter,[543] haftungsbegründend können lediglich die Gehaltszahlungen nach Insolvenzreife sein.

172   **3. Verringerung der Aktivmasse.** Die erbrachten Leistungen müssen einen **Bezug zum Aktivvermögen der Gesellschaft** aufweisen. Das ist nicht der Fall, wenn ein Gesell-schafter oder ein außenstehender Dritter die Leistung erbringt.[544] Der Geschäftsführer ist jedoch für solche Zahlungen verantwortlich, die auf seine Veranlassung durch einen Schuld-ner der GmbH statt an diese an einen ihrer Gläubiger bewirkt werden.[545] Gleiches gilt, wenn er selbst für die Gesellschaft Mittel erhalten hat, um eine bestimmte Schuld zu tilgen, und diese entsprechend verwendet.[546] Denn die Zweckabrede ändert nichts daran, dass die Vermögenswerte ohne die Weggabe im Insolvenzverfahren zur Befriedigung der Gesamtheit der Gläubiger zur Verfügung gestanden hätten. Der Vorgang kann aber massenneutral ausge-staltet werden, indem die Geschäftsführer die eingehenden Gelder auf Treuhandkonten verbuchen lassen und so für die Treugeber Aussonderungsrechte nach § 47 InsO begrün-den.[547] Lediglich eine Umschichtung innerhalb des Gesellschaftsvermögens liegt vor, wenn Geld von einem kreditorischen Konto der Gesellschaft auf ein anderes oder in deren Kasse

---

[538] *K. Schmidt* ZIP 2008, 1401 (1404); Scholz/*Bitter* Rn. 111; HCL/*Casper* Anh. § 62 Rn. 114.
[539] *Schröer-Conigliello/Schmittmann* ZIP 2017, 1548 (1553 f.); *Haas/Kolmann/Kurz* in Gottwald/Haas InsR-HdB § 90 Rn. 175; Lutter/Hommelhoff/*Kleindiek* Rn. 16; HCL/*Casper* Anh. § 62 Rn. 114; anders noch RG Urt. v. 30.11.1938 – II 39/38, RGZ 159, 211 (234) zur AG: nur Geldleistungen.
[540] BGH Urt. v. 4.7.2017 – II ZR 319/15, NZG 2017, 1034 Rn. 13; Urt. v. 18.11.2014 – II ZR 231/13, BGHZ 203, 218 Rn. 17 = NZG 2015, 149; Urt. v. 30.3.1998 – II ZR 146/96, BGHZ 138, 211 (216 f.) = NJW 1998, 2667; OLG Hamburg Urt. v. 31.8.2005 – 11 U 55/04, ZIP 2005, 1968 (1971); OLG Koblenz Urt. v. 31.3.2008 – 6 U 472/07, AG 2009, 336 (337); *Geißler* GmbHR 2011, 907 (910); *H.-F. Müller,* Der Verband in der Insolvenz, 2002, 103; *Poertzgen* ZInsO 2006, 561 (564 ff.); *Poertzgen* ZInsO 2016, 1182 (1186 f.); *Röhricht* ZIP 2005, 505 (511); *Schall,* Kapitalgesellschaftsrechtlicher Gläubi-gerschutz, 2009, 192; *Seibel,* Der Geschäftsführer in der Insolvenz der Gesellschaft, 2012, 122 ff.; *Haas/Kolmann/Kurz* in Gottwald/Haas InsR-HdB § 90 Rn. 176; *Altmeppen* Rn. 12; Noack/Servatius/Haas/*Haas* Rn. 99; Henssler/Strohn/*Arnold* Rn. 18; Lutter/Hommelhoff/*Kleindiek* Rn. 30; HK-GmbHG/*Kolmann* Rn. 40; aA OLG Hamm Urt. v. 15.10.1979 – 8 U 149/78, ZIP 1980, 280 (281); *Glozbach,* Die Haftung des GmbH-Geschäftsführers nach § 64 Abs. 2 GmbHG für Zahlungen nach Insolvenzreife, 2004, 91 ff.; *Thole,* Gläubigerschutz durch Insolvenzrecht, 2010, 706 ff.; *Theiselmann/Redeker* GmbHR 2008, 961 (966); MHdB GesR III/*Diekmann* § 46 Rn. 51; Scholz/*Bitter* Rn. 121.
[541] Noack/Servatius/Haas/*Haas* Rn. 99; HK-GmbHG/*Kolmann* Rn. 29, 40; Henssler/Strohn/*Arnold* Rn. 18; aA OLG Hamm Urt. v. 15.10.1979 – 8 U 149/78, ZIP 1980, 280 (281).
[542] Henssler/Strohn/*Arnold* Rn. 19; HCL/*Casper* Anh. § 62 Rn. 114.
[543] Rowedder-Leithoff-*Schmidt-Leithoff/Schneider* Rn. 30; HCL/*Casper* Anh. § 62 Rn. 114; aA OLG Düsseldorf Urt. v. 19.1.1995 – 6 U 272/93, GmbHR 1996, 616 (619); *Schröer-Conigliello/Schmitt-mann* ZIP 2017, 1548 (1554); Noack/Servatius/Haas/*Haas* Rn. 98; Scholz/*Bitter* Rn. 113.
[544] *Haas/Kolmann/Kurz* in Gottwald/Haas InsR-HdB § 90 Rn. 177; Henssler/Strohn/*Arnold* Rn. 19; Scholz/*Bitter* Rn. 122.
[545] OLG Schleswig Urt. v. 14.2.2007 – 9 U 97/06, BeckRS 2007, 05981; Scholz/*Bitter* Rn. 122.
[546] BGH Urt. v. 5.5.2008 – II ZR 38/07, NJW 2008, 2504 Rn. 10; Urt. v. 31.3.2003 – II ZR 150/02, NJW 2003, 2316; OLG München Urt. v. 15.10.2008 – 7 U 4972/07, ZIP 2008, 2169 (2171 f.); *Schall,* Kapitalgesellschaftsrechtlicher Gläubigerschutz, 2009, 192; anders OLG Brandenburg Urt. v. 10.4.2002 – 7 U 147/01, GmbHR 2002, 910 (911 f.); *K. Schmidt* ZHR 168 (2004), 637 (646 ff.).
[547] BGH Urt. v. 5.5.2008 – II ZR 38/07, NJW 2008, 2504 Rn. 11.

transferiert wird.[548] Bei **wirtschaftlicher Betrachtung** ebenfalls keine Zahlungen sind die Weggabe wertloser oder wertausschöpfend belasteter Gegenstände.[549]

Der Einzug von Forderungen einer insolvenzreifen GmbH auf ein **debitorisches** 173 **Konto** ist grds. eine Zahlung iSv § 15b Abs. 1 S. 1 InsO/§ 64 S. 1 aF, weil dadurch das Aktivvermögen der Gesellschaft zu Gunsten der Bank geschmälert wird (→ Rn. 170). Anders entscheidet die Rspr. aber zutreffend, wenn die Forderungen zur **Sicherung an die Bank abgetreten** wurden.[550] Denn die Sicherungszession verschafft dem Zessionar nach § 51 Nr. 1 InsO ein Recht auf abgesonderte Befriedigung. Wird die Forderung vor Insolvenzeröffnung befriedigt und dadurch der Debetsaldo reduziert, so berührt dies die Befriedigungsaussichten der Gesamtheit der Gläubiger daher nicht. Dies soll auch dann gelten, wenn die Bank das Absonderungsrecht in anfechtbarer Weise erworben hat.[551] Der Geschäftsführer wird allerdings nicht begünstigt, wenn er die Sicherungszession erst nach Eintritt der Insolvenzreife vorgenommen hat. Gleichgestellt wird der Fall, dass die Forderung zwar schon vor der Krise abgetreten wurde, aber erst nach Insolvenzreife entstanden ist oder werthaltig gemacht wurde (insbesondere durch Erfüllungshandlungen seitens der Schuldnergesellschaft).[552] Die Darlegungs- und Beweislast dafür, dass die auf das Kontokorrentkonto eingezogenen Forderungen von der Globalzession erfasst und vor dem (vom Verwalter zu beweisenden) Eintritt der Insolvenzreife entstanden bzw. werthaltig gemacht worden sind, liegt bei dem in Anspruch genommenen Geschäftsführer.[553] Eine Zahlung soll aber wiederum jeweils ausscheiden, wenn durch die Einziehung der Forderung und die damit einhergehende Verringerung der Darlehensschuld eine andere sicherungszedierte werthaltige Forderung frei wird, da es sich dann um einen – wiederum vom Geschäftsführer darzulegenden und zu beweisenden – reinen Aktiventausch handelt.[554] Gleiches gilt, wenn die als Gegenleistung an den Forderungsschuldner gelieferte Ware im Sicherungseigentum der Bank stand.[555] Allerdings können bereits die Aufwendungen zum Erwerb der betreffenden Sache haftungsbegründend sein.[556] Zum Freiwerden von Sicherheiten → Rn. 179.

4. Kompensierender Massezufluss. Der Geschäftsführer kann sich zudem durch den 174 Nachweis entlasten, dass für die von ihm erbrachte Leistung in unmittelbarem wirtschaftli-

---

548   BGH Urt. v. 5.11.2007 – II ZR 262/06, GmbHR 2007, 142 Rn. 5.
549   *Geißler* GmbHR 2011, 907 (910); Noack/Servatius/Haas/*Haas* Rn. 101; HK-GmbHG/*Kolmann* Rn. 26.
550   BGH Urt. v. 23.6.2015 – II ZR 366/13, BGHZ 206, 52 Rn. 12 ff. = NJW 2015, 2806; Urt. v. 8.12.2015 – II ZR 68/14, NJW 2016, 1092 Rn. 11 ff.; Urt. v. 26.1.2016 – II ZR 394/13, NZG 2016, 658 Rn. 39 ff.; Urt. v. 3.5.2016 – II ZR 318/15, BeckRS 2016, 10829 Rn. 7 ff.; Urt. v. 14.6.2016 – II ZR 77/15, ZInsO 2016, 1934 = BeckRS 2016, 15522 Rn. 11 f.; ferner Casper ZIP 2016, 793 (799 f.); *Glaser* ZInsO 2015, 2416; *Habersack/Foerster* ZGR 2016, 153 (166 ff.); *Kreuzberg* NZG 2016, 371; *H.-F. Müller* NZG 2015, 1021 (1022 f.); *Poertzgen* ZInsO 2016, 1182 (1184); *Rüppell/Grotebrune,* NZI 2016, 723 (726); *Strohn* NZG 2011, 1161 (1166); *Werres* ZInsO 2008, 1001 (1006); Lutter/Hommelhoff/*Kleindiek* Rn. 23.
551   BGH Urt. v. 23.6.2015 – II ZR 366/13, BGHZ 206, 52 Rn. 27 ff. = NJW 2015, 2806; Urt. v. 8.12.2015 – II ZR 68/14, NJW 2016, 1092 Rn. 23; *Habersack/Foerster* ZGR 2016, 153 (168); *Kreuzberg* NZG 2016, 371 (372 ff.); krit. insoweit *H.-F. Müller* NZG 2015, 1021 (1023).
552   BGH Urt. v. 23.6.2015 – II ZR 366/13, BGHZ 206, 52 Rn. 21 ff. = NJW 2015, 2806; Urt. v. 8.12.2015 – II ZR 68/14, NJW 2016, 1092 Rn. 17 ff.; Urt. v. 26.1.2016 – II ZR 394/13, NZG 2016, 658 Rn. 42 ff.; Urt. v. 3.5.2016 – II ZR 318/15, BeckRS 2016, 10829 Rn. 10 ff.; Urt. v. 14.6.2016 – II ZR 77/15, ZInsO 2016, 1934 = BeckRS 2016, 15522 Rn. 13 ff.; abl. *Casper* ZIP 2016, 793 (800 f.); *Kreuzberg* NZG 2016, 371 (372 ff.).
553   BGH Urt. v. 23.6.2015 – II ZR 366/13, BGHZ 206, 52 Rn. 34 = NJW 2015, 2806; Urt. v. 8.12.2015 – II ZR 68/14, NJW 2016, 1092 Rn. 27; Urt. v. 26.1.2016 – II ZR 394/13, NZG 2016, 658 Rn. 45; Urt. v. 3.5.2016 – II ZR 318/15, BeckRS 2016, 10829 Rn. 13; Urt. v. 14.6.2016 – II ZR 77/15, ZInsO 2016, 1934 = BeckRS 2016, 15522 Rn. 16; aA *Habersack/Foerster* ZGR 2016, 153 (168 f.).
554   BGH Urt. v. 23.6.2015 – II ZR 366/13, BGHZ 206, 52 Rn. 25 f. = NJW 2015, 2806; Urt. v. 26.1.2016 – II ZR 394/13, NZG 2016, 658 Rn. 47 f.; *Habersack/Foerster* ZGR 2016, 153 (169).
555   BGH Urt. v. 8.12.2015 – II ZR 68/14, NJW 2016, 1092 Rn. 25 f.
556   BGH Urt. v. 8.12.2015 – II ZR 68/14, NJW 2016, 1092 Rn. 26.

chem Zusammenhang ein Gegenwert in das Gesellschaftsvermögen gelangt ist.[557] Ist das Empfangene gleichwertig, so liegt schon keine Zahlung iSv § 15b Abs. 1 S. 1 InsO/§ 64 S. 1 aF vor, weil der Sache nach lediglich ein Aktiventausch stattgefunden hat.[558] Bleibt es im Wert zurück, so mindert es doch immerhin den zu erstattenden Betrag.[559] Entgegen der früheren Auffassung des BGH[560] kommt es nicht mehr darauf an, ob die Gegenleistung im Zeitpunkt der Insolvenzeröffnung tatsächlich noch voll in der Masse vorhanden ist, da dies mitunter von Zufälligkeiten abhängt. Maßgeblich für die Bewertung sind nach überzeugender neuerer Rspr. vielmehr die Verhältnisse im **Zeitpunkt des Leistungsaustauschs**.[561]

175   Zu Recht verlangt der BGH aber, dass der in die Masse gelangte Gegenstand zugunsten der Gesamtheit der Gläubiger liquide **verwertbar** ist.[562] Denn nur dann liegt im wirtschaftlichen Ergebnis keine Vermögensverschiebung, sondern eine unschädliche Vermögensumschichtung vor. Maßgeblich ist also, ob und inwieweit ein Insolvenzverwalter den betreffenden Gegenstand verwerten könnte, wenn im Zeitpunkt des Erwerbs das Insolvenzverfahren bereits eröffnet wäre.[563] Daher scheiden solche aus Gesellschaftsmitteln erworbenen Gegenstände aus, die nicht der Masse, sondern einem Sicherungsnehmer zustehen.[564]

---

[557]   BGH Urt. v. 18.3.1974 – II ZR 2/72, NJW 1974, 1088 (1089); Urt. v. 31.3.2003 – II ZR 150/02, NJW 2003, 2316 (2317); Urt. v. 18.11.2014 – II ZR 231/13, BGHZ 203, 218 Rn. 9 ff. = NZG 2015, 149; Urt. v. 23.6.2015 – II ZR 366/13, BGHZ 206, 52 Rn. 33 = NJW 2015, 2806; Urt. v. 4.7.2017 – II ZR 319/15, NZG 2017, 1034 Rn. 10; OLG Hamburg Urt. v. 31.8.2005 – 11 U 55/04, ZIP 2005, 1968 (1971); OLG Hamm Urt. v. 25.1.1993 – 8 U 250/91, GmbHR 1993, 584 (585); OLG München Urt. v. 22.6.2017 – 23 U 3769/16, NZI 2017, 723 (724); OLG Oldenburg Beschl. v. 10.3.2004 – 1 W 2/04, GmbHR 2004, 1340 (1342); *Schall*, Kapitalgesellschaftsrechtlicher Gläubigerschutz, 2009, 194; *Otte*, Das Zahlungsverbot und die Ersatzpflicht nach § 64 Satz 1 GmbHG, 2019, 152 ff.; *Bitter* ZInsO 2010, 1505 (1516); *Geißler* GmbHR 2011, 907 (908); *H.-F. Müller* DB 2015, 723 (724 ff.); *Haas/Kolmann/Kurz* in Gottwald/Haas InsR-HdB § 90 Rn. 184; *Noack/Servatius/Haas/Haas* Rn. 105; *Bork/Schäfer/Bork* Rn. 23; *Hachenburg/Ulmer* Rn. 43; *Henssler/Strohn/Arnold* Rn. 20; *Lutter/Hommelhoff/Kleindiek* Rn. 17; *MHLS/Nerlich* Rn. 22.

[558]   *Otte*, Das Zahlungsverbot und die Ersatzpflicht nach § 64 Satz 1 GmbHG, 2019, 153 ff.; *Bitter* ZInsO 2010, 1505 (1516); *Geißler* GmbHR 2011, 907 (908); *H.-F. Müller* DB 2015, 723 (724); *Henssler/Strohn/Arnold* Rn. 20; *Lutter/Hommelhoff/Kleindiek* Rn. 17; *Rowedder/Schmidt-Leithoff/Schmidt-Leithoff/Schneider* Rn. 33; *Scholz/Bitter* Rn. 136; *HCL/Casper* Anh. § 62 Rn. 116; wohl auch BGH Urt. v. 18.3.1974 – II ZR 2/72, NJW 1974, 1088 (1089); Urt. v. 31.3.2003 – II ZR 150/02, NJW 2003, 2316 (2317); für eine Berücksichtigung im Rahmen von § 64 S. 2 aF hingegen OLG Oldenburg Beschl. v. 10.3.2004 – 1 W 2/04, GmbHR 2004, 1340 (1342); *Haneke* NZI 2015, 499 (502 f.); *MHLS/Nerlich* Rn. 22.

[559]   S. BGH Urt. v. 4.7.2017 – II ZR 319/15, NZG 2017, 1034 Rn. 10; Urt. v. 18.11.2014 – II ZR 231/13, BGHZ 203, 218 Rn. 11 = NZG 2015, 149: „sobald und soweit"; ferner OLG Hamburg Urt. v. 31.8.2005 – 11 U 55/04, ZIP 2005, 1968 (1971); *Poertzgen*, Organhaftung wegen Insolvenzverschleppung, 2006, 222; *H.-F. Müller* DB 2015, 723 (725); *Hachenburg/Ulmer* Rn. 43; *Lutter/Hommelhoff/Kleindiek* Rn. 17; aA *Habersack/Foerster* ZHR 178 (2014), 387 (407).

[560]   BGH Urt. v. 18.3.1974 – II ZR 2/72, NJW 1974, 1088 (1089); Urt. v. 31.3.2003 – II ZR 150/02, NJW 2003, 2316 (2317); Urt. v. 18.10.2010 – II ZR 151/09, ZIP 2010, 2400 Rn. 21.

[561]   So nunmehr BGH Urt. v. 18.11.2014 – II ZR 231/13, BGHZ 203, 218 Rn. 11 ff. = NZG 2015, 149; Urt. v. 4.7.2017 – II ZR 319/15, NZG 2017, 1034 Rn. 18; Urt. v. 27.10.2020 – II ZR 355/18, NZG 2021, 66 Rn. 34; ferner *Fölsing* KSI 2015, 70 (71); *Gehrlein* ZHR 181 (2017), 482 (504 f.); *Habersack/Foerster* ZHR 178 (2014), 387 (404 f.); *Habersack/Foerster* ZGR 2016, 153 (182 ff.); *H.-F. Müller* DB 2015, 723 (727); *Lutter/Hommelhoff/Kleindiek* Rn. 17, 20; *Rowedder/Schmidt-Leithoff/Schmidt-Leithoff/Schneider* Rn. 33; *HK-GmbHG/Kolmann* Rn. 35; *HCL/Casper* Anh. § 62 Rn. 122; aA *Geißler* GmbHR 2011, 907 (908).

[562]   BGH Urt. v. 4.7.2017 – II ZR 319/15, NZG 2017, 1034 Rn. 18; OLG München Urt. v. 22.6.2017 – 23 U 3769/16, NZI 2017, 723 (725); *Casper* ZIP 2016, 793 (796 f.); *Geißler* GmbHR 2011, 907 (909 f.); *H.-F. Müller* DB 2015, 723 (725); *Remuta/Lübken* NZI 2018, 250 (252); *Lutter/Hommelhoff/Kleindiek* Rn. 20; *Rowedder/Schmidt-Leithoff/Schmidt-Leithoff/Schneider* Rn. 33; *HK-GmbHG/Kolmann* Rn. 37; *HCL/Casper* Anh. § 62 Rn. 118; großzügiger unter Verweis auf die zu § 142 InsO entwickelten Maßstäbe OLG Düsseldorf Urt. v. 1.10.2015 – I 6 U 169/14, NZI 2016, 642 (645); *Gehrlein* ZHR 181 (2017), 482 (511); *Habersack/Foerster* ZHR 178 (2014), 387 (405).

[563]   BGH Urt. v. 4.7.2017 – II ZR 319/15, NZG 2017, 1034 Rn. 18.

[564]   So zum Erwerb von sicherungsübereigneter Ware BGH Urt. v. 8.12.2015 – II ZR 68/14, NJW 2016, 1092 Rn. 26.

Die bloße Begründung einer Forderung reicht als Ausgleich regelmäßig nicht aus.[565] Anders liegt es bei Einzahlungen des Geschäftsleiters auf ein kreditorisch geführtes Bankkonto. Die jederzeit abrufbare Forderung aus der von dem Kreditinstitut im Gegenzug eingeräumten Gutschrift steht hier nach der Verkehrsanschauung als „Buchgeld" dem Zufluss gleich.[566] Die durch Miet- und Pachtzahlungen ermöglichte Weiternutzung von Grundstücken, Gebäuden, Maschinen und anderen Wirtschaftsgütern ist aber keine taugliche Kompensation.[567]

Die Anrechenbarkeit von **Arbeits- und Dienstleistungen** hat der BGH zutreffend **176** für den Regelfall verneint.[568] Ausnahmen sind aber denkbar bei Instandsetzungs- und Reparaturarbeiten, die zu einer unmittelbaren und konkreten Erhöhung der Aktivmasse geführt haben.[569] Nicht liquide verwertbar sind Energieversorgungs- und Telekommunikationsdienstleistungen.[570] Etwas zweifelhaft erscheint es allerdings, wenn der BGH geringwertige Verbrauchsgüter „regelmäßig" als für eine Kompensation ungeeignet ansieht.[571] Vielmehr dürfte es auf die konkrete Verwertbarkeit im jeweiligen Einzelfall ankommen, die jedenfalls beim Vorhalten großer Mengen durchaus realistisch ist.[572] Ausgeschlossen ist eine Kompensation für die Erfüllung von Steuerschulden, da der Staat hierfür keine unmittelbare Gegenleistung erbringt.[573] Durch die Abführung von Sozialversicherungsbeiträgen werden nicht Ansprüche der Schuldnergesellschaft, sondern der bei ihr beschäftigten Arbeitnehmer begründet. Es fehlt also auch hier an einem konkreten Zufluss haftenden Vermögens.[574] In den genannten Fällen fehlender Ausgleichsfähigkeit ist stets zu prüfen, ob eine Rechtfertigung nach § 15b Abs. 1 S. 2 InsO (früher § 64 S. 2) in Betracht kommt.

Auch für die **Bewertung** des in die Masse gelangten Vermögensgegenstands kommt **177** es auf den Zeitpunkt des Zuflusses an.[575] Eine nachfolgende Wertminderung bleibt also außer Betracht. Anzusetzen sind die **Liquidationswerte,** wenn nicht ausnahmsweise eine Fortführung gesichert erscheint.[576] Aus Gründen der Praktikabilität sollte vereinfachend im Sinne einer widerleglichen Vermutung davon ausgegangen werden, dass der vom Geschäftsführer gezahlte Preis angemessen ist und auch bei einer Einzelveräußerung realisiert werden könnte.[577]

---

[565] *Casper* ZIP 2016, 793 (797); *Habersack/Foerster* ZGR 2016, 153 (182); *H.-F. Müller* DB 2015, 723 (725); *Lutter/Hommelhoff/Kleindiek* Rn. 20; aA *Kordes* NZG 2017, 1140 (1142); *K. Schmidt* NZG 2015, 129 (133); offengelassen von BGH Urt. v. 18.11.2014 – II ZR 231/13, BGHZ 203, 218 Rn. 16 = NZG 2015, 149.

[566] *H.-F. Müller* DB 2015, 723 (725 f.).

[567] *Casper* ZIP 2016, 793 (796).

[568] BGH Urt. v. 4.7.2017 – II ZR 319/15, NZG 2017, 1034 Rn. 18; ebenso OLG München Urt. v. 22.6.2017 – 23 U 3769/16, NZI 2017, 723 (725); *Fölsing* KSI 2015, 70 (73); *Kordes* NZG 2017, 1140 (1142); *H.-F. Müller* DB 2015, 723 (726); *Remuta/Lübken* NZI 2018, 250 (253); *Lutter/Hommelhoff/Kleindiek* Rn. 20; *Rowedder/Schmidt-Leithoff/Schmidt-Leithoff/Schneider* Rn. 33; HK-GmbHG/*Kolmann* Rn. 37; aA OLG Düsseldorf Urt. v. 1.10.2015 – I 6 U 169/14, NZI 2016, 642 (645); *Altmeppen* ZIP 2017, 1833 (1835); *Baumert* NZG 2016, 379 (380); *Bitter/Baschnagel* ZInsO 2018, 557 (586 f.).

[569] *H.-F. Müller* DB 2015, 723 (726).

[570] BGH Urt. v. 4.7.2017 – II ZR 319/15, NZG 2017, 1034 Rn. 19.

[571] BGH Urt. v. 4.7.2017 – II ZR 319/15, NZG 2017, 1034 Rn. 20; OLG Brandenburg Beschl. v. 29.7.2020 – 7 W 38/20, BeckRS 2020, 18683 Rn. 13.

[572] *Altmeppen* ZIP 2017, 1833 (1835); *Casper* ZIP 2016, 793 (796).

[573] *H.-F. Müller* DB 2015, 723 (726).

[574] *H.-F. Müller* DB 2015, 723 (726).

[575] BGH Urt. v. 18.11.2014 – II ZR 231/13, BGHZ 203, 218 Rn. 11 = NZG 2015, 149; Urt. v. 4.7.2017 – II ZR 319/15, NZG 2017, 1034 Rn. 18; *Casper* ZIP 2016, 793 (797); *Lutter/Hommelhoff/Kleindiek* Rn. 20; *Rowedder/Schmidt-Leithoff/Schmidt-Leithoff/Schneider* Rn. 33; HCL/*Casper* Anh. § 62 Rn. 120.

[576] BGH Urt. v. 4.7.2017 – II ZR 319/15, NZG 2017, 1034 Rn. 20; *Casper* ZIP 2016, 793 (797); *Kordes* NZG 2017, 1140 (1142); *Remuta/Lübken* NZI 2018, 250 (251); HCL/*Casper* Rn. 121.

[577] *Casper* ZIP 2016, 793 (797); *Kordes* NZG 2017, 1140 (1142); HCL/*Casper* Rn. 121; offengelassen von BGH Urt. v. 4.7.2017 – II ZR 319/15, NZG 2017, 1034 Rn. 20.

178   Erforderlich ist stets, dass zwischen Massezufluss und Masseschmälerung ein **unmittelbarer wirtschaftlicher Zusammenhang** besteht.[578] Allerdings hat die Rspr. das Kriterium bislang nicht näher konkretisiert.[579] Offen ist etwa, ob die ausgetauschten Leistungen auf einer einheitlichen vertraglichen Grundlage beruhen müssen. Eine synallagmatische Verknüpfung isd §§ 320 ff. BGB ist offenbar nicht zwingend erforderlich. So hat der BGH es genügen lassen, dass bei einem revolvierenden Darlehen dessen Rückzahlung und die nachfolgende erneute Inanspruchnahme durch die Schuldnergesellschaft auf einer Rahmenvereinbarung mit dem Kreditgeber beruhte.[580]

179   Als Kompensation ist auch das **Freiwerden von Sicherheiten** anzusehen. Wenn an einen absonderungsberechtigten, durch einen Gegenstand des Gesellschaftsvermögens besicherten Gläubiger geleistet wird, liegt ein unschädlicher Aktiventausch vor, soweit in Folge der Zahlung die Sicherheit frei wird und der Verwertung zugunsten aller Gläubiger zur Verfügung steht.[581] Ein schuldrechtlicher Freigabeanspruch aus der Sicherungsabrede genügt, da schon dieser das Absonderungsrecht des Gläubigers beschränkt.[582] Auch die Bezahlung einer unter Eigentumsvorbehalt gelieferten Ware führt zu einem Aktiventausch, wenn das Eigentum durch die Zahlung in das Eigentum der Gesellschaft gelangt und werthaltig ist.[583]

180   Umstritten ist, ob der **zeitlichen Reihenfolge** von Leistung und Gegenleistung entscheidende Bedeutung zukommt. Nach der Leitentscheidung des **BGH** vom 27.10.2020 können Zahlungen aus dem Vermögen einer insolvenzreifen Gesellschaft grundsätzlich nicht durch Vorleistungen des Zahlungsempfängers kompensiert werden.[584] Der BGH argumentiert, dass die Vorleistungen bereits in das Vermögen der Gesellschaft gelangt seien und daher dort auch verbleiben müssten, um nach Eröffnung des Insolvenzverfahrens zur ranggerechten und gleichmäßigen Befriedigung aller Gläubiger zur Verfügung zu stehen. Die Bezahlung einer solchen Vorleistung sei kein Ausgleich für eine Masseschmälerung, sondern schmälere die Masse, was durch § 64 gerade verhindert werden solle. Auch aus dem Vorliegen eines Bargeschäfts isv § 142 InsO könne nicht auf das Entfallen der Haftung nach § 64 S. 1 geschlossen werden. Die insolvenzrechtliche Anfechtungsfestigkeit ändere nichts daran, dass der Nachteil für die Masse auszugleichen sei.

181   Die formalistische Betrachtungsweise des BGH blendet den wirtschaftlichen Zusammenhang zwischen Leistung und Gegenleistung aus. Beide Seiten erbringen ihre Leistung im Hinblick auf die Leistung des jeweils anderen. Oftmals hängt es vom Zufall ab, welche Leistung zuerst erfolgt. Gerade bei Zahlungen kurz nach Eingang der Warenlieferung erschiene es als willkürlich, wenn dem Geschäftsführer eine Entlastung versagt würde. Aus Gläubigersicht sind Vorleistungen des Insolvenzschuldners außerdem deutlich **ungünstiger**, weil sie die Masse zusätzlich mit dem Risiko der Uneinbringlichkeit der Gegenforderung belasten.[585] Es besteht überhaupt kein Anlass, den Geschäftsleiter ausgerechnet in diesem Fall zu privilegieren und ihm sogar einen Anreiz zu bieten, in der Krise vorzuleisten. Eine Anrechnung muss daher auch bei Vorleistungen der Gegenseite möglich sein.[586] Dabei ist

---

[578]   BGH Urt. v. 18.11.2014 – II ZR 231/13, BGHZ 203, 218 Rn. 11 ff. = NZG 2015, 149; Urt. v. 4.7.2017 – II ZR 319/15, NZG 2017, 1034 Rn. 10.
[579]   Kritisch *Bitter* ZIP-Beil. 22/2016, 6 (9); *Casper* ZIP 2016, 793 (795); *Habersack/Foerster* ZGR 2016, 153 (173 ff.); *Kordes* NZG 2017, 1140 (1141).
[580]   BGH Urt. v. 18.11.2014 – II ZR 231/13, BGHZ 203, 218 Rn. 14 ff. = NZG 2015, 149.
[581]   BGH Urt. v. 27.10.2020 – II ZR 355/18, NZG 2021, 66 Rn. 32 f.; Urt. v. 23.6.2015 – II ZR 366/13, BGHZ 206, 52 Rn. 26 = NJW 2015, 2806.
[582]   So für die Grundschuld BGH Urt. v. 27.10.2020 – II ZR 355/18, NZG 2021, 66 Rn. 33.
[583]   BGH Urt. v. 27.10.2020 – II ZR 355/18, NZG 2021, 66 Rn. 49 f.; *Berbuer* NZG 2018, 919 (925).
[584]   BGH Urt. v. 27.10.2020 – II ZR 355/18, NZG 2021, 66 Rn. 44 ff.; ebenso OLG München Urt. v. 22.6.2017 – 23 U 3769/16, NZI 2017, 723 (725); *Berbuer* NZG 2018, 919 (924 f.); *Bitter/Baschnagel* ZInsO 2018, 557 (586); *Haneke* NZI 2015, 499 (500 f.); *Lieder/Wagner* ZGR 2021, 495 (528 f.); *Sander* FS Bergmann, 2018, 583 (600 ff.); *Lutter/Hommelhoff/Kleindiek* Rn. 19.
[585]   Vgl. BGH Urt. v. 13.4.2006 – IX ZR 158/05, BGHZ 167, 190 Rn. 39 = NZI 2006, 469.
[586]   *Otte*, Das Zahlungsverbot und die Ersatzpflicht nach § 64 Satz 1 GmbHG, 2019, 162 ff.; *Altmeppen* ZIP 2021, 1 (3); *Casper* ZIP 2016, 793 (796); *Gehrlein* ZHR 181 (2017), 482 (509); *Gehrlein* NZG 2021, 59 (61); *Kordes* NZG 2017, 1140 (1141); *H.-F. Müller* DB 2015, 723 (726); HK-GmbHG/*Kolmann* Rn. 38.

es ohne Bedeutung, ob diese Vorleistungen vor oder nach Insolvenzreife in das Vermögen der Schuldnergesellschaft gelangt sind.[587]

Allerdings ist bei der Berücksichtigung von Vorleistungen des Vertragspartners der **182** Gesellschaft eine **zeitliche Begrenzung** unabdingbar. Der Geschäftsleiter darf es nicht in der Hand haben, nach seinem Belieben in der Krise noch auf Altforderungen zu leisten.[588] Wird der Leistungsaustausch verzögert, stellt er sich bei wirtschaftlicher Betrachtungsweise nicht mehr als einheitlicher Zahlungsvorgang dar. Die Abgrenzung stellt sich hier in ganz ähnlicher Weise wie bei der Anwendung des Bargeschäftsprivilegs im Kontext der Insolvenzanfechtung. Insofern empfiehlt es sich – entgegen der Auffassung des BGH[589] – zur Konturierung des Unmittelbarkeitserfordernisses auf die zu § 142 InsO entwickelten Grundsätze zurückzugreifen.[590] Der zwingend zu fordernde zeitliche Zusammenhang ist mit Rücksicht auf die Art der Leistung und die im Verkehr üblichen Abwicklungsmodalitäten zu ermitteln. Im Regelfall ist er in Anlehnung an § 286 Abs. 3 BGB gegeben, wenn sich der Leistungsaustausch innerhalb von 30 Tagen vollzieht.[591] Fehlt es an dieser engen Verknüpfung der wechselseitig erbrachten Leistungen, so kann die vom Geschäftsführer veranlasste Zahlung im Einzelfall nach § 15b Abs. 1 S. 2 InsO (früher § 64 S. 2) privilegiert sein, eine automatische Saldierung kommt jedoch nicht in Betracht.

Immerhin hat der BGH in einem obiter dictum angedeutet, dass ausnahmsweise in den **183** Fällen eines **Zug um Zug** abgewickelten Leistungsaustauschs Vorleistungen des Vertragspartners zu berücksichtigen sein könnten, wenn der Geschäftsführer nicht die Möglichkeit habe, die Leistung des Vertragspartners für die Masse zu sichern, ohne seine eigene Leistung zu erbringen.[592] Das aber nur in dieser speziellen Konstellation die Konnexität der Leistungen unabhängig von der zeitlichen Abfolge zu berücksichtigen sein soll, leuchtet nicht ein.[593] Vielmehr ist die Saldierung bei allen Bargeschäften vorzunehmen. Die Orientierung an § 142 InsO ermöglicht den Rückgriff auf handhabbare und erprobte Abgrenzungskriterien.

Ein **enger zeitlicher Zusammenhang** zwischen Masseschmälerung und Massezufluss **184** ist auch bei Vorleistungen des Geschäftsleiters zu fordern. Der BGH hält das Kriterium demgegenüber für irrelevant und stellt allein auf eine wirtschaftliche Zuordnung ab.[594] So könne eine erfolgreiche Anfechtung durch den Insolvenzverwalter auch nach längerer Zeit dazu führen, dass die Haftung des Geschäftsleiters entfalle. In dieser Konstellation geht es jedoch gar nicht um den hier interessierenden Aktiventausch, sondern um die Rückgewähr des vom Geschäftsführer weggegebenen Gegenstands, wodurch sich der Schutzzweck des § 15b InsO bzw. § 64 aF erledigt (→ Rn. 217). Bei Austauschgeschäften kann aber nicht auf ein zeitliches Kriterium verzichtet werden (für Vorleistungen des Vertragspartners → Rn. 182). Leistet der Geschäftsleiter vor und erbringt der Vertragspartner seine Leistung nicht in unmittelbarem zeitlichem Zusammenhang, so gewährt die Schuldnergesellschaft wirtschaftlich gesehen Kredit, sie kann in der Zwischenzeit mit den von ihr verausgabten Mitteln nicht arbeiten.[595] Ein solches Vorgehen sollte nicht durch eine automatische Saldie-

---

587 *Gehrlein* ZHR 181 (2017), 482 (509); *H.-F. Müller* DB 2015, 723 (726); aA *Otte*, Das Zahlungsverbot und die Ersatzpflicht nach § 64 Satz 1 GmbHG, 2019, 164.
588 *H.-F. Müller* DB 2015, 723 (726).
589 BGH Urt. v. 27.10.2020 – II ZR 355/18, NZG 2021, 66 Rn. 48; Urt. v. 4.7.2017 – II ZR 319/15, NZG 2017, 1034 Rn. 12 ff.; zust. *Otte*, Das Zahlungsverbot und die Ersatzpflicht nach § 64 Satz 1 GmbHG, 2019, 161 f.; *Altmeppen* ZIP 2017, 1833 (1834); *Berbuer* NZG 2018, 919 (923); *Bitter/Baschnagel* ZInsO 2018, 557 (586); *Brand* DB 2018, 1003 (1005); *Remuta/Lübken* NZI 2018, 250 (251).
590 *Gehrlein* ZHR 181 (2017), 482 (509 f.); *Gehrlein* NZG 2021, 59 (61); *Habersack/Foerster* ZHR 178 (2014), 387 (403 f.); *H.-F. Müller* DB 2015, 723 (726); *Poertzgen* ZInsO 2017, 2056 (2057 f.); HK-GmbHG/*Kolmann* Rn. 36.
591 *Casper* ZIP 2016, 793 (795 f.); *Gehrlein* ZHR 181 (2017), 482 (509); ähnlich *Geißler* GmbHR 2011, 907 (910): maximal vier Wochen.
592 BGH Urt. v. 27.10.2020 – II ZR 355/18, NZG 2021, 66 Rn. 46.
593 *Gehrlein* NZG 2021, 59 (61).
594 BGH Urt. v. 4.7.2017 – II ZR 319/15, NZG 2017, 1034 Rn. 16; Urt. v. 11.2.2020 – II ZR 427/18, NZG 2020, 517 Rn. 32.
595 HK-InsO/*Thole* InsO § 142 Rn. 8.

rung honoriert werden. Es liegt aufgrund der Verzögerung weder ein privilegiertes Bargeschäft noch eine einheitliche Zahlung vor.

185   Auch bei der Einziehung von Forderungen auf ein **debitorisches Konto,** das nach der Rspr. grundsätzlich als Zahlung anzusehen ist (→ Rn. 170, → Rn. 173), kommt ein Ausgleich in Betracht. Weder die Möglichkeit, aufgrund des Zahlungseingangs einen von der Bank zur Verfügung gestellten Kreditrahmen wieder ausschöpfen zu können, noch der Abruf des Kreditbetrags genügen jedoch als Kompensation.[596] Denn mit der Darlehensvaluta korrespondiert die Rückzahlungsverpflichtung gegenüber der Bank, sodass es im wirtschaftlichen Ergebnis gar nicht zu einem ausgleichsfähigen Massezufluss kommt. Anders liegt es aber, wenn der eingegangene Betrag für die Masse gesichert wird durch Abhebung zugunsten der Barkasse oder Überweisung auf ein kreditorisch geführtes Konto der Gesellschaft.[597] Entlastet wird der Geschäftsführer nach Ansicht des BGH auch, wenn er die freiwerdenden Mittel zur Finanzierung eines Geschäfts verwendet, durch das ein Gegenwert in die Masse gelangt, wie etwa beim Kauf von Waren.[598] Allerdings muss der Massezufluss in einem unmittelbaren wirtschaftlichen Zusammenhang mit dem Zahlungseingang auf dem debitorischen Konto stehen.[599] Aus Gründen der Praktikabilität sollte eine Verrechnung pauschalierend immer dann zulässig sein, wenn zwischen den einzelnen Buchungen ein Zeitraum von maximal 30 Tagen liegt und die dem Konto zugeführten Mittel in dem vorgenannten Sinne verwendet werden.[600] Leider hat der BGH diesem Ansatz aber eine Absage erteilt und verlangt, dass jeder konkrete Kontoausgang einem vorherigen konkreten Kontoeingang zugeordnet wird,[601] was oftmals kaum umzusetzen sein dürfte.[602]

IV. Maßgeblicher Zeitpunkt

186   Das Zahlungsverbot setzt ein mit dem **Eintritt der Insolvenzreife.**[603] Entgegen dem Wortlaut des früheren § 64 S. 1 kommt es nicht darauf an, ob die Überschuldung „festgestellt" worden ist. Diese Formulierung ist ein Relikt aus der bis zum 1.8.1986 geltenden Fassung des Abs. 1, wonach es bei der Überschuldung auf deren bilanziellen Ausweis ankam.[604] § 15b Abs. 1 S. 1 InsO stellt klar, dass es genügt, dass die objektiven Voraussetzungen der § 17 InsO oder § 19 InsO gegeben sind. Drohende Zahlungsunfähigkeit iSv § 18 InsO löst das Zahlungsverbot nicht aus. Darlegungs- und beweispflichtig für das Vorliegen von Zahlungsunfähigkeit und Überschuldung bei Vornahme der Leistung ist die Gesellschaft bzw. der Verwalter. Anders liegt es, wenn feststeht, dass zu

---

[596]   BGH Urt. v. 23.6.2015 – II ZR 366/13, BGHZ 206, 52 Rn. 32 ff. = NJW 2015, 2806; aA *Gehrlein* ZHR 181 (2017), 482 (523 f.); *K. Schmidt* NZG 2015, 129 (133).

[597]   BGH Urt. v. 23.6.2015 – II ZR 366/13, BGHZ 206, 52 Rn. 33 = NJW 2015, 2806.

[598]   BGH Urt. v. 23.6.2015 – II ZR 366/13, BGHZ 206, 52 Rn. 33 = NJW 2015, 2806; *Cadmus* KTS 2015, 143 (151 f.); *Geißler* GmbHR 2011, 907 (912); *Janssen* ZInsO 2018, 1074 (1077); *H.-F. Müller* NZG 2015, 1021 (1023); *Werres* ZInsO 2008, 1001 (1006 ff.); Lutter/Hommelhoff/*Kleindiek* Rn. 27.

[599]   BGH Urt. v. 23.6.2015 – II ZR 366/13, BGHZ 206, 52 Rn. 33 ff. = NJW 2015, 2806; Lutter/Hommelhoff/*Kleindiek* Rn. 27.

[600]   *H.-F. Müller* NZG 2015, 1021 (1023); zustimmend *Janssen* ZInsO 2018, 1074 (1078).

[601]   BGH Urt. v. 27.10.2020 – II ZR 355/18, NZG 2021, 66 Rn. 58.

[602]   Scholz/*Bitter* Rn. 141.

[603]   BGH Urt. v. 29.11.1999 – II ZR 273/98, BGHZ 143, 184 (188) = NJW 2000, 668; Urt. v. 18.3.1974 – II ZR 2/72, NJW 1974, 1088 (1089); Beschl. v. 5.5.2008 – II ZR 38/07, NJW 2008, 2504 Rn. 7; Urt. v. 16.3.2009 – II ZR 280/07, NJW 2009, 2454 Rn. 12 f.; OLG Brandenburg Urt. v. 12.1.2016 – 6 U 123/13, ZIP 2016, 923 (924) = BeckRS 2016, 03550; OLG Celle Urt. v. 7.5.2008 – 9 U 191/07, GmbHR 2008, 1034 (1035); OLG Hamburg Urt. v. 21.4.1995 – 11 U 195/93, GmbHR 1995, 521; *Glozbach,* Die Haftung des GmbH-Geschäftsführers nach § 64 Abs. 2 GmbHG für Zahlungen nach Insolvenzreife, 2004, 24; *Gehrlein* ZRI 2020, 183 (184); Noack/Servatius/Haas/*Haas* Rn. 106; Scholz/*Bitter* Rn. 83 ff.; auf die positive Kenntnis des Geschäftsleiters abstellend OLG Frankfurt Urt. v. 18.8.2004 – 23 U 170/03, NZG 2004, 1157 (1159) zur AG; *Liebs* FS Rittner, 1991, 369 (372 ff.).

[604]   BGH Urt. v. 29.11.1999 – II ZR 273/98, BGHZ 143, 184 (188) = NJW 2000, 668; OLG Hamburg Urt. v. 21.4.1995 – 11 U 195/93, GmbHR 1995, 521; *Glozbach,* Die Haftung des GmbH-Geschäftsführers nach § 64 Abs. 2 GmbHG für Zahlungen nach Insolvenzreife, 2004, 24.

einem bestimmten Zeitpunkt ein Insolvenzgrund gegeben war und das Verfahren dann wegen dieses Insolvenzgrundes eröffnet wird. Dann spricht eine tatsächliche Vermutung dafür, dass die Gesellschaft zwischen den beiden Zeitpunkten durchgehend insolvent war.[605] Für die Behauptung, er habe Zahlungen während einer zwischenzeitlichen Erholung vorgenommen, muss der Geschäftsführer den Beweis antreten. Die Geltendmachung des Anspruchs kann ferner nach den Grundsätzen der Beweisvereitelung erleichtert sein, wenn der in Anspruch genommene Geschäftsführer seine Pflicht zur Aufbewahrung von Büchern und Belegen verletzt hat und dem Kläger deshalb die Darlegung näherer Einzelheiten zum Zeitpunkt von Zahlungsunfähigkeit bzw. Überschuldung nicht möglich ist.[606]

Erfasst sind daher sowohl Zahlungen innerhalb der maximal drei- bzw. sechswöchi- **187** gen Insolvenzantragspflicht des § 15a InsO[607] als auch im Zeitraum danach **bis zur Eröffnung des Insolvenzverfahrens** (zur Eigenverwaltung → Rn. 188).[608] Das Zahlungsverbot endet nicht etwa mit der Antragstellung, da diese erst einmal nichts an der latenten Gefährdung der Interessen der Gläubiger der insolventen Gesellschaft ändert.[609] Hat allerdings das Insolvenzgericht einen „starken" vorläufigen Verwalter bestellt und dieser über Gesellschaftsvermögen verfügt, so ist dies dem Geschäftsführer in der Regel nicht zuzurechnen.[610] Im Falle der Anordnung eines Zustimmungsvorbehalts iSd § 21 Abs. 2 Nr. 2 Alt. 2 InsO gelten Zahlungen, die der Geschäftsführer mit Einverständnis des vorläufigen Verwalters vorgenommen hat, gem. § 15b Abs. 2 S. 3 InsO als mit der Sorgfalt eines ordentlichen und gewissenhaften Geschäftsmanns vereinbar, und sind damit gerechtfertigt. Zumindest eine dahingehende Vermutung war schon nach bisherigem Recht anzunehmen.[611]

Streitig diskutiert wird die Anwendbarkeit von § 64 aF im **Eigenverwaltungs-Eröff-** **188** **nungsverfahren und Schutzschirmverfahren.** Die hM bejaht sie, denn die Belange der Gläubiger müssen auch hier gewahrt und die Masse bis zur Eröffnung des Verfahrens zusammengehalten werden.[612] In § 276a Abs. 2, 3 InsO ist nunmehr die Haftung der organschaftlichen Vertreter der Schuldnergesellschaft speziell geregelt. Raum für eine parallele

---

605 BGH Urt. v. 19.6.2012 – II ZR 243/11, ZIP 2012, 1557 Rn. 19; OLG Hamburg Urt. v. 25.5.2007 – 11 U 116/06, GmbHR 2007, 1036 (1039); OLG München Urt. v. 22.6.2017 – 23 U 3769/16, NZI 2017, 723 (724).

606 Vgl. BGH Urt. v. 12.3.2007 – II ZR 315/05, NJW 2007, 3130 Rn. 14; Urt. v. 24.1.2012 – II ZR 119/ 10, ZIP 2012, 723 Rn. 16.

607 BGH Urt. v. 16.3.2009 – II ZR 280/07, NJW 2009, 2454 Rn. 12; OLG Brandenburg Urt. v. 10.1.2007 – 7 U 20/06, ZIP 2007, 724; Urt. v. 12.1.2016 – 6 U 123/13, ZIP 2016, 923 (924) = BeckRS 2016, 03550; OLG Hamburg Urt. v. 25.5.2007 – 11 U 116/06, GmbHR 2007, 1036 (1039); *Otte*, Das Zahlungsverbot und die Ersatzpflicht nach § 64 Satz 1 GmbHG, 2019, 61 ff.; Noack/Servatius/ Haas/*Haas* Rn. 106, 108.

608 *H.-F. Müller*, Der Verband in der Insolvenz, 2002, 102; *Otte*, Das Zahlungsverbot und die Ersatzpflicht nach § 64 Satz 1 GmbHG, 2019, 71 ff.; *Seibel,* Der Geschäftsführer in der Insolvenz der Gesellschaft, 2012, 223; *A. Schmidt/Poertzgen* NZI 2013, 369 (376); Noack/Servatius/Haas/*Haas* Rn. 109; Gehrlein/ Born/Simon/*Sandhaus* Rn. 8; aA – Haftung auch im eröffneten Regelinsolvenzverfahren – OLG Hamm Urt. v. 15.10.1979 – 8 U 149/78, ZIP 1980, 280 (281).

609 OLG Brandenburg Urt. v. 10.1.2007 – 7 U 20/06, ZIP 2007, 724 (725); *Floren*, Adressaten der Insolvenzverschleppungshaftung sowie der Haftung gem. § 64 GmbHG, 2019, 202 f.; *Bork* KTS 2017, 189 (196); *Klinck* DB 2014, 938 (939); Noack/Servatius/Haas/*Haas* Rn. 109; zu § 15b Abs. 2 S. 3 InsO Begr. RegE SanInsFoG, BT-Drs. 19/24181, 195.

610 Begr. RegE SanInsFoG, BT-Drs. 19/24181, 195; Noack/Servatius/Haas/*Haas* Rn. 109; BeckOK GmbHG/*Mätzig,* 48. Ed. 1.5.2021, Rn. 53; Scholz/*Bitter* Rn. 47.

611 *Floren*, Adressaten der Insolvenzverschleppungshaftung sowie der Haftung gem. § 64 GmbHG, 2019, 218 ff.; für ausnahmslose Rechtfertigung bei Zustimmung wohl BeckOK GmbHG/*Mätzig,* 48. Ed. 1.5.2021, Rn. 53; HK-GmbHG/*Kolmann* Rn. 50.

612 *Floren*, Adressaten der Insolvenzverschleppungshaftung sowie der Haftung gem. § 64 GmbHG, 2019, 215 ff.; *Seibel,* Der Geschäftsführer in der Insolvenz der Gesellschaft, 2012, 223; *Bachmann* ZIP 2015, 101 (108); *Bitter/Baschnagel* ZInsO 2018, 557 (574 f.); *Klinck* DB 2014, 938 (940 f.); *Schmittmann/Dannemann* ZIP 2014, 1405 (1409); *Siemon/Klein* ZInsO 2012, 2009; HK-GmbHG/*Kolmann* Rn. 51; Scholz/ *Bitter* Rn. 48 ff.; aA *Brinkmann* DB 2012, 1369; *Brinkmann* FS Bergmann, 2018, 93 (101); *Haas* ZHR 178 (2014), 603 (619 ff.).

Heranziehung des § 15b InsO bleibt da nicht mehr.[613] Erst recht gilt dies für das eröffnete Eigenverwaltungsverfahren.[614]

V. Erlaubte Zahlungen

189   **1. Grundsätzliches.** Nach § 15b Abs. 1 S. 2 InsO/§ 64 S. 2 aF entfällt die Haftung, wenn die Zahlungen trotz Insolvenzreife mit der Sorgfalt eines ordentlichen Geschäftsmanns vereinbar sind. Die Vorschrift betrifft nicht erst das (vermutete) Verschulden der Geschäftsführer,[615] vielmehr sind die nach ihr privilegierten Zahlungen objektiv **gerechtfertigt** und daher schon nicht pflichtwidrig.[616] Die Verbotsausnahme soll es den Geschäftsführern zum einen ermöglichen, notwendige Ausgaben zur Fortführung des Unternehmens zu tätigen. Zum anderen trägt sie vor dem Hintergrund des Postulats der Einheit der Rechtsordnung dem Umstand Rechnung, dass die Masseerhaltungspflicht des § 15b Abs. 1 S. 1 InsO/§ 64 S. 1 aF mit in anderen Gesetzen geregelten Pflichten des Geschäftsführers kollidieren kann. Nach teilweise vertretener Ansicht sind ferner solche Zahlungen nach § 15b Abs. 1 S. 1 InsO/§ 64 S. 2 aF bevorzugt, denen eine gleichwertige Gegenleistung gegenübersteht, doch ist dies richtigerweise schon im Rahmen der Prüfung, ob und inwieweit überhaupt eine Zahlung vorliegt, zu würdigen (→ Rn. 174 ff.). Die Beweislast für das Vorliegen der tatsächlichen Voraussetzungen der Haftungsprivilegierung trägt der Geschäftsführer.[617]

190   Das **SanInsFOG** behält die Privilegierung für den ordentlichen und – wie lediglich klarstellend ergänzt wird – gewissenhaften Geschäftsmann bei (§ 15b Abs. 1 S. 2 InsO), gestaltet diese zum Zwecke der Korrektur der einschlägigen Rspr. teilweise neu. § 15b Abs. 2 InsO erlaubt den Geschäftsleitern, solange diese keine Insolvenzverschleppung betreiben, Zahlungen im ordnungsgemäßen Geschäftsgang, insbesondere zur Aufrechterhaltung des Geschäftsbetriebs. Dagegen ist eine Privilegierung gem. § 15b Abs. 3 InsO regelmäßig ausgeschlossen, wenn der Insolvenzantrag bis zum Ablauf der hierfür nach § 15a Abs. 1 InsO maßgeblichen Frist nicht gestellt wird. § 15b Abs. 8 InsO betrifft die Erfüllung steuerrechtlicher Ansprüche und damit einen Sonderfall der Pflichtenkollision.

191   **2. Fortführung des Geschäftsbetriebs.** Zahlungen zur Aufrechterhaltung des Geschäftsbetriebs sind nach der Rspr. zu § 64 S. 2 aF gerechtfertigt, wenn durch sie **größere Nachteile für die Insolvenzmasse** abgewendet werden sollen.[618] Das hat der BGH in einer Entscheidung aus dem Jahr 2007 insbesondere bei Zahlungen für Wasser, Strom und Heizung angenommen.[619] Verschiedene Instanzgerichte sahen auch die Aufwendungen für Löhne und Gehälter sowie die Miete für die Geschäftsräume als besonders dringlich an, da bei ihrem Ausbleiben in der Regel die sofortige Betriebsstilllegung droht.[620] In neueren

---

[613]   Begr. RegE SanInsFoG, BT-Drs. 19/24181, 195.
[614]   So schon zum bisherigen Recht *A. Schmidt/Poertzgen* NZI 2013, 369 (376); Gehrlein/Born/Simon/*Sandhaus* Rn. 8; für eine Haftung nach § 64 S. 1 aF auch im eröffneten Eigenverwaltungsverfahren dagegen noch *Klinck* DB 2014, 938 (942).
[615]   So aber BGH Urt. v. 8.1.2001 – II ZR 88/99, BGHZ 146, 264 (274 f.) = NJW 2001, 1280; Urt. v. 23.6.2015 – II ZR 366/13, BGHZ 206, 52 Rn. 24 = NJW 2015, 2806; Beschl. v. 21.5.2019 – II ZR 337/17, BeckRS 2019, 12184 Rn. 18; OLG Brandenburg Urt. v. 10.1.2007 – 7 U 20/06, ZIP 2007, 724.
[616]   *Habersack/Foerster* ZHR 178 (2014), 387 (397 f.); *Poelzig/Thole* ZGR 2010, 836 (853); BeckOGK/*Fleischer* AktG § 92 Rn. 36.
[617]   BGH Urt. v. 8.1.2001 – II ZR 88/99, BGHZ 146, 264 (274) = NJW 2001, 1280; Beschl. v. 5.2.2007 – II ZR 51/06, NZG 2007, 678 Rn. 4; Urt. v. 14.5.2007 – II ZR 48/06, NJW 2007, 2118 Rn. 11; Urt. v. 8.6.2009 – II ZR 147/08, NJW 2009, 2599 Rn. 13 = EWiR § 64 GmbHG 5/09, 675 *(Vortmann)*; OLG Hamburg Urt. v. 25.5.2007 – 11 U 116/06, GmbHR 2007, 1036 (1038); *Altmeppen* Rn. 29; MHLS/*Nerlich* Rn. 22; Scholz/*K. Schmidt* Rn. 163.
[618]   BGH Urt. v. 8.1.2001 – II ZR 88/99, BGHZ 146, 264 (275) = NJW 2001, 1280; Beschl. v. 5.11.2007 – II ZR 262/06, NZG 2008, 75 Rn. 6.
[619]   BGH Beschl. v. 5.11.2007 – II ZR 262/06, NZG 2008, 75 Rn. 6; *Knittel/Schwall* NZI 2013, 782 (784).
[620]   OLG Celle Urt. v. 23.12.2003 – 9 U 176/03, BeckRS 2004, 2461 = ZIP 2004, 1210; OLG Hamburg Beschl. v. 29.12.2003 – 11 W 90/03, GmbHR 2004, 797; Urt. v. 25.6.2010 – 11 U 133/06, NZG 2010, 1225 (1226); OLG Schleswig Urt. v. 4.5.2007 – 5 U 100/06, ZInsO 2007, 948 (950); *Knittel/Schwall* NZI 2013, 782 (784).

Entscheidungen hat der BGH einen rigideren Standpunkt eingenommen. Es sei dem Geschäftsleiter verboten, das Unternehmen auf Kosten und Gefahr der Gläubigergesamtheit mit dem Risiko weiterer Masseminderungen fortzuführen. Nur soweit ausnahmsweise eine konkrete Chance auf Sanierung und Fortführung im Insolvenzverfahren zunichte gemacht werden würde, weil der Betrieb ohne Begründung neuer Forderungen oder ihrer Werthaltigmachung sofort eingestellt werden müsste, könnten Zahlungen zur Vermeidung noch größerer Nachteile mit der Sorgfalt eines ordentlichen Geschäftsmanns vereinbar sein.[621] Auch Zahlungen an Energieversorger und Telekommunikationsunternehmen sind danach nicht zwangsläufig zur Abwendung eines größeren Schadens erforderlich.[622] Diese Einschränkungen machen eine sinnvolle Fortführung des Unternehmens nahezu unmöglich. In der Lit. ist demgegenüber zu Recht angemahnt worden, insoweit stärker zwischen den die Einleitung eines Insolvenzverfahrens verschleppenden und den pflichtgemäß handelnden Geschäftsleitern zu differenzieren.[623] Dieser Kritik trägt das SanInsFoG Rechnung. Obwohl die Neuregelung erst zum 1.1.2021 in Kraft trat, ist die Judikatur nicht daran gehindert, die sachgerechten Maßstäbe und Wertungen des Gesetzgebers bereits in Altfällen über § 64 S. 2 aF heranzuziehen.

§ 15b Abs. 2 InsO geht nunmehr deutlich über die von der Rspr. bisher eingeräumten **192** Ausnahmen für die Notgeschäftsführung hinaus und erlaubt dem gesetzestreuen Geschäftsführer Zahlungen, die im ordnungsgemäßen Geschäftsgang erfolgen. Dadurch soll ihm nach dem Vorbild des § 2 Abs. 2 Nr. 1 COVInsAG insbesondere die Aufrechterhaltung des Geschäftsbetriebs unter angemessener Berücksichtigung der Interessen der Gläubigergesamtheit ermöglicht werden. Erfasst werden alle Zahlungen, die objektiv zur einstweiligen Unternehmensfortführung notwendig sind.[624] Nach der Begründung des Gesetzesentwurfs können hierzu in Abweichung von der bisherigen Rspr.[625] auch Lohnzahlungen an Arbeitnehmer gehören.[626] Typische Geschäfte zur Aufrechterhaltung des Betriebs sind ferner die Bestellung von Waren oder Dienstleistungen, Bezahlung von Mieten und Versicherungsbeiträgen und die Vornahme unaufschiebbarer Reparatur- und Wartungsarbeiten, nicht aber umfangreiche Investitionen, die Bezahlung schon langer fälliger Altverbindlichkeiten und insbesondere nicht die Rückführung von Gesellschafterdarlehen.[627] Die Privilegierung gilt zum einen für den Zeitraum zwischen Insolvenzreife und dem Ablauf der Drei- bzw. Sechswochenfrist des § 15a InsO nF und zum anderen für die Phase zwischen der Antragstellung seitens des Schuldners und der Eröffnungsentscheidung des Insolvenzgerichts.[628] Bis zum Ablauf der Antragsfrist können sich die Antragspflichtigen nur auf die Erleichterungen berufen, solange sie Maßnahmen zur nachhaltigen Beseitigung der Insolvenzreife oder zur Vorbereitung eines Insolvenzantrags mit der Sorgfalt eines ordentlichen und gewissenhaften Geschäftsleiters betreiben (§ 15b Abs. 2 S. 2 InsO). Im Rahmen eines seriösen Versuchs einer außergerichtlichen Sanierung kann auch eine der Höhe nach angemessene Vergütung für einen Sanierungsberater privilegiert sein.[629] Für die Vorbereitung eines Insolvenzantrags dürften in der Regel wenige Tage genügen.[630] Anders kann es sein, wenn ein aussichtsreiches Insolvenzplan- oder Eigenverwaltungsverfahren vorbereitet wird. Auch hier kann unter

---

[621] BGH Urt. v. 23.6.2015 – II ZR 366/13, BGHZ 206, 52 Rn. 24 = NJW 2015, 2806; Urt. v. 26.1.2016 – II ZR 394/13, NZG 2016, 658 Rn. 39 ff.; Beschl. v. 21.5.2019 – II ZR 337/17, BeckRS 2019, 12184 Rn. 18; Beschl. v. 24.9.2019 – II ZR 248/17, NZI 2020, 180 Rn. 19.

[622] BGH Beschl. v. 24.9.2019 – II ZR 248/17, NZI 2020, 180 Rn. 19; Urt. v. 4.7.2017 – II ZR 319/15, NZG 2017, 1034 Rn. 21.

[623] S. insbesondere *Bitter* ZIP-Beil. 22/2016, 6 (7).

[624] *Hodgson* NZI-Beil. 2021, 85 (86).

[625] BGH Urt. v. 4.7.2017 – II ZR 319/15, NZG 2017, 1034 Rn. 18.

[626] Begr. RegE SanInsFoG, BT-Drs. 19/24181, 194.

[627] *Bitter* ZIP 2021, 321 (326).

[628] S. *Hodgson* NZI-Beil. 2021, 85 (87); aA *Gehrlein* DB 2020, 2393 (2395), der das Privileg des § 15b Abs. 2 S. 1 InsO nach Antragstellung für unanwendbar hält.

[629] S. schon BGH Beschl. v. 5.2.2007 – II ZR 51/06, NZG 2007, 678 Rn. 4; *Buchalik/Hiebert* ZInsO 2014, 1423 (1429 f.); *Strohn* NZG 2011, 1161 (1166).

[630] *Bitter* ZIP 2021, 321 (326).

Umständen die Einschaltung eines Beraters gerechtfertigt sein.[631] Die Befriedigung von Ansprüchen aus dem Steuerschuldverhältnis entspricht nicht der Sorgfalt eines ordentlichen und gewissenhaften Geschäftsleiters, soweit § 15b Abs. 8 InsO (→ Rn. 201) den organschaftlichen Vertretern das Risiko einer Haftung nach §§ 34, 69 AO abnimmt und die Massesicherungspflicht insoweit für vorrangig erklärt.[632]

193   Für die Privilegierung von Zahlungen während der **Anhängigkeit einer Restrukturierungssache** enthält § 89 Abs. 3 StaRUG eine Sonderregelung. Danach sind Zahlungen erlaubt, die für die Fortführung der gewöhnlichen Geschäftstätigkeit und die Vorbereitung und Umsetzung des Restrukturierungsvorhabens erforderlich sind, sofern sie nicht ohne Nachteil bis zur absehbaren Entscheidung des Restrukturierungsgerichts aufgeschoben werden können. Die Geschäftsleiter sollen nicht zur Umstellung auf die Notgeschäftsführung gezwungen werden, weil diese die Sanierung gefährden könnte.[633]

194   Für Zahlungen im **Insolvenzeröffnungsverfahren,** die mit **Zustimmung eines vorläufigen Insolvenzverwalters** erfolgen, gilt gem. § 15b Abs. 2 S. 3 InsO die gesetzliche Fiktion, dass sie stets mit der Sorgfalt eines ordentlichen und gewissenhaften Geschäftsleiters vereinbar sind. Hier bleibt angesichts der Verantwortlichkeit des vorläufigen Verwalters, der bei seiner Zustimmungsentscheidung eigenständig das Interesse der Gläubiger an einer bestmöglichen Massesicherung zu wahren hat, für eine zusätzliche Haftung des Geschäftsleiters wegen Verletzung der Massesicherungspflicht allenfalls in den Fällen kollusiven Zusammenwirkens Raum. Hat das Insolvenzgericht einen „starken" vorläufigen Verwalter bestellt (§ 22 Abs. 1 InsO), so sind dessen Verfügungen über das Gesellschaftsvermögen dem Geschäftsführer in der Regel ohnehin nicht als eigene Zahlung zuzurechnen (→ Rn. 187).

195   Nach **§ 15b Abs. 3 InsO** scheidet eine haftungsrechtliche Privilegierung von Zahlungen in der Regel aus, wenn sie in der Phase der **Insolvenzverschleppung** geleistet werden. Denn die primäre Pflicht, der sich eine ordnungsgemäße und gewissenhafte Geschäftsleitung nach Ablauf in einem solchen Stadium zu verschreiben hat, ist auf die Stellung des überfälligen Antrags gerichtet.[634] Nur in Ausnahmekonstellationen gerechtfertigt sind daher Zahlungen, wenn nach Ablauf der Insolvenzantragsfrist des § 15a InsO entweder überhaupt kein Antrag gestellt wurde oder ein Antrag durch einen Gläubiger, da dies die organschaftlichen Vertreter der Schuldnergesellschaft von ihrer Antragspflicht nicht entbindet (→ Rn. 76). Klar ist, dass der rechtzeitige Antrag durch einen Schuldnervertreter die Übrigen entlastet. Stellt ein Geschäftsleiter den Antrag verspätet, so sollte die Privilegierung des § 15b Abs. 2 S. 1 InsO für Zahlungen im ordnungsgemäßen Geschäftsgang wiederaufleben und so die Rückkehr in die Legalität honoriert werden.

196   Im Stadium der Insolvenzverschleppung sind Zahlungen nur ganz **ausnahmsweise** sorgfaltsgemäß. Zu denken ist an Aufwendungen zur Abwendung eines der Masse unmittelbar drohenden Schadens, etwa die Beheizung von Gebäuden im Winter zur Verhinderung von Frostschäden oder die Zahlung von Versicherungsprämien zum Zwecke des Brandschutzes.[635] Ausgaben lassen sich aber in diesem Stadium nicht mehr damit rechtfertigen, dass sie der Erhaltung der Sanierungsfähigkeit des Unternehmens dienen. Denn über die Fortführung des Unternehmens ist nach Ablauf der Insolvenzantragsfrist allein im Insolvenzeröffnungs- bzw. im eröffneten Insolvenzverfahren zu entscheiden.

197   Nicht bedacht hat der Gesetzgeber die Situation der **Abweisung des Insolvenzantrags mangels Masse,** die zur Auflösung der Gesellschaft und ihrer Abwicklung durch die Liquidatoren führt. Hier passt weder die generelle Privilegierung von Maßnahmen zur Aufrechterhaltung des Geschäftsbetriebs noch deren regelmäßiger Ausschluss. Es verbleibt daher beim allgemeinen Maßstab der Sorgfalt eines ordentlichen und gewissenhaften Geschäftsleiters (§ 15b Abs. 1 S. 2 InsO), bei dessen Anwendung auf die speziellen Bedingungen der Liquidation

---

[631]   *Poertzgen* ZInsO 2020, 2509 (2517).
[632]   *Baumert* NZG 2021, 443 (449); *H.-F. Müller* GmbHR 2021, 737 (739).
[633]   Begr. RegE SanInsFoG, BT-Drs. 19/24181, 182.
[634]   Begr. RegE SanInsFoG, BT-Drs. 19/24181, 194.
[635]   *Gehrlein* DB 2020, 2393 (2396); enger *Bitter* GmbHR 2022, 57 (61 f.).

Rücksicht zu nehmen ist. Im Vordergrund müssen aber auch hier die Interessen der Gläubigergesamtheit stehen (→ § 70 Rn. 12). Die einstweilige Weiterführung des Unternehmens kann gegenüber der sofortigen Einstellung **für die Masse günstiger** sein, etwa weil so vorhandene Rohstoffe oder halbfertige Produkte weiterverarbeitet werden können.[636]

3. Pflichtenkollision. Die Haftung nach § 15b Abs. 4 InsO/§ 64 S. 1 aF ist grds.   **198** ausgeschlossen, wenn der Geschäftsführer durch die Nichtzahlung **höherrangige Pflichten** verletzen, insbesondere sich der Gefahr strafrechtlicher Verfolgung aussetzen würde.[637] Er handelt deshalb mit der Sorgfalt eines ordentlichen Kaufmanns, wenn er Gelder, die er von anderen Konzerngesellschaften zur Begleichung der Verbindlichkeiten dieser Gesellschaften erhalten hat, bestimmungsgemäß verwendet und so seiner strafbewehrten (§ 266 StGB) Vermögensbetreuungspflicht nachkommt.[638] Eine generelle Rechtfertigung für Zahlungen im Rahmen eines Cash-Pooling oder eines Beherrschungs- oder Gewinnabführungsvertrags besteht jedoch nicht, da eine § 30 Abs. 1 S. 2 entsprechende Privilegierung fehlt.[639]

Umstritten ist das Verhältnis des Zahlungsverbots zur Pflicht des Geschäftsführers,   **199** **Arbeitnehmeranteile an die Sozialversicherung** (§ 266a Abs. 1 StGB) abzuführen. Der II. Zivilsenat des BGH hatte zunächst für einen strikten Vorrang der Massesicherungspflicht plädiert,[640] dann aber unter dem Eindruck der abweichenden Rspr. des 5. Strafsenats[641] eine Kehrtwende vollzogen. Ein organschaftlicher Vertreter der Gesellschaft, der bei Insolvenzreife weiter Zahlungen an die Sozialversicherungskassen vornimmt, ist der Gesellschaft demnach nicht nach § 64 S. 1 aF erstattungspflichtig.[642] Ein ähnlich gelagertes Spannungsverhältnis besteht zur Verpflichtung des Geschäftsführers, **Lohnsteuer** und **Umsatzsteuer** an den Fiskus (§§ 34, 69 AO) abzuführen. Auch insoweit lässt der II. Zivilsenat die Massesicherungspflicht nach § 64 aF zurücktreten.[643] Die Privilegierung gilt auch, wenn der

---

[636] Vgl. *Habersack/Foerster* ZHR 178 (2014), 387 (402); *Knittel/Schwall* NZI 2013, 782 (784).

[637] BGH Beschl. v. 5.5.2008 – II ZR 38/07, NJW 2008, 2504 Rn. 13; *Poelzig/Thole* ZGR 2010, 836 (856 ff.).

[638] BGH Beschl. v. 5.5.2008 – II ZR 38/07, NJW 2008, 2504 Rn. 14; krit. Lutter/Hommelhoff/*Kleindiek* Rn. 29.

[639] Zum Cash-Pool s. *Klein* ZIP 2017, 258 (268).

[640] BGH Urt. v. 8.1.2001 – II ZR 88/99, BGHZ 146, 264 (275) = NJW 2001, 1280; Beschl. v. 18.4.2005 – II ZR 61/03, NJW 2005, 2546 (2548); ebenso OLG Brandenburg Urt. v. 10.1.2007 – 7 U 20/06, ZIP 2007, 724; OLG Dresden Urt. v. 21.9.2004 – 2 U 1441/04, GmbHR 2005, 173 (174 f.); OLG Naumburg Urt. v. 9.5.2007 – 5 U 21/07, NZG 2008, 37; OLG Zweibrücken Urt. v. 28.6.2005 – 8 U 159/04, OLGR 2005, 799 (801); *Blank* ZInsO 2013, 461 (467 ff.); *Gundlach/Frenzel/Schirrmeister* NZI 2003, 418; *Heinze* DZWIR 2009, 244; *Kiethe* ZIP 2003, 1957 (1960); *Kuntze* NJW 2006, 413; *Liebscher* ZInsO 2009, 1386 (1390 f.); *Mayer*, Die steuerliche Haftung des GmbH-Geschäftsführers unter besonderer Berücksichtigung des Zeitraums der Insolvenzreife, 2006, 187 ff.; *Sontheimer* DStR 2004, 1005.

[641] BGH Beschl. v. 30.7.2003 – 5 StR 221/03, BGHSt 48, 307 (313) = NJW 2003, 3787; Beschl. v. 9.8.2005 – 5 StR 67/05, NJW 2005, 3650 (3651 f.).

[642] BGH Urt. v. 14.5.2007 – II ZR 48/06, NJW 2007, 2118 Rn. 12; Urt. v. 2.6.2008 – II ZR 27/07, ZIP 2008, 1275 Rn. 6; Urt. v. 29.9.2008 – II ZR 162/07, ZIP 2008, 2220 Rn. 9 ff.; Urt. v. 8.6.2009 – II ZR 147/08, NJW 2009, 2599 Rn. 6; Urt. v. 25.1.2011 – II ZR 196/09, ZIP 2011, 422 Rn. 17 = EWiR § 64 GmbHG 1/11, 257 *(Giedinghage/Göb);* OLG Brandenburg Urt. v. 29.7.2020 – 7 W 38/20, BeckRS 2020, 18683 Rn. 15; OLG Hamburg Urt. v. 25.6.2010 – 11 U 133/06, NZG 2010, 1225; OLG München Urt. v. 28.11.2007 – 7 U 5444/05, GmbHR 2008, 320 (322); OLG Frankfurt Urt. v. 15.7.2009 – 4 U 298/08, ZIP 2009, 2293 (2294 f.); LG Freiburg Urt. v. 7.5.2019 – 4/17 8 Ns 81 Js 1825/13, NZI 2019, 729 (730); zust. *Kleindiek* FS U.H. Schneider, 2011, 617 (624 f.); *Podewils* ZInsO 2008, 813 (814); *Priebe* ZInsO 2014, 1681 (1686); *Tiedtke/Peterek* GmbHR 2008, 617 (621); *K. Schmidt* in K. Schmidt/Uhlenbruck Sanierung Rn. 11.50 ff.; *Altmeppen* Rn. 26; Bork/Schäfer/*Bork* Rn. 23.

[643] BGH Urt. v. 14.5.2007 – II ZR 48/06, NJW 2007, 2118 Rn. 12; Urt. v. 29.9.2008 – II ZR 162/07, ZIP 2008, 2220 Rn. 10; Urt. v. 25.1.2011 – II ZR 196/09, ZIP 2011, 422 Rn. 12 = EWiR § 64 GmbHG 1/11, 257 *(Giedinghage/Göb);* ebenso BFH Urt. v. 27.2.2007 – VII R 67/05, BFHE 216, 491 (496 ff.) = NZG 2007, 953 = ZIP 2007, 1604; Urt. v. 23.9.2008 – VII R 27/07, GmbHR 2009, 2222; Urt. v. 26.9.2017 – VII R 40/16, ZInsO 2018, 100 (102); OLG Brandenburg Beschl. v. 29.7.2020 – 7 W 38/20, BeckRS 2020, 18683 Rn. 15; OLG Frankfurt Urt. v. 15.7.2009 – 4 U 298/08, ZIP 2009, 2293 (2294 f.); FG Düsseldorf Urt. v. 31.3.2006 – 9 K 4573/03, ZIP 2006, 1447 (1448); FG München Urt. v. 15.12.2008 – 15 K 411/07, ZInsO 2009, 924 (926 f.); OLG Hamburg Urt. v. 25.6.2010 – 11 U 133/06, NZG 2010, 1225 (1226); *Kleindiek* FS U. H. Schneider, 2011, 617 (626); *Schön* FS H. P. Westermann, 2008, 1469 (1482 ff.) mwN.

Geschäftsführer im Zeitpunkt der Insolvenzreife bereits **rückständige** Arbeitnehmeranteile zur Sozialversicherung und Steuerforderungen bezahlt, da er sich dadurch von einer bestehenden zivilrechtlichen Haftung befreien und strafrechtliche Sanktionen zumindest abmildern kann.[644] Dagegen widerspricht die Zahlung auf **Arbeitgeberanteile** in der Regel der Sorgfalt eines ordentlichen Geschäftsmanns. Da deren Nichtabführung nicht unter Strafe steht und nicht über § 823 Abs. 2 BGB durch eine Schadensersatzpflicht sanktioniert ist, fehlt es an einem Interessenkonflikt und damit an einem rechtfertigenden Grund, den Anwendungsbereich des § 64 S. 1 aF einzuschränken.[645] Zweifel, ob die Zahlung auf die Arbeitnehmer- oder die Arbeitgeberanteile erfolgen soll, können die Geschäftsleiter durch eine entsprechende Tilgungsbestimmung nach § 4 BVV ausräumen und so eine Haftung vermeiden.[646]

200   Die Privilegierung der Sozialversicherungsträger und des Fiskus durch die neuere Rspr. höhlt den insolvenzrechtlichen **Gleichbehandlungsgrundsatz** aus. Sie bewirkt, dass das aus guten Gründen abgeschaffte Privileg der Konkursordnung für die Forderungen bestimmter öffentlich-rechtlicher Gläubiger (§ 61 KO) auf Umwegen wieder eingeführt wird.[647] Wenigstens für die Zeitdauer bis zum Ablauf der ihm zur Prüfung von Sanierungschancen bislang eingeräumten maximal dreiwöchigen Insolvenzantragsfrist sollte der Geschäftsführer von der Verpflichtung zur Abführung von Sozialversicherungsbeiträgen und Steuern suspendiert sein.[648] Danach kann und muss er sich aus der Pflichtenkollision durch Stellung des Insolvenzantrags befreien.

201   Das **SanInsFOG** korrigiert die verfehlte Rspr. im Hinblick auf **Ansprüche aus dem Steuerschuldverhältnis** im Sinne der hier seit jeher verfochtenen Position. Steuerforderungen müssen nach § 15b Abs. 8 InsO im Zeitraum zwischen dem Eintritt der Insolvenzreife und der Entscheidung über die Eröffnung des Verfahrens nicht erfüllt werden, sofern die organschaftlichen Vertreter ihren Verpflichtungen aus § 15a InsO nachkommen. Wenn sie den Antrag verspätet stellen, tritt die Entlastung immerhin für die nach der Bestellung eines vorläufigen Insolvenzverwalters oder der Anordnung der vorläufigen Eigenverwaltung fällig werdenden Ansprüche ein. Wird das Insolvenzverfahren nicht eröffnet und ist dies auf eine Pflichtverletzung der organschaftlichen Vertreter zurückzuführen, entfällt die Privilegierung.

202   Angesprochen werden in dem auf Initiative des BT-Rechtsausschusses eingefügten § 15b Abs. 8 InsO nur die steuerrechtlichen Ansprüche. In Bezug auf die Vorgaben zur Abführung von **Arbeitnehmeranteilen zur Sozialversicherung** besteht aber eine vergleichbare Pflichtenkollision. Die fehlende Berücksichtigung dieser Konstellation ist keineswegs eine bewusste Entscheidung des Gesetzgebers, sondern allein mit der Hektik zu erklä-

---

[644]   BGH Urt. v. 25.1.2011 – II ZR 196/09, ZIP 2011, 422 Rn. 13, 18 = EWiR § 64 GmbHG 1/11, 257 *(Giedinghage/Göb); Brand* WM 2010, 1783; Bork/Schäfer/*Bork* Rn. 23; HK-GmbHG/*Kolmann* Rn. 43.

[645]   BGH Urt. v. 25.1.2011 – II ZR 196/09, ZIP 2011, 422 Rn. 19 = EWiR § 64 GmbHG 1/11, 257 *(Giedinghage/Göb);* s. schon BGH Urt. v. 8.6.2009 – II ZR 147/08, NJW 2009, 2599 Rn. 6 f.; ferner OLG Brandenburg Beschl. v. 29.7.2020 – 7 W 38/20, BeckRS 2020, 18683 Rn. 15; OLG Hamburg Urt. v. 25.6.2010 – 11 U 133/06, NZG 2010, 1225 (1226); *Kleindiek* FS U. H. Schneider, 2011, 617 (625).

[646]   *Priebe* ZInsO 2014, 1681 (1686).

[647]   Krit. *Bitter/Baschnagel* ZInsO 2018, 557 (589 f.); *Goette* DStR 2007, 1076; *Heeg* DStR 2007, 2134 (2140); *H.-F. Müller* GmbHR 2003, 389 (392 f.); HK-GmbHG/*Kolmann* Rn. 49.

[648]   So BGH Beschl. v. 30.7.2003 – 5 StR 221/03, BGHSt 48, 307 (313) = NJW 2003, 3787; Beschl. v. 9.8.2005 – 5 StR 67/05, NJW 2005, 3650 (3651 f.); OLG Hamburg Urt. v. 13.10.2006 – 1 U 59/06, OLGR 2007, 878; *Bauer* ZInsO 2004, 645; *Beck* ZInsO 2007, 1233 (1236 ff.); *Brand* GmbHR 2010, 237; *Gross/Schork* NZI 2004, 358; *Habersack/Foerster* ZHR 178 (2014), 387 (406); *Heeg* DStR 2007, 2134 (2138 f.); *Schuhmann* GmbHR 2005, 1292 (1294); *Tiedtke/Peterek* GmbHR 2008, 617 (622); *Wilhelm* ZIP 2007, 1781 (1786 f.); wohl auch BGH Urt. v. 29.9.2008 – II ZR 162/07, ZIP 2008, 2220 Rn. 10; Urt. v. 25.1.2011 – II ZR 196/09, ZIP 2011, 422 Rn. 29 = EWiR § 64 GmbHG 1/11, 257 *(Giedinghage/Göb);* BFH Urt. v. 27.2.2007 – VII R 67/05, BFHE 216, 491 (496 ff.) = NZG 2007, 953; abl. aber BFH Urt. v. 23.9.2008 – VII R 27/07, GmbHR 2009, 2222; OLG Frankfurt Urt. v. 15.7.2009 – 4 U 298/08, ZIP 2009, 2293 (2294); *Kleindiek* FS U. H. Schneider, 2011, 617 (626 f.); *K. Schmidt* in K. Schmidt/Uhlenbruck Sanierung Rn. 11, 53.

ren, mit der das Reformprojekt durch das Parlament geschleust wurde. Daher ist das offenkundige Redaktionsversehen durch eine entsprechende Anwendung des § 15b Abs. 8 InsO zu korrigieren.[649]

VI. Verschulden

Subjektiv setzt die Haftung nach § 15b Abs. 1, 4 InsO (früher § 64 S. 1) ein **Verschul-** 203 **den** des Geschäftsführers voraus. Denn unabhängig davon, ob es sich um einen Schadensersatzanspruch handelt oder nicht, besteht doch eine deutliche Parallele zu den Erstattungsansprüchen nach § 43 Abs. 2 und § 73 Abs. 3. Die Erstattung von Zahlungen, die der organschaftliche Vertreter selbst nicht erhalten hat, ist hier wie dort nur gerechtfertigt, wenn ihm ein Verschuldensvorwurf gemacht werden kann. Entsprechend § 43 Abs. 1 genügt **einfache Fahrlässigkeit.**[650] Maßstab ist die Sorgfalt eines ordentlichen Geschäftsmanns, wie sie angesichts der Größe und Bedeutung der betreffenden GmbH zu fordern ist. Dieser strenge Maßstab gilt hinsichtlich sämtlicher anspruchsbegründender Umstände einschließlich der Insolvenzreife, deren positive Kenntnis folglich nicht erforderlich ist.[651] Das Verschulden des Geschäftsführers wird vermutet.[652] Er muss also insbesondere darlegen und gegebenenfalls beweisen, dass der Eintritt des Insolvenzgrundes trotz hinreichender organisatorischer Vorkehrungen für ihn nicht erkennbar war.

Eine Beschränkung des Anspruchs nach den arbeitsrechtlichen Grundsätzen des 204 **innerbetrieblichen Schadensausgleichs** ist abzulehnen. Zwar wird im Schrifttum zunehmend mit beachtlichen Argumenten eine derartige Haftungsreduktion für die Ansprüche aus § 43 Abs. 2 befürwortet (→ § 43 Rn. 158 mwN).[653] Auf die Ansprüche aus § 15b InsO bzw. § 64 S. 1 aF wegen Verletzung des Zahlungsverbots passen diese

---

[649]   *Berberich* ZInsO 2021, 1313 (1315 ff.); *Bitter* ZIP 2021, 321 (328); *Bitter* GmbHR 2022, 57 (63 ff.); *Heinrich* NZI 2021, 258 (260 ff.); *Hodgson* NZI-Beil. 2021, 85 (86); aA *Baumert* NZG 2021, 443 (449); *Baumert* ZRI 2021, 962 (967); *A. Schmidt* ZRI 2021, 389 (392).

[650]   BGH Urt. v. 27.3.2012 – II ZR 171/10, NZG 2012, 672 Rn. 13; Urt. v. 19.6.2012 – II ZR 243/11, ZIP 2012, 1557 Rn. 9; OLG Brandenburg Urt. v. 12.1.2016 – 6 U 123/13, ZIP 2016, 923 (924) = BeckRS 2016, 03550; OLG Celle Urt. v. 7.5.2008 – 9 U 191/07, GmbHR 2008, 1034 (1035); OLG Karlsruhe Urt. v. 20.6.2002 – 19 U 150/01, NZG 2002, 917 (918); OLG Oldenburg Beschl. v. 10.3.2004 – 1 W 2/04, GmbHR 2004, 1340 (1342); OLG Schleswig Urt. v. 4.5.2007 – 5 U 100/ 06, ZInsO 2007, 948 (950); *Beck* ZInsO 2007, 1233 (1238); *Bitter* ZInsO 2010, 1505 (1517); Lutter/ Hommelhoff/*Kleindiek* Rn. 36; Rowedder/Schmidt-Leithoff/*Schmidt-Leithoff*/*Schneider* Rn. 45; HCL/ *Casper* Anh. § 62 Rn. 168; *Wicke* Rn. 22.

[651]   BGH Urt. v. 29.11.1999 – II ZR 273/98, BGHZ 143, 184 (185 f.) = NJW 2000, 668; Urt. v. 18.10.2010 – II ZR 151/09, ZIP 2010, 2400 Rn. 14; Urt. v. 27.3.2012 – II ZR 171/10, NZG 2012, 672 Rn. 13; Urt. v. 19.6.2012 – II ZR 243/11, ZIP 2012, 1557 Rn. 10; OLG Brandenburg Urt. v. 12.1.2016 – 6 U 123/13, ZIP 2016, 923 (924) = BeckRS 2016, 03550; OLG Celle Urt. v. 7.5.2008 – 9 U 191/07, GmbHR 2008, 1034 (1035); OLG Hamburg Urt. v. 21.4.1995 – 11 U 195/93, GmbHR 1995, 521 (522); Urt. v. 25.6.2010 – 11 U 133/06, NZG 2010, 1225 (1226); OLG Karlsruhe Urt. v. 20.6.2002 – 19 U 150/01, NZG 2002, 917 (918); OLG München Urt. v. 28.11.2007 – 7 U 5444/ 05, GmbHR 2008, 320 (321); OLG Oldenburg Beschl. v. 10.3.2004 – 1 W 2/04, GmbHR 2004, 1340 (1342); OLG Schleswig Urt. v. 4.5.2007 – 5 U 100/06, ZInsO 2007, 948 (950); *Gehrlein* ZRI 2020, 183 (184); Lutter/Hommelhoff/*Kleindiek* Rn. 36; Rowedder/Schmidt-Leithoff/*Schmidt-Leithoff*/*Schneider* Rn. 45; *Wicke* Rn. 22; aA *Liebs* FS Rittner, 1991, 369 (372 ff.); *Schulze-Osterloh* FS Bezzenberger, 2000, 415 (425 f.).

[652]   BGH Urt. v. 29.11.1999 – II ZR 273/98, BGHZ 143, 184 (185 f.) = NJW 2000, 668; Urt. v. 1.3.1993 – II ZR 61/92, NJW 1994, 2149 (2150); Urt. v. 18.10.2010 – II ZR 151/09, ZIP 2010, 2400 Rn. 14; Urt. v. 27.3.2012 – II ZR 171/10, NZG 2012, 672 Rn. 13; Urt. v. 19.6.2012 – II ZR 243/11, ZIP 2012, 1557 Rn. 10; OLG Hamburg Urt. v. 25.5.2007 – 11 U 116/06, GmbHR 2007, 1036 (1038); OLG Hamm Urt. v. 18.3.2021 – I-28 U 279/19, ZInsO 2021, 962 (968) = BeckRS 2021, 11809; OLG Karlsruhe Urt. v. 20.6.2002 – 19 U 150/01, NZG 2002, 917 (918); OLG München Urt. v. 28.11.2007 – 7 U 5444/05, GmbHR 2008, 320 (321); OLG Oldenburg Beschl. v. 10.3.2004 – 1 W 2/04, GmbHR 2004, 1340 (1342); OLG Schleswig Urt. v. 4.5.2007 – 5 U 100/06, ZInsO 2007, 948 (950); *Bitter* ZInsO 2010, 1505 (1517); *Priebe* ZInsO 2014, 1681 (1686); Lutter/Hommelhoff/*Kleindiek* Rn. 36; Rowedder/Schmidt-Leithoff/*Schmidt-Leithoff*/*Schneider* Rn. 47; *Wicke* Rn. 22.

[653]   S. etwa *Bachmann* ZIP 2017, 841.

Überlegungen aber nicht.[654] Denn hier geht es darum, die Masse im Interesse der Gläubigergesamtheit wieder aufzufüllen. Diese gläubigerschützende Funktion darf durch die Heranziehung arbeitsrechtlicher Haftungsprivilegierungen nicht geschwächt werden.

205   Von den organschaftlichen Vertretern wird erwartet, dass sie sich über die finanziellen Verhältnisse der Gesellschaft stets **vergewissern.** Sie handeln daher fahrlässig, wenn sie sich nicht die erforderlichen Informationen verschaffen.[655] Der Hinweis auf eine **interne Geschäftsverteilung** kann nur in engen Grenzen entlasten.[656] Wie die Insolvenzantragspflicht obliegt auch die Massesicherungspflicht allen Geschäftsführern einer GmbH persönlich und ist nicht delegierbar.[657] Der Geschäftsführer, der die Vermutung schuldhaften Verhaltens widerlegen will, muss zum einen darlegen, dass die Regelung der Ressortaufteilung den hierfür geltenden strengen Anforderungen (näher → § 37 Rn. 85 ff.) genügt. Dazu gehört die klare und eindeutige (nicht notwendig schriftliche) Zuweisung der Aufgaben, die fachliche und persönliche Eignung des jeweils zuständigen Geschäftsführers und die Wahrung der Zuständigkeit des Gesamtorgans für nicht delegierbare Aufgaben.[658] Der in Anspruch genommene Geschäftsleiter muss zum anderen vortragen und erläutern, dass er seinen weitgehenden Kontroll- und Überwachungspflichten nachgekommen ist.[659] Es wird von ihm verlangt, dass er sich ein eigenes Bild von der wirtschaftlichen Lage des Unternehmens verschafft, die ihm erteilten Auskünfte kritisch hinterfragt und mit den wesentlichen betriebswirtschaftlichen Kennzahlen des Unternehmens abgleicht.[660] Eine lediglich jährliche Kontrolle der Geschäftszahlen genügt nicht.[661] Bei ersten Anhaltspunkten für Unregelmäßigkeiten oder eine krisenhafte Entwicklungsind die Anforderungen noch einmal verschärft. Die Erkennbarkeit der Insolvenzreife fehlt auch bei einem bewussten Vorenthalten von Informationen nur dann, wenn diese auch bei ordnungsgemäßer Überwachung des für die finanziellen Belange zuständigen Geschäftsführers nicht aufgefallen wäre.[662] Ein nicht mit der kaufmännischen Leitung der Gesellschaft betrauter Geschäftsführer einer GmbH kann sich unter Umständen auf einen bestehenden **Verlustübernahmevertrag** berufen, wenn ihm die schwierige finanzielle Lage des herrschenden Unternehmens von seinem Mitgeschäftsführer, der gleichzeitig Vorstandsvorsitzender dieses Unternehmens ist, systematisch verheimlicht wird.[663] Der Umstand, dass Prüfungen der **Aufsichtsbehörde** zu keinen Beanstandungen geführt haben, ist in der Regel nicht geeignet, ein schutzwürdiges Vertrauen des Organwalters zu begründen. Denn die Prüfungsaufgaben haben, auch wenn sie sich auf den Nachweis der für einen sicheren Betrieb erforderlichen finanziellen Mittel

---

[654]   BGH Beschl. v. 24.9.2019 – II ZR 248/17, NZI 2020, 180 Rn. 16; OLG München Urt. v. 22.6.2017 – 23 U 3769/16, NZI 2017, 723 (724); *Bitter/Baschnagel* ZInsO 2018, 557 (594); *Gehrlein* ZRI 2020, 183 (185).

[655]   BGH Urt. v. 14.5.2007 – II ZR 48/06, NJW 2007, 2118 Rn. 16; Urt. v. 27.3.2012 – II ZR 171/10, NZG 2012, 672 Rn. 15; Urt. v. 26.1.2016 – II ZR 394/13, NZG 2016, 658 Rn. 33 f.; Urt. v. 6.11.2018 – II ZR 11/17, BGHZ 220, 162 Rn. 14 = NJW 2019, 1067; Urt. v. 11.2.2020 – II ZR 427/18, NZG 2020, 517 Rn. 38; Urt. v. 27.10.2020 – II ZR 355/18, NZG 2021, 66 Rn. 53; OLG Hamm Urt. v. 18.3.2021 – I-28 U 279/19, ZInsO 2021, 962 (968) = BeckRS 2021, 11809.

[656]   BGH Urt. v. 1.3.1993 – II ZR 61/92, NJW 1994, 2149; Lutter/Hommelhoff/*Kleindiek* Rn. 39; UHL/ *Casper* Rn. 127.

[657]   BGH Urt. v. 1.3.1993 – II ZR 61/92, NJW 1994, 2149; Urt. v. 6.11.2018 – II ZR 11/17, BGHZ 220, 162 = NJW 2019, 1067 Rn. 14; *Weber* ZGR 2020, 688 (695); Lutter/Hommelhoff/*Kleindiek* Rn. 39.

[658]   BGH Urt. v. 6.11.2018 – II ZR 11/17, BGHZ 220, 162 Rn. 17 ff. = NJW 2019, 1067; *Buck-Heeb* BB 2019, 584 (586 f.); *Fleischer* DB 2019, 472 (473 ff.); *Graewe/Pellens* BB 2019, 1478 (1481); *Hoffmann-Becking* NZG 2021, 93 (94 f.); *Hülsmann* GmbHR 2018, 209 (210 ff.); *von der Linden* NJW 2019, 1039 (1040 f.); *Weber* ZGR 2020, 688 (699 ff.).

[659]   BGH Urt. v. 6.11.2018 – II ZR 11/17, BGHZ 220, 162 Rn. 32 ff. = NJW 2019, 1067; *Buck-Heeb* BB 2019, 584 (588 f.); *Fleischer* DB 2019, 472 (475 f.); *Graewe/Pellens* BB 2019, 1478 (1480 f.); *Hoffmann-Becking* NZG 2021, 93 (94); *Hülsmann* GmbHR 2018, 209 (213 f.); *von der Linden* NJW 2019, 1039 (1041).

[660]   BGH Urt. v. 6.11.2018 – II ZR 11/17, BGHZ 220, 162 Rn. 34 = NJW 2019, 1067.

[661]   BGH Urt. v. 6.11.2018 – II ZR 11/17, BGHZ 220, 162 Rn. 35 = NJW 2019, 1067.

[662]   BGH Urt. v. 6.11.2018 – II ZR 11/17, BGHZ 220, 162 Rn. 31 f. = NJW 2019, 1067; OLG Koblenz Urt. v. 8.12.2000 – 8 U 1542/96, OLGR 2001, 228 (229).

[663]   OLG München Urt. v. 28.11.2007 – 7 U 5444/05, GmbHR 2008, 320 (321).

erstrecken, nicht den Zweck, das vertretungsberechtigte Organ über die wirtschaftliche Lage der Gesellschaft zu unterrichten.[664]

Ein Geschäftsführer, der selbst nicht über die notwendigen Kenntnisse verfügt, muss **206** gegebenenfalls **externen Rat** einholen.[665] Kommt ein unabhängiger, fachlich qualifizierter Experte zu dem Ergebnis, dass weder Zahlungsunfähigkeit noch Überschuldung vorliegen, so kann der Geschäftsführer hierauf vertrauen, wenn er zuvor sämtliche für die Beurteilung der Insolvenzreife erheblichen Umstände offengelegt und die ihm erteilte Antwort einer eigenen Plausibilitätskontrolle unterzogen hat.[666]

Die Beratung muss durch eine **unabhängige,** für die zu klärenden Fragestellungen **207 fachlich qualifizierte Person** erfolgen. In Betracht kommen insbesondere Wirtschaftsprüfer,[667] außerdem Steuerberater[668] oder Rechtsanwälte[669] mit entsprechender Qualifikation und im Einzelfall auch geeignete Angehörige anderer Berufsgruppen.[670]

Entlastet ist der Geschäftsführer des Weiteren nur, wenn er den Experten **unverzüglich 208** nach Auftreten der ersten Krisensymptome **beauftragt** und auf eine ebenso unverzügliche Durchführung der Prüfung hinwirkt.[671] Der Geschäftsführer darf die Einschaltung eines Dritten nicht dazu nutzen, um das Unternehmen noch über einen längeren Zeitraum auf Kosten der Gläubiger weiterzuführen. Er muss vielmehr alles dafür tun, um möglichst bald Klarheit über das Bestehen von Zahlungsunfähigkeit bzw. Überschuldung zu erlangen. Hierzu reicht es nicht, dass der Geschäftsführer den Experten nur allgemein mit der Prüfung der Vermögenslage der Gesellschaft und Sanierungsmöglichkeiten beauftragt. Zumindest muss der Geschäftsleiter bei Erteilung eines derart weiten Prüfungsauftrags darauf dringen, dass die Frage, ob Insolvenzantrag zu stellen ist, vorab und zügig bearbeitet wird.[672] Für die Prüfung sollte ein fixer, möglichst zeitnaher Endtermin vereinbart werden.[673] Hat der Geschäftsleiter Zweifel, ob der Berater aufgrund von Überlastung in der Lage ist, seine Verpflichtungen innerhalb des vorgegebenen Zeitkorridors zu erfüllen, darf er das Mandat nicht erteilen, sondern muss einen anderen Experten mit freien Kapazitäten beauftragen. Schließlich muss er dafür sorgen, dass dem sachkundigen Dritten von Anfang an die **notwendigen Unterlagen** zur Verfügung stehen, damit dieser schnell zum Abschluss seiner Prüfung kommen kann.

Schließlich ist zu fordern, dass der Geschäftsleiter den ihm erteilten Rat selbst auf **209 Plausibilität überprüft.**[674] Er soll sich seiner Verantwortung nicht durch Gefälligkeitsgut-

---

[664] Vgl. zu § 20 LuftVG BGH Urt. v. 11.2.2020 – II ZR 427/18, NZG 2020, 517 Rn. 39.
[665] S. BGH Urt. v. 6.6.1994 – II ZR 292/91, BGHZ 126, 181 (199) = NJW 1994, 2220; Urt. v. 27.3.2012 – II ZR 171/10, NZG 2012, 672 Rn. 15; Urt. v. 26.1.2016 – II ZR 394/13, NZG 2016, 658 Rn. 34 ff.; Urt. v. 26.1.2017 – IX ZR 285/14, NJW 2017, 1611 Rn. 47; OLG Hamm Urt. v. 18.3.2021 – I-28 U 279/19, ZInsO 2021, 962 (968) = BeckRS 2021, 11809.
[666] BGH Urt. v. 14.5.2007 – II ZR 48/06, NJW 2007, 2118 Rn. 16 ff.; Urt. v. 27.3.2012 – II ZR 171/10, NZG 2012, 672 Rn. 15 ff.; Urt. v. 26.1.2016 – II ZR 394/13, NZG 2016, 658 Rn. 34; Beschl. v. 24.9.2019 – II ZR 248/17, NZI 2020, 180 Rn. 21; Urt. v. 27.10.2020 – II ZR 355/18, NZG 2021, 66 Rn. 53; OLG München Urt. v. 22.6.2017 – 23 U 3769/16, NZI 2017, 723 (726 f.); Urt. v. 17.1.2019 – 23 U 998/18, NZG 2019, 941 (943 f.); OLG Hamm Urt. v. 18.3.2021 – I-28 U 279/19, ZInsO 2021, 962 (968) = BeckRS 2021, 11809; OLG Schleswig Urt. v. 11.2.2010 – 5 U 60/09, NZI 2010, 492 (494); *Schmittmann,* Haftung von Organen in Krise und Insolvenz, 2015, Rn. 750 ff.; *Goette* DStR 2016, 1752 (1758 ff.); *H.-F. Müller* NZG 2012, 981; Lutter/Hommelhoff/ *Kleindiek* Rn. 37.
[667] S. BGH Urt. v. 14.5.2007 – II ZR 48/06, NJW 2007, 2118 Rn. 17.
[668] OLG Stuttgart Urt. v. 28.10.1997 – 12 U 83/97, NZG 1998, 232 (233); OLG Schleswig Urt. v. 11.2.2010 – 5 U 60/09, NZI 2010, 492 (494).
[669] OLG Stuttgart Urt. v. 28.10.1997 – 12 U 83/97, NZG 1998, 232 (233).
[670] BGH Urt. v. 27.3.2012 – II ZR 171/10 Rn. 17, NZG 2012, 672 betr. Unternehmensberaterin mit abgeschlossenem betriebswirtschaftlichem Studium und mehrjähriger Erfahrung auf dem Gebiet der Bonitätsprüfung und Fortführungsprognosen.
[671] BGH Urt. v. 27.3.2012 – II ZR 171/10, NZG 2012, 672 Rn. 19; OLG München Urt. v. 22.6.2017 – 23 U 3769/16, NZI 2017, 723 (727).
[672] BGH Urt. v. 27.3.2012 – II ZR 171/10, NZG 2012, 672 Rn. 22.
[673] *Blose* GmbHR 2012, 748 (749).
[674] BGH Urt. v. 14.5.2007 – II ZR 48/06, NJW 2007, 2118 Rn. 18; Urt. v. 27.3.2012 – II ZR 171/10, NZG 2012, 672 Rn. 16; Urt. v. 11.2.2020 – II ZR 427/18, NZG 2020, 517 Rn. 38; Urt.

achten entziehen können, die reine „Feigenblattfunktion" haben.[675] Von ihm kann erwartet werden, dass er die ihm vorgelegten Bilanzen darauf überprüft, ob die wesentlichen Bestandteile des Aktiv- und Passivvermögens aufgeführt sind, deren Bewertung zumindest nachvollziehbar ist und die Annahmen über die zukünftige Geschäftsentwicklung realistisch erscheinen. Die Hinzuziehung eines weiteren Experten, um die Ausführungen des Erstgutachters inhaltlich zu überprüfen, ist ohne besondere Anhaltspunkte nicht veranlasst.[676]

210   Hat der Geschäftsführer die vorstehend skizzierten Erfordernisse beachtet, so haftet er selbst dann nicht, wenn entgegen der Aussage des Gutachters Zahlungsunfähigkeit oder Überschuldung vorliegt. Zwar ändert die Einschaltung des fachkundigen Dritten nichts daran, dass er objektiv gegen das Zahlungsverbot bzw. die Insolvenzantragspflicht verstoßen hat. Es fehlt jedoch an dem für eine Inanspruchnahme notwendigen Verschulden.[677] Da dieses vermutet wird (→ Rn. 203), trifft den Geschäftsführer allerdings die **Darlegungs- und Beweislast** für die ordnungsgemäße Einschaltung des sachkundigen Dritten. Ihm ist daher zu empfehlen, die Mandatierung des Experten, den Umfang der von ihm bereit gestellten Informationen und die eigene Plausibilitätsprüfung **sorgfältig zu dokumentieren,** um gegen eine spätere Inanspruchnahme gewappnet zu sein.[678]

211   Der Geschäftsleiter, der den Anforderungen an die Einholung externen Rats nicht gerecht wird, kann sich auf die eigene fehlende Sachkunde nicht berufen und haftet wegen schuldhafter Insolvenzverschleppung. Allerdings soll nach Ansicht des BGH der Geschäftsführer in den Schutzbereich eines Mandats zwischen GmbH und Berater zur Prüfung der Insolvenzreife der Gesellschaft einbezogen sein.[679] Der wegen Insolvenzverschleppung in Anspruch genommene Geschäftsleiter, der auf die fehlerhafte Auskunft des Experten vertraut hat, kann diesen danach in **Regress** nehmen. Diese Rückgriffsmöglichkeit soll selbst dann bestehen, wenn der Geschäftsleiter den Berater verspätet einschaltet oder nicht für eine unverzügliche Durchführung der Prüfung sorgt.[680] Ebenso wenig kann der Berater dem organschaftlichen Vertreter nach § 254 BGB entgegenhalten, dieser hätte die Fehlerhaftigkeit der ihm erteilten Auskunft erkennen müssen.[681]

212   Die Rspr. des BGH zum Geschäftsleiterregress überdehnt den Anwendungsbereich des Vertrags mit Schutzwirkung für Dritte in **bedenklicher Weise,** indem sie die organschaftli-

---

v. 27.10.2020 – II ZR 355/18, NZG 2021, 66 Rn. 53; OLG München Urt. v. 22.6.2017 – 23 U 3769/16, NZI 2017, 723 (727); OLG München Urt. v. 17.1.2019 – 23 U 998/18, NZG 2019, 941 (944).

[675] S. etwa *Fleischer* ZIP 2009, 1397 (1404); *Selter* AG 2012, 11 (18); *Strohn* ZHR 176 (2012), 137 (141).
[676] Vgl. *Fleischer* ZIP 2009, 1397 (1404); *Merkt/Mylich* NZG 2012, 525 (529); *H.-F. Müller* DB 2014, 1301 (1305).
[677] BGH Urt. v. 27.3.2012 – II ZR 171/10, NZG 2012, 672 Rn. 19; Urt. v. 14.5.2007 – II ZR 48/06, NZG 2007, 545 Rn. 16; *Goette* DStR 2016, 1752 (1759); für eine Verortung schon bei der Pflichtwidrigkeit hingegen *Fleischer* ZIP 2009, 1397 (1405); *Sander/Schneider* ZGR 2013, 725 (730 ff.); *U. H. Schneider* DB 2011, 99 (100).
[678] *H.-F. Müller* NZG 2012, 981 (983).
[679] BGH Urt. v. 14.6.2012 – IX ZR 145/11, BGHZ 193, 297 Rn. 12 ff. = NZG 2012, 866; Urt. v. 21.7.2016 – IX ZR 252/15, NJW 2016, 3432 Rn. 23; ferner OLG München v. 18.3.2021 – I-28 U 279/19, ZInsO 2021, 962 (965 f.) = BeckRS 2021, 11809; OLG Köln Urt. v. 12.8.2021 – 18 U 197/20, NZG 2021, 1642; LG Aachen Urt. v. 14.4.2021 – 11 O 241/17; ZInsO 2021, 1343 (1347 f.) = BeckRS 2021, 10869; *Commandeur/Utsch* NZG 2012, 1376 (1377 f.); *Gehrlein* NZG 2013, 961 (964); *Luttmann* ZInsO 2013, 1777 (1780); *Plathner* DStR 2013, 1349 (1351); *Schwarz* NZI 2012, 869 (872); *Werner* StBW 2013, 571 (574 f.); *Zetsche* JR 2013, 435 (440); krit. *Mock* KTS 2020, 245 (275 f.); *H.-F. Müller* ZInsO 2013, 2181 (2187 f.); *Römermann* GmbHR 2013, 513 (518); *Fl. Schmitt,* Beraterhaftung für Insolvenzverschleppungsschäden, 2017, 195 ff.; für eine Beschränkung der Schutzwirkung auf der Rechtsfolgenseite *Thole* ZfPW 2015, 31 (53 ff.). Auch bei einem Mandat zu allgemeiner steuerlicher Beratung soll sich eine (drittschützende) Pflicht zum Hinweis auf einen möglichen Insolvenzgrund ergeben, wenn entsprechende Anhaltspunkte offenkundig sind und der Berater annehmen muss, dass die mögliche Insolvenzreife dem Geschäftsführer nicht bewusst ist, BGH Urt. v. 26.1.2017 – IX ZR 285/14, NJW 2017, 1611 Rn. 44 ff.; anders noch BGH Urt. v. 7.3.2013 – IX ZR 64/12, NZG 2013, 675 Rn. 12 ff.; s. nunmehr § 102 StaRUG.
[680] BGH Urt. v. 14.6.2012 – IX ZR 145/11, BGHZ 193, 297 Rn. 46 = NZG 2012, 866.
[681] BGH Urt. v. 14.6.2012 – IX ZR 145/11, BGHZ 193, 297 Rn. 37 = NZG 2012, 866; anders LG Aachen Urt. v. 14.4.2021 – 11 O 241/17; ZInsO 2021, 1343 (1350 f.) = BeckRS 2021, 10869.

che Haftung einfach auf den Auskunftgeber überleitet. Es ist schon fraglich, ob die Gesellschaft als Gläubigerin objektiv ein besonderes Interesse am Schutz eines pflichtwidrig und schuldhaft handelnden Geschäftsführers hat. Jedenfalls aber ist dieser nicht schutzbedürftig.[682] Auch wenn ihm kein eigener vertraglicher Anspruch zusteht, so kann er sich doch relativ einfach und sicher gegen eine drohende Haftung wappnen. Er muss dazu den Berater hinreichend sorgfältig auswählen, informieren und den erteilten Rat auf Plausibilität prüfen. Hält er sich an diese Maßregeln, ist er entlastet, selbst wenn die Auskunft sich später als falsch herausstellt. Ein weitergehender Schutz kann ihm nicht zugebilligt werden.

VII. Inhalt und Umfang des Anspruchs

1. Erstattungspflicht. Der Geschäftsführer muss der Gesellschaft den **objektiven** 213 **Wert** der von ihm nach Insolvenzreife veranlassten Leistungen erstatten. Maßgeblich ist der Zeitpunkt der Vornahme der Zahlung. Der Wert einer etwaigen Gegenleistung ist zu saldieren (→ Rn. 174 ff.). Nach neuem Recht kann der Geschäftsleiter zudem einwenden, dass der Gesamtheit der Gläubiger ein geringerer Schaden als die Summe der Zahlungen entstanden ist (§ 15b Abs. 4 S. 2 InsO; → Rn. 220 ff.). Der frühere § 64 S. 1 sieht eine solche Einschränkung der Erstattungspflicht durch eine Schadenskomponente nicht vor (→ Rn. 160), sie kommt daher nicht in den Altfällen nicht zum Tragen (zur zeitlichen Abgrenzung → Rn. 226).

Mehrere Geschäftsführer haften als Gesamtschuldner.[683] Eine Aufrechnung des Ge- 214 schäftsführers mit vor Insolvenzeröffnung begründeten Ansprüchen (etwa rückständigen Gehaltsforderungen) ist wegen der Eigenart und Zielrichtung des Anspruchs aus § 15b Abs. 4 InsO (früher § 64 S. 1) generell ausgeschlossen.[684] Auch wird der Anspruch nicht um die in der Zahlung enthaltenen Umsatzsteuer gekürzt,[685] eine in unmittelbarem Zusammenhang vorgenommene Erstattung durch das Finanzamt kann aber als kompensierender Massezufluss berücksichtigt werden.

Aufgrund des speziellen Schutzzwecks des auf Wiederauffüllung der Masse gerichteten 215 § 15b Abs. 1, 4 InsO (früher § 64 S. 1) ist der **Einwand des rechtmäßigen Alternativverhaltens** ausgeschlossen.[686] Insbesondere kann der Geschäftsleiter nicht mit dem Argument durchdringen, bei rechtzeitiger Antragstellung hätte der Insolvenzverwalter die Zahlung in gleicher Weise vorgenommen. Zu Recht hat der BGH auch entschieden, dass eine Erstattungspflicht des Geschäftsführers beim Eingang von Zahlungen auf ein debitorisches Konto unabhängig davon besteht, ob auch bei pflichtgemäßem Verhalten – Eröffnung eines kreditorisch geführten Kontos und Information der Vertragspartner – die Leistung in die Masse gelangt wäre.[687] Ebenso wenig wird der Geschäftsleiter mit dem Einwand gehört, auch wenn er die Überweisung von dem Konto unterlassen hätte, wäre das Guthaben wegen einer kurz darauf erfolgten Kontopfändung verloren gewesen. Es entlastet ihn nur, wenn die tatsächlich vorgenommene Zahlung mit der Sorgfalt eines ordentlichen und gewissenhaften Geschäftsmannes vereinbar ist.

2. Berücksichtigung der hypothetischen Insolvenzquote.

2. Berücksichtigung der hypothetischen Insolvenzquote. Die **Insolvenzquote,** 216 die der Leistungsempfänger zu beanspruchen gehabt hätte, kann der Geschäftsleiter nicht

---

[682] S. OLG Köln Urt. v. 23.2.2012 – 8 U 45/11, NZG 2012, 504 (506); *H.-F. Müller* ZInsO 2013, 2181 (2187 f.).
[683] BGH Urt. v. 6.11.2018 – II ZR 11/17, BGHZ 220, 162 Rn. 40 = NJW 2019, 1067; *Fleck* GmbHR 1974, 224 (230).
[684] BGH Beschl. v. 15.10.2019 – II ZR 425/18, NZI 2019, 932 *Altmeppen* Rn. 20; HK-GmbHG/*Kolmann* Rn. 73; offengelassen noch von BGH Urt. v. 19.11.2013 – II ZR 18/12, NJW 2014, 624.
[685] OLG Köln Urt. v. 16.3.2017 – 18 U. 226/13, BeckRS 2017, 154679 Rn. 360.
[686] BGH Urt. v. 11.2.2020 – II ZR 427/18, NZG 2020, 517 Rn. 16 f.; aA OLG Hamburg Urt. v. 9.11.2018 – 11 U 136/17, ZIP 2019, 416 = BeckRS 2018, 30225; *Altmeppen* ZIP 2020, 937 (942); *Lieder/Wagner* ZGR 2021, 495 (520 ff.).
[687] BGH Urt. v. 11.2.2020 – II ZR 427/18, NZG 2020, 517 Rn. 16 ff.

in Abzug bringen.[688] Da erst am Ende des Verfahrens feststeht, welche Quote die nicht bevorrechtigten Gläubiger erhalten, würde dies die Haftungsabwicklung stark verkomplizieren und verzögern. Zu einer Bereicherung der Masse soll es allerdings auch nicht kommen. Hat der Geschäftsleiter die Zahlung erstattet, muss er daher nach dem Rechtsgedanken des § 255 BGB berechtigt sein, den Betrag, den der befriedigte Gesellschaftsgläubiger bekommen hätte, von dem Insolvenzverwalter zu verlangen.[689] Das Gericht, das ihn im Haftungsprozess nach § 64 S. 1 aF verurteilt, hat von Amts wegen einen entsprechenden Vorbehalt auszusprechen.[690] Unterlässt das Gericht dies, so ist der Gegenstandswert eines von dem Geschäftsführer eingelegten Rechtsmittels durch dessen konkrete Aussicht auf Durchsetzung seiner Ansprüche im Insolvenzverfahren begrenzt, kann also nicht höher sein als die Insolvenzquote der Gläubiger, an die er verbotswidrig gezahlt hat.[691] Zur Rechtslage nach § 15b InsO → Rn. 224.

217   **3. Anfechtungsrecht des Verwalters.** Entsprechendes gilt für das Verhältnis zur **Insolvenzanfechtung.** Der nach § 15b Abs. 1, 4 InsO/§ 64 S. 1 aF in Anspruch genommene Geschäftsführer wird mit dem Einwand nicht gehört, der Verwalter könne die von ihm veranlasste Zahlung anfechten und auf diesem Wege die Masse wieder auffüllen.[692] Zwar kommt dem haftenden Geschäftsführer eine erfolgreich durchgeführte Anfechtung zugute. Der Zweck der Zahlungsverbote, eine Masseschmälerung im Interesse einer gleichmäßigen Befriedigung der Gläubiger zu verhindern und nicht einzelne Gläubiger zu bevorzugen, wird auch erreicht, wenn der Empfänger der anfechtbar weggegebenen Vermögenswerte diese

---

[688] BGH Urt. v. 8.1.2001 – II ZR 88/99, BGHZ 146, 264 (278) = NJW 2001, 1280; Urt. v. 11.7.2005 – II ZR 235/03, ZIP 2005, 1550 (1551 f.); Beschl. v. 5.2.2007 – II ZR 51/06, NZG 2007, 678 Rn. 7; Urt. v. 5.11.2007 – II ZR 262/06, GmbHR 2007, 142 Rn. 9; OLG Celle Urt. v. 7.5.2008 – 9 U 191/07, GmbHR 2008, 1034 (1036); OLG Hamburg Urt. v. 25.5.2007 – 11 U 116/06, GmbHR 2007, 1036 (1040); *H.-F. Müller* DB 2015, 723 (727); *Poertzgen,* Organhaftung wegen Insolvenzverschleppung, 2006, 221 f.; *Beck* ZInsO 2007, 1233 (1235); *Haas/Kolmann/Kurz* in Gottwald/Haas InsR-HdB § 90 Rn. 188; *Altmeppen* Rn. 17; Lutter/Hommelhoff/*Kleindiek* Rn. 44; Rowedder/Schmidt-Leithoff/*Schmidt-Leithoff/Schneider* Rn. 49; anders noch BGH Urt. v. 29.11.1999 – II ZR 273/98, BGHZ 143, 184 (188) = NJW 2000, 668; OLG Oldenburg Urt. v. 5.11.1998 – 1 U 107/98, NZG 2001, 37 (40); *Fleck* GmbHR 1974, 224 (231); MHLS/*Nerlich* Rn. 26.

[689] BGH Urt. v. 8.1.2001 – II ZR 88/99, BGHZ 146, 264 (278) = NJW 2001, 1280; Urt. v. 11.7.2005 – II ZR 235/03, ZIP 2005, 1550 (1552); Beschl. v. 5.2.2007 – II ZR 51/06, NZG 2007, 678 Rn. 7; Urt. v. 5.11.2007 – II ZR 262/06, GmbHR 2007, 142 Rn. 9; Urt. v. 25.1.2011 – II ZR 196/09, ZIP 2011, 422 Rn. 30 = EWiR § 64 GmbHG 1/11, 257 *(Giedinghage/Göb);* Beschl. v. 19.2.2013 – II ZR 296/12, NZI 2013, 395 Rn. 3; OLG Celle Urt. v. 7.5.2008 – 9 U 191/07, GmbHR 2008, 1034 (1036); OLG Hamburg Urt. v. 25.5.2007 – 11 U 116/06, GmbHR 2007, 1036 (1040 f.); OLG Jena Urt. v. 11.12.2001 – 8 U 741/01, NZG 2002, 1116 (1117); OLG München Urt. v. 22.6.2017 – 23 U 3769/16, NZI 2017, 723 (727); *Beck* ZInsO 2007, 1233 (1235); *H.-F. Müller* DB 2015, 723 (727); *Altmeppen* Rn. 18; Rowedder/Schmidt-Leithoff/*Schmidt-Leithoff/Schneider* Rn. 49; *Wicke* Rn. 23; für eine Analogie zu § 144 InsO *Haas* FS Fischer, 2008, 209 (212 ff.); *Habersack/Foerster* ZHR 178 (2014), 387 (409); *Thole,* Gläubigerschutz durch Insolvenzrecht, 2010, 710 f.; *Haas/Kolmann/Kurz* in Gottwald/Haas InsR-HdB § 90 Rn. 189; Noack/Servatius/Haas/*Haas* Rn. 178; Lutter/Hommelhoff/*Kleindiek* Rn. 46.

[690] BGH Urt. v. 5.11.2007 – II ZR 262/06, GmbHR 2007, 142 Rn. 9 = NZG 2008, 75; Urt. v. 11.7.2005 – II ZR 235/03, ZIP 2005, 1550 (1552); Urt. v. 25.1.2011 – II ZR 196/09, ZIP 2011, 422 Rn. 30 = EWiR § 64 GmbHG 1/11, 257 *(Giedinghage/Göb);* Beschl. v. 19.2.2013 – II ZR 296/12, NZI 2013, 395 Rn. 3; Urt. v. 26.1.2016 – II ZR 394/13, NZG 2016, 658 Rn. 49; OLG Jena Urt. v. 11.12.2001 – 8 U 741/01, NZG 2002, 1116 (1117 f.); *H.-F. Müller* DB 2015, 723 (727); Lutter/Hommelhoff/*Kleindiek* Rn. 46; HCL/*Casper* Anh. § 62 Rn. 178; *Wicke* Rn. 23; krit. OLG Hamburg Urt. v. 25.5.2007 – 11 U 116/06, GmbHR 2007, 1036 (1040 f.); Noack/Servatius/Haas/*Haas* Rn. 178.

[691] BGH Beschl. v. 19.2.2013 – II ZR 296/12, ZIP 2013, 1251 Rn. 4.

[692] BGH Urt. v. 8.1.2001 – II ZR 88/99, BGHZ 146, 264 (278) = NJW 2001, 1280; OLG Hamburg Urt. v. 25.5.2007 – 11 U 116/06, GmbHR 2007, 1036 (1039); OLG Oldenburg Urt. v. 10.5.2004 – 15 U 13/04, GmbHR 2004, 1014; *Flöther/Korb* ZIP 2012, 2333 (2334); *H.-F. Müller* DB 2015, 723 (728); *Poertzgen,* Organhaftung wegen Insolvenzverschleppung, 2006, 231; *Priebe* ZInsO 2014, 1681; *K. Schmidt* ZHR 168 (2004), 637 (668 f.); *K. Schmidt* NZG 2015, 129 (133); *Thole,* Gläubigerschutz durch Insolvenzrecht, 2010, 711 ff.; *Haas/Kolmann/Kurz* in Gottwald/Haas InsR-HdB § 90 Rn. 187; *Altmeppen* Rn. 19; Lutter/Hommelhoff/*Kleindiek* Rn. 43; MHLS/*Nerlich* Rn. 26; Rowedder/Schmidt-Leithoff/*Schmidt-Leithoff/Schneider* Rn. 49; HK-GmbHG/*Kolmann* Rn. 68 f.; Scholz/*Bitter* Rn. 199; *Wicke* Rn. 23; aA OLG Hamm Urt. v. 25.1.1993 – 8 U 250/91, GmbHR 1993, 584 (585); *Fleck* GmbHR 1974, 224 (231).

nach § 143 InsO zurückgewährt.[693] Die bloße Möglichkeit einer Insolvenzanfechtung genügt allerdings nicht. Denn durch die Annahme einer Subsidiarität gegenüber den §§ 129 ff. InsO würde die Durchsetzung der Geschäftsleiterhaftung wesentlich erschwert. Der Verwalter kann daher frei wählen, ob er gegen den Geschäftsführer oder den Anfechtungsgegner vorgeht. Ersteres hat den Vorteil, dass er die Gesamtsumme der geleisteten Zahlungen in einem einzigen Rechtsstreit gegen einen Prozessgegner einklagen kann, anstatt unter Umständen eine Vielzahl von Anfechtungsprozessen gegen verschiedene Zahlungsempfänger führen zu müssen. Der Geschäftsführer kann allerdings im Gegenzug entsprechend § 255 BGB Abtretung der anfechtungsrechtlichen Rückgewähransprüche der Masse verlangen.[694] Etwas anderes gilt, wenn er sich auf die Begrenzung der Haftung nach § 15b Abs. 4 S. 2 InsO beruft (→ Rn. 224). Ein Ausgleich nach § 426 BGB scheidet aus, da Geschäftsführer und Zahlungsempfänger keine Gesamtschuldner sind.[695]

Kompliziert ist die Situation, wenn bei einem debitorischen Konto lediglich ein **Teil** **218** **der Summe der Gutschriften** von der Bank an die Insolvenzmasse nach § 143 InsO zurückgewährt wird. Dazu kann es kommen, weil beim Erstattungsanspruch nach der Spruchpraxis zu § 64 aF jede einzelne Zahlung zu prüfen ist, der anfechtungsrechtliche Rückgewähranspruch sich bei Verrechnungen im Kontokorrent aber nach stRspr auf die Saldodifferenz im Anfechtungszeitraum bezieht.[696] Die Zuordnung hat dann nach dem Rechtsgedanken des § 366 Abs. 2 letzter Fall BGB so zu erfolgen, dass sämtliche bei der Saldierung berücksichtigten Gutschriften im Verhältnis der Saldodifferenz zur Gesamtsumme der Gutschriften, mithin zum selben Anteil ausgeglichen, werden, und zwar unabhängig davon, ob es sich um Zahlungen iSv § 15b Abs. 1 S. 1 InsO/§ 64 S. 1 aF handelt.[697] Soweit danach eine Anrechnung erfolgt, mindert sich der von dem Geschäftsleiter zu erstattende Betrag. Hat der Insolvenzverwalter das Saldo nicht angefochten, so kann der Geschäftsleiter entsprechend § 255 BGB Abtretung des anfechtungsrechtlichen Rückgewähranspruchs verlangen, soweit sich dieser auf die Zahlungen bezieht, wegen der er in Anspruch genommen wird.

Kommt eine Anfechtung wegen **Verjährung** (§ 146 InsO, §§ 195, 199 BGB) nicht **219** mehr in Betracht, so berechtigt dies den Geschäftsführer gleichwohl nicht zur Leistungsverweigerung.[698] Vielmehr begründet das Versäumnis des Verwalters einen Schadensersatzanspruch der Masse nach § 60 InsO, der neben den weiter bestehenden Erstattungsanspruch nach § 15b Abs. 4 InsO/§ 64 S. 1 aF tritt[699] und dessen Verfolgung dem leistenden

---

693   BGH Urt. v. 11.2.2020 – II ZR 427/18, NZG 2020, 517 Rn. 32; Urt. v. 4.7.2017 – II ZR 319/15, NZG 2017, 1034 Rn. 16; Urt. v. 23.6.2015 – II ZR 366/13, BGHZ 206, 52 Rn. 30 = NJW 2015, 2806; Urt. v. 18.11.2014 – II ZR 231/13, BGHZ 203, 218 Rn. 9 = NZG 2015, 149; Urt. v. 3.6.2014 – II ZR 100/13, NZG 2014, 1069 Rn. 14; Urt. v. 18.12.1995 – II ZR 277/94, BGHZ 131, 325 (327) = NJW 1996, 850; *Gehrlein* ZHR 181 (2017), 482 (541); *K. Schmidt* NZG 2015, 129 (132 f.).

694   BGH Urt. v. 8.1.2001 – II ZR 88/99, BGHZ 146, 264 (279) = NJW 2001, 1280; OLG Oldenburg Urt. v. 10.5.2004 – 15 U 13/04, GmbHR 2004, 1014; *Flöther/Korb* ZIP 2012, 2333 (2334 f.); *Poertzgen,* Organhaftung wegen Insolvenzverschleppung, 2006, 231; *Priebe* ZInsO 2014, 1681; *Haas/Kolmann/ Kurz* in Gottwald/Haas InsR-HdB § 90 Rn. 187; Noack/Servatius/Haas/*Haas* Rn. 177; Lutter/Hommelhoff/*Kleindiek* Rn. 43; *Altmeppen* Rn. 19; HK-GmbHG/*Kolmann* Rn. 68; HCL/*Casper* Anh. § 62 Rn. 179; *Wicke* Rn. 23; für eine Analogie zu § 144 InsO *Schall,* Kapitalgesellschaftsrechtlicher Gläubigerschutz, 2009, 194 f.; *Gehrlein* ZHR 181 (2017), 482 (543); abl. *Bangha-Szabo* KTS 2015, 165 (167 ff.), der dem Geschäftsführer lediglich eine Insolvenzforderung analog § 326 Abs. 2 InsO zubilligen will.

695   OLG Oldenburg Urt. v. 10.5.2004 – 15 U 13/04, GmbHR 2004, 1014; *Flöther/Korb* ZIP 2012, 2333 (2336); *Poertzgen,* Organhaftung wegen Insolvenzverschleppung, 2006, 231; HK-GmbHG/*Kolmann* Rn. 70; aA *Habersack/Foerster* ZHR 178 (2014), 387 (409); Kübler/Prütting/*Noack* GesR Rn. 351.

696   BGH Urt. v. 15.11.2007 – IX ZR 212/06, NZI 2008, 184 Rn. 17.

697   BGH Urt. v. 11.2.2020 – II ZR 427/18, NZG 2020, 517 Rn. 33; Urt. v. 15.6.2021 – II ZR 146/20, BeckRS 2021, 17159; *Lieder/Wagner* ZGR 2021, 495 (518 ff.).

698   BGH Urt. v. 18.12.1995 – II ZR 277/94, BGHZ 131, 325 (327 ff.) = NJW 1996, 850; *Flöther/Korb* ZIP 2012, 2333 (2335); *Altmeppen* Rn. 20; HK-GmbHG/*Kolmann* Rn. 61; Lutter/Hommelhoff/*Kleindiek* Rn. 43; MHLS/*Nerlich* Rn. 26; HCL/*Casper* Anh. § 62 Rn. 179; anders *Poertzgen* ZInsO 2018, 1357 (1358 ff.): Kürzung des Erstattungsanspruchs entsprechend § 254 BGB.

699   BGH Urt. v. 18.12.1995 – II ZR 277/94, BGHZ 131, 325 (331) = NJW 1996, 850; *Flöther/Korb* ZIP 2012, 2333 (2335); *Poertzgen,* Organhaftung wegen Insolvenzverschleppung, 2006, 231 f.; *Altmeppen* Rn. 20; HK-GmbHG/*Kolmann* Rn. 70; HCL/*Casper* Anh. § 62 Rn. 179.

Geschäftsführer vorzubehalten ist.[700] Einen eigenen Schadensersatzanspruch gegen den Verwalter hat der Geschäftsführer nicht, da ihm gegenüber als bloßem Schuldner der Masse keine insolvenzspezifischen Pflichten bestehen.[701] Zur Rechtslage nach § 15b InsO → Rn. 224.

220   **4. Begrenzung des Anspruchs auf den Gesamtschaden nach neuem Recht.** Gem. § 15b Abs. 4 S. 2 InsO kann der Geschäftsleiter in Abkehr von der bisherigen Rechtslage seine Haftung nunmehr auf den Schaden begrenzen, welcher der Gläubigerschaft der Gesellschaft entstanden ist. Hierdurch soll vermieden werden, dass die Inanspruchnahme des Ersatzpflichtigen über dasjenige hinausgeht, was zur Erreichung des Zwecks der Zahlungsverbote – die Erhaltung der Masse im Interesse der Gläubiger – erforderlich ist.[702] Der Gesamtschaden besteht in der **Minderung des Werts des Gesellschaftsvermögens,** die während der Geltungsdauer des Zahlungsverbots eingetreten ist.[703] Er bemisst sich nach der Differenz zwischen der Vermögenslage der Gesellschaft bei Eintritt der Zahlungsunfähigkeit bzw. Überschuldung und der Vermögenslage im Zeitpunkt der Eröffnung des Insolvenzverfahrens. Wird die Eröffnung des Verfahrens mangels Masse abgelehnt, so ist stattdessen auf den Zeitpunkt dieser Entscheidung abzustellen. Der Vermögensstatus ist jeweils nach den für die Überschuldungsbilanz maßgeblichen Grundsätzen zu erstellen, dh für den Vergleich ist der wahre Wert des Unternehmens maßgeblich.

221   Der in § 15b Abs. 4 S. 2 InsO angesprochene Gesamtschaden ist nicht kongruent mit dem für die Haftung nach § 823 Abs. 2 BGB iVm § 15a InsO relevanten Quotenschaden der Altgläubiger.[704] Letzterer beruht auf einem Vergleich der Ergebnisse des tatsächlich durchgeführten Insolvenzverfahrens und dem eines hypothetischen, rechtzeitig eingeleiteten Verfahrens, was aufgrund der Vielzahl der damit verbundenen Unsicherheiten kaum praktikabel ist.[705] Demgegenüber ist hier die reale Vermögenslage bezogen auf zwei unterschiedliche Zeitpunkte zu ermitteln, dabei sind die Einflüsse eines nachfolgenden Insolvenzverfahrens gerade auszublenden.

222   Der Umfang der Haftung wird ferner begrenzt durch den zur vollständigen Befriedigung sämtlicher Gläubiger erforderlichen Betrag. Eine darüber hinausgehende Inanspruchnahme würde nach § 199 InsO der Schuldnergesellschaft bzw. ihren Gesellschaftern zugutekommen, was nicht vom Schutzzweck des § 15b InsO gedeckt wäre.[706] Die vom Geschäftsleiter eingezogenen Beträge sollen ausschließlich zur Befriedigung der einfachen und nachrangigen Insolvenzgläubiger sowie der Massegläubiger[707] verwendet werden. Im Ergebnis ist den Gläubigern gar kein Schaden entstanden, wenn und soweit die Masse auch ohne Rückgewähr der verbotswidrigen Zahlungen ausreicht, um alle Forderungen in voller Höhe zu erfüllen. Praktisch dürfte eine solche Konstellation aber nur sehr selten vorkommen.

223   Die **Darlegungs- und Beweislast** für das Vorliegen eines geringeren Schadens trifft den in Anspruch genommenen Geschäftsleiter. Es genügt nicht, dass er einfach pauschal

---

[700] Für einen Ausgleich analog § 426 BGB *Flöther/Korb* ZIP 2012, 2333 (2335); *Altmeppen* Rn. 20; HK-GmbHG/*Kolmann* Rn. 70.

[701] BGH Urt. v. 18.12.1995 – II ZR 277/94, BGHZ 131, 325 (328 f.) = NJW 1996, 850; BGH Urt. v. 14.4.2016 – IX ZR 161/15, NZG 2016, 838 Rn. 15.

[702] Begr. RegE SanInsFoG, BT-Drs. 19/24181, 195.

[703] *Jakobs/Kruth* DStR 2021, 2534 (2540 f.); *H.-F. Müller* GmbHR 2021, 737 (741); im Ansatz auch *Bitter* ZIP 2021, 321 (328); *Poertzgen* ZInsO 2020, 2509 (2516); gegen eine Gesamtbetrachtung aber *Thole* BB 2021, 1347 (1353).

[704] Zutr. *Bitter* ZIP 2021, 321 (329); anders aber *Baumert* NZG 2021, 443 (448); *Baumert* ZRI 2021, 962 (965 f.); *Desch/Hochdorfer* in Desch, Das neue Restrukturierungsrecht, 2021, § 6 Rn. 62; BeckOK InsO/*Wolfer*, 23. Ed. 15.4.2021, InsO § 15b Rn. 31 f.

[705] *Neuberger* ZIP 2018, 909 (913).

[706] Kübler/Prütting/Bork/*Bork/Kebekus* InsO § 15b Rn. 70.

[707] Da die für die Zahlungen verwendeten Mittel ansonsten zur Deckung der Verfahrenskosten zur Verfügung gestanden hätten, können die nach § 15b Abs. 4 InsO eingezogenen Beträge auch zu diesem Zweck verwendet werden, anders aber *Hentschel/Ruster* ZRI 2021, 637 (641); BeckOK InsO/*Wolfer*, 23. Ed. 15.4.2021, InsO § 15b Rn. 33.

behauptet, den Gläubigern sei gar kein Schaden entstanden. Vielmehr muss er zur Widerlegung der in § 15b Abs. 4 S. 1, 2 InsO angelegten Vermutung eines Gesamtgläubigerschadens in Höhe der verbotswidrig geleisteten Zahlungen den tatsächlichen Schaden konkret beziffern.[708] Die Vornahme des hierzu erforderlichen Vermögensvergleichs ist ihm durchaus zuzumuten, denn er muss ohnehin aufgrund seiner Organstellung mit den finanziellen Verhältnissen der Gesellschaft vertraut sein. Außerdem ist ihm nach Insolvenzeröffnung zum Zwecke der Beweisführung Einsicht in die Buchhaltung[709] und in die Verfahrensakten (insbesondere Eröffnungsgutachten, Berichte des Insolvenzverwalters. Insolvenztabelle) zu gewähren.[710] Hat der Beklagte hinreichend substantiiert vorgetragen, so ermäßigt § 287 ZPO das Beweismaß. Eine deutlich überwiegende, auf gesicherter Grundlage beruhende Wahrscheinlichkeit reicht für die richterliche Überzeugungsbildung aus.[711] Auch wenn der Geschäftsleiter geltend macht, seine Inanspruchnahme werde zur vollständigen Gläubigerbefriedigung nicht benötigt, liegt die Darlegungs- und Beweislast bei ihm. Er muss unter Ausnutzung der ihm zur Verfügung stehenden Erkenntnismöglichkeiten konkret dartun, dass noch nicht ausgeschöpftes Aktivvermögen vorhanden ist; den Verwalter trifft auch hier lediglich eine sekundäre Behauptungslast.[712]

Zu § 64 aF ist anerkannt, dass dem in Anspruch genommenen Geschäftsleiter entspre-   **224** chend § 255 BGB die Verfolgung eines Gegenanspruchs in Höhe der durch die Zahlung „ersparten" **Insolvenzquote** vorzubehalten ist (→ Rn. 216). Hierfür gibt es aber nach neuem Recht keine Rechtfertigung mehr, wenn sich der Geschäftsführer auf § 15b Abs. 4 S. 2 InsO beruft und so eine Bereicherung der Masse auf anderem Weg verhindert wird.[713] Auch für eine Abtretung des anfechtungsrechtlichen Rückgewähranspruchs (→ Rn. 217) ist dann kein Raum.[714]

Fraglich ist, ob der Geschäftsleiter auch einwenden kann, der Masse sei durch die   **225** **einzelne Zahlung** ein geringerer Schaden entstanden. Dadurch könnten die engen Grenzen der BGH-Rspr. zum Aktiventausch überwunden werden.[715] Allerdings ist der Anspruch nach § 15b Abs. 4 S. 1 InsO auf die Erstattung der verbotswidrig geleisteten „Zahlungen" (Plural) gerichtet; und darauf nimmt § 15b Abs. 4 S. 2 InsO Bezug, der die Ersatzpflicht auf den Ausgleich des eingetretenen Schadens (Singular) begrenzt. Gemeint ist offensichtlich ein die Summe der einzelnen Zahlungen unterschreitender Gesamtschaden. Es bleibt auch nach neuem Recht dabei, dass bei der Bestimmung der Höhe der einzelnen Zahlung eine in unmittelbarem wirtschaftlichem Zusammenhang in die Masse gelangte Gegenleistung zu berücksichtigen ist (→ Rn. 174 ff.). Der Gesamtbetrag der so ermittelten Zahlungen bildet dann den widerleglichen Vermutungstatbestand für den der Masse während der Geltungsdauer des Zahlungsverbots entstandenen Vermögensschaden.[716]

Eine besondere Situation entsteht, wenn der Geschäftsleiter sowohl vor als auch noch   **226** nach dem **Jahreswechsel 2020/2021** Leistungen aus dem Gesellschaftsvermögen vornimmt. Eine Rückwirkung ist in § 15b InsO nicht vorgesehen.[717] Daher gilt für die zum 31.12.2020 veranlassten Vermögensabflüsse weiterhin uneingeschränkt § 64 S. 1 aF (so jetzt ausdrücklich Art. 103m S. 2, 3 EGInsO, eingefügt durch Art. 36 MoPeG). Eine spätere

---

[708]   Baumert NZG 2021, 443 (448); *H.-F. Müller* GmbHR 2021, 737 (743).
[709]   BGH Urt. v. 4.11.2002 – II ZR 224/00, BGHZ 152, 280 (285) = NJW 2003, 358 = GmbHR 2003, 113 mAnm *Lelley; Arens* GmbHR 2018, 555 (558); *Korch/Chatard* NZG 2020, 893.
[710]   OLG Düsseldorf Beschl. v. 25.2.2021 – 3 VA 14/19, NZI 2021, 508 mAnm *Kontny.*
[711]   Vgl. BGH Urt. v. 2.7.1992 – IX ZR 256/91, NJW 1992, NJW 1992, 2694 (2695 f.); MüKoZPO/ *Prütting* ZPO § 287 Rn. 17.
[712]   *H.-F. Müller* GmbHR 2021, 737 (743); zur Kommanditistenhaftung s. BGH Urt. v. 11.12.1989 – II ZR 78/89, BGHZ 109, 334 (344) = NJW 1990, 1109; BGH v. 20.2.2018 – II ZR 272/16, BGHZ 217, 327 Rn. 39 = NZG 2018, 497.
[713]   Begr. RegE SanInsFoG, BT-Drs. 19/24181, 195.
[714]   *H.-F. Müller* GmbHR 2021, 737 (742).
[715]   *Bitter* ZIP 2021, 321 (329 ff.); *Bitter* GmbHR 2022, 57 (66 ff.); *A. Schmidt* ZRI 2021, 389 (395), im Ansatz auch *Thole* BB 2021, 1347 (1353).
[716]   *H.-F. Müller* GmbHR 2021, 737 (742).
[717]   *Bitter* ZIP 2021, 321 (332); *Bork/Knoblich* ZRI 2021, 240.

kompensatorische Gegenleistung kann allerdings noch anspruchsmindernd berücksichtigt werden. Erst für die ab dem 1.1.2021 erfolgten Zahlungen gelten dann die durch die Reform neu eingeführten Erleichterungen. Insbesondere kann für den Zeitraum **nach Inkrafttreten des Gesetzes** geltend gemacht werden, dass der den Gläubigern entstandene Schaden niedriger als die Summe der Zahlungen ist.

VIII. Gesellschafterbeschluss, Verzicht und Vergleich

227   Die Haftung des Geschäftsführers wird gem. § 64 S. 4 aF ivm § 43 Abs. 3 S. 3 nicht dadurch ausgeschlossen, dass er aufgrund eines **Gesellschafterbeschlusses** gehandelt hat, sofern – wovon hier auszugehen ist – der Ersatz zur Befriedigung der Gesellschaftsgläubiger erforderlich ist. Auch ein **Verzicht** der Gesellschaft oder ein **Vergleich** über die Forderung zu Lasten der Gläubiger ist unwirksam (§ 64 S. 4 aF ivm § 43 Abs. 3 S. 2 ivm § 9b Abs. 1 S. 1). Eine Ausnahme gilt für einen Vergleich, der zur Abwendung der Insolvenz des Zahlungspflichtigen oder im Rahmen eines Insolvenzplans erfolgt (§ 64 S. 4 aF ivm § 43 Abs. 3 S. 2 ivm § 9b Abs. 1 S. 1). Der **Insolvenzverwalter** ist an diese Vergleichsbeschränkungen (unbeschadet einer etwaigen Schadensersatzpflicht gegenüber der Masse nach § 60 InsO) nicht gebunden.[718] Ohne Gegenleistung verzichten kann auch er allerdings nicht, da dies offenkundig dem Insolvenzzweck zuwiderläuft (→ Rn. 128). Der vorläufige „starke" Verwalter hat im Insolvenzeröffnungsverfahren entsprechende Befugnisse.[719] Eine Vereinbarung unterliegt aber auch dann dem Verzichts- und Vergleichsverbot des § 9b, wenn ihr ein vorläufiger „schwacher" Insolvenzverwalter nach Anordnung eines Zustimmungsvorbehalts zugestimmt hat.[720] Die vorgenannten Grundsätze gelten auch nach neuem Recht weiter (§ 15b Abs. 3 S. 3–5 InsO).

IX. Haftpflichtversicherung

228   Lebhaft diskutiert wird, ob eine **D&O-Versicherung** (Directors and Officers Liability Insurance) der Gesellschaft (→ § 43 Rn. 374 ff.) die Haftung abdeckt. Typische Klauseln gewähren Versicherungsschutz, wenn der Geschäftsleiter wegen eines Vermögensschadens auf „Schadensersatz" in Anspruch genommen wird. Verschiedene Instanzgerichte haben eine Deckung mit dem Argument verneint, dass es sich bei dem Anspruch aus § 64 S. 1 aF um einen Ersatzanspruch eigener Art handelt.[721] Dieser formalen Betrachtung ist der BGH nunmehr überzeugend entgegengetreten. Von einem nicht juristisch vorgebildeten Versicherten einer D&O-Versicherung kann die komplexe rechtsdogmatische Einordnung des Anspruchs aus § 64 S. 1 aF nicht erwartet werden. Für diesen ist vielmehr entscheidend, dass er den Zustand vor der Vornahme seiner pflichtwidrigen Zahlung wiederherzustellen hat. Daher geht er davon aus, dass das daraus resultierende, für ihn bedeutende und potenziell existenzvernichtende Haftungsrisiko erfasst ist.[722] Dies gilt erst recht für Ansprüche nach dem neuen § 15b InsO.

229   Der begünstigte Geschäftsleiter hat einen Anspruch auf **Freistellung** gegen den Versicherer. Der Anspruch kann an den Verwalter abgetreten werden und verwandelt sich dann in eine Zahlungsforderung.[723] Zur bestmöglichen Befriedigung der Gläubiger kann es in der **Insolvenz** der GmbH geboten sein, die Haftpflichtversicherung **aufrechtzuerhalten,**

---

[718] BGH Urt. v. 14.6.2018 – IX ZR 232/17, BGHZ 219, 98 Rn. 21 ff. = NJW 2018, 2494.
[719] *Fehl-Weileder* NZI 2021, 641 (642).
[720] BGH Urt. v. 20.4.2021 – II ZR 387/18, NZI 2021, 637 Rn. 31 ff.
[721] OLG Celle Beschl. v. 1.4.2016 – 8 W 20/16, BeckRS 2016, 125428; OLG Düsseldorf Urt. v. 20.7.2018 – I-4 U 93/16, NZG 2018, 1310; Urt. v. 26.6.2020 – 4 U 134/18, NJW-RR 2020, 1429; OLG Frankfurt Beschl. v. 7.8.2019 – 3 U 6/19, BeckRS 2019, 51227; *Cyrus* NZG 2018, 7 (8 f.).
[722] BGH Urt. v. 18.11.2020 – IV ZR 217/19, NJW 2021, 231 Rn. 10 ff. = GmbH 2021, 134 mAnm *Bitter*; ferner *Armbrüster/Schilbach* ZIP 2018, 1853 (1854 ff.); *Bauer/Malitz* ZIP 2018, 2149 (2150 ff.); *Brinkmann* FS Bergmann, 2018, 93 (101 ff.); *Brinkmann/Schmitz-Justen* ZIP 2021, 24; *Fiedler* ZIP 2020, 2112 (2113 ff.); *Jaschinski/Wentz* GmbHR 2018, 1289 (1295 ff.); *Jaschinski/Wentz* NZG 2021, 288 (289); *Markgraf/Henrich* NZG 2018, 1290 (1291 ff.); *Schwencke/Röper* ZInsO 2020, 2453 (2454 ff.).
[723] Dazu BGH Urt. v. 13.4.2016 – IV ZR 304/13, NJW 2016, 2184 Rn. 18 ff.

sofern Haftungsansprüche gegen den Geschäftsführer mangels finanzieller Leistungsfähigkeit nicht durchsetzbar sind. Den Insolvenzverwalter treffen etwaige Versicherungspflichten aber ausschließlich im Interesse des Insolvenzschuldners und der Insolvenzgläubiger zum Zwecke der Obhut und des Erhalts des Schuldnervermögens. Gegenüber dem Geschäftsführer besteht daher keine nach § 60 InsO haftungsbewehrte Verpflichtung, eine solche Haftpflichtversicherung aus Mitteln der Masse zu bestreiten, um diesen von einer Haftung zu befreien.[724] Etwas anderes kann sich aus dem Anstellungsvertrag ergeben, wenn dieser eine Pflicht zum Abschluss einer D&O-Versicherung vorsieht und der Verwalter das Anstellungsverhältnis fortführt.[725] Im Übrigen wird man von dem Insolvenzverwalter zumindest verlangen können, dass er den Geschäftsführer über die beabsichtigte Beendigung der zu seinen Gunsten bestehenden Versicherung in Kenntnis setzt und ihm hierdurch die Gelegenheit gibt, den Versicherungsschutz ggf. mit eigenen Mitteln aufrechtzuerhalten.[726]

X. Verjährung

Die Verjährungsfrist beträgt gem. § 64 S. 4 aF iVm § 43 Abs. 4 **fünf Jahre.** Sie beginnt **230** nach § 200 S. 1 BGB mit der Entstehung des Anspruchs, dh dem Zeitpunkt der Zahlung.[727] Jede Zahlung begründet einen neuen Anspruch und ist daher gesondert zu betrachten. Bei mehrfachen verbotswidrigen Leistungen setzt jede Handlung eine selbstständige Verjährungsfrist in Gang.[728] Abzuheben ist mithin auf die jeweilige Zahlung, nicht etwa auf die zeitlich letzte. Auf subjektive Elemente kommt es – abweichend von der Regelverjährung (§§ 195, 199 BGB) – nicht an.[729] Eine Verkürzung der Verjährungsfrist ist entsprechend § 64 S. 4 aF iVm § 43 Abs. 3 S. 2 iVm § 9b Abs. 1 S. 1 unwirksam, eine Verlängerung bis auf dreißig Jahre dagegen möglich (§ 202 Abs. 2 BGB).

Die Verjährungsfrist beträgt nach dem neuen **§ 15b Abs. 7 InsO** fünf Jahre, im Falle **231** einer für die GmbH nicht in Betracht kommenden Börsennotierung zehn Jahre. Die Regelung stimmt mit der bisherigen Rechtslage überein. Da der insgesamt eingetretene Schaden für die Masse erst mit Insolvenzeröffnung oder Ablehnung mangels Masse feststeht, muss aber nunmehr einheitlich auf den Zeitpunkt dieser gerichtlichen Entscheidung abgestellt werden.[730]

XI. Durchsetzung des Anspruchs

1. Eröffnung des Insolvenzverfahrens und masselose Insolvenz. Der Anspruch **232** nach § 15b Abs. 1, 4 InsO (früher § 64 S. 1) zielt darauf ab, das verteilungsfähige Gesellschaftsvermögen im Interesse der Gesamtheit der künftigen Insolvenzgläubiger zu erhalten, seine Geltendmachung ist daher grundsätzlich an die **Eröffnung eines Insolvenzverfah-**

---

[724] BGH Urt. v. 14.4.2016 – IX ZR 161/15, NZG 2016, 838 Rn. 15 ff. = EWiR 2016, 435 *(Swirczok)*.
[725] S. *A. Reuter* FS Pannen, 2017, 655 (659).
[726] So in der Vorinstanz OLG Hamburg Beschl. v. 8.7.2015 – 11 U 313/13, NZI 2015, 851 (852).
[727] BGH Urt. v. 16.3.2009 – II ZR 32/08, NJW 2009, 1598 Rn. 20 = EWiR § 130a HGB aF 1/09, 645 *(Wilkens/Breßler);* Urt. v. 23.9.2010 – IX ZB 204/09, ZIP 2010, 2107 Rn. 16; Urt. v. 8.5.2018 – II ZR 314/16, NJOZ 2019, 507 Rn. 9; OLG München Urt. v. 17.7.2019 – 7 U 2463/18, NZG 2019, 1189 (1190); LG Waldshut-Tiengen Urt. v. 28.7.1995 – 2 O 55/92, NJW-RR 1996, 105; *Poertzgen,* Organhaftung wegen Insolvenzverschleppung, 2006, 222; Bork/Schäfer/*Bork* Rn. 34; *Wicke* Rn. 24; aA (Zeitpunkt der Insolvenzeröffnung bzw. Entscheidung nach § 26 InsO) OLG Karlsruhe Urt. v. 12.9.2017 – 8 U 97/16, BeckRS 2017, 150726 Rn. 106; *Otte,* Das Zahlungsverbot und die Ersatzpflicht nach § 64 Satz 1 GmbHG, 2019, 92 ff.; Rowedder/Schmidt-Leithoff/*Schmidt-Leithoff/Schneider* Rn. 54; HK-GmbHG/*Kolmann* Rn. 75.
[728] BGH Urt. v. 16.3.2009 – II ZR 32/08, NJW 2009, 1598 Rn. 20; Urt. v. 8.5.2018 – II ZR 314/16, NJOZ 2019, 507 Rn. 9; LG Frankfurt a. M. Urt. v. 29.4.2021 – 2-21 O 182/17, BeckRS 2021, 9099; LG Waldshut-Tiengen Urt. v. 28.7.1995 – 2 O 55/92, NJW-RR 1996, 105.
[729] *Altmeppen* Rn. 30; HCL/*Casper* Anh. § 62 Rn. 182.
[730] *Hochdorfer* in Desch, Das neue Restrukturierungsrecht, 2021, § 6 Rn. 71; anders *Bitter* ZIP 2021, 321 (331): Nur der in unverjährter Zeit entstandene Teilverlust ist zu ersetzen.

rens geknüpft.[731] Dort wird er vom Insolvenzverwalter nach § 80 InsO durchgesetzt. Wenn Eigenverwaltung angeordnet ist, ist der Sachwalter zuständig.[732] Bestehen begründete Aussichten auf die Realisierung solcher Forderungen gegen die Geschäftsleiter, so ist dies bei der Entscheidung des Insolvenzgerichts, ob eine zumindest die Verfahrenskosten deckende Masse vorhanden ist (§ 26 InsO), zu berücksichtigen. Eine Abtretung an Dritte ist bei gleichwertiger Gegenleistung als besondere Form der Verwertung zulässig.[733]

233   Wird der Eröffnungsantrag **mangels Masse** abgelehnt (§ 26 InsO) oder das Verfahren später eingestellt (§ 207 InsO), so steht dies der Durchsetzung des Anspruchs nicht entgegen. Denn es besteht kein Anlass, den Geschäftsführer gerade in diesem besonders krassen Fall der Vermögensverschlechterung von der Haftung freizustellen.[734] Die Gläubiger sind dann berechtigt, sich den Anspruch pfänden und überweisen zu lassen.[735] Teilweise wird darüber hinaus ein weitergehendes eigenständiges Verfolgungsrecht analog § 62 Abs. 2 AktG, § 93 Abs. 5 AktG befürwortet (näher → § 43 Rn. 327).[736] Bei bloßer Masseunzulänglichkeit (§ 211 InsO) bleibt der Verwalter einziehungsbefugt.[737]

234   **2. Prozessuales.** Der Anspruch wird in der Regel im Wege der Leistungsklage prozessual geltend gemacht.[738] Der klagende Verwalter ist Partei kraft Amtes. Zur Entscheidung über eine Klage gegen den Geschäftsführer sind die ordentlichen Gerichte berufen (→ § 43 Rn. 334), die sachliche Zuständigkeit folgt aus §§ 23, 71 GVG. Die Rechtsstreitigkeiten sind Handelssachen iSv § 95 Abs. 1 Nr. 4 lit. a GVG, sodass der Kläger, auch gegen einen faktischen Geschäftsführer, mit seiner Klage zum LG gem. § 96 GVG die Befassung der Kammer für Handelssachen beantragen kann.[739] Örtlich zuständig ist sowohl das Gericht am Wohnsitz des Beklagten (§§ 12, 13 ZPO)[740] als auch das am Sitz der Gesellschaft als Erfüllungsort (§ 29 ZPO) der organschaftlichen Pflichten des Geschäftsführers.[741] Der besondere Gerichtsstand der unerlaubten Handlung ist nicht gegeben, da es sich bei § 15b InsO/§ 64 aF nicht um einen Deliktstatbestand handelt.[742] Der beklagte Geschäftsführer kann nach § 33 ZPO auch gegen den Insolvenzverwalter persönlich Widerklage erheben,

---

[731] BGH Urt. v. 11.9.2000 – II ZR 370/99, NJW 2001, 304 (305); OLG Celle Urt. v. 18.5.1994 – 9 U 64/93, NJW-RR 1995, 558; OLG Karlsruhe Urt. v. 12.9.2017 – 8 U 97/16, BeckRS 2017, 150726 Rn. 103 f.; *Fleck* GmbHR 1974, 224 (230); Lutter/Hommelhoff/*Kleindiek* Rn. 40; aA *Seibel,* Der Geschäftsführer in der Insolvenz der Gesellschaft, 2012, 137 ff.; Da der Anspruch schon vor Verfahrenseröffnung entsteht, ist er bereits bei der Berechnungsgrundlage für die Vergütung des vorläufigen Verwalters zu berücksichtigen, s. BGH Urt. v. 23.9.2010 – IX ZB 204/09, ZIP 2010, 2107.

[732] *Buchalik/Hiebert* ZInsO 2014, 1423 (1429); Noack/Servatius/Haas/*Haas* Rn. 42; HK-GmbHG/*Kollmann* Rn. 52.

[733] BGH Urt. v. 14.6.2018 – IX ZR 232/17, BGHZ 219, 98 Rn. 17 f. = NJW 2018, 2494.

[734] BGH Urt. v. 11.9.2000 – II ZR 370/99, NJW 2001, 304 (305); Urt. v. 23.9.2010 – IX ZB 204/09, ZIP 2010, 2107 Rn. 15; *Bitter* ZInsO 2010, 1505 (1513); *Fleck* GmbHR 1974, 224 (230); Haas/Kollmann/ *Kurz* in Gottwald/Haas InsR-HdB § 90 Rn. 271 ff.; *Altmeppen* Rn. 9; Noack/Servatius/Haas/*Haas* Rn. 41; Lutter/Hommelhoff/*Kleindiek* Rn. 40; für eine Gleichstellung der Fälle unberechtigter Löschung der Gesellschaft wegen Vermögenslosigkeit (§ 60 Abs. 1 Nr. 7 iVm § 394 FamFG) HK-GmbHG/*Kollmann* Rn. 61.

[735] BGH Urt. v. 11.9.2000 – II ZR 370/99, NJW 2001, 304 (305); Urt. v. 23.9.2010 – IX ZB 204/09, ZIP 2010, 2107 Rn. 15; *Bitter* ZInsO 2010, 1505 (1513); Haas/Kollmann/Kurz in Gottwald/Haas InsR-HdB § 90 Rn. 272 f.; *Altmeppen* Rn. 9; Noack/Servatius/Haas/*Haas* Rn. 42; krit. *K. Schmidt* GmbHR 2000, 1225.

[736] *Altmeppen* Rn. 9; HK-GmbHG/*Kollmann* Rn. 62.

[737] Noack/Servatius/Haas/*Haas* Rn. 42.

[738] Klagemuster bei *Priebe* ZInsO 2014, 1681 (1686, 1688 ff.).

[739] OLG Stuttgart Beschl. v. 22.11.2004 – 14 AR 7/04, GmbHR 2005, 106; Noack/Servatius/Haas/*Haas* Rn. 43.

[740] S. nur Noack/Servatius/Haas/*Haas* Rn. 44; HK-GmbHG/*Kollmann* Rn. 78.

[741] BGH Beschl. v. 6.8.2019 – X ARZ 317/19, NZG 2019, 1113 Rn. 14 ff.; OLG Hamburg Beschl. v. 26.6.2019 – 11 AR 2/19, ZInsO 2019, 2127 = BeckRS 2019, 18543; OLG München Beschl. v. 18.5.2017 – 34 AR 80/17, NZG 2017, 749; Beschl. v. 16.7.2018 – 34 AR 11/18, NZG 2019, 354; Bork/Schäfer/*Bork* Rn. 40; HK-GmbHG/*Kollmann* Rn. 78; aA LG Frankfurt a. M. Urt. v. 7.3.2019 – 23 O 321/18, NZI 2019, 473; Noack/Servatius/Haas/*Haas* Rn. 45.

[742] Bork/Schäfer/*Bork* Rn. 40; HK-GmbHG/*Kollmann* Rn. 78.

wenn Gegenstand von Klage und Widerklage tatsächlich und rechtlich eng miteinander verwoben sind und der Widerklage schutzwürdige Interessen des Verwalters nicht entgegenstehen.[743] Der Anspruch nach § 15b InsO/§ 64 aF ist schiedsfähig. Der Verwalter kann mit dem Geschäftsleiter eine entsprechende Vereinbarung treffen, an eine Schiedsabrede der Gesellschaft ist er jedoch nicht gebunden.[744]

Was die **internationale Zuständigkeit** angeht, so spricht jedenfalls bei eröffnetem **235** Insolvenzverfahren einiges dafür, dass Art. 6 EuInsVO hier Anwendung findet. Wird ein Insolvenzverfahren in Deutschland eröffnet, so sind deutsche Gerichte demnach auch für die auf § 15b InsO/§ 64 aF gestützten Klagen international zuständig,[745] und zwar auch dann, wenn der Beklagte seinen Wohnsitz in einem Drittstaat hat.[746] Wird die Eröffnung des Insolvenzverfahrens hingegen mangels Masse abgelehnt oder eingestellt, so findet ein Liquidationsverfahren nach §§ 66 ff. statt, welches nach Art. 1 Abs. 2 lit. b EuInsVO vom Anwendungsbereich der Verordnung ausgenommen ist, sodass sich folglich eine Annexzuständigkeit über Art. 6 EuInsVO wohl nicht begründen lässt.[747] Maßgeblich ist dann der Vertragsgerichtsstand nach Art. 7 Nr. 1 Brüssel Ia-VO,[748] nicht etwa der Deliktsgerichtsstandort gem. Art. 7 Nr. 1 Brüssel Ia-VO.[749]

G. Insolvenzverursachungshaftung

I. Genese und systematische Einordnung

1. Zielsetzung und Verhältnis zu § 15b Abs. 1, 4 InsO/§ 64 S. 1 aF. Die durch **236** das MoMiG 2008 eingeführte Regelung des § 64 S. 3 (heute § 15b Abs. 5 InsO) erstreckt die Erstattungspflicht auf Zahlungen an Gesellschafter, die erkennbar zur Zahlungsunfähigkeit der Gesellschaft führen mussten. Damit wird das Zahlungsverbot zeitlich vorverlagert und der Gläubigerschutz so verstärkt. Diese Verschärfung ist auch als Kompensation dafür zu sehen, dass das MoMiG das Mindestkapital – für die Unternehmergesellschaft – abgeschafft, das Eigenkapitalersatzrecht zurückgedrängt und das Kapitalaufbringungs- und -erhaltungsgebot durch Rückkehr zur bilanziellen Sichtweise gelockert hat.[750] Auch dürfte die Furcht vor aggressiven Finanzinvestoren (sog. leveraged finance) eine Rolle gespielt haben.[751] Anders als § 64 S. 1 (heute § 15b Abs. 1, 4 InsO) begründet § 64 S. 3 (heute § 15b Abs. 5 InsO) keine Insolvenzvertiefungs-, sondern eine (partielle) **Insolvenzverursachungshaftung.**[752] Überschneidungen können allerdings auftreten, wenn die Geschäftsführer Zahlungen an Gesellschafter zu einem Zeitpunkt vornehmen, zu dem die Gesellschaft

---

[743] BGH Urt. v. 14.4.2016 – IX ZR 161/15, NZG 2016, 838 Rn. 7 f.

[744] Näher *Haas/Hossfeld* FS U. H. Schneider, 2011, 407 (413 ff.).

[745] EuGH Urt. v. 4.12.2014 – C-295/13, NZG 2015, 154 Rn. 17 ff.; *Haas* NZG 2010, 495 (496); *Wais* IPRax 2011, 138 (139 f.); Noack/Servatius/Haas/*Haas* Rn. 51; HK-GmbHG/*Kolmann* Rn. 77; aA OLG Düsseldorf Urt. v. 18.12.2009 – 17 U 152/08, GmbHR 2010, 591; Bork/Schäfer/*Bork* Rn. 41; offengelassen von BGH Beschl. v. 3.6.2014 – II ZR 34/13, ZIP 2014, 1986 Rn. 3; s. auch die EuGH-Vorlage des LG Darmstadt Beschl. v. 15.5.2013 – 15 O 29/12, NZI 2013, 712 mAnm *Mankowski* NZI 2013, 714.

[746] EuGH Urt. v. 4.12.2014 – C-295/13, NZG 2015, 154 Rn. 30 ff.; *Wais* IPRax 2011, 138 (139); Noack/Servatius/Haas/*Haas* Rn. 52; HK-GmbHG/*Kolmann* Rn. 77; zur Insolvenzanfechtungsklage EuGH Urt. v. 16.1.2014 – C-328/12, NJW 2014, 610; BGH Urt. v. 27.3.2014 – IX ZR 2/12, NZG 2014, 1111; s. auch BGH Beschl. v. 3.6.2014 – II ZR 34/13, ZIP 2014, 1986 Rn. 5 ff.

[747] *Haas* NZG 2010, 495 (497); Noack/Servatius/Haas/*Haas* Rn. 57; HK-GmbHG/*Kolmann* Rn. 77.

[748] *Wais* IPRax 2011, 138 (141).

[749] So aber nach OLG Karlsruhe Urt. v. 22.12.2009 – 13 U 102/09, ZIP 2010, 2123; Noack/Servatius/ Haas/*Haas* Rn. 57; HK-GmbHG/*Kolmann* Rn. 77.

[750] *Böcker/Poertzgen* WM 2007, 1203 (1205); *Knof* DStR 2007, 1536 (1537); *A. Schmidt* ZInsO 2007, 975 (978).

[751] *Böcker/Poertzgen* WM 2007, 1203; *Greulich/Rau* NZG 2008, 284 (285); *Kleindiek* FS K. Schmidt, 2009, 893 (904); *Seibert* ZIP 2006, 1157 (1167).

[752] *Cahn* Der Konzern 2009, 7 (8); *Greulich/Rau* NZG 2008, 284; *Knof* DStR 2007, 1536 (1537); *K. Schmidt* GmbHR 2007, 1072 (1079); HCL/*Casper* Anh. § 62 Rn. 187.

bereits überschuldet ist, und diese dann in der Folge zur Illiquidität führen. In dieser Konstellation besteht Anspruchskonkurrenz.

237   **2. Verhältnis zu anderen Rechtsinstituten.** Der Gesetzgeber des MoMiG hat mit der neuen Vorschrift Überlegungen aufgenommen, dem Geschäftsführer vor Ausschüttungen an die Gesellschafter die Durchführung eines **Solvenztests** aufzuerlegen.[753] Die herkömmliche bilanzgestützte Vermögensbindung soll dadurch jedoch nicht in Frage gestellt, sondern vielmehr ergänzt werden. Insofern flankiert § 15b Abs. 5 InsO/§ 64 S. 3 aF die **Ausschüttungssperre des § 30,** setzt im Unterschied zu dieser aber gerade nicht voraus, dass durch die Auszahlung eine Unterbilanz entsteht oder vertieft wird. Verstößt die Zahlung zugleich gegen § 30, haftet der Geschäftsleiter auch nach § 43 Abs. 3. Eine Rückzahlungspflicht der Gesellschafter ist abweichend von § 31 nicht vorgesehen (→ Rn. 238, → Rn. 257).[754] Der unmittelbare Anwendungsbereich dieser Vorschrift bleibt selbstredend von § 15b Abs. 5 InsO/§ 64 S. 3 aF unberührt. Bei rechtsgrundlosen Leistungen kann vom Empfänger ferner nach § 812 BGB Bereicherungsausgleich verlangt werden. Das Bestehen solcher Ansprüche tangiert die Haftung des Geschäftsführers nicht, er kann allerdings entsprechend § 255 BGB deren Abtretung Zug um Zug gegen die von ihm begehrte Erstattung verlangen.

238   Auch der Möglichkeit der **Anfechtung** von Leistungen aus dem Gesellschaftsvermögen steht § 15b Abs. 5 InsO/§ 64 S. 3 aF nicht entgegen, sondern ergänzt diese. Über das Anfechtungsrecht geht die neue Vorschrift aber hinaus, wenn dessen zum Teil kurze Fristen bereits abgelaufen oder der Gläubigerbenachteiligungsvorsatz und die entsprechende Kenntnis des Empfängers nicht bewiesen werden können.[755] Sie richtet sich gegen den Abzug von Vermögenswerten, welche die Gesellschaft zur Erfüllung ihrer Verbindlichkeiten benötigt, und betrifft somit einen Teilbereich der richterlich entwickelten **Haftung wegen Existenzvernichtung.** Während diese nach der Rspr. des BGH allerdings nur bei Vorsatz greift, genügt für die Erstattungspflicht nach § 15b Abs. 5 InsO/§ 64 S. 3 aF bereits einfache Fahrlässigkeit. Dafür setzt der Gesetzgeber aber nicht beim Gesellschafter als Empfänger der Leistung an, sondern nimmt ausschließlich den Geschäftsführer in den Blick, der die Zahlung an den Gesellschafter veranlasst hat. Liegen die Voraussetzungen für eine Existenzvernichtungshaftung des Gesellschafters vor, so kann es sein, dass den Geschäftsführer neben der Verantwortlichkeit nach § 15b Abs. 5 InsO/§ 64 S. 3 aF auch eine als Teilnehmer nach § 830 BGB trifft. Eine abschließende Regelung der Existenzvernichtungshaftung ist mit der gesetzlichen Neuregelung nicht verbunden, der weiteren Rechtsfortbildung soll keineswegs vorgegriffen werden.[756] Wie die auf der Grundlage von § 826 BGB entwickelte Gesellschafterhaftung ist § 15b Abs. 5 InsO/§ 64 S. 3 aF aber als **Ausnahmetatbestand** konzipiert, was bei der konkreten Normanwendung zu beherzigen ist.[757] Tendenzen zur extensiven Ausweitung der Haftung muss hier wie dort entschieden begegnet werden. Allerdings ist es auch nicht überzeugend, der neuen Regelung jede Legitimation abzusprechen und ihr einen relevanten Anwendungsbereich zu verweigern.[758] Zur sachgerechten Bekämpfung von Missbräuchen im Vorfeld der Insolvenz hat sie durchaus ihre Berechtigung.

239   Ein Geschäftsführer, der durch Auszahlungen an die Gesellschafter die Insolvenz verursacht, dürfte zumeist auch nach **§ 43 Abs. 1, 2** ersatzpflichtig sein.[759] Doch muss die Gesell-

---

[753]   Begr. RegE MoMiG, BT-Drs. 16/6140, 46; zum Solvenztest allgemein *Liewald,* Gläubigerschutz in der Kapitalgesellschaft durch Solvenzkontrolle, 2008, 67 ff.; *Arnold* Der Konzern 2007, 118 (120 ff.); *Engert* ZHR 170 (2007), 296 (318 ff.); *Jungmann* ZGR 2006, 638 (647 ff.).

[754]   Für eine analoge Anwendung von § 31 aber *Strohn* ZHR 173 (2009), 589 (594 f.), obwohl der erweiterte § 64 aF sich bewusst nur an die Geschäftsleiter richtet, s. Begr. RegE MoMiG, BT-Drs. 16/6140, 46.

[755]   Begr. RegE MoMiG, BT-Drs. 16/6140, 46.

[756]   Begr. RegE MoMiG, BT-Drs. 16/6140, 46; BGH Urt. v. 31.7.2009 – 2 StR 95/09, NZG 2009, 1152 Rn. 29; *Henzler,* Haftung der GmbH-Gesellschafter wegen Existenzvernichtung, 2008, 134.

[757]   S. Begr. RegE MoMiG, BT-Drs. 16/6140, 47: „Erweiterung der Haftung der Geschäftsführer ist nur mit Vorsicht und ,Zurückhaltung vorzunehmen" und „Regelung ist in ihrem Anwendungsbereich eng begrenzt"; die Neuregelung generell abl. *Poertzgen* NZI 2007, 15.

[758]   So aber insbesondere *Altmeppen* FS Hüffer, 2010, 1 ff.; *Altmeppen* ZIP 2013, 801.

[759]   *Altmeppen* Rn. 79.

schaft bzw. der Insolvenzverwalter dort einen konkreten Vermögensschaden darlegen, während der Anspruch nach § 15b Abs. 5 InsO/§ 64 S. 3 aF auf Erstattung der einzelnen Zahlungen gerichtet und insofern viel einfacher durchzusetzen ist (zur Rechtsnatur → Rn. 160 ff.). Nach neuem Recht kann der Geschäftsleiter allerdings einwenden, dass den Gläubigern ein geringerer Gesamtschaden entstanden ist als die Summe der einzelnen Zahlungen (→ Rn. 220 ff.).

3. Auslandsgesellschaften. Da die Haftung nach § 15b Abs. 5 InsO (früher § 64 S. 3) **240** voraussetzt, dass Zahlungsunfähigkeit eingetreten ist, gehört sie zum **materiellen Insolvenzrecht** und erstreckt sich damit gem. Art. 3, 7 EuInsVO auf die Geschäftsleiter von Gesellschaften ausländischer Rechtsform mit Verwaltungssitz im Inland.[760] Dies gilt auch für Gesellschaften aus Drittstaaten. Bedeutung hat dies für die in Deutschland tätige englische *private company limited by shares.* Für sie bleibt es auch nach dem Brexit bei der Anwendbarkeit des deutschen Insolvenzrechts als lex fori concursus.[761] Nach section 214 Insolvency Act 1986 haftet der *director* gegenüber der Gesellschaft wegen wrongful trading, wenn er vor Beginn des Abwicklungsverfahrens erkannt hat oder hätte erkennen müssen, dass es keine vernünftige Aussicht gibt, die Gesellschaft erfolgreich weiterzuführen, und nicht jede vernünftigerweise zu erwartende Maßnahme getroffen hat, den Gläubigernachteil zu minimieren.[762] Da diese Norm ebenfalls insolvenzrechtlich zu qualifizieren ist und daher auf Gesellschaften, deren tatsächlicher Schwerpunkt ihrer Interessen *(center of main interest)* nicht im Vereinigten Königreich liegt, keine Anwendung findet, schließt § 15b Abs. 5 InsO/§ 64 S. 3 aF daher eine empfindliche Schutzlücke.[763]

II. Zahlungsbegriff

1. Maßgeblichkeit der zu § 64 S. 1 aF entwickelten Grundsätze. Es gilt der **weite** **241** **Zahlungsbegriff** des § 15b Abs. 1 S. 1 InsO/§ 64 S. 1 aF (→ Rn. 168 ff.), der grds. jeden das Aktivvermögen der der Gesellschaft mindernden Abfluss erfasst.[764] Eine Begrenzung auf liquide oder kurzfristig liquidierbare Mittel[765] ist nicht veranlasst. Allerdings wird es bei fehlender Liquidierbarkeit des veräußerten Gegenstands in der Regel an der Kausalität für die später eingetretene Zahlungsunfähigkeit fehlen.[766] Bereits die Bestellung einer **dinglichen Sicherheit** zugunsten des Gesellschafters ist eine Zahlung, da die Gesellschaft sich durch Weggabe oder Belastung von Vermögensgegenständen der Möglichkeit begibt, sich durch Verwertung des Gegenstands Zahlungsmittel zu verschaffen.[767] Die Abgabe einer Bürgschafts- oder Garantieerklärung begründet hingegen lediglich eine schuldrechtliche

---

[760] Begr. RegE MoMiG, BT-Drs. 16/6140, 47; *Lorys,* Die Insolvenzverursachungshaftung gemäß § 64 Satz 3 GmbHG als Ausschüttungssperre nach dem Vorbild des Wrongful Trading, 2016, 227 ff.; *Hirte* ZInsO 2008, 689 (698); *Jost* ZInsO 2014, 2471 (2472 f.); *Altmeppen* Rn. 66; *Noack/Servatius/Haas/Haas* Rn. 82; HK-GmbHG/*Kolmann* Rn. 88; HCL/*Casper* Anh. § 62 Rn. 48; zweifelnd *Goette* in Goette/Habersack MoMiG Rn. 9.43; Scholz/*Bitter* Rn. 232; einschr. für EU-Auslandsgesellschaften *Poertzgen/Meyer* ZInsO 2012, 249 (251).

[761] *Mankowski* EuZW-Sonderausgabe 1/2020, 3 (12).

[762] Dazu rechtsvergleichend *Hanke,* Grundlagen und Grenzen der Geschäftsleiterhaftung in Deutschland und England, 2008, 305 ff.; *Habersack/Verse* ZHR 168 (2004), 174.

[763] Bedenken im Hinblick auf die Niederlassungsfreiheit (Art. 49, 54 AEUV, ex Art. 43, 48 EG) aber bei *Greulich/Bunnemann* NZG 2006, 681 (683).

[764] *Jost* ZInsO 2014, 2471 (2474); *Schluck-Amend* FS Hommelhoff, 2012, 961 (970); Bork/Schäfer/*Bork* Rn. 49 f.; Scholz/*Bitter* Rn. 235; HCL/*Casper* Anh. § 62 Rn. 190.

[765] Rowedder/Schmidt-Leithoff/*Schmidt-Leithoff/Schneider* Rn. 63; vermittelnd *Lorys,* Die Insolvenzverursachungshaftung gemäß § 64 Satz 3 GmbHG als Ausschüttungssperre nach dem Vorbild des Wrongful Trading, 2016, 242 ff.

[766] HCL/*Casper* Anh. § 62 Rn. 190.

[767] *Cahn* Der Konzern 2009, 7 (10); Scholz/*Bitter* Rn. 235; hingegen auf die Wahrscheinlichkeit der Inanspruchnahme abstellend *Greulich/Bunnemann* NZG 2006, 681 (684); *Niesert/Hohler* NZI 2009, 345 (349); *Knof* DStR 2007, 1536 (1538); Bork/Schäfer/*Bork* Rn. 50; Lutter/Hommelhoff/*Kleindiek* Rn. 51; HCL/*Casper* Anh. § 62 Rn. 190; *Wicke* Rn. 27; zum Parallelproblem bei der Kapitalerhaltung → § 30 Rn. 136 ff.; anders im Sinne eines „betriebsorientierten" Liquiditätsverständnisses *Brand* ZIP 2013, 1010 (1011 ff.).

Verbindlichkeit, was auch im Rahmen von § 15b Abs. 5 InsO/§ 64 S. 3 aF nicht ausreicht.[768] Ebenso wenig fällt unter den Begriff der Zahlung die unterlassene Geltendmachung von Forderungen (→ Rn. 171).[769] Schutzlücken ergeben sich hieraus nicht, da regelmäßig der Tatbestand des § 43 Abs. 2 erfüllt sein dürfte.

242   **Gegenleistungen** sind zu berücksichtigen. Erhält die Gesellschaft für die von ihr erbrachte Leistung einen zugunsten der Gesamtheit der Gläubiger verwertbaren Vermögensgegenstand, so schließt dies bereits tatbestandlich eine Zahlung aus bzw. mindert deren zu erstattenden Wert.[770] Im Hinblick auf den speziellen, auf Erhaltung der Liquidität der Gesellschaft gerichteten Schutzzweck der Insolvenzverursachungshaftung können allerdings nur solche Vermögenswerte angerechnet werden, die sich kurzfristig durch Veräußerung oder Beleihung zu Geld machen lassen.[771]

243   **2. Keine bilanzielle Betrachtungsweise.** § 15b Abs. 5 InsO/§ 64 S. 3 aF erfasst auch Zahlungen, durch die das **Stammkapital** nicht angetastet wird. So liegt zwar in der Gewährung eines Kredits an einen Gesellschafter bei bilanzieller Sichtweise kein Verstoß gegen die Vermögensbindung vor, wenn, wie § 30 Abs. 1 S. 2 klarstellt, der Rückzahlungsanspruch vollwertig ist (→ § 30 Rn. 241). Gleichwohl kann die Valutierung des Darlehens gegen das Zahlungsverbot des § 15b Abs. 5 InsO/§ 64 S. 3 aF verstoßen, wenn dadurch der Gesellschaft während der Laufzeit notwendige Liquidität entzogen wird.[772] Die Vorschrift kann umgekehrt auch der bilanziell ergebnisneutralen Rückgewähr eines von dem Gesellschafter gewährten Darlehens (§ 30 Abs. 1 S. 3) entgegenstehen.[773] Ebenfalls kein Fall des § 30, wohl aber einer des § 15b Abs. 5 InsO/§ 64 S. 3 aF ist es, wenn der Gesellschafter ein Grundstück zum Buchwert erwirbt, das dann als Verkaufs- oder Beleihungsobjekt zum viel höheren Verkehrswert nicht mehr zur Verfügung steht.

244   **3. Zurechnung.** Zuzurechnen sind den Geschäftsführern bzw. Liquidatoren als **Adressaten des Zahlungsverbots** sowohl Zahlungen, die sie selbst vorgenommen oder angeordnet haben, als auch solche, die sie bei hinreichender Sorgfalt hätten verhindern können (→ Rn. 168). Es genügt daher, dass die Geschäftsführer den weiteren Abfluss von Mitteln im Rahmen eines konzerninternen Cash-Pool-Systems trotz Bedrohung der eigenen Liquidität nicht unterbinden.[774] An der Veranlassung durch die Geschäftsleiter fehlt es aber typischerweise, wenn der Gesellschafter die Gesellschaft bestiehlt oder Geld unterschlägt.

III. Gesellschafter als Zahlungsempfänger

245   Anders als nach dem Grundtatbestand des § 15b Abs. 1 S. 1 InsO/§ 64 S. 1 aF kommen nach § 15b Abs. 5 InsO/§ 64 S. 3 aF grundsätzlich nur **Gesellschafter** als Empfänger der Zahlung in Betracht. Ein bestimmtes Quorum ist nicht erforderlich.[775] Der Gesetzge-

---

[768] *Perlick,* Die Insolvenzverursachungshaftung nach § 64 S. 3 GmbHG, 2014, 50; *Schall,* Kapitalgesellschaftsrechtlicher Gläubigerschutz, 2009, 198 f.; anders jedoch *Lorys,* Die Insolvenzverursachungshaftung gemäß § 64 Satz 3 GmbHG als Ausschüttungssperre nach dem Vorbild des Wrongful Trading, 2016, 248 ff.; *Cahn* Der Konzern 2009, 7 (9 f.).
[769] AA *Greulich/Bunnemann* NZG 2006, 681 (684); *Poertzgen/Meyer* ZInsO 2012, 249 (252); Noack/Servatius/Haas/*Haas* Rn. 193; Bork/Schäfer/*Bork* Rn. 50; einschr. HCL/*Casper* Anh. § 62 Rn. 190.
[770] Begr. RegE MoMiG, BT-Drs. 16/6140, 46; *Perlick,* Die Insolvenzverursachungshaftung nach § 64 S. 3 GmbHG, 2014, 54 f.; *Cahn* Der Konzern 2009, 7 (8); *Greulich/Rau* NZG 2008, 284 (287); *Meyer* BB 2008, 1742 (1746); *Poertzgen/Meyer* ZInsO 2012, 249 (252); Bork/Schäfer/*Bork* Rn. 56; Lutter/Hommelhoff/*Kleindiek* Rn. 51; HCL/*Casper* Anh. § 62 Rn. 190 für eine Berücksichtigung beim Kausalverlauf *Lorys,* Die Insolvenzverursachungshaftung gemäß § 64 Satz 3 GmbHG als Ausschüttungssperre nach dem Vorbild des Wrongful Trading, 2016, 290 ff.
[771] Noack/Servatius/Haas/*Haas* Rn. 205; HK-GmbHG/*Kolmann* Rn. 101. Die dort aufgeführten Beispiele „selbstverzehrender" Vermögenswerte wie etwa Gebrauchsüberlassungen sind aber auch im Rahmen von § 15b Abs. 1 InsO nicht als Kompensation anzuerkennen (→ Rn. 175).
[772] *Schall,* Kapitalgesellschaftsrechtlicher Gläubigerschutz, 2009, 196; *K. Schmidt* GmbHR 2008, 449 (453).
[773] *K. Schmidt* GmbHR 2008, 449 (454 f.).
[774] *Greulich/Rau* NZG 2008, 284 (287); *Klein* ZIP 2017, 258 (268).
[775] *Perlick,* Die Insolvenzverursachungshaftung nach § 64 S. 3 GmbHG, 2014, 55 f.; *K. Schmidt* in K. Schmidt/Uhlenbruck Sanierung Rn. 11.160; Scholz/*Bitter* Rn. 237; HCL/*Casper* Anh. § 62 Rn. 192.

ber hat auf ein Kleinbeteiligungsprivileg entsprechend § 39 Abs. 5 InsO (früher § 32a Abs. 3 S. 2) verzichtet, da der Empfänger der Leistung hier nicht zur Verantwortung herangezogen wird. Auch kommt es im Unterschied zu § 30 nicht darauf an, ob die Leistung mitgliedschaftlich veranlasst ist (→ § 30 Rn. 145 f.) oder in Ausführung eines Verkehrsgeschäfts erfolgt.[776] Eine Beschränkung auf Leistungen causa societate würde die neue Vorschrift auf ein Ausschüttungsverbot reduzieren. Dies entspricht aber nicht der Intention des Gesetzgebers, der mit der Regelung insbesondere auch einen Schutz gegen die Rückgewähr von Darlehen im Vorfeld der Insolvenz schaffen wollte.[777] Liquiditätsschutz genießt die GmbH grundsätzlich im Hinblick auf alle Zahlungen an ihre Gesellschafter ohne Rücksicht auf den Rechtsgrund. Für die Gesellschaftereigenschaft ist auf die Verhältnisse im Zeitpunkt der Auszahlung abzuheben.[778] Wie im Rahmen von § 30 genügt es allerdings, dass die Zahlung an einen ausgeschiedenen Gesellschafter erfolgt, sofern dieser im Zeitpunkt der Begründung der Verbindlichkeit noch Anteilsinhaber war.[779] Auf künftige Gesellschafter ist § 15b Abs. 5 InsO/§ 64 S. 3 aF anzuwenden, wenn zwischen der Leistung und dem Erwerb der Anteile ein enger zeitlicher und sachlicher Zusammenhang besteht (so zB beim sog. Leveraged Buyout).[780] Ausreichend ist auch die Zahlung an eine zur Hinterlegung iSv § 372 BGB bestimmten Stelle zugunsten eines Gesellschafters.[781]

Leistungen an einen Vertreter des Gesellschafters oder einen für Rechnung des Gesell- **246** schafters handelnden **Dritten** sind diesem zuzurechnen.[782] Ferner kann ein persönliches oder wirtschaftliches **Näheverhältnis** zu dem Gesellschafter die Einbeziehung rechtfertigen, namentlich bei nahen Angehörigen, und verbundenen Unternehmen.[783] Nach Sinn und Zweck gilt das Verbot für Leistungen an eine juristische Person oder Personengesellschaft, die von einem Gesellschafter oder mehreren Gesellschaftern der GmbH gemeinsam beherrscht wird.[784] Denn dann haben diese Gesellschafter die Möglichkeit, über das Empfangene wirtschaftlich zu disponieren. Wer einen Geschäftsanteil treuhänderisch hält, ist als Gesellschafter ohnehin von § 15b Abs. 5 InsO/§ 64 S. 3 aF erfasst. Aber auch Zahlungen an den Hintermann können die Erstattungspflicht nach der Vorschrift auslösen. Wie Gesellschafter zu behandeln sind überdies der Nießbraucher, der Pfandgläubiger, wenn er maßgeblich auf die Geschicke der Gesellschaft einwirken kann, sowie ein atypischer stiller Gesellschafter mit entsprechendem Einfluss. Zu alledem sinngemäß → § 30 Rn. 152 ff.

IV. Privilegierte Zahlungen

Fraglich ist, ob die Privilegierung des § 64 S. 2 (heute § 15b Abs. 1 S. 2 InsO) auch **247** für die Insolvenzverursachungshaftung gilt. § 64 S. 3 (heute § 15b Abs. 5 S. 1 InsO) verweist auf sie nur hinsichtlich der Erkennbarkeit der bevorstehenden Illiquidität. Gleichwohl muss dem Geschäftsführer der Einwand erlaubt sein, dass die Zahlung trotz der sich abzeichnen-

---

[776] *Lorys,* Die Insolvenzverursachungshaftung gemäß § 64 Satz 3 GmbHG als Ausschüttungssperre nach dem Vorbild des Wrongful Trading, 2016, 270 f.; Lutter/Hommelhoff/*Kleindiek* Rn. 52; HK-GmbHG/ *Kolmann* Rn. 98; anders aber *Altmeppen* Rn. 83.

[777] Begr. RegE MoMiG, BT-Drs. 16/6140, 42.

[778] *Cahn* Der Konzern 2009, 7 (8); HCL/*Casper* Anh. § 62 Rn. 192.

[779] Noack/Servatius/Haas/*Haas* Rn. 194; HCL/*Casper* Anh. § 62 Rn. 192.

[780] *Cahn* Der Konzern 2009, 7 (12).

[781] BGH Urt. v. 9.10.2012 – II ZR 298/11, BGHZ 195, 42 Rn. 18 = NZG 2012, 1379.

[782] *Gehrlein* in Kölner Schrift zur Insolvenzordnung, 3. Aufl. 2009, 825 Rn. 74; *Schall,* Kapitalgesellschaftsrechtlicher Gläubigerschutz, 2009, 197; *K. Schmidt* in K. Schmidt/Uhlenbruck Sanierung Rn. 11.160; Noack/Servatius/Haas/*Haas* Rn. 194; HCL/*Casper* Anh. § 62 Rn. 192.

[783] *Perlick,* Die Insolvenzverursachungshaftung nach § 64 S. 3 GmbHG, 2014, 56 f.; *Schall,* Kapitalgesellschaftsrechtlicher Gläubigerschutz, 2009, 196 f.; *Bitter/Baschnagel* ZInsO 2018, 557 (595 f.); *Greulich/ Bunnemann* NZG 2006, 681 (685); *Niesert/Hohler* NZI 2009, 345 (349); *Poertzgen/Meyer* ZInsO 2012, 249 (255); Noack/Servatius/Haas/*Haas* Rn. 194; Lutter/Hommelhoff/*Kleindiek* Rn. 53; Scholz/*Bitter* Rn. 237.

[784] Vgl. OLG Hamburg Urt. v. 6.7.2018 – 11 U 86/17, BeckRS 2018, 44334 Rn. 49 ff.

den Illiquidität mit der Sorgfalt eines **ordentlichen Geschäftsmanns** vereinbar ist.[785] Das ergibt sich aus einem Erst-recht-Schluss: Wenn der Geschäftsführer auch noch nach Eintritt von Zahlungsunfähigkeit und Überschuldung zur Aufrechterhaltung des Geschäftsbetriebs notwendige Leistungen – auch an Gesellschafter – vornehmen darf, muss ihm dies im Vorfeld der Insolvenz ebenfalls möglich sein. Für das Vorliegen des Ausnahmetatbestands des § 15b Abs. 1 S. 2 InsO/§ 64 S. 2 aF trägt er aber die Darlegungs- und Beweislast. Oftmals wird es hier wegen der zu berücksichtigenden Gegenleistung schon am Merkmal der Zahlung fehlen. Bedeutung hat die Einschränkung der Haftung aber für Leistungen der Gesellschaft, für die ihr im Gegenzug keine unmittelbar verwertbaren Vermögensgegenstände zufließen. So kann die Bezahlung von IT-Serviceleistungen innerhalb des Konzerns zu Marktpreisen gerechtfertigt sein. Auch ist die Auszahlung der Bezüge des Gesellschafter-Geschäftsführers erlaubt, sofern diese der Höhe nach angemessen sind (→ Rn. 189 ff.).

V. Zahlungsunfähigkeit

248   Folge der durch den Geschäftsführer veranlassten Leistung muss die **Zahlungsunfähigkeit iSv § 17 InsO** sein. Es genügt nach dem eindeutigen Wortlaut des § 15b Abs. 5 InsO/§ 64 S. 3 aF nicht, dass Überschuldung (§ 19 InsO) eingetreten ist.[786] Das ist auch folgerichtig, weil nur Zahlungen, nicht aber die Eingehung von Verbindlichkeiten haftungsbegründend sind. Die Vorschrift schützt die Gesellschaft nur vor drohendem Liquiditätsentzug. Überdies muss man sehen, dass der Eröffnungsgrund der Überschuldung der Zahlungsunfähigkeit regelmäßig vorgelagert ist. Seine Einbeziehung würde daher die ohnehin schon nicht unproblematische Haftung über Gebühr ausdehnen.

249   Fraglich ist, ob bei der Prüfung der Zahlungsunfähigkeit **Gesellschafterforderungen** zu berücksichtigen sind. Dagegen spricht, dass sich sonst der Geschäftsführer regelmäßig darauf berufen kann, dass er mit seiner Leistung an den Gesellschafter den Liquiditätsstatus der Gesellschaft gar nicht verschlechtert habe. Denn mit dem Mittelabfluss geht gleichzeitig eine Verringerung der relevanten Verbindlichkeiten einher. Um dem neuen Haftungstatbestand einen sinnvollen Anwendungsbereich zu erhalten, ist daher im Schrifttum vorgeschlagen worden, bei der Prüfung der künftigen Zahlungsunfähigkeit auch nach allgemeinen Maßstäben fällige Forderungen der Gesellschafter auszublenden.[787] Dieser Ansicht hat der **BGH** jedoch eine Absage erteilt.[788] Die nach den Rechtsprechungsregeln zu § 30 Abs. 1 aF bestehende Durchsetzungssperre solle nicht für einen Teilbereich wieder eingeführt und dadurch die Insolvenzantragstellung tendenziell verschleppt werden. Die erweiternde Auslegung des § 64 S. 3 widerspreche auch der Regelungsabsicht des Gesetzgebers, der für die Vorschrift ausdrücklich nur einen begrenzten Anwendungsbereich vorgesehen habe. Theoretisch denkbar, aber vom BGH selbst als wenig praxisnah angesehen, ist die Konstellation, dass aufgrund der Zahlung die im Rahmen von § 17 InsO maßgebliche 10%-Schwelle überschritten wird und so aus einer unwesentlichen eine wesentliche Deckungslücke wird. Erfasst werden vor allem Zahlungen der Geschäftsführer an die Gesellschafter, denen gar keine oder jedenfalls keine fälligen und durchsetzbaren Forderungen gegen die Gesellschaft

---

[785] *Böcker/Poertzgen* WM 2007, 1203; HK-GmbHG/*Kolmann* Rn. 108 f.; aA *Perlick,* Die Insolvenzverursachungshaftung nach § 64 S. 3 GmbHG, 2014, 138 ff.; *Poertzgen/Meyer* ZInsO 2012, 249 (256 f.); Scholz/*Bitter* Rn. 247.

[786] *Lorys,* Die Insolvenzverursachungshaftung gemäß § 64 Satz 3 GmbHG als Ausschüttungssperre nach dem Vorbild des Wrongful Trading, 2016, 276 f.; *Perlick,* Die Insolvenzverursachungshaftung nach § 64 S. 3 GmbHG, 2014, 66 ff.; *Cahn* Der Konzern 2009, 7 (8); *K. Schmidt* in K. Schmidt/Uhlenbruck Sanierung Rn. 11.162; Noack/Servatius/Haas/*Haas* Rn. 195; Lutter/Hommelhoff/*Kleindiek* Rn. 54; Scholz/*Bitter* Rn. 239; anders aber *Casper* in Goette/Habersack MoMiG Rn. 6.44; HCL/*Casper* Anh. § 62 Rn. 198.

[787] S. 1. Aufl. 2011, Rn. 167; ferner *Dahl/Schmitz* NZG 2009, 567 (569 f.); *Spliedt* ZIP 2009, 149 (160).

[788] BGH Urt. v. 9.10.2012 – II ZR 298/11, BGHZ 195, 42 Rn. 10 ff. = NZG 2012, 1379; zust. *Lorys,* Die Insolvenzverursachungshaftung gemäß § 64 Satz 3 GmbHG als Ausschüttungssperre nach dem Vorbild des Wrongful Trading, 2016, 278 ff.; *Perlick,* Die Insolvenzverursachungshaftung nach § 64 S. 3 GmbHG, 2014, 98 ff.; *Böcker* DZWIR 2013, 403 (408); *Brand* NZG 2012, 1374 (1375); *Jost* ZInsO 2014, 2471 (2476); *Kleindiek* BB 2013, 19; *Nolting-Hauff/Greulich* GmbHR 2013, 169 (172); Scholz/*Bitter* Rn. 241.

zugrunde liegen. Dann greift aber normalerweise ohnehin die richterlich entwickelte Existenzvernichtungshaftung nach §§ 826, 830 BGB, sodass es der Ergänzung durch § 64 S. 3 kaum einmal bedarf. Der BGH nennt als dritte Fallgruppe, dass Kreditgeber die Begleichung einer Gesellschafterforderung zum Anlass nehmen, ihre eigenen Forderungen fällig zu stellen. Ist eine solche Reaktion sicher vorherzusehen, reicht die mittelbare Herbeiführung des Zusammenbruchs der Gesellschaft durch die Zahlung an den Gesellschafter für eine Zurechnung aus. Ob diese verbleibenden drei Anwendungsfälle ausreichen, um einen effektiven Gläubigerschutz im Vorfeld der Insolvenz zu verwirklichen, erscheint indes zweifelhaft. Von der Intention des Gesetzgebers des MoMiG, durch die neue Regelung eine gewisse Kompensation für die Beseitigung des Eigenkapitalersatzrechts zu schaffen,[789] bleibt nach der Judikatur des BGH jedenfalls wenig übrig.

Die Haftung der Geschäftsführer entfällt, wenn es der Gesellschaft gelingt, ihre Zah- **250** lungsfähigkeit **wiederherzustellen.**[790] Geltend gemacht werden kann der Anspruch nach § 15b Abs. 5 InsO/§ 64 S. 3 aF außerdem nur unter der Voraussetzung, dass die Zahlungsunfähigkeit zur Eröffnung eines Insolvenzverfahrens oder aber zur Ablehnung der Verfahrenseröffnung mangels Masse geführt hat (→ Rn. 232 f.).

VI. Zurechnungszusammenhang zwischen Zahlung und Zahlungsunfähigkeit

1. „Führen mussten". § 15b Abs. 5 InsO/§ 64 S. 3 aF fordert einen Zurechnungszu- **251** sammenhang zwischen den Zahlungen des Geschäftsführers und der Illiquidität der Gesellschaft. Daran fehlt es, wenn die Gesellschaft im Zeitpunkt der Zahlung bereits zahlungsunfähig war,[791] dann gilt vielmehr § 15b Abs. 1 InsO/§ 64 S. 1 aF (zur Abgrenzung → Rn. 236). Mindestvoraussetzung für die Zurechnung ist zunächst **Kausalität** im Sinne der **Äquivalenztheorie.** Diese erfordert lediglich, dass die Zahlung eine von mehreren Bedingungen für die spätere Zahlungsunfähigkeit gesetzt hat.[792] Durch das Merkmal **„führen mussten"** (im Referentenentwurf war lediglich von „herbeiführen" die Rede) hat der Gesetzgeber des MoMiG jedoch klargestellt, dass nicht jede Leistung gemeint ist, die ex post betrachtet zur Illiquidität der Gesellschaft beigetragen hat. Nach den Materialien muss sich vielmehr schon im Zeitpunkt der Zahlung klar abzeichnen, dass die Gesellschaft bei normalem Verlauf nicht mehr in der Lage sein wird, ihre Verbindlichkeiten erfüllen zu können. Außergewöhnliche Umstände, durch die eine Zahlungsunfähigkeit hätte vermieden werden können, mit deren Eintritt aber von vornherein realistischerweise nicht zu rechnen war, bleiben außer Betracht.[793]

Demnach ist zu fordern, dass sich der Entzug der Liquidität von Anbeginn an ganz deutlich **252** als „Weichenstellung ins Aus" darstellte[794] und ein objektiver Betrachter den Verlust der Zahlungsfähigkeit somit ex ante mit an **Sicherheit grenzender Wahrscheinlichkeit** vorhersagen konnte.[795] Die bloße Möglichkeit[796] oder auch die überwiegende Wahrscheinlichkeit[797] einer späteren Illiquidität genügt, selbst wenn sich dieses Risiko dann tatsächlich realisiert, nicht, weil

---

[789] Begr. RegE MoMiG, BT-Drs. 16/6140, 42.
[790] BGH Urt. v. 9.10.2012 – II ZR 298/11, BGHZ 195, 42 Rn. 18 = NZG 2012, 1379; *Böcker* DZWIR 2013, 403 (408); *Gehrlein* in Kölner Schrift zur Insolvenzordnung, 3. Aufl. 2009, 825 Rn. 77; *Hölzle* GmbHR 2007, 729 (732); *Poertzgen* GmbHR 2007, 1258 (1261 f.); *Poertzgen/Meyer* ZInsO 2012, 249 (256).
[791] BGH Urt. v. 9.10.2012 – II ZR 298/11, BGHZ 195, 42 Rn. 7 = NZG 2012, 1379.
[792] *Böcker/Poertzgen* WM 2007, 1203 (1207); Scholz/*Bitter* Rn. 240; HCL/*Casper* Anh. § 62 Rn. 199.
[793] Begr. RegE MoMiG, BT-Drs. 16/6140, 47.
[794] So bildhaft *Greulich/Rau* NZG 2008, 284 (288).
[795] Zutr. *Schall*, Kapitalgesellschaftsrechtlicher Gläubigerschutz, 2009, 201; *Cahn* Der Konzern 2009, 7 (13).
[796] *Casper* in Goette/Habersack MoMiG Rn. 6.47; HCL/*Casper* Anh. § 62 Rn. 201, der auf die Verschuldensebene korrigieren will.
[797] *Lorys,* Die Insolvenzverursachungshaftung gemäß § 64 Satz 3 GmbHG als Ausschüttungssperre nach dem Vorbild des Wrongful Trading, 2016, 326 ff.; *Perlick,* Die Insolvenzverursachungshaftung nach § 64 S. 3 GmbHG, 2014, 84 f.; *Gehrlein* in Kölner Schrift zur Insolvenzordnung, 3. Aufl. 2009, 825 Rn. 75; *Kleindiek* FS K. Schmidt, 2009, 893 (906 f.); *Knof* DStR 2007, 1536 (1540); *K. Schmidt* in K. Schmidt/Uhlenbruck Sanierung Rn. 11.162; Noack/Servatius/Haas/*Haas* Rn. 198; Bork/Schäfer/*Bork* Rn. 55; Lutter/Hommelhoff/*Kleindiek* Rn. 63; Scholz/*Bitter* Rn. 240; *Wicke* Rn. 29.

---

es dann an der vom Gesetzgeber geforderten Zwangsläufigkeit fehlt. „Führen konnte" ist eben nicht „führen musste". Ein enger zeitlicher Zusammenhang zwischen der Leistung an den Gesellschafter und dem Eintritt der Zahlungsunfähigkeit – etwa im Sinne einer Jahresfrist – ist hingegen nicht zwingend erforderlich.[798] Je größer der zeitliche Abstand ist, desto schwieriger wird jedoch der Nachweis sein, dass durch die Leistung an den Gesellschafter die spätere Illiquidität schon von vornherein vorprogrammiert war.

253   **2. Prognoseerfordernis.** Hat der Geschäftsführer Anlass für Zweifel an der nachhaltigen Solvenz der Gesellschaft, muss er vor Ausschüttungen an die Gesellschafter eine **Prognose** über die künftigen Zahlungsströme zumindest im laufenden und kommenden Geschäftsjahr anstellen.[799] Hierfür gilt im Ansatz dasselbe wie für die Fortführungsprognose nach §§ 18, 19 InsO.[800] Den vorhersehbaren Ausgaben sind die vorhandenen Zahlungsmittel und die zu erwartenden Zahlungseingänge periodisch geordnet gegenüberzustellen. Dabei kann angesichts der hohen Anforderungen an die Wahrscheinlichkeit einer Illiquidität im Zweifel von dem für die Gesellschaft günstigsten Szenario ausgegangen werden.

254   **3. Beweisfragen.** Die **Darlegungs- und Beweislast** für die Unausweichlichkeit der Zahlungsunfähigkeit obliegt im Prozess der Gesellschaft bzw. im Rahmen eines Insolvenzverfahrens dem Verwalter. Hat der Geschäftsleiter aber vor der Auszahlung pflichtwidrig keine Liquiditätsplanung vorgenommen oder diese nicht dokumentiert, kommen Erleichterungen der Beweisführung nach den Grundsätzen der sekundären Darlegungs- und Behauptungslast in Frage.[801] Als Faustformel kann ferner gelten, dass der Nachweis umso einfacher gelingen wird, je näher der zeitliche Zusammenhang zwischen Zahlung und Illiquidität und je bedeutender der verausgabte Betrag im Verhältnis zu den offenen Verbindlichkeiten ist. Eindeutig ist es, wenn die Ausschüttung an den Gesellschafter unmittelbar die Zahlungsunfähigkeit der Gesellschaft bewirkt.

VII. Verschulden

255   § 15b Abs. 5 S. 1 Hs. 2 InsO/§ 64 S. 3 Hs. 2 aF gibt dem Geschäftsführer eine Exkulpationsmöglichkeit, wenn die Voraussetzungen des Zahlungsverbots für ihn auch unter Anwendung der Sorgfalt eines ordentlichen Geschäftsmanns nicht erkennbar waren. Die Regelung hat nur klarstellende Bedeutung, da die Erstattungspflicht ohnehin Verschulden nach dem Maßstab des § 43 Abs. 1 erfordert (→ Rn. 203). Angesprochen sind Fälle, in denen der Geschäftsführer aufgrund besonderer Umstände die Unausweichlichkeit der Illiquidität nicht erkennen konnte.[802]

VIII. Rechtsfolgen

256   **1. Leistungsverweigerungsrecht.** § 15b Abs. 5 InsO/§ 64 S. 3 aF statuiert ein **zwingendes Zahlungsverbot** zum Schutz der Gesamtheit der Gläubiger, das folglich nicht zur

---

[798]   S. OLG Celle Urt. v. 9.5.2012 – 9 U 1/12, ZIP 2012, 2394 (2935): Haftung auch bei zeitlichem Abstand von 13 Monaten; ferner *Poertzgen/Meyer* ZInsO 2012, 249 (256); aA *Perlick*, Die Insolvenzverursachungshaftung nach § 64 S. 3 GmbHG, 2014, 84; Bork/Schäfer/*Bork* Rn. 53; HK-GmbHG/*Kolmann* Rn. 87; HCL/*Casper* Anh. § 62 Rn. 200.

[799]   OLG Celle Urt. v. 9.5.2012 – 9 U 1/12, ZIP 2012, 2394 (2936); *Gehrlein* in Kölner Schrift zur Insolvenzordnung, 3. Aufl. 2009, 825 Rn. 81; *Schall*, Kapitalgesellschaftsrechtlicher Gläubigerschutz, 2009, 204 f.; enger *Jost* ZInsO 2014, 2471 (2477); auf die Umstände des Einzelfalls abstellend *Lorys*, Die Insolvenzverursachungshaftung gemäß § 64 Satz 3 GmbHG als Ausschüttungssperre nach dem Vorbild des Wrongful Trading, 2016, 319 ff.

[800]   *Cahn* Der Konzern 2009, 7 (13); *Knof* DStR 2007, 1580; *Schluck-Amend* FS Hommelhoff, 2012, 961 (982 f.).

[801]   OLG Celle Urt. v. 9.5.2012 – 9 U 1/12, ZIP 2012, 2394 (2936); *Perlick*, Die Insolvenzverursachungshaftung nach § 64 S. 3 GmbHG, 2014, 142; *Gehrlein* in Kölner Schrift zur Insolvenzordnung, 3. Aufl. 2009, 825 Rn. 79, 81; *Greulich/Rau* NZG 2008, 284 (288 f.); *Kleindiek* FS K. Schmidt, 2009, 893 (907); *Knof* DStR 2007, 1580 (1585); *Poertzgen/Meyer* ZInsO 2012, 249 (257 f.); Bork/Schäfer/*Bork* Rn. 57; Lutter/Hommelhoff/*Kleindiek* Rn. 66; *Wicke* Rn. 32; weitergehend *Knof* DStR 2007, 1580 (1585).

[802]   Begr. RegE MoMiG, BT-Drs. 16/6140, 47.

Disposition der Gesellschafter steht. Der Geschäftsführer ist berechtigt und verpflichtet, die von ihm geforderte Leistung zu verweigern. Eine Weisung der Gesellschafter, gleichwohl Zahlungen an sie vorzunehmen, ist nichtig.[803] Dementsprechend schneidet § 43 Abs. 3, auf den § 64 S. 4 aF verweist (nunmehr § 15b Abs. 4 S. 3, Abs. 5 S. 2 InsO), dem Geschäftsführer den Einwand ab, er habe aufgrund eines Beschlusses der Gesellschafter gehandelt. Begehrlichkeiten der Anteilseigner muss der Geschäftsführer standhalten und, wenn der Druck zu stark wird, zur Vermeidung einer eigenen Haftung von seinem Amt zurücktreten.[804] Anders als das Zahlungsverbot nach § 15b Abs. 1 S. 1 InsO/§ 64 S. 1 aF steht das nach § 15b Abs. 5 InsO/§ 64 S. 3 aF der Durchsetzung des Anspruchs durch den jeweiligen Gläubiger entgegen. Es begründet wie § 30 eine materiellrechtliche Einwendung der Gesellschaft im Sinne eines Leistungsverweigerungsrechts.[805] Es wäre widersprüchlich, wenn die GmbH zur Zahlung verpflichtet wäre, ihr organschaftlicher Vertreter aber entsprechende Leistungen erstatten müsste. Anders als im Rahmen von § 15b Abs. 1, 4 InsO/§ 64 S. 1 aF könnte er sich aus einer solchen Zwangslage auch nicht ohne Weiteres durch Stellung eines Insolvenzantrags befreien, da der Antrag nach § 18 InsO bei lediglich drohender Zahlungsunfähigkeit – anders als der nach §§ 15, 15a InsO bei bereits eingetretener Insolvenzreife – nur von Geschäftsführern in vertretungsbefugter Zahl gestellt werden kann und er im Übrigen im Innenverhältnis verpflichtet ist, die vorherige Zustimmung der Gesellschafter einzuholen (→ Rn. 58). Die Geschäftsführer sind gehalten, Maßnahmen zur Sanierung einzuleiten, damit die Zahlungen an die Gesellschafter wieder aufgenommen werden können. Diesen bleibt es wiederum unbenommen, die Liquidation nach §§ 66 ff. einzuleiten.

2. Erstattung von Zahlungen. Der Anspruch nach § 64 S. 3 aF ist wie der nach § 64 **257** S. 1 aF nicht auf Schadensersatz, sondern auf Erstattung der geleisteten Zahlungen gerichtet. Es handelt sich um einen Ersatzanspruch eigener Art. Durch § 15b Abs. 4 S. 2 InsO wird der Umfang des Anspruchs aber nunmehr auf den Gesamtgläubigerschutz beschränkt (→ Rn. 220 ff.). **Verpflichtet** sind allein die (faktischen) Geschäftsführer bzw. Liquidatoren der Gesellschaft, welche die verbotswidrigen Zahlungen schuldhaft veranlasst haben. Eine Teilnahme Dritter an der Verwirklichung dieses Sondertatbestands kommt nicht in Betracht (→ Rn. 160). Die Geltendmachung des Anspruchs setzt voraus, dass das Insolvenzverfahren eröffnet oder ein Eröffnungsantrag mangels Masse nach § 26 InsO abgelehnt wurde (→ Rn. 232 f., → Rn. 250). Zum Inhalt des Anspruchs → Rn. 213 ff., zu Vergleich, Verzicht und Verjährung → Rn. 227, 230 f., zum Verhältnis zu anderen Ansprüchen → Rn. 237 ff.

H. Haftung für die Verletzung der Insolvenzantragspflicht

I. § 15a InsO als Schutzgesetz

Die Regelung der Insolvenzantragspflicht ist **Schutzgesetz iSd § 823 Abs. 2 BGB 258** zugunsten der Gläubiger, sodass diesen ein eigener Schadensersatzanspruch bei vorsätzlicher

---

[803] BGH Urt. v. 9.10.2012 – II ZR 298/11, BGHZ 195, 42 Rn. 18 = NZG 2012, 1379; *Perlick,* Die Insolvenzverursachungshaftung nach § 64 S. 3 GmbHG, 2014, 140 f.; *Ihrig* DStR 2007, 1170 (1172); *K. Schmidt* in K. Schmidt/Uhlenbruck Sanierung Rn. 11.164.

[804] Begr. RegE MoMiG, BT-Drs. 16/6140, 47; *Poertzgen/Meyer* ZInsO 2012, 249 (257); krit. dazu *K. Schmidt* GmbHR 2008, 449 (455).

[805] BGH Urt. v. 9.10.2012 – II ZR 298/11, BGHZ 195, 42 Rn. 18 = NZG 2012, 1379; *Lorys,* Die Insolvenzverursachungshaftung gemäß § 64 Satz 3 GmbHG als Ausschüttungssperre nach dem Vorbild des Wrongful Trading, 2016, 337 ff.; *Perlick,* Die Insolvenzverursachungshaftung nach § 64 S. 3 GmbHG, 2014, 90 ff.; *Böcker* DZWIR 2013, 403 (409); *Brand* NZG 2012, 1374 (1375); *Dahl/Schmitz* NZG 2009, 567 (569 f.); *Desch* BB 2010, 2586 (2589 f.); *Gehrlein* in Kölner Schrift zur Insolvenzordnung, 3. Aufl. 2009, 825 Rn. 74; *Hölzle* GmbHR 2007, 729 (731 f.); *Ihrig* DStR 2007, 1170 (1172); *Jost* ZInsO 2014, 2471 (2475); *Poertzgen/Meyer* ZInsO 2012, 249 (252 ff.); *Nolting-Hauff/Greulich* GmbHR 2013, 169 (173); *K. Schmidt* in K. Schmidt/Uhlenbruck Sanierung Rn. 11.164; *Spliedt* ZIP 2009, 149 (160); HCL/ *Casper* Anh. § 62 Rn. 197; aA OLG München Urt. v. 6.5.2010 – 23 U 1564/10, ZIP 2010, 1236 (1237), Urt. v. 22.12.2010 – 7 U 4960/10, ZIP 2011, 225 (226); *Haas* NZG 2013, 41 (44 ff.); *Schluck-Amend* FS Hommelhoff, 2012, 961 (979 ff.); Noack/Servatius/Haas/*Haas* Rn. 208; Bork/Schäfer/*Bork* Rn. 65; HK-GmbHG/*Kolmann* Rn. 110; Scholz/*Bitter* Rn. 245.

oder auch nur fahrlässiger Verletzung dieser Pflicht zusteht. Dies war seit der Leitentscheidung BGHZ 29, 100[806] zu § 64 Abs. 1 aF weithin anerkannt[807] und gilt unverändert für die Nachfolgevorschrift des § 15a InsO.[808]

259   Dass die möglichst frühzeitige Einleitung des Insolvenzverfahrens über das Vermögen einer Gesellschaft mit beschränktem Haftungsfonds dem Schutz der Gläubiger dient, lässt sich ernsthaft nicht bestreiten (→ Rn. 64). Die vereinzelt vorgebrachte These, die in § 64 S. 1 aF (§ 15b Abs. 4 InsO) vorgesehene Binnenhaftung gegenüber der Gesellschaft enthalte eine abschließende Regelung der Insolvenzverschleppungshaftung,[809] vermag schon deshalb nicht zu überzeugen, weil hier an Zahlungen nach Insolvenzreife, nicht aber an die Verletzung der Antragspflicht angeknüpft wird. Überdies hat die auf Art. 241 Abs. 3 S. 2 ADHGB 1884 zurückgehende Norm ihren Ursprung in einer Zeit, als es eine allgemeine Haftung wegen Schutzgesetzverletzung iSd § 823 Abs. 2 BGB noch gar nicht gab.[810] Wer über § 64 S. 1 aF (heute § 15b Abs. 4 InsO) sämtliche auf die Insolvenzverschleppung zurückzuführenden Verluste der Gläubiger liquidieren will, sieht sich im Übrigen gezwungen, unter „Zahlungen" auch die Begründung von Verbindlichkeiten zu fassen, was mit Wortlaut und Systematik der Vorschrift nicht zu vereinbaren ist (→ Rn. 171).

260   Von dem herkömmlichen **zweispurigen System** der Insolvenzverschleppungshaftung ist auch nach der Neuregelung durch das SanInsFoG auszugehen. Der Gesetzgeber hat zwar die als zu hart empfundene, strikte Erstattungspflicht des § 64 S. 1 aF begrenzt auf den durch die verbotswidrigen Zahlungen verursachten Gesamtschaden (§ 15b Abs. 4 S. 2 InsO). Das ändert aber nichts daran, dass den Geschäftsleiter bei Insolvenzreife zwei in der Sache deutlich unterscheidbare Verhaltenspflichten treffen, nämlich das Gebot unverzüglicher Insolvenzantragstellung und das Zahlungsverbot. Diese in unterschiedlichen Normen geregelten Pflichten in einem einheitlichen Haftungstatbestand aufgehen zu lassen, würde vom Gesetzgeber offenbar gewollte Unterschiede einebnen. Schadensersatz für die Verletzung der Insolvenzantragspflicht kann also nicht über § 15 Abs. 4 InsO, sondern allein nach § 823 Abs. 2 BGB iVm § 15a InsO liquidiert werden.

---

[806] BGH Urt. v. 16.12.1958 – VI ZR 245/57, BGHZ 29, 100 = NJW 1959, 623.

[807] S. nur BGH Urt. v. 26.6.1989 – II ZR 289/88, BGHZ 108, 134 (136) = NJW 1989, 3277; Urt. v. 6.6.1994 – II ZR 292/91, BGHZ 126, 181 (190) = NJW 1994, 2220; Urt. v. 30.3.1998 – II ZR 146/96, BGHZ 138, 211 (214) = NJW 1998, 2667; Urt. v. 5.2.2007 – II ZR 234/05, BGHZ 171, 46 Rn. 8 = NZG 2007, 347; *Haas,* Geschäftsführerhaftung und Gläubigerschutz, 1997, 97 ff.; *Höffner,* Zivilrechtliche Haftung und strafrechtliche Verantwortung des GmbH-Geschäftsführers bei Insolvenzverschleppung, 2003, 42 ff.; *Poertzgen,* Organhaftung wegen Insolvenzverschleppung, 2006, 246 ff.; *Schulze-Osterloh* FS Lutter, 2000, 707 ff.; *Verse* ZHR 168 (2006), 398 (414 f.); HCL/*Casper* Anh. § 62 Rn. 207; anders noch RG Urt. v. 4.2.1910 – Rep. II 255/09, RGZ 73, 30 (33 ff.); *Brodmann* Anm. 1c; ferner *Altmeppen* ZIP 2001, 2201 (2205 f.); *Altmeppen/Wilhelm* NJW 1999, 673.

[808] BGH Urt. v. 19.11.2019 – II ZR 53/18, NZG 2020, 260 Rn. 15; Urt. v. 19.11.2019 – II ZR 53/18, NZI 2020, 167 Rn. 15; Urt. v. 22.10.2013 – II ZR 394/12, NJW 2014, 698 Rn. 6 f.; BAG Urt. v. 20.3.2014 – 8 AZR 45/13, NJW 2014, 2669 Rn. 32; OLG Hamm Beschl. v. 10.2.2014 – 9 U 224/13, GmbHR 2014, 1044 = BeckRS 2014, 6531; *Floren,* Adressaten der Insolvenzverschleppungshaftung sowie der Haftung gem. § 64 GmbHG, 2019, 7 ff.; *Seibel,* Der Geschäftsführer in der Insolvenz der Gesellschaft, 2012, 140, 223 f.; *Barthen/Staab* ZInsO 2019, 1285 (1287); *Casper* in Goette/Habersack MoMiG Rn. 6.44 f.; *Meyer* BB 2008, 1742 (1747); *Poertzgen* GmbHR 2007, 1258 (1259); *Poertzgen* ZInsO 2016, 1182 (1188); *Rodewald* GmbHR 2009, 1301 (1303); *K. Schmidt* GmbHR 2007, 1072 (1078); *N. Schmidt/Gundlach* DStR 2018, 198 (202); *Strohn* ZInsO 2009, 417 (423); *G. Wagner* FS K. Schmidt, 2009, 1665 (1671 ff.); *K. Schmidt* in K. Schmidt/Uhlenbruck Sanierung Rn. 11.8; FK-InsO/*Schmerbach* InsO § 19 Rn. 26; HK-InsO/*Kleindiek* InsO § 15a Rn. 24; Noack/Servatius/Haas/ Haas Rn. 211; Lutter/Hommelhoff/*Kleindiek* Anh. § 64 Rn. 80; Scholz/*Bitter* Rn. 256; HCL/*Casper* Anh. § 62 Rn. 210; *Wicke* Rn. 11; an seiner abweichenden Konzeption festhaltend aber *Altmeppen* ZIP 2020, 937 (940); *Altmeppen* Rn. 35 ff.; ihm folgend *Wübbelsmann* GmbHR 2008, 1303; diff. *Weiß,* Insolvenzspezifische Geschäftsführerhaftung, 2017, Rn. 342 ff.: Schutzgesetz nur zugunsten der Neugläubiger.

[809] RG Urt. v. 4.2.1910 – Rep. II 255/09, RGZ 73, 30 (33 ff.); *Altmeppen* ZIP 2020, 937 (943); *Altmeppen* ZIP 2001, 2201 (2205 f.); *Altmeppen/Wilhelm* NJW 1999, 673; *Neuberger* ZIP 2018, 909 (917 f.); *Altmeppen* Rn. 35.

[810] HCL/*Casper* Anh. § 62 Rn. 209; ähnlich *Poertzgen,* Organhaftung wegen Insolvenzverschleppung, 2006, 256.

II. Geschützter Personenkreis

Geschützt werden die **Gläubiger,** und zwar sowohl diejenigen, die ihren Anspruch **261** vor Insolvenzreife (sog. Altgläubiger) erworben haben als auch diejenigen, die erst nach diesem Zeitpunkt mit der Gesellschaft in Rechtsbeziehungen getreten sind (sog. Neugläubiger). Ausgenommen ist aber, wer erst nach oder mit der **Eröffnung des Verfahrens** Gläubiger wurde, da sich die Antragspflicht dann bereits erledigt hat.[811] Außen vor sind daher nicht nur die Massegläubiger,[812] sondern insbesondere auch die Bundesagentur für Arbeit[813] und der Pensionssicherungsverein,[814] weil die vorherige Insolvenzeröffnung notwendige Voraussetzung für den Übergang der Ansprüche der Arbeitnehmer bzw. der Versorgungsberechtigten gegen die Gesellschaft im Wege der cessio legis ist. Keine Schutzwirkung entfaltet § 15a InsO schließlich zugunsten der Gesellschaft und der Gesellschafter.[815]

III. Objektiver Tatbestand

Der Anspruch setzt voraus, dass Zahlungsunfähigkeit (→ Rn. 12 ff.) oder Überschul- **262** dung (→ Rn. 27 ff.) eingetreten ist und der nach § 15a InsO gebotene Antrag nicht oder nicht innerhalb der maximal drei bzw. sechswöchigen Frist (→ Rn. 73 ff.) gestellt wurde. Die Haftung greift auch bei Geschäftsleitern von Auslandsgesellschaften mit Inlandssitz, da sie insolvenzrechtlich zu qualifizieren ist.[816] Durch die **Verletzung der Antragspflicht** muss den Gläubigern ein Schaden entstanden sein. Daran fehlt es, wenn die Gesellschaft nachhaltig saniert wird, sodass es gar nicht zu einem Forderungsausfall kommt.[817] Ferner genügt eine irgendwann einmal gegebene Verletzung der Insolvenzantragspflicht nicht, um dem betreffenden Geschäftsleiter oder bei Führungslosigkeit dem Gesellschafter jedwede spätere Gläubigerschädigung mit der Begründung zuzurechnen, dass es dazu bei Erfüllung der ursprünglichen Antragspflicht nicht gekommen wäre. Erholt sich die Gesellschaft zwischenzeitlich, so ist der Zurechnungszusammenhang vielmehr auch dann unterbrochen, wenn später wieder Insolvenzreife eintritt.[818] Die Darlegungs-

---

[811] BGH Urt. v. 26.6.1989 – II ZR 289/88, BGHZ 108, 134 (136 f.) = NJW 1989, 3277; Urt. v. 19.2.1990 – II ZR 268/88, BGHZ 110, 342 (361) = NJW 1990, 1725; LG Stuttgart Urt. v. 13.6.2008 – 15 O 228/07, ZIP 2008, 1428; *Haas/Kolmann/Kurz* in Gottwald/Haas InsR-HdB § 90 Rn. 96; Noack/Servatius/Haas/*Haas* Rn. 230; Lutter/Hommelhoff/*Kleindiek* Anh. § 64 Rn. 81; MHLS/*Nerlich* Anh. § 64 Rn. 40; Rowedder/Schmidt-Leithoff/*Schmidt-Leithoff/Schneider* Rn. 80; Scholz/*Bitter* Rn. 343; aA MüKoInsO/*Klöhn* InsO § 15a Rn. 218 ff.

[812] Scholz/*Bitter* Rn. 343; HCL/*Casper* Anh. § 62 Rn. 215.

[813] BGH Urt. v. 26.6.1989 – II ZR 289/88, BGHZ 108, 134 (137) = NJW 1989, 3277; Urt. v. 18.12.2007 – VI ZR 231/06, BGHZ 175, 58 Rn. 14 = NZG 2007, 347; Urt. v. 13.10.2009 – VI ZR 288/08, NZI 2010, 74 Rn. 7; OLG Saarbrücken Urt. v. 21.11.2006 – 4 U 49/06–16, ZIP 2007, 328; OLG Stuttgart Urt. v. 27.10.2009 – 6 U 60/09, GmbHR 2010, 207 (208); LG Stuttgart Urt. v. 13.6.2008 – 15 O 228/07, ZIP 2008, 1428; *Wagner* ZInsO 2009, 622 (623 ff.); Lutter/Hommelhoff/*Kleindiek* Anh. § 64 Rn. 81; dort jew. auch zur Haftung des Geschäftsführers aus § 826 BGB; zweifelnd *Altmeppen* Vor § 64 Rn. 127.

[814] BGH Urt. v. 19.2.1990 – II ZR 268/88, BGHZ 110, 342 (361) = NJW 1990, 1725; Lutter/Hommelhoff/*Kleindiek* Anh. § 64 Rn. 81.

[815] BGH Urt. v. 1.2.2010 – II ZR 209/08, NZG 2010, 547 Rn. 22: Genossenschaft; *K. Schmidt* GesRZ 2009, 317; *G. Wagner* FS K. Schmidt, 2009, 1665 (1680 ff.); Lutter/Hommelhoff/*Kleindiek* Anh. § 64 Rn. 82; MHLS/*Nerlich* Anh. § 64 Rn. 41; Rowedder/Schmidt-Leithoff/*Schmidt-Leithoff/Schneider* Rn. 77; aA – Gesellschaft – BGH Urt. v. 16.12.1958 – II ZR 245/57, BGHZ 29, 100 (103) = NJW 1959, 623; für künftige Gesellschafter *Ekkenga* FS Hadding, 2004, 343 ff.; *Schirrmacher/Schneider* ZIP 2018, 2463 (2465 ff.); ferner OGH Urt. v. 20.3.2007 – 4 Ob 31/07 y, RWZ 2006, 169 m. krit. Anm. *Wenger.*

[816] OLG Düsseldorf Urt. v. 1.10.2015 – I 6 U 169/14, NZI 2016, 642 (643); *Albrecht* ZInsO 2013, 1623 (1628); *Eidenmüller* RabelsZ 70 (2006) 474 (497 f.); *Mankowski* NZG 2016, 281 (286); *H.-F. Müller* NZG 2003, 414 (417); *Vallender* ZGR 2006, 425 (455); aA *Bayer* BB 2003, 2357 (2365); *v. Hase* BB 2006, 2141; *Mock/Schildt* ZInsO 2003, 396 (400).

[817] HCL/*Casper* Anh. § 62 Rn. 211.

[818] BGH Urt. v. 5.2.2007 – II ZR 234/05, BGHZ 171, 46 Rn. 10 = NZG 2007, 347; Urt. v. 25.7.2005 – II ZR 390/03, BGHZ 164, 50 (55 f.) = NJW 2005, 3137; MüKoInsO/*Klöhn* InsO § 15a Rn. 222.

und Beweislast für eine solche Ausnahmekonstellation trägt dann aber der in Anspruch genommene Geschäftsleiter.[819]

IV. Verschulden

263   Subjektiv ist ein schuldhafter Verstoß des **Geschäftsleiters** gegen seine Insolvenzantragspflicht erforderlich, wobei **einfache Fahrlässigkeit** genügt.[820] Ausreichend ist insbesondere, dass die Insolvenzreife für ihn erkennbar war (→ Rn. 74). Mit Beginn der Krise trifft jeden Geschäftsführer individuell eine Beobachtungspflicht, eine Ressortaufteilung vermag daran nichts zu ändern (→ Rn. 205). Die Inanspruchnahme fachkundiger Beratung kann entlasten (→ Rn. 206 ff.). Das Verschulden wird, wenn die objektive Pflichtwidrigkeit feststeht, vermutet.[821]

264   Die subsidiäre Antragspflicht des **Gesellschafters** nach § 15a Abs. 3 InsO greift nur, wenn dieser **positive Kenntnis** vom Eröffnungsgrund und darüber hinaus auch von der Führungslosigkeit hat. Seine fehlende Kenntnis hat er aber darzutun und gegebenenfalls zu beweisen (→ Rn. 70 f.).

V. Ersatzfähiger Schaden

265   **1. Altgläubiger.** Die Gläubiger sind nach der Differenzhypothese so zu stellen, als wäre der Insolvenzantrag pflichtgemäß gestellt worden. Der Schaden der Altgläubiger, also der Gläubiger, die ihre Forderungen bereits vor Insolvenzreife erworben haben, besteht daher in der Differenz zwischen der bei rechtzeitiger Verfahrenseinleitung erzielbaren und der tatsächlich erzielten Insolvenzquote.[822] Bei der Berechnung des sog. **Quotenschadens** dürfen die Massebestandteile nicht berücksichtigt werden, an denen Aussonderungs- oder Absonderungsrechte bestehen.[823] Denn diese Vermögenswerte stehen nicht für eine gleichmäßige Verteilung an die Insolvenzgläubiger zur Verfügung. Im Gegenzug sind auf der Passivseite jeweils die durch die genannten Rechte gesicherten Insolvenzforderungen bis zur Höhe der Deckung zu eliminieren.[824] Vor einem Schaden durch Verlust von Aus- und Absonderungsrechten während der Phase der Insolvenzverschleppung schützt § 15a InsO die Altgläubiger nicht, wohl aber kann der Geschäftsleiter nach § 823 Abs. 1 BGB, §§ 987 ff. BGB haften.[825] Der Haftung aus § 823 Abs. 2 BGB iVm § 15a InsO lässt sich nicht entgegenhalten, der

---

[819]   BGH Urt. v. 12.3.2007 – II ZR 315/05, NJW 2007, 3130 Rn. 15; Urt. v. 19.11.2019 – II ZR 53/18, NZI 2020, 167 Rn. 24; OLG Celle Urt. v. 21.4.1999 – 9 U 188/98, NZG 1999, 1160.

[820]   BGH Urt. v. 5.2.2007 – II ZR 234/05, BGHZ 171, 46 Rn. 9 = NZG 2007, 347; Urt. v. 6.6.1994 – II ZR 292/91, BGHZ 126, 181 (199) = NJW 1994, 2220; OLG Koblenz Urt. v. 8.12.2000 – 8 U 1542/96, OLGR 2001, 228 (229); *Barthen/Staab* ZInsO 2019, 1285 (1287); *Haas/Kolmann/Kurz* in Gottwald/Haas InsR-HdB § 90 Rn. 93; MHdB GesR III/*Diekmann* § 46 Rn. 70; Hachenburg/*Ulmer* Rn. 36; MüKoInsO/*Klöhn* InsO § 15a Rn. 171.

[821]   BGH Urt. v. 5.2.2007 – II ZR 234/05, BGHZ 171, 46 Rn. 8 ff. = NZG 2007, 347; Urt. v. 6.6.1994 – II ZR 292/91, BGHZ 126, 181 (200) = NJW 1994, 2220; Urt. v. 24.1.2012 – II ZR 119/10, ZIP 2012, 723 Rn. 25; BGH Urt. v. 15.3.2011 – II ZR 204/09, NJW 2011, 2427 Rn. 38; *Barthen/Staab* ZInsO 2019, 1285 (1288); *Haas/Kolmann/Kurz* in Gottwald/Haas InsR-HdB § 90 Rn. 135; Noack/ Servatius/Haas/*Haas* Rn. 265; Hachenburg/*Ulmer* Rn. 58; MüKoInsO/*Klöhn* InsO § 15a Rn. 266.

[822]   BGH Urt. v. 30.3.1998 – II ZR 146/96, BGHZ 138, 211 (221) = NJW 1998, 2667; *Poertzgen,* Organhaftung wegen Insolvenzverschleppung, 2006, 274 ff.; *Seibel,* Der Geschäftsführer in der Insolvenz der Gesellschaft, 2012, 145 ff.; *Barthen/Staab* ZInsO 2019, 1285 (1288); *Dauner-Lieb* ZGR 1998, 617 (626); *Haas/Kolmann/Kurz* in Gottwald/Haas InsR-HdB § 90 Rn. 103; Lutter/Hommelhoff/*Kleindiek* Anh. § 64 Rn. 92.

[823]   BGH Urt. v. 28.4.1997 – II ZR 20/96, NJW 1997, 3021 (3022); *Poertzgen,* Organhaftung wegen Insolvenzverschleppung, 2006, 280 f., 304 f.; *Dauner-Lieb* ZGR 1998, 617 (622 f.); Noack/Servatius/ Haas/*Haas* Rn. 249.

[824]   BGH Urt. v. 30.3.1998 – II ZR 146/96, BGHZ 138, 211 (222) = NJW 1998, 2667; *Poertzgen,* Organhaftung wegen Insolvenzverschleppung, 2006, 281 f., 304 f.; *Dauner-Lieb* ZGR 1998, 617 (626); Noack/ Servatius/Haas/*Haas* Rn. 249.

[825]   BGH Urt. v. 3.2.1987 – VI ZR 268/85, BGHZ 100, 19 (24 f.); Noack/Servatius/Haas/*Haas* Rn. 251; Hachenburg/*Ulmer* Rn. 50; aA *Klöhn* KTS 2012, 133 (161 ff.); *Poertzgen,* Organhaftung wegen Insolvenzverschleppung, 2006, 301 ff.

Insolvenzverwalter müsse zunächst die Möglichkeiten der Insolvenzanfechtung ausschöpfen. Dem Ersatzpflichtigen sind jedoch entsprechend § 255 BGB diese Ansprüche abzutreten.[826]

2. Neugläubiger. a) Vertragsgläubiger. aa) Grundsatz. Der BGH billigte zunächst **266** auch den Gläubigern, die erst nach Insolvenzreife ihre Ansprüche erworben haben, nur die Kompensation des Quotenschadens zu.[827] Seit der Grundsatzentscheidung BGHZ 126, 181 ff. erhalten die **vertraglichen** Neugläubiger den **Vertrauensschaden** ersetzt. Sie werden so behandelt, als hätten sie mit der zahlungsunfähigen oder überschuldeten Gesellschaft gar nicht kontrahiert.[828] Denn der Zweck der Antragspflichten liegt auch und gerade darin, insolvenzreife Rechtsträger mit beschränktem Haftungsfonds aus dem Geschäftsverkehr zu entfernen.

bb) Abgrenzungsfragen. Die **Abgrenzung** zwischen Alt- und Neugläubigern richtet **267** sich im Ansatz zunächst einmal nach dem Zeitpunkt des Entstehens des Anspruchs, für den Schadensersatz gefordert wird.[829] Dagegen kommt es nicht auf die Fälligkeit des Anspruchs an. Wenn ein **Dauerschuldverhältnis** vor Insolvenzreife begründet wurde, war die Verletzung der Insolvenzantragspflicht nicht kausal für den Vertragsabschluss und somit auch nicht für die darauf beruhenden Geld- oder Sachleistungen, selbst wenn diese dann erst nach Insolvenzreife erfolgt sind. Die Inhaber solcher Ansprüche sind daher grundsätzlich als Altgläubiger einzuordnen.[830] Eine Ausnahme besteht aber dann, wenn das Dauerschuldverhältnis mit Eröffnung des Verfahrens endet oder insolvenzbedingt gekündigt werden kann, der Gläubiger aber die Vertragsbeziehungen im Vertrauen auf die Solvenz der Gesellschaft fortsetzt.[831] Eine entsprechende automatische Beendigung (§§ 115, 116 InsO) bzw. vorzeitige Kündigungsmöglichkeit (§ 490 BGB) ist etwa bei einem Kontokorrentkredit gegeben. Die Bank ist Neugläubigerin, soweit sich das von der GmbH in Anspruch genommene Kreditvolumen im Stadium der Insolvenzverschleppung erhöht. Dabei kommt es nicht auf etwaige Novationen der Kreditschuld durch zwischenzeitliche Rechnungsabschlüsse entsprechend § 355 HGB an, sondern auf die Differenz zwischen dem bis zur tatsächlichen Stellung des Insolvenzantrags aufgelaufenen und demjenigen Kreditvolumen, das sich bei pflichtgemäßer Stellung des Insolvenzantrags ergeben hätte.[832] Dagegen ist der Vermieter, der dem Mieter vor Insolvenzreife Räume überlassen hat, regelmäßig Altgläubiger, weil das Mietverhältnis weder mit der Verfahrenseröffnung endet (§ 108 InsO) noch außerordentlich bei Insolvenzreife oder Insolvenzeröff-

---

826 *Poertzgen,* Organhaftung wegen Insolvenzverschleppung, 2006, 298 f.
827 S. nur BGH Urt. v. 16.12.1958 – VI ZR 245/57, BGHZ 29, 100 (104 ff.) = NJW 1959, 623; Urt. v. 3.2.1987 – VI ZR 268/85, BGHZ 100, 19 (24); Hachenburg/*Ulmer* Rn. 48 f.
828 BGH Urt. v. 6.6.1994 – II ZR 292/91, BGHZ 126, 181 (194) = NJW 1994, 2220; Urt. v. 7.11.1994 – II ZR 108/93, NJW 1995, 398 (399); Urt. v. 5.2.2007 – II ZR 234/05, BGHZ 171, 46 Rn. 13 = NZG 2007, 347; Urt. v. 12.3.2007 – II ZR 315/05, NJW 2007, 3130 Rn. 16; Urt. v. 27.4.2009 – II ZR 253/07, NZG 2009, 750 Rn. 15; Urt. v. 15.3.2011 – II ZR 204/09, NJW 2011, 2427 Rn. 40; Urt. v. 14.5.2012 – II ZR 130/10, NJW 2012, 3510 Rn. 13; Urt. v. 22.10.2013 – II ZR 394/12, NJW 2014, 698 Rn. 7; Urt. v. 21.10.2014 – II ZR 113/13, NZG 2015, 227 Rn. 14; Urt. v. 19.11.2019 – II ZR 53/18, NZI 2020, 167 Rn. 15; ferner OGH Urt. v. 22.10.1997 – 7 Ob 2339/96, ecolex 1998, 327; *Bork* ZGR 1995, 505 (512 ff.); *Dauner-Lieb* ZGR 1998, 617 (619); *Haas,* Geschäftsführerhaftung und Gläubigerschutz, 1997, 97 f.; *Höffner,* Zivilrechtliche Haftung und strafrechtliche Verantwortung des GmbH-Geschäftsführers bei Insolvenzverschleppung, 2003, 45 ff.; *Flume* ZIP 1994, 337 (339 ff.); *Goette* DStR 1994, 1048 (1051 ff.); *B. Kübler* ZGR 1995, 481 (493 ff.); *Lutter* DB 1994, 129 (135); *Römermann* NZG 2009, 854 (856); *G. Wagner* FS K. Schmidt, 2009, 1665 (1674 f.); Kübler/Prütting/ *Noack/Gehrlein* Rn. 314 ff.; MüKoInsO/*Klöhn* § 15a Rn. 140 ff.; Lutter/Hommelhoff/*Kleindiek* Anh. § 64 Rn. 93; MHLS/*Nerlich* Anh. § 64 Rn. 44 ff.; Rowedder/Schmidt-Leithoff/*Schmidt-Leithoff/ Schneider* Rn. 84; HCL/*Casper* Anh. § 62 Rn. 225 ff.; für culpa in contrahendo als Anspruchsgrundlage Scholz/*K. Schmidt,* 11. Aufl., Rn. 186 ff.; abl. *Bauder* BB 1993, 2472 ff.; *Canaris* JZ 1993, 649 (650 ff.); *G. Müller* GmbHR 1994, 209; *Ulmer* ZIP 1993, 769 (770 f.).
829 BGH Urt. v. 5.2.2007 – II ZR 234/05, BGHZ 171, 46 Rn. 12 f. = NZG 2007, 347; Urt. v. 12.3.2007 – II ZR 315/05, NJW 2007, 3130 Rn. 16; OLG Hamburg Urt. v. 30.11.1999 – 11 U 18/97, NZG 2000, 606 (607). krit. Lutter/Hommelhoff/*Kleindiek* Anh. § 64 Rn. 91.
830 BGH Urt. v. 22.10.2013 – II ZR 394/12, NJW 2014, 698 Rn. 9.
831 BGH Urt. v. 22.10.2013 – II ZR 394/12, NJW 2014, 698 Rn. 9.
832 BGH Urt. v. 5.2.2007 – II ZR 234/05, BGHZ 171, 46 Rn. 13 ff. = NZG 2007, 347.

nung kündbar ist (vgl. § 119 InsO).[833] Als Neugläubiger zu behandeln ist schließlich aber derjenige, dessen Anspruch zwar schon vor Insolvenzreife entstanden ist, der aber nach deren Eintritt noch Vorleistungen im Vertrauen auf die Leistungsfähigkeit des Schuldners erbracht hat.[834] Entscheidend ist, ob er die von ihm geschuldete Leistung noch hätte zurückhalten können. Der Abschluss eines Vergleichs über eine vor Insolvenzreife begründete Forderung macht den Forderungsinhaber in der Regel nicht zum Neugläubiger.[835]

268   **cc) Schadensumfang.** Das zu ersetzende negative Interesse umfasst die **Aufwendungen,** die der Neugläubiger im Hinblick auf den Vertragsschluss mit der Schuldnerin erbracht hat, ohne eine entsprechende werthaltige Gegenleistung zu erlangen.[836] In der Regel nicht verlangen kann er hingegen die vereinbarte Vergütung und den darauf basierenden Rechnungsbetrag (positives Interesse). Ersatzfähig sind aber insbesondere die Anschaffungs- und Herstellungskosten der gelieferten Gegenstände sowie die Selbstkosten des hergestellten Werks.[837] Beim Einsatz eigener Arbeitskräfte sind der Zeitaufwand und die hierauf entfallenden anteiligen Lohnkosten nachvollziehbar darzustellen. Der Gewinnanteil ist regelmäßig herauszurechnen.[838] Ein Anspruch auf Ersatz entgangenen Gewinns (§ 252 BGB) kann einem Neugläubiger allerdings dann zustehen, wenn er einen solchen Gewinn durch anderweitigen Einsatz seiner Ressourcen hätte erzielen können.[839] Die Arbeit des Arbeitnehmers oder Werkunternehmers für die Schuldnerin stellt für sich genommen keinen ersatzfähigen Vermögensschaden dar. Entscheidend für das Vorliegen eines Schadens ist vielmehr, dass durch den vergeblichen Einsatz der Arbeitskraft ein gewinnbringender anderweitiger Einsatz der Arbeitskraft unterblieben ist.[840] Hierfür müssen jedoch konkrete Anhaltspunkte bestehen. Die Umsatzsteuer wird nicht berücksichtigt, da es bei der Geltendmachung eines deliktischen Schadensersatzanspruch an einem steuerbaren Leistungsaustausch fehlt.[841] Zu ersetzen sind die Kosten, die einem Gläubiger bei der Verfolgung seiner Zahlungsansprüche gegen die insolvenzreife Gesellschaft entstanden sind.[842] Umfasst vom Schutzbereich der

---

[833]   BGH Urt. v. 22.10.2013 – II ZR 394/12, NJW 2014, 698 Rn. 10 ff.; OLG Stuttgart Urt. v. 11.10.2012 – 13 U 49/12, ZIP 2012, 2342 (2343); *Hilbig-Lugani* KTS 2014, 319.

[834]   OLG Celle Urt. v. 5.12.2001 – 9 U 204/01, NZG 2002, 730 (732); OLG Oldenburg Urt. v. 2.12.2009 – 1 U 74/08, BeckRS 2010, 02819; *G. Wagner* FS K. Schmidt, 2009, 1665 (1676 f.); *Haas/Kolmann/Kurz* in Gottwald/Haas InsR-HdB § 90 Rn. 100.

[835]   OLG Koblenz Beschl. v. 6.1.2015 – 4 U 598/14, ZInsO 2015, 2489 = BeckRS 2015, 09758.

[836]   BGH Urt. v. 27.4.2009 – II ZR 253/07, NZG 2009, 750 Rn. 15; Urt. v. 14.5.2012 – II ZR 130/10, NJW 2012, 3510 Rn. 15; OLG Koblenz Urt. v. 3.8.1999 – 3 U 1806/98, GmbHR 2000, 31 (33); *Römermann* NZG 2009, 854 (856); *Haas/Kolmann/Kurz* in Gottwald/Haas InsR-HdB § 90 Rn. 111; HCL/*Casper* Anh. § 62 Rn. 229.

[837]   BGH Urt. v. 14.5.2012 – II ZR 130/10, NJW 2012, 3510 Rn. 15; Noack/Servatius/Haas/*Haas* Rn. 258; Scholz/*Bitter* GmbHG, Rn. 317.

[838]   BGH Urt. v. 12.3.2007 – II ZR 315/05, NJW 2007, 3130 Rn. 23; OLG Koblenz Urt. v. 3.8.1999 – 3 U 1806/98, GmbHR 2000, 31 (33); *Haas/Kolmann/Kurz* in Gottwald/Haas InsR-HdB § 90 Rn. 111; Noack/Servatius/Haas/*Haas* Rn. 258; Scholz/*Bitter* Rn. 318; HCL/*Casper* Anh. § 62 Rn. 229.

[839]   BGH Urt. v. 27.4.2009 – II ZR 253/07, NZG 2009, 750 Rn. 16; Urt. v. 24.1.2012 – II ZR 119/10, ZIP 2012, 723 Rn. 27; Urt. v. 15.3.2011 – II ZR 204/09, NJW 2011, 2427 Rn. 40; OLG Brandenburg Urt. v. 11.1.2017 – 7 U 87/14, BeckRS 2017, 100542; OLG Hamm Beschl. v. 17.4.2018 – 9 U 161/17, BeckRS 2018, 11495; OLG Koblenz Urt. v. 3.8.1999 – 3 U 1806/98, GmbHR 2000, 31 (33); *Barthen/Staab* ZInsO 2019, 1285 (1288); *Römermann* NZG 2009, 854 (856); *Haas/Kolmann/Kurz* in Gottwald/Haas InsR-HdB § 90 Rn. 111; Scholz/*Bitter* Rn. 319; Rowedder/Schmidt-Leithoff/*Schmidt-Leithoff/Schneider* Rn. 86.

[840]   BGH Urt. v. 29.4.1977 – V ZR 236/74, NJW 1977, 1446; LAG Hessen Urt. v. 11.8.2000 – 2 Sa 1114/99, NZA-RR 2001, 154; MüKoInsO/*Klöhn* § 15a Rn. 228; Noack/Servatius/Haas/*Haas* Rn. 259.

[841]   OLG Brandenburg Urt. v. 11.1.2017 – 7 U 87/14, BeckRS 2017, 100542; OLG Celle Urt. v. 5.12.2001 – 9 U 204/01, NZG 2002, 730 (733); OLG Koblenz Urt. v. 3.8.1999 – 3 U 1806/98, GmbHR 2000, 31 (34); *Barthen/Staab* ZInsO 2019, 1285 (1288); *Haas/Kolmann/Kurz* in Gottwald/Haas InsR-HdB § 90 Rn. 111; MüKoInsO/*Klöhn* InsO § 15a Rn. 195; Noack/Servatius/Haas/*Haas* Rn. 258; Rowedder/Schmidt-Leithoff/*Schmidt-Leithoff/Schneider* Rn. 86; Scholz/*Bitter* Rn. 318; HCL/*Casper* Anh. § 62 Rn. 229.

[842]   BGH Urt. v. 27.4.2009 – II ZR 253/07, NZG 2009, 750 Rn. 19; Urt. v. 14.5.2012 – II ZR 130/10, NJW 2012, 3510 Rn. 26; Urt. v. 21.10.2014 – II ZR 113/13, NZG 2015, 227 Rn. 24; OLG Celle

Insolvenzantragspflicht sind auch solche Schäden des Neugläubigers, die durch mangelhafte Leistungen der Schuldnergesellschaft verursacht werden und von dieser wegen fehlender Mittel nicht mehr beseitigt werden können.[843]

Der Anspruch des Neugläubigers ist nicht um die auf ihn entfallende (erst nach Abschluss **269** des Verfahrens feststehende) **Insolvenzquote** zu kürzen. Vielmehr gebührt dem in voller Höhe Ersatzpflichtigen entsprechend § 255 BGB ein Anspruch auf Abtretung der Insolvenzforderung gegen die Gesellschaft.[844] Auch darf der Schadensersatz nicht um diejenigen Beträge reduziert werden, die der Gläubiger während der Insolvenzverschleppungsphase auf Altforderungen erhalten hat. Eine solche Anrechnung würde dem Schädiger zugutekommen und ihn damit unbillig entlasten, obwohl die Leistung aus dem Gesellschaftsvermögen erfolgte.[845] Der Schadensersatzanspruch kann aber nach § 254 BGB gemindert sein, wenn für den Gläubiger bereits bei Vertragsschluss das Ausfallrisiko deutlich zu erkennen war.[846]

Neben dem Vertrauensschaden kann ein **Quotenschaden** entgegen einer in der Lit. **270** vertretenen Ansicht[847] nicht geltend gemacht werden.[848] Für eine solche Aufspaltung des einheitlichen Neugläubigerschadens gibt es kein überzeugendes Argument. Vielmehr schließen sich die Vertrauensschaden und Quotenschaden jeweils zugrunde liegenden Annahmen wechselseitig aus. Wenn der Vertragspartner mit der Gesellschaft nicht kontrahiert hätte, wäre er gar nicht erst Inhaber einer später entwerteten Forderung geworden.[849]

b) Gesetzliche Gläubiger. Inhaber gesetzlich begründeter Forderungen können kei- **271** nen **Vertrauensschaden** geltend machen.[850] Die Insolvenzantragspflicht hat nach einer plastischen Formulierung des BGH nicht den Zweck, potentielle Deliktsgläubiger davon abzuhalten, nach Insolvenzreife noch Opfer eines Delikts zu werden.[851] Entsprechendes gilt für Bereicherungsgläubiger. Auch auf die Träger der **Sozialversicherung** lässt sich die Rspr. des BGH zu den vertraglichen Neugläubigern nicht übertragen.[852] Nicht erstattungsfähig

---

Urt. v. 21.4.1999 – 9 U 188/98, NZG 1999, 1160; OLG Jena Urt. v. 28.11.2001 – 4 U 234/01, ZIP 2002, 631 (632); *Römermann* NZG 2009, 854 (856); Noack/Servatius/Haas/*Haas* Rn. 258. Darauf, ob die geltend gemachte Forderung vor oder nach Insolvenzreife entstanden ist, kommt es nicht an, OLG Karlsruhe Urt. v. 9.9.2020 – 6 U 109/19, BeckRS 2020, 23680.

[843] BGH Urt. v. 14.5.2012 – II ZR 130/10, NJW 2012, 3510 Rn. 23 ff.: durch fehlerhafte Bauleistungen verursachte Schäden am Bauwerk; anders für den Fall, dass durch die mangelhafte Leistung lediglich die Schädigung durch einen deliktisch handelnden Dritten begünstigt wurde BGH Urt. v. 21.10.2014 – II ZR 113/13, NZG 2015, 227 Rn. 14 ff.

[844] BGH Urt. v. 5.2.2007 – II ZR 234/05, BGHZ 171, 46 Rn. 20 = NZG 2007, 347; Urt. v. 27.4.2009 – II ZR 253/07, NZG 2009, 750 Rn. 20; Urt. v. 14.5.2012 – II ZR 130/10, NJW 2012, 3510 Rn. 27; *Altmeppen* ZIP 1997, 1173 (1181); *Haas*, Geschäftsführerhaftung und Gläubigerschutz, 1997, 105; *Meyke* ZIP 1998, 1179; *G. Wagner* FS K. Schmidt, 2009, 1665 (1675 f.); Noack/Servatius/Haas/*Haas* Rn. 260.

[845] BGH Urt. v. 12.3.2007 – II ZR 315/05, NJW 2007, 3130 Rn. 19 f.

[846] BGH Urt. v. 6.6.1994 – II ZR 292/91, BGHZ 126, 181 (200 f.) = NJW 1994, 2220.

[847] *Brinkmann*, Die Bedeutung der §§ 92, 93 InsO für den Umfang der Insolvenz- und Sanierungsmasse, 2001, 11 ff.; *Oepen*, Massefremde Masse, 1999, Rn. 291; *Poertzgen*, Organhaftung wegen Insolvenzverschleppung, 2006, 322 ff.; *Poertzgen* ZInsO 2009, 1833 (1837 ff.); *Poertzgen* ZInsO 2016, 1182 (1188); *K. Schmidt* NZI 1998, 9 (13 f.); *K. Schmidt* in K. Schmidt/Uhlenbruck Sanierung Rn. 11.21 ff.; HCL/*Casper* Anh. § 62 Rn. 218.

[848] BGH Urt. v. 30.3.1998 – II ZR 146/96, BGHZ 138, 211 (214 ff.) = NJW 1998, 2667; *Dauner-Lieb* ZGR 1998, 617 (628 f.); *Henssler/Dedek* FS Uhlenbruck, 2000, 175 (177 ff.); *G. Wagner* FS K. Schmidt, 2009, 1665 (1685 ff.); *Haas/Kolmann/Kurz* in Gottwald/Haas InsR-HdB § 90 Rn. 117, 131; Noack/Servatius/Haas/*Haas* Rn. 257; Lutter/Hommelhoff/*Kleindiek* Anh. § 64 Rn. 102 f.

[849] *Haas/Kolmann/Kurz* in Gottwald/Haas InsR-HdB § 90 Rn. 117, 131.

[850] BGH Urt. v. 25.7.2005 – II ZR 390/03, BGHZ 164, 50 (61 f.) = NJW 2005, 3137; OLG Jena Urt. v. 28.11.2001 – 4 U 234/01, ZIP 2002, 631 (632); *Bayer/Lieder* WM 2006, 1 (6 f.); *Bork* ZGR 1995, 505 (518 f.); *Haas/Kolmann/Kurz* in Gottwald/Haas InsR-HdB § 90 Rn. 118 ff.; Noack/Servatius/Haas/*Haas* Rn. 241; HCL/*Casper* Anh. § 62 Rn. 232; aA *Klöhn* KTS 2012, 133 (155 ff.); *B. Kübler* ZGR 1995, 481 (496); *Poertzgen* ZInsO 2007, 285 (289 ff.); *Reiff/Arnold* ZIP 1998, 1893; *Rodewald* GmbHR 2009, 1301 (1303); *G. Wagner* FS K. Schmidt, 2009, 1665 (1678 ff.); *Wagner* ZInsO 2009, 622 (623); Lutter/Hommelhoff/*Kleindiek* Anh. § 64 Rn. 96 f.; MHLS/*Nerlich* Anh. § 64, 59 ff.

[851] BGH Urt. v. 25.7.2005 – II ZR 390/03, BGHZ 164, 50 (61 f.) = NJW 2005, 3137.

[852] BGH Urt. v. 8.3.1999 – II ZR 159/98, NJW 1999, 2182 (2183); Urt. v. 7.7.2003 – II ZR 241/02, ZIP 2003, 1713 (1714 f.) mAnm *K. Schmidt* ZIP 2003, 1715.

ist ferner der Schaden, der einem Arbeitnehmer durch die Uneinbringlichkeit eines Anspruchs auf Entgeltfortzahlung für die Zeit krankheitsbedingter Arbeitsunfähigkeit nach §§ 3, 4 EFZG entsteht.[853]

272   Da ein Vertrauenstatbestand ausgeschlossen erscheint, kann der gesetzliche Neugläubiger lediglich den **Quotenschaden** verlangen. Dazu müsste streng genommen die fiktive Quote im Zeitpunkt der Forderungsbegründung ermittelt werden. Da die Ermittlung eines solchen individuellen Quotenschadens aber nur schwer zu operationalisieren ist, kann aus Praktikabilitätsgründen einheitlich auf den Zeitpunkt des Eintritts der Insolvenzreife abgehoben werden.[854]

VI. Durchsetzung des Anspruchs

273   **1. Gesamtschaden.** Bei dem **Quotenschaden** handelt es sich um einen **Schaden,** der den betroffenen Gläubigern gemeinschaftlich durch Verringerung der Haftungsmasse entstanden ist. Einen solchen Gesamtschaden zu liquidieren, ist im Insolvenzverfahren nach § 92 InsO allein der Verwalter befugt.[855] Er bildet aus den eingezogenen Beträgen eine Sondermasse, die er an die Geschädigten verteilt. Die einzelnen Gläubiger können ihren Anspruch selbst nur im Falle masseloser Insolvenz durchsetzen.[856] Praktische Bedeutung hat dies aber kaum, da die Darlegung und Bezifferung eines Quotenschadens Außenstehenden regelmäßig sehr schwer fällt.[857] Aber auch für den Verwalter ist der konkurrierende Anspruch aus § 64 S. 1 aF auf Rückerstattung von Zahlungen wesentlich attraktiver, weil es hier auf den in der Insolvenzverschleppungsphase eingetretenen Schaden gar nicht ankommt (→ Rn. 160, → Rn. 213). Nach der Neuregelung in § 15b Abs. 4 InsO muss der Geschäftsleiter einen niedigeren Gesamtschaden darlegen und ggf. beweisen (→ Rn. 220 ff.).

274   **2. Individualschaden.** Die Sperrwirkung des § 92 InsO greift nicht für Schäden, die nur **einzelne Gläubiger** betreffen (Individualschäden). Der Schaden der vertraglichen Neugläubiger beruht gerade nicht auf der weiteren Minderung des zur Insolvenzmasse gehörenden Vermögens, sondern darauf, dass die Gläubiger im Vertrauen auf die finanzielle Leistungsfähigkeit der Gesellschaft mit dieser überhaupt noch in Geschäftsbeziehungen getreten sind. Dieser Vertrauensschaden hängt von den jeweiligen individuellen Gegebenheiten ab und fällt daher für jeden Gläubiger unterschiedlich aus. Diese können ihn daher auch im eröffneten Verfahren selbst durchsetzen.[858] Ein in dem Individualschaden enthaltener Quotenschaden, der ergänzend vom Verwalter geltend zu machen wäre, ist nicht anzuerkennen (→ Rn. 270).

---

[853] BGH Beschl. v. 20.10.2008 – II ZR 211/07, NZG 2009, 280 Rn. 2 f.
[854] Gegen die Zubilligung eines Quotenschadens jetzt aber *Haas/Kolmann/Kurz* in Gottwald/Haas InsR-HdB § 90 Rn. 121–122.
[855] BGH Urt. v. 30.3.1998 – II ZR 146/96, BGHZ 138, 211 (217) = NJW 1998, 2667; Urt. v. 5.2.2007 – II ZR 234/05, BGHZ 171, 46 Rn. 12 = NZG 2007, 347; OLG Stuttgart Urt. v. 11.10.2012 – 13 U 49/12, ZIP 2012, 2342 (2343); *Poertzgen,* Organhaftung wegen Insolvenzverschleppung, 2006, 283 ff.; *G. Wagner* FS K. Schmidt, 2009, 1665 (1684); *Haas/Kolmann/Kurz* in Gottwald/Haas InsR-HdB § 90 Rn. 127; Lutter/Hommelhoff/*Kleindiek* Anh. § 64 Rn. 78.
[856] *Haas/Kolmann/Kurz* in Gottwald/Haas InsR-HdB § 90 Rn. 129; *K. Schmidt* in K. Schmidt/Uhlenbruck Sanierung Rn. 11.29; Lutter/Hommelhoff/*Kleindiek* Anh. § 64 Rn. 99; HCL/*Casper* Anh. § 62 Rn. 234; für ein reines Innenhaftungsmodell zur Liquidation des Quotenschadens in Anlehnung an die Trihotel-Rspr. des BGH jetzt aber *Haas* ZIP 2009, 1257 (1259 ff.).
[857] *Barthen/Staab* ZInsO 2019, 1285 (1288); *Neuberger* ZIP 2018, 909 (913); *Strohn* NZG 2011, 1161 (1162); *K. Schmidt* in K. Schmidt/Uhlenbruck Sanierung Rn. 11.17, 27.
[858] BGH Urt. v. 6.6.1994 – II ZR 292/91, BGHZ 126, 181 (201) = NJW 1994, 2220; Urt. v. 7.11.1994 – II ZR 108/93, NJW 1995, 398 (399); Urt. v. 30.3.1998 – II ZR 146/96, BGHZ 138, 211 (214 ff.) = NJW 1998, 2667; Urt. v. 12.3.2007 – II ZR 315/05, NJW 2007, 3130 Rn. 16; OLG Koblenz Urt. v. 31.3.2008 – 6 U 472/07, AG 2009, 336 (337); *G. Wagner* FS K. Schmidt, 2009, 1665 (1684); *Haas* ZIP 2009, 1257 (1259); *Haas/Kolmann/Kurz* in Gottwald/Haas InsR-HdB § 90 Rn. 126; Lutter/Hommelhoff/*Kleindiek* Anh. § 64 Rn. 101; aA *Dauner-Lieb* ZGR 1998, 617 (629); *Hasselbach* DB 1996, 2213 (2214 f.); *Uhlenbruck* ZIP 1994, 1153 (1154 f.); *Wilhelm* ZIP 1993, 1833 (1836 f.).

VII. Anspruchsverpflichtete

Passivlegitimiert sind die für die Verletzung der Antragspflicht nach § 15a InsO ver- **275** antwortlichen Personen, also Geschäftsführer und Liquidatoren unter Einschluss der faktischen Geschäftsleiter sowie im Falle der Führungslosigkeit auch die Gesellschafter. Insoweit kann auf → Rn. 67 ff. verwiesen werden. Mitglieder des Aufsichtsrats oder eines Beirats unterliegen zwar nicht selbst der Antragspflicht, können aber unter Umständen wegen mangelhafter Überwachung der Gesellschaft dieser gegenüber nach § 52 iVm §§ 116, 93 AktG Schadensersatz zu leisten haben.[859]

Sind **mehrere** Geschäftsleiter bzw. Gesellschafter für den Schaden verantwortlich, so **276** haften sie gem. § 830 Abs. 1 BGB, § 840 Abs. 1 BGB als Gesamtschuldner. Auch eine Haftung Dritter als Anstifter oder Gehilfe nach § 830 Abs. 2 BGB kommt in Betracht. Die Rspr. fordert hier allerdings doppelten Vorsatz, dh sowohl eine vorsätzliche Haupttat als auch eine vorsätzliche Teilnahme.[860] Die Haftung des Teilnehmers erstreckt sich nicht auf Neugläubigerschäden, welche ohne sein Wissen durch kriminelle Machenschaften des Geschäftsleiters (etwa betrügerische Doppelabtretungen) im Stadium der Insolvenzverschleppung verursacht werden (sog. Haupttäterexzess).[861] Bei krass eigensüchtigem Verhalten zum Schaden der Gesellschaft kommt auch eine Haftung nach § 826 BGB in Betracht.

Problematisch ist der Fall, dass ein **Berater** seine Tätigkeit für die Gesellschaft fortsetzt, **277** obwohl er erkennt, dass der Geschäftsleiter pflichtwidrig keinen Insolvenzantrag stellt. In der Lit. wird darin teilweise eine psychische Beihilfe zur Insolvenzverschleppung gesehen. Der Berater erleichtere es durch die Erbringung seiner Arbeitsleistung, den Geschäftsbetrieb fortzuführen, und erwecke den Eindruck, dass doch kein akuter Handlungsbedarf bestehe.[862] Mit der alleinigen Verantwortung des Geschäftsleiters für die rechtzeitige Einleitung des Insolvenzverfahrens ist dies nicht zu vereinbaren.[863] Der Berater hat keine Möglichkeit, die Erfüllung der Antragspflicht zu erzwingen. Von ihm kann auch nicht verlangt werden, die GmbH ausgerechnet in einer Krisensituation im Stich zu lassen und das Mandat zu kündigen. Das gilt jedenfalls dann, wenn er die insolvente Gesellschaft bei der Wahrnehmung ihrer fortbestehenden gesetzlichen Pflichten unterstützt, etwa durch das Führen von Büchern, die Erstellung und Prüfung von Bilanzen oder die Abführung von Steuern und Sozialabgaben, aber auch, wenn die erbrachte Dienstleistung für die Gesellschaft aus anderen Gründen weiterhin sinnvoll ist.[864]

VIII. Verjährung

Der Anspruch nach § 823 Abs. 2 BGB iVm § 15a InsO verjährt gem. §§ 195, 199 BGB **278** **drei Jahre** nach Kenntnis bzw. grob fahrlässiger Unkenntnis von dem anspruchsbegründenden Sachverhalt.[865] Demgegenüber wird mitunter die analoge Anwendung von § 64 S. 4

---

[859] BGH Urt. v. 20.9.2010 – II ZR 78/09, BGHZ 187, 60 Rn. 13 ff. = NJW 2011, 221; Noack/Servatius/Haas/*Haas* Rn. 223; Lutter/Hommelhoff/*Kleindiek* Anh. § 64 Rn. 84; Scholz/*Bitter* Rn. 270; HCL/*Casper* Anh. § 62 Rn. 244.

[860] BGH Urt. v. 25.7.2005 – II ZR 390/03, BGHZ 164, 50 (57) = NJW 2005, 3137; *Werner* StBW 2013, 571 (575); *Zugehör* FS Gero Fischer, 2008, 617 (635); MüKoInsO/*Klöhn* InsO § 15a Rn. 276; eine fahrlässige Verletzung der Antragspflicht halten mit guten Gründen für ausreichend *Ehricke* ZGR 2000, 351 (358 ff.); *K. Schmidt* ZIP 1980, 328 (329); Scholz/*Bitter* Rn. 363.

[861] BGH Urt. v. 25.7.2005 – II ZR 390/03, BGHZ 164, 50 (59 ff.) = NJW 2005, 3137.

[862] *Wagner* ZInsO 2009, 449 (453); *Wagner*/*Zabel* NZI 2008, 660 (667).

[863] Abl. OLG Köln Beschl. v. 3.12.2010 – 1 Ws 146/10–128, DStR 2011, 1195 m. zust. Anm. *Eichborn*; LG Koblenz Urt v. 22.7.2009 – 15 O 397/08, DStRE 2010, 647 (648); *Kaiser*/*Oetjen* DStR 2011, 2488 (2491 f.); *H.-F. Müller* ZInsO 2013, 2181 (2188); *Römermann* GmbHR 2013, 513 (518 f.); *Werner* StBV 2013, 571 (573).

[864] *Kaiser*/*Oetjen* DStR 2011, 2488 (2491 f.).

[865] OLG Köln Urt. v. 12.1.2017 – 7 U 12/16, BeckRS 2017, 101604; OLG Saarbrücken Urt. v. 6.5.2008 – 4 U 484/07–165, GmbHR 2008, 1036 (1037 ff.); zu § 852 BGB aF BGH Urt. v. 15.3.2011 – II ZR 204/09, NJW 2011, 2427 Rn. 14 ff.

(nunmehr § 15b Abs. 7 InsO) iVm § 43 Abs. 4 befürwortet.[866] Doch unterscheiden sich die Ansprüche ganz wesentlich. Während § 43 Abs. 2 wie auch § 15b Abs. 4 InsO/§ 64 S. 1 aF eine interne Ausgleichspflicht der Geschäftsführer gegenüber der Gesellschaft statuiert, begründet § 823 Abs. 2 BGB iVm § 15a InsO einen eigenen Schadensersatzanspruch der Gläubiger. Dass ein etwaiger Gesamtschaden im Insolvenzverfahren nach § 92 InsO vom Verwalter eingezogen wird, ändert daran nichts. Es bleibt daher bei der regelmäßigen Verjährung nach §§ 195, 199 BGB.

I. Weitere Haftungstatbestände

I. § 43 Abs. 2

279   Wer als Geschäftsführer den rechtlich gebotenen Insolvenzantrag verspätet oder gar nicht stellt, verletzt auch seine organschaftlichen Pflichten gegenüber der **Gesellschaft** und muss ihr den durch die Insolvenzverschleppung entstehenden Schaden ersetzen. Nach einer älteren Entscheidung des BGH ist eine Haftung nach § 43 Abs. 2 aber ausgeschlossen, wenn der Geschäftsleiter einer Weisung der Gesellschafter Folge geleistet hat (Umkehrschluss aus § 43 Abs. 3 S. 3, § 64 S. 4 aF).[867] Das ist jedoch problematisch, weil eine solche Weisung öffentlich-rechtliche Pflichten nicht außer Kraft zu setzen vermag.[868] Jedenfalls soweit die Inanspruchnahme zur Befriedigung der Gläubiger notwendig ist, wird man einem derartigen Gesellschafterbeschluss keine entlastende Wirkung zubilligen können.[869]

280   Schadensersatzpflichtig kann sich der Geschäftsleiter auch machen, wenn er den Antrag **verfrüht** stellt, sei es, dass er die dreiwöchige Sanierungsfrist des § 15a InsO nicht ausschöpft oder aber das Verfahren wegen drohender Zahlungsunfähigkeit ohne Zustimmung der Gesellschafter einleitet.[870] Er unternimmt in der Krise damit oftmals eine Gratwanderung zwischen vorzeitiger und verspäteter Antragstellung.

II. § 26 Abs. 3, 4 InsO

281   **1. Erstattungspflicht gegenüber dem Vorschussleistenden.** Wer seine **Antragspflichten** pflichtwidrig und schuldhaft verletzt hat, ist demjenigen, der einen Vorschuss zur Eröffnung des Verfahrens geleistet hat, nach **§ 26 Abs. 3 InsO** zur **Erstattung** verpflichtet. Pflichtwidrigkeit und Verschulden werden **vermutet**. Mit der im Zuge der Insolvenzrechtsreform eingeführten Regelung soll die Bereitschaft von Gläubigern zur Leistung von Vorschüssen erhöht und so ein Beitrag zu einer leichteren und früheren Verfahrenseröffnung geleistet werden. Es handelt sich um einen **deliktsähnlichen Anspruch** wegen Verletzung der Insolvenzantragspflicht. Mehrere Antragsverpflichtete haften daher entsprechend § 830 Abs. 1 BGB, § 840 Abs. 1 BGB als Gesamtschuldner.[871]

282   Voraussetzung für die Haftung ist neben der Insolvenzverschleppung, dass der Kostenvorschuss gerade zu dem Zweck geleistet worden ist, das Insolvenzverfahren trotz der Massearmut zu eröffnen oder weiterzuführen. Daher können nur **Massekostenvorschüsse im**

---

[866] OLG Naumburg Urt. v. 21.8.2003 – 7 U 23/03, NZG 2004, 189; OLG Saarbrücken Urt. v. 22.9.1999 – 1 U 3/99–1, NJW-RR 2000, 180; Lutter/Hommelhoff/*Kleindiek* Anh. § 64 Rn. 106; für den Anspruch auf Ersatz des Quotenschadens auch *Haas* NZG 2009, 976; *K. Schmidt* in K. Schmidt/Uhlenbruck Sanierung Rn. 11.30; Rowedder/Schmidt-Leithoff/*Schmidt-Leithoff/Schneider* Rn. 90; MüKoInsO/ *Klohn* InsO § 15a Rn. 251.
[867] Vgl. BGH Urt. v. 18.3.1974 – II ZR 2/72, NJW 1974, 1088 (1089).
[868] S. jetzt BGH Urt. v. 26.10.2009 – II ZR 222/08, NZG 2009, 1385 Rn. 10.
[869] Noack/Servatius/Haas/*Haas* Rn. 298; MüKoInsO/*Klöhn* InsO § 15a Rn. 317.
[870] *Leinekugel/Skauradszun* GmbHR 2011, 1121 (1126 ff.); *Haas/Kolmann/Kurz* in Gottwald/Haas InsR-HdB § 90 Rn. 154 ff.; Kübler/Prütting/*Noack* GesR Rn. 332; Noack/Servatius/Haas/*Haas* Rn. 297; Hachenburg/*Ulmer* Rn. 28.
[871] HK-InsO/*Laroche* InsO § 26 Rn. 42; Jaeger/*Schilken* InsO § 26 Rn. 91.

Rechtssinne, nicht aber anders zu qualifizierende Zahlungen wie allgemeine Massedarlehen[872] oder Prozesskostenvorschüsse[873] den Anspruch begründen. Maßgeblich sind die objektiven Verhältnisse und nicht die Bezeichnung der Zahlung als „Massekostenvorschuss" durch den Gläubiger oder Verwalter.[874]

Der Anspruch richtet sich auf Erstattung des geleisteten Vorschusses in **voller Höhe,** **283** und zwar auch dann, wenn das Insolvenzgericht den leistenden Betrag versehentlich zu hoch angesetzt hat.[875] Der Zahlungsverpflichtete kann jedoch verlangen, dass ihm Rückgewähransprüche des Vorschussleistenden wegen eines unter Umständen nicht benötigten Vorschussanteils abgetreten werden.[876] Ist der Vorschuss bereits teilweise zurückgezahlt worden, so reduziert sich der Erstattungsanspruch entsprechend.[877]

Da ein **Individualschaden** und kein Gesamtschaden zu liquidieren ist, unterliegt der **284** Anspruch nicht der Einziehungsbefugnis des Verwalters nach § 92 InsO.[878] Er kann daher von dem jeweiligen Gläubiger selbst eingezogen werden. Es gilt die dreijährige **Verjährung** nach §§ 195, 199 BGB.

2. Eigene Verpflichtung zur Vorschussleistung. Ergänzt wird die Regelung **285** durch die mit dem ESUG 2012 eingeführte Verpflichtung der organschaftlichen Vertreter bzw. – im Falle der Führungslosigkeit – der Gesellschafter, bei schuldhafter Verletzung der Antragspflicht den Vorschuss selbst zu leisten (**§ 26 Abs. 4 InsO**). Wiederum werden Pflichtwidrigkeit und Verschulden vermutet. Die Zahlung des Vorschusses kann der vorläufige Insolvenzverwalter sowie jede Person verlangen, die einen begründeten Vermögensanspruch gegen den Schuldner hat. Das Insolvenzgericht ist zur Einziehung nicht befugt.[879]

III. Culpa in contrahendo

Begründet der Geschäftsführer nach Eintritt der Insolvenzreife noch Verbindlichkei- **286** ten, so kommt grundsätzlich eine Haftung wegen **Verschuldens bei Vertragsverhandlungen** in Betracht (§§ 280, 311, 241 Abs. 2 BGB). In älteren Entscheidungen ließ der BGH den Mehrheits- oder Alleingesellschafter ohne Weiteres wegen seines überragenden **wirtschaftlichen Eigeninteresses** als Sachwalter haften.[880] Er musste diese Rspr. jedoch bald wieder aufgeben, da der Widerspruch zu § 13 offenkundig war.[881] Auch die Stellung von Sicherheiten durch den Geschäftsführer genügt nicht, um eine persönliche Haftung zu begründen.[882] Rechtfertigen lässt sie sich aber unter dem Gesichtspunkt der Inanspruchnahme eines **besonderen persönlichen Vertrauens** (s. § 311 Abs. 3 S. 2 BGB). Dies setzt voraus, dass der Geschäftsführer über das normale Verhandlungsvertrauen hinaus beim Verhandlungspartner ein zusätzliches, von ihm selbst ausgehendes Vertrauen auf die Vollständigkeit und Richtigkeit seiner Erklärungen hervorgerufen

---

[872] BGH Urt. v. 15.1.2009 – XI ZR 56/08, NZI 2009, 233 Rn. 11; Urt. v. 14.11.2002 – XI ZR 40/02, NZI 2003, 324.
[873] BGH Urt. v. 15.1.2009 – XI ZR 56/08, NZI 2009, 233 Rn. 11.
[874] BGH Urt. v. 15.1.2009 – XI ZR 56/08, NZI 2009, 233 Rn. 11; Urt. v. 14.11.2002 – XI ZR 40/02, NZI 2003, 324.
[875] BGH Urt. v. 15.1.2009 – XI ZR 56/08, NZI 2009, 233 Rn. 13 ff.
[876] HK-InsO/*Laroche* InsO § 26 Rn. 45.
[877] Jaeger/*Schilken* InsO § 26 Rn. 97.
[878] Jaeger/*Schilken* InsO § 26 Rn. 98.
[879] S. zur Kritik an der Vorschrift *Zimmermann* ZInsO 2012, 396; befürwortend dagegen *Foerste* ZInsO 2012, 532.
[880] BGH Urt. v. 23.2.1983 – VIII ZR 325/81, BGHZ 87, 27 (33 f.) = NJW 1983, 1607; Urt. v. 27.10.1982 – VIII ZR 187/81, NJW 1983, 676 (677 f.); Urt. v. 25.1.1984 – VIII ZR 227/82, NJW 1984, 2284 (2286).
[881] BGH Urt. v. 23.10.1985 – VIII ZR 210/84, NJW 1986, 586 (587 f.); Urt. v. 1.7.1991 – II ZR 180/90, NJW-RR 1991, 1312 (1313); Urt. v. 6.6.1994 – II ZR 292/91, BGHZ 126, 181 (184 ff.) = NJW 1994, 2220.
[882] BGH Urt. v. 6.6.1994 – II ZR 292/91, BGHZ 126, 181 (186) = NJW 1994, 2220; anders noch BGH Urt. v. 23.10.1985 – VIII ZR 210/84, NJW 1986, 586 (588).

hat.[883] Dabei wird es sich regelmäßig um Erklärungen im Vorfeld einer Garantiezusage handeln.[884]

287   Der Gläubiger, der aufgrund eines besonderen Vertrauensverhältnisses zum Geschäfts-führer mit der bereits insolvenzreifen Gesellschaft kontrahiert hat, kann aber über culpa in contrahendo ohnehin nicht mehr erlangen als über **§ 823 Abs. 2 BGB iVm § 15a InsO** (§ 64 Abs. 1 aF).[885] Sein Begehren auf die letztgenannte Anspruchsgrundlage zu stützen, ist ihm durchweg zu empfehlen, denn er muss hierzu nicht die näheren Umstände des Vertragsschlusses darlegen; es genügt, dass der Geschäftsführer seine Insolvenzantragspflicht verletzt hat. Seit der BGH es dem vertraglichen Neugläubiger auf diesem Wege erlaubt, seinen gesamten Vertrauensschaden zu liquidieren (→ Rn. 266), hat die Haftung des Geschäftsführers aus culpa in contrahendo rechtstatsächlich ihre praktische Bedeutung fast vollständig verloren.

IV. Weitere Tatbestände

288   Eine bedeutsame Rolle im Vorfeld der Insolvenz spielt die steuerliche Haftung der Geschäftsführer nach **§§ 34, 69 AO.** Danach haften die gesetzlichen Vertreter der Gesell-schaft für Steuerschulden, die sie schuldhaft nicht entrichtet haben (zum Verhältnis zum Zahlungsverbot des § 15b Abs. 1 S. 1 InsO/§ 64 S. 1 aF → Rn. 199 ff.; zum Grundsatz anteiliger Tilgung in der Krise → § 70 Rn. 22 f.). Durch die hypothetische Möglichkeit des Insolvenzverwalters, entsprechende Zahlungen an den Fiskus anzufechten, wird die Haftung nicht ausgeschlossen.[886] Der Fiskus kann seinen Anspruch auch in der Insolvenz der Gesellschaft gem. § 191 AO im Wege des Haftungsbescheids durchsetzen.

289   Erhebliche praktische Relevanz hat auch die Haftung der Geschäftsleiter wegen Verlet-zung der Pflicht zur Abführung der Arbeitnehmeranteile an die Sozialversicherung gem. **§ 823 Abs. 2 BGB iVm § 266a Abs. 1 StGB,**[887] mitunter wird auch der Schutzgesetzcha-rakter durch das Gesetz zur Intensivierung der Bekämpfung der Schwarzarbeit und damit zusammenhängender Steuerhinterziehung vom 23.7.2004 (BGBl. 2004 I 1842) neu einge-fügten § 266a Abs. 2 StGB bejaht,[888] der nunmehr unter bestimmten Voraussetzungen auch die Nichtabführung der Arbeitgeberbeiträge unter Strafe stellt. Nicht erfasst sind Säumniszu-schläge[889] oder auch Beiträge an die Urlaubs- und Lohnausgleichskasse der Bauwirtschaft.[890]

290   Ein Schadensersatzanspruch kommt ferner nach **§ 823 Abs. 2 BGB iVm § 263 StGB** in Betracht, wenn der Geschäftsführer oder ein anderer Beteiligter einen Dritten über die finanzielle Lage der Gesellschaft täuscht und diesen dadurch zu einer schädigenden Vermögensverfügung, wie zB den Abschluss eines Rechtsgeschäfts, den Verzicht auf Sicher-heiten oder die Geltendmachung einer Forderung, veranlasst. Als Betrugshandlung lässt es die Rspr. genügen, dass der (faktische) Geschäftsführer der Fortsetzung der Geschäftstätigkeit nach Insolvenzreife zustimmt und die einzelnen schädigenden Geschäfte dann von Ange-stellten der Gesellschaft abgeschlossen werden.[891] In subjektiver Hinsicht ist neben der Bereicherungsabsicht Vorsatz hinsichtlich des bevorstehenden Forderungsausfalls notwendig.

---

[883]   BGH Urt. v. 6.6.1994 – II ZR 292/91, BGHZ 126, 181 (189) = NJW 1994, 2220; Urt. v. 1.7.1991 – II ZR 180/90, NJW-RR 1991, 1312 (1313 f.).

[884]   BGH Urt. v. 6.6.1994 – II ZR 292/91, BGHZ 126, 181 (189) = NJW 1994, 2220; Hachenburg/*Ulmer* Rn. 70; großzügiger vor allem *K. Schmidt* NJW 1993, 1993 (1995), der die Insolvenzverschleppungshaf-tung gegenüber Neugläubigern generell auf c.i.c. stützen will.

[885]   *Poertzen,* Organhaftung wegen Insolvenzverschleppung, 2006, 364 f.; HCL/*Casper* Anh. § 62 Rn. 258.

[886]   BFH Urt. v. 5.6.2007 – VII R 65/05, BFHE 217, 233 = GmbHR 2007, 1114; Urt. v. 11.11.2008 – VII R 19/08, DStR 2009, 427; FG Düsseldorf Urt. v. 31.3.2006 – 9 K 4573/03, ZIP 2006, 1447 (1448 f.); FG Köln Urt. v. 12.9.2005 – 8 K 5677/01, ZIP 2006, 470 (472 f.); anders etwa *Urban* DStR 2006, 1256 (1261 f.).

[887]   S. nur BGH Beschl. v. 18.4.2005 – II ZR 61/03, NJW 2005, 2546 (2547); BAG Urt. v. 18.8.2005 – 8 AZR 542/04, NJW 2005, 3739 (3740); *Haas,* Geschäftsführerhaftung und Gläubigerschutz, 1997, 196 ff.

[888]   *Verse* ZHR 168 (2006), 398 (412).

[889]   KG Urt. v. 25.9.2007 – 9 U 215/06, ZIP 2008, 506.

[890]   BAG Urt. v. 18.8.2005 – 8 AZR 542/04, NJW 2005, 3739 (3740).

[891]   BGH Urt. v. 11.12.1997 – 4 StR 323/97, NJW 1998, 767 (768).

Dolus eventualis genügt, dh der Geschäftsleiter muss das Unvermögen der Gesellschaft zur Erfüllung der eingegangenen Verbindlichkeit zumindest für möglich halten und billigend in Kauf nehmen.[892]

Auch der im Vorfeld des § 263 StGB angesiedelte Tatbestand des Kreditbetruges gem. **291** **§ 265b StGB,** der unrichtige oder unvollständige Angaben zur Erschleichung von Kreditmitteln strafrechtlich sanktioniert, kann über § 823 Abs. 2 BGB zivilrechtliche Schadensersatzansprüche auslösen.[893] Dagegen hat der BGH unlängst die Schutzgesetzeigenschaft von **283 StGB** abgelehnt, da der durch die Buchführungspflichten geschützte Personenkreis nicht hinreichend abgrenzbar sei.[894] Gleiches ist wohl für die informationsgestützten Tatbestandsvarianten des **Bankrotts (§ 283b Abs. 1 Nr. 5–7 StGB)** anzunehmen.[895] Anders zu beurteilen sind die den **Bestand des Vermögens schützenden** Varianten der Vorschrift **(§ 283b Abs. 1 Nr. 1–4, 8 StGB).**[896] Schließlich können im Einzelfall auch die Voraussetzungen einer vorsätzlichen sittenwidrigen Schädigung nach § 826 BGB gegeben sein.[897]

Hat der Geschäftsführer zugleich seine **Insolvenzantragspflicht** nach § 15a InsO ver- **292** letzt, besteht an der Verwirklichung von Ansprüchen nach § 823 Abs. 2 BGB iVm §§ 263, 265a und 283b StGB sowie § 826 BGB kaum ein praktisches Interesse, soweit es sich bei den Geschädigten durchweg um vertragliche Neugläubiger handelt, die ihren Vertrauensschaden ohnehin nach den in → Rn. 266 ff. skizzierten Grundsätzen liquidieren können. Anders liegt es insbesondere bei Fiskus und Sozialversicherungsträgern. Da diese wegen der Verletzung der Antragspflicht als gesetzliche Gläubiger nur einen Quotenschaden geltend machen können, stehen sie nach §§ 34, 69 AO bzw. § 823 Abs. 2 BGB iVm § 266a StGB wesentlich günstiger.

J. GmbH & Co. KG

I. Überblick

Nach § 15b Abs. 6 InsO iVm § 15a Abs. 1 S. 3, Abs. 2 InsO gilt das Zahlungsverbot **293** auch für Personengesellschaften **ohne eine natürliche Person als Vollhafter,** insbesondere die klassische GmbH & Co. KG, da diese Gläubiger vergleichbare Risiken auslösen wie Kapitalgesellschaften. Die einschlägigen Regelungen befanden sich **bis zum 31.12.2020** in §§ 130a, 177a HGB. Diese Vorschriften wurden durch das Erste Gesetz zur Bekämpfung der Wirtschaftskriminalität vom 29.7.1976 (BGBl. 1976 I 2034) eingeführt. Sie lauteten:

§ 130a HGB [Antragspflicht bei Zahlungsunfähigkeit oder Überschuldung]

(1) ¹Nachdem bei einer Gesellschaft, bei der kein Gesellschafter eine natürliche Person ist, die Zahlungsunfähigkeit eingetreten ist oder sich ihre Überschuldung ergeben hat, dürfen die organschaftlichen Vertreter der zur Vertretung der Gesellschaft ermächtigten Gesellschafter und die Liquidatoren für die Gesellschaft keine Zahlungen leisten. ²Dies gilt nicht von Zahlungen, die auch nach diesem Zeitpunkt mit der Sorgfalt eines ordentlichen und gewissenhaften Geschäftsleiters vereinbar sind. ³Entsprechendes gilt für Zahlungen an Gesellschafter, soweit

---

[892] HCL/*Casper* Anh. § 62 Rn. 250, 254; s. zu § 826 BGB BGH Urt. v. 22.7.2021 – II ZR 164/20, NJW 2021, 3330 Rn. 22 ff.

[893] BGH Urt. v. 11.12.2018 – II ZR 455/17, NZG 2019, 437 Rn. 12 ff.; Scholz/*Bitter* Rn. 411; HCL/ *Casper* Anh. § 62 Rn. 251.

[894] BGH Urt. v. 11.12.2018 – II ZR 455/17, NZG 2019, 437 Rn. 30 ff.; OLG Hamm Beschl. v. 10.2.2014 – 9 U 224/13, GmbHR 2014, 1044 = BeckRS 2014, 6531.

[895] OLG Hamm Beschl. v. 10.2.2014 – 9 U 224/13, GmbHR 2014, 1044 = BeckRS 2014, 6531; Scholz/ *Bitter* Rn. 418.

[896] S. zu § 283b Abs. 1 Nr. 1 StGB BGH Urt. v. 25.9.2014 – IX ZR 156/12, NZI 2014, 1046 Rn. 6; Scholz/*Bitter* Rn. 419.

[897] BGH Urt. v. 11.12.2018 – II ZR 455/17, NZG 2019, 437 Rn. 16 ff.; Urt. v. 18.12.2007 – VI ZR 231/06, BGHZ 175, 58 Rn. 14 = NZG 2007, 347; HCL/*Casper* Anh. § 62 Rn. 268 ff.; MüKoInsO/ *Klöhn* InsO § 15a Rn. 295 ff.

diese zur Zahlungsunfähigkeit der Gesellschaft führen mussten, es sei denn, dies war auch bei Beachtung der in Satz 2 bezeichneten Sorgfalt nicht erkennbar. [4]*Die Sätze 1 bis 3 gelten nicht, wenn zu den Gesellschaftern der offenen Handelsgesellschaft eine andere offene Handelsgesellschaft oder Kommanditgesellschaft gehört, bei der ein persönlich haftender Gesellschafter eine natürliche Person ist.*

(2) [1]*Wird entgegen § 15a Abs. 1 der Insolvenzordnung die Eröffnung des Insolvenzverfahrens nicht oder nicht rechtzeitig beantragt oder werden entgegen Absatz 1 Zahlungen geleistet, so sind die organschaftlichen Vertreter der zur Vertretung der Gesellschaft ermächtigten Gesellschafter und die Liquidatoren der Gesellschaft gegenüber zum Ersatz des daraus entstehenden Schadens als Gesamtschuldner verpflichtet.* [2]*Ist dabei streitig, ob sie die Sorgfalt eines ordentlichen und gewissenhaften Geschäftsleiters angewandt haben, so trifft sie die Beweislast.* [3]*Die Ersatzpflicht kann durch Vereinbarung mit den Gesellschaftern weder eingeschränkt noch ausgeschlossen werden.* [4]*Soweit der Ersatz zur Befriedigung der Gläubiger der Gesellschaft erforderlich ist, wird die Ersatzpflicht weder durch einen Verzicht oder Vergleich der Gesellschaft noch dadurch aufgehoben, daß die Handlung auf einem Beschluß der Gesellschafter beruht.* [5]*Satz 4 gilt nicht, wenn der Ersatzpflichtige zahlungsunfähig ist und sich zur Abwendung des Insolvenzverfahrens mit seinen Gläubigern vergleicht oder wenn die Ersatzpflicht in einem Insolvenzplan geregelt wird.* [6]*Die Ansprüche aus diesen Vorschriften verjähren in fünf Jahren.*

(3) Diese Vorschriften gelten sinngemäß, wenn die in den Absätzen 1 und 2 genannten organschaftlichen Vertreter ihrerseits Gesellschaften sind, bei denen kein Gesellschafter eine natürliche Person ist, oder sich die Verbindung von Gesellschaften in dieser Art fortsetzt.

§ 177a HGB *[Angaben auf Geschäftsbriefen; Antragspflicht bei Zahlungsunfähigkeit oder Überschuldung]*

[1]*Die §§ 125a und 130a gelten auch für die Gesellschaft, bei der ein Kommanditist eine natürliche Person ist, § 130a jedoch mit der Maßgabe, daß anstelle des Absatzes 1 Satz 4 der § 172 Abs. 6 Satz 2 anzuwenden ist.* [2]*Der in § 125a Abs. 1 Satz 2 für die Gesellschafter vorgeschriebenen Angaben bedarf es nur für die persönlich haftenden Gesellschafter der Gesellschaft.*

294   Durch das **MoMiG** wurde zum 1.11.2008 die Insolvenzantragspflicht in § 15a InsO ausgelagert und über die Insolvenzvertiefungshaftung hinaus eine Insolvenzverursachungshaftung eingeführt. Das **SanSfoG** hat dann Insolvenzantragspflichten und Zahlungsverbote zum 1.1.2021 wieder zusammengeführt (§ 15b Abs. 6 InsO).

II. Besonderheiten der Insolvenz der GmbH & Co. KG

295   **1. Trennungsprinzip.** Die GmbH & Co. KG ist gem. § 11 Abs. 2 Nr. 1 InsO selbst **insolvenzfähig.** Insolvenz der KG und der Komplementär-GmbH sind daher strikt zu unterscheiden. Zwar schlägt die finanzielle Notlage der KG wegen der persönlichen Haftung (§ 128 HGB) zumeist auf die GmbH durch. Die Geschäftsführer der GmbH müssen aber gleichwohl für beide Gesellschaften gesondert prüfen, ob ein Insolvenzgrund vorliegt. Ist das der Fall, sind für beide Gesellschaften Insolvenzanträge zu stellen und beide in **getrennten Verfahren** abzuwickeln, sog. Trennungsprinzip.[898] Ein Einheitsinsolvenzverfahren über das gesamte Unternehmensvermögen findet also nicht statt. Es ist aber sinnvoll, die Verfahren möglichst weitgehend aufeinander abzustimmen.[899] Hierzu empfiehlt es sich, die Verwaltung einer Person zu übertragen.

296   **2. Eröffnungsgründe und Eröffnungsverfahren. Eröffnungsgründe** sind wie bei der GmbH Zahlungsunfähigkeit (§ 17 InsO) und Überschuldung (§ 19 Abs. 3 InsO) sowie bei Eigenantrag auch die drohende Zahlungsunfähigkeit (§ 18 InsO). Bei der Prüfung der Zahlungsunfähigkeit ist aufgrund des Trennungsprinzips allein auf die liquide vorhandenen

---

[898]   S. *Schlitt* NZG 1998, 701 (702); *Haas/Mock* in Gottwald/Haas InsR-HdB § 94 Rn. 4; *Salger* in Reichert GmbH & Co. KG § 49 Rn. 6.

[899]   S. *K. Schmidt* GmbHR 2002, 1209 (1213 ff.); Scholz/*Bitter* Vor § 64 Rn. 244, 276 ff.

Mittel der Gesellschaft abzuheben, nicht auf die der Gesellschafter.[900] Auch im Überschuldungsstatus wird die persönliche Haftung der Gesellschafter nicht berücksichtigt. § 93 InsO steht nicht entgegen, da die Vorschrift die Rechtsinhaberschaft der Gläubiger unberührt lässt.[901]

Das **Antragsrecht** für die KG steht nach § 15 Abs. 1, 3 InsO jedem einzelnen **297** Geschäftsführer der Komplementär-GmbH zu, und zwar ohne Rücksicht darauf, ob er nach der Satzung der GmbH einzelvertretungsberechtigt ist oder nicht. Auf die gesellschaftsrechtliche Vertretungsbefugnis kommt es lediglich bei drohender Zahlungsunfähigkeit an (§ 18 Abs. 3 InsO). Im Falle von Zahlungsunfähigkeit und Überschuldung korrespondiert mit dem Antragsrecht der Geschäftsführer gem. § 15a Abs. 1 S. 2 InsO auch eine Antragspflicht. Ob bei Führungslosigkeit der GmbH deren Gesellschafter berechtigt und verpflichtet sind, einen Antrag für die KG zu stellen, ist unklar, im Ergebnis aber wohl zu bejahen.[902] Die Kommanditisten sind nicht antragsberechtigt.[903]

3. Eröffnetes Verfahren. Mit der Eröffnung des Verfahrens wird die KG aufgelöst **298** (§ 131 Abs. 1 Nr. 3 HGB). Das Insolvenzverfahren übernimmt zugleich die Aufgaben der gesellschaftsrechtlichen Liquidation (§ 199 S. 2 InsO). Träger der Gemeinschuldnerrolle ist die KG, deren Rechte und Pflichten von den Geschäftsführern der Komplementär-GmbH wahrgenommen werden.[904] Zur Masse gehören namentlich die Einlageforderungen gegen die Gesellschafter, die gem. § 80 InsO der Verwalter einzuziehen hat, soweit dies zur Befriedigung der Gläubiger notwendig ist. Dieser ist im laufenden Insolvenzverfahren auch befugt, die **Haftung** der Komplementär-GmbH nach § 93 InsO und die der Kommanditisten nach § 171 Abs. 2 HGB geltend zu machen. Die persönliche Haftung besteht grundsätzlich nur für solche Gesellschaftsverbindlichkeiten, die bis zur Eröffnung des Insolvenzverfahrens begründet worden sind.[905] Zur substanziierten Darlegung ist es ausreichend, wenn der Insolvenzverwalter die Insolvenztabelle mit festgestellten Forderungen vorlegt, die nicht aus der Insolvenzmasse befriedigt werden können. Die widerspruchslose Feststellung von Forderungen zur Insolvenztabelle nimmt gem. § 129 Abs. 1 HGB, § 161 Abs. 2 HGB iVm § 178 Abs. 3, § 201 Abs. 2 InsO sowohl der Komplementärin als auch den Kommanditisten die der Gesellschaft abgesprochenen Einwendungen gegen die Gläubigerforderungen.[906] Dem in Anspruch genommenen Gesellschafter steht der Einwand zu, dass das von ihm Geforderte zur Tilgung der Gesellschaftsschulden, für die er haftet, nicht erforderlich ist. Er trägt hierfür die Darlegungs- und Beweislast; jedoch hat der Insolvenzverwalter die für die Befriedigung der Gläubiger bedeutsamen Verhältnisse der Gesellschaft darzulegen[907] und ggf. Akteneinsicht zu gewähren.[908] Der Verwalter muss nach § 155 InsO die handels- und steuerrechtlichen Pflichten der insolventen KG zur Buchführung und Rechnungslegung erfüllen. Diese Pflichten bestehen auch gegenüber Komplementären und Kommanditisten, denen gegenüber der Verwalter insoweit nach § 60 InsO haftet.[909] Entstehen der

[900] *Haas/Mock* in Gottwald/Haas InsR-HdB § 94 Rn. 7; *Salger* in Reichert GmbH & Co. KG § 49 Rn. 15; Jaeger/*H.-F. Müller* InsO § 17 Rn. 8.

[901] *Haas/Mock* in Gottwald/Haas InsR-HdB § 94 Rn. 9.

[902] *Poertzgen* ZInsO 2007, 574 (577).

[903] BGH Urt. v. 20.2.2018 – II ZR 272/16, BGHZ 217, 327 Rn. 33 = NZG 2018, 497; Urt. v. 24.9.2009 – IX ZR 234/07, NZI 2021, 123 Rn. 17.

[904] *H.-F. Müller,* Der Verband in der Insolvenz, 2002, 46 ff.; *Schlitt* NZG 1998, 701 (702); *Haas/Mock* in Gottwald/Haas InsR-HdB § 94 Rn. 23; Scholz/*Bitter* Vor § 64 Rn. 279; überholt BGH Urt. v. 16.2.1961 – III ZR 71/60, BGHZ 34, 293 (297) = NJW 1961, 1022.

[905] BGH Urt. v. 24.9.2009 – IX ZR 234/07, NJW 2010, 69 Rn. 11 ff.; Urt. v. 15.12.2020 – II ZR 108/19, BeckRS 2020, 39108 Rn. 28 ff.; *K. Schmidt* ZHR 174 (2010), 163 (166 ff.).

[906] BGH Urt. v. 20.2.2018 – II ZR 272/16, BGHZ 217, 327 Rn. 15 ff. = NZG 2018, 497; Urt. v. 21.7.2020 – II ZR 175/19, NZG 2020, 1149 Rn. 15.

[907] BGH Urt. v. 11.12.1989 – II ZR 78/89, BGHZ 109, 334 (344) = NJW 1990, 1109: Urt. v. 20.2.2018 – II ZR 272/16, BGHZ 217, 327 Rn. 39 = NZG 2018, 497; Urt. v. 21.7.2020 – II ZR 175/19, NZG 2020, 1149 Rn. 21.

[908] Urt. v. 24.9.2009 – IX ZR 234/07, NZI 2021, 123 Rn. 18 f.

[909] BGH Urt. v. 16.9.2010 – IX ZR 121/09, ZIP 2010, 2164 Rn. 14 ff.

Masse durch die Erstellung der Jahresabschlüsse allein in fremdem Interesse Kosten, so kann er hierfür allerdings Ersatz und einen entsprechenden Auslagenvorschuss fordern.[910] Nicht zu den Aufgaben des Verwalters gehört nach der Rspr. die Durchführung der gesonderten und einheitlichen Gewinnfeststellung nach §§ 179 ff. AO[911] und die Durchführung des Innenausgleichs unter den Gesellschaftern.[912]

299   **4. Beendigung des Verfahrens.** Die GmbH & Co. KG wird im Insolvenzverfahren regelmäßig bis zur **Löschungsreife** abgewickelt (§ 394 Abs. 1 S. 2, Abs. 4 FamFG). Eine Fortsetzung kommt nach § 144 Abs. 1 HGB, § 161 Abs. 2 HGB nur in Betracht, wenn das Verfahren gem. §§ 212, 213 InsO auf Antrag des Schuldners eingestellt oder nach der Bestätigung eines Insolvenzplans, der den Fortbestand der Gesellschaft vorsieht, aufgehoben wird. Die Befreiung der Gesellschaft von ihren Verbindlichkeiten im Plan kommt gem. § 227 Abs. 2 InsO nicht nur der Komplementär-GmbH, sondern entgegen der wohl hM[913] auch den Kommanditisten zugute.[914] Die Haftung aus anderen Gründen, zB aus Bürgschaften, bleibt unberührt.[915]

300   Nicht zulässig ist die Fortsetzung der Gesellschaft nach Einstellung bzw. Aufhebung des Verfahrens mangels Masse (§§ 207, 211 InsO).[916] Der Fortsetzungsbeschluss muss, wenn der Gesellschaftsvertrag keine Mehrheitsklausel enthält, einstimmig gefasst werden. Die Fortsetzung ist gem. § 144 Abs. 2 HGB, § 161 Abs. 1 HGB von allen Gesellschaftern zum **Handelsregister** anzumelden, die Komplementär-GmbH wird dabei durch ihre Geschäftsführer vertreten.

III. Haftung

301   Nach § 15b Abs. 6 InsO iVm § 15a Abs. 1 S. 3, Abs. 2 InsO gilt das Zahlungsverbot auch für die GmbH & Co. KG und die Geschäftsleiter der Komplementär-GmbH. Die einschlägigen Regelungen befanden sich bis zum 31.12.2020 in §§ 130a, 177a HGB. § 130a aF HGB trennt anders als § 64 aF deutlich zwischen dem Verbot insolvenzvertiefender und insolvenzverursachender Zahlungen (Abs. 1) und der Erstattungspflicht bei schuldhafter Verletzung dieses Verbots (Abs. 2). Inhaltliche Unterschiede ergeben sich durch die abweichende redaktionelle Ausgestaltung gegenüber § 64 aF nicht.[917] Zwar wird in § 130a Abs. 2 HGB der Begriff des „Schadens" verwendet, gemeint ist aber nicht Schadensersatz iSd §§ 249 ff. BGB, der „Schaden" liegt hier schon im Abfluss von Mitteln.[918] Damit sind wie nach § 64 aF prinzipiell alle verbotswidrigen Zahlungen ungekürzt zu erstatten.

302   § 130a Abs. 2 S. 1 Alt. 1 HGB aF statuierte des Weiteren einen Schadensersatzanspruch der KG gegenüber den Geschäftsführern der Komplementär-GmbH bei **Verletzung der Insolvenzantragspflicht.** Ein solcher Binnenhaftungsanspruch wegen verspäteter Antragstellung ergibt sich im Recht der GmbH aus § 43 Abs. 2 (→ Rn. 279). Das organschaftliche Verhältnis zur Komplementär-GmbH ist aber ein Rechtsverhältnis mit Schutzwirkung zugunsten der KG, so dass sich durch die Streichung des § 130a

---

[910]   BGH Urt. v. 16.9.2010 – IX ZR 121/09, ZIP 2010, 2164 Rn. 12.
[911]   BFH Urt. v. 23.8.1994 – VII R 143/92, BFHE 175, 309 (311 ff.) = ZIP 1994, 1969; BGH Urt. v. 16.9.2010 – IX ZR 121/09, ZIP 2010, 2164 Rn. 6; KG Urt. v. 30.4.2009 – 9 U 215/06, ZIP 2009, 1824 = EWiR § 155 InsO 2/09, 723 *(Stahlschmidt)*; aA *H.-F. Müller,* Der Verband in der Insolvenz, 2002, 111 f.
[912]   BGH Urt. v. 15.12.2020 – II ZR 108/19, BeckRS 2020, 39108 Rn. 70 ff.
[913]   BGH Urt. v. 25.5.1970 – II ZR 183/68, NJW 1970, 1921 zu § 109 Nr. 3 VerglO; ferner *Armbruster,* Die Stellung des haftenden Gesellschafters in der Insolvenz nach geltendem und künftigen Recht, 1996, 131 ff., 138 ff.; *Schlitt* NZG 1998, 701 (755, 761); MüKoInsO/*Breuer* InsO § 227 Rn. 13.
[914]   *Eidenmüller* ZGR 2001, 680 (684); *H.-F. Müller* KTS 2002, 209 (258 ff.); *Scholz/Bitter* Vor § 64 Rn. 295.
[915]   MüKoInsO/*Breuer* InsO § 227 Rn. 12; K. *Schmidt/Spliedt* InsO § 227 Rn. 6.
[916]   *H.-F. Müller* KTS 2002, 209 (228); *Salger* in Reichert GmbH & Co. KG § 49 Rn. 112.
[917]   S. BT-Drs. 7/3441, 47: „Die in Abs. 3 S. 1 und 2 vorgesehene Schadensersatzpflicht entspricht § 93 Abs. 2, 3 Nr. 6 AktG, § 64 Abs. 2 GmbHG.".
[918]   BGH Urt. v. 26.3.2007 – II ZR 310/05, ZIP 2007, 1006 Rn. 7.

HGB in der Sache nichts geändert hat. § 15a Abs. 1 InsO ist außerdem Schutzgesetz auch zugunsten der Gläubiger der GmbH & Co. KG. Die vertraglichen Neugläubiger können den ihnen entstandenen Vertrauensschaden[919] individuell über § 823 Abs. 2 BGB auch während des laufenden Insolvenzverfahrens liquidieren. Die vertraglichen Altgläubiger sowie die gesetzlichen Gläubiger können ihren Anspruch nach § 823 Abs. 2 BGB iVm § 15a InsO wegen § 92 InsO dagegen nur außerhalb des Verfahrens, also insbesondere in der masselosen Insolvenz, durchsetzen.[920]

Die vor Inkrafttreten des MoMiG in § 130b HGB statuierte **Strafsanktion** für vorsätz- **303** liche und fahrlässige Verletzungen der Insolvenzantragspflicht findet sich nunmehr in § 15a Abs. 4, 5 InsO.

§ 65 Anmeldung und Eintragung der Auflösung

(1) ¹**Die Auflösung der Gesellschaft ist zur Eintragung in das Handelsregister anzumelden.** ²**Dies gilt nicht in den Fällen der Eröffnung oder der Ablehnung der Eröffnung des Insolvenzverfahrens und der gerichtlichen Feststellung eines Mangels des Gesellschaftsvertrags.** ³**In diesen Fällen hat das Gericht die Auflösung und ihren Grund von Amts wegen einzutragen.** ⁴**Im Falle der Löschung der Gesellschaft (§ 60 Abs. 1 Nr. 7) entfällt die Eintragung der Auflösung.**

(2) ¹**Die Auflösung ist von den Liquidatoren in den Gesellschaftsblättern bekanntzumachen.** ²**Durch die Bekanntmachung sind zugleich die Gläubiger der Gesellschaft aufzufordern, sich bei derselben zu melden.**

Schrifttum: *Bernert,* Liquidation und Löschung der GmbH, MittBayNot 2021, 309; *Ebert,* Die sachrechtliche Behandlung einer GmbH mit ausländischem Verwaltungssitz, NZG 2002, 937; *Freier,* Die Löschung einer GmbH aus dem Handelsregister ohne vorherige Einhaltung eines Sperrjahres – Status Quo und Ausblick, NZG 2020, 812; *Hofmann,* Zur Auflösung einer GmbH, GmbH, GmbHR 1975, 217; *K. Schmidt,* Zur Ablösung des Löschungsgesetzes; GmbHR 1994, 829; *Vallender,* Auflösung und Löschung der GmbH, NZG 1998, 249.

Übersicht

---

[919] UHL/*Casper,* 2. Aufl. 2016, Rn. 229; Röhricht/Graf v. Westphalen/Haas/*Haas* HGB § 130a Rn. 41.
[920] UHL/*Casper,* 2. Aufl. 2016, Rn. 229; anders Röhricht/Graf v. Westphalen/Haas/*Haas* HGB § 130a Rn. 41, wonach die Interessen der vertraglichen Altgläubiger sowie der gesetzlichen Gläubiger bereits ausreichend durch § 130a Abs. 2 HGB geschützt seien.

I. Normzweck

1   **1. Systematik. a) Zweck der Vorschrift.** § 65 hat wie die Parallelvorschrift des § 263 AktG die Aufgabe für die Veröffentlichung und damit die Publizität der **Auflösung** einer GmbH zu sorgen.[1] Abs. 1 begründet hierzu in S. 1 die Verpflichtung zur Anmeldung und Eintragung der Auflösung in das Handelsregister vor (S. 1), sofern die Eintragung nicht bereits von Amts wegen zu erfolgen hat (S. 2, 3) oder die Eintragung sogar entfällt (S. 4). Abs. 2 ordnet über die Eintragung im Handelsregister hinaus noch die dreimalige Bekanntmachung der Auflösung in den Gesellschaftsblättern an und zwar unter gleichzeitiger Aufforderung der Gläubiger, sich bei der Gesellschaft zu melden. Abs. 2 sorgt damit für eine noch weitergehende Publizität der Auflösung und soll den Gläubigern der Gesellschaft die Möglichkeit geben, im Rahmen der Abwicklung Befriedigung ihrer Forderungen zu erlangen. Erst die dritte Bekanntmachung der Auflösung in den Gesellschaftsblättern setzt das Sperrjahr nach § 73 Abs. 1 in Gang, das gesetzliche Voraussetzung für die Verteilung des Gesellschaftsvermögens gem. § 72 unter die Gesellschafter ist.

2   **b) Verhältnis zur Auflösung.** § 60 regelt die Fälle, in denen die Auflösung einer GmbH mit konstitutiver Wirkung eintritt. Die in Abs. 1 angeordnete Eintragung der Auflösung hat – sofern nicht ausnahmsweise eine Satzungsänderung zwingende Voraussetzung für die Auflösung ist – dementsprechend nur deklaratorische Wirkung und dient der Richtigkeit und Publizität des Handelsregisters (→ Rn. 34 f.).

3   **c) Abgrenzung zum Erlöschen der Gesellschaft.** Von der Auflösung der Gesellschaft und deren Anmeldung zum Handelsregister streng zu unterscheiden ist das Erlöschen der Gesellschaft nach Beendigung des Liquidationsverfahrens. Ist die Gesellschaft durch Vorliegen eines Auflösungsgrundes nach § 60 aufgelöst, tritt diese zunächst in ein Abwicklungsverfahren (Liquidation nach §§ 66–74) ein, das der Befriedigung der Gläubiger (§ 70) und der Verteilung des danach verbleibenden Vermögens unter den Gesellschaftern (§ 72) dient. In dem in § 60 Abs. 1 Nr. 4 geregelten Sonderfall der Auflösung der Gesellschaft durch Eröffnung des Insolvenzverfahrens gilt dies entsprechend für die insolvenzrechtliche Abwicklung der Gesellschaft nach der InsO. Diese Liquidation ist erst beendet, wenn das verwertbare Gesellschaftsvermögen nach Ablauf des Sperrjahres gem. § 73 Abs. 1 verteilt ist und auch keine sonstigen Abwicklungsmaßnahmen mehr erforderlich sind. Die Beendigung der Liquidation ist nach § 74 Abs. 1 S. 1 iVm § 78 Hs. 1 von den Liquidatoren in vertretungsberechtigter Zahl[2] zur Eintragung in das Handelsregister anzumelden.[3]

4   **2. Entstehungsgeschichte – Änderung durch das MoMiG.** Abs. 1 wurde durch das KoordG im Jahr 1969[4] erstmals neu gefasst und um die Ausnahme der Anmeldepflicht „bei gerichtlicher Feststellung eines Mangels des Gesellschaftsvertrages" ergänzt. Mit Inkrafttreten der Insolvenzordnung am 1.1.1999 (vgl. Art. 48 Nr. 8 EGInsO) wurde Abs. 1 S. 2 textlich an die neue Rechtslage angepasst sowie Abs. 1 S. 4 neu eingefügt. Abs. 2 S. 1

---

[1]   Scholz/*K. Schmidt/Scheller* Rn. 1; UHL/*Paura* Rn. 1.

[2]   Noack/Servatius/Haas/*Haas* § 74 Rn. 4.

[3]   Eingehend zur Bedeutung der Eintragung des Erlöschens der GmbH nach § 74 Abs. 1 S. 1 für das Erlöschen der Firma unter Erläuterung der hierzu vertretenen Ansichten *Altmeppen* Rn. 16–25.

[4]   Koordinierungsgesetz v. 15.8.1969, BGBl. 1969 I 1146 (1149).

wurde zuletzt durch das JKomG geändert und ebenso wie § 52 Abs. 2 S. 2 (jetzt § 52 Abs. 3 S. 2) und § 30 Abs. 2 durch den unmittelbaren Verweis auf die Gesellschaftsblätter an den neu in das GmbHG aufgenommenen § 12 angepasst.[5] Die mit der GmbH-Novelle im Jahr 1980[6] in Abs. 1 S. 2 neu aufgenommene und später[7] angepasste Alternative „der Nichteinhaltung der Verpflichtungen nach § 19 Abs. 4" ist mit Inkrafttreten des MoMiG am 1.11.2008[8] wieder gestrichen worden. Es handelt sich dabei um eine Folgeänderung zur Neufassung des § 19 Abs. 4 im Rahmen des MoMiG.[9] Ausgangspunkt war die Streichung des § 7 Abs. 2 S. 3. Dadurch ist die frühere Sonderregelung für Ein-Personen-GmbHs entfallen, wonach bei Gründung der Gesellschaft die Bareinlage entweder vollständig einbezahlt werden musste oder für den die Mindesteinlage übersteigenden Betrag Sicherheit zu leisten war.[10] Als Konsequenz dieser Neuregelung ist auch die bis dahin in § 19 Abs. 4 aF enthaltene Verpflichtung obsolet geworden, wonach der Gesellschafter innerhalb von drei Monaten seit der Vereinigung aller Geschäftsanteile in seiner Hand alle Geldanlagen voll einzuzahlen oder für die noch ausstehenden Beträge Sicherheit zu leisten hatte.[11] Zuletzt wurde durch die Streichung der Worte „zu drei verschiedenen Malen" in Abs. 2 S. 1 durch das ARUG[12] die dreimalige Veröffentlichungspflicht in den Gesellschaftsblättern aufgehoben. Es handelt sich hierbei um eine Folgeänderung zum EHUG, die der Entbürokratisierung und Kostenentlastung dienen soll. In einem elektronischen Medium wie dem Bundesanzeiger sei nach Ansicht des Gesetzgebers eine dreimalige Bekanntmachung, die bislang typischerweise an drei aufeinanderfolgenden Tagen erfolge, nicht mehr erforderlich. Die dreimalige Bekanntmachung im Bundesanzeiger als Printmedium sollte ursprünglich die Wahrscheinlichkeit erhöhen, dass sie von den betroffenen Gläubigern zur Kenntnis genommen wird. Die nunmehr erfolgende Bekanntmachung im Bundesanzeiger, in dem sie unter www.bundesanzeiger.de in gespeicherter Form jederzeit abrufbar ist, macht eine mehrmalige Bekanntmachung konsequenterweise obsolet.[13]

II. Anmeldung und Eintragung der Auflösung (Abs. 1)

1. Anmeldung durch die Liquidatoren (Abs. 1 S. 1). a) Anmeldepflicht. Nach 5 Abs. 1 S. 1 ist die Auflösung der Gesellschaft zur Eintragung in das Handelsregister anzumelden. Diese Anmeldepflicht besteht für alle Fälle der Auflösung der Gesellschaft, sofern diese nicht von Amts wegen durch das Gericht einzutragen ist (S. 2, 3; → Rn. 19 ff.) oder ausnahmsweise gar keine Eintragung zu erfolgen hat (S. 4; → Rn. 29 f.). Ein Beschluss der Gesellschafter, durch den die Liquidatoren bzw. Geschäftsführer angewiesen werden, ihrer Anmeldepflicht nicht nachzukommen, ist für diese in keinem Fall bindend.[14]

b) Anmeldepflichtige. aa) Anmeldung durch die Liquidatoren. Abs. 1 selbst 6 regelt nicht ausdrücklich durch wen die Anmeldung der Auflösung zu erfolgen hat. Während im Aktienrecht § 263 AktG diese Verpflichtung ebenso wie die Anmeldung der ersten Liquidatoren nach § 266 AktG ausdrücklich dem Vorstand zuweist und diese Aufgaben

---

5   Vgl. Art. 12 Nr. 4 Gesetz über die Verwendung elektronischer Kommunikationsformen in der Justiz v. 22.3.2005, BGBl. 2005 I 837 (853).

6   Vgl. Art. 1 Nr. 25 GmbH-Novelle v. 4.7.1980, BGBl. 1980 I 836 (840).

7   Vgl. Art. 1 Nr. 4 Gesetz zur Durchführung der 12. Richtlinie des Rates der Europäischen Gemeinschaften auf dem Gebiet des Gesellschaftsrechts betreffend der GmbH mit einem einzigen Gesellschafter v. 18.12.1991, BGBl. 1991 I 2206.

8   Vgl. Art. 1 Nr. 44 MoMiG v. 22.10.2008, BGBl. 2008 I 2026 (2031).

9   Vgl. Begr. RegE v. 25.6.2007, BT-Drs. 16/6140 zu Nr. 44, abgedruckt auch bei *Goette*, Einführung in das neue GmbH-Recht, 2008, 322 f.

10   *Wicke* Rn. 5.

11   Vgl. Begr. RegE v. 25.6.2007, BT-Drs. 16/6140 zu Nr. 17, abgedruckt auch bei *Goette*, Einführung in das neue GmbH-Recht, 2008, 244.

12   Vgl. Art 14h Nr 7 ARUG vom 29.5.2009, BGBl. 2009 I 2479.

13   Vgl. Begr. Beschlussempfehlung und Bericht RA v. 20.5.2009, BT-Drs. 16/13098 zu Art. 1 ARUG, Nr. 41a und zu Art. 14b ARUG, Nr. 3, 7 und 9.

14   RG Urt. v. 3.7.1934 – II 116/34, RGZ 145, 99 (103); Scholz/*K. Schmidt/Scheller* Rn. 10.

als nachwirkende öffentlich-rechtliche Verpflichtungen des Vorstandes begreift, trifft das GmbHG an dieser Stelle keine vergleichbar eindeutige Regelung.[15] Trotz des nahezu übereinstimmenden Wortlautes von § 266 AktG und § 67, die beide die Anmeldung der ersten Liquidatoren dem Vorstand bzw. den Geschäftsführern zuweisen, spricht gerade dieser Umstand gegen eine analoge Anwendung des § 263 AktG und damit eine generelle Anmeldung durch die Geschäftsführung der aufgelösten GmbH. Vielmehr ist insoweit auf die allgemeinen Vertretungsregelungen des GmbHG zurückzugreifen, deren Eingreifen eine analogiefähige Regelungslücke ausschließt. Nach § 78 Hs. 1 sind Anmeldungen zum Handelsregister durch die Geschäftsführer oder die Liquidatoren als gesetzliche Vertreter der Gesellschaft zu bewirken. Da die Geschäftsführer mit der Auflösung der Gesellschaft jedoch ihre Befugnis zu deren Vertretung verloren haben, hat die Anmeldung der Auflösung grundsätzlich durch die **Liquidatoren** zu erfolgen.[16]

7   **bb) Anmeldung durch die Geschäftsführer.** Nur **ausnahmsweise** haben die Geschäftsführer selbst die Auflösung zum Handelsregister anzumelden. Das ist dann der Fall, wenn in dem Auflösungsbeschluss zugleich eine Satzungsänderung liegt und beide gleichzeitig anzumelden sind. In diesen Fällen ist die Satzungsänderung, die nach § 54 Abs. 3 erst mit der Eintragung in das Handelsregister wirksam wird, zusammen mit der Auflösung noch von den Geschäftsführern anzumelden, da diese bis zur Wirksamkeit der Satzungsänderung noch die gesetzlichen Vertreter der Gesellschaft sind.[17] Aufgelöst ist die Gesellschaft in diesen Fällen erst mit Eintragung der Satzungsänderung samt Auflösung in das Handelsregister. Das kommt vor allem dann in Betracht, wenn der Gesellschaftsvertrag eine bestimmte Laufzeit entsprechend § 60 Abs. 1 Nr. 1 vorsieht und durch den Auflösungsbeschluss hiervon abgewichen wird oder wenn mit dem Auflösungsbeschluss gleichzeitig eine Änderung der Mehrheitsverhältnisse nach § 60 Abs. 1 Nr. 2 oder die Schaffung eines neuen Auflösungsgrundes nach § 60 Abs. 2 einhergeht.[18] In den meisten Fällen hingegen, in denen in dem Auflösungsbeschluss nicht zugleich eine Satzungsänderung liegt, tritt die Auflösung bereits mit der Beschlussfassung und unabhängig von der Eintragung ein, die dann nur deklaratorische Wirkung hat. Die Geschäftsführer haben dann aber bereits mit der Auflösung ihr Amt verloren, so dass die an ihre Stelle tretenden Liquidatoren die Anmeldung der Auflösung durchzuführen haben.

8   **cc) Personenidentität.** Da nach § 66 Abs. 1 die Liquidation der Gesellschaft grundsätzlich durch die Geschäftsführer als Liquidatoren erfolgt, sind die Geschäftsführer und Liquidatoren häufig identisch **(geborene Liquidatoren).**[19] Die Liquidation erfolgt nur dann durch andere Personen, wenn sie diesen durch den Gesellschaftsvertrag oder Beschluss der Gesellschafterversammlung übertragen wird **(gekorene Liquidatoren).** Probleme können sich dann ergeben, wenn geborene Liquidatoren nicht vorhanden sind oder abberufen wurden und die gekorenen Liquidatoren noch nicht bestellt sind oder die Wahl noch nicht

---

15   Vgl. dazu auch UHL/*Paura* Rn. 1.
16   OLG Oldenburg Beschl. v. 3.1.2005 – 3 W 42/04, BeckRS 2005, 01872; BayObLG Beschl. v. 31.3.1994 – 3Z BR 8/94, DB 1994, 976 = GmbHR 1994, 478; Beschl. v. 31.3.1994 – 3Z BR 251/93, DB 1994, 978 = GmbHR 1994, 481; LG Bielefeld Beschl. v. 13.5.1986 – 14 T 20/86, NJW 1987, 1089 = GmbHR 1987, 194; MHLS/*Nerlich* Rn. 9; Noack/Servatius/Haas/*Haas* Rn. 7; Rowedder/Schmidt-Leithoff/*Gesell* Rn. 2; UHL/*Paura* Rn. 3; *Krafka* RegisterR-HdB Rn. 1124. Anders noch der nicht Gesetz gewordene § 215 Abs. 1 S. 1 GmbHG-RegE 1971 in Anlehnung an § 263 AktG: „Die Geschäftsführer haben die Auflösung der Gesellschaft zur Eintragung in das Handelsregister anzumelden.". Scholz/*K. Schmidt/Scheller* Rn. 7 hält den Geschäftsführer ausnahmsweise dann noch für anmeldepflichtig, wenn dieser durch Auflösung und nicht durch Abberufung weggefallen sei und kein Kompetenzkonflikt mit einem erst noch zu bestellenden Liquidator bestehe.
17   BayObLG Beschl. v. 31.3.1994 – 3Z BR 8/94, DB 1994, 976 = GmbHR 1994, 478; *Hofmann* GmbHR 1975, 217 (225); MHLS/*Nerlich* Rn. 9; Noack/Servatius/Haas/*Haas* Rn. 7; Rowedder/Schmidt-Leithoff/*Gesell* Rn. 2; *Krafka* RegisterR-HdB Rn. 1124; Scholz/*K. Schmidt/Scheller* Rn. 6; UHL/*Paura* Rn. 5.
18   MHLS/*Nerlich* Rn. 9; Noack/Servatius/Haas/*Haas* Rn. 7.
19   Zur Vertretungsbefugnis der geborenen und gekorenen Liquidatoren vgl. *Krafka* RegisterR-HdB Rn. 1131 ff.

angenommen haben (→ Rn. 9).[20] In diesen Fällen der Führungslosigkeit wird man jedoch zumindest auf die durch das MoMiG in § 35 Abs. 1 S. 2 neu eingeführte Passivvertretung der Gesellschaft durch die Gesellschafter zurückgreifen können.

dd) Anmeldung in vertretungsberechtigter Zahl. Die Anmeldung hat dabei nach **9** § 78 Hs. 1 jeweils in vertretungsberechtigter Zahl zu erfolgen. Eine Anmeldung durch sämtliche Liquidatoren oder Geschäftsführer ist nicht erforderlich, da kein Fall des § 78 Hs. 2 vorliegt.[21] Geschäftsführer oder Liquidatoren, die vor, mit oder nach der Auflösung ihre Organstellung und damit ihre Vertretungsberechtigung verloren haben, sind zur Anmeldung der Auflösung weder berechtigt noch verpflichtet.[22] Das gilt selbst dann, wenn auch sonst keine zuständigen Liquidatoren/Geschäftsführer in vertretungsberechtigter Zahl mehr vorhanden sind. In diesem Fall sind vom Registergericht **analog §§ 29, 48 Abs. 1 BGB** auf Antrag eines Beteiligten die zur Anmeldung fehlenden Liquidatoren zu bestellen.[23] Antragsberechtigt sind neben den Gesellschaftern auch Gläubiger oder ehemalige Geschäftsführer und Liquidatoren.[24] Das Registergericht kann einen entsprechenden Antrag auf Bestellung eines Liquidators nicht erzwingen.[25] Anders als im Aktienrecht[26] genügt im Falle des Todes oder der Abberufung auch nicht die Anmeldung der Auflösung durch die dann verbliebenen Liquidatoren als Vertreter der Gesellschaft in keinem Fall.[27] Hierfür besteht auch kein Bedürfnis, da die Gesellschaft auch nach der im Regelfall ohnehin nur deklaratorischen Eintragung der Anmeldung ordnungsgemäß vertreten sein muss.[28] Auch die Gesellschafter selbst können die Auflösung nicht anmelden.[29] § 35 Abs. 1 S. 2 gestattet ihnen für den Fall der Führungslosigkeit der Gesellschaft lediglich eine Passivvertretung der Gesellschaft bei der Empfangnahme von Willenserklärungen oder Schriftstücken.

c) Form und Inhalt der Anmeldung. aa) Gerichtliche Zuständigkeit, Bedin- **10** **gung und Befristung.** Die Anmeldung der Auflösung der Gesellschaft hat bei dem Registergericht des Sitzes der Gesellschaft zu erfolgen.[30] Die Anmeldung darf nicht durch Bedingungen oder Befristungen eingeschränkt werden.[31] Davon zu unterscheiden ist der Fall, dass nicht die Anmeldung selbst – also der auf das Verfahren gerichtete Antrag – unter eine Bedingung oder eine Befristung gestellt wird, sondern die angemeldete Tatsache. Beschließen die Gesellschafter einer GmbH die Auflösung der Gesellschaft und Bestellung eines der

---

20 UHL/*Paura* Rn. 4.
21 MHLS/*Nerlich* Rn. 9; Noack/Servatius/Haas/*Haas* Rn. 7; Rowedder/Schmidt-Leithoff/*Gesell* Rn. 2; UHL/*Paura* Rn. 6.
22 KG Beschl. v. 13.6.1913 – 1a. X 644/13, KGJ 45 A 178 (180 f.); LG Bielefeld Beschl. v. 13.5.1986 – 14 T 20/86, NJW 1987, 1089 = GmbHR 1987, 194; MHLS/*Nerlich* Rn. 11; Noack/Servatius/Haas/ *Haas* Rn. 8; UHL/*Paura* Rn. 24; ebenso schon Hachenburg/*Hohner* Rn. 2 noch mit Hinweis auf ältere zT abw. Lit.
23 OLG Hamburg Beschl. v. 13.1.1913, KGJ 45, 329 (330); KG Beschl. v. 13.6.1913 – 1a. X. 644/13, KGJ 45 A 178 (180); MHLS/*Nerlich* Rn. 11; Noack/Servatius/Haas/*Haas* Rn. 8; UHL/*Paura* Rn. 5, 6; *Altmeppen* Rn. 5; Lutter/Hommelhoff/*Kleindiek* Rn. 2; so iE auch Scholz/*K. Schmidt/Scheller* Rn. 7 und UHL/*Paura* Rn. 5, die den ehemaligen, nicht ausdrücklich abberufenen Geschäftsführern allein aus Praktikabilitätserwägungen und zur Sicherung des Interesses des Rechtsverkehrs an der Publizität der Auflösung eine Anmeldeberechtigung (nach *K. Schmidt/Scheller* im Einzelfall sogar Verpflichtung) zugestehen wollen, wenn kein Kompetenzkonflikt mit den noch zu bestellenden Liquidatoren besteht.
24 MHLS/*Nerlich* Rn. 11; Noack/Servatius/Haas/*Haas* Rn. 8; Scholz/*K. Schmidt/Scheller* Rn. 7.
25 KG Beschl. v. 13.6.1913 – 1a. X 644/13, KGJ 45 A 178 (180); UHL/*Paura* Rn. 5; Lutter/Hommelhoff/ *Kleindiek* Rn. 2.
26 So für das AktG *Krafka* RegisterR-HdB Rn. 1646; MüKoAktG/*Koch* AktG § 263 Rn. 8 mwN.
27 So wie hier auch UHL/*Paura* Rn. 6, der eingehend begründet, warum die aktienrechtliche Lösung nicht auf die GmbH übertragen werden könne, insbes. mit dem zutreffenden Verweis darauf, dass es sich eben anders als bei § 263 AktG nicht um eine nachwirkende Handlungspflicht handele.
28 So überzeugend Rowedder/Schmidt-Leithoff/*Gesell* Rn. 2.
29 KG Beschl. v. 13.6.1913 – 1a. X. 644/13, KGJ 45, A 178 (180); Scholz/*K. Schmidt/Scheller* Rn. 7; Lutter/Hommelhoff/*Kleindiek* Rn. 2.
30 MHLS/*Nerlich* Rn. 12; Noack/Servatius/Haas/*Haas* Rn. 12; Rowedder/Schmidt-Leithoff/*Gesell* Rn. 4.
31 OLG Hamm Beschl. v. 8.2.2007 – 15 W 34/07, 414/06, Rpfleger 2007, 327 (328); Noack/Servatius/ Haas/*Haas* Rn. 10; Rowedder/Schmidt-Leithoff/*Gesell* Rn. 4.

Geschäftsführer zum Liquidator unter der Befristung (§ 163 BGB), dass die Wirkungen zum 31.12. des Jahres eintreten sollen, so bewirkt dies also nicht, dass die Anmeldung zum Handelsregister von einer unzulässigen Bedingung oder Befristung abhängig gemacht wurde und deshalb unwirksam ist. Eine Handelsregisteranmeldung vor Eintritt der einzutragenden Tatsache ist daher insofern unschädlich und nicht als unzulässig zurückzuweisen. Das Registergericht kann in diesen Fällen die Eintragung wegen der Regelung zum Zeitpunkt des Wirksamwerdens der Beschlussfassung aber erst in dem Jahr eintragen, in dem die Wirkungen der Beschlussfassung eintreten sollen.[32]

11   Die Frage, ob die Anmeldung der Auflösung auch bei dem Gericht einer Zweigniederlassung zu erfolgen hat, stellt sich seit Neufassung des § 13 HGB durch das EHUG vom 10.11.2006 (BGBl. 2006 I 2553) nicht mehr. Bei inländischen Gesellschaften erfolgen Eintragungen im Zusammenhang mit Zweigniederlassungen seit der damit erfolgten Neuregelung nur noch bei dem Registergericht der Hauptniederlassung und nicht mehr wie früher beim Gericht der Zweigniederlassung. Die Registerblätter der Zweigniederlassungen sind mit dem am 1.1.2007 in Kraft getretenen EHUG geschlossen worden.

12   **bb) Form und Beilagen.** Die Anmeldung ist gem. § 12 Abs. 1 HGB **elektronisch in öffentlich beglaubigter Form** (§ 129 BGB, § 39a BeurkG) zum Handelsregister einzureichen. Zwar verlangt das Gesetz nicht ausdrücklich die Vorlage der Urkunden, aus denen sich die Auflösung der Gesellschaft ergibt, zB Gesellschafterbeschluss oder rechtskräftiges Auflösungsurteil. Jedoch wird der zuständige Registerrichter aufgrund der besonderen Bedeutung der Auflösung von seiner Ermittlungspflicht nach § 26 FamFG Gebrauch machen und zur Aufklärung des Sachverhalts und zum Nachweis der Auflösung die **Vorlage der entsprechenden Urkunden** verlangen.[33] Schon deshalb ist es jedenfalls zweckmäßig, der Anmeldung die Urkunden, aus denen sich die Auflösung ergibt, beizufügen. Etwas anderes gilt nur dann, wenn sich die Auflösung ausnahmsweise bereits aus den Akten des Registergerichts ergibt, wie etwa im Falle der Auflösung durch Zeitablauf nach § 60 Abs. 1 Nr. 1. Hierauf ist dann jedoch in der Anmeldung gesondert hinzuweisen.[34] Auch die erforderlichen Unterlagen sind in elektronischer Form einzureichen, erforderlichenfalls mit einer qualifizierten elektronischen Signatur nach § 39a BeurkG zu versehen.

13   **cc) Auflösungsgrund.** Da in den Fällen der Auflösung nach Abs. 1 S. 1 die Eintragung des Auflösungsgrundes in das Handelsregister zwar nach allgemeiner Ansicht[35] erfolgen kann, aber anders als in den Fällen des Abs. 1 S. 2, 3 nicht muss, ist dessen ausdrückliche **Benennung** in der Anmeldung **nicht zwingend erforderlich.**[36] Allein aus Gründen der Klarheit und zur Erleichterung des Registerverkehrs sollte der Auflösungsgrund jedoch stets in der Anmeldung konkret benannt werden, jedenfalls aber dann, wenn er aus den der Anmeldung beigefügten Urkunden nicht ohne weiteres ersichtlich ist.[37]

14   **dd) Anmeldung der Liquidatoren.** Nach § 67 sind die Anmeldung der Auflösung und die Anmeldung der Liquidatoren als künftigen Vertretern der Gesellschaft zusammen

---

[32]   OLG Jena Beschl. v. 15.3.2017 – 2 W 26/17, GmbHR 2017, 1047; OLG Hamm Beschl. v. 8.2.2007 – 15 W 34/07, 414/06, Rpfleger 2007, 327 (328); *Altmeppen* Rn. 2. Noack/Servatius/Haas/*Haas* Rn. 10 geht davon aus, dass der (aufschiebend) befristete Beschluss sofort und nicht erst mit Wirksamwerden eingetragen werden kann, in jedem Fall aber erst in dem Jahr, in dem die Wirkungen der Beschlussfassung eintreten sollen.

[33]   MHLS/*Nerlich* Rn. 13; Rowedder/Schmidt-Leithoff/*Gesell* Rn. 4; UHL/*Paura* Rn. 24; Noack/Servatius/Haas/*Haas* Rn. 10; Scholz/*K. Schmidt/Scheller* Rn. 9; Lutter/Hommelhoff/*Kleindiek* Rn. 4; *Wicke* Rn. 2; *Krafka* RegisterR-HdB Rn. 1124. Nach OLG Düsseldorf Beschl. v. 20.3.2019 – I-3 Wx 20/18, ZIP 2019, 1530 (1531) kann das Registergericht von dem den Liquidator der GmbH vertretender Notar nicht die Vorlage der Urschrift des Gesellschafterbeschlusses verlangen. Es genügt die Einreichung einer einfachen elektronischen Aufzeichnung.

[34]   Rowedder/Schmidt-Leithoff/*Gesell* Rn. 4; UHL/*Paura* Rn. 24.

[35]   UHL/*Paura* Rn. 8, 25; Scholz/*K. Schmidt/Scheller* Rn. 11; *Altmeppen* Rn. 3.

[36]   MHLS/*Nerlich* Rn. 14; aA UHL/*Paura* Rn. 8, 25; Noack/Servatius/Haas/*Haas* Rn. 7 fordert allg., dass der Auflösungsgrund in der Anmeldung zu benennen sei, da die bloße Behauptung der Auflösung nicht genüge; ähnlich – wohl aber die beigefügten Unterlagen einbeziehend – *Altmeppen* Rn. 3.

[37]   Ebenso UHL/*Paura* Rn. 8, 25; MHLS/*Nerlich* Rn. 15; Scholz/*K. Schmidt/Scheller* Rn. 4, 9.

vorzunehmen. Getrennte Anmeldung ist zulässig und in bestimmten Fällen sogar geboten, etwa dann, wenn der gewählte Liquidator das Amt nicht oder noch nicht angenommen hat.[38] In allen anderen Fällen sind jedoch – bei noch nicht wirksamer Auflösung zweckmäßigerweise, bei bereits wirksamer Auflösung notwendigerweise[39] – neben der Auflösung zugleich auch die ersten Liquidatoren und deren Vertretungsmacht sowie der Wegfall der Vertretungsmacht der bisherigen Geschäftsführer gemeinsam zur Eintragung in das Handelsregister anzumelden.[40]

d) Anmeldefrist. Da das Gesetz eine Anmeldefrist nicht bestimmt, hat diese **unver-** **15** **züglich,** also ohne schuldhaftes Zögern zu erfolgen.[41] Die Anmeldung kann jedoch ausnahmsweise kurzfristig verzögert werden, wenn objektiv Belange der Gesellschaft oder der Gesellschafter dies erfordern, etwa wenn dadurch die Übernahme des Unternehmens durch einen Gesellschafter erleichtert werden soll oder wenn bei zweifelhafter Rechtslage – insbesondere hinsichtlich des Auflösungsgrundes – Rechtsrat eingeholt werden muss.[42] Insoweit verbleibt dem Anmeldepflichtigen unter Anwendung eines pflichtgemäßen Ermessens ein **angemessener Spielraum** für die Anmeldung.[43]

e) Erzwingung der Anmeldung. aa) Grundsatz. Nach § 79 Abs. 1 iVm § 14 HGB **16** kann das Registergericht die Anmeldung und Eintragung der (deklaratorischen) Auflösung durch die Anmeldepflichtigen mit Ordnungsmitteln durch Androhung **und Festsetzung von Zwangsgeld,** erzwingen.[44] Für das Verfahren gelten die §§ 388–392 FamFG. Androhung und Festsetzung von Zwangsgeld treffen nicht die GmbH, sondern sind gegen die Anmeldepflichtigen persönlich zu richten.[45]

bb) Ausnahme. § 79 iVm § 14 HGB finden nur dann Anwendung, wenn die Eintra- **17** gung ausschließlich deklaratorischer Natur ist. Ist die Eintragung der Auflösung ausnahmsweise **konstitutiv,** weil sie eine Satzungsänderung voraussetzt, so kommt **keine Festsetzung von Zwangsgeld** gem. §§ 54, 79 Abs. 2 in Betracht.[46] Die Anmeldung einer Satzungsänderung kann nicht durch Ordnungsstrafe erzwungen werden.

cc) Gläubigeraufruf. Ebenso kann der Aufruf der Gläubiger nach Abs. 2 nicht durch **18** Ordnungsgeld erzwungen werden. Er ist jedoch Voraussetzung für die Durchführung der Abwicklung und die Verteilung eines Liquidationsüberschusses an die Gesellschafter (§ 73).[47]

2. Ausnahme – Eintragung von Amts wegen (Abs. 1 S. 2, 3). a) Abs. 1 S. 2, 3. 19 In den in Abs. 1 S. 2 genannten Fällen hat das Registergericht die Auflösung und ihren Grund von Amts wegen in das Handelsregister einzutragen. In diesen Fällen besteht daneben keine Pflicht zur Anmeldung der Auflösung durch die Vertreter der Gesellschaft.

---

[38] UHL/*Paura* Rn. 26; Scholz/*K. Schmidt/Scheller* Rn. 6; MHLS/*Nerlich* Rn. 14.

[39] AA Scholz/*K. Schmidt/Scheller* Rn. 5.

[40] OLG Oldenburg Beschl. v. 3.1.2005 – 3 W 42/04, BeckRS 2005, 01872; Noack/Servatius/Haas/*Haas* Rn. 11; *Altmeppen* Rn. 7; MHLS/*Nerlich* Rn. 15.

[41] RG Urt. v. 3.7.1934 – II 116/34, RGZ 145, 99 (103); MHLS/*Nerlich* Rn. 16; Noack/Servatius/Haas/*Haas* Rn. 9; Scholz/*K. Schmidt/Scheller* Rn. 8.

[42] RG Urt. v. 3.7.1934 – II 116/34, RGZ 145, 99 (103); MHLS/*Nerlich* Rn. 16; Noack/Servatius/Haas/*Haas* Rn. 9; Rowedder/Schmidt-Leithoff/*Gesell* Rn. 2; UHL/*Paura* Rn. 7; Scholz/*K. Schmidt/Scheller* Rn. 8.

[43] RG Urt. v. 3.7.1934 – II 116/34, RGZ 145, 99 (103); MHLS/*Nerlich* Rn. 9; Lutter/Hommelhoff/ *Kleindiek* Rn. 1; *Altmeppen* Rn. 9; Lutter/Hommelhoff/*Kleindiek* Rn. 3; UHL/*Paura* Rn. 7.

[44] OLG Köln Beschl. v. 25.4.1984 – 2 Wx 9/84, GmbHR 1985, 23; *Ebert* NZG 2002, 937 (940); Noack/ Servatius/Haas/*Haas* Rn. 13; MHLS/*Nerlich* Rn. 17; Rowedder/Schmidt-Leithoff/*Gesell* Rn. 2; *Krafka* RegisterR-HdB Rn. 1124; UHL/*Paura* Rn. 1, 27.

[45] KG Beschl. v. 23.6.1911 – 1a. X 558/11, KGJ 41, 123 (130); UHL/*Paura* Rn. 27; Scholz/*K. Schmidt/ Scheller* Rn. 10.

[46] MHLS/*Nerlich* Rn. 17; Noack/Servatius/Haas/*Haas* Rn. 13; Rowedder/Schmidt-Leithoff/*Gesell* Rn. 3; vgl. auch OLG Köln Beschl. v. 25.4.1984 – 2 Wx 9/84, GmbHR 1985, 23 (24); aA wohl BayObLG Beschl. v. 31.3.1994 – 3Z BR 8/94, DB 1994, 976 = GmbHR 1994, 478.

[47] UHL/*Paura* Rn. 1, 45.

20   **aa) Eröffnung des Insolvenzverfahrens.** Abs. 1 S. 2 Alt. 1 nennt zunächst ausdrück-
lich die Eröffnung des Insolvenzverfahrens nach § 27 InsO. Diese führt nach § 60 Abs. 1
Nr. 4 zur Auflösung der Gesellschaft. Die Abwicklung der Gesellschaft erfolgt in diesem
Fall aber nicht nach den Liquidationsvorschriften des GmbH-Gesetzes, sondern nach dem
insoweit vorrangigen in der InsO normierten Insolvenzverfahren. Der Beschluss über die
Eröffnung des Insolvenzverfahrens ist dem Registergericht nach § 31 Abs. 1 Nr. 1 InsO in
Ausfertigung zu übermitteln und von diesem dann nach § 60 Abs. 1 S. 3 iVm § 32 Abs. 1
S. 1 HGB von Amts wegen in das Handelsregister einzutragen. § 15 HGB findet auf die
Eintragung nach § 32 Abs. 2 S. 2 HGB keine Anwendung, da die Insolvenzordnung die
Rechtsfolgen des Insolvenzverfahrens abschließend regelt. Einer Bekanntmachung nach § 65
Abs. 2 bedarf es hier schon deshalb nicht, weil der Eröffnungsbeschluss nach § 30 Abs. 1
InsO iVm § 9 InsO vom Insolvenzgericht öffentlich bekannt zu machen und nach § 30
Abs. 2 InsO zugleich den Gläubigern und Schuldnern des Insolvenzschuldners zuzustellen
ist. Die Gläubiger sind bereits im Eröffnungsbeschluss aufzufordern, ihre Forderungen inner-
halb einer bestimmten Frist beim Insolvenzverwalter anzumelden (§ 28 Abs. 1 InsO).

21   **bb) Ablehnung der Eröffnung des Insolvenzverfahrens.** Eine weitere Ausnahme
regelt Abs. 1 S. 2 Alt. 2 für den Fall der Ablehnung der Eröffnung des Insolvenzverfahrens
nach § 26 InsO, die nach § 60 Abs. 1 Nr. 5 zur Auflösung der Gesellschaft führt. Diese
Alternative ist dabei entgegen dem weiten Wortlaut und unter Berücksichtigung des in § 60
Abs. 1 Nr. 5 geregelten engeren Auflösungsgrund nach ihrem Sinn und Zweck insoweit
einschränkend auszulegen, als nur die Ablehnung der Eröffnung mangels Masse erfasst wird.
Für eine Einbeziehung der Fälle, in denen das Insolvenzverfahren als unzulässig oder unbe-
gründet abgelehnt wird, fehlt es schon mangels einer Auflösung der Gesellschaft an einer
Grundlage für eine Eintragung.[48] Auch in den Fällen der Ablehnung der Eröffnung des
Insolvenzverfahrens mangels Masse hat das Insolvenzgericht gem. § 31 Abs. 1 Nr. 2 InsO
dem Registergericht eine Ausfertigung des die Insolvenzeröffnung abweisenden Beschlusses
zu übermitteln, das dann nach § 60 Abs. 1 S. 3 die Auflösung einzutragen hat. Da in diesem
Fall kein insolvenzrechtliches Abwicklungsverfahren mit den entsprechenden Bekanntmachungen durchgeführt wird, erfolgt die Abwicklung der Gesellschaft nach den Liquidationsvorschriften des GmbHG, so dass auch Abs. 2 Anwendung findet.[49]

22   **cc) Mängel des Gesellschaftsvertrages.** Als letztere Ausnahme nennt Abs. 1 S. 2
Alt. 3 die gerichtliche Feststellung eines Mangels des Gesellschaftsvertrages nach § 399 Abs. 4
FamFG. Das sind die Fälle, in denen der Gesellschaftsvertrag eine der nach § 3 Abs. 1 Nr. 1
oder 4 wesentliche Bestimmung nicht enthält oder eine dieser Bestimmungen oder die
Bestimmung nach § 3 Abs. 1 Nr. 3 nichtig ist. Die gerichtliche Feststellung (nicht erst deren
Eintragung) führt nach § 60 Abs. 1 Nr. 6 zur Auflösung der Gesellschaft. Zuständig für die
Feststellung des Mangels ist hier das Registergericht selbst, das dann gleichzeitig die Eintra-
gung der Auflösung nach Abs. 1 S. 3 vorzunehmen hat. Auch hier ist Abs. 2 mangels anderweitigem, vorrangigen Abwicklungs- oder Bekanntmachungsverfahren anzuwenden.[50]

23   **b) Sonstige Fälle.** Auch ohne ausdrückliche Erwähnung in Abs. 1 S. 2 entfällt die
Anmeldepflicht bei Vorliegen solcher Auflösungsgründe, für die bereits spezialgesetzlich
angeordnet ist, dass die Auflösung von Amts wegen in das Handelsregister einzutragen ist.[51]

24   **aa) VereinsG.** Erfolgt ein Verbot der Gesellschaft nach dem Vereinsgesetz (→ § 62
Rn. 9 ff.), so hat die zuständige Verbotsbehörde nach §§ 17, 3 VereinsG zugleich die Auflösung der Gesellschaft anzuordnen. Die Verbotsbehörde hat dann nach § 3 Abs. 4 S. 2 VereinsG den verfügenden Teil des Verbots im Bundesanzeiger und danach in dem amtlichen
Mitteilungsblatt des Landes bekanntzumachen, in dem der Verein seinen Sitz hat. Die

---

[48] *Vallender* NZG 1998, 249 (251); Rowedder/Schmidt-Leithoff/*Gesell* Rn. 7.
[49] Scholz/*K. Schmidt/Scheller* Rn. 15.
[50] Scholz/*K. Schmidt/Scheller* Rn. 16.
[51] AllgM, MHLS/*Nerlich* Rn. 6; Rowedder/Schmidt-Leithoff/*Gesell* Rn. 8; Noack/Servatius/Haas/*Haas*
Rn. 5; UHL/*Paura* Rn. 12 ff.

Auflösung wird zugleich auf Anzeige der Verbotsbehörde von Amts wegen durch das Registergericht in das Handelsregister eingetragen (§ 7 Abs. 2 VereinsG). Die Abwicklung erfolgt hier nach § 13 VereinsG.

bb) KWG. Wird durch die BaFin nach **§ 38 KWG** bestimmt, dass eine Gesellschaft 25 abzuwickeln ist, so wirkt diese Entscheidung wie ein Auflösungsbeschluss (§ 38 Abs. 1 S. 2 KWG). Dieser ist dem Registergericht mitzuteilen und von diesem von Amts wegen in das Handelsregister einzutragen (§ 38 Abs. 1 S. 3 KWG). Die Verpflichtung zur Bekanntmachung und zum Gläubigeraufruf nach Abs. 2 entfällt in diesem Fall jedoch nicht.

cc) FamFG. Gem. **§ 397 S. 2 FamFG** kann die Gesellschaft vom Registergericht 26 nach § 395 FamFG als nichtig gelöscht werden, wenn die Voraussetzungen vorliegen, unter denen nach §§ 75, 76 Nichtigkeitsklage erhoben werden kann. Abweichend vom Wortlaut ist die Löschung wegen Nichtigkeit nur ein **Fall der Auflösung** der Gesellschaft, der in § 60 Abs. 1 nicht aufgeführt ist. Sie stellt also funktionell eine Auflösungseintragung dar, die von Amts wegen durch das Registergericht vorzunehmen ist.[52] Eine Anmeldung durch die Vertreter der Gesellschaft ist hier obsolet.

dd) Nichtigkeitsklage. Wird die Gesellschaft dagegen vom Gericht auf Nichtigkeits- 27 klage eines Geschäftsführers hin gem. **§ 75** für nichtig erklärt, weil der Gesellschaftsvertrag keine Bestimmungen über die Höhe des Stammkapitals oder keine oder nichtige Bestimmungen über den Gegenstand des Unternehmens enthält, so führt dies nach zutreffender aber nicht unumstrittener Ansicht nicht zur Beendigung sondern nur zur **Auflösung** der Gesellschaft (→ § 75 Rn. 3 mwN).[53] Dabei ist umstritten, ob die Eintragung der Nichtigkeit ins Handelsregister nur nach verpflichtender Anmeldung entsprechend Abs. 1 S. 1 erfolgt[54] oder ob analog § 275 Abs. 4 S. 3 AktG für die Eintragung auch die formlose Einreichung des Nichtigkeitsurteils nach § 75 Abs. 2 iVm § 248 Abs. 1 S. 2 AktG genügt (→ § 75 Rn. 29 ff.).[55] Auch wenn letzterer Ansicht schon aus praktischen Gründen der Vorzug zu geben ist, wird die Frage im Ergebnis keine besondere Rolle spielen, da die Vertreter der Gesellschaft nach § 248 Abs. 1 S. 2 AktG zur Einreichung des Nichtigkeitsurteils verpflichtet sind und dies gem. § 14 HGB erzwungen werden kann (→ § 75 Rn. 31 verweist darauf, dass die Einreichung mit der ohnehin notwendigen Anmeldung der Liquidation und deren Vertretungsbefugnis (§ 67 Abs. 1) verbunden wird). Die Verfahren nach § 397 S. 2 FamFG und § 75 können nebeneinander eingeleitet werden und schließen sich so lange wechselseitig nicht aus, bis ein Verfahren positiv und rechtskräftig entschieden ist.[56]

c) Von Amts wegen vorzunehmende Änderung. Erfolgt die Eintragung der Auflö- 28 sung durch das Registergericht von Amts wegen, ohne dass es hierzu einer Anmeldung durch die Vertreter der Gesellschaft bedarf, so ist die durch die Auflösung geänderte Vertretung der Gesellschaft nach § 384 Abs. 2 FamFG vom Registergericht von Amts wegen in geeigneter Weise kenntlich zu machen.[57]

3. Löschung wegen Vermögenslosigkeit – Entfallen der Eintragung (Abs. 1 29 S. 4). a) Beendigung der Gesellschaft. Nach § 394 Abs. 1 S. 1 FamFG **kann** eine GmbH, die kein Vermögen besitzt, vom Registergericht von Amts wegen oder auf Antrag der Steuerbehörde oder der berufsständischen Organe im Handelsregister gelöscht werden. Sie **ist** nach § 394 Abs. 1 S. 2 FamFG von Amts wegen zu löschen, wenn das Insolvenzverfahren über das Vermögen der Gesellschaft durchgeführt worden ist und keine Anhaltspunkte dafür vorliegen, dass die Gesellschaft noch Vermögen besitzt. § 394 Abs. 2 und 3

---

[52] Scholz/*K. Schmidt/Scheller* Rn. 18.

[53] AA Noack/Servatius/Haas/*Haas* § 75 Rn. 5.

[54] Rowedder/Schmidt-Leithoff/*Gesell* Rn. 8; aE Scholz/*K. Schmidt/Scheller* Rn. 18; Lutter/Hommelhoff/ *Kleindiek* § 75 Rn. 5.

[55] Noack/Servatius/Haas/*Haas* Rn. 5; MHLS/*Lieder* § 75 Rn. 43; *Wicke* § 75 Rn. 6; UHL/*Paura* Rn. 20; offengelassen von MHLS/*Nerlich* Rn. 7.

[56] *Wicke* § 75 Rn. 7; ausf. zur Abgrenzung beider Verfahren MHLS/*Lieder* § 75 Rn. 4.

[57] Eingehend dazu *Krafka* RegisterR-HdB Rn. 1126, 450a ff.

FamFG regeln dabei das Verfahren der Löschung. Gem. **§ 65 Abs. 1 S. 4** entfällt in diesen Fällen dementsprechend die Eintragung einer Auflösung der Gesellschaft in das Handelsregister. Die Vorschrift verweist dabei auf § 60 Abs. 1 Nr. 7, der die Löschung der Gesellschaft wegen Vermögenslosigkeit als Fall der Auflösung der Gesellschaft behandelt. Diese gesetzliche Regelung ist jedoch insoweit irreführend, als es sich bei der Löschung wegen Vermögenslosigkeit gerade nicht um einen Fall der Auflösung der Gesellschaft mit anschließender Liquidation handelt.[58] Die Löschung wegen Vermögenslosigkeit führt vielmehr zu einer **sofortigen Beendigung** der Gesellschaft, da die Durchführung eines Liquidationsverfahrens mangels verwertbaren Vermögens obsolet ist.[59] Die Eintragung der Löschung der Gesellschaft in diesem Fall entspricht systematisch der Löschung der Gesellschaft nach Beendigung der Liquidation gem. § 74 Abs. 1 S. 2, welche jedoch erst auf die Anmeldung durch die Liquidatoren hin erfolgt. Dagegen würde die Eintragung der Auflösung das Handelsregister sogar unrichtig machen.[60]

30   **b) Nachtragsliquidation.** Nur wenn sich nach der Löschung doch noch herausstellt, dass Vermögen vorhanden ist, das der Verteilung unterliegt, findet eine Nachtragsliquidation statt (§ 66 Abs. 5 S. 1).[61] In diesem Falle sind auf Antrag eines Beteiligten durch das Registergericht Liquidatoren zu benennen (§ 66 Abs. 5 S. 2). Die nach zutreffender aber nicht unumstrittener Ansicht regelmäßig erforderliche Wiedereintragung der Gesellschaft als Liquidationsgesellschaft[62] und die Eintragung der Liquidatoren in das Handelsregister hingegen erfolgen dann von Amts wegen und nicht erst auf gesonderten Antrag eines Beteiligten.[63]

31   **4. Eintragung der Auflösung. a) Inhalt der Eintragung.** Das Registergericht trägt die Auflösung aufgrund der Anmeldung oder von Amts wegen in das Handelsregister ein. Die Eintragung des Auflösungsgrundes ist außer in den Fällen des § 60 Abs. 1 Nr. 4, 5, 6 iVm § 65 Abs. 1 S. 3 nicht gesetzlich vorgeschrieben, gleichwohl jedoch zulässig und sinnvoll.[64] Die Eintragung lautet „Die Gesellschaft ist aufgelöst" oder wenn der Grund mit angegeben wird, „Die Gesellschaft ist durch Gesellschafterbeschluss usw. aufgelöst". Sie ist entsprechend der § 382 FamFG vorzunehmen und erfolgt in der sechsten Spalte des Handelsregisters (§ 43 Nr. 6 lit. b dd HRV).[65]

32   **b) Bekanntmachung der Eintragung. aa) Zuständigkeit, Inhalt und Veröffentlichung.** Die Eintragung der Auflösung ist vom Registergericht nach **§ 10 S. 1 HGB** in dem von der Landesjustizverwaltung bestimmten elektronischen Informations- und Kommunikationssystem nach §§ 32 ff. HRV bekannt zu machen. Dabei ist entsprechend § 10 S. 2 HGB grundsätzlich der gesamte Inhalt der Eintragung zu veröffentlichen. Die Bekanntmachungen aller Bundesländer erfolgen seit dem am 1.1.2007 in Kraft getretenen EHUG über das Internetportal www.handelsregisterbekanntmachungen.de. Eine zusätzliche Bekanntmachung auch in einer Tageszeitung oder einem sonstigen (physischen) Blatt ist seit dem 1.1.2009 nicht mehr erforderlich. Die Eintragung soll nach § 383 Abs. 1 FamFG außerdem den Beteiligten (vgl. § 7 FamFG) bekannt gemacht werden. Die Veröffentlichung ist nach § 383 Abs. 2 FamFG unverzichtbar und ersetzt nicht die Bekanntmachung durch die Liquidatoren nach § 65 Abs. 2.

---

[58]   Scholz/*K. Schmidt*/*Scheller* Rn. 17; Rowedder/Schmidt-Leithoff/*Gesell* § 60 Rn. 31; Noack/Servatius/ Haas/*Haas* Rn. 4 mit Hinweis auf die diesen Umstand verkennende Begr., BT-Drs. 12/3803, 90 iVm 82.

[59]   So iErg *K. Schmidt* GmbHR 1994, 829 (831 f.); Rowedder/Schmidt-Leithoff/*Gesell* § 60 Rn. 31; Noack/Servatius/Haas/*Haas* Rn. 4; unzutr. insoweit auch Begr. RefE MoMiG v. 29.5.2006 zu Nr. 26b, abgedruckt auch bei *Goette*, Einführung in das neue GmbH-Recht, 2008, 313 f.

[60]   Scholz/*K. Schmidt*/*Scheller* Rn. 17 spricht von „irreführend".

[61]   Zur Begriffsverwendung vgl. Rowedder/Schmidt-Leithoff/*Gesell* § 60 Rn. 64.

[62]   Zum Streitstand vgl. Rowedder/Schmidt-Leithoff/*Gesell* § 74 Rn. 27.

[63]   Noack/Servatius/Haas/*Haas* Rn. 4; Rowedder/Schmidt-Leithoff/*Gesell* § 74 Rn. 26.

[64]   Noack/Servatius/Haas/*Haas* Rn. 14; UHL/*Paura* Rn. 30, 20; Scholz/*K. Schmidt*/*Scheller* Rn. 11; Rowedder/Schmidt-Leithoff/*Gesell* Rn. 5.

[65]   Ausf. zu Form und Inhalt der Eintragung *Krafka* RegisterR-HdB Rn. 1126–1129.

bb) Insolvenzverfahren. Wird die Gesellschaft durch Eröffnung des Insolvenzverfah- 33
rens aufgelöst, so wird die von Amts wegen vorzunehmende Eintragung in das Handelsregister nach § 32 Abs. 2 S. 1 HGB nicht vom Registergericht bekannt gemacht. Die Bekanntmachung erfolgt hier gem. §§ 30, 9 InsO durch das Insolvenzgericht. Gleiches gilt in den
weiteren in § 32 Abs. 1 S. 2 Nr. 1–5 HGB genannten Fällen.

c) Wirkung der Eintragung. Die Eintragung der Auflösung wirkt grundsätzlich nicht 34
konstitutiv, sondern nur deklaratorisch.[66] Eine unrichtige Eintragung[67] führt deshalb ebenso
wenig zur Auflösung der Gesellschaft wie das Fehlen der Eintragung die Rechtsfolge der
Auflösung verhindern kann. Das gilt unabhängig davon, ob die Eintragung aufgrund einer
Anmeldung oder von Amts wegen zu erfolgen hat.[68] Nur wenn ausnahmsweise die Auflösung von einer gleichzeitig vorzunehmenden Satzungsänderung abhängt, tritt die Auflösungswirkung gem. § 54 Abs. 3 erst mit der Eintragung der Satzungsänderung ein.[69]

Unabhängig davon, ob die Eintragung deklaratorische oder konstitutive Wirkung hat, 35
handelt es sich jeweils um eine eintragungspflichtige Tatsache iSv § 15 HGB. Deren Publizitätswirkung ist in der Praxis für Dritte jedoch regelmäßig ohne Bedeutung, da die Gesellschaft lediglich in eine Abwicklungsgesellschaft umgewandelt wird. Lediglich der Gesellschaftszweck ändert sich. Aus der werbenden Gesellschaft wird eine Liquidationsgesellschaft,
die als Formkaufmann (§ 6 HGB) fortbesteht sowie handlungs- und parteifähig[70] (§ 50
Abs. 1 ZPO) bleibt.[71] Da die Gesellschafter selbst (auch die Erwerber von Geschäftsanteilen,[72] zum gutgläubigen Erwerb vgl. aber § 16 Abs. 3) nicht Dritte iSv § 15 HGB sind, gilt
diese Vorschrift für diese und ihr Verhältnis untereinander ohnehin nicht.[73] Außerdem ist
für den Beginn des Sperrjahres nach § 73 Abs. 1 nicht auf die Bekanntmachung der Eintragung der Auflösung im Handelsregister, sondern die Bekanntmachung des Gläubigeraufrufs
nach § 65 Abs. 2 abzustellen. Ist die Gesellschaft durch Eröffnung des Insolvenzverfahrens
aufgelöst worden, findet § 15 HGB gem. § 32 Abs. 2 S. 2 HGB keine Anwendung. In allen
anderen Fällen, in denen die Eintragung der Auflösung von Amts wegen erfolgt ist § 15
HGB hingegen anwendbar.[74]

III. Bekanntmachung und Gläubigeraufruf (Abs. 2)

1. Anwendungsbereich. a) Allgemeines. Nach Abs. 2 ist die Liquidation von den 36
Liquidatoren einmalig in den Gesellschaftsblättern bekannt zu machen (S. 1) zusammen mit
dem Aufruf an die Gläubiger, sich bei der Gesellschaft zu melden, also ihre Forderungen
geltend zu machen (S. 2). Diese Bekanntmachung steht selbstständig neben der Veröffentlichung der Auflösung durch das Registergericht nach Abs. 1.[75] Sie dient nicht der Veröffentlichung der Eintragung sondern der Bekanntmachung der Auflösung selbst und dem damit

---

[66] AllgM, OLG Oldenburg Beschl. v. 3.1.2005 – 3 W 42/04, BeckRS 2005, 01872; OLG Karlsruhe
Entsch. v. 24.11.1924 – RPI A 29/24 I S., GmbHR 1925, 503 (505); KG Beschl. v. 24.10.1929 – 1 b X
660/29, GmbHR 1930, 269; Noack/Servatius/Haas/*Haas* Rn. 15; MHLS/*Nerlich* Rn. 21; Rowedder/
Schmidt-Leithoff/*Gesell* Rn. 5; UHL/*Paura* Rn. 33; Scholz/*K. Schmidt/Scheller* Rn. 11; Lutter/Hom-
melhoff/*Kleindiek* Rn. 5; *Altmeppen* Rn. 13.
[67] Zur Löschung einer unrichtigen Eintragung nach § 65 Abs. 1 vgl. Scholz/*K. Schmidt/Scheller* Rn. 12.
[68] Rowedder/Schmidt-Leithoff/*Gesell* Rn. 6; Scholz/*K. Schmidt/Scheller* Rn. 11, 12.
[69] BayObLG Beschl. v. 31.3.1994 – 3Z BR 8/94, DB 1994, 976 = GmbHR 1994, 478; Noack/Servatius/
Haas/*Haas* Rn. 15; MHLS/*Nerlich* Rn. 21; Rowedder/Schmidt-Leithoff/*Gesell* Rn. 6; UHL/*Paura*
Rn. 34; Scholz/*K. Schmidt/Scheller* Rn. 11; Lutter/Hommelhoff/*Kleindiek* Rn. 5; *Altmeppen* Rn. 13.
[70] Eingehend dazu *Altmeppen* Rn. 14; zur Prozessfähigkeit *Altmeppen* Rn. 15, jeweils mit Verweis auf weitere
Fundstellen und aktueller Rspr.; umfassend zur Parteifähigkeit der gelöschten GmbH nach Beendigung
des Liquidationsverfahrens *Altmeppen* Rn. 26–38.
[71] *Ebert* NZG 2002, 937 (940); Noack/Servatius/Haas/*Haas* Rn. 15; MHLS/*Nerlich* Rn. 21; UHL/*Paura*
Rn. 34; Lutter/Hommelhoff/*Kleindiek* Rn. 5.
[72] *Altmeppen* Rn. 12; Lutter/Hommelhoff/*Kleindiek* Rn. 5.
[73] MHLS/*Nerlich* Rn. 21, UHL/*Paura* Rn. 34, ebenso RG Urt. v. 12.6.1928 – II 534/27, RGZ 120, 363
(369) für die AG.
[74] So auch UHL/*Paura* Rn. 34.
[75] Scholz/*K. Schmidt/Scheller* Rn. 25; Rowedder/Schmidt-Leithoff/*Gesell* Rn. 9.

verbundenen, an die Gläubiger zu richtenden Aufgebot.[76] Die Vorschrift ist im engen Zusammenhang mit § 73 Abs. 1 zu sehen. Danach darf die Verteilung des Gesellschaftsvermögens an die Gesellschafter nicht vor Ablauf eines Jahres seit der Bekanntmachung gem. Abs. 2 erfolgen (Sperrfrist).

37   **b) Ausnahmen. aa) Eröffnung des Insolvenzverfahrens.** Abs. 2 findet keine Anwendung, wenn die Gesellschaft durch Eröffnung des Insolvenzverfahrens aufgelöst wird (§ 27 InsO iVm § 60 Abs. 1 Nr. 4). In diesem Fall erfolgt die Abwicklung der Gesellschaft nicht nach den Liquidationsvorschriften des GmbHG, sondern nach den vorrangigen Regelungen des Insolvenzverfahrens (→ Rn. 20 ff.). Eine Aufforderung an die Gläubiger ist hier schon deshalb entbehrlich, weil diese durch das Insolvenzgericht selbst erfolgt. Dieses fordert die Gläubiger nach §§ 9, 28, 30, 174 ff. InsO in dem öffentlich bekannt zu machenden Eröffnungsbeschluss auf, sich beim Insolvenzverwalter zu melden und nicht, wie bei § 65 Abs. 2, bei der Gesellschaft. Die öffentliche Bekanntmachung hat nach § 9 Abs. 1 S. 1 InsO durch eine zentrale und länderübergreifende Veröffentlichung im Internet zu erfolgen. Sie ist online abrufbar auf der Internetseite www.insolvenzbekanntmachungen.de oder über das Unternehmensregister unter www.unternehmensregister.de.

38   **bb) Vermögenslosigkeit.** Bekanntmachung und Gläubigeraufruf nach Abs. 2 können auch dann unterbleiben, wenn die Gesellschaft wegen Vermögenslosigkeit gelöscht wurde (§ 394 Abs. 1 FamFG iVm § 60 Abs. 1 Nr. 7). Mangels verwertbaren Vermögens und erfolgter Beendigung der Gesellschaft ist ein Gläubigeraufruf hier grundsätzlich entbehrlich. Das gilt selbst dann, wenn wegen noch ausstehender Willenserklärungen oder sonstiger Abwicklungsmaßnahmen eine Nachtragsliquidation notwendig ist.[77] Stellt sich jedoch nach Löschung der Gesellschaft heraus, dass die Gesellschaft doch nicht vermögenslos ist, hat der Liquidator im Rahmen einer Nachtragsliquidation die Auflösung der Gesellschaft mit der Aufforderung an die Gläubiger gem. Abs. 2 zu veröffentlichen.[78]

39   **cc) Faktische Vermögenslosigkeit.** Die Pflicht zur Vornahme von Bekanntmachung und Gläubigeraufruf nach Abs. 2 entfällt nach richtiger Ansicht auch bei faktischer Vermögenslosigkeit der aufgelösten aber noch nicht gelöschten Gesellschaft.[79] Die Gegenauffassung,[80] der sich auch das OLG Celle[81] zumindest im Grundsatz angeschlossen hat, überzeugt nicht. Der Sinn und Zweck dieser Regelung, die Vermögensinteressen der Gläubiger zu wahren, kann nicht mehr erreicht werden, wenn kein Vermögen mehr zu ihrer Befriedigung vorhanden ist. Der Zweck der zentralen Gläubigerschutzvorschrift des § 73 Abs. 1, allen Gläubigern die Chance zur Meldung zu geben, ist im Fall der Vermögenslosigkeit der Gesellschaft entfallen.[82] Obwohl vom Wortlaut des § 73 erfasst, ist die Vorschrift dem

---

[76]   Scholz/K. Schmidt/Scheller Rn. 1.

[77]   Noch zu § 2 Abs. 1 LöschG OLG Hamm Beschl. v. 11.11.1986 – 15 W 70/86, GmbHR 1987, 470 (471) = NJW-RR 1987, 348; UHL/Paura Rn. 37; zu § 141a FGG aF Rowedder/Schmidt-Leithoff/ Gesell Rn. 10; Noack/Servatius/Haas/Haas Rn. 17.

[78]   So iE wohl BayObLG Beschl. v. 27.8.1982 – BReg. 3 Z 96/82, GmbHR 1982, 274 (275) = BB 1982, 1794; MHLS/Nerlich Rn. 23.

[79]   OLG Köln Beschl. v. 5.11.2004 – 2 Wx 33/04, BeckRS 2004, 10776; OLG Düsseldorf Beschl. v. 27.3.2014, I-3 Wx 48/14, DB 2014, 1006, Beschl. v. 1.2.2017 – I-3 Wx 300/16, GmbHR 2017, 531; Beschl. v. 13.8.2019 – 3 Wx 80/17, NZG 2020, 264; OLG Jena Beschl. v. 20.5.2015 – 6 W 506/ 14, GmbHR 2015, 193; Beschl. v. 15.5.2019 – 2 W 159/19, NotBZ 2019, 391 m. krit. Anm. Watoro; OLG Hamm Beschl. v. 2.9.2016 – 27 W 63/16, GmbHR 2017, 930; KG Beschl. v. 22.7.2019 – 22 W 29/18, FGPrax 2019, 211; Beschl. zur Gegenvorstellung v. 12.9.2019 – 22 W 29/19, BeckRS 2019, 36753; iE wohl auch BayObLG Beschl. v. 27.8.1982 – BReg. 3 Z 96/82, GmbHR 1982, 274 (275) = BB 1982, 1794; Altmeppen Rn. 41; Lutter/Hommelhoff/Kleindiek Rn. 9; jetzt auch Scholz/K. Schmidt/ Scheller Rn. 22, der davon ausgeht, dass in der Praxis außerhalb der Fälle, in denen eine Insolvenzantragspflicht besteht, wohl nur ein Anwendungsbereich für die Fälle der abgelehnten Insolvenzeröffnung mangels Masse verbleibt.

[80]   Bork/Schäfer/Servatius Rn. 19; Henssler/Strohn/Arnold Rn. 12; UHL/Paura Rn. 37; anders noch Hachenburg/Hohner Rn. 27.

[81]   OLG Celle Beschl. v. 17.10.2018 – 9 W 80/18, RNotZ 2019, 108.

[82]   OLG Hamm Beschl. v. 2.9.2016 – 27 W 63/16, GmbHR 2017, 930.

Sinn und Zweck entsprechend einschränkend auszulegen. Auflösung und Beendigung der Gesellschaft können folglich gemeinsam beim Registergericht durch die Liquidatoren in vertretungsberechtigter Zahl angemeldet werden. In der Anmeldung ist die Vermögenslosigkeit zu erklären. Um dem Ausnahmecharakter und den damit korrespondierenden Gläubigerschutzinteressen gerecht zu werden und eine registergerichtliche Kontrolle zu ermöglichen, hat jedoch eine Darstellung der tatsächlichen vermögensrelevanten Verhältnisse der Gesellschaft bezogen auf die konkreten Verhältnisse so zu erfolgen, dass sich dem Registergericht eine hinreichende Prüfungsmöglichkeit eröffnet.[83] Falsche Angaben sind zwar derzeit mangels Straftatbestand nicht strafbar,[84] können jedoch Schadensersatzansprüche begründen (zB nach § 71 Abs. 4, § 43 oder nach § 73 iVm § 823 Abs. 2 BGB). Das Registergericht hat dann bei begründetem Sachvortrag die Löschung der Gesellschaft von Amts wegen nach § 394 FamFG iVm § 60 Abs. 1 Nr. 7 einzutragen. Bei begründeten Zweifeln an der Richtigkeit der Erklärung oder unzureichendem Sachvortrag hat das Registergericht das Recht und die Pflicht zur weiteren Prüfung und muss, wenn bestehende Bedenken nicht ausgeräumt werden, die Anmeldung zurückweisen.[85]

Von der Frage der grundsätzlichen Zulässigkeit einer Löschung der Gesellschaft ohne **40** Einhaltung des Sperrjahres – auch Blitzlöschung genannt – zu unterscheiden ist die Frage, ob dem ein laufendes Besteuerungsverfahren entgegensteht.[86] Die Rechtsprechung der Oberlandesgerichte ist hier nicht einheitlich. Zum Teil wird davon ausgegangen, dass allein der Umstand, dass ein die Gesellschaft betreffendes Besteuerungsverfahren noch nicht abgeschlossen ist und der Gesellschaft noch ein Steuerbescheid zuzustellen ist, die Eintragung der Beendigung nicht hindert.[87] Andere Entscheidungen gehen davon aus, dass ein laufendes Steuerverfahren der Löschung grundsätzlich entgegensteht.[88] Insbesondere das KG hat sich letzter Auffassung angeschlossen.[89] Ergebe sich aus dem zu erstellenden Bescheid ein Steuer-

---

[83]   Hierzu *Wachter* GmbHR, 2017, 930; *Freier* notar 2020, 58, jeweils mit ausf. Formulierungsvorschlag für die Darstellung der tatsächlichen Verhältnisse.

[84]   *Freier* NZG 2020, 812 plädiert dafür, die Löschung von einer strafbewährten Versicherung abhängig zu machen, um eine höhere Richtigkeitsgewähr sicherzustellen und den Beteiligten die Risiken vorschneller falscher Erklärungen bewusst zu machen. Dafür spricht sich auch die Stellungnahme des Deutschen Notarvereins vom 17.2.2020 im Rahmen ihrer Empfehlungen zur Vereinfachung des Amtslöschungsverfahrens gemäß § 394 FamFG aus, https://www.dnotv.de/stellungnahmen/vereinfachung-des-amtsloeschungsverfahrens-gemaess-%c2%a7-394-famfg-beschluss-der-90-konferenz-der-justizministerinnen-und-justizminister/#_ftn28 (zuletzt abgerufen am 22.10.2021).

[85]   OLG Köln Beschl. v. 5.11.2004 – 2 Wx 33/04, BeckRS 2004, 10776; OLG Hamm Beschl. v. 21.5.2021 – 27 W 25/21, DB 2021, 1461 (1462); Beschl. v. 2.9.2016 – 27 W 63/16, GmbHR 2017, 930; OLG Jena Beschl. v. 15.5.2019 – 2 W 159/19, NotBZ 2019, 391 m. krit. Anm. *Watoro*. Das OLG Naumburg Beschl. v. 27.5.2002 – 7 Wx 1/02, GmbHR 2002, 858 spricht bei einer entsprechend Anmeldung von einer Pflicht des Gericht zur Entscheidung darüber, ob es im Rahmen des § 12 FGG eine weitere Prüfung anstellen will.

[86]   Der BGH hat die Streitfolge in seinem Beschl. v. 9.11.2021 – II ZB 1/21, NZG 2022, 268 ausdrücklich offengelassen. Im konkreten Fall hat er entschieden, dass allein die abstrakte Möglichkeit einer Änderung der Aufhebung der Steuerfestsetzung bis zum Ablauf der Festsetzungsfrist für sich genommen keine Zweifel an der Vermögenslosigkeit der Antragstellerin begründet. Nur wenn davon auszugehen sei, dass ein Anspruch auf Steuererstattung tatsächlich bestehe, könne dies der Eintragung der Löschung entgegenstehen.

[87]   OLG Düsseldorf Beschl. v. 1.2.2017 – I-3 Wx 300/16, RNotZ 2017, 183; Beschl. v. 13.8.2019 – 3 Wx 80/17, NZG 2020, 264, Beschl. v. 25.8.2020 – I-3 Wx 117/20, NZG 2020, 1277, Beschl. v. 27.3.2014, I-3 Wx 48/14, MittBayNot 2014, 366; OLG Hamm Beschl. v. 2.9.2016 – 27 W 63/16, GmbHR 2017, 930; OLG Jena Beschl. v. 20.5.2015 – 6 W 506/14, GmbHR 2015, 1093; ebenso wenig hindert nach OLG Hamm Beschl. v. 2.9.2016 – 27 W 63/16, GmbHR 2017, 930 die fehlende Erstellung einer Schlussbilanz, wenn die Gesellschafter (zumindest konkludent) auf deren Erstellung verzichten, was bei Personenidentität von Gesellschaftern und Geschäftsführern bereits durch die Anmeldung der Beendigung wegen Vermögenslosigkeit selbst zum Ausdruck kommt.

[88]   OLG Hamm Beschl. v. 29.7.2015 – 27 W 50/15, NZG 2015, 1159, Beschl. v. 1.7.2015 – 27 W 71/15, NZG 2015, 1159; OLG Jena Beschl. v. 15.5.2019 – 2 W 159/19, NotBZ 2019, 391 m. krit. Anm. *Watoro*.

[89]   KG Beschl. v. 22.7.2019 – 22 W 29/18, FGPrax 2019, 211 m. abl. Anm. *Schmidt*; Beschl. zur Gegenvorstellung v. 12.9.2019 – 22 W 29/19, BeckRS 2019, 36753. Gegen eine Löschung zumindest vor Ablauf des Sperrjahres bei laufendem Steuerverfahren auch *Bernert* MittBayNot 2021, 309 (318).

guthaben, sei die Liquidation nicht abgeschlossen, weil die Gesellschaft noch über Vermögen verfüge; ergebe sich eine Steuerschuld, ist ein Gläubiger vorhanden, dem die Möglichkeit eingeräumt werden müsse, die Behauptung der Vermögenslosigkeit etwa durch Vollstreckungsmaßnahmen zu überprüfen. In letzterem Fall könnten sich auch Haftungsansprüche gegen die Organe der Gesellschaft ergeben, die wiederum zu Gesellschaftsvermögen führen könnten. Richtigerweise wird man differenzieren müssen.[90] Ausgangspunkt einer Löschung ist stets die Vermögenslosigkeit. Ist davon auszugehen, dass ein laufendes Steuerverfahren nur zu Zahlungsansprüchen gegen die Gesellschaft führen wird, ändert das an einer bestehenden Vermögenslosigkeit nichts. Allein das theoretische Bestehen von Haftungsansprüchen der Gesellschaft gegen ihre Geschäftsführer ohne konkrete Anhaltspunkte dafür, steht dem nicht entgegen. Stehen hingegen Steuererstattungen im Raum, liegt schon keine Vermögenslosigkeit vor. Ob solche in Betracht kommen, hat sich dabei aus der Anmeldung zu ergeben.

41 **dd) VereinsG.** Ebenso wie im Falle der Eröffnung des Insolvenzverfahrens findet auch im Falle des Verbots der Gesellschaft nach **§§ 17, 3 VereinsG** keine Liquidation nach den Liquidationsvorschriften des GmbHG statt. Der verfügende Teil des Verbots ist nach § 3 Abs. 4 S. 2 VereinsG im Bundesanzeiger und danach im amtlichen Mitteilungsblatt des Landes bekannt zu machen, in dem die Gesellschaft ihren Sitz hat. Die Abwicklung des verbotenen Vereins richtet dann ausschließlich nach § 13 VereinsG. Gem. § 13 Abs. 1 VereinsG sind die Gläubiger, die ihre Forderungen innerhalb der von der Verbotsbehörde oder Einziehungsbehörde gesetzten Ausschlussfrist angemeldet haben, aus der besonderen Vermögensmasse (§ 11 Abs. 2 S. 1 VereinsG) zu befriedigen. Bekanntmachung und Gläubigeraufruf nach Abs. 2 erscheinen somit entbehrlich.

42 **ee) Fortsetzungsbeschluss.** Bekanntmachung und Gläubigeraufruf nach Abs. 2 sind auch dann entbehrlich, wenn die Gesellschaft aufgrund (wirksamen) **Fortsetzungsbeschlusses** fortgesetzt wird (→ Rn. 53 ff.).

43 **ff) GmbH-Novelle.** Sie konnten auch in dem Sonderfall unterbleiben, dass eine Altgesellschaft nach Art. 12 § 1 GmbHGÄndG (GmbH-Novelle 1980) aufgelöst war, obwohl die Kapitalerhöhung fehlerhaft eingetragen war, wenn die Gesellschaft nach Abgabe der fehlenden Einzahlungsbestätigung dann die Auflösung und Fortsetzung eintragen ließ.[91]

44 **gg) Weitere Fälle.** In allen anderen Fällen der Auflösung der Gesellschaft findet Abs. 2 Anwendung. Das gilt insbesondere dann, wenn die Eröffnung des Insolvenzverfahrens mangels Masse abgelehnt worden ist (§ 26 InsO iVm § 60 Abs. 1 Nr. 5),[92] im Falle der gerichtlichen Feststellung eines Mangels des Gesellschaftsvertrages (§ 399 Abs. 4 FamFG iVm § 60 Abs. 1 Nr. 6)[93] sowie dann, wenn die Abwicklung der Gesellschaft nach § 38 KWG bestimmt wird. Ist die Eröffnung des Insolvenzverfahrens mangels Masse abgelehnt worden, wird häufig zugleich ein Fall der faktischen Vermögenslosigkeit vorliegen, der Bekanntmachung und Gläubigeraufruf nach Abs. 2 entbehrlich macht (→ Rn. 38).

45 **2. Zuständigkeit.** Bekanntmachung und Gläubigeraufruf haben nach dem ausdrücklichen Wortlaut des Abs. 2 durch die **Liquidatoren** zu erfolgen. Diese Pflicht trifft die Liquidatoren bereits mit Amtsantritt und unabhängig von ihrer Eintragung als Liquidatoren im Handelsregister,[94] sofern beide nicht ausnahmsweise zusammenfallen, etwa weil die Auflösung und gleichzeitige Eintragung der Liquidatoren einer Satzungsänderung bedürfen. Verpflichtet sind die Liquidatoren **gemeinschaftlich,** auch wenn die Pflicht die einzelnen

---

[90] Wie hier *Freier* NZG 2020, 812; iErg wohl auch OLG Jena Beschl. v. 20.5.2015 – 6 W 506/14, GmbHR 2015, 193; Beschl. v. 15.5.2019 – 2 W 159/19, BeckRS 2019, 23313; in beiden Fällen standen nur Steuerzahlungen im Raum.
[91] BayObLG Beschl. v. 6.8.1987 – BReg. 3 Z 106/87, BB 1987, 2119; Rowedder/Schmidt-Leithoff/ *Gesell* Rn. 10.
[92] Scholz/*K. Schmidt/Scheller* Rn. 21.
[93] Scholz/*K. Schmidt/Scheller* Rn. 21.
[94] Scholz/*K. Schmidt/Scheller* Rn. 23.

Liquidatoren als solche trifft.[95] Diese Verpflichtung entfällt auch nicht im Falle einer gegenteiligen Weisung durch die Gesellschafterversammlung, da es sich um eine objektive Amtspflicht handelt, die auch im Interesse der Gläubiger besteht.[96]

3. Form. a) Inhalt. Nach Abs. 2 haben die Liquidatoren die Auflösung der Gesell- **46** schaft unter Angabe der Firma und des Ortes bekannt zu machen und gleichzeitig die Gläubiger aufzufordern, bei der Gesellschaft ihre Forderungen anzumelden. Bekanntmachung der Auflösung und Gläubigeraufruf sind zwingend miteinander zu verbinden.[97] Zu empfehlen ist folgender **Wortlaut:**[98]

„A-GmbH i. L.
Die Gesellschaft ist aufgelöst. Die Gläubiger der Gesellschaft werden aufgefordert, sich bei ihr zu melden. B-Stadt, den…, die Liquidatoren"

Der Auflösungsgrund selbst muss nicht angegeben werden. Die Bekanntmachung, dass **47** die Gesellschaft aufgelöst ist, ist als solche ausreichend.[99] Ebenso braucht die Bekanntmachung keine Unterschriften der Liquidatoren zu enthalten, aus denen deren Namen ersichtlich sind. Es genügt vielmehr, wenn für die Gläubiger erkennbar ist, von welcher Gesellschaft die Bekanntmachung ausgeht und wohin die Gläubiger sich zu wenden haben.[100] Insbesondere muss die Bekanntmachung keine Meldefristen oder die Androhung von Rechtsnachteilen beinhalten.[101] Bekannte Gläubiger müssen anders als bei einer Kapitalherabsetzung nach § 58 Abs. 1 Nr. 1 nicht gesondert zur Anmeldung ihrer Forderungen aufgefordert werden.[102] Für sie gilt § 73 Abs. 2, für sie ist also ein geschuldeter Betrag zu hinterlegen, auch wenn sie sich nicht bei der Gesellschaft gemeldet haben. Weder Bekanntmachung noch Gläubigeraufruf ziehen also Ausschlussfunktionen oder Sanktionen für die Gläubiger nach sich.

b) Gesellschaftsblätter. Veröffentlichung und Gläubigeraufruf haben einmalig in den **48** Gesellschaftsblättern zu erfolgen. Nach § 12 S. 1 ist dies grundsätzlich der **Bundesanzeiger** als zwingendes Gesellschaftsblatt. Bestimmt der Gesellschaftsvertrag (ausnahmsweise) auch andere Gesellschaftsblätter – was in aktuellen Satzungen nur noch selten vorkommen wird, so haben Bekanntmachung und Gläubigeraufruf auch in diesen zu erfolgen (§ 12 S. 2).[103]

Mit der Bekanntmachung beginnt die Sperrfrist des § 73 Abs. 1 für die Verteilung des **49** Gesellschaftsvermögens zu laufen.

4. Frist. Eine bestimmte Frist ist für die Bekanntmachungen nach Abs. 2 nicht zwar **50** vorgesehen, jedoch haben die Liquidatoren ihrer Verpflichtung hierzu unverzüglich nachzukommen.[104] Frühest möglicher Zeitpunkt für die Bekanntmachung ist dabei das Wirksamwerden der Auflösung. Die Auflösung ist dabei regelmäßig von ihrer Eintragung in das Handelsregister unabhängig. Der vorherigen Eintragung der Auflösung in das Handelsregister bedarf es nur dann, wenn es für die Auflösung gleichzeitig einer Satzungsänderung bedarf. Vor Eintragung der Satzungsänderung ist die Gesellschaft in diesen Fällen nicht aufgelöst. Eine dennoch bereits vor wirksamer Auflösung erfolgte Veröffentlichung samt Gläubigeraufruf ist in diesen Fällen wirkungslos, so dass die Sperrfrist nach § 73 Abs. 1 nicht zu laufen beginnt.[105]

---

[95] Scholz/*K. Schmidt/Scheller* Rn. 23.
[96] *Altmeppen* Rn. 9.
[97] UHL/*Paura* Rn. 39–41; Noack/Servatius/Haas/*Haas* Rn. 18; Scholz/*K. Schmidt/Scheller* Rn. 24.
[98] So auch UHL/*Paura* Rn. 39; Scholz/*K. Schmidt/Scheller* Rn. 24; Rowedder/Schmidt-Leithoff/*Gesell* Rn. 9; weitergehend MHLS/*Nerlich* Rn. 24 und Lutter/Hommelhoff/*Kleindiek* Rn. 8, die die Gläubiger zur Angabe von Grund und Höhe ihrer Ansprüche auffordern.
[99] UHL/*Paura* Rn. 40, 41; MHLS/*Nerlich* Rn. 25; Noack/Servatius/Haas/*Haas* Rn. 18.
[100] UHL/*Paura* Rn. 40, 41; MHLS/*Nerlich* Rn. 25.
[101] Scholz/*K. Schmidt/Scheller* Rn. 24.
[102] UHL/*Paura* Rn. 41; Scholz/*K. Schmidt/Scheller* Rn. 24; Noack/Servatius/Haas/*Haas* Rn. 17; MHLS/*Nerlich* Rn. 28.
[103] UHL/*Paura* Rn. 42; Scholz/*K. Schmidt* Rn. 15; MHLS/*Nerlich* Rn. 27; Noack/Servatius/Haas/*Haas* Rn. 17.
[104] UHL/*Paura* Rn. 38; Scholz/*K. Schmidt/Scheller* Rn. 23; MHLS/*Nerlich* Rn. 26.
[105] UHL/*Paura* Rn. 38; MHLS/*Nerlich* Rn. 26.

51   **5. Durchsetzbarkeit. a) Kein Bekanntmachungszwang.** Bekanntmachung und Gläubigeraufruf nach Abs. 2 können vom Registergericht **nicht** nach § 14 HGB durch Ordnungsstrafen erzwungen werden.[106] § 14 HGB gilt nach dem eindeutigen Wortlaut nur im Falle der Nichterfüllung der Verpflichtung zur Anmeldung oder Einreichung von Dokumenten zum Handelsregister. Die Gesellschafter können die Liquidatoren jedoch mit Wirksamwerden der Auflösung zur Erfüllung ihrer Verpflichtungen nach Abs. 2 zusätzlich ausdrücklich anweisen. Für die Gesellschafter besteht schon deshalb ein besonderes Interesse an der Vornahme der gesetzlich vorgeschriebenen Bekanntmachungen, da erst mit dem Tag der Bekanntmachung das Sperrjahr des § 73 Abs. 1 zu laufen beginnt, dessen Ablauf Voraussetzung für die Verteilung des Gesellschaftsvermögens unter die Gläubiger ist.

52   **b) Rechtsfolgen einer Pflichtverletzung.** Erfüllen die Liquidatoren ihre Bekanntmachungspflichten nicht oder verspätet, so haften sie der Gesellschaft nach § 71 Abs. 4, § 43 Abs. 1, 2.[107] Unter Umständen kann auch der Aufsichtsrat bei Verletzung seiner Überwachungspflichten von der Gesellschaft nach § 52 iVm §§ 116, 93 AktG zur Verantwortung gezogen werden.[108] Solche Ansprüche könnten von den Gesellschaftern selbst oder Gläubigern der Gesellschaft gepfändet werden, denen jeweils keine eigenen, unmittelbaren Ansprüche gegen die Liquidatoren oder die Gesellschaft zustehen.[109] Häufig wird der Gesellschaft jedoch im Fall der Verletzung der Bekanntmachungspflichten nach Abs. 2 schon gar kein relevanter Vermögensschaden entstanden sein.[110] Außerdem wird eine relevante Pflichtverletzung gegenüber der Gesellschaft überhaupt nur dann in Betracht kommen, wenn überhaupt die Möglichkeit zur Vermögensverteilung nach Ablauf des Sperrjahrs an die Gesellschafter besteht. Das setzt aber voraus, dass es zuvor zu einer Befriedigung der Verbindlichkeiten der Gesellschaft gegenüber den Gläubigern gekommen sein muss bzw. kommt, diesen also schon kein Schaden entstanden sein kann.[111] Schütten die Liquidatoren jedoch Gesellschaftsvermögen bereits vor Ablauf des Sperrjahres an die Gesellschafter aus, so steht der Gesellschaft ein Ersatzanspruch gegen die Liquidatoren nach § 73 Abs. 3 zu, den die Gläubiger pfänden können.[112]

IV. Fortsetzung der Gesellschaft

53   **1. Anmeldepflicht als Grundsatz.** Wird nach Auflösung der Gesellschaft von den Gesellschaftern zulässigerweise[113] deren Fortsetzung beschlossen, so ist die Fortsetzung zur Eintragung in das Handelsregister anzumelden.[114] Einer Versicherung der Geschäftsführer nach § 8 Abs. 2 bedarf es außer in den Fällen, in denen in der Forstsetzung zugleich eine

---

[106] UHL/*Paura* Rn. 45; Scholz/*K. Schmidt/Scheller* Rn. 27; MHLS/*Nerlich* Rn. 29; Rowedder/Schmidt-Leithoff/*Gesell* Rn. 11; Noack/Servatius/Haas/*Haas* Rn. 19.
[107] AllgM, BayObLG Beschl. v. 11.5.1982 – BReg 3 Z 39/82, WM 1982, 1288 (1290), ohne Benennung der Rechtsgrundlage; UHL/*Paura* Rn. 45; Scholz/*K. Schmidt/Scheller* Rn. 28; MHLS/*Nerlich* Rn. 30; Noack/Servatius/Haas/*Haas* Rn. 19; Lutter/Hommelhoff/*Kleindiek* Rn. 9.
[108] Scholz/*K. Schmidt/Scheller* Rn. 28; Rowedder/Schmidt-Leithoff/*Gesell* Rn. 11.
[109] UHL/*Paura* Rn. 45; eingehend zum Gläubigerschutz Scholz/*K. Schmidt/Scheller* Rn. 28. Gehrlein/Born/Simon/*Beckmann/Hofmann* Rn. 28 beziehen dagegen auch die Gesellschafter in den Schutzbereich der Vorschrift ein; so ausnahmsweise auch UHL/*Paura* Rn. 10 bei Inanspruchnahme spezifischen Vertrauens auf Eintragung und Bekanntmachung; weitergehend Bork/Schäfer/*Servatius* Rn. 20, der eine Außenhaftung der Liquidatoren gegenüber den Gläubigern für erforderlich hält und deshalb in Abs. 2 ein Schutzgesetz iVm § 823 Abs. 2 BGB zugunsten der Gläubiger sieht.
[110] UHL/*Paura* Rn. 45; MHLS/*Nerlich* Rn. 30; Noack/Servatius/Haas/*Haas* Rn. 19; Lutter/Hommelhoff/*Kleindiek* Rn. 9.
[111] Ähnlich Rowedder/Schmidt-Leithoff/*Gesell* Rn. 11.
[112] Vgl. dazu und zu der Frage, ob den Gläubigern nicht bereits ein eigener Anspruch gegen die Liquidatoren zusteht bei Rowedder/Schmidt-Leithoff/*Gesell* § 73 Rn. 26 ff.
[113] Zu den Fällen, in denen die Fortsetzung einer aufgelösten Gesellschaft zulässig ist, vgl. Rowedder/Schmidt-Leithoff/*Gesell* § 60 Rn. 65 ff.
[114] AllgM, OLG Düsseldorf Beschl. v. 13.7.1979 – 3 W 140/79, GmbHR 1979, 276 (277); UHL/*Paura* Rn. 9; Scholz/*K. Schmidt/Scheller* Rn. 5; MHLS/*Nerlich* Rn. 31; Rowedder/Schmidt-Leithoff/*Gesell* Rn. 12; Noack/Servatius/Haas/*Haas* Rn. 20; *Altmeppen* Rn. 9.

wirtschaftliche Neugründung liegt, nicht.[115] Abs. 1 S. 2 aF hat dies für den Fall der Fortsetzung nach Einstellung des Konkursverfahrens (§ 60 Abs. 1 Nr. 4 aF) ausdrücklich angeordnet, wurde jedoch durch das KoordG 1969[116] gestrichen. In den Fällen der Auflösung der
Gesellschaft nach Art. 12 § 1 Abs. 1 und 2 GmbHGÄndG (GmbH-Novelle 1980) war die
Eintragung nach Abs. 3 sogar konstitutiv. Das Registergericht kann die Anmeldung des
Fortsetzungsbeschlusses nach § 79 Abs. 1 iVm § 14 HGB mit Ordnungsmitteln erzwingen,
sofern dieser nur deklaratorische Wirkung hat. Erfordert die Fortsetzung der Gesellschaft
hingegen zu ihrer Wirksamkeit der Eintragung einer Satzungsänderung nach § 54 Abs. 3,
so scheidet nach § 79 Abs. 2 Registerzwang aus.[117]

2. Ausnahmen von der Anmeldepflicht. a) Fehlende Eintragung der Auflö- 54
sung. Die Anmeldung und Eintragung der Fortsetzung ist nach zutreffender hM in der
Literatur dann nicht erforderlich, wenn schon die Auflösung nicht im Handelsregister eingetragen worden ist und sich auch nicht aus anderen aus dem Handelsregister ersichtlichen
Gründen wie bspw. Zeitablauf (§ 60 Abs. 1 Nr. 1) oder Eröffnung des Insolvenzverfahrens
(§ 60 Abs. 1 Nr. 4) ergibt.[118] Die Gegenansicht,[119] die grundsätzlich auch dann die Eintragung der Fortsetzung fordert, wenn die Auflösung selbst nicht im Handelsregister eingetragen war, überzeugt nicht. Eine Anmeldung dergestalt, dass die Gesellschaft zunächst (aus
einem bestimmten Grund) aufgelöst war und nun fortgesetzt wird, stellt einen unnötigen
Formalismus dar.[120] Auch § 15 Abs. 1 HGB steht dem nicht entgegen, da kein Interesse
des Rechtsverkehrs an der nachträglichen Eintragung der Auflösung und des Fortsetzungsbeschlusses ersichtlich ist, zumal in diesem Fall durch die Auflösung die Rechtsstellung
Dritter nicht geändert wurde.[121] Dem kann auch nicht entgegengesetzt werden, dass die
Fortsetzung stets eine Auflösung voraussetze, da die Eintragung der Auflösung selbst grundsätzlich keine konstitutive Wirkung hat, die Auflösung also ohne Eintragung im Handelsregister wirksam wird.

b) Sonderfall. Etwas anderes gilt ausnahmsweise nur dann, wenn der Fortsetzungsbe- 55
schluss zugleich als Satzungsänderung der konstitutiven Eintragung in das Handelsregister
bedarf. In diesem Fall muss der Fortsetzungsbeschluss in jedem Fall und unabhängig von
der Eintragung der Auflösung angemeldet werden. Die nachträgliche Eintragung der Auflösung ist auch in diesem Fall nicht notwendig.[122]

3. Eintragung und Bekanntmachung. Auf die Anmeldung hin ist die Fortsetzung 56
in das Handelsregister einzutragen und nach **§ 10 S. 1 HGB** in dem von der Landesjustizverwaltung bestimmten elektronischen Informations- und Kommunikationssystem nach
§§ 32 ff. HRV bekannt zu machen. Eine Bekanntmachung entsprechend Abs. 2 durch die
Liquidatoren ist in diesem Fall nicht (mehr) erforderlich, da die Gesellschaft fortbesteht.[123]

V. GmbH & Co. KG

Auf die Anmeldung der Auflösung der Komplementär-GmbH findet Abs. 1 Anwen- 57
dung. Die Auflösung der Kommanditgesellschaft selbst hingegen erfolgt nach §§ 161, 143

---

[115] So mit zutr. Abgrenzung und Begr. UHL/*Paura* Rn. 10.
[116] Koordinierungsgesetz v. 15.9.1969, BGBl. 1969 I 1146 (1149).
[117] MHLS/*Nerlich* Rn. 31; Rowedder/Schmidt-Leithoff/*Gesell* Rn. 12; Noack/Servatius/Haas/*Haas*
Rn. 20; UHL/*Paura* Rn. 29.
[118] MHLS/*Nerlich* Rn. 32; Rowedder/Schmidt-Leithoff/*Gesell* Rn. 12; Noack/Servatius/Haas/*Haas*
Rn. 20; UHL/*Paura* Rn. 10; *Altmeppen* Rn. 10; Ring/Grziwotz/*Grziwotz* Rn. 3.
[119] Scholz/*K. Schmidt/Scheller* Rn. 5.
[120] So aber BayObLG Beschl. v. 6.8.1987 – BReg. 3 Z 106/87, DB 1987, 2139 (2140); wie hier UHL/
Paura Rn. 10.
[121] MHLS/*Nerlich* Rn. 32; UHL/*Paura* Rn. 10, 11; Rowedder/Schmidt-Leithoff/*Gesell* Rn. 12; Noack/
Servatius/Haas/*Haas* Rn. 20.
[122] UHL/*Paura* Rn. 11; wohl auch MHLS/*Nerlich* Rn. 33; aA BayObLG Beschl. v. 6.8.1987 – BReg. 3 Z
106/87, DB 1987, 2139 (2140).
[123] MHLS/*Nerlich* Rn. 34; Noack/Servatius/Haas/*Haas* Rn. 22.

HGB und ist durch alle Gesellschafter zum Handelsregister anzumelden. Gerade bei Publikumsgesellschaften sind entsprechende Vollmachten für diese und weitere Anmeldefälle an die Komplementär-GmbH bzw. deren jeweilige Geschäftsführer oder Liquidatoren sinnvoll. Löst der Tod eines Kommanditisten aufgrund gesellschaftsvertraglicher Regelung ausnahmsweise (§ 177 HGB) die GmbH & Co. KG auf, so müssen ausnahmsweise dessen Erben unter den Voraussetzungen des § 143 Abs. 3 HGB nicht bei der Anmeldung mitwirken.

§ 66 Liquidatoren

(1) In den Fällen der Auflösung außer dem Fall des Insolvenzverfahrens erfolgt die Liquidation durch die Geschäftsführer, wenn nicht dieselbe durch den Gesellschaftsvertrag oder durch Beschluß der Gesellschafter anderen Personen übertragen wird.

(2) Auf Antrag von Gesellschaftern, deren Geschäftsanteile zusammen mindestens dem zehnten Teil des Stammkapitals entsprechen, kann aus wichtigen Gründen die Bestellung von Liquidatoren durch das Gericht erfolgen.

(3) [1]Die Abberufung von Liquidatoren kann durch das Gericht unter derselben Voraussetzung wie die Bestellung stattfinden. [2]Liquidatoren, welche nicht vom Gericht ernannt sind, können auch durch Beschluß der Gesellschafter vor Ablauf des Zeitraums, für welchen sie bestellt sind, abberufen werden.

(4) Für die Auswahl der Liquidatoren findet § 6 Abs. 2 Satz 2 und 3 *[ab 1.8.2022: statt „und 3" „bis 4"]* entsprechende Anwendung.

(5) [1]Ist die Gesellschaft durch Löschung wegen Vermögenslosigkeit aufgelöst, so findet eine Liquidation nur statt, wenn sich nach der Löschung herausstellt, daß Vermögen vorhanden ist, das der Verteilung unterliegt. [2]Die Liquidatoren sind auf Antrag eines Beteiligten durch das Gericht zu ernennen.

Schrifttum: *Altmeppen,* Verwertung von Ansprüchen der gelöschten GmbH gegen Gesellschafter und Geschäftsführer im Einvernehmen zwischen Nachtragsliquidator und Gläubiger, ZIP 2017, 497; *Bauer,* Der Notgeschäftsführer in der GmbH, 2006; *Bokelmann,* Der Prozeß gegen eine im Handelsregister gelöschte GmbH, NJW 1977, 1130; *Buchner,* Amtslöschung, Nachtragsliquidation und masselose Insolvenz von Kapitalgesellschaften, 1988; *Geißler,* Die Gesellschafterrechte in der Liquidation der GmbH, DZWIR 2013, 1; *Geißler,* Die Stellung und Funktion des GmbH-Geschäftsführers als Liquidator bei einem mangels Masse abgewiesenen Insolvenzantrag, GmbHR 2018, 1048; *Gottschling,* Die Amtsniederlegung des GmbH-Liquidators, GmbHR 1960, 141; *Grziwotz,* Sonderfälle der Liquidation von Gesellschaften, DStR 1992, 1813; *Heller,* Die vermögenslose GmbH, 1989; *Hofmann,* Zur Liquidation einer GmbH (I), GmbHR 1976, 229; *St. Meyer,* Abberufung und Kündigung des Liquidators einer GmbH, GmbHR 1998, 1018; *Piorreck,* Löschung und Liquidation von Kapitalgesellschaften nach dem Löschungsgesetz, Rpfleger 1978, 157; *Schönhaar,* Grundzüge des Ablaufs der Liquidation einer GmbH, GWR 2020, 1; *Schmelz,* Das Liquidationsrecht der GmbH, terra incognita?, NZG 2007, 135; *H. Schmidt,* Zur Vollbeendigung juristischer Personen, 1989; *K. Schmidt,* Löschung und Beendigung der GmbH, GmbHR 1988, 209; *K. Schmidt,* Zur Ablösung des Löschungsgesetzes, GmbHR 1994, 829; *W. Schulz,* Die masselose Liquidation der GmbH, 1986; *Sodemann,* Gestaltungsfreiheit und Auslegung im Liquidationsrecht der GmbH, 2019.

Übersicht

I. Bedeutung der Norm

Die Vorschrift leitet die Regelungen zum **Verfahren der Liquidation** der GmbH **1** ein. Die Durchführung eines förmlichen Liquidationsverfahrens dient insbesondere dem Schutz der Gläubiger und Minderheitsgesellschafter. Der **Zweck des § 66** liegt darin zu gewährleisten, dass die GmbH auch im Abwicklungsstadium über ein **handlungsfähiges Leitungsorgan** verfügt. Die Vorschrift weist diese Funktion den **Liquidatoren** (Abwicklern) zu, die an die Stelle der Geschäftsführer treten und diesen in ihrer Rechtsstellung weitgehend gleichen. Dem entspricht es, dass nach Abs. 1 der Norm grundsätzlich die bisherigen Geschäftsführer das Liquidatorenamt übernehmen. Durch den Gesellschaftsvertrag oder einen Beschluss der Gesellschafter kann es jedoch auf andere Personen übertragen werden. Abs. 2 bestimmt, unter welchen Voraussetzungen eine Bestellung durch das Gericht erfolgen kann. Abs. 3 regelt die Frage der Abberufung der Liquidatoren. Abs. 4 verweist hinsichtlich der persönlichen Voraussetzungen der Liquidatoren auf § 6 Abs. 2 S. 2 und 3 (ab 1.8.2022: § 6 Abs. 2 S. 2–4 idF des DiRUG). Abs. 5 betrifft den Sonderfall der Liquidation nach **Löschung wegen (vermeintlicher) Vermögenslosigkeit.**

Die Norm hat seit 1892 einige Veränderungen erfahren. Mit dem Einführungsgesetz **2** zur Insolvenzordnung vom 5.10.1994 (BGBl. 1994 I 2911), in Kraft getreten zum 1.1.1999, wurde in Abs. 1 der Begriff „Konkursverfahren" durch „Insolvenzverfahren" ersetzt. Das FGG-Reformgesetz vom 17.12.2008 (BGBl. 2008 I 2586) ließ zum 1.9.2009 in Abs. 2 den Verweis auf § 7 Abs. 1 entfallen, die gerichtliche Zuständigkeit ergibt sich nunmehr aus § 23a Abs. 1 Nr. 2, Abs. 2 Nr. 4 GVG, §§ 375 Nr. 6, 376, 377 Abs. 1 FamFG. Abs. 4 wurde durch die GmbH-Novelle 1980 eingeführt und 1990 durch das Betreuungsgesetz (BGBl.

1990 I 2002) sowie 2008 durch das MoMiG geändert. Abs. 5 ist wiederum (als Ersatz für den früheren § 2 Abs. 3 LöschG) durch die Insolvenzrechtsreform zum 1.1.1999 eingefügt worden.

II. Anwendungsbereich

3   § 66 setzt zunächst voraus, dass ein **Auflösungsgrund** iSd § 60 vorliegt. Ausdrücklich ausgenommen wird der Fall der Eröffnung des **Insolvenzverfahrens** (§ 60 Abs. 1 Nr. 4). Hier richtet sich die Abwicklung ausschließlich nach den insolvenzrechtlichen Vorschriften. Das Insolvenzverfahren übernimmt zugleich die Funktion der gesellschaftsrechtlichen Liquidation (→ § 64 Rn. 98). Daher findet im Anschluss an die Aufhebung des Insolvenzverfahrens (abgesehen von der Einstellung mangels Masse nach § 207 InsO)[1] keine Abwicklung nach den §§ 66 ff. statt. Ist noch Vermögen vorhanden, so schüttet der Verwalter dies an die Gesellschafter aus (§ 199 S. 2 InsO).

4   Uneingeschränkt anwendbar sind die §§ 66 ff. dagegen im Falle der **masselosen Insolvenz** (§ 60 Abs. 1 Nr. 5), insbesondere ist hier nicht etwa von Amts wegen ein Notliquidator zu bestellen.[2] Bei Löschung wegen **Vermögenslosigkeit** (§ 60 Abs. 1 Nr. 7, § 394 FamFG) erfolgt die Abwicklung nur, wenn sich nachher herausstellt, dass noch verteilbares Vermögen vorhanden ist (dazu Abs. 5 und → Rn. 79 ff.); für die weiteren Fällen der sog. Nachtragsliquidation gelten besondere Regeln (→ § 74 Rn. 41 ff.).

5   Wird die Gesellschaft nach §§ 3, 17 VereinsG verboten (→ § 62 Rn. 9 ff.), richtet sich die Abwicklung allein nach § 13 VereinsG. Hat die Bundesanstalt für Finanzdienstleistungsaufsicht die Auflösung der Gesellschaft nach § 38 Abs. 1 KWG angeordnet (→ § 62 Rn. 12 f.), so kann die Behörde für die Abwicklung Weisungen erteilen. Auf ihren Antrag hat das Registergericht Abwickler zu bestellen, wenn die sonst zur Abwicklung berufenen Personen keine Gewähr für die ordnungsgemäße Abwicklung bieten (§ 38 Abs. 2 KWG). Die §§ 66 ff. werden insoweit modifiziert. Soweit aber nicht Sondervorschriften entgegenstehen, hat der nach § 38 Abs. 2 KWG bestellte Abwickler grundsätzlich die gleiche Stellung wie ein von den Gesellschaftern bestellter Liquidator.[3]

6   Auf die **Vor-GmbH** finden die §§ 66 ff. entsprechende Anwendung, soweit sie nicht die Eintragung der Gesellschaft voraussetzen. Der BGH zog früher demgegenüber die §§ 730 ff. BGB heran.[4] Demnach war die Gesellschaft grundsätzlich durch alle Gesellschafter gemeinschaftlich und nicht durch die Geschäftsführer der Vor-GmbH zu liquidieren. Diese Kompetenzverteilung ist jedoch mit der mittlerweile anerkannten, von der Möglichkeit der Drittorganschaft geprägten körperschaftlichen Struktur der Gesellschaft (→ § 11 Rn. 21 ff.)[5] nicht zu vereinbaren. Ergänzend lässt sich anführen, dass die Gesellschafter einer Vor-GmbH nach neuerer Rspr.,[6] anders als die Gesellschafter einer Personengesellschaft, den Gesellschaftsgläubigern nicht unmittelbar haften, woran sich durch die Auflösung nichts ändert. Der BGH hat sich nunmehr von seiner früheren Auffassung distanziert[7] und der mittlerweile ganz überwiegenden Literaturansicht[8] angeschlossen. Die

---

1   OLG Zweibrücken Urt. v. 5.12.2002 – 4 U 231/96, ZIP 2003, 1954 (1955).
2   BGH Beschl. v. 28.10.2008 – 5 StR 166/08, NJW 2009, 157 Rn. 28; BayObLG Beschl. v. 30.6.1987 – BReg. 3 Z 75/87, NJW-RR 1988, 98; *Geißler* GmbHR 2018, 1048 (1050); Noack/Servatius/Haas/ Haas Rn. 2; Hachenburg/*Ulmer* Anh. § 60 Rn. 11; Lutter/Hommelhoff/*Kleindiek* Rn. 1; anders aber *W. Schulz,* Die masselose Liquidation der GmbH, 1986, 106 ff.; *Konzen* FS Ulmer, 2003, 323 (334 f.).
3   BGH Urt. v. 30.1.2018 – II ZR 137/16, NZG 2018, 700 Rn. 34.
4   BGH Urt. v. 24.10.1968 – II ZR 216/66, BGHZ 51, 30 (34) = NJW 1969, 509; Urt. v. 13.12.1982 – II ZR 282/81, BGHZ 86, 122 (126) = NJW 1983, 876; Urt. v. 10.1.1963 – II ZR 19/62, NJW 1963, 859; OLG Dresden Beschl. v. 14.7.1998 – 3 W 804/98, GmbHR 1998, 1182.
5   S. dazu nur BGH Urt. v. 28.11.1997 – V ZR 178/96, NJW 1998, 1079.
6   BGH Urt. v. 27.1.1997 – II ZR 123/94, BGHZ 134, 333 = NJW 1997, 1507 mAnm *Altmeppen.*
7   BGH Urt. v. 23.10.2006 – II ZR 162/05, BGHZ 169, 270 Rn. 27 = NJW 2007, 589 zur Vor-AG; Urt. v. 31.3.2008 – II ZR 308/06, NJW 2008, 2441 Rn. 6.
8   *Grziwotz* DStR 1992, 1404 (1406); *Passarge* NZG 2010, 646 (647); *Wallner* GmbHR 1998, 1168; *Altmeppen* Rn. 2; Noack/Servatius/Haas/*Haas* Rn. 3; Hachenburg/*Hohner* Rn. 4; Lutter/Hommelhoff/ *Kleindiek* Rn. 1, 5; MHLS/*Nerlich* Rn. 6; HCL/*Paura* Rn. 6; s. schon BAG Urt. v. 8.11.1963 – 2 AZR

§§ 730 ff. BGB bzw. (bei kaufmännischem Geschäftsbetrieb) die §§ 145 ff. HGB gelten allerdings bei der sog. unechten Vor-GmbH, da es sich bei ihr um eine Personengesellschaft handelt, auf die auch in der Liquidationsphase ganz selbstverständlich Personengesellschaftsrecht anwendbar ist. Eine Heranziehung des § 66 auf die Publikums-Personengesellschaft hat der BGH zutreffend abgelehnt.[9]

III. Qualifikation und Zahl der Liquidatoren

1. Qualifikation (Abs. 4). a) Natürliche Person. Liquidator kann grundsätzlich   7
jede **unbeschränkt geschäftsfähige natürliche Person** werden,[10] diese muss nicht notwendig Gesellschafter sein (§ 6 Abs. 3 S. 1 analog).[11] Über die Verweisung des Abs. 4 gelten die **Ausschlussgründe des § 6 Abs. 2 S. 2 und 3** (ab 1.8.2022: § 6 Abs. 2 S. 2–4 idF des DiRUG). Nicht zur Verfügung steht daher, wer als Betreuter iSd §§ 1896 ff. BGB bei der Besorgung seiner Vermögensangelegenheiten ganz oder teilweise einem Einwilligungsvorbehalt nach § 1903 BGB unterliegt (§ 6 Abs. 2 S. 2 Nr. 1). Dies hat der Gesetzgeber durch das MoMiG klargestellt.[12] Ferner sind Personen, gegen die ein einschlägiges Berufs- oder Gewerbeverbot verhängt wurde (§ 6 Abs. 2 S. 2 Nr. 2) oder die wegen der in § 6 Abs. 2 S. 2 Nr. 3 lit. a–e im Einzelnen aufgeführten, vorsätzlich begangenen Wirtschaftsdelikte bzw. vergleichbarer ausländischer Straftatbestände (§ 6 Abs. 2 S. 3), rechtskräftig verurteilt wurden, vom Amt des Liquidators ebenso ausgeschlossen wie von dem des Geschäftsführers (näher → § 6 Rn. 24 ff.). Liegt ein gesetzlicher Ausschlussgrund vor, so ist eine gleichwohl erfolgte Bestellung nach § 134 BGB unwirksam,[13] tritt er erst später ein, so endet das Amt automatisch.[14] Die **Satzung** kann weitergehende Erfordernisse vorsehen (zB Gesellschaftereigenschaft, fachliche Qualifikation, Mindestalter), die aber für die Bestellung von Liquidatoren durch das Registergericht nicht bindend sind.[15] Ob statutarische Anforderungen für den Geschäftsführer auch für die Liquidatoren gelten sollen, ist eine Frage der Auslegung des Gesellschaftsvertrags, im Zweifel jedoch anzunehmen.[16] Zu spezialgesetzlichen Eignungsvoraussetzungen → § 6 Rn. 23.

b) Juristische Person. Auch juristische Personen können als Liquidator bestellt werden.[17] Dies folgt – ohne dass es einer ausdrücklichen Regelung wie in § 265 Abs. 2 S. 3 AktG bedürfte – daraus, dass Abs. 4 nicht auf § 6 Abs. 2 S. 1 verweist. In Betracht kommen vor allem Treuhandgesellschaften. Auch juristische Personen des öffentlichen Rechts können als Liquidatoren fungieren, nicht jedoch Behörden.[18] Soll eine juristische Person mit der Abwicklung betraut werden, so dürfen Bestellungshindernisse nach Abs. 4 iVm § 6 Abs. 2

  11/62, NJW 1963, 680 (681); OLG Hamm Urt. v. 14.4.1984 – 20 U 147/84, WM 1985, 658; für die AG Kölner Komm AktG/*Winnen* AktG § 265 Rn. 6; MüKoAktG/*Koch* AktG § 265 Rn. 4; BeckOGK/ *Bachmann* AktG § 265 Rn. 2.

9   BGH Urt. v. 5.7.2011 – II ZR 199/10, NJW 2011, 3087 Rn. 18 ff.

10 Dabei ist davon auszugehen, dass ein Volljähriger so lange als geschäftsfähig anzusehen ist, als nicht das Gegenteil feststeht, vgl. OLG Köln Beschl. v. 6.1.2003 – 2 Wx 39/02, GmbHR 2003, 360 (361).

11 *Altmeppen* Rn. 13; Noack/Servatius/Haas/*Haas* Rn. 5a; MHLS/*Nerlich* Rn. 11.

12 Begr. RegE MoMiG, BT-Drs. 16/6140, 47.

13 BayObLG Beschl. v. 13.7.1989 – 3 BReg. 3 Z 35/89, NJW-RR 1990, 52 (53); Bork/Schäfer/*Servatius* Rn. 5; HK-GmbHG/*Kolmann/Riedemann* Rn. 13; HCL/*Paura* Rn. 11.

14 BayObLG Beschl. v. 30.6.1987 – 3 BReg. 3 Z 75/87, BB 1987, 1625 (1626) = EWiR § 66 GmbHG 2/ 87 *(Miller)*; HessVGH Beschl. v. 12.12.1990 – 8 TH 2580/90, GewA 1991, 431; Bork/Schäfer/*Servatius* Rn. 5; HK-GmbHG/*Kolmann/Riedemann* Rn. 13; HCL/*Paura* Rn. 11.

15 Bork/Schäfer/*Servatius* Rn. 3; HK-GmbHG/*Kolmann/Riedemann* Rn. 16; MHLS/*Nerlich* Rn. 15; HCL/ *Paura* Rn. 9.

16 *Sodemann,* Gestaltungsfreiheit und Auslegung im Liquidationsrecht der GmbH, 2019, 250; Bork/Schäfer/ *Servatius* Rn. 3; aA *Altmeppen* Rn. 10; BeckOK GmbHG/*Lorscheider,* 48. Ed. 1.2.2021, Rn. 8.

17 *Geißler* DZWIR 2013, 1 (2); Noack/Servatius/Haas/*Haas* Rn. 6; Bork/Schäfer/*Servatius* Rn. 7; HK-GmbHG/*Kolmann/Riedemann* Rn. 12; MHLS/*Nerlich* Rn. 17; Scholz/*K. Schmidt/Scheller* Rn. 47; HCL/ *Paura* Rn. 12.

18 Noack/Servatius/Haas/*Haas* Rn. 6; Gehrlein/Born/Simon/*Beckmann/Hofmann* Rn. 28; MHLS/*Nerlich* Rn. 17; Scholz/*K. Schmidt/Scheller* Rn. 47; HCL/*Paura* Rn. 12.

S. 2 und 3 (ab 1.8.2022 § 6 Abs. 2 S. 2–4 idF des DiRUG) weder bei ihren gesetzlichen Vertretern[19] noch bei ihr selbst[20] bestehen.

9   **c) Rechtsfähige Personengesellschaft.** Auch OHG und KG, die nach § 124 HGB selbstständig im Rechtsverkehr auftreten können, kommen nach heute fast einhelliger Auffassung als Abwickler in Frage.[21] Entsprechendes muss wegen § 7 Abs. 2 PartGG auch für die Partnerschaftsgesellschaft gelten.[22] Dagegen soll die **GbR** ausscheiden,[23] obwohl der BGH[24] ihre (Teil-)Rechtsfähigkeit inzwischen ebenfalls anerkannt hat. Der hierfür geltend gemachte Gesichtspunkt der fehlenden Registereintragung überzeugt nicht. Denn die notwendige Publizität kann dadurch hergestellt werden, dass die Gesellschafter der GbR ebenso wie ihre Vertretungsverhältnisse nach § 67 anzumelden und einzutragen sind.

10   **2. Zahl.** Die Zahl der Liquidatoren ist gesetzlich nicht vorgegeben. Für die **mitbestimmte GmbH** ist allerdings zu beachten, dass diese gem. § 33 MitbestG, § 13 Montan-MitbestG über einen Arbeitsdirektor verfügen muss, da die Gesellschaft bis zur Beendigung der Liquidation grundsätzlich weiterhin den Mitbestimmungsregeln unterliegt (zur Bestellungskompetenz → Rn. 50).[25] Sie benötigt daher mindestens zwei Liquidatoren.[26] Die Mindestzahl von zwei Abwicklern gilt unter den Voraussetzungen von § 33 Abs. 1 S. 1 Nr. 5 KWG auch für Kredit- und Finanzdienstleistungsinstitute.[27]

11   Von den genannten Sonderfällen abgesehen steht es der Gesellschaft frei, die Zahl der Liquidatoren in der **Satzung** festzulegen. Besteht eine Regelung über die Zahl der Geschäftsführer, so ist sie in Ermangelung abweichender Anhaltspunkte auch für die Liquidatoren maßgeblich.[28] Es ist aber davon auszugehen, dass eine solche Klausel nicht im Liquidationsstadium gelten soll, wenn im Gesellschaftsvertrag die Liquidatoren namentlich genannt werden und deren Zahl von der statutarisch vorgesehenen Zahl der Geschäftsführer abweicht.[29] Bei der Bestellung nach Abs. 2 bestimmt das Registergericht die Zahl der Liquidatoren nach pflichtgemäßem Ermessen ohne Rücksicht auf die Regelungen des Gesellschaftsvertrages.[30]

---

[19]   Bork/Schäfer/*Servatius* Rn. 7; Gehrlein/Born/Simon/*Beckmann/Hofmann* Rn. 28; HK-GmbHG/*Kolmann/Riedemann* Rn. 12; Lutter/Hommelhoff/*Kleindiek* Rn. 1; MHLS/*Nerlich* Rn. 17; HCL/*Paura* Rn. 12; *Wicke* Rn. 4; aA *Kühn* NZG 2012, 731 (732 f.).

[20]   Dies kommt wohl nur in Ausnahmefällen in Betracht, etwa bei einer strafrechtlichen Verurteilung der juristischen Person im Ausland, vgl. dazu *Kühn* NZG 2012, 731 (732).

[21]   OLG Dresden Urt. v. 18.6.1997 – 6 U 2249/96, OLGR 1998, 1; *Altmeppen* Rn. 12; Noack/Servatius/Haas/*Haas* Rn. 7; Bork/Schäfer/*Servatius* Rn. 7; Gehrlein/Born/Simon/*Beckmann/Hofmann* Rn. 28; HK-GmbHG/*Kolmann/Riedemann*Rn. 12; Lutter/Hommelhoff/*Kleindiek* Rn. 1; MHLS/*Nerlich* Rn. 18; Scholz/*K. Schmidt/Scheller* Rn. 47; HCL/*Paura* Rn. 13; aA zur AG wegen des Wortlauts des § 265 Abs. 2 S. 3 AktG *Bredol,* Die Rechtsstellung der Abwickler einer Aktiengesellschaft, 2010, 110 f.; Kölner Komm AktG/*Winnen* AktG § 265 Rn. 23; dagegen aber MüKoAktG/*Koch* AktG § 265 Rn. 11; BeckOGK/*Bachmann* AktG § 265 Rn. 7.

[22]   HK-GmbHG/*Kolmann/Riedemann* Rn. 12; MHLS/*Nerlich* Rn. 18; Scholz/*K. Schmidt/Scheller* Rn. 3a.

[23]   Noack/Servatius/Haas/*Haas* Rn. 7; BeckOK GmbHG/*Lorscheider,* 48. Ed. 1.2.2021, Rn. 6; Bork/Schäfer/*Servatius* Rn. 7; Gehrlein/Born/Simon/*Beckmann/Hofmann* Rn. 28; HK-GmbHG/*Kolmann/Riedemann* Rn. 12; Scholz/*K. Schmidt/Scheller* Rn. 47; HCL/*Paura* Rn. 13; aA *Sodemann,* Gestaltungsfreiheit und Auslegung im Liquidationsrecht der GmbH, 2019, 204 ff.; *Altmeppen* Rn. 12; für die AG auch GroßkommAktG/*Schmidt* AktG § 265 Rn. 17; MüKoAktG/*Koch* AktG § 265 Rn. 11.

[24]   BGH Urt. v. 29.1.2001 – II ZR 331/00, BGHZ 146, 341 = NJW 2001, 1056.

[25]   Dazu Habersack/Henssler/*Habersack* MitbestG § 1 Rn. 9; Habersack/Henssler/*Habersack* MitbestG § 6 Rn. 42.

[26]   *Geißler* DZWIR 2013, 1 (2); Noack/Servatius/Haas/*Haas* Rn. 8, 15; Bork/Schäfer/*Servatius* Rn. 3; Gehrlein/Born/Simon/*Beckmann/Hofmann* Rn. 33; Scholz/*K. Schmidt/Scheller* Rn. 50; HCL/*Paura* Rn. 15; aA Hachenburg/*Hohner* Rn. 7, 12.

[27]   Noack/Servatius/Haas/*Haas* Rn. 8; Bork/Schäfer/*Servatius* Rn. 3; HCL/*Paura* Rn. 15.

[28]   *Sodemann,* Gestaltungsfreiheit und Auslegung im Liquidationsrecht der GmbH, 2019, 249 f.; *Geißler* DZWIR 2013, 1 (2); Bork/Schäfer/*Servatius* Rn. 3; Noack/Servatius/Haas/*Haas* Rn. 9.

[29]   So für den Fall, dass eine statutarische Mindestzahl unterschritten wird, Hachenburg/*Hohner* Rn. 7; HCL/*Paura* Rn. 14.

[30]   Noack/Servatius/Haas/*Haas* Rn. 9; Bork/Schäfer/*Servatius* Rn. 3; MHLS/*Nerlich* Rn. 19; HCL/*Paura* Rn. 14; diff. Hachenburg/*Hohner* Rn. 7.

IV. Bestimmung der Liquidatoren

1. Die Geschäftsführer als „geborene" Liquidatoren (Abs. 1 Hs. 1). a) Grund- 12
satz der Amtskontinuität. Die **bisherigen Geschäftsführer** sind vom Gesetz als „geborene" Liquidatoren berufen, sofern weder die Satzung noch ein Gesellschafterbeschluss
etwas anderes bestimmt (Amtskontinuität). Es bedarf weder eines besonderen Bestellungsakts
durch die Gesellschaft[31] noch einer Annahmeerklärung durch die ehemaligen Geschäftsführer.[32] Übersteigt die Zahl der Geschäftsführer die nach der Satzung vorgesehene Zahl der
Liquidatoren, so werden sie zwar alle geborene Liquidatoren,[33] aber die Gesellschafter haben
durch Abberufung (→ Rn. 61 ff.) dafür zu sorgen, dass die statutarischen Vorgaben eingehalten werden. Sie müssen umgekehrt zusätzliche Abwickler bestellen (→ Rn. 18 ff.), wenn
die Zahl der geborenen Liquidatoren die vorgesehene Mindestzahl nicht erreicht.[34] Liquidatoren sind auch die stellvertretenden Geschäftsführer (§ 44), allerdings beschränkt sich ihre
Funktion wie im werbenden Zustand auf die Stellvertretung.

b) Beginn und Ende der Amtszeit. Das Amt beginnt mit dem Eintritt des Auflö- 13
sungsgrundes. Es **endet** im Regelfall mit der Löschung der Gesellschaft im Handelsregister
gem. § 74 Abs. 1 S. 2.[35] Die Aufgabe der Liquidatoren ist auch dann beendet, wenn sich
später herausstellt, dass noch Vermögen vorhanden ist. Bei der Nachtragsliquidation sind
die Abwickler stets durch das Gericht zu bestellen (→ Rn. 84). War die Bestellung als
Geschäftsführer befristet, so gilt diese Befristung im Zweifel auch für das Liquidatorenamt.[36]
Beendigungsgründe sind ferner der Verlust der Amtsfähigkeit (→ Rn. 7), die Abberufung
(→ Rn. 61 ff.) und die Amtsniederlegung (→ Rn. 70 ff.).

c) Ersatzzuständigkeit. Umstritten ist, welche Folgen es hat, wenn die im Gesell- 14
schaftsvertrag oder Gesellschafterbeschluss bestimmten **Abwickler ihr Amt nicht antreten.** Nach teilweise vertretener Auffassung soll dann das Amt des Geschäftsführers als gebo-
rener Liquidator wieder aufleben. Abs. 1 wird damit als eine Norm interpretiert, die
zwingend für eine organschaftliche Vertretung im Abwicklungsstadium sorgen soll.[37] Das
ist jedoch nicht zutreffend. Es handelt sich vielmehr um eine Auslegungsvorschrift, nach
der im Zweifel die Übertragung des Liquidatorenamts auf andere Personen die Liquidations-
zuständigkeit der Geschäftsführer dauerhaft beseitigt.[38] Zulässig ist es, in der Satzung oder
durch Gesellschafterbeschluss die bisherigen Geschäftsführer als Ersatzliquidatoren zu bestellen,[39] nur muss ein solcher Wille eindeutig zum Ausdruck kommen und kann den Gesellschaftern nicht ohne Weiteres unterstellt werden. Wenn nach dem Gesellschaftsvertrag die
Liquidatoren gewählt werden sollen, bleiben die Geschäftsführer im Zweifel bis zur Wahl
im Amt.[40] Sie dürfen allerdings in dieser Übergangszeit nur unaufschiebbare Maßnahmen
treffen.[41]

---

[31]   BGH Beschl. v. 18.10.2016 – II ZB 18/15, NZG 2017, 28 Rn. 16; BFH Beschl. v. 11.4.2001 – I B
       130/00, GmbHR 2001, 839 (840); OLG Hamm Beschl. v. 26.3.2021 – 27 W 18/21, NZG 2021, 1071
       (1072); OLG Oldenburg Beschl. v. 26.3.2021 – 3 W 42/04, GmbHR 2005, 367 (368); Noack/Servatius/
       Haas/Haas Rn. 12; Scholz/K. Schmidt/Scheller Rn. 5; HCL/Paura Rn. 16.
[32]   OLG Hamm Beschl. v. 26.3.2021 – 27 W 18/21, NZG 2021, 1071 (1072); MHLS/Nerlich Rn. 21;
       Rowedder/Schmidt-Leithoff/Gesell Rn. 3; HCL/Paura Rn. 16.
[33]   MHLS/Nerlich Rn. 23; HCL/Paura Rn. 18.
[34]   HCL/Paura Rn. 18.
[35]   OLG Saarbrücken Urt. v. 21.2.2001 – 1 U 467/00-107, OLGR 2001, 227 (228) = GmbHR 2001, 580
       (Ls.); St. Meyer GmbHR 1998, 1018 (1019); Noack/Servatius/Haas/Haas Rn. 12; Rowedder/Schmidt-
       Leithoff/Gesell Rn. 3.
[36]   HCL/Paura Rn. 16.
[37]   Hachenburg/Hohner Rn. 11.
[38]   LG Frankenthal Beschl. v. 18.12.1995 – 1 T 552/95, GmbHR 1996, 131; Passarge in Passarge/Torwegge
       GmbH-Liquidation Rn. 301; MHLS/Nerlich Rn. 24; Scholz/K. Schmidt/Scheller Rn. 9; HCL/Paura
       Rn. 19.
[39]   Scholz/K. Schmidt/Scheller Rn. 9; HCL/Paura Rn. 25.
[40]   Scholz/K. Schmidt/Scheller Rn. 9.
[41]   Scholz/K. Schmidt/Scheller Rn. 7, 9.

15   **d) Verpflichtung zur Übernahme der Liquidationstätigkeit.** Zur Übernahme der
Liquidationsaufgabe sind die bisherigen Geschäftsführer aufgrund ihres **Anstellungsvertrages** (→ Rn. 73) in der Regel **verpflichtet,** denn die vorherige Funktion wird, wenn auch
mit veränderter, da nunmehr auf Abwicklung gerichteter Zielsetzung, fortgeführt.[42] Da
die Amtskontinuität sich als der gesetzliche Normalfall darstellt, ist die Fortführung der
Organtätigkeit den Geschäftsleitern grundsätzlich auch zumutbar, sie ist in der Geschäftsfüh-
rerfunktion von vornherein angelegt. Die Auflösung der Gesellschaft ist für sich betrachtet
daher kein wichtiger Grund zur Kündigung des Vertrages. Dieser endet grundsätzlich erst
mit Beendigung der Liquidation.[43] Legt der Liquidator sein Amt vorher nieder, so ist
dies zwar grundsätzlich wirksam (→ Rn. 70), er macht sich aber schadensersatzpflichtig.
Ausnahmsweise kann eine außerordentliche Kündigung gerechtfertigt sein, etwa wenn ein
bisher in reiner Managementfunktion tätiger Geschäftsführer nunmehr mit Vermögensver-
waltungs- und Abwicklungsaufgaben betraut werden soll.[44]

16   **2. Bestellung im Gesellschaftsvertrag (Abs. 1 Hs. 2 Alt. 1). Statt** der bisherigen
Geschäftsführer kann der Gesellschaftsvertrag andere Personen als „gekorene" Liquidatoren
bestimmen. Sie sind dann mit Eintritt des Auflösungsgrundes bestellt, das Amt bedarf aber
der Annahme.[45] Obwohl dies in Abs. 1 Hs. 2 Alt. 1 nicht ausdrücklich gesagt wird, ist es
selbstverständlich auch möglich, **zusätzlich** zu den geborenen Liquidatoren weitere
Abwickler vorzusehen. Im Zweifel ist aber davon auszugehen, dass die gekorenen Liquidatoren an die Stelle der früheren Geschäftsleiter und nicht neben sie treten sollen.[46] Die Satzung
kann für den Fall, dass die ursprünglich vorgesehenen Liquidatoren ausfallen, Ersatzleute
vorsehen.[47] Unwirksam ist eine vertragliche Regelung, die sich darauf beschränkt, alle
Geschäftsführer vom Liquidatorenamt auszuschließen, ohne andere zu bestellen. Der Gesellschaftsvertrag muss mit dem Ausschluss zugleich eine positive Regelung treffen. Dabei
muss die Satzungsregelung hinreichend bestimmt sein, sodass die benannte Person eindeutig
feststeht oder jedenfalls im Liquidationsfall feststellbar ist. Es genügt, wenn der jeweilige
Inhaber eines bestimmten Amts benannt wird (zB IHK-Hauptgeschäftsführer, Sparkassendi-
rektor, Universitätspräsident, Stiftungsvorstand).
17   Soll ein Gesellschafter Liquidator werden, so kann es sich hierbei um ein **Sonderrecht**
handeln, das nur aus wichtigem Grund entzogen werden kann.[48] Ein statutarisches Sonderrecht auf Geschäftsführung erstreckt sich im Zweifel auch auf die Liquidatorenstellung.[49]

18   **3. Bestellung durch Gesellschafterbeschluss (Abs. 2 Hs. 2 Alt. 2). a) Kompetenz der Gesellschafter.** Auch durch einen **Gesellschafterbeschluss** können andere Personen als die früheren Geschäftsführer zu Liquidatoren bestellt werden. Diese Möglichkeit
besteht auch dann, wenn die Satzung eine Bestimmung nach Abs. 2 Hs. 2 Alt. 1 enthält.[50]
Dies folgt mittelbar aus der Abberufungskompetenz der Gesellschafter nach Abs. 3 S. 2. Sie
liefe praktisch weitgehend leer, wenn die Korporationsmitglieder nicht auch neue Liquida-

---

[42]   *Passarge* in Passarge/Torwegge GmbH-Liquidation Rn. 323; Noack/Servatius/Haas/*Haas* Rn. 12; Gehr-
       lein/Born/Simon/*Beckmann/Hofmann* Rn. 7; Hachenburg/*Hohner* Rn. 55; Rowedder/Schmidt-Leit-
       hoff/*Gesell* Rn. 4; Scholz/*K. Schmidt/Scheller* Rn. 6; HCL/*Paura* Rn. 30, 73.
[43]   KG Urt. v. 26.11.1997 – 23 U 5873/95, GmbHR 1998, 1039 (1040); Noack/Servatius/Haas/*Haas*
       Rn. 12; Scholz/*K. Schmidt/Scheller* Rn. 6.
[44]   Noack/Servatius/Haas/*Haas* Rn. 12; HCL/*Paura* Rn. 73.
[45]   MHLS/*Nerlich* Rn. 26.
[46]   BeckOK GmbHG/*Lorscheider*, 48. Ed. 1.2.2021, Rn. 11a;.
[47]   *Hofmann* GmbHR 1976, 229 (230); Noack/Servatius/Haas/*Haas* Rn. 13; MHLS/*Nerlich* Rn. 27; HCL/
       Paura Rn. 25.
[48]   Noack/Servatius/Haas/*Haas* Rn. 13; Bork/Schäfer/*Servatius* Rn. 5; MHLS/*Nerlich* Rn. 26; Scholz/
       K. Schmidt/Scheller Rn. 8, 41; HCL/*Paura* Rn. 22.
[49]   HCL/*Paura* Rn. 22; aA *Altmeppen* Rn. 47.
[50]   Heute allgM, vgl. nur *Sodemann*, Gestaltungsfreiheit und Auslegung im Liquidationsrecht der GmbH,
       2019, 121; *Hofmann* GmbHR 1976, 229 (230); Noack/Servatius/Haas/*Haas* Rn. 14; Scholz/*K. Schmidt/
       Scheller* Rn. 8; HCL/*Paura* Rn. 28.

toren ernennen könnten. Die Ernennung anderer Liquidatoren bedarf daher auch keiner vorherigen Satzungsänderung.

Die Gesellschafter sind berechtigt, aber **nicht verpflichtet,** einen Liquidator zu bestel- 19 len. Muss wegen eines ausbleibenden Bestellungsbeschlusses analog §§ 29, 48 BGB ein Notliquidator ernannt werden, so haftet für die entstehenden Kosten daher allein die Gesellschaft.[51]

b) Beschlussfassung. Für die Beschlussfassung gelten die allgemeinen Regeln. Sie 20 erfolgt grundsätzlich in einer Gesellschafterversammlung und kann nur unter den Voraussetzungen des § 48 Abs. 2 im schriftlichen Verfahren durchgeführt werden. Es genügt die **einfache Mehrheit** (§ 47 Abs. 1). Dies gilt auch dann, wenn ein in der Satzung bestimmter Liquidator ersetzt wird.[52] Die Satzung kann ein höheres Quorum vorsehen. Ein für die Bestellung und Abberufung von Geschäftsführern vorgesehenes qualifiziertes Mehrheitserfordernis gilt im Zweifel auch hier.[53] Ist dem Liquidator im Gesellschaftsvertrag ein **Sonderrecht** auf Geschäftsführung eingeräumt worden (→ Rn. 17), so kann ihm dieses nur aus wichtigem Grund entzogen werden.

Der Beschluss kann auch bereits **vor der Auflösung** gefasst werden, er wird jedoch 21 erst mit dem Eintritt in das Liquidationsverfahren wirksam.

Stimmberechtigt sind grundsätzlich alle Gesellschafter unter Einschluss desjenigen, 22 der zum Liquidator bestellt werden soll. Dagegen kann ein Testamentsvollstrecker, der Anteile vertritt, nicht bei seiner Wahl zum Liquidator mitstimmen.[54] Gleiches muss für einen Pfleger oder Betreuer gelten.[55] Die Gesellschafter können nach allgemeinen Grundsätzen Stimmbindungen eingehen.[56]

Der Beschluss muss **inhaltlich hinreichend** bestimmt sein. Fehlt es daran, oder ist der 23 Beschluss aus anderen Gründen unwirksam, so bleiben die geborenen bzw. durch die Satzung gekorenen Liquidatoren im Amt.[57]

Von dem Bestellungsbeschluss als Akt der körperschaftlichen Willensbildung ist die 24 rechtsgeschäftliche **Bestellungserklärung** zu unterscheiden, die gegenüber dem Bestellten abzugeben ist. Einer besonderen Mitteilung an den Bestellten bedarf es allerdings nicht, wenn dieser bei der Beschlussfassung zugegen ist.[58] Dieser muss wie bei der Bestellung durch den Gesellschaftsvertrag (→ Rn. 16) das Amt annehmen.

4. Delegation der Bestellungsbefugnis. Fraglich ist, ob der Gesellschaftsvertrag die 25 Liquidatorenbestellung auf andere Organe (Aufsichtsrat, Beirat) oder einen einzelnen Gesellschafter **delegieren** kann. Nach ganz herrschender Auffassung ist dies ausgeschlossen.[59] Die Gesellschafter müssen danach die Entscheidung entweder in der Satzung oder durch

---

[51] Lutter/Hommelhoff/*Kleindiek* Rn. 4; MHLS/*Nerlich* Rn. 34; für die Bestellung eines Geschäftsführers BGH Urt. v. 22.10.1984 – II ZR 31/84, NJW 1985, 637.
[52] *Hofmann* GmbHR 1976, 229 (230); Hachenburg/*Hohner* Rn. 20; Lutter/Hommelhoff/*Kleindiek* Rn. 4; Scholz/*K. Schmidt*/*Scheller* Rn. 10; HCL/*Paura* Rn. 28.
[53] OLG Frankfurt Urt. v. 29.1.1999 – 2 U 124/98 und 2 U 125/98, NZG 1999, 833 (834 f.); HCL/*Paura* Rn. 27.
[54] BGH Urt. v. 9.12.1968 – II ZR 57/67, BGHZ 51, 209 (213 ff.) = NJW 1969, 841 für Geschäftsführer; Urt. v. 22.9.1969 – II ZR 144/68, BGHZ 52, 316 (320) = NJW 1970, 33; Rowedder/Schmidt-Leithoff/*Gesell* Rn. 7; Scholz/*K. Schmidt*/*Scheller* Rn. 10.
[55] Rowedder/Schmidt-Leithoff/*Gesell* Rn. 7; Scholz/*K. Schmidt*/*Scheller* Rn. 10; offengelassen für den Pfleger von BGH Urt. v. 22.9.1969 – II ZR 57/67, BGHZ 52, 316 (320) = NJW 1970, 33.
[56] Vgl. RG Urt. v. 3.7.1934 – II 116/34, RGZ 145, 99 (105): Verpflichtung, für eine neutrale Person einzutreten.
[57] MHLS/*Nerlich* Rn. 32.
[58] BGH Urt. v. 22.9.1969 – II ZR 57/67, BGHZ 52, 316 (321) = NJW 1970, 33.
[59] RG Urt. v. 3.7.1934 – II 116/34, RGZ 145, 99 (104); OLG Hamburg Beschl. v. 4.12.1912, KGJ 45 A, 330; *Hofmann* GmbHR 1976, 229 (230); *Passarge* in Passarge/Torwegge GmbH-Liquidation Rn. 302; *Altmeppen* Rn. 22; *Brodmann* Anm. 2a; Noack/Servatius/Haas/*Haas* Rn. 13; Hachenburg/*Hohner* Rn. 15; Lutter/Hommelhoff/*Kleindiek* Rn. 4; MHLS/*Nerlich* Rn. 26; Rowedder/Schmidt-Leithoff/*Gesell* Rn. 7; zur Parallelproblematik bei § 265 AktG s. *Sethe* ZIP 1998, 770 (777); GroßkommAktG/*Schmidt* AktG § 265 Rn. 23; MüKoAktG/*Koch* AktG § 265 Rn. 9.

besonderen Beschluss selbst treffen. Begründet wird dies damit, dass § 66 zwingendes Orga-
nisationsrecht zum Schutze der Gesellschafter enthalte, von dem nicht abgewichen werden
könne.

26   Diese Einschränkung der Satzungsautonomie ist nicht überzeugend.[60] Zwar geht das
Gesetz in der Tat davon aus, dass die Liquidatoren von den Gesellschaftern bestellt und
abberufen werden. Dies gilt im Zweifel auch dann, wenn sie entsprechende Kompetenzen
im werbenden Zustand delegiert haben. Denn in der Liquidationsphase haben die Gesellschafter ein besonderes Interesse daran, die Auswahlentscheidung selbst zu treffen, da es
nunmehr um die Erzielung eines möglichst hohen Liquidationserlöses geht. Doch sind die
Zuständigkeiten der Gesellschafter im GmbH-Recht weitgehend **dispositiv** (§ 45 Abs. 2).
§ 69 zeigt, dass dies auch für die Liquidationsphase gelten soll.[61] Die zu § 46 Nr. 5 entwickelten Regeln greifen daher auch hier. Wie im Zusammenhang mit dieser Vorschrift dargelegt
(→ § 46 Rn. 177; → § 45 Rn. 110 f.),[62] bleibt den Gesellschaftern bei Vorliegen außerordentlicher Umstände eine Ersatzkompetenz. Es gibt keinen Grund, die Gesellschafter als
„Herren des Liquidationsverfahrens" darüber hinaus vor sich selbst zu schützen. Ihnen mag
es durchaus sinnvoll erscheinen, etwa um Auseinandersetzungen zu vermeiden oder bei
großem Gesellschafterkreis, die Bestellungs- und Abberufungskompetenz zu delegieren.[63]
Belange der Gläubiger sind dadurch nicht berührt, solange nur gewährleistet ist, dass die
Gesellschaft handlungsfähig bleibt. Satzungsfest ist lediglich das Recht einer qualifizierten
Minderheit, gem. Abs. 2, Abs. 3 S. 1 eine Bestellung bzw. Abberufung von Liquidatoren
aus wichtigem Grund durch das Gericht zu erreichen. Dieses Recht unterliegt selbstverständlich nicht der Disposition der Mehrheit. Die hier verfochtene Position steht im Übrigen
im Einklang damit, dass die Gesellschafter nach heute einhelliger Auffassung die Befugnis zur
Ausgestaltung der Vertretungsbefugnis der Liquidatoren in der Satzung delegieren können
(→ § 68 Rn. 11).[64] Es ist schwerlich nachzuvollziehen, warum die Personalkompetenz
hinsichtlich der Bestellungs- und Abberufungsbefugnis nicht übertragbar sein soll.

27   **5. Ernennung durch das Gericht nach Abs. 2. a) Allgemeines.** Neben der Bestellung durch Gesellschaftsvertrag oder Gesellschafterbeschluss sieht Abs. 2 die Ernennung von
Liquidatoren durch das Gericht auf **Antrag** und bei **Vorliegen eines wichtigen Grundes**
vor. Damit sollen die Belange der **Minderheitsgesellschafter** gewahrt werden. Dies ist
insbesondere deshalb notwendig, weil über den Weg zur Optimierung des Liquidationser-
gebnisses sehr unterschiedliche Vorstellungen bestehen können. Wenn hier die Mehrheit
der Gesellschafter ihre Interessen uneingeschränkt durchsetzen könnten, bestünde die
Gefahr, dass das Vermögen der Gesellschaft unter Preis an sie oder eine von ihr beherrschte
Gesellschaft veräußert würde. Solchen Missbrauchsrisiken begegnet die Möglichkeit der
gerichtlichen Bestellung im Zusammenwirken mit der korrespondierenden Abberufungskompetenz nach Abs. 3 S. 1. Außerdem kann durch gerichtliches Eingreifen sichergestellt
werden, dass die Gesellschaft auch dann **handlungsfähig** bleibt, wenn die Gesellschafter sich
nicht mehrheitlich über die notwendig gewordene Bestellung von Liquidatoren verständigen
können. Eine Ernennung nach Abs. 2 ist auch in der Vor-GmbH i. L. zulässig. Die entscheidenden Wertungsgesichtspunkte – effektiver Minderheitenschutz, Handlungsfähigkeit der
Gesellschaft – greifen auch hier.

28   **b) Antrag. aa) Antragsbefugnis.** Das Gericht wird nur auf Antrag tätig. Das Antragsrecht des Abs. 2 gehört mit dem Einberufungsrecht nach § 50 Abs. 2 und der Befugnis zur

---

[60] *Sodemann*, Gestaltungsfreiheit und Auslegung im Liquidationsrecht der GmbH, 2019, 243 ff.; Gehrlein/
      Born/Simon/*Beckmann/Hofmann* Rn. 8; Scholz/*K. Schmidt/Scheller* Rn. 11; HCL/*Paura* Rn. 23;
      BeckOGK/*Bachmann* AktG § 265 Rn. 11.
[61] Scholz/*K. Schmidt/Scheller* Rn. 11.
[62] S. ferner Noack/Servatius/Haas/*Noack* § 46 Rn. 34a; *Weber*, Privatautonomie und Außeneinfluss im
      Gesellschaftsrecht, 2000, 333 ff.
[63] S. auch § 217 Abs. 2 S. 2 RegE 1971/1973 mit Begr. BT-Drs. 7/253, 205.
[64] S. ferner Noack/Servatius/Haas/*Haas* § 68 Rn. 7; Rowedder/Schmidt-Leithoff/*Gesell* § 68 Rn. 4;
      Scholz/*K. Schmidt/Scheller* § 68 Rn. 5.

Erhebung einer Auflösungsklage gem. § 61 Abs. 2 zu den Rechten, die einer qualifizierten Minderheit vorbehalten sind. Berechtigt sind nur Gesellschafter, deren Geschäftsanteile allein oder zusammen **mindestens 10 % des Stammkapitals** ausmachen (zur Berechnung → § 61 Rn. 46). Nicht maßgeblich sind die Stimmanteile. Der Gesellschaftsvertrag kann das Recht nicht entziehen oder einschränken.[65] Wohl aber kann er das erforderliche Quorum herabsetzen (zB auf 5 %) oder die Antragsbefugnis jedem einzelnen Gesellschafter zubilligen.[66] Letzteres war sinnvollerweise in § 217 Abs. 1 RegE 1971/1973 als gesetzliche Regelung vorgesehen. De lege lata bedarf die Zubilligung eines Individualrechts ohne Rücksicht auf ein Mindestquorum einer dahin gehenden Satzungsklausel. In kleinen personalistischen Gesellschaften dürfte der notwendige Umfang der Beteiligung aber zumeist ohnehin von jedem einzelnen Gesellschafter erreicht werden.[67] Verfügen die Antragsteller über eine ausreichende Mehrheit, um Liquidatoren nach Abs. 1 zu bestellen, so fehlt ihrem Antrag das Rechtsschutzinteresse, da sie ohne Weiteres in der Lage wären, ohne Einschaltung des Gerichts für Abhilfe zu sorgen.

Das Minderheitsrecht des Abs. 2 gehört zu den Rechten, die **zwingend mit der** 29 **Mitgliedschaft verbunden** sind. Antragsberechtigt sind daher nur die Gesellschafter (unter Einschluss des Treuhandgesellschafters), nicht aber der Treugeber, ein Pfandgläubiger oder Nießbraucher.[68] Auch Gläubiger der Gesellschaft, die Liquidatoren oder ein etwaiger Aufsichtsrat haben diese Befugnis nicht.[69] Das Recht ist auch weder übertragbar noch kann es durch die Satzung Nichtgesellschaftern zugebilligt werden. Eine solche personelle Erweiterung wäre mit dem Charakter des Abs. 2 als reinem Minderheitenschutzrecht nicht zu vereinbaren.

Fällt der Gesellschafter allerdings in die **Insolvenz,** so wird sein Antragsrecht vom 30 Insolvenzverwalter ausgeübt, bei Nachlassverwaltung ist allein der Nachlassverwalter befugt. Erstreckt sich eine angeordnete Testamentsvollstreckung auf den Anteil, so erfasst sie auch das Minderheitenrecht nach Abs. 2.

bb) Zeitpunkt der Antragstellung. Abs. 2 setzt grundsätzlich voraus, dass sich die 31 Gesellschaft bereits in Liquidation befindet. Ist jedoch bereits absehbar, dass die Gesellschaft demnächst aufgelöst und ein wichtiger Grund zur Bestellung von Liquidatoren vorliegen wird, so ist den betroffenen Gesellschaftern ein Abwarten nicht zuzumuten. Im Interesse eines effektiven Rechtsschutzes kann das Gericht daher auf einen dahin gehenden Antrag schon vorher eine Ernennung vornehmen.[70] Allerdings entsteht das Amt erst mit der Auflösung, erst dann kann auch eine Eintragung in das Handelsregister erfolgen.[71]

c) Wichtiger Grund. Der Antrag ist begründet, wenn ein wichtiger Grund für die 32 Bestellung von Liquidatoren durch das Gericht gegeben ist. Dies setzt wiederum voraus, dass unter Berücksichtigung der konkreten Umstände und unter Abwägung der Interessen der Beteiligten das gerichtliche Eingreifen erforderlich ist, um eine **ordnungsgemäße Abwicklung zu gewährleisten.** Dabei sind zwei Fallgruppen zu unterscheiden. Ein wichtiger Grund liegt zunächst einmal immer dann vor, wenn nicht nur vorübergehend notwendige **Liquidatoren fehlen.** Eine solche Führungslosigkeit kann sich ergeben, wenn die GmbH ihre Liquidatoren verloren hat (durch Abberufung oder Amtsniederlegung) oder

---

65 *Hofmann* GmbHR 1976, 229 (231); *Kühn* GmbHR 1965, 132 (136); *Altmeppen* Rn. 31; Noack/Servatius/Haas/*Haas* Rn. 19; Gehrlein/Born/Simon/*Beckmann/Hofmann* Rn. 11; Lutter/Hommelhoff/*Kleindiek* Rn. 5; Rowedder/Schmidt-Leithoff/*Gesell* Rn. 10; Scholz/*K. Schmidt/Scheller* Rn. 16; HCL/*Paura* Rn. 33.

66 *Hofmann* GmbHR 1976, 229 (231); *Kühn* GmbHR 1965, 132 (136); Noack/Servatius/Haas/*Haas* Rn. 19; Gehrlein/Born/Simon/*Beckmann/Hofmann* Rn. 11; Lutter/Hommelhoff/*Kleindiek* Rn. 5; Rowedder/Schmidt-Leithoff/*Gesell* Rn. 10; Scholz/*K. Schmidt/Scheller* Rn. 16; HCL/*Paura* Rn. 33.

67 *Kühn* GmbHR 1965, 132 (137).

68 KG Beschl. v. 16.1.1914 − 1a X 1487.13, GmbHR 1915, 302; Rowedder/Schmidt-Leithoff/*Gesell* Rn. 10; Scholz/*K. Schmidt/Scheller* Rn. 21; HCL/*Paura* Rn. 34.

69 Rowedder/Schmidt-Leithoff/*Gesell* Rn. 10; Scholz/*K. Schmidt/Scheller* Rn. 21.

70 Scholz/*K. Schmidt/Scheller* Rn. 20; HCL/*Paura* Rn. 36.

71 Scholz/*K. Schmidt/Scheller* Rn. 20; HCL/*Paura* Rn. 36.

bestellte Liquidatoren ihr Amt gar nicht erst angetreten haben und eine Mehrheitsentscheidung über eine Neubesetzung dauerhaft nicht zustande kommt. Eine lediglich temporäre
Vakanz rechtfertigt einen Antrag nach Abs. 2 nicht, denn ansonsten hätte es die Minderheit
in der Hand, der Mehrheit − von ihr nach Abs. 3 S. 2 nicht abrufbare! − Liquidatoren
aufzudrängen.[72] Raum für die Einschaltung des Gerichts ist erst, wenn eine ordentliche
Liquidatorenbestimmung nach Abs. 1 nicht gelingt und auch nicht zu erwarten ist. Dazu
gehört es bei einer Pattsituation, dass die Einigung auf einen neutralen Dritten aussichtslos
ist. Die Erfolgsaussichten eines ordentlichen Bestellungsverfahrens sind nicht schon dann
zu verneinen, wenn der Antragsteller vorbringt, er kenne keine zur Übernahme des Amts
bereite und geeignete Person, sofern er nicht zugleich darlegt, welche Maßnahmen er
ergriffen hat, um eine solche Person zu finden.[73] Die Bestellung kann nicht mit der Begründung abgelehnt werden, die Gesellschaft habe einen Notliquidator (§§ 29, 48 BGB), da
dieser immer nur ein vorübergehendes Vertretungsorgan ist und die Notwendigkeit einer
dauerhaften Lösung nicht entfallen lässt.[74] Eine Bestellung muss aber nicht schon deshalb
erfolgen, weil die nach der Satzung vorgesehene Zahl der Liquidatoren nicht erreicht wird,
da das Gericht an eine dahingehende Satzungsbestimmung nicht gebunden ist (→ Rn. 11).

33   Des Weiteren ist ein wichtiger Grund gegeben, wenn die **vorhandenen Liquidatoren**
für die Minderheit **unzumutbar** sind, weil sie eine ordnungsgemäße Abwicklung nicht
erwarten lassen. Zumeist wird dann der Antrag auf Ernennung neuer Liquidatoren verbunden mit dem Abberufungsbegehren nach Abs. 3 S. 1 (Antragshäufung).[75] In Betracht kommt
aber auch die Bestellung **zusätzlicher Liquidatoren,** weil die vorhandenen allein überfordert sind oder eine Überwachung durch Mitliquidatoren erforderlich ist.[76]

34   **Grobe Pflichtverletzungen** oder **Unfähigkeit zu ordnungsgemäßer Amtsführung** rechtfertigen die Bestellung neuer Liquidatoren.[77] Die legitimen Interessen der Minderheit werden aber auch gefährdet, wenn konkrete Tatsachen Anlass für Misstrauen in die
Unparteilichkeit des Abwicklers geben oder die **Gefahr einer Interessenkollision**
besteht.[78] Dabei sind auch Umstände vor dem Eintritt des Auflösungsgrundes, insbesondere
das Verhalten des Organwalters als Geschäftsführer, zu berücksichtigen.[79] **Schwerwiegende
Meinungsverschiedenheiten** unter den Liquidatoren oder zwischen den Liquidatoren
und einzelnen Gesellschaftern sind nicht unbedingt ein wichtiger Grund, da die Notwendigkeit der Zusammenarbeit nunmehr zeitlich begrenzt ist und einer Mehrheitsentscheidung
grundsätzlich nicht vorgegriffen werden sollte. Doch darf das Vertrauen der Minderheit in
eine unparteiische Verwertung und Verteilung des Gesellschaftsvermögens nicht enttäuscht

---

[72]   Scholz/*K. Schmidt/Scheller* Rn. 23; HCL/*Paura* Rn. 38.
[73]   OLG Düsseldorf Beschl. v. 22.2.2019 − 3 Wx 167/18, NZG 2019, 518; Scholz/*K. Schmidt/Scheller*
       Rn. 23.
[74]   BayObLG Beschl. v. 27.1.1987 − BReg. 3 Z 186/86, GmbHR 1987, 306 (307); *Altmeppen* Rn. 29;
       Noack/Servatius/Haas/*Haas* Rn. 20; Gehrlein/Born/Simon/*Beckmann/Hofmann* Rn. 13; MHLS/*Nerlich* Rn. 42; Scholz/*K. Schmidt/Scheller* Rn. 23; HCL/*Paura* Rn. 38.
[75]   BayObLG Beschl. v. 6.12.1995 − 3Z BR 216/95, GmbHR 1996, 129 (130); Noack/Servatius/Haas/
       Haas Rn. 20; Gehrlein/Born/Simon/*Beckmann/Hofmann* Rn. 12; MHLS/*Nerlich* Rn. 44; Scholz/
       K. Schmidt/Scheller Rn. 23; HCL/*Paura* Rn. 39.
[76]   MHLS/*Nerlich* Rn. 44; HCL/*Paura* Rn. 39.
[77]   BayObLG Beschl. v. 30.6.1987 − BReg. 3 Z 75/87, BB 1987, 1625 (1626 f.); KG Beschl. v. 30.8.2005 −
       1 W 25/04, GmbHR 2005, 1613 (1615); OLG Düsseldorf Beschl. v. 22.7.1998 − 3 Wx 202/98, ZIP
       1998, 1534 (1535) = NZG 1998, 853; Beschl. v. 19.9.2001 − 3 Wx 41/01, NZG 2002, 90; OLG
       Frankfurt Beschl. v. 9.11.2017 − 20 W 22/16, GmbHR 2018, 1070 (1071) = BeckRS 2017, 151081;
       Noack/Servatius/Haas/*Haas* Rn. 20; Scholz/*K. Schmidt/Scheller* Rn. 42; HCL/*Paura* Rn. 40.
[78]   BayObLG Beschl. v. 13.5.1955 − 2Z 14/55, NJW 1955, 1678 (1679); Beschl. v. 20.2.1969 − 2Z 93/
       68, WM 1969, 674 (675); Beschl. v. 6.12.1995 − 3Z BR 216/95, GmbHR 1996, 129 (130); OLG
       Düsseldorf Beschl. v. 22.7.1998 − 3 Wx 202/98, ZIP 1998, 1534 (1535) = NZG 1998, 853; OLG
       Frankfurt Beschl. v. 9.11.2017 − 20 W 22/16, GmbHR 2018, 1070 (1071) = BeckRS 2017, 151081;
       OLG Köln Beschl. v. 6.1.2003 − 2 Wx 39/02, GmbHR 2003, 360 (362); LG Mainz Beschl. v. 4.4.2005 −
       12 HK T 8/04, Rpfleger 2005, 544.
[79]   BayObLG Beschl. v. 13.5.1955 − 2Z 14/55, NJW 1955, 1678 (1679); Beschl. v. 6.12.1995 − 3Z BR
       216/95, GmbHR 1996, 129 (130); Scholz/*K. Schmidt/Scheller* Rn. 42.

werden. Sind die Streitigkeiten unüberbrückbar und so massiv, dass dadurch eine gedeihliche Weiterführung und Beendigung der Liquidation gefährdet ist, muss das Gericht eingreifen.[80] Dies gilt etwa dann, wenn die beiden gleichberechtigten Gesellschafter-Liquidatoren so heillos miteinander überworfen sind, dass sie über mehrere Jahre hinweg nicht in der Lage waren, eine Einigung über die Verwertung eines Grundstücks als einzigem verbliebenen Vermögensgegenstand der Gesellschaft herbeizuführen.[81] Bei der Abwägung ist aber auch zu berücksichtigen, in welchem Stadium sich die Liquidation befindet. Praktisch ohne Bedeutung sind Zweifel an der Unvoreingenommenheit des Liquidators, wenn er nur noch Tätigkeiten zu erledigen hat, die den Liquidationszweck nicht mehr gefährden können, er etwa lediglich die Beendigung der Liquidation anmelden muss.[82]

Der wichtige Grund setzt ein **Verschulden** des bisherigen Liquidators nicht voraus, **35** maßgeblich ist allein, ob aufgrund der objektiv gegebenen Verhältnisse die Erreichung des Abwicklungszwecks gefährdet ist.[83] Die befürchteten Nachteile müssen nicht schon eingetreten sein, es genügt die bei verständiger Würdigung des Sachverhalts sich aufdrängende Möglichkeit ihres Eintritts.[84]

Kein wichtiger Grund für die Abberufung ist **Amtsunfähigkeit** iSd Abs. 4 iVm § 6 **36** Abs. 2 S. 2 und 3 (ab 1.8.2022: § 6 Abs. 2 S. 2–4 idF des DiRUG). Denn sofern ein gesetzlicher Ausschlussgrund vorliegt, ist bzw. wird die Bestellung unwirksam. Dies gilt auch dann, wenn der Liquidator in das Handelsregister eingetragen wurde, da die Eintragung nur deklaratorische Bedeutung hat. Wer ein Amt aber nicht inne hat, kann schon begrifflich nicht abberufen werden.[85]

d) Verfahren. Es handelt sich um ein unternehmensrechtliches Verfahren im Rahmen **37** der freiwilligen Gerichtsbarkeit (§ 375 Nr. 6 FamFG). **Sachlich zuständig** sind gem. § 23a Abs. 1 Nr. 2, Abs. 2 Nr. 4 GVG die **Amtsgerichte.** Nach § 376 FamFG ist vorbehaltlich einer abweichenden landesrechtlichen Regelung das Amtsgericht berufen, in dessen Bezirk ein Landgericht seinen Sitz hat. Die örtliche Zuständigkeit richtet sich nach dem statutarischen Sitz der Gesellschaft (§ 377 Abs. 1 FamFG).[86] Da ein Richtervorbehalt für Anordnungen nach § 66 Abs. 2, 3 in § 17 Nr. 2 lit. d RPflG nicht vorgesehen ist, entscheidet der **Rechtspfleger** (§ 3 Nr. 2 lit. d RPflG, § 17 Nr. 2 lit. d RPflG).[87] Der Prozessweg ist ausgeschlossen, sodass auch die Ernennung oder Abberufung von Abwicklern im Wege des einstweiligen Rechtsschutzes (§§ 935, 940 ZPO) nicht in Betracht kommt.[88]

Das Gericht prüft, ob der Antrag **zulässig** und **begründet** ist. Zur Zulässigkeit des **38** Antrags gehört neben den allgemeinen Sachentscheidungsvoraussetzungen insbesondere, dass ein Antrag eines hierzu berechtigten Gesellschafters gestellt wurde. Begründet ist der Antrag, wenn ein wichtiger Grund iSv Abs. 2 vorliegt. Den Sachverhalt ermittelt das Gericht nach § 26 FamFG **von Amts wegen.** Soweit zwischen den Beteiligten ein Rechtsstreit anhängig ist, kann die Beiziehung der Akten geboten sein.[89] Das Gericht kann das Verfahren

[80]   BayObLG Beschl. v. 20.2.1969 – 2Z 93/68, WM 1969, 674 (675); Beschl. v. 6.12.1995 – 3Z BR 216/
       95, GmbHR 1996, 129 (130); LG Mainz Beschl. v. 4.4.2005 – 12 HK T 8/04, Rpfleger 2005, 544;
       MHLS/*Nerlich* Rn. 43; Scholz/*K. Schmidt/Scheller* Rn. 42; HCL/*Paura* Rn. 41.
[81]   OLG Frankfurt Beschl. v. 17.11.2005 – 20 W 388/05, GmbHR 2006, 493.
[82]   BayObLG Beschl. v. 6.12.1995 – 3Z BR 216/95, GmbHR 1996, 129 (130 f.).
[83]   BayObLG Beschl. v. 20.2.1969 – 2Z 93/68, WM 1969, 674 (675); KG Beschl. v. 30.8.2005 – 1 W 25/
       04, GmbHR 2005, 1613 (1615); OLG Köln Beschl. v. 6.1.2003 – 2 Wx 39/02, GmbHR 2003, 360
       (362); Noack/Servatius/Haas/*Haas* Rn. 20; Scholz/*K. Schmidt/Scheller* Rn. 42; HCL/*Paura* Rn. 42.
[84]   BayObLG Beschl. v. 20.2.1969 – 2Z 93/68, WM 1969, 674 (675).
[85]   BayObLG Beschl. v. 30.6.1987 – BReg. 3 Z 75/87, BB 1987, 1625 (1626).
[86]   Zur Konzentrierung der örtlichen Zuständigkeit gem. § 376 Abs. 2 FamFG Keidel/*Heinemann* FamFG
       § 376 Rn. 4 ff.
[87]   OLG Frankfurt Beschl. v. 25.2.1993 – 20 W 50/03, NJW-RR 1993, 932 (933); *Jänig/Leißring* ZIP
       2010, 110 (113); *Altmeppen* Rn. 32; Noack/Servatius/Haas/*Haas* Rn. 21; Lutter/Hommelhoff/*Kleindiek*
       Rn. 6; BeckOK FamFG/*Otto*, 40. Ed. 1.10.2021, FamFG § 375 Rn. 70; Bumiller/Harders/Schwamb
       FamFG § 375 Rn. 29; Keidel/*Heinemann* FamFG § 375 Rn. 71; Schulte-Bunert/Weinreich/*Nedden-
       Boeger* FamFG § 375 Rn. 13.
[88]   HCL/*Paura* Rn. 67; Scholz/*K. Schmidt/Scheller* Rn. 44.
[89]   MüKoAktG/*Koch* AktG § 265 Rn. 19.

nach § 21 Abs. 1 FamFG **aussetzen,** bis über das streitige Rechtsverhältnis im Wege des Rechtsstreits entschieden ist.

39   Zu **beteiligen** sind nach § 7 Abs. 1 Nr. 1 FamFG all diejenigen, deren Recht durch die Entscheidung betroffen ist. Das sind zunächst einmal die vorhandenen Liquidatoren, und zwar nicht nur, wenn ihre Abberufung vorgesehen ist (Abs. 3 S. 1),[90] sondern auch dann, wenn ihnen zusätzliche Liquidatoren zur Seite gestellt werden sollen. Zu hören sind ferner die Gesellschafter, sowohl die antragstellende Minderheit als auch die Mehrheit, schließlich auch die Gesellschaft selbst.[91] Eine Anhörung ist allerdings nicht durchführbar, sofern das Bestellungsverfahren gerade wegen eines fehlenden Vertretungsorgans betrieben und nicht einmal ein Notliquidator nach §§ 29, 48 BGB vorhanden ist.

40   Das Gericht muss Gelegenheit zum **Vortrag** der für die Angelegenheit wesentlichen Tatsachen und **Stellen** der erforderlichen Anträge geben. Dies kann schriftlich oder mündlich in einem Termin geschehen. Hat das Gericht eine Auskunft aus dem Bundeszentralregister über eine Freiheitsstrafe der zu bestellenden Person eingeholt, so ist sie den Beteiligten bekannt zu geben, wenn die Information Bedeutung für die Eignung als Liquidator haben kann.[92]

41   **e) Entscheidung.** Das Gericht entscheidet durch Beschluss, der mit einer Begründung zu versehen ist (§ 38 FamFG). Der Beschluss ist den Liquidatoren, den Gesellschaftern und der Gesellschaft nach § 41 Abs. 1, 2 FamFG bekannt zu geben. Ist der Antrag zulässig und begründet, so steht es entgegen der missverständlichen Formulierung des Abs. 2 („kann") nicht im Ermessen des Gerichts, ob es einen Liquidator bestellt, es **muss** vielmehr die Bestellung vornehmen.[93] Hinsichtlich der Auswahl der Personen entscheidet das Gericht ohne Bindung an den Antrag, diesem kommt lediglich die Bedeutung einer Anregung zu.[94] Es kann Empfehlungen von Organen des Handelsstands bzw. des Handwerks einholen. Das Gericht darf keine nach Abs. 4 iVm § 6 Abs. 2 S. 2 und 3 (ab 1.8.2022: § 6 Abs. 2 S. 2–4 idF des DiRUG) **amtsunfähige Person** bestellen, ansonsten ist die Bestellung unwirksam (→ Rn. 7). Darüber hinaus muss der Liquidator aber auch fachlich geeignet, zuverlässig und unparteiisch sein.[95] An darüber hinausgehende Anforderungen in der Satzung ist das Gericht nicht gebunden.[96]

42   Auch hinsichtlich der **Zahl** der Liquidatoren sowie der Regelung der **Vertretung** (Einzel- oder Gesamtvertretungsmacht) steht dem Gericht ein nur beschränkt überprüfbares Ermessen zu. Es ist bei seiner Entscheidung wiederum weder an den Antrag noch an den Gesellschaftsvertrag gebunden.[97] Regelt das Gericht die Vertretungsverhältnisse nicht, gilt allerdings eine etwaige gesellschaftsvertragliche Bestimmung, hilfsweise Gesamtvertretungsmacht nach § 68 Abs. 1 S. 2.[98]

43   Der Bestellungsbeschluss wird nach § 40 Abs. 1 FamFG **wirksam** mit der Bekanntgabe an den Beteiligten, für den er nach seinem wesentlichen Inhalt bestimmt ist. Ausreichend

---

90 So aber Noack/Servatius/Haas/*Haas* Rn. 21; MHLS/*Nerlich* Rn. 47.
91 BayObLG Beschl. v. 27.1.1987 – BReg. 3 Z 186/86, GmbHR 1987, 306 (307); Beschl. v. 13.7.1989 – 3 BReg. 3 Z 35/89, NJW-RR 1990, 52.
92 BayObLG Beschl. v. 13.7.1989 – 3 BReg. 3 Z 35/89, NJW-RR 1990, 52 (53).
93 EinhM, vgl. BayObLG Beschl. v. 27.1.1987 – BReg. 3 Z 186/86, GmbHR 1987, 306 (307); *Kühn* GmbHR 1965, 132 (136); Noack/Servatius/Haas/*Haas* Rn. 21; Gehrlein/Born/Simon/*Beckmann/Hofmann* Rn. 14; MHLS/*Nerlich* Rn. 40; Scholz/*K. Schmidt/Scheller* Rn. 17, 28; HCL/*Paura* Rn. 42.
94 BayObLG Beschl. v. 27.1.1987 – BReg. 3 Z 186/86, GmbHR 1987, 306 (307); Beschl. v. 13.7.1989 – 3 BReg. 3 Z 35/89, NJW-RR 1990, 52 (53); MHLS/*Nerlich* Rn. 40; Rowedder/Schmidt-Leithoff/*Gesell* Rn. 11; Scholz/*K. Schmidt/Scheller* Rn. 26; HCL/*Paura* Rn. 43.
95 BayObLG Beschl. v. 13.7.1989 – 3 BReg. 3 Z 35/89, NJW-RR 1990, 52 (53); Hachenburg/*Hohner* Rn. 33; MHLS/*Nerlich* Rn. 40; Scholz/*K. Schmidt/Scheller* Rn. 26.
96 MHLS/*Nerlich* Rn. 15; Scholz/*K. Schmidt/Scheller* Rn. 26; HCL/*Paura* Rn. 9.
97 *Altmeppen* Rn. 37; Rowedder/Schmidt-Leithoff/*Gesell* Rn. 19; Scholz/*K. Schmidt/Scheller* Rn. 26; HCL/*Paura* Rn. 43 f.
98 *Altmeppen* Rn. 37; Noack/Servatius/Haas/*Haas* § 68 Rn. 9; Scholz/*K. Schmidt/Scheller* Rn. 26; HCL/*Paura* Rn. 44.

ist die Bekanntgabe an die bestellte Person.[99] Es bedarf aber zusätzlich der **Annahme** durch den Bestellten.[100] Diese kann auch durch schlüssiges Verhalten erfolgen, insbesondere durch Aufnahme der Liquidatorentätigkeit. Zur Annahme ist der Berufene nicht verpflichtet.[101] Daher ist zweckmäßigerweise vor der Bestellung zu klären, ob die in Aussicht genommene Person überhaupt zur Amtsübernahme bereit ist.[102] Lehnt sie dies von vornherein ausdrücklich ab, hat das Gericht von einer Bestellung abzusehen.[103]

Das Fehlen der Voraussetzungen für den Bestellungsbeschluss kann nur im Verfahren **44** der freiwilligen Gerichtsbarkeit gerügt werden, nicht inzidenter im Prozess oder in anderer Weise. Sofern ihn nur das sachlich zuständige Gericht erlassen hat, bindet er als **rechtsgestaltender Akt** den Prozessrichter.[104]

f) Rechtsmittel. Gegen die Entscheidung ist nach § 402 Abs. 1 FamFG die **Be- 45 schwerde** zum Oberlandesgericht gegeben, und zwar sowohl gegen die Bestellung als auch gegen die Abweisung des Antrags. Die Frist beträgt einen Monat nach dem Zeitpunkt, in dem der Beschluss dem Beschwerdeführer bekannt gemacht worden ist (§ 63 Abs. 1 FamFG). Sie ist beim iudex a quo schriftlich oder zu Protokoll der Geschäftsstelle einzulegen (§ 64 FamFG). Die Vertretung durch einen Rechtsanwalt ist nicht erforderlich. Die Beschwerde soll begründet werden und kann auf neue Tatsachen und Beweismittel gestützt werden. Hilft das Amtsgericht nicht ab (§ 68 FamFG), so ist das Oberlandesgericht zur Entscheidung berufen (§ 119 Abs. 1 Nr. 1 lit. b GVG). Wird die Bestellung angegriffen, so bleibt diese bis zur Rechtskraft der Entscheidung wirksam, da die Beschwerde keine aufschiebende Wirkung hat. Die von dem Liquidator vorgenommenen Rechtsgeschäfte bleiben deshalb auch dann gültig, wenn das Rechtsmittel Erfolg hat (§ 47 FamFG). Doch kann das Beschwerdegericht eine einstweilige Anordnung erlassen. Es kann insbesondere anordnen, dass die Vollziehung des angefochtenen Bestellungsbeschlusses ausgesetzt wird (§ 64 Abs. 3 FamFG).

Beschwerdebefugt sind bei **Ablehnung des Antrags** die Antragsteller (§ 59 Abs. 2 **46** FamFG).[105] Sie müssen allerdings noch in der Beschwerdeinstanz das notwendige Quorum erreichen.[106] Kommen die antragstellenden Gesellschafter nur gemeinsam auf eine Beteiligung von 10 % und legt einer von ihnen keine Beschwerde ein, so ist diese unzulässig. Es genügt im Übrigen nicht, dass der Gesellschafter antragsberechtigt gewesen wäre, er muss den Antrag tatsächlich gestellt haben. Es ist damit ausgeschlossen, dass er sich nachträglich im Beschwerdeverfahren dem Gesellschafterantrag anschließt.

Wird dem **Antrag stattgegeben**, so steht nach § 59 Abs. 1 FamFG die Beschwerde **47** jedem zu, der durch die Verfügung beeinträchtigt ist. Beschwerdebefugt ist daher die Gesellschaft, vertreten durch ihre Liquidatoren.[107] Betroffen sind aber auch die Gesellschafter,

---

[99] S. zur vergleichbaren Problematik bei § 29 BGB MüKoBGB/*Leuschner* BGB § 29 Rn. 17; anders aber Staudinger/*Schwennicke,* 2019, BGB § 29 Rn. 33: zusätzlich Bekanntgabe an den Antragsteller erforderlich.

[100] Noack/Servatius/Haas/*Haas* Rn. 21; Gehrlein/Born/Simon/*Beckmann/Hofmann* Rn. 14; Scholz/ K. Schmidt/*Scheller* Rn. 26; HCL/*Paura* Rn. 47.

[101] BayObLG Beschl. v. 12.6.1996 – 3 BR 90/96, GmbHR 1996, 859 (860); OLG München Beschl. v. 7.5.2008 – 28 Wx 38/05, GmbHR 2008, 821 (824) = NZG 2008, 555 (557); AG Hamburg Beschl. v. 29.1.1953 – 66 HRB 5986, GmbHR 1954, 60 (61); Noack/Servatius/Haas/*Haas* Rn. 21; Gehrlein/Born/Simon/*Beckmann/Hofmann* Rn. 14; Scholz/*K. Schmidt/Scheller* Rn. 26; HCL/*Paura* Rn. 47.

[102] BayObLG Beschl. v. 12.6.1996 – 3 BReg. 3Z BR 90/96, GmbHR 1996, 859 (860).

[103] BayObLG Beschl. v. 12.6.1996 – 3 BReg. 3Z BR 90/96, GmbHR 1996, 859 (860); OLG München Beschl. v. 7.5.2008 – 28 Wx 38/05, NZG 2008, 555 (557) = BB 2008, 1251; Lutter/Hommelhoff/ *Kleindiek* Rn. 5.

[104] BGH Urt. v. 21.3.1957 – II ZR 172/55, BGHZ 24, 47 (51 f.) = NJW 1957, 832.

[105] KG Beschl. v. 14.6.1918, RJA 16, 72; OLG München Beschl. v. 2.12.1936 – 8 WX 308/36, HRR 1937, 460 zur AG; Noack/Servatius/Haas/*Haas* Rn. 22; Gehrlein/Born/Simon/*Beckmann/Hofmann* Rn. 15; Scholz/*K. Schmidt/Scheller* Rn. 27; HCL/*Paura* Rn. 46.

[106] Noack/Servatius/Haas/*Haas* Rn. 22; Gehrlein/Born/Simon/*Beckmann/Hofmann* Rn. 15; Scholz/ *K. Schmidt/Scheller* Rn. 27; HCL/*Paura* Rn. 46.

[107] BayObLG Beschl. v. 13.7.1989 – 3 BReg. 3 Z 35/89, NJW-RR 1990, 52; Noack/Servatius/Haas/*Haas* Rn. 22; MHLS/*Nerlich* Rn. 48; Scholz/*K. Schmidt/Scheller* Rn. 27; HCL/*Paura* Rn. 46.

und zwar unabhängig davon, ob sie über die in Abs. 2 vorgesehene Beteiligung verfügen, denn diese ist nur für die Antragsberechtigung relevant.[108] Die vorhandenen Liquidatoren können in eigenem Namen Beschwerde einlegen, wenn sie zugleich abberufen werden oder aber in anderer Weise in ihrer Rechtsstellung beeinträchtigt werden, etwa durch Beschränkung ihrer Vertretungsmacht.[109] Dagegen ist der bestellte Liquidator nicht beschwerdeberechtigt, denn er kann die Annahme des Amts ohne Begründung ablehnen.[110] Anders liegt es allerdings, wenn die Bestellung gegen den ausdrücklich geäußerten Willen des Bestellten erfolgt ist und er trotz fehlender Annahme des Amtes aus diesem in Anspruch genommen wird.[111]

48   Das Beschwerdegericht **überprüft** die Voraussetzungen der Bestellung in vollem Umfang sowohl in tatsächlicher als auch in rechtlicher Hinsicht. Insbesondere ist die Entscheidung des Registergerichts über den unbestimmten Rechtsbegriff des **„wichtigen Grundes"** im Rahmen der Beschwerde uneingeschränkt überprüfbar.[112] Soweit es jedoch über Auswahl und Zahl der Liquidatoren sowie ihre Vertretungsbefugnis befindet, hat es ein nur beschränkt nachprüfbares **Ermessen**.[113] Ist das Ermessen allerdings in der ersten Instanz fehlerhaft ausgeübt worden, so muss das Oberlandesgericht sein eigenes Ermessen an die Stelle des Amtsgerichts setzen. Die Gründe der Beschwerdeentscheidung müssen in solchen Fällen erkennen lassen, dass es von seinem selbst auszuübenden Ermessen auch tatsächlich Gebrauch gemacht hat.[114] Eine Zurückverweisung kommt auf Antrag eines Beteiligten ausnahmsweise nur dann in Betracht, wenn das Verfahren erster Instanz an einem erheblichen Mangel litt und zur Entscheidung eine umfangreiche oder aufwändige Beweiserhebung notwendig wäre (§ 69 Abs. 1 S. 2 FamFG).[115]

49   Gegen die Beschwerdeentscheidung ist die **Rechtsbeschwerde** zum BGH statthaft, allerdings nur dann, wenn sie vom Beschwerdegericht zugelassen worden ist (§ 70 FamFG). Weigert sich das Beschwerdegericht, so ist eine Nichtzulassungsbeschwerde nicht gegeben; einziger Rechtsbehelf ist dann die Anhörungsrüge nach § 44 FamFG.

50   **6. Besonderheiten in der mitbestimmten GmbH.** § 66 gilt auch in der **mitbestimmten GmbH.** Der Arbeitsdirektor nach den Mitbestimmungsgesetzen wird wie die übrigen Geschäftsführer automatisch Liquidator, wenn nicht etwas anderes bestimmt ist.[116] Die Bestellungskompetenz des Aufsichtsrats nach § 31 MitbestG, § 12 Montan-MitbestG wird aber durch die Befugnis der Gesellschafter bzw. des Registergerichts nach Abs. 1, 2 verdrängt.[117] Der Umstand, dass die genannten mitbestimmungsrechtlichen Vorschriften nur auf §§ 84, 85 AktG und nicht auf § 265 AktG verweisen, belegt, dass sie in der Liquidation keine Anwendung finden. Die Ausnahmeregelung des § 265 Abs. 6 AktG betreffend

[108]   BayObLG Beschl. v. 2.8.1995 – 3Z BR 143/95, BB 1995, 2184; Noack/Servatius/Haas/*Haas* Rn. 22; Gehrlein/Born/Simon/*Beckmann/Hofmann* Rn. 15; Lutter/Hommelhoff/*Kleindiek* Rn. 6; MHLS/*Nerlich* Rn. 48; Scholz/*K. Schmidt/Scheller* Rn. 27; HCL/*Paura* Rn. 46; aA BayObLG Beschl. v. 24.2.1984 – BReg. 3 Z 197/83, WM 1984, 809; ein Beschwerderecht der Gesellschafter generell abl. noch KG Beschl. v. 30.9.1910, RJA 11, 30.

[109]   Scholz/*K. Schmidt/Scheller* Rn. 27; HCL/*Paura* Rn. 46.

[110]   BayObLG Beschl. v. 12.6.1996 – 3 BReg. 3Z BR 90/96, GmbHR 1996, 859 (860); Noack/Servatius/Haas/*Haas* Rn. 22; Scholz/*K. Schmidt/Scheller* Rn. 27; HCL/*Paura* Rn. 46; *Bumiller/Harders/Schwamb* FamFG § 59 Rn. 33.

[111]   Vgl. zum Notgeschäftsführer KG Beschl. v. 4.4.2000 – 1 W 3052/99, GmbHR 2000, 660 (661); zum Nachtragsliquidator OLG München Beschl. v. 7.5.2008 – 28 Wx 38/05, NZG 2008, 555 (556).

[112]   Noack/Servatius/Haas/*Haas* Rn. 21; MHLS/*Nerlich* Rn. 40; Scholz/*K. Schmidt/Scheller* Rn. 28; HCL/*Paura* Rn. 42.

[113]   BayObLG Beschl. v. 13.7.1989 – 3 BReg. 3 Z 35/89, NJW-RR 1990, 52 (53); Noack/Servatius/Haas/*Haas* Rn. 21; MHLS/*Nerlich* Rn. 40; Scholz/*K. Schmidt/Scheller* Rn. 26, 28; HCL/*Paura* Rn. 43.

[114]   BayObLG Beschl. v. 13.7.1989 – 3 BReg. 3 Z 35/89, NJW-RR 1990, 52 (53).

[115]   Zur Rechtslage nach dem früheren FGG s. auch OLG Jena Beschl. v. 22.8.2007 – 6 W 244/07, ZIP 2007, 1709 (1711).

[116]   *Passarge* in Passarge/Torwegge GmbH-Liquidation Rn. 299; Noack/Servatius/Haas/*Haas* Rn. 12; Rowedder/Schmidt-Leithoff/*Gesell* Rn. 4; Scholz/*K. Schmidt/Scheller* Rn. 12; HCL/*Paura* Rn. 18.

[117]   Noack/Servatius/Haas/*Haas* Rn. 15; MHLS/*Nerlich* Rn. 26; Scholz/*K. Schmidt/Scheller* Rn. 32; HCL/*Paura* Rn. 24.

die Bestellung und Abberufung des Arbeitsdirektors nach dem Montan-MitbestG ist auf die GmbH weder unmittelbar noch entsprechend anwendbar,[118] es muss aber zwingend einen Arbeitsdirektor geben (→ Rn. 10). Nach der hier vertretenen Auffassung (→ Rn. 26) kann im Gesellschaftsvertrag auch vorgesehen werden, dass das Bestellungs- und Abberufungsrecht abweichend von der gesetzlichen Regelung beim Aufsichtsrat verbleibt.

7. Liquidatoren nach § 38 Abs. 2 S. 2 KWG. Ist eine Gesellschaft, die ein Kredit- **51** oder ein Finanzdienstleistungsinstitut betreibt, durch eine Abwicklungsanordnung der BaFin nach § 38 Abs. 1 S. 1, 2 KWG aufgelöst worden, so gilt ergänzend § 38 Abs. 2 KWG. Danach hat das Gericht (→ Rn. 37) auf Antrag der BaFin Liquidatoren zu bestellen, wenn die sonst zur Abwicklung berufenen Personen keine Gewähr für eine ordnungsgemäße Abwicklung bieten. Das Antragsrecht besteht auch dann, wenn Liquidatoren des Instituts fehlen,[119] oder die Gesellschaft aus anderen Gründen als nach § 38 Abs. 1 S. 1, 2 KWG aufgelöst worden ist.[120] Gegen die Verfügung des Gerichts findet die Beschwerde statt (→ Rn. 45 ff.).

8. Nachtragsliquidation. Ist eine Gesellschaft zu Unrecht gem. § 394 FamFG **52** gelöscht worden, so bestellt das Gericht gem. Abs. 5 auf Antrag eines Beteiligten die Liquidatoren (→ Rn. 79 ff.). Gleiches gilt in analoger Anwendung von § 273 Abs. 4 S. 1 AktG, wenn sich nach Abschluss der Abwicklung herausstellt, dass noch Vermögen vorhanden ist. In allen Fällen der sog. Nachtragsliquidation wird die Regelung der Abs. 1, 2 verdrängt.[121]

9. Bestellung von Notliquidatoren analog §§ 29, 48 BGB. a) Zweck. Sofern **53** Liquidatoren in erforderlicher Zahl fehlen, kann das Gericht analog §§ 29, 48 BGB auf Antrag eines Beteiligten in dringenden Fällen für die Zeit bis zur Behebung des Mangels Liquidatoren bestellen. Die entsprechende Anwendung der genannten Bestimmungen auf die GmbH steht heute außer Streit.[122] Das Ernennungsrecht des Registergerichts nach Abs. 2 unterscheidet sich von seinem Bestellungsrecht analog §§ 29, 48 BGB dadurch, dass Ersteres auf eine endgültige, Letzteres aber nur auf eine **vorübergehende Regelung** gerichtet ist. Beide Möglichkeiten bestehen grundsätzlich unabhängig voneinander. Hat allerdings ein Gesellschafter mit dem erforderlichen Quorum den Antrag nach Abs. 2 bereits gestellt, so geht dieser einem Antrag nach §§ 29, 48 BGB vor, sofern nicht ausnahmsweise besondere Umstände, wie etwa die Notwendigkeit zeitraubender Ermittlungen im Verfahren nach Abs. 2, es gebieten, eine vorläufige Regelung über §§ 29, 48 BGB zu treffen.[123] Nur Letzteres kommt wiederum zur Behebung einer nur vorübergehenden Handlungsunfähigkeit der Gesellschaft in Frage.[124] Inhaltlich darf die Notbestellung ferner nur soweit gehen, als dies nach Art und Dringlichkeit des geltend gemachten Bedürfnisses erforderlich ist.[125]

---

[118] *Passarge* in Passarge/Torwegge GmbH-Liquidation Rn. 305; Noack/Servatius/Haas/*Haas* Rn. 15; Scholz/*K. Schmidt*/*Scheller* Rn. 12; HCL/*Paura* Rn. 24; aA Rowedder/Schmidt-Leithoff/*Gesell* Rn. 6.
[119] Noack/Servatius/Haas/*Haas* Rn. 35.
[120] Noack/Servatius/Haas/*Haas* Rn. 35; MHLS/*Nerlich* Rn. 53; Scholz/*K. Schmidt*/*Scheller* Rn. 15; HCL/ *Paura* Rn. 56; für den Fall, dass die Gesellschaft der Abwicklungsanordnung zuvor gekommen ist, BayObLG Beschl. v. 17.5.1978 – BReg. 1 Z 43/78, WM 1978, 1164 (1165); abl. MüKoAktG/*Koch* AktG § 265 Rn. 38.
[121] Noack/Servatius/Haas/*Haas* Rn. 34 f.; Hachenburg/*Ulmer* Anh. § 60 Rn. 43; MHLS/*Nerlich* Rn. 51; Scholz/*K. Schmidt*/*Scheller* Rn. 57.
[122] KG Beschl. v. 13.6.1913 – 1a X 644/13, KGJ 45 A, 178 (180); BayObLG Beschl. v. 4.10.1955 – BReg. 2 Z 104/55, BayObLGZ 1955, 288 (290); Beschl. v. 2.6.1976 – BReg. 2 Z 84/76, BayObLGZ 1976, 126 (129); OLG München Beschl. v. 14.7.2005 – 31 Wx 12/05, GmbHR 2005, 1431 (1432); *Bauer*, Der Notgeschäftsführer in der GmbH, 2006, 20 ff., 123; BeckHdB GmbH/*Erle/Helm* § 16 Rn. 32; *Passarge* in Passarge/Torwegge GmbH-Liquidation Rn. 317; Noack/Servatius/Haas/*Haas* Rn. 32; Ensthaler/Füller/Schmidt/*Ensthaler* Rn. 13; MHLS/*Nerlich* Rn. 50; Scholz/*K. Schmidt*/*Scheller* Rn. 30; HCL/*Paura* Rn. 49.
[123] BayObLG Beschl. v. 2.6.1976 – BReg. 2 Z 84/76, BayObLGZ 1976, 126 (129); MHLS/*Nerlich* Rn. 53; Scholz/*K. Schmidt*/*Scheller* Rn. 30; HCL/*Paura* Rn. 50.
[124] Scholz/*K. Schmidt*/*Scheller* Rn. 30.
[125] BayObLG Beschl. v. 2.6.1976 – BReg. 2 Z 84/76, BayObLGZ 1976, 126 (131); OLG München Beschl. v. 14.7.2005 – 31 Wx 12/05, GmbHR 2005, 1431 (1432); *Passarge* in Passarge/Torwegge GmbH-Liquidation Rn. 320; Noack/Servatius/Haas/*Haas* Rn. 33; MHLS/*Nerlich* Rn. 59; Scholz/*K. Schmidt*/ *Scheller* Rn. 30; HCL/*Paura* Rn. 51.

54   **b) Antrag.** Der Antrag ist an das für die Gesellschaft zuständige Registergericht zu richten. **Antragsberechtigt** („Beteiligter") ist jeder, der ein schutzwürdiges Interesse an der Notbestellung hat. Dazu zählen zunächst Gläubiger, Schuldner und einzelne Gesellschafter, aber auch frühere Geschäftsführer und Liquidatoren.[126] Darüber hinaus kann auch ein vorhandener Liquidator ein Antragsrecht haben, etwa wenn er alleine bestellt ist, aber nur Gesamtvertretungsbefugnis besitzt oder ein bestimmtes Rechtsgeschäft wegen § 181 BGB nicht vornehmen darf.[127] Der Kommanditist einer GmbH & Co. KG ist befugt, die Bestellung eines Liquidators für die (einzige) Komplementär-GmbH zu beantragen.[128] Beteiligter ist ferner im Hinblick auf seine Mitbestimmungs- und Mitwirkungsrechte der Betriebsrat[129] sowie bei einer insolventen GmbH i. L. auch der Insolvenzverwalter.[130]

55   **c) Materielle Voraussetzungen.** Voraussetzung für die Notbestellung ist zunächst das **Fehlen** von Liquidatoren. Das ist dann der Fall, wenn Liquidatoren gar nicht oder nicht in hinreichender Zahl vorhanden sind. Ein Liquidator fehlt auch iSd § 29 BGB, wenn er aus **rechtlichen Gründen** an der Geschäftsführung gehindert ist, wegen langer Krankheit oder Abwesenheit **tatsächlich** ausfällt oder aber die Erfüllung der ihm obliegenden Aufgaben **insgesamt verweigert,** sodass eine Führung der Geschäfte durch ihn überhaupt nicht mehr gegeben ist.[131] Keinesfalls genügen jedoch Gehorsamsverweigerung in einzelnen Angelegenheiten,[132] Streitigkeiten zwischen den Liquidatoren[133] oder deren Ungeeignetheit.[134]

56   Es muss ferner ein **dringender Fall** vorliegen. Ein solcher ist nur anzunehmen, wenn die Gesellschaftsorgane selbst nicht in der Lage sind, innerhalb einer angemessenen Frist den Mangel zu beseitigen und sofortiges Handeln geboten ist, um Nachteile für die Gesellschaft oder einen anderen Beteiligten abzuwenden.[135] Der Nachteil muss nicht unbedingt in einem Vermögensschaden bestehen. Es genügt schon das Interesse, gegen die Gesellschaft zu klagen oder die Zwangsvollstreckung zu betreiben. Die Möglichkeit einer **Prozesspflegschaft** nach § 57 ZPO schließt die Bestellung eines Notliquidators analog §§ 29, 48 BGB nicht aus.[136] Ist jedoch ein Prozesspfleger bereits bestellt worden, so ist ein dringender Fall zu verneinen, wenn diese Maßnahme ausreicht, um drohenden Schaden abzuwenden.[137]

57   **d) Entscheidung.** Das Gericht entscheidet durch **Beschluss,** und zwar durch den Rechtspfleger (§ 3 Nr. 2 lit. d RPflG).[138] Bei der Auswahl des Notliquidators steht diesem ein nur begrenzt überprüfbares Ermessen zu.[139] Er muss jedoch eine fachlich geeignete und

---

[126] *Passarge* in Passarge/Torwegge GmbH-Liquidation Rn. 317; Noack/Servatius/Haas/*Haas* Rn. 33; MHLS/*Nerlich* Rn. 54; Rowedder/Schmidt-Leithoff/*Gesell* Rn. 15; Scholz/*K. Schmidt/Scheller* Rn. 32; HCL/*Paura* Rn. 49.

[127] Scholz/*K. Schmidt/Scheller* Rn. 32.

[128] BayObLG B. v. 2.6.1976 – BReg. 2 Z 84/76, BayObLGZ 1976, 126 (130 f.); MHLS/*Nerlich* Rn. 54; Scholz/*K. Schmidt/Scheller* Rn. 32; HCL/*Paura* Rn. 52.

[129] Vgl. MüKoBGB/*Leuschner* BGB § 29 Rn. 13.

[130] Vgl. zur AG BayObLG Beschl. v. 10.3.1988 – BReg. 3 Z 125/87, NJW-RR 1988, 929.

[131] KG Beschl. v. 25.2.1937 – 1 Wx 703/36, JW 1937, 1730; für den Geschäftsführer OLG Frankfurt Beschl. v. 22.11.1965 – 6 W 363/65, NJW 1966, 504.

[132] KG Beschl. v. 25.2.1937 – 1 Wx 703/36, JW 1937, 1730; MHLS/*Nerlich* Rn. 55; Scholz/*K. Schmidt/ Scheller* Rn. 33.

[133] MHLS/*Nerlich* Rn. 55; Scholz/*K. Schmidt/Scheller* Rn. 33.

[134] Vgl. für den Notgeschäftsführer OLG Frankfurt Beschl. v. 22.11.1965 – 6 W 363/65, NJW 1966, 504.

[135] Vgl. BayObLG v. 12.8.1998 – 3Z BR 456/97 und 3Z BR 457/97, NJW-RR 1999, 1259 (1260); OLG München Beschl. v. 11.9.2007 – 31 Wx 49/07, GmbHR 2007, 1271 (1273).

[136] Zum Notgeschäftsführer BayObLG v. 12.8.1998 – 3Z BR 456/97 und 3Z BR 457/97, NJW-RR 1999, 1259 (1261); ferner MHLS/*Nerlich* Rn. 56; Rowedder/Schmidt-Leithoff/*Gesell* Rn. 16; Scholz/ *K. Schmidt/Scheller* Rn. 38; HCL/*Paura* Rn. 55; aA OLG Dresden Beschl. v. 11.12.2001 – 2 W 1848/ 01, GmbHR 2002, 163; OLG München Beschl. v. 13.6.2007 – 7 W 1719/07, NZG 2008, 160.

[137] MHLS/*Nerlich* Rn. 56; Scholz/*K. Schmidt/Scheller* Rn. 38; HCL/*Paura* Rn. 55; für den Notgeschäftsführer OLG Zweibrücken Beschl. v. 12.4.2001 – 3 W 23/01, NJW-RR 2001, 1057 (1058).

[138] *Bauer,* Der Notgeschäftsführer in der GmbH, 2006, 96; Keidel/*Heinemann* FamFG § 375 Rn. 105; aA Schulte-Bunert/Weinreich/*Nedden-Boeger* FamFG § 375 Rn. 14; MHLS/*Nerlich* Rn. 58.

[139] BayObLG Beschl. v. 28.7.1978 – BReg. 1 Z 45/78, DB 1978, 2165 (2166) zum Notgeschäftsführer; MHLS/*Nerlich* Rn. 56; Scholz/*K. Schmidt/Scheller* Rn. 35.

unparteiische Person ernennen. Anders als bei der gerichtlichen Bestellung nach Abs. 2
(→ Rn. 27 ff.) sind in der Satzung vorgesehene besondere Qualifikationserfordernisse
grundsätzlich zu beachten. Etwaige statutarische Schranken müssen nur dann nicht eingehalten werden, wenn dies – aus im Einzelnen darzulegenden Gründen – nicht möglich ist.[140]
Den Gesellschaftern ist Gelegenheit zu geben, sich zu dem in Aussicht genommenen Organwalter zu äußern oder selbst einen Vorschlag zu unterbreiten.[141]

Das Gericht kann den Wirkungskreis des Notliquidators auf bestimmte Arten von **58**
Geschäften oder gar auf ein einziges Geschäft **beschränken** (zB im Falle des § 181 BGB).
Da die gerichtliche Bestellung einen erheblichen Eingriff in die Verbandsautonomie bedeutet, darf dieser Eingriff nicht weiter ausgedehnt werden als zur Behebung der Notsituation
unbedingt notwendig.[142] Die Einberufung einer Gesellschafterversammlung ist ohne Hinzutreten weiterer Umstände in der Regel nicht dringlich.[143] Begrenzt werden kann aber
nur die Geschäftsführungsbefugnis im Innenverhältnis zur Gesellschaft, nicht aber die Vertretungsmacht nach außen.[144]

e) Beschwerde. Gegen die Entscheidung ist die **Beschwerde** nach § 58 FamFG statt- **59**
haft. Das Beschwerderecht gegen die Ablehnung des Antrags steht dem Antragsteller (§ 59
Abs. 2 FamFG), gegen die Bestellung des Liquidators durch das Gericht all denjenigen, die
auch einen Antrag nach §§ 29, 48 BGB hätten stellen können, zu.[145] Das Beschwerdegericht
kann nicht nur die Notbestellung aufheben, sondern auch einen neuen Liquidator bestellen.[146] Gegen die Entscheidung des Beschwerdegerichts ist die Rechtsbeschwerde nach
Maßgabe von §§ 70 ff. FamFG statthaft.

f) Beginn und Ende des Amtes. Auch das Amt des Notliquidators **beginnt** mit der **60**
Annahme der Bestellung.[147] Anders als der nach Abs. 2 Ernannte scheidet er aber mit der
„Behebung des Mangels" **automatisch** aus. Sein Amt endet daher, wenn es nicht ohnehin
von vornherein befristet war, mit der Bestellung ordentlicher Liquidatoren,[148] ferner mit
der Vornahme eines bestimmten Rechtsgeschäfts, für das er bestellt wurde.[149] In diesen
Fällen wirkt eine Abberufung durch das Gericht rein deklaratorisch, sie ist aber aus Gründen
der Rechtssicherheit und Rechtsklarheit durchaus zu empfehlen (zu den Beendigungsgrün-
den → Rn. 61, → Rn. 74).[150] Für die Anfechtung der Bestellung eines Notliquidators

---

[140] Vgl. BayObLG Beschl. v. 7.10.1980 – BReg. 1 Z 24/80, NJW 1981, 995 (996); *Bauer,* Der Notgeschäftsführer in der GmbH, 2006, 156 ff.
[141] OLG München Beschl. v. 14.7.2005 – 31 Wx 12/05, GmbHR 2005, 1431 (1432).
[142] BayObLG Beschl. v. 2.6.1976 – BReg. 2 Z 84/76, BayObLGZ 1976, 126 (130 f.); OLG München
Beschl. v. 14.7.2005 – 31 Wx 12/05, GmbHR 2005, 1431 (1432); *Passarge* in Passarge/Torwegge GmbH-
Liquidation Rn. 320; Noack/Servatius/Haas/*Haas* Rn. 33; MHLS/*Nerlich* Rn. 59; Scholz/*K. Schmidt/
Scheller* Rn. 30; HCL/*Paura* Rn. 30.
[143] OLG München Beschl. v. 14.7.2005 – 31 Wx 12/05, GmbHR 2005, 1431 (1432).
[144] BayObLG Beschl. v. 2.6.1976 – BReg. 2 Z 84/76, BayObLGZ 1976, 126 (131); Beschl. v. 12.8.1998 –
3Z BR 456/97 und 3Z BR 457/97, NJW-RR 1999, 1259 (1260); *Passarge* in Passarge/Torwegge
GmbH-Liquidation Rn. 320; Noack/Servatius/Haas/*Haas* Rn. 33; MHLS/*Nerlich* Rn. 59.
[145] BayObLG Beschl. v. 4.10.1955 – BReg. 2 Z 104/55, BayObLGZ 1955, 288 (290); Beschl. v. 2.6.1976 –
BReg. 2 Z 84/76, BayObLGZ 1976, 126 (128); OLG Köln Beschl. v. 1.8.2007 – 2 Wx 33/07, FGPrax
2007, 281 = GmbHR 2008, 103; Noack/Servatius/Haas/*Haas* Rn. 33; MHLS/*Nerlich* Rn. 60; Scholz/
K. Schmidt/Scheller Rn. 36; enger BayObLG Beschl. v. 10.7.1996 – 3Z BR 78/96, NJW-RR 1997, 289
(290); MüKoBGB/*Leuschner* BGB § 29 Rn. 20: nur Verein, Vorstands- und Vereinsmitglieder; gegen
ein Beschwerderecht der Gläubiger auch *Bauer,* Der Notgeschäftsführer in der GmbH, 2006, 183 f.
[146] BGH Urt. v. 21.3.1957 – II ZR 172/55, BGHZ 24, 47 (51 f.) = NJW 1957, 832; MHLS/*Nerlich*
Rn. 60.
[147] KG Beschl. v. 4.4.2000 – 1 W 3052/99, GmbHR 2000, 660 (661); MHLS/*Nerlich* Rn. 57; HCL/*Paura*
Rn. 53.
[148] BayObLG Beschl. v. 27.1.1987 – BReg. 3 Z 186/86, GmbHR 1987, 306 (307); OLG Köln Beschl.
v. 1.8.2007 – 2 Wx 33/07, FGPrax 2007, 281 = GmbHR 2008, 103; Noack/Servatius/Haas/*Haas*
Rn. 33; MHLS/*Nerlich* Rn. 57; Scholz/*K. Schmidt/Scheller* Rn. 37; HCL/*Paura* Rn. 53.
[149] MHLS/*Nerlich* Rn. 57.
[150] Noack/Servatius/Haas/*Haas* Rn. 33; MHLS/*Nerlich* Rn. 57; Rowedder/Schmidt-Leithoff/*Gesell*
Rn. 16; Scholz/*K. Schmidt/Scheller* Rn. 37; HCL/*Paura* Rn. 53.

(→ Rn. 59) fehlt es nach dem Erlöschen des Amtes regelmäßig am Rechtsschutzbedürfnis.[151]

V. Abberufung (Abs. 3)

61   **1. Abberufung durch Beschluss (Abs. 3 S. 2). a) Kompetenz der Gesellschafter.** Die Vorschrift des Abs. 3 regelt spiegelbildlich zur Bestellung die Abberufung des Liquidators. Nach Abs. 3 S. 2 können die nach Abs. 1 durch die Gesellschaft berufenen Liquidatoren jederzeit durch einfachen Gesellschafterbeschluss abberufen werden. Nicht zur Disposition der Gesellschafter stehen jedoch die gem. Abs. 2 durch das Gericht ernannten Abwickler. Gleiches gilt für die nach Abs. 5 bestellten Nachtragsliquidatoren, sonstige Nachtragsliquidatoren sowie die nach § 38 Abs. 2 KWG berufenen Liquidatoren. Die analog §§ 29, 48 BGB gerichtlich ernannten Notliquidatoren können die Gesellschafter zwar ebenfalls nicht abberufen, sie haben jedoch die Möglichkeit durch Bestellung der erforderlichen Anzahl von Liquidatoren den Mangel zu beheben und somit die automatische Beendigung des Amts herbeizuführen (→ Rn. 50). Die Abberufungskompetenz eines aufgrund mitbestimmungsrechtlicher Vorschriften zwingend vorgesehenen oder fakultativ gebildeten Aufsichtsrats geht auf die Gesellschafter über (→ Rn. 50).[152] Der Gesellschaftsvertrag kann jedoch hiervon abweichen (→ Rn. 26, → Rn. 50). Abs. 3 S. 2 enthält also wie der korrespondierende Abs. 1 dispositives Recht.

62   **b) Beschlussmehrheit.** Der Abberufungsbeschluss der Gesellschafter kann nach allgemeinen Regeln (§ 47 Abs. 1) mit einfacher Mehrheit gefasst werden, es sei denn die Satzung sieht eine qualifizierte Mehrheit vor.[153] Ein Gesellschafter-Liquidator kann mitstimmen, wenn es nicht um eine Abberufung aus wichtigem Grund geht oder die Abberufung mit der Entscheidung über die Entlastung verbunden wird.[154] Der Alleingesellschafter kann sich auch selbst abberufen.[155] Eine Verletzung der Formvorschrift des § 48 Abs. 3 macht den Beschluss nicht ungültig.[156] Steht dem Liquidator ein Sonderrecht auf Ausübung des Liquidatorenamts zu, so bedarf es zur Abberufung durch die Gesellschafterversammlung – vorbehaltlich des Vorliegens eines wichtigen Grundes – der Zustimmung des betroffenen Gesellschafters.[157]

63   **c) Abberufung ohne und mit wichtigem Grund.** Die Abberufung ist jederzeit, dh ohne Einhaltung einer Frist möglich. Sie bedarf grundsätzlich auch nicht eines wichtigen Grundes. Dies gilt auch in der mitbestimmten GmbH.[158] Stärker geschützt ist der Liquidator allerdings, wenn er sein Amt aufgrund eines statutarischen **Sonderrechts** ausübt. Dann ist eine Abberufung ohne seine Zustimmung nur aus wichtigem Grund zulässig.[159] Darüber hinaus kann der Gesellschaftsvertrag die Abberufbarkeit generell vom Vorliegen eines wichtigen Grundes abhängig machen.[160] Zwar fehlt eine § 38 Abs. 2 vergleichbare Regelung für das Liquidationsstadium, doch kann daraus nicht der Schluss gezogen werden, eine Abweichung vom Grundsatz der freien Abberufbarkeit sei hier nicht möglich. Eine derartige

---

[151] OLG Köln Beschl. v. 1.8.2007 – 2 Wx 33/07, FGPrax 2007, 281 = GmbHR 2008, 103.
[152] HCL/*Paura* Rn. 58.
[153] *Altmeppen* Rn. 47; Noack/Servatius/Haas/*Haas* Rn. 24; MHLS/*Nerlich* Rn. 63; HCL/*Paura* Rn. 57.
[154] Noack/Servatius/Haas/*Haas* Rn. 24; MHLS/*Nerlich* Rn. 63; Scholz/*K. Schmidt/Scheller* Rn. 40.
[155] KG Beschl. v. 13.6.1913 – 1 a X 644/13, KGJ 45 A, 178 (181); Noack/Servatius/Haas/*Haas* Rn. 24; MHLS/*Nerlich* Rn. 64; Scholz/*K. Schmidt/Scheller* Rn. 40.
[156] Noack/Servatius/Haas/*Haas* Rn. 24; MHLS/*Nerlich* Rn. 64.
[157] Noack/Servatius/Haas/*Haas* Rn. 24; MHLS/*Nerlich* Rn. 66; Scholz/*K. Schmidt/Scheller* Rn. 40.
[158] Zum Erfordernis eines wichtigen Grundes zur Abberufung des GmbH-Geschäftsführers nach § 31 MitbestG iVm § 84 Abs. 3 s. nur Habersack/Henssler/*Habersack* MitbestG § 31 Rn. 29 ff.
[159] *Altmeppen* Rn. 47; Noack/Servatius/Haas/*Haas* Rn. 24; MHLS/*Nerlich* Rn. 66; Rowedder/Schmidt-Leithoff/*Gesell* Rn. 26; Scholz/*K. Schmidt/Scheller* Rn. 40; HCL/*Paura* Rn. 57.
[160] So Noack/Servatius/Haas/*Haas* Rn. 24; Bork/Schäfer/*Servatius* Rn. 29; Scholz/*K. Schmidt/Scheller* Rn. 41; HCL/*Paura* Rn. 57; aA *St. Meyer* GmbHR 1998, 1018 (1019); *Altmeppen* Rn. 47; Hachenburg/*Hohner* Rn. 46 (anders jedoch in § 69 Rn. 35); Lutter/Hommelhoff/*Kleindiek* Rn. 11; MHLS/*Nerlich* Rn. 66; Rowedder/Schmidt-Leithoff/*Gesell* Rn. 26.

Einschränkung der Satzungsautonomie bedürfte einer klaren gesetzlichen Grundlage und ist ohne eine solche nicht zu rechtfertigen. Ob eine Satzungsregelung nach § 38 Abs. 2 auch für den Liquidator gilt, ist freilich eine Frage der Auslegung des Gesellschaftsvertrages.

2. Abberufung durch das Gericht (Abs. 3 S. 1). a) Zulässigkeit. Der Abberufung **64** nach Abs. 3 S. 1 durch das Gericht unterliegen alle Liquidatoren, also nicht nur solche, die es selbst ernannt hat.[161] Auch ein statutarisches Sonderrecht eines Gesellschafters schützt hiervor nicht.[162] Sie findet unter **denselben Voraussetzungen** statt wie die Bestellung nach Abs. 2, dh es bedarf eines **zulässigen Antrags** von Gesellschaftern, die mindestens 10 % des Stammkapitals halten, sowie des Vorliegens eines **wichtigen Grundes**. Insoweit ist auf die Ausführung in → Rn. 32 ff. zu verweisen. Auch wenn der wichtige Grund für die Bestellung eines Liquidators entfallen ist (beispielsweise, weil die Gesellschafter sich mittlerweile auf eine ausreichende Anzahl von Abwicklern verständigt haben), hat das Gericht diesen von ihm benannten Liquidator auf Antrag abzuberufen.[163]

Das Amt von **Notliquidatoren** erlischt ohne Weiteres mit der Behebung des Mangels **65** (→ Rn. 60). Darüber hinaus kann das Registergericht sie auf Antrag eines Beteiligten[164] oder aber von Amts wegen[165] aus wichtigem Grund abberufen.

b) Verfahrensfragen. Für das Verfahren gilt das in → Rn. 37 ff. Ausgeführte. Wird **66** der Antrag abgelehnt, steht den antragstellenden Gesellschaftern, sofern sie das in Abs. 2 vorgesehene Quorum erreichen, das Recht zur **sofortigen Beschwerde** zu.[166] Gegen einen Beschluss, der dem Antrag stattgibt, kann sich der von der Abberufung betroffene Liquidator[167] sowie die Gesellschaft[168] wehren. Beschwerdeberechtigt ist aber auch jeder einzelne Gesellschafter, und zwar nicht nur dann, wenn er an dem Bestellungsbeschluss mitgewirkt hat,[169] sondern in allen Fällen der Abberufung, da er durch einen solchen Eingriff in seinem Mitgliedschaftsrecht betroffen ist.[170]

Eine **einstweilige Verfügung** mit dem Ziel, einen Liquidator abzuberufen, ist ebenso **67** wenig zulässig wie eine Bestellung auf diesem Wege.[171] Allerdings kommt eine vorläufige Regelung in Betracht, etwa eine vorübergehende Untersagung der Vertretung der Gesellschaft.[172]

---

[161] BayObLG Beschl. v. 14.3.1963 – BReg. 2 Z 151/62, BB 1963, 664; Noack/Servatius/Haas/*Haas* Rn. 26; MHLS/*Nerlich* Rn. 68; Scholz/*K. Schmidt/Scheller* Rn. 42; HCL/*Paura* Rn. 62.

[162] Rowedder/Schmidt-Leithoff/*Gesell* Rn. 28; Scholz/*K. Schmidt/Scheller* Rn. 42.

[163] Rowedder/Schmidt-Leithoff/*Gesell* Rn. 27; Scholz/*K. Schmidt/Scheller* Rn. 42; HCL/*Paura* Rn. 63.

[164] *W. Schulz,* Die masselose Liquidation der GmbH, 1986, 148 f.; Soergel/*Hadding* BGB § 29 Rn. 16; ein Antragsrecht von außenstehenden Dritten verneinend *Bauer,* Der Notgeschäftsführer in der GmbH, 2006, 299 ff.; MüKoBGB/*Leuschner* BGB § 29 Rn. 19.

[165] *Bauer,* Der Notgeschäftsführer in der GmbH, 2006, 302 f.; *W. Schulz,* Die masselose Liquidation der GmbH, 1986, 152; MüKoBGB/*Leuschner* BGB § 29 Rn. 19; zweifelnd Soergel/*Hadding* BGB § 29 Rn. 16.

[166] KG Beschl. v. 14.6.1918, RJA 16, 72 (73); Noack/Servatius/Haas/*Haas* Rn. 27; MHLS/*Nerlich* Rn. 69; Scholz/*K. Schmidt/Scheller* Rn. 44; HCL/*Paura* Rn. 67.

[167] OLG Düsseldorf Urt. v. 19.11.2013 – I-3 Wx 83/13, NZG 2014, 230; Beschl. v. 22.7.1998 – 3 Wx 202/98, NZG 1998, 853 (854) = ZIP 1998, 1534; OLG Köln Beschl. v. 6.1.2003 – 2 Wx 39/02, GmbHR 2003, 360 (361); LG Mainz Beschl. v. 4.4.2005 – 12 HK T 8/04, Rpfleger 2005, 544; MHdB GesR III/*Weibrecht* § 63 Rn. 19; Noack/Servatius/Haas/*Haas* Rn. 27; MHLS/*Nerlich* Rn. 69; Scholz/*K. Schmidt/Scheller* Rn. 44.

[168] OLG Düsseldorf Urt. v. 19.11.2013 – I-3 Wx 83/13, NZG 2014, 230; MHdB GesR III/*Weibrecht* § 63 Rn. 19; Noack/Servatius/Haas/*Haas* Rn. 27; MHLS/*Nerlich* Rn. 69; Scholz/*K. Schmidt/Scheller* Rn. 44.

[169] OLG Düsseldorf Beschl. v. 22.7.1998 – 3 Wx 202/98, NZG 1998, 853 (854) = ZIP 1998, 1534; MHdB GesR III/*Weibrecht* § 63 Rn. 19; MHLS/*Nerlich* Rn. 69; Scholz/*K. Schmidt/Scheller* Rn. 44; ein Beschwerderecht des Gesellschafters generell abl. OLG Hamm Beschl. v. 30.8.1977 – 15 W 37/76, DB 1977, 2089 zur OHG; KG Beschl. v. 30.9.1910, RJA 11, 30.

[170] Noack/Servatius/Haas/*Haas* Rn. 27.

[171] OLG Frankfurt Urt. v. 26.10.1988 – 22 U 168/88, ZIP 1989, 39 zur KG; Lutter/Hommelhoff/*Kleindiek* Rn. 11; MHLS/*Nerlich* Rn. 70; Rowedder/Schmidt-Leithoff/*Gesell* Rn. 29; Scholz/*K. Schmidt/Scheller* Rn. 44; HCL/*Paura* Rn. 67.

[172] Hachenburg/*Hohner* Rn. 53; Lutter/Hommelhoff/*Kleindiek* Rn. 11; MHLS/*Nerlich* Rn. 70; Rowedder/Schmidt-Leithoff/*Gesell* Rn. 29; Scholz/*K. Schmidt/Scheller* Rn. 44.

68   **3. Wirksamwerden der Abberufung.** Die Abberufung wird wirksam mit dem Zugang beim Betroffenen (§ 130 BGB) bzw. mit der Bekanntmachung an ihn (§ 40 Abs. 1 FamFG). Auf die Eintragung im Handelsregister (§ 67 Abs. 1) kommt es nicht an, wohl aber hat sie Bedeutung für die Beseitigung der Publizitätswirkung nach § 15 HGB.

69   **4. Nachwirkende Treuepflicht.** Der ausscheidende Liquidator ist grds. nur verpflichtet, seinem Nachfolger die Gesellschaftsunterlagen zu übergeben; er muss nicht jeden laufenden oder vergangenen Geschäftsvorfall erläutern oder auf dokumentierte vertragliche Vereinbarungen hinweisen. Jedoch kann sich aus der nachwirkenden Treuepflicht im Ausnahmefall eine **Hinweispflicht** auf dringend zu erledigende oder für die Gesellschaft besonders wichtige Angelegenheiten ergeben (zB Geltendmachung eines Anspruchs vor Ablauf der Verjährungsfrist), wenn nicht zu erwarten ist, dass der Nachfolger in der ihm zur Verfügung stehenden Zeit ausreichende Informationen in den übergebenen Unterlagen zur Geltendmachung findet.[173]

VI. Amtsniederlegung

70   **1. Grundsatz.** Der Liquidator kann sein **Amt jederzeit niederlegen.** Dabei ist zwischen Organschaftsstellung und Anstellungsverhältnis zu unterscheiden. Die Amtsniederlegung ist nach heute einhelliger Auffassung auch dann sofort wirksam, wenn ein wichtiger Grund hierfür weder vorliegt noch behauptet wird.[174] Dies gebieten Rechtsklarheit und Rechtssicherheit, da es über das Vorliegen eines wichtigen Grundes im Einzelfall durchaus unterschiedliche Auffassungen geben kann. Die Amtsniederlegung sollte selbst dann anerkannt werden, wenn sie zur Unzeit erfolgt oder sich als rechtsmissbräuchlich darstellt. Denn auch dies ist keineswegs immer eindeutig zu beurteilen und der Rechtsverkehr darf auch in diesen Fällen nicht im Ungewissen gelassen werden.[175] Eine andere Frage ist, ob die einseitige Beendigung des Liquidatorenamts gegen die Pflichten aus dem Dienstvertrag verstößt und daher Schadensersatzansprüche auslöst (→ Rn. 15). Zu nachwirkenden Treuepflichten → Rn. 69.

71   **2. Erklärung.** Die Amtsniederlegung erfolgt durch formfreie, empfangsbedürftige Willenserklärung. Erklärungsempfänger ist die Gesellschaft. Die Aufgabe des Amtes ist nach zutreffender Ansicht gegenüber dem Bestellungsorgan zu erklären, regelmäßig also gegenüber den **Gesellschaftern.**[176] Hierzu ist die Einberufung einer Gesellschafterversammlung nicht erforderlich. Es reicht vielmehr aus, wenn die Amtsaufgabe einem einzelnen Gesellschafter mitgeteilt wird. Dies lässt sich, wie der BGH für die Amtsniederlegung des Geschäftsführers überzeugend dargelegt hat,[177] auf eine Gesamtanalogie zu § 171 Abs. 3 ZPO, § 28 Abs. 2 BGB, § 35 Abs. 2 S. 3, § 78 Abs. 2 S. 2 AktG, § 125 Abs. 2 S. 3 HGB stützen. Darüber hinaus kann die Erklärung auch an die übrigen Liquidatoren als Empfangsvertreter zur Weiterleitung an die Gesellschafter gerichtet werden, hierzu reicht wiederum

---

[173]   BGH Urt. v. 28.2.2012 – II ZR 244/10, NZG 2012, 867 Rn. 13 ff. zur AG.

[174]   BGH Urt. v. 8.2.1993 – II ZR 58/92, BGHZ 121, 257 (260 f.) = NJW 1993, 1198; BayObLG Beschl. v. 13.1.1994 – 3Z BR 311/93, GmbHR 1994, 259 (260); LG Memmingen Beschl. v. 31.3.2004 – 2H T 334/04, NZG 2004, 828; *Peetz* GmbHR 2002, 1008 (1010); Noack/Servatius/Haas/*Haas* Rn. 31; Bork/Schäfer/*Servatius* Rn. 30; MHLS/*Nerlich* Rn. 81; Rowedder/Schmidt-Leithoff/*Gesell* Rn. 30; Scholz/*K. Schmidt/Scheller* Rn. 54; HCL/*Paura* Rn. 72; zur Amtsniederlegung des GmbH-Geschäftsführers BGH Urt. v. 14.7.1980 – II ZR 161/79, BGHZ 78, 82 (85 ff.) = NJW 1980, 2415.

[175]   *H.-F. Müller*, Der Verband in der Insolvenz, 2002, 128 ff.; aA LG Memmingen Beschl. v. 31.3.2004 – 2H T 334/04, NZG 2004, 828 (829); für den Alleingesellschafter-Einzelgeschäftsführer BayObLG Beschl. v. 15.6.1999 – 3Z BR 99, NZG 1999, 1003; KG Beschl. v. 4.4.2000 – 1 W 305/99, GmbHR 2000, 660 (662); OLG München Beschl. v. 29.5.2012 – 31 Wx 188/12, NZG 2012, 739; OLG Zweibrücken Beschl. v. 15.2.2006 – 3 W 209/05, GmbHR 2006, 430; *Peetz* GmbHR 2002, 1008 (1010 f.).

[176]   OLG Hamm Beschl. v. 30.12.1959 – 15 W 519/59, NJW 1960, 872; LG Memmingen Beschl. v. 31.3.2004 – 2H T 334/04, NZG 2004, 828; *Buchberger* Rpfleger 1994, 509; Noack/Servatius/Haas/*Haas* Rn. 30; Gehrlein/Born/Simon/*Beckmann/Hofmann* Rn. 25; Scholz/*K. Schmidt/Scheller* Rn. 55; HCL/*Paura* Rn. 70.

[177]   BGH Urt. v. 17.9.2001 – II ZR 378/99, BGHZ 149, 28 (31) = NZG 2002, 43.

entsprechend § 35 Abs. 2 S. 3 die Entgegennahme durch einen Liquidator aus.[178] Dagegen sieht die herrschende Meinung die Empfangszuständigkeit der übrigen Liquidatoren als zwingend an; lediglich wenn solche nicht vorhanden sind, soll die Erklärung an die Gesellschafter gerichtet werden können.[179] Daher ist der Praxis zu raten, die Erklärung gegenüber einem etwaigen Mitliquidator abzugeben, ggf. zusammen mit einer Erklärung an die Gesellschafter.[180]

Der nach Abs. 2 oder analog §§ 29, 48 BGB bestellte Liquidator hat die Niederlegungs- **72** erklärung nicht gegenüber der GmbH abzugeben,[181] sondern allein gegenüber dem **Registergericht.**[182] Denn er ist zwar Organ der Gesellschaft, hat aber sein Amt nicht durch die Gesellschafter erhalten. Ferner ist das Registergericht auch dann zuständig, wenn es zwar selbst die Bestellung nicht vorgenommen hat, aber die Gesellschafter nicht auffindbar sind[183] oder in der Einpersonen-GmbH der einzige Liquidator zugleich Alleingesellschafter ist.[184]

VII. Anstellungsverhältnis und Vergütung

1. Der geborene Liquidator. Der Anstellungsvertrag des „**geborenen Liquidators**" **73** gilt weiter fort, er verpflichtet regelmäßig zur Übernahme des Liquidatorenamts (→ Rn. 15). Damit ist insbesondere die bisherige Vergütungsregelung nach wie vor anwendbar.[185]

2. Der gekorene Liquidator. Bei einem durch den Gesellschaftsvertrag oder Gesell- **74** schafterbeschluss „**gekorenen Liquidator**" muss zusätzlich zur Bestellung ein Anstellungsvertrag abgeschlossen werden. Hierbei wird die Gesellschaft durch die Gesamtheit der Gesellschafter vertreten (§ 69 Abs. 1, § 46 Nr. 5 analog).[186] Die Satzung kann jedoch etwas anderes vorsehen (zur Bestellungskompetenz → Rn. 18, → Rn. 25 f.). Ist zwischen der Gesellschaft und dem Liquidator keine Einigung über die Höhe der Vergütung zustande gekommen, so wird diese durch das Prozessgericht nach § 612 Abs. 2 BGB festgesetzt.[187] Allzu oft wird dieser Fall nicht eintreten, denn der Liquidator wird die Übernahme des Amtes davon abhängig machen, dass die Gesellschaft ihm eine zufriedenstellende Entlohnung anbietet.[188] Ein Rechtsanwalt kann neben seiner Liquidatorenvergütung Gebühren nach dem RVG für die Wahrnehmung solcher Aufgaben verlangen, für deren Erledigung selbst ein als Liquidator erfahrener Nichtjurist einen Anwalt heranziehen müsste.[189]

---

[178] Vgl. OLG Hamm Beschl. v. 30.12.1959 – 15 W 519/59, NJW 1960, 872; *Gehrlein/Born/Simon/ Beckmann/Hofmann* Rn. 25; *Scholz/K. Schmidt/Scheller* Rn. 55; für die Amtsniederlegung des GmbH-Geschäftsführers HCL/*Paefgen* § 38 Rn. 278.

[179] BayObLG Beschl. v. 13.1.1994 – 3Z BR 311/93, GmbHR 1994, 259 (260); *Gottschling* GmbHR 1960, 141 (143); MHdB GesR III/*Weitbrecht* § 63 Rn. 21; Bork/Schäfer/*Servatius* Rn. 30; Hachenburg/*Hohner* Rn. 54; MHLS/*Nerlich* Rn. 79; Rowedder/Schmidt-Leithoff/*Gesell* Rn. 30.

[180] *Scholz/K. Schmidt/Scheller* Rn. 55.

[181] So aber Hachenburg/*Hohner* Rn. 54; MHLS/*Nerlich* Rn. 79; Rowedder/Schmidt-Leithoff/*Gesell* Rn. 30.

[182] BGH Urt. v. 8.2.1993 – II ZR 62/92, BGHZ 121, 263 (264) = NJW 1993, 1654; *Buchberger* Rpfleger 1994, 509; *Gottschling* GmbHR 1960, 141 (143); MHdB GesR III/*Weitbrecht* § 63 Rn. 21; *Altmeppen* Rn. 52; Bork/Schäfer/*Servatius* Rn. 30; Lutter/Hommelhoff/*Kleindiek* Rn. 10; für eine Erklärung gegenüber GmbH und Registergericht Noack/Servatius/Haas/*Haas* Rn. 30; HCL/*Paura* Rn. 70; dies anratend Scholz/*K. Schmidt/Scheller* Rn. 55.

[183] *Gottschling* GmbHR 1960, 141 (143); MHLS/*Nerlich* Rn. 79; Rowedder/Schmidt-Leithoff/*Gesell* Rn. 30; Scholz/*K. Schmidt/Scheller* Rn. 55; HCL/*Paura* Rn. 70.

[184] BayObLG Beschl. v. 13.1.1994 – 3Z BR 311/93, GmbHR 1994, 259 (260); *Gottschling* GmbHR 1960, 141 (143); MHdB GesR III/*Weitbrecht* § 63 Rn. 21; Noack/Servatius/Haas/*Haas* Rn. 30; Bork/Schäfer/*Servatius* Rn. 30; MHLS/*Nerlich* Rn. 79; Rowedder/Schmidt-Leithoff/*Gesell* Rn. 30; Scholz/ *K. Schmidt/Scheller* Rn. 55; HCL/*Paura* Rn. 70.

[185] Noack/Servatius/Haas/*Haas* Rn. 17; Lutter/Hommelhoff/*Kleindiek* Rn. 9; MHLS/*Nerlich* Rn. 74.

[186] *Passarge* in Passarge/Torwegge GmbH-Liquidation Rn. 327; Noack/Servatius/Haas/*Haas* Rn. 17; MHLS/*Nerlich* Rn. 74; Scholz/*K. Schmidt/Scheller* Rn. 52.

[187] *Hofmann* GmbHR 1976, 229 (235); MHLS/*Nerlich* Rn. 74; Rowedder/Schmidt-Leithoff/*Gesell* Rn. 23, Scholz/*K. Schmidt/Scheller* Rn. 53.

[188] Zutr. MHLS/*Nerlich* Rn. 74.

[189] S. noch zur BRAGO BGH Urt. v. 17.9.1998 – IX ZR 237/97, NJW 1998, 3567.

75   Umstritten ist die Rechtslage, wenn das **Gericht** nach Abs. 2, 5, § 273 Abs. 4 AktG oder auch §§ 29, 48 BGB einen Abwickler bestellt, die Gesellschaft ihm aber kein Angebot auf Abschluss eines Dienstvertrages unterbreitet. Nach zum Teil vertretener Ansicht soll das Gericht zugleich mit dem Bestellungsbeschluss auch die Anstellung verfügen, sog. Lehre vom Zwangsdienstvertrag.[190] Nach anderer Auffassung kann das Gericht den Vertrag als Vertreter der Gesellschaft mit Wirkung für und gegen diese schließen.[191] Beide Ansätze nehmen aber einen schwerwiegenden Eingriff in die Vertragsfreiheit der Korporation in Kauf, der ohne gesetzliche Grundlage nicht zu rechtfertigen ist. Wohl aber lässt sich eine Analogie zu § 265 Abs. 4 AktG begründen. Das Gericht statuiert danach keinen Vertrag, kann aber die Vergütung durch Beschluss festsetzen.[192] Es kann die Bestellung ferner daran binden, dass eine Vergütungszusage erteilt oder ein Vorschuss geleistet wird. Doch sind die Gesellschafter weder dem Liquidator noch der Gesellschaft gegenüber zu Zahlungen verpflichtet.[193] Leisten die Antragsteller den vom Gericht geforderten Vorschuss, so steht ihnen gegen die Gesellschaft ein Ausgleichsanspruch zu.[194] Bestellt das Gericht einen Abwickler auf Antrag der BaFin, so schuldet diese die Vergütung, kann aber bei der Gesellschaft Regress nehmen (§ 38 Abs. 2a KWG).

76   **3. Beendigung des Anstellungsverhältnisses.** Durch die Abberufung des Liquidators wird das Anstellungsverhältnis nicht beendet.[195] Die Frist für die ordentliche **Kündigung** richtet sich vorbehaltlich einer vertraglichen Vereinbarung nach § 622 BGB.[196] § 627 BGB (Kündigung mit sofortiger Wirkung) ist einschlägig, wenn der Liquidator die Aufgabe der Abwicklung nur als eine seiner Hauptbeschäftigung untergeordnete Nebentätigkeit betreibt.[197] In diesem Fall wird in der Abberufung zugleich eine konkludente Kündigung liegen.[198] Eine außerordentliche Kündigung aus wichtigem Grund ist stets möglich (§ 626 BGB). In der rechtskräftigen Abberufung durch das Gericht nach Abs. 3 S. 1 liegt ein solcher Grund.[199] Zuständig für die Kündigung sind auf Seiten der Gesellschaft wie für den Abschluss des Anstellungsvertrages vorbehaltlich einer abweichenden Satzungsregelung die Gesellschafter.

77   Die Amtsniederlegung seitens des Liquidators bedeutet regelmäßig zugleich die Kündigung des Anstellungsvertrages.[200] Ist Letztere unwirksam, weil es an einem wichtigen Grund fehlt bzw. die Kündigungsfrist nicht eingehalten wurde, so macht der Geschäftsleiter sich schadensersatzpflichtig. Die pflichtwidrige Amtsniederlegung berechtigt aber die Gesell-

---

[190]   LG Hamburg Beschl. v. 12.11.1970 – 71 T 38/70, MDR 1971, 298 zum Verein; *Hofmann* GmbHR 1976, 229 (235).

[191]   Erman/*Westermann* BGB § 29 Rn. 3.

[192]   *Passarge* in Passarge/Torwegge GmbH-Liquidation Rn. 328; Noack/Servatius/Haas/*Haas* Rn. 23; Hachenburg/*Hohner* Rn. 56; Lutter/Hommelhoff/*Kleindiek* Rn. 9; MHLS/*Nerlich* Rn. 76; Rowedder/Schmidt-Leithoff/*Gesell* Rn. 24; Scholz/*K. Schmidt/Scheller* Rn. 53; ferner § 217 Abs. 4 RegE 1971/1973, BT-Drs. 7/253, 60; zum Nachtragsliquidator OLG Düsseldorf Beschl. v. 17.5.2019 – I-3 Wx 233/17, NZG 2019, 1311 (1312); aA noch KG Beschl. v. 8.2.1904 – 1 J 38/04, KGJ 27 A, 222 (223); AG Hamburg Beschl. v. 29.1.1953 – 66 HRB 5986, GmbHR 1954, 60 m. zust. Anm. *Vogel*.

[193]   MHLS/*Nerlich* Rn. 77; Scholz/*K. Schmidt/Scheller* Rn. 53; zum Notgeschäftsführer BGH Urt. v. 22.10.1984 – II ZR 31/84, NJW 1985, 637 = ZIP 1985, 283.

[194]   MüKoAktG/*Koch* AktG § 265 Rn. 29.

[195]   *St. Meyer* GmbHR 1998, 1018 (1019); Noack/Servatius/Haas/*Haas* Rn. 25; Scholz/*K. Schmidt/Scheller* Rn. 53.

[196]   Lutter/Hommelhoff/*Kleindiek* Rn. 12; MHLS/*Nerlich* Rn. 82.

[197]   KG Urt. v. 26.11.1997 – 23 U 5873/95, GmbHR 1998, 1039 (1040 f.); *St. Meyer* GmbHR 1998, 1018 (1020 f.); MHdB GesR III/*Weitbrecht* § 63 Rn. 16; Noack/Servatius/Haas/*Haas* Rn. 25; Lutter/Hommelhoff/*Kleindiek* Rn. 12; weitergehend Rowedder/Schmidt-Leithoff/*Gesell* Rn. 31.

[198]   KG Urt. v. 26.11.1997 – 23 U 5873/95, GmbHR 1998, 1039 (1040); *St. Meyer* GmbHR 1998, 1018 (1020); MHdB GesR III/*Weitbrecht* § 63 Rn. 16; Noack/Servatius/Haas/*Haas* Rn. 25; Lutter/Hommelhoff/*Kleindiek* Rn. 12.

[199]   Noack/Servatius/Haas/*Haas* Rn. 28; Lutter/Hommelhoff/*Kleindiek* Rn. 12; zurückhaltender Rowedder/Schmidt-Leithoff/*Gesell* Rn. 28.

[200]   OLG Hamm Beschl. v. 30.12.1959 – 15 W 519/59, NJW 1960, 872; Lutter/Hommelhoff/*Kleindiek* Rn. 10; MHLS/*Nerlich* Rn. 80; Rowedder/Schmidt-Leithoff/*Gesell* Rn. 31; Scholz/*K. Schmidt/Scheller* Rn. 54.

schaft ihrerseits zur außerordentlichen Kündigung nach § 626 BGB.[201] Die Auflösung der Gesellschaft ist normalerweise kein außerordentlicher Kündigungsgrund (→ Rn. 15).

Ist das Anstellungsverhältnis von vornherein befristet, so endet es mit dem Ablauf der **78** vorgesehenen Zeit (§ 620 Abs. 1 BGB). Es wird ferner mit dem Abschluss der Liquidation automatisch aufgelöst.

VIII. Liquidation nach Löschung wegen Vermögenslosigkeit (Abs. 5)

1. Bedeutung. Die Regelung knüpft an **§ 60 Abs. 1 Nr. 7** an. Danach ist eine Gesell- **79** schaft durch Löschung wegen Vermögenslosigkeit nach § 394 FamFG aufgelöst. Regelmäßig tritt hierdurch zugleich die Vollbeendigung ein (→ § 60 Rn. 156, 192 ff.). Anders liegt es allerdings, wenn die Löschung zu Unrecht erfolgte und sich später herausstellt, dass noch verteilbares Vermögen vorhanden ist. Eine Rückgängigmachung der Löschung nach § 395 FamFG ist aber nur bei schweren Verfahrensfehlern möglich. Es genügt hierzu nicht, dass das Gericht irrtümlich von Vermögenslosigkeit ausgegangen ist.[202] Für diesen Fall sieht vielmehr Abs. 5, der im Zuge der Insolvenzrechtsreform mit Wirkung zum 1. Januar 1999 § 2 Abs. 3 LöschG abgelöst hat,[203] ein besonderes Liquidationsverfahren vor. Es bezweckt, das neu entdeckte Restvermögen zur Befriedigung der Gläubiger zu nutzen und einen etwaigen Überschuss an die Gesellschafter zu verteilen. Anders als bei der Nachtragsliquidation analog § 273 Abs. 4 AktG, bei der nach Durchführung eines Liquidationsverfahrens und Löschung weiteres Vermögen auftaucht (→ § 74 Rn. 41 ff.), handelt es sich jedenfalls im Regelfall um eine erstmalige Liquidation.[204] Wenn gleichwohl auch das Verfahren nach Abs. 5 als Nachtragsliquidation bezeichnet wird, so liegt darin eine begriffliche Unschärfe, die jedoch hinzunehmen ist. Immerhin bringt die verbreitete Terminologie zum Ausdruck, dass keine reguläre Liquidation nach §§ 66 ff. durchzuführen ist. Die „echte" und die „unechte" Nachtragsliquidation folgen im Übrigen weithin den gleichen Grundsätzen.

2. Tatbestand. Abs. 5 setzt voraus, dass die Gesellschaft **wegen Vermögenslosigkeit 80 gelöscht** wurde. Dabei wird auf § 394 Abs. 1 S. 1 FamFG rekurriert. Die Löschung nach dieser Vorschrift führt gem. § 60 Abs. 1 Nr. 7 zur Auflösung der Gesellschaft. Abs. 5 ist aber auch anwendbar, wenn die Gesellschaft bereits aufgelöst, aber ein Liquidationsverfahren nicht zu Ende geführt wurde. War der Löschung eine Vermögensverwertung durch ein Insolvenzverfahren vorangegangen (§ 394 Abs. 1 S. 2 FamFG), so richtet sich die nachträgliche Abwicklung allein nach den §§ 203 ff. InsO.

Ob noch **verteilungsfähiges Vermögen** vorhanden ist, bemisst sich nach den in **81** → § 60 Rn. 159 ff. aufgeführten Kriterien. Zu verneinen ist dies, wenn das Aktivvermögen so verschwindend gering ist, dass es als Basis von Zugriff und Verwertung ungeeignet ist. Hauptanwendungsfall des Abs. 5 ist es in der Praxis, dass Forderungen gegen Gesellschafter und ehemalige Organmitglieder bestehen. Die Ansprüche der Gesellschaft müssen tatsächlich realisiert werden können, ansonsten ist die Einleitung einer nachträglichen Liquidation nicht gerechtfertigt. Wirtschaftlich wertlose Aktiva und Forderungen, wegen derer nicht vollstreckt werden kann, sind kein verwertbares Vermögen.[205] Der Antragsteller muss schlüssig darlegen, dass noch Zugriffsmasse vorhanden ist. Vage Hinweise genügen nicht, da es weder Aufgabe des Registergerichts noch des Nachtragsliquidators sein kann, nach etwaigen Vermögensgegenständen zu forschen.[206]

[201] MHLS/ *Nerlich* Rn. 81.
[202] OLG Düsseldorf Beschl. v. 1.3.2016 – I-3 Wx 191/15, ZIP 2016, 1068 = RNotZ 2016, 331; Beschl. v. 23.6.2017 – I-3 Wx 35/17, NZG 2017, 1109 (1110); Beschl. v. 28.2.2017 – I-3 Wx 126/16, NZG 2017, 745 (746); KG Beschl. v. 31.7.2015 – 22 W 43/15, BeckRS 2016, 9581 = NZG 2016, 792 Ls.
[203] Dazu *K. Schmidt* GmbHR 1994, 829 (831 ff.).
[204] *H. Schmidt,* Zur Vollbeendigung juristischer Personen, 1989, 68; Noack/Servatius/Haas/ *Haas* Rn. 40; Hachenburg/ *Ulmer* Anh. § 60 Rn. 39; MHLS/ *Nerlich* Rn. 85; Scholz/ *K. Schmidt/Scheller* Rn. 56; HCL/ *Paura* Rn. 79.
[205] BGH Beschl. v. 20.5.2015 – VII ZB 53/13, NJW 2015, 2424 Rn. 19
[206] Vgl. OLG Düsseldorf Beschl. v. 30.4.2015 – I-3 Wx 61/14, NZG 2015, 1026; OLG Frankfurt Beschl. v. 27.6.2005 – 20 W 458/04, GmbHR 2006, 1137 = FGPrax 2005, 271; KG Beschl. v. 13.2.2007 – 1 W 272/06, FGPrax 2007, 185 (186).

82   Abs. 5 erfasst nicht den Fall, dass noch **weiterer Abwicklungsbedarf** bei der von Amts wegen gelöschten Gesellschaft besteht (zB Ausstellen von Arbeitszeugnissen, Erstellen von Bilanzen, Erfüllung steuerlicher Pflichten, Mitwirkung bei der Löschung von Grundpfandrechten).[207] Überwiegend wird hier § 273 Abs. 4 AktG entsprechend angewandt (→ § 60 Rn. 58 f.),[208] vorzugswürdig ist jedoch eine Analogie zu § 74 Abs. 2 S. 2, da es der Sache nach um nachwirkende Handlungspflichten geht (näher → § 74 Rn. 47).[209] Abs. 5, § 273 Abs. 4 AktG sind entsprechend anzuwenden, wenn eine Auslandsgesellschaft im Register ihres Heimatstaats gelöscht wird und in Deutschland noch Vermögen vorhanden ist.[210] Bei nicht-vermögensrechtlichem Abwicklungsbedarf ist auch hier an eine Analogie zu § 74 Abs. 2 S. 2 zu denken.

83   **3. Eintragung in das Handelsregister.** Die Gesellschaft ist **von Amts wegen** wieder in das Handelsregister einzutragen.[211] Da die Gesellschaft durch die Löschung nicht beendet wurde, hat diese Eintragung jedoch nur deklaratorische Bedeutung.[212] Auch die Liquidatoren sind in das Handelsregister einzutragen.[213]

84   **4. Bestellung der Liquidatoren.** Die Liquidatoren sind nach Abs. 5 S. 2 durch das **Gericht** im unternehmensrechtlichen Verfahren (§ 375 Nr. 6 FamFG) zu ernennen. Die Regelung ist entgegen einer früher verbreiteten Auffassung abschließend. Anders als nach Abs. 1 sind weder die ehemaligen Geschäftsführer geborene Liquidatoren noch können die

---

[207]   Für eine analoge Anwendung der Vorgängervorschrift des § 2 Abs. 3 LöschG OLG Hamm Beschl. v. 11.11.1986 – 15 W 70/86, GmbHR 1987, 470 (471 f.) = NJW-RR 1987, 348; *Buchner,* Amtslöschung, Nachtragsliquidation und masselose Insolvenz von Kapitalgesellschaften, 1988, 103 f.

[208]   Ferner BAG Beschl. v. 19.9.2007 – 3 AZB 11/07, NJW 2008, 603 Rn. 7; BayObLG Beschl. v. 31.5.1983 – BReg. 3 Z 13/83, DB 1983, 1648 (1649); BayObLG Beschl. v. 19.5.2020 – 1 AR 42/20, NZG 2020, 560 (561); KG Beschl. v. 9.1.2001 – 1 W 2002/00, BB 2001, 324; OLG Karlsruhe Beschl. v. 21.6.1989 – 4 W 126/88, NJW-RR 1990, 100; KG Beschl. v. 11.5.2021 – 1 W 29/21, 1 W 30/21, 1 W 31/21, 1 W 32/21, 1 W 33/21, NZG 2021, 926; OLG München Beschl. v. 7.5.2008 – 28 Wx 38/05, GmbHR 2008, 821 (822) = NZG 2008, 556 (556); *Bork* JZ 1991, 841 (845); *Heller,* Die vermögenslose GmbH, 1989, 158 ff.; *Saenger* GmbHR 1994, 300 (305); Noack/Servatius/Haas/*Haas* Rn. 37; Bork/Schäfer/*Servatius* Rn. 32; MHLS/*Nerlich* Rn. 91 ff.; Scholz/*K. Schmidt/Scheller* Rn. 56; tendenziell auch BGH Urt. v. 10.10.1988 – II ZR 92/88, BGHZ 105, 259 (262) = NJW 1989, 220.

[209]   *Sodemann,* Gestaltungsfreiheit und Auslegung im Liquidationsrecht der GmbH, 2019, 117 f.; HCL/*Paura* Rn. 81.

[210]   BGH Beschl. v. 22.11.2016 – II ZB 19/15, NZG 2017, 347 Rn. 11 ff.; OLG Jena Beschl. v. 22.8.2007 – 6 W 244/07, RIW 2007, 864 m. zust. Anm. *Röder*; KG Beschl. v. 6.6.2018 – 22 W 22/18, GmbHR 2018, 1210 = BeckRS 2018, 24362; ebenso FG Münster Gerichtsbescheid v. 26.7.2011 – 9 K 3871/10 K, GmbHR 2011, 1225; *Krömker/Otte* BB 2008, 964; *Leible/Lehmann* GmbHR 2007, 1095; *J. Schmidt* ZIP 2007, 1712; *J. Schmidt* ZIP 2008, 2400; s. auch *Knütel* RIW 2004, 503; aA AG Charlottenburg Beschl. v. 7.11.2008 – 99 AR 3845/08, GmbHR 2009, 321; für eine Pflegerbestellung gem. § 1913 BGB OLG Nürnberg Hinweisbeschl. v. 10.8.2007 – 13 U 1097/07, NZG 2008, 76. Führt die Restgesellschaft nach der Löschung ihre Geschäfte fort, so ist sie aber als GbR oder OHG bzw. Einzelunternehmer zu behandeln, vgl. OLG Celle Beschl. v. 29.5.2012 – 6 U 15/12, NZG 2012, 738; OLG Hamm Urt. v. 11.4.2014 – I-12 U 142/13, NZG 2014, 703 (704 f.).

[211]   BayObLG Beschl. v. 14.10.1993 – 3Z BR 116/93, NJW 1994, 594 (596); KG Beschl. v. 11.2.1937 – 1 Wx 718/36, JW 1937, 1739 (1740); OLG Düsseldorf Beschl. v. 13.7.1979 – 3 W 139/79, GmbHR 1979, 227 (228); *Grziwotz* DStR 1992, 1813 (1815); KG Beschl. v. 11.5.2021 – 1 W 29/21, 1 W 30/21, 1 W 31/21, 1 W 32/21, 1 W 33/21, NZG 2021, 926 (927).; *Hofmann* GmbHR 1976, 258 (268); *Piorreck* Rpfleger 1978, 157 (160); Noack/Servatius/Haas/*Haas* Rn. 39; MHLS/*Nerlich* Rn. 100; Scholz/*K. Schmidt/Scheller* Rn. 58; HCL/*Paura* Rn. 84; aA *Buchner,* Amtslöschung, Nachtragsliquidation und masselose Insolvenz von Kapitalgesellschaften, 1988, 147; *Heller,* Die vermögenslose GmbH, 1989, 167 ff.; *H. Schmidt,* Zur Vollbeendigung juristischer Personen, 1989, 135; Hachenburg/*Ulmer* Anh. § 60 Rn. 45.

[212]   *Piorreck* Rpfleger 1978, 157 (160); MHLS/*Nerlich* Rn. 100; Scholz/*Scheller* § 60 Rn. 68; HCL/*Paura* Rn. 84.

[213]   KG Beschl. v. 11.2.1937 – 1 Wx 718/36, JW 1937, 1739 (1740); KG Beschl. v. 11.5.2021 – 1 W 29/21, 1 W 30/21, 1 W 31/21, 1 W 32/21, 1 W 33/21, NZG 2021, 926 (927); *Grziwotz* DStR 1992, 1813 (1815); *Hofmann* GmbHR 1976, 258 (268); *Piorreck* Rpfleger 1978, 157 (160); *H. Schmidt,* Zur Vollbeendigung juristischer Personen, 1989, 160; Noack/Servatius/Haas/*Haas* Rn. 39; Hachenburg/*Ulmer* Anh. § 60 Rn. 45; MHLS/*Nerlich* Rn. 100.

Gesellschafter Nachtragsliquidatoren wählen.[214] Die früheren Geschäftsleiter haben mit der Löschung ihre Vertretungsbefugnis verloren.[215] Hintergrund ist, dass eine bereits gelöschte Gesellschaft sich nicht ohne vorherige Einschaltung des Gerichts im Rechtsverkehr betätigen soll.

Die Ernennung kann nur auf **Antrag** eines Beteiligten erfolgen, nicht von Amts **85** wegen[216] Beteiligte sind Gesellschafter, frühere Geschäftsführer, Gläubiger oder andere Dritte, die von Liquidationsmaßnahmen betroffen sein können.[217]

Liegen die Voraussetzungen vor, so **muss** das Gericht die Bestellung vornehmen. Die **86** **Auswahl** des Nachtragsliquidators liegt dagegen in seinem pflichtgemäßen Ermessen.[218] Es kann die früheren Geschäftsleiter, aber auch andere Personen bestellen. Sie werden die Übernahme des Amtes allerdings oftmals von der Gewährung eines Vorschusses abhängig machen. Diesen zu leisten ist Sache der Antragsteller.[219]

Die Entscheidung fällt seit dem 1.1.2013 gem. § 3 Nr. 2 lit. d RPflG, § 17 Nr. 2 lit. d **87** RPflG in die Zuständigkeit des Rechtspflegers.[220] Die Vornahme durch den Richter macht das Geschäft aber nicht unwirksam (§ 8 Abs. 1 RPflG).

Der Bestellungsbeschluss ist dem Liquidator nach § 41 FamFG bekannt zu machen, **88** wobei sogar eine telefonische Mitteilung genügen soll.[221] Gegen die Entscheidung ist das Rechtsmittel der **Beschwerde** gegeben.[222] **Beschwerdebefugt** ist die Gesellschaft, die im

---

[214] BGH Urt. v. 18.4.1985 – IX ZR 75/84, NJW 1985, 2479; Urt. v. 18.1.1994 – XI ZR 95/93, GmbHR 1994, 260; BayObLG Beschl. v. 14.10.1993 – 3Z BR 116/93, NJW 1994, 594 (596); Beschl. v. 7.1.1998 – 3Z BR 491/97, NJW-RR 1998, 1333; OLG Düsseldorf Urt. v. 6.10.1978 – 22 U 138/78, MDR 1979, 318; OLG Frankfurt Beschl. v. 30.6.1999 – 20 W 293/97, NJW-RR 2000, 491 (492); KG Beschl. v. 16.9.1957 – 1 W 1617/1618/57, NJW 1957, 1722 (1723); Beschl. v. 15.6.1964, WM 1964, 1057 (1058); Beschl. v. 10.11.1981 – 1 W 5031/80, ZIP 1982, 59 (60); Beschl. v. 6.7.2004 – 1 W 174/04, NJW-RR 2004, 1555; OLG Stuttgart Beschl. v. 24.3.1994 – 8 W 99/94, GmbHR 1994, 485; LG Berlin Beschl. v. 8.11.1979 – 81 T 426/79, Rpfleger 1981, 361 (362); *Bokelmann* NJW 1977, 1130 (1131 f.); *Buchner,* Amtslöschung, Nachtragsliquidation und masselose Insolvenz von Kapitalgesellschaften, 1988, 126 f.; *Heller,* Die vermögenslose GmbH, 1989, 162; *Piorreck* Rpfleger 1978, 157 (159); *Saenger* GmbHR 1994, 300 (305); *H. Schmidt,* Zur Vollbeendigung juristischer Personen, 1989, 64; Noack/Servatius/Haas/*Haas* Rn. 40; Hachenburg/*Ulmer* Anh. § 60 Rn. 43; Scholz/*K. Schmidt/Scheller* Rn. 57; anders noch BayObLG Beschl. v. 4.10.1955 – BReg. 2 Z 104/55, BayObLGZ 1955, 288 (291 f.); OLG Frankfurt Urt. v. 14.5.1976 – 20 W 313/76, DNotZ 1976, 619 (620) = Rpfleger 1977, 138; LG München I Beschl. v. 18.3.1974 – 14 T 305/73, Rpfleger 1974, 371; für den Sonderfall, dass bereits vor der Löschung nach § 2 Abs. 3 LöschG eine Liquidation eingeleitet worden war, auch BGH Urt. v. 4.6.1957 – VIII ZR 68/56, LM § 74 Nr. 1 = WM 1957, 975.

[215] BGH Urt. v. 18.4.1985 – IX ZR 75/84, NJW 1985, 2479; Urt. v. 18.1.1994 – XI ZR 95/93, GmbHR 1994, 260; BFH Beschl. v. 28.3.2001 – VII B 213/00, GmbHR 2001, 786; Beschl. v. 11.4.2001 – I B 130/00, GmbHR 2001, 839 (840); BAG Urt. v. 19.3.2002 – 9 AZR 752/00, NJW 2003, 80 (81); BayObLG Beschl. v. 14.10.1993 – 3Z BR 116/93, NJW 1994, 594 (596); Beschl. v. 7.1.1998 – 3Z BR 491/97, NJW-RR 1998, 1333; KG Beschl. v. 10.11.1981 – 1 W 5031/80, ZIP 1982, 59 (60); Beschl. v. 6.7.2004 – 1 W 174/04, NJW-RR 2004, 1555; *Bokelmann* NJW 1977, 1130 (1131 f.); *Buchner,* Amtslöschung, Nachtragsliquidation und masselose Insolvenz von Kapitalgesellschaften, 1988, 126; *Heller,* Die vermögenslose GmbH, 1989, 163; *Saenger* GmbHR 1994, 300 (305); Hachenburg/*Ulmer* Anh. § 60 Rn. 43.

[216] OLG Bremen Beschl. v. 12.2.2016 – 2 W 9/16, NZG 2016, 626 (627); HCL/*Paura* Rn. 85.

[217] *Grziwotz* DStR 1992, 1813 (1815); Noack/Servatius/Haas/*Haas* Rn. 40; MHLS/*Nerlich* Rn. 96; HCL/*Paura* Rn. 85.

[218] BayObLG Beschl. v. 22.10.2003 – 3Z BR 197/03, DB 2004, 179 (181); KG Beschl. v. 9.1.2001 – 1 W 2002/00, BB 2001, 324; OLG Stuttgart Beschl. v. 7.12.1994 – 8 W 311/93, GmbHR 1995, 595 = NJW-RR 1995, 805.

[219] OLG Hamm Beschl. v. 9.5.2001 – 15 W 43/01, BB 2001, 1701 (1703); OLG Stuttgart Beschl. v. 7.12.1994 – 8 W 311/93, GmbHR 1995, 595 = NJW-RR 1995, 805.

[220] Lutter/Hommelhoff/*Kleindiek* Rn. 6; zum früheren Richtervorbehalt OLG Frankfurt Beschl. v. 25.2.1993 – 20 W 50/03, NJW-RR 1993, 932 (933); OLG Schleswig Beschl. v. 23.12.1999 – 2 W 136/99, NZG 2000, 317.

[221] Vgl. OLG Hamm Beschl. v. 26.11.1986 – 14 W 78/85, Rpfleger 1987, 251 (252 f.); aA Noack/Servatius/Haas/*Haas* Rn. 40b.

[222] Nach früherem Recht wurde analog § 273 Abs. 5 AktG aF die fristgebundene sofortige Beschwerde und nicht die einfache Beschwerde für statthaft gehalten, s. BGH Beschl. v. 10.12.2007 – II ZB 13/07, GmbHR 2008, 264 Rn. 9 = NZG 2008, 188 = DStR 2008, 367; KG Beschl. v. 16.9.1957 – 1 W

Verfahren hier ausnahmsweise noch einmal durch ihre ehemaligen Geschäftsleiter vertreten wird, insoweit wird die durch die Löschung an sich entfallene Vertretungsmacht als weiterbestehend fingiert.[223] Denn ansonsten würde die Gesellschaft praktisch rechtlos gestellt. Sie könnte weder zur Frage des Vorhandenseins von Vermögen noch zur Notwendigkeit von Abwicklungsmaßnahmen Stellung beziehen und keine Rechtsmittel einlegen. Darüber hinaus sollte man aber auch jedem Gesellschafter die Beschwerdebefugnis zubilligen.[224] Bei Vorliegen eines wichtigen Grundes[225] hat das Gericht den Nachtragsliquidator auf Antrag eines Beteiligten, aber wohl auch von Amts wegen,[226] wieder **abzuberufen**. Eine Verpflichtung zur Rückgabe des ihm ausgehändigten Ernennungsbeschlusses trifft den Abberufenen nicht, da es sich bei dem Beschluss nicht um eine Legitimationsurkunde handelt und Verkehrsschutz über § 15 HGB verwirklicht wird.[227]

89 **5. Durchführung der Abwicklung.** Da es sich bei der Liquidation nach Abs. 5 um eine erstmalige Liquidation handelt, finden die §§ 68 ff. Anwendung.[228] Die Nachgesellschaft ist aufgrund ihrer fortbestehenden Rechtspersönlichkeit **parteifähig**, aber erst mit der Bestellung der neuen Liquidatoren auch **prozessfähig**.[229] Anders liegt es, wenn noch vor der Löschung eine nach § 86 ZPO fortbestehende Prozessvollmacht erteilt wurde.[230]

90 Die **Fortsetzung** einer als vermögenslos gelöschten Gesellschaft ist ausgeschlossen.[231] Zwar erlischt die Gesellschaft nicht, wenn sie in Wirklichkeit noch über Vermögen verfügt.

1617/1618/57, NJW 1957, 1722 zur AG; OLG München Beschl. v. 7.5.2008 – 28 Wx 38/05, GmbHR 2008, 821 (822) = NZG 2008, 555; OLG Schleswig Beschl. v. 23.12.1999 – 2 W 136/99, NZG 2000, 317; aA OLG Hamm Beschl. v. 26.11.1986 – 14 W 78/85, Rpfleger 1987, 251 (252 f.); OLG München Beschl. v. 26.7.2005 – 31 Wx 38/05, GmbHR 2005, 1433; offengelassen von BayObLG Beschl. v. 22.10.2003 – 3Z BR 197/03, DB 2004, 179 (180). Angesichts der bis zur Entscheidung des BGH unklaren Rechtslage war allerdings bei Fristversäumnis uU Wiedereinsetzung in den vorigen Stand zu gewähren, s. BGH Beschl. v. 10.12.2007 – II ZB 13/07, GmbHR 2008, 264 Rn. 9 = NZG 2008, 188 = DStR 2008, 367.

[223] BayObLG Beschl. v. 5.8.1983 – BReg. 3 Z 13/83, DB 1983, 1648 (1649); OLG München Beschl. v. 26.7.2005 – 31 Wx 38/05, GmbHR 2005, 1433 (1434); Noack/Servatius/Haas/*Haas* Rn. 40b; Scholz/*K. Schmidt/Scheller* Rn. 57; HCL/*Paura* Rn. 87; aA *Buchner*, Amtslöschung, Nachtragsliquidation und masselose Insolvenz von Kapitalgesellschaften, 1988, 130.

[224] BayObLG Beschl. v. 2.8.1995 – 3Z BR 143/95, BB 1995, 2184; KG Beschl. v. 30.8.2005 – 1 W 25/04, GmbHR 2005, 1613 (1614); *Buchner*, Amtslöschung, Nachtragsliquidation und masselose Insolvenz von Kapitalgesellschaften, 1988, 130; aA OLG Koblenz Beschl. v. 9.3.2007 – 8 U 228/06, ZIP 2007, 2166; KG Beschl. v. 10.11.1981 – 1 W 5031/80, ZIP 1982, 59 (61); Noack/Servatius/Haas/*Haas* Rn. 40b; MHLS/*Nerlich* Rn. 99; HCL/*Paura* Rn. 87.

[225] KG Beschl. v. 30.8.2005 – 1 W 25/04, GmbHR 2005, 1613 (1615); Beschl. v. 11.5.2021 – 1 W 29/21, 1 W 30/21, 1 W 31/21, 1 W 32/21, 1 W 33/21, NZG 2021, 926 (927); OLG Köln Beschl. v. 6.1.2003 – 2 Wx 39/02, GmbHR 2003, 360 (362).

[226] *Buchner*, Amtslöschung, Nachtragsliquidation und masselose Insolvenz von Kapitalgesellschaften, 1988, 220.

[227] KG Beschl. v. 11.5.2021 – 1 W 29/21, 1 W 30/21, 1 W 31/21, 1 W 32/21, 1 W 33/21, NZG 2021, 926 (927).

[228] Scholz/*K. Schmidt/Scheller* Rn. 59; HCL/*Paura* Rn. 88.

[229] BGH Urt. v. 18.1.1994 – XI ZR 95/93, GmbHR 1994, 260; OLG Hamm Beschl. v. 11.11.1986 – 15 W 70/86, GmbHR 1987, 470 (471) = NJW-RR 1987, 348; *Bokelmann* NJW 1977, 1130 (1131 f.); *Bork* JZ 1991, 841 (846); *Saenger* JZ 1994, 300 (305).

[230] BGH Urt. v. 18.1.1994 – XI ZR 95/93, GmbHR 1994, 260; *Bork* JZ 1991, 841 (846); *Saenger* JZ 1994, 300 (305).

[231] ÖOGH Beschl. v. 20.5.1999 – 6 Ob330/98t, NZG 1999, 1061; OLG Celle Beschl. v. 3.1.2008 – 9 W 124/07, GmbHR 2008, 211 = NZG 2008, 271; KG NZG 2018, 1426 (1427); *Heller*, Die vermögenslose GmbH, 1989, 173; Hachenburg/*Ulmer* Anh. § 60 Rn. 38; *Halm/Lindner* DStR 1999, 379 (382); *P. Scholz* GmbHR 1982, 228 (230); Scholz/*Scheller* § 60 Rn. 97, 119; für die AG Kölner Komm AktG/*Winnen* AktG § 264 Rn. 39; MüKoAktG/*Koch* AktG § 264 Rn. 18; BeckOGK/*Bachmann* AktG § 274 Rn. 14; aA KG Beschl. v. 3.4.1941 – 1 Wx 57/41 – DR 1941, 1543 (1544); OLG Düsseldorf Beschl. v. 13.7.1979 – 3 W 139/79, GmbHR 1979, 227 (228 f.); *Galla* GmbHR 2006, 635; *F Scholz* JZ 1950, 199 (204); *Passarge* in Passarge/Torwegge GmbH-Liquidation Rn. 792 ff.; Noack/Servatius/Haas/*Haas* Rn. 42; MHLS/*Nerlich* Rn. 106; HCL/*Paura* Rn. 89; offengelassen von BayObLG Beschl. v. 14.10.1993 – 3Z BR 116/93, NJW 1994, 594 (596).

Doch kann sie nicht besser behandelt werden als eine Gesellschaft, bei der mit der Vermögensverteilung begonnen wurde.[232] Den Gesellschaftern geschieht kein Unrecht, wenn sie
trotz vorheriger Ankündigung und Widerspruchsmöglichkeit (vgl. § 394 Abs. 2 FamFG)
die Löschung haben geschehen lassen. Die Nachtragsliquidation dient nicht dazu, dass sie
dieses Versäumnis später noch einmal revidieren können.

IX. GmbH & Co. KG

Bei der GmbH & Co. KG ist zu unterscheiden zwischen der Liquidation der **Kom-** 91
manditgesellschaft und der ihrer **Komplementär-GmbH.** Für Letztere gelten die
§§ 66 ff. uneingeschränkt. Die Abwicklung der Kommanditgesellschaft richtet sich hingegen
nach den §§ 146 ff., 161 Abs. 2 HGB, wobei die nachfolgend darzustellenden Besonderheiten zu beachten sind.

Als problematisch erweist sich insbesondere die Regelung der § 146 Abs. 1 HGB, 92
§§ 150, 161 Abs. 2 HGB, wonach im Grundsatz **alle Gesellschafter geborene Liquidato-**
ren sind, dh in der GmbH & Co. KG nicht nur die Komplementär-GmbH, sondern alle
Kommanditisten.[233] Mit zunehmender Gesellschafterzahl ist dies schlichtweg unpraktika-
bel.[234] Daher ist zumindest bei der **Publikums-KG** davon auszugehen, dass § 146 Abs. 1
HGB stillschweigend abbedungen und im Zweifel die Geschäfte weiterhin allein durch die
GmbH bzw. deren organschaftliche Vertreter geführt werden.[235] Bei einer personengleichen
GmbH & Co. KG (Identität von Kommanditisten und GmbH-Gesellschaftern) erscheint
eine solche ergänzende Auslegung des Gesellschaftsvertrags ohne besondere Anhaltspunkte
hingegen nicht möglich.[236] Ein „faktischer Zwang"[237] zum Ausschluss der Kommanditisten
von der Liquidatorenstellung besteht nur bei einer Vielzahl von Anlegern. Allein dieser
Umstand rechtfertigt die Annahme eines von der Grundregel des § 146 Abs. 1 HGB abweichenden Gesellschafterwillens. Ist das Vertrauensverhältnis zwischen den Anlegern und dem
Management gestört, so kann dem durch die Abberufung der alten und Bestellung neuer
Liquidatoren durch das Gericht nach § 146 Abs. 2 HGB, § 147 HGB Rechnung getragen
werden. Als Beteiligter iSd § 146 Abs. 2 S. 1 HGB, § 147 HGB kann jeder Kommanditist
den Antrag stellen. Gläubiger sind nur unter den engen Voraussetzungen des § 146 Abs. 2
S. 2 antragsberechtigt.[238]

Ist die KG wegen **Vermögenslosigkeit** nach § 394 Abs. 4 FamFG gelöscht und 93
dadurch gem. § 131 Abs. 2 Nr. 2 HGB aufgelöst worden, so findet eine Liquidation statt,
wenn sich später noch herausstellt, dass noch Vermögen vorhanden ist (§ 145 Abs. 3
HGB). In diesem Fall können die Liquidatoren ausschließlich nach § 146 Abs. 2 S. 3
HGB durch das Gericht bestellt werden.[239] Die Antragsberechtigung steht hier über
§ 146 Abs. 2 S. 1, 2 HGB hinausgehend nicht nur den Gesellschaftern zu, sondern jedem
Gläubiger und sonstigen Dritten, zu deren Gunsten Abwicklungsmaßnahmen durchzu-

---

[232] Scholz/*Scheller* § 60 Rn. 119.
[233] OLG Düsseldorf Beschl. v. 28.1.2016 – I-3 Wx 21/15, NZG 2016, 584 (585); OLG Frankfurt Beschl.
        v. 19.10.1987 – 14 W 118/87, NJW-RR 1988, 807 (808) = GmbHR 1988, 68; OLG Hamm Beschl.
        v. 5.9.1996 – 15 W 125/96, NJW-RR 1997, 32 (33); *Salger* in Reichert GmbH & Co. KG § 47 Rn. 10;
        MHLS/*Nerlich* Rn. 109; Rowedder/Schmidt-Leithoff/*Gesell* Rn. 33.
[234] Dies konzedierend Rowedder/Schmidt-Leithoff/*Gesell* Rn. 33; MHLS/*Nerlich* Rn. 109.
[235] *K. Schmidt* GmbHR 1980, 261 (264); *K. Schmidt* ZHR 153 (1989), 270 (291); *Altmeppen* Rn. 55; HCL/
        Paura Rn. 93; Staub/*Habersack* HGB § 146 Rn. 13; abl. *Salger* in Reichert GmbH & Co. KG § 47
        Rn. 11; MHLS/*Nerlich* Rn. 109; Rowedder/Schmidt-Leithoff/*Gesell* Rn. 33; Scholz/*K. Schmidt/Scheller*
        Rn. 62; bei einer nichtkapitalistischen Publikums-GbR sollen nach BGH Urt. v. 5.7.2011 – II ZR 199/
        10, NJW 2011, 3087 Rn. 13 ff. im Zweifel alle Gesellschafter als Liquidatoren berufen sein.
[236] Insoweit zutr. *Salger* in Reichert GmbH & Co. KG § 47 Rn. 11; MHLS/*Nerlich* Rn. 109; Rowedder/
        Schmidt-Leithoff/*Gesell* Rn. 33; Scholz/*K. Schmidt/Scheller* Rn. 62; anders aber *K. Schmidt* ZHR 153
        (1989), 270 (291); *Altmeppen* Rn. 56; Staub/*Habersack* HGB § 146 Rn. 13.
[237] So die Formulierung bei Rowedder/Schmidt-Leithoff/*Gesell* Rn. 33.
[238] S. näher zur Antragsbefugnis Staub/*Habersack* HGB § 146 Rn. 37.
[239] *Neumann* NZG 2015, 1018 (1020); *Salger* in Reichert GmbH & Co. KG § 47 Rn. 24; Staub/*Habersack*
        HGB § 146 Rn. 43.

führen sind.[240] Die Geschäftsführungs- und Vertretungsbefugnis der bisherigen Organwalter ist erloschen.[241] Es gibt keine geborenen Liquidatoren und die Gesellschafter können auch nicht autonom Abwickler bestellen.

§ 67 Anmeldung der Liquidatoren

**(1) Die ersten Liquidatoren sowie ihre Vertretungsbefugnis sind durch die
Geschäftsführer, jeder Wechsel der Liquidatoren und jede Änderung ihrer Vertretungsbefugnis sind durch die Liquidatoren zur Eintragung in das Handelsregister
anzumelden.**

**(2) Der Anmeldung sind die Urkunden über die Bestellung der Liquidatoren oder
über die Änderung in den Personen derselben in Urschrift oder öffentlich beglaubigter Abschrift beizufügen.**

**(3) [1]In der Anmeldung haben die Liquidatoren zu versichern, daß keine Umstände
vorliegen, die ihrer Bestellung nach § 66 Abs. 4 in Verbindung mit § 6 Abs. 2 Satz 2
Nr. 2 und 3 sowie Satz 3 [ab 1.8.2022 Ergänzung: und 4] entgegenstehen, und daß sie
über ihre unbeschränkte Auskunftspflicht gegenüber dem Gericht belehrt worden
sind. [2]§ 8 Abs. 3 Satz 2 ist anzuwenden.**

**(4) Die Eintragung der gerichtlichen Ernennung oder Abberufung der Liquidato-
ren geschieht von Amts wegen.**

Schrifttum: *Hofmann,* Zur Liquidation einer GmbH (I), GmbHR 1976, 229; *Kühn,* Die Versicherung
juristischer Personen als Abwickler von Kapitalgesellschaften, NZG 2012, 731; *Peifer,* Die Handelsregisteranmeldung des GmbH-Liquidators, Rpfleger 2008, 408; *Ziegler,* Eintragung des Liquidators bei Vermögenslosigkeit der GmbH, Rpfleger 1987, 287.

Übersicht

I. Bedeutung der Norm

1   Die Vorschrift will die **Publizität** der Liquidatoren und ihrer Vertretungsbefugnis im
Handelsregister sicherstellen. Inhaltlich entspricht sie weitgehend den die Anmeldung der
Geschäftsführer regelnden § 8 Abs. 1 Nr. 2, Abs. 3, 4, § 39. Die Offenlegung ist europarechtlich vorgeschrieben (Art. 14 lit. j GesR-RL; früher Art. 2 Abs. 1 lit. j RL 68/151/
EWG, § 67 Abs. 1 geändert durch Gesetz vom 15.8.1969, BGBl. 1969 I 1146). Im Zusammenwirken mit § 15 HGB gewährleistet sie den notwendigen Verkehrsschutz. Die Anmeldung nach § 67 wird zweckmäßigerweise mit der Anmeldung der Auflösung gem. § 65
verbunden.

---

[240] *Neumann* NZG 2015, 1018 (1020); Staub/*Habersack* HGB § 146 Rn. 43.
[241] *Neumann* NZG 2015, 1018 (1020); Staub/*Habersack* HGB § 146 Rn. 43.

II. Inhalt der Anmeldung

1. Person des Liquidators. Alle nicht durch das Gericht (Abs. 4) berufenen Liquida- 2
toren der GmbH sind zur Eintragung **anzumelden.** Das gilt sowohl für die ersten Liquidatoren als auch für diejenigen, die später an deren Stelle treten oder hinzukommen. Ebenso
wenig kommt es darauf an, ob es sich um die Geschäftsführer als „geborene" Liquidatoren
oder um nach der Satzung oder aufgrund eines Gesellschafterbeschlusses „gekorene" Liquidatoren handelt. Anzumelden ist auch die Beendigung des Amtes eines Liquidators. Nicht
anzugeben ist der **Zeitpunkt** der Bestellung bzw. das Ende des Amtes.[1] Dies wäre sinnlos,
da die Eintragung nur deklaratorisch ist und § 15 HGB eine Rückwirkung nicht vorsieht.

Die Anmeldung muss sämtliche **Informationen zur Person** des Liquidators enthalten, 3
die das Gericht zur Eintragung nach § 43 Nr. 4 HRV benötigt. Daher sind Familienname,
Vorname, Geburtsdatum und Wohnort anzugeben, bzw. – wenn eine juristische Person
oder rechtsfähige Personengesellschaft das Liquidatorenamt übernimmt (→ § 66 Rn. 8 f.) –
Firma, Rechtsform, Sitz oder Niederlassung und organschaftlicher Vertreter.[2] Etwaige
Änderungen sind ebenfalls anmeldepflichtig.[3]

2. Vertretungsbefugnis. Auch die Vertretungsbefugnis der Liquidatoren sowie etwaige 4
Änderungen sind anzumelden. Gemeint ist grundsätzlich die **generelle (abstrakte) Vertre-**
tungsregelung, nicht aber die konkrete Vertretungsbefugnis des einzelnen Liquidators. Anders
liegt es, wenn für bestimmte Personen eine Sonderregelung getroffen, ihnen etwa Einzelvertretungsmacht eingeräumt wurde.[4] Anzugeben ist ferner auch die Befreiung vom Verbot des
Selbstkontrahierens (§ 181 BGB).[5] Die Gesellschaft muss den Rechtsverkehr über das Register
auch dann über die Vertretungsverhältnisse informieren, wenn diese mit der gesetzlichen Regelung (§ 68 Abs. 1) übereinstimmen, denn deren Kenntnis kann nicht ohne Weiteres unterstellt
werden. Ist nur ein Liquidator bestellt, so muss angemeldet werden, dass dieser die Gesellschaft
allein vertritt. Zusätzlich muss die Anmeldung aber auch die für ein etwaiges mehrköpfiges
Organ maßgebliche abstrakte Vertretungsbefugnis enthalten.[6] Dieses Erfordernis entfällt allerdings dann, wenn nach der Satzung nur ein Liquidator bestellt werden kann.[7]

III. Anmeldepflicht

1. Anmeldung der ersten Liquidatoren und ihrer Vertretungsbefugnis. Die 5
Anmeldung obliegt grundsätzlich den **Liquidatoren** als organschaftlichen Vertretern der aufgelösten GmbH. Der Wortlaut des Abs. 1 ist allerdings zumindest missverständlich, da danach
die Anmeldung der **ersten** Liquidatoren und ihrer Vertretungsbefugnis durch die **Geschäfts-**
führer zu erfolgen hat. Dabei wird darauf abgestellt, dass nach § 66 Abs. 1 regelmäßig die
Geschäftsführer die Liquidatorenfunktion übernehmen. Wenn dies aber nicht der Fall ist, weil
Satzung oder ein Gesellschafterbeschluss etwas anderes vorsehen, dann stünde eine Anmeldepflicht der Geschäftsführer im Widerspruch zu der Tatsache, dass sie ihre Vertretungsbefugnis
mit der Auflösung bereits verloren haben. Im Hinblick darauf entspricht es heute einhelliger

---

[1]   KG Beschl. v. 14.11.1912, RJA 12, 217; *Peifer* Rpfleger 2008, 408 (409); MHLS/*Nerlich* Rn. 8; Scholz/
     K. Schmidt/Scheller Rn. 3; HCL/*Paura* Rn. 6.

[2]   HCL/*Paura* Rn. 4; BeckOGK/*Bachmann* AktG § 266 Rn. 3.

[3]   *Peifer* Rpfleger 2008, 408 (409); Hachenburg/*Hohner* Rn. 12; Lutter/Hommelhoff/*Kleindiek* Rn. 4.

[4]   Noack/Servatius/Haas/*Haas* Rn. 3; HK-GmbHG/*Kolmann/Riedemann* Rn. 6; HCL/*Paura* Rn. 5.

[5]   *Peifer* Rpfleger 2008, 408 (410); Noack/Servatius/Haas/*Haas* Rn. 3; HK-GmbHG/*Kolmann/Riedemann*
     Rn. 6; Rowedder/Schmidt-Leithoff/*Gesell* Rn. 2; HCL/*Paura* Rn. 6; s. zum Geschäftsführer BGH
     Beschl. v. 28.2.1983 – II ZB 8/82, BGHZ 87, 59 (61) = NJW 1983, 1676.

[6]   BGH Beschl. v. 7.5.2007 – II ZB 21/06, NZG 2007, 595 = GmbHR 2007, 877 m. zust. Anm. *Wachter*;
     OLG Dresden Beschl. v. 4.5.2005 – 3 W 480/04, GmbHR 2005, 1310; *H.-F. Müller/Rieg* WuB II C. § 67
     GmbHG 1.07; *Peifer* Rpfleger 2008, 408 (409 f.); Noack/Servatius/Haas/*Haas* Rn. 3; HK-GmbHG/
     Kolmann/Riedemann Rn. 6; Lutter/Hommelhoff/*Kleindiek* Rn. 9; HCL/*Paura* Rn. 5; aA OLG Hamm
     Beschl. v. 31.3.2005 – 15 W 189/04, GmbHR 2005, 1308; Beschl. v. 27.8.1987 – 15 W 337/87, OLGZ
     1988, 53 = NJW-RR 1988, 221 = EWiR § 67 GmbHG 1/88, 69 *(Gustavus)*; *Altmeppen* Rn. 3; Scholz/
     K. Schmidt/Scheller Rn. 4.

[7]   HCL/*Paura* Rn. 5.

Auffassung, dass die Anmeldung auch dann von den Liquidatoren vorzunehmen ist, wenn diese nicht mit den bisherigen Geschäftsführern übereinstimmen.[8] Nur in dem seltenen Fall, in dem die Auflösung eine Satzungsänderung voraussetzt, die gem. § 54 Abs. 3 erst mit der Eintragung Wirksamkeit erlangt, haben die Geschäftsführer neben der Satzungsänderung auch die künftigen Liquidatoren anzumelden, ohne Rücksicht darauf, ob sie diese Position selbst einnehmen werden.[9] Denn dann sind die Geschäftsführer zum Zeitpunkt der Anmeldung noch vertretungsberechtigt. Abgesehen von diesem Sonderfall können die bisherigen Geschäftsführer die Anmeldung nur dann wirksam vornehmen, wenn die Liquidatoren zustimmen.[10]

6   Die ersten Liquidatoren werden in der Regel **zusammen mit der Auflösung** (§ 65) zur Eintragung angemeldet. Werden die bisherigen Geschäftsführer nicht Liquidatoren, so liegt darin zugleich die Erklärung des Anmeldenden, dass die Vertretungsbefugnis der Geschäftsführer erloschen sei. Eine zusätzliche förmliche Anmeldung des Wegfalls der Vertretungsmacht nach § 39 ist daher entbehrlich.[11] Sofern ein Prokurist zum Liquidator ernannt wird, umfasst die Anmeldung als neues Organmitglied auch die Anmeldung des Erlöschens seiner Prokura.[12] Wird die Gesellschaft durch Ablehnung des Antrags auf Eröffnung des Insolvenzverfahrens mangels Masse aufgelöst (§ 60 Abs. 1 Nr. 5), so wird die Auflösung zwar von Amts wegen eingetragen (§ 65 Abs. 1 S. 3), nicht aber die Liquidatoren.[13] Diese müssen daher auch in diesem Fall selbst den Antrag bei Gericht stellen. Die Verpflichtung zur Anmeldung der ersten Liquidatoren besteht auch dann, wenn kein verteilungsfähiges Vermögen vorhanden ist und mit der Auflösung zugleich das Erlöschen der Firma angemeldet wird.[14] Der Liquidator einer aufgelösten Vor-GmbH muss mangels Eintragung der Gesellschaft keine Anmeldung vornehmen.[15]

7   **2. Spätere Veränderungen.** Einen Wechsel der Liquidatoren und eine etwaige Änderung der ursprünglichen Vertretungsregelung melden die **jeweils amtierenden Liquidatoren** an. Ein ausgeschiedener Liquidator, selbst wenn er noch im Register eingetragen ist, kann die Anmeldung nicht vornehmen, da er zur Vertretung der Gesellschaft nicht mehr berechtigt ist. Er hat aber gegen die GmbH einen Anspruch auf Löschung aus dem Register, den er ggf. durch die gerichtliche Bestellung eines Notliquidators analog §§ 29, 48 BGB (→ § 66 Rn. 53 ff.) zu verwirklichen vermag.[16] Für einen Liquidator, der sein Amt nieder-

---

[8]   LG Bielefeld Beschl. v. 13.5.1986 – 14 T 20/86, NJW 1987, 1089 = GmbHR 1987, 194; *Hofmann* GmbHR 1976, 229 (232); *Peifer* Rpfleger 2008, 408; *Passarge* in Passarge/Torwegge GmbH-Liquidation Rn. 337; *Altmeppen* Rn. 5 f.; Noack/Servatius/Haas/*Haas* Rn. 4; HK-GmbHG/*Kolmann/Riedemann* Rn. 4; Lutter/Hommelhoff/*Kleindiek* Rn. 2; MHLS/*Nerlich* Rn. 10; Rowedder/Schmidt-Leithoff/*Gesell* Rn. 3; Scholz/*K. Schmidt/Scheller* Rn. 6; HCL/*Paura* Rn. 8; s. auch die Klarstellung in § 218 Abs. 1 RegE 1971/1973. Anders die hM im Aktienrecht, die den bisherigen Vorstand als anmeldeberechtigt und -verpflichtet ansieht, s. GroßkommAktG/*Schmidt* AktG § 266 Rn. 8; MüKoAktG/*Koch* AktG § 266 Rn. 6; BeckOGK/*Bachmann* AktG § 266 Rn. 7, jeweils mwN.
[9]   BayObLG Beschl. v. 31.3.1994 – 3Z BR 23/94, GmbHR 1994, 478 (479); *Passarge* in Passarge/Torwegge GmbH-Liquidation Rn. 337; *Altmeppen* Rn. 6; Noack/Servatius/Haas/*Haas* Rn. 4; HK-GmbHG/*Kolmann/Riedemann* Rn. 4; Lutter/Hommelhoff/*Kleindiek* Rn. 2; MHLS/*Nerlich* Rn. 10; Rowedder/Schmidt-Leithoff/*Gesell* Rn. 3; Scholz/*K. Schmidt/Scheller* Rn. 6; HCL/*Paura* Rn. 9.
[10] *Passarge* in Passarge/Torwegge GmbH-Liquidation Rn. 337; MHLS/*Nerlich* Rn. 10; Scholz/*K. Schmidt/Scheller* Rn. 8.
[11] BayObLG Beschl. v. 31.3.1994 – 3Z BR 8/94, GmbHR 1994, 480 (481); *Peifer* Rpfleger 2008, 408 (409); *Altmeppen* Rn. 4; HK-GmbHG/*Kolmann/Riedemann* Rn. 9; MHLS/*Nerlich* Rn. 9; Rowedder/Schmidt-Leithoff/*Gesell* Rn. 2; Scholz/*K. Schmidt/Scheller* Rn. 7; aA OLG Köln Beschl. v. 25.4.1984 – 2 Wx 9/84, BB 1984, 1066 (1067); Noack/Servatius/Haas/*Haas* Rn. 4; Hachenburg/*Hohner* Rn. 7; Lutter/Hommelhoff/*Kleindiek* Rn. 5.
[12] OLG Düsseldorf Beschl. v. 7.3.2012 – I-3 Wx 200/11, NZG 2012, 957 (958).
[13] BayObLG Beschl. v. 30.6.1987 – BReg. 3 Z 75/87, BB 1987, 1625 (1626) = EWiR § 66 GmbHG 2/ 87 *(Miller)*; *Ziegler* Rpfleger 1987, 287; *Altmeppen* Rn. 7; Noack/Servatius/Haas/*Haas* Rn. 4; Lutter/ Hommelhoff/*Kleindiek* Rn. 3; Scholz/*K. Schmidt/Scheller* Rn. 2; HCL/*Paura* Rn. 3.
[14] BayObLG Beschl. v. 11.5.1982 – BReg. 3 Z 39/82, WM 1982, 1288 (1289 f.); *Altmeppen* Rn. 7; Noack/ Servatius/Haas/*Haas* Rn. 4; MHLS/*Nerlich* Rn. 10; HCL/*Paura* Rn. 3.
[15] *Passarge* NZG 2010, 646 (647); *Altmeppen* Rn. 7; Scholz/*K. Schmidt/Scheller* Rn. 2.
[16] Noack/Servatius/Haas/*Haas* Rn. 5; MHLS/*Nerlich* Rn. 11; Rowedder/Schmidt-Leithoff/*Gesell* Rn. 3; Scholz/*K. Schmidt/Scheller* Rn. 8.

legen möchte, kann es sich unter Umständen empfehlen, die Niederlegung unter der aufschiebenden Bedingung zu erklären, dass eine entsprechende Anmeldung zum Register
eingetragen wird, und die Anmeldung noch selbst vorzunehmen. Im Normalfall meldet
aber der neue Liquidator den früheren Liquidator ab und sich selbst an. Teilt der Liquidator
dem Registergericht mit, dass die Liquidation beendet und die Gesellschaft erloschen sei,
so liegt darin zugleich auch die Anmeldung der Beendigung des Liquidatorenamtes.[17]

3. Zahl der Anmeldenden. Die Anmeldung muss durch die Liquidatoren in **vertre-** 8
tungsberechtigter Zahl vorgenommen werden.[18] Es ist also nicht zwingend erforderlich,
dass sämtliche Liquidatoren die Anmeldeerklärung unterzeichnen (vgl. § 78). Sind nicht
genügend Liquidatoren vorhanden, so kann dem Mangel wiederum entsprechend §§ 29,
48 BGB durch Bestellung von Notliquidatoren abgeholfen werden.[19] Wegen des Charakters
der Anmeldung als Verfahrenshandlung können sich die Liquidatoren hier nicht durch
Bevollmächtigte vertreten lassen, wohl aber (insbesondere durch den beglaubigenden Notar
nach § 378 FamFG) beim Antrag auf Eintragung.[20]

4. Form. Anmeldungen zur Eintragung sind nach dem durch das Gesetz über elektro- 9
nische Handelsregister und Genossenschaftsregister sowie das Unternehmensregister
(EHUG) vom 10.11.2006 (BGBl. 2006 I 2553) novellierten § 12 Abs. 1 HGB nunmehr
zwingend **elektronisch** einzureichen; sie bedürfen der **öffentlich beglaubigten Form.**
Die notarielle Beurkundung der Anmeldung[21] ersetzt nach § 129 Abs. 2 BGB die öffentliche
Beglaubigung ebenso wie die Aufnahme in einen gerichtlichen Vergleich (§ 127a BGB).
Adressat der Erklärung ist das Registergericht am Sitz der Gesellschaft (§ 23a Abs. 1, Abs. 2
Nr. 3 GVG, §§ 376, 377 Abs. 1 FamFG), eine Anmeldung am Sitz einer etwaigen Zweignie-
derlassung ist nicht erforderlich.

5. Registerzwang. Das Registergericht kann die Anmeldepflicht gem. § 14 HGB 10
durch die Androhung und Festsetzung von **Zwangsgeld** durchsetzen. Setzt die Auflösung
allerdings eine Satzungsänderung voraus, so kann die Anmeldung der Liquidatoren erst
erzwungen werden, wenn die Eintragung der Auflösung erfolgt ist.[22] Obwohl Träger der
Anmeldepflicht an sich die Gesellschaft selbst ist, richtet sich das Verfahren nach § 14 HGB
gegen die Liquidatoren persönlich.[23] Ist eine juristische Person oder Gesamthandsgesellschaft
Liquidatorin, so unterliegt wiederum nicht sie, sondern ihr gesetzlicher Vertreter dem
Registerzwang.[24] Eine zwangsweise Durchsetzung hat zu unterbleiben, wenn die Anmeldung durch einstweilige Verfügung untersagt wurde.[25]

6. Keine Anmeldung bei gerichtlicher Bestellung und Abberufung. Keiner 11
Anmeldung bedarf es, wenn das **Gericht** die Liquidatoren bestellt oder abberufen hat, hier
erfolgt die Eintragung nach Abs. 4 von Amts wegen. Dies betrifft nicht nur die in § 66
Abs. 2 und 3 S. 1 geregelten Fälle, sondern auch die gerichtliche Bestellung und Abberufung

---

[17] BGH Beschl. v. 23.2.1970 – II ZB 5/69, BGHZ 53, 264 (267) = NJW 1970, 1044; BayObLG Beschl.
v. 13.1.1994 – 3Z BR 311/93, GmbHR 1994, 259 (260) = NJW-RR 1994, 617; Noack/Servatius/
Haas/*Haas* § 74 Rn. 4; nach BFH Urt. v. 2.7.1969 – I R 190/67, WM 1969, 1424 (1425); HCL/*Paura*
Rn. 7 ist eine Anmeldung nach § 67 ganz entbehrlich.

[18] *Passarge* in Passarge/Torwegge GmbH-Liquidation Rn. 338; Noack/Servatius/Haas/*Haas* Rn. 6; HK-
GmbHG/*Kolmann/Riedemann* Rn. 7; Lutter/Hommelhoff/*Kleindiek* Rn. 5; MHLS/*Nerlich* Rn. 11;
Rowedder/Schmidt-Leithoff/*Gesell* Rn. 3; Scholz/*K. Schmidt/Scheller* Rn. 8; HCL/*Paura* Rn. 12.

[19] *Passarge* in Passarge/Torwegge GmbH-Liquidation Rn. 338; Noack/Servatius/Haas/*Haas* Rn. 6;
MHLS/*Nerlich* Rn. 11; Scholz/*K. Schmidt/Scheller* Rn. 8; HCL/*Paura* Rn. 9.

[20] HK-GmbHG/*Kolmann/Riedemann* Rn. 7; Lutter/Hommelhoff/*Kleindiek* Rn. 5.

[21] Wird die Anmeldung der Liquidatoren zusammen mit der Anmeldung der Auflösung beurkundet, so
handelt es sich kostenrechtlich zumindest dann um einen einheitlichen Gebührentatbestand, wenn die
bisherigen Geschäftsführer ihre Tätigkeit als Liquidatoren fortsetzen, BGH Beschl. v. 18.10.2016 – II
ZB 18/15, NZG 2017, 28 Rn. 13 ff.

[22] Noack/Servatius/Haas/*Haas* Rn. 7; MHLS/*Nerlich* Rn. 14; HCL/*Paura* Rn. 11.

[23] *Peifer* Rpfleger 2008, 408; Noack/Servatius/Haas/*Haas* Rn. 7; Scholz/*K. Schmidt/Scheller* Rn. 10.

[24] *Peifer* Rpfleger 2008, 408 (409); Scholz/*K. Schmidt/Scheller* Rn. 10.

[25] Vgl. dazu BeckOGK/*Bachmann* AktG § 266 Rn. 12.

von Notliquidatoren (→ § 66 Rn. 53 ff.) und Nachtragsliquidatoren (→ § 66 Rn. 79 ff.).[26] Wird ein Liquidator nach § 38 Abs. 2 S. 2 auf Antrag der BaFin ernannt, nimmt das Gericht die Eintragung ebenfalls ohne vorherige Anmeldung vor.[27]

IV. Beizufügende Unterlagen

12   Nach Abs. 2 sind der Anmeldung die **Urkunden** über die Bestellung der Liquidatoren oder über die Änderung in den Personen derselben in Urschrift oder öffentlich beglaubigter Abschrift beizufügen. Nach § 12 Abs. 2 HGB idF des EHUG müssen diese Dokumente wiederum **elektronisch** eingereicht werden, es genügt aber die Übermittlung einer einfachen elektronischen Aufzeichnung (§ 12 Abs. 2 S. 2 Hs. 1 HGB). Beantragt ein den Liquidator vertretender Notar unter Bezug auf einen entsprechenden, als einfache elektronische Aufzeichnung übermittelten Gesellschafterbeschluss die Eintragung, so muss ihm der Beschluss nicht in Urschrift vorliegen. Eine Erklärung, in welcher Form ihm der Gesellschafterbeschluss vorgelegen habe bzw. vorliege, kann das Registergericht von ihm daher nicht verlangen.[28]

13   **Bestellung** und **Abberufung** eines Liquidators sind durch das Protokoll der den Beschluss fassenden Gesellschafterversammlung, die **Amtsniederlegung** durch das Rücktrittsschreiben jeweils in elektronischer Form zu belegen. Der Tod eines Liquidators ergibt sich aus der Sterbeurkunde, die Amtsunfähigkeit aus dem entsprechenden Urteil oder Verwaltungsakt. Die Annahme des Amtes durch den Bestellten muss nur besonders nachgewiesen werden, wenn dieser sich nicht mit anmeldet.[29] Unter Umständen genügt es, auf die beim Registergericht bereits vorhandenen Unterlagen zu **verweisen.** Ist der Liquidator durch den Gesellschaftsvertrag oder als Geschäftsführer nach dem Gesetz (§ 66 Abs. 1) berufen, so genügt die Bezugnahme hierauf. Einer ausdrücklichen Versicherung, dass nicht aufgrund eines Gesellschafterbeschlusses ein anderer zum Liquidator ernannt wurde, bedarf es nicht.[30]

14   In entsprechender Weise sind Unterlagen vorzulegen, aus denen sich die **Vertretungsberechtigung und deren Änderung** ergeben.[31] Ein besonderer Nachweis kann nicht gefordert werden, wenn die Vertretungsbefugnis der Liquidatoren bereits aus dem Gesetz folgt (§ 69 Abs. 1 S. 2) oder dem Gericht der Gesellschaftsvertrag mit der gültigen statutarischen Regelung der Vertretungsverhältnisse schon vorliegt.

15   Das Gericht kann gem. § 26 FamFG weitere Aufklärung verlangen und eigene Ermittlungen anstellen. Eine Überprüfung der angemeldeten Tatsachen ist allerdings nur gerechtfertigt, wenn im konkreten Einzelfall begründete Zweifel bestehen.[32] Durch das EHUG **entfallen** ist die in § 67 Abs. 5 aF enthaltene Pflicht der Liquidatoren, ihre **Unterschrift** zur Aufbewahrung bei Gericht zu zeichnen.

V. Versicherung nach Abs. 3

16   Nach dem mit der GmbH-Novelle 1980 eingefügten Abs. 3 müssen die Liquidatoren in der Anmeldung **versichern,** dass keine Bestellungshindernisse gem. § 66 Abs. 4 bestehen und sie über ihre unbeschränkte Auskunftspflicht gegenüber dem Gericht belehrt worden sind. Diese Regelung entspricht § 8 Abs. 3, § 39 Abs. 3. Falsche Angaben sind nach § 82 Abs. 1 Nr. 5 strafbar.

---

26   OLG Bremen Beschl. v. 12.2.2016 – 2 W 9/16, NZG 2016, 626 (627).
27   *Peifer* Rpfleger 2008, 408 (409); Noack/Servatius/Haas/*Haas* Rn. 13; Scholz/*K. Schmidt/Scheller* Rn. 2, 16.
28   OLG Düsseldorf Beschl. v. 20.3.2019 – I-3 Wx 20/18, NZG 2019, 1530.
29   Vgl. dazu OLG Frankfurt Beschl. v. 16.2.2004 – 26 W 1/04, NZG 2004, 526; BeckOGK/*Bachmann* AktG § 266 Rn. 10.
30   LG Bremen Beschl. v. 5.5.1994 – 14 T 3/94, ZIP 1994, 1186; *Altmeppen* Rn. 12; Lutter/Hommelhoff/ *Kleindiek* Rn. 7; aA Noack/Servatius/Haas/*Haas* Rn. 9; Rowedder/Schmidt-Leithoff/*Gesell* Rn. 4; Scholz/*K. Schmidt/Scheller* Rn. 13.
31   Noack/Servatius/Haas/*Haas* Rn. 9; Scholz/*K. Schmidt/Scheller* Rn. 13.
32   OLG Düsseldorf Beschl. v. 20.3.2019 – I-3 Wx 20/18, NZG 2019, 1530.

Die Erklärung der Liquidatoren muss sich auf die in § 6 Abs. 2 S. 2 Nr. 2–3 lit. a–e, **17**
S. 3 (ab 1.8.2022: § 6 Abs. 2 S. 2 Nr. 2–3 lit. a–e, S. 3 und S. 4 idF des DiRUG) genannten
Hinderungsgründe erstrecken. Das MoMiG hat hier allerdings für gewisse Irritationen
gesorgt, denn nach der Novelle verwies § 67 Abs. 3 über § 66 Abs. 4 auch auf § 6 Abs. 2
S. 2 Nr. 1. Doch beruhte dies auf einem Redaktionsversehen. Der Gesetzgeber wollte
keineswegs an die Versicherung von Geschäftsführer und Liquidator unterschiedliche Anfor-
derungen stellen. Er hatte es schlichtweg versäumt, als Folge einer Änderung des § 66
Abs. 4 auch § 67 Abs. 4 anzupassen. Der Liquidator muss daher ebenso wenig wie ein
Geschäftsführer versichern, dass er nicht als Betreuter einem Einwilligungsvorbehalt iSd
§ 1903 BGB unterliegt.[33] Dies hat der Gesetzgeber 2009 im Rahmen des ARUG[34] klargestellt, in dem er die Verweisung in § 66 Abs. 4 explizit auf § 6 Abs. 2 S. 2 Nr. 2 und 3 sowie
S. 3 einschränkte.

Nach früher ganz herrschender Ansicht mussten die möglichen Hinderungsgründe im **18**
Einzelnen aufgeführt und jeweils ausdrücklich verneint werden.[35] Der BGH[36] hat aber unter-
dessen die **Anforderungen an den Konkretisierungsgrad** der Versicherung abgesenkt und
die Erklärung des Geschäftsführers zu den Katalogstraftaten nach § 6 Abs. 2 S. 2 Nr. 3, überhaupt nicht wegen einer Straftat verurteilt worden zu sein, ausreichen lassen (→ § 8
Rn. 67 ff.). Demnach muss es auch genügen, wenn der Geschäftsführer/Liquidator zu § 6
Abs. 2 S. 2 Nr. 2 erklärt, dass ihm weder durch gerichtliche Entscheidung noch durch vollzieh-
bare Entscheidung einer Verwaltungsbehörde die Ausübung eines Berufs, Berufszweigs,
Gewerbes oder Gewerbezweigs untersagt sei.[37] Nicht hinreichend ist hingegen die Versicherung, dass kein Verbot vorliegt, dessen Gegenstand mit dem Unternehmensgegenstand ganz
oder teilweise übereinstimmt (anders → § 8 Rn. 70a).[38] Eine etwaige Kongruenz zu überprüfen, obliegt allein dem Registergericht. Daher genügt auch die Erklärung nicht, es bestünden
keine Umstände, die einer Bestellung nach § 6 Abs. 2 S. 2 Nr. 2–3, S. 3 entgegenstehen (aber
→ § 8 Rn. 69). Durch einen solchen pauschalen Verweis auf die genannten gesetzlichen
Vorschriften teilt der Geschäftsführer/Liquidator dem Gericht lediglich das Ergebnis seiner
eigenen Rechtsanwendung mit, enthält diesem aber die notwendigen **Tatsachen** zur eigenständigen Prüfung etwaiger Bestellungshindernisse vor.[39] Eine eigene Tatsachenermittlung
nimmt das Gericht regelmäßig nicht vor. Nur wenn es Zweifel an der Richtigkeit der ihm
mitgeteilten Informationen hat, wird es nach § 26 FamFG selbst noch einen Auszug aus dem
Zentralregister anfordern.[40] Erst später eintretende Ausschlussgründe führen ipso iure zum
Verlust der Liquidatorenstellung und sind deshalb nach Abs. 1 anzumelden.

Ferner muss durch die Erklärung sichergestellt sein, dass der Liquidator über die unbe- **19**
schränkte Auskunftspflicht nach § 53 Abs. 2 BZRG belehrt worden ist. Ohne diese **Beleh-**
rung könnte der Liquidator sich auf die Begrenzung seiner Offenbarungspflicht gem. § 53
Abs. 1 Nr. 1 BZRG berufen. Gem. Abs. 3 S. 2 iVm § 8 Abs. 3 S. 2 kann diese Belehrung
auch durch den Notar vorgenommen werden, was der Vereinfachung des Verfahrens dient.
Diese Belehrung kann auch in schriftlicher Form erfolgen.[41]

Die Versicherung muss **in der Anmeldung** erfolgen, sie ist wie diese gem. § 12 Abs. 1 **20**
HGB elektronisch an das Gericht zu richten und bedarf ebenfalls der öffentlichen Beglaubi-

---

[33] OLG München Beschl. v. 22.4.2009 – 31 Wx 40/09, NZG 2009, 719 = EWiR § 67 GmbHG 1/09,
507 *(Heßeler)*; *Wachter* GmbHR 2009, 785 (787); Noack/Servatius/Haas/*Haas* Rn. 10.
[34] Art. 14c Nr. 8 Gesetz zur Umsetzung der Aktionärsrechte-RL (ARUG) v. 30.7.2009, BGBl. 2009 I
2479.
[35] BayObLG Beschl. v. 10.12.1981 – 1 Z 184/81, BayObLGZ 1981, 396 = WM 1982, 168; Beschl.
v. 30.8.1983 – 3 Z 116/83, WM 1983, 1170; OLG München Beschl. v. 27.4.2009 – 31 Wx 42/09,
NZG 2009, 717; Beschl. v. 20.4.2009 – 31 Wx 34/09, NZG 2009, 718.
[36] BGH Beschl. v. 17.5.2010 – II ZB 5/10, NZG 2010, 829.
[37] OLG Frankfurt Beschl. v. 9.4.2015 – 20 W 215/14, BeckRS 2015, 12258 = ZIP 2015, 2076.
[38] OLG Frankfurt Beschl. v. 9.4.2015 – 20 W 215/14, BeckRS 2015, 12258 = ZIP 2015, 2076.
[39] Überzeugend OLG Schleswig Beschl. v. 3.6.2014 – 2 W 36/14, NZG 2015, 232 (233 f.); gegen OLG
Stuttgart Beschl. v. 10.10.2012 – 8 W 241/11, BeckRS 2013, 831 = ZIP 2013, 671.
[40] BayObLG Beschl. v. 10.12.1981 – 1 Z 184/81, BayObLGZ 1981, 396 = WM 1982, 168.
[41] LG Bremen Beschl. v. 19.5.1998 – 13 T 12/98, GmbHR 1999, 865.

gung.[42] Nicht erforderlich ist hingegen, dass Anmeldung und Versicherung in ein und derselben Urkunde enthalten sind.

21   Zur Abgabe der Erklärung ist **jeder** das Amt übernehmende Liquidator **verpflichtet.** Da gerichtlich ernannte Liquidatoren keine Anmeldung vornehmen, erfolgt die Versicherung hier allerdings bereits im Bestellungsverfahren.[43] Im Übrigen trifft die Erklärungspflicht als höchstpersönliche Verpflichtung auch diejenigen Liquidatoren, die an der Anmeldung deshalb nicht mitwirken, weil diese ausnahmsweise noch von den Geschäftsführern (→ Rn. 5) oder anderen Liquidatoren in vertretungsberechtigter Zahl (→ Rn. 8) durchgeführt wird.[44]

22   § 66 Abs. 3 differenziert auch nicht zwischen „geborenen" und „gekorenen" Liquidatoren. Abzulehnen ist daher die Ansicht, bei Ersteren die Bezugnahme auf eine **frühere Versicherung als Geschäftsführer** genügen zu lassen.[45] Der Geschäftsführer-Liquidator tritt nunmehr ein neues Amt mit verändertem Aufgabenbereich an und es soll erneut sichergestellt werden, dass keine Bestellungshindernisse vorliegen. Auch seine Versicherung muss daher deutlich machen, dass er sämtliche in Betracht kommenden Ausschlussgründe sorgfältig geprüft hat. Dies ist durch den bloßen Verweis auf eine frühere Erklärung nicht gewährleistet.[46] Auch eine Ausnahme von der Erklärungspflicht für die Fälle, in denen die entsprechende Versicherung als Geschäftsführer nur „kurze Zeit" zurückliegt,[47] sieht das Gesetz nicht vor; eine solche Einschränkung wäre auch kaum rechtssicher zu handhaben. Wird eine juristische Person oder rechtsfähige Personengesellschaft zur Abwicklerin, so haben deren gesetzliche Vertreter alle ohne Ausnahme die Versicherung abzugeben, eine Erklärung durch einzelne Organwalter reicht – auch in vertretungsberechtigter Zahl – nicht aus.[48]

VI. Eintragung und Bekanntmachung

23   Das Gericht prüft das Vorliegen der **formellen** und **materiellen** Eintragungsvoraussetzungen.[49] Festzustellen ist also zunächst (abgesehen von den Fällen des Abs. 4), ob eine ordnungsgemäße Anmeldung mit den vorgeschriebenen Unterlagen vorliegt.[50] Auf dieser Grundlage ist dann zu untersuchen, ob der Anmeldende tatsächlich Liquidator geworden ist bzw. die angemeldete Vertretungsbefugnis wirklich so besteht. Maßgeblich ist der Zeitpunkt der Entscheidung des Gerichts. Der Umstand, dass der Antrag zu früh eingegangen ist, hat keine Bedeutung, wenn zwischenzeitlich die Eintragungsvoraussetzungen vorliegen.[51] Die Eintragung erfolgt nach § 43 Nr. 4 HRV und ist gem. § 10 HGB bekannt zu machen.

24   Die Eintragung hat lediglich **deklaratorische Bedeutung.**[52] Die Wirksamkeit der Ernennung oder Abberufung eines Liquidators oder einer Veränderung der Vertretungsrege-

[42] Noack/Servatius/Haas/*Haas* Rn. 12.
[43] *Altmeppen* Rn. 11; Lutter/Hommelhoff/*Kleindiek* Rn. 8; Rowedder/Schmidt-Leithoff/*Gesell* § 66 Rn. 20; Scholz/*K. Schmidt/Scheller* Rn. 14; aA *Peifer* Rpfleger 2008, 408 (411).
[44] Noack/Servatius/Haas/*Haas* Rn. 11; MHLS/*Nerlich* Rn. 15; Scholz/*K. Schmidt/Scheller* Rn. 15.
[45] So aber Scholz/*K. Schmidt,* 11. Aufl. 2015, Rn. 12; offengelassen von OLG Schleswig Beschl. v. 3.6.2014 – 2 W 36/14, NZG 2015, 232 (234).
[46] *Peifer* Rpfleger 2008, 408 (411); Noack/Servatius/Haas/*Haas* Rn. 11; Hachenburg/*Hohner* Rn. 15; HK-GmbHG/*Kolmann/Riedemann* Rn. 13; Lutter/Hommelhoff/*Kleindiek* Rn. 8; MHLS/*Nerlich* Rn. 15; Scholz/*K. Schmidt/Scheller* Rn. 15.
[47] BayObLG Beschl. v. 30.6.1987 – BReg. 3 Z 75/87, BB 1987, 1625 (1626); HCL/*Paura* Rn. 16.
[48] HCL/*Paura* Rn. 16; HK-GmbHG/*Kolmann/Biedermann* Rn. 12; aA *Kühn* NZG 2012, 731; Scholz/ *K. Schmidt/Scheller* Rn. 15; Rowedder/Schmidt-Leithoff/*Gesell* § 66 Rn. 20.
[49] Dazu allg. MüKoHGB/*Krafka* HGB § 8 Rn. 56 ff.
[50] Anders MüKoAktG/*Koch* AktG § 266 Rn. 11; BeckOGK/*Bachmann* AktG § 266 Rn. 12: Die Eintragung dürfe an der fehlenden Vorlage von Urkunden allein nicht scheitern.
[51] OLG Hamm Beschl. v. 26.3.2021 – 27 W 18/21, NZG 2021, 1071 (1072).
[52] Unstr., vgl. nur BGH Beschl. v. 7.5.2007 – II ZB 21/06, NZG 2007, 595 = GmbHR 2007, 877; Beschl. v. 18.10.2016 – II ZB 18/15, NZG 2017, 28 Rn. 16; BFH Beschl. v. 10.3.2016 – IX B 135/15, BFH/ NV 2016, 939; OLG Bremen Beschl. v. 12.2.2016 – 2 W 9/16, NZG 2016, 626 (627); OLG Jena Beschl. v. 15.3.2017 – 2 W 26/17, BeckRS 2017, 115802 = GmbHR 2017, 1047; *Hofmann* GmbHR 1976, 229 (233); Noack/Servatius/Haas/*Haas* Rn. 16; Scholz/*K. Schmidt/Scheller* Rn. 11.

lung hängen nicht von Eintragung und Bekanntmachung ab. **Registerrechtlicher Vertrauensschutz** wird über § 15 Abs. 1 und Abs. 3 HGB gewährt,[53] dh Dritte können sich grundsätzlich auf Vollständigkeit und Richtigkeit der Eintragungen verlassen. So dürfen sie vor der Eintragung der Liquidatoren auch dann von der fortbestehenden Vertretungsbefugnis der bisherigen Geschäftsführer ausgehen, wenn ihnen die Auflösung bekannt oder diese bereits eingetragen ist (arg. § 66 Abs. 1).[54] Umgekehrt kann sich die Gesellschaft bei richtiger Eintragung und Bekanntmachung nach § 15 Abs. 2 HGB Dritten gegenüber hierauf berufen. Einschränkungen unter Rechtsscheingesichtspunkten kommen nur in seltenen Ausnahmefällen in Betracht.[55] § 15 HGB gilt auch bei Eintragungen von Amts wegen nach § 67 Abs. 4.[56]

VII. GmbH & Co. KG

Die **Komplementär-GmbH** unterliegt § 67 ohne Besonderheiten. Hingegen ist für **25** die **KG** § 148 HGB einschlägig. Danach sind die Liquidatoren und ihre Vertretungsmacht sowie etwaige Änderungen von **sämtlichen Gesellschaftern** anzumelden, wenn nicht die Liquidatoren ausnahmsweise vom Gericht bestellt oder abberufen wurden. Damit sind auch die Kommanditisten anmeldepflichtig. Das ist namentlich bei Publikumsgesellschaften schwer durchzuführen. Die Satzung kann von der Anmeldepflicht nicht dispensieren, da § 148 HGB zwingendes Recht enthält und daher nicht abdingbar ist.[57] Zulässig und empfehlenswert ist aber eine **Bevollmächtigung** der organschaftlichen Vertreter der Komplementär-GmbH bereits im Gesellschaftsvertrag.[58] Von ihr kann bei der Publikums-KG auch ohne ausdrückliche Regelung ausgegangen werden.[59]

§ 68 Zeichnung der Liquidatoren

(1) ¹Die Liquidatoren haben in der bei ihrer Bestellung bestimmten Form ihre Willenserklärungen kundzugeben und für die Gesellschaft zu zeichnen. ²Ist nichts darüber bestimmt, so muß die Erklärung und Zeichnung durch sämtliche Liquidatoren erfolgen.

(2) Die Zeichnungen geschehen in der Weise, daß die Liquidatoren der bisherigen, nunmehr als Liquidationsfirma zu bezeichnenden Firma ihre Namensunterschrift beifügen.

Schrifttum: *Hofmann,* Zur Liquidation einer GmbH (I), GmbHR 1976, 229; *Reymann,* Die Vertretungsbefugnis der Liquidatoren bei der GmbH, GmbHR 2009, 176; *Sodemann,* Gestaltungsfreiheit und Auslegung im Liquidationsrecht der GmbH, 2019; *Terner,* Die Befreiung des GmbH-Liquidators von den Beschränkungen des § 181 BGB, DStR 2017, 160; *Wälzholz,* Die Vertretung der GmbH im Liquidationsstadium, GmbHR 2002, 305.

Übersicht

[53] OLG Jena Beschl. v. 15.3.2017 – 2 W 26/17, BeckRS 2017, 115802 = GmbHR 2017, 1047.
[54] Lutter/Hommelhoff/*Kleindiek* Rn. 10; Scholz/*K. Schmidt/Scheller* Rn. 12; HCL/*Paura* Rn. 19.
[55] MüKoHGB/*Krebs* HGB § 15 Rn. 75 ff.
[56] KG Beschl. v. 11.5.2021 – 1 W 29/21, 1 W 30/21, 1 W 31/21, 1 W 32/21, 1 W 33/21, NZG 2021, 926 (927); Noack/Servatius/Haas/*Haas* Rn. 18; Lutter/Hommelhoff/*Kleindiek* Rn. 10; Scholz/*K. Schmidt/Scheller* Rn. 12, 16.
[57] S. nur Staub/*Habersack* HGB § 148 Rn. 4.
[58] *Salger* in Reichert GmbH & Co. KG § 47 Rn. 25; MHLS/*Nerlich* Rn. 18; Scholz/*K. Schmidt/Scheller* Rn. 18, HCL/*Paura* Rn. 20; Staub/*Habersack* HGB § 148 Rn. 4.
[59] HK-GmbHG/*Kolmann/Riedemann* Rn. 19; HCL/*Paura* Rn. 20; Koller/Kindler/Roth/Drüen/*Kindler* HGB § 148 Rn. 1; aA Scholz/*K. Schmidt/Scheller* Rn. 18.

I. Bedeutung der Norm

1   Die Vorschrift betrifft die **Aktivvertretung** der Gesellschaft durch die Liquidatoren. **Abs. 1** regelt die Frage, ob Einzel- oder Gesamtvertretungsmacht besteht. **Abs. 2** legt fest, wie die Zeichnung zu erfolgen hat. Dass die Liquidatoren gesetzliche Vertreter der GmbH sind, ergibt sich aus § 70. § 68 regelt nicht den sachlichen Umfang der Vertretungsmacht, dieser entspricht der Reichweite der Vertretungsbefugnis der Geschäftsführer und ist insbesondere nicht durch den Liquidationszweck beschränkt, s. § 71 Abs. 4 (näher → § 70 Rn. 3 f.).[1] Für die Passivvertretung der aufgelösten Gesellschaft gilt über § 69 der § 35 Abs. 1 S. 2, Abs. 2 S. 2–4 entsprechend.

II. Vertretungsbefugnis (Abs. 1)

2   **1. Grundsatz der Gesamtvertretung.** Die in Abs. 1 S. 1 genannte „Form" der Kundgabe von Willenserklärungen bezieht sich nicht auf Formvorschriften, sondern darauf, ob die Liquidatoren allein oder nur in Gemeinschaft handeln können.[2] Abs. 1 S. 2 geht dabei vom Grundsatz der **Gesamtvertretungsmacht** aus. Dies entspricht der Regelung für die Geschäftsführer (§ 35 Abs. 2 S. 1), doch ist diese durch das MoMiG wesentlich klarer formuliert worden. Eine redaktionelle Anpassung von § 68 Abs. 1 wurde versäumt.[3] Wenn nichts anderes bestimmt ist (→ Rn. 4 ff.), müssen mehrere Liquidatoren Willenserklärungen gemeinschaftlich abgeben. Dabei genügt es allerdings, dass die Liquidatoren einen der ihren zur alleinigen Vertretung ermächtigen oder ein von ihm im Namen der Gesellschaft abgeschlossenes Geschäft genehmigen.[4] Eine Genehmigung ist auch durch die Gesellschafterversammlung möglich.[5]

3   Ist von vornherein nur ein Liquidator bestellt, so erhält dieser **Einzelvertretungsmacht**, wenn die Satzung nicht vorsieht, dass die Gesellschaft mehrere Liquidatoren haben muss.[6] Bei einem späteren **Wegfall** eines von zwei Liquidatoren erstarkt jedoch die Vertretungsmacht des verbliebenen Liquidators nicht etwa zu einer Einzelvertretungsbefugnis. Vielmehr muss ein zweiter Liquidator bestellt werden, damit die Gesellschaft wieder handlungsfähig wird.[7] Dies gilt nicht nur für den Fall, dass das Kollegialprinzip im Gesellschaftsvertrag oder im Bestellungs-

---

[1]   OLG Stuttgart Urt. v. 28.2.1986 – II U 148/95, ZIP 1986, 647 (648) = NJW-RR 1986, 836; LG Köln Beschl. v. 21.12.1979 – 29 T 21/79, DNotZ 1980, 422 (423); *Hofmann* GmbHR 1975, 229 (234); *Altmeppen* Rn. 2; Lutter/Hommelhoff/*Kleindiek* Rn. 5; Scholz/*K. Schmidt/Scheller* Rn. 1; HCL/*Paura* Rn. 1.

[2]   Noack/Servatius/Haas/*Haas* Rn. 2; MHLS/*Nerlich* Rn. 2; Rowedder/Schmidt-Leithoff/*Gesell* Rn. 1; Scholz/*K. Schmidt/Scheller* Rn. 15; HCL/*Paura* Rn. 2.

[3]   Rowedder/Schmidt-Leithoff/*Gesell* Rn. 1; *Wicke* Rn. 1.

[4]   *Passarge* in Passarge/Torwegge GmbH-Liquidation Rn. 368; Noack/Servatius/Haas/*Haas* Rn. 2; Lutter/Hommelhoff/*Kleindiek* Rn. 2; MHLS/*Nerlich* Rn. 4; HCL/*Paura* Rn. 3.

[5]   *Passarge* in Passarge/Torwegge GmbH-Liquidation Rn. 368; Noack/Servatius/Haas/*Haas* Rn. 2; MHLS/*Nerlich* Rn. 4.

[6]   S. nur BGH Beschl. v. 7.5.2007 – II ZB 21/06, NZG 2007, 595 = GmbHR 2007, 877; Lutter/Hommelhoff/*Kleindiek* Rn. 2; MHLS/*Nerlich* Rn. 5.

[7]   BGH Urt. v. 8.2.1993 – II ZR 62/92, BGHZ 121, 263 = NJW 1993, 1654; OLG Hamburg Beschl. v. 11.9.1987 – 11 W 55/87, GmbHR 1988, 67 (68); OLG München Beschl. v. 12.5.2010 – 31 Wx 47/10, GmbHR 2011, 144 (145); MHdB GesR III/*Weitbrecht* § 63 Rn. 13; Noack/Servatius/Haas/*Haas* Rn. 2; Lutter/Hommelhoff/*Kleindiek* Rn. 3; MHLS/*Nerlich* Rn. 5; HCL/*Paura* Rn. 10; anders für den Fall, dass ursprünglich nur ein Geschäftsführer bestellt wurde und der später bestellte Mitgeschäftsführer später wieder wegfällt BGH Hinweisbeschl. v. 26.2.2007 – II ZR 330/05, ZIP 2007, 1406 = DStR 2007, 1312.

beschluss ausdrücklich angeordnet wird,[8] sondern auch, wenn es bis zum Fortfall des zweiten Liquidators auf der gesetzlichen Anordnung des Abs. 1 S. 2 beruhte. Denn den Gesellschaftern kann nicht ohne Weiteres unterstellt werden, dass sie einem Liquidator allein die Vertretung der Gesellschaft überlassen wollten. Dies muss vielmehr stets auf einer bewussten Entscheidung der Gesellschafter beruhen.[9] Sie kann jederzeit durch einfachen Beschluss getroffen werden (→ Rn. 8 f.).

2. Abweichende Bestimmung. a) Gesellschaftsvertragliche Regelung. Der Ge- 4 sellschaftsvertrag kann eine vom Kollegialprinzip **abweichende Regelung** vorsehen. Zulässig ist die Anordnung von Einzelvertretung, Gesamtvertretung durch einen Teil der Liquidatoren sowie die sog. unechte Gesamtvertretung (→ Rn. 13) durch einen oder mehrere Liquidatoren zusammen mit einem Prokuristen. Die Satzung kann die Liquidatoren ferner vom Verbot des Insichgeschäfts (§ 181 BGB) befreien oder die Gesellschafterversammlung hierzu ermächtigen. Zur Frage, ob die Gesellschafter auch ohne eine solche Ermächtigung eine Befreiung vornehmen können, näher → Rn. 10.

Oftmals enthält die Satzung keine ausdrückliche Regelung der Vertretungsverhältnisse 5 im Liquidationsstadium, da die Problematik bei der Gründung der Gesellschaft nicht bedacht wird. Dann kann nach einer in der Lit. verbreiteten Ansicht im Zweifel unterstellt werden, dass eine für die **Geschäftsführer** getroffene Regelung für diese als **geborene Liquidatoren** weiter fortgelten soll.[10] Diese Auslegungsregel wird aus dem in § 66 Abs. 1 niedergelegten Grundsatz der Amtskontinuität abgeleitet. Werden Geschäftsführer- und Liquidatorenamt von denselben Personen wahrgenommen, so soll sich auch ihre Vertretungsbefugnis durch die Auflösung nicht ändern, es sei denn, es ist ausdrücklich etwas anderes bestimmt. Eine auf die Geschäftsführer bezogene Satzungsklausel soll aber für **gekorene Liquidatoren** nicht gelten.[11]

Dagegen gibt es nach zutreffender Ansicht des BGH keinen Grundsatz, dass eine für 6 mehrere Geschäftsführer bestehende Alleinvertretungsregelung diesen ohne Weiteres auch in ihrer Funktion als geborene Liquidatoren zugutekommt.[12] Aus § 66 Abs. 1 folgt lediglich, dass die Geschäftsführer mangels abweichender Regelung ihr Amt weiterführen. Die personelle Kontinuität bei der Besetzung der Geschäftsleiterfunktion impliziert jedoch keine Kontinuität der Kompetenzen. Für die Vertretungsmacht trifft § 68 Abs. 1 vielmehr eine eigenständige Regelung. Diese sieht für den Normalfall Gesamtvertretungsmacht vor und differenziert dabei gerade nicht zwischen geborenen und gekorenen Liquidatoren. Eine davon abweichende Regelung muss sich eindeutig auf die Liquidationsphase beziehen. Dies trägt dem Umstand Rechnung, dass nach Beendigung der werbenden Tätigkeit der Gesellschaft weniger deren jederzeitige Handlungsfähigkeit als vielmehr der Schutz der Korporation, ihrer Gläubiger und Gesellschafter vor einer Schmälerung der Liquidationsmasse im Vordergrund steht. Soll nach dem wirklichen Willen der Gesellschafter die bis zur Auflösung der Gesellschaft für die Geschäftsführer maßgebliche Vertretungsregelung

---

[8] So aber *Altmeppen* Rn. 7; Hachenburg/*Hohner* Rn. 10.
[9] HCL/*Paura* Rn. 10.
[10] *Passarge* in Passarge/Torwegge GmbH-Liquidation Rn. 370 ff.; MHLS/*Nerlich* Rn. 10; Scholz/ *K. Schmidt*/*Scheller* Rn. 5; HCL/*Paura* Rn. 4; tendenziell auch *Sodemann*, Gestaltungsfreiheit und Auslegung im Liquidationsrecht der GmbH, 2019, 269 ff.; sympathisierend BayObLG Beschl. v. 31.3.1994 – 3Z BR 23/94, GmbHR 1994, 478 (479): „Auffassung, für die vieles spricht".
[11] *Passarge* in Passarge/Torwegge GmbH-Liquidation Rn. 374; MHLS/*Nerlich* Rn. 10; HCL/*Paura* Rn. 4; weitergehend für das Aktienrecht BeckOGK/*Bachmann* AktG § 269 Rn. 11.
[12] BGH Urt. v. 27.10.2008 – II ZR 255/07, NZG 2009, 72 Rn. 8 ff.; ferner OLG Brandenburg Urt. v. 11.12.2019 – 4 U 203/15, BeckRS 2019, 34706; OLG Frankfurt Beschl. v. 21.5.2019 – 20 W 87/ 18, NZG 2019, 1295 (1297); OLG Karlsruhe Urt. v. 9.10.2007 – 8 U 63/07, ZIP 2008, 505; KG Beschl. v. 23.2.1933 – 33 1 b X 63/33, HRR 1933 Nr. 1348 aE; OLG Naumburg Beschl. v. 28.12.2012 – 5 Wx 9/12, BeckRS 2013, 11256; MHdB GesR III/*Weitbrecht* § 63 Rn. 14; Bork/Schäfer/*Servatius* Rn. 6; Ensthaler/Füller/Schmidt/*Ensthaler* Rn. 4; Gehrlein/Born/Simon/*Brünkmans*/*Hofmann* Rn. 10; Hachenburg/*Hohner* Rn. 7; HK-GmbHG/*Kolmann*/*Riedemann* Rn. 7; Lutter/Hommelhoff/*Kleindiek* Rn. 2; Noack/Servatius/Haas/*Haas* Rn. 4a; Rowedder/Schmidt-Leithoff/*Gesell* Rn. 3; Scholz/ *K. Schmidt*/*Scheller* Rn. 7.

auch für die Liquidatoren gelten, so bleibt es ihnen unbenommen, diesen Willen jederzeit durch einfachen Beschluss (→ Rn. 8 f.) zu verwirklichen, wenn sie Entsprechendes nicht schon in der Satzung implementiert haben.

7   Auch eine den Geschäftsführern erteilte Befreiung vom **Verbot des Selbstkontrahierens** (§ 181 BGB) gilt in der Liquidationsphase nicht einfach weiter. Der geborene Liquidator setzt zwar seine Tätigkeit fort, sie erfährt aber bedeutsame inhaltliche Änderungen. Daher kann nicht ohne besondere Anhaltspunkte unterstellt werden, er könne weiterhin ohne Genehmigung der Gesellschafter Geschäfte mit sich selbst tätigen.[13] Auch insoweit kann aber durch einfachen Gesellschafterbeschluss eine andere Regelung getroffen werden (→ Rn. 10). Haben die Gesellschafter von einem der staatlich vorgegebenen Musterprotokolle für die Gründung (§ 2 Abs. 1a) Gebrauch gemacht, greift die dort eingeräumte Befreiung, da jeweils ausdrücklich nur von dem Geschäftsführer die Rede ist (Anlage zu § 2), ebenfalls im Liquidationsstadium nicht mehr.[14]

8   **b) Gesellschafterbeschluss.** Abweichend von § 35 Abs. 2 S. 1 ermöglicht § 68 Abs. 1 S. 1 ein Abrücken von der dispositiven gesetzlichen Vertretungsregelung nicht nur durch oder auf Grundlage der Satzung, sondern auch mittels einfachen **Gesellschafterbeschlusses.** Dieser kann über den insoweit zu engen Wortlaut der Vorschrift nicht nur anlässlich der Bestellung der Liquidatoren gefasst werden, sondern auch noch **nachträglich.**[15] Das folgt mittelbar aus § 66 Abs. 1, 3 S. 2: Die Gesellschafter können die Liquidatoren abberufen und mit veränderter Vertretungsbefugnis neu bestellen, dann muss es auch möglich sein, nur die Vertretungsregelung zu ändern.[16]

9   Zur Beschlussfassung reicht die **einfache Mehrheit** aus.[17] Die Voraussetzungen der §§ 53, 54 müssen selbst dann nicht eingehalten werden, wenn die Satzung eine Regelung der Vertretung enthält.[18] Denn aus der Wendung „in der bei der Bestellung bestimmten

---

[13] BGH Urt. v. 27.10.2008 – II ZR 255/07, NZG 2009, 72 Rn. 15; BayObLG Beschl. v. 24.10.1996 – 3Z BR 262/96, BB 1997, 8; Beschl. v. 19.10.1995 – 3Z BR 218/95, GmbHR 1996, 56 (57); Beschl. v. 14.5.1985 – BReg. 3 Z 41/85, BB 1985, 1148 (1149) = EWiR § 66 GmbHG 2/85, 691 *(Meyer-Landrut)*; OLG Düsseldorf Urt. v. 9.12.1988 – 16 U 52/88, GmbHR 1989, 465; OLG Frankfurt Beschl. v. 13.10.2011 – 20 W 95/11, BeckRS 2012, 07403 = ZIP 2012, 1076 (1077 f.); Beschl. v. 21.5.2019 – 20 W 87/18, NZG 2019, 1295 (1299); OLG Hamm Beschl. v. 2.1.1997 – 15 W 195/96, GmbHR 1997, 553; OLG Jena Urt. v. 31.5.2000 – 2 U 1586/99, OLG-NL 2000, 168; OLG Rostock Beschl. v. 6.10.2003 – 3 U 188/03, NZG 2004, 288; OLG Zweibrücken Beschl. v. 19.6.1998 – 3 W 90/98, GmbHR 1999, 237 (238); *Meyding/Schnorbus/Henig* ZNotP 2006, 122 (133); *Reymann* GmbHR 2009, 176 (180); MHdB GesR III/*Weitbrecht* § 63 Rn. 14; Noack/Servatius/Haas/*Haas* Rn. 4a; Bork/Schäfer/*Servatius* Rn. 6; Gehrlein/Born/Simon/*Brünkmans/Hofmann* Rn. 13; Hachenburg/*Hohner* Rn. 9; HK-GmbHG/*Kolmann/Riedemann* Rn. 13; Lutter/Hommelhoff/*Kleindiek* Rn. 4; Rowedder/Schmidt-Leithoff/*Gesell* Rn. 6; Scholz/*K. Schmidt/Scheller* Rn. 10; aA MHLS/*Nerlich* Rn. 11; *Altmeppen* § 66 Rn. 16; HCL/*Paura* Rn. 9; für die Einpersonen-GmbH auch BFH Urt. v. 12.7.2001 – VII R 19, 20/2000, GmbHR 2001, 927 (931).

[14] OLG Frankfurt Beschl. v. 13.10.2011 – 20 W 95/11, BeckRS 2012, 07403 = ZIP 2012, 1076 (1077 f.); Scholz/*K. Schmidt/Scheller* Rn. 10.

[15] BGH Urt. v. 27.10.2008 – II ZR 255/07, NZG 2009, 72 Rn. 10; BayObLG Beschl. v. 14.5.1985 – BReg. 3 Z 41/85, BB 1985, 1148 (1149) = EWiR § 66 GmbHG 2/85, 691 *(Meyer-Landrut)*; *Reymann* GmbHR 2009, 176 (177); *Altmeppen* Rn. 9; Noack/Servatius/Haas/*Haas* Rn. 6; HK-GmbHG/*Kolmann/Riedemann* Rn. 8; Lutter/Hommelhoff/*Kleindiek* Rn. 2; Rowedder/Schmidt-Leithoff/*Gesell* Rn. 4; Scholz/*K. Schmidt/Scheller* Rn. 10; HCL/*Paura* Rn. 7.

[16] Rowedder/Schmidt-Leithoff/*Gesell* Rn. 4; HCL/*Paura* Rn. 7.

[17] BayObLG Beschl. v. 14.5.1985 – BReg. 3 Z 41/85, BB 1985, 1148 (1149) = DB 1985, 1521 = EWiR § 66 GmbHG 2/85, 691 *(Meyer-Landrut)*; KG Beschl. v. 23.2.1933 – 33 1 b X 63/33, HRR 1933 Nr. 1348; Noack/Servatius/Haas/*Haas* Rn. 5; OLG Naumburg Beschl. v. 28.12.2012 – 5 Wx 9/12, BeckRS 2013, 11256; *Altmeppen* Rn. 9; Bork/Schäfer/*Servatius* Rn. 5; Gehrlein/Born/Simon/*Brünkmans/Hofmann* Rn. 8; HK-GmbHG/*Kolmann/Riedemann* Rn. 10; Lutter/Hommelhoff/*Kleindiek* Rn. 2; Rowedder/Schmidt-Leithoff/*Gesell* Rn. 4; HCL/*Paura* Rn. 5.

[18] S. § 221 Abs. 2 S. 2 RegE 1971/1973; Noack/Servatius/Haas/*Haas* Rn. 5; Lutter/Hommelhoff/*Kleindiek* Rn. 2; Rowedder/Schmidt-Leithoff/*Gesell* Rn. 4; für Dreiviertelmehrheit in diesem Fall aber *Passarge* in Passarge/Torwegge GmbH-Liquidation Rn. 375; Bork/Schäfer/*Servatius* Rn. 7; HK-GmbHG/*Kolmann/Riedemann* Rn. 10; Scholz/*K. Schmidt/Scheller* Rn. 6; HCL/*Paura* Rn. 6; weitergehend – stets formale Satzungsänderung erforderlich – *Altmeppen* Rn. 10, 12; Gehrlein/Born/Simon/*Brünkmans/Hofmann* Rn. 8.

Form" folgt, dass die Gesellschafter an eine statutarische Vertretungsregelung nicht gebunden sind. Genauso wie die Gesellschafter nach einhelliger Auffassung andere als die im Gesellschaftsvertrag bestimmten Personen als Liquidatoren bestellen können (→ § 66 Rn. 18, → § 66 Rn. 20), steht es ihnen frei, die Vertretungsbefugnis der Liquidatoren abweichend von der Satzung zu bestimmen. Angesichts des Umstands, dass die Gesellschaft regelmäßig ohnehin nur noch einen überschaubaren Zeitraum weiterbestehen wird, ist der Verzicht auf das Erfordernis einer formellen Satzungsänderung auch gut begründet. Außenstehende Dritte sind hinreichend dadurch geschützt, dass die geltende Vertretungsregelung zwingend im Register offenzulegen ist. Wenn die Satzung über die statutarische Vertretungsregelung hinaus **zusätzlich** vorsieht, dass von ihr nur mit qualifizierter Mehrheit abgewichen werden kann, so sind die Gesellschafter allerdings hieran gebunden.[19]

Die vorstehend dargestellten Grundsätze lassen sich auch auf die Gestattung des **Selbst-** **10** **kontrahierens** übertragen. Die Gesellschafter können die Liquidatoren vom Verbot des § 181 BGB durch einfachen Gesellschafterbeschluss befreien und ihnen dieses Privileg auf gleiche Weise wieder entziehen.[20] Einer Ermächtigung in der Satzung bedarf es im Hinblick auf die besondere Schutzfunktion des § 35 Abs. 3 nur in der Einpersonen-GmbH. Die ganz herrschende Meinung hält eine solche Ermächtigung demgegenüber generell für notwendig.[21] Allerdings soll eine auf die Geschäftsführer bezogene Befreiungsklausel im Zweifel auch eine Befreiung der Liquidatoren ermöglichen.[22] Diese Interpretation steht jedoch in einem gewissen Widerspruch dazu, dass überwiegend und zu Recht eine unmittelbar in der Satzung enthaltene Befreiung der Geschäftsführer vom Verbot des Selbstkontrahierens nicht zugunsten der Liquidatoren angewendet wird (→ Rn. 7). Richtigerweise kommt es auf die Auslegung der Klausel hier gar nicht an, da es einer statutarischen Ermächtigung überhaupt nicht bedarf. Abs. 1 zeigt deutlich, dass die Gesellschafter die Vertretungsverhältnisse im Liquidationsstadium unabhängig von einer besonderen Ermächtigung in der Satzung durch einfachen Beschluss regeln können. Das muss jenseits des Anwendungsbereichs des § 35 Abs. 3 auch für die Gestattung zur Vornahme von Insichgeschäften gelten. Im Hinblick auf die unsichere Rechtslage ist freilich eine ausdrückliche Regelung in der Satzung empfehlenswert. Wurde von einer statutarischen Ermächtigung bereits im werbenden

[19]   Noack/Servatius/Haas/*Haas* Rn. 6; Lutter/Hommelhoff/*Kleindiek* Rn. 2.
[20]   Lutter/Hommelhoff/*Kleindiek* Rn. 4; bei lediglich punktueller Befreiung auch OLG Brandenburg Urt. v. 11.12.2019 – 4 U 203/15, BeckRS 2019, 34706; dagegen BeckOK GmbHG/*Lorscheider* 48. Ed. 1.2.2021, Rn. 1a.
[21]   BayObLG Beschl. v. 14.5.1985 – BReg. 3 Z 41/85, BB 1985, 1148 (1149) = EWiR § 66 GmbHG 2/85, 691 *(Meyer-Landrut)*; BayObLG Beschl. v. 19.10.1995 – 3Z BR 218/95, GmbHR 1996, 56 (57); OLG Düsseldorf Beschl. v. 23.9.2016 – I-3 Wx 130/15, NZG 2016, 1424; OLG Frankfurt Beschl. v. 13.10.2011 – 20 W 95/11, BeckRS 2012, 07403 = ZIP 2012, 1076 (1078 f.); OLG Frankfurt Beschl. v. 21.5.2019 – 20 W 87/18, NZG 2019, 1295 (1297 f.); OLG Hamm Beschl. v. 2.1.1997 – 15 W 195/96, GmbHR 1997, 553; Beschl. v. 6.7.2010 – 15 Wx 281/09, GmbHR 2011, 432; OLG Köln Beschl. v. 21.9.2016 – 2 Wx 377/16, NZG 2016, 1314 (1315); OLG Rostock Beschl. v. 6.10.2003 – 3 U 188/03, NZG 2004, 288; OLG Zweibrücken Beschl. v. 6.7.2011 – 3 W 62/11, BeckRS 2011, 23822 = GmbHR 2011, 1209; LG Berlin Beschl. v. 15.1.1987 – 98 T 21/86, Rpfleger 1987, 250; *Meyding/Schnorbus/Henig* ZNotP 2006, 122 (133); *Reymann* GmbHR 2009, 176 (177); *Terner* DStR 2017, 160 (161); *Wälzholz* GmbHR 2002, 305 (308); MHdB GesR III/*Weitbrecht* § 63 Rn. 12; Noack/Servatius/Haas/*Haas* Rn. 5; HK-GmbHG/*Kolmann/Riedemann* Rn. 13; Scholz/*K. Schmidt/Scheller* Rn. 8; HCL/*Paura* Rn. 9; aA bei einstimmigem Gesellschafterbeschluss Gehrlein/Born/Simon/*Brünkmans/Hofmann* Rn. 11.
[22]   BayObLG Beschl. v. 19.10.1995 – 3Z BR 218/95, GmbHR 1996, 56 (57 f.) = BB 1995, 2544; OLG Zweibrücken Beschl. v. 6.7.2011 – 3 W 62/11, BeckRS 2011, 23822 = GmbHR 2011, 1209; LG Berlin Beschl. v. 15.1.1987 – 98 T 21/86, Rpfleger 1987, 250; *Reymann* GmbHR 2009, 176 (180); *Terner,* DStR 2017, 160 (162 f.); *Wälzholz* GmbHR 2002, 305 (308); MHdB GesR III/*Weitbrecht* § 63 Rn. 14; HK-GmbHG/*Kolmann/Riedemann* Rn. 13; Rowedder/Schmidt-Leithoff/*Gesell* Rn. 6; Scholz/*K. Schmidt/Scheller* Rn. 10; HCL/*Paura* Rn. 9; aA OLG Frankfurt Beschl. v. 21.5.2019 – 20 W 87/18, NZG 2019, 1295 (1298 f.); OLG Hamm Beschl. v. 2.1.1997 – 15 W 195/96, GmbHR 1997, 553; OLG Köln Beschl. v. 21.9.2016 – 2 Wx 377/16, NZG 2016, 1314 (1315); *Meyding/Schnorbus/Henig* ZNotP 2006, 122 (133); Gehrlein/Born/Simon/*Brünkmans/Hofmann* Rn. 14; Hachenburg/*Hohner* Rn. 9.

Zustand zugunsten der Geschäftsführer Gebrauch gemacht, so gilt dieser Gesellschafterbeschluss im Zweifel nicht für die Liquidatoren (→ Rn. 7).[23]

11 **c) Delegation auf ein anderes Organ.** Durch die Satzung kann ein anderes Organ **ermächtigt** werden, die Vertretungsverhältnisse zu regeln.[24] Ein bloßer Gesellschafterbeschluss genügt abweichend von § 269 Abs. 3 S. 2 AktG hier nicht. Aber anders als im Aktienrecht besteht die Delegationsmöglichkeit nicht nur in Bezug auf einen Aufsichtsrat, sondern auch zugunsten von Beiräten, Verwaltungsräten und ähnlichen Gremien. Denn bei dem Aufsichtsrat handelt es sich (außerhalb des Anwendungsbereichs der Mitbestimmungsgesetze) um ein rein fakultatives Organ der GmbH, sodass insoweit eine Sonderbehandlung nicht gerechtfertigt wäre.

12 **d) Bestimmung durch das Registergericht.** Im Falle **gerichtlicher Ernennung** der Liquidatoren bzw. Notliquidatoren nach § 66 Abs. 2, 5 GmbHG, §§ 28, 49 BGB analog bzw. § 38 Abs. 2 KWG ist es ausschließlich Sache des Gerichts, die Vertretungsverhältnisse zu regeln. Trifft es diesbezüglich keine Anordnung, so gelten die Bestimmungen in der Satzung, hilfsweise Gesamtvertretungsmacht nach Abs. 1 S. 2 (→ § 66 Rn. 42). Eine Regelung durch die Gesellschafter oder ein anderes Gesellschaftsorgan ist nicht möglich.[25] Im Laufe der Liquidation kann das Gericht die Vertretungsmacht ändern.[26] Aus wichtigem Grund kann es als milderes Mittel gegenüber der Abberufung nach § 66 Abs. 3 S. 1 auch die Vertretungsmacht der Liquidatoren, die es nicht selbst bestellt hat, einschränkend ändern.[27]

13 **e) Unechte Gesamtvertretung.** Zulässig ist auch die Vertretung durch einen Liquidator und einen **Prokuristen** (unechte Gesamtvertretung).[28] Die früher vorherrschende Gegenauffassung stützte sich maßgeblich auf die aktienrechtliche Bestimmung des § 210 Abs. 5 AktG 1937, die die Erteilung einer Prokura im Liquidationsstadium ausdrücklich ausschloss. Daraus wurde der Schluss gezogen, dass bestehende Prokuren erlöschen und es einen Prokuristen in der aufgelösten Gesellschaft überhaupt nicht mehr geben könne.[29] Mit dem Wegfall des (auf die GmbH entsprechend angewendeten) Verbots durch die Aktienrechtsreform 1965 (vgl. § 269 Abs. 3 S. 1 AktG) ist all dies überholt. Dem Prokuristen darf allerdings keine Vetoposition eingeräumt werden. Zulässig ist es daher nur, den Prokuristen an die Mitwirkung des Liquidators zu binden, nicht aber umgekehrt den Liquidator an die Mitwirkung des Prokuristen.[30] Vorgesehen werden kann auch, dass ein Liquidator gemeinschaftlich entweder mit einem anderen Liquidator oder mit einem Prokuristen zur Vertretung berechtigt ist.[31] Erteilung und Widerruf der Prokura richten sich nach §§ 48, 52 HGB. Wird ein Prokurist zum Liquidator bestellt, so erlischt die Prokura automatisch.[32]

---

[23]   OLG Rostock Beschl. v. 6.10.2003 – 3 U 188/03, NZG 2004, 288; Gehrlein/Born/Simon/*Brünkmans*/
        Hofmann Rn. 14; HK-GmbHG/*Kolmann*/*Riedemann* Rn. 13; Lutter/Hommelhoff/*Kleindiek* Rn. 4; aA
        Altmeppen Rn. 5.
[24]   *Passarge* in Passarge/Torwegge GmbH-Liquidation Rn. 371; Noack/Servatius/Haas/*Haas* Rn. 7;
        Rowedder/Schmidt-Leithoff/*Gesell* Rn. 4; HCL/*Paura* Rn. 8.
[25]   *Passarge* in Passarge/Torwegge GmbH-Liquidation Rn. 378; Noack/Servatius/Haas/*Haas* Rn. 9; Lutter/
        Hommelhoff/*Kleindiek* Rn. 3; MHLS/*Nerlich* Rn. 13; Rowedder/Schmidt-Leithoff/*Gesell* Rn. 7; HCL/
        Paura Rn. 11.
[26]   *Passarge* in Passarge/Torwegge GmbH-Liquidation Rn. 378; HCL/*Paura* Rn. 11.
[27]   *Passarge* in Passarge/Torwegge GmbH-Liquidation Rn. 378; Noack/Servatius/Haas/*Haas* Rn. 9; Lutter/
        Hommelhoff/*Kleindiek* Rn. 3; Rowedder/Schmidt-Leithoff/*Gesell* Rn. 7; HCL/*Paura* Rn. 11.
[28]   *Passarge* in Passarge/Torwegge GmbH-Liquidation Rn. 370; Noack/Servatius/Haas/*Haas* Rn. 8;
        Hachenburg/*Hohner* Rn. 13; HK-GmbHG/*Kolmann*/*Riedemann* Rn. 6; Lutter/Hommelhoff/*Kleindiek*
        Rn. 2; MHLS/*Nerlich* Rn. 12; Rowedder/Schmidt-Leithoff/*Gesell* Rn. 5; Scholz/*K. Schmidt*/*Scheller*
        Rn. 11; HCL/*Paura* Rn. 12.
[29]   Vgl. die Nachweise bei Hachenburg/*Hohner* Rn. 13.
[30]   *Passarge* in Passarge/Torwegge GmbH-Liquidation Rn. 370; Noack/Servatius/Haas/*Haas* Rn. 8;
        Rowedder/Schmidt-Leithoff/*Gesell* Rn. 5; Scholz/*K. Schmidt*/*Scheller* Rn. 11.
[31]   *Passarge* in Passarge/Torwegge GmbH-Liquidation Rn. 370; Noack/Servatius/Haas/*Haas* Rn. 8; Scholz/
        K. Schmidt/*Scheller* Rn. 11.
[32]   OLG Düsseldorf Beschl. v. 7.3.2012 – I-3Wx 200/11, NZG 2012, 957.

f) Passivvertretung. Der Grundsatz des Abs. 1 S. 2 gilt nur für die Aktivvertretung **14** der aufgelösten GmbH. Für den Empfang von Willenserklärungen greift der über § 69 anzuwendende § 35 Abs. 2 S. 2: Selbst wenn die Gesellschaft mehrere Liquidatoren hat, genügt es, wenn die Erklärung gegenüber **einem von ihnen** erfolgt.[33] Die Regelung ist zwingend. Sie kann weder durch die Satzung noch durch Gesellschafterbeschluss und nicht einmal im Rahmen der gerichtlichen Bestellung von Liquidatoren durchbrochen werden.[34] Auch für eine wirksame Zustellung an die Gesellschaft reicht der Empfang des Dokuments durch einen Liquidator aus (§ 170 Abs. 3 ZPO, § 6 Abs. 3 VwZG).[35] Im Falle unechter Gesamtvertretung ist auch jeder Prokurist zur Passivvertretung berufen. Für die **Wissenszurechnung** gilt schließlich, dass hier ebenfalls bereits die Kenntnis bzw. das Kennenmüssen eines organschaftlichen Vertreters der Gesellschaft genügt.[36]

Im Falle der **Führungslosigkeit** der Gesellschaft ist nach § 35 Abs. 1 S. 2 iVm **15** Abs. 2 S. 2 iVm § 69 jeder Gesellschafter passiv vertretungsbefugt.[37] Es genügt daher nach dieser durch das MoMiG eingefügten Regelung für den Zugang von Willenserklärungen und für die Zustellung von Schriftstücken, dass sie an einen **einzelnen Gesellschafter** bewirkt werden. Führungslosigkeit ist bei einer aufgelösten Gesellschaft gegeben, wenn sie keinen Liquidator hat,[38] etwa weil ein solcher abberufen wurde oder zurückgetreten ist. Dass lediglich der Aufenthaltsort eines amtierenden Liquidators unbekannt ist, genügt nicht.

Nach § 35 Abs. 2 S. 3 besteht eine unwiderlegliche Vermutung dafür, dass die Vertre- **16** ter der GmbH unter der **im Handelsregister eingetragenen Geschäftsanschrift** zu erreichen sind. Auf deren tatsächliche Kenntnisnahme kommt es daher gar nicht an. Die Geschäftsanschrift ist auch dann maßgeblich, wenn der Erklärende weiß, dass die Liquidatoren dauerhaft abwesend sind und unabhängig davon, ob er von einer etwaigen Führungslosigkeit Kenntnis hat. Unerheblich ist ferner, ob er den Vertreter der Gesellschaft richtig bezeichnet. Unberührt bleibt die Möglichkeit, gegenüber einer freiwillig nach § 10 Abs. 2 S. 2 im Handelsregister eingetragenen empfangsberechtigten Person Willenserklärungen abzugeben bzw. ihr Schriftstücke zuzustellen. Schließlich besteht auch in der Liquidation die Möglichkeit der öffentlichen Zustellung nach § 15a HGB und § 185 Nr. 2 ZPO.

III. Zeichnung

1. Form. Die Liquidatoren zeichnen in der Weise, dass sie die Firma der Gesellschaft **17** angeben und dieser die **Namensunterschrift** hinzufügen. Die Firma muss nicht handschriftlich gezeichnet werden.[39] Für die Geschäftsführer hat der Gesetzgeber des MoMiG auf eine entsprechende Zeichnungsregel (§ 35 Abs. 3 aF) zum Zwecke der Deregulierung verzichtet.

2. Firmenzusatz. Die Firma bleibt **unverändert,** sie ist aber durch einen entspre- **18** chenden **Zusatz** als Liquidationsfirma zu kennzeichnen. Eine Satzungsänderung liegt hierin nicht.[40] Es ist aber durchaus zweckmäßig, wenn die Gesellschafter Beschluss darüber fassen,

---

[33] *Hofmann* GmbHR 1976, 229 (234); *Passarge* in Passarge/Torwegge GmbH-Liquidation Rn. 369; MHdB GesR III/*Weitbrecht* § 63 Rn. 11; Noack/Servatius/Haas/*Haas* Rn. 3; Bork/Schäfer/*Servatius* Rn. 3; Lutter/Hommelhoff/*Kleindiek* Rn. 5 aE; HK-GmbHG/*Kolmann/Riedemann* Rn. 4; Rowedder/ Schmidt-Leithoff/*Gesell* Rn. 2; Scholz/*K. Schmidt/Scheller* Rn. 12; HCL/*Paura* Rn. 13.

[34] *Passarge* in Passarge/Torwegge GmbH-Liquidation Rn. 369; Noack/Servatius/Haas/*Haas* Rn. 3; HCL/ *Paura* Rn. 13.

[35] Scholz/*K. Schmidt/Scheller* Rn. 12.

[36] Hachenburg/*Hohner* Rn. 12; HK-GmbHG/*Kolmann/Riedemann* Rn. 4; Scholz/*K. Schmidt/Scheller* Rn. 13; HCL/*Paura* Rn. 11.

[37] HK-GmbHG/*Kolmann/Riedemann* Rn. 5; Rowedder/Schmidt-Leithoff/*Gesell* Rn. 2; Scholz/ *K. Schmidt/Scheller* Rn. 12; HCL/*Paura* Rn. 13.

[38] Scholz/*K. Schmidt/Scheller* Rn. 12; *Wicke* § 35 Rn. 26.

[39] Noack/Servatius/Haas/*Haas* Rn. 10; MHLS/*Nerlich* Rn. 15; HCL/*Paura* Rn. 14.

[40] MHLS/*Nerlich* Rn. 14; Scholz/*K. Schmidt/Scheller* Rn. 14; HCL/*Paura* Rn. 15.

wie die Liquidatoren zeichnen sollen.[41] Als Zusätze üblich sind „in Liquidation", „in Abwicklung", „in Liqu." oder „i.L.". Das Kürzel „i.A." erscheint demgegenüber missverständlich und sollte deshalb nicht verwendet werden.[42]

19   **3. Rechtsfolgen eines Verstoßes gegen Abs. 2.** Missachten die Liquidatoren die Anforderungen des Abs. 2, so steht dies der **Wirksamkeit der Erklärung** nicht entgegen, wenn sich aus den Umständen ergibt, dass sie für die Abwicklungsgesellschaft handeln.[43] Entsprechendes gilt für die Entgegennahme von Willenserklärungen. Sie sind der GmbH auch dann zugegangen, wenn diese nicht als Liquidationsgesellschaft bezeichnet ist.[44]

20   Wusste der Vertragspartner nicht, dass die Gesellschaft sich im Liquidationsstadium befindet, so kann er unter Umständen nach § 119 Abs. 2 BGB oder § 123 BGB **anfechten**.[45] Ferner kommt ein **Schadensersatzanspruch** aus culpa in contrahendo (§ 280 Abs. 1 BGB, § 311 Abs. 2 BGB, § 241 Abs. 2 BGB) gegen die Gesellschaft in Betracht.[46] Ein Schaden kann namentlich dann gegeben sein, wenn die GmbH mangels Masse aufgelöst worden ist. Deren Regressanspruch gegen die Liquidatoren aus §§ 43, 71 Abs. 4 können Gläubiger pfänden und sich überweisen lassen.[47]

21   Ein Direktanspruch gegen die **Liquidatoren** aus culpa in contrahendo (§ 280 Abs. 1 BGB, § 311 Abs. 3 S. 2 BGB, § 241 Abs. 2 BGB) scheitert regelmäßig daran, dass diese allein durch das Weglassen des Liquidationszusatzes kein besonderes persönliches Vertrauen in Anspruch nehmen.[48] § 68 Abs. 2 stellt sich jedoch als **Schutzgesetz iSv § 823 Abs. 2 BGB** dar.[49] Die mit der aufgelösten Gesellschaft kontrahierenden Personen sollen gerade auf die besonderen Eigentümlichkeiten der Liquidation und die mit ihr einhergehenden Risiken hingewiesen werden. Diesem berechtigten Offenlegungsinteresse potentieller Geschäftspartner trägt die Vorschrift Rechnung. Ihr kommt daher keineswegs nur Ordnungsfunktion zu. Dabei muss allerdings der ursächliche Zusammenhang der Pflichtverletzung des Liquidators und des eingetretenen Schadens im Einzelnen dargelegt werden.[50]

IV. GmbH & Co. KG

22   **1. Vertretungsmacht.** Die Liquidatoren der KG vertreten diese nach § 149 S. 2 HGB gerichtlich und außergerichtlich. Sie handeln im Zweifel **gemeinschaftlich**, es sei denn, es ist durch den Gesellschaftsvertrag, Beschluss der Gesellschafter oder das Gericht etwas anderes bestimmt (§ 150 Abs. 1 HGB).

---

[41]   Scholz/*K. Schmidt/Scheller* Rn. 14.

[42]   Es kann auch „im Auftrag" oder „im Aufbau" bedeuten; s. etwa *Altmeppen* Rn. 14; HK-GmbHG/ *Kolmann/Riedemann* Rn. 15; MHLS/*Nerlich* Rn. 14; Rowedder/Schmidt-Leithoff/*Gesell* Rn. 8; HCL/ *Paura* Rn. 15; aA Noack/Servatius/Haas/*Haas* Rn. 11; Hachenburg/*Hohner* Rn. 15; Lutter/Hommelhoff/*Kleindiek* Rn. 6.

[43]   Noack/Servatius/Haas/*Haas* Rn. 12; Lutter/Hommelhoff/*Kleindiek* Rn. 7; MHLS/*Nerlich* Rn. 16; Rowedder/Schmidt-Leithoff/*Gesell* Rn. 8; Scholz/*K. Schmidt/Scheller* Rn. 14; HCL/*Paura* Rn. 8.

[44]   Noack/Servatius/Haas/*Haas* Rn. 12; MHLS/*Nerlich* Rn. 16; Rowedder/Schmidt-Leithoff/*Gesell* Rn. 8; Scholz/*K. Schmidt/Scheller* Rn. 14; HCL/*Paura* Rn. 14; für eine Zustellung s. BFH Urt. v. 22.4.1965 – V 156/64 U, BStBl. III 1965, 468 (469) = BB 1965, 1096.

[45]   Noack/Servatius/Haas/*Haas* Rn. 13; HK-GmbHG/*Kolmann/Riedemann* Rn. 17; Lutter/Hommelhoff/ *Kleindiek* Rn. 6; Rowedder/Schmidt-Leithoff/*Gesell* Rn. 10; Scholz/*K. Schmidt/Scheller* Rn. 14; HCL/ *Paura* Rn. 16.

[46]   *Altmeppen* Rn. 17; Noack/Servatius/Haas/*Haas* Rn. 13; Lutter/Hommelhoff/*Kleindiek* Rn. 6; Rowedder/Schmidt-Leithoff/*Gesell* Rn. 10; Scholz/*K. Schmidt/Scheller* Rn. 16; HCL/*Paura* Rn. 17.

[47]   Rowedder/Schmidt-Leithoff/*Gesell* Rn. 10; Scholz/*K. Schmidt/Scheller* Rn. 16.

[48]   OLG Frankfurt Urt. v. 18.9.1991 – 21 U 10/90, NJW 1991, 3286 (3287); *Altmeppen* Rn. 18; Noack/ Servatius/Haas/*Haas* Rn. 13.

[49]   OLG Hamm Urt. v. 19.10.1999 – 9 U 251/98, OLGR 2000, 482; OLG Frankfurt Urt. v. 18.3.1998 – 13 U 280/96, NJW-RR 1998, 1246; Urt. v. 18.9.1991 – 21 U 10/90, NJW 1991, 3286 (3287); *Verse* ZHR 170 (2006), 398 (416); *Altmeppen* Rn. 19; Noack/Servatius/Haas/*Haas* Rn. 13; HK-GmbHG/ *Kolmann/Riedemann* Rn. 18; Lutter/Hommelhoff/*Kleindiek* Rn. 6; MHLS/*Nerlich* Rn. 21; Rowedder/ Schmidt-Leithoff/*Gesell* Rn. 10; Scholz/*K. Schmidt/Scheller* Rn. 17; aA HCL/*Paura* Rn. 19.

[50]   *Altmeppen* Rn. 20.

2. Zeichnung. Die Zeichnung erfolgt nach § 153 HGB in der Weise, dass die Liquida- 23 toren der mit einem Liquidationszusatz versehenen Firma ihre Namensunterschrift beifügen. Ein Handeln für die Gesellschaft muss sich die Gesellschaft aber auch ohne Beachtung dieser Vorschrift zurechnen lassen. In Betracht kommen jedoch Anfechtungsrechte und Schadensersatzansprüche getäuschter Gläubiger. § 153 HGB ist wie § 68 Abs. 2 als Verkehrsschutznorm **Schutzgesetz** isd § 823 Abs. 2 BGB.[51]

§ 69 Rechtsverhältnisse von Gesellschaft und Gesellschaftern

(1) Bis zur Beendigung der Liquidation kommen ungeachtet der Auflösung der Gesellschaft in bezug auf die Rechtsverhältnisse derselben und der Gesellschafter die Vorschriften des zweiten und dritten Abschnitts zur Anwendung, soweit sich aus den Bestimmungen des gegenwärtigen Abschnitts und aus dem Wesen der Liquidation nicht ein anderes ergibt.

(2) Der Gerichtsstand, welchen die Gesellschaft zur Zeit ihrer Auflösung hatte, bleibt bis zur vollzogenen Verteilung des Vermögens bestehen.

Übersicht

I. Bedeutung der Norm

Die Vorschrift bringt zum Ausdruck, dass die GmbH ungeachtet ihrer Auflösung bis zur 1 Vollbeendigung weiter fortbesteht. Die Liquidationsgesellschaft ist mit der werbenden Gesellschaft identisch und bleibt daher Zurechnungssubjekt für deren Rechte und Pflichten.[1] Daraus

---

[51]   Baumbach/Hopt/*Roth* HGB § 153 Rn. 1; Staub/*Habersack* HGB § 153 Rn. 8.
[1]   S. *Hofmann* GmbHR 1975, 217 (225); Noack/Servatius/Haas/*Haas* Rn. 1; Scholz/*K. Schmidt/Scheller* Rn. 1; HCL/*Paura* Rn. 1.

folgt, dass im Sinne einer **Kontinuität der Rechtsverhältnisse** grundsätzlich die Rechtsnormen über die im werbenden Zustand befindliche Korporation fortgelten. Zu eng ist es allerdings, wenn in Abs. 1 nur auf den zweiten (§§ 13–34) und dritten Abschnitt (§§ 35–52) verwiesen wird. Nach heute völlig unangefochtener Ansicht sind in der Liquidation auch die Vorschriften des Ersten (§§ 1–12) und des Vierten Abschnitts (§§ 53–58 f.) anwendbar. In den Schlussbestimmungen des Sechsten Abschnitts (§§ 78–87) sind die Liquidatoren zum Teil explizit genannt.

2   Die Heranziehung der für die werbende Gesellschaft geltenden Regelungen steht unter einem **doppelten Vorbehalt:** Zum einen darf sich aus den Sonderregeln des Fünften Abschnitts (§§ 60–77) selbst nichts anderes ergeben. Zum anderen ist die Anwendbarkeit ausgeschlossen, wenn das „Wesen der Liquidation" (gemeint ist der Liquidationszweck) nicht entgegensteht. Beide Vorbehalte sind nebeneinander zu beachten, müssen also nicht kumulativ vorliegen.[2] Das „und" ist als „oder" zu lesen (zutreffend § 264 Abs. 3 AktG und § 216 Abs. 2 RegE 1971/1973).

II. Anwendbare Vorschriften

3   **1. Die Vorschriften des Ersten Abschnitts. a) Überblick.** Die Vorschriften des Ersten Abschnitts gelten nicht, sofern sie lediglich für die Errichtung der Gesellschaft Bedeutung haben. Hierzu zählen §§ 1, 2, 3 Abs. 1, §§ 5a, 7, 8 (mit Ausnahme von Abs. 3 S. 2), §§ 9c, 10, 11 (näher → § 60 Rn. 245, → § 60 Rn. 254).[3] Dagegen sind die übrigen Normen auch für die bereits entstandene Gesellschaft relevant und daher grundsätzlich anwendbar.

4   **b) Neben- und Sonderleistungspflichten nach § 3 Abs. 2.** Ob in der Satzung niedergelegte Nebenleistungspflichten weiter bestehen, muss durch **Auslegung** der Vereinbarung ermittelt werden. Dabei ist darauf abzustellen, ob und inwieweit die Erfüllung dieser Pflichten im Abwicklungsstadium unentbehrlich ist.[4] Nebenleistungspflichten können auch noch nach der Auflösung durch Satzungsänderung (mit Zustimmung der betroffenen Gesellschafter, § 53 Abs. 3) beschlossen werden.

5   **c) Treuepflichten.** Auch im Übrigen gelten die mitgliedschaftlichen Pflichten im Grundsatz im Liquidationsstadium weiter. Das gilt insbesondere für die **Treuepflicht.**[5] Sie hat aber einen veränderten Bezugspunkt dadurch, dass nunmehr der Gesellschaftszweck durch den **Abwicklungszweck** überlagert wird.[6] Die Gesellschafter sind verpflichtet, zur ordnungsgemäßen Verwirklichung des Liquidationszwecks beizutragen. Sie dürfen sich keine Sondervorteile zu Lasten der Mitgesellschafter bei der Verwertung des Gesellschaftsvermögens verschaffen. Sie können aber nunmehr Geschäftschancen selbst wahrnehmen.[7] Ausnahmsweise verlangt die Treuepflicht von dem einzelnen Gesellschafter auch die Mitwirkung an einem Fortführungsbeschluss, wenn die Fortführung für ihn zumutbar ist und die bisherige Geschäftsgrundlage unter den Gesellschaftern nicht verändert wird.[8] Schadensersatz wegen einer Minderung des Werts seiner Beteiligung, die auf einer treupflichtwidrigen Schädigung der Gesellschaft beruht, kann ein Gesellschafter auch im Liquidationsstadium

---

[2]   Noack/Servatius/Haas/*Haas* Rn. 1; Rowedder/Schmidt-Leithoff/*Gesell* Rn. 1; HCL/*Paura* Rn. 6.
[3]   Die Grundsätze der wirtschaftlichen Neugründung kommen allerdings auch in der Liquidation der Gesellschaft zur Anwendung, s. BGH Urt. v. 10.12.2013 – II ZR 53/12, NZG 2014, 264; *Priester* GmbHR 2021, 1327 (1328 ff.); *K. Schmidt* DB 2014, 701.
[4]   Scholz/*K. Schmidt/Scheller* Rn. 12.
[5]   *Altmeppen* Rn. 13; Scholz/*K. Schmidt/Scheller* Rn. 8; HCL/*Paura* Rn. 10.
[6]   *K. Schmidt,* Liquidationsbilanzen und Konkursbilanzen, 1989, 28 ff.; ferner *T. Meyer,* Liquidatorenkompetenzen und Gesellschafterkompetenzen in der aufgelösten GmbH, 1996, 19 ff.; *H.-F. Müller,* Der Verband in der Insolvenz, 2002, 124 f.; *Paura,* Liquidation und Liquidationspflichten, 1996, 19 ff.; Scholz/*K. Schmidt/Scheller* Rn. 3.
[7]   MHLS/*Nerlich* Rn. 6.
[8]   Vgl. BGH Urt. v. 25.9.1986 – II ZR 262/85, BGHZ 98, 276 = NJW 1987, 189.

nicht durch Leistung an sich persönlich, sondern nur durch Leistung an die Gesellschaft verlangen.[9]

d) Wettbewerbsverbot. Ein gesellschaftsvertragliches oder auf besonderer Vereinba- **6** rung beruhendes Wettbewerbsverbot gilt im Zweifel nicht mehr. Es ist jedoch stets zu prüfen, ob eine konkurrierende Tätigkeit des Korporationsmitglieds dem Abwicklungszweck zuwiderläuft.[10]

e) § 4 (Firma). Die Firma der Gesellschaft bleibt auch nach der Auflösung erhalten. **7** Sie muss weiterhin den Anforderungen des § 4 entsprechen. Gem. § 68 Abs. 2 ist der Firma allerdings ein **Liquidationszusatz** beizufügen (→ § 68 Rn. 18). Er führt nicht zu einer Firmenänderung. Er ändert auch nichts daran, dass nach § 30 HGB an demselben Ort oder in derselben Gemeinde keine gleichlautende Firma eingetragen werden kann.[11] Die Annahme der Firma durch einen Dritten ist allerdings unschädlich, wenn die Liquidationsgesellschaft bereits im Handelsregister gelöscht wurde und sich dann eine Nachtragsliquidation als notwendig erweist.[12] Eine **Veräußerung** der Firma (ohne Liquidationszusatz) ist nach §§ 22, 23 HGB möglich, die Liquidationsgesellschaft muss sich dann aber durch Satzungsänderung umfirmieren.[13] Für die Firmierung der Sonderform der Unternehmergesellschaft (haftungsbeschränkt) gilt weiterhin § 5a Abs. 1.

f) § 4a (Sitz). Am Sitz der Gesellschaft ändert sich durch die Auflösung nichts.[14] **8** Eine **Sitzverlegung** in diesem Stadium erschwert das Auffinden der Gesellschaft für deren Gläubiger und ist daher nur zulässig, wenn sie der ordnungsgemäßen Liquidation dient.[15] Die Gründe hierfür sind bei der Anmeldung darzulegen.[16]

g) § 5 Abs. 1 (Mindestkapital). Bei einer Kapitalherabsetzung (→ Rn. 53) darf das **9** Stammkapital nicht unter den in § 5 Abs. 1 angegebenen Mindestbetrag von 25.000 Euro fallen.

h) § 6 (Geschäftsführer). § 6 wird durch die Vorschrift des § 66 verdrängt. Dessen **10** Abs. 4 verweist jedoch auf die Ausschlussgründe nach § 6 Abs. 2 S. 2 und 3 (ab 1.8.2022: § 6 Abs. 2 S. 2–4 idF des DiRUG). Auch die durch das MoMiG eingeführte Ersatzpflicht der Gesellschafter, die vorsätzlich oder grob fahrlässig jemandem trotz fehlender persönlicher Voraussetzungen die Führung der Geschäfte überlassen (§ 6 Abs. 5), greift weiterhin. Sinngemäß anzuwenden ist ferner § 6 Abs. 3 S. 1: Drittorganschaft bleibt demnach auch in der Liquidation zulässig.[17] § 6 Abs. 1 gilt nicht, sodass auch juristische Personen etc Liquidatoren werden können (→ § 66 Rn. 8 f.).

i) §§ 9–9b (Differenz- und Gründungshaftung). Bereits im werbenden Zustand **11** begründete Ansprüche nach § 9 und § 9a können auch noch im Liquidationsstadium geltend gemacht werden. Für den Verzicht auf Ersatzansprüche ist § 9b zu beachten. Die genannten Vorschriften gelten auch bei einer in der Liquidation beschlossenen Kapitalerhöhung (§ 56 Abs. 2, § 57 Abs. 4).

---

[9]   BGH Urt. v. 14.5.2013 – II ZR 176/10, NZG 2013, 867 Rn. 16 ff.
[10]   *Sodemann*, Gestaltungsfreiheit und Auslegung im Liquidationsrecht der GmbH, 2019, 277 ff.; MHLS/ *Nerlich* Rn. 8; HCL/*Paura* Rn. 11.
[11]   MHLS/*Nerlich* § 68 Rn. 14.
[12]   MHLS/*Nerlich* § 68 Rn. 14; HCL/*Paura* Rn. 13.
[13]   RG Beschl. v. 29.5.1923 – II B 1/23, RGZ 107, 31 (33) = JW 1923, 830; MHLS/*Nerlich* § 68 Rn. 14.
[14]   Noack/Servatius/Haas/*Haas* Rn. 2; Lutter/Hommelhoff/*Kleindiek* Rn. 4; Scholz/*K. Schmidt*/*Scheller* Rn. 14.
[15]   KG Beschl. v. 24.4.2018 – 22 W 63/17, NZG 2018, 1197; LG Berlin Beschl. v. 23.4.1999 – 98 T 9/99, ZIP 1999, 1050 (1051); ferner MHLS/*Nerlich* Rn. 56; Scholz/*K. Schmidt*/*Scheller* Rn. 14; die Zulässigkeit nur bei tatsächlichen Anhaltspunkten für einen Rechtsmissbrauch verneinend aber OLG Celle Beschl. v. 26.4.2021 – 9 W 51/21, GmbHR 2021, 715 = LSK 2021, 15290; Lutter/Hommelhoff/ *Kleindiek* Rn. 14.
[16]   S. KG Beschl. v. 24.4.2018 – 22 W 63/17, NZG 2018, 1197; krit. insoweit Scholz/*K. Schmidt*/*Scheller* Rn. 14.
[17]   Lutter/Hommelhoff/*Kleindiek* Rn. 4; MHLS/*Nerlich* Rn. 13; HCL/*Paura* Rn. 15.

12   **2. Die Vorschriften des Zweiten Abschnitts. a) § 13 (Juristische Person, Handelsgesellschaft).** Die **Rechtsnatur** der Gesellschaft bleibt unverändert. Sie ist nach wie vor als **juristische Person** (Abs. 1) Träger von Rechten und Pflichten, partei-, prozess-, insolvenz- und grundbuchfähig. Sie nimmt als **Handelsgesellschaft** (Abs. 3 iVm § 6 HGB) am Geschäftsverkehr teil und kann weiterhin ein Gewerbe betreiben.[18] Für die Schulden der Liquidationsgesellschaft **haftet** nur das Gesellschaftsvermögen (Abs. 2).

13   **b) §§ 14–18 (Geschäftsanteil).** § 14 über die **Einlagepflicht** bleibt anwendbar. Die Geschäftsanteile sind **veräußerlich** und **vererblich.** Hierfür gilt § 15 uneingeschränkt. Der Liquidationszweck steht der Verkehrsfähigkeit der Anteile nicht entgegen. Der Gesellschaftsvertrag kann die Übertragung nach Auflösung jedoch ausschließen oder an die Zustimmung der Gesellschafter binden.[19] Wusste der Erwerber nichts von der Auflösung, kommt eine Anfechtung nach § 119 Abs. 2 BGB oder § 123 BGB in Betracht.[20] Ferner kann ein Anspruch wegen Verschuldens bei Vertragsschluss gegeben sein.[21] Das Gewährleistungsrecht (§§ 434 ff. BGB) kommt zum Tragen, wenn alle oder nahezu alle Anteile übertragen werden und der Erwerber eine beherrschende Stellung erlangt (Unternehmenskauf).[22]

14   Anwendbar bleibt auch **§ 16** über die Rechtsstellung bei Wechsel der Gesellschafter oder Veränderung des Umfangs ihrer Beteiligung sowie über den Erwerb von Nichtberechtigten ebenso wie die Vorschrift des **§ 18** über die Mitberechtigung am Geschäftsanteil.

15   **c) §§ 19–25 (Kapitalaufbringung).** Die Vorschriften über Einzahlungen auf die Stammeinlagen und über deren Erzwingung bleiben anwendbar. Der Liquidator ist berechtigt und verpflichtet, rückständige Einlagen einzuziehen. Eines **Beschlusses der Gesellschafter** nach § 46 Nr. 2 bedarf es im Liquidationsstadium nicht mehr.[23] Auch ist ein Beschluss, Einlagen nicht einzuziehen, für den Liquidator nicht bindend.[24] Ebenso wenig muss er sich an einen im Gesellschaftsvertrag oder durch Gesellschafterbeschluss festgelegten Fälligkeitstermin halten.[25] Er darf jedoch nicht mehr einfordern, als zum **Zwecke der Liquidation,** dh insbesondere zur Befriedigung der Gläubiger, erforderlich ist. Denn es wäre sinnlos, die Resteinlage eines Gesellschafters zur Masse zu ziehen, um sie dann alsbald wieder an ihn auszukehren.[26] Insoweit steht dem Gesellschafter ein Leistungsverweigerungsrecht nach § 242 BGB zu, für dessen Voraussetzungen er die Darlegungs- und Beweislast trägt.[27] Der Liquidator muss den Gleichbehandlungsgrundsatz (vgl. § 19 Abs. 1) beachten. Er darf daher nicht willkürlich von einer Verfolgung absehen, kann aber aus sachlichen Gründen differenzieren, namentlich wenn der Gesellschafter insolvent oder die Durchsetzung wegen anderer Umstände ungewiss ist.[28]

---

[18]   BVerwG Urt. v. 19.12.1995 – 1 C 3/93, BVerwGE 100, 188 (194) = DVBl 1996, 808 = NVwZ 1997, 278.

[19]   Scholz/*K. Schmidt/Scheller* Rn. 22; HCL/*Paura* Rn. 20.

[20]   OLG Hamburg Urt. v. 22.2.1909 – IV 391/08, Recht 1909 Nr. 1443; Scholz/*K. Schmidt/Scheller* Rn. 22; HCL/*Paura* Rn. 20.

[21]   HCL/*Paura* Rn. 20.

[22]   Dazu allg. BGH Urt. v. 12.11.1975 – VIII ZR 142/74, BGHZ 65, 246 (250 ff.) = NJW 1976, 236; Urt. v. 25.3.1998 – VIII ZR 185/96, BGHZ 138, 195 (204 ff.) = NJW 1998, 2360; Urt. v. 26.9.2018 – VIII ZR 187/17, NJW 2019, 145 Rn. 8 ff.; *Schröcker* ZGR 2005, 63 (65 ff.).

[23]   RG Urt. v. 18.10.1932 – II 91/32, RGZ 138, 106 (111); Noack/Servatius/Haas/*Haas* Rn. 4; MHLS/*Nerlich* Rn. 29; Scholz/*K. Schmidt/Scheller* Rn. 23, 38; HCL/*Paura* Rn. 24.

[24]   Noack/Servatius/Haas/*Haas* Rn. 4; MHLS/*Nerlich* Rn. 24; Scholz/*K. Schmidt/Scheller* Rn. 23; HCL/*Paura* Rn. 23.

[25]   Noack/Servatius/Haas/*Haas* Rn. 4; MHLS/*Nerlich* Rn. 24; Scholz/*K. Schmidt/Scheller* Rn. 23; HCL/*Paura* Rn. 23.

[26]   BGH Urt. v. 18.11.1969 – II ZR 83/68, NJW 1970, 469 (470) – insoweit in BGHZ 53, 71 nicht abgedruckt.

[27]   Vgl. RG Urt. v. 25.3.1899 – 353/98 I, JW 1899, 305; *K. J. Müller* DB 2003, 1939; Noack/Servatius/Haas/*Haas* Rn. 4; MHLS/*Nerlich* Rn. 25; Scholz/*K. Schmidt/Scheller* Rn. 23; HCL/*Paura* Rn. 23.

[28]   Noack/Servatius/Haas/*Haas* Rn. 4; MHLS/*Nerlich* Rn. 25; Scholz/*K. Schmidt/Scheller* Rn. 23; HCL/*Paura* Rn. 23.

Das **Erlassverbot** des § 19 Abs. 2 S. 1 und das **Aufrechnungsverbot** des § 19 Abs. 2 **16**
S. 2 werden gegenstandslos, wenn alle Gläubiger befriedigt und auch nicht mehr mit dem
Entstehen neuer Verbindlichkeiten zu rechnen ist.[29] Unter dieser Voraussetzung kann sich
ein Gläubiger eine Einlageforderung auch pfänden und überweisen lassen, wenn seine
eigene Forderung nicht vollwertig ist.[30] Der Anspruch auf die Stammeinlage darf in der
Liquidation nicht zum Nachteil außenstehender Gesellschaftsgläubiger an einen Gesellschafter abgetreten werden, um eine nicht vollwertige Forderung dieses Gesellschafters bevorzugt
zu befriedigen.[31] § 19 Abs. 4, 5, mit denen der Gesetzgeber des MoMiG die Rechtsfolgen
der verdeckten Sacheinlage und des Hin- und Herzahlens abweichend von der bisherigen
Rspr. geregelt hat, sind auch in der Liquidation anwendbar.[32]

Die Durchführung eines **Kaduzierungsverfahrens** nach §§ 21 ff. bleibt möglich. Zu **17**
beachten ist dabei allerdings, dass die Haftung der Vormänner nach § 22 und der übrigen
Gesellschafter nach § 24 nicht weiter reicht, als dies zur Verwirklichung des Liquidationszwecks erforderlich ist.[33]

d) §§ 26–28 (Nachschusspflichten). Die §§ 26–28 sind nur unter Berücksichtigung **18**
der Besonderheiten der Liquidation anwendbar. **Vor der Auflösung** beschlossene Nachschusspflichten sind auch noch in der Liquidation durchsetzbar, es sei denn, ihre Erfüllung
ist zur Verwirklichung des Liquidationszwecks nicht erforderlich.[34] Die Einforderung von
Nachschüssen nach der Auflösung setzt voraus, dass die Ermächtigung in der Satzung nicht
nur der Stärkung des Betriebsvermögens dient, sondern zumindest auch der Befriedigung
der Gläubiger. Davon kann ohne besondere Anhaltspunkte nicht ausgegangen werden.[35]

e) § 29 (Gewinnverwendung). Ein Anspruch auf Gewinnausschüttung für die **nach 19
dem Zeitpunkt der Auflösung** liegenden Rechnungslegungsperioden besteht nicht. An
seine Stelle tritt der nach Maßgabe der §§ 72, 73 zu verteilende Liquidationserlös. § 29
wird insoweit verdrängt.[36]

Hatten die Gesellschafter **vor der Auflösung** bereits einen **Gewinnverwendungsbe- 20
schluss** gefasst und so einen unentziehbaren Anspruch begründet, so kann die Auszahlung
auch noch in der Liquidation erfolgen.[37] Er unterliegt nicht der Sperre des § 73, wohl aber
der des § 30, wobei die Tilgung passivierter Verbindlichkeiten diese Vorschrift in der Regel
nicht verletzt.[38]

Während der Liquidation können die Gesellschafter noch über die Verwendung des **21**
Gewinns in dem **der Auflösung vorangegangenen Geschäftsjahr beschließen.**[39] Der
dadurch begründete Anspruch tritt neben den Anspruch auf Beteiligung am Liquidationserlös. Das ist deshalb von Bedeutung, weil der Verteilungsmaßstab unterschiedlich sein kann.
Der Gewinn darf jedoch nur unter Beachtung von § 73 ausgeschüttet werden, dh nach

[29] Noack/Servatius/Haas/*Haas* Rn. 4; Scholz/*K. Schmidt/Scheller* Rn. 24; HCL/*Paura* Rn. 24.
[30] RG Urt. v. 12.11.1935 – II 48/35, RGZ 149, 293 (298 f.); BGH Urt. v. 22.11.1962 – II ZR 8/62,
     NJW 1963, 102; Urt. v. 15.6.1992 – II ZR 229/91, NJW 1992, 2229 (2230).
[31] BGH Urt. v. 18.11.1969 – II ZR 83/68, BGHZ 53, 71 (72 ff.) = NJW 1970, 469.
[32] Scholz/*K. Schmidt/Scheller* Rn. 25.
[33] MHLS/*Nerlich* Rn. 32; HCL/*Paura* Rn. 28.
[34] Noack/Servatius/Haas/*Haas* Rn. 5; Lutter/Hommelhoff/*Kleindiek* Rn. 6; Scholz/*K. Schmidt/Scheller*
     Rn. 27; HCL/*Paura* Rn. 29.
[35] Noack/Servatius/Haas/*Haas* Rn. 5; Lutter/Hommelhoff/*Kleindiek* Rn. 6; Scholz/*K. Schmidt/Scheller*
     Rn. 27; HCL/*Paura* Rn. 29.
[36] Noack/Servatius/Haas/*Haas* Rn. 6; Lutter/Hommelhoff/*Kleindiek* Rn. 7; Scholz/*K. Schmidt/Scheller*
     Rn. 28; HCL/*Paura* Rn. 31.
[37] Noack/Servatius/Haas/*Haas* Rn. 6; Lutter/Hommelhoff/*Kleindiek* § 68 Rn. 7; Scholz/*K. Schmidt/Schel-
     ler* Rn. 28; HCL/*Paura* Rn. 32.
[38] Noack/Servatius/Haas/*Haas* Rn. 6; Scholz/*K. Schmidt/Scheller* Rn. 28.
[39] BFH Urt. v. 12.9.1973 – I R 9/72, BStBl. II 1974, 14 (15) – GmbHR 1974, 271; Urt. v. 22.10.1998 –
     I R 15/98, GmbHR 1999, 429; FG Düsseldorf Urt. v. 11.12.2007 – 6 K 1416/05 KF, EFG 2008, 559;
     FG Münster Urt. v. 12.11.1997 – 9 K 5660/95, EFG 1998, 902 (903); Noack/Servatius/Haas/*Haas*
     Rn. 6; Scholz/*K. Schmidt/Scheller* Rn. 25; HCL/*Paura* Rn. 33.

Ablauf des Sperrjahres und Tilgung bzw. Sicherung der Gesellschaftsschulden.[40] Im praktischen Ergebnis bildet der Gewinnanteil im Verhältnis zur Liquidationsquote nur einen – allerdings selbstständigen – Rechnungsposten.

22   **f) §§ 30–32 (Erhaltung des Stammkapitals).** Die Kapitalerhaltungsvorschriften sind auch in der Liquidation anzuwenden, doch ist zusätzlich § 73 einzuhalten. Eine nach § 73 zulässige Ausschüttung des Liquidationserlöses verletzt aber nicht mehr § 30.[41] Wurde die Rückzahlung von **Nachschüssen** vor der Auflösung nach § 46 Nr. 3 beschlossen, greift § 73 nicht, jedoch ist § 30 Abs. 2 zu beachten.[42] Auch nach Auflösung kann noch ein Rückzahlungsbeschluss gefasst werden, doch gilt für dessen Vollzug dann zusätzlich § 73.[43] Auch § 32 über die Rückzahlung von Gewinnanteilen bleibt anwendbar. Wurde unter Verstoß gegen § 73 ausgezahlt, so hilft die Norm dem Empfänger der Leistung allerdings nicht.[44]

23   **g) § 33 (Eigene Geschäftsanteile).** Die Gesellschaft kann eigene Anteile nach Maßgabe des § 33 **erwerben.** Das **Entgelt** hierfür kann sie allerdings erst nach Ablauf der Frist des § 73 auszahlen.[45] Die Aufrechnung mit Einlageforderungen ist der Gesellschaft verwehrt, es sei denn, die Einlagen werden zur Verwirklichung des Liquidationszwecks nicht benötigt.[46]

24   **h) § 34 (Einziehung).** Eine Einziehung ist **zulässig,** wenn sich die Ermächtigung in der Satzung auch auf das Liquidationsstadium erstreckt. Sie kann aber wegen § 73 nur durchgeführt werden, wenn der Anteil wertlos ist oder ein Gesellschafter oder ein Dritter die Abfindung übernimmt.[47] Die Gesellschaft kann einen Gesellschafter auch ohne statutarische Grundlage **ausschließen,** wenn eine Fortsetzung der Mitgliedschaft bis zur Vollbeendigung der Gesellschaft unzumutbar ist. Ebenfalls nicht grundsätzlich ausgeschlossen ist der **Austritt** eines Gesellschafters aus wichtigem Grund (zu Ausschließung und Austritt → § 34 Rn. 101 ff.).[48]

25   **3. Die Vorschriften des Dritten Abschnitts. a) § 35 (Vertretung der Gesellschaft).** Die Regelung über die Vertretung der Gesellschaft durch die Geschäftsführer stellt auf den werbenden Zustand ab und wird in der Liquidation zum Teil durch die §§ 68, 70 ersetzt. § 35 Abs. 2 S. 2 über die Passivvertretung gilt aber ebenso analog wie § 35 Abs. 3 über die Geltung von § 181 für den Gesellschafter-Liquidator der Einpersonen-GmbH.[49] Entsprechend anwendbar ist aber auch § 35 Abs. 1 S. 2, wonach im Falle der Führungslosigkeit der Gesellschaft die Gesellschafter zu Empfangsvertretern werden. Darüber hinaus behalten die Zustellungserleichterungen der § 35 Abs. 2 S. 3, 4 in der Liquidationsphase ihre Gültigkeit.[50]

26   **b) § 35a (Geschäftsbriefe).** § 71 Abs. 5 verweist nunmehr auf § 35a. Ergänzend zu den dort geforderten Angaben müssen Geschäftsbriefe der Gesellschaft einen **Hinweis auf die Liquidation** enthalten.

---

[40]   BFH Urt. v. 12.9.1973 – I R 9/72, BStBl. II 1974, 14 (15) = GmbHR 1974, 271; Urt. v. 22.10.1998 –
       I R 15/98, GmbHR 1999, 429; FG Düsseldorf Urt. v. 11.12.2007 – 6 K 1416/05 KF, EFG 2008, 559;
       FG Münster Urt. v. 12.12.1997 – 9 K 5660/95, EFG 1998, 902 (903); Noack/Servatius/Haas/*Haas*
       Rn. 6; Scholz/*K. Schmidt/Scheller* Rn. 28; HCL/*Paura* Rn. 33.
[41]   Noack/Servatius/Haas/*Haas* Rn. 7; Scholz/*K. Schmidt/Scheller* Rn. 29; HCL/*Paura* Rn. 34.
[42]   Noack/Servatius/Haas/*Haas* Rn. 7; Scholz/*K. Schmidt/Scheller* Rn. 29.
[43]   Noack/Servatius/Haas/*Haas* Rn. 7; Scholz/*K. Schmidt/Scheller* Rn. 29.
[44]   Scholz/*K. Schmidt/Scheller* Rn. 29.
[45]   *Altmeppen* Rn. 5; Noack/Servatius/Haas/*Haas* Rn. 9; Lutter/Hommelhoff/*Kleindiek* § 68 Rn. 9;
       Scholz/*K. Schmidt/Scheller* Rn. 31; HCL/*Paura* Rn. 36.
[46]   Noack/Servatius/Haas/*Haas* Rn. 9; HCL/*Paura* Rn. 36.
[47]   MHLS/*Nerlich* Rn. 41; HCL/*Paura* Rn. 37.
[48]   BFH Urt. v. 18.3.1966 – III 356/61, WM 1966, 950 (954).
[49]   Noack/Servatius/Haas/*Haas* Rn. 11; MHLS/*Nerlich* Rn. 43; Scholz/*K. Schmidt/Scheller* Rn. 33; HCL/
       Paura Rn. 39.
[50]   *Passarge* in Passarge/Torwegge GmbH-Liquidation Rn. 383; *Wicke* § 68 Rn. 1.

c) § 36, § 52 Abs. 2 (Zielgrößen und Fristen zur gleichberechtigten Teilhabe 27 von Frauen und Männern). Ob bei mitbestimmten Liquidationsgesellschaften noch ein Bedürfnis für die zukunftsbezogene Festlegung von Frauenquoten in Führungspositionen besteht, erscheint mehr als zweifelhaft.[51] Die Anwendbarkeit der § 36 und § 52 Abs. 2 ist zu verneinen.

d) § 37 (Beschränkung von Geschäftsführungs- und Vertretungsbefugnis). § 71 28 Abs. 4 verweist auf § 37. Demnach kann die Geschäftsführungsbefugnis (mit Wirkung für das Binnenverhältnis der Gesellschaft), nicht aber die Vertretungsmacht der Liquidatoren im Außenverhältnis beschränkt werden (auch → § 70 Rn. 3).

e) § 38 (Widerruf der Bestellung). Die Regelung des § 38 zur Widerruflichkeit der 29 Bestellung der Geschäftsführer wird verdrängt durch **§ 66 Abs. 3.** Doch kann das Recht der Gesellschafter zur Abberufung der Liquidatoren entsprechend § 38 Abs. 2 vom Vorliegen eines wichtigen Grundes abhängig gemacht werden (→ § 66 Rn. 63).

f) § 39 (Anmeldung der Geschäftsführer). Die Anmeldung der Liquidatoren richtet 30 sich nach **§ 67.** Werden die Geschäftsführer nicht Liquidatoren, so liegt in der Anmeldung zugleich die Erklärung des Anmeldenden, dass die Vertretungsmacht der Geschäftsführer erloschen sei (→ § 67 Rn. 6).

g) § 40 (Liste der Gesellschafter). Die Verpflichtung zur Einreichung der Gesell- 31 schafterliste bei Änderungen im Gesellschafterbestand nach § 40 Abs. 1 trifft nach der Auflösung die **Liquidatoren.**[52] Bei schuldhafter Verletzung dieser Pflicht haften sie denjenigen, deren Beteiligung sich geändert hat, und den Gläubigern für den entstandenen Schaden (§ 40 Abs. 3). Auch die Meldepflicht des Notars nach § 40 Abs. 2 bleibt unberührt.

h) § 41 (Buchführung). Die Pflicht zur Buchführung (§ 41) geht gem. § 71 Abs. 4 32 auf die Liquidatoren über.

i) §§ 42, 42a (Jahresabschluss). Für den Jahresabschluss der aufgelösten Gesellschaft 33 sind gewisse Modifikationen zu beachten, die in den Erläuterungen zu § 71 näher dargestellt sind.

j) § 43 (Haftung der Geschäftsführer). Die Haftung der Liquidatoren wegen ver- 34 frühter Verteilung von Gesellschaftsvermögen an die Gesellschafter ist speziell in § 73 Abs. 3 geregelt. Im Übrigen gelten über die Verweisung in § 71 Abs. 4 die Vorschriften des **§ 43 Abs. 1, 2, 4** entsprechend, dh die Liquidatoren unterliegen denselben Sorgfaltspflichten wie die Geschäftsführer; wie diese haften sie solidarisch für den entstandenen Schaden bei einer Verjährungsfrist von fünf Jahren.[53] Trotz der Nichterwähnung in § 71 Abs. 4 ist auch **§ 43 Abs. 3** anwendbar, weil Verstöße der Liquidatoren gegen die Kapitalschutzvorschriften der §§ 30, 33 sonst ohne Sanktion blieben.[54]

k) § 43a (Kredit aus Gesellschaftsvermögen). Den in § 43a genannten Personen 35 darf auch in der Liquidation kein Kredit aus dem zur Erhaltung des Stammkapitals notwendigen Vermögen gewährt werden, wobei an die Stelle der Geschäftsführer die Liquidatoren treten.[55]

l) § 44 (Stellvertreter von Geschäftsführern). § 44 gestattet es, **stellvertretende 36 Liquidatoren** zu bestellen. Große praktische Bedeutung hat dies allerdings wohl nicht.[56]

---

[51] Lutter/Hommelhoff/*Kleindiek* Rn. 10; Scholz/*K. Schmidt/Scheller* Rn. 33a.
[52] Zu § 40 aF KG Beschl. v. 1.10.1915 – 1 a X 692/15, KGJ 48 A, 134 (135); ferner Noack/Servatius/ Haas/*Haas* Rn. 15; Scholz/*K. Schmidt/Scheller* Rn. 34.
[53] Vgl. für den Nachtragsliquidator BGH Beschl. v. 24.7.2012 – II ZR 117/10, NZG 2012, 1076 Rn. 17 (Genossenschaft)
[54] Lutter/Hommelhoff/*Kleindiek* Rn. 10; HCL/*Paura* Rn. 48.
[55] Noack/Servatius/Haas/*Haas* Rn. 17; Scholz/*K. Schmidt/Scheller* Rn. 36; HCL/*Paura* Rn. 49.
[56] Scholz/*K. Schmidt/Scheller* Rn. 36.

37   **m) §§ 45–51 (Gesellschafterversammlung und Gesellschafterbeschlüsse). § 45** gilt uneingeschränkt.[57] Die Rechte der Gesellschafter bestimmen sich nach dem Gesellschaftsvertrag, sofern das Gesetz nicht etwas anderes bestimmt. Durch Auslegung muss allerdings ermittelt werden, ob die jeweilige Satzungsbestimmung auch im Liquidationsstadium gelten soll. Der Gesellschaftsvertrag kann besondere Regeln vorsehen, die ausschließlich die Rechtsstellung der Gesellschafter in der Liquidation betreffen. Anwendbar sind auch die Regeln über fehlerhafte Beschlüsse, wobei die Klage gegen den Liquidator zu richten ist. Dies gilt auch dann, wenn mit der Klage die Nichtigkeit eines Auflösungsbeschlusses geltend gemacht wird.[58] Eine Schiedsklausel hat auch in der Liquidation Bestand.[59]

38   In Ermangelung von einschlägigen Regelungen des Gesellschaftsvertrags (§ 45 Abs. 2) gilt auch § 46 mit den folgenden Besonderheiten:

39   § 46 Nr. 1 wird hinsichtlich der Feststellung des Jahresabschlusses durch § 71 Abs. 2 S. 1 ersetzt. Ein Verwendungsbeschluss kann nur noch hinsichtlich des der Auflösung vorangegangenen Geschäftsjahres gefasst werden (→ Rn. 21).

40   Die Gesellschafter entscheiden auch nach der Auflösung über die Offenlegung eines Einzelabschlusses nach internationalen Rechnungslegungsstandards und über die Billigung dieses Abschlusses (**§ 46 Nr. 1a**) und die Billigung eines Konzernabschlusses (**§ 46 Nr. 1b**), diese Abschlüsse sind von den **Liquidatoren** aufzustellen.

41   § 46 Nr. 2 ist weitgehend bedeutungslos.[60] Denn die Liquidatoren sind auch ohne einen dahin gehenden Gesellschafterbeschluss berechtigt und verpflichtet, die Einlagen einzufordern, soweit dies zur Verwirklichung des Liquidationszwecks geboten ist.[61] Ein entgegenstehender Beschluss der Gesellschafter ist unbeachtlich. Die Gesellschafter können die Liquidatoren in den durch den Liquidationszweck gezogenen Grenzen zur Einziehung von Einlagerückständen anweisen. Ein darüber hinausgehender Beschluss ist anfechtbar, wenn nicht zugleich die Fortsetzung beschlossen wird.[62] Die Gesellschafter können im Liquidationsstadium nach § 46 Nr. 3 einen Beschluss zur Rückzahlung von Nachschüssen fassen, doch gilt für dessen Vollzug neben § 30 Abs. 2 auch § 73 (→ Rn. 22).

42   Beschlüsse der Gesellschafter nach § 46 Nr. 4 über die Teilung, Zusammenlegung und Einziehung von Geschäftsanteilen (→ Rn. 24) bleiben weiter zulässig.

43   § 46 Nr. 5 wird hinsichtlich der Bestellung und Abberufung von Liquidatoren durch § 66 verdrängt, für die Entscheidung über die Entlastung der Liquidatoren bleiben ausschließlich die Gesellschafter zuständig (§ 71 Abs. 2 S. 1). Ihnen in ihrer Gesamtheit haben die Liquidatoren Rechnung zu legen.[63]

44   Gem. § 46 Nr. 6 prüfen und überwachen die Gesellschafter die Liquidatoren wie zuvor die Geschäftsführer.[64] Weisungen sind zulässig, selbst wenn die Liquidatoren gerichtlich bestellt wurden.[65] Keine Bindungswirkung entfalten allerdings gesetzes- oder treuwidrige Weisungen.

45   Sowohl Prokuristen als auch Generalhandlungsbevollmächtigte können in der Liquidation bestellt werden. Die Bestellung fällt nach § 46 Nr. 7 in die Kompetenz der Gesellschafterversammlung. Sie entscheidet gem. § 46 Nr. 8 auch über die Geltendmachung von Ersatzansprüchen (zu weiteren Ausnahmen vom Beschlusserfordernis → § 46 Rn. 241 f.)[66]

---

[57] Noack/Servatius/Haas/*Haas* Rn. 18; Scholz/*K. Schmidt/Scheller* Rn. 37; HCL/*Paura* Rn. 51.
[58] BGH Urt. v. 14.12.1961 – II ZR 97/59, BGHZ 36, 207 (209 f.) = NJW 1962, 538.
[59] OLG Karlsruhe Beschl. v. 28.2.2012 – 17 U 72/11, BeckRS 2012, 05996 = NZG 2012, 472 Ls.
[60] Noack/Servatius/Haas/*Haas* Rn. 18; Scholz/*K. Schmidt/Scheller* Rn. 38; ähnlich HCL/*Paura* Rn. 54.
[61] Noack/Servatius/Haas/*Haas* Rn. 18; MHLS/*Nerlich* Rn. 49; Scholz/*K. Schmidt/Scheller* Rn. 38; HCL/*Paura* Rn. 54.
[62] Noack/Servatius/Haas/*Haas* Rn. 18; MHLS/*Nerlich* Rn. 49; Scholz/*K. Schmidt/Scheller* Rn. 38.
[63] OLG Stuttgart Urt. v. 17.11.1921 – 2 ZS, OLGE 42, 222; Lutter/Hommelhoff/*Kleindiek* Rn. 11; Scholz/*K. Schmidt/Scheller* Rn. 38.
[64] Noack/Servatius/Haas/*Haas* Rn. 18; MHLS/*Nerlich* Rn. 49; Scholz/*K. Schmidt/Scheller* Rn. 38; HCL/*Paura* Rn. 58.
[65] MHLS/*Nerlich* Rn. 49; Scholz/*K. Schmidt/Scheller* Rn. 38; HCL/*Paura* Rn. 58.
[66] Anders zum Sonderfall der masselosen Liquidation BGH Urt. v. 14.7.2004 – VIII ZR 224/02, NZG 2004, 962 = WM 2004, 1925 = WuB II C. § 46 GmbHG 1.05 (*Bachmann*).

und vertritt die Gesellschaft gegen frühere Geschäftsführer und Liquidatoren. Soweit Gesellschaftern persönlich Ansprüche nach § 823 Abs. 2 BGB iVm § 266 StGB oder § 826 BGB zustehen, können sie diese ohne Rücksicht auf einen Gesellschafterbeschluss selbst einklagen.[67]

Anwendbar ist auch **§ 47** über die Abstimmung der Gesellschafter. Die Beschlüsse **46** werden in Gesellschafterversammlungen gefasst, wenn sich nicht sämtliche Gesellschafter mit einem Beschluss im schriftlichen Verfahren einverstanden erklären **(§ 48)**. **§ 49 Abs. 1 und Abs. 2** sind gem. § 71 Abs. 4 anwendbar. Die Einberufung der Gesellschafterversammlung erfolgt durch die Liquidatoren. Dagegen gilt § 49 Abs. 3 in der Liquidation nicht.[68] Denn die Gesellschafter sollen bei Verlust des halben Stammkapitals die Gelegenheit erhalten, über Sanierungsmaßnahmen, insbesondere eine Kapitalerhöhung, zu befinden. Wenn ohnehin eine auf Vollbeendigung der Gesellschaft gerichtete Abwicklung stattfindet, ist dies aber nicht notwendig. Dem entspricht es, dass die mit § 49 Abs. 3 korrespondierende Strafvorschrift des § 84 die Liquidatoren nicht erwähnt.[69]

Ohne Einschränkung anwendbar sind hingegen die Regeln über die Minderheiten- **47** rechte bei der Einberufung (§ 50) sowie deren Form (§ 51).

n) §§ 51a, 51b (Auskunfts- und Einsichtsrecht). Auf das Auskunfts- und Einsichts- **48** recht des § 51a sowie das gerichtliche Erzwingungsverfahren nach § 51b können die Gesellschafter auch im Liquidationsstadium zurückgreifen. Eine **Verweigerung** der gewünschten Information nach § 51 Abs. 2 kommt angesichts des Umstands, dass sich die Tätigkeit der Gesellschaft nunmehr auf die Verwertung ihres Vermögens beschränkt, nur noch in Ausnahmefällen in Betracht.[70]

o) § 52 (Aufsichtsrat). Anwendbar bleibt § 52, der die **Stellung des Aufsichtsrats** **49** regelt. Ist nach dem Gesellschaftsvertrag ein solches Kontrollgremium zu bestellen, so bleibt dieser bestehen, wenn für die Liquidation nichts anderes bestimmt ist. Ein obligatorischer Aufsichtsrat besteht ebenfalls weiter fort. Im Zweifel verliert der Aufsichtsrat aber seine Bestellungs- und Abberufungskompetenz.

4. Die Vorschriften des Vierten Abschnitts. a) §§ 53, 54 (Satzungsänderun- **50** **gen).** Satzungsänderungen sind **zulässig,** sofern der Liquidationszweck nicht entgegensteht.[71] Sie erfolgen in der in § 53 beschriebenen Form und sind gem. § 54 beim Register anzumelden und einzutragen. Ein bereits vor der Auflösung gefasster Beschluss kann noch angemeldet werden, wenn er mit dem Liquidationszweck zu vereinbaren ist.[72] Bei der Prüfung der Vereinbarkeit mit dem Liquidationszweck ist ein großzügiger Maßstab anzulegen, da das Registergericht die Motive der Gesellschafter nicht ohne Weiteres ergründen kann.[73]

Normalerweise wird das praktische Bedürfnis für eine Satzungsänderung im Liquidati- **51** onsstadium eher gering sein. Notwendig ist sie jedoch, wenn die Gesellschaft das Unternehmen mit der **Firma** veräußert und sich daher einen neuen Namen zulegen muss. Eine **Sitzverlegung** ist zulässig, wenn sie die Liquidation erleichtert (→ Rn. 8). Nicht statthaft ist eine Änderung des Unternehmensgegenstands, wenn damit lediglich dem Fortgang des

---

[67] BGH Urt. v. 23.6.1969 – II ZR 272/67, NJW 1969, 1712.
[68] Noack/Servatius/Haas/*Haas* Rn. 19; MHLS/*Nerlich* Rn. 51; Scholz/*K. Schmidt/Scheller* Rn. 37; HCL/ *Paura* Rn. 62.
[69] Noack/Servatius/Haas/*Haas* Rn. 19; MHLS/*Nerlich* Rn. 51.
[70] MHLS/*Nerlich* Rn. 52.
[71] BayObLG Beschl. v. 12.1.1995 – 3Z BR 314/94, GmbHR 1995, 532 (533); OLG Frankfurt Beschl. v. 14.9.1973 – 20 W 639/73, NJW 1974, 463; Noack/Servatius/Haas/*Haas* Rn. 20; MHLS/*Nerlich* Rn. 54; Scholz/*K. Schmidt/Scheller* Rn. 41; zur AG BGH Urt. v. 23.5.1957 – II ZR 250/55, BGHZ 24, 279 (286) = NJW 1957, 1279.
[72] OLG Frankfurt Beschl. v. 14.9.1973 – 20 W 639/73, NJW 1974, 463; MHLS/*Nerlich* Rn. 55; HCL/ *Paura* Rn. 67.
[73] Noack/Servatius/Haas/*Haas* Rn. 20; MHLS/*Nerlich* Rn. 54 (anders aber in Rn. 56).

Abwicklungsprozesses Rechnung getragen werden soll, zulässig dagegen, wenn sie Begleitmaßnahme zu einem Fortsetzungsbeschluss ist.[74]

52   **b) §§ 55–57o (Kapitalerhöhung).** Nach heute allgemeiner Auffassung können die Gesellschafter in der Liquidation eine Kapitalerhöhung beschließen, wenn sie Mittel zur Befriedigung der Gläubiger beschaffen oder einen Fortsetzungsbeschluss fassen möchten.[75] Die Kapitalerhöhung sollte darüber hinaus aber immer dann zugelassen werden, wenn nicht offensichtlich ist, dass sie keinem vernünftigen Zweck mehr dienen kann.[76] Eine vor der Auflösung beschlossene Kapitalerhöhung hat weiter Bestand. Die Gesellschafter können den Beschluss jedoch bis zur Eintragung aufheben, ob in einem Liquidationsbeschluss zugleich eine solche Aufhebung liegt, ist eine Frage der Auslegung des Beschlusses.[77] Im Einzelfall kann ferner dem Inferenten ein Recht zur Kündigung des Übernahmevertrags nach § 313 BGB wegen Wegfalls der Geschäftsgrundlage zustehen.[78]

53   **c) §§ 58–58f (Kapitalherabsetzung).** Auch eine Kapitalherabsetzung bleibt weiterhin zulässig. Dabei ist aber neben § 58 auch noch § 73 zu beachten.[79] Auch eine vereinfachte Kapitalherabsetzung (§§ 58a ff.) ist möglich. Sie macht jedoch in der Liquidation nur Sinn, wenn sie mit einer Kapitalerhöhung einhergehen und eine Fortsetzung vorbereiten soll.[80]

54   **5. Umwandlung.** Ein Formwechsel ist bei einer aufgelösten Gesellschaft möglich, wenn ihre Fortsetzung beschlossen werden könnte (§ 191 Abs. 3 UmwG). Unter dieser Voraussetzung ist auch eine Beteiligung an einer Verschmelzung oder Spaltung als **übertragender Rechtsträger** zulässig (§ 3 Abs. 3 UmwG, § 124 Abs. 2 UmwG). Eine Liquidationsgesellschaft kann **übernehmender Rechtsträger** sein, wenn ihre Fortsetzung wirksam beschlossen und bereits zur Eintragung im Register angemeldet worden ist.[81]

III. Der Gerichtsstand der aufgelösten Gesellschaft

55   Gem. Abs. 2 behält die Gesellschaft bis zur Beendigung der Liquidation den Gerichtsstand, den sie zur Zeit der Auflösung hatte. Jedenfalls aus heutiger Sicht ist aber ohnehin klar, dass die Liquidationsgesellschaft juristische Person iSd § 17 ZPO bleibt.[82] Bedeutung hat die Vorschrift aber, wenn die Gesellschaft zulässigerweise ihren Sitz verlegt. Sie erhält dann einen zusätzlichen Gerichtsstand.[83] Abs. 2 greift aber auch dann, wenn sich der Ort der Verwaltung nicht mehr feststellen lässt.[84] Für Zweigniederlassungen gilt unabhängig davon § 21 ZPO. Werden diese aufgehoben, so entfällt der durch sie begründete Gerichtsstand auch in der Liquidation.[85]

---

[74]   Noack/Servatius/Haas/*Haas* Rn. 23; MHLS/*Nerlich* Rn. 56; Scholz/*K. Schmidt/Scheller* Rn. 41; HCL/*Paura* Rn. 67.

[75]   BayObLG Beschl. v. 12.1.1995 – 3Z BR 314/94, GmbHR 1995, 532 (533); *Altmeppen* Rn. 10; MHLS/*Nerlich* Rn. 57.

[76]   KG Beschl. v. 12.10.2015 – 22 W 74/15, NZG 2016, 384 (385); Noack/Servatius/Haas/*Haas* Rn. 21; HCL/*Paura* Rn. 68.

[77]   Im Zweifel bejahend Scholz/*Priester/Tebben* § 55 Rn. 31.

[78]   Vgl. KG Urt. v. 8.12.1983 – 2 U 2521/83, GmbHR 1984, 124; Noack/Servatius/Haas/*Haas* Rn. 21; MHLS/*Nerlich* Rn. 57.

[79]   OLG Frankfurt Beschl. v. 14.9.1973 – 20 W 639/73, NJW 1974, 463; Noack/Servatius/Haas/*Haas* Rn. 22; MHLS/*Nerlich* Rn. 58; Scholz/*K. Schmidt/Scheller* Rn. 42; HCL/*Paura* Rn. 70.

[80]   Noack/Servatius/Haas/*Haas* Rn. 22; MHLS/*Nerlich* Rn. 59; Scholz/*K. Schmidt/Scheller* Rn. 42; HCL/*Paura* Rn. 70.

[81]   OLG Naumburg Beschl. v. 12.2.1997 – 10 Wx 1/97, NJW-RR 1998, 178 (180); Scholz/*K. Schmidt/Scheller* Rn. 44.

[82]   Noack/Servatius/Haas/*Haas* Rn. 26; Scholz/*K. Schmidt/Scheller* Rn. 45.

[83]   Noack/Servatius/Haas/*Haas* Rn. 26; Lutter/Hommelhoff/*Kleindiek* Rn. 15; Scholz/*K. Schmidt/Scheller* Rn. 45; HCL/*Paura* Rn. 77.

[84]   Noack/Servatius/Haas/*Haas* Rn. 26; Scholz/*K. Schmidt/Scheller* Rn. 45; HCL/*Paura* Rn. 77.

[85]   Scholz/*K. Schmidt/Scheller* Rn. 45; HCL/*Paura* Rn. 78.

IV. GmbH & Co. KG

Für die aufgelöste GmbH & Co. KG bestimmt sich gem. **§ 161 Abs.** **56**
2 HGB iVm
§ 156 HGB das Verhältnis der Gesellschafter untereinander und der Gesellschaft zu Dritten
nach den für die werbende Gesellschaft geltenden Regeln, sofern sich nicht aus den
§§ 145 ff. HGB sowie dem Zweck der Liquidation etwas anderes ergibt. Auch die GmbH &
Co. KG bleibt bis zur Vollbeendigung rechts-, partei- und insolvenzfähig. Für die Umwandlung gilt → Rn. 54 sinngemäß. Soweit für die Zwecke der Liquidation noch erforderlich,
werden noch ausstehende Einlagen eingezogen. Der sich gegen die Inanspruchnahme weh-
rende Gesellschafter muss auch hier darlegen und beweisen, dass der eingeforderte Betrag
über den Liquidationsbedarf hinausgeht.[86] Zu den Aufgaben des Liquidators gehört es auch,
den Ausgleich unter den Gesellschaftern herbeizuführen.[87]

§ 70 Aufgaben der Liquidatoren

**[1]Die Liquidatoren haben die laufenden Geschäfte zu beendigen, die Verpflich-
tungen der aufgelösten Gesellschaft zu erfüllen, die Forderungen derselben einzuziehen und das Vermögen der Gesellschaft in Geld umzusetzen; sie haben die
Gesellschaft gerichtlich und außergerichtlich zu vertreten. [2]Zur Beendigung
schwebender Geschäfte können die Liquidatoren auch neue Geschäfte eingehen.**

Schrifttum: *Budde,* Haftungsverwirklichung in der masselosen Insolvenz der Kapitalgesellschaft, 2006; *Geißler,*
Die Stellung und Funktion des GmbH-Geschäftsführers als Liquidator bei einem mangels Masse abgewiesenen
Insolvenzantrag, GmbHR 2018, 1048; *Hofmann,* Zur Liquidation einer GmbH (II), GmbHR 1976, 258;
Konzen, Gläubigerschutz bei Liquidation der masselosen GmbH, FS Ulmer, 2003, 323; *T. Meyer,* Liquidations-
kompetenzen und Gesellschafterkompetenzen in der aufgelösten GmbH, 1996; *K. J. Müller,* Einziehung von
Forderungen gegen die Gesellschafter in der Liquidation der GmbH, DB 2003, 1939; *K. Schmidt,* Liquidations-
zweck und Vertretungsmacht der Liquidatoren, AcP 174 (1974), 55; *K. Schmidt,* Liquidationszweck und
Vertretungsmacht der Liquidatoren, AcP 174 (1974), 55; *W. Schulz,* Die masselose Liquidation der GmbH,
1986; *Stobbe,* Die Durchsetzung gesellschaftsrechtlicher Ansprüche der GmbH in Insolvenz und masseloser
Liquidation, 2000.

Übersicht

I. Bedeutung der Norm

Die Vorschrift beschreibt die wesentlichen Aufgaben der Liquidatoren. Ihnen obliegen **1**
anstelle der bisherigen Geschäftsführer die **Geschäftsführung** und die **organschaftliche
Vertretung** der Gesellschaft. Sie haben für die ordnungsgemäße Abwicklung der Gesellschaft zu sorgen. Neue Geschäfte dürfen sie nur im Rahmen des Liquidationszwecks eingehen (§ 70 S. 2). Darin liegt aber keine Begrenzung ihrer Vertretungsmacht, sondern eine
lediglich im Innenverhältnis zu beachtende Schranke (→ Rn. 3 f.).

---

[86] MHLS/*Nerlich* Rn. 63; Scholz/*K. Schmidt/Scheller* Rn. 46.
[87] MHLS/*Nerlich* Rn. 63; Scholz/*K. Schmidt/Scheller* Rn. 46; aA BGH Urt. v. 21.11.1983 – II ZR 19/83,
NJW 1984, 435; Urt. v. 14.11.1977 – II ZR 183/75, NJW 1978, 424.

II. Vertretung

2   § 70 S. 1 Hs. 2 bestimmt wie § 35 Abs. 1 für die Geschäftsführer, dass die Liquidatoren die Gesellschaft **gerichtlich** und **außergerichtlich** vertreten. Dazu gehört auch die Vertretung der Gesellschaft gegenüber den **Gesellschaftern**. So fordern die Liquidatoren etwa ausstehende Einlagen oder Nachschüsse ein und machen Ersatzansprüche gegen Gesellschafter geltend. Sie vertreten die Gesellschaft auch dann bei Anfechtungs- und Nichtigkeitsklagen, wenn mit der Klage die Fehlerhaftigkeit eines Auflösungsbeschlusses geltend gemacht wird.[1] Zur Abwicklung kann auch die Führung eines Rechtsstreits wegen einer versagten immissionsschutzrechtlichen Genehmigung gehören.[2] Eine wirksam erteilte Prozessvollmacht besteht weiterhin fort, selbst wenn die Liquidatoren später wegfallen.[3] Ein als Liquidator tätiger Rechtsanwalt kann für das Führen von Prozessen oder die Wahrnehmung anderer Aufgaben, zu deren sachgerechter Erledigung selbst ein als Liquidator erfahrener Nichtjurist einen Advokaten hinzuziehen müsste, ein zusätzliches Honorar nach anwaltlichem Gebührenrecht beanspruchen.[4] Da der Liquidator gesetzlicher Vertreter der Gesellschaft ist, wird er als Partei vernommen, nicht als Zeuge. Er gibt nach § 807 ZPO, § 836 Abs. 2 S. 2 ZPO, § 883 Abs. 2 ZPO die eidesstattliche Versicherung ab.

3   Die **Vertretungsmacht** der Liquidatoren entspricht der der Geschäftsführer. Nach § 71 Abs. 4 iVm § 37 Abs. 2 haben Weisungen und Beschränkungen sowie Gesellschafterbeschlüsse oder der Gesellschaftsvertrag gegenüber Dritten keine Wirkung. Obgleich dadurch deutlich der das Recht der Handelsgesellschaften prägende Grundsatz der **Unbeschränkbarkeit** der organschaftlichen Vertretungsbefugnis zum Ausdruck kommt, nahm die früher hM an, dass die Vertretungsmacht der Liquidatoren durch den Liquidationszweck begrenzt sei. Sie stützte sich dabei maßgeblich auf die Parallelvorschrift des § 210 Abs. 1 AktG 1937, wonach den Abwicklern die Vertretungsmacht nur „innerhalb ihres Geschäftskreises" zustand. Die Strenge dieser Ausgangsposition wurde allerdings durch Vertrauensschutzgesichtspunkte abgemildert.[5] Gleichwohl bedeutete es einen schwer zu rechtfertigenden dogmatischen Bruch, die nach außen unbegrenzte Vertretungsmacht der Leitungsorgane im Liquidationsstadium in Frage zu stellen. Die Neuregelung des § 269 AktG durch den Gesetzgeber 1965, der bewusst auf jede Beschränkung der Vertretungsmacht der Abwickler verzichtet hat,[6] muss als deutliche Absage an diese Auffassung betrachtet werden.[7] Es ist daher heute unbestritten, dass auch die Vertretungsbefugnis des GmbH-Liquidators über den Liquidationszweck hinausgeht.[8]

4   Allerdings gelten die Grundsätze des **Missbrauchs der Vertretungsmacht.** Das von dem Liquidator im Namen der Gesellschaft abgeschlossene Rechtsgeschäft ist unwirksam, wenn er objektiv pflichtwidrig handelt (insbesondere gegen den Liquidationszweck verstößt) und der Geschäftspartner dies weiß oder sich die Pflichtwidrigkeit doch für ihn aufdrängen musste.[9]

---

[1]   BGH Urt. v. 14.12.1961 – II ZR 97/59, BGHZ 36, 207 (209 f.) = NJW 1962, 538.

[2]   OVG Lüneburg Urt. v. 6.3.1998 – L 4554/96 und 7 L 4622/96, NdsRPfl 1998, 299.

[3]   BGH Urt. v. 8.2.1993 – II ZR 62/92, BGHZ 121, 263 (265 f.) = NJW 1993, 1654; OLG Koblenz Urt. v. 1.4.1998 – 1 U 463/97, NZG 1998, 637 (638).

[4]   BGH Urt. v. 17.9.1998 – IX ZR 237/97, BGHZ 139, 309 = NJW 1998, 349.

[5]   RG Urt. v. 20.9.1939 – VI 38/39, HRR 1940 Nr. 232; s. ferner die Nachweise bei *K. Schmidt* AcP 174 (1974), 55 (68 ff.); *Brodmann* Anm. 2.

[6]   Dazu *Bredol,* Die Rechtsstellung der Abwickler einer Aktiengesellschaft, 2010, 126 f.

[7]   Hachenburg/*Hohner* Rn. 25; MHLS/*Nerlich* Rn. 38; s. auch § 221 RegE 1971/1973.

[8]   BGH Urt. v. 8.1.2019 – II ZR 364/18, NJW 2019, 1512 Rn. 46; BVerwG Urt. v. 19.12.1995 – 1 C 3/93, BVerwGE 100, 188 (194) = DVBl 1996, 808; OLG Stuttgart Urt. v. 28.2.1986 – II U 148/95, ZIP 1986, 647 (648) = NJW-RR 1986, 836; LG Köln Beschl. v. 21.12.1979 – 29 T 21/79, DNotZ 1980, 422 (423); *Hofmann* GmbHR 1976, 229 (233 f.); *K. Schmidt* AcP 174 (1974), 55 (71 ff.); BeckHdB GmbH/*Erle/Helm* § 16 Rn. 34; *Goette/Goette* GmbH § 10 Rn. 46; *Altmeppen* Rn. 24; Noack/Servatius/Haas/*Haas* Rn. 2; *Brodmann* Anm. 2; Hachenburg/*Hohner* Rn. 25; Heybrock/*Löffler* GmbHR Rn. 21 f.; Lutter/Hommelhoff/*Kleindiek* Rn. 2; MHLS/*Nerlich* Rn. 38 f.; Rowedder/Schmidt-Leithoff/*Gesell* Rn. 5; Scholz/*K. Schmidt/Scheller* Rn. 3; HCL/*Paura* Rn. 27.

[9]   BGH Urt. v. 8.1.2019 – II ZR 364/18, NJW 2019, 1512 Rn. 46, 51; OLG Köln Urt. v. 22.12.2004 – 11 U 113/02, OLGR 2005, 130 (131 f.); MHLS/*Nerlich* Rn. 40; Scholz/*K. Schmidt/Scheller* Rn. 4; enger *Bredol,* Die Rechtsstellung der Abwickler einer Aktiengesellschaft, 2010, 136 ff.; Rowedder/Schmidt-Leithoff/*Gesell* Rn. 6.

Nachforschungs- und Erkundigungsobliegenheiten treffen den Erwerber nur bei konkreten Anhaltspunkten für eine missbräuchliche Ausnutzung der Vertretungsmacht.[10] Bedeutung hat dies vor allem bei der Veräußerung des Unternehmens oder wesentlicher Teile unter Missachtung der internen Mitwirkungsrechte der Gesellschafter. Solche Pflichtverletzungen lassen in der Regel die Wirksamkeit des Geschäfts im Außenverhältnis unberührt. Näher → Rn. 17.

III. Geschäftsführung

1. Grundsätzliches. Die Liquidatoren haben das **Recht** und die **Pflicht** zur 5 Geschäftsführung. Anders als bei den Geschäftsführern ist ihr Handeln auf die **bestmögliche Abwicklung** gerichtet. § 70 gibt ihnen dabei nur eine grobe Leitlinie vor. Welche Maßnahmen im Einzelnen wirtschaftlich sinnvoll sind, um einen optimalen Liquidationserlös zur Ausschüttung an die Gesellschafter zu erzielen, liegt in ihrem pflichtgemäßen Ermessen. Bei Pflichtverletzungen haften sie der Gesellschaft nach Maßgabe von § 71 Abs. 4, § 43.

Die Aufgaben des Liquidators sind **nicht übertragbar** und können nur durch diesen 6 selbst erfüllt werden.[11] Dabei kann er selbstverständlich Hilfspersonen heranziehen (Angestellte und sonstige Mitarbeiter, Handlungsbevollmächtigte, Prokuristen),[12] aber seine Gesamtverantwortung darf dadurch nicht in Frage gestellt werden. Stellt sich heraus, dass die Gesellschaft zahlungsunfähig oder überschuldet ist, so hat er einen Antrag auf Eröffnung des Insolvenzverfahrens zu stellen (§ 15a InsO).

Die **Rechte der Gesellschafter** bleiben in der Liquidation unberührt. Die Liquidatoren 7 (auch die gerichtlich bestellten) haben daher gem. § 71 Abs. 4 iVm § 37 Abs. 1 im Innenverhältnis die Grenzen einzuhalten, die sich aus dem Gesellschaftsvertrag oder den Gesellschafterbeschlüssen ergeben. Ob **statutarische Beschränkungen** allerdings im Liquidationsstadium zur Anwendung kommen, ist durch Auslegung zu ermitteln und kann nicht ohne Weiteres unterstellt werden.[13] So gilt das einem Minderheitsgesellschafter eingeräumte Recht, die Veräußerung von Anlagevermögen von seiner Zustimmung abhängig zu machen, allenfalls mit einem dem Liquidationszweck angepassten Inhalt (Vetorecht nur aus wichtigem Grund).[14] Die Gesellschafter können den Liquidatoren **Weisungen** hinsichtlich der Verwertung des Vermögens erteilen,[15] etwa ob das Unternehmen insgesamt oder einzeln zu veräußern ist. Auch können die Gesellschafter bestimmen, dass bestimmte Geschäfte nicht ohne ihre Zustimmung vorgenommen werden dürfen. Für solche Beschlüsse genügt, sofern sie nicht satzungsändernden Charakter haben, die einfache (oder eine davon abweichende statutarische) Mehrheit.[16] Wenn der Ausschüttungsanspruch nach § 72 verändert werden soll, müssen die betroffenen Gesellschafter zustimmen (auch → § 72 Rn. 19 f.).[17] Weisungen, die gegen zwingendes Gesetzesrecht oder den Liquidationszweck verstoßen, sind unbeachtlich.[18] Für die Liquidatoren kann sich hieraus ein wichtiger Grund zur Amtsniederlegung ergeben.[19]

Die Liquidatoren können die Meinung der Gesellschafter in bestimmten Fragen einho- 8 len und zu diesem Zweck eine Gesellschafterversammlung einberufen. Sie müssen dies in Angelegenheiten von grundlegender Bedeutung tun.[20] Das ist ganz selbstverständlich, wenn

---

[10] Scholz/*K. Schmidt*/*Scheller* Rn. 5.
[11] KG Beschl. v. 29.1.1909 – 1a X 1041/08, KGJ 37, 164; OLG Dresden Urt. v. 18.6.1997 – 6 U 2249/96, OLGR 1998, 1; Rowedder/Schmidt-Leithoff/*Gesell* Rn. 2; Scholz/*K. Schmidt*/*Scheller* Rn. 1; HCL/*Paura* Rn. 2.
[12] OLG Dresden Urt. v. 18.6.1997 – 6 U 2249/96, OLGR 1998, 1; Rowedder/Schmidt-Leithoff/*Gesell* Rn. 2; Scholz/*K. Schmidt*/*Scheller* Rn. 1; HCL/*Paura* Rn. 2.
[13] Noack/Servatius/Haas/*Haas* Rn. 12; Scholz/*K. Schmidt*/*Scheller* Rn. 9.
[14] OLG Hamm Urt. v. 13.11.1978 – 8 U 140/78, GmbHR 1979, 141 (142).
[15] BGH Urt. v. 8.1.2019 – II ZR 364/18, NJW 2019, 1512 Rn. 47; *Geißler* GmbHR 2018, 1048 (1052).
[16] Noack/Servatius/Haas/*Haas* Rn. 12; Scholz/*K. Schmidt*/*Scheller* Rn. 9; HCL/*Paura* Rn. 4.
[17] Noack/Servatius/Haas/*Haas* Rn. 12; Scholz/*K. Schmidt*/*Scheller* Rn. 9; lediglich ein Anfechtungsrecht bejahend HCL/*Paura* Rn. 4.
[18] Noack/Servatius/Haas/*Haas* Rn. 12; Rowedder/Schmidt-Leithoff/*Gesell* Rn. 3; Scholz/*K. Schmidt*/*Scheller* Rn. 7; HCL/*Paura* Rn. 4.
[19] HCL/*Paura* Rn. 4.
[20] BGH Urt. v. 8.1.2019 – II ZR 364/18, NJW 2019, 1512 Rn. 47; *Geißler* GmbHR 2018, 1048 (1052).

es um Satzungsänderungen oder die Fassung eines Fortsetzungsbeschlusses geht, da solche Entscheidungen in die originäre Zuständigkeit der Gesellschafter fallen. Darüber hinaus bestehen **Vorlagepflichten** etwa bei einer geplanten Änderung der Liquidationsstrategie sowie bei Maßnahmen, die zu einer wesentlichen Beschleunigung oder Verlängerung der Liquidation führen oder eine realistische Fortsetzungschance vereiteln würden oder einen Fortsetzungsbeschluss vorbereiten sollen.[21]

9   **2. Die Aufgaben der Liquidatoren im Einzelnen. a) Beendigung der laufenden Geschäfte.** Die Liquidatoren haben die laufenden Geschäfte zu beenden. Gemeint ist die Beendigung der Geschäftstätigkeit insgesamt, nicht aber die der einzelnen Geschäfte.[22] Eine vorzeitige Auflösung bestehender Verträge oder die sofortige Einstellung der Produktion ist daher keineswegs geboten. Vielmehr wird der Liquidator regelmäßig die von der Gesellschaft geschuldeten Leistungen noch erbringen. Unter dem Gesichtspunkt der bestmöglichen Verwertung des Gesellschaftsvermögens ist auch eine zeitweise **Fortführung des Betriebes** zulässig.[23] Schwebende Prozesse sind fortzuführen.[24] Sie werden nach § 241 ZPO unterbrochen, wenn zunächst Liquidatoren bestellt werden müssen, es sei denn, es ist vor der Auflösung bereits wirksam eine Prozessvollmacht erteilt worden.[25]

10   **b) Erfüllung der Verpflichtungen.** Die Schuldentilgung ist Voraussetzung für die Verteilung des Gesellschaftsvermögens an die Gesellschafter. Die Liquidatoren haben die bestehenden Verbindlichkeiten zu erfassen und die notwendigen Mittel bereitzustellen. War eine Forderung bisher **bestritten,** können die Liquidatoren sie nach pflichtgemäßem Ermessen anerkennen und erfüllen oder einen Vergleich schließen.[26] Wenn dies der ordnungsgemäßen Abwicklung dient, dürfen sie auch auf eine bereits **verjährte** Gläubigerforderung leisten[27] und ausnahmsweise auch sog. Naturalobligationen erfüllen.[28] **Betagte** Verpflichtungen sind, ggf. im Wege der Hinterlegung, zu sichern.[29] Dabei ist § 73 Abs. 2 zu beachten. In der Praxis vereinbaren die Parteien häufig, dass betagte Verbindlichkeiten abgezinst und sofort beglichen werden.[30] Es kann auch zulässig sein, ein Darlehen aufzunehmen oder einen Wechsel zu prolongieren, um eine fällige Verbindlichkeit zu befriedigen.[31] Der Liquidator ist befugt, eine unstreitige **eigene Forderung** gegen die Gesellschaft aus der Liquidationsmasse zu erfüllen. § 181 BGB hindert ihn daran nicht, da es lediglich um die Erfüllung einer Verbindlichkeit geht.[32] Anders liegt es bei streitigen Forderungen, da ein Vergleich ein unzulässiges Insichgeschäft wäre (zur Frage, ob eine dem Geschäftsführer erteilte Befreiung von § 181 BGB in der Liquidation fortwirkt, → § 68 Rn. 7).[33]

---

[21]   S. dazu *T. Meyer,* Liquidatorenkompetenzen und Gesellschafterkompetenzen in der aufgelösten GmbH, 1996, 51 ff.

[22]   Noack/Servatius/Haas/*Haas* Rn. 4; Rowedder/Schmidt-Leithoff/*Gesell* Rn. 8; Scholz/*K. Schmidt/ Scheller* Rn. 10; HCL/*Paura* Rn. 7.

[23]   *Geißler* GmbHR 2018, 1048 (1054); Noack/Servatius/Haas/*Haas* Rn. 4; Rowedder/Schmidt-Leithoff/ *Gesell* Rn. 8; Scholz/*K. Schmidt/Scheller* Rn. 10; HCL/*Paura* Rn. 8; zur Anwendung des Gewerberechts bei Weiterführung des Betriebs in der Liquidation BVerwG Urt. v. 19.12.1995 – 1 C 3/93, BVerwGE 100, 128 = DVBl 1996, 808.

[24]   ROHG Urt. v. 4.10.1876 – Rep. 1062/76, ROHGE 21, 127 (128); BayObLG Beschl. v. 16.1.1914 – I. ZS, OLGR 28, 365 (366); Noack/Servatius/Haas/*Haas* Rn. 4; Scholz/*K. Schmidt/Scheller* Rn. 10; HCL/*Paura* Rn. 7.

[25]   Noack/Servatius/Haas/*Haas* Rn. 4; Scholz/*K. Schmidt/Scheller* § 69 Rn. 6.

[26]   *Hofmann* GmbHR 1976, 258 (263); Rowedder/Schmidt-Leithoff/*Gesell* Rn. 12; Scholz/*K. Schmidt/ Scheller* Rn. 10; HCL/*Paura* Rn. 10; einschr. für die Anerkennung durch den Nachtragsliquidator im Verhältnis zu den Schuldnern der Gesellschaft *Altmeppen* ZIP 2017, 497 (498 ff.).

[27]   Noack/Servatius/Haas/*Haas* Rn. 5; Rowedder/Schmidt-Leithoff/*Gesell* Rn. 12; HCL/*Paura* Rn. 10.

[28]   HCL/*Paura* § 73 Rn. 18.

[29]   Noack/Servatius/Haas/*Haas* Rn. 5; MHLS/*Nerlich* Rn. 22.

[30]   Scholz/*K. Schmidt/Scheller* Rn. 14.

[31]   MHLS/*Nerlich* Rn. 22; HCL/*Paura* Rn. 10.

[32]   OLG Darmstadt Urt. v. 21.5.1915, GmbHR 1915, 388 (390); LG Mainz Urt. v. 5.7.1913, GmbHR 1913, 293 (294); *Hofmann* GmbHR 1976, 258 (263); Noack/Servatius/Haas/*Haas* Rn. 5; Rowedder/ Schmidt-Leithoff/*Gesell* Rn. 12; Scholz/*K. Schmidt/Scheller* Rn. 11; HCL/*Paura* Rn. 11.

[33]   Scholz/*K. Schmidt/Scheller* Rn. 11.

Verbindlichkeiten gegenüber Gesellschaftern aus normalen Verkehrsgeschäften **11**
sind wie Ansprüche anderer Gläubiger auch zu erfüllen. Ansprüche aus dem Gesellschaftsverhältnis, die sich bereits verselbstständigt haben, wie etwa Gewinnansprüche aus einem
vor der Auflösung wirksam gefassten Gewinnverwendungsbeschluss, dürfen ohne Rücksicht
auf das Sperrjahr des § 73 befriedigt werden, unterliegen aber der Grenze des § 30.[34] Alle
sonstigen Ansprüche aus dem Gesellschaftsverhältnis sind gem. § 73 nachrangig zu erfüllen.

Im Übrigen gibt es aber keinen Rang unter den Gläubigern. Insbesondere wird nicht **12**
zwischen Alt- und Neugläubigern differenziert (vgl. demgegenüber §§ 38 ff. InsO, §§ 53 ff.
InsO).[35] Anderseits gibt es aber auch **keinen allgemeinen Grundsatz gleichmäßiger
Befriedigung.** Ist die Gesellschaft zahlungsunfähig oder überschuldet, so muss ohnehin
nach § 15a InsO die Einleitung eines Insolvenzverfahrens beantragt werden, in dem dann
das Prinzip par conditio creditorum verwirklicht wird. Eine besondere Betrachtung verdient
allerdings die **Ablehnung des Antrags mangels Masse.** Materiell liegt auch hier ein
Insolvenzfall vor. Dies kann nicht ohne Auswirkung auf das Pflichtprogramm der Liquidatoren bleiben. Sie dürfen nicht einzelne Gläubiger (oder gar sich selbst!) willkürlich besser-
stellen als andere. Vielmehr sind sie gehalten, das noch vorhandene Vermögen zur anteiligen
Befriedigung der Gläubiger zu verwenden.[36] Eine Vollstreckung einzelner Gläubiger in das
Gesellschaftsvermögen können sie allerdings nicht verhindern.[37] Insoweit gilt auch in der
masselosen Insolvenz das Prioritätsprinzip.

c) Einziehung von Forderungen. Zu den Hauptaufgaben der Liquidatoren gehört **13**
es ferner, die Forderungen der Gesellschaft einzuziehen, ohne Rücksicht auf ihren Rechtsgrund und auf was sie gerichtet sind. So sind beispielsweise neben Geldforderungen auch
Ansprüche auf Auflassung von Grundstücken zu verfolgen.[38] Anstelle der Einziehung ist
eine Verwertung auch durch Verkauf und Abtretung oder im Wege der Aufrechnung möglich.[39]

Die Liquidatoren haben auch Forderungen gegen **Gesellschafter** einzuziehen, und **14**
zwar sowohl solche aus Verkehrsgeschäften als auch Ansprüche causa societatis.[40] Zu Letzteren zählen insbesondere Forderungen auf ausstehende Einlagen, Nachschüsse, Differenzhaf-

---

[34] Noack/Servatius/Haas/*Haas* Rn. 6; MHLS/*Nerlich* Rn. 20; Rowedder/Schmidt-Leithoff/*Gesell* Rn. 10;
      Scholz/*K. Schmidt/Scheller* Rn. 12.
[35] Heybrock/*Löffler* GmbHR Rn. 7; MHLS/*Nerlich* Rn. 20; Scholz/*K. Schmidt/Scheller* Rn. 13.
[36] *Konzen* FS Ulmer, 2003, 323 (346); *H.-F. Müller* GmbHR 2003, 389 (394); *W. Schulz,* Die masselose
      Liquidation der GmbH, 1986, 160 ff.; *Stobbe,* Die Durchsetzung gesellschaftsrechtlicher Ansprüche der
      GmbH in Insolvenz und masseloser Liquidation, 2000, Rn. 300 ff.; Lutter/Hommelhoff/*Kleindiek* § 73
      Rn. 8; aA *Hofmann* GmbHR 1976, 258 (263); *Altmeppen* Rn. 15; Noack/Servatius/Haas/*Haas* Rn. 5;
      Heybrock/*Löffler* GmbHR Rn. 8 f.; Scholz/*K. Schmidt/Scheller* Rn. 13; HCL/*Paura* Rn. 12; s. schon
      RG Urt. v. 10.6.1882 – I 252/82, RGZ 9, 105 (108 f.) zur AG: „Die Pflicht zur Berücksichtigung aller
      bekannten Gläubiger folgt aus dem Wesen der Liquidation und der Verteilung des Vermögens einer
      Handelsgesellschaft. Alle Analogien …, insoweit sie zu dem Grundsatz führen möchten, daß, wer zuerst
      kommt, zuerst empfängt, sind hier abzuweisen.“; s. auch OLG Stuttgart Urt. v. 24.6.2009 – 14 U 5/
      09, BeckRS 2009, 25485 = GmbHR 2010, 46: Einem Liquidator ist es im Fall einer masselosen
      Liquidation verwehrt, eigene Ansprüche und die Forderungen der ihm besonders nahe stehenden Gläubi-
      ger oder Gesellschafter zum Nachteil der anderen Gesellschaftsgläubiger vorrangig zu befriedigen.
[37] BGH Urt. v. 17.10.2000 – XI ZR 312/99, NJW 2001, 304 (305) = LM GmbHG § 64 Nr. 19 *(Noack/
      Bunke);* Urt. v. 18.11.1969 – II ZR 83/68, BGHZ 53, 71 (74) = NJW 1970, 469; RG Urt.
      v. 12.11.1935 – II 48/35, RGZ 149, 293 (298 f.); Urt. v. 12.10.1937 – II 51/37, RGZ 156, 23 (28 f.);
      Budde, Haftungsverwirklichung in der masselosen Insolvenz der Kapitalgesellschaft, 2006, 117 ff.; *Stobbe,*
      Die Durchsetzung gesellschaftsrechtlicher Ansprüche der GmbH in Insolvenz und masseloser Liquida-
      tion, 2000, Rn. 333 ff.; Noack/Servatius/Haas/*Haas* Rn. 5; Scholz/*K. Schmidt/Scheller* Rn. 13; anders
      Konzen FS Ulmer, 2003, 323 (346 ff.); *W. Schulz,* Die masselose Liquidation der GmbH, 1986, 171 ff.
[38] RG Urt. v. 30.9.1899 – V 137/99, RGZ 44, 80 (84) zur Genossenschaft; *Hofmann* GmbHR 1976, 258
      (263); Rowedder/Schmidt-Leithoff/*Gesell* Rn. 13; Scholz/*K. Schmidt/Scheller* Rn. 15.
[39] *Altmeppen* ZIP 2017, 497 (498); Noack/Servatius/Haas/*Haas* Rn. 7; Rowedder/Schmidt-Leithoff/*Gesell*
      Rn. 13; Scholz/*K. Schmidt/Scheller* Rn. 15; HCL/*Paura* Rn. 14.
[40] BeckHdB GmbH/*Erle/Helm* § 16 Rn. 39; Noack/Servatius/Haas/*Haas* Rn. 7; Scholz/*K. Schmidt/Schel-
      ler* Rn. 15.

tung, Vorbelastungshaftung und verbotene Einlagerückgewähr.[41] Zur Einforderung von
Einlagen bedarf es in der Liquidation keines Gesellschafterbeschlusses nach § 46 Nr. 2
(→ § 69 Rn. 41). Der Liquidator darf diesen Anspruch nicht zum Nachteil anderer Gläubiger abtreten, um eine nicht vollwertige Forderung dieses Gesellschafters bevorzugt zu befriedigen.[42] Die Geltendmachung der Ansprüche aus dem Gesellschaftsverhältnis wird durch
den **Liquidationszweck** begrenzt. Steht fest, dass der eingeforderte Betrag nicht erforderlich ist, um die Gläubiger zu befriedigen und eine satzungskonforme Verteilung des Gesellschaftsvermögens zu gewährleisten, darf der in Anspruch genommene Gesellschafter die
Leistung verweigern.[43] Ihn trifft aber die Darlegungs- und Beweislast dafür, dass ein solcher
Fall vorliegt.[44]

15   **d) Umsetzung des Gesellschaftsvermögens in Geld.** Die **Versilberung** des
Gesellschaftsvermögens dient wie die Einziehung der noch offenen Forderungen dazu, die
Gläubiger zu befriedigen und das Restvermögen an die Gesellschafter nach Ablauf des
Sperrjahres zu verteilen. Grundsätzlich ist deshalb das gesamte Vermögen zu Geld zu
machen, nicht nur das zur Erfüllung der Gläubigerforderungen notwendige. Im Gesellschaftsvertrag oder durch Beschluss der Gesellschafter kann aber auch eine Zuteilung von
Sachwerten vorgesehen werden (→ § 72 Rn. 10). Nicht veräußert werden dürfen Gegenstände, die Gesellschafter der Gesellschaft zur Nutzung überlassen haben, sie sind vielmehr
entsprechend § 732 BGB zurückzugeben.[45] Bei Sacheinlagen kann sich aus der Satzung,
im Einzelfall aber auch aus der allgemeinen Treuepflicht der Gesellschaft ein Vorkaufsrecht
des Inferenten ergeben.[46]

16   Die Veräußerung des Gesellschaftsvermögens muss möglichst gewinnbringend erfolgen.
Die Art und Weise der Verwertung steht im **pflichtgemäßen Ermessen** der Liquidatoren.
Die Gesellschafter sind allerdings berechtigt, ihnen Weisungen zu erteilen. Vermögenswerte
können freihändig verkauft werden, ggf. über die Börse oder durch Versteigerung. Häufig
wird sich aber durch den **Verkauf des Unternehmens** insgesamt ein höherer Liquidationserlös erzielen lassen als durch die Veräußerung der einzelnen Vermögensbestandteile. Ein
Liquidator, der eine solche Möglichkeit nicht nutzt, macht sich gegenüber der Gesellschaft
schadensersatzpflichtig.[47] Da die Unternehmensveräußerung dem Liquidationszweck entspricht, müssen die Liquidatoren hierzu grundsätzlich nicht die Zustimmung der Gesellschafter einholen.[48] Anders liegt es, wenn erkennbar Interessen der Gesellschafter berührt
sind oder ein Fortsetzungsbeschluss in Betracht kommt.[49] Wird das Unternehmen zusammen mit der Firma veräußert, so muss die Firma durch satzungsändernden Beschluss geändert werden (→ § 69 Rn. 51). Daher sind die Liquidatoren gehalten, in diesem Fall einen
entsprechenden Beschluss schon vor der Veräußerung herbeizuführen.[50] Der Erwerber haftet
bei Fortführung der Firma gem. § 25 HGB für alle Schulden. Gleichwohl dürfen die Liqui-

---

[41]   Vgl. Noack/Servatius/Haas/*Haas* Rn. 7; Scholz/*K. Schmidt/Scheller* Rn. 15.
[42]   BGH Urt. v. 18.11.1969 – II ZR 83/68, BGHZ 53, 71 (72 ff.) = NJW 1970, 469.
[43]   BGH Urt. v. 18.11.1969 – II ZR 83/68, NJW 1970, 469 (470) – insoweit in BGHZ 53, 71 nicht
       abgedruckt; *Hofmann* GmbHR 1976, 258 (264); *K. J. Müller* DB 2003, 1939; BeckHdB GmbH/*Erle/
       Helm* § 16 Rn. 39; Noack/Servatius/Haas/*Haas* Rn. 7; MHLS/*Nerlich* Rn. 25; Scholz/*K. Schmidt/Schel-
       ler* Rn. 15; HCL/*Paura* Rn. 16.
[44]   Vgl. RG Urt. v. 25.3.1899 – 353/98 I, JW 1899, 305; *Hofmann* GmbHR 1976, 258 (264); *K. J. Müller*
       DB 2003, 1939 (1941); BeckHdB GmbH/*Erle/Helm* § 16 Rn. 39; Noack/Servatius/Haas/*Haas* Rn. 7;
       MHLS/*Nerlich* Rn. 25; Scholz/*K. Schmidt/Scheller* Rn. 15; HCL/*Paura* Rn. 16.
[45]   Noack/Servatius/Haas/*Haas* Rn. 8; MHLS/*Nerlich* Rn. 26; Rowedder/Schmidt-Leithoff/*Gesell* Rn. 20;
       Scholz/*K. Schmidt/Scheller* Rn. 16.
[46]   MHLS/*Nerlich* Rn. 26; Scholz/*K. Schmidt/Scheller* Rn. 16.
[47]   BGH Urt. v. 4.7.1968 – II ZR 47/68, NJW 1968, 2005 zur OHG; MHLS/*Nerlich* Rn. 27; Scholz/
       K. Schmidt/Scheller Rn. 17.
[48]   BeckHdB GmbH/*Erle/Helm* § 16 Rn. 37; MHdB GesR III/*Weitbrecht* § 63 Rn. 29; Hachenburg/*Hohner*
       Rn. 16; MHLS/*Nerlich* Rn. 27; Rowedder/Schmidt-Leithoff/*Gesell* Rn. 16; Scholz/*K. Schmidt/Scheller*
       Rn. 17; aA *Geißler* DZWIR 2013, 1 (4); HCL/*Paura* Rn. 19.
[49]   MHLS/*Nerlich* Rn. 27; Scholz/*K. Schmidt/Scheller* Rn. 17.
[50]   *Hofmann* GmbHR 1976, 258 (264).

datoren den Kaufpreis nicht vor Tilgung der Verbindlichkeiten und Ablauf des Sperrjahres an die Gesellschafter ausschütten, da die Gesellschaft weiter in Anspruch genommen werden kann. Gleiches gilt für einen vertraglichen Schuldbeitritt des Erwerbers.[51] Der Verkauf des Vermögens der Gesellschaft insgesamt unterliegt dem Beurkundungserfordernis des § 311b Abs. 3 BGB.[52]

Besondere Vorsicht ist bei der Veräußerung des Unternehmens an einen **Gesellschafter** 17 geboten. Dem Verdacht einer unzulässigen Vorteilsgewährung hat der Liquidator dadurch zu begegnen, dass er die Verkaufsbedingungen erläutert[53] und den übrigen Gesellschaftern die Möglichkeit gibt, ein Konkurrenzangebot abzugeben.[54] Es bedarf zudem eines legitimierenden Gesellschafterbeschlusses.[55] Dieser ist wegen Treupflichtverletzung anfechtbar, wenn der Kaufpreis hinter dem Verkehrswert zurückbleibt.[56] Der Erwerber ist von der Abstimmung in eigener Sache gem. § 47 Abs. 4 ausgeschlossen.[57] Das Fehlen eines im Innenverhältnis gebotenen Gesellschafterbeschlusses lässt die Vertretungsmacht der Liquidatoren grds. unberührt, § 179a AktG gilt weder in der werbenden noch in der aufgelösten Gesellschaft. Allerdings kann sich der andere Teil nicht auf den Bestand des Geschäfts berufen, wenn er den Missbrauch der Vertretungsmacht kannte oder sich diese geradezu aufdrängen musste.[58] Eine Erkundigungsobliegenheit trifft den Erwerber – zumal in der Liquidation – nur bei konkreten Anhaltspunkten für eine Verletzung von Vorlagepflichten.[59] An einen Gesellschafter sind jedoch strengere Anforderungen zu stellen, da dieser typischerweise mit den internen Vorgängen der Gesellschaft vertraut ist und ihm klar sein muss, dass eine Veräußerung wesentlicher Teile des Gesellschaftsvermögens als ungewöhnliches Geschäft nicht ohne zustimmenden Beschluss der Mitgesellschafter zulässig ist.

Zur Veräußerung des Unternehmens **an sich selbst** benötigt der Liquidator schon 18 wegen § 181 BGB die Zustimmung der Gesellschafter. Doch auch wenn er vom Verbot des Selbstkontrahierens befreit ist, muss er wegen der inhärenten Missbrauchsgefahr das Geschäft den Korporationsmitgliedern zur Entscheidung vorlegen.

Von der Unternehmensveräußerung zu unterscheiden ist die **Einbringung des Unter-** 19 **nehmens** in eine andere Gesellschaft gegen die Gewährung von Anteilsrechten. Stellt sich dies nur als Zwischenstufe dar, um anschließend die so erworbenen Anteile veräußern zu können, so ist dies auch ohne Gesellschafterbeschluss zulässig. Sollen hingegen die Anteilsrechte in Natur unter den Gesellschaftern aufgeteilt werden, so müssen diese ihr Einverständnis dazu erklären.[60]

e) Vermögensverwaltung. Auch wenn im Gesetz nicht ausdrücklich genannt, gehört 20 die **ordnungsgemäße Verwaltung** des Gesellschaftsvermögens ganz selbstverständlich zu

[51]   MHLS/*Nerlich* Rn. 29; Rowedder/Schmidt-Leithoff/*Gesell* Rn. 18; Scholz/*K. Schmidt/Scheller* Rn. 17.
[52]   BeckHdB GmbH/*Erle/Helm* § 16 Rn. 42; Lutter/Hommelhoff/*Kleindiek* Rn. 14; MHLS/*Nerlich* Rn. 29; Rowedder/Schmidt-Leithoff/*Gesell* Rn. 19; Scholz/*K. Schmidt/Scheller* Rn. 17; HCL/*Paura* Rn. 19; krit. *Klöckner* DB 2008, 1083.
[53]   OLG Hamm Beschl. v. 27.7.1954 – 15 W 287/54, BB 1954, 913; BeckHdB GmbH/*Erle/Helm* § 16 Rn. 42; MHdB GesR III/*Weitbrecht* § 63 Rn. 30; MHLS/*Nerlich* Rn. 29; Scholz/*K. Schmidt/Scheller* Rn. 18.
[54]   BGH Urt. v. 1.2.1988 – II ZR 75/87, BGHZ 103, 184 (193 ff.) = NJW 1988, 1579 – Linotype, zur AG; BeckHdB GmbH/*Erle/Helm* § 16 Rn. 42; MHdB GesR III/*Weitbrecht* § 63 Rn. 30; Noack/Servatius/Haas/*Haas* Rn. 8a; MHLS/*Nerlich* Rn. 28; Scholz/*K. Schmidt/Scheller* Rn. 18; HCL/*Paura* Rn. 20.
[55]   BGH Urt. v. 8.1.2019 – II ZR 364/18, NJW 2019, 1512 Rn. 48; als Vorinstanz OLG Brandenburg Urt. v. 29.3.2018 – 5 U 18/16, BeckRS 2018, 32334 = GmbHR 2018, 183 mAnm *Wachter*; ferner Scholz/*K. Schmidt/Scheller* Rn. 18; HCL/*Paura* Rn. 21.
[56]   Scholz/*K. Schmidt/Scheller* Rn. 18.
[57]   *T. Meyer,* Liquidatorenkompetenzen und Gesellschafterkompetenzen in der aufgelösten GmbH, 1996, 78 ff.
[58]   BGH Urt. v. 8.1.2019 – II ZR 364/18, NJW 2019, 1512 Rn. 11 ff.; Götze NZG 2019, 695; *Heckschen* AG 2019, 420; *Meyer,* GmbHR 2019, 973; *K. J. Müller* NZG 2019, 807; *Natterer* ZIP 2019, 1796; *Paefgen/Wallisch* DZWIR 2020, 51.
[59]   Weitergehend wohl BGH Urt. v. 8.1.2019 – II ZR 364/18, NJW 2019, 1512 Rn. 42; berechtigte Kritik bei Götze NZG 2019, 695 (696 f.); *Natterer* ZIP 2019, 1796 (1799 ff.); Scholz/*K. Schmidt/Scheller* Rn. 5.
[60]   MHLS/*Nerlich* Rn. 30; Scholz/*K. Schmidt/Scheller* Rn. 19; HCL/*Paura* Rn. 22.

den Aufgaben des Liquidators.[61] So sind Grundstücke bis zur Veräußerung nach Möglichkeit zu vermieten, Gelder sicher anzulegen (es sei denn, sämtliche Gesellschafter sind mit Spekulationsgeschäften einverstanden),[62] gewerbliche Schutzrechte aufrechtzuerhalten bzw. anzumelden. Da die Gesellschaft weiter fortbesteht, müssen die Liquidatoren für den Schutz der Firma notfalls im Klagewege sorgen.[63] Beteiligungsrechte bei Tochtergesellschaften sind weiterhin auszuüben und deren Vermögen vor Schaden zu bewahren.[64] Unmittelbar aus § 78 ergibt sich, dass die Liquidatoren die Anmeldung eintragungspflichtiger Tatsachen vorzunehmen haben.

21   **f) Eingehung neuer Geschäfte.** Gem. § 70 S. 2 können die Liquidatoren zur Beendigung schwebender Geschäfte auch neue Geschäfte eingehen. Der Wortlaut der Vorschrift ist zu eng.[65] Maßstab für die Beurteilung des Handelns der Liquidatoren muss der Liquidationszweck sein. Neue Geschäfte sind zulässig, wenn sie objektiv diesem Zweck dienen und auch subjektiv zu seiner Verfolgung vorgenommen werden.[66] So kann es zur Aufrechterhaltung des Geschäftsbetriebs erforderlich sein, Personal zu akquirieren und den neuen Mitarbeitern Prokura (§ 48 HGB) oder Handlungsvollmacht (§ 54 HGB) zu erteilen.[67] Der Erwerb einer gesellschaftsrechtlichen Beteiligung ist zulässig, wenn die Abwicklung wegen langfristiger Pensionsrückstellungen voraussichtlich geraume Zeit dauern wird.[68] Der Liquidationszweck wird aber verletzt, wenn die Geschäfte nach Art und Umfang zu einer faktischen Rückumwandlung in eine werbende Gesellschaft führen. Das ist in der Regel bei der Mitwirkung an der Gründung einer neuen Gesellschaft[69] oder beim Erwerb von Grundstücken unter Inanspruchnahme erheblichen Bankkredits der Fall.[70] Solche Geschäfte sind nur nach einem vorherigen Fortführungsbeschluss, ansonsten nur bei Zustimmung aller Gesellschafter, zulässig.[71] Wird die Liquidation über längere Zeit nicht mehr betrieben und die leere Hülse der Abwicklungsgesellschaft verwendet, um erneut eine Geschäftstätigkeit aufzunehmen, so ist dies gegenüber dem Registergericht nach den Grundsätzen der wirtschaftlichen Neugründung offenzulegen (auch → § 60 Rn. 245, → § 60 Rn. 254).[72]

22   **g) Steuerrechtliche Pflichten.** Der Liquidator muss wie zuvor der Geschäftsführer nach **§ 34 Abs. 1 AO** als gesetzlicher Vertreter der Gesellschaft deren steuerliche Pflichten erfüllen. Er hat insbesondere dafür zu sorgen, dass die Steuern aus den Mitteln entrichtet werden, die er verwaltet. Kommt er dieser Pflicht vorsätzlich oder grob fahrlässig nicht nach und können Ansprüche aus dem Steuerschuldverhältnis deshalb nicht oder nicht rechtzeitig festgesetzt oder erfüllt werden, so **haftet er nach § 69 AO** (auch → § 64 Rn. 199 f., → § 64 Rn. 288). Diese Haftung umfasst auch die infolge der Pflichtverletzung zu zahlenden Säumniszuschläge.

23   Reichen die vorhandenen Mittel nicht aus, um alle fälligen Verbindlichkeiten zu erfüllen, so muss der Liquidator die Steuerforderungen zumindest im gleichen Verhältnis wie die Ansprüche sonstiger Gläubiger bedienen (**Grundsatz anteiliger Tilgung**). Anderen-

[61]   Noack/Servatius/Haas/*Haas* Rn. 9; Lutter/Hommelhoff/*Kleindiek* Rn. 15; MHLS/*Nerlich* Rn. 32; Scholz/*K. Schmidt/Scheller* Rn. 20; HCL/*Paura* Rn. 23.
[62]   Lutter/Hommelhoff/*Kleindiek* Rn. 15; Scholz/*K. Schmidt/Scheller* Rn. 20.
[63]   RG Urt. v. 18.9.1923 – II 178/23, Recht 1924 Nr. 46.
[64]   BGH Urt. v. 26.1.1959 – II ZR 174/57, WM 1959, 323 (324) = LM HGB § 149 Nr. 2; MHLS/*Nerlich* Rn. 32; Scholz/*K. Schmidt/Scheller* Rn. 20; HCL/*Paura* Rn. 23.
[65]   AllgM, s. RG Urt. v. 4.2.1935 – VI 401/34, RGZ 146, 376 (378) zum Verein; Urt. v. 20.9.1939 – VI 28/39, HRR 1940 Nr. 232; Noack/Servatius/Haas/*Haas* Rn. 10; Hachenburg/*Hohner* Rn. 22; Lutter/Hommelhoff/*Kleindiek* Rn. 16; MHLS/*Nerlich* Rn. 33; Scholz/*K. Schmidt/Scheller* Rn. 21.
[66]   Noack/Servatius/Haas/*Haas* Rn. 10; Hachenburg/*Hohner* Rn. 22; Lutter/Hommelhoff/*Kleindiek* Rn. 16; MHLS/*Nerlich* Rn. 33; Scholz/*K. Schmidt/Scheller* Rn. 21.
[67]   *Geißler* DZWIR 2013, 1 (4).
[68]   LG Köln Beschl. v. 21.12.1979 – 29 T 21/79, DNotZ 1980, 422 (423 f.).
[69]   KG Beschl. v. 4.2.1901 – 1 J 45/01, KGJ 21, A 256 (260).
[70]   OLG Karlsruhe Urt. v. 3.10.1956 – 1 U 44/56, GmbHR 1960, 24 (25).
[71]   KG Beschl. v. 4.2.1901 – 1 J 45/01, KGJ 21, A 256 (261); Scholz/*K. Schmidt/Scheller* Rn. 21; für qualifizierte Mehrheit Lutter/Hommelhoff/*Kleindiek* Rn. 7.
[72]   BGH Urt. v. 10.12.2013 – II ZR 53/12, NZG 2014, 264; dazu *Böcker* DZWIR 2014, 389.

falls haftet er in dem Umfang, in dem die von ihm tatsächlich entrichteten Steuerbeträge hinter dem zurückbleiben, was bei gleichmäßiger Befriedigung von Steuer- und sonstigen Forderungen getilgt worden wäre.[73] Etwas anderes soll für die Lohnsteuer gelten. Sie ist nach der Rspr. vorrangig abzuführen, da sie Teil des geschuldeten Arbeitslohns ist, den der Arbeitgeber treuhänderisch für den Arbeitnehmer und den Steuergläubiger einzuziehen hat.[74] Zeichnet sich bei Auszahlung der Arbeitslöhne bereits ab, dass die finanziellen Mittel der Gesellschaft nicht auch für die Entrichtungssteuerschulden ausreichen, so hat der Geschäftsleiter die Arbeitslöhne entsprechend zu kürzen, sodass die vorhandenen Mittel sowohl die Nettolöhne als auch die Abzugssteuern abdecken.

IV. GmbH & Co. KG

Die Liquidatoren der GmbH & Co. KG **vertreten** die Gesellschaft gerichtlich und **24** außergerichtlich (§ 149 S. 2 HGB). Auch ihre Vertretungsbefugnis ist **organschaftlicher Natur.**[75] Nach § 150 HGB besteht bei mehreren Liquidatoren Gesamtvertretungsmacht, sofern nicht im Gesellschaftsvertrag oder einem (grds. Einstimmigkeit erfordernden) Gesellschafterbeschluss etwas anderes vorgesehen ist. Eine Beschränkung des Umfangs der Vertretungsbefugnisse ist Dritten gegenüber gem. § 151 HGB unwirksam. Allerdings begrenzt § 149 S. 2 HGB nach seinem Wortlaut die Vertretungsmacht der Liquidatoren auf Handlungen „innerhalb ihres Geschäftskreises". Daraus folgert die wohl immer noch **hM,** dass die Vertretungsmacht durch den Liquidationszweck begrenzt wird. Sie schützt den Geschäftspartner aber weithin durch Vertrauensschutzerwägungen. Wenn die Liquidationswidrigkeit des Geschäfts für ihn nicht erkennbar war, ist die Gesellschaft gebunden.[76] Die Darlegungs- und Beweislast für die Bösgläubigkeit des anderen Teils trägt die Gesellschaft.[77] Vorzugswürdig ist es aber wohl, im Anschluss an die neuere Entwicklung im Recht der Kapitalgesellschaften (→ Rn. 3 f.) auch den Liquidatoren der Personenhandelsgesellschaften unbeschränkte Vertretungsbefugnis zuzubilligen und über die Grundsätze des Missbrauchs der Vertretungsmacht in den Fällen zu korrigieren, in denen der Vertragspartner nicht schutzwürdig ist.[78] Im praktischen Ergebnis unterscheiden sich beide Ansätze ohnehin kaum.

§ 149 S. 1 HGB umschreibt die **Aufgaben** der Liquidatoren in nahezu wörtlicher **25** Übereinstimmung mit § 70 S. 1 Hs. 1, S. 2. Insofern genügt hier ein schlichter Verweis auf die obigen Ausführungen zur GmbH. Die Liquidatoren der KG unterliegen ebenfalls den Weisungen der Gesellschafter, allerdings bedürfen diese in Ermangelung einer abweichenden

---

[73] BFH Urt. v. 16.12.2003 – VII R 77/00, BFHE 204, 391 = BStBl. II 2005, 249 = GmbHR 2004, 606; Urt. v. 26.4.1984 – V R 128/79, BFHE 141, 443 = BStBl. II 1984, 776 = GmbHR 1985, 30; FG Düsseldorf Urt. v. 31.3.2006 – 9 K 4573/03, ZIP 2006, 1447 (1448); FG Köln Urt. v. 12.9.2005 – 8 K 5677/01, ZIP 2006, 470 (473); *Beermann* DStR 1994, 805; *Buyer* GmbHR 1987, 276; *Mayer,* Die steuerliche Haftung des GmbH-Geschäftsführers unter besonderer Berücksichtigung des Zeitraums ab Insolvenzreife, 2006, 153 ff.; *Schön* FS H. P. Westermann, 2008, 1469 (1479); *Spriegel/Jokisch* DStR 1990, 433; *Steeger,* Die steuerliche Haftung des Geschäftsführers, 1998, 55 ff.; krit. *H.-F. Müller* GmbHR 2003, 389 (390 ff.).

[74] BFH Urt. v. 1.8.2000 – VII R 110/99, BFHE 192, 249 = BStBl. II 2001, 271 = GmbHR 2000, 1215 (1216) mAnm *Neusel;* FG Köln Urt. v. 12.9.2005 – 8 K 5677/01, ZIP 2006, 470 (473); FG München Urt. v. 15.12.2008 – 15 K 411/07, ZInsO 2009, 924 (926); abl. *Haas,* Geschäftsführerhaftung und Gläubigerschutz, 1997, 194 ff.; *Mayer,* Die steuerliche Haftung des GmbH-Geschäftsführers unter besonderer Berücksichtigung des Zeitraums ab Insolvenzreife, 2006, 175 ff.; *H.-F. Müller* GmbHR 2003, 389 (390); *Spriegel/Jokisch* DStR 1990, 433 (437); *Steeger,* Die steuerliche Haftung des Geschäftsführers, 1998, 70 ff.

[75] Staub/*Habersack* HGB § 149 Rn. 43.

[76] BGH Urt. v. 1.12.1983 – III ZR 149/82, NJW 1984, 982; Urt. v. 26.1.1959 – II ZR 174/57, WM 1959, 323 (324) = LM HGB § 149 Nr. 2; Baumbach/Hopt/*Roth* HGB § 149 Rn. 7; EBJS/*Hillmann* HGB § 149 Rn. 23.

[77] BGH Urt. v. 1.12.1983 – III ZR 149/82, NJW 1984, 982; Urt. v. 26.1.1959 – II ZR 174/57, WM 1959, 323 = LM HGB § 149 Nr. 2; Baumbach/Hopt/*Roth* HGB § 149 Rn. 7; EBJS/*Hillmann* HGB § 149 Rn. 23.

[78] *K. Schmidt* AcP 174 (1974), 55 (71 ff.); Staub/*Habersack* HGB § 149 Rn. 43; Rowedder/Schmidt-Leithoff/*Gesell* Rn. 23; Scholz/*K. Schmidt/Scheller* Rn. 27.

Klausel im Gesellschaftsvertrag der Einstimmigkeit (§ 119 HGB). Gilt das Konsensprinzip, so kommen Weisungen praktisch nur an einen Dritt-Liquidator, nicht aber an einen opponierenden Gesellschafter-Liquidator in Betracht.[79] Aufgabe des Liquidators ist es auch, im Verhältnis zwischen den Gesellschaftern den Ausgleich herzustellen.[80]

§ 71 Eröffnungsbilanz; Rechte und Pflichten

(1) Die Liquidatoren haben für den Beginn der Liquidation eine Bilanz (Eröffnungsbilanz) und einen die Eröffnungsbilanz erläuternden Bericht sowie für den Schluß eines jeden Jahres einen Jahresabschluß und einen Lagebericht aufzustellen.

(2) [1]Die Gesellschafter beschließen über die Feststellung der Eröffnungsbilanz und des Jahresabschlusses sowie über die Entlastung der Liquidatoren. [2]Auf die Eröffnungsbilanz und den erläuternden Bericht sind die Vorschriften über den Jahresabschluß entsprechend anzuwenden. [3]Vermögensgegenstände des Anlagevermögens sind jedoch wie Umlaufvermögen zu bewerten, soweit ihre Veräußerung innerhalb eines übersehbaren Zeitraums beabsichtigt ist oder diese Vermögensgegenstände nicht mehr dem Geschäftsbetrieb dienen; dies gilt auch für den Jahresabschluß.

(3) [1]Das Gericht kann von der Prüfung des Jahresabschlusses und des Lageberichts durch einen Abschlußprüfer befreien, wenn die Verhältnisse der Gesellschaft so überschaubar sind, daß eine Prüfung im Interesse der Gläubiger und der Gesellschafter nicht geboten erscheint. [2]Gegen die Entscheidung ist die Beschwerde zulässig.

(4) Im übrigen haben sie die aus §§ 37, 41, 43 Abs. 1, 2 und 4, § 49 Abs. 1 und 2 und aus § 15b der Insolvenzordnung sich ergebenden Rechte und Pflichten der Geschäftsführer.

(5) Auf den Geschäftsbriefen ist anzugeben, dass sich die Gesellschaft in Liquidation befindet; im Übrigen gilt § 35a entsprechend.

Schrifttum: *Bartetzko-Fey,* Vorschlag einer neuen Liquidationsschlussrechnung, 2002; *Dißars/Kahl-Hinsch,* Rechnungslegung in der Liquidation der Kapitalgesellschaft, StuB 2015, 449; *Förschle/Deubert,* Entsprechende Anwendung allgemeiner Vorschriften über den Jahresabschluss in der Liquidations-Eröffnungsbilanz, DStR 1996, 1743; *Förschle/Deubert,* Der Bestätigungsvermerk zur Abwicklungs-/Liquidations-Eröffnungsbilanz, WPg 1993, 397; *Förschle/Kropp/Deubert,* Notwendigkeit der Schlussbilanz einer werbenden Gesellschaft und Zulässigkeit der Gewinnverwendung bei Abwicklung/Liquidation einer Kapitalgesellschaft, DStR 1992, 1523; *Förschle/Kropp/Deubert,* „Schlussbilanz der werbenden Gesellschaft" kein Pflichtbestandteil der Rechnungslegung von Kapitalgesellschaften in Liquidation, DB 1994, 998; *Förster/Döring,* Liquidationsbilanz, 4. Aufl. 2005; *Förster/Grönwoldt,* Das Bilanzrichtlinien-Gesetz und die Liquidationsbilanz, BB 1987, 577; *Forster,* Überlegungen zur Bewertung in Abwicklungs-Abschlüssen, FS Barz, 1974, 335; *Gross,* Die Unternehmensfortführungsannahme als Bewertungskriterium, FS Budde, 1995, 243; *Heni,* Umgliederungen in Liquidations- und Insolvenzbilanzen, ZInsO 2008, 998; *Jünger,* Liquidation und Halbeinkünfteverfahren, BB 2001, 69; *Jurowsky,* Bilanzierungszweckentsprechende Liquidationsrechnungslegung für Kapitalgesellschaften, DStR 1997, 1782; *Küster,* Die Nachtragsliquidation von Kapitalgesellschaften unter dem Blickwinkel des § 11 Abs. 1 Satz 2 KStG, DStR 2006, 209; *Kußmaul/Palm,* Gründung und Liquidation von Unternehmen als Anwendungsfälle handelsrechtliche Sonderbilanzen, StB 2015, 26; *Kußmaul/Schäfer/Delarber/Palm,* Handels- und gesellschaftsrechtliche Pflichten in der Liquidation, BBK 2017, 622; *Olbrich,* Der Grundsatz der Unternehmensfortführung in der Rechnungslegung der Kapitalgesellschaft bei Auflösung, DB 2005, 565; *Olbrich,* Zur Besteuerung und Rechnungslegung der Kapitalgesellschaft bei Auflösung, DStR 2001, 1090; *Peetz,* Haftung des GmbH-Liquidators für ausstehende Steuererklärungen, GmbHR 2002, 1008; *Peetz,* Handelsrechtliche Rechnungslegung der aufgelösten GmbH, GmbHR 2007, 858; *Peetz,* Fortsetzung einer GmbH in der Liquidation – Voraussetzungen und Auswirkungen auf die Bilanzierung, GmbHR 2019, 326; *Rodewald,* Zu Wesen und Wirkung der Liquidations-Schlußbilanz für die GmbH, GmbHR 1994, 454; *Sarx,* Zur

---

[79] MHLS/*Nerlich* Rn. 41; Scholz/*K. Schmidt/Scheller* Rn. 28; für den Fall der Publikums-KG auch BGH Urt. v. 30.1.2018 – II ZR 108/16, NZG 2018, 580 Rn. 68 ff.

[80] MHLS/*Nerlich* Rn. 41; Scholz/*K. Schmidt/Scheller* Rn. 28; jedenfalls für die Abwicklung einer Publikumsgesellschaft auch BGH Urt. v. 30.1.2018 – II ZR 137/16, NZG 2018, 700 Rn. 49 ff.; OLG Hamburg Urt. v. 30.11.2018 – 11 U 35/18, NZG 2019, 142 (143); aA noch BGH Urt. v. 21.11.1983 – II ZR 19/83, NJW 1984, 435; Urt. v. 14.11.1977 – II ZR 183/75, NJW 1978, 424.

Abwicklungs-Rechnungslegung einer Kapitalgesellschaft, FS Forster, 1992, 547; *Scherrer/Heni,* Externe Rechnungslegung bei Liquidation, DStR 1992, 797; *Scherrer/Heni,* Offene Fragen zur Liquidationsbilanz, WPg 1996, 681; *Scherrer/Heni,* Liquidations-Rechnungslegung, 3. Aufl. 2009; *K. Schmidt,* Liquidationsbilanzen und Konkursbilanzen, ZHR-Beiheft 64 (1989); *T. C. Wolf/Lupp,* Die Aufstellungsfrist der (Liquidations-) Eröffnungsbilanz, wistra 2008, 250.

Übersicht

I. Bedeutung der Norm

Die Vorschrift normiert drei unterschiedliche Regelungsbereiche. Abs. 1–3 betreffen **1** die **Rechnungslegung im Liquidationsstadium.** Der GmbH-Gesetzgeber von 1892 hatte hierzu nur sehr knapp die folgende Aussage getroffen: „Die Liquidatoren haben sofort bei Beginn der Liquidation und demnächst in jedem Geschäftsjahr eine Bilanz aufzustellen". Durch das Bilanzrichtliniengesetz 1985 wurde dann Abs. 1 neu gefasst und die Abs. 2 und 3 eingefügt. Die Regelung stimmt mit § 270 AktG überein.

Abs. 4 (ursprünglich Abs. 2) betrifft die **Rechte und Pflichten der Liquidatoren 2** und erklärt in Ergänzung zu § 69 bestimmte die Geschäftsführer betreffende Vorschriften für entsprechend anwendbar. Der durch das Koordinierungsgesetz 1969 eingefügte Abs. 5 (zunächst Abs. 3) gibt **Anforderungen an Geschäftsbriefe** vor. Das MoMiG hat diese Regelung durch einen Verweis auf § 35a redaktionell gestrafft. Besonders hervorgehoben wird nur noch, dass ein Hinweis auf die Liquidation enthalten sein muss.

II. Die Rechnungslegung nach der Auflösung im Überblick

Die Liquidatoren haben nach Abs. 1 eine **Liquidationseröffnungsbilanz nebst 3 erläuterndem Bericht** und für die Folgejahre jeweils einen **Jahresabschluss mit Lagebericht** aufzustellen. Die Feststellung von Eröffnungsbilanz und Jahresabschluss unterliegt nach Abs. 2 S. 1 der Beschlussfassung der Gesellschafter.

Nach Abs. 2 S. 2 sind die Vorschriften über den Jahresabschluss **entsprechend 4 anwendbar.** Die Angleichung der Liquidationsrechnungslegung an die im werbenden Zustand zu erstellenden Rechenwerke erschien dem Gesetzgeber deshalb notwendig, weil die Liquidation nur in Ausnahmefällen zu einer sofortigen Einstellung des Geschäftsbetriebs führt.[1] Die Anbindung erleichtert die Vergleichbarkeit mit der vorhergehenden Rechnungslegung. Abs. 2 S. 3 enthält aber eine spezielle Bewertungsvorschrift, nach der zur Veräußerung vorgesehenes oder nicht mehr benötigtes Anlagevermögen wie Umlaufvermögen zu bewerten ist. Weitere Abweichungen von den allgemeinen Regeln können sich aus dem besonderen Zweck der Abwicklungsbilanzen ergeben.[2] Von der **Prüfungspflicht,** der mittelgroße und große Gesellschaften unterliegen, kann das Gericht nach Abs. 3 befreien, wenn die Verhältnisse überschaubar sind. Ist über das Vermögen der Gesellschaft das Insolvenzverfahren eröffnet worden, so geht die Pflicht zur Rechnungslegung nach § 155 InsO auf den Insolvenzverwalter über (näher → § 64 Rn. 131 ff.).

5   Die Liquidationsrechnungslegung dient vorrangig der zuverlässigen **Dokumentation der Vermögensverhältnisse** der Gesellschaft. Dadurch wird sowohl betrügerischem „Beiseiteschaffen" von Vermögenswerten als auch dem „Andichten" von Schulden begegnet.[3] Die von den Liquidatoren zu erstellenden Rechenwerke sollen über den Stand der Abwicklung informieren[4] und Auskunft über das zu erwartende Liquidationsergebnis geben.[5] Schließlich sind sie Grundlage für die Rechenschaftslegung der Liquidatoren gegenüber den Gesellschaftern.[6] Eine Gewinnverteilung kann auf Grundlage der Jahresabschlüsse der Liquidationsgesellschaft allerdings nicht mehr vorgenommen werden (→ § 69 Rn. 19).

6   Zur Rechnungslegung sind die Liquidatoren **persönlich** verpflichtet, und zwar unabhängig davon, ob sie über die notwendigen Kenntnisse und Fertigkeiten verfügen.[7] Sie können allerdings zu ihrer Unterstützung Hilfskräfte heranziehen.[8] Reicht das Vermögen der Gesellschaft nicht aus, muss der Liquidator notfalls private Mittel aufbringen, um die vorgeschriebenen Rechenwerke zu erstellen.[9] Da es sich um öffentlich-rechtliche Verpflichtungen handelt, die insbesondere auch im Gläubigerinteresse bestehen, können ihn die Gesellschafter hiervon nicht befreien.[10] Er kann jedoch von seinem Amt zurücktreten, wenn ihm die Erfüllung seiner Pflichten nicht mehr zuzumuten ist.[11] Bei schuldhaften Pflichtverletzungen haftet er der Gesellschaft nach § 71 Abs. 4, § 43 Abs. 1, 2. § 71 Abs. 1 ist jedoch kein Schutzgesetz iSd § 823 Abs. 2 BGB. Schwerwiegende Verletzungen der Rechnungslegungsvorschriften können eine Abberufung des Liquidators aus wichtigem Grund rechtfertigen.[12] Hinzu kommt das oftmals unterschätzte Risiko einer Strafbarkeit nach § 283 Abs. 1 Nr. 7 StGB, §§ 283a, 283b StGB.[13]

[1]   BT-Drs. 10/317, 107; zur rechtspolitischen Kritik Institut der Wirtschaftsprüfer WPg 1984, 125 (137); *Moxter* WPg 1982, 473; *Förster/Grönwoldt* BB 1987, 577 (579 f.); Hachenburg/*Hohner* Rn. 2a.
[2]   BT-Drs. 10/317, 107.
[3]   *Moxter* Bilanzlehre I S. 82; *Deubert* in Deubert/Förschle/Störk Sonderbilanzen Rn. 15; BeckOGK/*Euler/Binger* AktG § 270 Rn. 2.
[4]   *Forster* FS Barz, 1974, 335 (337); *Jurowsky* DStR 1997, 1782 (1784); Noack/Servatius/Haas/*Haas* Rn. 7.
[5]   *Deubert* in Deubert/Förschle/Störk Sonderbilanzen Rn. 15; *Förster/Grönwoldt* BB 1987, 577 (578); *Forster* FS Barz, 1974, 335 (336); *Jurowsky* DStR 1997, 1782 (1784 f.); BeckOGK/*Euler/Binger* AktG § 270 Rn. 2; aA Noack/Servatius/Haas/*Haas* Rn. 7.
[6]   *Deubert* in Deubert/Förschle/Störk Sonderbilanzen Rn. 15; *Förster/Grönwoldt* BB 1987, 577 (578); *Forster* FS Barz, 1974, 335 (337); Noack/Servatius/Haas/*Haas* Rn. 7; BeckOGK/*Euler/Binger* AktG § 270 Rn. 2.
[7]   Vgl. BGH Urt. v. 23.6.1953 – 1 StR 773/52, GmbHR 1953, 123.
[8]   *Peetz* GmbHR 2002, 1008 (1012); Rowedder/Schmidt-Leithoff/*Gesell* Rn. 7.
[9]   *Scherrer/Heni,* Liquidations-Rechnungslegung, 3. Aufl. 2009, 30 f.; Noack/Servatius/Haas/*Haas* Rn. 11; Lutter/Hommelhoff/*Kleindiek* Rn. 1; MHLS/*Nerlich* Rn. 22; Scholz/*K. Schmidt* Rn. 10; zur AG KG Beschl. v. 29.6.1905 – 1 J 610/05, KGJ 30 A 125 (127); s. auch FG BW Urt. v. 19.1.2001 – 10 K 12/98, EFG 2001, 542 = GmbHR 2001, 741 Ls. zu ausstehenden Steuererklärungen; abl. *Peetz* GmbHR 2002, 1008 (1012 ff.); *Altmeppen* Rn. 1; HCL/*Paura* Rn. 13.
[10]   OLG Stuttgart Beschl. v. 7.12.1994 – 8 W 311/93, GmbHR 1995, 595 = NJW-RR 1995, 805; *Torwegge* in Passarge/Torwegge GmbH-Liquidation Rn. 871; Rowedder/Schmidt-Leithoff/*Gesell* Rn. 7.
[11]   *Scherrer/Heni,* Liquidations-Rechnungslegung, 3. Aufl. 2009, 30; Noack/Servatius/Haas/*Haas* Rn. 11; Rowedder/Schmidt-Leithoff/*Gesell* Rn. 7.
[12]   OLG Düsseldorf Beschl. v. 19.9.2001 – 3 Wx 41/01, NZG 2002, 90 – für den zu entscheidenden Fall allerdings die Voraussetzungen verneinend.
[13]   BayObLG Beschl. v. 31.1.1990 – BReg. 3 St 166/89, GmbHR 1990, 299; OLG Frankfurt Beschl. v. 6.10.1976 – 2 Ss 461/76, BB 1977, 312; *Scherrer/Heni,* Liquidations-Rechnungslegung, 3. Aufl. 2009, 117; Noack/Servatius/Haas/*Haas* Rn. 11.

Die Rechnungslegungspflichten der Liquidatoren sind in § 71 nicht abschließend gere- **7** gelt. In **zeitlicher Reihenfolge** sind vielmehr zu unterscheiden:
– Schlussbilanz der werbenden Gesellschaft für das letzte (Rumpf-)Geschäftsjahr (→ Rn. 10 ff.),
– Liquidationseröffnungsbilanz (→ Rn. 14 ff.),
– Liquidationsjahresbilanzen (→ Rn. 42 ff.),
– Liquidationsschlussbilanz (→ Rn. 49),
– Schlussrechnung (→ Rn. 50).

Darüber hinaus sollen nach einer im Schrifttum verfochtenen Ansicht die Liquidatoren **8** verpflichtet sein, gesonderte Vermögensverteilungsbilanzen für die Gesellschafter zu erstellen.[14] Doch kann das Informationsbedürfnis der Gesellschafter durch die genannten Bilanzen und die sie ergänzende Berichterstattung durchaus befriedigt werden.[15] Erläuternder Bericht (→ Rn. 33), Anhang (→ Rn. 46) und Lagebericht (→ Rn. 47) sind entsprechend auszugestalten. Einer gesonderten internen Rechnungslegung bedarf es, abgesehen von der in § 74 Abs. 1 explizit angesprochenen, allein an die Gesellschafter adressierten Schlussrechnung (→ Rn. 49) nicht.

Unstreitig haben die Liquidatoren bei entsprechenden Anzeichen einen **Überschul- 9 dungsstatus** aufzustellen, um ggf. das Insolvenzverfahren einleiten zu können (näher → § 64 Rn. 27 ff.).[16] Unberührt bleibt ferner die Pflicht zur **Konzernrechnungslegung** nach §§ 290 ff. HGB.[17] Einer konsolidierten Konzerneröffnungsbilanz bedarf es jedoch in Ermangelung einer dahingehenden gesetzlichen Verpflichtung nicht.[18]

III. Abschließende Rechnungslegung der werbenden Gesellschaft

1. Jahresabschluss. a) Volles Geschäftsjahr. Die besonderen Vorschriften in Abs. 1– **10** 3 über die Bilanzierungspflichten lassen die Rechnungslegungspflichten für die der Auflösung vorangegangenen Zeiträume unberührt. Fällt die Auflösung mit dem **regulären Ende des abgelaufenen Geschäftsjahres** zusammen, so ist unstreitig ein **Jahresabschluss (Bilanz** sowie **Gewinn- und Verlustrechnung)** mit Anhang (§§ 242 ff., 264 ff. HGB) aufzustellen, der bei mittleren und großen Kapitalgesellschaften um einen **Lagebericht** ergänzt wird (§ 289 HGB). Gleiches gilt für frühere Geschäftsjahre, für die noch kein Abschluss vorhanden ist.[19]

b) Rumpfgeschäftsjahr. Wird die Auflösung im Laufe eines Geschäftsjahres wirksam, **11** so herrscht Streit darüber, ob auch für ein sog. **Rumpfgeschäftsjahr** ein Jahresabschluss erstellt werden muss. Die hM bejaht dies zu Recht.[20] Ihr lässt sich nicht entgegenhalten,

---

[14] Insbes. *K. Schmidt,* Liquidationsbilanzen und Konkursbilanzen, 1989, 48 ff.; Scholz/*K. Schmidt* Rn. 31 ff.; ihm folgend *Deubert* in Deubert/Förschle/Störk Sonderbilanzen Rn. 13; MHLS/*Nerlich* Rn. 43 ff.; HCL/*Paura* Rn. 20, 24.

[15] Noack/Servatius/Haas/*Haas* Rn. 8; Hachenburg/*Hohner* Rn. 21.

[16] S. OLG Hamm Urt. v. 10.4.2002 – 11 U 180/01, NZG 2002, 782; *Deubert* in Deubert/Förschle/Störk Sonderbilanzen Rn. 24; *Torwegge* in Passarge/Torwegge GmbH-Liquidation Rn. 907; *Scherrer/Heni,* Liquidations-Rechnungslegung, 3. Aufl. 2009, 229 ff.; Noack/Servatius/Haas/*Haas* Rn. 8.

[17] *Deubert* in Deubert/Förschle/Störk Sonderbilanzen Rn. 375; *Förster/Döring,* Liquidationsbilanz, 4. Aufl. 2005, T 2 Rn. 3; *Torwegge* in Passarge/Torwegge GmbH-Liquidation Rn. 893; *Scherrer/Heni,* Liquidations-Rechnungslegung, 3. Aufl. 2009, 44 f.; *Altmeppen* Rn. 3; Rowedder/Schmidt-Leithoff/*Gesell* Rn. 13; Scholz/*K. Schmidt* Rn. 27; HCL/*Paura* Rn. 16; aA *Jurowsky* DStR 1997, 1782 (1787); *Olbrich* WPg 1975, 265 (267).

[18] *Deubert* in Deubert/Förschle/Störk Sonderbilanzen Rn. 375; *Torwegge* in Passarge/Torwegge GmbH-Liquidation Rn. 893; *Scherrer/Heni,* Liquidations-Rechnungslegung, 3. Aufl. 2009, 45; *Altmeppen* Rn. 3; Scholz/*K. Schmidt* Rn. 27; HCL/*Paura* Rn. 16.

[19] S. nur BayObLG Beschl. v. 31.1.1990 – BReg. 3 St 166/89, GmbHR 1990, 299; *Förschle/Kropp/Deubert* DB 1994, 998 (999); *Torwegge* in Passarge/Torwegge GmbH-Liquidation Rn. 863; Noack/Servatius/Haas/*Haas* Rn. 2.

[20] BFH Urt. v. 17.7.1974 – R 233/71, BStBl. II 1974, 692 (693); Urt. v. 9.3.1983 – I R 202/79, BStBl. II 1983, 433 (434); BayObLG Beschl. v. 14.1.1994 – 3Z BR 307/93, GmbHR 1994, 331 (332); *Förster/Döring,* Liquidationsbilanz, 4. Aufl. 2005, T 2 Rn. 10 ff.; *Hofmann* GmbHR 1976, 258 (260); *Olbrich* DStR 2001, 1090 (1091); *Olbrich* DB 2005, 565 (566); *Sarx* FS Forster, 1992, 547 (551); *Scherrer/Heni,*

dass ohnehin eine Liquidationseröffnungsbilanz zu erstellen ist. Denn obwohl für diese nach Abs. 2 S. 2 grundsätzlich die allgemeinen Bilanzierungsvorschriften anwendbar sind, ist doch mitunter eine Neubewertung notwendig. Das Rumpfgeschäftsjahr bliebe somit ohne Abschluss. Dies wäre mit den Grundsätzen ordnungsgemäßer Bilanzierung nicht zu vereinbaren. Außerdem enthält die Liquidationseröffnungsbilanz keine Erfolgsrechnung. Die Gewinnermittlung kann aber Bedeutung haben für Dividendenansprüche der Gesellschafter, die neben den Anspruch auf Beteiligung am Liquidationserlös treten (→ § 69 Rn. 21). Außerdem hängen möglicherweise Tantiemenansprüche von Geschäftsführern und Angestellten oder Ansprüche stiller Gesellschafter von dem zu ermittelnden Jahresergebnis ab. Dieses ist schließlich auch ein wesentliches Kriterium für die Entlastung der Geschäftsführer. Nach alledem kann auf die abschließende Rechnungslegung für das Rumpfgeschäftsjahr nicht verzichtet werden.

12   **2. Ausgestaltung.** Für den letzten Abschluss der werbenden Gesellschaft gelten die allgemeinen Bilanzierungsgrundsätze und -vorschriften. **Stichtag** ist der Tag, welcher der Auflösung vorangeht.[21] Die Gesellschaft wird noch als werbende behandelt. Bei der Bewertung des Vermögens ist grundsätzlich von der **Fortführung des Unternehmens** auszugehen (§ 252 Abs. 1 Nr. 2 HGB).[22] Eine Abschreibung auf die voraussichtlichen Liquidationserlöse und die Bildung von Rücklagen für Abwicklungskosten hätte zwar unter Gläubigerschutzgesichtspunkten einiges für sich,[23] würde jedoch dem eigenständigen Charakter des Jahresabschlusses nicht gerecht. Das Ergebnis würde bereits durch abwicklungsbedingte Verluste geschmälert, ohne dass ein durch Auflösung stiller Reserven zu erwartender Liquidationsgewinn sich positiv auswirken könnte.[24] Ein den wirklichen Verhältnissen entsprechendes Bild von der Vermögens- und Ertragslage der Gesellschaft (§ 264 Abs. 2 HGB) lässt sich so nicht gewinnen. Eine Abkehr von der Going-Concern-Prämisse ist allerdings bei stiller Liquidation unter Missachtung der Regeln der §§ 70 ff. geboten.[25]

13   **3. Verfahren.** Zuständig für die **Aufstellung** des Jahresabschlusses sind die Liquidatoren, da das Amt der Geschäftsführer mit der zwischenzeitlichen Auflösung bereits erloschen ist.[26] Die Liquidatoren treten auch in die gesetzlichen Aufstellungsfristen (§ 264 Abs. 1 S. 2, 3 HGB) ein, die nicht etwa mit der Amtsübernahme neu zu laufen beginnen.[27] Über die **Feststellung** entscheiden nach §§ 42a, 46 Nr. 1 die Gesellschafter.[28] Sie können auch einen Gewinnverwendungsbeschluss fassen, doch darf die Dividende nur nach Maßgabe von § 73 ausgeschüttet werden (→ § 69 Rn. 21). Der Jahresabschluss ist gem. § 316 HGB zu prüfen,

---

Liquidations-Rechnungslegung, 3. Aufl. 2009, 25 ff.; *Scherrer/Heni* DStR 1992, 797 (798); *Winnefeld* Bilanz-HdB N Rn. 711; *Wolf/Lupp* wistra 2008, 250 (251); MHdB GesR III/*Weitbrecht* § 63 Rn. 33; *Torwegge* in Passarge/Torwegge GmbH-Liquidation Rn. 864 ff.; *Altmeppen* Rn. 5; Noack/Servatius/Haas/*Haas* Rn. 2; MHLS/*Nerlich* Rn. 19; Rowedder/Schmidt-Leithoff/*Gesell* Rn. 4, 19; Scholz/ *K. Schmidt* Rn. 8; HCL/*Paura* Rn. 9; zur Insolvenz auch BGH Urt v. 14.10.2014 – II ZB 20/13, NZG 2015, 157 Rn. 10; aA *Deubert* in Deubert/Förschle/Störk Sonderbilanzen Rn. 50 ff.; *Förschle/Kropp/ Deubert* DStR 1992, 1523; *Förschle/Kropp/Deubert* DB 1994, 998; zweifelnd auch *Peetz* GmbHR 2007, 858 (864); BeckHdB/*Erle/Helm* § 16 Rn. 60.

[21] BayObLG Beschl. v. 14.1.1994 – 3Z BR 307/93, GmbHR 1994, 331 (332); *Torwegge* in Passarge/ Torwegge GmbH-Liquidation Rn. 865; Noack/Servatius/Haas/*Haas* Rn. 2; Rowedder/Schmidt-Leithoff/*Gesell* Rn. 19; Scholz/*K. Schmidt* Rn. 7.

[22] *Sarx* FS Forster, 1992, 547 (551); MHdB GesR III/*Weitbrecht* § 63 Rn. 33; *Torwegge* in Passarge/Torwegge GmbH-Liquidation Rn. 867; *Winnefeld* Bilanz-HdB N Rn. 710; Noack/Servatius/Haas/*Haas* Rn. 3; MHLS/*Nerlich* Rn. 17; Rowedder/Schmidt-Leithoff/*Gesell* Rn. 20; Scholz/*K. Schmidt* Rn. 8; HCL/ *Paura* Rn. 9.

[23] Vgl. *Siegel* FS Baetge, 1997, 117 (133).

[24] Noack/Servatius/Haas/*Haas* Rn. 3; MHLS/*Nerlich* Rn. 17.

[25] Noack/Servatius/Haas/*Haas* Rn. 3.

[26] BayObLG Beschl. v. 31.1.1990 – BReg. 3 St 166/89, GmbHR 1990, 299; *Deubert* in Deubert/Förschle/ Störk Sonderbilanzen Rn. 32; *Torwegge* in Passarge/Torwegge GmbH-Liquidation Rn. 862; *Altmeppen* Rn. 25; Noack/Servatius/Haas/*Haas* Rn. 2; Scholz/*K. Schmidt* Rn. 7.

[27] BayObLG Beschl. v. 31.1.1990 – BReg. 3 St 166/89, GmbHR 1990, 299.

[28] Noack/Servatius/Haas/*Haas* Rn. 2; MHLS/*Nerlich* Rn. 16.

die Befreiungsmöglichkeit des § 71 Abs. 3 greift nicht.[29] Für die Offenlegung gelten ebenfalls keine Besonderheiten.

IV. Rechnungslegung der Liquidationsgesellschaft (Abs. 1–3)

1. Liquidationseröffnungsbilanz. a) Begriff und Funktion. Die Liquidationseröff- **14** nungsbilanz bildet die bilanzielle Grundlage für die Abwicklung der Gesellschaft. Sie ist rechtlich mit der abschließenden Rechnungslegung der werbenden Gesellschaft nicht identisch (→ Rn. 10 ff.), sondern markiert vielmehr die durch die Auflösung bedingte Zäsur. Sie beruht auf einer vorbereitend durchzuführenden Bestandsaufnahme des vorhandenen Vermögens, dem sog. Eröffnungsinventar.[30] Selbst wenn ein Jahresabschluss bezogen auf den Zeitpunkt der Auflösung bereits vorliegt, bleiben die Liquidatoren zur Aufstellung der Liquidationsbilanz verpflichtet.[31] Auch ein Gesellschafterbeschluss, wonach die letzte Jahresbilanz gleichzeitig als Liquidationseröffnungsbilanz gelten soll, ändert daran nichts.[32] Inhaltlich unterliegen beide Rechenwerke allerdings aufgrund der Verweisung in Abs. 2 S. 2 weitgehend denselben Regeln, doch sind bereits abwicklungsspezifische Besonderheiten zu beachten. Als zeitlich erste Liquidationsbilanz hat die Eröffnungsbilanz eine **Brückenfunktion,** da sie den Übergang von der Rechnungslegung der werbenden zu der der aufgelösten Gesellschaft herstellt.

Eine Gewinn- und Verlustrechnung kann die Liquidationseröffnungsbilanz noch nicht ent- **15** halten. Erfolg oder Misserfolg der Liquidatoren bei der Verwertung des Gesellschaftsvermögens lassen sich erst in der Zusammenschau mit den nachfolgend zu erstellenden Liquidationsbilanzen (Überblick bei → Rn. 7), insbesondere der Liquidationsschlussbilanz (→ Rn. 49), beurteilen.

b) Bilanzstichtag. Maßgebender Zeitpunkt ist der Tag, an dem die **Auflösung materi-** **16** **ell wirksam wird,** im Fall des § 60 Abs. 1 Nr. 2 also grundsätzlich das Datum der Beschlussfassung. Auf die Eintragung in das Handelsregister kommt es nur dann an, wenn der Auflösungsbeschluss ausnahmsweise eine Satzungsänderung darstellt (→ § 60 Rn. 92 ff.). Erfolgt der Beschluss unter einer Zeitbestimmung, so ist diese maßgeblich.[33] Namentlich können die Gesellschafter die Auflösung mit dem Beginn des neuen regulären Geschäftsjahres wirksam werden lassen.[34] Eine Vorverlagerung des Auflösungsstichtags ist allerdings nicht möglich.[35]

Auf den Tag der Auflösung ist auch dann abzustellen, wenn das zugrunde liegende **17** Ereignis zunächst nicht bemerkt wird.[36] **Abzulehnen** sind Bestrebungen, unter Praktikabilitätserwägungen eine Abweichung des Stichtags vom Zeitpunkt der Auflösung zuzulassen.[37]

---

[29] OLG München Beschl. v. 10.8.2005 – 31 Wx 061/05, NZG 2005, 69 (70); *Deubert* in Deubert/Förschle/Störk Sonderbilanzen Rn. 315; *Torwegge* in Passarge/Torwegge GmbH-Liquidation Rn. 869; Noack/Servatius/Haas/*Haas* Rn. 4; Scholz/*K. Schmidt* Rn. 8; HCL/*Paura* Rn. 11.

[30] *Deubert* in Deubert/Förschle/Störk Sonderbilanzen Rn. 95 ff.; *Kußmaul/Palm* StB 2015, 26 (30).

[31] *Förster/Döring*, Liquidationsbilanz, 4. Aufl. 2005, T 2 Rn. 27; MHLS/*Nerlich* Rn. 22; Scholz/*K. Schmidt* Rn. 10; krit. *Peetz* GmbHR 2007, 858 (864).

[32] MHLS/*Nerlich* Rn. 22; Scholz/*K. Schmidt* Rn. 10.

[33] BFH Urt. v. 9.3.1983 – I R 202/79, BStBl. II 1983, 433 (434); *Deubert* in Deubert/Förschle/Störk Sonderbilanzen Rn. 91; *Förster/Döring*, Liquidationsbilanz, 4. Aufl. 2005, T 2 Rn. 29; *Torwegge* in Passarge/Torwegge GmbH-Liquidation Rn. 872; *Winnefeld* Bilanz-HdB N Rn. 715; *Wolf/Lupp* wistra 2008, 250 (252); MHLS/*Nerlich* Rn. 24; Rowedder/Schmidt-Leithoff/*Gesell* Rn. 9; Scholz/*K. Schmidt* Rn. 12; HCL/*Paura* Rn. 14.

[34] *Torwegge* in Passarge/Torwegge GmbH-Liquidation Rn. 872.

[35] *Deubert* in Deubert/Förschle/Störk Sonderbilanzen Rn. 91; *Förster/Döring*, Liquidationsbilanz, 4. Aufl. 2005, T 2 Rn. 29; *Torwegge* in Passarge/Torwegge GmbH-Liquidation Rn. 872; *Wolf/Lupp* wistra 2008, 250 (252); Rowedder/Schmidt-Leithoff/*Gesell* Rn. 9.

[36] Rowedder/Schmidt-Leithoff/*Gesell* Rn. 9; Scholz/*K. Schmidt* Rn. 12.

[37] So aber mit Unterschieden im Einzelnen *Deubert* in Deubert/Förschle/Störk Sonderbilanzen Rn. 92; *Dißars/Kahl-Hinsch* StuB 2015, 447 (451); *Förschle/Deubert* WPg 1993, 397 (399 f.); *Olbrich* WPg 1975, 265 (266); *Wolf/Lupp* wistra 2008, 250 (252); MüKoAktG/*Koch* AktG § 270 Rn. 10; BeckOGK/*Euler/Binger* AktG § 270 Rn. 34; dagegen *Förster/Döring*, Liquidationsbilanz, 4. Aufl. 2005, T 2 Rn. 30; *Scherrer/Heni*, Liquidations-Rechnungslegung, 3. Aufl. 2009, 32 f.; *Altmeppen* Rn. 11; Noack/Servatius/ Haas/*Haas* Rn. 14; MHLS/*Nerlich* Rn. 24; Rowedder/Schmidt-Leithoff/*Gesell* Rn. 9; Scholz/ *K. Schmidt* Rn. 12; HCL/*Paura* Rn. 14.

Denn der Gesetzeswortlaut ist nunmehr gegenüber der ursprünglichen unscharfen Gesetzesfassung (→ Rn. 1) eindeutig („für den Beginn der Abwicklung"). Auch lässt sich ein zwingendes Bedürfnis für eine Korrektur des Gesetzgebers nicht ausmachen. Problematisch kann allein die Inventur sein, für die jedoch nach § 241 HGB Erleichterungen vorgesehen sind, die über Abs. 2 S. 2 auch für die Erstellung der Liquidationsbilanzen gelten.[38]

18   **c) Bilanzierungsgrundsätze. aa) Gliederung.** Für die Gliederung gelten im Ausgangspunkt die **allgemeinen handelsrechtlichen Vorschriften** (§§ 265, 266, 268 ff. HGB). Allerdings ist die Angabe der Vorjahresbeträge abweichend von § 265 Abs. 2 S. 1 HGB entbehrlich.[39] Umstritten ist, ob abgehendes oder nicht mehr betriebsnotwendiges Anlagevermögen, welches gem. § 71 Abs. 2 S. 3 wie Umlaufvermögen bewertet wird, auch als solches zu bilanzieren ist (§ 266 Abs. 2 B HGB).[40] Gegen eine **Umgruppierung** spricht jedoch, dass Abs. 2 S. 3 eine reine Bewertungsvorschrift ist.[41] Eine Bewertung „wie Umlaufvermögen" setzt denknotwendig voraus, dass es sich nach wie vor um Gegenstände des Anlagevermögens handelt. Allerdings ist im erläuternden Bericht gem. § 284 Abs. 2 Nr. 1 HGB auf die Besonderheiten der Bewertung einzugehen.[42] Demgegenüber erschwert eine Umgliederung die Vergleichbarkeit der Bilanzdaten in der zeitlichen Abfolge, sodass sie auch unter praktischen Gesichtspunkten keine Vorteile bietet. Die Abgrenzung von Anlage- und Umlaufvermögen bleibt in der Liquidation unverändert.

19   Nach teilweise vertretener Ansicht soll das **Eigenkapital** auf der Passivseite nicht mehr nach § 266 Abs. 3 A. HGB untergliedert, sondern in einer einheitlichen Position ausgewiesen werden.[43] Die Anhänger der sog. Nettomethode begründen ihre Auffassung damit, dass die Kapitalsicherung ohnehin durch das umfassende Ausschüttungsverbot des § 73 gesichert sei. Doch ist der gesonderte Ausweis der einzelnen Posten des Eigenkapitals im Liquidationsstadium keineswegs obsolet. Die Beibehaltung der Bruttomethode dient vielmehr der Klarheit und Übersichtlichkeit der Bilanz. Außerdem kann es auch in der Liquidation entgegen früheren Vorstellungen Kapitalerhöhungen und Kapitalherabsetzungen geben (→ § 69 Rn. 52 f.), die nicht ohne Bezug auf das Stammkapital denkbar sind. Auch bei einer etwaigen Fortführung ist die Kontinuität der Gliederung notwendig. Bei Kleinstkapitalgesellschaften iSd § 267a HGB gilt allerdings die Erleichterung des § 266 Abs. 1 S. 4 HGB, hier kann aber eine ergänzende Angabe unter der Bilanz erforderlich sein.[44]

20   **bb) Ansatzfragen.** Für den Ansatz von Aktiv- und Passivposten gelten die §§ 246– 251 HGB entsprechend. Insbesondere behalten das **Vollständigkeitsgebot** des § 246 Abs. 1 HGB sowie das **Verrechnungsgebot** des § 246 Abs. 2 HGB ihre Gültigkeit, **Bilanzierungsverbote** (§§ 248, 249 Abs. 2 S. 2 HGB) sind weiterhin zu beachten.

---

[38]   *Scherrer/Heni,* Liquidations-Rechnungslegung, 3. Aufl. 2009, 32; Noack/Servatius/Haas/*Haas* Rn. 14.
[39]   *Deubert* in Deubert/Förschle/Störk Sonderbilanzen Rn. 226; *Scherrer/Heni,* Liquidations-Rechnungslegung, 3. Aufl. 2009, 65; MüKoAktG/*Koch* AktG § 270 Rn. 23; BeckOGK/*Euler/Binger* AktG § 270 Rn. 37.
[40]   Bejahend KG Urt. v. 17.4.2001 – 14 U 380/99, NZG 2001, 845 (846); *Deubert* in Deubert/Förschle/ Störk Sonderbilanzen Rn. 230 ff.; *Förschle/Deubert* DStR 1996, 1743 (1748); *Peetz* GmbHR 2007, 858 (861); *Sarx* FS Forster, 1992, 547 (558); Scholz/*K. Schmidt* Rn. 21.
[41]   *Bartetzko-Fey,* Vorschlag einer neuen Liquidationsschlussrechnung, 2002, 35; *Förster/Döring,* Liquidationsbilanz, 4. Aufl. 2005, T 2 Rn. 111; *Scherrer/Heni,* Liquidations-Rechnungslegung, 3. Aufl. 2009, 66 ff.; *Scherrer/Heni* WPg 1996, 681 (686 f.); *Heni* ZInsO 2008, 998; HCL/*Paura* Rn. 31; zur Parallelvorschrift des § 270 Abs. 2 S. 3 AktG MüKoAktG/*Koch* AktG § 270 Rn. 23; s. auch MüKoBilanzR/*Hennrichs* HGB § 247 Rn. 31.
[42]   HCL/*Paura* Rn. 31.
[43]   Noack/Servatius/Haas/*Haas* Rn. 18; für ein Wahlrecht *Winnefeld* Bilanz-HdB N Rn. 755, 774; aA *Deubert* in Deubert/Förschle/Störk Sonderbilanzen Rn. 237; *Förster/Döring,* Liquidationsbilanz, 4. Aufl. 2005, T 2 Rn. 112; *Jurowsky* DStR 1997, 1782 (1787); *Torwegge* in Passarge/Torwegge GmbH-Liquidation Rn. 902; *Scherrer/Heni,* Liquidations-Rechnungslegung, 3. Aufl. 2009, 72 ff.; *Scherrer/Heni* DStR 1992, 797 (802); Scholz/*K. Schmidt* Rn. 21; HCL/*Paura* Rn. 32; MüKoAktG/*Koch* AktG § 270 Rn. 25 ff.; BeckOGK/*Euler/Binger* AktG § 270 Rn. 42 ff.
[44]   Dazu allgemein *Küting/Eichenlaub* DStR 2012, 2615 (2616).

Nach der Reform durch das BilMoG sind auch nicht entgeltlich erworbene **immateri-** 21
elle Vermögensgegenstände des Anlagevermögens unter bestimmten Voraussetzungen zu
aktivieren (vgl. § 248 Nr. 4 HGB). Ein selbstgeschaffener Geschäfts- oder Firmenwert darf
nicht angesetzt werden, auch wenn Veräußerungsaussichten bestehen.[45] Solange ein solcher
Abwicklungsgewinn nicht tatsächlich realisiert ist, bleibt er außer Betracht. Ein derivativer
Firmen- oder Geschäftswert muss dagegen nach § 246 Abs. 1 S. 4 HGB nF angesetzt werden, es sei denn, der Betrieb wird bereits bei Eröffnung der Liquidation stillgelegt. Eigene
Anteile sind weiterhin nach Maßgabe von § 272 Abs. 1a HGB nF auszuweisen.[46] Forderungen gegen Gesellschafter wegen ausstehender Einlagen und Nachschüsse sowie auf Erstattung verbotswidriger Auszahlungen sind selbst dann zu aktivieren, wenn sie voraussichtlich
zur Befriedigung der Gläubiger und dem Ausgleich unter den Gesellschaftern nicht benötigt
werden.[47] Denn eine Nichtberücksichtigung würde eine Saldierung mit dem künftigen
Anspruch des Gesellschafters auf Beteiligung am Liquidationserlös bedeuten und damit
gegen § 246 Abs. 2 HGB verstoßen.

Verbindlichkeiten sind vollständig anzusetzen. Insoweit bestehen keine Besonderhei- 22
ten. Auch für **Rückstellungen** (§ 249 HGB) gelten die allgemeinen Grundsätze. Sie sind
insbesondere für zu erwartende Sozialplanverbindlichkeiten zu bilden.[48] Bilanzielle Vorsorge
ist auch notwendig für drohende Verluste, mit denen aufgrund der liquidationsbedingten
vorzeitigen Beendigung schwebender Geschäfte zu rechnen ist. Eine Verrechnung mit künftigen Abwicklungserlösen kommt nicht in Betracht.[49] Die laufenden Kosten der Abwicklung, wie beispielsweise die Vergütung der Liquidatoren, sind dem Abwicklungszeitraum
zuzurechnen und gehören daher nicht in die Liquidationseröffnungsbilanz.[50]

Pensionsrückstellungen sind nach der Auflösung in voller Höhe zu bilden, auch 23
wenn zuvor ein Passivierungswahlrecht nach Art. 28 EGHGB bestanden hat.[51] Denn da
das Liquidationsverfahren grundsätzlich auf Vollbeendigung der Gesellschaft ausgerichtet
ist, kann nicht mehr davon ausgegangen werden, dass sie ihre Pensionsverpflichtungen
künftig aus laufenden Erträgen aufbringen kann.[52]

Rechnungsabgrenzungsposten sind nach Maßgabe von § 250 HGB sowohl auf der 24
Aktiv- wie auf der Passivseite weiterhin auszuweisen, da auf der Grundlage der Liquidationseröffnungsbilanz eine periodengerechte Jahresrechnungslegung zu erfolgen hat.[53]

---

[45] *Scherrer/Heni*, Liquidations-Rechnungslegung, 3. Aufl. 2009, 57 f.; MHLS/*Nerlich* Rn. 64; Scholz/
K. Schmidt Rn. 23; HCL/*Paura* Rn. 38; MüKoAktG/*Koch* AktG § 270 Rn. 34; aA *Jurowsky* DStR 1997,
1782 (1787); Noack/Servatius/Haas/*Haas* Rn. 17.

[46] *Peetz* GmbHR 2007, 858 (861); *Scherrer/Heni*, Liquidations-Rechnungslegung, 3. Aufl. 2009, 77 f.;
Scholz/*K. Schmidt* Rn. 21; HCL/*Paura* Rn. 39; aA jedoch Hachenburg/*Hohner* Rn. 27; MHLS/*Nerlich*
Rn. 65.

[47] *Deubert* in Deubert/Förschle/Störk Sonderbilanzen Rn. 245; *Peetz* GmbHR 2007, 858 (861); *Scherrer/
Heni*, Liquidations-Rechnungslegung, 3. Aufl. 2009, 76 f.; Noack/Servatius/Haas/*Haas* Rn. 17; MHLS/
Nerlich Rn. 65.

[48] *Deubert* in Deubert/Förschle/Störk Sonderbilanzen Rn. 126; *Torwegge* in Passarge/Torwegge GmbH-
Liquidation Rn. 879; *Peetz* GmbHR 2007, 858 (862); *Scherrer/Heni*, Liquidations-Rechnungslegung,
3. Aufl. 2009, 60 ff.; Noack/Servatius/Haas/*Haas* Rn. 18; Rowedder/Schmidt-Leithoff/*Gesell* Rn. 10;
Scholz/*K. Schmidt* Rn. 23.

[49] *Deubert* in Deubert/Förschle/Störk Sonderbilanzen Rn. 125; *Peetz* GmbHR 2007, 858 (862 f.); Noack/
Servatius/Haas/*Haas* Rn. 18; MHLS/*Nerlich* Rn. 67.

[50] *Deubert* in Deubert/Förschle/Störk Sonderbilanzen Rn. 127; Noack/Servatius/Haas/*Haas* Rn. 18;
BeckOGK/*Euler/Binger* AktG § 270 Rn. 57 ff.; diff. MHLS/*Nerlich* Rn. 68; HCL/*Paura* Rn. 45.

[51] *Deubert* in Deubert/Förschle/Störk Sonderbilanzen Rn. 130; *Förster/Döring*, Liquidationsbilanz, 4. Aufl.
2005, T 2 Rn. 91 ff.; *Förster/Grönwoldt* BB 1987, 577 (580); *Torwegge* in Passarge/Torwegge GmbH-
Liquidation Rn. 879; Noack/Servatius/Haas/*Haas* Rn. 18; MHLS/*Nerlich* Rn. 66; Rowedder/Schmidt-
Leithoff/*Gesell* Rn. 10; Scholz/*K. Schmidt* Rn. 23; HCL/*Paura* Rn. 44; BeckOGK/*Euler/Binger* AktG
§ 270 Rn. 64; aA *Sarx* FS Forster, 1992, 547 (554 f.).

[52] Zu dieser Prämisse BGH Urt. v. 27.2.1961 – II ZR 292/59, BGHZ 34, 324 (332 f.) = NJW 1961,
1063.

[53] *Sarx* FS Forster, 1992, 547 (555); MHLS/*Nerlich* Rn. 65; Scholz/*K. Schmidt* Rn. 23; BeckOGK/*Euler/
Binger* AktG § 270 Rn. 61 f.; HCL/*Paura* Rn. 40; aA *Peetz* GmbHR 2007, 858 (862, 863); Noack/
Servatius/Haas/*Haas* Rn. 17.

25 **cc) Bewertung.** Auch für die Bewertung der Vermögensgegenstände und Schulden gilt nach § 270 Abs. 2 S. 2 AktG grundsätzlich, dass die für den Jahresabschluss geltenden Vorschriften (§§ 252 ff., 264 Abs. 2 HGB) entsprechend anwendbar sind. Der Gesetzgeber hat damit einen Bruch mit dem bis 1985 praktizierten Prinzip der Neubewertung vollzogen. Danach traten an die Stelle der Buchwerte (Anschaffungs- oder Herstellungswerte vermindert um die Abschreibungen) im Jahresabschluss in der als Vermögensverteilungsbilanz interpretierten Liquidationseröffnungsbilanz die voraussichtlichen Veräußerungserlöse.[54] Demgegenüber ist nach der Reform Bewertungsstetigkeit beim Übergang zur Liquidationsrechnungslegung die Regel, Abweichungen sind die jenseits von Abs. 2 S. 3 besonders zu begründende Ausnahme. Dabei wird die Kontinuität der geschäftlichen Verhältnisse vor und nach der Auflösung grundsätzlich unterstellt.

26 Vor allem ist auch nach der Auflösung von der **Fortführung** des Unternehmens auszugehen (§ 252 Abs. 1 Nr. 2 HGB).[55] Das gilt solange bis feststeht, dass die Unternehmenstätigkeit eingestellt werden muss.[56] Nicht entscheidend ist, ob eine Fortführung der Gesellschaft möglich ist, da das Unternehmen auch in den Händen eines Erwerbers erhalten werden kann. Das **Prinzip der Einzelbewertung** (§ 252 Abs. 1 Nr. 3 HGB) behält ebenfalls seine Gültigkeit. Auch eine geplante Veräußerung des Unternehmens insgesamt rechtfertigt es nicht, hiervon abzurücken.[57]

27 Gem. § 253 Abs. 1 Nr. 4 HGB ist weiterhin vorsichtig zu bewerten. Auswirkungen des allgemeinen **Vorsichtsprinzips** sind das **Realisations- und das Imparitätsprinzip.** Diese Grundsätze haben nicht in erster Linie die Funktion einer Ausschüttungssperre, sondern dienen der Sicherung einer möglichst willkürfreien Bilanzierung, sodass sie durch § 73 im Liquidationsstadium nicht obsolet werden.[58] Demgemäß dürfen am Abschlussstichtag noch nicht realisierte Gewinne keinesfalls ausgewiesen werden, es müssen aber bereits alle vorhersehbaren Risiken und Verluste berücksichtigt werden.

28 Nach dem **Anschaffungswertprinzip** sind Vermögensgegenstände höchstens mit den Anschaffungs- oder Herstellungskosten, vermindert um Abschreibungen anzusetzen (§ 253 Abs. 1 S. 1, Abs. 3–5 HGB). Potentiell höhere Veräußerungswerte können nicht berücksichtigt werden.[59]

29 Abweichend von den allgemeinen handelsrechtlichen Regeln sieht § 71 Abs. 2 S. 3 unter bestimmten Voraussetzungen eine **Umbewertung des Anlagevermögens** vor. Damit wird dem Umstand Rechnung getragen, dass das Anlagevermögen in der Liquidation sukzessive seine Bedeutung für die Fortführung des Unternehmens verlieren kann und dann

---

[54] RG Urt. v. 1.10.1912 – II 176/12, RGZ 80, 104 (107 f.); *Forster* FS Barz, 1974, 335 (338 ff.) mwN auch zu abweichenden Auffassungen; auch schon → Rn. 4.

[55] *Bartetzko-Fey,* Vorschlag einer neuen Liquidationsschlussrechnung, 2002, 38 ff.; *Deubert* in Deubert/ Förschle/Störk Sonderbilanzen Rn. 145; *Förschle/Deubert* DStR 1996, 1743 (1747 f.); *Kußmaul/Palm* StB 2015, 26 (30); *Kußmaul/Schäfer/Delarber/Palm* BBK 2017, 622 (627); *Olbrich* DB 2005, 565 (566); *Torwegge* in Passarge/Torwegge GmbH-Liquidation Rn. 881; *Peetz* GmbHR 2019, 326 (327); *Scherrer/ Heni,* Liquidations-Rechnungslegung, 3. Aufl. 2009, 88 ff.; *Winnefeld* Bilanz-HdB N Rn. 716; Lutter/ Hommelhoff/*Kleindiek* Rn. 2; MHLS/*Nerlich* Rn. 63; Scholz/*K. Schmidt* Rn. 22; HCL/*Paura* Rn. 33; aA *Dißars/Kahl-Hinsch* StuB 2015, 449 (451); *Förster/Döring,* Liquidationsbilanz, 4. Aufl. 2005, T 3 Rn. 72 ff.; *Jurowsky* DStR 1997, 1782 (1788); *Peetz* GmbHR 2007, 858 (863); Noack/Servatius/Haas/ Haas Rn. 16.

[56] Näher *Olbrich* DB 2005, 565 (566 ff.); formal auf den Stichtag der Schlussbilanz abstellend *Bartetzko-Fey,* Vorschlag einer neuen Liquidationsschlussrechnung, 2002, 41; *Scherrer/Heni,* Liquidations-Rechnungslegung, 3. Aufl. 2009, 88 ff.

[57] *Scherrer/Heni,* Liquidations-Rechnungslegung, 3. Aufl. 2009, 90 ff.

[58] *Bartetzko-Fey,* Vorschlag einer neuen Liquidationsschlussrechnung, 2002, 42 ff.; *Torwegge* in Passarge/ Torwegge GmbH-Liquidation Rn. 884; *Peetz* GmbHR 2007, 858 (863); *Scherrer/Heni,* Liquidations-Rechnungslegung, 3. Aufl. 2009, 92 ff.; Noack/Servatius/Haas/*Haas* Rn. 15; MHLS/*Nerlich* Rn. 63; Scholz/*K. Schmidt* Rn. 23; HCL/*Paura* Rn. 36; aA *Förster/Grönwoldt* BB 1987, 577 (580); *Gross* FS Budde, 1995, 243 (259 f.); *Jurowsky* DStR 1997, 1782 (1788).

[59] *Deubert* in Deubert/Förschle/Störk Sonderbilanzen Rn. 141; *Peetz* GmbHR 2007, 858 (863); *Scherrer/ Heni,* Liquidations-Rechnungslegung, 3. Aufl. 2009, 102 f.; Noack/Servatius/Haas/*Haas* Rn. 16; MHLS/*Nerlich* Rn. 62; Rowedder/Schmidt-Leithoff/*Gesell* Rn. 10; HCL/*Paura* Rn. 36; aA *Förster/ Grönwoldt* BB 1987, 577 (580); *Jurowsky* DStR 1997, 1782 (1788).

ebenso wie das Umlaufvermögen lediglich noch Bedeutung als Verwertungsobjekt hat. Der erste von Abs. 2 S. 3 geregelte Fall ist der, dass eine **Veräußerung** innerhalb eines überschaubaren Zeitraums beabsichtigt ist. Eine allgemeine Veräußerungsabsicht genügt nicht, denn diese ist durch den Auftrag der Liquidatoren zur Versilberung des Gesellschaftsvermögens bereits impliziert. Notwendig ist vielmehr eine konkrete Veräußerungsabsicht, die sich schon in Vorbereitungshandlungen manifestiert hat. Als überschaubar dürfte eine Spanne von einem Jahr, dh regelmäßig bis zum nächsten Bilanzstichtag, anzusehen sein.[60] Die geplante Veräußerung muss auch tatsächlich realisierbar sein.[61] Gleichgestellt wird der Fall, dass die Gegenstände des Anlagevermögens nicht mehr dem Geschäftsbetrieb dienen. Eine solche **Funktionsaufgabe** ist insbesondere bei einer (Teil-)Stilllegung des Betriebes gegeben.

Rechtsfolge des Abs. 2 S. 3 ist jeweils, dass das betreffende Anlagevermögen **wie 30 Umlaufvermögen** zu bewerten ist. Es gilt das **strenge Niederstwertprinzip,** sodass Abschreibungen auch bei voraussichtlich nur vorübergehender Wertminderung vorzunehmen sind (§ 253 Abs. 4 HGB nF). Da sich bei Anlagevermögen nur selten ein Börsen- oder Marktpreis ermitteln lässt, kommt es regelmäßig auf den „beizulegenden Wert" isd § 253 Abs. 4 S. 2 HGB nF an. Dieser entspricht dem zum Abschlussstichtag erzielbaren Veräußerungspreis abzüglich der Kosten, die der Veräußerung zuzurechnen sind.[62] Sinnwidrig wäre es, im hier interessierenden Zusammenhang auf die Wiederbeschaffungskosten abzustellen. Für die Liquidationsgesellschaft kommt nur die Veräußerung in Betracht.

Vermögensgegenstände des Anlagevermögens, die zunächst weiter im Betrieb genutzt **31** werden sollen, sind weiterhin **planmäßig abzuschreiben.** Dabei kann es jedoch notwendig sein, die Abschreibungsperiode im Hinblick auf eine geänderte Restnutzungsdauer anzupassen.[63] Auch eine voraussichtlich dauerhafte Wertminderung iSv § 253 Abs. 3 S. 3 HGB ist zu berücksichtigen.

Das **Wertaufholungsgebot** des § 253 Abs. 5 S. 1 HGB nF gilt in der Liquidation ohne **32** Einschränkung. Außerplanmäßige Abschreibungen sind daher zurückzunehmen, wenn die Gründe hierfür nicht mehr bestehen. Etwas anderes gilt nur für den Wertansatz eines entgeltlich erworbenen Geschäfts- oder Firmenwerts (§ 253 Abs. 5 S. 2 HGB nF). Eine generelle **Zuschreibung** auf den Zeitwert wird durch das Wertaufholungsgebot nicht ermöglicht. Vielmehr bilden die Anschaffungs- bzw. Herstellungskosten die **Obergrenze** der Bewertung.[64] Bei abnutzbarem Anlagevermögen beschränken zusätzlich die planmäßigen Abschreibungen den Wertansatz. Wird es allerdings nunmehr nach Abs. 2 S. 3 wie Umlaufvermögen bewertet, so besteht eine Bindung an die in der Vergangenheit vorgenommenen Abschreibungen nicht mehr.[65]

d) Erläuternder Bericht. Die Liquidatoren müssen die Eröffnungsbilanz in einem **33** Bericht erläutern. Dieser erläuternde Bericht tritt an die Stelle von Anhang und Lagebericht. Über Abs. 3 S. 2 können daher die §§ 284 ff. HGB und § 289 HGB sinngemäß herangezo-

---

[60] *Deubert* in Deubert/Förschle/Störk Sonderbilanzen Rn. 156; *Dißars/Kahl-Hinsch* StuB 2015, 449 (452); *Förschle/Deubert* DStR 1996, 1743 (1747); *Torwegge* in Passarge/Torwegge GmbH-Liquidation Rn. 887; *Peetz* GmbHR 2019, 326 (327); *Altmeppen* Rn. 23; Noack/Servatius/Haas/*Haas* Rn. 20; Lutter/Hommelhoff/*Kleindiek* Rn. 2; Rowedder/Schmidt-Leithoff/*Gesell* Rn. 11; großzügiger Scholz/*K. Schmidt* Rn. 24 (zwei Jahre).

[61] *Torwegge* in Passarge/Torwegge GmbH-Liquidation Rn. 887; Scholz/*K. Schmidt* Rn. 24; aA *Scherrer/Heni,* Liquidations-Rechnungslegung, 3. Aufl. 2009, 99.

[62] *Deubert* in Deubert/Förschle/Störk Sonderbilanzen Rn. 158; *Förschle/Deubert* DStR 1996, 1743 (1747); *Scherrer/Heni,* Liquidations-Rechnungslegung, 3. Aufl. 2009, 100; MüKoAktG/*Koch* AktG § 270 Rn. 43; BeckOGK/*Euler/Binger* AktG § 270 Rn. 83.

[63] *Deubert* in Deubert/Förschle/Störk Sonderbilanzen Rn. 159; *Scherrer/Heni* DStR 1992, 797 (803).

[64] *Förster/Döring,* Liquidationsbilanz, 4. Aufl. 2005, T 2 Rn. 105; *Scherrer/Heni,* Liquidations-Rechnungslegung, 3. Aufl. 2009, 100; Noack/Servatius/Haas/*Haas* Rn. 20.

[65] *Förster/Döring,* Liquidationsbilanz, 4. Aufl. 2005, T 2 Rn. 105; *Altmeppen* Rn. 24; Scholz/*K. Schmidt* Rn. 24; aA *Deubert* in Deubert/Förschle/Störk Sonderbilanzen Rn. 176.

gen werden.[66] Aufgabe des Berichts ist es insbesondere, die in der Liquidationseröffnungsbilanz angewandten **Ansatz- und Bewertungsmethoden** darzustellen und etwaige **Unterschiede** zur Schlussbilanz der werbenden Gesellschaft zu begründen (§ 284 Abs. 2 Nr. 1, 3 HGB).[67] Angaben, die sich auf die GuV oder Geschäftsjahresdaten beziehen (zB § 285 Nr. 4–6, 8 HGB), werden nicht in den erläuternden Bericht aufgenommen.[68] Anstelle der durchschnittlichen Zahl der Arbeitnehmer während des Geschäftsjahres (§ 285 Nr. 7 HGB) ist deren Zahl zum Auflösungszeitpunkt anzugeben.[69] Eine Aufgliederung nach Gruppen empfiehlt sich. Auf den Stand der Abwicklung ist ebenso einzugehen wie über deren voraussichtlichen Verlauf.[70] Der Bericht muss darüber hinaus Aussagen zu den zu erwartenden Liquidationskosten treffen.[71] Notwendig sind ferner Angaben über die erzielbaren Erlöse und über das Abwicklungsergebnis insgesamt.[72] Dabei sind gewisse Pauschalierungen zulässig, wenn ansonsten die Verkaufsverhandlungen erschwert würden.[73]

34   **e) Aufstellung und Feststellung.** Die Liquidatoren haben die Eröffnungsbilanz nach Abs. 2 S. 2 iVm § 264 Abs. 1 S. 2 HGB binnen einer **Frist** von drei Monaten gerechnet ab dem Zeitpunkt der Auflösung aufzustellen. Für kleine Gesellschaften gilt die Verlängerungsmöglichkeit des § 264 Abs. 1 S. 3 HGB auf bis zu sechs Monate, soweit dies einem ordnungsgemäßen Geschäftsgang entspricht. Dass die Vorschrift nur entsprechend anzuwenden ist, lässt nicht die Schlussfolgerung zu, dass über die dort vorgesehene Höchstfrist hinausgegangen werden kann.[74] Ob überhaupt die Möglichkeit der Fristverlängerung besteht, ist für den konkreten Einzelfall jeweils zu prüfen.[75] Daher kann eine Fristverlängerung nicht generalisierend in der Satzung vorgesehen werden.[76] Kaum Spielraum für eine Erleichterung besteht im Falle der masselosen Liquidation, weil dann eine zügige Rechnungslegung im Interesse der Gläubiger geboten ist, sowie generell immer dann, wenn die Gesellschaft sich in der Krise befindet.[77]

35   Nach Abs. 2 S. 1 obliegt die **Feststellung** der Eröffnungsbilanz den Gesellschaftern. Für die Beschlussfassung ist § 42a Abs. 1–3 über § 71 Abs. 2 S. 2 entsprechend anwendbar.[78] Die Gesellschafter müssen spätestens bis zum Ablauf der ersten acht Monate, bei kleinen Gesellschaften binnen elf Monaten nach dem Auflösungsstichtag über die Feststellung beschließen (§ 42a Abs. 1).

---

[66]   *Deubert* in Deubert/Förschle/Störk Sonderbilanzen Rn. 185; *Sarx* FS Forster, 1992, 547 (559); Noack/Servatius/Haas/*Haas* Rn. 22; Scholz/*K. Schmidt* Rn. 11; HCL/*Paura* Rn. 18; aA *Förster/Döring*, Liquidationsbilanz, 4. Aufl. 2005, T 2 Rn. 109.

[67]   *Deubert* in Deubert/Förschle/Störk Sonderbilanzen Rn. 187; *Sarx* FS Forster, 1992, 547 (559); *Scherrer/Heni*, Liquidations-Rechnungslegung, 3. Aufl. 2009, 101 ff.; Noack/Servatius/Haas/*Haas* Rn. 22; Rowedder/Schmidt-Leithoff/*Gesell* Rn. 12; Scholz/*K. Schmidt* Rn. 11; HCL/*Paura* Rn. 18.

[68]   *Deubert* in Deubert/Förschle/Störk Sonderbilanzen Rn. 186; *Scherrer/Heni*, Liquidations-Rechnungslegung, 3. Aufl. 2009, 101.

[69]   *Deubert* in Deubert/Förschle/Störk Sonderbilanzen Rn. 186.

[70]   *Deubert* in Deubert/Förschle/Störk Sonderbilanzen Rn. 190 f.; Noack/Servatius/Haas/*Haas* Rn. 22; Scholz/*K. Schmidt* Rn. 11; HCL/*Paura* Rn. 18.

[71]   *Deubert* in Deubert/Förschle/Störk Sonderbilanzen Rn. 190; *Sarx* FS Forster, 1992, 547 (559); Noack/Servatius/Haas/*Haas* Rn. 22; Rowedder/Schmidt-Leithoff/*Gesell* Rn. 12; Scholz/*K. Schmidt* Rn. 11; HCL/*Paura* Rn. 18.

[72]   Noack/Servatius/Haas/*Haas* Rn. 22; Rowedder/Schmidt-Leithoff/*Gesell* Rn. 12; Scholz/*K. Schmidt* Rn. 11; HCL/*Paura* Rn. 18.

[73]   *Deubert* in Deubert/Förschle/Störk Sonderbilanzen Rn. 188; Noack/Servatius/Haas/*Haas* Rn. 22.

[74]   *Deubert* in Deubert/Förschle/Störk Sonderbilanzen Rn. 106; MHLS/*Nerlich* Rn. 25; Scholz/*K. Schmidt* Rn. 13.

[75]   *Scherrer/Heni*, Liquidations-Rechnungslegung, 3. Aufl. 2009, 52.

[76]   BayObLG Beschl. v. 10.5.1987 – BReg. 3 Z 29/87, BB 1987, 869; *Scherrer/Heni*, Liquidations-Rechnungslegung, 3. Aufl. 2009, 52.

[77]   *Deubert* in Deubert/Förschle/Störk Sonderbilanzen Rn. 106; *Scherrer/Heni*, Liquidations-Rechnungslegung, 3. Aufl. 2009, 52 f.; *Wolf/Lupp* wistra 2008, 250 (253); MHLS/*Nerlich* Rn. 25; Scholz/*K. Schmidt* Rn. 11; HCL/*Paura* Rn. 15; großzügiger offenbar BayObLG Beschl. v. 31.1.1990 – BReg. 3 St 166/89, GmbHR 1990, 299 (300); Rowedder/Schmidt-Leithoff/*Gesell* Rn. 7; eine Verlängerung gänzlich abl. *Torwegge* in Passarge/Torwegge GmbH–Liquidation Rn. 873; Noack/Servatius/Haas/*Haas* Rn. 12.

[78]   *Deubert* in Deubert/Förschle/Störk Sonderbilanzen Rn. 340; Noack/Servatius/Haas/*Haas* Rn. 13; Scholz/*K. Schmidt* Rn. 29; HCL/*Paura* Rn. 15.

Für die **Nichtigkeit** der festgestellten Eröffnungsbilanz gilt § 256 AktG grundsätzlich **36** entsprechend. Der Feststellungsbeschluss kann analog § 243 AktG auch wegen erheblicher inhaltlicher Mängel gerichtlich angefochten werden. Die beschränkende Vorschrift des § 257 Abs. 1 S. 2 AktG findet auf die GmbH keine Anwendung, da keine Sonderprüfung wegen Unterbewertung nach §§ 258 ff. AktG vorgesehen ist.[79]

Ist ein **Aufsichtsrat** bestellt, so haben die Liquidatoren die Bilanz zunächst gem. § 42a **37** Abs. 1 S. 3, § 52 iVm §§ 170, 171 AktG diesem Gremium zur Prüfung vorzulegen. Die Feststellungskompetenz der Gesellschafter ist nicht zwingend. Eine **Satzungsregelung,** die sie einem anderen Organ zuweist, muss sich allerdings eindeutig auf das Liquidationsstadium beziehen. Die Entscheidung dieser Gremien unterliegt dann denselben materiellrechtlichen Regeln wie ein entsprechender Gesellschafterbeschluss.[80]

f) Prüfungspflichten. Liquidationseröffnungsbilanz und erläuternder Bericht unter- **38** liegen nach der Verweisung des Abs. 2 S. 2 bei mittleren und großen Gesellschaften der **Pflichtprüfung** nach den §§ 316 ff. HGB.[81] Es empfiehlt sich, die Prüfung der Eröffnungs- bilanz mit der Prüfung des letzten Jahresabschlusses der werbenden Gesellschaft zu verbin- den.[82] Die Wahl des Abschlussprüfers obliegt vorbehaltlich einer abweichenden statutari- schen Regelung auch im Liquidationsstadium den Gesellschaftern (§ 318 Abs. 1 HGB).[83]

Gem. Abs. 3 iVm § 71 Abs. 2 S. 2[84] kann das Gericht von der Prüfung **befreien,** wenn **39** die Verhältnisse der Gesellschaft so überschaubar sind, dass eine Überprüfung im Interesse von Gläubigern und Gesellschaftern nicht geboten erscheint. Überschaubarkeit der Verhältnisse wird bei mittelgroßen Gesellschaften eher zu bejahen sein als bei großen.[85] Eine Befreiung darf aber nicht gewährt werden, wenn noch nennenswerte Geschäftstätigkeit in der Liquidation zu erwarten ist.[86] Sie ist ferner immer dann ausgeschlossen, wenn Zweifel an der ordnungsgemä- ßen Durchführung der Abwicklung bestehen.[87] Solche Zweifel können beispielsweise durch Unregelmäßigkeiten bei der bisherigen Rechnungslegung, persönliche Unzuverlässigkeit der Liquidatoren oder ungewöhnliche Umstände bei der Auflösung geweckt werden.[88]

Zur Entscheidung berufen ist das **Amtsgericht** am Sitz der Gesellschaft im unterneh- **40** mensrechtlichen Verfahren (§ 23a Abs. 1 Nr. 2, Abs. 2 Nr. 4 GVG, § 375 Nr. 6 FamFG, §§ 376, 377, 402 ff. FamFG). Der Richter – funktionell zuständig gem. § 17 Nr. 2 lit. d RPflG – wird nur auf **Antrag** tätig, der von der Gesellschaft, vertreten durch die Liquidato- ren, zu stellen ist.[89] Intern können die Liquidatoren unter den Gesichtspunkten Kostenver- meidung und Beschleunigung der Abwicklung zur Antragstellung verpflichtet sein.[90] Liegen die Voraussetzungen einer Befreiung vor, so muss das Gericht sie erteilen, es hat also entge-

---

[79] KG Urt. v. 17.4.2001 – 14 U 380/99, NZG 2001, 845 (846).
[80] S. BGH Urt. v. 25.2.1965 – II ZR 287/63, BGHZ 43, 261 (265) = NJW 1965, 1378.
[81] *Deubert* in Deubert/Förschle/Störk Sonderbilanzen Rn. 305; *Förschle/Deubert* WPg 1993, 397; *Torwegge* in Passarge/Torwegge GmbH-Liquidation Rn. 875; *Scherrer/Heni,* Liquidations-Rechnungslegung, 3. Aufl. 2009, 111 ff.; Noack/Servatius/Haas/*Haas* Rn. 30; Rowedder/Schmidt-Leithoff/*Gesell* Rn. 8; Scholz/*K. Schmidt* Rn. 25; HCL/*Paura* Rn. 17.
[82] HCL/*Paura* Rn. 17.
[83] Ohne Hinweis auf den Satzungsvorbehalt *Deubert* in Deubert/Förschle/Störk Sonderbilanzen Rn. 325; *Scherrer/Heni,* Liquidations-Rechnungslegung, 3. Aufl. 2009, 114; Rowedder/Schmidt-Leithoff/*Gesell* Rn. 28; Scholz/*K. Schmidt* Rn. 25.
[84] Der Verweis auf die Vorschriften über den Jahresabschluss bezieht sich auch auf die Befreiung nach § 71 Abs. 3, s. Scholz/*K. Schmidt* Rn. 14, 25.
[85] *Deubert* in Deubert/Förschle/Störk Sonderbilanzen Rn. 316; *Scherrer/Heni,* Liquidations-Rechnungsle- gung, 3. Aufl. 2009, 112; *Altmeppen* Rn. 36; Rowedder/Schmidt-Leithoff/*Gesell* Rn. 29; Scholz/ *K. Schmidt* Rn. 25.
[86] *Deubert* in Deubert/Förschle/Störk Sonderbilanzen Rn. 317; Rowedder/Schmidt-Leithoff/*Gesell* Rn. 29; Scholz/*K. Schmidt* Rn. 25.
[87] *Deubert* in Deubert/Förschle/Störk Sonderbilanzen Rn. 317; MHLS/*Nerlich* Rn. 36; Rowedder/ Schmidt-Leithoff/*Gesell* Rn. 29; Scholz/*K. Schmidt* Rn. 25; HCL/*Paura* Rn. 26.
[88] *Deubert* in Deubert/Förschle/Störk Sonderbilanzen Rn. 317.
[89] Noack/Servatius/Haas/*Haas* Rn. 32; Scholz/*K. Schmidt* Rn. 25.
[90] Scholz/*K. Schmidt* Rn. 25.

gen dem Wortlaut („kann") kein Ermessen.[91] Gegen die Entscheidung ist nach Abs. 3 S. 2 die **Beschwerde** zulässig. Sie steht bei Zurückweisung des Antrags der Gesellschaft,[92] im Falle der Befreiung allen Gesellschaftern und Gläubigern zu.[93]

41   **g) Offenlegung.** Für die Veröffentlichung von Eröffnungsbilanz und erläuterndem Bericht gelten die §§ 325 ff. HGB uneingeschränkt.[94] Diese Unterlagen sind also beim Betreiber des Bundesanzeigers in Dateiform einzureichen und durch diesen bekannt zu machen. Die Befreiung von der Prüfung tangiert die Offenlegungspflicht nicht.[95] Sind Bilanz und Bericht nicht geprüft worden, so ist dies jedoch bei der Offenlegung zu vermerken.[96] Kommen die Liquidatoren ihrer Veröffentlichungspflicht nicht nach, so kann gegen sie ein Ordnungsgeld gem. § 335 Abs. 1 Nr. 1 HGB festgesetzt werden.

42   **2. Liquidationsjahresabschluss. a) Begriff und Funktion.** Nach Abs. 1 haben die Liquidatoren nicht nur eine Eröffnungsbilanz nebst erläuterndem Bericht, sondern in der Folgezeit auch Liquidationsjahresabschlüsse und Lageberichte aufzustellen. Damit bleibt die Pflicht zur periodischen Rechnungslegung während der Abwicklung bestehen. Grundsätzlich gelten – ohne den Umweg über § 71 Abs. 2 S. 2 – dieselben Vorschriften wie für den Jahresabschluss der werbenden Gesellschaft (§§ 242–256 HGB, §§ 264–289 HGB), allerdings mit liquidationsbedingten Modifikationen. Auf den Umstand, dass die Gesellschaft sich in Liquidation befindet, ist nach § 264 Abs. 1a S. 2 HGB ausdrücklich hinzuweisen. Die Aufgabe besteht nunmehr darin, über den jeweiligen **Stand der Abwicklung** zu informieren. Folglich ist eine Übersicht über die Vermögensverhältnisse am Bilanzstichtag und die Erfolgsbeiträge aus der Fortführung der geschäftlichen Tätigkeit in der abgelaufenen Rechnungslegungsperiode zu erstellen. Dabei sind Gliederung, Ansatz und Bewertung aus der Liquidationseröffnungsbilanz stetig fortzuschreiben.[97]

43   **b) Stichtag.** Aus der Formulierung des Abs. 1, wonach Jahresabschluss und Lagebericht „für den Schluss eines jeden Jahres" aufzustellen sind, ergibt sich, dass mit dem Tag der Auflösung ein **neues Geschäftsjahr** beginnt.[98] Ansonsten müsste unter Umständen schon kurz nach der Eröffnungsbilanz ein neuer Abschluss erstellt werden, sodass die gesetzliche Regelung durchaus Sinn macht. Die Satzung oder auch ein einfacher Gesellschafterbeschluss können jedoch vorsehen, dass das bisherige Geschäftsjahr beibehalten wird.[99] Da aber der Abrechnungszeitraum gem. § 240 Abs. 2 S. 2 keinesfalls länger als ein Kalenderjahr

---

[91]   Zu § 270 Abs. 3 AktG MüKoAktG/*Koch* AktG § 270 Rn. 48.
[92]   Noack/Servatius/Haas/*Haas* Rn. 32; Rowedder/Schmidt-Leithoff/*Gesell* Rn. 29; Scholz/*K. Schmidt* Rn. 25; HCL/*Paura* Rn. 26.
[93]   Noack/Servatius/Haas/*Haas* Rn. 32; Rowedder/Schmidt-Leithoff/*Gesell* Rn. 29; Scholz/*K. Schmidt* Rn. 25; HCL/*Paura* Rn. 26; ein Beschwerderecht der Gläubiger abl. *Altmeppen* Rn. 38.
[94]   *Deubert* in Deubert/Förschle/Störk Sonderbilanzen Rn. 345; *Torwegge* in Passarge/Torwegge GmbH-Liquidation Rn. 875; *Peetz* GmbHR 2019, 326 (328 f.); Noack/Servatius/Haas/*Haas* Rn. 33; Scholz/*K. Schmidt* Rn. 26; HCL/*Paura* Rn. 17.
[95]   *Deubert* in Deubert/Förschle/Störk Sonderbilanzen Rn. 346; Scholz/*K. Schmidt* Rn. 26.
[96]   *Deubert* in Deubert/Förschle/Störk Sonderbilanzen Rn. 346; Scholz/*K. Schmidt* Rn. 26.
[97]   *Scherrer/Heni*, Liquidations-Rechnungslegung, 3. Aufl. 2009, 107; MüKoAktG/*Koch* AktG § 270 Rn. 54; BeckOGK/*Euler/Binger* AktG § 270 Rn. 107.
[98]   LG Bonn Beschl. v. 20.11.2009 – 39 T 1252/09, NZI 2010, 77; *Dißars/Kahl-Hinsch* StuB 2015, 449 (453); *Förster/Döring*, Liquidationsbilanz, 4. Aufl. 2005, T 2 Rn. 36 ff.; *Torwegge* in Passarge/Torwegge GmbH-Liquidation Rn. 891; *Scherrer/Heni*, Liquidations-Rechnungslegung, 3. Aufl. 2009, 35 ff.; *K. Schmidt* Liquidationsbilanzen und Konkursbilanzen, 1989, 45; *Altmeppen* Rn. 13; Noack/Servatius/Haas/*Haas* Rn. 23; Rowedder/Schmidt-Leithoff/*Gesell* Rn. 13; Scholz/*K. Schmidt* Rn. 18; zum früheren Recht schon OLG Frankfurt Beschl. v. 6.10.1976 – 2 Ss 461/76, BB 1977, 312 (313); zweifelnd HCL/*Paura* Rn. 22; aA *Deubert* in Deubert/Förschle/Störk Sonderbilanzen Rn. 201; *Förschle/Kropp/Deubert* DB 1994, 998 (1000).
[99]   *Dißars/Kahl-Hinsch* StuB 2015, 449 (453); *Förster/Döring*, Liquidationsbilanz, 4. Aufl. 2005, T 2 Rn. 39; *Torwegge* in Passarge/Torwegge GmbH-Liquidation Rn. 891; *Scherrer/Heni*, Liquidations-Rechnungslegung, 3. Aufl. 2009, 36; *Altmeppen* Rn. 13; Noack/Servatius/Haas/*Haas* Rn. 23; Rowedder/Schmidt-Leithoff/*Gesell* Rn. 13; Scholz/*K. Schmidt* Rn. 18.

dauern darf, muss vom Tag der Auflösung bis zum Beginn des festzusetzenden Geschäftsjahres ein Rumpfgeschäftsjahr eingeschoben werden.[100]

c) Bilanz. Gliederung, Ansatz und Bewertung richten sich nach den für die **Liquidati-** **44** **onseröffnungsbilanz** dargestellten Grundsätzen (→ Rn. 18 ff.). Insbesondere greift, wie in der Vorschrift eigens hervorgehoben, auch die **Sonderregel des Abs. 2 S. 3** zur Bewertung von Anlagevermögen. Im Zuge fortschreitender Abwicklung des Gesellschaftsvermögens werden zunehmend **Neubewertungen** erforderlich, sodass die Bilanzen sich in der Liquidation immer weiter vom Bild gewöhnlicher Jahresbilanzen entfernen.[101]

d) Gewinn- und Verlustrechnung. Obwohl eine Gewinnausschüttung an die Gesell- **45** schafter vor Ablauf des Sperrjahres nicht erfolgen darf, ist eine Gewinn- und Verlustrechnung (§ 242 Abs. 2 HGB) auch nach der Auflösung **Bestandteil des Jahresabschlusses.** Für sie gelten die allgemeinen Regeln der §§ 275–278 HGB.[102] Darzulegen sind sowohl die Ergebnisbeiträge aus der Fortführung der Geschäftstätigkeit als auch die aus der Verwertung des Gesellschaftsvermögens. Mit fortschreitender Abwicklung erlangen die Posten „sonstige betriebliche Erträge" und „sonstige betriebliche Aufwendungen" (§ 275 Abs. 2 Nr. 4 bzw. 8 HGB) zunehmende Bedeutung. Um die Aussagekraft der Gewinn- und Verlustrechnung in der Abwicklungsphase zu erhöhen, kann es sich empfehlen, die Gliederung stärker zu unterteilen.[103]

e) Anhang. Gem. § 264 Abs. 1 HGB ist ferner auch ein Anhang nach Maßgabe der **46** §§ 284 ff. HGB zu erstellen. Er enthält zusätzliche Informationen zum besseren Verständnis von Bilanz sowie Gewinn- und Verlustrechnung. Insbesondere sind die **Bilanzierungs-** **und Bewertungsmethoden** anzugeben (§ 284 Abs. 2 Nr. 1 HGB) und die **Abweichungen** gegenüber dem vorangegangenen Liquidationsjahresabschluss bzw. der Liquidationseröffnungsbilanz näher darzustellen (§ 284 Abs. 2 Nr. 2 HGB). In diesem Zusammenhang ist auch die Behandlung von Anlagevermögen wie Umlaufvermögen (Abs. 2 S. 3) zu erläutern.[104] Die in § 285 Nr. 9, 10 HGB geforderten Angaben beziehen sich auf die Liquidatoren.[105] Fungiert die aufgelöste GmbH als persönlich haftende Gesellschafterin, sind die Gesellschaften gem. § 285 Nr. 11a HGB aufzulisten. Angaben, die für die Abwicklung gar keine Bedeutung mehr haben, können entfallen,[106] so etwa solche über die wegen des umfassenden Thesaurierungsgebots des § 73 nunmehr obsoleten Ausschüttungssperren (§ 285 Nr. 28 HGB). Ferner muss auf Abweichungen gegenüber dem letzten Jahresabschluss der werbenden Gesellschaft, über die schon in dem erläuternden Bericht zur Liquidationseröffnungsbilanz berichtet wurde, nicht nochmals eingegangen werden.[107] Die größenabhängigen Erleichterungen nach § 288 HGB gelten auch für die aufgelöste Kapitalgesellschaft und kommen mitunter erst bei fortschreitender Abwicklung zum Tragen.[108] Bei Kleinstka-

---

[100] *Torwegge* in Passarge/Torwegge GmbH-Liquidation Rn. 891; *Altmeppen* Rn. 12 f.; Noack/Servatius/Haas/*Haas* Rn. 23; Rowedder/Schmidt-Leithoff/*Gesell* Rn. 13.

[101] Rowedder/Schmidt-Leithoff/*Gesell* Rn. 14.

[102] Noack/Servatius/Haas/*Haas* Rn. 25; MHLS/*Nerlich* Rn. 33; Rowedder/Schmidt-Leithoff/*Gesell* Rn. 15.

[103] *Deubert* in Deubert/Förschle/Störk Sonderbilanzen Rn. 258; *Foster* FS Knorr, 1968, 77 (89 f.); BeckOGK/*Euler/Binger* AktG § 270 Rn. 114.

[104] *Torwegge* in Passarge/Torwegge GmbH-Liquidation Rn. 894; Noack/Servatius/Haas/*Haas* Rn. 26; Rowedder/Schmidt-Leithoff/*Gesell* Rn. 16; HCL/*Paura* Rn. 23.

[105] *Deubert* in Deubert/Förschle/Störk Sonderbilanzen Rn. 217; *Scherrer/Heni*, Liquidations-Rechnungslegung, 3. Aufl. 2009, 110.

[106] *Deubert* in Deubert/Förschle/Störk Sonderbilanzen Rn. 217; *Torwegge* in Passarge/Torwegge GmbH-Liquidation Rn. 894; *Scherrer/Heni*, Liquidations-Rechnungslegung, 3. Aufl. 2009, 110; Noack/Servatius/Haas/*Haas* Rn. 26; Rowedder/Schmidt-Leithoff/*Gesell* Rn. 16; Scholz/*K. Schmidt* Rn. 28; HCL/*Paura* Rn. 23.

[107] Noack/Servatius/Haas/*Haas* Rn. 26; aA *Scherrer/Heni*, Liquidations-Rechnungslegung, 3. Aufl. 2009, 139 f.; Rowedder/Schmidt-Leithoff/*Rasner*, 4. Aufl. 2002, Rn. 16.

[108] *Deubert* in Deubert/Förschle/Störk Sonderbilanzen Rn. 219; *Scherrer/Heni*, Liquidations-Rechnungslegung, 3. Aufl. 2009, 110.

pitalgesellschaften (§ 267a HGB nF) entfällt die Verpflichtung zur Aufstellung eines Anhangs nach Maßgabe von § 264 Abs. 1 S. 5 HGB nF.[109]

47   **f) Lagebericht.** Der Liquidationsjahresabschluss ist um einen Lagebericht (§ 289 HGB) zu erweitern, der insbesondere Auskunft über **Stand und Entwicklung der Liquidation** sowie das zu erwartende **Liquidationsergebnis** gibt.[110] Dabei ist auf Abweichungen gegenüber den ursprünglichen Planungen einzugehen. Insbesondere sind Umstände, die zu einer Verzögerung der Abwicklung führen (zB langwierige Rechtsstreitigkeiten, Schwierigkeiten bei der Verwertung bestimmter Betriebsteile) darzustellen.[111] Der Lagebericht muss auch für kleine Gesellschaften, die im werbenden Zustand von der Berichtspflicht gem. § 264 Abs. 1 S. 3 HGB befreit sind, aufgestellt werden, da der Gesetzesbefehl in § 71 Abs. 1 insofern eine speziellere und damit abschließende Regelung enthält.[112]

48   **g) Verfahren.** Für die Aufstellung, Feststellung, Prüfung und Offenlegung der Liquidationsjahresabschlüsse gilt das zur Liquidationseröffnungsbilanz Ausgeführte (→ Rn. 34 ff.) entsprechend. Der Gesellschafterbeschluss über die Feststellung der Bilanz wird zweckmäßigerweise mit der Beschlussfassung über die **Entlastung** der Liquidatoren verbunden.

49   **3. Liquidationsschlussbilanz und Schlussrechnung.** Wenn die Verteilung des Gesellschaftsvermögens (§ 72) unmittelbar bevorsteht, haben die Liquidatoren eine **Liquidationsschlussbilanz** zu erstellen.[113] Sie wird im Gesetz nicht ausdrücklich erwähnt, doch ergibt sich die Verpflichtung hierzu aus Abs. 1, da es sich der Sache nach um den letzten Jahresabschluss für das letzte (Rumpf-)Geschäftsjahr der Gesellschaft handelt.[114] Aus der **Bilanz** ergibt sich das nach Befriedigung der Gläubiger zur Verteilung anstehende Reinvermögen.[115] Sie wird ergänzt durch eine **Gewinn- und Verlustrechnung** für die Zeit seit dem letzten Bilanzstichtag.[116] In den **Schlussanhang** ist insbesondere der Verteilungsplan aufzunehmen und zu erläutern.[117] Ein Lagebericht für eine kurz vor der Vollbeendigung stehende Gesellschaft dürfte durchweg entbehrlich sein.[118] Auch auf die Abschlussprüfung

---

[109]   Dazu *Küting/Eichenlaub* DStR 2012, 2615 (2617 f.).
[110]   *Deubert* in Deubert/Förschle/Störk Sonderbilanzen Rn. 221; *Torwegge* in Passarge/Torwegge GmbH-Liquidation Rn. 894; *Winnefeld* Bilanz-HdB N Rn. 779 ff.; Noack/Servatius/Haas/*Haas* Rn. 27; Rowedder/Schmidt-Leithoff/*Gesell* Rn. 16; HCL/*Paura* Rn. 23.
[111]   *Deubert* in Deubert/Förschle/Störk Sonderbilanzen Rn. 221; *Scherrer/Heni*, Liquidations-Rechnungslegung, 3. Aufl. 2009, 111.
[112]   *Altmeppen* Rn. 18; Noack/Servatius/Haas/*Haas* Rn. 27; zweifelnd OLG Düsseldorf Beschl. v. 19.9.2001 – 3 Wx 41/01, NZG 2002, 90 (91); anders *Deubert* in Deubert/Förschle/Störk Sonderbilanzen Rn. 195; *Scherrer/Heni*, Liquidations-Rechnungslegung, 3. Aufl. 2009, 110; *Peetz* GmbHR 2007, 858 (860); für die Parallelvorschrift des § 270 Abs. 1 AktG auch MüKoAktG/*Koch* AktG § 270 Rn. 60; BeckOGK/*Euler/Binger* AktG § 270 Rn. 119.
[113]   So mit unterschiedlichen Begründungen *Deubert* in Deubert/Förschle/Störk Sonderbilanzen Rn. 265; *Dißars/Kahl-Hinsch* StuB 2015, 449 (453); *Förster/Döring*, Liquidationsbilanz, 4. Aufl. 2005, T 2 Rn. 42; *Kußmaul/Palm* StB 2015, 26 (30); *Kußmaul/Schäfer/Delarber/Palm* BBK 2017, 622 (629 f.); *Torwegge* in Passarge/Torwegge GmbH-Liquidation Rn. 896; *Rodewald* GmbHR 1994, 454 f.; *Scherrer/Heni*, Liquidations-Rechnungslegung, 3. Aufl. 2009, 39 f.; *K. Schmidt*, Liquidationsbilanzen und Konkursbilanzen, 1989, 46; *Schönhaar* GWR 2020, 1 (4); *Winnefeld* Bilanz-HdB N Rn. 785; *Altmeppen* Rn. 33; Noack/Servatius/Haas/*Haas* Rn. 28; Lutter/Hommelhoff/*Kleindiek* Rn. 12; Scholz/*K. Schmidt* Rn. 30; HCL/*Paura* Rn. 29; abl. Hachenburg/*Hohner* Rn. 20.
[114]   *Deubert* in Deubert/Förschle/Störk Sonderbilanzen Rn. 265; *Dißars/Kahl-Hinsch* StuB 2015, 449 (453); *Kußmaul/Schäfer/Delarber/Palm* BBK 2017, 622 (629 f.); *Scherrer/Heni*, Liquidations-Rechnungslegung, 3. Aufl. 2009, 39 f.; *Schönhaar* GWR 2020, 1 (4); *Winnefeld* Bilanz-HdB N Rn. 785; Noack/Servatius/Haas/*Haas* Rn. 28.
[115]   *Deubert* in Deubert/Förschle/Störk Sonderbilanzen Rn. 266; *Kußmaul/Schäfer/Delarber/Palm* BBK 2017, 622 (630); *Scherrer/Heni*, Liquidations-Rechnungslegung, 3. Aufl. 2009, 40; *Winnefeld* Bilanz-HdB N Rn. 785; Scholz/*K. Schmidt* Rn. 30.
[116]   Noack/Servatius/Haas/*Haas* Rn. 28.
[117]   *Winnefeld* Bilanz-HdB N Rn. 787; Noack/Servatius/Haas/*Haas* Rn. 28.
[118]   *Deubert* in Deubert/Förschle/Störk Sonderbilanzen Rn. 272; *Dißars/Kahl-Hinsch* StuB 2015, 449 (453); *Kußmaul/Schäfer/Delarber/Palm* BBK 2017, 622 (630); Noack/Servatius/Haas/*Haas* Rn. 28.

kann gem. Abs. 3 regelmäßig verzichtet werden, da die Vermögensverhältnisse der Gesellschaft in diesem letzten Stadium typischerweise überschaubar sind.[119]

Von der Liquidationsschlussbilanz zu unterscheiden ist die in § 74 Abs. 1 erwähnte **50 Schlussrechnung.** Es handelt sich hier um eine rein **interne Rechnungslegung** nach § 259 BGB (auch → § 74 Rn. 6).[120] Eine detaillierte Einnahmen-/Ausgabenrechnung wird jedoch nicht verlangt.[121] Vielmehr ist resümierend über den Verlauf der gesamten Liquidation zu berichten und dabei insbesondere Abwicklungsanfangsvermögen und Abwicklungsendvermögen gegenüber zu stellen, sodass sich hieraus ein Abwicklungsgesamtgewinn bzw. -verlust ergibt.[122] Im Übrigen können die Liquidatoren weitgehend auf die im Abwicklungszeitraum erstellte externe Rechnungslegung und die Liquidationsschlussbilanz verweisen. Auf die Schlussrechnung selbst sind die Vorschriften über den Jahresabschluss nicht anwendbar.[123] Diese ist daher weder von den Gesellschaftern festzustellen noch besteht eine Prüfungs- oder Publizitätspflicht.[124] Sie ist aber Grundlage für die **Schlussentlastung** der Liquidatoren, ohne die die diese die Gesellschaft nicht zur Löschung im Register anmelden dürfen.[125] Erfolgt die Entlastung, obschon keine Schlussrechnung vorgelegt wurde, so ist der Entlastungsbeschluss anfechtbar.[126] Die interne Verpflichtung zur Erstellung einer Schlussrechnung trifft sowohl die von der Gesellschaft als auch die gerichtlich berufenen Liquidatoren.[127]

V. Steuerrecht

1. Körperschaftsteuer. Die aufgelöste GmbH bleibt bis zur Vollabwicklung **Steuer- 51 subjekt** iSd Körperschaftsteuerrechts. Es wird allerdings nicht der Jahresgewinn (§ 7 Abs. 3 KStG), sondern der **Liquidationsgewinn** für die gesamte Dauer der Abwicklung besteuert. Der Fiskus kann grundsätzlich nach drei Jahren Besteuerung verlangen (§ 11 Abs. 1 KStG). In der Zwischenzeit müssen weder Steuerbilanzen erstellt noch Körperschaftsteuererklärungen abgegeben werden. Zur **Ermittlung des Gewinns** wird das Abwicklungs-Endvermögen dem Abwicklungs-Anfangsvermögen gegenübergestellt.[128] Dabei sind Einlagen und Ausschüttungen herauszurechnen (§ 11 Abs. 2–6 KStG). Das Anfangsvermögen wird mit den Buchwerten, das Endvermögen hingegen mit den gemeinen Werten iSv § 9 BewG angesetzt. Im Ergebnis werden so die während des Bestehens des Betriebs gebildeten stillen Reserven aufgelöst und ertragsteuerrechtlich erfasst.[129] Das Finanzamt kann Vorauszahlungen auf den zu erwartenden Liquidationsgewinn erheben.[130]

Sofern die Auflösung nicht zum Schluss des laufenden Wirtschaftsjahres erfolgt, ist **52** grundsätzlich ein **Rumpfwirtschaftsjahr** zu bilden, das vom Schluss des vorangegangenen

---

[119] *Scherrer/Heni,* Liquidations-Rechnungslegung, 3. Aufl. 2009, 112.
[120] BayObLG Beschl. v. 14.3.1963 – BReg. 2 Z 151/62, BB 1963, 664; *Deubert* in Deubert/Förschle/Störk Sonderbilanzen Rn. 281; *Torwegge* in Passarge/Torwegge GmbH-Liquidation Rn. 897 f.; *Winnefeld* Bilanz-HdB N Rn. 790; Scholz/*K. Schmidt* Rn. 35; HCL/*Paura* Rn. 28; anders – Bestandteil der Schlussbilanz – *Altmeppen* Rn. 34; Noack/Servatius/Haas/*Haas* Rn. 29; Lutter/Hommelhoff/*Kleindiek* Rn. 13.
[121] *Scherrer/Heni,* Liquidations-Rechnungslegung, 3. Aufl. 2009, 212; Noack/Servatius/Haas/*Haas* Rn. 29; s. aber *Bartetzko-Fey,* Vorschlag einer neuen Liquidationsschlussrechnung, 2002, 101 ff.
[122] HCL/*Paura* Rn. 29; abl. Noack/Servatius/Haas/*Haas* Rn. 29.
[123] *Scherrer/Heni,* Liquidations-Rechnungslegung, 3. Aufl. 2009, 214 ff.; *K. Schmidt,* Liquidationsbilanzen und Konkursbilanzen, 1989, 51; Scholz/*K. Schmidt* Rn. 35; HCL/*Paura* Rn. 28.
[124] *Torwegge* in Passarge/Torwegge GmbH-Liquidation Rn. 899; MHLS/*Nerlich* Rn. 48; Scholz/*K. Schmidt* Rn. 35.
[125] MHLS/*Nerlich* Rn. 50; Scholz/*K. Schmidt* Rn. 35.
[126] Scholz/*K. Schmidt* Rn. 35.
[127] BayObLG Beschl. v. 14.3.1963 – BReg. 2 Z 151/62, BB 1963, 664.
[128] S. die Abbildung des verbreiteten Schemas bei *Torwegge* in Passarge/Torwegge GmbH-Liquidation Rn. 810.
[129] Dazu ausf., insbes. auch zur Verrechnung des Liquidationsgewinns mit Verlustvorträgen, *Geist* GmbHR 2008, 969.
[130] MHdB GesR III/*Busch* § 64 Rn. 8; *Torwegge* in Passarge/Torwegge GmbH-Liquidation Rn. 807.

Wirtschaftsjahres bis zur Auflösung reicht.[131] Das entspricht der handelsrechtlichen Regelung (→ Rn. 11). Die Finanzverwaltung lässt es jedoch zu, dass kein Rumpfgeschäftsjahr gebildet, sondern stattdessen die Zeit vom Beginn des laufenden Wirtschaftsjahres bis zur Auflösung in den Abwicklungszeitraum einbezogen wird.[132] Dieses **Wahlrecht** lässt sich als sachliche Billigkeitsregelung und damit als zulässige Selbstbindung der Verwaltung ansehen.[133]

53   Hat sich die Liquidation über mehr als drei Jahre hingezogen, so steht es im Ermessen des Finanzamts, ob es eine Zwischenveranlagung durchführt. Die Berechtigung hängt nicht davon ab, dass für die Steuerfestsetzung vor Ende der Abwicklung ein besonderer Anlass besteht. Vielmehr muss umgekehrt ein besonderes rechtliches Interesse an einer Verlängerung des Besteuerungszeitraums über drei Jahre hinaus erkennbar sein.[134] Nach Durchführung einer Zwischenveranlagung ist wieder zu einer jährlichen Körperschaftsteuerveranlagung zurückzukehren.[135] Der Liquidationszeitraum endet mit der vollständigen Verteilung des Gesellschaftsvermögens an die Gläubiger, frühestens jedoch mit Ablauf des Sperrjahres.[136]

54   **2. Gewerbesteuer.** Die Liquidationsgesellschaft ist auch weiterhin **gewerbesteuerpflichtig** (§ 4 Abs. 1 GewStDV). Der Gewinn wird für den gesamten Abwicklungszeitraum ermittelt (§ 7 GewStG iVm § 11 Abs. 1 KStG) und dann rechnerisch auf die einzelnen Jahre verteilt (§ 16 Abs. 1 GewStDV).

VI. Auf die Liquidatoren anwendbare Vorschriften (Abs. 4)

55   **1. Verhältnis zu § 69 Abs. 1.** Abs. 4 verweist auf einige die Rechte und Pflichten der Geschäftsführer betreffenden Vorschriften. Die Aufzählung ist jedoch zum einen **unvollständig**[137] und zum anderen angesichts der (weit verstandenen) Verweisung in § 69 Abs. 1 auf das Recht der werbenden Gesellschaft auch weitgehend **überflüssig**.[138] Die Bedeutung des Abs. 4 besteht lediglich in der besonderen Hervorhebung einzelner Rechte und Pflichten der Liquidatoren. Im Übrigen kann stets auf die generelle Verweisungsnorm des § 69 Abs. 1 zurückgegriffen werden, denn die Stellung der Geschäftsleiter betrifft ganz selbstverständlich die Rechtsverhältnisse der Gesellschaft im Sinne dieser Vorschrift.[139] Auf die Liquidatoren finden daher die Regelungen über die Geschäftsführer Anwendung, sofern nicht etwas anderes bestimmt ist und der Liquidationszweck nicht entgegensteht (→ § 69 Rn. 2).

56   **2. Besonders hervorgehobene Rechte und Pflichten.** Gem. § 37 ist die Vertretungsbefugnis unbeschränkt und unbeschränkbar (näher → § 70 Rn. 3); im Innenverhältnis gelten die Beschränkungen der Geschäftsführungsbefugnis. Die Liquidatoren haben gem. § 41 für die ordnungsgemäße Buchführung der Gesellschaft zu sorgen. Gem. **§ 49 Abs. 1, 2** müssen sie eine Gesellschafterversammlung einberufen, wenn dies im Interesse der Gesellschaft erforderlich ist, der Verlust der Hälfte des Stammkapitals (§ 49 Abs. 3) erfordert hinge-

131   BFH Urt. v. 17.7.1974 – R 233/71, BStBl. II 1974, 692 (693); Urt. v. 9.3.1983 – I R 202/79, BStBl. II 1983, 433 (434); Urt. v. 27.3.2007 – VIII R 25/05, DStRE 2007, 1076 (1078); Urt. v. 10.6.2009 – I R 80/08, GmbHR 2009, 1230 (1232).
132   R51 Abs. 1 S. 3 KStR 2004.
133   *Jünger* BB 2001, 69 (70); wohl auch BFH Urt. v. 27.3.2007 – VIII R 25/05, DStRE 2007, 1076 (1078); abl. wegen fehlender rechtlicher Grundlage Noack/Servatius/Haas/*Haas* Rn. 38.
134   BFH Urt. v. 18.9.2007 – I R 44/06, BStBl. II 2008, 219 = BFHE 217, 61 = DStRE 2008, 172; Urt. v. 23.1.2013 – I R 35/12, NZG 2013, 634.
135   R51 Abs. 1 S. 6 KStR 2004; BeckHdB GmbH/*Erle/Helm* § 16 Rn. 75; MHdB GesR III/*Busch* § 64 Rn. 3; anders FG Brandenburg Urt. v. 23.1.2002 – 2 K 2272/98, EFG 2002, 432: Ermessen des Finanzamts; zum Ganzen *Küster* DStR 2006, 209 (210 ff.).
136   BeckHdB GmbH/*Erle/Helm* § 16 Rn. 74; MHdB GesR III/*Busch* § 64 Rn. 3.
137   Noack/Servatius/Haas/*Haas* Rn. 34; MHLS/*Nerlich* Rn. 63; Scholz/*K. Schmidt* Rn. 40; HCL/*Paura* Rn. 46.
138   Scholz/*K. Schmidt* Rn. 40; HCL/*Paura* Rn. 46.
139   Scholz/*K. Schmidt* Rn. 40.

gen in der Liquidationsphase keine Einberufung mehr (→ § 69 Rn. 46). Die Liquidatoren müssen wie die Geschäftsführer in Angelegenheiten der Gesellschaft die Sorgfalt eines ordentlichen Kaufmanns beachten (**§ 43 Abs. 1**), für Pflichtverletzungen haften sie gesamtschuldnerisch (**§ 43 Abs. 2**), die Verjährungsfrist beträgt fünf Jahre nach Entstehung des Anspruchs (**§ 43 Abs. 4**). Obwohl in Abs. 4 nicht genannt, bleibt auch § 43 Abs. 3 (Verstöße gegen § 30) während der Liquidation anwendbar (→ § 69 Rn. 34). Die Insolvenzantragspflichten sind seit der Novellierung durch das MoMiG nunmehr in § 15a InsO geregelt.[140] Die Liquidatoren können sich also bei Verstößen über § 823 Abs. 2 BGB gegenüber Alt- und Neugläubigern schadensersatzpflichtig machen. Ferner haften die Liquidatoren auch gem. § 15b InsO (früher § 64 aF) gegenüber der aufgelösten Gesellschaft für Zahlungen, die sie trotz bereits eingetretener Insolvenzreife vornehmen.

VII. Angaben auf Geschäftsbriefen (Abs. 5)

Auf allen Geschäftsbriefen der Gesellschaft ist anzugeben, dass sie sich in der Liquidation   **57** befindet. Hierfür genügt die Angabe der nach § 68 Abs. 2 mit dem **Liquidationszusatz** versehenen Firma.[141] Im Übrigen gilt § 35a entsprechend. Das Registergericht kann zur Einhaltung der Anforderungen nach Abs. 5 und § 35a durch die Festsetzung von Zwangsgeld anhalten (§ 79 Abs. 1).[142] Das Zwangsgeld darf aber nicht angeordnet werden, um die Vorlage eines aktuellen Geschäftsbriefs durchzusetzen.[143]

VIII. GmbH & Co. KG

Für die Rechnungslegung der Komplementär-GmbH gilt § 71, für die der KG hinge-   **58** gen **§ 154 HGB**. Danach haben die Liquidatoren bei Beginn und Beendigung der Liquidation eine Bilanz aufzustellen. Aus der Nichterwähnung von Jahresbilanzen wird herkömmlich gefolgert, dass solche in der Liquidation entbehrlich sind,[144] etwas anderes soll nur bei längerer Abwicklungsdauer mit umfangreichen Geschäften gelten.[145] Richtigerweise wird die Verpflichtung zur periodischen Rechnungslegung durch § 154 HGB überhaupt nicht berührt.[146] Die aufgelöste KG unterliegt bis zu ihrer Vollbeendigung als Handelsgesellschaft ganz selbstverständlich den §§ 238 ff., 242 ff. HGB. Danach ist ein Jahresabschluss mit Gewinn- und Verlustrechnung zu erstellen, der bei der typischen GmbH & Co. KG (ohne natürliche Person als Komplementär) um einen Anhang und, wenn die Schwellenwerte des § 267 Abs. 2 HGB erreicht werden, einen Lagebericht zu ergänzen ist (§§ 264, 264a HGB). Daneben tritt die Verpflichtung zur Aufstellung von Steuerbilanzen, da die Gesellschafter weiterhin der jährlichen Besteuerung ihrer Einkünfte als Mitunternehmer unterliegen (§ 15 Abs. 1 Nr. 1, 2 EStG).[147]

Die Liquidatoren haben zunächst eine auf den Auflösungsstichtag bezogene **Schlussbi-   59 lanz** zu erstellen, die den Abschluss der werbenden Tätigkeit der Gesellschaft dokumentiert. Fällt der Stichtag in das laufende Geschäftsjahr, so ist wie bei der GmbH ein Rumpfgeschäfts-

---

[140]   S. zu § 64 Abs. 1 aF noch BGH Beschl. v. 28.10.2008 – 5 StR 166/08, NJW 2009, 157 Rn. 28.

[141]   *Altmeppen* Rn. 47; Noack/Servatius/Haas/*Haas* Rn. 37; Lutter/Hommelhoff/*Kleindiek* Rn. 15; Rowedder/Schmidt-Leithoff/*Gesell* Rn. 31; Scholz/*K. Schmidt* Rn. 47; HCL/*Paura* Rn. 49.

[142]   *Altmeppen* Rn. 47; Noack/Servatius/Haas/*Haas* Rn. 37; Hachenburg/*Hohner* Rn. 35; Lutter/Hommelhoff/*Kleindiek* Rn. 15; MHLS/*Nerlich* Rn. 83; Rowedder/Schmidt-Leithoff/*Gesell* Rn. 31; Scholz/*K. Schmidt* Rn. 47; anders hinsichtlich des Liquidationszusatzes HCL/*Paura* Rn. 49.

[143]   OLG Frankfurt Beschl. v. 14.7.2015 – 20 W 257/13, BeckRS 2016, 02601 = GmbHR 2016, 366; HCL/*Paura* Rn. 49.

[144]   BGH Urt. v. 5.11.1979 – II ZR 145/78, NJW 1980, 1522 (1523); *Förster/Grönwoldt* BB 1987, 577 (580); Baumbach/Hopt/*Roth* HGB § 155 Rn. 4.

[145]   BGH Urt. v. 5.11.1979 – II ZR 145/78, NJW 1980, 1522 (1523); Baumbach/Hopt/*Roth* HGB § 155 Rn. 4.

[146]   Grundlegend *K. Schmidt*, Liquidationsbilanzen und Konkursbilanzen, 1989, 58 ff.; ferner *Deubert* in Deubert/Förschle/Störk Sonderbilanzen Rn. 41, 46; *Scherrer/Heni*, Liquidations-Rechnungslegung, 3. Aufl. 2009, 173 ff.; *Salger* in Reichert GmbH & Co. KG § 47 Rn. 77; Scholz/*K. Schmidt* Rn. 37; HCL/*Paura* Rn. 51; Staub/*Habersack* HGB § 155 Rn. 3, 9 f.

[147]   Unstr., s. *Scherrer/Heni*, Liquidations-Rechnungslegung, 3. Aufl. 2009, 175.

jahr zu bilden.[148] Für die nachfolgenden **Liquidationsjahresabschlüsse** sind sodann hinsichtlich Gliederung, Ansatz und Bewertung die Besonderheiten der Abwicklung zu beachten (→ Rn. 42 ff.). Insbesondere können die § 270 Abs. 2 S. 3 AktG, § 71 Abs. 2 S. 3 als Ausdruck eines allgemeinen Rechtsgedankens entsprechend herangezogen werden.[149] Bis zur tatsächlichen Einstellung des Unternehmens gilt die Going-Concern-Prämisse des § 252 Abs. 1 Nr. 2 HGB.[150] Der Jahresabschluss der GmbH & Co. KG ist nach Maßgabe von § 264a HGB iVm §§ 316 ff., 325 ff. HGB zu prüfen und offenzulegen. Eine Befreiung von der Prüfungspflicht entsprechend § 270 Abs. 3 AktG, § 71 Abs. 3 kommt in Betracht, da eine kapitalistische Personengesellschaft insoweit kaum strenger behandelt werden kann als eine Kapitalgesellschaft. Die periodische Rechnungslegung der Gesellschaft wird mit der Liquidationsschlussbilanz als letztem Jahresabschluss der Gesellschaft beendet.[151]

60   Im Unterschied zu der fortdauernden externen Rechnungslegung nach §§ 238 ff. HGB bestehen die in § 154 HGB postulierten Pflichten nur im Verhältnis zu den Gesellschaftern. Die dort geregelte **Liquidationseröffnungsbilanz** ist eine Vermögensermittlungsbilanz, sie soll das Liquidationsergebnis prognostizieren. Demgemäß sind alle Vermögensgegenstände mit ihrem geschätzten Veräußerungswert anzusetzen.[152] Eine handelsrechtliche Liquidationseröffnungsbilanz kann daneben nicht verlangt werden.[153] Bei Beendigung der Liquidation ist gem. § 154 HGB eine **Schlussrechnung** zu erstellen, in der über den Gesamtverlauf der Abwicklung zu berichten ist. Dabei kann weithin auf die im Rahmen der externen Rechnungslegung erstellte Schlussbilanz verwiesen werden.[154]

61   Die notwendigen **Angaben auf Geschäftsbriefen** sind für die aufgelöste Komplementär-GmbH Abs. 5, § 35a zu entnehmen. Für die KG gelten die §§ 125a, 172a HGB. Aus § 153 HGB ergibt sich, dass ein Liquidationszusatz zu verwenden ist.[155]

§ 72 Vermögensverteilung

[1]**Das Vermögen der Gesellschaft wird unter die Gesellschafter nach Verhältnis ihrer Geschäftsanteile verteilt.** [2]**Durch den Gesellschaftsvertrag kann ein anderes Verhältnis für die Verteilung bestimmt werden.**

Schrifttum: *Hofmann,* Zur Liquidation einer GmbH (II), GmbHR 1976, 258; *Köhler,* Die disquotale Ausschüttung in der GmbH, GmbHR 2019, 1043.

Übersicht

---

[148] *Förster/Döring,* Liquidationsbilanz, 4. Aufl. 2005, T 2 Rn. f.; *Scherrer/Heni,* Liquidations-Rechnungslegung, 3. Aufl. 2009, 166 ff.; *Salger* in Reichert GmbH & Co. KG § 47 Rn. 78; Staub/*Habersack* HGB § 155 Rn. 18; aA *Deubert* in Deubert/Förschle/Störk Sonderbilanzen Rn. 58; Scholz/*K. Schmidt* Rn. 39.

[149] *Scherrer/Heni,* Liquidations-Rechnungslegung, 3. Aufl. 2009, 183; Staub/*Habersack* HGB § 155 Rn. 21.

[150] *Salger* in Reichert GmbH & Co. KG § 47 Rn. 82; Staub/*Habersack* HGB § 155 Rn. 22.

[151] Staub/*Habersack* HGB § 155 Rn. 25.

[152] *Deubert* in Deubert/Förschle/Störk Sonderbilanzen Rn. 141; *Förster/Döring,* Liquidationsbilanz, 4. Aufl. 2005, T 2 Rn. 68; *Salger* in Reichert GmbH & Co. KG § 47 Rn. 80; HCL/*Paura* Rn. 52; Staub/*Habersack* HGB § 155 Rn. 14 f.

[153] *Deubert* in Deubert/Förschle/Störk Sonderbilanzen Rn. 55; *Scherrer/Heni,* Liquidations-Rechnungslegung, 3. Aufl. 2009, 141 ff.; aA Staub/*Habersack* HGB § 155 Rn. 19: Analogie zu § 270 Abs. 1 AktG, § 70 Abs. 1.

[154] Staub/*Habersack* HGB § 155 Rn. 16.

[155] MHLS/*Nerlich* Rn. 93; Scholz/*K. Schmidt* Rn. 48; HCL/*Paura* Rn. 52.

I. Bedeutung der Norm

Die seit 1892 unveränderte Vorschrift gewährt den Gesellschaftern einen **Anspruch** **1**
auf Teilhabe am Liquidationserlös und bestimmt zugleich den **Schlüssel für die Vertei-**
lung. Maßgeblich ist nach § 72 S. 1 das Verhältnis der Geschäftsanteile, doch lässt § 72 S. 2
eine abweichende Satzungsregelung ausdrücklich zu. Die Verteilung darf gem. § 73 erst
stattfinden, wenn die Verbindlichkeiten der Gläubiger getilgt bzw. sichergestellt wurden
und das Sperrjahr abgelaufen ist.[1] Dies wird in § 72 vorausgesetzt. Systematisch gehört die
Norm deshalb an sich hinter § 73.[2] Verteilungsmasse ist ausschließlich das nach Berichtigung
der Gesellschaftsschulden verbleibende **Reinvermögen** der Gesellschaft.

Eine Aufteilung der **Verbindlichkeiten** auf die Gesellschafter findet nicht statt.[3] Ohne **2**
besonderen Verpflichtungsgrund sind diese weder zu Nachschüssen verpflichtet noch haften
sie den Gläubigern der Gesellschaft (§ 13 Abs. 2).

II. Der Anspruch auf die Liquidationsquote

1. Rechtsnatur, Entstehung und Fälligkeit. Das Recht auf Teilhabe an der Liquida- **3**
tion ist ein unentziehbares **Vermögensrecht** des Gesellschafters, das an sich bereits mit der
Begründung der Mitgliedschaft entsteht, aber zunächst noch nicht selbstständig durchsetzbar
ist. Erst dann, wenn die Gesellschaft aufgelöst ist und sich nach Verwertung des Gesellschaftsvermögens und Befriedigung bzw. Sicherstellung der Gläubiger ein Liquidationsüberschuss
ergibt, wandelt es sich in ein auf Auszahlung eines bestimmten Geldbetrags gerichtetes
Gläubigerrecht um.[4] Dieser konkrete Zahlungsanspruch wird mit dem Ablauf des Sperrjahres **fällig** (§ 73).[5] Er wird gegenstandslos, wenn die Gesellschaft die Fortsetzung beschließt.
Unter Umständen kann sich für einen dissentierenden Gesellschafter daraus allerdings ein
Recht auf Austritt gegen volle Abfindung ergeben (→ § 60 Rn. 266 f.).

2. Gläubiger. a) Gesellschafter. Der Anspruch steht als Ausfluss der Mitgliedschaft **4**
dem einzelnen **Gesellschafter** zu, sofern nicht durch Satzung oder einstimmigen Gesellschafterbeschluss außenstehende Dritte zu Anfallberechtigten erklärt wurden (→ Rn. 6).
Maßgeblich für die Gesellschafterstellung ist nach § 16 Abs. 1 die Eintragung in die **Gesell-**
schafterliste (§ 40) im Zeitpunkt der Verteilung.

Der Auszahlungsanspruch (nicht das Stammrecht) kann selbstständig **abgetreten** wer- **5**
den. Geschieht dies vor seiner Entstehung (→ Rn. 3) und wird dann der Geschäftsanteil
übertragen, so geht die Abtretung ins Leere. Daran ändert sich nichts, wenn der Anteilserwerber von der Vorausverfügung weiß.[6] Dementsprechend erfasst auch eine **Pfändung** des
Anteils den künftigen Anspruch auf die Liquidationsquote auch dann, wenn dieser vorher

---

[1]   *Hofmann* GmbHR 1976, 258 (266); *Altmeppen* Rn. 1; Noack/Servatius/Haas/*Haas* Rn. 1; Lutter/Hom-
      melhoff/*Kleindiek* Rn. 1; Rowedder/Schmidt-Leithoff/*Gesell* Rn. 1; Scholz/*K. Schmidt/Scheller* Rn. 1;
      HCL/*Paura* Rn. 1.
[2]   HK-GmbHG/*Kolmann/Riedemann* Rn. 1; Lutter/Hommelhoff/*Kleindiek* Rn. 1; Scholz/*K. Schmidt/*
      Scheller Rn. 1.
[3]   Noack/Servatius/Haas/*Haas* Rn. 2; MHLS/*Nerlich* Rn. 5; Scholz/*K. Schmidt/Scheller* Rn. 22.
[4]   KG Beschl. v. 26.5.2009 – 1 W 123/08, FGPrax 2009, 191 (192); Noack/Servatius/Haas/*Haas* Rn. 2;
      Rowedder/Schmidt-Leithoff/*Gesell* Rn. 2; Scholz/*K. Schmidt/Scheller* Rn. 3; auf den Zeitpunkt der Auf-
      lösung abstellend BGH Urt. v. 16.5.1988 – II ZR 375/87, BGHZ 104, 351 (353) = NJW 1989, 458.
[5]   Noack/Servatius/Haas/*Haas* Rn. 2; Scholz/*K. Schmidt/Scheller* Rn. 3.
[6]   BGH Urt. v. 19.9.1983 – II ZR 12/83, BGHZ 88, 205 (207 f.) = NJW 1984, 492.

abgetreten worden war.[7] Wird das Insolvenzverfahren über das Vermögen des Gesellschafters eröffnet, bevor die Gläubiger der Gesellschaft befriedigt bzw. sichergestellt sind, so fällt der Auseinandersetzungsanspruch zusammen mit dem Geschäftsanteil in die Masse.

6   **b) Andere Anfallberechtigte.** Die Satzung kann auch den völligen Ausschluss einzelner oder auch aller Gesellschafter vom Anteil am Liquidationserlös vorsehen. Insbesondere ist es zulässig, **Nichtgesellschafter** als Anfallberechtigte zu bestimmen.[8] Eine solche Regelung ist für Gesellschaften, die einen steuerbegünstigten gemeinnützigen Zweck verfolgen, nach § 55 Abs. 1 Nr. 4 AO insoweit notwendig, als der Liquidationserlös die Einlage des jeweiligen Gesellschafters übersteigt. § 45 BGB über den Anfall des Vereinsvermögens findet entsprechende Anwendung. Die Person des Anfallberechtigten kann ohne dessen Zustimmung geändert werden.[9] Der Konstruktion eines berechtigenden Vertrages zugunsten Dritter (§ 328 BGB)[10] steht entgegen, dass es sich um eine körperschaftliche Regelung des Gesellschaftsvertrags handelt. Nichtgesellschaftern darf deshalb nach dem Grundsatz der Verbandssouveränität kein Einfluss auf Bestand, Abschaffung oder Abänderung einer solchen Klausel eingeräumt werden (→ § 53 Rn. 56, → § 53 Rn. 58). Im Übrigen wäre eine Selbstbindung auch wegen § 311b Abs. 2 BGB unwirksam.[11]

7   **3. Schuldner.** Schuldnerin des Anspruchs ist die **Gesellschaft**.[12] Für sie handeln bei der Verteilung die Liquidatoren.[13] Dies gilt selbst dann, wenn die Liquidatoren auch Gesellschafter sind. § 181 BGB steht nicht entgegen, da lediglich eine Verbindlichkeit zu erfüllen ist.[14]

8   Eine **Klage** auf Auskehrung des Liquidationserlöses ist gegen die GmbH, vertreten durch die Liquidatoren, zu richten.[15] Schiedsklauseln sind zu beachten.[16] Rechtsstreitigkeiten zwischen den Gesellschaftern können nur entstehen, wenn es um wechselseitige Ansprüche aus besonderen Vereinbarungen geht. Zu den Ansprüchen bei fehlerhafter Verteilung → Rn. 22 f.

9   **4. Gegenstand. a) Grundsatz: Leistung in Geld.** Der Anspruch ist auf eine **Geldleistung** gerichtet.[17] Dies folgt mittelbar aus § 70, wonach das Gesellschaftsvermögen vollständig zu versilbern ist. Der Erlös – abzüglich der vorab zu befriedigenden Verbindlichkeiten – ist dann an die Gesellschafter auszuschütten. Da eine § 731 S. 2 BGB, § 752 BGB vergleichbare Regelung fehlt, findet grundsätzlich keine Teilung in Natur statt. Selbst Gesell-

---

7   BGH Urt. v. 16.5.1988 – II ZR 375/87, BGHZ 104, 351 (353) = NJW 1989, 458.
8   RG Urt. v. 30.3.1942 – II 96/41, RGZ 169, 65 (82); BGH Urt. v. 14.7.1954 – II ZR 342/53, BGHZ 14, 264 (272) = NJW 1954, 1563; Noack/Servatius/Haas/*Haas* Rn. 13; HK-GmbHG/*Kolmann/Riedemann* Rn. 9; Lutter/Hommelhoff/*Kleindiek* Rn. 9; Rowedder/Schmidt-Leithoff/*Gesell* Rn. 4; Scholz/*K. Schmidt/Scheller* Rn. 5; HCL/*Paura* Rn. 8.
9   RG Urt. v. 30.3.1942 – II 96/41, RGZ 169, 65 (82); Gehrlein/Born/Simon/*Brünkmans/Hofmann* Rn. 7; Lutter/Hommelhoff/*Kleindiek* Rn. 9; Rowedder/Schmidt-Leithoff/*Gesell* Rn. 4; Scholz/*K. Schmidt/Scheller* Rn. 5; einschr. HCL/*Paura* Rn. 11.
10 Vgl. HCL/*Paura* Rn. 11.
11 RG Urt. v. 30.3.1942 – II 96/41, RGZ 169, 65 (82 f.); Lutter/Hommelhoff/*Kleindiek* Rn. 9; Rowedder/Schmidt-Leithoff/*Gesell* Rn. 4; Scholz/*K. Schmidt/Scheller* Rn. 5.
12 MHdB GesR III/*Weitbrecht* § 63 Rn. 44; Noack/Servatius/Haas/*Haas* Rn. 9; MHLS/*Nerlich* Rn. 11; Rowedder/Schmidt-Leithoff/*Gesell* Rn. 6; Scholz/*K. Schmidt/Scheller* Rn. 6; HCL/*Paura* Rn. 18.
13 RG Urt. v. 5.10.1904 – I 217/04, RGZ 59, 58 (59 f.); Noack/Servatius/Haas/*Haas* Rn. 9; MHLS/*Nerlich* Rn. 11; Rowedder/Schmidt-Leithoff/*Gesell* Rn. 6; Scholz/*K. Schmidt/Scheller* Rn. 6; HCL/*Paura* Rn. 18.
14 OLG Darmstadt Urt. v. 21.5.1915, GmbHR 1915, 388 (390); LG Mainz Beschl. v. 5.7.1913, GmbHR 1913, 293 (294); Noack/Servatius/Haas/*Haas* Rn. 17; MHLS/*Nerlich* Rn. 11; Rowedder/Schmidt-Leithoff/*Gesell* Rn. 6; Scholz/*K. Schmidt/Scheller* Rn. 6; HCL/*Paura* Rn. 19.
15 RG Urt. v. 5.10.1904 – I 217/04, RGZ 59, 58 (60); MHLS/*Nerlich* Rn. 11; Rowedder/Schmidt-Leithoff/*Gesell* Rn. 10; Scholz/*K. Schmidt/Scheller* Rn. 6; HCL/*Paura* Rn. 23.
16 Rowedder/Schmidt-Leithoff/*Gesell* Rn. 10; Scholz/*K. Schmidt/Scheller* Rn. 6; HCL/*Paura* Rn. 23.
17 RG Urt. v. 15.11.1905 – I 198/05, RGZ 62, 56 (57 f.) zur AG; MHdB GesR III/*Weitbrecht* § 63 Rn. 46; *Passarge* in Passarge/Torwegge GmbH-Liquidation Rn. 673; Noack/Servatius/Haas/*Haas* Rn. 3; Gehrlein/Born/Simon/*Brünkmans/Hofmann* Rn. 12; MHLS/*Nerlich* Rn. 14; Rowedder/Schmidt-Leithoff/*Gesell* Rn. 7; Scholz/*K. Schmidt/Scheller* Rn. 7; HCL/*Paura* Rn. 16.

schafter, die satzungsgemäß eine Sacheinlage erbracht haben, können diese nicht herausverlangen.[18] Sie sind aber umgekehrt auch nicht zur Rücknahme verpflichtet.[19] Anders liegt es bei Gegenständen, die der Gesellschafter der GmbH lediglich zur Nutzung überlassen hat. Sie sind selbstverständlich der Verwertung durch die Liquidatoren entzogen und in Natur zurückzugeben (→ § 70 Rn. 15).

b) Ausnahmen. Von dem Grundsatz, dass die Verteilung in Geld zu erfolgen hat, **10** kann durch die **Satzung** oder **einstimmigen Gesellschafterbeschluss** abgewichen werden.[20] Die Zustimmung zu einer Übertragung eines Grundstücks an einen Gesellschafter unterliegt nicht der Form des § 311b BGB.[21] Unter engen Voraussetzungen ist die Verweigerung der Zustimmung zu einer Sachverteilung treuwidrig und damit unbeachtlich.[22] Von dem Gesellschafter kann jedoch nicht erwartet werden, dass er **selbst** Gegenstände in Natur entgegennimmt. Dies gilt entgegen der wohl herrschenden Meinung[23] selbst dann, wenn es sich um fungible Gegenstände wie etwa Wertpapiere handelt.[24] Auch wenn eine solche Übernahmepflicht durch Änderung der ursprünglichen Satzung begründet werden soll, bedarf es der Zustimmung der betroffenen Gesellschafter. Denn die Verwertung des Gesellschaftsvermögens ist Aufgabe der Liquidatoren. Sie kann nicht auf die Gesellschafter gegen deren Willen abgeschoben werden. Die Auskehrung eines Sachwertes **an einen anderen Gesellschafter** muss ein Gesellschafter hinnehmen, wenn Bewertungsprobleme ausgeschlossen sind und ihm selbst der Erwerb zu gleichen Bedingungen angeboten wurde.[25] Der Börsen- oder Marktpreis ist dann auf den Zahlungsanspruch des betreffenden Gesellschafters **anzurechnen.**

Von der Auskehr von Sachwerten bei der Verteilung des Gesellschaftsvermögens ist der **11** **Verkauf** im Rahmen der Verwertung des Gesellschaftsvermögens zu unterscheiden. Eine solche Veräußerung ist, wenn sie sich als für die Gesellschaft objektiv günstigste Option darstellt, selbstverständlich auch an einen Gesellschafter möglich und unterliegt den in der Kommentierung zu § 70 dargestellten Regeln.

5. Verjährung und Ausschlussfristen. Der Anspruch auf die Liquidationsquote ver- **12** jährt innerhalb von **drei Jahren** (§ 195 BGB).[26] Sie beginnt nicht vor dem Schluss des Jahres, in dem der Anspruch erstmals geltend gemacht werden kann[27] und der Anspruchsinhaber Kenntnis erlangt oder ohne grobe Fahrlässigkeit erlangen müsste (§ 199 Abs. 1 BGB). Ohne Rücksicht auf Kennen oder Kennenmüssen verjährt der Anspruch zehn Jahre nach Fälligkeit (§ 199 Abs. 4 BGB).[28]

Die Verjährungsfrist kann nach § 202 Abs. 1 BGB **verkürzt** werden. Auch eine **Verlän-** **13** **gerung** auf bis zu 30 Jahre ist gem. § 202 Abs. 2 BGB möglich. Eine vereinbarte **Ausschlussfrist** lässt den Anspruch nach deren Ablauf entfallen, ohne dass es im Gegensatz zur

---

[18]   Noack/Servatius/Haas/*Haas* Rn. 3; MHLS/*Nerlich* Rn. 14; Scholz/*K. Schmidt*/*Scheller* Rn. 7.
[19]   Rowedder/Schmidt-Leithoff/*Gesell* Rn. 7.
[20]   *Tavakoli/Eisenberg* GmbHR 2018, 75 (81); MHdB GesR III/*Weitbrecht* § 63 Rn. 47; Noack/Servatius/ Haas/*Haas* Rn. 11; Gehrlein/Born/Simon/*Brünkmans/Hofmann* Rn. 13; Lutter/Hommelhoff/*Kleindiek* Rn. 10; MHLS/*Nerlich* Rn. 14; Scholz/*K. Schmidt*/*Scheller* Rn. 8; HCL/*Paura* Rn. 16; für Mehrheitsbeschluss RG Urt. v. 15.11.1905 – I 198/05, RGZ 62, 56 (58 ff.) zur AG; *Passarge* in Passarge/Torwegge GmbH-Liquidation Rn. 673.
[21]   Scholz/*K. Schmidt*/*Scheller* Rn. 8; Rowedder/Schmidt-Leithoff/*Gesell* Rn. 8.
[22]   Noack/Servatius/Haas/*Haas* Rn. 11; Gehrlein/Born/Simon/*Brünkmans/Hofmann* Rn. 13; Scholz/ *K. Schmidt*/*Scheller* Rn. 8.
[23]   Lutter/Hommelhoff/*Kleindiek* Rn. 10; MHLS/*Nerlich* Rn. 16; Scholz/*K. Schmidt*/*Scheller* Rn. 9; Rowedder/Schmidt-Leithoff/*Gesell* Rn. 8.
[24]   HCL/*Paura* Rn. 17.
[25]   MHLS/*Nerlich* Rn. 15; HCL/*Paura* Rn. 17.
[26]   KG Beschl. v. 26.5.2009 – 1 W 123/08, FGPrax 2009, 191 (192); *Altmeppen* Rn. 3; Noack/Servatius/ Haas/*Haas* Rn. 2; Scholz/*K. Schmidt*/*Scheller* Rn. 18; HCL/*Paura* Rn. 20.
[27]   Zum Abstellen auf den Zeitpunkt der Fälligkeit allgemein MüKoBGB/*Grothe* BGB § 199 Rn. 4; PWW/ *Deppenkemper* BGB § 199 Rn. 3.
[28]   Noack/Servatius/Haas/*Haas* Rn. 2; HCL/*Paura* Rn. 20.

Verjährung der Erhebung der Einrede seitens der Liquidatoren bedarf. Sie ist zudem schärfer, weil es auf subjektive Momente gar nicht ankommt.

14   Die Verkürzung der Verjährung und insbesondere eine Ausschlussfrist sind geeignet, die Abwicklung zu beschleunigen und deshalb durchaus zweckmäßig. Ist eine entsprechende Regelung bereits im **ursprünglichen Gesellschaftsvertrag** enthalten, so können dagegen in der Regel keine Einwendungen erhoben werden.[29] Wenn der Gesellschafter auf seinen Anspruch insgesamt verzichten kann, muss es ihm unbenommen bleiben, Einschränkungen der Durchsetzbarkeit zu akzeptieren. Eine Inhaltskontrolle durch den Richter wäre hier fehl am Platze. Problematisch sind jedoch **nachträglich** eingeführte Verjährungs- und Ausschlussfristen. Hier genügt die in § 53 Abs. 2 für Satzungsänderungen vorgesehene Mehrheit nur dann, wenn sich die Beschränkung in einem vernünftigen Rahmen hält.[30] Unangemessen kurz ist etwa eine Ausschlussfrist, wenn sie mit dem Ablauf des Sperrjahres endet und damit zur Geltendmachung vor Fälligkeit zwingt.[31] Eine solche wesentliche Beeinträchtigung des Mitgliedschaftsrechts kann nachträglich nur eingeführt werden, wenn alle Gesellschafter zustimmen.

III. Der Verteilungsmaßstab

15   **1. Das Verhältnis der Geschäftsanteile.** § 72 S. 1 sieht vor, dass das Vermögen nach dem Verhältnis der Geschäftsanteile verteilt wird. Entscheidend ist der **Nennbetrag** der Anteile. Es kommt daher nicht darauf an, wieviel auf die Einlage bereits geleistet wurde und welche Pflichten oder Vorrechte mit dem Anteil verbunden sind.[32] Es wird auch nicht zwischen Bar- und Sacheinlagen differenziert.[33] Abzuheben ist auf das Verhältnis der Gesellschaftsanteile zueinander, nicht auf das Verhältnis zum Stammkapital. Wenn die Gesellschaft den Geschäftsanteil eines Gesellschafters einzieht, so erhöhen sich daher die auf die verbleibenden Anteile entfallenden Bruchteile, auch wenn das Stammkapital nicht entsprechend herabgesetzt wird.[34]

16   **Eigene Anteile** der Gesellschaft sind bei der Verteilung **nicht zu berücksichtigen.**[35] Gleiches gilt für Anteile, die nach Kaduzierung (§§ 21 ff.) oder Abandon (§ 27) nicht verwertet werden konnten.[36] Ein Zurückhalten der auf diese Anteile entfallenden Quote, um so die Möglichkeit einer Veräußerung doch noch offenzuhalten, würde die Abwicklung verzögern und kann daher nicht zugelassen werden.[37] Ist ein Gesellschafter aus der Gesellschaft ausgetreten oder aus ihr ausgeschlossen worden, so nimmt er an der Verteilung des Liquidationserlöses teil, allerdings nur bis zur Höhe der ihm geschuldeten Abfindung.[38]

17   Stehen Einlagen von allen Gesellschaftern in demselben prozentualen Umfang aus, so findet die Verteilung nach dem Verhältnis der Geschäftsanteile zueinander statt (→ Rn. 15). Sind die Einzahlungen auf die Einlagen jedoch ungleich geleistet worden, so muss ein **Ausgleich** analog § 271 Abs. 3 AktG erfolgen: Die bereits erbrachten Einlagen werden

---

[29]   S. aber *Altmeppen* Rn. 3, der jede Verkürzung der Verjährungsfrist für problematisch hält.

[30]   KG Beschl. v. 16.9.1937 – 1 Wx 415/37, JW 1937, 2979 (2980); Noack/Servatius/Haas/*Haas* Rn. 15 f.; Scholz/*K. Schmidt/Scheller* Rn. 19; HCL/*Paura* Rn. 21.

[31]   KG Beschl. v. 16.9.1937 – 1 Wx 415/37, JW 1937, 2979 (2980); Noack/Servatius/Haas/*Haas* Rn. 16; Scholz/*K. Schmidt/Scheller* Rn. 19; HCL/*Paura* Rn. 21; generell für Einstimmigkeit Rowedder/Schmidt-Leithoff/*Gesell* Rn. 11.

[32]   *Köhler* GmbHR 2019, 1043 (1044); Scholz/*K. Schmidt/Scheller* Rn. 13; HCL/*Paura* Rn. 3.

[33]   Lutter/Hommelhoff/*Kleindiek* Rn. 11; Rowedder/Schmidt-Leithoff/*Gesell* Rn. 12; Scholz/*K. Schmidt/Scheller* Rn. 13; HCL/*Paura* Rn. 3, 6.

[34]   Noack/Servatius/Haas/*Haas* Rn. 4; Scholz/*K. Schmidt/Scheller* Rn. 13; HCL/*Paura* Rn. 3.

[35]   *Passarge* in Passarge/Torwegge GmbH-Liquidation Rn. 670; Noack/Servatius/Haas/*Haas* Rn. 5; HK-GmbHG/*Kolmann/Riedemann* Rn. 9; Lutter/Hommelhoff/*Kleindiek* Rn. 11; Rowedder/Schmidt-Leithoff/*Gesell* Rn. 5; Scholz/*K. Schmidt/Scheller* Rn. 13; HCL/*Paura* Rn. 4.

[36]   Noack/Servatius/Haas/*Haas* Rn. 5; Rowedder/Schmidt-Leithoff/*Gesell* Rn. 3; Scholz/*K. Schmidt/Scheller* Rn. 13; einschränkend für das Abandon HCL/*Paura* Rn. 4.

[37]   Noack/Servatius/Haas/*Haas* Rn. 5.

[38]   Noack/Servatius/Haas/*Haas* Rn. 5; HK-GmbHG/*Kolmann/Riedemann* Rn. 12; Scholz/*K. Schmidt/Scheller* Rn. 13; HCL/*Paura* Rn. 5.

erstattet und ein Überschuss an die Gesellschafter nach den Nennbeträgen der Geschäftsanteile ausgekehrt. Wenn das Liquidationsvermögen zur Erstattung der Einlagen nicht ausreicht, haben diejenigen Gesellschafter, die relativ weniger eingezahlt haben als die Übrigen, ihre Einlagen in dem Umfang zu erbringen, der notwendig ist, um alle Gesellschafter im Verhältnis ihrer Anteile an dem Verlust zu beteiligen.[39]

2. Abweichende Regelungen. a) Satzung. Wie in S. 2 ausdrücklich gesagt, steht **18** der gesetzliche Verteilungsmaßstab unter dem Vorbehalt einer abweichenden **Satzungsbestimmung.** So kann etwa vorgesehen werden, dass einzelnen Gesellschaftern eine bestimmte Summe vorab aus dem Liquidationserlös zusteht, oder dass diese auf Kosten der Übrigen einen prozentual erhöhten Anteil erhalten.[40] Auch der völlige Ausschluss einzelner oder auch aller Gesellschafter vom Anteil am Liquidationserlös ist zulässig.

Entsprechende Regelungen können bereits in der ursprünglichen Satzung vorgesehen **19** oder später – auch noch im Liquidationsstadium (→ § 69 Rn. 50) – eingefügt werden. Bei einer **nachträglichen Satzungsänderung** müssen jedoch über die in § 53 Abs. 2 bestimmte Dreiviertelmehrheit hinaus alle von der Neuregelung nachteilig betroffenen Gesellschafter zustimmen.[41] Umgekehrt begründet die Einräumung eines Liquidationsvorrechts regelmäßig ein unentziehbares Gesellschafterrecht des Begünstigten, sodass eine Abschaffung nicht ohne seine Zustimmung möglich ist.[42]

b) Weisungsbeschluss. Die Gesellschafter können auch durch **einstimmigen 20 Beschluss** von dem gesetzlichen oder statutarischen Verteilungsmaßstab abweichen.[43] Da die Gesellschaft nach der Verteilung beendet wird und eine Wirkung für die Zukunft daher typischerweise nicht mehr in Betracht kommt, kann auf die notarielle Beurkundung (§ 53 Abs. 3) wie auch die Eintragung (§ 54) verzichtet werden.[44] Die Liquidatoren haben einen solchen Weisungsbeschluss gem. § 37 Abs. 1, § 73 Abs. 4 zu befolgen. Er wird gegenstandslos, wenn die Gesellschaft fortgeführt wird.[45] Ein etwaiger Erwerber eines Geschäftsanteils wird durch den Beschluss nur betroffen, wenn er beim Erwerb zustimmt.[46] Auch ist ein Ausschluss von Nichtgesellschaftern von der Liquidationsquote ohne deren Einwilligung auf diesem Weg nicht möglich. Hierzu bedarf es einer formellen Satzungsänderung.

3. Korrektur bei verzögerter Abwicklung. Ein einzelner Gesellschafter kann eine **21 Änderung des Verteilungsschlüssels** verlangen, wenn die Mitgesellschafter die Abwicklung etwa durch einen unwirksamen Fortsetzungsbeschluss rechtswidrig verzögert haben.[47] Er muss so gestellt werden, als wäre rechtzeitig abgewickelt worden. Richtigerweise handelt es sich dabei um einen pauschalisierten und entsprechend § 287 ZPO zu schätzenden verschuldensabhängigen Schadensersatzanspruch wegen Verletzung von mitgliedschaftlichen Treuepflichten.[48]

---

[39] In der Sache übereinstimmend *Hofmann* GmbHR 1976, 258 (266); *Altmeppen* Rn. 10; Noack/Servatius/Haas/*Haas* Rn. 4; Henssler/Strohn/*Büteröwe* Rn. 6; Lutter/Hommelhoff/*Kleindiek* Rn. 11; Rowedder/Schmidt-Leithoff/*Gesell* Rn. 12; Scholz/*K. Schmidt/Scheller* Rn. 13; HCL/*Paura* Rn. 7.

[40] HCL/*Paura* Rn. 10.

[41] KG Beschl. v. 16.9.1937 – 1 Wx 415/37, JW 1937, 2979; *Hofmann* GmbHR 1976, 258 (267); *Köhler* GmbHR 2019, 1043 (1048); *Passarge* in Passarge/Torwegge GmbH-Liquidation Rn. 672; Lutter/Hommelhoff/*Kleindiek* Rn. 11; Scholz/*K. Schmidt/Scheller* Rn. 14.

[42] Scholz/*K. Schmidt/Scheller* Rn. 14; HCL/*Paura* Rn. 11.

[43] *Köhler* GmbHR 2019, 1043 (1048); Noack/Servatius/Haas/*Haas* Rn. 2, 12; Gehrlein/Born/Simon/Brünkmans/*Hofmann* Rn. 6; HK-GmbHG/*Kolmann/Riedemann* Rn. 10; MHLS/*Nerlich* Rn. 28; Rowedder/Schmidt-Leithoff/*Gesell* Rn. 14; Scholz/*K. Schmidt/Scheller* Rn. 15; HCL/*Paura* Rn. 12.

[44] Noack/Servatius/Haas/*Haas* Rn. 2; MHLS/*Nerlich* Rn. 28.

[45] Noack/Servatius/Haas/*Haas* Rn. 2; HK-GmbHG/*Kolmann/Riedemann* Rn. 10.

[46] MHLS/*Nerlich* Rn. 28; Rowedder/Schmidt-Leithoff/*Gesell* Rn. 14; HCL/*Paura* Rn. 12.

[47] RG Urt. v. 30.3.1942 – II 96/41, RGZ 81, 68 (70 f.); Noack/Servatius/Haas/*Haas* Rn. 6; Lutter/Hommelhoff/*Kleindiek* Rn. 12; MHLS/*Nerlich* Rn. 29 f.; Scholz/*K. Schmidt/Scheller* Rn. 16; aA HCL/*Paura* Rn. 13.

[48] Scholz/*K. Schmidt/Scheller* Rn. 16.

22   **4. Rechtsfolgen fehlerhafter Verteilung. a) Ausgleichsansprüche.** Hat ein Gesellschafter bei der Verteilung mehr erhalten, als ihm eigentlich zusteht, so hat er den Differenzbetrag nach Bereicherungsrecht der **Gesellschaft** zurückzuerstatten.[49] Der **benachteiligte Gesellschafter** kann von der Gesellschaft den ihm noch zustehenden Betrag verlangen. Theoretisch kann er sich den Bereicherungsanspruch der Gesellschaft pfänden und überweisen lassen.[50] Doch wäre es jedenfalls nach der Löschung der Gesellschaft unbillig, ihn hierauf zu verweisen. Vielmehr ist er in einem solchen Fall berechtigt, selbst unmittelbar **Ausgleichsansprüche** gegen den begünstigten Gesellschafter geltend zu machen.[51]

23   **b) Haftung des Liquidators.** Ein Liquidator, der schuldhaft eine fehlerhafte Verteilung vornimmt, haftet der Gesellschaft nach **§ 71 Abs. 4, § 43** auf Schadensersatz. Er trägt also das Risiko, dass der überschießende Betrag von dem Empfänger der Leistung nicht mehr zu erlangen ist. Ein Anspruch der Gesellschafter besteht jedoch nach ganz hM nur nach Deliktsrecht, da die organschaftlichen Pflichten der Liquidatoren allein der Gesellschaft geschuldet sind.[52]

IV. Steuerrechtliche Behandlung

24   Die Gesellschaft hat nach § 11 KStG den Liquidationsgewinn, der sich aus der Differenz zwischen Abwicklungsanfangsvermögen und Abwicklungsendvermögen ergibt, zu versteuern (→ § 71 Rn. 51 f.). Auf der **Ebene der Gesellschafter** ist danach zu differenzieren, ob der Geschäftsanteil zum Privat- oder Betriebsvermögen des Anteilseigners gehört. Hält der Gesellschafter den Anteil im **Privatvermögen** und handelt es sich nicht um eine **wesentliche** Beteiligung iSd § 17 EStG, so gehört der Liquidationserlös nach § 20 Abs. 1 Nr. 2 EStG zu den Einkünften aus Kapitalvermögen, allerdings nur insoweit, als die Ausschüttung nicht als Rückzahlung aus dem steuerlichen Einlagekonto und dem Nennkapital anzusehen ist. Bei einer wesentlichen Beteiligung ist der Unterschiedsbetrag zwischen dem gemeinen Wert des zurückgewährten Vermögens und den Anschaffungskosten als Liquidationsgewinn zu versteuern. Gem. § 17 Abs. 3 EStG wird ein Freibetrag gewährt.

25   Bei Zugehörigkeit zum **Betriebsvermögen** entsteht ein laufender Gewinn oder Verlust in Höhe des Unterschieds zwischen Buchwert und Liquidationserlös. Bei der Einpersonen-GmbH kann zugunsten des Alleingesellschafters die Freibetragsregelung des § 16 Abs. 4 EStG zum Zuge kommen. Wird die Beteiligung von einer anderen Körperschaft gehalten, so bleibt der Gewinn oder Verlust gem. § 8b KStG unberücksichtigt.

V. GmbH & Co. KG

26   Gem. § 155 Abs. 1 HGB, § 161 Abs. 2 HGB wird das nach Berichtigung der Schulden verbleibende Vermögen der Gesellschaft nach dem **Verhältnis der Kapitalanteile** aufgeteilt. Sind sämtliche Kapitalanteile aktiv, so erhält jeder Gesellschafter den nach der Schlussbilanz auf seinem Kapitalkonto ausgewiesenen Geldbetrag.[53] Im Falle negativer Kapitalkonten kann die Komplementär-GmbH nach § 735 BGB im Grundsatz unbegrenzt auf Leistung von Nachschüssen in Anspruch genommen werden, die Kommanditisten nur in dem durch

---

[49]   *Altmeppen* Rn. 11; Noack/Servatius/Haas/*Haas* Rn. 19; Gehrlein/Born/Simon/*Brünkmans/Hofmann* Rn. 20; Henssler/Strohn/*Büteröwe* Rn. 7; HK-GmbHG/*Kolmann/Riedemann* Rn. 17; Scholz/*K. Schmidt/Scheller* Rn. 17; HCL/*Paura* Rn. 24.

[50]   *Altmeppen* Rn. 12; Noack/Servatius/Haas/*Haas* Rn. 19; Scholz/*K. Schmidt/Scheller* Rn. 17; HCL/*Paura* Rn. 26.

[51]   *Altmeppen* Rn. 12; Noack/Servatius/Haas/*Haas* Rn. 21; Gehrlein/Born/Simon/*Brünkmans/Hofmann* Rn. 20; HK-GmbHG/*Kolmann/Riedemann* Rn. 19; Scholz/*K. Schmidt/Scheller* Rn. 17; HCL/*Paura* Rn. 26.

[52]   *Altmeppen* Rn. 12; Noack/Servatius/Haas/*Haas* Rn. 20; Henssler/Strohn/*Büteröwe* Rn. 8; Lutter/Hommelhoff/*Kleindiek* Rn. 12; Scholz/*K. Schmidt/Scheller* Rn. 17; HCL/*Paura* Rn. 25; für eine Haftung nach § 280 Abs. 1 BGB jedoch Gehrlein/Born/Simon/*Brünkmans/Hofmann* Rn. 19.

[53]   MüKoHGB/*K. Schmidt* HGB § 155 Rn. 46.

§ 167 Abs. 3 HGB gezogenen Rahmen, dh bis zur Höhe ihrer noch ausstehenden Einlage. Die Liquidatoren haben auch den Saldenausgleich unter den Gesellschaftern herbeizuführen (→ § 70 Rn. 25).

§ 73 Sperrjahr

(1) Die Verteilung darf nicht vor Tilgung oder Sicherstellung der Schulden der Gesellschaft und nicht vor Ablauf eines Jahres seit dem Tage vorgenommen werden, an welchem die Aufforderung an die Gläubiger (§ 65 Abs. 2) in den Gesellschaftsblättern erfolgt ist.

(2) ¹Meldet sich ein bekannter Gläubiger nicht, so ist der geschuldete Betrag, wenn die Berechtigung zur Hinterlegung vorhanden ist, für den Gläubiger zu hinterlegen. ²Ist die Berichtigung einer Verbindlichkeit zur Zeit nicht ausführbar oder ist eine Verbindlichkeit streitig, so darf die Verteilung des Vermögens nur erfolgen, wenn dem Gläubiger Sicherheit geleistet ist.

(3) ¹Liquidatoren, welche diesen Vorschriften zuwiderhandeln, sind zum Ersatz der verteilten Beträge solidarisch verpflichtet. ²Auf den Ersatzanspruch finden die Bestimmungen in § 43 Abs. 3 und 4 entsprechende Anwendung.

Schrifttum: *Berthold,* Gläubigerschutz in der Liquidation einer GmbH, 2021; *Danzeglocke/Fischer,* Sperrjahr und Ausschüttungssperre bei Liquidation der GmbH & Co. KG?, NZG 2019, 886; *Erle,* Die Funktion des Sperrjahres in der Liquidation der GmbH, GmbHR 1998, 216; *Fietz/Fingerhut,* Die vorzeitige Löschung – ein schwarzes Loch für Liquidatoren?, GmbHR 2006, 960; *Freier,* Die Löschung einer GmbH aus dem Handelsregister ohne vorherige Einhaltung eines Sperrjahres – Status Quo und Ausblick, NZG 2020, 812; *Hofmann,* Zur Liquidation einer GmbH (II), GmbHR 1976, 258; *Niemeyer/König,* Die Berücksichtigung von Verbindlichkeiten in der Liquidation, MDR 2014, 749; *Passarge,* Zum direkten Anspruch des übergangenen Gläubigers gegen den Liquidator der GmbH i.L., DB 2018, 1777; *Roth,* Das Sperrjahr bei Liquidation der GmbH & Co.KG, GmbHR 2017, 901; *K. Schmidt,* Zum Liquidationsrecht der GmbH & Co. KG, GmbHR 1980, 261; *K. Schmidt,* Zur Gläubigersicherung im Liquidationsrecht der Kapitalgesellschaften, Genossenschaften und Vereine, ZIP 1981, 1; *K. Schmidt,* Das Liquidations-Sperrjahr als Liquiditätssicherung vor und nach dem MoMiG, DB 2009, 1971; *W. Schulz,* Die masselose Liquidation der GmbH, 1986; *Tavakoli/Eisenberg,* Die GmbH und ihre Verbindlichkeiten, GmbHR 2018, 75; *Vomhof,* Die Haftung des Liquidators der GmbH, 1988.

Übersicht

I. Bedeutung der Norm

1   Die Vorschrift dient dem **Gläubigerschutz** und ergänzt insoweit § 72. **Abs. 1** regelt die Voraussetzungen der Verteilung des Gesellschaftsvermögens an die Gesellschafter. **Abs. 2** schützt die Gläubiger, deren Forderungen noch nicht erfüllt werden können. **Abs. 3** statuiert eine Ersatzpflicht für die Liquidatoren, die schuldhaft den Abs. 1 und 2 zuwiderhandeln. § 73 enthält seiner Funktion entsprechend **zwingendes Recht.**[1] Weder die Satzung noch ein Gesellschafterbeschluss noch die Zustimmung selbst aller bekannten Gläubiger können daran etwas ändern, da die Vorschrift gerade auch die Interessen der unbekannten Gläubiger schützen soll.[2] Sind keine Gläubiger vorhanden, so bleibt eine Ausschüttung ohne Einhaltung des Sperrjahres sanktionslos, sie ist gleichwohl rechtswidrig.[3]

2   Der Wortlaut der Vorschrift wurde durch das **EHUG**[4] zum 1.1.2007 geringfügig modifiziert. Angeknüpft wird nicht mehr an die Aufforderung in den „öffentlichen Blättern", sondern an die in den „Gesellschaftsblättern". Eine entsprechende Novellierung des § 65 Abs. 2 hatte bereits das JKomG[5] zum 1.4.2005 vorgenommen. Die zunächst versehentlich unterbliebene Anpassung des § 73 wurde nachgeholt. Nach dem **ARUG 2009** genügt nunmehr die einmalige Aufforderung, um den Lauf des Sperrjahres in Gang zu setzen, ursprünglich war eine dreimalige Aufforderung erforderlich (→ § 65 Rn. 4). Im Übrigen ist die Norm seit dem Inkrafttreten des GmbHG 1892 unverändert geblieben.

II. Ausschüttungsverbot

3   Mit der Verteilung des Vermögens an die Gesellschafter dürfen die Liquidatoren erst beginnen, wenn die Gläubiger befriedigt bzw. sichergestellt sind und das Sperrjahr abgelaufen ist (§ 73 Abs. 1). Unter Verteilung sind sämtliche Leistungen zu verstehen, die als Auszahlung iSd § 30 Abs. 1 S. 1 qualifiziert werden können.[6] Die **Ausschüttungssperre** ist gleichwohl strenger als die des § 30. Denn während in der werbenden Gesellschaft nur solche Leistungen an die Gesellschafter untersagt sind, die zu einer Unterbilanz führen bzw. diese verstärken, ist in der Liquidation jede Verteilung von Gesellschaftsvermögen an die Anteilseigner vor Ablauf der Sperrfrist grundsätzlich verboten. Selbst wenn noch offene Rücklagen vorhanden sind, dürfen diese nicht für Ausschüttungen verwendet werden. Anders als § 30 wirkt § 73 als **vollständiges Thesaurierungsgebot.**[7]

---

[1]   OLG Rostock Urt. v. 11.4.1996 – 1 U 265/94, NJW-RR 1996, 1185 (1186) = GmbHR 1996, 621; *Tavakoli/Eisenberg* GmbHR 2018, 75 (79); MHdB GesR III/*Weitbrecht* § 63 Rn. 48; Noack/Servatius/ Haas/*Haas* Rn. 2a; Scholz/*K. Schmidt/Scheller* Rn. 9.

[2]   *Hofmann* GmbHR 1976, 258 (266) mN zu früheren abweichenden Auffassungen; *Tavakoli/Eisenberg* GmbHR 2018, 75 (79); *Altmeppen* Rn. 10; Noack/Servatius/Haas/*Haas* Rn. 2; Lutter/Hommelhoff/ *Kleindiek* Rn. 1; Rowedder/Schmidt-Leithoff/*Gesell* Rn. 5; Scholz/*K. Schmidt/Scheller* Rn. 9; HCL/ *Paura* Rn. 4.

[3]   Scholz/*K. Schmidt/Scheller* Rn. 9; HCL/*Paura* Rn. 4.

[4]   Gesetz über elektronische Handelsregister und Genossenschaftsregister sowie das Unternehmensregister (EHUG) v. 10.11.2006, BGBl. 2006 I 2553.

[5]   Gesetz über die Verwendung elektronischer Kommunikationsformen in der Justiz (Justizkommunikationsgesetz – JKomG) v. 22.3.2005, BGBl. 2005 I 837, ber. 2022.

[6]   BGH Urt. v. 19.11.2019 – II ZR 233/18, NZG 2020, 260 Rn. 26; Scholz/*K. Schmidt/Scheller* Rn. 3.

[7]   *K. Schmidt* GmbHR 1994, 2013 (2015); *Tavakoli/Eisenberg* GmbHR 2018, 75 (79); Noack/Servatius/ Haas/*Haas* Rn. 2; MHLS/*Nerlich* § 72 Rn. 4; Scholz/*K. Schmidt/Scheller* Rn. 2; HCL/*Paura* Rn. 3.

Die Liquidatoren müssen das Gesellschaftsvermögen zusammenhalten. Sie dürfen **4** grundsätzlich nur noch die Forderungen von **Drittgläubigern** befriedigen. Gleichgestellt sind **Ansprüche der Gesellschafter,** die sich bereits im Zeitpunkt der Auflösung verselbstständigt hatten. Hierzu zählen insbesondere Dividendenansprüche aus einer noch vor Liquidationsbeginn beschlossenen Gewinnverteilung (→ § 69 Rn. 20). Ebenso wenig unterliegen Forderungen aus schuldrechtlichen Drittgeschäften, bei denen der Gesellschafter der Gesellschaft wie ein außenstehender Dritter gegenübersteht, der Ausschüttungssperre. Solche Forderungen können ohne Rücksicht auf § 73 geltend gemacht werden.[8] Dies gilt auch für den Rückzahlungsanspruch aus Gesellschafterdarlehen.[9] Die frühere Ausnahme für die sog. eigenkapitalersetzenden Darlehen[10] ist mit der Abschaffung der §§ 32a, 32b und der sie ergänzenden Rechtsprechungsregeln (s. § 30 Abs. 1 S. 3) obsolet geworden.[11] Anders liegt es, wenn ein Rangrücktritt vereinbart ist (§ 19 Abs. 2 S. 3 InsO, § 39 Abs. 2 InsO). Denn dann unterwirft sich der Gesellschafter den Regeln für das Eigenkapital und muss sich deshalb auch im Hinblick auf § 73 als Eigenkapitalgeber behandeln lassen.

Das Ausschüttungsverbot greift überdies unter dem Gesichtspunkt des Umgehungs- **5** schutzes bei **verdeckten Gewinnausschüttungen** (zB überhöhte Liquidatorengehälter, Kauf von Bestandteilen des Gesellschaftsvermögens zu sehr niedrigem Preis).[12] Verboten ist auch die Vergabe von **Darlehen** an die Gesellschafter, da dies auf eine Vorfinanzierung der Liquidationsquote hinauslaufen würde.[13] Dies gilt allerdings nicht, wenn die Gesellschaft bei einer an ihr beteiligten Bank ein Konto führt.[14] Auch wird man es bei der Auflösung von Tochtergesellschaften für zulässig erachten, dass diese Liquidität im Rahmen eines Cash-Pooling weiterhin der Muttergesellschaft zur Verfügung stellen, wenn die Rückzahlung gesichert ist.[15] Denn zwar gilt die Privilegierung des § 30 Abs. 1 S. 2 hier nicht,[16] aber es geht bei Lichte besehen auch nur um eine bloße Mittelverwaltung für die Tochtergesellschaften, die auch im Geltungsbereich des § 73 zulässig bleibt.[17]

III. Sperrjahr

1. Zweck. Die Einhaltung des Sperrjahres dient dem **Schutz der Gläubiger** vor einer **6** vorschnellen Verteilung des Gesellschaftsvermögens. Sie erhalten durch den öffentlichen Aufruf in den Gesellschaftsblättern gem. § 65 Abs. 2 Gelegenheit, ihre Forderungen binnen Jahresfrist bei der Gesellschaft anzumelden. Dies ist vor allem für die bis dahin **unbekannten Gläubiger** von Bedeutung. Sie werden durch die Anmeldung von unbekannten zu bekannten Gläubigern, deren Ansprüche zu erfüllen bzw. zu sichern sind. Erst nach Ablauf des Sperrjahres und Befriedigung bzw. Sicherstellung der bekannten Gesellschaftsschulden darf mit der Vermögensverteilung an die Gesellschafter begonnen werden. Dem steht dann auch § 30 nicht mehr entgegen (→ § 69 Rn. 22).

2. Berechnung. Das Sperrjahr **beginnt** gem. § 187 Abs. 1 BGB mit Beginn des Tages, **7** der auf die Veröffentlichung des Gläubigeraufrufs iSd § 65 Abs. 2 S. 2 folgt. Bei mehreren

---

8   BGH Urt. v. 4.7.1973 – VIII ZR 156/72, NJW 1973, 1695; Urt. v. 19.11.2019 – II ZR 233/18, NZG 2020, 260 Rn. 26.

9   *K. Schmidt* DB 2009, 1971 (1974); Lutter/Hommelhoff/*Kleindiek* Rn. 2; Scholz/*K. Schmidt/Scheller* Rn. 4.

10 Hachenburg/*Hohner* Rn. 18.

11 *K. Schmidt* DB 2009, 1971 (1974); HCL/*Paura* Rn. 21; Scholz/*K. Schmidt/Scheller* Rn. 4.

12 BGH Urt. v. 19.11.2019 – II ZR 233/18, NZG 2020, 260 Rn. 26; Lutter/Hommelhoff/*Kleindiek* Rn. 2; HCL/*Paura* Rn. 20.

13 BGH Urt. v. 2.3.2009 – II ZR 264/07, NZG 2009, 659 Rn. 19 = EWiR § 73 GmbHG 1/09, 539 (*Schult/Wahl*); *K. Schmidt* GmbHR 1994, 2013 (2015); *Sotiropoulos* GmbHR 1996, 653 (657); MHdB GesR III/*Weitbrecht* § 63 Rn. 50; Lutter/Hommelhoff/*Kleindiek* Rn. 2; MHLS/*Nerlich* Rn. 8; Scholz/*K. Schmidt/Scheller* Rn. 5; großzügiger *Erle* GmbHR 1998, 216 (221).

14 *K. Schmidt* GmbHR 1994, 2013 (2015); Scholz/*K. Schmidt/Scheller* Rn. 5.

15 *K. Schmidt* GmbHR 1994, 2013 (2015); *K. Schmidt* DB 2009, 1971 (1974).

16 *K. Schmidt* DB 2009, 1971 (1973); Scholz/*K. Schmidt/Scheller* Rn. 3.

17 *K. Schmidt* DB 2009, 1971 (1974).

Gesellschaftsblättern ist auf den zeitlich letzten Ausgabetag abzustellen.[18] Die Ausschüttungssperre des Abs. 1 setzt allerdings schon unmittelbar mit der Auflösung ein.[19] Die Sperrfrist **endet** gem. § 187 Abs. 1 BGB, § 188 Abs. 2 Hs. 1 BGB mit Ablauf des dem maßgeblichen Ausgabedatum entsprechenden Tag des Folgejahres.

8 **Beispiel:** Dritter Gläubigeraufruf am 31.3.2022, Fristbeginn 1.4.2022, 0 Uhr, Fristablauf 31.3.2023, 24 Uhr.

9 Der Fristablauf ist **zwingend.** Weil Abs. 1 keinen Fall der Verjährung regelt, kommt auch eine Hemmung oder Unterbrechung der Sperrfrist nicht in Frage.

10 **3. Auswirkungen.** Das Sperrjahr hat **keinen Einfluss** auf die **Fälligkeit** der Forderungen. Es führt nicht etwa zu einer Stundung. Fällige Forderungen sind vielmehr sofort zu erfüllen.[20] Der Ablauf des Sperrjahres bewirkt aber umgekehrt auch nicht die Fälligkeit einer betagten Forderung.[21]

11 Das Sperrjahr ist auch **keine Ausschlussfrist.** Gläubiger, die ihren Anspruch erst nach Ablauf geltend machen, sind zu befriedigen, solange noch Gesellschaftsvermögen vorhanden ist.[22] Sofern die Verteilung an die Gesellschafter noch nicht abgeschlossen ist, muss zunächst die Forderung befriedigt bzw. sichergestellt werden, bevor weitere Ausschüttungen erfolgen dürfen.[23] Die Forderung erlischt erst mit der Vollbeendigung der Gesellschaft (auch → § 74 Rn. 34).[24]

12 Das **Registergericht** muss vor der Löschung prüfen, ob das Sperrjahr eingehalten wurde. Eine vorherige Löschung kann es aber vornehmen, wenn das Gesellschaftsvermögen durch Erfüllung der Verbindlichkeiten erschöpft ist.[25] Denn Abs. 1 schreibt die Einhaltung der Sperrfrist für den Fall vor, dass Vermögen an die Gesellschafter verteilt werden soll. Kommt eine solche Verteilung in Ermangelung eines Liquidationsüberschusses nicht in Betracht, so ist der Schutz durch das Sperrjahr nicht geboten. Unbeachtlich ist dagegen die Zusage eines Gesellschafters oder eines Dritten, für die Erfüllung etwaiger Ansprüche noch unbekannter Gläubiger einstehen zu wollen. Denn es bleibt dem Gläubiger unbenommen, sich weiterhin an die Gesellschaft zu halten. Außerdem kann im Falle der Inanspruchnahme eine solche Zusage Regressforderungen des Garantiegebers gegen die Gesellschaft auslösen, die ebenfalls noch vor der Verteilung zu befriedigen sind.[26] Ein

---

18 Lutter/Hommelhoff/*Kleindiek* Rn. 4.
19 Lutter/Hommelhoff/*Kleindiek* Rn. 4; MHLS/*Nerlich* § 72 Rn. 10; Scholz/*K. Schmidt/Scheller* Rn. 8; HCL/*Paura* Rn. 7.
20 *Fietz/Fingerhuth* GmbHR 2006, 960 (961); *Tavakoli/Eisenberg* GmbHR 2018, 75 (79); Noack/Servatius/Haas/*Haas* Rn. 5; MHLS/*Nerlich* § 72 Rn. 11; Scholz/*K. Schmidt/Scheller* Rn. 7; HCL/*Paura* Rn. 8.
21 *Tavakoli/Eisenberg* GmbHR 2018, 75 (79); MHLS/*Nerlich* § 72 Rn. 11; Rowedder/Schmidt-Leithoff/*Gesell* Rn. 3; Scholz/*K. Schmidt/Scheller* Rn. 7.
22 RG Urt. v. 20.4.1898 – VI 339/17, RGZ 92, 77 (82); Urt. v. 6.1.1925 – II 735/23, RGZ 109, 387 (392); Urt. v. 23.4.1929 – II 406/28, RGZ 124, 210 (213); *Erle* GmbHR 1998, 216 (222); *Fietz/Fingerhuth* GmbHR 2006, 960 (961); *Hofmann* GmbHR 1976, 258 (265); *Tavakoli/Eisenberg* GmbHR 2018, 75 (79); *Altmeppen* Rn. 12; Noack/Servatius/Haas/*Haas* Rn. 5; Lutter/Hommelhoff/*Kleindiek* Rn. 4; MHLS/*Nerlich* Rn. 11; Rowedder/Schmidt-Leithoff/*Gesell* Rn. 3; Scholz/*K. Schmidt/Scheller* Rn. 7; HCL/*Paura* Rn. 8.
23 *Erle* GmbHR 1998, 216 (221 f.); *Altmeppen* Rn. 4; MHLS/*Nerlich* Rn. 11; Scholz/*K. Schmidt/Scheller* Rn. 7; HCL/*Paura* Rn. 8.
24 *Altmeppen* Rn. 33; HCL/*Paura* Rn. 6; aA *Erle* GmbHR 1998, 216 (222): mit zulässiger Auskehr.
25 KG Beschl. v. 29.5.1941 – 1 Wx 154/41, DR 1941, 2130 (2131) m. zust. Anm. *Groschuff*; OLG Düsseldorf Beschl. v. 13.8.2019 – I-3 Wx 80/17, NZG 2020, 264 (265); Beschl. v. 25.8.2020 – I-3 Wx 117/20, NZG 2020, 1277; OLG Hamm Beschl. v. 2.9.2016 – 27 W 63/16, BeckRS 2016, 124896 = GmbHR 2017, 930; OLG Jena Beschl. v. 20.5.2015 – 9 W 506/14, BeckRS 2015, 12375 = ZIP 2016, 25; Beschl. v. 15.5.2019 – 2 W 159/19, BeckRS 2019, 23313; OLG Köln Beschl. v. 5.11.2004 – 2 Wx 33/04, NZG 2005, 83 (84); *Fietz/Fingerhuth* GmbHR 2006, 960 (961 ff.); *Freier* NZG 2020, 812 (815); *Keller* GmbHR 2021, 702 (703); *Peetz* GmbHR 2020, 1263; *Roth* GmbHR 2017, 901 (902); MHLS/*Nerlich* Rn. 12; Scholz/*K. Schmidt/Scheller* Rn. 10 f.; HCL/*Paura* Rn. 9; aA OLG Celle Beschl. v. 17.10.2018 – 9 W 80/18, NZG 2018, 1425; KG Beschl. v. 22.7.2019 – 22 W 29/18, NZG 2019, 1294; offengelassen von OLG Naumburg Beschl. v. 27.5.2002 – 7 Wx 1/02, GmbHR 2002, 858.
26 MHLS/*Nerlich* Rn. 11; HCL/*Paura* Rn. 9.

laufendes Besteuerungsverfahrens steht der Löschung nicht entgegen, wenn Steuerrücker-stattungen ausgeschlossen werden können und nur Steuerforderungen des Fiskus in Betracht kommen.[27] Hat die Liquidations-GmbH ihr Unternehmen zusammen mit der Firma auf einen Erwerber übertragen, so steht § 73 nicht dessen Eintragung in das Handelsregister entgegen.[28]

IV. Gläubigerbefriedigung und Gläubigersicherung

1. Bekannte und unbekannte Forderungen. Abs. 2 differenziert zwischen bekann-   **13** ten und unbekannten Gläubigern. Das ist terminologisch unglücklich. Denn es kommt nicht auf die Kenntnis der Person des Gläubigers, sondern auf die Kenntnis seiner **Forderung** an.[29] Diese ist dann gegeben, wenn die Forderung dem Grunde und dem wesentlichen Betrage nach bekannt ist.[30] Ob die Gesellschaft diese Kenntnis durch Anmeldung nach § 65 Abs. 2 S. 2 oder in anderer Weise erlangt hat, ist unerheblich. Doch ist dem Gläubiger eine formelle Mitteilung aus Beweisgründen in jedem Fall anzuraten.[31]

Fahrlässige Unkenntnis genügt zwar nicht.[32] Allerdings kommt es nicht einfach auf   **14** die subjektive Kenntnis der Liquidatoren an. Vielmehr gelten die Grundsätze über die **Wissenszurechnung** in arbeitsteiligen Organisationen.[33] Der Gesellschaft wird die Kenntnis aller Informationen unterstellt, die den Liquidatoren bei ordnungsgemäßer Speicherung, Weitergabe und Abrufbarkeit der Daten zur Verfügung stehen würden. Diese haben daher nicht nur die Buchhaltung, sondern auch die Geschäftskorrespondenz der vergangenen Jahre auf Anhaltspunkte für das Bestehen von Gesellschaftsverbindlichkeiten durchzusehen.[34] Eine allgemeine Nachforschungspflicht, etwa durch Einsichtnahme in öffentliche Register oder Nachfrage bei Dritten, besteht jedoch nicht.[35] Mängelgewährleistungsansprüche sind als bekannte Forderungen anzusehen, wenn für ihr Bestehen konkrete Anhaltspunkte gegeben sind.[36]

Bei **Inhaber- und Orderpapieren** steht die Verbindlichkeit nach Grund und Höhe   **15** fest. Dies muss genügen, auch wenn der Berechtigte nicht zu ermitteln ist. Der in dem Papier ausgewiesene Betrag ist zu hinterlegen bzw. es ist hierfür Sicherheit zu leisten.[37]

Anders als das Insolvenzrecht differenziert das Liquidationsrecht nicht zwischen **Alt-**   **16** **und Neugläubigern.**[38] Insbesondere sieht § 73 keine mit § 55 Nr. 1 InsO vergleichbare Privilegierung für die von den Liquidatoren begründeten Verbindlichkeiten vor. Die Neugläubiger sind jedoch gem. § 68 Abs. 2 über die Eröffnung des Liquidationsverfahrens informiert. Auch werden sie praktisch immer bekannte Gläubiger iSd Abs. 2 sein, deren Forde-

---

27 OLG Düsseldorf Beschl. v. 1.2.2017 – 3 Wx 300/16, NZG 2017, 663 (664 f.); Beschl. v. 13.8.2019 – I-3 Wx 80/17, NZG 2020, 264 (265); Beschl. v. 25.8.2020 – I-3 Wx 117/20, NZG 2020, 1277; *Freier* NZG 2020, 812 (815); *Peetz* GmbHR 2020, 1263 (1269 f.); aA KG Beschl. v. 22.7.2019 – 22 W 29/18, NZG 2019, 1294; Beschl. v. 12.9.2019 – 22 W 29/18, BeckRS 2019, 36753; OLG Jena Beschl. v. 15.5.2019 – 2 W 159/19, BeckRS 2019, 23313.
28 Rowedder/Schmidt-Leithoff/*Gesell* Rn. 4.
29 *Niemeyer/König* MDR 2014, 749 (750); *K. Schmidt* ZIP 1981, 1 (2); *Tavakoli/Eisenberg* GmbHR 2018, 75 (79); Noack/Servatius/Haas/*Haas* Rn. 6; Lutter/Hommelhoff/*Kleindiek* Rn. 5; MHLS/*Nerlich* Rn. 14; Scholz/*K. Schmidt/Scheller* Rn. 14; HCL/*Paura* Rn. 11.
30 RG Urt. v. 20.4.1898 – VI 339/17, RGZ 92, 77 (80); Urt. v. 12.5.1930 – VI 343/29, JW 1930, 2943 mAnm *Bing*; Noack/Servatius/Haas/*Haas* Rn. 6; Lutter/Hommelhoff/*Kleindiek* Rn. 5; MHLS/*Nerlich* Rn. 14; Scholz/*K. Schmidt/Scheller* Rn. 14; HCL/*Paura* Rn. 11; großzügiger *Altmeppen* Rn. 3.
31 Lutter/Hommelhoff/*Kleindiek* Rn. 5.
32 RG Urt. v. 12.5.1930 – VI 343/29, JW 1930, 2943 mAnm *Bing*; Noack/Servatius/Haas/*Haas* Rn. 6; MHLS/*Nerlich* Rn. 14; Scholz/*K. Schmidt/Scheller* Rn. 15; HCL/*Paura* Rn. 13; krit. *Altmeppen* Rn. 3; Hachenburg/*Hohner* Rn. 10.
33 S. *Niemeyer/König* MDR 2014, 749 (750 f.); *Tavakoli/Eisenberg* GmbHR 2018, 75 (79); Scholz/*K. Schmidt/Scheller* Rn. 15.
34 IErg auch MHLS/*Nerlich* Rn. 15; Rowedder/Schmidt-Leithoff/*Gesell* Rn. 8; HCL/*Paura* Rn. 14.
35 Zutr. *Niemeyer/König* MDR 2014, 749 (750 f.).
36 Näher dazu *Wehmeyer*, GmbHR 2018, R112 ff.
37 MHLS/*Nerlich* Rn. 15; Rowedder/Schmidt-Leithoff/*Gesell* Rn. 8; HCL/*Paura* Rn. 13.
38 Rowedder/Schmidt-Leithoff/*Gesell* Rn. 9; Scholz/*K. Schmidt/Scheller* Rn. 16; HCL/*Paura* Rn. 15.

rungen die Liquidatoren vor einer Verteilung zu befriedigen oder sicherzustellen haben. Ein darüber hinausgehendes Schutzbedürfnis besteht nicht.

17   **2. Befriedigung.** Bekannte Gläubiger sind zu befriedigen, wenn ihre Forderung **unstreitig** oder **rechtskräftig festgestellt** und **fällig** ist. Bei zweifelhaften Ansprüchen liegt es im pflichtgemäßen Ermessen der Liquidatoren, ob sie bestreiten, anerkennen oder einen Vergleich abschließen. Mitunter kann es auch sinnvoll sein, noch nicht fällige Forderungen gem. § 271 Abs. 2 BGB vorzeitig zu erfüllen.[39] Selbst auf eine bereits verjährte Forderung können die Liquidatoren leisten, wenn dies der Abwicklung förderlich ist, etwa weil so ein schwebendes Geschäft insgesamt beendigt werden kann.[40] Vor wirtschaftlich bedeutsamen Entscheidungen dieser Art empfiehlt es sich, das Votum der Gesellschafter einzuholen, unter Umständen kann sogar eine Vorlagepflicht bestehen.[41]

18   Rangunterschiede gibt es unter den Gläubigern nicht. Zweckmäßigerweise werden sie in der **Reihenfolge,** in der sie sich gemeldet haben, befriedigt.[42] Es kann aber im Interesse der Gesellschaft angezeigt sein, bestimmte Zahlungen vorzuziehen, etwa wenn von dem Gläubiger noch Leistungen für die Abwicklung erwartet werden.[43]

19   Grundsätzlich sind die Forderungen **in vollem Umfang** zu befriedigen. Die Liquidatoren haben aber stets zu prüfen, ob sie gem. § 15a InsO wegen Zahlungsunfähigkeit oder Überschuldung ein Insolvenzverfahren einleiten müssen. Bereits mit dem Eintritt dieser Insolvenzgründe greift das Zahlungsverbot des § 15b Abs. 1 InsO (früher § 64 S. 1 aF). Die Liquidatoren dürfen dann mit der Tilgung der Gesellschaftsschulden nicht weiter fortfahren. Die Gläubiger können im eröffneten Insolvenzverfahren ihre Forderungen zur Tabelle anmelden. Im Sonderfall der Abweisung des Insolvenzantrags mangels Masse sind die Liquidatoren gehalten, die Forderungen der Gläubiger anteilig zu befriedigen (näher → § 70 Rn. 12). Nach der Rspr. des BFH müssen sie **Steuerforderungen** zumindest im gleichen Verhältnis wie die Ansprüche sonstiger Gläubiger erfüllen, um eine persönliche Haftung nach §§ 34, 69 AO zu vermeiden.[44] Zu **Gesellschaftern** als Gläubigern → Rn. 4; → § 70 Rn. 11.

20   **3. Hinterlegung (Abs. 2 S. 1). a) Voraussetzungen.** Der geschuldete Betrag ist nach Abs. 2 S. 1 zu hinterlegen, wenn ein bekannter Gläubiger sich nicht meldet und eine Berechtigung zur Hinterlegung besteht. Die Vorschrift ist in mehrfacher Hinsicht missverständlich formuliert. Wichtig für ihr Verständnis ist, dass sie kein eigenständiges Hinterlegungsrecht schafft, sondern an die **Voraussetzungen der §§ 372 ff. BGB** anknüpft. Der Umstand allein, dass ein bekannter Gläubiger sich nicht meldet, steht der Erfüllung seiner Forderung nicht unbedingt entgegen. Erst wenn er in Annahmeverzug (§§ 293 ff. BGB) gerät, kann hinterlegt werden (§ 372 S. 1 BGB). Hinterlegungsgründe sind ferner nach § 372 S. 2 Alt. 1 BGB Erfüllungshindernisse in der Person des Gläubigers (zB unbekannter Aufenthalt, fehlender Vertreter). Die Hinterlegung ist gem. § 372 S. 2 Alt. 2 BGB auch dann möglich, wenn die Liquidatoren zwar die Forderung, nicht aber den Gläubiger kennen. Dies ist oftmals bei Wechsel- oder Scheckverbindlichkeiten der Fall, kann aber auch bei einem Streit mehrerer Forderungsprätendenten um die Leistung gegeben sein. Die Ungewissheit über die Person des Gläubigers darf nach § 372 S. 2 Alt. 2 BGB allerdings nicht auf Fahrlässigkeit beruhen, dies gilt auch in dem hier interessierenden

---

39   Lutter/Hommelhoff/*Kleindiek* Rn. 8; MHLS/*Nerlich* Rn. 18; Rowedder/Schmidt-Leithoff/*Gesell*
     Rn. 10.
40   MHLS/*Nerlich* Rn. 18; Scholz/*K. Schmidt/Scheller* Rn. 17; HCL/*Paura* Rn. 17.
41   Scholz/*K. Schmidt/Scheller* Rn. 17.
42   MHLS/*Nerlich* Rn. 17; Rowedder/Schmidt-Leithoff/*Gesell* Rn. 11; Scholz/*K. Schmidt/Scheller* Rn. 18;
     HCL/*Paura* Rn. 15.
43   MHLS/*Nerlich* Rn. 17; Rowedder/Schmidt-Leithoff/*Gesell* Rn. 11; HCL/*Paura* Rn. 15.
44   BFH Urt. v. 16.12.2003 – VII R 77/00, BFHE 204, 391 = BStBl. II 2005, 249 = GmbHR 2004, 606;
     Urt. v. 26.4.1984 – V R 128/79, BFHE 141, 443 = BStBl. II 1984, 776 = GmbHR 1985, 30; *Beermann*
     DStR 1994, 805; *Buyer* GmbHR 1987, 276; *Spriegel/Jokisch* DStR 1990, 433; *Steeger,* Die steuerliche
     Haftung des Geschäftsführers, 1998, 55 ff.; dem für die masselose Liquidation zust. *H.-F. Müller* GmbHR
     2003, 389 (390 ff.).

Zusammenhang.[45] Doch kann von den Liquidatoren grundsätzlich nicht erwartet werden, dass sie auf Kosten der Gesellschaft den wirklichen Gläubiger ermitteln.[46]

Zwar spricht Abs. 2 S. 1 von dem „geschuldeten Betrag", doch sind nach § 372 BGB **21** neben Geld auch Wertpapiere und sonstige Urkunden sowie Kostbarkeiten **hinterlegungsfähig,**[47] unter den Voraussetzungen des § 373 HGB auch Waren.[48] Eine nicht zur Hinterlegung geeignete Sache kann nach Maßgabe von § 383 BGB versteigert und der Erlös hinterlegt werden.[49]

b) Rechtsfolgen. Die Hinterlegung ist nach § 372 BGB ein **Recht** des Schuldners, **22** keine Pflicht. Daran will Abs. 2 entgegen seinem auch insoweit irreführenden Wortlaut nichts ändern.[50] Die Gesellschaft hat außerdem ein Wahlrecht zwischen Hinterlegung (Abs. 2 S. 1) und Sicherheitsleistung (Abs. 2 S. 2).[51] Von einer der beiden Möglichkeiten müssen die Liquidatoren allerdings Gebrauch machen, bevor sie zur Verteilung schreiten dürfen. Eine Verpflichtung, bei der Hinterlegung auf die Rücknahme zu verzichten (§ 376 Abs. 2 Nr. 1 BGB), besteht nicht. Wird verzichtet, hat die Hinterlegung Erfüllungswirkung (§ 378 BGB). Ohne einen solchen Verzicht kann der Gläubiger auf die hinterlegte Sache verwiesen werden (§ 379 Abs. 1 BGB). Diese Form der Hinterlegung ist zugleich als Sicherheitsleistung iSd § 232 BGB zu qualifizieren mit der Folge, dass der Gläubiger so ein Pfandrecht gem. § 233 BGB erlangt.[52]

Die Hinterlegung selbst erfolgt nach den jeweiligen Hinterlegungsgesetzen der Länder. **23** Hinterlegungsstellen sind die Amtsgerichte (vgl. § 1 Abs. 2 HinterlO aF).

4. Sicherheitsleistung (Abs. 2 S. 2). a) Sicherungsgründe. aa) Unausführbare **24** **Berichtigung (Abs. 2 S. 2 Alt. 1).** Sicherheitsleistung sieht Abs. 2 S. 2 Alt. 1 vor, wenn die Berichtigung der Verbindlichkeit derzeit nicht ausführbar ist. Dies ist etwa bei **bedingten oder betagten Verbindlichkeiten** der Fall. Als unausführbar gilt eine noch nicht fällige Verbindlichkeit auch dann, wenn sie gem. § 271 Abs. 2 BGB bereits erfüllt werden könnte.[53] Die Liquidatoren müssen dann nach pflichtgemäßem Ermessen beurteilen, ob vorzeitige Tilgung oder Sicherheitsleistung zweckmäßiger ist. Bei Verbindlichkeiten, die Zug um Zug zu erfüllen sind, ist die Sicherheitsleistung zulässig, solange der Gläubiger nicht seinerseits geleistet hat.[54] Keiner näheren Erläuterung bedarf die Unausführbarkeit der Berichtigung einer Verbindlichkeit, wenn diese voraussichtlich erst nach der Abwicklung entsteht.[55] Unausführbar ist die Verbindlichkeit schließlich immer dann, wenn auch eine Hinterlegung möglich ist.[56] Die Gesellschaft hat insofern ein Wahlrecht (→ Rn. 22).

bb) Streitige Verbindlichkeit (Abs. 2 S. 2 Alt. 2). Bei nach Grund oder Höhe[57] **25** streitigen Verbindlichkeiten müssen die Liquidatoren **sorgfältig prüfen,** ob und ggf. in

---

[45] Noack/Servatius/Haas/*Haas* Rn. 6; MHLS/*Nerlich* Rn. 24; Rowedder/Schmidt-Leithoff/*Gesell* Rn. 15; Scholz/*K. Schmidt/Scheller* Rn. 19; HCL/*Paura* Rn. 22.

[46] HCL/*Paura* Rn. 22.

[47] MHLS/*Nerlich* Rn. 21; Rowedder/Schmidt-Leithoff/*Gesell* Rn. 15; Scholz/*K. Schmidt/Scheller* Rn. 19.

[48] MHLS/*Nerlich* Rn. 21; Rowedder/Schmidt-Leithoff/*Gesell* Rn. 15.

[49] MHLS/*Nerlich* Rn. 21; Scholz/*K. Schmidt/Scheller* Rn. 19.

[50] MHLS/*Nerlich* Rn. 22; Rowedder/Schmidt-Leithoff/*Gesell* Rn. 13; Scholz/*K. Schmidt/Scheller* Rn. 19; HCL/*Paura* Rn. 24.

[51] MHLS/*Nerlich* Rn. 22; Rowedder/Schmidt-Leithoff/*Gesell* Rn. 13; Scholz/*K. Schmidt/Scheller* Rn. 19; HCL/*Paura* Rn. 24; aA zur AG MüKoAktG/*Koch* AktG § 272 Rn. 19.

[52] MHLS/*Nerlich* Rn. 25; Scholz/*K. Schmidt/Scheller* Rn. 19; aA MüKoAktG/*Koch* AktG § 272 Rn. 19.

[53] Scholz/*K. Schmidt* Rn. 20; HCL/*Paura* Rn. 29; beschränkt auf nicht erfüllbare Verbindlichkeiten Noack/Servatius/Haas/*Haas* Rn. 7; MHLS/*Nerlich* Rn. 26.

[54] Noack/Servatius/Haas/*Haas* Rn. 7; MHLS/*Nerlich* Rn. 26; Scholz/*K. Schmidt/Scheller* Rn. 20; HCL/*Paura* Rn. 29.

[55] S. für Steuerverbindlichkeiten BFH Urt. v. 16.6.1971 – I R 58/68, BFHE 102, 227 = BStBl. II 1971, 614 = DB 1971, 2048.

[56] *K. Schmidt* ZIP 1981, 1 (3); MHLS/*Nerlich* Rn. 25; Scholz/*K. Schmidt/Scheller* Rn. 20; HCL/*Paura* Rn. 11.

[57] Vgl. BAG Urt. v. 4.6.2003 – 10 AZR 448/02, GmbHR 2003, 1009 (1011).

welcher Höhe sie Sicherheit leisten. Sie haben **begründeten Zweifeln** nachzugehen und ggf. **Rechtsrat** einzuholen. Kommen sie nach pflichtgemäßer Prüfung zu dem Ergebnis, dass der geltend gemachte Anspruch nicht besteht, so können sie ohne Sicherheitsleistung an den angeblichen Gläubiger das Gesellschaftsvermögen an die Gesellschafter verteilen.[58] Stellt sich später heraus, dass ihre Beurteilung falsch war, haften sie nach Abs. 3 nur, wenn sie ein Verschulden trifft (→ Rn. 32 ff.). Wenn noch kein Rechtsstreit anhängig ist, kann es mitunter ratsam sein, zur Absicherung und Klärung eine negative Feststellungsklage im Namen der Gesellschaft zu erheben.[59]

26   **b) Recht der Gesellschaft.** Wie die Hinterlegung (→ Rn. 22) ist die Sicherung keine Pflicht der Gesellschaft, sondern ein **Recht,** dessen Ausübung es ihr ermöglicht, mit der Verteilung bei Vorliegen der sonstigen Voraussetzungen zu beginnen. Die Gläubiger haben deshalb auch keinen Anspruch auf die Sicherheitsleistung.[60] Da keine Pflicht zur Sicherheitsleistung besteht, brauchen die Liquidatoren diese erst unmittelbar vor der Ausschüttung der Liquidationsquote vorzunehmen.[61]

27   **c) Sicherungsmittel.** Der Begriff der Sicherheitsleistung in Abs. 2 S. 2 ist nicht im rechtstechnischen Sinne der **§§ 232 ff. BGB** zu verstehen, er erfasst vielmehr untechnisch alle **im Wirtschaftsleben gebräuchlichen Sicherheiten.**[62] Auch gilt die Subsidiarität der Bürgschaft nach § 232 Abs. 2 BGB nicht.[63] Als Bürge genügt jedenfalls eine inländische Bank oder Sparkasse, ein Gesellschafter aber wohl nur dann, wenn der Gläubiger ihn akzeptiert.[64] Nicht ausreichend ist die Haftung des Erwerbers nach § 25 HGB, da dies wegen der Veräußerung des Unternehmens nicht zu einer Besserstellung des Gläubigers führt.[65] Im Falle einer privativen Schuldübernahme nach §§ 414 f. BGB wird die Gesellschaft ohnehin von ihrer Verbindlichkeit befreit, sodass die Liquidatoren den betreffenden Gläubiger gar nicht mehr berücksichtigen müssen.[66]

28   Die Sicherheitsleistung muss nach kaufmännischer Einschätzung **vollständig** sein. Eine unzureichende Sicherung ist zu ergänzen.[67] Bei Rentenverpflichtungen kommt eine Übernahme durch eine Versicherung gegen Einmalzahlung in Betracht.[68] Unter den Voraussetzungen des § 4 Abs. 4 BetrAVG bedarf die Übernahme der Versorgungszusage nicht der Zustimmung des Arbeitnehmers.[69]

29   **5. Unbekannte Forderungen.** Ist eine Forderung der Gesellschaft unbekannt, so droht dem Forderungsinhaber nach Ablauf des Sperrjahres und Verteilung des Gesellschaftsvermögens an die Gesellschaft der **Verlust** seiner Forderung (→ Rn. 11). Meldet sich ein Gläubiger nach Ende der Sperrfrist, so haben die Liquidatoren, sofern noch verteilbares

---

[58]   Noack/Servatius/Haas/*Haas* Rn. 8; Scholz/*K. Schmidt/Scheller* Rn. 21; HCL/*Paura* Rn. 31; aA Nie-meyer/*König* MDR 2014, 749 (754).

[59]   Noack/Servatius/Haas/*Haas* Rn. 8; MHLS/*Nerlich* Rn. 27; Scholz/*K. Schmidt/Scheller* Rn. 12; HCL/*Paura* Rn. 31.

[60]   *K. Schmidt* ZIP 1981, 1 (3 f.); Noack/Servatius/Haas/*Haas* Rn. 7; MHLS/*Nerlich* Rn. 28; Rowedder/Schmidt-Leithoff/*Gesell* Rn. 17; Scholz/*K. Schmidt/Scheller* Rn. 20; HCL/*Paura* Rn. 31.

[61]   RG Urt. v. 6.2.1934 – II 263/33, RGZ 143, 301 (303) zur AG; MHLS/*Nerlich* Rn. 28; Rowedder/Schmidt-Leithoff/*Gesell* Rn. 17; Scholz/*K. Schmidt/Scheller* Rn. 20.

[62]   Noack/Servatius/Haas/*Haas* Rn. 7; MHLS/*Nerlich* Rn. 29; Scholz/*K. Schmidt/Scheller* Rn. 20; HCL/*Paura* Rn. 28; aA Rowedder/Schmidt-Leithoff/*Gesell* Rn. 18.

[63]   Noack/Servatius/Haas/*Haas* Rn. 7; HCL/*Paura* Rn. 28; aA Rowedder/Schmidt-Leithoff/*Gesell* Rn. 18.

[64]   So übereinstimmend Noack/Servatius/Haas/*Haas* Rn. 7; Lutter/Hommelhoff/*Kleindiek* Rn. 7; Rowedder/Schmidt-Leithoff/*Gesell* Rn. 18; Scholz/*K. Schmidt/Scheller* Rn. 20; HCL/*Paura* Rn. 28.

[65]   Rowedder/Schmidt-Leithoff/*Gesell* Rn. 18; Scholz/*K. Schmidt/Scheller* Rn. 20.

[66]   Scholz/*K. Schmidt/Scheller* Rn. 20.

[67]   Noack/Servatius/Haas/*Haas* Rn. 7; MHLS/*Nerlich* Rn. 33; Scholz/*K. Schmidt/Scheller* Rn. 20; HCL/*Paura* Rn. 28.

[68]   *Passarge* in Passarge/Torwegge GmbH-Liquidation Rn. 552 ff.; Noack/Servatius/Haas/*Haas* Rn. 7; Lutter/Hommelhoff/*Kleindiek* Rn. 7; MHLS/*Nerlich* Rn. 32; Rowedder/Schmidt-Leithoff/*Gesell* Rn. 19; zum möglichen Eintritt des PSV im Liquidationsfall nach § 7 Abs. 1 S. 4 Nr. 3 BetrAVG *Fischer* NJOZ 2014, 1601.

[69]   Näher *Passarge* in Passarge/Torwegge GmbH-Liquidation Rn. 561 ff.

Vermögen vorhanden ist, die Verteilung zu unterbrechen und sorgfältig die Berechtigung der Forderung zu prüfen. Sie dürfen erst mit der Verteilung fortfahren, wenn sie entweder zu dem Ergebnis gekommen sind, dass die Forderung unbegründet ist oder den nunmehr bekannten Gläubiger befriedigt bzw. sichergestellt haben.

V. Schutz gegen eine vorzeitige Verteilung des Gesellschaftsvermögens

1. Dinglicher Arrest gegen die Gesellschaft. Schicken sich die Liquidatoren an, **30** Gesellschaftsvermögen unter Verstoß gegen Abs. 2 zu verteilen, so können sich die Gläubiger hiergegen schützen, indem sie gegen die Gesellschaft das **Arrestverfahren** nach §§ 916 ff. ZPO betreiben. Es dient der Sicherung der Zwangsvollstreckung in das bewegliche und unbewegliche Vermögen des Schuldners wegen einer Geldforderung oder einem Anspruch, der in eine Geldforderung übergehen kann (§ 916 Abs. 1 ZPO). **Arrestanspruch** in diesem Sinne ist in der Regel jeder Anspruch, den die Liquidatoren vor einer Verteilung entweder erfüllen oder sicherstellen müssen. Auch wegen streitiger Forderungen kann der Arrest stattfinden. Ist die Hauptsache noch nicht anhängig, so kann das Gericht auf Antrag Klageerhebung anordnen (§ 926 ZPO). Ein **Arrestgrund** gem. § 917 ZPO liegt vor, wenn mit der verbotswidrigen Verteilung an die Gesellschafter bereits begonnen wurde oder diese unmittelbar bevorsteht, denn damit wird die Vollstreckung aus einem titulierten Urteil erheblich erschwert bzw. sogar ganz vereitelt. Arrestanspruch und Arrestgrund sind nach § 920 Abs. 2 ZPO glaubhaft zu machen. Die Vollziehung des dinglichen Arrests erfolgt durch Pfändung von beweglichem Vermögen und Forderungen (§ 930 ZPO) bzw. die Eintragung einer Arresthypothek bei Grundstücken (§ 932 ZPO).

2. Unterlassungsanspruch und einstweilige Verfügung. § 73 bezweckt den Schutz **31** der Gläubiger vor einer vorzeitigen Auskehrung des Gesellschaftsvermögens an die Gesellschafter (→ Rn. 1). Um ein Schutzgesetz iSv § 823 Abs. 2 BGB handelt es sich nach der Rspr. allerdings nicht (→ Rn. 43 f.).[70] Jedenfalls im Verhältnis zur Gesellschaft besteht gleichwohl ein **Unterlassungsanspruch** gegen verbotswidrige Verteilungsmaßnahmen.[71] Ob auch die Liquidatoren persönlich (jenseits der Fälle vorsätzlicher sittenwidriger Schädigung, § 826 BGB) passiv legitimiert sind,[72] ist eher fraglich, da sie nicht in unmittelbaren Rechtsbeziehungen zu den Gläubigern der Gesellschaft stehen. Auf das subsidiäre Gläubigerverfolgungsrecht analog § 268 Abs. 2 AktG, § 93 Abs. 5 S. 1 AktG lässt sich ein vorbeugendes Vorgehen nicht stützen.[73] Soweit ein dinglicher Arrest ausscheidet, können die Gläubiger gegen die Gesellschaft eine **einstweilige Verfügung** beantragen. Im Anwendungsbereich der §§ 916 ff. ZPO fehlt hingegen das Rechtsschutzbedürfnis für den Antrag nach § 935 ZPO.[74] Da ein Ordnungsgeld dann unter Verkürzung der Liquidationsmasse gegen die Gesellschaft verhängt werden müsste, ist dieser Weg ohnehin zumindest unzweckmäßig. Im Ergebnis ist den Gläubigern regelmäßig zu raten, allein gegen die Gesellschaft und mit dem Instrument des dinglichen Arrests vorzugehen.

VI. Rechtsfolgen eines Verstoßes gegen § 73

1. Ansprüche der Gesellschaft gegen die Liquidatoren (Abs. 3). a) Vorausset- **32** **zungen.** Liquidatoren, die den Vorgaben des **Abs. 1 und 2 zuwiderhandeln,** haften nach Abs. 3 solidarisch auf Ersatz. Ein Zuwiderhandeln liegt vor, wenn sie Ausschüttungen an die Gesellschafter vorgenommen haben, ohne das Sperrjahr abzuwarten oder eine

---

70 BGH Urt. v. 13.3.2018 – II ZR 158/16, BGHZ 218, 80 Rn. 13 ff. = NZG 2018, 625.
71 *K. Schmidt* ZIP 1981, 1 (4 f.); Gehrlein/Born/Simon/*Brünkmans/Hofmann* Rn. 33; Lutter/Hommelhoff/ *Kleindiek* Rn. 10; HCL/*Paura* Rn. 34; aA Hachenburg/*Hohner* Rn. 28; wohl auch Scholz/*K. Schmidt/ Scheller* Rn. 24; für einen Anspruch nur gegen die Liquidatoren Noack/Servatius/Haas/*Haas* Rn. 10.
72 Für einen Anspruch analog § 1004 BGB *K. Schmidt* ZIP 1981, 1 (4 f.); Noack/Servatius/Haas/*Haas* Rn. 10; Lutter/Hommelhoff/*Kleindiek* Rn. 10; HCL/*Paura* Rn. 34.
73 Gehrlein/Born/Simon/*Brünkmans/Hofmann* Rn. 33; Scholz/*K. Schmidt/Scheller* Rn. 24.
74 MHLS/*Nerlich* Rn. 37; BeckOGK/*Bachmann* AktG § 272 Rn. 13.

bekannte Forderung zu befriedigen oder sicherzustellen. Ob es sich um Geld- oder Sach-ausschüttungen handelt, ist unerheblich.[75] Eine Vermögensverteilung ist auch in der Über-lassung von Geschäftschancen an Gesellschafter oder eine von ihnen beherrschte Gesell-schaft zu sehen.

33   Meldet sich ein Gläubiger mit einer der Gesellschaft **unbekannten Forderung** erst nach Ablauf der Sperrfrist und Abschluss der Verteilung, so kommt eine Haftung nicht in Betracht. Es gelten jedoch die Grundsätze der Wissenszurechnung (→ Rn. 14), sodass auch die Nichtberücksichtigung einer Forderung, deren Bestehen den Liquidatoren subjektiv nicht bewusst ist, einen Ersatzanspruch auslösen kann. Allein der Umstand, dass sich ein Gläubiger nicht auf den Aufruf in den Gesellschaftsblättern gemeldet hat (§ 65 Abs. 2), schließt eine Haftung nicht aus.

34   Auf den Anspruch findet gem. Abs. 3 S. 2 der § 43 Abs. 3, 4 Anwendung. Damit ist zugleich impliziert, dass das **Verschuldensprinzip** des § 43 Abs. 1 gilt.[76] Steht der Verstoß gegen § 73 Abs. 1 und 2 fest, wird das Verschulden allerdings **vermutet**.[77] Es obliegt also dem Liquidator sich zu entlasten und darzutun, dass er mit der Sorgfalt eines ordentlichen Kaufmanns handelt. Ein Beschluss der Gesellschafter ist nicht geeignet, den Liquidator von seiner Verantwortlichkeit zu befreien (Abs. 3 S. 2 iVm § 43 Abs. 3 S. 3).[78]

35   **b) Anspruch der Gesellschaft.** Gläubiger des Anspruchs ist, wie sich aus der Verwei-sung von Abs. 3 S. 2 auf § 43 Abs. 3 klar ergibt, allein die **Gesellschaft**.[79] Entgegen verbrei-teter Auffassung macht sie nicht den Schaden der übergangenen Gläubiger geltend.[80] Viel-mehr erleidet sie durch den Verstoß gegen das verschärfte Kapitalerhaltungsgebot der Abs. 1 und 2 einen eigenen Schaden.[81]

36   Es besteht daher auch kein Anlass, hier von dem Erfordernis eines **Gesellschafterbe-schlusses** gem. § 69 Abs. 1, § 46 Nr. 8 vor Geltendmachung des Ersatzanspruchs abzuse-hen.[82] Ein solcher Beschluss ist allerdings entbehrlich, wenn ein Gläubiger sich den Anspruch pfänden und überweisen lässt oder der Insolvenzverwalter ihn geltend macht.[83] Pfändbar ist die Forderung nur zugunsten der Gläubiger, die unter Verletzung des § 73 übergangen worden sind, nicht aber zugunsten solcher, deren Forderungen bis zum Ablauf des Sperrjahres und Abschluss der Verteilung unbekannt geblieben waren.[84] Überdies hat

---

[75]   RG Urt. v. 11.6.1929 – II 561/28, JW 1930, 2685; Noack/Servatius/Haas/*Haas* Rn. 12; MHLS/*Nerlich* Rn. 42; Scholz/*K. Schmidt/Scheller* Rn. 35; HCL/*Paura* Rn. 39.

[76]   Noack/Servatius/Haas/*Haas* Rn. 12; BeckOK GmbHG/*Lorscheider,* 48. Ed. 1.2.2021, Rn. 9; Lutter/ Hommelhoff/*Kleindiek* Rn. 12; MHLS/*Nerlich* Rn. 45; Rowedder/Schmidt-Leithoff/*Gesell* Rn. 26; Scholz/*K. Schmidt/Scheller* Rn. 36; HCL/*Paura* Rn. 40.

[77]   Noack/Servatius/Haas/*Haas* Rn. 12; BeckOK GmbHG/*Lorscheider,* 48. Ed. 1.2.2021, Rn. 9; Lutter/ Hommelhoff/*Kleindiek* Rn. 12; MHLS/*Nerlich* Rn. 45; Rowedder/Schmidt-Leithoff/*Gesell* Rn. 26; Scholz/*K. Schmidt/Scheller* Rn. 36; HCL/*Paura* Rn. 40.

[78]   MHLS/*Nerlich* Rn. 45; Rowedder/Schmidt-Leithoff/*Gesell* Rn. 26; HCL/*Paura* Rn. 40.

[79]   RG Urt. v. 6.1.1925 – II 735/23, RGZ 109, 387 (391); *Hofmann* GmbHR 1976, 258 (265); *K. Schmidt* ZIP 1981, 1 (7); *Vomhof,* Die Haftung des Liquidators der GmbH, 1988, 71 ff.; MHdB GesR III/ *Weitbrecht* § 63 Rn. 55; Noack/Servatius/Haas/*Haas* Rn. 13; Gehrlein/Born/Simon/*Brünkmans/Hof-mann* Rn. 24; Lutter/Hommelhoff/*Kleindiek* Rn. 12; Rowedder/Schmidt-Leithoff/*Gesell* Rn. 28; Scholz/*K. Schmidt/Scheller* Rn. 38; HCL/*Paura* Rn. 38.

[80]   S. *K. Schmidt* ZIP 1981, 1 (7); Lutter/Hommelhoff/*Kleindiek* Rn. 12; Rowedder/Schmidt-Leithoff/ *Gesell* Rn. 30; Scholz/*K. Schmidt/Scheller* Rn. 38.

[81]   *Vomhof,* Die Haftung des Liquidators der GmbH, 1988, 141 ff.; Noack/Servatius/Haas/*Haas* Rn. 13; HCL/*Paura* Rn. 38.

[82]   Rowedder/Schmidt-Leithoff/*Gesell* Rn. 28; HCL/*Paura* Rn. 41; im Grundsatz auch *Berthold,* Gläubiger-schutz in der Liquidation einer GmbH, 2021, 240 ff.; aA *Altmeppen* Rn. 20; Noack/Servatius/Haas/ *Haas* Rn. 13; BeckOK GmbHG/*Lorscheider,* 48. Ed. 1.2.2021, Rn. 9; Gehrlein/Born/Simon/*Brünk-mans/Hofmann* Rn. 24; Henssler/Strohn/*Büteröwe* Rn. 12; Lutter/Hommelhoff/*Kleindiek* Rn. 12; Scholz/*K. Schmidt/Scheller* Rn. 38.

[83]   RG Urt. v. 11.6.1929 – II 561/28, JW 1930, 2685 (für den Fall der Pfändung); Rowedder/Schmidt-Leithoff/*Gesell* Rn. 28; HCL/*Paura* Rn. 41.

[84]   *Altmeppen* Rn. 20; Rowedder/Schmidt-Leithoff/*Gesell* Rn. 28; Scholz/*K. Schmidt/Scheller* Rn. 38; HCL/*Paura* Rn. 45.

der übergangene Gläubiger das Recht, analog § 268 Abs. 2 AktG, § 93 Abs. 5 S. 1 AktG selbst den Erstattungsanspruch der Gesellschaft zu verfolgen, wenn diese untätig bleibt.[85] Er muss ihr zunächst unter Setzung einer angemessenen Frist Gelegenheit zur Durchsetzung der Forderung geben, bevor er in eigenem Namen klagen kann.[86] Einer Fristsetzung bedarf es nicht, wenn die Liquidation bereits beendet und die Gesellschaft im Handelsregister gelöscht ist.[87] Nach teilweise vertretener Auffassung soll sich die Klage auf Leistung in das Gesellschaftsvermögen richten.[88] Dies ist jedoch ein unnötiger Umweg und widerspricht auch der zu § 93 Abs. 5 AktG fast einhellig vertretenen Auffassung.[89] Der Gläubiger kann, soweit er von der Gesellschaft keine Befriedigung zu erlangen vermag, den Anspruch in sein eigenes Vermögen einziehen.[90]

Ist die Gesellschaft bereits im Register gelöscht, so muss eine **Nachtragsliquidation** 37 zur Durchsetzung des Anspruchs stattfinden. Denn Gesellschaftsvermögen, das nach der Lehre vom Doppeltatbestand (→ § 74 Rn. 32) einer Vollbeendigung entgegensteht, ist auch ein Regressanspruch gegen die Liquidatoren.[91] Die Bestellung eines Nachtragsliquidators erweist sich nur dann als entbehrlich, wenn lediglich ein übergangener Gläubiger vorhanden ist und dieser den Ersatzanspruch selbst analog § 268 Abs. 2 AktG, § 93 Abs. 5 S. 1 AktG verfolgt.[92]

c) Umfang des Anspruchs. Der Anspruch ist gerichtet auf **Erstattung des rechts-** 38 **widrig Geleisteten.** In dieser Höhe wird der Schaden der Gesellschaft vermutet. Dieser kann jedoch durchaus noch höher sein, etwa wenn die Gesellschaft dem Gläubiger Rechtsverfolgungskosten oder Verzugszinsen zu erstatten hat. Der die Ausschüttung übersteigende Schaden ist allerdings nach § 43 Abs. 2 iVm § 71 Abs. 4 zu liquidieren. Umgekehrt kann der Liquidator einwenden (§ 242 BGB), dass die Erstattung gar nicht notwendig ist, um die Gesellschaftsgläubiger zu befriedigen[93] oder diese auch bei ordnungsgemäßer Erfüllung der Liquidatorenpflichten ausgefallen wären. Eine Ausschüttung vor Ablauf des Sperrjahres bleibt ohne Folgen, wenn sich danach keine Gläubiger melden. Melden sie sich erst nach Ende der Sperrfrist, so kommt eine Haftung ebenfalls nicht in Betracht, weil die Forderung dann ohnehin nicht mehr berücksichtigt worden wäre. Schließlich scheidet ein Ersatzanspruch auch dann aus, wenn eine nicht befriedigte und nicht gesicherte Forderung sich später als unbegründet oder verjährt herausstellt.[94] Hat der Liquidator eine Sachausschüttung

[85] *Berthold,* Gläubigerschutz in der Liquidation einer GmbH, 2021, 233 ff.; *Roth* GmbHR 2017, 901 (902); *Vomhof,* Die Haftung des Liquidators der GmbH, 1988, 171 ff.; *Benz/Zimmermann* NZG 2020, 1255 (1259); MHdB GesR III/*Weitbrecht* § 63 Rn. 55; *Passarge* in Passarge/Torwegge GmbH-Liquidation Rn. 722 f.; *Altmeppen* Rn. 21; Noack/Servatius/Haas/*Haas* Rn. 13a; BeckOK GmbHG/*Lorscheider,* 48. Ed. 1.2.2021, Rn. 12; Gehrlein/Born/Simon/*Brünkmans/Hofmann* Rn. 28; Henssler/Strohn/*Büteröwe* Rn. 14; Lutter/Hommelhoff/*Kleindiek* Rn. 13; MHLS/*Nerlich* Rn. 49; Rowedder/Schmidt-Leithoff/ *Gesell* Rn. 28; HCL/*Paura* Rn. 49; für den Fall, dass die Gesellschaft bereits im Handelsregister gelöscht und lediglich ein Gläubiger vorhanden ist, auch BGH Urt. v. 13.3.2018 – II ZR 158/16, BGHZ 218, 80 Rn. 30 ff. = NZG 2018, 625; Urt. v. 19.11.2019 – II ZR 233/18, NZG 2020, 260 Rn. 16, 24; *Böcker* DZWIR 2018, 456; Scholz/*K. Schmidt/Scheller* Rn. 39, 42.
[86] BeckOK GmbHG/*Lorscheider,* 48. Ed. 1.2.2021, Rn. 12; Gehrlein/Born/Simon/*Brünkmans/Hofmann* Rn. 28; MHLS/*Nerlich* Rn. 49.
[87] BGH Urt. v. 13.3.2018 – II ZR 158/16, BGHZ 218, 80 Rn. 55 = NZG 2018, 625.
[88] BeckOK GmbHG/*Lorscheider,* 48. Ed. 1.2.2021, Rn. 12; Gehrlein/Born/Simon/*Brünkmans/Hofmann* Rn. 28; MHLS/*Nerlich* Rn. 51; Scholz/*K. Schmidt/Scheller* Rn. 43.
[89] MüKoAktG/*Spindler* AktG § 93 Rn. 239; BeckOGK/*Fleischer* AktG § 93 Rn. 353.
[90] BGH Urt. v. 13.3.2018 – II ZR 158/16, BGHZ 218, 80 Rn. 56 ff. = NZG 2018, 625; *Vomhof,* Die Haftung des Liquidators der GmbH, 1988, 172 ff.
[91] RG Urt. v. 20.4.1898 – VI 339/17, RGZ 92, 77 (84); Urt. v. 6.1.1925 – II 735/23, RGZ 109, 387 (391); BAG Urt. v. 4.6.2003 – 10 AZR 448/02, DZWIR 2003, 502; OLG München Beschl. v. 6.7.2017 – 23 U 750/11, NZG 2017, 1071; HessLAG Urt. v. 31.7.2015, BeckRS 2016, 67035; Noack/Servatius/ Haas/*Haas* Rn. 16; HCL/*Paura* Rn. 46.
[92] BGH Urt. v. 13.3.2018 – II ZR 158/16, BGHZ 218, 80 Rn. 55 = NZG 2018, 625; Scholz/*K. Schmidt/ Scheller* Rn. 42.
[93] *Vomhof,* Die Haftung des Liquidators der GmbH, 1988, 144 f.; Noack/Servatius/Haas/*Haas* Rn. 14.
[94] HCL/*Paura* Rn. 34.

vorgenommen (→ § 72 Rn. 10), so haftet er, wenn eine Rückführung der verteilten Gegenstände nicht mehr möglich ist, auf Geldersatz.[95]

39   **d) Mehrere Liquidatoren.** Mehrere Liquidatoren haften solidarisch, dh als **Gesamtschuldner iSd §§ 421 ff. BGB,** sofern sie sich nicht entlasten können (→ Rn. 34). Der Ausgleich untereinander richtet sich nach § 426 BGB iVm § 254 BGB,[96] sofern die Liquidatoren aber zugleich Gesellschafter sind, regelmäßig nach ihrer Beteiligung am Liquidationserlös.[97] Prokuristen und andere Angestellte haften nicht nach Abs. 3,[98] wohl aber ein faktischer Liquidator.

40   **e) Verzicht und Vergleich.** Über die Verweisungen in Abs. 3 S. 2 und § 43 Abs. 3 S. 2 findet § 9b entsprechende Anwendung. Demnach kann die Gesellschaft grundsätzlich auf den Ersatzanspruch nicht verzichten oder sich über ihn vergleichen (§ 9b Abs. 1 S. 1). Ausgenommen ist ein Vergleich, den der Liquidator zur Abwendung eigener Insolvenz mit den Gläubigern abschließt sowie bei eröffnetem Insolvenzverfahren für eine Regelung der Ersatzpflicht in einem Insolvenzplan (§ 9b Abs. 1 S. 2).

41   **f) Verjährung.** Der Ersatzanspruch der Gesellschaft verjährt nach Abs. 3 S. 2 iVm § 43 Abs. 4 **in fünf Jahren.** Die Verjährungsfrist beginnt im Zeitpunkt der Vornahme der rechtswidrigen Verteilung,[99] Ist der Liquidator als Gesellschafter zugleich Empfänger der Leistung, bestimmt sich die Verjährung nach § 31 Abs. 5 (→ Rn. 54).

42   **g) Anspruch nach § 71 Abs. 4 iVm § 15b Abs. 5 InsO.** Kaum eigenständige Bedeutung kommt neben dem Anspruch nach Abs. 3 in der Liquidation dem über die Verweisung des § 71 Abs. 4 anwendbaren Anspruch gem. § 15b Abs. 5 InsO (früher § 64 S. 3 aF) zu. Dieser greift immer dann, wenn die Zahlungen an die Gesellschafter zur Zahlungsunfähigkeit der Gesellschaft „führen mussten" und dies für die Geschäftsführer bzw. Liquidatoren bei Beachtung der Sorgfalt eines ordentlichen Geschäftsmanns erkennbar war (näher → § 64 Rn. 241 ff.). Diese Voraussetzungen können bei einer Missachtung der Vorgaben in Abs. 1, 2 im Einzelfall durchaus erfüllt sein. Doch nutzt das der Gesellschaft bzw. dem Insolvenzverwalter praktisch wenig, da der Erstattungsanspruch nach § 15b Abs. 5 InsO nicht weiter geht als der nach Abs. 3. Hat sich der Liquidator aber an die Regeln gehalten, ist zumindest eine Sorgfaltspflichtverletzung iSd § 15b Abs. 5 InsO zu verneinen, auch wenn die Gesellschaft nach der Ausschüttung eine zunächst unbekannte Forderung nicht mehr erfüllen kann.

43   **2. Ansprüche der Gläubiger gegen die Liquidatoren. a) Eigener Schadensersatzanspruch nach § 823 Abs. 2 BGB?** Eine verbreitete Auffassung gewährt dem übergangenen Gläubiger einen eigenen Schadensersatzanspruch nach § 823 Abs. 2 BGB.[100] Dass

---

[95]   RG Urt. v. 11.6.1929 – II 561/28, JW 1930, 2685; Noack/Servatius/Haas/*Haas* Rn. 14; MHLS/*Nerlich* Rn. 42; HCL/*Paura* Rn. 39.
[96]   Noack/Servatius/Haas/*Haas* Rn. 12a; MHLS/*Nerlich* Rn. 44; Rowedder/Schmidt-Leithoff/*Gesell* Rn. 27; allg. zur Anwendung des § 254 BGB beim Gesamtschuldnerausgleich MüKoBGB/*Bydlinski* BGB § 426 Rn. 21 f.; PWW/*Müller* BGB § 426 Rn. 12.
[97]   OLG Hamburg Urt. v. 4.10.1985 – 11 U 18/83, ZIP 1985, 1390; Noack/Servatius/Haas/*Haas* Rn. 12a; Rowedder/Schmidt-Leithoff/*Gesell* Rn. 27.
[98]   Scholz/*K. Schmidt/Scheller* Rn. 37; MHLS/*Nerlich* Rn. 44; HCL/*Paura* Rn. 42; zu § 43 Abs. 3 auch BGH Urt. v. 25.6.2001 – II ZR 38/99, BGHZ 148, 167 = NJW 2001, 3123.
[99]   BGH Urt. v. 9.2.2009 – II ZR 292/07, BGHZ 179, 344 Rn. 11 f. = NZG 2009, 545; Urt. v. 19.11.2019 – II ZR 233/18, NZG 2020, 260 Rn. 31; Noack/Servatius/Haas/*Haas* Rn. 15; MHLS/*Nerlich* Rn. 46; Scholz/*K. Schmidt/Scheller* Rn. 44; HCL/*Paura* Rn. 43.
[100]   *Roth* GmbHR 2017, 901 (902); *K. Schmidt* ZIP 1981, 1 (8); *M. Schwab* ZIP 2008, 341 (345 f.); Noack/Servatius/Haas/*Haas* Rn. 22; BeckOK GmbHG/*Lorscheider,* 48. Ed. 1.2.2021, Rn. 12; Henssler/Strohn/*Büteröwe* Rn. 15; Lutter/Hommelhoff/*Kleindiek* Rn. 14; MHLS/*Nerlich* Rn. 52 f.; Rowedder/Schmidt-Leithoff/*Gesell* Rn. 29; HCL/*Paura* Rn. 48; *Wicke* Rn. 6; aA BGH Urt. v. 13.3.2018 – II ZR 158/16, BGHZ 218, 80 Rn. 13 ff. = NZG 2018, 625; *Berthold,* Gläubigerschutz in der Liquidation einer GmbH, 2021, 228 ff.; *Vomhof,* Die Haftung des Liquidators der GmbH, 1988, 162 ff.; *Altmeppen* Rn. 22 f.; Bork/Schäfer/*Servatius* Rn. 15; Hachenburg/*Hohner* Rn. 40; Scholz/*K. Schmidt/Scheller* Rn. 49 f.

§ 73 unzweifelhaft den Interessen der Gläubiger zu dienen bestimmt ist, macht die Norm jedoch noch nicht zu einem Schutzgesetz. Es handelt sich vielmehr um eine verschärfte Kapitalerhaltungsregel, deren Verletzung nach zutreffender Ansicht des BGH ebenso wenig wie die der Parallelnorm des § 30 geeignet ist, zugunsten außenstehender Dritter Ansprüche zu begründen.[101] Abs. 3 spricht vielmehr dafür, dass die Gläubiger auch in der Liquidation grundsätzlich nur mittelbar – durch Wiederauffüllung des Gesellschaftsvermögens – geschützt werden. Lediglich wenn die Gesellschaft untätig bleibt, können die übergangenen Gläubiger deren Erstattungsanspruch entsprechend § 268 Abs. 2 AktG, § 93 Abs. 5 S. 1 AktG durchsetzen (→ Rn. 36). Diese Lösung ist der Zubilligung eines eigenen deliktischen Anspruchs der Gläubiger vorzuziehen. Allerdings plädieren die Anhänger der herrschenden Meinung zum Teil für eine Subsidiarität des Anspruchs nach § 823 Abs. 2 BGB,[102] sodass der Unterschied zu dem hier verfochtenen Ansatz nicht sehr groß ist. Diese in der Sache gebotene Subsidiarität ist jedoch dogmatisch kaum begründbar, wenn dem einzelnen Gläubiger ein eigener Direktanspruch zugebilligt wird. Dieser müsste gänzlich unabhängig von dem Erstattungsanspruch der Gesellschaft sein.

Überdies wären die Vergleichs- und Verzichtsverbote nach Abs. 3 S. 2 iVm § 43 Abs. 3 **44** S. 2 iVm § 9b entbehrlich, wenn den Gläubigern ein eigener Schadensersatzanspruch zustünde. Denn über diesen könnte die Gesellschaft ohnehin nicht verfügen, sodass es besonderer Schutznormen gar nicht bedürfte.[103] Auch würde die spezielle Verjährungsregelung des Abs. 3 S. 2 iVm § 43 Abs. 4 (Verjährungsfrist fünf Jahre, aber gerechnet vom Zeitpunkt der Entstehung der Forderung ohne Rücksicht auf Kenntnis bzw. Kennenmüssen seitens des Gläubigers) überspielt, wenn hinsichtlich des Anspruchs nach § 823 Abs. 2 BGB die regelmäßige Verjährung (§§ 195, 199 Abs. 1, 3 BGB) zur Anwendung käme, die – nach den Umständen des jeweiligen Einzelfalles und für die einzelnen Gläubiger unterschiedlich – kürzer, aber auch länger ausfallen könnte. Die Einheitlichkeit der Verjährung darf nicht in Frage gestellt werden. Der Liquidator muss sich darauf verlassen können, dass er nach Ablauf des in Abs. 3 S. 2 iVm § 43 Abs. 4 bestimmten festen Zeitraums nicht mehr in Anspruch genommen werden kann.

b) Haftung für Steuerschulden. Führt der Verstoß gegen Abs. 1, 2 dazu, dass Steuer- **45** schulden nicht ordnungsgemäß erfüllt werden, so haftet der Liquidator hierfür nach §§ 34, 69 AO dem Fiskus unmittelbar. Dieser nimmt daher mit seinem Direktanspruch unter den Gläubigern eine nicht verallgemeinerungsfähige Sonderstellung ein.

3. Ansprüche der Gesellschaft gegen die Gesellschafter. a) Grundsätzliche **46** **Gültigkeit des Verteilungsgeschäfts.** Ein Verstoß gegen Abs. 1, 2 macht die Vermögensverteilung bzw. Vermögensübertragung nicht gem. § 134 BGB nichtig.[104] Schon die tatbestandsmäßigen Voraussetzungen für das Vorliegen eines Verbotsgesetzes liegen nicht vor, denn in Abs. 1, 2 ist lediglich von **dürfen**, nicht von **können** die Rede. Außerdem sind die Rechtsfolgen eines Verstoßes in Abs. 3 und dem – analog anzuwendenden – § 31 (→ Rn. 47) angemessen geregelt. Demgegenüber wäre die Nichtigkeitssanktion mindestens in den Fällen ganz und gar unverhältnismäßig, in denen durch eine Verletzung der Ausschüttungsregeln überhaupt kein Gläubiger zu Schaden gekommen ist. Ausnahmsweise kommt eine **Nichtigkeit des Verfügungsgeschäfts nach § 138 BGB** in Betracht, wenn Liquida-

---

[101] BGH Urt. v. 13.3.2018 – II ZR 158/16, BGHZ 218, 80 Rn. 13 ff. = NZG 2018, 625; s. zu § 30 BGH Urt. v. 19.2.1990 – II ZR 268/88, BGHZ 110, 342 (359 f.) = NJW 1990, 1725.
[102] *K. Schmidt* ZIP 1981, 1 (8); BeckOK GmbHG/*Lorscheider*, 48. Ed. 1.2.2021, Rn. 14; Lutter/Hommelhoff/*Kleindiek* Rn. 14; MHLS/*Nerlich* Rn. 52; Rowedder/Schmidt-Leithoff/*Gesell* Rn. 29.
[103] *Vomhof*, Die Haftung des Liquidators der GmbH, 1988, 169.
[104] BGH Urt. v. 4.7.1973 – VIII ZR 156/72, NJW 1973, 1695; RG Urt. v. 20.4.1898 – VI 339/17, RGZ 92, 77 (79); OLG Darmstadt Urt. v. 21.5.1915, GmbHR 1915, 388 (391 f.); *Gericke* GmbHR 1957, 173; *Henze* BB 1999, 1623 (1624); *K. Schmidt* ZIP 1981, 1 (6); *Altmeppen* Rn. 24; Noack/Servatius/Haas/*Haas* Rn. 17; Gehrlein/Born/Simon/*Brünkmans/Hofmann* Rn. 20; Lutter/Hommelhoff/*Kleindiek* Rn. 11; MHLS/*Nerlich* Rn. 54; Scholz/*K. Schmidt/Scheller* Rn. 13; HCL/*Paura* Rn. 51; aA *Berthold*, Gläubigerschutz in der Liquidation einer GmbH, 2021, 173 ff.

tor und Gesellschafter kollusiv zusammenwirken, um den Gläubigern das Gesellschaftsvermögen vorzuenthalten.[105]

47   **b) Anspruchsgrundlage.** Trotz der grundsätzlichen dinglichen Wirksamkeit der Ausschüttung bestehen bei einem Verstoß gegen § 73 schuldrechtliche **Rückgewähransprüche** gegen die Gesellschafter.[106] Diese wurden früher auf § 812 Abs. 1 S. 1 BGB gestützt,[107] doch passt das Bereicherungsrecht wegen §§ 814, 817 BGB und vor allem wegen der Möglichkeit, sich auf den Wegfall der Bereicherung zu berufen (§ 818 Abs. 3 BGB), nicht. Denn das Liquidationsrecht will erreichen, dass das Befriedigungsinteresse der bekannten Gläubiger absoluten Vorrang gegenüber dem Ausschüttungsinteresse der Gesellschafter genießt. Dem tragen die den Empfänger der Leistung in vielfältiger Weise schützenden Regeln des Bereicherungsrechts nicht hinreichend Rechnung. Da Abs. 1, 2 eine besondere Ausgestaltung des Kapitalerhaltungsgrundsatzes des § 30 darstellt, ist vielmehr eine **Analogie zu § 31** vorzugswürdig.[108] Die §§ 812 ff. BGB werden vollständig verdrängt.[109] Ein Rückgewähranspruch kommt nur bei einer **Verletzung von § 73** in Betracht. Ist die Ausschüttung im Einklang mit dieser Vorschrift erfolgt, so können die begünstigten Gesellschafter das rechtmäßig Empfangene auch dann behalten, wenn sich später herausstellt, dass unbekannte Gläubiger leer ausgehen.[110]

48   Handelt es sich bei der gegen § 73 verstoßenden Zahlung um eine Vorabausschüttung auf einen zu erwartenden Liquidationserlös, so steht diese unter dem stillschweigenden Vorbehalt, dass auf den Empfänger nach der abschließenden Liquidationsbilanz auch ein entsprechender Erlös entfällt. Stellt sich dann heraus, dass ein solcher Erlös gar nicht erzielt wurde, besteht aufgrund stillschweigender Abrede ein vertraglicher Rückgewähranspruch.[111]

49   Neben den Rückgewähranspruch entsprechend § 31 kann außerdem im Einzelfall eine **Haftung wegen Existenzvernichtung treten.** Diese stützt der BGH in seiner neueren Rspr. auf § 826 BGB und versteht sie konzeptionell als schadensersatzrechtliche Binnenhaftung gegenüber der Gesellschaft (näher → Anh. § 13 Rn. 518 ff.).[112] Diese Haftung greift auch in der Liquidationsphase der Gesellschaft.[113] Der Anspruch geht weiter als der nach

---

[105]   BGH Urt. v. 4.7.1973 – VIII ZR 156/72, NJW 1973, 1695; *Henze* BB 1999, 1623 (1625); *K. Schmidt* ZIP 1981, 1 (6); Noack/Servatius/Haas/*Haas* Rn. 17; Lutter/Hommelhoff/*Kleindiek* Rn. 11; MHLS/ *Nerlich* Rn. 54; Rowedder/Schmidt-Leithoff/*Gesell* Rn. 33; Scholz/*K. Schmidt/Scheller* Rn. 28; HCL/ *Paura* Rn. 51; für die Anwendung der Grundsätze des Missbrauchs der Vertretungsmacht *Altmeppen* Rn. 24.

[106]   So schon der Entwurf eines GmbHG, 1891, Amtl. Begr., 113.

[107]   RG Urt. v. 6.1.1925 – II 735/23, RGZ 109, 387 (392); Urt. v. 23.4.1929 – II 406/28, RGZ 124, 210 (213 ff.); Urt. v. 12.5.1930 – VI 343/29, JW 1930, 2943 mAnm *Bing*; OLG Rostock Urt. v. 11.4.1996 – 1 U 265/94, NJW-RR 1996, 1185 (1186) = GmbHR 1996, 621; *Hofmann* GmbHR 1976, 258 (265).

[108]   BGH Urt. v. 9.2.2009 – II ZR 292/07, BGHZ 179, 344 Rn. 44 = NZG 2009, 545; Urt. v. 2.3.2009 – II ZR 264/07, NZG 2009, 659 Rn. 18 f. = EWiR § 73 GmbHG 1/09, 539 *(Schult/Wahl)*; Urt. v. 19.11.2019 – II ZR 233/18, NZG 2020, 260 Rn. 21; Urt. v. 17.5.1999 – II ZR 76/98, BB 1999, 1621 (1623); KG Beschl. v. 29.5.1941 – 1 Wx 154/41, DR 1941, 2130; *Henze* BB 1999, 1623 (1624); MHdB GesR III/*Weitbrecht* § 63 Rn. 54; *Niemeyer/König* MDR 2014, 749; *Altmeppen* Rn. 25 f.; Noack/Servatius/Haas/*Haas* Rn. 17; Gehrlein/Born/Simon/*Brünkmans/Hofmann* Rn. 20; Henssler/ Strohn/*Büteröwe* Rn. 17; Lutter/Hommelhoff/*Kleindiek* Rn. 15; MHLS/*Nerlich* Rn. 56; Rowedder/ Schmidt-Leithoff/*Gesell* Rn. 33; Scholz/*K. Schmidt/Scheller* Rn. 28; HCL/*Paura* Rn. 52; krit. *Berthold*, Gläubigerschutz in der Liquidation einer GmbH, 2021, 161 ff.

[109]   Noack/Servatius/Haas/*Haas* Rn. 17a; Hachenburg/*Hohner* Rn. 43; Lutter/Hommelhoff/*Kleindiek* Rn. 15; Scholz/*K. Schmidt/Scheller* Rn. 28; HCL/*Paura* Rn. 52; für eine parallele Anwendung von § 31 und § 812 BGB noch *K. Schmidt* ZIP 1981, 1 (6).

[110]   RG Urt. v. 23.4.1929 – II 406/28, RGZ 124, 210 (213 ff.) – auf bereicherungsrechtlicher Grundlage; *Fietz/Fingerhuth* GmbHR 2006, 960 (962); Noack/Servatius/Haas/*Haas* Rn. 17a; Scholz/*K. Schmidt/ Scheller* Rn. 27; anders im Ansatz noch RG Urt. v. 20.4.1898 – VI 339/17, RGZ 92, 77 (82).

[111]   BGH Urt. v. 2.3.2009 – II ZR 264/07, NZG 2009, 659 Rn. 22; Scholz/*K. Schmidt/Scheller* Rn. 28; krit. *Schult/Wahl* EWiR § 73 GmbHG 1/09, 539 (540).

[112]   S. BGH Urt. v. 16.7.2007 – II ZR 3/04, BGHZ 173, 246 = NJW 2007, 2689 – Trihotel; Urt. v. 28.4.2008 – II ZR 264/06, NJW 2008, 2437 – Gamma.

[113]   BGH Urt. v. 9.2.2009 – II ZR 292/07, BGHZ 179, 344 Rn. 37 = NZG 2009, 545 – Sanitary; Urt. v. 23.4.2012 – II ZR 252/10, BGHZ 193, 96 Rn. 13 ff. = NZG 2012, 667.

§ 31, weil die beteiligten Gesellschafter nicht nur das Empfangene zurückzugewähren, sondern in vollem Umfang Schadensersatz zu leisten haben. Nach Ansicht des BGH kann der Gesellschaft ein Anspruch nach § 826 BGB bei Verstößen gegen das Ausschüttungsverbot zustehen, ohne dass zugleich die speziellen Zusatzkriterien einer Insolvenzverursachung oder -vertiefung erfüllt sind.[114] Diese Ausweitung der Haftung ist bedenklich.[115] Klar muss jedenfalls sein, dass nicht jeder Verstoß gegen Abs. 1, 2 den Vorwurf sittenwidriger Schädigung der Gesellschaft rechtfertigt. Auch kann den Gesellschaftern ein entsprechender Vorsatz nicht ohne Weiteres unterstellt werden. Die Existenzvernichtungshaftung muss auch in der Liquidation auf wirklich krasse Fälle planmäßiger Ausplünderung des Gesellschaftsvermögens beschränkt bleiben. Sie greift etwa dann, wenn Gesellschafter-Liquidatoren Vermögenswerte an eine von ihnen gegründete Auffanggesellschaft bewusst unter Wert veräußern mit der Folge, dass die Gläubiger der übertragenden Liquidationsgesellschaft leer ausgehen.[116] Die Voraussetzungen hierfür hat der Insolvenzverwalter, der den Anspruch für die Gesellschaft geltend macht, darzulegen und zu beweisen.[117] Es reicht hierfür nicht aus, dass er auf die Buchwerte verweist, da nicht ohne Weiteres davon ausgegangen werden kann, dass diese im Rahmen einer Liquidation tatsächlich realisierbar sind.[118] Auch die Nichtberücksichtigung eines „good will" im Verkaufspreis ist nur dann zu beanstanden, wenn sich in der konkreten wirtschaftlichen Lage der Gesellschaft ein Entgelt hierfür hätte erzielen lassen.[119]

50 Zwischen dem Anspruch nach § 31 und der Existenzvernichtungshaftung besteht, soweit sie sich überschneiden, **Anspruchsgrundlagenkonkurrenz**.[120] Klagt die Gesellschaft bzw. der Insolvenzverwalter und lassen sich die Voraussetzungen einer Existenzvernichtungshaftung nicht nachweisen, so kann die Rechtsverfolgung ohne Auswechselung des prozessualen Streitverhältnisses immer noch im Umfang der nach Abs. 1, 2 unzulässigen Ausschüttungen Erfolg haben.

51 **c) Geltendmachung.** Der Anspruch nach § 31 steht der **Gesellschaft** zu.[121] Er wird durch die (Nachtrags-)Liquidatoren geltend gemacht. Eines Gesellschafterbeschlusses gem. § 46 Nr. 8 bedarf es nicht, da hier keine Ersatzansprüche aus Gründung oder Geschäftsführung in Rede stehen.[122] Die übergangenen Gläubiger können sich den Anspruch pfänden und überweisen lassen. Darüber hinaus ist entgegen der Auffassung des BGH[123] ein **subsidiäres Einziehungsrecht** analog § 264 Abs. 3 AktG, § 62 Abs. 2 AktG anzuerkennen.[124] Insoweit gelten die für die Direktklage der Gläubiger gegen die Liquidatoren postulierten Grundsätze (→ Rn. 36) entsprechend, die Interessenlage ist vergleichbar.

52 **d) Umfang.** Der Erstattungsanspruch nach § 31 ist begrenzt auf die Höhe des bei der rechtswidrigen Vermögensverteilung **erhaltenen Betrags**. Er kann außerdem nur

---

[114] BGH Urt. v. 9.2.2009 – II ZR 292/07, BGHZ 179, 344 Rn. 35, 39 f. = NZG 2009, 545.
[115] Krit. auch *Kölbl* BB 2009, 1040.
[116] BGH Urt. v. 23.4.2012 – II ZR 252/10, BGHZ 193, 96 Rn. 17 = NZG 2012, 667.
[117] BGH Urt. v. 23.4.2012 – II ZR 252/10, BGHZ 193, 96 Rn. 17 = NZG 2012, 667.
[118] BGH Urt. v. 23.4.2012 – II ZR 252/10, BGHZ 193, 96 Rn. 20 = NZG 2012, 667: Geschäftsausstattung mit Buchwert 200.000 Euro für 70.000 Euro verkauft.
[119] BGH Urt. v. 23.4.2012 – II ZR 252/10, BGHZ 193, 96 Rn. 21 = NZG 2012, 667.
[120] Vgl. BGH Urt. v. 16.7.2007 – II ZR 3/04, BGHZ 173, 246 Rn. 40 = NJW 2007, 2689 – Trihotel; Urt. v. 9.2.2009 – II ZR 292/07, BGHZ 179, 344 Rn. 44 = NZG 2009, 545; Urt. v. 23.4.2012 – II ZR 252/10, BGHZ 193, 96 Rn. 22 = NZG 2012, 667.
[121] BGH Urt. v. 19.11.2019 – II ZR 233/18, NZG 2020, 260 Rn. 18; MHdB GesR III/*Weitbrecht* § 63 Rn. 54; *Altmeppen* Rn. 28; Noack/Servatius/Haas/*Haas* Rn. 18; Gehrlein/Born/Simon/*Brünkmans/ Hofmann* Rn. 23; Rowedder/Schmidt-Leithoff/*Gesell* Rn. 33; Scholz/*K. Schmidt/Scheller* Rn. 29.
[122] OLG Rostock Urt. v. 11.4.1996 – 1 U 265/94, NJW-RR 1996, 1185 (1186) = GmbHR 1996, 621: auf § 812 BGB gestützt; *Altmeppen* Rn. 28; Noack/Servatius/Haas/*Haas* Rn. 18; Gehrlein/Born/Simon/ *Brünkmans/Hofmann* Rn. 23; Rowedder/Schmidt-Leithoff/*Gesell* Rn. 33; Scholz/*K. Schmidt/Scheller* Rn. 29; HCL/*Paura* Rn. 54.
[123] BGH Urt. v. 19.11.2019 – II ZR 233/18, NZG 2020, 260 Rn. 21.
[124] *Berthold*, Gläubigerschutz in der Liquidation einer GmbH, 2021, 192 ff.; *Vomhof*, Die Haftung des Liquidators der GmbH, 1988, 18 f.; *Altmeppen* Rn. 29; Noack/Servatius/Haas/*Haas* Rn. 18, 23; Gehrlein/ Born/Simon/*Brünkmans/Hofmann* Rn. 23; MHLS/*Nerlich* Rn. 62; jedenfalls für den Fall der vorherigen Löschung auch Scholz/*K. Schmidt/Scheller* Rn. 30; anders HCL/*Paura* Rn. 53.

insoweit geltend gemacht werden, als dies zur **Befriedigung der übergangenen Gläubiger** erforderlich ist, ohne dass es dabei auf die Gutgläubigkeit des Empfängers iSd § 31 Abs. 2 ankommt.[125] Auf den Entreicherungseinwand können sich die Gesellschafter nicht berufen.

53   **e) Mehrere Gesellschafter.** Soweit der Erstattungsbeitrag vom primär verpflichteten Empfänger nicht zu erlangen ist, **haften** die Mitgesellschafter entsprechend § 31 Abs. 3 **anteilig** im Verhältnis ihrer Geschäftsanteile.[126] Sie können entsprechend § 31 Abs. 6 bei den pflichtwidrig handelnden Liquidatoren Regress nehmen.[127] Eine gesamtschuldnerische Haftung der Gesellschafter kommt nur unter den Voraussetzungen des § 826 BGB in Betracht.[128]

54   **f) Verzicht, Vergleich und Verjährung.** Ein **Verzicht** der Gesellschaft auf den Erstattungsanspruch ist entsprechend § 31 Abs. 4 unwirksam.[129] Einen **Vergleich** kann sie nur abschließen, wenn er zur Abwendung oder Beseitigung einer Insolvenz des Zahlungsverpflichteten dient, und dies auch nur dann, wenn für den Ausfall haftende Mitgesellschafter nicht vorhanden oder ihrerseits nicht solvent sind (zum Meinungsstand bei Verletzung des Kapitalerhaltungsgebots des § 30 → § 31 Rn. 71).[130] Für Ansprüche nach § 31 Abs. 1 gilt die zehnjährige, für die Mithaftung nach § 31 Abs. 3 die fünfjährige **Verjährungsfrist** des § 31 Abs. 5.[131]

55   **4. Ansprüche der Gläubiger gegen die Gesellschafter.** Die Gläubiger haben **keinen unmittelbaren eigenen Anspruch** gegen die Gesellschafter. § 812 BGB greift nicht, da das Bereicherungsrecht durch § 31 vollständig verdrängt wird. Unabhängig davon sind die Gesellschafter, die zu Unrecht etwas erhalten haben, auf Kosten der Gesellschaft, nicht auf Kosten der Gläubiger bereichert.[132] Eine Teilnehmerhaftung nach § 830 Abs. 2 BGB, §§ 840, 823 Abs. 2 BGB iVm § 73 Abs. 1, 2 kommt nicht in Betracht, da die Ausschüttungsregeln in der Liquidation keine Schutzgesetze zugunsten der Gläubiger sind (→ Rn. 43 f.). Selbst wenn die Voraussetzungen einer Existenzvernichtungshaftung nach § 826 BGB erfüllt sind, wird dadurch grundsätzlich nur ein Schadensersatzanspruch der Gesellschaft begründet.[133] Eine Ausnahme kommt allenfalls dann in Frage, wenn das Restvermögen der Gesellschaft gezielt zum Zwecke der Schädigung eines einzigen verbliebenen Gläubigers beiseite geschafft wird.[134] Im Übrigen ist den Interessen der Gläubiger durch ein subsidiäres Verfolgungsrecht analog § 264 Abs. 3 AktG, § 62 Abs. 2 AktG Rechnung zu tragen (→ Rn. 51).

56   **5. Ansprüche der Gläubiger untereinander.** Den übergangenen Gläubigern steht gegen die bevorzugten Gläubiger kein Regressanspruch zu.[135] Nur die Insolvenzanfechtung (§§ 129 ff. InsO) und die Gläubigeranfechtung (§§ 3 ff. AnfG) erlauben ausnahmsweise den

---

[125]   Noack/Servatius/Haas/*Haas* Rn. 19; Scholz/*K. Schmidt/Scheller* Rn. 31; HCL/*Paura* Rn. 54.

[126]   *Vomhof,* Die Haftung des Liquidators der GmbH, 1988, 187; *Altmeppen* Rn. 27; Noack/Servatius/Haas/*Haas* Rn. 17; Scholz/*K. Schmidt/Scheller* Rn. 32; HCL/*Paura* Rn. 52.

[127]   *Vomhof,* Die Haftung des Liquidators der GmbH, 1988, 189 f.; *Altmeppen* Rn. 27; Noack/Servatius/Haas/*Haas* Rn. 17; Scholz/*K. Schmidt/Scheller* Rn. 34; HCL/*Paura* Rn. 52.

[128]   Ähnlich Scholz/*K. Schmidt/Scheller* Rn. 32.

[129]   *Vomhof,* Die Haftung des Liquidators der GmbH, 1988, 188; *Altmeppen* Rn. 27; Noack/Servatius/Haas/*Haas* Rn. 20; Scholz/*K. Schmidt/Scheller* Rn. 33; HCL/*Paura* Rn. 52.

[130]   Großzügiger Noack/Servatius/Haas/*Haas* Rn. 20.

[131]   *Altmeppen* Rn. 27; Noack/Servatius/Haas/*Haas* Rn. 20; Scholz/*K. Schmidt/Scheller* Rn. 33; HCL/*Paura* Rn. 52.

[132]   RG Urt. v. 20.4.1898 – VI 339/17, RGZ 92, 77 (82 f.); *Altmeppen* Rn. 30; Noack/Servatius/Haas/*Haas* Rn. 23; Rowedder/Schmidt-Leithoff/*Gesell* Rn. 33; HCL/*Paura* Rn. 55.

[133]   Vgl. BGH Urt. v. 16.7.2007 – II ZR 3/04, BGHZ 173, 246 = NJW 2007, 2689 – Trihotel.

[134]   So in BGH Urt. v. 6.10.1959 – VI ZR 29/58, DB 1959, 1419; eine solche Ausnahme wird auch in BGH Urt. v. 16.7.2007 – II ZR 3/04, BGHZ 173, 246 Rn. 33 = NJW 2007, 2689 – Trihotel angedeutet.

[135]   Lutter/Hommelhoff/*Kleindiek* Rn. 17; MHLS/*Nerlich* Rn. 63; Rowedder/Schmidt-Leithoff/*Gesell* Rn. 35; Scholz/*K. Schmidt/Scheller* Rn. 51; HCL/*Paura* Rn. 56.

Zugriff auf das Empfangene.[136] Der Hinweis auf die Anfechtungsmöglichkeit entlastet den Liquidator jedoch nicht im Hinblick auf seine eigene Haftung.[137]

6. Rückgriffsansprüche der Liquidatoren gegen die Gesellschafter. Wird der 57 Liquidator nach Abs. 3 in Anspruch genommen, so kann er sich bei den begünstigten Gesellschaftern **in vollem Umfang schadlos halten.**[138] Denn diese allein profitieren letztlich von dem Verstoß gegen Abs. 1, 2. Es kann nicht angehen, dass der Empfänger der Leistung das rechtswidrig Erlangte ganz oder auch nur teilweise behalten darf – selbst dann nicht, wenn er gutgläubig war und der Liquidator bei der Ausschüttung an ihn schuldhaft gehandelt hat. Darüber besteht heute Einigkeit. Umstritten ist jedoch der konstruktive Weg zu diesem einleuchtenden Ergebnis:

Nach einer Auffassung soll die Gesellschaft dem Rechtsgedanken des § 255 BGB gem. 58 verpflichtet sein, ihren Erstattungsanspruch gegen den begünstigten Gesellschafter abzutreten.[139] Wenn der Liquidator noch im Amt ist, kann er dies ohne Verstoß gegen § 181 BGB selbst tun, da es um die Erfüllung einer Verbindlichkeit der Gesellschaft geht. Als Zessionar kann er dann den Erstattungsanspruch einziehen.

Probleme bereitet diese Lösung insbesondere dann, wenn die Gesellschaft bereits im 59 Register gelöscht ist. Dann muss der frühere Liquidator erst eine Nachtragsliquidation einleiten, um sich den Anspruch übertragen zu lassen. Die weitgehend übereinstimmende Struktur der Ansprüche der Gesellschaft gegen Gesellschafter und Liquidatoren rechtfertigt jedoch die **Annahme einer Gesamtschuld.**[140] Der Liquidator hat daher einen Ausgleichsanspruch nach § 426 Abs. 1 und der Erstattungsanspruch der Gesellschaft geht gem. § 426 Abs. 2 BGB auf ihn über. In dieser cessio legis liegt der entscheidende Vorzug dieses Ansatzes.

Wird ein Gesellschafter nach § 31 Abs. 3 über den Betrag hinaus, den er selbst erhalten 60 hat, in Anspruch genommen, so kann er bei dem für die fehlerhafte Ausschüttung verantwortlichen Liquidator nach § 31 Abs. 6 **regressieren** (→ Rn. 53). Mehrere Liquidatoren haften als Gesamtschuldner.

VII. GmbH & Co. KG

Für die aufgelöste Komplementär-GmbH gilt § 73, für die aufgelöste KG hingegen 61 § 155 HGB. Die Vorgaben des Liquidationsrechts der Personenhandelsgesellschaften sind aber deutlich weniger streng. Zwar hat auch hier die Tilgung der bekannten Gesellschaftsverbindlichkeiten grundsätzlich Vorrang vor der Verteilung des Gesellschaftsvermögens an die Gesellschafter (§ 155 Abs. 1 HGB). Ein besonderer Aufruf an die Gläubiger ist aber ebenso wenig vorgesehen wie die Einhaltung eines Sperrjahres. § 155 Abs. 2 S. 2 HGB verlangt, dass ausreichend Geld zur Erfüllung noch nicht fälliger oder streitiger Forderungen zurückzuhalten ist, jedoch keine förmliche Hinterlegung oder Sicherheitsleistung für solche Forderungen. Das während der Liquidation nicht erforderliche Geld kann **vorläufig** an die Gesellschafter ausgekehrt werden (§ 155 Abs. 2 S. 1 HGB). Stellt sich später heraus, dass diese zu viel erhalten haben, kann die Gesellschaft den überschießenden Betrag zurückver-

136 MHLS/*Nerlich* Rn. 63; Rowedder/Schmidt-Leithoff/*Gesell* Rn. 35; Scholz/*K. Schmidt/Scheller* Rn. 51; HCL/*Paura* Rn. 56.
137 HCL/*Paura* Rn. 56.
138 *K. Schmidt* ZIP 1981, 1 (9) mN zu abweichenden älteren Auffassungen; *Vomhof,* Die Haftung des Liquidators der GmbH, 1988, 189; *Altmeppen* Rn. 31; Noack/Servatius/Haas/*Haas* Rn. 24; Hachenburg/*Hohner* Rn. 48; Lutter/Hommelhoff/*Kleindiek* Rn. 17; Rowedder/Schmidt-Leithoff/*Gesell* Rn. 34; Scholz/*K. Schmidt/Scheller* Rn. 48; HCL/*Paura* Rn. 57.
139 *Berthold,* Gläubigerschutz in der Liquidation einer GmbH, 2021, 248 ff.; Hachenburg/*Hohner* Rn. 48; Henssler/Strohn/*Büteröwe* Rn. 14.
140 *K. Schmidt* ZIP 1981, 1 (9); *Vomhof,* Die Haftung des Liquidators der GmbH, 1988, 189; *Altmeppen* Rn. 31; Noack/Servatius/Haas/*Haas* Rn. 24; Lutter/Hommelhoff/*Kleindiek* Rn. 17; Rowedder/Schmidt-Leithoff/*Gesell* Rn. 34; Scholz/*K. Schmidt/Scheller* Rn. 48; für analoge Anwendung der Gesamtschuldregeln HCL/*Paura* Rn. 57.

langen.[141] Seine Grundlage findet dieser Erstattungsanspruch nicht im Bereicherungsrecht, sondern in der im Gesetz selbst angeordneten Vorläufigkeit der Verteilung. Folglich kommt eine Berufung auf den Entreicherungseinwand (§ 818 Abs. 3 BGB) nicht in Frage.[142] Nicht nur der Gesellschafter, sondern auch der pfändende Gläubiger oder der Zessionar, an den vorläufig ausgezahlt wurde, haftet in dieser Weise auf Rückerstattung.[143]

62   Der Schutz der Gläubiger kann durch **eine entsprechende Anwendung des § 73** auf die KG ohne natürliche Person als Komplementär beträchtlich verstärkt werden. Die Rspr. beurteilt schon jetzt Leistungen der KG an ihre Kommanditisten nach § 30,[144] und zwar auch dann, wenn diese nicht auch zugleich Gesellschafter der GmbH sind.[145] Vor diesem Hintergrund erscheint es nur folgerichtig, § 73 als liquidationsrechtliche Ausprägung des Kapitalerhaltungsgrundsatzes ebenfalls auf die GmbH & Co. KG anzuwenden.[146] Auch die bei der Verletzung dieser Norm einschlägigen Regeln (→ Rn. 30 ff.) gelten entsprechend. Sowohl die Ansprüche gegen die Liquidatoren als auch die gegen die Gesellschafter stehen der KG, nicht etwa der GmbH zu, wenn die Ausschüttung aus ihrem Vermögen erfolgte.

§ 74 Schluss der Liquidation

(1) [1]**Ist die Liquidation beendet und die Schlußrechnung gelegt, so haben die Liquidatoren den Schluß der Liquidation zur Eintragung in das Handelsregister anzumelden.** [2]**Die Gesellschaft ist zu löschen.**

(2) [1]**Nach Beendigung der Liquidation sind die Bücher und Schriften der Gesellschaft für die Dauer von zehn Jahren einem der Gesellschafter oder einem Dritten in Verwahrung zu geben.** [2]**Der Gesellschafter oder der Dritte wird in Ermangelung einer Bestimmung des Gesellschaftsvertrags oder eines Beschlusses der Gesellschafter durch das Gericht bestimmt.**

(3) [1]**Die Gesellschafter und deren Rechtsnachfolger sind zur Einsicht der Bücher und Schriften berechtigt.** [2]**Gläubiger der Gesellschaft können von dem Gericht zur Einsicht ermächtigt werden.**

Schrifttum: *Altmeppen,* Verwertung von Ansprüchen der gelöschten GmbH gegen Gesellschafter und Geschäftsführer im Einvernehmen zwischen Nachtragsliquidator und Gläubiger, ZIP 2017, 497; *App,* Zur Einsichtnahme in schriftliche Unterlagen einer liquidierten GmbH, KStZ 2003, 144; *Bachmann,* Vorgesellschaft und Nachgesellschaft – ein Beitrag zur juristischen Personifikation, FS Lindacher, 2017, 23; *Bokelmann,* Der Prozeß gegen eine im Handelsregister gelöschte GmbH, NJW 1977, 1130; *Buchner,* Amtslöschung, Nachtragsliquidation und masselose Insolvenz von Kapitalgesellschaften, 1988; *Fietz / Fingerhut,* Die vorzeitige Löschung – ein schwarzes Loch für Liquidatoren?, GmbHR 2006, 960; *Grziwotz,* Sonderfälle der Liquidation von Gesellschaften, DStR 1992, 1813; *Heller,* Die vermögenslose GmbH, 1989; *Hönn,* Die konstitutive Wirkung der Löschung von Kapitalgesellschaften, ZHR 138 (1974), 50; *Hofmann,* Zur Liquidation einer GmbH (II), GmbHR 1976, 258; *Peetz,* Löschung einer GmbH mit deren Auflösung – ein Blick in ein „schwarzes Loch", GmbHR 2020, 1263; *Saenger,* Die im Handelsregister gelöschte GmbH im Prozeß, GmbHR 1994, 300; *Schmelz,* Das Liquidationsrecht der GmbH, terra incognita?, NZG 2007, 135; *H. Schmidt,* Zur Vollbeendigung juristischer Personen, 1989; *K. Schmidt,* Löschung und Beendigung der GmbH, GmbHR 1988, 209; *K. Schmidt,* Zur Ablösung des Löschungsgesetzes, GmbHR 1994, 829; *W. Schulz,* Die masselose Liquidation der GmbH, 1986; *Tavakoli / Eisenberg,* Die GmbH und ihre Verbindlichkeiten, GmbHR 2018, 75;

---

[141] RG Urt. v. 15.5.1931 – II 405/30, LZ 1931, 1261.
[142] *K. Schmidt* GmbHR 1980, 261 (265); MHLS/*Nerlich* Rn. 71; Rowedder/Schmidt-Leithoff/*Gesell* Rn. 38; Scholz/*K. Schmidt/Scheller* Rn. 53; HCL/*Paura* Rn. 59.
[143] *K. Schmidt* GmbHR 1980, 261 (265); MHLS/*Nerlich* Rn. 71; Rowedder/Schmidt-Leithoff/*Gesell* Rn. 38; Scholz/*K. Schmidt/Scheller* Rn. 53; HCL/*Paura* Rn. 59.
[144] BGH Urt. v. 29.3.1973 – II ZR 25/70, BGHZ 60, 324 (328 ff.) = NJW 1973, 1036.
[145] BGH Urt. v. 19.2.1990 – II ZR 268/88, BGHZ 110, 342 (355 ff.) = NJW 1990, 1725.
[146] *Roth* GmbHR 2017, 901 (903 ff.); *K. Schmidt* GmbHR 1989, 141 (144); Bork/Schäfer/*Servatius* Rn. 1; Gehrlein/Born/Simon/*Brünkmans / Hofmann* Rn. 34; MHLS/*Nerlich* Rn. 72; Rowedder/Schmidt-Leithoff/*Gesell* Rn. 37; Scholz/*K. Schmidt/Scheller* Rn. 54; HCL/*Paura* Rn. 60, aA *Danzeglocke / Fischer* NZG 2019, 886 (889).

A. Wiedemann, Die GmbH nach ihrer Löschung aus dem Handelsregister – Erfordernis einer „Nach-GmbH"?, 2013.

Übersicht

I. Bedeutung der Norm

Die Norm enthält Regelungen zum Verfahren nach Beendigung der Liquidation. **1** **Abs. 1** betrifft die Schlussrechnung und die Anmeldung der GmbH zur Löschung im Handelsregister. **Abs. 2** trägt Sorge für die Aufbewahrung der Bücher und Schriften der Gesellschaft. **Abs. 3** bestimmt, wer zur Einsicht in diese Unterlagen berechtigt ist. Abs. 2 und 3 gelten auch für den Fall der Amtslöschung nach § 394 FamFG.[1]

Abs. 1 wurde erst 1993 eingeführt.[2] Abs. 2 (ursprünglich Abs. 1) und Abs. 3 (ursprüng- **2** lich Abs. 2) sind seit Inkrafttreten des GmbHG 1892 inhaltlich unverändert geblieben. Lediglich durch Art. 76 FGG-Reformgesetz 2009 ist der Verweis auf § 7 Abs. 1 entfallen. § 74 trifft anders als § 273 Abs. 4 AktG keine Aussage zur **Nachtragsliquidation** und ist insofern unvollständig. Der in § 225 Abs. 4 RegE 1971/1973 in Anlehnung an das Aktienrecht formulierte Vorschlag wurde nicht umgesetzt. Auch ohne eine ausdrückliche gesetzliche Regelung ist jedoch eine Wiederaufnahme der Liquidation grundsätzlich möglich (→ Rn. 41 ff.).

II. Beendigung der Liquidation

Das Pflichtenprogramm des § 74 wird an die Beendigung der Liquidation geknüpft. **3** Hierzu ist im Grundsatz erforderlich, dass **kein Abwicklungsbedarf** mehr besteht. Daher müssen die Liquidatoren ihre Pflichten nach den §§ 70–73 erfüllt haben. Sämtliche

---

[1] Zu § 2 LöschG (später § 141a Abs. 1 FGG, heute § 394 FamFG) OLG Oldenburg Beschl. v. 10.2.1983 – 5 W 77/82, GmbHR 1983, 200; ferner Noack/Servatius/Haas/*Haas* Rn. 1; MHLS/*Nerlich* Rn. 2.

[2] Gesetz zur Durchführung der 11. Gesellschaftsrechtlichen Richtlinie des Rates der Europäischen Gemeinschaften und über Gebäudeversicherungsverhältnisse v. 22.7.1993, BGBl. 1993 I 1282.

Geschäfte der Gesellschaft, unter Einschluss von Aktiv- und Passivprozessen,[3] sind abzuschließen, die Forderungen der Gesellschaft vollständig einzuziehen und ihre Verbindlichkeiten zu erfüllen. Eine vollständige Tilgung der Gesellschaftsschulden wird von den Liquidatoren allerdings nicht erwartet, wenn das Aktivvermögen der Gesellschaft hierzu nicht ausreicht und ein Antrag auf Eröffnung des Insolvenzverfahrens mangels Masse abgelehnt bzw. das Verfahren deswegen eingestellt wurde (→ § 66 Rn. 4), denn eine sog. masselose Liquidation könnte sonst nie abgeschlossen werden. In diesem Fall erfolgt an sich die Amtslöschung nach § 394 FamFG. Eine Anmeldung durch die Liquidatoren ist aber gleichwohl unschädlich.[4] Ein noch laufendes Besteuerungsverfahren steht der Löschung nicht entgegen, wenn das Unternehmen seinen Geschäftsbetrieb endgültig eingestellt hat, über kein Vermögen mehr verfügt und lediglich Steuernachforderungen in Rede stehen.[5] Ein etwaiger Liquidationsüberschuss muss an die Gesellschafter ausgekehrt worden sein. Auch das Sperrjahr ist abzuwarten, es sei denn, das Vermögen der Gesellschaft ist durch Befriedigung der Gläubiger vollständig aufgebraucht und eine Verteilung an die Anteilseigner kommt somit nicht mehr in Frage (→ § 73 Rn. 12). Ein Beschluss der Gesellschafter, der die Beendigung der Liquidation feststellt, hat keine rechtliche Bedeutung. Maßgeblich ist allein, ob die Liquidatoren ihre Abwicklungspflichten in dem genannten Sinne objektiv erfüllt haben.[6]

4   Die Beendigung der Liquidation setzt nach der Systematik des § 74 nicht voraus, dass die in der Vorschrift beschriebenen **weiteren Amtshandlungen** bereits vollzogen wurden. Die Schlussrechnung, die Anmeldung zum Handelsregister und die Übergabe der Geschäftsbücher an die Verwahrer schließen sich vielmehr zeitlich an.[7] Die zur Deckung der voraussichtlich anfallenden Kosten erforderlichen Beträge sind zurückzuhalten.[8] Die Löschung kann allerdings erst erfolgen, wenn diese Gelder (unter Umständen im Wege der Vorauszahlung) verausgabt oder auf einen Dritten zur treuhänderischen Verwendung übertragen wurden.

5   Die Beendigung der Liquidation ist zu unterscheiden von der **Vollbeendigung der Gesellschaft,** also deren Erlöschen als Zurechnungssubjekt von Rechten und Pflichten. Die Beendigung der Liquidation ist aber Voraussetzung für die Anmeldung zur Löschung im Handelsregister, die wiederum notwendige Bedingung für die Vollbeendigung der Gesellschaft ist (näher → Rn. 28 ff.).

III. Pflichten der Liquidatoren nach Abs. 1

6   **1. Schlussrechnung.** Mit Beendigung der Liquidation haben die Liquidatoren eine Schlussrechnung zu legen, diese ist nicht mit der Liquidationsschlussbilanz identisch, sondern **Bestandteil der internen Rechnungslegung** (zum Inhalt → § 71 Rn. 50). Als Verwalter fremden Vermögens sind die Liquidatoren, auch die gerichtlich bestellten, Rechenschaft schuldig (vgl. §§ 675, 666, 259 BGB).[9] Diese Pflicht besteht gegenüber der Gesellschaft,[10] die hierbei durch die Gesamtheit der Gesellschafter vertreten wird.[11] Den

---

[3]   Noack/Servatius/Haas/*Haas* Rn. 2; MHLS/*Nerlich* Rn. 5; HCL/*Paura* Rn. 3; diff. im Hinblick auf Passivprozesse Lutter/Hommelhoff/*Kleindiek* Rn. 4.
[4]   *Keller* GmbHR 2021, 701 (703 f.).
[5]   OLG Düsseldorf Beschl. v. 1.2.2017 – 3 Wx 300/16, NZG 2017, 663 (664 f.); Beschl. v. 13.8.2019 – I-3 Wx 80/17, NZG 2020, 264 (265); Beschl. v. 25.8.2020 – I-3 Wx 117/20, NZG 2020, 1277; *Freier* NZG 2020, 812 (815); *Peetz* GmbHR 2020, 1263 (1269 f.); aA KG Beschl. v. 22.7.2019 – 22 W 29/18, NZG 2019, 1294; Beschl. v. 12.9.2019 – 22 W 29/18, BeckRS 2019, 36753; OLG Jena Beschl. v. 15.5.2019 – 2 W 159/19, BeckRS 2019, 23313; offengelassen von OLG Hamm Beschl. v. 21.5.2021 – 27 W 25/21, GmbHR 2021, 993.
[6]   OLG Hamm Beschl. v. 8.5.2001 – 15 W 43/01, GmbHR 2001, 819 (820).
[7]   MHLS/*Nerlich* Rn. 4; HCL/*Paura* Rn. 5.
[8]   Scholz/K. *Schmidt/Scheller* Rn. 5.
[9]   So für die Zeit vor der Einführung von Abs. 1 BayObLG Beschl. v. 14.3.1963 – BReg. 2 Z 151/62, BB 1963, 664.
[10] BayObLG Beschl. v. 14.3.1963 – BReg. 2 Z 151/62, BB 1963, 664; Hachenburg/*Hohner* Rn. 17; Rowedder/Schmidt-Leithoff/*Gesell* Rn. 3; Scholz/K. *Schmidt* Rn. 8; HCL/*Paura* Rn. 9.
[11] HCL/*Paura* Rn. 9.

einzelnen Gesellschaftern steht kein individuelles Recht auf Schlussrechnung zu,[12] doch können sie den Anspruch der Gesellschaft ggf. im Wege der actio pro socio durchsetzen.[13] Daneben hat jeder Gesellschafter das Informationsrecht nach § 51a.[14] Es wird mit der Vollbeendigung abgelöst durch das Einsichtsrecht nach § 74 Abs. 3.[15]

Auf der Grundlage der Schlussrechnung beschließen die Gesellschafter über die **Entlas-** **7** **tung** der Liquidatoren. Einen Anspruch auf Entlastung haben die Liquidatoren nicht (auch → § 46 Rn. 160 f.).[16] Die Gesellschafterversammlung kann mit einfacher Mehrheit nach § 259 Abs. 2 BGB eine eidesstattliche Versicherung verlangen, wenn Grund zu der Annahme besteht, die Angaben in der Schlussrechnung seien nicht ordnungsgemäß.[17] Erfolgt die Entlastung ohne Schlussrechnung oder ist diese fehlerhaft, unterliegt der Entlastungsbeschluss der Anfechtung.[18] Wenn kein Gesellschafter auf der Schlussrechnung besteht, kann diese gänzlich entfallen.[19]

2. Anmeldung zur Löschung. a) Pflicht der Liquidatoren. Die Liquidatoren **8** haben die Beendigung der Liquidation zur Eintragung im Handelsregister anzumelden.[20] Dies ist seit 1993 in Abs. 1 explizit geregelt, wurde aber zuvor schon aus § 13 Abs. 3 iVm §§ 6, 29, 31 HGB abgeleitet.[21] Die Anmeldung durch die Liquidatoren erfolgt in **vertretungsberechtigter Zahl.**[22] Sind nach Beendigung der Liquidation nicht mehr genügend Liquidatoren vorhanden, etwa weil sie ihr Amt niedergelegt haben, müssen notfalls neue Liquidatoren nach § 66 Abs. 1 oder analog §§ 29, 48 BGB bestellt werden. Anzumelden ist elektronisch und in notariell beglaubigter Form (§ 12 HGB nF, § 129 BGB, § 39a BeurkG). Das Registergericht kann die Liquidatoren durch Androhung von Zwangsgeld zur Anmeldung anhalten (§ 14 HGB, §§ 388 ff. FamFG).[23] Da die Anmeldpflicht den Liquidatoren persönlich obliegt, ist das Zwangsgeld auch gegen sie persönlich (nicht etwa gegen die Gesellschaft) festzusetzen.

b) Eintragungsverfahren. Zuständig ist das Registergericht am Sitz der Gesellschaft **9** (§ 374 Nr. 1 FamFG, § 376 Abs. 1 FamFG). Es prüft, ob die Gesellschaft vermögenslos und die Liquidation auch im Übrigen beendet ist.[24] Es kann sich aber im Grundsatz, wie bei anderen Anmeldungen auch, auf entsprechende Versicherungen der Liquidatoren verlassen, die nötigenfalls mit einer näheren Darstellung der tatsächlichen Verhältnisse zu verbinden

---

[12] Scholz/*K. Schmidt/Scheller* Rn. 8; HCL/*Paura* Rn. 9.

[13] HCL/*Paura* Rn. 9.

[14] Scholz/*K. Schmidt/Scheller* Rn. 8; HCL/*Paura* Rn. 9.

[15] Scholz/*K. Schmidt/Scheller* Rn. 50; HCL/*Paura* Rn. 9.

[16] *Altmeppen* Rn. 11; Lutter/Hommelhoff/*Kleindiek* Rn. 8; Rowedder/Schmidt-Leithoff/*Gesell* Rn. 4; Scholz/*K. Schmidt/Scheller* Rn. 8; HCL/*Paura* Rn. 10; aA BayObLG Beschl. v. 14.3.1963 – BReg. 2 Z 151/62, BB 1963, 664.

[17] Rowedder/Schmidt-Leithoff/*Gesell* Rn. 4; HCL/*Paura* Rn. 10.

[18] Rowedder/Schmidt-Leithoff/*Gesell* Rn. 4; Scholz/*K. Schmidt/Scheller* Rn. 8; HCL/*Paura* Rn. 10.

[19] OLG Hamm Beschl. v. 2.9.2016 – 27 W 63/16, BeckRS 2016, 124896 = GmbHR 2017, 930; Scholz/*K. Schmidt/Scheller* Rn. 8; für Mehrheitsbeschluss HCL/*Paura* Rn. 7; gänzlich abl. noch Hachenburg/*Hohner* Rn. 15.

[20] Muster bei *Heidel* in Heidel/Pauly/Amend AnwForm § 15 Rn. 338; MVHdB GesR/*Meister/Klöckner* Form. IV. 114.

[21] BayObLG Beschl. v. 27.8.1982 – BReg. 3 Z 96/82, GmbHR 1982, 274 (275) = ZIP 1982, 1205 (1206); *Hofmann* GmbHR 1976, 258 (267); Hachenburg/*Hohner* Rn. 19 mwN.

[22] OLG Köln Beschl. v. 5.11.2004 – 2 Wx 33/04, NZG 2005, 83 (84); OLG Naumburg Beschl. v. 27.5.2002 – 7 Wx 1/02, ZIP 2002, 1529 = GmbHR 2002, 858; *Tavakoli/Eisenberg* GmbHR 2018, 75 (81); *Passarge* in Passarge/Torwegge GmbH-Liquidation Rn. 754; Noack/Servatius/Haas/*Haas* Rn. 4; Lutter/Hommelhoff/*Kleindiek* Rn. 10; Rowedder/Schmidt-Leithoff/*Gesell* Rn. 5; Scholz/*K. Schmidt/Scheller* Rn. 10; HCL/*Paura* Rn. 11.

[23] *Passarge* in Passarge/Torwegge GmbH-Liquidation Rn. 754; Noack/Servatius/Haas/*Haas* Rn. 4; Lutter/Hommelhoff/*Kleindiek* Rn. 11; MHLS/*Nerlich* Rn. 12; Rowedder/Schmidt-Leithoff/*Gesell* Rn. 5; Scholz/*K. Schmidt/Scheller* Rn. 10; HCL/*Paura* Rn. 11.

[24] OLG Hamm Beschl. v. 21.5.2021 – 27 W 25/21, GmbHR 2021, 993; OLG Köln Beschl. v. 5.11.2004 – 2 Wx 33/04, NZG 2005, 83 (84).

sind.[25] Wenn das Gericht Zweifel hat, ob die Angaben richtig und vollständig sind, hat es das Recht und die Pflicht zur weiteren Prüfung nach § 26 FamFG, und es muss, wenn sich seine Bedenken nicht entkräften lassen, die Anmeldung zurückweisen.[26] Die Vorlage der Schlussrechnung ist nicht zwingend vorgesehen.[27] Das Registergericht kann sie verlangen, um die ordnungsgemäße Beendigung der Liquidation zu prüfen.[28]

10   Von der Bestimmung eines Verwahrers für die Bücher und Schriften der Gesellschaft darf das Gericht die Löschung nicht abhängig machen.[29] Gegebenenfalls muss es nach Abs. 2 S. 2 durch gesonderten Beschluss einen solchen bestimmen. Ist die Anmeldung nicht zu beanstanden, so trägt das Gericht die Beendigung der Liquidation und das Erlöschen der GmbH und ihrer Firma in das Handelsregister ein.[30] Die Eintragung ist gem. § 10 HGB zu veröffentlichen.

11   **c) Verhältnis zur Amtslöschung.** Die Löschung nach Abs. 1 S. 2 setzt stets eine entsprechende Anmeldung durch die Liquidatoren voraus.[31] Wird ein solcher Antrag nicht gestellt, kann das Gericht nach § 394 FamFG auch von Amts wegen löschen.[32] Denn die Vorschrift unterscheidet nicht danach, ob die Vermögenslosigkeit durch eine Abwicklung oder ohne eine solche herbeigeführt wurde. Allerdings sollte zuvor ein Zwangsgeld gem. § 14 HGB angedroht werden, wenn dies nicht von vorneherein zwecklos erscheint.[33] Lehnt das Registergericht eine Amtslöschung nach § 394 FamFG ab, so steht der Gesellschaft hiergegen kein Rechtsmittel zu, da ihr der Weg über § 74 Abs. 1 S. 2 zur Entfernung aus dem Register offensteht.[34] Ein Rückgriff auf die allgemeinere Amtslöschungsvorschrift des § 31 Abs. 2 S. 2 HGB kommt nicht in Betracht.[35]

12   **d) Beendigung des Liquidatorenamts.** Teilt der Liquidator dem Registergericht nach Abs. 1 S. 1 mit, dass die Liquidation beendet sei, so liegt darin **zugleich** auch die Anmeldung der Beendigung des Liquidatorenamtes.[36] Eine gleichwohl vorgenommene gesonderte Anmeldung ist überflüssig, aber unschädlich. Mit der Eintragung der Löschung der Gesellschaft endet das Amt. Es lebt auch im Falle der Nachtragsliquidation nicht automatisch wieder auf (→ Rn. 48).

13   **e) Kosten der Eintragung.** Für die Eintragung der Löschung werden keine Gerichtsgebühren (mehr) erhoben (§ 58 GNotKG, § 1 HRegGebV iVm Vorbem. 2 Abs. 4 HReg-

---

[25]   OLG Köln Beschl. v. 5.11.2004 – 2 Wx 33/04, NZG 2005, 83 (84); *Tavakoli/Eisenberg* GmbHR 2018, 75 (81).

[26]   OLG Hamm Beschl. v. 21.5.2021 – 27 W 25/21, GmbHR 2021, 993; OLG Köln Beschl. v. 5.11.2004 – 2 Wx 33/04, NZG 2005, 83 (84).

[27]   RG Beschl. v. 21.4.1932 – 1b X 182/32, JW 1932, 2623 (2626) zur AG.

[28]   OLG Düsseldorf Beschl. v. 4.8.2015 – I-3 Wx 114/15, NZG 2015, 1161; Scholz/*K. Schmidt/Scheller* Rn. 8, 12; MüKoAktG/*Koch* AktG § 273 Rn. 11.

[29]   Noack/Servatius/Haas/*Haas* Rn. 5; Scholz/*K. Schmidt/Scheller* Rn. 12; HCL/*Paura* Rn. 12; aA Hachenburg/*Hohner* Rn. 15.

[30]   OLG Köln Beschl. v. 5.11.2004 – 2 Wx 33/04, NZG 2005, 83 (84); OLG Naumburg Beschl. v. 27.5.2002 – 7 Wx 1/02, ZIP 2002, 1529 = GmbHR 2002, 858; Lutter/Hommelhoff/*Kleindiek* Rn. 11; HCL/*Paura* Rn. 12.

[31]   Noack/Servatius/Haas/*Haas* Rn. 5; Scholz/*K. Schmidt/Scheller* Rn. 11.

[32]   OLG Düsseldorf Urt. v. 12.5.2011 – 31 Wx 20/11, NZG 2011, 709; *Passarge* in Passarge/Torwegge GmbH-Liquidation Rn. 756; Noack/Servatius/Haas/*Haas* Rn. 5; Lutter/Hommelhoff/*Kleindiek* Rn. 11; Rowedder/Schmidt-Leithoff/*Rasner* Rn. 5; Scholz/*K. Schmidt/Scheller* Rn. 11; HCL/*Paura* Rn. 13.

[33]   Zutr. Lutter/Hommelhoff/*Kleindiek* Rn. 11.

[34]   OLG München Beschl. v. 12.5.2011 – 31 Wx 205/11, NZG 2011, 709.

[35]   Lutter/Hommelhoff/*Kleindiek* Rn. 11; HCL/*Paura* Rn. 13; aA *Passarge* in Passarge/Torwegge GmbH-Liquidation Rn. 756; Noack/Servatius/Haas/*Haas* Rn. 5.

[36]   BGH Beschl. v. 23.2.1970 – II ZB 5/69, BGHZ 53, 264 (267) = NJW 1970, 1044; BayObLG Beschl. v. 13.1.1994 – 3Z BR 311/93, GmbHR 1994, 259 (260); Noack/Servatius/Haas/*Haas* Rn. 4; BeckOK GmbHG/*Lorscheider*, 48. Ed. 1.2.2021, Rn. 7a; Hachenburg/*Hohner* Rn. 21; Scholz/*K. Schmidt/Scheller* Rn. 9; HCL/*Paura* Rn. 12.

GebV).[37] Kosten können aber für die Anmeldung durch einen **Notar** entstehen.[38] Der Geschäftswert bestimmt sich grds. in Höhe von 1 % der Höhe des eingetragenen Stammkapitals, beträgt jedoch mindestens 30.000 Euro (§ 105 Abs. 4 Nr. 1 GNotKG) und höchstens 1 Mio. Euro (§ 106 GNotKG). Wurde versäumt, die notwendigen Beträge bei der Verteilung des Gesellschaftsvermögens zurückzuhalten, kommt eine Haftung von Liquidatoren und Gesellschaftern in Betracht (→ § 73 Rn. 32 ff.).

IV. Aufbewahrung von Büchern und Schriften (Abs. 2)

1. Bücher und Schriften. Abs. 2 verlangt, die Bücher und Schriften der Gesellschaft **14** für zehn Jahre aufzubewahren. Dazu gehören ebenso wie in § 51a alle **schriftlichen Unterlagen und deren technische Surrogate.** Daher kann die Einsicht nicht mit dem Hinweis darauf abgelehnt werden, dass Handelsbücher und sonstige Aufzeichnungen lediglich in elektronischer Form vorliegen.[39] Erfasst werden nicht nur die nach §§ 239, 257 HGB und § 147 AO ohnehin aufzubewahrenden Dokumente (etwa Handelsbücher, Handelsbriefe, Inventare und Bilanzen), sondern auch solche, die darüber hinaus freiwillig gesammelt worden sind (zB allgemeine Korrespondenz, Protokolle, Urteile, behördliche Bescheide).[40] § 74 verlangt aber nicht, Unterlagen, deren gesetzliche Aufbewahrungsfrist nach § 257 HGB, § 147 AO im Zeitpunkt der Hinterlegung bereits abgelaufen ist, weiter aufzubewahren.[41] Die Verwahrungspflicht erstreckt sich auch auf die Unterlagen über den Verlauf der Abwicklung.[42]

2. Aufbewahrungsfrist. Die Aufbewahrungsfrist beträgt **zehn Jahre,** sie wird vom **15** **Zeitpunkt der Übergabe** an den Verwahrer berechnet.[43] Sofern die Fristen nach § 257 HGB, § 147 AO ausnahmsweise länger laufen, sind diese zusätzlich zu beachten.[44] Die Frist nach Abs. 2 S. 1 beginnt neu, wenn später noch eine Nachtragsliquidation notwendig wird.[45]

3. Verwahrer. Verwahrer können nach Abs. 2 S. 1 **Gesellschafter und Dritte** sein. **16** In Betracht kommen geschäftsfähige natürliche Personen, aber auch juristische Personen und rechtsfähige Personengesellschaften. Sind die Anteilseigner nicht zur Verwahrung bereit oder in der Lage, so ist die Übergabe der Unterlagen an eine Bank, Treuhandgesellschaft, Wirtschaftsprüfergesellschaft oder Anwaltskanzlei in der Praxis durchaus üblich.[46]

Die Person des Verwahrers wird nach Abs. 2 S. 2 vorrangig durch die **Satzung** oder **17** einen **Gesellschafterbeschluss** bestimmt. Für den Beschluss genügt die einfache Mehrheit, wenn nicht die Satzung ein höheres Quorum bestimmt. Die Gesellschafter können ebenso wie schon bei der Bestimmung der Liquidatoren (→ § 66 Rn. 18) von der statutarisch

---

[37] Scholz/*K. Schmidt/Scheller* Rn. 5.
[38] Scholz/*K. Schmidt/Scheller* Rn. 5.
[39] OLG Celle Beschl. v. 22.1.2018 – 9 W 8/18, NZG 2018, 265.
[40] *Hofmann* GmbHR 1976, 258 (267); *Passarge* in Passarge/Torwegge GmbH-Liquidation Rn. 742; Noack/Servatius/Haas/*Haas* Rn. 7; Lutter/Hommelhoff/*Kleindiek* Rn. 12; MHLS/*Nerlich* Rn. 18; Rowedder/Schmidt-Leithoff/*Gesell* Rn. 7; Scholz/*K. Schmidt/Scheller* Rn. 44; HCL/*Paura* Rn. 17.
[41] Noack/Servatius/Haas/*Haas* Rn. 7; Lutter/Hommelhoff/*Kleindiek* Rn. 12; Rowedder/Schmidt-Leithoff/*Gesell* Rn. 7; Scholz/*K. Schmidt/Scheller* Rn. 45; HCL/*Paura* Rn. 17.
[42] BayObLG Beschl. v. 14.6.1967 – BReg. 2 Z 20/67, NJW 1968, 56; *Tavakoli/Eisenberg* GmbHR 2018, 75 (81).
[43] *Hofmann* GmbHR 1976, 258 (268); *Radke* BB 1977, 1529 (1530); *Passarge* in Passarge/Torwegge GmbH-Liquidation Rn. 744; *Altmeppen* Rn. 13; Noack/Servatius/Haas/*Haas* Rn. 8; Lutter/Hommelhoff/*Kleindiek* Rn. 13; MHLS/*Nerlich* Rn. 19; Rowedder/Schmidt-Leithoff/*Gesell* Rn. 7; Scholz/*K. Schmidt/Scheller* Rn. 45; HCL/*Paura* Rn. 18.
[44] *App* KStZ 2003, 144; *Passarge* in Passarge/Torwegge GmbH-Liquidation Rn. 744; *Altmeppen* Rn. 15; Noack/Servatius/Haas/*Haas* Rn. 8; Lutter/Hommelhoff/*Kleindiek* Rn. 13; MHLS/*Nerlich* Rn. 19; Scholz/*K. Schmidt/Scheller* Rn. 45; HCL/*Paura* Rn. 18.
[45] *Altmeppen* Rn. 13; HCL/*Paura* Rn. 18.
[46] *Passarge* in Passarge/Torwegge GmbH-Liquidation Rn. 745; Noack/Servatius/Haas/*Haas* Rn. 9; HCL/*Paura* Rn. 19.

vorgesehenen Person abrücken.[47] Es ist auch zulässig, dass sie den Liquidatoren die Auswahl des Verwahrers überlassen.[48] Einem Beschluss der Gesellschafter nach Abs. 2 S. 2 steht nicht entgegen, dass zwischenzeitlich die Löschung erfolgte.[49]

18   Ist weder im Gesellschaftsvertrag noch durch Gesellschafterbeschluss eine Regelung getroffen, so kann das **Gericht** im unternehmensrechtlichen Verfahren (§ 23a Abs. 1 Nr. 2, Abs. 2 Nr. 4 GVG, § 375 Nr. 6 FamFG, §§ 376, 377, 402 ff. FamFG) den Verwahrer bestimmen. Es kann grds jeden mit der Aufgabe betrauen, der auch durch Gesellschaftsvertrag oder Gesellschafterbeschluss hätte bestimmt werden können, darf aber keinen handgreiflich ungeeigneten Verwahrer ernennen.[50] Die Entscheidung trifft der Rechtspfleger (§ 3 Nr. 2 lit. d RPflG iVm § 17 Nr. 2 lit. d RPflG).[51] Antragsbefugt ist jeder Liquidator, Gesellschafter, Gläubiger[52] sowie ein etwaiger Insolvenzverwalter.[53]

19   Sowohl bei der Bestimmung des Verwahrers durch die Gesellschaft als auch bei der gerichtlichen Bestellung ist das **Einverständnis** des Bestellten erforderlich, er kann nicht gegen seinen Willen zur Verwahrung verpflichtet werden.[54] Gesellschafter können ihr Einverständnis bereits vorab im Gesellschaftsvertrag erklären.[55]

20   Wird das Unternehmen im Zuge der Liquidation **veräußert** und dem Erwerber die Bücher und Schriften übergeben, so trifft diesen die Aufbewahrungspflicht.[56] Andere nicht mit dem veräußerten Unternehmen zusammenhängende Unterlagen, insbesondere die zur Dokumentation des Liquidationsverfahrens, sind gesondert nach Abs. 2 zu verwahren.[57]

21   **4. Die Rolle der Liquidatoren.** Die Liquidatoren sind **verpflichtet,** für die in Abs. 2 vorgeschriebene Verwahrung zu sorgen.[58] Bei Verletzung dieser Pflicht haften sie der Gesellschaft nach § 71 Abs. 4 iVm § 43 Abs. 2. Eine Strafbarkeit nach § 283 Abs. 1 Nr. 6 StGB, § 283b Abs. 6 StGB wird selten praktisch werden, da der Eintritt der objektiven Strafbarkeitsbedingung nach § 283 Abs. 6 StGB, § 283b Abs. 3 StGB (Zahlungseinstellung, Eröffnung des Insolvenzverfahrens bzw. Ablehnung mangels Masse) nach Beendigung der Liquidation allenfalls bei einer späteren Nachtragsliquidation in Frage kommt.[59] Das Gericht darf die Aufbewahrung nicht analog § 407 Abs. 1 AktG, § 273 Abs. 2 AktG durch Ordnungsgeld erzwingen,[60] vielmehr sind die Gesellschafter und Gläubiger darauf verwiesen, dies auf dem Klageweg durchzusetzen.[61] Die Effektivität dieser Lösung ist allerdings zweifelhaft.[62]

---

[47]   Scholz/*K. Schmidt*/*Scheller* Rn. 47; HCL/*Paura* Rn. 20.

[48]   *Passarge* in Passarge/Torwegge GmbH-Liquidation Rn. 745; Noack/Servatius/Haas/*Haas* Rn. 9; MHLS/*Nerlich* Rn. 20; HCL/*Paura* Rn. 20.

[49]   MHLS/*Nerlich* Rn. 20.

[50]   OLG Düsseldorf Beschl. v. 31.5.2010 – I-3 Wx 104/11, FGPrax 2010, 304.

[51]   *Jänig/Leißring* ZIP 2010, 110 (113); *Bumiller/Harders/Schwamb* FamFG § 375 Rn. 30; Keidel/*Heinemann* FamFG § 375 Rn. 74.

[52]   *App* KStZ 2003, 144; Noack/Servatius/Haas/*Haas* Rn. 9; Lutter/Hommelhoff/*Kleindiek* Rn. 14; MHLS/*Nerlich* Rn. 20; HCL/*Paura* Rn. 20.

[53]   OLG Stuttgart Beschl. v. 3.1.1984 – 8 W 477/83, BB 1984, 2169; *App* KStZ 2003, 144; *Altmeppen* Rn. 12; Noack/Servatius/Haas/*Haas* Rn. 9; Lutter/Hommelhoff/*Kleindiek* Rn. 14; HCL/*Paura* Rn. 20.

[54]   OLG Stuttgart Beschl. v. 3.1.1984 – 8 W 477/83, BB 1984, 2169; *Passarge* in Passarge/Torwegge GmbH-Liquidation Rn. 746; *Altmeppen* Rn. 12; Noack/Servatius/Haas/*Haas* Rn. 9; Lutter/Hommelhoff/*Kleindiek* Rn. 14; HCL/*Paura* Rn. 20.

[55]   HCL/*Paura* Rn. 20.

[56]   Noack/Servatius/Haas/*Haas* Rn. 9; Scholz/*K. Schmidt* Rn. 49; HCL/*Paura* Rn. 21; aA *Passarge* in Passarge/Torwegge GmbH-Liquidation Rn. 743;.

[57]   Noack/Servatius/Haas/*Haas* Rn. 9; Scholz/*K. Schmidt*/*Scheller* Rn. 49; HCL/*Paura* Rn. 21.

[58]   *Passarge* in Passarge/Torwegge GmbH-Liquidation Rn. 742; Noack/Servatius/Haas/*Haas* Rn. 10; Lutter/Hommelhoff/*Kleindiek* Rn. 15; Scholz/*K. Schmidt*/*Scheller* Rn. 46; HCL/*Paura* Rn. 16.

[59]   *Passarge* in Passarge/Torwegge GmbH-Liquidation Rn. 742; Noack/Servatius/Haas/*Haas* Rn. 10; Scholz/*K. Schmidt*/*Scheller* Rn. 46; HCL/*Paura* Rn. 16.

[60]   BayObLG Beschl. v. 14.6.1967 – BReg. 2 Z 20/67, NJW 1968, 56; Noack/Servatius/Haas/*Haas* Rn. 10; Lutter/Hommelhoff/*Kleindiek* Rn. 15; Scholz/*K. Schmidt*/*Scheller* Rn. 46; HCL/*Paura* Rn. 16.

[61]   BayObLG Beschl. v. 14.6.1967 – BReg. 2 Z 20/67, NJW 1968, 56; *Radke* BB 1977, 1529 (1530); Noack/Servatius/Haas/*Haas* Rn. 10; Lutter/Hommelhoff/*Kleindiek* Rn. 15; Scholz/*K. Schmidt*/*Scheller* Rn. 46; HCL/*Paura* Rn. 16.

[62]   Scholz/*K. Schmidt*/*Scheller* Rn. 46; HCL/*Paura* Rn. 16.

5. Kosten. Die Kosten der Verwahrung trägt die **Gesellschaft**. Die hierfür notwendi-   22
gen Beträge werden entweder an den Verwahrer im Voraus entrichtet oder auf ein Treuhandkonto eingezahlt (→ Rn. 4).

V. Einsichtsrecht (Abs. 3)

1. Berechtigte. a) Gesellschafter. Gem. Abs. 3 S. 1 sind die Gesellschafter und ihre   23
Rechtsnachfolger zur Einsicht in die Bücher und Schriften der Gesellschaft berechtigt. Es
ist auf die Gesellschafterstellung im Zeitpunkt der Beendigung der Liquidation abzustellen.
Mit den dann noch vorhandenen Gesellschaftern werden nur die Rechtsnachfolger, nicht
aber etwaige Rechtsvorgänger gleichgestellt. **Frühere Gesellschafter** haben ein Einsichtsrecht nur unter den Voraussetzungen des § 810 BGB oder nach § 74 Abs. 3 S. 2, wenn sie
Gläubiger der Gesellschaft sind.[63] Ihnen Einsicht darüber hinaus zu gewähren und sie so
gegenüber Dritten zu privilegieren, besteht, entgegen einer teilweise vertretenen Ansicht,[64]
kein Anlass.[65] Das entspricht im Übrigen auch der ganz herrschenden Meinung zum Informationsanspruch nach § 51a (→ § 51a Rn. 15), an dessen Stelle das Einsichtsrecht nach
§ 74 Abs. 3 S. 1 mit Abschluss der Liquidation tritt.

b) Gläubiger. Gläubiger können nach Abs. 3 S. 2 zur Einsichtnahme ermächtigt wer-   24
den, und zwar ohne Rücksicht darauf, ob sie im Liquidationsverfahren in Erscheinung
getreten sind oder nicht.[66] Es entscheidet das **Gericht** im unternehmensrechtlichen Verfahren (§ 23a Abs. 1 Nr. 2, Abs. 2 Nr. 4 GVG, § 375 Nr. 6 FamFG, §§ 376, 377, 402 ff.
FamFG),[67] wiederum durch den Rechtspfleger (§ 3 Nr. 2 lit. d RPflG iVm § 17 Nr. 2
lit. d RPflG).[68] Antragsgegner ist der Verwahrer, nicht die (erloschene) Gesellschaft.[69] Der
Anspruch und ein berechtigtes Interesse an der Einsichtnahme sind glaubhaft zu machen.[70]
Eine mögliche Verjährung des Anspruchs schließt das Einsichtsrecht nicht aus.[71] Wegen der
Ausgestaltung des Abs. 3 S. 2 als Ermessensvorschrift („können") muss im Einzelfall eine
Abwägung zwischen dem Informationsinteresse des Gläubigers und anderen schutzwürdigen
Belangen getroffen werden. Dabei ist aber dem Informationsrecht im Zweifel der Vorrang
einzuräumen, da der Gläubiger in der Regel nur so seine Ansprüche durchsetzen kann.[72]
Dieses prävaliert daher auch gegenüber dem Steuergeheimnis,[73] dem Bankgeheimnis[74] und
dem aus dem allgemeinen Persönlichkeitsrecht fließenden Recht auf informationelle Selbstbestimmung.[75]

---

[63]   *Passarge* in Passarge/Torwegge GmbH-Liquidation Rn. 748; Noack/Servatius/Haas/*Haas* Rn. 13.
[64]   *Altmeppen* Rn. 16; MHLS/*Nerlich* Rn. 25; Rowedder/Schmidt-Leithoff/*Gesell* Rn. 10.
[65]   *Passarge* in Passarge/Torwegge GmbH-Liquidation Rn. 748; Noack/Servatius/Haas/*Haas* Rn. 13; Lut-
       ter/Hommelhoff/*Kleindiek* Rn. 16; Scholz/*K. Schmidt/Scheller* Rn. 52; HCL/*Paura* Rn. 24.
[66]   *Passarge* in Passarge/Torwegge GmbH-Liquidation Rn. 749; Noack/Servatius/Haas/*Haas* Rn. 14;
       Rowedder/Schmidt-Leithoff/*Gesell* Rn. 10; Scholz/*K. Schmidt/Scheller* Rn. 52; HCL/*Paura* Rn. 25.
[67]   OLG Celle Beschl. v. 22.1.2018 – 9 W 8/18, NZG 2018, 265.
[68]   Keidel/*Heinemann* FamFG § 375 Rn. 75.
[69]   KG Beschl. v. 27.5.1937 – 1 Wx 171/37, JW 1937, 2289 (2290); Noack/Servatius/Haas/*Haas* Rn. 14;
       Rowedder/Schmidt-Leithoff/*Gesell* Rn. 11; HCL/*Paura* Rn. 25.
[70]   KG Beschl. v. 27.5.1937 – 1 Wx 171/37, JW 1937, 2289; OLG Braunschweig Beschl. v. 10.8.1992 – 2
       W 88/92, GmbHR 1993, 509; Noack/Servatius/Haas/*Haas* Rn. 14; Scholz/*K. Schmidt/Scheller* Rn. 52;
       HCL/*Paura* Rn. 25.
[71]   LG Köln Beschl. v. 15.1.1988 – 87 T 27/87, ZIP 1988, 1125 (1126); *Passarge* in Passarge/Torwegge
       GmbH-Liquidation Rn. 749; Noack/Servatius/Haas/*Haas* Rn. 14; Scholz/*K. Schmidt/Scheller* Rn. 52.
[72]   BayObLG Beschl. v. 5.2.2003 – 3Z BR 8/03, NZG 2003, 439; OLG Braunschweig Beschl.
       v. 10.8.1992 – 2 W 88/92, GmbHR 1993, 509; LG Köln Beschl. v. 15.1.1988 – 87 T 27/87, ZIP 1988,
       1125 (1126); *Passarge* in Passarge/Torwegge GmbH-Liquidation Rn. 749; Noack/Servatius/Haas/*Haas*
       Rn. 14; MHLS/*Nerlich* Rn. 26; HCL/*Paura* Rn. 25; zurückhaltender MHLS/*Nerlich* Rn. 26.
[73]   LG Köln Beschl. v. 15.1.1988 – 87 T 27/87, ZIP 1988, 1125.
[74]   BayObLG Beschl. v. 5.2.2003 – 3Z BR 8/03, NZG 2003, 439; OLG Braunschweig Beschl.
       v. 10.8.1992 – 2 W 88/92, GmbHR 1993, 509.
[75]   BayObLG Beschl. v. 5.2.2003 – 3Z BR 8/03, NZG 2003, 439; OLG Braunschweig Beschl.
       v. 10.8.1992 – 2 W 88/92, GmbHR 1993, 509.

25   **c) Andere Personen.** Sonstigen Dritten gewährt Abs. 3 kein Einsichtsrecht, selbst dann nicht, wenn es sich um Geschäftsführer, Liquidatoren, Aufsichtsratsmitglieder, sonstige Organwalter oder vor Beendigung der Liquidation ausgeschiedene Gesellschafter (→ Rn. 23) der untergegangenen GmbH handelt. Ihnen kann jedoch ein Einsichtsrecht nach § 810 BGB zustehen.[76] Dieses spielt insbesondere eine Rolle, wenn sie sich gegen eine Inanspruchnahme verteidigen müssen. Wollen sie selbst Forderungen als Gläubiger geltend machen, so greift Abs. 3 S. 2.

26   **2. Inhalt des Rechts.** Der Verwahrer schuldet „Einsicht" in die Bücher und Schriften, nicht aber deren Übersendung. Die Einsichtnahme hat am **Ort der Aufbewahrung** zu erfolgen.[77] Der Berechtigte muss aber Gelegenheit erhalten, dort Aufzeichnungen und Kopien anzufertigen.[78] Die Kosten trägt er selbst. Er kann Sachverständige hinzuziehen, wenn diese zur Verschwiegenheit verpflichtet sind.[79]

27   **3. Durchsetzung.** Zweifelhaft ist, ob das Einsichtsrecht gem. § 35 FamFG mit **Zwangsgeld** oder **Zwangshaft** durchgesetzt werden kann. Es bedarf hier einer differenzierten Betrachtungsweise: Wenn das Gericht den Gläubiger zur Einsichtnahme ermächtigen kann, so folgt daraus zugleich, dass es auch befugt sein muss, dem Verwahrer eine entsprechende Pflicht aufzuerlegen und diese Anordnung durchzusetzen.[80] Alle übrigen Einsichtsberechtigten (ob nach § 74 oder § 810 BGB) sind ausschließlich auf den Klageweg zur Durchsetzung ihres Anspruchs verwiesen.[81]

VI. Folgen der Löschung

28   **1. Löschung und Vollbeendigung.** Die Folgen der Löschung für die Existenz der Gesellschaft als juristischer Person sind seit jeher umstritten. Hierzu werden im Wesentlichen drei Auffassungen vertreten (→ § 60 Rn. 26 ff., → § 60 Rn. 31 ff.):

29   **a) Deklaratorische Wirkung. Früher vorherrschend** war die Lehre von der rein deklaratorischen Wirkung der Eintragung der Löschung.[82] Die Löschung im Register ist danach für die Vollbeendigung der Gesellschaft weder ausreichend noch erforderlich. Maßgeblich ist allein, ob noch verteilungsfähiges Vermögen zur Verfügung steht. Mit dem Eintritt der **Vermögenslosigkeit** erlischt die Gesellschaft unabhängig von der Eintragung.

30   Diese Auffassung ist mit dem geltenden Normativsystem unvereinbar und vernachlässigt vor allem die mit dem Registerverfahren verbundene **Rechtssicherheit**.[83] Die Vermögenslosigkeit lässt sich mitunter nur schwer feststellen und kann daher jedenfalls nicht alleiniges Kriterium für den Fortbestand der Gesellschaft sein. Sonst besteht die Gefahr, dass die

---

[76]   *Passarge* in Passarge/Torwegge GmbH-Liquidation Rn. 748; Noack/Servatius/Haas/*Haas* Rn. 15; Scholz/*K. Schmidt/Scheller* Rn. 52; HCL/*Paura* Rn. 23.

[77]   Lutter/Hommelhoff/*Kleindiek* Rn. 16; Scholz/*K. Schmidt/Scheller* Rn. 53; HCL/*Paura* Rn. 26; einschr. *Passarge* in Passarge/Torwegge GmbH-Liquidation Rn. 751.

[78]   *Passarge* in Passarge/Torwegge GmbH-Liquidation Rn. 759; Noack/Servatius/Haas/*Haas* Rn. 12; Lutter/Hommelhoff/*Kleindiek* Rn. 16; Scholz/*K. Schmidt/Scheller* Rn. 51; HCL/*Paura* Rn. 26.

[79]   *Passarge* in Passarge/Torwegge GmbH-Liquidation Rn. 751; Noack/Servatius/Haas/*Haas* Rn. 12; Lutter/Hommelhoff/*Kleindiek* Rn. 16; Scholz/*K. Schmidt/Scheller* Rn. 53; HCL/*Paura* Rn. 26.

[80]   Zu § 33 FGG aF s. KG Beschl. v. 27.5.1937 – 1 Wx 171/37, JW 1937, 2289; zust. OLG Oldenburg Beschl. v. 10.2.1983 – 5 W 77/82, GmbHR 1983, 200; Noack/Servatius/Haas/*Haas* Rn. 14; Lutter/Hommelhoff/*Kleindiek* Rn. 16; Scholz/*K. Schmidt/Scheller* Rn. 54; HCL/*Paura* Rn. 27.

[81]   KG Beschl. v. 27.5.1937 – 1 Wx 171/37, JW 1937, 2289; Lutter/Hommelhoff/*Kleindiek* Rn. 16; Scholz/*K. Schmidt/Scheller* Rn. 54; HCL/*Paura* Rn. 27.

[82]   RG Urt. v. 6.1.1925 – II 735/23, RGZ 109, 387 (391); Urt. v. 26.10.1931 – VIII 117/31, RGZ 134, 91 (94); Urt. v. 12.11.1935 – II 48/35, RGZ 149, 293 (297); BGH Urt. v. 4.6.1957 – VIII ZR 68/56, LM Nr. 1 = WM 1957, 975; BAG Urt. v. 9.7.1981 – 2 AZR 329/79, AP ZPO § 50 Nr. 4; KG Beschl. v. 29.5.1941 – 1 Wx 154/41, DR 1941, 2130 (2131) m. zust. Anm. *Groschuff*; OLG Stuttgart Urt. v. 20.12.1968 – 2 U 140/68, NJW 1969, 1493; *Bokelmann* NJW 1977, 1130; *Hofmann* GmbHR 1976, 258 (267) mwN.

[83]   Zur Kritik s. *K. Schmidt* GmbHR 1988, 209 (210).

Liquidatoren von der Vollbeendigung nichts wissen und für die nicht mehr existente Gesellschaft Verbindlichkeiten eingehen.

b) Konstitutive Wirkung. Nach der Gegenauffassung ist die Eintragung der Löschung **31** stets konstitutiv.[84] Sie ist **erforderlich,** aber auch ausreichend. Ohne Eintragung im Register kann die Gesellschaft nicht als juristische Person weiter fortbestehen. Diese Auffassung ist allerdings nur schwer mit § 66 Abs. 5 zu vereinbaren, wonach eine Nachtragsliquidation stattzufinden hat, wenn sich nach der Löschung herausstellt, dass noch Vermögen vorhanden ist. Dann stellt sich für die Doktrin von der konstitutiven Wirkung der Löschung zudem das Problem subjektloser Rechte. Zum Teil wird versucht, es durch die Annahme eines fiktiven Fortbestehens der GmbH zu lösen.[85] Doch werden dadurch die Dinge nur unnötig verkompliziert, wenn zunächst das (angebliche) Erlöschen der GmbH postuliert wird, um dann deren Fortbestehen zu fingieren. Andere meinen, dass das Gesellschaftsvermögen auf die Gesamthand der Gesellschafter[86] oder aber eine (teil-)rechtsfähige Personifikation eigener Art[87] übergeht. Gegen die Gesamthandstheorie spricht aber, dass damit zwingend eine persönliche Haftung der Liquidationsgesellschafter verbunden wäre und zudem § 66 Abs. 5 von einer Abwicklung nach dem Regime der GmbH ausgeht. Letzteres lässt sich auch gegen die Zuordnung des abzuwickelnden Vermögens zu einer teilrechtsfähigen Wirkungseinheit sui generis einwenden – abgesehen davon, dass eine solche Personifikation, die eine Stufe unterhalb der juristischen Person steht, aber gerade keine Gesamthand sein soll, ganz überwiegend und zu Recht nicht anerkannt wird.[88]

c) Lehre vom Doppeltatbestand. Heute ganz herrschend ist die von *K. Schmidt* **32** begründete Lehre vom Doppeltatbestand: Danach erlischt die GmbH nur dann, wenn sie **kein verteilungsfähiges Vermögen** mehr hat **und** zudem **im Register gelöscht** worden ist.[89] Beides reicht für sich genommen nicht aus. Damit ist im Interesse aller Beteiligten sichergestellt, dass die Gesellschaft bis zur formalen Beendigung der Liquidation durch die Eintragung der Löschung weiter fortbesteht. Stellt sich danach heraus, dass noch Vermögen vorhanden ist, so steht die GmbH als Zurechnungssubjekt für die Zeit bis zum Abschluss der nun notwendigen Nachtragsliquidation zur Verfügung. Darin liegt kein Verstoß gegen das Normativsystem, denn die GmbH ist zu Unrecht im Register gelöscht worden. Dieser Fehler kann nicht die Existenz der GmbH als juristischer Person in Frage stellen, er wird vielmehr durch die Wiedereintragung der Gesellschaft korrigiert.

Zunehmend vertreten wird die **Lehre vom erweiterten Doppeltatbestand.** Die **33** GmbH besteht nach der Löschung auch dann fort, wenn zwar kein Vermögen mehr vorhan-

---

[84] *Buchner,* Amtslöschung, Nachtragsliquidation und masselose Insolvenz von Kapitalgesellschaften, 1988, 105, 115 ff.; *Heller,* Die vermögenslose GmbH, 1989, 128 ff.; *Hönn* ZHR 138 (1974), 50; *Hüffer* GS Schultz, 1987, 99 (103 ff.); *Lindacher* FS Henckel, 1995, 549 (553 ff.); *H. Schmidt,* Zur Vollbeendigung juristischer Personen, 1989, 133 f.; Hachenburg/*Ulmer* Anh. § 60 Rn. 37; MüKoAktG/*Koch* AktG § 262 Rn. 90 f.; BeckOGK/*Bachmann* AktG § 262 Rn. 91 f.; nach BGH Urt. v. 21.10.1985 – II ZR 82/85, WM 1982, 145 = NJW-RR 1986, 394 sprechen für diese Auffassung „beachtliche Gründe".

[85] *Hönn* ZHR 138 (1974), 50 (74 ff.).

[86] *Hüffer* GS Schultz, 1987, 99 (103 ff.); Hachenburg/*Ulmer* Anh. § 60 Rn. 37.

[87] *A. Wiedemann,* Die GmbH nach ihrer Löschung aus dem Handelsregister – Erfordernis einer „Nach-GmbH"?, 2013, 260 ff.; *Bachmann,* FS Lindacher, 2017, 23 (29 ff.); *Lindacher* FS Henckel, 1995, 549 (553 ff.); MüKoAktG/*Koch* AktG § 262 Rn. 91 f.; BeckOGK/*Bachmann* AktG § 262 Rn. 91 f.

[88] HCL/*Casper* § 60 Rn. 96.

[89] *K. Schmidt* GmbHR 1988, 209 (210 ff.); ferner BGH Urt. v. 25.10.2010 – II ZR 115/09, NZG 2011, 26 Rn. 15; Beschl. v. 20.5.2015 – VII ZB 53/13, ZIP 2015, 1334 Rn. 19; BAG Urt. v. 22.3.1988 – 3 AZR 350/86, AP ZPO § 50 Nr. 6; Urt. v. 4.6.2003 – 10 AZR 448/02, GmbHR 2003, 1009 (1110); OLG Celle Beschl. v. 3.1.2008 – 9 W 124/07, NZG 2008, 271; OLG Düsseldorf Urt. v. 14.11.2003 – 16 U 95/98, NZG 2004, 916 (918); OLG Koblenz Beschl. v. 10.2.2004 – 14 W 103/04, NJW-RR 2004, 1222 (1223); Beschl. v. 14.3.2016 – 14 W 115/16, NZG 2016, 750; OLG München Beschl. v. 6.7.2017 – 23 U 750/11, NZG 2017, 1071; OLG Schleswig Urt. v. 1.10.1992 – 5 U 117/91, NJW-RR 1993, 754 (755); OLG Stuttgart Urt. v. 30.9.1998 – 20 U 21/98, NZG 1999, 31 (32); *Schmelz* NZG 2007, 135 (137); *Schönhaar* GWR 2020, 1 (4); *Passarge* in Passarge/Torwegge GmbH-Liquidation Rn. 757; MHdB GesR III/*Weitbrecht* § 63 Rn. 60; HCL/*Casper* § 60 Rn. 96 ff.

den ist, aber noch sonstige Abwicklungsmaßnahmen erforderlich sind (zB Abgabe von Willenserklärungen, Vornahme unvertretbarer Handlungen) (→ § 60 Rn. 53 ff.; → Rn. 45).[90] Dies ist allerdings schwerlich mit der Vorschrift des § 394 FamFG zu vereinbaren, die eine Amtslöschung ausdrücklich schon bei Vermögenslosigkeit und nicht erst bei Fehlen jeglichen Abwicklungsbedarfs vorsieht. Das deutet darauf hin, dass nur das Erfordernis vermögensrechtlicher Abwicklungsmaßnahmen der Beendigung der GmbH entgegensteht. Das Unterlassen anderer Maßnahmen bis zur Löschung begründet nachwirkende Handlungspflichten, die analog Abs. 2 S. 2 von einem Gesellschafter oder einem Dritten zu erfüllen sind (→ Rn. 47). Der Annahme eines fortbestehenden Rechtsträgers bedarf es hierfür nicht.[91]

34   **2. Materiellrechtliche Auswirkungen.** Mit der Vollbeendigung der GmbH erlischt diese als Rechtssubjekt. Damit gehen auch ihre **Schulden** unter, denn ein Schuldverhältnis ohne einen Schuldner kann es nicht geben.[92] Es steht ohnehin kein verwertbares Gesellschaftsvermögen mehr zur Verfügung, um die Verbindlichkeiten zu befriedigen. Bereits vor dem Erlöschen der Gesellschaft bestellte Sicherheiten (Grundschuld, Sicherungsübereignung, Sicherungszession) bleiben allerdings unberührt; dies gilt auch für akzessorische Sicherheiten wie Pfandrechte, Bürgschaften und Hypotheken. Das Fortbestehen der gesicherten Forderung muss hierzu nicht fingiert werden. Vielmehr ist das Akzessorietätsprinzip teleologisch zu reduzieren. Denn es folgt aus dem Zweck der Sicherungsrechte, dass der Gläubiger auch und gerade bei einem durch Vermögenslosigkeit ausgelösten Wegfall des Hauptschuldners auf sie zugreifen können muss.[93] Sie verselbstständigen sich, um ihre Sicherungsfunktion weiter erfüllen zu können.[94] Dementsprechend steht das Erlöschen der GmbH, gegen die sich der durch eine Vormerkung gesicherte Anspruch auf Eintragung einer Hypothek richtete, der Geltendmachung der Vormerkung gegen den Erwerber des Grundstücks nicht entgegen.[95]

35   Erforderlich ist aber in jedem Fall, dass das Sicherungsrecht bereits bei Erlöschen der Gesellschaft bestand. Es kann mangels Gesellschaftsverbindlichkeit nicht mehr **nachträglich** bestellt werden.[96] Auch ein Schuldbeitritt ist dann ausgeschlossen.[97] Möglich ist aber die Umdeutung einer solchen Erklärung in ein selbstständiges Schuldversprechen oÄ.[98]

36   **3. Rechtsstreitigkeiten.** Die Löschung einer nur scheinbar vermögenslosen Gesellschaft lässt deren Parteifähigkeit unberührt. Sie ist aber erst mit der Bestellung der neuen

---

[90] KG Beschl. v. 9.1.2001 – 1 W 2002/00, BB 2001, 324; *Bork* JZ 1991, 841 (844 f.); *Galla* GmbHR 2006, 635 (637); *Saenger* JZ 1994, 300 (302); *Tavakoli/Eisenberg* GmbHR 2018, 75 (82); Noack/Servatius/Haas/*Haas* § 60 Rn. 7, 105; Lutter/Hommelhoff/*Kleindiek* Rn. 7; Rowedder/Schmidt-Leithoff/*Gesell* Rn. 12; Scholz/*K. Schmidt/Scheller* Rn. 15.

[91] *Sodemann*, Gestaltungsfreiheit und Auslegung im Liquidationsrecht der GmbH, 2019, 117; *K. Schmidt* GmbHR 1988, 209 (212); HCL/*Casper* § 60 Rn. 98; HCL/*Paura* Rn. 32.

[92] BGH Urt. v. 25.11.1981 – VIII ZR 299/80, BGHZ 82, 323 (326) = NJW 1982, 875; Urt. v. 24.10.1985 – VII ZR 337/84, BGHZ 96, 151 (155) = NJW 1986, 850; Urt. v. 28.1.2003 – XI ZR 243/02, BGHZ 153, 337 (340) = NJW 2003, 1250; KG Urt. v. 13.7.1998 – 22 U 2238-97, NJW-RR 1999, 1206 (1207); OLG Schleswig Urt. v. 1.10.1992 – 5 U 117/91, NJW-RR 1993, 754 (755); LG Hamburg Urt. v. 2.7.2008 – 317 O 347/07, ZIP 2008, 636 (638); *Heller*, Die vermögenslose GmbH, 1989, 144 f.; Noack/Servatius/Haas/*Haas* Rn. 16; Scholz/*K. Schmidt* Rn. 16; MüKoAktG/*Koch* AktG § 262 Rn. 87, § 273 Rn. 14 f.; aA *Klose* WM 2009, 300; *Passarge* in Passarge/Torwegge GmbH-Liquidation Rn. 758; HCL/*Paura* Rn. 38; BeckOGK/*Bachmann* AktG § 273 Rn. 14.

[93] BGH Urt. v. 25.11.1981 – VIII ZR 299/80, BGHZ 82, 323 (326 ff.) = NJW 1982, 875; Urt. v. 28.1.2003 – XI ZR 243/02, BGHZ 153, 337 (340) = NJW 2003, 1250; KG Urt. v. 13.7.1998 – 22 U 2238-97, NJW-RR 1998, 1206 (1207); LG Hamburg Urt. v. 2.7.2008 – 317 O 347/07, ZIP 2008, 636 (638); Noack/Servatius/Haas/*Haas* Rn. 16; Scholz/*K. Schmidt/Scheller* Rn. 17; MüKoAktG/*Koch* AktG § 273 Rn. 15.

[94] BGH Urt. v. 25.11.1981 – VIII ZR 299/80, BGHZ 82, 323 (327) = NJW 1982, 875; Urt. v. 28.1.2003 – XI ZR 243/02; BGHZ 153, 337 (340) = NJW 2003, 1250; KG Urt. v. 13.7.1998 – 22 U 2238-97, NJW-RR 1206, 1207; Scholz/*K. Schmidt/Scheller* Rn. 17.

[95] BGH Urt. v. 10.10.1988 – II ZR 92/88, BGHZ 105, 259 (261) = NJW 1989, 220.

[96] Hachenburg/*Ulmer* § 60 Rn. 38; MüKoAktG/*Koch* AktG § 273 Rn. 15.

[97] Hachenburg/*Ulmer* § 60 Rn. 38; MüKoAktG/*Koch* AktG § 273 Rn. 15; anders BGH Urt. v. 25.9.1980 – VII ZR 301/79, NJW 1981, 47.

[98] Hachenburg/*Ulmer* § 60 Rn. 38.

Liquidatoren auch **prozessfähig.**[99] Bis dahin muss ein bereits **anhängiger Rechtsstreit** gem. § 241 ZPO unterbrochen werden, es sei denn, dass noch vor der Löschung eine nach § 86 ZPO fortbestehende Prozessvollmacht erteilt wurde (§ 246 Abs. 1 Hs. 1 ZPO).[100] Das Gericht hat jedoch gem. § 246 Abs. 1 Hs. 2 ZPO den Prozess auf Antrag des Bevollmächtigten auszusetzen, wenn dieser Weisungen von dem neu bestellten Liquidator einholen will.[101] Die Vollmacht wirkt nach § 86 ZPO auch dann weiter, wenn sie vor Rechtshängigkeit erteilt wird.[102]

Bei **Aktivprozessen** ist die Parteifähigkeit schon zu bejahen, wenn ein vermögens- **37** rechtlicher Anspruch geltend gemacht wird, aber keine sonstigen Vermögenswerte mehr vorhanden sind.[103] Die eingeklagte Forderung steht der Vollbeendigung entgegen. Die Klage muss allerdings schlüssig sein, eine überwiegende Wahrscheinlichkeit des Obsiegens ist jedoch nicht erforderlich.[104] Verliert die GmbH den Prozess, dann sind ihr die Kosten aufzuerlegen, auch wenn diese nicht mehr durchsetzbar sind.[105] Die Nachtragsliquidatoren haften hierfür nicht.[106] In nichtvermögensrechtlichen Streitigkeiten muss die Gesellschaft nachweisen, dass sie noch Vermögen hat. War der Rechtsstreit bei Löschung schon anhängig, so genügt ein etwaiger Kostenerstattungsanspruch (zum Passivprozess → Rn. 39).[107] Denn dieser hängt zwar vom Ausgang des Rechtsstreits ab, ist aber bereits mit seiner Einleitung entstanden. Im **Kostenfestsetzungsverfahren** ist die gelöschte Gesellschaft parteifähig, soweit ihr eigene Kostenfestsetzungsansprüche zustehen.[108]

Eine vermögenslose Gesellschaft kann nicht in **Prozessstandschaft** klagen.[109] Die **38** Fortsetzung eines von der erloschenen Gesellschaft in Prozessstandschaft begonnenen Rechtsstreits macht daher einen Parteiwechsel erforderlich.[110]

---

[99]　BGH Urt. v. 18.1.1994 – XI ZR 95/93, GmbHR 1994, 260; BFH Urt. v. 27.4.2000 – I ZR 65/98, NJW-RR 2001, 244; OLG Hamm Beschl. v. 11.11.1986 – 15 W 70/86, GmbHR 1987, 470 (471) = BB 1987, 294 = NJW-RR 1987, 348; *Altmeppen* ZIP 2017, 497 (500); *Bokelmann* NJW 1977, 1130 (1131 f.); *Bork* JZ 1991, 841 (846); *Leuering/Simon* NJW-Spezial 2007, 27; *Saenger* JZ 1994, 300 (305); *Passarge* in Passarge/Torwegge GmbH-Liquidation Rn. 763; Noack/Servatius/Haas/*Haas* Rn. 18; HCL/ *Paura* Rn. 34; HCL/*Casper* § 60 Rn. 99.

[100]　BGH Urt. v. 31.3.2008 – II ZR 308/06, NJW 2008, 2441 Rn. 7; Urt. v. 18.1.1994 – XI ZR 95/93, GmbHR 1994, 260; Urt. v. 4.6.1957 – VIII ZR 68/56, LM Nr. 1 = WM 1957, 975; BFH Urt. v. 27.4.2000 – I R 65/98, BFHE 191, 494 = NJW-RR 2001, 244; BAG Urt. v. 4.6.2003 – 10 AZR 448/02, GmbHR 2003, 1009 (1011); HessLAG Urt. v. 31.7.2015 – 10 Sa 702/15, BeckRS 2016, 67035; *Bork* JZ 1991, 841 (846); *Leuering/Simon* NJW-Spezial 2007, 27; *Saenger* JZ 1994, 300 (305); *Passarge* in Passarge/Torwegge GmbH-Liquidation Rn. 763; Noack/Servatius/Haas/*Haas* Rn. 18; HCL/*Casper* § 60 Rn. 99.

[101]　*Bork* JZ 1991, 841 (846); *Saenger* JZ 1994, 300 (305); HCL/*Casper* § 60 Rn. 99.

[102]　BayObLG Beschl. v. 21.7.2004 – 3Z BR 130/04, NZG 2004, 1164 (1165); Noack/Servatius/Haas/ *Haas* Rn. 18.

[103]　BGH Urt. v. 4.6.1957 – VIII ZR 68/56, LM Nr. 1 = WM 1957, 975; Urt. v. 21.10.1985 – II ZR 82/ 85, WM 1986, 145 = NJW-RR 1986, 394; Urt. v. 25.10.2010 – II ZR 115/09, NZG 2011, 26 Rn. 15; BAG Urt. v. 19.3.2002 – 9 AZR 752/00, NJW 2003, 80 (81); BayObLG Beschl. v. 21.7.2004 – 3Z BR 130/04, NZG 2004, 1164 (1165); OLG Brandenburg Urt. v. 11.3.2009 – 13 U 47/08, NJOZ 2009, 1649; OLG Koblenz Beschl. v. 10.2.2004 – 14 W 103/04, NJW-RR 2004, 1222 (1223); *Bork* JZ 1991, 841 (846); *Leuering/Simon* NJW-Spezial 2007, 27; *Saenger* JZ 1994, 300 (303); *Passarge* in Passarge/Torwegge GmbH-Liquidation Rn. 760, 764; Noack/Servatius/Haas/*Haas* Rn. 18; Lutter/ Hommelhoff/*Kleindiek* Rn. 18; Scholz/*K. Schmidt/Scheller* Rn. 19; HCL/*Casper* § 60 Rn. 100.

[104]　*Saenger* JZ 1994, 300 (303); HCL/*Casper* § 60 Rn. 100.

[105]　*Bork* JZ 1991, 841 (846) Fn. 71; HCL/*Casper* § 60 Rn. 100; aA *Heller*, Die vermögenslose GmbH, 1989, 182.

[106]　*Bork* JZ 1991, 841 (846) Fn. 71; HCL/*Casper* § 60 Rn. 100; aA *Heller*, Die vermögenslose GmbH, 1989, 182.

[107]　Vgl. *Bork* JZ 1991, 841 (847).

[108]　OLG Koblenz Beschl. v. 10.2.2004 – 14 W 103/04, NJW-RR 2004, 1222 (1223); Beschl. v. 14.3.2016 – 14 W 115/16, NZG 2016, 750. Anders, wenn die Gesellschaft zu Recht gelöscht wurde und daher Vollbeendigung eingetreten ist, → Rn. 39.

[109]　BGH Urt. v. 24.10.1984 – VII ZR 337/84, BGHZ 96, 151 (155) = NJW 1986, 850; BAG Urt. v. 19.3.2002 – 9 AZR 752/00, NJW 2003, 80 (82); Lutter/Hommelhoff/*Kleindiek* Rn. 18; Scholz/ *K. Schmidt/Scheller* Rn. 19; HCL/*Paura* Rn. 36.

[110]　Scholz/*K. Schmidt/Scheller* Rn. 19; HCL/*Paura* Rn. 36.

39   Ein bereits anhängiger **Passivprozess** steht als eine noch zu erledigende Abwicklungs-
maßnahme der Löschung entgegen.[111] Erfolgt sie gleichwohl, so ist die verklagte GmbH
allein im Hinblick auf ihren etwaigen Kostenerstattungsanspruch parteifähig.[112] Macht der
Gläubiger die Klage erst nach der Löschung anhängig, so muss er substantiiert dartun, dass
noch sonstiges Vermögen vorhanden ist. Kann er dies nicht, ist die Klage als unzulässig
abzuweisen.[113] Eine Kostenfestsetzung zugunsten der nicht mehr existierenden GmbH findet, selbst wenn zuvor eine Kostengrundentscheidung ergangen ist, in diesem Fall nicht
statt.[114] Die Einrede des Schiedsvertrages kann die beklagte Gesellschaft nicht mehr erheben,
wenn sie bereits aufgelöst und vermögenslos ist und kurz vor der Löschung steht, weil dann
davon auszugehen ist, dass ein Schiedsverfahren nicht mehr durchgeführt werden kann.[115]

40   Die **Zwangsvollstreckung** ist zulässig, wenn der Gläubiger behauptet, dass noch Vermögen vorhanden ist.[116] Er soll die Möglichkeit haben, diese Behauptung im Vollstre-
ckungsverfahren zu überprüfen. Die Zustellung kann an den Verwahrer der Bücher und
Schriften bewirkt werden, ohne dass es der Bestellung von Nachtragsliquidatoren bedarf
(→ Rn. 47).

VII. Nachtragsliquidation

41   **1. Regelungslücke im GmbHG.** Das GmbHG enthält keine Regelung für eine Wiederaufnahme der Liquidation, wenn sich im Nachhinein noch Abwicklungsbedarf ergibt.
§ 66 Abs. 5 betrifft allein den Fall, dass eine Gesellschaft nach § 394 FamFG zu Unrecht
wegen vermeintlicher Vermögenslosigkeit gelöscht wurde. Demgegenüber trifft § 273
Abs. 4 S. 1 AktG für die AG folgende Aussage: „Stellt sich nachträglich heraus, dass weitere
Abwicklungsmaßnahmen notwendig sind, so hat auf Antrag eines Beteiligten das Gericht
die bisherigen Abwickler neu zu bestellen oder andere Abwickler zu berufen.".

42   Diese Regelung, die § 225 Abs. 4 S. 1 RegE 1971/1973 übernehmen wollte, wird
heute im GmbH-Recht ganz überwiegend entsprechend angewendet.[117] Über die Einzelheiten der sog. Nachtragsliquidation herrscht allerdings Streit.

---

[111]   *Passarge* in Passarge/Torwegge GmbH-Liquidation Rn. 765; Noack/Servatius/Haas/*Haas* Rn. 19;
Scholz/*K. Schmidt/Scheller* Rn. 20.

[112]   BGH Urt. v. 21.10.1985 – II ZR 82/85, WM 1986, 145 = NJW-RR 1986, 394; OLG Koblenz Beschl.
v. 10.2.2004 – 14 W 103/04, NJW-RR 2004, 1222 (1223); Urt. v. 1.4.1998 – 1 U 463/97, NZG 1998,
637 (638); *Bork* JZ 1991, 841 (848 f.); *Passarge* in Passarge/Torwegge GmbH-Liquidation Rn. 765;
Scholz/*K. Schmidt/Scheller* Rn. 21; aA noch BGH Urt. v. 5.4.1979 – II ZR 73/78, BGHZ 74, 212
(213 f.) = NJW 1979, 1592 (Verein); Urt. v. 29.9.1981 – VI ZR 21/80, NJW 1982, 238; ferner OLG
Rostock Urt. v. 28.6.2001 – 1 U 203/99, ZIP 2001, 1590 (1592); *Saenger* JZ 1994, 300 (304); HCL/
Casper § 60 Rn. 101.

[113]   BGH Urt. v. 25.10.2010 – II ZR 115/09, NZG 2011, 26 Rn. 15, 29; *Passarge* in Passarge/Torwegge
GmbH-Liquidation Rn. 766; Noack/Servatius/Haas/*Haas* Rn. 19.

[114]   OLG Zweibrücken Beschl. v. 2.7.2004 – 4 W 79/04, GmbHR 2004, 1472; Noack/Servatius/Haas/
Haas Rn. 19.

[115]   OLG Düsseldorf Urt. v. 14.11.2003 – 16 U 95/98, GmbHR 2004, 572 (574) = NZG 2004, 916 (918);
Noack/Servatius/Haas/*Haas* Rn. 19.

[116]   Scholz/*K. Schmidt/Scheller* Rn. 23; HCL/*Paura* Rn. 37.

[117]   BGH Urt. v. 23.2.1970 – II ZB 5/69, BGHZ 53, 264 (266) = NJW 1970, 1044; BAG Beschl.
v. 19.9.2007 – 3 AZB 11/07, NJW 2008, 603 Rn. 7; BayObLG Beschl. v. 31.5.1983 – BReg. 3 Z 13/
83, DB 1983, 1648 (1649); Beschl. v. 2.2.1984 – BReg. 3 Z 192/83, BB 1984, 446 (447); OLG
Düsseldorf Urt. v. 19.11.2013 – I-3 Wx 83/13, NZG 2014, 230; OLG Frankfurt Beschl. v. 14.10.2014 –
20 W 288/12, NZG 2015, 626; Beschl. v. 3.5.2016 – 20 W 297/15, BeckRS 2016, 113190; OLG
Hamm Beschl. v. 8.5.2001 – 15 W 43/01, GmbHR 2001, 819 (821); KG KG Beschl. v. 11.5.2021 – 1
W 29/21, 1 W 30/21, 1 W 31/21, 1 W 32/21, 1 W 33/21, NZG 2021, 926 (927); Beschl. v. 13.2.2007 –
1 W 272/06, FGPrax 2007, 185 OLG Karlsruhe Beschl. v. 21.6.1989 – 4 W 126/88, NJW-RR 1990,
100; OLG Koblenz Urt. v. 9.3.2007 – 8 U 228/06, DStR 2007, 821; OLG Köln Beschl. v. 6.1.2003 –
2 Wx 39/02, GmbHR 2003, 360 (361 f.); OLG München Beschl. v. 7.5.2008 – 28 Wx 38/05, NZG
2008, 555 (556 f.); OLG Saarbrücken Beschl. v. 5.11.2018 – 5 W 74/18, NZG 2019, 152 (153); OLG
Stuttgart Urt. v. 24.3.1994 – 8 W 99/94, GmbHR 1994, 485; Urt. v. 7.12.1994 – 8 W 311/93,
GmbHR 1995, 595 = NJW-RR 1995, 805; *Bork* JZ 1991, 841 (845); *Heller*, Die vermögenslose GmbH,
1989, 158 ff.; *Saenger* GmbHR 1994, 300 (305); *Schönhaar* GWR 2020, 1 (4 f.); *Passarge* in Passarge/

2. Voraussetzungen. a) Vermögen. Unstreitig gibt das Vorhandensein von **vertei-** 43
lungsfähigem Vermögen Anlass für die Nachtragsliquidation.[118] Die Gesellschaft ist durch
die Löschung nur scheinbar beendet (zur Lehre vom Doppeltatbestand → Rn. 32). Daher
steht die Notwendigkeit einer Abwicklung außer Frage.

Als die Einleitung einer Nachtragsliquidation rechtfertigende Vermögenswerte kom- 44
men insbesondere **Ansprüche** gegen Gesellschafter oder ehemalige Organwalter in
Betracht. Auch der Fall, dass Liquidatoren Gläubiger rechtswidrig übergangen haben und
der Gesellschaft daher ein Regressanspruch nach § 73 Abs. 3 zusteht, gehört hierher.[119]
Allerdings ist eine Nachtragsliquidation entbehrlich, wenn lediglich ein übergangener
Gläubiger vorhanden ist und dieser den Ersatzanspruch selbst analog § 268 Abs. 2 AktG,
§ 93 Abs. 5 S. 1 AktG verfolgt.[120] Die Durchsetzung des Anspruchs der Gesellschaft darf
nicht ganz aussichtslos sein.[121] Außerdem muss das vorhandene Vermögen die Kosten
der Nachtragsliquidation übersteigen, da es sonst nichts zu verteilen gibt.[122] Es ist nicht
erforderlich, dass das Vermögen im Zeitpunkt der Löschung unbekannt war.[123] Keine
Nachtragsliquidation findet statt, wenn der vermögenslosen Gesellschaft erst nach der
Löschung etwas zugeführt wird, da dies an deren Vollbeendigung nichts mehr zu ändern
vermag und sie mithin als Erwerberin von abzuwickelnden Vermögenswerten gar nicht
mehr in Frage kommt.[124]

b) Sonstiger Abwicklungsbedarf. Auch sonstiger Abwicklungsbedarf soll nach 45
herrschender Meinung eine Nachtragsabwicklung entsprechend § 273 Abs. 4 AktG rechtfertigen. Im Einzelnen werden dazu gezählt: Erteilung eines Zeugnisses für Arbeitnehmer,[125] Führung eines Kündigungsschutzprozesses,[126] Abgabe von Erklärungen gegenüber
dem Grundbuchamt,[127] Abgabe einer eidesstattlichen Versicherung,[128] Vornahme von
Registeranmeldungen,[129] Mitwirkung bei der Auszahlung eines hinterlegten Betrags,[130]

Torwegge GmbH-Liquidation Rn. 769; Rowedder/Schmidt-Leithoff/*Gesell* Rn. 22; Scholz/
K. Schmidt/Scheller Rn. 24; HCL/*Paura* Rn. 45.
[118] RG Urt. v. 20.4.1898 – VI 339/17, RGZ 92, 77 (84); Urt. v. 6.1.1925 – II 735/23, RGZ 109, 387
(391 ff.); BGH Urt. v. 23.2.1970 – VII ZR 337/84, BGHZ 53, 264 (266) = NJW 1970, 1044; Urt.
v. 22.9.2005 – XI ZR 190/02, BGHZ 165, 343 (350) = NJW 2006, 908; BayObLG Beschl.
v. 30.10.1984 – BReg. 3 Z 204/84, ZIP 1985, 33 (34); *Passarge* in Passarge/Torwegge GmbH-Liquidation
Rn. 768 f.; Noack/Servatius/Haas/*Haas* Rn. 20; Scholz/*K. Schmidt/Scheller* Rn. 25; HCL/*Paura* Rn. 41.
[119] BGH Urt. v. 13.3.2018 – II ZR 158/16, BGHZ 218, 80 Rn. 42 = NZG 2018, 625; Urt. v. 23.2.1970 –
II ZB 5/69, BGHZ 53, 264 (266) = NJW 1970, 1044; RG Urt. v. 20.4.1898 – VI 339/17, RGZ
77 (84); Urt. v. 6.1.1925 – II 735/23, RGZ 109, 387 (391 f.); OLG Karlsruhe Beschl. v. 21.6.1989 – 4
W 126/88, NJW-RR 1990, 100 (101); *Altmeppen* Rn. 22; HCL/*Paura* Rn. 41.
[120] BGH Urt. v. 13.3.2018 – II ZR 158/16, BGHZ 218, 80 Rn. 55 = NZG 2018, 625.
[121] BayObLG Beschl. v. 30.10.1984 – BReg. 3 Z 204/84, ZIP 1985, 33 (34); HCL/*Paura* Rn. 41.
[122] *Passarge* in Passarge/Torwegge GmbH-Liquidation Rn. 768; Scholz/*K. Schmidt/Scheller* Rn. 25.
[123] Scholz/*K. Schmidt/Scheller* Rn. 25.
[124] *Passarge* in Passarge/Torwegge GmbH-Liquidation Rn. 768; *Altmeppen* Rn. 21; HCL/*Paura* Rn. 41.
[125] KG Beschl. v. 9.1.2001 – 1 W 2002/00, BB 2001, 324; OLG Köln Beschl. v. 6.1.2003 – 2 Wx 39/02,
GmbHR 2003, 360 (362); *Passarge* in Passarge/Torwegge GmbH-Liquidation Rn. 770; Noack/Serva-
tius/Haas/*Haas* § 60 Rn. 105.
[126] BAG Beschl. v. 19.9.2007 – 3 AZB 11/07, NJW 2008, 603 Rn. 7; BAG Urt. v. 9.7.1981 – 2 AZR
329/79, AP ZPO § 50 Nr. 4; *Passarge* in Passarge/Torwegge GmbH-Liquidation Rn. 770; Noack/Serva-
tius/Haas/*Haas* § 60 Rn. 105; Rowedder/Schmidt-Leithoff/*Gesell* Rn. 21.
[127] BGH Urt. v. 10.10.1988 – II ZR 92/88, BGHZ 105, 259 (261) = NJW 1989, 220; BayObLG Beschl.
v. 4.10.1955 – BReg. 2 Z 104/55, DNotZ 1955, 288 (291 ff.); OLG München Beschl. v. 19.2.1988 –
14 U 412/87, ZIP 1988, 575 (576); *Passarge* in Passarge/Torwegge GmbH-Liquidation Rn. 770; Noack/
Servatius/Haas/*Haas* § 60 Rn. 105; Rowedder/Schmidt-Leithoff/*Gesell* Rn. 21; einschr. OLG München
Beschl. v. 10.6.2016 – 34 Wx 160/16, NZG 2016, 790 (791 f.).
[128] KG Beschl. v. 13.2.2007 – 1 W 272/06, FGPrax 2007, 185; OLG Stuttgart Beschl. v. 24.3.1994 – 8 W
99/94, GmbHR 1994, 485 (486).
[129] OLG Köln Beschl. v. 6.1.2003 – 2 Wx 39/02, GmbHR 2003, 360 (362); *Passarge* in Passarge/Torwegge
GmbH-Liquidation Rn. 770.
[130] OLG Frankfurt Beschl. v. 15.7.1982 – 20 W 797/81, WM 1982, 1266 (1267) zur GmbH & Co. KG;
OLG Köln Beschl. v. 6.1.2003 – 2 Wx 39/02, GmbHR 2003, 360 (362); *Passarge* in Passarge/Torwegge
GmbH-Liquidation Rn. 770; Noack/Servatius/Haas/*Haas* § 60 Rn. 105.

Nachholung unterlassener Liquidationsrechnungslegung,[131] Wahrnehmung steuerlicher Pflichten,[132] auch Entgegennahme eines Steuerbescheids,[133] Empfang einer sonstigen Zustellung.[134]

46   Zunächst ist genau zu prüfen, ob in den genannten Fällen nicht in Wirklichkeit doch noch Vermögen vorhanden ist. Kommen etwa bei einem bei Löschung bereits anhängigen Prozess Kostenerstattungsansprüche in Betracht, stellen Grundstücksrechte einen Vermögenswert dar, bestehen möglicherweise noch steuerliche Rückzahlungsforderungen, ist bei der Aufarbeitung der Rechnungslegung mit der Aufdeckung von Ansprüchen gegen Gesellschafter und Organmitglieder zu rechnen etc, dann findet eine reguläre Nachtragsliquidation gem. → Rn. 48 ff. statt.

47   Ist aber wirklich kein verteilungsfähiges Vermögen mehr vorhanden, so ist die Gesellschaft nach der hier vertretenen Lehre vom Doppeltatbestand erloschen. Es sind daher nur noch **nachwirkende Handlungspflichten**[135] zu erfüllen. Diese rechtfertigen aber weder eine Fortexistenz der Gesellschaft noch eine förmliche Nachtragsliquidation gem. § 273 Abs. 4 AktG. Es überzeugt aber auch nicht, entsprechend § 1913 BGB einen Pfleger zu bestellen.[136] Denn ein solcher Pfleger wird für einen unbekannten, aber existenten Beteiligten bestellt. Die gelöschte und vermögenslose GmbH besteht aber gerade nicht mehr.[137] Näher liegt vielmehr eine Analogie zu § 74 Abs. 2 S. 2.[138] Denn die Aufbewahrung der Bücher und Schriften ist eine besonders geregelte nachwirkende Handlungspflicht. Die Regelung zeigt, dass die Handlungszuständigkeit im GmbH-Recht – anders als im Aktienrecht (§ 273 Abs. 2 AktG) – primär durch die Gesellschafter bestimmt wird, nur hilfsweise muss das Gericht eingreifen. Die für die Verwahrung der Bücher und Schriften vorgesehene Person ist im Zweifel zur Erledigung aller nachwirkenden Handlungspflichten berufen.[139] So sollte der Verwahrer aufgrund der bei ihm vorhandenen Unterlagen in der Lage sein, einem früheren Arbeitnehmer der Gesellschaft ein Arbeitszeugnis zu erteilen.[140] Auch wird man ihm ohne Weiteres die Befugnis zubilligen, für die Gesellschaft vermögensrechtlich folgenlose Löschungsbewilligungs- und Freigabeerklärungen abzugeben. Und ganz selbstverständlich ist er auch zur Empfangnahme von Willenserklärungen berufen.[141] Hier jeweils einen Nachtragsliquidator nach § 273 Abs. 4 AktG zu bestellen, erscheint ganz und gar unverhältnismäßig und unnütz.

---

[131]   OLG Stuttgart Beschl. v. 7.12.1994 – 8 W 311/93, GmbHR 1995, 595 = NJW-RR 1995, 805; *Passarge* in Passarge/Torwegge GmbH-Liquidation Rn. 770; Noack/Servatius/Haas/*Haas* § 60 Rn. 105.

[132]   BayObLG Beschl. v. 31.5.1983 – BReg. 3 Z 13/83, DB 1983, 1648 (1650); BFH Urt. v. 26.3.1980 – I R 111/79, BStBl. II 1980, 587 (588) = DB 1980, 2068; OLG München Beschl. v. 7.5.2008 – 28 Wx 38/05, GmbHR 2008, 821 (822) = NZG 2008, 555 (556); *Passarge* in Passarge/Torwegge GmbH-Liquidation Rn. 770; Noack/Servatius/Haas/*Haas* § 60 Rn. 105; *Altmeppen* Rn. 26.

[133]   BFH Urt. v. 18.3.1966 – III 356/61, WM 1966, 950 (954); BayObLG Beschl. v. 2.2.1984 – BReg. 3 Z 192/83, BB 1984, 446 (447); Beschl. v. 30.10.1984 – BReg. 3 Z 204/84, ZIP 1985, 33 (35); OLG München Beschl. v. 7.5.2008 – 28 Wx 38/05, GmbHR 2008, 821 (822) = NZG 2008, 555 (556); OLG Köln Beschl. v. 6.1.2003 – 2 Wx 39/02, GmbHR 2003, 360 (362); *Passarge* in Passarge/Torwegge GmbH-Liquidation Rn. 770; Noack/Servatius/Haas/*Haas* § 60 Rn. 105; aA OLG Karlsruhe Beschl. v. 21.6.1989 – 4 W 126/88, NJW-RR 1990, 100.

[134]   BayObLG Beschl. v. 19.5.2020 – 1 AR 42/20, NZG 2020, 560 (561); OLG Frankfurt Beschl. v. 25.3.1982 – 20 W 167/82, Rpfleger 1982, 290 = MDR 1983, 135.

[135]   *K. Schmidt* GmbHR 1988, 209 (212); *Sodemann*, Gestaltungsfreiheit und Auslegung im Liquidationsrecht der GmbH, 2019, 117 f.; HCL/*Casper* § 60 Rn. 98; HCL/*Paura* Rn. 43.

[136]   So aber Hachenburg/*Ulmer* Anh. § 60 Rn. 40.

[137]   *K. Schmidt* GmbHR 1988, 209 (212); HCL/*Casper* § 60 Rn. 98; HCL/*Paura* Rn. 43.

[138]   *K. Schmidt* GmbHR 1988, 209 (212 f.); *Sodemann*, Gestaltungsfreiheit und Auslegung im Liquidationsrecht der GmbH, 2019, 117 f.; HCL/*Casper* § 60 Rn. 98; HCL/*Paura* Rn. 43; tendenziell auch OLG Jena Beschl. v. 8.6.2007 – 6 U 311/07, NZG 2007, 717 (718 f.) = EWiR § 74 GmbHG 1/08, 15 (*Höpfner*); offenlassend BGH Urt. v. 10.10.1988 – II ZR 92/88, BGHZ 105, 259 (262) = NJW 1989, 220.

[139]   *K. Schmidt* GmbHR 1988, 209 (212 f.); HCL/*Casper* § 60 Rn. 98; HCL/*Paura* Rn. 43.

[140]   HCL/*Paura* Rn. 43.

[141]   OLG Jena Beschl. v. 8.6.2007 – 6 U 311/07, NZG 2007, 717 (719) = EWiR § 74 GmbHG 1/08, 15 (*Höpfner*); HCL/*Paura* Rn. 43.

Auch zur Abgabe einer eidesstattlichen Versicherung iSd § 807 ZPO bedarf es keiner Bestellung von Nachtragsliquidatoren. Es geht hier ohnehin nicht um eine rechtsgeschäftliche Vertretung, sondern um die Wiedergabe von Tatsachen aus der Vergangenheit. Der Versichernde gibt Auskunft über sein Wissen über die Vermögensverhältnisse bei Löschung. Eine solche Erklärung wird von den früheren Liquidatoren abgegeben.[142] Unstreitig rechtfertigt das Vorhandensein von unberichtigt gebliebenen Verbindlichkeiten keine Nachtragsabwicklung.[143]

3. Bestimmung der Liquidatoren. Das Amt der Liquidatoren nach § 66 ist mit der **48** Löschung beendet. Denn in der Anmeldung zur Löschung liegt zugleich die (aufschiebend bedingte) Niederlegung des Amtes. Es lebt nicht wieder auf, wenn sich später Abwicklungsbedarf zeigt (→ § 66 Rn. 84).[144] Auch ist eine Bestimmung von Nachtragsliquidatoren durch Gesellschaftsvertrag oder Gesellschafterbeschluss unwirksam.[145] Diese werden vielmehr entsprechend § 273 Abs. 4 AktG, § 66 Abs. 5 durch das **Gericht** im unternehmensrechtlichen Verfahren (§ 375 Nr. 3, Nr. 6 FamFG, §§ 376, 377, 402 ff. FamFG) bestellt.[146] Es wird nur auf Antrag eines Beteiligten tätig. Antragsberechtigt sind Gesellschafter, frühere Liquidatoren, Gläubiger und sonstige Dritte, die ein rechtliches Interesse an der Nachtragsliquidation glaubhaft machen können.[147] Es reicht nicht aus, dass der Antragsteller beabsichtigt, Kontakt mit dem aufgelösten Rechtsträger aufzunehmen, um herauszufinden, ob und ggf. zu welchen Konditionen dieser möglicherweise zur Veräußerung eines Grundstücks bereit wäre.[148] Ein Bedürfnis für die Einleitung einer Nachtragsliquidation fehlt auch, wenn der Liquidationserlös bereits zugunsten der Gesellschafter hinterlegt ist.[149] Der Antragsteller muss einen Kostenvorschuss leisten.[150]

Die Auswahl der Person des Nachtragsliquidators liegt im pflichtgemäßen Ermessen **49** des Gerichts. Zuständig für die Entscheidung ist – seit dem 1.1.2013 – der **Rechtspfleger,**

---

[142] OLG Köln Beschl. v. 10.9.1990 – 2 W 146/90, GmbHR 1991, 66; KG Beschl. v. 8.2.1991 – 1 W 3357/90, NJW-RR 1991, 933 (934); *Kirberger* Rpfleger 1975, 341 (344); *Passarge* in Passarge/Torwegge GmbH-Liquidation Rn. 771; MHLS/*Nerlich* Rn. 47; *Altmeppen* Rn. 25; Rowedder/Schmidt-Leithoff/*Gesell* Rn. 22.

[143] OLG Karlsruhe Beschl. v. 21.6.1989 – 4 W 126/88, NJW-RR 1990, 100; *Grziwotz* DStR 1992, 1813 (1815); Scholz/*K. Schmidt/Scheller* Rn. 29.

[144] BGH Urt. v. 23.2.1970 – II ZB 5/69, BGHZ 53, 264 (266 ff.) = NJW 1970, 1044; BFH Urt. v. 18.3.1966 – III 356/61, WM 1966, 950 (954); Urt. v. 26.3.1980 – I R 111/79, BStBl. II 1980, 587 (588) = DB 1980, 2068; BayObLG Beschl. v. 13.1.1994 – 3Z BR 311/93, GmbHR 1994, 259 (260) = NJW-RR 1994, 617 (618); OLG Frankfurt Beschl. v. 25.3.1982 – 20 W 167/82, Rpfleger 1982, 290 = MDR 1983, 135; OLG Hamm Beschl. v. 8.5.2001 – 15 W 43/01, GmbHR 2001, 819 (821); *Passarge* in Passarge/Torwegge GmbH-Liquidation Rn. 778; Noack/Servatius/Haas/*Haas* § 60 Rn. 106; Hachenburg/*Hohner* Rn. 21; Lutter/Hommelhoff/*Kleindiek* Rn. 21; *Altmeppen* Rn. 8; Rowedder/Schmidt-Leithoff/*Gesell* Rn. 24; Scholz/*K. Schmidt/Scheller* Rn. 30; HCL/*Paura* Rn. 46.

[145] *Passarge* in Passarge/Torwegge GmbH-Liquidation Rn. 778; Noack/Servatius/Haas/*Haas* § 60 Rn. 106; Lutter/Hommelhoff/*Kleindiek* Rn. 21; *Altmeppen* Rn. 29; Rowedder/Schmidt-Leithoff/*Gesell* Rn. 24; Scholz/*K. Schmidt/Scheller* Rn. 31; HCL/*Paura* Rn. 46; s. auch BayObLG Beschl. v. 7.1.1998 – 3Z BR 491/97, NJW-RR 1998, 1333.

[146] S. BGH Urt. v. 23.2.1970 – II ZB 5/69, BGHZ 53, 264 (266 ff.) = NJW 1970, 1044; OLG Frankfurt Beschl. v. 14.10.2014 – 20 W 288/12, NZG 2015, 626 (627); OLG Koblenz Urt. v. 9.3.2007 – 8 U 228/06, ZIP 2007, 2166 = DStR 2007, 821; Lutter/Hommelhoff/*Kleindiek* Rn. 21; *Altmeppen* Rn. 28; Rowedder/Schmidt-Leithoff/*Gesell* Rn. 24; Scholz/*K. Schmidt/Scheller* Rn. 32; HCL/*Paura* Rn. 45.

[147] BGH Urt. v. 10.10.1988 – II ZR 92/88, BGHZ 105, 259 (262) = NJW 1989, 220; OLG Saarbrücken Beschl. v. 5.11.2018 – 5 W 74/18, NZG 2019, 152 (153); *Passarge* in Passarge/Torwegge GmbH-Liquidation Rn. 773; Noack/Servatius/Haas/*Haas* § 60 Rn. 106; Lutter/Hommelhoff/*Kleindiek* Rn. 21; *Altmeppen* Rn. 29; Rowedder/Schmidt-Leithoff/*Gesell* Rn. 26; Scholz/*K. Schmidt/Scheller* Rn. 32; HCL/*Paura* Rn. 46.

[148] OLG Saarbrücken Beschl. v. 5.11.2018 – 5 W 74/18, NZG 2019, 152 (153).

[149] KG Beschl. v. 28.9.2019 – 22 W 60/14, NZG 2019, 1227.

[150] OLG Hamm Beschl. v. 8.5.2001 – 15 W 43/01, GmbHR 2001, 819 (821); OLG Stuttgart Beschl. v. 7.12.1994 – 8 W 311/93, GmbHR 1995, 595 = NJW-RR 1995, 805; *Passarge* in Passarge/Torwegge GmbH-Liquidation Rn. 774; Lutter/Hommelhoff/*Kleindiek* Rn. 21; *Altmeppen* Rn. 31; HCL/*Paura* Rn. 45.

nicht der Richter (§ 17 Nr. 2 lit. c, lit. c RPflG analog).[151] Die Bestellung wird erst mit der Annahme des Amtes wirksam. Die Gesellschafter können gerichtlich bestellte Nachtragsliquidatoren ebenso wenig abberufen[152] wie neue bestimmen.[153]

50   Gegen die Entscheidung ist nach § 58 FamFG das Rechtsmittel der **Beschwerde gegeben**.[154] Beschwerdebefugt ist bei Ablehnung des Antrags gem. § 59 Abs. 2 FamFG der Antragsteller, bei Stattgabe die GmbH, die dabei durch die früheren Liquidatoren vertreten wird.[155] Auch die Gesellschafter können Beschwerde gegen die Bestellung von Nachtragsliquidatoren erheben (auch → § 66 Rn. 88).[156] Die Gläubiger sind dagegen nicht iSv § 59 Abs. 1 FamFG in ihren Rechten beeinträchtigt.

51   **4. Eintragung in das Handelsregister.** Wird dem Antrag auf Bestellung der Nachtragsliquidatoren stattgegeben, sind diese in das Handelsregister einzutragen.[157] Auch die gelöschte GmbH selbst ist wieder einzutragen.[158] Nach überwiegender Ansicht kann darauf verzichtet werden, wenn nur noch wenige Abwicklungsmaßnahmen vorzunehmen sind.[159] Dabei handelt es sich aber in Wirklichkeit gar nicht um den Fall einer Nachtragsabwicklung, sondern lediglich um die Erledigung nachwirkender Handlungspflichten analog Abs. 2, die in der Tat keiner Registereintragung bedarf.[160]

52   **5. Durchführung der Abwicklung.** Die Nachtragsliquidation hat die **Vollbeendigung** der Gesellschaft zum Ziel. Eine Fortsetzung der bereits gelöschten Gesellschaft ist ausgeschlossen (auch → § 66 Rn. 90).[161] Der **Aufgabenbereich** der Liquidatoren umfasst

---

[151]   OLG Frankfurt; Beschl. v. 14.10.2014 – 20 W 288/12, NZG 2015, 626 (628); *Rosenkranz* AG 2014, 309; *Altmeppen* Rn. 30; *Scholz/K. Schmidt/Scheller* Rn. 32; anders aber offensichtlich Noack/Servatius/Haas/*Haas* § 60 Rn. 106; HCL/*Paura* Rn. 45; zur Richterzuständigkeit vor 2013 OLG Frankfurt Beschl. v. 25.2.1993 – 20 W 50/03, NJW-RR 1993, 932 (933).

[152]   *Passarge* in Passarge/Torwegge GmbH-Liquidation Rn. 778; Noack/Servatius/Haas/*Haas* § 60 Rn. 106; *Altmeppen* Rn. 29; *Scholz/K. Schmidt/Scheller* Rn. 31; HCL/*Paura* Rn. 46.

[153]   *Passarge* in Passarge/Torwegge GmbH-Liquidation Rn. 778; Noack/Servatius/Haas/*Haas* § 60 Rn. 106; aA Scholz/*K. Schmidt/Scheller* Rn. 31; HCL/*Paura* Rn. 46.

[154]   OLG Düsseldorf Beschl. v. 21.5.2015 – I-3 Wx 185/14, NZG 2015, 865; Noack/Servatius/Haas/*Haas* § 60 Rn. 106a; *Scholz/K. Schmidt/Scheller* Rn. 34. Vor Inkrafttreten des FamFG herrschte Streit darüber, ob analog § 273 Abs. 5 AktG aF die fristgebundene sofortige Beschwerde oder die einfache Beschwerde statthaft war, Ersteres bejahend BGH Beschl. v. 10.12.2007 – II ZB 13/07, GmbHR 2008, 264 Rn. 9 = NZG 2008, 188 = DStR 2008, 367; KG Beschl. v. 16.9.1957 – 1 W 1617/1618/57, NJW 1957, 1722 zur AG; OLG München Beschl. v. 7.5.2008 – 28 Wx 38/05, GmbHR 2008, 821 (822) = NZG 2008, 555; OLG Schleswig Beschl. v. 23.12.1999 – 2 W 136/99, NZG 2000, 317; aA OLG Hamm Beschl. v. 26.11.1986 – 14 W 78/85, Rpfleger 1987, 251 (252 f.); OLG München Beschl. v. 26.7.2005 – 31 Wx 38/05, GmbHR 2005, 1433; offengelassen von BayObLG Beschl. v. 22.10.2003 – 3Z BR 197/03, DB 2004, 179 (180). Angesichts der bis zur Entscheidung des BGH unklaren Rechtslage war allerdings bei Fristversäumnis unter Umständen Wiedereinsetzung in den vorigen Stand zu gewähren, s. BGH Beschl. v. 10.12.2007 – II ZB 13/07, GmbHR 2008, 264 Rn. 9 = NZG 2008, 188 = DStR 2008, 367.

[155]   BayObLG Beschl. v. 5.8.1983 – BReg. 3 Z 13/83, DB 1983, 1648 (1649); OLG München Beschl. v. 26.7.2005 – 31 Wx 38/05, GmbHR 2005, 1433 (1434); Beschl. v. 21.10.2010 – 31 Wx 127/10, NZG 2011, 38; Noack/Servatius/Haas/*Haas* § 60 Rn. 106a; HCL/*Paura* Rn. 47.

[156]   BayObLG Beschl. v. 2.8.1995 – 3Z BR 143/95, BB 1995, 2184; KG Beschl. v. 30.8.2005 – 1 W 25/04, GmbHR 2005, 1613 (1614); aA OLG Koblenz Beschl. v. 9.3.2007 – 8 U 228/06, ZIP 2007, 2166; KG Beschl. v. 10.11.1981 – 1 W 5031/80, ZIP 1982, 59 (61); Noack/Servatius/Haas/*Haas* § 60 Rn. 106a; für den Fall, dass der Nachtragsliquidator lediglich Abwicklungsmaßnahmen ohne Vermögensbezug vornehmen soll, auch OLG Düsseldorf Beschl. v. 21.5.2015 – I-3 Wx 185/14, NZG 2015, 865.

[157]   *Passarge* in Passarge/Torwegge GmbH-Liquidation Rn. 781; MHLS/*Nerlich* Rn. 59; Scholz/*K. Schmidt/Scheller* Rn. 39; HCL/*Paura* Rn. 48.

[158]   *Passarge* in Passarge/Torwegge GmbH-Liquidation Rn. 781; MHLS/*Nerlich* Rn. 59; Scholz/*K. Schmidt/Scheller* Rn. 38; HCL/*Paura* Rn. 48.

[159]   BayObLG Beschl. v. 4.10.1955 – BReg. 2 Z 104/55, BayObLGZ 1955, 288 (292 f.) = GmbHR 1956, 76 mAnm *Gottschling*; OLG München Beschl. v. 21.10.2010 – 31 Wx 127/10, NZG 2011, 38; *Griwotz* DStR 1992, 1813 (1815); *Hofmann* GmbHR 1976, 258 (268); *Piorreck* Rpfleger 1978, 157 (160); *Passarge* in Passarge/Torwegge GmbH-Liquidation Rn. 781; MHLS/*Nerlich* Rn. 59; Rowedder/Schmidt-Leithoff/*Gesell* Rn. 25, 27; Scholz/*K. Schmidt/Scheller* Rn. 40.

[160]   HCL/*Paura* Rn. 49.

[161]   *Galla* GmbHR 2006, 635 (640); BeckOK GmbHG/*Lorscheider,* 48. Ed. 1.2.2021, Rn. 20; Lutter/Hommelhoff/*Kleindiek* Rn. 23; *Altmeppen* Rn. 38; Rowedder/Schmidt-Leithoff/*Gesell* Rn. 29.

alle Maßnahmen, die zur Abwicklung der Gesellschaft erforderlich sind.[162] Ihre **Vertretungsmacht** ist unbegrenzt.[163] Bei nichtvermögensrechtlichem Abwicklungsbedarf wird zum Teil auch eine Beschränkung von Geschäftsführungsbefugnis und Vertretungsmacht des Liquidators auf bestimmte Maßnahmen zugelassen.[164] Nach der hier vertretenen Auffassung geht es dann jedoch lediglich um die Sicherung nachwirkender Handlungszuständigkeiten, für die ein organschaftlicher Vertreter gar nicht bestellt werden muss. Ist Vermögen vorhanden, so hat der vom Registergericht bestimmte Nachtragsliquidator zwingend die Rechtsstellung eines Liquidators nach § 66. Wird diese durch das Registergericht nachträglich eingeschränkt, so liegt darin eine „Teilabberufung", gegen die sich der Nachtragsliquidator mit der Beschwerde gem. § 59 Abs. 1 FamFG wehren kann.[165]

Der Liquidator hat Vermögensgegenstände aufzufinden und nach den unter → § 70 **53** Rn. 13 ff. beschriebenen Grundsätzen zu verwerten, der Erlös ist an die Gläubiger bzw. die Gesellschafter auszukehren. Ein erneuter Gläubigeraufruf ist aber ebenso wenig notwendig wie die Einhaltung des Sperrjahres.[166] Auch einer erneuten Liquidationseröffnungsbilanz bedarf es nicht, Jahresabschlüsse müssen nur erstellt werden, wenn sich die Nachtragsliquidation über einen längeren Zeitraum erstreckt.[167] Der Nachtragsliquidator ist aber verpflichtet, eine Schlussrechnung zu erstellen.[168] Die Sorgfaltspflichten, die ein Liquidator zu beachten hat, werden durch den eingeschränkten Zweck der Nachtragsliquidation nicht berührt. Daher gelten hier die gleichen Haftungsregeln wie bei jeder Liquidation (→ § 69 Rn. 34).[169] Bei Zahlungsunfähigkeit oder Überschuldung muss er die Eröffnung eines Insolvenzverfahrens nach §§ 15, 15a InsO beantragen. Mit der Beendigung der Liquidation hat der Liquidator die Gesellschaft zur Löschung anzumelden (Abs. 1)[170] und für die Aufbewahrung von Büchern und Schriften zu sorgen (Abs. 2), soweit während der Nachtragsliquidation neue Unterlagen hinzugekommen sind.[171]

VIII. GmbH & Co. KG

Für die Komplementär-GmbH gilt § 74, für die KG über § 161 Abs. 2 HGB die **54** korrespondierende Vorschrift des § 157 HGB. In Abs. 1 dieser Norm ist die Anmeldung des Erlöschens der Firma zum Handelsregister geregelt. Abs. 2 sieht die Verwahrung der Bücher und Schriften der Gesellschaft vor, ohne eine Aufbewahrungsfrist zu nennen. Diese

---

162 KG Beschl. v. 15.11.1935 – 408 T 12 563/35, JW 1936, 746; OLG Koblenz Urt. v. 9.3.2007 – 8 U 228/06, ZIP 2007, 2166; *Passarge* in Passarge/Torwegge GmbH-Liquidation Rn. 779; aA KG Beschl. v. 7.7.1998 – 1 W 6250/96, NZG 1999, 163 (165) zur AG; OLG München Beschl. v. 7.5.2008 – 28 Wx 38/05, GmbHR 2008, 821 (823) = NZG 2008, 555 (557) = BB 2008, 1251; *Buchner*, Amtslöschung, Nachtragsliquidation und masselose Insolvenz von Kapitalgesellschaften, 1988, 133 ff.; *Heller*, Die vermögenslose GmbH, 1989, 164; *H. Schmidt,* Zur Vollbeendigung juristischer Personen, 1989, 161 f.; Hachenburg/*Ulmer* Anh. § 60 Rn. 41.
163 *H. Schmidt,* Zur Vollbeendigung juristischer Personen, 1989, 161 f.; *Altmeppen* ZIP 2017, 497 (498); *Passarge* in Passarge/Torwegge GmbH-Liquidation Rn. 779; BeckOK GmbHG/*Lorscheider*, 48. Ed. 1.2.2021, Rn. 19; Scholz/*K. Schmidt/Scheller* Rn. 39; HCL/*Paura* Rn. 51.
164 KG Beschl. v. 7.7.1998 – 1 W 6250/96, NZG 1999, 163 (165 f.) zur AG; OLG München Beschl. v. 7.5.2008 – 28 Wx 38/05, GmbHR 2008, 821 (823) = NZG 2008, 555 (556) = BB 2008, 1251; *Buchner*, Amtslöschung, Nachtragsliquidation und masselose Insolvenz von Kapitalgesellschaften, 1988, 133 ff.; *Heller*, Die vermögenslose GmbH, 1989, 164 ff.; BeckOK GmbHG/*Lorscheider*, 48. Ed. 1.2.2021, Rn. 19; Rowedder/Schmidt-Leithoff/*Gesell* Rn. 25.
165 OLG Düsseldorf Urt. v. 19.11.2013 – I-3 Wx 83/13, NZG 2014, 230.
166 *Grziwotz* DStR 1992, 1813 (1815); *Passarge* in Passarge/Torwegge GmbH-Liquidation Rn. 780; MHdB GesR III/*Weitbrecht* § 63 Rn. 64; Lutter/Hommelhoff/*Kleindiek* Rn. 22; Rowedder/Schmidt-Leithoff/*K. Schmidt/Scheller* Rn. 28; Scholz/*K. Schmidt/Scheller* Rn. 37; HCL/*Paura* Rn. 50.
167 *Passarge* in Passarge/Torwegge GmbH-Liquidation Rn. 782; MHLS/*Nerlich* Rn. 56; Rowedder/Schmidt-Leithoff/*Gesell* Rn. 29.
168 *Passarge* in Passarge/Torwegge GmbH-Liquidation Rn. 782; MHLS/*Nerlich* Rn. 56; Scholz/*K. Schmidt/Scheller* Rn. 37.
169 DGII Beschl. v. 24.7.2012 – II ZR 117/10, NZG 2012, 1076 Rn. 17 zur Genossenschaft.
170 MHLS/*Nerlich* Rn. 59; Rowedder/Schmidt-Leithoff/*Gesell* Rn. 29; HCL/*Paura* Rn. 50.
171 *Passarge* in Passarge/Torwegge GmbH-Liquidation Rn. 782; Rowedder/Schmidt-Leithoff/*Gesell* Rn. 29; HCL/*Paura* Rn. 50.

ergibt sich aus § 257 HGB.[172] Das (im Vergleich zu § 74 Abs. 3 erweiterte) Einsichtsrecht nach § 157 Abs. 3 HGB steht nur Gesellschaftern und ihren Erben zu. Es kann auch durch Vertreter oder Sachverständige ausgeübt werden.[173] Ausgeschiedene Gesellschafter, Liquidatoren und Gläubiger können Einsicht unter den Voraussetzungen des § 810 BGB nehmen.[174]

55   Die Abwicklung von GmbH und KG muss aufeinander **abgestimmt** werden. Die Löschung der Komplementär-Gesellschaft sollte jedenfalls dann nicht vor der Vollbeendigung der KG erfolgen, wenn kein anderer persönlich haftender Gesellschafter vorhanden ist.[175]

56   Die **Nachtragsliquidation** erfolgt entsprechend § 273 Abs. 4 AktG, und zwar entgegen der Rspr. nicht nur bei Publikumsgesellschaften,[176] sondern bei jeder GmbH & Co. KG.[177] Denn rechtfertigender Grund für den Analogieschluss ist hier nicht die körperschaftliche Struktur der Gesellschaft, sondern allein der Umstand, dass es an einer natürlichen Person als persönlich haftendem Gesellschafter fehlt. Solche Gesellschaften sollen nach der Löschung nicht mehr unkontrolliert im Rechtsverkehr auftreten. Ergibt sich nichtvermögensrechtlicher Handlungsbedarf, so ist dieser entsprechend § 157 Abs. 2 HGB von dem Verwahrer der Bücher und Schriften abzudecken.[178]

§ 75 Nichtigkeitsklage

(1) Enthält der Gesellschaftsvertrag keine Bestimmungen über die Höhe des Stammkapitals oder über den Gegenstand des Unternehmens oder sind die Bestimmungen des Gesellschaftsvertrags über den Gegenstand des Unternehmens nichtig, so kann jeder Gesellschafter, jeder Geschäftsführer und, wenn ein Aufsichtsrat bestellt ist, jedes Mitglied des Aufsichtsrats im Wege der Klage beantragen, daß die Gesellschaft für nichtig erklärt werde.

(2) Die Vorschriften der §§ 246 bis 248 des Aktiengesetzes finden entsprechende Anwendung.

Schrifttum: *Anton,* Nichtige GmbH-Satzung, GmbHR 1973, 75; *Berger,* GmbH-rechtliche Beschlussmängelstreitigkeiten vor Schiedsgerichten, ZHR 164 (2000), 295; *Ebert,* Die sachrechtliche Behandlung einer GmbH mit ausländischem Verwaltungssitz, NZG 2002, 937; *Einmahl,* Die erste gesellschaftsrechtliche Richtlinie des Rates der Europäischen Gemeinschaften und ihre Bedeutung für das Aktienrecht, AG 1969, 210; *Grooterhorst,* Gründungsmängel und ihre Folgen bei der Einmann-GmbH, NZG 2007, 605; *Kraft,* Gesellschaftsrechtliche Probleme der Vorratsgründung einer Aktiengesellschaft und einer Gesellschaft mit beschränkter Haftung, DStR 1993, 101; *Meyer,* Neue und alte Mäntel im Kapitalgesellschaftsrecht, ZIP 1994, 1661; *Paschke,* Die fehlerhafte Korporation, ZHR 155 (1991), 1; *Priester,* Mantelverwendung und Mantelgründung bei der GmbH, DB 1983, 2291; *Ulmer,* Die wirtschaftliche Neugründung einer GmbH unter Verwendung eines GmbH-Mantels, DB 1983, 1123.

---

[172] MHLS/*Nerlich* Rn. 60; Rowedder/Schmidt-Leithoff/*Gesell* Rn. 31; HCL/*Paura* Rn. 52.
[173] Scholz/*K. Schmidt/Scheller* Rn. 56; HCL/*Paura* Rn. 52; aA MHLS/*Nerlich* Rn. 60.
[174] MHLS/*Nerlich* Rn. 60; Rowedder/Schmidt-Leithoff/*Gesell* Rn. 31; Scholz/*K. Schmidt/Scheller* Rn. 56; HCL/*Paura* Rn. 52.
[175] MHLS/*Nerlich* Rn. 61; Rowedder/Schmidt-Leithoff/*Gesell* Rn. 31; Scholz/*K. Schmidt/Scheller* Rn. 55; HCL/*Paura* Rn. 52.
[176] BGH Urt. v. 2.6.2003 – II ZR 102/02, BGHZ 155, 121 (123 f.) = NZG 2003, 769; BayObLG Beschl. v. 5.11.1992 – 3Z BR 46/92, NJW-RR 1993, 359; OLG Hamm Beschl. v. 13.7.1990 – 15 W 40/90, OLGZ 1991, 13 = NJW-RR 1990, 1371; Beschl. v. 5.9.1996 – 15 W 125/96, NJW-RR 1997, 32 (33); s. aber OLG Saarbrücken Beschl. v. 18.7.2018 – 5 W 43/18, NZG 2018, 1185: Analoge Anwendung des § 273 IV AktG auf die OHG jedenfalls dann, wenn die Nachtragsliquidation sehr lange Zeit nach der Löschung im Handelsregister erforderlich wird und es unklar ist, ob zu diesem Zeitpunkt die Gesellschafter überhaupt noch existieren und auffindbar sowie zur Fortsetzung der Liquidation bereit und in der Lage sind. Ohne Einschränkung für analoge Anwendung *Neumann* NZG 2015, 1018.
[177] Scholz/*K. Schmidt,* 11. Aufl. 2015, Rn. 40.
[178] HCL/*Paura* Rn. 52; für Zuständigkeit der Kommanditisten OLG Hamm Beschl. v. 5.9.1996 – 15 W 125/96, NJW-RR 1997, 32 (33).

Übersicht

I. Grundlagen und Normzweck

1. Normzweck. Die Vorschrift sowie die §§ 76, 77 regeln die Nichtigkeit der Gesell- **1** schaft; sie entsprechen im Wesentlichen den allerdings in einzelnen Punkten detaillierteren Bestimmungen des Aktienrechts zur Nichtigerklärung der Gesellschaft (§§ 275–277 AktG). Abs. 1 gibt Gesellschaftern, Geschäftsführern und Mitgliedern des Aufsichtsrats bei Vorhandensein bestimmter besonders schwerwiegender Mängel des Gesellschaftsvertrages das Recht, Nichtigkeitsklage gegen die Gesellschaft zu erheben. Der vom Gesetz verwandte Begriff der „Nichtigkeit" ist allerdings missverständlich und nicht mit demjenigen der Rechtsgeschäftslehre gleichzusetzen. Das Vorliegen der Nichtigkeitsgründe des § 75 bewirkt nicht die Nichtigkeit der einmal eingetragenen und entstandenen GmbH, sondern nur deren Vernichtbarkeit.[1] Die erfolgreiche Nichtigkeitsklage führt gem. § 77 zur Auflösung der Gesellschaft mit Wirkung für die Zukunft und zu ihrer Abwicklung (§§ 65–74). Die Nichtigkeitsgründe des Abs. 1 haben auch für das Amtslöschungsverfahren nach § 397 S. 2 FamFG Bedeutung; bei deren Vorliegen kann das Registergericht die Gesellschaft als nichtig löschen (→ Rn. 34 ff.). Für das Verfahren der Nichtigkeitsklage verweist Abs. 2 auf die Bestimmungen der §§ 246–248 AktG.

2. Entstehungsgeschichte. Die Vorschrift beruht in ihrer heutigen Fassung auf Art. 3 **2** Nr. 11 Gesetz zur Durchführung der ersten gesellschaftsrechtlichen Richtlinie[2] des Rates der EG vom 15.8.1969 (BGBl. 1969 I 1146 [1149]). Die Zahl der Nichtigkeitsgründe wurde dabei gegenüber dem früheren Rechtszustand erheblich auf nur noch drei Fälle

---

[1] AllgM, HCL/*Tuun* Rn. 1; Scholz/*Schmidt/Scheller* Rn. 1; Noack/Servatius/Haas/*Haas* Rn. 11; Rowedder/Schmidt-Leithoff/*Baukelmann* Rn. 1; Lutter/Hommelhoff/*Kleindiek* Rn. 1; *Altmeppen* Rn. 7; MHLS/*Lieder* Rn. 2; BeckOK GmbHG/*Trölitzsch* vor Rn. 1.

[2] Publizitäts-RL v. 9.3.1969 (RL 68/151/EWG), ABl. EG 1969 L 65, 8; aufgehoben, heute GesR-RL.

reduziert. Die Verweisung auf das Aktiengesetz in Abs. 2 ist neu gefasst worden durch Art. 12 Nr. 6 Justizkommunikationsgesetz vom 22.3.2005 (BGBl. 2005 I 837 [853]).

3   **3. Begriff der Nichtigkeit.** Der Gesetzeswortlaut spricht in Abs. 1 von der Nichtigerklärung der Gesellschaft. Das ist nach allgemeiner Auffassung unscharf und missverständlich formuliert. Insbesondere geht es nicht um Nichtigkeit von Anfang an im Sinne der Rechtsgeschäftslehre des bürgerlichen Rechts. Mängel des Gesellschaftsvertrages hindern grundsätzlich die Entstehung der in das Handelsregister eingetragenen Gesellschaft nicht. Das Vorliegen der in Abs. 1 genannten Nichtigkeitsgründe führt vielmehr zur Vernichtbarkeit der entstandenen Gesellschaft im Wege der Klage, die auch nur von einem begrenzten Personenkreis erhoben werden kann. Die Rechtskraft des Nichtigkeitsurteils lässt die Gesellschaft zudem nicht erlöschen; wie aus der Verweisung in § 77 Abs. 1 auf die Abwicklungsvorschriften hervorgeht, ist Rechtsfolge der Nichtigerklärung die Auflösung der Gesellschaft. Die Nichtigkeitsgründe des Abs. 1 sind deshalb letztlich Auflösungsgründe, die Nichtigkeitsklage ist im Grunde eine hinsichtlich der Klagebefugnis an besondere Voraussetzungen geknüpfte Auflösungsklage (§ 61).[3]

4   **4. Anwendungsbereich.** § 75 gilt nur für die trotz schwerwiegender Mängel des Gesellschaftsvertrages in das Handelsregister eingetragene GmbH. Die Vorschrift ist hingegen auf die **Vor-GmbH,** die nicht eingetragen ist, nicht anzuwenden,[4] weil Mängel des Gesellschaftsvertrags Eintragungshindernisse sind und zur Ablehnung der Eintragung führen müssen; die Rechtsfolgen von Vertragsmängeln bestimmen sich bei der Vor-GmbH nach den Vorschriften des Bürgerlichen Rechts und nach den Grundsätzen über die fehlerhafte Vorgesellschaft (→ § 2 Rn. 169 ff.). Grundsätzlich kann auch gegen die **aufgelöste GmbH** eine Nichtigkeitsklage erhoben werden; jedoch wird einer solchen Klage regelmäßig das Rechtsschutzbedürfnis fehlen, weil das Nichtigkeitsurteil wiederum nur zur Auflösung der GmbH führt.[5] Anders kann dies dann sein, wenn die Gesellschafter die aufgelöste Gesellschaft voraussichtlich fortsetzen wollen; die zur Klage befugten Personen müssen in diesem Fall den Fortsetzungsbeschluss nicht abwarten, sie können mit Hilfe der Nichtigkeitsklage erreichen, dass der Nichtigkeitsgrund – soweit nach § 76 möglich – mit dem Fortsetzungsbeschluss geheilt wird und dass das Registergericht vor der Eintragung prüfen muss, ob der Nichtigkeitsgrund behoben ist.[6]

5   **5. Abschließender Charakter.** Die Vorschrift enthält, auch wenn sie dies anders als § 275 Abs. 1 S. 2 AktG für das Aktienrecht nicht ausdrücklich sagt, eine erschöpfende Regelung der Gründe, mit denen die eingetragene GmbH für nichtig erklärt werden kann; weitere als die in Abs. 1 genannten Nichtigkeitsgründe, nämlich das Fehlen von Bestimmungen über den Betrag des Stammkapitals oder den Gegenstand des Unternehmens und die Nichtigkeit der Bestimmung über den Gegenstand des Unternehmens, gibt es nicht.[7]

6   Andere als die in Abs. 1 genannten Mängel des Gesellschaftsvertrags können im Wege der Nichtigkeitsklage nicht geltend gemacht werden oder zur Amtslöschung nach § 397 S. 2 FamFG führen. Von den Nichtigkeitsgründen des Abs. 1 abzugrenzen sind insbesondere das Fehlen oder die Nichtigkeit von Bestimmungen über die Firma und den Sitz der

---

[3]   HCL/*Paura* Rn. 1; Scholz/*Schmidt/Scheller* Rn. 10; Rowedder/Schmidt-Leithoff/*Baukelmann* Rn. 1; MHLS/*Lieder* Rn. 1; *Altmeppen* Rn. 7; Lutter/Hommelhoff/*Kleindiek* Rn. 1; Henssler/Strohn/*Büteröwe* Rn. 8; aA Noack/Servatius/Haas/*Haas* Rn. 5.

[4]   HCL/*Paura* Rn. 5; Scholz/*Schmidt/Scheller* Rn. 4; Noack/Servatius/Haas/*Haas* Rn. 4; Rowedder/Schmidt-Leithoff/*Baukelmann* Rn. 2; MHLS/*Lieder* Rn. 28.

[5]   HCL/*Paura* Rn. 6; Scholz/*Schmidt/Scheller* Rn. 5; Noack/Servatius/Haas/*Haas* Rn. 4; Rowedder/Schmidt-Leithoff/*Baukelmann* Rn. 3.

[6]   HCL/*Paura* Rn. 6; Scholz/*Schmidt/Scheller* Rn. 6.

[7]   BGH Beschl. v. 9.10.1956 – II ZB 11/56, BGHZ 21, 378 (381) = NJW 1957, 19 (20); KG Beschl. v. 14.11.2000 – 1 W 6828/99, NZG 2001, 225 (226); OLG Frankfurt Beschl. v. 4.12.2001 – 20 W 31/ 01, NZG 2002, 294 (295); HCL/*Paura* Rn. 2; Scholz/*Schmidt/Scheller* Rn. 6; Noack/Servatius/Haas/ *Haas* Rn. 12; Rowedder/Schmidt-Leithoff/*Baukelmann* Rn. 6; *Altmeppen* Rn. 3, 17; Lutter/Hommelhoff/*Kleindiek* Rn. 3; BeckOK GmbHG/*Trölitzsch* Rn. 1; HK-GmbHG/*Nordmeyer* Rn. 7 ff.

Gesellschaft (§ 3 Abs. 1 Nr. 1), die Nichtigkeit der Bestimmung über den Betrag des Stammkapitals (§ 3 Abs. 1 Nr. 3) und das Fehlen oder die Nichtigkeit von Bestimmungen über den Betrag der von jedem Gesellschafter auf das Stammkapital zu leistenden Einlage (§ 3 Abs. 1 Nr. 4). Das Fehlen oder die Nichtigkeit dieser nach § 3 Abs. 1 notwendigen Bestimmungen des Gesellschaftsvertrags kann aber zum **Eingreifen des Registergerichts** gem. § 399 Abs. 4 FamFG führen, das von Amts wegen, auf Antrag der berufsständischen Organe oder auf eine Anregung hin die Gesellschaft auffordert, den Mangel durch Satzungsänderung zu beheben; geschieht dies nicht, so hat das Registergericht den Mangel festzustellen, die Gesellschaft wird aufgelöst.

Sonstige nicht in Abs. 1 genannte Gründungsmängel scheiden ebenfalls als Nichtigkeits 7 gründe aus. Dabei geht es um wegen eines Verstoßes gegen zwingende Vorschriften des GmbH-Rechts inhaltlich mangelhafte Bestimmungen des Gesellschaftsvertrages, bei denen sich die Nichtigkeit auf die mangelhafte Satzungsbestimmung beschränkt, ohne zur Nichtigkeit der Gesellschaft zu führen.[8] Der Wegfall einer wesentlichen Satzungsbestimmung führt auch nicht nach den Grundsätzen über die Teilnichtigkeit (§ 139 BGB) zur Nichtigkeit der Gesellschaft.[9] Derartige Mängel der Satzung können, wenn sie nicht durch Satzungsänderung geheilt werden, Anlass zur Auflösung der Gesellschaft von Amts wegen nach § 399 Abs. 4 FamFG sein; sie können, wenn aus dem Mangel ein wichtiger Grund für eine Auflösung folgt, die Erhebung einer Auflösungsklage nach § 61 rechtfertigen, nicht aber die einer Nichtigkeitsklage. Kein Fall des § 75 sind schließlich **unwirksame Beitrittserklärungen** einzelner oder aller Gesellschafter etwa wegen deren Geschäftsunfähigkeit;[10] auch eine Amtslöschung nach § 395 FamFG bzw. § 397 FamFG analog[11] ist wegen des grundsätzlichen Vorrangs des Bestandsschutzes der eingetragenen Gesellschaft im Interesse des auf die Eintragung im Handelsregister vertrauenden Rechtsverkehrs gegenüber dem möglicherweise bestehenden Einzelinteresse des Gesellschafters an ihrer Nichtigkeit selbst dann nicht zulässig, wenn sämtliche Beitrittserklärungen oder diejenige des Alleingesellschafters nichtig sind.[12]

Nicht in den Anwendungsbereich des § 75 fallen **Formmängel** des Gesellschaftsver 8 trags wie etwa die fehlende notarielle Beurkundung (§ 2); derartige Mängel werden durch die Eintragung in das Handelsregister geheilt.[13] Dasselbe gilt für Mängel der Handelsregisteranmeldung. Eine trotz Fehlens einer Anmeldung oder aufgrund einer Anmeldung durch dazu nicht befugte Personen vorgenommene Eintragung kann aber gem. § 395 FamFG von Amts wegen durch das Registergericht gelöscht werden.[14]

II. Nichtigkeitsgründe

1. Keine Bestimmungen über die Höhe des Stammkapitals. Das Fehlen einer 9 nach § 3 Abs. 1 Nr. 3 zwingend vorgeschriebenen Bestimmung über den Betrag des Stammkapitals im Gesellschaftsvertrag führt zur Begründetheit einer Nichtigkeitsklage. Die praktische Bedeutung dieses Nichtigkeitsgrundes ist gering, weil es kaum denkbar ist, dass das Registergericht eine GmbH in das Handelsregister einträgt, obwohl deren Gesellschaftsver

---

8   HCL/*Paura* Rn. 7; Scholz/*Schmidt/Scheller* Rn. 6; Rowedder/Schmidt-Leithoff/*Baukelmann* Rn. 7;
    OLG Jena Urt. v. 4.9.1996 – 2 U 1291/95, AgrarR 1997, 287 (288); KG Urt. v. 23.3.1999 – 14 U
    1956/97, NZG 1999, 1235 (1236).
9   Scholz/*Schmidt/Scheller* Rn. 7 f.; Rowedder/Schmidt-Leithoff/*Baukelmann* Rn. 6; *Altmeppen* Rn. 18;
    Lutter/Hommelhoff/*Kleindiek* Rn. 4.
10 KG Urt. v. 23.3.1999 – 14 U 1956/97, NZG 1999, 1235 (1236); HCL/*Paura* Rn. 8; Scholz/*Schmidt/
    Scheller* Rn. 14; Rowedder/Schmidt-Leithoff/*Baukelmann* Rn. 8; Noack/Servatius/Haas/*Haas* Rn. 11;
    Altmeppen Rn. 17; Lutter/Hommelhoff/*Kleindiek* Rn. 4.
11 So Rowedder/Schmidt-Leithoff/*Baukelmann* Rn. 1; Lutter/Hommelhoff/*Kleindiek* Rn. 4; Noack/Servatius/Haas/*Haas* Rn. 11.
12 KG Urt. v. 23.3.1999 – 14 U 1956/97, NZG 1999, 1235 (1236); Ulmer/Habersack/Winter/*Paura*,
    2008, Rn. 8; Scholz/*Schmidt/Scheller* Rn. 14.
13 Scholz/*Schmidt/Scheller* Rn. 15; Rowedder/Schmidt-Leithoff/*Baukelmann* Rn. 10; *Altmeppen* Rn. 17.
14 Scholz/*Schmidt/Scheller* Rn. 15; HCL/*Paura* Rn. 9; Rowedder/Schmidt-Leithoff/*Baukelmann* Rn. 11;
    Noack/Servatius/Haas/*Haas* Rn. 11; Lutter/Hommelhoff/*Kleindiek* Rn. 4.

trag die Höhe des Stammkapitals nicht nennt. Die Bestimmung muss vollständig fehlen. Nicht anwendbar ist § 75, wenn zwar die Betragsangabe fehlt, die Höhe des Stammkapitals sich jedoch aus dem weiteren Inhalt des Gesellschaftsvertrags ermitteln lässt, insbesondere aus den Angaben zu den von den Gesellschaftern auf das Stammkapital zu leistenden Einlagen (§ 3 Abs. 1 Nr. 4).[15] Das Unterschreiten des Mindestbetrages des § 5 Abs. 1 von 25.000 Euro ist kein Nichtigkeitsgrund,[16] kann aber zum Einschreiten des Registergerichts nach § 399 FamFG mit dem Ziel der Auflösung wegen eines Mangels der Satzung führen. Die Festlegung des Stammkapitals in einer anderen Währung als Euro genügt ebenfalls nicht. Der Mangel der fehlenden Bestimmung des Betrags des Stammkapitals ist nicht nach § 76 heilbar (→ § 76 Rn. 2).

10   **2. Keine Bestimmungen über den Gegenstand des Unternehmens.** Das Fehlen der in § 3 Abs. 1 Nr. 2 zwingend vorgeschriebenen Angabe des Gegenstands des Unternehmens im Gesellschaftsvertrag ist weiterer Nichtigkeitsgrund. Auch hier muss die Bestimmung vollständig fehlen, was selten der Fall sein wird. Die mangelnde Bestimmtheit oder Konkretisierung des Unternehmensgegenstandes oder bloße Ungenauigkeiten stehen dem Fehlen nicht gleich und sind nur Eintragungshindernis.[17] Praktische Bedeutung kommt auch diesem Nichtigkeitsgrund nicht zu. Zudem ist dieser Mangel nach § 76 heilbar (→ § 76 Rn. 2).

11   **3. Nichtigkeit der Bestimmungen über den Gegenstand des Unternehmens.** Dieser Nichtigkeitsgrund, dem anders als den zuvor genannten Nichtigkeitsgründen rechtstatsächliche Bedeutung zukommt, ist etwa dann gegeben, wenn der im Gesellschaftsvertrag angegebene Unternehmensgegenstand auf eine gesetzlich verbotene (§ 134 BGB) bzw. auf eine gegen die guten Sitten (§ 138 BGB) verstoßende Tätigkeit gerichtet ist[18] oder wenn er nur vereinbart ist, um einen tatsächlich verfolgten unzulässigen, insbesondere gesetzes- oder sittenwidrigen Unternehmensgegenstand zu verdecken (§ 117 BGB).[19] Dazu gehören auch – rechtstatsächlich allerdings kaum noch relevante – sog. verdeckte **Vorratsgründungen** (→ § 3 Rn. 24 ff.) mit der Angabe eines nur fiktiven Unternehmensgegenstandes; sog. offene Vorratsgründungen,[20] die etwa die Verwaltung des eigenen Vermögens als Unternehmensgegenstand angeben, fallen hingegen nicht unter § 75.[21] Das Fehlen einer erforderlichen **staatlichen Genehmigung** des Unternehmensgegenstandes, die nach § 8 Abs. 1 Nr. 6 aF bisher (→ § 8 Rn. 36 f.) der Anmeldung beizufügen war, begründet, wenn die GmbH trotz dieses Hindernisses eingetragen worden ist, auch bei endgültiger Verweigerung der Genehmigung nicht die Möglichkeit der Nichtigkeitsklage,[22] sondern diejenige der Auflösungsklage nach § 61, weil es um einen Fall der Unmöglichkeit der Erreichung des Gesellschaftszwecks geht.[23] Der Mangel der Nichtigkeit der Bestimmung über den Unternehmensgegenstand ist nach § 76 heilbar (→ § 76 Rn. 2).

---

[15] HCL/*Paura* Rn. 11.
[16] HCL/*Paura* Rn. 11; Scholz/*Schmidt/Scheller* Rn. 16; Rowedder/Schmidt-Leithoff/*Baukelmann* Rn. 12; Noack/Servatius/Haas/*Haas* Rn. 13; *Altmeppen* Rn. 14; Lutter/Hommelhoff/*Kleindiek* Rn. 3.
[17] HCL/*Paura* Rn. 12; Scholz/*Schmidt/Scheller* Rn. 18; Rowedder/Schmidt-Leithoff/*Baukelmann* Rn. 18; Noack/Servatius/Haas/*Haas* Rn. 14; *Altmeppen* Rn. 10.
[18] BayObLG Beschl. v. 28.8.1996 – 3Z BR 75/96, NJW 1996, 3217 (3218).
[19] BGH Beschl. v. 9.11.1987 – II ZB 49/87, BGHZ 102, 209 (213) = NJW 1988, 1087 (1088); Beschl. v. 16.3.1992 – II ZB 17/91, BGHZ 117, 323 (333 f.) = NJW 1992, 1824 (1826); HCL/*Paura* Rn. 18; Scholz/*Schmidt/Scheller* Rn. 18 f.; Rowedder/Schmidt-Leithoff/*Baukelmann* Rn. 16; Noack/Servatius/Haas/*Haas* Rn. 15; MHLS/*Lieder* Rn. 16; Lutter/Hommelhoff/*Kleindiek* Rn. 3.
[20] Zu deren Zulässigkeit vgl. BGH Beschl. v. 9.11.1987 – II ZB 49/87, BGHZ 102, 209 (213) = NJW 1988, 1087 (1088); Beschl. v. 16.3.1992 – II ZB 17/91, BGHZ 117, 323 (333 f.) = NJW 1992, 1824 (1826).
[21] HCL/*Paura* Rn. 19; Scholz/*Schmidt/Scheller* Rn. 20; MHLS/*Lieder* Rn. 16; Rowedder/Schmidt-Leithoff/*Baukelmann* Rn. 17.
[22] So aber Noack/Servatius/Haas/*Haas* Rn. 15.
[23] HCL/*Paura* Rn. 16; Scholz/Schmidt/Scheller Rn. 23; Rowedder/Schmidt-Leithoff/*Baukelmann* Rn. 15; MHLS/*Lieder* Rn. 15.

Das vollständige **Abweichen** der tatsächlich ausgeübten Geschäftstätigkeit von dem **12**
im Gesellschaftsvertrag genannten Unternehmensgegenstand begründet die Nichtigkeit
der Gesellschaft dann nicht, wenn der ursprüngliche Unternehmensgegenstand wirksam
vereinbart und gewollt war;[24] für eine unmittelbare oder analoge Anwendung des § 75
auf diese Fallgestaltung[25] besteht kein Anlass. Das nachträgliche Auseinanderfallen von
tatsächlichem und satzungsgemäßem Unternehmensgegenstand ist schon nach dem Gesetzeswortlaut kein Nichtigkeitsgrund; ein Scheingeschäft liegt ebenso wenig vor, weil der
Unternehmensgegenstand des Gesellschaftsvertrags ursprünglich gewollt war. Der in einer
davon abweichenden Geschäftstätigkeit liegende Verstoß gegen den Gesellschaftsvertrag
nötigt nicht dazu, den Gesellschaftern die Klagemöglichkeit nach § 75 zu geben; sie sind
durch Schadensersatzansprüche gegen die Geschäftsführer und durch Austritts-, Auflö-
sungs- bzw. Kündigungsrechte aus wichtigem Grund hinreichend geschützt.[26] Auch Gläu-
biger- oder Allgemeininteressen erfordern nicht die Rechtsfolge der Nichtigkeit. Wird
hingegen durch **Satzungsänderung** der anfängliche erlaubte gegen einen unzulässigen
Unternehmensgegenstand ausgetauscht und in das Handelsregister eingetragen, so kann
wie bei einem von Anfang an nichtigen Unternehmensgegenstand die Nichtigkeitsklage
erhoben werden;[27] alternativ kann die Löschung des nichtigen Satzungsänderungsbeschlusses durch das Registergericht (§ 398 FamFG) betrieben werden.

III. Nichtigkeitsklage

1. Geltendmachung durch Klage. Zwecks Nichtigerklärung der Gesellschaft müssen **13**
die nach Abs. 1 klagebefugten Personen Nichtigkeitsklage gegen die Gesellschaft erheben.
Im Wege nur der **Einrede** etwa durch einen von der Gesellschaft auf die Zahlung rückständiger Einlagen oder von Nachschüssen in Anspruch genommenen Gesellschafter kann die
Nichtigkeit nicht geltend gemacht werden;[28] insbesondere kann daraus ein Leistungsverweigerungsrecht nicht hergeleitet werden. Möglich ist aber die Erhebung der Nichtigkeitsklage
als Widerklage im Rechtsstreit zwischen der Gesellschaft und dem Gesellschafter.[29] Daneben
kann jedermann die Einleitung des Amtslöschungsverfahrens (§ 397 FamFG) bei dem
Registergericht anregen; das Rechtsschutzbedürfnis für die Nichtigkeitsklage wird durch
ein anhängiges Amtslöschungsverfahren nicht beseitigt.

2. Klageart. Die Nichtigkeitsklage ist Gestaltungsklage, deren Ziel die Nichtigerklä- **14**
rung der Gesellschaft durch rechtsgestaltenden richterlichen Urteilsspruch ist.[30] Dementsprechend muss der Klageantrag lauten, die Gesellschaft für nichtig zu erklären.

3. Klagebefugnis. Klagebefugt sind nur die in Abs. 1 genannten Personen, also Gesell- **15**
schafter, Geschäftsführer und Mitglieder des Aufsichtsrats. Dritte, insbesondere Gläubiger
der Gesellschaft, können eine Nichtigkeitsklage nicht erheben.[31]

a) Gesellschafter. Klagebefugt ist jeder einzelne Gesellschafter, und das anders als im **16**
Fall der Auflösungsklage (§ 61 Abs. 2 S. 2) unabhängig von der Höhe seiner Beteiligung.

---

[24] HCL/*Paura* Rn. 20; Rowedder/Schmidt-Leithoff/*Baukelmann* Rn. 19; MHLS/*Lieder* Rn. 17; *Altmeppen*
Rn. 12; vgl. weiter BayObLG Beschl. v. 8.3.1982 – BReg. 1 Z 71/81, BB 1982, 578; BeckOK GmbHG/
Trölitzsch Rn. 5.
[25] Befürwortend Scholz/*Schmidt/Scheller* Rn. 21; Noack/Servatius/Haas/*Haas* Rn. 16; Lutter/Hommel-
hoff/*Kleindiek* Rn. 3.
[26] HCL/*Paura* Rn. 20; MHLS/*Lieder* Rn. 21; *Altmeppen* Rn. 12.
[27] Rowedder/Schmidt-Leithoff/*Baukelmann* Rn. 20; MHLS/*Lieder* Rn. 22; Scholz/*Schmidt/Scheller*
Rn. 22; Lutter/Hommelhoff/*Kleindiek* Rn. 3.
[28] HCL/*Paura* Rn. 21; Noack/Servatius/Haas/*Haas* Rn. 17; Rowedder/Schmidt-Leithoff/*Baukelmann*
Rn. 22; MHLS/*Lieder* Rn. 23; *Altmeppen* Rn. 19; Lutter/Hommelhoff/*Kleindiek* Rn. 2.
[29] HCL/*Paura* Rn. 21; Rowedder/Schmidt-Leithoff/*Baukelmann* Rn. 22; MHLS/*Lieder* Rn. 23.
[30] HCL/*Paura* Rn. 23; Scholz/*Schmidt/Scheller* Rn. 25; Noack/Servatius/Haas/*Haas* Rn. 17; MHLS/*Lieder*
Rn. 23; Rowedder/Schmidt-Leithoff/*Baukelmann* Rn. 32; *Altmeppen* Rn. 19; Lutter/Hommelhoff/
Kleindiek Rn. 9.
[31] Scholz/*Schmidt/Scheller* Rn. 26 f.; Rowedder/Schmidt-Leithoff/*Baukelmann* Rn. 23; MHLS/*Lieder*
Rn. 24.

Im Fall der Veräußerung eines Geschäftsanteils kommt es für die Aktivlegitimation auf die Eintragung in der Gesellschafterliste an (§ 16). Besteht Mitberechtigung an einem Geschäftsanteil (§ 18), so können die mehreren Mitberechtigten nur gemeinschaftlich klagen. Nicht klagebefugt sind Gesellschafter, die aus der Gesellschaft ausgeschlossen oder deren Geschäftsanteile eingezogen oder kaduziert worden sind. Treugebern, Nießbrauchern und Pfandgläubigern stehen zwar Rechte am Geschäftsanteil zu, mangels Gesellschaftereigenschaft sind sie aber nicht aktivlegitimiert.[32]

17   **b) Geschäftsführer.** Jeder einzelne Geschäftsführer ist aufgrund eigenen Rechts und nicht etwa nur in Vertretung der Gesellschaft klagebefugt. Das folgt aus seiner Stellung als Mitglied eines Gesellschaftsorgans. Die Klagebefugnis ist unabhängig von seiner Vertretungsbefugnis; sie besteht auch gegen den Willen anderer Geschäftsführer oder gegen einen anderslautenden Mehrheitsbeschluss des Geschäftsführungsorgans.[33] Ist die Gesellschaft bereits aufgelöst (→ Rn. 4), so haben die Liquidatoren an Stelle der Geschäftsführer die Klagebefugnis.

18   **c) Mitglieder des Aufsichtsrats.** Die Nichtigkeitsklage erheben kann jedes Mitglied eines obligatorischen oder fakultativen Aufsichtsrats, nicht aber der Aufsichtsrat als Kollektivorgan.[34] Die Mitglieder sonstiger Organe der Gesellschaft wie etwa diejenigen eines Beirats sind hingegen nicht klagebefugt.[35]

19   **4. Verfahren.** Nach Abs. 2 sind auf das Verfahren der Nichtigkeitsklage die Bestimmungen der §§ 246–248 AktG entsprechend anzuwenden. Diese Verweisung ist allerdings nicht in jedem Punkt wörtlich zu nehmen. So gilt etwa die Monatsfrist des § 246 Abs. 1 AktG für die Klageerhebung nicht (→ Rn. 20); auch die Bestimmungen zur Bemessung des Streitwerts (§ 247 AktG) sind nicht ohne Weiteres auf die GmbH übertragbar (→ Rn. 28).

20   **a) Klagefrist.** Eine bestimmte Klagefrist besteht nicht. Die Nichtigkeitsklage muss trotz der Verweisung in Abs. 2 auch auf § 246 Abs. 1 AktG nicht binnen einer Frist von einem Monat erhoben werden.[36] Die entsprechende Anwendung dieser kurzen und wegen ihrer Anknüpfung an eine Beschlussfassung für die GmbH nicht passenden Frist wäre sachwidrig; mit der Neufassung der Verweisung in Abs. 2 wollte der Gesetzgeber an der vorherigen Rechtslage, die keine Monatsfrist kannte, nichts ändern. Mangels Verweisung auf § 275 Abs. 3 S. 1 AktG ist auch die mit der Eintragung der Gesellschaft in das Handelsregister beginnende Dreijahresfrist für die aktienrechtliche Nichtigkeitsklage nicht entsprechend anzuwenden;[37] dasselbe gilt hinsichtlich der ab Eintragung in das Handelsregister laufenden Dreijahresfrist des § 242 Abs. 2 S. 1 AktG für die Geltendmachung der Nichtigkeit nicht oder nicht gehörig beurkundeter Hauptversammlungsbeschlüsse. Eine Grenze für die Erhebung der Nichtigkeitsklage bilden nur die Grundsätze der Verwirkung und des widersprüchlichen Verhaltens;[38] sie können beispielsweise eingreifen, wenn der Klagebefugte trotz Kenntnis des Nichtigkeitsgrunds und der Klagemöglichkeit die Klage jahrelang nicht erhoben hat und Gesellschaft und Mitgesellschafter sich darauf eingerichtet haben und einrichten durften, dass er dieses Recht nicht mehr geltend machen werde.

---

[32]   Scholz/*Schmidt*/*Scheller* Rn. 26; Rowedder/Schmidt-Leithoff/*Baukelmann* Rn. 23; MHLS/*Lieder* Rn. 24.
[33]   Noack/Servatius/Haas/*Haas* Rn. 21.
[34]   HCL/*Paura* Rn. 24; MHLS/*Lieder* Rn. 27.
[35]   HCL/*Paura* Rn. 24; Scholz/*Schmidt*/*Scheller* Rn. 26; MHLS/*Lieder* Rn. 27; aA Noack/Servatius/Haas/*Haas* Rn. 22.
[36]   HCL/*Paura* Rn. 26; Scholz/*Schmidt*/*Scheller* Rn. 30; Rowedder/Schmidt-Leithoff/*Baukelmann* Rn. 29; MHLS/*Lieder* Rn. 32; *Altmeppen* Rn. 24.; BeckOK GmbHG/*Trölitzsch* Rn. 10; HK-GmbHG/*Nordmeyer* Rn. 30 ff.
[37]   HCL/*Paura* Rn. 26; Scholz/*Schmidt*/*Scheller* Rn. 30; Rowedder/Schmidt-Leithoff/*Baukelmann* Rn. 29; MHLS/*Lieder* Rn. 33; *Altmeppen* Rn. 24; Lutter/Hommelhoff/*Kleindiek* Rn. 2; aA Noack/Servatius/Haas/*Haas* Rn. 26.
[38]   HCL/*Paura* Rn. 26; Scholz/*Schmidt*/*Scheller* Rn. 30; Rowedder/Schmidt-Leithoff/*Baukelmann* Rn. 29; MHLS/*Lieder* Rn. 33; *Altmeppen* Rn. 24; Lutter/Hommelhoff/*Kleindiek* Rn. 2.

b) Vorherige Aufforderung. Der Kläger muss die Gesellschaft vor Erhebung der **21** Nichtigkeitsklage nicht abgemahnt haben.[39] Die Vorschrift des § 275 Abs. 2 AktG, wonach die Klage erst erhoben werden kann, wenn der Klageberechtigte die Gesellschaft zur Beseitigung des Mangels des Gesellschaftsvertrages – sofern dieser nach § 76 heilbar ist – aufgefordert hat und diese der Aufforderung nicht binnen drei Monaten nachgekommen ist, ist auf die GmbH nicht analog anzuwenden. § 227 Abs. 2 AktG-RegE 1971 sah zwar die Übernahme dieser Regelung in das GmbHG vor; Gesetz geworden ist dies jedoch nicht. Neben einer planwidrigen Regelungslücke fehlt es an einem rechtsähnlichen Tatbestand; bei der GmbH ist anders als bei der AG in der Regel überschaubar, ob die Mitgesellschafter bereit sind, den Mangel zu beheben.[40] Die Klageerhebung ohne vorherige Abmahnung kann aber, wenn die Mitgesellschafter ohnehin vorhaben, den Mangel zu heilen, treuwidrig sein und dazu führen, dass den Kläger im Fall der Klagerücknahme oder der Erledigungserklärung die Kostenlast trifft.[41]

c) Zuständiges Gericht. Nach § 246 Abs. 3 S. 1 AktG ist das Landgericht, in dessen **22** Bezirk die Gesellschaft ihren Sitz hat, für die Entscheidung über die Nichtigkeitsklage sachlich und örtlich ausschließlich zuständig. Funktionell zuständig ist die Kammer für Handelssachen (§ 246 Abs. 3 S. 2 AktG); der Streit um die Nichtigkeit der Gesellschaft ist gem. § 95 Abs. 2 Nr. 1 GVG Handelssache.

d) Schiedsfähigkeit. Für die Nichtigkeitsklage kann grundsätzlich durch Schiedsver- **23** einbarung oder Schiedsklausel im Gesellschaftsvertrag die Zuständigkeit eines Schiedsgerichts (§§ 1025 ff. ZPO) begründet werden.[42] Im Hinblick auf die dem Nichtigkeitsurteil nach § 248 Abs. 1 S. 1 AktG zukommende Wirkung für und gegen jedermann müssen Schiedsvereinbarung bzw. Schiedsklausel jedoch den vom BGH[43] zur Schiedsfähigkeit von Beschlussmängelstreitigkeiten entwickelten strengen Anforderungen genügen. Wegen der mit der Konstituierung des Schiedsgerichts insbesondere bei Uneinigkeit der Beteiligten verbundenen Schwierigkeiten hat diese Frage keine rechtstatsächliche Bedeutung.

e) Passivlegitimation. Die Nichtigkeitsklage ist gegen die Gesellschaft als Beklagte **24** zu richten. Sie wird durch ihre Geschäftsführer – oder durch ihre Liquidatoren – und, falls ein solcher vorhanden ist, durch ihren Aufsichtsrat vertreten (§ 246 Abs. 2 S. 2 AktG). Klagt ein Geschäftsführer oder klagen alle Geschäftsführer, so ist der Aufsichtsrat zur Vertretung berufen; klagt ein Aufsichtsratsmitglied, so wird die Gesellschaft von den Geschäftsführern vertreten (§ 246 Abs. 2 S. 3 AktG). Diese Regelung kann, wenn die Gesellschaft keinen Aufsichtsrat hat und ein Geschäftsführer klagt oder wenn Geschäftsführer und Aufsichtsratsmitglieder klagen, zur Folge haben, dass die Gesellschaft ohne gesetzlichen Vertreter ist; ihr muss dann durch das Prozessgericht ein Vertreter (§ 57 ZPO) bzw. durch das Registergericht analog § 29 BGB ein Notgeschäftsführer bestellt werden, sofern nicht die Gesellschafter entsprechend § 46 Nr. 8 einen besonderen Vertreter berufen.[44]

f) Zustellung. Gem. § 246 Abs. 2 AktG ist die Klage einem Mitglied (§ 170 Abs. 3 **25** ZPO) des Vertretungsorgans der Gesellschaft – in der Regel einem Geschäftsführer – zuzustellen. Besteht wie bei der AG (§ 246 Abs. 2 S. 2 AktG) Doppelvertretung, so ist jeweils

---

[39] HCL/*Paura* Rn. 25; Scholz/*Schmidt/Scheller* Rn. 31; Rowedder/Schmidt-Leithoff/*Baukelmann* Rn. 28; MHLS/*Lieder* Rn. 34; aA Noack/Servatius/Haas/*Haas* Rn. 27.
[40] HCL/*Paura* Rn. 25.
[41] HCL/*Paura* Rn. 25; Scholz/*Schmidt/Scheller* Rn. 31; Rowedder/Schmidt-Leithoff/*Baukelmann* Rn. 28; MHLS/*Lieder* Rn. 34.
[42] HCL/*Paura* Rn. 29; Rowedder/Schmidt-Leithoff/*Baukelmann* Rn. 22; MHLS/*Lieder* Rn. 31; Noack/Servatius/Haas/*Haas* Rn. 25; *Altmeppen* Rn. 29.
[43] BGH Urt. v. 29.3.1996 – II ZR 124/95, BGHZ 132, 278 (285 ff.) = NJW 1996, 1753; Urt. v. 6.4.2009 – II ZR 255/08, BGHZ 180, 221 = NJW 2009, 1962.
[44] HCL/*Paura* Rn. 27; Scholz/*Schmidt/Scheller* Rn. 28; Rowedder/Schmidt-Leithoff/*Baukelmann* Rn. 24; Noack/Servatius/Haas/*Haas* Rn. 24; MHLS/*Lieder* Rn. 29; *Altmeppen* Rn. 22; Lutter/Hommelhoff/*Kleindiek* Rn. 2.

einem Mitglied der Geschäftsführung und des Aufsichtsrats zuzustellen.[45] Werden die Geschäftsführer bzw. Aufsichtsratsmitglieder in der Klageschrift entgegen § 130 Abs. 1 Nr. 1 ZPO nicht namentlich bezeichnet, so steht dies einer wirksamen Klageerhebung nicht entgegen, wenn die Klage trotzdem richtig zugestellt wird.[46]

26   **g) Prozessverbindung.** Mehrere Nichtigkeitsklagen sind nach § 246 Abs. 3 S. 6 AktG, § 249 Abs. 2 AktG zur gleichzeitigen Verhandlung und Entscheidung zu verbinden. Das soll widersprechende Entscheidungen hinsichtlich desselben Nichtigkeitsgrundes verhindern. Mehrere Kläger, die sich auf denselben Nichtigkeitsgrund stützen, sind notwendige Streitgenossen nach § 62 ZPO,[47] weil ihnen gegenüber das streitige Rechtsverhältnis nur einheitlich festgestellt werden kann.

27   **h) Bekanntmachungspflicht.** Nach § 246 Abs. 4 AktG haben die Geschäftsführer die Erhebung der Nichtigkeitsklage und den vom Gericht bestimmten Termin zur mündlichen Verhandlung unverzüglich in den Gesellschaftsblättern bekannt zu machen. Ordnet das Gericht das schriftliche Vorverfahren (§ 276 ZPO) an, so darf mit der Bekanntmachung nicht bis zur Terminierung abgewartet werden, weil andernfalls den weiteren Klagebefugten die Möglichkeit genommen werden würde, sich möglichst frühzeitig etwa durch Nebenintervention (§ 66 ZPO) am Rechtsstreit zu beteiligen.[48] Das Registergericht kann Geschäftsführer, die die Bekanntmachungspflicht nicht befolgen, entsprechend § 407 Abs. 1 AktG durch die Festsetzung von Zwangsgeld zur Erfüllung dieser Verpflichtung anhalten.

28   **i) Streitwert.** Das Gericht setzt den Streitwert der Nichtigkeitsklage nach billigem Ermessen unter Berücksichtigung aller Umstände des jeweiligen Einzelfalls fest, § 247 Abs. 1 S. 1 AktG. Anders als bei der Wertfestsetzung nach § 3 ZPO kommt es dafür nicht nur auf das Interesse des Klägers an; entscheidend ist die Bedeutung der Sache für beide Parteien. Die auf große Publikumsaktiengesellschaften zugeschnittene Regelung des § 247 Abs. 1 S. 2 AktG, die einen Regelstreitwert von 10 % des Stammkapitals und eine nur bei besonderer Bedeutung der Sache zu überschreitende Höchstgrenze von 500.000 Euro vorsieht, kann auf die Verhältnisse einer GmbH nicht ohne Weiteres übertragen werden.[49] Angemessen erscheint dies nur dann, wenn der Kläger Geschäftsführer oder Mitglied des Aufsichtsrats ohne eigene Beteiligung an der Gesellschaft ist. Für die Klage eines Gesellschafters sollte in der Regel auf den Wert seines Geschäftsanteils abgestellt werden. Eine Streitwertspaltung, also die Herabsetzung des Gebührenstreitwerts zugunsten des Klägers aus wirtschaftlichen Gründen (§ 247 Abs. 2 AktG), ist grundsätzlich auch bei der GmbH zulässig.[50]

29   **5. Nichtigkeitsurteil.** Das Urteil, durch das die Gesellschaft für nichtig erklärt wird, ist Gestaltungsurteil.[51] Entsprechend § 248 Abs. 1 S. 1 AktG wirkt das rechtskräftige Nichtigkeitsurteil auch für und gegen diejenigen Gesellschafter, Geschäftsführer und Aufsichtsratsmitglieder, die nicht Klage erhoben bzw. sich nicht durch Beitritt am Verfahren beteiligt haben, weiter für und gegen Dritte.[52] Das rechtskräftige Nichtigkeitsurteil führt auch zur Erledigung eines vom Registergericht geführten Amtslöschungsverfahrens (§ 397 S. 2 FamFG), das daraufhin einzustellen ist (→ Rn. 46). Mit Eintritt der Rechtskraft des Urteils, nicht erst mit der nachfolgenden Eintragung der Nichtigkeit in das Handelsregister, ist die

---

45   HCL/*Paura* Rn. 31; Rowedder/Schmidt-Leithoff/*Baukelmann* Rn. 27.
46   LG Frankfurt Urt. v. 22.2.1983 – 3/9 O 123/83, WM 1984, 502 (504 f.); Scholz/*Schmidt/Scheller* Rn. 28; Noack/Servatius/Haas/*Haas* Rn. 24; MHLS/*Lieder* Rn. 37.
47   HCL/*Paura* Rn. 30; Scholz/*Schmidt/Scheller* Rn. 27; Rowedder/Schmidt-Leithoff/*Baukelmann* Rn. 23; MHLS/*Lieder* Rn. 40; *Altmeppen* Rn. 21.
48   HCL/*Paura* Rn. 32; Rowedder/Schmidt-Leithoff/*Baukelmann* Rn. 30; MHLS/*Lieder* Rn. 38.
49   HCL/*Paura* Rn. 33; Rowedder/Schmidt-Leithoff/*Baukelmann* Rn. 33; MHLS/*Lieder* Rn. 46; Noack/Servatius/Haas/*Haas* Rn. 30.
50   HCL/*Paura* Rn. 33.
51   Scholz/*Schmidt/Scheller* Rn. 32; Rowedder/Schmidt-Leithoff/*Baukelmann* Rn. 32; MHLS/*Lieder* Rn. 41; *Altmeppen* Rn. 26.
52   Scholz/*Schmidt/Scheller* Rn. 32; Noack/Servatius/Haas/*Haas* Rn. 29; Rowedder/Schmidt-Leithoff/*Baukelmann* Rn. 32; MHLS/*Lieder* Rn. 42; Lutter/Hommelhoff/*Kleindiek* Rn. 5.

Gesellschaft aufgelöst und tritt in das Abwicklungsstadium ein.[53] Das die Nichtigkeitsklage als unbegründet abweisende Urteil besagt hingegen nur, dass der Kläger die begehrte Gestaltung nicht verlangen konnte; es wirkt nur zwischen den Parteien des Rechtsstreits und hindert weder andere nach Abs. 1 Klagebefugte an der Erhebung von Nichtigkeitsklagen noch das Registergericht an der Einleitung eines Amtslöschungsverfahrens.[54]

6. Einreichung zum Handelsregister. Nach § 248 Abs. 1 S. 2 AktG haben die **30** Liquidatoren das rechtskräftige, der Klage stattgebende Nichtigkeitsurteil unverzüglich zum Handelsregister einzureichen. Erforderlich ist die Einreichung einer mit dem Rechtskraftzeugnis (§ 706 ZPO) versehenen Urteilsausfertigung.[55] Die Zuständigkeit der Liquidatoren an Stelle der Geschäftsführer folgt daraus, dass die Rechtskraft des Nichtigkeitsurteils unmittelbar zur Auflösung der Gesellschaft führt, deren Vertretungsorgan nunmehr die Liquidatoren sind.[56] Die Einreichung, die keine Handelsregisteranmeldung iSd § 12 HGB ist, kann durch die Festsetzung von Zwangsgeld nach § 14 HGB erzwungen werden.

Nach Einreichung des rechtskräftigen Nichtigkeitsurteils wird die Nichtigkeit der **31** Gesellschaft **von Amts wegen** in das Handelsregister eingetragen. Daneben ist – anders als im Fall der Auflösungsklage nach § 61 – eine Anmeldung der Auflösung durch die Liquidatoren (§ 65 Abs. 1 S. 1) entsprechend § 248 Abs. 1 S. 3 AktG nicht erforderlich.[57] Die Einreichung des Nichtigkeitsurteils, die Pflicht der Liquidatoren ist, wird praktischerweise mit der ohnehin notwendigen Anmeldung der Liquidatoren und deren Vertretungsbefugnis (§ 67 Abs. 1) verbunden.[58] Eingetragen wird ein Vermerk, der entsprechend § 45 Abs. 2 S. 1 HRV die Gesellschaft als nichtig bezeichnet. Bekannt gemacht wird die Eintragung gem. § 10 HGB, §§ 32 ff. HRV.

7. Einstweilige Verfügung. Eine einstweilige Verfügung mit dem Ziel der Nichtiger- **32** klärung der Gesellschaft kann nicht erlassen werden,[59] weil damit durchweg die Entscheidung im Verfahren zur Hauptsache vorweggenommen werden würde. Möglich sind jedoch insbesondere gegen die Geschäftsführer gerichtete einstweilige Verfügungen nach §§ 938, 940 ZPO, mit denen die Abwicklung der Gesellschaft nach Nichtigerklärung und Auflösung gesichert werden soll. Dadurch kann eine mit dem Liquidationszweck nicht zu vereinbarende Geschäftstätigkeit, die die Rechte des Klägers bei der nachfolgenden Liquidation vereiteln oder wesentlich erschweren würde, unterbunden werden.[60]

8. Schadensersatzpflicht des Klägers. Die bloße Erhebung einer Nichtigkeitsklage, **33** die sich später als unbegründet erweist, löst noch keine Schadensersatzpflichten des Klägers gegenüber der Gesellschaft aus; die Klageerhebung allein ist nicht pflichtwidrig. Auch das Aktiengesetz kennt seit der Aktienrechtsreform von 1965 einen solchen Haftungstatbestand nicht mehr. Schadensersatzpflichten können aber ausnahmsweise bestehen, wenn der kla-

[53] HCL/*Paura* Rn. 34; Scholz/*Schmidt*/*Scheller* Rn. 32; Rowedder/Schmidt-Leithoff/*Baukelmann* Rn. 32; MHLS/*Lieder* Rn. 41; *Altmeppen* Rn. 26; Lutter/Hommelhoff/*Kleindiek* Rn. 5; Henssler/Strohn/*Büteröwe* Rn. 17.
[54] Scholz/*Schmidt*/*Scheller* Rn. 32; HCL/*Paura* Rn. 34; Noack/Servatius/Haas/*Haas* Rn. 29; Rowedder/Schmidt-Leithoff/*Baukelmann* Rn. 32; MHLS/*Lieder* Rn. 45.
[55] HCL/*Paura* § 77 Rn. 3; Noack/Servatius/Haas/*Haas* Rn. 31; MHLS/*Lieder* Rn. 43; *Altmeppen* Rn. 28; aA – förmliche Anmeldung erforderlich – Scholz/*Schmidt*/*Scheller* Rn. 32; Lutter/Hommelhoff/*Kleindiek* Rn. 5.
[56] Noack/Servatius/Haas/*Haas* Rn. 31; MHLS/*Lieder* Rn. 43; Rowedder/Schmidt-Leithoff/*Baukelmann* Rn. 34; *Altmeppen* Rn. 28.
[57] HCL/*Paura* § 77 Rn. 3; Noack/Servatius/Haas/*Haas* Rn. 31 f.; MHLS/*Lieder* Rn. 44; *Altmeppen* Rn. 28; aA Scholz/*Schmidt*/*Scheller* Rn. 33; Rowedder/Schmidt-Leithoff/*Baukelmann* Rn. 34; Lutter/Hommelhoff/*Kleindiek* Rn. 5; Lutter/Hommelhoff/*Kleindiek* § 77 Rn. 2.
[58] HCL/*Paura* § 77 Rn. 3; MHLS/*Lieder* Rn. 43.
[59] HCL/*Paura* Rn. 35; Scholz/*Schmidt*/*Scheller* Rn. 34; Rowedder/Schmidt-Leithoff/*Baukelmann* Rn. 35; MHLS/*Lieder* Rn. 47; Noack/Servatius/Haas/*Haas* Rn. 34; *Altmeppen* Rn. 29; HK-GmbHG/*Nordmeyer* Rn. 52.
[60] HCL/*Paura* Rn. 35; Rowedder/Schmidt-Leithoff/*Baukelmann* Rn. 35; MHLS/*Lieder* Rn. 47; Henssler/Strohn/*Büteröwe* Rn. 20.

gende Gesellschafter bzw. das klagende Organmitglied mit der Klage Treue- oder Organpflichten verletzt bzw. deliktisch handelt (§ 826 BGB).[61] Das kann der Fall sein, wenn die
Klageerhebung auf sachfremden Beweggründen beruht oder sonstige besondere Umstände
vorliegen.[62] Der Nichtigkeitskläger kann aus § 945 ZPO auf Schadensersatz haften, wenn
er zu Unrecht eine einstweilige Verfügung auf Unterlassung liquidationswidriger Geschäfte
erwirkt und vollzogen hat.

IV. Löschungsverfahren nach § 397 FamFG

34   Das Registergericht (§ 395 Abs. 1 S. 1 FamFG) kann die Gesellschaft **von Amts wegen**
löschen, wenn die Voraussetzungen der Nichtigkeitsklage nach §§ 75, 76 vorliegen (§ 397
S. 2 FamFG). § 397 FamFG ist gegenüber § 395 FamFG, der die Löschung einer wegen
des Mangels einer wesentlichen Voraussetzung unzulässigen, gleichwohl aber bewirkten
Eintragung in das Handelsregister erlaubt, lex specialis und schließt die Anwendung dieser
Vorschrift für den Bereich der Mängel des Abs. 1 aus.[63]

35   **1. Voraussetzungen.** § 397 S. 2 FamFG verweist hinsichtlich der Voraussetzungen der
Löschung auf die §§ 75, 76. Erforderlich ist das Vorliegen eines **Nichtigkeitsgrundes nach
Abs. 1,** also das Fehlen von Bestimmungen über die Höhe des Stammkapitals oder über
den Gegenstand des Unternehmens bzw. die Nichtigkeit der Bestimmungen über den
Gegenstand des Unternehmens. Die Heilung dieser Mängel des Gesellschaftsvertrags nach
§ 76 – soweit rechtlich zulässig – schließt die Löschung aus. Anders als bei der Löschung
nichtiger Beschlüsse (§ 398 FamFG) ist es nicht erforderlich, dass die Löschung der Gesellschaft im öffentlichen Interesse erforderlich erscheint.[64]

36   **2. Einleitung von Amts wegen.** Das Registergericht leitet das Löschungsverfahren
nach § 397 S. 2 FamFG **von Amts wegen** oder auf eine **Anregung** (§ 24 FamFG) ein,
die jedermann geben kann; ein verfahrenseinleitender Antrag (§ 23 FamFG) insbesondere
eines nach § 75 Abs. 1 Klagebefugten ist nicht erforderlich. Jedoch wird dem Löschungsverfahren in vielen Fällen die Anregung eines Gesellschafters, eines Geschäftsführers oder eines
Aufsichtsratsmitglied bzw. der Industrie- und Handelskammer als Organ des Handelsstandes
(§ 380 FamFG) zugrunde liegen. Die Anregung der Einleitung eines Löschungsverfahrens
bietet den nach Abs. 1 klagebefugten Personen einen im Verhältnis zur Erhebung der Nichtigkeitsklage kostengünstigen und risikoarmen Weg, die Löschung der nichtigen Gesellschaft
herbeizuführen.

37   **3. Beteiligte.** Beteiligte des Löschungsverfahrens sind allein die **Gesellschaft** als solche
und ihre gesetzlichen Vertreter, also in der Regel die Geschäftsführer, nicht aber die Gesellschafter, der Aufsichtsrat, Gläubiger der Gesellschaft oder sonstige Dritte.[65] Der Industrie-
und Handelskammer ist aufgrund § 380 FamFG rechtliches Gehör zu gewähren, sie hat
ein Antrags- und Beschwerderecht. Macht sie von ihren Rechten Gebrauch, sind ihr die
Entscheidungen des Registergerichts bekannt zu geben.[66]

---

[61] HCL/*Paura* Rn. 36; Scholz/*Schmidt/Scheller* Rn. 34; Rowedder/Schmidt-Leithoff/*Baukelmann* Rn. 36;
     Noack/Servatius/Haas/*Haas* Rn. 35; MHLS/*Lieder* Rn. 48; *Altmeppen* Rn. 30; HK-GmbHG/*Nordmeyer*
     Rn. 49.
[62] HCL/*Paura* Rn. 36.
[63] OLG Düsseldorf Beschl. v. 22.6.2004 – I 3 Wx 44/04, NZG 2004, 824 (825); KG Beschl. v. 14.11.2000 –
     1 W 6828/99, NZG 2001, 225 (226); OLG Frankfurt Beschl. v. 4.12.2001 – 20 W 31/01, NZG 2002,
     294 (295); Beschl. v. 29.10.2001 – 20 W 58/01, NZG 2002, 91 (92); Keidel/*Heinemann* FamFG § 397
     Rn. 4; HCL/*Paura* Rn. 37; Rowedder/Schmidt-Leithoff/*Baukelmann* Rn. 38; aA Noack/Servatius/
     Haas/*Haas* Anh. § 77 Rn. 19.
[64] HCL/*Paura* Rn. 41; Scholz/*Schmidt/Scheller* Rn. 36; Rowedder/Schmidt-Leithoff/*Baukelmann* Rn. 38;
     Noack/Servatius/Haas/*Haas* Anh. § 77 Rn. 25; MHLS/*Lieder* Anh. § 77 Rn. 7.
[65] HCL/*Paura* Rn. 40; Scholz/*Schmidt/Scheller* Rn. 37; Rowedder/Schmidt-Leithoff/*Baukelmann* Rn. 41;
     Keidel/*Heinemann* FamFG § 397 Rn. 21.
[66] Keidel/*Heinemann* FamFG § 397 Rn. 21; HCL/*Paura* Rn. 40.

4. Kein Ermessen des Registergerichts. Nach § 397 S. 2 FamFG **kann** das Regis- 38
tergericht eine nichtige Gesellschaft bei Vorliegen der Voraussetzungen des § 75 Abs. 1
löschen. Trotz dieses auf einen Entscheidungsspielraum bei der Einleitung des Verfahrens
und bei der Anordnung der Löschung hindeutenden Gesetzeswortlauts wird dem Register-
gericht dadurch kein pflichtgemäßes Ermessen eingeräumt.[67] Die Löschung einer nichtigen
Gesellschaft ist nicht von dem Eingreifen eines öffentlichen Interesses abhängig; für die
Abwägung von Interessen besteht kein Raum. Für einen Eingriffszwang spricht weiter die
Bestimmung des § 399 Abs. 4 FamFG, die das Registergericht bei anderen Mängeln des
Gesellschaftsvertrags zum Einschreiten verpflichtet.[68] Eine Ausnahme besteht nur für den
Fall, dass eine Nichtigkeitsklage anhängig ist und das Registergericht das Amtslöschungsver-
fahren im Hinblick auf diesen Rechtsstreit solange aussetzen müsste.[69]

5. Löschungsankündigung. Bei Einleitung des Amtslöschungsverfahrens hat das 39
Gericht die Beteiligten von der beabsichtigten Löschung zu benachrichtigen (§§ 397, 395
Abs. 2 FamFG); zugleich ist ihnen eine angemessene Frist zur Geltendmachung eines
Widerspruchs zu setzen. Das FamFG verzichtet für das Löschungsverfahren auf die Normie-
rung einer Mindestfrist und passt das Verfahren an die Verfahrensvorschriften bei der
Löschung vermögensloser Gesellschaften bzw. unzulässiger Eintragungen (§§ 394, 395
FamFG) an.[70] Danach ist eine angemessene Frist zu setzen, deren Dauer in Anlehnung an
die zu § 141a Abs. 2 FGG aF entwickelten Grundsätze[71] etwa einen Monat betragen sollte.
Die Frist beginnt mit der nach §§ 15, 16 FamFG zu bewirkenden Bekanntgabe von
Löschungsankündigung und Fristsetzung an die Gesellschaft. § 394 Abs. 2 S. 1, 2 FamFG
gilt entsprechend; danach kann eine öffentliche Bekanntmachung im elektronischen Infor-
mations- und Kommunikationssystem nach § 10 HGB erfolgen, was insbesondere dann
geboten sein wird, wenn der Aufenthalt der Geschäftsführer unbekannt ist.[72] Nach § 45
Abs. 1 HRV muss die Benachrichtigung dann, wenn der Mangel nach § 76 geheilt werden
kann, auf diese Möglichkeit hinweisen.

Löschungsankündigung, Fristsetzung und Hinweis auf die Möglichkeit der Heilung 40
des Mangels dienen nicht nur dazu, den Beteiligten die Einlegung des Widerspruchs zu
ermöglichen, sondern sollen auch Gelegenheit geben, den Nichtigkeitsgrund innerhalb der
gesetzten Frist, die auf Antrag nachträglich verlängert werden kann, zu beseitigen. Ohne
vorherige Durchführung des Widerspruchsverfahrens darf die Gesellschaft nicht als nichtig
gelöscht werden.[73]

6. Widerspruchsverfahren. Die Gesellschaft kann gegen die Löschungsankündigung 41
Widerspruch erheben (§ 393 Abs. 3, 4 FamFG). Der Widerspruch kann gegenüber dem
Registergericht schriftlich oder zur Niederschrift der Geschäftsstelle abgegeben werden
(§ 25 FamFG). Eine Begründung ist nicht erforderlich; sie ist aber insbesondere dann empfehlenswert, wenn der Gesellschaft die Gründe bekannt sind, die das Registergericht zum
Eingreifen veranlasst haben. Eine zwischenzeitlich erfolgte Heilung des Mangels (§ 76), die
die Amtslöschung ausschließt, kann ebenfalls durch die Erhebung eines Widerspruchs geltend gemacht werden.[74] Zu berücksichtigen sind auch die Gründe eines erst nach Fristablauf
eingegangenen Widerspruchs.

Das Registergericht entscheidet über den Widerspruch durch einen mit Gründen zu 42
versehenden **Beschluss** (§ 38 FamFG). Es weist den Widerspruch zurück, wenn – bezogen

---

[67] HCL/*Paura* Rn. 42; Scholz/*Schmidt*/*Scheller* Rn. 37; Rowedder/Schmidt-Leithoff/*Baukelmann* Rn. 43;
      Noack/Servatius/Haas/*Haas* Anh. § 77 Rn. 25; MHLS/*Lieder* Anh. § 77 Rn. 8; *Altmeppen* Rn. 34.
[68] Rowedder/Schmidt-Leithoff/*Baukelmann* Rn. 43.
[69] HCL/*Paura* Rn. 42; Scholz/*Schmidt*/*Scheller* Rn. 37; Rowedder/Schmidt-Leithoff/*Baukelmann* Rn. 43;
      Noack/Servatius/Haas/*Haas* Anh. § 77 Rn. 25; MHLS/*Lieder* Anh. § 77 Rn. 17.
[70] RegE FGG-RG, BT-Drs. 16/6308, 649, 650.
[71] Noack/Servatius/Haas/*Haas* Anh. § 77 Rn. 9.
[72] Noack/Servatius/Haas/*Haas* Anh. § 77 Rn. 9.
[73] OLG Stuttgart Beschl. v. 20.2.1974 – 8 W 144/73, OLGZ 1974, 340 (342) = Rpfleger 1974, 198;
      HCL/*Paura* Rn. 44; Scholz/*Schmidt*/*Scheller* Rn. 37.
[74] HCL/*Paura* Rn. 45; Scholz/*Schmidt*/*Scheller* Rn. 37.

auf den Zeitpunkt der Entscheidung – ein Nichtigkeitsgrund nach § 75 vorliegt und dieser nicht geheilt ist. Nach § 393 Abs. 4 FamFG sind der Gesellschaft bei Zurückweisung des Widerspruchs die Kosten des Widerspruchsverfahrens aufzuerlegen, soweit dies nicht unbillig ist. Gegen den Beschluss des Registergerichts kann die Gesellschaft binnen einer Frist von einem Monat die **befristete Beschwerde** (§ 393 Abs. 3 FamFG, §§ 58, 63 Abs. 1 FamFG) erheben. Ein Beschwerderecht kann auch der am Löschungsverfahren beteiligten Industrie- und Handelskammer zustehen. Die Beschwerdeentscheidung des Landgerichts kann mit der von der Zulassung durch das Beschwerdegericht abhängigen Rechtsbeschwerde angegriffen werden (§ 70 FamFG).

43   **7. Löschung.** Wird ein Widerspruch nicht erhoben oder wird ein solcher rechtskräftig zurückgewiesen (§ 45 FamFG), so verfügt das Registergericht die Löschung. Das erfolgt gem. § 395 Abs. 1 S. 2 FamFG iVm § 45 Abs. 2 HRV durch die Eintragung eines Vermerks, der die Gesellschaft unter Bezugnahme auf den Beschluss des Registergerichts als nichtig bezeichnet. Die Löschung ist unzulässig, wenn der Mangel bis zu ihrer Vornahme geheilt worden ist.[75]

44   **8. Rechtsfolgen der Löschung.** Der in das Handelsregister eingetragene Löschungsvermerk bewirkt nicht das Erlöschen der Gesellschaft, sondern ebenso wie das rechtskräftige Nichtigkeitsurteil (→ Rn. 29) deren Auflösung und deren Eintritt in das Liquidationsstadium.[76] Ebenso gilt § 77; die Vorschriften über die Abwicklung sind entsprechend anzuwenden.

45   **9. Keine Anfechtbarkeit.** Ein Rechtsmittel gegen die Amtslöschung gibt es nicht; sie ist insbesondere nicht mit der Beschwerde angreifbar.[77] Ein gleichwohl eingelegtes unzulässiges Rechtsmittel ist als Anregung an das Registergericht zu verstehen, eine Amtslöschung der Löschung vorzunehmen. Das kommt in Betracht, wenn das Löschungsverfahren an wesentlichen Verfahrensfehlern leidet – das Registergericht hat der Gesellschaft beispielsweise keine Frist für die Erhebung des Widerspruchs gesetzt, es hat vor Ablauf der Widerspruchsfrist die Löschung verfügt – und wenn kumulativ die Entscheidung mit materiellrechtlichen Fehlern behaftet ist, es etwa an einem Nichtigkeitsgrund fehlt oder dieser geheilt ist;[78] eine nur materiellrechtlich unzulässige Amtslöschung kann hingegen nicht im Wege der Amtslöschung beseitigt werden.[79] Weil die Amtslöschung zur Auflösung, nicht aber zum Erlöschen der Gesellschaft führt, haben die Gesellschafter die Möglichkeit, einen Fortsetzungsbeschluss zu fassen (→ § 76 Rn. 10), nachdem sie den Mangel, der Grund für die Amtslöschung war, nach § 76 beseitigt haben.[80]

46   **10. Verhältnis von Amtslöschungsverfahren und Nichtigkeitsklage.** Das Amtslöschungsverfahren nach § 397 S. 2 FamFG und der Nichtigkeitsprozess nach § 75 Abs. 1 konkurrieren miteinander.[81] Dies gilt, solange nicht in einem der beiden Verfahren eine rechtskräftige Nichtigerklärung vorliegt. Eine Nichtigkeitsklage ist nicht mangels Rechtsschutzbedürfnisses unzulässig, wenn zum Zeitpunkt der Klageerhebung bereits ein Amtslö-

---

[75]   Noack/Servatius/Haas/*Haas* Anh. § 77 Rn. 28.
[76]   Scholz/*Schmidt*/*Scheller* Rn. 39; Noack/Servatius/Haas/*Haas* Anh. § 77 Rn. 29; Rowedder/Schmidt-Leithoff/*Baukelmann* Rn. 45; MHLS/*Lieder* Anh. § 77 Rn. 16; *Altmeppen* Rn. 38.
[77]   OLG Stuttgart Beschl. v. 20.2.1974 – 8 W 144/73, OLGZ 1974, 340 (342) = Rpfleger 1974, 198; Scholz/*Schmidt*/*Scheller* Rn. 39; Noack/Servatius/Haas/*Haas* Anh. § 77 Rn. 28; Rowedder/Schmidt-Leithoff/*Baukelmann* Rn. 44; MHLS/*Lieder* Anh. § 77 Rn. 15; *Altmeppen* Rn. 39; aA – Beschwerde nach § 58 FamFG – HCL/*Paura* Rn. 48.
[78]   Scholz/*Schmidt*/*Scheller* Rn. 38; Noack/Servatius/Haas/*Haas* Anh. § 77 Rn. 29; Rowedder/Schmidt-Leithoff/*Baukelmann* Rn. 44; *Altmeppen* Rn. 39.
[79]   Scholz/*Schmidt*/*Scheller* Rn. 38.
[80]   Scholz/*Schmidt*/*Scheller* Rn. 38; Noack/Servatius/Haas/*Haas* Anh. § 77 Rn. 30; MHLS/*Lieder* Anh. § 77 Rn. 16.
[81]   HCL/*Paura* Rn. 49; Scholz/*Schmidt*/*Scheller* Rn. 40; Noack/Servatius/Haas/*Haas* Rn. 29, Anh. § 77 Rn. 26; Rowedder/Schmidt-Leithoff/*Baukelmann* Rn. 47; MHLS/*Lieder* Anh. § 77 Rn. 17; *Altmeppen* Rn. 33; Lutter/Hommelhoff/*Kleindiek* Rn. 7; BeckOK GmbHG/*Trölitzsch* Rn. 15b.

schungsverfahren eingeleitet ist; umgekehrt kann trotz anhängiger Nichtigkeitsklage ein Löschungsverfahren von Amts wegen eingeleitet werden. Das Gericht der Nichtigkeitsklage und das Registergericht haben jedoch die Möglichkeit, das von ihnen geführte Verfahren im Hinblick auf das jeweils andere **auszusetzen**.[82] Für das Prozessgericht folgt dies aus § 148 ZPO; das Registergericht kann nach §§ 381, 21 FamFG aussetzen, wenn ein Rechtsstreit anhängig ist. Das rechtskräftige Urteil, das die Gesellschaft für nichtig erklärt, erledigt das Amtslöschungsverfahren, das einzustellen ist. Die rechtskräftige Amtslöschung der Gesellschaft führt die Erledigung der Hauptsache in dem rechtshängigen Klageverfahren über die Nichtigkeit herbei. Die rechtskräftige **Abweisung** der Nichtigkeitsklage durch das Prozessgericht entfaltet hingegen materielle Rechtskraft nur im Verhältnis der Parteien zueinander; sie hindert weder andere nach Abs. 1 klagebefugte Personen an einem Vorgehen im Wege der Nichtigkeitsklage noch steht sie der Einleitung eines Amtslöschungsverfahrens und der Löschung der Gesellschaft durch das Registergericht entgegen.[83]

§ 76 Heilung von Mängeln durch Gesellschafterbeschluss

Ein Mangel, der die Bestimmungen über den Gegenstand des Unternehmens betrifft, kann durch einstimmigen Beschluß der Gesellschafter geheilt werden.

Schrifttum: s. § 75.

I. Normzweck und Entstehungsgeschichte

Zwei der in § 75 Abs. 1 genannten Mängel des Gesellschaftsvertrages, nämlich das **1** Fehlen oder die Nichtigkeit der Bestimmungen über den Gegenstand des Unternehmens, können geheilt werden; die Nichtigkeit der Gesellschaft wird dadurch beseitigt. § 76 regelt das Verfahren und die Voraussetzungen der Mängelheilung. Die Vorschrift beruht in ihrer heutigen Fassung auf Art. 3 Nr. 12 Gesetz zur Durchführung der ersten gesellschaftsrechtlichen Richtlinie[1] des Rates der EG vom 15.8.1969 (BGBl. 1969 I 1146 (1149)); die Heilungsmöglichkeiten wurden dem verringerten Umfang der Nichtigkeitsgründe des § 75 Abs. 1 (→ § 75 Rn. 2) angepasst.

II. Heilbare Mängel

Ausweislich des Gesetzeswortlauts besteht eine Möglichkeit zur Heilung von Mängeln **2** des Gesellschaftsvertrages nur hinsichtlich der Bestimmungen über den Unternehmensgegenstand, also wenn eine solche vollständig fehlt oder diese nichtig ist; das Fehlen einer Bestimmung über die Höhe des Stammkapitals (§ 3 Abs. 1 Nr. 3) wird nicht erwähnt. Diesem Umstand ist zu entnehmen, dass eine Heilung dieses Mangels ausgeschlossen ist.[2] Die Gegenmeinung[3] sieht in § 76 weder eine abschließende Regelung noch einen Ausschluss der Heilbarkeit des Mangels des Fehlens einer Bestimmung über den Betrag des Stammkapitals; sie geht im Wege der Rechtsfortbildung davon aus, dass alle Auflösungs- und Nichtigkeitsgründe durch satzungsändernden Beschluss heilbar sein müssen. Eine Korrektur der Vorschrift in diesem Sinne scheidet jedoch angesichts des Gesetzeswortlauts, der Entstehungsgeschichte und der Bezugnahme der Vorschrift auf § 75 aus; das bestätigt auch der Vergleich mit der für die Aktiengesellschaft geltenden Parallelvorschrift des § 276 AktG, die eine Heilung durch Satzungsänderung nur für den den Gegenstand des Unternehmens

---

82   HCL/*Paura* Rn. 49; Scholz/*Schmidt/Scheller* Rn. 40; Noack/Servatius/Haas/*Haas* Anh. § 77 Rn. 26; Rowedder/Schmidt-Leithoff/*Baukelmann* Rn. 47; MHLS/*Lieder* Anh. § 77 Rn. 17; Lutter/Hommelhoff/*Kleindiek* Rn. 7.
83   Scholz/*Schmidt/Scheller* Rn. 40; Noack/Servatius/Haas/*Haas* Rn. 29, Anh. § 77 Rn. 26.
1   Publizitäts-RL v. 9.3.1969 (RL 68/151/EWG), ABl. EG 1969 L 65, 8; aufgehoben, heute GesR-RL.
2   Rowedder/Schmidt-Leithoff/*Baukelmann* Rn. 1, 5; *Altmeppen* Rn. 3.
3   Scholz/*Schmidt/Scheller* Rn. 4; HCL/*Paura* Rn. 4; Noack/Servatius/Haas/*Haas* Rn. 3; Lutter/Hommelhoff/*Kleindiek* Rn. 1; MHLS/*Lieder* Rn. 5.

betreffenden Mangel vorsieht und – was für das Aktienrecht unstreitig ist[4] – die Heilbarkeit des Mangels der fehlenden Bestimmung über die Höhe des Grundkapitals ausschließt. In dem rechtstatsächlich bedeutungslosen Fall des Fehlens des Betrags des Stammkapitals (→ § 75 Rn. 9) ist deshalb mangels Heilungsmöglichkeit eine Neugründung der Gesellschaft erforderlich.[5] Von § 75 nicht erfasste Mängel des Gesellschaftsvertrags (→ § 75 Rn. 6 f.), die Gegenstand eines Auflösungsverfahrens von Amts wegen nach § 399 Abs. 4 FamFG sein können, sind nicht nach Maßgabe von § 76, sondern durch Satzungsänderung heilbar.[6]

III. Gesellschafterbeschluss

3   **1. Heilungsbeschluss.** Der Beschluss der Gesellschafter gem. § 76 ist, weil er den zum nach § 3 Abs. 1 Nr. 2 notwendigen Inhalt des Gesellschaftsvertrages gehörenden Unternehmensgegenstand betrifft, **satzungsändernder** Beschluss;[7] inhaltlich ist der Gesellschaftsvertrag entweder um die fehlende Bestimmung des Unternehmensgegenstands zu ergänzen oder ist die nichtige Bestimmung des Unternehmensgegenstands durch eine zulässige zu ersetzen.[8] Die Form und die Voraussetzungen der §§ 53, 54 sind einzuhalten. Es muss eine Gesellschafterversammlung abgehalten werden; der Beschluss muss notariell beurkundet werden, er muss in das Handelsregister eingetragen werden, um Wirksamkeit zu erlangen.

4   **2. Einstimmigkeit.** Nach dem Gesetzeswortlaut erfordert die Heilung einen einstimmigen Beschluss der Gesellschafter. Das bedeutet jedoch nicht, dass der Heilungsbeschluss als solcher einstimmig von sämtlichen Gesellschaftern gefasst werden muss; § 76 ist vielmehr so zu verstehen, dass sämtliche Gesellschafter einschließlich der an der Gesellschafterversammlung nicht teilnehmenden, nicht oder nicht positiv abstimmenden Gesellschafter dem mit satzungsändernder Mehrheit gefassten Heilungsbeschluss zuvor oder nachträglich zustimmen müssen.[9] Der nicht von sämtlichen Gesellschaftern mit satzungsändernder gesetzlicher Dreiviertelmehrheit der abgegebenen Stimmen oder der nach dem Gesellschaftsvertrag erforderlichen Mehrheit getroffene Heilungsbeschluss allein genügt hingegen nicht.[10] Auf die getrennte Zustimmung der an der Beschlussfassung nicht beteiligten Gesellschafter kann schon im Hinblick auf den Einstimmigkeit fordernden Gesetzeswortlaut nicht verzichtet werden; zudem geht es bei der Ergänzung oder Ersetzung der Bestimmungen über den Unternehmensgegenstand um eine Satzungsregelung, die eigentlich schon in dem ursprünglichen Gesellschaftsvertrag mit Zustimmung sämtlicher Gesellschafter getroffen werden musste.[11]

5   Die getrennte Zustimmung der an der satzungsändernden Beschlussfassung nicht beteiligten oder nicht positiv abstimmenden Gesellschafter kann nicht formlos erteilt werden,[12] sondern sie bedarf, weil es um eine Ergänzung des ursprünglichen Gesellschaftsvertrages geht, der **notariellen Form.**[13]

6   Die Zustimmung des Nichtigkeitsklägers ist nicht erforderlich, es sei denn, er ist Gesellschafter und muss dem Heilungsbeschluss ohnehin zustimmen.[14] Der Zustimmung der

---

4   Hüffer/Koch/*Koch* AktG § 276 Rn. 1.
5   Rowedder/Schmidt-Leithoff/*Baukelmann* Rn. 5.
6   Noack/Servatius/Haas/*Haas* Rn. 4; *Altmeppen* Rn. 2.
7   HCL/*Paura* Rn. 5; Scholz/*Schmidt/Scheller* Rn. 8; Rowedder/Schmidt-Leithoff/*Baukelmann* Rn. 6; Noack/Servatius/Haas/*Haas* Rn. 6, 7; *Altmeppen* Rn. 4; Lutter/Hommelhoff/*Kleindiek* Rn. 2; MHLS/*Lieder* Rn. 8.
8   HCL/*Paura* Rn. 5; Noack/Servatius/Haas/*Haas* Rn. 6; Lutter/Hommelhoff/*Kleindiek* Rn. 2.
9   Noack/Servatius/Haas/*Haas* Rn. 7, 8; Lutter/Hommelhoff/*Kleindiek* Rn. 2; *Altmeppen* Rn. 5 ff.; Rowedder/Schmidt-Leithoff/*Baukelmann* Rn. 7; BeckOK GmbHG/*Trölitzsch* Rn. 2, 3; HK-GmbHG/*Nordmeyer* Rn. 5 ff.
10   So aber Scholz/*Schmidt/Scheller* Rn. 8; HCL/*Paura* Rn. 7; MHLS/*Lieder* Rn. 10.
11   Noack/Servatius/Haas/*Haas* Rn. 8.
12   So aber Rowedder/Schmidt-Leithoff/*Baukelmann* Rn. 7.
13   Noack/Servatius/Haas/*Haas* Rn. 8; Lutter/Hommelhoff/*Kleindiek* Rn. 2.
14   Rowedder/Schmidt-Leithoff/*Baukelmann* Rn. 7; *Altmeppen* Rn. 9.

nach § 75 Abs. 1 klagebefugten Geschäftsführer und Aufsichtsratsmitglieder bedarf es ebenso wenig.

3. Zustimmungspflicht. Eine Pflicht der Gesellschafter zur Mitwirkung an dem Hei- **7** lungsbeschluss im Sinne einer positiven Stimmpflicht (→ § 53 Rn. 116 ff.) bzw. zur Abgabe einer davon getrennten Zustimmung zu dem Heilungsbeschluss besteht nur ausnahmsweise.[15] Die Zustimmungspflicht folgt nicht schon aus der von § 76 geforderten Einstimmigkeit. Sie kann im Einzelfall aufgrund der Treuepflicht für diejenigen Gesellschafter bestehen, die an der fehlerhaften Gründung und an dem Mangel der Bestimmungen zum Unternehmensgegenstand mitgewirkt haben. Möglich erscheint eine Differenzierung danach, ob der Nichtigkeitsgrund planwidrig entstanden ist, also etwa die Gesellschafter sich über den Unternehmensgegenstand einig waren, dieser aber versehentlich nicht in den Gesellschaftsvertrag aufgenommen worden ist; in diesem Fall dürfte die Verweigerung der Zustimmung treuwidrig sein.[16] Im Fall der Heilung eines gesetzes- oder sittenwidrigen Unternehmensgegenstands wird es in der Regel anders liegen, der Gesellschafter wird einen anderen – zulässigen – Unternehmensgegenstand nicht stets hinnehmen müssen. Die Geschäftsführer haben grundsätzlich keine Pflicht, die Heilung des Mangels herbeizuführen.[17]

4. Zeitpunkt, Frist. Eine bestimmte Frist für die Vornahme der Heilung gibt es nicht. **8** Der Heilungsbeschluss kann jederzeit vor der Auflösung der Gesellschaft durch den Eintritt der Rechtskraft des Nichtigkeitsurteils gefasst werden.[18] Im Amtslöschungsverfahren nach § 397 FamFG setzt das Registergericht zwar mit der Löschungsankündigung eine angemessene Frist, die Gelegenheit geben soll, den Nichtigkeitsgrund zu beseitigen (→ § 75 Rn. 39 f.); die Heilung kann jedoch auch nach Fristablauf bis zur Löschung erfolgen (→ § 75 Rn. 43 f.). Der Heilungsbeschluss kann schließlich noch nach Auflösung der Gesellschaft durch die Rechtskraft des Nichtigkeitsurteils bzw. die Eintragung des Löschungsvermerks in das Handelsregister getroffen werden.[19] Ein zu diesem Zeitpunkt gefasster Heilungsbeschluss beinhaltet regelmäßig einen dann erforderlichen **Fortsetzungsbeschluss** (→ Rn. 10).

IV. Rechtsfolgen der Heilung

Der Heilungsbeschluss muss als satzungsändernder Beschluss nach § 54 zur Eintragung **9** in das Handelsregister angemeldet und eingetragen werden. Rechtliche Wirkung erlangt er mit dem Zeitpunkt der Eintragung in das Handelsregister (§ 54 Abs. 3). Der zur Nichtigkeit der Gesellschaft führende Mangel der Bestimmung des Unternehmensgegenstands wird dadurch beseitigt.[20] Eine rechtshängige Nichtigkeitsklage ist als unbegründet abzuweisen, wenn der Nichtigkeitskläger sie nicht in der Hauptsache für erledigt erklärt oder zurücknimmt; ein bereits ergangenes Nichtigkeitsurteil ist auf die Berufung der Gesellschaft zu ändern, die Klage ist abzuweisen. Wird allerdings ein Rechtsmittel nicht eingelegt, so wird die Gesellschaft trotz der zwischenzeitlich erfolgten Heilung mit Rechtskraft des Nichtigkeitsurteils aufgelöst;[21] die Gesellschafter haben dann noch die Möglichkeit eines Fortsetzungsbeschlusses. Ein anhängiges Amtslöschungsverfahren nach § 397 FamFG ist mit Wirksamkeit des Heilungsbeschlusses einzustellen. Ein erst nach Rechtskraft des Nich-

---

[15]   HCL/*Paura* Rn. 8; Rowedder/Schmidt-Leithoff/*Baukelmann* Rn. 8; Noack/Servatius/Haas/*Haas* Rn. 8; *Altmeppen* Rn. 7; MHLS/*Lieder* Rn. 11; Lutter/Hommelhoff/*Kleindiek* Rn. 2; teilweise weitergehend Scholz/*Schmidt/Scheller* Rn. 12; Henssler/Strohn/*Büteröwe* Rn. 6.

[16]   HCL/*Paura* Rn. 8.

[17]   Rowedder/Schmidt-Leithoff/*Baukelmann* Rn. 8.

[18]   HCL/*Paura* Rn. 9; Rowedder/Schmidt-Leithoff/*Baukelmann* Rn. 3; *Altmeppen* Rn. 8; MHLS/*Lieder* Rn. 14.

[19]   Scholz/*Schmidt/Scheller* Rn. 10; Noack/Servatius/Haas/*Haas* Rn. 13; Rowedder/Schmidt-Leithoff/*Baukelmann* Rn. 4; MHLS/*Lieder* Rn. 14; Lutter/Hommelhoff/*Kleindiek* Rn. 3; *Altmeppen* Rn. 8.

[20]   HCL/*Paura* Rn. 10, 11; Noack/Servatius/Haas/*Haas* Rn. 9, 12 f.; Lutter/Hommelhoff/*Kleindiek* Rn. 3; MHLS/*Lieder* Rn. 15.

[21]   Noack/Servatius/Haas/*Haas* Rn. 12; MHLS/*Lieder* Rn. 15.

tigkeitsurteils oder nach Eintragung des Löschungsvermerks gefasster oder in das Handelsregister eingetragener Heilungsbeschluss kann die Wirkungen eines Fortsetzungsbeschlusses haben.

V. Fortsetzungsbeschluss

10   Nach Auflösung der Gesellschaft mit Rechtskraft des Nichtigkeitsurteils bzw. Eintragung des Vermerks über die Amtslöschung in das Handelsregister und dem dadurch bewirkten Übergang in das Abwicklungsverfahren können die Gesellschafter grundsätzlich – wie allgemein bei aufgelösten Gesellschaften möglich – die Fortsetzung beschließen, um die aufgelöste Gesellschaft wieder in eine werbende zurückzuverwandeln.[22] Die Zulässigkeit eines Fortsetzungsbeschlusses richtet sich nach denselben Voraussetzungen wie in den sonstigen Auflösungsfällen (→ § 60 Rn. 247 ff.). Gleichzeitig muss der Nichtigkeitsgrund, also das Fehlen oder die Nichtigkeit der Bestimmung über den Unternehmensgegenstand, durch einen den Voraussetzungen des § 76 genügenden Heilungsbeschluss zwingend beseitigt werden; eine Fortsetzung ohne Heilung des Mangels ist nicht zulässig. In einem nach Auflösung der Gesellschaft gefassten Heilungsbeschluss ist regelmäßig ein Fortsetzungsbeschluss enthalten.[23] Die Zustimmung des Nichtigkeitsklägers, der nicht Gesellschafter ist, ist nicht erforderlich.[24] Der Fortsetzungsbeschluss bedarf der Eintragung in das Handelsregister, die frühestens gleichzeitig mit der Eintragung des Heilungsbeschlusses – der erst zu diesem Zeitpunkt rechtliche Wirksamkeit erlangt – erfolgen kann.[25] Die zeitliche Grenze für den Fortsetzungsbeschluss bildet der Beginn der Verteilung des Vermögens der Gesellschaft unter die Gesellschafter.[26]

§ 77 Wirkung der Nichtigkeit

(1) Ist die Nichtigkeit einer Gesellschaft in das Handelsregister eingetragen, so finden zum Zwecke der Abwicklung ihrer Verhältnisse die für den Fall der Auflösung geltenden Vorschriften entsprechende Anwendung.

(2) Die Wirksamkeit der im Namen der Gesellschaft mit Dritten vorgenommenen Rechtsgeschäfte wird durch die Nichtigkeit nicht berührt.

(3) Die Gesellschafter haben die versprochenen Einzahlungen zu leisten, soweit es zur Erfüllung der eingegangenen Verbindlichkeiten erforderlich ist.

Schrifttum: s. § 75.

I. Normzweck

1   Abs. 1 regelt die Rechtsfolgen eines nach § 75 ergangenen Nichtigkeitsurteils und verweist dazu auf die Vorschriften über die Auflösung der Gesellschaft (§§ 65–74). Damit wird klargestellt, dass die Nichtigerklärung nach § 75 keine Nichtigkeit der eingetragenen Gesellschaft von Anfang an bedeutet, sondern dass die Nichtigkeitsgründe letztlich Auflösungsgründe sind.[1] Die Abs. 2 und 3 verweisen auf in der Liquidation ohnehin für das Außenverhältnis der Gesellschaft zu Dritten und für Einlageverpflichtungen der Gesellschafter geltende Grundsätze, nämlich dass die Nichtigkeit der Gesellschaft keinen Einfluss auf

---

[22]   HCL/*Paura* Rn. 12; Scholz/*Schmidt/Scheller* Rn. 9; Noack/Servatius/Haas/*Haas* § 77 Rn. 7; MHLS/*Lieder* § 77 Rn. 15; Lutter/Hommelhoff/*Kleindiek* Rn. 3; *Altmeppen* Rn. 8.

[23]   Noack/Servatius/Haas/*Haas* § 77 Rn. 7; Lutter/Hommelhoff/*Kleindiek* Rn. 3; *Altmeppen* Rn. 8; MHLS/*Lieder* § 77 Rn. 14.

[24]   Noack/Servatius/Haas/*Haas* § 77 Rn. 7; *Altmeppen* Rn. 9.

[25]   Noack/Servatius/Haas/*Haas* § 77 Rn. 7.

[26]   Scholz/*Schmidt/Scheller* Rn. 9; Lutter/Hommelhoff/*Kleindiek* Rn. 3.

[1]   Scholz/*Schmidt/Scheller* Rn. 1; Rowedder/Schmidt-Leithoff/*Baukelmann* Rn. 1; MHLS/*Lieder* Rn. 1; *Altmeppen* Rn. 1; Henssler/Strohn/*Büterowe* Rn. 1; aA Noack/Servatius/Haas/*Haas* Rn. 2.

die Wirksamkeit der mit Dritten vorgenommenen Rechtsgeschäfte hat und dass die Gesellschafter rückständige Einlagen im Rahmen des Liquidationszwecks zu leisten haben (§ 69).[2] Die Vorschrift ist entsprechend auf die Amtslöschung der GmbH nach § 397 Abs. 1 S. 2 FamFG anzuwenden.[3]

II. Rechtsfolgen der Nichtigkeit

1. Eintragung in das Handelsregister. Die Eintragung erfolgt entsprechend § 45 **2** Abs. 2 HRV durch einen Vermerk, der die Gesellschaft als nichtig bezeichnet (→ § 75 Rn. 31). Beruht sie auf einem Nichtigkeitsurteil, so hat sie nur deklaratorische Bedeutung, weil die Auflösung der Gesellschaft bereits mit dem Eintritt der Rechtskraft des Urteils herbeigeführt wird (→ § 75 Rn. 29).[4] Im Fall der Amtslöschung nach § 397 S. 2 FamFG wirkt sie konstitutiv;[5] der Zeitpunkt der Eintragung bestimmt in diesem Fall den Zeitpunkt der Auflösung der Gesellschaft.

2. Anwendung der Abwicklungsvorschriften. Die Gesellschaft wird mit der **3** Rechtskraft des Nichtigkeitsurteils bzw. mit der Eintragung der Amtslöschung nach § 397 S. 2 FamFG aufgelöst; sie wird zur Abwicklungsgesellschaft. Als solche bleibt sie bis zu ihrer Vollbeendigung rechts- und parteifähig. Auf sie sind die Vorschriften über die Abwicklung (§§ 65–74) nicht nur entsprechend, wie der Gesetzeswortlaut formuliert, sondern uneingeschränkt anzuwenden.[6] Sie wird nunmehr durch die Liquidatoren vertreten; das sind, wenn nicht der Gesellschaftsvertrag oder die Gesellschafter durch Beschluss etwas anderes bestimmen, die zur Zeit der Auflösung im Amt befindlichen Geschäftsführer (§ 66 Abs. 1). Daneben kann gem. § 66 Abs. 2 die gerichtliche Bestellung von Liquidatoren beantragt werden. Die Liquidatoren und ihre Vertretungsbefugnis sind gem. § 67 zur Eintragung in das Handelsregister anzumelden. Die Aufgaben der Liquidatoren ergeben sich aus den §§ 70–73; sie haben die Abwicklung der Gesellschaft zu betreiben, insbesondere deren Verbindlichkeiten zu erfüllen und das verbleibende Vermögen an die Gesellschafter zu verteilen.

3. Rechtsgeschäfte mit Dritten (Abs. 2). Nach Abs. 2 wird die Wirksamkeit der **4** im Namen der Gesellschaft mit Dritten geschlossenen Rechtsgeschäfte durch die Nichtigkeit nicht berührt. Das ist selbstverständliche Konsequenz des Umstands, dass die nichtige GmbH als Abwicklungsgesellschaft fortbesteht. Die Rechte Dritter werden durch die Auflösung nicht berührt, und das weder für die Zeit vor Rechtskraft des Nichtigkeitsurteils bzw. vor Eintragung der Nichtigkeit im Fall der Amtslöschung noch für den anschließenden Zeitraum bis zur Vollbeendigung.[7] Auf Abs. 2 berufen kann sich auch derjenige Dritte oder Gesellschafter, der den Nichtigkeitsgrund kennt; die Grundsätze der negativen Publizität des Handelsregisters (§ 15 Abs. 1 HGB) sind nicht anwendbar, weil die Gesellschaft nicht nichtig, sondern nur vernichtbar ist, und weil sie auch nach ihrer Auflösung noch bis zur Vollbeendigung fortbesteht, die Eintragung im Handelsregister also zutreffend ist.[8] Das Innenverhältnis der Gesellschaft wird durch die Nichtigkeit ebenso wenig berührt.[9] Zuvor gefasste Gesellschafterbeschlüsse und die Bestellung von Geschäftsführern bleiben wirksam, ebenso die Leistung der Stammeinlagen; die Geschäftsanteile bleiben bestehen. Aus der

[2] Scholz/*Schmidt*/*Scheller* Rn. 2, 3; Ulmer/Habersack/Winter/*Paura,* 2008, Rn. 1; Rowedder/Schmidt-Leithoff/*Baukelmann* Rn. 1.

[3] HCL/*Paura* Rn. 1; Scholz/*Schmidt*/*Scheller* Rn. 1; Rowedder/Schmidt-Leithoff/*Baukelmann* Rn. 2; Noack/Servatius/Haas/*Haas* Rn. 1; *Altmeppen* Rn. 2.

[4] Scholz/*Schmidt*/*Scheller* Rn. 6; Ulmer/Habersack/Winter/*Paura,* 2008, Rn. 2; Rowedder/Schmidt-Leithoff/*Baukelmann* Rn. 3; Noack/Servatius/Haas/*Haas* Rn. 3.

[5] Scholz/*Schmidt*/*Scheller* Rn. 6; Rowedder/Schmidt-Leithoff/*Baukelmann* Rn. 3; MHLS/*Lieder* Rn. 3.

[6] HCL/*Paura* Rn. 4; Scholz/*Schmidt*/*Scheller* Rn. 1; Rowedder/Schmidt-Leithoff/*Baukelmann* Rn. 4; *Altmeppen* Rn. 3.

[7] Rowedder/Schmidt-Leithoff/*Baukelmann* Rn. 5; *Altmeppen* Rn. 4.

[8] Scholz/*Schmidt*/*Scheller* Rn. 2; HCL/*Paura* Rn. 5; Rowedder/Schmidt-Leithoff/*Baukelmann* Rn. 5; MHLS/*Lieder* Rn. 8.

[9] HCL/*Paura* Rn. 5; Scholz/*Schmidt*/*Scheller* Rn. 5; Rowedder/Schmidt-Leithoff/*Baukelmann* Rn. 5; MHLS/*Lieder* Rn. 5; *Altmeppen* Rn. 4.

Nichtigkeit der Gesellschaft allein folgen im Fall des Anteilsverkaufs noch keine Mängelansprüche des Erwerbers gegen den Veräußerer unter dem Gesichtspunkt eines Rechtsmangels iSd § 435 BGB.[10]

5   **4. Rückständige Einlagen (Abs. 3).** Abs. 3 bestimmt, dass die Gesellschafter die versprochenen Einlagen zu leisten haben, soweit es zur Erfüllung der eingegangenen Verbindlichkeiten erforderlich ist. Auch dies wiederholt nur einen allgemein für die Abwicklungsgesellschaft geltenden Grundsatz (→ § 69 Rn. 15). Über den Wortlaut der Vorschrift hinaus müssen rückständige Einlagen nicht nur eingezahlt werden, soweit dies zur Befriedigung der Gesellschaftsgläubiger erforderlich ist, sondern auch soweit sie zur Verteilung des Vermögens unter die Gesellschafter benötigt werden.[11] Der auf die Zahlung rückständiger Einlagen in Anspruch genommenen Gesellschafter trägt wie sonst auch (→ § 69 Rn. 15) die Beweislast dafür, dass die Erfüllung der Einlageschuld für die Tilgung der Verbindlichkeiten der Gesellschaft oder die Verteilung von deren Vermögens unter die Gesellschafter nicht notwendig ist.[12]

---

[10] HCL/*Paura* Rn. 5; Scholz/*Schmidt/Scheller* Rn. 5; Rowedder/Schmidt-Leithoff/*Baukelmann* Rn. 5.
[11] HCL/*Paura* Rn. 6; Scholz/*Schmidt/Scheller* Rn. 3; Rowedder/Schmidt-Leithoff/*Baukelmann* Rn. 6; Noack/Servatius/Haas/*Haas* Rn. 5; MHLS/*Lieder* Rn. 9; *Altmeppen* Rn. 5; BeckOK GmbHG/*Trölitzsch* Rn. 4.
[12] HCL/*Paura* Rn. 6; Scholz/*Schmidt/Scheller* Rn. 3; Rowedder/Schmidt-Leithoff/*Baukelmann* Rn. 6; *Altmeppen* Rn. 5; Noack/Servatius/Haas/*Haas* Rn. 5; MHLS/*Lieder* Rn. 9.

Abschnitt 6. Sondervorschriften bei Beteiligung des Bundes

§ 77a Besetzung von Organen bei Gesellschaften mit Mehrheitsbeteiligung des Bundes

(1) [1]Gesellschaften mit beschränkter Haftung mit Mehrheitsbeteiligung des Bundes sind Gesellschaften mit beschränkter Haftung mit Sitz im Inland,
1. deren Anteile zur Mehrheit vom Bund gehalten werden oder
2. die große Kapitalgesellschaften (§ 267 Abs. 3 des Handelsgesetzbuchs) sind und deren Anteile zur Mehrheit von Gesellschaften gehalten werden, deren Anteile ihrerseits zur Mehrheit vom Bund gehalten werden, oder
3. die in der Regel mehr als 500 Arbeitnehmerinnen und Arbeitnehmer haben und deren Anteile zur Mehrheit von Gesellschaften gehalten werden, deren Anteile ihrerseits zur Mehrheit
   a) vom Bund gehalten werden oder
   b) von Gesellschaften gehalten werden, bei denen sich die Inhaberschaften an den Anteilen in dieser Weise bis zu Gesellschaften fortsetzen, deren Anteile zur Mehrheit vom Bund gehalten werden.
[2]Anteile, die über ein Sondervermögen des Bundes gehalten werden, bleiben außer Betracht. [3]Dem Bund stehen öffentlich-rechtliche Anstalten des Bundes, die unternehmerisch tätig sind, gleich.

(2) [1]Hat eine Gesellschaft mit beschränkter Haftung mit Mehrheitsbeteiligung des Bundes mehr als zwei Geschäftsführer, muss mindestens ein Geschäftsführer eine Frau und mindestens ein Geschäftsführer ein Mann sein. [2]Eine Bestellung eines Geschäftsführers unter Verstoß gegen das Beteiligungsgebot ist nichtig. [3]Gilt das Beteiligungsgebot nach Satz 1, entfällt eine Pflicht zur Zielgrößensetzung für die Geschäftsführung.

(3) [1]Für die Zusammensetzung des Aufsichtsrats einer Gesellschaft mit beschränkter Haftung mit Mehrheitsbeteiligung des Bundes gilt unabhängig von einer Geltung des Mitbestimmungsgesetzes, des Montan-Mitbestimmungsgesetzes oder des Mitbestimmungsergänzungsgesetzes § 96 Absatz 2 des Aktiengesetzes entsprechend. [2]Eine Pflicht zur Zielgrößensetzung besteht insoweit nicht.

(4) [1]Die Länder können die Vorgaben der Absätze 2 und 3 durch Landesgesetz auf Gesellschaften mit beschränkter Haftung erstrecken, an denen eine Mehrheitsbeteiligung eines Landes entsprechend Absatz 1 besteht. [2]In diesem Fall gelten für Gesellschaften mit Mehrheitsbeteiligung eines Landes, die der Mitbestimmung unterliegen, die gesetzlichen Regelungen und Wahlordnungen zur Mitbestimmung in Unternehmen mit Mehrheitsbeteiligung des Bundes entsprechend.

Schrifttum: *Neuhoff*, Entwurf eines Zweiten Führungspositionen-Gesetzes: Feste Frauenquote auf dem Vormarsch?, BB 2020, 1784; *Seibt*, Frauen in Leitungsorganen und Führungspositionen – RegE zum Zweiten Führungspositionen-Gesetz, DB 2021, 438; *Spindler*, Die Einführung der Geschlechterquote auf Vorstandsebene – das FüPoG II, WM 2021, 817; *Steiner*, Die Mindestbeteiligung von Frauen in deutschen Vorständen im Spannungsfeld zwischen Gesellschaftspolitik und Gesellschaftsrecht, NZG 2021, 276.

Übersicht

I. Grundlagen

1   **1. Regelungszweck.** § 77a enthält Sonderregelungen für die Besetzung von Organen bei GmbHs mit Mehrheitsbeteiligung des Bundes. Abs. 1 definiert, wann eine solche GmbH vorliegt. Abs. 2 sieht für die Geschäftsführung eine Mindestbeteiligung von einer Frau und einem Mann vor, wenn die Gesellschaft mehr als zwei Geschäftsführer hat. Abs. 3 ordnet für den Aufsichtsrat eine fixe Mindestquote für den Anteil von Frauen und Männern in Höhe von jeweils 30 Prozent an. Abs. 4 lässt eine Erstreckung der Vorgaben von Abs. 2 und 3 durch Landesgesetz auf GmbHs zu, an denen eine Mehrheitsbeteiligung eines Landes besteht.

2   Die Vorschrift ist durch das Gesetz zur Ergänzung und Änderung der Regelungen für die gleichberechtigte Teilhabe von Frauen an Führungspositionen in der Privatwirtschaft und im öffentlichen Dienst („FüPoG II") vom 7.8.2021 (BGBl. 2021 I 3311) eingeführt worden. Sie ist Teil einer größeren Gesamtregelung, mit der mittelfristig eine signifikante Erhöhung des Frauenanteils an Führungspositionen der Privatwirtschaft erreicht werden soll, so dass letztlich Geschlechterparität besteht.[1] Einen ersten Schritt in diese Richtung hatte das Gesetz für die gleichberechtigte Teilhabe von Frauen und Männern an Führungspositionen in der Privatwirtschaft und im öffentlichen Dienst („FüPoG I") vom 24.4.2015 (BGBl. 2015 I 642) unternommen, das mitbestimmte GmbHs seither zur Festlegung von Zielgrößen für oberste Managementebenen unterhalb der Geschäftsführer (§ 36) sowie für Aufsichtsräte und Geschäftsführer (§ 52 Abs. 2) verpflichtet. Ausweislich der Regierungsbegründung des FüPoG II haben diese Reformmaßnahmen den Anteil von Frauen in den Gesellschaften mit Mehrheitsbeteiligung des Bundes nicht entscheidend verbessert: Er betrug bei den Überwachungsgremien aller unmittelbaren Bundesbeteiligungen zum Stichtag 31.12.2018 genau 35,3 Prozent und in den betreffenden Geschäftsführungen 16 Prozent.[2] Daher sah sich der Reformgesetzgeber zur Einführung von Sonderregelungen für GmbHs mit Mehrheitsbeteiligung des Bundes veranlasst. Er begründet dies in den Gesetzesmaterialien mit deren „besonderer Vorbildfunktion".[3] Durch eine repräsentative Teilhabe von Frauen in diesen Unternehmen sollen zugleich allgemeine Maßstäbe für die Privatwirtschaft gesetzt werden.[4]

3   **2. Erfasste Gesellschaften.** § 77a gilt für alle GmbHs mit Mehrheitsbeteiligung des Bundes mit Sitz im Inland. Ohne Belang ist, ob sie zugleich mitbestimmt sind oder nicht. Wann eine Mehrheitsbeteiligung des Bundes vorliegt, definiert § 77a Abs. 1. Diese Definition entspricht derjenigen in § 393a Abs. 1 AktG für AGs mit Mehrheitsbeteiligung des Bundes, die sich ihrerseits am Public Corporate Governance Kodex des Bundes orientiert.[5]

4   Gemäß § 77a Abs. 1 S. 1 muss die GmbH ihren **Sitz im Inland** haben. Damit ist der Satzungssitz gemeint.[6] Ein tatsächlicher Verwaltungssitz im Ausland ist unschädlich (vgl. § 4a), sofern eine Mehrheitsbeteiligung des Bundes besteht.

---

[1] So die Zielsetzung in Begr. RegE FüPoG I, BT-Drs. 18/3784, 42.
[2] Vgl. Begr. RegE FüPoG II, BT-Drs. 19/26689, 2.
[3] Begr. RegE FüPoG II, BT-Drs. 19/26689, 86; kritisch dazu Noack/Servatius/Haas/*Noack/Kraft* Rn. 2 unter Hinweis darauf, dass die GmbH mangels Kapitalmarktgängigkeit keine besondere Ausstrahlungswirkung auf die Öffentlichkeit habe.
[4] So Begr. RegE FüPoG II, BT-Drs. 19/26689, 86.
[5] Dazu Begr. RegE FüPoG II, BT-Drs. 19/26689, 86.
[6] Ebenso Noack/Servatius/Haas/*Noack/Kraft* Rn. 3.

Eine **Mehrheitsbeteiligung** liegt einmal dann vor, wenn der Bund mehr als 50 Prozent **5** der Anteile **unmittelbar** hält (§ 77a Abs. 1 S. 1 Nr. 1). Gleiches gilt bei **einstufigen mittelbaren Mehrheitsbeteiligungen** für große Kapitalgesellschaften im Sinne von § 267 Abs. 3 HGB, sofern deren Anteile zur Mehrheit von Gesellschaften gehalten werden, deren Anteile ihrerseits zur Mehrheit vom Bund gehalten werden (§ 77a Abs. 1 S. 1 Nr. 2). Ebenfalls erfasst werden **mehrstufige mittelbare Mehrheitsbeteiligungen** in Form von Gesellschaften, die in der Regel mehr als 500 Arbeitnehmerinnen und Arbeitnehmer haben, sofern deren Anteile zur Mehrheit von Gesellschaften gehalten werden, deren Anteile ihrerseits zur Mehrheit vom Bund gehalten werden (§ 77a Abs. 1 S. 1 Nr. 3a) oder von Gesellschaften gehalten werden, bei denen sich die Inhaberschaften an den Anteilen in dieser Weise bis zu Gesellschaften fortsetzen, deren Anteile zur Mehrheit vom Bund gehalten werden (§ 77a Abs. 1 S. 1 Nr. 3b). Der Begriff „Gesellschaft" im Sinne der Nummern 2 und 3 erfasst ausweislich der Regierungsbegründung Gesellschaften jeglicher Rechtsform.[7] Die Formulierung „in der Regel" im Sinne der Nr. 3 entspricht derjenigen in den Regelungen zum Geltungsbereich der Mitbestimmungsgesetze, zB in § 1 Abs. 1 MitbestG und § 1 Abs. 1 DrittelbeteiligungsG.[8] Maßgeblich ist damit die durchschnittliche Arbeitnehmerzahl im Rahmen des gewöhnlichen Geschäftsbetriebs unter Einbeziehung von Leiharbeitnehmern und Teilzeitkräften.

Anteile, die über ein Sondervermögen des Bundes gehalten werden, bleiben nach **6** § 77a Abs. 1 S. 2 außer Betracht. Demgegenüber stehen dem Bund nach § 77a Abs. 1 S. 3 öffentlich-rechtliche Anstalten des Bundes, die unternehmerisch tätig sind, gleich. Erfasst werden damit auch GmbHs, deren Anteile unmittelbar oder mittelbar mehrheitlich von öffentlich-rechtlichen Anstalten des Bundes gehalten werden.

3. Parallelvorschriften. Entsprechende Regelungen gelten für Aktiengesellschaften **7** mit Mehrheitsbeteiligung des Bundes (§ 393a AktG) sowie für Europäische Aktiengesellschaften mit Mehrheitsbeteiligung des Bundes (§ 52a SEAG).

II. Mindestbeteiligungsgebot in der Geschäftsführung (Abs. 2)

§ 77a Abs. 2 Satz 1 sieht erstmals eine geschlechterbezogene Mindestbeteiligung im **8** Geschäftsführungsorgan vor.

1. Mindestgröße des Geschäftsführungsorgans. Im Unterschied zu § 76 Abs. 3 **9** S. 1 AktG (mehr als drei Vorstandsmitglieder), aber im Gleichlauf mit § 393a Abs. 2 AktG genügt nach § 77a Abs. 2 S. 1 bereits ein Geschäftsführungsorgan mit mehr als zwei Geschäftsführern. Maßgebend ist die Ist-Besetzung der Geschäftsführerposten.[9] Welche Zahl an Geschäftsführern der Gesellschaftsvertrag vorschreibt, ist demgegenüber ohne Belang. Mitzuzählen sind allerdings die stellvertretenden Geschäftsführer, da sie gemäß § 44 keine Stellvertreter iSd §§ 164 ff. BGB sind, sondern echte Geschäftsführer mit allen Rechten und Pflichten.

2. Bestellung von mindestens einer Frau und mindestens einem Mann. Ist der **10** Anwendungsbereich des § 77a Abs. 2 eröffnet, muss mindestens eine Frau und mindestens ein Mann Geschäftsführer sein. Bei dieser Mindestvorgabe bleibt es auch für größere Geschäftsführerkollegien. Der Anteil des unterrepräsentierten Geschlechts muss also nicht proportional zur Größe des Geschäftsführerkollegiums wachsen.[10]

Bei einer nachträglichen Änderung der Kollegiumsgröße gilt das Folgende: Bestand **11** das Kollegium zuvor nur aus Männern, so muss der neu zu bestellende Geschäftsführer weiblich sein.[11] War zuvor schon eine Frau im Geschäftsführerkollegium vertreten, so beste-

---

[7]   Vgl. Begr. RegE FüPoG II, BT-Drs. 19/26689, 86.
[8]   Auch dazu Begr. RegE FüPoG II, BT-Drs. 19/26689, 86; ferner Noack/Servatius/Haas/*Noack/Kraft* Rn. 6.
[9]   Ebenso Noack/Servatius/Haas/*Noack/Kraft* Rn. 8.
[10]   Vgl. *Spindler* WM 2021, 817 (819).
[11]   Vgl. *Spindler* WM 2021, 817 (820).

hen für das Bestellungsorgan keine Vorgaben hinsichtlich der Geschlechterwahl.[12] Sinkt die Kollegiumsgröße auf zwei Mitglieder ab, gilt das Mindestbeteiligungsgebot nicht mehr.[13]

12   Unberücksichtigt lässt § 77a Abs. 2 Personen des dritten Geschlechts. Dies begegnet nach hM trotz Anerkennung des dritten Geschlechts durch das BVerfG[14] keinen verfassungsrechtlichen Bedenken, weil sich auch Art. 3 Abs. 2 GG bisher nur auf die beiden Geschlechter Frau und Mann bezieht.[15]

13   **3. Rechtsfolgen bei Verstößen.** Eine Bestellung eines Geschäftsführers unter Verstoß gegen das Beteiligungsverbot ist gemäß § 77a Abs. 2 S. 2 nichtig. Dies gilt auch, wenn mehrere Geschäftsführer gleichzeitig en bloc bestellt werden.[16] Eine en bloc-Bestellung ist insgesamt nichtig, wenn das Beteiligungsgebot nicht eingehalten wird.[17] Beispiel: Werden bei einem zweiköpfigen Geschäftsführerkollegium, in dem bislang nur Männer vertreten waren, zwei weitere männliche Geschäftsführer gleichzeitig bestellt, ist die Bestellung für die beiden neuen Geschäftsführer nichtig, da bei der Bestellung die persönliche Voraussetzung des § 77a Abs. 2 S. 1 nicht beachtet wurde.[18] Ebenso wie bei einem Verstoß gegen die feste Geschlechterquote im Aufsichtsrat (→ Rn. 18) greift also die **Sanktion des „leeren Stuhls".**

14   Allerdings wird die rechtmäßige Bestellung eines mit mindestens einer Frau und mindestens einem Mann besetzten Geschäftsführerkollegiums nicht dadurch nachträglich unwirksam, dass infolge des (vorzeitigen) Ausscheidens eines Mitglieds das Mindestbeteiligungsgebot in einem weiterhin mit mehr als zwei Mitgliedern umfassenden Geschäftsführerkollegiums faktisch nicht mehr eingehalten wird.[19] In diesem Fall sind jedoch bei der nächsten Bestellung die Voraussetzungen des § 77a Abs. 2 zu beachten. Gleiches gilt für den Fall eines Geschlechterwechsels bei einem Vorstandsmitglied.[20]

15   **4. Keine Pflicht zur Zielgrößensetzung.** Gilt das Beteiligungsgebot nach § 77a Abs. 2 S. 1, so besteht nach § 77a Abs. 2 S. 2 insoweit keine Pflicht zur Zielgrößensetzung für die Geschäftsführung nach § 52 Abs. 2.

III. Mindestquote im Aufsichtsrat (Abs. 3)

16   **1. Feste Mindestquote.** Gemäß § 77a Abs. 3 S. 1 gilt für die Zusammensetzung des Aufsichtsrats einer GmbH mit Mehrheitsbeteiligung des Bundes unabhängig von einer Geltung des Mitbestimmungsgesetzes, des Montan-Mitbestimmungsgesetzes oder des Mitbestimmungsergänzungsgesetzes § 96 Abs. 2 AktG entsprechend. Danach ist eine **fixe Mindestquote** für den Anteil von Frauen und Männern **in Höhe von jeweils 30 Prozent** vorgesehen. Diese Mindestquote sichert ausweislich der Regierungsbegründung eine Teilhabe des unterrepräsentierten Geschlechts, die geeignet ist, maßgeblich auf die Arbeit und die Entscheidungen des Aufsichtsrats Einfluss zu nehmen.[21]

17   Gute Gründe sprechen dafür, die fixe Mindestquote auf GmbHs mit obligatorischem Aufsichtsrat zu beschränken und sie nicht auf den fakultativen Aufsichtsrat zu erstrecken.[22]

18   **2. Rechtsfolgen bei Verstößen.** Eine Wahl der Mitglieder des Aufsichtsrats durch die Gesellschafterversammlung und eine Entsendung in den Aufsichtsrat unter Verstoß

---

12   Vgl. *Spindler* WM 2021, 817 (820).
13   Vgl. *Spindler* WM 2021, 817 (820).
14   BVerfG Beschl. v. 10.10.2017 – 1 BvR 2019/16, BVerfGE 147, 1 = NJW 2017, 3643.
15   Vgl. *Mutter* FS E. Vetter, 2019, 489 (494); *Seibt* DB 2021, 438 (440); *Spindler* WM 2021, 817 (819); abw. wohl *Neuhoff* BB 2020, 1784 (1787 mit Fn. 43).
16   Vgl. Begr. RegE FüPoG II, BT-Drs. 19/26689, 83.
17   Vgl. Begr. RegE FüPoG II, BT-Drs. 19/26689, 83; Noack/Servatius/Haas/*Noack/Kraft* Rn. 13.
18   Vgl. Begr. RegE FüPoG II, BT-Drs. 19/26689, 83.
19   Vgl. Begr. RegE FüPoG II, BT-Drs. 19/26689, 84; zustimmend *Spindler* WM 2021, 817 (820).
20   Vgl. *Seibt* DB 2021, 438 (443).
21   So Begr. RegE FüPoG II, BT-Drs. 19/26689, 87.
22   Näher Noack/Servatius/Haas/*Noack/Kraft* Rn. 17.

gegen das Mindestanteilsgebot ist entsprechend § 96 Abs. 2 S. 6 AktG nichtig. In diesem Fall bleiben ein oder mehrere Aufsichtsratsitze unbesetzt, sog. **Sanktion des leeren Stuhls.**[23]

3. Keine Pflicht zur Zielgrößensetzung. Greift die fixe Mindestquote nach § 77a **19** Abs. 3 S. 1 ein, so besteht gemäß § 77a Abs. 3 S. 2 keine Pflicht zur Zielgrößensetzung für den Aufsichtsrat nach § 52 Abs. 2.

IV. Erstmalige Anwendung

Das Beteiligungsgebot nach § 77a Abs. 2 in der vom 12.8.2021 an geltenden Fassung **20** ist gemäß § 10 Abs. 2 S. 1 EGGmbHG **ab dem 1.8.2022** bei der Bestellung einzelner oder mehrerer Geschäftsführer anzuwenden. Bestehende Mandate können gemäß § 10 Abs. 2 S. 2 EGGmbHG bis zu ihrem vorgesehenen Ende wahrgenommen werden.

Der jeweilige Mindestanteil von Frauen und Männern im Aufsichtsrat nach § 77a Abs. 3 **21** in der vom 12.8.2021 an geltenden Fassung ist gemäß § 10 Abs. 3 S. 1 EGGmbHG bei erforderlich werdenden Besetzungen einzelner oder mehrerer Sitze **ab dem 1.4.2022** zu beachten. Reicht die Anzahl der zu besetzenden Sitze nicht aus, um den Mindestanteil zu erreichen, sind diese Sitze nach § 10 Abs. 3 S. 2 EGGmbHG mit Personen des unterrepräsentierten Geschlechts zu besetzen, um dessen Anteil sukzessive zu steigern. Bestehende Mandate können gemäß § 10 Abs. 3 S. 3 EGGmbHG bis zu ihrem vorgesehenen Ende wahrgenommen werden.

V. Transparenz

Für Transparenz sorgt zum einen der **Public Corporate Governance Kodex des 22 Bundes** (PCGK), derzeit auf dem Stand vom 16.9.2020. Nach Ziff. 7.1. PCGK sollen Geschäftsführung und Überwachungsorgan jährlich über die Corporate Governance des Unternehmens berichten. Dieser Bericht soll auch eine Darstellung der Entwicklung des Anteils an Frauen in Führungspositionen in der Geschäftsführung und den beiden Führungsebenen darunter und im Überwachungsorgan umfassen. Erklärung und Bericht sind auf der Internetseite des Unternehmens mindestens für die Dauer der auf die Abgabe folgenden fünf Geschäftsjahre zugänglich zu machen.

Für Gesellschaften mit unmittelbarer Mehrheitsbeteiligung des Bundes ist außerdem **23** auf die **Richtlinien für eine aktive Beteiligungsführung** vom 16.9.2020 hinzuweisen, die einen Überblick über die personelle Besetzung der jeweiligen Geschäftsleitungs- und Aufsichtsorgane geben.

VI. Länderöffnungsklausel (Abs. 4)

Gemäß § 77a Abs. 4 S. 1 können die Länder die Vorgaben der Absätze 2 und 3 durch **24** Landesgesetz auf Gesellschaften mit beschränkter Haftung erstrecken, an denen eine Mehrheitsbeteiligung eines Landes entsprechend Absatz 1 besteht. Die Vorschrift geht auf eine Anregung des Bundesrats zurück. Dieser hatte befürchtet, dass die Länder sonst keine vergleichbaren Vorgaben für eine gleichberechtigte Teilhabe von Frauen und Männern in landeseigenen Kapitalgesellschaften treffen könnten, weil der Bund insoweit von seiner konkurrierenden Gesetzgebungskompetenz gemäß Art. 72 Abs. 1 iVm Art. 74 Abs. 1 Nr. 11 GG abschließend Gebrauch gemacht habe.[24]

Macht ein Land von diesem Optionsrecht Gebrauch, so gelten gemäß § 77a Abs. 4 S. 2 **25** für Gesellschaften mit Mehrheitsbeteiligung eines Landes, die der Mitbestimmung unterliegen, die gesetzlichen Regelungen und Wahlordnungen zur Mitbestimmung in Unternehmen mit Mehrheitsbeteiligung des Bundes entsprechend.

---

[23] Ebenso Noack/Servatius/Haas/*Noack*/*Kraft* Rn. 22.
[24] So BR-Drs. 49/21, 2.

Abschnitt 7. Ordnungs-, Straf- und Bußgeldvorschriften

§ 78 Anmeldepflichtige

Die in diesem Gesetz vorgesehenen Anmeldungen zum Handelsregister sind durch die Geschäftsführer oder die Liquidatoren, die in § 7 Abs. 1, § 57 Abs. 1, § 57i Abs. 1, § 58 Abs. 1 Nr. 3 vorgesehenen Anmeldungen sind durch sämtliche Geschäftsführer zu bewirken.

Schrifttum: *Auer*, Die antizipierte Anmeldung bei der GmbH, DNotZ 2000, 498; *Bärwaldt*, Die Anmeldung „zukünftiger" Tatsachen zum Handelsregister, GmbHR 2000, 421; *Bärwaldt/Balda*, Praktische Hinweise für den Umgang mit Vorrats- und Mantelgesellschaften – Teil 1: Vorratsgesellschaften, GmbHR 2004, 50; *Frenzel*, Zur Berechtigung von Prokuristen zu Anmeldungen von Eintragungen in das Handelsregister, NotBZ 2013, 137; *Goebeler*, Die Entwicklung des Registerrechts in den Jahren 1980–1986, BB 1987, 2314; *Gustavus*, Die Vollmacht zur Handelsregisteranmeldung bei Personengesellschaften und Gesellschaften mit beschränkter Haftung, GmbHR 1978, 219; *Heidinger*, Die wirtschaftliche Neugründung – Grenzen der analogen Anwendung des Gründungsrechts, ZGR 2005, 101; *Horn*, Gegen § 78 Halbs. 2 GmbHG verstoßene Handelsregisteranmeldungen und die Beseitigung ihrer Eintragung, 2006; *Ising*, Handelsregisteranmeldungen durch den beurkundenden Notar, NZG 2012, 289; *Kallrath*, Zur Wirksamkeit einer Handelsregisteranmeldung durch einen noch nicht bestellten GmbH-Geschäftsführer, DNotZ 2000, 533; *Kießling/Eichele*, Amtsniederlegung des GmbH-Geschäftsführers und Registerlöschung, GmbHR 1999, 1165; *Kruse/Stenslik*, Mutterschutz für Organe von Gesellschaften?, NZA 2013, 596; *A. Müller*, Handelsregisterberichtigung durch den ausgeschiedenen GmbH-Geschäftsführer, BB 1998, 329; *Renaud*, Handelsregisteranmeldungen durch Prokuristen, GmbHR 2012, 1128; *Schaub*, Stellvertretung bei Handelsregisteranmeldungen, DStR 1999, 1699; *Seebach*, Die Mitwirkung des Prokuristen bei Handelsregisteranmeldungen des Prinzipals, RNotZ 2015, 68; *Streicher*, Das Antragsrecht der Notare – eine Möglichkeit, Handelsregisteranmeldungen zu vereinfachen, GmbHR 2016, 686.

Übersicht

I. Überblick

1 **1. Regelungssystematik.** § 78 normiert die **originäre Zuständigkeit der Geschäftsführer bzw. der Liquidatoren** zur Vornahme sämtlicher im GmbHG vorgesehener Handelsregisteranmeldungen. Mit Ausnahme von § 67 Abs. 1 sind die einzelnen Anmeldeerfordernisse neutral formuliert, ohne die zuständige Person zu bezeichnen. Zu unterscheiden ist zwischen **Anmeldepflichten,** bei denen der Handelsregistereintragung lediglich deklaratorische Wirkung zukommt, die Rechtsänderung also bereits unabhängig von ihrer Verlautbarung im Handelsregister eingetreten ist (ua §§ 39, 65, 67). In diesen Fällen ist die Anmeldung obligatorisch und kann mittels Zwangsgeldes durchgesetzt werden (vgl. § 79 Abs. 2 iVm § 14 HGB). Im Unterschied dazu steht die Anmeldung bei konstitutiven Eintragungen in das Handelsregister (ua §§ 7, 54, 57, 57i, 58) aus öffentlich-rechtlicher Sicht im Belieben der Geschäftsführer, kann vom Registergericht also nicht im Wege des Registerzwangs durchgesetzt werden (§ 79 Abs. 2).

2 Anmeldeberechtigt sind **im Regelfall** die Geschäftsführer bzw. nach Eintritt in das Liquidationsstadium die Liquidatoren **in vertretungsberechtigter Zahl (§ 78 Hs. 1).** Für den Rechtsverkehr besonders wichtige Anmeldungen (Gründung, effektive Kapitalerhöhung und Kapitalerhöhung aus Gesellschaftsmitteln, Kapitalherabsetzung) sind hingegen gem. § 78 Hs. 2 von allen Geschäftsführern bzw. allen Liquidatoren einschließlich deren Stellvertretern iSv § 44 vorzunehmen. Verpflichtet sind bei lediglich deklaratorischen Eintragungen stets sämtliche Geschäftsführer.

3 Auch wenn sich die Geschäftsführer- bzw. Liquidatorenzuständigkeit nach dem Wortlaut von § 78 nur auf die „in diesem Gesetz vorgesehenen Anmeldungen zum Handelsregister" beschränkt, sind diese darüber hinaus für sämtliche in den Angelegenheiten der GmbH vorzunehmenden **Anmeldungen** zur Eintragung in das Handelsregister **nach dem HGB** zuständig, zB die Erteilung von Prokura gem. § 53 HGB oder die Errichtung einer Zweigniederlassung gem. § 13 HGB.[1] Ferner findet § 78 auf die gebotene **Offenlegung einer wirtschaftlichen Neugründung** analog § 7 entsprechende Anwendung (näher → Rn. 17).

4 **Anmeldungen nach dem UmwG** sind ebenfalls durch die Geschäftsführer vorzunehmen. Allerdings wird deren Zuständigkeit insoweit vorrangig durch die jeweilige, das Anmeldeerfordernis statuierende Vorschrift des UmwG begründet (vgl. ua § 16 UmwG, § 38 UmwG, § 52 UmwG, § 129 UmwG, § 140 UmwG, § 160 Abs. 1 UmwG, § 198 UmwG, § 222 Abs. 1 S. 1 UmwG, § 225c UmwG, § 246 UmwG, § 265 S. 1 UmwG, § 278 S. 1 UmwG). Sofern danach ein Anmeldeerfordernis seitens der GmbH besteht und Sonderregelungen fehlen, findet § 78 Anwendung, dh grundsätzlich genügt eine Anmeldung durch die Geschäftsführer in vertretungsberechtigter Zahl, es sei denn die GmbH erhöht im Zuge der Umwandlungsmaßnahme ihr Stammkapital oder setzt dieses herab.[2] Schließlich sind die Geschäftsführer einer strukturell einer deutschen GmbH vergleichbaren ausländischen Kapitalgesellschaft nach § 13e Abs. 2 S. 1 HGB für die Anmeldung der **Errichtung einer Zweigniederlassung** zuständig.

5 **2. Normzweck.** Die Zuständigkeit der Geschäftsführer bzw. Liquidatoren kraft Organstellung spiegelt deren **Verantwortlichkeit** für die Veranlassung der Eintragungen in Angelegenheiten der GmbH wider. Insbesondere bei Anmeldungen iSv § 78 Hs. 2, die durch alle Geschäftsführer bzw. Liquidatoren zu bewirken sind (Ersteintragung der

---

[1] AllgM, vgl. HCL/*Casper* Rn. 1; Lutter/Hommelhoff/*Kleindiek* Rn. 1; Scholz/*Wicke* Rn. 2.
[2] Vgl. Beispiele bei Scholz/*Wicke* Rn. 17.

Gesellschaft, effektive Kapitalerhöhung und Kapitalerhöhung aus Gesellschaftsmitteln, Kapitalherabsetzung), soll auf diese Weise **Gewähr für die Richtigkeit der Angaben** in der Anmeldung als Grundlage der Handelsregistereintragung geboten werden. Hierzu dienen vor allem die zur Gewährleistung der realen Kapitalaufbringung von allen Organmitgliedern abzugebenden strafbewehrten Versicherungen iSv § 8 Abs. 2 S. 1, § 57 Abs. 2 S. 1, § 57i Abs. 1 S. 2, § 58 Abs. 1 Nr. 4 (vgl. § 82 Abs. 1 Nr. 1, Nr. 3, Nr. 4, Abs. 2 Nr. 1) bzw. die Versicherung jedes neu bestellten Geschäftsführers oder Liquidators iSv § 8 Abs. 3 S. 1, § 39 Abs. 3 S. 1 oder § 67 Abs. 3 S. 1 (vgl. § 82 Abs. 1 Nr. 5). Zum Sonderfall der Offenlegung einer wirtschaftlichen Neugründung → Rn. 17.

3. Entwicklung der Norm. § 78 hat seit Inkrafttreten des GmbHG 1892 nur geringfügige Änderungen erfahren. Im Rahmen der **GmbHG-Novelle 1980**[3] wurde mWv 1.1.1981 das Erfordernis der Anmeldung der Errichtung bzw. Aufhebung einer Zweigniederlassung durch sämtliche Geschäftsführer aufgegeben, sodass hierfür mittlerweile deren Mitwirkung in vertretungsberechtigter Zahl genügt. Durch das Gesetz zur Bereinigung des Umwandlungsrechts (UmwBerG) vom 28.10.1994 (BGBl. 1995 I 3210) wurde mWv 1.1.1995 das Anmeldeerfordernis durch alle Geschäftsführer in § 78 Hs. 2 auf die Anmeldung einer Kapitalerhöhung aus Gesellschaftsmitteln ausgeweitet. Im Zuge des MoMiG vom 23.10.2008 (BGBl. 2008 I 2026) wurde mWv 1.1.1995 lediglich eine amtliche Überschrift hinzugefügt. 6

II. Zuständigkeit für Handelsregisteranmeldungen

1. Geschäftsführer/Liquidatoren. § 78 weist die Zuständigkeit für Handelsregisteranmeldungen grundsätzlich den Geschäftsführern einschließlich deren Stellvertretern iSv § 44[4] zu. Nach Auflösung der Gesellschaft sind die **Liquidatoren** zuständig, und zwar – entgegen dem missverständlichen, von der Amtskontinuität der Geschäftsführer (§ 66 Abs. 1 Hs. 1) ausgehenden Wortlaut von § 67 Abs. 1 Hs. 1 – nach Sinn und Zweck des Anmeldeerfordernisses, das stets den gegenwärtigen Organwalter trifft (→ Rn. 19), bereits für die erste Anmeldung nach Wirksamwerden des Auflösungsbeschlusses iSv § 60 Abs. 1 Nr. 2 bzw. nach Eintritt eines sonstigen Auflösungsgrundes (auch → § 67 Rn. 5 mwN).[5] Eine Anmeldung der Auflösung noch durch die Geschäftsführer ist lediglich dann zulässig, wenn die Auflösung als satzungsändernde Maßnahme (vgl. § 54 Abs. 3) oder aufschiebend bedingt auf die Eintragung in das Handelsregister beschlossen wurde (→ § 67 Rn. 5 mwN).[6] 7

Geschäftsführer und Liquidatoren handeln bei der Bewirkung von Anmeldungen zur Eintragung in das Handelsregister stets (dh bei konstitutiven ebenso wie bei deklaratorisch wirkenden Eintragungen) **als organschaftliche Vertreter der GmbH, also in deren Namen.** Ungeachtet dessen, dass die Organwalter im Falle von deklaratorischen Eintragungen auch eigene öffentlich-rechtliche Pflichten erfüllen (zur daraus folgenden eigenen Beschwerdeberechtigung im Falle der Ablehnung einer beantragten Eintragung → Rn. 60), werden sie gleichwohl in erster Linie als Organe der GmbH und in deren Angelegenheiten tätig.[7] 8

3   Gesetz zur Änderung des Gesetzes betreffend die Gesellschaften mit beschränkter Haftung und anderer handelsrechtlicher Vorschriften (GmbHGÄndG) v. 4.7.1980, BGBl. 1980 I 836.
4   AllgM, vgl. RG Urt. v. 4.11.1913 – V D 503/13, LZ 1914, 398 (399); HCL/*Casper* Rn. 20; Lutter/Hommelhoff/*Kleindiek* Rn. 1; Scholz/*Wicke* Rn. 16.
5   AllgM, vgl. LG Bielefeld Beschl. v. 13.5.1986 – 14 T 20/86, NJW 1987, 1089; Noack/Servatius/Haas/*Beurskens* Rn. 3; *Hofmann* GmbHR 1976, 229 (232); *Peifer* Rpfleger 2008, 408; Scholz/*Wicke* Rn. 12.
6   BayObLG Beschl. v. 31.3.1994 – 3Z BR 23/94, DNotZ 1995, 222 (223); HCL/*Casper* Rn. 16; Scholz/*Wicke* Rn. 12.
7   HCL/*Casper* Rn. 12; Bork/Schäfer/*Roth* Rn. 4; Scholz/*Wicke* Rn. 10, jeweils mwN; schon immer unstr. für Anmeldungen betr. konstitutive Eintragungen, vgl. BGH Beschl. v. 16.3.1992 – II ZB 17/91, BGHZ 117, 323 = NJW 1992, 1824; Beschl. v. 24.10.1988 – II ZB 7/88, BGHZ 105, 324 = NJW 1989, 295 – Supermarkt; anders bei lediglich deklaratorischen Eintragungen die ältere Rspr. des BayObLG, zurückgehend auf Beschl. v. 10.9.1954 – BReg. 2 Z 115/54, BayObLGZ 1954, 203 (204) = NJW

9   **a) Grundsatz: In vertretungsberechtigter Zahl (Hs. 1).** Im Regelfall sind die Anmeldungen zum Handelsregister durch die Geschäftsführer oder Liquidatoren in vertretungsberechtigter Zahl zu bewirken, unabhängig davon, ob der Eintragung konstitutive oder lediglich deklaratorische Bedeutung zukommt. Maßgeblich ist somit die **allgemeine** bzw. die für den/die handelnden Geschäftsführer/Liquidator(en) geltende **konkrete Vertretungsregelung.** Anders als die Bestellung eines Geschäftsführers, die in aller Regel mit Beschlussfassung sofort wirksam wird und damit dem neu bestellten Geschäftsführer die Anmeldebefugnis verleiht, entfaltet die Änderung der Vertretungsbefugnis durch Gesellschafterbeschluss nur unmittelbare Wirkung, wenn hierdurch von einer bereits existierenden Öffnungsklausel in der Satzung Gebrauch gemacht wird. Bedarf es hingegen zunächst einer Satzungsänderung (erstmalige Einführung oder Anpassung einer Öffnungsklausel), entfaltet diese erst mit der Eintragung in das Handelsregister Wirkungen (§ 54 Abs. 3), sodass für diese Anmeldung noch die bisher geltende Vertretungsregelung zu beachten ist.[8] In Ermangelung einer vom Gesetz abweichenden allgemeinen oder konkreten Vertretungsregelung sind gem. § 35 Abs. 2 S. 1 bzw. § 68 Abs. 1 S. 2 mehrere Geschäftsführer/Liquidatoren nur gemeinschaftlich vertretungsberechtigt. Zum maßgeblichen Zeitpunkt → Rn. 23.

10   Nach allgM kann die Anmeldung auch im Wege der **unechten Gesamtvertretung** (Geschäftsführer und Prokurist; → § 35 Rn. 124 ff.) erfolgen, sofern eine dahingehende Satzungsregelung oder ein entsprechender Gesellschafterbeschluss aufgrund Öffnungsklausel in der Satzung existiert.[9] Nach den gesetzlichen Schranken der unechten Gesamtvertretung (rein organschaftliche Vertretung ohne Mitwirkung eines Prokuristen muss stets möglich sein; → § 35 Rn. 126 mwN) soll das Ausscheiden eines von zwei Geschäftsführern nicht im Wege unechter Gesamtvertretung angemeldet werden können.[10] Unbeschadet der allgemeinen Regel, dass eine rein organschaftliche Vertretung stets möglich sein muss, erscheint es aber wenig überzeugend, in einer derartigen Konstellation die Anmeldung – und damit die Verlautbarung des bereits erfolgten Ausscheidens eines Geschäftsführers – wesentlich zu erschweren (auch → Rn. 21 f.). Zur grundsätzlich fehlenden Anmeldebefugnis von Prokuristen → Rn. 28.

11   **b) Ausnahmsweise alle Geschäftsführer (Hs. 2).** Gerade mit Blick auf den Schutz des Rechtsverkehrs und insbesondere der Gläubiger müssen **besonders wichtige Vorgänge** (Gründung gem. § 7 Abs. 1, effektive Kapitalerhöhung gem. § 57 Abs. 1, Kapitalerhöhung aus Gesellschaftsmitteln gem. § 57i Abs. 1, Kapitalherabsetzung gem. § 58 Abs. 1 Nr. 3), nicht hingegen eine bloße Satzungsänderung (auch nicht vor Eintragung der GmbH),[11] gem. § 78 Hs. 2 durch sämtliche Geschäftsführer einschließlich deren Stellvertreter iSv § 44 angemeldet werden.[12] Für die vereinfachte Kapitalherabsetzung nach § 58a statuiert § 78 Hs. 2 dem Wortlaut nach kein Anmeldeerfordernis durch alle Geschäftsführer. Gegen eine Analogie spricht die deutlich geringere Bedeutung einer vereinfachten Kapitalherabsetzung für die Belange der Gläubiger, zumal es auch keiner strafbewehrten Versicherungen der Geschäftsführer bedarf (näher → § 58a Rn. 78 ff. mwN).[13]

12   Das Mitwirkungserfordernis aller und insbesondere die von sämtlichen Organwaltern abzugebenden strafbewehrten Versicherungen sollen das Registergericht von eigenen Nach-

---

     1954, 1933, ua Beschl. v. 9.8.1972 – BReg. 2 Z 41/72, NJW 1972, 2185; auch insoweit für ein primär organschaftliches Handeln im Namen der GmbH aber BGH Beschl. v. 2.12.1991 – II ZB 13/91, BGHZ 117, 323 = NJW 1992, 975 (976); HCL/*Casper* Rn. 12; Noack/Servatius/Haas/*Beurskens* Rn. 2; Lutter/Hommelhoff/*Kleindiek* Rn. 8; Scholz/*Wicke* Rn. 10; nun wohl auch BayObLG Beschl. v. 29.1.1991 – BReg. 3 Z 137/90, NJW-RR 1991, 958 für die Erstanmeldung eines Vereins.

[8]   Vgl. HCL/*Casper* Rn. 18.

[9]   HCL/*Casper* Rn. 13; Scholz/*Wicke* Rn. 14; vgl. auch RG Beschl. v. 22.12.1931 – II B 30/31, RGZ 134, 303 (307) zur AG.

[10]   LG Wuppertal Beschl. v. 5.3.1991 – 11 T 2/91, MittRhNotK 1991, 159; Scholz/*Wicke* Rn. 14 Fn. 40.

[11]   AA Rowedder/Schmidt-Leithoff/*Baukelmann* Rn. 13.

[12]   AllgM, vgl. RG Urt. v. 4.11.1913 – V D 503/13, LZ 1914, 398 (399); HCL/*Casper* Rn. 20; Lutter/Hommelhoff/*Kleindiek* Rn. 1; Scholz/*Wicke* Rn. 16.

[13]   Ebenso HCL/*Casper* Rn. 20; MHLS/*Lieder* Rn. 21.

forschungen entlasten und zugleich die Richtigkeit der Angaben hinsichtlich der einzutragenden Vorgänge gewährleisten. Auch wenn in § 78 Hs. 2 nicht ausdrücklich erwähnt, gilt das Mitwirkungsgebot aller in gleicher Weise **für Liquidatoren,** wenn einer der enumerativ aufgeführten besonders wichtigen Vorgänge durch sie anzumelden ist, insbesondere bei Kapitalerhöhungen, die noch im Liquidationsstadium möglich sind (→ § 55 Rn. 74).[14]

c) Umwandlungen nach UmwG. Wie bereits eingangs erwähnt, findet § 78 für **13** Anmeldungen zur Eintragung von Umwandlungsmaßnahmen nach dem UmwG grundsätzlich keine Anwendung, soweit nicht in den Sonderregelungen des UmwG auf die allgemeinen Regelungen des GmbHG Bezug genommen wird (näher → Rn. 4).

aa) GmbH als übertragender Rechtsträger. Handelt es sich bei der GmbH um den **14** Ausgangsrechtsträger einer Umwandlungsmaßnahme, genügt grundsätzlich die Anmeldung durch die **Geschäftsführer in vertretungsberechtigter Zahl** (§ 38 UmwG, § 125 UmwG, § 137 Abs. 1, Abs. 2 UmwG, § 176 Abs. 1 UmwG, § 177 Abs. 1 UmwG, § 235 Abs. 2 UmwG, § 246 Abs. 1 UmwG, § 254 Abs. 1 UmwG),[15] sofern das Erfordernis der Anmeldung durch alle Geschäftsführer nicht aus den daneben anwendbaren allgemeinen Vorschriften folgt (zB im Falle einer Kapitalherabsetzung im Rahmen einer Abspaltung oder Ausgliederung, §§ 139 f. UmwG, § 58 Abs. 1 Nr. 3 iVm § 78 Hs. 2).

bb) GmbH als Zielrechtsträger. Soll eine **Verschmelzung durch Neugründung 15 oder Spaltung zur Neugründung einer GmbH** erfolgen, ist zwar die Handelsregisteranmeldung durch die Vertretungsorgane der übertragenden Rechtsträger in vertretungsberechtigter Zahl zu bewirken (§ 38 Abs. 2 UmwG, § 137 Abs. 1 UmwG),[16] die nach § 8 Abs. 2 und Abs. 3 erforderlichen **Versicherungen** sind aber **stets durch alle Geschäftsführer** der neuen GmbH abzugeben.[17] Eine Anmeldung durch sämtliche Geschäftsführer ist nach den allgemeinen Vorschriften ebenfalls im Rahmen einer **Kapitalerhöhung bei der übernehmenden GmbH** erforderlich (§§ 53 ff. UmwG, § 57 Abs. 1 iVm § 78 Hs. 2 UmwG, ggf. iVm § 125 S. 1 UmwG). Darüber hinaus bedarf es bei der **Ausgliederung aus dem Vermögen eines Einzelkaufmanns** zur Neugründung nach §§ 158 ff. UmwG der Anmeldung durch den Einzelkaufmann und sämtliche Geschäftsführer der neu zu gründenden GmbH (§ 160 Abs. 1 UmwG, § 135 Abs. 2 S. 1 UmwG iVm § 78 Hs. 2).[18]

Ein **Formwechsel** ist grundsätzlich durch das Vertretungsorgan des übertragenden **16** Rechtsträgers in vertretungsberechtigter Zahl anzumelden, so beim Formwechsel einer AG, KGaA oder Körperschaft bzw. Anstalt des öffentlichen Rechts auf eine GmbH (vgl. § 246 Abs. 1 UmwG, § 302 UmwG). Die Versicherungen iSv § 8 Abs. 2 und Abs. 3 sind aber wiederum durch sämtliche Geschäftsführer der GmbH abzugeben.[19] Ist hingegen eine Personenhandelsgesellschaft, eine Partnerschaftsgesellschaft, eine eingetragene Genossenschaft oder ein rechtsfähiger Verein Ausgangsrechtsträger eines Formwechsels, ist die Handelsregisteranmeldung gem. § 222 Abs. 1 S. 1 UmwG (ggf. iVm § 225c UmwG, § 265 S. 1 UmwG, § 278 Abs. 1 UmwG) durch alle Geschäftsführer der GmbH zu bewirken, im Falle eines obligatorischen Aufsichtsrats wohl auch durch sämtliche Mitglieder dieses Aufsichtsrats.[20]

d) Wirtschaftliche Neugründung. Im Falle einer sog wirtschaftlichen Neugründung **17** (→ § 3 Rn. 25 ff.) ist diese in entsprechender Anwendung von § 7 gegenüber dem Handels-

14　AllgM, vgl. HCL/*Casper* Rn. 20 aE; Lutter/Hommelhoff/*Kleindiek* Rn. 1; Gehrlein/Born/Simon/*Leitzen* Rn. 14; Scholz/*Wicke* Rn. 14 aE; Rowedder/Schmidt-Leithoff/*Baukelmann* Rn. 14.
15　Vgl. Schmitt/Hörtnagl/*Winter* UmwG § 16 Rn. 8; Semler/Stengel/Leonard/*Schwanna* UmwG § 16 Rn. 7; Scholz/*Wicke* Rn. 17, jeweils mwN.
16　§ 78 Hs. 2 findet insoweit keine Anwendung, vgl. Scholz/*Wicke* Rn. 17.
17　Kallmeyer/*Zimmermann* UmwG § 38 Rn. 14; Scholz/*Wicke* Rn. 17.
18　Vgl. Schmitt/Hörtnagl/*Hörtnagl* UmwG § 160 Rn. 3; Lutter/*Karollus/Schwab* UmwG § 160 Rn. 1; Semler/Stengel/Leonard/*Seulen* UmwG § 160 Rn. 3; Kallmeyer/*Zimmermann* UmwG § 160 Rn. 3.
19　Vgl. Kallmeyer/*Zimmermann* UmwG § 38 Rn. 14; Scholz/*Wicke* Rn. 17.
20　Lutter/*Joost/Hoger* UmwG § 222 Rn. 4; wohl auch Scholz/*Wicke* Rn. 17; aA Schmitt/Hörtnagl/*Hörtnagl/Rinke* UmwG § 222 Rn. 3 mwN – arg.: GmbH gelangt erst mit Eintragung des Formwechsels zur Entstehung.

register offenzulegen. Aufgrund der entsprechenden Anwendung des Anmeldeerfordernisses nach § 7 Abs. 1 wird **überwiegend** die **Offenlegung durch sämtliche Geschäftsführer** gem. § 78 Hs. 2 gefordert.[21] Nicht zuletzt aufgrund der Aufweichung der vormals strengen Regelungen zur wirtschaftlichen Neugründung durch den BGH in jüngerer Vergangenheit[22] erscheint es jedenfalls diskussionswürdig, ob tatsächlich stets sämtliche Geschäftsführer an der Offenlegung mitwirken müssen, da im Rahmen der Offenlegung der wirtschaftlichen Neugründung – anders als bei der Gründung der GmbH selbst – keine strafbewehrten Versicherungen abzugeben sind. Zudem ist nicht ersichtlich, weshalb die mit dem Offenlegungserfordernis erstrebte Publizitätsfunktion von der Mitwirkung aller Geschäftsführer abhängig sein sollte (kein Erfordernis einer gesteigerten Richtigkeitsgewähr). Bei einer wirtschaftlichen Neugründung bedarf es eben nur einer Offenlegung derselben und keiner auf Eintragung in das Handelsregister, also Verlautbarung, gerichteten Anmeldung.

18   **e) Zweigniederlassung.** Seit Inkrafttreten der GmbHG-Novelle von 1980 am 1.1.1981 hat die Anmeldung der Errichtung von Zweigniederlassungen (§ 13 HGB) nur mehr durch die Geschäftsführer in vertretungsberechtigter Zahl zu erfolgen (→ Rn. 3). Gleiches gilt für die Anmeldung der Errichtung einer inländischen Zweigniederlassung einer GmbH mit Sitz im Ausland gem. § 13e Abs. 2 S. 1 HGB iVm § 78 Hs. 1.[23] Vgl. insoweit auch die gem. § 13e Abs. 3 und Abs. 4 HGB eingeschränkte Anmeldebefugnis der ständigen Vertreter der Zweigniederlassung iSv § 13e Abs. 2 S. 4 Nr. 3 HGB.

19   **2. Gegenwärtige Organstellung.** Anmeldebefugt sind nur die **im Amt befindlichen, gegenwärtigen Geschäftsführer bzw. Liquidatoren,** nicht hingegen bereits ausgeschiedene oder künftige Organwalter, da die Vertretungsmacht der Letztgenannten entweder bereits weggefallen ist oder noch nicht besteht.

20   **a) Grundsätzlich kein „Nachwirken" der Anmeldebefugnis.** Die vormals bestehende Vertretungsbefugnis wirkt grundsätzlich nicht zur Anmeldung des eigenen Ausscheidens nach.[24] Im Zeitpunkt der Anmeldung (näher → Rn. 23) muss der Unterzeichnende bzw. müssen die Unterzeichnenden vertretungsbefugt sein. Daher kann beispielsweise der spätere Alleingeschäftsführer das künftige Ausscheiden eines Mitgeschäftsführers nicht wirksam anmelden.[25] Konsequenz des Erfordernisses der fortbestehenden Vertretungsbefugnis im Zeitpunkt der Anmeldung ist ferner, dass ein Geschäftsführer bzw. Liquidator das **eigene Ausscheiden** als Organwalter **nur anmelden** kann, **wenn dieses in der Zukunft liegt,** zB bei Abberufung bzw. Amtsniederlegung „aufschiebend bedingt auf die Eintragung in das Handelsregister"[26] oder bei einem erst künftigen Erlöschen des Amtes. Die Anmeldung eines künftigen Ereignisses, dh die erst zu einem in der Zukunft liegenden Datum wegfallende Geschäftsführerstellung, ist allerdings nur dann unproblematisch, wenn die Zeitspanne bis zum Erlöschen des Amtes nur noch wenige Tage beträgt, da die Anmeldung künftiger

---

21 So ua *Heidinger* ZGR 2005, 101 (108); *Bärwaldt/Balda* GmbHR 2004, 50 (52); *Winnen* RNotZ 2013, 389 (401); ebenso → § 3 Rn. 39, auch zur erforderlichen Form der Offenlegung; idS dürfte die Rspr. des BGH zu verstehen sein, vgl. Beschl. v. 7.7.2003 – II ZB 4/02, BGHZ 155, 318 = NJW 2003, 3198 (3199); Urt. v. 6.3.2012 – II ZR 56/10, BGHZ 192, 341 = NJW 2012, 1875 (1876).

22 Vgl. BGH Urt. v. 6.3.2012 – II ZR 56/10, BGHZ 192, 341 = NJW 2012, 1875.

23 Anders noch BayObLG Beschl. v. 18.7.1985 – BReg. 3 Z 62/85, DNotZ 1986, 174.

24 Im Grundsatz allgM, vgl. nur OLG Frankfurt Beschl. v. 19.7.2006 – 20 W 229/06, RNotZ 2006, 549 (550) = GmbHR 2006, 1151; OLG Düsseldorf Beschl. v. 15.12.1999 – 3 Wx 354/99, NJW-RR 2000, 702 (703); OLG Zweibrücken Beschl. v. 30.6.1998 – 3 W 130/98, GmbHR 1999, 479; OLG Frankfurt Beschl. v. 31.5.1983 – 20 W 120/83, OLGZ 1983, 385; BayObLG Beschl. v. 10.7.1981 – BReg. 1 Z 44/81, BayObLGZ 1981, 227 (230); KG Beschl. v. 7.4.1927 – 1 b X 212/27, JW 1927, 1703; HCL/*Casper* Rn. 14 f.; *Goebeler* BB 1987, 2314 (2315); Noack/Servatius/Haas/*Beurskens* Rn. 5; Lutter/Hommelhoff/*Kleindiek* Rn. 1; *Krafka* RegisterR-HdB Rn. 1092; MHLS/*Lieder* Rn. 18; Scholz/*Wicke* Rn. 11.

25 BayObLG Beschl. v. 17.9.2003 – 3Z BR 183/03, NZG 2004, 421; OLG Düsseldorf Beschl. v. 15.12.1999 – 3 Wx 354/99, NJW-RR 2000, 702 (703).

26 Vgl. OLG Hamm Beschl. v. 25.1.2013 – 27 W 12/13, MittBayNot 2013, 403 (404) mwN; OLG Frankfurt Beschl. v. 31.5.1983 – 20 W 120/83, OLGZ 1983, 385; *Krafka* RegisterR-HdB Rn. 1093.

Tatsachen im Grundsatz unzulässig ist (→ § 8 Rn. 51 ff.). Falls die hierfür zuständigen Geschäftsführer das Ausscheiden eines anderen nicht anmelden, kommt die Bestellung eines Notgeschäftsführers bzw. -liquidators durch das Gericht in Betracht.[27] *Krafka* hält es – praxisfreundlich – darüber hinausgehend für möglich, die Beendigung der Organstellung im Wege der Amtslöschung als nachträglich unzulässig gewordene Eintragung nach § 395 FamFG zu vollziehen, um die Bestellung eines Notgeschäftsführers zu vermeiden.[28]

b) Sonderfall: Anmeldung des eigenen Ausscheidens durch Alleingeschäfts- 21 führer. In der instanzgerichtlichen Rspr. und der Lit. wird der **Alleingeschäftsführer** teilweise für berechtigt gehalten, sein **eigenes Ausscheiden** noch nach Verlust der Vertretungsbefugnis anzumelden, sofern dies zeitnah nach dem Ausscheiden erfolgt, da die im Zuge des MoMiG eingeführte Auffangregelung des § 35 Abs. 1 S. 2 nicht eingreift (bloße Passivvertretungsbefugnis der Gesellschafter) und andernfalls niemand anmeldebefugt wäre.[29] Die hM, insbesondere die obergerichtliche Rspr., steht einer derartigen Ausnahme für das Ausscheiden des Alleingeschäftsführers aber ablehnend gegenüber.[30] Zum einen sei das Kriterium der „unmittelbaren zeitlichen Nähe zur Amtsniederlegung" zu unbestimmt, zum anderen bestehe kein zwingendes Bedürfnis für eine derartige Ausnahme, da die Amtsniederlegung von deren Eintragung in das Handelsregister abhängig gemacht werden könne und im Übrigen die GmbH dem ausgeschiedenen Geschäftsführer gegenüber zur unverzüglichen Anmeldung verpflichtet sei.[31] Schließlich könne ohne Weiteres ein Notgeschäftsführer bzw. -liquidator zwecks Bewirkung der Handelsregisteranmeldung bestellt werden (→ § 35 Rn. 54 ff.).

Im Ergebnis überzeugen die Argumente der hM nicht. Es ist wenig hilfreich, den 22 bereits ausgeschiedenen, juristisch nicht beratenen Geschäftsführer darauf zu verweisen, er hätte seine Amtsniederlegung von der Eintragung in das Handelsregister abhängig machen können. Sofern ein wichtiger Grund zur sofortigen Amtsniederlegung bestand, ist ihm das nicht zumutbar.[32] Die zwangsweise Durchsetzung seines Anspruchs gegenüber der GmbH auf Anmeldung seines Ausscheidens ist jedenfalls sehr zeitaufwendig, sodass das Handelsregister über einen längeren Zeitraum einen falschen Rechtsschein vermittelt.[33] Die Bestellung eines Notgeschäftsführers bzw. -liquidators für diesen Fall ist ebenfalls unnötig kompliziert. Da die Zuverlässigkeit der einzutragenden Tatsache durch § 39 Abs. 2 gewährleistet ist und im Übrigen § 26 FamFG Anwendung findet, ist eine teleologische Reduktion von § 78 auch nicht durch den Normzweck gesperrt.[34] Besonders schutzwürdig ist der sein Amt mit sofortiger Wirkung niederlegende Alleingeschäftsführer allerdings nur, wenn er **in engem zeitlichem Zusammenhang mit seinem Ausscheiden** dieses zur Eintragung in das Handelsregister **anmeldet.** Ob man seine nach der hier vertretenen Ansicht fortbestehende Anmeldebefugnis entsprechend einschränken sollte, erscheint angesichts der dann unvermeidlichen Abgrenzungsschwierigkeiten aber zweifelhaft.

c) Maßgeblicher Zeitpunkt. In der obergerichtlichen Rspr. wird vielfach der **Zeit- 23 punkt der Unterzeichnung** der Handelsregisteranmeldung als maßgeblich für die

---

27 Vgl. HCL/*Casper* Rn. 15; Scholz/*Wicke* Rn. 11.
28 *Krafka* RegisterR-HdB Rn. 1092: Beteiligung der Gesellschaft und des noch eingetragenen Geschäftsführers am Löschungsverfahren.
29 So ua LG Köln Beschl. v. 14.8.1997 – 87 T 25/97, GmbHR 1998, 183; LG Berlin Beschl. v. 22.7.1992 – 98 T 25/92, GmbHR 1993, 291 (292); *Kießling/Eichele* GmbHR 1999, 1165; *Altmeppen* Rn. 6 f. ebenso für die Anmeldung des Ausscheidens von einem von zwei nur gesamtvertretungsbefugten Geschäftsführern; *A. Müller* BB 1998, 329; *Wicke* MittBayNot 2014, 13 (17).
30 Vgl. OLG Bamberg Beschl. v. 26.6.2012 – 1 W 29/12, DNotZ 2013, 155; OLG Frankfurt Beschl. v. 19.7.2006 – 20 W 229/06, RNotZ 2006, 549 (555) mwN; HCL/*Casper* Rn. 15; Lutter/Hommelhoff/*Kleindiek* Rn. 1 aE; MHLS/*Lieder* Rn. 19.
31 OLG Bamberg Beschl. v. 26.6.2012 – 1 W 29/12, DNotZ 2013, 155.
32 Zutr. *Kießling/Eichele* GmbHR 1999, 1165 (1166 f.) unter Hinweis auf den Rechtsschein der fortwirkenden Geschäftsführerpflichten, ua gegenüber Behörden oder dem Insolvenzverwalter. *Renaud* GmbHR 2012, 1128 (1129) befürwortet eine Anmeldebefugnis eines etwaigen Prokuristen.
33 Vgl. *Kießling/Eichele* GmbHR 1999, 1165 (1167 f.).
34 Zutr. *Altmeppen* Rn. 7.

Geschäftsführer- bzw. Liquidatorenstellung bzw. die Vertretungsbefugnis erachtet.[35] Zur Begründung wird auf den Rechtsgedanken des § 180 BGB sowie auf die Pflicht des Notars zur unverzüglichen Einreichung gem. § 53 BeurkG verwiesen. Bei **abweichenden Anweisungen** der Unterzeichnenden an den Notar betreffend einen späteren Zeitpunkt der Übermittlung an das Registergericht ist jedoch auf diesen Zeitpunkt abzustellen. In diesem Fall stellt die Anmeldung im Zeitpunkt der Unterzeichnung durch die Geschäftsführer bzw. Liquidatoren ein **bloßes Internum** dar. Der Antrag wurde noch nicht abgegeben, dh mit Blick auf den Erklärungsempfänger – das Registergericht – noch nicht in den Rechtsverkehr gebracht und entfaltet daher zunächst keine Rechtswirkungen. Bei derartigen Weisungen der anmeldenden Personen verfängt der Hinweis auf § 53 BeurkG ebenfalls nicht (→ § 8 Rn. 51). Da es sich bei der Anmeldung um eine empfangsbedürftige Erklärung handelt, könnte man ebenso auf deren **Eingang beim Registergericht** abstellen (vgl. § 130 Abs. 1, Abs. 3 BGB; für wN → § 8 Rn. 51).[36] Mit Blick auf § 130 Abs. 2 BGB ist nach der hier vertretenen Auffassung indes nicht der Zugang der Anmeldung beim Registergericht, sondern deren **Abgabe**, dh der **Zeitpunkt des bestimmungsgemäßen Inverkehrbringens** der Anmeldung durch den Notar, der im Regelfall als weisungsgebundener Bote der Beteiligten handelt, **maßgeblich**.[37] Angesichts der gebotenen elektronischen Übermittlung hat diese Differenzierung heutzutage indes nur noch geringe Bedeutung. Zur Problematik des Geschäftsführerwechsels nach Unterzeichnung, aber vor Abgabe der Anmeldung auch → § 7 Rn. 30.

24   **3. Stellvertretung. a) Allgemeines.** Sofern in der Anmeldung keine strafbewehrten Versicherungen abzugeben sind, können sich die Geschäftsführer bzw. Liquidatoren grundsätzlich ohne Weiteres vertreten lassen. Eine **Vollmacht** ist abweichend von § 167 Abs. 2 BGB gem. **§ 12 Abs. 1 S. 2 HGB iVm § 12 Abs. 1 S. 1 HGB** elektronisch in öffentlich beglaubigter Form einzureichen und im Regelfall durch die Geschäftsführer bzw. Liquidatoren in vertretungsberechtigter Zahl zu erteilen. Etwas anderes gilt nur in den in § 78 Hs. 2 genannten Anmeldefällen, in denen es – soweit man eine Stellvertretung überhaupt für möglich hält (→ Rn. 30 f.) – einer Vollmachtserteilung durch sämtliche Geschäftsführer bzw. Liquidatoren bedarf. Da es für die Wirksamkeit der Vollmacht auf den Zeitpunkt ihrer Erteilung (vgl. § 167 Abs. 1 BGB) ankommt, ist es für ihr Fortbestehen ohne Bedeutung, ob der die Vollmacht erteilende Geschäftsführer später sein Amt oder seine Alleinvertretungsberechtigung verliert.[38] Allerdings sind der oder die neu bestellten Geschäftsführer zum Widerruf der Vollmacht berechtigt.[39]

25   Der eine zur Eintragung in das Handelsregister erforderliche Erklärung **beurkundende oder beglaubigende Notar** gilt nach **§ 378 Abs. 2 FamFG** als ermächtigt, im Namen der zur Anmeldung Berechtigten **selbst** die **Eintragung** im Wege einer Eigenurkunde zu **beantragen**. Seit Inkrafttreten des FamFG findet die in § 378 Abs. 2 FamFG normierte widerlegbare Vermutung der Vollmachtserteilung[40] nicht nur bei obligatorischen, sondern auch bei fakultativen Anmeldungen Anwendung.[41] Von einer eigenen Anmeldung eines Dritten im Namen der Geschäftsführer bzw. Liquidatoren (Stellvertretung) ist die **bloße**

---

[35]   BayObLG Beschl. v. 17.9.2003 – 3Z BR 183/03, NZG 2004, 421; OLG Düsseldorf Beschl. v. 15.12.1999 – 3 Wx 354/99, NJW-RR 2000, 702 (703).

[36]   IdS Scholz/*Wicke* Rn. 10.

[37]   Ebenso OLG Zweibrücken Beschl. v. 29.10.2013 – 3 W 82/13, NZG 2015, 319. Für die Maßgeblichkeit der Abgabe auch für die Geschäftsführerversicherungen → § 8 Rn. 51. Zum Spezialproblem der ggf. fehlenden Strafbarkeit bei falscher Versicherung durch einen im Zeitpunkt der Unterzeichnung der Anmeldung noch nicht wirksam bestellten Geschäftsführer → § 8 Rn. 52.

[38]   OLG Düsseldorf Beschl. v. 8.12.2017 – I-3 Wx 275/16, BeckRS 2017, 142653.

[39]   OLG Hamm Beschl. v. 23.2.2012 – I-27 W 175/11, GmbHR 2012, 903 mAnm *Eickhoff*; Lutter/Hommelhoff/*Kleindiek* Rn. 2.

[40]   Begr. RegE, BT-Drs. 16/6308, 285; Keidel/*Heinemann* FamFG § 378 Rn. 11; MüKoFamFG/*Krafka* FamFG § 378 Rn. 7.

[41]   Näher zur Befugnis des beurkundenden bzw. beglaubigenden Notars nach § 378 Abs. 2 FamFG → § 7 Rn. 27 ff.; *Streicher* GmbHR 2016, 686.

Übermittlung der Anmeldung der Geschäftsführer bzw. Liquidatoren durch einen Dritten bzw. durch einen Notar als Boten zu unterscheiden. Die schlichte Einreichung als Bote ist in allen Fällen der Anmeldung stets zulässig und kann durch jeden hierzu Ermächtigten erfolgen.[42]

b) Inhaltliche Anforderungen; Generalvollmacht? Welche **inhaltlichen Anfor- 26 derungen** an eine Vollmacht zur Vornahme von Handelsregisteranmeldungen zu stellen sind, ist noch nicht abschließend geklärt. Teilweise wird in der obergerichtlichen Rspr. gefordert, die Befugnis zur Vornahme von Handelsregisteranmeldungen müsse ausdrücklich in der Vollmacht aufgeführt sein, da nach allgemeinen Auslegungskriterien im Zweifel vom geringeren Vollmachtsumfang auszugehen sei.[43] Richtigerweise ist eine ausdrückliche Erwähnung der Befugnis des Bevollmächtigten zur Vornahme von Handelsregisteranmeldungen jedoch nicht zwingend erforderlich; gleichwohl muss – mit Blick auf die mit der grundsätzlich persönlich zu erfüllenden Anmeldepflicht bezweckte Richtigkeitsgewähr – aus dem Vollmachtstext **hinreichend deutlich** hervorgehen, dass der Bevollmächtigte auch Handelsregisteranmeldungen namens des Vollmachtgebers vornehmen können soll.[44]

Eine **umfassende Generalvollmacht**, zB in Gestalt einer (den Formanforderungen 27 des § 12 Abs. 1 S. 2 HGB genügenden) Vorsorgevollmacht, erstreckt sich inhaltlich ohne Weiteres auf Handelsregisteranmeldungen; einer ausdrücklichen Erwähnung bestimmter Befugnisse bedarf es nicht.[45] Allerdings soll dem Geschäftsführer die umfassende Übertragung seiner organschaftlichen Vertretungsmacht nach wohl noch hM wegen unzulässiger Abwälzung seiner Verantwortung und seiner Aufgaben verwehrt und eine umfassende Generalvollmacht eines Geschäftsführers daher **unwirksam** sein.[46] Richtigerweise ist zu differenzieren: eine Übertragung sämtlicher Befugnisse eines Geschäftsführers qua Generalvollmacht ist nicht möglich. Hieraus folgt indes lediglich, dass die nicht übertragbaren Befugnisse nicht vom Bevollmächtigten ausgeübt werden können. Für eine Gesamtunwirksamkeit besteht hingegen keine Veranlassung, da der Geschäftsführer erkennbar alle delegierbaren Befugnisse übertragen wollte, ua die Vornahme von Handelsregisteranmeldungen.[47] Sofern man entgegen der hier vertretenen Auffassung von einer Gesamtunwirksamkeit der Generalvollmacht ausgeht, dürfte die Vertretungsmacht des Generalbevollmächtigten im Außenverhältnis (unbeschadet der fortbestehenden eigenen Pflichten des Geschäftsführers) schon mit Blick auf den gebotenen Schutz des Rechtsverkehrs nach Rechtsscheingrundsätzen für wirksam zu erachten sein.[48] In jedem Fall ist eine derartige, etwa unwirksame Generalvollmacht nach § 140 BGB als Generalhandlungsvollmacht aufrechtzuerhalten (→ Rn. 28).[49]

c) Prokurist, Handlungsbevollmächtigter. Anmeldungen zur Eintragung in das 28 Handelsregister können von Prokuristen (§§ 48 ff. HGB) und Handlungsbevollmächtigten

---

42 Rowedder/Schmidt-Leithoff/*Baukelmann* Rn. 17; Scholz/*Wicke* Rn. 20 aE.
43 IdS OLG Düsseldorf Beschl. v. 12.2.2014 – I-3 Wx 31/14, NZG 2014, 1066 (1067) mwN – arg.: Pflicht zur Anmeldung durch alle Geschäftsführer soll Gewähr für die Richtigkeit der angemeldeten Tatsachen bieten; idS auch Bork/Schäfer/*Roth* Rn. 4.
44 HCL/*Casper* Rn. 21.
45 Zutr. OLG Karlsruhe Beschl. v. 13.8.2013 – 11 Wx 64/13, GmbHR 2014, 205; OLG Frankfurt Beschl. v. 16.4.2013 – 20 W 494/11, ZEV 2013, 686; HCL/*Casper* Rn. 21; *Krafka* RegisterR-HdB Rn. 114: eine Auslegung über den Wortlaut hinaus ist jedenfalls ausgeschlossen.
46 BGH Urt. v. 18.10.1976 – II ZR 9/75, NJW 1977, 199 mwN; OLG Frankfurt Beschl. v. 7.11.2011 – 20 W 459/11, BeckRS 2012, 08962 = GmbHR 2012, 751 (753) mwN; Rowedder/Schmidt-Leithoff/*Baukelmann* Rn. 15; *Gustavus* GmbHR 1978, 219 (225); Noack/Servatius/Haas/*Beurskens* Rn. 7; MHLS/*Lieder* Rn. 25; Scholz/*Wicke* Rn. 19; aA LG Frankfurt a. M. Beschl. v. 16.3.1972 – 3/6 T 8/72, BB 1972, 512; HCL/*Casper* Rn. 21.
47 HCL/*Casper* Rn. 21.
48 Ebenso *Schippers* DNotZ 2009, 353 (363 ff.).
49 Vgl. BGH Urt. v. 18.7.2002 – III ZR 124/01, NJW-RR 2002, 1325 (1326); Urt. v. 20.10.2008 – II ZR 107/07, NJW 2009, 293; trotz Umdeutung offenbar generell (nicht nur im Hinblick auf Anmeldungen mit strafbewehrten Versicherungen) gegen eine Anmeldebefugnis des Handlungsbevollmächtigten Noack/Servatius/Haas/*Beurskens* Rn. 7.

(§ 54 HGB) grundsätzlich nicht vorgenommen werden, da diesen **keine Befugnis zum Abschluss von Grundlagengeschäften** bzw. zur Veranlassung von deren Verlautbarung im Handelsregister zusteht (ua Satzungsänderung, Kapitalmaßnahmen, Neubestellung bzw. Abberufung von Geschäftsführern etc). Soweit es sich bei den anzumeldenden Vorgängen hingegen nicht um derartige Grundlagengeschäfte handelt, zB bei der Anmeldung einer Zweigniederlassung, bestehen keine Bedenken gegen die Vornahme der Anmeldung durch Prokuristen oder Handlungsbevollmächtigte in vertretungsberechtigter Zahl.[50] Welche Anmeldungen die Grundlagen des eigenen Handelsgeschäfts betreffen und daher grundsätzlich den Geschäftsführern bzw. Liquidatoren (oder nach der hier vertretenen Auffassung auch von diesen hierzu [general-]bevollmächtigten Personen; → Rn. 24 ff.) vorbehalten sind, ist noch nicht abschließend geklärt, insbesondere ob die **Änderung der Geschäftsanschrift** von Prokuristen oder Handlungsbevollmächtigten angemeldet werden kann. Mit der im Vordringen befindlichen obergerichtlichen Rspr. sind Prokuristen und Handlungsbevollmächtigte **nicht** zur Anmeldung einer neuen Geschäftsanschrift befugt, da eine derartige Anmeldung nicht zum laufenden Geschäftsbetrieb gehört (vgl. § 49 Abs. 1 HGB). Hieran dürfte sich auch mit Inkrafttreten der § 707 Abs. 4 S. 3 BGB bzw. § 106 Abs. 7 S. 3 HGB in der Fassung des MoPeG voraussichtlich nichts ändern. Die inländische Geschäftsanschrift betrifft – ebenso wie der Sitz – vielmehr die Organisation der Gesellschaft und ist daher als eine den Geschäftsführern vorbehaltene Grundlagenentscheidung zu qualifizieren (aA → 2. Aufl. 2015, § 8 Rn. 79).[51] Sofern die Änderung der Geschäftsanschrift mit einer Sitzverlegung einhergeht, ist der beurkundende Notar gem. § 378 Abs. 2 FamFG zur Anmeldung der neuen Geschäftsanschrift berechtigt, wenn auch hierüber ein beurkundeter Gesellschafterbeschluss gefasst wird. Falls eine Änderung der Geschäftsanschrift unabhängig von einer Sitzverlegung vorgenommen werden soll und der Geschäftsführer für deren Anmeldung nicht oder nur schwer greifbar ist bzw. die Einholung der Anmeldung mit großem zeitlichen und/oder finanziellen Aufwand verbunden ist (zB Beglaubigung im Ausland, ggf. Erfordernis einer Legalisation) und auf keine ausreichende Handelsregistervollmacht zurückgegriffen werden kann, begründet ein beurkundeter Gesellschafterbeschlusses über die Sitzverlegung die Anmeldebefugnis des Notars gem. § 378 Abs. 2 FamFG. Zur Bedeutung der im Register eingetragenen Geschäftsanschrift für den Zugang von Willenserklärungen bzw. die Zustellung von Schriftstücken für die Gesellschaft → § 8 Rn. 81 ff., → § 35 Rn. 170 f., auch zu den Grenzen der Zugangserleichterung durch Verlautbarung der inländischen Geschäftsanschrift.

29 Sofern ein Geschäftsführer zusammen mit einem Prokuristen im Wege der **unechten Gesamtvertretung** eine Anmeldung bewirkt, finden die vorstehenden Beschränkungen der Anmeldebefugnis des Prokuristen keine Anwendung, da es sich in diesem Fall um ein organschaftliches Handeln des Geschäftsführers handelt, das lediglich an die Mitwirkung eines Prokuristen geknüpft ist.[52] Bei deklaratorischen Anmeldungen trifft die öffentlich-rechtliche Anmeldepflicht lediglich die Geschäftsführer, nicht die Prokuristen, denen gegenüber daher auch kein Registerzwang zulässig ist.[53]

30 **d) Anmeldungen durch alle Geschäftsführer bzw. Liquidatoren.** Nach hM ist eine **Stellvertretung** bei den gem. **§ 78 Hs. 2** von allen Geschäftsführern bzw. Liquidatoren zu bewirkenden Anmeldungen **nicht zulässig,** da in diesen Fällen die Richtigkeit der angemeldeten Vorgänge durch das Erfordernis der persönlichen Mitwirkung aller Organwalter in

---

[50] BGH Beschl. v. 2.12.1991 – II ZB 13/91, BGHZ 116, 190 = NJW 1992, 975; OLG Düsseldorf Beschl. v. 16.3.2012 – I-3 Wx 296/11, NZG 2012, 1223; Scholz/*Wicke* Rn. 10.

[51] KG Beschl. v. 4.5.2016 – 22 W 128/15, NZG 2016, 1031 (1032); OLG Karlsruhe Beschl. v. 7.8.2014 – 11 Wx 17/14, NJW-RR 2015, 94 (95): „im Register geführte Geschäftsanschrift für die Gesellschaft [wegen § 35 Abs. 2 S. 3] von weitreichender organisatorischer Bedeutung"; *Blasche* EWiR 2016, 525 (526); HCL/*Casper* Rn. 13; MHLS/*Lieder* § 78 Rn. 25; aA KG Beschl. v. 20.9.2013 – 12 W 40/13, NZG 2014, 150; OLG Hamburg Beschl. v. 27.1.2011 – 11 W 4/11, GmbHR 2011, 828 zur Handlungsvollmacht; offen OLG Düsseldorf Beschl. v. 12.2.2014 – I-3 Wx 31/14, NZG 2014, 1066 (1067).

[52] Lutter/Hommelhoff/*Kleindiek* Rn. 2; Scholz/*Wicke* Rn. 14.

[53] MHLS/*Lieder* Rn. 24.

besonderem Maße gewährleistet werden soll. Eine Delegation der Verantwortung sei demzufolge insbesondere mit Blick auf die Höchstpersönlichkeit der in der Anmeldung abzugebenden haftungs- und strafbewehrten Versicherungen unzulässig.[54] Bei sonstigen Handelsregisteranmeldungen soll eine Stellvertretung aber auch dann zulässig sein, wenn diese mit strafbewehrten Versicherungen zu verbinden sind, zB Anmeldungen nach § 39 Abs. 3 und § 67 Abs. 3. Mitunter wird danach differenziert, ob es sich um Anmeldungen handelt, „die durch alle Geschäftsführer vorzunehmen sind und deren Inhalt ununterscheidbar strafrechtlich gegen unrichtige Angaben geschützt ist". Dazu gehören Anmeldungen nach § 7 Abs. 1, § 57 Abs. 1 und § 58 Abs. 1 Nr. 4, nicht hingegen die Anmeldung nach § 57i Abs. 1, da sich die strafbewehrte Versicherung nach § 57i Abs. 2 iVm Abs. 1 S. 2 vom Inhalt der Anmeldung unterscheiden lasse.[55] Sofern man mit der hM in den vorgenannten Fällen eine Stellvertretung für ausgeschlossen erachtet, scheidet eine Anmeldung durch den beurkundenden oder beglaubigenden Notar durch Eigenurkunde gem. § 378 Abs. 2 FamFG ebenfalls aus. Unberührt hiervon bleibt allerdings sein Recht zur bloßen Einreichung der von den Geschäftsführern unterzeichneten Anmeldung als Bote, ebenso die Übermittlung der Anmeldung durch sonstige Dritte.

Auch mit Blick auf die erstrebte besondere Richtigkeitsgewähr bedarf es jedoch entge- **31** gen der hM **keines Verbotes der Stellvertretung** bei den gem. § 78 Hs. 2 von sämtlichen Geschäftsführern bzw. Liquidatoren zu bewirkenden Anmeldungen. Die Richtigkeit wird bereits durch die **Höchstpersönlichkeit der** in diesem Zusammenhang durchwegs abzugebenden **haftungs- und strafbewehrten Versicherungen** gewährleistet. Es besteht Einvernehmen, dass diese keinen zwingenden integralen Bestandteil der Anmeldung darstellen.[56] Die in diesem Zusammenhang vom Gesetz geforderten Tatsachenmitteilungen, dh die haftungs- und strafbewehrten Versicherungen, sind nach allgM von allen Geschäftsführern bzw. Liquidatoren persönlich und ausdrücklich abzugeben (näher → § 8 Rn. 46 f., auch zur Form einer isolierten Versicherung). Näher zum Streitstand betreffend die Zulässigkeit der Stellvertretung bei von allen Geschäftsführern zu bewirkenden Anmeldungen → § 7 Rn. 18 ff. mwN.

4. Sonderfall Insolvenz. Nach Eröffnung des Insolvenzverfahrens über das Vermögen **32** der GmbH verlieren die Geschäftsführer gem. §§ 35 ff., 80 InsO die **Verwaltungs- und Verfügungsbefugnis hinsichtlich der massezugehörigen Vermögenswerte.** Diese steht allein dem Insolvenzverwalter zu. Soweit diese Vermögenswerte von Handelsregisteranmeldungen betroffen sind, obliegt die Anmeldebefugnis (und die Anmeldepflicht) dem Insolvenzverwalter, so beispielsweise bei der Anmeldung der Änderung des Geschäftsjahres[57] und – entgegen der Rspr. des II. Zivilsenats des BGH – auch bei der Anmeldung einer Firmenänderung wegen der Veräußerung der bisherigen Firma (str.).[58] Demgegenüber ist der Geschäftsführer weiterhin für Anmeldungen betreffend das Ausscheiden bzw. die Neu-

54 BayObLG Beschl. v. 12.6.1986 – BReg. 3 Z 29/86, NJW 1987, 136 (137); Rowedder/Schmidt-Leithoff/*Baukelmann* Rn. 16; Noack/Servatius/Haas/*Beurskens* Rn. 8; Lutter/Hommelhoff/*Kleindiek* Rn. 2; Scholz/*Wicke* Rn. 20; vgl. auch BGH Beschl. v. 16.3.1992 – II ZB 17/91, BGHZ 117, 323 = NJW 1992, 1824 (1825).
55 So HCL/*Casper* Rn. 23.
56 *Seebach* RNotZ 2015, 68 (71); Gehrlein/Born/Simon/*Leitzen* Rn. 9 f.; vgl. OLG Köln Beschl. v. 1.10.1986 – 2 Wx 53/86, WM 1986, 1412 (1413) für die Anmeldung nach § 7 Abs. 1.
57 BGH Beschl. v. 14.10.2014 – II ZB 20/13, NJW-RR 2015, 245 = NZI 2015, 135 mAnm *Schuster/Fritz*: Befugnis des Insolvenzverwalters zur Anmeldung der Rückkehr von dem nach § 155 Abs. 2 S. 1 InsO mit der Eröffnung des Insolvenzverfahrens beginnenden neuen Geschäftsjahresrhythmus zu dem in der Satzung festgelegten Geschäftsjahr.
58 OLG Hamm Beschl. v. 21.12.2017 – 27 W 144/17, GmbHR 2018, 425; OLG Köln Beschl. v. 11.7.2001 – 2 Wx 13/01, NJW-RR 2001, 1417 (1418) = GmbHR 2001, 923; OLG Karlsruhe Beschl. v. 8.1.1993 – 4 W 28/92, NJW 1993, 1931; aA jüngst BGH Beschl. v. 26.11.2019 – II ZB 21/17, NZI 2020, 234: Insolvenzverwalter auch im Fall der Verwertung der Firma nicht zu Satzungsänderung und auch nicht dazu befugt, eine Firmenänderung außerhalb der Satzung kraft eigener Rechtsstellung herbeizuführen, m. abl. Anm. *Primozic*.

bestellung von Geschäftsführern,[59] einer Änderung der Vertretungsverhältnisse oder der Geschäftsanschrift[60] und zur Anmeldung einer vor Eröffnung des Insolvenzverfahrens beschlossenen Kapitalerhöhung befugt.[61] Die fehlende Anmeldebefugnis des Insolvenzverwalters bei vor Verfahrenseröffnung beschlossenen Kapitalerhöhungen beruht darauf, dass es sich hierbei vor Eintragung in das Handelsregister allein um eine tatsächliche Erwerbsaussicht handelt, aus der noch keine Rechte für die Insolvenzmasse resultieren (auch → § 55 Rn. 75 ff.; → § 57 Rn. 29).[62] Wurde eine Kapitalerhöhung hingegen gem. § 225a Abs. 3 InsO in den gestaltenden Teil eines Insolvenzplans aufgenommen, liegt die Anmeldebefugnis beim Insolvenzverwalter (§ 254a Abs. 2 S. 3 InsO).[63]

III. Anmeldepflicht

33   **1. Öffentlich-rechtliche Anmeldepflicht?** Eine öffentlich-rechtliche Anmeldepflicht der Geschäftsführer bzw. Liquidatoren besteht **lediglich bei deklaratorischen,** nicht hingegen bei konstitutiven **Eintragungen** in das Handelsregister (vgl. § 79 Abs. 2).

34   **a) Konstitutive Eintragungen.** Kommt der durch die Anmeldung initiierten **Eintragung** in das Handelsregister **konstitutive Wirkung** zu, so beispielsweise bei der Anmeldung der Ersteintragung einer Gesellschaft nach § 7 Abs. 1, einer Satzungsänderung nach § 54, einer effektiven Kapitalerhöhung nach § 57 Abs. 1, einer Kapitalerhöhung aus Gesellschaftsmitteln nach § 57i Abs. 1 oder einer Kapitalherabsetzung nach § 58 Abs. 1 Nr. 3, besteht nach allgM **bloß ein Recht und keine öffentlich-rechtliche Pflicht** der Geschäftsführer bzw. Liquidatoren **zur Anmeldung** (allgM, zur ratio → § 79 Rn. 1, → § 79 Rn. 14). Eine Anmeldepflicht lässt sich auch nicht aus dem Wortlaut von § 78 ableiten („ist zur Eintragung in das Handelsregister anzumelden"). Hierdurch soll lediglich die Anmeldung als notwendige Voraussetzung einer Eintragung statuiert werden.[64] Eine privatautonome Begründung öffentlich-rechtlicher Anmeldepflichten scheidet ebenfalls aus.

35   Da die Eintragung eines **Beherrschungs- und/oder Gewinnabführungsvertrags** in das Handelsregister der abhängigen Gesellschaft analog § 294 Abs. 2 AktG konstitutiv wirkt,[65] besteht analog § 54 Abs. 1 S. 1 ein bloßes Anmelderecht und keine öffentlich-rechtliche Anmeldepflicht. Gleiches gilt für die Änderung eines Unternehmensvertrags iSv § 295 AktG (→ Anh. § 13 Rn. 1002 mwN). Demgegenüber sind die Geschäftsführer bei Beendigung eines Unternehmensvertrags zur Anmeldung verpflichtet. Denn der Eintragung kommt insoweit nur deklaratorische Wirkung zu (→ Anh. § 13 Rn. 1084 ff.).[66] Bei sämtlichen **Maßnahmen nach dem UmwG** steht es den Geschäftsführern aus öffentlich-rechtlicher Sicht frei, die Anmeldung zu bewirken, da die Eintragung nach § 20 Abs. 1 UmwG konstitutiv wirkt.

---

[59]   Ganz hM, vgl. nur OLG Rostock Beschl. v. 17.12.2002 – 6 W 52/02, Rpfleger 2003, 444 (445); OLG Köln Beschl. v. 11.7.2001 – 2 Wx 13/01, NJW-RR 2001, 1417 (1418 f.) = GmbHR 2001, 923; Scholz/ *Wicke* Rn. 13; HCL/*Casper* Rn. 17; aA LG Baden-Baden Beschl. v. 2.7.1996 – 2 T 74/96, GmbHR 1996, 682; AG Charlottenburg Beschl. v. 3.11.1995 – 97 HRB 49246, NJW-RR 1997, 31 (32); aA *Altmeppen* Rn. 9: Befugnis und Pflicht des Insolvenzverwalters.
[60]   OLG Hamm Beschl. v. 9.3.2017 – 27 W 175/16, NZG 2017, 747.
[61]   Heute ganz hM, vgl. OLG Zweibrücken Urt. v. 12.12.2013 – 4 U 39/13, NZG 2014, 472; BayObLG Beschl. v. 17.3.2004 – 3Z BR 046/04, NZG 2004, 582 (583); Noack/Servatius/Haas/*Beurskens* Rn. 11; *Priester* EWiR 2014, 313; Scholz/*Wicke* Rn. 13 aE, auch zum Sonderfall der Anmeldung der einer Kapitalerhöhung vergleichbaren Regelung im gestaltenden Teil eines Insolvenzplans (§ 254a Abs. 2 S. 3 InsO iVm § 225a Abs. 3 InsO).
[62]   Vgl. BGH Urt. v. 7.11.1994 – 2 ZR 248/93, NJW 1995, 460: Dispositionsbefugnis der Gesellschafter: Aufhebung des Kapitalerhöhungsbeschlusses oder Anweisung an Geschäftsführer, die Anmeldung nicht einzureichen bzw. zurückzunehmen.
[63]   *Priester* EWiR 2014, 313 (314); Scholz/*Wicke* Rn. 13.
[64]   Scholz/*Wicke* Rn. 8.
[65]   BGH Urt. v. 11.11.1991 – II ZR 287/90, BGHZ 116, 37 = NJW 1992, 505; Beschl. v. 24.10.1988 – II ZB 7/88, BGHZ 105, 324 = NJW 1989, 295 (298 f.) – Supermarkt.
[66]   BGH Urt. v. 11.11.1991 – II ZR 287/90, BGHZ 116, 37 = NJW 1992, 505 (506).

b) Deklaratorische Eintragungen. aa) Allgemeines. Bei deklaratorischen Eintra- **36** gungen in das Handelsregister besteht hingegen eine **öffentlich-rechtliche Anmelde-pflicht** (arg. e § 79 Abs. 2). Hierdurch soll gewährleistet werden, dass die Verlautbarungen im Handelsregister mit den tatsächlichen Rechtsverhältnissen der Gesellschaft übereinstimmen. Ist dies nicht der Fall, gebietet der Grundsatz der Vollständigkeit und Zuverlässigkeit des Handelsregisters ein Einschreiten des Registergerichts, ggf. durch Festsetzung von Zwangsgeld gem. § 79 Abs. 1 iVm § 14 HGB (→ § 79 Rn. 2 ff.). Eine **Suspendierung** dieser öffentlich-rechtlichen Anmeldepflicht durch Anweisung der Gesellschafter kommt – anders als bei konstitutiven Eintragungen (→ Rn. 40) – nicht in Betracht.[67] Indirekt können die Gesellschafter aber dadurch über die öffentlich-rechtliche Anmeldepflicht der Geschäfts-führer bzw. Liquidatoren disponieren, dass sie die Eintragung des anzumeldenden Vorgangs zur Wirksamkeitsvoraussetzung erheben; unter diesen Umständen vollzieht die Eintragung nicht lediglich eine bereits eingetretene Rechtsfolge nach, sondern wirkt kraft Parteiautono-mie konstitutiv. Mangels zuvor eingetretener Rechtsänderung wird daher die Vollständigkeit und Zuverlässigkeit des Handelsregisters durch eine Nichteintragung nicht beeinträchtigt. Denkbar ist beispielsweise eine Abberufung bzw. Neubestellung eines Geschäftsführers auf-schiebend bedingt auf den Zeitpunkt der Eintragung (→ Rn. 20).

Auch wenn eine Handelsregisteranmeldung durch die Geschäftsführer bzw. Liquidato- **37** ren in vertretungsberechtigter Zahl zu bewirken ist, trifft die öffentlich-rechtliche Anmelde-pflicht zunächst **stets alle Geschäftsführer bzw. alle Liquidatoren** und damit jeden Einzelnen.[68] Sie kann gegenüber jedem Geschäftsführer erzwungen werden.[69] Sobald eine von den Geschäftsführern bzw. Liquidatoren in vertretungsberechtigter Zahl vorzuneh-mende Anmeldung bewirkt ist, fällt die öffentlich-rechtliche Anmeldepflicht der Übrigen weg (auch → Rn. 40).

bb) Anwendungsbeispiele. Eine öffentlich-rechtliche Anmeldepflicht besteht ua im **38** Falle der **Neubestellung bzw. Abberufung oder Amtsniederlegung eines Geschäfts-führers** (§ 39 Abs. 1), es sei denn, dieser wurde analog § 29 BGB vom Gericht als Notge-schäftsführer bestellt. In diesem Fall erfolgt die Eintragung analog § 67 Abs. 4 von Amts wegen (str.; → § 39 Rn. 4 mwN auch zur Gegenmeinung). Mangels Änderung in den Personen der Geschäftsführer iSv § 39 Abs. 1 ist eine Anmeldepflicht bei einer anfänglich nichtigen Geschäftsführerbestellung (etwa wegen eines Bestellungshindernisses iSv § 6 Abs. 2 S. 2) zu verneinen; in diesen Fällen hat die Löschung ebenfalls von Amts wegen zu erfolgen (→ § 39 Rn. 8 mwN auch zur Gegenansicht).[70] Eine öffentlich-rechtliche Anmeldepflicht besteht ferner im Falle der **Auflösung der Gesellschaft** (§ 65 Abs. 1 S. 1), sofern diese nicht aufschiebend bedingt auf die Eintragung der Auflösung in das Handelsre-gister oder im Wege der Änderung des Gesellschaftsvertrags (vgl. § 54 Abs. 3) beschlossen wurde oder gesetzlich eine Eintragung von Amts wegen normiert ist (§ 65 Abs. 1 S. 2 und S. 3 – Auflösung wegen Eröffnung oder Ablehnung der Eröffnung des Insolvenzverfahrens oder der gerichtlichen Feststellung eines Mangels des Gesellschaftsvertrags, § 399 FamFG iVm § 263 S. 2 AktG analog, → Rn. 55). In gleicher Weise sind die Liquidatoren verpflich-tet, die Fortsetzung einer aufgelösten Gesellschaft nach Eintragung der Auflösung in das Handelsregister wiederum zur Eintragung anzumelden.[71] Öffentlich-rechtliche Anmelde-pflichten sind gem. § 67 Abs. 1 hinsichtlich der **ersten Liquidatoren und ihrer Vertre-tungsbefugnisse** sowie jedes Wechsels bzw. jeder Änderung der Vertretungsbefugnisse mit Ausnahme der gerichtlichen Ernennung oder Abberufung iSv § 67 Abs. 4, für die Beendi-gung der Liquidation nach § 74 Abs. 1 S. 1, für die **Errichtung bzw. Aufhebung einer**

---

67 Scholz/*Wicke* Rn. 7.
68 Rowedder/Schmidt-Leithoff/*Baukelmann* Rn. 11; HCL/*Casper* Rn. 19; Scholz/*Wicke* Rn. 15.
69 Zum Spezialfall einer in Mutterschutz befindlichen Geschäftsführerin vgl. *Kruse/Stenslik* NZA 2013, 596 (600).
70 KG Beschl. v. 9.3.1999 – 1 W 8174/98, NJW-RR 1999, 1341 (1342); Noack/Servatius/Haas/*Beurskens* § 39 Rn. 4, jeweils mwN auch zur Gegenansicht.
71 Scholz/*Wicke* Rn. 7 f.

Zweigniederlassung nach § 13 Abs. 1 und Abs. 3 HGB, für die **Änderung der Geschäftsanschrift** nach § 31 Abs. 1 HGB iVm § 13 Abs. 3 und für die **Erteilung von Prokura** gem. § 53 HGB normiert.

39   Wurde Nichtigkeitsklage iSv § 75 erhoben und ist ein **rechtskräftiges Nichtigkeitsurteil** ergangen, haben die Geschäftsführer dieses gem. § 75 Abs. 2 iVm § 248 Abs. 1 S. 2 AktG unverzüglich zum Handelsregister zwecks Eintragung entsprechend § 248 Abs. 1 S. 3 AktG einzureichen. Teilweise wird eine Anmeldung der Nichtigkeit daneben für entbehrlich erachtet, da die Eintragung analog § 275 Abs. 4 S. 3 AktG von Amts wegen zu erfolgen habe.[72] In Anbetracht dessen, dass die Nichtigkeit der Gesellschaft bereits mit Rechtskraft des Urteils und nicht erst mit dessen Verlautbarung durch Eintragung in das Handelsregister eintritt,[73] ist allerdings mit der heute hM eine Anmeldepflicht aufgrund der lediglich deklaratorischen Eintragung zu bejahen.[74] Größere praktische Auswirkung hat dieser Meinungsstreit indes nicht, da die obligatorische Einreichung des rechtskräftigen Urteils analog § 248 Abs. 1 S. 2 AktG nach zutreffender Ansicht auch als Anmeldung der Nichtigkeit der Gesellschaft interpretiert werden kann.[75]

40   **2. Anmeldepflicht gegenüber der GmbH.** Im Innenverhältnis zur Gesellschaft sind die Geschäftsführer hingegen **aufgrund ihrer Organstellung** unabhängig davon, ob die Handelsregistereintragung deklaratorisch oder konstitutiv wirkt, **zur unverzüglichen Anmeldung verpflichtet,** sobald die jeweils zu erfüllenden Eintragungsvoraussetzungen vorliegen (→ § 7 Rn. 33 mwN).[76] Die lediglich im Verhältnis zur GmbH bestehende Anmeldepflicht kann indes durch **abweichende Anweisungen** seitens der Gesellschafter suspendiert werden, wobei im Falle von deklaratorischen Eintragungen die öffentlich-rechtliche Anmeldepflicht hiervon unberührt bleibt (→ Rn. 36). **Pflichtenadressat** sind insoweit ebenfalls stets **alle Geschäftsführer bzw. alle Liquidatoren,** auch wenn die Anmeldung von den jeweiligen Organwaltern in vertretungsberechtigter Zahl vorzunehmen ist.[77] Die interne Anmeldepflicht ist erfüllt, sobald die Anmeldung ordnungsgemäß eingereicht, dh in den Fällen des § 78 Hs. 1 von den Geschäftsführern bzw. Liquidatoren in vertretungsberechtigter Zahl bewirkt wurde.[78]

41   Kommen die Geschäftsführer bzw. Liquidatoren ihrer Anmeldepflicht nicht nach, können sie von den Gesellschaftern unmittelbar auf Anmeldung samt Abgabe etwa erforderlicher Versicherungen verklagt werden. Die **Vollstreckung** erfolgt im Falle der Anmeldung bzw. Abgabe der Versicherung als einer unvertretbaren Handlung nach Maßgabe von **§ 888 ZPO.** Dies gilt für die höchstpersönlichen Versicherungen nach § 8 Abs. 2 und 3, § 39 Abs. 3, § 57 Abs. 2, § 57i Abs. 1 S. 2, § 58 Abs. 1 Nr. 4 und § 67 Abs. 3 sowie für die korrespondierenden Handelsregisteranmeldungen jedenfalls dann, wenn man eine Stellvertretung auch insoweit für unzulässig erachtet. Allerdings kommt insoweit eine Vollstreckung einheitlich nach § 888 ZPO ggf. auch dann in Betracht, wenn man eine Stellvertretung beim Bewirken der Anmeldung zulässt (→ § 7 Rn. 34). Im Übrigen, soweit es sich bei der Anmeldung also um eine vertretbare Handlung handelt, erfolgt die Vollstreckung nach Maßgabe von **§ 894 ZPO iVm § 16 HGB.** Daneben stehen Schadensersatzansprüche gegen die Geschäftsführer bzw. Liquidatoren nach § 43 Abs. 2 (ggf. iVm § 71 Abs. 4) im Raum.[79] Anstelle der Leistungsklage und anschließender Vollstreckung wird aber vielfach eine **Abberufung** der Geschäfts-

---

72   IdS Noack/Servatius/Haas/*Haas* § 75 Rn. 32.
73   Vgl. Scholz/*Schmidt/Scheller* § 75 Rn. 32; Scholz/*Schmidt/Scheller* § 77 Rn. 6; HCL/*Casper* Rn. 10, jeweils mwN.
74   So Rowedder/Schmidt-Leithoff/*Baukelmann* Rn. 5; HCL/*Casper* Rn. 10; Lutter/Hommelhoff/*Kleindiek* Rn. 6 iVm Lutter/Hommelhoff/*Kleindiek* § 75 Rn. 5; Scholz/*Wicke* Rn. 6 und 7, jeweils aE.
75   HCL/*Casper* Rn. 10.
76   Vgl. Scholz/*Wicke* Rn. 9, 15; abw. Lutter/Hommelhoff/*Kleindiek* Rn. 4: „alsbaldige" Anmeldung; vgl. BGH Beschl. v. 24.10.1988 – II ZB 7/88, BGHZ 105, 324 = NJW 1989, 295 (296) – Supermarkt.
77   Scholz/*Wicke* Rn. 15 mwN. Zum Spezialfall einer in Mutterschutz befindlichen Geschäftsführerin vgl. *Kruse/Stenslik* NZA 2013, 596 (600).
78   Vgl. KG Beschl. v. 20.5.1910, RJA 1910, 262; Scholz/*Wicke* Rn. 15.
79   Vgl. MHLS/*Lieder* Rn. 12.

führer **aus wichtigem Grund** vorzugswürdig sein (zum Ganzen auch → § 7 Rn. 34 f. mwN).

IV. Rechtsnatur und Inhalt der Anmeldung

Bei der Anmeldung handelt es sich um einen **verfahrensrechtlichen,** auf Bewirkung **42** einer Eintragung in das Handelsregister gerichteten **Antrag** in Gestalt eines organschaftlichen Akts der Geschäftsführer bzw. Liquidatoren (näher → § 7 Rn. 10 mwN). Aufgrund der Rechtsnatur der Anmeldung als Prozesserklärung ist diese **bedingungsfeindlich** (→ § 7 Rn. 11). Die §§ 104 ff. BGB finden auf die Anmeldung nur eingeschränkt Anwendung (→ § 7 Rn. 12 f.). Bis zur Eintragung in das Handelsregister kann die Anmeldung jederzeit voraussetzungslos zurückgenommen, widerrufen, berichtigt oder ergänzt werden (→ § 7 Rn. 14 f.). Zu den etwaigen Grenzen der Anmeldebefugnis des Notars nach § 378 Abs. 2 FamFG → Rn. 30.

Der erforderliche **Inhalt** richtet sich nach den jeweiligen Anmeldeerfordernissen. Ein **43** besonderer Wortlaut der jeweiligen Anmeldung ist im Gesetz nicht vorgesehen. Allerdings muss für das Registergericht erkennbar sein, welche Eintragung begehrt wird, dh die Anmeldung muss **hinreichend bestimmt** sein.[80] Hinsichtlich der Bestimmtheit ist die bloße Bezugnahme auf andere Dokumente in der Handelsregisteranmeldung, zB auf einen beigefügten Gesellschafterbeschluss, nicht stets ausreichend. Abhängig vom jeweiligen Anmeldeerfordernis werden teilweise erhöhte Anforderungen an den Inhalt der Anmeldung gestellt. So sind beispielsweise bei der Anmeldung einer Satzungsänderung, die Regelungen nach § 10 Abs. 1 oder Abs. 2 zum Gegenstand hat, die geänderten Satzungsbestandteile schlagwortartig hervorzuheben.[81]

V. Form der Anmeldung

1. Äußere Form. Die Anmeldung hat **nicht notwendig** durch alle Geschäftsführer **44** **in einem einheitlichen Schriftstück** zu erfolgen. Vielmehr genügen inhaltsgleiche Anmeldungen, bei denen die Unterschriften der anmeldepflichtigen Personen jeweils getrennt nach Maßgabe von § 12 Abs. 1 HGB beglaubigt wurden.[82] Demgegenüber ist die **inhaltliche Aufspaltung** der Anmeldung eines einheitlichen Vorgangs (zB bloße Anmeldung der Neubestellung eines Geschäftsführers ohne zugehörige Vertretungsbefugnis) nicht zulässig. Bloße Berichtigungen bzw. Ergänzungen stellen allerdings keine unzulässige Aufspaltung der Anmeldung im vorgenannten Sinne dar (→ § 7 Rn. 38). Eine Anmeldung zur Eintragung in das Handelsregister muss **nicht notwendig in einer gesonderten Urkunde** enthalten sein, sondern kann auch mit anderen Erklärungen (zB korrespondierender Gesellschafterbeschluss) zusammengefasst werden.[83]

2. Unterschriftsbeglaubigung, elektronische Einreichung. Seit Inkrafttreten des **45** EHUG[84] am 16.11.2006 bzw. 1.1.2007 sind Anmeldungen zur Eintragung in das Handelsregister gem. **§ 12 Abs. 1 S. 1 HGB iVm §§ 39a, 40a BeurkG elektronisch in öffentlich beglaubigter Form** einzureichen. Gleiches gilt für Berichtigung, Ergänzung, Rücknahme und Widerruf. Zunächst hat der Notar die Unterschrift der Geschäftsführer unter die in Papierform vorliegende Anmeldung gem. § 39 BeurkG zu beglaubigen und sodann diese Papierurkunde durch Fertigung einer elektronisch beglaubigten Abschrift in die elektronische Form iSv § 39a BeurkG zu überführen, welche an das Registergericht zu übermitteln

---

[80] Vgl. BayObLG Beschl. v. 27.7.1993 – 3 Z BR 126/93, MittBayNot 1993, 386; Beschl. v. 1.12.1977 – BReg. 3 Z 127/77, MittBayNot 1978, 17; *Krafka* RegisterR-HdB Rn. 76 f., auch zur Auslegungsfähigkeit von Anmeldungen; Scholz/*Wicke* Rn. 21.
[81] BGH Beschl. v. 16.2.1987 – II ZB 12/86, NJW 1987, 3191.
[82] Lutter/Hommelhoff/*Kleindiek* Rn. 5; MHLS/*Lieder* Rn. 7; *Wicke* Rn. 4.
[83] BayObLG Beschl. v. 27.7.1993 – 3 Z BR 126/93, MittBayNot 1993, 386: Zusammenfassung von satzungsänderndem Gesellschafterbeschluss und korrespondierender Handelsregisteranmeldung.
[84] Gesetz über elektronische Handelsregister und Genossenschaftsregister sowie das Unternehmensregister v. 10.11.2006, BGBl. 2006 I 2553.

ist. Näher insbesondere zu den Anforderungen an die elektronische Einreichung → § 7 Rn. 39 ff. mwN. Mit Inkrafttreten des DiRUG wird ab 1.8.2022 zusätzlich die Möglichkeit einer **Online-Beglaubigung** mittels des von der Bundesnotarkammer betriebenen Videokommunikationssystems eingeführt (vgl. § 40a Abs. 1 S. 1 Var. 2, S. 2 BeurkG iVm § 78p BNotO).[85]

46   **3. Beglaubigung im Ausland.** Anmeldungen zur Eintragung in das Handelsregister können grundsätzlich im Ausland von einem ausländischen Notar beglaubigt werden. Zur Wahrung der Formanforderungen des § 12 Abs. 1 S. 1 HGB muss es sich bei der Auslandsbeglaubigung um eine **echte öffentliche Urkunde** handeln und die ausländische Beglaubigung muss gem. Art. 11 Abs. 1 Alt. 1 EGBGB die deutsche Beglaubigung substituieren, was deren **Gleichwertigkeit** voraussetzt. Der Echtheitsnachweis ist im Regelfall entweder durch Legalisation oder durch Apostille zu führen (näher → § 7 Rn. 42 mwN). Die Substitution der deutschen Beglaubigung durch die ausländische Beglaubigung gem. Art. 11 Abs. 1 Alt. 1 EGBGB setzt voraus, „dass die Beglaubigung von einem mit einer entsprechenden öffentlichen Befugnis ausgestatteten Urkundsperson […] nach dem maßgeblichen ausländischen Recht wirksam vorgenommen wurde und dass das ausländische Recht dieser Beglaubigungsform ebenfalls Beweiskraft und Echtheitsvermutungen ähnlich §§ 416, 418, 440 Abs. 2 ZPO zumisst". Hiermit sind Fernbeglaubigungen sowie Drittbestätigungen der Unterschriftsleistung, die in manchen ausländischen Rechtsordnungen nicht unüblich sind, nicht vereinbar sein.[86] Etwas anderes dürfte mit Inkrafttreten des DiRUG (→ Rn. 45) für solche Fernbeglaubigungen im Ausland gelten, die dem Verfahren der **Online-Beglaubigung** mittels des von der Bundesnotarkammer betriebenen Videokommunikationssystems (§ 40a Abs. 1 S. 1 Var. 2 BeurkG iVm § 78p BNotO) funktional vergleichbar sind.

47   **4. Vollmacht zur Anmeldung.** Vorstehende Anforderungen an die Unterschriftsbeglaubigung, deren elektronische Einreichung und eine etwaige Substitution durch eine ausländische Beglaubigung gelten in gleicher Weise für eine Vollmacht zur Anmeldung iSv § 12 Abs. 1 S. 2 HGB.

48   **5. Beizufügende Dokumente.** Welche Dokumente der Anmeldung beizufügen sind, richtet sich stets nach dem jeweiligen Anmeldeerfordernis. Die beizufügenden Dokumente sind gem. § 12 Abs. 2 S. 1 HGB elektronisch einzureichen, wobei bei Einreichung einer Urschrift oder einfachen Abschrift bzw. einem Dokument in Schriftform die Übermittlung einer **elektronischen Aufzeichnung** genügt **(§ 12 Abs. 2 S. 2 Hs. 1 HGB),** während bei Einreichung eines notariell beurkundeten Dokuments oder einer öffentlich beglaubigten Abschrift dieses mit einem **einfachen elektronischen Zeugnis iSv § 39a BeurkG** zu versehen ist (§ 12 Abs. 2 S. 2 Hs. 2 HGB; exemplarisch → § 8 Rn. 95 für die Anlagen zur Erstanmeldung einer GmbH).

VI. Adressat der Anmeldung

49   Die Anmeldung ist bei dem Gericht einzureichen, in dessen Bezirk die GmbH ihren **statutarischen Sitz** iSv § 3 Abs. 1 Nr. 1, § 4a hat **(örtliche Zuständigkeit).** Vorbehaltlich § 376 Abs. 2 FamFG führt gem. § 1 HRV jedes Amtsgericht, in dessen Bezirk ein Landgericht seinen Sitz hat, für den Bezirk dieses Landgerichts ein Handelsregister (§ 376 Abs. 1 FamFG). Allerdings eröffnet § 376 Abs. 2 FamFG die Möglichkeit, die Registerführung durch landesrechtliche Verordnung anderen oder zusätzlichen Amtsgerichten zu übertragen bzw. die Bezirke der Gerichte abweichend festzulegen (näher → § 7 Rn. 45 f.). **Sachlich** ist gem. § 376 Abs. 1 FamFG das **Amtsgericht,** in dessen Bezirk ein Landgericht seinen Sitz hat, als **Registergericht** zuständig (§ 8 HGB; vgl. auch § 23a Abs. 1 S. 1 Nr. 2, Abs. 2 Nr. 3 GVG).

---

[85]   Näher Herrler/*Kienzle*, Gesellschaftsrecht in der Notar- und Gestaltungspraxis, 2. Aufl. 2021, § 18a Rn. 66 ff.
[86]   Näher Staudinger/*Hertel*, 2017, BGB § 129 Rn. 156 ff.

VII. Exkurs: Zweigniederlassungen von Kapitalgesellschaften mit Sitz im Ausland

Gesellschaften mit beschränkter Haftung mit Sitz im Ausland, die einer deutschen **50** GmbH vergleichbar sind, dh verwandte Strukturen aufweisen,[87] haben die **Errichtung einer Zweigniederlassung** gem. § 13e Abs. 2 S. 1 HGB zur Eintragung in das Handelsregister anzumelden. Da es sich bei der Eintragung der Zweigniederlassung um eine deklaratorische Eintragung handelt, besteht eine öffentlich-rechtliche Anmeldepflicht. Anzumelden sind neben der Errichtung der Zweigniederlassung samt Angabe einer inländischen Geschäftsanschrift und des Gegenstands der Zweigniederlassung (§ 13e Abs. 2 HGB iVm § 13g Abs. 2 und 3 HGB) unter anderem deren **Aufhebung** (§ 13g Abs. 6 HGB), die **gesetzlichen Vertreter der Gesellschaft** sowie ihre **Vertretungsbefugnis** und diesbezügliche Änderungen (§ 13g Abs. 5 HGB iVm § 39 Abs. 1), fakultativ die Bestimmung eines **ständigen Vertreters** für die Tätigkeit der Zweigniederlassung iSv § 13e Abs. 2 S. 5 Nr. 3 HGB und jegliche Änderung der vorgenannten Personen und ihrer Vertretungsverhältnisse (§ 13e Abs. 3 HGB) sowie **Änderungen des Gesellschaftsvertrags** der ausländischen Gesellschaft (§ 13g Abs. 4 HGB). Adressat der Anmeldung betreffend die Zweigniederlassung einer ausländischen Gesellschaft mit beschränkter Haftung ist gem. § 13d Abs. 1 HGB das Amtsgericht, in dessen Bezirk die Zweigniederlassung besteht (§ 13d Abs. 1 HGB; zum Sonderfall der Errichtung mehrerer Zweigniederlassungen im Inland vgl. § 13e Abs. 5 HGB).

Während nach früherer Rechtslage die Anmeldung betreffend die Zweigniederlassung **51** unabhängig von der geltenden Vertretungsregelung durch alle Vorstandsmitglieder der ausländischen Gesellschaft erfolgen musste (§ 44 Abs. 1 S. 1 AktG aF), genügt nunmehr gem. § 13e Abs. 2 S. 1 HGB stets ein Handeln der Geschäftsführer bzw. Liquidatoren **in vertretungsberechtigter Zahl** (→ Rn. 9 f.).[88] § 78 findet neben §§ 13e, 13g HGB keine Anwendung (mehr).[89] Hieran ändert auch die erforderliche Versicherung nach § 13f Abs. 5 HGB iVm § 81 Abs. 3 AktG bzw. nach § 13g Abs. 5 HGB iVm § 39 Abs. 2 wegen der fehlenden Strafbarkeit einer falschen Versicherung nichts.[90] Gleichwohl sind entsprechende **Versicherungen von sämtlichen Organmitgliedern** abzugeben, sodass die Anmeldung wegen der Verknüpfung von Anmeldung und Versicherung im Regelfall faktisch von sämtlichen Organmitgliedern vorgenommen wird.[91] In den Fällen von § 13e Abs. 3 HGB (Änderungen in der Person oder der Vertretungsbefugnis eines ständigen Vertreters der Zweigniederlassung) und § 13e Abs. 4 HGB (Eröffnung oder Ablehnung der Eröffnung eines Insolvenzverfahrens) sind auch die ständigen Vertreter iSv § 13e Abs. 2 S. 5 Nr. 3 HGB anmeldebefugt.

VIII. Registergerichtliches Verfahren

1. Rechtsnatur der Eintragung. Den Eintragungen in das Handelsregister kommt, **52** wie bereits mehrfach erwähnt, entweder konstitutive Wirkung zu, dh die Rechtsänderung tritt erst mit Vornahme der Eintragung ein (zB Gründung, § 11 Abs. 1; Satzungsänderung, § 54 Abs. 3; Kapitalmaßnahmen), oder sie verlautbaren lediglich eine bereits zuvor eingetretene Rechtsänderung und haben danach nur deklaratorische Bedeutung. Mangels abweichender gesetzlicher Anordnung wirken Eintragungen lediglich deklaratorisch.[92]

---

[87]   Begr. RegE, BT-Drs. 12/3908, 15; MüKoHGB/*Krafka* HGB § 13e Rn. 5 f. mit einer nicht abschließenden Auflistung ausländischer Rechtsformen, die der GmbH deutschen Rechts iSv § 13e Abs. 1 HGB vergleichbar sind.

[88]   Vgl. Begr. RegE, BT-Drs. 12/3908, 15; MüKoHGB/*Krafka* HGB § 13e Rn. 9; EBJS/*Pentz* HGB § 13e Rn. 18, jeweils mwN.

[89]   HCL/*Casper* Rn. 32; anders noch BayObLG Beschl. v. 18.7.1985 – BReg. 3 Z 62/85, OLGZ 1985, 272 (277) = DNotZ 1986, 174: alle Geschäftsführer analog § 78 Hs. 2.

[90]   EBJS/*Pentz* HGB § 13e Rn. 18.

[91]   EBJS/*Pentz* HGB § 13e Rn. 18; Oetker/*Preuß* HGB § 13e Rn. 18.

[92]   Vgl. HCL/*Casper* Rn. 4 f.

53   **a) Anmeldung als Grundlage der Eintragung; fehlerhafte Eintragungen.**
Grundlage jeder Eintragung ist grundsätzlich die Handelsregisteranmeldung, dh ein verfah-
rensrechtlicher Antrag des/der hierzu Berechtigten. Die Eintragung stellt sich somit als
Vollziehung der korrespondierenden Anmeldung dar. Sofern nicht ausnahmsweise
eine Eintragung von Amts wegen gesetzlich vorgesehen ist, darf diese nicht ohne vorangehende Anmeldung vorgenommen werden.[93]

54   Bloße Mängel der Anmeldung werden grundsätzlich durch die Eintragung geheilt
(→ § 7 Rn. 49 ff.). **Fehlt** es indes an der gesetzlich erforderlichen **Anmeldung** oder ist
eine Anmeldung den hierfür Zuständigen **nicht zurechenbar,** sind **konstitutive Eintragungen** grundsätzlich von Amts wegen gem. § 395 Abs. 1 FamFG **zu löschen.** Näher
→ § 7 Rn. 54 ff., insbesondere zu den Zurechnungskriterien (ua Einverständnis, nachträgliche Billigung). Demgegenüber dürfen **deklaratorische Eintragungen,** die zwar ohne
(zurechenbare) Anmeldung erfolgt sind, die Rechtslage aber zutreffend wiedergeben, nicht
gem. § 395 FamFG gelöscht werden.[94] Unrichtige deklaratorische Eintragungen können
nach Maßgabe der §§ 395, 397, 398 FamFG gelöscht werden.[95] Bloße Eintragungsfehler
können jederzeit gem. § 17 HRV berichtigt werden.

55   **b) Ausnahme: Eintragung von Amts wegen.** Eine Eintragung von Amts wegen,
also ohne korrespondierende Handelsregisteranmeldung, ist nur zulässig, wenn dies **gesetzlich angeordnet** ist, so ua bei Auflösung der Gesellschaft im Falle der Eröffnung oder
Ablehnung der Eröffnung des Insolvenzverfahrens (§ 65 Abs. 1 S. 2 und 3 iVm § 60 Abs. 1
Nr. 4 bzw. Nr. 5, § 32 Abs. 1 HGB), bei gerichtlicher Feststellung eines Mangels des Gesellschaftsvertrags (§ 65 Abs. 1 S. 2 und 3 iVm § 60 Abs. 1 Nr. 6, § 399 FamFG), bei Löschung
der Gesellschaft wegen Vermögenslosigkeit (§ 65 Abs. 1 S. 4 iVm § 60 Abs. 1 Nr. 7, § 394
FamFG), im Falle der gerichtlichen Bestellung bzw. Abberufung der Liquidatoren gem.
§ 67 Abs. 4 und bei Löschung einer gem. § 75 für nichtig erklärbaren Gesellschaft (§ 397
FamFG iVm § 395 FamFG).

56   In der letztgenannten Fallgruppe kann das Gericht gem. § 397 FamFG eine Gesellschaft
unter denselben Voraussetzungen von Amts wegen löschen, unter denen gem. § 75 eine
Nichtigkeitsklage Erfolg hätte.[96] Die Verfahren der **Nichtigkeitsklage nach § 75** und die
Amtslöschung nach § 397 FamFG stehen somit nebeneinander. Zur Frage, ob eine
Anmeldepflicht bei rechtskräftigem Nichtigkeitsurteil neben der Pflicht zu dessen Einrei-
chung gem. § 75 Abs. 2 iVm § 248 Abs. 1 S. 2 AktG besteht, → Rn. 39. Nach § 398
FamFG iVm § 395 FamFG ist das Gericht zur Löschung eingetragener, aber nichtiger
Gesellschafterbeschlüsse berechtigt, wenn der eingetragene Beschluss durch seinen Inhalt
zwingende gesetzliche Vorschriften verletzt und seine Beseitigung im öffentlichen Interesse
erforderlich erscheint.

57   **2. Mängel der Anmeldung.** Ist die Anmeldung fehlerhaft (zB Fehlen erforderlicher
Erklärungen oder Anlagen), hat das Registergericht den Antragsteller grundsätzlich im
Wege der **Zwischenverfügung** zur Beseitigung des Eintragungshindernisses innerhalb
angemessener Frist aufzufordern (§ 382 Abs. 4 S. 1 FamFG), sofern der Mangel der Anmeldung behebbar ist. Alternativ kommt auch die formlose Mitteilung der Hinderungsgründe
in Betracht. Liegt ein nicht durch den Antragsteller behebbarer Mangel der Anmeldung
vor oder werden behebbare Mängel trotz Beanstandung durch das Registergericht nicht
fristgerecht behoben, ist die Anmeldung **zurückzuweisen** bzw. zunächst formlos die Rücknahme des Antrags anzuregen (näher → § 9c Rn. 47 f.).

---

[93]   BayObLG Beschl. v. 30.6.1987 – BReg. 3 Z 75/87, NJW-RR 1988, 98: keine Eintragung der Liquidatoren von Amts wegen bei Auflösung infolge Konkurses (vgl. jetzt aber die Spezialregelung in § 65 Abs. 1
S. 3).
[94]   AllgM, vgl. nur Rowedder/Schmidt-Leithoff/*Baukelmann* Rn. 19; HCL/*Casper* Rn. 30; Scholz/*Wicke*
Rn. 26.
[95]   Scholz/*Wicke* Rn. 26.
[96]   Keidel/*Heinemann* FamFG § 397 Rn. 7.

Der **Prüfungsumfang des Registergerichts** richtet sich nach der jeweils begehrten   58
Eintragung. Stets zu überprüfen sind die formellen Anforderungen der Anmeldung. In
materiell-rechtlicher Hinsicht besteht hingegen lediglich ein eingeschränktes Prüfungsrecht
(ua → § 9c Rn. 3 ff.; → § 39 Rn. 37 ff.; → § 54 Rn. 61 ff.). Im Falle eines streitigen vor-
greiflichen Rechtsverhältnisses kommt die Aussetzung des Eintragungsverfahrens gem. § 381
FamFG in Betracht.[97] Teilweise gelten insoweit allerdings Sonderregelungen, ua § 16 Abs. 2
und 3 UmwG.

3. Rechtsweg. Gegen Zwischenverfügungen ebenso wie gegen Zurückweisungen   59
eines Eintragungsantrags steht die gem. § 63 FamFG grundsätzlich binnen Monatsfrist ein-
zulegende **Beschwerde** zum Oberlandesgericht (§ 58 FamFG) und gegen dessen Entscheidung im Falle der Zulassung die **Rechtsbeschwerde** zum BGH (§ 70 FamFG) offen.

Sofern der begehrten Eintragung konstitutive Wirkung zukommt, ist ausschließlich   60
die **Gesellschaft** selbst bzw. die Vorgesellschaft bei einer auf Ersteintragung gerichteten
Anmeldung **beschwerdeberechtigt**, freilich vertreten durch ihre Geschäftsführer bzw. den
antragstellenden bzw. nach § 378 Abs. 2 FamFG anmeldenden Notar.[98] Bei deklaratorischen
Eintragungen ist jedenfalls auch die Gesellschaft als Antragstellerin iSv § 59 Abs. 2 FamFG
beschwerdeberechtigt, da die Anmeldung stets in ihrem Namen erfolgt.[99] Aufgrund der bei
lediglich deklaratorischen Eintragungen bestehenden öffentlich-rechtlichen Anmeldepflicht
der Geschäftsführer (vgl. § 79 Abs. 2), insbesondere in den Fällen der Geschäftsführer- bzw.
Liquidatorenbestellung oder -abberufung (§§ 39, 67), sind neben der GmbH die **Geschäftsführer bzw. Liquidatoren** beschwerdeberechtigt. Denn sie erfüllen durch Vornahme der
Anmeldung eigene sanktionsbewehrte Pflichten, welche durch Verhängung von Zwangsgeld
gegen sie durchgesetzt werden können.[100] Abberufene Geschäftsführer sind indes unabhängig von ihrer Anmeldebefugnis (→ Rn. 21 f.) mangels entsprechender Anmeldepflicht nicht
beschwerdeberechtigt.[101] **Gesellschafter**[102] sind mangels Betroffenheit in eigenen Rechten
ebenso wenig beschwerdeberechtigt wie der bevollmächtigte **Notar**.[103] Allerdings ist der
beurkundende bzw. beglaubigende Notar gem. § 378 Abs. 2 FamFG berechtigt, gegen
ablehnende Verfügungen des Registergerichts namens der Gesellschaft Beschwerde einzulegen (→ § 9c Rn. 52).[104]

IX. Kosten

Welche Notargebühren durch die jeweilige Handelsregisteranmeldung ausgelöst wer-   61
den, ist abhängig von deren jeweiligem Inhalt (→ § 7 Rn. 146 ff. für die Notarkosten bei
der Erstanmeldung einer Gesellschaft). **Kostenschuldner** ist **stets die Gesellschaft** als die
Vertretene, nicht hingegen die für diese handelnden Personen.[105] Im Falle der Anmeldung
der Ersteintragung einer GmbH haften die anmeldenden Geschäftsführer aber nach § 11

---

[97]   Näher Scholz/*Wicke* Rn. 24.
[98]   Lutter/Hommelhoff/*Kleindiek* Rn. 8; Scholz/*Wicke* Rn. 25; vgl. BGH Beschl. v. 16.3.1992 – II ZB 17/
       91, BGHZ 117, 323 = NJW 1992, 1824; Beschl. v. 24.10.1988 – II ZB 7/88, BGHZ 105, 324 = NJW
       1989, 295.
[99]   Lutter/Hommelhoff/*Kleindiek* Rn. 8; Scholz/*Wicke* Rn. 25.
[100] OLG Nürnberg Beschl. v. 12.2.2015 – 12 W 129/15, NZG 2015, 886; OLG München Beschl.
       v. 30.3.2009 – 31 Wx 21/09, NJW-RR 2009, 1122 (1123) mwN; OLG Köln Beschl. v. 11.7.2001 – 2
       Wx 13/01, NJW-RR 2001, 1417; BayObLG Beschl. v. 10.11.1999 – 3Z BR 253/99, NJW-RR 2000,
       414; Lutter/Hommelhoff/*Kleindiek* Rn. 8; Scholz/*Wicke* Rn. 25; HCL/*Casper* Rn. 29; Rowedder/
       Schmidt-Leithoff/*Baukelmann* Rn. 20.
[101] OLG Brandenburg Beschl. v. 4.1.2021 – 7 W 97/20, BeckRS 2021, 1766.
[102] OLG Hamm Beschl. v. 27.11.1996 – 15 W 311/96, NJW-RR 1997, 1326.
[103] Vgl. OLG Nürnberg Beschl. v. 18.4.2011 – 12 W 631/11, MittBayNot 2011, 417 (418); OLG Karlsruhe
       Beschl. v. 31.1.2011 – 11 Wx 2/11, GmbHR 2011, 308; BayObLG Beschl. v. 16.2.2000 – 3Z BR 389/
       98, NJW-RR 2000, 990.
[104] Scholz/*Wicke* Rn. 25; vgl. auch Keidel/*Heinemann* FamFG § 378 Rn. 14; *Schaub* DStR 1999, 1699
       (1702 ff.).
[105] OLG Köln NJW-RR 2018, 41.

Abs. 2 bis zur Eintragung als weitere primäre Kostenschuldner.[106] Abgesehen von dieser Spezialvorschrift kommt eine subsidiäre Haftung der anmeldenden Geschäftsführer bzw. Liquidatoren auch bei Zahlungsausfall auf Seiten der Gesellschaft nicht in Betracht.

§ 79 Zwangsgelder

(1) [1]Geschäftsführer oder Liquidatoren, die §§ 35a, 71 Abs. 5 nicht befolgen, sind hierzu vom Registergericht durch Festsetzung von Zwangsgeld anzuhalten; § 14 des Handelsgesetzbuchs bleibt unberührt. [2]Das einzelne Zwangsgeld darf den Betrag von fünftausend Euro nicht übersteigen.

(2) In Ansehung der in §§ 7, 54, 57 Abs. 1, § 58 Abs. 1 Nr. 3 bezeichneten Anmeldungen zum Handelsregister findet, soweit es sich um die Anmeldung zum Handelsregister des Sitzes der Gesellschaft handelt, eine Festsetzung von Zwangsgeld nach § 14 des Handelsgesetzbuchs nicht statt.

Übersicht

I. Normzweck

1   Die Vorschrift vereinigt in sich verschiedene Zielsetzungen. Das Gesetz von 1892 enthielt der Sache nach[1] nur eine dem jetzigen **Abs. 2** entsprechende Vorschrift. Sie war – ebenso wie die aktuelle Fassung – als **Ausnahmevorschrift** von dem durch § 14 HGB begründeten **Registerzwang** konzipiert: Für bestimmte konstitutiv wirkende Eintragungen sollte und soll es den Beteiligten, welche entsprechende Pflichten untereinander begründen und sie dann zivilrechtlich durchsetzen können,[2] überlassen bleiben, ob und zu welchem Zeitpunkt sie die Rechtswirkungen ihrer Entschließungen herbeiführen wollen. Nach der Vorstellung der Gesetzesverfasser entfaltet in diesen Fällen schon der Umstand einen faktischen Zwang zur Anmeldung, dass die Beteiligten ihre Zielvorstellungen ohne die konstitutiv wirkende Eintragung nicht verwirklichen können, sie also einen triftigen Grund haben werden, von der Anmeldung – einstweilen – abzusehen. In diesen Fällen kann der mit § 14 HGB, der generellen Vorschrift über den Registerzwang, verfolgte Zweck[3] nicht betroffen sein. Dieser geht, von besonderen Ausnahmen (§ 78 Abs. 1 BGB, § 71 Abs. 1 BGB) abgesehen, nicht dahin, die Säumnis der Anmeldepflichtigen zu sanktionieren;[4] der Gesetzgeber will vielmehr lediglich sicherstellen, dass zwischen der materiellen Rechtslage und ihrer Verlautbarung im Handelsregister ein Gleichklang[5] besteht und dass der interessierte Teil-

---

[106]   Rowedder/Schmidt-Leithoff/*Baukelmann* Rn. 21; HCL/*Casper* Rn. 26; Scholz/*Wicke* Rn. 23.
[1]   Vgl. Begr. RegE zu § 75, 114: Nach dem „allgemeinen System des Handelsgesetzbuchs" wurde der Registerzwang nicht generell, sondern nur für einzelne Anmeldetatbestände (zB Zweigniederlassung, Geschäftsführer, Gesellschafterliste, Auflösung, Liquidation. Liquidatorenbestellung) angeordnet und damit indirekt zum Ausdruck gebracht, dass bei den anderen konstitutiv wirkenden Eintragungen ein solcher Anmeldezwang nicht gelten sollte.
[2]   Staub/*Koch,* 5. Aufl. 2009, HGB § 14 Rn. 8.
[3]   MüKoHGB/*Krafka* HGB § 14 Rn. 3.
[4]   EBJS/*Schaub* HGB § 14 Rn. 1.
[5]   Röhricht/Graf v. Westphalen/Haas/*Ries* HGB § 14 Rn. 1.

nehmer am Rechtsverkehr sich zuverlässig und zutreffend informieren kann. Das ist in dem hier erörterten Zusammenhang gewährleistet, weil bis zu der konstitutiven Eintragung das Handelsregister nicht unrichtig sein kann, wenn die Anmeldung unterbleibt. Andererseits erfordert der Grundsatz der Vollständigkeit und Zuverlässigkeit des Handelsregisters, dass das Registergericht die Möglichkeit haben muss, einzuschreiten und notfalls die Berichtigung unrichtiger oder die Ergänzung unvollständiger Eintragungen nicht nur zu verlangen, sondern auch zu erzwingen, obwohl keine Anmeldepflicht besteht.[6] In diesem Fall, in dem eine Anmeldung bereits stattgefunden hat und durch Eintragung vollzogen worden ist, kann der Zweck des Abs. 2 nicht betroffen sein (auch → Rn. 8, → Rn. 16). Das gilt erst recht, wenn eine erst durch die konstitutive Eintragung wirksam gewordene Maßnahme der in § 79 Abs. 2 aufgeführten Tatbestände unrichtig ist (→ Rn. 16 f.). Eine Parallelvorschrift hierzu findet sich in § 407 Abs. 2 AktG (auch → Rn. 20).[7]

Abs. 1, eingefügt durch das Gesetz zur Durchführung der Ersten Richtlinie[8] des Rates 2 der Europäischen Gemeinschaften vom 15.8.1969 (BGBl. 1969 I 1146; das BiRiLiG hat die Absatzbezeichnung betreffend § 71 – ohne sachliche Änderung – angepasst) hat demgegenüber eine ganz andere Zielrichtung. Er schafft **neben** dem fortbestehenden Registerzwang nach § 14 HGB einen **weiteren Zwangsgeldtatbestand** für Verhaltensweisen der Geschäftsführer bzw. Liquidatoren, die nicht mit der Stellung eines Eintragungsantrages oder der zugehörigen Einreichung von Unterlagen in Zusammenhang stehen. Hinsichtlich des Verfahrens und der Höhe des Zwangsgeldes folgt Abs. 1 dem Vorbild des § 14 HGB, der nach Abs. 1 Hs. 2 ausdrücklich „unberührt bleibt".

Die Verhängung des **Zwangsgeldes** ist das Mittel, die Betroffenen zur Erfüllung der 3 ihnen auferlegten Pflichten anzuhalten; es geht deswegen nicht um die Verhängung von Strafen oder Bußgeldern, sondern um **Beugemaßnahmen.**

II. Erzwingbare Handlungen (Abs. 1 S. 1)

1. Gegenstand. Dem Gegenstand nach unterwirft das Gesetz **bestimmte Angaben** 4 **auf Geschäftsbriefen** – sei es bei der werbenden Gesellschaft (**§ 35a),** sei es bei der in Liquidation befindlichen GmbH (**§ 71 Abs. 5**) – dem besonderen Registerzwang. Damit wird Art. 28 lit. b GesR-RL (früher Art. 7 lit. b Publizitäts-RL) Rechnung getragen, der ausdrücklich vorschreibt, dass das nationale Recht geeignete Maßnahmen anzudrohen hat für den Fall, dass die in Art. 26 GesR-RL (früher Art. 5 Publizitäts-RL) vorgesehenen obligatorischen Angaben auf Geschäftsbriefen fehlen. Dass die Einstellung der Vorschrift im GmbHG besonders glücklich ist, kann man mit guten Gründen bezweifeln; sinnvoller, systemgerechter und übersichtlicher wäre es sicher gewesen, die Fragen rechtsformübergreifend im HGB zu regeln (→ § 35a Rn. 6).

Zum Sinn und Zweck der Veröffentlichung bestimmter, die konkrete GmbH identifi- 5 zierender Angaben auf den **Geschäftsbriefen,** zu der Frage, was als Geschäftsbrief anzusehen ist, wie er von anderen Medien abzugrenzen ist und wegen aller damit zusammenhängenden Probleme näher → § 35a Rn. 2; → § 35a Rn. 7 ff. Die Beachtung der danach bestehenden gesetzlichen[9] Erfordernisse kann das Registergericht **nach Abs. 1 erzwingen,** weil nur so dem Zweck der in nationales Recht umgesetzten Publizitätsrichtlinie entsprochen wird, dass außenstehende Dritte, vor allem die Vertragspartner der Gesellschaft, sich

---

6 RGZ 130, 248 (255 f.) mwN zum Aktienrecht; Staub/*Koch* HGB § 14 Rn. 9.
7 Dazu eingehend MüKoAktG/*Wendt* AktG § 407 Rn. 2 ff.; Hüffer/Koch/*Koch* AktG § 407 Rn. 10 ff.; BeckOGK/*Hefendehl* AktG § 407 Rn. 13; K. Schmidt/Lutter/*Oetker* AktG § 407 Rn. 2.
8 Erste Richtlinie des Rates vom 9.3.1968 (RL 68/151/EWG), neu gefasst durch RL 2009/101/EG (Publizitäts-RL); aufgehoben, nunmehr GesR-RL; Text der GesR-RL abgedruckt zB bei *Habersack/ Verse* EuGesR § 5 Rn. 67.
9 Vgl. OLG Frankfurt GmbHR 2016, 366 f., das – die Ermächtigungsgrundlage des § 79 sehr eng fassend – ausgesprochen hat, die Vorlage eines dem Gesetz entsprechenden Geschäftsbriefmusters könne nicht durch Zwangsgeldandrohung und -verhängung durchgesetzt werden, weil zwar die Gestaltung des Geschäftsbriefs, nicht aber dessen Vorlage an das Gericht eine „gesetzliche" Verpflichtung sei. Es bleibt so die Frage unbeantwortet, wie dann das Registergericht seine Kontrollaufgabe soll wahrnehmen können.

unschwer die Informationen beschaffen können sollen, deren sie bedürfen, wenn sie mit einer solchen Gesellschaft in Kontakt treten.[10]

6   Für die **Liquidationsgesellschaft** gilt § 35a ebenfalls, wie **§ 71 Abs. 5 Hs. 2** – eigentlich unnötig – vorschreibt; denn bei einer Liquidationsgesellschaft ist das Schutzbedürfnis Dritter keineswegs geringer als bei einer werbenden Gesellschaft. Im Gegenteil wird in der Regel der außenstehende Dritte mit einer Liquidationsgesellschaft typischerweise weniger freudig kontrahieren wollen, sodass er gerade über diesen Umstand unterrichtet sein muss, um eine abgewogene und sachgerechte Entscheidung zu treffen. Deswegen schafft das Gesetz in **§ 71 Abs. 5 Hs. 1** mit Recht die Verpflichtung anzugeben, dass sich die GmbH in der Liquidation befindet, und unterwirft diese Pflicht in § 79 Abs. 1 dem Registerzwang (hM, → § 71 Rn. 57 mwN). Für die Gegenansicht, die sich auf die feinsinnige Erwägung stützt, über den Umweg des § 71 Abs. 5 werde so unzulässig auch für § 68 Abs. 2 eine Zwangsgeldandrohung geschaffen,[11] bietet das Gesetz keine Grundlage, abgesehen davon, dass sich die Anwendungsbereiche von § 71 Abs. 5 und § 68 Abs. 2 keineswegs decken.

7   **2. Exkurs: § 14 HGB.** Wenn nach **Abs. 1 S. 1 Hs. 2** § 14 HGB „unberührt" bleibt, so wird damit gegenüber den allgemeinen Vorschriften die Sonderstellung des § 79 zum Ausdruck gebracht, der in Abs. 1 S. 1 Hs. 1 eine **Erweiterung,** in Abs. 2 aber eine **Einschränkung** des allgemeinen Registerzwangs anordnet.

8   Soweit nach den allgemeinen Vorschriften eine zwangsgeldbewehrte **Einreichungspflicht** (→ Rn. 11) besteht, diese aber lediglich die von den zuständigen Organen vorgenommene Anmeldung **flankiert,** ist in jedem Fall Abs. 2 zu beachten: Auf dem Umweg über die Einreichungspflicht darf kein Zwang[12] ausgeübt werden, die dort genannten **konstitutiv** wirkenden, aber in die freie (zB → § 7 Rn. 3)[13] Entscheidung der betreffenden Personen gestellten **Anmeldungen** vorzunehmen; das betrifft etwa die § 8 Abs. 1, § 54 Abs. 1 S. 2, § 57 Abs. 3, § 57i Abs. 1, § 58 Abs. 1 Nr. 4 und § 58a Abs. 5. Hat indessen eine solche in die alleinige Entscheidung der Beteiligten gestellte Anmeldung stattgefunden und ist daraufhin – verfahrensfehlerhaft – eingetragen worden, ist die von Abs. 2 intendierte **Sperrwirkung** nicht berührt, weil das Registergericht lediglich für die Herstellung gesetzmäßiger Zustände sorgt, wenn es dann auf die Einreichung dieser Unterlagen – notfalls mit Registerzwang – hinwirkt.[14] Sind mit einer derartigen konstitutiv wirkenden Anmeldung die zugehörigen Unterlagen nicht oder nicht vollständig eingereicht worden und bemerkt dies das Registergericht vor der Eintragung, darf es dagegen nicht **zwangsweise** auf die Vervollständigung der Unterlagen hinwirken; seine Einwirkungsbefugnisse beschränken sich dann vielmehr auf den Erlass einer Zwischenverfügung und notfalls auf die Zurückweisung des Eintragungsantrags, weil nur so die in Abs. 2 (→ Rn. 14 ff.) niedergelegte freie Disposition der Anmeldenden gewahrt wird; denn diese freie Disposition endet vor einer etwa verfrüht (→ Rn. 1, → Rn. 16) bewirkten Eintragung erst mit der Einreichung der vollständigen Unterlagen.

9   **§ 14 HGB,** flankiert durch die in §§ 388 ff. FamFG niedergelegten Verfahrensregeln, ist die grundlegende handelsrechtliche Vorschrift betreffend den Registerzwang. Sie stellt jetzt – die Erzwingung der Pflicht zur Zeichnung der Unterschrift ist mit dem Gesetz über elektronische Handelsregister und Genossenschaftsregister sowie das Unternehmensregister (EHUG) vom 10.11.2006 (BGBl. 2006 I 2553) entfallen – nur noch die Pflicht zur **Anmel-**

---

10   Vgl. *Habersack / Verse* EuGesR § 5 Rn. 2; zur Umsetzung in das deutsche Recht *Habersack / Verse* EuGesR § 5 Rn. 7 ff.

11   So UHL/*Paura,* 2008, § 71 Rn. 49 mit der iÜ verfehlten (vgl. dazu nur Staub/*Koch* HGB § 14 Rn. 7) Vokabel „strafrechtlich sanktioniert", in der 2. Aufl. 2009 aber zweifelnd.

12   So aber nicht hinreichend zwischen Anmeldepflicht im Außen- und Innenverhältnis unterscheidend Rowedder/Schmidt-Leithoff/*Baukelmann* Rn. 11 mit obendrein unzutr. Hinweis auf Scholz/*Wicke* und Lutter/Hommelhoff/*Kleindiek* Rn. 1; zutr. dagegen Scholz/*Wicke* Rn. 5; Lutter/Hommelhoff/*Kleindiek* Rn. 1; Staub/*Koch* HGB § 14 Rn. 9.

13   *Altmeppen* § 7 Rn. 3.

14   S. RGZ 130, 248 (255 f.) zum Aktienrecht.

dung und zur **Einreichung von Dokumenten** zum Handelsregister unter Zwangsgeldandrohung.

Die **Anmeldepflicht** erfasst alle nach § 15 HGB in das Handelsregister einzutragenden **10** Tatsachen mit deklaratorischer Wirkung, es sei denn, sie werden – mitunter nach Einreichung von Unterlagen durch die hierzu verpflichteten Personen (zB § 75 Abs. 2) – ausnahmsweise von Amts wegen eingetragen (→ Rn. 11). Bezweckt wird damit die **richtige Verlautbarung** der maßgebenden Rechtsverhältnisse, die der Gesetzgeber im Interesse eines geordneten Rechtsverkehrs für so wesentlich hält, dass er sie unter Zwangsgeldandrohung stellt. Zu den GmbH-rechtlichen **Anmeldevorschriften,** soweit sie nicht in Abs. 2 ausgenommen sind, zählen vor allem
- § 39: Änderungen in den Personen der Geschäftsführer oder die Beendigung – richtigerweise: jede Veränderung – ihrer Vertretungsbefugnis (näher → § 39 Rn. 10 ff.);
- § 65 Abs. 1 S. 1: Auflösungsbeschluss der Gesellschafter (näher → § 65 Rn. 5 ff.);
- § 67 Abs. 1: Namen der (jeweiligen) Liquidatoren und ihre Vertretungsbefugnisse (näher → § 67 Rn. 2 ff.);
- § 74 Abs. 1 S. 1: Ende der Liquidation (näher → § 74 Rn. 8).

Die sich aus § 14 HGB ergebende zwangsgeldbewehrte Pflicht zur **Einreichung von 11 Dokumenten** enthalten in dem GmbH-rechtlichen Zusammenhang die
- § 8 Abs. 1 Nr. 1–5: Die Pflicht zur Einreichung der für die Eintragung der neu gegründeten GmbH erforderlichen Unterlagen darf nicht (→ Rn. 8) dahin fehlverstanden werden, damit werde ein Anmeldezwang begründet. Vielmehr ist mit Rücksicht auf die von § 79 Abs. 2 entfaltete Sperrwirkung die Einreichung der genannten Unterlagen grundsätzlich nicht erzwingbar; Abweichendes gilt nur unter besonders engen Voraussetzungen, wenn nämlich der Zweck von Abs. 2 nicht betroffen ist, es vielmehr nur um die Vervollständigung einer aus freien Stücken vollzogenen Anmeldung und nachfolgenden Eintragung geht.
- § 39 Abs. 2: Der nach § 39 Abs. 1 vorgeschriebenen Anmeldung sind die maßgebenden Urkunden über Bestellung und Abberufung oder die Veränderungen betreffend den Umfang der Vertretungsbefugnis beizufügen.
- § 40: Die Gesellschafterliste, aufgewertet dadurch, dass ihr nach § 16 Abs. 1 zu entnehmen ist, wer im Verhältnis zur Gesellschaft als Mitglied gilt, und dass an ihre Einreichung der neu geschaffene Gutglaubenserwerb (§ 16 Abs. 3) anknüpft, ist vom Geschäftsführer bzw. – soweit er an den Veränderungen im Gesellschafterbestand oder des Umfangs der jeweiligen Beteiligung mitgewirkt hat – vom deutschen (→ § 40 Rn. 223 ff.) Notar bei dem Registergericht einzureichen.
- § 52 Abs. 3 S. 2: Änderungen der Zusammensetzung des Aufsichtsrates; wegen der Verweisung von § 52 Abs. 3 S. 1 auf § 37 Abs. 4 Nr. 3a AktG gilt dies nicht für die erstmalige Bestellung eines Aufsichtsrates (näher § 52).
- § 54 Abs. 1 S. 2: Die Einreichung der einer Satzungsänderung beizufügenden Unterlagen unterliegt nur ausnahmsweise dem Registerzwang (→ Rn. 8).
- § 57 Abs. 3 und § 57i Abs. 1: Da die Kapitalerhöhung zu den in § 79 Abs. 2 genannten Materien gehört, ist die Pflicht zur Einreichung der für die Eintragung erforderlichen Unterlagen nicht erzwingbar (→ Rn. 8).
- § 58 Abs. 1 Nr. 4: Auch die Kapitalherabsetzung gehört zu den nach § 79 Abs. 2 in die alleinige Anmeldeentscheidung gestellten Gegenständen; deswegen ist auch die in der genannten Vorschrift niedergelegte Einreichungspflicht im Grundsatz nicht zwangsgeldbedroht (→ Rn. 8).
- § 58a Abs. 5: Die Vorschrift verweist auf § 54, deswegen untersteht auch hier die Einreichung nur ausnahmsweise dem Registerzwang (→ Rn. 8).
- § 67 Abs. 2: Wie bei den Geschäftsführern (§ 39 Abs. 2) sind der Anmeldung der Bestellung oder der Abberufung der Liquidatoren und der Veränderung ihrer Vertretungsbefugnisse die maßgeblichen Unterlagen beizufügen, soweit sich die Umstände nicht schon aus der beim Handelsregister eingereichten Satzung ergeben, etwa weil nach ihr die Geschäftsführer mit gleicher Vertretungsmacht Liquidatoren sein sollen.

– **§ 75 Abs. 2 iVm § 248 Abs. 1 S. 2 AktG:** Wegen der Verweisung auf § 248 Abs. 1 S. 2 AktG ist das Nichtigkeitsurteil jedenfalls beim Handelsregister einzureichen, damit dieser Umstand – der inter omnes wirkenden Auflösung der Gesellschaft entsprechend – eingetragen werden kann. Die Frage, ob im Fall des § 75 nur eine Pflicht zur Einreichung besteht[15] oder ob eine förmliche Anmeldepflicht besteht,[16] ist umstritten, von praktischer Bedeutung ist die Streitfrage nicht, weil jedenfalls mit der unzweifelhaft vorgeschriebenen und erzwingbaren Einreichung das Registergericht die notwendige Kenntnis besitzt und daraufhin – da es nicht auf den Willen der Einreichenden ankommen kann – handeln muss.

12   Daneben besteht Registerzwang unter Umständen auch in Fällen, in denen dies **nicht ausdrücklich angeordnet** worden ist, sich aber durch Gesetzesauslegung ergibt.[17] Das gilt zB für einen in der Liquidationsphase gefassten Beschluss über die Fortsetzung der Gesellschaft, der nicht mit einer Satzungsänderung verbunden ist, weil dann die Sperrwirkung des Abs. 2 griffe.[18] Das ergibt sich schon daraus, dass mit diesem sogleich wirksam werdenden Beschluss die aufgelöste wieder in eine werbende Gesellschaft zurückverwandelt wird und das Handelsregister, das noch den Eintritt in die Liquidationsphase verlautbart, dadurch unrichtig wird. Die Pflicht, die Fortsetzung anzumelden, ist lediglich der actus contrarius zu § 65 Abs. 1 S. 1. Dem Registergericht sind in diesem Fall auch die für die Eintragung notwendigen Urkunden, also vor allem der mit der erforderlichen Mehrheit (vgl. § 274 Abs. 1 S. 2 AktG)[19] gefasste Gesellschafterbeschluss einzureichen.

13   **3. Anmeldepflichtige Personen.** Anmelde- und/oder einreichungspflichtig sind weder die Gesellschafter, noch die Gesellschaft selbst. Die entsprechenden Pflichten sind vielmehr, wie § 78 ausdrücklich anordnet, von den natürlichen Personen zu erfüllen, die in dem konkreten Fall für die Gesellschaft handeln, bzw. von denjenigen, denen – wie im Falle des § 40 Abs. 2 – das Gesetz die entsprechende Pflicht auferlegt (s. die Kommentierung bei den einzelnen Bestimmungen).[20] Dementsprechend richtet sich auch der Registerzwang gegen diese Personen mit den sich daraus für die verfahrensrechtliche Stellung ergebenden Folgerungen.

III. Nicht oder nur eingeschränkt erzwingbare Handlungen (Abs. 2)

14   **1. Fehlender Anmeldezwang (konstitutive Eintragungen).** Für bestimmte Anmeldungen hebt Abs. 2 den sonst bestehenden **Registerzwang** auf. Die dort genannten Tatbestände sind dadurch gekennzeichnet, dass die jeweiligen Eintragungen **konstitutiven Charakter** haben. In diesen Fällen kann das Handelsregister bei einer unterbleibenden Eintragung nicht unrichtig sein. Der mit § 14 HGB verfolgte Zweck, dem Rechtsverkehr zutreffenden Aufschluss über die Verhältnisse der Gesellschaft zu geben, ist von vornherein nicht betroffen; damit entfällt zugleich die rechtfertigende Grundlage für einen staatlichen Eingriff. Es bleibt allein den Beteiligten überlassen, ob sie die in Gang gesetzte Gründung, die beschlossene Satzungsänderung oder die Kapitalmaßnahme abschließen und wirksam werden lassen wollen, indem sie den hierfür erforderlichen Antrag stellen, also – wie es das Gesetz formuliert – die Gesellschaft, die Abänderung des Gesellschaftsvertrages, die beschlossene Kapitalerhöhung oder die Kapitalherabsetzung „zur Eintragung in das Handelsregister anmelden".[21]

---

[15]   *Altmeppen* § 75 Rn. 28.
[16]   *Scholz/Schmidt/Scheller* § 75 Rn. 33; *Lutter/Hommelhoff/Kleindiek* § 75 Rn. 5.
[17]   S. MüKoHGB/*Krafka* HGB § 14 Rn. 2 mit MüKoHGB/*Krafka* HGB § 8 Rn. 31 ff.; *Staub/Koch* HGB § 14 Rn. 7 mit *Staub/Koch* HGB § 8 Rn. 45 ff.
[18]   UHL/*Ransiek* Rn. 10; zum Fortsetzungsbeschluss allg. *Lutter/Hommelhoff/Kleindiek* § 60 Rn. 31.
[19]   AllgM, Dreiviertelmehrheit; vgl. nur *Lutter/Hommelhoff/Kleindiek* § 60 Rn. 29 mwN auch zur früheren Sicht.
[20]   *Henssler/Strohn/Servatius* Rn. 3.
[21]   Vgl. auch *Rowedder/Schmidt-Leithoff/Baukelmann* Rn. 6.

Außerhalb des GmbHG findet sich eine dem § 79 Abs. 2 nachgebildete Vorschrift in **15** § 316 Abs. 2 UmwG, mit dem ebenfalls dem Gedanken Rechnung getragen wird, dass bestimmte Umstrukturierungsmaßnahmen erst mit der konstitutiv wirkenden Handelsregistereintragung Rechtswirkungen entfalten und es Sache der Beteiligten sein soll, diese durch die Anmeldung herbeizuführen.

2. Erzwingbarkeit von Korrekturen. Soweit konstitutiv wirkende Eintragungen **16** **verfahrensfehlerhaft** herbeigeführt worden sind und damit der angemeldete Akt rechtswirksam geworden ist, ist der mit § 79 Abs. 2 intendierte Schutz dann entfallen, wenn die bewirkte Eintragung Bestandskraft hat und nicht von Amts wegen nach § 395 FamFG[22] gelöscht werden kann. Unter dieser Voraussetzung darf § 79 Abs. 2 keine Anwendung mehr finden, vielmehr hat das Registergericht dann, seiner Aufgabe entsprechend, für einen Gleichklang der handelsregisterlichen Verlautbarungen mit der Rechtslage zu sorgen, also darauf hinzuwirken, dass der Verfahrensmangel behoben wird; dazu darf es sich – wie sonst auf diesem Feld – auch des **Registerzwangs** bedienen.[23]

Mit Recht wird deswegen angenommen,[24] dass zB die der Anmeldung an sich beizufü- **17** genden **Versicherungen der Geschäftsführer** nach § 8 Abs. 2 und 3, § 57 Abs. 2 oder § 58 Abs. 1 Nr. 4 nachträglich eingefordert und diese Aufforderung nach den allgemeinen Regeln durch Zwangsgeld durchgesetzt werden können. Adressaten einer solchen Einforderung sind hier nicht nur diejenigen Geschäftsführer, die die Anmeldung abgegeben haben, sondern auch die übrigen,[25] weil mit der auf Antrag bewirkten Eintragung, soweit kein Amtslöschungsgrund vorhanden ist, der Schutzzweck des § 79 Abs. 2 nicht mehr greift und die allgemeinen, im Interesse des Rechtsverkehrs erlassenen und jetzt vorrangig geltenden Regeln angewandt werden müssen. Abweichend von dem Grundsatz, dass in den in § 79 Abs. 2 S. 1 genannten Fällen eine entgegen § 78 nicht durch sämtliche Geschäftsführer vollzogene Anmeldung als nicht heilbarer Mangel anzusehen ist, so als sei sie von einem Unbefugten eingereicht worden, erfordert der Bestands- und der Gläubigerschutz eine **andere Betrachtung,** wenn festgestellt wird, dass das Vorgehen der handelnden Geschäftsführer von dem Willen der verfahrensfehlerhaft nicht mitwirkenden Organmitglieder gedeckt ist (zB → § 78 Rn. 58).[26]

IV. Zwangsgeld als Beugemaßnahme

Mit Recht ist durch das EGStGB vom 2.3.1974 (BGBl. 1974 I 469) der ursprünglich **18** verwendete, missverständliche Begriff Ordnungsstrafe abgeschafft und durch Zwangsgeld ersetzt worden. § 37 Abs. 1 HGB verwendet dagegen den überholten Begriff „Ordnungsgeld", womit an §§ 392 ff. FamFG angeknüpft wird, eine Sanktion ist aber auch dort nicht intendiert. Schon darin kommt deutlich zum Ausdruck, dass es hier nicht darum geht, die Nichtbeachtung gesetzlicher Befehle zu ahnden, sondern dass die anmelde- oder einreichungspflichtigen Personen durch die Androhung und Verhängung des Zwangsgeldes veranlasst werden sollen, ihren gesetzlichen **Pflichten nachzukommen.** Das in § 388 FamFG geregelte Zwangsgeldverfahren macht gleichfalls deutlich, dass es nur darum geht, **künftiges Handeln** zu erzwingen, das Zwangsgeld aber keinen Sanktionscharakter haben soll. Anders wäre nicht erklärbar, dass der Betroffene zunächst unter Fristsetzung zur Befolgung der gesetzlichen Pflichten angehalten werden muss und ihm in § 388 Abs. 1 FamFG die Möglichkeit eröffnet wird, die Festsetzung des Zwangsgeldes dadurch zu vermeiden, dass er sein Unterlassen auf dem Wege des Einspruchsverfahrens rechtfertigt. Entsprechendes folgt aus § 389 FamFG, nach dem die fristgerechte Erfüllung der Anmelde- oder Einreichungspflicht – trotz der vorherigen Säumnis – der Verhängung des Zwangsgeldes entgegensteht und dass das Registergericht im Falle der Säumnis und fehlender Rechtfertigung auf dem

---

22 Zu den Einzelheiten s. Bumiller/Harders/Schwamb/*Harders* FamFG § 395 Rn. 8 ff.
23 Rowedder/Schmidt Leithoff/*Baukelmann* Rn 9.
24 Vgl. zB Scholz/*Wicke* Rn. 17; Noack/Servatius/Haas/*Haas* Rn. 7.
25 Scholz/*Wicke* Rn. 17.
26 AllgM, UHL/*Casper* § 78 Rn. 31; Scholz/*Wicke* § 78 Rn. 27.

Wege des Einspruchsverfahrens sogleich erneut nach § 388 FamFG vorgehen, also ein weiteres Zwangsgeld androhen muss.

V. Verfahren (Überblick)

19   In Abs. 1 findet sich für die Angaben auf den Geschäftsbriefen eine eigenständige Rechtsgrundlage für die Verhängung von Zwangsgeld; eine Abweichung gegenüber den allgemeinen Vorschriften nach Maßgabe von **§ 14 HGB** ist damit nicht verbunden. Das Verfahren ist geregelt in den **§§ 388 ff. FamFG.**[27] Es richtet sich allein gegen die jeweils anmelde- oder einreichungspflichtigen Personen, nicht gegen die Gesellschaft[28] und wird von Amts wegen und unter Anwendung der zur Sachverhaltsaufklärung erlassenen FamFG-rechtlichen Vorschriften eingeleitet, sobald das Registergericht **glaubhafte Kenntnis** davon erlangt hat, dass die in § 79 genannten Pflichten nicht oder nicht ordnungsgemäß erfüllt worden sind. Das Verfahren ist **formstreng** gestaltet: Es beginnt mit einer Verfügung, in der die geforderte Handlung genau bezeichnet, eine Frist zur Erledigung bestimmt und ein beziffertes Zwangsgeld – der Höchstbetrag für jede Handlung darf 5.000 Euro nicht übersteigen (§ 79 Abs. 1 S. 2 GmbHG; § 14 HGB) – angedroht wird. Kommt der Betroffene der Verfügung nach, ist das Verfahren erledigt; hält er die mit Zwangsgeldandrohung verbundene Aufforderung für ungerechtfertigt, muss er **Einspruch** einlegen und die Frage gerichtlich klären lassen, ob er anmelde- oder einreichungspflichtig ist (§ 388 Abs. 1 FamFG); die Möglichkeit, gegen die Einleitungsverfügung Beschwerde einzulegen, ist nicht eröffnet.[29] Erst gegen den Beschluss, durch welchen das Zwangsgeld festgesetzt oder der Einspruch verworfen worden ist, ist die **Beschwerde** gem. § 391 FamFG zulässig. Die dafür maßgebenden Verfahrensvorschriften finden sich in §§ 58 ff. FamFG, dh die Beschwerde muss bei dem iudex a quo (§ 64 Abs. 1 FamFG) binnen einer Frist von einem Monat (§ 63 Abs. 1 FamFG) eingelegt werden; zuständiges Beschwerdegericht nach dem FamFG ist das Oberlandesgericht (§ 119 Abs. 1 Nr. 1 lit. b GVG), das nach § 70 FamFG unter Umständen die **Rechtsbeschwerde** zuzulassen hat, über die der BGH nach Maßgabe von § 74 FamFG zu entscheiden hat; die zuletzt genannte Regelung stellt, ungeachtet der dadurch unter Umständen gestiegenen Belastung des BGH, eine deutliche Verbesserung gegenüber dem früheren Rechtszustand dar, der von Zersplitterung und Rechtsunsicherheit gekennzeichnet war, weil die Oberlandesgerichte große Zurückhaltung übten, das gesetzliche Instrumentarium des § 28 Abs. 2 FGG aF bestimmungsgemäß einzusetzen.

VI. Parallelvorschriften

20   Eine Parallelvorschrift zu § 79 findet sich für die Aktiengesellschaft in **§ 407 AktG.**[30] Das **GenG** regelt eingehend den Registerzwang in **§ 160 GenG.**[31] Für die EWIV gilt nach **§ 12 EWIVAG** Entsprechendes, wie es in § 79 Abs. 1 für die GmbH angeordnet ist. Für die Partnerschaftsgesellschaft verweist **§ 5 Abs. 2 PartGG**[32] auf die registerrechtlichen Vorschriften des HGB. Im **HGB** ist der dem § 79 Abs. 1 entsprechende Registerzwang in **§ 37a Abs. 4 HGB** sowie in **§ 125a HGB** für die OHG und **§ 177a HGB** für die GmbH & Co. KG niedergelegt.[33]

---

§§ 80, 81 *(weggefallen)*

---

[27]   Vgl. näher Bumiller/Harders/Schwamb/*Harders* FamFG §§ 388 ff.; Staub/*Koch* HGB § 14 Rn. 17 ff.; Rowedder/Schmidt-Leithoff/*Baukelmann* Rn. 16 ff.; *Wicke* Rn. 2; Henssler/Strohn/*Servatius* Rn. 4; zum Aktienrecht s. MüKoAktG/*Wendt* AktG § 407 Rn. 21 mwN.

[28]   Bumiller/Harders/Schwamb/*Harders* FamFG § 388 Rn. 14.

[29]   Bumiller/Harders/Schwamb/*Harders* FamFG § 388 Rn. 23.

[30]   Vgl. näher MüKoAktG *Wendt* AktG § 407 Rn. 1 ff.

[31]   Henssler/Strohn/*Geibel* GenG § 160 Überblick.

[32]   Henssler/Strohn/*Hirtz* PartGG § 5 Rn. 1 ff.

[33]   Vgl. näher Baumbach/Hopt/*Hopt* HGB § 37a Rn. 1 ff.; Baumbach/Hopt/*Roth* HGB § 125a Rn. 1 ff.; Baumbach/Hopt/*Roth* HGB § 177a Rn. 1 ff.

§ 81a *(aufgehoben)*

§ 82 Falsche Angaben

(1) Mit Freiheitsstrafe bis zu drei Jahren oder mit Geldstrafe wird bestraft, wer

1. **als Gesellschafter oder als Geschäftsführer zum Zweck der Eintragung der Gesellschaft über die Übernahme der Geschäftsanteile, die Leistung der Einlagen, die Verwendung eingezahlter Beträge, über Sondervorteile, Gründungsaufwand und Sacheinlagen,**
2. **als Gesellschafter im Sachgründungsbericht,**
3. **als Geschäftsführer zum Zweck der Eintragung einer Erhöhung des Stammkapitals über die Zeichnung oder Einbringung des neuen Kapitals oder über Sacheinlagen,**
4. **als Geschäftsführer in der in § 57i Abs. 1 Satz 2 vorgeschriebenen Erklärung oder**
5. **als Geschäftsführer einer Gesellschaft mit beschränkter Haftung oder als Geschäftsleiter einer ausländischen juristischen Person in der nach § 8 Abs. 3 Satz 1 oder § 39 Abs. 3 Satz 1 abzugebenden Versicherung oder als Liquidator in der nach § 67 Abs. 3 Satz 1 abzugebenden Versicherung**

falsche Angaben macht.

(2) Ebenso wird bestraft, wer

1. **als Geschäftsführer zum Zweck der Herabsetzung des Stammkapitals über die Befriedigung oder Sicherstellung der Gläubiger eine unwahre Versicherung abgibt oder**
2. **als Geschäftsführer, Liquidator, Mitglied eines Aufsichtsrats oder ähnlichen Organs in einer öffentlichen Mitteilung die Vermögenslage der Gesellschaft unwahr darstellt oder verschleiert, wenn die Tat nicht in § 331 Nr. 1 oder Nr. 1a des Handelsgesetzbuchs mit Strafe bedroht ist.**

Schrifttum: *Altmeppen,* Cash-Pool, Kapitalaufbringung und Strafbarkeit der Geschäftsleiter wegen falscher Versicherung, ZIP 2009, 1545; *Altmeppen,* Cash Pooling und Kapitalaufbringung, NZG 2010, 441; *Arnhold,* Auslegungshilfen zur Bestimmung einer Geschäftslagetäuschung im Rahmen der §§ 331 Nr. 1 HGB, 400 Abs. 1 Nr. 1 AktG, 82 Abs. 2 Nr. 2 GmbHG, 1993; *Benz,* Verdeckte Sacheinlage und Einlagenrückzahlung im reformierten GmbH-Recht (MoMiG), 2010; *Bittmann,* Strafrechtliche Folgen des MoMiG, NStZ 2009, 113; *Bittmann/Pikarski,* Strafbarkeit der Verantwortlichen der Vor-GmbH, wistra 1995, 91; *Blasche,* Verdeckte Sacheinlage und Hin- und Herzahlen, GmbHR 2010, 288; *Blöse,* Was führt zur Amtsunfähigkeit des GmbH-Geschäftsführers?, WPg 2021, 56; *Büning,* Die strafrechtliche Verantwortung faktischer Geschäftsführer einer GmbH, 2004; *Cadus,* Die faktische Betrachtungsweise, 1984; *Cavero,* Zur strafrechtlichen Verantwortung des faktischen Geschäftsführers, FS Tiedemann, 2008, 299; *Ceffinato,* Die verdeckte Sacheinlage nach der Reform des GmbHG aus strafrechtlicher Sicht, wistra 2010, 171; *Deutscher/Körner,* Strafrechtlicher Gläubigerschutz in der Vor-GmbH, wistra 1996, 8; *Dierlamm,* Der faktische Geschäftsführer im Strafrecht – ein Phantom?, NStZ 1996, 153; *Dinkhoff,* Der faktische Geschäftsführer in der GmbH, 2003; *Esser/Rübenstahl/Saliger/Tsambikakis,* Wirtschaftsstrafrecht, 2017; *Frister,* Strafrecht, Allgemeiner Teil, 9. Aufl. 2020; *Fuhrmann,* Die Bedeutung des faktischen Organs in der Rechtsprechung des Bundesgerichtshofs, FS Tröndle, 1989, 139; *Göhler,* Ordnungswidrigkeitengesetz, 18. Aufl. 2021; *Graf/Jäger/Wittig,* Wirtschafts- und Steuerstrafrecht, 2. Aufl. 2017; *Groß,* Die strafrechtliche Verantwortlichkeit faktischer Vertretungsorgane bei Kapitalgesellschaften, 2007; *Gübel,* Die Auswirkungen der faktischen Betrachtungsweise auf die strafrechtliche Haftung des GmbH-Geschäftsführers, 1994; *Habersack,* Verdeckte Sacheinlage und Hin- und Herzahlen nach dem ARUG – gemeinschaftsrechtlich betrachtet, AG 2009, 557; *Hachmeister/Kahle/Mock/Schüppen,* Bilanzrecht, 3. Aufl. 2022; *Hanft,* Strafrechtliche Probleme im Zusammenhang mit der Einmann-GmbH, 2006; *Heckschen,* Gründungserleichterungen nach dem MoMiG – Zweifelsfragen in der Praxis, DStR 2009, 166; *Hellmann,* Wirtschaftsstrafrecht, 5. Aufl. 2018; *Herrler,* Kapitalaufbringung nach dem MoMiG, DB 2008, 2347; *Herrler,* Heilung einer nicht erfüllungstauglichen Einlagenrückzahlung, GmbHR 2010, 785; *Herrler,* Handlungsoptionen bei tilgungsschädlicher Einlagenrückzahlung i.S. von § 19 Abs. 5 GmbHG (sog. Hin- und Herzahlen), DStR 2011, 2300; *Joerden,* Grenzen der Auslegung des § 84 Abs. 1 Nr. 2 GmbHG, wistra 1990, 1; *Kaligin,* Das neue GmbH-Strafrecht, NStZ 1981, 90; *Kohlmann/Löffeler,* Die strafrechtliche Verantwortlichkeit des GmbH-Geschäftsführers, 1990; *Kühn,* Die Versicherung juristischer Personen als Abwickler von Kapitalgesellschaften, NZG 2012,

731; *Leitner/Rosenau,* Wirtschafts- und Steuerstrafrecht, 2017; *Lindemann,* Die strafrechtliche Verantwortlichkeit des „faktischen Geschäftsführers", Jura 2005, 305; *Löffeler,* Strafrechtliche Konsequenzen faktischer Geschäftsführung, wistra 1989, 121; *Maier-Reimer/Wenzel,* Kapitalaufbringung in der GmbH nach dem MoMiG, ZIP 2008, 1449; *Maier-Reimer/Wenzel,* Nochmals: Die Anrechnung der verdeckten Sacheinlage nach dem MoMiG, ZIP 2009, 1185; *Matt/Renzikowski,* Strafgesetzbuch, 2. Aufl. 2020; *Maurer,* Strafbewehrte Handlungspflichten des GmbH-Geschäftsführers in der Krise, wistra 2003, 174; *Montag,* Die Anwendung der Strafvorschriften des GmbH-Rechts auf faktische Geschäftsführer, 1994; *Müller/Federmann,* Praktische Hinweise zum Erwerb einer Vorrats-GmbH nach dem MoMiG, BB 2009, 1375; *Müller/Wolff,* Freiwilliger Aufsichtsrat nach § 52 GmbHG und andere freiwillige Organe, NZG 2003, 751; *Niedernhuber,* Strafrechtliche Risiken des konzernweiten Cash Pooling, 2016; *Otto,* Die Auslegung ambivalenter Normen und ihre Bedeutung für die Strafbarkeit der verdeckten Sacheinlage, FS Gitter, 1995, 715; *Pentz,* Die verdeckte Sacheinlage im GmbH-Recht nach dem MoMiG, FS Schmidt, 2009, 1265; *Pentz,* Verdeckte Sacheinlagen nach dem MoMiG und prozessuale Folgen des Übergangsrechts, GmbHR 2009, 126; *Popp,* Kapitalgesellschaftsstrafrecht – eine Einführung, Jura 2012, 618; *Richter,* „Scheinauslandsgesellschaften" in der deutschen Strafverfolgungspraxis, FS Tiedemann, 2008, 1023; *Roxin/Greco,* Strafrecht, Allgemeiner Teil, Bd. I, 5. Aufl. 2020; *Roxin,* Strafrecht, Allgemeiner Teil, Bd. II, 2003; *Satzger/Schluckebier/Widmaier,* Strafgesetzbuch, 5. Aufl. 2021; *C. Schäfer,* Zur strafrechtlichen Verantwortlichkeit des GmbH-Geschäftsführers, GmbHR 1993, 717; *F. Schäfer,* Unterkapitalisierung der GmbH im Strafrecht, 2001; *Schall,* Kapitalaufbringung nach dem MoMiG, ZGR 2009, 126; *Schaub,* Vorratsgesellschaften vor dem Aus?, NJW 2003, 2125; *Schlosser/Stepan-Wimmer,* Der Schutzgesetzcharakter von Buchführungspflichten im Rahmen deliktischer Geschäftsleiterhaftung, GmbHR 2019, 449; *Schluck-Amend/Penke,* Kapitalaufbringung nach dem MoMiG und der „Qivive"-Entscheidung des BGH, DStR 2009, 1433; *Schmidt,* Zur Verantwortung von Gesellschaften und Verbänden im Kartell-Ordnungswidrigkeitenrecht, wistra 1990, 131; *Schüppen,* Systematik und Auslegung des Bilanzstrafrechts, 1992; *Schüppen,* Aktuelle Fragen der Konkursverschleppung durch den GmbH-Geschäftsführer, DB 1994, 197; *Stapelfeld,* Die Haftung des GmbH-Geschäftsführers für Fehlverhalten in der Gesellschaftskrise, 1990; *Stein,* Das faktische Organ, 1984; *Stein,* Die Normadressaten der §§ 64, 84 GmbHG und die Verantwortlichkeit von Nichtgeschäftsführern wegen Konkursverschleppung, ZHR 148 (1984), 207; *Strohn,* Faktische Organe – Rechte, Pflichten, Haftung, DB 2011, 158; *Ulmer,* Die „Anrechnung" (MoMiG) des Wertes verdeckter Sacheinlagen auf die Bareinlageforderung der GmbH – ein neues Erfüllungssurrogat?, ZIP 2009, 293; *Weiß,* Die Unternehmergesellschaft (haftungsbeschränkt) aus strafrechtlicher Sicht, wistra 2010, 361; *Weiß,* Die Versicherung des GmbH-Geschäftsführers über das Nichtvorliegen strafrechtlicher Verurteilungen (§ 8 Abs. 3 S. 1 GmbHG), GmbHR 2013, 1076.

Übersicht

A. Grundlagen

I. Aufbau, Stellung und Bedeutung

1. Aufbau. § 82 stellt falsche Angaben und Versicherungen gegenüber dem Register- **1** gericht unter Strafe sowie unwahre Darstellungen und Verschleierungen über Verhältnisse der GmbH, die in öffentlichen Mitteilungen gemacht werden. Im Einzelnen erfasst § 82 in **Abs. 1** falsche Angaben gegenüber dem Registergericht

- durch Gesellschafter oder Geschäftsführer zum Zweck der Eintragung der GmbH in das Handelsregister (**Gründungsschwindel,** Abs. 1 Nr. 1),
- durch Gesellschafter im Sachgründungsbericht (**Sachgründungsschwindel,** Abs. 1 Nr. 2),
- durch Geschäftsführer zum Zweck der Eintragung einer Erhöhung des Stammkapitals aus externen oder internen Mitteln (**Kapitalerhöhungsschwindel,** Abs. 1 Nr. 3, 4),
- durch Geschäftsführer, Geschäftsleiter und Liquidatoren bei der Abgabe der Versicherung über deren Eignung (**Eignungsschwindel,** Abs. 1 Nr. 5);

in **Abs. 2**

– die Abgabe unwahrer Versicherungen gegenüber dem Registergericht durch den Geschäftsführer über die Befriedigung oder Sicherstellung der Gläubiger bei der Herabsetzung des Stammkapitals (**Kapitalherabsetzungsschwindel**, Abs. 2 Nr. 1),

– die unwahre Darstellung oder Verschleierung der Vermögenslage der Gesellschaft gegenüber einem unbestimmten Personenkreis durch den Geschäftsführer, Liquidator oder das Mitglied eines Aufsichtsrats oder ähnlichen Organs (**Geschäftslageschwindel**, Abs. 2 Nr. 2).

2   **2. Systematische Stellung.** Die §§ 399, 400 AktG, an die § 82 durch die GmbH-Novelle 1980 (→ Rn. 4) angelehnt wurde, enthalten teilweise entsprechende Straftatbestände für die AG. Tatbestände in anderen gesellschaftsrechtlichen Gesetzen, die falsche Angaben oder unwahre Darstellungen unter Strafe stellen (zB § 147 Abs. 2 GenG, § 17 PublG, § 313 Abs. 1 Nr. 1, Abs. 2 UmwG, § 314a UmwG), sind nur in Einzelfällen mit § 82 vergleichbar. § 331 Abs. 1 Nr. 1 und Nr. 1a HGB regeln die unrichtige Darstellung in Eröffnungsbilanz, Jahresbilanz, Lagebericht, gesondertem nichtfinanziellem Bericht, Zwischen- und Einzelabschluss für alle Kapitalgesellschaften, also auch für die GmbH. Sie gehen insoweit kraft ausdrücklicher Regelung dem § 82 Abs. 2 Nr. 2 vor (→ Rn. 101).

3   **3. Praktische Bedeutung.** Die praktische Bedeutung des § 82 ist nach den Verurteilungszahlen gering.[1] Allerdings treten falsche Angaben häufig erst im Krisenfall zutage, in dem in der Regel andere Straftatbestände (§§ 263, 266, 283 ff. StGB) erfüllt sind, die höhere Strafen androhen, sodass hinsichtlich § 82 eine Verfahrenseinstellung (§§ 154, 154a StPO) in Betracht kommt. § 82 dürfte daher nur Bedeutung erlangen, wenn vorrangige oder schwerere Delikte nicht begangen worden oder nicht beweisbar sind.

II. Geschichte und Schutzzweck

4   **1. Geschichte.** Der seit Erlass des GmbHG im Jahre 1892[2] mehrfach geänderte, zunächst in § 80 enthaltene Straftatbestand beruht in seiner heutigen Fassung im Wesentlichen auf der **GmbH-Novelle 1980**,[3] durch die § 82 in Anlehnung an § 399 AktG inhaltlich erweitert wurde. Dabei wurde die frühere Nr. 1 aufgespalten in Gründungsschwindel (Abs. 1 Nr. 1) und Kapitalerhöhungsschwindel (Abs. 1 Nr. 3). Außerdem wurden der Sachgründungsschwindel (Abs. 1 Nr. 2) und der Eignungsschwindel (heute Nr. 5) neu geschaffen, um die durch die Novelle eingeführten Vorschriften zu den Sacheinlagen (§ 5 Abs. 4) und zur Eignung der Geschäftsführer (Vorbestraften-Klausel, § 6 Abs. 2) strafrechtlich abzusichern. Durch das **Bilanzrichtliniengesetz**[4] wurde in Abs. 2 Nr. 2 die Subsidiaritätsklausel zur Abgrenzung zum neu geschaffenen § 331 Nr. 1 HGB eingefügt, sodass Abs. 2 Nr. 2 nur noch unrichtige oder verschleierte Bilanzen, Jahresabschlüsse und Lageberichte erfasst, die nicht bereits durch § 331 Nr. 1 HGB mit Strafe bedroht werden. Damit ist der bedeutendste Teil des Bilanzstrafrechts aus dem GmbHG ausgegliedert und in das HGB überführt worden. Durch das **Umwandlungsbereinigungsgesetz**[5] wurde mit dem neuen Abs. 1 Nr. 4 der zuvor in § 36 KapErhG[6] strafrechtlich sanktionierte Kapitalerhöhungsschwindel

---

[1] Statistisches Bundesamt, Fachserie 10 Reihe 3: Rechtspflege Strafverfolgung 2019, 2020, 53: 4 Verurteilungen gem. § 85 und 58 Verurteilungen nach den sonstigen Straftatbeständen des GmbHG. Der von *Weiß* GmbHR 2013, 1076 behauptete spürbare Anstieg der Ermittlungsverfahren und Verurteilungen im Bereich des § 82 Abs. 1 Nr. 5 hat sich statistisch bislang nicht niedergeschlagen.

[2] Gesetz, betreffend die Gesellschaften mit beschränkter Haftung v. 20.4.1892, RGBl. 1982, 477 (498 f.).

[3] Art. 1 Nr. 29 GmbHGÄndG – Gesetz zur Änderung des Gesetzes betreffend die Gesellschaften mit beschränkter Haftung und anderer handelsrechtlicher Vorschriften v. 4.7.1980, BGBl. 1980 I 836 (840).

[4] Art. 3 Nr. 10 BiRiLiG – Gesetz zur Durchführung der Vierten, Siebenten und Achten Richtlinie des Rates der Europäischen Gemeinschaften zur Koordinierung des Gesellschaftsrechts (Bilanzrichtlinien-Gesetz) v. 19.12.1985, BGBl. 1985 I 2355 (2400).

[5] Art. 4 Nr. 5 UmwBerG – Gesetz zur Bereinigung des Umwandlungsrechts v. 29.10.1994, BGBl. 1994 I 3210 (3260).

[6] Gesetz über die Kapitalerhöhung aus Gesellschaftsmitteln und über die Verschmelzung von Gesellschaften mit beschränkter Haftung (KapErhG) v. 23.12.1959, BGBl. 1959 I 789; aufgehoben durch Art. 5 UmwBerG, BGBl. 1994 I 3210 (3260).

aus Gesellschaftsmitteln sinngemäß in § 82 eingefügt. Durch das **Bilanzrechtsreformgesetz**[7] wurde die Subsidiaritätsklausel in Abs. 2 Nr. 2 um einen Verweis auf § 331 Nr. 1a HGB ergänzt. Zuletzt wurden durch das **MoMiG**[8] Abs. 1 Nr. 1 („Geschäftsanteile" statt wie bisher Stammeinlagen, Streichung der „Sicherungen für nicht voll eingezahlte Geldeinlagen" am Ende) und Abs. 1 Nr. 5 (Erweiterung um den Geschäftsleiter einer ausländischen juristischen Person) geändert.

2. Schutzzweck. § 82 soll seit jeher „dazu dienen, jede arglistige Täuschung des Publi- 5 kums über die wesentlichen finanziellen Grundlagen des Unternehmens strafrechtlich zu ahnden".[9] Moderner ausgedrückt soll er „jeden, der mit der Gesellschaft in Geschäftsverbindung [steht oder] treten will, vor Täuschungen schützen und ihm die Möglichkeit geben, sich durch Einsicht in das Handelsregister und dessen Unterlagen über die wirtschaftliche Lage des Unternehmens zu unterrichten".[10] Die Anknüpfung an falsche oder unwahre Angaben rückt § 82 in die Nähe der Täuschungsdelikte. Anders als der Betrug setzt § 82 jedoch weder eine Irrtumserregung beim Erklärungsempfänger noch eine dadurch hervorgerufene Vermögensverfügung oder gar einen Vermögensschaden voraus. § 82 führt somit gegenüber § 263 StGB zu einer **Vorverlagerung der Strafbarkeit.** Diese lässt sich kriminalpolitisch damit rechtfertigen, dass der Täter die gesetzlichen Vorkehrungen zum Schutz des Vermögens anderer Teilnehmer des Wirtschaftsverkehrs unterläuft, die gerade deshalb bestehen, weil ihm mit der von staatlicher Genehmigung und Aufsicht freien und haftungsbeschränkten Gesellschaftsform der GmbH die Möglichkeit verschafft wird, unter Minimierung seines wirtschaftlichen Risikos (geringes Mindeststammkapital) und unter Ausnutzung einer gewissen Anonymität am Wirtschaftsverkehr teilzunehmen.[11]

In sachlicher Hinsicht schützt § 82 nach hM[12] das **Vertrauen in die Richtigkeit der** 6 **Erklärungen über die Verhältnisse der GmbH,** die bei Abs. 1 und Abs. 2 Nr. 1 gegenüber dem Handelsregister und bei Abs. 2 Nr. 2 direkt gegenüber der Öffentlichkeit abgegeben worden sind. Geschützt sind nach hM das Vertrauen der Allgemeinheit – was schon deshalb zu weit greift, weil die Erklärungen iSd § 82 typischerweise nur einen begrenzten Personenkreis interessieren und daher kein allgemeines Vertrauen existiert – und/oder das Vertrauen der Gläubiger sowie solcher Personen, die mit der GmbH in geschäftlichen Kontakt treten möchten, also künftige Gläubiger oder Gesellschafter. Dieses von der hM zum Rechtsgut erklärte Vertrauen ist jedoch nichts anderes als die allgemeine Legalerwartung, die jeder gegenüber Dritten hat, nämlich dass sie die für sie geltenden Gesetze (hier des Handels- und Gesellschaftsrechts) einhalten.[13] Wäre die Enttäuschung dieses Vertrauens schon für sich genommen strafwürdig, könnte (und müsste) jeder Gesetzesverstoß bestraft

---

[7] Art. 6 Nr. 5 BilReG – Gesetz zur Einführung internationaler Rechnungslegungsstandards und zur Sicherung der Qualität der Abschlussprüfung (Bilanzrechtsreformgesetz) v. 4.12.2004, BGBl. 2004 I 3166 (3179).

[8] Art. 1 Nr. 47 MoMiG – Gesetz zur Modernisierung des GmbH-Rechts und zur Bekämpfung von Missbräuchen v. 23.10.2008, BGBl. 2008 I 2026 (2031).

[9] RG Urt. v. 5./26.7.1905 – Rep. 3974/04, RGSt 38, 128 (129); ebenso RG Urt. v. 24.9.1907 – II 412/ 07, RGSt 40, 285 (286); Urt. v. 10.3.1910 – III 70/10, RGSt 43, 323 (325); Urt. v. 15.6.1939 – 2 D 24/39, RGSt 73, 232.

[10] BGH Urt. v. 29.6.2016 – 2 StR 520/15, NZWiSt 2017, 190 Rn. 52.

[11] Vgl. BGH Beschl. v. 10.2.2009 – 3 StR 372/08, NJW 2009, 2225 (2227), der von einer „besonderen Insolvenzanfälligkeit von in der Rechtsform der GmbH betriebenen Unternehmen" spricht.

[12] BGH Urt. v. 29.6.2016 – 2 StR 520/15, NZWiSt 2017, 190 Rn. 52; OLG München Urt. v. 7.10.1987 – 3 U 3138/87, NJW-RR 1988, 290; *Altmeppen* Rn. 3; Esser/Rübenstahl/Saliger/Tsambikakis/*Brand,* Wirtschaftsstrafrecht, 2017, Rn. 10; MHLS/*Dannecker* Rn. 12; MüKoStGB/*Hohmann* Rn. 1; Lutter/Hommelhoff/*Kleindiek* Rn. 1; Leitner/Rosenau/*Parigger,* Wirtschafts- und Steuerstrafrecht, 2017, Rn. 1; *Niederhuber,* Strafrechtliche Risiken des konzernweiten Cash Pooling, 2016, 354; HK-GmbHG/*Saenger* Rn. 1, 8; Rowedder/Schmidt-Leithoff/*Schaal* Rn. 1; Schlosser/*Stepan-Wimmer* GmbHR 2019, 449 (453); ähnlich Bork/Schäfer/*Roth* Rn. 1: geschützt sei der „Markt selbst".

[13] Ebenfalls nur den Schutz der Legalerwartung steht hinter der Ansicht, § 82 schütze als weiteres Rechtsgut die Institution der GmbH. Nur wenn ein solches Vertrauen bestehe, werde die GmbH als Rechtsform im Wirtschaftsleben akzeptiert; so zB MHLS/*Dannecker* Rn. 14; MüKoStGB/*Hohmann* Rn. 1.

werden. Geschützt wird mithin nicht das Vertrauen selbst, sondern das **Vermögen** der Gläubiger (im Fall des Abs. 2 Nr. 1 nur sie; → Rn. 9) und der Personen, die mit der GmbH in geschäftlichen Kontakt treten möchten.[14] Sie sollen davor bewahrt werden, dass sie im Vertrauen auf die Richtigkeit der Angaben im Handelsregister oder in öffentlichen Mitteilungen über ihr Vermögen disponieren und dadurch einen Schaden erleiden. Da § 82 keinen Irrtum, keine Vermögensverfügung und keinen Vermögensschaden voraussetzt, ist er ein **abstraktes Vermögensgefährdungsdelikt**.

7   In personeller Hinsicht schützt § 82 zwar nach einhelliger Meinung gegenwärtige und künftige Gläubiger sowie künftige Gesellschafter (in ihrem Vertrauen [hM] bzw. Vermögen → Rn. 6), nach hM jedoch **nicht** die **gegenwärtigen Gesellschafter**, die **Gründer** und die **Gesellschaft** selbst.[15] Diese personelle Einschränkung ist in erster Linie bedeutsam für den Schadensersatzanspruch gem. § 823 Abs. 2 BGB (→ Rn. 8 ff.). Für die hM spricht der Wortlaut, der insbesondere durch Abs. 2 Nr. 2 („in einer öffentlichen Mitteilung"), aber auch durch die anderen Tatvarianten (Publizität durch Mitteilungen gegenüber dem Registergericht) deutlich macht, dass § 82 nur Personen außerhalb der GmbH schützt. Die hM kann sich zudem auf den Willen des historischen Gesetzgebers berufen. Dieser war der Ansicht, dass Pflichtwidrigkeiten der Organe einer GmbH, die nicht bereits „nach gemeinem Recht" (StGB) strafbar sind, nur dann strafwürdig seien, wenn die Sicherheit des im Geschäfts- und Kreditverkehr mit der GmbH stehenden Publikums „in gemeingefährlicher Weise" verletzt werde. Da den Gläubigern der GmbH ausschließlich das Gesellschaftsvermögen hafte, müsse jede arglistige Täuschung des Publikums über die wesentlichen finanziellen Grundlagen der Gesellschaft auch strafrechtlich geahndet werden. Dagegen sei für die Gesellschafter kein besonderer strafrechtlicher Schutz erforderlich. Die GmbH sei nicht wie die AG auf eine wechselnde Beteiligung einer großen Zahl von Mitgliedern ausgerichtet, für die eine besondere Fürsorge zu treffen wäre. Deshalb könne bei der GmbH die Regelung der in Betracht kommenden Verhältnisse im Allgemeinen dem freien Ermessen der Beteiligten überlassen bleiben; insoweit habe es daher in strafrechtlicher Beziehung bei dem „gemeinen Recht" sein Bewenden.[16] Die somit seit jeher vom Gesetzgeber gewollte Ausgrenzung der GmbH, ihrer Gründer und gegenwärtigen Gesellschafter aus dem Schutzbereich des § 82 ist auch sachgerecht: Die GmbH als solche kann nicht vertrauen oder irren. Ihre Gründer oder gegenwärtigen Gesellschafter bedürfen keines Schutzes vor falschen Mitteilungen gegenüber dem Registergericht oder der Öffentlichkeit, weil sie grundsätzlich selbst Einblick in die Gesellschaftsverhältnisse haben (können).[17] Das gilt auch im Fall des Abs. 1 Nr. 5.[18] Die Gründer und gegenwärtigen Gesellschafter können sich direkt beim Geschäftsführer informieren oder vor seiner Anstellung Informationen über ihn einholen. Das Vermögen der GmbH wird vor einer Täuschung durch § 263 StGB (Anstellungsbetrug im Dreiecksverhältnis) und vor Misswirtschaft des Geschäftsführers durch § 266 StGB geschützt.

---

[14]   Ebenso Graf/Jäger/Wittig/*Ibold*, Wirtschafts- und Steuerstrafrecht, 2. Aufl. 2017, Rn. 7; UHL/*Ransiek* Rn. 4; Scholz/*Rönnau* Rn. 10; nur als weiteres Rechtsgut: MHLS/*Dannecker* Rn. 13; Bork/Schäfer/ *Roth* Rn. 1.

[15]   *Altmeppen* Rn. 3; Noack/Servatius/Haas/*Beurskens* Rn. 1; Esser/Rübenstahl/Saliger/Tsambikakis/ *Brand*, Wirtschaftsstrafrecht, 2017, Rn. 11; MHLS/*Dannecker* Rn. 15 f.; MüKoStGB/*Hohmann* Rn. 2; Graf/Jäger/Wittig/*Ibold*, Wirtschafts- und Steuerstrafrecht, 2. Aufl. 2017, Rn. 8; Scholz/*Rönnau* Rn. 12 f.; *Schlosser/Stepan-Wimmer* GmbHR 2019, 449 (454); aA für die Gesellschafter *Arnhold*, Auslegungshilfen zur Bestimmung einer Geschäftslagetäuschung im Rahmen der §§ 331 Nr. 1 HGB, 400 Abs. 1 Nr. 1 AktG, 82 Abs. 2 Nr. 2 GmbHG, 1993, 10 zu Abs. 2 Nr. 2; für die GmbH UHL/*Ransiek* Rn. 8, der auf den eigenen Anspruch der GmbH gem. §§ 9a, 57 Abs. 4 verweist. Jedoch schützen diese gerade die GmbH und vermögen daher keine Änderung der Schutzrichtung des § 82 gegenüber Gesellschaftsexternen zu begründen.

[16]   Stenographische Berichte über die Verhandlungen des Reichstages, 8. Legislaturperiode, I. Session 1890/ 92, 5. Anlageband, 3760.

[17]   Das kann zwar im Einzelfall de facto anders sein (zB Publikums-GmbH), jedoch rechtfertigt das keine Ausweitung des Schutzbereichs. Die Situation ist anders als bei §§ 399, 400 AktG, die auch die Aktionäre schützen; BGH Urt. v. 12.10.2016 – 5 StR 134/15, NJW 2017, 578 Rn. 43; Kölner Komm AktG/ *Altenhain* AktG § 399 Rn. 11; Kölner Komm AktG/*Altenhain* AktG § 400 Rn. 7. Der Aktionär hat weniger Mitwirkungsrechte und Einsichtsmöglichkeiten als der Gesellschafter einer GmbH.

[18]   AA noch Hachenburg/*Kohlmann* Rn. 11.

3. Schutzgesetz. Schutzgesetz iSd § 823 Abs. 2 BGB ist nur eine Norm, die auch **8** dazu dient, den Einzelnen vor der Verletzung seiner Rechtsgüter zu schützen. Der **Schutz des Einzelnen** muss nicht der primäre Zweck der Norm, darf aber auch nicht nur ein Reflex sein, der sich bei Befolgen der Norm objektiv einstellt.[19] Das geschützte Interesse, die Art seiner Verletzung und der Kreis der geschützten Personen müssen hinreichend klargestellt und bestimmt sind.[20] Außerdem muss die Schaffung eines individuellen Schadensersatzanspruches sinnvoll und im Lichte des haftungsrechtlichen Gesamtsystems tragbar erscheinen.[21]

Diese Voraussetzungen sind hier erfüllt: § 82 bezweckt (nach hM zumindest auch) **9** den Schutz des Vermögens der gegenwärtigen und künftigen Gesellschaftsgläubiger sowie künftiger Gesellschafter (→ Rn. 6 f.) und ist – insoweit besteht abgesehen von Abs. 1 Nr. 5 Einigkeit – Schutzgesetz iSd § 823 Abs. 2 BGB.[22] Ebenfalls geschützt sind stille Gesellschafter.[23] **Abs. 1 Nr. 1–4** schützen gegenwärtige und künftige Gläubiger der Gesellschaft sowie künftige Gesellschafter, nicht jedoch die Gründungsgesellschafter untereinander[24] und auch nicht die Gesellschaft selbst[25] (→ Rn. 7). Einer Ausdehnung auf die Gesellschaft bedarf es auch nicht in Fällen, in denen ihr gegenüber nach § 9a Abs. 1, § 57 Abs. 4 eine Ersatzpflicht der Geschäftsführer und Gesellschafter besteht. Auch **Abs. 1 Nr. 5** ist ein Schutzgesetz.[26] Zwar soll die strafbewehrte Selbstauskunft dem Registergericht die Prüfung erleichtern (→ Rn. 90), jedoch ist diese Prüfung kein Selbstzweck, sondern dient auch dem Schutz der gegenwärtigen und künftigen Gläubiger der Gesellschaft sowie künftiger Gesellschafter. Einer Einbeziehung der Gesellschaft bedarf es auch hier wegen § 6 Abs. 5 nicht. **Abs. 2 Nr. 1** schützt nur die gegenwärtigen Gesellschaftsgläubiger.[27] **Abs. 2 Nr. 2** schützt wiederum gegenwärtige und künftige Gläubiger der Gesellschaft und künftige Gesellschafter.[28] Soweit daneben vom Schutz der Allgemeinheit und der Arbeitnehmer gesprochen wird, ist das missverständlich, weil auch Arbeitnehmer und sonstige Dritte nur in ihrer Stellung als Gläubiger oder Gesellschafter geschützt sein können.[29]

Schutzgesetz bedeutet, dass jeder vorsätzliche, zu einem Schaden führende Verstoß **10** gegen § 82 einen Schadensersatzanspruch für die durch den Straftatbestand geschützten Personen begründet. Dies setzt allerdings ausgehend vom Schutzzweck des § 82 voraus, dass der Geschädigte im **Vertrauen auf die Richtigkeit** der (zum Handelsregister gemachten)

---

[19] BGH Urt. v. 11.7.1988 – II ZR 243/87, BGHZ 105, 121 (124) = NJW 1988, 2794 (2795); Urt. v. 6.5.2008 – XI ZR 56/07, BGHZ 176, 281 (297) = NJW 2008, 2245 (2249).

[20] BGH Urt. v. 11.12.2018 – II ZR 455/17, NZG 2019, 437 Rn. 32.

[21] BGH Urt. v. 6.5.2008 – XI ZR 56/07, BGHZ 176, 281 (297) = NJW 2008, 2245 (2249).

[22] BGH Urt. v. 21.10.2002 – II ZR 118/02, NJW-RR 2003, 170 (171); BayObLG Beschl. v. 10.12.1981 – BReg. 1 Z 184/81, BayObLGZ 1981, 396 (400) zu Abs. 1 Nr. 1, Nr. 4; KG Urt. v. 13.12.2010 – 23 U 56/09, GmbHR 2011, 821 (822 f.) zu Abs. 1 Nr. 1, Nr. 4; OLG München Urt. v. 7.10.1987 – 3 U 3138/87, NJW-RR 1988, 290 zu Abs. 1 Nr. 1; Beschl. v. 23.8.1999 – 24 U 388/99, NJW-RR 2000, 1130 zu Abs. 1 Nr. 1; OLG Naumburg Urt. v. 21.1.2010 – 1 U 35/09, GmbHR 2010, 533 (535) zu Abs. 1 Nr. 1.

[23] Noack/Servatius/Haas/*Beurskens* Rn. 61; aA zu § 399 AktG OLG München Urt. v. 19.12.2003 – 21 U 5489/02, NZG 2004, 230 (232); dagegen Kölner Komm AktG/*Altenhain* AktG § 399 Rn. 12.

[24] RG Urt. v. 24.1.1933 – III 31/32, LZ 1933, 375.

[25] KG Urt. v. 13.12.2010 – 23 U 56/09, GmbHR 2011, 821 (822).

[26] MHLS/*Dannecker* Rn. 17, 192; MüKoStGB/*Hohmann* Rn. 4; Scholz/*Rönnau* Rn. 14; Rowedder/Schmidt-Leithoff/*Schaal* Rn. 2, 68; *Stapelfeld*, Die Haftung des GmbH-Geschäftsführers für Fehlverhalten in der Gesellschaftskrise, 1990, 228 f., der jedoch wegen § 6 Abs. 2 die zwingende Notwendigkeit des Schutzgesetzcharakters verneint; aA *Altmeppen* Rn. 24; Noack/Servatius/Haas/*Beurskens* Rn. 61; Ring/Grziwotz/*Heinemann* Rn. 2; Graf/Jäger/Wittig/*Ibold,* Wirtschafts- und Steuerstrafrecht, 2. Aufl. 2017, Rn. 12; Lutter/Hommelhoff/*Kleindiek* Rn. 31; UHL/*Ransiek* Rn. 3, 104.

[27] Noack/Servatius/Haas/*Beurskens* Rn. 61; Graf/Jäger/Wittig/*Ibold,* Wirtschafts- und Steuerstrafrecht, 2. Aufl. 2017, Rn. 12; Lutter/Hommelhoff/*Kleindiek* Rn. 31; Scholz/*Rönnau* Rn. 14; Rowedder/Schmidt-Leithoff/*Schaal* Rn. 2.

[28] *Altmeppen* Rn. 36; Noack/Servatius/Haas/*Beurskens* Rn. 61; Lutter/Hommelhoff/*Kleindiek* Rn. 31; Scholz/*Rönnau* Rn. 14; Rowedder/Schmidt-Leithoff/*Schaal* Rn. 2.

[29] UHL/*Ransiek* Rn. 126; ebenfalls krit. *Altmeppen* Rn. 3.

unrichtigen Angaben einen Schaden erlitten hat.[30] Eine Kausalität zwischen Falschangabe und Schaden kann nur bestehen, wenn das Opfer die Angabe gekannt und im bewussten Vertrauen auf ihre Richtigkeit eine Vermögensdisposition getroffen und dadurch einen Schaden erlitten hat. Das Vertrauen auf die Ordnungsmäßigkeit künftiger Maßnahmen oder die allgemeine Vorstellung, es sei alles in Ordnung, genügen nicht.[31] Daher ist die Ansicht[32] abzulehnen, dass es dann keiner Kenntnis des Geschädigten von den zum Handelsregister gemachten falschen Angaben bedürfe, wenn der Sachverhalt (zB die Gesellschaft, die Kapitalerhöhung) bei richtigen Angaben gar nicht in das Register eingetragen worden wäre.[33] Zu weit geht es auch, aus falschen Angaben eine Haftung für das Nichtabführen von Sozialversicherungsbeiträgen abzuleiten.[34] § 82 soll und kann nicht gewährleisten, dass nach der Eintragung die Sozialversicherungsbeiträge abgeführt werden.

III. Rechtsnatur

11　　§ 82 ist ein schlichtes **Tätigkeitsdelikt,** da in allen Tatbestandsvarianten eine falsche Erklärung, also ein bloßes Tätigwerden, genügt. Da kein rechtsgutsbezogener Erfolg eintreten muss, ist § 82 zugleich ein **abstraktes Gefährdungsdelikt** (→ Rn. 6). Der Tatbestand ist bereits dann vollendet, wenn der Täter falsche Angaben macht oder die Verhältnisse der Gesellschaft vorsätzlich unrichtig wiedergibt oder verschleiert, ohne dass es zu einer falschen Eintragung im Handelsregister, einem irrigen Vertrauen Dritter oder einem Vermögensschaden kommen muss. § 82 greift selbst dann ein, wenn im Einzelfall eine Gefährdung der Interessen des geschützten Personenkreises ausgeschlossen ist; in Betracht kommt dann aber eine Verfahrenseinstellung nach §§ 153, 153a StPO.

12　　Bei allen Tatbestandsalternativen des § 82 handelt es sich um **echte Sonderdelikte.**[35] Täter können nur Geschäftsführer (Abs. 1 Nr. 1, 3–5; Abs. 2 Nr. 1, 2), Geschäftsleiter (Abs. 1 Nr. 5), Gesellschafter (Abs. 1 Nr. 1, 2), Liquidatoren (Abs. 1 Nr. 5, Abs. 2 Nr. 2) und Mitglieder des Aufsichtsrats oder eines ähnlichen Organs (Abs. 2 Nr. 2) sein. Andere Personen (zB Prokurist[36]) können nur Teilnehmer (Anstifter oder Gehilfe) sein. Dies setzt jedoch eine vorsätzlich, rechtswidrige Haupttat eines tauglichen Täters voraus, weshalb dort Strafbarkeitslücken verbleiben, wo ein nicht zum Täterkreis gehörender Hintermann sich eines vorsatzlos handelnden Tatmittlers bedient. Die von § 82 vorausgesetzte Stellung des Täters in der GmbH ist mit besonderen Pflichten verbunden und daher ein strafbegründendes, **besonderes persönliches Merkmal,** sodass beim Teilnehmer die Strafe zu mildern ist (§ 28 Abs. 1 StGB, § 49 Abs. 1 StGB).[37] Eine Anwendung des **§ 14 Abs. 1 Nr. 1 StGB,** der die Pflichten einer juristischen Person auf die Mitglieder ihrer Organe überwälzt, scheidet in der Regel aus, weil § 82 die Mitglieder der Organe unmittelbar adressiert und nicht die GmbH. Nur dann, wenn der Adressat selbst eine juristische Person oder rechtsfähige Personengesellschaft ist (zB als Gesellschafter → Rn. 18, Liquidator → Rn. 34), kann auf deren vertretungsberechtigtes Organ bzw. vertretungsberechtigten Gesellschafter § 14 Abs. 1 StGB Anwendung finden. **§ 14 Abs. 2 StGB** ist jedenfalls auf solche Tatbestandsvarianten des § 82 nicht

[30] KG Urt. v. 13.12.2010 – 23 U 56/09, GmbHR 2011, 821 (823); OLG München Beschl. v. 23.8.1999 – 24 U 388/99, NJW-RR 2000, 1130; OLG München Urt. v. 22.7.2011 – 25 U 5515/10, BeckRS 2013, 3256: nach Vertragsschluss erstellte Unterlagen.
[31] BGH Urt. v. 26.9.2005 – II ZR 380/03, NJW 2005, 3721 (3723) zu § 399 AktG.
[32] *Altmeppen* Rn. 4; Noack/Servatius/Haas/*Beurskens* Rn. 61; UHL/*Ransiek* Rn. 9; zu § 399 AktG OLG München Urt. v. 18.11.2003 – 5 U 2312/03, ZIP 2004, 462 (464 f.) (aufgehoben von BGH Urt. v. 26.9.2005 – II ZR 380/03, NJW 2005, 3721 [3723]).
[33] OLG München Beschl. v. 23.8.1999 – 24 U 388/99, NJW-RR 2000, 1130.
[34] So aber OLG München Urt. v. 7.10.1987 – 3 U 3138/87, NJW-RR 1988, 290, wo zudem die Prämissen zweifelhaft sind, ob die Sozialversicherungsträger überhaupt hinsichtlich der regelmäßig vom Arbeitgeber zu entrichtenden Sozialversicherungsbeiträge in dessen Bonität vertrauen und ob bei gesetzlichen Schuldverhältnissen ein solches Vertrauen überhaupt relevant wäre.
[35] BGH Urt. v. 10.5.2000 – 3 StR 101/00, BGHSt 46, 62 (64) = NJW 2000, 2285 zu Abs. 1 Nr. 1, 3.
[36] BGH Beschl. v. 22.9.2009 – 3 StR 195/09, NStZ-RR 2010, 79.
[37] BGH Urt. v. 10.5.2000 – 3 StR 101/00, BGHSt 46, 62 (64) = NJW 2000, 2285.

anwendbar, die als Täter Organe der GmbH vorsehen, da diese nicht die Inhaber des Betriebs sind.[38] Eine Erweiterung des Täterkreises über § 14 Abs. 2 StGB ist auch hier nur möglich, wenn jemand vom gesetzlichen Vertreter einer juristischen Person oder rechtsfähigen Personengesellschaft, die Gesellschafterin ist oder zum Liquidator bestellt wurde, beauftragt wird. Da das besondere persönliche Merkmal dann auf den Betriebsinhaber selber zutrifft, kann § 14 Abs. 2 StGB Anwendung finden.

§ 82 ist, abgesehen von Abs. 2 Nr. 2, ein (unechter) **Blankettstraftatbestand.**[39] Das **13** ist bei Abs. 1 Nr. 4 und 5 so, weil diese Tatbestandsvarianten nur dann eine vollständige Aussage darüber enthalten, in welchen Erklärungen und Versicherungen über welche Sachverhalte keine falschen Angaben gemacht werden dürfen, wenn die Normen, auf die sie verweisen (sog. Ausfüllungsnormen), in sie hineingelesen werden. Gleiches gilt für Abs. 1 Nr. 1–3, 2 Nr. 1. Sie verweisen zwar nicht ausdrücklich auf andere Normen.[40] Aber auch bei ihnen ergibt sich die vollständige Aussage, worüber in welcher Situation und gegenüber wem richtige Aussagen zu machen sind, erst aus den Normen, auf die mit den in diesen Tatbestandsvarianten verwendeten Begriffen (sog. Blankettmerkmale) verwiesen wird (zB verweist Abs. 1 Nr. 2 mit „im Sachgründungsbericht" auf die Gebote der § 5 Abs. 4 S. 2, § 8 Abs. 1 Nr. 4). Ohne diese Normen bleibt das gem. Abs. 1 Nr. 1–3, 2 Nr. 1 strafbare Handeln unbestimmt. § 82 enthält gerade nicht das allgemeine Verbot „Du sollst gegenüber dem Registergericht (sic!)/der Öffentlichkeit keine falschen Angaben machen".[41] Die Einstufung der Abs. 1, 2 Nr. 1 als Blankettstraftatbestände hat vor allem Bedeutung für die rechtliche Behandlung eines Irrtums des Täters (→ Rn. 118). Verfassungsrechtlich sind derartige Verweise innerhalb desselben Gesetzes (*unechter* Blankettstraftatbestand) unbedenklich, wenn auch die Normen, auf die verwiesen wird, dem strafrechtlichen Bestimmtheitsgrundsatz (Art. 103 Abs. 2 GG) genügen. Insoweit stellen sich hier keine grundsätzlichen Probleme: Das BVerfG hat in stRspr anerkannt, dass das Strafrecht nicht darauf verzichten kann, allgemeine Begriffe zu verwenden, die nicht eindeutig allgemeingültig umschrieben werden können und im besonderen Maße der Auslegung durch den Richter bedürfen.[42] Der Gesetzgeber darf daher Generalklauseln oder unbestimmte, wertausfüllende Begriffe verwenden, „wenn sich mit Hilfe der üblichen Auslegungsmethoden, insbesondere durch Heranziehung anderer Vorschriften desselben Gesetzes, durch Berücksichtigung des Normzusammenhangs oder aufgrund einer gefestigten Rspr. eine zuverlässige Grundlage für die Auslegung und Anwendung der Norm gewinnen lässt, sodass der einzelne die Möglichkeit hat, den durch die Strafnorm geschützten Wert sowie das Verbot bestimmter Verhaltensweisen zu erkennen und die staatliche Reaktion vorauszusehen".[43] Dabei kann berücksichtigt werden, an welchen Personenkreis sich der Straftatbestand und die Normen, auf die er verweist, richten und ob an diesen höhere Anforderungen an das Verständnis gestellt werden können. Letzteres bejaht das BVerfG etwa für Vollkaufleute und Organmitglieder gleichge-

---

[38]   BGH Urt. v. 20.9.1999 – 5 StR 729/98, NStZ 2000, 34 (36) zu § 84 Abs. 1 Nr. 2 aF.

[39]   Noack/Servatius/Haas/*Beurskens* Rn. 1; *Ceffinato* wistra 2010, 171 (72); MHLS/*Dannecker* Rn. 23; HK-KapMarktStrafR/*Eidam* Rn. 3; MüKoStGB/*Hohmann* Rn. 5; *Niederhuber,* Strafrechtliche Risiken des konzernweiten Cash Pooling, 2016, 355; *Otto* FS Gitter, 1995, 715; HK-GmbHG/*Saenger* Rn. 9; Henssler/Strohn/*Servatius* Rn. 1; *Schlosser/Stepan-Wimmer* GmbHR 2019, 449 (453). Nach aA handelt es sich nicht um einen Blankettstraftatbestand, sondern um einen Straftatbestand mit normativen Tatbestandsmerkmalen; Esser/Rübenstahl/Saliger/Tsambikakis/*Brand,* Wirtschaftsstrafrecht, 2017, Rn. 6; Graf/Jäger/Wittig/*Ibold,* Wirtschafts- und Steuerstrafrecht, 2. Aufl. 2017, Rn. 11; Scholz/*Rönnau* Rn. 8.

[40]   Deshalb spricht Erbs/Kohlhaas/*Schaal* Rn. 3 von einem „blankettartigen" Tatbestand; ebenso zu § 399 AktG BGH Urt. v. 26.9.2005 – II ZR 380/03, NJW 2005, 3721 (3722); BeckOGK/*Hefendehl* AktG § 399 Rn. 16.

[41]   So aber Scholz/*Rönnau* Rn. 8.

[42]   BVerfG Beschl. v. 15.3.1978 – 2 BvR 927/76, BVerfGE 48, 48 (56) = NJW 1978, 1423; BGH Urt. v. 8.12.1981 – 1 StR 706/81, BGHSt 30, 285 (287) = NJW 1982, 775.

[43]   BVerfG Beschl. v. 21.6.1977 – 2 BvR 308/77, BVerfGE 45, 363 (371 f.) = NJW 1977, 1815; ebenso BVerfG Beschl. v. 15.3.1978 – 2 BvR 927/76, BVerfGE 48, 48 (62) = NJW 1978, 1423; Beschl. v. 15.8.2006 – 2 BvR 822/06, NJW-RR 2006, 1627 (1628) zu § 331 Abs. 1 Nr. 1 HGB; Beschl. v. 11.3.2020 – 2 BvL 5/17, NZWiSt 2020, 263 (271).

stellter Handelsgesellschaften.[44] In den hier einschlägigen Normen des GmbHG werden die Tatbestandsmerkmale vom Gesetzgeber so konkret umschrieben, dass Tragweite und Anwendungsbereich des jeweiligen Straftatbestands erkennbar sind und sich durch Auslegung ermitteln lassen.

B. Anwendungsbereich

I. Gesellschaft

14   § 82 gilt nur für Straftaten im Zusammenhang mit (der Eintragung) einer **GmbH** nach deutschem Recht mit Sitz im Inland (§ 4a) einschließlich der **Unternehmergesellschaft** (§ 5a).[45] Andere Gesellschaften fallen nicht unter § 82, der nach seinem Wortlaut eindeutig auf Organe und Gesellschafter iSd GmbHG abstellt, und dürfen wegen des strafrechtlichen Analogieverbots (Art. 103 Abs. 2 GG) auch dann nicht einbezogen werden, wenn sie der GmbH ähnlich sind. Da die Gesellschaft ihren satzungsmäßigen Sitz im Inland haben muss (§ 4a), scheiden insbesondere auch **Gesellschaften nach ausländischem Recht** (zB Ltd.) aus.[46] Hiervon macht nur Abs. 1 Nr. 5 eine Ausnahme, der, soweit es um die Anmeldung einer inländischen Zweigniederlassung einer ausländischen Gesellschaft mit beschränkter Haftung geht, hinsichtlich der Versicherung, dass keine Bestellungshindernisse vorliegen, ausdrücklich den Geschäftsleiter der ausländischen Gesellschaft (zB director einer Ltd.) als tauglichen Täter nennt.

15   Eine Eintragung der GmbH im Handelsregister ist bei denjenigen Tatbestandsvarianten nicht erforderlich, die schon Handlungen der Geschäftsführer oder Gesellschafter bei oder mit Blick auf die Eintragung unter Strafe stellen (Abs. 1 Nr. 1, 2, 5 Var. 1).[47] In diesen Fällen genügt eine **Vor-GmbH** (Vorgesellschaft). In den anderen Tatbestandsvarianten ist die Vor-GmbH hingegen keine „Gesellschaft" (Abs. 1 Nr. 1, Abs. 2 Nr. 2) bzw. „Gesellschaft mit beschränkter Haftung" (Abs. 1 Nr. 5) iSd § 82. Die Vorgründungsgesellschaft ist dies nie. Zwar wird die mit Abschluss des Gesellschaftsvertrags (§ 2 Abs. 1) entstehende Vor-GmbH im Gesellschaftsrecht als Gesellschaft eigener Art angesehen und weitgehend wie die spätere GmbH behandelt (→ § 11 Rn. 9), weil auch das GmbHG insoweit schon von der Gesellschaft (§ 7 Abs. 1, 3) und dem Geschäftsführer (§§ 6 ff., 78) spricht. Der zivilrechtliche Antizipationsgedanke, die Vor-GmbH mit Blick auf ihre künftige Rechtsform dem Recht der Kapitalgesellschaft zu unterwerfen, verstößt jedoch bei § 82 gegen das strafrechtliche Analogieverbot (Art. 103 Abs. 2 GG). Konsequenz dessen ist, dass auch Abs. 2 Nr. 2 nicht im Stadium der Vor-GmbH anwendbar ist.[48]

II. Täter

16   **1. Gesellschafter. a) Taugliche Täter bei Abs. 1 Nr. 1 und Nr. 2.** Gesellschafter sind Personen, die im Gesellschaftsvertrag Geschäftsanteile übernommen haben (§ 2 Abs. 1 S. 2, § 3 Abs. 1 Nr. 4). Sie sind taugliche Täter beim Gründungs- und beim Sachgründungsschwindel. Beim Sachgründungsschwindel (Abs. 1 Nr. 2) können sich ausschließlich die Gesellschafter wegen unrichtiger Angaben im Sachgründungsbericht strafbar machen, weil allein sie zu dessen Erstellung verpflichtet sind (§ 5 Abs. 4 S. 2). Beim Gründungsschwindel (Abs. 1 Nr. 1) werden die Gesellschafter neben den Geschäftsführern als taugliche Täter

---

[44]   BVerfG Beschl. v. 15.3.1978 – 2 BvR 927/76, BVerfGE 48, 48 (57, 62 f.) = NJW 1978, 1423 (1424); zu Vorstandsmitgliedern, Aufsichtsratsmitgliedern und Abwicklern einer AG BGH Urt. v. 16.12.2004 – 1 StR 420/03, BGHSt 49, 381 (390 f.) = NJW 2005, 445 (449).

[45]   Vgl. zur Anwendung des § 82 auf die UG *Weiß* wistra 2010, 361.

[46]   Vgl. BGH Urt. v. 13.4.2010 – 5 StR 428/09, NStZ 2010, 632 Rn. 11.

[47]   So bereits RG Urt. v. 3.6.1910 – V 398/10, RGSt 43, 430 (431).

[48]   *Büning,* Die strafrechtliche Verantwortung faktischer Geschäftsführer einer GmbH, 2004, 119 f.; aA noch *Kohlmann/Löffeler,* Die strafrechtliche Verantwortlichkeit des GmbH-Geschäftsführers, 1990, Rn. 8; *C. Schäfer* GmbHR 1993, 717 (720).

genannt, obwohl sie **nicht zur Anmeldung der Gesellschaft befugt** sind (§ 7 Abs. 1,
§ 78). Deshalb wird angenommen, ihre Erwähnung in Abs. 1 Nr. 1 sei ein Redaktionsversehen des historischen Gesetzgebers.[49] Allerdings hat der Gesetzgeber dieses vermeintliche
Versehen bei der Neufassung des Abs. 1 nicht korrigiert. Manche sehen darin ein erneutes
Versehen,[50] weil im Gesetzentwurf der Bundesregierung zunächst vorgeschlagen worden
war, die Gesellschafter in die Anmeldepflicht des § 78 einzubeziehen,[51] dann aber auf Empfehlung des Rechtsausschusses darauf wieder verzichtet wurde.[52] Daraus kann aber nicht
abgeleitet werden, dass dem Gesetzgeber ein in Rspr. und Lit. breit erörtertes Redaktionsversehen ein zweites Mal unterlaufen ist.[53] Die Einschränkung der Anmeldebefugnis auf
Geschäftsführer schließt es zudem nicht aus, auch unbefugte Personen als Täter anzuerkennen, etwa weil sie sich die Befugnis anmaßen (zB Gesellschafter gibt sich als Geschäftsführer
aus), mit der befugten Person zusammenzuwirken oder sie zu beherrschen. Nach hM kann
daher der Gesellschafter bei Abs. 1 Nr. 1 mittelbarer oder Mittäter sein (→ Rn. 125 f.).[54]

b) Strohmanngesellschafter. Da sich die Strafbarkeit der Gesellschafter nur auf die **17**
Gründungsangaben bezieht, können auch nur die Gründungsgesellschafter Täter des Abs. 1
Nr. 1 und 2 sein. Hierzu zählt auch der sog. **Strohmann** (Treuhänder), der im eigenen
Namen, jedoch treuhänderisch für einen Hintermann tätig wird.[55] Dass der Strohmann als
Gesellschafter anzusehen und wegen falscher Angaben strafbar sein kann, ergibt sich aus
dem Zivilrecht. Gründungsgesellschafter ist, wer die Gesellschaft iSd § 1 allein oder mit
anderen errichtet. Unabhängig davon, ob der Strohmann die Stellung als Gesellschafter nur
für eine begrenzte Zeit, zur Verdeckung der Interessen eines Dritten oder zu unlauteren
Zwecken wählt, ist er Gründungsgesellschafter, sofern er sich im eigenen Namen, wenn
auch für fremde Rechnung, an der GmbH beteiligt, also diese allein oder mit anderen
errichtet, indem er den nach § 2 Abs. 1 S. 1 formgebundenen Gesellschaftsvertrag abschließt
bzw. unterzeichnet. Die Zulässigkeit einer Strohmann-Gründung ergibt sich aus § 9a Abs. 4.

Der **Hintermann,** für dessen Rechnung der Strohmanngesellschafter einen Geschäfts- **18**
anteil übernommen hat, kann **nicht Täter** des § 82 sein.[56] Zwar haftet auch er bei falschen
Gründungsangaben (§ 9a Abs. 4). Diese Regelung stellt den Hintermann jedoch nur haftungsrechtlich den Gesellschaftern gleich. Sie macht ihn nicht zum Gesellschafter und
berechtigt daher nicht dazu, ihn strafrechtlich als einen solchen zu behandeln. Die Auslegung
des Begriffs des Gesellschafters in Abs. 1 Nr. 1 und Nr. 2 bestimmt sich nach dem Sprachgebrauch des GmbHG, das bei einer Strohmanngründung, wie § 9a Abs. 4 gerade zeigt, den

---

[49] Ausf. RG Urt. v. 4.6.1907 – IV 166/07, RGSt 40, 191 (192 ff.).
[50] So MHLS/*Dannecker* Rn. 37.
[51] BT-Drs. 8/1347, 55.
[52] BT-Drs. 8/3908, 77.
[53] BayObLG Beschl. v. 30.5.1994 – 4 St RR 74/94, NJW 1994, 2967 (2968); KG Urt. v. 13.12.2010 –
      23 U 56/09, GmbHR 2011, 821 (822).
[54] BayObLG Beschl. v. 30.5.1994 – 4 St RR 74/94, NJW 1994, 2967; Noack/Servatius/Haas/*Beurskens*
      Rn. 3; Esser/Rübenstahl/Saliger/Tsambikakis/*Brand,* Wirtschaftsstrafrecht, 2017, Rn. 39; Ring/Grzi-
      wotz/*Heinemann* Rn. 5; MüKoStGB/*Hohmann* Rn. 47; Graf/Jäger/Wittig/*Ibold,* Wirtschafts- und Steu-
      erstrafrecht, 2. Aufl. 2017, Rn. 15; Lutter/Hommelhoff/*Kleindiek* Rn. 4; Hachenburg/*Kohlmann*
      Rn. 14; *Niedernhuber,* Strafrechtliche Risiken des konzernweiten Cash Pooling, 2016, 356; Leitner/
      Rosenau/*Parigger,* Wirtschafts- und Steuerstrafrecht, 2017, Rn. 6; Scholz/*Rönnau* Rn. 40 f.; Bork/Schä-
      fer/*Roth* Rn. 5; HK-GmbHG/*Saenger* Rn. 19; Rowedder/Schmidt-Leithoff/*Schaal* Rn. 9; *Wagenpfeil* in
      Müller-Gugenberger WirtschaftsStrafR-HdB Rn. 27.145; trotz Zweifeln auch UHL/*Ransiek* Rn. 12.
[55] BayObLG Beschl. v. 30.5.1994 – 4 St RR 74/94, NJW 1994, 2967 (2968); Noack/Servatius/Haas/
      Beurskens Rn. 3; Esser/Rübenstahl/Saliger/*Brand,* Wirtschaftsstrafrecht, 2017, Rn. 41;
      MHLS/*Dannecker* Rn. 38; Ring/Grziwotz/*Heinemann* Rn. 5; MüKoStGB/*Hohmann* Rn. 48; Graf/
      Jäger/Wittig/*Ibold,* Wirtschafts- und Steuerstrafrecht, 2. Aufl. 2017, Rn. 16; UHL/*Ransiek* Rn. 12;
      Scholz/*Rönnau* Rn. 42; Rowedder/Schmidt-Leithoff/*Schaal* Rn. 9; ebenso für die Gründer einer AG
      RG Urt. v. 3.6.1910 – V 58/10, RGSt 43, 407 (412); Urt. v. 26.10.1897 – Rep. 2374/97, RGSt 30,
      300 (312).
[56] Noack/Servatius/Haas/*Beurskens* Rn. 3; Esser/Rübenstahl/Saliger/Tsambikakis/*Brand,* Wirtschaftsstraf-
      recht, 2017, Rn. 41; MHLS/*Dannecker* Rn. 38; MüKoStGB/*Hohmann* Rn. 48; Graf/Jäger/Wittig/*Ibold,*
      Wirtschafts- und Steuerstrafrecht, 2. Aufl. 2017, Rn. 18; Scholz/*Rönnau* Rn. 43.

Hintermann nicht als Gesellschafter bezeichnet. Bei einem mittelbaren Gründungs- oder Sachgründungsschwindel können daher weder der gutgläubige Strohmann noch der Hintermann bestraft werden. Von der Frage der Täterqualität des Hintermanns ist die Frage zu trennen, ob der Strohmanngesellschafter bei der Gesellschaftsgründung die wirtschaftliche Beteiligung des Hintermanns offenlegen muss (→ Rn. 55).

19   **c) Gesellschaften als Gesellschafter.** Ist eine juristische Person oder rechtsfähige Personengesellschaft Gesellschafter (→ § 2 Rn. 124, 129), so trifft die strafrechtliche Verantwortlichkeit nach § 14 Abs. 1 StGB deren Organe, nach § 14 Abs. 2 StGB deren Betriebsleiter oder deren mit der Mitwirkung an der Anmeldung beauftragten Personen. Obwohl sie zivilrechtlich als Gründer in Betracht kommen (→ § 2 Rn. 133), erfasst § 14 Abs. 1 StGB jedoch nicht den **nichtrechtsfähigen Verein** und auch nicht die **Vor-GmbH,** weil sie als Gesellschaft eigener Art (→ § 11 Rn. 10) mangels Eintragung keine juristische Person iSd § 14 Abs. 1 Nr. 1 StGB und wegen ihrer körperschaftlichen Struktur (→ Rn. 15) auch keine rechtsfähige Personengesellschaft iSd § 14 Abs. 1 Nr. 2 StGB ist, für die zudem kein vertretungsberechtigter Gesellschafter sondern der Geschäftsführer handelt.[57] Ob § 14 Abs. 2 StGB eingreift, ist fraglich, da der beauftragte Vertreter eines nichtrechtsfähigen Vereins oder einer Vor-GmbH bei der Anmeldung keine betrieblichen oder unternehmerischen Pflichten, sondern Pflichten eines beliebigen Gesellschafters wahrnimmt.[58]

20   **2. Geschäftsführer. a) Begriff.** Die **Geschäftsführer** sind taugliche Täter aller Tatbestandsvarianten des § 82 mit Ausnahme des Sachgründungsschwindels (Abs. 1 Nr. 2). Der Sachgründungsbericht ist von den Gesellschaftern zu verfassen (§ 5 Abs. 4 S. 2); der Geschäftsführer kann sich aber gem. Abs. 1 Nr. 1 durch das Einreichen des falschen Berichts strafbar machen. Geschäftsführer ist jede Person, die dazu wirksam bestellt ist (§ 6 Abs. 3) einschließlich der analog § 29 BGB gerichtlich bestellten **Notgeschäftsführer** (→ § 35 Rn. 56 ff.). Zum Geschäftsführer können sowohl Gesellschafter als auch andere Personen bestellt werden, wobei es sich allerdings immer um natürliche Personen handeln muss, die unbeschränkt geschäftsfähig sind (§ 6 Abs. 2 S. 1). § 14 StGB findet hier daher keine Anwendung (→ Rn. 12). Da die in Abs. 1 Nr. 1, 3–5, Abs. 2 Nr. 1 genannten Handlungen und Erklärungen vom Geschäftsführer nach hM persönlich vorzunehmen sind (→ § 7 Rn. 21; → § 78 Rn. 30), können von ihnen **Bevollmächtigte** keine Täter des § 82 sein.[59] Hingegen sind **stellvertretende Geschäftsführer** taugliche Täter, da auf sie die für Geschäftsführer geltenden Vorschriften anwendbar sind (§ 44). Soweit zusätzlich verlangt wird, dass der Stellvertreter das Amt auch tatsächlich wahrnehmen müsse,[60] verfehlt dies den Zweck des § 44 (→ § 44 Rn. 2); zudem nimmt der Stellvertreter mit der Tathandlung eine Handlung eines Geschäftsführers vor. Nur bei Abs. 1 Nr. 5 können auch **Geschäftsleiter** einer ausländischen juristischen Person Täter sein (→ Rn. 92).

21   **b) Beendigung der Organstellung.** § 82 verlangt ausschließlich, dass der Täter **bei der Tatbegehung** Geschäftsführer ist, also zu dem Zeitpunkt, in dem er handelt oder im Falle des Unterlassens hätte handeln müssen (§ 8 StGB). Endet seine Organstellung erst danach (zB rechtskräftige Verurteilung iSd § 6 Abs. 2 S. 2 Nr. 3 → § 6 Rn. 45), so

---

[57] BT-Drs. V/1319, 66 zur Vorgängernorm § 50a Abs. 3 StGB aF; KG Urt. v. 4.7.2001 – 29 U 9/01, NZG 2002, 483 (484); NK-StGB/*Böse* StGB § 14 Rn. 34; *Deutscher/Körner* wistra 1996, 8 (14); SK-StGB/*Hoyer* StGB § 14 Rn. 44, 50; MüKoStGB/*Radtke* StGB § 14 Rn. 77, 85; UHL/*Ransiek* Rn. 15; *Richter* FS Tiedemann, 2008, 1023 (1029 f.); KK-OWiG/*Rogall* OWiG § 9 Rn. 42, 51; Matt/Renzikowski/*Schröder/Bergmann*, Strafgesetzbuch, 2. Aufl. 2020, StGB § 14 Rn. 44; aA – für Anwendbarkeit des § 14 Abs. 1 Nr. 1 StGB – LK-StGB/*Schünemann* StGB § 14 Rn. 45; für Anwendbarkeit des § 14 Abs. 1 Nr. 2 StGB *Bittmann/Pikarski* wistra 1995, 91 (93); Schönke/Schröder/*Perron/Eisele* StGB § 14 Rn. 22.
[58] Bejahend UHL/*Ransiek* Rn. 15.
[59] RG Urt. v. 20.9.1937 – 5 D 524/37, RGSt 71, 353 (355); Esser/Rübenstahl/Saliger/Tsambikakis/*Brand,* Wirtschaftsstrafrecht, 2017, Rn. 18; MHLS/*Dannecker* Rn. 41; Scholz/*Rönnau* Rn. 45.
[60] BGH Urt. v. 10.6.1958 – 5 StR 190/58, BeckRS 1958, 31189206; MHLS/*Dannecker* Rn. 41; Scholz/*Rönnau* Rn. 52 zum stellvertretenden Liquidator. Die gelegentlich zitierte Entscheidung BGH Urt. v. 5.10.1954 – 2 StR 447/53, BGHSt 6, 314 (315) = NJW 1954, 1854 betrifft den faktischen stellvertretenden Geschäftsführer.

hebt das seine einmal begründete Strafbarkeit nicht auf, ebenso wenig eine zivilrechtlich mögliche rückwirkende Beendigung der Organstellung.[61] Hat ein Geschäftsführer eine eintragungspflichtige Erklärung zur Urkunde eines Notars abgegeben und diesen mit der Einreichung beim Registergericht beauftragt, ändert die Beendigung der Organstellung zum Zeitpunkt der Eintragung somit nichts an seiner Eigenschaft als tauglicher Täter.[62] Nach Beendigung der Organstellung kommt eine Täterschaft nicht mehr in Betracht. Das gilt auch dann, wenn der ehemalige Geschäftsführer über diesen Zeitpunkt hinaus im Einverständnis der Gesellschafter seine Aufgaben weiterhin ausübt[63] (zum faktischen Geschäftsführer → Rn. 23 ff.).

c) Strohmann-Geschäftsführer. Auch der Strohmann-Geschäftsführer, also der nur 22 formal wirksam bestellte und eingetragene Geschäftsführer ist ein tauglicher Täter. Das gilt selbst dann, wenn er im Innenverhältnis faktisch keine Kompetenzen hat.[64]

d) Faktischer Geschäftsführer. Geschäftsführer ist nur, wer dazu bestellt worden ist 23 (Bestellungsakt, § 6 Abs. 3 S. 1). Demgegenüber erweitert die hM den Täterkreis, indem sie neben dieser formalen eine sog. **faktische Betrachtungsweise** heranzieht, bei der es sich methodisch jedoch um eine den Wortlaut übersteigende teleologische Argumentation und mithin eine im Strafrecht unzulässige Analogie zu Lasten des Täters handelt (Art. 103 Abs. 2 GG). Neben den wirksam bestellten Geschäftsführern (→ Rn. 24) treten nach hM drei weitere Fallgruppen eines faktischen Geschäftsführers, von denen die Behandlung der zweiten und der dritten Gruppe auch innerhalb der hM umstritten ist: der nicht wirksam bestellte Geschäftsführer (→ Rn. 26), der gar nicht bestellte Geschäftsführer (→ Rn. 28) und der faktische Mitgeschäftsführer (→ Rn. 32).

aa) Wirksamer Bestellungsakt und fehlende Eintragung. Die **Bestellung** des 24 Geschäftsführers erfolgt entweder im Gesellschaftsvertrag oder nach Maßgabe der Regelungen des dritten Abschnitts des GmbHG (§ 6 Abs. 3 S. 2), also durch Bestimmung der Gesellschafter (§ 46 Nr. 5). Von der Bestellung zu unterscheiden ist der **Anstellungsvertrag,** dessen Wirksamkeit unerheblich ist. Die Bestellung des Geschäftsführers ist zwar eine eintragungspflichtige Tatsache (§ 10 Abs. 1 S. 1). Ihre Wirksamkeit hängt aber weder von der **Eintragung** des Geschäftsführers, noch von der Eintragung der Gesellschaft im Handelsregister ab. Das zeigen § 6 Abs. 3 S. 2, der lediglich auf die Bestellung im Gesellschaftsvertrag abstellt, und der Umstand, dass der Geschäftsführer die Gesellschaft beim Registergericht anzumelden hat (§ 78). Tauglicher Täter ist der wirksam bestellte Geschäftsführer daher auch dann, wenn er nicht oder noch nicht in das Handelsregister eingetragen ist.[65] Auch die fehlende Eintragung der GmbH schadet nicht; andernfalls könnte Abs. 1 Nr. 1 nicht verübt werden. Das gilt selbst dann, wenn die Eintragung der GmbH später ausbleibt.[66]

Die Rspr. leitet hieraus ein Argument für die strafrechtliche Verantwortlichkeit auch 25 des nicht wirksam bestellten Geschäftsführers ab. Jedenfalls für Abs. 1 Nr. 1, für den der BGH es bereits in einer frühen Entscheidung ausdrücklich genügen ließ, dass der Täter mit

---

61 MHLS/*Dannecker* Rn. 49; Scholz/*Rönnau* Rn. 38.
62 Vgl. auch zur zivilrechtlichen Vertretungsmacht des Geschäftsführers in diesem Fall OLG Zweibrücken Beschl. v. 29.10.2013 – 3 W 82/13, NZG 2015, 319.
63 AA – bis zur tatsächlichen Aufgabe des Amtes – BGH Beschl. v. 17.12.2013 – 4 StR 374/13, BeckRS 2014, 02193 Rn. 17 f. zu § 266a StGB – insoweit nicht abgedruckt in NStZ 2014, 168; MHLS/*Dannecker* Rn. 49.
64 BGH v. 13.10.2016 – 3 StR 352/16, NStZ 2017, 149; Beschl. v. 3.3.2020 – 5 StR 595/19, NZWiSt 2020, 288 (289 f.); Urt. v. 8.1.2020 – 5 StR 122/19, BeckRS 2020, 1453 Rn. 7; OLG Celle v. 10.5.2017 – 9 U 3/17, BeckRS 2017, 110011 Rn. 2; OLG Köln v. 14.3.2013 – 7 U 138/12, BeckRS 2013, 06279, alle zu § 266a StGB; aA noch OLG Hamm Beschl. v. 10.2.2000 – 1 Ss 1337/99, NStZ-RR 2001, 173 (174) zu § 266a StGB; KG Beschl. v. 13.3.2002 – (5) 1 Ss 243/01, wistra 2002, 313 (314 f.) zu §§ 283, 283b StGB mit berechtigter Kritik von *Maurer* wistra 2003, 174 (176).
65 BGH Urt. v. 24.6.1952 – 1 StR 153/52, BGHSt 3, 32 (39): „nur rechtsbekundende Bedeutung".
66 RG Urt. v. 3.6.1910 – V 398/10, RGSt 43, 430 (431); s. auch RG Urt. v. 3.6.1910 – V 58/10, RGSt 43, 407 (410, 413) zu § 314 Nr. 1 HGB aF.

Einverständnis der Gesellschafter die Geschäfte tatsächlich geführt hatte,[67] und für Abs. 1 Nr. 5 folge die strafrechtliche Verantwortlichkeit des nicht wirksam bestellten Geschäftsführers auch daraus, dass im Regelfall bei der Anmeldung GmbH und Geschäftsführer noch nicht im Handelsregister eingetragen seien und deshalb die GmbH als solche noch nicht bestehe. Somit könne derjenige, der „als Geschäftsführer" für die einzutragende GmbH tätig werde, ohnehin noch kein wirksam bestellter Geschäftsführer sein.[68] Das ist jedoch kein Argument für die Anwendung des § 82 auf faktische, nicht wirksam bestellte Geschäftsführer. Denn die Bestellung im Gesellschaftsvertrag – also im Wege eines ordnungsgemäßen (!) Bestellungsakts – führt rechtlich (nicht nur faktisch) zur Eigenschaft als Geschäftsführer der Vor-GmbH, die im Falle der Eintragung mit der GmbH identisch ist.[69]

26   **bb) Unwirksamer Bestellungsakt.** Innerhalb der hM (→ Rn. 23) besteht Einigkeit, dass der **nicht wirksam bestellte Geschäftsführer** Täter des § 82 sein kann. Maßgeblich ist aus Sicht der hM, dass tatsächlich ein Bestellungsakt iSd § 6 Abs. 3 S. 1 erfolgt ist, wonach der Betreffende Geschäftsführer sein soll, und er diese Funktion auch tatsächlich wahrnimmt.[70] Auf die Wirksamkeit des Bestellungsakts komme es nicht an. Das zeige § 14 Abs. 3 StGB.

27   Das überzeugt nicht. § 14 Abs. 3 StGB gilt ausschließlich für die Fälle des § 14 Abs. 1 und 2 StGB und damit gerade nicht für Straftatbestände wie § 82, die unmittelbar den Geschäftsführer einer GmbH in die Pflicht nehmen. § 14 Abs. 3 StGB spricht daher nicht für, sondern gegen die hM, weil er zeigt, dass der Gesetzgeber das „unwirksam" bestellte „vertretungsberechtigte Organ einer juristischen Person" gerade nicht als vertretungsberechtigtes Organ ansieht und es ohne eine solche Regelung diesem auch nicht gleichsetzt. Die gegenläufige Argumentation der hM, § 14 Abs. 3 StGB sei Ausdruck eines vom Gesetzgeber anerkannten allgemeinen Rechtsgedankens, auf den daher auch außerhalb des Anwendungsbereichs des § 14 StGB zurückgegriffen werden dürfe, stellt die Gesetzessystematik auf den Kopf, indem sie eine Ausnahme zur Regel erklärt.

28   **cc) Fehlender Bestellungsakt.** Weitergehend kann nach Ansicht der Rspr. und Teilen der Lit. auch eine **nicht zum Geschäftsführer bestellte Person** Täter des § 82 sein, wenn sie im Einverständnis oder zumindest mit Duldung der Gesellschafter faktisch die Stellung eines Geschäftsführers einnimmt.[71] Erfasst werden sollen so insbesondere Fälle, in

---

[67] BGH Urt. v. 20.1.1955 – 4 StR 492/54, GmbHR 1955, 61 – insoweit in BGHSt 7, 157 und NJW 1955, 678 nicht abgedruckt.

[68] BGH Urt. v. 10.5.2000 – 3 StR 101/00, BGHSt 46, 62 (66) = NJW 2000, 2285 (2286); Hachenburg/ *Kohlmann* Rn. 16; *Löffeler* wistra 1989, 121 (122); UHL/*Ransiek* Rn. 10; *F. Schäfer*, Unterkapitalisierung der GmbH im Strafrecht, 2001, 202.

[69] So zu Recht *Dinkhoff*, Der faktische Geschäftsführer in der GmbH, 2003, 123; ähnlich *Büning*, Die strafrechtliche Verantwortung faktischer Geschäftsführer einer GmbH, 2004, 117 f.

[70] RG Urt. v. 14.10.1887 – Rep. 846/87, RGSt 16, 269 (271) zum Vorstand einer Genossenschaft; Urt. v. 6.2.1930 – II 22/29, RGSt 64, 81 (84) zum Vorstand einer AG; *Altmeppen* § 84 Rn. 5; Noack/ Servatius/Haas/*Beurskens* Rn. 2; Esser/Rübenstahl/Saliger/Tsambikakis/*Brand*, Wirtschaftsstrafrecht, 2017, Rn. 20; *Büning*, Die strafrechtliche Verantwortung faktischer Geschäftsführer einer GmbH, 2004, 135 ff., 142; MHLS/*Dannecker* Rn. 44; HK-KapMarktStrafR/*Eidam* Rn. 8; *Groß*, Die strafrechtliche Verantwortlichkeit faktischer Vertretungsorgane bei Kapitalgesellschaften, 2007, 37; Graf/Jäger/Wittig/ *Ibold*, Wirtschafts- und Steuerstrafrecht, 2. Aufl. 2017, Rn. 19; Lutter/Hommelhoff/*Kleindiek* Rn. 2; UHL/*Ransiek* Vor § 82 Rn. 52; Scholz/*Rönnau* Rn. 47; Scholz/*Rönnau* § 84 Rn. 18; HK-GmbHG/ *Saenger* Rn. 3, 19; Rowedder/Schmidt-Leithoff/*Schaal* Rn. 11; *Wagenpfeil* in Müller-Gugenberger WirtschaftsStrafR-HdB Rn. 27.144.

[71] BGH Urt. v. 20.1.1955 – 4 StR 492/54, GmbHR 1955, 61 – insoweit in BGHSt 7, 157 und NJW 1955, 678 nicht abgedruckt; Urt. v. 10.5.2000 – 3 StR 101/00, BGHSt 46, 62 (65 f.) = NJW 2000, 2285 zu § 82 Abs. 1 Nr. 1 und 3; Beschl. v. 22.5.2001 – 5 StR 75/01, wistra 2001, 338 zu § 82 Abs. 1 Nr. 1; ebenso zu anderen Vorschriften des GmbHG: BGH Urt. v. 24.6.1952 – 1 StR 153/52, BGHSt 3, 32 (38) zu § 83 aF; Urt. v. 5.10.1954 – 2 StR 447/53, BGHSt 6, 314 (315, 316) zu § 81a aF; Urt. v. 10.6.1958 – 5 StR 190/58, BeckRS 1958, 31189206 zu §§ 83, 84 aF; Urt. v. 28.6.1966 – 1 StR 414/ 65, BGHSt 21, 101 (103) = NJW 1966, 2225; Urt. v. 22.9.1982 – 3 StR 287/82, BGHSt 31, 118 (122) = NJW 1983, 240 zu §§ 84, 64 aF; Urt. v. 25.7.1984 – 3 StR 192/84, BGHSt 33, 21 (24) = NJW 1984, 2958; Urt. v. 3.7.1989 – StbSt (R) 14/88, wistra 1990, 60 (61) zu §§ 84, 64 aF; Urt. v. 20.9.1999 – 5 StR 729/98, NStZ 2000, 34 (35) zu §§ 84, 64 aF; Urt. v. 17.3.2004 – 5 StR 314/03,

denen ein formell bestellter Geschäftsführer existiert, der keine seiner Stellung entsprechende Tätigkeit ausübt **(Strohmann-Geschäftsführer)** und an dessen Stelle ein Dritter
als faktischer Geschäftsführer agiert. Täterqualität besitzen nach hM hier sowohl der Strohmann als auch der Dritte. Dieselben Grundsätze sollen für den faktischen stellvertretenden
Geschäftsführer gelten, sofern dieser die Stellung eines stellvertretenden Geschäftsführers
tatsächlich einnimmt und als solcher Handlungen vornimmt oder unterlässt.[72] Eine **Ausnahme** wird zum Teil bei Abs. 1 Nr. 5 gemacht: Hier könne nicht auf einen tatsächlich
erfolgten Bestellungsakt verzichtet werden.[73] Nach dem Wortlaut der § 8 Abs. 3 S. 1, § 39
Abs. 3 S. 1 kann nur ein wirksam bestellter Geschäftsführer die Versicherung nach Abs. 1
Nr. 5 abgeben. Er muss versichern, dass keine Umstände vorliegen, die seiner Bestellung
entgegenstehen. Außerdem muss bei der Anmeldung die Bestellungsurkunde vorgelegt werden (§ 39 Abs. 2).

Erforderlich ist nach hM in dieser Fallkonstellation zweierlei: Die nicht zum **29**
Geschäftsführer bestellte Person muss das Amt tatsächlich wahrnehmen, und dies muss mit
Einverständnis der Gesellschafter geschehen. Beide Voraussetzungen sind in den Details
unklar und umstritten. Bei der **tatsächlichen Wahrnehmung des Amts** stellt sich die
Frage, was die Person im Einzelnen tun muss, um faktisch als Geschäftsführer zu gelten.
Zumeist wird verlangt, dass sie durch die Wahrnehmung mehrerer Geschäftsführungsauf-
gaben bestimmenden Einfluss auf sämtliche Geschäftsvorgänge haben muss. Als Geschäfts-
führungsaufgaben werden genannt: (1) Bestimmung der Unternehmenspolitik, (2) Organisation des Unternehmens, (3) Entscheidung über die Einstellung und Entlassung von
Mitarbeitern (einschließlich der Ausstellung von Zeugnissen), (4) Gestaltung der
Geschäftsbeziehungen zu Vertragspartnern (einschließlich der Vereinbarung von Vertrags-
und Zahlungsmodalitäten), (5) Verhandlung mit Kreditgebern, (6) Steuerung (nicht
Durchführung) der Buchhaltung und Bilanzierung, (7) Entscheidung der Steuerangelegen-
heiten (einschließlich der Auswahl des Steuerberaters).[74] Ob faktischer Geschäftsführer
nur sein kann, wer eine Mindestanzahl dieser Aufgaben wahrnimmt, ist ebenso umstritten
wie die Frage, ob weiteren Aufgaben oder Kriterien anzuerkennen sind.[75] Einer Aufgabe
soll auch nicht immer dasselbe Gewicht beizumessen sein; dieses orientiere sich an der
Größe und den Verhältnissen der Gesellschaft, weshalb es zB bei einer kleinen GmbH

NStZ 2004, 582 (583) zu §§ 84, 64 aF; OLG Karlsruhe Beschl. v. 7.3.2006 – 3 Ss 190/05, NJW 2006,
1364 zu §§ 84, 64 aF; ebenso zu § 15a InsO BGH Beschl. v. 18.12.2014 – 4 StR 323/14, 4 StR 324/
14, NJW 2015, 712; Beschl. v. 11.7.2019 – 1 StR 456/18, GmbHR 2020, 393 Rn. 13; zust. *Bisson*
GmbHR 2005, 843 (849); Noack/Servatius/Haas/*Beurskens* Rn. 2; *Cadus,* Die faktische Betrachtungsweise, 1984, 146 f.; *Cavero* FS Tiedemann, 2008, 299 (309 f. zu Abs. 2 Nr. 2); MHLS/*Dannecker* Rn. 47;
Dierlamm NStZ 1996, 153 (155); HK-KapMarktStrafR/*Eidam* Rn. 8, 72, 88, 109; *Fuhrmann* FS Tröndle,
1989, 139 (151); MüKoStGB/*Hohmann* Rn. 51, 78, 84, 96, 105, 116; Graf/Jäger/Wittig/*Ibold,* Wirt-
schafts- und Steuerstrafrecht, 2. Aufl. 2017, Rn. 21; *Löffeler* wistra 1989, 121 (123 f.); *Montag,* Die
Anwendung der Strafvorschriften des GmbH-Rechts auf faktische Geschäftsführer, 1994, 95 ff.; *Niedernhuber,* Strafrechtliche Risiken des konzernweiten Cash Pooling, 2016, 356; HK-GmbHG/*Saenger* Rn. 3,
19; Erbs/Kohlhaas/*Schaal* Rn. 7; *C. Schäfer* GmbHR 1993, 717 (722 f.); Henssler/Strohn/*Servatius*
Rn. 15; LK-StGB/*Schünemann* StGB § 14 Rn. 80; *Wagenpfeil* in Müller-Gugenberger WirtschaftsStrafR-
HdB Rn. 27.144; einschr. Scholz/*Rönnau* Rn. 48: nicht für Gesellschafter bei Abs. 1 Nr. 3, 4, Abs. 2.

72 BGH Urt. v. 10.6.1958 – 5 StR 190/58, BeckRS 1958, 31189206.

73 MHLS/*Dannecker* Rn. 47; *Kaligin* NStZ 1981, 90 (91); *Löffeler* wistra 1989, 121 (122); *Montag,* Die
Anwendung der Strafvorschriften des GmbH-Rechts auf faktische Geschäftsführer, 1994, 95 f.; Scholz/
Rönnau Rn. 48; aA *Gübel,* Die Auswirkungen der faktischen Betrachtungsweise auf die strafrechtliche
Haftung faktischer GmbH-Geschäftsführer, 1994, 165 f.

74 BGH Urt. v. 22.9.1982 – 3 StR 287/82, BGHSt 31, 118 (119) = NJW 1983, 240 zu §§ 84, 64 aF; s.
auch BGH Urt. v. 24.6.1952 – 1 StR 153/52, BGHSt 3, 32 (37) zu § 83 aF; Urt. v. 10.0.1996 – 3 StR
50/96, NJW 1997, 66 (67) zu § 266 StGB; Urt. v. 11.6.2013 – II ZR 389/12, NJW 2013, 3303 Rn. 24
zu § 266a StGB.

75 So nennt zB *Dierlamm* NStZ 1996, 153 (156) als achtes Kriterium ein Gehalt in Höhe einer Geschäftsführervergütung und verlangt, dass sechs der acht Kriterien erfüllt sein müssen, ebenso. BayObLG Urt.
v. 20.2.1997 – 5 StRR 159/96, BayObLGSt 1997, 38 (39) zu §§ 84, 64 aF; vgl. hierzu *Groß,* Die
strafrechtliche Verantwortlichkeit faktischer Vertretungsorgane bei Kapitalgesellschaften, 2007, 138 ff.;
krit. *Bisson* GmbHR 2005, 843 (850); Scholz/*Rönnau* § 84 Rn. 25; *Strohn* DB 2011, 158 (164).

nicht schaden soll, wenn der faktische Geschäftsführer selbst Handlungen vornimmt, deren Durchführung in größeren Unternehmen delegiert wird und dort daher eher gegen eine faktische Geschäftsführerstellung spricht. Unerheblich sei es, wenn der faktische Geschäftsführer selbst keine Rechtsgeschäfte für die Gesellschaft abschließen könne, solange ihm dies nach seinem Belieben über den Strohmann oder zB einen Prokuristen möglich sei.[76] Keine Rolle spiele auch, welche Stellung er formal in der Gesellschaft bekleide.[77] Umstritten ist schließlich, ob sein Handeln eine erkennbare **Außenwirkung**[78] haben und auf **Dauer** angelegt sein muss.[79]

30   Die zweite Voraussetzung, das **Einverständnis** oder wenigstens die **Duldung** durch die Gesellschafter, ist innerhalb der hM nur insoweit weitgehend unstreitig,[80] als eine einseitige Anmaßung der Stellung durch die nicht bestellte Person nicht ausreichen soll.[81] Unklar ist, ob **alle Gesellschafter** einverstanden sein müssen[82] oder nur die **Mehrheit**.[83]

31   Die Ausweitung der Strafbarkeit auf tatsächlich nicht zum Geschäftsführer bestellte Personen ist **abzulehnen**.[84] Sie verstößt gleich zweimal gegen Art. 103 Abs. 2 GG: Nach dem Sprachgebrauch des GmbHG ist Geschäftsführer nur der gem. § 6 Abs. 3 S. 2 bestellte Geschäftsführer. Davon geht auch die hM im Zivilrecht aus, die deshalb durch „teleologische Extension" den Geltungsbereich der zivilrechtlichen Haftungsregeln „praeter verba legis erweitert" (→ § 43 Rn. 226). Ein solches Vorgehen verstößt im Strafrecht gegen das Analogieverbot. Die hM kann sich auch nicht auf einen allgemeinen Rechtsgedanken berufen, der angeblich in § 14 Abs. 3 StGB zum Ausdruck kommt (→ Rn. 27), zumal dort gerade ein Bestellungsakt vorausgesetzt wird. Da es bislang nicht gelungen ist, dem Begriff der faktischen Geschäftsführung auch nur annähernd klare Konturen zu verleihen (→ Rn. 29 f.), verliert außerdem das Tatbestandsmerkmal „als Geschäftsführer" seine Grenzen, was erneut gegen den – auch für die Gesetzesauslegung geltenden[85] – Bestimmtheitsgrundsatz verstößt.

---

[76]   BGH Beschl. v. 13.12.2012 – 5 StR 407/12, NJW 2013, 624 (625) zu § 266 StGB.
[77]   BGH Urt. v. 22.9.1982 – 3 StR 287/82, BGHSt 31, 118 (120) = NJW 1983, 240 zu §§ 84, 64 aF, wo er offiziell für eine „Boten- und Hausmeistertätigkeit" eingestellt war.
[78]   Bejahend BGH Urt. v. 10.5.2000 – 3 StR 101/00, BGHSt 46, 62 (65) zu § 82; Urt. v. 14.10.2020 – 1 StR 33/19, BeckRS 2020, 35332 Rn. 26 zu § 266a StGB; *Dierlamm* NStZ 1996, 153 (156 f.); Graf/Jäger/Wittig/*Ibold*, Wirtschafts- und Steuerstrafrecht, 2. Aufl. 2017, Rn. 22; Scholz/*Rönnau* § 84 Rn. 26 mwN zum Streitstand.
[79]   Bejahend *Dierlamm* NStZ 1996, 153 (157); aA *Montag*, Die Anwendung der Strafvorschriften des GmbH-Rechts auf faktische Geschäftsführer, 1994, 123.
[80]   AA aber zB *Gübel*, Die Auswirkungen der faktischen Betrachtungsweise auf die strafrechtliche Haftung faktischer GmbH-Geschäftsführer, 1994, 110; *Löffeler* wistra 1989, 121 (124 f.), wonach es keines Einverständnisses der Gesellschafter oder Gesellschaftermehrheit bedarf.
[81]   BGH Urt. v. 10.5.2000 – 3 StR 101/00, BGHSt 46, 62 (65) zu § 82; OLG Karlsruhe Beschl. v. 7.3.2006 – 3 Ss 190/05, NStZ 2007, 648 (649) zu §§ 84, 64 aF.
[82]   MHLS/*Dannecker* Rn. 47; Graf/Jäger/Wittig/*Ibold*, Wirtschafts- und Steuerstrafrecht, 2. Aufl. 2017, Rn. 22; Scholz/*Rönnau* § 84 Rn. 24.
[83]   OLG Karlsruhe Beschl. v. 7.3.2006 – 3 Ss 190/05, NStZ 2007, 648 (649) zu §§ 84, 64 aF; *Fuhrmann* FS Tröndle, 1989, 139 (151, 154); LK-StGB/*Schünemann* StGB § 14 Rn. 78; Henssler/Strohn/*Servatius* Rn. 15; *Montag*, Die Anwendung der Strafvorschriften des GmbH-Rechts auf faktische Geschäftsführer, 1994, 121, der aber zusätzlich eine Kenntnis aller verlangt.
[84]   *Altmeppen* § 84 Rn. 8; Satzger/Schluckebier/Widmaier/*Bosch*, Strafgesetzbuch, 5. Aufl. 2021, StGB § 14 Rn. 21; NK-StGB/*Böse* StGB § 14 Rn. 26; Esser/Rübenstahl/Saliger/Tsambikakis/*Brand*, Wirtschaftsstrafrecht, 2017, Rn. 34; *Büning*, Die strafrechtliche Verantwortung faktischer Geschäftsführer einer GmbH, 2004, 217 ff., 234, 237; *Groß*, Die strafrechtliche Verantwortlichkeit faktischer Vertretungsorgane bei Kapitalgesellschaften, 2007, 178; *Hanft*, Strafrechtliche Probleme im Zusammenhang mit der Einmann-GmbH, 2006, 181 ff.; Ring/Grziwotz/*Heinemann* Rn. 6; *Hoyer* NStZ 1988, 369 (370); *Joerden* wistra 1990, 1 (4); *Joerden* JZ 2001, 309 (311 f.); *Kaligin* BB 1983, 788 (790); Lutter/Hommelhoff/*Kleindiek* Rn. 2 iVm Lutter/Hommelhoff/*Kleindiek* § 84 Rn. 7; *Lindemann* Jura 2005, 305 (313); Leitner/Rosenau/*Parigger*, Wirtschafts- und Steuerstrafrecht, 2017, Rn. 10; MüKoStGB/*Radtke* StGB § 14 Rn. 47; UHL/*Ransiek* Vor § 82 Rn. 60 ff.; *Schüppen*, Systematik und Auslegung des Bilanzstrafrechts, 1992, 148 f.; *Schüppen* DB 1994, 197 (203 f.); *Stein*, Das faktische Organ, 1984, 130 ff., 194 f.; *Stein* ZHR 184 (1984), 207 (219 ff.); *Wicke* Rn. 4.
[85]   Vgl. BVerfG Beschl. v. 20.10.1992 – 1 BvR 698/89, BVerfGE 87, 209 (229) = NJW 1993, 1457.

dd) Faktischer Mitgeschäftsführer. Umstritten ist innerhalb der hM die strafrechtli- 32 che Verantwortlichkeit des faktischen Mitgeschäftsführers. In diesen Konstellationen existieren ein formell ordnungsgemäß bestellter und als solcher auch tätige Geschäftsführer sowie daneben eine faktisch wie ein Geschäftsführer agierende Person. Im Gegensatz zu dem Fall des Strohmanns nimmt hier der ordnungsgemäß bestellte Geschäftsführer sein Amt wahr, auch wenn intern eine Kompetenzabstufung vorliegen kann. Nach Ansicht der Rspr. besteht ein Bedürfnis, die strafrechtliche Verantwortlichkeit auch auf den faktischen Mitgeschäftsführer zu erstrecken, wenn er – zusätzlich zu den oben genannten Voraussetzungen (→ Rn. 29 f.) – einen Einfluss ausübt, der über den des formellen Geschäftsführers hinausgeht.[86] Der BGH hat anfangs verlangt, dass der faktische Mitgeschäftsführer eine „überragende Stellung" in der Geschäftsführung einnehmen müsse.[87] Diese liege vor, wenn der faktische Mitgeschäftsführer die unternehmerischen Grundentscheidungen in einer Weise treffe, die im Vergleich zur Entscheidungskompetenz des formellen Geschäftsführers als übergeordnet erscheine. Später hat der BGH ein „deutliches Übergewicht" des faktischen Mitgeschäftsführers[88] ausreichen lassen.

Nach der hier vertretenen Ansicht zum faktischen Geschäftsführer (→ Rn. 31) 33 scheidet auch die Möglichkeit einer faktischen Mitgeschäftsführung aus. Aber auch dann, wenn man mit der hM die Möglichkeit einer faktischen Geschäftsführung grundsätzlich anerkennen würde, wäre die von der Rspr. vorgenommene Herabsetzung der Voraussetzungen für die Annahme eines (strafrechtlich verantwortlichen) faktischen Geschäftsführers im Rahmen der Mitgeschäftsführung abzulehnen. Denn dort, wo neben einem wirksam bestellten Geschäftsführer, der seine Funktion wahrnimmt, eine weitere Person derartige Tätigkeiten vornimmt, besteht kein Bedürfnis, die strafrechtliche Verantwortlichkeit auszudehnen. Die von der Rspr. befürwortete Ausweitung des Tatbestands führt weg vom Sonderdelikt hin zur Strafbarkeit aufgrund der Vornahme einzelner Handlungen.

3. Liquidator. Liquidatoren (§ 66) können nur Täter des **Abs. 1 Nr. 5** (Eignungs- 34 schwindel) und des **Abs. 2 Nr. 2** (Geschäftslageschwindel) sein. Wenn eine **juristische Person** oder rechtsfähige Personenvereinigung Liquidator ist (→ § 66 Rn. 8 f.), trifft die strafrechtliche Verantwortlichkeit ihren gesetzlichen Vertreter (§ 14 Abs. 1, 3 StGB; zu den Besonderheiten bei Abs. 1 Nr. 5 → Rn. 91). Auch **stellvertretende Liquidatoren** können Täter sein, da für sie dieselben Regeln wie für Liquidatoren gelten (§§ 44, 69 Abs. 1).[89] Ein **faktischer Liquidator** ist ebenso wenig anzuerkennen wie ein faktischer Geschäftsführer[90] (→ Rn. 23 ff.).

Bei einer **Kapitalerhöhung,** die nach hM auch im Liquidationsstadium zulässig ist 35 (→ § 69 Rn. 52), obliegen zwar die Anmeldung und die Abgabe der Versicherung den Liquidatoren (§ 78). Jedoch sind unrichtige Angaben durch sie nicht nach **Abs. 1 Nr. 3**

---

[86] BGH Urt. v. 10.5.2000 – 3 StR 101/00, BGHSt 46, 62 (65) = NJW 2000, 2285 zu § 82; ebenso zu §§ 84, 64 aF BGH Urt. v. 22.9.1982 – 3 StR 287/82, BGHSt 31, 118 (122) = NJW 1983, 240; BayObLG Urt. v. 20.2.1997 – 5 StRR 159/96, BayObLGSt 1997, 38 (39); OLG Düsseldorf Beschl. v. 16.10.1987 – 5 Ss 193/87-200/87 I, NStZ 1988, 368 (369).

[87] BGH Urt. v. 22.9.1982 – 3 StR 287/82, BGHSt 31, 118 (121 f.) = NJW 1983, 240 zu §§ 84, 64 aF; Urt. v. 8.11.1989 – 3 StR 249/89, wistra 1990, 97 (98) zu § 370 AO; Urt. v. 20.9.1999 – 5 StR 729/ 98, NStZ 2000, 34 (35 f.) zu § 84 aF; ebenso Graf/Jäger/Wittig/*Ibold*, Wirtschafts- und Steuerstrafrecht, 2. Aufl. 2017, Rn. 22; *Löffeler* wistra 1989, 121 (125); Scholz/*Rönnau* § 84 Rn. 27.

[88] BGH Urt. v. 10.5.2000 – 3 StR 101/00, BGHSt 46, 62 (65) = NJW 2000, 2285 zu § 82; OLG Düsseldorf Beschl. v. 16.10.1987 – 5 Ss 193/87, NStZ 1988, 368 (369) zu §§ 84, 64 aF: „Übergewicht"; ebenso Noack/Servatius/Haas/*Beurskens* Rn. 2; LK-StGB/*Schünemann* StGB § 14 Rn. 78.

[89] Teilweise wird zusätzlich verlangt, dass der Stellvertreter das Amt auch tatsächlich wahrnimmt; so Scholz/ *Rönnau* Rn. 52. Dessen bedarf es neben der Tathandlung jedoch nicht.

[90] Anders auch hier die hM, die ihre Grundsätze zum faktischen Geschäftsführer auf den faktischen Liquidator überträgt; BGH Urt. v. 20.9.1999 – 5 StR 729/98, NStZ 2000, 34 (36); BayObLG Urt. v. 31.1.1990 – RReg. 3 St 166/89, BayObLGSt 1990, 10 (11); MHLS/*Dannecker* Rn. 53; Graf/Jäger/ Wittig/*Ibold,* Wirtschafts- und Steuerstrafrecht, 2. Aufl. 2017, Rn. 24; Scholz/*Rönnau* Rn. 52; Rowedder/Schmidt-Leithoff/*Schaal* Rn. 15.

strafbar.[91] Dort wird der Liquidator nicht als Täter genannt. Die früher in der Lit. vertretene Auffassung, eine Strafbarkeit der Liquidatoren entspreche dem Sinn des Gesetzes,[92] verstößt gegen das Analogieverbot (Art. 103 Abs. 2 GG). Das gilt auch dann, wenn der bisherige Geschäftsführer zum („geborenen") Liquidator wird und einen Kapitalerhöhungsschwindel gem. Abs. 1 Nr. 3 begeht, da er die Angaben nicht „als Geschäftsführer" sondern „als Liquidator" macht.[93] Auch vor dem Hintergrund, dass Abs. 1 Nr. 5 und Abs. 2 Nr. 2 den Liquidator neben dem Geschäftsführer nennen, ist es innerhalb des § 82 nicht vertretbar, bei Abs. 1 Nr. 3 den zum Liquidator gewordenen Geschäftsführer weiterhin unter den Begriff Geschäftsführer zu subsumieren. Abs. 2 Nr. 2 kommt auch nicht als Auffangtatbestand in Betracht, da Abs. 1 Nr. 3 für den Kapitalerhöhungsschwindel eine abschließende Regelung enthält.[94] Aus den gleichen Gründen können Liquidatoren nicht Täter des **Abs. 2 Nr. 1** sein,[95] obwohl eine **Kapitalherabsetzung** auch im Liquidationsstadium zulässig ist (→ Vor § 58 Rn. 97).

36   **4. Mitglied eines Aufsichtsrats oder ähnlichen Organs. a) Mitglied eines Aufsichtsrats.** Mitglieder des Aufsichtsrats oder eines ähnlichen Organs können Täter des **Abs. 2 Nr. 2** (Geschäftslageschwindel) sein. Bei den anderen Delikten des § 82 können sie nur als Teilnehmer (§§ 26, 27 StGB) mitwirken. Verhindert ein Aufsichtsratsmitglied die Tat eines Geschäftsführers nicht, kommt somit nur Teilnahme durch Unterlassen (§ 13 StGB) in Betracht. Allerdings besteht die Überwachungsgarantenstellung nur, soweit eine Schädigung der Gesellschaft droht, nicht bei der Verletzung der Rechte Dritter.

37   Abs. 2 Nr. 2 gilt für alle Mitglieder sowohl eines **fakultativen Aufsichtsrats** (§ 52) als auch eines ausnahmsweise nach Mitbestimmungsgesetzen (zB § 1 Abs. 1 Nr. 3 S. 2 DrittelbG, § 6 Abs. 1 MitbestG, § 3 Abs. 1 MontanMitbestG, §§ 1, 5 MontanMitbestErgG, § 24 Abs. 2 MgVG) oder bei externen Kapitalanlagegesellschaften (§ 18 Abs. 2 S. 1 KAGB) einzurichtenden **obligatorischen Aufsichtsrats,** einschließlich der Arbeitnehmervertreter.[96] Die Organstellung setzt beim fakultativen Aufsichtsrat (oder einem ähnlichen Organ) eine Bestellung durch Beschluss der Gesellschafterversammlung voraus (§ 52 iVm § 101 AktG; → § 52 Rn. 111). Diese muss wirksam sein. Ein **faktisches Aufsichtsratsmitglied** ist nicht anzuerkennen[97] (vgl. zum faktischen Geschäftsführer → Rn. 23 ff.). Beim fakultativen Aufsichtsrat ist auch die Bestellung von **Ersatz- und stellvertretenden Mitgliedern** möglich (§ 52 Abs. 1 verweist nicht auf § 101 Abs. 3 S. 1 AktG); bei obligatorischen Aufsichtsräten können hingegen lediglich Ersatzmitglieder bestellt werden (Verweis auf § 101 Abs. 3 S. 1 AktG in § 1 Abs. 1 Nr. 3 DrittelbG, § 6 Abs. 2 S. 1 MitbestG, § 3 Abs. 2 MontanMitbestG, § 24 Abs. 2 MgVG, § 18 Abs. 2 S. 4 KAGB). Während ein Ersatzmitglied erst dann zum tauglichen Täter wird, wenn es die Aufgaben eines ausscheidenden Mitglieds übernimmt, ist ein stellvertretendes Mitglied immer tauglicher Täter. Soweit zusätzlich verlangt wird, dass das stellvertretende Mitglied im Augenblick der Tathandlung das Amt eines Aufsichtsratsmitglieds ausübt,[98] vermengt dies Täterqualifikation und Tathandlung.

---

[91]   OLG Jena Beschl. v. 29.7.1997 – 1 Ss 318/96, NStZ 1998, 307 (308); Noack/Servatius/Haas/*Beurskens* Rn. 29; Ring/Grziwotz/*Heinemann* Rn. 7; MüKoStGB/*Hohmann* Rn. 78; Graf/Jäger/Wittig/*Ibold,* Wirtschafts- und Steuerstrafrecht, 2. Aufl. 2017, Rn. 24; Lutter/Hommelhoff/*Kleindiek* Rn. 5, 18; Scholz/*Rönnau* Rn. 49; Rowedder/Schmidt-Leithoff/*Schaal* Rn. 55.
[92]   Hachenburg/*Klug,* 6. Aufl. 1959, Anm. 22.
[93]   MHLS/*Dannecker* Rn. 52; UHL/*Ransiek* Rn. 80, 117; Scholz/*Rönnau* Rn. 49.
[94]   OLG Jena Beschl. v. 29.7.1997 – 1 Ss 318/96, NStZ 1998, 307 (308).
[95]   MHLS/*Dannecker* Rn. 52, 215; Noack/Servatius/Haas/*Beurskens* Rn. 43; HK-KapMarktStrafR/*Eidam* Rn. 88; Ring/Grziwotz/*Heinemann* Rn. 7; MüKoStGB/*Hohmann* Rn. 105; Lutter/Hommelhoff/*Kleindiek* Rn. 5; UHL/*Ransiek* Rn. 117; Bork/Schäfer/*Roth* Rn. 15; HK-Scholz/*Rönnau* Rn. 50; Erbs/Kohlhaas/*Schaal* Rn. 45.
[96]   Scholz/*Rönnau* Rn. 53; Rowedder/Schmidt-Leithoff/*Schaal* Rn. 16.
[97]   MüKoStGB/*Hohmann* Rn. 117; aA auch hier die hM, Noack/Servatius/Haas/*Beurskens* Rn. 48; Graf/Jäger/Wittig/*Ibold,* Wirtschafts- und Steuerstrafrecht, 2. Aufl. 2017, Rn. 27; Erbs/Kohlhaas/*Schaal* Rn. 9; zT wird anerkannt, dass ein Bestellungsakt schon wegen § 52 Abs. 3 S. 2 erforderlich ist, MHLS/*Dannecker* Rn. 56; Scholz/*Rönnau* Rn. 54.
[98]   MHLS/*Dannecker* Rn. 57; Scholz/*Rönnau* Rn. 55.

b) Mitglied eines ähnlichen Organs. Abs. 2 Nr. 2 erweitert den Täterkreis um Mit- **38**
glieder eines dem Aufsichtsrat ähnlichen Organs. Dies trägt dem Umstand Rechnung,
dass bei der GmbH häufig statt eines Aufsichtsrats andere Gremien existieren (zB Beirat,
Verwaltungsrat, Gesellschafterausschuss). Aufgabe des Aufsichtsrats ist gem. § 52 Abs. 1 iVm
§ 111 AktG die Überwachung der Geschäftsführung. Deshalb ist eine Voraussetzung für
ein dem Aufsichtsrat ähnliches Organ eine entsprechende **Überwachungsfunktion gegenüber der Geschäftsführung,** auch wenn sie sich nur auf Teilbereiche bezieht.[99] Keine
tauglichen Täter des Abs. 2 Nr. 2 sind daher der Abschlussprüfer, der die Interessen der
Gläubiger wahrnimmt, der Betriebsrat oder ein sonstiges Organ, das nur die Interessen der
Arbeitnehmer vertritt, und solche Organe, die lediglich beratende oder streitschlichtende
Funktion haben, dem Akquisitionsinteresse der Gesellschaft dienen oder die Interessen der
Anleger wahrnehmen.

5. Handeln „als" Geschäftsführer etc. Nach dem Wortlaut des § 82 muss der Täter **39**
„als" Gesellschafter, Geschäftsführer, Geschäftsleiter, Liquidator, Mitglied eines Aufsichtsrats
oder ähnlichen Organs handeln. Die hM schließt daraus, dass der Täter nicht nur eine
solche Funktion in der (Vor-)GmbH haben, sondern auch **in seiner Funktion** handeln
muss.[100] Diese zusätzliche Voraussetzung läuft bei Abs. 1 und Abs. 2 Nr. 1 leer, weil sie
beim Vorliegen der weiteren Voraussetzungen stets erfüllt ist:[101] Die Geschäftsführer und
Geschäftsleiter fordert das Gesetz gerade in dieser Eigenschaft zur Abgabe der in Abs. 1
Nr. 1, 3–5, Abs. 2 Nr. 1 genannten Erklärungen und Versicherungen auf. Gleiches gilt für
die Gesellschafter bei der Erstellung des Sachgründungsberichts gem. Abs. 1 Nr. 2. Auch
im Fall der Abs. 1 Nr. 1 resultiert die Tatherrschaft eines Gesellschafters, der sich am Handeln des Geschäftsführers beteiligt (→ Rn. 16), immer (auch) auf seiner Gesellschafterstellung. Bedeutung erlangt die Auslegung der hM bei **Abs. 2 Nr. 2:** Hier sollen Mitteilungen
nicht erfasst sein, die der Täter als Privatperson oder, wenn er Mitglied des Aufsichtsrats oder
eines ähnlichen Gremiums ist, in seiner gesellschaftsfremden beruflichen Stellung macht.
Die hM ist abzulehnen. Dabei sind zunächst Äußerungen auszugrenzen, die der Täter in
einem **rein privaten Rahmen** macht. Sie bleiben schon deshalb straflos, weil Abs. 2 Nr. 2
eine „öffentliche" (→ Rn. 104) Mitteilung voraussetzt. In den Fällen aber, in denen sich
der Täter öffentlich über die Vermögenslage der GmbH äußert, besteht nach Wortlaut und
Zweck des Abs. 2 Nr. 2 kein Grund, ihn vom Tatbestand auszunehmen, weil er sich als
Privatperson oder in gesellschaftsfremder Funktion äußert. Die besondere Gefahr der Tat
nach Abs. 2 Nr. 2 besteht gerade darin, dass gegenwärtige und künftige Gläubiger der
Gesellschaft sowie künftige Gesellschafter dem Erklärenden eine gesteigerte Sachkunde
zumessen. Das geschieht unabhängig davon, in welcher Situation er sich äußert, weil das
an seinem (unterstellten) Kenntnisstand nichts ändert.[102] Selbst wenn er für sich ausdrücklich
oder stillschweigend eine andere Rolle als die des Organs reklamiert, fällt er doch in diese

[99] *Arnhold,* Auslegungshilfen zur Bestimmung einer Geschäftslagetäuschung im Rahmen der §§ 331 Nr. 1
HGB, 400 Abs. 1 Nr. 1 AktG, 82 Abs. 2 Nr. 2 GmbHG, 1993, 18; Noack/Servatius/Haas/*Beurskens*
Rn. 49; Esser/Rübenstahl/Saliger/Tsambikakis/*Brand,* Wirtschaftsstrafrecht, 2017, Rn. 216; MHLS/
Dannecker Rn. 58; Ring/Grziwotz/*Heinemann* Rn. 9; Graf/Jäger/Wittig/*Ibold,* Wirtschafts- und Steuerstrafrecht, 2. Aufl. 2017, Rn. 26; Scholz/*Rönnau* Rn. 56; Rowedder/Schmidt-Leithoff/*Schaal* Rn. 16;
Henssler/Strohn/*Servatius* Rn. 48. Gerade keine Überwachungsfunktion, sondern nur eine Funktion,
aufgrund der das Organ mit der Vermögenslage der Gesellschaft vertraut ist, verlangen *Müller/Wolff* NZG
2003, 751 (754).
[100] *Altmeppen* Rn. 34; MHLS/*Dannecker* Rn. 232; Ring/Grziwotz/*Heinemann* Rn. 29; MüKoStGB/*Hohmann* Rn. 115; Graf/Jäger/Wittig/*Ibold,* Wirtschafts- und Steuerstrafrecht, 2. Aufl. 2017, Rn. 28; Lutter/
Hommelhoff/*Kleindiek* Rn. 27; Scholz/*Rönnau* Rn. 46, 184; Bork/Schäfer/*Roth* Rn. 17; Erbs/Kohl-
haas/*Schaal* Rn. 48; Henssler/Strohn/*Servatius* Rn. 48.
[101] Graf/Jäger/Wittig/*Ibold,* Wirtschafts- und Steuerstrafrecht, 2. Aufl. 2017, Rn. 28; Scholz/*Rönnau*
Rn. 46. Anders ist das aber dann, wenn man darauf abstellt, in wessen Interesse der Erklärende handelt;
so zB MHLS/*Dannecker* Rn. 232; MüKoStGB/*Hohmann* Rn. 115. Dieses Kriterium ist jedoch bei den
meisten Tatbestandsvarianten des § 82 verfehlt, weil die Gesellschaft kein Interesse an einer falschen
Erklärung haben kann.
[102] BeckOGK/*Hefendehl* AktG § 400 Rn. 64.

zurück, sobald er sich über die Vermögenslage der GmbH äußert.[103] Auch anonyme Mitteilungen (zB als Leserbrief) sind nicht ausgeschlossen, weil die Gefahr besteht, dass die wahre Urheberschaft aufgedeckt wird.[104]

C. Objektiver Tatbestand

I. Gründungsschwindel (Abs. 1 Nr. 1)

40   **1. Allgemeines.** Abs. 1 Nr. 1 stellt falsche Angaben über die Kapitalaufbringung unter Strafe, die „zum Zweck der Eintragung der Gesellschaft" gemacht werden. Da das Registergericht vor der Eintragung nicht alle Angaben auf ihre Richtigkeit hin überprüft (vgl. § 8 Abs. 2 S. 2; zum Prüfungsumfang → § 9c Rn. 5 ff.), soll Abs. 1 Nr. 1 die Richtigkeit der Angaben (und so die Kapitalaufbringung) sicherstellen. Der Tatbestand setzt nur voraus, dass die gegenüber dem Registergericht zum Zweck der Eintragung der GmbH gemachten **Angaben falsch** sind (abstraktes Gefährdungsdelikt → Rn. 6, → Rn. 11). Ein Irrtum des zuständigen Amtsträgers ist nicht erforderlich; umgekehrt schadet im Falle einer Eintragung auch dessen Bösgläubigkeit nicht, weil nicht das Gericht, sondern das Vermögen derer geschützt wird, die auf die Eintragung im Register vertrauen. Ebenso wenig erforderlich ist eine fehlerhafte Eintragung oder gar ein Vermögensschaden bei Gläubigern oder Dritten, die auf diese Eintragung vertrauen.

41   Abs. 1 Nr. 1 nennt als **Täter** Gesellschafter (→ Rn. 16) und Geschäftsführer (→ Rn. 20 ff.). Eine unmittelbare Täterschaft durch aktives Tun, nämlich indem er „falsche Angaben macht", kommt regelmäßig nur beim Geschäftsführer in Betracht, weil Gesellschafter nicht zur Anmeldung befugt sind (§ 7 Abs. 1, § 78). Hat eine Gesellschaft mehrere Geschäftsführer und melden sie die Gesellschaft gemeinsam falsch an (§ 78), so sind sie Mittäter (§ 25 Abs. 2 StGB). Ein Gesellschafter kann sich an der Tat des oder der Geschäftsführer als mittelbarer oder Mittäter (§ 25 Abs. 1 Alt. 2, Abs. 2 StGB) beteiligen (→ Rn. 16), etwa indem er den Geschäftsführer täuscht oder nötigt oder indem er die Tat plant und vorbereitet. Außerdem kommt eine Strafbarkeit durch Unterlassen in Betracht, wenn er den Geschäftsführer nicht hindert. Keine geeigneten Täter sind bei einer **Umwandlung** in eine GmbH die Vertretungsorgane der übertragenden oder formwechselnden Rechtsträger (→ Rn. 47).

42   **2. Tathandlung. a) Machen von Angaben.** Eine **Angabe** ist eine ausdrückliche oder konkludente, schriftliche oder mündliche Erklärung über einen Sachverhalt. Dazu zählen vor allem **Tatsachenbehauptungen,** also Behauptungen über dem Beweis zugängliche, innere oder äußere Zustände oder Geschehnisse der Vergangenheit oder Gegenwart. Darüber hinaus können auch **Werturteile** wie Prognosen, Schätzungen oder Bewertungen unter den Begriff der Angabe fallen. Das folgt daraus, dass das GmbHG bei der Anmeldung der Gesellschaft zahlreiche Angaben verlangt, die über reine Tatsachenbehauptungen hinausgehen und deren Richtigkeit ansonsten nicht strafrechtlich garantiert würde. So betreffen die Angaben über Sacheinlagen, Sondervorteile und Gründungsaufwand zwar tatsächliche Vorgänge, enthalten aber zugleich rechtliche und wirtschaftliche Bewertungen. Einzuschränken ist die Einbeziehung von Werturteilen allerdings dahingehend, dass sie nicht erfasst werden, wenn ihnen jeder Tatsachenbezug fehlt.[105] Die weitergehende Ansicht, die hierauf verzichtet,[106] ist zwar mit dem Wortlaut vereinbar, muss aber bei der Prüfung, ob ein Werturteil „falsch" ist, letztlich wieder auf Tatsachen zurückgreifen.

---

[103] UHL/*Ransiek* Rn. 130.
[104] Scholz/*Rönnau* Rn. 185; ebenso BeckOGK/*Hefendehl* AktG § 400 Rn. 66; aA UHL/*Ransiek* Rn. 130.
[105] Noack/Servatius/Haas/*Beurskens* Rn. 5; MüKoStGB/*Hohmann* Rn. 9.
[106] Esser/Rübenstahl/Saliger/Tsambikakis/*Brand,* Wirtschaftsstrafrecht, 2017, Rn. 66; MHLS/*Dannecker* Rn. 85; Graf/Jäger/Wittig/*Ibold,* Wirtschafts- und Steuerstrafrecht, 2. Aufl. 2017, Rn. 41; Scholz/ *Rönnau* Rn. 68.

Der Täter muss die Angabe „zum Zweck der Eintragung", also bei der Anmeldung **43** der Gesellschaft machen (→ Rn. 46). Daraus folgt zum einen, dass zu den Angaben iSd Abs. 1 Nr. 1 nicht nur eigene Äußerungen des Täters gehören. Denn der Anmeldung (dh dem Antrag gem. § 23 FamFG auf Eintragung der Gesellschaft) sind nicht nur eigene Erklärungen der Geschäftsführer, sondern auch weitere Unterlagen beizufügen (§ 8 Abs. 1). Zu den Angaben, die der Geschäftsführer macht, gehören somit nicht nur solche, die in den von ihm selbst abgegebenen Versicherungen (zB § 8 Abs. 2 S. 1) oder unterzeichneten Erklärungen (zB Anmeldung gem. § 7 Abs. 1, Liste gem. § 8 Abs. 1 Nr. 3) enthalten sind, sondern **alle Angaben, die er dem Registergericht zukommen lässt.**[107] Das schließt neben den Angaben in der Anmeldung und den mit ihr einzureichenden Unterlagen und Erklärungen (zB Gesellschaftsvertrag [§ 8 Abs. 1 Nr. 1], Angaben zu den Sacheinlagen [§ 8 Abs. 1 Nr. 4]) auch **freiwillige Angaben** ein. Es bestehen insoweit nur funktionale und inhaltliche Grenzen, da nach Abs. 1 Nr. 1 nur solche Angaben tatbestandsmäßig sind, die „zum Zweck der Eintragung der Gesellschaft" gemacht werden und die die Übernahme der Geschäftsanteile, Leistung der Einlagen, Verwendung eingezahlter Beträge, Sondervorteile, den Gründungsaufwand oder die Sacheinlagen betreffen.

Die Anmeldung der Gesellschaft nimmt der Geschäftsführer nicht selbst direkt beim **44** Registergericht vor, sondern durch einen Notar, bei dem er den Antrag auf Eintragung der GmbH samt Anlagen zur Weiterleitung an das Registergericht einreichen muss (§ 378 Abs. 3 S. 2 FamFG). Diese **Zwischenschaltung eines Notars** ändert aber an der Täterschaft des Geschäftsführers nichts. Zwar lässt sich nicht sagen, dass er bereits dann iSd Abs. 1 Nr. 1 Angaben macht, wenn er die Anmeldung samt Unterlagen beim Notar einreicht. Denn der Notar ist nicht der Adressat und er leitet die Anmeldung auch nicht automatisch an das Registergericht weiter, sondern prüft sie im Regelfall vorher (§ 378 Abs. 3 S. 1 FamFG). Dem Geschäftsführer kann die Weiterleitung durch den Notar aber nach strafrechtlichen Grundsätzen zugerechnet werden: Er ist **mittelbarer Täter** (§ 25 Abs. 1 Alt. 2 StGB), wenn der Notar hinsichtlich der Richtigkeit der Angaben gutgläubig ist oder zwar Zweifel hat, aber die Weiterleitung nicht verweigern darf. Und er ist sog. isolierter Mittäter (§ 25 Abs. 2 StGB), wenn der Notar bösgläubig ist und mit ihm zusammenarbeitet. Dass der Notar selbst nicht Täter des Sonderdelikts des Abs. 1 Nr. 1 sein kann (und deshalb nur Gehilfe ist), schließt nicht aus, sein Handeln dem Geschäftsführer über § 25 Abs. 2 StGB wie eigenes zuzurechnen.[108] Die Vorlage beim Notar ausschließlich zur Prüfung[109] oder Beglaubigung genügt allerdings noch nicht.

b) Gegenüber dem Registergericht. Die Angabe muss gegenüber dem zuständigen **45** **Registergericht** gemacht werden. Das ergibt sich daraus, dass der Täter die Angabe „zum Zweck der Eintragung", also bei der Anmeldung der Gesellschaft machen muss (§ 7 Abs. 1). Zuständig ist das Amtsgericht, in dessen Bezirk das Landgericht seinen Sitz hat (§ 376 Abs. 1 FamFG), in dessen Bezirk wiederum die Gesellschaft ihren Sitz hat (§ 4a). Da das Handelsregister elektronisch geführt wird (§ 8 Abs. 1 HGB), muss die Anmeldung zur Eintragung **elektronisch** in öffentlich beglaubigter Form eingereicht werden (§ 12 Abs. 1 S. 1 HGB, für Dokumente § 12 Abs. 2 HGB). Erfolgt die Einreichung nicht direkt beim zuständigen Registergericht, sondern bei einer von der Landesjustizverwaltung für die Entgegennahme elektronischer Anmeldungen benannten zuständigen Stelle (§ 8a Abs. 2 HGB),[110] so ist fraglich, ob die Anmeldung mit dem Eingang bei dieser Stelle oder beim zuständigen Registergericht zugegangen ist. Soweit es um die Wahrung einer Frist geht

---

[107] RG Urt. v. 10.3.1910 – III 70/10, RGSt 43, 323 (325 f.); BGH Urt. v. 16.5.1958 – 2 StR 103/58, BeckRS 1958, 31193001.
[108] Grdl. *Frister,* Strafrecht, Allgemeiner Teil, 9. Aufl. 2020, Kap. 25 Rn. 23; ebenso SK-StGB/*Hoyer* StGB § 25 Rn. 107.
[109] Prüfung und Weiterleitung können durch unterschiedliche Notare erfolgen; MüKoFamFG/*Krafka* FamFG § 378 Rn. 28.
[110] ZB die „elektronische Poststelle der Gerichte in Nordrhein-Westfalen" gem. § 7 Abs. 1 Registerverordnung Amtsgerichte NW.

(zB § 57f Abs. 1 S. 2), ist der Eingang bei der Stelle maßgeblich, weil der Antragsteller auf die Weiterleitung an das zuständige Registergericht keinen Einfluss hat.[111] Für die hier relevante Frage jedoch, wann eine Angabe gemacht worden (und damit die Tat vollendet; → Rn. 129) ist, kommt es auf den **Zugang** (durch Weiterleitung oder Abruf) beim zuständigen Registergericht an,[112] weil vorher keine Gefahr einer fehlerhaften Eintragung besteht. Das ändert sich mit dem Zugang beim zuständigen Registergericht, weil damit die Angabe in den Herrschaftsbereich des Adressaten gelangt und die Möglichkeit eröffnet ist, dass sie zur Kenntnis genommen und die (falsche) Eintragung veranlasst wird. Da Abs. 1 Nr. 1 nur verlangt, dass der Täter eine falsche Angabe macht, bedarf es keiner Vorlage beim oder Kenntnisnahme durch den zuständigen Amtsträger und erst recht keines Irrtums und keiner Eintragung. Wird die Angabe an eine unzuständige Stelle (zB unzuständiges Registergericht) gerichtet, so ist sie nicht schon dann gemacht, wenn sie dort zugeht, sondern erst, sobald sie an das zuständige Registergericht gelangt.

46   **c) Zum Zweck der Eintragung der GmbH.** Die Angaben müssen „zum Zweck der Eintragung der Gesellschaft", also zur Errichtung der GmbH gemacht werden. Gemeint ist die **erstmalige Eintragung** in das Handelsregister aus Anlass der Gründung.[113] Angaben, die bei der Anmeldung der **Fortsetzung** einer aufgelösten Gesellschaft (→ § 65 Rn. 53) gemacht werden, erfasst Abs. 1 Nr. 1 seinem Wortlaut nach nicht.[114] Falsche Angaben in einer derartigen Anmeldung betreffen andere als die in Abs. 1 Nr. 1 genannten Gegenstände, vor allem nicht die Leistung der Einlagen. Dasselbe gilt bei der Verwendung einer **Vorrats-GmbH** oder eines **GmbH-Mantels**. Darin mag zwar eine „wirtschaftliche Neugründung" liegen, auf die gesellschaftsrechtlich die Gründungsvorschriften analog anzuwenden sind (→ § 3 Rn. 31), jedoch handelt es sich nicht um eine erstmalige Eintragung (→ § 3 Rn. 39).[115] Geht mit der Fortsetzung einer aufgelösten GmbH oder der Verwendung einer Vorrats-GmbH bzw. eines GmbH-Mantels eine Kapitalerhöhung einher, kann Abs. 1 Nr. 3 einschlägig sein.

47   Ebenfalls gegen das Analogieverbot verstößt die Anwendung des Abs. 1 Nr. 1 auf Fälle der **Verschmelzung** und **Spaltung**. Das gilt auch im Falle einer Neugründung (§ 2 Nr. 2 UmwG, § 123 Abs. 1 Nr. 2 UmwG).[116] Zwar ist hier nicht die Umwandlung anzumelden,[117] sondern die GmbH als „neuer Rechtsträger" (§ 38 UmwG, § 137 UmwG).[118] Deren Anmeldung müssen jedoch die Vertretungsorgane der übertragenden Rechtsträger vornehmen (§ 38 Abs. 2 UmwG, § 137 Abs. 2 UmwG) und nicht, wie es Abs. 1 Nr. 1

[111]   MüKoHGB/*Krafka* HGB § 12 Rn. 26.
[112]   RG Urt. v. 11.12.1903 – Rep. 4904/03, RGSt 37, 25 (27) zu § 313 HGB aF; Urt. v. 10.3.1910 – III 70/10, RGSt 43, 323; BGH Urt. v. 16.5.1958 – 2 StR 103/58, BeckRS 1958, 31193001; Noack/Servatius/Haas/*Beurskens* Rn. 17; Esser/Rübenstahl/Saliger/Tsambikakis/*Brand,* Wirtschaftsstrafrecht, 2017, Rn. 61; MHLS/*Dannecker* Rn. 84, 125; Scholz/*Rönnau* Rn. 67, 113; Rowedder/Schmidt-Leithoff/*Schaal* Rn. 23.
[113]   BGH Urt. v. 20.1.1955 – 4 StR 492/54, BGHSt 7, 157 (159) = NJW 1955, 678 (679).
[114]   BGH Urt. v. 20.1.1955 – 4 StR 492/54, BGHSt 7, 157 (160) = NJW 1955, 678 (679); Noack/Servatius/Haas/*Beurskens* Rn. 7; MHLS/*Dannecker* Rn. 80; Graf/Jäger/Wittig/*Ibold,* Wirtschafts- und Steuerstrafrecht, 2. Aufl. 2017, Rn. 48; Leitner/Rosenau/*Parigger,* Wirtschafts- und Steuerstrafrecht, 2017, Rn. 16; UHL/*Ransiek* Rn. 56; Scholz/*Rönnau* Rn. 61; Erbs/Kohlhaas/*Schaal* Rn. 14, 16.
[115]   BGH Urt. v. 6.3.2012 – II ZR 56/10, BGHZ 192, 341 Rn. 27 = NJW 2012, 1875 (1879); *Altmeppen* Rn. 5; Noack/Servatius/Haas/*Beurskens* Rn. 7; MHLS/*Dannecker* Rn. 81; Graf/Jäger/Wittig/*Ibold,* Wirtschafts- und Steuerstrafrecht, 2. Aufl. 2017, Rn. 48; *Müller/Federmann* BB 2009, 1375 (1379); UHL/*Ransiek* Rn. 56; Scholz/*Rönnau* Rn. 62; *Schaub* NJW 2003, 2125 (2127); Henssler/Strohn/*Servatius* Rn. 8; aA MüKoStGB/*Hohmann* Rn. 31, der zu Unrecht annimmt, eine strafbegründende Analogie sei zulässig, wenn sie für den Täter erkennbar sei; *Wagenpfeil* in Müller-Gugenberger WirtschaftsStrafR-HdB Rn. 27.156.
[116]   AA Noack/Servatius/Haas/*Beurskens* Rn. 7; MHLS/*Dannecker* Rn. 81; Graf/Jäger/Wittig/*Ibold,* Wirtschafts- und Steuerstrafrecht, 2. Aufl. 2017, Rn. 48; UHL/*Ransiek* Rn. 57; Scholz/*Rönnau* Rn. 63; Henssler/Strohn/*Servatius* Rn. 2.
[117]   So aber MüKoStGB/*Hohmann* Rn. 18.
[118]   Scholz/*Rönnau* Rn. 63; Semler/Stengel/*Schwanna* UmwG § 38 Rn. 4; Semler/Stengel/*Schwanna* UmwG § 137 Rn. 2.

verlangt, die Geschäftsführer oder Gesellschafter der GmbH. Dasselbe gilt beim **Form-wechsel** einer Kapitalgesellschaft anderer Rechtsform in eine GmbH. Hier muss „die neue Rechtsform" (§ 198 UmwG) vom Vertretungsorgan der formwechselnden Gesellschaft angemeldet werden (§ 246 Abs. 1 UmwG). Hingegen müssen beim Formwechsel von einer Personenhandelsgesellschaft, Partnerschaftsgesellschaft, eingetragenen Genossenschaft oder einem rechtsfähigen Verein in eine GmbH deren künftigen Geschäftsführer den „Rechtsträger neuer Rechtsform" (§ 198 Abs. 2 S. 2 UmwG) anmelden (§ 222 Abs. 1 UmwG, §§ 225c, 265, 278 UmwG). Hier ist Abs. 1 Nr. 1 daher nach seinem Wortlaut anwendbar. Das ist auch sachgerecht, weil eine (haftungsbeschränkte) Kapitalgesellschaft neu entsteht.[119] Weil allerdings nur der Gesellschaftsvertrag und die Geschäftsführer anzumelden sind,[120] werden die Voraussetzungen des Abs. 1 Nr. 1 zum Gegenstand der falschen Angaben des Abs. 1 Nr. 1 zumeist nicht erfüllt sein.

Die Voraussetzung „zum Zweck der Eintragung" ist kein rein subjektives Tatbestands- **48** merkmal, sondern beschreibt auch einen funktionalen Zusammenhang zwischen Angabe und Eintragung. Die Angabe muss erstens zeitlich **vor der Eintragung** gemacht werden und zweitens von **Bedeutung für die Eintragung** sein,[121] weil sie entweder selbst zur Eintragung geeignet ist oder für die Entscheidung über die Eintragung anderer Angaben von Bedeutung sein kann. Unerheblich ist, ob es tatsächlich zur Eintragung kommt.[122] Nicht erfasst sind Angaben, die der Täter nach der Eintragung macht (zB wenn in der Anmeldung der Versicherung nach § 8 Abs. 2 unterbleibt, die Eintragung versehentlich dennoch erfolgt, die Versicherung nachträglich abgegeben und dabei eine falsche Angabe gemacht wird).[123] Die weitergehende Ansicht verstößt gegen den Wortlaut (und zwar auch dann, wenn man „zum Zweck der Eintragung" rein subjektiv versteht) und dehnt die Strafbarkeit auf Fälle eines untauglichen Versuchs aus. Ebenfalls straflos bleibt das Unterlassen einer Berichtigung nach Eintragung (→ Rn. 111). In subjektiver Hinsicht muss der Täter absichtlich handeln (→ Rn. 117).

3. Falsche Angaben. a) Unrichtigkeit. Eine Tatsachenbehauptung ist falsch, wenn **49** sie **nicht mit der Wirklichkeit übereinstimmt.**[124] Ein Werturteil ist falsch, wenn mit ihm zugleich eine unwahre Tatsachenbehauptung aufgestellt wird (zB einer Prognose liegen falsche Zahlen zu Grunde) oder wenn es auf unzulässigen Schlussfolgerungen beruht und daher **schlechthin unvertretbar** ist. Letzteres ist der Fall, wenn gesetzliche Vorgaben, Denkgesetze oder allgemein anerkannte Erfahrungssätze missachtet oder nach den Maßstäben der einschlägigen Fachdisziplin unvertretbare Methoden oder Ansichten zu Grunde gelegt werden (zB Verwendung unzulässiger oder unvertretbarer Berechnungsmethoden oder Bilanzierungsgrundsätze). Dass sich eine Prognose später als unzutreffend herausstellt, erlaubt nicht den Schluss, dass sie schon bei ihrer Mitteilung falsch war. Da Prognosen stets das Risiko anhaftet, sich im Nachhinein als irrig herauszustellen, dies den Adressaten bekannt ist und vom Äußernden nicht vermieden werden kann, ist die Verwendung eines strengeren als des hier gewählten Maßstabs – auch im Hinblick auf den strafrechtlichen Bestimmtheitsgrundsatz – nicht angebracht.

b) Unvollständigkeit. Eine richtige Angabe kann zugleich falsch sein, wenn ihr aus **50** der Sicht des Empfängers über die ausdrücklich erklärte wahre Tatsachenbehauptung hinaus

---

[119] AA Scholz/*Rönnau* Rn. 64, wonach der Unterschied nur in „registerrechtlichen Zuständigkeitsfragen" gründet, die keine Strafbarkeit begründen könnten; iErg auch Noack/Servatius/Haas/*Beurskens* Rn. 7; Graf/Jäger/Wittig/*Ibold,* Wirtschafts- und Steuerstrafrecht, 2. Aufl. 2017, Rn. 48; Henssler/Strohn/*Servatius* Rn. 2.

[120] Semler/Stengel/*Schwanna* UmwG § 198 Rn. 8; s. auch Lutter/*Hoger* UmwG § 198 Rn. 15.

[121] Eine objektive Eignung verlangen auch MHLS/*Dannecker* Rn. 80; HK-KapMarktStrafR/*Eidam* Rn. 11; UHL/*Ransiek* Rn. 18; Scholz/*Rönnau* Rn. 65; Erbs/Kohlhaas/*Schaal* Rn. 15.

[122] RG Urt. v. 3.6.1910 – V 398/10, RGSt 43, 430 (431); ebenso RG Urt. v. 11.12.1903 – Rep. 4904/03, RGSt 37, 25 (27) zu § 313 HGB aF.

[123] Henssler/Strohn/*Servatius* Rn. 18; aA MHLS/*Dannecker* Rn. 84; MüKoStGB/*Hohmann* Rn. 21; UHL/*Ransiek* Rn. 56; Scholz/*Rönnau* Rn. 66.

[124] BGH Urt. v. 29.6.2016 – 2 StR 520/15, NZWiSt 2017, 190 Rn. 52; BayObLG Beschl. v. 21.1.1987 – RReg. 4 St 261/86, BayObLGSt 1987, 7 (8).

eine weitere, konkludent erklärte, unwahre Tatsachenbehauptung zu entnehmen ist. Maßgeblich ist der objektive Empfängerhorizont des Registergerichts[125] und der von § 82 geschützten Personenkreise (→ Rn. 7, → Rn. 9),[126] wobei offenkundige oder bereits in demselben Verfahren gemachte Angaben einzubeziehen sind.[127] Hauptanwendungsfall sind unvollständige Angaben, die den Eindruck der Vollständigkeit und dadurch eine falsche Vorstellung vom Sachverhalt wecken[128] (zB die richtige Angabe, dass eine Sacheinlage erfolgt ist, ohne Erwähnung der Tatsache, dass sie rückübereignet werden muss[129] [§ 8 Abs. 2 S. 1, § 7 Abs. 3]; Weglassen einzelner „für die Angemessenheit der Leistungen für Sacheinlagen wesentlichen Umstände" im Sachgründungsbericht [§ 5 Abs. 4 S. 2]). Von der unvollständigen Angabe zu einem Sachverhalt ist das Verschweigen einer Angabe zu einem anderen Sachverhalt unterscheiden. Anders als bei § 399 AktG hat der Gesetzgeber bei § 82 Abs. 1 auf die Tatvariante „oder erhebliche Umstände verschweigt" verzichtet.[130] Abs. 1 Nr. 1 ist daher nicht erfüllt, wenn die Angaben bezüglich des Sachverhalts, der ihr Gegenstand ist, vollständig und richtig sind, aber weitere Sachverhalte nicht erwähnt werden.[131]

51   **c) Zeitpunkt.** Beurteilungszeitpunkt für die Richtigkeit ist der **Zugang** der Anmeldung beim zuständigen Registergericht (→ Rn. 45).[132] Werden Teile der Anmeldung beim Registergericht nachgereicht, so beurteilt sich die Richtigkeit aller Angaben nach der objektiven Sachlage zu dem Zeitpunkt, an dem die nachgereichten Teile zugehen und damit die **vollständige Anmeldung** vorliegt.[133] Hat sich die objektive Sachlage bis dahin geändert, kann sich der Täter nicht darauf berufen, dass die Angabe im Zeitpunkt ihrer Erklärung oder ihres Zugangs noch richtig war, sondern muss die neue Sachlage mitteilen.[134] Das gilt auch dann, wenn sich die frühere Angabe ausdrücklich auf die damalige objektive Sachlage bezieht.[135] Eine Berichtigung bis zum Zugang der vollständigen Anmeldung führt zur Tatbestandslosigkeit einer zuvor gemachten falschen oder falsch gewordenen Angabe. Eine Berichtigung nach Zugang (und damit auch Vollendung → Rn. 129) schließt den Tatbestand nicht rückwirkend aus; in Betracht kommt aber eine tätige Reue (→ Rn. 131). Zur Strafbarkeit des Unterlassens einer Berichtigung → Rn. 111 ff.

52   **d) Erheblichkeit.** Obwohl § 82 im Unterschied zu § 399 AktG keine ausdrückliche Einschränkung auf „erhebliche Umstände" enthält, gilt diese auch hier.[136] Das ergibt sich aus dem Schutzzweck. Die Erheblichkeit ist zu unterscheiden von der in einigen Tatbestandsvarianten verlangten („zum Zweck") Bedeutung der Angabe für die Eintragung (→ Rn. 48). Erforderlich ist, dass gerade **der Aspekt der Angabe, der falsch ist, generell geeignet ist, zu einer Verletzung des geschützten Rechtsguts zu führen.** Da § 82

---

125   LG Koblenz Urt. v. 21.12.1990 – 105 Js (Wi) 22 346/87-10 Kls, AG 1992, 93 (95) zu § 399 AktG.

126   RG Urt. v. 24.9.1907 – II 412/07, RGSt 40, 285 (287).

127   MHLS/*Dannecker* Rn. 89; Ring/Grziwotz/*Heinemann* Rn. 16.

128   BGH Urt. v. 29.6.2016 – 2 StR 520/15, NZWiSt 2017, 190 Rn. 52: „Werden erhebliche Umstände verschwiegen, wird die Äußerung insgesamt falsch".

129   BGH Urt. v. 16.5.1958 – 2 StR 103/58, BeckRS 1958, 31193001.

130   BT-Drs. 8/1347, 20, 55; BT-Drs. 8/3908, 39, 77.

131   MüKoStGB/*Hohmann* Rn. 13; Graf/Jäger/Wittig/*Ibold,* Wirtschafts- und Steuerstrafrecht, 2. Aufl. 2017, Rn. 44; Scholz/*Rönnau* Rn. 72.

132   RG Urt. v. 10.3.1910 – III 70/10, RGSt 43, 323; BGH Urt. v. 17.6.1952 – 1 StR 668/51, BeckRS 1952 30397513 – insoweit in BGHSt 3, 23 nicht abgedruckt; Beschl. v. 29.9.2004 – 5 StR 357/04, BeckRS 2004, 11579; Urt. v. 29.6.2016 – 2 StR 520/15, NZWiSt 2017, 190 Rn. 52; ebenso zu § 399 AktG BGH Urt. v. 16.3.1993 – 1 StR 804/92, NStZ 1993, 442.

133   KG v. 30.11.1971 – 1 W 1188/71, NJW 1972, 951 (952); ebenso zu § 399 AktG BGH Urt. v. 16.3.1993 – 1 StR 804/92, NStZ 1993, 442; OLG München Urt. v. 19.12.2003 – 21 U 5489/02, NZG 2004, 230 (231); aA noch RG Urt. v. 11.12.1903 – Rep. 4904/03, RGSt 37, 25 (27) zu § 313 HGB aF.

134   BGH Urt. v. 16.3.1993 – 1 StR 804/92, NStZ 1993, 442 zu § 399 AktG.

135   AA UHL/*Ransiek* Rn. 16, der aber ein Unterlassen bejaht, s. UHL/*Ransiek* Rn. 51; dazu zutr. Scholz/*Rönnau* Rn. 70 Fn. 236.

136   MHLS/*Dannecker* Rn. 82; MüKoStGB/*Hohmann* Rn. 19; UHL/*Ransiek* Rn. 18; Scholz/*Rönnau* Rn. 73; Rowedder/Schmidt-Leithoff/*Schaal* Rn. 27; *Wagenpfeil* in Müller-Gugenberger WirtschaftsStrafR-HdB Rn. 27.139; gegen dieses Erfordernis, weil es zu unbestimmt sei, Henssler/Strohn/*Servatius* Rn. 3.

das Vermögen gegenwärtiger und künftiger Gläubiger sowie künftiger Gesellschafter schützt
(→ Rn. 7), sind falsche Angaben erheblich, die zur Eintragung in das Handelsregister geeignet sind, von dessen Vertrauensschutz umfasst sind und von Gläubigern und (künftigen)
Gesellschaftern typischerweise bei ihrer Geschäfts- oder Anlageentscheidung zugrunde
gelegt werden. Die meisten falschen Angaben, die zum Zweck der Eintragung gemacht
werden, sind in diesem Sinne auch erheblich. Jedoch kann es daran im Einzelfall fehlen, etwa
wenn die Angabe nur zum Teil falsch ist. Ein Beispiel ist der Fall, dass bei der Anmeldung
der Wert der Bareinlagen mit dem gesetzlichen Mindestwert angegeben wird (§ 7 Abs. 2),
obwohl er tatsächlich höher ist.[137] Die Angabe ist für die Eintragung bedeutsam, jedoch
nicht geeignet, (künftige) Gesellschafter oder Gläubiger zu einer irrtumsbedingten vermögensschädigenden Investition in die GmbH oder Transaktion mit ihr zu veranlassen. Hingegen wäre eine Übertreibung tatbestandsmäßig, bei der ein höherer Wert angegeben wird,
als tatsächlich an Bareinlagen geleistet worden ist.[138] Das gilt sowohl dann, wenn der Täter
behauptet, die Bareinlagen erreichten den gesetzlichen Mindestwert, obwohl das nicht der
Fall ist, und so die korrekte Entscheidung des Registergerichts gefährdet, als auch dann,
wenn er vorträgt, die Bareinlagen erreichten einen höheren als den gesetzlichen Mindestwert, obwohl sie nur diesen oder einen ihn nicht so weit überschreitenden Umfang aufweisen, und so die Entscheidungsfindung der (künftigen) Gesellschafter oder Gläubiger zu
manipulieren droht. Das Gleiche gilt für falsche Angaben über die Bareinzahlung des
Geschäftsanteils: Zwar muss die Art der Bewirkung des Geschäftsanteils nicht angegeben
werden, jedoch müssen eingereichte Beweisstücke (zB gefälschte Einzahlungsbelege) richtig
sein.[139]

Die teleologische Einschränkung anhand des Erfordernisses der Erheblichkeit führt   **53**
nicht dazu, dass nur noch im konkreten Fall zur Irreführung geeignete falsche Angaben
erfasst sind. So bleibt das Machen einer falschen Angabe nicht deshalb straffrei, weil die
Unrichtigkeit von den Adressaten sofort erkannt wurde. Die Erheblichkeit bestimmt sich
bei § 82 als einem abstrakten Gefährdungsdelikt (→ Rn. 6, → Rn. 11) nach **generell-
abstrakten Kriterien** und nicht anhand des konkret-individuellen Empfängerhorizonts.

   **4. Gegenstand der falschen Angaben. a) Übernahme der Geschäftsanteile 54
(Abs. 1 Nr. 1 Var. 1).** Die **Übernahme der Geschäftsanteile** ist die im Gesellschaftsvertrag nach Zahl und Nennbeträgen der Geschäftsanteile zu regelnde schuldrechtliche Verpflichtung der Gesellschafter, einen bestimmten Betrag auf das Stammkapital zu leisten (§ 3
Abs. 1 Nr. 4). Das schließt die Art der Einlage ein (Bar- oder Sacheinlage, § 5 Abs. 4).[140]
Angaben zur Übernahme der Gesellschaftsanteile können bei der Anmeldung im Gesellschaftsvertrag (§ 8 Abs. 1 Nr. 1) oder in der Gesellschafterliste (§ 8 Abs. 1 Nr. 3) enthalten
sein. Sie können **falsch** sein bezüglich der Anzahl, Höhe und Art der Geschäftsanteile sowie
der übernehmenden Personen.

   Die Angabe darüber, welche **Personen** welche Geschäftsanteile übernommen haben,   **55**
ist zB falsch, wenn eine nicht existente Person als Gesellschafter angegeben wird, wenn die
genannte Person keinen Geschäftsanteil übernommen hat, wenn eine nicht genannte Person
einen Geschäftsanteil übernommen hat[141] oder wenn die Angaben zu einem Gesellschafter
(§ 8 Abs. 1 Nr. 3 iVm § 40 Abs. 1) unrichtig sind, etwa wenn eine natürliche Person wegen

---

[137] MHLS/*Dannecker* Rn. 83; UHL/*Ransiek* Rn. 18; Scholz/*Rönnau* Rn. 73.
[138] RG Urt. v. 10.3.1910 – III 70/10, RGSt 43, 323 (325); BGH 3 StR 171/53, bei *Herlan* GA 1953, 25;
       Urt. v. 20.1.1955 – 4 StR 492/54, NJW 1955, 678 (679) – insoweit nicht abgedruckt in BGHSt 7,
       157; MHLS/*Dannecker* Rn. 83; UHL/*Ransiek* Rn. 18; Scholz/*Rönnau* Rn. 65, 73. Zur Notwendigkeit
       der Richtigkeit solcher Angaben s. auch OLG Stuttgart Beschl. v. 13.7.2011 – 8 W 252/11, NZG 2011,
       993.
[139] BayObLG Beschl. v. 30.5.1994 – 4 St RR 74/94, NJW 1994, 2967 (2968); Scholz/*Rönnau* Rn. 65.
[140] Nach UHL/*Ransiek* Rn. 21 greift Abs. 1 Nr. 1 Var. 2 ein, die aber nicht die Verpflichtung, sondern
       deren Erfüllung betrifft.
[141] Hachenburg/*Kohlmann* Rn. 30; MHLS/*Dannecker* Rn. 95; Rowedder/Schmidt-Leithoff/*Schaal* Rn. 32;
       nach aA ist dieser Fall einer falschen Angabe über einen Gesellschaftsvertrag nicht möglich, UHL/
       Ransiek Rn. 23; Scholz/*Rönnau* Rn. 76.

falscher Angaben zu Name, Vorname, Geburtsdatum oder Wohnort (zur Frage, ob die genaue Anschrift erforderlich ist → § 40 Rn. 30) nicht oder nicht zweifelsfrei identifiziert werden kann, wenn statt einer juristischen Person oder Personenhandelsgesellschaft deren Gesellschafter oder wenn bei einer GbR nur diese und nicht ihre Gesellschafter angegeben werden.[142] Da eine **Strohmanngründung** grundsätzlich zulässig ist (→ Rn. 17 f.), stellt die Nennung des Strohmanns und das Verschweigen des Hintermanns keine unrichtige Angabe dar, wenn der Strohmann die Anteile im eigenen Namen und nur für fremde Rechnung übernommen hat.

56   Falsch können zudem Angaben über relevante Umstände der **Leistungspflicht** eines Gesellschafters sein, dh über Art (zB Bar- oder Sacheinlage, Gegenstand der Sacheinlage), Höhe oder Anzahl seiner Einlagen. Da Abs. 1 Nr. 1 Var. 1 nur falsche Angaben zur Übernahme der Geschäftsanteile im Gesellschaftsvertrag erfasst, macht keine unvollständige Angaben, wer nicht von Handlungen der Gesellschafter berichtet, die darauf abzielen, sich der Leistungspflicht faktisch wieder zu entziehen, seien diese auch kriminell.[143] Falsch ist eine Angabe auch dann, wenn ein **Mangel der Beitrittserklärung** verschwiegen wird, aufgrund dessen sie unwirksam (zB Fälschung, Geschäftsunfähiger) oder schwebend unwirksam ist (zB beschränkt Geschäftsfähiger, Vertreter ohne Vertretungsmacht) oder ihre Unwirksamkeit herbeigeführt werden kann (zB Anfechtbarkeit).[144] Ausgenommen sind Mängel, die geheilt werden können (→ § 2 Rn. 218 ff.), wenn die Heilung bis zur Anmeldung erfolgt ist.[145]

57   **b) Leistung der Einlagen (Abs. 1 Nr. 1 Var. 2). aa) Überblick.** Die **Leistung der Einlagen** ist die Erbringung der im Gesellschaftsvertrag festgelegten Geld- und Sacheinlagen (zu deren nochmaliger Erwähnung in Abs. 1 Nr. 1 Var. 6 → Rn. 73). Eine Gesellschaft darf erst dann beim Handelsregister angemeldet werden, wenn auf jeden in Geld zu erbringenden Geschäftsanteil ein Viertel des Nennbetrags eingezahlt worden ist (§ 7 Abs. 2 S. 1; bei der Unternehmergesellschaft die volle Höhe, § 5a Abs. 2 S. 1), jede Sacheinlage in vollem Umfang an die Gesellschaft bewirkt worden ist und alle Einlagen endgültig zur freien Verfügung der Geschäftsführer stehen (§ 7 Abs. 3; zur Geltung des letzten Erfordernisses auch für Bareinlagen → § 7 Rn. 129). Dabei muss konkret mitgeteilt werden, welcher Übernehmende welchen Betrag auf welche Bareinlage eingezahlt (→ § 8 Rn. 50) oder welche Sacheinlage geleistet hat. Außerdem muss insgesamt auf das Stammkapital mindestens so viel eingezahlt worden sein, dass der Gesamtbetrag der eingezahlten Bareinlagen zuzüglich des Gesamtnennbetrags der Sacheinlagen die Hälfte des Mindeststammkapitals (§ 5 Abs. 1), also mindestens 12.500 Euro erreicht (§ 7 Abs. 2 S. 2). **Angaben** zur Kapitalaufbringung enthalten die Unterlagen gem. § 8 Abs. 1 Nr. 1, 4, 5, die Versicherung des Geschäftsführers gem. § 8 Abs. 2 S. 1 (→ § 8 Rn. 54 ff.) und vom Registergericht gem. § 8 Abs. 2 S. 2 verlangte diesbezügliche Nachweise. Angaben über die Leistung der Einlage sind **falsch,** wenn eine nicht, nicht in der Höhe oder nicht in dieser Art erfolgte Leistung behauptet wird, wenn die Leistung nicht endgültig in die freie Verfügung der Geschäftsführer gelangt ist oder wenn sie nicht mehr (zumindest wertmäßig; → Rn. 63) im Vermögen der Gesellschaft vorhanden ist.

58   **bb) Erbringung der Bareinlage.** Eine Bareinlage ist in der erforderlichen Höhe (→ Rn. 57) erbracht, „wenn der Geschäftsführer tatsächlich und rechtlich in der Lage ist,

---

[142] MHLS/*Dannecker* Rn. 93; Lutter/Hommelhoff/*Kleindiek* Rn. 11; Leitner/Rosenau/*Parigger,* Wirtschafts- und Steuerstrafrecht, 2017, Rn. 20; Scholz/*Rönnau* Rn. 77. Das gilt nach dem Wortlaut auch nach vollständiger Erbringung der Stammeinlage; aA Esser/Rübenstahl/Saliger/Tsambikakis/*Brand,* Wirtschaftsstrafrecht, 2017, Rn. 76.
[143] Scholz/*Rönnau* Rn. 78; aA UHL/*Ransiek* Rn. 23.
[144] Noack/Servatius/Haas/*Beurskens* Rn. 15; Ring/Grziwotz/*Heinemann* Rn. 17; MüKoStGB/*Hohmann* Rn. 24; Graf/Jäger/Wittig/*Ibold,* Wirtschafts- und Steuerstrafrecht, 2. Aufl. 2017, Rn. 49; Lutter/Hommelhoff/*Kleindiek* Rn. 11; Henssler/Strohn/*Servatius* Rn. 4.
[145] Esser/Rübenstahl/Saliger/Tsambikakis/*Brand* Rn. 78; Scholz/*Rönnau* Rn. 79; aA MHLS/*Dannecker* Rn. 94.

die eingezahlten Mittel als Bar- oder als Buchgeld uneingeschränkt für die Gesellschaft zu verwenden".[146] Erfasst sind **Geld**[147] (§ 14 Abs. 1 S. 2 BBankG) und geldwerte Leistungen, die ohne Wertverlust „jeden Augenblick mit zweifelloser Sicherheit in bares Geld umgesetzt werden können".[148] Zweifelsfreie Bonität der Bank und eine nicht ausgeschöpfte Kreditlinie vorausgesetzt (→ § 7 Rn. 85, → § 19 Rn. 147), genügt daher eine **Gutschrift auf einem Konto** der Vor-GmbH[149] (Gesellschaftskonto) oder des Geschäftsführers, das ausdrücklich seine Organeigenschaft ausweist (Sonderkonto; → § 7 Rn. 86). Falsch ist folglich die Angabe, wenn die Gutschrift tatsächlich auf einem Privatkonto oder auf einem Gesellschafts- oder Sonderkonto des Geschäftsführers erfolgt ist, über das er nur mit Zustimmung eines Dritten verfügen kann.[150] Außer bei Zahlungen auf Gesellschafts- und Sonderkonten bei einer Bank ist bei **Zahlungen an Dritte** die Angabe falsch, die Einlage sei erbracht.[151] Daran ändert sich auch dann nichts, wenn durch die Zahlung eine Forderung des Dritten gegen die Vor-GmbH beglichen worden ist (→ § 19 Rn. 145). Das gilt für die Mindesteinlage (§ 7 Abs. 2 S. 1) sogar bei einer entsprechenden Anweisung des Geschäftsführers (so die hM; → § 19 Rn. 150 ff.). Bei einer **Einpersonengesellschaft** ist die äußere Erkennbarkeit der Einlageleistung als Bestandteil des Sondervermögens entscheidend (→ § 7 Rn. 102), sodass eine falsche Erklärung vorliegt, wenn der Geschäftsführer eine Bareinlage in seinem privaten Bereich belässt.[152]

Das Einreichen eines **Wechsels oder Schecks** steht einer Barzahlung nicht gleich, **59** solange keine Geldzahlung oder Gutschrift erfolgt ist (→ § 7 Rn. 92).[153] Bis dahin ist die Angabe, die Einlage sei erbracht, somit falsch. Entsprechendes gilt bei der **Abtretung eines Zahlungsanspruchs** an die Vor-GmbH (→ § 7 Rn. 95).[154] Eine unrichtige Angabe liegt auch vor, wenn die Leistung auf den Geschäftsanteil durch eine im Gesellschaftsvertrag nicht vorgesehene **Sachleistung**[155] oder eine unzulässige **Aufrechnung** (vgl. § 19 Abs. 2 S. 2) erfolgt ist. Falsch ist die Angabe, auf jeden Geschäftsanteil sei ein Viertel einbezahlt worden, wenn zwar die gesamte Einzahlung ein Viertel der Summe der Geschäftsanteile erreicht oder sogar übersteigt, aber auf einige Geschäftsanteile **weniger als ein Viertel** eingezahlt wurde.[156] Dasselbe gilt, wenn das Stammkapital zwar insgesamt aufgebracht wurde, auf einzelne Geschäftsanteile jedoch nichts geleistet wurde.[157] Unrichtigkeit liegt auch vor, wenn zwar die Mindesteinlagen erbracht sind, aber eine Volleinzahlung angegeben wird.

---

[146] BGH Beschl. v. 20.10.2011 – 1 StR 354/11, NZWiSt 2012, 110 Rn. 9.

[147] Der Nachweis der Barzahlung und damit der Richtigkeit der Angabe kann im Strafverfahren mit einer Einzahlungsquittung des Geschäftsführers und einem korrespondierenden Kassenbericht erfolgen. Dass sie trotz solcher Belege nicht stattgefunden hat, lässt sich nicht daraus schließen, dass die Gesellschaft keine erkennbare Geschäftätigkeit entfaltet hat und wenige Monate nach ihrer Gründung für einen Bruchteil des Gründungskapitals veräußert worden ist, da das Geld auch veruntreut (§ 266 StGB) oder beiseitegeschafft (§ 283 StGB) worden sein kann; BGH Urt. v. 29.9.2004 – 5 StR 357/04, BeckRS 2004, 11579.

[148] RG Urt. v. 25.5.1898 – Rep. I 60/98, RGZ 41, 120 (122); ebenso RG Urt. v. 7.4.1903 – Rep. 469/ 03, RGSt 36, 185 (187); Urt. v. 15.6.1939 – 2 D 24/39, RGSt 73, 232 (233). Das ist zu verneinen zB bei einer nur mündlichen Abtretung eines Anspruchs gegen eine Bank; RG Urt. v. 24.2.1931 – 1 D 1068/30, JW 1931, 2991.

[149] Zur Leistung auf ein Konto der Vorgründungsgesellschaft OLG Frankfurt Beschl. v. 24.1.2005 – 20 W 415/04, NZG 2005, 556.

[150] BayObLG Beschl. v. 21.1.1987 – RReg. 4 St 261/86, BayObLGSt 1987, 7 (8).

[151] RG Urt. v. 13.3.1934 – II 225/33, RGZ 144, 138 (151).

[152] BayObLG Beschl. v. 20.1.1994 – 4 St RR 1/94, BayObLGSt 1994, 4 (6); OLG Hamburg Urt. v. 16.3.2001 – 11 U 190/00, NZG 2002, 53 betr. Aufbewahren des Bargelds im privaten Safe.

[153] Das gilt auch bei unzweifelhafter Bonität des Bezogenen (→ § 7 Rn. 92); überholt RG Urt. v. 7.4.1903 – Rep. 469/03, RGSt 36, 185 (186 f.); zum von der Bundesbank bestätigten Scheck → § 7 Rn. 93.

[154] BGH Urt. v. 17.6.1952 – 1 StR 668/51, BeckRS 1952 30397513 (insoweit nicht abgedruckt in BGHSt 3, 23) zur Abtretung eines Darlehensanspruchs; aA UHL/*Ransiek* Rn. 26.

[155] RG Urt. v. 15.6.1939 – 2 D 24/39, RGSt 73, 232 (233).

[156] RG Urt. v. 4.5.1900 – Rep. 1269/00, RGSt 33, 252 (253 f.); vgl. auch OLG Hamm Beschl. v. 24.3.2011 – I-15 W 684/10, GmbHR 2011, 652 (653).

[157] RG Urt. v. 12.7.1894 – Rep. 2376/94, RGSt 26, 66 (67 f.).

60   **cc) Erbringung der Sacheinlage.** Die im Gesellschaftsvertrag festzusetzenden Sacheinlagen (§ 5 Abs. 4) müssen vor der Anmeldung der Gesellschaft so bewirkt werden, dass sie endgültig zur freien Verfügung des Geschäftsführers stehen (§ 7 Abs. 3). Das erfordert bei beweglichen Sachen die **Eigentumsübertragung** (unzureichend: Sicherungsübereignung), bei unbeweglichen Sachen die bindende Auflassung mit unwiderruflicher Einleitung der **Grundbuchumschreibung** (→ § 7 Rn. 125 f.),[158] bei Forderungen und sonstigen Rechten die **Abtretung** an die Vor-GmbH (→ § 7 Rn. 112).

61   Eine Angabe ist **falsch,** wenn die Sacheinlage zum Zeitpunkt der Anmeldung nicht, noch nicht,[159] nur teilweise[160] (zB zu geringe Menge) oder nicht belastungsfrei eingebracht worden ist (zB das angeblich hypothekenfreie Grundstück ist mit einer Hypothek belastet;[161] die eingebrachte Sache muss nach der Anmeldung rückübereignet werden[162]), oder wenn sie bis zur Anmeldung an Wert verloren hat oder belastet worden ist. Falsch ist die Angabe, die Sacheinlage sei vollständig erbracht worden, außerdem bei jeder, auch einer nur unwesentlichen Überbewertung (vgl. § 9 Abs. 1 S. 1).[163] Zwar muss das Registergericht nur bei einer wesentlichen **Überbewertung** die Eintragung ablehnen (§ 9c Abs. 1 S. 2), daraus folgt aber nicht, dass unwesentliche Überbewertungen Abs. 1 Nr. 1 von vornherein nicht erfüllen oder gar erlaubt sind. Allerdings wird sich im Strafverfahren, wie immer bei Werturteilen (→ Rn. 49), regelmäßig nur eine wesentliche Überbewertung beweisen lassen.[164] Eine Überbewertung liegt auch dann vor, wenn konkludent das Fehlen wertmindernder Faktoren behauptet wird (zB Patent ist noch nicht angemeldet; Lizenz wird vom Lizenzgeber angefochten; Inventar des eingebrachten Betriebs wurde zuvor veräußert[165]). Eine **Unterbewertung** ist nach dem Schutzzweck des § 82 unerheblich (→ Rn. 52); zwar wird ein unrichtiger Eindruck über die tatsächliche Vermögenslage der Gesellschaft geweckt, jedoch steht das mitgeteilte Vermögen tatsächlich zur Verfügung.[166]

62   Bei einer **verdeckten Sacheinlage** wird zur Umgehung der strengeren gesetzlichen Anforderungen an die Sacheinlage formal eine Bareinlage vereinbart, zugleich aber festgelegt, dass die Gesellschaft mit dem eingezahlten Geld einen Gegenstand vom Gesellschafter erwerben oder eine bereits bestehende Forderung des Gesellschafters erfüllen soll (zu Sonderfällen → § 19 Rn. 196 ff., → § 19 Rn. 201 ff.). Schon zu § 19 aF vertrat die zivilrechtliche Rspr. den Standpunkt, dass der Gesellschafter in diesem Fall seiner Einlagepflicht nicht nachgekommen sei (→ § 19 Rn. 166 ff.). Die Übertragung dieser Wertung auf das Strafrecht löste Bedenken wegen des Analogieverbots (Art. 103 Abs. 2 GG) aus: Da die Einzahlung zunächst tatsächlich stattgefunden habe, könne ihre Dokumentation gegenüber dem Registergericht nicht als falsche Angabe gewertet werden.[167] Diesen Einwand räumt heute § 19 Abs. 4 S. 1 aus, der ausdrücklich bestimmt, dass im Fall einer verdeckten Sacheinlage die Bareinlagepflicht nicht erfüllt ist. Zwar ist der Wert der tatsächlich geleisteten Sacheinlage auf die noch offenstehende Bareinlage anzurechnen (§ 19 Abs. 4 S. 3), was zum vollständigen Entfallen der Einlagepflicht führen kann, jedoch findet die Anrechnung nicht vor der Eintragung statt (§ 19 Abs. 4 S. 4). Da die Anmeldung und insbesondere die Versicherung gem. § 8 Abs. 2 S. 1 vorher erfolgen, kann sich der Täter auf die spätere Anrechnung nicht berufen. Behauptet er also die Erbringung der Bareinlage, so macht er eine falsche

---

[158] Eine Vormerkung genügt nicht; BT-Drs. 8/3908, 71; → § 7 Rn. 128.
[159] LG Koblenz Urt. v. 4.9.2011 – 2050 Js 12 603/07 – 4 KLs, BeckRS 2013, 15355.
[160] RG Urt. v. 26.9.1913 – V 587/13, RGSt 49, 340 (341); BGH Urt. v. 16.5.1958 – 2 StR 103/58, BeckRS 1958, 31193001.
[161] RG Urt. v. 30.1.1914 – V D 753/13, LZ 1914, 950 (951).
[162] BGH Urt. v. 16.5.1958 – 2 StR 103/58, BeckRS 1958, 31193001.
[163] RG Urt. v. 26.9.1913 – V 587/13, RGSt 49, 340 (342); MHLS/*Dannecker* Rn. 119; Rowedder/ Schmidt-Leithoff/*Schaal* Rn. 51.
[164] Hachenburg/*Kohlmann* Rn. 37: „unvertretbare Überbewertung"; Scholz/*Rönnau* Rn. 109: „unvertretbare bzw. willkürliche Falschbewertung"; iErg auch UHL/*Ransiek* Rn. 47.
[165] RG Urt. v. 24.9.1907 – II 412/07, RGSt 40, 285 (287 ff.).
[166] UHL/*Ransiek* Rn. 48.
[167] So zB LG Koblenz Urt. v. 21.12.1990 – 105 Js (Wi) 22346/87-10 KLs, AG 1992, 93 (97) zu § 399 AktG; dagegen schon *Tiedemann* FS Lackner, 1987, 737 (750 f.).

Angabe.[168] Das gilt auch dann, wenn die Sacheinlage (offensichtlich) **wertmäßig der Bareinlage entspricht.**[169] Für eine teleologische Einschränkung des abstrakten Gefährdungsdelikts (→ Rn. 6, → Rn. 11) gibt es wegen des klaren gesetzgeberischen Willens[170] keine Handhabe;[171] sie liefe der eindeutigen Regelung in § 19 Abs. 4 S. 4 zuwider.[172] Dieselben Grundsätze gelten bei der **Unternehmergesellschaft,** sodass auch hier im Fall einer verdeckten Sacheinlage die Angabe, die Bareinlage sei bewirkt, Abs. 1 Nr. 1 verwirklicht.[173] Es kann daher dahinstehen, ob § 19 Abs. 4 bei der Unternehmergesellschaft, bei der Sacheinlagen grundsätzlich ausgeschlossen sind (§ 5a Abs. 2 S. 2, Ausnahme in § 5a Abs. 5), überhaupt eingreift (zum Meinungsstand → § 5a Rn. 25 f.). Die zivilrechtliche **Beweislastumkehr** bei der Bestimmung des anzurechnenden Wertes des Vermögensgegenstands (§ 19 Abs. 4 S. 5) ist im Strafrecht unerheblich, weil die Anrechnung erst nach der Tathandlung erfolgt. Anders verhält es sich mit der Feststellung, ob überhaupt eine verdeckte Sacheinlage vorliegt. Dies bestimmt sich nach „wirtschaftlicher Betrachtung" und „einer im Zusammenhang mit der Übernahme der Geldeinlage getroffenen Abrede" (§ 19 Abs. 4 S. 1). Letztere wird zivilrechtlich vermutet, wenn ein enger sachlicher und zeitlicher Zusammenhang besteht (→ § 19 Rn. 228 ff.). Im Strafrecht ist jedoch, da der Wortlaut ausdrücklich eine Abrede voraussetzt, deren Vorliegen ein Tatbestandsmerkmal und damit zu beweisen.[174]

dd) Zur freien Verfügung der Geschäftsführer. Die Erklärung, dass der auf die Bar- **63** oder Sacheinlagepflicht hin geleistete Gegenstand „sich endgültig in der freien Verfügung der Geschäftsführer befindet" (§ 8 Abs. 2 S. 1), ist richtig, wenn die Geschäftsführer nach der Erbringung der Bar- oder Sacheinlage rechtlich und tatsächlich in der Lage gewesen sind, den Gegenstand für die Vor-GmbH zu verwenden, ohne dabei durch Vorbehalte oder Belastungen beschränkt zu sein (→ § 7 Rn. 130), und der Gegenstand **im Zeitpunkt der Anmeldung** jedenfalls seinem Wert nach noch im Gesellschaftsvermögen vorhanden ist (Unversehrtheitsgrundsatz; → § 8 Rn. 60).[175] Eine zwischenzeitliche Verwendung des Gegenstands, die dem Gesellschaftsvermögen einen gleichen Wert zuführt, macht die Angabe also nicht notwendig falsch.

Bei einer Bareinlage ist die Versicherung nach § 8 Abs. 2 S. 1 daher nicht falsch, wenn **64** der Geschäftsführer einen auf das Gesellschaftskonto einbezahlten Betrag abgehoben und anschließend bar in die Firmenkasse eingelegt hat, weil der Geldwert weiterhin im Gesell-

---

168   *Benz,* Verdeckte Sacheinlage und Einlagenrückzahlung, 2010, 225; Noack/Servatius/Haas/*Beurskens* Rn. 16; *Bittmann* NStZ 2009, 113 (119); *Blasche* GmbHR 2010, 288 (294); Esser/Rübenstahl/Saliger/ Tsambikakis/*Brand,* Wirtschaftsstrafrecht, 2017, Rn. 106; *Ceffinato* wistra 2010, 171 (173); *Habersack* AG 2009, 557 (560); Ring/Grziwotz/*Heinemann* Rn. 22; *Hellmann,* Wirtschaftsstrafrecht, 5. Aufl. 2018, Rn. 435; *Herrler* DB 2008, 2347 (2350); Lutter/Hommelhoff/*Kleindiek* Rn. 12; *Kleindiek* FS Schmidt, 2009, 893 (898); *Maier-Reimer/Wenzel* ZIP 2008, 1449 (1454); *Maier-Reimer/Wenzel* ZIP 2009, 1185 (1195); *Pentz* FS Schmidt, 2009, 1265 (1274); *Pentz* GmbHR 2009, 126 (127); *Popp* Jura 2012, 618 (620); UHL/*Ransiek* Rn. 31; Scholz/*Rönnau* Rn. 95 f.; *Schall* ZGR 2009, 126 (139); Henssler/Strohn/ *Servatius* Rn. 6; *Ulmer* ZIP 2009, 293 (294, 300 f.); *Wagenpfeil* in Müller-Gugenberger WirtschaftsStrafR-HdB Rn. 27.154; *Wicke* Rn. 6; aA *Altmeppen* Rn. 15 f.; *Altmeppen* ZIP 2009, 1545 (1549 f.); *Altmeppen* NZG 2010, 441 (442); HK-GmbHG/*Saenger* Rn. 16 f.; zT auch *Niederhuber,* Strafrechtliche Risiken des konzernweiten Cash Pooling, 2016, 364 ff.; dagegen zutr. UHL/*Ransiek* Rn. 31.
169   AA UHL/*Ransiek* Rn. 35; Scholz/*Tiedemann,* 10. Aufl. 2010, Rn. 117.
170   BT-Drs. 16/9737, 56 (anders noch BT-Drs. 16/6140, 40); BT-Drs. 16/13098, 36 zu § 399 AktG.
171   Gegen den Vorschlag, das „gewöhnliche Umsatzgeschäft im Rahmen des laufenden Geschäftsverkehrs" aus dem Anwendungsbereich der verdeckten Sacheinlage auszuklammern, BGH Urt. v. 11.2.2008 – II ZR 171/06, NZG 2008, 311 Rn. 13.
172   *Ceffinato* wistra 2010, 171 (174). Gerade in solchen Fällen kann allerdings fraglich sein, ob eine Abrede iSd § 19 Abs. 4 S. 1 vorliegt. Ist das der Fall, kommt ggf. eine Einstellung nach §§ 153, 153a StPO in Betracht; *Bittmann* NStZ 2009, 113 (119); Scholz/*Rönnau* Rn. 96.
173   UHL/*Ransiek* Rn. 36; *Weiß* wistra 2010, 361 (363).
174   Lutter/Hommelhoff/*Kleindiek* Rn. 12; UHL/*Ransiek* Rn. 34; Henssler/Strohn/*Servatius* Rn. 6; *Wicke* Rn. 6; aA MHLS/*Dannecker* Rn. 168.
175   Der Unversehrtheitsgrundsatz gilt im Gründungsstadium, nicht bei der Kapitalerhöhung; nur Letztere betrifft BGH Beschl. v. 30.11.1995 – 1 StR 358/95, NStZ 1996, 238.

schaftsvermögen vorhanden ist.[176] Anders liegt es, wenn eine Bareinlage **an den Einzahlenden zurück** fließt – sei es unmittelbar (wenn auch zB getarnt als „Darlehen"[177]) oder bei wirtschaftlicher Betrachtung mittelbar (zB an ein von ihm beherrschtes Unternehmen[178]) –, wenn eine Rückzahlung vereinbart ist (zB bei nur darlehensweise überlassenem Einlagebetrag[179]), oder wenn die Vor-GmbH aus anderen Gründen zur Rückzahlung verpflichtet ist (zB bei Einlösung eines nur zur Sicherheit übergebenen Schecks[180]). Ein Fall der Rückzahlung ist neben der **Scheinzahlung,** bei der die vorab oder bei der Zahlung vereinbarte Rückzahlung „keinen außerhalb dieser Abrede liegenden Rechtsgrund hat"[181] (sog. **Vorzeigegeld**),[182] auch das **Hin- und Herzahlen,** soweit nicht ausnahmsweise die Voraussetzungen des § 19 Abs. 5 S. 1 erfüllt sind *und* die Offenlegung gem. § 19 Abs. 5 S. 2 erfolgt.[183] Die Angabe ist beim Hin- und Herzahlen somit nicht nur dann falsch, wenn die wirtschaftlich einer Rückzahlung der Einlage entsprechende Leistung an den Gesellschafter ganz oder teilweise verschwiegen wird oder wenn über diese Leistung zwar berichtet, aber ein vollwertiger, fälliger und liquider Rückgewähranspruch vorgetäuscht wird.[184] Sondern sie ist auch dann falsch, wenn Leistung und Rückgewähranspruch nicht offengelegt werden (→ § 19 Rn. 357),[185] da letzterer nichts daran ändert, dass die Einlage nicht zur freien Verfügung der Geschäftsführer steht.[186] Bedienen sich Vor-GmbH und einzahlender Gesellschafter eines ihm zuzurechnenden Zentralkontos **(Cash-Pool)** und zahlt er hierauf die Bareinlage ein, so liegt darin bei einem positiven Saldo ein Hin- und Herzahlen (mit der Möglichkeit der Ausnahme nach § 19 Abs. 5) und beim Ausgleich eines negativen Saldos eine verdeckte Sacheinlage (→ Rn. 62; → § 19 Rn. 210 f.). Erfolgt die Rückzahlung als Entgelt für eine **Dienstleistung des Einzahlenden,** so ist die Angabe falsch, wenn dies vorab so vereinbart war und damit ein Hin- und Herzahlen vorliegt, aber auch dann, wenn

---

176   BGH Beschl. v. 20.10.2011 – 1 StR 354/11, NZWiSt 2012, 110 Rn. 9.
177   BGH Urt. v. 21.11.2005 – II ZR 140/04, BGHZ 165, 113 (116) = NJW 2006, 509; LG Koblenz Urt.
       v. 4.9.2011 – 2050 Js 12 603/07 – 4 KLs, BeckRS 2013, 15355.
178   BGH Urt. v. 10.12.2007 – II ZR 180/06, BGHZ 174, 370 (373 ff.) = NJW-RR 2008, 480 (481 ff.);
       OLG Koblenz Urt. v. 17.3.2011 – 6 U 879/10, GmbHR 2011, 579 (580); OLG Schleswig Beschl.
       v. 9.5.2012 – 2 W 37/12, GmbHR 2012, 908 (910).
179   RG Urt. v. 13.3.1934 – II 225/33, RGZ 144, 138 (151).
180   MHLS/*Dannecker* Rn. 102; Hachenburg/*Kohlmann* Rn. 35; Scholz/*Rönnau* Rn. 82.
181   BGH Urt. v. 23.3.2004 – II ZR 7/02, NZG 2004, 618.
182   RG Urt. v. 12.10.1893 – Rep. 2896/93, RGSt 24, 286 (288); Urt. v. 26.10.1897 – Rep. 2374/97,
       RGSt 30, 300 (318); Urt. 25.11.1918 – III 263/18, RGSt 53, 149 (151); BGH Urt. v. 24.1.1961 – 1
       StR 132/60, bei *Herlan* GA 1961, 356 – insoweit in NJW 1961, 740 nicht abgedruckt; Beschl.
       v. 30.11.1995 – 1 StR 358/95, NStZ 1996, 238 (239); Beschl. v. 20.10.2011 – 1 StR 354/11, NZWiSt
       2012, 110 Rn. 7; *Altmeppen* Rn. 6; MHLS/*Dannecker* Rn. 102; MüKoStGB/*Hohmann* Rn. 27; Graf/
       Jäger/Wittig/*Ibold,* Wirtschafts- und Steuerstrafrecht, 2. Aufl. 2017, Rn. 54; Lutter/Hommelhoff/*Kleindiek* Rn. 12; Hachenburg/*Kohlmann* Rn. 35; UHL/*Ransiek* Rn. 27; Scholz/*Rönnau* Rn. 84.
183   KG Urt. v. 11.7.2017 – 21 U 100/16, NJW 2018, 239 Rn. 28.
184   Ein Irrtum über die Vollwertigkeit des Rückzahlungsanspruchs schließt den Vorsatz aus (§ 16 Abs. 1
       S. 1 StGB); *Benz,* Verdeckte Sacheinlage und Einlagenrückzahlung, 2010, 415 f.
185   Noack/Servatius/Haas/*Beurskens* Rn. 16; *Bittmann* NStZ 2009, 113 (119); *Blasche* GmbHR 2010, 288
       (294); Ring/Grziwotz/*Heinemann* Rn. 18; *Heckschen* DStR 2009, 166 (173); Graf/Jäger/Wittig/*Ibold,*
       Wirtschafts- und Steuerstrafrecht, 2. Aufl. 2017, Rn. 55; *Kleindiek* FS Schmidt, 2009, 893 (898 f.); Lutter/
       Hommelhoff/*Kleindiek* Rn. 12; *Maier-Reimer/Wenzel* ZIP 2008, 1449 (1454); *Schluck-Amend/Penke*
       DStR 2009, 1433 (1437); Scholz/*Rönnau* Rn. 86; Henssler/Strohn/*Servatius* Rn. 7; *Wagenpfeil* in Müller-
       Gugenberger WirtschaftsStrafR-HdB Rn. 27.155; *Wicke* Rn. 6; s. auch BT-Drs. 16/13098, 37 zum
       entsprechenden § 27 Abs. 4 S. 2 AktG: „strafbewehrte Verpflichtung"; zu strafbewehrtem Ergebnis kommen
       auch Vertreter der Ansicht, dass die Offenlegung keine materielle Erfüllungsvoraussetzung ist; → § 19
       Rn. 357; *Benz,* Verdeckte Sacheinlage und Einlagenrückzahlung, 2010, 417 f.; *Herrler* GmbHR 2010,
       785 (787, 792 f.); *Herrler* DStR 2011, 2300 (2306); aA *Altmeppen* Rn. 15 f.; *Altmeppen* ZIP 2009, 1545
       (1548 ff.); *Altmeppen* NZG 2010, 441 (442); Bork/Schäfer/*Roth* Rn. 4; UHL/*Ransiek* Rn. 37; HK-
       GmbHG/*Saenger* Rn. 18.
186   *Blasche* GmbHR 2010, 288 (292). Es besteht gerade keine Bareinlage, sondern der Gesetzgeber stellt
       eine schuldrechtliche Forderung unter der Voraussetzung der Offenlegung einer Bareinlage gleich; BT-
       Drs. 16/6140, 35; *Heckschen* DStR 2009, 166 (173); zur Offenlegung als materielle Erfüllungsvoraussetzung auch BGH Urt. v.16.2.2009 – II ZR 120/07, BGHZ 180, 38 Rn. 16 = NJW 2009, 2375 (2377);
       Urt. v. 20.7.2009 – II ZR 273/07, BGHZ 182, 103 Rn. 24 f. = NJW 2009, 3091 (3093).

es zwar keine derartige Vereinbarung gab, aber die Einlage wertmäßig nicht erhalten blieb, weil die Dienstleistung tatsächlich nicht erbracht wurde, überbewertet wird oder für die Vor-GmbH unbrauchbar ist (→ § 7 Rn. 136a).

Eine Falschangabe liegt auch vor, wenn die Leistung **aus Mitteln der Vor-GmbH** 65 stammt (zB dem Gesellschafter als Darlehen überlassene Mittel[187]), wenn die Vor-GmbH für die Leistung gegenüber Dritten **haftet** (zB weil sie aus einem von ihr bei einem Dritten aufgenommenen Kredit stammt[188]) oder wenn sie über die Leistung **nicht verfügen kann** (zB weil die der Vor-GmbH kreditgebende Bank eine Verfügung über die auf dem Gesellschaftskonto gutgeschriebenen Beträge zu anderen Zwecken als zur Kreditrückführung verhindert;[189] weil eine treuhänderische Vereinbarung zwischen der Bank und einem Dritten besteht, den Betrag für einen bestimmten Zweck zu verwenden;[190] weil eine schuldrechtliche Verpflichtung zur Verpfändung des eingezahlten Betrags eingegangen wurde[191]).

c) Verwendung eingezahlter Beträge (Abs. 1 Nr. 1 Var. 3). Während Abs. 1 Nr. 1 66 Var. 2 falsche Angaben über die Erbringung der Bar- und Sacheinlagen unter Strafe stellt, betrifft Abs. 1 Nr. 1 Var. 3 falsche Angaben über die Verwendung **geleisteter Bareinlagen** („eingezahlter Beträge").[192] Wegen des Unversehrtheitsgrundsatzes (→ § 8 Rn. 60) fallen falsche Angaben dazu, ob die geleistete Bareinlage im Zeitpunkt der Anmeldung zumindest wertmäßig noch im Vermögen der Vor-GmbH vorhanden ist, auch unter Abs. 1 Nr. 1 Var. 2 (→ Rn. 63). Während Abs. 1 Nr. 1 Var. 2 aber bereits dann nicht mehr eingreift, wenn der nach der Einlageerbringung eingetretene Wertverlust als solcher eingeräumt wird,[193] verlangt Abs. 1 Nr. 1 Var. 3 eine wahrheitsgemäße Offenlegung der einzelnen Verwendungen.[194] Diese Angaben verlangt § 8 zwar nicht ausdrücklich. Sie sind aber im Falle von Verwendungen wegen der gem. § 8 Abs. 2 S. 1 abzugebenden Erklärung notwendig, wonach sich die geleistete Bareinlage zum Zeitpunkt der Anmeldung noch im Vermögen der Vor-GmbH „befindet". Insofern gilt hier dasselbe wie beim wortgleichen § 399 Abs. 1 Nr. 1 Var. 3 AktG iVm § 36 Abs. 2 AktG, § 37 Abs. 1 AktG.[195] Das entspricht auch dem Willen des Gesetzgebers, dem entgegen verbreiteter Ansicht[196] bei der Einfügung des Abs. 1 Nr. 1 Var. 3 kein Versehen unterlief, sondern der im Gegenteil davon ausging, dass die § 7 Abs. 2, 3, § 8 Abs. 2 eine den § 36 Abs. 2 AktG, § 37 Abs. 1 AktG entsprechende Verpflichtung enthielten.[197] Abs. 1 Nr. 1 Var. 3 erfasst daher **falsche Angaben dazu, ob, in welcher Höhe und wofür die geleisteten Bareinlagen verwendet wurden, ob eine Gegenleistung erlangt wurde und welchen Wert diese hat.** Das gilt für alle Verwendungen, nicht

---

[187] BGH Urt. v. 12.6.2006 – II ZR 334/04, NJW-RR 2006, 1630 (1631); RG Urt. v. 26.3.1920 – II 413/19, RGZ 98, 276 (277); Urt. v. 30.1.1914 – V D 753/13, LZ 1914, 950 (951).

[188] RG Urt. v. 30.1.1914 – V D 753/13, LZ 1914, 950 (951); BGH Urt. v. 30.6.1958 – II ZR 213/56, BGHZ 28, 77 (78) = NJW 1958, 1351.

[189] BGH Urt. v. 11.11.1985 – II ZR 109/84, BGHZ 96, 231 (241 ff.) = NJW 1986, 837 (840); Urt. v. 29.6.2016 – 2 StR 520/15, NZWiSt 2017, 190 Rn. 54 zu Abs. 1 Nr. 3.

[190] LG Koblenz Urt. v. 4.9.2011 – 2050 Js 12 603/07 – 4 KLs, BeckRS 2013, 15355.

[191] BGH Urt. v. 1.2.1977 – 5 StR 626/76, GA 1977, 340 (341) zu § 399 AktG.

[192] Abs. 1 Nr. 1 Var. 3 erfasst nach ihrem Wortlaut keine Sacheinlagen; UHL/*Ransiek* Rn. 38; anders Hachenburg/*Kohlmann* Rn. 41; offengelassen von Scholz/*Rönnau* Rn. 97.

[193] Nach aA erfasst Abs. 1 Nr. 1 Var. 2 auch falsche Angaben über die Verwendung eingezahlter Beträge durch Zahlungsvorgänge; Noack/Servatius/Haas/*Beurskens* Rn. 10; MHLS/*Dannecker* Rn. 107; Rowedder/Schmidt-Leithoff/*Schaal* Rn. 35.

[194] Abs. 1 Nr. 1 Var. 3 überschneidet sich mit Var. 5 bei einem Gründungsaufwand, der bereits vor dem Zugang der Anmeldung beim Registergericht aus den eingezahlten Beträgen bestritten wurde; MHLS/*Dannecker* Rn. 114; Scholz/*Rönnau* Rn. 99; aA Hachenburg/*Kohlmann* Rn. 41: Var. 5 spezieller.

[195] BGH Urt. v. 16.3.1993 – 1 StR 804/92, NStZ 1993, 442 zu § 399 AktG; Urt. v. 13.7.1992 – II ZR 263/91, BGHZ 119, 177 (188) = NJW 1992, 3300 (3303) zu § 36 AktG: „Dabei hat der Vorstand im einzelnen unter Vorlage der entsprechenden Unterlagen darzulegen, für welche geschäftlichen Maßnahmen der Einlagebetrag verwendet worden ist".

[196] MHLS/*Dannecker* Rn. 107; MüKoStGB/*Hohmann* Rn. 33; Graf/Jäger/Wittig/*Ibold*, Wirtschafts- und Steuerstrafrecht, 2. Aufl. 2017, Rn. 56; Scholz/*Rönnau* Rn. 97; Erbs/Kohlhaas/*Schaal* Rn. 21; offengelassen von UHL/*Ransiek* Rn. 38.

[197] BT-Drs. 8/3908, 71.

nur für wertmindernde.[198] Andernfalls wäre Abs. 1 Nr. 1 Var. 3 nicht erfüllt, wenn eine wertneutrale Verwendung als Gewinn dargestellt wird, und es wäre möglich, den falschen Eindruck zu erwecken, wertmindernde Verwendungen seien durch scheinbar gewinnreiche Verwendungen per Saldo wieder ausgeglichen worden. Das Registergericht könnte dann nicht zuverlässig prüfen, ob der Wert der geleisteten Bareinlagen noch vorhanden ist.

67   Nach einer verbreiteten Ansicht sind Verwendungen nur „**tatsächlich-dingliche Akte**" (zB tatsächlicher Mittelabfluss, Zahlungsvorgang, Verpfändung).[199] Das folge aus der Bezugnahme auf „eingezahlte Beträge". Diese Formulierung besagt aber nur, dass die Verwendung die „eingezahlten Beträge" betreffen muss, nicht, dass die Verwendung selbst in einer Zahlung oder einem sonstigen tatsächlich-dinglichen Akt bestehen muss. Eine solche Einschränkung würde auch dem Unversehrtheitsgrundsatz (→ § 8 Rn. 60) nicht gerecht. Da eine Vorbelastung ein Eintragungshindernis darstellt (→ § 8 Rn. 60), gehören zu den Verwendungen auch Akte, durch die **Verbindlichkeiten** der Vor-GmbH begründet worden sind.[200] Nicht erfasst sind bei der Anmeldung nur beabsichtigte, noch nicht rechtsverbindliche Akte.

68   Eine **unvollständige Angabe,** bei der einzelne Verwendungen verschwiegen werden, ist eine falsche Angabe iSd Abs. 1 Nr. 1 Var. 3, weil konkludent erklärt wird, dass nur die angegebenen Verwendungen gemacht worden sind. Eine (nur scheinbare) Ausnahme ist zu machen für fehlende Angaben zu Verwendungen, die zum **Gründungsaufwand** gehören (zB gründungsbedingte Gebühren und Steuern), wenn und weil sie im Gesellschaftsvertrag festgesetzt sind (→ § 8 Rn. 60).[201] Werden alle Verwendungen verschwiegen, greift in der Regel Abs. 1 Nr. 1 Var. 2 ein, weil die Versicherung nach § 8 Abs. 2 S. 1 falsch ist, dass die geleisteten Einlagen im Zeitpunkt der Anmeldung noch wertmäßig im Vermögen der Vor-GmbH vorhanden sind.[202] Bei der nachträglichen Ergänzung einer unvollständigen Anmeldung müssen auch Angaben über zwischenzeitlich erfolgte Verwendungen eingezahlter Beträge gemacht werden.[203]

69   **d) Sondervorteile (Abs. 1 Nr. 1 Var. 4). Sondervorteile** sind Gesellschaftern oder Dritten aus Anlass der Gründung zu Lasten der Gesellschaft persönlich eingeräumte Rechte (→ § 5 Rn. 302 f.). Sie sind analog § 26 Abs. 1 AktG unter Nennung des Vorteils und des Berechtigten im notariell beurkundeten Gesellschaftsvertrag (§ 2 Abs. 1) aufzuführen (→ § 3 Rn. 113, → § 3 Rn. 119, → § 5 Rn. 304). Geschieht das nicht, so sind sie analog § 26 Abs. 3 S. 1 AktG im Verhältnis zur Gesellschaft nicht wirksam vereinbart worden (→ § 5 Rn. 307). Von den Sondervorteilen, welche die Gesellschaft gewähren muss, sind Vorteile zu unterscheiden, die einzelne Gesellschafter aufgrund schuldrechtlicher Vereinbarungen an andere oder Dritte leisten müssen und die nicht unter Abs. 1 Nr. 1 Var. 4 fallen.[204] **Angaben** über Sondervorteile enthalten neben dem beim Registergericht einzureichenden Gesellschaftsvertrag (§ 8 Abs. 1 Nr. 1) auch ggf. zusätzliche Erklärungen des Geschäftsführers gegenüber dem Registergericht.

70   Eine **falsche** Angabe über wirksam vereinbarte Sondervorteile ist im notariell beurkundeten Gesellschaftsvertrag nicht möglich. Theoretisch denkbar ist sie nur in einer sonstigen

[198] Esser/Rübenstahl/Saliger/Tsambikakis/*Brand,* Wirtschaftsstrafrecht, 2017, Rn. 110; aA MHLS/*Dannecker* Rn. 108; Graf/Jäger/Wittig/*Ibold,* Wirtschafts- und Steuerstrafrecht, 2. Aufl. 2017, Rn. 57; UHL/*Ransiek* Rn. 42; Scholz/*Rönnau* Rn. 98.

[199] MHLS/*Dannecker* Rn. 108 f.; Ring/Grziwotz/*Heinemann* Rn. 19; UHL/*Ransiek* Rn. 39; Scholz/*Rönnau* Rn. 98.

[200] BGH Urt. v. 9.3.1981 – II ZR 54/80, BGHZ 80, 129 (130 [Ls. 4], 143) = NJW 1981, 1373 (1376); Hachenburg/*Kohlmann* Rn. 41. Dass BGH Urt. v. 16.3.1993 – 1 StR 804/92, NStZ 1993, 442 zu § 399 AktG, in einem Fall, in dem es um Zahlungen ging, nur hiervon und von Verfügungen spricht, erlaubt nicht den Schluss, dass der BGH tatsächlich-dingliche Akte verlangt.

[201] AA Graf/Jäger/Wittig/*Ibold,* Wirtschafts- und Steuerstrafrecht, 2. Aufl. 2017, Rn. 58; Scholz/*Rönnau* Rn. 99.

[202] Esser/Rübenstahl/Saliger/Tsambikakis/*Brand,* Wirtschaftsstrafrecht, 2017, Rn. 110; UHL/*Ransiek* Rn. 40.

[203] BGH Urt. v. 16.3.1993 – 1 StR 804/92, NStZ 1993, 442 zu § 399 AktG.

[204] UHL/*Ransiek* Rn. 44; Scholz/*Rönnau* Rn. 100.

Erklärung, wenn dort der Inhalt des Gesellschaftsvertrags falsch wiedergegeben wird. Da
der Gesellschaftsvertrag aber bei der Anmeldung eingereicht werden muss (§ 8 Abs. 1 Nr. 1),
wird es derartige (vorsätzliche) Täuschungen kaum geben. Abs. 1 Nr. 1 Var. 4 macht daher
nur dann Sinn, wenn der Gesetzgeber mit ihm die Täuschung über **faktische Sondervorteile** erfassen will (zur Ersatzpflicht der Gesellschafter bei der Gewährung eines faktischen
Sondervorteils → § 5 Rn. 307, → § 9a Rn. 51). Dann kann eine Angabe im Gesellschaftsvertrag falsch sein, weil sie von der tatsächlich zwischen den Gesellschaftern getroffenen
Vereinbarung über Sondervorteile abweicht.[205] Zwar ist der Sondervorteil in diesem Fall
nicht wirksam vereinbart worden. Halten die Gesellschafter aber trotzdem an ihrer tatsächlichen Vereinbarung fest und ist deshalb ernsthaft damit zu rechnen, dass die Gesellschaft den
faktischen Sondervorteil gewähren wird, so ist die Eintragung im Handelsregister zwar
formal richtig, aber materiell falsch.[206] Aus der Sicht des geschützten Rechtsguts macht das
keinen Unterschied. Abs. 1 Nr. 1 Var. 4 erfasst daher insbesondere den Fall, dass ein nach
der tatsächlichen Vereinbarung zu gewährender Sondervorteil nicht oder nicht in diesem
Umfang im notariell beurkundeten Gesellschaftsvertrag aufgeführt wird. Auch im umgekehrten Fall, dass im Gesellschaftsvertrag ein Sondervorteil genannt wird, der tatsächlich
nicht oder nicht in diesem Umfang geleistet werden soll, greift Abs. 1 Nr. 1 Var. 4 ein,[207]
wenn es nicht an der Erheblichkeit fehlt (→ Rn. 52). Hingegen liegt keine falsche Angabe
vor, wenn die Gesellschafter in Anerkennung der durch den notariell beurkundeten Gesellschaftsvertrag geschaffenen Rechtslage ihren davon abweichenden Willen inzwischen aufgegeben haben. Im Falle einer Falschangabe im Gesellschaftsvertrag sind die Gesellschafter
mittelbare Täter (§ 25 Abs. 1 Alt. 2 StGB), wenn der den Gesellschaftsvertrag einreichende
Geschäftsführer gutgläubig ist, oder Mittäter (§ 25 Abs. 2 StGB), wenn er bösgläubig ist.

e) Gründungsaufwand (Abs. 1 Nr. 1 Var. 5). Gründungsaufwand sind Leistun- 71
gen, die zu Lasten der Gesellschaft an Gesellschafter oder Dritte als Entschädigung oder
Belohnung für die Gründung oder ihre Vorbereitung gewährt werden (→ § 5 Rn. 296 ff.).
Der Gründungsaufwand muss unter Nennung der einzelnen Kosten und des Gesamtbetrags
im Gesellschaftsvertrag aufgeführt werden, ansonsten wird die Gesellschaft nicht wirksam
verpflichtet (§ 26 Abs. 2, 3 S. 1 AktG analog; → § 5 Rn. 299). **Angaben** über den Gründungsaufwand enthalten neben dem beim Registergericht einzureichenden Gesellschaftsvertrag (§ 8 Abs. 1 Nr. 1) auch ggf. zusätzliche Erklärungen des Geschäftsführers gegenüber
dem Registergericht.

Abs. 1 Nr. 1 Var. 5 stellt nur **falsche** Angaben über den Gründungsaufwand unter 72
Strafe. Dass der richtig angegebene Gründungsaufwand sachlich nicht erforderlich war, ist
hier (nicht aber ggf. für § 266 StGB) unerheblich. Eine Angabe im Gesellschaftsvertrag ist
zum einen dann falsch, wenn der aufgeführte Gründungsaufwand **nicht oder nicht in
dieser Höhe** (zB Angabe eines zu hohen Einkaufpreises für Patente[208]) entstanden ist.[209]
Daneben erfasst Abs. 1 Nr. 1 Var. 5 auch den umgekehrten Fall, dass ein Gründungsaufwand
im Gesellschaftsvertrag nicht oder nicht in der vollen Höhe angegeben wird, obwohl er
nach der tatsächlichen Vereinbarung der Gesellschafter von der Gesellschaft erstattet werden

---

[205] IErg ebenso UHL/*Ransiek* Rn. 44 aE, der eine konkludente Erklärung, es gebe keine abw. tatsächlichen
       Vereinbarungen über Sondervorteile, beim Einreichen des Gesellschaftsvertrags annimmt.
[206] Noack/Servatius/Haas/*Beurskens* Rn. 11; Esser/Rübenstahl/Saliger/Tsambikakis/*Brand,* Wirtschafts-
       strafrecht, 2017, Rn. 115; HK-KapMarktStrafR/*Eidam* Rn. 16; MüKoStGB/*Hohmann* Rn. 39; Graf/
       Jäger/Wittig/*Ibold,* Wirtschafts- und Steuerstrafrecht, 2. Aufl. 2017, Rn. 60; Hachenburg/*Kohlmann*
       Rn. 46; UHL/*Ransiek* Rn. 44; Scholz/*Rönnau* Rn. 101; *Wagenpfeil* in Müller-Gugenberger Wirtschafts-
       StrafR-HdB Rn. 27.159; ebenso MHLS/*Dannecker* Rn. 111, der zusätzlich darauf abstellt, dass das Ver-
       mögen der Vor-GmbH wirtschaftlich gemindert ist; krit. Leitner/Rosenau/*Parigger,* Wirtschafts- und
       Steuerstrafrecht, 2017, Rn. 24; Rowedder/Schmidt-Leithoff/*Schaal* Rn. 45.
[207] Noack/Servatius/Haas/*Beurskens* Rn. 11; MüKoStGB/*Hohmann* Rn. 39; UHL/*Ransiek* Rn. 44; Scholz/
       Rönnau Rn. 101 aE.
[208] RG Urt. v. 2.10.1888 – Rep. 1665/88, RGSt 18, 105 (110) zu einer AG.
[209] Esser/Rübenstahl/Saliger/Tsambikakis/*Brand,* Wirtschaftsstrafrecht, 2017, Rn. 119; MHLS/*Dannecker*
       Rn. 114; Graf/Jäger/Wittig/*Ibold,* Wirtschafts- und Steuerstrafrecht, 2. Aufl. 2017, Rn. 62; UHL/*Ran-
       siek* Rn. 44; Scholz/*Rönnau* Rn. 103; Rowedder/Schmidt-Leithoff/*Schaal* Rn. 46.

soll. Zwar entsteht ohne die Nennung im notariell beurkundeten Gesellschaftsvertrag (§ 2 Abs. 1) keine Verpflichtung der Gesellschaft zur Erstattung dieses Gründungsaufwands (zur Ersatzpflicht der Gesellschafter → § 9a Rn. 48). Halten die Gesellschafter aber trotzdem an ihrer tatsächlichen Vereinbarung fest und ist deshalb ernsthaft damit zu rechnen, dass die Gesellschaft den **faktischen Gründungsaufwand** aus dem Gesellschaftsvermögen erstatten wird, so ist hier Abs. 1 Nr. 1 Var. 5 ebenso erfüllt wie Abs. 1 Nr. 1 Var. 4 bei faktischen Sondervorteilen.[210] Ist die Erstattung bereits erfolgt, ohne dass dies aufgedeckt wird, liegt in dem Verschweigen kein Verstoß gegen Abs. 1 Nr. 1 Var. 5 (→ Rn. 50); es kann aber Abs. 1 Nr. 1 Var. 2 erfüllt sein, wenn der Erstattung keine gleichwertige Gegenleistung gegenübersteht und infolgedessen die geleisteten Einlagen wertmäßig nicht mehr zur freien Verfügung der Geschäftsführer stehen.[211]

73   **f) Sacheinlagen (Abs. 1 Nr. 1 Var. 6).** **Sacheinlagen** sind alle Einlagen, die nach dem Gesellschaftsvertrag nicht in Geld zu leisten sind. Eine Sacheinlage ist bei wirtschaftlicher Betrachtung auch die (unechte) Sachübernahme, bei der eine Bareinlage vereinbart ist, aber hinsichtlich ihrer Erbringung verabredet ist, dass der Gesellschafter das erforderliche Geld von der Gesellschaft für die Übertragung eines Vermögensgegenstands erhält (→ § 5 Rn. 65, → § 5 Rn. 211 f.). **Angaben** zu Sacheinlagen enthalten die Unterlagen gem. § 8 Abs. 1 Nr. 1, 4, 5, die Versicherung des Geschäftsführers gem. § 8 Abs. 2 S. 1 (→ § 8 Rn. 46 ff.) und etwaige vom Registergericht gem. § 8 Abs. 2 S. 2 verlangte diesbezügliche Nachweise. **Falsche** Angaben über die Sacheinlage werden bereits von Abs. 1 Nr. 1 Var. 1 (→ Rn. 54 ff.), falsche Angaben über ihre Erbringung und ihren wertmäßigen Verbleib im Gesellschaftsvermögen von Abs. 1 Nr. 1 Var. 2 erfasst (→ Rn. 60 ff.). Abs. 1 Nr. 1 Var. 6 hat daneben keinen eigenständigen Anwendungsbereich.[212]

II. Sachgründungsschwindel (Abs. 1 Nr. 2)

74   Abs. 1 Nr. 2 stellt das Machen falscher Angaben im Sachgründungsbericht unter Strafe. Er soll wie Abs. 1 Nr. 1 die Richtigkeit der Angaben bei der Gründung einer GmbH und so die Kapitalaufbringung sicherstellen (abstraktes Gefährdungsdelikt → Rn. 6, → Rn. 11), verlangt aber im Unterschied zu Abs. 1 Nr. 1 nicht, dass die falschen Angaben gegenüber dem Registergericht gemacht werden. Es genügt, dass sie „im Sachgründungsbericht" stehen. Da dieser bei der Anmeldung einzureichen ist (§ 8 Abs. 1 Nr. 4) und im Fall falscher Angaben dann regelmäßig Abs. 1 Nr. 1 erfüllt ist, kann Abs. 2 Nr. 2 nur eingeführt worden sein, um **schon im Vorfeld der Anmeldung** einzugreifen. Als mögliches Täuschungsopfer galt im Gesetzgebungsverfahren der Gründungsprüfer.[213] Jedoch wurde die Gründungsprüfung nicht eingeführt, sodass der maßgebliche Grund für die Vorverlagerung der Strafbarkeit von vornherein entfallen ist.

75   **Täter** des Abs. 1 Nr. 2[214] können **nur die Gesellschafter** (→ Rn. 16 ff.) sein, die zur Erstattung des Sachgründungsberichts verpflichtet sind (→ § 5 Rn. 267).[215] Hat die Vor-GmbH mehrere Gesellschafter, sind alle zur Erstellung des Berichts verpflichtet. Daraus folgt

---

[210] Noack/Servatius/Haas/*Beurskens* Rn. 12; Esser/Rübenstahl/Saliger/Tsambikakis/*Brand,* Wirtschaftsstrafrecht, 2017, Rn. 119; MHLS/*Dannecker* Rn. 113; Graf/Jäger/Wittig/*Ibold,* Wirtschafts- und Steuerstrafrecht, 2. Aufl. 2017, Rn. 62; Scholz/*Rönnau* Rn. 103; Henssler/Strohn/*Servatius* Rn. 11; ebenso UHL/*Ransiek* Rn. 44, der eine konkludente Täuschung annimmt; krit. Leitner/Rosenau/*Parigger,* Wirtschafts- und Steuerstrafrecht, 2017, Rn. 27.

[211] MHLS/*Dannecker* Rn. 114; Graf/Jäger/Wittig/*Ibold,* Wirtschafts- und Steuerstrafrecht, 2. Aufl. 2017, Rn. 62; Scholz/*Rönnau* Rn. 99, 103; Erbs/Kohlhaas/*Schaal* Rn. 25; *C. Schäfer* GmbHR 1993, 717 (728).

[212] UHL/*Ransiek* Rn. 45.

[213] BT-Drs. 8/1347, 30. Das dort auch genannte Ziel, „den Schutz gegen eine unzulängliche Aufbringung des Stammkapitals [zu] verstärken und dem Gericht die Prüfung [zu] erleichtern, ob die Gesellschaft ordnungsmäßig errichtet ist", diente der Begr. der Einführung des Sachgründungsberichts selbst. Sie kann seine Einbeziehung in Abs. 1 Nr. 1 tragen, nicht aber die Vorverlegung der Strafbarkeit in Nr. 2.

[214] Es können im weiteren Geschehensablauf noch andere Tatvarianten des Abs. 1 erfüllt werden, zB Nr. 1 durch den Geschäftsführer, der den falschen Bericht beim Registergericht einreicht.

[215] KG Urt. v. 13.12.2010 – 23 U 56/09, BeckRS 2011, 14597.

nicht, dass nur derjenige Gesellschafter Abs. 1 Nr. 2 erfüllt, der aktiv an der Ausarbeitung des Berichts mitwirkt. Da der Sachgründungsbericht von allen Gesellschaftern unterzeichnet werden muss (→ § 5 Rn. 271), verwirklicht auch ein Gesellschafter den Tatbestand, der den von anderen erstellten Bericht unterschreibt. Verweigert er allerdings seine Unterschrift, so bleibt er straflos. Das gilt auch dann, wenn er anschließend nicht verhindert, dass der unrichtige Bericht trotzdem beim Registergericht eingereicht wird, weil dieses Unterlassen nicht dem aktiven Machen falscher Angaben „im" Sachgründungsbericht entspricht (§ 13 Abs. 1 StGB).[216] Etwas anderes kann allenfalls für einen Gesellschafter gelten, der aktiv an der Erstellung des unrichtigen Berichts mitgewirkt, diesen aber nicht unterschrieben hat, was wohl kaum passieren wird. Scheidet ein Gesellschafter nach der Unterzeichnung aus der Gesellschaft aus, hebt das die Tatbestandsverwirklichung nicht rückwirkend auf. Tritt umgekehrt ein Gesellschafter erst nach der Erstellung des Sachgründungsberichts in die Vor-GmbH ein, so macht er sich nicht nach Abs. 1 Nr. 2 strafbar, wenn er den Bericht nicht unterschreibt. Bringt er selbst eine Sacheinlage ein, muss ein neuer Sachgründungsbericht erstellt werden (→ § 5 Rn. 268); es gilt dann für den neuen Gesellschafter dasselbe wie für die alten.

Abs. 1 Nr. 2 gilt nach seinem Wortlaut nur für den **Sachgründungsbericht,** der von **76** den Gesellschaftern bei der Gründung einer GmbH anzufertigen (§ 5 Abs. 4 S. 2) und bei der Anmeldung einzureichen ist (§ 8 Abs. 1 Nr. 4). Abs. 1 Nr. 2 gilt wie Nr. 1 nicht bei der Kapitalerhöhung, weil dort kein obligatorischer Bericht vorgesehen ist (→ § 5 Rn. 265, → § 56 Rn. 111) und ein vom Registergericht verlangter Bericht (→ § 56 Rn. 112) kein *Sachgründungs*bericht sondern ein Bericht über eine Sachkapitalerhöhung ist.[217] Der Sachgründungsbericht ist schriftlich abzufassen (arg. ex § 8 Abs. 1 Nr. 4), bedarf aber nicht der Form des § 2 Abs. 1 S. 1 (→ § 5 Rn. 271). Tatbestandsmäßig sind Angaben im Bericht oder in Anlagen, auf die im Bericht Bezug genommen wird. Bericht und Anlagen müssen in Schriftform (oder als elektronische Aufzeichnung gem. § 12 Abs. 2 HGB) vorliegen. Mündliche Erklärungen sind auch dann ohne Bedeutung, wenn sie der Auslegung des Berichts dienen.

Die **Tathandlung** stimmt grundsätzlich mit der des Abs. 1 Nr. 1 überein. Allerdings **77** verlangt Abs. 1 Nr. 2 nicht ausdrücklich, dass die Angaben „zum Zweck der Eintragung der Gesellschaft" gemacht werden. Theoretisch sind daher auch Angaben tatbestandsmäßig, die nicht für die Eintragung von Bedeutung sind (→ Rn. 48). Praktisch wird das aber wegen der gesetzlichen Anforderungen an den Inhalt des Sachgründungsberichts (→ § 5 Rn. 272 ff.) kaum der Fall sein, weil diese gerade deshalb aufgestellt wurden, um dem Registergericht die Prüfung der Ordnungsmäßigkeit der Gründung zu erleichtern. Hinzu kommt, dass die falsche Angabe wie bei Abs. 1 Nr. 1 **erheblich** sein muss (→ Rn. 48; zur Unterbewertung → Rn. 61).[218] Nicht tatbestandsmäßig ist das gänzliche Unterlassen des Berichts.

Da der Sachgründungsbericht fundierte und prüfbare Aussagen zu den wertbestimmen- **78** den Faktoren der Gegenstände der Sacheinlagen enthalten muss (→ § 5 Rn. 272), ist eine Angabe zB dann **falsch,** wenn ein Gegenstand nach Art, Zustand, Nutzungsmöglichkeit oder Bedeutung für das Unternehmen falsch beschrieben, ein Gutachten dazu falsch wiedergegeben oder erfunden oder der Marktpreis, die Anschaffungs- oder Herstellungskosten falsch beziffert werden. Beim Unternehmensübergang sind insbesondere falsche Angaben zu den Jahresergebnissen für die beiden letzten Geschäftsjahre tatbestandsmäßig. Dass § 5 Abs. 4 S. 2 außer zum Unternehmensübergang keine konkreten Vorgaben dazu macht, welche Angaben bei welchen Gegenständen erforderlich sind, sondern sich auf die abstrakte Forderung beschränkt, es seien „die für die Angemessenheit der Leistungen für Sacheinlagen

---

[216] MHLS/*Dannecker* Rn. 147; UHL/*Ransiek* Rn. 72; Scholz/*Rönnau* Rn. 127.

[217] Graf/Jäger/Wittig/*Ibold*, Wirtschafts- und Steuerstrafrecht, 2. Aufl. 2017, Rn. 72; Scholz/*Rönnau* Rn. 121; Henssler/Strohn/*Servatius* Rn. 22; iErg ebenso MHLS/*Dannecker* Rn. 142.

[218] Graf/Jäger/Wittig/*Ibold*, Wirtschafts- und Steuerstrafrecht, 2. Aufl. 2017, Rn. 73; Scholz/*Rönnau* Rn. 125; aA MHLS/*Dannecker* Rn. 144; MüKoStGB/*Hohmann* Rn. 58.

wesentlichen Umstände darzulegen", führt nicht dazu, dass Abs. 1 Nr. 2 nur bei **offensichtlich** falschen Angaben eingreift.[219] Die Angaben zu den Umständen, die für die Beurteilung der Angemessenheit wesentlich sind, müssen richtig sein; jeder Fehler erfüllt hier den Tatbestand. Eingeschränkt ist die Strafbarkeit nur, soweit es um die Einschätzung geht, ob ein Umstand wesentlich oder eine Leistung angemessen ist. Hier greift Abs. 1 Nr. 2 nur dann ein, wenn diese Wertung im Sachgründungsbericht schlechthin unvertretbar ist (→ Rn. 49).

79   Die Tat ist nicht bereits mit der Unterzeichnung durch alle Gesellschafter vollendet, da der Bericht dann noch ein Internum ist, von dem noch keine Gefahr für das geschützte Rechtsgut ausgeht. Mit Blick auf die zweifelhafte Legitimation der Norm (→ Rn. 74) ist vielmehr zu verlangen, dass der Bericht **an einen Dritten weitergeleitet** wird,[220] der kein Gesellschafter ist und entweder in den Prozess der Anmeldung eingebunden ist (zB Geschäftsführer, der kein Gesellschafter ist; Notar, Registergericht) oder zum geschützten Personenkreis (→ Rn. 7, → Rn. 9) gehört. Abs. 1 Nr. 2 ist daher nicht erfüllt, wenn vorher die Gesellschafter den Bericht berichtigen oder Umstände eintreten, die dort bereits aufgeführt sind, aber beim Verfassen noch erwartet wurden. Hingegen greift Abs. 1 Nr. 2 ein, wenn die Gesellschafter einen in gutem Glauben verfassten falschen Bericht weitergeben, obwohl sie inzwischen von dem Fehler erfahren haben. Die Tat ist **vollendet** mit dem Zugang des Berichts beim Dritten.[221] Wie bei Abs. 1 Nr. 1 ist es nicht notwendig, dass der Dritte den Inhalt zur Kenntnis nimmt oder getäuscht wird (→ Rn. 45). Insofern ist es auch unschädlich, wenn er die Unrichtigkeit erkennt.

III. Schwindel bei der Kapitalerhöhung gegen Einlagen (Abs. 1 Nr. 3)

80   **1. Allgemeines.** Gem. Abs. 1 Nr. 3 wird bestraft, wer als Geschäftsführer „zum Zweck der Eintragung einer Erhöhung des Stammkapitals" falsche Angaben „über die Zeichnung oder Einbringung des neuen Kapitals oder über Sacheinlagen" macht. Der Tatbestand greift nur bei einer **Kapitalerhöhung gegen Einlagen,** dh durch Zuführung neuen Eigenkapitals (§§ 55 ff.), ein. Falsche Angaben bei der Anmeldung einer Kapitalerhöhung aus Gesellschaftsmitteln (§§ 57c ff.) erfasst Abs. 1 Nr. 4. Da das Registergericht vor der Eintragung nicht alle Angaben auf ihre Richtigkeit hin überprüft (vgl. § 57 Abs. 2 S. 2 iVm § 8 Abs. 2 S. 2; zum Prüfungsumfang → § 57a Rn. 5 ff.), soll Abs. 1 Nr. 3 die Richtigkeit der Angaben (und so die Kapitalaufbringung) sicherstellen. Der Tatbestand setzt ebenso wie Abs. 1 Nr. 1 (→ Rn. 40) nur voraus, dass die gegenüber dem Registergericht zum Zweck der Eintragung der GmbH gemachten **Angaben falsch** sind (abstraktes Gefährdungsdelikt → Rn. 6, → Rn. 11).

81   Täter kann nach dem Wortlaut nur ein **Geschäftsführer** (→ Rn. 20 ff.) sein, kein Liquidator[222] (→ Rn. 35), Insolvenzverwalter (vgl. § 225a Abs. 2 InsO, § 254a Abs. 2 S. 3 InsO)[223] und im Unterschied zu Abs. 1 Nr. 1 auch kein Gesellschafter. Er kann an der Tat des Geschäftsführers nur teilnehmen (§§ 26, 27 StGB). Hat die GmbH mehrere Geschäftsführer und melden sie die Kapitalerhöhung gemeinsam falsch an (§ 78), so sind sie Mittäter (§ 25 Abs. 2 StGB).

---

[219]   Erbs/Kohlhaas/*Schaal* Rn. 32; Henssler/Strohn/*Servatius* Rn. 22; aA MHLS/*Dannecker* Rn. 146; MüKoStGB/*Hohmann* Rn. 61; Graf/Jäger/Wittig/*Ibold,* Wirtschafts- und Steuerstrafrecht, 2. Aufl. 2017, Rn. 74; Scholz/*Rönnau* Rn. 128; HK-GmbHG/*Saenger* Rn. 20.
[220]   Vgl. entsprechend zu § 348 StGB BGH Urt. v. 25.7.1952 – 4 StR 786/51, NJW 1952, 1064; OLG Zweibrücken Beschl. v. 21.9.1999 – 1 WS 347/99, NStZ 2000, 201; Schönke/Schröder/*Hecker* StGB § 348 Rn. 14; NK-StGB/*Puppe/Schumann* StGB § 348 Rn. 26, 28, 34.
[221]   Noack/Servatius/Haas/*Beurskens* Rn. 26; MHLS/*Dannecker* Rn. 153; Ring/Grziwotz/*Heinemann* Rn. 12; MüKoStGB/*Hohmann* Rn. 124; *Niedernhuber,* Strafrechtliche Risiken des konzernweiten Cash Pooling, 2016, 359; UHL/*Ransiek* Rn. 77; Scholz/*Rönnau* Rn. 129; Erbs/Kohlhaas/*Schaal* Rn. 60.
[222]   Da Abs. 1 Nr. 3 lex specialis ist, kann auch Abs. 2 Nr. 2 nicht angewendet werden; OLG Jena Beschl. v. 29.7.1997 – 1 Ss 318/96, NStZ 1998, 307 (308).
[223]   Noack/Servatius/Haas/*Beurskens* Rn. 29.

2. Machen falscher Angaben zum Zweck der Eintragung. Die Tathandlung ent- 82
spricht der des Abs. 1 Nr. 1 (→ Rn. 42 ff.). Allerdings müssen hier die falschen Angaben
„zum Zweck der Eintragung einer Erhöhung des Stammkapitals" gemacht werden (im
Übrigen → Rn. 46 f.). Abs. 1 Nr. 3 betrifft allein die Erhöhung des Stammkapitals einer
bereits gegründeten GmbH (gegen Einlagen). Wird das Gesellschaftskapital noch vor der
Eintragung einer GmbH erhöht, greift Abs. 1 Nr. 1 ein.[224]

3. Gegenstand der falschen Angaben. Abs. 1 Nr. 3 nennt Angaben „über die 83
Zeichnung oder Einbringung des neuen Kapitals oder über Sacheinlagen". Er entspricht
Abs. 1 Nr. 1, soweit dort von Angaben „über die Übernahme der Geschäftsanteile, die
Leistung der Einlagen […] und Sacheinlagen" die Rede ist. Hier wie dort ist die zusätzliche
Erwähnung der **Sacheinlage** überflüssig (→ Rn. 73).[225] Da eine Kapitalerhöhung auch
mit Sacheinlagen erfolgen kann (§ 56), erfasst die Tatvariante der „Zeichnung des neuen
Kapitals" auch die Übernahme eines mittels einer Sacheinlage zu erbringenden Gesell-
schaftsanteils und die Tatvariante der „Einbringung des neuen Kapitals" die Leistung der
Sacheinlage. Für die Auslegung der Var. 1 kann auf die Ausführungen zu Abs. 1 Nr. 1 Var. 1
verwiesen werden (→ Rn. 54 ff.), für die Auslegung der Var. 2 auf die zu Abs. 1 Nr. 1
Var. 2 (→ Rn. 57 ff.). Abs. 1 Nr. 3 enthält keine Tatvarianten, die denen des Abs. 1 Nr. 1
Var. 3–5 entsprechen.[226]

Unter **„Zeichnung des neuen Kapitals"** sind die (schuldrechtlichen) Erklärungen 84
der Übernahme aller Geschäftsanteile an dem erhöhten Kapital zu verstehen (§ 55 Abs. 1).
Angaben hierzu betreffen die Übernahmeerklärungen selbst, die übernehmenden Personen,
die Nennbeträge und bei Sacheinlagen die geschuldeten Gegenstände (§ 57 Abs. 3). **Angaben** zur Zeichnung des neuen Kapitals können in der Anmeldung (§ 57 Abs. 1) oder
den einzureichenden Unterlagen (zB Beschlussprotokoll, Übernahmeerklärungen, Liste der
Übernehmer, Verträge zur Sacheinlage) enthalten sein. Sie können **falsch** sein bezüglich
der Anzahl, Höhe und Art der Geschäftsanteile sowie der übernehmenden Personen. Das
Verschweigen eines Übernehmenden in der Liste (§ 57 Abs. 3 Nr. 2) ist eine konkludente
falsche Angabe, da der Anschein der Vollständigkeit erweckt wird. Im Fall eines Strohmanns
ist die Angabe richtig, wenn nur er und nicht der Hintermann genannt wird (→ Rn. 55 f.).

Mit **„Einbringung des neuen Kapitals"** ist die zwischen dem Kapitalerhöhungsbe- 85
schluss (Ausnahme: Voreinzahlung, → § 56a Rn. 26 ff.) und der Anmeldung erfolgte Leistung der Geld- oder Sacheinlagen auf das neue Stammkapital gemeint. Eine Kapitalerhöhung darf erst dann beim Handelsregister angemeldet werden, wenn auf jeden in Geld zu
erbringenden Geschäftsanteil ein Viertel des Nennbetrags eingezahlt worden ist (§ 56 iVm
§ 7 Abs. 2 S. 1; bei der Unternehmergesellschaft die volle Höhe, § 5a Abs. 2 S. 1 [Ausnahme
→ § 56a Rn. 9]), jede Sacheinlage in vollem Umfang an die Gesellschaft bewirkt worden
ist und alle Einlagen endgültig zur freien Verfügung der Geschäftsführer stehen (§ 56a iVm
§ 7 Abs. 3, § 57 Abs. 2 S. 1). Auch hier muss bei der Anmeldung konkret mitgeteilt werden,
welcher Übernehmende welchen Betrag auf welche Bareinlage eingezahlt (→ § 57 Rn. 10)
oder welche Sacheinlage geleistet hat. **Angaben** zur Kapitalerbringung enthalten zB die
Versicherung des Geschäftsführers (§ 57 Abs. 2 S. 1) und vom Registergericht verlangte
Nachweise (§ 57 Abs. 2 S. 2 iVm § 8 Abs. 2 S. 2). Eine Angabe ist **falsch,** wenn eine nicht,
nicht in dieser Höhe oder nicht in dieser Art erfolgte Leistung behauptet wird[227] (zur
Bareinlage → Rn. 58 f.;[228] zur Sacheinlage einschließlich der verdeckten Sacheinlage
→ Rn. 60 ff., ausführlich → § 56a Rn. 74 ff., → § 56a Rn. 91 ff.) oder wenn die Leistung

---

[224] Noack/Servatius/Haas/*Beurskens* Rn. 30; MHLS/*Dannecker* Rn. 160; Hachenburg/*Kohlmann* Rn. 86;
        Scholz/*Rönnau* Rn. 132.
[225] MHLS/*Dannecker* Rn. 161; Scholz/*Rönnau* Rn. 133; Erbs/Kohlhaas/*Schaal* Rn. 35.
[226] Zu den Hintergründen UHL/*Ransiek* Rn. 84.
[227] BGH Urt. v. 20.1.1955 – 4 StR 492/54, NJW 1955, 678 (679) – nicht vollständig abgedruckt in BGHSt
        7, 157.
[228] Einschr. aufgrund (allerdings zweifelhafter, weil mit § 19 Abs. 4 nicht vereinbarer) teleologischer Reduk-
        tion UHL/*Ransiek* Rn. 83: auch die mit der GmbH verabredete direkte Zahlung des Gesellschafters an
        den Dritten.

nicht endgültig in die freie Verfügung der Geschäftsführer gelangt ist (→ Rn. 63 ff.). Das
ist zB der Fall, wenn die Einlage an den Gesellschafter zurückgeflossen ist[229] (zum Hin-
und Herzahlen → Rn. 64; ausführlich → § 56a Rn. 40 ff.), wobei § 56a aber auch hier
die Ausnahme des § 19 Abs. 5 eröffnet (→ § 57 Rn. 15). Anders als bei der Gründung gilt
bei der Kapitalerhöhung nicht der **Unversehrtheitsgrundsatz,** sodass eine Angabe nicht
falsch ist, wenn die zur freien Verfügung erbrachte Einlage bei der Anmeldung nicht mehr
wertmäßig im Vermögen der Gesellschaft vorhanden ist (→ § 57 Rn. 16). Eine Ausnahme
gilt nach der Rspr. für eine bereits vor der Kapitalerhöhung im Hinblick auf sie geleistete
Einlage (Voreinzahlung; → § 56a Rn. 28 f.). Das Verschweigen einer **Verwendungsabrede**
macht die Angabe nur falsch, wenn diese unzulässig ist. Im Grundsatz sind solche Abreden
zulässig, weil Kapitalerhöhungen typischerweise zu einem bestimmten Zweck erfolgen (zB
Vermeidung einer Überschuldung).[230] Unzulässig sind sie jedoch, wenn sie die unmittelbare
oder mittelbare Rückgewähr an den Gesellschafter vorsehen oder dem Geschäftsführer jeden
Spielraum nehmen (→ § 57 Rn. 16). Das ist zB der Fall, wenn die Gesellschaft „nur die
Durchgangsstation einer Leistung des Inferenten an einen Gesellschaftsgläubiger ist", wenn
die Bank „eine Verfügung über die auf dem Geschäftskonto gut geschriebene Beträge zu
anderen Zwecken als zur Rückführung einer Verbindlichkeit verhindert",[231] oder wenn
eine „treuhänderische Vereinbarung zwischen der Bank und einem Dritten besteht, den
Betrag für einen bestimmten Zweck zu verwenden".[232]

IV. Schwindel bei der Kapitalerhöhung aus Gesellschaftsmitteln (Abs. 1 Nr. 4)

86   **1. Allgemeines.** Die Kapitalerhöhung aus Gesellschaftsmitteln erfolgt durch
Umwandlung von Rücklagen in Stammkapital (§ 57c Abs. 1). Bei der Anmeldung müssen
die Geschäftsführer die geprüfte (§ 57e Abs. 1, § 57f Abs. 2 S. 1) Bilanz, die dem Kapitalerhöhungsbeschluss zugrunde liegt und in der die umzuwandelnden Rücklagen ausgewiesen
sein müssen (§ 57d Abs. 1), einreichen (§ 57i Abs. 1 S. 1). Sie müssen außerdem gegenüber
dem Registergericht erklären, dass „nach ihrer Kenntnis seit dem Stichtag der zugrunde
gelegten Bilanz bis zum Tag der Anmeldung keine Vermögensminderung eingetreten ist,
die der Kapitalerhöhung entgegenstünde, wenn sie am Tag der Anmeldung beschlossen
worden wäre" (§ 57i Abs. 1 S. 2; zur Form → § 57i Rn. 10). Abs. 1 Nr. 4 stellt unwahre
Angaben in dieser sog. Negativerklärung[233] unter Strafe. Dadurch soll sichergestellt werden,
dass eine Kapitalerhöhung nur in das Handelsregister eingetragen wird, wenn die GmbH
auch über die angegebenen Werte verfügt.

87   Täter sind wie bei Abs. 1 Nr. 3 (→ Rn. 81) nur **Geschäftsführer** (→ Rn. 20 ff.).

88   **2. Machen falscher Angaben.** Die Tathandlung ist die Gleiche wie bei Abs. 1 Nr. 3
(→ Rn. 82 iVm → Rn. 42 ff.), jedoch wird hier nicht verlangt, dass die falsche Angabe
„zum Zweck der Eintragung einer Erhöhung des Stammkapitals" gemacht wird. Diese
Voraussetzung darf daher auch nicht in Abs. 1 Nr. 4 hineingelesen werden.[234] Die Streitfrage
wird in der Praxis keine Rolle spielen, weil Abs. 1 Nr. 4 nur falsche Angaben „in der in
§ 57i Abs. 1 S. 2 vorgeschriebenen Erklärung" erfasst, die ausschließlich dazu dient, die
Eintragung herbeizuführen.[235] Bei einer Angabe, die zum notwendigen Inhalt der Erklärung
gehört, erscheint es daher in objektiver wie subjektiver Hinsicht kaum möglich, sie nicht
zum Zweck der Eintragung zu machen. Das Gleiche gilt für freiwillige Angaben „in der"

[229] BGH Beschl. v. 30.11.1995 – 1 StR 358/95, NStZ 1996, 238 (239) zum Vorzeigegeld.
[230] BGH Urt. v. 29.6.2016 – 2 StR 520/15, NZWiSt 2017, 190 Rn. 54: „im Allgemeinen unschädlich".
[231] BGH Urt. v. 29.6.2016 – 2 StR 520/15, NZWiSt 2017, 190 Rn. 54.
[232] LG Koblenz Urt. v. 4.9.2011 – 2050 Js 12 603/07 – 4 KLs, BeckRS 2013, 15355.
[233] Lutter/Hommelhoff/*Kleindiek* Rn. 18.
[234] Esser/Rübenstahl/Saliger/Tsambikakis/*Brand,* Wirtschaftsstrafrecht, 2017, Rn. 170; MHLS/*Dannecker*
Rn. 183; Erbs/Kohlhaas/*Schaal* Rn. 39; aA *Altmeppen* Rn. 23; Noack/Servatius/Haas/*Beurskens* Rn. 37;
Graf/Jäger/Wittig/*Ibold,* Wirtschafts- und Steuerstrafrecht, 2. Aufl. 2017, Rn. 93; Scholz/*Rönnau*
Rn. 142; HK-GmbHG/*Saenger* Rn. 23.
[235] UHL/*Ransiek* Rn. 96.

Erklärung, weil ein Geschäftsführer diese wohl kaum hinzufügen wird, wenn sie nicht zumindest für die Entscheidung über die Eintragung von Bedeutung sein können (zB Erklärung über die vorherige Vergewisserung; → Rn. 89). Freiwillige Angaben außerhalb der Erklärung erfasst der Tatbestand von vornherein nicht.

Die von den Geschäftsführern abzugebende Erklärung nach § 57i Abs. 1 S. 2 betrifft die **89** Frage, ob im Zeitpunkt der Anmeldung die zur Kapitalerhöhung erforderlichen **Rücklagen vollständig vorhanden** sind. Das ist nicht der Fall, wenn sie ganz oder teilweise verausgabt wurden (zB Ausschüttung) oder ihnen Verluste oder Verlustvorträge gegenüberstehen, die das Eigenkapital mindern (→ § 57d Rn. 21).[236] Die Erklärung besteht allerdings nicht in der Aussage, dass keine Vermögensminderung eingetreten ist, sondern die Geschäftsführer müssen erklären, dass das **„nach ihrer Kenntnis"** so ist. Im Gesellschaftsrecht wird daraus die Pflicht der Geschäftsführer abgeleitet, sich vor der Abgabe der Erklärung zu vergewissern, dass es zu keiner Vermögensminderung gekommen ist (→ § 57i Rn. 11). Diese Auslegung bleibt im Strafrecht folgenlos.[237] Abs. 1 Nr. 4 stellt nicht das Unterlassen der Prüfung unter Strafe, sondern ausschließlich das Machen falscher Angaben in der Erklärung nach § 57i Abs. 1 S. 2. Zu dem notwendigen Inhalt dieser Erklärung gehört nur, dass nach der Kenntnis des Erklärenden keine Vermögensminderung eingetreten ist, und nicht, dass er sich dessen vorab auch vergewissert hat. Nur wenn der Täter bei seiner Erklärung über den notwendigen Inhalt hinaus freiwillig erklärt, er habe sich vergewissert, und dies falsch ist, greift Abs. 1 Nr. 4 ein (→ Rn. 88). Der Passus „nach ihrer Kenntnis" hat bei Abs. 1 Nr. 4 allerdings die Konsequenz, dass die Beurteilung, ob die Angabe falsch ist, vom **Vorstellungsbild des Täters** abhängt und nicht von der finanziellen Lage der GmbH. Der Geschäftsführer macht sich daher nicht strafbar, wenn tatsächlich eine Wertminderung eingetreten ist, er das aber nicht weiß oder für möglich hält. Umgekehrt erfüllt er den Tatbestand, wenn er annimmt, es sei eine Vermögensminderung eingetreten, obwohl das tatsächlich nicht der Fall ist.

V. Eignungsschwindel (Abs. 1 Nr. 5)

1. Allgemeines. Abs. 1 Nr. 5 stellt die falsche Angabe eines Geschäftsführers, **90** Geschäftsleiters oder Liquidators in der von ihm und nur „für sich"[238] gegenüber dem Registergericht abzugebenden Versicherung unter Strafe, dass er nicht rechtskräftig wegen einer Straftat iSd § 6 Abs. 2 S. 2 Nr. 3, S. 3 verurteilt, gegen ihn kein Berufs- oder Gewerbeverbot iSd § 6 Abs. 2 S. 2 Nr. 2 verhängt und er über seine diesbezügliche Auskunftspflicht gem. § 8 Abs. 3 S. 2 iVm § 53 Abs. 2 BZRG belehrt worden ist.[239] Mit dieser strafbewehrten **Pflicht zur Selbstauskunft** (§ 8 Abs. 3 S. 1, § 39 Abs. 3 S. 1, § 67 Abs. 3 S. 1) will der Gesetzgeber dem Registergericht die ansonsten von Amts wegen (§ 26 FamFG) einzuholende Auskunft aus dem Bundeszentralregister (§ 41 Abs. 1 Nr. 1 BZRG) oder bei ausländischen Behörden ersparen, weil er befürchtet, dass es ansonsten wegen der Vielzahl von Gesellschaftsgründungen und Wechseln in der Geschäftsführung zu einem erheblichen (und mit Blick auf Auskunftsersuchen im Ausland kaum zu leistenden[240]) Verwaltungsaufwand und damit zur Verzögerung aller Anmeldeverfahren käme, obwohl nur in wenigen ein

---

[236] MüKoStGB/*Hohmann* Rn. 82; Graf/Jäger/Wittig/*Ibold,* Wirtschafts- und Steuerstrafrecht, 2. Aufl. 2017, Rn. 94; Erbs/Kohlhaas/*Schaal* Rn. 39.

[237] *Altmeppen* Rn. 23; Noack/Servatius/Haas/*Beurskens* Rn. 36; Esser/Rübenstahl/Saliger/Tsambikakis/ *Brand,* Wirtschaftsstrafrecht, 2017, Rn. 169; MHLS/*Dannecker* Rn. 183; Scholz/*Rönnau* Rn. 141; HK-GmbHG/*Saenger* Rn. 23; Erbs/Kohlhaas/*Schaal* Rn. 39; Henssler/Strohn/*Servatius* Rn. 32.

[238] OLG Frankfurt Beschl. v. 4.2.2016 – 20 W 28/16, NZG 2016, 918 Rn. 18; OLG München Beschl. v. 17.5.2018 – 31 Wx 166/18, GmbHR 2018, 807.

[239] Zur Belehrung → § 8 Rn. 78; zu ihrer Notwendigkeit bei Berufsverboten, die als Maßregel der Sicherung und Besserung angeordnet worden sind, BayObLG Beschl. v. 10.12.1981 – BReg 1 Z 184/81, BayObLGZ 1981, 396 (399); OLG München Beschl. v. 23.7.2010 – 31 Wx 128/10, NZG 2010, 1036 (1037).

[240] *Weiß* GmbHR 2013, 1076 (1081).

Ausschlussgrund besteht.[241] Obwohl die Strafandrohung vordergründig nur dazu dient, die Richtigkeit der Selbstauskunft sicherzustellen, um „dem Registergericht eine ordnungsgemäße Eintragungskontrolle zu ermöglichen", geht es letztlich darum, „die Bestellung ungeeigneter Personen zum Geschäftsführer zu verhindern"[242] und auf diese Weise das Vermögen der gegenwärtigen und künftigen Gläubiger der Gesellschaft sowie künftiger Gesellschafter zu schützen.[243]

91   **2. Täter.** Täter können zum einen **Geschäftsführer** (auch der UG) sein (→ Rn. 20 ff.). Beim Notgeschäftsführer kann das Gericht auf eine Versicherung verzichten, weil die Eignung schon bei der Bestellung von Amts wegen geprüft worden ist (→ § 39 Rn. 4). Auf eine vom Gericht schon in diesem Zuge eingeforderte Versicherung ist Abs. 1 Nr. 5 nach seinem Wortlaut nicht anwendbar, weil sie nicht die bei der Anmeldung abzugebende Erklärung iSd § 8 Abs. 3 S. 1, § 39 Abs. 3 S. 1, § 67 Abs. 3 S. 1 ist. Taugliche Täter sind außerdem **Liquidatoren** (→ Rn. 35). Auch hier gilt Abs. 1 Nr. 5 nicht für eine Versicherung, die schon bei der gerichtlichen Bestellung (§ 66 Abs. 2) abgegeben wird. Wenn eine juristische Person oder eine Personenhandelsgesellschaft zum Liquidator bestellt worden ist, geht die Täterstellung auf ihre gesetzlichen Vertreter über (§ 14 Abs. 1, 3 StGB). Sie müssen nach dem eindeutigen Wortlaut aber nicht über Bestellungshindernisse in ihrer Person, sondern bei der juristischen Person oder Personenhandelsgesellschaft Auskunft erteilen.[244] Bei ihr wird wegen der zum Teil auf natürliche Personen bezogenen Eignungskriterien (zB strafrechtliche Verurteilung) seltener ein Bestellungshindernis bestehen (zB Gewerbeuntersagung gem. § 35 GewO; strafrechtliche Verurteilung im Ausland).[245] Zwar wird im Gesellschaftsrecht unter Verweis auf § 66 Abs. 4, der eine „entsprechende Anwendung" des § 6 Abs. 2 S. 2 und 3 vorsieht, vertreten, dass eine juristische Person oder Personenhandelsgesellschaft nur geeignet sei, wenn auch ihre gesetzlichen Vertreter geeignet seien (→ § 66 Rn. 8). Jedoch bedarf es einer doppelten Analogie, um die für Geschäftsführer geltende Norm zunächst auf Liquidatoren und sodann auf deren gesetzliche Vertreter anzuwenden.[246]

92   Schließlich können bei Abs. 1 Nr. 5 auch **Geschäftsleiter einer ausländischen juristischen Person** Täter sein. Der Straftatbestand sattelt insoweit auf § 13g Abs. 2 S. 2, Abs. 5 HGB auf, wonach bei der Anmeldung der Zweigniederlassung einer Gesellschaft mit beschränkter Haftung mit Sitz im Ausland und bei jedem Wechsel in der Geschäftsleitung § 8 Abs. 3 und § 39 Abs. 3 anzuwenden sind.[247] Der Geschäftsleiter muss in beiden Fällen eine Versicherung über das Nichtvorliegen von Bestellungshindernissen gem. § 6 Abs. 2 S. 2 Nr. 2, 3, S. 3 abgeben. Hierdurch soll erreicht werden, dass Auslandsgesellschaften, denen solche Personen vorstehen, die Eintragung ihrer Zweigniederlassungen in das deutsche Handelsregister versagt bzw. bei der späteren Amtsübernahme einer ungeeigneten Person die Aufrechterhaltung der Eintragung verhindert wird.[248] Der Geschäftsleiter muss

---

[241] BT-Drs. 8/1347, 34, 43, 49, 55.

[242] Beide Zitate aus OLG Hamm Beschl. v. 3.8.2010 – 15 W 85/10, NZG 2010, 1156 (1157).

[243] BT-Drs. 8/1347, 31: Verhinderung, dass ungeeignete Personen „Dritte gefährden"; BGH Beschl. v. 3.12.2019 – II ZB 18/19, NZG 2020, 145 Rn. 16: „Schutz fremden Vermögens, insbesondere dem der Gesellschaftsgläubiger"; enger – nur Gläubigerschutz – MHLS/*Dannecker* Rn. 192; Scholz/*Rönnau* Rn. 145; aA *Weiß* GmbHR 2013, 1076 (1083): Rechtspflege. Blickt man nicht allein auf die Verwaltungserleichterung, dann verstößt Abs. 1 Nr. 5 nicht gegen das Übermaßverbot; aA UHL/*Ransiek* Rn. 102.

[244] Esser/Rübenstahl/Saliger/Tsambikakis/*Brand,* Wirtschaftsstrafrecht, 2017, Rn. 175; *Kühn* NZG 2012, 731 (732); UHL/*Ransiek* Rn. 106; Scholz/*Rönnau* Rn. 144; Henssler/Strohn/*Servatius* Rn. 32.

[245] *Kühn* NZG 2012, 731 (732 f.); dies übersieht Graf/Jäger/Wittig/*Ibold,* Wirtschafts- und Steuerstrafrecht, 2. Aufl. 2017, Rn. 98.

[246] Ebenso MHLS/*Dannecker* Rn. 194, der aber meint, auch die entsprechende Anwendung sei gesetzlich angeordnet.

[247] Dass in Abs. Nr. 5 nicht ausdrücklich auf § 13g Abs. 2 S. 2, Abs. 5 HGB verwiesen und dort der Begriff Geschäftsleiter nicht verwendet wird, begründet keinen Verstoß gegen Art. 103 Abs. 2 GG; aA Ring/Grziwotz/*Heinemann* Rn. 8. Durch die Gleichstellung mit dem Geschäftsführer und den Verweis auf § 8 Abs. 3 S. 1, § 39 Abs. 3 S. 1 wird deutlich deutlich, wer gemeint ist.

[248] BT-Drs. 16/6140, 50.

nach dem Recht des Sitzlandes wirksam bestellt worden sein; ein faktischer Geschäftsleiter kann ebenso wenig tauglicher Täter sein wie ein faktischer Geschäftsführer (→ Rn. 23 ff.). Keine Täter des Abs. 1 Nr. 5 sind **Liquidatoren einer ausländischen juristischen Person.** Sie müssen keine Erklärung abgeben, weil § 13g Abs. 5 HGB nicht auf § 67 Abs. 3 verweist.

3. Machen falscher Angaben. Die Tathandlung entspricht der des Abs. 1 Nr. 1 **93** (→ Rn. 42 ff.). Wie Abs. 1 Nr. 4 (→ Rn. 88) setzt Nr. 5 nicht voraus, dass die falschen Angaben „zum Zweck der Eintragung" gemacht werden.[249] Wie dort dürfte aber auch hier schwerlich ein Fall denkbar sein, in dem es daran fehlt, da die Versicherung zur Anmeldung gemacht und der Erklärende zuvor darüber belehrt wird.[250]

Auch **unvollständige Angaben** können falsch sein („keine Umstände vorliegen"). **94** Die falsche Angabe muss „in der" Versicherung gem. § 8 Abs. 3 S. 1, § 39 Abs. 3 S. 1, § 67 Abs. 3 S. 1 gemacht werden, das gänzliche Unterlassen der Versicherung selbst ist mithin straflos. Davon zu unterscheiden ist der Fall, dass ein Geschäftsführer seine Vertretungsbefugnis kraft Gesetzes verliert (zB Berufsverbot) und dies entgegen § 39 nicht zur Eintragung in das Handelsregister angemeldet wird. Dieser Fall hat mit Abs. 1 Nr. 5 nichts zu tun und ist straflos (→ § 39 Rn. 49). – Die Versicherung ist eine „Wissenserklärung".[251] Der Täter muss das Wort „versichern" nicht verwenden; es genügt eine Formulierung, „die hinreichend erkennen lässt, dass es sich um eine eigenverantwortliche Bekundung" handelt.[252] Zur Versicherung gehören neben der vom Täter gegenüber dem Registergericht abgegebenen Erklärung auch nachträgliche, etwa auf eine Nachfrage des Gerichts hin gemachte, klarstellende oder ergänzende Angaben.[253] Tatbestandsmäßig ist nur eine **falsche Angabe zum notwendigen Inhalt der Versicherung.**[254] Straflos ist daher zB die unwahre Behauptung, nicht rechtskräftig vorbestraft zu sein wegen einer Straftat iSd § 6 Abs. 2 S. 2 Nr. 3 lit. e, obwohl tatsächlich rechtskräftige Verurteilungen zu einer Geldstrafe oder Freiheitsstrafe unter einem Jahr vorliegen,[255] oder nicht wegen anderer als der in § 6 Abs. 2 S. 2 Nr. 3 genannten Straftaten vorbestraft zu sein. Die Beschränkung des Abs. 1 Nr. 5 auf den notwendigen Inhalt bleibt auch dann bestehen, wenn das Registergericht die über § 8 Abs. 3 S. 1, § 39 Abs. 3 S. 1, § 67 Abs. 3 S. 1 hinausgehenden Angaben verlangt hat.[256] Was im Einzelnen zum notwendigen Inhalt der Versicherung gehört (→ § 8 Rn. 71 ff., → § 39 Rn. 53, → § 67 Rn. 16 ff. und → § 6 Rn. 27 ff.), richtet sich auch nach dem Zweck der Selbstauskunft, dem Gericht die Entscheidung über die Eintragung zu ermöglichen (→ Rn. 90). Daher sind falsche Angaben, die das Bestellungshindernis nicht leugnen, sondern nur seine Überprüfung erschweren, nicht tatbestandsmäßig (zB unrichtige Bezeichnung des Gerichts, falscher Verurteilungszeitpunkt).[257] Die im Gesellschaftsrecht noch nicht abschließend geklärte Frage, **wie konkret die Versicherung sein muss** (→ § 8 Rn. 72 ff., → § 67 Rn. 18), ist für Abs. 1 Nr. 5 unerheblich.[258] Hier kommt es allein auf die inhaltliche Richtigkeit an. Eine nicht hinreichend konkrete, aber wahre Versicherung (zB „nicht vorbestraft") ist straflos. Demgegenüber fällt eine insoweit unzureichende, aber falsche Versicherung unter Abs. 1 Nr. 5. Dass das Registergericht die Eintragung aus formalen Gründen

249 *Altmeppen* Rn. 24; MHLS/*Dannecker* Rn. 204; Ring/Grziwotz/*Heinemann* Rn. 26; Scholz/*Rönnau* Rn. 146; Erbs/Kohlhaas/*Schaal* Rn. 40; aA Noack/Servatius/Haas/*Beurskens* Rn. 42.
250 Anders die Einschätzung von Scholz/*Rönnau* Rn. 146; Erbs/Kohlhaas/*Schaal* Rn. 40.
251 OLG Hamm Beschl. v. 3.8.2010 – 15 W 85/10, NZG 2010, 1156 (1157).
252 Beide Zitate aus OLG Karlsruhe Beschl. v. 20.4.2012 – 11 Wx 33/12, NZG 2012, 598.
253 KG Urt. v. 8.4.2014 – (1) 121 Ss 25/14 (7/14), BeckRS 2015, 11610.
254 MHLS/*Dannecker* Rn. 196; MüKoStGB/*Hohmann* Rn. 87; Lutter/Hommelhoff/*Kleindiek* Rn. 19; UHL/*Ransiek* Rn. 109; Scholz/*Rönnau* Rn. 149; Rowedder/Schmidt-Leithoff/*Schaal* Rn. 71; *Blöse* WPg 2021, 56 (62 f.); aA *Biesinger* BB 2010, 2203; *Weiß* GmbHR 2013, 1076 (1083 f.); *Weiß* wistra 2016, 9 (12).
255 KG Urt. v. 8.4.2014 – (1) 121 Ss 25/14 (7/14), BeckRS 2015, 11610.
256 OLG Brandenburg Beschl. v. 13.9.2011 – 7 Wx 42/10, BeckRS 2011, 27550.
257 Beispiel nach Scholz/*Rönnau* Rn. 149.
258 Scholz/*Rönnau* Rn. 149.

ablehnen könnte, ändert daran nichts, da das abstrakte Gefährdungsdelikt des Abs. 1 Nr. 5 schon mit dem Zugang der Versicherung erfüllt ist (→ Rn. 51).

VI. Kapitalherabsetzungsschwindel (Abs. 2 Nr. 1)

95   **1. Allgemeines.** Nach Abs. 2 Nr. 1 machen sich Geschäftsführer strafbar, die zum Zweck der Anmeldung einer Herabsetzung des Stammkapitals eine unwahre Versicherung gem. § 58 Abs. 1 Nr. 4 Hs. 2 abgeben. Inhalt der Versicherung ist, dass „die Gläubiger, welche sich bei der Gesellschaft gemeldet und der Herabsetzung nicht zugestimmt haben, befriedigt oder sichergestellt sind". Unwahr müssen in der Versicherung die Angaben zu dieser „Befriedigung oder Sicherstellung der Gläubiger" sein. Abs. 2 Nr. 1 dient somit dem **Schutz des Vermögens der Gläubiger,** die der Kapitalherabsetzung nicht zugestimmt haben.[259] Er greift nicht bei der vereinfachten Kapitalherabsetzung (§ 58a) ein, bei der keine Versicherung abgegeben werden muss.

96   Täter können nur **Geschäftsführer** sein (→ Rn. 20 ff.). Liquidatoren sind nach dem Gesetzeswortlaut nicht taugliche Täter, obwohl eine Kapitalherabsetzung und damit eine entsprechende Anmeldung auch während der Abwicklung möglich ist (→ Rn. 35).

97   **2. Abgabe einer unwahren Versicherung.** Abs. 2 Nr. 1 gilt nur für **Versicherungen** gem. § 58 Abs. 1 Nr. 4 Hs. 2 (zur Form → § 58 Rn. 139). Die Versicherung ist eine Wissenserklärung (wie bei Abs. 1 Nr. 5; → Rn. 94). Zur ihr gehören neben der vom Täter gegenüber dem Registergericht abgegebenen Erklärung auch nachträgliche, etwa auf eine Nachfrage des Gerichts hin gemachte, klarstellende oder ergänzende Angaben (→ Rn. 94). Abs. 2 Nr. 1 greift nicht ein beim völligen Unterlassen der Versicherung oder bei unwahren Angaben außerhalb der Versicherung. Die Versicherung muss „zum Zweck der Herabsetzung des Stammkapitals" gemacht werden. Damit ist gemeint, dass sie **zum Zweck der Eintragung** der Kapitalherabsetzung erfolgen muss, sodass hierauf die Ausführungen zu Abs. 1 Nr. 1 übertragen werden können (→ Rn. 46 f.).

98   Die Versicherung ist **unwahr,** wenn zu ihrem gesetzlich vorgeschriebenen Gegenstand falsche Angaben gemacht werden (→ Rn. 42 ff.). Abs. 2 Nr. 1 erfasst also nicht alle unwahren Angaben in einer Versicherung, sondern nur solche, die die **Befriedigung oder Sicherstellung der Gläubiger betreffen.** Tatbestandsmäßig sind falsche Angaben darüber, dass jeder Gläubiger der GmbH, der sich bei ihr gemeldet und der Kapitalherabsetzung nicht zugestimmt hat, eine vollständige Befriedigung oder Sicherstellung erhalten oder zumindest angeboten bekommen (→ § 58 Rn. 108) hat, sowie etwaige darauf bezogene falsche erläuternde oder bestätigende Erklärungen, nicht aber sonstige freiwillig gemachte Angaben.[260] Auch eine unvollständige Versicherung ist unwahr, wenn sie den Eindruck der Vollständigkeit erweckt (zB wenn angeblich alle Gläubiger oder ihre Forderungen aufgezählt werden, aber einzelne fehlen). Allerdings muss in der Versicherung nicht auf die einzelnen Forderungen und die Art und Weise der Befriedigung oder Sicherstellung eingegangen werden (→ § 58 Rn. 140).[261] Die pauschale Erklärung, alle Gläubiger seien befriedigt worden, kann genügen.

99   Ob jemand **Gläubiger** ist, bestimmt sich objektiv danach, ob er einen Anspruch gegen die GmbH hat.[262] Das Gesellschaftsrecht geht zwar weiter und bezieht auch Personen ein, deren Forderungen **bestritten** werden. Ausgenommen seien nur Forderungen, die

---

[259] *Altmeppen* Rn. 28; MHLS/*Dannecker* Rn. 212; UHL/*Ransiek* Rn. 116; Scholz/*Rönnau* Rn. 154; *Wagenpfeil* in Müller-Gugenberger WirtschaftsStrafR-HdB Rn. 50.71.

[260] HK-KapMarktStrafR/*Eidam* Rn. 92; Graf/Jäger/Wittig/*Ibold,* Wirtschafts- und Steuerstrafrecht, 2. Aufl. 2017, Rn. 110; Scholz/*Rönnau* Rn. 156; Erbs/Kohlhaas/*Schaal* Rn. 47; enger MHLS/*Dannecker* Rn. 216.

[261] Ring/Grziwotz/*Heinemann* Rn. 27; Graf/Jäger/Wittig/*Ibold,* Wirtschafts- und Steuerstrafrecht, 2. Aufl. 2017, Rn. 110; Scholz/*Rönnau* Rn. 156; aA MHLS/*Dannecker* Rn. 218, 221; Erbs/Kohlhaas/*Schaal* Rn. 47.

[262] Noack/Servatius/Haas/*Beurskens* Rn. 44; MHLS/*Dannecker* Rn. 219; MüKoStGB/*Hohmann* Rn. 104; Graf/Jäger/Wittig/*Ibold,* Wirtschafts- und Steuerstrafrecht, 2. Aufl. 2017, Rn. 111; Lutter/Hommelhoff/*Kleindiek* Rn. 21; UHL/*Ransiek* Rn. 119; Scholz/*Rönnau* Rn. 157; Erbs/Kohlhaas/*Schaal* Rn. 47.

offensichtlich unbegründet seien oder bei denen die Geschäftsführer nach sorgfältiger Prüfung zu dem Ergebnis gelangt seien, dass sie nicht bestehen (→ § 58 Rn. 119). Jedoch erlaubt der Wortlaut des Abs. 2 Nr. 1 („Gläubiger") nicht die Bestrafung eines Geschäftsführers, der die Versicherung abgibt, obwohl eine streitige, tatsächlich aber nicht bestehende Forderung weder befriedigt noch sichergestellt worden ist. Im umgekehrten Fall, dass der Geschäftsführer irrig annimmt, eine Forderung bestehe nicht, ist die Versicherung unwahr; es liegt ein Tatbestandsirrtum (§ 16 Abs. 1 S. 1 StGB) vor. Hält er ein Bestehen für möglich, so handelt er bedingt vorsätzlich und Abs. 2 Nr. 1 greift ein. Wenn er diese Folge vermeiden will, muss er entweder die Forderung sicherstellen oder seine Gründe dafür, warum er dies nicht getan hat, in der Versicherung darlegen (→ § 58 Rn. 141). Abs. 2 Nr. 1 gilt nur bezüglich solcher Gläubiger, die sich bei der GmbH **gemeldet** und der Kapitalherabsetzung **nicht zugestimmt** haben. Unerheblich ist daher das Verschweigen, dass bestehende Forderungen anderer Gläubiger nicht bedient wurden.

Kein Gegenstand der Versicherung sind nach dem Wortlaut des Abs. 2 Nr. 1 und des **100** § 58 Abs. 1 Nr. 4 Hs. 2 der Beschluss über die Kapitalherabsetzung, dessen Bekanntmachung, die Aufforderung an die Gläubiger (§ 58 Abs. 1 Nr. 1), deren Zeitpunkt und der Ablauf der Jahresfrist (§ 58 Abs. 1 Nr. 3). Falsche Angaben dazu erfüllen daher nicht den Tatbestand.[263] Eine Schutzlücke entsteht dadurch nicht, weil dem Registergericht die Bekanntmachung nachzuweisen ist (§ 58 Abs. 1 Nr. 4 Hs. 1). Da in der Bekanntmachung zugleich die Gläubiger aufzufordern sind, sich bei der Gesellschaft zu melden, ist dem Gericht eine Prüfung der ordnungsgemäßen Aufforderung und der Einhaltung der Jahresfrist möglich. Weil allerdings die Aufforderung selbst (jedenfalls die an bekannte Gläubiger), ihr Zeitpunkt und der Zeitpunkt des Fristablaufs nicht oder nicht ausdrücklich Gegenstand der nach dem Gesetz einzureichenden Erklärungen und Unterlagen sind (→ § 58 Rn. 136), wird zum Teil trotzdem verlangt, dass die Geschäftsführer in der Versicherung zu diesen Voraussetzungen zumindest dann wahre Angaben machen müssen, wenn diese Voraussetzungen nicht ordnungsgemäß erfüllt wurden und daher der **Kreis der Gläubiger noch nicht abschließend bestimmt** ist (zB weil möglicherweise nicht alle aufgefordert wurden oder seither noch kein Jahr vergangen ist).[264] Das überschreitet jedoch den Wortlaut des Abs. 2 Nr. 1 (und des § 58 Abs. 1 Nr. 4 Hs. 2).

VII. Geschäftslageschwindel (Abs. 2 Nr. 2)

1. Allgemeines. Abs. 2 Nr. 2 untersagt Geschäftsführern, Liquidatoren und Mitglie- **101** dern eines Aufsichtsrats oder ähnlichen Organs, in öffentlichen Mitteilungen die Vermögenslage der GmbH unwahr darzustellen oder zu verschleiern. Abs. 2 Nr. 2 greift kraft gesetzlich angeordneter **Subsidiarität** nicht ein, wenn die Tat unter § 331 Abs. 1 Nr. 1, Nr. 1a HGB fällt. Dieser gilt allerdings nicht für Mitglieder eines ähnlichen Organs[265] und auch nicht für die übrigen Täter des Abs. 2 Nr. 2, wenn sie außerhalb der genannten Abschlüsse, Bilanzen, Berichte und Erklärungen falsche und verschleiernde Angaben machen (zB Zwischenbilanz gem. § 49 Abs. 3). Abs. 2 Nr. 2 wird außerdem von den anderen Tatvarianten des § 82 verdrängt. Macht zB ein Liquidator gegenüber dem Registergericht zum Zwecke der Eintragung einer Kapitalerhöhung falsche Angaben, so darf die Entscheidung des Gesetzgebers, dass Täter des Abs. 1 Nr. 3 nur die Geschäftsführer sein können, nicht mit Abs. 2 Nr. 2 unterlaufen werden.[266]

Täter können nur Geschäftsführer (→ Rn. 20 ff.), Liquidatoren (→ Rn. 34) und Mit- **102** glieder eines Aufsichtsrats oder ähnlichen Organs sein (→ Rn. 36 f., 38). Aus der Formulie-

---

263 Graf/Jäger/Wittig/*Ibold*, Wirtschafts- und Steuerstrafrecht, 2. Aufl. 2017, Rn. 112; Lutter/Hommelhoff/
Kleindiek Rn. 22; UHL/*Ransiek* Rn. 118; Scholz/*Rönnau* Rn. 158; *Wicke* Rn. 10.
264 *Altmeppen* Rn. 29; Noack/Servatius/Haas/*Beurskens* Rn. 44; MHLS/*Dannecker* Rn. 217, 220; Ring/
Grziwotz/*Heinemann* Rn. 27; MüKoStGB/*Hohmann* Rn. 103; HK-GmbHG/*Saenger* Rn. 30; Erbs/
Kohlhaas/*Schaal* Rn. 47; Henssler/Strohn/*Servatius* Rn. 41; wohl auch Bork/Schäfer/*Roth* Rn. 14.
265 *Altmeppen* Rn. 37; Noack/Servatius/Haas/*Beurskens* Rn. 53; aA Scholz/*Rönnau* Rn. 56.
266 OLG Jena Beschl. v. 29.7.1997 – 1 Ss 318/96, NStZ 1998, 307 (308).

rung „als" Geschäftsführer etc. folgt auch bei Abs. 2 Nr. 2 keine Einschränkung des Tatbestands (→ Rn. 39).

103 **2. Öffentliche Mitteilung.** Eine **Mitteilung** ist eine Erklärung gegenüber Dritten über einen bestimmten Sachverhalt. Die Form ist unerheblich (zB mündlich, schriftlich, elektronisch). Die Mitteilung muss nicht die Vermögenslage der GmbH zum Thema haben (→ Rn. 107). Es genügt, wenn der Täter „in einer öffentlichen Mitteilung" zu einem beliebigen Thema „die Vermögenslage der Gesellschaft unwahr darstellt oder verschleiert".

104 Die Mitteilung ist **öffentlich,** wenn sie sich an einen unbegrenzten, dh individuell nicht festgelegten Personenkreis richtet. Dabei ist unerheblich, wie diese Personen erreicht werden sollen (zB öffentliche Rede, Versenden von Prospekten, frei zugängliche Mitteilung auf einer Website), ob sie unmittelbar oder mittelbar (zB Handelsregister[267]) adressiert werden und ob sie die Mitteilung tatsächlich zur Kenntnis nehmen. Eine Mitteilung richtet sich auch dann an einen unbegrenzten Personenkreis, wenn sie sich an einen individuell bestimmbaren Kreis unternehmensexterner Personen wendet (sei es gleichzeitig an alle oder nacheinander an jeden Einzelnen), der sie verbreiten soll (zB Pressegespräch) oder bei dem wegen seiner Größe oder Zusammensetzung eine Weiterverbreitung zu erwarten ist (zB Schreiben an alle Kunden oder Gläubiger eines größeren Unternehmens). Anders liegt der Fall bei einer als Internum an unternehmensinterne Personen gerichteten Mitteilung (zB Aufsichtsrat, Betriebsrat), mag der Personenkreis auch groß sein (zB Belegschaft, Gesellschafter einer Publikums-GmbH & Co. KG). Richtet sich die Mitteilung an einen begrenzten Personenkreis, ohne dass eine Weiterverbreitung beabsichtigt oder zu erwarten ist, so wird sie nicht dadurch zur öffentlichen, dass sie trotzdem von einem Adressaten veröffentlicht wird.

105 **3. Vermögenslage der Gesellschaft.** Bezugsgegenstand der Tathandlung ist „die Vermögenslage der Gesellschaft". Hierin unterscheidet sich Abs. 2 Nr. 2 deutlich von § 400 Abs. 1 Nr. 1 AktG, bei dem der Bezugsgegenstand „die Verhältnisse der Gesellschaft" sind, worunter „neben der Vermögenslage der Gesellschaft alle anderen Umstände zu verstehen [sind], die die Situation der Gesellschaft im Wirtschaftsleben und in ihrem politischen und sozialen Umfeld kennzeichnen".[268] Die Vermögenslage ist das **Reinvermögen** der GmbH zum Tatzeitpunkt, also der Saldo zwischen ihren Vermögensgegenständen und Schulden.[269] Sie ist zu unterscheiden von der Finanz- und der Ertragslage (§ 264 Abs. 2 S. 1 HGB), die über Finanzstruktur und wirtschaftlichen Erfolg Auskunft geben. Die handelsrechtliche Definition der Vermögenslage ist auch bei Abs. 2 Nr. 2 zugrunde zu legen, weil der Zusammenhang mit dem Rechnungslegungsrecht durch dessen Ausgliederung in das HGB nicht aufgehoben, sondern, wie die Subsidiaritätsklausel belegt, beibehalten worden ist.[270] Die Definition wird zudem der inneren Systematik des § 82 gerecht, die gegenwärtige und künftige Gläubiger sowie künftige Gesellschafter nur in ihrem Vertrauen auf das (Stamm-)Kapital der GmbH schützt und nicht in ihrem Vertrauen auf die wirtschaftliche Situation der Gesellschaft.

106 Die hM geht demgegenüber weiter. Sie versteht unter der Vermögenslage „die Summe der **wirtschaftlichen Verhältnisse der Gesellschaft**",[271] wozu auch die Finanz- und

---

[267] OLG Jena Beschl. v. 29.7.1997 – 1 Ss 318/96, NStZ 1998, 307 (308).
[268] BVerfG Beschl. v. 27.4.2006 – 2 BvR 131/05, BKR 2007, 38 (39); Kölner Komm AktG/*Altenhain* AktG § 400 Rn. 32 mwN.
[269] MüKoHGB/*Reiner* HGB § 264 Rn. 81; Hachmeister/Kahle/Mock/Schüppen/*Stöber,* Bilanzrecht, 3. Aufl. 2022, HGB § 264 Rn. 46.
[270] Dem kann nicht mit BGH (Urt. v. 16.12.2004 – 1 StR 420/03, BGHSt 49, 381 (387) = NJW 2005, 445 (448) zu § 400 AktG) entgegengehalten werden, dass der Gesetzgeber gewollt habe, dass § 82 über § 331 HGB hinausgehe, da sich die Ausführungen in den Gesetzesmaterialien (BT-Drs. 10/317, 100) nur auf das Tatmittel des § 400 Abs. 1 Nr. 1 AktG beziehen.
[271] Noack/Servatius/Haas/*Beurskens* Rn. 50; Esser/Rübenstahl/Saliger/Tsambikakis/*Brand,* Wirtschaftsstrafrecht, 2017, Rn. 219; MHLS/*Dannecker* Rn. 242; MüKoStGB/*Hohmann* Rn. 112; Graf/Jäger/Wittig/*Ibold,* Wirtschafts- und Steuerstrafrecht, 2. Aufl. 2017, Rn. 122; UHL/*Ransiek* Rn. 135; in der Sache ebenso *Altmeppen* Rn. 31; HK-KapMarktStrafR/*Eidam* Rn. 113; Scholz/*Rönnau* Rn. 171; Henssler/Strohn/*Servatius* Rn. 46.

Ertragslage,[272] Beurteilungsfaktoren für die künftige Entwicklung der Gesellschaft[273] oder schlicht alles gezählt wird, „was für die wirtschaftliche Beurteilung der Gesellschaft von Wichtigkeit ist oder werden kann".[274] Die hM zieht zur Begründung eine Parallele zum Begriff des Vermögensstands in § 400 Abs. 1 Nr. 1 AktG, der dort aber nicht den Bezugsgegenstand der Tathandlung beschreibt, sondern Bestandteil der Beschreibung des Tatmittels ist („in Darstellungen oder Übersichten über den Vermögensstand"; ebenso bei § 264a Abs. 1 StGB). Mit Blick auf den gegenüber Abs. 2 Nr. 2 deutlich umfangreicheren Bezugsgegenstand des § 400 Abs. 1 Nr. 1 AktG („Verhältnisse der Gesellschaft") und den folglich auch viel weiter reichenden Schutzzweck wird der Begriff des Vermögensstands dort gerade über den der Vermögenslage hinaus ausgelegt. Es besteht dort „Einigkeit darüber, dass darunter nicht nur die aktuelle Vermögenslage der Gesellschaft zu verstehen ist, sondern [...] auch die Ertragslage der Gesellschaft und andere für ihre wirtschaftliche Entwicklung bedeutsame Faktoren".[275] Auch wenn Abs. 2 Nr. 2 im Ansatz dieselbe Schutzrichtung hat wie § 400 Abs. 1 Nr. 1 AktG, darf der engere Wortlaut nicht durch eine Übernahme der Definition aus § 400 AktG überspielt werden.[276]

Die Anlehnung an § 400 Abs. 1 Nr. 1 AktG führt bei einigen Vertretern der hM **107** außerdem zu der Forderung, dass die Mitteilung so umfassend sein muss, „dass ein Gesamtbild der wirtschaftlichen Lage des Unternehmens ermöglicht und der Eindruck der Vollständigkeit erweckt wird".[277] Darin liegt eine Einschränkung des Tatbestands, die sich jedenfalls nicht am Wortlaut festmachen lässt, wonach das Tatmittel eine jede (öffentliche) „Mitteilung" ist und es keiner „Darstellung oder Übersicht über den Vermögensstand" bedarf. Daher genügt bereits eine öffentliche Mitteilung, in der ein **einzelner vermögensrelevanter Umstand** genannt wird, wenn dieser auf die Vermögenslage der Gesellschaft insgesamt durchschlägt. Dabei ist das Kriterium der Erheblichkeit (→ Rn. 52) zu beachten.[278] Bei einer GmbH & Co. KG können auch Umstände vermögensrelevant sein, die unmittelbar nur die KG, mittelbar aber auch die an deren Gewinn und Verlust beteiligte (§§ 120, 161 Abs. 2 HGB) GmbH betreffen.[279]

4. Unwahr Darstellen oder Verschleiern. Der Täter stellt die Vermögenslage der **108** Gesellschaft **unwahr** dar, wenn er dazu falsche Angaben macht (→ Rn. 49 ff.). Wahr ist zB die öffentliche Mitteilung, die GmbH könne über einen Geldbetrag frei verfügen, auch dann, wenn das Geld einer kurzfristigen Bindung als Monatsfestgeld unterliegt, da dies für den Vermögensstand unerheblich ist.[280] Nach dem Wortlaut ist auch eine falsche Angabe tatbestandsmäßig, die die Vermögenslage der GmbH **ungünstiger** erscheinen lässt. Das entspricht auch dem Schutzzweck, da zB Gläubiger durch die unwahre Behauptung weiterer

---

[272] Noack/Servatius/Haas/*Beurskens* Rn. 50; Ring/Grziwotz/*Heinemann* Rn. 30; MüKoStGB/*Hohmann* Rn. 112; Scholz/*Rönnau* Rn. 171; Henssler/Strohn/*Servatius* Rn. 46; ebenso Baumbach/Hueck/*Haas,* 21. Aufl. 2017, Rn. 82 mit der Begr., die Unterscheidung zwischen Vermögens-, Finanz- und Ertragslage iSd § 264 Abs. 2 S. 1 HGB sei zur Zeit der Schaffung des GmbHG noch nicht geläufig gewesen. Sie war es aber bei der Gesetzesänderung durch das BiRiLiG (→ Rn. 4), sodass es naheliegt, dass der Gesetzgeber Abs. 2 Nr. 2 erweitert hätte, wenn er eine mit dem nun geläufigen Sprachgebrauch unvereinbare weite Auslegung gewollt hätte.
[273] MüKoStGB/*Hohmann* Rn. 112.
[274] Lutter/Hommelhoff/*Kleindiek* Rn. 24.
[275] BVerfG Beschl. v. 27.4.2006 – 2 BvR 131/05, BKR 2007, 38 (39) (Hervorhebung nicht im Original).
[276] Dass die dortige Auslegung nur aus spezifischen Gründen des § 400 Abs. 1 Nr. 1 AktG so weit ist, zeigt sich auch bei §§ 283, 283b StGB, wo der Begriff Vermögensstand so ausgelegt wird wie hier Vermögenslage; vgl. BGH Beschl. v. 19.12.1997 – 2 StR 420/97, NStZ 1998, 247; Beschl. v. 20.9.1999 – 5 StR 729/98, NStZ 2000, 34 (36); Beschl. v. 7.2.2002 – 1 StR 412/01, NStZ 2002, 327 Rn. 3.
[277] Scholz/*Rönnau* Rn. 171; ebenso: *Altmeppen* Rn. 31; MHLS/*Dannecker* Rn. 242; Graf/Jäger/Wittig/ *Ibold,* Wirtschafts- und Steuerstrafrecht, 2. Aufl. 2017, Rn. 122; UHL/*Ransiek* Rn. 135.
[278] Ebenso, allerdings mit Blick auf den weiteren Bezugsgegenstand der hM, MHLS/*Dannecker* Rn. 242; s. zu § 400 Abs. 1 Nr. 1 auch BGH Urt. v. 12.10.2016 – 5 StR 134/15, NJW 2017, 578 Rn. 43.
[279] *Altmeppen* Rn. 38; Esser/Rübenstahl/Saliger/Tsambikakis/*Brand,* Wirtschaftsstrafrecht, 2017, Rn. 221; Scholz/*Rönnau* Rn. 172.
[280] OLG Jena Beschl. v. 29.7.1997 – 1 Ss 318/96, NStZ 1998, 307 (308).

Verbindlichkeiten veranlasst werden können, für sie nachteilige Konzessionen zu machen (zB Stundung).

109   Der Täter **verschleiert** die Vermögenslage der Gesellschaft, wenn seine Angabe zwar richtig ist, aber wegen der unklaren, unübersichtlichen oder schwer verständlichen Art und Weise ihrer Darstellung die Gefahr besteht, dass die Empfänger sie nicht, nicht richtig oder nicht vollständig zur Kenntnis nehmen und deshalb zu einer unrichtigen Einschätzung der Vermögenslage gelangen.[281] Ein Irrtum ist auch hier nicht erforderlich. Während es also bei der unwahren Darstellung darauf ankommt, ob das, was erklärt wird, der objektiven Sachlage widerspricht, geht es beim Verschleiern darum, ob das, was erklärt wird, entgegen der objektiven Sachlage wahrgenommen werden kann, obwohl es ihr entspricht.[282] Kein Verschleiern ist das zulässige Ausnutzen von Beurteilungs- und Prognosespielräumen (→ Rn. 49).

VIII. Begehen durch Unterlassen (unterlassene Berichtigung)

110   **1. Abgrenzung.** Das **vollständige Unterlassen einer Angabe oder Mitteilung** ist nicht tatbestandsmäßig[283] (zur Abgrenzung von der unvollständigen Angabe oder Mitteilung → Rn. 50). Davon zu unterscheiden ist das Unterlassen der Berichtigung einer falschen Angabe oder Mitteilung. Dieser Fall ist sowohl bei einer von Anfang an falschen Angabe oder Mitteilung möglich, als auch bei einer zunächst richtigen Angabe oder Mitteilung, die durch nachträglich eingetretene Umstände falsch geworden ist. Zu unterscheiden ist zwischen dem Unterlassen der Berichtigung einer eigenen und einer fremden Angabe oder Mitteilung.

111   **2. Unterlassene Berichtigung eigener Angaben oder Mitteilungen.** Ob eine Strafbarkeit wegen Unterlassens (§ 13 Abs. 1 StGB) in Betracht kommt, hängt zunächst vom **Tatzeitpunkt** ab: (1) Bei den Tatbestandsvarianten, die falsche Angaben bei der Anmeldung zur Eintragung unter Strafe stellen (Abs. 1, Abs. 2 Nr. 1) muss zwischen dem Zugang der vollständigen Anmeldung und der Eintragung unterschieden werden: (a) Erfolgt die Anmeldung in Teilakten (zB sukzessives Einreichen der Erklärungen und Unterlagen), so erklärt der Täter mit dem letzten Teilakt zugleich konkludent, dass die bislang gemachten Angaben weiterhin richtig sind. Denn für das Registergericht als Adressat kommt es allein auf die Richtigkeit beim **Zugang** der vollständigen Anmeldung an (→ Rn. 51).[284] Ebenso ist zu entscheiden, wenn der Täter nach der Anmeldung auf Verlangen des Gerichts weitere Nachweise einreicht (§ 8 Abs. 2 S. 2). Auch wenn diese im engeren Sinne nicht die falsche Angabe betreffen, erklärt der Täter doch mit ihrer Einreichung stillschweigend, dass weiterhin alles richtig ist, weil sich durch das Verlangen des Gerichts der Beurteilungszeitpunkt auf den Zugang der nachzureichenden Unterlagen verschiebt. Das Unterlassen der Berichtigung tritt dann hinter dem konkludenten Machen einer falschen Angabe zurück. (b) Hingegen kommt ein Begehen durch Unterlassen (§ 13 StGB) in Betracht, wenn der Täter die Unrichtigkeit erst nach dem vollständigen Zugang, aber **vor der Eintragung** (Abs. 1, Abs. 2 Nr. 1) erkennt. (c) Erlangt er erst **nach der Eintragung** Kenntnis von der Unrichtigkeit, scheidet auch ein Unterlassungsdelikt aus, weil das Unterlassen der Berichtigung nicht „zum Zweck" der Eintragung geschieht (so bei Abs. 1 Nr. 1, 3, Abs. 2 Nr. 1)[285] bzw. nicht dem Machen einer unrichtigen Angabe vor der Eintragung entspricht (§ 13 Abs. 1 StGB;

---

[281]   UHL/*Ransiek* Rn. 137; s. auch MHLS/*Dannecker* Rn. 246; MüKoStGB/*Hohmann* Rn. 115; Bork/Schäfer/*Roth* Rn. 16; Scholz/*Rönnau* Rn. 180; Henssler/Strohn/*Servatius* Rn. 47.
[282]   Im Bilanzstrafrecht (§ 331 HGB) liegt darin ein Verstoß gegen die Bilanzklarheit (§ 243 Abs. 2 HGB); s. zum Ganzen Hachmeister/Kahle/Mock/Schüppen/*Altenhain*, Bilanzrecht, 3. Aufl. 2022, HGB § 331 Rn. 59 mwN.
[283]   MHLS/*Dannecker* Rn. 130; Ring/Grziwotz/*Heinemann* Rn. 14; Scholz/*Rönnau* Rn. 118, 127, 152, 182.
[284]   *Niederhuber*, Strafrechtliche Risiken des konzernweiten Cash Pooling, 2016, 377; UHL/*Ransiek* Rn. 51; Scholz/*Rönnau* Rn. 119; enger MHLS/*Dannecker* Rn. 65: nur, wenn sich die neuen Unterlagen auf die älteren beziehen.
[285]   MHLS/*Dannecker* Rn. 130; UHL/*Ransiek* Rn. 51; Scholz/*Rönnau* Rn. 119.

so bei Abs. 1 Nr. 2, 4, 5). Es besteht also **nach der Eintragung** keine strafbewehrte Pflicht zur Berichtigung des Handelsregisters. (2) Bei der Tatbestandsvariante der öffentlichen Mitteilung (Abs. 2 Nr. 2) kommt auch nach ihrer Veröffentlichung ein Begehen durch Unterlassen der Berichtigung in Betracht.

Soweit eine Unterlassungsstrafbarkeit möglich ist (unterlassene Berichtigung nach **112** Zugang und vor Eintragung bzw. nach Veröffentlichung der Mitteilung), setzt § 13 Abs. 1 StGB zunächst voraus, dass der Täter es unterlässt, „einen Erfolg abzuwenden, der zum Tatbestand eines Strafgesetzes gehört". § 82 ist zwar ein schlichtes Tätigkeitsdelikt (→ Rn. 11), das keinen rechtsgutsbezogenen **Erfolg** voraussetzt.[286] Nach hM im Strafrecht ist das aber auch nicht erforderlich: Auch der Erfolg, dem ein abstraktes Gefährdungsdelikt entgegenwirken solle, sei „als abzuwendende Folge zwar nicht unmittelbarer Teil des Tatbestands, [gehöre] aber wegen der Ausrichtung des Tatbestands zu diesem".[287] In diesem Sinne ist bei den Tatbestandsvarianten der Abs. 1, 2 Nr. 1 die **Unrichtigkeit des Handelsregisters** ein Erfolg, den § 82 verhindern soll.[288] Der weitere Erfolg, das vermögensschädigende Verhalten des auf die Richtigkeit vertrauenden Gläubigers, ist hier irrelevant, weil schon aus anderen Gründen nach der Eintragung keine Unterlassungsstrafbarkeit in Betracht kommt (→ Rn. 111). Hingegen ist unter Zugrundelegung der hM im Strafrecht bei Abs. 2 Nr. 2 das **vermögensschädigende Verhalten** des auf die Richtigkeit der öffentlichen Mitteilung vertrauenden Gläubigers der zu verhindernde Erfolg.

Weitere Voraussetzung ist nach § 13 Abs. 1 StGB, dass der Täter „rechtlich dafür einzu- **113** stehen hat, dass der Erfolg nicht eintritt". Bei den Tatbestandsvarianten, die falsche Angaben bei der Anmeldung zur Eintragung unter Strafe stellen (Abs. 1, Abs. 2 Nr. 1), ergibt sich diese **Garantenstellung** aus dem Gesetz,[289] das Geschäftsführer (§§ 8, 39 Abs. 3, §§ 57, 57i Abs. 1, § 78), Liquidatoren (§ 67 Abs. 3, § 78), Geschäftsleiter (§ 13g Abs. 2 S. 2 HGB iVm § 8 Abs. 1 Nr. 2, Abs. 3, 4) und Gesellschafter (§ 5 Abs. 4 S. 2)[290] zu wahrheitsgemäßen Angaben verpflichtet. Darauf basierend nimmt auch das Registergericht nur eine Plausibilitätsprüfung vor (→ § 9c Rn. 12) und entscheidet, soweit keine sachlich berechtigten Zweifel bestehen, im Vertrauen auf die Richtigkeit der Angaben. Bei der Tatbestandsvariante des Abs. 2 Nr. 2 ergibt sich die Garantenstellung aus der Stellung des Täters in der GmbH, wegen der ihm gegenwärtige und künftige Gläubiger der Gesellschaft sowie künftige Gesellschafter eine gesteigerte Sachkunde beimessen, sodass die Gefahr vermögensschädigender Handlungen und damit zugleich ein Haftungsrisiko für die GmbH besteht.[291] Nach hM kommt hingegen bei § 82 nur eine Garantenstellung aufgrund vorangegangenen gefährlichen pflichtwidrigen[292] Vorverhaltens **(Ingerenz)** in Betracht.[293] Folgt man der hier vertretenen Ansicht, so muss zB ein Geschäftsführer, der vor der Eintragung erkennt, dass er von den Gesellschaftern oder Mitgeschäftsführern getäuscht wurde und deshalb eine falsche Angabe gemacht hat, diese auch dann berichtigen, wenn ihm bezüglich seines Vorverhaltens noch nicht einmal Fahrlässigkeit vorgeworfen werden kann.[294] Ebenso muss er eine Berichtigung vornehmen, wenn die Angabe anfänglich richtig war und erst nach ihrer Mitteilung

---

286 Deshalb eine Unterlassungsstrafbarkeit abl. RG Urt. v. 19.10.1911 – I 628/11, RGSt 45, 210 (213) zu § 147 GenG aF.

287 Schönke/Schröder/*Bosch* StGB § 13 Rn. 3 mwN; aA Matt/Renzikowski/*Haas*, Strafgesetzbuch, 2. Aufl. 2020, StGB § 13 Rn. 5.

288 MHLS/*Dannecker* Rn. 130; Scholz/*Rönnau* Rn. 116.

289 Ähnlich UHL/*Ransiek* Rn. 52, der eine Überwachergarantenstellung zur Verhinderung einer falschen Eintragung annimmt.

290 Zu dem Fall, dass ein Gesellschafter, der den falschen Sachbericht nicht unterzeichnet hat, dessen Weiterleitung nicht verhindert, → Rn. 75.

291 Ähnlich UHL/*Ransiek* Rn. 138.

292 Unter Rückgriff auf die Rspr. zur strafrechtlichen Produkthaftung (BGH Urt. v. 6.7.1990 – 2 StR 549/89, BGHSt 37, 106 (118 f.) = NJW 1990, 2560 [2563]) wird zT vertreten, dass eine objektive Pflichtwidrigkeit genüge; MHLS/*Dannecker* Rn. 255, nur zu Abs. 2 Nr. 2.

293 Noack/Servatius/Haas/*Beurskens* Rn. 54; MHLS/*Dannecker* Rn. 64, 133, 211, 255; Ring/Grziwotz/*Heinemann* Rn. 14; Scholz/*Rönnau* Rn. 119 f., 183.

294 AA MHLS/*Dannecker* Rn. 133; Scholz/*Rönnau* Rn. 120.

an das Gericht falsch geworden ist[295] (zB bei Abs. 1 Nr. 1 ein erheblicher Wertverlust einer Sacheinlage nach Anmeldung und vor Eintragung;[296] bei Abs. 1 Nr. 5 die nach Abgabe der Versicherung eingetretene Rechtskraft[297]). Mit der hM kommt man in beiden Fällen zur Verneinung einer Garantenstellung und damit der Strafbarkeit. Letztlich behandelt die hM also Geschäftsführer, Geschäftsleiter, Liquidatoren und Gesellschafter wie Personen, die mit der Eintragung oder öffentlichen Mitteilung eigentlich nichts zu tun haben und nur ausnahmsweise für deren Richtigkeit verantwortlich sind. Das geht an der gesetzlichen Verantwortungsverteilung vorbei und lässt sich auch nicht damit begründen, dass der Geschäftsführer nur der Gesellschaft gegenüber verpflichtet sei (§ 43),[298] denn das erlaubt nicht den Schluss, dass er ansonsten niemandem verpflichtet sein kann. Auch dass der Gesellschafter nicht zur Anmeldung befugt ist (§ 78), bedeutet nicht, dass er eine fehlerhafte Anmeldung iSd Abs. 1 Nr. 1 geschehen lassen darf. Teilweise wird speziell gegen eine Berichtigungspflicht nach Zugang und vor Eintragung eingewandt, dass dadurch die Eintragung verzögert werden könne. Zudem stelle § 9 Abs. 1 auf den Zeitpunkt der Erbringung der Sacheinlage und nicht auf den Zeitpunkt der Eintragung ab.[299] Wählt man aber als Bezugspunkt der Abs. 1 und des Abs. 2 Nr. 1 die richtige Eintragung in das Handelsregister (→ Rn. 112), dann genügt es nicht, allein die Richtigkeit der Erklärung im Zeitpunkt ihrer Abgabe sicherzustellen. Etwaige Verzögerungen müssen daher wegen des angestrebten Zwecks in Kauf genommen werden. Dagegen lässt sich nicht § 9 anführen, da eine Überbewertung einer Sacheinlage ein Eintragungshindernis (§ 9c Abs. 1 S. 2) ist (→ § 9 Rn. 35).

114   **3. Unterlassene Berichtigung fremder Angaben oder Mitteilungen.** Im Fall einer falschen Angabe bei der Anmeldung zur Eintragung (Abs. 1 Nr. 1, 3, 4, Abs. 2 Nr. 1; nicht beim eigenhändigen Delikt des Abs. 1 Nr. 5 → Rn. 124) ergibt sich die Berichtigungspflicht der anderen tauglichen Täter (zB **Mitgeschäftsführer**) ebenfalls aus ihrer gesetzlichen Garantenstellung (→ Rn. 113), aufgrund der sie dafür einzustehen haben, dass keine falschen Angaben gegenüber dem Registergericht gemacht werden. Ebenso wie zB der Geschäftsführer eine eigene falsche Angabe gegenüber dem Registergericht korrigieren muss, ist er verpflichtet, die falsche Angabe eines Mitgeschäftsführers zu berichtigen, wenn dieser das nicht rechtzeitig selbst macht. Bei Abs. 2 Nr. 2 besteht diese Pflicht, soweit der Täter zur Überwachung der Tätigkeit des Dritten verpflichtet ist (zB Geschäftsführer untereinander [auch bei interner **Ressortaufteilung**[300]]; Aufsichtsratsmitglieder bzw. Geschäftsführer [§ 52 Abs. 1 iVm § 111 Abs. 1 AktG]).[301] Daher muss zB ein Geschäftsführer die falsche Mitteilung seines Mitgeschäftsführers auf einer gemeinsam besuchten öffentlichen Veranstaltung korrigieren, wenn jener dazu nicht bereit ist. Die hM greift auch in den Fällen der falschen Angabe bei der Anmeldung zur Eintragung auf die Überwacherga-

---

[295] KG Urt. v. 30.11.1971 – 1 W 1188/71, NJW 1972, 951 (952); ebenso BGH Urt. v. 16.3.1993 – 1 StR 804/92, NStZ 1993, 442 zu § 399 AktG. Bei Abs. 2 Nr. 2 ist eine nachträgliche Änderung nicht möglich, wenn man den Begriff der Vermögenslage eng auslegt (→ Rn. 105).

[296] Ebenso MüKoStGB/*Hohmann* Rn. 14; anders → § 8 Rn. 49.

[297] MHLS/*Dannecker* Rn. 211; UHL/*Ransiek* Rn. 109; aA Noack/Servatius/Haas/*Beurskens* Rn. 41.

[298] So der Einwand von MHLS/*Dannecker* Rn. 64; Scholz/*Rönnau* Rn. 120.

[299] UHL/*Ransiek* Rn. 53.

[300] Eine interne Geschäftsverteilung führt nicht zur vollständigen Verlagerung der Verantwortung. Jedes Mitglied bleibt verpflichtet einzugreifen, wenn es Kenntnis vom Pflichtverstoß des intern zuständigen Mitglieds oder zumindest von Anhaltspunkten dafür hat: BGH Urt. v. 10.3.1983 – 4 StR 375/82, BGHSt 31, 264 (277) = NJW 1983, 2509 (2512); Urt. v. 6.7.1990 – 2 StR 549/89, BGHSt 37, 106 (123) = NJW 1990, 2560 (2565); Urt. v. 6.4.2000 – 1 StR 280/99, BGHSt 46, 30 (35 f.) = NJW 2000, 2364 (2366). Das gilt auch und erst recht im Verhältnis zum faktischen (Mit-)Geschäftsführer (wenn man diese Rechtsfigur anerkennt, → Rn. 23 ff., 32 f.): BGH Beschl. v. 28.5.2002 – 5 StR 16/02, BGHSt 47, 318 (325 f.) = NJW 2002, 2480 (2482); Urt. v. 8.1.2020 – 5 StR 122/19, BeckRS 2020, 1453 Rn. 9; Beschl. v. 3.3.2020 – 5 StR 595/19, NZWiSt 2020, 288 (289 f.).

[301] RG Urt. v. 24.10.1905 – Rep. 603/05, RGSt 38, 195 (200) zu § 314 HGB aF; Urt. v. 19.10.1911 – I 628/11, RGSt 45, 210 (212 f.) zu § 147 GenG aF; Urt. v. 23.4.1915 – IV 123/15, RGSt 49, 239 (241) zu § 147 GenG aF; BGH Urt. v. 17.9.2001 – II ZR 178/99, BGHZ 149, 10 (20) = NJW 2001, 3622 (3624) zu § 400 Abs. 1 Nr. 1 AktG (zuvor schon OLG Bremen Urt. v. 18.5.1998 – 3 U 2/98, NZG 1999, 724 [726]); ebenso Ring/Grziwotz/*Heinemann* Rn. 4.

rantenstellung zurück.[302] Diese setzt allerdings immer zwingend voraus, dass auch derjenige, der die Angabe oder Mitteilung gemacht hat, zur Berichtigung verpflichtet ist, weil andernfalls die Pflicht des Überwachergaranten weiter ginge als die des Überwachten.

D. Subjektiver Tatbestand

I. Vorsatz

Der Täter muss vorsätzlich handeln (§ 15 StGB iVm Art. 1 S. 1 EGStGB), wobei mangels **115** anderer Vorgaben jede Vorsatzform genügt, also direkter (Absicht, Wissentlichkeit) und bedingter Vorsatz. Fahrlässigkeit reicht mangels ausdrücklicher Strafandrohung nicht aus. Vorsatz setzt die **Kenntnis aller Umstände** voraus, die zur Erfüllung des objektiven Tatbestands erforderlich sind (§ 16 Abs. 1 S. 1 StGB). Dazu zählen bei einem Blankettstraftatbestand (→ Rn. 13) auch die Umstände, welche die Norm erfüllen, auf die er verweist, nicht aber diese sog. Ausfüllungsnorm selbst (→ Rn. 118). Der Täter muss zunächst seine von der einschlägigen Tatbestandsvariante des § 82 geforderte Täterqualifikation kennen (zB Geschäftsführer, Gesellschafter). Weiterhin ist erforderlich, dass er erkennt, dass er in dieser Eigenschaft gegenüber dem Registergericht, im Sachgründungsbericht oder in einer öffentlichen Mitteilung eine Angabe macht. Er muss zudem ernsthaft mit der Möglichkeit rechnen oder sicher wissen, dass die Angabe falsch ist oder im Fall des Abs. 2 Nr. 2 die wahre Sachlage verschleiert wird.

Der Täter handelt mit direktem Vorsatz, wenn er von allen Umständen des objektiven Tat- **116** bestands sicher weiß, also insbesondere auch davon, dass seine Angabe nicht der Wahrheit entspricht. **Bedingter Vorsatz** (dolus eventualis) ist nach Auffassung der Rspr. gegeben, wenn der Täter die Verwirklichung des objektiven Tatbestands für möglich hält und billigend in Kauf nimmt.[303] Eine Inkaufnahme ist dabei dann zu bejahen, wenn sich der Täter mit der Erfüllung des Tatbestands abfindet, dh wenn er eher bereit ist, die Verwirklichung des Tatbestands hinzunehmen als auf die Vornahme der tatbestandsmäßigen Handlung, also die unwahre Erklärung, zu verzichten. Danach handelt vorsätzlich, wer aufgrund konkreter Anhaltspunkte ernsthaft an der Richtigkeit seiner Angaben zweifelt, sie aber keiner Kontrolle unterzieht. Seine vage Hoffnung, dass sie der objektiven Sachlage entsprechen, schließt den Vorsatz nicht aus. Lediglich bewusst fahrlässig soll hingegen handeln, wer seine Zweifel verdrängt und auf die Richtigkeit seiner Angaben vertraut.[304] Ein solches Vertrauen ist allerdings nicht anzunehmen, wenn der Täter die Wahrheit gar nicht kennen will; von verdrängten Zweifeln ist die bloß vermiedene Kenntnisnahme zu unterscheiden. Im praktisch wichtigen Fall, dass der Täter die Angaben eines anderen übernimmt (zB Geschäftsführer von einem Mitarbeiter oder einem Mitgeschäftsführer), darf bedingter Vorsatz nicht schon deshalb bejaht werden, weil er das ohne eigene Prüfung tut. Aus der Tatsache, dass der Täter weiß, dass er nicht geprüft hat, folgt nicht notwendig, dass er die Unrichtigkeit ernsthaft für möglich hält (zur Problematik bei Abs. 2 Nr. 1 → Rn. 99). So handelt unvorsätzlich, wer die von einem anderen erstellten Unterlagen (zB Sachgründungsbericht) im Vertrauen auf dessen Redlichkeit ungeprüft mit der Überzeugung von ihrer Richtigkeit weitergibt.[305] Um zur Annahme eines bedingt vorsätzlichen Handelns zu gelangen, bedarf es zumindest der (im Strafverfahren schwer nachweisbaren) Zweifel an der Richtigkeit. Sind keine Zweifel vorhanden – selbst wenn sie sich regelrecht hätten aufdrängen müssen –, ist das Unterlassen der Prüfung lediglich eine Pflichtwidrigkeit und der Täter handelt straflos fahrlässig. Zweifelt der Täter an der Richtigkeit, steht allerdings seine nur vage Hoffnung, die Angabe werde wohl trotzdem richtig sein, der Bejahung des bedingten Vorsatzes nicht entgegen.

---

302   MHLS/*Dannecker* Rn. 135, 256; Scholz/*Rönnau* Rn. 33, 183.
303   BGH Urt. v. 1.2.1977 – 5 StR 626/76, GA 1977, 340 (341) zu § 399 AktG; grdl. BGH Urt. v. 22.4.1955 – 5 StR 35/55, BGHSt 7, 363 (369) = NJW 1955, 1688 (1690) zu § 212 StGB; eingehend dazu NK-StGB/*Puppe* StGB § 15 Rn. 31 ff. mwN.
304   Krit. UHL/*Ransiek* Rn. 55.
305   Scholz/*Rönnau* Rn. 209.

II. Zum Zweck der Eintragung

117   Der subjektive Tatbestand setzt keine Täuschungs- oder Schädigungsabsicht voraus. Bei Abs. 1 Nr. 1, 3 und Abs. 2 Nr. 1 (nicht bei den anderen Tatvarianten → Rn. 77, → Rn. 88, → Rn. 93) muss der Täter aber mit der **Absicht** (direkter Vorsatz ersten Grades) handeln, durch die falsche Angabe die Eintragung der Gesellschaft in das Handelsregister zu erreichen (zur objektiven Seite dieses Tatbestandmerkmals → Rn. 48). Er muss sie dazu aber nicht für notwendig halten.[306]

III. Irrtum

118   Unterliegt der Täter einem Irrtum, so kann dies ein Tatbestandsirrtum sein, der immer den Vorsatz ausschließt (§ 16 Abs. 1 S. 1 StGB), oder ein Verbotsirrtum, der die Schuld ausschließt, wenn er unvermeidbar ist (§ 17 S. 1 StGB; → Rn. 123). Ein Tatbestandsirrtum ist gegeben, wenn der Täter einen Umstand nicht kennt, der zum gesetzlichen Tatbestand gehört. Dazu zählen bei einem **Blankettstraftatbestand** (→ Rn. 13) auch diejenigen Umstände, welche die Ausfüllungsnorm erfüllen. Erkennt der Täter zB fälschlich nicht, dass ein zum Tatbestand des Abs. 1 Nr. 5 iVm § 8 Abs. 3 S. 1, § 6 Abs. 2 S. 2 Nr. 3 gehörender Umstand (zB rechtskräftige Verurteilung innerhalb der letzten fünf Jahre) gegeben ist, so erliegt er einem Tatbestandsirrtum. Kein Gegenstand des Vorsatzes ist hingegen die Ausfüllungsnorm selbst (im Beispiel § 6 Abs. 3 S. 2 Nr. 3).[307] Schwierig ist diese Abgrenzung in Fällen, in denen der Täter die sich aus einer (nicht notwendig ausdrücklich) in Bezug genommenen gesellschaftsrechtlichen Norm ergebende **Pflicht nicht kennt oder deren Reichweite falsch interpretiert.** Die Rspr. hat in einem Fall, in dem der Täter bei der Anmeldung verkannte, dass er zur Angabe der zwischenzeitlichen Verwendung der Einlagen verpflichtet war, einen Tatbestandsirrtum bejaht und dies damit begründet, dass der Täter seine Erklärung für vollständig und damit richtig gehalten und somit nicht den Vorsatz gehabt habe, eine falsche Angabe zu machen.[308] Folgt man dieser Ansicht, so kommt man jedoch im Ergebnis über das Tatbestandsmerkmal „falsch" zum Erfordernis der Kenntnis der Ausfüllungsnorm selbst, die den Umfang der Mitteilungspflicht vorschreibt (§ 8 Abs. 2 S. 1), und damit zum Erfordernis eines Unrechtsbewusstseins als Teil des Vorsatzes, wie es die Vorsatztheorie verlangt, die mit der Konzeption der §§ 16, 17 StGB unvereinbar ist. Vielmehr ist – der § 17 StGB zugrundeliegenden Schuldtheorie folgend – der Irrtum über das Bestehen oder Nichtbestehen einer Pflicht als Verbotsirrtum einzuordnen. Ein Irrtum über die Existenz oder Reichweite der Ausfüllungsnorm ist ebenso ein Verbotsirrtum (§ 17 StGB) wie ein Irrtum über das in einem Straftatbestand, der kein Blankett ist (zB Abs. 2 Nr. 2), enthaltene Verbot oder Gebot. Der allein der Gesetzestechnik geschuldete Unterschied, ob der Gesetzgeber alle Tatbestandsvoraussetzungen im Straftatbestand selbst oder auch in Normen nennt, auf die jener verweist, rechtfertigt keine unterschiedliche rechtliche Würdigung desselben Irrtums. Handelt der Täter in Unkenntnis der Existenz eines Tatbestandsmerkmals der Strafnorm, so irrt er nicht über „Umstände, die zum gesetzlichen Tatbestand gehören", diesen also erfüllen, sondern über den Tatbestand selbst.

119   Die Abgrenzung zwischen Tatbestands- und Verbotsirrtum kann im Einzelfall auch deshalb schwierig sein, weil die meisten Voraussetzungen des § 82 und der Ausfüllungsnormen **normative Tatbestandsmerkmale** sind. Bei ihnen tritt das allgemeine Phänomen, dass der Täter, um vorsätzlich zu handeln, den sinnlich richtig wahrgenommenen Sachver-

---

[306] UHL/*Ransiek* Rn. 56.
[307] BeckOGK AktG/*Hefendehl* § 399 Rn. 332; aA Scholz/*Rönnau* Rn. 197 m. Fn. 648; Erbs/Kohlhaas/*Schaal* Rn. 55; allg. zum Streitstand und für eine Einordnung als Verbotsirrtum MüKoStGB/*Joecks/Kuhlanek* StGB § 16 Rn. 76 f.; Schönke/Schröder/*Sternberg-Lieben/Schuster* StGB § 15 Rn. 99; für eine Einordnung als Tatbestandsirrtum NK-StGB/*Puppe* StGB § 16 Rn. 64 ff.; LK-StGB/*Vogel/Bülte* StGB § 16 Rn. 40 f.
[308] BGH Urt. v. 16.3.1993 – 1 StR 804/92, NStZ 1993, 442 zu § 399 Abs. 1 Nr. 1 AktG; zust. UHL/*Ransiek* Rn. 60; Scholz/*Rönnau* Rn. 205; wie hier BeckOGK/*Hefendehl* AktG § 399 Rn. 331; MüKo-AktG/*Weiß* AktG § 399 Rn. 173.

halt auch intellektuell richtig erfassen muss, in verschärfter Form auf, weil diese intellektuelle Leistung ein zumeist juristisches Vorverständnis voraussetzt. Streitig ist, ob wegen dieser Besonderheit die Anforderungen an den Vorsatz abgeschwächt werden sollen, sodass es genügt, wenn der Täter den rechtlich-sozialen Bedeutungsgehalt des Tatumstands nach Laienart richtig erfasst **(Parallelwertung in der Laiensphäre),**[309] oder ob, wie bei den deskriptiven Tatbestandsmerkmalen, auch hier zu verlangen ist, dass der Täter den sinnlich wahrgenommenen Sachverhalt intellektuell richtig erfasst.[310] Im Regelfall führt dieser Streit nicht zu unterschiedlichen Ergebnissen. Beide Ansichten verlangen, dass der Täter den sinnlich wahrgenommenen Sachverhalt auch intellektuell zumindest insoweit richtig erfassen muss, dass sich seine Vorstellung mit dem Sinn des Tatbestands deckt. Auch die zweite Ansicht stellt nicht die Forderung auf, dass der Täter das Tatbestandsmerkmal kennen und juristisch exakt subsumieren muss. So genügt bei Abs. 2 Nr. 2, wenn der Täter weiß, dass er Mitglied des Beirats einer GmbH ist, der den Geschäftsführer überwachen soll (→ Rn. 38). Den Begriff „ähnliches Organ" muss er nicht kennen und auch nicht wissen, was das Gesetz damit im Einzelnen meint. Nimmt er irrig an, er dürfe trotz seiner Stellung öffentlich Unwahrheiten über die Vermögenslage der GmbH verkünden, so handelt er in einem Subsumtionsirrtum, der ihm nicht die Kenntnis des Sachverhalts, sondern das Verbot seines Tuns verbirgt und nach § 17 StGB zu beurteilen ist. Ein Tatbestandsirrtum liegt also vor, wenn der Täter den Sachverhalt falsch wahrnimmt oder in einer dem Sinn des Tatbestands nicht entsprechenden Weise versteht. Hingegen erliegt der Täter einem als Verbotsirrtum zu behandelnden Subsumtionsirrtum, wenn er annimmt, der von ihm sinnlich und intellektuell richtig erfasste Sachverhalt falle nicht unter das (strafbewehrte) Verbot.

Beispiele: Ein **Tatbestandsirrtum** liegt beispielsweise vor, wenn der Geschäftsführer **120** wegen eines Rechenfehlers einen falschen Betrag angibt (§ 7 Abs. 2 S. 1), wenn er die Frist falsch berechnet und so zu der Überzeugung kommt, dass kein Bestellungshindernis mehr besteht (§ 6 Abs. 2 S. 1 Nr. 3), wenn er irrtümlich den Wert einer Sacheinlage falsch taxiert, oder wenn er eine Sacheinlage nicht angibt, weil er sie nicht kennt. Die Rspr. hat zudem einen Tatbestandsirrtum angenommen, wenn der Geschäftsführer meint, die Einlage stehe ihm zur freien Verfügung, obwohl eine schuldrechtliche Verpflichtung zur Verpfändung des eingezahlten Betrags eingegangen worden ist[311] oder die Gutschrift auf einem Privatkonto oder auf einem Gesellschafts- oder Sonderkonto erfolgt ist, über das er nur mit Zustimmung eines Dritten verfügen kann.[312] Hingegen soll es sich um einen Verbotsirrtum bei der Annahme handeln, eine Bareinlage könne auch durch Abtretung eines Darlehensanspruchs erbracht werden.[313] Ein **Verbotsirrtum** ist zu bejahen, falls der Täter über den Umfang seiner Verpflichtung irrt. Das ist zB dann der Fall, wenn er irrig annimmt, eine freiwillige Angabe müsse nicht richtig sein (→ Rn. 43, → Rn. 88),[314] eine Sacheinlage müsse nicht angezeigt werden oder die vollständige Erbringung der Einlagen dürfe schon vor Eingang der letzten Zahlungen angegeben werden,[315] oder wenn er nicht erkennt, dass er als faktischer Geschäftsführer (nach hM) dieselben Pflichten wie ein wirksam bestellter Geschäftsführer hat.[316] Ebenso liegt ein Verbotsirrtum vor, wenn der Täter zwar die Unrichtigkeit

---

[309] BGH Urt. v. 26.9.2005 – II ZR 380/03, NJW 2005, 3721 (3724) zu § 399 AktG: „laienhafte Kenntnis"; Scholz/*Rönnau* Rn. 195; allg. BGH Beschl. v. 26.3.2018 – 4 StR 408/17, NJW 2018, 1486 Rn. 34; Urt. v. 18.7.2018 – 2 StR 416/16, NJW 2018, 3467 Rn. 8; *Roxin/Greco,* Strafrecht, Allgemeiner Teil, Bd. I, 5. Aufl. 2020, § 12 Rn. 101; Schönke/Schröder/*Sternberg-Lieben/Schuster* StGB § 15 Rn. 43a.

[310] UHL/*Ransiek* Rn. 61; allg. NK-StGB/*Puppe* StGB § 16 Rn. 46 ff.

[311] BGH Urt. v. 1.2.1977 – 5 StR 626/76, GA 1977, 340 (341) zu § 399 AktG; Urt. v. 26.9.2005 – II ZR 380/03, NJW 2005, 3721 (3724) zu § 399 AktG.

[312] BayObLG Beschl. v. 21.1.1987 – RReg. 4 St 261/86, BayObLGSt 1987, 7 (8). Zum Irrtum bei einer verdeckten Sacheinlage s. *Benz,* Verdeckte Sacheinlage und Einlagenrückzahlung, 2010, 225 ff.

[313] BGH Urt. v. 17.6.1952 – 1 StR 668/51, BeckRS 1952 30397513 – insoweit nicht abgedruckt in BGHSt 3, 23; aA Noack/Servatius/Haas/*Beurskens* Rn. 19; UHL/*Ransiek* Rn. 59; diff. Scholz/*Rönnau* Rn. 201.

[314] Esser/Rübenstahl/Saliger/Tsambikakis/*Brand,* Wirtschaftsstrafrecht, 2017, Rn. 199; Scholz/*Rönnau* Rn. 200; aA Rowedder/Schmidt-Leithoff/*Schaal* Rn. 99: Tatbestandsirrtum.

[315] RG Urt. v. 25.3.1886 – Rep 270/86, RGSt 14, 36 (45) zu Art. 249a HGB 1884.

[316] BGH Urt. v. 19.4.1984 – 1 StR 736/83, BeckRS 1984, 31108632 zu § 283 StGB.

seiner Angabe erkennt, aber wegen der Mitwirkung eines Notars glaubt, dies sei rechtlich irrelevant,[317] wenn er bei Abs. 1 Nr. 5 fälschlicherweise davon ausgeht, dass keine Pflicht zur Selbstbezichtigung besteht[318] oder dass nur noch kurzzeitig bestehende Hindernisse nicht angegeben werden müssen, oder wenn er bei Abs. 2 Nr. 2 der Ansicht ist, er dürfe umfangreiche Veruntreuungen eines Geschäftsführers zum Schutz der Gesellschaft verschweigen.[319]

E. Rechtswidrigkeit und Schuld

121   Eine Rechtfertigung oder Entschuldigung wird in der Praxis kaum in Betracht zu ziehen sein. Insbesondere ist eine **Einwilligung** durch die Gesellschafter oder den Aufsichtsrat nicht möglich, da § 82 das Vermögen Dritter schützt (→ Rn. 6 f.), das ihrer Dispositionsbefugnis entzogen ist. Auch kann ein Mehrheitsbeschluss in keinem Fall rechtfertigende Wirkung entfalten. Der Täter kann sich nicht darauf berufen, von den übrigen Geschäftsführern, Gesellschaftern oder Aufsichtsratsmitgliedern überstimmt worden zu sein, dass seine Stimme nicht für die Beschlussfassung kausal gewesen sei oder dass er nur die Beschlüsse anderer ausgeführt habe.

122   Die allgemeinen Notstandsregeln der **§§ 34, 35 StGB** sind zwar grundsätzlich anwendbar, werden aber praktisch kaum einmal eingreifen. So ist zwar das Vorliegen einer gegenwärtigen Gefahr beispielsweise für die Erhaltung von Arbeitsplätzen, das Fortführen des Betriebs oder die Bewahrung von Geschäftsgeheimnissen grundsätzlich denkbar, jedoch treten solche Risiken zum einen regelmäßig erst in einer bestehenden Gesellschaft auf und zum anderen wird die Eintragung einer neuen Gesellschaft kaum das zu ihrer Verhütung erforderliche Mittel sein. Darüber hinaus wird das Interesse am Erhalt der geschützten Rechtsgüter, insbesondere an der hierzu erforderlichen Korrektheit des Handelsregisters, im Regelfall deutlich überwiegen. § 34 StGB stellt zudem keine Mittel zur Bewältigung selbst schwerster wirtschaftlicher Notlagen zur Verfügung, weil die Rechtsordnung dafür andere Strategien vorsieht, etwa in der Insolvenzordnung. Auch wenn diese keinen Schutz zum Erhalt der Rechtsgüter bieten, muss sich der Einzelne dem in diesen Regelungen zum Ausdruck gelangenden Willen des Gesetzgebers beugen und darf keine darüber hinausgehenden Sonderopfer Dritter erwarten.[320] Ein Irrtum hierüber ist ein **Erlaubnisirrtum,** der wie ein Verbotsirrtum gem. § 17 StGB nur bei Unvermeidbarkeit zur Straflosigkeit führt. – Theoretisch denkbar ist daneben auch noch eine Nötigungssituation, in der sich der Täter einem bestehenden Druck beugt (§ 240 StGB). Auch hier reicht es aber nicht aus, wenn dem Täter bei Nichtvornahme der richtigen Anmeldung lediglich berufliche oder finanzielle Nachteile drohen. Nur in extremen Situationen, wenn beispielsweise eine Gefahr für Leib oder Leben des Täters besteht, kann es zu einer Entschuldigung nach § 35 StGB kommen.[321]

123   Befindet sich der Täter in einem **Verbotsirrtum** (→ Rn. 118 ff.), so handelt er ohne Schuld, wenn er den Irrtum nicht vermeiden kann (§ 17 StGB). Das setzt voraus, dass er die Rechtswidrigkeit seiner Tat bei Anspannung seines Gewissens unter Berücksichtigung seiner individuellen Fähigkeiten und Kenntnisse nicht erkennen kann. Er muss seine geistigen Erkenntniskräfte einsetzen und bei Zweifeln oder bei **Anlass** zu Zweifeln sachkundige Behörden, Rechtsanwälte oder andere rechtskundige Personen fragen. Er darf auf die Auskunft einer verständigen, sachkundigen, unvoreingenommenen Person vertrauen, die kein

---

[317]   BGH Urt. v. 16.5.1958 – 2 StR 103/58, BeckRS 1958, 31193001.
[318]   S. auch Scholz/*Rönnau* Rn. 205. Wegen der vorherigen Belehrung (§ 8 Abs. 3 S. 2) werden Verbotsirrtümer bei Abs. 1 Nr. 5 aber idR vermeidbar sein.
[319]   RG Urt. v. 24.10.1905 – Rep. 603/05, RGSt 38, 195 (200) zu § 314 HGB aF.
[320]   IErg ebenso Noack/Servatius/Haas/*Beurskens* Rn. 1; UHL/*Ransiek* Rn. 140 iVm 65; aA bei „Extremfällen": Esser/Rübenstahl/Saliger/Tsambikakis/*Brand,* Wirtschaftsstrafrecht, 2017, Rn. 227; MHLS/*Dannecker* Rn. 258; Scholz/*Rönnau* Rn. 190; krit. dazu wiederum Ring/Grziwotz/*Heinemann* Rn. 36: „praktisch nicht vorstellbar".
[321]   MHLS/*Dannecker* Rn. 259; Scholz/*Rönnau* Rn. 192.

erkennbares Eigeninteresse verfolgt und daher Gewähr für eine sorgfältige Auskunftserteilung bietet. Das gilt jedoch nicht, wenn die Rechtswidrigkeit „für ihn bei auch nur mäßiger Anspannung von Verstand und Gewissen leicht erkennbar ist oder er nicht mehr als eine Hoffnung haben kann, das ihm bekannte Strafgesetz greife hier noch nicht ein". In einem solchen Fall darf der Täter sich auf die eingeholte Auskunft nicht allein deswegen verlassen, weil sie für ihn günstig ist. Nach Ansicht des BGH ist „insbesondere bei komplexen Sachverhalten und erkennbar schwierigen Rechtsfragen regelmäßig ein detailliertes, schriftliches Gutachten erforderlich, um einen unvermeidbaren Verbotsirrtum zu begründen".[322] Der Verbotsirrtum ist **vermeidbar,** wenn für den Täter die Unrichtigkeit oder Unsorgfältigkeit der Auskunft erkennbar ist oder er trotz eines Anhaltspunkts hierfür (zB erkennbar vordergründiges und mangelhaftes Gutachten, abweichende Auskunft eines anderen Rechtskundigen, Gefälligkeitsgutachten) keinen weiteren Rat einholt.[323] Dabei muss feststehen, dass ein solcher Rat ihm die Verbotskenntnis vermittelt hätte.[324] Bei Anwendung dieser Grundsätze ist ein Verbotsirrtum für die Täter des § 82 zumeist vermeidbar, weil sie aufgrund ihrer Stellung im Unternehmen, ihrer intellektuellen Fähigkeiten und beruflichen Erfahrung den Anlass zur Überprüfung ihrer Rechtsansicht erkennen können und bei einer Anspannung ihres Gewissens auch in der Lage sind, die Grenzen des im Rahmen ihrer Berufstätigkeit zulässigen Handelns oder die Notwendigkeit, Rechtsrat einzuholen, zu erfassen.

F. Täterschaft und Teilnahme

Es gelten die allgemeinen Regeln der §§ 25–31 StGB. Da § 82 ein echtes **Sonderdelikt** 124 ist (→ Rn. 12), scheiden andere als die in der jeweiligen Tatbestandsvariante genannten Personen als Täter, mittelbare Täter oder Mittäter aus. Bei Abs. 1 Nr. 5 ist darüber hinaus eine täterschaftliche Beteiligung von Personen ausgeschlossen, die dem Täterkreis angehören, weil es sich bei der Versicherung um eine höchstpersönliche Erklärung und daher bei Abs. 1 Nr. 5um ein **eigenhändiges Delikt** handelt.[325] Täter kann hier ein Geschäftsführer, Geschäftsleiter oder Liquidator nur bezüglich seiner Versicherung sein, dass für ihn keine Bestellungshindernisse bestehen. Auch eine Täterschaft wegen Unterlassens scheidet aus, zumal die anderen Geschäftsführer, Geschäftsleiter oder Liquidatoren gerade deshalb, weil es sich um eine höchstpersönliche Erklärung handelt, nicht für die Richtigkeit der Versicherungen der anderen Sorge zu tragen haben. Das gilt auch dann, wenn die Versicherungen mehrerer Personen zusammen in einer Urkunde abgegeben werden, weil diese lediglich äußerliche Vereinfachung den Gehalt der Erklärungen nicht ändert.

I. Gremienentscheidungen

Der Aufsichtsrat einer GmbH muss aus mindestens drei Mitgliedern bestehen (§ 52 125 iVm § 95 S. 1 AktG). Ebenso kann die Gesellschaft mehrere Geschäftsführer haben (§ 35 Abs. 1 S. 1) und mehrere Gründer bzw. Gesellschafter (§ 1). In diesen Fällen ist fraglich, wie sich die Beteiligung eines Mitglieds des Aufsichtsrats, der Geschäftsführung oder Gesellschafterversammlung an dem Zustandekommen oder der Durchführung eines Beschlusses des Gremiums auf die individuelle strafrechtliche Verantwortlichkeit auswirkt.

Hat der Täter **für den Beschluss gestimmt** und später auch bei dessen Ausführung, 126 also der Abgabe der Erklärung, mitgewirkt, so ist er (Mit-)Täter. Dabei ist unerheblich, ob seine Stimme zur Erreichung der erforderlichen Mehrheit notwendig war. Er kann sich nicht darauf berufen, dass er bei einem abweichenden Stimmverhalten überstimmt worden

---

322 Zitate aus BGH Urt. v. 4.4.2013 – 3 StR 521/12, NStZ 2013, 461; ebenso BGH Urt. v. 23.7.2019 – 1 StR 433/18, NStZ-RR 2019, 388 (391).
323 OLG Frankfurt Urt. v. 14.7.2003 – 3 Ss 114/03, NStZ-RR 2003, 263.
324 BGH Urt. v. 7.4.2016 – 5 StR 332/15, NStZ 2016, 460 (462).
325 BeckOGK AktG/*Hefendehl* § 399 Rn. 278 zu § 399 Abs. 1 Nr. 6 AktG.

wäre und somit seine Stimme nicht kausal für den Beschluss geworden sei.³²⁶ Hat der Täter hingegen nur für den Beschluss gestimmt, war er aber an dessen Umsetzung nicht beteiligt, so haftet er lediglich als Anstifter, weil er die erforderliche Tathandlung nicht vorgenommen hat.³²⁷ Im umgekehrten Fall, in dem der Täter nicht für den Beschluss gestimmt, aber an der nachfolgenden Abgabe der Erklärung mitgewirkt hat, kann er als Täter bestraft werden. Das Vorliegen der Gremienentscheidung entfaltet hier keine rechtfertigende Wirkung. Sollte der Täter von einer solchen ausgehen, erliegt er einem Verbotsirrtum, der regelmäßig vermeidbar sein wird und somit die Schuld nicht ausschließt (§ 17 StGB; → Rn. 123).³²⁸

127   Ebenso ist zu entscheiden, wenn der Täter, statt dagegen zu stimmen, sich der Stimme **enthalten** und dadurch den Beschluss nicht verhindert hat.³²⁹ Hat der Täter jedoch an der Abstimmung gar nicht teilgenommen oder **gegen den Beschluss gestimmt** und hat er auch an dessen Ausführung nicht mitgewirkt, so verübt er § 82 nicht durch Tun. Jedoch befreit ihn dies noch nicht von seiner strafrechtlichen Verantwortung. Vielmehr trifft ihn eine Garantenpflicht (→ Rn. 113). Dieser kommt er nur dann ausreichend nach, wenn er alles ihm Mögliche und Zumutbare tut, um die Verwirklichung des Tatbestands zu verhindern.³³⁰ Dazu genügt es nicht, gegen die gefasste Entscheidung zu stimmen, sondern er muss bereits versuchen, einen rechtmäßigen Beschluss zu initiieren. Führt das nicht zum Erfolg, so muss er versuchen, die Umsetzung des Beschlusses zu verhindern (→ Rn. 114).³³¹

II. Mittelbare Täterschaft

128   Soweit eine Person mittelbarer Täter sein kann (→ Rn. 124), gelten für die Begründung der Täterschaft die allgemeinen Regeln, weshalb zB bei Abs. 1 Nr. 1 eine **Irrtumsherrschaft** eines Gesellschafters in Betracht kommt, der den Geschäftsführer über die Richtigkeit der Angaben täuscht und so in einen vorsatzausschließenden Irrtum versetzt (→ Rn. 16). Hingegen dürfte eine **Organisationsherrschaft,** bei der die Rspr. inzwischen so weit geht, im Rahmen einer unternehmerischen Betätigung eine mittelbare Täterschaft unabhängig davon für möglich zu erachten, ob der Vordermann strafrechtlich voll verantwortlich handelt,³³² bei § 82 ausgeschlossen sein.³³³ Die Rspr. verlangt hierfür gefestigte Organisationsstrukturen, die dazu führen, dass das Verhalten des Vordermanns als nahezu automatische Folge des Beitrags des Hintermanns angesehen werden kann.³³⁴ Solche strukturellen Abhängigkeiten werden zwischen Gesellschaftern, Geschäftsführern oder Aufsichtsratsmitgliedern sehr selten vorzufinden sein. Hinzu kommt, dass sich die Gesellschaft bei einigen Tatbestandsvarianten im Gründungsstadium befindet, in dem derartige Verhältnisse kaum einmal zu bejahen sein werden. Ein nicht zum Kreis der tauglichen Täter gehörender Dritter, der durch Täuschung oder Nötigung soweit auf das Handeln eines Gesellschafters, Geschäftsführers oder Aufsichtsratsmitglieds Einfluss nimmt, dass dieser nicht vorsätzlich

---

³²⁶   Darüber besteht weithin Einigkeit, str. ist die Begr., BGH Urt. v. 6.7.1990 – 2 StR 549/89, BGHSt 37, 106 (126 ff.) = NJW 1990, 2560; UHL/*Ransiek* Vor § 82 Rn. 66 f.; Scholz/*Rönnau* Rn. 35; eingehend NK-StGB/*Puppe* StGB Vor § 13 Rn. 108 f., 122 mwN.
³²⁷   MHLS/*Dannecker* Rn. 69; aA – Mittäterschaft – UHL/*Ransiek* Vor § 82 Rn. 66; Scholz/*Rönnau* Rn. 35.
³²⁸   MHLS/*Dannecker* Rn. 70.
³²⁹   BGH Urt. v. 21.12.2005 – 3 StR 470/04, NJW 2006, 522 (527) – nicht abgedruckt in BGHSt 50, 331; s. auch Scholz/*Rönnau* Rn. 36; aA UHL/*Ransiek* Vor § 82 Rn. 68.
³³⁰   BGH Urt. v. 12.1.1956 – 3 StR 626/54, BGHSt 9, 203 (215 f.) – insoweit nicht abgedruckt in NJW 1956, 1326; Urt. v. 6.7.1990 – 2 StR 549/89, BGHSt 37, 106 (131 f.) = NJW 1990, 2560.
³³¹   MHLS/*Dannecker* Rn. 72.
³³²   BGH Urt. v. 3.7.2003 – 1 StR 453/02, BeckRS 2003, 07432 unter B.II.2 b bb – insoweit nicht abgedruckt in NStZ 2004, 457.
³³³   AA BayObLG Beschl. v. 30.5.1994 – 4 St RR 74/94, NStZ 1994, 548 (549): abhängiger (doloser) Geschäftsführer als Tatmittler.
³³⁴   BGH Urt. v. 3.7.2003 – 1 StR 453/02, BeckRS 2003, 07432 unter B.II.2 b bb – insoweit nicht abgedruckt in NStZ 2004, 457; s. auch BGH Urt. v. 26.7.1994 – 5 StR 98/94, BGHSt 40, 218 (232 ff.) = NJW 1994, 2703 (2706); Urt. v. 8.11.1999 – 5 StR 632/98, BGHSt 45, 270 (296) = NJW 2000, 443 (448); Urt. v. 6.11.2002 – 5 StR 281/01, BGHSt 48, 77 (90 f.) = NJW 2003, 522 (525); grdl. zur Rechtsfigur der Organisationsherrschaft *Roxin*, Strafrecht, Allgemeiner Teil, Bd. II, 2003, § 25 Rn. 105 ff., der aber eine Übertragung auf Wirtschaftsunternehmen ablehnt, Rn. 130.

oder rechtswidrig handelt, bleibt straflos, weil er nicht mittelbarer Täter sein kann und eine teilnahmefähige Haupttat fehlt.

III. Teilnahme

Anstifter (§ 26 StGB) ist, wer einen tauglichen Täter zu dessen vorsätzlicher und **129** rechtswidriger Tat bestimmt, also dessen Tatentschluss hervorruft. Dies ist beispielsweise der Fall, wenn der Hintermann dem als Strohmann agierenden Gesellschafter oder Geschäftsführer eine Weisung erteilt. **Beihilfe** (§ 27 StGB) vor, wenn eine fremde Tat gefördert wird, beispielsweise indem die vom Täter dem Registergericht vorgelegten unrichtigen Unterlagen erstellt oder er dabei beraten wird (zB vom Notar, Rechtsanwalt, Steuerberater) oder der Täter in seinem Tatentschluss bestärkt wird. Unterbindet ein nicht zum Kreis der tauglichen Täter gehörender Dritter die vorsätzliche und rechtswidrige Haupttat nicht, kommt eine **Beihilfe durch Unterlassen** (§ 27 Abs. 1 StGB iVm § 13 Abs. 1 StGB) in Betracht, wenn ihn die Garantenpflicht trifft, die fehlerhafte Erklärung zu unterbinden. Grundsätzlich haben allerdings nur die vom Tatbestand als taugliche Täter erfassten Personen für die Richtigkeit der Anmeldung oder Mitteilung einzustehen. Da für den Täter nach Einreichen der Erklärung bis zur Eintragung der Gesellschaft eine Pflicht zur Korrektur seiner Angaben besteht, ist bis zu diesem Zeitpunkt auch noch eine Teilnahme möglich. Die von § 82 vorausgesetzte Stellung des Täters in der Gesellschaft ist ein **besonderes persönliches Merkmal**. Für Teilnehmer, die nicht dem Täterkreis angehören, ist die Strafe daher zu mildern (§ 28 Abs. 1 StGB iVm § 49 Abs. 1 StGB).[335] Der Versuch der Anstiftung ist, da es sich um ein Vergehen handelt, nicht strafbar (§ 30 Abs. 1 StGB).

G. Versuch, Vollendung, Beendigung und tätige Reue

Der **Versuch** des § 82 ist nicht strafbar, da es sich um ein Vergehen (§ 12 Abs. 2 StGB) **130** handelt und eine gesetzliche Anordnung der Versuchsstrafbarkeit fehlt (§ 23 Abs. 1 StGB).

Die **Vollendung** der Tat tritt mit **Zugang** ein. Bei Abs. 1 Nr. 1, 3–5, Abs. 2 Nr. 1 **131** muss die falsche Angabe oder Versicherung im Rahmen der vollständigen (→ Rn. 51) Anmeldung dem zuständigen Registergericht zugegangen sein (→ Rn. 45).[336] Macht der Täter eine falsche Angabe gegenüber dem Registergericht, bleibt die Anmeldung aber insgesamt unvollständig, weil er nicht alle erforderlichen Unterlagen einreicht, so wird die Tat nicht vollendet. Da das Registergericht schon aus formalen Gründen über die Eintragung nicht entscheiden kann, besteht keine abstrakte Gefahr. Bei **Abs. 1 Nr. 2** genügt es, wenn der Sachgründungsbericht statt dem Registergericht einem Dritten zugeht (→ Rn. 79). Bei **Abs. 2 Nr. 2** muss die öffentliche Mitteilung zumindest einem Adressaten zugegangen oder zugänglich gemacht worden sein.[337] Ein dem Zugang nachfolgender Verlust der Unterlagen beseitigt die bereits eingetretene Vollendung nicht.

---

335 BGH Urt. v. 11.7.1988 – II ZR 243/87, NJW 1988, 2794 (2797) zu § 399 AktG.
336 RG Urt. v. 10.3.1910 – III 70/10, RGSt 43, 323; Urt. v. 3.6.1910 – V 398/10, RGSt 43, 430 (431); BGH Urt. v. 16.5.1958 – 2 StR 103/58, BeckRS 1958, 31193001; ebenso RG Urt. v. 11.12.1903 – Rep. 4904/03, RGSt 37, 25 (27) zu § 313 HGB aF; OLG München Urt. v. 19.12.2003 – 21 U 5489/02, NZG 2004, 230 (231) zu § 399 AktG; MHLS/*Dannecker* Rn. 125, 177, 190, 208, 227; Ring/Grziwotz/*Heinemann* Rn. 12; MüKoStGB/*Hohmann* Rn. 123; UHL/*Ransiek* Rn. 67, 89, 98, 114, 123; Scholz/*Rönnau* Rn. 112, 143, 153, 161; Henssler/Strohn/*Servatius* Rn. 18, 30, 34, 39, 43; aA BGH Urt. v. 24.3.2016 – 2 StR 36/15, NStZ-RR 2016, 205 (207): Kenntnisnahme durch das Gericht.
337 Esser/Rübenstahl/Saliger/Tsambikakis/*Brand,* Wirtschaftsstrafrecht, 2017, Rn. 230; MHLS/*Dannecker* Rn. 252; UHL/*Ransiek* Rn. 141; Scholz/*Rönnau* Rn. 187; Erbs/Kohlhaas/*Schaal* Rn. 60; Henssler/Strohn/*Servatius* Rn. 51. Die in diesem Zusammenhang häufig betonte Forderung, dass bei einer Mitteilung ans Handelsregister ein Dritter Möglichkeit zur Einsichtnahme haben musse, ist beim heute elektronischen Handelsregister bedeutungslos geworden, da mit der Freischaltung der Eintragung die Mitteilung für alle Adressaten zugänglich ist.

132   Die **Beendigung** der Tat ist wichtig als Endpunkt für die Beteiligung, die auch bei Anerkennung der Möglichkeit einer sukzessiven Mittäterschaft oder Beihilfe nach diesem Zeitpunkt nicht mehr möglich ist, und als Anfangspunkt für den Lauf der fünfjährigen (→ Rn. 139) Verjährungsfrist (§ 78a StGB). Die Beendigung tritt bei Abs. 1, 2 Nr. 1 zu dem Zeitpunkt ein, in dem die Eintragung in das Handelsregister erfolgt ist oder der Antrag auf die Eintragung rechtskräftig abgelehnt wird.[338] Nicht abzustellen ist auf einen (unsicheren) späteren tatsächlichen Eintritt eines Vermögensschadens oder den endgültigen Wegfall der Gefahr. Dies würde den Tatbestand zu einem Dauerdelikt ausweiten, was mit der lediglich punktuellen Tathandlung nicht zu vereinbaren ist. Ebenfalls abzulehnen ist bei **Abs. 1 Nr. 2** ein früherer Beendigungszeitpunkt schon mit der Berücksichtigung des Sachgründungsberichts bei der Entscheidung des Registergerichts über die Anmeldung.[339] Auch der Sachgründungsbericht wird für die Anmeldung erstellt; zudem dürfte der Zeitpunkt, wann im Entscheidungsprozess der Bericht herangezogen und der abschließenden Entscheidung zugrunde gelegt wurde, nachträglich kaum festzustellen sein. Bei **Abs. 2 Nr. 2** werden unterschiedliche Zeitpunkte für die Beendigung vorgeschlagen: (1) wenn alle Adressaten Kenntnis genommen haben,[340] (2) wenn zumindest ein Adressat tatsächlich Kenntnis genommen hat,[341] (3) wenn ein großer Teil der Adressaten Gelegenheit hat, von der Mitteilung Kenntnis zu nehmen.[342] Die erste Ansicht überzeugt nicht, weil es danach möglich ist, dass eine Tat nie beendet wird und verjährt. Die zweite Ansicht versucht, dieses Manko durch eine willkürliche Festlegung auf die tatsächliche Kenntnisnahme durch den erstbesten Adressaten (als angeblicher Repräsentant der Öffentlichkeit) zu umgehen. Die dritte Ansicht läuft im Regelfall (zB Online-Verbreitung, Printmedien, Massenversand, öffentliche Rede) auf eine Gleichsetzung des Beendigungs- mit dem Vollendungszeitpunkt hinaus. Diese Gleichsetzung ist vorzugswürdig, weil mit der Vollendung die abstrakte Gefahr geschaffen ist. Anders als in den anderen Tatvarianten des § 82 ist hier kein Registergericht zwischengeschaltet, das die Gefahr noch abwenden könnte.

133   Eine **Berichtigung** falscher Angaben, Versicherungen oder Mitteilungen nach deren Zugang kann die Strafbarkeit beseitigen (zur Berichtigung bis zum Zugang der vollständigen Anmeldung → Rn. 51) oder zumindest die Strafe abmildern, wenn noch keine der von § 82 geschützten Personen (→ Rn. 7, 9) im Vertrauen auf die Richtigkeit der Erklärung eine vermögensrelevante Maßnahme ergriffen hat. Eines solchen Korrektivs bedarf es, weil die Strafbarkeit beim abstrakten Gefährdungsdelikt der tatsächlichen Verletzung des geschützten Vermögens weit vorgelagert ist. Sorgt der Täter selbst freiwillig dafür, dass sich die von ihm geschaffene Gefahr nicht realisieren kann, so ist dies nach den Kriterien der **tätigen Reue** analog § 264 Abs. 6 StGB, § 264a Abs. 3 StGB, § 265b Abs. 2 StGB (s. auch § 261 Abs. 9 StGB, § 266a Abs. 6 StGB, § 371 Abs. 1 AO) zu honorieren, die auch eine spätere Berichtigung ausreichen lassen, weil insofern maßgeblich nur der Schutz der vertrauenden Dritten ist.[343]

---

[338] BGH Beschl. v. 30.3.1987 – 1 StR 580/86, BeckRS 1987, 31088175; MHLS/*Dannecker* Rn. 129, 178, 191, 209, 228; Ring/Grziwotz/*Heinemann* Rn. 13; MüKoStGB/*Hohmann* Rn. 126; UHL/*Ransiek* Rn. 68, 77, 89, 98, 114, 123; Scholz/*Rönnau* Rn. 115, 143, 153, 162; Erbs/Kohlhaas/*Schaal* Rn. 60; Henssler/Strohn/*Servatius* Rn. 18, 30, 34, 39, 43; aA BGH Urt. v. 10.5.2000 – 3 StR 101/00, NJW 2000, 2285: Zugang.

[339] Ring/Grziwotz/*Heinemann* Rn. 13; MüKoStGB/*Hohmann* Rn. 126; aA Noack/Servatius/Haas/*Beurskens* Rn. 60; MHLS/*Dannecker* Rn. 154; Scholz/*Rönnau* Rn. 130; Erbs/Kohlhaas/*Schaal* Rn. 60; Henssler/Strohn/*Servatius* Rn. 25.

[340] MüKoStGB/*Hohmann* Rn. 126.

[341] Noack/Servatius/Haas/*Beurskens* Rn. 60; MHLS/*Dannecker* Rn. 253; Ring/Grziwotz/*Heinemann* Rn. 13; UHL/*Ransiek* Rn. 141; Scholz/*Rönnau* Rn. 188; Henssler/Strohn/*Servatius* Rn. 51.

[342] Esser/Rübenstahl/Saliger/Tsambikakis/*Brand,* Wirtschaftsstrafrecht, 2017, Rn. 232; HK-KapMarktStrafR/*Eidam* Rn. 120; Erbs/Kohlhaas/*Schaal* Rn. 60.

[343] UHL/*Ransiek* Rn. 141; aA Noack/Servatius/Haas/*Beurskens* Rn. 17; Scholz/*Rönnau* Rn. 113, 161; Rowedder/Schmidt-Leithoff/*Schaal* Rn. 102; Henssler/Strohn/*Servatius* Rn. 25, 39, 43.

H. Rechtsfolgen

I. Konkurrenzen

1. Innerhalb des Straftatbestands. Ein (einheitliches) Delikt liegt vor, wenn der Täter **134** durch eine Handlung eine Tatbestandsvariante mehrfach erfüllt (zB bei Abs. 1 Nr. 1: Erklärung gegenüber dem Registergericht enthält falsche Angaben über die Übernahme der Geschäftsanteile und die Leistung der Einlagen). **Tateinheit** (§ 52) ist anzunehmen, wenn durch eine Handlung mehrere Tatbestandsvarianten verwirklicht werden (zB Täter reicht beim Registergericht zugleich eine falsche Erklärung nach Abs. 1 Nr. 1 und eine unwahre Versicherung nach Abs. 1 Nr. 5 ein), wenn durch mehrere von einem Vorsatz getragene Handlungen eine Tatbestandsvariante erfüllt wird (zB bei Abs. 1 Nr. 1 werden zur Eintragung der GmbH sukzessiv mehrere falsche Erklärungen gegenüber dem Registergericht gemacht) oder wenn durch mehrere Handlungen mehrere Tatbestandsvarianten erfüllt werden mit dem einheitlichen Vorsatz, dadurch eine Eintragung zu erreichen (zB falsche Angaben im Sachgründungsbericht und bei der Anmeldung zum Gründungsaufwand[344]). **Tatmehrheit** (§ 53) liegt in allen anderen Fällen vor, in denen der Täter mehrere Handlungen vornimmt, die dieselbe oder verschiedene Tatbestandsvarianten erfüllen (zB Machen derselben falschen Angabe gem. Abs. 1 und in einer öffentlichen Mitteilung gem. Abs. 2 Nr. 2).

2. Zu anderen Straftatbeständen. Tateinheit kann insbesondere vorliegen mit **135** Betrug (§ 263 StGB), Kapitalanlagebetrug (§ 264a StGB), Untreue (§ 266 StGB), Urkundenfälschung (§ 267 StGB)[345] und unlauterer Werbung (§ 16 UWG). Tateinheit ist auch möglich mit falscher Versicherung an Eides Statt (§ 156 StGB), wenn die Versicherung eine eidesstattliche ist (was zB nicht der Fall ist bei den Versicherungen gem. § 8 Abs. 2, 3; → § 7 Rn. 39)[346] und mit der Anmeldung beim Registergericht eingereicht wird, wofür eine elektronische Einreichung gem. § 12 HGB genügt, weil § 156 StGB keine Form vorschreibt. Eine Tateinheit mit mittelbarer Falschbeurkundung (§ 271 StGB) scheidet in der Regel aus, weil dies öffentliche Urkunden, Bücher, Dateien oder Register voraussetzt, also Urkunden etc., die Beweiskraft für und gegen jedermann entfalten. Durch das Handelsregister wird nur bewiesen, dass überhaupt eine Erklärung abgegeben wurde und wer sie abgegeben hat, nicht hingegen ihre inhaltliche Richtigkeit. Ein Zusammentreffen mit § 82 ist daher nur möglich, wenn über die Person des Erklärenden getäuscht wird.[347] Abs. 2 Nr. 2 ist kraft Gesetzes **subsidiär** gegenüber § 331 Abs. 1 Nr. 1, 1a HGB.

II. Sanktionen

1. Täter. Die Strafe ist entweder **Freiheitsstrafe** von einem Monat (§ 38 Abs. 2 StGB) **136** bis zu drei Jahren oder **Geldstrafe** zwischen fünf und dreihundertsechzig Tagessätzen (§ 40 Abs. 1 S. 2 StGB), wobei sich die Höhe des Tagessatzes nach den persönlichen und wirtschaftlichen Verhältnissen des Täters, insbesondere dessen Nettoeinkommen, richtet (§ 40 Abs. 2 StGB). Eine Freiheitsstrafe unter sechs Monaten wir in der Regel nicht verhängt (§ 47 StGB). Bei einer Freiheitsstrafe bis zu einem Jahr muss in der Regel die Vollstreckung zur Bewährung ausgesetzt werden, bei einer Freiheitsstrafe bis zu zwei Jahren kann dies geschehen (§ 56 StGB). Das konkrete Strafmaß bestimmt sich gem. § 46 StGB unter anderem nach den Beweggründen und Zielen des Täters (zB Bereicherungsabsicht, Rettung des Unternehmens), dem Maß seiner Pflichtwidrigkeit und den verschuldeten Auswirkungen der Tat (zB Vermö-

---

[344] RG Urt. v. 2.10.1888 – Rep. 1665/88, RGSt 18, 105 (115) zu Art. 249a HGB 1884; s. auch BGH Urt. v. 24.3.2016 – 2 StR 36/15, NStZ-RR 2016, 205 (207, 208) zu § 399 Abs. 1 Nr. 1, 2 AktG: „einheitliche Tat des Gründungsschwindels"; zT wird Subsidiarität des Gründungsschwindels oder bei Annahme von Tatmehrheit eine mitbestrafte Vortat angenommen; Scholz/*Rönnau* Rn. 212 mwN.

[345] Vgl. BGH Urt. v. 24.3.2016 – 2 StR 36/15, NStZ-RR 2016, 205 (207) zu § 399 Abs. 1 Nr. 4 AktG.

[346] OLG Karlsruhe Beschl. v. 8.11.2002 – 11 Wx 48/02, NZG 2003, 38 (39); aA ohne Erläuterung OLG Oldenburg v. 3.4.2018 – 12 W 39/18, NZG 2019, 64; HK-GmbHG/*Saenger* Rn. 25.

[347] RG Urt. v. 5.11.1888 – Rep. 2113/88, RGSt 18, 179 (180); BGH Beschl. v. 14.6.2016 – 3 StR 128/16, NStZ 2016, 675 (676).

gensschäden bei Gläubigern). Zudem kann im Fall der Bereicherung oder des diesbezüglichen Versuchs neben der Freiheitsstrafe eine Geldstrafe verhängt werden (§ 41 StGB).

137   Wer wegen einer Tat nach § 82 rechtskräftig verurteilt wird, kann für die Dauer von fünf Jahren nicht (mehr) Geschäftsführer sein (**Bestellungsverbot**, § 6 Abs. 2 S. 2 Nr. 3 lit. c). Daneben kommt als Maßregel der Besserung und Sicherung unter den (höheren) Voraussetzungen des § 70 StGB die Verhängung eines ein **Berufsverbot** in Betracht, das aber grundsätzlich auch für höchstens fünf Jahre und nur ausnahmsweise für immer angeordnet wird. Schon vor der Verurteilung kann das Gericht ein vorläufiges Berufsverbot verhängen (§ 132a StPO). Wird durch die Tat ein Vermögensvorteil erzielt, können die Vorschriften über die **Einziehung** (§§ 73 ff. StGB) zur Anwendung kommen. Auch zur Tatbegehung verwendete Unterlagen (zB unrichtige Bilanz) dürfen eingezogen werden (§ 74 StGB).

138   **2. Gesellschaft.** Die Verhängung einer **Geldbuße gegen die GmbH** ist unter den Voraussetzungen des § 30 OWiG möglich. In Betracht kommt dies bei Taten von Geschäftsführern, Geschäftsleitern und Liquidatoren (§ 30 Abs. 1 Nr. 1) sowie von Mitgliedern des Aufsichtsrats oder eines ähnlichen Organs (§ 30 Abs. 1 Nr. 5),[348] nicht aber bei Taten der Gesellschafter.[349] Eine Tat nach § 82 ist nur dann eine taugliche Anknüpfungstat für eine Geldbuße gegen die GmbH, wenn durch die Tat entweder eine Pflicht verletzt wird, die der GmbH obliegt, oder die GmbH bereichert wird oder werden soll. Die Verletzung einer Pflicht der GmbH scheidet aus bei Abs. 1 Nr. 1, weil die GmbH vor ihrer Eintragung noch nicht existiert und daher nicht verpflichtet ist, für richtige Angaben bei ihrer Eintragung zu sorgen. Die Vor-GmbH ist zwar eine „Gesellschaft" iSd Abs. 1 Nr. 1 (→ Rn. 15), aber als Gesellschaft eigener Art (→ Rn. 19) keine juristische Person oder Personengesellschaft iSd § 30 Abs. 1 OWiG.[350] Ebenfalls keine taugliche Anknüpfungstat für eine Geldbuße gegen die GmbH ist die Tat nach Abs. 1 Nr. 5, weil sie die Verletzung der höchstpersönlichen Pflicht jedes einzelnen Geschäftsführers und Liquidators bei der von ihm für sich (→ Rn. 90) abzugebenden Versicherung betrifft (→ § 8 Rn. 46, → § 67 Rn. 21). Bei den anderen Tatvarianten (Abs. 1 Nr. 3, 4, Abs. 2) werden Pflichten der GmbH verletzt.[351] Die Geschäftsführer sind zwar für die Erfüllung der Pflichten gem. Abs. 1 Nr. 3 und 4 zuständig (§ 78), aber es ist Sache der GmbH, dass Kapitalerhöhungen und -herabsetzungen richtig eingetragen werden (→ § 78 Rn. 5). Ebenso obliegt es bei Abs. 2 Nr. 2 ihr, dass sie (durch ihre Organe) ihre Vermögensverhältnisse in der Öffentlichkeit richtig darstellt. Die alternative Voraussetzung der Bereicherung wird in der Regel nicht erfüllt sein, weil eine Tat nach § 82 nur selten zu einem messbaren wirtschaftlichen Vorteil für die GmbH führt.

III. Verjährung

139   Die Verjährungsfrist für die **Strafverfolgung** beträgt fünf Jahre (§ 78 Abs. 3 Nr. 4 StGB). Der Fristablauf beginnt mit der Beendigung der Tat (§ 78a StGB; → Rn. 132). Bei einer Tat gem. Abs. 2 Nr. 2 kann stattdessen die sechsmonatige, mit der Veröffentlichung beginnende, presserechtliche Verjährungsfrist gelten (so zB § 25 LPresseG NRW), wenn es sich um ein geeignetes Tatmittel iSd einschlägigen Landespressegesetzes handelt, woran bei es bei ausschließlich gewerblichen Zwecken dienenden Druckwerken (zB Geschäftsbericht) fehlen kann (so zB § 7 Abs. 3 Nr. 2 LPresseG NRW). Die Verjährungsfrist für die **Strafvollstreckung** beläuft sich je nach Art und Höhe der verhängten Strafe auf drei, fünf oder

---

348 Esser/Rübenstahl/Saliger/Tsambikakis/*Engelhart/Rübenstahl/Tsambikakis*, Wirtschaftsstrafrecht, 2017, OWiG § 130 Rn. 34; Göhler/*Gürtler/Thoma*, Ordnungswidrigkeitengesetz, 18. Aufl. 2021, OWiG § 130 Rn. 14a; KK-OWiG/*Rogall* OWiG § 30 Rn. 84.
349 UHL/*Ransiek* Vor § 82 Rn. 13.
350 Esser/Rübenstahl/Saliger/Tsambikakis/*Engelhart/Rübenstahl/Tsambikakis*, Wirtschaftsstrafrecht, 2017, OWiG § 130 Rn. 20; Göhler/*Gürtler/Thoma*, Ordnungswidrigkeitengesetz, 18. Aufl. 2021, OWiG § 130 Rn. 7; aA aufgrund faktischer Betrachtungsweise Graf/Jäger/Wittig/*Niesler*, Wirtschafts- und Steuerstrafrecht, 2. Aufl. 2017, OWiG § 30 Rn. 13; KK-OWiG/*Rogall* OWiG § 30 Rn. 44; s. auch *Schmidt* wistra 1990, 131 (134).
351 Weiter UHL/*Ransiek* Vor § 82 Rn. 13, der alle Tatvarianten einbezieht.

zehn Jahre (§ 79 Abs. 3 Nr. 3–5 StGB). Der Fristablauf beginnt mit Rechtskraft der Entscheidung (§ 79 Abs. 6 StGB).

IV. Verfahren

§ 82 wird von Amts wegen verfolgt (**Offizialdelikt**). Die Anklage wird vor dem **140** Amtsgericht erhoben (§ 24 Abs. 1 S. 1 GVG), wenn sie die Staatsanwaltschaft nicht wegen der besonderen Bedeutung des Falls vor dem Landgericht erhebt (§ 24 Abs. 1 S. 1 Nr. 3 GVG). Zuständig ist dort die **Wirtschaftsstrafkammer** (§ 74c Abs. 1 S. 1 Nr. 1 GVG). Sie ist auch zuständig für die Entscheidung über die Berufung gegen ein amtsgerichtliches Urteil (§ 74 Abs. 3 GVG). Gegen das Berufungsurteil ist die Revision vor dem Oberlandesgericht statthaft (§ 121 Abs. 1 Nr. 1 lit. b GVG), im Fall der erstinstanzlichen Zuständigkeit der Wirtschaftsstrafkammer die Revision vor dem BGH (§ 135 Abs. 1 GVG).

Im Falle einer Verurteilung „soll" (§ 260 Abs. 4 S. 2 StPO) die Tat im **Schuldspruch 141** mit der gesetzlichen Überschrift bezeichnet werden, so dass „Falsche Angaben" genügt.[352] Weil diese Bezeichnung sehr allgemein ist und § 82 mehrere Tatvarianten umfasst, steht es im Ermessen des Gerichts (§ 260 Abs. 4 S. 5 StPO), stattdessen die konkrete Tatvariante zu nennen (zB bei Abs. 1 Nr. 2 „falsche Angaben im Sachgründungsbericht").[353] Ebenfalls zulässig ist die Verwendung der gebräuchlichen Bezeichnung (→ Rn. 1; zB bei Abs. 1 Nr. 2 „Sachgründungsschwindel"). Das gilt auch bei einer Tatvariante mit mehreren Untervarianten. So kann eine Tat nach Abs. 1 Nr. 1 als „Gründungstäuschung"[354] oder „Gründungsschwindel"[355] bezeichnet werden. Es bedarf nicht der zusätzlichen Angabe, ob die Tat die Übernahme der Geschäftsanteile, die Leistung der Einlagen, die Verwendung eingezahlter Beträge, Sondervorteile, den Gründungsaufwand, die Sacheinlagen oder mehrere dieser Varianten betraf.[356]

§ 83 *(weggefallen)*

§ 83 ist außer Kraft getreten am 1.10.1968 durch Art. 150 Abs. 2 Nr. 7 EGOWiG, **1** Art. 167 Abs. 1 EGOWiG vom 24.5.1968, BGBl. 1968 I 503 (542, 547).

§ 84 Verletzung der Verlustanzeigepflicht

(1) Mit Freiheitsstrafe bis zu drei Jahren oder mit Geldstrafe wird bestraft, wer es als Geschäftsführer unterläßt, den Gesellschaftern einen Verlust in Höhe der Hälfte des Stammkapitals anzuzeigen.

(2) Handelt der Täter fahrlässig, so ist die Strafe Freiheitsstrafe bis zu einem Jahr oder Geldstrafe.

Schrifttum: s. auch bei § 82; *Bittmann,* Praxishandbuch Insolvenzstrafrecht, 2. Aufl. 2017; *Böse,* Wirtschaftsaufsicht und Strafverfolgung, 2005; *Lindemann,* Voraussetzungen und Grenzen legitimen Wirtschaftsstrafrechts, 2012; *Müller,* Der Verlust der Hälfte des Grund- oder Stammkapitals, ZGR 1985, 191; *Müller-Gugenberger,*

---

[352]   BGH Beschl. v. 12.1.2016 – 1 StR 406/15, BeckRS 2016, 02977 Rn. 5; aA Rowedder/Schmidt-Leithoff/*Schaal* Rn. 121.

[353]   Vgl. zu § 331 HGB BGH Beschl. v. 6.1.2004 – 5 StR 521/03, BeckRS 2004, 01099; Beschl. v. 21.8.1996 – 4 StR 364/96, BeckRS 1996, 06491.

[354]   Vgl. BGH Beschl. v. 12.1.2016 – 1 StR 406/15, BeckRS 2016, 02977 Rn. 1.

[355]   BGH Urt. v. 24.3.2016 – 2 StR 36/15, NStZ-RR 2016, 205 (207) zu § 399 Abs. 1 Nr. 1 AktG.

[356]   Die Gegenauffassung streitet dann darüber, in welchem Verhältnis die Untervarianten zueinander stehen; vgl. Scholz/*Rönnau* Rn. 211: „falsche Angaben über die Leistung der Einlagen", weil die Leistung der Einlagen der Oberbegriff sei; ebenso Graf/Jäger/Wittig/*Ibold,* Wirtschafts- und Steuerstrafrecht, 2. Aufl. 2017, Rn. 136, Erbs/Kohlhaas/*Schaal* Rn. 64, die aber offenlassen, ob Leistung der Einlagen der Oberbegriff für alle Varianten des Abs. 1 Nr. 1 ist; anders UHL/*Ransiek* Rn. 70: Nennung der einschlägigen Variante.

Glanz- und Elend des GmbH-Strafrechts, FS Tiedemann, 2008, 1003; *Müller-Gugenberger,* GmbH-Strafrecht nach der Reform, GmbHR 2009, 578; *Pfeiffer,* Unterlassen der Verlustanzeige und des Konkurs- oder Vergleichsantrags nach § 84 GmbHG, FS Rowedder, 1994, 347; *Richter,* Der Konkurs der GmbH aus der Sicht der Strafrechtspraxis, GmbHR 1984, 113 und GmbHR 1984, 137; *Späth,* Rechtfertigungsgründe im Wirtschaftsstrafrecht, 2016; *Tiedemann,* Zur Streichung (und zur Existenz) von Bilanzerfordernissen in §§ 64, 84 GmbHG, GmbHR 1985, 281; *Uhlenbruck,* Die Pflichten des Geschäftsführers einer GmbH oder GmbH & Co. KG in der Krise des Unternehmens, BB 1985, 1277; *Veit/Grünberg,* Wesen und Funktion der obligatorischen Verlustanzeige, DB 2006, 2644.

Übersicht

I. Grundlagen

1   § 84 stellt das vorsätzliche und das fahrlässige **Unterlassen der Verlustanzeige** unter Strafe (diese Pflicht wurde nicht durch das COVInsAG ausgesetzt). Zwar knüpft der Tatbestand wie § 49 Abs. 3 an einen „Verlust in Höhe der Hälfte des Stammkapitals" an. Strafbar ist aber nicht das Unterlassen der dort verlangten Einberufung der Gesellschafterversammlung, sondern das Unterlassen der Verlustanzeige gegenüber den Gesellschaftern. Ein Verstoß gegen § 49 Abs. 3 scheidet daher von vornherein aus, wenn die Gesellschafter davon bereits wissen (zB Geschäftsführer ist alleiniger Gesellschafter). Vergleichbare Straftatbestände finden sich in § 401 AktG und § 148 GenG. Die **praktische Bedeutung** des § 84 ist nach den Verurteilungszahlen marginal.[1]

2   Die Verlustanzeigepflicht des § 84 dient ebenso wie die Einberufungspflicht des § 49 Abs. 3 (→ § 49 Rn. 7) dazu, dass die Gesellschafter frühzeitig über eine drohende Krise der GmbH informiert werden und ihnen Gelegenheit gegeben wird, über das weitere Schicksal der GmbH, insbesondere über die Möglichkeit ihrer Sanierung, zu beraten und zu entscheiden. § 84 schützt mithin das **Vermögen der Gesellschafter.**[2] Nicht geschützt werden die GmbH[3] und ihre Gläubiger,[4] weil allein die Gesellschafter zu informieren und diese nicht verpflichtet sind, die GmbH zu erhalten oder Maßnahmen zu ergreifen, um die Aussicht der Gläubiger auf Erfüllung ihrer Forderungen sicherzustellen. § 84

---

[1]   Statistisches Bundesamt, Fachserie 10 Reihe 3: Rechtspflege Strafverfolgung 2019, 2020, 53: vier Verurteilungen gem. § 85 und 58 Verurteilungen nach den sonstigen Vorschriften des GmbHG. Zu möglichen Anwendungsbereichen *Bittmann,* Praxishandbuch Insolvenzstrafrecht, 2. Aufl. 2017, § 11 Rn. 11.

[2]   *Altmeppen* Rn. 11; *Bittmann,* Praxishandbuch Insolvenzstrafrecht, 2. Aufl. 2017, § 11 Rn. 8; Esser/ Rübenstahl/Saliger/Tsambikakis/*Brand,* Wirtschaftsstrafrecht, 2017, Rn. 5; MüKoStGB/*Hohmann* Rn. 1; Ring/Grziwotz/*Krumm/Westphal* Rn. 1; BeckOK GmbHG/*Voßen* Rn. 3. Soweit neben dem Vermögen auch das Informationsinteresse der Gesellschafter als Schutzgut genannt wird, erscheint dies unnötig, weil die Information gerade dazu dient, ihnen ein Eingreifen zum Schutz ihres Vermögens zu ermöglichen.

[3]   AA – Schutz neben dem Vermögen der Gesellschafter – Noack/Servatius/Haas/*Beurskens* Rn. 15; MHLS/*Dannecker* Rn. 4; Graf/Jäger/Wittig/*Ibold,* Wirtschafts- und Steuerstrafrecht, 2. Aufl. 2017, Rn. 4; Lutter/Hommelhoff/*Kleindiek* Rn. 2; Ring/Grziwotz/*Krumm/Westphal* Rn. 1; UHL/*Ransiek* Rn. 5; Scholz/*Rönnau* Rn. 5; Rowedder/Schmidt-Leithoff/*Schaal* Rn. 1; *Späth,* Rechtfertigungsgründe im Wirtschaftsstrafrecht, 2016, 190.

[4]   AA *Altmeppen* Rn. 11; Leitner/Rosenau/*Parigger,* Wirtschafts- und Steuerstrafrecht, 2017, Rn. 1.

AktG ist ein **Schutzgesetz** iSd § 823 Abs. 2 BGB. Verletzte sind nur die Gesellschafter,[5] soweit ihnen durch das Unterlassen der Verlustanzeige ein Schaden entstanden ist. Allerdings müssen sie dafür substantiiert darlegen und beweisen, was sie ansonsten unternommen hätten und in welcher Höhe dadurch ein tatsächlich eingetretener Schaden vermieden worden wäre.[6] Gegenüber der Gesellschaft haften die Geschäftsführer aus § 43 Abs. 2 (→ § 49 Rn. 65).

Der Straftatbestand des Unterlassens der Verlustanzeige hat eine kurze **Geschichte.** Er **3** wurde erst durch Art. 1 Nr. 30 GmbHGÄndG[7] eingeführt. Vorbild war § 401 AktG.[8] Während im Regierungsentwurf noch vorgeschlagen worden war, das strafbare Unterlassen darin zu sehen, dass es der „Geschäftsführer entgegen § 49 Abs. 3 unterlässt, bei einem Verlust in Höhe der Hälfte des Stammkapitals die Gesellschafterversammlung einzuberufen und ihr dies anzuzeigen",[9] knüpfte der Rechtsausschuss die Strafe an die unterlassene Unterrichtung der Gesellschafter an. Er sah „die Nichteinberufung der Gesellschafterversammlung bei einem Verlust in Höhe der Hälfte des Stammkapitals nicht in jedem Fall als strafwürdiges Unrecht an". Wesentlich erschien ihm, dass „die Geschäftsführer in diesem Fall die Gesellschafter über einen solchen Verlust unterrichten". Das könne „durch Einberufung einer Gesellschafterversammlung, nach Lage des Einzelfalls aber auch in anderer Weise geschehen".[10] Der bereits zuvor in § 84 (zuletzt als Abs. 1 Nr. 2) enthaltene Straftatbestand der Konkursverschleppung, der sich beim Erlass des GmbHG im Jahre 1892[11] zunächst in § 82 befunden hatte, wurde durch Art. 1 Nr. 48 MoMiG[12] mit Wirkung zum 1.11.2008 aufgehoben und durch § 15a Abs. 4, 5 InsO ersetzt.

§ 84 ist ein echtes **Unterlassungsdelikt,** weil er selbst den Geschäftsführern die Hand- **4** lungspflicht auferlegt. Täter können nur Geschäftsführer sein, sodass § 84 auch ein echtes **Sonderdelikt** ist. Da keine Schädigung oder konkrete Gefährdung des geschützten Vermögens der Gesellschafter (→ Rn. 2) vorausgesetzt wird, ist § 84 außerdem ein **abstraktes Gefährdungsdelikt.**

II. Tatbestand

1. Täter. Täter kann nur der Geschäftsführer einer GmbH nach deutschem Recht **5** sein. § 84 gilt allerdings nicht für die **Unternehmergesellschaft,**[13] da diese kein Mindeststammkapital iSd § 5 Abs. 1 haben muss (§ 5a Abs. 1). Zwar kann selbst das technische Mindestkapital von einem Euro (→ § 5a Rn. 8) um die Hälfte unterschritten werden. Allerdings ist es dann wohl für den mit § 84 beabsichtigten Schutz der Gesellschafter zu spät. Der Geschäftsführer einer UG ist daher schon bei drohender Zahlungsunfähigkeit zur Einberufung der Gesellschafterversammlung verpflichtet (§ 5a Abs. 4). Da der Gesetzgeber diesen Zeitpunkt nicht für eine dem § 84 entsprechende Norm gewählt hat, ist davon

---

5   *Altmeppen* Rn. 11; Henssler/Strohn/*Servatius* Rn. 1; anders die hM, Noack/Servatius/Haas/*Beurskens* Rn. 15; MHLS/*Dannecker* Rn. 6; Graf/Jäger/Wittig/*Ibold,* Wirtschafts- und Steuerstrafrecht, 2. Aufl. 2017, Rn. 4; Lutter/Hommelhoff/*Kleindiek* Rn. 2; Ring/Grziwotz/*Krumm*/*Westphal* Rn. 11; UHL/*Ransiek* Rn. 6; Scholz/*Rönnau* Rn. 6; Rowedder/Schmidt-Leithoff/*Schaal* Rn. 2; *Wicke* Rn. 1.
6   UHL/*Ransiek* Rn. 6.
7   Gesetz zur Änderung des Gesetzes betreffend die Gesellschaften mit beschränkter Haftung und anderer handelsrechtlicher Vorschriften v. 4.7.1980, BGBl. 1980 I 836 (840).
8   BT-Drs. 8/1347, 56.
9   BT-Drs. 8/1347, 20.
10 BT-Drs. 8/3908, 78.
11 Gesetz betreffend die Gesellschaften mit beschränkter Haftung v. 20.4.1892, RGBl. 1892, 477 (499).
12 Gesetz zur Modernisierung des GmbH-Rechts und zur Bekämpfung von Missbräuchen v. 23.10.2008, BGBl. 2008 I 2026 (2031).
13 Esser/Rübenstahl/Saliger/Tsambikakis/*Brand,* Wirtschaftsstrafrecht, 2017, Rn. 3; Noack/Servatius/Haas/*Beurskens* Rn. 1; MHLS/*Dannecker* Rn. 1; MüKoStGB/*Hohmann* Rn. 10; Lutter/Hommelhoff/*Kleindiek* Rn. 3; Ring/Grziwotz/*Krumm*/*Westphal* Rn. 2; *Müller-Gugenberger* GmbHR 2009, 578 (582); UHL/*Ransiek* Rn. 1; Scholz/*Rönnau* Rn. 1; HK-GmbHG/*Saenger* Rn. 13; BeckOK GmbHG/*Voßen* Rn. 7; s. auch *Müller-Gugenberger* FS Tiedemann, 2008, 1003 (1021), der ua deshalb die Streichung des § 84 anregt.

auszugehen, dass er bei der UG den Verstoß gegen die Anzeigepflicht nicht unter Strafe stellen wollte (→ § 5a Rn. 39). Auf die **Vor-GmbH** (Vorgesellschaft) und die Vorgründungsgesellschaft findet § 84 ebenfalls keine Anwendung,[14] da diese kein Stammkapital aufweisen. Bereits nach dem Wortlaut nicht erfasst sind zudem Geschäftsleiter **ausländischer Gesellschaften** (→ § 82 Rn. 14).

6   Der Begriff des Geschäftsführers schließt Notgeschäftsführer, stellvertretende Geschäftsführer (§ 44) und Strohmann-Geschäftsführer ein (→ § 82 Rn. 20 ff.). Vorausgesetzt wird eine wirksame Bestellung, eine Eintragung ist nicht erforderlich (→ § 82 Rn. 26).[15] Der **faktische Geschäftsführer** ist auch hier kein tauglicher Täter (→ § 82 Rn. 23 ff.).[16] Liquidatoren werden in § 84 nicht als Täter genannt, was sich damit erklären lässt, dass sie nicht zur Einberufung der Gesellschafterversammlung verpflichtet sind, weil § 71 Abs. 4 nicht auf § 49 Abs. 3 verweist. § 84 gilt folglich auch nicht für („geborene") **Liquidatoren,** die zuvor Geschäftsführer waren (→ § 82 Rn. 35).

7   Die Pflicht zur Verlustanzeige trifft **jeden einzelnen Geschäftsführer.**[17] Das folgt aus dem Wortlaut des Abs. 1 („wer es als Geschäftsführer unterlässt"). Weil es sich um eine interne Angelegenheit der Gesellschaft handelt, sind die Vertretungsverhältnisse (vgl. § 35 Abs. 2 S. 1) unerheblich. Auch eine Gesamtgeschäftsführung (→ § 49 Rn. 17) oder eine interne Geschäftsverteilung, die einem Geschäftsführer die Zuständigkeit (zB für Finanzen) zuweist, ändern nichts daran, dass jeder Geschäftsführer zur Anzeige verpflichtet und damit tauglicher Täter ist.[18] Eine **interne Geschäftsverteilung** beseitigt außerdem nicht die Handlungspflicht jedes Geschäftsführers in einer Krisen- oder Ausnahmesituation, wie sie hier mit dem Absinken des Eigenkapitals auf die Hälfte des Stammkapitals vorliegt. Vielmehr „greift der Grundsatz der Generalverantwortung und Allzuständigkeit der Geschäftsleitung ein" mit der Folge, dass jeder Geschäftsführer unabhängig von seiner internen Zuständigkeit zum Handeln berufen ist.[19] Bedeutung erlangt eine abweichende interne Geschäftsverteilung daher hier vor allem im subjektiven Tatbestand, wenn der unzuständige Geschäftsführer die Krise nicht erkennt, sodass ihm der Vorsatz fehlt. In diesem Fall kommt jedoch Fahrlässigkeit (Abs. 2) in Betracht, wenn seine Unkenntnis darauf beruht, dass er seiner Pflicht zur angemessenen Überwachung des zuständigen Geschäftsführers nicht nachgekommen ist.[20] An der gesetzlichen Pflicht vermag auch eine abweichende Weisung des Aufsichtsrats, eines ähnlichen Gremiums oder einzelner Gesellschafter (zB beherrschender Mehrheitsgesellschafter) nichts zu ändern (zur Einwilligung durch alle Gesellschafter → Rn. 20).

---

[14] *Altmeppen* Rn. 2; Noack/Servatius/Haas/*Beurskens* Rn. 1; Esser/Rübenstahl/Saliger/Tsambikakis/*Brand,* Wirtschaftsstrafrecht, 2017, Rn. 3; Scholz/*Rönnau* Rn. 1; HK-GmbHG/*Saenger* Rn. 4; Henssler/Strohn/*Servatius* Rn. 1; BeckOK GmbHG/*Voßen* Rn. 7.

[15] Auch wenn man den nicht wirksam bestellten, aber trotzdem eingetragenen Geschäftsführer analog § 121 Abs. 2 S. 2 AktG als verpflichtet iSd § 49 Abs. 3 ansieht (→ § 49 Rn. 15 ff.), ist er doch kein Täter iSd § 84.

[16] Anders die hM: MHLS/*Dannecker* Rn. 20; MüKoStGB/*Hohmann* Rn. 20 ff.; Graf/Jäger/Wittig/*Ibold,* Wirtschafts- und Steuerstrafrecht, 2. Aufl. 2017, Rn. 7; Scholz/*Rönnau* Rn. 21 ff.; Erbs/Kohlhaas/*Schaal* Rn. 6; Henssler/Strohn/*Servatius* Rn. 4; diff. HK-GmbHG/*Saenger* Rn. 10; einschr. – (unwirksame) Bestellung notwendig beim faktischen Mitgeschäftsführer – *Altmeppen* Rn. 5, 10; BeckOK GmbHG/*Voßen* Rn. 6; weiter einschr. – (unwirksame) Bestellung immer notwendig – Lutter/Hommelhoff/*Kleindiek* Rn. 7; UHL/*Ransiek* Rn. 7.

[17] Noack/Servatius/Haas/*Beurskens* Rn. 2; *Bittmann,* Praxishandbuch Insolvenzstrafrecht, 2. Aufl. 2017, § 11 Rn. 4; Esser/Saliger/Rübenstahl/Tsambikakis/*Brand* Rn. 9; MHLS/*Dannecker* Rn. 21; Lutter/Hommelhoff/*Kleindiek* Rn. 5; UHL/*Ransiek* Rn. 9; Scholz/*Rönnau* Rn. 15; HK-GmbHG/*Saenger* Rn. 5; Erbs/Kohlhaas/*Schaal* Rn. 7.

[18] BGH Urt. v. 10.3.1983 – 4 StR 375/82, BGHSt 31, 264 (277) = NJW 1983, 2509 (2512) zu § 11 StGB.

[19] BGH Urt. v. 6.7.1990 – 2 StR 549/89, BGHSt 37, 106 (124) = NJW 1990, 2560 (2565).

[20] S. dazu BGH Urt. v. 15.10.1996 – VI ZR 319/95, BGHZ 133, 370 (377 f.) = NJW 1997, 130 (132 f.); Urt. v. 8.7.1985 – II ZR 198/84, NJW 1986, 54 (55); Urt. v. 20.3.1986 – II ZR 114/85, NJW-RR 1986, 1293; Urt. v. 20.2.1995 – II ZR 9/94, NJW-RR 1995, 669 (670); Urt. v. 26.6.1995 – II ZR 109/94, NJW 1995, 2850 (2851); OLG Koblenz Urt. v. 9.6.1998 – 3 U 1662/89, NZG 1998, 953 (954).

Ist der Geschäftsführer vor dem Eintritt des Verlusts wirksam aus seinem Amt ausge- **8**
schieden (zB Abberufung, Fristablauf, Amtsniederlegung[21]), so bleibt er straflos, weil
bis zum Zeitpunkt der **Beendigung der Organstellung** noch keine Handlungspflicht
entstanden und er beim Eintritt des Verlusts kein Geschäftsführer mehr ist.[22] Das gilt
auch dann, wenn er den Verlust vorhergesehen hat, weil die Pflicht zur Verlustanzeige
einen tatsächlich eingetretenen Verlust voraussetzt. Endet die Organstellung nach Eintritt
des Verlusts und nach Verstreichen der Frist für eine unverzügliche (→ Rn. 15) Information der Gesellschafter, so lässt der Amtsverlust die Strafbarkeit nicht nachträglich entfallen. Endet die Organstellung erst nach dem Eintritt des Verlusts, aber noch vor Fristbeginn (→ Rn. 15), scheidet eine Strafbarkeit aus. Endet sie zwischen Fristbeginn und
Fristende, so ist zu unterscheiden, ob der Geschäftsführer das Ende seiner Organstellung
vorhergesehen hat (zB Amtsniederlegung) oder nicht. Im ersten Fall ist § 84 erfüllt, weil
er seiner Pflicht zur unverzüglichen Information der Gesellschafter nicht innerhalb der
ihm zur Verfügung stehenden Zeit als Geschäftsführer nachgekommen ist.[23] Er kann sich
nicht darauf berufen, dass ihm im Falle seiner weiteren Zugehörigkeit noch Zeit für
eine ordnungsgemäße Pflichterfüllung geblieben wäre, sondern muss sich − ebenso wie
ein Vorstandsmitglied, dass sich nach Fristbeginn einer zu diesem Zeitpunkt nicht notwendigen schweren Operation unterzieht und infolgedessen von da an nicht mehr handlungsfähig ist − entgegenhalten lassen, dass er innerhalb der ihm zur Verfügung stehenden
Zeit die ihm mögliche Handlung nicht vorgenommen, mithin schuldhaft verzögert hat.
Allerdings kommt es ihm zugute, wenn ein Mitgeschäftsführer oder sein Nachfolger
danach noch innerhalb der Frist die Gesellschafter informiert.[24] Hat er das Ende seiner
Organstellung nicht vorausgesehen, so kann er darauf verweisen, dass er seine Pflicht bis
dahin noch nicht verletzt hat, und bleibt straflos.

**2. Verlust in Höhe der Hälfte des Stammkapitals. a) Höhe und Feststellung 9
des Verlusts.** Nach dem Wortlaut des § 84 sind die Geschäftsführer schon dann zur Anzeige
verpflichtet, wenn ein „Verlust in Höhe der Hälfte des Stammkapitals" eingetreten ist.
Damit wären selbst solche Fälle erfasst, in denen die GmbH zwar noch über Eigenkapital
in Höhe des Stammkapitals (oder ein Vielfaches davon) verfügt und lediglich einen Verlust
in dem Umfang erlitten hat, der dem der Hälfte des Stammkapitals entspricht. Deshalb ist
der Tatbestand vor dem Hintergrund des Schutzzwecks (→ Rn. 2) einschränkend dahin
auszulegen, dass die GmbH infolge des Verlusts tatsächlich nur noch über Eigenkapital in
Höhe der Hälfte des Stammkapitals verfügt. Ein Verlust in Höhe der Hälfte des Stammkapitals ist somit erst dann anzunehmen, wenn das **Eigenkapital** (Reinvermögen) auf einen
Stand absinkt, der **rechnerisch der Höhe des halben Stammkapitals** entspricht (→ § 49
Rn. 57).[25] Ein plötzlicher Einbruch ist nicht erforderlich. Es reicht aus, wenn das Gesellschaftsvermögen in einem schleichenden Prozess auf dieses Niveau sinkt.

---

[21] Eine unwirksame Amtsniederlegung lässt die Stellung als Geschäftsführer und Täter unberührt; → § 38
     Rn. 58 ff.
[22] BGH Urt. v. 30.9.1980 − 1 StR 407/80, BeckRS 1980, 31107301 zum Konkursantrag; MHLS/*Dannecker*
     Rn. 22; Scholz/*Rönnau* Rn. 30; *Uhlenbruck* BB 1985, 1277 (1283).
[23] Nach UHL/*Ransiek* Rn. 9 genügt es, wenn er seinen Nachfolger auf die Pflicht hinweist; krit. Scholz/
     Rönnau Rn. 31.
[24] UHL/*Ransiek* Rn. 9. Nach Scholz/*Rönnau* Rn. 30 ist das nur für die Strafzumessung erheblich. Es ist
     aber anerkannt, dass kein Geschäftsführer den Tatbestand verwirklicht, wenn nur einer die Pflicht erfüllt.
     Sein vorzeitiges Ausscheiden kann den Geschäftsführer nicht schlechter stellen.
[25] OLG Köln Urt. v. 5.5.1977 − 14 U 46/76, AG 1978, 17 (22) zu § 92 Abs. 1 AktG; BGH Urt.
     v. 9.10.1958 − II ZR 348/56, BeckRS 1958, 31386395 zu § 83 Abs. 1 AktG 1937; Noack/Servatius/
     Haas/*Beurskens* Rn. 5; *Bittmann,* Praxishandbuch Insolvenzstrafrecht, 2. Aufl. 2017, § 11 Rn. 8; Esser/
     Rübenstahl/Saliger/Tsambikakis/*Brand,* Wirtschaftsstrafrecht, 2017, Rn. 14; MHLS/*Dnnecker* Rn. 34;
     MüKoStGB/*Hohmann* Rn. 13; Graf/Jäger/Wittig/*Ibold,* Wirtschafts- und Steuerstrafrecht, 2. Aufl. 2017,
     Rn. 10; *Lindemann,* Voraussetzungen und Grenzen legitimen Wirtschaftsstrafrechts, 2012, 163; *Pfeiffer*
     FS Rowedder 1994, 347 (353); UHL/*Ransiek* Rn. 11; Scholz/*Rönnau* Rn. 32; HK-GmbHG/*Saenger*
     Rn. 16; *Veit/Grünberg* DB 2006, 2644 (2645).

10   Dabei sind (zunächst und im Regelfall auch ausschließlich) **handelsrechtliche Bewertungsmaßstäbe** anzulegen.[26] Dafür spricht die Nähe des § 84 zu § 49 Abs. 3, der auf die Jahresbilanz Bezug nimmt, die Teil des nach handelsrechtlichen Maßstäben aufzustellenden Jahresabschlusses ist (§ 42 Abs. 1). Das führt aber nicht dazu, dass immer Fortführungswerte anzusetzen sind. Denn gem. § 252 Abs. 1 Nr. 2 HGB ist zwar bei der Bewertung „von der Fortführung der Unternehmenstätigkeit auszugehen", dies aber nur, „sofern dem nicht tatsächliche oder rechtliche Gegebenheiten entgegenstehen". Im Fall des § 84 haben die Geschäftsführer schon aufgrund der Verluste Anlass zu prüfen, ob solche gegen eine Fortführung des Unternehmens sprechende Gegebenheiten vorliegen.[27] Daher ist der hM zu § 49 Abs. 3 (→ § 49 Rn. 58) zuzustimmen, dass die Geschäftsführer immer zuerst eine Fortführungsprognose aufstellen müssen, nach deren positivem oder negativem Ausgang sich dann richtet, ob **Fortführungs- oder Liquidationswerte** anzusetzen sind.[28] Zwar schreibt das HGB für den Fall einer negativen Fortführungsprognose nicht vor, welche Bewertungsmaßstäbe dann gelten. Für eine Anlegung insolvenzrechtlicher Bewertungsmaßstäbe wie bei einer Überschuldungsbilanz spricht aber, dass in einer solchen Krisenlage Fortführungswerte „bloße Fiktion" sein können (→ § 49 Rn. 58) und die demgegenüber „wahren" und in der Regel niedrigeren Liquidationswerte dazu führen, dass die Gesellschafter früher zu informieren und daher eher in der Lage sind, über das weitere Schicksal der GmbH, insbesondere über die Möglichkeit ihrer Sanierung, zu beraten und zu entscheiden.[29] **Stille Reserven** müssen bei negativer Fortführungsprognose aufgedeckt werden;[30] bei positiver Fortführungsprognose dürfen sie nur aufgelöst werden, soweit dies auch beim Jahresabschluss zulässig wäre (→ § 49 Rn. 59). **Gesellschafterdarlehen** sind bei negativer Fortführungsprognose als Passiva anzusetzen (§ 39 Abs. 1 Nr. 5 InsO), sofern kein Rangrücktritt gem. § 39 Abs. 2 InsO vereinbart wurde (§ 19 Abs. 2 S. 2 InsO); bei positiver Fortführungsprognose sind sie auch bei einem Rangrücktritt zu passivieren (→ § 49 Rn. 60).

11   Die Feststellung, ob ein Verlust eingetreten ist, erfolgt aus der Sicht eines **objektiven Betrachters** zur Tatzeit. Bei den in diesem Rahmen vorzunehmenden Bewertungen ist jeweils die für den Täter günstigste zugrunde zu legen.[31] Fortführungsprognose, Fortführungs- und Liquidationswerte sind mit Wertungen verbunden. Der strafrechtliche Vorwurf gegenüber dem der Geschäftsführer, fahrlässig eine unrichtige Prognose aufgestellt oder falsche Werte angesetzt und deshalb die nach objektiver Sachlage gebotene Anzeige unterlassen zu haben, ist nur möglich, wenn die Prognose oder Bewertung **unvertretbar** ist (→ § 82 Rn. 49).[32] Bei einer **GmbH & Co. KG** ist zwar nur der Verlust bei der GmbH maßgebend, jedoch können Verluste der KG auf das Vermögen der GmbH durchschlagen (→ § 49 Rn. 73a).

12   **b) Ausweis des Verlusts in einer Bilanz?** Im Unterschied zu § 49 Abs. 3 setzt § 84 nicht voraus, dass sich der Verlust „aus der Jahresbilanz oder aus einer im Laufe des Geschäfts-

---

[26] Das ist zumindest im Ausgangspunkt allgM: *Altmeppen* Rn. 14; Noack/Servatius/Haas/*Beurskens* Rn. 5; MHLS/*Dannecker* Rn. 28; MüKoStGB/*Hohmann* Rn. 14; Erbs/Kohlhaas/*Schaal* Rn. 9; UHL/*Ransiek* Rn. 15; Scholz/*Rönnau* Rn. 33; HK-GmbHG/*Saenger* Rn. 16; Henssler/Strohn/*Servatius* Rn. 2; BeckOK GmbHG/*Voßen* Rn. 9; *Wicke* Rn. 2.

[27] Das zeigt ein Blick auf den normalen Anwendungsfall des § 252 Abs. 1 Nr. 2 HGB: Beim Jahresabschluss dürfen die Geschäftsführer ohne weiteres von der Fortführung ausgehen, „wenn die Gesellschaft in der Vergangenheit nachhaltige Gewinne erzielt hat, leicht auf finanzielle Mittel zurückgreifen kann und keine bilanzielle Überschuldung droht"; BeBiKo/*Störk/Büssow* HGB § 252 Rn. 10.

[28] Ebenso zu § 84 *Altmeppen* Rn. 14 iVm *Altmeppen* § 49 Rn. 19; Noack/Servatius/Haas/*Beurskens* Rn. 5 iVm Noack/Servatius/Haas/*Beurskens* § 49 Rn. 19; MHLS/*Dannecker* Rn. 30; Graf/Jäger/Wittig/*Ibold*, Wirtschafts- und Steuerstrafrecht, 2. Aufl. 2017, Rn. 10; Scholz/*Rönnau* Rn. 33; HK-GmbHG/*Saenger* Rn. 16, 17; aA – immer Fortführungswerte – UHL/*Ransiek* Rn. 15.

[29] Insoweit auch UHL/*Ransiek* Rn. 15.

[30] BGH Urt. v. 15.3.2011 − II ZR 204/09, NJW 2011, 2427 Rn. 30 zu § 63 aF; Beschl. v. 16.5.2017 − 2 StR 169/15, BeckRS 2017, 112307 Rn. 13 f. zu § 15a InsO; s. auch UHL/*Ransiek* Rn. 15, der aber auch deshalb einheitlich auf Fortführungswerte abstellen will.

[31] UHL/*Ransiek* Rn. 12.

[32] MHLS/*Dannecker* Rn. 30; UHL/*Ransiek* Rn. 16; Bork/Schäfer/*Roth* Rn. 6.

jahres aufgestellten Bilanz" ergibt. Erforderlich ist nach dem Wortlaut nur, dass der Verlust eingetreten ist.[33] Die Frage, ob der Geschäftsführer dies erkannt hat oder erkennen konnte, ist allein für Vorsatz und Fahrlässigkeit relevant (→ Rn. 17 ff.). Die Gegenmeinung, die in § 84 in Anlehnung an § 49 Abs. 3 das ungeschriebene Tatbestandsmerkmal hineinliest, dass der Geschäftsführer nur und erst dann zur Verlustanzeige verpflichtet ist, wenn eine Bilanz vorliegt,[34] die den Verlust ausweist, ist abzulehnen. Sie findet keine Stütze im Wortlaut und fügt sich nicht in die Systematik ein, da sowohl mit guten Gründen die hM zu § 49 Abs. 3 (→ § 49 Rn. 56) als auch § 92 Abs. 1 AktG, § 401 Abs. 1 AktG keine Bilanz voraussetzen. Dasselbe gilt für die Insolvenzverschleppung (§ 15a Abs. 4 InsO), die für die GmbH früher in § 84 Abs. 1 Nr. 2 aF stand (→ Rn. 3). Die Gegenmeinung höhlt zudem das Fahrlässigkeitsdelikt (Abs. 2) aus, da bei einer Bilanz in der Regel Abs. 1 eingreift, und wird dem Schutzzweck des § 84 nicht gerecht, der im Gegenteil nahe legt, dass die Geschäftsführer die Gesellschafter frühestmöglich informieren müssen, und dem es insbesondere zuwiderläuft, einen Geschäftsführer von der Anzeigepflicht freizustellen, der den Verlust auch ohne Bilanz erkennt oder die Aufstellung einer Bilanz unterlässt, weil er keine Feststellung eines etwaigen Verlustes will. Solche Fälle lassen sich nicht angemessen über §§ 283, 283b StGB erfassen, die im Unterschied zu § 84 auch nicht die Gesellschafter schützen und erst dann eingreifen, wenn das Unternehmen zusammengebrochen ist. Schließlich kann für die Gegenmeinung auch nicht (mehr) die Gesetzesgeschichte angeführt werden. Zwar mag es sein, dass der Gesetzgeber bei der Schaffung des heutigen § 84 nur deshalb nicht auf § 49 Abs. 3 verwies, weil er den Geschäftsführern ermöglichen wollte, ihrer Anzeigepflicht auch auf andere Weise nachzukommen als durch Einberufung einer Gesellschafterversammlung, und dass er nicht zugleich das Bilanzerfordernis aufgeben wollte. Jedoch hat er diesen vermeintlichen Fehler nachträglich sanktioniert,[35] als er zu einem Zeitpunkt, in dem § 84 noch in Abs. 1 Nr. 1 aF den heutigen Straftatbestand des § 84 und in Abs. 1 Nr. 2 aF die heutige Insolvenzverschleppung enthielt, aus § 64 Abs. 1 aF und damit auch aus dem darauf Bezug nehmenden Abs. 1 Nr. 2 aF das Erfordernis einer Bilanz mit derselben Begründung strich (Art. 8 Nr. 4 2. WiKG),[36] die für den Straftatbestand des Unterlassens der Verlustanzeige gilt: Es müsse „möglicher Missbrauch unterbunden werden, der darin gesehen werden kann, dass Geschäftsführer [...] die Aufstellung der Jahresbilanz verzögern oder es unterlassen, eine Zwischenbilanz aufzustellen".[37]

3. Unterlassen der Verlustanzeige. Wie jedes Unterlassungsdelikt setzt § 84 zunächst **13** voraus, dass dem Täter die geforderte Handlung rechtlich und tatsächlich möglich ist. Eine rechtliche Unmöglichkeit ist hier kaum vorstellbar, eine tatsächliche kann zB bei einer schweren Krankheit bestehen. Die rechtlich geforderte Handlung besteht darin, die Gesellschafter über den eingetretenen Verlust und seine Höhe **vollständig, wahrheitsgemäß und verständlich** zu unterrichten. Letzteres richtet sich nach dem Empfängerhorizont. Die kommentarlose Zusendung einer Bilanz, die den Verlust ausweist, genügt selbst bei bilanzkundigen Gesellschaftern nicht;[38] es muss zumindest ausdrücklich erklärt werden,

[33] Ebenso die hM, *Altmeppen* Rn. 14; Noack/Servatius/Haas/*Beurskens* Rn. 5; *Bittmann*, Praxishandbuch Insolvenzstrafrecht, 2. Aufl. 2017, § 11 Rn. 6; Esser/Rübenstahl/Saliger/Tsambikakis/*Brand*, Wirtschaftsstrafrecht, 2017, Rn. 4, 15; MüKoStGB/*Hohmann* Rn. 16 f.; Lutter/Hommelhoff/*Kleindiek* Rn. 8; *Müller* ZGR 1985, 191 (211 f.); *Pfeiffer* FS Rowedder, 1994, 347 (353); UHL/*Ransiek* Rn. 13; *Richter* GmbHR 1984, 113 (121); HK-GmbHG/*Saenger* Rn. 18; Rowedder/Schmidt-Leithoff/*Schaal* Rn. 15 f.; Henssler/Strohn/*Servatius* Rn. 2; BeckOK GmbHG/*Voßen* Rn. 9.

[34] MHLS/*Dannecker* Rn. 36; Graf/Jäger/Wittig/*Ibold*, Wirtschafts- und Steuerstrafrecht, 2. Aufl. 2017, Rn. 11; Scholz/*Rönnau* Rn. 3 f., 38; *Tiedemann* GmbHR 1985, 281 (282 f.).

[35] *Pfeiffer* FS Rowedder, 1994, 347 (353 f.).

[36] Zweites Gesetz zur Bekämpfung der Wirtschaftskriminalität v. 15.5.1986, BGBl. 1986 I 721 (728). Die Streichung erfolgte auch in anderen gleichgelagerten Normen; vgl. BGH Urt. v. 25.7.1984 – 3 StR 192/84, BGHSt 33, 21 (24 f.) = NJW 1984, 2958.

[37] BT-Drs. 10/318, 54.

[30] AA Noack/Servatius/Haas/*Beurskens* Rn. 6; Esser/Rübenstahl/Saliger/Tsambikakis/*Brand*, Wirtschaftsstrafrecht, 2017, Rn. 18; MHLS/*Dannecker* Rn. 42; Graf/Jäger/Wittig/*Ibold*, Wirtschafts- und Steuerstrafrecht, 2. Aufl. 2017, Rn. 13; Scholz/*Rönnau* Rn. 36; HK-GmbHG/*Saenger* Rn. 21.

warum die Zusendung erfolgt, also dass ein Verlust eingetreten ist. Der Geschäftsführer kann seiner Verlustanzeigepflicht auch nachkommen, indem er das Normprogramm der § 49 Abs. 3, § 51 Abs. 1, 2 befolgt, also eine Gesellschafterversammlung einberuft. Auch dabei müssen der Versammlungsgegenstand, also der Verlust, angezeigt und zusätzlich „den Gesellschaftern die zur Beurteilung der Vermögenssituation notwendigen Informationen gegeben werden" (→ § 49 Rn. 62).

14   Für die Verlustanzeige ist **keine Form** vorgeschrieben. § 84 verweist nicht auf § 49 Abs. 3 und § 51 Abs. 1 S. 1. Da der Gesetzgeber bei § 84 dem Geschäftsführer die Erfüllung der Pflicht zur Verlustanzeige erleichtern wollte (→ Rn. 3), gehen die Anforderungen auch nicht über § 51 hinaus. Daher genügt es, wenn der Geschäftsführer **alle eingetragenen Gesellschafter** informiert und dazu die Informationen an die von ihnen mitgeteilten Anschriften oder elektronischen Adressen sendet (näher → § 51 Rn. 12 ff.). Eine solche Information muss auch bei einer Einberufung der Gesellschafterversammlung schon mit der Einberufung erfolgen (→ § 51 Rn. 62). Die Mitteilung erst in der Versammlung genügt nicht.[39]

15   Die Geschäftsführer müssen den Verlust **unverzüglich** (vgl. § 49 Abs. 3), also ohne schuldhaftes Zögern (§ 121 Abs. 1 S. 1 BGB) allen Gesellschaftern anzeigen (→ § 49 Rn. 62). Die Frist beginnt für jeden Geschäftsführer individuell in dem Moment, in dem er von dem Verlust Kenntnis erlangt oder bei gebotener Sorgfalt hätte erlangen können.[40] Ab diesem Zeitpunkt muss er schnellstmöglich den Verlust feststellen (→ Rn. 9), soweit das noch nicht geschehen ist (zB Bilanz liegt vor), und sodann alle Gesellschafter informieren. Es hängt immer von den Umständen des Einzelfalls ab, wann ein Handeln nicht mehr unverzüglich ist. Wird zB der Verlust nur vermutet und bedarf es noch der Feststellung, oder besteht Grund zu der Annahme, dass ein Ausgleich unmittelbar bevorsteht,[41] so ist das Hinauszögern der Anzeige nicht schuldhaft.

16   Die **Pflicht endet,** sobald ein Geschäftsführer sie erfüllt hat, alle Gesellschafter auf andere Weise vom Verlust Kenntnis erlangt haben oder der Verlust zumindest insoweit ausgeglichen ist, dass das Eigenkapital rechnerisch über der Höhe des halben Stammkapitals liegt. Ist die Frist für einen einzelnen Gesellschafter bereits vorher abgelaufen, bleibt seine Strafbarkeit bestehen.[42]

17   **4. Vorsatz und Fahrlässigkeit. a) Vorsatz.** Abs. 1 stellt die vorsätzliche Unterlassung der gebotenen Handlung unter Strafe. Eine bestimmte Vorsatzform wird nicht verlangt, sodass bedingter **Vorsatz** ausreicht. Neben der Kenntnis der Geschäftsführerstellung ist daher erforderlich, dass der Täter es zumindest ernsthaft für möglich hält, dass ein Verlust in Höhe der Hälfte des Stammkapitals eingetreten ist. Daran kann es insbesondere dann fehlen, wenn keine Bilanz vorhanden ist.

18   Nur ein sachverhaltsbezogener **Irrtum** schließt als Tatbestandsirrtum (§ 16 Abs. 1 S. 1 StGB) den Vorsatz aus. Das ist zB der Fall, wenn der Täter nicht erkennt, dass er schon

---

[39] AA HK-GmbHG/*Saenger* Rn. 20, 22.
[40] Noack/Servatius/Haas/*Beurskens* Rn. 7; Rowedder/Schmidt-Leithoff/*Schaal* Rn. 18. Nach hM beginnt die Frist mit dem Eintritt des Verlusts: *Altmeppen* Rn. 15; Esser/Rübenstahl/Saliger/Tsambikakis/*Brand,* Wirtschaftsstrafrecht, 2017, Rn. 22; MHLS/*Dannecker* Rn. 43; MüKoStGB/*Hohmann* Rn. 25; Lutter/ Hommelhoff/*Kleindiek* Rn. 8; UHL/*Ransiek* Rn. 17; HK-GmbHG/*Saenger* Rn. 19; BeckOK GmbHG/ *Voßen* Rn. 10; anders Scholz/*Rönnau* Rn. 40, der in § 84 ein Bilanzerfordernis hineinliest (→ Rn. 12) und deshalb auf den Zeitpunkt des „bilanziellen Ausweises des Verlusts" abstellt; ebenso Graf/Jäger/ Wittig/*Ibold,* Wirtschafts- und Steuerstrafrecht, 2. Aufl. 2017, Rn. 12. Die hM führt zu keinem anderen Ergebnis als die hier vertretene Ansicht. Da die Dauer der Frist von den Fähigkeiten des Pflichtigen abhängt, kann die Frist nicht vor dem Zeitpunkt der Kenntnis oder des Kennenkönnens ablaufen. Nach einer aA beginnt die Frist mit der Kenntnis, Hachenburg/*Kohlmann* Rn. 22; *Pfeiffer* FS Rowedder, 1994, 347 (354). Das führt bei Abs. 1 zu denselben Ergebnissen wie die hier vertretene Ansicht, passt aber nicht bei Abs. 2, der Fahrlässigkeit unter Strafe stellt.
[41] Ähnlich *Lindemann,* Voraussetzungen und Grenzen legitimen Wirtschaftsstrafrechts, 2012, 179; Scholz/ *Rönnau* Rn. 41; HK-GmbHG/*Saenger* Rn. 19; aA Noack/Servatius/Haas/*Beurskens* Rn. 7; MHLS/ *Dannecker* Rn. 41.
[42] MHLS/*Dannecker* Rn. 44.

oder noch Geschäftsführer ist oder dass ein Verlust in Höhe der Hälfte des Stammkapitals eingetreten ist (zB aufgrund einer falschen Bewertung oder Prognose), oder wenn er irrtümlich annimmt, dass Umstände vorliegen, die eine Verzögerung der Verlustanzeige rechtfertigen, oder die Gesellschafter bereits unterrichtet sind.[43] In Betracht kommt dann aber eine Strafbarkeit wegen Fahrlässigkeit (§ 16 Abs. 1 S. 2 StGB). Ist der Täter hingegen bei vollständiger Sachverhaltskenntnis der Ansicht, dass keine Handlungspflicht besteht, diese an keine Frist gebunden ist oder die Frist nicht abläuft, solange er Sanierungsbemühungen unternimmt, kommt ein Gebotsirrtum nach § 17 StGB in Betracht, der die Straflosigkeit an die Unvermeidbarkeit des Irrtums knüpft.

b) Fahrlässigkeit. Nach Abs. 2 genügt Fahrlässigkeit, also das Außerachtlassen der **19** Sorgfalt eines ordentlichen Geschäftsmanns (§ 43 Abs. 1). Abs. 2 ist einschlägig, wenn der Täter fahrlässig den Sachverhalt verkennt (zB er bemerkt den Eintritt des Verlusts nicht, weil er sich die Bilanz nicht ansieht, weil er die Vermögenslage der Gesellschaft nicht gewissenhaft überwacht hat oder weil er keine Vorkehrungen getroffen hat, um rechtzeitig auf Verluste aufmerksam zu werden) oder wenn er trotz Sachverhaltskenntnis fahrlässig untätig bleibt (zB weil er ohne hinreichende Anhaltspunkte auf einen baldigen Ausgleich des Verlusts vertraut). Fahrlässigkeit scheidet in der Regel aus, wenn der Verlust aus der Bilanz nicht ersichtlich wird, die Verneinung eines Verlusts nicht unvertretbar ist (→ Rn. 11) oder der Geschäftsführer innerhalb einer mehrköpfigen Geschäftsführung nicht für die Erstellung der Bilanz zuständig ist und ihm auch keine Anhaltspunkte dafür bekannt sind, dass der zuständige Geschäftsführer seiner Aufgabe nicht gerecht wird.

III. Rechtswidrigkeit und Schuld

Da § 84 ausschließlich das Vermögen der Gesellschafter schützt (→ Rn. 2), schließt **20** ein **Verzicht aller Gesellschafter auf eine Verlustanzeige** die Strafbarkeit aus[44] (zum Verzicht auf die Einberufung gem. § 49 Abs. 3 → § 49 Rn. 64). Es handelt sich um eine rechtfertigende Einwilligung.[45] Der individuelle Verzicht einzelner Gesellschafter auf eine Anzeige genügt nicht, weil § 84 sicherstellen soll, dass alle informiert werden, um so eine Grundlage für eine Entscheidung von allen zu schaffen. Daher ist der Tatbestand erfüllt und die Tat nicht gerechtfertigt, wenn einige Gesellschafter auf eine Verlustanzeige verzichtet haben und die Geschäftsführer nur die anderen informieren. Der für eine Rechtfertigung erforderliche kollektive Verzicht aller Gesellschafter ist in der Praxis allerdings so gut wie ausgeschlossen, weil eine Einwilligung nur dann wirksam ist, wenn jeder Einwilligende sich des Umfangs der Preisgabe seiner Rechte vollumfänglich bewusst ist. Ein vorab erklärter genereller Verzicht der Gesellschafter (zB in der Satzung) genügt deshalb nicht;[46] ebenso wenig ihre generelle Erklärung, kein Kapital nachschießen zu wollen.[47] Die Gesellschafter müssen im Zeitpunkt des Verzichts die wirtschaftliche Situation der GmbH bei einem

---

[43]   Nimmt der Täter nur an, ein anderer Geschäftsführer werde die Gesellschafter unterrichten, dann stellt er sich noch keine Situation vor, in der seine Anzeigepflicht nicht mehr besteht; aA UHL/*Ransiek* Rn. 9. Davon darf er erst dann ausgehen, wenn der andere nach seiner Vorstellung die Gesellschafter unterrichtet hat.

[44]   *Altmeppen* Rn. 16; *Bittmann,* Praxishandbuch Insolvenzstrafrecht, 2. Aufl. 2017, § 11 Rn. 9; Esser/ Rübenstahl/Saliger/Tsambikakis/*Brand,* Wirtschaftsstrafrecht, 2017, Rn. 21; MüKoStGB/*Hohmann* Rn. 35; Ring/Grziwotz/*Krumm*/*Westphal* Rn. 7; Scholz/*Rönnau* Rn. 45; *Späth,* Rechtfertigungsgründe im Wirtschaftsstrafrecht, 2016, 191 f.; aA – weil § 84 nicht oder nicht nur das Vermögen der Gesellschafter schütze (→ Rn. 2) – MHLS/*Dannecker* Rn. 45; *Pfeiffer* FS Rowedder, 1994, 347 (354); UHL/*Ransiek* Rn. 19; Rowedder/Schmidt-Leithoff/*Schaal* Rn. 19; HK-GmbHG/*Saenger* Rn. 23; Henssler/Strohn/ *Servatius* Rn. 3; BeckOK GmbHG/*Voßen* Rn. 11, 15; *Wicke* Rn. 4; zur Diskussion bei § 49 Abs. 3 → § 49 Rn. 71.

[45]   Nach aA handelt es sich um ein tatbestandsausschließendes Einverständnis, Graf/Jäger/Wittig/*Ibold,* Wirtschafts- und Steuerstrafrecht, 2. Aufl. 2017, Rn. 14, 20; Scholz/*Rönnau* Rn. 46; dagegen *Späth,* Rechtfertigungsgründe im Wirtschaftsstrafrecht, 2016, 188.

[46]   Lutter/Hommelhoff/*Kleindiek* Rn. 8; Scholz/*Rönnau* Rn. 45; aA *Späth,* Rechtfertigungsgründe im Wirtschaftsstrafrecht, 2016, 193 f.

[47]   *Bittmann,* Praxishandbuch Insolvenzstrafrecht, 2. Aufl. 2017, § 11 Rn. 9; HK-GmbHG/*Saenger* Rn. 23.

späteren Eintritt des Verlusts vor Augen haben und so gut einschätzen können, dass sie die dann möglichen Handlungsoptionen erkennen, eine auf diesen Fall bezogene konkrete Verzichtsentscheidung treffen und deren Konsequenzen absehen können.[48] Sind die Gesellschafter bereits über den Verlust informiert, entfällt schon die Anzeigepflicht (→ Rn. 16).

21   Mit § 84 hat der Gesetzgeber eine klare Entscheidung getroffen, das Interesse der Gesellschafter grundsätzlich höher zu gewichten als das Interesse der Gesellschaft an einer stillen Sanierung. Die Rechtfertigungsgründe des **Notstands** (§ 34 StGB) und der **Pflichtenkollision** greifen daher regelmäßig nicht ein, ebenso wenig der Entschuldigungsgrund der **Unzumutbarkeit** pflichtgemäßen Verhaltens. Das gilt insbesondere dann, wenn der Täter den Verlust selbst verschuldet hat und nun die Haftung, Entlassung oder Strafanzeige vermeiden möchte.[49] Die Rechtsordnung gäbe sich selber auf, wenn die Rechtsfolgen des vorangegangenen Pflichtverstoßes, die zu der Situation geführt haben, in der nun eine Anzeigepflicht besteht, durch einen erneuten Pflichtverstoß vereitelt werden könnten. Die Angaben des Geschäftsführers sind auch in einem Strafverfahren **verwertbar**. Die Situation ist nicht vergleichbar mit der des Schuldners im Insolvenzverfahren (§ 97 Abs. 1 S. 3 InsO),[50] sondern eher mit der des Geschäftsführers bei der Buchführung. Der Nemo-tenetur-Grundsatz gilt nur bei einer Mitteilungs-, Auskunfts- oder Anzeigepflicht in einem staatlichen Verfahren.[51] Hier handelt es sich um eine Anzeigepflicht innerhalb der GmbH gegenüber den Gesellschaftern.

IV. Täterschaft und Teilnahme

22   Täter des § 84 als Sonderdelikt können nur Geschäftsführer sein (→ Rn. 6). Sind an der Tat mehrere Geschäftsführer beteiligt, so ist jeder (Allein-, Neben-)Täter, weil jeder seine Pflicht verletzt (→ Rn. 7). Mittelbare **Täterschaft** (§ 25 Abs. 1 Alt. 2 StGB) eines Dritten scheidet aus (zB durch Irreführung des Geschäftsführers über die Höhe des Verlusts), ebenso Mittäterschaft.

23   **Teilnahme** (§§ 26, 27 StGB) ist jedem Dritten möglich.[52] Da die Stellung als Geschäftsführer ein strafbegründendes besonderes persönliches Merkmal iSd § 28 Abs. 1 StGB ist, muss die Strafe des Teilnehmers, der diese Eigenschaft nicht aufweist, gemildert werden.[53] Teilnehmer können zB Mitglieder des Aufsichtsrats sein. Da sie verpflichtet sind, die Geschäftsführer zu pflichtgemäßem Verhalten anzuhalten (§ 52 Abs. 1 iVm § 111 Abs. 1 AktG),[54] kommt Beihilfe durch Unterlassen (§ 27 StGB iVm § 13 StGB) in Betracht, wenn sie die Geschäftsführer nicht zur Verlustanzeige anhalten.

V. Versuch, Vollendung, Beendigung

24   Der **Versuch** des § 84 ist nicht strafbar, da es sich um ein Vergehen (§ 12 Abs. 2 StGB) handelt und eine gesetzliche Anordnung der Versuchsstrafbarkeit fehlt (§ 23 Abs. 1 StGB).

---

[48]   Scholz/*Rönnau* Rn. 46.
[49]   *Bittmann*, Praxishandbuch Insolvenzstrafrecht, 2. Aufl. 2017, § 11 Rn. 5; Graf/Jäger/Wittig/*Ibold*, Wirtschafts- und Steuerstrafrecht, 2. Aufl. 2017, Rn. 20; HK-GmbHG/*Saenger* Rn. 29; Rowedder/Schmidt-Leithoff/*Schaal* Rn. 22; eingehend *Späth*, Rechtfertigungsgründe im Wirtschaftsstrafrecht, 2016, 239 f.; aA für Extremfälle MHLS/*Dannecker* Rn. 46; für den Fall drohender Arbeitslosigkeit Scholz/*Rönnau* Rn. 48.
[50]   AA *Bittmann*, Praxishandbuch Insolvenzstrafrecht, 2. Aufl. 2017, § 11 Rn. 5.
[51]   Grdl. *Böse*, Wirtschaftsaufsicht und Strafverfolgung, 2005, 446 f.
[52]   BGH Urt. v. 6.5.1960 – 2 StR 65/60, BGHSt 14, 280 (282).
[53]   Noack/Servatius/Haas/*Beurskens* Rn. 4; Esser/Saliger/Rübenstahl/Tsambikakis/*Brand* Rn. 8; MHLS/*Dannecker* Rn. 25; UHL/*Ransiek* Rn. 7; Scholz/*Rönnau* Rn. 14; Erbs/Kohlhaas/*Schaal* Rn. 6.
[54]   Vgl. OLG Brandenburg Urt. v. 17.2.2009 – 6 U 102/07, GmbHR 2009, 657 zur Pflicht des fakultativen Aufsichtsrats, die Geschäftsführer zur Stellung eines Insolvenzantrags zu veranlassen; BGH Urt. v. 16.3.2009 – II ZR 280/07, NJW 2009, 2454 (2455) zur entsprechenden Pflicht des Aufsichtsrats einer AG.

Die Tat ist in dem Zeitpunkt **vollendet,** bis zu dem die Anzeige spätestens hätte 25
vorgenommen werden müssen, dh ihre Vornahme nicht mehr unverzüglich war.[55]
Die Tat ist **beendet,** wenn die Pflicht zum Tätigwerden entfallen ist (→ Rn. 16).[56] 26
Die Beendigung ist wichtig als Endpunkt für die Beteiligung, die auch bei Anerkennung
der Möglichkeit einer sukzessiven Beihilfe nach diesem Zeitpunkt nicht mehr möglich ist,
und als Anfangspunkt für den Lauf der Strafverfolgungsverjährungsfrist (→ Rn. 29).

VI. Rechtsfolgen

1. Konkurrenzen. Abs. 1 kann in **Tateinheit** stehen mit § 266 Abs. 1 StGB, wenn 27
das Unterlassen der Verlustanzeige dazu führt, dass die Gesellschafter eine ihnen mögliche,
zur Abwendung des Vermögensschadens von der GmbH führende Maßnahme unterlassen.
Tatmehrheit besteht zwischen § 84 und § 15 Abs. 4, 5 InsO, weil die Pflichten durch
unterschiedliche Handlungen erfüllt werden müssen und zeitlich auseinanderfallen.

2. Sanktionen. Beim Vorsatzdelikt (Abs. 1) entspricht die Strafandrohung der des § 82, 28
beim Fahrlässigkeitsdelikt (Abs. 2) weicht sie nur im geringeren Höchstmaß der Freiheitsstrafe von einem Jahr ab. Anders als bei § 82 zieht eine Verurteilung hier **kein Bestellungsverbot** nach sich, weil § 84 in § 6 Abs. 2 S. 2 Nr. 3 nicht genannt wird. Im Übrigen kann
auf die Ausführungen zu § 82 verwiesen werden (→ § 82 Rn. 136 ff.). Bei der Strafzumessung kann eine Verlustanzeige insbesondere dann, wenn sie nur leicht verspätet ist, mildernd
berücksichtigt werden.

3. Verjährung. Die Verjährungsfrist für die **Strafverfolgung** beträgt bei Vorsatzdelikt 29
(Abs. 1) fünf Jahre und beim Fahrlässigkeitsdelikt (Abs. 2) drei Jahre (§ 78 Abs. 3 Nr. 4, 5
StGB). Der Fristablauf beginnt mit der Beendigung der Tat (§ 78a StGB). Die Verjährungs-
frist für die **Strafvollstreckung** beläuft sich je nach Art und Höhe der verhängten Strafe
auf drei, fünf oder zehn Jahre (§ 79 Abs. 3 Nr. 3–5 StGB). Der Fristablauf beginnt mit
Rechtskraft der Entscheidung (§ 79 Abs. 6 StGB).

4. Verfahren. § 84 wird von Amts wegen verfolgt **(Offizialdelikt).** Zum Verfahren 30
→ § 82 Rn. 140.

§ 85 Verletzung der Geheimhaltungspflicht

**(1) Mit Freiheitsstrafe bis zu einem Jahr oder mit Geldstrafe wird bestraft, wer ein
Geheimnis der Gesellschaft, namentlich ein Betriebs- oder Geschäftsgeheimnis,
das ihm in seiner Eigenschaft als Geschäftsführer, Mitglied des Aufsichtsrats oder
Liquidator bekanntgeworden ist, unbefugt offenbart.**

**(2) [1]Handelt der Täter gegen Entgelt oder in der Absicht, sich oder einen anderen
zu bereichern oder einen anderen zu schädigen, so ist die Strafe Freiheitsstrafe bis
zu zwei Jahren oder Geldstrafe. [2]Ebenso wird bestraft, wer ein Geheimnis der in
Absatz 1 bezeichneten Art, namentlich ein Betriebs- oder Geschäftsgeheimnis,
das ihm unter den Voraussetzungen des Absatzes 1 bekanntgeworden ist, unbefugt
verwertet.**

**(3) [1]Die Tat wird nur auf Antrag der Gesellschaft verfolgt. [2]Hat ein Geschäftsführer
oder ein Liquidator die Tat begangen, so sind der Aufsichtsrat und, wenn kein**

---

[55] Noack/Servatius/Haas/*Beurskens* Rn. 7; Esser/Rübenstahl/Saliger/Tsambikakis/*Brand,* Wirtschaftsstrafrecht, 2017, Rn. 28; Graf/Jäger/Wittig/*Ibold,* Wirtschafts- und Steuerstrafrecht, 2. Aufl. 2017, Rn. 22.
Da „unverzüglich" nicht dasselbe bedeutet wie „sofort", muss das nicht notwendig schon der Zeitpunkt
sein, in dem der Täter die Pflicht (erstmalig) hätte erfüllen können; so aber MHLS/*Dannecker* Rn. 51;
MüKoStGB/*Hohmann* Rn. 33.

[56] *Bittmann,* Praxishandbuch Insolvenzstrafrecht, 2. Aufl. 2017, § 11 Rn. 12; Esser/Rübenstahl/Saliger/
Tsambikakis/*Brand,* Wirtschaftsstrafrecht, 2017, Rn. 28; MHLS/*Dannecker* Rn. 52; Graf/Jäger/Wittig/
Ibold, Wirtschafts- und Steuerstrafrecht, 2. Aufl. 2017, Rn. 23; MüKoStGB/*Hohmann* Rn. 34; Ring/
Grziwotz/*Krumm/Westphal* Rn. 10; aA UHL/*Ransiek* Rn. 20: mit Vollendung.

Aufsichtsrat vorhanden ist, von den Gesellschaftern bestellte besondere Vertreter antragsberechtigt. [3]Hat ein Mitglied des Aufsichtsrats die Tat begangen, so sind die Geschäftsführer oder die Liquidatoren antragsberechtigt.

Schrifttum: s. auch bei § 82; *Brammsen,* Reformbedürftig! – Der Regierungsentwurf des neuen Geschäftsgeheimnisschutzgesetzes, BB 2018, 2446; *Brockhaus,* Das Geschäftsgeheimnisgesetz, ZIS 2020, 102; *Fleischer/Pendl,* Verschwiegenheitspflicht und Pflicht zum Geheimnismanagement von Geschäftsleitern, ZIP 2020, 1321; *Gerdemann/Spindler,* Die Europäische Whistleblower-Richtlinie und ihre Folgen für das deutsche Gesellschaftsrecht, ZIP 2020, 1896; *Höfer,* Regierungsentwurf zum Geschäftsgeheimnisgesetz (GeschGehG) aus Geschäftsführersicht: Pflicht zum „Geschäftsgeheimnis-Management", GmbHR 2018, 1195; *Pfeiffer,* Verletzungen von Geheimhaltungspflichten nach § 85 GmbHG, FS Raisch, 1995, 255.

Übersicht

I. Grundlagen

1   **1. Aufbau, Stellung und Bedeutung.** § 85 stellt die Verletzung der Geheimhaltungspflichten der Geschäftsführer, Liquidatoren und Aufsichtsratsmitglieder unter Strafe. Er enthält die beiden **Grunddelikte** des unbefugten Offenbarens (Abs. 1) und Verwertens eines Geheimnisses (Abs. 2 S. 2) sowie eine **Qualifikation** zu dem Grunddelikt des unbefugten Offenbarens (Abs. 2 S. 1). In den Augen des Gesetzgebers wiegt das Unrecht des Verwertens schwerer als das des Offenbarens, das auch frei von wirtschaftlichen Interessen erfolgen kann. Deshalb hat er das Verwerten in Abs. 2 S. 2 mit einem höheren Strafmaß bedacht als das Offenbaren in Abs. 1 und es auf eine Stufe mit der Qualifikation des Offenbarens gegen Entgelt oder mit Schädigungs- oder Bereicherungsabsicht in Abs. 2 S. 1 gestellt. Vergleichbare Straftatbestände sind vor allem § 404 AktG, aber auch § 151 GenG, § 315 UmwG, § 14 EWIVAG und § 333 HGB.

2   Anders als das AktG, das den Vorstand in § 93 Abs. 1 S. 3 AktG zur Verschwiegenheit verpflichtet, enthält das GmbHG für die Geschäftsführer keine vergleichbare Norm. Jedoch zeigt § 85, dass das GmbHG eine solche Pflicht voraussetzt (→ § 43 Rn. 199). Die **Geheimhaltungspflicht** lässt sich festmachen an § 43 Abs. 1 iVm dem sinngemäß anwendbaren § 93 Abs. 1 S. 3 AktG[1] (zu § 43 Abs. 1 als Pflichtenquelle → § 43 Rn. 10). Entsprechendes gilt für Liquidatoren (§ 71 Abs. 4). Für die Mitglieder fakultativer (§ 52 Abs. 1)

---

[1]   OLG Koblenz Beschl. v. 5.3.1987 – 6 W 38/87, NJW-RR 1987, 809.

und obligatorischer Aufsichtsräte (§ 1 Abs. 1 Nr. 3 S. 2 DrittelbG, § 25 Abs. 1 S. 1 Nr. 2 MitbestG, § 3 Abs. 2 MontanMitbestG, § 24 Abs. 2 MgVG, § 18 Abs. 2 KAGB) verweist das das Gesetz ausdrücklich über § 116 AktG auf § 93 Abs. 1 S. 3 AktG. Die Geheimhaltungspflicht **endet nicht mit der Beendigung der Amtszeit** des Geschäftsführers, Liquidators oder Aufsichtsratsmitglieds (→ § 43 Rn. 200). Gegenläufige Interessen des ausgeschiedenen Täters an der Offenbarung können nur unter den Voraussetzungen des rechtfertigenden Notstands (§ 34 StGB) vorgehen (→ Rn. 48 f.). Verstöße gegen die Geheimhaltungspflicht können Schadensersatzpflichten begründen. Diesen zivilrechtlichen Geheimnisschutz flankiert § 85.

Die **praktische Bedeutung** des § 85 ist nach den Verurteilungszahlen marginal.[2] **3** Gründe dafür können sein, dass § 85 ein Antragsdelikt ist (Abs. 3) und bei den für die Stellung des Strafantrags zuständigen Personen kein Interesse an einer Strafverfolgung besteht (→ § 52 Rn. 676), oder dass die Staatsanwaltschaft die Strafverfolgung auf ein durch dieselbe Tat verwirklichtes schwereres Delikt (zB § 23 GeschGehG [früher § 17 UWG aF], § 266 StGB) beschränkt (§ 154a StPO).[3]

2. Geschichte und Schutzzweck. § 85 wurde durch die Art. 1 Nr. 31 **GmbHG-** **4** **ÄndG**[4] eingefügt. Vorbild war § 404 AktG.[5] § 85 ist seither unverändert geblieben. Lediglich die Überschrift wurde durch das **MoMiG**[6] hinzugefügt.

§ 85 schützt das Recht der Gesellschaft, grundsätzlich selbst zu entscheiden, wann und **5** innerhalb welcher Grenzen Betriebs- und Geschäftsgeheimnisse sowie andere Informationen, deren Geheimhaltung für ihre spezifische Freiheitsausübung erforderlich ist, offenbart werden. Dieses **Geheimhaltungsrecht der Gesellschaft** gründet bzgl. der Betriebs- und Geschäftsgeheimnisse in der Berufsfreiheit und der Eigentumsgarantie (Art. 12 Abs. 1 GG, Art. 14 Abs. 1 GG iVm Art. 19 Abs. 3 GG)[7] und bezüglich der weiteren geschützten Geheimnisse im Grundrecht auf informationelle Selbstbestimmung, soweit dieses auf Art. 2 Abs. 1 GG (iVm Art. 19 Abs. 3 GG) gestützt wird.[8] Wie der Wortlaut („namentlich") zeigt, schützt § 85 nicht nur Betriebs- und Geschäftsgeheimnisse, sondern jedes Geheimnis der GmbH, „gleich ob es einen materiellen oder immateriellen Wert hat".[9] Die engere hM,[10] die den Schutzbereich auf vermögenswerte Geheimnisse einschränkt, indem sie das **Vermögen** zum eigentlich geschützten „(Kern-)Rechtsgut"[11] erklärt, steht nicht nur in Widerspruch zum Wortlaut und zur Reichweite der gesellschaftsrechtlichen Verschwiegenheitsgebote (→ Rn. 2), sondern blendet auch das Geheimhaltungsrecht der Gesellschaft aus Art. 2 Abs. 1 GG und den Umstand aus, „dass die GmbH nicht nur zur Verfolgung wirtschaftlicher Zwecke genutzt, sondern auch von wissenschaftlichen und künstlerischen Vereinigungen als Rechtsform gewählt wird".[12] Die hM kann sich auch nicht auf Abs. 2 S. 2 stützen. Dort wird mit der Verwertung lediglich eine zweite – nicht notwendig mit einem Offenbaren einhergehende – Art und Weise der Verletzung des Geheimhaltungsrechts unter Strafe

---

[2] Statistisches Bundesamt, Fachserie 10 Reihe 3: Rechtspflege Strafverfolgung 2019, 2020, 53: 4 Verurteilungen.

[3] Lutter/Hommelhoff/*Kleindiek* Rn. 1 nimmt außerdem eine gelungene Abschreckung an („fleet in being").

[4] Gesetz zur Änderung des Gesetzes betreffend die Gesellschaften mit beschränkter Haftung und anderer handelsrechtlicher Vorschriften v. 4.7.1980, BGBl. 1980 I 836 (840).

[5] BT-Drs. 8/1347, 56.

[6] Art. 1 Nr. 51 iVm Anlage 2 Gesetz zur Modernisierung des GmbH-Rechts und zur Bekämpfung von Missbräuchen (MoMiG) v. 23.10.2008, BGBl. 2008 I 2026 (2031, 2047).

[7] BVerfG Beschl. v. 14.3.2006 – 1 BvR 2087/03, BVerfGE 115, 205 (229) = NVwZ 2006, 1041 Rn. 84; Urt. v. 7.11.2017 – 2 BvE 2/11, NVwZ 2018, 51 Rn. 234, 270.

[8] BVerfG Urt. v. 7.11.2017 – 2 BvE 2/11, NVwZ 2018, 51 Rn. 237.

[9] BGH Urt. v. 20.5.1996 – II ZR 190/95, NJW 1996, 2576.

[10] HK-KapMarktStrafR/*Gercke/Stirner* Rn. 2; MüKoStGB/*Hohmann* Rn. 1; Graf/Jäger/Wittig/*Ibold*, Wirtschafts- und Steuerstrafrecht, 2. Aufl. 2017, Rn. 5; Leitner/Rosenau/*Parigger*, Wirtschafts- und Steuerstrafrecht, 2017, Rn. 1; UHL/*Ransiek* Rn. 5.

[11] So Scholz/*Rönnau* Rn. 3.

[12] So zutr. Scholz/*Rönnau* Rn. 13 Fn. 76.

gestellt, aber nicht der Schutzbereich des § 85 bestimmt. Schließlich ist auch die Funktionsfähigkeit der **GmbH als Institution** kein (weiteres) Schutzgut des § 85.[13] Dagegen spricht
vor allem, dass die GmbH das Recht hat, ihre Geheimnisse zu offenbaren, und § 85 ein
absolutes Antragsdelikt ist (Abs. 3 S. 1).

6   § 85 schützt ausschließlich das Geheimhaltungsrecht der **Gesellschaft,**[14] **nicht** das
(regelmäßig gleichgelagerte) Geheimhaltungsinteresse der **Gesellschafter.**[15] Dagegen
spricht erstens Abs. 3 S. 1, wonach nur die Gesellschaft einen Strafantrag stellen kann. Der
Schutz der Gesellschafter lässt sich auch nicht aus Abs. 3 S. 2 ableiten. Der Gesetzgeber
weicht dort nur deshalb vom Vorbild des § 404 AktG (→ Rn. 4) ab, weil „eine GmbH
nicht immer einen Aufsichtsrat zu haben braucht",[16] und er ermächtigt auch nicht die
Gesellschafter, sondern einen besonderen Vertreter der Gesellschaft. Dass dieser von den
Gesellschaftern bestellt werden muss, liegt nur daran, dass sie allein dafür in Betracht kom-
men, und stellt keine Anerkennung ihrer eigenen Interessen dar. Zweitens sprechen § 43
Abs. 2, § 52 Abs. 1 iVm § 116 S. 1 AktG, § 93 Abs. 2 S. 1 AktG dafür, dass allein die
Gesellschaft geschützt wird, weil danach ausschließlich an sie Schadensersatz zu leisten ist.
§ 85 ist mithin ein **Schutzgesetz** iSd § 823 Abs. 2 BGB[17] zugunsten der Gesellschaft,
nicht ihrer Gesellschafter, Gläubiger, Arbeitnehmer oder sonstiger Personen. Das damit vom
Gesetzgeber respektierte Interesse der Gesellschaft, ggf. zur Vermeidung weiterer Schäden
auf ein öffentliches Gerichtsverfahren zu verzichten, würde bei der Zulassung einer Scha-
densersatzklage Dritter konterkariert.

7   **3. Rechtsnatur.** § 85 ist ein echtes **Sonderdelikt,** weil die Tat nur von Geschäftsführern, Liquidatoren und Aufsichtsratsmitgliedern begangen werden kann, und ein **Erfolgs-
delikt,**[18] weil durch das unbefugte Offenbaren oder Verwerten des Geheimnisses das daran
bestehende Recht der Gesellschaft bereits verletzt wird.

II. Grunddelikte (Abs. 1, Abs. 2 S. 2)

8   **1. Täter.** Täter können nur aktive und ehemalige **Geschäftsführer** (→ § 82
Rn. 20 ff.), **Liquidatoren** (→ § 82 Rn. 34 f.) und **Aufsichtsratsmitglieder** (→ § 82
Rn. 36 f.) sein, beim mitbestimmten Aufsichtsrat auch die Arbeitnehmervertreter (§ 52
Abs. 1 iVm § 116 S. 2 AktG). Maßgeblich ist, dass dem Täter in dieser Eigenschaft das
Geheimnis bekannt geworden ist. Im Zeitpunkt der Tathandlung (Offenbaren, Verwerten)
muss er kein Geschäftsführer, Liquidator oder Aufsichtsratsmitglied mehr sein. Wie bei § 82
begründet auch hier die bloße **faktische Ausübung** des Amtes keine Täterstellung (→ § 82

---

13 Graf/Jäger/Wittig/*Ibold*, Wirtschafts- und Steuerstrafrecht, 2. Aufl. 2017, Rn. 5; UHL/*Ransiek* Rn. 8;
Scholz/*Rönnau* Rn. 3; Esser/Rübenstahl/Saliger/Tsambikakis/*Tsambikakis*, Wirtschaftsstrafrecht, 2017,
Rn. 2; aA MHLS/*Dannecker* Rn. 10; MüKoStGB/*Hohmann* Rn. 1; Leitner/Rosenau/*Parigger*, Wirt-
schafts- und Steuerstrafrecht, 2017, Rn. 1; *Pfeiffer* FS Raisch, 1995, 255 (258).
14 LG Kiel Urt. v. 20.4.2006 – 10 S 98/05, BeckRS 2006, 06400; *Altmeppen* Rn. 1; Noack/Servatius/
Haas/*Beurskens* Rn. 30; HK-KapMarktStrafR/*Gercke/Stirner* Rn. 3; MüKoStGB/*Hohmann* Rn. 1, 4;
Graf/Jäger/Wittig/*Ibold*, Wirtschafts- und Steuerstrafrecht, 2. Aufl. 2017, Rn. 5; Lutter/Hommelhoff/
Kleindiek Rn. 1; UHL/*Ransiek* Rn. 10; Bork/Schäfer/*Roth* Rn. 1; Henssler/Strohn/*Servatius* Rn. 1;
Esser/Rübenstahl/Saliger/Tsambikakis/*Tsambikakis*, Wirtschaftsstrafrecht, 2017, Rn. 2; *Wicke* Rn. 1.
15 AA MHLS/*Dannecker* Rn. 9, 12; *Pfeiffer* FS Raisch, 1995, 255 (258); Scholz/*Rönnau* Rn. 4; HK-
GmbHG/*Saenger* Rn. 6; Rowedder/Schmidt-Leithoff/*Schaal* Rn. 1.
16 BT-Drs. 8/1347, 56.
17 OLG Koblenz Beschl. v. 5.31987 – 6 W 38/87, NJW-RR 1987, 809; LG Kiel Urt. v. 20.4.2006 – 10
S 98/05, BeckRS 2006, 06400.
18 Nach hM handelt es sich um ein abstraktes Gefährdungsdelikt, was aber nur dann konsequent ist, wenn
man in § 85 ein Vermögensdelikt sieht (dagegen → Rn. 5): *Altmeppen* Rn. 1; MHLS/*Dannecker* Rn. 14;
HK-KapMarktStrafR/*Gercke/Stirner* Rn. 5; MüKoStGB/*Hohmann* Rn. 3; Graf/Jäger/Wittig/*Ibold*,
Wirtschafts- und Steuerstrafrecht, 2. Aufl. 2017, Rn. 6; Lutter/Hommelhoff/*Kleindiek* Rn. 1; Ring/
Grziwotz/*Krause* Rn. 1; Leitner/Rosenau/*Parigger*, Wirtschafts- und Steuerstrafrecht, 2017, Rn. 3;
Scholz/*Rönnau* Rn. 5; Rowedder/Schmidt-Leithoff/*Schaal* Rn. 4; Esser/Rübenstahl/Saliger/Tsambika-
kis/*Tsambikakis*, Wirtschaftsstrafrecht, 2017, Rn. 11.

Rn. 23 ff.).[19] Ist eine juristische Person oder rechtsfähige Personenvereinigung Liquidator (→ § 66 Rn. 8 f.), trifft die Geheimhaltungspflicht ihre gesetzlichen Vertreter (§ 14 Abs. 1, 3 StGB, → § 82 Rn. 12, → § 82 Rn. 34).

Im Unterschied zu § 82 Abs. 2 Nr. 2 gilt § 85 nur für Mitglieder eines Aufsichtsrats **9** und **nicht für Mitglieder eines „ähnlichen Organs".** Wortlaut und Systematik sprechen dagegen, die Mitglieder anderer Gremien (zB Beirat, Verwaltungsrat, Gesellschafterausschuss) als Täter einzustufen. Ob es sich im konkreten Fall um einen Aufsichtsrat oder um ein ähnliches Organ handelt, richtet sich nach der Funktion *und* der Bezeichnung des Gremiums in der Satzung.[20] Daher greift § 85 selbst dann nicht ein, wenn das Gremium nach der Satzung nicht Aufsichtsrat heißt, aber entsprechende Funktionen wahrnehmen soll.[21] Zwar mag hier zivilrechtlich eine analoge Anwendung des § 52 in Betracht kommen, jedoch erlaubt im Strafrecht der Wortlaut wegen Art. 103 Abs. 2 GG keine Einbeziehung der Mitglieder solcher Gremien in den § 85. Dagegen spricht außerdem, „dass an anders benannte Gremien im Rechtsverkehr nicht die gleichen Erwartungen gestellt werden wie an Aufsichtsräte".[22]

Der Täter muss Geschäftsführer, Liquidator oder Aufsichtsratsmitglieder einer Gesell- **10** schaft iSd § 85 sein. Das ist jede GmbH nach deutschem Recht mit Sitz im Inland (→ § 82 Rn. 14 f.). **Gesellschaften nach ausländischem Recht** (zB Ltd.) sind daher auch dann nicht geschützt, wenn sie ihren Sitz im Inland haben.[23] Geheimnisse eines ausländischen Unternehmen können aber von § 85 geschützt sein, wenn das betreffende Unternehmen von einer inländischen GmbH als Konzernmutter abhängig ist (§ 5 Nr. 7 StGB).[24]

2. Geheimnis der Gesellschaft. Geheimnisse sind Informationen, auf die sich die **11** Verschwiegenheitspflicht bezieht. Die Information muss sowohl bei der Kenntniserlangung durch den Täter als auch im Zeitpunkt der Tathandlung (Offenbaren, Verwerten) geheim sein. Die **Definition des Geheimnisses** setzt sich aus mehreren Elementen zusammen: Ein Geheimnis ist eine Information über eine nicht offenkundige Tatsache (objektives Geheimniselement), die sich auf die Gesellschaft bezieht und an deren Geheimhaltung ein berechtigtes Interesse der Gesellschaft besteht (normatives Geheimniselement). Umstritten ist, ob es außerdem eines ausdrücklich oder konkludent erklärten oder auch nur zu vermutenden Geheimhaltungswillens der Gesellschaft bedarf (subjektives Geheimniselement; dagegen → Rn. 17 f.). Kein Geheimnis liegt vor, soweit dies gesetzlich ausgeschlossen ist (zB § 17a GenTG).

Die Definition des Geschäftsgeheimnisses kann nicht aus dem **GeschGehG** übernom- **12** men werden.[25] Die Legaldefinition in § 2 Nr. 1 GeschGehG gilt nach dem Wortlaut („Im Sinne dieses Gesetzes"[26]) nur für das GeschGehG, das an die Stelle der §§ 17–19 UWG

---

[19]   Wie zu § 82 auch hier ganz oder zT anders *Altmeppen* Rn. 2; Noack/Servatius/Haas/*Beurskens* Rn. 2; MHLS/*Dannecker* Rn. 19; MüKoStGB/*Hohmann* Rn. 60; Scholz/*Rönnau* Rn. 8; HK-GmbHG/*Saenger* Rn. 2; Henssler/Strohn/*Servatius* Rn. 6; Esser/Rübenstahl/Saliger/*Tsambikakis, Tsambikakis,* Wirtschaftsstrafrecht, 2017, Rn. 4.

[20]   Noch enger MHLS/*Dannecker* Rn. 17: nur Mitglieder eines obligatorischen Aufsichtsrats.

[21]   Anders die hM: *Altmeppen* Rn. 2; Noack/Servatius/Haas/*Beurskens* Rn. 4; HK-KapMarktStrafR/*Gercke/Stirner* Rn. 2; Lutter/Hommelhoff/*Kleindiek* Rn. 2; UHL/*Ransiek* Rn. 16; Scholz/*Rönnau* Rn. 11; HK-GmbHG/*Saenger* Rn. 2; Henssler/Strohn/*Servatius* Rn. 6; *Wicke* Rn. 2.

[22]   Noack/Servatius/Haas/*Noack* § 52 Rn. 22.

[23]   BGH Beschl. v. 17.9.1996 – 4 ARs 21/95, BGHSt 42, 243 (248) = NJW 1997, 533 (534) zu § 404 AktG; vgl. zuvor schon RG Urt. v. 9.5.1934 – 2 D 356/34, RGSt 68, 210 (211); RG Urt. v. 29.10.1938 – II 178/37, RGZ 159, 33 (42); ebenso *Altmeppen* Rn. 1; Noack/Servatius/Haas/*Beurskens* Rn. 1; MHLS/*Dannecker* Rn. 1; MüKoStGB/*Hohmann* Rn. 2; Graf/Jäger/Wittig/*Ibold,* Wirtschafts- und Steuerstrafrecht, 2. Aufl. 2017, Rn. 4; Scholz/*Rönnau* Rn. 72.

[24]   NK-StGB/*Böse* StGB § 5 Rn. 20; MüKoStGB/*Hohmann* Rn. 2.

[25]   *Fleischer/Pendl* ZIP 2020, 1321 (1326); *Gerdemann/Spindler* ZIP 2020, 1896 (1898); BeckOK GeschGehG/*Hiéramente* GeschGehG § 1 Rn. 23, 25; *Höfer* GmbHR 2018, 1195 (1197); Lutter/Hommelhoff/*Kleindiek* Rn. 4; Henssler/Strohn/*Servatius* Rn. 2; *Wicke* Rn. 3; aA *Altmeppen* Rn. 5; Noack/Servatius/Haas/*Beurskens* Rn. 7; *Brockhaus* ZIS 2020, 102 (119); BeckOK GmbHG/*Müller* Rn. 26c; letztlich auch Scholz/*Rönnau* Rn. 16, 29.

[26]   BT-Drs. 19/4724, 24 zu § 2 GeschGehG: „Die Definitionen gelten lediglich für dieses Gesetz."

aF getreten ist[27] und „anderweitige Verpflichtungen unberührt" lässt.[28] Zwar enthält die Definition in § 2 Nr. 1 lit. a, c GeschGehG ebenfalls ein objektives und ein normatives Geheimniselement. Auch lässt sich § 2 Nr. 1 lit. b GeschGehG ein Argument gegen das subjektive Geheimniselement entnehmen, da der Gesetzgeber dort (ausdrücklich)[29] darauf verzichtet. Jedoch ergibt sich weder aus dem GeschGehG noch aus der umgesetzten EU-Richtlinie,[30] dass die in § 2 Nr. 1 lit. b GeschGehG aufgestellte objektive Voraussetzung, dass die Information „Gegenstand von den Umständen nach **angemessenen Geheimhaltungsmaßnahmen** durch ihren rechtmäßigen Inhaber ist", auch bei § 85 erfüllt sein muss. Der Gesetzgeber hat es gerade unterlassen, den in § 2 Nr. 1 GeschGehG definierten Begriff des Geschäftsgeheimnisses in andere Gesetze zu übernehmen. Insbesondere hat er nicht den in § 85 gebrauchten (und auch in anderen Gesetzen üblichen) Begriff „Betriebs- oder Geschäftsgeheimnis" ersetzt.[31] Erst Recht gilt § 2 Nr. 1 lit. b GeschGehG nicht für den weiteren Begriff des Geheimnisses. Die Forderung nach einer Geheimhaltungsmaßnahme wäre bei § 85 auch verfehlt. Sie würde hier nicht zu der mit dem GeschGehG angestrebten Verbesserung des Geheimnisschutzes[32] führen, sondern zu einer Verschlechterung. § 85 schützt die Geheimnisse der Gesellschaft vor Verrat, also vor einer Tat **von innen** heraus. Potentielle Täter sind vor allem die Geschäftsführer, vor deren Zugriff solche Geheimhaltungsmaßnahmen nicht schützen. Es wäre zudem widersinnig, die Einstufung einer Information als Geheimnis von einer Bedingung abhängig zu machen, deren Erfüllung gerade von demjenigen abhängt, vor dessen Verrat die Information geschützt werden soll.[33] Dem lässt sich nicht entgegenhalten, dass Geschäftsführer ein bestehendes Geheimnis preisgeben dürfen (→ Rn. 18, → Rn. 37). Beim Fehlen einer angemessenen Geheimhaltungsmaßnahme wäre die Information von vornherein gar kein Geheimnis. Die Widersinnigkeit zeigt sich schließlich auch darin, dass die Angemessenheit einer Geheimhaltungsmaßnahme danach bestimmt wird, ob sie **nach außen** einem Dritten verdeutlicht, dass es sich bei der Information um ein Geheimnis handelt, und ihm so sein Haftungsrisiko aufzeigt.[34] Auf § 85 bezogen bedeutet dies, dass die Geschäftsführer sich durch solche Maßnahmen selbst vor Augen führen sollen, dass es sich um Geheimnisse handelt, und sich so selbst vor Haftungsrisiken warnen. Ein Vergleich der Definitionen des Geheimnisbegriffs bei § 85 und im GeschGehG zeigt, dass der Begriff des Geheimnisses bei § 85 (auch) wegen des Verzichts auf das Erfordernis einer angemessenen Geheimhaltungsmaßnahme weiter ist. Das führt bei einem Vergleich zwischen einem Geschäftsführer (§ 85, § 23 GeschGehG) und einem ‚normalem' Angestellten (nur § 23 GeschGehG) nicht zu ungerechten Ergebnissen,[35] weil aufgrund der besonderen (Pflichten)Stellung „zwischen einem Organmitglied und einem ‚normalen' Angestellten ein wesentlicher Unterschied besteht, soweit es um die Verwertung der im Unternehmen erworbenen Kenntnisse und Beziehungen geht".[36]

---

27   Aufgehoben durch Art. 5 Gesetz zur Umsetzung der Richtlinie (EU) 2016/943 zum Schutz von Geschäftsgeheimnissen vor rechtswidrigem Erwerb sowie rechtswidriger Nutzung und Offenlegung v. 18.4.2019, BGBl. 2019 I 466 (472).

28   BT-Drs. 19/4724, 19, zu § 1 Abs. 3 Nr. 1 GeschGehG. Darin heißt es zwar aus unbekannten Gründen nur, dass § 203 StGB unberührt bleibt. Jedoch hat die Nennung nur dieses einen Straftatbestands „bloßen Beispielcharakter" (*Brammsen* BB 2018, 2446 [2448]) und erlaubt keinen Umkehrschluss; so aber *Brockhaus* ZIS 2020, 102 (119); wie hier Scholz/*Rönnau* Rn. 52 Fn. 364, Scholz/*Rönnau* Rn. 64.

29   BT-Drs. 19/4724, 24.

30   RL (EU) 2016/943 erlaubt im Gegenteil weitergehenden Schutz, wie ihn § 85 vorsieht (Art. 1 Abs. 1 RL (EU) 2016/943; Erwägungsgrund 10 S. 2 RL (EU) 2016/943), und ist beschränkt auf das Lauterkeitsrecht (Erwägungsgrund 39 RL (EU) 2016/943); *Fleischer/Pendl* ZIP 2020, 1321 (1326).

31   Obwohl in BT-Drs. 19/4724, 24 eingeräumt wird, dass die Unterscheidung zwischen Betriebs- und Geschäftsgeheimnis „keine praktische Relevanz besitzt".

32   BT-Drs. 19/4724, 19, 21.

33   *Fleischer/Pendl* ZIP 2020, 1321 (1326); *Höfer* GmbHR 2018, 1195 (1197).

34   *Altmeppen* Rn. 5; BeckOK GmbHG/*Müller* Rn. 38e.

35   AA BeckOK GmbHG/*Müller* Rn. 26c; s. auch Scholz/*Rönnau* Rn. 16: „überschießendes (beschuldigtenunfreundliches) Strafrecht".

36   So schon BGH Urt. v. 26.3.1984 – II ZR 229/83, NJW 1984, 2366 (2367) zu § 85.

a) Nicht offenkundige Information über die Gesellschaft. Geheimnisse sind **13**
Informationen. Die Sache, in der die Information verkörpert ist (zB Urkunde, Datenspei-
cher), schützt § 85 nicht. Es muss sich um eine Information über eine **Tatsache** handeln.
Keine Tatsachen sind unwahre Behauptungen über Tatsachen, jedoch ist der Umstand, dass
sie geäußert wurden, eine Tatsache. Entsprechendes gilt für Werturteile (zB Prognosen,
Schätzungen, Bewertungen).[37] Die Tatsache muss sich auf die Gesellschaft beziehen,[38] dh
es muss sich um eine Information **über die Gesellschaft** handeln. Daher ist zB die
Kündigungsabsicht eines Angestellten kein Geheimnis der Gesellschaft, weil diese (innere)
Tatsache zum Lebensbereich des Angestellten gehört.[39] Dasselbe gilt für ausschließlich
der Privatsphäre zuzuordnende Informationen über Gesellschafter oder Organmitglieder
und für Informationen über allgemeine Marktverhältnisse oder andere Unternehmen.[40]
Bei einer **GmbH & Co. KG** sind Informationen über die KG (die bei Vorliegen der
weiteren Voraussetzungen auch als Geheimnisse der KG einzustufen sind), nicht automatisch auch Informationen über die GmbH;[41] allein die Kenntnis des Geschäftsführers
macht sie noch nicht dazu (für eine Einstufung als Geheimnis [auch] der GmbH ist
außerdem ein objektives, sachlich begründetes Geheimhaltungsinteresse der GmbH selbst
erforderlich; → Rn. 15).

Eine Tatsache ist **nicht offenkundig,** wenn sie nur einem eng begrenzten Personen- **14**
kreis bekannt ist und selbst fachkundige Dritte von ihr nicht jederzeit unschwer (dh ohne
größeren Zeit-, Arbeits- und Kostenaufwand[42] und nur unter Rückgriff auf allgemein
zugängliche Quellen) Kenntnis erlangen können. Ein Personenkreis ist begrenzt, wenn er
(für die Gesellschaft) überschaubar, insbesondere seine Mitglieder bestimmt oder bestimmbar
sind. Es müssen keine besonderen persönlichen Beziehungen zwischen ihnen bestehen und
sich auch nicht alle Eingeweihten untereinander kennen. Der Kreis kann groß sein (zB
Belegschaft). Solange die Kenntnis auf einen begrenzten Personenkreis beschränkt bleibt,
führt die Mitteilung der Tatsache an weitere Dritte nicht zur Offenkundigkeit (zB Muster-
buch gegenüber einzelnen Kunden,[43] Buchführung gegenüber Buch- oder Wirtschaftsprü-
fern; anders aber bei einer Vielzahl von Vertragshändlern und deren Arbeitnehmern,[44] nach
Offenlegung eines Jahresabschlusses gem. § 325 HGB[45]). Das gilt selbst dann, wenn die
Information an einzelne Personen verraten oder gerüchteweise bekannt wird (anders aber
bei einer Veröffentlichung auf einer frei zugänglichen[46] Website). Zur Orientierung, wie
weit der Personenkreis zu ziehen ist, kann die Faustformel dienen, wonach kein Geheimnis
mehr vorliegt, sobald es aus der Sicht des Inhabers „nichts mehr verschlägt, wenn noch

---

[37]   IErg macht es daher keinen Unterschied, dass nach aA Werturteile Tatsachen sein sollen; → § 52
       Rn. 669.
[38]   OLG München Beschl. v. 18.6.1997 – 29 W 1352/97, NJW-RR 1998, 1495 (1496); s. auch BGH Urt.
       v. 22.3.2018 – I ZR 118/16, NJW-RR 2019, 159 Rn. 28 zu § 17 UWG aF: „jede im Zusammenhang
       mit einem Geschäftsbetrieb stehende Tatsache".
[39]   OLG Stuttgart Urt. v. 2.4.1990 – 3 Ss 57/90, BeckRS 1990, 31365713 zu § 17 UWG aF.
[40]   OLG Stuttgart Urt. v. 30.10.1981 – 2 U 43/81, GRUR 1982, 315 (316 f.) zu § 17 UWG aF.
[41]   Graf/Jäger/Wittig/*Ibold*, Wirtschafts- und Steuerstrafrecht, 2. Aufl. 2017, Rn. 12; Rowedder/Schmidt-
       Leithoff/*Schaal* Rn. 11; zweifelnd auch BGH Urt. v. 8.11.1999 – II ZR 7/98, NJW 2000, 1329 (1330);
       aA *Altmeppen* Rn. 27; Noack/Servatius/Haas/*Beurskens* Rn. 11; MHLS/*Dannecker* Rn. 26; MüKoStGB/
       Hohmann Rn. 24; Scholz/*Rönnau* Rn. 13; HK-GmbHG/*Saenger* Rn. 9; Henssler/Strohn/*Servatius*
       Rn. 2.
[42]   Zu § 17 UWG aF BGH Urt. v. 22.3.2018 – I ZR 118/16, NJW-RR 2019, 159 Rn. 39; OLG Stuttgart
       Urt. v. 19.11.2020 – 2 U 575/19, GRUR-RS 2020, 35613 Rn. 110 f. Daher bleibt die Herstellung
       eines in Verkehr gebrachten Produkts geheim, wenn es von Fachleuten der Konkurrenz zunächst zerlegt
       und analysiert werden muss, um es nachbauen zu können; RG Urt. v. 22.11.1935 – II 128/35, RGZ
       149, 329 (334) zu § 17 UWG aF.
[43]   RG Urt. v. 2.7.1909 – V 441/09, RGSt 42, 394 (396 f.) zu § 9 UWG aF.
[44]   OLG Karlsruhe Urt. v. 26.5.1993 – 6 U 213/92, NJW-RR 1993, 1516 (1517) zu § 17 UWG aF.
[45]   BGH Urt. v. 8.11.1999 – II ZR 7/98, NJW 2000, 1329 (1330).
[46]   Dass die Information „mit einigem Aufwand auch mit Hilfe von Anbietern im Internet – unerlaubt –
       herausgefunden werden" kann, macht sie noch nicht offenkundig; OLG Karlsruhe Beschl. v. 29.1.2016 –
       2 (6) Ss 318-15/AK 99/15, BeckRS 2016, 02398 Rn. 35 zu § 17 UWG aF.

weitere davon erfahren".[47] Allgemein zugänglich sind zB Ad-hoc-Mitteilungen, veröffentlichte Pressemitteilungen und Bilanzen, Patente[48] und Informationen in staatlichen Registern, in die jedermann ohne Weiteres Einsicht nehmen kann (zB Unterlagen nach § 42 ZVG, Handels- und Unternehmensregister gem. § 9 HGB).[49] Ebenfalls keine Geheimnisse sind Vorgänge, die sich in der Öffentlichkeit abgespielt haben (zB Gegenstände öffentlicher Gerichtsverhandlungen[50]). Eine offenkundige Tatsache kann zwar für sich genommen kein Geheimnis sein, wohl aber die bislang unbekannte Tatsache, dass sie auf eine bestimmte Gesellschaft zutrifft (zB Verwendung eines bekannten Herstellungsverfahrens[51]), oder wenn sie zusammen mit anderen offenkundigen Tatsachen eine neue Tatsache ergibt (zB Auswahl und Zusammenstellung veröffentlichter Studien und Informationen, wenn die Zusammenstellung einen großen Zeit- oder Kostenaufwand erfordert hat[52]). Eine früher offenkundige Tatsache kann bei der Kenntniserlangung durch den Täter und zur Tatzeit wieder ein Geheimnis sein, wenn sie dann nur noch einem eng begrenzten Personenkreis bekannt ist und selbst fachkundige Dritte von ihr nicht mehr jederzeit unschwer Kenntnis erlangen können. Das Gesetz verlangt nicht, dass die Information, um ein Geheimnis zu sein, schlechthin neu sein muss.[53]

15   **b) Geheimhaltungsinteresse.** Weiterhin muss zur Annahme eines schützenswerten Geheimnisses ein objektives, **sachlich begründetes Geheimhaltungsinteresse** bestehen.[54] Dieses Erfordernis wurzelt in der verfassungsrechtlichen Gewährleistung des Geheimnisschutzes, der nur soweit reicht, wie dies für die spezifische Freiheitsausübung der Gesellschaft erforderlich ist (→ Rn. 5). Eine „willkürliche Geheimniskrämerei" genießt keinen Schutz. Es bestimmt sich daher „nach den Maßstäben sachgemäßer Unternehmensführung", ob ein objektives, sachlich begründetes Geheimhaltungsinteresse besteht.[55] Dies ist zu bejahen, wenn der Gesellschaft durch das Bekanntwerden der Information ein materieller oder immaterieller Schaden droht (zB Wettbewerbsnachteil, Ansehensminderung, Vertrauensverlust).[56]

16   Auch an Informationen über **rechtswidrige Tatsachen** (zB rechts- oder sittenwidriger Vertrag, Kartellabsprache, Insiderhandel, Verstoß gegen Umweltschutznormen) oder mora-

---

[47] *Bockelmann* in Ponsold, Lehrbuch der gerichtlichen Medizin, 2. Aufl. 1957, 11; ebenso Schönke/Schröder/*Eisele* StGB § 203 Rn. 6.

[48] RG Urt. v. 29.11.1907 – V 709/07, RGSt 40, 406 (407) zu § 17 UWG aF.

[49] Das gilt auch bei einer Gebührenpflicht; anders aber, wenn es für die Einsicht in das Register der Darlegung eines berechtigten Interesses bedarf; BGH Urt. v. 8.10.2002 – 1 StR 150/02, BGHSt 48, 28 (31) = NJW 2003, 226 (227) zu § 39 StVG; aA zuvor BayObLG Beschl. v. 18.1.1999 – 5 St RR 173-98, NJW 1999, 1727; OLG Hamburg Beschl. v. 22.1.1998 – 2 Ss 105/97-I 4/98, NStZ 1998, 358.

[50] Auch dann, wenn keine Zuhörer anwesend waren; BGH Urt. v. 25.3.1993 – IX ZR 192/92, BGHZ 122, 115 (118) = NJW 1993, 1638 (1639) zu § 203 StGB; OLG Frankfurt Beschl. v. 11.1.2005 – 3 Ws 1003/04, NStZ-RR 2005, 235 f. zu § 203 StGB. Sie können aber mit der Zeit in Vergessenheit geraten und so wieder zu einem Geheimnis werden; OLG Köln Beschl. v. 4.7.2000 – Ss 254/00, NJW 2000, 3656 zu § 203 StGB; s. dazu sogleich im Text.

[51] Ebenso zu § 17 UWG aF RG Urt. v. 22.11.1935 – II 128/35, RGZ 149, 329 (334); BGH Urt. v. 15.3.1955 – I ZR 111/53, GRUR 1955, 424 (425); Urt. v. 1.7.1960 – I ZR 72/59, NJW 1960, 1999 (2000).

[52] BGH Urt. v. 12.2.2012 – I ZR 136/10, GRUR 2012, 1048 Rn. 21 zu § 17 UWG aF.

[53] RG Urt. v. 31.3.1898 – Rep. 823/98, RGSt 31, 90 (91) zu § 9 UWG aF; Urt. v. 22.11.1935 – II 128/35, RGZ 149, 329 (334) zu § 17 UWG aF.

[54] BVerfG Beschl. v. 14.3.2006 – 1 BvR 2087/03, BVerfGE 115, 205 (230) = NVwZ 2006, 1041 Rn. 87; zu § 85: BGH Urt. v. 20.5.1996 – II ZR 190/95, NJW 1996, 2576; OLG Hamm Urt. v. 7.10.1987 – 8 U 9/87, BeckRS 1987, 05196; OLG Karlsruhe Beschl. v. 7.11.2005 – 7 W 62/05, NJOZ 2006, 2190 (2191); zu § 17 UWG aF: BGH Urt. v. 10.5.1995 – 1 StR 764/94, BGHSt 41, 140 (142) = NJW 1995, 2301; Urt. v. 4.9.2013 – 5 StR 152/13, NStZ 2014, 325 Rn. 21.

[55] OLG Hamm Urt. v. 7.10.1987 – 8 U 9/87, BeckRS 1987, 05196.

[56] BGH Urt. v. 20.5.1996 – II ZR 190/95, NJW 1996, 2576; Urt. v. 22.12.2016 – IX ZR 94/14, NZG 2018, 191 Rn. 15; OLG Hamm Urt. v. 7.10.1987 – 8 U 9/87, BeckRS 1987, 05196; OLG Karlsruhe Beschl. v. 7.11.2005 – 7 W 62/05, NJOZ 2006, 2190 (2191); VG Neustadt Urt. v. 7.4.2014 – 4 K 726/13, BeckRS 2014, 49642. Es bedarf keines wirtschaftlichen Interesses; so aber OLG München Beschl. v. 18.6.1997 – 29 W 1352/97, NJW-RR 1998, 1495 (1496).

lisch missbilligte Tatsachen kann ein sachlich begründetes Geheimhaltungsinteresse beste-hen.[57] Zwar erscheint es auf den ersten Blick widersprüchlich, dass das Strafrecht die Aufde-ckung strafbarer Handlungen unter Strafe stellt. Es ist jedoch zwischen der auf der Tatbestandsebene angesiedelten Wertung einer Information als Geheimnis und der auf der Rechtswidrigkeitsebene zu erörternden Frage nach einer Befugnis zur Preisgabe eines Geheimnisses (zB Zeugnisverweigerungsrecht, Strafanzeige; → Rn. 46 ff.) zu unterschei-den. Ein objektives Geheimhaltungsinteresse ist bereits dann gegeben, wenn durch das Bekanntwerden der Tatsache der Gesellschaft ein materieller oder immaterieller Schaden droht. Das wird bei einer rechts- oder sittenwidrigen Tatsache regelmäßig der Fall sein. Eine Gesellschaft ist nicht grundsätzlich verpflichtet, jedes ihr zurechenbares, rechtswidriges Verhalten zu offenbaren.

c) Geheimhaltungswille. Die Rspr. fordert zusätzlich einen Geheimhaltungswillen.[58] **17** Unklar ist allerdings, ob dieser ausdrücklich oder konkludent bekundet[59] werden muss oder bereits eine **Willensvermutung** genügt.[60] Diese offene Frage verweist auf das tatsächliche Problem, dass ein Geheimhaltungswille regelmäßig nicht geäußert wird, weil die Geschäfts-führer nicht über alle Tatsachen (zB neue Entwicklungen, Forschungsergebnisse) informiert sind oder dazu keine Veranlassung sehen. Der Geheimhaltungswille kann daher gerade bei größeren Gesellschaften oft nicht festgestellt, sondern nur unterstellt werden. Unterstellun-gen sind jedoch keine taugliche Grundlage für strafrechtliche Sanktionen. Fordert man hingegen das konkrete Vorliegen eines Geheimhaltungswillens, so hat das eine erhebliche Einschränkung des Geheimnisschutzes zur Folge. Daher ist auf das Vorliegen eines positiven Geheimhaltungswillens als konstitutives Geheimniselement zu verzichten.[61]

Eigenständige Bedeutung kommt nur dem Willen zu, eine Information nicht (mehr) **18** geheim zu halten (**genereller Offenbarungswille**).[62] Abs. 1 greift nicht ein, wenn das

---

[57]   OLG Jena Beschl. v. 18.5.2010 – 1 Ss 36/10, BeckRS 2012, 24537 zu § 203 StGB; *Altmeppen* Rn. 6; Noack/Servatius/Haas/*Beurskens* Rn. 7a; MHLS/*Dannecker* Rn. 42; MüKoStGB/*Hohmann* Rn. 19; Ring/Grziwotz/*Krause* Rn. 3; UHL/*Ransiek* Rn. 24; Scholz/*Rönnau* Rn. 25; Henssler/Strohn/*Servatius* Rn. 3; aA iErg OLG München Beschl. v. 18.6.1997 – 29 W 1352/97, NJW-RR 1998, 1495 (1496), das auf diese Weise die Konsequenz des § 393 Abs. 1 Nr. 6 ZPO vermeiden will. Zu demselben Ergebnis wie hier gelangt man auch, wenn man die Definition des § 2 Nr. 1 GeschGehG heranzieht, da anders § 5 Nr. 2 GeschGehG nicht zu erklären ist; BT-Drs. 19/8300, 12; BeckOK GeschGehG/*Hiéramente* GeschGehG § 2 Rn. 73; Scholz/*Rönnau* Rn. 26; aA *Brockhaus* ZIS 2020, 102 (110).

[58]   OLG Hamm Urt. v. 7.10.1987 – 8 U 9/87, BeckRS 1987, 05196; OLG München Beschl. v. 18.6.1997 – 29 W 1352/97, NJW-RR 1998, 1495 (1496); OLG Stuttgart Urt. v. 8.7.1998 – 20 U 112/97, NZG 1998, 994 (996); ebenso: MüKoStGB/*Hohmann* Rn. 20; Rowedder/Schmidt-Leithoff/*Schaal* Rn. 10; offengelassen von BGH Urt. v. 20.5.1996 – II ZR 190/95, NJW 1996, 2576. Zu § 17 UWG aF forderte die Rspr. immer einen Geheimhaltungswillen: BGH Urt. v. 10.5.1995 – 1 StR 764/94, BGHSt 41, 140 (142) = NJW 1995, 2301; Urt. v. 27.4.2006 – I ZR 126/03, NJW 2006, 3424 (3426); Urt. v. 26.2.2009 – I ZR 28/06, NJW 2009, 1420 Rn. 13; Urt. v. 4.9.2013 – 5 StR 152/13, NStZ 2014, 325 Rn. 21; BGH Urt. v. 22.3.2018 – I ZR 118/16, NJW-RR 2019, 159 Rn. 28; OLG Stuttgart Urt. v. 2.4.1990 – 3 Ss 57/90, BeckRS 1990, 31365713; Urt. v. 19.11.2020 – 2 U 575/19, GRUR-RS 2020, 35613 Rn. 106, 113 ff.

[59]   OLG Düsseldorf Urt. v. 18.11.2004 – 12 U 45/04, BeckRS 2005, 04944; OLG München Beschl. v. 18.6.1997 – 29 W 1352/97, NJW-RR 1998, 1495 (1496); zu § 17 UWG aF: BGH Urt. v. 15.3.1955 – I ZR 111/53, GRUR 1955, 424 (425); Urt. v. 7.11.2002 – I ZR 64/00, NJW 2003, 618 (620); BayObLG Beschl. v. 25.9.2000 – 4 St RR 114/00, BayObLGSt 2000, 131 (132); OLG Stuttgart Urt. v. 2.4.1990 – 3 Ss 57/90, BeckRS 1990, 31365713.

[60]   So MüKoStGB/*Hohmann* Rn. 21; ebenso zu § 17 UWG aF RG Urt. v. 22.11.1935 – II 128/35, RGZ 149, 329 (333); BGH Urt. v. 10.5.1995 – 1 StR 764/94, BGHSt 41, 140 (142) = NJW 1995, 2301; Urt. v. 27.4.2006 – I ZR 126/03, NJW 2006, 3424 (3426).

[61]   So inzwischen die hL, Noack/Servatius/Haas/*Beurskens* Rn. 7; MHLS/*Dannecker* Rn. 27, 31 ff.; *Flei-scher/Pendl* ZIP 2020, 1321 (1325); Graf/Jäger/Wittig/*Ibold*, Wirtschafts- und Steuerstrafrecht, 2. Aufl. 2017, Rn. 16; Lutter/Hommelhoff/*Kleindiek* Rn. 4; UHL/*Ransiek* Rn. 23; Scholz/*Rönnau* Rn. 28; Henssler/Strohn/*Servatius* Rn. 4; *Wicke* Rn. 3; s. auch *Altmeppen* Rn. 7. Auch § 2 Nr. 1 GeschGehG verlangt keinen Geheimhaltungswillen.

[62]   Noack/Servatius/Haas/*Beurskens* Rn. 15, 20, MHLS/*Dannecker* Rn. 35; Rowedder/Schmidt-Leithoff/*Schaal* Rn. 13; Henssler/Strohn/*Servatius* Rn 3 f.; iErg ebenso die Autoren, die im generellen Offenba-rungswillen ein tatbestandsausschließendes Einverständnis sehen; zB UHL/*Ransiek* Rn. 23; Scholz/*Rönnau* Rn. 31, 43.

hierzu befugte Organ (→ Rn. 37) oder eine von ihm dazu ermächtigte Person beschließt, dass die Gesellschaft kein Interesse (mehr) an der Geheimhaltung hat. Der generelle Offenbarungswille muss bei der Tatbegehung bestehen, aber nicht gegenüber dem Täter (ausdrücklich oder konkludent) erklärt werden und auch nicht für ihn erkennbar sein.[63] Auch ein nicht im objektiven Interesse der Gesellschaft gefasster (mithin pflichtwidriger) Beschluss, das Geheimnis preiszugeben, schließt die Tatbestandsmäßigkeit aus, da es – wie beim tatbestandsausschließenden Einverständnis – insoweit allein auf den tatsächlichen Willen ankommt. Der generelle Offenbarungswille, durch den die Information ihren Status als Geheimnis verliert, ist abzugrenzen vom **speziellen Offenbarungswillen,** der nur dahingeht, dass unter Beibehaltung des Geheimnisses der Kreis der Eingeweihten erweitert wird. Der spezielle Offenbarungswille ist ein tatbestandsausschließendes Einverständnis (→ Rn. 36).

19   **d) Betriebs- und Geschäftsgeheimnis.** Dem Schutzbereich des § 85 unterliegen sämtliche Geheimnisse der Gesellschaft (→ Rn. 5; zum Geschäftsgeheimnis gem. § 2 Nr. 1 GeschGehG → Rn. 12). Zusätzliche Voraussetzung für das im Gesetzestext besonders hervorgehobene Betriebs- oder Geschäftsgeheimnis ist, dass das Geheimnis im **Zusammenhang mit dem Betrieb oder Geschäft** steht, den oder das die Gesellschaft betreibt. Dieser Bezug wird bei einem Geheimnis einer Gesellschaft zumeist bestehen, weil sich Tatsachen, die sich auf die Gesellschaft beziehen (→ Rn. 13), regelmäßig auch ihrer betrieblichen oder geschäftlichen Tätigkeit zuordnen lassen. Die in § 85 verwandten Begriffe „Geheimnis" und „Betriebs- oder Geschäftsgeheimnis" sind daher inhaltlich nahezu deckungsgleich. Auch das als Beispiel für einen ausschließlichen Anwendungsfall des Geheimnisses genannte „immaterielle" (zB wissenschaftliche, künstlerische) Geheimnis wird regelmäßig einen Bezug zur betrieblichen oder geschäftlichen Tätigkeit der Gesellschaft aufweisen.

20   Eine **Differenzierung** zwischen Betriebs- und Geschäftsgeheimnissen – etwa danach, dass diese dem technischen und jene dem kaufmännischen Bereich des Unternehmens zuzuordnen sind[64] – ist praktisch undurchführbar und wegen der Einbeziehung beider **unnötig.**[65]

21   **Beispiele** für Betriebs- oder Geschäftsgeheimnisse:[66] Kostenrahmen bei und Angebote in einer Ausschreibung;[67] Beteiligungsverhältnisse, geplante Beteiligungen und Fusionen; Bezugsquellen;[68] Buchführung;[69] Computerprogramme (zB für Geldspielautomaten[70]); Erfindungen, Forschungsergebnisse, technische Zeichnungen, Konstruktionsunterlagen, Rezepturen und Herstellungsverfahren;[71] Kalkulationen, Preisberechnun-

---

[63] Es liegt dann idR ein strafloser Versuch vor.

[64] So zB zu Art. 12 GG BVerfG Beschl. v. 14.3.2006 – 1 BvR 2087/03, BVerfGE 115, 205 (230) = NVwZ 2006, 1041 Rn. 87; zu §§ 9, 17 UWG aF: RG Urt. v. 2.3.1897 – 334/97, RGSt 29, 426 (430); OLG Stuttgart Urt. v. 2.4.1990 – 3 Ss 57/90, BeckRS 1990, 31365713; Urt. v. 19.11.2020 – 2 U 575/19, GRUR-RS 2020, 35613 Rn. 107.

[65] So bereits RG Urt. v. 31.3.1898 – Rep. 823/98, RGSt 31, 90 (91) zu § 9 UWG aF.

[66] Die folgenden Beispiele stammen zumeist aus der Rspr. zum UWG aF.

[67] BGH Urt. v. 10.5.1995 – 1 StR 764/94, BGHSt 41, 140 = NJW 1995, 2301; BGH Urt. v. 4.9.2013 – 5 StR 152/13, NStZ 2014, 325 Rn. 22.

[68] OLG Düsseldorf Beschl. v. 25.11.1953 – 2 W 182/53, GRUR 1954, 74.

[69] RG Urt. v. 2.3.1897 – 334/97, RGSt 29, 426 (430); BGH Urt. v. 8.11.1999 – II ZR 7/98, NJW 2000, 1329 (1330) zu einem noch nicht offengelegten Jahresabschluss; OLG München Beschl. v. 18.6.1997 – 29 W 1352/97, NJW-RR 1998, 1495 (1496).

[70] BGH Beschl. v. 10.11.1994 – 1 StR 157/94, BGHSt 40, 331 = NJW 1995, 669 (670).

[71] RG Urt. v. 8.6.1899 – Rep. 1923/99, RGSt 32, 216 (217); Urt. v. 27.2.1922 – I 1121/21, RGSt 57, 12; Urt. v. 13.12.1927 – I 1032/27, RGSt 61, 418; Urt. v. 21.6.1929 – I 573/29, RGSt 63, 205; BGH Urt. v. 24.11.1959 – 1 StR 439/59, BGHSt 13, 333 (334) = NJW 1960, 207; BGH Urt. v. 25.1.1955 – I ZR 15/53, BGHZ 16, 172 (173 ff.) = NJW 1955, 628 (629 f.); Urt. v. 21.12.1962 – 1 ZR 47/61, BGHZ 38, 391 (393) = NJW 1963, 856 (857); Urt. v. 7.1.1958 – I ZR 73/57, NJW 1958, 671; Urt. v. 1.7.1960 – I ZR 72/59, NJW 1960, 1999 (2000); BGH Urt. v. 22.3.2018 – I ZR 118/16, NJW-RR 2019, 159 (161 Rn. 28); OLG Stuttgart Urt. v. 19.11.2020 – 2 U 575/19, GRUR-RS 2020, 35613 Rn. 107 zu § 17 UWG aF.

gen und -listen;[72] Kreditunterlagen; Kundendaten, -namen und -anschriften;[73] Lieferantendaten; Mitarbeiterverzeichnisse, Personalakten, Lohn- und Gehaltslisten; Modelle und Muster;[74] Software, die von dem oder für das Unternehmen entwickelt wurde; Verhandlungen und Beschlüsse des Vorstands oder Aufsichtsrats;[75] Vertragsverhandlungen und Verträge; finanzielle Situation der Gesellschaft[76] und Zahlungsunfähigkeit.[77]

3. Bekannt geworden in der Eigenschaft als Geschäftsführer, Liquidator oder 22
Aufsichtsratsmitglied. Dem Täter muss das Geheimnis „in seiner Eigenschaft als" Geschäftsführer, Liquidator oder Aufsichtsratsmitglied bekannt geworden sein. Erforderlich ist also ein **zeitlicher und funktionaler Zusammenhang** zwischen der Amtstätigkeit des Täters und seiner Kenntniserlangung.

Ein **zeitlicher Zusammenhang** besteht, wenn der Täter im Zeitpunkt der Kenntnis- 23
erlangung Geschäftsführer, Liquidator oder Aufsichtsratsmitglied war. § 85 greift daher nicht ein, wenn er diese Funktion im Zeitpunkt der Kenntniserlangung nicht, noch nicht oder nicht mehr innehatte. Dann ist auch unerheblich, wenn er (erst) bei der Offenbarung oder Verwertung des Geheimnisses zu einer dieser Gruppen gehört. Hingegen steht es der Strafbarkeit aus § 85 nicht entgegen, wenn der Täter, der im Zeitpunkt der Kenntniserlangung die Täterqualifikation aufwies, bei der Tathandlung (Offenbaren, Verwerten) nicht mehr Geschäftsführer, Liquidator oder Aufsichtsratsmitglied ist. In diesem Zusammenhang ist auch zu beachten, dass das Geheimnis der Gesellschaft sowohl im Augenblick der Kenntniserlangung durch den Täter, als auch noch zum Tatzeitpunkt zustehen muss. Hat die Gesellschaft nach der Kenntniserlangung und vor der Tathandlung das **Geheimnis auf einen anderen übertragen** (zB Verkauf von Know-how), so greift § 85 nicht ein, weil die Tathandlung dann kein Geheimnis der Gesellschaft mehr betrifft, von dem der Täter aufgrund seiner Funktion bei ihr Kenntnis erlangt hat.[78] Dass die Gesellschaft (genauer: Mitglieder ihrer Organe oder ihre Arbeitnehmer) das Geheimnis noch kennt, genügt nicht zur Begründung des Fortbestands des Geheimnisses bei ihr, weil es durch die Übertragung am Bezug zur Gesellschaft fehlt. Allerdings kann § 85 eingreifen, wenn die Gesellschaft ein berechtigtes Interesse daran hat, dass nicht bekannt wird, dass die Tatsache einmal bei ihr bestand (zB nach Übergabe von Schwarzgeld an Dritte). § 85 scheidet aus bei einer **Auflösung der Gesellschaft** vor der Tathandlung.[79] Verliert die Information erst nach Vollendung (→ Rn. 52) ihren Charakter als Geheimnis der Gesellschaft, so hebt das die Strafbarkeit nicht rückwirkend auf.

Funktionaler Zusammenhang heißt, dass dem Täter das Geheimnis aufgrund seiner 24
Tätigkeit als Geschäftsführer, Liquidator oder Aufsichtsratsmitglied bekannt geworden sein muss. Ausreichend, aber nicht erforderlich ist, dass der Täter durch seine eigene Tätigkeit von dem Geheimnis erfährt. Es genügt zB auch, dass ihm ein Dritter das Geheimnis wegen seiner Tätigkeit mitteilt. Die Geheimniserlangung muss nicht im Rahmen des eigenen

---

[72] RG Urt. v. 2.3.1897 – 334/97, RGSt 29, 426 (428); Urt. v. 25.2.1902 – Rep. 5280/01, RGSt 35, 136 (137); Urt. v. 2.7.1909 – V 441/09, RGSt 42, 394 (396); OLG München Beschl. v. 18.6.1997 – 29 W 1352/97, NJW-RR 1998, 1495 (1496); OLG Stuttgart Urt. v. 30.10.1981 – 2 U 43/81, GRUR 1982, 315 (316).

[73] RG Urt. v. 9.1.1900 – Rep. 4574/99, RGSt 33, 62 (63); BGH Urt. v. 17.3.1992 – 1 StR 5/92, NJW 1992, 1776 (1777); Urt. v. 14.1.1999 – I ZR 2–97, NJW-RR 1999, 1131 (1132); Urt. v. 19.12.2002 – I ZR 119/00, NJW-RR 2003, 833; Urt. v. 27.4.2006 – I ZR 126/03, NJW 2006, 3424 (3426); OLG München Beschl. v. 18.6.1997 – 29 W 1352/97, NJW-RR 1998, 1495 (1496); OLG Stuttgart Urt. v. 8.7.1998 – 20 U 112/97, NZG 1998, 994 (996).

[74] RG Urt. v. 31.3.1898 – Rep. 823/98, RGSt 31, 90 (92); Urt. v. 5.6.1905 – Rep. 27/05, RGSt 38, 108 (110); Urt. v. 2.7.1909 – V 441/09, RGSt 42, 394 (396); Urt. v. 4.11.1913 – V 562/13, RGSt 48, 12 (15); OLG München Beschl. v. 18.6.1997 – 29 W 1352/97, NJW-RR 1998, 1495 (1496).

[75] Diff. BGH Urt. v. 5.6.1975 – II ZR 156/73, BGHZ 64, 325 (330 f.) = NJW 1975, 1412 (1413).

[76] LG Kiel Urt. v. 20.4.2006 – 10 S 98/05, BeckRS 2006, 06400.

[77] BGH Urt. v. 22.12.2016 – IX ZR 94/14, NZG 2018, 191 Rn. 15.

[78] MüKoStGB/*Hohmann* Rn. 23; UHL/*Ransiek* Rn. 25; Scholz/*Rönnau* Rn. 54; aA MHLS/*Dannecker* Rn. 43.

[79] OLG Nürnberg Urt. v. 24.9.2014 – 6 U 531/13, BeckRS 2014, 18697 Rn. 10.

Zuständigkeitsbereichs erfolgt sein[80] (zB der intern nicht für Forschung und Entwicklung zuständige Geschäftsführer nutzt seine Stellung, um sich Kenntnisse über dortige Geheimnisse zu verschaffen; ein Mitarbeiter informiert den intern unzuständigen Geschäftsführer über ein Geheimnis) oder rechtmäßig sein (zB Geschäftsführer nutzt seine Möglichkeit, fremde Büros zu betreten, um dort Post zu öffnen). Eine private Kenntnisnahme reicht nicht aus, ebenso wenig die Kenntniserlangung im Rahmen einer anderen beruflichen Tätigkeit. Ist das Geheimnis verkörpert, so muss der Täter den Gegenstand, in dem es verkörpert ist, nicht an sich gebracht (zB Mitnahme des Dokuments) oder das Geheimnis auf andere Weise verkörpert haben (zB Kopie); auch das „Schöpfen aus der Erinnerung" fällt unter § 85.[81]

25   **4. Tathandlungen.** § 85 enthält zwei Grunddelikte (mit unterschiedlicher Strafandrohung), die sich auf Tatbestandsebene nur in der Tathandlung unterscheiden: das unbefugte Offenbaren eines Geheimnisses (Abs. 1) und die unbefugte Verwertung eines Geheimnisses (Abs. 2 S. 2).

26   **a) Offenbaren (Abs. 1).** Offenbaren ist ein Handeln (→ Rn. 27) oder Unterlassen (→ Rn. 28) des geheimhaltungspflichtigen Geschäftsführers, Liquidators oder Aufsichtsratsmitglieds, durch das ein Dritter (→ Rn. 32), der das Geheimnis nicht, nicht ganz oder nicht sicher (zB nur gerüchteweise) kennt,[82] von dem Geheimnis Kenntnis erlangt (→ Rn. 29).

27   **aa) Handlung.** An das **Handeln** werden keine besonderen Anforderungen gestellt. Es genügt jedes Verhalten des Geheimhaltungspflichtigen, das auf kausale und objektiv zurechenbare Weise dazu führt, dass ein Dritter von dem Geheimnis Kenntnis erlangt (zB Mitteilen, Veröffentlichen, Erteilen von Auskunft, Gewähren von Akteneinsicht, Verschaffen des Zugangs zu Daten, Übergabe der Kundendatei). Dabei genügt, wenn ein Gerücht ausgestreut oder ein bestehendes Gerücht bestätigt wird. Nach dem Schutzzweck des § 85 ist auch ein freiverantwortliches Verhalten des Dritten zurechenbar, mit dem dieser die vom Geheimhaltungspflichtigen geschaffene Gelegenheit zur Kenntnisnahme nutzt, ohne selbst eine Straftat zu verüben (zB Öffnen und Lesen eines Briefs). Die Handlung muss nicht darauf angelegt sein, dass ein Dritter Kenntnis erlangt (zB lautes Telefonieren im Zug).

28   Auch ein Offenbaren durch **Unterlassen** (§ 13) ist möglich, da die Geheimhaltungspflicht (→ Rn. 2) eine Garantenpflicht iSd § 13 Abs. 1 StGB ist[83] (zB Geschäftsführer verhindert nicht, dass ein Dritter vertrauliche Unterlagen einsieht; vor fremdem Zugriff nicht geschützte Speicherung).

29   **bb) Erfolg: Kenntnis.** Der Dritte muss das Geheimnis zur Kenntnis nehmen. Darüber besteht allerdings nur beim **gesprochenen Wort** Einigkeit.[84] Demgegenüber ist nach hM[85] beim **verkörperten Geheimnis** keine Kenntnisnahme erforderlich. Innerhalb der hM ist

---

[80]   Ebenso zu § 17 UWG aF: BGH Urt. v. 24.11.1959 – 1 StR 439/59, BGHSt 13, 333 (335) = NJW 1960, 207; BGH Urt. v. 21.12.1962 – 1 ZR 47/61, BGHZ 38, 391 (393) = NJW 1963, 856 (857); offengelassen von OLG Stuttgart Urt. v. 8.7.1998 – 20 U 112/97, NZG 1998, 994 (996).
[81]   OLG Stuttgart Urt. v. 8.7.1998 – 20 U 112/97, NZG 1998, 994 (996).
[82]   RG Urt. v. 26.6.1894 – Rep. 1828/94, RGSt 26, 5 (7) zu § 300 StGB aF; Urt. v. 16.5.1905 – Rep. 370/05, RGSt 38, 62 (65) zu § 300 StGB aF; RG Urt. v. 4.3.1940 – 2 D 31/40, RGSt 74, 110 (111) zu § 353b StGB; BGH Urt. v. 9.2.1977 – 3 StR 498/76, BGHSt 27, 120 (121) = NJW 1977, 769 zu § 98 StGB; Urt. v. 10.8.1995 – IX ZR 220/94, NJW 1995, 2915 (2916) zu § 203 StGB; BayObLG Urt. v. 8.11.1994 – 2 St RR 157/94, BayObLGSt 1994, 227 (228) zu § 203 StGB.
[83]   Henssler/Strohn/*Servatius* Rn. 5.
[84]   Noack/Servatius/Haas/*Beurskens* Rn. 12; MHLS/*Dannecker* Rn. 47; UHL/*Ransiek* Rn. 26; Scholz/*Rönnau* Rn. 36.
[85]   OLG Hamm Urt. v. 20.1.1959 – 3 Ss 1425/58, GA 1959, 288 zu § 17 UWG aF; MHLS/*Dannecker* Rn. 46, 50; MüKoStGB/*Hohmann* Rn. 36; Rowedder/Schmidt-Leithoff/*Schaal* Rn. 12, 30; Esser/Rübenstahl/Saliger/Tsambikakis/*Tsambikakis*, Wirtschaftsstrafrecht, 2017, Rn. 9; so auch noch Kölner Komm AktG/*Altenhain* AktG § 404 Rn. 21; enger – nur bei Zugang – UHL/*Ransiek* Rn. 38; Scholz/*Rönnau* Rn. 36.

allerdings streitig, ob bereits die Möglichkeit zur Kenntnisnahme genügt (zB Reinigungskraft betritt das Büro mit der darin auf dem Schreibtisch liegenden Akte), ob der Dritte diese Möglichkeit auch erkannt haben muss (zB Reinigungskraft erblickt die Akte) oder ob er sogar den Gewahrsam an der Verkörperung erlangt haben muss (zB Reinigungskraft ergreift die Akte). Entsprechend wird innerhalb der hM beim **digitalisierten Geheimnis** ein Offenbaren nicht nur dann bejaht, wenn ein Dritter es aufgrund der Handlung des Täters wahrnimmt (zB Lesen am Bildschirm), sondern bereits dann, wenn der Dritte in den Besitz der lesbaren Datei oder einer Kopie gelangt (zB Zusendung per E-Mail, Download) oder die bloße Möglichkeit zum Aufruf und zur Kenntnisnahme hat (zB dem Dritten zugänglicher und nicht gesperrter Computer; Täter übersendet Drittem Zugangscode zum Datenspeicher; Einstellen einer Datei auf frei zugänglichem Server).[86] Gerade dann, wenn man der zuletzt genannten Ansicht folgt, kann ein Offenbaren durch Unterlassen bereits dann gegeben sein, wenn der Geheimhaltungspflichtige es (vorsätzlich) unterlässt, notwendige Vorkehrungen zur Verhinderung eines unberechtigten Zugriffs zu treffen, seien es technische Schutzmaßnahmen (zB Zugangsbeschränkung, Verschlüsselung) oder vertragliche (zB arbeitsrechtlich sanktionierte Zugriffsverbote), ohne dass es des Nachweises bedarf, dass ein Dritter die Schutzlücke tatsächlich ausgenutzt und sich Kenntnis verschafft hat. Auch nach hM ist der Erfolg aber noch nicht eingetreten, wenn der Dritte zunächst noch eine verbotene, auf den Bruch des Geheimnisses gerichtete Tat (zB §§ 202a, 202b, 206 StGB) begehen muss.

Die hM, die bei verkörperten oder digitalisierten Geheimnissen auf eine Kenntnis des **30** Dritten verzichtet, ist **abzulehnen**. Das Geheimnis wird in solchen Fällen nicht verletzt, sondern nur gefährdet. Die gewährte, aber nicht genutzte Möglichkeit, Kenntnis zu nehmen, ist nur ein strafloser Versuch. Die demgegenüber von der hM praktizierte Vorverlagerung der Strafbarkeit ist mit dem Wortlaut nicht vereinbar. Das Wort „offenbaren" bezeichnet im allgemeinen Sprachgebrauch ein Aufdecken oder Enthüllen, durch das einem anderen etwas zur Kenntnis gebracht wird, das er bislang nichts wusste.[87] Es erscheint daher mit dem Wortlaut kaum vereinbar, dass ein Geheimnis zwar niemandem zur Kenntnis gelangt, aber trotzdem offenbart worden sein kann. Wenn es richtig ist, einen Geheimnisträger nicht aus § 85 zu belangen, der einem Dritten ein Geheimnis erzählen will, es aber nicht kann, weil sich dieser die Ohren zuhält, dann stellt sich die Frage, warum derjenige strafbar sein soll, der einem Dritten eine Akte zum Lesen vorhält, wenn der Dritte wegsieht, oder der einem Dritten den Zugang zu einem Datenspeicher ermöglicht, den jener nicht nutzt. Es sind in erster Linie Beweisschwierigkeiten, welche die hM dazu veranlassen, bei verkörperten oder digitalisierten Geheimnissen die Möglichkeit zur Kenntnisnahme oder den Gewahrsam mit der Möglichkeit zur Kenntnisnahme ausreichen zu lassen. Die hM kommt dadurch auch in Fällen zur Strafbarkeit, in denen dies vom Schutzzweck her nicht zu rechtfertigen ist. Gibt der Geheimhaltungspflichtige einem Dritten einen Datenträger, um diesen vor neugierigen Augen zu schützen, und gibt der Dritte den Datenträger später zurück, so hat der Geheimhaltungspflichtige nach hM den Tatbestand, dessen Schutzzweck durch die Übergabe an den Dritten gerade erreicht werden sollte, sogar dann erfüllt, wenn der Dritte nachweislich den Datenträger nicht ausgelesen hat. Gegen den weiten Offenbarungsbegriff sprechen zudem systematische Gründe: So verwendet der Gesetzgeber in anderen Tatbeständen den Begriff „zugänglich machen", um das bloße Verschaffen der Möglichkeit zur Kenntnisnahme von Inhalten zu erfassen (zB § 130 Abs. 2 StGB, § 130a Abs. 1 StGB, § 131 Abs. 1 Nr. 1, 2 StGB, § 184 Abs. 1 Nr. 1 StGB). Ein Zugänglichmachen ist bereits dann gegeben, wenn der Täter bewirkt, dass die Schrift ihrer Substanz nach derart in den Wahrnehmungs- oder Herrschaftsbereich eines Dritten gelangt, dass dieser die unmittelbare Zugriffsmöglichkeit auf die Schrift und damit die Möglichkeit der Kenntnisnahme vom Inhalt erlangt. Die weite Auslegung des Offenbarens unterläuft die differenzierende

---

[86] MHLS/*Dannecker* Rn. 50.
[87] *Grimm*, Deutsches Wörterbuch, Bd. 13, Sp. 1174 (abrufbar unter http://dwb.uni-trier.de, zuletzt abgerufen am 21.6.2021).

Wortwahl des Gesetzgebers durch eine vereinheitlichende, das Offenbaren zu einem Zugänglichmachen umdeutende Auslegung.[88]

31   Es ist nicht erforderlich, dass die Information infolge der Tathandlung **nicht mehr geheim** ist (zB der Täter teilt das Geheimnis nur einer Person mit, die es für sich behält). Das Geheimnis muss auch nicht so offenbart werden, dass der Dritte einen Bezug zu der betroffenen Gesellschaft herstellen kann (zB Verrat eines Forschungsergebnisses). Dies kann allerdings dann notwendig sein, wenn gerade darin das Geheimnis liegt (zB Verrat, dass die Gesellschaft für ihr erfolgreiches Produkt ein seit langem bekanntes Herstellungsverfahren nutzt).

32   **cc) Dritter.** Kenntnis erlangen muss ein Dritter. Es ist nicht erforderlich, dass er das Geheimnis als solches erkennt oder es versteht.[89] Bereits durch seine Kenntniserlangung ist das Schutzgut des § 85 (→ Rn. 5) verletzt und das Geheimnis nicht mehr vor der Mitteilung an weitere Personen bewahrt. Dritter ist **jede Person außerhalb des Täterkreises** (zB Angestellte der GmbH, Außenstehende). Keine Dritten, sondern kraft ihrer gesellschaftsrechtlichen Stellung originäre Geheimnisträger sind die Geschäftsführer, Liquidatoren und Aufsichtsratsmitglieder. Sie sind berechtigt, sich jederzeit über alle Angelegenheiten der Gesellschaft zu unterrichten. Daher handelt zB ein Geschäftsführer nicht tatbestandsmäßig, wenn er einem Kollegen oder Aufsichtsratsmitglied ein diesem noch unbekanntes Geheimnis mitteilt.[90] Anders als bei § 203 StGB macht § 85 keine Ausnahmen für berufsmäßig tätige Gehilfen und zur Vorbereitung auf den Beruf tätige Personen. Grundsätzlich tatbestandsmäßig ist auch das Offenbaren gegenüber einem **schweigepflichtigen Dritten**[91] (zB Rechtsanwalt, Steuerberater, Wirtschaftsprüfer). Das gilt selbst dann, wenn dieser einen durchsetzbaren Anspruch auf die Mitteilung des Geheimnisses hat.

33   **b) Verwerten (Abs. 2 S. 2).** Verwerten ist das **Nutzen des Geheimnisses zwecks Bereicherung**.[92] Verwerten hat somit eine objektive Komponente, die Nutzung des Geheimnisses, und eine subjektive, die Bereicherungsabsicht. Es ist nicht notwendig, dass das Geheimnis zugleich offenbart wird. Die Funktion des Abs. 2 S. 2 ist es gerade, Verletzungen des Rechts am Geheimnis (hier: das exklusive Nutzungsrecht) zu erfassen, die nicht unter Abs. 1 oder Abs. 2 S. 1 fallen. Sein Anwendungsbereich liegt gerade dort, wo es zu keiner Offenbarung kommt. Allerdings fehlt es auch an einer Nutzung des Geheimnisses, wenn der Täter lediglich droht, es zu offenbaren (zB um Geld zu erpressen). Das Unrecht liegt hier nicht in einer Verletzung des Rechts am Geheimnis, da diese nur angedroht wird, sondern in der Beeinträchtigung der Willensfreiheit (§§ 240, 253 StGB).

34   Ob das Handeln des Täters eine **Nutzung** ist, hängt von der Art der Information ab. Ist das Geheimnis ein Kalkulationsprogramm, so nutzt der Täter es, indem er es zur Kalkulation einsetzt; ist es ein Produktionsverfahren, so kann er es auch nutzen, indem er es modifiziert oder weiterentwickelt, solange er die für das Geheimnis entscheidenden Grundelemente beibehält und dasselbe technische Ergebnis ohne Kenntnis des Vorbilds nicht oder nicht in derselben Zeit oder mit derselben Zuverlässigkeit erreichen könnte.[93] Noch keine Nutzung sind die bloße Kenntnis (das „Haben", „Besitzen") des Geheimnisses und Maßnahmen zur Aufrechterhaltung dieser Kenntnis (zB der Täter notiert das Geheimnis oder legt eine

---

[88]   So auch UHL/*Ransiek* Rn. 38; Scholz/*Rönnau* Rn. 36. Sie nehmen deshalb ein Offenbaren nur an, wenn das Schriftstück oder der Datenträger dem Dritten zugegangen ist oder der Täter dem Dritten aktuell die Kenntnisnahme ermöglicht. Es erscheint jedoch nicht stimmig, danach zu differenzieren, ob ein Dritter einen Datenträger mit dem Geheimnis oder einen Link auf das online frei zugängliche Geheimnis zugesandt bekommt oder ob der Dritte aktuell oder erst später zur Kenntnisnahme in der Lage ist.

[89]   RG Urt. v. 3.7.1917 – V 54, 117, RGSt 51, 184 (189) zu § 17 UWG aF.
[90]   UHL/*Ransiek* Rn. 29, der allerdings einschr. § 51a Abs. 2 (analog) heranzieht.
[91]   BGH Urt. v. 11.12.1991 – VIII ZR 4/91, BGHZ 116, 268 (272) = NJW 1992, 737 (739) zu § 203 StGB; BayObLG Urt. v. 8.11.1994 – 2 St RR 157/94, BayObLGSt 1994, 227 (228) zu § 203 StGB.
[92]   BayObLG Urt. v. 28.10.1983 – RReg. 2 St 200/83, NStZ 1984, 169 zu § 355 StGB.
[93]   BGH Urt. v. 3.5.2001 – I ZR 153/99, GRUR 2002, 91 zu § 17 UWG aF.

Sicherungskopie an).[94] Die hM lässt nicht jede Nutzung des Geheimnisses genügen, sondern verlangt eine wirtschaftliche (Aus-)Nutzung, was teilweise dahingehend präzisiert wird, dass der Täter den **im Geheimnis verkörperten wirtschaftlichen Wert ausnutzen** müsse.[95] Diese einschränkende Voraussetzung wird bei Geheimnissen einer Gesellschaft zumeist erfüllt sein. Keine Nutzung ist nach hM zB der Verkauf des Geheimnisses an Dritte,[96] beim Insidergeschäft ist dies streitig.[97] Die hM ist abzulehnen (→ Rn. 5). Der Wortlaut „verwerten" gibt für ihre einschränkende Auslegung nichts her. Verwerten ist jedes Nutzenziehen, nicht nur das eines ggf. vorhandenen wirtschaftlichen Werts. Diese Einschränkung lässt sich auch nicht mit der systematischen Stellung neben und derselben Strafdrohung wie Abs. 2 S. 1 begründen. Daraus lässt sich nur ableiten, dass es dem Täter bei Abs. 2 S. 2 um einen wirtschaftlichen Vorteil gehen muss, nicht aber, dass dieser Vorteil einem im Geheimnis verkörperten wirtschaftlichen Wert entsprechen muss. Es ist auch wenig einsichtig, dass zwar die Nutzung für ein Insiderhandeln erfasst sein soll, mithin auch ein Tipp (vgl. Art. 14 lit. b Marktmissbrauchs-VO) gegen Bezahlung, nicht aber die Veräußerung des Geheimnisses selbst. Die **Abgrenzung des Verwertens vom Offenbaren** ist keine Frage des Tatbestands, sondern der Konkurrenzen: Liegt das Verwerten gerade darin, dass der Täter das Geheimnis einem Dritten gegen Entgelt offenbart (zB Verkauf), so sind tatbestandlich alle Varianten des § 85 erfüllt, jedoch geht Abs. 2 S. 1 den anderen als lex specialis vor.[98] Offenbart der Täter das Geheimnis nur, um die Verwertung zu ermöglichen (zB der technisch unbedarfte Täter übergibt das unbefugt kopierte Programm seinem Mitarbeiter, damit dieser es installiert), so steht Abs. 1 zum später verwirklichten Abs. 2 S. 2 in Tatmehrheit.[99]

Der Täter muss in der **Absicht** handeln, **sich oder einen Dritten zu bereichern.**[100] **35** Eine Nutzung des Geheimnisses zu anderen, etwa politischen oder ideellen Zwecken ist aus den genannten (→ Rn. 34) systematischen Gründen nicht tatbestandsmäßig. Nicht erforderlich ist, dass der mit der Nutzung angestrebte Gewinn tatsächlich eintritt. Anderenfalls wäre das Verwenden eines Geheimnisses für die eigene Geschäftstätigkeit nur strafbar, wenn das Unternehmen floriert. Durch die Nutzung oder die angestrebte Bereicherung muss das Geheimnis nicht entwertet werden, der Gesellschaft kein Schaden entstehen oder ihre Vermögensinteressen überhaupt negativ berührt werden (zB bei der Nutzung für ein Insidergeschäft).[101] § 85 ist kein Vermögensdelikt (→ Rn. 5).

c) Unbefugt (tatbestandsausschließendes Einverständnis). Das Offenbaren oder **36** Verwerten muss „unbefugt" sein. Die Bedeutung und Einordnung dieses Merkmals ist umstritten. Dabei ist von vornherein als nicht hierher gehörend der generelle Offenbarungswille auszuscheiden, der dazu führt, dass gar kein Geheimnis vorliegt (→ Rn. 18). Unstreitig ist auch, dass das Wort „unbefugt" nur ein Hinweis auf das allgemeine Verbrechensmerkmal der Rechtswidrigkeit ist, soweit es betont, dass eine Strafbarkeit voraussetzt, dass zugunsten des Täters kein Rechtfertigungsgrund eingreift. Streitig ist die Einordnung des speziellen Offenbarungswillens, also des Willens, das Geheimnis beizubehalten und

94 Ebenso zu § 17 UWG aF RG Urt. v. 21.6.1929 – I 573/29, RGSt 63, 205 (207); OLG Hamm Urt. v. 31.1.2013 – 4 U 200/12, GRUR-RR 2013, 306 (308).
95 RG Urt. v. 21.6.1929 – I 573/29, RGSt 63, 205 (207) zu § 17 UWG aF; *Altmeppen* Rn. 22; MHLS/ *Dannecker* Rn. 51; MüKoStGB/*Hohmann* Rn. 49; Lutter/Hommelhoff/*Kleindiek* Rn. 7; UHL/*Ransiek* Rn. 48; Scholz/*Rönnau* Rn. 37; Rowedder/Schmidt-Leithoff/*Schaal* Rn. 17.
96 MHLS/*Dannecker* Rn. 56; Scholz/*Rönnau* Rn. 41.
97 Eine Nutzung bejahen Noack/Servatius/Haas/*Beurskens* Rn. 18; MüKoStGB/*Hohmann* Rn. 49; UHL/ *Ransiek* Rn. 49; Rowedder/Schmidt-Leithoff/*Schaal* Rn. 18; diff. MHLS/*Dannecker* Rn. 51; Scholz/ *Rönnau* Rn. 40.
98 Ebenso HK-KapMarktStrafR/*Gercke/Stirner* Rn. 28.
99 Ebenso HK-KapMarktStrafR/*Gercke/Stirner* Rn. 28; aA Scholz/*Rönnau* Rn. 41: nur Abs. 2 S. 1; MHLS/ *Dannecker* Rn. 56: nur Abs. 2 S. 2.
100 Soweit eine Gewinnerzielungs- oder Verwertungsabsicht verlangt wird, ist dasselbe gemeint; *Altmeppen* Rn. 22; MHLS/*Dannecker* Rn. 53; HK-KapMarktStrafR/*Gercke/Stirner* Rn. 16; MüKoStGB/*Hohmann* Rn. 49; Lutter/Hommelhoff/*Kleindiek* Rn. 7; Ring/Grziwotz/*Krause* Rn. 8; UHL/*Ransiek* Rn. 48; Scholz/*Rönnau* Rn. 37; HK-GmbHG/*Saenger* Rn. 15.
101 BayObLG Urt. v. 28.10.1983 – RReg. 2 St 200/83, NStZ 1984, 169 f. zu § 355 StGB.

nur den Kreis der Eingeweihten zu erweitern. Die hM[102] sieht darin eine rechtfertigende Einwilligung, weshalb aus ihrer Sicht das Wort „unbefugt" auch insoweit nur ein Hinweis des Gesetzgebers auf das allgemeine Deliktsmerkmal der Rechtswidrigkeit ist. Vorzugswürdig erscheint es jedoch, im speziellen Offenbarungswillen bereits ein tatbestandsausschließendes Einverständnis zu sehen.[103] Es ist nicht einsichtig, dass der weiterreichende generelle Offenbarungswille bereits die Tatbestandsmäßigkeit, der spezielle Offenbarungswille aber erst die Rechtswidrigkeit entfallen lassen soll. Das ist auch mit Blick auf die nach hM höheren Anforderungen an die rechtfertigende Einwilligung nicht plausibel.[104] Das Wort „unbefugt" hat also eine **Doppelfunktion:**[105] Soweit es auf den fehlenden speziellen Offenbarungswillen verweist, ist es ein Tatbestandsmerkmal, soweit es auf fehlende Rechtfertigungsgründe verweist, ist es ein Hinweis auf das allgemeine Deliktsmerkmal der Rechtswidrigkeit.

37   Da § 85 das Recht der Gesellschaft an ihren Geheimnissen schützt, ist für das **tatbestandsausschließende Einverständnis** die Zustimmung des oder der zur Tatzeit Verantwortlichen erforderlich.[106] Auf die Zustimmung auch der im Zeitpunkt der Kenntniserlangung Verantwortlichen kommt es nicht an. Da es allein um das Recht der Gesellschaft geht, ist der Wille von Personen, die nicht mehr zur Entscheidung darüber berufen sind, unbeachtlich. Die Zustimmung kann ausdrücklich oder konkludent erklärt werden.[107] Wie beim generellen Offenbarungswillen (→ Rn. 18) genügt es aber auch hier, dass die Zustimmung bei der Tatbegehung vorliegt, ohne dass sie dem Täter gegenüber erklärt wird oder für ihn erkennbar ist. Wer innerhalb der Gesellschaft im Tatzeitpunkt verantwortlich ist und welche Mehrheitserfordernisse im Fall einer Gremienentscheidung bestehen, ist keine strafrechtliche, sondern eine gesellschaftsrechtliche Frage. Zuständig sind grds. die Geschäftsführer (oder Liquidatoren, § 71 Abs. 4), soweit die Gesellschafter keine Weisung (§ 37 Abs. 1) erteilt haben oder ihnen die Frage gem. § 49 Abs. 2 zur Entscheidung vorzulegen ist (→ § 43 Rn. 207). Die Geschäftsführer können intern einzelne mit der Entscheidung betrauen (zB jeder in seinem Geschäftsbereich) oder Dritte ermächtigen. Eine Entscheidung der Gesellschafter[108] ist herbeizuführen, wenn es sich bei der Preisgabe des Geheimnisses um eine außergewöhnliche Maßnahme handelt (zB Erlaubnis zur Mitteilung von Geheimnissen bei einer Due-Diligence-Prüfung[109]), die Gesellschafter sich die Entscheidung vorbehalten haben oder mit ihrem Widerspruch zu rechnen ist (→ § 49 Rn. 51 ff.). Geschäftsführer (und Liquidatoren) können sich also selbst von der Geheimhaltungspflicht befreien, wenn dies der „Sorgfalt eines ordentlichen Geschäftsmannes" (§ 43 Abs. 1) entspricht (zB Mitteilung von Geheimnissen an Mitarbeiter, Rechtsanwälte, Steuerberater, Wirtschaftsprüfer etc).[110] Eine nach diesem Maßstab pflichtwidrige (dh ermessensfehlerhafte) Offenbarung oder Verwertung des Geheimnisses bedarf der Zustimmung der Gesellschafter. Diese sind in ihrer Dispositionsfreiheit nicht eingeschränkt, es sei denn, dass die Preisgabe des Geheim-

---

[102] MHLS/*Dannecker* Rn. 58, 72; HK-KapMarktStrafR/*Gercke/Stirner* Rn. 20; Rowedder/Schmidt-Leithoff/*Schaal* Rn. 14; Henssler/Strohn/*Servatius* Rn. 8.
[103] Noack/Servatius/Haas/*Beurskens* Rn. 20; UHL/*Ransiek* Rn. 30; Scholz/*Rönnau* Rn. 43.
[104] Ein Rechtfertigungsgrund ist hingegen die mutmaßliche Einwilligung, die hier jedoch kaum jemals in Betracht kommen wird, weil eine Entscheidung des vertretungsberechtigten Organs über die Offenbarung oder Verwertung zumeist rechtzeitig eingeholt werden kann.
[105] MüKoStGB/*Hohmann* Rn. 39; UHL/*Ransiek* Rn. 34; Scholz/*Rönnau* Rn. 42.
[106] Nach der Eröffnung des Insolvenzverfahrens ist der Insolvenzverwalter zuständig; BGH Urt. v. 30.11.1989 – III ZR 112/88, BGHZ 109, 260 (270) = NJW 1990, 510 (512); OLG Hamm Beschl. v. 17.8.2017 – 4 Ws 130/17, NZI 2017, 946 (947); Beschl. v. 27.2.2018 – 4 Ws 9/18, NZI 2018, 499 (500 f.), beide mwN zum Streitstand.
[107] OLG Hamm Urt. v. 7.10.1987 – 8 U 9/87, BeckRS 1987, 05196.
[108] Bei einer Einmann-GmbH durch den geschäftsführenden Alleingesellschafter selbst; BGH Urt. v. 22.12.2016 – IX ZR 94/14, NZG 2018, 191 Rn. 15.
[109] OLG Köln Urt. v. 31.10.2013 – 18 W 66/13, BeckRS 2013, 19480; eingehend → § 43 Rn. 208 f.
[110] Ebenso *Altmeppen* Rn. 11; Noack/Servatius/Haas/*Beurskens* Rn. 15; Lutter/Hommelhoff/*Kleindiek* Rn. 4; Scholz/*Rönnau* Rn. 34. Entsprechendes soll für Aufsichtsratsmitglieder gelten; MHLS/*Dannecker* Rn. 36; UHL/*Ransiek* Rn. 33. Jedoch wird man das nur dort annehmen können, wo ihnen ausnahmsweise eigene Geschäftsführungskompetenz zukommt.

nisse ein existenzvernichtender Eingriff wäre (zB weil das Geheimnis Vermögenswert hat und das verbliebene Stammkapital darstellt).[111]

5. Vorsatz und Irrtum. Beide Grunddelikte setzen Vorsatz voraus, wobei mangels **38** anderer Vorgaben jede Vorsatzform ausreicht (§ 15 StGB), also auch bedingter Vorsatz. Bei der Verwertung gem. Abs. 2 S. 2 ist zusätzlich eine Bereicherungsabsicht erforderlich (→ Rn. 35). Gem. § 16 Abs. 1 S. 1 StGB handelt vorsätzlich, wer alle Umstände kennt, die zum gesetzlichen Tatbestand gehören. Bei den normativen Tatbestandsmerkmalen (zB Geschäftsführer, Liquidator, Aufsichtsratsmitglied, Geheimnis) muss der Täter den Sachverhalt intellektuell richtig erfassen (→ § 82 Rn. 119). Der Täter des Abs. 1 Var. 1 muss folglich zunächst erfassen, dass er ein Geschäftsführer, Liquidator oder Aufsichtsratsmitglied ist, dass die Information geheim ist, dass sie ihm durch seine Tätigkeit bekannt geworden ist, dass ein Dritter, der das Geheimnis bislang nicht kennt, davon durch sein Handeln Kenntnis erlangen kann, und dass die Gesellschaft damit nicht einverstanden ist (→ Rn. 37). Ein vorsätzliches Offenbaren (durch Unterlassen) liegt zB vor, wenn der Täter die geheimen Unterlagen nicht sicher verwahrt und ernsthaft damit rechnet, dass Unbefugte darauf zugreifen und sie zur Kenntnis nehmen werden.

Ein den Vorsatz ausschließender **Tatbestandsirrtum** gem. § 16 Abs. 1 S. 1 StGB liegt **39** zB dann vor, wenn der Täter irrig annimmt, die Information sei nicht (mehr) geheim, oder sich nicht bewusst ist, dass ihm das Geheimnis in seiner Funktion als Geschäftsführer bekannt geworden ist. Geht der Täter irrig davon aus, dass das zuständige Organ mit der Mitteilung des Geheimnisses an einen Dritten einverstanden ist, liegt ebenfalls ein Tatbestandsirrtum vor, da er über das Vorliegen eines tatbestandsausschließenden Einverständnisses (→ Rn. 37) irrt.

Ist sich der Täter hingegen über den Geheimnischarakter der Information im Klaren, **40** geht er aber irrig davon aus, dass ihre Offenbarung oder Verwertung gerechtfertigt ist, so erliegt er einem Irrtum über einen Rechtfertigungsgrund. Irrt er hier über das tatsächliche Vorliegen der den Rechtfertigungsgrund begründenden Umstände, so handelt er im **Erlaubnistatbestandsirrtum,** der in entsprechender Anwendung des § 16 Abs. 1 StGB die Rechtswidrigkeit entfallen lässt. Zieht er aus den ihm bekannten und zutreffenden Tatsachen hingegen den falschen Schluss, liegt ein **Erlaubnisirrtum** vor, der wie ein Verbotsirrtum gem. § 17 StGB die Schuld nur ausschließt, wenn er unvermeidbar ist. Ein **Verbotsirrtum** ist anzunehmen, wenn der Täter die Reichweite seiner Geheimhaltungspflicht zu eng fasst oder irrtümlich annimmt, seine Pflicht sei aus rechtlichen Gründen erloschen.

III. Qualifikationstatbestand (Abs. 2 S. 1)

Abs. 2 S. 1 ist ein Qualifikationstatbestand zu Abs. 1 mit drei Tatbestandsvarianten: **41** Handeln gegen Entgelt, mit Bereicherungs- oder mit Schädigungsabsicht.

1. Handeln gegen Entgelt. Ein Entgelt ist „jede in einem Vermögensvorteil beste- **42** hende Gegenleistung" (§ 11 Abs. 1 Nr. 9 StGB). Vermögensvorteile sind nur **geldwerte Vorteile,** immaterielle Vorteile genügen nicht. Aus dem Erfordernis einer Gegenleistung und dem Wort „gegen" in Abs. 2 S. 1 folgt, dass die Tat gem. Abs. 1 und die Gewährung des Entgelts in einem **Synallagma** stehen müssen. Die Tat gem. Abs. 1 muss auf die ausdrücklich oder konkludent geschlossene Abrede hin erfolgen, dass der Täter oder ein Dritter dafür einen Vermögensvorteil erhält.[112] Es genügt mithin nicht, dass der Täter das

---

[111] UHL/*Ransiek* Rn. 33. Zu der aus dem Bereich des § 266 StGB bekannten Diskussion über die Reichweite der Dispositionsbefugnis der Gesellschafter und der herrschenden sog. eingeschränkten Gesellschaftertheorie s. BGH Urt. v. 28.5.2013 – 5 StR 551/11, NStZ 2013, 715 (717); s. zuvor bereits BGH Urt. v. 24.8.1988 – 3 StR 232/88, BGHSt 35, 333 (336 f.) = NJW 1989, 112 (113); Urt. v. 20.7.1999 – 1 StR 668/98, NJW 2000, 154 (155); Beschl. v. 31.7.2009 – 2 StR 95/09, BGHSt 54, 52 (58) = NJW 2009, 3666 (3667 f.).
[112] BGH Urt. v. 18.7.1995 – 1 StR 320/95, NStZ 1995, 540 zu § 180 StGB.

Grunddelikt verwirklicht und erst danach ein Entgelt gefordert oder zugesagt wird. Ebenso wenig reicht es aus, dass sich der Täter für eine bereits erhaltene Zuwendung, die nicht mit Blick auf die spätere Tat erfolgt ist, dankbar erweisen will. Besteht eine Abrede und verübt der Täter daraufhin das Grunddelikt, so ist die Tat vollendet. Auf die tatsächliche Gewährung des zugesagten Entgelts kommt es nicht mehr an. Bleibt sie aus, steht dies der Bejahung des Abs. 2 S. 1 nicht entgegen. Nicht notwendig ist daher auch, dass der Täter, wenn er das Entgelt erhält, tatsächlich wirtschaftlich bessergestellt ist als vor der Tat. Der Täter muss hinsichtlich der Entgeltlichkeit vorsätzlich handeln; bedingter Vorsatz genügt.[113]

43   **2. Bereicherungs- oder Schädigungsabsicht. Absicht** bedeutet dolus directus ersten Grades. Der Täter muss gezielt zur Erlangung der Bereicherung oder zur Herbeiführung des Schadens handeln. Diese Ziele müssen nicht die einzigen und auch nicht die Endziele des Täters sein. Bei mehreren zur Tatbegehung anlassgebenden Motiven muss ihn die Bereicherungs- oder Schädigungsabsicht wesentlich motivieren. Das tatsächliche Eintreten des Vorteils oder Schadens ist nicht erforderlich, der Täter muss es aber zumindest für möglich halten.

44   Der Täter handelt mit **Bereicherungsabsicht,** wenn er die Tat gem. Abs. 1 begeht, um dadurch für sich oder einen Dritten einen Vermögensvorteil zu erlangen. Das kann jenseits der Fälle der ersten Variante gerade dann der Fall sein, wenn die für ein Handeln gegen Entgelt erforderliche Abrede fehlt. Der erstrebte Vermögensvorteil muss nicht rechtswidrig sein.[114] Das Gesetz nennt diesen nicht unüblichen (vgl. §§ 253, 263 StGB) Zusatz hier gerade nicht. Neben der ersten Variante („gegen Entgelt") wäre er auch systemwidrig. Wegen der ersten Tatvariante überzeugt auch das Argument nicht, dass nur das Handeln zur Erlangung eines Vermögensvorteils, auf den der Täter keinen Anspruch habe, die höhere Strafandrohung rechtfertige. Das erhöhte Unrecht ergibt sich aus der höheren Verwerflichkeit des Verrats zu wirtschaftlichen Zwecken. Die Offenbarung zur Durchsetzung eines bestehenden Anspruchs reicht daher aus, da § 85 nicht dem Vermögensschutz dient.

45   Der Täter handelt in **Schädigungsabsicht,** wenn es ihm darauf ankommt, der Gesellschaft oder einem Dritten[115] einen Vermögensschaden zuzufügen. Dass auch ein immaterieller Nachteil genügt, ist zwar vom Wortlaut her nicht ausgeschlossen, mit Blick auf die beiden anderen Tatbestandsvarianten (Entgelt, Bereicherung) aber eher fernliegend.[116] Für die dritte Variante bleibt auch bei ihrer Einschränkung auf wirtschaftliche Nachteile neben den anderen beiden Tatbestandsvarianten Raum, da eine (angestrebte) Bereicherung nicht zwingend mit einer (beabsichtigten) Schädigung einhergeht. Eine Rufschädigung oder öffentliche Bloßstellung wird der Täter regelmäßig gerade wegen ihrer vermögensschädigenden Folgen für die Gesellschaft anstreben.

IV. Rechtswidrigkeit

46   Ist ein Geheimnis grundsätzlich gegeben und liegt kein genereller oder spezieller Offenbarungswille des zuständigen Organs der Gesellschaft vor (→ Rn. 18, → Rn. 37), so ist die Offenbarung gegenüber Dritten (nicht zB gegenüber dem Mitgeschäftsführer (→ Rn. 32) rechtswidrig, wenn kein Rechtfertigungsgrund eingreift. Kein Rechtfertigungsgrund ist **§ 5 GeschGehG,**[117] der hier weder direkt noch analog anwendbar ist, sondern nach Wortlaut, Überschrift, systematischer Stellung und Gesetzesentstehung ausschließlich für die Verbote

---

[113]   Direkter Vorsatz wird zwar idR tatsächlich vorliegen, ist aber gem. § 15 StGB nicht erforderlich; aA MHLS/*Dannecker* Rn. 67; Scholz/*Rönnau* Rn. 59; Henssler/Strohn/*Servatius* Rn. 14.

[114]   BGH Urt. v. 7.7.1993 – 5 StR 303/93, NStZ 1993, 538 (539) zu § 203 StGB; Noack/Servatius/Haas/ *Beurskens* Rn. 17; UHL/*Ransiek* Rn. 46; Scholz/*Rönnau* Rn. 60; Rowedder/Schmidt-Leithoff/*Schaal* Rn. 27; aA *Altmeppen* Rn. 21; MHLS/*Dannecker* Rn. 68; Lutter/Hommelhoff/*Kleindiek* Rn. 9.

[115]   Zum Teil wird dies eingeschränkt auf Dritte, die auch Abs. 1 schütze (→ Rn. 6); so zB Rowedder/ Schmidt-Leithoff/*Schaal* Rn. 28; Henssler/Strohn/*Servatius* Rn. 15.

[116]   UHL/*Ransiek* Rn. 47; anders die hM, *Altmeppen* Rn. 21; Noack/Servatius/Haas/*Beurskens* Rn. 17; Lutter/Hommelhoff/*Kleindiek* Rn. 9; Ring/Grziwotz/*Krause* Rn. 9; Scholz/*Rönnau* Rn. 61; Bork/Schäfer/ *Roth* Rn. 10; HK-GmbHG/*Saenger* Rn. 14; Rowedder/Schmidt-Leithoff/*Schaal* Rn. 28.

[117]   BT-Drs. 19/8300, 14, in Abkehr vom Vorschlag in BT-Drs. 19/4724, 10.

des § 4 GeschGehG gilt.[118] Er passt auch deshalb nicht hierher, weil Täter des § 85 nur Personen sein können, die eine besondere Pflichtstellung gegenüber der Gesellschaft haben.

1. Aussagerechte. Spezielle Rechtfertigungsgründe resultieren aus den **Auskunfts-** **47** **pflichten,** zB gegenüber Gesellschaftern gem. § 51a[119] (zu den Grenzen des Auskunftsrechts und zur Verweigerung der Auskunft → § 51a Rn. 62 ff., → § 51a Rn. 76 ff.) oder einer beteiligten Gebietskörperschaft (§ 52 Abs. 1 iVm § 394 AktG), gegenüber Arbeitnehmern (§ 81 BetrVG) oder Betriebsrat (§§ 74, 79 BetrVG), gegenüber dem Abschlussprüfer (§ 320 HGB), gegenüber Behörden (zB § 93 AO, § 6 Abs. 3 WpHG), im Insolvenzverfahren (zB §§ 20, 22 Abs. 3 InsO, §§ 97, 101 InsO)[120] oder auch gegenüber der Presse (zB § 4 LPresseG NRW), wenn die Gesellschaft von der öffentlichen Hand beherrscht und zur Erfüllung öffentlicher Aufgaben eingesetzt wird.[121] Besteht eine **Aussagepflicht als Zeuge** vor Gericht oder einem parlamentarischen Untersuchungsausschuss, kann sich der Zeuge grundsätzlich nicht auf seine Geheimhaltungspflicht berufen, da diese kein Zeugnisverweigerungsrecht gewährt.[122] Die gesetzliche Aussagepflicht kann im Gegenteil eine Tat gem. § 85 rechtfertigen. Steht dem Zeugen jedoch gerade mit Blick auf seine Tätigkeit als Geschäftsführer, Liquidator oder Aufsichtsratsmitglied ein Zeugnisverweigerungsrecht zu, was nicht im Strafverfahren, wohl aber im Zivilverfahren der Fall sein kann (zB § 383 Abs. 1 Nr. 6 ZPO,[123] § 384 Nr. 3 ZPO; → § 43 Rn. 211 f.),[124] so muss er sich darauf berufen und die Aussage verweigern,[125] wenn ihn die Gesellschaft nicht zuvor von seiner Geheimhaltungspflicht entbunden hat.

2. Rechtfertigender Notstand. Die **Wahrnehmung eigener Interessen** ist nur **48** dann gerechtfertigt, wenn zugunsten des Täters ein anerkannter Rechtfertigungsgrund eingreift. So kann sich der Täter auf § 34 StGB berufen, wenn es zur Abwendung einer gegenwärtigen Gefahr für seine schutzwürdigen Interessen (zB Durchsetzung seiner Forderung,[126] Verteidigung gegen eine Anklage[127]) erforderlich ist, das Geheimnis zu offenbaren. Ob die Voraussetzungen des § 34 StGB erfüllt sind, ist Tatfrage. Bei der Interessenabwägung zwischen der Verletzung des Geheimnisses und dem dadurch möglicherweise eintretenden weiteren Schaden für die Gesellschaft auf der einen Seite und den schutzwürdigen Interessen

---

[118] BeckOK GeschGehG/*Hiéramente* GeschGehG § 1 Rn. 24, § 5 Rn. 8; Scholz/*Rönnau* Rn. 52; aA die Autoren, die § 2 Nr. 1 GeschGehG anwenden (→ Rn. 12).

[119] OLG Hamm Urt. v. 7.10.1987 – 8 U 9/87, BeckRS 1987, 05196.

[120] Zum Umfang s. BGH Beschl. v. 5.3.2015 – IX ZB 62/14, NJW-RR 2015, 683.

[121] BGH Urt. v. 16.3.2017 – I ZR 13/16, NJW 2017, 3153. Der presserechtliche Auskunftsanspruch ist auch nicht über § 4 Abs. 2 Nr. 2 LPresseG NW ausgeschlossen, weil § 85 nicht die Gesellschaft selbst zur Verschwiegenheit verpflichtet und keine öffentlichen Geheimnisse betrifft; BGH Urt. v. 16.3.2017 – I ZR 13/16, NJW 2017, 3153 Rn. 49; OVG Hamburg Beschl. v. 4.10.2010 – 4 Bf 179/09.Z, ZUM 2011, 91 (94); OVG Bln-Bbg Beschl. v. 7.3.2014 – OVG 6 S 48/13, NVwZ 2014, 1177 (1179); OVG Hamburg Beschl. v. 4.10.2010 – 4 Bf 179/09, NVwZ-RR 2011, 67. Zur Mitteilungspflicht nach dem Informationsfreiheitsgesetz VG Neustadt Urt. v. 7.4.2014 – 4 K 726/13.NW, BeckRS 2014, 49642.

[122] BVerfG Beschl. v. 1.10.1987 – 1 BvR 1165/86, BVerfGE 76, 363 (387) = NJW 1988, 897 (899); LG Bonn Beschl. v. 21.10.1986 – 31 Qs 203/86, NJW 1987, 790 (792).

[123] OLG Karlsruhe Beschl. v. 7.11.2005 – 7 W 62/05, NJOZ 2006, 2190; OLG Koblenz Beschl. v. 5.3.1987 – 6 W 38/87, NJW-RR 1987, 809; OLG München Beschl. v. 18.6.1997 – 29 W 1352/97, NJW-RR 1998, 1495 (1496).

[124] Ebenso im Verwaltungsgerichtsverfahren, da § 98 VwGO auf die §§ 383, 384 ZPO verweist. Davon zu unterscheiden ist der von BVerwG Beschl. v. 15.8.2003 – 20 F 8/03, NVwZ 2004, 105, behandelte Fall der Offenlegung des Geheimnisses einer Gesellschaft durch eine Behörde.

[125] OLG Koblenz Beschl. v. 5.3.1987 – 6 W 38/87, NJW-RR 1987, 809 zu früheren Geschäftsführern und Aufsichtsratsmitgliedern.

[126] Vgl. BGH Urt. v. 25.3.1993 – IX ZR 192/92, BGHZ 122, 115 (120) = NJW 1993, 1638 (1640) zu § 203 StGB, betr. Honorarforderung eines Rechtsanwalts. Die Abtretung des Gehaltsanspruchs eines Geschäftsführers verstößt idR nicht gegen § 85, BGH Urt. v. 20.5.1996 – II ZR 190/95, NJW 1996, 2576 (2577); Urt. v. 8.11.1999 – II ZR 7/98, NJW 2000, 1329 (1330) zu gewinnabhängigen Tantiemenansprüchen; OLG Köln Urt. v. 20.9.1999 – 16 U 25/99, NZG 2000, 210.

[127] Vgl. BGH Urt. v. 9.10.1951 – 1 StR 159/51, BGHSt 1, 366 (368) = NJW 1952, 151 zu § 300 StGB aF, betr. Strafverfahren gegen Rechtsanwalt.

des Täters auf der anderen Seite werden Letztere regelmäßig wesentlich überwiegen, wenn dem Täter ansonsten eine Verurteilung wegen einer Straftat droht.

49   Streitig ist, ob die **Erstattung einer Strafanzeige** und die damit verbundene Geheimnisoffenbarung über § 34 StGB gerechtfertigt werden kann, soweit sie nicht ausnahmsweise schon ausdrücklich erlaubt oder sogar verlangt wird (vgl. § 138 StGB[128]). Dabei ist zugunsten des Täters zu berücksichtigen, dass er mit der Erstattung einer Strafanzeige ein „staatsbürgerliches Recht im Strafverfahren" wahrnimmt, was – soweit nicht vorsätzlich oder leichtfertig falsche Angaben gemacht werden – im Regelfall aus rechtsstaatlichen Gründen nicht dazu führen kann, dass ihm daraus ein Nachteil erwächst.[129] Das bedeutet jedoch nicht, dass dem Täter gar keine strafrechtlichen Konsequenzen drohen dürften. Das ginge zu weit, weil vernachlässigt würde, dass der Gesetzgeber die Geheimhaltungspflicht der Geschäftsführer, Liquidatoren und Aufsichtsratsmitglieder immerhin für so wichtig erachtet, dass er ihre Verletzung grundsätzlich unter Strafe stellt. Allerdings ist das angedrohte Strafmaß wiederum so gering, dass es mit Blick auf die Forderung eines wesentlichen Überwiegens (§ 34 S. 1 StGB) der durch die Strafanzeige geschützten Belange überzogen erscheint, wenn eine restriktive Ansicht eine Rechtfertigung nur ausnahmsweise bei schwerwiegenden Straftaten oder Wiederholungsgefahr bejaht.[130] Das zeigt schon die deutlich höhere Strafandrohung, die der Gesetzgeber allein für die Verletzung des staatlichen Strafanspruchs in § 258 StGB vorsieht. Zuzustimmen ist daher der Ansicht, dass eine Strafanzeige nur bei Bagatelldelikten unverhältnismäßig und daher nicht gerechtfertigt ist.[131]

V. Täterschaft und Teilnahme

50   § 85 ist ein **echtes Sonderdelikt** (→ Rn. 7). Täter können nur aktive oder ehemalige Geschäftsführer, Liquidatoren oder Aufsichtsratsmitglieder sein. Andere Personen kommen lediglich als **Teilnehmer** (§§ 26, 27 StGB) in Betracht und ihre Strafe ist gem. **§ 28 Abs. 1 StGB** zu mildern. Bei der Beteiligung an einer qualifizierten Tat gilt der höhere Strafrahmen des Abs. 2 S. 1 nur für denjenigen Täter oder Teilnehmer, der selbst gegen Entgelt oder mit Bereicherungs- oder Schädigungsabsicht handelt, weil diese Qualifikationsmerkmale sich nicht auf den Schutzzweck des § 85 (→ Rn. 5) beziehen, sondern Ausdruck einer besonders verwerflichen Gesinnung und deshalb besondere persönliche Merkmale iSd **§ 28 Abs. 2 StGB** sind.[132] Das gilt auch für das regelmäßig mit einer Gewinnerzielungsabsicht einhergehende Handeln gegen Entgelt. Wer zu einer Tat gem. Abs. 2 S. 1 anstiftet, ohne selbst die Täterqualifikation des § 85 zu haben und ein Qualifikationsmerkmal zu erfüllen, wird also nur wegen Anstiftung zu Abs. 1 mit einer Freiheitsstrafe von höchstens neun Monaten bestraft (§ 49 Abs. 1 Nr. 2 StGB). § 85 entfaltet **keine Sperrwirkung,** sodass sich Personen, die nicht Täter des § 85 sein können, als Täter nach anderen Vorschriften wegen der Verletzung einer Geheimhaltungspflicht gegenüber der Gesellschaft (zB § 23 GeschGehG, § 333 HGB, §§ 203, 204 StGB) strafbar machen können.

VI. Versuch, Vollendung, Beendigung

51   Der **Versuch** des § 85 ist nicht strafbar, da es sich um ein Vergehen (§ 12 Abs. 2 StGB) handelt und eine gesetzliche Anordnung der Versuchsstrafbarkeit fehlt (§ 23 Abs. 1 StGB).

---

[128] Der allerdings im vorliegenden Zusammenhang kaum praktische Relevanz haben dürfte.
[129] BVerfG Beschl. v. 2.7.2001 – 1 BvR 2049/00, NJW 2001, 3474 (3476) zur fristlosen Kündigung eines Arbeitsverhältnisses.
[130] So aber Graf/Jäger/Wittig/*Ibold*, Wirtschafts- und Steuerstrafrecht, 2. Aufl. 2017, Rn. 34; Scholz/ *Rönnau* Rn. 50.
[131] MHLS/*Dannecker* Rn. 76; UHL/*Ransiek* Rn. 35; Rowedder/Schmidt-Leithoff/*Schaal* Rn. 16; Henssler/ Strohn/*Servatius* Rn. 10.
[132] UHL/*Ransiek* Rn. 44; ebenso die hM zu § 203 Abs. 5 StGB, MüKoStGB/*Cierniak/Niehaus* StGB § 203 Rn. 174; Schönke/Schröder/*Eisele* StGB § 203 Rn. 113; NK-StGB/*Kargl* StGB § 203 Rn. 87; LK-StGB/*Schünemann* StGB § 203 Rn. 165; aA Noack/Servatius/Haas/*Beurskens* Rn. 17; MHLS/*Dannecker* Rn. 103; MüKoStGB/*Hohmann* Rn. 60.

Eine Straftat ist **vollendet,** sobald der Täter den gesetzlichen Tatbestand verwirklicht 52
hat. **Abs. 1** ist daher vollendet, sobald ein Dritter aufgrund der Handlung des Täters vom
Geheimnis Kenntnis erlangt hat.[133] Für **Abs. 2 S. 1** gilt dasselbe, weil der Qualifikationstatbestand den tatsächlichen Erhalt des Entgelts oder Eintritt des Schadens oder der Bereicherung nicht voraussetzt. **Abs. 2 S. 2** ist vollendet, sobald der Täter eine Handlung vorgenommen hat, mit der er einen Nutzen erzielen will (zB Erstellen einer Kalkulation mittels des
unbefugt kopierten Kalkulationsprogramms, Aufnahme der Produktion nach dem geheimen
Produktionsverfahren, Erteilung einer Kauforder im Falle der Ausnutzung von Insiderinfor-
mationen). Nicht erforderlich ist, dass nach der Vorstellung des Täters auch der Eintritt der
angestrebten Bereicherung unmittelbar bevorsteht.[134] Die Tat kann im Gegenteil sogar
vollendet sein, wenn der Täter erkennt, dass die begonnene Nutzung den in einem späteren
Stadium erwarteten Gewinn nicht erwarten lässt (zB bei der Nutzung des Geheimnisses
stellt sich heraus, dass es noch weiterer, dem Täter unbekannter geheimer Informationen
bedarf, um erfolgreich wirtschaften zu können). Unstreitig ist, dass die Vollendung nicht
den Eintritt einer Bereicherung voraussetzt.

Mit der Vollendung tritt zugleich die **Beendigung** ein. Die hM kommt bei **Abs. 1** zu 53
demselben Ergebnis, weil sie für die Beendigung die tatsächliche Kenntnisnahme des offenbar-
ten Geheimnisses durch den Dritten verlangt.[135] Bei **Abs. 2 S. 1** bedarf es für die Beendigung
nicht der Zahlung des Entgelts oder des Eintritts der Bereicherung oder des Schadens, weil
dies keine rechtsgutrelevanten Erfolge sind. **Abs. 2 S. 2** ist ebenfalls mit der Vollendung
beendet.[136] Verwertet der Täter das Geheimnis mehrmals, so handelt es sich um mehrere
Taten, die jeweils mit ihrer Vollendung zugleich beendet sind. Das gilt auch dann, wenn der
Täter von vornherein plant, das Geheimnis wiederholt zu verwerten. Setzt die Verwertung
mehrere Handlungen voraus und erstreckt sie sich über einen längeren Zeitraum, so sind für
Vollendung und Beendigung alle dafür erforderlichen Handlungen einzubeziehen. Wie bei
Abs. 2 S. 1 bedarf es keines Eintritts der erstrebten Bereicherung.[137] Die Beendigung ist
wichtig als Endpunkt für die Beteiligung, die auch bei Anerkennung der Möglichkeit einer
sukzessiven Beihilfe nach diesem Zeitpunkt nicht mehr möglich ist, und als Anfangspunkt
für die Lauf der Strafverfolgungsverjährungsfrist (→ Rn. 58).

VII. Rechtsfolgen

1. Konkurrenzen. Verwirklicht der Täter durch eine Handlung einen Tatbestand des 54
§ 85 mehrmals, so liegt nur eine Tat vor. Tatmehrheit ist hingegen gegeben, wenn ein Geheimnis zB durch mehrere Handlungen mehreren Personen offenbart wird. Abs. 1 und Abs. S. 2 sind
zwei selbstständige **Grunddelikte,** zwischen denen Tateinheit (§ 52 StGB) und Tatmehrheit
(§ 53 StGB) möglich ist.[138] Die **Qualifikation** des Abs. 2 S. 1 verdrängt als spezielles Delikt
nicht nur Abs. 1, sondern auch den tateinheitlich verwirklichten Abs. 2 S. 2 (→ Rn. 34).

---

133 Nach hM (→ Rn. 29) bereits mit Verschaffung der Möglichkeit zur Kenntnisnahme, MHLS/*Dannecker*
     Rn. 50; HK-KapMarktStrafR/*Gercke/Stirner* Rn. 26; MüKoStGB/*Hohmann* Rn. 62; UHL/*Ransiek*
     Rn. 38; Scholz/*Rönnau* Rn. 36.
134 So aber die hM: Noack/Servatius/Haas/*Beurskens* Rn. 18: „unmittelbar möglich erscheint"; MHLS/
     Dannecker Rn. 54: „unmittelbar bevorsteht"; HK-KapMarktStrafR/*Gercke/Stirner* Rn. 27; MüKoStGB/
     Hohmann Rn. 62; Scholz/*Rönnau* Rn. 38; Rowedder/Schmidt-Leithoff/*Schaal* Rn. 31; Henssler/
     Strohn/*Servatius* Rn. 16: „greifbar nahe"; Esser/Rübenstahl/Saliger/Tsambikakis/*Tsambikakis,* Wirt-
     schaftsstrafrecht, 2017, Rn. 16.
135 Noack/Servatius/Haas/*Beurksens* Rn. 31; MHLS/*Dannecker* Rn. 50 (s. aber MHLS/*Dannecker* Rn. 98);
     HK-KapMarktStrafR/*Gercke/Stirner* Rn. 26; Graf/Jäger/Wittig/*Ibold,* Wirtschafts- und Steuerstrafrecht,
     2. Aufl. 2017, Rn. 37; *Pfeiffer* FS Raisch, 1995, 255 (263); UHL/*Ransiek* Rn. 38; Esser/Rübenstahl/
     Saliger/Tsambikakis/*Tsambikakis,* Wirtschaftsstrafrecht, 2017, Rn. 16; aA MüKoStGB/*Hohmann* Rn. 63:
     mit Vollendung iSd hM; Henssler/Strohn/*Servatius* Rn. 8: mit Einstellung der Tathandlung, Offenkun-
     digkeit oder Aufgabe des Geheimnisses.
136 AA   Eintritt des angestrebten Erfolgs – MHLS/*Dannecker* Rn. 54; HK-KapMarktStrafR/*Gercke/Stirner*
     Rn. 27; Scholz/*Rönnau* Rn. 38; Henssler/Strohn/*Servatius* Rn. 16.
137 AA MHLS/*Dannecker* Rn. 99: „Gewinnerzielung abgeschlossen".
138 MHLS/*Dannecker* Rn. 83; Scholz/*Rönnau* Rn. 41.

55   Tateinheit ist möglich mit **§ 23 GeschGehG**[139] und **§ 119 Abs. 3 WpHG.** Zwischen
dem Verwerten (Abs. 2 S. 2) und einer Unterschlagung der das Geheimnis verkörpernden
Sache **(§ 246 StGB)** besteht regelmäßig Tateinheit (§ 52 StGB). Wird eine Sache, in der
das Geheimnis verkörpert ist, zunächst gestohlen **(§ 242 StGB),** so stellt die anschließende
Verwertung lediglich eine mitbestrafte Nachtat dar, wenn die beabsichtigte Zueignung
gerade in dieser Entziehung des Sachwerts bestand.

56   **2. Sanktionen.** Die Strafe für den Täter ist entweder eine **Freiheitsstrafe** von einem
Monat (§ 38 Abs. 2 StGB) bis zu einem Jahr (Abs. 1) oder zwei Jahren (Abs. 2) oder alternativ eine **Geldstrafe** zwischen fünf und dreihundertsechzig Tagessätzen (§ 40 StGB; im
Übrigen → § 82 Rn. 136). Im Falle der Bereicherung oder des diesbezüglichen Versuchs
kann neben der Freiheitsstrafe kumulativ eine Geldstrafe verhängt werden (§ 41 StGB).
Wurde durch die Tat ein Vermögensvorteil erzielt, so kann dessen **Einziehung** angeordnet
werden (§ 73 StGB). Auch Papiere und Datenträger, auf denen der Täter das Geheimnis
notiert oder gespeichert hat, unterliegen der Einziehung (§ 74 StGB). Als Maßregel der
Besserung und Sicherung kommt ein **Berufsverbot** (§ 70 StGB) in Betracht.

57   Da § 85 nur dem Schutz der Gesellschaft dient (→ Rn. 6), kann im Falle eines Verstoßes **keine Geldbuße gegen die GmbH** (§ 30 OWiG) verhängt werden.[140]

58   **3. Verjährung.** Die Verjährungsfrist für die **Strafverfolgung** beträgt bei Abs. 1 drei
Jahre (§ 78 Abs. 3 Nr. 5 StGB) und bei Abs. 2 fünf Jahre (§ 78 Abs. 3 Nr. 4 StGB). Der
Fristablauf beginnt mit der Beendigung der Tat (§ 78a StGB; → Rn. 53). Die Verjährungs-
frist für die **Strafvollstreckung** beläuft sich je nach Art und Höhe der verhängten Strafe
auf drei, fünf oder zehn Jahre (§ 79 Abs. 3 Nr. 3–5 StGB). Der Fristablauf beginnt mit
Rechtskraft der Entscheidung (§ 79 Abs. 6 StGB).

59   **4. Strafantrag und -verfahren.** Die Taten gem. § 85 sind Antragsdelikte und werden
nur auf Antrag der Gesellschaft verfolgt (Abs. 3 S. 1). Zweck des Antragserfordernisses ist
es, der Gesellschaft die Möglichkeit zu geben, selbst über die Einleitung eines Strafverfahrens
zu entscheiden und so ggf. drohenden weiteren Schaden (zB endgültige Preisgabe des
Geheimnisses, Rufschädigung) zu vermeiden. Es handelt sich um **absolute Antragsdelikte,** bei denen ohne einen Strafantrag auch dann keine Strafverfolgung stattfindet, wenn
ein besonderes öffentliches Interesse an der Verfolgung besteht. Überträgt die Gesellschaft
nach der Tat das verletzte Geheimnis auf eine Dritten (→ Rn. 23), bleibt die Antragsbefugnis bei ihr bestehen.[141] Erst mit der endgültigen Auflösung der Gesellschaft (Löschung und
Vermögenslosigkeit; → § 74 Rn. 32 f.) entfällt auch das Antragsrecht.[142]

60   Das **Antragsrecht** wird bei Straftaten der Mitglieder des Aufsichtsrats von den
Geschäftsführern oder Liquidatoren ausgeübt (Abs. 3 S. 3), bei Straftaten der Geschäftsführer oder Liquidatoren von den Mitgliedern des Aufsichtsrats oder von einem von den
Gesellschaftern bestellten besonderen Vertreter, wenn es keinen Aufsichtsrat gibt (Abs. 3
S. 2). Ein von einer danach nicht zur Antragstellung berechtigten (Organ-)Person
gestellter Strafantrag ist unwirksam; er kann nicht nachträglich durch eine Genehmigung
der Antragsberechtigten wirksam gemacht werden. Der Antrag muss innerhalb einer

---

[139]   HK-KapMarktStrafR/*Gercke/Stirner* Rn. 29; MüKoStGB/*Joecks/Miebach* GeschGehG § 23 Rn. 171;
Scholz/*Rönnau* Rn. 64; HK-GmbHG/*Saenger* Rn. 3.

[140]   HK-KapMarktStrafR/*Gercke/Stirner* Rn. 32; UHL/*Ransiek* Rn. 3; Esser/Rübenstahl/Saliger/Tsambika-
kis/*Tsambikakis,* Wirtschaftsstrafrecht, 2017, Rn. 18.

[141]   Noack/Servatius/Haas/*Beurskens* Rn. 28; MHLS/*Dannecker* Rn. 88; HK-KapMarktStrafR/*Gercke/Stir-
ner* Rn. 36; MüKoStGB/*Hohmann* Rn. 74; Scholz/*Rönnau* Rn. 67. Dieser Verbleib der Antragsbefugnis
bei der früheren Geheimnisträgerin wird allerdings dem mit der Antragsbefugnis bezweckten Schutz des
Geheimhaltungsinteresses des Geheimnisinhabers nicht gerecht. Aber auch ein Wechsel der Antragsbefugnis auf den neuen Geheimnisträger wäre nicht überzeugend, da der Täter ihr gegenüber nicht geheim-
haltungspflichtig ist.

[142]   Wenn die gelöschte Gesellschaft noch Vermögen hat (zB Anspruch aus der Geheimnisverletzung), besteht
auch ihr Antragsrecht fort; Noack/Servatius/Haas/*Beurskens* Rn. 28; MHLS/*Dannecker* Rn. 88; Scholz/
Rönnau Rn. 67.

Frist von drei Monaten ab Kenntnis des zuständigen Organs[143] von der Tat und der Person des Täters gestellt werden (§ 77b StGB). Er ist von dem Organ[144] oder einem hierzu von diesem ermächtigten Mitglied[145] **schriftlich oder zu Protokoll** bei Gericht oder der Staatsanwaltschaft einzureichen, bei einer anderen Behörde ausschließlich schriftlich (§ 158 Abs. 2 StPO). Eine **Rücknahme** des Strafantrags ist bis zum rechtskräftigen Abschluss des Strafverfahrens möglich (§ 77d Abs. 1 S. 1, 2 StGB). Das Strafverfahren muss dann wegen eines Verfahrenshindernisses eingestellt werden. Die Kosten des Verfahrens und die notwendigen Auslagen des Beschuldigten trägt die Gesellschaft (§ 470 StPO). Die Rücknahme ist nicht widerruf- oder anfechtbar. Ein erneuter Antrag ist nicht mehr möglich (§ 77d Abs. 1 S. 3 StGB).

Es handelt sich wie bei § 82 um eine **Wirtschaftsstrafsache** (§ 74c Abs. 1 S. 1 Nr. 1 **61** GVG); zum Strafverfahren daher → § 82 Rn. 140.

§ 86 Verletzung der Pflichten bei Abschlussprüfungen

Mit Freiheitsstrafe bis zu einem Jahr oder mit Geldstrafe wird bestraft, wer als Mitglied eines Aufsichtsrats oder als Mitglied eines Prüfungsausschusses einer Gesellschaft, die ein Unternehmen von öffentlichem Interesse nach § 316a Satz 2 Nummer 1 oder 2 des Handelsgesetzbuchs ist,
1. **eine in § 87 Absatz 1, 2 oder 3 bezeichnete Handlung begeht und dafür einen Vermögensvorteil erhält oder sich versprechen lässt oder**
2. **eine in § 87 Absatz 1, 2 oder 3 bezeichnete Handlung beharrlich wiederholt.**

Schrifttum: s. auch bei § 82; *Anders,* Umsetzung prüfungsbezogener EU-Vorschriften durch das Abschlussprüfungsreformgesetz: Neue Straf- und Ordnungswidrigkeitentatbestände im GmbHG, NZG 2018, 961; *Hennrichs,* Abschlussprüferreform im Unionsrecht, ZGR 2015, 248; *Lanfermann/Maul,* Sanktionierung von Verstößen gegen prüfungsbezogene Aufsichtsratspflichten nach dem AReG-RegE, BB 2016, 363; *Schilha,* Neues Anforderungsprofil, mehr Aufgaben und erweiterte Haftung für den Aufsichtsrat nach Inkrafttreten der Abschlussprüfungsreform, ZIP 2016, 1316; *Schüppen,* Die europäische Abschlussprüfungsreform und ihre Implementierung in Deutschland – Vom Löwen zum Bettvorleger?, NZG 2016, 247.

Übersicht

---

[143] Nach hM ist bei Gesamtvertretung die Kenntnis aller Mitglieder erforderlich; RG Urt. v. 27.5.1902 – Rep. 1430/02, RGSt 35, 267 (270); Urt. v. 21.10.1913 – II 380/13, RGSt 47, 338 (339); Urt. v. 7.6.1934 – 2 D 405/34, RGSt 68, 263 (265); *Altmeppen* Rn. 25; *Noack/Servatius/Haas/Beurskens* Rn. 27; *MHLS/Dannecker* Rn. 91; *Graf/Jäger/Wittig/Ibold* Rn. 42; *UHL/Ransiek* Rn. 41; *Henssler/Strohn/Servatius* Rn. 18; aA – ein Mitglied genügt – *MüKoStGB/Hohmann* Rn. 76. Bei Einzelvertretung gelten § 77 Abs. 4 StGB, § 77b Abs. 3 StGB.

[144] Nach hM genügt ein Mehrheitsbeschluss, *Altmeppen* Rn. 25; *UHL/Ransiek* Rn. 40.

[145] Nach hM genügt bei Gesamtvertretung auch eine (formlos, gegenüber dem Antragsteller erklärte) Genehmigung durch die anderen Mitglieder innerhalb der Antragsfrist: *Noack/Servatius/Haas/Beurskens* Rn. 24; *MHLS/Dannecker* Rn. 89, 92.

I. Grundlagen

1   **1. Geschichte und Schutzzweck.** Die §§ 86–88 wurden durch das **AReG**[1] in das GmbHG eingefügt. § 86 stellt „besonders gravierende Verstöße gegen die prüfungsbezogenen Pflichten der Aufsichtsrats- und Prüfungsausschussmitglieder eines in der Rechtsform der GmbH betriebenen Unternehmens von öffentlichem Interesse" unter Strafe.[2] § 86 sattelt auf dem Ordnungswidrigkeitstatbestand des § 87 auf. Dem Gesetzgeber erschien „im Hinblick auf die entsprechend höhere kriminelle Energie" eine Sanktionierung lediglich als Ordnungswidrigkeit nicht ausreichend, wenn der Täter die in § 87 „genannten Verstöße entweder gegen Gewährung oder Versprechen eines Vermögensvorteils begangen oder beharrlich wiederholt" hat.[3] Durch die Aufwertung zur Straftat sollte zudem die Verhängung eines Berufsverbots (§ 70 StGB) ermöglicht und so Art. 30a Abs. 1 lit. e Abschlussprüfer-RL umgesetzt werden,[4] der allerdings keine strafrechtliche Rechtsfolge verlangt. Vergleichbare Straftatbestände schuf der Gesetzgeber zB in § 404a AktG, § 151a GenG, § 333a HGB, § 19a PublG und § 331 VAG.

2   Zu Beginn waren die §§ 86, 87 nach ihrem Wortlaut auch auf Mitglieder eines Aufsichtsrats oder eines Prüfungsausschusses einer Gesellschaft anwendbar, „die Versicherungsunternehmen ist" iSd Art. 2 Abs. 1 RL 91/674/EWG (vgl. § 316a S. 2 1 Nr. 3 HGB). Das war ein Versehen des Gesetzgebers, weil eine GmbH kein Versicherungsgeschäft betreiben darf (§ 8 Abs. 2 VAG).[5] Dies wurde auch bei der Änderung der §§ 86, 87 durch das **Gesetz zur Umsetzung der Zweiten Zahlungsdienste-RL**[6] nicht beachtet, bei der es gerade darum ging, durch das Anfügen eines neuen Abs. 2 den Anwendungsbereich des § 86 für Mitglieder eines Aufsichtsrats einer solchen Gesellschaft auf Handlungen gem. § 87 Abs. 1 einzuschränken.[7] Erst durch das **Finanzmarktintegritätsstärkungsgesetz**[8] (FISG) wurde das Versehen korrigiert.[9] Die bislang in §§ 86, 87 enthaltene Beschreibung der Unternehmen von öffentlichem Interesse wurde durch den Verweis auf die neue Legaldefinition in § 316a S. 2 HGB ersetzt, der sich aber nicht auf die dortige Nr. 3 erstreckt, in der die Versicherungsunternehmen genannt werden. Durch das FISG wurden außerdem die zuvor erfolgten Gesetzesänderungen durch das Gesetz zur Umsetzung der Zweiten Zahlungsdienste-RL zurückgenommen, insbesondere Abs. 2 wieder gestrichen. Die seit dem 1.7.2021 geltende Fassung ist gem. § 9 Abs. 1 EGGmbHG erstmals auf alle gesetzlich vorgeschriebenen Abschlussprüfungen für das nach dem 31.12.2021 beginnende Geschäftsjahr anzuwenden.

3   Der **Schutzzweck** der §§ 86, 87 ergibt sich aus dem Zweck der Abschlussprüfer-VO, auf die sie verweisen. Die Abschlussprüfer-VO soll „zur Qualität der Abschlussprüfung in

---

[1]   Art. 8 Nr. 3 Gesetz zur Umsetzung der prüfungsbezogenen Regelungen der Richtlinie 2014/56/EU sowie zur Ausführung der entsprechenden Vorgaben der Verordnung (EU) Nr. 537/2014 im Hinblick auf die Abschlussprüfung bei Unternehmen von öffentlichem Interesse (Abschlussprüfungsreformgesetz – AReG) v. 10.5.2016, BGBl. 2016 I 2016, 1142 (1152).

[2]   BT-Drs. 18/7219, 59 (im Original heißt es „der Mitglieder der Aufsichtsrats- und Prüfungsausschussmitglieder"); ebenso BT-Drs. 18/12568, 167.

[3]   BT-Drs. 18/7219, 48, 59.

[4]   BT-Drs. 18/7219, 48, 59.

[5]   Erfasst sein können hätten allenfalls bei der BaFin registrierte Rückversicherungsunternehmen mit Bestandsschutz gem. § 340 Abs. 1 VAG; *Anders* NZG 2018, 961 (962 f.). Unter den dort registrierten Rückversicherungsunternehmen gibt es jedoch ausweislich der Unternehmensdatenbank der BaFin keine GmbH.

[6]   Art. 10 Gesetz zur Umsetzung der Zweiten Zahlungsdienstrichtlinie v. 17.7.2017, BGBl. 2017 I 2446 (2492).

[7]   BT-Drs. 18/12568, 167. Dies diente der Korrektur eines weiteren Versehens. Der Gesetzgebers des AReG hatte übersehen, dass Aufsichtsratsmitglieder eines Versicherungsunternehmens keine Täter des § 87 Abs. 2, 3 sein konnten, weil bei diesen Unternehmen nach der (durch das FISG aufgehobenen) Ausnahmeregelung des § 341k Abs. 2 S. 1 HGB aF nicht die Gesellschafter die Abschlussprüfer bestellten, sondern der Aufsichtsrat. Der in § 87 Abs. 2, 3 verlangte Verstoß gegen Art. 16 Abs. 5 Abschlussprüfer-VO setzt aber einen Vorschlag an die Gesellschafterversammlung voraus, den es im Fall einer Bestellung durch den Aufsichtsrat nicht gab.

[8]   Art. 18 Nr. 2, 3 Gesetz zur Stärkung der Finanzmarktintegrität v. 3.6.2021, BGBl. 2021 I 1534 (1560 f.).

[9]   BT-Drs. 19/26966, 119.

der Europäischen Union und damit auch zu einem reibungslos funktionierenden Binnenmarkt im Sinne eines hohen Maßes an **Verbraucher- und Anlegerschutz** beitragen" (Erwägungsgrund 5 Abschlussprüfer-VO). Dahinter steht die Erwägung, dass gerade die Abschlussprüfung zum „Vertrauen der Öffentlichkeit in die Jahresabschlüsse und konsolidierten Abschlüsse" beiträgt und sich „ein breiter Kreis von Personen und Einrichtungen auf die Qualität der Arbeit des Abschlussprüfers oder der Prüfungsgesellschaft verlässt" (Erwägungsgrund 1 Abschlussprüfer-VO). Die Finanzkrise hat gezeigt, dass dies fatale Konsequenzen haben kann, wenn die Abschlussprüfer und Prüfungsgesellschaften nicht unabhängig sind und fehlerfrei ausgewählt werden.[10] Die Aufgabe, beides sicherzustellen, weist die Abschlussprüfer-VO nun den Aufsichtsräten und Prüfungsausschüssen zu. Mit ihren Bußgeld- und Strafandrohungen sollen die §§ 86, 87 gewährleisten, dass die Mitglieder der Aufsichtsräte und Prüfungsausschüsse ihren Pflichten bei der Überwachung der Unabhängigkeit und bei der Auswahl und Bestellung der Abschlussprüfer und Prüfungsgesellschaften nachkommen. Damit dienen die §§ 86, 87 der Qualität der Abschlussprüfung und der zuverlässigen Information der Gesellschafter, Gläubiger, Vertragspartner und potentiellen Kapitalgeber der Gesellschaft, die im Vertrauen auf die geprüften Abschlüsse vermögensrelevante Entscheidungen treffen. Aus entsprechenden Erwägungen wie bei § 82 (→ § 82 Rn. 6) schützt daher auch § 87 das **Vermögen**.[11] § 86 ist insoweit auch ein **Schutzgesetz** iSd § 823 Abs. 2 BGB,[12] jedoch wird wegen der weiten Vorverlagerung des Vermögensschutzes der Nachweis eines durch die Tat verursachten konkreten Schadens kaum gelingen.

2. Rechtsnatur. § 86 ist wie § 87 ein **Blankettstraftatbestand,** weil er – über den **4** Binnenverweis auf § 87 – ebenfalls zur Beschreibung des Täters und des tatbestandlichen Verhaltens auf Normen des HGB und EU-Rechts verweist. Eine solche Außenverweisung auf das Recht desselben Gesetzgebers ist mit dem Bestimmtheitsgrundsatz (Art. 103 Abs. 2 GG) vereinbar, ebenso die statische Verweisung auf das höherrangige EU-Recht.[13] §§ 86, 87 sind zudem **abstrakte Gefährdungsdelikte,**[14] weil sie nur den Verstoß gegen die in Bezug genommenen Vorschriften des EU-Rechts und keine konkrete Gefährdung oder Verletzung des Vermögens (→ Rn. 3) voraussetzen. Die bei § 86 hinzutretenden Qualifikationsmerkmale (Erhalten oder Sichversprechenlassen eines Vermögensvorteils, beharrliches Wiederholen) ändern daran nichts. § 86 ist außerdem ein echtes **Sonderdelikt** (→ Rn. 7 ff., → Rn. 20).

II. Tatbestand

Der Tatbestand setzt voraus, dass die GmbH ein Unternehmen von öffentlichem Interesse iSd § 316a S. 2 Nr. 1 oder 2 HGB ist, dass der Täter Mitglied ihres Aufsichtsrats oder Prüfungsausschusses ist, dass er eine der Tatvarianten des § 87 Abs. 1–3 erfüllt und dass er ein Qualifikationsmerkmal des § 86 Nr. 1 oder 2 verwirklicht. **5**

---

[10] AReG, BT-Drs. 16/7219, 29. Einen Zusammenhang zwischen Mängeln bei der Abschlussprüfung und der Finanzkrise bestreiten *Hennrichs* ZGR 2015, 248 (249): „kaum valide belegbar"; *Schüppen* NZG 2016, 247 (248): „abenteuerlich".

[11] Nach hM wird wieder ein Vertrauen der Allgemeinheit geschützt (→ § 82 Rn. 6), hier in die Jahres- und konsolidierten Abschlüsse, *Altmeppen* Rn. 2; Noack/Servatius/Haas/*Beurskens* Rn. 1; BeckOK GmbHG/*Müller* Rn. 28; Rowedder/Schmidt-Leithoff/*Schaal* Rn. 2; Henssler/Strohn/*Servatius* §§ 86–88 Rn. 4; nach aA in die Unabhängigkeit der Abschlussprüfer und Prüfungsgesellschaften, Scholz/*Rönnau* Rn. 10.

[12] Ebenso *Altmeppen* Rn. 2; Noack/Servatius/Haas/*Beurskens* Rn. 18; BeckOK GmbHG/*Müller* Rn. 29; Rowedder/Schmidt-Leithoff/*Schaal* Rn. 3; Henssler/Strohn/*Servatius* §§ 86–88 Rn. 4; *Wicke* §§ 86–88 Rn. 2; zweifelnd Scholz/*Rönnau* Rn. 16; abl. *Schilha* ZIP 2016, 1316 (1328): „keine zivilrechtliche Haftung".

[13] *Anders* NZG 2018, 961 (967); UHL/*Ransiek* §§ 86–88 Rn. 20; Scholz/*Rönnau* Rn. 13; Rowedder/Schmidt-Leithoff/*Schaal* Rn. 6.

[14] Ebenso bei zT abw. Bestimmung des Schutzzwecks: Noack/Servatius/Haas/*Beurskens* Rn. 1; BeckOK GmbHG/*Müller* Rn. 31; Scholz/*Rönnau* Rn. 16; Rowedder/Schmidt-Leithoff/*Schaal* Rn. 7; Henssler/Strohn/*Servatius* §§ 86–88 Rn. 5.

6   **1. Unternehmen von öffentlichem Interesse.** Soweit dieser Begriff für §§ 86, 87 relevant ist, wird er in § 316a S. 2 Nr. 1, 2 HGB legaldefiniert. Die GmbH muss danach entweder **kapitalmarktorientiert** isd § 264d HGB oder ein **CRR-Kreditinstitut** isd § 1 Abs. 3d S. 1 KWG[15] sein.

7   **2. Täter.** Täter können zum einen die **Mitglieder des Aufsichtsrats** sein (→ § 82 Rn. 36 ff.). Es muss allerdings nicht bei jeder GmbH, die ein Unternehmen von öffentlichem Interesse ist, ein Aufsichtsrat bestehen. Das Gesetz knüpft nicht an die Erfüllung der Voraussetzungen des § 316a HGB die Pflicht zur Einrichtung eines Aufsichtsrats. Wenn die GmbH aber einen obligatorischen oder fakultativen Aufsichtsrat hat, so können für diesen die aktienrechtlichen Regelungen für Aufsichtsräte von Unternehmen von öffentlichem Interesse gelten (§ 100 Abs. 5 AktG,[16] § 107 Abs. 3 S. 2, 3, Abs. 4 AktG). Das ergibt sich für obligatorische Aufsichtsräte aus den ihre Errichtung vorschreibenden Spezialgesetzen (zB § 1 Abs. 1 Nr. 3 S. 2 DrittelbG, § 6 Abs. 2 S. 1 MitbestG, § 3 Abs. 2 MontanMitbestG, § 24 Abs. 2 S. 2 MgVG, § 18 Abs. 2 KAGB) und für fakultative Aufsichtsräte aus § 52 Abs. 1, soweit in der Satzung nichts anderes bestimmt ist. Zu beachten ist, dass § 52 iVm § 100 Abs. 5 AktG, § 107 Abs. 4 AktG erst am 17.6.2016 in Kraft getreten ist. Er wird gem. Art. 7 EGGmbHG so lange nicht angewandt, wie alle Mitglieder des Prüfungsausschusses vor dem 17.6.2016 bestellt worden sind.[17]

8   Täter können außerdem die **Mitglieder des Prüfungsausschusses** sein. Einen solchen Ausschuss muss der Aufsichtsrat einer GmbH, die ein Unternehmen von öffentlichem Interesse ist, einrichten (§ 107 Abs. 4 S. 1 AktG iVm § 52 Abs. 1), soweit in der Satzung nichts anderes bestimmt ist. Der Ausschuss muss vom Aufsichtsrat eindeutig mit der Überwachung der Abschlussprüfung, insbesondere der Unabhängigkeit des Abschlussprüfers, der Qualität der Abschlussprüfung und der vom Abschlussprüfer zusätzlich erbrachten Leistungen betraut werden (§ 107 Abs. 3 S. 2 AktG). Eine GmbH, die ein Unternehmen von öffentlichem Interesse ist, aber keinen Aufsichtsrat hat, für den die aktienrechtlichen Regelungen für Aufsichtsräte solcher Unternehmen gelten, ist zwar trotzdem zur Einrichtung eines Prüfungsausschusses verpflichtet (§ 324 Abs. 1 HGB, § 340k Abs. 5 HGB). Für die Mitglieder eines solchen Prüfungsausschusses gelten aber nicht die §§ 86, 87, sondern die §§ 333a, 334 Abs. 2a HGB oder § 340m Abs. 2 HGB, § 340n Abs. 2a HGB.[18]

9   Durch die Bildung des Prüfungsausschusses **verlieren die übrigen Mitglieder des Aufsichtsrats nicht ihre Täterstellung.** Das ist eindeutig, wo Prüfungsausschuss und Aufsichtsrat in einem gestuften Verfahren unterschiedliche Aufgaben wahrnehmen (zB zuerst Auswahl des Abschlussprüfers durch den Ausschuss, dann Vorschlag durch Aufsichtsrat → § 87 Rn. 4). Es gilt aber auch dort, wo allein dem Prüfungsausschuss eine Aufgabe zugewiesen ist, die ohne dessen Bestellung dem Aufsichtsrat oblöge (zB Kontrolle der Unabhängigkeit des Abschlussprüfers).[19] Dann muss der Aufsichtsrat nicht selbst tätig werden, sondern darf grundsätzlich auf das pflichtgemäße Handeln des Prüfungsausschusses vertrauen, solange er sich regelmäßig über die Ausschussarbeit berichten lässt (§ 107 Abs. 3 S. 8 AktG) und keine gegenläufigen Anhaltspunkte hat (Vertrauensgrundsatz).[20] In dem letzteren Fall müsste der Aufsichtsrat allerdings einschreiten. In dem Unterlassen einer Maßnahme, die den Verstoß des Prüfungsausschusses gegen eine der von § 87 in Bezug genom-

---

[15] Ausgenommen sind Institute gem. § 1 Abs. 3d S. 1 KWG und Art. 2 Abs. 5 Nr. 5 Eigenkapitalanforderungs-RL. Dazu gehören zB die Deutsche Bundebank und die Zentralbanken anderer EU-Mitgliedstaaten, die Kreditanstalt für Wiederaufbau und entsprechende Förderbanken der Bundesländer.
[16] Ein Verstoß gegen die in § 100 Abs. 5 AktG aufgestellten persönlichen Anforderungen an die Mitglieder des Aufsichtsrats wird von §§ 86, 87 weder erfasst, noch schließt er deren Anwendung aus; Scholz/*Rönnau* Rn. 23.
[17] BT-Drs. 18/7219, 60.
[18] BT-Drs. 18/7219, 60.
[19] AA UHL/*Ransiek* §§ 86–88 Rn. 30, wonach der Tatbestand in diesem Fall nicht für Mitglieder des Aufsichtsrats gilt; ebenso Henssler/Strohn/*Servatius* §§ 86–88 Rn. 3.
[20] Scholz/*Rönnau* Rn. 27; Scholz/*Rönnau* § 87 Rn. 11.

menen Vorschriften der Abschlussprüfer-VO verhindert hätte, könnte dann eine Begehung durch Unterlassen liegen (§ 13 StGB, § 8 OWiG).

Wie bei § 85 können die Mitglieder **ähnlicher Organe oder Ausschüsse** nicht Täter 10 sein (→ § 85 Rn. 9).[21] Anders wäre dies nur dann, wenn der Gesetzgeber wie bei § 82 Abs. 2 Nr. 2 den Zusatz „oder ähnlichen Organs" bzw. „oder eines Ausschusses mit vergleichbarer Funktion" hinzugefügt hätte. Es genügt wegen des Bestimmtheitsgebots (Art. 103 Abs. 2 GG) nicht, dass sich ein solcher Zusatz erst bei einer der Ausfüllungsnormen (Art. 16 Abs. 5 UAbs. 1 Abschlussprüfer-VO) findet.[22] Hinsichtlich des Beginns und des Endes der Mitgliedschaft, der formalen Voraussetzungen, der Einbeziehung von Stellvertretern und Ersatzmitgliedern, der Anwendung auf faktische Mitglieder sowie zur Verantwortlichkeit bei Gremienentscheidungen wird auf die Ausführungen zu § 82 verwiesen (→ § 82 Rn. 20 ff., → § 82 Rn. 37, → § 82 Rn. 125 ff.).[23]

3. Tathandlungen. Nr. 1 und Nr. 2 setzen jeweils die Verwirklichung einer Tatvari- 11 ante des § 87 Abs. 1–3 (→ § 87 Rn. 6 ff.) sowie die Erfüllung eines Qualifikationsmerkmals der Nr. 1 oder Nr. 2 voraus. Diese weisen objektive und subjektive Tatbestandselemente auf.[24]

a) Erhalten oder Versprechenlassen eines Vermögensvorteils (Nr. 1). Die For- 12 mulierung „einen Vermögensvorteil erhält oder sich versprechen lässt" benutzt der Gesetzgeber ansonsten, um solchen Tätern eine höhere Strafe anzudrohen, die eine Notlage des Opfers ausnutzen (vgl. § 14b Abs. 2 AdVermiG, § 96 Abs. 1 Nr. 1 lit. a AufenthG, § 84 Abs. 2 S. 2 Nr. 1 AsylG). Das passt bei § 86 nicht, der eher den **Korruptionsdelikten nahe steht,** wo mit ähnlichen Worten verlangt wird, dass der Täter einen Vorteil „sich versprechen lässt oder annimmt" (vgl. § 299 Abs. 1 StGB, § 299a StGB, § 331 Abs. 1 StGB, § 332 Abs. 1 StGB).[25]

Ein **Vermögensvorteil** ist jede geldwerte Leistung, auf die der Täter keinen Anspruch 13 hat (→ § 85 Rn. 42).[26] Er kann auch in der Ersparnis von Aufwendungen liegen. Ein Drittvorteil genügt nicht. Die Formulierung **„erhält"** beschreibt kein Verhalten des Täters und geht zu weit, weil man einen Vorteil auch ohne eigenes Zutun erhalten kann. Sie ist daher restriktiv iSv „annimmt" auszulegen.[27] Der Täter muss den Vorteil also entweder entgegennehmen oder zu erkennen geben, dass er ihn behalten will. Einen Vorteil **lässt sich versprechen,** wer das ausdrücklich oder konkludent erklärte Angebot eines Dritten, ihm einen Vorteil zu gewähren, ausdrücklich oder konkludent annimmt. Anders als beim Erhalten ist hier nicht erforderlich, dass der Vorteil später tatsächlich gewährt wird.

Nach dem Wortlaut („und dafür") muss zwischen dem Täter und dem Dritten, der 14 ihm den Vorteil gewährt oder verspricht, eine ausdrücklich oder konkludent getroffene Übereinkunft bestehen, dass der Vorteil für eine bereits erfolgte oder künftige Tat gem. § 87 gewährt oder versprochen wird **(Gegenseitigkeitsverhältnis).**[28] Der Wortlaut

[21] Noack/Servatius/Haas/*Beurskens* Rn. 5; Scholz/*Rönnau* Rn. 23. Wie bei § 85 ist umstritten, ob ein Gremium, das nicht Aufsichtsrat oder Prüfungsausschuss heißt, aber entsprechende Funktionen wahrnimmt, trotzdem ein Aufsichtsrat oder Prüfungsausschuss iSd §§ 86, 87 ist; dafür: Lutter/Hommelhoff/*Kleindiek* Rn. 6; UHL/*Ransiek* §§ 86–88 Rn. 48.

[22] AA UHL/*Ransiek* §§ 86–88 Rn. 48.

[23] Für eine Einbeziehung faktischer Mitglieder: Scholz/*Rönnau* Rn. 24.

[24] AA Rowedder/Schmidt-Leithoff/*Schaal* Rn. 10: „ausschließlich Merkmale des inneren Tatbestands".

[25] Das dort ebenfalls genannte Fordern gibt es bei § 86 nicht. Deshalb gibt es hier auch nicht den Fall, dass der Täter eine Unrechtsvereinbarung abschließen will, es dazu aber nicht kommt.

[26] *Altmeppen* Rn. 5; Noack/Servatius/Haas/*Beurskens* Rn. 8; Lutter/Hommelhoff/*Kleindiek* Rn. 10; Leitner/Rosenau/*Parigger,* Wirtschafts- und Steuerstrafrecht, 2017, Rn. 8; UHL/*Ransiek* §§ 86–88 Rn. 43; Scholz/*Rönnau* Rn. 31; *Wicke* Rn. 15; zu weit *Lanfermann/Maul* BB 2016, 363 (367), die entgegen dem Wortlaut jeden Vorteil genügen lassen, der den Täter „in eine wirtschaftlich, rechtlich oder persönlich bessere Lage bringt".

[27] Noack/Servatius/Haas/*Beurskens* Rn. 9; Lutter/Hommelhoff/*Kleindiek* Rn. 11; Scholz/*Rönnau* Rn. 32.

[28] *Lanfermann/Maul* BB 2016, 363 (367); Lutter/Hommelhoff/*Kleindiek* Rn. 12; BeckOK GmbHG/*Müller* Rn. 60; Leitner/Rosenau/*Parigger,* Wirtschafts- und Steuerstrafrecht, 2017, Rn. 7; Scholz/*Rönnau* Rn. 31; Rowedder/Schmidt-Leithoff/*Schaal* Rn. 11; MHLS/*Sigloch/Keller/Meffert* Rn. 13; *Wicke* Rn. 15.

schließt nicht aus, dass diese Unrechtsvereinbarung erst nach der Tat gem. § 87 getroffen wird.[29] Gerade die Tatvariante des Erhaltens eines Vorteils kann in der Form einer Belohnung erfolgen. Das zusätzliche Unrecht, das aus der Ordnungswidrigkeit eine Straftat macht, besteht darin, dass Täter und Dritter durch die Unrechtsvereinbarung einen Konnex zwischen dem Vermögensvorteil und der Tat gem. § 87 herstellen. Nr. 1 verlangt nicht, dass die Unrechtsvereinbarung den Täter zu dieser Tat motiviert. Da die Unrechtsvereinbarung einen Bezug zu einer Tat gem. § 87 herstellt, sind auch Zuwendungen, die in einem anderen Zusammenhang sozialadäquat wären, hier tatbestandsmäßig (zB Einladung zu einer Veranstaltung, die von der den Vorteil gewährenden Wirtschaftsprüfungsgesellschaft finanziert wird).[30] Vorteilsgeber kann jeder sein, auch die Gesellschaft, deren Aufsichtsrats- oder Prüfungsausschussmitglied der Täter ist. Jedoch besteht kein Gegenseitigkeitsverhältnis zwischen der üblichen Aufwandsentschädigung oder Vergütung für die Tätigkeit im Aufsichtsrat oder Prüfungsausschuss und der Tat gem. § 87.[31]

15   **b) Beharrliches Wiederholen (Nr. 2).** Das Tatbestandsmerkmal „beharrliches Wiederholen" verwendet der Gesetzgeber im Strafrecht häufig[32] zur Abschreckung von Tätern, die dieselbe Ordnungswidrigkeit mehrmals verüben. Die Straftat ist der erneute Verstoß gegen das bußgeldbewehrte Verbot oder Gebot. Streitig ist, worin das zusätzliche Unrecht liegt, dass diesen Verstoß nun zur Straftat macht (→ Rn. 17). Von diesen Straftatbeständen, die ein beharrliches Wiederholen von Ordnungswidrigkeiten voraussetzen, sind Straftatbestände wie die Nachstellung (§ 238 StGB) zu unterscheiden, bei denen der Täter zwar ebenfalls beharrlich bestimmte Handlungen vornehmen muss, diese aber für sich genommen keine Ordnungswidrigkeiten sind und erst zusammen eine Straftat bilden. Weil bei solchen Straftatbeständen mehrere sozialadäquate Handlungen zu einer Straftat zusammengezogen werden, bedarf es nach hM einer Gesamtwürdigung, bei der auch von Bedeutung ist, welches Gewicht die einzelnen Handlungen haben, in welchem zeitlichen Abstand sie erfolgen und von welchem Willen sie getragen werden.[33] Bei Delikten wie § 86 ist eine solche Gesamtwürdigung nicht nur unnötig, sondern sogar mit dem Gesetz unvereinbar, weil die Tat hier nur der eine Verstoß ist, den der Täter nach mehreren vorangegangen begeht.

16   Das „beharrliche Wiederholen" setzt sich im **objektiven Tatbestand** aus drei Elementen zusammen: Erstens ist eine **Anlasstat** erforderlich, also die (angeklagte) Verwirklichung des objektiven Tatbestands einer Tatvariante des § 87 Abs. 1–3. Zweitens muss der Täter bereits **zuvor mehrfach vorsätzlich dieselbe Tatbestandsvariante verwirklicht** haben. Dass es sich um dieselbe Tatvariante handeln muss, gibt der Wortlaut der Nr. 2 zwingend vor.[34] Notwendig ist, dass der Täter „eine in § 87 Absatz 1, 2 oder 3 bezeichnete Handlung beharrlich *wiederholt*". Es genügt daher nicht, dass er hintereinander mehrere der dort bezeichnete Handlungen vornimmt. Dass der Täter die vorangegangenen Taten vorsätzlich verübt haben muss, folgt aus dem Vorsatzerfordernis (§ 10 OWiG) bei § 87. Dass mehrere (mindestens zwei) vorangegangene Taten erforderlich sind, resultiert ebenfalls aus dem Wortlaut, nämlich der Doppelung „beharrlich

29   Ebenso zu § 404a AktG BeckOGK/*Hefendehl* AktG § 404a Rn. 36; MüKoStGB/*Weiß* AktG § 404a Rn. 33; aA *Altmeppen* Rn. 5; Noack/Servatius/Haas/*Beurskens* Rn. 11; Scholz/*Rönnau* Rn. 34.
30   *Anders* NZG 2018, 961 (968); Noack/Servatius/Haas/*Beurskens* Rn. 8; Scholz/*Rönnau* Rn. 31 m. Fn. 99.
31   *Altmeppen* Rn. 5; Noack/Servatius/Haas/*Beurskens* Rn. 8; Scholz/*Rönnau* Rn. 31; Rowedder/Schmidt-Leithoff/*Schaal* Rn. 11; Henssler/Strohn/*Servatius* §§ 86–88 Rn. 6; *Wicke* Rn. 15.
32   ZB § 184f StGB, § 18a Abs. 3 Nr. 1 AbfVerbrG, § 26 Nr. 1 ArbSchG, § 23 Abs. 1 Nr. 2 ArbZG, § 15a Abs. 2 S. 1 Nr. 2 AÜG, § 9 BauPG, § 9 GasgeräteDG, § 148 Nr. 1 GewO, § 58 Abs. 5 S. 2 JarbSchG, § 27 Abs. 2 Nr. 2 JuSchG, § 59 Abs. 4 Nr. 2 LFGB, § 9 PSA-DG, § 40 ProdSG, § 11 Abs. 1 Nr. 2 SchwarzArbG.
33   BGH Beschl. v. 19.11.2009 – 3 StR 244/09, BGHSt 54, 189 Rn. 20 = NJW 2010, 1680; Beschl. v. 31.8.2016 – 4 StR 197/16, NStZ 2016, 724; MüKoStGB/*Gericke* StGB § 238 Rn. 45.
34   *Wicke* Rn. 16; aA Noack/Servatius/Haas/*Beurskens* Rn. 13; Scholz/*Rönnau* Rn. 37; Henssler/Strohn/*Servatius* §§ 86–88 Rn. 6.

wiederholt". Beharrlich setzt nach seinem Wortsinn bereits voraus, dass der Täter „ausdauernd, zäh festhaltend, standhaft, hartnäckig" ist.[35] Ein beharrliches Wiederholen ist daher ein mehrfaches Wiederholen, sodass insgesamt (einschließlich der Anlasstat) **zumindest drei Verstöße** notwendig sind.[36]

Drittes Element ist die **Beharrlichkeit.** Diese setzt nach der üblichen Definition **17** „ein besonders hartnäckiges Verhalten voraus, durch das die rechtsfeindliche Einstellung des Täters gegenüber den in Frage kommenden gesetzlichen Normen deutlich wird".[37] Was die besondere Hartnäckigkeit ausmacht, ist umstritten. Während die vorzugswürdige Ansicht diese daran festmacht, ob der Täter nach einem früheren Verstoß bereits von der Behörde auf dessen Ordnungswidrigkeit hingewiesen wurde, möchte eine andere Ansicht eine Gesamtwürdigung vornehmen, bei welcher auch der zeitliche Abstand zwischen den Taten und die Art und Schwere der Verstöße zu berücksichtigen seien.[38] Abgesehen davon, dass eine Gesamtwürdigung im Tatbestand (zur Kritik → Rn. 15) mit dem Bestimmtheitsgebot in Konflikt gerät, fehlt es auch an einem Maßstab und an den dafür erforderlichen Umständen, die es abzuwägen gilt. Das gilt für die Art und Schwere der Verstöße, da dies immer dieselben Ordnungswidrigkeiten sind, die dasselbe Schutzgut betreffen, demselben Bußgeldtatbestand unterfallen und aus demselben Bußgeldrahmen zu ahnden sind, und für den zeitlichen Abstand der Verstöße, der in der Regel ein jährlicher sein wird.[39] Objektiv setzt die Beharrlichkeit daher voraus, dass dem Täter **zumindest einer seiner früheren Verstöße bereits zu Recht von der zuständigen Behörde vorgehalten** wurde. Damit wird kein rechtskräftig mit der Verhängung einer Geldbuße abgeschlossenes Verfahren verlangt. Es genügt, wenn die Behörde ein Bußgeldverfahren eingeleitet hat, das entweder noch anhängig ist oder abgeschlossen wurde, ohne dass der Vorwurf zurückgenommen wurde (zB Opportunitätseinstellung gem. § 47 Abs. 1 OWiG).[40] Ohne eine solche staatliche Reaktion ist nicht zu erklären, warum bei § 86 Nr. 1 aus der wiederholten Begehung einer Ordnungswidrigkeit eine Straftat wird. Die Leerformel von einer angeblichen „höheren kriminellen Energie des Täters"[41] setzt voraus, was es zu belegen gilt. Gerade auch deshalb, weil Ordnungswidrigkeiten nicht zum Kernbestand des gesellschaftlich nicht akzeptierten Verhaltens gehören, ist es eine Mindestanforderung, dass dem Täter der Verstoß zumindest schon einmal vorgehalten wurde.

Im **subjektiven Tatbestand** setzt ein beharrliches Wiederholen (zumindest bedingten) **18** Vorsatz bzgl. der Anlasstat, zumindest zweier früherer Verstöße[42] und der darauf bezogenen Reaktion der Behörde voraus. Sind diese Voraussetzungen erfüllt, dann offenbart sich darin bereits die Beharrlichkeit des Täters. Der zusätzlichen Feststellung einer Gesinnung (zB Rechtsgleichgültigkeit, -feindlichkeit) bedarf es nicht.[43]

---

[35] S. http://www.duden.de/rechtschreibung/beharrlich (zuletzt abgerufen am 21.6.2021).
[36] Noack/Servatius/Haas/*Beurskens* Rn. 13; BeckOGK/*Hefendehl* AktG § 404a Rn. 38; Scholz/*Rönnau* Rn. 36; Henssler/Strohn/*Servatius* §§ 86–88 Rn. 6; *Wicke* §§ 86–88 Rn. 16. Nach aA kann bereits ein früherer Verstoß genügen: BGH Beschl. v. 5.7.2011 – 3 StR 87/11, BGHSt 56, 271 Rn. 11 = NJW 2011, 3174 zu § 148 GewO; *Anders* NZG 2018, 961 (969); *Altmeppen* Rn. 6; BeckOK GmbHG/*Müller* Rn. 66; UHL/*Ransiek* §§ 86–88 Rn. 45; Rowedder/Schmidt-Leithoff/*Schaal* Rn. 12.
[37] BGH Urt. v. 25.2.1992 – 5 StR 528/91, NStZ 1992, 594 (595) zu § 148 GewO.
[38] *Altmeppen* Rn. 6; BeckOK GmbHG/*Müller* Rn. 67; Scholz/*Rönnau* Rn. 38; ebenso im subjektiven Tatbestand, BGH Beschl. v. 5.7.2011 – 3 StR 87/11, BGHSt 56, 271 Rn. 11 = NJW 2011, 3174 zu § 148 Nr. 1 GewO.
[39] Darauf weist auch Scholz/*Rönnau* Rn. 38 hin.
[40] *Anders* NZG 2018, 961 (969); Noack/Servatius/Haas/*Beurskens* Rn. 13; *Lanfermann*/*Maul* BB 2016, 363 (367); MHLS/*Sigloch/Keller/Meffert* Rn. 14; *Wicke* Rn. 16; aA – keine staatliche Reaktion notwendig – Scholz/*Rönnau* Rn. 36a; Henssler/Strohn/*Servatius* §§ 86–88 Rn. 6.
[41] So Scholz/*Rönnau* Rn. 36a, 37.
[42] Insoweit aA – dolus directus zweiten Grades erforderlich – Scholz/*Rönnau* Rn. 39, 41, der dabei auch sichere Kenntnis der Rechtswidrigkeit verlangt.
[43] *Altmeppen* Rn. 6; Noack/Servatius/Haas/*Beurskens* Rn. 14; s. auch BT-Drs. 7/626, 14 zu § 148 Nr. 1 GewO; aA BGH Beschl. v. 5.7.2011 – 3 StR 87/11, BGHSt 56, 271 Rn. 11 = NJW 2011, 3174 zu § 148 Nr. 1 GewO, wonach die Beharrlichkeit „eine zusätzliche subjektive Komponente" ist.

III. Rechtswidrigkeit

19   Eine rechtfertigende **Einwilligung** der Gesellschafter bez. einer Tat von Mitgliedern des Aufsichtsrats oder Prüfungsausschusses scheidet aus, weil §§ 86, 87 kein Rechte der Gesellschafter oder der Gesellschaft schützen[44] (im Übrigen → § 82 Rn. 121 f.).

IV. Täterschaft und Teilnahme

20   § 86 ist ein echtes **Sonderdelikt.** Täter können nur die Mitglieder eines Aufsichtsrats oder Prüfungsausschusses sein (→ Rn. 7 ff.). Dritte können lediglich als Teilnehmer (§§ 26, 27 StGB) beteiligt sein. Ihre Strafe ist gem. § 28 Abs. 1 StGB zu mildern.[45]

V. Versuch, Vollendung, Beendigung

21   Der **Versuch** des § 86 ist nicht strafbar, da es sich um ein Vergehen (§ 12 Abs. 2 StGB) handelt und eine gesetzliche Anordnung der Versuchsstrafbarkeit fehlt (§ 23 Abs. 1 StGB). Die Tat nach Nr. 1 ist **vollendet,** sobald der Täter den Tatbestand verwirklicht hat, also mit dem jeweils zweiten Teilakt, der Vollendung der Tat nach § 87 oder der Annahme des Vorteils oder des Angebots.[46] Bei Nr. 2 ist die Tat mit Vollendung der Anlasstat nach § 87 vollendet (→ § 87 Rn. 20). Die Tat ist **beendet,** sobald die Tat nach § 87 beendet ist (→ § 87 Rn. 20) oder bei Nr. 1 mit der Annahme des Vorteils oder des Angebots, wenn dies der zweite Teilakt ist. Das gilt auch dann, wenn der Vermögensvorteil noch nicht gewährt worden ist, weil die Bereicherung des Täters kein rechtsgutrelevanter Erfolg ist.[47]

VI. Rechtsfolgen

22   **1. Konkurrenzen.** § 86 verdrängt den miterfüllten § 87 (§ 21 OWiG). Verwirklicht der Täter durch eine Handlung § 86 mehrmals (zB die Anlasstat nach Abs. 1 Nr. 2 erfolgte gegen Entgelt), so liegt nur eine Tat vor.

23   **2. Sanktionen.** Die Strafe ist entweder **Freiheitsstrafe** von einem Monat (§ 38 Abs. 2 StGB) bis zu einem Jahr oder alternativ **Geldstrafe** zwischen fünf und dreihundertsechzig Tagessätzen (§ 40 StGB). Zudem kann im Fall der Bereicherung oder des diesbezüglichen Versuchs neben der Freiheitsstrafe eine Geldstrafe verhängt werden (§ 41 StGB). Hinsichtlich des durch die Tat erlangten Vermögensvorteils kann die **Einziehung** angeordnet werden (§ 73 StGB). Als Maßregel der Besserung und Sicherung kommt ein **Berufsverbot** (§ 70 StGB) in Betracht (→ Rn. 1).[48] Zur **Veröffentlichung** der Entscheidung s. § 88.

24   Die Verhängung einer **Geldbuße gegen die GmbH** ist unter den Voraussetzungen des § 30 OWiG möglich (→ § 82 Rn. 138).

25   **3. Verjährung.** Die Verjährungsfrist für die **Strafverfolgung** beträgt drei Jahre (§ 78 Abs. 3 Nr. 5 StGB). Der Fristablauf beginnt mit der Beendigung der Tat (§ 78a StGB; → Rn. 21). Die Verjährungsfrist für die **Strafvollstreckung** beläuft sich je nach Art und Höhe der verhängten Strafe auf drei, oder fünf Jahre (§ 79 Abs. 3 Nr. 4, 5 StGB). Der Fristablauf beginnt mit Rechtskraft der Entscheidung (§ 79 Abs. 6 StGB).

26   **4. Strafverfahren.** § 86 wird von Amts wegen verfolgt **(Offizialdelikt).** Zum Verfahren → § 82 Rn. 140.

---

[44]   *Anders* NZG 2018, 961 (966); Scholz/*Rönnau* § 87 Rn. 31; HK-GmbHG/*Saenger* Rn. 7.
[45]   *Altmeppen* Rn. 3; Noack/Servatius/Haas/*Beurskens* Rn. 6; BeckOK GmbHG/*Müller* Rn. 30; Leitner/Rosenau/*Parigger,* Wirtschafts- und Steuerstrafrecht, 2017, Rn. 4; Scholz/*Rönnau* Rn. 47; Rowedder/Schmidt-Leithoff/*Schaal* Rn. 9.
[46]   Ebenso Scholz/*Rönnau* Rn. 44.
[47]   AA Scholz/*Rönnau* Rn. 44.
[48]   BT-Drs. 18/7219, 48, 59.

§ 87 Bußgeldvorschriften

(1) Ordnungswidrig handelt, wer als Mitglied eines Aufsichtsrats oder als Mitglied eines Prüfungsausschusses einer Gesellschaft, die ein Unternehmen von öffentlichem Interesse nach § 316a Satz 2 Nummer 1 oder 2 des Handelsgesetzbuchs ist

1. die Unabhängigkeit des Abschlussprüfers oder der Prüfungsgesellschaft nicht nach Maßgabe des Artikels 4 Absatz 3 Unterabsatz 2, des Artikels 5 Absatz 4 Unterabsatz 1 Satz 1 oder des Artikels 6 Absatz 2 der Verordnung (EU) Nr. 537/ 2014 des Europäischen Parlaments und des Rates vom 16. April 2014 über spezifische Anforderungen an die Abschlussprüfung bei Unternehmen von öffentlichem Interesse und zur Aufhebung des Beschlusses 2005/909/EG der Kommission (ABl. L 158 vom 27.5.2014, S. 77, L 170 vom 11.6.2014, S. 66) überwacht oder

2. eine Empfehlung für die Bestellung eines Abschlussprüfers oder einer Prüfungsgesellschaft vorlegt, die den Anforderungen nach Artikel 16 Absatz 2 Unterabsatz 2 oder 3 der Verordnung (EU) Nr. 537/2014 nicht entspricht oder der ein Auswahlverfahren nach Artikel 16 Absatz 3 Unterabsatz 1 der Verordnung (EU) Nr. 537/2014 nicht vorangegangen ist.

(2) Ordnungswidrig handelt, wer als Mitglied eines Aufsichtsrats, der einen Prüfungsausschuss nicht bestellt hat, einer Gesellschaft, die ein Unternehmen von öffentlichem Interesse nach § 316a Satz 2 Nummer 1 oder 2 des Handelsgesetzbuchs ist, den Gesellschaftern einen Vorschlag für die Bestellung eines Abschlussprüfers oder einer Prüfungsgesellschaft vorlegt, der den Anforderungen nach Artikel 16 Absatz 5 Unterabsatz 1 der Verordnung (EU) Nr. 537/2014 nicht entspricht.

(3) Ordnungswidrig handelt, wer als Mitglied eines Aufsichtsrats, der einen Prüfungsausschuss bestellt hat, einer in Absatz 2 genannten Gesellschaft den Gesellschaftern einen Vorschlag für die Bestellung eines Abschlussprüfers oder einer Prüfungsgesellschaft vorlegt, der den Anforderungen nach Artikel 16 Absatz 5 Unterabsatz 1 oder Unterabsatz 2 Satz 1 oder Satz 2 der Verordnung (EU) Nr. 537/ 2014 nicht entspricht.

(4) Die Ordnungswidrigkeit kann mit einer Geldbuße bis zu fünfhunderttausend Euro geahndet werden.

(5) Verwaltungsbehörde im Sinne des § 36 Absatz 1 Nummer 1 des Gesetzes über Ordnungswidrigkeiten ist bei einer Gesellschaft, die ein Unternehmen von öffentlichem Interesse nach § 316a Satz 2 Nummer 2 des Handelsgesetzbuchs ist, die Bundesanstalt für Finanzdienstleistungsaufsicht, im Übrigen das Bundesamt für Justiz.

Schrifttum: s. auch bei §§ 82, 86; *Grabitz/Hilf/Nettesheim,* Das Recht der Europäischen Union, 72. EL, Stand Februar 2021.

Übersicht

I. Grundlagen

1   § 87 wurde durch das **AReG**[1] in das GmbHG eingefügt. Der Gesetzgeber kam damit seiner Verpflichtung aus Art. 30 Abs. 1 Abschlussprüfer-RL, Art. 30a Abs. 1 lit. f Abschlussprüfer-RL[2] nach, den Aufsichtsrats- und Prüfungsausschussmitgliedern eines in der Rechtsform der GmbH betriebenen Unternehmens von öffentlichem Interesse wirksame, finanzielle, verwaltungsrechtliche Sanktionen für den Fall anzudrohen, dass sie bestimmte Pflichten verletzen, die ihnen die Abschlussprüfer-VO bei der Überwachung der Unabhängigkeit der Abschlussprüfer und Prüfungsgesellschaften (Abs. 1 Nr. 1) und bei der Empfehlung bzw. dem Vorschlag für deren Bestellung (Abs. 1 Nr. 2, Abs. 2, 3) auferlegt.[3] § 87 wurde durch das **Gesetz zur Umsetzung der Zweiten Zahlungsdiensterichtlinie**[4] und das **Finanzmarktintegritätsstärkungsgesetz**[5] (FISG) geändert (→ § 86 Rn. 2). Vergleichbare Bußgeldtatbestände schuf der Gesetzgeber zB in § 405 Abs. 3b, 3c AktG, § 152 Abs. 1a GenG, § 334 Abs. 2a HGB, § 20 Abs. 2a–2c PublG.

2   § 87 ist wie § 86 (→ § 86 Rn. 4) ein **Blankettstraftatbestand** und ein **abstraktes Gefährdungsdelik**t, weil er nur den Verstoß gegen die in Bezug genommenen Vorschriften und nicht zusätzlich eine konkrete Gefährdung oder Verletzung des geschützten Vermögens (→ § 86 Rn. 3) voraussetzt. § 87 entspricht § 86 auch darin, dass er dem Wortlaut nach verlangt, dass der Täter ein Mitglied des Aufsichtsrats oder Prüfungsausschusses sein muss. Anders als beim Straftatbestand des § 86 kann allerdings beim Bußgeldtatbestand des § 87 nur mit der Einschränkung von einem echten **Sonderdelikt** gesprochen werden, dass es hier gem. § 14 Abs. 1 S. 2 OWiG genügt, wenn bei einer Beteiligung mehrerer Personen an der Tat ein Beteiligter die besondere Täterqualität aufweist.

II. Tatbestände (Abs. 1–3)

3   **1. Überblick.** § 87 droht Aufsichtsrats- und Prüfungsausschussmitgliedern eines in der Rechtsform der GmbH betriebenen Unternehmens von öffentlichem Interesse iSd § 316a S. 2 Nr. 1, 2 HGB eine Geldbuße an, wenn sie bei der Überwachung der Unabhängigkeit der Abschlussprüfer und Prüfungsgesellschaften oder bei der Empfehlung oder dem Vorschlag für deren Bestellung ihre Pflichten verletzen. Die Komplexität der Norm resultiert daraus, dass sie innerhalb der Tatbestände differenziert nach Tätern (nur Aufsichtsratsmitglieder [Abs. 2, 3] oder auch Prüfungsausschussmitglieder [Abs. 1]) und nach Tathandlungen (Pflichtverletzungen bei der Überwachung der Unabhängigkeit [Abs. 1 Nr. 1] oder bei der

---

[1] Art. 8 Nr. 3 Gesetz zur Umsetzung der prüfungsbezogenen Regelungen der Richtlinie 2014/56/EU sowie zur Ausführung der entsprechenden Vorgaben der Verordnung (EU) Nr. 537/2014 im Hinblick auf die Abschlussprüfung bei Unternehmen von öffentlichem Interesse (Abschlussprüfungsreformgesetz – AReG) v. 10.5.2016, BGBl. 2016 I 1142 (1152).

[2] RL 2006/43/EG des Europäischen Parlaments und des Rates v. 17.5.2006 über Abschlussprüfungen von Jahresabschlüssen und konsolidierten Abschlüssen, zur Änderung der Richtlinien 78/660/EWG und 83/349/EWG des Rates und zur Aufhebung der Richtlinie 84/253/EWG des Rates, ABl. EU 2006 L 157, 87; zuletzt geändert durch Art. 1 RL 2014/56/EU v. 16.4.2014, ABl. 2014 L 158, 196.

[3] BT-Drs. 18/7219, 49, 59.

[4] Art. 10 Nr. 2 Gesetz zur Umsetzung der Zweiten Zahlungsdiensterichtlinie v. 17.7.2017, BGBl. 2017 I 2446 (2492).

[5] Art. 18 Nr. 3 Gesetz zur Stärkung der Finanzmarktintegrität v. 3.6.2021, BGBl. 2021 I 1534 (1560 f.). Die seit dem 1.7.2021 geltende Fassung ist gem. § 9 Abs. 1 EGGmbHG erstmals auf alle gesetzlich vorgeschriebenen Abschlussprüfungen für das nach dem 31.12.2021 beginnende Geschäftsjahr anzuwenden.

Auswahl, der Empfehlung oder dem Vorschlag von Abschlussprüfern oder Prüfungsgesellschaften [Abs. 1 Nr. 2, Abs. 2, 3]).

Die **Pflichtverletzungen bei der Überwachung** der Unabhängigkeit von Abschluss- 4 prüfern oder Prüfungsgesellschaften sind für beide Tätergruppen einheitlich in Abs. 1 Nr. 1 geregelt. Hingegen differenziert der Gesetzgeber bei den **Pflichtverstößen bei der Auswahl, der Empfehlung oder dem Vorschlag** von Abschlussprüfern oder Prüfungsgesellschaften. Hintergrund dessen ist, dass die Bestellung der Abschlussprüfer und Prüfungsgesellschaften durch verschiedene Organe erfolgen kann, ebenso die Auswahl und Empfehlung. Die Grundkonstellation ist dabei dreistufig: Der Prüfungsausschuss führt ein Auswahlverfahren durch und spricht eine Empfehlung an den Aufsichtsrat aus (vgl. § 124 Abs. 3 S. 2 AktG iVm § 52 Abs. 1). Dieser macht daraufhin einen der Empfehlung entsprechenden oder von ihr abweichenden Vorschlag an die Gesellschafterversammlung, die den Abschlussprüfer oder die Prüfungsgesellschaft bestellt. Hier gelten für Pflichtverletzungen des Prüfungsausschusses beim Auswahlverfahren oder bei der Empfehlung Abs. 1 Nr. 2 Alt. 2 und Alt. 1, und für Pflichtverletzungen des Aufsichtsrats beim Vorschlag an die Gesellschafterversammlung Abs. 3.[6] Von dieser Grundkonstellation gibt es eine Abweichung bei Gesellschaften, bei denen der Aufsichtsrat keinen Prüfungsausschuss gebildet hat und deshalb dessen Aufgaben übernimmt. Hier gilt für Pflichtverletzungen beim Auswahlverfahren wiederum Abs. 1 Nr. 2 Alt. 2, für Pflichtverletzungen beim Vorschlag an die Gesellschafterversammlung aber Abs. 2.

2. Täter. Täter der Abs. 1–3 können die Mitglieder eines fakultativen (§ 52) oder 5 obligatorischen **Aufsichtsrats** sein (→ § 86 Rn. 7), bei Abs. 1 außerdem die Mitglieder eines Prüfungsausschusses (→ § 86 Rn. 8).

3. Tathandlungen. Hinsichtlich der Tathandlungen verweisen die Abs. 1–3 auf die 6 Art. 4–6, 16 Abschlussprüfer-VO. Diese nennen als Verpflichtete zwar nur die Mitglieder des Prüfungsausschusses. Jedoch folgt aus der ausdrücklichen Bezugnahme in § 87, dass die Art. 4–6, 16 Abschlussprüfer-VO hier entsprechend für Mitglieder des Aufsichtsrats gelten. Der Hintergrund für diese Erweiterung ist, dass der Gesetzgeber von der ihm in Art. 37 Abs. 2 Abschlussprüfer-RL iVm Art. 39 Abs. 1 S. 2 Abschlussprüfer-RL eingeräumten Möglichkeit Gebrauch gemacht hat, den Prüfungsausschuss als einen Ausschuss des Aufsichtsorgans des Unternehmens auszugestalten bzw. das Aufsichtsorgan selbst mit dessen Aufgaben zu betrauen. Daher musste er sicherstellen, dass den Aufsichtsrat auch dieselben Pflichten treffen. Da die Abschlussprüfer-VO erst seit dem 17.6.2016 gilt (Art. 44 Abschlussprüfer-VO), fand § 87 erstmalig auf das Geschäftsjahr 2017 Anwendung.[7]

a) Pflichtverletzungen bei der Überwachung der Unabhängigkeit des 7 **Abschlussprüfers oder der Prüfungsgesellschaft (Abs. 1 Nr. 1).** Die Tatbegehung setzt nach dem Wortlaut des Abs. 1 Nr. 1 voraus, dass das Mitglied des Aufsichtsrats oder Prüfungsausschusses die Unabhängigkeit des Abschlussprüfers oder der Prüfungsgesellschaft (im Folgenden kurz: Abschlussprüfer) „nicht [...] überwacht". Das klingt nach einem Unterlassungsdelikt.[8] Tatbestandsmäßig ist aber auch – und sogar in erster Linie – ein Tun.[9] Denn die drei Vorschriften der Abschlussprüfer-VO, auf die Abs. 1 Nr. 1 verweist, legen dem Prüfungsausschuss (Aufsichtsrat) im Rahmen seiner Aufgabe, die Unabhängigkeit des Abschlussprüfers zu überwachen, bestimmte Entscheidungen in Situationen auf, in denen diese Unabhängigkeit in Gefahr ist. Tatbestandsmäßig handelt ein Mitglied, das aktiv daran mitwirkt, dass die richtige Entscheidung unterbleibt (zB Nein-Stimme) oder eine fehlerhafte Entscheidung getroffen wird (zB Ja-Stimme), oder dass eine ihm mögliche Handlung unter-

---

[6]   Den Aufsichtsrat treffen nicht auch noch dieselben Pflichten wie den Prüfungsausschuss; UHL/*Ransiek* §§ 86–88 Rn. 30.

[7]   *Lanfermann*/*Maul* BB 2016, 363 (365).

[8]   So die Einordnung von UHL/*Ransiek* §§ 86–88 Rn. 29; auch *Altmeppen* Rn. 3, 5, 6, 7 erörtert nur ein Dulden oder Unterlassen.

[9]   *Noack/Servatius/Haas*/*Beurskens* Rn. 2; *Scholz/Rönnau* Rn. 13.

lässt, die zur Aufhebung, Änderung oder Nicht-Umsetzung der fehlerhaften Entscheidung geführt hätte (→ Rn. 16).

8   Der zuerst in Bezug genommene Art. 4 Abs. 3 UAbs. 2 Abschlussprüfer-VO betrifft die Gefahr der Abhängigkeit des Abschlussprüfers, wenn er drei Geschäftsjahre hintereinander jeweils über 15% seines gesamten Jahreshonorars von dem zu prüfenden Unternehmen bezogen hat und sich daran auch im darauffolgenden vierten Jahr – in dem bereits in Absprache mit dem Prüfungsausschuss (Art. 4 Abs. 3 UAbs. 1 Abschlussprüfer-VO) Gegenmaßnahmen zur Senkung der wirtschaftlichen Abhängigkeit und zur Verminderung der daraus erwachsenden Gefahr für die Unabhängigkeit (zB auftragsbegleitende Qualitätssicherungsprüfung) ergriffen worden sind – nichts geändert hat. Dann muss der Prüfungsausschuss (Aufsichtsrat) „anhand objektiver Gründe" entscheiden, ob der Abschlussprüfer trotz der nunmehr **vierjährigen**[10] **Überschreitung der 15%-Honorargrenze** „die Abschlussprüfung für einen weiteren Zeitraum, der in jedem Fall zwei Jahre nicht überschreiten darf, durchführen darf". Die Entscheidung ist pflichtwidrig, wenn der Prüfungsausschuss (Aufsichtsrat) sie trifft, ohne dass hinreichende objektive Gründe vorliegen, welche die aus der finanziellen Abhängigkeit erwachsende Gefahr für die Unabhängigkeit des Abschlussprüfers ausräumen. Was das für Gründe sein können, sagt die Abschlussprüfer-VO nicht. Angesichts der darin aufgestellten Vermutung, dass bereits eine dreijährige Überschreitung der 15%-Honorargrenze grundsätzlich gefährlich ist, sind allerdings „triftige Gründe"[11] erforderlich, um diese Vermutung zu entkräften (zB erneute Überschreitung der 15%-Honorargrenze im fünften und sechsten Jahr ausgeschlossen[12]). Erst recht pflichtwidrig ist das Unterlassen einer Entscheidung.

9   Art. 5 Abs. 4 UAbs. 1 S. 1 Abschlussprüfer-VO behandelt die Billigung der **Erbringung von Nichtprüfungsleistungen.** Ein Abschlussprüfer, der eine Abschlussprüfung bei einem Unternehmen durchführt, und jedes Mitglied eines Netzwerks (Art. 3 Abschlussprüfer-VO iVm Art. 2 Nr. 7 Abschlussprüfer-RL; s. auch § 319b Abs. 1 S. 3 HGB), dem er angehört, darf für das geprüfte Unternehmen, dessen Muttergesellschaft oder die von diesem beherrschten Unternehmen Nichtprüfungsleistungen, die nicht gem. Art. 5 Abs. 1, 2 VO verboten sind, nur dann erbringen, „wenn der Prüfungsausschuss [Aufsichtsrat] dies nach gebührender Beurteilung der Gefährdung der Unabhängigkeit und der angewendeten Schutzmaßnahmen gem. Art. 22b Richtlinie 2006/43/EG billigt". Die Erbringung der Nichtprüfungsleistung muss vom Prüfungsausschuss (Aufsichtsrat) vorab genehmigt werden. Die Billigung ist pflichtwidrig, wenn sie ohne „gebührende Beurteilung der Gefährdung der Unabhängigkeit und der angewendeten Schutzmaßnahmen" erteilt wird. Für die Ordnungswidrigkeit kommt es also weniger darauf an, welche Entscheidung der Prüfungsausschuss (Aufsichtsrat) getroffen hat, dh ob die Billigung sachlich falsch ist, sondern in erster Linie darauf, wie diese Entscheidung zustande gekommen ist. Der Prüfungsausschuss (Aufsichtsrat) muss **ermessensfehlerfrei** entscheiden. Allerdings wird eine offensichtlich sachlich falsche Entscheidung[13] regelmäßig ohne „gebührende Beurteilung" ergangen sein. Ermessensfehlerhaft ist auch die Überschreitung des Entscheidungsspielraums (zB Billigung verbotener Nichtprüfungsleistungen iSd Art. 5 UAbs. 2 Abschlussprüfer-VO) oder der Verstoß gegen gesetzliche Vorgaben (zB Billigung von Nichtprüfungsleistungen unter Überschreitung der Honorargrenze des Art. 4 Abs. 2 UAbs. 1 Abschlussprüfer-VO).

10   Gem. Art. 6 Abs. 2 Abschlussprüfer-VO muss ein Abschlussprüfer jährlich gegenüber dem Prüfungsausschuss (Aufsichtsrat) eine **schriftliche Erklärung** abgeben, dass er „unab-

---

[10]   Noack/Servatius/Haas/*Beurskens* Rn. 3; Scholz/*Rönnau* Rn. 16; s. auch *Altmeppen* Rn. 4; zweifelnd *Wicke* §§ 86–88 Rn. 8.

[11]   Erwägungsgrund 7 Abschlussprüfer-VO. Es genügt daher nicht, dass die Begr. lediglich „nachvollziehbar" (*Anders* NZG 2018, 961 [964]; *Wicke* §§ 86–88 Rn. 8) ist jedenfalls nicht auf „klar unsachlichen Gründen" (Noack/Servatius/Haas/*Beurskens* Rn. 3) oder „offensichtlich sachwidrigen oder willkürlichen Erwägungen" (Scholz/*Rönnau* Rn. 16) beruht.

[12]   Vgl. UHL/*Ransiek* §§ 86–88 Rn. 33.

[13]   Hierauf einschr. Noack/Servatius/Haas/*Beurskens* Rn. 4; *Lanfermann/Maul* BB 2016, 363 (365); Scholz/*Rönnau* Rn. 17; noch enger – nur Ermessensnichtgebrauch, dh gar keine Beurteilung der Gefährdung – *Altmeppen* Rn. 6.

hängig vom geprüften Unternehmen" ist. Außerdem muss er mit dem Prüfungsausschuss (Aufsichtsrat) die Gefahren für seine Unabhängigkeit sowie die von ihm gem. Art. 6 Abs. 1 Abschlussprüfer-VO dokumentierten, zur Verminderung dieser Gefahren angewendeten Schutzmaßnahmen erörtern. Daraus resultiert für den Prüfungsausschuss die Pflicht, diese Erklärung, falls sie nicht eingeht, einzufordern,[14] und die verlangte Erörterung durchzuführen. Pflichtwidrig ist zB das Unterlassen der Einforderung der Erklärung oder der Erörterung der Gefahren für die Unabhängigkeit. Eine tatsächliche Abhängigkeit des Abschlussprüfers ist nicht erforderlich.[15]

b) Pflichtverletzungen bei der Empfehlung für die Bestellung des Abschluss- **11** **prüfers oder der Prüfungsgesellschaft (Abs. 1 Nr. 2).** Abs. 1 Nr. 2 betrifft die Situation, dass der **Prüfungsausschuss gegenüber dem Aufsichtsrat**[16] eine Empfehlung für die Bestellung eines Abschlussprüfers oder einer Prüfungsgesellschaft abgibt. Tatbestandsmäßig ist das Vorlegen einer Empfehlung für die Bestellung eines Abschlussprüfers oder einer Prüfungsgesellschaft, die den Anforderungen des Art. 16 Abs. 2 UAbs. 2 oder 3 Abschlussprüfer-VO nicht entspricht oder der kein Auswahlverfahren nach Art. 16 Abs. 3 UAbs. 1 VO vorangegangen ist. Der Täter muss als Mitglied des vorlegenden Prüfungsausschusses an der Vorlage der unzureichenden (→ Rn. 12) oder nicht ordnungsgemäß zustande gekommenen (→ Rn. 13) Empfehlung mitwirken.

Nach Art. 16 Abs. 2 UAbs. 2, 3 Abschlussprüfer-VO muss der Prüfungsausschuss seine **12** Empfehlung für die Bestellung des Abschlussprüfers begründen, mindestens zwei Vorschläge machen und mitteilen, welchen Vorschlag er präferiert. Außerdem muss er erklären, dass seine Empfehlung frei von ungebührlicher Einflussnahme durch Dritte erfolgt und ihm auch keine Klausel auferlegt worden ist, die die Auswahlmöglichkeiten der Gesellschafterversammlung beschränkt (Art. 16 Abs. 6 Abschlussprüfer-VO[17]). Pflichtwidrig ist eine Empfehlung, die insoweit unvollständig ist (zB keine Begründung der eigenen Präferenz) oder unrichtig ist (zB die mitgeteilten Gründe waren für die Entscheidung unerheblich; eine ungebührliche Einflussnahme hat stattgefunden).[18] Nicht erfasst sind in diesem Sinne vollständige und richtige, aber (objektiv) falsche Empfehlungen (zB der präferierte Prüfer ist weniger geeignet als die anderen).[19] Ebenfalls nicht erfasst ist das Unterlassen einer Empfehlung.[20]

Die Empfehlung nach Art. 16 Abs. 2 Abschlussprüfer-VO muss aufgrund eines Aus- **13** wahlverfahrens nach Art. 16 Abs. 3 UAbs. 1 VO ergehen. Für dieses Verfahren ist zwar gem. Art. 16 Abs. 3 UAbs. 2 VO der Prüfungsausschuss zuständig, er muss es jedoch nicht selbst durchführen.[21] Das zeigt die Unterscheidung zwischen Unternehmen und Prüfungsausschuss in Art. 16 Abs. 3 UAbs. 1 lit. e Abschlussprüfer-VO. Soweit er dort nicht unmittelbar in die Pflicht genommen wird, obliegt dem Prüfungsausschuss nur die Aufsicht darüber, dass das Auswahlverfahren den Vorgaben des Art. 16 Abs. 3 UAbs. 1 VO entspricht. Die Pflichtwidrigkeit iSd Abs. 1 Nr. 2 liegt aber nicht in dem Verstoß gegen Art. 16 Abs. 3 UAbs. 1 lit. e S. 2 Hs. 2 oder S. 3 Abschlussprüfer-VO, in der mangelnden Aufsicht oder in dem unterlassenen Einschreiten gegen Verfahrensfehler, sondern ausschließlich in der Vorlage der Empfehlung, obwohl gar kein oder kein ordnungsgemäßes[22] Auswahlverfahren

---

14   Teilweise wird zusätzlich eine „Würdigung" der Erklärung verlangt; Scholz/*Rönnau* Rn. 20. Eine solche Pflicht zur Würdigung sieht Art. 6 Abs. 2 Abschlussprüfer-VO aber nicht vor; sie wäre neben der dort verlangten Erörterung auch nicht erforderlich.

15   Noack/Servatius/Haas/*Beurskens* Rn. 5; UHL/*Ransiek* §§ 86–88 Rn. 35; Scholz/*Rönnau* Rn. 20.

16   Vgl. Art. 16 Abs. 2 UAbs. 1 VO: „dem Verwaltungs- oder Aufsichtsorgan".

17   Art. 16 Abs. 6 Abschlussprüfer-VO gilt gem. Art. 44 Abschlussprüfer-VO erst seit dem 17.6.2017.

18   *Altmeppen* Rn. 9; Noack/Servatius/Haas/*Beurskens* Rn. 8; Lutter/Hommelhoff/*Kleindiek* Rn. 7; Scholz/ *Rönnau* Rn. 23; aA UHL/*Ransiek* §§ 86–88 Rn. 36, wonach nur das Unterlassen der Erklärung erfasst ist, nicht die Abgabe einer unwahren Erklärung.

19   Noack/Servatius/Haas/*Beurskens* Rn. 8; Scholz/*Rönnau* Rn. 23.

20   Scholz/*Rönnau* Rn. 23.

21   Noack/Servatius/Haas/*Beurskens* Rn. 9; *Lanfermann/Maul* BB 2016, 363 (366); Scholz/*Rönnau* Rn. 22.

22   Enger – nur bei besonders schweren oder offensichtlichen Fehlern – *Altmeppen* Rn. 10; Noack/Servatius/ Haas/*Beurskens* Rn. 9; Scholz/*Rönnau* Rn. 24.

stattgefunden hat. Hierfür genügen auch Fehler, für die der Prüfungsausschuss nicht verantwortlich ist. Die Dokumentation der Kontrolle kann den Vorwurf nicht entkräften.[23]

14   **c) Pflichtverletzungen beim Vorschlag für die Bestellung des Abschlussprüfers oder der Prüfungsgesellschaft (Abs. 2, Abs. 3).** Abs. 2 und 3 betreffen die Situation, dass der **Aufsichtsrat gegenüber der Gesellschafterversammlung**[24] einen Vorschlag für die Bestellung eines Abschlussprüfers macht. Bei **Abs. 2** ist die Tathandlung das Vorlegen eines Vorschlags, der nicht den Anforderungen des Art. 16 Abs. 5 UAbs. 1 Abschlussprüfer-VO entspricht. Da hier der Aufsichtsrat keinen Prüfungsausschuss bestellt hat, muss der Vorschlag ebenso wie die Empfehlung den Voraussetzungen des Art. 16 Abs. 2 UAbs. 2 und 3 Abschlussprüfer-VO gerecht werden (→ Rn. 12).

15   Bei **Abs. 3** ist eine Tatbestandsvariante ebenfalls die Vorlage eines Vorschlags, der nicht den Anforderungen des Art. 16 Abs. 5 UAbs. 1 Abschlussprüfer-VO entspricht. Da hier der Aufsichtsrat einen Prüfungsausschuss bestellt hat, muss er in seinem Vorschlag dessen Empfehlung und Präferenz wiedergeben. Abs. 3 ist in dieser Variante also erfüllt, wenn der Vorschlag oder die Präferenz des Prüfungsausschusses nicht, nicht vollständig oder nicht richtig wiedergegeben wird. Die zweite Tatbestandsvariante betrifft die Situation, dass der Aufsichtsrat mit seinem Vorschlag von der Empfehlung des Prüfungsausschusses abweicht. Das kann er nur, indem er einen anderen Abschlussprüfer vorschlägt, der an dem vom Prüfungsausschuss durchgeführten Auswahlverfahren teilgenommen haben muss (Art. 16 Abs. 5 UAbs. 2 S. 2 Abschlussprüfer-VO). Außerdem muss er die Gründe nennen, weshalb er dessen Empfehlung nicht folgt (Art. 16 Abs. 5 UAbs. 2 S. 1 Abschlussprüfer-VO). Abs. 3 ist also in dieser Variante erfüllt, wenn der Aufsichtsrat jemanden vorschlägt, der nicht am Auswahlverfahren teilgenommen hat oder seine Gründe nicht oder unzutreffend angibt.

16   **d) Begehen durch Unterlassen.** Gem. § 8 OWiG können Ordnungswidrigkeiten auch durch Unterlassen begangen werden. Die **Garantenstellung** von Mitgliedern des Aufsichtsrats oder Prüfungsausschusses gründet in der ihnen vom Gesetz oder durch Satzung auferlegten Verantwortung für die Auswahl und Überwachung der Abschlussprüfer und Prüfungsgesellschaften (§ 52 Abs. 1 iVm § 107 Abs. 3 S. 2 AktG).[25] Jedes Mitglied muss entsprechende Maßnahmen einleiten, um Fehler zu korrigieren, sofern es Verstöße gegen die von Abs. 1–3 in Bezug genommenen Vorschriften erkennt.[26] Das gilt auch noch nach der Beschlussfassung (zB durch Mitteilung an den Aufsichtsrat). Da die Garantenstellung nicht aus pflichtwidrigem Vorverhalten abgeleitet wird, ist nicht erforderlich, dass das Mitglied im Zeitpunkt des Beschlusses bei pflichtgemäßer Prüfung den Verstoß hätte erkennen können.

17   **4. Vorsatz und Irrtum.** § 87 setzt **Vorsatz** voraus, da die Norm keine Fahrlässigkeitsstrafbarkeit vorsieht (§ 10 OWiG). Bedingter Vorsatz (dolus eventualis) genügt (→ § 82 Rn. 116). Der Vorsatz muss sich auf alle objektiven Tatumstände beziehen, anderenfalls liegt ein **Tatbestandsirrtum** (§ 11 Abs. 1 OWiG) vor. Zu den objektiven Tatumständen zählen bei einem Blankettstraftatbestand wie § 87 auch die Umstände, die die Ausfüllungsnormen der Abschlussprüfer-VO erfüllen, nicht aber diese Normen selbst (→ § 82 Rn. 118). Der Täter handelt mithin schon dann vorsätzlich, wenn er nur diejenigen Tatumstände kennt, die nach der von Abs. 1–3 in Bezug genommenen Norm seine Handlungs- oder Unterlassungspflicht begründen. Zieht er daraus nicht den Schluss, zu einem Tun oder Unterlassen verpflichtet zu sein, so erliegt er keinem Tatbestands-, sondern einem Verbots- oder Gebotsirrtum (§ 11 Abs. 2 OWiG).[27] Abweichend hiervon wird vertreten, dass bereits der Vorsatz

---

[23]   So aber *Lanfermann/Maul* BB 2016, 363 (366).
[24]   Vgl. Art. 16 Abs. 5 UAbs. 1 VO (EU) Nr. 537/2014: „an die Gesellschafterversammlung“.
[25]   Scholz/*Rönnau* Rn. 13.
[26]   Noack/Servatius/Haas/*Beurskens* Rn. 7; Scholz/*Rönnau* Rn. 13.
[27]   *Altmeppen* Rn. 12; Noack/Servatius/Haas/*Beurskens* Rn. 6; Scholz/*Rönnau* Rn. 30: allg.: Graf/Jäger/ Wittig/*Allgayer,* Wirtschafts- und Steuerstrafrecht, 2. Aufl. 2017, OWiG § 11 Rn. 3; Esser/Rübenstahl/ Saliger/Tsambikakis/*Engelhart,* Wirtschaftsstrafrecht, 2017, OWiG § 11 Rn. 3; KK-OWiG/*Rengier*

voraussetze, dass der Täter sich auch der Pflicht selbst bewusst sei. Der Täter müsse Inhalt und Reichweite der Ausfüllungsnorm kennen.[28] Der Gesetzgeber behandelt jedoch Straftaten und Ordnungswidrigkeiten insoweit gleich. Spezifisch ordnungswidrigkeitsrechtliche Anforderungen sind deshalb unzulässig. Richtig ist allerdings, dass bei Handlungspflichten zum Tatbestandsvorsatz auch die Kenntnis der Handlungsmöglichkeit und das Bewusstsein des Unterlassens der Handlung gehört. Lediglich die Kenntnis der Handlungspflicht ist nicht erforderlich. Kennt der Täter die seine Pflicht begründenden Tatumstände und leitet er daraus auch seine Pflicht ab, beurteilt er aber ihren Inhalt falsch (zB geringerer Umfang), so liegt kein Tatbestandsirrtum vor, sondern ein **Verbotsirrtum** (§ 11 Abs. 2 OWiG). Irrt der Täter über die Reichweite und den Inhalt der in der Abschlussprüfer-VO aufgestellten Pflichten, befindet er sich im Verbotsirrtum.

III. Beteiligung

Anders als das StGB differenziert das OWiG nicht zwischen Täterschaft und Teilnahme, **18** sondern geht von einem **Einheitstäterbegriff** aus. Der Begriff der Beteiligung iSd § 14 OWiG umfasst die strafrechtlichen Beteiligungsformen der **Mittäterschaft** (§ 25 Abs. 2 StGB), **Anstiftung** und **Beihilfe** (§§ 26, 27 StGB).[29] Danach ist jeder Täter, der wie ein Mittäter, Anstifter oder Gehilfe vorsätzlich an der vorsätzlichen Begehung einer Ordnungswidrigkeit gem. § 87 mitwirkt. Da Fahrlässigkeit beim Alleintäter nicht genügt (§ 10 OWiG), reicht sie auch beim Beteiligten (Mittäter, Anstifter, Gehilfen) nicht aus.[30] Handelt ein Beteiligter nicht vorwerfbar (zB unvermeidbarer Verbotsirrtum gem. § 11 Abs. 2 OWiG), kann dem anderen trotzdem dessen (mittäterschaftlich geleisteter) Beitrag zugerechnet und er aus § 87 belangt werden. Ist ein Beteiligter kein tauglicher Täter, kann er trotzdem belangt werden, wenn ein anderer die Täterqualifikation erfüllt (§ 14 Abs. 1 S. 2 OWiG).

Keine Beteiligung iSd § 14 OWiG ist die **mittelbare Täterschaft.** Von § 14 OWiG **19** wird lediglich die Differenzierung zwischen Mittäterschaft, Anstiftung und Beihilfe aufgehoben, nicht aber jene zwischen mittelbarer Täterschaft und Nebentäterschaft. Die Verwirklichung eines Tatbestands durch einen anderen ist wie die Begehung mittels eines gegenständlichen Werkzeugs eine Form eigenen Begehens, zu deren Strafbarkeit es im StGB der Regelung des § 25 Abs. 1 Alt. 2 nicht bedurft hätte. Sie ist mithin auch im Ordnungswidrigkeitsrecht ohne Weiteres erfasst. Zur Beurteilung des Vorliegens einer mittelbaren Täterschaft sind die strafrechtlichen Regeln entsprechend anzuwenden. Sie setzt also, anders als eine Beteiligung nach § 14 OWiG, voraus, dass der Hintermann Adressat der bußgeldbewehrten Verhaltensnorm ist. Mittelbare Täterschaft scheidet folglich aus, wenn nur der Vordermann zum tauglichen Täterkreis gehört, nicht aber der Hintermann. Unproblematisch ist es hingegen, wenn allein der Hintermann sonderpflichtiger Normadressat ist. Hier liegt stets mittelbare Täterschaft vor, der Vordermann ist dann qualifikationsloses doloses Werkzeug.[31]

IV. Versuch, Vollendung, Beendigung

Nach § 13 Abs. 2 OWiG kann der **Versuch** nur geahndet werden, wenn das Gesetz **20** es ausdrücklich bestimmt. Dies ist bei § 87 nicht der Fall. Die Tat besteht im Regelfall in der Mitwirkung an einer Entscheidung des Aufsichtsrats oder Prüfungsausschusses. **Vollendet**

OWiG § 11 Rn. 26; Göhler/*Gürtler/Thoma,* Ordnungswidrigkeitengesetz, 18. Aufl. 2021, OWiG § 11 Rn. 3, 21. Damit nicht zu verwechseln ist die unstreitige Voraussetzung, dass der Täter beim Unterlassen seine Handlungsmöglichkeit erkennt. Nicht zum Vorsatz gehört jedoch die Kenntnis, dass er rechtlich verpflichtet ist, die Handlung vorzunehmen.

[28] Rowedder/Schmidt-Leithoff/*Schaal* Rn. 25.
[29] So die hM, grdl. BGH Beschl. v. 6.4.1983 – 2 StR 547/82, BGHSt 31, 309 (311 f.) = NJW 1983, 2272; eingehend begründet von KK-OWiG/*Rengier* OWiG § 14 Rn. 4 ff.
[30] BGH Beschl. v. 6.4.1983 – 2 StR 547/82, BGHSt 31, 309 (311 f.) = NJW 1983, 2272.
[31] S. zum Vorstehenden KK-OWiG/*Rengier* OWiG § 14 Rn. 87 f.

ist sie dann mit der Stimmabgabe. **Beendet** ist sie mit dem Zustandekommen des Beschlusses oder, wenn eine Vorlage erforderlich ist, mit dem Zugang der Empfehlung oder des Vorschlags.[32]

V. Rechtsfolgen

21   **1. Konkurrenzen.** Wird § 87 durch eine Handlung mehrfach verwirklicht, so liegt eine Tat vor, für die eine Geldbuße bestimmt wird (§ 19 Abs. 1 OWiG). Bei Tatmehrheit wird für jede Verletzung eine gesonderte Geldbuße festgesetzt (§ 20 OWiG); im Gegensatz zum Strafrecht mit seinem Asperationsprinzip (§§ 53, 54 StGB) lässt das Ordnungswidrigkeitsrecht die Rechtsfolgen der einzelnen Taten nebeneinander stehen. Die einzelnen Geldbußen und Nebenfolgen werden getrennt festgesetzt (Kumulationsprinzip).[33]

22   Eine **Straftat gem. § 86** erfüllt in Tateinheit regelmäßig auch § 87. Die Ordnungswidrigkeit tritt dann zurück (§ 21 Abs. 1 S. 1 OWiG). Das gilt auch dann, wenn der Täter § 87 zugleich mehrfach erfüllt. Bei einem tatmehrheitlichen Zusammentreffen von Straftat und Ordnungswidrigkeit wird neben der Strafe eine Geldbuße verhängt, weil § 21 Abs. 1 S. 1 OWiG in diesem Fall keine Anwendung findet.[34] Die Ordnungswidrigkeit kann jedoch auch gem. § 47 Abs. 2 OWiG eingestellt werden. Die Einstellung des Strafverfahrens nach §§ 153 ff. StPO ergreift die gesamte Tat im prozessualen Sinn; einer besonderen Entscheidung über die Ordnungswidrigkeit bedarf es dann nicht mehr.[35]

23   **2. Sanktionen (Abs. 4). a) Täter.** Die Ordnungswidrigkeit kann mit einer **Geldbuße bis zu 500 000 Euro** geahndet werden (Abs. 4). Das Mindestmaß beträgt 5 Euro (§ 17 Abs. 1 OWiG). Das zeigt, dass auch geringfügige Verstöße den Tatbestand des § 87 erfüllen. Die Behörde (Abs. 5) kann in solchen Fällen auch eine Verwarnung aussprechen (§ 56 OWiG)[36] oder das Verfahren einstellen (§ 47 Abs. 1 S. 2 OWiG). Anderenfalls muss sie das geringe Unrecht bei der Bemessung der Geldbuße berücksichtigen.

24   Grundlage für die **Bemessung der Geldbuße** sind die Bedeutung der Ordnungswidrigkeit und der Vorwurf, der den Täter trifft (§ 17 Abs. 3 S. 1 OWiG), also das von ihm verwirklichte Unrecht und das Maß seiner Schuld (Vorwerfbarkeit).[37] Für das Unrecht (die Bedeutung der Ordnungswidrigkeit) sind in erster Linie die Schwere des Pflichtverstoßes, der Grad der Gefährdung des Schutzguts, die Schwere seiner etwaigen Verletzung und die aus der Tat resultierenden Konsequenzen maßgeblich. Stellen die Behörde (Abs. 5) oder das Gericht fest, dass die Norm, gegen die der Täter verstoßen hat, auch sonst vermehrt missachtet wird, so können sie die Geldbuße aus generalpräventiven Gründen höher festsetzen, wenn ansonsten eine Gewährleistung der vom Gesetzgeber mit der Norm verfolgten Ziele nicht zu erreichen ist.[38] Beim Verschulden ist neben dem Grad des Vorsatzes und dem Nachtatverhalten (zB tätige Reue) grundsätzlich auch die berufliche Stellung des Täters zu beachten. Erst nachrangig sind bei der Bemessung der Geldbuße die wirtschaftlichen Verhältnisse des Täters, wie beispielsweise sein persönliches Leistungsvermögen, zu berücksichtigen (§ 17 Abs. 3 S. 2 OWiG). Bei der Bestimmung der Höhe der Geldbuße ist ferner § 17 Abs. 4 OWiG zu beachten. Danach soll die Geldbuße den wirtschaftlichen Vorteil, den der Täter aus der Ordnungswidrigkeit gezogen hat, übersteigen. Sofern das gesetzlich vorgeschriebene Höchstmaß dazu nicht ausreicht, kann es überschritten werden. Zweck der Geldbuße ist es damit, dem Täter alle wirtschaftlichen Vorteile zu entziehen, die er

---

[32] Scholz/Rönnau Rn. 33, dort auch zu Vollendung und Beendigung im Falle eines Unterlassens.
[33] Altmeppen Rn. 13; KK-OWiG/Mitsch OWiG § 20 Rn. 1.
[34] BGH Urt. v. 25.4.2002 – 4 StR 152/01, NJW 2002, 2724 (2727) (insoweit nicht abgedruckt in BGHSt 47, 285); Göhler/Gürtler/Thoma, Ordnungswidrigkeitengesetz, 18. Aufl. 2021, OWiG § 21 Rn. 6; KK-OWiG/Mitsch OWiG § 21 Rn. 4.
[35] KK-OWiG/Mitsch OWiG § 47 Rn. 62 f.
[36] Darauf weist auch die BT-Drs. 18/7219, 49 hin.
[37] BT-Drs. 18/7219, 49.
[38] Göhler/Gürtler/Thoma, Ordnungswidrigkeitengesetz, 18. Aufl. 2021, OWiG § 17 Rn. 16; KK-OWiG/Mitsch OWiG § 17 Rn. 42.

durch die Begehung der Ordnungswidrigkeit erlangt hat, und damit Gesetzesverstöße nicht lukrativ erscheinen zu lassen. Unter wirtschaftlichen Vorteilen isd § 17 Abs. 4 OWiG sind neben Geld auch sonstige Vorteile zu verstehen (zB sichere Gewinnaussicht, Ersparnis von Kosten). Voraussetzung für die **Abschöpfung des wirtschaftlichen Vorteils** ist stets, dass der erlangte Vermögensvorteil dem Täter gerade durch die Begehung der Ordnungswidrigkeit entstanden ist. Dabei reicht es aus, dass der Vorteil nur mittelbar aus der Ordnungswidrigkeit gezogen wird.[39] Selbst dies dürfte im Rahmen des § 87 regelmäßig nicht der Fall sein.

b) Gesellschaft. Die Verhängung einer **Geldbuße gegen die GmbH** ist unter den **25** Voraussetzungen des § 30 OWiG (→ § 82 Rn. 138) möglich.[40] Die Mitglieder des Aufsichtsrats und des Prüfungsausschusses sind mit der Überwachung der Geschäftsführung bzw. der Ausübung von Kontrollbefugnissen betraut (§ 30 Abs. 1 Nr. 5). Durch die von ihnen verübten Taten gem. § 87 werden zudem Pflichten verletzt, welche die GmbH treffen. Zwar sind nur sie Adressaten der Ausfüllungsnormen des § 87, jedoch handelt es sich dabei lediglich um die Zuweisung der Zuständigkeit innerhalb der GmbH, die für die Richtigkeit ihrer Abschlüsse und die Ordnungsmäßigkeit der Prüfung verantwortlich ist.

3. Verjährung. Mit der Beendigung (→ Rn. 20) beginnt der Lauf der Verjährungsfrist **26** (§ 31 Abs. 3 OWiG). Die Frist für die **Verfolgungsverjährung** beträgt drei Jahre (§ 31 Abs. 2 Nr. 1 OWiG).

4. Verfahren (Abs. 5). Die Verfolgung und Ahndung von Ordnungswidrigkeiten **27** erfolgt grundsätzlich durch eine Verwaltungsbehörde (§ 35 OWiG). Welche Behörden für Ordnungswidrigkeiten nach § 87 sachlich zuständig sind, bestimmt Abs. 5 (§ 36 Abs. 1 Nr. 1 OWiG). Danach ist bei Taten von Aufsichtsrats- und Prüfungsausschussmitgliedern von CCR-Kreditinstituten isd § 316a S. 2 Nr. 2 HGB die **BaFin** und bei Taten von Aufsichtsrats- und Prüfungsausschussmitgliedern kapitalmarktorientierter Gesellschaften isd § 316a S. 2 Nr. 1 HGB das **Bundesamt für Justiz** zuständig.

Die Behörden werden von Amts wegen tätig. Ein Antrag ist nicht erforderlich, eine **28** **Anzeige** kann von jedermann gemacht werden. Die wissentlich unwahre oder leichtfertig falsche Anzeige eines Arbeitnehmers kann den Arbeitgeber aber zur außerordentlichen Kündigung berechtigen.[41] Dem Anzeigenden ist die Einstellung des Verfahrens mitzuteilen, wenn er an der Fortführung des Verfahrens ersichtlich ein eigenes Interesse hat.[42] Das ist jedenfalls dann zu bejahen, wenn er in den personellen Schutzbereich fällt (→ § 86 Rn. 3). Gegen die Verfahrenseinstellung ist eine formlose Gegenvorstellung oder eine an die vorgesetzte Behörde gerichtete Aufsichtsbeschwerde möglich.[43]

Ob die Tat verfolgt wird, liegt gem. § 47 Abs. 1 OWiG im pflichtgemäßen Ermessen **29** der Behörde **(Opportunitätsprinzip).** Im Rahmen des § 87 führt dies dazu, dass bei relativ unbedeutenden Verstößen (zB geringe Schuld, fehlendes öffentliches Interesse; vgl. § 153 StPO) von einer Ahndung abgesehen werden kann. Entscheidet sich die Behörde für die Ahndung des Verstoßes, so erlässt sie einen Bußgeldbescheid. Dem Betroffenen muss vorher Gelegenheit zur Äußerung gegeben werden (§ 55 Abs. 1 OWiG). Gegen den **Bußgeldbescheid** kann er binnen zwei Wochen nach der Zustellung **Einspruch** einlegen (§ 67 Abs. 1 OWiG). Ein nicht form- oder fristgerecht eingelegter Einspruch wird von der Behörde als unzulässig verworfen, wogegen wiederum ein Antrag auf gerichtliche Entscheidung möglich ist (§ 69 OWiG). Ist der Einspruch ordnungsgemäß, geht das Verfahren in

[39] Göhler/Gürtler/Thoma, Ordnungswidrigkeitengesetz, 18. Aufl. 2021, OWiG § 17 Rn. 39b; KK-OWiG/Mitsch OWiG § 17 Rn. 120.
[40] Anders NZG 2018, 961 (966); Scholz/Rönnau Rn. 37; anders noch → 3. Aufl. 2018, Rn. 25.
[41] BVerfG Beschl. v. 2.7.2001 – 1 BvR 2049/00, NJW 2001, 3474 (3476).
[42] KK-OWiG/Lutz OWiG Vor § 53 Rn. 177; Göhler/Seitz/Bauer, Ordnungswidrigkeitengesetz, 18. Aufl. 2021, OWiG Vor § 59 Rn. 159. Einer Mitteilung der Gründe bedarf es mangels gesetzlicher Rechtsbehelfe des Anzeigeerstatters nicht.
[43] KK-OWiG/Lutz OWiG Vor § 53 Rn. 178; Göhler/Seitz/Bauer, Ordnungswidrigkeitengesetz, 18. Aufl. 2021, OWiG Vor § 59 Rn. 160.

die Zuständigkeit des Amtsgerichts über (§ 68 OWiG), das den Bußgeldbescheid in tatsächlicher und rechtlicher Hinsicht überprüft. Das Amtsgericht kann im Urteil vom ursprünglichen Bescheid auch zum Nachteil des Betroffenen abweichen (§ 71 Abs. 1 OWiG iVm § 411 Abs. 4 StPO)[44] oder zum Strafverfahren übergehen (§ 81 OWiG). Gegen das Urteil oder den Beschluss (§ 72 OWiG) des Amtsgerichts kann unter den Voraussetzungen des § 79 OWiG **Rechtsbeschwerde** erhoben werden.

30   § 87 wurde zur Umsetzung von EU-Recht eingefügt (→ Rn. 1). Obwohl sich das Bußgeldverfahren grundsätzlich nach den nationalen Vorschriften richtet, kann das Gericht in einer entscheidungserheblichen Frage zur Gültigkeit oder Auslegung der zugrundeliegenden Richtlinie oder in Bezug genommenen Verordnung zur Anrufung des EuGH berechtigt oder sogar verpflichtet sein **(Vorabentscheidungsverfahren)**. Zur Vorlage berechtigt ist gem. Art. 267 AEUV nur ein „Gericht eines Mitgliedstaats". Für die Beurteilung der „rein gemeinschaftsrechtlichen Frage", ob eine vorlegende Stelle ein Gericht iSd Art. 267 AEUV ist, stellt der EuGH auf eine Reihe von Gesichtspunkten ab, insbesondere auch auf die Unabhängigkeit der Stelle.[45] Daran fehlt es beim Bundesamt für Justiz, das der Fachaufsicht des BMJV untersteht (§ 1 Abs. 1 S. 2 BfJG), und der BaFin, die der Fachaufsicht des Bundesministeriums der Finanzen untersteht (§ 2 FinDAG). Vorlageberechtigt sind hier daher nur die Gerichte iSd GVG.

§ 88 Mitteilungen an die Abschlussprüferaufsichtsstelle

(1) Die nach § 87 Absatz 5 zuständige Verwaltungsbehörde übermittelt der Abschlussprüferaufsichtsstelle beim Bundesamt für Wirtschaft und Ausfuhrkontrolle alle Bußgeldentscheidungen nach § 87 Absatz 1 bis 3.

(2) In Strafverfahren, die eine Straftat nach § 86 zum Gegenstand haben, übermittelt die Staatsanwaltschaft im Falle der Erhebung der öffentlichen Klage der Abschlussprüferaufsichtsstelle die das Verfahren abschließende Entscheidung. Ist gegen die Entscheidung ein Rechtsmittel eingelegt worden, ist die Entscheidung unter Hinweis auf das eingelegte Rechtsmittel zu übermitteln.

Schrifttum: s. bei § 86.

1   § 88 wurde durch das **AReG**[1] eingefügt. Mit ihm und dem gleichzeitig geänderten § 69 WPO[2] werden Art. 30 Abs. 1 Abschlussprüfer-RL, Art. 30a Abs. 1 lit. b Abschlussprüfer-RL, Art. 30c, 30f Abschlussprüfer-RL umgesetzt.[3] Vergleichbare Mitteilungspflichten schuf der Gesetzgeber zB in § 407a AktG, § 153 GenG, § 335c HGB, § 21a PublG und § 334 VAG.

2   Die Mitteilungen des Bundesamts für Justiz und der BaFin (Abs. 1) sowie der Staatsanwaltschaften (Abs. 2) dienen dazu, der Abschlussprüferaufsichtsstelle (§ 69 Abs. 1a WPO) die Erfüllung zweier Aufgaben zu ermöglichen: die Veröffentlichung der rechtskräftigen Bußgeldentscheidungen und Verurteilungen gem. § 69 Abs. 1a WPO und die jährliche Übermittlung aggregierter Informationen über alle (rechtskräftigen)[4] Bußgeldentscheidungen und Verurteilungen an den Ausschuss der Aufsichtsstellen (Art. 30 Abschlussprüfer-

---

44   Nicht aber im ohne vorherige Hauptverhandlung ergehenden Beschluss (§ 72 Abs. 3 S. 2 OWiG).
45   EuGH Entsch. v. 30.3.1993 – C-24/92, Slg. 1993, 1277 – Pierre Corbiau/Administrations des contributions; s. dazu Grabitz/Hilf/Nettesheim/*Karpenstein*, Das Recht der Europäischen Union, 72. EL, Stand Februar 2021, AEUV Art. 267 Rn. 15 ff.
1   Art. 8 Nr. 3 Gesetz zur Umsetzung der prüfungsbezogenen Regelungen der Richtlinie 2014/56/EU sowie zur Ausführung der entsprechenden Vorgaben der Verordnung (EU) Nr. 537/2014 im Hinblick auf die Abschlussprüfung bei Unternehmen von öffentlichem Interesse (Abschlussprüfungsreformgesetz – AReG) v. 10.5.2016, BGBl. 2016 I 1142 (1152).
2   Durch Art. 12 Nr. 3 AReG, BGBl. 2016 I 1142 (1155).
3   BT-Drs. 18/7219, 60.
4   So zutr. *Anders* NZG 2018, 961 (971); ebenso Noack/Servatius/Haas/*Beurskens* Rn. 8.

VO) gem. § 69 Abs. 4 WPO. Um ihr die Erfüllung dieser Aufgaben zu ermöglichen, ist es nicht erforderlich, ihr alle Entscheidungen mitzuteilen, die am Ende eines Ordnungswidrigkeits- oder Strafverfahren zu §§ 86, 87 stehen können, sondern nur solche, in denen ein Verstoß festgestellt wird. Daher sind unter **Bußgeldentscheidungen** iSd Abs. 1 nur Bußgeldbescheide (§ 65 OWiG) und Urteile zu verstehen, in denen eine Geldbuße gem. § 87 verhängt wird (zB nicht Einstellung gem. § 47 OWiG).[5] Das **Verfahren abschließende Entscheidungen** iSd Abs. 2 sind Urteile, in denen ein Angeklagter wegen einer Straftat gem. § 86 verurteilt wird (zB nicht: Freispruch, Einstellung gem. §§ 153, 153a StPO),[6] und Strafbefehle. Bußgeldbescheid und Strafbefehl müssen im Unterschied zum Urteil (Abs. 2 S. 2) rechtskräftig sein,[7] weil sie nur vorläufige Entscheidungen sind und das Verfahren bei einem Einspruch, der kein Rechtsmittel ist, noch nicht abgeschlossen ist.

Die **Mitteilung** erfolgt durch Übermittlung von Kopien der Bußgeldbescheide, Straf- **3** befehle und Urteile. Wurde gegen ein Urteil Rechtsmittel eingelegt, ist dies und später auch die Entscheidung über das Rechtsmittel mitzuteilen.

Die **Bekanntgabe** durch die Abschlussprüferaufsichtsstelle erfolgt grds. unter Mittei- **4** lung personenbezogener Daten über die sanktionierte Person und die Wirtschaftsprüfungsgesellschaft, für die sie tätig ist oder die selbst sanktioniert wurde (§ 69 Abs. 1a S. 3 WPO iVm § 69 Abs. 1 S. 2–5 WPO).[8] Die Bekanntgabe kann aber unter bestimmten Voraussetzungen anonymisiert werden (§ 69 Abs. 2 WPO) und ist fünf Jahre nach ihrer Veröffentlichung zu löschen (§ 69 Abs. 3 WPO).

---

[5]   BT-Drs. 18/7219, 50, 60: „verhängte" Bußgeldentscheidungen; *Anders* NZG 2018, 961 (969 f.); Noack/
      Servatius/Haas/*Beurskens* Rn. 2; Scholz/*Rönnau* Rn. 6; Rowedder/Schmidt-Leithoff/*Schaal* Rn. 4;
      ebenso BeckOGK AktG/*Hefendehl* § 407a Rn. 4.
[6]   BT-Drs. 18/7219, 50, 60: „Verurteilungen"; ebenso BeckOGK AktG/*Hefendehl* § 407a Rn. 5 f.; nur
      bez. Einstellungen ebenso *Anders* NZG 2018, 961 (970); Rowedder/Schmidt-Leithoff/*Schaal* Rn. 5;
      HK-GmbHG/*Saenger* Rn. 2; aA *Altmeppen* Rn. 6; Noack/Servatius/Haas/*Beurskens* Rn. 4; Scholz/
      Rönnau Rn. 7.
[7]   Ebenso BeckOGK/*Hefendehl* AktG § 407a Rn. 6: sogar auch für Strafurteile; nur bzgl. Bußgeldbescheiden ebenso *Altmeppen* Rn. 3; Noack/Servatius/Haas/*Beurskens* Rn. 2, 4; *Wicke* §§ 86–88 Rn. 19; aA
      Anders NZG 2018, 961 (970); Scholz/*Rönnau* Rn. 6, 7.
[8]   Geändert durch Art. 21 Nr. 16 Finanzmarktintegritätsstärkungsgesetz (FISG) v. 3.6.2021, BGBl. 2021 I
      1534 (1564 f.); s. dazu BT-Drs. 19/29879, 161.

Sachverzeichnis

von Dr. Frank Wamser,
Vizepräsident am Landgericht Gießen

fette Zahl = Paragraph, magere Zahl = Randnummer

Sachverzeichnis